重庆邮政志

1986 — 2022

中国邮政集团有限公司重庆市分公司◎编纂

中国文史出版社

图书在版编目（CIP）数据

重庆邮政志：1986—2022 / 中国邮政集团有限公司重庆市分公司编纂. —北京：中国文史出版社，2023.9
ISBN 978-7-5205-4296-8

Ⅰ.①重… Ⅱ.①中… Ⅲ.①邮电业—概况—重庆—1986-2022 Ⅳ.①F632.771.9

中国国家版本馆 CIP 数据核字（2023）第 177101 号

责任编辑：金　硕　胡福星

出版发行：中国文史出版社

社　　址：北京市海淀区西八里庄路 69 号　　邮编：100142
电　　话：010 - 81136606/6602/6603/6642（发行部）
传　　真：010 - 81136655
印　　装：廊坊市海涛印刷有限公司
经　　销：全国新华书店
开　　本：889mm×1194mm　1/16
印　　张：53.75
字　　数：1553 千字
版　　次：2023 年 10 月北京第 1 版
印　　次：2024 年 3 月第 2 次印刷
定　　价：298.00 元

《重庆邮政志（1986—2022）》编纂委员会

主　　任：周新峰

副主任：熊　岗　刘　力　胡绍波　张　永　王树志　张晓春　向银成

委　　员：王　高　赖　莉　唐　华　蔡鹏程　龙弟荣　熊　鹰　董晓东　汪俐利　王　宏　王绪华
欧阳运雄　　　　杨绍斌　王志远　黎　俊　付克开　罗　江　杨家远　王红卫　郎太忠
蒲　平　陈　伟　马雪松　贺靖军　梁远忠　赵晓川　罗　斌　周　陈　吴建忠　王　勇
晏木春　李　明　邓　庆　吴　勇　韦先兵　屈景勇

《重庆邮政志（1986—2022）》评审人员

顾　　问：周华庆　曾嘉陵　董　虹　隆卫东　喻　华　陈　涛　王　洪

评审小组：刘志刚　吕晓林　岑学元　邓述渝　张世钟　曾维梁

参与评审：戴富琪　徐海若　孙学书　邓建民　杨　坚　张元桂　邓　坚

《重庆邮政志（1986—2022）》编辑部

总　　　编：王　高

总　　　纂：刘志刚

副　总　编：蒲良美（执行）　李　平

总编室主任：潘玲玲

常　务　编　辑：姜　莎　潘玲玲　王曼霓　舒晓婧　余成茜　韩婧怡　蒋家萍

后　期　编　辑：张　凤　杨　斯　邓红梅　马　慧　傅孝和

后　期　审　校：姜　莎　魏　馨　张熙琳

图　片　编　辑：朱亚坤

美　术　编　辑：舒晓婧

档　案　资　料：兰　英

编　　　务：刘亭岚

《重庆邮政志（1986—2022）》特约编辑

市级部门（单位）特约编辑

姜莎　周洁　李庆年　梁尤琦　潘静　邓茹月　谭光　苗亚平　冉涛　李彦　蒲小玲
周国燕　张钟　赵静　王丽　杨旸　郭懿　蔡纹绮　黄文静　张昱

城片区分公司、区县分公司特约编辑

卢骏　周艺　肖美青　贺蓉　张晓山　张伟　唐小燕　霍林　王春兰　吴俊孝　杨婷婷
余华　秦沛瑶　何小琴　杨斯　田媛媛　何勇　谭小凤　张凤　唐欢　阳韩　刘秧权
桂靖　高茂源　邓红梅　方芳　李宏鑫　王华忠　刘江红　傅孝和　黄和平　秦娅　杨莉弘
但忆　张贵维　白天勇　冉敏　刘思言　马慧

《重庆邮政志（1986—2022）》参与编纂人员

序（执笔）：李平　韩婧怡
凡　例：余成茜　蒲良美
编辑说明：余成茜　蒲良美
综　述：潘玲玲　蒲良美
大事记：刘志刚　蒲良美　姜莎　潘玲玲　舒晓婧

第一篇　体制调整及机构沿革

罗章利　潘静　马明艳　冉源　邬丹　张钟（市文传）　夏虎（邮协）　吴显峰（邮协）

第二篇　邮政服务

蒋鸿　李庆年　何潇　陶玲　童玲　余洋　杨光辉　王丽　陈熹　陈嘉　杨柳
叶庆超　苏畅　秦毅　谢眈

第三篇　邮政业务

周国燕　牟操　石梦婕　张英节　赵朝铭　熊滕龙　熊婷　王珏　黄雪洋　柏钰洁　吴迪
张昱　谭聪　魏蔚　杨靖　艾惜　赵慧婷　王峥　李宇　何丽　崔卡　张德贤

徐春来　袁　军　韩勤光　郭素君　邹　颖　熊　伟　戴　艳　夏蓉梅　许　强　张仁国　杨　灿
廖婷婷　郝婧怡　谭汪均　黄俊菱　谭　艺　赵　静　张　珂　张涵宇　谢　眈　周　洁　周燕川
刘媛媛　蔡纹绮

第四篇　邮政管理

叶　会　刘　琴　梁尤琦　高建滨　唐　艳　汪朝馨　张建军　杨　欠　蒋　莉　柯　会　刘克敏
陈鹏宇　罗　茜　夏洪苹　辜　郁　何　源　孙小菊　卫志刚　杨丽珍　朱光伟　刘　诚　张明亮
王　曼　熊安彬　潘　洪　刘媛媛　蔡纹绮　蒲小玲　郭　懿　余　馨　刘　丽　蓝　华　谢　礼
邓　羽　苗亚平　胡红红　陈亚　熊　倩　刘　冬　秦玉明　盛云樵　邓茹月　姜　鑫　何　清
张兰兰　张永红　曾绍华　陈　新　叶　卫　谭　光　徐　令　王靖军　冯　寒　黄文静　廖　华

第五篇　邮政网路

叶庆超　苏　畅　邹　红　任　丽　艾　惜　勾美仑　谭　艺　赵　静　张　珂　张涵宇　赵慧婷
王　峥　何　丽　崔　卡　张德贤　熊　伟　廖婷婷　郝婧怡

第六篇　邮政设备与科技

叶庆超　苏　畅　廖显浩　杨　东　罗　雪　齐　勇　杨　旸　刘　强　黄锦文　冷红敏　刘　畅
刘　勇（信息中心）　钱　壮　陈　东（信息中心）　缪伟民　涂宏剑　张文福　郭游天　王　羿

第七篇　党的建设

李　彦　刘慧卿　吕　杰　江　燕　冉　涛　肖坤梅　胡帆影　邓　涛　宋展飞　李　林　屈均冠
蒲小玲

第八篇　企业文化建设

魏　馨　朱亚坤　吕　杰　蒲小玲　陈鹏宇　刘志刚　曾维梁　黄融一　王曼霓

第九篇　城片区、区县邮政机构

张　可　张争妍　李　洁　杨　露　王思静　鞠　敏　刘　利　黄亿偲　杨定宇　李静宜　祖洪鸽
卢　骏　周　艺　赖丹华　吴建江　徐　静　陈璞臻　汪师宇　陈　曦　罗　乐　丁　芳　何书巧
蒋　艾　袁友谦　杨　梅　赵文忠　李承蔚　侯　峻　蒋　俐　张　茜　邱　伟　肖美青　简广阔
汪希灵　程景渝　牟　炼　袁　泉　罗晓桃　江尽之　李雪梅　袁　平　李　鼎　杨　薇　杨　毅
童　雨　邓俊逸　陈　利　兰　江　胡世海　朱　东　李　娜　陈振峰　贺梦瑜　陈春秀　张中勇
陈　艺　黎晓彬　蒋军花　杨　恋　张　垚　朱雅妮　贺　蓉　宋春林　谢　澄　吴雪莲　程　珊
张晓山　雷秦芬　柳　杨　杨　磊　向　巍　龙　飞　宾　瑜　胡光毅　杨　华　张祥艺　秦　镭
杜　洁　冯　俊　梁　华　罗玉容　刘煜东　郭朝晖　谭　海　刘　静　钟　泱　谭诗韵　别　凯
张　伟　贺芳梅　黄　磊　刘　阳　龙　琴　朱志敏　刘　杰　黄　莹　陈晓艳　赵　秦　袁志刚

吴磊　唐小燕　李华　刘刚　刘峰　付光勇　戚宇峰　毛永恒　刘钏汝　王波　文愉

陈恕敏　赵彬　王西　孙春艳　杨婷婷　傅婷婷　戚森　谢昌旭　唐宇　张钟（渝北）

蒲俏含　夏文瑶　李佳　田晓健　肖蒙　黄军　范国红　李译　张渝　胡巧虹　辜琬淇

张博　江智男　雷雨　晏永峰　王燕　冯琳雅　张代旭　韦苏容　张红军　何小琴　林波

杨强　李术菊　周可欣　邓红　张清　周杰　谷焱　代小川　夏杨　蒋信霞　陈长征

张清　于凯　蒋显志　艾建　陈凤　荆勇　聂卫东　秦娟（合川）　申坤　沈薇

王瑾　尹志刚　余慧敏　喻亚辉　张鑫　何雯　刘超　阳韩　钟翱翔　黄焱　邓冬

肖波　代居东　欧学碧　邓中祥　幸思远　王苏娜　黄凯　周磊　陈柏霖　肖梦琳　骆小燕

杨群　李皓　蔡婵　张镇宇　张戎　刘思　张易　陈伟（涪陵）　傅孝和　夏灵龙

易恬然　刘通　曾诗淇　唐厚利　刘庆　江亭亭　沈雪　李婕（涪陵）　洪欢　刘子涵

钱果　冉凯　艾文俊　张黎明　甘晓霞　冉学雷　郑秋　冉思忠　龚正灿　杨清红　刘家齐

刘斌（黔江）　杨昌胜　刘文明　张韧　田初雷　张贵维　李文盛　侯钦萍　霍林　陈妮

周雪洁　邓小飞　黄永银　蒲先敏　罗德宏　张荣　任伟　张涛　熊佳玲　周扬　王春兰

严礼云　曹代良　龚俊兰　吕莉　黄斌　刘晓露　钟润　漆钊　徐泽华　李祖梅　王洁

程泳波　黄莉萍　张运美　刘泽林　张凤娇　程媛　犹喻　赵兴梅　吴俊孝　敬宇　赵伟

张斯媛　邹伟　余纪芳　王剑容　冯兵　陈勇　廖晓莉　但璐　邹妮娜　余华　罗钊

刘小龙　田祥春　石翼　王荥　雷发智　董佳丽　金勇毅　彭曦　何盈颖　蔡雯雯　钟剑敏

刘斌（北碚）　秦沛瑶　曾春梅　张小燕　梁小敏　李学蓉　刘莉　邓常林　张洪梅　廖杨

张璇　李航宇　杨墨　杨斯　吴玉　郭丹　万茂娇　肖斌　张晨星　罗艺　罗丽玲

尹娟　张敏　陈东（璧山）　欧梅　徐晓宏　田媛媛　王安刚　郑佳林　胡志强　邓启飞

胡洁　蒋衡　宋晶鑫　彭军　何勇　张玲燕　张凤　夏庆刚　李治　李玲　詹启梅

高荣军　曾燕　张莺荫　刘伟　李欢　韦礼　周静　袁园　杨洋　梁军伟　唐欢

代可菊　李双全　王海欧　李东明　李婕（潼南）　李丽　滕君　李珊　杨中俊　蒋强

黎志　陈勇权　舒欢　李代斌　李远东　张健　周康平　张龙燕　伯争艳　石海英　刘海成

何亚文　刘秧权　向德蓉　陶堂兰　吕盛波　罗忠生　刘晓宏　王定刚　段蓉　罗辉　周道兰

傅饶　陈利军　陈俊高　李斌　梁丽梅　李佰树　陈利蓉　向星　王小龙　桂靖　周长平

李小龙　贺桂君　湛兆建　方圆　张方贵　甘宗罗　黄伯元　董昌田　冉浚成　黄智　张海敬

钟媛媛　殷祥　邓玮　龚明伟　蒋伟　李诗伟　张毅（奉节）　尹正委　刘陶华　王丹

吴海林　王平　刘芳　刘永华　饶丹　邓红梅　唐林　方芳　彭华　杨文林　梁爱敏

谌利　刘其榕　梁经萍　胡开兵　赵红　李春玲　吴小朵　袁洳棚　李宏鑫　尹超　郑怡玲

王训建　江励　郭勇韩　徐冰霜　姚琼　杨定波　冉瑞芳　刘地　蒋丽　向和平　刘传玉

王小杰　邓茜　李莉　李婷婷　张李　左华勤　朱泽民　李爱文　郭育彤　白雪梅　陈虎

钟宁波　王小燕　张尚伟　许成川　赵图毅　简明全　黄孝康　刘江红　鲁天勤　李明　皮治碧

汪宏艳　黄静　黄和平　胡燕　贺霞（垫江人力）　卢志洪　谭理清　贺霞（垫江秘书）　代强

陈燕　冉朝媛　陶鑫　李银军　向朝华　黄晓梅　程博　余浪　秦玲　林豪飞　雷渝

秦光玉　黄国建　秦娅　张小强　洪峰　郭勇　黄兴刚　郭朝瑜　杨莉弘　吴汉彬　张雪

罗又荣　代元林　夏　珊　曹　娇　胡琼芝　赵　娟　周英涤　徐　癸　王定文　陈江丽　何　露
李春雷　赖　玉　程　欢　张　毅（南川）　胡仕瑶　冯阳桥　但　忆　白天勇　周　彤　杨胜杰
杨　雪　王　维　王　玉　付群飞　杨钟慧　黄建军　杨建明　杨雯玉　冉　敏　郑若君　张文生
娄　波　吕中波　胡孔胜　马喜群　李小兰　王　伟　张　勇　李运娅　向　涛　刘　勇　王靖宏
罗子乔　马　慧　谭俊华　秦　娟（石柱）　郑小蓉　喻正中　向志华　周少权

附　录

专　记：勾美仑　张　昱　谢雯文　曾　嘉　杨玲玲　缪伟民　叶庆超　苏　畅　崔晓婷
　　　　周　洁　梁卓浩　周丽莉　张德贤　杨　灿
重要文献：蒋家萍　韩婧怡　王曼霓
编 后 记：王　高

历史回眸　永恒瞬间

——37 年图片集锦

高科·山顶总部基地

朱高峰副部长接见重庆市邮电部门部分干部合影 89 8 24

1989 年 8 月 24 日，邮电部副部长朱高峰（2 排左 15）与重庆市邮电部门部分干部合影

宋直元副部长接见重庆市邮政局部分干部合影 89.12

1989 年 12 月，邮电部副部长宋直元（前排左 11）与重庆市邮政局部分干部合影

2000 年 1 月 31 日，重庆市委副书记、市政府副市长王鸿举（前排中）一行看望重庆邮区中心局员工

2001 年 11 月 1 日，国家邮政局局长刘立清（左 5）到重庆邮政调研并视察重庆邮区中心局

2003 年 11 月 18 日，国家邮政局局长刘安东（前排中）视察渝中区上清寺邮政支局

2016 年 11 月 25 日，国家邮政局局长马军胜（中）调研重庆邮政

2017 年 11 月 15 日，重庆市委副书记、市政府市长唐良智（中）考察长寿邮政沙田柚收寄情况

2019 年 3 月 7 日，中国邮政集团公司董事长刘爱力（中）调研重庆邮政，在重庆市渝中区大坪揽投站与投递员亲切交谈

2019 年 9 月 17 日，重庆市人大常委会主任张轩（左）听取中国邮政重庆市分公司党委书记、总经理周新峰（右）关于重庆邮政的情况汇报

2020 年 4 月 3 日，重庆市政府副市长吴存荣（中）出席中欧班列（渝新欧）"中国邮政号"专列首发仪式

2020 年 11 月 24 日，中国邮政集团有限公司总经理张金良（前排中）调研重庆邮政

2022年4月15日，重庆市委副书记、市政府市长胡衡华（前排中）调研石柱土家族自治县中益乡华溪村"初心邮局"

2022年7月15日，重庆市政府副市长郑向东（前排中）慰问重庆邮区中心员工

1987 年 8 月 15 日，中国共产党重庆市邮政局第五次代表大会召开

1998 年 2 月 25 日，中国共产党重庆市邮政管理局直属机关第一次代表大会召开

2003 年 7 月 2 日，重庆市邮政管理局召开贯彻"三个代表"重要思想学习报告会

2008 年 10 月 24 日，重庆市邮政公司召开深入学习实践科学发展观活动动员大会

2013 年 7 月 23 日，重庆市邮政公司召开党的群众路线教育实践活动动员大会

2016 年 5 月 3 日，中国邮政重庆市分公司直属机关党委召开"两学一做"学习教育工作会

中国邮政集团工会重庆市第二次会员代表大会暨市分公司第三届一次职工代表大会
二〇一九年七月二十四日

2019 年 7 月 24 日，中国邮政集团工会重庆市第二次会员代表大会暨市分公司第三届一次职工代表大会召开

2021 年 6 月 24 日，中国邮政重庆市分公司党委书记、总经理周新峰（右）向老党员谢春祥（左）颁发"光荣在党 50 年"纪念章

2021 年 6 月 30 日，中国邮政重庆市分公司党委书记、总经理周新峰（中）讲授党史学习教育专题党课

2022 年 4 月 22 日，中国邮政重庆市分公司举行庆祝中国共青团成立100 周年活动

2022 年 12 月 26 日，中国共产党中国邮政集团有限公司重庆市分公司第一次代表大会召开

1997 年 5 月 9 日，重庆在全国率先实施邮电分营，成立重庆市邮政管理局。重庆市委书记张德邻，市委副书记王云龙、刘志忠，市政协主席张文彬，邮电部副部长林金泉等领导到会祝贺

2007 年 2 月 6 日，重庆市邮政公司、重庆市邮政管理局举行成立暨揭牌典礼

2007 年 12 月 28 日，中国邮政储蓄银行重庆分行成立，重庆市政府常务副市长黄奇帆（右 2）和中国邮政集团公司副总经理刘明光（左）揭牌

2010 年 6 月 29 日，重庆市邮政速递物流有限公司成立

2014 年 4 月 16 日，中邮人寿保险股份有限公司重庆分公司成立，重庆市政府副市长吴刚（右 4）与中国邮政集团公司副总经理刘明光（左 4）揭牌

2021 年 9 月 29 日，中邮证券重庆分公司举行开业仪式，中国邮政集团公司总会计师、中邮证券董事长郭成林（左 4）、渝中区委书记赵世庆（左 3）、市分公司总经理周新峰（右 4）共同揭牌

2020 年 5 月 12 日，中国邮政集团有限公司重庆市分公司揭牌

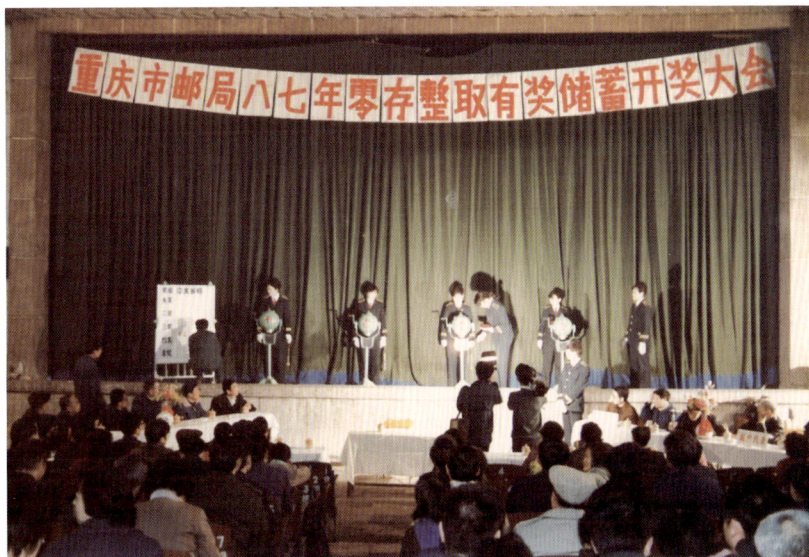

1987 年 2 月 3 日，重庆市邮政局举办零存整取有奖储蓄开奖大会

1994 年 12 月 15 日，重庆—柳州邮路开通

1997 年 10 月 18 日，"一九九七年中华全国集邮展览"在重庆举办

1999 年 8 月 16 日,《长江三峡》特种邮资明信片首发式在万州举行

20 世纪 90 年代,重庆邮政开通同城速递业务

1999 年 12 月 10 日,重庆邮政储蓄计算机网络技术改造工程(绿卡工程)一期工程通过初步验收

2001 年,重庆邮政为苏宁电器公司配送家电

2002 年，重庆邮政在大渡口开展代理保险宣传活动

2002 年 6 月 18 日，《大足石刻》特种邮票首发式在大足县举行

2003 年，大渡口邮政开设个人基本养老保险工作窗口

2003 年，重庆市邮政局与重庆市电力公司签订代收电费合作协议

2004 年 8 月 6 日，重庆邮政与亿阳信通举行邮政大客户管理系统合同签字仪式

2008 年 3 月 15 日，重庆邮政开办小额存单质押贷款业务

2009 年 4 月 28 日，中国邮政集团公司金融信息化领导小组副组长武士雄（右 2）出席重庆邮政储蓄系统 2.0 版本改造工程切换上线工作汇报会

2019 年 6 月 3 日，重庆邮政与重庆联通签订战略合作协议

2019 年 8 月 14 日，重庆邮政专业的理财经理队伍为客户提供全方位、高品质的金融资产规划服务

2019 年 8 月 21 日，重庆市政府副市长潘毅琴（右三）出席重庆邮政与重庆市文旅委战略合作签约仪式

2019 年 10 月 16 日，《大美重庆》专用邮资图首发

邮政服务"三农"，成为农村经济发展的重要力量（2020 年摄于江津）

2020 年 8 月 22 日，永川邮政员工在黄瓜山收寄皇冠梨

2020 年 9 月 3 日，重庆邮政与小康工业集团签订战略合作协议

2020 年 9 月 10 日，重庆邮政与重庆市高级人民法院签订战略合作协议

2020 年疫情期间，重庆邮政借直播带货热潮，通过邮政电商平台为果农销售滞销水果

邮政电商成为助力乡村振兴的重要力量（2020 年摄于石柱）

重庆邮政文物南迁主题邮局成为宣传重庆抗战历史文化的窗口（2021 年摄于重庆南岸）

2021年9月16日，重庆邮政"919电商节"活动，邀请市农业农村委等政府和企事业单位代表现场体验

2021年"双11"期间，渝中区上清寺营业部繁忙的邮件收寄处理现场

2022年1月1日，重庆邮政推出"渝快递·愉快递"大同城寄递品牌

2022 年 4 月 19 日，重庆邮政与西南大学签订战略合作协议

2022 年 7 月，巫山脆李实现专机运输，巫山邮政在脆李主产区设置 198 个服务点为果农提供寄递服务

2022 年 7 月 27 日，第 42 届全国最佳邮票评选颁奖活动在重庆举行，重庆市政府副市长郑向东（右一）为"最佳邮票奖"作者颁奖

服务之变 / 服务提升

重庆邮政历来把"提升服务质量，落实'人民邮政为人民'的服务宗旨"作为重要工作来抓。图为 20 世纪 90 年代初市邮局党政工联席会情景

1998 年 6 月 18 日，巫山县邮政局在客邮兼营船上设立小三峡（流动）邮政所

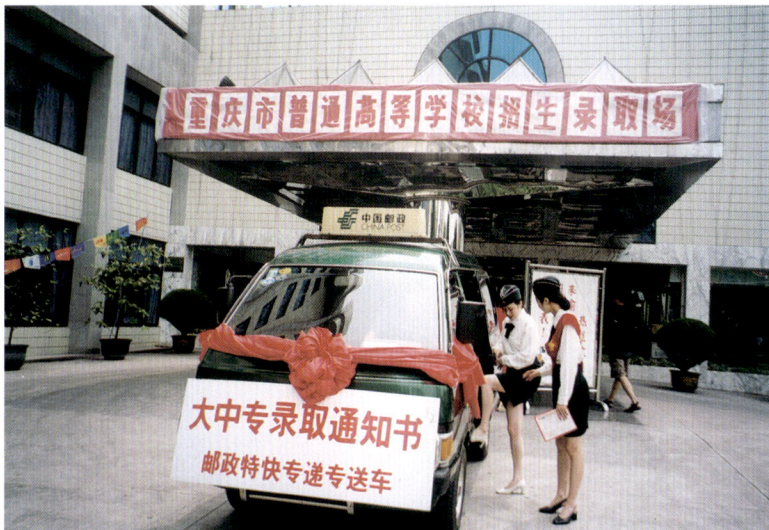

1998 年 8 月 4 日，重庆市邮政速递局采用邮政特快专递方式，将本市大中专录取通知书送到考生手中

2001 年 7 月，重庆邮政首批抽调 16 辆邮运车辆，支援三峡库区移民搬迁工作

2003 年"非典"疫情期间，重庆邮区中心局员工对进出口邮件进行严格消毒

2008 年 5 月，重庆邮政为"5·12 汶川大地震"灾区运送救灾物资

2008 年 12 月 8 日，重庆邮政员工为退役军人收寄包裹

2019 年，重庆邮政推动"邮政 + 政务"合作，在网点开设政务服务窗口

2020 年 1 月 27 日，"新冠疫情"爆发后，重庆邮政运送首批医疗物资驰援武汉

2020 年 12 月 11 日，中国邮政重庆市分公司党委书记、总经理周新峰（右3），纪委书记王树志（右2）深入城口县鸡鸣乡双坪村开展扶贫调研

2020 年"新冠疫情"期间，重庆邮政员工连夜为学生投递教科书，助力学生"云上课"

投递员将邮件转投在村邮站后，同步开展建制村投递打卡工作，确保建制村直接通邮质效（摄于 2020 年）

县及县以上城市党政机关《人民日报》当日见报率达到 100%（摄于 2020 年）

重庆邮政员工为花椒种植户提供上门采摘、寄递等服务（2020年摄于江津）

重庆邮政在乡镇设立寄递共配中心，为邮政服务快递进村"最后一公里"提供更加坚实保障（2022年摄于石柱土家族自治县桥头镇）

重庆邮政在石柱土家族自治县中益乡设立"初心邮局"，助力乡村文旅发展（摄于2022年）

1988 年 6 月建成的重庆邮政枢纽辅助楼（市中区上清寺）

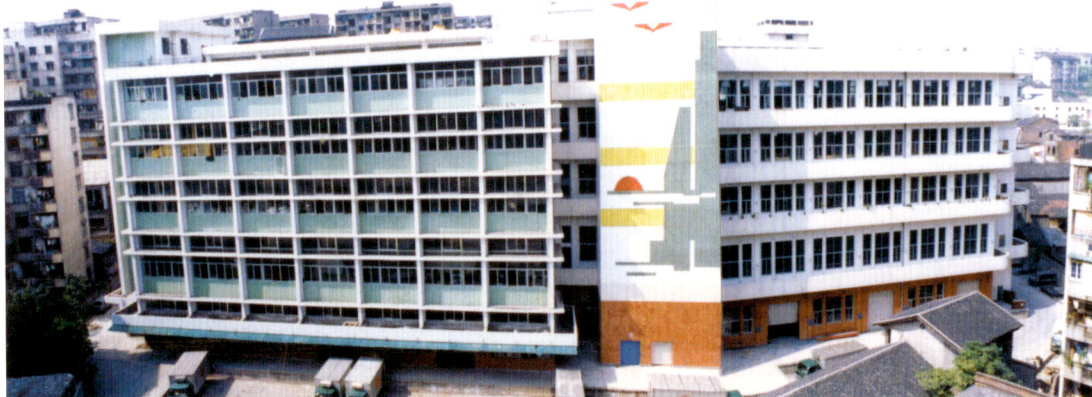

1992 年 6 月建成使用的重庆邮政枢纽大楼（市中区上清寺）

20 世纪 90 年代
建成的重庆邮政大厦
（市中区上清寺）

2000 年 9 月 25 日
建成投产的重庆邮政
二枢纽（渝北区人和）

2010 年 6 月建成投用的永川邮政生产业务用房（永川区人民东路）

2016 年 10 月 28 日，重庆邮政办公区搬迁至重庆邮政生产指挥调度中心（两江新区高科·山顶总部基地）

2017 年 12 月建成投用的万州邮政生产指挥调度大楼（万州区江南大道）

2018 年 10 月建成投产的重庆邮政第三邮件处理中心（渝北区回兴）

2019 年 10 月装修改造后的涪陵邮政综合楼（涪陵区太极大道）

2022 年 1 月 13 日投用的武隆邮政综合楼（武隆区龙湖路）

外观之变 / 网点改造

1986 年，市中区中一路网点外观（重庆邮政第一批储蓄网点）

1986 年，市中区解放碑网点外观

20 世纪 80 年代初，北碚中山路邮政营业厅外观

20 世纪 90 年代末，涪陵南门山邮政营业厅外观

20 世纪 90 年代，开县大堰邮政代办所外观

20 世纪 90 年代初，涪陵李渡邮政所外观

20 世纪 90 年代末，渝中区上清寺网点外观

2001 年 4 月，万盛海孔网点外观

2002 年，长寿梓潼网点外观

2009 年 9 月，
万州高峰网点外观

2022 年，长寿
梓潼网点外观

2022 年，渝北冉家坝网点外观

20 世纪 90 年代，
市中区上清寺网点

20 世纪 90 年代，
永川西大街网点

1997 年，北碚中山路网点

1998年8月，彭水河堡网点

20世纪90年代，
市中区解放碑网点

2000年，大渡口九宫庙网点

2002 年，"中国邮政·现代书城"连锁网点

2021 年 1 月 1 日开业的南岸区南坪西路智慧邮局

2022 年，渝北冉家坝网点

20 世纪 80 年代，江北邮递员骑摩托车投递邮件

20 世纪 80 年代末，正在装卸邮件的火车车厢

20 世纪 80 年代末，邮政特快专递专用车

20 世纪 80 年代末，运输邮件的车辆

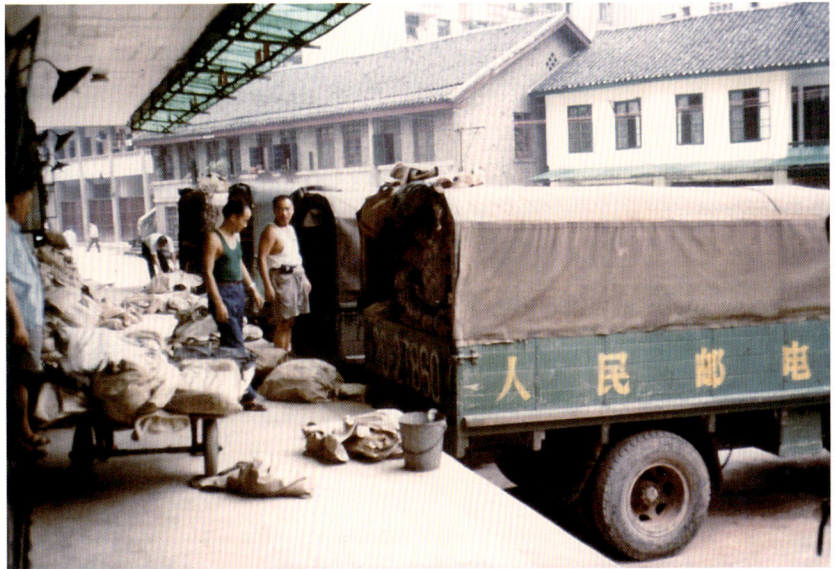
20世纪90年代末,正在装卸邮件的运输车辆

20世纪90年代,邮车利用摆渡船过江

20世纪90年代,开县邮递员骑自行车投递邮件

20世纪90年代,巫山邮递员王安兰步行投递邮件

1993 年 7 月，"鸿骞"号邮政运输船大修后投入使用

1995 年，长江邮政船务有限公司"中驿"号轮船

1996 年，"鸿飞"号客邮兼营高速水翼船

1999 年，巫山客邮兼营船

2001 年 10 月，开县邮政特快专递专用车

2001—2002 年，为三峡库区移民提供搬迁服务的邮车

2018 年，行驶在嘉悦大桥上的邮车

2020 年 4 月 2 日，中欧班列（渝新欧）"中国邮政号"专列首发

2022 年 7 月 2 日，中国邮政航空首架"巫山脆李"专机，落地重庆巫山机场

内部处理之变 / 邮件处理

20 世纪 80 年代末，
人工分拣信函

1995 年，自动
信函分拣机

2004 年，重庆邮
政二枢纽使用的交叉
带式包裹分拣机

2004 年，邮政员工扫码抄登录取通知书邮件

2004 年，重庆邮政二枢纽使用的推式悬挂邮袋输送机

2006 年 1 月，重庆邮政二枢纽生产现场

2018 年，重庆邮政第三邮件处理中心使用的异形邮件分拣皮带机

2018 年，重庆邮政第三邮件处理中心使用的双层包裹分拣机

2020 年，重庆邮政空港邮件处理中心使用的包件细分矩阵传输皮带机

1988年，重庆市邮政局开展邮政编码宣传活动

1989年5月，重庆邮政首次开展"邮政呼唤您的理解"公众有奖赠言活动

20世纪90年代，重庆邮政开展"学雷锋作奉献"活动

2003 年，巫山邮政局墙体广告

1997 年 2 月 20 日，重庆市邮政局开展建局 100 周年庆祝活动

2005 年，重庆邮政员工参加市国有企业第一届职工运动会

2006 年 5 月，万盛邮政大道邮政所开业宣传

2006 年 10 月，第 37 届世界邮政日宣传活动

2016 年 5 月 19 日，中国邮政集团公司亮相中国（重庆）国际投资暨全球采购会，并设置重庆邮政展区

2021 年 6 月 30 日，重庆邮政文史馆建成开馆

2021 年 10 月 9 日，第 52 届世界邮政日，邮政宣传标语点亮重庆夜空

2022 年，重庆邮政举办
"首届重庆轨道空间邮政主
题文化展·历史篇"

序

志书，是稽古揆今、继往开来的珍贵史料。

上下五千年，在中华民族悠久灿烂的文化里，历朝历代都十分重视写史和修志，以赓续中华文脉，泽被千秋后世。

古人云："治天下者，以史为鉴；治郡国者，以志为鉴。"

习近平总书记喜欢读志、善于用志、重视修志，发表了一系列关于地方志工作的重要论述。他指出，要"高度重视修史修志，让文物说话、把历史智慧告诉人们，激发我们的民族自豪感和自信心，坚定全体人民振兴中华、实现中国梦的信心和决心"。

国有史，郡有志，家有谱。一个国家有一个国家的历史，一个企业也有一个企业的发展史。企业史是企业发展的根脉，也是企业精神的源头，其文化价值和现实意义，不言而喻。

2019年，我们重启了重庆邮政志的编修工作，作为第一轮《重庆邮政志（1891—1985）》的续志，主要记述1986年至2022年这37年间重庆邮政的改革路径和奋斗历程。

纵观重庆邮政这37年，借势改革开放，发展迅猛，征程壮阔：从1986年，恢复开办储蓄业务起，历经邮电分营、重庆直辖体制变化、政企分开、邮储银行成立、速递物流公司成立（分业经营），到今天主动融入移动互联、积极拥抱数字经济、扎实履行国企责任等，大事要事多，体制变革大。特别是1997年到2022年，重庆邮政独立运营的26年，邮政业务收入从3.81亿元增长到78.44亿元，实现了从"过日子、求生存"到"谋发展、求富强"的大步跨越；收入规模在全国邮政排名从2005年的第22位提升到2022年的第11位；2014年至2022年，重庆邮政成功实现集团公司战略绩效考核"9连A"，2022年，更是在集团公司战略绩效考核中得分全国第一。

37年，我们开创了一个行业在重庆改革发展的生动局面，也书写下中国邮政在省域转型发展的辉煌篇章。时节如流，我们曾踏歌而行。37年的历史，值得我们全心梳理、精心呈现、用心总结。

史家有言：显隐必该，洪纤靡失。

本着对历史负责的态度，《重庆邮政志（1986—2022）》以辩证唯物主义和历史唯物主义的观点，广征、细核、精编、严审，真实客观地记录发展历程，全面科学地总结历史经验，承载"存史、资政、教化"的功能；我们期待通过对志书的编修，清晰勾画重庆邮政改革发展历史之概貌，深入探究重庆邮政持续健康发展之依据，提供历史智慧，给出历史答案，坚定历史自信。

欲知大道，必先为史。

历史的延续和更替自有其内在的逻辑和规律，昨日之因为今日之果，今日之因为明日之果。过去未去，现在正在，未来已来。盛世修史，只为薪火相传，生生不息。望《重庆邮政志（1986—2022）》能成为连接过去、现在、未来的桥梁，指引我们承前启后，接续奋斗，谱写新时代重庆邮政事业更加绚丽的华章。

《重庆邮政志（1986—2022）》编纂委员会

2023年7月31日

凡　例

一、**指导思想** 《重庆邮政志（1986—2022）》以马克思列宁主义、毛泽东思想、邓小平理论、"三个代表"重要思想、科学发展观、习近平新时代中国特色社会主义思想为指导，遵循党和国家的路线、方针、政策、法律、法规，坚持辩证唯物主义、历史唯物主义，正确把握和反映史实，客观记录重庆邮政发展历程及现状，突出时代特色、地方特征、行业特点。

二、**记述时限** 上限为1986年，下限为2022年，个别重大事件为保持其完整性适当上溯或下延。

三、**记述范围** 按属地原则，主要记录1986—2022年重庆直辖前和直辖后邮政管辖区域内的邮政机构发展情况。

四、**体例** 遵循"横排纵写"和"按事类分篇设章"的原则，采用述、记、志、传、图（照）、表、录等体裁，以志为主；按篇、章、节、目等层次排列，横排纵写，纵横结合，详近略远；同时辅以图表，力求图文并茂。

五、**行文** 采用记述体、现代语体文。文字、数字、标点符号等均执行国家相关规范标准。

六、**称谓** 本志中机构、会议、职务、地名、人物称谓，一律按当时的规范称谓或习惯称谓记述；专用名词首次出现时用全称，其余用简称；人物一般直呼其名，不冠"同志""先生"等，首次出现时冠以职务，不用褒贬之词。

七、**数据及计量单位** 本志引用数据以档案资料或者业务主管部门统计资料为准。计量单位均采用中华人民共和国法定计量单位。

八、**资料** 主体资料以档案、文件、报告和年鉴为主，以信息、报刊、书籍和口述资料为辅，经供稿单位核实后入志。

编　辑　说　明

　　一、依据　国务院《地方志工作条例》（国务院令第 467 号）、中国地方志指导小组《地方志书质量规定》（中指组字〔2008〕3 号）、《重庆市地方志工作办法》（重庆市人民政府令第 356 号）、《重庆市志、区县（自治县）志编纂规范（2019 年版）》《重庆市志出版管理规范（2019 年版）》。

　　二、缘由　按照志书编修的政策法规规定，地方志书每 20 年左右编修一次。《重庆邮政志（1986—2022）》是第一轮《重庆邮政志（1891—1985）》的续志，第二轮重庆邮政志编修工作虽启动多次，均半途搁浅。为保持志书的连续性、历史的完整性，中国邮政集团有限公司重庆市分公司于 2022 年 12 月印发《重庆邮政续志编修工作方案》，决定重新启动第二轮《重庆邮政志（1986—2022）》修志工作。

　　三、落实署名权　依据《地方志工作条例》第十八条"参与编纂的人员依法享有署名权"之规定，志书中的各部分内容，署作者名，充分体现出"众手成志"的特点。

　　四、篇目处理

　　（一）设体制及机构专篇　《重庆邮政志（1986—2022）》记述 1986 年至 2022 年 37 年间重庆邮政的发展历程和变革脉络，特别是 1997 年至 2022 年重庆邮政独立运营 26 年间的发展历程。这 37 年间大事要事多，体制变革大，因而设"体制调整及机构沿革"专篇，列为首篇，以便读者了解重庆邮政体制、机构变化的来龙去脉。

　　（二）领导选编　市级邮政机构选编历任党政领导；区县邮政机构选编历任党政主要领导。

　　（三）时间段划分　前后分三个发展时期：第一个发展时期是 1986—1996 年，为计划单列时期；第二个发展时期是 1997—2006 年，为邮电分营时期；第三个发展时期是 2007—2022 年，为政企分开时期。

　　（四）图表编号　随文的图、表编号，采用 4 级排列：篇号—章号—节号—图或表序号。

　　（五）交叉重复　部分篇章之间难以避免的交叉重复内容，以"平衡删留、详略互见、区别视角"的方法记述。

　　五、规范简称

　　（一）邮政行业外部机关、单位简称　《重庆邮政志（1986—2022）》中重庆市的机关、单位名称一般不冠"重庆"，直接称"市委""市政府""市交通局"等；涉及其他行政区域和重庆市所辖区县（自治县）的机关、单位名称用全称或规范简称，如"四川省委""四川省政府""四川省教育厅""江津区政府"等。

　　（二）上级邮政管理机构简称　"邮电部""邮电部邮政总局"直接用此简称；"国家邮政局"简称"国家局"；"中国邮政集团公司""中国邮政集团有限公司"对内简称"集团公司"，对外统称"中国邮政集团公司"。"四川省邮电管理局"简称"四川省管局"；重庆市邮电局简称"市邮电局"。

　　（三）市级邮政管理机构简称　"重庆市邮政局"简称"市邮局"；"重庆市邮政管理局"简称"市邮管局"；"重庆市邮政公司"简称"市公司"；"中国邮政集团公司重庆市分公司""中国邮政集团有限公司重庆市分公司"简称"市分公司"。"市邮局""市邮管局""市公司""市分公司"统称"重庆邮政"。

　　（四）区县邮政机构简称　邮电分营后区县邮政机构简称"××邮政"。

目　　录

第四篇　邮政管理

第五篇　邮政网路

第六篇　邮政设备与科技

第七篇　党的建设

第八篇　企业文化建设

第九篇　城片区、区县邮政机构

附　　录

综 述

"传邮万里，国脉所系"，1940 年周恩来同志的题词就对邮政行业的地位和作用进行了高度概括。邮政业是国家重要的社会公用事业，服务国计民生，关系国家命脉，始终与国家命运紧密相连，与时代脉搏同频共振。

邮政是一个古老的行业，其雏形始见于殷商时期。重庆官办邮政始于 1897 年 2 月 20 日（光绪二十三年一月十九日），已走过 126 年历程。邮政又是一个充满活力的年轻行业。1997 年 5 月 9 日，借成立重庆直辖市之机，重庆市邮政管理局正式挂牌，在全国率先实施邮政、电信分营改革。2007 年 2 月 6 日，重庆市邮政公司正式揭牌成立，重庆邮政从此步入公司化运营新时期。作为中央在渝企业，重庆邮政以服务地方为己任，在重庆地区依法经营邮政专营业务，承担邮政普遍服务义务，提供邮政特殊服务，对竞争性邮政业务实行商业化运营。重庆邮政坚持"迅速、准确、安全、方便"的服务方针，不断为社会提供多层次、多样化的邮政通信服务，与 200 多个国家和地区建立了通邮关系，是西南地区重要的邮政通信枢纽和全国邮政通信网的重要组成部分。

一个行业、一个企业的发展，总是与所在国家、所处时代的发展密不可分。肩负通政、通商、通民神圣使命的邮政行业，以服务民生、服务社会、服务国民经济为己任的邮政企业，更是与国家、社会的命运深度融合、息息相关。本轮邮政志所涵盖的 1986—2022 年这 37 年，从"七五"计划至"十四五"规划，我们国家经历了改革开放和社会主义现代化建设新时期，开创了中国特色社会主义新时代，中华民族迎来了从站起来、富起来到强起来的伟大飞跃，实现中华民族伟大复兴进入了不可逆转的历史进程。在此期间，重庆邮政则经历了三个不同的发展时期：1986—1996 年，为改革开放后的计划单列时期，主题是调整，基调是治理整顿、转型提高；1997—2006 年，为邮电分营后的艰辛探索时期，主题是求生，基调是破茧成蝶、筑基蓄势；2007—2022 年，为政企分开后的快速崛起时期，主题是超越，基调是升位晋级、提质增效。

1986—2022 年，重庆邮政坚持"人民邮政为人民"的服务宗旨，通过实施邮电分营、政企分开、分业经营、"子改分"、公司制改制等一系列改革，邮政通信能力、技术装备层次和行业服务水平大幅度提升，实现从传统邮政到现代邮政的历史性转变：从以人工作业、手工操作为主的传统邮政网络，到以机械化、自动化、信息化为标志的现代邮政网络；从函件、包裹、汇兑、报刊发行四种传统业务，到邮政金融、寄递物流、文化传媒、渠道平台四大业务板块、百余种新型业务。今天的重庆邮政拥有商流、物流、资金流、信息流"四流合一"的独特优势，在服务乡村振兴、繁荣区域经济、调整产业结构、加速商品流通、促进居民消费等方面发挥着越来越重要的基础性作用，正为满足人民群众对美好生活的用邮需求而不懈努力。

以史为鉴，开创未来。《重庆邮政志（1891—1985）》编修工作始于 1985 年，记录 1891—1985 年重庆邮政 95 年的历史。本轮编修的《重庆邮政志（1986—2022）》是第一轮《重庆邮政志（1891—1985）》的续志，记述 1986—2022 年重庆邮政 37 年的发展历程。

1986—1996 年，改革开放后的计划单列时期

1986—1996 年，处于"七五"计划至"八五"计划时期。重庆市作为国务院经济体制综合改革试点和享有省级经济管理权限的计划单列市，邮电沿用既有管理体制，邮政局、电信局分设。重庆市邮政局管辖近郊 6 区（市中区、江北区、南岸区、沙坪坝区、九龙坡区、大渡口区）和远郊 3 区（北碚区、南桐矿区、双桥区）邮电局。"七五"时期，重庆邮政通信能力明显增强，企业面貌发生巨大变化；"八五"时期，重庆邮政"两个文明"建设取得显著成效。

体制改革：配合 1983 年国务院对重庆市的计划单列改革，邮电部于 1984 年 11 月成立重庆市邮电局并对其实行计划单列，重庆市邮政局由重庆市邮电局统一领导和管理。1992 年初邓小平南方谈话后，邮电部加大改革力度，同年 2 月 28 日印发《关于调整重庆市邮电管理体制的决定》（邮部〔1991〕812号），同年 3 月撤销重庆市邮电局，对重庆市邮政局、重庆市电信局实行计划单列。重庆市邮政局、重庆市电信局按照系统领导为主、地方领导为辅的原则，在四川省邮电管理局和重庆市人民政府双重领导下开展工作，业务上服从四川省邮电管理局统一指挥调度。

在此期间，重庆邮政在改革调整中发展。1987 年，推行承包责任制，实行局长负责制，并推行全面质量管理。1993 年，推行岗位技能工资制，并对邮电职工养老保险基金实行系统统筹。1995 年，改革企业管理模式，全面推行方针目标管理；改革企业经营承包责任制，实行企业风险抵押、领导班子风险抵押和全员风险抵押；改革劳动人事制度，出台劳动合同制实施办法，打破固定用工制度。1996 年，推行住房制度改革，开始出售成套住房，职工住房公积金制度基本建立。

邮政服务：重庆邮政推行规范化服务，下大力气解决服务工作的热点、难点问题，整体服务水平持续提高。1986 年，设置"邮件质量检查岗"，对各局进出口邮件的收寄规格标准和全程传递时限进行检查；组织开展端正局风查服务、查质量、查纪律的"三查活动"；聘请企事业单位及农村乡镇的代表为邮政社会监督员，听取意见和建议。1988 年，按照《重庆市邮政局邮政服务机构局容局貌管理考核评定标准》，加强文明生产管理。自 1994 年起，全面贯彻邮电部《邮政通信服务规范》，持续开展"树邮电新风，创优质服务""创星级服务""创明星支局"活动。1995 年，出版《市民用邮手册》指导群众用邮。1996 年，正式施行《重庆市邮政通信管理条例》，该条例是四川省第一个地方性邮政法规；同年出台《重庆市邮政局邮政通信服务规范实施细则》，不断规范邮政服务机构局容局貌、服务设施、职工仪容仪表、文明服务、服务纪律、社会监督和检查考核。

业务发展：重庆邮政业务向多元化发展，业务种类在函件、包裹、汇兑、报刊发行四大传统业务的基础上，不断延伸和扩展，相继开办邮政储蓄、特快专递、邮政快件、礼仪电报、传真电报等新业务。储蓄存款余额由 1986 年恢复开办当年末的 0.32 亿元增长至 1996 年末的 9.85 亿元；特快专递业务自 1986 年开办，1996 年业务量达到 50.45 万件。1987—1990 年，探索和改革第三产业，打开多种经营发展新局面，在市邮局及 8 个区局（市中区局除外）实行招标承包，4 年创纯利润 202 万元。1996 年，全市邮电业务收入 1.54 亿元，是 1986 年（0.16 亿元）的 9.63 倍；邮政资产总额 4.60 亿元，是 1986 年（0.47 亿元）的 9.79 倍；劳动生产率 3.73 万元／人，是 1986 年（0.37 万元／人）的 10.08 倍。

能力建设：1986—1996 年，重庆邮政加快基础设施建设，相继完成沙坪坝火车邮件转运站、江北航空邮件转运站等 4 个部管项目。1988 年，重庆邮政枢纽辅助楼（市中区上清寺嘉陵桥西村 83 号）建成投入使用，市邮局机关各科室搬迁至新办公楼；1992 年，重庆邮政枢纽大楼通过邮电部、四川省邮电管理局验收，正式投产。1996 年，全局生产用房面积增至 75568 平方米，有邮电局（所）225 处，包括自办邮电局所 190 处、代办邮电局所 35 处；营运邮路共 217 条，总长度为 87801 公里，其中，自办

汽车一二级邮路 22 条、邮路长度 4240 公里。全市邮政干线形成以火车、汽车运邮为主体，多层次的邮政运输网，重庆邮政综合通信能力显著增强。

科技进步： 重庆邮政遵循"科学技术是第一生产力"的重要论断，邮电科研迈出可喜步伐。研制信函封班自动显示器，避免邮件脱班；开发报刊订销发行微机处理系统，提高工效 22.5 倍；引进比利时 OVCS 信函自动分拣系统 2 套，结束重庆邮政完全依赖手工分拣信函的历史，提高信函分拣自动化水平和速度，处理信函达到 6 万件 / 小时；开发邮政储蓄微机处理系统，区、支局报刊收订发行系统等；引进全国邮政编码微机查询系统；更新改造邮政运输设备和机械设备；建成业务微机处理系统 8 个，改善信函分拣、包裹分拣、报刊发行要数、邮运制单、邮件查询等部分业务处理手工操作状况，提高邮件处理能力和邮政机械化程度。

精神文明建设： 1987 年，重庆邮政贯彻落实《中共中央关于社会主义精神文明建设指导方针的决议》精神，印发《"七五"期间社会主义精神文明建设规划（试行）》。1988 年，重邮精神"团结、开拓、求实、振兴"发布。1989 年 9 月，市邮局局歌《绿色的风采》发布，获得重庆市行业歌曲创作和演唱两项金奖，并在 1990 年由中央人民广播电台主办的"红塔杯"首届全国企业厂歌大赛中获得"最佳作词奖"。1991 年，市邮局为从事邮政工作满 30 年的老职工颁发"三十年老邮政"荣誉证书。1993 年，第一轮《重庆邮政志（1891—1985）》出版，记录重庆邮政 95 年间（1891—1985）的演变和发展历程。1994 年，实施精神文明建设"五个一工程"，即一篇好新闻、一篇好文章、一部好文艺作品、一块好宣传教育阵地、一部好电视专题片。1996 年，重新发布企业精神："人在重邮爱重邮，开拓奉献创一流。"1986—1996 年，重庆邮政先后获得市级、部级、国家级各类先进集体荣誉 20 多项。

1997—2006 年，邮电分营后的艰辛探索时期

1997—2006 年，处于"九五"计划至"十五"计划时期。重庆邮政围绕"建设现代化邮政，满足社会需要"这一主线，在艰难摸索中奋勇前行，伴随着年轻的直辖市一同成长。"九五"时期重庆邮政重在"求实"，着力于打好基础、摆脱困境，处在"爬坡上坎，负重前进"阶段，在由计划经济向市场经济的转变中发生了深刻变化；"十五"时期重庆邮政重在"创新"，着力于加快发展、提高效益，实现扭亏增盈，解决了一些历史遗留问题。

从独立运营的 1997 年到"十一五"开局的 2006 年，全市邮政业务收入由 3.81 亿元提升至 10.04 亿元（其中，2002 年全市邮政业务收入达到 7.51 亿元，提前一年实现扭亏目标）；建成邮政实物运递网、综合计算机网、金融计算机网"三大网络"，通信能力提速发展。2006 年，重庆邮政服务综合满意度达到 91.63 分，列全国邮政前茅，服务能力不断提升。通过 10 年发展，重庆邮政从困境中崛起，步入自我积累、自我发展的良性循环轨道，"社会瞩目、同行领先、用户称道、员工自豪"的企业愿景逐步实现。从改造传统邮政、建设电子邮政，到发展网络邮政、迈步现代邮政，企业面貌焕然一新；网络规模、技术层次和服务水平都发生质的飞跃，呈现出持续、快速、健康发展的良好局面，在服务地方经济、满足社会需要、服务"三农"、服务人民群众方面作出了积极贡献。

体制改革： 1997 年，邮电部决定在调整重庆邮电管理体制的同时在全国率先进行邮电分营试点，成立重庆市邮政管理局。重庆邮电分营的成功实践，为全国邮电分营提供了样板，积累了宝贵经验。邮电分营后的邮政管理体制延续"政企合一"的运营管理模式，重庆市邮政管理局既是负责邮政工作的行政管理机关，同时也是公共服务部门，负责邮政网络建设与经营服务的企业化管理。

1997 年邮电分营后，重庆邮政积极探寻邮政改革发展重生之路。"九五"期间，重庆邮政运行体制不断完善，突出表现在三个方面：实施邮区中心局体制，将邮件处理中心与邮件运输系统合并为邮政中

心局；推进邮政专业化经营，成立邮政储汇局、邮政速递局、报刊发行局、邮政函件局、邮政邮购公司、集邮公司、邮政信息技术局、邮政递送局、机要通信局和邮政中心局等十大专业局（公司）；实施投递体制改革，运营机制由单一的投递向投递营销合一转变，将原由近郊局管辖的发投公司、投递站重新组合，成立14个分公司，由邮政递送局直接管理和运作。"十五"期间，重庆邮政加大改革力度，精简市邮管局机构和人员，机关部（处）室由13个减至11个，管理干部由171人减至108人，并成立邮政实业集团公司，实行主附、主辅分离；实行城片区化管理，设置3个城区局、7个片区局，全市邮政管理干部由1339人减至1149人；推行财务管理改革，在城区、片区局推行收支两条线管理和财务核算一体化；函件、集邮、报刊零售、代理和信息、速递业务模拟公司化运营，初步构建起专业核算和专业考核机制。

通过重庆邮电分营10年改革，重庆邮政逐步建立起以"产权清晰、权责明确、政企分开、管理科学"为内涵的现代企业制度，为邮政公司化运营作好铺垫。

邮政服务： 重庆邮政始终把"人民邮政为人民"的服务宗旨放在第一位，坚持以"用户满意"为标准，切实履行普遍服务和特殊服务义务，不断满足人民群众日益增长的用邮需求，服务水平和通信质量稳步提高。

——规范服务。1997年，邮政独立运营后，重庆邮政一方面求生存促发展，另一方面突出主题狠抓服务，始终把邮政服务质量和消费者对邮政服务的满意度纳入工作目标认真对待，忠实履行普遍服务和特殊服务义务。优化调整西部、南部、东部邮路，实现各类邮件全面提速，城镇基本实现普通包裹直投到户；采用特快专递方式投递大中专录取通知书；免费为大中专新生办理邮政储蓄"绿卡"，现场收寄新生档案；开展集邮下乡宣传展销活动；报刊发行采取集订分送、早报早投等手段，使服务深入社区和千家万户。出台《重庆市邮政通信服务工作处罚考核办法》，实施《邮政通信服务规范》，全市规范化服务窗口达到85%以上。制订《重庆市农村通信组织管理办法》《邮件传递时限检查办法》《重庆市城市邮政班组及农村邮政支局管理工作标准》《重庆邮政投递管理及检查办法》和《重庆市邮政服务工作考评办法》等一系列规章制度。完善服务监督机制，设立用户投诉接待室和举报电话，聘请邮政通信服务质量社会监督员，推进服务质量投诉中心建设，形成邮政行业消费者投诉受理和社会监督、评价体系。全市邮政服务逐步实现业务受理便捷化、资费政策严肃化、业务操作程序化、服务监督社会化、投诉处理及时化、邮件传递高速化，邮政服务整体水平明显提升。

——重塑形象。1997—2006年，重庆邮政加强基础能力建设，提升邮政品牌形象。2002年，启动"服务形象工程"；2003年，召开"服务形象工程"现场会；统一全市2202个网点的对外标识，完成1919个支局所的整治改造，局所面貌发生巨大变化。实施"三进"（进军营、进校园、进商厦）工程和"村邮"工程，方便人民群众用邮。开展"提高服务质量，让用户满意"等专项活动。开办邮政储蓄自助银行，完善网点服务功能。利用现代信息技术，通过"11185"邮政客户服务中心，开展上门服务、流动服务等。开办网上邮购业务，向社会提供信息和物流配送服务。

履行社会责任： 重庆邮政坚持以服务为宗旨，将自身发展与地方经济有机融合，努力为社会提供多元化优质邮政服务，为地方经济和社会主义新农村建设作贡献，在人民群众中树立了良好形象，社会地位不断提高，实现了企业经济效益与社会效益"双丰收"。

——服务"三农"。自2005年开始，重庆邮政响应"中央一号文件"号召，充分发挥邮政优势，积极服务"三农"。2005年，重庆邮政推进"11185"邮政客服中心订送火车票业务，做好种子、农药、化肥和饲料等农业生产资料和农民生活必需品的配送和邮购工作，全年种子邮购量60吨，订送铁路客票69279张，飞机票7755张。2006年，重庆邮政继续做好农村邮政通信工作，拓宽服务"三农"领域，建成服务"三农"网点770个，黔江、梁平、云阳三地邮政局被当地政府确立为"万村千乡"建设工程试点单位。全市累计向农村配送杂交种子1000余吨、饲料900余吨、液肥200多吨、农药300多吨、日用消费品 1000 多吨。做好普惠金融，为农村客户发放"绿卡"430 万户；服务农村汇兑客户 760 万人次；实现城乡资金流通近 600 亿元。积极探索邮储资金直接支持新农村建设渠道，开办小额质押贷款业务，全年累计发放贷款 883 笔、1459.51 万元。以"绿卡"为载体，大力发展代收代付业务，全年代收农电费 356 万户、代收农村电话费 382 万户、代发农村教师工资近万户，累计服务农村各类代收代付客户超过 1000 万户。开办代发粮食直补款、土地赔偿款、农村义务教育费用补贴等各种财政补贴资金业务，全年累计代发农业直补资金 264.9 万户、代发金额近 2 亿元。发放农村义务教育阶段家庭经济困难学生学杂费和补贴，代发人数共 63 万人、代发金额近 1 亿元。开办商务汇款业务，解决支农企业网点营收款结算难、划拨难的问题；全年通过商务汇款业务为烟草、联通、电信、移动等 10 余家网络型支农企业的 1000 多个网点提供资金结算、划拨服务，资金达 30 亿元。

——服务三峡库区（重庆段）搬迁复建。三峡库区（重庆段）邮政设施迁复建工作与地方搬迁进度一致。从 1996 年迁复建工程启动，历经 10 年艰苦奋斗，顺利完成三峡库区（重庆段）邮政生产设施迁复建和新建项目 145 个（其中，83 个为国家邮政局认可的直接淹没项目，62 个为新建或功能丧失项目），总建筑面积约 10 万平方米，总投资约 1.75 亿元。重庆邮政为整个三峡库区迁建验收工作一次合格、受到国务院表彰作出了应有的贡献。

——服务重要会议。2005 年 10 月 12—14 日，以"城市·人·自然"为主题的亚太城市市长峰会在重庆国际会展中心举行。来自全球 41 个国家和地区的 124 个城市的市长、议长（代表），255 家跨国公司的 CEO 或代表，13 个国外机构及中国市长协会代表参加了此次峰会。会议期间，经重庆市政府同意，重庆市邮政管理局授权城区一局在会展中心设立临时邮局，在峰会客人下榻的希尔顿、万豪、扬子江等 6 家酒店、宾馆设立专门的邮政柜台，提供邮政服务，受到与会各国市长和代表们的肯定。

——服务重大事件。落实重庆市委、市政府"为民办实事"项目，设立三峡报刊亭 900 个；党报党刊进亭零售种类、销售额居全国前列，受到中宣部领导的表扬。"非典"时期，重庆邮政员工在严格消毒的前提下，坚守岗位，确保邮路畅通、通信安全；每当洪灾、旱灾等自然灾害发生后，重庆邮政总是第一时间恢复通信生产和营业，为灾后重建和社会稳定起到不可替代的积极作用。

——服务公益事业。捐款修建奉节县九盘乡和城口县红花乡两所"邮政希望小学"，同时数次向边远贫困灾区捐款捐物。

——打造"重庆名片"。邮票是邮政的标志性产品，被誉为"国家名片"。经重庆邮政积极申报，中国邮政先后发行多套重庆题材邮资票品，如《重庆风貌》《大足石刻》《长江三峡库区古迹》等特种邮票、《巫山小三峡》特种邮资明信片；承办 1997 年中华全国集邮展览、2000 年迎接新世纪集邮巡回展览（重庆站）；举办《聂荣臻同志诞生一百周年》纪念邮票首发式、《重庆风貌》邮资片首发式、綦江新虹桥纪念邮品首发式等活动，扩大重庆直辖市在全国的影响力，促进重庆经济建设和对外开放，充分展示重庆邮政新形象。

业务发展： 自 1997 年后，面对邮电分营的严峻考验，重庆邮政通过专业化经营，形成邮务类（包括函件、包裹、报刊发行、集邮、机要通信、代理和信息业务）、金融类（包括邮政储蓄、汇兑、代理保险及邮储中间业务）、速递物流类三大板块业务。同时加强横向联合，先后与新华社、公安、法院、税务、社保等部门，移动、电信、联通、网通、铁通、铁路、烟草、银行、保险等行业开展广泛合作，开发代收税费、代收通信费、代理放号、代理保险、代理基金、代发农业直补资金、快递单证照、特快银行票据、邮政短信、邮政票务、烟草配送、药品配送、种子邮购、农资分销等几十项新业务种类和服务项目。通过经营服务领域的不断拓宽和专业化经营，促进了企业规模化快速发展。

2006 年，重庆邮政实现业务收入 10.04 亿元，是 1996 年（1.54 亿元）的 6.52 倍；储蓄存款余额超常规发展达到 320 亿元，是 1996 年（9.85 亿元）的 32.49 倍；邮政资产总额 15.91 亿元，是 1996 年（4.60 亿元）的 3.46 倍；劳动生产率 6.90 万元／人，是 1996 年（3.73 万元／人）的 1.85 倍。企业经济效益稳步提高，逐年减亏，1999 年减亏 0.16 亿元，2000 年减亏 0.38 亿元，2001 年减亏 0.73 亿元，2002 年减亏 0.51 亿元，最终在 2002 年实现扭亏为盈。

基础设施： 1997—2006 年，重庆邮政先后建成重庆邮政二枢纽（渝北区人和）、万州三级邮区中心、渝中区上清寺邮政枢纽至菜园坝火车站邮政专用地下通道、物流集散中心、速递处理中心、三峡库区邮政网点迁复建工程等一大批基建项目。组建重庆长江邮政船务有限公司，拥有船舶 8 艘及舶船码头（水运邮件转运基地）；江北机场邮件航空转运站正式启用，并设立重庆国际特快邮件交换站，向中国香港地区，美国、日本直封国际特快专递邮件总包。拥有 ATM 自动柜员机 216 台、邮资机 66 台、商业信函制作系统 3 套、信函分类理信机 2 套、信函分拣机 2 套、包裹自动分拣机 2 台，业务处理能力和邮件处理机械化、自动化水平明显提高。初步建成以各支局所网点、区县综合局房、物流集散中心、邮件转运站、二三级邮件处理枢纽、大宗邮件处理场地为节点的实物传递网络。建设（改造）区县局房 24 个，购建支局所 100 多个，三峡库区（重庆段）82 个局所整体搬迁（含 8 个县局房搬迁建设），竣工总面积达 30 万平方米，邮政生产场地较 10 年前翻番。这些基础设施的建成投产，使邮政生产条件和作业环境有了明显改善，对邮政普遍服务形成有力支撑，促进了邮政业务转型和邮务类、速递物流类业务发展。

科技兴邮： 1997—2006 年，重庆邮政落实"科技兴邮"战略，以信息化改造传统邮政，建成与全国邮政连为一体并覆盖全市 40 个区县（自治县、市）的邮政储蓄计算机骨干网络（绿卡网）和邮政综合计算机网。以此为基础，开发一系列业务及生产、经营、管理应用子系统，包括邮政储蓄、电子化支局、速递、物流、集邮、报刊、电子商务、中心局生产作业、邮运指挥调度、财务、量收、人力资源管理、办公自动化等 40 余个应用系统。全市邮政系统"Y2K"问题（计算机 2000 年问题）得到解决。截至 2006 年，重庆邮政拥有 1588 个邮政储蓄全国联网网点、9 个自助银行、217 台 ATM、6364 台多行共用 POS、1583 个电子汇兑全国联网网点、674 个电子化支局。信息网络的建立和逐步应用，加快了电子邮政发展，推进了传统邮政向现代化邮政迈进。

精神文明建设： 邮电分营后，面对"服务成本高、基础设施薄弱、独立经营压力大、人心思动"等重重困难，重庆邮政大力推进企业精神文明建设，提出"社会瞩目、同行领先、用户称道、员工自豪"的企业愿景，各级文明单位创建率达 100%。稳步推进和谐企业构建进程，全市邮政干部员工团结奋进，攻坚克难，表现出良好的精神风貌，涌现出大批先进单位和先进个人，受到上级主管部门和地方政府的表彰。重庆邮政获得"最佳文明单位""文明行业""最佳企业形象"等省部级以上荣誉 30 多项，全国劳动模范、忠县汝溪邮政支局支局长陈仕琼出席中国工会第十四次全国代表大会，并作为全国信息产业部门唯一代表受到中央领导亲切接见。

2007—2022 年，政企分开后的快速崛起时期

2007—2022 年，处于"十一五"规划至"十四五"规划时期。"十一五"时期是重庆邮政迈向又好又快发展的 5 年，也是改革力度大、发展成绩好、综合实力提升快、员工得实惠多的 5 年。"十二五"时期是重庆邮政发展史上稳步向好的 5 年，也是改革创新、转型升级的 5 年。"十三五"时期是重庆邮政改革发展进程中具有里程碑意义的 5 年，发展速度和效益全国领先。"十四五"时期重庆邮政立足"三新"（融入新发展阶段，贯彻新发展理念，服务新发展格局），迈向"三高"（推进高质量发展，创造高品质生活，实施高效能治理）。在"十四五"前期（2021—2022），重庆邮政积极应对新冠疫情影响，统筹推进疫情防控和生产经营，成功夺取了疫情防控和实现经营服务目标的"双胜利"。

政企分开后重庆邮政进一步践行"人民邮政为人民"的初心使命，以改革发展为主线，推动科技赋

能，着力提高邮政技术创新能力、市场开拓能力和经营管理能力，经济运行质量和效益快速提升，公司化体制不断完善，逐步发展成为新型现代化邮政服务企业。截至 2022 年，重庆邮政完成业务收入 78.44 亿元，收入规模列全国邮政第 11 位。2014—2022 年，重庆邮政成功实现集团公司战略绩效考核"9 连A"，并在 2022 年集团公司战略绩效考核中得分全国第一；账面收入利润率达到 8.16%，列全国邮政第 1 位；劳动生产率达到 59.64 万元 / 人，位居全国邮政先进水平，创造了重庆行业经济发展和中国邮政区域发展的奇迹。

重庆邮政深入落实"连接美好，无处不在"的新品牌战略，全市建成邮政营业普遍服务机构 1781 个，形成以重庆省际邮件处理中心为枢纽，航空、铁路、公路为纽带，遍及重庆城乡、连接全国各地、通达世界多个国家和地区、服务功能齐全的邮政通信网，在落实普遍服务、助力乡村振兴、推动绿色发展中奋楫笃行，用实际行动彰显国企担当，为富民兴渝贡献邮政力量。

体制改革：2007—2022 年，重庆邮政进行多项重大体制改革，国务院提出的"一分开、两改革、分业经营"改革目标逐一实现，邮政生产力得到解放和发展。2007 年 1 月 18 日，重庆邮政在全国率先办理完成工商注册登记变更手续，变更为重庆市邮政公司。同年 2 月 6 日，根据中央关于邮政体制改革有关精神，重组的重庆市邮政管理局和新组建的重庆市邮政公司正式揭牌成立。这是继 1997 年邮电分营改革之后的又一次重大改革，标志着全市邮政政企分开工作基本完成，重庆邮政从此进入一个新的发展时期。在重庆邮政完成政企分开改革后，又相继组建邮政储蓄银行分（支）行，实施速递物流专业化经营改革和股份制改造，成立中邮保险分公司、中邮证券分公司。2015 年 5 月 1 日，中国邮政实施"子改分"法人体制调整，中国邮政集团公司重庆市分公司及其管理的分支机构正式对外运营。为落实中国邮政集团公司由全民所有制企业改制为国有独资公司的更名、改制工作，2020 年 1 月，"中国邮政集团公司重庆市分公司"更名为"中国邮政集团有限公司重庆市分公司"。在主业改革的同时，进行主辅分离、辅业改制，关停邮政实业集团公司等一批辅业企业，精干主业。通过政企分开和竞争性业务的剥离，邮政板块、金融板块和速递物流板块业务的专业发展能力进一步释放，为企业转型升级和公司化运营提供了强大动力。

邮政服务：2007—2022 年，重庆邮政认真履行普遍服务和特殊服务义务，稳步提高普遍服务均等化水平，满足党政军的特殊服务需求；不断丰富服务内容，服务水平显著提升。深化邮政服务"三农"工作，助力打赢打好"三大攻坚战"，持续推进乡村振兴。

——"十一五"中后期（2007—2010），重庆邮政积极响应党中央、国务院号召，努力参与服务"三农"和农村社会化服务体系建设，建成 5700 余个"三农"服务中心，构建起"送工业品下乡、引农副产品回城"的双向流通渠道；实施邮政"服务中小企业"工程，加强与重庆通信、金融、社会公用服务等总部单位和行业的战略合作，企业社会责任日益彰显。

——"十二五"期间（2011—2015），全市 114 个空白乡镇邮政网点全部建成并开业运营，党报党刊投递及时准确，机要文件失密丢损率为零，实现机要通信 23 年质量全红。2015 年，组织开展以"情系万家"为品牌的服务质量大整改系列活动，服务质量不断提升，用户体验进一步改善。全市邮件综合时限达标率 99.29%，列全国邮政第 1 位；用户有效申诉率得到明显控制，相关质量指标列全国邮政第 2 位；用户满意度第三方测评 89.35 分，创"十二五"最好成绩。深化邮政服务"三农"工作，全市建成便民服务站 3988 个、"三农"服务站 2750 个、村邮站 2418 个，持续打通农资农技下乡、农产品回城双向流通渠道，巩固农村邮政服务体系。

实现利用国际铁路货运班列运邮的重大突破。重庆邮政从 2013 年起积极协同并推动中国邮政、重庆市政府、海关总署、中铁总公司多方协作，与"一带一路"沿线国家反复协调，历尽艰难，终于促成铁路合作组织（OSJD）在 2015 年 7 月修改了《国际铁路货物联运协定》中有关禁止运邮的规定，为中欧班列（渝新欧）运邮扫除了规则障碍，在世界范围内开创了国际邮件运输的新模式。

——"十三五"期间（2016—2020），重庆邮政深入践行"人民邮政为人民"的初心使命，忠实履行普遍服务义务，服务地方经济社会发展、满足人民美好生活用邮需求。制订并落实《中邮重庆市分公司提升普遍服务特殊服务水平拓展便民公益服务三年行动方案（2018—2020）》；开展主动客服，建立快速理赔机制，服务质量持续提升；申诉处理满意率由2016年的96.1%上升到2020年的100%，提升了3.9个百分点，列全国邮政第1位。持续加大普遍服务能力建设投入，全力攻克418个交通不便的边远地区建制村直接通邮难关，提前一年全面实现全市建制村直接通邮100%目标。普遍服务管控指标持续达标，实现机要通信28年质量全红。寄递业务多项运营指标处于全国邮政前列，形成网格式客户感知管理体系，客户服务体验不断深化。

创新开展"邮政+"，拓宽公共服务领域。2019年，重庆邮政巩固"邮政+税务"的税邮合作模式，完善邮政新一代订单平台与国税"12366"电子税务局系统对接，实现代开税票一键完成，全市39个区县、1592个自营网点均开通代征税业务；深化"邮政+交管"的警邮合作模式，在218个邮政网点开通24项车驾管业务代办服务；在巴南区试点探索"邮政+政务"的政邮合作模式，在邮政营业厅设置政务服务厅，通过"就近办、沿路送、上门接"，为企业和群众代办行政审批、公共服务等事项。

积极服务"一带一路"，推动中欧班列（渝新欧）国际铁路运邮项目发展。"十三五"期间，累计运输邮件近2200万件，货值超2.64亿美元；新冠疫情期间成功开通"中国邮政号"运邮专列，疏运全网积压国际邮件，为维护全球供应链稳定发挥了重要作用。

提升普惠金融、服务"三农"等邮政服务水平，积极推行"N站合一"模式，将邮政支局所打造成为"政务服务示范窗口、新型业务体验窗口、社会加盟渠道支撑中心"；将农村电商服务站、便民服务站、"三农"服务站、报刊亭、村邮站等渠道打造成为集"便民服务、公共服务、金融服务、电商服务"四位一体的多功能服务终端平台。积极融入直播新业态，孵化出重庆邮政官方抖音账号"yoyo今天卖个货"，并率先开启"政府+邮政+直播+扶贫"助农直播，组织开展各类直播带货287场，累计销售产品56.31万单。加大邮政电商扶贫力度，全市建成14个扶贫地方馆，实现贫困区县全覆盖，销售农产品932.8万元；新增"万单扶贫大单品"30款，完成集团公司目标进度的300%。助力打赢打好"三大攻坚战"，推进全面脱贫与乡村振兴有效衔接，深度融入地方经济社会发展，共建邮政服务"生态圈"；成功举办中国（重庆）邮政高层论坛等活动，邮政品牌形象日益彰显。

——"十四五"前期（2021—2022），2021年重庆邮政着力于客户服务质量全面提升。坚持每月专题召开服务质量分析会，研究解决通信服务、寄递网运营等服务质量痛点难点问题。推进"客户体验三年提升工程"，强化客户体验结果应用，形成客户体验问题闭环管理；实施窗口服务体验示范网点建设，打造12个市级窗口服务示范点，以标杆带动全市窗口服务优化提升；创新打造"二十四节气"邮政客户维护品牌，持续完善分等分级客户维护体系，丰富客户维护方式；开展"线上+线下"客户维护活动5730场，参与人数超730万人，新增邮政会员173万户。

2022年普遍服务19项重点指标全部达标，13项列全国邮政前列；财政部考核的3项指标全面达标，普遍服务邮件全程时限缩短至2.17天、建制村投递频次达标率100%。巡视专用信箱邮件寄递服务工作受到中央第七巡视组等单位的书面表扬。实现机要通信30年质量全红。

服务并融入国家重大战略，推进邮政快递业"两进一出"（进村、进厂，出海）工程全国试点工作和中欧班列（渝新欧）"铁路运邮"和"海外仓"项目，打造国际货邮枢纽，实现中欧双向运邮；服务"一带一路"，开通"重庆—白俄罗斯"出口运邮线路和英国专箱服务，被国家级媒体誉为"一带一路"上的"新邮差"和疫情下的"钢铁驼队"。融入成渝地区双城经济圈、长江经济带发展战略，在重庆市"两会"、第六次党代会召开期间，《重庆日报》集中报道重庆邮政融入地方经济社会发展工作成效，中央电视台先后6次报道重庆邮政中欧班列（渝新欧）运邮、录取通知书寄递、邮快合作等。

深化惠农合作，助力乡村振兴，与市商务委、乡村振兴局签订战略合作协议，与各级政府部门、社会机构共建服务平台；为巫山脆李首次开通"巫山—南京"产地直飞"极速鲜"专机航线，推动农产品进城；助力工业品下乡，打造农村新零售平台；推出乡村振兴特色产品包，支撑预制菜、小面等产业链式服务需要。定点帮扶城口县咸宜镇，2022年捐款30万元，完成消费帮扶595.11万元，助农增收及帮扶地方产业发展。同年，利用邮政"919电商节"，推出乡村振兴"万单计划"、社区团购"万团齐发"等十大活动，劲销44款万单大单品，产生订单58.9万笔，获多家媒体报道。

积极应对极端高温和旱灾、山火、疫情等一系列严峻挑战与考验，全力保供保通保畅；2022年，打造33条"双链工程"，全链条融入21个农业产业，建成40个农产品基地、74个示范社，与83家农业龙头企业合作，建成示范田12.29万亩，供应农资3072吨，带动惠农合作项目实现收入7.53亿元。

落实市委、市政府关于"坚决打赢疫情防控歼灭战"的要求，开展党（团）组织志愿帮扶活动，组建党员先锋队、青年突击队417支，参与企业和社区志愿帮扶；在防疫保供期间，供应蔬菜包、预制菜等超10万单、约1000吨，服务居民超30万人、企业超300家，助力解决农产品滞销问题。

协同发展：2007—2022年，重庆邮政坚持把发展放在第一位，围绕市场需求，以客户为中心，突出抓好经营工作，三大板块（邮务、金融、速递物流）、四大专业（金融、寄递、文传、渠道）协同持续高质量发展，经济运行质量和业务发展速度居全国邮政前列。

——"十一五"中后期（2007—2010），重庆邮政以发展为第一要务，全市邮政经济呈现出发展加速、结构优化的良好态势，收入规模不断扩大，收入质量不断提高，为企业的长远发展打下了良好基础。2010年，重庆邮政业务收入达到13.88亿元，是2006年（10.04亿元）的1.38倍，收入规模排名全国邮政第21位；邮政资产总额16.56亿元，是2006年（15.91亿元）的1.04倍；劳动生产率10.28万元/人，是2006年（6.90万元/人）的1.49倍；储蓄存款余额增长到638.21亿元，是2006年（320亿元）的1.99倍，增幅在全国邮政系统名列前茅，成为业务总收入保持较高发展速度的主要拉动因素；航空票务业务量收在全国邮政系统均处于领先地位，形成业务发展的"重庆模式"。

——"十二五"期间（2011—2015），重庆邮政在面临竞争性业务和农村普遍服务的双重压力下，以改革发展为主线，全面构建邮政综合服务能力体系，促进三大板块、四大专业协同联动、提速发展。2015年，重庆邮政业务收入达到31.08亿元，是2010年（13.88亿元）的2.24倍，收入规模排名上升至全国邮政第18位，"十二五"期间收入年均增幅17.49%，高于同期重庆地方GDP年均增幅，增幅排名连续五年位居全国邮政前5位，其中2012年、2014年均居全国邮政第1位，发展速度全国领先；2015年，邮政资产总额提升至25.66亿元，是2010年（16.56亿元）的1.55倍；实现劳动生产率22.53万元/人，是2010年（10.28万元/人）的2.19倍；企业利润首次突破亿元大关，实现考核利润1.51亿元，是2010年（66万元）的228.79倍；代理金融业务实现收入23.95亿元，是2011年（9.13亿元）的2.62倍；储蓄存款余额增长到1516.59亿元，是2010年（638.21亿元）的2.38倍，排名全国邮政第10位；储蓄存款余额市场占有率12.62%，比2011年（11.92%）提升0.7个百分点，2012—2015年连续4年排名全国邮政第1位。2015年包裹快递业务实现收入1.46亿元，同比增长29.13%，增幅排名全国邮政第5位。

——"十三五"期间（2016—2020），重庆邮政按照"领先西部邮政，同步地方发展"的规划目标，践行"固优势、补短板、抓重点、强弱项"的经营理念，取得"经济运行质量大幅提升，业务发展速度保持全国邮政系统前列，重点业务发展显著"的辉煌成绩。2020年，重庆邮政业务收入提升至66.22亿元（含寄递事业部），是2015年（31.08亿元）的2.13倍，规模排名上升至全国邮政第13位；"十三五"期间收入年均增幅16.34%，列全国邮政前茅。2020年邮政资产总额54.76亿元，是2015年（25.66亿元）的2.13倍。2020年邮政公司实现考核利润6.32亿元，是2015年（1.51亿元）的4.19倍，超"十三五"规划目标2.25亿元，利润5年年均增幅为33.18%；收入利润率2016—2019年保持全国邮政第1位，净资产收益率保持全国邮政前3位；2020年，劳动生产率提升至50.12万元/人，是2015年

（22.53 万元 / 人）的 2.22 倍；储蓄存款余额增长到 2660.85 亿元，是 2015 年（1516.59 亿元）的 1.75 倍，全国邮政排名第 10 位；储蓄存款余额市场占有率 13.47%，比 2015 年（12.62%）提升 0.85 个百分点，"十三五"期间除 2017 年排名全国邮政第 2 位外，其余 4 年均保持第 1 位。在集团公司战略绩效考评中连续保持获评 A 级。

——"十四五"前期（2021—2022），重庆邮政立足"三新"发展抓机遇，锚定"三高"目标增动能，聚焦"履职尽责　实干为要"主题，深化运用"六干"工作方法，克服严峻复杂的新冠疫情等重大影响，促进了企业高质量发展。2022 年，重庆邮政业务收入提升至 78.44 亿元（含寄递事业部），是 2020 年（66.22 亿元）的 1.18 倍，排名全国邮政第 11 位；邮政资产总额提升至 65.08 亿元，是 2020 年（54.76 亿元）的 1.19 倍；邮政公司实现考核利润 6.61 亿元，是 2020 年（6.32 亿元）的 1.05 倍；劳动生产率 59.64 万元 / 人，是 2020 年（50.12 万元 / 人）的 1.19 倍；储蓄存款余额增长到 3322.47 亿元，是 2020 年（2660.85 亿元）的 1.25 倍，储蓄存款余额市场占有率全国排名保持第 1 位。收入利润率、净资产收益率、劳动生产率等指标排名全国邮政前列。截至 2022 年，在集团公司战略绩效考评中连续 9 年获评 A 级。

邮政网络：2007—2022 年，重庆邮政加大投资力度，加强网络能力建设，提升服务能力和市场竞争能力，增强发展后劲。

——"十一五"中后期（2007—2010），重庆邮政加强核心能力建设，以重庆推动统筹城乡综合配套改革实验区和"二环八射"高速网建设为契机，优化重组同城快速网、市内专投网；为支持"经济快递"发展，先后开通 17 条"经济快递"邮件航空航线。完成西部网点和农村营投网点建设改造，新增和标准化改造农村营投网点 700 个，增加邮件转运站 1 个，建成村邮站 1600 余个、"三农"服务中心 5700 余个；实施"零金融"网点和空白乡镇邮政网点补建，邮政服务"三农"能力增强；对 68 个城市投递站点进行标准化改造。三峡库区（重庆段）直接淹没的 83 个局所（含 8 个县局局房）整体搬迁工作全面完成，竣工面积约 8 万平方米。调整网点布局，对 92 个有创收能力的网点进行"租改购"，支撑邮政普遍服务和邮政业务转型发展。

——"十二五"期间（2011—2015），全市邮政能力建设投入资金 21.75 亿元，较"十一五"增长 225%。《重庆市邮政条例》正式施行，邮政设施规划落地取得初步实效。《重庆市人民政府办公厅关于进一步做好〈重庆市主城区邮政设施专项规划（2008—2020）〉实施工作的通知》正式印发，并开展《重庆市主城区邮政设施专项规划（2008—2020）》修编工作。实施网点改造项目 1038 个，网点房产自有率由 2010 年末的 51.1% 提升到 78.5%；网点点均面积由 2010 年不足 80 平方米提升至 101 平方米。新增和更新生产汽车 665 辆、摩托车 1937 辆、电动三轮车 130 辆、装卸皮带机 42 台、PDA（手持终端）2742 只，扩充邮件处理中心和投递部场地 79 处，增加面积约 1 万平方米，实物网能力显著提升；全面优化调整邮区邮路、市趋邮路及一级干线邮路，"大西南、大重庆、大主城"快速邮运网初步建成。

——"十三五"期间（2016—2020），全市邮政基础建设累计投入 28.71 亿元，较"十二五"增长 32%。加强营业场所改扩建升级，支撑网点渠道转型发展。营业网点建设改造投入 8.2 亿元，占比 28.6%。实施网点整修项目 607 个，改造面积 13.8 万平方米；实施网点购建项目 76 个，新增营业用房面积 1.46 万平方米；营业网点房产自有率提升至 80.2%；全市代理金融网点转型覆盖率提升至 66.78%。更新和新增汽车 957 辆，新增摩托车 785 辆，邮运车辆达到 3523 辆。建成市级邮件处理中心 2 个、县域邮件处理中心 30 个、主城区营业部 54 个，邮件处理场地面积达 11.5 万平方米。建成市级仓配中心 3 个、县域仓配中心 30 个，仓配面积达 3.96 万平方米。邮区中心局每日邮件处理能力从 25 万件提升到 160 万袋（件）。

——"十四五"前期（2021—2022），2021 年，全市邮政投入基础能力建设资金 5.44 亿元，实施重点工程项目 22 个、网点整修项目 163 个、系统化转型改造项目 361 个；完成渝北回兴、空港处理场地工艺优化改造 15 处；完成重庆邮政信息网省中心机房工程建设，建成南坪西路智慧网点。2022 年，全市邮政能力建设持续推进，投入资金 3712 万元，加快三级物流体系建设；投入资金 1.72 亿元，支持渝东北、渝西分拨中心等 9 个处理场地征地、建设和改造；开通"重庆—南京"直达邮航航线和"重庆—成都""重庆—贵阳"高铁运邮路线；顺利实施邮区中心规范化改革，建成黔江分拨集散中心及 3451 个"邮快超市"。通过加强邮运网络基础能力建设，提升了邮运效率，全年时限体系 37 项可对标数据中，35 项优于全国均值。

科技赋能： 2007—2022 年，重庆邮政全面贯彻集团公司"科技兴邮"战略，加快邮政信息化建设和应用，有力支撑生产经营发展。

——"十一五"中后期（2007—2010），依托邮政综合网，开发和建设一系列涉及生产、经营、管理的应用子系统，信息系统间的数据共享和资源整合得到加强，全面支撑邮政业务特别是电子商务等新业务的发展。依托信息技术不断改进服务方式，形成窗口服务、上门服务、电话服务、网上服务、手机短信服务等多种服务平台。邮区中心局"三化"（生产管理扁平化、作业流程标准化、生产操作规范化）改革取得明显成效，邮件处理质量、时限和生产效率有较大提高。

——"十二五"期间（2011—2015），实施自主开发项目 53 个、为集团公司配套的项目 8 个、市内自建技改项目 18 个；顺利完成邮政储蓄逻辑大集中、综合便民服务平台、智能包裹柜联网安装等重点工程，金融网点集中授权系统按期上线运行，电子化支局全部建成；完成网点安防设施建设，金融网点监控达标率 100%。

——"十三五"期间（2016—2020），信息网能力建设投入资金 3.77 亿元，配置营业网点设备、智能终端等，夯实信息网建设，持续满足业务发展需求。其中，邮务台席设备点均 1.15 台（套），代理金融台席设备点均 3.14 台（套），自助现金设备点均 2.15 台，智能终端（ITM）点均 0.96 台，A 类点钞机（人民币鉴别仪）点均 3.96 台，清分机点均 1.04 台，移动展业终端点均 0.62 台。

——"十四五"前期（2021—2022），加强邮政服务数据化管理。2021 年，业技融合不断深入，开展专项数据分析项目 14 个，加大 CRM（客户关系管理）和个人财富管理系统运用，结存有效客户 1422 万户，新增 VIP 客户总资产 392.54 亿元，新增财富客户总资产 95.66 亿元，较 2020 年增长 31.73%，增幅列全国邮政第 4 位；渠道平台数字化营销初显成效，实现线上营销业绩 2.03 亿元。2022 年，设立科技创新实验室 2 个，申报立项科技类项目 6 个；新建特色客户库 8 类，新增客户数据 156 万条，开展数据分析应用 390 项；加强数字化应用，满足发展需要。截至 2022 年底，邮政信息网承载金融、邮务、视频监控、视频会议、多媒体联播、证券、保险、第三方业务共 8 大类业务应用。

邮政管理： 2007—2022 年，重庆邮政按照市场经济发展和现代企业制度要求，逐步建立起科学的管理机制，实施高效能治理。

——"十一五"中后期（2007—2010），规范邮政经营秩序，改善窗口服务质量，提升邮件传递速度。实施报刊大提速，加快报刊传递速度。稳步推进营销体系建设和大客户营销工作，2010 年全市共建成各级营销团队 109 个，专职营销员达到 903 人（不含速递物流专业）；全市邮务类大客户达到 3676 户，收入贡献占邮务类业务总收入的 40% 以上；重点业务和重点营销项目实现收入占邮务类业务总收入的 85% 以上。推行流程优化、降本增效，坚持用信息化改造传统业务，企业经营和财务状况得到明显改善，运行质量和效益显著提高，逐步实现规模、效益双平衡。

——"十二五"期间（2011—2015），建立和完善以利润为导向的财务管控体系，实行营业利润目标摘档管理；推动"子改分"房屋资产权属变更。建立与国家要求相适应、符合邮政企业实际的用工管理制度体系。组建各级代理金融检查队伍，深入开展"排雷行动"及网点合规风险等级评价等活动，健全和完善代理金融风控体系，及时排除隐患 869 个，加强风险防控能力。制订完善《党委工作规则》《总经理办公会议事规则》《"三重一大"决策制度实施办法》等 20 余项制度（办法），夯实基础管理。

完成审计及审计调查项目 291 个，促进企业降本增效和规范管理。强化合规经营，推进管理工作科学化、精细化，提升企业管理运营水平。

——"十三五"期间（2016—2020），出台系列协同制度，构建三大协同工作组和市—区县两级协同体系；劳动生产率稳居全国邮政前列，增幅与业务收入增幅基本持平，全市邮政生产人员特有职业资格持证率保持全国邮政前列；构建分层级、分对象的战略绩效考核框架，统筹长期和短期发展战略，发挥战略绩效的"指挥棒"作用，"十三五"期间重庆邮政战略绩效均获集团公司 A 级；形成网格式客户感知管理体系，客户服务体验不断深化；监督检查从严从紧，管控质量和效率稳步提升，服务质量管理成效凸显。

——"十四五"前期（2021—2022），人力资源管理持续优化，实现区县数据人才从无到有的突破；薪酬管理效能持续提升，上调防暑降温、劳动防护等福利标准，为员工办理好事实事 20 项；强化绩效跟踪管控，及时优化调整经营管理策略；推动成本预算前移，提高资产运营效率，完成资产盘活 3 年行动；2022 年市场营销机制成效显著，45 个市级经营项目实现收入 11.58 亿元，20 个管理项目实现效益 6686 万元，6 大协同项目实现收入 13.02 亿元，在集团公司考评中获满分。新签约市商务委等战略合作客户 5 家，累计达到 50 家，实现收入 4.36 亿元。培育"涪陵榨菜"基地农产品模式、渝北"网点＋站点"社区便民服务发展模式，以高效能管理促进高质量发展。

党的建设：2007—2022 年，重庆邮政坚持党建引领和全面从严治党，根据中央部署，先后开展学习实践科学发展观活动、创先争优活动、党的群众路线教育实践活动，"三严三实"（严以修身、严以用权、严以律己，谋事要实、创业要实、做人要实）专题教育，"两学一做"（学党章党规、学系列讲话，做合格党员）学习教育，"不忘初心、牢记使命"主题教育及党史学习教育等一系列党内集中主题教育活动，加强党的建设，充分发挥党委"把方向、管大局、保落实"的领导作用，各级党组织战斗堡垒作用和党员先锋模范作用在各项工作中得到充分体现。2008 年交纳"特殊党费"53.77 万元，支援四川省汶川县抗震救灾工作。2010 年向青海玉树地震灾区捐款 80.74 万元。2012 年巫山邮政投递员王安兰当选为"2010—2012 年全国创先争优优秀共产党员"，赴北京参加全国创先争优表彰大会，受到中央领导接见，并应邀参加集团公司专题座谈会。2013—2022 年，先后推出"员工大讲堂"、基层党组织建设达标工程、创先争优、庆祝中国共产党成立 100 周年、"三亮三比三评"、"党建＋"品牌及习近平新时代中国特色社会主义思想进基层、进班组、进支局学习活动等，以党建领航把方向、促发展。同时，以党建带团建，充分发挥广大青年团员生力军作用，开展"抗震救灾青年大行动""我与祖国共奋进，我与企业同发展""学习总书记讲话，做合格共青团员""喜迎二十大、永远跟党走、奋进新征程"等一系列团组织品牌活动；创立"重邮青年说"等共青团宣传品牌；建立"寻迹百年·重邮青年跟党走"等宣传阵地，激励重邮青年爱国爱党，敬业奉献。强化纪律检查，成立巡视整改工作机构，落实"两个责任"，对市级部门（单位）等 18 个党组织开展两批巡察工作，提前一年完成内部巡察全覆盖。加大执纪问责力度，对违规违纪领导人员给予党纪政纪处分。发挥工会"凝心聚力"作用，在全国邮政系统率先建立省级职代会制度，创新开展职工代表巡视、总经理见面会等活动，有力推动企业民主管理。关心关爱员工，为职工办理好事实事；开展"跨赛＋双创"常态化劳动竞赛，组织"五一"先进评选，建立"8+1"表彰奖励体系［"8"即 4 类先进集体奖项（十佳企业、企业发展进步奖、优秀团队、优秀基层党组织）和 4 类先进个人奖项（优秀基层管理者、优秀员工、优秀共产党员、优秀党务工作者），"1"为终极大奖"最美奋斗者"奖项］；开展"冬送温暖、夏送清凉"和"职工小家"创建活动，重庆邮政"快乐工作，幸福生活"的和谐企业氛围日益浓厚。

企业文化：2007—2022 年，重庆邮政重视建设具有重庆特色、邮政特点、时代特征的优秀企业文化。2011 年，梳理出重庆邮政企业文化理念体系，形成包括"企业使命、企业愿景、核心价值观、企业精神、经营理念、服务理念、管理理念"的全方位价值理念和行为规范体系，内鼓士气，外树形象。

2015 年，组织开展首届"感动重庆邮政十大人物"评选等活动，策划推出《身边的榜样·感动人物系列》纪录片；发布企业之歌《情系万家》。2021 年，重庆邮政文史馆建成，全方位展现重庆邮政改革发展历史，成为员工学习新阵地和客户宣传新名片。2022 年，重庆邮政以"驿路芳华系国脉——首届重庆轨道空间邮政主题文化展·历史篇"为主题，举办首届邮政主题文化展，通过重庆邮政发展史、邮票上的重庆、抗战中的重庆邮政等不同主题展区，展示重庆邮政在各个历史时期，发挥通政、通商、通民重要作用，服务于民的历程。同年，市分公司党委聚焦新时代企业形象塑造需求，总结提炼改革发展经验，形成重庆邮政企业文化，包含重庆邮政党委工作要求——讲政治、重担当、抓落实、作表率；重庆邮政经营理念——固优势、补短板、抓重点、强弱项；重庆邮政工作方法——提高站位"正确干"、践行宗旨"为民干"、实事求是"科学干"、攻坚克难"创新干"、履职尽责"全力干"、提高本领"带头干"；新时代重邮精神——乐观、自信、坚韧、奋进；新时代重邮倡导——快乐工作，幸福生活；新时代重邮行动——走访客户，对接项目等，激励员工不忘初心，担当使命。以《重庆邮政报》和新媒体矩阵为主要平台加强宣传、培育和弘扬邮政优秀企业文化；开展体育年、文艺年活动；组织各类劳动竞赛及先进典型评选，营造积极向上的企业文化氛围；加强职业道德建设，开展"情系万家"品牌服务提升等活动，规范员工行为，树立品牌形象，"两个文明"建设取得丰硕成果。重庆邮政先后获得"全国五一劳动奖状""全国模范职工之家""全国精神文明建设工作先进单位""重庆市文明行业"等荣誉，涌现出以"感动重庆十大人物""重庆市劳动模范""全国优秀共产党员"王安兰等为代表的一批先进员工。

回顾 37 年的风雨征程，重庆邮政在艰难中探索，在困境中崛起。实践证明，重庆邮政事业高质量发展离不开"五个坚持"：一是坚持以高质量党建引领企业高质量发展，是企业持续发展的强大政治、思想、组织保证。二是坚持"人民邮政为人民"的服务宗旨，是邮政事业的根脉和灵魂。三是坚持改革发展，是解决各种问题的根本途径。四是坚持科技兴邮，是重庆邮政持续发展的活力源泉。五是坚持以员工为本，是重庆邮政事业长青的基石。

经过 37 年的改革发展，重庆邮政发生了翻天覆地的变化。但是重庆邮政的发展还存在诸多困难和不足：邮政服务能力与人民群众的期盼还有差距；邮政各专业、各区域、各单位发展不平衡，高质量发展还需攻坚克难；推进高标准市场化体系建设还需不懈努力；企业支撑能力亟待加强，科技赋能、干部人才队伍建设等方面还有差距。

向未来，任重道远。全面开创重庆邮政高质量发展新局面，使命在心、责任在肩。"路虽远，行则将至；事虽难，做则必成"。重庆邮政将坚守"人民邮政为人民"的初心使命，履行"情系万家，信达天下"的承诺，自信自强，创新创业，践行行业"国家队"责任，奋力谱写中国式现代化邮政发展新篇章。

大　事　记

一、计划单列时期（1986—1996）

1986 年

4 月 1 日　重庆市邮政局（简称市邮局）开办"国际特快专递"业务。

5 月 10 日　四川省邮电管理局（简称四川省管局）决定：撤销李毓福重庆市邮政局局长职务，张思儒同志任重庆市邮政局局长。

6 月 1 日　重庆邮政对北京、上海、广州、昆明 4 市开办"国内特快专递"业务。

6 月 2 日　市中区打铜街邮电支局在全市率先恢复开办"邮政储蓄"业务。此前，4 月 1 日，邮电部和中国人民银行关于开办邮政储蓄的协议生效。

7 月 1 日　市邮局执行邮电部关于调整部分邮件分类范围的规定，对信函、印刷品准寄范围作出规定。

7 月 24 日　市邮局成立运输科、邮政储蓄科；技术设备科更名为技术设备维护科。

同日　成渝 305/306 次邮车被邮电部邮政运输局授予"全国邮政文明车次"称号。

10 月 25 日　市中区打铜街邮电支局在全市率先开办"异地储蓄"业务。

12 月 25 日　双桥区邮电局开通 HXJ976 纵横制 500 门长、市、农电话交换机，结束人工电话历史。

12 月 31 日　市邮局成立邮电拓展公司，主要经营邮电器材、五金等业务。

是年　市邮局沿用既有管理体制，由重庆市邮电局（1984 年 11 月 17 日成立，邮电部对其实行计划单列）领导和管理。市邮局管辖近郊 6 区（市中区、江北区、南岸区、沙坪坝区、九龙坡、大渡口区）和远郊 3 区（北碚区、南桐矿区、双桥区）邮电局。

1987 年

1 月 20 日　重庆邮政枢纽工程（位于市中区上清寺）举行奠基仪式。市委、市政府和有关部委领导及各界代表参加奠基仪式。

3 月 9 日　重庆市邮政局局长张思儒与重庆市邮电局局长许学余签订经营承包合同书。即日起，市邮局推行承包责任制，局长张思儒与 9 个区局、6 个生产科及 3 个经营性公司负责人分别签订承包合同书。

3 月 13 日　市邮局成立集体企业管理科。

4 月 10 日　重庆市邮政局与天津、呼和浩特、包头、沈阳、哈尔滨、福州、厦门、南平、漳州、三明市邮政局互办"国内特快专递"业务。

6 月 13 日　市邮局实行局长负责制。

6 月 15 日　四川省邮电管理局决定：张思儒同志任重庆市邮政局局长（任期四年）。

6 月 20 日　四川省邮电管理局党组决定：邓勋任重庆市邮政局党委书记，免去金玉成重庆市邮政局党委书记职务。

7 月 18 日　重庆市邮电局决定：廖良国、顾昌祺、何禄寿三位同志任重庆市邮政局副局长（任期四年）。

同月　市邮局首次在市中区上清寺邮电支局使用邮资机收寄邮件。

8 月 14 至 15 日　中共重庆市邮政局第五次代表会议召开，选举产生第五届党委会和第五届纪律检查委员会。

8 月 15 日　市邮局在近郊区和北碚区邮电局开办"国内有声信函"业务。

8 月 21 日　重庆市邮电局党组研究同意：何远承同志任重庆市邮政局第九届工会委员会主席。

8 月 26 日　重庆市邮电局党组研究同意：周华庆同志任中共重庆市邮政局纪律检查委员会书记。

9 月 15 日　重庆市邮电局党组研究决定：免去邓勋同志中共重庆市邮政局纪律检查委员会书记职务。

9 月 23 日　重庆市邮电局研究同意：顾昌祺任重庆

市邮政局总工程师。

11月1日　重庆市开始推行邮政编码。

11月10日　重庆市与全国195个大中城市、省内20个县市同时互办"国内邮政快件"业务。

11月15日　原由成都邮运分局组开的重庆—万县和涪陵的重件车停运。同日，重庆—万县汽车邮路开通。

11月16日　《重庆邮政报》创刊。

同月　重庆邮政开办"商包直投"业务。

1988 年

1月13日　邮电部授予重庆机要通信QC（质量管理）小组"1987年全国邮政通信优秀质量管理小组"称号，授予九龙坡区邮电局邮政营业专业联合QC小组"1987年全国邮政先进质量管理小组"称号。

同月　重庆市市中区上清寺支局投递员、四川省职工劳动模范李荣华参加重庆市共产党员模范事迹报告团，其先进事迹被拍成党性党风党纪教育录像片，在全市播放。

2月1日　重庆邮政新开办"庆贺、吊唁电报"业务。近郊6个区局营业室，远郊的南桐、北碚区局营业室及部分支局等25个网点，首批开办此项业务。

3月1日　市邮局在打铜街、解放碑、上清寺、观音桥、南坪、杨家坪、九宫庙、沙坪坝、童家桥、北碚、南桐、双桥等12个支局（营业室），恢复办理"国际快递函件"业务。

同月　《重庆市邮政编码簿》出版发行，重庆邮政成为全国同行中第一个为用户提供邮政编码查询服务的企业。

4月15日　重庆市邮政局老年协会成立。赵思智、邓勋为名誉理事长；张思儒为理事长；刘国珊、田为平、何远承为副理事长。

4月18日　根据重庆市邮电局决定，市邮局从1988年开始试行邮电职工休假制度。

4月28日　市邮局13条人工电传电路顺利进入重庆市256自动转报系统。

5月1日　按照重庆市邮电局《关于收取城市机要、普邮超区投递费的通知》规定，重庆邮政9个区局和机要科开始收取超区投递费。

6月1日　重庆邮政在全市范围开办快件汇款业务，并扩大快件业务开办范围。

6月15日　重庆邮政枢纽辅助楼建成投入使用，市邮局机关搬迁至新办公楼。该项工程被列为邮电部和重庆市政府重点建设工程。

6月22日　市邮局设立多种经营管理科，与综合服务公司合署办公，一个机构两个牌子。

7月6日　市邮局派押的成渝97/98次邮车获得邮电部运输局授予的"1987年度全国文明邮车"称号，这是

继1985年后连续3年获此殊荣。

7月11日　北碚区邮电局开通长途有权用户全自动拨号业务，成为重庆市远郊区、县局第一个开通此项业务的邮电机构。

10月9日　市邮局召开第19届世界邮政日及建局91周年纪念大会，市委、市人大、市政府、市政协、市顾委以及四川省、重庆市邮电局部分领导到会。市邮局局长张思儒向来宾汇报重庆邮政91年来的发展、现状以及面临的问题。

10月18日　江北、沙坪坝、市中区邮电局电信营业室试用DYI—844型电报计费开据机。

11月10日　重庆邮政枢纽生产楼破土动工。

11月16日　市邮局转运科火车组被邮电部授予"全国邮政转运先进集体"称号。

11月24日　重邮精神——"团结、开拓、求实、振兴"出台。

12月12日　市邮局党委印发《关于深化企业领导体制改革若干问题的实施意见》，改革局党政机构：撤销政治处、党委办公室、组织科、宣传科，成立党务工作部；设干部科、公共关系部、宣教科；撤销教育中心，成立培训中心。

12月15日　市邮局撤销审计监察科，成立审计科、监察室。

1989 年

2月11日　重庆市邮电局决定：蒋清和任重庆市邮政局副局长。

4月1日　市邮局开始实行邮电部新颁《国内邮件处理规则》。

4月28日　重庆经济计划单列后，为便于对外事务活动交往，市邮局机关科、室更名为部、处、室（原称部、室的单位名称不变）；随后6月6日，市邮局8个生产科（站）更名为处，更名后行政级别不变。

同日　重庆市邮政局党委、行政联合发出《关于坚决维护安定团结、旗帜鲜明反对动乱》的通知。全局广大党员、职工服从命令，坚守岗位，克服困难，确保邮电通信畅通。

6月8日　中国人民解放军西南服务团邮电队队员在重庆市邮政局集会，成立邮电队队史研究会。

6月30日　经市技术监督局检评，市邮局获"国家二级计量合格单位"称号。

7月10日　时逢汛期，因洪水导致重庆至万县、开县、涪陵、石柱、南充、大竹、长寿、潼南、合川、北碚10条汽车邮路中断，京渝9/10次车、郑渝283/284次车、渝达551/552次车3条火车邮路受阻。市邮局召开紧急调度会，采取措施，疏通邮路。

8月7日　市邮局派押的成渝97/98次邮车获得邮电部运输局授予的"1988年度全国文明邮车"称号，这是继1985年后连续4年获此殊荣。

9月1日　翰林JK-412中英文公众电报终端机在市中区邮电局投产运行。

同日　市邮局局歌《绿色的风采》发布。12日，在"重庆市首届长安杯厂歌、行业歌曲创作、演唱大赛"中获创作、演唱两项金奖；27日，市邮局举行局歌演唱大赛，800多名职工参加。

11月15日　重庆邮政开办"定活两便汇转储"业务。

12月4日　邮电部授予重庆市要通信局联合QC小组"1989年全国邮政优秀质量管理小组"称号，授予成渝97/98次邮车QC小组"1989年全国邮政先进质量管理小组"称号。

1990年

1月8日　重庆市邮电局决定：自1990年1月1日起，将市邮局管理的市机要通信局划归市邮电局直接管理。

2月6日　市邮局局徽发布，局徽由CY（重邮二字拼音首个字母）组成，寓意"鸿雁展翅，传邮万里"。

3月18日　市中区上清寺邮电支局邮政储蓄款余额达1000万元，成为四川省邮电行业中第一个突破千万元大关的支局。

4月1日　市邮局开通重庆—宜昌一级干线自办汽车邮路，单程全长1000公里，三日发两班。

同日　市邮局全面实行按邮政编码分拣信函。

4月18日　市邮局决定：调度室直属市邮局管理，负责干线邮运的组织管理工作；撤销包刷处，设立包裹处、刷印处；设立退休职工统筹办公室，与退休职工管理办公室合署办公。

4月30日　北碚区邮电局自动电话交换机扩容1000门割接开通。该工程于1989年底筹备，投资13万元。

6月11日　新造邮政趸船交付使用。该趸船于1988年1月委托宜宾造船厂建造，总投资65万元。

6月16日　重庆邮政通信枢纽建筑安装工程通过阶段验收。该工程被邮电部列为"七五"计划建设项目，总投资1650万元。

7月21日　重庆拓展邮电器材公司与重庆邮政综合服务公司合并为重庆邮政通信器材公司。

7月31日　市邮局各局、所按邮电部新颁《邮政资费标准》收寄邮件。

同月　《重庆邮政大事记（1891—1985）》一书出版。该书记载海关邮政、大清邮政、中华邮政、中国人民邮政四个时期邮政事业发展概况，全书共4.57万字。

8月　位于江北区鲤鱼池的市邮局职工宿舍竣工。该工程1988年7月开工，总投资240万元。

10月　市邮局编辑出版《重邮人的风采》一书，收辑讴歌重庆邮政干部职工风采的文章38篇。

11月6日　在中央人民广播电台主办的"红塔杯"首届全国企业厂歌大奖赛中，重庆市邮局局歌《绿色的风采》获大奖，歌词作者获最佳作词奖。

1991年

1月4日　邮电部授予市邮局函件处QC小组"1990年全国邮政先进质量管理小组"称号。

1月23日　市邮局获得重庆市"党政关怀支持青年工作奖"。

2月6日　由职工集资修建的解放碑信达商场开业。

2月10日　"82020工程"（市中区解放碑民权路邮局等拆迁重建工程）竣工，投入使用。其中市邮局投资240万元，用于修建市中区邮电局办公、营业、投递用房共2000平方米。

3月1日　市邮局成立邮袋管理处，主要负责邮袋管理、计划、调拨等工作，具有管理、生产双重职能。

3月20日　南桐矿区电话全部实现自动化。

3月21日　市邮局成立重庆邮政储汇局和重庆邮政速递局。同日成立老干部管理处，与干部处合署办公。

4月27日　市邮局为从事邮政工作满30年的老职工颁发"三十年老邮政"荣誉证书。

8月1日　按四川省邮电管理局、物价局通知，市邮局各支局（所）开始收取邮政建设附加费。

8月29日　市邮局成立国际邮件处，负责国际邮件的分拣、封发、互换和查询，属生产单位。

同月　市邮局局歌《绿色的风采》组歌发布，由营业员之歌、分拣员之歌、报刊发行员之歌、押运员之歌、邮递员之歌5首歌曲组成。

11月1日　北碚区邮电局与国营华光仪器厂联办的华光邮电所开业。

11月4日　市邮局编纂发行《重庆邮政史略》一书，记载1840—1985年重庆邮政发展历程。

11月10日　市邮局获得1990、1991年度"四川省思想政治工作优秀企业"称号。

11月30日　重庆邮电一厂生产的钙塑瓦楞纸包裹封装盒，经重庆市技术监督局检测，质量达到国家标准；同时通过四川省邮电管理局检查验收，同意监制并在全省邮政营业点推广使用。

1992年

2月20日　市邮局被市委、市政府授予"重庆市文明单位"称号。

2月22日　重庆市邮政局经济民警分队成立，编制21人。

2月28日　按照邮电部《关于调整重庆市邮电管理体制的决定》，撤销重庆市邮电局，重庆市邮政局、电信局升格为准局级单位，在四川省邮电管理局和重庆市人民政府双重领导下开展工作，业务上服从四川省邮电管理局统一指挥调度。

3月7日　邮电部、四川省邮电管理局工作组在重庆召开干部大会，宣读邮电部《关于调整重庆市邮电管理体制的决定》，决定撤销重庆市邮电局，将市邮电局的职能交市邮、电两局。同时宣布市邮局领导班子任命。

3月10日　经重庆市物价局核定，邮政基本营业区范围重新划定，规定近郊6区以各区邮电局所在地为中心，根据地形自然走向及邮政服务疏密程度向外辐射1—3公里；远郊区县以城关为界。

3月24日　市邮局决定在江北机场修建国际邮件航空转港站，建筑面积2400平方米，投资250万元。

同日　市中区邮电局邮政储蓄存款余额达10025万元，成为四川省第一个"亿元区（县）局"。

3月25日　邮电部邮政总局同意市邮局引进信函自动分拣机，由地方立项，作为技术改造项目。

3月27至30日　市邮局召开1992年度邮电工作会暨七届一次职工代表大会、十届一次工会会员代表大会，局长张思儒布置第三轮经营承包责任制工作，会议选举产生第十届工会委员会，何远承当选为工会主席。

4月20日　重庆市物价局批准市邮局开始收取邮政信箱管理费、包裹印刷品逾期保管费、邮件业务档案查阅及复制费，同意市邮局对各用邮单位每两年进行一次注册登记，同时收取邮电通信注册登记费。

5月5日　《重庆邮政报》复刊（因体制调整，1990年10月至1992年4月休刊）。

5月8日　市邮局成立质检科，负责邮政业务档案收集、整理、管理，以及邮政业务查询、汇兑检查。

同日　市邮局"八五"规划及"九五"设想出台，"八五"期间投资1.9亿元，改建、新建30个支局（所），修建转港站、火车站转运站、地下通道等6个大型项目。

6月10日　重庆水泥厂邮电所（南岸区）开业。该所由水泥厂无偿提供营业场地、设施，南岸区邮电局派员服务。

6月17日　经四川省公安厅批准，设立重庆市公安局邮政公安分局。

6月20日　重庆邮政枢纽大楼通过邮电部、四川省邮电管理局验收并投产。

6月24日　九龙坡区邮电局电信营业室电报投递组获得邮电部授予的"全国电报投递工作先进集体"称号，电报投递员李载阳获得"全国优秀电报投递员"称号。

7月1日　接邮电部通知，即日起市邮局对邮政快件资费、国内特快专递邮件资费实行新收费标准。

同日　市中区上清寺邮电支局将计算机运用于邮政储蓄营业窗口。

8月10日　北碚区邮电局无线寻呼（BP机）系统开通。

8月24至26日　在中共重庆市邮政局委员会第六次代表大会上，邓勋当选为党委书记，周华庆当选为党委副书记，郑如明当选为纪委书记。

8月27日　市政府领导到市邮局现场办公，研究重庆市邮政通信发展问题，重庆市计委、经委、工交政治部、物价局、规划局、重点办、电信局、邮政局相关领导参加会议。

9月22日　市邮局对全市9区邮政用户单位进行普查注册。

10月1日　重庆邮政开办"台湾包裹"收寄业务。

10月22日　市邮局开通"邮政编码微机查询台（查询电话353151）"，为市民提供邮政编码查询服务。

11月1日　北碚区邮电局1.2万门程控电话割接开通。该工程于1991年12月引进加拿大北方电讯公司设备，1992年4月安装完毕。

11月8日　重庆第一个集邮票品交换市场在重庆市群众艺术馆开市，该市场设柜台100个。

12月1日　经重庆市物价局批准，市邮局开始收取邮政特殊服务费、邮件投递服务费、特快专递邮件超远投递费、邮政编码查询费。

12月12日　重庆市邮政局与重庆太平洋物业开发总公司合建的重庆邮政枢纽配套工程开工。该工程建筑面积1.7万平方米，总投资2000万元。

12月15日　重庆鸿雁旅游公司成立。

1993 年

3月1日　按照四川省物价局、邮电管理局有关文件规定，按调整后的标准和范围收取邮政地方建设费，同时停止收取普邮超区投递费。

3月2日　市邮局邮件转运站被全国干线邮路文明竞赛委员会授予"全国邮政文明转运站"称号。

3月26日　重庆市邮政局邮电物资供应站成立。

4月1日　重庆—成都自办汽车邮路开通。

4月23日　南桐矿区邮电局更名为万盛区邮电局，与南桐矿区更名为万盛区同步。

5月1日　在重庆市9区范围内企事业、机关、团体和个人，通过银行办理的异地结算凭证，采用邮政特快专递寄递。

5月29日　《两岸挂号函件查询、补偿事宜协议》生效并实施。

6月2日　邮电部、四川省邮电管理局同意在重庆修建水运邮件转运站，征地6亩，建筑面积7000平方米，总投资 1510 万元。

7月1日 重庆鸿雁旅游公司与俄罗斯高尔基造船厂签订合同，购买"流星"型高速水翼船两艘，总投资 140 万美元。

同日 经海关总署监管二司和邮电部邮政总局同意，重庆邮政开办"国际邮件互换"业务，设立重庆国际邮件互换局和重庆海关驻邮政局办事处，互换局于当日开业。

同日 中国人民银行、邮电部、中国工商银行、中国农业银行颁发的《邮政汇兑资金清算办法》在全国施行，缓解了重庆农村邮政汇兑取款难的问题。

7月8日 《重庆邮政报》更名为《三峡邮报》。

7月12日 重庆市邮政局与重庆有价证券公司联办的证券交易部挂牌并对外营业。

8月8日 重庆市储金城市信用社正式对外营业。该信用社属于独立核算、自负盈亏、集体性质的股份制经济实体。

9月11日 重庆邮政职工医院增挂"重庆陵江医院"牌子并对外服务。

10月9日 重庆邮政在 9 区范围内开办"同城速递"业务。

10月10日 由鸿雁轮船公司投资 1850 万元建造的鸿雁 152 号邮轮的开工典礼在涪陵川东造船厂举行。

10月20日 市邮局获准进入全国报刊发行省际数据通信网络计算机系统，结束发行要数省际间邮寄订单的历史。

12月20日 第一轮《重庆邮政志（1891—1985）》一书出版，编纂历时 9 年，记录重庆邮政近 100 年的演变和发展历程。

1994 年

1月20日 四川省邮电管理局决定：黄绍林任重庆市邮政局局长（任期四年）。张思儒任重庆市邮政局巡视员（副司局级），免去其重庆市邮政局局长职务。

2月23日 市邮局设立"邮政青年解疑帮难"电话（3864209），向社会公众提供服务。

2月24日 市邮局党委召开精神文明建设工作会，决定在全局开展"岗位学雷锋、行业树新风、一切为用户、满意在重邮"的优质服务主题教育活动。

3月12日 重庆火车北站邮件转运站工程竣工。

3月14日 重庆江北机场航空邮件转港站工程竣工。

4月15日 市邮局设立重庆绿波审计师事务所。

5月1日 重庆及川东地区的国际、特快专递邮件可直接在渝报验关。

同日 市邮局对位于市中区范围内的市委、市人大、市政府、市政协及区委、区政府和警备区、集团军等 12 个重点单位订阅的《人民日报》试行早报早投。

5月4日 《重邮青年人的风采》一书首发。该书为《重邮人的风采》《共产党员的风采》的续篇。以上 3 本书一起形成"重邮人"系列丛书。

5月7至8日 亚洲集邮联合会主席郑炳贤及夫人，在中华全国集邮联领导的陪同下来渝考察访问。

5月28日 双桥区 6000 门程控电话交换机当日零时顺利割接开通。

6月6日 市邮局成立邮电劳动就业服务公司。

6月18日 重庆邮政"鸿雁信息寻呼台"开台。

6月19日 万盛区 6000 门程控电话交换机当日零时顺利割接开通。

6月28日 由鸿雁轮船公司委托建造的"鸿雁"号豪华邮轮船体，在涪陵川东造船厂下水。

同月 "七一"前夕，市邮局党委被市委授予"1994年度先进基层党组织"称号。

7月29日 市邮局成立"绿卡工程"办公室。

8月1日 经重庆市物价局批准，市邮局对进出口国际民用包裹、小包及印刷品专袋，出口国际特快和国际快件（信函除外），出口国际印刷品，收取国际邮件代客报关服务费。

8月8日 市邮局实施精神文明建设"五个一工程"，即：一篇好新闻、一篇好文章、一部好的文艺作品、一块好的宣传教育阵地、一部好的电视专题片。

8月15日 重庆市邮政通信器材公司更名为重庆邮政实业开发总公司，负责邮政大厦（位于市中区上清寺）建设中及建成后的相关工作。

10月25至29日 全国省会市邮政局第一协作区工作研讨会在重庆召开，本次会议主题为"面向大市场，开拓新领域，发展大邮政"。

11月1日 重庆邮政"九五"发展规划及 2000—2010 年远期规划出台。

11月4日 中国邮政发行《长江三峡》特种邮票 1 套 6 枚及小型张 1 枚。

11月8日 重庆市邮政局与重庆南亚物业集团签订联合建设重庆火车站邮件转运大楼合同。

12月15日 重庆—柳州干线汽车邮路开通。

同日 重庆—宜昌汽车邮路延伸至武汉。

12月28日 市邮局利用引进的俄罗斯高速水翼船"鸿飞"号，开辟重庆—宜昌快速水运（客邮兼运）邮路，在重庆—丰都段试航成功。

1995 年

1月3日 邮电部邮政总局同意征地 100 亩，新建重庆汽车邮运中心（位于江北县开发区人和镇）。

1月6日 市邮局出台《方针目标管理办法》和《风险抵押承包办法》，推行以企业发展和效益为整体目标，以方针目标管理为主线，统揽经营承包责任制、局长任期目标责任制和企业内部经济责任制为内容的"一表统揽，两级管理，三制结合，四位一体"通信企业管理模式，同时实行企业风险抵押、领导班子抵押和全员风险抵押三个层次风险抵押承包。

2 月 11 日 市邮局决定调整部分医疗费用包干使用基数标准：在职职工依照工龄长短发放，退休职工不论工龄长短统一标准发放。

同日 四川省邮电管理局决定：蒋清和继任重庆市邮政局副局长；顾昌祺继任重庆市邮政局副局长、总工程师；何禄寿继任重庆市邮政局副局长；袁祖伟任重庆市邮政局副局长。

2 月 25 日 四川省邮电管理局决定：邓勋任重庆市邮政局巡视员（副司局级）、郑如明任重庆市邮政局督导员（正处级）。

2 月 28 日 市邮局信函自动分拣系统开通，2 套 OVCS 信函自动分拣系统和红框理信机投入生产（总投资 2800 万元，由阿尔卡特贝尔电话公司生产，利用比利时贴息贷款引进）。

3 月 1 日 四川省邮电管理局党组决定：周华庆任中共重庆市邮政局委员会书记（副司局级）；刘洪任中共重庆市邮政局委员会副书记、中共重庆市邮政局纪律检查委员会书记（正处级）；免去邓勋中共重庆市邮政局委员会书记职务；免去郑如明中共重庆市邮政局纪律检查委员会书记职务。

同日 四川省邮电管理局党组同意：曾嘉陵代理重庆市邮政局工会主席职务；何远承不再担任重庆市邮政局工会主席职务。

3 月 16 日 经重庆市人民银行批准：重庆市邮政局与太平洋保险公司重庆分公司达成协议，在上清寺、解放碑、三角碑、观音桥、南坪、杨家坪、九宫庙、北碚、万盛、双桥 10 个邮政营业网点，代办家庭财产保险、企业财产保险、团体人身保险等业务。

3 月 23 日 邮电部邮政总局同意调整重庆水运邮件转运站建设规模和投资，征地 11 亩，总建筑面积 41400平方米，一级干线部分总投资 1890 万元。

4 月 1 日 共青团中央、邮电部决定：命名解放碑邮政营业室营业组为首批全国"青年文明号"。

4 月 2 日 邮电部、四川省邮电管理局同意市中区邮电局更名为渝中区邮电局（因地方行政区划调整，市中区更名为渝中区）。

4 月 8 日 市邮局决定在渝中区邮电局营业室、上清寺邮电支局，江北区邮电局营业室，沙坪坝区邮电局营业室首批推广电子化营业。

5 月 1 日 市邮局执行"每周工作四十小时"的"执五休二"新工时制度。

5 月 9 日 市邮局获得四川省委、省政府授予的"省级文明单位"称号。

5 月 19 日 经四川省邮电管理局批准，市邮局组织实施《重庆市邮政局经营管理机构调整方案》，设置"一局七部"：重庆邮政枢纽局、业务营销部、人才技术开发部、综合职能部、监督保卫部、后勤保障部、多种经营部和党群工作部。调整后，行政职能管理机构 15 个，业务经营机构 17 个，生产运行机构 8 个。

6 月 9 日 市邮局开展"爱国、爱局、爱岗，一心为用户，满意在邮电，为重邮发展作贡献"的"三爱一满意"教育活动。

同日 市邮局举办抗日战争及世界反法西斯战争胜利 50 周年纪念活动。

6 月 22 日 "重庆市邮政局"新印章启用。

7 月 24 日 市邮局成立电话通信中心。

8 月 10 日 开通重庆—泸州自办汽车邮路，邮路单程长度 200 公里，实行逐日班。

9 月 21 日 邮电部、邮政总局原则同意重庆汽车邮件运输中心工程可行性研究报告。重庆汽车邮件运输中心占地 36 亩，建筑面积 7947 平方米，工程总投资 3758.8万元。

9 月 24 日 "中驿"号豪华涉外游轮首航式在朝天门码头举行，重庆市人大常委会、重庆市人民政府，邮电部、邮政总局，四川省、湖北省邮电管理局领导出席。

9 月 24 至 27 日 重庆鸿雁旅游公司第四次董事会在"中驿"号游轮上召开。会议决定将重庆鸿雁旅游公司更名为长江邮政船务有限责任公司。

10 月 21 日 市邮局第一个邮政营业窗口电子化系统，在江北区邮电局营业室试营业。

11 月 30 日 重庆市邮政局决定：聘任邓建民、戴富琪、邵晓东为重庆市邮政局局长助理（副县处级）。

12 月 20 日 四川省第八届人大常务委员会第十八次会议批准《重庆市邮政通信管理条例》。

同日 成立重庆市邮政局政策法规处。

同月 市邮局编辑出版《市民用邮手册》。

1996 年

1 月 1 日 重庆市行政区划调整后，经四川省邮电管理局研究决定并报邮电部同意，对部分邮电支局管理关系作相应调整：将由重庆市电信局管辖的白沙沱、冬笋坝、西彭、白市驿、陈家桥、青木关、长生桥、鱼嘴、水土、静关、复兴、柳荫邮电支局划归市邮政局管辖；将由重庆市邮政局管辖的南泉、道角、李家沱邮电支局划归重庆市电信局管辖；重庆市邮政局管辖的大坪、化龙桥、郭家沱、石桥铺邮电支局在局内部进行调整。渝中区上清寺邮电支局更名为重庆市邮政局邮电中心营业部。

1月15日 重庆市人大常委会召开新闻发布会,公布施行《重庆市邮政通信管理条例》。

3月20日 市邮局开展形式多样的业务宣传和用户咨询活动,纪念中国邮政开办100周年。

4月12至13日 市邮局召开八届一次职代会和十一届一次工代会,选举产生第十一届工会委员会和经费审查委员会,曾嘉陵当选为工会主席。

5月1日 重庆—万县快速水运邮路开通。

5月6日 市邮局对邮政注册用户颁发《邮政注册登记证》。

7月1日 《重庆市邮政局邮政通信服务规范实施细则》开始施行。

8月1日 市邮局自行研制的电子汇兑计算机自动化处理系统投入试运行。

8月26日 经市委研究决定:1997年《重庆日报》《重庆晚报》《重庆晨报》采取邮发与报社自办发行并行方式,除重庆近郊6区和北碚区由报社自办发行外,其他区、县(市)及万县市、涪陵市、黔江地区仍由邮局发行。

9月24日 重庆市邮政局158个邮政储蓄自办网点,获得人民银行重庆市分行颁发的"中华人民共和国金融机构营业许可证"。

10月8日 市邮局"绿卡工程"计算机中心机房通过验收。

11月1日 重庆—郑州干线汽车邮路开通。

同日 重庆市卫生检疫局和动植物检疫局在全国率先进驻重庆邮政,对进出口国际邮包进行检疫。

同月 市邮局金融计算机网络系统工程("绿卡工程")第一个联网试运行储蓄网点——渝中区上清寺中心营业部储蓄网点开通。

12月1日 接邮电部、四川省邮电管理局通知,实行新的邮电资费标准。

12月3日 市邮局重新发布企业精神:人在重邮爱重邮,开拓奉献创一流。

二、邮电分营时期(1997—2006)

1997年

1月9日 邮电部领导会见重庆市委领导,代表邮电部党组阐述调整重庆邮电体制、实行邮电分营的指导思想、重大意义、基础条件和分营思路、政策及目标。重庆市计委、重庆市邮政局、重庆市电信局等主要负责人参加。

1月16日 《重庆市邮政通信管理条例(注释)》出版发行。该书由重庆市邮政局编辑,并编录邮政通信行业管理有关法规。

2月20日 市邮局召开纪念重庆邮政开办175周年暨建局100周年座谈会。适逢邓小平同志逝世。会上,局长黄绍林以《继往开来,再创辉煌》为题,回顾重庆邮政100年的发展历程,描绘重庆邮政美好的发展前景。

2月25日 重庆邮政广大干部职工通过多种方式收看中央电视台转播的邓小平同志追悼大会实况。

3月24日 市邮局获得"四川省最佳文明单位"称号。1992—1996年,重庆邮政实现从"市级文明单位"到"省级文明单位"再到"省级最佳文明单位"的跨越。

3月28日 1997年中华全国集邮展览组织委员会在重庆成立,并召开组委会第一次会议及新闻发布会,会议选举了组委会名誉主任和组委会主任,组委会副主任由重庆市邮政局局长黄绍林等担任。

4月10日 邮电部印发《重庆市邮电体制调整实施方案》,决定调整重庆地区邮电管理体制并进行邮电分营试点。邮电部决定:设立重庆市邮政管理局(简称市邮管局),撤销重庆市邮政局。重庆市邮政管理局为正厅局级邮政通信主管机构,管理重庆市所辖行政区域内邮政企、事业单位,经营管理本区域内邮政业务,同时履行邮政通信行业管理职能。管理局机构按照企业总部模式设置。

4月23日 按照八届全国人大五次会议《关于批准设立重庆直辖市的决定》精神,重庆邮电部门从四川划出,四川省邮电管理局就万县市、涪陵市、黔江地区23个区(市)县邮电局及8个直属单位,1个重点厂矿支局,与重庆邮、电两管理局开始办理移交工作事宜。移交工作于月底完成。

4月28日 邮电部决定:任命黄绍林为重庆市邮政管理局局长;任命林汉城、蒋清和、顾昌祺、袁祖伟为重庆市邮政管理局副局长。

同日 邮电部党组决定:黄绍林同志任中共重庆市邮政管理局委员会书记;周华庆同志任中共重庆市邮政管理局委员会副书记;刘洪同志任中共重庆市邮政管理局纪律检查委员会书记;曾嘉陵同志任中国邮电工会重庆市邮政管理局委员会主席。

4月29日 重庆"绿卡工程"首台自动柜员机(ATM),在重庆市邮政局邮电中心营业部(渝中区上清寺)开通运行,填补重庆"绿卡工程"ATM的空白。

5月9日 重庆市邮政管理局、电信管理局成立大会在重庆渝州宾馆举行,重庆市邮政管理局挂牌成立。

5月16日 "重庆市邮政管理局"印章启用,原"重庆市邮政局"印章作废。

5月28日 邮电部财务司通知:市邮管局财务与四川省管局财务自1997年5月1日起脱钩。

6月11日 邮电部下发《关于重庆邮政现业机构设置问题的批复》:同意撤销渝中区邮电局等32个邮电局,

设立永川市邮政局等 44 个邮政局，设立重庆市邮政中心局、邮政储汇局、报刊发行局、邮政速递局、机要通信局、集邮公司等 6 个专业机构。

6 月 18 日 重庆市邮政管理局和重庆市电信管理局联合发文《关于撤销重庆市北碚区邮电局等 88 个邮电机构的通知》，撤销重庆市北碚区邮电局、重庆市万盛区邮电局、重庆市双桥区邮电局、重庆市渝北区邮电局、重庆市巴南区邮电局、江津市邮电局、合川市邮电局等 38 个邮电机构。

同日 重庆直辖市挂牌，中国集邮总公司和重庆市邮票公司推出由中国著名邮票设计家王虎鸣设计的系列邮品，山城市民竞相抢购。

6 月 24 日 市委批复：同意建立中共重庆市邮政管理局委员会，由 9 名委员组成，分别为黄绍林、周华庆、林汉城、蒋清和、顾昌祺、袁祖伟、刘洪、曾嘉陵（暂缺 1 名委员），委员会书记黄绍林、副书记周华庆。

7 月 1 日 重庆作为《香港回归祖国》纪念邮票及系列邮品"零点发售"城市之一，现场销售空前火爆，实现收入 1800 多万元，占全年集邮业务收入 16.71%。

7 月 4 日 市邮管局撤销渝中区邮电局等 6 个区邮电局，设立渝中区邮政局等 44 个区（市）县邮政局及 6 个专业局。

7 月 10 日 中国邮电工会全国委员会决定建立中国邮电工会重庆市邮政委员会。

7 月 14 日 市邮管局首次召开区（市）县邮政局负责人座谈会，就如何做好邮电分营初期职工思想政治工作和企业稳定工作进行重点安排。

7 月 16 日 重庆邮政公安分局破获首例伪造"邮资已付"邮戳案。

7 月 21 日 邮电部邮政总局决定：调整重庆市邮政编码，按直辖市顺序排列，前两位编码由"63"调整为"40"，后四位编码基本不变。新邮政编码于同年 9 月 1 日启用。

7 月 29 日 重庆市邮政速递局与市招生办公室签订协议：本市中专录取通知书全部交邮政以特快专递方式传递，并披红挂彩送到考生手中。

8 月 29 日 邮电部批复重庆市渝北区人和第二邮政枢纽（重庆邮政二枢纽）工程可行性报告。该工程总建筑面积 35000 平方米，总投资 4990 万元。

同日 邮电部批复重庆市渝北区人和第二邮政枢纽（重庆邮政二枢纽）设备安装工程报告，核定该工程总投资 2600 万元，其中邮电部承担 2340 万元，重庆市邮政管理局承担 260 万元。

9 月 5 日 市邮管局召开直属单位干部大会，宣布机关及后勤服务机构设置方案，同时宣布机关各部处室、专业局、单位及近郊 6 个区局的负责人。市邮管局机关根据邮电部规定，设办公室（政策法规处）、邮政行业管理处、邮政业务市场部、邮政计划建设部、财务部、人事劳动部、科技教育部、宣传部、多种经营部、监察室、审计处、离退休人员管理处共 12 个部处室，人员编制在 140 人以内。

9 月 25 日 市邮管局决定在全市邮政行业全面实施"塑造企业形象"工程。

10 月 5 日 邮电部同意重庆市邮政企业以"重庆邮政局"名称进行企业法人登记。

同日 市委工交工委批复：同意成立中共重庆市邮政管理局纪律检查委员会，刘洪任书记。

10 月 9 日 重庆"绿卡工程"与北京、上海等全国 40 个城市的 2000 个邮政网点、800 多台 ATM 联网，对外开通邮政储蓄活期异地存取款业务。

10 月 13 日 市邮管局批复：同意设立重庆邮政邮购有限公司。该公司经营范围为国内和国际邮购业务，以及各类商品的经销、代销、代购、批零等业务。

10 月 18 日 "1997 年中华全国集邮展览"于 10 月 18 至 24 日在重庆展览会议中心（位于南岸区江南大道 2 号）举办。此次展览由中华全国集邮联合会主办，重庆市邮政管理局、重庆市集邮协会承办，四川省邮电管理局、四川省集邮协会协办。

10 月 28 日 团市委批复：同意共青团重庆市邮政局委员会更名为共青团重庆市邮政管理局委员会。

11 月 11 日 市邮管局发出通知，改革现业多种经营管理体制，按照"分灶吃饭、自主经营、单独核算、归口管理"原则，将现业各多种经营经济实体分别挂靠到各专业局、各相关部门或直属单位。

12 月 8 日 重庆国际邮件交换站成立。

12 月 12 日 重庆市邮政管理局、市技术监督局、市工商局联合印发《重庆市信封生产监制管理办法实施细则》，自发布之日起施行。

12 月 18 日 中国邮电体育协会同意成立重庆市邮政体育协会，接纳该会为团体会员，同意该会由黄绍林任主席、曾嘉陵任副主席。

同日 重庆—宜昌快速水运邮路开通，发运邮件包括特快专递、邮政快件、信函、报纸。

1998 年

2 月 25 至 26 日 重庆市集邮协会召开重庆直辖后的第一次会员代表大会，聘请滕久明、崔连胜、黄绍林为名誉会长，选举袁祖伟为会长。

3 月 10 日 经邮电部批准，重庆设立国际特快邮件交换站，向中国香港地区及美国、日本直封国际特快专递邮件总包。

3 月 11 日 重庆—广州火车干线邮路开通，市邮管局承担邮件派押任务。

同月　重庆市邮政工会获得"全国巾帼建功活动先进单位"称号。

4月6日　按照邮电部《关于调整万县市、涪陵市、黔江地区邮政管理体制的批复》要求，市邮管局在万县市邮政局召开邮政管理体制调整会议。其调整范围是：撤销万县市邮政局及其所辖的龙宝、天城、五桥3个区邮政局，撤销涪陵市邮政局及其所辖的李渡区邮政局。设立万县移民开发区邮政局和万县区邮政局，合署办公，代管忠县、开县、云阳、奉节、巫山、巫溪6县邮政局；设立涪陵区邮政局。梁平、城口、丰都、南川、武隆、垫江等6县（市）邮政局由市邮管局直接管理。撤销黔江地区邮政局，设立重庆市黔江开发区邮政局，并代管石柱、秀山、酉阳、彭水县邮政局。

4月23日　市邮管局决定：市邮政速递局与市国际邮件分拣局合设，即一个机构、两块牌子。

4月27日　重庆邮件转运站被中国邮电工会、邮政总局、邮电部劳资司评为1997年度全国邮运文明单位。

5月8日　市邮管局批复：同意设立重庆鸿都大酒店股份有限公司。

5月14日　市邮管局与美国惠普租赁公司签订融资租赁合同，租赁价值2650万元的计算机设备，主要用于邮政储蓄"绿卡工程"和邮政办公自动化项目。采用融资租赁方式解决重点工程资金缺口，在全国邮政行业中尚无先例。

5月21日　按照国家邮政局《关于各邮区中心局设置的通知》，重庆为二级邮区中心局，万县为三级邮区中心局。此前3月19日，市邮管局批复：同意黔江三级邮区中心局立项建设。

5月27日　国际邮件分拣局更名为国际邮件互换局，与邮政速递局合设。

5月28日　重庆市邮政管理局与杭州东方通信股份有限公司签订合作项目。重庆邮政按4年分期付款方式购买东方通信公司组装的西门子ATM，扩充全市邮储"绿卡"网点。

6月1日　重庆邮政开办"直递邮件"业务。

6月18日　市经委和市邮管局共同研究决定，推广使用邮政商业信函、企业名片、企业金卡等双向促销业务，开展双向促销活动。

同日　重庆直辖一周年纪念日当天，重庆邮政与市委宣传部联合举办"《重庆风貌》特种邮票首发式暨重庆·长春集邮展览"。重庆市政府及中华人民共和国信息产业部相关领导到场祝贺。

6月19日　重庆邮政获得中华全国总工会、全国职工职业道德建设指导协调小组授予的"全国职业道德先进单位"称号。

6月26日　重庆邮政通信学会组织召开一届一次会员代表大会暨学会成立大会，通过《重庆市邮政通信学会章程》，选举产生理事会，黄绍林当选为首任理事长。

6月29日　巫山县小三峡（流动）邮局成立的新闻在中央电视台播放。

7月1日　重庆直辖后修订的《重庆市邮政通信管理条例》施行。该条例于3月28日经重庆市第一届人民代表大会常务委员会第八次会议审议通过并公布。

7月6日　人民邮电报社重庆（邮政）记者站成立，挂靠在市邮管局。

7月24日　重庆邮政企业管理协会召开成立大会暨第一次会员代表大会，审议通过《重庆市邮政企业管理协会章程》，选举产生第一届理事会成员，黄绍林当选为理事长。

7月29日　重庆水运邮件转运站开工。此前，2月11日，市邮管局与四川省建十二公司新兴房地产开发公司签订联建合同。

8月4日　按照邮电部《关于同意万县区邮政局和万县移民开发区邮政局更名的批复》要求，市邮管局决定，将万县区邮政局更名为万州区邮政局，万县移民开发区邮政局更名为万州移民开发区邮政局。

同日　市邮政速递局采用邮政特快专递方式，将本市第一份大专录取通知书送到考生赖良安手中。此后，1998年全市5.8万份大中专录取通知书，均由市邮政速递局采用特快专递方式投送。

8月6日　重庆市丰都县茶元、三建邮政支局遭遇特大洪水冲击。在1998年洪涝灾害期间，全市邮政系统有22个区县（市）邮政局、200多个网点及90多户邮政职工宿舍受灾，直接经济损失500万元。全市邮政职工艰苦努力，团结奋斗，取得抗洪抢险保通信的胜利。

8月12日　市邮管局成立再就业服务中心，为其直属事业单位，与人力资源中心合署办公。负责托管下岗职工，发放下岗职工基本生活费，对下岗职工进行培训，帮助下岗职工实现再就业等。

8月21至26日　市邮管局第一届职工运动会暨男子篮球比赛在渝北体育馆举行。

8月23日　重庆举办赈灾（洪涝灾害）足球义赛活动，邮政系统捐款20万元。此前，市邮管局向江西、湖北、湖南、黑龙江等省邮电管理局分别捐赠长安面包车1辆，全市邮政部门干部职工个人捐款48万余元、捐衣物2万余件。

同月　市邮政储汇局斥资30余万元，为全市5.8万名大中专新生每人赠送一个储蓄金额为1.68元的存折，并免费为其办理一张全国通存通兑的邮政储蓄卡（"绿卡"）。

9月1日　重庆邮政试办向美国寄发全球优先函件业务。

9月3日　长江邮政船务有限公司开办重庆—万州、重庆—武汉客邮兼营邮路。

9月8日　鸿都大酒店股份有限公司举办公司成立暨荣膺三星级饭店庆典仪式。

同月　九龙坡区邮政局营业室QC小组被中国科协、团中央、全国总工会、中国质协授予"1998年全国优秀质量管理小组"称号。

10月1日　重庆邮政特快专递礼仪公司开办新郎新娘迎送业务。

10月9日　重庆邮政开通"185"特快专递邮件揽收专线。

11月12日　重庆邮政开办邮资（回音卡）明信片业务。

11月23日　香港邮务职工会领导对重庆市邮政工会进行对口考察，双方签署《重庆市邮政工会、香港邮务职工会友好交流意向书》。

12月10日　重庆市邮政储蓄计算机网络技术改造工程（即"绿卡"一期工程）原则通过初步验收。该工程是当时重庆邮政技术设备规模最大、投资最多、技术含量最高的一项工程。

12月16日　重庆市万州三级邮区中心动工兴建。该工程占地27.2亩，主体工程建筑规划9599平方米，总投资1980万元，于1999年底竣工。

12月23日　牛角沱—菜园坝邮运隧道工程建成通车。该隧道总长度1345米，总投资1400余万元，由邮电部立项，市邮管局具体实施修建。

1999 年

1月12日　按照国家邮政局安排，重庆市邮政管理局副局长林汉城离渝，就任湖北省邮政局副局长。

1月14日　市邮管局再就业服务中心更名为再就业服务指导中心。

1月23日　武隆县邮政局创办的重庆首家"邮政商城"开业。

3月1日　即日起，全市邮政系统参与重庆市"110社会服务联动"活动，及时受理"110"所转市民用邮投诉电话。

3月8日　美国邮政开始向重庆寄发GPM（全球优先）函件。

4月23日　市邮管局直属机关党委召开"讲学习、讲政治、讲正气"动员大会，对"三讲"教育工作进行具体布置。

4月26日　长江邮政船务有限公司"中驿"号豪华涉外游轮被评定为三星级内河旅游船。

5月9日　重庆市陵江医院（邮政医院）与新桥医院结成军民共建医院，挂"第三军医大学新桥医院技术指导医院"牌子。

5月9至10日　重庆市邮政管理局举行集会，愤怒声讨以美国为首的北约用导弹袭击中国驻南联盟大使馆，造成中国人员重大伤亡、馆舍严重毁坏的血腥暴行。

5月12日　邮电部邮政运输局西南分局重庆邮运车队更名为重庆邮政干线运输车队，整建制划归重庆市邮政管理局（直属单位，正科级），业务归口市邮管局总调度室管理。

6月　特大暴雨先后袭击重庆酉阳、秀山、彭水、武隆等地，造成邮政局房、设施设备、职工住宅等损毁严重，企业直接经济损失570多万元，幸未造成人员伤亡。

8月16日　中国邮政发行特种邮资明信片《长江三峡》，在万州区举行首发式。1套10枚，主要反映长江三峡沿途瞿塘峡、夔门、巫峡等景点的秀丽风光。

8月19日　按国家邮政局要求，市邮管局在全市邮政通信企业设立安全保卫机构。

9月14至17日　由国家邮政局新闻宣传中心主办、重庆邮政记者站承办的《中国邮政报》全国记者站站长会议在重庆召开。来自全国30个省（区、市）的40余名邮政记者站站长参会。

9月27日　重庆邮政系统庆祝新中国成立50周年文艺汇演在重庆市劳动人民文化宫举行。26个基层单位的28个节目、300多位邮政职工参加演出。这是重庆邮政系统历来规模最大、人数最多的一次文艺汇演。

10月13日　重庆市邮政管理局决定：政策法规处从办公室分离，与行业管理处合署办公，实行两块牌子、一套班子。

同日　按国家邮政局要求，市邮管局决定在全市邮政通信企业设立监察机构（与纪检机构合设）。

同日　重庆邮政援建的奉节县九盘乡"邮政希望小学"捐款暨奠基仪式在奉节举行。重庆市邮政工会主席曾嘉陵将25万元职工捐款转交县政府领导。

11月20日　重庆邮政职工捐款修建的城口县红花乡"邮政希望小学"启用。学校占地面积667平方米，建筑面积180平方米，总投资6万余元。

12月24日　市邮管局决定新设专业化经营管理单位——邮政函件局，业务归口业务市场部。

同日　按国家邮政局要求，重庆市邮政管理局决定：档案室更名为档案馆，归口办公室管理。

12月29日　中国邮政发行《聂荣臻同志诞生一百周年》纪念邮票1套2枚，在聂荣臻家乡——重庆江津市举行首发式。

12月31日　重庆邮政各类计算机顺利过渡到2000年1月1日，系统、程序、数据均未受"Y2K"（"千年虫"）影响。

2000 年

1 月 1 日　重庆邮政开办"限时信函"业务。该业务分为当日递和次日递两种，是一种比特快专递更快的新型邮政业务。市民在解放碑等 12 个营业网点可办理该业务。

1 月 6 日　重庆邮政江北航空邮件转运站正式启用，缩短了特快专递邮件全程运递时限，顺利完成特快邮件提速工作。

1 月 20 日　重庆邮政"十五"规划发展目标确定。

2 月 14 日　重庆邮政获得"重庆市最佳企业形象单位"称号，已连续 3 年保持该项荣誉。

3 月 1 日　重庆市邮政系统计算机"2000 年闰年"问题顺利过渡。

3 月 10 日　重庆邮政公安分局在市邮管局行业管理处配合下，破获全国最大邮票造假案，捣毁制假贩假窝点，缴获假邮票 50 余种 100 余万枚，票面价值 1.6 亿元。

4 月 27 日　重庆忠县汝溪邮政支局支局长陈仕琼获得"全国劳动模范"称号；市邮管局局长、党委书记黄绍林，重庆邮科院院长张晓春，万盛区邮政局营业员陈玲玲，获得"重庆市劳动模范"称号。

5 月 3 至 5 日　经国家邮政局批准，中国集邮总公司同重庆、辽宁、山西、河北等四省市邮政局联合举办的"迎接新世纪"全国集邮巡回展览（重庆站）在渝中区得意广场开展。

6 月 2 日　中央领导视察 1995 年首批命名的"全国青年文明号"之一的渝中区解放碑邮政营业室，对其取得的成绩给予较高评价。重庆市委、市常委、市委宣传部领导陪同视察。

6 月 3 日　万州区五三邮政所邮件处理中心邮件转运组组长、共产党员唐云建，在与洪水搏斗中为抢救国家财产和营救武警战士光荣牺牲。同年 11 月 5 日，重庆市人民政府批准唐云建为革命烈士。

同日　在国家邮政局的监督下，重庆邮政组织开展集邮票品销毁工作。是新中国成立以来规模最大、品种数量最多的一次集邮票品销毁工作。

7 月 1 日　西南经济协作片区的四川、重庆、云南、贵州、广西等 5 个省（区、市），在成都市签订试办区域性"邮政特惠箱"邮件业务协议。该业务自 7 月 1 日起在上述协作片区范围内开展。

7 月 19 日　市邮管局成立电子邮政领导小组。

8 月 18 日　重庆市巫山鸿都大酒店开业。

8 月 29 日　市邮管局对万州、黔江区邮政体制进行调整：撤销万州移民开发区邮政局，保留万州区邮政局；撤销黔江开发区邮政局，设立黔江区邮政局；开县、忠县、云阳、奉节、巫山、巫溪、酉阳、彭水、秀山、石柱县邮政局由市邮管局直管。

8 月 30 日　重庆市邮政递送局成立。

9 月 5 日　重庆邮政管理局召开重庆邮政社会监督员聘请会，聘请新华社重庆分社、重庆日报、重庆电视台等 16 家新闻单位共计 16 人为重庆邮政社会监督员，接受社会监督，改善邮政服务。

9 月 17 日　重庆邮政与湖北邮政会同武汉警方，在武汉破获全国首例邮资信封跨省制假贩假案件，查获假《颐和园十七孔桥》邮资信封 8 万余枚。

9 月 25 日　从 7 月开始的重庆邮区中心局搬迁工作基本结束。涉及 8 个生产局，700 余名职工和大量生产设备、车辆。新场地在重庆邮政二枢纽，位于重庆市渝北区人和镇。

10 月 1 日　中国邮政发行的《重庆风光》邮资明信片首发式在渝举行。重庆市政府、中华全国集邮联合会等领导参加首发式。当天同时举办了"中国·西部集邮展览"。

10 月 20 日　国家对外经济贸易合作部核准重庆邮政速递公司为国际货物运输代理企业，主要经营空运、陆运进出口货物的国际运输代理业务。重庆邮政成为西部 12 个省（区、市）中取得该代理资格的首家邮政企业。

10 月 25 日　重庆邮政速递局开办特快专递寄送公民出境材料（证件）业务。

10 月 30 日　中国质量管理协会、中华全国总工会、共青团中央、中国科学技术协会联合召开全国第 22 次质量管理小组代表会议，市邮管局机要通信现业联合 QC 小组获得"全国质量信得过班组"称号。

12 月 10 日　重庆市邮政管理局与中国人寿保险公司重庆分公司签订协议，自 12 月中旬起在全市各区县邮政局营业网点销售个人意外伤害保险邮资明信片，每张明信片可保个人意外伤害保险 2000 元。

12 月 25 日　重庆邮政"绿卡"POS 机（刷卡机）消费系统开通。

12 月 26 日　重庆邮政中心局下辖的转运局获得"全国邮政文明转运站"称号。该局已连续 8 年获此殊荣。

2001 年

3 月　重庆邮政制作发行的綦江"新虹桥邮品纯金版纪念盒"被重庆市文物评审委员会认定为文物，被重庆市博物馆收藏。后被国家文物评审委员会认定为文物，同时被中国历史博物馆、中国革命博物馆收藏并颁发文物收藏证。

4 月 30 日　重庆邮政首位"全国五一劳动奖章"获得者——邮区中心局转运局职工卢海林，赴京参加表彰大会。

6 月 15 日　全市邮政系统信息和公文基本实现网上传递和交换。

6 月 29 日　以工会主席曾嘉陵为团长的重庆市邮政工会代表团一行 10 人，应日中协力促进会邀请，赴日本访问交流。

6月30日 城市普通包裹按址直投到户工作在重庆市实施。

7月1日 重庆邮政与全国19个省（区、市）局同步开通邮政电子汇兑业务。首批开通的有渝中区解放碑、上清寺、打铜街、中二路、大坪5个网点。

7月2日 市邮管局党委副书记周华庆获得"全国优秀党务工作者"称号。

7月13日 市邮管局于北京申奥成功当晚召开新闻发布会，举行《北京申办2008年奥运会成功》纪念邮票开封及销售抽号仪式。次日零时，该套纪念邮票在渝中区解放碑、上清寺2个集邮营业网点准时发售。

同日 重庆邮政成立执法大队，挂靠在行业管理处，负责全市邮政行业日常执法管理工作。

同日 市邮管局开展的"三讲"（讲学习、讲政治、讲正气）学习教育活动圆满结束，该活动自6月4日起开展，历时39天。

7月16日 为支援三峡库区移民搬迁，市邮管局与市交委和移民所在地政府协商，由重庆邮区中心局承担部分移民搬迁物资运输工作。同日，首批16辆重庆邮运车辆组成"三峡库区移民搬迁车队"出发。此后两个月内，重庆邮区中心局共调派邮政专用车辆60台次，保证搬迁任务顺利完成。

8月1日 按照国家邮政局部署，重庆邮政在辖区所有邮政局所开办国内快递包裹业务。

8月17日 市邮管局"185"邮政速递服务台正式开通电话订票（飞机、火车、轮船票）业务，并负责免费送票上门服务。

9月1日 《重庆邮政年鉴（1998—2000）》（创刊号）出版，这是重庆邮政发展史上第一部年鉴。

同月 中国质量管理协会、全国用户委员会授予重庆市邮政管理局"全国用户满意服务单位"称号。

11月1日 重庆邮政推出新型业务"混合信函"，集现代和传统通信方式于一身。

12月5日 重庆邮政科学技术委员会成立，下设重庆邮政科技委办公室，挂靠在科技处。同日，新技术开发及技术改造项目评审鉴定委员会撤销，原职能划归重庆邮政科技委。

12月14日 重庆邮政电子汇兑（三期）工程建设完成，所属41个区县（含建峰邮局）局级电子汇兑中心全部建成并联网运行。

12月18日 重庆邮政政研会被中国职工思想政治工作研究会评为"全国优秀政研会"。

2002 年

1月8日 重庆邮政储蓄"绿卡"系统上线运行。

1月25日 重庆邮政电子汇兑业务开通，并在重庆市内实现通兑。

3月13日 重庆邮政获得"重庆市最佳企业形象单位"称号。

4月16日 重庆邮政举行《亚洲议会和平协会（AAPP）第三届年会》邮资明信片首发式。

4月26日 重庆邮政"185"客户服务中心建成。

6月18日 重庆直辖5周年，重庆邮政在大足县举行《大足石刻》邮票首发式暨系列集邮活动，同时发行《如意》个性化邮票小版张1套。

7月2日 国家邮政局决定：任命王景江为重庆市邮政管理局局长；任命周华庆为重庆市邮政管理局副局长；任命王树志为重庆市邮政管理局副局长；任命黄绍林为重庆市邮政管理局巡视员，免去其重庆市邮政管理局局长职务；任命蒋清和为重庆市邮政管理局助理巡视员，免去其重庆市邮政管理局副局长职务；任命顾昌祺为重庆市邮政管理局助理巡视员，免去其重庆市邮政管理局副局长职务；任命刘洪为重庆市邮政管理局助理巡视员。

同日 国家邮政局党组决定：周华庆同志任中共重庆市邮政管理局委员会书记；王景江同志任中共重庆市邮政管理局委员会副书记；曾嘉陵同志任中共重庆市邮政管理局纪委书记；免去黄绍林同志的中共重庆市邮政管理局委员会书记职务；免去刘洪同志的中共重庆市邮政管理局纪委书记职务。

8月22日 重庆邮政召开"整顿机关作风，开展'扭亏'活动"动员会。即日起，重庆邮政开展"扭亏大讨论"活动。

9月3日 重庆邮政储蓄"绿卡"系统银联卡改造工程完成。经批准，开始发行"绿卡"银联卡，邮政储蓄ATM受理他行卡业务同时开通。

9月6日 重庆邮政召开动员会，启动"服务形象工程"。

9月20至23日 重庆邮政组建电信业务局、中邮物流重庆公司，公开竞聘两单位主要负责人。

10月21日 重庆邮政市内2小时电子汇兑通存通兑业务，在全市101个电子汇兑系统联网网点全面开办。

同日 市委宣传部决定，由重庆市邮政管理局、重庆日报报业集团和重庆新华书店集团公司三家共同出资，借鉴上海东方书报刊亭模式，联合组建重庆市书报刊有限责任公司。其中，邮政占40%股份，其他两单位各占30%股份，筹备工作由邮政牵头进行。

同月 按照重庆市委领导指示，市政府领导对邮政车辆过路过桥费优惠政策作出具体批示：同意免缴重庆市主城区范围内生产性邮政通信车辆过路过桥费（"七桥一隧"年票费）。

11月30日 重庆邮政首次组团参加重庆市第四次高

新技术交流会，向市民展示电子汇兑、"绿卡"、个性化明信片、电子邮票、"185"服务热线、"183"网站等高新业务。

2003 年

1月5至8日 市邮管局党委书记周华庆率领电信、储汇两个专业局和10个区县（自治县、市）邮政局局长组成业务发展考察团，赴黑龙江省邮政局及其所辖的哈尔滨、大庆两市邮政局学习考察。

1月15至16日 市邮管局召开全市邮政工作会，总结2002年、部署2003年全市邮政工作。国家邮政局领导为重庆邮政提前一年实现扭亏发来贺电，市政府领导在会上作重要讲话。

1月16日 经重庆市新闻出版局批准，《重庆邮政》报由四开四版小报改为对开四版大报。

1月17日 市委、市政府举行"革命伴侣李硕勋、赵君陶诞辰100周年纪念大会"。重庆邮政发行《革命伴侣李硕勋、赵君陶诞辰100周年》纪念封。

1月22日 市邮管局局长王景江和渝中区邮政局党委书记杨杰当选为渝中区人大代表。

同月 市邮管局在全市范围内代收电信公司通信使用费（包括小灵通在内的通信话费和电路、声讯、数据使用等电信资费）。

2月14日 市邮管局出台《关于2003年全市邮政大客户营销服务工作的实施意见》，标志着重庆邮政"大客户工程"启动。

2月19日 重庆邮政经营管理体制进行调整：精简管理局机关、直属单位，将机关处室由14个减至11个，直属单位由11个调整为5个。

同日 重庆邮政实行城、片区化管理，将全市40个区县（自治县、市）邮政局整合为3个城区局和7个片区局。

2月24日 重庆邮政制订《重庆市城市邮政支局（营业班组）管理工作标准》《重庆市城市邮政投递班组管理工作标准》《重庆市农村邮政支局管理工作标准》，加强城乡邮政支局、班组基础管理。

3月9日 重庆邮政召开"服务形象工程"现场会。全市应改造局所网点318个，实际完成402个。

3月14日 重庆市邮政递送局"波仕塔"桶装饮用水商标注册成功，重庆邮政桶装水配送有了自己的品牌。

3月15至23日 重庆邮政以切屏方式，利用"绿卡"网点拓展电子汇兑网点工程上线，电子网点从200个增至936个，截至2003年底达到1187个。

3月21日 重庆邮政与重庆联通签订《2003年邮政联通合作实施方案》。该方案以2002年9月签订的《邮政联通第二期战略合作实施方案》为基础，在合作原则、代理手续费分成、合作营业厅建设及互为大客户等方面进行了完善。

3月25日 重庆邮政票务中心挂牌对外营业，利用"185"客户服务中心平台，提供飞机、轮船、火车、汽车票及演唱会票、福利彩票等24小时订购服务。

4月10日 市邮管局与市公安局出入境管理处协商，在全市范围内开办代理寄递中国公民因私出国（境）证件业务。

4月12日 国家邮政局、重庆市政府、重庆市邮政管理局在巫山县举办《巫山小三峡》特种邮资明信片首发式。

4月17至21日 纪念毛泽东同志诞辰110周年暨亚洲邮展候选展品集邮展览在沙坪坝区举办。

4月21日 重庆市邮政管理局与平安保险重庆分公司签订机动车辆投保合同、全面代理保险业务合同及合作协议书。

同日 重庆市邮政管理局成立"抗非"领导小组，确立"非典疫情零报告制度"和"非典防治工作第一责任人"制度，印发《关于加强防治非典型肺炎工作的紧急通知》。

4月24日 市邮管局局长王景江在接受新闻媒体采访时，代表重庆邮政向社会作出承诺：绝不让"非典"病毒通过邮政渠道传播。此消息分别在重庆电视台和中央电视台播出。

同日 由重庆邮政开发、建成的电信收费系统上线试运行，全市940多处邮政储蓄联网网点全部实现代收重庆电信公司话费业务功能。

4月28日 市邮管局被市委、市政府授予"重庆市文明行业"称号，实现建成首批市级文明行业奋斗目标。

4月30日 重庆邮政综合计算机网广域网暨局域网工程竣工并顺利通过验收。

同月 重庆三峡书报刊传媒有限公司及其董事会、监事会成立，市邮管局副局长王树志当选为董事长。

同月 按照国家邮政局《关于集中查处非法快递的通知》要求，市邮管局对全市邮政寄递市场进行了为期一月的专项整治。

5月12日 "国际护士节"当天，由市红十字会和市邮管局共同制作的以抗击非典型肺炎为题材的邮资明信片在全市发行，并全部寄给"抗非"一线医护人员。

同日 《重庆市邮政通信机动车辆管理办法（试行）》出台。此后，对全局机动车辆分3次进行了清理，机动车辆总数由1037辆减少至937辆。

5月15日 重庆市残疾人联合会和重庆市邮政管理局共同举办《扶残助学春雨行动》邮资明信片首发式，并举行现场认购捐资活动。重庆邮政出资10万元，认购5000套。市政府、市残疾人联合会领导参加首发式。

5月19日 中国邮政为抗击"非典"特别发行《万众一心 抗击"非典"》邮票及邮品，重庆邮政向全市卫生部门捐赠价值 10 万元的邮品。市政府领导参加首发式暨捐赠仪式。同日，重庆邮政推出纪念抗击"非典"专题邮册——《我们众志成城》。

5 月 27 日　重庆邮政与市红十字会联合制作的《同舟共济　战胜"非典"》附捐邮资明信片在渝首发。首期发行 20 万套中附捐 120 万元，全部捐赠给市红十字会。

6 月 1 日　三峡工程开始蓄水。此前，位于 135 米水位线以下的重庆邮政局所网点全部搬迁完毕，邮政通信未受影响。

6 月 5 日　綦江县邮政局与綦江烟草分公司签订卷烟运输配送协议。这是重庆邮政与烟草公司签订的第一个配送协议。

7 月 8 日　重庆邮政实业集团公司成立大会暨挂牌仪式举行，标志着重庆邮政主辅、主附分离体制改革工作全面展开。该公司实行总分制、子母制。

7 月 14 日　重庆市邮政企业管理协会召开第二届会员代表大会暨理事会，换届选举产生新一届理事会。市邮管局局长王景江、助理巡视员刘洪分别当选为理事长和副理事长。

7 月 15 日　重庆市邮政通信学会召开第二届会员代表大会暨理事会，换届选举产生新一届理事会。市邮管局局长王景江、副局长王树志分别当选为理事长和常务副理事长。

7 月 21 日　按照国家邮政局关于大力发展现代物流业务的精神，对物流业务实行专业化经营管理和公司制运作，重庆邮政邮购有限公司变更为重庆中邮物流有限责任公司。

7 月 29 日　重庆直辖后的重庆市集邮协会第二次会员代表大会召开，选举黄绍林为会长。

同月　重庆邮政第一个自助银行在九龙坡区邮政局建成，标志着重庆邮政储蓄进入一个新发展阶段。

8 月 13 日　作为市委、市政府的民心工程，首个三峡报刊亭在江北区观音桥试营业。同年底，主城区建成 670 个标准化书报刊亭，在为报刊读者提供便捷服务的同时，解决千余名下岗人员就业问题。

同月　市国税局根据《关于西部大开发税收优惠政策问题的通知》，同意在 2010 年底前对重庆邮政减按 15% 的税率征收企业所得税。

9 月 4 至 11 日　全国政协经济工作委员会、国家邮政局领导一行对三峡库区的巫山、巫溪、奉节、云阳、万州等地邮政移民迁复建工作进行调研。

9 月 5 日　由市总工会与市邮管局共同发行的"送温暖工程"附捐邮资明信片举行首发式，同时举行现场认购仪式。

9 月 22 至 24 日　重庆市忠县汝溪邮政支局支局长陈仕琼，赴京参加中国工会第十四次全国代表大会，并受到中央领导接见。

9 月 28 日　重庆邮政举行首次职工形象大赛决赛，充分展示新一代重庆邮政职工风采，参赛选手均来自生产一线。

10 月 10 日　全市邮政科技暨信息技术工作会召开。重庆邮政在"十五"后期全面贯彻"科教兴邮"战略，大力推进科技进步和创新。

10 月 14 日　西南片区邮政金融发展研讨会在重庆召开，讨论邮政储蓄转存款利率政策调整后邮政金融发展对策。

10 月 24 日　重庆邮政与重庆移动签订业务合作协议，双方在市场拓展开发、技术支持等方面进一步开展全面合作。

10 月 31 日　中国保险监督管理委员会批准市邮管局成立重庆鸿雁保险代理有限公司。

11 月 15 至 19 日　中国首次载人航天飞行展在重庆举办。重庆邮政义务承担向市民派发免费参观券任务。主城 6 区及渝北、巴南、北碚共设 24 个派发点，累计发放参观券 6.8 万张。

同月　重庆市通信管理局向市邮管局颁发《增值电信业务经营许可证》，重庆邮政获得经营呼叫中心业务、信息服务业务、国内多方通信服务和在线数据处理与交易等 4 项电信业务经营权。

12 月 5 日　重庆三峡书报刊传媒有限公司成功运作，引起中央新闻单位重视，中央电视台财经频道进行专题报道。重庆三峡书报刊传媒有限公司董事长、市邮管局副局长王树志接受采访。

2004 年

1 月　市邮管局整合主城区投递资源，重组形成两个层次的递送网络——快速邮运网和速递业务专投网，并投入运行。快速邮运网使 11:30 前交寄的主城 6 区（城市部分）互寄特快专递邮件，可在当日送达；外地寄至重庆主城范围内的邮件传递时限缩短 1—2 个小时。速递业务专投网使特快投递频次由原来每日 2 次增至每日 3 次；直投范围由 1 个区扩大到主城 6 区。

2 月 13 日　大渡口区大堰一村二社区集邮协会成立。这是重庆市近 2000 个社区中成立的第一个集邮协会，标志着重庆市集邮活动进社区目标实现。

2 月 18 日　重庆邮政广告公司首次亮相第三届中国西部（重庆）广告博览会暨首届重庆媒体推广·采购会，这是邮政广告公司走向社会的一次有益尝试。

2 月 24 日　重庆市邮政管理局与重庆搜房资讯公司（搜房重庆网）签订合作协议，由重庆市邮政函件局印制并采用中邮专送形式，发行和派送 2004 年的《搜房黄页》《购房指南图》及商业信函。

3月2日 达到国内先进水平的新型包裹自动分拣系统，在重庆邮区中心局大平面生产作业一区投入试运行。

同日 重庆市邮政函件局与重庆眼界巴士广告公司签订合作协议，共同推出直投月刊《DM中邮专送——资讯快递》杂志。

3月18日 重庆邮政物业管理有限公司通过中国质量协会ISO9001：2000质量管理体系认证。

4月10日 重庆邮区中心局生产作业子系统和邮运指挥调度子系统（"两子"系统）顺利完成安装上线工作，实现邮件信息、总包信息的网络传输及数据交换，提高邮政通信质量和经营管理水平。

4月13日 重庆首家取得有关部门资格证书的邮政代理保险专厅在江津开业。这是重庆邮政代理保险由单一型销售模式向多元化销售模式转变的开始。

4月15日 经市信息产业局审核批准，重庆邮政规划设计院被正式认定为软件企业，享受国家和地方政府关于软件企业的相关优惠政策。

同日 重庆市邮政函件局取得"2004中国重庆国际汽车工业展"门票预售和现场独家销售权。

4月20日 重庆邮政"国际货运代理业务"启动，第一宗发往秘鲁的货物（重庆宗庆摩托）装箱启运。

4月23日 重庆邮件处理中心工艺设备安装工程，通过初步验收。

4月29日 市邮管局召开纪念五四运动85周年暨共青团工作先进表彰大会。

4月30日 经重庆邮政速递公司国际货代部承运，由重庆市政府赠送给柬埔寨王国首相洪森的沙滩车，在江北国际机场成功启运，并安全运抵柬埔寨首都金边。

6月1日 重庆邮政使用联通星图定位业务，对一、二级干线邮路、速递揽收车、递送局投递等运行中的车辆进行实时监控。

6月10日 市邮管局编制委员会研究决定：行业管理处视察室设立用户投诉受理中心，负责受理用户投诉及业务咨询。

6月17日 重庆邮储中间业务平台剥离改造最后一个项目——批量代发、代扣业务完成数据移植。次日，批量代发、代扣业务正式运行。

6月22日 三峡库区二期第一批外迁移民货物、家具搬迁，由重庆邮区中心局负责运送。至9月初，重庆邮区中心局共抽调20台新车和42名经验丰富的驾押人员，先后分6批次、82车次、165人次将外迁移民货物安全运抵湖南、江苏、安徽、上海和广东等省市，行程169750公里。

6月28日 重庆中邮物流公司与重庆药友制药公司签订物流合作协议，全年实现邮政物流收入300万元以上。

6月30日 市邮管局召开重庆邮政储蓄"统一版本工程"切换上线工作会，标志着重庆邮政储蓄"统版"工作全面启动。

7月1日 重庆市重点信息化工程及信息化试点项目——重庆电子邮政工程，通过市信息产业局专家组验收，得到重庆市首批信息产业发展专项资金资助。

7月3日 重庆邮政"185"客户服务号码升位为"11185"。

7月15日 渝中区解放碑邮政营业厅开办邮政储蓄金融保管箱业务，在重庆邮政行业尚属首例。

8月9至10日 "中国邮政·中国联通业务推进会"在渝召开，国家邮政局、中国联通公司相关领导到场并讲话，重庆市政府相关领导莅临会场并致辞。重庆邮政在会上做了经验介绍。

8月18日 中国邮政实施邮航飞机EMS（邮政特快专递）"全夜航"、实现邮件高效集散作业模式后，重庆与全国26个省（区、市）135个大中城市间的EMS邮件实现次日递。

8月22日 《邓小平同志诞生一百周年》纪念邮票首发式在渝中区解放碑举行。

8月31日 市邮管局印发《邮政储蓄无证网点清理规范实施方案》。

9月13日 重庆邮政医院开始执行职工健康体检制度。

10月9日 世界邮政日当天，重庆市邮政管理局与新华社重庆分社在全国率先签订战略合作协议，将22种新华社系列报刊列为重点报刊，开展宣传收订工作。

10月13日 当日23:00，重庆邮政储蓄"统一版本工程"成功切换上线，是重庆邮政史上规模最大的技术改造工程。全市邮政储蓄取消手工网点，联网网点达到1579个。

11月11日 重庆邮区中心局OVCS信函分拣机升级改造成功，增设窗口信函识别功能。

11月25日 重庆邮政在歌乐山烈士陵园举行《红岩联线邮资明信片》首发式，纪念重庆解放55周年和"11·27"烈士殉难55周年。

12月8日 重庆邮政代理保险系统暨开放式基金系统建设项目启动。12月20日，该系统成功上线，成为全国邮政第一个两系统同时上线的省（区、市）局。

12月25日 重庆邮政储蓄实现年末余额突破200亿元、年度净增突破50亿元的"双超"发展目标。

同月 市委、市政府领导分别对市邮管局《关于继续对邮政车辆给予免缴路桥费等扶持政策的请示》作出批示：市政府决定自2005年起，由市财政每年给予重庆邮政200万元财政补贴资金，保持3年不变。这是对重庆邮政为广大城乡，特别是边远山区、三峡库区，履行普遍服务义务所产生的政策性亏损给予的补偿。

2005 年

1月1日 重庆邮政40个区县（自治县、市）邮政局所有营业网点，全面开办铁路客票邮政订送业务。

同月 重庆邮政联合共青团市委、市少工委启动第一届全国少年儿童书信写作比赛（重庆赛区）活动，全市约30万名学生参赛。

2月18日 重庆邮政作为全国第二批上线省市局，完成金融反洗钱监控系统安装和调试工作，并投入运行。

3月8日 邮政储蓄统一版本工程重庆市中心项目通过国家邮政局初步验收，标志着重庆邮政储蓄统一版本各项工作圆满完成。

3月16日 重庆邮政保险代理业务局成立，负责全市邮政代理保险业务专业化管理和经营。

3月20日 市邮管局完成储蓄无证网点清理撤并工作，全市902个无证网点中有844个通过银监部门验收，保留网点数占无证网点总数的93.57%。

3月25日 市邮管局开展为期3个月的"提高服务质量，让用户满意"专项治理活动，设立用户投诉受理中心，并公布服务质量投诉受理电话。

同月 重庆邮区中心局作为全国第三批邮政综合网"两子"系统上线局，获得国家邮政局授予的"两子系统上线贡献奖"。

4月4日 国家邮政局党组决定：王曙东同志任中共重庆市邮政管理局委员会副书记、委员；免去王景江同志的中共重庆市邮政管理局委员会副书记、委员职务。

同日 国家邮政局决定：任命王曙东为重庆市邮政管理局局长；免去王景江的重庆市邮政管理局局长职务。

4月18日 重庆邮政与四川邮政携手开办EMS限时专递——次晨达业务，首次向社会推出"限时未达、原银奉还"的服务承诺。

4月20日 市邮管局采取"快普分运"的邮路组织模式，对渝西地区部分汽车邮路进行优化调整，渝西地区各区县进出口邮件均达到2个接发频次。

6月1日 开始使用新国家标准邮政信封，老式信封不再使用。新国标信封分国际、国内两类共9种规格。

6月28日 采用重庆首枚企业专用邮资图制作的邮资封《宗申飞腾》发行。这枚为中国著名民营摩托车生产企业——宗申集团定向制作的邮资封，填补了重庆地区企业专用邮资图空白。

7月18日 重庆邮政在邮区中心局物流配送中心基础上组建的物流集散中心启用。

7月28日 重庆邮政电信业务局更名为重庆邮政信息业务局，负责全市邮政信息业务（含代理业务和信息增值业务）经营管理工作。

同月 市邮管局对主城区物流投递体制进行调整，将原由邮政递送局承担的物流投递揽收业务交由邮区中心局运作，重新调整和设立12个投递段道。

8月5日 市邮管局机关语言文字工作通过市级评估，以优良成绩达到国家合格标准。

8月12日 市邮管局决定实施构建和谐企业战略目标。自2005年下半年开始，用三年半时间，从企业民主法制建设、企业能力建设、企业基础管理、企业改革、企业文化建设、加强党的先进性建设等6个方面，构建和谐重庆邮政。

8月15日 重庆市举行《中国人民抗日战争暨世界反法西斯战争胜利六十周年》纪念邮票首发式。东北抗联老战士、原四川省重庆市人大副主任胡真一的个性化邮票同时发行。首发式上，市邮管局和胡真一向重庆中国三峡博物馆捐赠抗战胜利纪念邮票、邮品。

8月24日 重庆邮政电子化支局统一版本工程上线，一期工程200个网点改造任务完成。

9月1日 全市人民法院法律文书送达以特快专递邮寄方式为主。此前，国家邮政局按照最高人民法院《关于以法院专递方式邮寄送达民事诉讼文书的若干规定》，自2005年1月1日起开办专为人民法院送达民事诉讼文书的新业务——法院专递。

9月26日 重庆邮政储蓄统一版本工程暨"两子"系统通过最终验收，代理保险暨开放式基金系统通过初步验收。

9月26至27日 重庆市邮政工会在劳动人民文化宫举办全市邮政系统"和谐之声·奋进之歌"大型文艺汇演，庆祝中华人民共和国成立56周年，展示重庆邮政改革发展新面貌。

9月30日 市邮管局召开保持共产党员先进性教育活动总结大会。该项活动于7月7日启动，经9月28日召开的群众满意度测评大会测评，满意度为92.2%。

同月 重庆邮政为亚太城市市长峰会特别设计制作并发行《历届亚太城市市长峰会》《重庆》《亚太城市市长峰会》等一组纪念邮品。

10月12至14日 亚太城市市长峰会在重庆举办。会议期间，市邮管局授权城区一局在会展中心设临时邮局，在峰会客人下榻的酒店、宾馆专设邮政柜台，提供函件、包裹邮寄等邮政服务。

10月17日 中国邮政外币储蓄系统在重庆上线。

10月28日 韩国邮政公司邮务部一行到重庆邮政交流考察。

11月2日 市邮管局开始试行局长接待日制度，将每月第一周的周三定为局长接待日，由局领导轮流接待来访职工。

11月28日 重庆邮区中心局生产作业系统二期3.0版本成功升级，实现全网资源共享。

12月6日　重庆邮政业务量收管理系统和电子化支局统一版本工程通过初步验收。

12月8日　重庆邮政书报刊发行有限公司（报刊发行局）与西南大学网络学院签订教材供货协议。这是重庆邮政首次与大专院校签订教材供货协议。

12月28日　国家邮政局文史中心组织编写的《可爱的中国邮政（重庆分册）》在市邮管局举行首发式。

2006 年

1月8日　重庆邮政金融电子化工程重大项目——金融电子稽查系统切换上线，标志着全国邮政金融系统中第一个对业务操作风险进行实时监控的风险防范信息系统，在重庆邮政投入使用。

1月19至20日　在全市邮政工作会上，市邮管局局长王曙东提出创建"社会瞩目、同行领先、用户称道、员工自豪"的重庆邮政企业愿景。

3月10日　重庆邮政城区一局与重庆移动通信城区一分公司就合作开办解放碑营业厅的业务签订协议。同月25日，解放碑邮政、移动合作营业厅开业。

3月16日　重庆邮区中心局成立"三化"改革领导小组，开始全面推行邮区中心局管理体制"三化"改革，即生产管理扁平化、作业流程标准化和生产操作规范化。

3月23日、30日　重庆邮政先后与重庆电信、重庆联通签订协议，在全市范围内开办邮政商务汇款业务（收取两家通信企业营业网点营收款）。

4月10日　根据3月14日市政府主持召开的重庆市邮政通信发展建设联席会议精神，市政府印发《关于协调解决邮政改革发展中若干问题的会议纪要》，对邮政专项规划编制和基础设施建设问题提出具体支持意见。

4月20日　市邮管局档案馆及馆存2万多卷各类档案资料，由办公楼搬迁至生产楼。

4月29日　重庆邮政在全市范围内开办短信业务。

5月9日　重庆邮政储蓄在全市范围内开办代扣网通资费业务。至此，电信、联通、网通三大通信运营商代扣通信资费功能均已开通。

6月1日　重庆邮政调整经营管理体制，撤销双桥区邮政局，其经营管理职能移交大足县邮政局。

6月6日　市邮管局成立劳动竞赛委员会，印发《关于加强劳动竞赛组织领导工作的通知》，进一步规范全市邮政系统劳动竞赛组织管理、总结评比及表彰奖励工作。

6月25日　重庆邮政电子化支局（三期）工程完成建设，新增230个网点，加上一二期上线的300个网点，累计拥有电子化支局网点530个。

7月1日　借成遂渝（成都、遂宁、重庆）城际旅客列车开通契机，重庆邮政挂运N888/889、N887/890旅客列车运邮，重庆局封发至成都方面的出口邮件，传递时限提快半天。

同日　重庆邮政储蓄开办"定期一本通"业务，集中记载、管理整存整取和定活两便两个储种存款。

8月1日　重庆邮政信息业务处理系统上线运行。

8月8日　重庆市邮票选题咨询论证专家委员会成立。该委员会由重庆邮政及社会相关人士组成。自此，重庆市邮票选题有了咨询论证的专门机构。

8月11日　经银监会批复，重庆成为全国第二批试点开办邮政储蓄小额质贷业务的省市。

8月14日　重庆邮政开办代理基金业务。

8月30日　重庆邮政储汇安全认证系统在全市邮政1588个储蓄网点、1596个汇兑网点上线运行。

9月12日　市邮管局召开全市邮政储蓄定期存单小额质押贷款业务启动暨授权授责仪式电视电话会，标志着重庆邮政储蓄从经营单一负债业务跨入经营资产业务行列。

10月14日　重庆邮政金融客户管理系统正式上线。

10月22日　由国家邮政局主办，中共重庆市委宣传部、中国集邮总公司、重庆市邮政管理局及綦江县委、县政府承办的《中国工农红军长征胜利七十周年》邮票首发式暨大型纪念活动在綦江举行。

11月9日　重庆邮政集邮业务管理系统上线运行。

11月27日　重庆市邮政工会主席曾嘉陵会见瑞典邮政集团公司驻北亚总裁戴维仁。

同月　重庆邮区中心局"三化"改革通过国家邮政局验收，标志着重庆邮政"三化"改革取得实效。

12月5日　市邮管局成立职工重病、住院互助保障会，印发《重庆市邮政职工重病、住院互助保障会章程（试行）》。

12月8日　重庆邮政辅业改制企业——重庆邮政印务有限公司成立，标志着重庆邮政首个非国有控股企业改制成功。

12月20日　国家邮政局决定：任命吴明荣为重庆市邮政管理局副局长。

12月30日　重庆邮政报刊发行信息系统第一阶段建设工作全面完成。

三、政企分开时期（2007—2022）

2007 年

1月5日　由重庆邮政承办的《丁亥年》特种邮票首发式，在中国畜牧科技城——重庆市荣昌县举行。

1月6日　重庆集邮业务管理系统建成并投入运行，重庆集邮业务进入信息管理阶段。

1月10日　中国邮政集团公司决定：任命王曙东为

重庆市邮政公司总经理。

1月18日　重庆市邮政管理局完成工商注册登记变更手续，变更为重庆市邮政公司（简称市公司）。

同日　市公司开发的专题个性化邮票《十大渝商纪念邮票折》首发，并成为首届重庆十大渝商颁奖典礼颁奖礼品。

2月1日　中国邮政集团公司决定：任命周华庆、王树志、曾嘉陵、吴明荣为重庆市邮政公司副总经理。

同日　中国邮政集团公司党组决定：中共重庆市邮政公司委员会由周华庆、王曙东、王树志、曾嘉陵、吴明荣组成。周华庆同志任中共重庆市邮政公司委员会书记，王曙东同志任中共重庆市邮政公司委员会副书记，曾嘉陵同志任中共重庆市邮政公司纪律检查委员会书记、工会主席。

2月6日　按照中央关于邮政体制改革有关精神，重组的重庆市邮政管理局和新组建的重庆市邮政公司揭牌成立。这是继1997年邮电分营改革之后的又一次重大改革，标志着全市邮政政企分开工作基本完成，重庆邮政从此进入一个新发展时期。重组建的重庆市邮政管理局为重庆地区邮政行业监管机构，独立履行监管职能。其监管范围既包括重庆地区邮政企业，也包括在重庆地区从事快递业务的其他企业。重庆市邮政公司为中国邮政集团的全资子公司，在重庆地区依法经营邮政专营业务，承担邮政普遍服务义务，受政府委托提供邮政特殊服务，对竞争性邮政业务实行商业化运营。

4月13日　中国与印度尼西亚联合发行的《舞龙舞狮》特种邮票首发式，分别在重庆市铜梁县和印度尼西亚首都雅加达同步举行。

6月8日　市公司在市委办公厅举办《重庆建设》特种邮票首发式。

7月5日　《杨尚昆同志诞生一百周年》纪念邮票首发式，在杨尚昆家乡——重庆市潼南县举行。

9月　云阳县邮政局投递员林江获得"重庆市道德模范"称号。

10月13日　《长江三峡库区古迹》特种邮票首发，其中前3枚表现的张飞庙、石宝寨、大昌古镇等古迹都位于重庆境内。邮票首发式分别在云阳县、忠县、巫山县三地同时举行。

12月28日　中国邮政储蓄银行重庆分行挂牌成立。

12月29日　重庆市巫山县庙堂乡投递员王安兰当选"感动重庆十大人物"，并参加重庆电视台直播颁奖晚会。

2008 年

1月1日　重庆邮政利用渝怀线重庆—厦门K334/335、K336/333次火车开通渝东南火车邮路，在黔江区、秀山县办理邮件交接。

1月26日　重庆市邮政公司总经理王曙东，当选重庆市第三届人民代表大会常务委员会委员。

1月31日　重庆邮政为"直辖十年·影响重庆十大品牌"评选活动特制的个性化邮票，在该项活动颁奖典礼上首发。

2月26日　重庆邮政印发《关于劳动报酬实行市公司集中发放管理的通知》，对全市邮政员工劳动报酬实行集中发放管理。

2月28日　市公司、中国邮政储蓄银行重庆分行联合召开重庆邮政金融工作协调小组第1次会议，建立重庆邮政金融工作长效协调机制。同时成立重庆邮政金融工作协调小组，明确其职责和工作方式。

3月18日　重庆邮政推出"巴渝次晨达"速递业务，首批开办范围覆盖"一小时经济圈"内除武隆县外的区域。

4月14日　重庆与西南部分重点城市间的"EMS限时专递——次晨达、次日递"服务开通，首批开办范围为城区一、二、三局部分网点。

4月27日　重庆市集邮协会第三次会员代表大会召开，市公司党委书记、副总经理周华庆当选为会长。

4月28日　重庆市邮政工会获得"全国模范职工之家"称号。

5月1日　全市邮政物流省内信息系统上线运行。

同日　重庆中邮物流公司与上汽依维柯红岩商务用车有限公司签订物流服务协议，成为红岩汽车配件在全国唯一物流运营企业，红岩物流一体化项目开始运行。

5月12日　四川省汶川县等地发生8.0级特大地震并波及重庆，全市邮政职工第一时间积极投入抗震救灾工作，紧急疏运全国部分省（区、市）至成都的邮件4363袋，转发各地发往四川的邮件1247袋；免费办理救灾捐款2973笔、汇款金额350万元；组织28辆邮车运送救灾物资260余吨。重庆中邮物流公司获得全国"抗震救灾重建家园工人先锋号"称号。

5月14日　重庆邮政组成抗震救灾工作组。此后，工作组两次奔赴成都，向四川邮受灾职工捐赠价值13万元的衣物、食品、药品等物资，转交职工捐款40.86万元；举行抗震救灾爱心捐款活动仪式，全市邮政职工捐款76.38万元；市公司直管党委（总支、支部）31个单位、1466名党员向党组织交纳"特殊党费"53.77万元；另有10名入党积极分子和4名职工闻讯后自发参与，向灾区捐款0.38万元。

同月　市公司与市燃气公司签订代收燃气费协议。该项代收费业务于7月8日起在主城6区118个邮储联网网点上线运行。

6月16日　2008年北京奥运会圣火在重庆主城区传递，重庆市邮政信息技术局职工何锐当选为第130棒火炬手。

6月27日 《武隆喀斯特》特种邮资明信片发行，武隆县举办发行揭幕仪式，以纪念"武隆喀斯特"地貌成功申报世界遗产一周年。

7月3日 市公司和市劳动仲裁委员会联合发文，在全市范围内开办劳动仲裁特快递业务，明确全市各区县劳动仲裁委员会送往埠外的仲裁文书，全部采用邮政特快专递送达。

7月29至30日 全市邮政服务"三农"工作会召开，提出"立足服务县域经济，提升配送规模效益"的工作目标。

8月5日 中国邮政集团公司决定：任命张晓春为重庆市邮政公司副总经理。

8月12日 重庆邮政物业管理有限公司被中华人民共和国住房和城乡建设部批准为国家物业服务企业一级资质单位。

8月22日 重庆市建委审查通过《重庆市住宅信报箱建设规范》《重庆市住宅信报箱图集》，决定将其列为全市工程建设地方标准颁布实施。

9月16日 重庆中邮物流公司被市政府认定为重庆首批重点现代物流企业，在土地政策、税收政策、车辆运输规费政策等方面享受相关优惠政策。

9月21日 重庆邮政普通邮资封片业务管理信息系统上线，实现邮资封片业务从稿件申报到最后结算的一体化作业流程。

同月 重庆邮政网点信息管理系统投入试运行，实现信息录入、修改和报表统计等功能。

同月 在市运管局组织的重庆市2007年度道路货物运输企业安全服务质量考核中，重庆邮区中心局被评为AAA等级。

10月24日 市公司召开动员大会，启动和部署深入学习实践科学发展观活动。

10月28日 "聚焦30年——纪念改革开放30年"主题宣传活动走进重庆邮政，中央驻渝和本市20多家主流媒体，对重庆邮政改革开放30年发展变化进行深度采访和集中报道。

11月11日 全市邮政代理金融储蓄存款余额突破500亿元。

12月15日 重庆邮政全面开办两岸邮政业务。

12月18日 中国邮政集团公司、重庆市人民政府主办，重庆市委宣传部、市发改委、市邮政公司在渝中区解放碑联合承办《改革开放三十周年》邮票首发式。

同日 市公司开通重庆—贵阳一级干线逐日班汽车邮路。邮路全程918公里，往返运行17小时，实行双驾代押。

同月 重庆邮政取得全市4350个"农家书屋"报刊的统一采购权。

2009 年

1月1日 重庆市邮政速递物流公司及36个区县速递物流分公司成立，并迈入一体化专业轨道。

1月5日 中国2009世界邮展全国60城市巡邮重庆站活动暨《己丑年》生肖邮票发行仪式在涪陵区举行。

1月15日 中国邮政综合办公信息处理平台（OA系统）在重庆邮政上线。

2月15日 市公司和团市委联合举办"手拉手、献爱心"活动，筹集现金10多万元以及10台计算机、1台复印机、1150个书包文具、2500册书籍等物品，送往四川地震灾区——崇州市。

2月24日 市公司召开深入学习实践科学发展观活动总结大会。

同月 市委三届四次全委会《关于加快农村改革发展的决定》将重庆邮政"村邮站"建设列为重要工程，要求到2012年全市农村行政村"村邮站"覆盖率达到90%以上。

同月 市建委发布《重庆市住宅信报箱建设规范》，于2月1日起实施。

3月26日 重庆市邮政公司获得"第四届全国精神文明建设工作先进单位"称号。

3月31日 重庆邮政电子商务速递新系统上线。该系统与国内最大网络购物平台——淘宝网的网商实现实时对接。

4月1日 重庆市直邮协会成立，日常办公机构挂靠在重庆市邮政商函公司。

4月15日 重庆邮政职工集资房"邮政绿苑"通过验收。集资房共4栋、781户，总建筑面积约95920平方米。

5月12日 重庆邮政"爱心包裹"项目捐赠"爱心包裹"752个。

5月13日 重庆邮政投递信息系统上线。

同月 重庆邮政邮运车辆GPS车辆管理系统一期工程完成，全市416辆邮运车安装该系统并投入使用。

6月19日 巫山县官阳邮政支局投递员王安兰入围第二届"全国道德模范"候选人。

7月2日 全国邮政农村支局（所）职工小家建设经验交流会在重庆召开。永川区仙龙邮政支局、綦江县打通邮政支局被评为"全国邮政农村支局（所）职工小家建设示范点"。

7月3日 重庆市邮政公司与渝北区政府签订投资协议，在该区空港园区B区征地132亩，新建重庆邮政速递物流集散中心和国际快件监管中心。该块土地于10月取得使用权，使用年限为50年。

7月6日 中国邮政中标惠普公司物流项目，重庆邮政提供重庆惠普工厂到西部12省（区、市）和中部江西省等 375 个地市经销商"门到门"配送服务。

7 月 17 日 全市邮政代理金融储蓄存款余额突破 600 亿元。

同月 市公司成立分销业务部和代理金融业务部，隶属市场经营部。

9 月 13 日 重庆市政府、中国邮政集团公司在重庆市奉节县举办《唐诗三百首》特种邮票首发式。

9 月 25 日 重庆邮政生产指挥调度大楼奠基仪式在北部新区两江山顶总部基地举行。

9 月 29 日 市公司党委书记周华庆获得市委、市政府授予的"新中国成立 60 周年重庆杰出贡献英模"称号；总经理王曙东、城区三局三峡广场邮政支局支局长李越梅、邮区中心局火车转运站站长宁安东、速递物流江北分公司经理曾春林、信息化建设办公室副主任欧阳运雄、巫山县官阳邮政支局投递员王安兰获得"重庆市第三届劳动模范"称号。王安兰同时获得"全国第二届道德模范"提名奖和"重庆市第二届道德模范"称号。

同月 重庆邮政与重庆银行合作，利用人力、物力资源开发代押资金、代寄库等业务。

10 月 14 日 重庆邮政物流综合信息平台省内快货业务上线。

10 月 19 日 市政府印发《重庆市推动农村邮政物流发展实施意见》。

10 月 28 日 市政府同意并通过《重庆市都市区邮政设施专项规划（2008—2020）》，并于 11 月 20 日正式印发文件。该规划范围涉及 9 个行政区，共计规划邮政基础网点 631 个。

同月 市公司整合主辅办、机关事务中心、物业公司、驿展公司、建设安装公司、东辉装饰公司、旅游公司，成立机关服务中心，系直属单位。

12 月 23 日 重庆邮政投递信息系统推广工程完成，上线投递站点 1486 个。

同月 重庆邮政累计完成西部网点及营投网点建设改造 429 个，完工率达 93%。

2010 年

1 月 13 日 市公司党委连续三年获得重庆市"国企贡献奖——先进集体"荣誉称号。

1 月 26 日 惠普重庆电脑生产基地竣工投产。同年 5 月，惠普重庆物流项目中东部省区配送运作拓展至全国 30 省（区、市）。

3 月 31 日 重庆市速递物流公司成功中标，成为力帆集团国际、国内速递物流服务提供商。

4 月 14 日 青海省玉树市发生 7.1 级地震。截至 4 月 29 日，重庆邮政系统个人捐款共计 80.75 万元，其中重庆市邮政工会向青海省邮政公司对口支援 10 万元爱心款。

5 月 14 日 重庆—东京 EMS 首条国际直航邮路开通，带运重庆出口至日本的所有国际 EMS 邮件。

6 月 1 日 重庆邮政经济快递航空专线新增 5 条。至此，全市邮政经济快递航空专线共有 14 条。

6 月 29 日 重庆市邮政速递物流有限公司举行揭牌仪式，标志着速递物流体制改革迈出重要一步。

同月 重庆邮政扎实开展"讲党性、重品行、作表率"活动。

8 月 19 日 市公司党委推广使用市政府建立的"12371 党建信息平台"。

9 月 重庆三峡书报刊传媒有限公司将新型三峡报刊亭打造成"一站式"多功能服务报刊亭，为市民提供缴纳水、电、气费以及为手机充值等服务。

11 月 市公司同时开通重庆—杭州、重庆—武昌 2 条一级干线邮路，标志着西南至华东的快捷邮路打造完成。

同月 开通重庆至杭州和武昌行包火车干线邮路。

同月 市公司联合西南大学成功开发"邮政编码地址智能识别清洗系统"，有效提高商函业务信息系统信息匹配正确率。

12 月 20 日 市公司启动邮政普邮网和速递物流网资源整合工作。

同月 市公司物流综合信息平台与网运信息系统实现互联互通。

2011 年

2 月 邮政储蓄银行金融 IC 卡系统在重庆邮政成功上线。重庆是该系统在全国推广的第一个试点省（区、市）。

同月 重庆邮政代收费"缴费一站通"平台在全市推出，可提供水、电、气费，移动、联通、电信通信费以及广电有线电视收视费等多项现金缴费。年底建成"缴费一站通"平台 1000 个。

同月 重庆市邮政工会制定《职工素质工程五年规划（2011—2015 年）》。

3 月 1 日 重庆邮政代理速递物流业务运输费用结算系统运行。

4 月 3 日 中国邮政集团公司决定：任命张晓春为中国邮政速递物流股份有限公司副总经理（交流任职）。

4 月 27 日 重庆邮政工商管理高级研修班举行开学典礼并开班。市公司领导及全市邮政经营管理者 128 人参加培训。在为期两年的时间内，学员们分段接受 20 余天全封闭培训，授课老师是清华大学名仕领袖学院专家教授。

同月 在全国邮政系统"职工素质建设工程"工作中，市公司、市分行、信息技术局被国家邮政工会授予"优秀组织单位"称号；重庆邮政"11185"客户服务中心、城区邮政一局南坪支局、涪陵区邮政局投递经营部获得全国邮政"学习型标兵支局（班组）"称号；垫江县邮政局、巴南区邮政局和市邮政速递物流公司获得全国邮政"示范型职工书屋"称号。

6月29日和9月23日 重庆农村邮政设施空白乡镇邮政局（所）补建工作交流座谈会（渝东南、渝东北片区），先后在黔江和万州区召开。会议由市发改委牵头，市邮管局、市公司共同组织。涉及该补建工作的16个区县政府、发改委和邮政局相关负责人参加会议。

7月1日 市公司党委获得"重庆市先进基层党组织"称号。

7月8日 市公司举办"爱我重邮·唱响文化"职工原创歌曲大赛。

8月 交通运输部和团中央联合授予重庆万州区邮政局电报路邮政所"2009—2010年度全国青年文明号"称号。

9月27日 重庆市邮政系统企业文化建设阶段性总结暨大型文艺汇演在雾都宾馆·太阳城演出厅举行。

10月10日 重庆—太原（K690次单向）干线火车邮路开通。

10月17日 重庆邮政普通给据邮件封发清单无纸化流程工作全面完成，邮区中心对全市邮政82个出口营业网点（邮件处理中心）封发的所有普通给据邮件全面实施清单无纸化，同时对主城6区投递站普通给据邮件实施清单无纸化。

10月18日 以巫山县庙堂乡邮递员王安兰为原型的大型电视电影"追寻感动"之《生死邮路》开机。

同月 市公司在10个城片区邮政局设立局长助理岗位。

11月7至8日 国家发改委、国家邮政局联合组织的南方地区空白乡镇邮政局所补建工作会议在重庆召开。会议强调，空白乡镇邮政局所补建工作要以政府为主导，强力推进。

同月 重庆邮政开发"中心局电子看板系统"，解决网运管理难题，变事后管理、事后监督为实时监控。

12月26日 全市邮政启动远程报账系统。

12月27日 市公司撤销商函公司，成立函件广告局，与集邮公司、广告公司、名址信息中心合署办公。

同月 重庆市邮政速递物流公司获得国家发改委授予的"全国制造业与物流业联动发展示范企业"称号。

2012 年

1月5日 第二届铜梁龙灯文化旅游节暨《壬辰年》生肖邮票首发式在铜梁县举行。

2月10日 重庆邮政"十佳员工"评选结果揭晓，刘道孝、刘佳、谢勇、卞先志、饶良文、黎玉英、殷世敏、李新、冉智敏、易永德当选。

2月13日 全市邮政"村邮站"建设工作会议召开。

2月27日 市公司党委书记周华庆、电子商务公司经理郎太忠在市国资委党代会上当选重庆市第四次党代会代表。

3月19日 中国邮政集团公司决定：任命周华庆为重庆市邮政公司总经理，免去王曙东的重庆市邮政公司总经理职务。

3月26日 重庆作为全国邮政第三个试点上线省（区、市），成功完成邮政营业信息系统切换上线工作。

3月27日 中国邮政集团公司决定：任命董虹为重庆市邮政公司副总经理，免去曾嘉陵的重庆市邮政公司副总经理职务；任命曾嘉陵为重庆市邮政公司高级资深经理。

同日 中国邮政集团公司党组决定：董虹同志任中共重庆市邮政公司委员会委员、纪委书记；免去曾嘉陵同志的中共重庆市邮政公司委员会委员、纪委书记职务。

同日 中国邮政集团公司党组决定：提名董虹同志为中国邮电工会重庆市邮政委员会主席人选；曾嘉陵同志不再担任中国邮电工会重庆市邮政委员会主席职务。

4月12日 重庆邮政企业管理协会第三届一次理事会选举曾嘉陵为会长。

同日 重庆邮政工会三届五次全委会选举董虹为工会主席。

4月28日 市公司信息技术局高级工程师赵飚、永川区临江邮政支局支局长刘作碧、巴南区李家沱邮政支局支局长简璞、渝北区邮政局投递员彭学彬获得"重庆市第四届劳动模范"称号。

5月28日 市公司配置73辆大钞厢车辆，逐步用大制式运钞车取代非制式运钞车。

6月28日 巫山县官阳邮政支局投递员王安兰当选"全国优秀共产党员"，赴京参加2010—2012年全国"创先争优"表彰大会，受到中央领导接见，并应邀参加中国邮政集团公司党组召开的专题座谈会。

同月 重庆邮政速递物流公司成功中标重庆力帆实业（集团）股份有限公司2012年度国际海运、国际航空、国内快递运输、国内航空运输、同城快递5个项目。

7月23日 重庆市邮政公司撤销大足县邮政局和双桥区邮政局，设立大足区邮政局、双桥经济技术开发区邮政局（挂靠在大足区邮政局）；撤销綦江县邮政局和万盛区邮政局，设立綦江区邮政局、万盛经济技术开发区邮政局（挂靠在綦江区邮政局）。

7月25日 重庆邮政组开重庆—上海火车一级干线邮路，单程2027公里。该邮路开通后，重庆至华东方向（无锡、南通、苏州、上海）邮件的传递时限提快1天。

8月1日 市公司调整主城区邮政经营管理体制，撤销重庆邮政城区一、二、三局，按行政区划恢复成立渝中、大渡口、沙坪坝、江北、九龙坡、南岸等6个区邮政局。

8月25日 在中华全国集邮联合会成立30周年大会

上，重庆市集邮协会获得"全国集邮活动突出贡献奖"，万州、涪陵、沙坪坝区集邮协会被评为"全国先进集邮组织"，周华庆等32人被评为"全国集邮先进个人"。

同月　全市邮政网点建设管理系统上线运行。

9月20日　重庆邮政组开重庆—济南火车一级干线邮路，单程2058公里。该邮路开通后，重庆至山东省邮件传递时限由41小时提速至28小时。

10月15日　中国邮政集团公司决定：任命向银成为重庆市邮政公司副总经理。

10月19日　全市邮政代理金融储蓄存款余额突破1000亿元。

同月　重庆邮政与重庆地税局签订个税账单寄递协议。

同月　重庆邮政与重庆社保局签订社保账单寄递协议。

11月23日　《从邮谈往·重庆卷》首发式暨先进集体、先进个人表彰会召开。

同月　《重庆市邮政公司2013—2015年重点领域建设发展规划》编制完毕。

2013 年

3月1日　《重庆市邮政条例（修订）》于2012年11月29日经重庆市第三届人民代表大会常务委员会第三十八次会议通过，并于2013年3月1日起施行。本次修订是为贯彻实施《中华人民共和国邮政法》，进一步保障邮政普遍服务，规范邮政市场秩序。

4月21日　四川芦山县"4·20"地震发生后，按照中国邮政集团公司工作要求，全市邮政750多个电子化支局和各储蓄营业网点，开通赈灾包裹、救灾汇款免费服务。

5月7日　《中国邮政报》全国记者会在渝召开，来自全国邮政三大板块111名专、兼职记者参会。

5月8日　重庆邮政金融工作协调小组印发《关于推进重庆邮政代理金融网点转型工作的通知》，标志着全市邮政代理金融业务转型工作全面展开。

5月19日　中国邮政发行的《中国古镇（一）》特种邮票在渝首发。该套邮票第2枚图案为合川涞滩镇。

7月19日　全市邮政工作座谈会暨二届一次职代会、中国邮政集团工会重庆市第一次代表大会选举董虹为工会主席。

7月24日　市公司启动党的群众路线教育实践活动，推出领导班子成员"七不准"出行规范（出差不使用付费VIP通道，下基层工作不允许基层单位在高速路口或辖区边界处迎送，不住套房，不接受纪念品和土特产，不安排宴请，不喝酒，有职工食堂的不在外就餐）。

9月25日　中国邮政集团公司决定：任命廖涛为重庆市邮政公司总经理，免去周华庆的重庆市邮政公司总经理职务。

同日　中国邮政集团公司党组决定：廖涛同志任中共重庆市邮政公司委员会副书记。

10月30日　市公司成立分销业务局挂牌，重庆邮政分销业务从此走上专业化经营道路。

11月25日　市公司在党的群众路线教育实践活动中创新推出的"自选动作"——员工大讲堂开讲。

2014 年

1月26日　中国邮政集团公司党组决定：廖涛同志任中共重庆市邮政公司委员会书记；免去周华庆同志的中共重庆市邮政公司委员会书记职务。

2月14日　市公司对9个单位进行更名，巴南、渝北、合川、永川、万州、涪陵、黔江由重庆邮政××片区局更名为重庆市邮政公司××片区分公司，将渝中、江津由重庆邮政××区局更名为重庆市邮政公司××区分公司。

2月25日　市旅游局与市公司签订《加强旅游邮政战略合作框架协议》，标志着重庆旅游业发展的邮旅合作迈开了建设性新步伐。

4月16日　中邮人寿保险股份有限公司重庆分公司揭牌成立。首批展业的有巴南、渝北、永川、合川、万州、涪陵6个片区分公司和江津、大足、璧山、荣昌4个区县局（分公司）。

4月22日　中国邮政集团公司决定：任命熊岗为重庆市邮政公司副总经理；任命吴明荣为重庆市邮政公司资深经理，免去其重庆市邮政公司副总经理职务。

5月29日　重庆市邮政公司、中国邮政储蓄银行重庆分行联合启动全市邮政金融"排雷行动"，对全市邮政金融网点、各区县邮政局（分公司）、两江支行、各片区行、直管支行、一级支行的重大制度执行情况、重点环节、重要岗位人员等进行重点排查。

6月5日　中国邮政航空公司南京—长沙—重庆航线开通。至此，重庆至北京、上海、广东、江苏、浙江、福建、辽宁等省市150多个城市的EMS邮件实现次日递。

7月5日　重庆邮政储蓄"逻辑大集中"工程系统上线，实施业务系统与人员、机构等管理类系统的合并与剥离。

9月1日　第一批国际测试邮件搭乘中欧班列（渝新欧）专列从重庆沙坪坝区团结村中心站发出，并于9月6日顺利送达哈萨克斯坦最大城市阿拉木图。这标志着中国邮政首次在铁路运输国际段运输邮包测试取得成功。

9月13日　重庆市人民政府和中国邮政集团公司在渝中区解放碑联合主办《长江》特种邮票暨《山水重庆》邮票珍藏册首发式。《长江》特种邮票第2枚"山水重庆"是唯一一枚以城市名称命名的邮票。

11月　重庆市邮政管理局和重庆市政管理委员会联合发文，明确邮政普遍服务专用车辆经审批后可免缴主城区路桥通行费。依据此项政策，全市邮政符合免缴条件的专用车辆共计563辆，每年可免缴运邮车辆路桥费80余万元。

2015 年

1月6日 市妇联和重庆邮政在长寿区举办"母亲邮包·温暖过冬"发放仪式，为贫困母亲及家庭送去温暖、新年祝福和关爱。

3月28日 市公司副总经理熊岗当选为重庆市邮政工会第一届委员会主席。

3月31日 重庆三峡书报刊传媒有限公司当选为重庆市社区商业发展促进会（全国第一家省市级社区商业协会）常务副会长单位。

4月 市公司连续4年获得"中央在渝和市属重点企业安全生产目标考核先进单位"称号。

5月1日 中国邮政集团公司实施法人体制改革，将中国邮政集团公司对各省（区、市）邮政公司的管理体制，由原母子公司两级法人体制改为总分公司一级法人体制。"子改分"后，集团公司吸收合并重庆市邮政公司，并在重庆市新设中国邮政集团公司重庆市分公司（简称市分公司），承继原重庆市邮政公司的资产、业务、人员、债权债务，中国邮政集团公司重庆市分公司及其管理的分支机构对外运营。

5月13日 重庆邮政电商分销分公司成立。

5月20日 市分公司行政、工会联合发文，号召全市邮政员工积极参与"万众创新"活动。设总额100万元的"万众创新奖"，用于奖励活动中取得突出成绩的个人（团队）和单位。

5月28日 市分公司与市速递物流分公司联合召开电视电话会，全面启动并安排部署邮政包裹快递业务改革工作。

5月28至31日 第十八届中国（重庆）国际投资暨全球采购会在重庆国际博览中心举行。中国邮政以央企和世界500强企业身份亮相，并以"互联网＋"发展理念全面展示建设世界一流邮政企业新形象。会议期间，市分公司总经理廖涛代表重庆邮政与沙坪坝区人民政府签署关于共同推进重庆铁路口岸建设战略合作备忘录。

6月1至5日 市分公司首期经营发展精英训练班在中国邮政集团公司广东省培训中心举办。按照培训计划，在两年内对市分公司生产经营单位的所有业务部门负责人进行一次轮训。

6月12日 市分公司成立包裹业务中心，挂靠在市场经营部，主要职责是贯彻落实集团公司包裹类业务改革发展战略，组织和实施全市邮政包裹快递业务改革发展相关工作。

7月3至6日 "纪念中国人民抗日战争暨世界反法西斯战争胜利70周年"全国集邮巡回展览（重庆站）分别在九龙坡、合川区举行。同时展出聂荣臻、刘伯承元帅抗战时期珍贵史料图片100框。

7月14日 重庆市驿盾保安押运服务有限责任公司取得市公安局颁发的具有武装押运资质的《保安服务许可证》，并于8月25日完成工商、税务、组织机构代码等相关注册、登记手续，成为重庆市两家武装保安押运服务公司之一。

8月17日 重庆邮政组织员工参加第四届全国邮政特有职业技能竞赛系列赛事中的全国邮政营销知识竞赛，获得团体冠军；同年9月16日，组织员工参加第四届全国邮政特有职业技能竞赛决赛，获得代理金融团体优胜奖（第3名）、邮务团体组织奖（第7名）、邮务类理论知识考试项目第5名、优秀营销案例等奖项。

9月3日 巫山县庙堂乡邮递员王安兰以"全国优秀共产党员"身份，应邀赴京观礼"纪念中国人民抗日战争暨世界反法西斯战争胜利70周年"阅兵式盛典，是重庆市进京观礼的3位先进个人代表之一，也是全国邮政系统现场观礼的5名员工代表之一。

9月25日 市分公司举办"唱响企业之歌，颂扬重邮精神"歌咏比赛。

同月 按照市国土房管局四项政策建议——老建筑老规范和不分建设时限条件下完善权籍登记手续并进行权属变更；房屋土地过户免缴纳土地收益金；集体土地性质房屋资产完善征收手续后办理权属变更；老旧权证的房产持相关证明材料直接申请权属变更，重庆市政府领导对重庆邮政房屋土地资产可权属变更作出"同意所提意见"的批示，标志着重庆邮政"子改分"房屋资产权属变更进展顺利，为解决重庆邮政在"子改分"过程中房屋资产权属变更历史遗留问题创造了有利条件。

10月9日 市分公司与秀山县政府签订发展农村电子商务战略合作框架协议。这是重庆邮政与地方政府签订的第一个农村电商战略协议。

10月21日 中邮黔江分公司电商运营中心开业暨"邮乐网·黔江民族生态馆"开馆仪式在黔江区举行。黔江区政府与市分公司签订电子商务进农村战略合作框架协议。

10月30日 市分公司ERP（企业资源计划）系统暨集中核算平台成功上线试运行。

12月8日 市分公司修订《中国邮政集团公司重庆市分公司党建工作考评办法（试行）》。

12月17日 全市邮政代理金融储蓄存款余额迈上1500亿元台阶。

2016 年

1月5日 市农委与重庆邮政、重庆电信签署共同推进农村信息化战略合作协议，在"益农信息社"（村级信息服务站）建设运营、生鲜产品电子交易、金融支付、农技推广等方面开展深度合作。

1月9日　1986年版电视剧《西游记》中"美猴王"孙悟空的扮演者六小龄童（本名章金莱）来渝，为全国首家"六小龄童邮局"（位于九龙坡区杨家坪步行街）授牌并担任名誉局长。该邮局推出一系列生肖猴年相关邮品。

3月10至14日　市分公司在中国延安干部学院举办首期"两学一做"（学党章党规、学系列讲话，做合格党员）专题培训班，全市各级邮政企业48名党员干部参训。

3月11日　中国邮政集团公司党组第四巡视组对重庆邮政系统开展巡视工作，至4月18日结束。市分公司按照巡视反馈意见和集团公司党组整改要求，制订巡视整改工作方案及巡视整改工作台账和《巡视整改持续推进工作任务表》，至7月20日，整改完成率达100%。

3月22日　"2015年感动重庆邮政十大人物"评选结果揭晓，分别是：丁巧（江津分公司）、文国兰（黔江分公司）、宁安东（邮区中心局）、冯朝云（垫江分公司）、刘伦（合川分公司）、李宽芬（荣昌分公司）、李辅顺（万州分公司）、杨勇（渝北分公司）、秦丹（南岸分公司）、谢中明（长寿分公司）。

4月11至13日　来渝参加2016中国（重庆）跨境电商邮政高层论坛的万国邮政联盟秘书长比沙尔·侯赛因，前往重庆西部物流园、南坪邮政投递站和南坪西路邮政所、铜梁安居邮政所进行实地考察，并参观大足区海棠小学"小海棠少儿邮局"。比沙尔·侯赛因对重庆邮政取得的成绩表示赞赏与肯定，并为重庆邮政题词："祝愿重庆邮政未来更美好！"

4月12至13日　中国邮政集团公司在重庆主办主题为"合作共赢、促进发展"的2016中国（重庆）跨境电商邮政高层论坛，落实国家"一带一路"倡议。26个国家和地区的邮政高层代表，针对服务跨境电商、发展跨境电商包裹寄递业务进行深入交流，并一致通过《重庆宣言》，就跨境电商环境下邮政合作共赢、促进发展达成广泛共识。

5月3日　市分公司党委召开"两学一做"学习教育工作会，深入学习贯彻中央、市委和集团公司党组"两学一做"学习教育工作会议精神，对在市分公司本部党员中开展"两学一做"学习教育工作进行安排。

同月　秀山邮政投递员刘江获得"全国五一劳动奖章"。

6月25日　2016年中国邮政明信片第二期开奖活动在渝举行，市政府、集团公司领导出席活动。"保护绿色长江·邮寄山水重庆"系列公益活动同步开启。

7月12日　市分公司与市地税局签订《委托代征代开普通发票地方税收协议》。

8月28日　纪念红军长征胜利八十周年全国青少年集邮教育实践（重庆站）活动，在綦江区举行。

9月24日　全国第三家、西南地区首家《中国邮政报》全媒体示范记者站在渝揭牌成立。

10月13日　借助中欧班列（渝新欧）运往德国的国际测试邮件，顺利运达法兰克福邮件处理中心。中欧铁路运邮通道首次全线打通。

10月28日　重庆邮政生产指挥调度中心启用，建筑总面积16159.53平方米。市分公司本部从渝中区上清寺嘉陵桥西村83号搬迁至渝北区黄山大道中段68号山顶总部基地。

11月25日　国家邮政局领导于政企分开后首次来重庆邮政视察工作。

11月30日　重庆邮政O2O平台上线运营。该平台是重庆邮政以微信端服务为基础开展的互联网业务运营平台。

同月　市分公司全面实施"暖冬计划　关爱一线员工"活动。活动共计投入资金310余万元，对全市邮政12000余名一线员工，按照高寒地区（海拔在800米以上）：内勤人员400元/人、外勤人员500元/人；一般地区：内勤人员200元/人、外勤人员300元/人的标准，购买保暖用品，开展冬季保暖慰问活动，以解决基层员工工作期间保暖问题。

12月18日　重庆邮政第三邮件处理中心（渝北区回兴街道两港大道旁）奠基动工。处理中心占地132亩，项目总规模为76070.5平方米。

12月28日　重庆市驿盾保安押运服务有限责任公司挂牌运营，标志着重庆邮政保安押运体制改革取得重大突破。

2017年

1月5日　由市委宣传部指导，市文化委员会、新华社重庆分社和市分公司联合主办的"全民阅读生肖民俗文化惠民活动"在渝中区解放碑举行，同步举行《丁酉年》生肖邮票首发式。

同日　重庆邮政与重庆交运集团签署战略合作框架协议，双方在快递网络、便民服务和广告平台三方面开展合作。

3月1日　"票易达"寄递处理中心启用，市国税局领导、市分公司总经理廖涛共同为处理中心揭牌。

3月13日　波兰邮政总裁什梅斯瓦夫·斯夫聂斯基一行来渝访问，就中欧班列（渝新欧）运邮相关事宜与市政府、渝新欧（重庆）供应链管理有限公司及市分公司进行商谈，并赴西部物流园、"小海棠少儿邮局"等地实地考察。

4月1日　中国（重庆）自由贸易试验区挂牌仪式在南岸区南滨路弹子石中央商务区举行。中国邮政作为国际物流领域重点项目代表，成为首批签订入驻协议央企。市分公司总经理廖涛代表重庆邮政，在现场与重庆铁路口岸物流开发有限责任公司签约。双方共同推动基于进出口国际邮件的跨境电商产业发展，实现中欧班列（渝新欧）铁路行邮与跨境电商产业深度融合。

4月16日 "2017年感动重庆邮政十大人物"评选结果揭晓，分别是：丁茂强（潼南分公司）、李永容（合川分公司）、杨凤明（黔江分公司）、吴章博（市分公司审计部）、邹欣（电商分销分公司）、张小林（涪陵分公司）、陈双成（忠县分公司）、唐雅蓓（代理金融局）、曾小凤（渝北分公司）、简明全（城口分公司）。

4月28日 市分公司党委书记、总经理廖涛，合川盐井邮政支局投递员刘伦，沙坪坝青木关邮政支局支局长邱骧，获"重庆市第五届劳动模范"称号。

5月19日 重庆邮政在北碚重庆自然博物馆、合川人民广场和太和镇马门溪龙挖掘地、永川人民广场、万盛黑山谷4地联动开展《中国恐龙》邮票首发活动。

6月18日 重庆邮政启动"丁酉大吉·庆重庆直辖"集邮文化季活动，向重庆直辖献礼。

6月30日 市分公司生产指挥调度中心平台完成第一阶段系统上线，并投入试运行。

7月11日 重庆邮政携手重庆邮储银行，与重庆农商行达成合作意向，双方本着"互惠双赢"原则，拟在多个方面开展合作，共同推动重庆农村金融市场发展。

7月20日 中欧班列（渝新欧）固定于每周四、周六分别发运一个邮包集装箱，专门搭载中欧班列（渝新欧）专线寄递产品，标志着中欧班列（渝新欧）在全国率先实现固定频次运邮。

8月28日 全市邮政工作座谈会提出四个"时代之问"（一问：重庆邮政高位运行的发展态势能否持续？二问：重庆邮政与"全国一流邮政企业"差距究竟在哪里？三问：重庆邮政针对内外部发展形势变化，如何更加有效地管控各类风险？四问：重庆邮政如何更好地实现15000名员工对美好生活的向往？），号召全市邮政员工用实际行动将改革步伐向纵深拓展，让"重邮梦"呼应"中国梦"。

9月5至8日 重庆邮政61名中青年干部在江西省委党校干部教育学院井冈山培训基地参加党性教育培训。

9月15日 市分公司与当代党员杂志社签署战略合作协议。当代党员杂志社旗下《当代党员》《党员文摘》《党课参考》三刊自2018年起交邮政发行。

9月23日 沙坪坝晒光坪投递站女邮递员李维兰，在投递途中因与一越野车发生擦挂，被越野车驾驶员（男）暴力殴打，引发社会舆论关注。重庆邮政安排律师协助李维兰维权，并通过官方微信发布《告重庆邮政全体员工书》，微信阅读量超过26万次，网络累计传播量达数百万次。

10月18日 重庆邮政组织全体党员和党员领导干部集中收看党的十九大开幕式直播盛况，聆听习近平总书记在大会上所作的工作报告。

10月21日 装载着6671件国际小包邮件的中欧班列（渝新欧）由重庆出发，目的地波兰马拉舍维奇，标志着中欧班列正式进入规模化运邮阶段。

11月15日 市委领导赴长寿区邻封镇卫家河坎，实地考察邮政农村电商服务站点，并在特色农产品沙田柚的邮政快递包裹收寄现场，对邮政农村电商发展理念和所开展的工作给予高度赞扬，希望重庆邮政农村电商能做大做强，更好地为广大农民朋友服务。

11月25日 中国邮政推出"渝—中欧班列专线"寄递产品。

12月22日 2018年全市邮政工作研讨会提出"三步走"发展战略规划，开启重庆邮政全面争创"全国一流邮政企业"新征程。第一阶段：2018年全面建成西部一流邮政企业，提前实现"十三五"发展规划目标；第二阶段：到"十三五"末（2020年），基本建成全国一流邮政企业；第三阶段：到"十四五"末（2025年），全面建成全国一流邮政企业。

12月26日 重庆邮政代理金融储蓄存款余额突破2000亿元，进入全国邮政余额规模前10强，跻身"2000亿俱乐部"。

2018年

1月12日 重庆邮政与重庆海关签署合作备忘录，共同推进中欧班列（渝新欧）运邮工作。

1月22日 市分公司党委书记、总经理廖涛当选为重庆市第五届人民代表大会代表；同月31日当选为重庆市五届人大常委会委员。

5月9日 重庆邮政在全国率先召开邮政普遍服务工作会议，持续推动全市邮政普遍服务建制村通邮达标工作。

5月24日 渝中区新民街邮政所办理全市第一单代办工商营业执照业务，标志着重庆邮政与重庆工商合作取得突破。

同日 市分公司与市农委签订战略合作框架协议，双方在宣传推广、便民服务、金融服务等方面开展合作。

5月25至28日 第二十一届中国西部国际投资贸易洽谈会在重庆举办。中国邮政集团公司领导作为特邀嘉宾参加开幕式暨重大项目集中签约仪式。

6月19日 中国邮政集团公司决定：任命王树志为中国邮政集团公司重庆市分公司高级资深经理。

同日 中国邮政集团公司党组决定：王树志同志任中国邮政集团公司重庆市分公司党委委员、纪委书记；免去董虹同志的中国邮政集团公司重庆市分公司党委委员、纪委书记职务，退休。

7月8日　市分公司总经理廖涛赴重庆市18个深度贫困乡镇之一的城口县鸡鸣乡双坪村，实地开展对口扶贫工作。

7月9日　集团公司通报2017年度省分公司战略绩效考核结果，重庆邮政得分117.39，考核结果为A级，位居A级第2名。

8月7日　重庆邮政携手重庆邮储银行，与三峡人寿保险公司举行绿色金融启动暨战略合作签约仪式。

8月15日　"一座记忆重庆的邮局"（渝中区解放碑主题邮局）对外营业，以邮政视角诠释"行千里，致广大"的重庆人文精神。

9月3日　中国邮政集团公司决定：任命廖涛为中国邮政集团公司重庆市寄递事业部总经理；任命胡绍波为中国邮政集团公司重庆市分公司副总经理，中国邮政集团公司重庆市寄递事业部常务副总经理。

9月17至18日　市分公司相继召开市寄递事业部成立大会和13个城片区寄递事业部组建工作会，成立各级寄递事业部。

同月　市分公司与重庆交管合作开展代办交管业务，在具备条件的营业网点设立"代办交管业务便民服务点"。

10月11日　市分公司印发《乡村振兴战略重庆邮政行动方案（2018—2020年）》，加大重庆邮政在农村物流配送、农村电商、普惠金融、精准扶贫等领域的投入和服务力度。

10月27日　德国杜伊斯堡—中国中欧班列运邮测试在德国杜伊斯堡启动。

10月28日　重庆邮政有史以来最大单项工程项目第三邮件处理中心投产运行。该项目自2017年10月26日取得施工许可证后，历时1年建成。在"双11"生产旺季之前（10月26日）重庆邮件处理中心转场顺利完成。

11月5日　重庆市人民政府办公厅发布《关于推广审批服务结果邮寄送达服务有关工作的通知》。

11月23日　在中国邮政集团公司和中国邮政储蓄银行总行联合举办的"安全伴我行"主题辩论赛决赛中，重庆邮政与邮储银行重庆分行组成的重庆邮银代表队获得冠军。

11月26日　一批来自德国的测试邮件搭乘中欧班列（渝新欧），经波兰、白俄罗斯、俄罗斯、哈萨克斯坦抵达重庆，标志着首次较大规模邮件进口测试成功，实现全国中欧班列进口邮件"零的突破"。

12月26日　重庆邮政庆祝改革开放40周年座谈会召开。

是年　市分公司党委认真履行巡视整改主体责任，推进十九届中央第一轮巡视反馈问题整改工作。制定完善与巡视整改相关制度文件89个，出台《巡察工作规划（2018—2022年）》《开展巡察工作的实施意见》，对7个

单位党组织开展第一批巡察。

是年　市分公司持续推进"双关心"工作，累计投入资金4669万元（含寄递事业部157万元），开展"职工小家"建设、"暖冬计划"、基本工资和津补贴调标、特殊困难员工帮扶等9项好事实事，惠及员工16000余人。

2019年

2月25日　中国邮政集团公司重庆市寄递事业部召开第一次党员代表大会，选举产生第一届中共中邮重庆市寄递事业部委员会及纪律检查委员会。

3月14日　重庆邮政系统协同发展委员会召开2019年第一次会议。

3月21日　中国邮政集团公司决定：任命周新峰为中国邮政集团公司重庆市分公司总经理，中国邮政集团公司重庆市寄递事业部总经理，中国邮政速递物流股份有限公司重庆市分公司总经理；免去廖涛的中国邮政集团公司重庆市分公司总经理，中国邮政集团公司重庆市寄递事业部总经理，中国邮政速递物流股份有限公司重庆市分公司总经理职务。

4月20日　国家邮政局领导率调研组赴渝北片区寄递事业部空港揽投部调研邮政"绿色发展"。

5月22日　市分公司召开党委会议，新一届党委班子第一时间传达学习贯彻市委五届六次全会精神，同时对全市邮政各级干部提出"讲政治、重担当、抓落实、作表率"12字工作要求。

7月3日　中共中国邮政集团公司重庆市分公司直属机关第五次代表大会召开，选举产生中共中国邮政集团公司重庆市分公司直属机关第五届委员会和纪律检查委员会。

7月21日　由重庆市总工会、重庆市邮政管理局主办的"当好主人翁、建功新时代"2019年重庆市邮政快递行业职业技能大赛，重庆主要快递企业共有8支代表队、90名选手参赛。其中，快递处理、快递揽收两项比赛的前三名被重庆邮政选手包揽。

7月24至26日　2019年市分公司工作座谈会提出认真落实"讲政治、重担当、抓落实、作表率"工作要求，强化"固优势、补短板、抓重点、强弱项"经营理念。

同月　渝中区打铜街邮政支局获得全国创建"青年文明号"活动组委会授予的"2017—2018年度全国青年文明号"称号。

9月19日　庆祝中华人民共和国成立70周年全国集邮巡回展（重庆站）在涪陵举办。

9月23日　永川邮政联合永川行政服务中心共同举办"不忘初心70载，牢记使命再出发"宣传活动，宣传行政审批件免费邮寄送达服务。

10月16日　市分公司在解放碑步行街举行《大美重庆》专用邮资图首发活动，《典藏"双晒"》《桥都重庆》

等明信片纷纷亮相。

11月13日 重庆电视台记者到渝中区上清寺邮政支局，就"绿色邮政，绿色发展"进行现场采访。

12月6日 市分公司报送的《基于战略导向的对标管理体系构建和实践》获得第十五届（2019年）全国邮政企业管理现代化创新成果二等奖、第六届（2019年）通信行业企业管理现代化创新成果三等奖。

12月13日 重庆邮政"解放碑主题邮局"亮相深圳第四届全国主题邮局文化展，吸引众多市民打卡。现场展出的《典藏双晒》《行千里·致广大》等50余款重庆特色明信片及文创产品受到热捧。

2020 年

1月31日 市分公司针对新冠疫情防控出台"应急预案"，为全市邮政坚决打赢疫情防控阻击战、确保生产经营有序运行提供制度保障。

同月 为落实中国邮政集团公司由全民所有制企业改制为国有独资公司的更名、改制工作，中国邮政集团公司重庆市分公司更名为中国邮政集团有限公司重庆市分公司。

同月 在习近平总书记赴石柱县中益乡华溪村考察前后，市委、市政府领导先后3次到石柱电商产业园邮政电商包裹收寄现场、石柱邮政电商运营中心、邮乐购店等调研，对石柱邮政农村电商工作给予肯定。

2月1日 重庆国际邮件互换局代报关中心，全力协助客户完成一批45000枚防护口罩的进口邮件申报清关。

2月3日 市分公司党委书记、总经理周新峰主持召开市分公司领导碰头会。会议强调，在继续做好各项疫情防控工作的同时，进一步加强防疫物资储备与统筹调配，全力做好"四不中断、四免费办"（四不中断：网点服务不中断；机要通信不中断；揽投服务不中断；在线服务不中断。四免费办：救援物资免费送；上门揽收免费办；个人捐助免费寄；捐款转账免费汇），切实加强客户维护，确保绿色通道畅通。

2月9至29日 经市分公司与市税务局商定，为纳税人提供"网上申领发票免费送达"服务。

2月9日 重庆—武汉邮路调整为逐日班运行，对渝北揽收的华邦药业发往武汉的防疫相关邮件进行专项处理，提前预安排接卸垛口，经专人分拣处理后直接装车，赶发最有效频次，以实际行动履行"国家队"责任，彰显国企担当。

2月11日 市分公司总经理周新峰对《巴南区分公司金融转型发展调研汇报》作出批示，要求全市邮政企业在抓好疫情防控工作的同时，认真学习复制推广"巴南样板"，聚焦打造一体化、一站式综合便民服务平台，落实协同战略，发挥资源优势，创新探索"政务＋邮政＋便民服务＋电商扶贫"发展模式。

2月19日 市政府领导就重庆邮政全力应对新冠疫情和确保通信畅通工作作出批示：希望继续做好邮政服务，抓好员工防护，为重庆市取得疫情防控的胜利作出应有贡献。

2月23日 市委、市政府领导对《中国邮政集团有限公司重庆市分公司关于积极抗击新冠疫情情况的报告》作出批示：在全市抗疫期间，邮政部门贡献较大，表现突出，望进一步做好各项工作，所需防疫物资，市里可全力支持。

2月28日 各区县邮政企业应对新冠疫情，全力支援市内学生教材包裹封装寄递。利用5天时间完成全市39个区县、1801所学校的教材配送任务，累计配送教材170万份、书籍1000万册。

同日 《重庆邮政寄递业务基层单元经营模式创新工作实施方案（试行）》出台，探索实施"众创众享""准加盟制"两种经营模式，深化邮政寄递业务体制机制改革。

3月5日 市分公司党委书记、总经理周新峰主持召开市分公司党委（扩大）会议，决定成立重庆邮政寄递业务改革发展领导小组，下设时限、成本、服务、市场、IT五大体系工作组和协同战略推进组。

3月23日 重庆国际邮件互换局新场地投入使用，分国际邮件进口作业区、出口作业区、海关监管功能区三部分，面积4800平方米，日均处理邮件5万件。

4月3日 中欧班列（渝新欧）"中国邮政号"专列首发活动在重庆沙坪坝区团结村举行。该活动由重庆市人民政府和中国邮政集团有限公司主办，重庆市人民政府口岸和物流办公室、中国邮政重庆市分公司、渝新欧（重庆）供应链管理有限公司承办。

4月20日 重庆邮区中心局空港处理场地投产运行。至此，重庆邮政包裹及快递综合处理能力由96万件/日提升至111万件/日。

5月26日 集团公司党组第五巡视组启动巡视重庆市邮政企业党委工作。

6月18日 市分公司总经理周新峰在中华全国集邮联合会第八次代表大会上当选为第八届理事会常务理事。

8月20日 长江重庆段寸滩水位突破1981年历史极值，重庆多地邮政生产经营场地受到波及，市分公司领导就打赢防汛抢险保卫战作出紧急部署。

8月25至26日 集团公司领导在市分公司党委书记、总经理周新峰陪同下，前往沙坪坝区洪灾受灾网点磁器口邮政所、巴南区水轮村邮政所及珠江城"邮快超市"、渝北区人和国际邮件处理中心、邮区中心局调研慰问。

8月26日 市分公司党委书记、总经理周新峰主持召开市分公司党委（扩大）会议，审议通过《市分公司党委关于集团公司党组巡视反馈问题整改实施方案》。

9月22日　重庆邮政与合川区政府签署战略合作框架协议，携手参与成渝地区双城经济圈建设。

9月23日　市农业农村委与重庆邮政联合召开"互联网＋"农产品出村进城工程试点工作部署会议。

9月29日　渝中邮政在解放碑督邮街举行"东川邮政管理局复建开业暨重庆邮政百年文化展"活动。

10月19日　合川片区邮政直营揽投部南城团队队长尹远获全市抗击新冠疫情"先进个人"称号。

10月23日　涪陵马武邮政支局支局长尹柱获全国交通运输系统抗击新冠疫情"先进个人"称号。

10月25日　市分公司纪委书记王树志带着企业的敬意，向抗美援朝老战士罗毅、郑如明送去慰问及纪念章。

10月28日　空港邮件处理中心正式投入使用。该中心配备矩阵传送设备和小件分拣机，采用了流程最优、人工成本最低的设计方案。

11月18日　国家邮政局领导赴重庆邮政铁路口岸国际邮件处理中心调研中欧班列（渝新欧）运邮项目。

12月22日　中国邮政集团有限公司决定：任命张永为中国邮政集团有限公司重庆市分公司副总经理。

12月28日　重庆市集邮协会第四次会员代表大会召开，市分公司总经理周新峰、副总经理熊岗分别当选为第四届理事会会长、常务副会长。

同月　市分公司印发《"二十四节气"邮政客户维护实施方案》，以"二十四节气"为主时间轴，以重大节日和行业节日（20个）为副时间轴，开展客户维护活动。

2021 年

2月8日　市委领导视察慰问重庆邮政时指出，近年来快递业发展迅速，特别是疫情期间在保障民生、服务社会方面发挥了十分重要的作用，自身也取得了长足的发展，并鼓励重庆邮政继续努力，让快递业发展得更好，造福更多百姓。

2月20日　市分公司总经理周新峰赴重庆机场集团公司洽谈综合邮件处理中心空侧（机场控制区专用词）征地事宜。

3月19日　中国邮政发行的《中欧班列（渝新欧）开行十周年》纪念邮资明信片首发式在沙坪坝区举行。

4月28日　市分公司副总经理、市集邮协会常务副会长熊岗，带队赴上海参加第41届全国最佳邮票评选活动颁奖大会，并从中华全国集邮联合会领导手中接过会旗，接手承办2022年第42届全国最佳邮票评选活动。

6月21日　市委巡视办向重庆邮政致感谢信，充分肯定"巡视专用邮政信箱"邮件寄递服务工作。

6月29日　重庆邮政文史馆建成，全方位展现重庆邮政改革发展历史，成为员工学习新阵地和客户宣传新名片。

同月　南岸邮政打造的"文物南迁"主题邮局开始试营业。

7月1日　《中国共产党成立100周年》纪念邮票发行。

同日　市分公司开展丰富多彩的庆祝活动，迎接中国共产党成立100周年，各级党组织收看庆祝中国共产党成立100周年大会实况直播，认真聆听习近平总书记"七一"重要讲话。

8月30日　市分公司启动"渝邮传媒"品牌建设工作，通过统一标识、统一宣传及重点项目带动，促进广告业务发展。

9月29日　中邮证券有限责任公司重庆分公司成立，中国邮政、中邮证券领导参加揭牌仪式。

10月9日　世界邮政日当天，市分公司在重庆地标建筑——环球金融中心（WFC）墙体电子屏上投放中国邮政宣传标语：邮政，连接美好生活／有人的地方就有邮政／重庆邮政与您同行。相关视频经重庆邮政微信视频号传播，浏览量达39.8万次，全网传播破百万次。

同日　渝中邮政揽投员何寿全获"重庆市劳动模范"称号。

11月15日　市政府领导对中欧班列（渝新欧）运邮作出指示：高度重视中欧班列（渝新欧）运邮，要想尽办法保障运邮工作。2022年的基础建设规划，要包含出口邮包基地建设。

12月7日　集团公司领导调研重庆邮政，要求进一步提高政治站位，完整准确全面贯彻新发展理念，坚定不移深化改革，更好地融入新发展格局，以优异成绩迎接党的二十大召开。

12月21日　市分公司举行"渝邮传媒"文创产品暨《壬寅年》生肖贺岁藏品发布会。

12月28日　中国邮政集团有限公司党组决定：刘力同志任中国邮政集团有限公司重庆市分公司党委委员、纪委书记。

12月31日　《中国邮政集团有限公司重庆市分公司"十四五"发展规划》发布。"十四五"总体目标：收入突破100亿元，利润突破10亿元。

2022 年

1月4日　市分公司副总经理张晓春出席"重庆空港型国家物流枢纽"授牌暨2022年重庆市口岸物流重点合作项目集中签约活动，并受集团公司委托，与重庆临空招商集团有限公司签订战略合作协议。

1月7日　重庆市国防与应急物流技术创新战略联盟第一届理事会第一次会议以视频会议形式召开，市分公司当选理事长单位。

1月11日　市分公司在重庆中国三峡博物馆举办虎

年生肖文化线上直播活动，通过中国邮政邮票小百科和抖音账号同时播出，观摩及互动人数达4255人，评论5892条，点赞18000次。

1月21日 市分公司召开电视电话会议，就北京2022年冬奥会和冬残奥会期间安全生产和服务保障工作进行动员部署。

3月12日 市分公司总经理周新峰调研南岸区广阳岛邮局建设时，提出将其打造成全国第一个以生态旅游为内涵的文化邮局。

4月15日 市委、市政府领导在习近平总书记赴石柱县中益乡华溪村考察3周年之际，赴华溪村"初心邮局"调研。

4月28日 中国邮政发行《世界自然遗产——中国南方喀斯特》特种邮票，重庆南川、武隆两地荣登"国家名片"。

5月25日 《人民日报》视觉版报道全国各地蓬勃发展的农村电商，选用《邮车开进红辣椒生产车间》一图，展示重庆邮政在推进快递"两进一出"、解决企业"销售难""物流难"痛点上的积极作为。

6月2日 市分公司副总经理、工会主席熊岗主持召开重庆市邮政工会主席办公会，专题研究通过《市分公司劳模创新工作室管理办法》及彭文锋、石全、何寿全劳模创新工作室建设方案。

6月10日 中央电视台财经频道《经济半小时》栏目播出《疫情下的"钢铁驼队"》，讲述中欧班列（渝新欧）国际铁路运邮事宜。市分公司副总经理胡绍波、中欧班列（渝新欧）运邮项目经理勾美仑接受采访。

6月27日 在集团公司召开的2018—2021年度全国邮政系统先进集体、先进个人表彰大会上，重庆邮政沙坪坝区分公司、涪陵片区分公司城市邮政支局、巴南片区分公司水轮村邮政所获得"全国邮政系统先进集体"称号；开州区分公司党总支书记、总经理邱开成及南岸区分公司市场营销部经理陈璞臻、市寄递事业部国际营销中心渠道管理勾美仑获得"全国邮政系统先进个人"称号。

7月2日 重庆邮政为促进巫山脆李外销，在集团公司的支持下开行"巫山—南京"邮政航空全货机专机线路。项目运营期间，专机飞行15架次，日均载运脆李13.1吨、3242件。

7月9日 市政府领导在市分公司呈报的《邮航专机服务"巫山脆李"项目情况汇报》上作出批示：重庆邮政公司谋划推动专机寄递服务，有效解决农产品物流难题，收到良好成效，得到社会广泛关注。

7月26日 中华全国集邮联合会领导在渝中区督邮街、解放碑主题邮局及重庆市集邮协会参观调研，表示希望重庆邮政把督邮街打造成宣传集邮文化、普及邮政历史知识的"名片"。

7月27日 第42届全国最佳邮票评选颁奖活动在重庆大剧院举行，重庆市集邮协会获得组织奖。

同日 市政府领导会见集团公司领导，希望双方在农村电商、快递物流、商贸流通等方面加强合作，携手共进推动乡村全面振兴。

8月5日 市分公司副总经理张永在集团公司智能客服平台上线动员电视电话会上作表态发言。重庆邮政作为全国首批3个试点省份之一，于8月15日上线运营邮政智能客服平台。

9月15日 市政府领导在《中国邮政集团有限公司重庆市分公司服务重庆小面产业发展情况汇报》上作出批示：中国邮政重庆分公司为服务重庆小面产业作出系统谋划，应予积极支持，可与大渡口、云阳一起研究落地措施。

10月17日 市分公司党委书记、总经理周新峰主持召开党委（扩大）会，第一时间传达学习习近平总书记在中国共产党第二十次全国代表大会上的报告，研究部署重庆邮政学习贯彻党的二十大精神的工作措施。

11月19至23日 市分公司上线预制菜产品355款，支持疫情期间民生物资供应，累计销量5.39万单，充分体现行业"国家队"的责任担当，为解决居民"菜篮子"保供问题作出邮政贡献。

第一篇　体制调整及机构沿革

1986—2022 年，在全国改革开放大潮中，重庆邮政体制历经多次重大改革。1983 年 7 月，国家邮电部决定成立重庆市邮电局，作为重庆市邮电管理机构。1984 年 11 月，重庆市邮电局正式成立。1992 年 3 月，重庆市邮电局撤销，重庆市邮政局直接行使重庆邮政行业管理职能。1997 年 4 月，重庆市邮政管理局和重庆市电信管理局成立。重庆邮政、电信管理局分别负责重庆直辖市区内的公用邮政、电信网路建设、维护和业务的经营管理，并对所辖行政区域行使通信行业管理职能。2007 年 2 月，重庆市邮政管理局和新组建的重庆市邮政公司正式揭牌成立，重庆市邮政管理局作为政府监管部门履行行业监管职能，重庆市邮政公司作为中国邮政集团公司的子公司实行公司化运营。2007 年 12 月，中国邮政储蓄银行重庆分行正式挂牌成立；2009 年 1 月，组建重庆市邮政速递物流公司，全市速递物流专业实行专业化运营。2015 年 3 月，集团公司实施法人体制调整，对各省（区、市）邮政公司的管理体制由母子制改为总分制，"重庆市邮政公司"更名为"中国邮政集团公司重庆市分公司"；同年 5 月 1 日，重庆市分公司及所辖分支机构正式对外运营。2019 年 12 月，集团公司在京挂牌成立"中国邮政集团有限公司"，"中国邮政集团公司重庆市分公司"更名为"中国邮政集团有限公司重庆市分公司"，至 2022 年一直沿用此名，管理体制不变。

第一章　计划单列时期

第一节　重庆市邮电局

1983 年 2 月，经国务院批准，重庆市成为全国第一个经济体制综合改革试点城市，原四川省永川地区所属永川、江津、合川、潼南、铜梁、大足、荣昌、璧山 8 县全部并入重庆市。同年 7 月，邮电部颁布《关于重庆市邮电管理体制改革问题的决定》，决定成立重庆市邮电局作为重庆市邮电管理机构，行使省邮电管理局一级权利。

自 1984 年起，邮电部对重庆市单列户头，赋予重庆省一级经济管理权限。将重庆市中央国有邮电通信业务计划、财务计划、物资供应计划、固定资产投资计划和劳动工资计划，直接下达给市邮电局，同时抄送四川省计委、

四川省经委和四川省邮电管理局。1984 年 11 月，市邮电局正式成立，实行以四川省邮电管理局为主的四川省管局与重庆市双重领导体制，市邮电局领导干部由邮电部直接管理。重庆市邮政局、重庆市电信局（简称市电信局）和重庆市郊县邮电局（原四川省永川地区邮电局）均为单独经济核算企业，由重庆市邮电局统一领导和管理。同月，原重庆市邮政局管理的巴县、江北县、长寿县、綦江县邮电局，改由市邮电局直接管理。

1985 年 4 月，重庆市郊县邮电局并入市邮电局，重庆市郊县邮电局管理的永川、江津、合川、潼南、铜梁、大足、荣昌、璧山县邮电局由市邮电局直接管理。至此，重庆市辖 12 县的县邮电局，全部由市邮电局直接管理。

1986 年 4 月，市邮局设立重庆邮政枢纽工程现场指挥部，对工程建设统一指挥、统一领导、统一管理。截至

同年5月，重庆市邮政局设有办公室、计划财务科、职工教育中心、劳动工资科、邮政管理科、电信管理科、技术设备科、物资供应科、审计监察科、基建工程科、房屋管理科、总务科、退休职工管理科、邮票公司、纪律检查委员会、工会、团委、党委办公室、组织科、宣传科、公安科。同年7月，市邮局设立运输科、邮政储蓄科，原"技术设备科"更名为"技术设备维护科"。同年12月，重庆邮政枢纽工程指挥部成立全民所有制企业——邮电拓展公司，主要经营通信器材、五金、交电、新型材料、咨询服务及兼营物资进出口业务等。

1987年1月，市邮局成立邮电专业技术情报站，搜集和交流与重庆邮电行业相关的邮电通信科研、生产、建设等科技情报，针对全局科研、生产、建设发展中急需解决的重大技术课题组织开展调查研究工作。同年3月，市邮局成立集体企业管理科。同年6月，市邮局设立中国速递服务公司重庆速递站，由邮政管理科管理。

1988年6月，市邮局设立多种经营管理科，与综合服务公司合署办公，实行两块牌子、一套班子。同年8月，市邮局成立重庆市邮政局物资供应站，该站试行内部独立核算，自主经营、自负盈亏。同年12月，市邮局党政机构改革，撤销原政治处、党委办公室、组织科、宣传科，设立党务工作部；设立干部科、公共关系部、宣传教育科、监察室；撤销教育中心，成立职工培训中心。同月15日，市邮局撤销审计监察科，成立审计科。

1989年，为便于重庆市计划单列后对外事务活动交往，市邮局各科室、单位相继更名。1989年4月，市邮局邮政管理处、计划财务处等机关科室更名，改科为部、处、室（原称部、室的单位名称不变）。同年6月，函件分拣、包裹刷印、报刊发行、邮件转运、邮件押运、运输、报刊零售科8个生产科更名为处。同月，原"中国速递服务公司重庆速递站"更名为"重庆市邮政局国际速递处"，负责国际、国内特快专递业务管理、开发。同年12月，市邮局撤销党务工作部，设置党委办公室、组织处（与干部处合署办公）、宣传。1990年1月，市邮局撤销宣传教育处和职工培训中心，设置职工教育中心，负责全局职工教育，培训规划、组织、实施及技工培训管理等工作。同月，市邮电局决定，自1990年1月1日起，将原市邮局的机要通信划归重庆市邮电局作为直属单位管理，机要通信局具有机要通信生产和全市机要通信管理的双重职能。同年4月，为加强邮政通信组织管理，邮政调度室由市邮局直属管理，负责干线邮运组织管理；撤销包裹刷印处，设立包裹分拣处、刷印分拣处；设立退休职工统筹办公室，与退休职工管理办公室合署办公。同年10月，市邮局设立科技处，负责全局科技管理工作，为职能管理部门；撤销技术设备维护处，设立设备维护处，负责维护各类设备，为生产部门。同年12月，市

邮局"离休干部管理委员会"更名为"离休干部工作委员会"。

1991年3月，市邮局成立邮袋管理处，负责邮袋管理、调拨等，具有管理、生产双重职能。同月，市邮局成立重庆邮政储汇局，负责邮政储汇业务管理、电汇业务处理、储蓄款收送等；成立重庆邮政速递局，负责速递业务管理、速递邮件处理、投递等，具有管理、生产的双重职能；成立老干部管理处，与干部处合署办公，负责全局老干部管理。同年7月，市邮局成立汽车维修处，负责全局邮运车辆及其他车辆的三保、大修。同年8月，市邮局成立战备通信办公室、人民防空办公室，分别与电信处、人武部合署办公，负责战备通信管理、人民防空管理。同年9月，市邮局成立国际邮件处，负责国际邮件分拣、封发、互换和查询，属生产单位。

第二节　重庆市邮政局

1992年2月，重庆市邮政局成立经济民警分队，隶属保卫处，负责保卫市邮局治安和生产、工作秩序。同月，市邮局成立住房制度改革办公室，与房管处合署办公，负责全局住房制度改革。

同年3月，根据邮电部《关于调整重庆市邮电管理体制的决定》，撤销重庆市邮电局。市邮局、市电信局按照系统领导为主、地方领导为辅的原则，行政上受四川省邮电管理局和重庆市人民政府双重领导，业务上服从四川省邮电管理局统一指挥调度。原市邮电局管辖的12个郊县邮电局划归市电信局管辖。市邮局、市电信局的业务计划、财务计划、物资供应计划、固定资产投资计划和劳动工资计划，由邮电部直接实行计划单列。

同年5月，市邮局成立质量检查科，为生产单位，邮政处下属的档案室和储汇处下属的电汇台均划归质检科管理。同年6月，重庆市邮电管理体制调整后，市邮局对内设机构作调整，设立政治部、干部处（增挂组织处牌子）、宣传处3个政治工作机构；设立办公室、邮政处、电信处、经营财务处、劳动工资处、教育处（增挂职工教育中心牌子）、科技处（增挂总工程师室牌子）、计划建设处、供应处、审计处、监察室（与纪委合署办公）、邮政公安分局、多种经营处、房屋管理处、退休职工管理处、行政处、邮政生产调度室17个行政机构；党群机构设置按有关规定办理。同年8月，市邮局在劳动工资处下设离退休费用统筹办公室，负责市邮局离退休统筹管理和办理离退休费用统筹。同年10月，市邮局机关处室内设置二级机构，设置属正科级的单位有市邮局职工医院、邮政技工学校、计划生育办公室，局属邮电通信器材公司、邮政公寓、邮购经营部、信达商场；设置属副科级的单位有办公

室下设综合档案室、全面质量管理办公室；公安分局下设办公室、通信保卫科、治安刑侦科、经济民警分队；劳资处下设安全生产办公室、养老保险基金办公室；电信处下设战备办公室、武装部下设人民防空办公室；落实政策办公室挂靠在政治部。同年12月，市邮局成立国际邮件服务公司，负责重庆地区进出口邮递物品报关、国际邮件直投及国际邮购服务等，具有生产、经营双重职能。同月，市邮局成立重庆九洲房地产实业开发公司、重庆邮电建筑安装工程公司和重庆鸿雁旅游公司，均为全民所有制、独立核算、自负盈亏的经营单位。

1993年4月，市邮局下辖的"南桐矿区邮电局"更名为"重庆市万盛区邮电局"。同年5月，市邮局成立重庆储金城市信用社，属于独立核算、自负盈亏集体性质的股份制经济实体，经营存款、贷款、汇兑等金融业务。同月，市邮局成立重庆有价证券公司上清寺营业部，为独立核算、自负盈亏的经济实体，经营证券发行、交易等业务。重庆储金城市信用社及重庆有价证券公司上清寺营业部均隶属邮政储汇处。同月，市邮局成立政治部办公室，隶属市邮局政治部。同年9月，中共重庆市邮政局纪律检查委员会和重庆市邮政局监察室合署办公，实行两块牌子、一套班子，执行纪检、监察两种职能。同年10月，市邮局工会下设组织民主管理宣教部、生产经营劳动保护部、劳动工资生活福利部及工会办公室。

1994年2月，市邮局成立独立核算、自负盈亏的重庆邮政信诚经贸公司，经营五金、工艺品等。同年6月，市邮局成立邮电劳动就业服务公司。同年10月，市邮局成立重庆邮政商函广告公司，并入邮购信托服务部，实行两块牌子、一套班子，分设账务账目，独立核算，负责经营商业信函设计和制作。

1995年5月，为优化完整通信企业管理体制，市邮局设置一局七部：

重庆邮政枢纽局 为相对独立工作的生产运行实体，负责指挥调度全局进出转口邮件运输、押运、转运等，负责邮袋调拨管理，各类机械设备运行维护等。内设办公室、计财办公室、总调度室3个职能机构。邮政枢纽局下设函件分拣处、包刷分拣处、国际邮件分拣处、邮件转运处、邮件运输处、邮件押运处、邮袋管理处、设备维护处。

业务营销部 负责所有通信业务营销和综合管理。按照专业和业务分工设置：重庆市邮政局邮政业务经营服务处（直接领导和管理邮政通信质量检查科）、邮政储汇局、机要通信局、邮票公司（与市集邮协会合署办公）、邮政速递局、报刊发行局、邮电中心营业部、电信业务经营服务处（直接管理重庆市邮政局战备办公室）、渝中、沙坪坝、北碚、九龙坡、江北、南岸、大渡口、万盛、双桥区9个区邮电局均属独立核算通信企业，在各自的行政区划

范围内开展邮电通信业务经营。

人才、技术开发部 负责全局人才和科学技术的教育、培养、开发和管理，邮电重点工程、引进项目、基建规划和施工管理等。下设总工程师室（直接管理重点工程办公室、邮政科研所）、计划建设处、教育处（直接管理重庆市邮政局技工学校）。

综合职能部 负责全局综合职能管理，按照职能分工划分为局长办公室（直接管理企业管理办公室、档案室、法规办公室、行政车队）、计划财务处、人事处（与组织处合署办公）、劳动工资处（直接管理安全办公室、统筹保险办公室）、离退休管理处。

监督保卫部 负责全局干部监察、经济审计和安全保卫，设置审计处、监察室（与市邮局纪委合署办公）、公安分局（内设办公室、重庆市邮政局经济警察分队）。

后勤保障部 负责全局后勤保障和管理。设置行政处（管理市邮局职工食堂、职工幼儿园）、房屋管理处（管理水电、房屋维修队）、重庆邮政医院、重庆市邮政局供应处（管理邮电印刷厂）。

多种经营部 负责全局多种经营的经营和管理，内设多种经营管理处（直接管理邮购部、邮政商函广告公司、信达商场、建筑安装工程公司、九州房地产开发公司、邮政公寓、信诚公司7个经济实体）、集体企业管理处（邮电发展公司），重庆鸿雁轮船有限公司（1995年处于筹备阶段），重庆市邮政实业开发总公司（除包括原通信器材公司所属各分公司外，主要负责邮政大厦的筹备和经营）。

党群工作部 内设中共重庆市邮政局纪律检查委员会（与监察室合署办公）、中共重庆市邮政局委员会办公室、中共重庆市邮政局委员会组织处（与人事处合署办公）、中共重庆市邮政局委员会宣传处（与《三峡邮报》合署办公）、重庆市邮政局人民武装部（领导和管理重庆市邮政局人防办公室）、共青团重庆市邮政局委员会、中国邮电工会四川省委员会重庆市邮政局办事处（内设工会办公室、养殖场、计划生育办公室，与重庆市邮政局工会委员会合署办公）。

同年12月，根据重庆市行政区划调整，市邮局撤销江北县、巴县邮电局，设立渝北区、巴南区邮电局。渝北区、巴南区邮电局及原重庆市电信局管辖的区（市、县）邮电局仍归重庆市电信局领导，北碚、双桥、万盛三个远郊区仍归重庆市邮政局领导。渝中区、南岸区、沙坪坝区、大渡口区、九龙坡区、江北区市话、长话、数据业务和移动通信业务及其经营由市电信局负责，邮政业务及邮政窗口的电信业务由市邮局管理。同月，市邮局成立政策法规处。

1996年7月，市邮局"战备办公室"更名为"应急通信办公室"，挂靠在电信经营服务处，对外仍保留重庆市邮政局战备办公室名称。

第二章　邮电分营时期

1997年4月，重庆邮政、电信分营试点，原重庆市电信局管理的12个区（市、县）邮电局的邮政业务全部划归邮政管理。同月，邮电部决定设立重庆市邮政管理局，撤销重庆市邮政局。同年5月，市邮管局正式挂牌。同年6月，重庆市邮政管理局与重庆市电信管理局联合发文撤销重庆市北碚区、万县市、涪陵市、黔江地区邮电局等38个邮电机构。同年7月，市邮管局撤销渝中区、江北区、南岸区、沙坪坝区、九龙坡区和大渡口区6个区邮电局，设立渝中区、江北区、南岸区、沙坪坝区、九龙坡区、大渡口区、北碚区、万盛区、双桥区、渝北区、巴南区、永川市、合川市、江津市、綦江县、长寿县、大足县、铜梁县、潼南县、璧山县、荣昌县、万县市、万县市龙宝区、万县市五桥区、万县市天城区、开县、忠县、梁平县、云阳县、奉节县、巫山县、巫溪县、城口县、涪陵市、涪陵市李渡区、南川市、垫江县、武隆县、丰都县、黔江地区、石柱土家族自治县、彭水苗族土家族自治县、酉阳土家族苗族自治县、秀山土家族苗族自治县共44个区、市、县邮政局，均属独立核算的邮政通信企业，在各自的行政辖区范围内开展邮政通信业务及代办电信业务；设置重庆市邮政中心局、重庆市邮政储汇局、重庆市报刊发行局、重庆市邮政速递局、重庆市机要通信局、重庆市集邮公司及票品局6个邮政专业通信局；撤销重庆邮运分局，与原枢纽局运输处合并为中心局邮运分局；撤销质检科，将质量监督岗业务、人员划归邮政业务市场部；汇兑检查、电汇处理业务、人员划归储汇局；邮政业务档案管理、查询业务、人员划归邮政档案管理科。

同月，市邮管局调整、设置机关及后勤服务机构，设置重庆市邮政管理局办公室（与政策法规处合署）、邮政行业管理处、邮政业务市场部、邮政计划建设部（归口管理重点工程办公室、信息中心、邮政规划设计院）、财务部、人事劳动部、科技教育部〔归口管理邮政科学研究院、邮政职工培训中心（与邮政技工学校合署）、邮政通信学会〕、宣传部（与党的宣传机构合设）、多种经营部（归口管理邮电物资器材总公司、邮政实业开发总公司、邮政信达贸易商场、鸿雁旅游公司、邮购信托服务部、邮政商函广告公司、邮政招待所、邮政寻呼台、邮电建筑安装工程公司）、监察室（与纪委合署）、审计处（归口管理绿波审计事务所）、离退休人员管理处、中共重庆市邮政管理局委员会办公室、中共重庆市邮政管理局委员会组织部、共青团重庆市邮政管理局委员会、中共重庆市邮政管理局直属及机关

委员会（归口管理人民武装部、计划生育办公室、人民防空办公室）、中国邮电工会重庆市邮政委员会（归口管理重庆市邮政管理局直属工会委员会）、重庆市邮政管理局公安处（重庆市邮政公安分局）、三峡邮报社、后勤服务中心、邮政职工医院、集体企业管理处（重庆邮电发展公司）。

同年9月，为明确市邮管局机关及后勤服务机构的管理职能，市邮管局设置机关及后勤服务机构的二级机构。市邮管局办公室下设企业管理办公室、综合档案室（与文史中心合署）、信访办公室；邮政业务市场部下设邮政视察室、邮政业务室（与交通战备办公室合署）、邮政市场开发室、电信业务管理科；邮政计划建设部下设综合科、工程管理科、规划计划引进办公室、统计科；财务部下设综合科、会计检查科、资金资产科、机关财务科；人事劳动部下设安全办公室、社会保险办公室、邮政职业技能鉴定中心；监察室（纪委）下设办公室、案件检查组、案件审理组；中共重庆市邮政管理局委员会办公室下设机要保密室；中国邮电工会重庆市邮政委员会下设工会办公室、组织宣教部、经济工作部、生产保障女工部、体育协会；公安处下设办公室、刑侦科、通信保卫、经济警察大队；后勤服务中心下设办公室、房屋管理科、动力科。

同年10月，市邮管局成立重庆邮政广告公司、重庆邮政邮购有限公司，业务归口邮政业务市场部管理。同月，市邮管局成立重庆市邮政通信职业技能鉴定中心，挂靠在人事劳动部。同年11月，市邮管局办公室增设秘书科。同月，市邮管局对原重庆市邮政局直属多种经营单位管理体制进行改革，将现业各多种经营经济实体分别挂靠到各专业局、各相关部门或直属单位，对多经单位实行由市邮管局多种经营部（简称多经部）和挂靠单位双重领导的管理体制，规定邮政实业开发总公司、邮电物资器材总公司（原市邮政局物资供应站、邮政印刷厂和原四川省邮电器材重庆分公司合并组成）由市邮管局直接管理；鸿雁旅游公司挂靠在邮政实业开发总公司；邮电建筑安装工程公司、九洲房地产开发公司、邮政寻呼台、药品部由多经部归口管理；绿波审计事务所挂靠在审计处；信达商场、邮政招待所、汽车大修厂、国际邮件报关服务公司、原邮运分局和邮运车队所开办的多种经营单位均划转挂靠在邮政中心局；合作银行上清寺支行、证券部和典当行，挂靠在邮政储汇局；邮政速递报关服务公司，挂靠在邮政速递局；报刊零售公司（多经部分）挂靠在报刊发行局；邮电贸易公司，挂靠在离退休管理处；邮票公司的邮票和所开

发邮品,自1998年1月1日起,按规定全部纳入邮政通信主业核算;机要局自行开展的多种经营,不再上交多经部,但应按规定向多经部上报有关报表;职工培训中心、后勤服务中心和邮政科学研究院等直属单位,在体制改革后,对内对外都实行有偿服务;中心营业部体制调整后合并到渝中区邮政局,并恢复上清寺邮政支院局名。

1998年1月,重庆报刊发行局下设国有独资、具有法人资格、独立核算的邮政专业公司——重庆邮政音像有限公司。同月,三峡邮报社下设总编室、采编部2个二级机构;邮政广告有限公司下设办公室、广告策划制作部2个二级机构;重点工程办公室下设综合管理科、工程技术科2个二级机构;邮政科学研究院、邮政规划设计院下设综合办公室、规划设计室、技术开发部、重庆邮政通信计量站、重庆邮政科技情报站5个二级机构。同年2月,市邮管局成立重庆市邮政通信职业技能鉴定站,挂靠在市邮政职工培训中心;在邮政中心局下增设多种经营科,归口管理信达商场、邮政招待所、汽车大修厂、国际报关公司等经营单位。同月,市邮管局将总调度室从邮政中心局分离出来,与市邮管局业务市场部合设办公。

同年3月,为保持重庆市邮政管理体制与地方行政管理体制一致,市邮管局对万县市、涪陵市和黔江地区邮政管理体制进行调整。市邮管局撤销原万县市、万县市龙宝区、万县市天城区、万县市五桥区邮政局,设立重庆市万县区、重庆市万县移民开发区邮政局,实行两块牌子、一套班子,重庆市万县移民开发区邮政局代管忠县、开县、云阳、奉节、巫山、巫溪6县邮政局,原万县市邮政局管辖的梁平县、城口县邮政局由市邮管局直接管理;撤销原涪陵市、涪陵市李渡区邮政局,设立重庆市涪陵区邮政局,原涪陵市邮政局管辖的南川、丰都、垫江、武隆4县(市)邮政局和重庆市涪陵区邮政局均由市邮管局直接管理;撤销原黔江地区邮政局,设立重庆市黔江开发区邮政局,代管石柱土家族自治县、秀山土家族苗族自治县、酉阳土家族苗族自治县、彭水苗族土家族自治县4县邮政局。

同年4月,市邮管局设立《人民邮电报》重庆邮政记者站,属人民邮电报社在市邮管局的业务派驻机构,挂靠在市邮管局三峡邮报社。同月,重庆邮政速递局与重庆国际邮件分拣局合设为一个机构,实行两块牌子、一套班子。同年5月,"重庆国际邮件分拣局"更名为"重庆国际邮件互换局",与重庆邮政速递局合设为一个机构,实行两块牌子、一套班子。

同年6月,市邮政职工培训中心下设办公室、培训科。同年7月,市邮管局成立直属事业单位——人力资源中心。同年8月,"万县区邮政局"更名为"万州区邮政局","万县移民开发区邮政局"更名为"万州移民开发区邮政局"。同月,市邮管局成立直属事业单位——再就业服务中心(与人力资源中心合署办公)。

1999年1月,"再就业服务中心"更名为"再就业服务指导中心"。同年5月,市邮管局机构编制委员会决定撤销原邮电部邮政运输局西南邮运分局重庆邮运汽车队,成立重庆市邮政管理局邮政干线运输车队,为市邮管局直属单位,业务归口市邮管局总调度室管理。

1999年9月,市邮管局办公室下设接待科,负责对外公务接待和机关车辆管理等。同年10月,重庆九洲房地产实业开发公司改制为有限责任公司,公司名称变更为重庆鸿祥房地产开发有限公司。同月,法规处从市邮管局办公室分离,与行业管理处合署办公,实行两块牌子、一套班子。同年12月,市邮管局设立重庆市邮政函件局,作为其下属专业化经营管理单位,负责函件业务经营管理、市场调研、市场开发等,业务归口业务市场部管理,下设重庆邮政广告有限公司、重庆邮政邮购有限公司。同月,原市邮管局"档案室"更名为"档案馆"。

2000年2月,市邮管局将重庆邮政邮购有限公司调整为其下属独立的专业化经营管理单位。同年8月,市邮管局成立集实物递送、市场营销、增值业务为一体的独立核算、自负盈亏的经营实体——重庆市邮政递送局(对外称重庆邮政物品递送公司,实行两块牌子、一套班子)。同月,市邮管局调整万州移民开发区、黔江开发区邮政管理体制,撤销万州移民开发区邮政局,保留万州区邮政局,原万州移民开发区邮政局代管的忠县、开县、云阳、奉节、巫山、巫溪6县邮政局由市邮管局直接管理;撤销黔江开发区邮政局,设立黔江区邮政局,黔江区邮政局和原黔江开发区邮政局代管的秀山、酉阳、彭水、石柱4个民族自治县邮政局由市邮管局直接管理。

同年12月,市邮管局撤销信息中心,成立重庆市邮政信息技术局和电子邮政局,实行两块牌子、一套班子,负责全市邮政计算机信息技术的推广、应用、网络建设等,自2001年1月1日起,按专业局独立运行。

2001年3月,"重庆市邮政中心局"更名为"重庆邮区中心局"。同年6月,"重庆市邮政局邮购信托服务部"更名为"重庆市邮政局药品部"。同年7月,市邮管局设置科技处,原计划财务处负责的全局科技、计量、节能管理及组织重大科技项目的攻关和成果鉴定与转让等科技管理职能划归科技处。同月,重庆市邮政信息技术局(重庆市电子邮政局)与重庆市邮政科学研究院(重庆邮政规划设计院)合署,实行四块牌子、一套班子。2001年7月,市邮管局设立重庆市邮政执法大队,挂靠在行业管理处,各区(市、县)邮政局设立重庆市邮政执法分队,对外统称重庆市邮政执法大队××区(市、县)分队,分队实行业务接受重庆市邮政执法大队统一指挥和监督检查,行政接受各区(市、县)邮政局领导的双重管理体制。同年12月,市邮管局将重庆市邮政信息技术局(重庆市电子邮政局)与重庆邮政规划设计院(重庆市邮政科学研究院）分开。重庆邮政规划设计院、重庆市邮政科学研究院实行两块牌子、一套班子。

2002年2月，市邮管局设立职工医疗制度改革办公室（简称医改办），挂靠在邮政职工医院，负责邮政企业部分单位基本医疗保险和全市邮政企业补充医疗保险管理。同年3月，市邮区中心局设立邮政运输局。同年4月，市邮政储汇局设立保卫科；市邮政递送局增设业务检查科，与业务经营科合署，实行两块牌子、一套班子。同月，市邮管局撤销原重庆市长寿县邮政局，设立重庆市长寿区邮政局。同年9月，市邮管局设立邮政经营电信业务的专业经营管理部门——重庆邮政电信业务局，内设综合科、市场科。同月，市邮管局设立中国邮政物流有限公司重庆公司，为物流业务实行专业化经营管理部门，内设综合部、市场部、邮购部。同年12月，市邮管局设立重庆邮政企业文化中心，负责对内、对外新闻宣传及全局文史资料的收集、整理等，挂重庆邮政报社、重庆邮政文史中心、中国邮政报重庆记者站、重庆邮政档案馆4块牌子。原挂靠在办公室的档案馆、文史中心、新闻中心职能交给重庆邮政企业文化中心。

2003年1月，为推进主辅分离工作，市邮管局设立重庆邮政实业集团公司，主要从事产权经营活动，设有董事会、监事会，内设综合办公室、人力资源部、计划财务部、经营管理部、集体企业管理办公室（撤销原集体企业管理处）。重庆邮政实业集团公司对下辖物业管理公司、鸿都大酒店、物资器材公司、鸿雁旅游公司（含长江邮政船务公司所辖码头、趸船及相关人员，市邮管局车队及重庆邮政票务中心）、鸿祥房地产开发有限责任公司（含重庆邮政东辉装饰工程有限公司、邮政建筑安装有限公司）、邮政印务有限公司等7个子公司实行子母制；在片区局设立重庆邮政实业××分公司，实行总分制。

同年2月，市邮管局对机关、直属单位、直管的40个区（市、县）邮政局及专业局（公司）进行体制或机构调整。市邮管局机关处室由14个调整为11个，直属单位由11个调整为5个。市邮管局机关设立办公室、行业管理处（与法律事务处合署）、人事教育处、公众服务处、网络运行处、工程建设处、计划财务处、安全保卫处、审计处、党群工作部（与纪委监察室合署）10个部处室及工会（与离退休处合署）。同时将企业协会、通信学会挂靠在办公室，邮政执法大队挂靠在法律事务处，社会保险办公室、安全生产办公室、职业技能鉴定中心挂靠在人事教育处，交通战备办公室挂靠在网络运行处，账务中心挂靠在计划财务处，武装部挂靠在安全保卫处，机关党委、团委挂靠在党群工作部（与纪委监察室合署），体育协会、机关工委挂靠在工会。设置重庆邮政企业文化中心（接受办公室业务指导、管理）、重庆邮政医院（挂医改办、计生办牌子，接受工会指导、管理）、重庆邮政职工培训中心（接受人事教育处业务指导、管理）、邮政科学研究院与邮政规划设计院合署（接受科技处业务指导、管理）、重点工程办公室（临时机构，接受工程建设处业务指导、管理）5个直属单位。

同月，市邮管局原直管的40个区（市、县）邮政局实施管理体制调整，实行城区、片区邮政企业经营管理体制。设置巴南片区、渝北片区、永川片区、合川片区、万州片区、涪陵片区、黔江片区7个片区邮政局，以强化管理，缩短管理半径，强化检查、监察、审计、稽查、视察等监督、管理职能，适应财务集中管理和财务改革的需要；设立城区一局、二局、三局3个城区局，淡化区县局管理职能，强化经营工作，使区县局转变为面向市场的经营主体。同月，市邮管局设立重庆市邮政储汇局、报刊发行局、邮政速递局（国际邮件互换局）、机要通信局、邮资票品局（邮票公司、重庆市集邮协会）、邮政函件局（邮政广告公司）、信息技术局（挂科技处牌子）、中邮物流重庆公司、电信业务局9个专业局和邮区中心局、邮政递送局2个生产局。

同年3月，市邮管局账务中心成立，负责会计核算、定期对成本执行情况和资金使用情况进行分析等。同年7月，"重庆邮政邮购有限公司"更名为"重庆中邮物流有限责任公司"。同年8月，市邮管局撤销市邮政储汇局经营服务科，设立储蓄业务科、汇兑业务科，将经营服务科市场分析及经营职能交给综合办公室。同年9月，市邮管局设立重庆市邮政客户服务中心，挂靠在公众服务处，负责邮政大客户界定、重要客户开发、管理和服务等。同月，公众服务处邮政业务视察室职能划归行业管理处（法律事务处），邮政业务视察室挂靠在行业管理处（法律事务处），履行公众服务处原邮政业务视察职能。同年10月，市邮管局将重庆邮件容器调拨局机构挂靠在邮区中心局，办事机构设在邮区中心局业务科。同月，市邮管局设立重庆市邮政职工培训中心万州分部，行政关系按照属地原则受万州片区邮政局管理，接受市邮政职工培训中心的指导和管理。同年12月，市邮管局将原邮区中心局所属的重庆邮政驿展商贸有限公司划归重庆邮政实业（集团）公司管理，成为重庆邮政实业（集团）公司的子公司之一，其经营规模、经营范围不变。

2004年2月，市邮管局在重庆市邮政工会内设工会办公室、经济工作部、权益维护部。同月，市邮管局机关内设机构由10个调整为11个，增设离退休人员管理处。同年3月，市邮管局整合重庆市邮政信息技术局（重庆市电子邮政局）、重庆市邮政科学研究院（重庆邮政规划设计院），成立信息技术局，保留原邮政科学研究院（重庆邮政规划设计院）牌子，实行三块牌子、一套班子，科技处挂靠在信息技术局，与信息技术局合署办公。信息技术局内设综合办公室（下挂财务部）、工程建设部、运行维护部、电子商务部、技术开发部（下挂规划设计室）。规划设计院原管理的通信计量站、科技情报站，成建制划归科技处管理。同月，市邮管局撤销药品部机构。同月，市邮管局将重庆邮区中心局的转运分局与押运分局合设，重庆邮区中心局的"分拣封发分局"更名为"重庆邮区中心局邮件处理中心"，"重庆邮区中心局业务科"更名为"重庆邮区中心局调度室"。同月，市邮管局成立重庆邮区中心局物流配送中心，与重庆邮区中心局物流分公司合署，实行两块牌子、一套班子。同月，市邮管局调整邮资票品局（邮票公司）内设机构，保留综合办公室、邮品开发部，撤销经营服务科，新增市场营销部、计划财务部。同年5月，邮政储汇局成立资金管理中心，与清算中心合署，实行两块牌子、一套班子。同月，重庆邮政书报刊发行有限公司成立，与重庆市报刊发行局合署，实行两块牌子、一套班子。同年6月，市邮管局在行管处视察室设立重庆邮政用户投诉受理中心。同年7月，市邮管局在各区（市、县）局、专业局（公司）设置邮政客户服务中心，将挂靠在城区、片区局经营服务部的客户营销部以及邮政函件局的营销策划中心、邮资票品局的市场营销部、邮政速递局的"市场营销部"更名为"邮政客户服务中心"。同月，重庆市邮政报刊零售公司（简称市邮政报刊零售公司）成立，挂靠在重庆市报刊发行局，负责全市报刊零售专业化经营、管理和服务，市邮管局撤销报刊发行局所属的零售公司。同年10月，市邮管局设立重庆市邮政函件局（重庆邮政广告公司），负责全市函件广告业务的经营、管理和服务等。另增设重庆市邮政地址信息中心，与重庆市邮政函件局（重庆邮政广告公司）合署，实行三块牌子、一套班子。同年11月，市邮管局调整重庆市邮资品经营管理体制，成立重庆市邮政管理局邮资票品管理处，与公众服务处合署，负责编制全市纪特票和通信票品需求量计划、纪特票和通信票品分配等；成立重庆市集邮公司（简称集邮公司），属市邮管局下设专业公司，负责制订集邮业务的发展计划、经营措施、全市邮品的开发、设计等。集邮公司内设综合办公室、计划财务部、市场营销部（客户服务中心）、邮品开发部。同时市邮管局撤销重庆市邮资票品局、重庆市邮票公司。

2004年12月，按照城区、片区邮政企业经营管理体制调整要求，市邮管局机构编制委员会决定将原40个区县（自治县、市）邮政局进行整合，组建由原渝中区、南岸区邮政局整合而成的重庆邮政城区一局（直接管理原渝中区、南岸区邮政局所辖支局），由原九龙坡区、大渡口区邮政局整合而成的重庆邮政城区二局（直接管辖原九龙坡区、大渡口区邮政局所辖支局），由原江北区、沙坪坝区邮政局整合而成的重庆邮政城区三局（直接管辖原江北区、沙坪坝区邮政局所辖支局）3个城区局；以及重庆邮政巴南片区局（设在巴南区邮政局，直接管理万盛区、綦

江县、江津市邮政局），重庆邮政渝北片区局（设在渝北区邮政局，直接管理长寿区、北碚区邮政局），重庆邮政永川片区局（设在永川市邮政局，直接管理双桥区、荣昌县、璧山县、大足县邮政局），重庆邮政合川片区局（设在合川市邮政局，直接管理铜梁县、潼南县邮政局），重庆邮政万州片区局（设在万州区邮政局，直接管理忠县、开县、云阳县、奉节县、巫山县、巫溪县、梁平县、城口县邮政局），重庆邮政涪陵片区局（设在涪陵区邮政局，直接管理垫江县、丰都县、武隆县、南川市邮政局），重庆邮政黔江片区局（设在黔江区邮政局，直接管理秀山县、酉阳县、彭水县、石柱县邮政局）7个片区局。

2005年3月，市邮管局撤销储汇局保险业务科，成立重庆市邮政保险代理业务局，内设综合部、业务部。重庆市邮政保险代理业务局作为重庆邮政经营代理保险业务的专业经营管理部门，负责全市邮政代理保险业务专业化管理和经营等，接受市邮管局、公众服务处和储汇局的业务指导和管理。同月，市邮管局成立重庆邮政机关服务中心（简称机关服务中心），内设综合办公室、业务科。机关服务中心作为市邮管局的直属单位，负责重庆邮政后勤保障管理等。同年4月，报刊发行局增设报刊订单科，负责全市订销报刊、图书汇总要数、要数账务管理等。同年7月，为加速物流集散网建设，市邮管局设立重庆邮政物流集散中心，与重庆邮区中心局物流配送中心合署，实行两块牌子、一套班子，接受重庆中邮物流公司的业务指导管理和运行检查。同月，市邮管局将原"重庆市邮政电信业务局"更名为"重庆市邮政信息业务局"，负责包含代理业务和信息增值业务在内的全市邮政信息类业务经营管理，内设综合科、业务科。同年8月，为规范专业局（公司）、直属单位机构名称，市邮管局设立重庆邮政邮区中心局、重庆邮政局速递局、重庆邮政局信息技术局、重庆邮政局递送局、重庆邮政局报刊发行局、重庆邮政局储汇局、重庆邮政局机要通信局、重庆邮政局集邮分公司、重庆邮政局机关服务中心，撤销原重庆邮区中心局、重庆市邮政速递局、重庆市邮政信息技术局、重庆市邮政递送局、重庆市报刊发行局、重庆市邮政储汇局、重庆市机要通信局、重庆市集邮公司、重庆邮政机关服务中心。同年12月，为加快报刊零售业务发展，市邮管局整合重庆市邮政报刊零售公司和重庆市三峡书报刊传媒有限公司，将重庆市三峡书报刊传媒有限公司报刊亭纳入重庆邮政书报刊零售管理范畴。对内，重庆市邮政报刊零售公司和重庆市三峡书报刊传媒有限公司实行合署办公，挂靠在报刊发行局，对外，重庆市三峡书报刊传媒有限公司仍属股份制公司，实行股份制公司管理模式。

2006年6月，市邮管局整合重庆市邮政报刊零售公司、重庆市三峡书报刊传媒有限公司，实行两块牌子合署办公；整合重庆邮政物业管理有限公司和重庆邮政驿展商

贸有限公司，以物业公司为主体，重组董事会、监事会、组建新的党政工领导班子。同月，市邮管局调整永川片区邮政局所辖大足县邮政局、双桥区邮政局经营管理体制，撤销双桥区邮政局，双桥区所辖邮政网点由大足县邮政局管理，大足县邮政局行使原双桥区邮政局经营管理职能，对外仍保留双桥区邮政局牌子。

第三章 政企分开时期

2007年1月，重庆市邮政管理局根据《中华人民共和国全民所有制工业企业法》完成工商变更注册登记，企业名称由原"重庆邮政局"变更为"重庆市邮政公司"。同年2月，根据国家关于邮政体制改革有关精神而重组的重庆市邮政管理局和新组建的重庆市邮政公司正式揭牌成立，邮政行业实施政企分开。市邮管局为重庆地区邮政行业监管机构，独立履行监管职能。重庆市邮政公司为中国邮政集团的全资子公司，在重庆地区依法经营邮政专营业务，承担邮政普遍服务义务，受政府委托提供邮政特殊服务等。

第一节 重庆市邮政公司

2007年3月，按照集团公司对各省邮政机构设置要求，市公司对机构设置及职能部门职责进行调整。市公司设立办公室、市场经营部、网路运维部、计划财务部、企业发展与科技部、人力资源部、安全保卫部（与服务质量监督检查部合设）、审计部、监察室（与党委的纪委合署办公）、党群工作部（与离退休管理部合设）10个部室及工会。并对以上职能部门及工会职责进行调整，原法律事务处相关职能由办公室下设二级机构法律事务室承担；撤销企业文化中心，其新闻、宣传职能由办公室下设二级机构新闻中心承担，其他职能由办公室承担；成立文史档案馆，挂靠在办公室；重庆邮政报社、中国邮政报重庆记者站挂靠在新闻中心；原挂靠在办公室的企业协会挂靠在企业发展与科技部，通信学会挂靠在信息技术局；原与信息技术局合署的科技处职能，由企业发展与科技部承担，通信计量站职能仍由信息技术局承担；原邮资票品处相关职能，由市场经营部承担；原人事教育处承担的车辆安全职能，由网路运维部承担，安全生产职能由安全保卫部承担，外事管理职能由办公室承担；实业集团公司关停后，相关职能归口主辅办；进出口邮件的质量监督检查岗设在邮区中心局，安全保卫部负责质量监督检查管理。

同月，市公司设置邮政公司储汇局、邮政公司速递公司（与国际邮件互换局合署）、邮政公司物流公司、邮政公司信息技术局（下挂科学研究院、规划设计院、通信

学会）、邮政公司报刊发行局（与书报刊发行有限公司合署办公，下挂市邮政报刊零售公司）、邮政公司集邮公司（下挂集邮协会）、邮政公司商函公司（与邮政广告公司、名址信息中心合署）、邮政公司电子商务公司、机要通信局、邮政公司投递公司、邮区中心局（下挂邮件容器调拨局）、邮政公司培训中心、邮政公司机关事务中心（与采购中心合署）、邮政公司职工医院（下挂医改办、计生办）14个直属单位。并调整直属单位职能，撤销保险业务局，其职能和人员成建制划入邮政储汇局；成立电子商务公司，原信息技术局的电子商务和信息业务局全部职能由电子商务公司承担；撤销器材公司，原器材公司的职能由机关事务中心（采购中心）承担。

同年3月，为整合主城区营投资源，市公司对主城6区投递体制进行调整，规定自2007年4月1日起，撤销重庆市邮政公司投递公司。同年4月，"重庆市邮政通信职业技能鉴定中心"更名为"重庆市邮政公司职业技能鉴定中心"。同年9月，根据工商行政管理部门相关规定，市公司规范、变更下属分支机构名称，由××区县（自治县）邮政局变更为重庆市邮政公司××区（县）邮政局。同月，"邮政储汇局"更名为"重庆市邮政公司邮政储汇局"，"信息技术局"更名为"重庆市邮政公司信息技术局"，"机关服务中心"更名为"重庆市邮政公司机关采购事务中心"，"报刊发行局"更名为"重庆市邮政公司报刊发行局"，"邮区中心局"更名为"重庆市邮政公司邮区中心局"；设立重庆市邮政公司保安支队，挂靠在市公司安全保卫部。同年11月，"集邮分公司"更名为"重庆市邮政公司集邮分公司"。同月，市公司调整培训中心内设机构及工作职责，内设综合部、培训部、鉴定（函授）站等，负责实施重庆邮政系统内训计划，做好岗位培训、职业培训、技能培训等各类非学历教育培训班的组织、管理和服务工作等。同年12月28日，中国邮政储蓄银行重庆分行正式挂牌成立，其所属的直属支行和39个区县支行也在当天宣布成立。

2008年8月，市公司成立信访工作办公室，作为办公室的二级机构。

2009年1月，全市速递物流专业正式运行新的专业化经营机制，重庆市邮政公司速递公司和重庆市邮政公

司物流公司整合人、财、物，新组建重庆市邮政速递物流公司，隶属市公司，原市邮政速递公司和物流公司名称对内不再使用。同年4月，市公司成立重庆市直邮协会，日常办公机构挂靠在市公司商函公司。同年7月，市公司成立分销业务部和金融业务部，均挂靠在市公司市场经营部。

同年9月，市公司调整职能部门机构、岗位设置，规定职能部门保持原10个部室和工会，对职能部门职责进行调整，机关事务中心车队管理职责划归办公室，机关事务中心住房公积金管理、房屋资产管理职责划归计划财务部；成立采购中心，挂靠在计划财务部，承担原机关事务中心采购管理职能；撤销主辅办，其相关职能与机关事务中心整合；取消财务派驻制，邮区中心局、报刊发行局财务管理职能交由本局负责；企业业务宣传、企业形象、文化宣传归口办公室新闻中心统一管理；成立招标办公室，作为企业发展与科技部二级机构；法律事务室、信访办公室、新闻中心为办公室二级机构，文史档案馆挂靠在办公室；金融业务部、分销业务部为市场经营部二级机构，客户服务中心挂靠在市场经营部；交通战备办公室挂靠在网路运维部；账务中心挂靠在计划财务部；企业协会挂靠在企业发展与科技部，重点办挂靠在企业发展与科技部，为临时机构；社会保险中心、职业职能鉴定中心为人力资源部二级机构；武装部、安全生产办公室挂靠在安全保卫部，安全保卫部与服务质量监督检查部合设。审计中心挂靠在审计部；机关党委、宣传部、团委挂靠在党群工作部；监察室与纪委合署办公；工会办公室、权益维护部、经济工作部为工会二级机构，体育协会、机关工委挂靠在工会。

同月，市公司对直属单位内设机构、职能进行调整。（1）商函公司（与邮政广告公司、名址信息中心合署）：成立函件业务部（直复营销中心、策划设计中心、邮资机管理中心）；整合客户服务中心和商函制作中心，成立运营支撑部（客户服务中心）；在重庆邮政名址信息中心下设名址数据部。（2）电子商务公司：整合代理业务部、电子商务部经营管理职能，成立市场经营部、运营支撑部，重庆市邮政"11185"客户服务中心挂靠在电子商务公司。（3）报刊发行局（与书报刊发行有限公司合署）：撤销数据处理中心，相关职能由市场经营部承担。（4）信息技术科：撤销设备维护中心，其相关职能由运行维护部承担。（5）邮区中心局：撤销邮件容器调拨局、党群办公室。（6）机关服务中心：整合主辅办、机关事务中心、物业公司、驿展公司、建设安装公司、东辉装饰公司、旅游公司，成立机关服务中心，作为市公司后勤保障、服务支撑的直属单位。机关服务中心内设综合部、财务部、经管部。其中，物业公司、驿展公司、建设安装公司、东辉装饰公司、旅游公司对内作为机关服务中心的内设二级部

门，对外保留其工商营业执照、税务登记。集邮公司、机要通信局和培训中心内设机构不作调整。

2010年5月，市公司撤销重庆市邮政速递公司，同年6月，成立重庆市邮政速递物流有限公司。同月，市公司撤销重庆市邮政公司邮政储汇局。同年10月，市公司成立重庆市邮政公司结算中心，作为市公司计划财务部二级部门。

2011年7月，市公司解散重庆邮电服务公司。同年12月，市公司撤销重庆市商函公司，成立重庆市函件广告局，内设综合部、函件业务部、集邮业务部、邮品开发部、运营支撑部、名址数据部。并规定重庆市函件广告局与重庆市集邮公司、邮政广告公司、名址信息中心合署，直邮协会、集邮协会挂靠在重庆市函件广告局。

2012年3月，市公司将市邮政报刊零售公司挂靠在重庆市邮政报刊发行局，重庆市邮政报刊零售公司不设内设机构，重庆市邮政报刊发行局内设综合办公室、财务部、市场经营部（下挂客户服务中心）3个职能部门和数据处理中心1个生产部门。同年7月，市公司撤销大足县邮政局，双桥区邮政局，设立大足区邮政局、双桥经济技术开发区邮政局（隶属大足区邮政局管理）；撤销綦江县邮政局、万盛区邮政局，设立綦江区邮政局、万盛经济技术开发区邮政局（隶属綦江区邮政局管理）。同年8月，市公司撤销重庆邮政城区一、二、三局，设立重庆市邮政公司渝中区、大渡口区、江北区、沙坪坝区、九龙坡区和南岸区邮政局。

2013年2月，市公司撤销分销业务部，成立分销业务局，作为市公司的直属单位，下设综合部、市场经营部、运营支撑部；撤销金融业务部，成立代理业务局，作为市公司的直属单位，内设综合部、基础业务部、中间业务部、风险控制部。同月，市公司核定培训中心内设机构为综合部、培训部（下挂鉴定站）。同年5月，市公司信访办公室由办公室二级部门调整为党群工作部二级部门。同年9月，重庆市邮政公司医疗制度改革办公室由挂靠在职工医院调整为挂靠在机关服务中心。同月，代理业务局内设机构调整为综合部、市场经营部、渠道建设部、风控管理部。同年11月，市公司计划生育办公室由挂靠邮政医院调整为挂靠机关服务中心。

2014年2月，市公司对9个单位名称进行更名，将重庆邮政巴南片区局、渝北片区局、合川片区局、永川片区局、万州片区局、涪陵片区局、黔江片区局名称由"重庆邮政××片区局"更名为"重庆市邮政公司××片区分公司"，将重庆市邮政公司渝中区、江津区邮政局名称由"重庆邮政××区局"更名为"重庆市邮政公司××区分公司"。同年5月，市公司撤销招标办公室，其相关职能划入采购中心；采购中心由挂靠在计划财务部调整为挂靠在企业发展与科技部。

第二节　中国邮政集团公司重庆市分公司

2015 年 3 月，重庆市邮政公司设立综合视检室，挂靠在监督检查与安全保卫部。同月，中国邮政集团公司实施法人体制调整，将各省（区、市）邮政公司管理体制由母子公司两级法人制改为总分公司一级法人体制，"重庆市邮政公司"更名为"中国邮政集团公司重庆市分公司"。同年 4 月，市分公司撤销代理金融局内设的综合部、市场经营部、渠道建设部、风控管理部，成立业务发展部（保险业务部）、风控合规部、渠道运营部，市分公司转型办公室挂靠在代理金融局。同月，根据《关于中国邮政集团公司各省分公司及所辖分支机构正式运营的通知》规定，自 2015 年 5 月 1 日起，市分公司及所辖分支机构体制调整后正式对外运营，重庆市邮政公司停止对外经营活动。同年 5 月，中国邮政集团公司重庆市电商分销分公司（简称重庆市电商分销分公司）成立，为市分公司专业公司，内设业务发展部、运营管理部（"11185"客户服务中心挂靠在运营管理部）、会计清算部。撤销原市公司电子商务公司和分销业务局，其职能全部划入重庆市电商分销分公司。同月，市分公司设立党委办公室，与办公室合署，实行两块牌子、一套班子。同年 6 月，市分公司设立包裹业务中心，挂靠在市场经营部。同月，市分公司设立数据信息中心，与信息技术局合署办公，实行两块牌子、一套班子；市分公司函件集邮公司名址中心机构整体职责，划转至市分公司数据信息中心。同年 10 月，市分公司撤销账务中心、结算中心，成立会计核算中心，挂靠在计划财务部，按照直属单位管理。同月，市分公司设立人力资源服务支撑中心，与职业技能鉴定中心、社保中心合署办公，挂靠在人力资源部，按直属单位管理。

2016 年 3 月，市分公司对党的工作和纪检监察机构进行调整。市分公司成立党委办公室，与办公室合署办公，调整办公室法律事务、档案管理及党群工作部信访工作职责，合并成立法律信访档案室，作为办公室（党委办公室）内设部门；成立党委组织部，与人力资源部合署办公；撤销党群工作部，设立党委党建工作部，与离退休管理部合署办公；直属机关党委、直属机关纪委、直属机关团委与党委党建工作部合署办公。同年 8 月，市分公司撤销中国邮政集团公司重庆市潼南县、荣昌县、开县分公司，设立中国邮政集团公司重庆市潼南区、荣昌区、开州区分公司。

2017 年 4 月，市分公司撤销中国邮政集团公司重庆市梁平县、武隆县分公司，设立中国邮政集团公司重庆市梁平区、武隆区分公司。

同年 6 月，市分公司根据《中国邮政集团公司重庆市分公司本部机构编制设置方案》《中国邮政集团公司重庆市城片区、区县分公司机构编制方案》，统一规范机构设置。市分公司本部设立市场营销部、服务质量部（普遍服务部）2 个市场经营部门；设立客户营销中心、数据中心，挂靠在市场营销部，设立客户服务中心，挂靠在服务质量部（普遍服务部）。设立运营管理部、金融业务部、集邮与文化传媒部、包裹快递部和渠道平台部 5 个经营支撑部门；将指挥调度中心挂靠在运营管理部；金融业务部内设储汇业务室、保险理财室、内控管理室，金融转型办公室作为临时性机构挂靠在金融业务部；集邮与文化传媒部内设业务管理室、创意研发室、报刊业务室；渠道平台部内设渠道管理室、电商分销室，农村电商推进办公室作为临时性机构挂靠在渠道平台部。设立办公室（党委办公室）、财务部、人力资源部（党委组织部）、企业发展与科技部、安全保卫部、审计部、党委党建工作部、监察室和工会 9 个综合职能部门；设立法律事务室，作为办公室的内设部门；设立档案馆（文史中心）、企业协会、采购中心、报社，挂靠在办公室；设立会计核算中心，挂靠在财务部，比照直属单位管理；设立人力资源服务支撑中心（与职鉴中心、社保中心合署办公）挂靠在人力资源部，比照直属单位管理；设立重点工程建设办公室作为临时性机构挂靠在企业发展与科技部；工会内设办公室、经济工作部、权益维护部。设立机要通信局、信息技术局、邮区中心局、培训中心 4 个直属单位；机要通信局内设综合室、通信室；信息技术局内设工程建设部、技术开发部、运行维护部；邮区中心局内设综合办公室、指挥调度中心、财务部、监督检查部、工会 5 个职能部门，内设邮件处理中心、邮件运输中心、运行维护中心 3 个生产部门。设立后勤服务中心（重庆邮政物业管理有限公司）、重庆市驿盾保安押运服务有限责任公司（简称驿盾公司）、邮政医院 3 个其他直属单位；后勤服务中心（重庆邮政物业管理有限公司）内设资产管理部、运营管理部、物业管理部；驿盾公司内设业务发展部、运营管理部、直属大队、区县中队；邮政医院内设门诊部、医教部、住院部。设立重庆三峡书报刊传媒有限公司、重庆邮政广告公司、中邮电子支付服务有限公司、重庆邮政东辉装饰工程有限责任公司、重庆鸿雁旅游公司 5 个对外投资公司；重庆三峡书报刊传媒有限公司及重庆邮政广告公司归口集邮与文化传媒部管理；中邮电子支付服务有限公司归口渠道平台部管理；重庆邮政东辉装饰工程有限责任公司、重庆鸿雁旅游公司归口后勤服务中心管理。

同月，根据《中国邮政集团公司重庆市城片区、区县分公司机构编制方案》市分公司设立渝中、南岸、九龙坡、大渡口、沙坪坝、江北 6 个城区分公司；设立巴南、渝北、永川、合川、万州、涪陵、黔江 7 个片区分公司；设立綦江、江津、长寿、北碚、荣昌、璧山、大足、铜梁、潼南、忠县、开州、云阳、奉节、巫山、巫溪、梁平、城口、垫江、丰都、武隆、南川、秀山、酉阳、彭水、石柱25个区县分公司及万盛经济技术开发区分公司。

2018年7月，市分公司金融业务部内增设中邮保险室，负责会同中邮保险市分公司落实中邮保险经营管理的邮银保三方协同发展机制等。

2018年9月，中国邮政集团公司进行寄递改革。市分公司印发《重庆市及以下寄递事业部机构编制设置方案》，设立中国邮政集团公司重庆市寄递事业部（简称市寄递事业部），保留"中国邮政速递物流股份有限公司重庆市分公司"的牌子，负责全面承担全市包裹快递业务市场营销、业务发展、运营管理、客户服务等工作。市寄递事业部内设市场部、服务质量部、速递部、快递包裹部、运营管理部6个经营与支撑部门，其中设立客户营销中心挂靠在市场部，设立客户服务中心挂靠在服务质量部，设立国际营销中心挂靠在速递部，设立指挥调度中心、信息技术中心挂靠在运营管理部；内设综合部（党委办公室）、计划财务部、人力资源部、党委党建工作部（监察室）4个综合职能部门，其中设立财务共享中心挂靠在市寄递事业部计划财务部，与市分公司会计核算中心合署整合。

重庆市速递物流分公司直属邮件处理中心整合到重庆邮区中心局邮件处理中心（简称邮区中心局）；物流业务分公司作为实体化单位予以保留，对外加挂重庆中邮物流有限责任公司牌子。邮区中心局、物流业务分公司均为市寄递事业部直属单位。

同时，组建渝中、南岸、九龙坡、大渡口、沙坪坝、江北6个城区寄递事业部（保留"中国邮政速递物流股份有限公司××分公司"牌子）；组建巴南、渝北、永川、合川、万州、涪陵、黔江7个片区寄递事业部（保留"中国邮政速递物流股份有限公司××分公司"牌子）；组建綦江、江津、万盛、长寿、北碚、荣昌、璧山、大足、铜梁、潼南、忠县、开州、云阳、奉节、巫山、巫溪、梁平、城口、垫江、丰都、武隆、南川、秀山、酉阳、彭水、石柱26个区县寄递事业部［保留"中国邮政速递物流股份有限公司××区（县）分公司"牌子］。

同月，按寄递改革方案，各级邮政分公司运营管理部、包裹快递部（中心）、指挥调度中心（网路运营中心）、内部处理班、投递部均整体撤销，原承担的非寄递事业部相关职责划转到邮政分公司相关部门。

同年11月，市分公司对巴南、渝北、永川、合川、涪陵、万州、黔江7个单位名称进行变更，由"中国邮政集团公司重庆市××区分公司"更名为"中国邮政集团公司重庆市××片区分公司"。2019年8月，为推动邮政宣传工作创新发展和转型升级，市分公司撤销中国邮政集团公司重庆市分公司报社机构，相关职能职责并入办公室（党委办公室）。

第三节　中国邮政集团有限公司
重庆市分公司

2020年1月，为落实中国邮政集团公司由全民所有制企业改制为国有独资公司的更名、改制工作，"中国邮政集团公司重庆市分公司"更名为"中国邮政集团有限公司重庆市分公司"，市分公司部门（单位）由"中国邮政集团公司重庆市分公司××部/××单位"更名为"中国邮政集团有限公司重庆市分公司××部门/××单位"。同年3月，市分公司、市寄递事业部、邮区中心局及城片区邮政分公司撤销监察室，统一设立纪委办公室，其中市寄递事业部、邮区中心局、城片区邮政分公司纪委办公室仍与党委党建工作部合署。

2021年7月，重庆邮区中心局体制机制改革，市分公司将邮区中心局7个职能部门优化整合为综合办公室（党委办公室、安全保卫部）、党建工作部（纪委办公室、工会）、生产管控部3个部门。其中干部管理、人员调配、绩效考核、教育培训等人力资源工作，成本管控、费用结算、资金资产、综合统计、税收筹划等财务工作，划入综合办公室，其他人力和财务管理职能全部集中上收；工会部门与党建工作部（纪委办公室）合署办公，整合监督检查部、指挥调度中心职能，设立生产管控部；原有的3个生产机构调整为邮件处理中心和邮件运输中心2个生产机构。同年8月，市分公司推动各级机关由行政职能管理向生产运营管理转变，对机构名称进行调整、规范："信息技术局"更名为"信息技术中心"；巴南、永川、合川、万州、涪陵、黔江片区分公司"营业（投递）局"更名为巴南、永川、合川、万州、涪陵、黔江片区"城区分公司"；"邮区中心局"更名为"邮区中心"；"职业技能鉴定中心"更名为"技能人才评价中心"，仍与人力资源服务支撑中心合署办公。

2022年7月，市分公司办公室下设的"法律事务室"更名为"法律与风控合规室"；市分公司、城片区分公司金融业务部下设的"内控管理室"更名为"金融风控合规室"。

同年12月，市分公司撤销重庆邮政医院、重庆邮政物业公司，设立医务室、物业部，均作为重庆市驿盾保安押运服务有限责任公司内设部门。

截至2022年，中国邮政集团有限公司重庆市分公司设有办公室（党委办公室）、市场营销部、服务质量部（普遍服务部）、财务部、人力资源部（党委组织部）、企业发展与科技部、安全保卫部、审计部、纪委办公室、党委党建工作部、工会、金融业务部、集邮与文化传媒部、渠道平台部14个部门和市寄递事业部；设有机要通信局、信息技术中心、培训中心、后勤服务中心、驿盾公司5个直属单位（重庆三峡书报刊传媒有限公司未包含在内）。

第四章　社团组织

第一节　重庆市邮政企业管理协会

一、基本情况

1998年4月，重庆市邮政企业管理协会（简称重庆邮政企协）筹建。1998年7月24日，经重庆市民政局批准，重庆邮政企协召开成立大会暨第一次会员代表大会。会议审议通过《重庆市邮政企业管理协会章程》，选举产生第一届理事会成员、常务理事，理事长黄绍林，副理事长林汉城、袁祖伟。

1999年1月，在重庆市民政局统一部署下，重庆邮政企协完成重新注册、登记和换证工作。截至1999年底，共注册团体会员单位47个、个人会员313名。

2003年，重庆邮政企协荣获"2003年度全国邮政企协先进单位"称号，时任理事长王景江荣获"2003年度全国邮政企协先进个人"称号。

2017年8月，重庆邮政企协参加全市深化行业协会、商会脱钩试点。脱钩后，重庆邮政企协依法直接登记并独立运行，截至2022年底无变动。

二、内设机构

重庆邮政企协日常工作由秘书处负责，设网络经营、计财审计、人事劳动（人力资源）、技术设备维护（技术设备）、广告等5个专业委员会。

三、主要活动

（一）开展调研和征文活动

为配合行业（企业）中心工作，重庆邮政企协承接调研任务，通过实地考察、组织座谈研讨等多种形式，分析基层单位生产经营情况，找准生产经营难点，总结工作经验，形成调研报告后通过内外部渠道发表。调研工作为行业（企业）经营决策、经验推广起到一定辅助作用。

2002年，按照国家邮政局邮政企协的安排，重庆邮政企协配合广东、黑龙江、北京等13个省市邮政企协开展邮政物流基础调研，并向国家邮政局提交《西南邮政物流现状及发展方向》的调研资料。

2003年，重庆邮政企协完成《三峡库区邮政发展现状和发展前景调研报告》并荣获全国邮政企协优秀调研报告三等奖。

2004年，重庆邮政企协会同重庆市邮政管理局网络运行处、公众服务处、邮区中心局、报刊发行局相关人员，组成畅销报刊传递时限跟踪调研组，对国家邮政局指定的畅销报刊在重庆地区的全过程（包括进口转运、分拣、发运、投递各环节）进行跟踪写实调研，为国家邮政局了解和掌握畅销报刊在重庆地区的传递时限提供了基础数据资料。

2005年，重庆邮政企协和重庆市邮政管理局企业文化中心，联合组织全市邮政职工参加国家邮政局组织的"竞争、共赢、发展"征文活动，收到基层参赛征文21篇，其中有5篇被推荐参加全国邮政系统征文评选，1篇获优秀奖。

（二）开展群众性质量管理活动

1999—2011年，重庆邮政企协贯彻落实国务院颁发的《质量振兴纲要》和《重庆市质量振兴纲要实施意见》，围绕提高邮政通信质量工作，以及广泛开展群众性质量管理活动，在"小、实、活、新"上下功夫，取得可喜成绩。

表1-4-1-1

1999—2011年重庆邮政部分年份质量管理成果表

年份	获奖情况
1999	重庆邮政企协共注册质量管理小组（简称QC小组）173个，其中13个QC小组获得市级优秀QC小组称号，九龙坡区邮政局营业室QC小组获得国家级优秀QC小组称号；推荐2人参加重庆市QC小组评审师考评，其中1人获得"重庆市QC活动诊断师"资格，1人获得"重庆市QC活动实习诊断师"资格
2000	机要通信局现业联合QC小组获得"2000年度全国质量信得过班组"称号；重庆市邮政管理局获得"2000年度重庆市质量管理小组活动优秀企业"称号；重庆市邮政管理局办公室获得"2000年度重庆市质量管理小组活动优秀组织奖"；邮政中心局档案科QC小组、万州区邮政局机要QC小组、沙坪坝区邮政局童家桥支局QC小组、万州区邮政局中心营业厅QC小组、南岸区邮政局营业室QC小组、万州区邮政局方针目标管理综合QC小组获得"2000年度重庆市优秀质量管理小组"称号；机要通信局现业联合组、渝中区邮政局大坪支局获得"2000年度重庆市质量信得过班组"称号；1人获得"2000年度重庆市质量管理小组活动优秀推进者"称号

年份	获 奖 情 况
2001	重庆邮政企协共注册 QC 小组 105 个，其中，黔江区邮政局机要通信 QC 小组获得"2001 年全国优秀 QC 小组"称号；万州区邮政局方针目标管理 QC 小组、邮件科包裹 QC 小组、万州区邮政局倒拐中心营业厅 QC 小组，江北区邮政局观音桥营业室营销 QC 小组，机要通信局现业联合 QC 小组，黔江区邮政局机要通信 QC 小组，大渡口区邮政局规范服务 QC 小组，沙坪坝区邮政局营业室 QC 小组获得"2001 年度重庆市优秀 QC 小组"称号；重庆市邮政管理局获得"质量管理活动优秀企业"称号和"QC 小组活动优秀组织奖"；2 人获得"质量管理活动优秀推进者"称号
2002	重庆邮政企协共注册 QC 小组 105 个，其中，黔江区邮政局投递 QC 小组获得"全国优秀 QC 小组"称号；重庆市邮政管理局获得"重庆市质量管理活动优秀组织奖"称号；九龙坡区邮政局营业室 QC 小组、渝中区邮政局生产经营科 QC 小组、机要通信局现业联合 QC 小组、黔江区邮政局投递 QC 小组、南岸区邮政局南坪营业室 QC 小组、邮区中心局报刊发行分局报刊封发 QC 小组、万州区邮政局 QC 小组获得"重庆市优秀 QC 小组"称号；江北区邮政局郭家沱支局获得"重庆市质量信得过班组"称号；2 人获得"重庆市质量管理活动优秀推进者"称号
2003	信息技术局"185"客户服务中心等 7 个 QC 小组获得"2003 年度重庆市优秀质量管理小组"称号
2005	重庆市邮政信息技术局 QC 小组获得"2005 年度重庆市优秀质量管理小组成果三等奖"
2007	沙坪坝区邮政局三角碑营业室函件业务发展 QC 小组获得"重庆市优秀 QC 小组一等奖"；邮区中心局电梯 QC 小组和万州区邮政局机要 QC 小组获得"重庆市优秀 QC 小组二等奖"
2008	万州区邮政局邮件 QC 小组获得"全国通信行业优秀质量管理小组"称号和"重庆市优秀 QC 小组三等奖"；重庆市邮区中心局机电 QC 小组获得"重庆市优秀 QC 小组二等奖"
2009	信息技术局技术开发 QC 小组获得"全国通信行业优秀质量管理小组"和"全国质量信得过班组"称号；邮区中心局电力维护 QC 小组获得"重庆市优秀 QC 小组一等奖"；"11185"客户中心 QC 小组、机要通信局现业联合 QC 小组、城区一局后勤服务中心 QC 小组、万州区邮政局邮件 QC 小组获得"重庆市优秀 QC 小组二等奖"；信息技术局技术开发 QC 小组获得"重庆市优秀 QC 小组三等奖"；机要通信局现业联合 QC 小组、万州区邮政局邮件小组获得"重庆市质量信得过班组"称号；重庆市邮政公司获评"重庆市 QC 小组活动优秀企业"
2011	信息技术局邮政技术开发 QC 小组、邮区中心局空调维护 QC 小组、信息技术局"11185"客户服务中心 QC 小组、城区一局渝中递送公司 QC 小组、合川区邮政局电话录音客户管理系统 QC 小组、万州区邮政局机要 QC 小组、万盛区邮政局后勤保障 QC 小组、万盛区邮政局投递组 QC 小组获得"2011 年度重庆市优秀 QC 小组"称号
2012	重庆市邮政公司信息技术局运行维护 QC 小组获得"2012 年度重庆市质量管理小组活动优秀成果二等奖"
2013	重庆市邮政公司信息技术局技术开发 QC 小组获得"2013 年度重庆市质量管理小组活动优秀成果三等奖"

（三）组织邮政服务质量社会评价工作

1998—2006 年，重庆邮政企协将服务质量社会评价工作落到实处，创建覆盖全市各区县邮政用户的名址信息库，直接向用户发放征询邮政服务质量意见函，完成用户满意度测评。征询评价项目包括住宅楼房通邮、报刊收订投递、纪特邮票预订、邮政储蓄综合服务、特快专递邮件直投及传递速度等内容。

（四）推行方针目标管理

1998—2002 年，重庆邮政推行以方针目标管理统揽全局各项工作的管理模式。重庆邮政企协组织开展管理人员培训工作，为各单位制订年度方针目标夯实人才基础。自 2000 年起，重庆邮政企协狠抓方针目标动态管理，逐年按季汇总企业各部门（单位）的《方针目标诊断报告

书》，在分析、审核的基础上及时追踪方针目标管理效果。同时，与重庆市邮政管理局相关部门密切配合，在全市邮政企业推行"星级窗口""邮政营业窗口规范化"管理，为邮政企业开展优质服务选树典型。2000—2002 年，每年有 10 个邮政营业窗口开展一星级营业服务，5 个邮政营业窗口开展二星级营业服务，48 个邮政营业窗口开展规范化营业服务。

（五）组织开展"用户满意企业""用户满意服务"争创活动

1998—2022 年，为提高邮政企业服务水平和用户对邮政服务的满意度，提升邮政企业综合竞争能力，重庆邮政企协负责"用户满意企业""用户满意服务"争创活动的具体组织、先进推荐及表彰工作。

表 1-4-1-2

1998—2022 年重庆邮政部分年份"用户满意企业""用户满意服务"争创活动成果表

年　份	单　位	获 奖 情 况
1998	重庆市九龙坡区邮政局	"1998 年重庆市用户满意企业"称号
2001	重庆市邮政管理局	"2000 年度重庆市用户满意企业"称号
		"2001 年全国用户满意服务"单位
	重庆市沙坪坝区邮政局	"2000 年度重庆市用户满意服务"单位
2002	重庆市邮管局机要通信局	"2002 年全国邮政用户满意服务"单位
2003	重庆市渝中区邮政局	"2003 年全国用户满意服务"单位
2003	重庆市邮政管理局 重庆市九龙坡区邮政局 重庆市沙坪坝区邮政局 重庆市永川市邮政局 重庆市涪陵区邮政局	"2003 年重庆市用户满意服务"单位
2005	重庆市万盛区邮政局	"2005 年全国邮政系统用户满意企业"称号
	重庆市报刊发行局 重庆市邮管局机要通信局	"2005 年全市邮政系统用户满意服务"单位
	重庆市城区三局 重庆市涪陵区邮政局 重庆市綦江县邮政局 重庆市长寿县邮政局 重庆市城口县邮政局	"2005 年全市邮政系统用户满意企业"称号
2007	重庆市垫江县邮政局	"2006 年度全国邮政系统用户满意企业"称号
	重庆市开县邮政局	"2007 年全国通信行业用户满意企业"称号
2009	重庆市铜梁县邮政局 重庆市秀山县邮政局	"2008 年度全国邮政用户满意企业"称号
2010	重庆市永川区邮政局 重庆市垫江县邮政局	"2009 年度全国邮政用户满意企业"称号
2011	重庆市城区三局 重庆市合川区邮政局	"2010 年度全国邮政用户满意企业"称号
2013	重庆市合川区分公司	"2013 年通信行业用户满意企业"称号
2014	重庆市铜梁县邮政局 重庆市云阳县邮政局	"2013 年度全国邮政用户满意企业"称号
	重庆市潼南县邮政局	"2014 年通信行业用户满意企业"称号
2015	重庆市奉节县分公司 重庆市巫溪县分公司	"2014 年度全国邮政用户满意企业"称号
2016	重庆市大足区分公司 重庆市垫江区分公司	"2015 年度全国邮政用户满意企业"称号
2017	重庆市涪陵区分公司 重庆市潼南区分公司	"2016 年度全国邮政用户满意企业"称号
	重庆市大足区分公司	"2017 年通信行业用户满意企业"称号
2018	重庆市酉阳县分公司	"2017 年度全国邮政用户满意企业"称号
2019	重庆市合川区分公司 重庆市黔江区分公司	"2018 年度全国邮政用户满意企业"称号
	重庆市大足区分公司	"2019 年全国市场质量信用 AA 级企业"称号

续表

年　份	单　位	获 奖 情 况
2020	重庆市巴南区分公司 重庆市巫溪县分公司	"2019 年度全国邮政用户满意企业"称号
2021	重庆市合川片区分公司 重庆市垫江县分公司	"2020 年度全国邮政用户满意企业"称号
2022	重庆市沙坪坝区分公司 重庆市城口县分公司	"2021 年度全国邮政用户满意企业"称号
	重庆市大足区分公司	通过"2022 年全国市场质量信用 AA 等级企业"复评

（六）组织企业管理现代化创新成果评选

2003—2022 年，为落实国家管理创新成果评选工作，重庆邮政企协组织相关单位、部门积极参与，力求通过创新成果申报，总结企业管理经验，不断创新，并推动重庆邮政健康快速发展。

表 1-4-1-3

2008—2022 年重庆邮政部分年份企业管理现代化创新成果表

年份	申报单位	申 报 项 目	获 奖 情 况
2006	重庆邮政局信息技术局	《用新技术打造创新平台，实现业务管理创新》	"2006 年重庆市企业管理现代化创新成果"三等奖
2008	重庆邮政电子商务公司	《基于电子化支局的航空票务业务》	"第四届（2008 年）全国邮政企业管理现代化创新成果"二等奖
	重庆市中邮物流有限责任公司	《邮政物流同城配送的市场拓展》	"第四届（2008 年）全国邮政企业管理现代化创新成果"三等奖
2009	重庆市邮政公司	《建立高效的宽进窄出资金管控系统》	"第五届（2009 年）全国邮政企业管理现代化创新成果"二等奖； "2009 年重庆市企业管理现代化创新成果"二等奖
	重庆市邮政公司信息技术局	《以提高用户服务质量为目标的集约化管理》	"2009 年重庆市企业管理现代化创新成果"二等奖
2010	重庆市邮政公司信息技术局	《邮政企业构建基于信息集成的精细化管理体系建设》	"2010 年重庆市国资委企业管理现代化创新"二等奖
		《基于信息系统集成效应的网点精细化管理》	"第六届（2010 年）全国邮政企业管理现代化创新成果"一等奖
2011	重庆市邮政公司	《基于精细化管理的函件专业体系的构建》	"第八届（2011 年）通信行业企业管理现代化创新成果"二等奖； "第七届（2011 年）全国邮政企业管理现代化创新成果"一等奖
2014	重庆市邮政公司信息技术局	《企业 360 度测评体系构建与实践》	"第十届（2014 年）全国邮政企业管理现代化创新成果"二等奖
		《邮政企业基于全方位的员工绩效测评体系建设》	"2014 年重庆市国资委企业管理现代化创新成果"三等奖
2016	中国邮政集团公司重庆市分公司	《基于专业协同的代理金融中高端客户开发》	"第十三届（2016 年）交通行业企业管理现代化创新成果"三等奖； "第十二届（2016 年）全国邮政企业管理现代化创新成果"二等奖
2019	中国邮政集团有限公司重庆市分公司	《基于战略导向的对标管理体系构建》	"第十六届（2019 年）通信行业企业管理现代化创新成果"三等奖； "第十五届（2019 年）全国邮政企业管理现代化创新成果"二等奖
2021	中国邮政集团有限公司重庆市分公司	《基于"一带一路"国际铁路运邮通道构建及模式创新》项目	"第十九届（2022 年）全国交通企业管理现代化创新成果暨全国交通企业管理现代化创新成果"二等奖； "第十七届（2021 年）全国邮政企业管理现代化创新成果"二等奖
		《基于客户需求的项目一体化闭环管理体系建设》	"第十七届（2021 年）全国邮政企业管理现代化创新成果"三等奖

年份	申报单位	申报项目	获奖情况
2022	中国邮政集团有限公司重庆市分公司	《基于数智化战略导向的邮政寄递网络与成本精细化管控体系的实践》	"第十八届（2022年）全国邮政企业管理现代化创新成果"二等奖
		《基于税邮合作的跨专业客户数字化协同营销管理实践》	"第十八届（2022年）全国邮政企业管理现代化创新成果"三等奖

第二节 重庆市集邮协会

一、基本情况

重庆市集邮协会（简称市邮协）是本市各区县集邮协会和全市行业性集邮组织自愿组成的具有专业性、联合性、非营利性的社会组织，成立于1982年8月10日，并于当天召开第一届会员代表大会。于1984年、1988年、1992年、1996年，分别召开第二、三、四、五届会员代表大会。1997年重庆直辖后，市邮协经中华全国集邮联合会审批为团体会员，升格为省级集邮协会。重庆直辖后的重庆市集邮协会第一次会员代表大会于1998年召开，第二、三、四次会员代表大会先后于2003年、2008年和2020年召开。重庆市集邮协会会员，最多时达3万多名，目前有会员7318名。

表 1-4-2-1

重庆市集邮协会历届会员代表大会、理事会领导成员表

时期	届别	召开时间	地点	名誉会长	顾问	会长	备注
直辖前	一	1982.8.10	重庆市劳动人民文化宫	赵思智	—	刘国珊	—
	二	1984.12.22—23	重庆市邮政局	崔连胜 肖希敏 赵思智	—	刘国珊	—
	三	1988.12.25	重庆市邮政局	崔连胜 许学余 张思儒	—	廖良国	—
	四	1992.12.13—14	西南兵工物资公司	崔连胜 张思儒（后于1995年增补黄绍林为名誉会长）	—	廖良国（后由蒋清和接任）	—
	五	1996.10.11—13	重庆市铁路分局礼堂	滕久明 崔连胜 黄绍林	—	蒋清和	—
直辖后	一	1998.2.25—26	重庆市铁路分局礼堂	滕久明 崔连胜 黄绍林（后于2002年8月增补王景江为名誉会长）	刘国珊 罗华生 赵恕中	袁祖伟	2002年8月由黄绍林任会长
	二	2003.7.29	重庆市邮政管理局	滕久明 吴家农 王景江	赵恕中 蓝为汉	黄绍林	—
	三	2008.4.27	重庆市雾都宾馆太阳城	王洪华 刘隆铸 袁祖伟 王曙东	黄绍林 蓝为汉	周华庆	—
	四	2020.12.28	中国邮政集团有限公司重庆市分公司（主会场）	—	—	周新峰	本次代表大会采用视频会议形式召开，各区县集邮协会设分会场

二、内设机构

市邮协日常工作由秘书处负责，设 5 个专业委员会，包括邮展工作委员会、学术工作委员会、宣传工作委员会、青少年集邮工作委员会、老年集邮工作委员会。

三、主要活动

（一）集邮展览

1. 承办全国性集邮展览

（1）重庆 1997 年第 6 届中华全国集邮展览

1997 年 10 月 18 至 24 日，"重庆 1997 年第 6 届中华全国集邮展览"在重庆会议展览中心（南岸区南坪工贸大厦）举行，这是重庆直辖后首次承办全国大型集邮文化活动。其间，共举行全国集邮学术研讨会、重庆市青少年集邮知识竞赛、大型邮品拍卖会等主题活动 12 项。

（2）重庆 2003 年第 9 届中华全国集邮展览暨第 16 届亚洲国际邮展候选展

2003 年 4 月 17 至 21 日，"重庆 2003 年第 9 届中华全国集邮展览暨第 16 届亚洲国际邮展候选展"在沙坪坝区三峡广场举行。其间，举行了青少年集邮演讲比赛、集邮与教学实验课观摩等活动。

（3）全国主题性集邮巡展

2000 年 5 月 3 至 5 日，"迎接新世纪"全国集邮巡回展览（重庆站）在渝中区得意广场举行。

2015 年 7 月 3 至 6 日，"纪念中国人民抗日战争暨世界反法西斯战争胜利 70 周年"全国集邮巡回展览（重庆站）分别在九龙坡区杨家坪步行街和合川区久长路步行街举行，同时展出聂荣臻、刘伯承元帅抗战时期珍贵史料图片 100 框。

2016 年 8 月 28 日至 10 月 27 日，"弘扬长征魂·同筑中国梦——纪念中国工农红军长征胜利 80 周年"全国青少年集邮教育实践活动（重庆站）先后在綦江区、江津区、开州区、秀山县、黔江区、涪陵区举行。

2018 年 12 月 18 日，"不忘初心·筑梦前行——庆祝改革开放 40 周年"全国集邮文化活动（重庆站）暨《改革开放四十周年》纪念邮票首发式在两江幸福广场举行。

2019 年 5 月 15 日至 11 月 14 日，"壮丽七十年·阔步新时代——庆祝中华人民共和国成立 70 周年"全国集邮文化活动（重庆站）先后在忠县、石柱县、丰都县、永川区、綦江区、涪陵区、南岸区举行。

（4）自动化集邮全国邀请展

2012 年 11 月 17 至 18 日，"2012 重庆·第二届自动化集邮全国邀请展"在渝中区朝天门广场名人纪念馆举行。2015 年 9 月 3 至 4 日，"2015 重庆·第三届自动化集邮全国邀请展"在渝中区重庆中国三峡博物馆举行。

2. 举办市级综合集邮展览

1993 年 10 月 1 至 3 日，"纪念毛泽东同志诞生一百周年暨 1993 年重庆集邮展览"在重庆市劳动人民文化宫举行。

重庆直辖后，至 2022 年底，市邮协共举办 5 届全市综合性集邮展览：

1999 年 12 月 29 日至 2000 年 1 月 1 日，重庆市第一届集邮展览在渝中区临江门都市广场举行，主题是"纪念聂荣臻同志诞生一百周年暨迎接新世纪"。

2005 年 8 月 15 至 19 日，重庆市第二届集邮展览在渝中区重庆中国三峡博物馆举行，主题是"纪念中国人民抗日战争暨世界反法西斯战争胜利 60 周年"。

2009 年 11 月 28 至 29 日，重庆市第三届集邮展览在西南政法大学体育馆举行，主题是"纪念重庆解放 60 周年"。

2014 年 3 月 1 至 2 日，重庆市第四届集邮展览在九龙坡区杨家坪步行街举行。

2019 年 9 月 23 至 24 日，重庆市第五届集邮展览在忠县北山广场举行，同时举办"重庆市首届集邮书画展"和"忠县、石柱、丰都三县集邮联展"。

3. 参加全国、亚洲、世界集邮展览

（1）全国邮展获奖展品。1997—2018 年，市邮协选送邮集参赛，3 部获得金奖（其中 1 部同时获特别奖）、7 部获得大镀金奖（其中 6 部同时获特别奖）、14 部获得镀金奖。

（2）亚洲邮展获奖展品。1999—2019 年，市邮协选送邮集参赛，3 部获得大镀金奖、3 部获得镀金奖（其中 1 部同时获特别奖）、2 部获得大银奖。

（3）世界邮展获奖展品。1999—2019 年，市邮协选送邮集参赛，4 部获得大镀金奖（其中 1 部同时获特别奖）、6 部获得镀金奖、2 部获得大银奖。

（二）集邮学术活动

1. 集邮学术研究活动

（1）举办全国性集邮学术研究活动

1986 年 12 月 20 至 23 日，中华全国集邮联合会（简称全国集邮联）学术委员会暨第二届学术委员会成立大会在重庆召开。1997 年 10 月 21 日，全国集邮学术研讨会在重庆召开。2005 年 5 月 27 日，全国集邮联主办的 2005 年中国集邮学术论坛在重庆举行。2019 年 10 月 19 日，全国民间集邮研究会联谊大会组委会、重庆市集邮协会联合在重庆市渝北区举办"第十次全国民间集邮研究会联谊大会暨全国民间集邮组织创新与发展主题论坛"。

（2）主办区域性集邮学术活动

1998 年 4 月、2001 年 5 月、2007 年 6 月、2012 年 7 月，市邮协分别主办大西南集邮学术研讨会、重庆·四川集邮学术交流会、西南六省（区、市）区集邮协会工作交流会、西南六省（区、市）集邮工作研讨会。

（3）参加全国、国际集邮学术论坛

1999 年 1 月至 2022 年 8 月，市邮协组织重庆集邮学术界参加了全国历次重大集邮学术研究活动，共有 55 篇论文获奖或入编国家级集邮学术刊物。

2. 编辑出版集邮学术研究著作

1992—2022 年，市邮协主持编辑出版集邮学术著作，主要有《重庆集邮学术论文选（第一辑）》（1992 年）、《重庆集邮史（1928—1949 年）》（1996 年）、《重庆集邮学术论文选（第二辑）》（2002 年）、《重庆集邮 20 年大事记》（2002 年）、《重庆集邮史话（1949—2002 年）》（2002 年）、《2005 年中国集邮学术论坛·重庆获奖论文集》（2005 年）、《2012 年西南六省（区、市）集邮研讨会集邮研究文选》（2012 年）、《重庆市集邮文化与文化强市集邮研究文选》（2014 年）、《重庆集邮简史（1997—2017 年）》（2018 年）、《重庆集邮学术论文选（第三辑）》（2022 年）。其中《重庆集邮学术论文选（第三辑）》获得高邮中华全国文献集邮展览大银奖。2008—2012 年，市邮协逐年编辑出版《重庆集邮学术论文集》。

3. 开展重庆题材邮票选题工作

2007 年，重庆市邮政管理局召开纪念邮票选题征集意见座谈会。2020 年，重庆直辖后的市邮协第四届会员代表大会召开后，邮票选题日常管理工作由市邮协学术工作委员会负责，至 2022 年底，先后召开 5 次邮票选题研讨会，制订重庆题材邮票选题五年计划。

2022 年 6 月，市邮协组织全市会员参与全国集邮联开展的 2023、2024 纪念邮票选题调查问卷活动，提出"'一带一路'倡议十周年""故宫文物南迁 90 周年"等选题，其中《"一带一路"倡议十周年》列入 2023 纪特邮票发行计划。

（三）集邮宣传活动

1. 创办会刊

1983 年 1 月，市邮协创办会刊《重庆集邮》，其前身是山城集邮组（重庆市集邮协会筹备组）油印出版的《山城邮刊》。会刊以立足重庆、面向全国、服务会员为办刊思路，以权威性、时效性、知识性、可读性为办刊原则，是宣传集邮文化的阵地，反映重庆集邮活动的窗口，传播集邮知识的平台，联结邮协会员的桥梁。会刊开设 20 多个特色栏目，结合重大活动、重大邮事、重要节点策划专题报道。先后获得"重庆市优秀连续性内部资料""常州全国邮展银奖""粤港澳大湾区邮展大银奖""高邮全国集邮文献展览大银奖""昆明全国集邮展览大银奖"等荣誉。会刊按每年 4 期的频次持续出刊，截至 2022 年底，连续出刊 160 期。

2. 运营微信公众号

2019 年 1 月 1 日，市邮协官方微信公众号"集邮龙门阵"上线运营，是全国省级邮协较早开通的公众号之一。该微信公众号具有以下主要功能：利用新媒体传播优势发布国内外集邮资讯，记录重庆集邮事业发展进程，展示重庆邮史、邮品、文献等学术研究成果，打造集信息发布、历史存档、学习研究、邮品展示、观点交流等于一体的综合传播平台。

2019—2022 年，"集邮龙门阵"微信公众号发布集邮推文 435 期，先后策划推出"巴渝邮韵""历届全国佳邮评选回顾"等具有广泛影响力的系列专题，其中 50 余篇原创推文被全国集邮联、集邮杂志社、集邮博览、中国集邮报等微信公众号转发。

2022 年，"集邮龙门阵"微信公众号获得全国集邮文献展览银奖。截至 2022 年底，该公众号订阅用户数近 2000 人，受众群体涵盖全国 20 余个省（区、市）。

3. 强化集邮对外宣传

主流媒体活动宣传 人民网、新华社、"学习强国"等中央主流媒体多次以文章、图片、视频等形式宣传报道重庆集邮活动。

主流媒体报道 《重庆日报》《重庆晨报》《重庆商报》以及华龙网等主流媒体推出重庆集邮文化专题报道。

专业媒体报道 《中国集邮报》《集邮》《集邮博览》等专业集邮报刊及其新媒体刊发重庆集邮相关报道。

专栏专题 2022 年 4 月，《集邮博览》开设首个地方集邮文化宣传专栏——"魅力重庆"，讲述重庆山水人文故事，推出主题文章 9 篇。同年，第 4 期《集邮博览》推出"璀璨重庆邮添彩"封面专题，集中刊发 8 篇主题文章。

重点报道 2022 年 7 月，在重庆举行的第 42 届全国最佳邮票评选颁奖活动前后，市邮协以专题、专栏、特刊、动态消息、深度纪实等形式，在各级各类媒体推出相关主题报道 130 余篇。

重点主题宣传 自 2021 年起，市邮协启动重庆集邮年度十大新闻评选活动，已连续 2 年评选"集邮十大新闻"。

（四）青少年集邮活动

1. 举办邮票设计活动

1998 年 12 月 30 日，重庆市集邮协会、重庆市教育委员会（简称市教委）、中国共产主义青年团重庆市委员会（简称团市委）联合举办"爱我重庆，爱我三峡"青少年邮票设计竞赛。

1999 年 8 月 22 日，中国世界邮展青少年集邮日当天，重庆少年代表重庆市向国际集邮联合会捐赠由重庆 86 名青少年绘制的《世界是个大家庭》百米邮票设计长卷。

2000 年 6 月 1 日，国际儿童节当天，重庆市集邮协会、重庆市邮资票品局、重庆市少年宫在重庆市少年宫联合举办"展望新世纪"青少年邮票设计展览。

2008 年，为迎接北京奥运会，重庆市奥运火炬接力领导小组、重庆市邮政管理局、重庆市邮政公司主办，市教委、团市委、市邮协承办"同一个世界 同一个梦想"重庆市青少年邮票设计大赛，收到参赛作品 1600 余幅，评选出一、二、三等奖 314 幅。市邮管局、市公司资助出版《同一个世界　同一个梦想——重庆市青少年邮票设计大赛作品选》。

2016年，市邮协举办"新长征·中国梦"青少年邮票设计大赛，10名学生作品获奖。

2019年，全国集邮联举办"我心中的小康"全国青少年个性化邮票设计大赛，市邮协选送的2名学生作品分获二、三等奖。

2021年，为庆祝中国共产党成立100周年，中国邮政集团有限公司重庆市分公司、重庆市集邮协会联合举办"永远跟党走　筑梦新时代"少年儿童邮票创作设计活动，全市9个区县15所学校171幅作品参加，并推送36幅作品参加全国"永远跟党走　筑梦新时代"少年儿童邮票创作设计活动。

2. 创建国家级青少年集邮示范基地

2003年以来，市邮协申报的南岸区天台岗小学，沙坪坝区金沙街小学、天星小学，巴南区鱼洞南区学校、大江中学，黔江区民族小学，荣昌区峰高中心小学，璧山区璧山中学，被全国集邮联授予"全国青少年集邮活动示范基地"称号。

2019年6月11至17日，南岸区天台岗小学、沙坪坝区天星小学、巴南区鱼洞南区学校3所学校在武汉举办的"2019年世界集邮展览"中参加青少年集邮活动示范基地（少年邮局）集邮成果展示。

3. 建立市级青少年集邮学校联合体

1990年11月25日，重庆市中小学集邮联合会在重庆市少年宫成立，成为本市首个全市性青少年集邮组织。

2012年5月11日，重庆市青少年集邮学校联合体在巴南区鱼洞南区学校成立。截至2022年底，已有12所学校加入该组织，共举办集邮与教学研讨活动8次。

4. 设立少年邮局

2004年6月1日，重庆市首个少年邮局在璧山区璧山中学成立。2022年7月，南岸区天台岗小学成立少年邮局。至此，全市共设立少年邮局20余所，3名学生被全国集邮联授予"小小集邮家"称号。

2016年4月13日，万国邮政联盟秘书长比沙尔·侯赛因借到重庆参加"2016年中国（重庆）跨境电商邮政高层论坛"之机，参观了大足区海棠小学"小海棠少儿邮局"。在详细了解少儿邮局的情况后，他在明信片上签名留念，称赞"小海棠少儿邮局"是中国邮政很好的一种创新，这种模式可以在全世界推广。

2022年7月27日，第42届全国最佳邮票评选颁奖活动在重庆大剧院举行。重庆市8所学校的少年邮局在"大美重庆　邮润童心——重庆青少年集邮成果展示"上展示了校园集邮的风采和魅力。

5. 举办全国性活动

2019年10月21日，第二届全国青少年集邮活动创新与发展研讨会、第四届全国青少年邮局联谊会暨神州教师集邮联谊会成立十周年庆典活动在重庆举办。

（五）老年集邮活动

1. 举办重庆市老年集邮文化节

2011年9月19日，市邮协首届老年集邮文化节在南岸区南湖公园举行，期间举办集邮展览、集邮咨询、集邮文艺演出、集邮猜谜、邮品拍卖、集邮摄影展、集邮书画展等活动。截至2022年底，市邮协先后在重庆市望江工业公司、金沙街小学、武警六支队、南湖社区等地共举办7届老年集邮文化节。

2. 举办重庆市老年集邮展览

2010年11月6日，重庆市集邮协会、重庆市万州区老龄工作委员会联合在万州区和平广场举办重庆市首届老年集邮展览。2013年12月22日，市邮协在大渡口区九宫庙步行街举办重庆市第二届老年集邮展览。

四、章程

1982年8月10日，《重庆市集邮协会章程》发布，此后进行5次修改。2022年版《重庆市集邮协会章程》共八章46条，于2020年12月28日在重庆市集邮协会第四次会员代表大会通过，分为"总则""业务范围""会员""组织机构和负责人产生、罢免""资产管理、使用原则""章程的修改程序""终止程序及终止后的财产处理""附则"等，详细地对协会性质、宗旨、主管单位、业务范围，会员的条件、权利和义务，协会的组织机构及负责人的产生和罢免方式，会员代表大会、理事会、会长、副会长、秘书长的职权以及协会资产管理、章程修改程序等方面作了规定。

五、获得荣誉

表1-4-2-2

2012—2022年重庆市集邮协会部分年份主要获奖情况表

年　份	奖　项	颁奖单位
2012	全国集邮活动突出贡献奖	中华全国集邮联合会
2015	纪念中国人民抗日战争暨世界反法西斯战争胜利七十周年 全国集邮巡回展览优秀奖	中华人民共和国国家邮政局 中国邮政集团公司 中华全国集邮联合会

年　份	奖　项	颁奖单位
2015	纪念抗战胜利70周年全国集邮学术活动优秀组织奖	中华全国集邮联合会
2016	弘扬长征魂　同筑中国梦——纪念中国工农红军长征胜利八十周年全国青少年教育实践活动优秀组织奖	中国邮政集团公司中华全国集邮联合会
2016	全国先进省（区、市、行业）集邮协会	中华全国集邮联合会
2018	《重庆集邮》——重庆市优秀连续性内部资料	重庆市文化委员会
2018	不忘初心　筑梦前行——庆祝改革开放四十周年全国集邮文化巡回活动优秀组织奖	中国邮政集团公司中华全国集邮联合会
2018	庆祝改革开放四十周年集邮征文活动优秀组织奖	中华全国集邮联合会
2019	壮丽七十年　阔步新时代——庆祝新中国成立七十周年全国集邮文化活动最佳组织奖	中国邮政集团公司中华全国集邮联合会
2020	第40届全国最佳邮票评选活动组织奖	全国最佳邮票评选委员会
2021	第41届全国最佳邮票评选活动组织奖	全国最佳邮票评选委员会
2022	第42届全国最佳邮票评选活动组织奖	全国最佳邮票评选委员会
2022	全国集邮工作先进单位	中华全国集邮联合会

第三节　重庆市直邮协会

一、基本情况

2009年3月17日，重庆市直邮协会（简称市直邮协会）成立。该协会根据《重庆市直邮协会章程》规定，履行普及直邮知识、宣传直邮产品、传播直邮理念、培养直邮人才等工作职能，日常工作由秘书处负责，具体职责为走访、了解各会员单位及社会各界对直邮的需求；处理中国直邮协会、重庆市民政局、重庆市邮政公司等上级主管部门交办的工作事项；负责协会建章立制、活动开展、年检年审等日常工作。

截至2022年底，市直邮协会共有会员67个。其中，单位会员65个，个人会员2个。会员单位中，邮政企业42个，非邮政单位23个，涵盖院校、金融、通信、物流、广告传媒、印刷、商贸等领域。

二、组织机构

2007年5月15日，重庆市首家邮政直复营销中心在渝中区上清寺重庆邮政枢纽开业。其功能对内是作为培训基地，对外是宣传和推广邮政商业信函业务的阵地。该中心首创邮政商业信函"4S"店客户营销服务模式，商家可借助该中心名址信息库选择目标客户群，定制商业信函交邮政寄给客户，整个过程可享受邮政"一站式"服务。

2007年7月14日，市公司组织召开市直邮协会筹备工作会，明确市直邮协会工作任务。

2009年3月17日，市直邮协会成立。中国直邮协会副会长王景江、秘书长李高照出席成立大会并为协会揭牌。会上选举市公司副总经理张晓春为市直邮协会会长。

2013年9月10日，市直邮协会召开第二届一次理事会，选举市公司副总经理张晓春为会长。

2015年1月21日，鉴于协会部分领导及常务理事工作调整，市直邮协会召开第二届二次理事会，选举市分公司副总经理向银成为会长。

随着互联网时代的到来，市场环境加速变化，直邮信函业务逐渐式微。2015年后，市直邮协会各项活动基本停滞，未再进行换届改选，仅根据中国邮政集团公司重庆市分公司领导分工调整和市分公司集邮与文化传媒部主要负责人工作调整，对市直邮协会会长和秘书长（兼）进行必要的变更。

三、主要活动

（一）举办中小企业直邮专题推介会

2007年5月24日，市直邮协会在直复营销中心举办首次业务推介会。此后，在重庆市中小企业发展指导局的支持下，市直邮协会组织全市房地产行业、美容美发行业等中小企业直邮专题推介会共计 37 场。

（二）举办直邮论坛

2009 年 9 月 3 日，重庆市直邮协会与重庆市工商联（总商会）房地产商会联合举办重庆市首届直邮传媒营销价值高峰论坛。全市数十家房地产企业、广告公司总经理和营销总监汇聚论坛。

（三）组织直邮课程进校园

2010 年 10 月，重庆市直邮协会与重庆邮电大学经济管理学院签订战略合作协议，主要合作内容包括直邮课程作为学院选修课进校园；重庆市邮政公司函件广告局成为学院校外实习基地；由重庆市邮政公司和重庆邮电大学经济管理学院联合主办、重庆市直邮协会承办 3 次邮政贺卡创意大赛；利用学院优势，成立重庆市直邮研究中心，开展收集资料、编译国外直邮新动向等工作。

四、创办会刊

2009 年 4 月，市直邮协会创办会刊《重庆直邮》，每季度编辑发行 1 期，主要发送给会员单位，同时发送中国直邮协会和各省（区、市）直邮协会以及重庆市行业协会相关成员单位便于交流。截至 2022 年底，累计编发 17 期。

第四节　重庆市邮政通信学会

一、基本情况

1997 年，重庆市邮政通信学会（简称学会）筹建。其前身为原重庆市邮政局"重庆市通信学会邮政通信专业委员会"。1998 年 6 月 26 日，经重庆市科学技术协会（简称市科协）同意，重庆市民政局批准，该学会正式成立。学会是市科协的组成部分，是继北京市邮政通信学会之后，全国第二个省级邮政通信学会。学会成立当天，召开成立大会暨一届一次会员代表大会，通过《重庆市邮政通信学会章程》，选举产生 39 人组成的理事会，并由理事会选举产生理事长、副理事长、秘书长。黄绍林当选为首任理事长，顾昌祺任常务副理事长。

1999 年，学会积极配合重庆市民政局社团清理整顿工作，顺利通过查验及重新换证登记工作。

截至 1999 年底，学会共有会员 318 名，分布于全市邮政 62 个基层单位。2000 年审批发展会员 75 名。2001 年审批发展会员 113 名，当年末会员达 485 名。

2001 年，经市科协评选，学会获评"一星级"通信学会。2002 年，学会被评为 2001 年度先进学会；学会会员罗志宾撰写的《追求无止境——记重庆邮科院院长、电子局局长张晓春》一文获好新闻二等奖，学会副秘书长陈建被评选为优秀学会干部和优秀通讯员。

2014 年，重庆市邮政通信学会办理注销手续。

二、内设机构

学会下设 1 室（办公室）、4 部（组织部、学术部、编辑部、咨询部）、3 会（邮政业务与网络专业委员会、邮政技术专业委员会、技术与现代化管理专业委员会）。

三、主要活动

（一）创办重庆邮政通信学会会刊

1999 年 3 月 5 日，学会会刊编辑部成立，同时召开工作会暨会刊创刊会。学会会刊《重庆邮政学会》为季刊，设"学会信息""行业动态""探索与交流""网络天地""科普之窗"等栏目。

（二）开展学术交流活动

1998 年 12 月 9 日，中国科学院研究员、研究生导师侯业勤，为学会会员、科技人员、管理干部等 200 余人作题为《信息产业展望、视频点播》的学术报告，现场演示计算机发展过程中的新技术，使与会者开阔眼界，了解计算机学科新动态。

1999 年 4 月 7 日，学会组织会员在生产现场召开重庆邮政二枢纽工艺流程研讨会。

2000 年 1 月 26 日，学会召开学术交流暨首届学术年会，11 名论文作者作现场交流发言。同年 3 月 17 日，市科协表彰"重庆市信息产业发展战略研讨"优秀论文 37 篇，邮政通信学会会员黄绍林撰写的论文《重庆邮政在信息技术时代所面临的挑战及对策》、胡绍舜撰写的论文《试论邮政速递业务市场经营策略的不同形态及其实现途径》、王平撰写的论文《充分利用邮政的独特优势，加速发展重庆信息产业》、杜惠平撰写的论文《关于重庆信息产业发展战略的思考》、马汝安撰写的论文《试论信息流在流通业中地位的发展趋势》、梁夏撰写的论文《网络经济时代中国邮政改革与发展探讨》被评为优秀论文，后收录于重庆市科学技术协会 2000 年论文集。同年 4 月，中国通信学会邮政通信专委会和国家邮政局办公室联合召开"邮政经营经验交流与业务发展研讨会"，重庆市邮政通信学会会员马凌撰写的《增强邮政业务可持续性竞争力的探讨》论文获得优秀奖，后收录于 2000 年邮政经营经验交流与业务发展研讨会论文选集。

2002 年 4 月 17 日，学会召开第二次学术年会，60 余名论文作者和会员参加。年会共收到论文 71 篇，其中获奖 18 篇。同月，学会编辑出版《重庆邮政物流业务的发展学术论文集》。

2003 年 6 月，学会受市科协委托，以重庆邮政物流现状为中心议题召开研讨会。7 个单位会员作主题发言，40 多名与会人员围绕全网协调、组织建设、统一品牌、人才培养、资源重组优化、利用社会资源等议题进行深入研讨。

2009 年 4 月，学会召开学术交流会，与会人员就 18 篇学术论文进行深入研讨，10 名论文作者以图文音像相结合的形式发表学术论文。

（三）编写培训教材

1999—2002年，学会受重庆邮政职工培训中心委托，为企业教学和职工培训服务，多次组织相关单位会员和业务管理人员、技术骨干参与邮政职工培训教材编撰工作。

（四）开展科普活动

2000年，学会举办计算机网络与安全技术和电子商务、健康保健等科普讲座，开展会计知识、学会章程等知识竞赛活动。

2001年5月，在全国第1个"科普周"期间，学会组织职工观看科教片《宇宙与人》，组织会员参与重庆市反邪教签名活动，参与市科协与市侨联联合组织的"中华腾飞"签名活动。

2002—2007年，学会每年组织会员和职工参与形式多样的科普教育活动。2003年科技活动周的主题为"依靠科学，战胜非典"，旨在引导企业职工全方位了解重庆防"非典"活动和防"非典"知识，坚定信心战胜"非典"。

第二篇　邮政服务

"人民邮政为人民"是邮政的服务宗旨，服务是邮政永恒的主题。1986—2022 年，重庆邮政认真履行国家赋予的普遍服务义务，落实特殊服务职责，发挥邮政网络深入千家万户的优势，主动拓展便民公益服务，践行央企责任，助力地方经济、社会和文化发展，不断满足人民群众在追求美好生活过程中持续增长的用邮需求。1997 年，渝中区邮政局被中国质量管理协会、全国用户委员会授予"全国用户满意服务单位"称号；1998—2022 年，重庆邮政所辖单位获得"全国用户满意服务单位"和"全国邮政用户满意企业"等荣誉 20 多次；2020 年，重庆市万州片区分公司营业局机要室被评为"全国邮政行业先进集体"；2020—2022 年，重庆邮政提供的巡视专用邮政信箱邮件寄递服务先后获得中央、地方相关部门的书面感谢；2020—2022 年，在抗击新冠疫情期间，重庆邮政为疫情防控和保障民生物资应急运输献策出力，确保了全市机要通信、党报党刊的绝对畅通，获得重庆市农业农村委员会、重庆市商务委员会、重庆市邮政管理局的书面表扬。2022 年，重庆邮政"11185"客户服务中心被认定为"一星级全国青年文明号"，沙坪坝区晒光坪邮政所被评为"第六批全国'扫黄打非'先进基层示范点"。

第一章　普遍服务和特殊服务

邮政普遍服务和特殊服务是保障公共服务均等化的法律性、制度性安排，邮政普遍服务是中国邮政的"根"和"魂"，邮政特殊服务是党和国家交给邮政企业的一项特殊政治任务，做好普遍服务和特殊服务是中国邮政的政治责任和政治担当。

1986—2022 年，重庆邮政坚持"政"字当先，聚焦邮政普遍服务、特殊服务法定义务，践行"人民邮政为人民"的服务宗旨，立足重庆独特的"大城市、大农村、大山区、大库区"地域环境，克服山高路远、坡陡弯急、爬坡上坎的困难，认真履行普遍服务和特殊服务义务，保障人民群众通信权益。通过不断加强普遍服务基础能力建设，提升邮政网点普遍服务质量，加强普遍服务投递管理，拓展普遍服务新内涵，让每个公民都能享受邮政普遍服务，促进了普遍服务均等化水平提升，满足了党政军的特殊服务需求，厚植了党的执政基础。

第一节　普遍服务

一、普遍服务业务范围

邮政普遍服务是指按照国家规定的业务范围、服务标准，以合理的资费标准，为中华人民共和国境内所有用户持续提供的邮政服务。邮政企业对信件、单件重量不超过 5 千克的印刷品、单件重量不超过 10 千克的包裹寄递以及邮政汇兑提供邮政普遍服务（简称普遍服务四项基本业务）。

二、普遍服务基础能力建设

（一）普遍服务网点及设施

邮政服务网点是邮政履行普遍服务义务和满足社会用邮需求的邮政营业场所。1986 年，重庆邮政有服务网点 967 个。1996 年，重庆邮政坚持城市重点地区、人口稠密

图 2-1-1-1　重庆邮政员工冒雪投递邮件（摄于 2019 年）

地区以自办服务为主，城市非重点地区和农村乡镇以下地区以委办服务为主，加强普遍服务网点建设。自 1997 年起，重庆邮政加大固定资产投资力度，对普遍服务邮政局所进行改造、装修和标准化建设，邮政普遍服务能力持续提升，用户用邮体验和服务环境持续改善。截至 2022 年底，重庆邮政有普遍服务营业机构（网点）1781 个，全部为电子化支局（网点），无手工网点，其中城区服务网点 407 个、农村服务网点 1374 个，营业网点平均服务半径 5.92 公里、服务人口 2.5 万人；有邮筒（箱）1896 个、报刊亭（含三峡书报刊亭）486 处；建设县级共配中心 33 个、覆盖率达到 100%，乡镇级共配中心 252 个、覆盖率达到 31.58%，村级综合便民服务站 7957 个、覆盖率均达到 100%。邮政设施设置符合《邮政普遍服务》标准要求。

（二）空白乡镇普遍服务网点补建

邮政服务网点普及是实现邮政普遍服务的基础。为解决全市因部分乡镇邮政局所不足、基础网络薄弱而制约普遍服务能力增强和水平提升的突出问题，2010 年 8 月 26 日，重庆市政府颁布《重庆市空白乡镇补建工作实施方案》，明确提出：按照一个空白乡镇补建一个邮政局所的原则，全市农村空白邮政局所的乡镇共有 114 个，必须全部完成补建工作；补建的空白乡镇邮政局所应承担普遍服务四项基本业务以及农资物流配送等功能；或提供汇兑、储蓄等服务，切实按照国家规定承担邮政普遍服务义务。同年底，重庆邮政制订《空白乡镇邮政局所补建项目实施细则及管理办法》，对新建、购置、补建空白乡镇邮政局所房屋项目及装修标准等提出要求，并加快空白乡镇邮政局所补建步伐。2010 年，城口邮政通过补建空白乡镇邮政局所，消除沿河乡（地形地貌以高山峡谷为主，距离城口县 37 公里，是重庆市最后一个通公路的乡）"零局所"现象，之后在满足办理法定业务的基础上，叠加"税邮""邮快合作"、生活缴费等业务，方便群众生活需求。2012 年，全市有空白乡镇邮政局所 85 个（其中开业

运营 6 个）；2013 年，新增开业运营空白乡镇补建邮政局所 58 个；2014 年，新增开业运营空白乡镇补建邮政局所 32 个；2015 年，全市 114 个空白乡镇邮政局所全部建成并开业运营，有效保障了偏远地区人民群众用邮需求。截至 2022 年底，重庆邮政乡镇邮政局所覆盖率、普遍服务四项基本业务开办率均持续保持 100%，实现了"乡乡设所"目标，邮政普遍服务水平日益提升。

（三）村邮工程

自 2002 年起，重庆邮政以"乡乡有网点，村村有服务"为目标，加强农村邮政通信组织管理，在全市 50% 的县邮政局实施"村邮工程"，即在经济条件相对较好的农村设立邮政代办点，组建一支质量过硬的委代办营投队伍，提高投递服务质量，发展报刊、储蓄、信函等传统业务，挖掘农村邮政市场潜力，拓展邮政新兴业务，提供综合性邮政服务，启动整个农村邮政市场，最终实现"村村通邮"，保证邮政的可持续发展。切实服务交通不便的边远地区，改善农村地区邮政服务，让农产品运得出、消费品进得来，助力脱贫攻坚。2010 年，重庆邮政建成村邮站 1600 余个，首批村邮站建设任务基本完成。同年，重庆邮政启动邮政便民服务站建设并建成 1177 个。截至 2022 年底，全市共建成村邮站 1775 个、村级综合便民服务站 7957 个，为群众提供代理、代办、代收、代缴便民服务 20 余项，基本覆盖与群众生活息息相关的代收代缴水费、电费、气费及通讯费、广电费等基础民生服务，解决了农村通邮"最后一公里"问题，不断改善和提升邮政服务水平。

（四）交通不便地区建制村通邮

2017 年 3 月 1 日施行的《邮政普遍服务》标准，重点对邮件全程时限和包裹投递两方面内容作出修订。为提高建制村投递服务水平，同年 3 月 20 日，国家邮政局印发《关于做好 2017 年邮政普遍服务和邮票发行监督管理工作的通知》，提出全面推进建制村直接通邮工作。2018 年，重庆邮政印发《关于加快推进建制村直接通邮工作的通知》，对建制村的投递里程、邮运里程、人员配置等情况进行摸底调研，将建制村直接通邮作为重点工作推进。同年 5 月 9 日，重庆邮政在全国率先召开全市邮政普遍服务工作会议，持续推动邮政普遍服务建制村通邮达标工作，全市建制村通邮达标率达到 99.33%。2019 年，重庆邮政攻克 418 个交通不便边远地区建制村直接通邮难关，全市 8031 个建制村全面实现直接通邮（每周投递达到 3 频次），提前一年完成建制村直接通邮率 100% 目标。特别是重庆市巫山县竹贤乡下庄村，四周高山绝壁合围，曾是"天坑村"，巫山邮政通过建制村转投方式保障普遍服务投递。2019 年底，巫山邮政积极协同下庄村委会，将每周投递频次由 1 次提升为 3 次，为邮件转接投递服务提供保障。

表 2-1-1-1

2019 年重庆市确定为交通不便的建制村汇总表

单位：个

区县名称	乡镇数量	建制村数量
万州区	7	10
开州区	21	47
城口县	4	7
云阳县	23	48
奉节县	21	71
巫山县	18	95
巫溪县	20	52
黔江区	9	13
石柱县	9	13
秀山县	6	8
酉阳县	15	30
彭水县	14	24
全　市	167	418

（五）特色邮局

1986—2022 年，重庆邮政积极履行普遍服务义务，满足社会用邮需求，先后开办各类特色局（所）。1991 年，重庆邮政在北碚区华光仪器厂开办华光邮电所，让当地用户足不出厂就能办理邮政业务；1996 年末，长江上第一个流动邮电所——"中驿邮电所"在长江邮政船务有限公司所属的"中驿"号豪华涉外游轮上正式挂牌营业，满足中外游客在旅游途中的用邮需要；1997 年，成立于 1967 年为中国核工业 816 厂提供邮政服务的重庆市邮电局 100 所及 7 支局更名为重庆市建峰邮政局，为当地政府、企事业单位和人民群众提供邮政服务；1998 年，重庆邮政在小三峡客邮兼营船上，设立流动邮政所，为游客提供邮政服务。

2015—2022 年，重庆邮政依托自身资源优势，将传统邮政服务与文化创意相结合，开办 12 个主题邮局为群众提供邮政服务和个性化创新服务。

三、邮政网点普遍服务

邮政普遍服务营业网点依法开办信件、印刷品、包裹和邮政汇兑业务。1986—2022 年，重庆邮政严格落实普遍服务标准，不断提升邮政网点普遍服务水平，以适应社会发展和人民群众不断增长的用邮需要。

1995 年，重庆邮政提出"比服务现状、比服务思想、比服务态度、比服务技能、比服务质量"的普遍服务对标内容，新建和修改完善 21 项规章制度；在城市邮政业务中实行了邮政营业限时服务；在全市邮政推行窗口服务忌语 28 条，设置监督电话 50 部，聘请社会监督员 175 人，发征询意见函 4074 份，走访用户 3018 人次，召开用户座谈会 85 次，通过系列优质服务活动，促进普遍服务质量明显好转。

1996 年，重庆邮政将"抓服务、求效益"作为首要工作方针，深入开展"树邮电新风、创优质服务窗口、争当岗位服务明星"、创"青年文明号""星级服务窗口"等活动，收到用户赠送的锦旗、牌匾和表扬信 94 件。

2002 年，在重庆邮政 2200 余个邮政网点中，面向农村地区的网点占总数的 80% 以上，重庆邮政因履行普遍服务义务造成的亏损达 4839 万元。在高亏损的情况下，重庆邮政没有放松农村地区的邮政普遍服务，2002 年下半年至 2004 年，重庆邮政先后投入资金 1500 万元，统一 2218 个网点的对外标识，完成 1919 个支局（所）的整治改造，对全市（包括普遍服务网点）2218 个邮政局所进行邮政服务形象工程的建设和改造，全面提升邮政普遍服务能力和窗口对外服务形象。

2005 年，重庆邮政树立"用户第一、服务至上"理念，开展"提高服务质量，让用户满意"专项活动，印发《关于进一步做好全市邮政服务工作的通知》，落实邮政服务工作"五统一"，即邮政局所标志、局名牌、信筒、信箱和邮政车辆统一规范；邮政局所内台席设置和作业流程统一规范；邮政营业、投递等对外服务人员的着装、服务用语统一规范；邮政包装用品的外观设计、规格和价格统一规范；业务宣传统一规范。2007 年，重庆邮政开展"微笑邮政、情动巴渝"活动，树立普遍服务新形象。2010 年，重庆邮政加强营投能力建设，新增和标准化改造农村营投网点 700 个，增加邮件转运站 1 个，不断改善普遍服务营投环境和服务水平。

2015—2019 年，重庆邮政开展"情系万家"服务质量大提升活动，强化服务质量意识，提升服务质量和客户体验。2016 年 12 月 26 日，按照新修订的《邮政普遍服务》标准要求，重庆邮政投入普遍服务基础设施建设资金，改造普遍服务网点 131 个，邮政普遍服务信息化、标准化水平稳步提升。2018 年，重庆邮政出台《中邮重庆分公司提升普遍服务特殊服务水平拓展便民公益服务三年行动方案》，从 13 个方面细化 32 项具体举措，实现邮政业务种类、营业时间、公示内容等全面达标和国家重大活动及专项行动收寄安全，提升普遍服务和特殊服务水平，不断丰富便民公益服务，促进各项服务综合化、便捷化、智能化、绿色化发展。

2019—2020 年，按照《重庆邮政"情系万家　信达天下"之平信丢损率压降专项整治活动方案》和《中国邮政重庆市分公司普遍服务给据邮件丢损率压降活动方案》，各普遍服务网点严格营业收寄环节，落实平信条码化和给据邮件质量要求，提升普遍服务网点收寄质量，提升客户体验，实现平信丢损率低于1‰和普遍服务给据邮件（包括挂号信、挂号印刷品、普通包裹、约投挂号信）丢损率低于1‰的目标。2020年，重庆邮政按照关于扎实做好新冠疫情期间邮政普遍服务保障工作的通知精神，在做好疫情防控的同时扎实推进普遍服务工作，按照"国家需、邮政在"的号召，在服从地方政府疫情管控的前提下，持续为人民群众提供邮政普遍服务，践行"国家队"的使命与担当；同时落实"两提升、四强化、七确保"目标——"两提升"即提升认识，树牢"人民邮政为人民"的初心使命；提升质量，建立行政处罚案件"一对一"督导闭环管理制度，杜绝违反"两条红线"（未经邮政管理部门批准，擅自撤销提供邮政普遍服务的邮政营业场所；停止办理或者限制办理邮政普遍服务业务和特殊服务业务）行为。"四强化"即强化信息化管理手段，加强质量监控与督导；强化普遍服务管理机制，做到齐抓共管；强化普遍服务督导考核、普遍服务质量与绩效考核、普遍服务补贴及责任追究挂钩；强化普遍服务基础管理，打造懂业务、熟规章的专业管理队伍。"七确保"即确保营业服务达标率100%；确保建制村直接通邮质量稳步提升；确保普遍服务邮件全程时限达标率100%；确保条码平信丢损率低于1‰，普邮给据邮件丢损率低于1‰，邮件、报刊妥投率100%；确保全国县以上城市党政机关《人民日报》当日见报率达到85%以上；确保机要通信万无一失；确保普遍服务满意度达到79分以上，邮政服务申诉处理满意率高于97%。当年，重庆邮政普遍服务重点管控指标全面达标。2021年，重庆邮政按照窗口服务"五满意"（环境满意、专业引导满意、贴心服务满意、产品推荐满意、关怀维护满意）模式，开展"窗口服务优化提升"工作，统一服务标准，强化技能培训，加大普遍服务信息化支撑力度，提升普遍服务水平和客户体验。

截至2022年底，重庆邮政普遍服务营业网点共有1781个，全部达到《邮政普遍服务》标准对营业场所服务设施的要求，普遍服务网点每周营业服务时间工作日平均达到6.22天（其中自办服务网点每周营业服务时间工作日平均为6.33天，代办服务网点每周营业服务时间工作日平均为4.93天），每天营业服务时间平均达到7.51小时（其中自办服务网点每天营业服务时间平均为7.61小时，代办服务网点每天营业服务时间平均为6.06小时）；营业网点平均服务半径5.92公里、服务人口2.5万人。全市邮政对外营业机构在业务种类上均达到《邮政普遍服务》标准要求。

表 2-1-1-2

2010—2022 年重庆邮政普遍服务业务量统计表

年份	信函业务量（万件）	印刷品业务量（万件）	普通包裹业务量（万件）	邮政汇兑业务量（万笔）
2010	4045.19	1728.64	100.56	419.60
2011	4834.41	1887.22	104.70	404.00
2012	4074.52	1951.50	108.55	332.80
2013	3248.26	1919.42	114.12	221.60
2014	2591.41	1711.88	106.34	121.20
2015	2783.84	987.93	79.72	67.00
2016	2206.80	669.56	37.89	45.90
2017	1573.67	552.10	35.80	27.50
2018	1078.38	419.49	25.03	17.60
2019	1031.48	370.78	21.78	14.00
2020	937.53	274.60	20.56	13.40
2021	883.62	251.19	17.83	11.20
2022	853.00	332.79	27.65	6.20

四、普遍服务投递

普遍服务投递是邮政承担普遍服务责任的重要组成部分，是落实"最后一公里"服务的关键。重庆属于丘陵地貌，地势沿山脉、河流起伏，投递员需跋山涉水、爬坡上坎作业，邮件投递难度较大。1986—2022年，重庆邮政克服外部作业环境艰苦、地势复杂的困难，全面加强投递工作，积极解决农村投递广度和深度问题，认真履行普遍服务社会责任，提升投递服务频次和服务质量，保障了全市特别是农村地区邮政通信畅通。

1986年初，全市邮政共有邮路总数576条，长度11479公里。其中，农村邮路423条，长度6733公里；共有农村投递路线1477条，长度35977公里。其中，机动车投递道段216条，自行车投递道段159条，步班投递道段201条。市中区及近郊城市街道，日均投递2次，其他郊区农村日均投递1次。

1988年7月，根据四川省邮电局《关于印发一九八八年农村邮政工作安排意见的通知》和"射洪会议"精神，重庆邮政结合实际，因地制宜调整投递方式：对社会用邮需求量大、经济发展较快的区域，在当地政府大力支持下，学习借鉴射洪经验，试行"有偿专投、直投到户"模式；对社会用邮需求和经济发展适中的区域，按照《关于在农村广泛建立"社会报刊邮件投递员"的通知》精神办理，采取直投到户和社会接转相结合的投递方式；对社会用邮需求较小、经济发展缓慢的边远区域，设立代办所，采取邮件自取方式保障普遍服务投递落实。

1991年底，重庆邮政利用社会力量建立邮件、报刊代投点973个；1995年，全市14780幢具备通邮条件的住宅楼房通邮率达到100%，邮件妥投率达到98.1%；1997年，重庆邮政深化承诺服务，方便用户用邮，如沙坪坝区邮政局在重庆大学试点推行"报刊收投到户，缺损报刊加倍赔偿"；渝中区邮政局开展"报刊上楼，收投合一"延伸服务，提高普遍服务投递质量。

1998年，重庆邮政推出"推广规范化服务"投递活动。江津市邮政局推出"投递到农家、存款到农家"举措；永川市邮政局对报刊投递喊出"你要送到哪里，我就送到哪里"的服务口号，不断提升普遍服务投递深度和广度。

1998—1999年，为加快重庆西部报刊传递速度，重庆邮政先后开通重庆—江津、城口—开县、重庆—潼南、重庆—大足、重庆—合川等汽车快速邮路，使西部几个县城市市民当日上午即能看到最新出版的党报，包括《重庆日报》《重庆晨报》《重庆晚报》等。2000年初，为加快报刊投递速度，重庆邮政近郊6区各邮政局积极改革、调整投递结构和体制，自同年3月1日起，全面实现《人民日报》《经济日报》《参考消息》《现代工人报》等11种日报早投。

2000年7月，重庆邮政克服困难，调整人员、车辆，实现普通包裹投递到户；同年10月，全市开始试行白天投不出的包裹晚上投递的方法，包裹妥投率提高10个百分点，打破几十年来用户持包裹通知单自行到邮局领取包裹的格局，方便用户用邮。2002年，重庆邮政优化生产作业组织管理，实现特快邮件和畅销报刊投递服务时限全面提速。同年，重庆邮政深化投递体制改革，在重庆主城区开展邮政投递服务"三进"工程，即邮件报刊投递服务进家庭、进校园、进社区。

2005年，为适应当地政府、人民群众用邮需求，重庆邮政通信服务深度在《邮政法实施细则》相关规定（农村、牧区的邮件根据交通条件和邮件量的具体情况，一般投到乡或者行政村的固定地点）的基础上进行延伸，基本上做到邮件投递到户、农资配送到户、党报党刊投递及时。同年，重庆邮政提出邮政投递网建设实施意见，重点改造、调整、优化投递网络组织，将城市投递网建成满足普遍服务需求、服务方式便捷、服务质量优良的投递网。同年，坚持为交通不便山区提供优质普遍服务的云阳县步班投递员林江被评为"全国模范投递员"。他10年走过累计9万余公里的险峻山路，相当于走7次长征路，驮过的邮件累计重8万公斤，让山区村民保持通信畅通。2006年，重庆邮政实施党报党刊进社区、进校园、进军营、进商厦、进写字楼的投递服务"五进"工程，整合投递网

络，开展早报早投、多频次分投，不断提升投递时限。

2009年，重庆邮政14个区县邮政局实施投递网标准化建设，对各城片区邮政局信报箱建设、机动车投入、社区服务点建设、作业流程等进行优化完善。通过开展"提高投递服务质量，让用户满意"专项活动，提升投递人员综合素质；加强投递末端管理，探索新区投递组织模式，投递服务中的热点难点问题得以缓解。重庆邮政在实施投递改革创新的同时，坚持做好边远山区的投递工作。同年，步班投递员王安兰荣获"全国道德模范提名奖"和"重庆市第三届劳动模范"荣誉称号。王安兰是重庆市巫山县庙堂乡邮递员，1988—2009年，他在海拔2000多米的大巴山里取包裹、送邮件，穿梭21年。因为邮路艰险，前两任投递员都牺牲在这条"生死邮路"上。21年里，王安兰数次与死神擦肩而过，有时送一封信要在山里走20个小时，他用双脚丈量出的邮路，足以绕地球赤道5圈。他为偏远山区普遍服务付出的艰辛与坚守引起主流媒体关注，获得社会各界肯定。

2013年，重庆邮政开始做好《人民日报》《农民日报》《重庆日报》等面向广大农村地区的党报党刊赠阅投递服务，期发报刊5000多万份；自2014年起，重庆邮政不断优化农村投递，实现农村投递服务摩托化，延伸投递里程，减少投递道段，制定自备摩托车投递补贴政策，实现农村投递服务摩托化，至2015年，新增和更新农村投递摩托车1937辆、投递电动三轮车130辆，进一步提升投递时限。

2016年，重庆邮政按照"快包和电商一个网，普遍服务和运钞一个网"的原则，逐步推进钞邮分离工作，以私车公助方式解决末端投递车辆缺口103辆，实现县级以上城市党政机关党报党刊当日妥投，提前完成监管部门提出的党报党刊提速目标。2018年，重庆邮政共有全市投递服务线路3032条，其中农村投递线路1709条、单程投递长度56204.8公里。投递线路中，步班投递线路有256条，主要集中在主城区（如渝中、江北、南岸等）的城区部分及万州片区（如巫山、巫溪、忠县等）、涪陵片区（如丰都、垫江等）的偏远农村地区。

2020年，新冠疫情暴发，重庆邮政投递员工坚守岗位，在物资运送、民生保障等多个方面作出积极贡献。同年10月19日，合川片区直营揽投部南城团队队长尹远，在重庆市抗击新冠疫情表彰大会上荣获全市抗击新冠疫情先进个人称号。尹远在疫情防控关键时刻，始终坚守投递岗位，在小区外面摆摊投递，同时积极参与物资运送、教材投递工作，保障所辖区域百姓用邮需求。同年10月23日，涪陵片区马武支局支局长尹柱在重庆市交通局分会场参加全国交通运输系统抗击新冠疫情表彰大会，成为重庆邮政唯一一位获得全国交通运输系统抗击新冠疫情先进个人称号的员工。疫情期间，为确保党报党刊及时投递，尹

柱组建马武支局"战疫情、保通信"党员先锋队，坚守疫区开展邮政服务。在众多快递公司关门停业的情况下，尹柱不畏疫情，深入农村地区开展上门服务，为群众送包裹、为学生送教材、为村民送农资。

2021年9月28日，《重庆邮政县乡村三级物流体系建设实施方案》出台，推进全市邮政县乡村三级物流体系建设，发挥全市"惠农专班"体系作用，加强农村投递管理，承担普遍服务重任，提升全市乡村用邮体验，服务国家乡村振兴战略，履行"国家队"的责任担当。

截至2022年底，重庆邮政投递机构共有1315个，其中，城市投递机构103个，农村投递机构1212个。全市邮政共有投递道段4562条，其中，城市地区投递道段2870条、城市单程投递线路长度38936公里；农村地区投递道段1692条，农村单程投递线路长度45574.17公里。全市共有7697个建制村通过邮快合作投递社会快递公司邮件，邮快合作建制村覆盖率96.6%，超集团公司任务目标26.6个百分点。全市农村投递道段汽车化道段占比77.68%，其中，重点示范县农村投递道段汽车化道段占比89.04%，超过集团公司任务目标9.04个百分点。通过私车公助等方式，重庆邮政同年新增农村投递汽车411辆，完成率106%。全市农村投递周三班及以上投递频次达100%，同时逐步提升农村周五班投递频次占比，全市周五班及以上占比19.28%。全年快递进村业务量达到7574.67万件，完成集团公司任务目标126.24%。全市普遍服务邮件（挂信、挂刷、约投挂信、普通包裹、条码化平信）同城互寄"T+1"达标率93.53%，超普遍服务标准23.53个百分点；同城互寄"T+2"达标率94.98%，超普遍服务标准4.98个百分点；普服省内互寄"T+5"达标率99.73%，超集团公司标准4.73个百分点；普服省内互寄"T+3"完成99.38%，排名全国邮政第1位；普邮及时妥投率完成98.09%，排名全国邮政第1位。

五、普遍服务创新发展

（一）服务"三农"

2004—2022年，重庆邮政突出普遍服务"政"字属性，落实中央精神，拓展普遍服务内涵，积极服务"三农"（农业、农村、农民），支持社会主义新农村建设。

2004年，中央一号文件聚焦"三农"工作，印发《中共中央国务院关于促进农民增加收入若干政策的意见》。至2022年，中央一号文件连续19年指导"三农"工作，把解决好"三农"问题作为全党工作重中之重，并支持邮政在保障普遍服务的基础上，加强农村流通体系建设和邮政金融服务"三农"，在连锁配送、邮政金融服务、报刊图书下乡等方面发挥更加积极的作用。

2005年，重庆邮政按照国家邮政局统一部署积极探索面向"三农"的普遍服务途径，并明确服务"三农"重点：拓展邮政服务"三农"领域，做好农村邮政通信工作，推进"11185"（邮政客户服务中心电话）订送火车票业务，做好种子、农药、化肥和饲料等农业生产资料和农民生活必需品的配送和邮购工作。同年，重庆邮政开展"真情邮政、服务'三农'"主题营销活动，拓展农村化肥、种子、农药等农资类，日化生活用品、医药产品等消费类及储蓄、汇兑、卡务、票务等公共服务类三大市场，增强邮政服务"三农"能力，助力社会主义新农村建设。

2006年，重庆邮政持续推进服务"三农"工作，全年建成服务"三农"点770个，向农村配送种子、饲料、肥料、农药、日用消费品，商品总交易额达到1亿多元；服务农村汇兑客户760万人次；代收农村电费、电话费，代发农村教师工资，累计服务各类农村代收代付客户超过1000万户。为全市18个区县发放农村义务教育阶段家庭经济困难学生杂费和补贴，累计代发63万人、代发金额近亿元。黔江、梁平、云阳三地邮政局被当地政府确立为"万村千乡"建设工程试点单位。

2007年，地方政府对重庆邮政服务"三农"给予政策支持，《重庆市人民政府办公厅关于做好邮政服务"三农"工作的通知》《重庆市商务委员会　重庆市邮政管理局关于共同推进农村流通网络建设的通知》等文件相继出台，助力重庆邮政开展服务"三农"工作，全市建成邮政服务"三农"网点3857个，产品配送额达到1797.44万元。

2008年，全市邮政共有服务"三农"网点6362个，行政村覆盖率达到70%。巴南、渝北、长寿、大足、万州等14个区县邮政局被纳入"双建工程"建设体系。

2009年，重庆邮政参与"万村千乡市场工程"建设，构建"送工业品下乡、引农副产品回城"双向流通渠道，建成比较稳定的"三农"服务网点4405个；建成"万村千乡市场工程"达标网点3859个，行政村覆盖率达到41%。

2010年，重庆邮政加强服务"三农"和农村社会化服务体系建设，累计建成"三农"服务中心5700余个，村邮站1600余个，实施"零金融"网点和空白乡镇邮政网点补建等工作，邮政服务"三农"能力不断增强。

2011—2015年，重庆邮政按照上级领导批示邮政要"发挥好网点多、覆盖广的优势，扎根基层，提升能力，为'三农'提供更好的普惠服务"的要求，深化邮政服务"三农"工作，建成"三农"服务站2750个、村邮站2418个、便民服务站3988个，推进工业品下乡、农产品进城，累计向农村分销配送商品近10亿元，向城市销售特色农副产品3000余吨；做好普惠金融服务，代发财政直补款项近7108.9万笔，代收费6854.13余万笔，助农取款近20.20万笔、金额超过778.74亿元；实施送金融知识、农技知识下乡工程，累计召开"三农"院坝会1.5万余场（次），建成高产示范田10万余亩。开展电子商务进农村工作，先后与市农业农村委、市商务委及秀山、黔江、忠县、彭水、城口5个区县政府签订战略合作协议，政企融合、共同推进农村电商发展。建成区县邮政农村电商运营中心15个、乡镇服务中心112个、村级服务站586个；17个区县在"邮乐农品网"上建成本地"特产馆"，引进农业企业113家，上千款特色产品销向全国，构筑起邮政服务"三农"新阵地。自2016年起，"三农"服务站逐步转为邮乐购站点继续服务"三农"。

2020年11月28日，在第十八届中国国际农产品交易会暨第二十届中国西部（重庆）国际农产品交易会上，农业农村部副部长对邮政服务"三农"工作作出指示，寄语邮政企业要继续做好服务"三农"工作，履行央企责任。

2022年，重庆邮政不断健全"三农"服务网络，累计建成邮乐购站点11011个，持续打造"依托邮政网络，以县邮政局为结点，辐射乡镇支局（所）和农村代办服务点"的邮政农村物流平台，延伸服务，方便农民购买农业生产和生活资料。同年，重庆邮政建成示范田12.29万亩，供应农资3072吨。

（二）服务叠加

2007—2022年，重庆邮政以满足人民群众多元化的用邮需求为导向，以"叠加叠加再叠加，代办代办再代办"为核心，发挥部门协同效能，整合邮政资源优势，在确保普遍服务达标的基础上，重点叠加政务便民、邮快合作、农村电商、惠农项目和代理金融等，聚焦打造一体化、一站式综合便民服务平台，构筑新型的多元化普遍服务体系。

2007年政企分开后，重庆邮政深化政务便民服务，分别与中国电力、中国石油、中国移动、中国烟草等行业单位签署战略合作协议，扩大便民服务合作领域。2018年，重庆邮政推进综合便民服务，实现建制乡镇税邮业务全覆盖；成功开办代办公安交管业务，提供便民服务，全市1471个邮政营业网点实现代收交通罚没款，进驻30个车管所代收车辆规费，九龙坡、沙坪坝、江津、永川、巫山、巫溪、黔江、西阳、奉节、城口10个单位开办代办公安交管业务；与公安交管就网上办证平台、"12123"网上交管所平台开展深度合作，对身份证、驾驶证、档案、车牌等证件提供便民寄递服务；提供代收居民生活缴费服务，代收水、电、气及通信费1834万笔；邮政速递网上办证寄递业务量达到35.15万件，让用户享受到"线上办理，不出门"的便捷服务。2019年，重庆邮政通过"邮政+"不断深化拓展服务领域。巩固"邮政+税务"税邮合作模式，完善邮政新一代订单平台与国税"12366"电子税务局系统对接，实现代开税票一键完成，全市39个区县、1592个自营网点均开通代征税服务；深化"邮政+交管"警邮合作模式，在218个邮政网点开通24项车驾管业务代办服务；在巴南试点，探索"邮政+政务"政邮合作模式，在邮政营业厅里打造政务服务专区，通过

"就近办、沿路送、上门接"，为企业和群众代办行政审批、公共服务等事项，将政务便民服务送到千家万户。

截至2022年底，重庆邮政为全市369个政务服务厅提供442项政务代办服务。累计开通警邮服务网点504个，建成邮政代办税务网点1685个；积极引入保险待遇资格认证服务，在西阳、巫溪、丰都、云阳、城口等地实现生存认证"就近办"，在巴南、九龙坡、渝北实现生存认证"上门办"。推进行政审批项目叠加，全市39个区县邮政企业与属地政务办签订战略框架协议，行政审批项目业务量达到51.34万件。上线法院专递集约送达模式，收寄订单29.33万件。

（三）服务乡村振兴

乡村振兴战略是党的十九大提出的一项重大战略，是新时代"三农"工作的总抓手。2018—2022年，重庆邮政充分利用遍布城乡的邮政普遍服务网络资源，发挥邮政商流、物流、资金流、信息流"四流合一"优势，开展惠农合作项目，打造"普服+金融+寄递+电商"的综合服务模式，服务乡村振兴战略，践行央企社会责任。

2018年，重庆邮政积极承担党和国家赋予的政治责任、社会责任和经济责任，落实乡村振兴战略，开展精准扶贫：出台《乡村振兴战略重庆邮政行动方案（2018—2020年）》，建立扶贫工作长效机制。建立定点扶贫工作报告制度，定点扶贫城口县鸡鸣乡双坪村，全市邮政对138个村、1161户贫困户实施扶贫工作，投入及捐赠物资合计147.7万元，派出驻村干部31人，开展入户走访1330次、电话回访6980余次，保质保量完成了扶贫任务。依托邮乐网全市销售农产品共计64.42万笔，实现销售额747.22万元；针对全市18个深度贫困乡镇，新增电商扶贫站点（邮乐购店）87个，累计建成171个，实现深度贫困乡镇及下辖村全覆盖；引入优质工业品进入农村流通渠道，实现批销交易额3.53亿元，完成计划进度的235.33%，规模排名居全国邮政第2位。

2019年，重庆邮政在全市14个贫困区县全部建成扶贫地方馆，在18个深度贫困乡镇实现邮乐购店中店和邮乐购店建设全覆盖，全年打造电商扶贫"万单大单品"39个；发起电商扶贫项目38个，助农增收732.84万元。

2020年，重庆邮政深入推进惠农合作项目，累计走访农民专业合作社6791家、个人客户和家庭农场4664家，为其中2529家提供了两项以上邮政服务；开展"金融惠农、绿色助农、渠道兴农、品牌兴农"行动，其中农产品进城项目实现收入1.03亿元，全国基地项目（奉节脐橙+巫山脆李）实现销售额1043.66万元，涪陵、江津、云阳、铜梁、巫山邮政成功入选全国"互联网+"农产品出村进城工程试点单位。

2021年5月31日，重庆邮政、邮储银行重庆分行和重庆市农业农村委在永川区联合举办重庆邮政助力农民合

作社高质量发展交流活动暨全市邮政惠农合作项目推进会，发挥邮政优势，助力农民合作社高质量发展。同年10月9日，《重庆邮政服务乡村振兴战略 2021—2022 年行动方案》出台，持续健全以惠农合作项目、农村普惠金融、三级物流体系建设、农村电子商务、网点站点转型和三大领域帮扶为"六大抓手"的服务乡村振兴战略工作体系，全年为 7654 家活跃农民合作社提供两项以上邮政服务，列全国邮政第 1 位；成功申报人民银行金融科技赋能乡村振兴示范工程项目和农业农村部"互联网＋"农产品出村进城工程试点；选派"第一书记"开展定向帮扶，落实乡村振兴消费帮扶 289.39 万元（完成帮扶计划目标 60 万元的 482%）、捐款 30 万元。新增投入 3558 万元，强化乡村综合物流服务。畅通"线上＋线下"销售渠道，实现农产品出村进城销售额 2.45 亿元；建成全国农产品示范基地 5 个，实现销售额 3664.5 万元；打造"万单大单品" 42 款，6 期"渝货有礼"活动共实现销售额 1058.86 万元；33 个涉农区县建设 2 万亩示范田，"邮政＋合作社"实现销售额 1400 万元。

2022 年，重庆邮政加强政企合作，与市商务委、乡村振兴局签署战略协议，与各级政府部门、社会机构共建服务平台，市政府领导多次点赞重庆邮政服务乡村振兴工作业绩突出，亮点多；打造 33 条"双链"工程，全链条融入 21 个农业产业，带动惠农合作项目实现收入 7.53 亿元，其中，"巫山脆李"项目首次开通产地直飞专机，收入突破 1000 万元；融入县域商业服务体系建设，构建县乡村三级物流配送服务体系，建成县级仓配中心 33 个、乡镇仓配中心 256 个，实现村级站点建制村服务体系全覆盖；推出乡村振兴特色产品服务包，支撑预制菜、小面等产业链式服务需要；在防疫保供期间，供应蔬菜包、预制菜等超 10 万单、1000 余吨，服务居民超 30 万人、企业超 300 家，满足生活需要，助力解决农产品滞销问题。落实快递进村三年行动方案，打通社会快递包裹"进村"服务渠道，全市 39 个区县邮政企业与社会快递公司签订邮快合作服务协议，代投社会快递 2425 万件，建成邮快超市 4858 个，服务"两进一出"，方便群众用邮；实施定点帮扶，向城口县咸宜镇捐款 30 万元，完成消费帮扶 595.11 万元，助力地方产业发展。

六、服务国家社会

（一）服务台湾同胞

1987 年，重庆市邮政局按照邮电部《关于为回祖国大陆探亲旅游的台湾同胞做好邮电服务工作的通知》，为回祖国大陆探亲旅游的中国台湾同胞使用邮电业务提供方便。中国台湾同胞在祖国大陆使用各种邮电业务，享有与大陆用户同等待遇。但由于用户不了解向中国台湾寄信的正常渠道，将信件寄给中国红十字会或香港国际红十字会转寄中国台湾，给相关部门带来困难。邮电部于 1988 年

底发出通知，停止收寄在信封上写有"由中国红十字会、香港国际红十字会或其他公共机构转寄台湾"的信件。明确从信筒开出的这类信件，收寄局应在信封上批注"红十字会不予转寄，请只写明台湾收件人名址重新交寄"字样，退给寄件人；寄往中国台湾的信件，信封上清楚完整地写明中国台湾的收件人姓名地址即可。1989 年 9 月，由于"台湾当局"坚持"通信不通邮"政策，邮电部发布《关于不得以民间渠道开展对台包裹业务的通知》，要求对已经在行的民间组织包裹互寄业务停止收寄。1992 年 10 月 1 日，重庆邮政开办中国台湾包裹收寄业务。截至 2022 年，重庆邮政持续做好国际及港澳台地区邮件收寄服务工作，确保每个县级行政区内至少有 1 个开办国际及港澳台地区邮件业务的邮政营业场所。

其间，重庆邮政于 1988 年 2 月 19 日发布《关于妥善处理台胞"寻人信件"的通知》，邮政员工认真履行普遍服务职责，投递台胞邮件。1990 年 3 月 16 日，《重庆邮政报》第三版刊发《失散四十载 今日音信传》文章，报道南桐区邮电局投递员为用户投送疑难信件的事迹：时值春节前夕，投递员在当班分信时，见到一封从中国台湾寄来的按旧址地名书写的信件，进而推断出该信件是一封失散多年的亲人"寻人信件"。在向万盛街派出所求助无果的情况下，用"投石问路"的方法从万盛街下半场走到上半场，挨家挨户咨询 40 多户人家，最终在万盛街上半场的一个深巷子里找到了收信人。

（二）服务三峡库区邮政网点迁建

1992 年 4 月 3 日，七届全国人大五次会议通过关于兴建三峡工程的决议。1993 年 8 月，《长江三峡工程建设移民条例》正式施行。三峡库区移民是三峡工程极其重要的组成部分，被中外专家誉为"世界级难题"。三峡库区大部分在重庆境内，涉及重庆邮政 11 个区县局，其中淹没区县邮政局房 8 处（涪陵区、丰都县、万州区、忠县、开县、云阳县、奉节县、巫山县）、支局（所）75 处，共计 7.5 万平方米，搬迁职工 2096 户。

1997 年邮电分营之初，库区内多数县邮政局没有开设自办邮路，通信发展滞后。随着三峡工程的推进，重庆库区邮政通信设施淹没涉及 11 个区县的 8 个邮政生产用房、75 个支局（所），需复建项目达 143 个，总投资 2.7 亿元，国家给予的淹没补贴资金为 1200 万元。面对三峡库区邮政设施迁、复建工程资金缺口大的现实，重庆邮政迎难而上，成立"库区邮政调研组"，开展题为《三峡库区邮政发展现状和发展对策》的专题调研，库区沿线各区县邮政局也分别成立调研组、指挥部，开展通信设施的搬迁兴建工作。同时，重庆邮政利用黄金水道为三峡库区群众提供现代通信服务。1997 年 12 月 18 日，开通重庆至湖北宜昌的第一条省际快速水上邮路；1998 年 6 月 18 日，巫山县邮政局在客邮兼营的邮船上设立流动邮局，开

办函件、报刊、特快专递和集邮等邮政业务，提升了三峡库区沿江邮件的传递速度。从1997年至2007年底，重庆邮政协同地方政府完成了83处被淹没的邮政局（所）网点迁建，为三峡工程建设作出了重要贡献。截至2022年底，三峡库区淹没涉及的区域范围累计建成邮政营业网点633个，周营业天数平均达到6.19天，每天营业时间平均达到7.79小时，普遍服务四项基本业务开办率达到100%，持续巩固了库区淹没范围的邮政普遍服务。

（三）服务重大活动

一是做好"两会"期间的邮政服务工作。1986—2022年，重庆邮政坚持做好各级人民代表大会和政治协商会议（简称"两会"）召开期间的邮政服务工作，通过清理整治邮政服务网点和设施，确保以卫生整洁、规范美观、功能完善的形象服务"两会"；加强邮政营业人员、投递人员业务技能培训，提高服务质量，为"两会"代表和广大市民提供优质高效的邮政服务；组织专人为"两会"代表及工作人员提供流动服务，办理邮政业务；严格落实收寄验视制度，严把收寄、验视和运输关，确保邮件安全；做好邮运生产及内部处理各环节的衔接工作，及时处理邮件，确保每年"两会"期间邮政通信安全畅通和邮政内部政治、治安稳定，生产、生活秩序正常，有效防范了不法分子利用邮政渠道制造社会不稳定事件，为社会稳定大局提供保障。二是保障亚运会、奥运会、北京冬奥会、北京冬残奥会等重大活动期间的寄递安全。组织全市邮政各单位严格落实好进京邮件收寄验视制度，提高前台营业人员危险物品鉴别能力和安全防范意识；开展窗口邮件收寄明查暗访活动，配合相关部门抽检邮件，查堵违规交寄禁寄物品，确保重庆寄往北京邮件的寄递安全和服务保障。三是服务巡视专用邮政信箱邮件寄递。为进一步加强中央巡视、督察、督导等重大专项工作专用邮政信箱寄递服务工作，国家邮政局于2018年、2019年先后出台《国家邮政局关于做好"巡视专用邮政信箱"寄递服务工作的通知》《中央重大专项工作专用邮政信箱邮件寄递服务管理规定（试行）》，对"巡视专用邮政信箱"寄递服务工作进行规范。重庆邮政结合工作实际，相继制定《中国邮政集团公司重庆市分公司邮政专用信箱使用管理办法（试行）》《中国邮政集团公司重庆市分公司邮政专用信箱管理实施细则》，加强巡视专用邮政信箱邮件寄递服务管控，确保巡视邮件寄递服务"零差错""零失误"。2019—2022年，重庆邮政服务的161个中央巡视组、重庆市委、重庆行政事业单位等巡视专用信箱邮件寄递万无一失，获得中央第四巡视组、中央第十二巡视组、中共重庆市委巡视办、全国政法队伍教育整顿中央第十三督导组、重庆市邮政管理局的书面致谢。

（四）应对突发事件

一是抗击"非典"。2003年"非典"期间，重庆邮

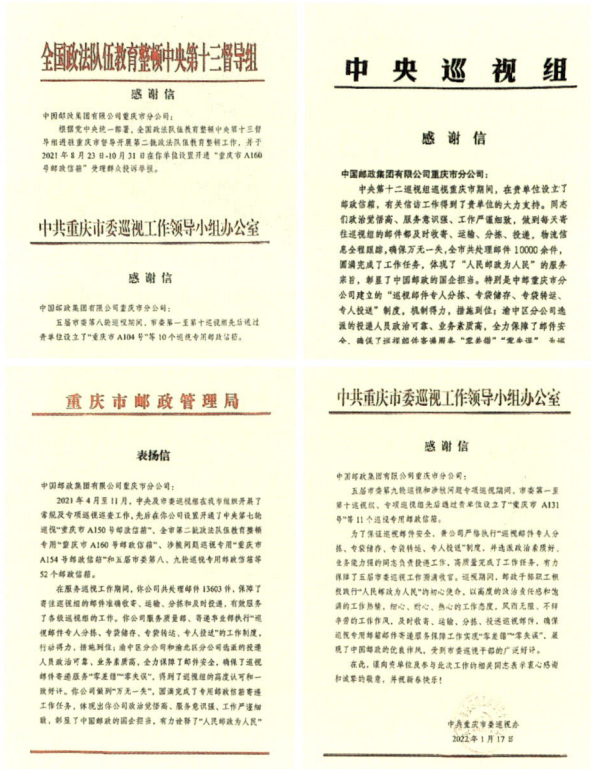

图2-1-1-2　2019—2022年，重庆邮政巡视专用邮政信箱邮件寄递服务工作得到中央第四巡视组等单位的肯定

政全力抗非，作出"克服一切困难，确保邮政通信不中断"的决定，下发《关于加强防治非典型肺炎工作的紧急通知》，做到领导认识、预防经费、宣传教育、预防工作"四个到位"，确保"绝不让'非典'通过邮政渠道传播"的目标实现。二是战疫情、保通信。2020年，新冠疫情暴发，重庆邮政落实"四不中断、四免费办"（四不中断：网点服务不中断，机要通信不中断，揽投服务不中断，在线服务不中断；四免费办：救援物资免费送，上门揽收免费办，个人捐助免费寄，捐款转账免费汇）服务承诺，开通救援物资寄递服务"绿色通道"，免费向湖北疫区派发专车19台次，运送防疫物资3.96万袋（件）、生活物资280.75吨，全力保障邮政通信服务工作，确保疫情期间党报党刊投递、机要通信渠道安全畅通。同时，助力复工复产，利用5天时间完成全市39个区县1801所学校教材配送服务任务，累计配送教材170万份、书籍1000余万册；开展农资及生活物资配送服务，配送肥料2万余吨、种子208吨、蔬菜等生活物资150吨；开通"中国邮政号"运邮服务专列，派发专列14列，疏运外省出口欧向积压邮件集装箱456箱，总重量约4200吨，体现了"国家队"的责任担当。

（五）服务抗震救灾

一是抗击冰雪灾害。2008年初，全国南方发生大面积冰雪灾害，重庆邮政通信受到一定影响。受灾严重的西

图 2-1-1-3　巫山邮政抗洪保通信（摄于 2021 年）

阳县邮政局在全县交通瘫痪和水、电、气停止供应的情况下，克服种种困难，基本保证全县 37 个邮政网点对外正常营业，满足边远地区用户寄递和及时取款抗灾服务需求，受到酉阳县委县政府和人民群众高度赞扬。二是抗震救灾运送物资。2008 年，汶川地震期间，重庆邮政共派发成都加车 21 趟次，疏运进出川邮件近 9000 袋，其中，增派 5 趟次大吨位邮车到重庆江北国际机场邮政航空邮件转运站，转运成都方向特快邮件近 1500 袋，为灾区邮件的及时疏运、保障全网畅通提供有力支撑。同时，重庆邮政还积极参与抗震救灾工作，共计组织 28 辆邮车累计运送救灾物资 260 余吨。三是抗洪保通信。2021 年 7 月因连日暴雨导致山体滑坡，公路受阻，巫山邮政组织投递员肩挑背扛，人工转运进出口各类邮件 1012 件，保障邮运畅通。

七、普遍服务管理

（一）普遍服务制度

1. 地方政府支持邮政事业发展

1996 年 1 月 15 日，《重庆市邮政通信管理条例》正式施行，该条例是四川省第一个地方性邮政法规。1998 年 7 月 1 日，重庆成为直辖市后的《重庆市邮政通信管理条例》施行。2013 年 3 月 1 日，《重庆邮政条例》正式施行，进一步保障邮政普遍服务，规范邮政市场秩序。条例明确了地方各级政府支持邮政普遍服务的具体措施，对村邮站的建设和运营给予补助；建设提供邮政普遍服务的邮政营业场所、邮件处理场所，按照规定程序审批后，免缴城市建设配套费；对提供邮政普遍服务的邮政专用车辆免

缴主城区路桥通行费、高速公路通行费。此项政策为重庆邮政更好地履行普遍服务职责、服务地方经济社会发展夯实了基础。

2014 年 11 月，《重庆市邮政管理局　重庆市市政管理委员会关于邮政普遍服务专用车辆免缴主城区路桥通行费有关问题的通知》，明确邮政普遍服务专用车辆经审批后可免缴主城区路桥通行费。依据此项政策，2014 年，重庆市符合免缴条件、提供邮政普遍服务的专用车辆共计 563 辆，其中，汽车 263 辆、摩托车 300 辆，全年共节省运邮车辆路桥费 80 余万元。

2. 普遍服务监督管理制度

政企分开后，从国家到地方陆续发布普遍服务监督管理制度。在国家层面，2008 年 9 月，《邮政普遍服务监督管理办法》（交通运输部令〔2008〕第 3 号）施行；2015 年 10 月，新发布《邮政普遍服务监督管理办法》（交通运输部令〔2015〕第 19 号），同年 12 月 1 日正式施行，普遍服务监管内容逐步完善。2009 年 9 月，国家邮政局发布《邮政普遍服务》标准（YZ/T0129—2009），自 2009 年 10 月 1 日起施行。并于 2016 年 12 月 26 日，经修订重新颁布（YZ/T0129—2016），自 2017 年 3 月 1 日起施行，新标准对全程时限、普通包裹投递深度、用户投诉及查询等内容进行了修订。在地方层面，2008 年 3 月，《重庆邮政普遍服务社会监督体系监督信息管理办法（试行）》出台，明确社会监督体系构成、重庆市邮政管理局职责、重庆市邮政公司职责、邮政社会监督体系监督信息办理程序、重要服务质量问题及建设性意见办理程序等内容，保障普遍服务水平。

3. 普遍服务内控管理制度

1998 年 5 月，重庆邮政印发《重庆市城乡邮政委代办管理办法（试行）》，明确代办网点设置、委办邮路代办投递组织、业务管理等内容。2018 年 12 月，《中国邮政集团公司重庆市分公司邮政普遍服务和特殊服务补贴与服务质量挂钩奖惩办法（试行）》出台并于 2022 年 12 月进行修订，新修订的《中国邮政集团有限公司重庆市分公司邮政普遍服务和特殊服务补贴与服务质量挂钩管理办法》，新增营业时间达标率、省际出口普遍服务邮件时限、建制村投递频次达标率、城市投递外勤关键节点扫描率、给据邮件信息断点率等考评内容。2021 年 8 月，《中国邮政集团有限公司重庆市分公司邮政普遍服务管理实施办法（试行）》出台，重庆邮政成立普遍服务管理委员会，明确管控体系、基础设施管理、服务规范管理、补贴资金管理、对接邮政监管、绩效考核管理等 86 条内容。2021 年 12 月，重庆邮政转发《中国邮政集团有限公司邮政普遍服务质量问题责任追究办法》，明确责任追究范围、责任追究方式、责任追究程序等 27 条内容。2022 年 6 月，重庆邮政转发《中国邮政集团有限公司邮政普遍服务行政处

罚企业内控管理办法》，明确行政处罚处置与整改、督导检查、考核追责等32条内容。

（二）普遍服务质量管理

1. 完善普遍服务运管机制

1986年，重庆市邮政局邮政科负责贯彻邮电部、四川省邮电局规定的函、包、汇、发、邮运和设备管理维护的方针、政策、规章制度，对全局邮政通信生产实行统一管理、统一调度。全局设置质量管理机构"分局、生产科（区局）、班组（支局）"三级。市邮局成立质量管理委员会，下设全面质量管理办公室，负责日常工作；各区邮电局、各生产科均分别成立质量管理领导小组，并指定专（兼）职办事人员，负责通信生产的质量管理和群众性质量管理；各生产班组（支局）建立质量登记统计网、质量检查网、质量分析网负责质量管理。每年至少召开全局性质量工作会议2次，各专业管理科和生产科、各区邮电局每月至少召开1次质量分析会，各班组（支局）每半月至少召开1次质量分析会，如发生质量问题须及时召开质量分析会。同时，推行社会监督员制度，对邮政通信服务质量进行监督，明确社会监督员检查职责和任务，定期召开社会监督员会议，听取批评意见和建议。截至2022年底，重庆邮政坚持"日管控、周分析、月考核、季评比、年评比"的常态运营管理机制，每月召开服务质量分析会，聚焦普邮全程时限、监督检查、客户体验等主要内容；每季度开展服务质量优胜单位评选，对服务质量指标管控较好、管理工作成绩突出的单位给予奖励，鼓励争先创优；每季度召开政企联席会，持续保持与邮政管理部门的沟通交流；每半年向党委会专题汇报普遍服务开展情况，研究决定邮政普遍服务重要工作事项；每年开展普遍服务和特殊服务补贴与服务质量挂钩奖惩结果兑现，严格做到服务质量"严管重罚"，确保普遍服务全面提质达标。

2. 提升普遍服务管理能力

（1）推广应用邮政普遍服务管理系统。2019年10月，重庆邮政推广使用集团公司开发的邮政普遍服务管理系统。该系统叠加邮政普遍服务设施管理、邮政普遍服务业务量收管理、邮件全程时限管理、行政处罚案件管理、普遍服务归口管理、日常监管等功能模块，并实现手机App移动端查阅功能。截至2022年底，全市39个区县邮政企业已全面推广使用普遍服务管理系统，进一步推动普遍服务管理信息化，提高普遍服务管理效率。

（2）全国首创普遍服务"三个一策"。2019年下半年，重庆邮政提出为各区县邮政企业制作一本用于指导普遍服务的百科全书，最终确定为"三个一策"（"一村一策""一乡一策""一局一策"）工程。"一村一策"即摸清基本信息，明确投递主体，固化投递频次；"一乡一策"即规范营业服务达标，优化投递作业流程，完善投递作业计划，规划投递路线图；"一局一策"即统筹邮路组网、投递组织、人员配备、资源配置等。历时6个月，全市39个区县邮政企业均完成辖内普遍服务"三个一策"编制工作，规范营业、投递、邮运等普遍服务环节，完善普遍服务综合协同管理机制，提升了普遍服务运营和管理质效。同时，培育叠加"服务+"，为普遍服务叠加多样化便民服务、融入农村电商发展、探索普遍服务网点运营奠定基础。

（3）推出《普服宝典》宣传载体。2019年12月，以重庆邮政企业微信号为载体启用《普服宝典》线上宣贯平台，从"政策法规""制度汇编""业务知识""操作规范"4个模块类别开展普遍服务应知应会知识宣贯。首期发布《邮政日戳知识　你get了吗？》，阅读量达3616人次。截至2022年底，累计发布《普服宝典》48期，涵盖邮政普遍服务质量问题责任追究办法解读、邮政普遍服务行政处罚企业内控管理办法解读等内容，持续强化普遍服务宣贯执行，提升员工应知应会能力。

（4）聘请社会监督员。自1985年起，重庆邮政开始聘请邮政服务社会监督员对全市通信服务质量进行监督，建立起覆盖全市的邮政通信服务质量社会监督评价体系。2000年，重庆邮政聘请包括新闻媒体在内的社会监督员350余人，运用社会力量助力邮政建设与发展。2002年，重庆邮政推进邮政服务监督检查社会化，健全邮政服务监督体系，全年面向全市发放用户满意度调查函6000份；各区县邮政企业召开社会监督员座谈会，在各营业服务窗口公开邮政服务监督电话，增设邮政服务投诉卡，方便用户投诉。2011年，《重庆市邮政企业社会监督员管理办法（试行）》出台，明确邮政服务社会监督员聘请条件、程序，规定监督内容及频次，建立监督情况反馈、问题整改及监督情况通报机制。2018年，重庆邮政根据城片区全覆盖、关注重点区域监督原则，全市19名社会监督员开展监督检查257天，监督营业网点、投递班组、接转点573个，各区县邮政企业根据社会监督员发现的问题逐一核实并落实整改。截至2022年底，重庆邮政共聘请7期社会监督员开展邮政服务的社会监督工作，对邮政网点及投递站（班组）的服务环境、设施、水平及投递频次、投递时限进行监督，重庆邮政社会监督工作多次获得上级主管部门好评。

（5）开展普遍服务满意度测评。为提高邮政服务质量，集团公司自2006年起加强邮政服务质量评价工作，采用信函调查、电话回访等方式征求用户对邮政服务工作的评价、意见和建议。为更广泛听取重庆用邮客户的意见建议，重庆邮政自2009年起系统性自主开展全市邮政普遍服务满意度测评工作。2014—2022年，重庆邮政委托社会第三方咨询公司开展邮政普遍服务满意度测评工作，2009—2022年，邮政普遍服务满意度平均分为87.60分，高于达标值（80分）7.60分。

表 2-1-1-3

2009—2022 年重庆邮政普遍服务满意度自主测评得分统计表

单位：分

年份	得分	年份	得分	年份	得分
2009	88.07	2014	84.60	2019	87.52
2010	88.10	2015	85.20	2020	88.62
2011	88.30	2016	85.97	2021	88.92
2012	88.55	2017	86.70	2022	89.03
2013	88.40	2018	88.44	—	—

第二节　特殊服务

一、邮政特殊服务的业务范围

邮政企业按照国家规定办理机要通信、国家规定报刊的发行，以及义务兵平常信函、盲人读物和革命烈士遗物的免费寄递等特殊服务业务。

按照邮电部《关于"盲人读物"邮件试行免费寄递的通知》，重庆市邮政局自 1989 年 1 月 1 日起，对盲人读物（印有凹凸点痕的信函、文件、书籍、刊物）平常邮件试行免费寄递。按挂号邮件或航空邮件交寄的分别收取挂号费和航空费。

表 2-1-2-1

1999—2022 年义务兵平常信函、盲人读物业务量统计表

单位：件

年份	义务兵平常信函	盲人读物	年份	义务兵平常信函	盲人读物
1999	3240123	—	2011	55792	1011
2000	2244173	—	2012	5513	5030
2001	2333090	—	2013	67	46
2002	2278652	—	2014	33299	697
2003	4395164	—	2015	25726	195
2004	1983438	—	2016	2502	657
2005	1324315	—	2017	6476	351
2006	592811	—	2018	8119	166
2007	270583	16735	2019	1167	49
2008	155075	1057	2020	3	108
2009	110401	1181	2021	3	74
2010	72164	466	2022	4597	57

二、机要通信业务

机要通信是党和国家保密通信的重要组成部分，是党和国家赋予中国邮政的一项特殊的政治任务，是核心秘密载体传递的重要渠道，主要负责传递《邮政机要通信寄递范围》（国家邮政局印发）所列党政军机关及国民经济各部门相互之间寄发的国家秘密载体（即经审核注册的县处团级以上党政军国家机关交寄的秘密、机密、绝密级国家秘密载体，其中包括标注密级的经机要通信渠道代发行的涉密内参刊物）。经机要通信渠道传递的实物在邮政内部统称机要件，其密级分为"绝密""机密""秘密"三种。

中国共产党成立之初，党中央为了工作需要，建立了党的秘密交通，最早称为"党内交通"，后来称为"政治交通"。1949—1957 年，"党内交通"经历了 3 次全国性组织变动。1951 年军邮时期，交通员除文件外，还要携带枪支弹药全副武装押运。1957 年 3 月 27 日，重庆市机要交通局与重庆市邮局合并。同年 4 月 1 日，重庆市邮局和各县邮电局接办机要通信业务。重庆邮政机要通信工作，始终坚持"政治服务第一、通信质量第一、社会效益第一"宗旨和"积极防范、突出重点、保密安全、准确迅速"工作方针，全力确保机要通信安全畅通、万无一失。

（一）机要通信寄递范围

机要通信寄递范围，随着形势的发展和机构的变化，曾多次修订、补充，不断趋于完善。早在 1950—1956 年的政治交通、军邮交通、机要交通时期，机要件的寄递都有范围，但规定得比较原则。1957—1995 年，邮电部、交通部先后 5 次对寄递范围划分的系统进行调整归属、合并，对系统内所含分类进行补充扩大。

自 2017 年起，按照国家邮政局印发的《邮政机要通信寄递范围》规定，机要通信寄递范围主要包括中国共产党机关；国家权力机构；人民政协；人民法院和人民检察院；国家行政机构；军事系统；民主党派；工会、共青团、妇联及其他群众团体；社会团体；直属事业单位；农、林、牧、渔生产和服务单位；工业企业；电力、燃气及水的生产和供应单位；交通邮电单位；金融业及商业单位；商务服务业单位；科学研究、技术服务和地质勘探单位；宣传、文化、体育、教育、卫生和社会福利单位；监狱、劳改单位；经保密行政管理部门依法审查，准予从事涉密业务的企业事业单位。上述单位的党组、党委、总支、支部、基层工会、共青团委、内部职能机构或特定人员收的机要文件，同样可以交寄。

以上单位凭规定的证明材料，与当地机要通信部门建立交寄和投递关系，并办理注册登记手续。截至 2022 年底，重庆邮政共有机要通信注册用户 2735 户。

（二）机要通信机构及人员

1988 年 9 月 24 日，重庆市邮电局批复，同意将"重

庆市邮政管理局机要通信科"更名为"重庆市机要通信局",原隶属关系、职能不变。

自1990年1月1日起,重庆市机要通信局从重庆市邮政局管理体制中划出,作为重庆市邮电局直属管理单位,具有机要通信生产和全市机要通信专业管理的双重职能。1991年,重庆市机要通信业务又改归重庆市邮政局管理。

1997年5月,重庆市机要通信局与四川省机要通信局脱离业务领导关系。同年6月,重庆市机要通信局由副处级升格为正处级,归重庆市邮政管理局直接管理。

1997年6月11日,邮电部印发《关于重庆邮政现业机构设置问题的批复》(邮部〔1997〕516号),同意设立机要通信局等6个专业机构。同年7月4日,重庆市邮政管理局下发《关于撤销渝中区等六个区邮电局,设立四十四个市、区、县邮政局及六个专业通信局的通知》(重邮局发〔1997〕62号),设立重庆市机要通信局等6个专业通信局。

2011年12月,按照重庆市人民政府办公厅要求,重庆市邮政公司在重庆市市级机关文件交换中心设立机要通信营业网点1个。

2016年12月30日,中国邮政集团公司印发《省(区、市)分公司经营组织架构改革机构编制设置方案》(集团编〔2016〕7号),要求省分公司统一设立机要通信局,作为省分公司直属单位管理;要求非省会地市分公司统一设立机要通信分局,作为地市分公司直属单位管理。2017年,按照《关于印发中国邮政集团公司重庆市分公司市级部门(单位)机构编制调整和人员选配实施方案的通知》(渝邮分人力〔2017〕45号)要求,重庆邮政在7个片区邮政企业设立机要通信分局,负责所辖区县邮政企业的机要通信业务管理工作以及片区现业机要通信业务收寄、查询、计费、接发、分拣、封发、投递、档案管理和机要内参发行等工作;重庆邮政在26个区县邮政企业设立机要室,负责当地机要通信业务收寄、查询、计费、接发、分拣、封发、投递、档案管理和机要内参发行等工作。重庆市机要通信局下设1个机要营业室、1个重庆市级机关文件交换中心机要通信营业网点,负责重庆市主城区机要通信业务收寄、查询、计费、接发、分拣、封发、投递、档案管理和机要内参发行等工作。

根据国家邮政局、国家保密局关于邮政机要通信保密管理的有关规定,重庆邮政对机要通信人员的聘用,始终坚持"忠于祖国、政治可靠、历史清白、思想进步,遵纪守法、品行端正"的基本条件,严格按照"先审后用、严格把关""先培训、后上岗"的原则进行保密审查。截至2022年底,重庆邮政机要通信人员共有202人。其中,管理人员48人,生产人员154人;专职140人,兼职62人。

(三)机要通信设施设备及运输网络

自20世纪50年代起,重庆市邮电局内设机要通信科,现业配备投递车辆17辆,担负重庆市区机要件传递任务。1995年,重庆市人民政府办公厅核定重庆市机要通信局现业投递车编制总数为18辆。2014年,按照《关于分配机要通信车辆有关工作的通知》(中国邮政〔2014〕81号)要求,重庆邮政配备机要通信车46辆。其中,重庆市机要通信局投递车10辆、接发车1辆、大宗邮件转运车1辆,34个区县邮政企业各1辆。2022年,重庆邮政配备机要通信车46辆,其中,重庆市机要通信局配备投递车7辆、接发车5辆、大宗邮件转运车1辆,33个区县邮政企业各1辆。同年,重庆邮政配备机要生产电脑42台,其中,重庆市机要通信局营业、投递、封发各3台,33个区县邮政企业各1台;重庆市机要通信局配备车载监控设备12套,安装监控摄像头39个、视频监控主机3台、门禁系统3套、闭门器2套。

截至2022年底,重庆邮政共有汽车机要邮路18条,省际汽车邮路2条(本省派押邮路1条,外省派押邮路1条),省内汽车邮路16条(机普合押邮路12条、机要专线邮路2条、接发邮路2条)。全市汽车邮路全长9789公里(往返里程),单条汽车邮路最远里程达481公里(重庆至巫溪)。

截至2022年底,重庆邮政共有火车机要邮路3条(本省派押邮路1条,外省派押邮路2条)。全市火车机要邮路全长11436公里(往返里程),单条火车机要邮路最远里程达2250公里(重庆至广州)。

截至2022年底,重庆邮政共有机要投递段道42条,其中,省会局9条,市级局7条,县级局26条。全市机要投递路线总长度1888公里(单程),其中,省会局612公里,市级局383公里(单程),县级局893公里(单程)。投递线路最长的段道为76公里(单程)。

(四)机要通信保密安全质量管理

重庆邮政机要通信严格落实"党管保密"的工作要求,各级邮政企业的主要负责人认真履行机要通信保密安全责任,按照机要通信保密工作第一责任人的要求,全面加强机要通信保密安全管理,为持续确保机要通信万无一失提供保障。

根据《国家邮政局、国家保密局关于印发〈邮政机要通信保密管理规定〉的通知》(国邮发〔2017〕44号)规定,重庆市机要通信局先后制订了《重庆市机要通信局生产现场安全管理办法》(渝邮分机要〔2019〕13号)、《关于印发〈重庆邮政机要通信保密安全教育培训管理制度(暂行)〉等5个管理制度的通知》(渝邮分机要〔2021〕11号)、《重庆邮政机要通信监督检查管理办法(试行)》(渝邮分机要〔2021〕17号)、《中国邮政集团有限公司重庆市分公司机要通信质量考评办法(试行)》(渝邮分

〔2021〕219号）等机要通信保密管理制度，强化了机要通信保密安全管理。重庆邮政机要通信收寄人员、投递人员及内部处理人员，均与邮政企业签订劳动合同和保密承诺书，并由单位对其进行保密审查、每年开展不少于4个学时的保密安全专题教育培训。重庆邮政机要通信生产场所均独立可控，实行封闭作业，并建立人员进出登记制度，不允许带入具有录音、录像、拍照、信息存储等功能的设备；安装视频监控系统，监控范围做到全面覆盖、无盲区、无死角，且不得连入互联网；留存的机要件，均存放在保密柜内，并设专人值守监控或现场值守，进一步确保了国家秘密载体传递的保密安全。

1993—2022年，重庆邮政机要通信无丢失、损毁、失密、泄密等通信事故，实现机要通信30年质量全红。

1999年4月，重庆市机要通信局被国家邮政局授予"重庆市邮政局1993年至1998年机要通信质量优秀奖"。

2012年2月，重庆市机要通信局被中国邮政集团公司授予"2011年邮政业务经营管理工作机要通信质量奖三等奖"。

2013年3月，重庆市机要通信局被重庆市人力资源和社会保障局、重庆市国家保密局授予"重庆市2008—2012年度保密工作先进集体"称号。

2007年9月、2017年12月、2022年12月，重庆市机要通信局被国家邮政局、集团公司授予"全国邮政机要通信工作先进集体"称号。

（五）机要通信监督检查

机要通信工作监督检查是保证机要通信渠道保密、安全、准确、迅速传递，提高通信质量，控制和防止发生通信事故和各类差错的一项重要工作，重点是对机要通信十大纪律、四项基本制度、保密安全制度落实情况，运输、接发、投递等外勤环节重点规章制度执行情况，机要件和机要邮袋交接验收情况，机要件和机要邮袋进出口（收和发）平衡合拢情况，能否按规定频次、时限进行作业情况开展监督检查。

2021年4月15日，《中国邮政集团有限公司关于切实加强机要通信工作的指导意见》（中国邮政〔2021〕228号）要求健全完善省、市机要监督检查体系，全面加强机要风险管控工作和对所属机要通信工作检查监督力度。同年9月，《重庆邮政机要通信监督检查管理办法（试行）》（渝邮分机要〔2021〕17号）出台，对监督检查体系进行规范，并对检查频次提出要求：重庆市机要通信局每周对本单位（现业）各机要生产环节检查不得少于1次，每年对片区、区县邮政企业检查不得少于2次；对外勤环节检查比例不低于50%；片区邮政企业每周对现业机要各生产环节检查不得少于1次，每月对所辖区县邮政企业机要室至少检查1次，对外勤环节检查比例不低于50%；区县邮政企业每周对本单位机要各生产环节检查1次；对投递外勤环节检查比例不低于50%。

（六）机要通信业务量

1986—2022年，重庆邮政共传递机要件2751.16万件。

表2-1-2-2

1986—2022年重庆市机要通信业务量统计表

单位：万件

年份	业务量	年份	业务量	年份	业务量
1986	76.23	1999	88.83	2012	93.58
1987	66.69	2000	80.52	2013	95.31
1988	60.55	2001	79.73	2014	99.24
1989	64.56	2002	70.79	2015	79.77
1990	72.47	2003	70.03	2016	66.39
1991	72.25	2004	72.89	2017	61.62
1992	66.15	2005	77.46	2018	74.59
1993	52.82	2006	69.63	2019	79.38
1994	49.73	2007	70.25	2020	77.90
1995	50.69	2008	75.68	2021	90.16
1996	50.17	2009	83.73	2022	84.75
1997	69.37	2010	84.99	—	
1998	78.52	2011	93.74	—	

三、党报党刊发行情况

（一）发行情况

1986—2022年，重庆邮政均完成市委宣传部关于党报党刊发行的各项目标任务，《人民日报》《求是》《重庆日报》《经济日报》《光明日报》《当代党员》系列党报党刊发行量均保持稳中有升。2022年，全市党报党刊发行共计流转额9831万元，期发份数累计268055份，期发份数及流转额增幅均列全国第5位。其中，市委组织部主办的《当代党员》《党员文摘》《党课参考》系列党刊自2017年整体交邮政发行后，流转额达1.31亿元，连续5年保持全国省级党刊发行量第一。

（二）所获表彰

重庆邮政报刊发行为宣传党的路线、方针、政策和全市精神文明建设作出了应有贡献，多次受到市委宣传部通报表彰。2000—2001年，重庆邮政被市委宣传部评为"党报党刊发行工作先进单位"。2002年，重庆市邮政报刊发行局获市委宣传部与市邮管局颁发的"重庆市2002年度党报党刊发行工作组织奖"，重庆市邮政报刊发行局同时对 39 个区县邮政局予以通报表彰。

2005 年、2007—2009 年，重庆市邮政报刊发行局获得由市委宣传部、市邮管局颁发的"党报党刊发行工作先进奖"。

2022 年，市委宣传部新闻处向重庆邮政致信感谢，并赞扬重庆邮政"明确专人、加班加点、贴心服务，确保了 2022 年度党报党刊发行任务圆满完成，彰显了贵单位作为央企的责任担当"。

第二章　窗口服务

窗口服务，是指分布在各地的邮政支局（所），经办邮政业务的代办所、临时性局（所）和流动服务点等，直接为社会公众提供各种邮政业务的营业窗口服务。

第一节　基本要求

一、经办业务范围

邮政支局（所）开办的业务种类为：出售邮资凭证，收寄国内平常函件、挂号函件、保价信函、普通包裹、保价包裹、国际邮件；办理汇款收汇和兑付；报刊收订、报刊零售；集邮等各项业务。

1986 年 4 月 1 日，重庆市邮政局开办"国际特快专递"邮件业务。1986 年 6 月 1 日，市中区（现渝中区）打铜街邮电支局在全市第一个恢复开办邮政储蓄业务。1987 年 8 月 15 日，在近郊和北碚区局开办国内有声信函业务。1987 年 11 月 10 日，市中区营业室、上清寺、打铜街支局、江北区营业室开办国内邮政快件业务。中华人民共和国邮电部（简称邮电部）自 1992 年 7 月起开办国际汇兑业务，重庆市邮政局作为四川省首批通汇局投入营业，四川省内的其余邮电局作为间接通汇局办理此项业务。2001 年 7 月 1 日，重庆市邮政管理局与全国 19 个省（市）局同步开通邮政电子汇兑业务，首批开通的渝中区解放碑、上清寺、打铜街、中二路、大坪 5 个网点正式对外营业。2001 年 8 月 1 日，开办国内快递包裹业务，标志着重庆邮政建立起普通、快递、特快三个层次分明、结构完整的包裹寄递服务体系。2002 年 9 月，正式开办邮政混合信函业务，重庆作为全国 18 个省、区业务通达区域之一，渝中区邮政局、万州区邮政局分别设置专用信函打印封装机 1 台，负责接收、经转全国邮政混合信函业务通达局发往重庆其他区、县（自治县、市）的邮政混合信函。2003 年，在全市邮政综合网电子化支局营业网点开办机票代理业务。2008 年 12 月 15 日，随着海峡两岸全面、直接、双向通邮的实现，重庆市邮政公司开始全面开办两岸邮政业务。2009 年 4 月 15 日，开办邮政速递邮件寄达回音短信业务（简称 EMS 寄达回音业务）。2015 年

6 月 1 日，开办快递包裹业务，该业务由原国内小包、经济快递以及快递包裹整合而来。自 2013 年起，分批次采取便民汇款业务形式，在未开办汇兑业务的 119 个网点开办汇兑业务，满足当地居民的汇兑业务需求。2013 年 5 月，中国邮政集团公司推出约投挂号业务，即在原有的国内邮件挂号业务基础上，增加短信通知、电话预约投递、按照用户要求投递上门等增值服务内容。该业务开办初期，仅在大宗信函业务中推广试办，直至 2018 年，推广至全重庆范围具有收寄功能的网点均可申请办理。随着社会发展的需要，邮政营业窗口办理的业务种类也在不断增加。截至 2022 年，主要办理国内和国际邮件寄递业务，国内报刊发行业务，依法经营邮政汇兑业务、邮政储蓄业务，邮票和集邮品销售业务，义务兵通信业务，代理经中国银保监会核准备案的财产保险和人身保险业务。

二、营业时间和邮政资费

（一）营业时间

1986—1996 年，重庆市邮政局隶属于四川省邮电管理局，执行邮电部关于邮电局所邮政部分营业日和营业时间的规定。

1991 年，重庆市邮政局就邮电支局、所营业时间作出规定并按以下标准执行：1. 各区邮电局营业室、支局及带投递的邮电所的营业日全周不停，营业时间一般为 8—12 小时；2. 各邮电所的营业日、每周可停止营业一天，地处车站、港口等繁华地区亦可全周营业，每日对外营业时间、单人邮电所不少于 6 小时，两人以上设在城区的不得少于 8 小时；3. 月业务收入不足 500 元的邮政所，实行每日 2—4 小时的定时营业或间日营业；4. 在国家法定假日，邮电支局、所的停止或缩短营业时间应按重庆市邮政局通知规定办理，并事先公告公众；对于区局电信营业室，应 24 小时营业，没有电传电路的支局营业时间为 8:00 至 19:00，节日期间应照常办理电信业务；5. 各局所营业时间冬夏不变。

2001—2017 年，重庆邮政根据国家邮政局 2001 年规定（国邮〔2001〕98 号）及 2009 年《邮政普遍服务》标准（YZ/T0129—2009），执行以下营业时间规定：1. 邮政营业局所的营业时间由省邮政公司审批；2. 提供邮政普遍

服务的邮政营业场所营业时间为:（1）城市主城区每周营业时间不应少于6天,每天营业时间不应少于8小时;城乡结合区每周营业时间不应少于6天,每天营业时间不应少于6小时;（2）乡镇人民政府所在地每周营业时间不应少于5天,每天营业时间不应少于6小时;（3）农村地区每周营业时间不应少于3天,每天营业时间不应少于4小时;（4）车站、港口、机场、高等院校、繁华地区等客流量大的区域,应根据实际情况合理安排营业时间;（5）交通不便的边远地区,应按照国务院邮政管理部门制定的标准执行;（6）遇国家法定节假日,提供邮政普遍服务的邮政营业场所可根据实际用邮需求适当调整营业时间,调整后的营业时间应对外公布,并按公布的营业时间对外服务。

2017年3月1日,新《邮政普遍服务》标准（YZ/T 0129—2016）施行,明确"调整后的营业时间应提前3日对外公布"。截至2022年,仍沿用执行该标准。

（二）邮政资费

《邮政法》确定的邮政业务基本资费,即邮政专营的国内平常信函、明信片的资费。此类资费由国务院价格主管部门制定标准,并报国务院批准。邮政业务的非基本资费,即除基本资费以外的邮政服务价格（业务资费）,如包裹、印刷品、特快专递、发行费率等资费。此类资费由国务院邮政主管部门按照中央定价目录规定的定价权限和具体适用范围制定。为改变邮政费长期偏低、邮政缺乏自我发展能力的状况,经国务院批准,自1990年7月31日起提高国内邮政资费。1992年,邮电部对国内部分邮件资费随航空运邮价格变动做相应调整和对国内公众电报资费进行调整。1996年和1999年,邮政电信资费进行两次较大幅度的调整。2001年,国家邮政局明确了邮政混合信函业务资费标准。自2003年8月30日起,收取邮政汇兑超字段附言费。自2004年1月1日起,调整国内邮件挂号费。自2006年1月1日起,调整国内印刷品业务资费。自2006年11月15日起,对信函、明信片基本资费进行调整。自2015年11月8日起,对国内印刷品业务资费标准再次进行调整。2016—2022年,国内邮件邮政基本资费未再调整。

1. 1990年资费情况

1990年7月31日,国务院批准调整国内邮政资费,这是新中国成立以来国内邮政资费的首次调整。具体方案是:（1）平信资费每重20克本埠0.10元,外埠0.20元（市属区按本埠对待,市属县按外埠对待,县城城关按本埠对待,城关以外按外埠对待,下同）。新华书店和经国家新闻出版署批准的出版邮寄的大宗（一批5000件以上）图书目录、征订单,按提高后的平信资费,给予20%的优惠;（2）印刷品资费每重100克本埠0.04元,外埠0.08元。新华书店邮寄的大中专和中小学课本的资费暂不提高;（3）函件挂号费每件0.30元;（4）邮政包裹等资费提高150%;（5）其他邮政资费、附加费随上述资费相应提高。邮政资费提高后,凡是未经国务院批准征收的各种邮政资费附加费,一律取消。对于邮政部门开展的延伸服务,确需保留的,要报国家物价局和邮电部审批。在对部分邮政资费标准提高后,有些业务继续无偿服务,如义务兵的信件、盲人读物仍然免费邮寄。

表 2-2-1-1

1990 年邮政资费表

单位：元

邮件业务种类	计费标准	现行资费		调整后资费		备注
		本 埠	外 埠	本 埠	外 埠	
信函	每重20克或其零数	0.04	0.08	0.10	0.20	—
明信片	每件	0.02	0.04	0.10	0.15	—
印刷品	每重100克或其零数	0.015	0.03	0.04	0.08	—
盲人读物	—	按平常邮件交寄免收邮费		维持现行计费标准不变		—
民用包裹	按寄递里程分区核定,起算单位由100克恢复到500克	按现行《包裹资例表》费率计收		现行资费加收150%		—
商品包裹	按寄递里程分区核定,起算单位由100克恢复到500克	民包资费基础上加收50%		调整后民包资费加50%		—
纸质品包裹	按寄递里程分区核定,起算单位由100克恢复到500克	按《包裹资例表》第一计费区费率计收,每千克最多不超过1元		按调整后的《包裹资例表》第一计费区费率计算		—

邮件业务种类	计费标准	现行资费		调整后资费		备　注
		本　埠	外　埠	本　埠	外　埠	
包裹处理费	每件	0.20		0.50		—
邮政快件	100克以内每重20克或其零数	0.50		0.80		—
	100克至5000克以内每续重100克或其零数	0.80		1.00		—
邮政快件查询费	每件	0.80		1.00		经查询属邮局责任按规定补偿
代发广告邮费	每重500克或其零数	0.50		维持现行计费办法和标准不变		—
挂号费	每件	0.12		0.30		特种挂号信函资费与普通挂号信函资费相同
保价费	每保一元或其零数	0.01		0.01		—
	每件最低保价费	0.20		0.30		—
存局候领手续费	每件	0.12		0.30		—
撤回或更改名址手续费	每件	0.20		0.50		—
普通邮件查询费	每件	0.20		0.50		经查询属邮局责任按规定补偿
申请用电报办理的	每件加收	0.60		1.00		指用电报办理查询，撤退改业务
邮政专用信箱管理费	每年	24.00		各省、自治区、直辖市物价局审定		—
包裹逾期保管费	每件每天	0.05		各省、自治区、直辖市物价局审定		
	每件最多收取保管费	1.50		各省、自治区、直辖市物价局审定		
函件航空费	每重10克或其零数	0.02		0.05		
航空包裹	按寄递里程分区核定	区间运费按民航货运加价10%，区内运费、处理费与现行水陆邮政包裹相同		计费方法不变。区间运费按现行民航货运加价10%核定，区内运费、处理费与调后水陆邮政包裹相同		—
快递小包	—	—		—		业务撤销
航空快递小包	—	—		—		业务撤销
邮件回执费	—	—		—		业务撤销
代收货价手续费	—	—		—		业务撤销
收取回件手续费	—	—		—		业务撤销
邮政汇兑汇费	每汇一元或其零数	0.01		0.01		
	每笔汇款最低汇费	0.10		0.30		

2. 1992 年资费调整情况

根据邮电部《关于调整国内部分邮件资费的通知》要求，自 1992 年 7 月 1 日起，国内部分邮件资费随航空运邮价格变动做相应调整。（1）函件航空费，每 10 克由 0.05 元调整为 0.10 元。（2）邮政快件资费，起重 100 克以内，每 20 克或其零数由 0.80 元调整为 1.00 元；续重 101 克至 5000 克每 100 克或其零数由 1.00 元调整为 1.20 元。（3）国内特快专递邮件资费，起重 200 克以内由 8.00 元调整为 12.00 元；续重每 200 克或其零数由 2.00 元调整为 3.00 元。同年，12 月 20 日，根据国家物价局、邮电部《关于调整国内公众电报资费的通知》精神，邮电部下发《关于调整邮件查询电报费的通知》，邮政业务使用电报办理查询、撤回、更改收件人地址、姓名的电报费，由每件 1.00 元调整为每件 2.00 元。

3. 1996 年资费情况

1996 年 12 月 1 日，经国务院批准，邮电部、国家计委联合印发《关于改革邮电价格的通知》，其中，调整邮政服务项目价格如下：（1）国内平信每 20 克（不足 20 克按 20 克计算）不分本、外埠一律 0.50 元；（2）挂号费 1.00 元；（3）其他明信片、印刷品、包裹资费均适当提高；（4）取消商品包裹和纸质品包裹资费、大件商品包裹处理费、函件航空及普通邮件、邮政快件等查询费。邮政价格调整后，发行的 1997 年有奖明信片售价相应调整。

表 2-2-1-2

1996 年国内邮政资费调整后服务项目价格表

单位：元

业务种类	项目	计费标准	资费标准	备注
函件	信函	每重 20 克（不足 20 克按 20 克计算）	0.50	取消本、外埠
	明信片	每件	0.40	取消本、外埠
	印刷品	每重 100 克（不足 100 克按 100 克计算）	0.30	取消本、外埠
	邮简	每件	0.50	同信函
	回音卡	每件	0.40	同明信片
	回执	每件	3.00	—
	盲人读物	按水陆平常邮件寄递	免费	—
包裹	包裹	按寄递里程分区核定，每 500 克为一计费单位	按现行（包裹资例表）费率上调 50%（四舍五入，保留到角），另按件计收挂号费	取消原商品包裹业务，统一按包裹收寄；取消原纸质品包裹业务，原收寄内容按印刷品收寄
挂号	挂号	每件	1.00	—
快件	邮政快件	100 克以内每重 20 克（不足 20 克按 20 克计算）	2.00	—
		101 克至 10000 克以内每续重 100 克（不足 100 克按 100 克计算）	2.50	—
	特快专递邮件	起重 200 克	20.00	—
		200 克以内每续重 200 克（不足 200 克按 200 克计算）	6.00	—
邮政汇兑	汇费	每汇一元（不足一元按一元计算）	0.01	维持现行标准
		每笔汇款最低汇费	1.00	—
	退汇、改汇费	每件	1.00	—
	快件汇款退汇、改汇费	每件	1.00	—
	快件汇款快件费	每件	2.00	—
	撤回汇款手续费	每件	1.00	—
	使用电报办理有关汇兑事项申请的电报费	每件	2.00	维持现行标准，随电报资费的调整而调整

续表

业务种类	项　目	计费标准	资费标准	备　注
查询	普通邮件查询费	每件	免收	含邮政汇兑业务
	邮政快件查询费	每件	免收	含邮政汇兑业务
	特快专递邮件查询费	每件	免收	查询人要求提供收件人签收情况复印件材料时，每件收取 3 元
其他	保价费	每保一元（不足一元按一元计算）	0.01	维持现行标准
		每件最低保价费	1.00	—
	代发广告邮费	每重 500 克（不足 500 克按 500 克计算）	1.50	—
	存局候领手续费	每件	1.00	含邮政汇兑业务
	撤回邮件或更改收件人名址手续费	每件	1.00	—
	使用电报办理查询、撤回、更改收件人地址、姓名电报费	每件加收	2.00	维持现行标准，随电报资费的调整而调整

说明：①本表所列项目为调整后的邮政业务资费标准。②取消商品包裹、纸制品包裹、航空包裹业务种类，取消包裹处理费、大件商品包裹处理费、航空费等处理手续费收费项目。③其他表中未列项目，如邮政储蓄、报刊发行、电子信函等业务，仍按现行标准执行。

4. 1999 年资费情况

1999 年 3 月 1 日，经国务院批准，信息产业部印发《关于调整部分邮政电信资费的通知》，对邮政资费做如下调整：（1）本次资费调整将国内平信、印刷品等邮件计费方式由之前的递重等额累进计费改为区分首、续重分别计费。新计费方式以 100 克为首重，100 克以上至限重为续重。其中，平信首重 100 克内每 20 克为一个计费单位，续重每 100 克为一个计费单位；国内印刷品首重 100 克为一个计费单位，续重每 100 克为一个计费单位。（2）国内平信、印刷品等资费实行区分本埠（县）、外埠资费按不同标准计费。新本埠（县）范围比原本埠范围有所扩大。原本埠指城市以市属城区（不含市辖县和

飞地）为范围，县以城关为范围；新本埠（县）指城市以市属城区（不含市辖县和飞地）为范围，县以县境为范围。市属城区、飞地范围以当地行政区划为准。（3）国内挂号费、汇款的最低汇费、退改汇费、撤回邮件和更改收件人名址手续费及撤回汇款手续费由 1.00 元提高到 2.00 元。（4）国际与港澳台信函和印刷品恢复 20 克以上至 50 克一级计费档次，其他档次资费不变。（5）降低 5000 元以上高额国内汇款的汇费，规定汇费的最高标准为 50.00 元，原每笔汇款汇费超过 50.00 元的一律按 50.00 元计收。（6）此次资费调整未涉及的业务收费项目仍按现行资费执行。（7）自新资费执行之日起，所有邮政附加费一律取消。

表 2-2-1-3

1999 年调整后邮政资费简表

单位：元

资费类别	业务种类	计费单位	资费标准		备　注
			本埠（县）资费	外埠资费	
基本资费	国内信函	首重 100 克以内，每重 20 克（不足 20 克按 20 克计算）	0.60	0.80	—
		续重 101 克至 2000 克，每重 100 克（不足 100 克按 100 克计算）	1.20	2.00	—
	国内明信片	每件	0.60		

资费类别	业务种类		计费单位	资费标准		备注
				本埠（县）资费	外埠资费	
非基本资费	国内资费	印刷品	首重100克（不足100克按100克计算）	0.30	0.60	—
			续重101克至5000克，每重100克（不足100克按100克计算）	0.15	0.30	—
		邮简	每件	0.60	0.80	—
		回音卡	每件	0.60		—
		挂号费	每件	2.00		—
		回执	每件	3.00		维持原标准
		盲人读物	按水陆路平常邮件寄递	免费		维持原标准
		包裹	每500克为一个计费单位	按照寄递量程分区核定。具体标准详见《国内包裹资例表》		维持原标准
			每件挂号费	2.00		—
		特种挂号费		维持原计费单位与资费标准		—
		邮政汇兑	—	每汇一元（不足一元按一元计算）	0.01	维持原标准
			—	每笔汇款最低汇费	2.00	—
		邮政汇兑	—	每笔汇款最高汇费	50.00	—
			退汇、改汇费	每件	2.00	—
			撤回汇款手续费	每件	2.00	—
			使用电报办理汇兑的电报费	每件加收	2.00	维持原标准
			电报汇款附言电报费	每字	0.13	维持原标准
		保价费		维持原计费单位与资费标准		
		存局候领手续费	每件	1.00		维持原标准，仅限于函件和汇兑业务
		撤回邮件或更改收件人名址手续费	每件	2.00		—
		使用电报办理查询、撤回、更改收件人名址电报费	每件加收	2.00		维持原标准
		代发广告费		维持原计费单位与资费标准		
	国际与港澳台资费	国际信函与印刷品	增加20克以上至50克计费档次：信函8.20元，印刷品4.00元，亚太地区信函减低资费7.10元			其他计费档次维持原标准
		港澳台信函与印刷品	增加20克以上至50克计费档次：信函2.80元，印刷品1.50元			其他计费档次维持原标准

说明：①本埠以市属区（不含市辖县和飞地）为范围，本县以县境为范围。②国内信函、印刷品等计费方式由原递重等额累进计费改为区分首、续重分别计算。③亚太地区信函减低资费适用国家不变。④取消邮政附加费。

1999 年 8 月 5 日，国家邮政局下发《关于制定国内包裹存局候领业务收费标准的通知》，恢复国内包裹存局候领业务。包裹存局候领手续费标准为每件 3.00 元。包裹存局候领保管期及逾期保管费标准同普通包裹。

5. 2001 年以来的信函、汇兑、国内邮件挂号费及印刷品资费调整情况

2001 年 9 月 19 日，国家邮政局下发《关于试开办邮政混合信函的通知》，决定自 2001 年 11 月 1 日起，在全国范围内试开办邮政混合信函业务。资费标准为邮政混合信函业务起价 2.00 元（含一页信纸），每增加一页信纸增加 0.50 元，最多可增加三页纸，即一封混合信函（含四页信纸）最高资费 3.50 元。

自 2003 年 8 月 30 日起，收取邮政汇兑超字段附言费。对国内邮政汇兑附言 6 个汉字（12 个字节）以内免费，超过 6 个汉字部分，按每字 0.10 元收费。2003 年 12 月 5 日，国家邮政局印发《关于调整国内邮件挂号费等问题的通知》，决定自 2004 年 1 月 1 日起，调整国内邮件挂号费。国内邮件挂号费由每件 2.00 元调整到每件 3.00 元，撤回邮件和更改收件人名址手续费比照国内挂号费标准执行。

2005 年 12 月 13 日，经国家发展和改革委办公厅批准，国家邮政局决定自 2006 年 1 月 1 日起，对国内印刷品业务资费进行调整。国内印刷品业务资费首重 100 克（不足 100 克按 100 克计算）调整为本埠（县）0.40 元、外埠 0.70 元；续重 101 克至限重，每重 100 克（不足 100 克按 100 克计算）调整为本埠（县）0.20 元、外埠 0.40 元。

2006 年 11 月 15 日，对基本资费进行调整，信函资费首重 100 克以内，每重 20 克本埠由 0.60 元调整为 0.80 元，外埠由 0.80 元调整为 1.20 元；100 克以上的续重资费维持每重 100 克本埠 1.20 元、外埠 2.00 元不变。明信片资费由每件 0.60 元调整为 0.80 元。

2015 年 11 月 8 日，对国内印刷品业务资费标准再次进行调整。国内印刷品业务资费首重 100 克（不足 100 克按 100 克计算）由本埠（县）0.40 元、外埠 0.70 元调整为本埠（县）0.80 元、外埠 1.20 元；续重资费维持现行每 100 克本埠（县）0.20 元、外埠 0.40 元不变。2016 至 2022 年，国内邮件邮政基本资费未再调整。

第二节　营业管理

一、窗口营业管理规范

（一）国内邮件处理规则

《国内邮件处理规则》（简称《规则》）是处理国内邮件业务的依据。1991 年 12 月 28 日，邮电部印发《国内邮件处理规则》，并于 1992 年 6 月 1 日起施行。该版本是

在 1988 年颁布《规则》的基础上修订而成。新《规则》对邮政业务单式作出较大修改，旧单式在 1992 年底以前可继续使用，自 1993 年 1 月 1 日起严格按照新《规则》规定式样规格标准执行。本着有利于业务发展和管理、新技术推广和应用、方便用户、统一规范的原则，国家邮政局对 1992 年实行的《规则》再次进行修订，并于 2001 年 2 月 1 日起实施。为履行好普遍服务，满足用户用邮需求，中国邮政集团有限公司对 2000 年版《规则》进行全面修订，并于 2021 年 7 月印发试行。该《规则》沿用至 2022 年。

（二）邮政营业标准

2012 年，重庆市邮政公司执行邮政集团公司《邮政营业管理规范》《邮政营业操作规范》《邮政营业服务规范》，三项规范对邮政营业管理、服务、操作中邮政营业局所职责、邮政营业局所设置和管理、营业人员在服务全过程中应具备的基本素质及职业道德、行为规范及服务礼仪等内容提出明确的要求。2017 年，邮政集团公司按照（GB/T 1.1—2009）规则修订 Q/YB 0056《邮政营业系列标准》，其中，管理规范主要对邮政营业管理人员和营业人员营业环节管理要求作出规定，旨在提高邮政营业环节管理水平；操作规范主要对邮政营业人员生产操作方面要求作出规定，旨在提升邮政营业环节作业水平；服务规范主要对邮政营业人员提供服务方面的要求作出规定，旨在增强邮政营业环节服务质效。2022 年 11 月 20 日，邮政集团公司发布新修订的邮政营业系列标准，增加巡视类专用邮政信箱管理、军队喜报专递收寄等内容。

（三）窗口服务规范化管理

1988 年，重庆市邮政局发布《关于进一步抓好局容局貌、文明生产管理的通知》，从局所门面、营业厅（室）墙面采光及器具布置、营业公众服务设施、业务宣传、服务监督、工作现场、清洁卫生、职工仪容仪表、服务纪律、清洁卫生管理、征询意见、好人好事等方面，明确邮政服务机构局容局貌管理考核评定标准。1989 年，印发并执行《四川省城市邮政营业班组管理工作检查标准》，加强班组基础管理，做到班组管理工作"五有"（管理有制度、工作有计划、生产有秩序、考核有标准、质量有保证）。1991 年，印发《重庆市邮政局关于邮电服务机构局容局貌管理规定及考核办法》，采取不定期检查的方式，整治脏、乱、差和"窗口服务"生、冷、硬现象。1994 年，为适应社会主义市场经济发展需要，改善和提高邮政通信服务质量，重庆市邮政局转发并执行邮政总局《邮政通信服务规范》，对邮政（电）服务机构的局容局貌、服务设施、职工仪容仪表、文明礼仪及对外服务、服务纪律、社会监督等作出规定。

2011 年 11 月，为促进邮政营业窗口服务规范化，制定《重庆市邮政公司邮政营业服务规范管理办法》，明确

服务规范内容、服务规范标准，并提出考核评定标准和流程。1.服务规范内容：（1）服务环境（营业厅内和营业厅外）。（2）服务设施（公众设施和专业设施）。（3）服务水平（服务时间、仪容仪表、服务态度、服务用语、服务质量、服务纪律、服务监督等）。2.服务规范标准：（1）服务环境规范。营业厅内台席、服务功能布置合理；营业厅外店招、灯箱、局名牌和营业时间牌等符合《中国邮政企业形象管理手册》第二部分标准。（2）服务设施。公众设施，营业厅内按政府和相关部门要求配置公共设施、设备；专业设施，根据邮政营业、金融、电子汇兑等业务和服务需要，选配相关的设施设备。（3）服务水平。服务时间，不低于邮政普遍服务标准。仪容仪表，着统一标志服，整洁大方；坐姿端正，站姿挺拔，行姿从容。（4）服务态度，营业人员接待客户时应主动、热情、周到。服务用语，营业人员对外服务使用普通话，并自觉使用服务用语。（5）服务质量，严格执行《邮政营业前台作业规范操作手册》，操作规范，优质高效；业务受理"一台清"。（6）服务纪律，严格执行业务规章制度、资费标准，为客户保守秘密，服从安排。（7）服务监督，履行《邮政服务承诺》，自觉接受客户监督；营业示范窗口在营业厅内设置统一的营业员公示牌。同时，营业网点服务规范考评实行用户有理由投诉一票否决制。营业服务规范网点、营业示范岗位、营业示范窗口的评定与服务环境、服务设施、服务水平密切相关。2013年，在此基础上增加基础管理考评内容，即"配备有专（兼）职支局长（所主任）的网点，在营业信息系统中对支局（班组）资料进行管理"。

2020年9月，为加强邮政营业网点管理，规范邮政营业人员行为，市分公司制定《中邮重庆分公司邮政营业网点评价指标体系（试行）》，明确从普服达标、收寄安全、系统操作、服务质量、经营效益、员工素质等基本指标，以及评优选先、媒体表扬、曝光、行政处罚、安全事故等加扣分指标维度，对邮政营业网点服务和营业网点人员进行评价。

（四）营业管理"七字歌"

2021年，结合邮政营业窗口管理的重点工作，市分公司编写《重庆邮政营业管理七字歌》，在员工中广泛传唱，让服务标准入脑入心。制订《邮政营业窗口定置定位管理规范》《邮政营业窗口服务指引话术》，规范营业窗口服务设施摆放及营业人员服务话术。

（五）邮政营业窗口信息化改造

1995年10月21日，重庆市邮政局第一个邮政营业窗口电子化系统在江北区邮电局营业室试营业。

2012年3月23日，重庆市邮政公司完成邮政营业系统整体切换上线，自3月24日起，辖内所有电子化网点使用邮政营业信息系统对外营业。

2018年5月，市分公司实现全市邮政手工营业网点

图 2-2-2-1 2021年，市分公司服务质量部编制的营业管理七字歌

业务电子化。利用 PDA、智能手机、PC 等设备，通过互联网接入方式实现手工网点加载营业信息系统功能，满足营业网点基本业务处理要求（手工汇兑除外）。

2021年5月15日8点，新一代营业渠道系统正式启用，市分公司完成邮政营业系统信息化迭代升级。截至2022年，该系统仍继续使用。

（六）推行邮政编码

邮政编码是一个国家或地区为实现邮件分拣自动化和邮政网络数位化，加快邮件传递速度，而把全国划分的编码方式。它由6位阿拉伯数字组成，前两位数代表省（自治区、直辖市），第3位数代表邮区，第4位数代表县（市），末2位数代表邮局及其投递区，是邮件地址数码化的一种形式。

自1987年1月1日起，施行的《中华人民共和国邮政法》第25条明确规定"寄递邮件逐步实行邮政编码"，从法律上明确用户寄递邮件书写邮政编码的义务。重庆市邮政局自1987年起，开展邮政编码宣传推广工作。1988年3月，《重庆市邮政编码簿》出版发行，在当时全国同行中是第一本为邮政用户提供查询的邮政编码簿。1988年4月，重庆市邮政局完成制作全市9区12县的2839块"邮政编码牌"，分别张贴在全市9区100%的邮政投递区域和12个县98%的邮政投递区域的显眼位置。1990年1月1日，重庆市邮政局对市内互寄的信函试行按码分拣，9区12县邮政编码（双码）书写率在83%以上。自1990

年4月1日起，全面实行按码分拣信函。1992年10月22日，正式开通"邮政编码微机查询台——353151"，为群众提供邮政编码查询服务。1997年7月21日，邮电部邮政总局决定调整重庆市邮政编码，按直辖市顺序排列，前两位编码由"63"调整为"40"，后四位编码基本不变，并于同年9月1日启用新的邮政编码。

2002年，国家邮政局重新修订1999年推广使用的《中国地址邮政编码大全》，更名为《中国地址邮政编码簿》。新编码资料投入使用后，重庆市邮政管理局辖内各局对使用简码的用户进行解释和纠正，各支局营业场所不再使用简码。2004年，组织开展对2002年版《中国地址邮政编码簿》一书中的重庆地区邮政编码补充修订工作。2008年，重庆市邮政公司配合邮政集团公司做好新版《中国地址邮政编码簿》修订工作。2009年，组织开展邮政编码维护调整工作，解决主城区及部分区县城市有两个及以上投递部，存在的"多局一码"和"一局跨多码"等问题，以满足投递网点布局规划对邮政编码的需求。同年，重庆市邮政公司启动"重庆区域邮政编码牌"安装工作，旨在让广大群众清楚知晓居住地正确的邮政编码，提高寄件人在交寄邮件时邮政编码的准确性。重庆市邮政公司与广告公司合作，在重庆市电信公司委托该公司承担制作的"家电下乡"广告牌上加载重庆市相关乡镇邮政编码的内容，并由基层邮政分支机构负责安装。

二、窗口服务系列活动

（一）"树邮电新风、创优质服务"活动

1994年8月，邮电部在全国邮电部门启动"树邮电新风、创优质服务"活动（简称"树创活动"），重庆市邮政为实现创建省级文明单位目标，对加强局容局貌管理、做好优质服务工作提出要求，涉及局所门面、营业时间和服务功能、营业厅环境及服务设施、业务宣传及服务监督、工作现场要求、职工仪容仪表及服务纪律等内容。1995年，为把"树创活动"推向纵深发展，四川省邮电管理局在全省县以上邮电企业开展服务窗口创星级服务活动，在全省县以下农村邮政支局开展"创明星支局"活动。重庆市邮政局结合《四川省邮电窗口服务工作星级管理实施方案（试行）》和《四川省农村邮电支局服务"创明星支局"标准（试行）》，开展"创星级服务"和"创明星支局"活动。

重庆直辖后，为落实邮电部提出的"98邮电服务年"十大目标，市邮管局于1998年发布《深入开展"树创"活动，推进"98邮电服务年"工作实施意见》，提出如下主要目标任务：1.加快发展，增强通信能力，实现邮政金融系统联网点150个；年内新增39个邮政电子化营业点，使80%城镇支局达到邮政营业电子化要求，开通特快专递"185"特服台，解决特快专递查询难问题。2.全面推行服务规范化，50%城镇支局（营业室）规范服务达标，

在此基础上，推行"邮政窗口服务工作星级管理"；年内评定出10个一星级、5个二星级优质服务窗口，50名优质服务员工。3.在全市范围推行5项承诺服务，解决城市楼道通邮难、邮件查询不便利、邮件赔偿、缺报少刊等问题。4.认真改善窗口服务，注重服务礼仪，为用户提供热情周到的邮政服务和舒适方便的用邮环境。1998年3月6日，邮电部表彰1996—1997年度全国邮电系统"树创活动"先进集体和优质服务标兵。渝中区邮政局解放碑营业室、江北区邮政局观音桥营业室、南岸区邮政局南坪营业室被授予"先进集体"荣誉称号。2001年，开展群众性经济技术创新活动、"树创活动"等劳动竞赛。全年表彰二星级窗口8个、一星级窗口16个、服务规范达标窗口51个、优质服务明星50名。

（二）邮政营业窗口示范点打造

1990年，四川省邮电管理局联合中国邮电工会四川省委员会印发《四川省邮电通信企业"优质服务窗口"竞赛办法》，决定于1990年3月至12月，在全省邮电部门广泛开展"优质服务窗口"竞赛活动。竞赛主要在全省营业、投递两大工种开展，分6个赛区进行，重庆市邮电局牵头成邮、成电、重邮、重电赛区开展竞赛。参赛的各营业厅（室）和投递班（组），在达到省局制定的《四川省城市邮政营业班组管理工作检查标准》《四川省城市邮政投递班管理工作检查标准》中规定的一类班组条件和《市、地、州电信营业厅（室）管理工作标准》《电报投递工作标准》，全面完成年度业务工作计划的基础上，还应具备如下条件：用户满意率达95%；窗口设备完好率达99%；佩戴工号和着装率达100%（冬季着装除外）；厅（室）外必须悬挂"优质服务参赛单位"红牌（省局统一制作）和宣传横幅；厅（室）保持整洁、美观并设立"意见箱"和"意见簿"；人人使用服务用语，主动、热情、和蔼、周到地为用户服务；竞赛的各种统计资料、数据完备；无用户有理由申告和各种责任事故。1991年继续抓好此项工作，九龙坡区局营业室被省邮电工会命名为"四川省邮电优质服务示范单位"，沙坪坝等6个区局的邮政、电信营业厅、投递组共11个窗口获"四川省邮电优质服务窗口"称号。1995年4月1日，共青团中央、邮电部决定命名解放碑邮政营业室营业组为首批全国"青年文明号"。

2002年，重庆市邮政管理局在全市邮政系统开展"服务形象工程，争创文明行业"活动，主城区规范化服务窗口达到90%；其他区县（自治县、市）规范化服务窗口达到85%。2011年，开展邮政营业服务规范评比活动，评定渝中区大坪正街邮政所等63个网点为"2011年全市邮政营业示范窗口"。2021年，围绕"三提升、三严禁"（即提升窗口靓度，严禁脏乱差；提升服务温度，严禁生冷硬；提升业务粘度，严禁推诿拒），开展"窗口服

务优化提升"工作。在全市范围内选树出巴南区水轮村邮政所、荣昌区富安邮政所、江北区江北嘴营业部等12个市级"窗口服务体验示范点"，均获评邮政集团公司"全国邮政服务示范窗口"，其中巴南区水轮村邮政所被评为"全国邮政优秀服务示范窗口"。2022年，持续推进窗口服务体验示范点建设活动，建成邮政营业、寄递揽收窗口服务体验示范点48个。

三、窗口服务范围拓展

（一）深入军校、军营服务

1986—2022年，重庆邮政延伸窗口服务触角，多次走进军校、军营提供上门服务，将营业阵地从营业网点扩展至用户所在地。1995年12月，沙坪坝区营业室电信组深入后勤工程学院，办理普通电报、礼仪电报、出售邮票、明信片和集邮年册。2004年12月，永川局、铜梁局、奉节局为退伍士兵提供上门揽收服务，得到官兵一致好评。2006年12月，璧山邮政开展以"邮政助您轻松返家"为主题的军营邮寄服务活动，现场提供包装、缝袋、邮寄一条龙包裹寄递服务。2007—2022年，永川、铜梁、大足、北碚等单位持续为辖区内的驻军部队提供上门服务，实现经济效益和社会效益双丰收。

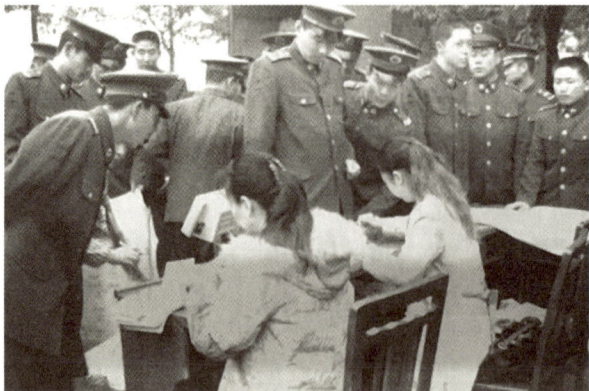

图 2-2-2-2　2006年11月，璧山邮政拥军服务进军营

（二）参加"阳光重庆"直播间活动

2007年，积极参与"阳光重庆"电台直播，在节目中与听众互动，开展邮政业务宣介，让社会大众了解邮政。2013—2018年，重庆邮政陆续就加强网点能力建设、提升网点服务品质、邮件寄递质量、服务能力提升、普遍服务等话题接受采访，通过媒体渠道扩大重庆邮政知名度，树立良好公众形象。

第三章　投递服务

第一节　投递方式

重庆邮政邮件投递方式主要分为三种，即窗口投递、按址投递和自提点投递。

一、窗口投递

1986年，邮政营业窗口投递是较普遍的邮件投递方式。保价信函、特种挂号信函、包裹及代收货、存局候领邮件、专业信箱邮件等，需由收件人持有效身份证件，凭领取邮件通知单（含包裹详情单）到邮政局（所）营业窗口领取邮件。

1991年，重庆邮政按照邮电部颁布的《国内邮件处理规则》，对存局候领邮件执行以下规定：存局候领局接到存局候领的邮件、汇款通知后，应填写《营业投交国内邮件接收登记簿》，交由相关营业窗口存局候领。投交时除按一般规定办理手续外，还要批注"确保妥投，不允许代领"。同时，无论何类邮件，都应查看收件人身份证件。平常函件凭身份证件合格投交，不用收件人签收；给据邮件和汇款通知都要批注证件节目，并由收件人签章。

存局候领邮件如发现已书明收件人详细地址的，应按一般邮件的规定按址投递或发领取邮件通知单，通知用户来局领取。

2016年12月26日，重庆邮政按照国家邮政局发布新修订的《邮政普遍服务标准》，对可通知用户到指定地点领取的邮件情况执行相关规定：重量超过5千克的乡、镇人民政府所在地及乡、镇其他地区的包裹；邮政汇款；保价信件；存局候领邮件；无法投入信报箱的印刷品；单包不符、封皮或者内件破损、重量短少或者有拆动嫌疑，需要收件人会同拆验的邮件；有补收资费等其他原因，需要收件人办理手续的邮件；其他不具备按址投递条件的邮件。

2021年7月，重庆邮政按照中国邮政集团有限公司发布的《国内邮件处理规则》，对国内邮件处理执行以下规定：用户至营业窗口领取的邮件新增补收资费等其他原因，需要收件人办理手续的邮件以及中国邮政集团有限公司规定可用户领取的邮件。

随着邮政投递服务深度的不断拓展，窗口投递模式逐步弱化，通过窗口投递的邮件量持续下降。2022年，除用户要求存局自取的邮件外，所有邮件原则要求按址投递。

二、按址投递

按址投递的邮件包括平常函件、挂号函件、快件、特快专递、报刊及领取邮件通知单（含包裹详情单）。投递方式为投递员按收件人住（地）址投递，挂号信函、快件、领取邮件通知单（含包裹详情单）由收件人验收并在投递邮件清单上签名或盖章，作为妥投证明。

自1991年以来，随着社会经济持续发展，城市建设规模逐步扩大，旧城改造、高层楼房等不断出现，给邮件投递带来较大困难，重庆邮政贯彻国家住房和城乡建设部、邮电部《关于在城市住宅楼房设置信报箱、信报箱群、信报间（或信报收发室）的联合通知》精神，通过设置的信报箱群、信报间（或信报收发室）等设施优化投递方式，解决高楼住宅相关邮件妥投问题。

自2000年6月30日和同年10月1日起，重庆邮政分别在主城区和县城城区范围内实施邮政包裹按址投递到户。各区县邮政局采取合理调整作业组织、加强投递人员业务培训、增加车辆设备等措施，保证该项工作顺利开展，妥投率达到90%以上。

2009年9月18日，重庆邮政按照国家邮政局向社会发布的《邮政普遍服务标准》，执行以下规定：信件（保价信件除外）、印刷品（无法投入到信报箱的除外）、汇款通知、包裹领取等各类通知单邮件应按规定实行按址投递。

2016年12月26日，重庆邮政执行国家邮政局新修订的《邮政普遍服务标准》，其中按址投递的要求同2009年规定一致。

2021年7月，重庆邮政按照中国邮政集团有限公司印发的《邮政普遍服务管理办法》要求执行相关规定，邮政普遍服务邮件应当按址投递，不具备按址投递条件的邮件，依据《邮政普遍服务标准》通知用户到指定地点领取；对有特殊需求的用户，投递单位可与用户协商，采取多种方法投递邮件。

2022年，重庆邮政持续提升投递服务质量，对特快专递邮件实行电话预约投递，原则上必须投递至用户最小收件地址，未经收件人同意不得擅自交他人代收或投递至智能包裹柜、社会代投点；对快递包裹类邮件，除生鲜类外，原则上可投递至智能包裹柜和社会代投点；对特殊用户要求按址投递的，应按址投递。

三、自提点投递

自提点投递是指投递员将各类包裹快递投递至收件人地址附近的智能包裹柜、自提点，收件人凭取件码到智能包裹柜、自提点自取的投递方式。自提点投递是延伸邮政服务网络触角、满足用户多样性收取邮件服务需求、提高投递效率、缓解投递压力、降低投递成本、释放揽投能力的重要措施。

2015年，重庆邮政根据中国邮政集团公司总体安排，提出加快城市自提网络建设和应用的实施意见，在城市布放智能包裹柜，增加人工自提点，适应电子商务寄递市场的快速发展，创新投递服务方式。

2017年9月，重庆邮政按照《中国邮政集团公司关于成立智能包裹柜重组工作组的通知》要求，开展智能包裹柜重组工作，做好现有智能包裹柜运营，不再对智能包裹柜的广告经营权、日常运营等业务运营新增外包或卖断，不再新建智能包裹柜，协助中邮速递易公司加大智能包裹柜的布放力度。同时，向投递员推广使用"中邮速递易"智能包裹柜，提高邮政智能包裹柜的使用率、邮政快递包裹业务的投递效率和服务水平。

2018年7月，重庆邮政按照中国邮政集团公司《关于全力配合中邮速递易做好智能包裹柜建设工作的通知》要求，加强与中邮速递易公司的深度合作，做好智能包裹柜和智能信报箱的推广建设工作，新增智能包裹柜906台、智能信报箱1500台，进一步扩大自提网络规模，优化自提网络布局，提高投递效率。

2019年4月4日，重庆邮政全面推进自提网络建设和应用，努力提升包裹快递自提率，形成"直投+自提代投"相结合的高效揽投服务模式。同年，完成全市"易邮柜"智能包裹柜同中邮速递易公司的资产交割以及全市邮政1500个人工自提点的建设，末端投递效率提升。

2020年9月，重庆邮政出台"邮快超市"运营实施方案，对建设模式及日常经营管理进行规定，全力推进末端揽投点建设。截至同年底，全市共有"邮快超市"2057个，市民可选择就近的"邮快超市"进行取件、寄件。

图 2-3-1-1　2020 年，布放在住宅小区的邮政智能包裹柜

2021年1月14日，重庆邮政制订《重庆邮政自提网络建设和应用工作实施方案》，进一步加大邮政自提网络布局，在人口密集、业务量集中的地区发展邮政自提点，构建"邮政自提点+社会自提点+智能包裹柜"自提网

络。同时，优化投递作业模式，深入推进自提网络建设和应用。

截至 2022 年底，重庆邮政共建成综合便民服务站 11229 个，其中，"邮快超市" 4858 个，全年快递包裹自提率达到 78.21%，排名全国第 2 位。

第二节 投递频次与时限

1986 年，重庆邮政投递频次及时限的要求为区属支局每日投递 1—2 次，县属支局每日投递 1 次。近郊 5 个区局所在地市内互寄邮件，能赶上当地第一班封发时间的，都可当天在市内投递；远郊两区三县所在地，第 1 天交寄的本市邮件，可在第 2 天投出。

2001 年 9 月，重庆邮政根据国家邮政局印发的《国内邮件处理规则》，执行特快邮件投递标准。对于特快邮件，上午收到的应于下午处理完毕，下午收到的最迟应于次日上午处理完毕（用户有特殊要求的除外）。用户要求定时投递服务时，必须严格按用户指定的时间投递。

2004 年 1 月 1 日，重庆邮政组建主城区快递网和速递业务专投网，将特快专递直投范围扩大到主城 6 区，达到每日 3 个投递频次。主城 6 区 14:00 前交寄的互寄特快专递邮件实现当日递，时限提快 12—20 小时；寄往省际间的特快专递邮件大部分可在当日到达寄达局所属经转的航站，时限缩短 12 小时。

2008 年 11 月 21 日，重庆市邮政公司印发《重庆邮政各类邮件、报刊投递服务质量标准》，根据重庆邮政所辖区域投递现状及速递网运支撑的实际情况，将全市分为"全国重点城市承诺范围""速递夜班邮路覆盖范围""二次转趟区县及农村地区"三个部分，各部分投递频次标准不同。对于印刷品和各类领取邮件通知单日投 1 个频次，业务量大的局可考虑印刷品和各类领取邮件通知单日投 2 个频次，快递包裹日投 2 个频次。对于普通信函，根据邮件进口情况，日投至少 1 个频次。平常商函（账单）日投 1 个频次，有时限要求的，可日投 2 个频次；挂号商函（账单）日投 2 个频次。对于报刊，主城区报刊日投 3 个频次，其他区县根据邮件进口车次一般日投 1—2 个频次。

表 2-3-2-1

2008 年重庆邮政部分地区投递频次标准

地　　区	投递频次标准
全国重点城市承诺范围	邮政编码 "4000" 开头的地区，为重庆邮政承诺服务的主要范围。同时增加龙溪、两路、鱼洞、北碚中心区域，实行 "2+N" 个投递频次。"2" 是指每天上午、下午 2 个投递频次，"N" 是指根据速递个性化邮件需求增加的附加投递频次，如次晨达、次日递、同城快递等
速递夜班邮路覆盖范围	自 2008 年 1 月 1 日起，主城速递邮件处理中心向 24 个区县组开 6 条夜班邮路，按网运计划夜班速递邮件在 8:30 前到达区县城关地区，每天必须保证 2 个以上投递频次。主城 9 区远郊的城镇区域，纳入此范围
二次转趟区县及农村地区	未单独组开速递趟车或需二次转趟的区县，以及当班邮件不能在 12:00 前到达的区域，必须每天保证 1 个投递频次；当日未妥投的邮件，应组织次日上午进行投递。农村地区邮件参照该办法组织投递作业

2015 年 7 月 29 日，重庆邮政按照《中国邮政集团公司关于印发中国邮政包裹快递业务改革方案的通知》要求，执行快递包裹运营标准。规定同城互寄：A 类地区（地市城区范围）同城互寄次日递率达到 100%。省内互寄：省内互寄次日递率西部省份达到 70%。省际互寄：A 类地区之间，18:00 前收寄的快递包裹，干线运输时长在 3 小时以内的局，实现次日上午递；10.5 小时以内的局，实现次日递。对已开办小夜班投递服务的区域，14 小时以内的局，实现次日递。

2017 年 6 月，重庆邮政根据中国邮政集团公司《中国邮政集团公司关于修订快递包裹运营标准的通知》要求执行：A 类地区投递机构，每天不少于 2 个投递频次；B 类地区（地市城郊范围）投递机构，城市投递道段每天投递 2 个频次，乡邮投递道段按不低于 D 类地区（乡镇农村）投递频次标准执行；C 类地区（县城城区范围）投递机构，原则上每天投递 2 个频次；D 类地区投递机构，原则上乡、镇人民政府所在地每周投递不少于 5 次，农村行政村每周投递不少于 3 次。同年，重庆邮政根据中国邮政集团公司《中国邮政集团公司关于下发信函、印刷品、普通包裹运营标准的通知》规定，执行新的投递运营标准。普通包裹按照快递包裹投递服务标准执行，原则上，除同城互寄外的普通包裹可比快递包裹晚一天完成投递。信函、印刷品类邮件，A、B、C 类地区投递机构，每日投递不少于 1 个频次，14:30 前到达投递部的所有信函、同城互寄印刷品当日投递完毕，其他印刷品可次日投递完毕。D 类地区：乡、镇人民政府所在地每周投递不少于 5 次；乡、镇其他地区每周不少于 3 次。约投挂号信函投递频次、时限，执行快递包裹运营标准。

表 2-3-2-2

2017 年中国邮政集团公司对各地区快递包裹投递频次标准规定

地 区	投递频次标准
A 类地区	上午投递频次：7:00 前交投递部的快递包裹，13:00 前投递完毕； 下午投递频次：14:30 前交投递部的快递包裹，当日投递完毕； 小夜班投递频次：17:00 前交投递部且纳入小夜班投递服务范围内的快递包裹，当晚投递完毕
B 类地区	城市投递道段上午投递频次：7:00 前交投递部的快递包裹，13:00 前投递完毕；下午投递频次：14:30 前交投递部的快递包裹，当日投递完毕。 乡邮道段按不低于 D 类地区标准执行
C 类地区	县城区只有 1 个投递部的，9:00 前交投递部的快递包裹，14:00 前投递完毕；14:30 前交投递部的快递包裹，当日投递完毕。 县城区有 2 个及以上投递部的，8:30 前到达县局的快递包裹，9:00 前转交到各投递部，14:00 前投递完毕；14:00 前到达县局的快递包裹，14:30 前转交到各投递部，当日投递完毕
D 类地区	在投递工作日 12:00 前到达乡镇支局的快递包裹，乡镇政府所在地范围内的，当日投递；行政村范围内、能赶发当日投递的，应当日投递；无法赶发的，最迟在下一个有效班期投递完毕

2018 年 6 月 22 日，重庆邮政按照《中国邮政集团公司关于深入开展快递包裹全程时限提速工作的通知》要求，拟定省内网提速方案，要求快递包裹当日妥投完成率达到 93% 以上。

2020 年 6 月 5 日，中国邮政集团有限公司重庆市寄递事业部（简称市寄递事业部）根据中国邮政集团有限公司寄递网提速工作安排，下发《关于印发重庆邮政 2020 年包裹快递运营标准实施方案的通知》（渝邮寄递〔2020〕79 号），规定对于特快邮件设置 3 个基础投递频次，对于快递包裹设置 2 个基础投递频次；同时要求特快省内互寄次日递率达到 95%，特快省内出口段平均时长不超过 10 小时，特快省内进口段平均时长不超过 15 小时，特快川渝区域互寄达成率 85%。

2021 年 8 月 26 日，《重庆邮政普邮提速实施方案》（渝邮分办〔2021〕97 号）出台，对全市普邮进出口邮件实施分层提速。方案规定：核心区域 A 类机构设置"6:30、14:30、16:00"3 个投递频次，对应投递早班、午班、晚班下行市趟带运的普邮邮件；核心区域 B 类机构设置"6:30、14:30"2 个投递频次，对应投递早班、午班下行市趟带运的普邮邮件。

截至 2022 年底，各类邮件投递频次时限标准仍继续沿用。

第三节 投递体制变革

投递是邮政通信全程全网的重要环节，是邮政对外服务形象的窗口，是邮政寄递综合服务水平的最终体现。1986—2022 年，重庆邮政不断适应社会经济发展，进一步优化投递体制，加强投递服务能力建设，努力提升投递服务质量及客户用邮体验。

1986 年初，重庆邮政邮件投递范围进一步扩大。全市共有投递道段 404 个，其中，机动车投递段 30 个、自行车投递段 92 个、步班投递段 282 个。市中区及近郊城市街道日投 2 次，其他郊区农村日投 1 次。

2000 年 8 月 30 日，重庆市邮政递送局（简称递送局）成立。自此，原由渝中区、江北区、南岸区、九龙坡区、沙坪坝区、大渡口区所辖 29 个营业室、支局负责组织进口邮件的开拆、分发、投递和报刊发行投递工作，全部交由递送局管理、经营；其他区、县（市）局，对局所在地乡、镇范围内的"普邮、报刊投递网""特快专递邮件投递网""机要邮件投递网"实行"三网合一"，组建成相对独立核算、灵活经营的投递机构；县以下农村投递体制，采用充分依靠地方政府的支持，利用社会力量推行以委代办为主的投递形式。

2001 年 6 月 1 日，重庆邮政出台《重点报纸专段设置办法》并在主城区内全面实施，对商业繁华地段和居民集中地区报纸实行专段投递，设置专门的投递道段，配备专门的投递人员，将报刊发行的宣传、收订和投递工作融为一体。同时，将投递服务质量、新增（减）订户、报刊新增（减）份数、其他邮政业务揽收和新业务发展按月纳入绩效考核。同年 12 月 27 日，重庆邮政对主城区邮政投递体制作进一步调整和完善，规定自 2002 年 1 月 1 日起，近郊 5 个区局、14 个支局的报刊发行和邮政投递工作划归递送局管理。

2003 年 12 月 22 日，递送局根据重庆市邮政管理局有关组网要求，召开专题会议对主城区快速邮运和速递业务专投网组建和组织作业工作进行部署。同年 12 月 25

日，重庆邮政重组形成两个层次的主城区递送网络（快速邮运网和速递业务专投网）并试运行，进一步加快主城区各类邮件的传递时限，利用递送局早报快速服务段实施特快专递 3 个频次投递作业，提高邮政递送服务水平。

自 2004 年 1 月 1 日起，重庆邮政主城区递送网络正式运行。通过网路优化，快速邮运网全面加快主城区各类邮件的传递时限，提高服务水平；速递业务专投网使特快投递频次由原来的每日 2 次增加到每日 3 次，直投范围扩大到主城 6 区。

2005 年 5 月 1 日，递送局"三网"投递作业组织方案在渝中区递送分公司率先试运行，在早报段、普邮段、专堆（大客户）段的基础上重新优化组合，建立普邮投递网、报刊投递网、特快投递网及专堆段。3 个投递网根据邮件不同的投递时限、频次及深度要求投送不同的邮件种类，其中，普邮投递网由 38 个道段组成，每天 1 个频次，具体负责平信、平刷、挂信、挂刷、汇票的投递；报刊投递网由 76 个道段组成，每天 3 个频次，具体负责邮发报刊、代投报刊、非大网进口商函、三峡报刊亭、邮送广告的投递；特快投递网由 26 个道段组成，采用轻快简便的摩托车作为投递工具，每天 3 个频次，具体负责特快、证券报、"11185"票务、快递物流及其他限时递业务的投递。同年 7 月，原由递送局承担的主城区物流邮件投递揽收业务全部交邮区中心运作，减少中间交接环节，并划拨部分物流专用车辆实施物流邮件配送揽收。根据客户资源和个性化需求，邮区中心重新调整投递道段，设立 12 个投递道段，保证物流邮件及时准确送达客户。

2007 年 3 月 27 日，重庆邮政将原递送局 6 个递送分公司按属地原则，成建制划归城区各局。原归其管理的渝北区龙溪地区投递队伍划归渝北区局，原递送局物流中心按业务归类划归重庆中邮物流有限责任公司，原递送局负责身份证、护照寄递业务的部门划归重庆市邮政公司速递公司。同年 4 月 1 日，递送局撤销，其职能按属地原则，成建制归入城区 3 个局和渝北区局。按照快普分网运作模式，原由递送局承担组网的主城区进口特快邮件、部分出口特快邮件以及部分重点报刊运输工作交由邮政各城区局承担，组建城区局快速邮件网，邮区中心趋车或区内邮路作为网路的补充和完善。主城区物流邮件配送由重庆市邮政公司速递公司负责，远郊交由邮区中心趋车或区内邮路负责运输。

2016 年 9 月，重庆邮政在全市范围内推广县域转运、分拣、投递"三合一"生产流程及作业组织优化工作，深入实施"营分运投"全环节流程优化，7 个城区投递站试行"营分运投"改革，29 个城区投递站推行普通邮件与快递包裹邮件分网投递。

2017 年 5 月，《2017 年重庆邮政投递网优化升级实施方案》出台，对生产作业场地扩能，推进城市投递机动化、农村投递汽车化、内部处理机械化，改革投递组网模式和优化生产作业流程，扩大、优化和管控社会自提代投网络，培养和打造高素质专业化投递队伍，强化投递运营和对标管理。

2018 年，重庆邮政按照中国邮政集团公司寄递改革总体要求，组建揽投网络资源整合小组，摸清邮速（邮政揽投网、速递物流揽投网）双方揽投网络资源和生产作业组织现状，针对揽投网络资源整合工作制定相应指导意见，完成揽投网络资源整合实施方案。

2021 年 6 月 24 日，《重庆邮政寄递揽投网格化推进方案》出台，将揽投作业模式由"单兵作业 ＋ 多频次往返"调整为"批量直投 ＋ 接力转驳 ＋ 团队协作"，在管理上实行"网格长"制，提升整体作业效率。

2022 年 9 月 23 日，重庆邮政加快农村投递改革，落实党中央、国务院关于乡村振兴战略和农村寄递物流体系建设的工作部署，按照《中国邮政集团有限公司关于做好农村投递汽车化工作的通知》要求，安排农村投递汽车化工作。同时，各单位建立农村投递汽车化台账，正式上线"农村投递车辆管控"模块。同年 9 月 27 日，重庆邮政按照中国邮政集团公司《关于进一步加快 2022 年县乡村三级物流体系建设的实施意见》的要求，将建制村部分周三班投递频次，提升为周五班及以上投递频次。

截至 2022 年底，重庆邮政共有投递道段 4562 条，其中，城市地区投递道段 2870 条，单程投递线路总长度 38936 公里；农村地区投递道段 1692 条，单程投递线路总长度 45574.17 公里。全市 A 类机构网格化率达 92.11%，人均揽投量 274.12 件 / 日，全市投递环节成本同比压降 16.4%。

第四章　客户服务

客户服务是指企业在客户购买、使用产品或服务前后向客户提供帮助，包括提供产品建议、受理咨询服务、解决问题、处理投诉等，旨在提高客户满意度，增强客户黏度。重庆邮政客户服务中心成立以来，始终坚持"以客户为中心"的服务理念，服务内容更新迭代，服务品质稳步提升，不断提高邮政服务客户满意度。

第一节　"11185"客户服务

重庆邮政客户服务中心是以邮政独有的全国统一特服号"11185"为接入号码，采用CTI计算机电话集成技术，运用先进业务处理模式建立的综合性电话服务平台，为客户提供邮政业务咨询、查询、投诉及建议等服务。

一、机构历史沿革

1998年10月9日，重庆"185"特快专递揽收专线开通。2001年8月1日，邮政编码查询台、"185"邮政速递服务台的业务、生产设备、工作人员划归邮政信息技术局管理。2002年4月26日，"185"客户服务中心正式开通。2003年4月，信息技术局下设电子商务科，"185"客户服务中心和邮政寻呼台挂靠电子商务科。2004年7月3日，"185"升位为"11185"。2007年5月，"11185"客户服务中心从信息技术局划转到新成立的电子商务公司下设的电子商务部。2009年9月，电子商务公司整合代理业务部、电子商务部的经营管理职能，成立运营支撑部，下挂重庆邮政"11185"客户服务中心。2017年6月，"11185"客户服务中心实行机构改革，划转至重庆市分公司服务质量部。2020年6月1日，重庆邮政"11185"客户服务中心与市寄递事业部客户服务中心整合，在原"11185"客户服务中心生产场地进行人员、业务整合，启动统一的邮政客户服务工作。截至2022年，继续沿用该模式开展全市客户服务工作。

二、服务内容演变

1998年10月9日，重庆"185"特快专递揽收专线开办EMS查询、投诉、上门揽收以及鲜花礼仪等新型服务，是邮政柜台在电话平台上的延伸。

2001年8月17日，"185"邮政速递服务台正式开通电话订票（飞机、火车、轮船）业务，客户安坐家中，一通电话，即可享受全国各地优惠机票和免费送票服务。

2002年4月26日，"185"客户服务中心正式开通。客户服务中心系统采用湘邮科技的集成项目，是以C/S模式为基础构建的第三代客服中心，满足30个座席话务处理能力，以语音接入为主，具备处理邮政业务咨询、查询及投诉等服务功能。

2003年3月25日，票务中心正式挂牌对外营业。票务中心利用"185"客户服务中心系统为大家提供7×24小时，不分昼夜及节假日，全天候飞机、轮船、火车及各类演出票、福利彩票等订购服务，使服务更加便捷化、人性化。

2004年7月3日，"185"升位为"11185"，后称"11185"客户服务中心。2005年1月1日，重庆市邮政管理局辖内40个区县（自治县、市）邮政局营业网点全

面开办铁路客票邮政订送业务，构建起全市覆盖面最大的铁路客票订送网络。客户通过拨打"11185"客户服务中心电话，或在就近邮政营业网点办理预订火车票业务，便可利用邮政特快专递把火车票及时送达客户手中。

2008年7月12日，按照"集团公司统一版本、各省分建"原则，重庆市邮政公司客户服务中心系统第一批切换上线。系统由华为语音平台、长天科技应用平台组成，为中心提供7×24小时不间断服务，实现60个座席的话务处理能力。统版后，客户服务中心向用户提供邮政业务咨询、投诉和受理、票务代理、自邮一族等业务，还不断叠加电子税务局票易达、ETC、邮掌柜等新型业务。

自2014年5月1日起，"11185"客户服务中心办理的速递业务，由"11183"统一受理。自2015年7月1日起，以"11183"为统一受理平台，开展邮政包裹快递业务客服工作，业务受理范围叠加国内标准快递、快递包裹、国际标准快递、国际包裹等。自2022年3月21日起，"11185"客服中心受理包裹快递业务客服，为寄递客户提供业务咨询、查询及投诉等"一站式"服务。截至2022年，继续沿用该模式为全市客户提供服务。

表 2-4-1-1

2008—2022 年重庆邮政"11185"客户服务中心话务量统计表

单位：次

年份	请求人工次数	通话次数	通话率
2008	904225	838334	92.71%
2009	2977931	2394681	80.41%
2010	1826317	1563693	85.62%
2011	1920496	1265541	65.90%
2012	1373526	1090549	79.40%
2013	1027508	927124	90.23%
2014	720360	691488	95.99%
2015	535736	507942	94.81%
2016	364248	342917	94.14%
2017	296109	270882	91.48%
2018	163990	155602	94.89%
2019	138265	130505	94.39%
2020	184308	157470	85.44%
2021	94049	89731	95.41%
2022	63166	59524	94.23%
合计	12590234	10485983	83.29%

图 2-4-1-1　2002 年，重庆邮政"185"客户服务中心

三、智能客服

2022 年 8 月 15 日 20:00，中国邮政集团有限公司重庆市分公司"11185"客户服务中心作为全国首批 3 个试点省份之一，成功试点上线中国邮政智能客服平台首批功能。新平台是中国邮政深入推广系统智能化和客户自助服务的有力举措，上线后整合邮务、寄递、保险、证券四个条线语音平台，正式运行"全国统一接入、统一受理，工单下发各省处理"的新模式。

四、客户体验

自 2019 年起，"11185"客户服务中心承担起客户体验工作。运用"三个视角"（客户视角、竞争视角、行业最佳实践视角），围绕客户痛点、市场热点、经营重点，按季度开展客户体验项目。2019 年，先后开展"快递行业申、投诉处理服务""代理金融客户服务""寄递 EMS 上门揽收环节""'双 11'寄递服务"等体验活动。2020 年，制定《中国邮政集团有限公司重庆市分公司客户感知管理办法（试行）》，构建"专业条线＋综合管理"的网格式客户感知管理体系，聚焦投诉处理、普服质控、客户服务、业务支撑等，开展邮政产品体验、服务体验、流程体验。自 2021 年起，加密客户体验频次，常态化开展"一月一体验"，组织"云艺考"寄递服务、"二十四节气"客户维护效果评估等综合体验项目 12 个。同步启动"客户体验三年提升工程"，提出"健全体系、完善渠道、闭环管理"工作目标，确定 2021 年为"窗口服务体验提升年"、2022 年为"线上服务体验提升年"。2022 年，开展线上客户体验、综合客户体验项目 28 个，"大同城"业务体验项目作为"管理提升年"优秀案例，在《中国邮政报》公众号上展播。

五、先进荣誉

2005—2020 年，重庆邮政"11185"客户服务中心蝉联"全国青年文明号"称号。2007 年 3 月 9 日，"重庆邮政'11185'客户服务中心解决方案"被评选为重庆市信息化"十五"优秀解决方案。此前，该项目于 2002 年被评为

全国电子信息技术应用贷款建设项目（倍增）计划优秀项目，获得财政部政府补贴 60 万元。同时，重庆市人民政府也将该系统列入重庆信息港规划，并作为社会公用服务平台积极加以推广。2009 年，重庆邮政"11185"客户服务中心荣获共青团重庆市委"重庆市雷锋团支部"称号；2011 年 4 月，获得全国邮政"学习型标兵支局（班组）"称号；2013 年，获得重庆市总工会"五一巾帼标兵岗"称号；2022 年，获得"一星级全国青年文明号"称号。

第二节　客户服务管理

一、邮件查询

邮政企业按规定对用户交寄的给据邮件提供查询服务。1996 年 12 月 1 日，重庆市邮政局响应邮电部邮电资费调整新规，取消邮电查询费。1997 年 6 月，再次重申邮件交寄后信函 20 天，印刷品、包裹 30 天，快件 15 天方可接受查询。1998 年，亮出服务承诺：对于用户查询，本市互寄给据邮件 15 日内答复。本市与其他省市互寄给据邮件 30 天内答复（青海、西藏、新疆 60 天内答复）。2001 年，执行国家邮政局《国际邮件查询处理办法》（2001 年修订本），明确各类给据国际邮件可以在交寄的次日起 6 个月以内申请查询。2014 年 12 月 1 日，执行中国邮政集团公司制定的《邮政代理速递、快递包裹、国际及台港澳包裹查询、投诉、赔偿管理办法（试行）》，细化邮政代理速递、快递包裹、国际及台港澳包裹查询、投诉、赔偿管理，明确查询受理时限。国内速递邮件有效期为自交寄之日起一年，国际及台港澳速递邮件有效期为自交寄次日起 4 个月，国际及港澳包裹有效期为自交寄次日起 6 个月，大陆与中国台湾互寄的包裹自交寄次日起 12 个月，快递包裹有效期为自交寄之日起一年。自 2015 年 7 月 1 日起，以"11183"为统一受理平台，开展邮政包裹快递业务客服工作。2017 年 7 月 28 日，邮政集团公司在《关于 2017 年上半年全国邮件查验赔偿管理情况的通报》中，再次明确各级业务档案室不再受理快包查询和理赔工作。2021 年 7 月修订的《国内邮件处理规则》，明确给据邮件（不含普通包裹）的受理查询有效期为自交寄之日起 1 年内，自交寄之日起即可查询，其查询的主要方式有营业网点查询、"11185"电话查询、中国邮政网上营业厅、中国邮政给据邮件跟踪查询系统等。普通包裹、快递包裹、特快专递邮件的受理查询有效期为自交寄之日起 1 年内，查询方式主要有营业网点查询、"11183"电话查询、在线查询、揽投员代理查询等。截至 2022 年，继续沿用该邮件查询方式。

二、邮件赔偿管理

邮政企业对符合规定的邮政普遍服务业务范围内的邮

件和汇款的损失进行赔偿。1991年，重庆市邮政局发布邮件查询赔偿工作意见，明确"查单受理后，经催查未得到按时答复，查询期已满的或虽已答复，但超过查询期限的，一律由收寄局按规定主动向寄件人办理赔偿，待查明责任局后由责任局进行归垫；对已查明邮件丢失、损毁责任段落的，责任局及时通知相关局办理赔偿，并及时办理归垫，不得拖延"。1995年12月14日，四川省邮电管理局转发邮电部《关于进一步加强邮件查询赔偿工作》，要求加强赔偿工作和查询积案清理。1998年3月20日，公布服务承诺，对查询期满无下落的给据邮件，邮局先予赔偿（汇款另行规定）。2011年11月10日，根据《国内邮件处理规则》，重庆市邮政公司制定《重庆市国内普通邮件查验赔偿管理办法（试行）》，建立快速赔偿绿色通道，优化快速赔偿流程，完善快速赔偿机制。明确给据邮件在寄递过程中，发生丢失、短少、损毁，致使邮件失去邮件本身全部或一部分价值的；自受理查询之日起查询全程时限已满仍无结果的（视为邮件丢失），应在一周内予以赔偿。2013年6月9日，制定《重庆邮政代理速递物流业务查验赔偿管理办法（暂行）》，理清代理业务关系。2015年，为解决邮件丢失、损毁、内件短少和邮件延误等引起的赔偿问题，提升客户体验，在全市统一建立总额为100万元的赔偿基金，用于邮件丢损的快速赔付。该基金对属于邮政企业责任的问题邮件，在未明确责任人和责任环节前，按照"先外后内、先赔后清"的原则，由邮件查验受理方先行垫付赔偿金对客户实施快速赔，同时并行推进判责处理流程。2020年5月6日，印发《中国邮政重庆市分公司邮件赔偿基金管理办法》（简称办法），明确赔偿基金使用的基本原则、适用范围、额度标准、邮件赔偿标准、使用流程以及赔偿款归垫方式。截至2022年，继续沿用该办法。据统计，2015—2022年，全市共40个单位使用赔偿基金341.49万元，涉及邮件26541件。

表 2-4-2-1

2015—2022 年重庆邮政赔偿基金使用情况表

年份	赔偿邮件量（件）	赔偿金额（元）	涉及单位（个）
2015	115	18419.70	11
2016	2103	408127.55	30
2017	2692	342929.41	30
2018	6194	440419.84	37
2019	2751	351489.07	34
2020	4335	654333.52	35
2021	3123	499014.63	31
2022	5228	700151.31	33
合计	26541	3414885.03	—

三、投诉管理

1986年，重庆市邮政局印发《邮政通信工作要点》，要求认真改善服务，重视人民来信来访，及时处理答复，并明确"用户有理由申告减少50%"的目标。1989年，《质量管理工作要点》提出要采取广泛听取用户意见、及时做好来函来访处理、定期召开用户座谈会、定期走访用户、开展技术服务等方式做好用户服务工作。1998年，重庆市邮政管理局在"深入开展'树创'活动，推进'98邮电服务年'"工作中，重视来自社会方面的监督，各管理部门认真做好人民来信、来访、电话投诉、新闻媒介曝光的登记、反馈、处理工作，克服拖拉、推诿扯皮等不良现象，并对服务工作中的用户有理由申告严格执行考核。

2002年12月26日，市邮管局发布《重庆邮政服务投诉管理办法（暂行）》，明确邮政服务投诉实行首问负责、统一受理、分级处理、及时反馈的原则。各营业网点厅内对外张贴公布全市统一的邮政服务投诉受理电话"185"和本企业邮政服务监督电话；明确各级企业邮政服务投诉的指定受理处理部门；落实全年无节假日投诉受理处理值班制度、投诉处理责任制，加强对用户投诉反映的及时处理，并建立、健全用户投诉受理处理档案。投诉管理实行三级管理，第一级为市邮管局办公室、公众服务处，和各邮政专业局（公司）办公室、业务科室；第二级为各片区邮政局及有现业职能的专业局（公司）办公室、业务科室；第三级为各区县（自治县、市）邮政局办公室、业务科室。各级业务管理部门是处理投诉的主要和具体承办单位。各邮政专业局（公司）、片区邮政局、区县（自治县、市）邮政局及有现业职能的专业局（公司）实行全年无节假日投诉处理值班制度。各级管理部门职责划分为：（1）本级投诉管理部门管辖范围内的投诉事项由本级投诉受理、处理机构负责妥善解决；（2）"185"客户服务中心受理的一般用户投诉由"185"客户服务中心直接转给各区县（自治县、市）邮政局及相关专业局（公司）处理；（3）疑难用户投诉、重大用户投诉须报送上级主管部门，由上级主管部门负责调查处理；（4）涉及两个及两个以上区县（自治县、市）邮政局、有现业职能的专业局（公司）的，由上级主管部门负责协调、仲裁。

2003年9月1日，市邮管局印发《关于进一步加强邮政服务工作确保提高全市邮政服务质量综合满意度的通知》，要求重视用户投诉和来信来访工作，实行首问负责制，对用户反映的问题必须认真进行调查处理并按《重庆邮政服务投诉管理办法》所规定的时限和要求答复用户。营业窗口放置的"用户意见簿"，支局长（班组长）必须每天及时处理答复用户意见。

2004年6月10日，市邮管局设立重庆邮政用户投诉受理中心，公布投诉电话，添置录音传真电话，并配置专人受理用户投诉。用户投诉中心设在行业管理处视察室，其主要职责是负责受理用户的投诉并及时处理；答复用户的业务咨询；负责日常管理等工作。

2011年，重庆市邮政公司印发《重庆市邮政服务首问负责制实施办法（试行）》，适用于各级管理部门和全体邮政员工，受理用户咨询、投诉的范围为所有邮政提供的服务内容（用户咨询、业务查询和投诉），受理用户咨询、投诉的形式有来信、来访、来电、网上咨询或投诉等。

2014年12月1日，邮政集团公司发布《邮政代理速递、快递包裹、国际及台港澳包裹查询、投诉、赔偿管理办法（试行）》，明确邮政代理速递、快递包裹、国际及台港澳包裹投诉工单由邮政速递物流"11183"客户服务中心、邮政速递物流协议客户主动客服团队通过"11183"工单系统发起（快递包裹投诉工单由"11185"系统发起），并发往核查单位。

2017年，按照国家邮政局《邮政普遍服务》标准（YZ/T0129–2016）要求，邮政营业场所需对外公示重庆市邮政业消费者申诉电话以及邮件主要赔偿条款。重庆市分公司对营业网点对外公示的服务监督电话及邮件赔偿提示条款的内容、版面进行设计，并发布"监督（投诉）电话栏"公示各区县分公司对外服务监督电话；同年，重庆市邮政业消费者申诉中心制定《邮政业申诉处理质量考评办法（试行）》，将投诉电话接通率、申诉答复正确率纳入对市分公司和各快递企业的考评体系，进一步规范邮政业消费者申诉处理工作。自2019年12月20日起，"11183"客户服务中心可受理国内普通包裹客户诉求。

四、用户满意度调查

（一）用户监督

1987—2022年，重庆邮政不断改进满意度调查方式，通过用户监督，持续改善邮政服务质量，提高用户满意度。

1987年，重庆市邮政局营业窗口均设立用户意见簿，重庆市邮政局设有用户监督电话，并通过走访用户、发放用户意见征询函、召开用户座谈会等方式，听取用户对邮政通信的意见，用户对邮政通信的满意率在95%以上。为适应社会主义市场经济发展需要，根据邮政总局1994年发布的《邮政通信服务规范》规定，各市、县局和支局建立定期召开用户座谈会制度（每半年至少要召开一次），邮政总局、省（区、市）邮电管理局、市、县局每季度至少缮发一次征询意见函（每次不少于300张），并随函附寄"用户意见回单"，各局建立和完善定期走访用户制度，并选择邮政不同类型业务的用户进行上门征询意见（每半年至少走访一次）。

2011年，印发《重庆市邮政服务质量用户满意度测评管理考核办法（试行）》，建立起自上而下的用户满意度测评工作体系，市公司负责全市的用户满意度测评工作，各城片区局负责本辖区的用户满意度测评工作；各区县局负责本区县的用户满意度测评工作，并对测评数据进行汇总、整理、分析、运用、考核和通报。邮政服务质量用户满意度测评工作采用信函调查方式，通过向用户缮发征询意见函，征求用户对邮政服务工作的评价、意见和建议。2014年，邮政服务质量用户评价工作委托社会第三方咨询公司开展，经过几年的不断推进，结合企业生产经营发展需要，评价对象从普遍服务网点客户、"11185"电话客户，扩展到普遍服务大客户、寄递普通客户和大客户；评价方式由最初的现场问卷、电话访问、发征询函，新增网络征询、电话征询、低满意度回访等形式。

（二）质量考核

重庆邮政将用户评价结果与通信质量考核相结合，不断提高邮政服务质量。1994年，四川省邮电管理局把邮电通信企业邮政和电信服务质量纳入省经营责任制中，并明确邮政、电信服务质量满意率指标考核内容，考核以邮政、电信"用户征询函"为依据，计算出邮政、电信服务质量满意率。1996年，重庆市邮政局继续把邮政通信服务质量用户满意率纳入对各区邮电局、支局、中心营业部的经营承包责任制进行考核，并制定新的邮政通信服务质量评价表，将其反馈情况结合人民来信及市级、区级新闻媒介反映的情况和日常重庆市邮政局检查情况，计算用户满意率作为年终考评依据。在1998年"深入开展'树创'活动，推进'98邮电服务年'"工作中，明确"凡用户评价满意度达不到80分的扣相关局经营承包总分10分，并扣减新增工资总额5%"的规定。在2000年上半年国家邮政局和市邮管局对重庆市各区县（市）邮局的邮政服务质量调查中，市邮管局结合"邮政服务质量用户意见综合材料"和用户满意度综合得分情况，对相关单位进行考核并督促落实整改。随着邮政改制企业化经营发展，用户满意度测评结果一直作为衡量各邮政公司通信服务质量水平的标准之一。

自2006年起，邮政集团公司开展邮政服务质量评价工作。采用信函调查、电话回访等方式，征求用户对邮政服务工作的评价、意见和建议。多年来，重庆邮政测评得分始终高于邮政集团公司考核标准。

表2-4-2-2

**2015—2022年邮政集团公司普遍服务
满意度测评（重庆）统计表**

单位：分

年　份	得　分	年　份	得　分
2015	89.35	2019	88.03
2016	83.69	2020	86.20
2017	83.57	2021	85.50
2018	83.53	2022	86.30

第三节　"11183"客户服务

一、机构设立

中国邮政于 1984 年开办国内特快专递业务（简称邮政 EMS），暂无专业的客户服务热线。

2004 年 7 月，"11185"邮政客服热线上线后，邮政 EMS 的揽收、咨询等业务成为"11185"邮政客服热线的子项目，客户可以通过拨打"11185"客服电话获取邮政 EMS 业务服务需求支持。

随着邮政 EMS 业务的快速发展，邮政"11185"客服热线无法满足客户对邮政 EMS 的服务需求。中国邮政速递物流股份有限公司成立后，为顺应和支撑速递物流专业化发展需求，于 2010 年 6 月建立全国大集中的"11183"呼叫中心（北京中心）。

2010 年 7 月 1 日，中国邮政特快专递专属服务电话"11183"邮政速递物流客服热线正式上线，统一受理全国特快专递派揽、咨询、查询、投诉业务。"11183"呼叫中心（北京中心）是"11185"客户服务中心在速递物流客户服务方面的强化和升级。

自 2011 年 11 月起，"11183"呼叫中心（北京中心）开始受理查询、投诉，由各省、市、区速递物流分公司客服中心协助处理。

2012 年 6 月至 2014 年 11 月，相继建成广州、福州"11183"呼叫分中心及石家庄在线客服中心。"11183"各呼叫分中心集中受理包括重庆在内的全国 31 个省、市、区客户的揽收、咨询、查询、投诉业务，并调度到各省、市、区邮政速递物流分公司客服中心进行处理。

二、服务内容

中国邮政速递物流股份有限公司重庆市分公司客户服务中心（简称重庆客服中心）作为专业的客服机构，统一接受"11183"呼叫分中心的调度，承担本区域的特快专递揽收、咨询、查询、投诉等业务功能。

2011 年 2 月，重庆客服中心开始接收处理"11183"派揽工单。2012—2013 年，"11183"各呼叫分中心在全国陆续推广主动客服，各省、市、区邮政速递物流分公司应用主动客服系统为大客户提供特快邮件的主动跟踪、查询服务。

2014 年 9 月，中国邮政速递物流"11183"服务调度系统上线，实现了客服功能从跟踪、查询向问题邮件处理的转型。同年 11 月，中国邮政速递物流公司"11183"在线客服上线，丰富了"11183"接入渠道，客户不用拨打"11183"热线电话，可以通过中国邮政速递物流 EMS 官网、微信公众号、APP、支付宝等渠道，连接"11183"在线客服办理派揽、咨询、查询、投诉等业务。

2015 年 6 月，中国邮政集团公司对包裹快递实施改革，邮政"11185"客户服务中心承接的邮政快递包裹投诉、查询纳入以"11183"为核心的客服体系。

2016 年 11 月，"11183"包裹快递快速理赔系统在全国上线，售后理赔实现全面信息化。

2019 年，中国邮政集团公司在"11183"包裹快递快速理赔系统上线的基础上，开发理赔财务支付功能模块，建立理赔系统与财务支付的快捷通道，简化赔偿款报账手续，通过银企直联完成对客户赔偿款的实时电子支付，赔偿支付方式更加多元化、便利化，客户用邮体验不断提升。

2020 年，包裹快递快速理赔系统完成全国推广上线。2022 年，为保障"巫山脆李"邮航专机项目顺利平稳运行，提升客户体验，重庆客服中心应用主动客服系统主动监控 23.89 万件特快专递邮件，对发现的异常邮件主动干预，获得客户好评。

第五章　专项服务

第一节　服务重要会议和重大活动

重庆邮政在做好普遍服务和特殊服务的同时，也为各类重要会议和重大活动提供邮政服务，受到地方政府肯定和社会赞扬，提高了重庆邮政的社会知名度与影响力。

2005 年 10 月 12 至 14 日，以"城市·人·自然"为主题的 2005 年亚太城市市长峰会在重庆国际会展中心举行。来自全球 41 个国家和地区的 124 个城市的市长、议长（代表），255 家跨国公司的 CEO 或代表，13 个国外机构、中国市长协会代表参加了此次峰会。会议期间，经重庆市政府同意，重庆市邮政管理局授权城区一局在会展中心设立临时邮局，在峰会客人下榻的希尔顿、万豪、扬子江等 6 家酒店、宾馆设立专门的邮政柜台，提供邮政通信服务，受到与会各国人员的肯定。

2009 年 6 月 18 至 21 日，国家旅游局与重庆市人民政府共同主办的以"多彩西部"为主题的第一届中国西部旅游产业博览会在重庆举行，来自海内外的旅游机构、旅游投资商、旅游企业、旅游景区等旅游界人士和游客共上万人参会。重庆邮政积极配合并争取到集团公司支持，专门制作发行《重庆风光》《新三峡》等个性化邮票和邮品，并通过举行首发式为会议提前宣传造势。重庆邮政为博览会提供良好的邮政通信保障服务。

2010年3月20至24日，重庆市人民政府与中国花卉协会共同主办的第十届亚太兰花大会暨第二十届中国兰花博览会在重庆国际会展中心举行。第十届亚太兰花大会是首次登陆中国内地城市，第二十届中国兰花博览会也是首次在重庆举行。重庆邮政配合重庆市林业局参与此会，在开幕式上举办"兰花特种邮资明信片"首发式。为增强纪念意义，重庆邮政向集团公司申请发行《兰花聚巴渝·沁香飘世界》个性化邮票，并制作发行纪念封和纪念日戳。会议期间，重庆邮政举办专题集邮展览，展出各国发行的兰花邮票和集邮品，同时在现场设立临时邮局，提供邮政通信服务，受到与会人员的肯定。

2011年9月至2012年4月，第八届中国（重庆）国际园林博览会（简称第八届园博会）在重庆举行。第八届园博会是由国家住房城乡建设部与重庆市人民政府共同主办，中国风景园林学会、中国公园协会等共同承办的国际性盛会。为纪念这一盛会的举办，重庆邮政特向集团公司申请发行《第八届中国（重庆）国际园林博览会》纪念邮资明信片1套2枚，同时为博览会做好邮政通信保障服务。

2013年9月26至29日，首届中国国际集藏文化博览会（简称集藏文博会）在北京展览馆举行。2015年9月25至28日，第二届集藏文博会在北京展览馆举行。集藏文博会是由中华人民共和国商务部和集团公司批准，由中国集邮总公司与中国国际贸易中心股份有限公司联合主办，是展览内容非常丰富且极具规模的国际性集藏综合展会。重庆邮政与重庆市梁平县合作共同参加了两届集藏文博会，在首届集藏文博会上向全国乃至全世界展示了梁平木版年画和非物质文化遗产，获得铜奖；在第二届集藏文博会上，以"集藏——创造财富 收获文明"为主题设置展区，每天的参观人数达3万人次以上。

2014年5月15至18日，第十七届中国（重庆）国际投资暨全球采购会（2018年更名为中国西部国际投资贸易洽谈会，简称西洽会）在重庆国际博览中心举行。中国邮政以央企和世界500强企业的身份应邀参展，这是中国邮政首次集合旗下四大主营业务同时参加大型国际性展会，全面展示现代邮政新形象。为配合集团公司参展，重庆邮政特别制作首日封及纪念邮戳各2枚，并在现场设立临时邮局。展会期间，前来邮政展厅参观的人数近2万人次。2014—2019年，中国邮政连续6次参加西洽会，重庆邮政为会议提供良好的邮政通信保障服务，展示了服务国家战略情况，打造行业"国家队"综合实力。

2016年4月12至13日，集团公司主办的2016中国（重庆）跨境电商邮政高层论坛在重庆举行。本次论坛以"合作共赢、促进发展"为主题，以服务跨境电商、发展

图2-5-1-1 2016年4月12至13日，集团公司主办的2016中国（重庆）跨境电商邮政高层论坛在重庆举行

跨境包裹寄递业务为核心，来自 26 个国家和地区的邮政代表进行了深入交流，提出合作设想，分享新产品开发、邮政改革创新等方面的经验和做法，并一致通过跨境电商《重庆宣言》。万国邮政联盟秘书长比沙尔·侯赛因、重庆市政府领导、国家邮政局领导应邀出席开幕式并致辞。重庆邮政为本次论坛提供了优质的邮政通信保障服务。

2017 年 6 月 23 至 25 日，第五届中国西部旅游产业博览会（简称西旅会）在重庆国际博览中心举行。根据重庆邮政与重庆市旅游局签订的《加强旅游邮政战略合作协议》，邮政服务作为重庆旅游产业规划和相关旅游合作计划及工作安排的重要组成部分，重庆邮政积极参与和促进重庆旅游产业发展，将《长江三峡》长卷个性化邮票首发式作为西旅会开幕式活动之一，同时将《长江三峡》长卷藏品作为西旅会特供旅游产品编入《"重庆好礼"旅游商品名录》，并为博览会提供优良的邮政通信保障服务。

2018 年 10 月 17 至 19 日，中国国际贸易促进委员会重庆市委员会、中新（重庆）战略性互联互通示范项目管理局、重庆市政府物流协调办公室、重庆市全球采购促进中心有限公司联合主办的 2018 中国（重庆）国际创新物流与交通运输博览会在重庆国际博览中心举行。来自全球物流行业全产业链的众多客商云集重庆，共享国际物流发展商机。应重庆市政府领导要求，物博会组委会于同年 6 月 21 日发函诚邀重庆邮政参展。重庆邮政以"世界邮政网，网络联天下"作为主题参展，设计重庆至欧洲的国际铁路（简称渝新欧）运邮通道建设、跨境电商重庆模式、AGV 无人分拣、国际寄递产品（邮乐平台海外馆）、农村电商等板块内容，展示重庆邮政新时代新气象新作为。

2020 年 11 月 2 至 30 日，农业农村部和重庆市人民政府共同主办的第十八届中国国际农产品交易会在重庆国际博览中心举行，国务院领导、农业农村部部长、重庆市市委书记、重庆市市长出席会议，会议期间，各省农业农村行业主管部门领导和行业内专家莅临参会。本次交易会为国际性展会，参会主体主要为各省级以上龙头企业和国外知名企业。重庆邮政征得集团公司同意，以全国邮政四季度的基地产品、中国邮政惠农合作项目模式、中国邮政电商扶贫成果、重庆邮政在惠农助农方面的亮点等四方面内容参加此次交易会，展示了中国邮政在惠农方面的政策和成果，树立了中国邮政农品品牌。

2021 年 5 月 31 日至 6 月 1 日，重庆邮政助力农民合作社高质量发展交流活动暨全市邮政惠农合作项目推进会在重庆市永川区举行。重庆市农业农村委、永川区政府、重庆邮政相关领导出席活动并讲话。重庆邮政为本次会议提供优良的邮政通信和现场服务，促进本次活动圆满完成。

2021 年 8 月 23 至 26 日，中国—上海合作组织数字经济产业论坛与 2021 中国国际智能产业博览会以"线上虚拟展＋线下实体展"的形式在重庆国际博览中心举行。重庆邮政征得集团公司同意后，以"智慧邮政"为主题参展，并结合数字人民币、数字邮票、智慧网点、智慧物流、渝新欧运邮等五方面的内容进行展示，此次活动充分展现了中国邮政在大数据、智能化领域的发展成就。

2022 年 1 月 7 至 10 日，农业农村部、台盟中央、重庆市人民政府共同主办的第二十一届中国西部（重庆）国际农产品交易会在重庆国际会展中心举行，展示面积约 3 万平方米。集团公司来函批示，请重庆邮政代表集团公司参展。重庆邮政以"促进产销对接，助力乡村振兴"为主题参展，主要展示全国邮政四季度的农产品（含基地产品）、中国邮政服务乡村振兴模式、重庆邮政在服务乡村振兴方面的亮点和成效三个方面的内容。通过此次交易会，充分展现中国邮政在服务乡村振兴方面的政策和成果，提升了中国邮政农品品牌影响力。

第二节 服务三峡库区移民搬迁

1992 年 4 月 3 日，七届全国人大五次会议表决通过关于兴建长江三峡工程的决议。因修建长江三峡工程被淹没，并具有移民任务的地区被称为三峡库区。重庆有 15 个区县属于三峡库区，涉及重庆邮政下辖的多个县局机关、营业及生产场地需要搬迁重建。自启动三峡移民工作起，重庆邮政积极服务国家重大战略，主动参与三峡库区移民迁复建，为地方政府和三峡库区人民群众排忧解难，彰显"人民邮政为人民"的服务宗旨。同时，在三峡移民搬迁后，重庆邮政逐步新增和扩大网点建设规模，完善网路运输组织，不断满足三峡库区新城人民群众用邮需求。

一、三峡库区移民搬迁服务

2001 年 7 月 16 日，市邮管局主动与重庆市交委和担有移民任务的当地政府协商，达成由重庆邮区中心局承担部分移民物资运输工作的共识，支持三峡移民搬迁工作。同日，首批由 16 辆重庆邮运车组成的三峡库区移民搬迁队出发。此后两个月，重庆邮区中心局动员并抽调驾驶和车辆维修技术过硬、政治素质高的驾驶员以及车辆维修人员、带队干部，派出车况最好的北方奔驰等大吨位邮政车 59 台次，分 6 批次，远赴浙江、福建、广东等地担负三峡移民物资承运任务，行程 1.5 万余公里。

2002 年 8 月初，市邮管局、巫山县邮政局与巫山县政府和县移民局达成协议，由重庆邮区中心局承担巫山县巫峡镇所有移民外迁至广东的物资运输工作。为此，重庆邮区中心局抽调 13 辆车况良好的加长邮政车和具有丰富长途运输经验的驾押人员、技术过硬的修理人员，组成一支支撑巫山移民外迁广东的专用车队。该车队从 8 月 8

出发，经过 7 天的长途跋涉，行程近 2700 公里，装运移民物资达 120 吨，于 8 月 14 日晚，如期安全抵达广东省三水市，圆满完成此次移民搬迁物资运输工作。

2004 年，万州区邮政局与万州五桥区管委会移民局和外迁办签订外迁移民货物、家具运输合同，由重庆邮区中心局负责运输工作。同年 6 月 22 日，重庆邮区中心局派出运输车队，为三峡库区二期第一批外迁移民提供货物运输服务。至同年 9 月初，重庆邮区中心局累计抽调 20 台新车和 42 名经验丰富的驾押人员，先后分 6 批次、82 车次、165 人次，将外迁移民货物安全运抵湖南、江苏、安徽、上海和广东等省市，行程 33.95 万里，再次圆满完成三峡移民物资承运任务，塑造了重庆邮政良好的社会服务形象。

二、三峡库区搬迁复建服务

1994 年，长江三峡工程正式动工兴建，至 2003 年开始蓄水发电。在此期间，修建长江三峡工程涉及重庆邮政下辖 11 个区县邮政局的 8 个生产用房、75 个支局（所）的邮政通信设施被淹没。重庆邮政在国家邮政局的支持下，不断加强邮政网络建设，到 2002 年底如期完成三峡库区（二期）搬迁工作。

1997 年，重庆邮电分营之初，三峡库区内的多个县邮政局没有一条自办邮路，通信发展滞后，严重影响三峡库区经济建设的发展速度。同年 6 月，重庆直辖后，在国家邮政局的支持和三峡库区邮政人的努力下，市邮管局不断扩大网点建设规模，积极完善网路运输组织，通过开发利用黄金水道，为三峡库区群众提供现代邮政通信服务。同年 12 月 18 日，开通重庆市至湖北省宜昌市省际快速水上邮路。1998 年 6 月，重庆市巫山县邮政局在客邮兼营的邮船上设立流动邮政所，开办函件、报刊、特快专递和集邮等邮政业务。方便、快捷的现代邮政服务，大大提升了三峡库区沿江邮件的传递速度，从原通过陆路传递需七至八天时间送达缩短为从快速水路传递仅半天时间就能送达。

2000—2002 年，国家邮政局补贴三峡库区通信建设专项资金 4100 万元，市邮管局、三峡库区各区县邮政局投入自筹和淹没补偿资金 6000 万元，用于加强库区邮政通信服务能力建设。到 2002 年底，市邮管局相继建成三峡库区重庆段的万州、涪陵、丰都、云阳、奉节和巫山邮政综合业务局房，三峡工程二期水位线（135 米）下需搬迁的局、所也按期完成搬迁。市邮管局还根据三峡库区邮政发展建设和邮区中心体制的需要，建设万州邮件处理中心，为三峡库区各区县邮政局建设邮政综合网和邮政储蓄计算机网共享通信平台；新建近 200 个邮政储蓄计算机网点和电子汇兑网点；新增或更新邮运车辆、邮政检查车近 30 辆。

随着重庆交通建设步伐的加快，以及市邮管局对三峡

库区邮政网路的不断建设完善，三峡库区邮件传递时限大幅提升，实现了《人民日报》等党报党刊当日见报，三峡库区人民的"用邮难"逐渐成为历史。

第三节　服务保供保通保畅

重庆邮政牢记"人民邮政为人民"的初心使命，在抓好网运生产内部管理，强化支撑保障能力建设，认真履行邮政普遍服务义务的基础上，发挥自身货源组织能力、运输组织能力和投递保障能力的资源禀赋优势，全力保障 2003 年非典肆虐、2008 年汶川大地震以及 2020 年新冠疫情暴发等自然灾害和突发疫情情况下的全网运行畅通，切实做到"人民有呼唤，服务不间断；国家有要求，邮政挑重担"，为保供保通保畅（即保障民生物资供应、保障邮政通信正常、保障物流供应链畅通）积极贡献重庆邮政力量。

一、抗击 2003 年"非典"疫情

2003 年，面对突如其来的重症急性呼吸窘迫综合征（英文缩写为 SARS，简称"非典"）疫情，邮政通信生产面临前所未有的严峻考验。重庆市邮政管理局按照国家邮政局、重庆市委市政府对"非典"防治工作的要求和部署，在全市邮政系统内开展防非、抗非工作，捍卫绿色通道，确保"非典"期间全市邮政通信安全畅通。

同年 4 月 21 日，市邮管局召开专题会议，成立全局防治"非典"工作领导小组（简称防非领导小组），制定"非典"疫情零报告制度和"非典"防治工作第一责任人制度；并由防非领导小组印发《关于加强防治非典型肺炎工作的紧急通知》，对全局防非工作进行详细安排和部署。同年 4 月 24 日，防非领导小组组长在生产一线检查防非工作落实情况时，做出"绝不让'非典'通过邮政渠道传播"的重要指示。为此，防非领导小组采取了一系列防非、抗非措施。

针对邮政劳动密集度大、流动人员多、全程全网作业的行业特点，防非领导小组确立重点防治部位，有针对性地开展"非典"防治工作。全市邮政各营业窗口、邮件处理场地、邮运车辆、火车邮厢、办公室等场所进行严格彻底的消毒处理，对营业窗口、邮件分拣、封发、运输、投递等重点防治部位，坚持执行每天 1—2 次的消毒制度，对近期到过"非典"发病区的人员和符合检疫范围的人员进行检疫排查；对流动人员密集单位，采取定期进行卫生检查和消毒处理措施。在全面预防基础上，同年 5 月 8 日，市邮管局又紧急订购 3 台移动式紫外线消毒车，安装在特快邮件和信函分拣现场，全市从疫区进口的函件、特快邮件在实施过氧乙酸消毒的基础上，还必须通过紫外线照射消毒，以确保邮件安全。对已消毒的车辆、营业场所

统一张贴"已消毒，放心用邮"的标识，并注明消毒日期，解除广大市民的后顾之忧，为用户营造安全用邮环境。自同年5月15日零时起，报刊封发部门34名封发员与重庆报业集团印务公司同时进入封闭作业状态，除每天17个频次的邮运车辆进出现场分运报刊外，工作人员不能与外界接触。这种封闭作业持续15天，至5月30日，随着"非典"疫情的逐渐好转，南坪报刊分拣封发现场由全封闭作业状态转入半封闭状态。同期，担负重庆至广州疫区邮运任务的火车押运班作为高危岗位作业人员，在邮件押运过程中面临无法进入餐车就餐、地面停止供水和供餐服务的情况下，忍饥挨饿，依靠干粮充饥，回局后严格执行封闭观察制度，高质量安全完成邮件押运和机要通信任务。

在做好内部防非工作的同时，市邮管局还积极投身全社会的防非工作。同年5月12日，市邮管局向重庆市卫生部门捐赠10万元的抗非邮票及邮品，并发行全国首枚抗非邮资明信片；同时开展"给在外务工的重庆籍民工寄一封信"活动，劝阻外出务工民工暂缓返渝；同年5月19日，推出纪念"抗非"专题邮册《我们众志成城》。

"非典"期间，市邮管局共计消毒车辆2573辆（次），消毒面积3.3万平方米；对火车押运等高危岗位作业人员发放2.9万元的临时补贴，拨出2.2万元专款购买防护用品、用具及药品送至生产一线，发放口罩2130副、手套950双。截至"非典"疫情警报解除，全市12000余名邮政职工和50000余名职工家属未出现一例"非典"疑似或确诊病例，全市也未出现一例通过邮政渠道感染"非典"的病例。市邮管局维护了邮政正常的生产经营秩序，保障了国家、企事业单位和人民群众正常用邮，防非、抗非工作取得胜利。

二、保障汶川大地震期间邮政通信安全畅通

2008年5月12日，四川省汶川县发生8.0级大地震。地震发生后，部分进川铁路运邮中断，中国邮政集团公司紧急下达指令，要求原直达成都的邮件通过重庆经转疏运至成都。同时，决定发往四川的特快邮件改由重庆经转。尽管重庆受到强烈地震波袭击，但重庆市邮政公司仍然全力支援四川抗震救灾，坚决保障邮政通信安全畅通。

接到集团公司紧急指令后，市公司网路运维部、邮区中心局、邮政速递公司等相关单位、部门启动紧急预案。同年5月13日，邮区中心局按照《邮运应急疏运方案》，立即调拨10台车况良好的大吨位邮运车辆及人员，将郑州、太原经铁路发至成都的邮件通过重庆邮车陆续疏运转发，保证成都加班车随时发运。同一时间，邮政速递公司也启动紧急预案。同日晚7:00，市公司网路运维部与邮政速递公司调配人员到重庆江北国际机场邮政航空邮件转运站（简称邮政航站）。次日，邮区中心局派发2辆至成都的加班车疏运火车邮件，同时增派大吨位邮车至邮政航站等候装运从广东、福建发来须经重庆疏运至成都的邮件。5月15日上午，邮区中心局再次增派1辆大吨位邮车至邮政航站，装运广东、福建临时疏运至重庆再经转至成都的大批特快邮件。此外，市公司还积极参与保供行动，共派发6辆专车运送救灾物资赶赴灾区，并选派14辆邮车，分别将重庆商社、新世纪百货公司捐赠的抗震救灾物资送到四川省德阳、绵竹、绵阳、北川、安县、平武等地。

地震期间，市公司共派发成都加车21趟次，疏运进出川邮件近9000袋，其中增派5趟次大吨位邮车到邮政航站转运成都方向特快邮件近1500袋，为灾区邮件的及时疏运、保障全网畅通提供有力支撑。在组织恢复生产的同时，市公司还积极参与抗震救灾工作，共计组织28辆邮车参与运送救灾物资，累计运送救灾物资260余吨；免费办理救灾捐款2973笔，汇款金额350万元。

三、积极应对新冠疫情

2020年新春佳节之际，新冠疫情暴发后，重庆邮政迅速行动，高效运转，在物资运送、民生保障等多个方面作出积极贡献，充分彰显中国邮政"国家队"的责任担当。

同年1月31日，市分公司研究出台新冠疫情期间应急预案，并印发各单位（部门）贯彻落实，为全市邮政坚决打赢防控阻击战、确保生产经营有序运行提供制度保障。同年2月3日，市分公司领导碰头会议作出部署，在继续做好各项防控工作的同时，进一步加强防疫物资储备与统筹调配，全力做好"四不中断、四免费办"，切实加强客户维护，确保绿色通道畅通。

面对疫情，市分公司主动承担社会责任，坚持服务不中断，充分发挥网络运输优势，保障疫区物资供应，对于防疫捐赠物资，开辟绿色通道免费寄递，以最快速度精准送到防控一线。同年1月27日，2吨治疗肺炎重症病患的急需药品——注射用甲泼尼龙琥珀酸钠从邮区中心局直发武汉；同年2月1日，市分公司配合海关，连夜处理首批航空入境重庆的61箱防疫物资，送交重庆市慈善总会。同年2月4日，匈牙利华人华侨捐赠给武汉中心医院的8000件医用口罩从重庆中转至武汉，捐赠人指定必须交给邮政速递；同日，重庆一家医疗设备公司通过邮政将捐赠的医疗设备送往武汉火神山医院和雷神山医院。同年2月11日，由云阳县政府组织捐赠的10吨新鲜蔬菜和10吨柑橘通过邮政从云阳直发武汉；同年2月13日，由巫山县政府组织捐赠的20吨纽荷尔柑橘通过邮政从巫山直发湖北孝感；同年4月4日、4月9日，市分公司先后协助重庆市政府外事办公室分两批运送625件防疫物资，包括125万只口罩至俄罗斯、塞尔维亚、巴西、意大利等11个国家。

此外，中国邮政集团有限公司重庆市寄递事业部（简称市寄递事业部）在新冠疫情期间成立网业联合临时调度

工作组，对每日快递包裹邮件收寄及自送情况进行数据统计分析，动态调度生产作业组织。疫情期间实施邮件分流至渝北区人和邮政二枢纽方案，特殊情况下缓解邮区中心局处理压力；依照铁路部门列车停运情况，及时向集团公司汇报，协商邮运计划调整方案，确保重庆出口特品邮件（即机要邮件）正常疏运。同时，市寄递事业部运管部负责与重庆市邮政管理局、重庆市交通委员会对接，汇报邮政专用运输车辆在全国范围内受疫情管控影响通行困难问题，联系办理邮政车辆疫情保供通行证共 485 份，确保邮件及时运输。2022 年 3 月，市寄递事业部在全市邮件处理场地用于接卸、分拣进口邮件的流水线安装消毒弥雾机，提高邮件消杀效率。至同年 3 月 20 日，全市符合安装条件的 63 个邮件处理场地全部完成消毒弥雾机安装。

2022 年 11 月，重庆遭遇 2020 年以来复杂程度、防控难度前所未有的疫情。为支撑疫情期间民生物资供应，受重庆市政府及市商务委、市农业农村委等部门委托，市分公司迅速建立防疫保供工作机制，紧急对接辖内保供企业、商家及农户，组织预制菜、蔬菜包、米面粮油等生活保障物资上线邮乐优鲜社区团购平台，由各区（县）邮政分公司就近组织开团，并根据疫情防控要求，竭力保障物资运输与配送工作。同年 11 月 19 至 23 日，市分公司上线预制菜产品 355 款，累计销量 5.39 万单，着力解决居民"菜篮子"保供问题。

疫情期间，市分公司累计免费向湖北疫区发运专车 19 辆次，运送防疫物资 3.96 万袋（件）、生活物资 280.75 吨；全力保障疫情期间党报党刊投递、机要通信渠道安全畅通，日均运输、投递党报党刊 45.35 万份；积极助力复工复产，利用 5 天时间完成全市 39 个区县 1801 所学校的教材配送任务，累计配送教材 170 万份、书籍 1000 万册；积极配合街道、社区防疫宣传工作，充分利用全市 768 个邮政网点的电视、LED 视频等设备滚动播放防疫知识；部分邮政员工还主动申请成为志愿者，为走访排查、核酸检测和防疫知识宣传出力。同时，全市各区县邮政分公司纷纷开启蔬菜、农资化肥、种子等配送工作，共配送化肥 2 万余吨、种子 208 吨、蔬菜等生活物资 150 吨，充分践行行业"国家队"的责任担当。

第三篇　邮政业务

第一章　金融业务

邮政金融业务由储蓄汇兑业务发展壮大而来。1986年，国务院确定邮政恢复办理储蓄业务。同年9月，邮电部开始筹办，拟定业务制度，印制业务单式，培训储蓄人员。1986年，重庆市邮政局成立邮政储蓄科。1991年，设立重庆市邮政储汇局。1986—2007年，是重庆邮政恢复开办储蓄业务到中国邮政储蓄银行重庆分行（简称邮储银行重庆分行）成立前的发展阶段。在此期间，邮政储蓄业务快速发展，业务产品不断丰富、服务功能逐渐优化、管理手段逐步完善，为重庆经济社会发展和新农村建设做出积极贡献，也为邮储银行重庆分行的成立和发展奠定良好基础。2007年，邮储银行重庆分行挂牌成立，自此，重庆邮政受邮储银行重庆分行委托开办代理金融业务。代理金融业务主要包括代理储蓄汇兑、代销业务、支付结算以及协同营销业务。

第一节　储蓄汇兑

一、储蓄业务

（一）管理机构沿革

1986年7月24日，重庆市邮政局成立邮政储蓄科，负责储蓄和汇兑业务的管理事宜。1989年4月，"邮政储汇科"更名为"邮政储汇处"。1991年3月21日，重庆市邮政储汇局成立，负责全局的邮政储汇业务管理、电汇业务处理、储蓄款的收送等工作。1993年5月，重庆储金城市信用社成立，负责经营存款、贷款、汇兑等金融业务，隶属邮政储汇处。2007年9月，"重庆市邮政储汇局"更名为"重庆市邮政公司邮政储汇局"。2007年12月28日，中国邮政储蓄银行重庆分行挂牌成立，其所属直属支行和39个区县支行同时成立。2008年2月28日，

重庆市邮政公司、邮储银行重庆分行联合召开重庆邮政金融工作协调小组第一次会议，成立重庆邮政金融工作协调小组，明确协调小组职责和工作方式，建立起重庆邮政金融工作长效协调机制。2009年7月，市公司成立代理金融业务部，隶属市场经营部，负责邮政代理金融相关业务的经营和管理工作。2010年6月，市公司撤销重庆市邮政公司邮政储汇局。2013年2月，市公司撤销金融业务部，成立代理业务局，负责全市代理金融业务、代理保险业务的经营管理工作。2017年，中国邮政集团公司重庆市分公司市级部门机构编制调整，"代理业务局"更名为"金融业务部"，作为市分公司经营支撑部门，承担原代理业务局相关职责。

（二）储蓄业务发展历程

1986年6月，市邮局根据邮电部与中国人民银行关于开办邮政储蓄的协议，恢复办理邮政储蓄业务。邮政储蓄存款作为中国人民银行的信贷资金来源，全部缴存重庆市人民银行（简称市人民银行）使用。市人民银行根据市邮局缴存储蓄存款，按月累计日平均余额的 2.2‰ 计付手续费，每月结计，按季支付。为支持邮政储蓄业务发展，国家税务局规定，对1989年底前邮电部门开办邮政储蓄业务取得的手续费，暂免征收营业税；从1990年1月1日起，对邮电部门办理邮政储蓄业务取得的收入，按3%的税率征收营业税。

1990年1月1日起，邮政储蓄业务从中国人民银行代办改为邮电部门自办，从向各级人民银行缴存存款改为转存存款，由中国人民银行向邮电部门支付转存款利息和储蓄贴息，邮电部门向储户支付存款利息，其中邮电部门获得的利差即为经营收入。1996年9月24日，市邮局158个邮政储蓄自办网点获得市人民银行颁发的"中华人民共和国金融机构营业许可证"，彻底结束邮政储蓄"无

证经营"的历史，邮政储蓄业务得以规范发展。2000 年 8 月 24 日，按照国家邮政局统一部署，为全面掌握储蓄"家底"，准确核算邮政储蓄业务经营成果，全市邮政首次启动了自 1986 年恢复开办邮政储蓄业务以来全面计算应付未付利息差额（通称倒利差）工作，于同年 9 月 22 日完成全部汇总工作并上报国家邮政局。

2005 年 3 月 20 日，重庆市邮政管理局完成储蓄无证网点清理撤并工作，全市 902 个无证网点中有 844 个网点通过银监部门的验收，保留网点数占无证网点总数的 93.57%。同年 10 月 17 日，中国邮政外币储蓄系统在重庆上线，为市邮管局开办外币储蓄业务做好了系统支撑。

2007 年 3 月 20 日，中国邮政集团公司在北京举行中国邮政储蓄银行成立仪式。中国邮政储蓄银行正式成立后，继承邮政储蓄及各项邮政金融业务的资产和负债，原邮政储蓄客户无需办理任何业务变更手续，各项邮政金融业务照常进行，并行使用原"邮政储蓄"和"中国邮政储蓄银行"的品牌名称。同年 12 月 28 日，挂牌成立的邮储银行重庆分行，承续经营重庆市邮政储汇局所有金融业务，以及经中国银监会批准由总行授权的其他业务，业务种类包括吸收公众存款，办理汇兑、银行卡业务，代理收付款项及代理保险业务，代理发行、兑付、承销政府债券等。

2011 年 1 月 1 日起，邮储银行重庆分行以"固定费率、分档计费"的方式按自然月向重庆邮政计付邮储业务代理费。

（三）储蓄业务信息化

1. 绿卡工程：1996 年 11 月，市邮局上清寺中心营业部储蓄点开通，成为重庆"绿卡工程"第一个联网试点运行的储蓄网点。1997 年 4 月 29 日，重庆"绿卡工程"第一台邮政储蓄自动柜员机（简称 ATM）在市邮局上清寺中心营业部开通试运行，填补重庆"绿卡工程"ATM 的空白。1997 年 10 月 9 日，重庆"绿卡工程"与北京、上海、大连等全国 41 个城市的 2000 多个网点、800 多台 ATM 正式联网，对外开通邮政储蓄活期异地存取业务。1998 年 12 月 10 日，重庆邮政储蓄计算机网络技术改造工程（即"绿卡工程"一期）原则通过初步验收。2000 年 8 月 24 日，重庆邮政"绿卡工程"二期第一个联网网点在江北区邮政局雨花村邮政储蓄网点调试成功，并从次日起正式对外营业。同年 12 月 12 日，全市各区县（自治县、市）邮政储蓄网点开始在新系统中正式营业，重庆邮政"绿卡工程"二期系统扩容成功。

2. 统一版本工程：2004 年 10 月 13 日，重庆邮政储蓄统一版本工程（简称统版工程）成功切换上线，全市邮政储蓄联网网点达到 1579 个，手工网点被取消。统版工程的成功上线，为储蓄业务的发展提供支撑平台，提升了邮政储蓄业务的市场竞争力。此次统版工作涉及全市 1221 个邮政储蓄联网网点和 358 个待联网网点，参与人

员近 6000 人。

3. 逻辑集中系统：2014 年 7 月 5 日，重庆邮政储蓄逻辑大集中工程系统成功上线。储蓄逻辑大集中系统是对传统邮政金融经营组织、作业模式、系统构架的改革，实施业务系统与人员、机构等管理类系统的合并与剥离，通过业务及数据处理的前、中、后台分离来提升各系统平台的专业化程度，实现管理上收、经营下放、提高效率、扁平化管理等目标。

4. 统一柜面系统：2019 年 11 月 15 日，中国邮政储蓄银行统一柜面管理平台工程系统第三批网点上线，标志着统一柜面系统全面上线。该系统上线实现了跨业务条线柜面业务操作流程和操作界面的整合，提升了柜面服务能力。

5. 个人业务核心系统：2022 年 4 月 23 日，新一代个人业务核心系统主体投产完成，至同年 11 月 15 日，客户数据移植完成。该系统主要是对个人账户、个人存款、个人结算的业务功能和业务流程进行重构，是继邮政储蓄逻辑大集中工程系统以来一项重大金融信息化建设项目。

（四）储蓄业务产品分类

1. 邮政储蓄基本业务

从 1986 年 6 月 2 日打铜街邮电支局在全市第一个开办邮政储蓄业务起，经中国人民银行核准，陆续开办的邮政储蓄基本业务有：

（1）活期储蓄：1986 年开办的活期储蓄，是一种不限存期，凭银行卡或存折，按规定业务流程，通过柜面或银行自助设备随时存取现金的业务。活期存款账户按其性质可分为活期结算账户和活期储蓄账户。活期结算账户是存款人开立的可以办理资金收付结算的活期账户。活期储蓄账户除不能办理转账、代收付等结算类业务外，其余功能与活期结算账户相同。同年 10 月 25 日，打铜街邮电支局在全市第一个开办异地储蓄业务。1997 年 10 月 20 日起，停办电传网活期储蓄异地存取业务。

（2）定期储蓄：1986 年开办的定期储蓄，是约定存款期限的储蓄存款业务，可以一次或分次存入本金，一次或分次支取本金和利息。定期储蓄按存取款办法或支付利息的方式，可分为整存整取、零存整取、存本取息和整存零取 4 种。1991 年 4 月 5 日，开办储蓄存本取息业务。2003 年 12 月 28 日，重庆邮政储蓄整存整取通兑业务正式上线运行。整存整取通兑范围为全市绿卡联网网点，所有开户时预留了密码的整存整取存单均可通兑。2006 年 7 月 1 日，重庆邮政储蓄开办"定期一本通"业务，将整存整取和定活两便两个储种的存款集中于"定期一本通"存折，用一个存款凭证记载、管理个人多个存款账户资金活动。2013 年 8 月 22 日，在全市符合中国邮政储蓄银行开办条件的邮政储蓄网点推出个人定期整存整取协议利率存款业务。

（3）定活两便储蓄：定活两便储蓄是一种事先不约定

存期，一次性存入，一次性支取的储蓄存款业务。定活两便存款50元起存，金额上限为500万元（含），存款金额超过上限的，需分笔开户。1989年11月15日，开办定活两便汇转储业务。1990年8月1日，停办定活两便的通存通取储蓄业务。

（4）通知储蓄存款：1997年10月10日开办的人民币通知储蓄存款，是一种不约定存期的存款业务，包括一天通知存款和七天通知存款两个品种。人民币通知储蓄存款5万元起存，单笔存款金额最高为500万元（含），存款金额超过上限的，需分笔开户。一次性存入本金，可以一次或分次支取。

（5）个人大额存单：个人大额存单是由中国邮政储蓄银行发售的，面向个人客户的记账式大额存款凭证，是存款类金融产品，属一般性存款。起存金额为：20万元、30万元。存期为三个月、六个月、一年、二年、三年。1994年一季度，发行第一期大额存单。

（6）定额定期储蓄存单：1991年10月开办的定额定期邮政储蓄业务，一般存期为一年，不能提前支取，不能通存通兑，到期凭存单在签发的储蓄网点支取本金和利息。利率和计息方法与整存整取定期储蓄相同，逾期部分不计息。定额定期储蓄存单，面额一般为10元、20元、50元、100元、200元、500元、1000元七种，存单不记名、不预留印鉴、不受理挂失。

（7）个人人民币结构性存款：个人人民币结构性存款是中国邮政储蓄银行吸收的嵌入金融衍生产品的存款，通过与利率、汇率、指数等波动挂钩或者与某实体的信用情况挂钩，使存款人在承担一定风险的基础上获得相应收益的产品。2019年4月30日，发售第一期个人人民币结构性存款产品。

（8）"邮智存"智能通知存款：客户签约"邮智存"7天/1天产品，设置账户活期留存金额（最低为1万元），在合约有效期（6个月）内，系统根据客户签约产品类型每7天/1天校验客户活期存款可用余额，将超过留存金额的部分自动转入"邮智存"子账户中。"邮智存"利率与7天/1天通知存款利率相同。2022年12月14日，上线"邮智存"智能通知存款产品。

2. 邮政储蓄延伸业务

开办邮政储蓄基本业务的过程中，重庆邮政结合邮政企业和邮政储蓄的特点，适时推出了一些具有邮政特色的邮政储蓄延伸业务。

（1）汇款转储蓄：汇款转储蓄（简称汇转储）分为"委托汇转储"和"窗口汇转储"两种。"委托汇转储"是根据收款人的委托，将暂时不用的汇款，全额或部分存入邮政储蓄开立账户的业务。"委托汇转储"只能办理全额活期储蓄。"窗口汇转储"是在营业窗口通过向用户宣传储蓄业务，由用户持汇款通知在储蓄营业窗口办理兑取款

手续后，将汇款转入储蓄存款的业务。"窗口汇转储"定、活期均可，利息按相应存款种类档次计息。1986年8月，在汇兑窗口开办汇转储业务。

（2）有奖有息储蓄：有奖有息储蓄是储蓄存款利息改用奖金或奖品形式支付给中奖储户的一种储蓄业务。在利息分配办法上，有奖金支付、奖息结合、实物支付等多种形式。1992年，发行第一期零存整取有奖有息储蓄。

（五）经营情况

表3-1-1-1

1986—2022年重庆邮政部分年份期末储蓄存款余额业务量变化情况表

单位：亿元

年份	期末累计	年份	期末累计	年份	期末累计
1986	0.32	2007	318.36	2015	1516.59
1990	17.40	2008	415.92	2017	2014.24
2000	70.32	2010	638.21	2020	2660.85
2005	247.70	2012	1036.13	2022	3322.47

二、汇兑业务

（一）汇兑业务概述

邮政汇兑业务是指汇款人委托邮政企业将其款项支付给收款人的结算方式，是邮政法规定的邮政普遍服务之一，为邮政独有的业务。邮政汇兑业务从1898年正式开办后发展至今已有100多年历史，依托遍布全国城乡的邮政网络为广大城乡居民提供个人资金结算服务，为方便各地居民经济往来、改善城乡居民生活、支持国家经济建设作出重要贡献。

从业务发展数据来看，随着客户逐步向移动互联网金融等交易方式迁移，邮政汇兑业务分流趋势加剧，汇兑业务交易量和交易金额均呈逐年递减态势。但仍然为偏远地区客户和外出务工客户提供了方便的结算方式，在承担邮政普遍服务义务等方面依然发挥重要作用。

（二）汇兑业务信息化

1995年10月，市邮局所辖渝中区邮政营业室、江北区邮电营业室先后使用计算机处理邮政汇兑业务，结束邮政汇兑业务开办100多年以来手工操作的历史。

2001年7月1日，市邮管局与全国19个省（市）局同步开通邮政电子汇兑业务，首批开通的有渝中区解放碑、上清寺、打铜街、中二路、大坪5个邮政网点。2002年1月25日，重庆邮政电子汇兑业务正式开通，并在重庆市内实现通兑。2002年10月21日，市邮管局在全市101个电子汇兑系统联网网点全面开办市内2小时电子汇兑通存通兑业务。2003年3月15至23日，市邮管局以切屏方式利用绿卡网点扩展电子汇兑网点，电子汇兑联网

网点在9天时间内从200个跃升至936个。截至2003年底，电子汇兑联网网点达到1187个。

2007年8月，邮政汇兑全国大集中系统开展切换上线工作。

（三）汇兑业务分类

1. 按汇款范围分类

汇兑业务按汇款范围分为国内汇兑和国外汇兑。

（1）国内汇兑

国内汇兑分为普通汇款、入账汇款和礼仪汇款。

普通汇款是利用邮政网络传递汇款凭证，沿用1965年起使用的信封式汇款通知单封套，套内汇票由接收局取出核对，将汇款通知单投交收款人，收款人凭汇款通知单到指定的邮政网点兑取汇款。普通汇款的汇票主要凭借火车、汽车、船舶等交通工具传递。2001年7月1日起，汇兑业务在全国普遍实现计算机联网，手工操作和实物传递方式废除，普通汇款由投单通知汇款代替，全国任意一个邮政汇兑联网网点均可受理，汇款人可在汇款时办理附言；兑付网点通过计算机网络接受汇出网点发来的汇兑信息，打印取款通知单并投递给收款人，收款人凭取款通知单和收款人有效身份证到全国任意一个开办汇兑业务的邮政网点支取汇款。在电子汇兑系统平稳运行后，传统汇兑业务于2002年停办。

入账汇款是邮政部门接受汇款人的委托，将汇款直接存入收款人开立的邮政储蓄活期账户，收款人凭活期存折（卡）支取汇款的一种汇兑业务。入账汇款是电子汇兑系统和邮政储蓄个人活期账户相结合的业务。1999年1月，按照国家邮政局要求，市邮管局开办邮政入账汇款业务。同年7月，开办电报入账汇款业务。

礼仪汇款是一种新型的汇兑业务，使用专用的礼仪汇款通知封套和礼仪吉祥卡，卡的内容有拜年、生日、寿辰、婚庆、升学等，体现欢乐、吉祥、幸福、温馨的主题，表达汇款人对收款人的一种美好祝愿和诚挚感情。1999年2月，市邮管局开办邮政礼仪汇款业务。

（2）国际汇兑

国际汇兑业务是指汇款人在开办国际汇兑的邮政网点交汇一定数量现金，由兑付国邮以现金付给收款人的一种业务。

1992年7月4日，市中区邮政营业室开办中国—日本、中国—美国的国际汇兑业务。1996年11月1日与12月1日，渝中区邮政营业室分别开通与西班牙、法国的国际汇兑业务。重庆直辖后，全市只有一个邮政局办理国际汇兑业务的状况，已不能适应重庆邮政国际汇兑业务发展的需要。2001年5月，万州区、涪陵区、北碚区、合川区、江津区、永川区邮政局成为开办国际西联汇兑业务的通汇局。2001年7月起，国家邮政局将原特快现金西联汇款业务交由国家邮政储汇局经营。

2. 按为客户提供的服务类型分类

汇兑业务按为客户提供的服务类型分为基本业务、附加业务和特殊业务。基本业务包括按址汇款、密码汇款、入账汇款、商务汇款。附加业务包括回执和附言。特殊业务包括查询、改汇、退汇、无着汇款、挂失、止付/解止付、入账限额止付/解止付、冻结/解冻结、扣划。

3. 按汇款方式分类

汇兑业务按汇款方式分为按址汇款、密码汇款、入账汇款、商务汇款。

按址汇款是指按照汇款人提供的收款人姓名、地址、手机号码等信息，以发送取款短信或投递取款通知单的方式，通知收款人领取汇款的业务。

密码汇款是指汇款人自行设定取款密码，并将汇款信息（包括汇票号码、汇款金额、收款人姓名）、预留的取款密码告知收款人，收款人可到邮政汇兑联网网点或通过电子渠道办理取款的业务。

入账汇款是指将款项汇入指定收款人账户的业务。入账汇款只能在邮政汇兑联网网点办理。

商务汇款是指依托汇兑业务系统优势，为企业、事业、机关、部队和社会团体等单位提供资金结算服务的业务。商务汇款只能在邮政汇兑联网网点办理。

（四）经营情况

表3-1-1-2

1986—2022年重庆邮政部分年份汇兑业务量变化情况表

单位：万笔

年份	交易笔数	年份	交易笔数
1986	1480.44	2010	419.60
1995	199.00	2015	67.00
2000	340.65	2020	13.40
2005	183.90	2022	6.20

第二节 代销业务

一、代理保险业务

代理保险业务（或保险兼业代理业务）是指重庆邮政通过与保险公司签订合作协议，受保险公司委托，向个人客户提供销售个人保险产品、代收保险费、代付保险金、代办保全等保险服务。

（一）代理保险业务发展历程

1. 代理保险业务起始阶段（1987—2006）

1987年，原邮电部邮政储汇局对外开办代办保险业务。1995年1月16日，经重庆市人民银行批准，重庆市邮政局与太平洋保险公司重庆分公司达成协议，在上清寺、解放碑、三角碑、观音桥、南坪、杨家坪、九宫庙、北碚、万盛、双桥 10 个邮政网点（营业室），代办家庭财产保险、企业财产保险、团体人身保险等业务。

2000 年 8 月 22 日，重庆市邮政管理局与中国人寿保险公司重庆分公司签订合作协议，全面代理中国人寿保险公司保险业务。同年 12 月 10 日，市邮管局与中国人寿保险公司重庆分公司签订协议，自 12 月中旬起在全市各区县（自治县、市）邮政局营业网点销售个人意外伤害保险邮资明信片，每张保险明信片可保个人意外伤害保险 2000 元。该业务是重庆邮政在代理保险业务领域的又一尝试。

2001 年 6 月，市邮管局与中国人寿保险公司重庆分公司联合推出一项储蓄与保险相结合的新业务——"储能保"定期存款业务，全市所辖邮政储蓄联网网点均可办理。同年 9 月 18 日，市邮管局与中国人寿保险公司重庆分公司联合推出在全市由重庆邮政独家代理的分红类险种——国寿鸿泰两全（分红型）保险。

2003 年 4 月 29 日，市邮管局成立重庆市邮政保险代理有限责任公司筹备领导小组。同年 5 月 12 日，市邮管局代理销售泰康人寿保险公司世纪泰康特种定期寿险。该险种主要是为"非典"患者提供保险保障，重庆邮政是全市首家代理该险种的代理机构。

2004 年 4 月，全市首家取得有关部门资格证书的邮政代理保险专厅在江津开业。该专厅共代理三家寿险公司和两家产险公司的产险、寿险产品多达 30 余种，是重庆邮政代理保险由单一型销售模式向多元化销售模式转变的开始。同年 4 月，城区三局陈家桥支局、綦江邮政营业室、合川钱塘支局、铜梁虎峰支局、大足龙水支局、永川仙龙支局 6 个邮政网点，获得国家邮政局、中国人寿保险公司联合授予的"2003 年全国邮政代理保险业务优质服务示范点"荣誉称号。

2005 年 3 月 16 日，市邮管局保险代理业务局成立。2006 年 10 月，重庆市邮政储汇局与中国人寿保险公司、中国太平保险公司联合推出两款联名卡——邮政绿卡人寿联名卡和邮政绿卡太平保险联名卡，其主要功能为代收代付保费。同年 10 月 24 日，全市邮政代理保险联网网点已达 1588 个，通过系统出单的保费累计达到 10.5 亿元，网点出单率达到 100%。

2. 代理保险业务发展阶段（2007—2015）

2008 年 10 月 29 日，重庆市邮政公司与中国人寿保险公司重庆分公司签订战略合作协议，双方互为长期战略合作伙伴，开展保险业务、邮政业务、结算业务及其他业务的合作。

2009 年 5 月 18 日，市公司印发《关于进一步规范重庆邮政代理保险业务发展和管理工作的通知》，对代理保险业务合同签订、业务合作、产品销售、收入清分等进行规范。

2014 年 4 月 16 日，中邮人寿保险股份有限公司重庆分公司（简称中邮保险重庆分公司）揭牌成立。按照监管要求，中邮保险重庆分公司与市公司实行"自营＋代管"的经营模式，中邮保险重庆分公司是邮政自办保险业务的专业管理机构，市公司是辅助履行中邮保险辖区业务非核心管理职责的代管机构，同时，市公司在各片区分公司和区县分公司金融业务部按合署办公方式设置中邮保险局。自此，重庆邮政的自办保险业务开始起步。

3. 代理保险业务转型发展阶段（2016—2022）

2016 年 3 月 21 日，中国保险监督委员会（简称保监会）下发《关于规范中短存续期人身保险产品有关事项的通知》（保监发〔2016〕22 号），要求保单存续时间在一年（含）以上三年（不含）以下的中短存续期产品的年度保费收入，2016 年应控制在总体限额的 90% 以内，2017 年应控制在总体限额的 70% 以内，2018 年及以后应控制在总体限额的 50% 以内。自此，银行代理保险业务开始由短期产品向长期产品转变、由趸交向期交转变、由低保障向高保障转变、由简单产品向复杂产品转变。

2017 年 9 月，中国邮政集团公司重庆市分公司寿险新单保费规模突破 100 亿元，年末达到 123 亿元。

2018 年，为进一步巩固和深化中邮保险"自营＋代管"经营模式，市分公司进一步调整中邮保险代管机构设置：市分公司金融业务部内增设中邮保险室；城片区分公司、区县分公司设立中邮保险中心，挂靠金融业务部（其中年新单保费规模在 4000 万元以下的，中邮保险中心与金融业务部合署办公）。

2019 年，市分公司代理保险手续费费率 6.66%，列全国邮政企业第 3 位；银保渠道新单保费市场占有率 51.91%，列全市同业第 1 位。

2021 年 6 月 11 日，中国邮政集团有限公司重庆市分公司印发《关于修订重庆邮政中邮保险代管机构和人员考核办法的通知》，贯彻落实监管要求，巩固和深化中邮保险"自营＋代管"经营模式。

2021 年 10 月 22 日，中国银行业保险监督委员会（简称银保监会）人身保险部下发《中国银保监会办公厅关于进一步规范保险机构互联网人身保险业务有关事项的通知》，要求除电话销售业务和互联网保险业务之外，销售规定的保险产品需现场同步录音录像。

（二）代理保险业务信息化

2004 年 12 月 8 日，作为全国邮政第一批推广建设省（区、市）局，市邮管局代理保险系统暨开放式基金系统建设项目正式启动。同年 12 月 20 日，该系统成功上线，成为全国第 1 个两系统同时上线的省（区、市）局。2005 年 9 月 26 日，项目通过初步验收。

2009 年 12 月 16 日，市公司代理保险大集中系统工程上线试运行。

2016年4月，重庆邮政金融工作协调小组制订下发《关于印发重庆邮政金融营业网点理财产品和代销产品销售录音录像工作方案的通知》，正式启动"双录"工作。随后，采用分期分批的方式上线双录系统，截至2016年12月，重庆邮政代理金融网点安装并使用双录系统的达461个，完成覆盖率达32.46%。截至2017年10月，重庆邮政代理金融网点共1470个，除12个不具备相关销售资质的网点外，其余1458个网点均已全部上线双录系统，完成覆盖率达99.18%。

2020年，中国邮政储蓄银行重庆分行启动新一代理财与代销业务录音录像系统（简称新双录系统）建设工作。2021年7月15日起，市分公司全面启动新双录系统上线工作，采用分批方式陆续上线新双录系统。截至2021年12月，市分公司开办代理保险的1458个网点均完成新双录系统安装工作。2022年1月1日起，重庆邮政代理金融网点所有代销的保险业务均逐笔进行录音录像。

（三）代理保险业务产品分类

1. 保险产品分类

保险产品种类在传统寿险、分红险、万能险等投资型产品的基础上，逐步引入终身寿险、年金险、两全保险、健康险、意外险等风险保障型和长期储蓄型产品，形成涵盖客户养老、教育、医疗、理财等多方面金融需求的产品体系，逐步实现从"以产品为核心"向"以客户为核心"的过渡。

重庆邮政主要代理保险业务产品种类是人身保险。该险种是以人的寿命和身体为保险标的的保险，包括人寿保险、健康保险、意外伤害保险等。

（1）人寿保险。人寿保险是以被保险人的寿命作为保险标的，以被保险人的生存或死亡为给付保险金条件的一种保险。其主要业务种类有分红险、万能险、终身寿险、两全寿险、年金保险等。

分红险：保险公司将其实际经营成果优于定价假设的盈余，按照一定比例向保单持有人进行分配的人寿保险。

万能险：包含保险保障功能并设立有保底投资账户的人寿保险。

终身寿险：指不定期的死亡保险。保险合同订立以后，被保险人无论何时死亡，保险人均应给付保险金。

两全保险：又称生死合险，是指被保险人在保险合同约定的保险期间内死亡，或在保险期间届满仍生存时，保险人按照保险合同约定均应承担给付保险金责任的人寿保险。

年金保险：投保人或被保险人一次或按期交纳保险费，保险人以被保险人生存为条件，按年、半年、季或月给付保险金，直至被保险人死亡或保险合同期满。

（2）健康保险。健康保险是以被保险人的身体为保险标的，使被保险人在疾病或意外事故所致伤害时发生的费用或损失获得补偿的一种人身保险业务。其主要业务种类有医疗保险、疾病保险和收入补偿保险等。

（3）意外伤害保险。意外伤害保险是指以被保险人的身体为保险标的，以意外伤害而致被保险人身故或残疾为给付保险金条件的一种人身保险。其主要业务种类有普通意外伤害保险、特定意外伤害保险等。

2. 合作公司

重庆邮政早期主要与太平洋、中国人寿、泰康人寿、新华人寿4家保险公司合作。后来随着代理保险业务的发展，合作的保险公司也逐步增加。到2022年，保险公司合作数量扩大到14家，包括中邮人寿、富德生命人寿、百年人寿、国华人寿、恒大人寿、阳光人寿、幸福人寿、人保寿险、新华人寿、光大永明人寿、三峡人寿、平安人寿、中国人寿、长城人寿。

（四）经营情况

表3-1-2-1

2010—2022年重庆邮政部分年份保险业务量变化情况表

单位：万元

年份	当年新单总保费	其中：趸交	其中：期交	其中：长期期交	中邮保险			
					当年新单总保费	其中：趸交	其中：期交	其中：长期期交
2010	185481	—	—	—	—	—	—	—
2014	307763	304608	3155	—	48278	47291	987	—
2015	743888	735334	8554	—	73246	68654	4592	—
2017	1230140	1153665	76475	—	87190	53793	33398	—
2019	1061376	798310	263065	163181	120868	43413	77455	18729
2020	1000314	727342	272972	204032	154066	36417	114398	63160
2022	627219	368245	258973	258160	129008	25893	103115	103115

二、代理个人理财业务

（一）理财业务概述

理财业务是一种间接的证券投资方式，银行（或理财子公司）面向个人客户发行，集中投资者的资金，主要投向高信用等级人民币债券（含国债、金融债、央行票据、其他债券等）。

（二）理财业务发展历程

2008年1月16日，中国邮政储蓄银行（简称邮储银行）推出首款人民币理财产品"创富1号"，标志着邮储银行正式开办个人理财业务。同年3月6日，邮储银行在全国36家分行全面发售第二只人民币理财产品"天富1号"。自此，理财业务在全国各分行全面开展。

2008年1月至2018年4月，邮储银行代理个人理财产品类型为预期收益型产品，主要包括财富债券、御享、智享、e享、瑞享系列，期限多为三个月到一年不等。

2018年4月27日，为规范金融机构资产管理业务，统一同类资产管理产品监管标准，有效防控金融风险，更好地服务实体经济，经国务院同意，中国人民银行、中国银行保险监督管理委员会、中国证券监督管理委员会、国家外汇管理局联合印发《关于规范金融机构资产管理业务的指导意见》（银发〔2018〕106号）。同年5月起，个人理财产品开始从预期收益型产品逐步过渡到净值型产品。

（三）理财产品分类

净值型个人理财产品主要分为现金管理类和固定收益类。现金管理类理财产品主要包括鸿宝系列，风险等级多为PR1（低风险）—PR2（中低风险），每个工作日灵活申赎；固定收益类理财产品主要包括鸿运、鸿锦、鸿元、恒利、惠农系列，风险等级多为PR2（中低风险）—PR3（中风险），产品封闭期限多为三个月到两年不等。

（四）经营情况

表3-1-2-2

2010—2022年重庆邮政部分年份理财业务量变化情况表

单位：亿元

年份	业务量	年份	业务量
2010	0.13	2021	22.98
2015	22.80	2022	26.25
2020	19.36	—	

三、代理基金业务

（一）基金业务概述

基金通常是指证券投资基金，是一种间接的证券投资方式。基金管理公司通过发行基金单位，集中投资者的资金，由基金托管人（具有资格的银行）托管，由基金管理人管理和运用资金，从事股票、债券等金融工具的投资，然后共担投资风险、分享收益。

2005年9月26日，市邮管局代理保险系统暨开放式基金系统通过初步验收。2006年8月14日，市邮管局代理基金业务正式对外开办。

（二）基金产品分类

基金产品分类主要包括货币型、债券型、混合型、股票型、指数型、QDII等。

货币型基金是指主要投资于债券、央行票据、回购等安全性极高的短期金融产品，风险等级一般为PR1级（低风险）。

债券型基金是指以国债、金融债等固定收益类金融工具为主要投资对象的基金；根据投资股票的比例不同，债券型基金又可分为纯债券型基金和偏债券型基金，风险等级一般为PR2（中低风险）—PR3（中风险）。

混合型基金是在投资组合中既有成长型股票，又有债券等投资的共同基金，风险等级一般为PR3（中风险）—PR4（中高风险）。

股票型基金是指投资于股票市场的基金，投资策略有价值型、成长型、平衡型，风险等级一般为PR5（高风险）。

指数基金是指以特定指数（如沪深300指数、标普500指数、纳斯达克100指数、日经225指数等）为标的指数，并以该指数的成份股为投资对象，通过购买该指数的全部或部分成份股构建投资组合，以追踪标的指数表现的基金产品，风险等级一般为PR5（高风险）。

QDII基金是指在一国境内设立，经该国有关部门批准从事境外证券市场的股票、债券等有价证券业务的证券投资基金，有限度地允许境内投资者投资境外证券市场的金融产品。

（三）经营情况

表3-1-2-3

2010—2022年重庆邮政部分年份基金销量变化情况表

单位：亿元

年份	业务量	年份	业务量
2010	0.23	2021	38.30
2015	13.47	2022	25.66
2020	32.21	—	

四、代理国债业务

（一）国债业务概述

储蓄国债是财政部在中华人民共和国境内发行、通过储蓄国债承销团成员面向个人销售的不可流通人民币国债。国债以国家信用为保障，收益稳定，保本保息，变现灵活，兑取快捷。

2000年3月1日，市邮管局首次参与代理承销凭证式国债。此次代理承销的是2000年凭证式（一期）国债，代理总额度为1500万元，分两年期、三年期、五年期三种，仅一个星期销售完代理总额度。2013年起，重庆邮政年累计代理国债销量均名列全国邮政前5位。

（二）国债产品分类

储蓄国债分为储蓄国债（凭证式）和储蓄国债（电子式）。储蓄国债（凭证式）是以中华人民共和国储蓄国债（凭证式）收款凭证记录购买情况；购买当日起息，到期一次性还本付息，到期兑付须持储蓄国债（凭证式）收款凭证前往柜台办理；发行渠道仅包括柜面。储蓄国债（电子式）是以电子记账方式记录购买情况，发行期首日起息，按年付息，到期还本并支付最后一年利息，本息资金按时自动划入投资者资金账户，无需前往柜台办理；发行渠道包括柜台、网银、手机银行。

（三）经营情况

表3-1-2-4

2012—2022年重庆邮政部分年份国债销量变化情况表

单位：亿元

年份	业务量	年份	业务量
2012	1.93	2021	18.36
2015	12.74	2022	10.57
2020	6.34	—	

五、代理资产管理计划业务

（一）资产管理计划业务概述

资产管理计划是指在中华人民共和国境内，证券期货经营机构面向投资者募集资金或者接受投资者财产委托，设立资产管理计划并担任管理人（或受托人），由托管机构担任托管人，依照法律法规和资产管理合同的约定，为投资者的利益进行投资。2016年8月，邮储银行重庆分行决定在全市范围内开办代销资产管理计划业务。

（二）资产管理计划产品分类

资产管理计划主要包括现金管理类、固定收益类。现金管理类，主要投向货币工具、标准化债权资产，可通过保险资管投银行存款，风险等级一般为PR2（中低风险）。固定收益类，主要投向国债、金融债等固定收益类金融工具，一般采用绝对收益策略，风险等级一般为PR2（中低风险）—PR3（中风险）。

（三）经营情况

表3-1-2-5

2018—2022年重庆邮政部分年份资产管理计划业务销量变化情况表

单位：万元

年份	业务量	年份	业务量
2018	1025	2021	1070
2019	369	2022	14662
2020	632	—	

第三节 支付结算

一、借记卡业务

（一）借记卡业务概述

借记卡最早是由国家邮政局发行，后由中国邮政储蓄银行发行，具有消费、转账结算、存取现金等功能。借记卡发行对象为个人，不能透支。借记卡可以在代理金融网点或ATM办理存取业务，在特约商户购物消费，还可以代发养老金，代收代付电信资费、公用事业费、有线电视费，代订阅报刊，代付房费、税金等。

（二）借记卡业务发展历程

2000年3月底，重庆市邮政管理局发行邮储绿卡借记卡（A字头）逾10万张。同年12月4日，开办绿卡拨打联通IP电话业务。同年12月25日，开通绿卡POS消费系统。自此，客户持绿卡可在邮政储蓄机构指定特约商户的POS机或带有"银联"标识的POS机上刷卡消费，也可在有"银联"标识的ATM上存取现金、转账等。

2001年3月21日，全市邮储绿卡正式启用并对外开通即时发卡功能，简化客户申请绿卡的手续。同年8月5日，市邮管局开通邮储绿卡电子转账业务。该业务仅限办理重庆市范围内的窗口转账业务，单笔转账交易限额10万元，不收取手续费。2005年4月，国家邮政储汇局决定在全国发行绿卡银联标准卡（简称622188卡），原绿卡银联标识卡（简称955100卡），从同年5月30日起停止制作，已制作的可继续发行。

（三）借记卡业务信息化

2001年12月21日，重庆邮储绿卡银联卡改造进入试运行测试阶段。重庆市是国家邮政局确定的银联卡改造纵向联网试点5个省市之一，先期已完成交易、清算、差错处理系统的软件开发和二级中心入网资格测试以及入网认证测试，具备试运行条件。2002年9月3日，重庆邮政储蓄绿卡银联卡系统改造工程完成，并开始发行邮储绿卡银联卡，同时开通邮储ATM受理他行卡业务。

2008年12月22日，重庆市作为邮储银行绿卡通项目第三批系统推广上线省市，完成系统上线工作。

2011年2月，邮储银行金融IC卡系统在重庆成功上线，重庆成为全国邮储银行金融IC卡系统推广第一个试点省（区、市）。同年3月3至4日，全国邮政储蓄IC卡、POS业务暨银联前置集中系统工程上线推广会在重庆召开。此后，邮储银行金融IC卡可在全国跨地区、跨行业使用。相比传统的磁条银行卡，金融IC卡在功能、安全性、便利性、交易成本等方面有显著的优势。

（四）借记卡业务分类

借记卡按发行对象和服务等级，分为普卡和VIP卡等；按业务功能，分为绿卡、绿卡通卡、绿卡通副卡、小额支付卡。根据是否有联名单位，绿卡分为普通绿卡和绿卡联名卡，绿卡通卡分为绿卡通卡和绿卡通联名卡。随着客户需求及业务发展需要，重庆邮政不定期发行特殊卡种。

1. 生肖卡

生肖卡于2004年发行，该卡是一款既具有借记卡功能，又带有新春祝福的系列主题卡产品，卡面印有特别设计的生肖属相卡通图案，具有较高的收藏、保存价值，深受广大持卡人的喜爱。

2. 人寿联名卡和太平保险联名卡

2006年9月，中国邮政与中国人寿保险、中国太平保险联合推出两款联名卡——邮政绿卡人寿联名卡和邮政绿卡太平保险联名卡。

3. 闪光卡

闪光卡于2020年发行，该卡是全国性借记卡产品，除提供标准绿卡通IC卡全部金融服务功能外，客户开户激活并用卡达标后可获得支付宝立减金、腾讯视频会员、QQ音乐会员、网易云音乐会员、喜马拉雅会员等兑换权益。

4. 美团联名卡

美团联名卡于2021年发行，该卡是中国邮政与美团公司合作发行的全国性联名借记卡产品，除提供标准绿卡通IC卡全部金融服务功能外，客户开户激活并用卡达标后可获得面额不等的美团现金券、满减优惠等权益。

5. 胖虎卡

胖虎卡于2022年发行，该卡是中国邮政联合IP"我不是胖虎"设计发行的全国性联名借记卡产品。该系列卡产品共10个版面，包括9款标准版卡面、1款异形卡面，除提供标准绿卡通IC卡全部金融服务功能外，客户开户激活并用卡资产提升达标后可获得老虎邮、老虎邮特权衍生品等兑换权益。

（五）经营情况

表3-1-3-1

2010—2022年重庆邮政部分年份借记卡业务量变化情况表

年份	结存卡户数（万户）	卡存款余额（亿元）	年份	结存卡户数（万户）	卡存款余额（亿元）
2010	811.72	145.00	2020	1855.51	876.34
2015	1401.59	436.30	2022	1978.99	1110.53

二、电子银行业务

（一）电子银行业务概述

电子银行业务是指商业银行等银行业金融机构利用面向社会公众开放的通信通道或开放网络，以及银行为特定自助服务设施或客户建立的专用网络，向客户提供的银行服务。截至2022年底，邮储银行电子银行业务替代率超过90%。从传统的"柜面人工＋自助设备"服务模式，到目前主导的"移动端＋开放API"服务模式以及面向未来的生态金融服务模式，电子银行渠道的重要性日趋显著。

（二）电子银行业务分类

邮储银行电子银行业务包括电话银行业务、个人网上银行业务（简称个人网银业务）、手机银行业务、微信银行业务。

1. 电话银行业务

电话银行业务是指使用计算机电话集成技术，采用电话自动语音和人工座席等服务方式为邮政储蓄客户、员工提供金融服务的一种业务系统。个人客户拨打"95580"电话号码，可以办理账户查询、开户行查询、预留手机号查询、账户挂失、指定账户转账、向任意账户转账、国债查询、基金理财交易、贵金属交易、个人贷款查询、外汇账户查询、外汇定活互转、数字人民币钱包查询及挂失、延时转账状态咨询及ATM延时转账撤销、电子令牌时间校准等多种业务，并且支持绿卡通卡内定活互转、主副卡管理等功能。公司客户可以拨打"95580"电话号码办理公司账户查询等业务。电话银行具备各省分行营销活动介绍、军人优抚专线、商户及农户贷款专线等功能，60周岁（含）以上客户还可以享受尊长服务直接进入人工服务。

2008年12月10日，邮政储蓄电话银行系统上线开通，该系统以"4008895580"及"95580"号码统一接入，重庆邮政正式对外展业电话银行业务。

2. 个人网银业务

个人网银业务是指以个人电脑和互联网为传输媒介，向客户提供金融服务的一种业务系统功能。该业务作为大额复杂交易的线上办理渠道，拥有大屏幕、易操作的优势。客户可通过个人网银功能在线办理业务。个人网银主要功能包括我的账户、转账汇款、投资理财、生活服务、个人外汇、信用卡、个人贷款等。

2010年3月26日，重庆邮政上线个人网银系统，正式对外展业个人网银业务。重庆是全国第一批上线个人网银业务的省市。2018年6月，新一代个人网银系统对外推出。截至2022年底，重庆邮政个人网银结存客户已达到586.09万户。

表3-1-3-2

2013—2022年重庆邮政部分年份个人网银业务客户数量变化情况表

单位：万户

年份	新增数量	期末规模	年份	新增数量	期末规模
2013	46.33	88.01	2020	53.11	558.68
2015	71.35	218.56	2022	0.36	586.09

3. 手机银行业务

手机银行业务是指以移动通信网络及手机终端为媒介，向客户提供金融服务的一种业务系统。截至2022年底，手机银行主要功能包括我的账户、转账汇款、信用卡、投资理财、生活、贷款等。

2011年12月27日，重庆邮政、邮储银行重庆分行内部员工开始试用手机银行。2012年3月1日，邮储银行手机银行开始对外提供服务，采用"转盘＋指针"的布局，为客户提供基础的银行服务，实现从无到有。2012年，全年新增手机银行客户1.62万户。经过不断发展，2019年达到新增顶峰，全年新增手机银行客户118.95万户。2022年，重庆邮政手机银行结存客户达到822.93万户。

2016年，邮储银行手机银行2.0版本上线，布局改为九宫格形式，增加邮乐特卖、财富一览、个人日历等功能。2017年，邮储银行手机银行3.0版本上线，采用菜单式布局，增加线上注册、二维码推荐、指纹支付等功能。2018年，邮储银行手机银行4.0版本上线，功能板块进行重新划分，增加刷脸取款、智能客服等功能。2019年，邮储银行手机银行5.0版本上线，以展架式展示理财板块，重塑生活缴费流程。2020年，邮储银行手机银行6.0版本上线，增加语音转账、个性化电子回单、微信快速登录等功能。2021年，邮储银行手机银行7.0版本上线，

推出个性化主题，增加财富私享、安全检测中心等功能。2022年，邮储银行手机银行8.0版本全面推出，重塑手机银行系统架构，增加个性化服务，进一步丰富产品功能。

表3-1-3-3

2012—2022年重庆邮政部分年份手机银行业务客户数量变化情况表

单位：万户

年份	新增数量	期末规模	年份	新增数量	期末规模
2012	1.62	1.62	2020	109.41	718.37
2015	95.07	182.11	2022	34.84	822.93

4. 微信银行业务

2014年，微信银行系统上线，依托"中国邮政储蓄银行"微信公众号，向客户提供账户查询、投资理财、生活缴费等金融服务。

至此，邮储银行已经拥有包括电话银行、个人网银、手机银行及微信银行在内的电子银行渠道体系。

三、快捷支付业务

（一）快捷支付业务概述

快捷支付业务是邮储银行个人持卡客户在支付宝、财付通（腾讯旗下三方支付平台）、网银在线（京东）等三方支付合作机构平台上发起快捷支付签约（即进行快捷支付绑卡），邮储银行对支付合作机构提供的客户信息校验通过后，实现个人持卡客户在该合作机构平台上进行小额便捷支付。

（二）快捷支付业务发展历程

得益于移动互联网的发展，第三方支付产业快速扩张，自2016年以来，非银支付机构交易规模快速增长。2019—2022年期间，快捷支付新增绑卡年均增幅达到12.98%，快捷支付交易金额规模在2021年达到1445.4亿元峰值。交易金额规模快速攀升带来电子支付收入持续增长，电子支付收入已成为代理金融中间业务收入的重要板块之一。

2019年3月，第三方前置支付系统上线，作为全国集中的业务系统，集成为支付合作机构提供机构接入、机构管理、交易接入、交易处理、资金结算、风险管理以及报表统计等功能。截至2019年底，快捷支付结存绑卡账户规模达到500万户。

2022年，重庆邮政快捷支付绑卡账户达到794.33万户，实现快捷支付交易金额1320.37亿元。

（三）经营情况

表 3-1-3-4

2019—2022 年重庆邮政部分年份快捷支付业务量变化情况表

年份	当年新增绑卡（万户）	结存绑卡规模（万户）	交易规模（亿元）
2019	90.42	501.80	1038.34
2020	113.03	614.85	1212.70
2021	136.55	751.39	1445.04
2022	147.31	794.33	1320.37

说明：2022 年剔除了绑定快捷支付绑卡账户中销卡、解绑等账户。

四、邮政短信业务

（一）邮政短信业务管理机构变迁

2015 年 2 月，重庆市邮政公司将邮政短信业务的发展和管理从电子商务公司划转至代理金融局，原由电子商务公司"11185"客户服务中心承担的邮政短信业务的客户服务、投诉日常处理职责不划转。

（二）邮政短信业务发展历程

2006 年 4 月 29 日，重庆邮政在全市范围内开办邮政短信业务，包括邮政汇兑短信类（汇兑资费查询、汇款状态查询、汇款回音服务、汇款寄出通知、汇款兑付通知），储蓄短信类（储蓄存款利率查询、储蓄业务资费查询、活期账户余额查询、活期账户明细查询、取款通知、代发工资到账通知、转入到账通知、活期账户变动通知），速递短信类（EMS 资费查询、EMS 状态查询、EMS 寄达回音服务、EMS 状态通知），其他业务类［帮助、取消所有定制业务（运营商规定）］，共计 4 类 19 项。

2009 年，市公司加强短信平台规范操作及安全管理，抓好对平台操作用户登录密码、批加办、批撤办、批变更、短信业务退费、赔偿，暂停批量存款功能等管理工作。2010 年，开通储蓄短信业务提醒及账户余额手机查询服务，提高储蓄短信服务水平，促进规范经营，有效降低用户投诉。2011 年，加强储蓄短信业务清查及规范经营工作，制订重庆邮政储蓄短信业务知识手册。2013 年，印发《重庆邮政短信（彩信）业务管理办法（暂行）》，明确重庆邮政短信业务的组织管理、业务管理、投诉管理、财务管理、系统管理、违规处理等有关行为准则。

2017 年 9 月 14 日，"11185"储蓄短信业务整合到"95580"短信平台，储蓄短信服务号码变更为"95580"，原"11185"储蓄短信服务号码不再发送储蓄短信。

2018 年 9 月 12 日起，储蓄逻辑集中系统新增储蓄短信服务退费服务，手机银行新增开通短信通知服务，存量

VIP 降级客户不再享受储蓄短信资费优惠。2019 年，印发《中国邮政储蓄银行储蓄短信服务管理办法（2019 年修订版）》及操作规程，明确储蓄短信业务发展的职责分工、业务、投诉、财务、风险方面的管理要求和柜面业务、储蓄短信前置控制台、接入系统和其他情况的操作方法。

2020 年，市分公司、邮储银行重庆分行联合下发《关于进一步做好储蓄短信业务管理的通知》，开展储蓄短信业务合规整治工作。同年，市分公司转发《中国邮政储蓄银行储蓄短信服务管理办法（2020 年修订版）》《中国邮政储蓄银行重庆分行储蓄短信服务实施细则（2020 年版）》《中国邮政储蓄银行重庆分行短信业务专项应急预案（2020 年修订版）》，启用《中国邮政储蓄银行储蓄短信服务协议（2020 年修订版）》，加强储蓄短信业务及投诉管理，规范储蓄短信资费宣传。

2022 年，市分公司转发《中国邮政储蓄银行 95580 短信平台专项应急预案（2022 年修订版）》《中国邮政储蓄银行储蓄短信业务专项应急预案（2022 年修订版）》，明确储蓄短信业务应急预案的工作总则、运营中断事件分级、应急组织架构与职责、应急通讯机制、监测预警、应急响应、应急保障、风险控制措施、危机处理机制以及应急完成后的还原机制，提高储蓄短信业务应对和处置影响业务持续运营事件的能力，最大限度地预防或减少经济损失和声誉影响，减少运营中断事件对储蓄短信业务运营造成的影响和损失。

（三）经营情况

表 3-1-3-5

2006—2022 年重庆邮政部分年份储蓄短信业务收入变化情况表

单位：万元

年份	收入规模	年份	收入规模
2006	2	2020	16792
2010	3745	2022	13675
2015	13919	—	—

五、代收付业务

（一）代收付业务分类

1. 工资代发

工资代发是指按照协议规定，根据委托单位提供的批量文件，将委托单位的代付款项存入指定收款人账户的代付业务。资金可通过企业网银和个人网银进行代发。

2. 养老金代收付

养老金代收是指按照协议规定，根据社保或税务提供的批量文件，从指定的邮政储蓄银行结算账户上进行批量

扣款的代收业务。2003年，重庆邮政开办代收个人养老保险金业务。

养老金代发是指按照协议规定，根据社保提供的批量文件，将委托单位的代付款项存入指定的收款人账户的代付业务。

3. 其他代收付

1995年11月13日，重庆邮政开始代收电话费。2004年6月18日，重庆邮政中间业务平台正式运行。该平台支持的业务包括国债业务、代收电费、代收电信资费、代收联通手机费、预存代扣、批量代发、代扣业务。2006年6月，重庆市财政局将邮政纳入代发财政粮食直补等资金的预备机构。2009年9月12日，重庆邮政代理财政非税系统上线。

（二）经营情况

表3-1-3-6

2014—2022年重庆邮政部分年份代收付业务量变化情况表

单位：亿元

年份	代收	代付	年份	代收	代付
2014	150.36	354.09	2020	153.94	369.72
2015	171.85	488.43	2022	170.53	390.52

六、数字人民币业务

（一）数字人民币业务概述

数字人民币是由中国人民银行发行的数字形式的法定货币，由指定运营机构参与运营并向公众兑换，以广义账户体系为基础，支持银行账户松耦合功能（松耦合系统通常是基于消息的系统，此时客户端和远程服务并不知道对方是如何实现的。客户端和服务之间的通讯由消息的架构支配。只要消息符合协商的架构，则客户端或服务的实现就可以根据需要进行更改，而不必担心会破坏对方），与纸钞和硬币等价，并具有价值特征和法偿性，支持可控匿名。

（二）数字人民币试点

2019年，深圳、苏州、雄安、成都及北京冬奥会场景作为第一批试点地区，开展数字人民币试点推广工作。2020年11月，上海、海南、长沙、西安、青岛、大连成为第二批试点地区，开展数字人民币试点推广工作。2022年3月31日，中国人民银行增加天津、重庆、广州、福州、厦门以及浙江省承办亚运会的6个城市作为第三批试点地区，开展数字人民币试点推广工作。同年5月25日，市分公司联合邮储银行重庆分行正式开展数字人民币试点推广工作。

（三）数字人民币钱包

数字人民币钱包是数字人民币的重要载体，按照不同的用户类型，数字人民币钱包分为个人数字人民币钱包、对公数字人民币钱包。

1. 个人数字人民币钱包

个人数字人民币钱包（简称个人钱包）是指运营机构根据客户申请为其开立的、具有唯一可识别编号的数字人民币的载体。2022年，市分公司联合邮储银行重庆分行新增个人钱包229.79万个，居重庆同业首位。

2. 对公数字人民币钱包

对公数字人民币钱包（简称对公钱包）是指运营机构为对公客户开立的，用于存放管理数字人民币的载体。2022年，重庆邮政新增对公钱包728个。

七、开放式缴费平台业务

（一）开放式缴费平台业务概述

开放式缴费平台是邮储银行推出的网上收费平台，该平台为收费单位提供7×24小时网上收费服务。缴费客户通过微信、支付宝、企业网银、对公缴费和邮储银行手机银行等渠道进行线上缴费。收费单位实现缴费资金隔日到账、缴费明细实时报表查询等功能，降低企业收费财务成本，提高收费效率和资金安全保障。2019年，重庆邮政开办开放式缴费平台。

（二）经营情况

表3-1-3-7

2020—2022年重庆邮政开放式缴费平台业务发展情况表

年份	结存有效户（户）	缴费金额（万元）	增幅（%）
2020	20	22.67	—
2021	49	1750.62	7622.19
2022	40	7492.73	328.00

八、受理第三方存管业务

（一）第三方存管业务概述

第三方存管业务即客户交易结算资金存管业务，是指按照有关法律、法规的规定，客户在金融证券公司等交易结算资金统一交由独立的第三方存管机构（具有资格的银行）存管。2015年10月8日，重庆邮政第三方存管业务顺利上线，同年10月16日正式推广。

（二）经营情况

表3-1-3-8

2015—2022年重庆邮政第三方存管签约客户量变化情况表

单位：万户

年份	业务量	年份	业务量	年份	业务量
2015	—	2018	0.64	2021	2.01
2016	2.45	2019	0.71	2022	1.70
2017	1.45	2020	1.54		

第四节　协同营销

一、代理营销公司业务

2015 年 7 月 8 日，中国邮政集团公司、中国邮政储蓄银行联合下发《关于在全国邮政金融开展"邮银一家　共拓蓝海"公司业务专项营销活动的通知》。同年 7 月 24 日，中国邮政集团公司重庆市分公司、中国邮政储蓄银行重庆分行联合下发《关于印发重庆邮政企业代理营销公司业务实施方案的通知》，明确邮银双方遵循"共谋发展、共同受益、标准一致"原则，邮政企业代理营销公司业务。2022 年，重庆邮政结存公司客户 2308 户（其中年增供应商客户 12 户），公司存款月日均余额规模达到 79677 万元。

表 3-1-4-1

2015—2022 重庆邮政代理营销公司业务变化情况表

单位：万元

年份	结存公司存款	年份	结存公司存款
2015	19819	2019	20152
2016	22836	2020	41426
2017	23684	2021	58919
2018	27188	2022	79677

二、代理引荐信用卡业务

2019 年 4 月，集团公司与邮储银行在北京签订《中国邮政储蓄银行信用卡二维码引荐发卡合作协议》，开启代理营业机构通过线上二维码引荐客户，邮储银行进行身份核实、进件发卡及后续管理的合作模式；同月，市分公司与邮储银行重庆分行联合下发《重庆邮政代理营业机构信用卡线上推荐申卡实施方案》，正式启动代理营业机构信用卡线上推荐办卡业务。2022 年 4 月，中国邮政集团有限公司与邮储银行信用卡中心签署《中国邮政集团有限公司与中国邮政储蓄银行信用卡中心信用卡引荐发卡协议》，正式开通代理金融信用卡线下场景营销引荐实时发卡，实现"办卡+发卡+激活+绑卡"的全流程闭环管理。

表 3-1-4-2

2019—2022 年重庆邮政代理引荐信用卡业务变化情况表

单位：户

年份	新增信用卡新客	年份	新增信用卡新客
2019	2717	2021	55753
2020	27090	2022	62361

三、代理引荐中邮消费金融业务

2017 年 12 月，重庆邮政试点发展代理中邮消费金融业务。2018 年，中邮消费上线"优企员工贷"产品，该产品是中邮消费金融公司为优质企业打造的专属福利贷，是一款面向优质企业团办形式的贷款产品。产品上线后，2 个月时间准入优质企业单位 607 个，实现员工白名单放款 2725.42 万元。

2019 年 7 月，邮储银行手机银行上线"中邮消费邮你贷"产品。"中邮消费邮你贷"是中邮消费金融研发的纯线上小额消费贷款产品，具有快速还款、按日计息"小快灵"特点，全年手机银行放款金额达到 1381.91 万元，贷款结余 796 万元，服务客户数达到 1508 户。2020 年 6 月 23 日，中国邮政集团有限公司重庆市分公司与中邮消费金融公司协同共建的数据实验室正式上线，入库总数 1318 万户，其中白名单客户 233 万户。

表 3-1-4-3

2017—2022 年重庆邮政代理引荐中邮消费金融业务变化情况表

单位：万元

年份	年日均余额	净增	贷款余额
2017	10.04	428.21	428.21
2018	993.09	927.37	1354.22
2019	2055.15	1302	2656.23
2020	4912.58	8544.49	11200.72
2021	13762.48	10971.80	22172.51
2022	19723.39	−2632.42	19540.10

第五节　金融客户

一、客户规模与资产规模

1986 年，重庆市邮政局开办邮政储蓄业务，当年结存储户 27973 户，收储余额 528.42 万元。因客户账户与客户身份证号码未能得到有效匹配，1987—2012 年期间缺失精准的重庆邮政金融客户统计数据。2013 年，金融客户管理系统对客户数据进行整合，上线客户数据统计报表，全年结存代理金融客户 1109.65 万户，结存客户总资产 1309.09 亿元。2016 年，结存代理金融客户 1561.67 万户，客户总资产规模突破 2000 亿元，达到 2096.25 亿元。2020 年，结存代理金融客户 1696.03 万户，客户总资产规模突破 3000 亿元，达到 3364.90 亿元。2022 年，结存代理金融客户 1708.70 万户，客户总资产规模突破 4000 亿元，达到 4122 亿元。

二、客户维护与经营

2014 年 7 月 8 日，重庆市邮政公司代理业务局印发《关于中国邮政储蓄银行个人客户营销系统扩大试点上线范围的通知》，在辖内各转型网点试点推广中国邮政储蓄银行个人客户营销系统。个人客户营销系统是按照《中国邮政金融 IT 总体规划》要求，依托"以客户为中心"服务理念，搭建以客户关系管理、客户营销管理、客户理财规划、客户交易管理、客户经理管理和网点经营管理为一体的营销管理平台。该系统的推广应用，标志着重庆邮政代理金融客户维护工作走上业技融合的道路。个人客户营销系统于 2020 年 12 月 31 日停用。

2020 年 4 月 2 日，中国邮政集团有限公司重庆市分公司金融业务部印发《关于启动 CRM 平台（零售）的通知》，正式开启使用 CRM 平台（零售）进行分岗管户精细化客户维护的进程。与个人客户营销系统相比，总行 CRM 平台（零售）取消资产万元以上客户的限制，纳入全金融客户，并提供更加丰富的客户标签，强化营销策划及营销管理流程，为金融客户数据分析、客户营销、绩效管理、全景视图等系统提供数据支撑，重庆邮政代理金融客户维护业技融合能力进一步增强。

第六节　风控合规

自 1986 年恢复开办储蓄业务以来，重庆邮政先后制订与业务发展基本相适应的资金安全管理和稽核检查办法等制度，不断完善内控机制，防范风险，确保金融资金安全，保障邮政金融业务持续稳定发展。

一、风控合规机构及人员配备沿革

1997 年，重庆市邮政管理局设立重庆市邮政储汇局，重庆市邮政储汇局为市邮管局下属的专业局之一，下设办公室、财务科、业务科、稽核科、金融结算中心等职能部门。同年 10 月 15 日，原重庆市邮政局质检科汇检组正式撤销。

2007 年 12 月 28 日，中国邮政储蓄银行重庆分行成立，邮政金融风控合规工作主要由邮储银行重庆分行承担管理职责。

2015 年，重庆邮政金融工作协调小组成立，下设风险管理工作组，组长、副组长分别由邮银双方分管领导担任，执行按季召开风险管理工作组联席会议制度。同年 4 月，按照每 30 个代理网点配备 1 个专职检查人员的标准，在中国邮政集团公司重庆市分公司代理金融局配置检查人员 6 名，在各城片区分公司配置检查人员 52 名。截至 2015 年底，全市代理金融检查队伍共 95 人，其中专职 56

人、兼职 39 人。全市自上而下建立代理金融风险管控机构和队伍。

2018 年，市分公司和 7 个片区分公司（巴南、渝北、永川、合川、万州、涪陵、黔江片区分公司）分别组建内控管理室。内控管理室负责辖区内代理金融风险防控体系建设、制度建设和日常管理；开展岗位轮换、强制休假、亲属回避、行为排查等合规管理工作；开展代理金融从业人员管理以及合规教育培训工作；开展会计稽核运营指标管理工作；开展反洗钱反假币管理工作；开展银行业消费者权益保护等经营规范管理工作；指导检查所辖区域内代理金融网点合规工作、内外部检查发现问题的整改及问责工作；开展合规管理系统、轮岗监测系统等系统应用及管理工作。同年，分别在市分公司和片区分公司建立了市级、片区级预警稽核团队。预警稽核岗位负责开展所辖区域网点预警信息核查工作；预警信息核查问题整改、问责建议及风险提示；定期发布所辖区域预警信息核查情况分析报告；协助相关部门开展所辖区域预警数据分析；按月向上级及相关部门报送监控预警工作报告；按规定对"双录"工作和金融服务质量开展抽查；完成领导交办的其它相关工作。截至 2020 年 12 月底，全市共配备合规管理检查人员 220 名，其中专职预警稽核人员 19 名。

2022 年，中国邮政集团有限公司重庆市分公司"金融业务部内控管理室"更名为"金融风控合规室"，主要负责落实集团公司和市分公司代理金融风险管理、内部控制及合规管理的制度、规范、流程；落实代理金融内控管理和风险防控体系建设和管理工作；组织代理金融资金安全管理和资金案件防范工作；开展代理金融合规检查、岗位轮换、强制休假、行为排查等合规管理工作；指导代理金融违规行为问责处理工作；督导责任单位落实代理金融问题整改工作；配合邮储银行落实反洗钱反假币、银行业消费者权益保护工作；跟踪考核代理金融合规检查人员履职情况；代理金融风险内控合规管理队伍日常管理；完成领导交办的其他工作。

二、风控合规大事记

（一）合规体制建设大事记

1988 年，市邮局制订储蓄、汇兑工作检查情况（月）报告书，分管生产的局长、支局长、邮政业务指导员、储汇会计、储蓄业务监督员、区局汇检员等"两长五员"都要按照各自检查报告书上的检查内容要求按月逐条认真地履行检查职责。同年 5 月 1 日，市邮局实行《邮政储蓄质量事故及差错范围规定（试行）》，加强邮政储蓄业务管理，健全制度，确保国家财产和储户利益不受损害。

1998 年 11 月 2 日，市邮管局印发《重庆市邮政储汇稽查实施细则》（试行），内容包含各级稽查组织、人员配备及职责权限，以及稽查范围与周期；储汇业务管理、储蓄业务处理与会计核算、计算机处理储蓄业务、国内汇兑业务处理与会计核算、国际邮政汇兑业务处理与会计核算的稽查内容和方法。

2000年7月24日和9月15日，市邮管局分别举行储汇稽查会审重庆西部片区会和东部片区会，市场部、人劳部、公安分局、办公室、审计处、监察室及各区县（自治县、市）邮政局的相关人员参加，会上推出《重庆市邮政储汇人员岗位轮换暂行规定》（简称《规定》）。《规定》要求对从事储汇营业（含代办所）、事后监督、储汇会计、出纳岗位的工作人员实行岗位轮换制度。

2004年5月19日，市邮管局下发《重庆市邮政金融安全责任追究规定》，规定就存在资金安全隐患的责任部门和责任领导、责任人应承担的相关责任及相应考核。该规定完善邮政储蓄全员全网稽查体系的建设，成为全市邮政金融稽查体系转变的一个根本性标志。同年10月19日，重庆市邮政储汇局下发《重庆市储汇稽查集中管理办法（试行）》，在全市实行储汇业务稽查城区、片区集中管理，对各区县（自治县、市）邮政局的稽查人员实行派驻管理，解决原稽查人员与被查单位、人员同属一个区县（自治县、市）邮政局而不敢查、查出问题不敢处理的矛盾。

2015年，市分公司制订《重庆邮政代理金融检查工作管理办法（试行）》《全市邮政代理金融风险管控考评办法（试行）》等制度办法，强化代理金融队伍履职管理，落实风险管理及案防工作责任，健全代理金融风险管控机制。

2016年4月22日，市分公司下发《中邮重庆分公司进一步加强代理金融风险管控实施方案》，成立市分公司、城片区分公司、区县分公司三级代理金融风控合规委员会，明确各层级检查人员配备标准，完善议事机制，落实部门、条线对口衔接机制，确保各级邮银内控工作有序开展，及时发现和整改问题。同年8月8日，市分公司下发《关于进一步加强全市邮政代理金融合规管理检查履职的通知》，规范各层级领导人员合规监督检查职责和要求。

2017年2月3日，市分公司下发《重庆邮政代理金融合规检查管理实施细则（2017年版）》，规范细化各级合规检查人员的检查职责，对检查项目、检查频次和覆盖率提出相关工作要求，确保各级代理金融合规管理检查职责履行和检查频次落实以及问题整改落实到位。

2018年8月18日，市分公司下发《关于调整重庆邮政代理金融合规管理监督检查相关工作内容的通知》，对各单位领导、金融部领导、合规检查人员监督检查工作内容和频次进行调整。

2019年3月29日，市分公司下发《中国邮政集团公司重庆市分公司代理金融风险内控案防管理委员会工作规则（2019年版）》，巩固"市—城片区—区县"三级"邮政代理金融风险内控案防管理委员会"机制，强化邮银风控管理和沟通协调。同年2月26日、4月11日，分别下发《重庆邮政代理金融合规检查管理实施细则（2019年版）》《重庆邮政代理金融非现场检查管理办法（试行）》，系统梳理合规检查及非现场检查的工作要求，指导各层级开展检查工作。同年4月28日，下发《2019年全市邮政代理金融风险内控案防工作实施意见》，明确提出要加强各级邮政公司经营和业务管理部门、内控合规管理部门、代理金融审计"三道防线"建设。同年5月7日、8月16日，分别下发《关于转发〈重庆邮政金融从业人员轻微违规积分管理办法（试行，2019年版）〉的通知》《转发关于中国邮政集团公司代理金融从业人员违规行为处理办法的通知》，规范员工行为以及问题整改和问责。同年7月12日，下发《关于全面推进重庆邮政代理金融综合柜员派驻管理工作的通知》，实现代理营业机构综合柜员派驻全覆盖。同年10月，下发《重庆邮政代理金融员工行为排查实施细则（2019年版）》《转发关于加强金融从业人员信用行为管理工作的通知》，规范员工行为排查的工作要求和实施细则，指导各城片区开展行为排查工作。

2020年，市分公司下发《关于做好疫情防控期间代理金融内控合规管理工作的通知》《关于进一步做好疫情防控期间全市邮政代理金融风险防控工作的通知》《2020年全市邮政代理金融风险内控案防工作实施意见》，对疫情防控期间和全年的风控工作进行具体安排，规定疫情期间通过非现场检查方式开展履职检查，确保合规检查不间断，同年4月起恢复现场检查。

2021年4月16日，市分公司下发《重庆邮政重构代理金融风控案防体系三年行动方案》，系统谋划未来三年风控工作五个重点内容：强化制度建设、强化队伍建设、强化科技赋能、强化履职执行、强化文化建设。同年5月，制订《2021年重庆邮政代理金融风控案防工作实施意见》，下发《重庆邮政代理金融风险合规KPI评价考核实施细则》，强化风控合规政策引导。同年5月25日，制订《重庆邮政代理金融问责管理实施细则（试行）》，明确问责管理流程、时限及管理责任；制订并印发《重庆邮政代理金融综合柜员工作手册》，详尽、系统梳理综合柜员日常工作及履职要求，规范综合柜员履职。同年12月27日、12月31日，分别下发《重庆邮政代理金融非现场检查管理办法（2022年版）》《重庆邮政代理金融从业人员行为排查实施细则（2022年版）》，完善非现场检查和员工行为排查工作。

2022年2月10日、12月28日，市分公司分别下发《重庆邮政代理金融风控合规案防履职规范清单》《关于进一步建立健全全市邮政各级党组织审议研究代理金融风控合规工作机制和议事规则的通知》，进一步健全体制机制，有效指引全年重点风控工作落地。同年11月10日，下发

《关于开展全市代理营业机构操作风险非接触式"日复盘"工作的通知》，强化操作风险防控。同年12月27日，下发《关于建立重庆邮政代理金融风控合规案防"四级"督办工作机制的通知》，为督导各级机构落实风控制度提供系统工具。

（二）合规专项活动大事记

1997年11月24日，市邮管局下发《关于开展年末储汇资金安全管理检查的通知》，采取自查和储汇局抽查相结合的方式，对储汇资金的安全管理情况开展全面检查。检查内容包含储、汇资金票款的安全管理（包括资金运作、现金、金库、缴提款、业财账轧等）、各项规章制度的落实情况。

1999年6月，由市邮管局监察室、业务市场部、财务部、审计处、党委办公室、储汇局及近郊区邮政局有关人员组成检查组对全市邮政储汇业务内控制度执行，管理、监督及检查职责履行，资金调度使用，安全设施、案件资金款的追收，悬记账等资金安全方面的情况开展大规模检查。同年10月，市邮管局在全市范围内所有邮政储蓄机构围绕邮政储蓄网点建设、合规经营、内控管理机制、安全生产等方面进行了全面清理整顿，自查自纠。

2000年6月6至25日，市邮管局组织相关部门及部分区（市、县）邮政局组成邮政储汇内控制度执行检查组，分赴全市40个区（市、县）邮政局开展检查工作。此次检查是邮政储汇体制面临改革前的一次最大范围的对储汇制度的建立和执行情况的检查，涉及到储汇资金安全、重要空白凭证管理、档案管理、计算机业务安全管理、重要岗位轮换等内容。

2001年7月下旬至9月初，全市邮政按照国家邮政局对进度和范围的要求，开展邮政储汇资金安全大检查。

2002年7月4至20日，重庆市邮政储汇局在全市范围内开展邮政电子汇兑会计检查工作，对全市40个区（市、县）邮政局的电子汇兑会计核算和资金管理工作进行规范。同年11月9日，召开重庆邮政储汇业务、会计、稽查会审会对储汇业务管理工作进行会审和规范。

2003年底，针对农村地区邮政储汇资金管理面临的严峻形势，市邮管局落实"双人临柜"制度：制订岗位职责和操作流程，规范交接手续，防止在交接和送款过程中出现资金案件；开展资金安全检查，确保储汇资金安全工作落到实处。同年，重庆市邮政储汇局在辖内开展营业轮岗工作，轮岗前制订轮岗计划和预防突发事件的预案，确定各岗位轮出人员和轮入人员；组成监督交接小组（最少2人），指定负责人；执行保密规定，禁止泄露轮岗计划。轮岗时，离岗人员、顶岗人员和监督交接人员同时到达现场执行查账和交接手续；按"上不清下不接，上交清下负责"的原则开展。交接时必须进行账务审核，不得简单地进行物品交接。轮岗后加强轮岗后续检查，保证邮政储蓄岗位轮换工作质量。

2004年5月20日，全市邮政储汇稽查工作会召开，市邮管局对全市邮储网点进行专项整治，整治内容包括取消代办网点，改代办为自办；加强人员管理；加强基础建设，改善营业环境；取消手工操作网点，进行电子化改造；取消低产网点，实现效益经营。

2005年4月1日起，按照国家邮政局和重庆市银监局有关要求和部署，市邮管局在全市开展邮政储汇案件专项治理工作，成立重庆邮政储汇案件专项治理工作领导小组，强化内部管理，防范资金风险。专项治理工作分安排布置、各局自查、城（片）区局互查、重点抽查、全市整改和总结报告6个阶段，至年底，完成对全市各局的整改复查工作。

2006年，重庆市邮政储汇局对本部开展柜员身份、密码权限、现金业务管理、人员履职和中间业务资金5次专项检查以及1次内控和风险防范大检查，每次检查都严格按照自查自纠、本局检查和整改复查三个阶段进行，全年对7个科室罚款4500元，对12名相关责任人罚款7200元，将1名会计管理岗位人员调整到工人岗位工作，对2名科长开展了轮岗学习。

2007年，重庆市邮政储汇局组织专项清理小组，开展国债资金、POS资金、中间业务资金、保险业务资金和汇兑业务资金5个方面的资金清理工作，对市局与区县局和外部合作单位的资金往来进行集中梳理。

2014年5月29日，重庆市邮政公司、中国邮政储蓄银行重庆分行联合启动全市邮政金融"排雷行动"。"排雷行动"按照"全覆盖、零容忍、严督办、重实效"的要求，历时4个月（6月1日至9月30日），分自查整改、交叉复查、重点抽查三个阶段，对全市邮政金融网点、各区（市、县）邮政、两江支行、各片区行、直管支行、一级支行的重大制度执行情况、重点环节、重要岗位人员等进行重点排查，达到"梳流程、堵漏洞、严内控、防案件"的目的。

2016年，市分公司分别开展"两个加强、两个遏制"回头看工作、"内控达标年"活动，巩固全市邮政风控合规管理成效。

2017年，市分公司开展"排雷行动"之"雷霆出击"、"排雷行动"之"秋风行动"、"强履职、治顽疾"违规问题回头看、百日安全大排查及大整治、监管系列专项治理（2017年代理金融从业人员行为排查"百日大行动""三违反""四不当""十乱象""十风险"和"内控及管理审计检查"等）多项专项活动，检查发现问题4242个，经济问责2615人次，经济处罚105.177万元。

2018年，按照《中国银监会关于进一步深化整治银行业市场乱象的通知》，市分公司开展理财风险专项排查、代理保险"治乱打非"、市场乱象整治、从业人员经商办企业行为排查、上下半年的"排雷行动"和案件风险排查、监管处罚整改整顿、风险大排查等共计20项专项排查活动，检查发现问题11640个，问责人数4328人，其中经济处罚82.99万元、纪律处分51人次、教育批评317人次、通报批评102人次。

2019年，市分公司开展"风险大排查回头看""排雷行动""非法集资风险排查整治""保险中介市场乱象整治"等21项专项排查活动，累计查出问题15044个，累计问责5081人次，其中经济问责4000人次、告诫166人次、通报批评846人次、纪律处分69人次、调离金融岗位12人、解除劳动合同4人。

2020年，市分公司开展信用卡风险专项排查、信用卡使用风险专项排查、"'一月一事'，消灭最差"、市场乱象整治回头看、代理金融网点案件风险隐患排查等24项专项治理活动，累计查出问题15400个，累计问责10533人次，其中经济问责9245人次、经济处罚347.13万元、批评教育141人次、告诫谈话1099人次、纪律处分15人次。

2021年，市分公司开展理财POS、员工自办收单产品专项排查、案件风险滚动排查、现金出纳业务全面清理排查、"严控关键环节，整治高频问题"、保险合作机构违规问题、保险理财类业务违规问题等多项专项排查活动，查出问题3718个，累计问责3658人次，经济处罚101.23万元。

（三）合规数据及科技建设大事记

2005年12月26日，市邮管局启动推广上线重庆邮政金融稽查系统工程，邮政金融稽查工作步入信息化实时监控阶段。

2006年1月8日，市邮管局金融电子稽查系统正式切换上线，标志着全国邮政金融系统中第一个在全国范围内对业务操作风险进行实时监控的风险防范信息系统在重庆邮政正式投入使用。同年6月12日，全市邮政储蓄会计、出纳事权操作系统升级成功，重庆成为全国第一批升级的2个试点省市之一。该系统升级成功后，邮政储蓄会计、出纳的工作职责更加明确，储汇资金风险防范能力进一步加强。

2016年7月29日，中国邮政储蓄银行合规管理系统正式在全市上线。

2022年12月，市分公司完成本部及39个区县分公司金融数据室建设，防范利用后台信息系统管控漏洞作案风险；搭建风险模型12个，初步建成4类风险模型库，建立模型生命周期管理机制；开展操作风险量化研究，统筹推进4个风控基础研究项目，形成"一阵三库"代理金融风险管理工具等成果；借鉴同业经验完成平台建设需求，推进智能平台研发。

（四）合规文化建设大事记

2007年2月，市公司下发2007年第1号指挥调度令，组织全市邮政储汇从业人员开展案防工作大讨论活动，提供找出各部门、各岗位、各业务流程中存在的风险隐患和问题，并制订详细、彻底的整改措施，摸清家底、防范风险。全市邮政共计1716个单位、6895人参与讨论，储汇从业人员参加率100%。同年9月29日，市公司正式启动资金安全警示教育活动。各单位成立活动领导小组，并结合市公司文件要求制订了本单位的活动方案，通过宣传教育、培训学习、区县自查、城片区交叉复查、市公司评分5个阶段，加强储汇资金安全工作。

2015年8月26至28日，市分公司开展全市代理金融检查队伍培训和持证考试相关工作，参加培训的各单位检查人员和风险合规管理人员共计105人取得邮储银行重庆分行颁发的"重庆邮政金融合规检查证"。

第二章 寄递业务

邮政寄递业务主要包括国内邮件业务和国际及港澳台邮件业务，具体可分为特快专递、快递包裹、物流业务、国际业务等。

1986—2022年，随着经济社会的发展和人民群众生活水平的不断提高，特别是电子商务的快速发展和网上购物的逐渐兴起，社会对邮政寄递业务的需求不断增加，对寄递业务服务质量的要求大幅提升。重庆邮政在确保邮政普遍服务的同时，实施寄递业务转型发展，以电子商务寄递发展为契机，大力发展特快专递、快递包裹、国际业务等寄递业务，同时物流业务经过不断发展形成专业化运营。其间，寄递业务管理经历机构改革，通过不断适应业务快速发展要求进行机构整合。截至2008年底，寄递业务管理机构为重庆市邮政公司速递公司（与国际邮件互换局合署）、重庆市邮政公司物流公司。

2009年1月，重庆市邮政速递物流公司组建成立，全市邮政速递物流专业正式运行新的专业化运营机制；2010年6月，重庆市邮政速递物流有限公司组建成立；2015年3月，设立中国邮政速递物流股份有限公司重庆市分公司；2018年9月，中国邮政集团公司重庆市寄递事业部（对外使用"中国邮政速递物流股份有限公司重庆市分公司"名称）组建成立，主要负责全市邮政包裹快递业务的经营管理及全市邮政寄递网（包括邮运网、揽投网、国际网）的规划建设、组织管理和指挥调度等工作。2020年1月，根据中国邮政集团有限公司全面落实公司制改制工作要求，"中国邮政集团公司重庆市寄递事业部"更名为"中国邮政集团有限公司重庆市寄递事业部"（简称市寄递事业部）。

自2019年以来，重庆邮政认真落实"固优势、补短板、抓重点、强弱项"的企业经营理念，相继组织开展"百日会战""五大体系"建设，致力于市场化对标、寄递六大改革、降本增效、客户体验提升、IT赋能等寄递重大改革攻坚工作，寄递业务快速发展，网路运营质效明显改善，客户体验显著提升。2020—2022年，新冠疫情暴发期间，重庆邮政在自身防疫压力极大的情况下，仍为保障社会防疫物资、民生物资的供应及物流供应链的畅通作出积极贡献，彰显了邮政企业作为寄递行业"国家队"的责任担当。

2019—2022年，重庆邮政全面加快寄递业务改革发展，按照"提速发展特快业务、提质发展快包业务、转型发展国际业务、精细发展物流业务"的发展定位，坚持"网强业兴、网业联动"理念，努力打造"渝快递·愉快递"品牌新增长极，寄递业务收入规模进一步提升，邮件处理能力快速增长，品牌影响力明显提高。在服务精准扶贫、乡村振兴方面，重庆邮政首次开通邮航产地直飞专线，为"巫山脆李"邮航专机项目提供支撑；在服务国家"一带一路"建设方面，重庆邮政积极打造国际铁路货邮枢纽，顺利实现中欧班列（渝新欧）双向运邮。其间，重庆邮政积极融入"国际大循环、国际国内双循环"战略、成渝地区双城经济圈建设、西部陆海新通道建设、数字中国（重庆）建设，坚持融合创新、加快转型发展，全力构建完善重庆邮政实物寄递网，全面深化"业务牵头、网运支撑、服务保障"的网业联动"铁三角"工作机制，进一步提升寄递业务市场竞争实力，进一步推进"两进一出"（进村、进厂、出海）措施做深做实，进一步融入产品供应链及百姓民生需求，持续推进寄递业务高质量发展。

第一节 国内特快专递业务

1984年，中国邮政开办国内特快专递业务。该项业务作为邮政精品业务，以高速度、高质量为用户传递国内文件资料、信函票据及物品等，并提供多种形式的邮件跟踪查询服务。1986年6月，重庆邮政正式开办国内特快专递业务，指定由市中区邮电局上清寺支局统一收取。此后，重庆邮政逐步开通覆盖全国的国内特快专递业务。随着国民经济的快速发展，自2000年起，重庆邮政国内特

快专递业务进入快速发展期，2022年业务量达到5711.33万件。

表 3-2-1-1

1995—2022年重庆邮政部分年份国内特快专递业务量变化统计表

单位：万件

年份	业务量	增幅
1995	49.48	较1990年增长1651.8%
2000	209.42	较1995年增长323.9%
2005	343.87	较2000年增长64.2%
2010	1173.95	较2005年增长241.4%
2015	1836.33	较2010年增长56.4%
2020	2552.36	较2015年增长39%
2022	5711.33	较2020年增长123.8%

一、按寄达地分类

（一）省际特快专递业务

省际特快专递业务是指寄件地和收件地分别在中国大陆地区内不同省、自治区、直辖市的特快专递业务。

1986年6月1日，重庆邮政对北京、上海、广州、昆明4市开办省际特快专递业务。1987年4月10日，重庆邮政与天津、呼和浩特、包头、沈阳、哈尔滨、福州、厦门、南平、漳州、三明市邮政局正式互办省际特快专递业务，后逐步开通覆盖全国的省际特快专递业务。

2022年7月2日，为促进巫山脆李外销，重庆邮政专门协调中国邮政集团有限公司开通"巫山—南京"邮政航空全货机专机线路，全年实现业务量32.23万件，同比增长209.9%，邮航专机连续执飞15架次，共带运巫山脆李邮件196.57吨。

（二）同城特快专递业务

同城特快专递业务是指寄件地和收件地分别在中国大陆地区内同一省中不同地区或同一城市的特快专递业务。

1993年10月9日，重庆邮政在主城9区范围内新开办同城特快专递业务。"十三五"期间（2016—2020），重庆邮政同城特快专递业务快速发展，收入占比逐步提高。

自2022年1月1日起，重庆邮政在全市范围内打造"渝快递·愉快递"宣传品牌，提升大同城业务（在重庆市行政区域范围内的特快专递邮件互寄业务）知名度。2022年，同城特快专递业务量达到4297.46万件，同比增幅为32.01%。

图 3-2-1-1　2022 年重庆邮政"渝快递·愉快递"宣传海报

二、按服务类型分类

（一）单证、照业务

1993—2022 年，重庆邮政先后开发身份证专递、高考录取通知书专递、法律文书专递、工伤认定文书专递、劳动仲裁专递、检察法律文书专递等新业务。

1. 身份证专递业务

1999 年 7 月 14 日，重庆邮政在全市范围内开办居民身份证快证特快专递业务。2017 年 4 月，身份证邮寄到个人用户业务正式开办。2021 年 2 月，重庆邮政投入邮封机设备进行证件封装，由人工每小时最高封装 200 件提高为机器每小时封装 1200 件，处理效率提升 5 倍。2022 年，身份证专递业务寄递转化率达到 50.12%。

2. 出入境专递业务

2000 年 10 月 25 日，重庆市公安局出入境管理处和重庆邮政商定，在全市范围内开办特快专递寄送公民出境材料（证件）业务。2003 年 4 月 10 日，重庆邮政在全市范围内开办代理寄递中国公民因私出国（境）证件业务。2015 年 11 月 19 日，重庆邮政开办 EMS 官方微信渠道港澳通行证再次签注业务。

2020—2022 年，新冠疫情期间，重庆邮政出入境专递业务呈波动发展，全市邮政寄递证件业务量 2020 年为 3.46 万件，2021 年为 1.49 万件，2022 年为 1.55 万件。

3. 法律文书专递业务

2005 年 1 月 1 日，国家邮政局根据最高人民法院《关于以法院专递方式邮寄送达民事诉讼文书的若干规定》精神，开办专为人民法院送达民事诉讼文书的新业务——法院专递，其送达与人民法院送达具有同等法律效力。法院专递收寄范围包括民事诉讼的各类文书、案件受理通知书、出庭通知书、应诉通知书、民事裁定书、起诉或反诉状副本、民事判决书、答辩状副本、举证通知书、传票等。自同年 9 月 1 日起，重庆市人民法院法律文书送达以特快专递邮寄方式为主。2020 年 9 月，重庆市高级人民

法院与中国邮政集团有限公司重庆市分公司签署战略合作协议，并于同年底在重庆市邮区中心局建成重庆法院专递集约送达中心。2022 年 5 月，全市邮政上线面单电子化服务，实现法院专递面单电子化回传功能。

表 3-2-1-2

2020—2022 年重庆邮政法院专递业务量变化统计表

单位：万件

年份	业务量	同比增幅（%）
2020	172.20	0.78
2021	252.50	46.63
2022	258.70	2.46

2008 年 7 月 3 日，重庆市劳动争议仲裁委员会和重庆市邮政公司商定，在全市范围内开办劳动仲裁特快专递业务，全市各区县劳动仲裁委员会送往埠外的仲裁文书全部采用邮政特快专递送达。2016 年 2 月 1 日，重庆市劳动人事争议仲裁院和中国邮政集团公司重庆市分公司商定，在全市范围内开办劳动人事争议仲裁文书特快专递业务。2022 年，重庆邮政劳动仲裁文书专递业务量达到 8.16 万件。

2016 年 1 月 1 日，重庆市人民检察院和重庆市邮政管理局商定，在全市范围内开办检察法律文书特快专递业务。2022 年，重庆邮政检察法律文书专递业务量达到 3.75 万件。

2019 年 11 月 1 日，重庆市人力资源和社会保障局和中国邮政集团公司重庆市分公司商定，在全市范围内开办工伤认定文书特快专递业务。2022 年，重庆邮政工伤认定文书专递业务量达到 1.26 万件。

4. 高考录取通知书专递业务

1997 年 7 月 29 日，重庆市邮政管理局与重庆市招生办公室签订合作协议，确定中专录取通知书全部交邮政特快专递传送。1998 年 8 月 4 日，全市 5.8 万份大中专录取通知书均采用邮政特快专递方式投送。随着高考改革的深入，录取通知书业务规模逐年增长。2022 年，重庆邮政高考录取通知书业务量达到 35.89 万件。

表 3-2-1-3

2019—2022 年重庆邮政高考录取通知书业务量统计表

单位：万件

年份	业务量	年份	业务量
2019	28.68	2021	33.81
2020	33.79	2022	35.89

5. 车管所牌证寄递业务

2019 年 12 月 23 日，重庆市公安局交通管理局与中国邮政集团公司重庆市分公司签订合作协议，双方在驾驶证、机动车号牌、行驶证、检验合格标志等方面开展全面寄递合作，业务量逐年递增。2022 年，重庆邮政车管所牌证寄递业务量达到 197.86 万件。

表 3-2-1-4

2020—2022 年重庆邮政车管所牌证寄递业务量变化统计表

单位：万件

年份	业务量	同比增幅（%）
2020	107.58	20.01
2021	131.04	21.81
2022	197.86	50.99

（二）其他增值业务

1. 返单服务

2013 年 3 月 18 日，重庆邮政在全市范围内开办国内特快专递返单服务（包括电子返单和实物返单），主要满足银行、保险、通信、电子商务等协议客户对快递返单服务的需求。2022 年，重庆邮政返单业务量达到 28.36 万件。

2. 收件人付费业务

收件人付费业务是指用户交寄国内特快邮件时不收取邮费，由收件人（或其所属公司、单位）负责交纳邮费的业务。自 1996 年 12 月 27 日起，重庆邮政在全市范围内开办国内特快专递邮件收件人付费业务。2015 年 10 月 20 日，重庆邮政开通收件人付费"集中整付"业务。2022 年，重庆邮政收件人付费业务量达到 223.7 万件，成为国内特快专递业务重要的增值业务之一。

3. 密码投递服务

密码投递服务是指在特快专递邮件投递前，由 PDA（手持数据采集终端）向预留的收件人手机发送短信密码，收件人将收到的短信密码出示给投递员，投递员校验密码成功后，方可将邮件投递给收件人的一项增值服务。2019 年 11 月 20 日，重庆邮政在全市范围内开办特快专递邮件密码投递服务。2022 年，重庆邮政特快专递密码投递业务量达到 9.32 万件。

4. 特安服务

特安服务是为有寄递贵重物品、重要文件资料等需求的客户提供的特殊服务，主要包括提供专人操作、事中管控、专业理赔等服务。2021 年，重庆邮政针对大客户交寄的重要邮件和贵重物品开办特安服务。2022 年，重庆邮政特安邮件业务量达到 1.31 万件。

第二节　国内快递包裹业务

国内快递包裹业务主要面向快速增长的电子商务市场，以陆路运输为主，针对电商客户和个人消费者提供物品寄递类服务。重庆邮政于 2001 年开办该项业务，当年业务量为 4.28 万件。2022 年，业务量达到 15315.3 万件。

一、产品演变

2001 年 8 月 1 日，按照国家邮政局部署，重庆邮政在全市范围内开办国内快递包裹业务，主要服务对象是工商企业、电子商务公司、邮购公司及部分居民，其资费介于普通包裹与特快包裹之间，实行分区计费方式，省会城市之间的全程运递时限为 4—6 天。

2007 年 8 月 28 日，按照中国邮政集团公司统一部署，重庆邮政开办国内经济快递业务，服务对象主要是批量交寄量大、邮件内件重，对邮件安全、信息反馈和服务综合性价比要求较高的物品类业务大客户，以提供上门揽收服务为主。

自 2010 年 1 月 1 日起，集团公司对速递物流专业化改革工作进行部署，为理顺邮政业务产品体系，将国内快递包裹业务纳入速递物流专业范围，由速递物流专业对该业务进行统一经营和管理并纳入速递物流专业预算、核算体系。重庆邮政按照集团公司要求，做好国内快递包裹业务经营管理关系的调整工作。

2012 年 8 月 13 日，集团公司开办国内小包业务，重庆为第二批开办城市。同年 12 月 20 日，集团公司进一步优化和完善国内小包业务，在国内小包市场拓展时统一使用"电子商务小包"（简称电商小包）名称，以提高客户对该业务的认知度。重庆邮政执行集团公司规定，调整收寄规格：单件限重 1000 克；长、宽、高合计不超过 90 厘米，最长一边不超过 60 厘米；最大一面长度不低于 16.5 厘米，宽不低于 10.2 厘米。该业务通达全国（含县以下农村地区），寄往省会城市（市区）3—5 天，寄往地级市顺延 1—2 天（不含收寄日）。

2013 年 1 月 1 日，中国邮政速递物流股份有限公司正式开办新经济快递业务，邮件外包装规格尺寸分为箱式邮件、圆卷邮件和不规则邮件。收寄规格：单件限重 20 公斤，最大尺寸单边长度不超过 60 厘米，最小尺寸应保证至少有一个面的尺寸不小于 15×10 厘米，计泡比（邮件长、宽、高三边之和大于或等于 100 厘米需按邮件体积重量计费）为 6000。重庆邮政按此规定执行。

2015 年 5 月 5 日，按照《中国邮政集团公司关于印发中国邮政包裹快递业务改革方案的通知》要求，国内产品体系中将经济快递、国内小包和快递包裹整合为一个产品——快递包裹，主要满足国内电商包裹快递市场需求。

自此，国内包裹重新按时限统一规范为特快专递、快递包裹、普通包裹3种。

同年6月1日，整合后的快递包裹业务在重庆邮政正式上线运行，通达区域为全国范围（含县以下农村地区）。收寄规格：单件限重20公斤，单边不超过100厘米，长、宽、高有一项超过60厘米的邮件需要计泡，计泡比为6000。

2016年3月6日，按照集团公司要求，快递包裹邮件的计泡比从6000调整为5000，长、宽、高有一项超过50厘米的邮件要进行计泡。

自2017年11月10日起，按照集团公司要求，快递包裹计泡规则调整，对长、宽、高三边之和大于（含等于）100厘米的快递包裹邮件进行计泡；对寄往一区、二区、三区（按快递包裹寄达距离划分的不同省份计费区域）的邮件，计泡比从5000调整为8000；寄往四区、五区（按快递包裹寄达距离划分的不同省份计费区域）的邮件计泡比保持不变。

二、业务种类

（一）巴渝快包

2015年11月18日，重庆邮政经报集团公司批准，在全市范围内推出"巴渝快包"同城快递包裹产品，主要服务于三大类市场：商务同城市场、便民同城市场和电商同城市场，服务时限为各区县城区次日递达，并承诺"限时未达，邮费退还"。2020年1月，集团公司对快递包裹资费标准进行统一调整，重庆邮政梳理产品种类，原"巴渝快包"业务因与标准资费差异较大停办。

（二）一票多件

自2016年3月7日起，按照集团公司统一部署，重庆邮政开办快递包裹一票多件增值服务。该服务以协议客户为主，总件数不能超过10件（含10件），且单件收寄规格不得突破快递包裹邮件收寄规定。一票多件业务应同时满足4个条件，即同一寄件人、在同一寄件时间、同一收件人和地址、寄递的邮件数量达到两个及以上。相关规定延续至2022年。

（三）票易达

2016年5月25日，重庆邮政与重庆国税签订战略合作框架协议。同年7月1日，重庆国税发票寄递服务——"票易达"业务正式启动，重庆邮政使用快递包裹为重庆国税局提供电子税务局代开发票及空白发票寄递到户服务。2017年3月1日，"票易达"寄递处理中心正式启用，重庆税邮合作再升级，并成为国税系统在全国推广的样本，全国29个省市的税务或邮政部门前来学习考察。"票易达"寄递处理中心被国际货币基金组织列为中国营商环境考察对象。2021年9月，该业务转为国内特快专递业务。

（四）标准箱

2017年4月1日，集团公司推广"标准箱"项目，采取按箱计费方式向客户提供标识明显、规格统一、性价比高的快递包裹服务，重点服务旅游购物、务工、校园、特色农产品、礼品馈赠等个人散户市场以及包装标准化程度较低的电商寄递市场。为统一服务品牌，提高处理效率，集团公司统一规定"标准箱"的尺寸规范、外观标识及印制要求。"标准箱"分为4种型号，分别命名为一号箱、二号箱、三号箱、四号箱，客户可在不同型号"标准箱"最大限重内装多少寄多少。2019年8月，为进一步满足规模客户寄递需求，集团公司对"标准箱"尺寸范围进行完善。截至2022年底，重庆邮政"标准箱"项目从2017年开办以来的28万件上升至2777.55万件。

三、业务发展

2001年，重庆邮政快递包裹业务主要面向个人用户提供寄递服务。随着电子商务的蓬勃发展，重庆邮政快递包裹业务逐渐转向日益成熟的电商市场，通过整合资源优势提供特色服务（包括试寄、仓储备货、打印封装和寄递一条龙服务）、优化作业流程，为规模性客户提供时限稳定、信息可跟踪的邮件批量寄递服务，且达到一定数量及同一路向的邮件不需中转，实行整车直发、全程跟踪，确保寄递货品安全快捷送达。

2022年，全市邮政快递包裹业务量达到15315.3万件，同比增幅25.1%，增幅排名全国第2位，规模排名全国第16位（较2021年提升2位）。

表3-2-2-1

2001—2022年重庆邮政快递包裹业务量变化统计表

单位：万件

年份	业务量	同比增长率（%）	年份	业务量	同比增长率（%）
2001	4.28	—	2012	25.88	-12.80
2002	36.17	745.09	2013	84.76	227.51
2003	61.02	68.70	2014	222.86	162.93
2004	69.35	13.65	2015	546.86	145.83
2005	64.53	-6.95	2016	1552.61	184.00
2006	62.27	-3.50	2017	3519.96	127.00
2007	63.53	2.02	2018	7132.29	103.00
2008	57.86	-8.92	2019	7385.18	4.00
2009	55.59	-3.92	2020	8493.01	15.00
2010	29.87	-46.27	2021	12246.64	44.00
2011	29.68	-0.64	2022	15315.3	25.00

第三节　物流业务

物流业务是邮政企业在整合自身及社会各方面资源的基础上，将实物流、信息流和资金流有机结合，利用现代信息技术和先进生产作业手段，为用户提供多功能、个性化、一体化的专业物流服务。重庆邮政物流业务结构坚持以合同物流为主、功能性物流为辅、仓储物流为重点的转型发展方向，构建邮政物流核心竞争力。

2000年，重庆邮政开始进军本地物流市场，正式开展物流业务。

2003年，根据网、业分离的原则，重庆邮政组建重庆中邮物流有限责任公司（简称重庆中邮物流公司），物流业务开始专业化改革，实行独立核算、自负盈亏，实行人、财、物一体化管理。

2008年，重庆邮政启动速递物流专业化经营改革，实行物流业务实体化运营。

2017年，中国邮政速递物流股份有限公司重庆电商物流分公司（简称电商物流分公司）作为物流业务专业公司正式成立，整合原惠普项目、核心区域物流项目中心、同城配送项目组三大板块，对外以"重庆中邮物流有限责任公司"资质从事物流业务各项经营工作。自此，重庆邮政物流进入市场化、专业化、现代化发展阶段。

一、合同物流

合同物流主要是指以第三方物流为载体，以客户企业整体或其具体项目为服务对象，通过与企业客户签订一定期限的物流服务协议，为企业客户提供综合性（一体化）物流服务。重庆邮政合同物流自2001年开办，截至2022年底，逐步完成由单一运输服务向合同物流转型发展。

2001年5月，重庆邮政合同物流正式开启。重庆邮区中心局与广州白云洁灵日用化工厂签订50吨日用品物流配送合同，这是重庆邮政开办物流配送业务后的第一笔自营业务。

2002年1月，国家邮政局与雅芳公司签订全国一体化物流配送协议，把重庆定为全国分拨中心之一。重庆邮政指定邮区中心局全面负责并实施雅芳"重庆分拣中心"产品的配送任务，实现重庆邮政一体化物流在西南地区顺利延伸。

2003年，重庆中邮物流公司参与市场竞争，针对重庆市各区县快递物品流量大、时限要求快的特点，在全市范围内开办邮政快递物流业务，先后与波导、蜂星、健科等50家客户签约开展一体化物流配送服务。同年11月，重庆中邮物流公司与重庆庆铃汽车公司签订汽车零配件物流配送合作协议，这是重庆邮政首次开发的全国性一体化物流项目。

2004—2008年，重庆中邮物流公司围绕电子、医药、烟草、化妆品、汽车配件、食品、出版等重点行业，推进省内一体化项目开发，先后开发重庆药友、烟草配送、红岩重汽、上汽依维柯红岩商品车等一体化运作项目。2008年，重庆中邮物流公司被重庆市政府认定为首批"现代物流企业"，并在援助四川汶川大地震工作中积极为灾区运送救灾物资，被中华全国总工会授予"抗震救灾重建家园工人先锋号"荣誉称号。同年，受重庆市慈善总会委托，重庆中邮物流公司组织爱心车队，承运"慈善·福彩情暖万家"大型慈善活动的慈善物资。

2009年7月，中国邮政集团公司中标惠普公司物流项目，成为惠普公司重庆工厂西部物流项目运输配送唯一物流供应商。重庆邮政提供重庆惠普工厂到西部12省（区、市）和中部江西省等375个地市的经销商"门到门"配送服务；同时，提供仓储、返单、实时在线查询等一体化服务。该项目成为重庆邮政物流第一个千万级全国一体化物流项目。

2010年1月，重庆市副市长会见集团公司领导，表示支持邮政在重庆物流业中发挥更大作用。同年，惠普重庆电脑生产基地正式投产，重庆邮政惠普物流配送获赞誉。同年5月中旬，惠普重庆物流项目中东部省区配送运作拓展至全国30省（区、市）。

2011年12月，重庆市邮政速递物流公司获得国家发改委授予的"全国制造业与物流业联动发展示范企业"称号。

2017年，电商物流分公司开发长安汽车售后件南京库运输、长安汽车发动机厂库内转拨、重庆登康RDC配送、格力电器配送等项目，业务收入规模首次突破亿元。

2018年6月，集团公司惠普项目在惠普公司全球供应商运作质量核心竞争力评价指标中得分排名第一，并获得惠普公司授予的"优秀供应商"称号。

2018—2020年，重庆邮政合同物流以专业化为核心竞争力，市场化运营取得初步成效，相继中标惠普武汉工厂运输业务、惠普香港项目及华硕、庆铃售后件运输等合同物流项目。同时，电商物流分公司指导、助力各区县邮政分公司大力开发汽车产业链物流市场，2020年业务收入规模突破亿元，成为继高科技行业后，重庆邮政物流第二个收入规模过亿元的行业。

2021年，重庆邮政以与市军民融合办签订战略合作协议为契机，推进重庆本地军工企业、部队寄递物流业务发展，实现与国防动员办公室机械设备发运业务的合作，并中标吉利汽车、华晨鑫源、瑞驰汽车、比亚迪汽车的整车或零配件运输项目。同年，集团公司中标惠普国际业务岳阳始发项目，重庆邮政物流提供从岳阳到目的港的提货、仓储、干线运输等服务，填补了中国邮政在惠普国际业务方面的空白。

2022年，惠普和长安项目入选国家邮政局典型项目库。惠普、华为、比亚迪、长安和中石化项目相继入选集团公司寄递事业部全国百大制造业深度融合典型项目名单。同年，电商物流分公司中标华为、派森百、重报集团同城生鲜搬运、际华3539鞋服运输等项目。

二、功能性物流

功能性物流主要是指针对现费市场、散户，通过能力建设、共享复用自有及社会资源开办的支撑非个性化、非项目制的直递物流业务。重庆邮政在物流专业化经营进程中，相继开办重件业务和中邮快货业务，为功能性物流业务开展奠定了基础。

2000年，重庆邮政启动物流直递配送业务。截至2001年，重庆邮政为北京制药四厂、重庆平安保险、海尔集团、格力电器公司等多家单位提供直递服务。同时，重庆邮政为支持三峡移民搬迁工作，由邮区中心局承担搬迁至浙、闽、粤等地部分三峡移民物资的运输工作。

2003—2004年，重庆邮政积极发展功能性物流，针对市场需求发展直递业务，开展专车运送。同时，组织召开零担货运业务专题研讨会，明确零担货运市场定位，确立零担货运的营销和运营方式。其间，奉节、大足、铜梁邮政局分别为当地烟草公司提供烟草配送服务。2004年，重庆中邮物流公司积极指导各区县邮政局切入货运市场，针对当地物流市场专设营收窗口，利用"邮政快包"形式揽收中邮快货物品，进一步拓展中邮快货业务市场。

2005年，重庆邮政部分城片区邮政局和生产单位挖掘邮政自营网络潜在运能，开展物流直递业务，增加物流收入。邮区中心局和万州、黔江等邮政局针对市场需求开展专车直递送。同年5月，中邮快货西南网开通，中邮快货业务得到迅速发展，初步成为市场定位清晰、服务标准明确、发展潜力较大、品牌效应明显的邮政物流基础性业务。

2006年，重庆中邮物流公司开展中邮快货专职营销工作，在重点企业、大型货物集散地、重点开发区以社会资源加盟连锁与自办点相结合的形式建立主城区揽收点3个、区县揽收点28个。全市新开发中邮快货协议客户20个，涉及医药、食品、饲料、机械、配件、电器等诸多行业。

2010年，重庆中邮物流公司开办重件业务，各区县邮政局EMS超大超宽货物由返空邮车带运至邮区中心局，由重庆中邮物流公司提供提货发运协助，支撑市内配送和市外干线运输及落地配工作。

2021年，重庆邮政物流信息站开始运行，《重庆中邮物流信息站建设方案（试行）》同步出台。

2022年，电商物流分公司按照重庆市政府关于成渝地区双城经济圈建设工作指导意见，结合集团公司对全国零担快运业务发展的要求，组织开通重庆至四川、深圳的零担物流专线，加快全市零担快运业务发展。

三、仓储物流

仓储物流主要是指为企业客户提供"仓储＋物流＋信息"的仓配一体化综合服务。仓储物流因涵盖多个服务环节，个性化、定制化要求更高，其服务附加值及客户绑定性更强，成为现代物流发展的重要途径和载体，是邮政物流完成服务转型升级、业务结构调整的重点业务类型。

2002年，重庆邮政仓储物流业务正式上线运行。万州邮政利用三级邮区中心局和三峡库区第二期移民搬迁契机，与海信电器、龙宝广电和长虹电器集团有限公司签订仓储租赁合同。同时，成立物流配送部，仓储面积超3000平方米，主要配送力帆桶装水、力帆白酒、青岛啤酒等产品。2003—2005年，万州邮政先后为TCL、苏宁电器提供集仓储、配送于一体的物流服务，被TCL评为"2004年度优秀物流供应商"，并应邀参加TCL总部在广东惠州组织召开的2005年度物流会议暨供应商大会，作为优秀物流供应商介绍经验。

2021年8月，电商物流分公司开发妙迎宠物用品仓配一体项目，以"仓储＋配送"的形式为客户提供仓储物流服务。同年11月，电商物流分公司通过项目复制，开发嘉禾宠物用品仓配一体化项目。

2022年，电商物流分公司中标中石化非油品仓配一体中心仓和涪陵分仓项目，该项目是重庆邮政第一个高标准、全环节、信息化的仓储物流项目。同年，电商物流分公司中标华为SC成品仓仓储服务和2B物流运输项目，该项目是重庆邮政与华为公司终端业务板块首次展开深度合作的重点项目。至此，重庆邮政在线仓储物流项目共计5个，进一步优化了物流业务结构，提升向客户提供供应链一体化综合物流服务能力。

第四节　国际业务

邮政国际业务为用户提供通达全球200多个国家和地区的寄递服务，根据不同产品可提供信息查询、邮件保价、延误赔偿和丢失赔偿等增值服务，以满足用户寄递物品、文件资料和信件等不同类型的需求。国际邮件按传递时限可分为国际普通邮件和国际特快专递邮件。按一般时限规定传递的国际邮件，称为国际普通邮件；通过专门组织收寄、处理、运输和投递，以邮政较快网络速度传递的国际邮件，称为国际特快专递（简称国际EMS）邮件。此外，中国邮政通过与非邮公司合作搭建渠道，为用户提供多渠道、多功能、个性化全链条国际寄递、货运服务。

一、国际普通邮件

国际普通邮件分为国际函件和国际包裹两类。

（一）国际函件

国际函件业务是国家与国家（地区）之间信函、文件资料及少量物品寄递业务的总称，是万国邮政联盟会员国邮政部门都必须办理的基本业务。其种类按内件性质分为信函、明信片、印刷品邮件、盲人读物邮件和小包等；按运输方式分为航空函件、水陆路函件和空运水陆路函件；按处理手续分为平常函件、给据函件和确认投递函件；按尺寸分为标准化和非标准化函件；按补偿责任分为保价函件和非保价函件。

1986年9月，重庆邮政转发邮电部《关于调整寄往香港、澳门函件资费的通知》，鉴于中国香港、澳门地区的特殊地位及与港澳间办理邮政业务的特点，自同年10月起，对寄往中国港澳地区的函件实行特殊资费，总原则为低于国际资费标准（平均低63%左右），高于国内资费标准。

1988年3月，重庆邮政在解放碑、观音桥、南坪、杨家坪、九宫庙等9个营业室以及打铜街、上清寺、童家桥支局恢复办理国际函件业务。

为进一步规范国际小包经营秩序，中国邮政集团公司要求各省（区、市）邮政公司自2012年1月1日起对国际小包实行集中定点收寄。重庆邮政于2013年10月1日设立国际小包集中收寄点，收寄点设于南岸区邮政局。

2016年，重庆邮政明确全市邮政企业均可发展国际小包业务，由南岸邮政承担全市国际小包收寄支撑工作。2017年，重庆市国际小包集中收寄中心在邮区中心局成立，同时撤销南岸邮政国际小包集中收寄点。

2018年，集团公司寄递改革后，重庆邮政国际小包集中收寄点设在中国邮政速递物流股份有限公司重庆市国际速递分公司（对外简称重庆市国际速递分公司，对内简称国际营销中心），邮区中心局不再负责国际小包集中收寄。

随着全球跨境电商产业的发展，重庆邮政根据跨境电商客户需求逐步提升国际小包寄递服务，使之成为各跨境电商平台的寄递服务业务。截至2022年底，全市国际小包协议客户年寄递邮件量达到180万件。

（二）国际包裹

国际包裹业务是中国邮政基于万国邮联体系推出的标准类直发物品寄递服务，可通达全球200多个国家和地区。使用该项服务时，客户可以自主选择陆运或空运、水陆路三种运输方式（部分路向只接受特定运输方式）。

1986年2月，重庆邮政按照邮电部要求对国际包裹业务资费作出修改，并对寄往部分国家的包裹散寄经转关系进行调整。2000年10月20日，国家邮政局对《国际邮件处理规则》进行全面修订，其中明确规定用包裹七联单代替五联单。2004年12月10日，重庆邮政按照国家邮政局《关于卡哈拉经济产品运营启动的通知》要求正式运营卡哈拉经济产品（卡哈拉经济产品是指日本、韩国、美国、澳大利亚和中国香港等地区进出口增强型国际航空包裹）。

依托铁路运邮渠道建设，重庆邮政国际包裹业务逐步成为国际函件业务的补充，并将跨境电商客户作为主要服务对象。2022年，全市国际包裹协议客户年寄递邮件量达到5.1万件。

表3-2-4-1

1986—1996年重庆邮政国际邮件收寄量统计表

单位：件

年份	平信	挂号	包裹
1986	208823	18467	826
1987	249090	15713	1366
1988	290482	19523	1591
1989	299760	19250	1591
1990	334388	16975	1487
1991	354075	16334	1375
1992	396172	16065	1298
1993	605963	15186	1782
1994	433387	14851	2140
1995	416082	13422	2305
1996	460231	12701	10502

二、国际及港澳台邮政特快专递

国际及港澳台邮政特快专递（简称国际及港澳台EMS）是中国邮政与各国（地区）邮政合作开办的中国大陆与其他国家、港澳台间寄递特快专递（简称EMS）邮件的快速类直发寄递服务，可为用户快速传递各类文件资料和物品，可通达全球百余个国家及地区，提供多种形式的邮件跟踪查询服务。该业务与各国（地区）邮政、海关、航空等部门紧密合作，打通绿色便利邮寄通道。此外，中国邮政还提供保价、代客包装、代客报关等一系列综合延伸服务。

1986年4月，重庆邮政开办国际特快专递业务，指定市中区邮电局上清寺支局经办全市国际特快专递邮件的收寄。同年9月，重庆邮政按照邮电部要求对国际及港澳特快专递邮件资费进行调整。至同年底，重庆近郊6区和北碚、双桥区已开办该项业务，重庆邮政与33个国家和地区建立业务关系。

1996年1月，重庆邮政开办中国大陆至香港特快专递收件人付费业务。同年6月，邮电部规定在全国部分城市下浮国际特快专递邮件资费，此次下浮只适用于包含重庆在内的50个重点城市，其他城市维持规定资费不变。同年10月1日，重庆邮政开办国际特快送款业务（为满足国内外客户临时急需中、小额外汇而提供的速递业务）。

表3-2-4-2

1986—1996年重庆邮政国际特快专递邮件收寄量统计表

单位：件

年份	业务量	年份	业务量	年份	业务量
1986	828	1990	10601	1994	24645
1987	2881	1991	11242	1995	23109
1988	4615	1992	14518	1996	17204
1989	4615	1993	22089	—	—

自2002年11月1日起，中国邮政以两岸民间机构合作方式开始办理中国大陆与台湾间两岸互寄快件业务。

2008年12月15日，海峡两岸直接通邮仪式在首都机场北京航空邮件交换站举行，海峡两岸实现全面、直接、双向通邮。同日，重庆邮政全面开办两岸邮政业务，在原有函件等业务的基础上，将两岸邮政业务开办范围扩大至航空和水陆路函件及包裹特快专递、邮政汇兑等。

截至2022年底，国际及港澳台邮政特快专递业务在重庆39个区县邮政分公司各营业窗口及揽投部实现常态化办理。

三、国际商业渠道

国际商业渠道业务主要是指邮政通过与非邮公司合作搭建渠道形成的补充型国际快递、货运业务，业务类型主要有中速快件、中邮海外仓等。其中，渠道搭建主体为省级邮政公司的被称为国际省签商业渠道业务。

（一）中速快件

中速快件业务于2000年开办，该业务是中国邮政与国际快递公司合作开办的国际商业快件业务。2000—2019年，中国邮政相继完成与DHL（德国敦豪快运）、FedEx（美国联邦快递）、TNT（荷兰天地快运，2016年被FedEx收购）、日本佐川急便等国际快递公司的业务合作。中速快件由邮政揽收后，在国内指定交接站点与合作的快递公司进行快件批量交接，然后进入对方全球网络体系直至最终派送，业务通达全球220多个国家和地区。中速快件提供从文件、货样到50千克及以上高重量段物品的门到门或门到港服务，满足客户多样性寄递需求。

截至2022年底，重庆已有28个区县邮政企业开办中速快件业务。2022年，全市中速快件业务量达到4910票。

（二）中邮海外仓

中邮海外仓是中国邮政速递物流股份有限公司2015年开设的境外仓配一体化服务项目，服务内容包括国内集货、国际运输、目的国清关、仓储、配送及个性化增值服务等，是整合国际邮政渠道资源、专业运营团队和信息系统而推出的一种安全、稳定、高效的海外仓配服务项目。

重庆作为西部内陆开放高地，在外贸格局上以加工贸易及机电产品出口为主。结合这一特点和中邮海外仓业务开办契机，重庆邮政自2015年起与汽车及零部件外贸出口加工企业——重庆国贵贸易公司开展海外仓业务合作，并为其量身制订国际快递、国际物流、海外仓等一体化供应链解决方案。

2017年6月，依托"渝新欧"铁路运输渠道的便利条件，重庆邮政向集团公司申请设立中邮海外仓重庆中转仓，为中邮海外仓客户提供优质铁路头程（转运运输中的第一程）运输服务。同年9月，经集团公司批准，中邮海外仓重庆中转仓正式运营，初步实现了中邮海外仓业务规模化发展。2018年3月，经集团公司批准，重庆邮政在上海设立中转仓并正式运营。重庆、上海中转仓建立后，重庆邮政中邮海外仓业务得到快速发展，收入规模在2017—2022年期间连续6年位列全国邮政第2位。

截至2022年底，重庆已有7个区县邮政分公司开办中邮海外仓业务，并为客户开通美国、加拿大、澳大利亚、英国、法国、意大利、西班牙、德国、捷克等国家共11个仓库的一体化仓储配送服务，全年出口货物量达到3093吨。

表3-2-4-3

2016—2022年重庆邮政中邮海外仓发运货物量统计表

年份	出货重量（千克）	同比增幅（%）	出货体积（立方米）	同比增幅（%）
2016	139562.66	—	523.44	—
2017	323811.28	132.02	1217.79	132.65
2018	1124344.73	247.22	4154.15	241.12
2019	2013150.82	79.05	7354.15	77.03
2020	2953999.74	46.74	10563.51	43.64
2021	3181949.31	7.72	11548.06	9.32
2022	3092854.73	-2.80	10994.48	-4.79

图 3-2-4-1　2020 年 7 月，重庆邮政供客户使用的
中邮海外仓（美国洛杉矶）

图 3-2-4-2　邮政代理报关大厅（2022 年 9 月摄于
重庆市渝北区民安大道 170 号）

（三）国际省签商业渠道

国际省签商业渠道业务是指在各省、直辖市范围内，邮政通过与非邮公司搭建渠道开展的商业货运进出口业务，涵盖国际空运、海运、铁路等多种运输方式。

2000 年 10 月 20 日，国家对外经济贸易合作部核准重庆邮政速递公司国际货运一级代理资格，可经营空运、陆运进出口货物国际运输代理业务。重庆邮政成为西部 12 个省（自治区、直辖市）中取得该代理资格的首家邮政企业。2004 年 4 月 20 日，重庆邮政国际货运代理业务正式启动，第一宗发往秘鲁的货物（重庆宗庆摩托）装箱启运。同年 4 月 30 日，由重庆市政府赠送给柬埔寨王国首相洪森的沙滩车经重庆邮政速递公司国际货代部承运，在江北国际机场启运并安全抵达柬埔寨首都金边。

2022 年，重庆邮政对商业渠道供应商进行公开入围采购。同年 6 月 8 日，《中国邮政集团有限公司重庆市寄递事业部国际省签商业渠道供应商使用和管理办法（试行）》出台，重庆邮政国际省签商业渠道业务正式统一开办。截至 2022 年底，重庆已有 28 个区县邮政企业成功开办国际省签商业渠道业务，通过空运、海运、铁路等一种或多种联运方式向客户提供国际运输服务。2022 年，全市国际省签商业渠道业务出口货物共计约 5000 票。

四、代理报关服务

代理报关服务是指邮政代理报关机构为进出口邮件（货物）所有人或其代理人向海关办理进出境手续及相关海关事务（包括向海关申报、交验单据证件，接受海关监管和检查等），并按邮件数量或货物票数收取一定费用的服务。

1992 年 12 月 10 日，重庆邮政成立国际邮件服务公司，负责重庆地区进出口邮递物品报关等工作。

1994 年 8 月 1 日，经重庆市物价局批准，重庆邮政对进出口国际民用包裹、小包及印刷品专袋出口国际特快和国际快件（信函除外）、出口国际印刷品收取国际邮件代客报关服务费。

1995 年 5 月 19 日，国际邮件服务公司撤销，代客报关业务由重庆国际邮件报关服务公司负责。

2014 年 10 月 20 日，重庆邮政速递物流分公司推出代理报关服务，为无法亲自前往重庆国际邮件报关大厅办理申报手续的国际进口邮件收件人提供"代理报关、代缴税款、送货上门"一站式服务，加快了用户邮件通关速度。

2020 年 3 月，集团公司上线金关版邮件代征税公共服务平台。该平台由企业端和用户端两部分组成。企业端实现对邮件信息的录入、邮件预审、通知单打印、短信记录查询、对账查询等功能；用户端（微信端 / 官方网站）支持用户通过微信或网站上传身份证、购买凭证等向海关申报，并支持多种缴税方式（微信、支付宝、现金）。重庆市国际速递分公司组建代理报关项目组，负责向客户提供邮件及货物代理报关报检、代缴关税、提货送货、代理转运等服务。

2022 年，重庆市国际速递分公司办理代理报关业务 35466 票，其中个人邮寄物品代理报关 35278 票，企业货物出口报关 188 票。

表 3-2-4-4

2015—2022 年重庆邮政代理报关业务量统计表

单位：票

年份	代办量	年份	代办量
2015	71135	2019	8675
2016	55278	2020	25975
2017	15850	2021	41904
2018	10016	2022	35466

第三章　文传业务

第一节　函件业务

一、管理机构沿革

1994年10月12日，重庆邮政成立商函广告公司。1995年5月19日，商函广告公司归多种经营处直管。

1999年12月24日，重庆邮政成立函件局，下设广告公司、邮购公司。2000年12月28日，重庆邮政将函件局和广告公司调整为合署办公。

2003年2月，重庆邮政对函件局机构、人员进行调整，下设综合办公室、财务科、经营服务科、商函广告制作中心、营销策划中心。2004年7月，增设客户服务中心。

2004年10月9日，重庆邮政将函件局、广告公司、名址信息中心合署办公，实行三块牌子、一套班子，主要负责全市邮政函件广告业务经营、管理、服务工作，下设综合办公室、财务科、经营服务科、商函广告制作中心、客户服务中心、邮政绿页号簿广告有限公司、名址数据开发部。

2007年，重庆邮政将函件局变更为商函公司，下设综合办公室、业务部、市场开发部（含客户服务中心、直复营销中心）、名址数据部、商函制作中心（含邮资机管理中心、设计中心）。

2011年12月27日，重庆邮政撤销商函公司，成立函件广告局，与集邮公司、广告公司、名址信息中心合署办公。2012年7月22日，函件广告局商函制作中心由渝中区上清寺重庆邮政枢纽搬迁至渝北区人和重庆邮政二枢纽，账单制作交邮区中心局处理。

2015年6月19日，重庆邮政将函件广告局调整归入中国邮政集团公司重庆市函件集邮分公司（简称市函件集邮分公司）。

2017年6月7日，按照《中国邮政集团公司重庆市分公司本部机构编制设置方案》要求，重庆邮政函件业务经营管理职能纳入新组建的中国邮政集团公司重庆市分公司集邮与文化传媒部下设的业务管理室。

二、业务管理

（一）基础函件业务管理

2000年9月17日，重庆邮政与湖北邮政会同武汉警方在武汉破获全国首例邮资信封跨省制假贩假案件，查获

假《颐和园十七孔桥》邮资信封8万余枚，打击邮资票品跨省制假、贩假行为。

2001年4月17日，重庆市邮政管理局行业管理处与重庆市工商行政管理局经济检查执法大队联合执法，对擅自经营信件和具有信件性质物品寄递业务的重庆市天易快递公司进行查处，并通过新闻媒介对外重申信件寄递属邮政专营业务。

2008年9月21日，由中国邮政集团公司研发的普通邮资封片业务管理信息系统上线，实现邮资封片业务从稿件申报到最后结算的一体化作业流程。

2009年6月，重庆邮政商函公司与信息技术局联手，共同开展对精品库清洗整理与数据挖掘工作。

2011年11月22日，在集团公司监督下，重庆邮政对全市库存邮资封片进行集中销毁，共销毁191万枚，涉及定价金额537万元。2019年，重庆邮政再次组织开展邮资封片实物销毁，共销毁70万枚，涉及定价金额347万元。销毁地点均为重庆市江津区珞璜工业园A区玖龙纸业（重庆）有限公司，销毁方式为化浆。

2020年，电影票合作平台供应商重庆新影通科技有限公司无法履行服务，严重违约。中国邮政集团有限公司重庆市分公司向重庆市渝北区人民法院提出诉讼，要求赔偿违约费用705万元。2021年6月15日，渝北区人民法院判决市分公司胜诉，由重庆新影通科技有限公司向市分公司赔偿614万元，并承担案件受理费2.55万元。

（二）广告业务管理

1998年，重庆邮政组织开展重庆地区名址信息收集工作，拥有310万条全国名址信息。截至2000年，名址信息库储存信息1402万条。全市各区县邮政企业也着手建立区域名址信息库。

2003年，重庆邮政建立大客户营销和管理体系，促进函件广告业务发展。全市各城、片区邮政局成立函件广告业务专门经营机构，各区（市、县）邮政局配置函件业务人员。市邮管局和各城、片区邮政局分别成立名址信息库建设领导小组，推动全市邮政名址信息库建设。

2012—2022年，重庆邮政将广告媒体建设纳入年度能力建设预算项目。截至2022年底，全市邮政共建设网点视频媒体1443个，网点橱窗LED全彩广告屏300个，社区电子阅报栏437个，小区灯箱广告122个。

（三）函件文创业务管理

按照中国邮政集团有限公司《关于做好函件传媒业务

规范入收整改工作的通知》《关于开展整治会计信息虚假问题专项行动的通知》，重庆邮政调整中邮传媒智融平台（简称智融平台）商品和卡券产品收入为差额列收，通过普通邮资封片业务管理信息系统进行产品开发、要数、销售、库存、列收等管理。

（四）制度建设

2009年12月，《重庆市邮政商函公司绩效考核办法》出台。该办法采用"目标分解、双向沟通、自我承诺"方式，以"岗位责任、风险和个人贡献"为参数设定岗位系数，运用"平衡计分卡"等考评工具，建立企业战略业绩评价指标体系。

2021—2022年，市分公司印发《"渝邮传媒"品牌建设实施意见》《关于做好2022年全市"渝邮传媒"品牌体系建设工作的通知》，提出以"渝邮传媒"品牌建设推动集邮与文化传媒业务向广告媒体及文创业务转型发展。

三、经营发展

（一）业务介绍

函件业务作为邮政履行普遍服务义务的重要载体，是邮政的基础性和标志性业务，其普遍服务法定义务和专营特质，决定了该项业务具有鲜明的政治性和人民性。函件业务主要包含基础函件和新函件两类业务，其中，基础函件业务是基于《中华人民共和国邮政法》，为保障公民通信权、以寄信为主线而开展的信函、封片、通信票、印刷品等业务；函件新业务是传承书信文化，基于文化传媒属性开展的广告媒体、函件文创业务。

1. 基础函件业务

（1）信函。信函是邮政的标志和象征之一，是以套封形式按照名址递送给特定个人或者单位缄封的信息载体，不包括书籍、报纸、期刊等，分为个人类信函和商业类信函。其中，个人类信函以贴邮票交寄为主，商业类信函以机构类客户交寄的大宗信函为主，通过邮资机打印邮资凭证。1987年8月15日，重庆市近郊区和北碚区邮电局开办国内有声信函业务。同年11月1日，重庆市开始推行邮政编码。1988年3月，重庆市邮政局编辑出版发行《重庆邮政编码》。2022年，重庆邮政启动集团公司统一推出的线上书信项目，依托"寄贺卡"微信小程序，为客户提供线上写信、线下收信服务。

（2）封片。封片包含信封、明信片两类产品。按《中华人民共和国邮政法》规定，带邮资的封片由国家邮政主管部门印制发行，可作通信使用。其中，贺年（有奖）明信片以传统书信方式寄递新春祝福，主要依托邮政线下网点和"中国邮政微邮局"线上渠道，面向个人客户进行销售，同时依托营销力量针对机构客户开展定制服务。自1991年起，重庆邮政开办贺年（有奖）明信片业务，首年全市计划发行300万张。2001年9月5日，由国家邮政局批准印制的重庆市首套普通邮资信封在渝北邮政发行，此套邮资信封是渝北邮政为重庆市张关旅游风景区设计制作的企业形象宣传专用封。2003年5月12日，"国际护士节"当天，由重庆市红十字会和重庆邮政共同制作的以抗击非典型肺炎为题材的邮资明信片在全市发行。2009—2022年，重庆邮政累计销售邮资封片16008万枚。

（3）通信票。通信票是在邮政营业网点销售的邮资凭证，用于寄递信函和包裹。2014—2022年，重庆邮政累计销售通信票2954万枚。

（4）印刷品。1986年7月1日，邮电部调整印刷品邮件的准寄范围。经省级及以上出版行政机关批准，印有统一书号、证号或中国标准书号、国内统一刊号的书籍、报纸、期刊、教材和图书目录，作为印刷品交寄。

2. 函件新业务

（1）广告媒体。重庆邮政依托邮政网络、客户、营销等资源，采取"线上+线下""自有+整合"方式，开展广告宣传服务。截至2022年底，依托"渝邮传媒"品牌，构建线下媒体、活动媒体、文化媒体、线上媒体等近100种媒体资源矩阵。

①线下媒体

商函广告　商函广告是按大宗方式交寄的商务性函件，是工商企业利用邮政渠道宣传、推销产品的一种手段和通信形式，兼具商务性和广告性，具有资费低廉、针对性强、覆盖面广等特点。商函广告分三类：一是商业信函，二是广告明信片，三是邮送广告。其中，商业信函包括各类有名址与无名址广告信函、账单及其他商业信函；广告明信片包括各类带邮资与不带邮资的企业广告明信片、回函卡、纪念卡等；邮送广告是利用邮政投递优势，根据客户需求采用按址投递或随报投递方式，派发商家信息进行广告宣传。1997年，重庆邮政大力发展邮送广告和商业信函业务，实现收入5.86万元。2004年，重庆邮政建立商函广告制作中心，为用户提供全国各地企事业单位名录和邮政编码，代制信封、代打印名址、代封装、代发寄等系列服务。2010—2022年，重庆邮政累计寄递数据库商函11491万件。

网点投递及户外广告　一是邮政自有广告媒体资源，包括墙体立柱广告、高立柱广告、电杆广告牌、灯箱广告、墙体霓虹灯、网点视频媒体、网点橱窗全电子彩屏媒体、社区电子阅报栏媒体、"包裹贴"媒体等。二是与外部合作的广告媒体资源，包括公交站台、高速路牌、商圈及口岸大屏等广告媒体。2016—2022年，重庆邮政网点投递及户外广告实现收入10756万元。

②线上媒体

2016年8月18日，中国邮政集团公司与深圳市腾讯计算机系统有限公司（简称腾讯公司）在深圳签署社交广告合作协议，开启邮政"互联网+媒体"新篇章。2018、2020、2021、2022年，重庆邮政均被腾讯公司授予"区域核心服务商"称号。自 2019 年起，重庆邮政可为客户提供在微信、腾讯 QQ、腾讯新闻、腾讯视频、今日头条、抖音、新浪微博、百度、凤凰新闻、搜狐新闻等 App，新浪网、搜狐网、新华网等网站发布广告的服务，并整合麦芽传媒、锦瞳传媒等国内多家 MCN 机构（Multi—Channel Network，多频道网络传媒公司）资源，利用其自带私域流量、传播迅速优势，大力发展互联网广告业务。2019 年，重庆邮政创建抖音直播账号，至 2022 年底，粉丝量约 2 万人。

③文化媒体

自 2019 年起，重庆邮政拓展会展活动、党建及文化阵地建设等文化服务。会展活动是在邮政自有媒体渠道基础上，整合内外部资源组建团队，为客户提供活动策划和执行的综合服务，如服务各类赏花节、美食节、丰收节、赶年节、消费帮扶活动等。党建及文化阵地建设是从空间设计制作角度，为机构客户的党建文化阵地打造及公共文化空间建设提供服务。2022 年，全市邮政共策划举办会展活动 165 场，实现收入 845 万元；开发党建及文化阵地建设客户 156 个，实现收入 582 万元。

④函件文创业务

2018—2021 年，重庆邮政依托中国邮政广告传媒公司智融平台，围绕邮驿、书信等传统文化及邮资封片、邮政用品用具等元素，将文化属性、收藏和使用等功能属性相结合，推出函件文创业务。2018—2021 年，函件文创业务（含商函商品、账单商品收入及以电影票、旅游年票为主的卡券收入）当年口径分别实现收入 5132 万元、6877 万元、7618 万元、7968 万元。2022 年，重庆邮政采取与外部文创公司合作的经销方式，落实卡券规范列收要求，实现函件文创业务收入 4606 万元。

（二）业务收入

1986—2006 年，重庆邮政函件业务整体稳步发展。2007—2022 年，受政策调整、智融平台产品调整列收方式等因素影响，重庆邮政函件业务发展出现波动。

表 3-3-1-1

1986—2022 年重庆邮政函件业务收入统计表

单位：万元

年份	收入合计	函件业务分类		
		基础函件业务收入	广告媒体业务收入	函件文创业务收入
1986	414	414	—	—
1987	477	477	—	—
1988	493	493	—	—
1989	487	487	—	—

续表

年份	收入合计	函件业务分类		
		基础函件业务收入	广告媒体业务收入	函件文创业务收入
1990	596	596	—	—
1991	867	867	—	—
1992	1100	1100	—	—
1993	1133	1133	—	—
1994	1234	1234	—	—
1995	1258	1258	—	—
1996	1160	1160	—	—
1997	4650	4650	—	—
1998	7842	7842	—	—
1999	8205	8205	—	—
2000	7043	7043	—	—
2001	6489	6489	—	—
2002	7047	7047	—	—
2003	8002	8002	—	—
2004	7322	7322	—	—
2005	6911	6911	—	—
2006	7401	7401	—	—
2007	8847	8847	—	—
2008	10402	10402	—	—
2009	11548	11548	—	—
2010	13128	13128	—	—
2011	15315	15315	—	—
2012	16809	16809	—	—
2013	16132	16132	—	—
2014	13160	13007	153	—
2015	11296	10798	498	—
2016	10417	9096	1264	57
2017	11038	7069	3874	95
2018	11727	3503	7761	463
2019	11982	2757	6620	2605
2020	12840	2289	5457	5094
2021	12912	2067	3439	7406
2022	11744	1841	5681	4222

（三）重点项目

1. 基础函件项目

（1）封片类

邮资封片 1999年2月14日，重庆市邮政广告公司与重庆市群众艺术馆联合推出《重庆美术家》邮资明信片签名首发，共计发行20万枚。2000年，重庆邮政共设计制作邮资广告明信片120种，印制116.4万枚；同年12月10日，重庆市邮政管理局与中国人寿保险公司重庆市分公司签订协议，自12月中旬起在全市邮政营业网点销售个人意外伤害保险邮资明信片，此次合作是重庆邮政拓展代理保险业务领域的新尝试。2002年4月16日，受国家邮政局委托，重庆邮政举行《亚洲议会和平协会第三届年会》邮资明信片首发式，庆祝该会议在重庆召开；2004年11月25日，为纪念重庆解放55周年和"11·27"烈士殉难55周年，重庆邮政在重庆歌乐山烈士陵园举行《红岩联线邮资明信片》首发式。该套明信片由重庆市邮政管理局与重庆市红岩联线文化研发中心联合发行，共计发行20万套，每套10枚。2006年8月3日，重庆邮政举行"国际足联世界杯（简称世界杯）"足球竞猜明信片抽奖仪式。2007年4至6月，重庆邮政开发"重庆直辖十周年"专用纪念邮资信封372.35万枚。2015年9月3日，为纪念中国人民抗日战争胜利70周年，重庆邮政发行抗战胜利纪念邮资封1套6枚，并加盖抗战胜利邮资机宣传戳记。2021年，重庆邮政设计制作"网红重庆"邮资信封40.81万枚和无邮资信封21.48万枚，下发全市各区县邮政营业网点上架销售。

少儿书信 2001年，重庆市邮政管理局与重庆市教育委员会联合主办"重庆百万青少年支持北京申奥寄语活动"。该活动以明信片为载体，5月10日启动，7月2日举行颁奖仪式，重庆市人大、重庆市政府、重庆市教委相关领导，以及重庆市邮政管理局局长黄绍林等出席颁奖仪式。该活动选送200件优秀作品寄至北京2008年奥林匹克运动会申办委员会。2005年1月，重庆邮政联合中国共产主义青年团重庆市委员会、中国少年先锋队重庆市工作委员会启动第一届全国少年儿童书信写作比赛（重庆赛区）活动，全市约30万名学生参赛。2006年4月，重庆市邮政管理局联合中国共产主义青年团重庆市委员会、重庆市教育委员会、中国少年先锋队重庆市工作委员会启动第二届全国少年儿童书信文化（重庆赛区）活动，全市约35万名学生参赛。2007年6月13日，重庆市邮政公司联合中国共产主义青年团重庆市委员会、重庆市教育委员会、中国少年先锋队重庆市工作委员会举办的第三届"重庆直辖十周年"少儿书信大赛，在重庆市渝中区大坪小学举行启动仪式，全市约61万名学生参赛。2008年5至10月，重庆市邮政公司联合重庆市教育委员会、中国共产主义青年团重庆市委员会、重庆市环境保护局开展第四届少

儿书信比赛和环保知识竞赛活动，全市66.2万名学生参赛。同年11月，重庆市邮政公司与中国共产主义青年团重庆市委员会联合开展"手拉手、寄贺卡献爱心"为灾区小伙伴捐资助学送温暖主题活动，全市少先队员和青年团员向灾区小伙伴邮寄贺卡送祝福，重庆邮政向灾区儿童捐赠助学资金8万余元。活动中，重庆邮政统计8万余名受灾儿童，供全市中小学生实行一对一结对子、寄贺卡送祝福，全市30余万名学生参赛。2009年，重庆市邮政公司联合中国共产主义青年团重庆市委员会、重庆市教育委员会、中国少年先锋队重庆市工作委员会等多个部门开展重庆市"幸福生活·感谢有您"少儿书信比赛，全市约60万名学生参赛。

旅游年票 2010—2016年，重庆邮政共发行4期旅游年票45.63万册。2021—2022年，重庆邮政响应重庆市文化和旅游发展委员会"百万市民游重庆""百万职工游巴蜀"等惠民旅游活动号召，销售官方发行的活动旅游年票59951枚。

贺年（有奖）明信片 2016年6月25日，"中国邮政明信片第二期开奖活动"仪式在重庆市九龙坡区杨家坪步行街举行，"保护绿色长江·邮寄山水重庆"系列公益活动同步开启。2009—2022年，重庆邮政累计销售贺年（有奖）明信片6682.84万枚，实现收入3.08亿元。其中，2010年销售1591.76万件，实现收入6893.04万元，量收均达到阶段峰值。

（2）商函类

2000年，重庆邮政共制作账单（邮简）104.57万件，共制作发行企业金卡203种、161.5万枚。同年10月20日，重庆邮政制作重庆市首套企业金卡——重庆华夏银行企业金卡1套4枚，总印量2万枚，由渝中邮政揽收。

2007年，重庆邮政共开发招生商函客户187个、444.12万件。同年，重庆邮政反假币项目实施方案得到国务院反假货币工作联席会议办公室认可并在重庆实施，成功开发农村问卷商函20余万件，窗口派发及寄递明信片近70万枚。

2008年，重庆市邮政商函公司联合重庆市精神文明建设委员会办公室开展"迎奥运 讲文明 树新风"礼仪知识竞赛活动，全市竞赛知识回函业务量达到26.79万件。同年，重庆邮政开展"数据为翼 信函为媒 传递商情"旺季商函营销活动，业务量达到379.65万件。同年，重庆市邮政商函公司与重庆城市通卡支付有限责任公司合作，开展《敬老卡》寄递服务，主城9区邮政企业参与。

2009年6月至2010年5月，重庆市邮政商函公司与重庆邮联广告公司合作，在全市开展"重庆邮政黄页"营销活动。2010年10月9日，重庆市邮政公司与重庆市安全生产监督管理局联合举行"重庆市安全社区知识竞赛抽

奖活动"，组织全市约 20 万人参加。同年，"打开有礼"商函专项营销活动制作商函 51.6 万件。

2010—2022 年，重庆市邮政商函公司在大宗商函业务带动下累计制作收寄商函 6057 万件。其中，2013 年商函制作收寄量达到阶段峰值 857 万件。

2010—2022 年，重庆银企对账单累计制作收寄 7758 万件。其中，2011 年达到阶段峰值 1089 万件。

（3）重庆题材邮资图发行

2003 年 2 月 19 日，重庆邮政申报发行第一枚重庆题材专用邮资图《重庆夜景》。2019 年 10 月 16 日，重庆邮政在渝中区解放碑步行街举行《大美重庆》专用邮资图首发活动。市分公司总经理、副总经理，新华社重庆分社、重庆市文旅委、重庆日报报业集团相关领导出席活动，市分公司总经理周新峰和新华社重庆分社社长共同为《大美重庆》专用邮资图揭幕，同日发行《典藏"双晒"》《桥都重庆》等明信片。

2003—2022 年，重庆邮政共申报发行重庆题材专用邮资图 9 枚。截至 2022 年底，停用 2 枚，在用 7 枚。

表 3-3-1-2

2003—2022 年重庆邮政申报发行在用邮资图信息表

序号	名　称	品种	发行时间	规格（毫米）	邮资（元）	售价（元）	制作量（万枚）	图　稿
1	《重庆夜景》	邮资封	2003.2.19	230×120	1.2	1.6	—	
2	《白鹤梁》	邮资封	2005.11.28	230×120	1.2	1.6	—	
3	《八路军重庆办事处旧址》（千秋红岩）	邮资封	2004.11.17	230×120	1.2	1.6	—	
4	《宗申飞腾》	邮资封	2005.6.28	230×120	1.2	1.6	—	
5	《日月观音》	明信片	2011.2.25	125×78	0.8	1.1	61.55	
6	《重庆风貌》	明信片	2017.5.17	148×100	0.8	1.2	85.58	
7	《大美重庆》	明信片	2019.9.27	148×100	0.8	1.2	788.71	
				125×78		1.1		

2. 广告项目

2005 年，重庆邮政建立户外广告媒体建设追踪卡，印制《邮政户外广告媒体手册》，出台《重庆市邮政户外广告业务管理（试行）办法》，新建户外广告媒体 1944 平方米（累计 20660 平方米），在部分主营业厅投放 50 台液晶视频多媒体广告机，开发重庆邮政编码户外广告牌。

2008 年 10 月，国家商务部将重庆纳入全国"家电下乡"试点省（区、市），重庆邮政策划邮政服务"家电下乡"项目方案，被中国共产党重庆市委员会宣传部和重庆市商务委员会采纳并纳入联合下发的《重庆市家电下乡宣传工作实施方案》。

2008 年，重庆邮政启动"商务宝典"营销项目，万州片区、涪陵片区、黔江片区、巴南片区和永川片区邮政局成功运作，实现收入 139 万元。

2009 年 12 月，重庆市邮政广告公司被中国广告协会授予"2008—2009 年度全国广告行业精神文明单位"称号。

2021—2022 年，重庆邮政打造"渝邮传媒"品牌，通过统一标识、统一宣传、组织区县建设传媒展示中心等，加上会展活动、党建文化阵地建设、惠农等重点项目带动，广告业务（含互联网广告、线下媒体、文化服务）实现收入 6673 万元。

第二节　报刊业务

一、管理机构沿革

1997 年邮电分营，经重庆市邮政管理局批准，成立重庆市邮政报刊发行局，负责全市邮发报刊订阅、零售、图书、电子音像等业务。

2003 年，经市邮管局批复，重庆邮政音像有限公司撤销，公司所有业务、人员划归重庆市邮政报刊发行局报刊零售公司管理。同年 12 月 27 日，按照市邮管局统筹安排，重庆市邮政报刊发行局办公场所迁至江北区鲤鱼池，设立综合办公室、经营服务科、财务科、报刊零售公司、报刊配送中心。

2007 年，经市邮管局批准，重庆市邮政报刊发行局对机构和人员进行调整，设立综合办公室、财务科、市场经营部（下挂大客户中心）、报刊零售经营部（下挂报刊配送中心）、图书教材发行部。

2009 年，重庆市邮政报刊发行局根据业务发展对机构和人员进行调整，撤销数据处理中心，业务人员划归市场经营部管理。

2010 年，重庆市邮政报刊发行局对机构和人员进行调整，设立综合办公室、财务科、市场经营部（下挂大客户中心）、报刊零售经营部（与图书教材发行部合并）。

2017 年 6 月，按照《中国邮政集团公司重庆市分公司本部机构编制设置方案》要求，中国邮政集团公司重庆市分公司撤销重庆市邮政报刊发行局、重庆市函件集邮公司，将其合并为市分公司集邮与文化传媒部，列属市级经营支撑部门，设立业务管理室、创意研发室、报刊业务室 3 个二级部门。其中，报刊业务室定岗 6 人，其余人员分流至市分公司财务部核算中心、机要通信局、邮区中心局、重庆三峡书报刊传媒有限公司等。另外，报刊要数处理中心 6 人挂靠在报刊业务室，负责全市报刊订阅、零售，图书要数及与报刊社、出版社结算工作。

二、业务管理

重庆邮政报刊发行面向社会提供的经营服务主要包括邮发报刊订阅服务，零售报刊发行服务，图书、音像及报刊文创发行服务。

（一）报刊订阅

报刊订阅是报刊发行业务的基础服务，执行定期预订预收制度。全市各区县邮政企业、投递局、邮政支局、邮政所（简称邮政局所或网点）均可办理报刊订阅业务，营业厅内常年设立收订窗口，办理日常报刊订阅业务。除采取窗口、上门、报刊发行站（员）、中国邮政网上营业厅、"11185"邮政客服电话、中国邮政微邮局等 6 种收订方式外，邮政企业可根据需要委托社会其他单位或个人代办报刊收订。

1988 年以前，报刊发行业务主要由邮政经营。1989 年 1 月 1 日，《重庆日报》开始自办发行，随后《重庆晚报》《重庆晨报》《重庆商报》《少年先锋报》《课堂内外》等本地报刊陆续自办发行。截至 2022 年底，重庆报刊发行市场形成"邮发＋自办＋代理"多渠道发行模式。

1997 年 9 月，根据全国邮政工作会议提出的专业经营总体思路，重庆邮政组建重庆报刊发行专业化经营体系并推行《重庆市报刊发行专业化管理试行办法》，全市各区县邮政企业相继成立报刊收投公司或发行科，推行"收投合一"，调动收投人员积极性。

（二）早报早投

2000 年初，重庆市主城 6 区各邮政企业积极改革，调整投递结构和体制。同年 3 月 1 日，全面实现《人民日报》《经济日报》《参考消息》《现代工人报》《华西都市报》《重庆经济报》《工人日报》《重庆商报》《中国证券报》《上海证券报》《证券时报》11 种日报早投。同年 5 月，渝中邮政根据本区域发行市场和用户对报刊投递服务的需求，重新划分投递段道，优化劳动组合，出台生产作业计划和考核办法，打破"信报合投"模式，成立报刊专投队伍，实行"信报分投"，率先在全区实施投递改革，使早报在当日上午 9 点前全部投递到位，比以前提前 1 至 2 个小时。

截至 2022 年底，重庆市早报品种已达到 37 种，包括：《人民日报》《参考消息》《体坛周报》《经济日报》《重庆日报》《中国青年报》《重庆晚报》《重庆晨报》《重庆商报》《中国电视报》《环球时报》《中国纪检监察报》《南方周末》《生命时报》《新华每日电讯》《人民公安》《人民法院》《光明日报》《文摘周报》《重庆交通安全》《新家长报》《农民日报》《法制日报》《检察日报》《新女报》《新渝报》《重庆法制报》《重庆科技报》《21世纪经济报道》《电脑报》《解放军报》《公民报》《工人日报》《中华工商时报》《中国税务报》《渝西都市报》《重庆政协报》。

（三）报刊接办

1996年，由四川省成都市出版、自办发行的《华西都市报》进入重庆报刊发行市场，其发行量逐年增长。截至1999年初，该报发行量超过7万份，并建立了一支400多人的发行队伍。经多次协商，1999年3月，重庆邮政与报社签署合作协议：自1999年4月1日起，《华西都市报》委托重庆市邮政报刊发行局在重庆地区全权发行，该报重庆发行站全部交重庆市邮政报刊发行局经营和管理。同年，重庆市邮政报刊发行局被市邮管局授予邮发报刊合同签订权。

截至2022年底，重庆邮政接办重庆市出版邮发报刊263种（报纸28种、杂志235种），接办图书20种。其中，分印《人民日报》《参考消息》《半月谈》《经济日报》《光明日报》等重要党报党刊28种，区域代理《中国新闻周刊》《中国国家地理》《国家人文历史》《读者》《幼儿画报》等报刊杂志74种。

（四）信息系统

1998年8月中旬，由市邮管局主持立项，重庆市邮政规划设计院设计的"报刊发行系统"进入程序试运行阶段。全市84个邮政支局首批配置，部分区县邮政企业微机升级换代，形成收订、要数三级（网点、订销局、省局）微机联网，统一报刊发行收订、要数处理程序，规范全市邮政报刊发行业务管理。

2006年下半年，按照国家邮政局和市邮管局的部署和要求，全国邮政报刊信息综合业务处理系统"统版"工作开启，重庆市邮政报刊发行局承担业务处理流程、业务管理的设计和制作以及该系统培训工作。2007—2009年，随着该系统的不断完善，重庆邮政报刊专业数据处理速度与质量得到提高，解决了数据统计口径不统一、数据不准确、订户名址信息采集难等问题，使报刊发行信息网络应用功能得到拓展，为重庆报刊发行业务发展和经营管理提供有力支撑。

2011年7月4日，全国"出版物连锁经营系统"在3个试点省开始试运行。重庆作为试点省之一，制订了该系统和网运系统并行实施方案，并在试运行期间采用新老系统并行的方式确保了零售报刊正常运行。

2020年，新一代全国报刊系统"书报刊供应链系统"上线工作启动。重庆邮政参与系统建设的前期需求提供，承担系统的培训和转培训工作。该系统在2021年报刊大收订工作中启用，至2022年底运行正常。

（五）报刊零售

报刊零售是报刊发行的基本方式之一，区县以上的邮政企业、邮政所、报刊门市部、报刊亭负责办理经常性报刊零售业务。报刊零售销售方式包括报刊自销、委办批销、预约零售、函购。

1997年8月，市邮管局成立重庆邮政报刊零售专线车队，新增车辆3辆，增开重庆—荣昌、重庆—巴南及市区3条汽车零售专线；同时增加水运邮路1条，利用长江水路运输（水翼船）解决沿线邮政企业零售报刊时限问题，提高市区及附近10个区县邮政企业报刊零售传递速度以及主要报纸当日见报率。

1998年1月21日，在渝中区上清寺重庆市邮政报刊发行局报刊封发生产现场和南岸区南坪《重庆日报》生产现场增设沙坪坝区"沙北街"自取格口，自取报纸包括《参考消息》《体坛周报》《足球报》《文摘周报》《重庆广播电视报》《电脑报》6种。同年，重庆市邮政报刊发行局制订相关业务规定，明确重庆市主城6区各邮政企业及时调整报刊零售业务发展结构，相继申请自取格口，旨在通过此举带动主城报刊零售业务发展。

2001年2月，重庆市邮政报刊发行局在报刊零售公司专门增设报刊零售批销部和报刊零售营销部，落实专人管理，并与"两部"签订经营承包合同。报刊零售批销部负责全市邮政报刊零售、批销业务的经营管理工作，报刊零售营销部负责重庆市主城6区内55个邮政报刊零售亭的经营管理工作。

2005年，针对主要畅销报刊市场竞争状况和各区（市、县）邮政企业零售业务发展需求，重庆市邮政报刊发行局逐步搭建零售报刊配送网，实行分级接力运输，组织专线运输发行量大的零售畅销报刊，在充分利用大网的同时，采取大网运输、专线接力运输、直达运输、委办运输等多种方式实现零售报刊随到随发，加快各区（市、县）邮政企业零售报刊的上市时限。截至2005年底，重庆市邮政报刊发行局开办外运线路9条、专线线路1条，对10个区（市、县）邮政企业部分畅销报刊实行外运或专线线路运输。

2006年6月15日，市邮管局对重庆市邮政报刊零售公司和重庆三峡书报刊传媒有限公司进行资源整合，进一步强化业务管理，精简机构和人员，促进了重庆三峡书报刊传媒有限公司和全市报刊零售业务的发展。

2010年，因城市环境整治三峡报刊亭陆续拆迁、纸媒受网络影响等原因导致报刊零售收入呈下降趋势。

2011年，重庆三峡书报刊传媒有限公司逐步恢复部分报刊亭并对其进行有效运营，在报刊零售基础上叠加书讯广告、通卡充值、小商品、饮料等便民服务。

2017年，因机构改革，重庆三峡书报刊传媒有限公司减员增效，逐步取消对报刊亭的报刊配送和其他增值业务，重庆市主城区的报刊零售主要以江北区北滨路批销门市的市内批销业务为主，重庆邮政报刊零售业务加快转型，向图书文创业务发展。

2020—2022年，受新冠疫情、北滨路批销门市停止经营等因素的影响，重庆邮政报刊零售业务再次加速下滑。

（六）图书文创

中国邮政作为书报刊国有发行渠道，致力于弘扬主流文化、传播党的声音。在各项主题图书发行工作中，重庆邮政全力配合中国共产党重庆市委员会宣传部（简称市委宣传部），充分发挥邮政遍布城乡的网络优势，主动对接各级党政机关、企事业单位，提供完备的上门征订和配送到家服务。2018—2022年，重庆邮政服务文化宣传需要，积极参与政务图书发行，累计发行《习近平谈治国理政》系列等政务图书204万册，成为政务图书发行主渠道之一。

作为市委宣传部的全民阅读活动参与方，重庆邮政履行央企社会职责，服务全市精神文化下乡，做好"文化惠民"工作。2018年，重庆邮政以邮政惠民书展、售赠等方式，将邮政惠民图书覆盖全市城乡，丰富人民群众精神文化生活。截至2022年底，重庆邮政累计开展邮政惠民书展574场，实现图书销售额4482万元。

报刊文创产品是报刊、图书、电子音像出版物、数字媒体等产品衍生出的文化创意产品，是对报刊发行业务的补充和延伸，也是报刊转型发展重要措施之一。2018—2022年，重庆邮政累计销售报刊文创产品10.55万套，实现流转额2436万元。

（七）扫黄打非

"扫黄打非"一直是重庆邮政在意识形态方面的重点工作，长期以来，重庆邮政围绕社会稳定和长治久安总目标开展此项工作。2003年，重庆市邮政报刊发行局按照重庆市"扫黄打非"工作领导小组的集中部署和各阶段要求，明确责任，层层落实，严密布控，将"扫黄打非"工作在邮政报刊销售经营过程中贯彻落实，获"2003年重庆市'扫黄打非'工作先进集体"称号。

2017—2022年，重庆邮政结合"两岗履职"检查对"扫黄打非"工作进行全面落实，坚决杜绝涉黄及非法出版物通过邮政渠道流出。截至2022年底，重庆邮政销售渠道未出现涉黄及非法出版物的情况。

三、经营发展

（一）业务收入

1986—2022年，重庆邮政报刊发行收入稳步增长，业务量整体稳定。

表 3-3-2-1

1986—2022 年重庆邮政报刊业务收入统计表

单位：万元

年份	订阅收入	零售收入	图书音像教辅收入	销售商品收入	其他收入	合计
1986	493	—	—	—	—	493
1987	585	—	—	—	9	594
1988	698	—	—	—	20	718
1989	713	—	—	—	75	788
1990	704	—	—	—	148	852
1991	813	—	—	—	131	944
1992	960	—	—	—	18	978
1993	1035	—	—	—	—	1035
1994	1113	—	—	—	—	1113
1995	1359	—	—	—	—	1359
1996	2173	—	—	—	—	2173
1997	4866	—	—	—	—	4866
1998	5714	—	—	—	159	5873
1999	5430	1314	—	—	—	6744
2000	6185	1461	—	—	—	7646
2001	5666	2507	—	—	—	8173
2002	5760	2547	—	—	—	8307
2003	5700	3006	48	—	—	8754
2004	5302	3091	292	—	—	8685
2005	4936	2818	37	—	—	7791
2006	5058	2843	170	—	—	8071
2007	5461	2849	209	—	—	8519
2008	6121	2928	322	—	—	9371
2009	6935	3379	354	—	—	10668
2010	8018	998	149	—	—	9165
2011	9437	1144	148	—	—	10729
2012	10558	1216	274	—	—	12048
2013	11081	1011	170	—	—	12262
2014	12408	1107	170	—	—	13685
2015	12688	2559	192	—	586	16025
2016	13247	746	1399	—	266	15658
2017	13334	537	2195	—	211	16277
2018	14297	304	2527	—	356	17484
2019	15217	174	1834	276	639	18140
2020	15249	105	2043	581	881	18859
2021	15749	52	2960	—	930	19691
2022	16811	21	3220	—	235	20287

（二）主要经营大事件

2000年7月5日，重庆市邮政报刊发行局召开纪念邮政开办报刊发行业务50周年座谈会。重庆市委领导，重庆市新闻出版局领导，重庆市邮政管理局局长黄绍林及重庆市委、重庆市政府办公厅、重庆市委企业员工代表委员会、重庆市农业农村委员会等有关部门领导，新华社重庆分社、人民日报重庆新闻中心、经济日报驻重庆记者站、重庆日报社、重庆市文学艺术界联合会、重庆市广播电视局、重庆电视台、重庆有线电视台以及重庆市交邮政发行的123家报刊社领导，重庆市邮政管理局等相关部门负责人共计300余人参会。45家报刊社以制作宣传彩球、横幅等方式表示祝贺。

2001年8月，重庆市邮政报刊发行局与全国64家报刊社签订报刊优惠收订政策，首次在全市推出2002年系列"重点报刊推荐""订报刊送精美礼品""订报刊中大奖"等大型报刊收订活动，印制20余万份宣传单和张贴画向社会发放。次年2月6日，重庆市邮政管理局与重庆市公证处联合举办"2002年报刊订阅抽奖仪式"，此举在全国属首创。

2001年12月25日，重庆市邮政报刊发行局与当时西部最大书城——重庆现代书城签订连锁合作经营合同，双方实现优势互补、强强联合。次年1月26日，重庆现代书城隆重开业，重庆市人大常委会领导代表市领导出席。重庆市邮政管理局领导到场，参观现代书城和重庆邮政展销厅，对重庆市邮政报刊发行局加盟重庆现代书城予以肯定和支持。

2003年4月15日，由重庆市邮政管理局、重庆日报报业集团和重庆新华书店集团3家单位共同出资组建的重庆三峡书报刊传媒有限公司成立，同日召开公司董事会、监事会成立大会和第一届一次全体大会。董事会通过公司章程，3家单位入股资金为2000万元，公司注册资金为1000万元，出资比例4∶3∶3。其中，重庆邮政占40%，其他2家单位各占30%。

2004年9月中旬，按照国家邮政局和新华社战略合作部署要求，重庆市邮政管理局主动与新华社重庆分社联系，研究双方合作发展相关事宜。同年10月9日，"世界邮政日"当天，重庆市邮政管理局与新华社重庆分社在全国率先签订战略性合作协议，将22种新华社系列报刊列为重点报刊开展宣传收订工作。

2005年6月，重庆邮政书报刊发行有限公司积极与西南大学网络学院沟通，参与该学院2006年春秋季教材竞标投标。学院相关负责人到重庆邮政枢纽生产现场等地考察后，将该学院2006年春秋季共计400余种教材发行供货权交给重庆邮政。同年12月8日，双方签订供货协议（总码洋1000万元以上）。

2005年9月，重庆市邮政管理局成立"2006年重庆市邮政中小学教材发行投标领导小组"，由局长王曙东任组长，副局长袁祖伟、王树志任副组长，负责投标工作的组织领导和协调。重庆市邮政报刊发行局继续开展图书营销等活动，截至2005年底，全市邮政销售各类图书、电子出版物2315套。

2007年7月，重庆市邮政报刊发行局与特别文摘杂志社签订全面代理合作协议，重庆邮政负责该杂志重庆地区的广告、印刷、发行工作。在2008年报刊大收订中，该杂志收订份数达到38445份，同比增加38282份。

2007年9月26日，为加强刊邮合作、服务城乡教育，重庆市邮政报刊发行局与重庆课堂内外杂志社签订合作协议，率先在荣昌、永川、綦江、万州、奉节、巫山、城口、南川、丰都、巴南等14个区县开展"教委、学校、邮政"三方深度合作试点工作。在2008年大收订中，14个区县课堂内外系列报刊收订量由2007年的5308份增长至64727份。2008年，新增涪陵、梁平、开县、石柱、黔江5个合作区县，收订量增至82500份。

2007年，重庆市邮政报刊发行局相继与《重庆时报》《新女报》《重庆商报》签订合作协议，使都市类畅销主流报纸回归邮发。

2007年12月18日，中国共产党重庆市委员会宣传部、重庆市邮政管理局、重庆市邮政公司、人民日报重庆记者站联合召开重庆市《人民日报》赠阅投递工作电视电话会，会议决定每年向全市9937个农村基层党组织赠阅《人民日报》。

2008年12月，重庆邮政取得全市4350个"农家书屋"报刊统一采购、发行权。

2009—2017年，重庆邮政报刊发行实现专业化经营，与全国近万家报刊社合作，重庆邮政报刊发行的区域发行主渠道地位进一步确立。

2017年8月，重庆市邮政公司与重庆当代党员杂志社签订合作协议。自2018年1月1日起，重庆当代党员杂志社旗下《当代党员》《党员文摘》《党课参考》回归邮发。截至2022年底，以上3刊邮发规模保持全国省级党刊发行第1位。

2017—2022年，重庆邮政与中国共产党重庆市委员会组织部对接，实现重庆市党刊全面邮发合作。2022年底，重庆邮政报刊发行流转额达到55164万元。其中，重庆市期刊占比保持全国第1位，线上收订流转额17100万元，占总流转额31%，同比增幅49.1%，被中国邮政集团有限公司授予"全国邮政2022年度报刊大收订先进省分公司"荣誉称号。

2018年，中国邮政集团公司与"得到""凯叔讲故事""喜马拉雅"三大新媒体公司合作策划，推出戊戌年贺岁产品，重庆邮政正式开展数字媒体业务。

2022年7月18日，市委宣传部组织召开《习近平谈治国理政》第四卷发行工作会，会议明确提出邮政是该图书发行主渠道之一，要求各单位做到"八个全覆盖"（包括各级党委理论学习中心组、全市基层党组织、党政机关党员、党校等培训教学、高校思政课和课程思政教师、新时代文明实践中心、机场等外宣平台、全市各级各类图书馆和阅览室等），满足全市干部群众学习用书需求，迎接中国共产党第二十次全国代表大会召开。

第三节　集邮业务

一、管理机构沿革

1981—2022 年，重庆市级集邮业务管理机构自成立起，共经历了 5 次机构变更。

1981 年 10 月 1 日，重庆市集邮公司成立，下设办公室、业务科、财务科 3 个二级科室。

1997 年重庆直辖后邮电分营，原机构调整为重庆市邮资票品局与重庆市邮票公司两个机构，实行两块牌子、一套班子。2002 年 1 月，主城 6 区邮政局（渝中区、江北区、沙坪坝区、九龙坡区、南岸区、大渡口区邮政局）集邮业务划归重庆市邮票公司直接管理。2003 年，重庆市邮资票品局内设二级机构调整，新增邮品开发部，撤销财务科，财务工作划归重庆市邮政管理局计划处账务中心管理。同年 1 月，市邮管局重新恢复近郊 6 区邮政局对集邮业务的管理。

2004 年 11 月，市邮管局撤销重庆市邮资票品局和重庆市邮票公司，成立邮资票品管理处和集邮公司。邮资票品管理处负责全市纪特票、通信票品分配工作及纪特票通信票品库管理工作；集邮公司负责邮品管理工作。邮资票品管理处与公众服务处合署办公，集邮公司内设 4 个二级机构：综合办公室、市场营销部、邮品开发部、计划财务部。2007 年 3 月，邮资票品管理处相关职能调整由市场经营部承担，设立邮资票品管理岗。同年 4 月，集邮公司内设二级机构调整为 3 个：综合部、市场经营部、邮品开发部。

2011 年 12 月，重庆市邮政公司撤销商函公司，成立函件广告局（集邮公司），与邮政广告公司、名址信息中心合署办公，下设 6 个二级机构：综合部、函件业务部、集邮业务部、邮品开发部、运营支撑部、名址数据部。

2017 年 6 月，中国邮政集团公司重庆市分公司将函件集邮分公司和报刊发行局合并为市分公司集邮与文化传媒部，列属市级经营支撑部门，内设 3 个二级机构：业务管理室、创意研发室、报刊业务室，集邮业务由创意研发室负责。

二、业务管理

重庆邮政集邮业务面向社会提供的经营服务主要包括票品预订、票品销售、邮品开发定制、仿印邮票、特许商品经营等。

（一）票品预订

从 1979 年开始，重庆邮政每年 10 月或 11 月开始，按照《邮票预订服务公告》开展次年邮票预订服务工作。截至 2022 年底，预订品种包含套票、年册、小版票册、大版票册等 16 个品种。预订渠道包括线下和线上，其中，线下预订自 1979 年开办，截至 2022 年底，全市邮政共有 76 个网点开办；线上预订自 2014 年开办，用户可以通过中国邮政在线业务平台、中国邮政 App、中国邮政微邮局、中国邮政商城小程序、网点营销服务人员微邮店预订，或使用集邮联名卡自动续订。

票品预订业务有 3 种特殊预订模式：一是摇号预订模式，2014 年推出，连续预订一定年限的套票、年册老用户（不含已具有大版、小版预订资格用户）有资格通过线上、线下渠道提交大版、小版摇号订单；二是集邮联名卡预订模式，2017 年推出，用户可在邮政金融网点实名申领，凭卡在邮政金融网点和集邮营业网点办理新邮预订业务，并可选择自动续订服务；三是预约预订模式，2019 年推出，未预订套票年册的新用户，可预约指定品种（年册、方连年册、邮票手帐和邮票盲盒等）。

（二）票品销售

票品销售包括邮票、邮品零售。邮票零售在全市 49 个指定零售网点开展，网点在纪特邮票发行日前公告新邮销售服务信息，包括销售时间、种类、价格、零售数量等，并严格按照发行通告出售邮票（出售期限为 6 个月）。邮品零售在全市邮政 79 个集邮营业网点开展，按照统一售价销售。

（三）邮品开发定制

邮品开发定制是以邮票为核心元素，对邮票、邮戳及相关文化进行拓展和延伸，通过文字介绍和图案，制作成封、片、折、卡、册等集邮产品的生产活动。开发形式包括与中国集邮有限公司联合开发、自制开发、定向开发、个性化邮票开发 4 种。

1. 联合开发

联合开发邮品是指利用"中国集邮"品牌和渠道优势，围绕当年发行的邮票题材、节假日和纪念日以及具有广泛影响力的社会热点事件等主题，由各省（区、市）邮政公司与中国集邮有限公司联合开发全网或定向发行的邮品。

2013 年，重庆邮政与中国集邮有限公司（原中国集邮总公司）联合开发《邮票上的美丽中国》1.2 万册，成为双方联合开发的首款邮品。

截至 2022 年底，重庆邮政结合生肖、地方题材邮票与中国集邮有限公司联合开发邮品共 12 款。其中，最近一次联合开发是 2022 年配合第 42 届全国最佳邮票评选开奖活动开发的《第42届佳邮评选大版珍藏册》《佳邮永流传》邮品。

2. 自制开发

自制开发邮品是指根据邮票题材、热门节假日、社会热点事件等主题策划设计，经市场论证后提出策划方案，设计图稿完成后进行全市征订，按实际征订要数确定产品开发数量，在全市范围内发行的邮品。

截至2022年底，重庆邮政结合本地特色开发的系列邮品主要包括重庆直辖系列、长江系列、邮票上的重庆系列、第42届全国最佳邮票评选系列邮品。其中，重庆直辖系列邮品分别在1997年重庆直辖、1998年直辖一周年和2007年直辖十周年3个时间段推出；2014年9月13日，《长江》特种邮票发行的同时推出长江系列邮品；邮票上的重庆系列于2012年首次发行，邮品涵盖与重庆相关题材的邮票，此后分别于2013年、2015年、2016年、2017年、2021年开发多种版本的系列邮品，截至2022年底，共计开发9235册；2022年7月27日，第42届全国最佳邮票评选系列邮品配合该项评选活动推出。

3. 定向开发

定向开发邮品是指以邮票为载体，根据客户要求专门策划设计定制的邮品，旨在宣传企业形象、铸造企业品牌、扩大社会影响。其中，定制型年册是在销售型年册的基础上，增加客户的宣传内容，将宣传内容与邮票年册有机结合。

2016—2022年，重庆邮政主要开发了以下影响力较大的定向邮品。2016年，江北邮政与重庆市禁毒委员会共同开展禁毒宣传，开发《禁毒宣传》邮折60000册，实现收入60万元；2017年，江北邮政开发《新光天地百货开业纪念》邮册3300册，实现收入85万元；2020年，九龙坡邮政在全市"晒文化·晒风景"大型文旅推介活动中，开发九龙坡区人民政府《九龙九景》丝绸邮册1500册，实现收入59.7万元；2021年，江北邮政为安诚财产保险股份有限公司开发《开门红》纪念邮册5300册，实现收入198.8万元；2022年，渝中邮政开发《重医附二院130周年庆》纪念邮册8000册，实现收入112万元。

4. 个性化邮票开发

个性化邮票是指以带有空白附票的个性化专用邮票为载体，根据用户正当需要和有关部门规定，在空白附票上印制个性化内容，赋予空白附票个性化特征。2002年5月10日，中国邮政开办中国邮票个性化服务业务，并于同日发行第一枚个性化服务专用邮票——《如意》，邮资主图为"如意"，附票印制有"祝福"二字。2002年6月18日，为庆祝重庆直辖5周年，重庆邮政发行首套个性化邮票——《如意》小版。

邮票个性化业务开办之初面向的群体主要是单位客户，2004年新增面向个人客户的专题个性化服务，包括儿童、青少年、教师、劳动者等，涉及家庭、校园、生日、婚庆等专题。截至2022年底，全国共发行个性化邮票主图57套，主要分为时事政治类、文化类、祝福类主图，以及为特别事件或相关行业题材发行的专题专用类主图。其中，正常使用39套、停用18套。

（四）仿印邮票

仿印邮票是指模仿邮票原票另行在各种材料、介质上仿印、仿制的邮票制品，只是一种邮品，不能作为邮资寄信。2014年1月5日，重庆邮政发行《甲午年》（志号2014—1）纯银仿印邮票2枚（重量分别为20克、50克），成为全市邮政开发的第一套仿印邮票。

（五）特许商品

2016年8月19日，《中国邮政集团公司关于开展集邮特许商品经营的通知》提出：面向社会企业和邮政企业试运行中国集邮特许商品经营管理模式。2020年1月，重庆邮政开发《庚子年》（志号2020—1）邮票图案抱枕、马克杯，成为全市邮政开发的第一款仿印特许商品。

（六）集邮业务管理系统

集邮业务管理系统是集邮业务运行的基础系统。1999年底，重庆市邮票公司同11个区县邮政企业集邮计算机系统初步实现联网。2006年8月21日，重庆邮政开始建设全市集邮业务管理系统，完成库存集邮品初始化数据。2007年1月，集邮业务管理系统正式运行，重庆邮政成为全国首批完成单位。2020年10月，中国邮政集团有限公司上线新一代集邮业务管理系统，前台销售端由黑白终端机更换为彩色屏电脑。

（七）风景日戳、文化日戳管理

风景日戳是指刻有风景图案、名称和风景所在地地名的邮政日戳，由风景名胜所在地邮政公司（网点）使用。风景日戳既有普通日戳盖销邮票的功能，又有纪念和宣传的作用。文化日戳是邮政部门为弘扬中华优秀传统文化和革命历史传统，宣传国家特色自然资源及非物质文化遗产，纪念重大节日、事件和活动等，专门刻制的一种带有宣传、纪念文字和美术图案的邮政日戳。文化日戳具有普通日戳盖销邮票的功能。截至2022年底，全市邮政共有20个区县邮政企业开发风景日戳21枚，10个区县邮政企业开发文化日戳14枚。

2018年3月，荣昌邮政借发行《海棠花》邮票之际，开发海棠香国文化日戳，宣传荣昌地方文化（荣昌古称昌州，号海棠香国），带动邮票文化普及。

2018年8月，渝中邮政为纪念解放碑主题邮局成立，开发解放碑风景日戳。截至2022年底，该风景日戳仍作为当地旅游打卡必备的戳记使用。

2020年9月，九龙坡邮政围绕重庆"双晒（晒旅游精品·晒文创产品）"第二季活动主题，为九龙坡区政府

图 3-3-3-1　部分重庆题材风景戳和文化戳

打造《九龙九景丝绸画卷》文创产品，以地标"九龙印"为原型，申请设计"双晒"首枚文化日戳——九龙印文化日戳，为"双晒"活动宣传造势。

（八）集邮票品及库房管理

市分公司库房集邮票品（除普通邮票）管理由集邮业务部门负责。2017 年 7 月，按照机构改革方案，市分公司库房集邮票品（除普通邮票）管理划归机要通信局负责。2019 年 6 月，市分公司库房集邮票品（除普通邮票）管理再次调归集邮业务部门负责，设票品储运、票品征订岗位，挂靠在服务质量部。截至 2022 年底，重庆邮政邮票管理由 3 个市级部门共同负责。市场经营部负责市分公司库房邮票的使用审批，集邮与文化传媒部负责市分公司库房邮票的使用管理，财务部负责全市邮政通信票的使用管理。邮票实物库房由集邮与文化传媒部统一管理。

2001 年 3 月，位于渝中区上清寺重庆邮政枢纽生产楼三楼的市级邮资票品库房投入使用，面积 1400 余平方米。库房安装安全报警、监控和消防系统，与防盗网、防盗门匹配，为邮资票品的接收、发运、加工、保管提供安全方便的生产环境。2019 年 10 月，市级邮资票品库房搬迁至位于渝北区人和街道的重庆邮政二枢纽，面积约 1950 平方米。库房分设集团邮票库、外购邮票库、总公司邮品库、自制品库、经销品库、加工库。2022 年，市级邮资票品库房再次进行升级改造，安全保密功能得到进一步完善。

（九）邮资票品清理

2000—2022 年，按照上级要求，重庆邮政共组织了 3 次集邮票品销毁工作。

2000 年 6 月 3 日，重庆邮政在国家邮政局的监督下组织开展集邮票品销毁工作，是新中国成立以来规模最大、品种数量最多的一次集邮票品销毁工作。

2003 年 6 月、2005 年 8 月至 2006 年 4 月，重庆邮政按照国家邮政局《关于 1992—2003 年集邮票品清点销毁工作实施方案》要求，组织开展两次较大规模的集邮票品销毁工作，压缩库存，促进企业经营健康发展。

（十）邮票打假

2018 年 9 月，按照《中国邮政集团公司关于印发〈邮票打假管理办法（试行）〉的通知》要求，重庆邮政指定专人负责邮票真伪鉴别工作，同时加强各区县邮政企业相关人员培训，使其熟练掌握邮票真伪鉴别技能。

1. 查获肖某伪造 1.6 亿元假邮票案

2000 年 3 月 10 日，重庆邮政公安分局在市邮管局行业管理处的配合下，破获全国最大邮票造假案，捣毁制假贩假窝点，缴获假邮票 50 余种 100 余万枚，票面价值 1.6 亿元。其中，主犯肖某被判处 3 年有期徒刑，警方和邮政执法人员依法在制售假邮票人肖某家中搜出 9 麻袋邮票和大量印制邮票的胶片样张及制假工具。

2. 会同湖北邮政、警方联手破获伪造《颐和园十七孔桥》假邮资封案

2000 年 9 月 17 日，在国家邮政局领导下，重庆邮政会同湖北邮政、警方联合行动，破获伪造《颐和园十七孔桥》假邮资封案，收缴假邮资信封 8 万枚，并查获一家非法印制假邮资信封的印刷厂。为此，重庆邮政获国家邮政局通报表扬。

3. 查处销售假《中国鸟》黄腹角雉邮票案

2003 年 11 月 4 日，根据举报线索，重庆邮政在渝中区上清寺查获假普 31《中国鸟》黄腹角雉邮票 385 版共计 11550 枚，面值 9240 元，并依法将犯罪嫌疑人缪某移交公安机关处理。

4. 协查《华南虎》等假邮票

2006 年，按照国家邮政局要求，重庆邮政对全市通信领域、集邮市场是否流入 2004-19《华南虎》、普 30《珍惜生命之水》等假邮票进行检查，未发现假邮票流入重庆市。

5. 鉴别《安徒生童话》邮票

2018 年 9 月，涪陵邮政上交 3 枚《安徒生童话》邮票，经鉴别为伪造邮票。

三、经营发展

（一）业务收入

1989—2022 年，重庆邮政集邮业务收入从 174 万元增至 17148 万元。2022 年，重庆邮政集邮业务收入全国邮政排位从 2008 年的第 25 名提升至第 14 名。

表 3-3-3-1

1989—2022 年重庆邮政集邮业务收入统计表

年份	收入（万元）	全国排位（名）	年份	收入（万元）	全国排位（名）
1989	174	—	1995	1449	—
1990	227	—	1996	2100	—
1991	344	—	1997	10772	—
1992	489	—	1998	10715	—
1993	1154	—	1999	11004	—
1994	1376	—	2000	10905	—

续表

年份	收入（万元）	全国排位（名）	年份	收入（万元）	全国排位（名）
2001	8039	—	2012	10367	26
2002	6809	—	2013	15157	22
2003	3421	—	2014	10102	24
2004	5300	—	2015	10642	25
2005	4314	—	2016	13979	24
2006	4138	—	2017	15232	21
2007	5596	—	2018	15580	20
2008	7341	25	2019	14970	19
2009	7459	24	2020	15339	14
2010	6970	27	2021	16112	14
2011	9376	26	2022	17148	14

说明：1989—2007 年无集邮业务收入全国排位相关数据。

（二）重庆题材邮资票品

发行重庆地方题材邮资票品，旨在助力地方经济、文化、旅游宣传推广。1952—2022 年，先后由邮电部、国家邮政局和中国邮政集团有限公司发行有代表性的重庆地方题材邮票（含小型张、小全张）及封片类共有 33 套，其中，按题材可分为风光类（11 套）、文化类（9 套）、人物类（4 套）、建设类（7 套）、教育类（2 套）。

（三）主要经营大事件

1997 年 6 月 18 日，重庆直辖当天，重庆邮政配合中国集邮有限公司推出重庆直辖系列邮品。1998 年 6 月 18 日，重庆直辖一周年纪念日当天，市邮管局与重庆市委宣传部联合举办《重庆风貌》特种邮票首发式暨重庆·长春集邮展览，重庆市政府领导及国家信息产业部相关领导到场祝贺。邮票设计家王虎鸣、任国恩、姜伟杰、李庆发、秦仁伟现场签售。2007 年 6 月 18 日，重庆直辖十周年纪念日当天，重庆邮政在市委办公厅会议室举办《重庆建设》特种邮票发行活动。市公司总经理王曙东代表重庆邮政，向重庆中国三峡博物馆赠送重庆直辖十周年相关邮品，并在博物馆内举办庆重庆直辖十周年集邮展览和百名青少年现场邮票设计大赛。

1997 年 7 月 1 日，重庆作为《香港回归祖国》纪念邮票及系列邮品"零点发售"城市之一，现场销售空前火爆，实现收入 1800 多万元，占全年集邮业务收入 16.71%。

1997 年 10 月 18 至 24 日，重庆邮政承办"1997 年中华全国集邮展览"。全国政治协商会议全国委员会、全国集邮联合会、万国邮政联盟大会组委会、邮电部、市政府、市政协等领导和 13 个国家、地区的邮政官员、集邮专家以及全国 31 省（区、市）的代表出席邮展开幕式。

2001 年 7 月 13 日，重庆邮政召开新闻发布会，举行《北京申办 2008 年奥运会成功》纪念邮票开封及销售抽号仪式。次日零时，该套纪念邮票在渝中区解放碑、上清寺两个集邮营业网点准时发售。

2009 年 1 月 5 日，重庆邮政在涪陵区举办中国 2009 年世界邮展全国 60 城市巡邮暨《己丑年》邮票发行仪式。

2022 年 7 月 27 日，重庆邮政在重庆大剧院承办第 42 届全国最佳邮票评选颁奖大会，实现收入突破 1000 万元。国家邮政局、邮政集团公司、全国集邮联和重庆市委、市政府相关领导出席活动。

（四）渠道建设

1. 线下渠道

（1）集邮专卖店

集邮专卖店是中国邮政在全国设置的集邮产品销售形象店。2009 年 12 月 28 日，重庆市第一家集邮专卖店在北碚区开业。截至 2022 年底，全市共有 4 家集邮专卖店，分别在北碚区、渝中区、九龙坡区、江北区，主要为全市集邮爱好者提供集邮文化宣传、集邮活动开展、集邮产品销售服务。

（2）集邮销售网点

截至 2022 年底，重庆邮政共有集邮销售网点 79 个，其中，预订取票网点 76 个，邮票零售网点 49 个，主要为全市集邮爱好者提供新邮预订、邮票和邮品零售服务。

2. 线上渠道

（1）中国邮政网上营业厅

2014 年 11 月，集团公司开通网页版"中国集邮网上营业厅"，重庆专区同步上线，提供新邮预订、集邮票品销售业务。2015 年 9 月，集团公司升级"中国集邮网上营业厅"系统，增加"中国集邮"（微信端）、"中国集邮"（App 端）两个渠道，办理线上集邮相关业务。2019 年 7 月，集团公司再次升级"中国集邮网上营业厅"系统并更名，3 个渠道分别更名为"中国邮政网上营业厅"（PC 端）、"中国邮政微邮局"（微信端）、"中国邮政"（App 端）。2022 年，重庆邮政集邮线上渠道全年实现票品销售 7377.7 万元，占全市邮政集邮总收入 42.8%。

（2）"重庆邮政集邮"微信公众号

2014 年 11 月，"重庆邮政集邮"微信公众号开通运行，用于日常发布宣传软文，同步上线微信商城，销售集邮品。2017 年 12 月，重庆邮政关闭微信公众号销售功能，保留宣传功能。2022 年，随着重庆市集邮公司注销，微信公众号关闭停运。

第四节 中邮文创业务

一、中邮文创品牌来源

2021年1月5日，中国邮政文创品牌标识由中国邮政集团有限公司在中国国家博物馆发布。为推进全国文创业务发展，积极融入中国文化产业，集团公司设置中邮文创专业，包括中邮文创商品、其他文创商品、中邮文创特许经营服务3个业务板块。

二、业务管理

2021年5月31日，中国邮政集团有限公司重庆市分公司集邮与文化传媒部（简称市分公司文传部）印发《关于2021年中邮文创业务发展的通知》，提出2021年全市文创业务发展的目标和措施。同年9月2日，市分公司文传部出台《全市传媒专业中邮文创产品业务管理办法（暂行）》，首次对全市文创业务的产品引入、操作流程进行规范。

2022年3月17日，市分公司文传部印发《2022年全市文创业务发展指导意见》，提出2022年全市文创业务发展的指导思想、发展目标和措施。

三、经营发展

2021年，重庆邮政中邮文创业务实现收入271.63万元。2022年，重庆邮政中邮文创业务实现收入1118.75万元。

（一）本地特色文创IP

2021年，重庆邮政创立以鸿雁为内涵的"雁雁IP（Intellectual Property，知识产权）"，以树立重庆邮政独特形象。2022年10月28日，重庆邮政以"雁雁IP"注册"YANYAN FAMILY（雁雁家族）"商标。

（二）"雁雁IP"邮驿文化产品

重庆邮政围绕"雁雁IP"开发邮驿文化产品，截至

2022年底，共计开发两个批次20款产品。其中：2021年9月，重庆邮政开发第一批邮驿文化产品，包括雁雁公仔、雁雁钥匙扣、雁雁挪车牌、雁雁一次性易泡茶杯、雁雁多色笔、雁雁声波电动牙刷、雁雁3D立体明信片、雁雁大型摆件等，实现销售收入24.89万元。2022年3月，重庆邮政开发第二批邮驿文化产品，包括邮驿元素系列冰箱贴、邮驿元素钥匙链、雁雁家族系列冰箱贴、雁雁邮筒冰箱贴、雁雁家族系列钥匙扣、雁雁家族悬浮液体钥匙链、雁雁邮筒书签、雁雁帆布袋、雁雁家族纸巾盒、雁雁木柄杯、雁雁扣章保温杯、雁雁虎年抱枕等，实现销售收入20.36万元。

第五节 国内普通包裹业务

一、管理机构沿革

1897年3月20日，大清邮政官局开办普通包裹业务。1987年4月，重庆市邮政局开办商品包裹直投业务并配备专人专车，先在重庆市市中区试行，为大件商品包裹和商品包裹直投到户积累经验。2015年6月9日，中国邮政集团公司重庆市分公司设立包裹业务中心，挂靠在市场经营部，负责全市包裹类业务经营和管理工作。2017年6月7日，市分公司调整本部机构编制，国内普通包裹业务经营由渠道平台部、市场营销部协同推动。2022年4月22日，中国邮政集团有限公司发文将各省（区、市）级邮政公司国内普通包裹业务管理职责统一归口到集邮与文化传媒部。

二、业务管理

1986年5月，邮电部为逐步梳理邮政业务种类与邮政资费的关系，对印刷品和包裹的分类进行调整，扩大包裹业务种类，加强业务竞争力。同年，重庆邮政执行邮电部要求，国内普通包裹按照以下分类进行收寄。

表 3-3-5-1

1986年国内普通包裹分类表

分　类	收寄范围
民用包裹	非经营性的适合邮寄的零星物品（规格：长60厘米，横围90厘米以内，重量5千克以内）
商品包裹	属经营性的适合邮寄的物品，重量、尺寸限度超过民用包裹规格的，应作为商品包裹交寄
大件商品包裹	符合国内包裹准寄范围的物品，重量不超过28千克，最大尺寸以能装入3号邮袋为限
纸质包裹	信函和印刷品准寄范围以外的纸质印刷品包裹

图 3-3-4-1 2022年10月28日，重庆邮政注册"YANYAN FAMILY（雁雁家族）"商标

1988 年 4 月，重庆邮政出台揽收包裹业务奖励办法。

1993 年 9 月，重庆邮政规定凡在交通条件允许的情况下，大件商品包裹可直封外运，并同意全市各区县邮政企业在收寄大批大件商品包裹时，可不经过市邮局，向外直封。

1996 年 1 月，重庆邮政开始推广使用钙塑瓦楞包裹封装盒，促进邮件封装规格标准化管理。

1996 年 4 月，重庆邮政开始出售"用户专用邮袋"，实施"用户使用用户专用邮袋寄递包裹办法"，以满足用户需要，优化内部流程，抢占市场。

2001 年 6 月 30 日，城市普通包裹按址直投到户工作在重庆市实施。

三、经营发展

（一）业务收入

1986—2022 年，重庆邮政国内普通包裹业务收入呈现先增后降趋势，2016 年后，业务收入逐年下滑态势明显。2022 年，集团公司将国内普通包裹业务管理归口集邮与文化传媒部，业务收入开始逐渐回升。截至 2022 年底，重庆邮政国内普通包裹业务收入完成进度 109.1%，同比增幅 29.6%，两项指标均排名全国邮政第 2 位。

表 3-3-5-2
1986—2022 年重庆邮政国内普通包裹业务收入统计表

单位：万元

年份	收入	年份	收入	年份	收入
1986	129	1990	292	1994	—
1987	146	1991	368	1995	496
1988	168	1992	362	1996	511
1989	192	1993	268	1997	1326

续表

年份	收入	年份	收入	年份	收入
1998	1598	2007	1079	2016	960
1999	1533	2008	1036	2017	929
2000	1645	2009	992	2018	672
2001	1445	2010	1361	2019	545
2002	1371	2011	1567	2020	442
2003	1218	2012	1687	2021	368
2004	1040	2013	1914	2022	519
2005	1050	2014	1853		—
2006	1078	2015	1725		

（二）主要渠道

邮政营业窗口是普通包裹收寄的主要渠道。2021 年，重庆邮政收寄国内普通包裹 17.8 万件。2022 年，重庆邮政收寄国内普通包裹 27.6 万件。

（三）重点项目

1. 爱心包裹。2009 年，中国扶贫基金会组织发起"爱心包裹"项目（包括学生型美术包、学生型温暖包等品种），由集团公司提供服务支撑。同年 5 月 12 日，重庆邮政该项目捐赠"爱心包裹"752 个。2009—2022 年，重庆邮政共募捐"爱心包裹"超 4000 个，重庆市累计受捐全国邮政爱心包裹 91434 个，惠及全市近 10 万名困难儿童。

2. 家乡包裹。2021 年，集团公司利用主题包装箱推出"家乡包裹"项目，并定制邮资机宣传戳，宣传地方特产和文旅资源。2022 年，重庆邮政"家乡包裹"箱销售 0.2 万个，"家乡包裹"贴开发 0.4 万张。

第四章 渠道业务

2002 年 9 月，重庆市邮政管理局新组建电信业务局，为经营电信业务的管理部门。

2005 年 7 月，"重庆邮政电信业务局"更名为"重庆邮政信息业务局"，负责全市邮政信息业务（含代理业务和信息增值业务）经营管理职责。

2007 年 3 月，重庆市邮政公司成立电子商务公司，承担原信息技术局电子商务部和信息业务局全部职能，内设代理业务部和电子商务部。

2009 年 9 月，电子商务公司整合代理业务部、电子商务部经营管理职能，成立市场经营部和运营支撑部，负责全市电子商务业务经营、管理和服务工作，接受市公司市场经营部业务指导。其中，市场经营部负责代理信息业务和电子商务市场开拓与管理；运营支撑部负责电子商务及其他邮政业务运营支撑，下挂重庆邮政"11185"客户服务中心。

2015 年 5 月，重庆邮政整合全市邮政电子商务和分销机构，设立重庆市邮政公司电商分销公司（简称电商分销公司），内设业务发展部、运营支撑部（下挂"11185"客户服务中心）、会计清算部。

2017 年 6 月，重庆邮政机构改革，撤销电商分销公司，成立渠道平台部，内设电商分销室和渠道管理室，作为市级经营支撑部门承担原电商分销公司相关职能，同时新增线上、线下渠道的规划、运营、管理等职责。

第一节　增值业务

一、便民类

（一）通信

1. 电信

1995 年，为落实邮电部和四川省邮电管理局要求，重庆市邮政局在主城 6 区 20 个邮政储蓄所（打铜街、解放碑、储奇门、中一路、中二路、大溪沟、观音桥、五里店、江北正街、大石坝南、弹子石、上新街、杨家坪、九宫庙、中梁山、三角碑、双碑、高滩岩、石桥铺、化龙桥）开办代收电话费业务。

1997 年，邮电分营后，重庆市邮政管理局按照"以话补报"的经营方针，制订《代办电信业务管理办法》，规范代办电信业务运营。

2002 年 12 月，市邮管局与重庆电信签订框架合作协议，明确重庆邮政为重庆电信全面代理座机放号、数据通信、各类卡式业务、代收费等业务。

2007 年 1 月，市邮管局与重庆电信签订战略合作协议，标志着重庆邮政、重庆电信合作上升到一个新阶段。

2019 年，中国邮政集团公司重庆市分公司与重庆电信再次签订战略合作协议。根据协议，双方利用各自领域资源、业务和服务优势，建立长期双赢战略合作伙伴关系。

2020 年 7 月，中国邮政集团有限公司重庆市分公司与重庆电信合作启动代放号业务。截至 2022 年底，放号 55700 户。

2. 联通

1999 年 3 月，市邮管局与重庆联通签订合作协议。协议规定，重庆邮政营业网点为联通用户提供代收电话费，办理电话入网、放号，发行 IC 卡，手机销售等业务；制作、发布关联业务广告；开办前台服务、受理特殊业务；制作、投递用户电话账单、催欠通知、回访资料等邮寄业务；开展保修、维修、解锁等售后服务。同年 5 月，市邮管局在市中区邮政局上清寺支局、渝中区、江北区、南岸区、沙坪坝区、九龙坡区、大渡口区邮政营业室开办联通移动电话代理经销业务，并制订《移动电话代理销售管理办法》，对网点设置、服务规范、员工管理等内容进行明确。同年 7 月，北碚、渝北、巴南、永川、江津、璧山、荣昌、大足邮政局成为第二批开办联通 GSM 移动电话代理业务销售局。同年 8 月，市邮管局在近郊 6 区邮政局（市中区、南岸区、江北区、沙坪坝区、九龙坡区、大渡口区邮政局），代理销售联通 IP 电话卡，其余各区

（市、县）邮政局陆续开办该项业务。

2001 年 4 月，渝中邮政与重庆联通携手合作，在解放碑邮政营业室挂牌开业，代办联通业务，迈出重庆邮政与重庆联通全面合作第一步。同年 6 月，市邮管局与重庆联通签订《战略合作框架协议》及《实施协议（一）》，进一步深化合作关系，扩大业务合作范围。全年与联通公司发展 GSM 手机放号 39180 户，代办联通业务总收入为 156.15 万元。

2002 年 9 月，市邮管局与重庆联通签订《邮政联通第二期战略合作实施方案》。

2003 年 3 月，市邮管局与重庆联通签订《2003 年邮政联通合作实施方案》。该方案以 2002 年 9 月签订的《邮政联通第二期战略合作实施方案》为基础，在合作原则、代理手续费分成、合作营业厅建设及互为大客户等方面作进一步完善。

2004 年 8 月 9 至 10 日，"中国邮政·中国联通业务推进会"在渝召开。国家邮政局领导和中国联通公司领导作了重要讲话。重庆市市政府领导莅临会场并致辞。会上，邮联双方围绕着互为大客户进行了研讨，并就充值明信片、账单业务、星图定位及宝视通业务进行介绍和培训。

2019 年 6 月，市分公司与重庆联通签订战略合作框架协议，明确在多领域推动深层合作。协议签订以来，截至 2022 年，共计放号 37447 户。

3. 移动

2003 年 10 月，市邮管局与重庆移动签订合作协议。双方在账单制作与寄递、企业明信片、特快专递、户外广告、物流配送、代发工资、电路租赁、移动电话、移动公话、移动办公电话、宽带业务、数据通信业务等方面加强合作。

2019 年 1 月，市分公司与重庆移动签订战略合作框架协议，双方共享各自优势资源，共同为第三方客户提供服务，双方互为大客户，为对方提供优质服务、优惠价格。

2020 年 12 月，市分公司与重庆移动合作启动代放号业务。

2021 年 11 月，因重庆移动内部决策，不再对外提供代缴费接口，至此市分公司停办代收移动话费业务，放号业务继续开展。截至 2021 年底，共放号 1002 户。

随着重庆邮政先后与电信、联通、移动三家通信运营商签订协议，2000 余个邮政营业网点陆续开通缴纳联通、铁通、网通、电信、移动通信费功能，实现通信费缴纳全覆盖。截至 2004 年底，重庆邮政在全市建成合作营业专厅、专柜 121 个。其中，联通合作营业专厅 68 个、专柜 26 个，移动合作营业专厅 12 个，电信合作营业专厅 8 个，网通合作营业专厅 2 个，综合营业厅 5 个。另有 1219 个邮政储蓄网点可代收运营商话费。

表 3-4-1-1

2012—2022 年重庆邮政代办通信类业务统计表

单位：万笔

通信单位 \ 年份	2012	2013	2014	2015	2016	2017	2018	2019	2020	2021	2022	合计
电信	78	154	132	110	80	60	43	29	17	13	10	726
联通	21	40	34	29	17	12	8	7	5	5	2	180
移动	103	195	190	193	133	141	88	33	22	101	—	1199

（二）生活

1. 水费

2005 年 5 月，重庆市邮政管理局与重庆中法供水有限公司（简称中法水务）签订《代理收取重庆中法供水有限公司水费协议书》，约定中法水务按照 0.25 元/笔支付手续费。2010 年 8 月，重庆市邮政公司与重庆自来水有限公司（简称市自来水公司）签订《水费代收合作协议》。2011 年 11 月，重庆市邮政公司与重庆市二次供水有限责任公司（简称市二次供水公司）签订《二次供水水费代理收费业务协议》，用户可持二次供水缴费卡及长江水务联名卡在重庆邮政营业网点及"邮政缴费一站通"网点缴纳水费或预缴水费。2015 年、2020 年，在原协议到期后，重庆邮政与市自来水公司重新签订《水费代收协议》《重庆自来水代收合作协议》，协议均规定与市自来水公司按照 0.3 元/笔结算手续费。2020 年 5 月，随着市二次供水公司将业务逐步移交至市自来水公司、中法水务公司，邮政代收业务量逐年下降，2022 年累计代收二次水费 3.8 万笔。

2. 电费

2003 年 2 月，重庆市邮政管理局与国网重庆市电力公司签订《代收电费合作协议》。同年 3 月，市邮管局在渝中、江北、南岸、九龙坡、大渡口、沙坪坝、渝北、巴南 8 个区邮政储蓄网点第一批开通代收电费业务，其他区（市、县）邮政局在一个月内相继全部开通此项服务。2017 年 6 月，中国邮政集团公司重庆市分公司与国网重庆市电力公司、中国邮政储蓄银行重庆分行签订《委托代收电费合作协议》，约定代收电费按 0.5 元/笔、代扣电费按 0.2 元/笔结算给重庆邮政。

3. 天然气费

2008 年 5 月，重庆市邮政公司与重庆市天然气公司签订代收费合作协议。同年 7 月，在主城 6 区各邮储联网网点、电子化支局开办代收天然气费业务。2009 年，所有区（市、县）邮政局电子化支局均开通天然气费代收业务。

表 3-4-1-2

2012—2022 年重庆邮政代收水电天然气费统计表

单位：万笔

业务种类 \ 年份	2012	2013	2014	2015	2016	2017	2018	2019	2020	2021	2022	合计
水费	18	57	65	72	55	41	50	36	17	13	11	435
电费	215	489	491	431	371	341	277	232	152	134	202	3336
天然气费	50	134	164	178	151	152	123	96	67	61	57	1233

4. 广电费

2021 年 5 月，中国广电重庆网络股份有限公司与中国邮政集团有限公司重庆市分公司签订《中国广电重庆网络股份有限公司委托中国邮政集团有限公司重庆市分公司代收服务费合作协议书》，约定代收费服务网点包括邮政营业网点及邮政便民服务站，代收手续费按照代收金额 0.6% 进行结算。截至 2022 年底，累计代收 3441 笔。

5. 城市一卡通充值

2021 年 5 月，重庆城市通卡支付有限责任公司（简称通卡公司）与中国邮政集团有限公司重庆市分公司签订《重庆城市通卡支付有限责任公司畅通卡闪充充值服务委托合同》。通卡公司免费提供 300 台闪充设备，铺设范围涵盖 12 个区县邮政局。截至 2022 年底，累计代收 61 万笔。

（三）票务

2002年4月，重庆邮政"185"客户服务中心建成。2003年3月，重庆邮政票务中心挂牌对外营业。该中心利用重庆邮政"185"客户服务中心平台，为广大客户提供飞机、轮船、火车、汽车票及演唱会票、福利彩票等24小时订购服务。2004年7月，"185"升位为"11185"，"'185'客户服务中心"更名为"'11185'客户服务中心"。

1. 机票业务

2010年5月，电子商务公司在"11185"客户服务中心成立航空票务中心。设置业务处理、网点业务、个人业务、大客户、配送等台席，明确作业流程，为航空客票业务发展提供支撑。

2018年7月，市分公司对全市机票业务处理流程进行调整，由渝北片区分公司对全市机票业务进行服务支撑。

2022年6月，按照集团公司要求，市分公司终止与航空公司及代理商合作，注销代理机票业务相关资质，全面停办机票业务。

表3-4-1-3

2004—2017年重庆邮政机票销售统计表

单位：张

年份	2004	2005	2006	2007	2008	2009	2010	2011	2012	2013	2014	2015	2016	2017	合计
数量	4416	10978	3698	40796	103657	160028	253166	318053	318543	79960	90312	78298	52258	32566	333394

2. 其他票务

2005年1月，按照邮铁双方达成的协议，市邮管局所属40个区（市、县）邮政局营业网点全面开办铁路客票邮政订送业务，构建全市覆盖面最大的铁路客票订送网络。用户拨打邮政"11185"客户服务中心电话或就近在邮政营业网点办理火车票预订，出票后通过邮政特快专递将其及时送达用户手中。

2011年11月，重庆邮政独家代售"第八届中国（重庆）国际园林博览会"门票。自此，门票销售业务正式启动。

2012年1月，市公司在23个网点开始代售重庆主城7大长途汽车站公路客票。

二、政务类

（一）警邮

2018年10月，公安部、国家邮政局、集团公司联合发布《关于加强警邮合作进一步推行邮政网点代办公安交管业务工作的通知》，公安部交通管理科学研究所和中邮（北京）信息产业有限公司联合开发全国警邮代办系统，为群众提供车驾管4大类（机动车业务、驾驶证业务、互联网业务、交通违法业务）共25项交管便民业务。2019年12月，重庆市公安局交通管理局与中国邮政集团公司重庆市分公司签订合作协议，合作内容包括补换领机动车号牌、行驶证、检验合格标志，6年以内免检车辆申领检验标志，抵押，解除抵押登记，机动车所有人联系方式变更备案等。截至2022年底，全市累计开通警邮网点504个。

2022年7月，市分公司按公安部加强对公民数据安全保护工作相关要求，暂停办理车辆违法处理。

（二）警医邮

2021年，市分公司响应公安交管"放管服"改革，联合交巡警总队、邮政医院升级合作模式，在警邮业务基础上推出"警医邮"三方合作模式。在此模式下，驾驶人驾驶证到期后，可通过布放在邮政营业厅的体检机进行体检；体检视频数据通过专网实时传输至邮政医院的审核后台，医院审核成功后，体检数据自动上传至车管所网办中心；网办中心收到系统提交资料，进行审核，制作新的驾驶证，通过EMS直接邮寄至客户手中。"警医邮"的开展满足了人民群众驾驶证补换业务"只进一个门""最多跑一次"的办理需求。截至2022年底，全市累计开办"警医邮"网点23个。

（三）税邮

2016年7月，重庆市地税局与市分公司签订战略合作框架协议，对邮政开放12个行业的代开代征税工作，为纳税人提供便捷、多渠道办税服务，降低纳税人办税成本。2017年5月，市分公司印发《中邮重庆分公司代开代征税业务管理办法（试行）》，明确相关经营及管理部门的职责及业务流程。2021年10月，按照税务局要求，代征税业务实现全行业放开。经系统改造后，重庆邮政新增495个代开行业及99个品目。截至2022年底，1681个网点开办代征税业务，代征税业务实现收入12040.2万元。

表3-4-1-4

2016—2022年重庆邮政代征税业务收入统计表

单位：万元

年份	2016	2017	2018	2019	2020	2021	2022
收入	413.3	2345.5	4061.8	2617.1	1534	785.8	282.7

（四）非税

非税即代理市级财政非税收入。2008年9月27日，重庆邮政向重庆市财政局提交《重庆市邮政公司关于代理市级财政非税收入工作的请示》，申请代理市级财政非税收入工作，以解决重庆财政非税收入缴费网点数量较少导致财政非税收入不能及时解缴到位的问题。2009年9月，

重庆邮政在直属支行，渝北、长寿、忠县邮政4个单位试点代收非税，随后全市各区县邮政陆续开通此业务。市财政按照1元/笔向重庆邮政支付代理费。2018年1月，重庆市政府决定取消主城区路桥费，且随着"交管12123"网上缴费普及，代收非税业务逐年下降。

表3-4-1-5

2010—2022年重庆邮政代收非税业务收入统计表

单位：万元

年份	2010	2011	2012	2013	2014	2015	2016	2017	2018	2019	2020	2021	2022	合计
收入	243	410	505	833	714	747	441	416	289	280	281	270	135	5122

三、其他类

（一）代收营业款

2008年，市公司与市工商银行签订战略合作协议，其中协定委托市公司代收中石油加油站营业款，手续费平均价格不少于1.7万元/年/站（点）。2020年3月，签订《委托上门收款补充协议》，协定手续费为4万元/年·站（点），按季度结算。2021年12月，签订《委托上门收款服务补充协议》，对每2天收款1次的加油站（点），协定手续费为4万元/年/站（点）；对每3.5天及以上收款1次的加油站（点），协定手续费为3.5万元/年/站（点），结算原则不变。截至2022年底，全市207个中石油加油站营业款全部交由邮政网点上门代收。

表3-4-1-6

2008—2022年重庆邮政代收营业款收入统计表

单位：万元

年份	2008	2009	2010	2011	2012	2013	2014	2015	2016	2017	2018	2019	2020	2021	2022
收入	189	316	149	115	203	1151	1926	2277	3383	3399	3399	1931	1493	2116	2993

（二）中邮车务

"中邮车务"会员权益（简称中邮车务）由"自邮一族"发展而来。2009年，市公司在全市范围内开办"自邮一族"业务。2015年，因"自邮一族"核心会员服务网上办理渠道增多，增值服务缺乏市场竞争力，业务重心转向代办车险业务。2021年，根据银保监规定，所有保险代理业务均需要通过银保监银保通系统展业，因集团公司未将车险引入到该系统，代理车险业务由此停办。同年4月，集团公司推出"中邮车务"会员权益，将车险、简易险作为会员权益，以转介的方式，继续为用户提供四大类（意外、财产、责任、健康）保险服务。

1."自邮一族"

2009年5月，市公司开办"自邮一族"业务，实行一车一人一卡会员制，会费按240元/车·年收取。会员核心服务包括交通违法信息告知、车辆税费（年票、车船税）、证件年审、车辆保险到期提醒、代办车证照年审换证。增值服务包括代办车辆保险、代收本地交通违章罚款、汽车美容、汽车维修、餐饮娱乐等。2009—2015年，"自邮一族"业务共计发展会员14.32万人，实现收入2543.63万元。

2. 车险

2015年4月，市分公司开办代理车险业务，在发展初期与中国平安财产保险股份有限公司、中华联合财产保险股份有限公司开展合作。2016年7月，市分公司印发《关于做好代办车险业务规范经营工作的通知》，对代理车险业务全流程进行规范。2019年，集团公司要求通过提供网络平台服务与保险公司继续开展合作。2020年，按集团公司要求，代理车险业务整体移交至金融业务部。截至2020年4月，代办车险业务共发展客户38.44万户，实现保费13.66亿元，实现业务收入2.4亿元。

3. 简易险

2017年8月，市分公司启动简易险业务，与8家保险公司（人保财险、平安财险、太平洋财险、人寿财险、恒大人寿、富德生命、中华联合财险、平安养老险）开展合作，上线产品20余款，包括意外、财产、责任、健康险4大类。截至2021年5月，累计实现保费规模3.86亿元。

4. 中邮车务

2021年3月，集团公司推出"中邮车务"系统。该

系统以中国邮政电子商务信息平台为基础，整合集团公司内外部服务资源，通过 App、微信小程序、PC 三端渠道，以保险营销转介为核心服务权益，向车主会员提供各类汽车后市场服务的业务系统。依托该系统，集团公司通过"全国统招"方式，引入一批基础会员权益商家及服务，主要包括享安经纪（保险营销转介）、车点点（违章查询、洗车、保养、年检代办等）、好 Y 车服（加油服务）、丰信移动（号卡业务）、四川国旅（出行服务）、爱奇艺（视频服务），同时叠加邮储银行（ETC/ 信用卡办理）、速递物流（EMS 寄递）、邮乐网（邮特惠商城）、代收代缴等邮政特色服务。

自集团公司推出"中邮车务"起，重庆邮政主要向会员提供车险、简易险转介服务和汽保行业、汽车金融行业、汽车养护行业等汽车行业后市场服务。截至 2022 年底，共计发展会员 29.45 万人，实现收入 4555 万元。

第二节　分销业务

1988 年 1 月，重庆市邮政局邮购信托服务部成立，经营邮购代办运输（含文化用品、音像制品、包装品）业务。

1989 年 12 月，按照《市邮局直属第三产业机构调整的决定》，邮购信托服务部由局邮政公寓统一管理（对内称接待处），实行内部独立核算；重庆拓展邮电器材公司所属药品经营部与邮购信托服务部合并。

1992 年 11 月，市邮局撤销邮购信托服务部，成立邮购公司。

1997 年 10 月，重庆市邮政管理局设立重庆邮政邮购有限公司，其经营范围扩大到国内和国际邮购业务，以及各类商品经销、代销、代购、批零等。

2001 年 11 月，市邮管局印发《关于加强种子邮购业务管理的通知》，开展种子邮购业务。种子邮购业务成为邮政开办的一项新业务，对农村邮购业务及其他农村邮政业务发展具有良好促进作用。同月，部分区（市、县）邮政局通过考察厂家和市场调查，取得产品实地试验效果后，开办猪饲料添加剂邮购业务。截至 2001 年底，40 个区（市、县）邮政局全部开办邮购业务，共设邮购网点 258 个。

2003 年 7 月，根据国家邮政局关于大力发展现代物流业务精神，物流业务实行专业化经营管理和公司制运作，"重庆邮政邮购有限公司"变更为"重庆中邮物流有限责任公司"，业务范围包括直递、配送、仓储、货运代理、分销、邮购等。

2005 年，市邮管局以服务"三农"为宗旨，依托邮政品牌优势和网络优势，利用邮政网点（含代办网点）、人员和车辆，面向农村、城市市场，通过连锁加盟方式组织开展农业生产资料、消费品和农产品销售、配送。分销配送业务作为邮政主营业务之一，实现网络化、规模化连锁经营。同年，在服务"三农"过程中，部分区县邮政开展种子、饲料、叶面肥等农资品的邮购配送服务。酉阳、南川邮政采取买断区域代理权方式，做大饲料分销业务规模，全年种子邮购量达 60 吨。

2006 年，市邮管局开展农资分销业务，全年累计向农村地区配送杂交种子 1000 余吨、饲料 900 余吨、液肥 200 余吨、农药 300 余吨，日用消费品总量 1000 余吨。

2009 年 5 月，农资连锁信息系统上线（后更名为分销业务信息系统），重庆市邮政公司通过专项培训班和电视电话会对各区县邮政进行培训，同时各区县邮政结合具体应用工作不定期进行专项培训，提高各级经营管理人员系统应用水平。

2009 年 7 月，市公司成立分销业务部，主要负责国内包裹业务、本地区分销配送业务、农村邮政物流业务经营和管理工作，挂靠在市场经营部。同年 10 月，重庆市邮政公司与重庆爱玉种业有限公司签订合作协议，邮政服务"三农"业务内容进一步丰富。

2010 年，市公司全面启动种子经营工作，印发《农资连锁配送信息系统推广应用实施方案》，实现分销业务全流程可视化管理；印发《分销业务操作手册》《分销业务会计核算办法》《分销业务资金管理办法》《重庆市邮政公司库存物资管理办法》《分销业务经营异常情况处理办法》《分销配送业务综合管理考核办法》等，使分销业务管理有章可循。截至 2010 年底，全市邮政共建成符合标准的农资店 3541 个，占全市邮政"三农"服务站的 55%。

2013 年 2 月，市公司撤销原挂靠在市场经营部的分销业务部，成立分销业务局，作为市公司专业局管理。同年 10 月，市公司分销业务局挂牌，标志着分销业务走上专业化经营道路。

2015 年 5 月，中国邮政集团公司重庆市分公司整合全市邮政电子商务和分销机构，设立中国邮政集团有限公司重庆市电商分销公司（简称电商分销公司），作为市分公司专业公司，内设业务发展部、运营管理部（下挂"11185"客户服务中心）、会计清算部 3 个机构。

2016 年 8 月，市分公司在全市范围内开办卷烟零售业务，以邮政自有网点、院坝会（场镇促销）为销售渠道，针对个人消费、事宴市场开展"烟草 + 酒水"组合销售。截至 2022 年底，全市 38 个区县邮政 658 个网点成功办理烟草零售许可证，累计实现交易额 5.85 亿元。

电商分销公司成立以来，重庆邮政完善农村电商服务体系和物流体系建设，发挥邮乐网、邮乐农品网、邮掌柜系统、邮乐小店等平台作用，打通"工业品下乡""农产品进城"双向流通渠道，为农民提供"六不出村"便捷生活，解决农产品销售难、寄递难、购物难等问题。全市共建成邮乐县级馆42个，引进500余家农业企业、2000余个有品质保障的特色农产品，为本地尤其是贫困地区农特产品，构建出覆盖全国的网络销售通道。重庆邮政参与扶贫工作，制订《重庆18个深度贫困乡镇精准扶贫项目实施方案》，结合深度贫困乡镇实际，按照"整合资源、重点突破、分批实施、扩大影响"的思路，打造贫困乡镇农村电商服务体系，助力扶贫攻坚。

重庆邮政在助力打赢脱贫攻坚、服务乡村振兴战略中所作出的贡献，得到政府部门大力支持和国内主流媒体采访报道，形成"政府认可、企业受益、农户满意"多赢局面，获得市委、市政府和交通运输部等各级领导认可。2019年，交通运输部副部长到巫山县建平村邮政农村电商服务站视察时，寄语重庆邮政为脱贫攻坚和乡村振兴再立新功；2019—2020年，市委书记先后3次到石柱邮政电商运营中心、邮乐购店视察，对邮政农村电商工作给予肯定，作出"乡村振兴，邮政大有可为""要充分发挥邮政最大优势""邮政现在发展越来越好了，好好干"的指示。

表3-4-2-1

2011—2016年重庆邮政分销业务收入（差额列收）统计表

单位：万元

年份	合计	农资品				快消品			农副产品
		农药	肥料	种子	饲料	小计	酒水	日化	
2011	2431.7	67.4	767.9	307.1	157.6	502.8	404.5	98.4	126
2012	2714.3	57.9	773.5	467.9	239.0	536.8	478.2	58.6	102.4
2013	4704.7	39.7	1506.2	529.6	256.4	1067.3	1028.2	39.1	238.2
2014	5856.7	23.3	1738.8	589.4	197.2	1548.7	1505.8	42.9	210.6
2015	5118.7	21.6	1313.4	555.2	73.6	1470.3	1415.3	55.0	214.3
2016	3066.4	17.2	671.7	421.6	16.4	978.8	908.9	18.2	33.6

表3-4-2-2

2017—2022年重庆邮政分销业务收入（全额列收）统计表

单位：万元

年份	合计	农资品				快消品				农副产品		季节性商品		
		农药	肥料	种子	饲料	酒水	日化	烟草	批销	粮油	其他	年货	粽子	月饼
2017	19280	61	4086	912	329	1612	76	6840	445	1760	429	35	772	1923
2018	34501	19	5244	716	314	2327	1012	13895	1047	382	3876	591	773	3250
2019	38583	13	5980	668	281	3574	324	1994	3811	125	6634	1182	1394	249
2020	44436	3	6161	790	189	4222	215	2161	7535	387	136	10783	10001	783
2021	48180	0	6365	555	195	4307	242	1040	9220	473	49	15814	14369	1444
2022	56377	0	6290	461	45	4788	111	1390	11651	247	39	20149	19070	1079

第三节　电信业务

一、电信业务

1986—1996年，重庆直辖前，虽是邮电合营时期，但重庆市邮政局、电信局分设。重庆市邮政局管辖近郊6区（市中区、江北区、南岸区、沙坪坝区、九龙坡区、大渡口区）和远郊3区（北碚区、南桐矿区、双桥区）邮电局的电信业务。近郊6区邮电局设电信营业室，主要办理电报业务、长话业务，远郊3区邮电局则全面开办电信业务。

1986年，市邮局投资69万元对电信通信设备进行更新、大修、改造。双桥区邮电局开通HXJ976纵横制500

门长市农电话交换机，结束磁石交换机历史。当年完成电报交换量289.06万份、长途交换量72.11万张；完成电报收入237.40万元、长途电话收入94.11万元、市话收入105.22万元。

1987年，市邮局改变"重邮轻电"观念，发展电信业务，制订电信业务增收超产奖励办法，采取"新办电信记账用户""话传电报""上门收揽电报""积极催叫长话"等措施争取用户；对来报采取直投、专投、定班投递等办法，缩短电报投递时间；开展设备升级评查，在市邮局214台电信设备中，一二类合格设备达90.5%。当年电信收入比上年净增102万元，增长23.5%，占市邮局业务总收入的1/3左右。

1988年2月，市邮局开办"庆贺、吊唁电报"业务，首批开办的营业网点为近郊6区邮电局营业室，远郊南桐矿区邮电局、北碚区邮电局营业室，以及部分支局，共25个。同年4月，市邮局13条人工电传电路顺利进入重庆市256自动转报系统。同年7月，北碚区邮电局长途有权用户全自动拨号开通，成为重庆市远郊区、县局第一个开通局。同年10月，江北区、沙坪坝区、市中区邮电局电信营业室试用DYI-844电报计费开据机。

1989年4月，市邮局电信科更名为电信管理处（级别不变）。同年9月，翰林JK-412中英文公众电报终端机在市中区局投产运转。当年实现电报交换量422.65万份、长话交换量95.02万张，市话净增放号285部。

1990年，市邮局印发《电信管理员管理工作检查考核办法》《电信管理员工作检查考核标准》《电信班组升级考核评分标准》。同年9月，开办公众用户传真业务。当年，重庆邮政长话交换量完成1073.19万张（只统计远郊3区），长话全自动有权用户410户，市话用户3182户，电报交换量完成388.94万张。电信业务收入呈"两升一降"态势。市内电话业务收入完成180.46万元，同比增长13.93%；长话业务收入完成211.99万元，同比增长2.82%；电报业务收入完成321.85万元，同比下降9.59%。电信业务总收入完成714.30万元，同比下降0.87%，其中电报收入占电信收入45%、市话收入占电信收入25%、长话收入占电信收入30%。电信生产人员和管理人员由上年455人减少至417人，人均产值1.71万元，同比增长8.1%。

1991年3月，南桐矿区电话全部实现自动化。同年8月，市邮局战备通信办公室成立，挂靠在电信管理处。

1992年6月，九龙坡区邮电局电信营业室电报投递组获得邮电部授予的"全国电报投递工作先进集体"称号，该组电报投递员李载阳获得"全国优秀电报投递员"荣誉。同年11月，北碚区邮电局1.2万门程控电话割接开通。

1994年5月至6月，双桥区6000门程控电话、万盛区6000门程控电话相继割接开通，告别纵横制历史。同年6月16日，重庆市物价局、重庆市电信局、重庆市邮政局联合印发《关于调整市内电话初装费标准的通知》（简称《通知》）。根据《通知》，市中区、大渡口区、南岸区、江北区、沙坪坝区、九龙坡区、北碚区、巴县、江北县市内电话初装费标准为：办公电话（乙种）每部5000元、住宅电话（甲种）每部4000元；其他区、市、县市内电话初装费标准为：办公电话（乙种）每部4000元、住宅电话（甲种）每部3000元。

1995年5月，市邮局实施《重庆市邮政局经营管理机构调整方案》，设电信业务经营服务处，负责全局电信专业的综合职能管理和经营管理，并直接负责管理重庆市邮政局战备办公室（负责全局战备通信方面的有关工作）。同年7月，市邮局电话通信中心成立。同年，长途电信业务总量完成1661万元，同比增长44.90%；市话业务总量完成1396万元，同比增长63.3%。在电信业务量中，长途电话同比增长72.1%，市话平均户数同比增长64.4%。

1996年9月，市邮局组织实施"九七工程"（即在1998年底前建成市话业务计算机综合管理系统）。同年，完成北碚、双桥干线SDH传输工程，万盛市话扩容6000门工程，北碚微波电路扩容1926路工程。同年，近郊6区邮电局发展窗口市话业务，远郊3区邮电局采取灵活有效的促销措施和激励政策，发展集团电话，挖掘农村通信市场潜力，发展市话放号，电信业务除电报外大幅增长。全年国内长话业务完成收入1608.96万元，比上年增长339.64万元，同比增幅26.76%；国际长话业务完成收入156.89万元，同比增幅33.83%；市话业务完成收入2930.37万元，同比增幅61.41%；无线寻呼业务完成收入53.87万元，同比增幅71.23%。远郊3区邮电局市话净增放号8194户，无线寻呼净增放号2264户。截至1996年底，市邮局完成长途电信业务总量2329.45万元，业务收入2022.18万元；本地电话业务总量2212.27万元，业务收入3020.74万元。

1997年，邮电分营后，电信业务移交电信局经营，邮政转为代办电信业务。重庆市邮政管理局按照"以话补报"经营方针，制订《代办电信业务管理办法》，规范代办电信业务运营。

二、无线寻呼业务

1994年6月18日，鸿雁信息传呼台开台。1995年，更名为重庆邮政信息寻呼台。截至1997年底，重庆邮政信息寻呼台拥有用户4000余户。

1998年，先后完成涪陵、黔江及重庆直辖前所辖12个区县寻呼机站基站安装工作，同年11月中旬，寻呼用户增至5.55万户。同年11月30日，重庆邮政信息寻呼台在江津市召开经验交流会，市邮管局局长黄绍林在会上作题为《规模经营，联合发展》的讲话，提出邮政寻呼台要按现代企业制度标准进行改制、走股份制合作思路。

1999 年 4 月，经过资产核算，重庆邮政信息寻呼台组建重庆邮政寻呼有限责任公司（简称重庆邮政寻呼公司）。同年，重庆邮政寻呼公司完成涪陵、黔江等 40 个区县 200 个邮政寻呼发射机站安装工作，组建 40 个区县邮政寻呼分公司，实现密集型覆盖。截至 1999 年底，寻呼用户增至 10 万余户，经营规模、用户数量在全市 46 家社会寻呼台中居第二位。

2003 年，按照《关于核定重庆市邮政企业内设机构及人员编制的通知》要求，本着面向市场、强化经营、优化配置、减员增效原则，重庆邮政寻呼公司挂靠在信息技术局电子商务科。随着手机普及特别是短信和来电显示的兴起，寻呼客户减少，业务逐渐萎缩。

第五章　客户经营管理

1989—2022 年，重庆邮政以当代营销理念为指导、以行业分类管理为基础、以客户经理制度为手段、以提升企业经济效益为目标，坚持客户导向、综合利用、信息化管理，不断提升客户经营管理水平，推动重庆邮政从专业营销向综合营销和方案营销转型，实现客户可持续发展。

第一节　营销体系

邮政客户营销体系是指依据邮政企业经营战略和经营目标，以客户为中心开展营销，依托信息化手段，密切关注与应对客户需求、竞争对手的动态变化，适时对营销各要素进行调整的管理体系。

一、客户营销体系

（一）启动"营销工程"

2003 年，重庆邮政印发《关于 2003 年全市邮政大客户营销服务工作的实施意见》，建立重庆市邮政管理局和各专业局、片区局、各区县（自治县、市）局三级大客户营销服务体系，启动"营销工程"建设工作，并在公众服务处下设大客户营销管理部门，各专业局下设大客户营销管理机构，负责规划市邮管局及各专业大客户营销发展战略，承担大客户营销服务工作的日常管理和协调工作。根据实施意见，片区局设立大客户营销管理机构，挂靠在本片区业务科，负责片区大客户的开发、服务、管理和协调工作；各区、县（自治县、市）局大客户营销管理部门与本局营销队伍相结合，不单独设机构，负责管理所辖区县（自治县、市）范围内的邮政大客户服务。

（二）完善营销体系

2008—2015 年，重庆邮政每年印发营销体系建设和大客户工作意见，优化营销管理体制，完善营销服务体系，并通过建立客户分级管理体系，划分并建立行业总部团队，增强各级大客户中心在客户综合营销和项目开发方面的能力。

优化营销管理体制。2008 年，重庆市邮政公司市场营销部负责全市邮政营销体系建设、营销管理、政策制订和市场规范等工作，客户服务中心负责全市邮政客户开发、管理维护、宣传策划和营销项目管理等工作。市公司各专业局负责本专业的营销策划、产品开发、项目组织、宣传推广和设计制作等营销支撑工作。

组建总部团队。2011 年，市公司根据金融、政府、通讯等市场划分组建总部团队，采用"1+X+Y"组建模式，在总部团队设团队负责人 1 名、营销策划岗 1 名和客户经理若干名。每个总部团队负责维护的总部大客户不低于 10 户、不超过 20 户。主城和片区现业局以建立营销中心或行业团队为主，以建立支局营销团队为辅；区县局以建立支局营销团队为主，以建立营销中心或行业团队为辅。

建立大客户分级管理体系。2012 年，重庆邮政按市公司、区县、支局三个层级构建大客户管理体系，实施客户分级管理。其中，市公司成立研发、销售和售后总部团队，促进总部客户开发和维护。总部客户研发团队由市公司客户中心牵头，成员由函件、集邮、报刊、电子商务、代理金融、分销等专业人才组成，每个专业 1—2 人，负责市公司确定的总部经济市场的调研与分析、总部客户项目营销策划方案的撰写、总部客户的商务谈判、全市性主题营销活动的策划和组织推广等工作及新产品、新项目的研发和督促落实。同时，按行业属性成立总部行业销售（售后）团队，由总部大客户所在的属地局选配营销能力较强的客户经理组成，负责配合总部客户研发团队做好总部客户的需求分析和撰写营销策划方案以及总部大客户的日常沟通、信息反馈、业务办理、客户维护和售后服务等工作。

推广"综合营销+专业支撑+基层落地"营销模式。2014 年，为强化各级大客户中心的客户综合营销和项目开发功能，打破横向专业壁垒，重庆邮政推进由"单纯邮务类"营销向"邮务类+代理金融类"综合营销转变。由市公司客户中心牵头，组建总部经济拓展团队，整合三大板块资源，按照"总部牵头、专业支撑、市县联动、分层实施、整体推进"运作模式，面向全市总部客户、战略客户、行业主管客户、重要供应商实施总部客户联动开发。各区县邮政企业依照所辖区域的客户属性，建设由专职营销客户经理组成的综合营销团队，负责对片区内区域性项目的策划和复制推广、总部项目在其辖区内分支机构的项目落地及深度开发，以及区域项目的开发、日常沟通、信息反馈、业务办理、客户维护和售后服务等工作。各区县邮政企业按照重庆市各功能区区域经济特点，组建适应县域经济特色的综合营销团队。其中，都市核心功能区重点关注城市商圈、电子商务、医疗卫生、总部分支机构等市场，组建商圈营销团队、小包营销团队、总部营销团队；都市功能拓展区、城市发展新区重点关注代收代付、制造加工、教育文化等市场，组建相应行业营销团队、校园营销团队；渝东北生态涵养区和渝东南生态保护发展区重点关注生态农业、生态旅游业、特色资源加工业等市场，组建"三农"服务团队、旅游经济营销团队。

（三）系统化建立营销体系

2018年，重庆邮政贯彻落实中国邮政集团公司经营发展战略，以经营组织架构改革为契机，出台《全市邮政客户营销体系建设实施方案（试行）》，建立系统化的重庆邮政客户营销体系。

重庆邮政客户营销体系包括构建两级客户营销组织架构、推广三大营销模式、强化四大支撑机制。"两级客户营销组织架构"即市级的"综合营销与专业支撑"，主攻总部市场和专业大客户开发；城片区、区县级的"区县统筹与网点落地"，主攻重点市场和区域大客户、公众客户开发。各级市场营销部负责客户营销体系规划、建设和

管理；各级客户营销中心（含营销组）负责各级大客户开发和维护；各级经营支撑部门负责专业解决方案、业务培训、产品服务等方面的经营支撑；各支局（所）和投递站负责公众客户营销和辖区内的大客户服务支撑。"三大营销模式"即直销模式、批销模式、网销模式。直销是指通过专职营销、兼职营销等三类人员直接面向客户销售产品；批销是指将产品批发给"邮掌柜"、村邮站、"三农"服务站、便民服务站等外延零售渠道；网销是指推广手机银行、网上银行等电子渠道，培养快捷支付客群，并根据企业经营的不同阶段，通过重庆邮政网站、集邮微营销平台、"邮乐网""渝邮惠"等渠道，制订不同的宣传推广方案，将线下客户向线上引流。"四大支撑机制"即产品研发机制、价格管控机制、员工激励机制、客户促销机制。即建立"以客户需求为中心"的产品研发机制，明确责任主体，实施闭环管理，提升产品经营质效；建立"以市场竞争为导向"的价格管控机制，规范产品定价、优惠审批、价格调整的操作流程，规范渠道经营秩序；健全员工激励机制，明确员工营销积分奖励、劳动竞赛奖励、特殊贡献奖励的激励重点，针对旺季攻坚、淡季挖潜、开拓创新进行分类施策；健全客户促销机制，完善"渝邮惠"平台功能，全面实行积分换礼，规范营销费用使用。

（四）推动营销体系建设转型升级

2022年，为推动市场营销机制转型升级，重庆邮政印发《关于加强全市邮政客户营销体系建设的通知》，以客户为中心，以项目制为引领，以线上平台为媒介，以发展会员为契机，强化全市邮政营销体系建设。一方面，推

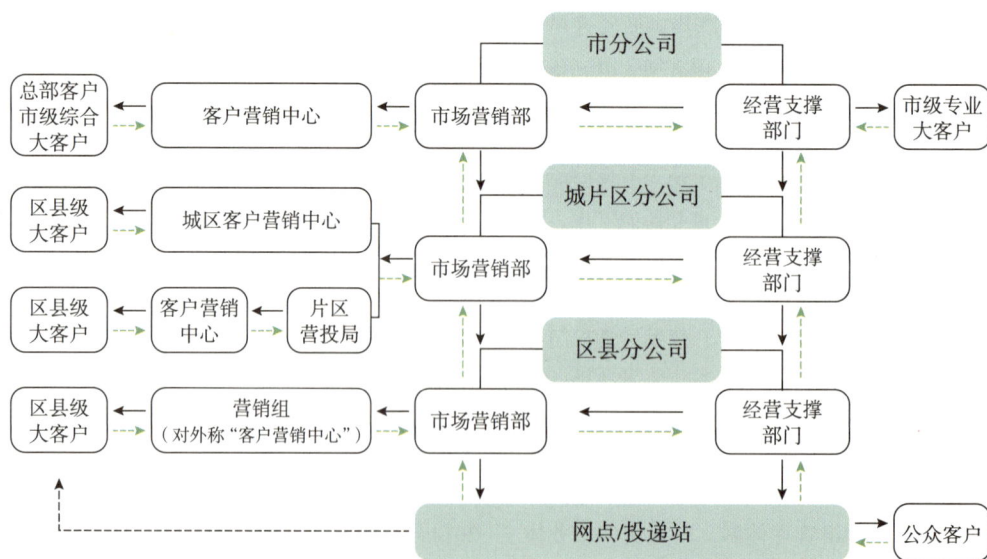

备注：1. 各层级经营支撑部门均不包含运营管理部
2. "←"表示管理指导；"←--"表示经营支撑；"←---"表示情况反馈

图 3-5-1-1　重庆邮政客户营销体系组织架构图

广数字化营销。在全市邮政大力推广BSC（数字化营销）平台应用，通过BSC平台与客户建立好友关系，推广客户标签维护、粉丝群运营、任务中心任务转发等便捷、高效的数字化营销功能，组织开展邮乐推手、社区团长等评优活动，探索打造员工直播带货、社区团购等新零售队伍。另一方面，发展邮政会员。开展"邮生活"会员平台运营、场景打造及平台营销活动应用推广等工作，利用惠农会员、车主会员、商务收单客户、双税客户等特定客群基础，扩大邮政会员和"邮生活"用户规模。

二、队伍建设

2003—2022年，重庆邮政着力建设大客户营销队伍，以营销项目带动促进整体邮政业务发展。

表3-5-1-1

2003—2022年重庆邮政部分年份大客户营销队伍建设情况表

年份	营销人员	营销团队
2003	专业局配1—2人，各片区局的大客户营销管理机构配1—2人	—
2004	400人	43个
2007	962人，其中函件专业170人、速递专业82人、综合专职营销人员710人	—
2008	1058人	—
2009	1050人	—
2010	903人（不含速递物流专业）	109个
2011	1000人，其中现职客户经理400人	120个，其中总部经济团队3个
2012	997人	140个，其中总部经济团队4个
2013	420人	135个，其中总部营销团队6个
2014	—	135个，其中总部经济团队5个
2015	397人	135个，其中总部经济团队3个
2022	115人	100个

三、营销项目

（一）重点营销项目

2007—2015年，重庆邮政实施项目带动发展战略，通过组织"重庆直辖十周年""家电下乡"等重点项目营销，实施总部项目开发，促进业务收入规模增长。

表3-5-1-2

2007—2015年重庆邮政大客户收入及综合性营销项目统计表

年份	大客户收入（亿元）	综合性营销项目（个）
2007	1.93	—
2008	1.85	—
2009	3.20	9
2010	2.11	7
2011	2.89	13
2012	2.50	5
2013	2.40	5
2014	2.90	5
2015	2.19	5

（二）七大重点市场

2018—2019年，重庆邮政坚持"全面介入、重点突破、因地制宜、注重实效"的开发原则，以分类市场拓展为目标，以主题营销和联动营销活动为抓手，将全市市场划分为"七大重点市场"（普惠金融市场、政务市场、便民市场、福利市场、校园市场、旅游市场、乡村市场），实施产品差异化，精准发力目标客群，实现业务融合、渠道联动，不断提升邮政供给能力。

针对普惠金融市场，聚焦四类客户（中小商户、中老年客户、外出务工客户、邮务类客户），以客户金融需求和非金融增值需求为切入点，以物理渠道金融服务和线上金融服务为载体，以联动项目和主题营销活动为平台，将普惠金融市场打造为邮政金融客户来源主阵地、业务增长关键点。针对政务市场，紧紧围绕党的十九大和中央经济工作会议精神，以时政热点为依托，以邮政综合性服务为切入点，以良好客情关系为契机，积极开展特色邮路、党风廉政建设、党的十九大宣传、改革开放40周年、税邮合作、村志等合作项目，搭建邮政政务市场发展平台。针对便民市场，深挖居民和商户（邮掌柜系统外延实体渠道）两类客群，以打造邮政综合便民服务平台为基础，以居民生活缴费、移动支付、小额存取款、充值和商户、农村电商、批销、代购、国/地税发票等一站式服务为抓手，拓宽便民服务项目，开拓便民服务新市场，为深度挖掘客户奠定基础。针对福利市场，重点聚焦政府及企事业单位节日、生日福利发放需求，将邮政产品进行组合营销，以"渝邮惠"线上平台为载体，通过"互联网平台+海量自选产品+同城礼仪配送"一站式服务，充分凸显邮政特色优势，抢占福利市场份额。针对校园市场，围绕学生、家长、老师三类客群，依托教育主管部门行政支持，结合学校综合服务能力建设，以满足师生生活及精神文化需求为切入点，通过"内部专业联动＋外部机构联动"方式，以"拓渠道、建平台、推活动"为手段，对高校市场、中小幼校园市场实施分类开发，优质高效拓展校园市场。针对旅游市场，紧抓全域旅游发展机遇，全面培育、开发、经营各大景区旅游商户和游客；深挖政府、景区、客户需求，提供旅游宣传与文创产品开发；以发展聚合支付、邮乐加盟商为载体，有效嵌入特产购买、寄递、票务、POS 刷卡、扫码支付等服务环节，打造"产销一体化"电商发展模式。针对乡村市场，依托"中央一号文件"工作要求，聚焦乡村客群，融合邮政综合服务、乡村振兴战略、精准扶贫，紧抓乡村文化建设契机，以电商扶贫、批销产品下乡、农资惠民、邮政服务进村等工作为载体，全力攻占乡村市场，取得服务主动权。

表 3–5–1–3

2018—2019 年重庆邮政"七大重点市场"拓展成效统计表

重点市场	项目 \ 年份	2018	2019
普惠金融市场	净增手机银行激活客户数	70 万户	70 万户
	新增快捷支付客户	100 万户	85 万户
	保险收入	66900 万元	78600 万元
政务市场	广告媒体收入	3000 万元	1800 万元
	双税双代业务收入	2800 万元	3500 万元
便民市场	开通国 / 地税发票代开功能乡镇覆盖率	100%	100%
	散户揽收、代收代投点建设等项目寄递收入	—	7150 万元
福利市场	节庆食品、粮油、电影票、慰问品等商品销售收入	5800 万元	10200 万元
校园市场	与高校建设"邮政社会实践基地"	27 个	—
	校园文创产品实现销售收入	1500 万元	2000 万元
	包裹寄递收入	500 万元	930 万元
旅游市场	旅游文创产品（含广告媒体）销售收入	1500 万元	2000 万元
	邮乐网区县馆及邮乐小店农产品销售额	180 万元	—
乡村市场	批销交易额	15800 万元	30000 万元
	特色经济库项目规模	—	30000 万元

（三）项目管理

2020—2022 年，《中国邮政集团公司重庆市分公司市级经营发展项目管理办法（试行）》出台，该办法涵盖经营类项目和管理类项目。经营类项目以新增收入为主要目的，旨在实现"开源创收"，突出"三个重点"（重点市场、重点业务、重点客户），发挥"三个特性"（专业性、示范性、引领性），与旺季跨年战役、年度"双创"劳动竞赛等"保存量"经营发展工作各有侧重、形成互补。管理类项目以降本增效为主要目的，旨在实现"节流增效"，聚焦"三个重点"（重点流程、重点环节、重点要素），着眼"四大途径"（机制创新、流程优化、资源整合、科技赋能），与单位（部门）职能职责范畴内的"日常性"经营管理工作各有侧重、形成互补。

表 3–5–1–4

2020—2022 年重庆邮政市级经营发展项目成效统计表

年份	实施项目数量	千万级项目数量	项目实现总收入	项目实现新增收入	培育区县级项目	获得荣誉
2020	40 个	—	7.53 亿元	4.84 亿元	—	—
2021	48 个	23 个	12.39 亿元	4.28 亿元	136 个	第十七届（2021 年）全国邮政企业管理现代化创新成果评选二等奖
2022	45 个	—	11.58 亿元	5.01 亿元	—	—

第二节　客户维护

一、客户分级维护

邮政客户是指购买邮政产品或使用邮政服务的自然人或组织。自2018年起，重庆邮政运用系统化、专业化手段，规范全市政客户维护工作，由市场营销部牵头，金融业务部、集邮与文化传媒部、渠道平台部、寄递事业部等部门共同参与，组织开展客户分级维护，提高客户忠诚度和贡献度。

（一）实施分类维护

2018—2020年，重庆邮政对邮政客户实施分类维护，按客户用邮规模、影响力将其划分为市级大客户、区县级大客户、公众客户，并从客户回访、客户维护、客户体验三方面开展客户经营维护。

市级大客户是指与邮政建立战略合作关系、业务合作关系的总部客户、行业客户、重要客户，由市分公司开发。区县级大客户是指与邮政建立业务合作关系的用邮大客户（含金融大客户）、行业客户、重要客户，由区县分公司开发。公众客户是指在一定时期内用邮金额（或金融资产）未达到用邮大客户标准，且不具备行业或市场影响力的公众群体和个体，由邮政网点开发。

定期回访客户，目的是了解客户需要，不断优化流程，提升服务水平。公众客户回访原则每年至少1次，大客户回访原则每季度至少1次。客户维护分为公众客户维护和大客户维护。公众客户维护包含"积分尊享"营销活动、邮政网点抽奖等；大客户维护包含节日回馈（端午、中秋、春节等）、重要事件关怀（红白喜事、开业、周年庆等）、差异化服务（高层联席会、资费优惠、派驻服务、记欠等）等。客户体验主要通过客联"三会"增进客情关系。

（二）实施分层维护

1. 按贡献规模划分客户等级实行分层维护

2020—2022年，重庆邮政根据客户属性差异将客户区分为机构客户和个人客户。机构客户是指以组织身份（企业、组织、机构等）购买邮政产品或使用邮政服务的客户。个人客户是指以个人身份通过零售形式购买邮政产品或使用邮政服务的客户。同时，按客户给邮政带来的收入差异，将其划分为普通、贵宾、银、金、铂金、钻石6个层级。

表3-5-2-1

重庆邮政机构客户和个人客户层级划分表

层级划分	机构客户收入	个人客户	
		非金融客户收入	代理金融客户（按邮储银行VIP客户评级划分）
普通	2万元及以下	0.2万元及以下	—
贵宾	2万元—5万元	0.2万元—1万元	金卡级
银	5万元—10万元	1万元—2万元	白金级
金	10万元—50万元	2万元—5万元	
铂金	50万元—100万元	5万元—10万元	钻石级
钻石	100万元以上	10万元以上	私行级

说明：寄递业务收入按月均收入量执行。

针对6个层级的客户，重庆邮政明确由不同层级人员维护。普通客户由邮务网点相关人员负责维护；贵宾、银、金级客户由理财经理、客户经理、网点负责人或支局长负责维护；铂金级客户由各级邮政企业部门负责人负责维护；钻石级客户由各级邮政企业领导负责维护。

2. 按专业类别划分客户等级实行分层维护

截至2022年底，重庆邮政对金融类客户、寄递类客户（限于特快、快包、国际业务）、邮务类客户（限于文传专业、渠道专业）按5级划分。

表3-5-2-2

重庆邮政客户分级表

邮务类			金融类		寄递类	
客户分级	划分标准（年收入）		客户分级	划分标准（连续3个月日均总资产）	客户分级	划分标准
	机构客户	个人客户				
普通	5万元及以下	1万元及以下	普通级	10万元以下	小微客户	0.1万元及以下
白银	5万元—10万元（含）	1万元—2万元（含）	金卡级	10万元（含）—50万元	三级客户	0.1万元—0.5万元（含）
黄金	10万元—50万元（含）	2万元—5万元（含）	白金级	50万元（含）—200万元	二级客户	0.5万元—1万元（含）
铂金	50万元—100万元（含）	5万元—10万元（含）	钻石级	200万元（含）—600万元	一级客户	1万元—5万元（含）
钻石	100万元以上	10万元以上	私行级	600万元以上	特级客户	5万元以上

说明：寄递类客户按照客户年度月均税后收入规模划分。

市级层面由市场营销部负责战略客户、总部客户及与部门职能关联度高的重要客户维护；金融业务部、集邮与文化传媒部、渠道平台部、寄递事业部等相关市级部门（单位）负责其专业范围的行业客户及与部门（单位）职能关联度高的重要客户维护。各区县分公司层面参照市级层面客户维护情况，由相应部门负责本单位各等级客户维护；各邮政支局（所）负责辖内各等级客户维护。各级邮政企业主要领导参与维护金融私行级个人客户和寄递特级、邮务钻石级的机构客户高层领导。各类客户维护频次具体如下：

表 3-5-2-3

重庆邮政金融类客户分层维护频次表

单位：次

客户分级	市分公司	区县分公司	邮政支局（所）	合计
普通级	—	2	2	4
金卡级	1	2	2	5
白金级	1	2	2	5
钻石级	4	3	根据自身情况自定	7
私行级	4	3	根据自身情况自定	7

表 3-5-2-4

重庆邮政寄递类客户分层维护频次表

单位：次

客户分级	市分公司	区县分公司	邮政支局（所）	合计
小微客户	—	2	1	3
三级客户	—	2	1	3
二级客户	—	2	1	3
一级客户	4	—	—	4
特级客户	4	—	—	4

表 3-5-2-5

重庆邮政邮务类客户分层维护频次表

单位：次

客户分级	市分公司		区县分公司		邮政支局（所）		合计	
	文传专业	渠道专业	文传专业	渠道专业	文传专业	渠道专业	文传专业	渠道专业
普通	—	—	2	2	1	1	3	3
白银	—	—	2	2	1	1	3	3
黄金	3		—	2	1	1	3	3
铂金	3	3	—	—	1	1	3	3
钻石	3	3	—	—	1	1	3	3

二、系统管理

2004—2009 年，重庆邮政建立并逐步完善大客户综合管理信息平台。2018 年，中国邮政 CRM 系统上线后，重庆邮政开始使用 CRM 系统进行客户管理。

中国邮政 CRM 系统是邮政客户资源汇聚的终端平台，整合各板块资源，对客户、营销、信用评价等相关核心业务进行支撑。系统具备客户管理、客户洞察、营销管理、信用管理等功能，对客户开发、信用评价、营销等关键环节实行管控。其中，客户管理功能是对新增个人客户、机构客户信息录入进行规范，丰富客户标签，不断完善客户信息，运用系统管控客户"入口端"；客户洞察功能可以常态化跟踪、分析、监控客户运营管理情况，支撑各级邮政企业开展客户运营管理分析，及时掌握客户整体情况（客户数量变动、等级变动、收入变动、信用等级、额度占用等）、重点客户和市场（战略客户、重点市场市场占有率、开发进度等），以及预警客户情况（流失和减收客户情况、流失原因等）；营销管理功能是执行"客户筛选、名单推送、场景搭建、活动执行、效果跟踪"数字化营销五步法，开展基于"知客"营销活动，促进贯穿"活客、留客、获客、蓄客"客户全生命周期营销管理，策划组织客户协同营销活动，拓展客户开发渠道，提升客户价值潜能；信用管理功能是按照"统一标准、系统管控、数据共享"原则，建立客户信用评级模型，通过信息系统进行客户信用评级和应用管理。

第三节　总部客户开发

2017 年，重庆邮政成立客户营销中心，负责全市性综合大客户需求分析、向经营支撑部门提出产品需求、策划制订营销方案并指导各区县邮政企业及营销团队实施、策划集团总部项目实施方案、配合营销管理团队指导各区县邮政企业营销体系建设、开展全市性营销培训。

一、政府大客户

重庆邮政聚焦政府部门"放管服"改革需要，加强与政府客户对接，为市民提供开发票、代发养老金、代办营业证、代办社保卡、代办交通罚款等多项政务服务，落实邮政"通政、通商、通民"国企责任担当。

（一）国家税务总局重庆市税务局

2016 年，中国邮政集团公司重庆市分公司与重庆市税务局（简称市税务局）签订《战略合作框架协议》，共同打造"互联网＋政务＋邮政"服务模式，树立邮政网点"缴税就近办"品牌形象。2020 年 2 至 3 月，重庆邮政按照市税务局要求，提供"网上发票业务免费寄递"服务，共计免费向用户寄递"票易达"邮件 25.09 万件，推动"非接触式"办税，助力全市复工复产。截至 2022 年底，重庆市 39 个区县 1680 个邮政网点均开通代征税业务，实现建制乡镇覆盖率 100%，为纳税人提供商业、广告、动产租赁等 11 项代征代开服务，累计服务纳税客户 719 万人、代征税额 29 亿元，"票易达"项目累计为纳税人寄递邮件 740 万件。

（二）重庆市农业农村委员会

2018 年，重庆邮政根据国家乡村振兴战略部署和集团公司"乡村振兴三年行动方案"工作要求，与重庆市农业农村委员会（简称市农委）签订战略合作协议并制订《2018 年政务市场之农委合作项目行动方案》，双方在宣传推广、便民服务、金融服务等方面开展合作，服务乡村振兴。2022 年，重庆邮政与市农委重新签订合作协议，深化合作内容。截至 2022 年底，重庆邮政共打造全国级农产品基地 5 个、优质"邮乐购"站点 7094 个，联合各级农业农村委员会、西南大学、重庆农业科学院、农资供应商技术人员建成"市级＋区县"专业农技服务团队，共开展农技培训 300 场，覆盖农民合作社、农户 6000 人。

（三）重庆市公安局交通管理局

2009 年，重庆市邮政公司通过与重庆市财政局、重庆市车辆管理所合作，开展财政非税项目。该项目分为两部分：一是由邮政派人员进驻车辆管理所，代收车辆行政事业性收费，主要包括签订驾照考试费、证件工本费与车辆相关费用；二是在邮政网点代办违章处罚业务。每笔业务按照 1 元结算手续费。2019 年，中国邮政集团公司重庆市分公司按照集团公司《关于加强警邮合作进一步推行邮政网点代办公安交管业务工作通知》，与重庆市公安局交通管理局签订战略合作协议，开展代收非税、网办中心寄递和警邮代办网点三种合作。2020 年，中国邮政集团有限公司重庆市分公司与重庆市公安局交通管理局联合下发《关于深入推进警邮合作指导意见》，从建点数量、网点搭建要求、"警医邮"合作、预付邮费功能实现、道路交通违法办理等方面共同推进警邮项目。2021 年，重庆邮政入驻重庆市车辆管理所一分所、四分所、七分所，为"交管 12123"平台提供现场收寄服务。截至 2022 年底，重庆邮政在全市共打造警邮代办网点 504 个，网点月均活跃度 98.35%，代办机动车业务、驾驶证业务、处理交通违法、互联网平台服务 4 个大类 18 项小类业务，为"交管 12123"平台寄递邮件 500 万件。各区县邮政企业已进驻全市 24 个车辆管理所开展业务，累计实现业务收入 4686.76 万元。

（四）重庆市文化和旅游发展委员会

2019 年，中国邮政集团公司重庆市分公司与重庆市文化和旅游发展委员会签订战略合作协议。2020 年，中国邮政集团有限公司重庆市分公司与重庆市文化和旅游发展委员会开展第二季邮政服务"晒旅游精品·晒文创产品"大型文旅推介活动以及文化惠民系列活动，借助邮票、邮资图、邮资机戳、封片卡等邮政特色文化元素，开发重庆特色文化文创产品，实现收入 1135.2 万元。2021 年，重庆邮政开发"巴渝十二景"邮政（含邮资）信封 77.4 万枚、重庆地方特色明信片 10 款共 10800 套，在全市主题邮局和营业网点进行销售。

（五）重庆市高级人民法院

2020 年 9 月，中国邮政集团有限公司重庆市分公司与重庆市高级人民法院签订战略合作协议。同年，重庆法院专递集约送达中心建成。为落实《国务院关于开展营商环境创新试点工作意见》，2022 年 5 月 26 日，重庆邮政正式上线面单电子化服务，实现法院专递面单电子化回传功能，成为全国首个开办此项服务的省市。截至 2022 年底，面单电子化服务业务量达到 258.49 万件，实现收入 4154.42 万元。

（六）重庆市商务委员会

2022 年，中国邮政集团有限公司重庆市分公司与重庆市商务委员会签订战略协议并联合开展县域商业体系建设调研，12 个区县邮政企业申报的 14 个县域商业体系建设项目获批，争取政策资金 1355 万元。同年，重庆邮政参加重庆市商务委员会主办的"2022 重庆 618 电商节暨寻找西部带货王电商主播大赛闭幕式"，实施"新品牌、新乡村"计划。

二、行业大客户

重庆邮政企业客户包括金融保险、医药交通、汽车能源、文化教育、科技通信、轻工业等多个行业。针对行业大客户，重庆邮政开展了工资代发、代理保险、客车运邮、主题邮局、产品代销等多个总部合作项目。

（一）金融保险行业

2022 年，重庆邮政与重庆银行就物流配送协议和战略合作协议进行多次商谈，取得重庆银行物流配送单一来源采购资格，实现物流收入 166 万元。同年，中国邮政集团有限公司重庆市分公司与马上消费金融股份有限公司、北京中关村科金技术有限公司签订三方战略合作协议，开展催费函寄递、农产品互推合作，为其员工和平台客户提供优质农产品和农技知识讲座服务，实现资源互用。同年，重庆邮政催费函业务实现寄递收入 120 万元。截至 2022 年底，重庆邮政已分别与平安人寿、中国人寿、新华人寿、阳光人寿等 13 家保险公司开展合作，全年实现保险代理收入 9.4 亿元。

（二）汽车能源行业

2014 年，重庆市邮政公司与中国石油天然气股份有限公司重庆销售分公司签订战略合作协议，为其提供上门收款服务。2016 年 12 月，中国邮政集团公司重庆市分公司与中国石油化工集团有限公司重庆市分公司签订战略合作协议；2022 年，中国邮政集团有限公司重庆市分公司成功中标中国石油天然气股份有限公司重庆销售分公司非油品仓储物流业务外包项目，实现收入 658 万元。2021年 12 月，中国邮政集团有限公司重庆市分公司与上汽红岩汽车有限公司签订战略合作协议，年收入从 2007 年的24.8 万元提高至 6834.06 万元。2022 年，中国邮政集团有限公司重庆市分公司与重庆长安汽车股份有限公司签订寄递合格证协议；与长城汽车旗下魏牌销售分公司及哈佛销售分公司达成寄递合作；中标长安旗下阿维塔科技（重庆）有限公司国内快递项目，成为该项目唯一供应商，全年实现涉车物流和特快收入 20579.67 万元。

（三）轻工业行业

2022 年，中国邮政集团有限公司重庆市分公司与重庆派森百橙汁有限公司签订商品销售合作协议及速递服务合同，在渠道产品销售、同城寄递、客户维护三方面开展合作，实现销售收入 127.73 万元、特快收入 30 万元，维护市级大客户和用邮大客户 4739 人，使用派森百"果汁券" 4800 张。

（四）医药行业

2021 年 5 月，中国邮政集团有限公司重庆市分公司与重庆桐君阁大药房连锁有限责任公司（归属太极集团）在重庆市北碚区联合打造重庆首家邮政合作便民药店。同年 12 月，中国邮政集团有限公司重庆市分公司与重庆和平药房连锁有限责任公司（归属重药集团）在重庆市璧山区联合打造重庆首家"邮政＋医药零售"店中店连锁药房。2022 年 3 月，中国邮政集团有限公司重庆市大渡口区分公司与重庆市万家燕大药房连锁有限公司（归属万家燕集团）签订战略合作协议，完成对公账户开户，实现医药战略客户邮银协同突破。同年 10 月，中国邮政集团有限公司重庆市分公司作为重庆太极实业（集团）股份有限公司唯一指定快递服务商，为其提供线上药品配送服务，同年，实现医药物流收入 845 万元，占全市医药物流总收入 25%。

（五）交通行业

2017 年，中国邮政集团公司重庆市分公司与重庆市汽车运输（集团）有限责任公司（简称交运集团）签订战略合作协议，开展班车运邮合作。截至 2022 年底，全市邮政有 7 个区县分公司合作 10 条邮路。2022 年，重庆邮政入驻江津双福水果批发市场、江北观音桥农贸市场（归属交运集团），为地方商户提供水果蔬菜等配送服务。

（六）科技通信行业

2020 年，中国邮政集团有限公司重庆市分公司与中国联合网络通信有限公司重庆市分公司开展"邮你有沃"双向员工内购会 12 场，参与人次达 2500 人，实现集邮、"粽情端午"、"车优保"、生鲜农产品、日化、酒水、家电、手机、号卡等业务销售额 300 万元，推荐邮乐小店38 户，开办邮储信用卡 29 张。2019 年 6 月 3 日，中国邮政集团有限公司重庆市分公司与中国联合网络通信有限公司重庆市分公司签订战略合作协议，2021 年，双方实现全市邮政首例战略客户工资代发业务开发，代发资金8200 万元。2022 年，重庆邮政协同中邮保险、中邮证券、太平洋财险，利用综合服务优势，为电信、移动、联通员工提供数字人民币、社保卡、文创产品、农特生鲜、车险、简易险、证券业务等一站式上门服务，全年共计办理数字人民币 1504 户、社保卡 509 户、邮政会员 596 户。

（七）文化教育行业

2007 年，重庆邮政与《课堂内外》杂志社创新运行刊邮合作模式。2019 年，重庆邮政克服传统纸媒下滑和《课堂内外》系列期刊涨价等困难，收订份数和流转额实现双增长，收订 13 万册，实现流转额 1880 万元。2020 年 5月，中国邮政集团有限公司重庆市分公司与《课堂内外》杂志社签订战略合作框架协议，在期刊发行、研学合作、金融产品、宣传服务、寄递服务等方面开展全方位合作，区县邮政合作数量从 2007 年的 8 个发展到 2020 年的 32个。同年，实现刊邮合作收订流转额 2254 万元，同比新增 854 万元，同比增幅为 61%。2022 年，中国邮政集团有限公司重庆市分公司累计收订《课堂内外》系列杂志 17.97万份，实现流转额 2688.34 万元，同比增幅为 11.71%。

第六章　多种经营

1985 年 8 月，四川省邮电管理局印发《关于进一步办好劳动服务公司和开展多种经营的意见》，提出以通信为主多种经营、以副补正发展第三产业，增强企业活力，提高经济效益，打破单一经济形式，实行全民、集体、合营一齐上，各种不同体制并存，实行自主经营、独立核算、自负盈亏。

第一节　多种经营业务

一、公司化时期前多种经营（1986—2006）

（一）管理机构沿革

1985 年 8 月，四川省邮电管理局成立多种经营管理处，要求各市、地、州邮电局成立多种经营管理科，开展多种经营管理工作。

1988年6月，市邮局成立多种经营管理科，与重庆市邮政综合服务公司合署办公，实行一个机构、两块牌子，对全局多种经营进行监督、检查和管理。多种经营管理科管理的第三产业单位包括重庆市邮政综合服务公司（下辖摩托车修理门市、印刷厂、药品批发部、邮政公寓、储奇门家电门市、邮苑舞厅、音像器材经营部、重庆邮政旅行社等）、拓展邮电器材公司（下辖百货经营部、医药经营部、临江路门市等）、市邮局邮购信托服务部等单位。

1989年4月，"多种经营管理科"更名为"多种经营管理处"，行政级别不变。同年12月，市邮局调整直属第三产业机构，截至1991年底，市邮局共有多种经营单位13个，包括接待处（下辖邮政公寓、邮苑舞厅、邮购信托服务部）、重庆邮政通信器材公司（由原重庆市邮政综合服务公司和原拓展邮电器材公司合并更名组成）、供应处（原重庆市邮政综合服务公司划出的鸿雁印刷厂业务）、信达商场和北碚、沙坪坝、九龙坡、大渡口、江北、南岸、南桐、双桥、市中区9个邮电局旗下的多种经营单位。

1992年5月，市邮局撤销接待处，下辖邮政公寓和邮购信托服务部成为独立经营实体，多种经营单位增加至17个，包括重庆邮政通信器材公司、邮购信托服务部、邮政公寓、鸿雁印刷厂、邮票公司（邮品部分）、报刊零售公司（非邮发报刊部分）、信达商场、汽车大修厂、转运处和北碚、沙坪坝、九龙坡、江北、南岸、南桐、双桥、市中区8个邮电局旗下的多种经营单位。

1995年5月，市邮局调整经营管理机构，设一局七部，其中多种经营部负责全局多种经营和管理，下辖多种经营管理处、集体企业管理处（邮电发展公司）、重庆鸿雁轮船有限公司、重庆邮政实业开发总公司。其中，多种经营管理处负责全局独立核算、非独立核算全民所有制经济实体、项目经营管理和职能管理。由多种经营管理处直接管理的经济实体包括邮购部、邮政商函广告公司、信达商场、建筑安装工程公司、九州房地产开发公司、邮政公寓、信诚公司。业务和行政由其他部门管理，经济核算按多种经营核算和管理的实体和项目包括重庆邮政寻呼台、重庆城市储金信用社（后成建制交邮储银行）、证券交易部（后成建制交西南证券）、重庆国际邮件报关服务公司、重庆集邮公司（邮品部分）、重庆速递邮件报关服务公司、重庆邮政汽车大修厂、重庆市报刊零售公司（非邮发报刊）、人防工事和平利用和经营、重庆市邮政局邮电物资采购供应站、重庆市邮政局邮电印刷厂及其他非邮电通信对外有偿服务项目。

1995年6月，《重庆市邮政局多种经营管理实施细则》出台，进一步明确多种经营组织管理、企业设立、变更和终止、经营管理、财务管理、劳动人事管理等内容，加强全局多种经营管理和发展。

1997年5月，邮电分营后，重庆邮政多种经营实体由原来的22个增加至45个（包含独立核算和非独立核算单位），规模扩大，业务范围拓宽，经营业务涉及餐饮、旅游、建筑、无线寻呼、印刷、商贸、酒店、信息服务、租赁等多种行业，各区县邮政企业均设立多种经营管理部门。同年6月，市邮管局设立多种经营部，作为全市邮政通信部门多种经营管理职能机构，并归口管理重庆邮政物资器材总公司（物资管理处）、重庆邮政实业开发总公司、重庆邮政信达贸易商场、重庆邮购信托服务部、重庆邮政商函广告公司、重庆邮政招待所、重庆邮政寻呼台、重庆邮电建筑安装工程公司。

1997年10月，市邮管局对原直属多种经营单位管理体制进行改革。根据"分灶吃饭、自主经营、单独核算、归口管理"原则，多种经营经济实体分别挂靠到各专业局、相关部门或直属单位，由多种经营部和挂靠单位双重领导并管理。

1999年，市邮管局推行多种经营企业股份产权制度，全年改制、新组建股份制公司32个，占全局多种经营单位的80%，实现多种经营产权结构多元化；同时让职工持有部分股份，使企业和职工形成利益共同体。

2000年12月，市邮管局撤销多种经营部，原多种经营部职能归并计划财务处，原多种经营部归口管理的重庆邮政物资管理处（器材总公司）、重庆邮政实业开发总公司、长江邮政船务有限公司、重庆邮政建筑安装工程有限公司、重庆邮政寻呼有限公司、重庆邮政印务有限公司等，作为市邮管局直附属单位。

2003年7月，重庆邮政实业集团公司（简称实业集团公司）成立大会暨挂牌仪式举行，标志着重庆邮政主辅、主附分离体制改革工作全面展开。实业集团公司系市邮管局投资组建全资公司，以现有邮政非通信企业和后勤辅助部门为基础，通过经营战略调整和内部资源整合，按现代企业制度要求，比照国有独资公司管理模式，组建独立核算、自负盈亏独立法人实体，是集饭店、房地产开发、建筑、装饰、旅游、水资源开发、商贸、印务、通信器材、物业管理、劳务管理等为一体的多元化经营实体。实业集团公司实行总分制、子母制，下设8个子公司（重庆邮政物资器材公司、重庆邮政物业管理有限公司、重庆鸿都大酒店股份有限公司、重庆鸿雁旅游公司、重庆鸿祥房地产开发有限责任公司、重庆邮政印务有限公司、重庆邮政驿展商贸有限公司、劳务管理中心）、5个分公司（永川、巴南、渝北、万州、黔江分公司）。

（二）多种经营企业

1. 重庆邮政公寓

1984年9月，市邮局综合服务公司招待所成立。1988年8月，该招待所更名为重庆邮政公寓，旗下含邮苑舞厅、客运部等。重庆邮政公寓于 2003 年 8 月撤销。

2. 重庆邮政实业开发总公司

1990 年 7 月，重庆邮政通信器材公司成立。1994 年 8 月，该公司更名为重庆邮政实业开发总公司（简称实业公司）。重庆直辖市成立和全市邮政管理体制调整后，实业公司调整经营结构，转换经营机制。1998 年 5 月，所属鸿都大酒店在邮政三产业中率先改制为股份制公司。公司按照现代企业制度，由重庆邮政鸿洁洗涤有限公司、重庆邮政东辉装饰工程有限公司、重庆鸿都物业管理有限公司、重庆鸿都酒店管理有限公司出资设立；重庆鸿祥房地产开发有限责任公司、重庆鸿都酒店用品有限公司参与组建，共同建立以酒店经营为主体、以实业为基础的综合化经营体制。

3. 重庆邮政信达贸易商场

1992 年 4 月，市邮局信达商场成立。同年 10 月，更名为重庆邮政信达贸易商场。重庆邮政信达贸易商场于 2003 年 8 月注销。

4. 重庆邮政建筑工程有限公司

1992 年 12 月，重庆邮电建筑安装工程公司成立。1999 年 4 月，该公司更名为重庆邮政建筑工程有限公司，属工业与民用建筑工程施工三级企业。

5. 重庆鸿祥房地产开发有限责任公司

1992 年 12 月，重庆九洲房地产实业开发公司成立。1999 年 11 月，该公司更名为重庆鸿祥房地产开发有限责任公司（简称鸿祥公司），属城市建设综合开发二级企业。2003 年 1 月，鸿祥公司根据市邮管局改革部署顺利实施资产重组，下辖 3 个独立法人子公司：重庆邮政建筑安装工程有限公司、重庆邮政东辉装饰工程有限责任公司、重庆国通通信工程公司，具有房地产开发三级、工业与民用建筑工程施工三级、建筑装修装饰工程专业承包三级及通信用户管线建设资质。鸿祥公司以房地产开发为龙头，集建筑工程、装饰工程、通信工程施工为一体，实现资源有效整合。鸿祥公司完成项目包括鸿祥·金色年代、南川鸿祥·南都春天、邮政绿苑职工集资房、邮政上桥物流仓储工程、邮政人和枢纽环境工程、市邮管局办公大楼装饰工程、邮政人和枢纽夹层工程、邮政报刊亭工程等。

6. 重庆鸿雁旅游公司

1992 年 12 月，重庆鸿雁旅游公司成立。该公司以组织、接待国内外游客为主要业务，开辟国内精选线路数 10 条，为游客提供吃、住、行、游、购一条龙服务及会议、疗养服务。2003 年 3 月，重庆邮政系统唯一合法票务代理商——邮政票务中心挂牌对外营业。重庆鸿雁旅游公司获得重庆市双"十佳"旅行社称号。

7. 长江邮政船务有限公司

1993 年 6 月，重庆鸿雁轮船有限公司成立。1996 年 11 月，长江邮政船务有限公司按股东会决议登记注册。

公司拥有 6 艘俄罗斯水翼船（鸿飞 1—6 号）、1 艘涉外三星级旅游船（"中驿"号）以及港作船和码头等。1997 年 2 月，公司加入邮电国旅集团，与重庆、北京、武汉、深圳、香港（国旅）、岳阳、宜昌等各家旅行社建立良好合作关系，拥有重庆—武汉、重庆—巫山、巫山—宜昌—奉节、奉节—重庆、重庆—丰都 5 条营运航线。公司所属"鸿飞"1 号高速水翼船被交通部评为"文明船舶"，"中驿"号豪华涉外旅游船被国家旅游局评为"三星级内河旅游船"。

图 3-6-1-1　1999 年"中驿"号豪华涉外旅游船被评为
"三星级内河旅游船"

8. 重庆邮政寻呼有限公司

1994 年 6 月，鸿雁信息传呼台成立。1995 年，该传呼台更名为重庆邮政信息寻呼台。1999 年，重庆邮政信息寻呼台改制为重庆邮政寻呼有限公司。除了利用纵横全市的寻呼网络向用户提供正常寻呼业务外，邮政寻呼还可向寄递包裹的持机用户提供交寄信息特色服务（将用户交寄时标注有邮政寻呼机号码的包裹、信函和汇款等邮件信息传递给持机用户，便于其提前了解交寄信息）。

9. 重庆鸿都大酒店股份有限公司

1998 年 5 月，重庆鸿都大酒店股份有限公司成立。公司由重庆邮政实业开发总公司、重庆邮政信达贸易商场、重庆鸿雁旅游公司、重庆邮电建筑安装工程公司和 8042 位自然人共同出资 5000 万元发起设立。同年 8 月，公司旗下鸿都大酒店被重庆市旅游事业管理局批准为三星级旅游涉外饭店。

10. 重庆邮政印务有限公司

1998 年 12 月，重庆市邮政局印刷厂改制成立重庆邮政印务有限公司（简称印务公司），成为重庆新闻出版局批准的书、报刊印刷单位之一。1999 年 12 月，印务公司被国家邮政局行业管理司评为定点生产特快专递封套厂家，并获得证书和监制号，成为重庆地区第一家生产特快专递封套的定点厂家。2000 年 7 月，印务公司获得市邮管局颁发的明信片监制证，成为重庆地区第一家定点生产明信片的印刷厂。2002年5月，印务公司被重庆出版社定点为教科书生产厂，成为重庆印刷教科书的生产厂之一。

二、公司化时期主辅分离（2007—2022）

（一）辅业企业关停清理

按照上报给中国邮政集团公司辅业企业关停清理进度表，截至2009年底，重庆邮政共关停或出售重庆鸿都大酒店、万州邮政宾馆等7家宾馆酒店，关停实业集团公司所属5个子公司、万州邮电租赁公司、万州邮电汽修厂等20个辅业企业。

2014年，根据集团公司《关于对各省邮政公司对外投资清理方案的批复》和《重庆市邮政公司关于对外投资清理处置方案的请示》等文件精神，重庆邮政驿展商贸有限公司合并到重庆邮政物业管理有限公司，重庆邮政建筑安装工程有限公司合并到重庆邮政东辉装饰工程有限责任公司。

2014年，重庆邮政实业（集团）有限公司、重庆鸿祥房地产开发有限责任公司、重庆鸿都大酒店股份有限公司、重庆邮政实业开发总公司、重庆隆昌鸿都大酒店有限责任公司、重庆鸿都酒店用品有限责任公司、重庆鸿都酒店管理有限责任公司、重庆鸿都物业管理有限公司、重庆邮政鸿洁洗涤责任公司、重庆邮政驿展商贸有限公司10家公司完成清理注销。

2015年，长江邮政船务有限公司、重庆邮政建筑安装工程有限公司完成清理注销。

2019年，重庆鸿雁旅游公司完成清理注销。

2020年，重庆邮政东辉装饰工程有限责任公司完成清理注销。

（二）辅业企业改制

2006年12月，重庆邮政首个辅业改制企业"重庆邮政印务有限公司"成立，标志着重庆邮政在贯彻落实国家邮政局主辅分离、辅业改制方针政策，积极推进国有企业改革方面取得阶段性成果——首个非国有控股企业改制成功。2022年6月，"重庆邮政印务有限公司"更名为"重庆永驰印务有限公司"。

（三）辅业企业管理

2001年，重庆邮政物业管理有限公司（简称物业公司）成立，曾是实业集团公司所属子公司。2004年，物业公司通过中质协ISO9001：2000质量管理体系认证。2008年，物业公司被国家住房和城乡建设部批准为国家物业服务企业一级资质单位，曾是中国物业管理协会会员单位，重庆市物业管理协会理事单位，重庆市渝中区房地产和物业管理协会副会长单位。2009年，物业公司并入机关服务中心，作为其内设二级部门。2017年，中国邮政集团公司重庆市后勤服务中心（物业公司）成立，实行两块牌子、一套班子。2022年12月，市分公司撤销物业公司，设立物业部作为驿盾保安押运服务有限责任公司内设部门。

第二节　集体经济

1987年3月，为适应企业深化改革需要，市邮局设立集体企业管理科。

1989年4月，"集体企业管理科"更名为"集体企业管理处"，行政级别不变。

1995年5月，市邮局经营管理机构调整，设立集体企业管理处（重庆邮电发展公司），实行两块牌子、一套班子。

1997年7月，市邮管局设立集体企业管理处（重庆邮电发展公司）。

1998年5月，为转变职能，理顺管理关系，经市邮管局批准，集体企业管理处与重庆邮电发展公司脱钩。

2000年12月，市邮管局根据机构调整方案，集体企业管理处为直附属单位。

2003年1月，市邮管局撤销集体企业管理处，设立集体企业管理办公室，作为实业集团公司的内设机构。

2007年3月，市公司调整机构设置，设立主辅办。

2009年10月，市公司调整直属单位内设机构，整合主辅办等多家单位成立机关服务中心。

第四篇　邮政管理

第一章　财务管理

1986—2022 年，重庆邮政财务机构设置不断演变，管理体制也随之调整，财务管理职能职责逐年完善，由简单地对企业经营成果进行核算，演变为全方位对企业经营过程进行精细化管控。

第一节　机构沿革

截至 2022 年，市分公司本部、市寄递事业部本部、13 个城片区分公司有独立财务机构，直属单位和区县分公司无独立财务机构。本节仅对市分公司本部、基层城片区及区县、市寄递事业部的财务机构情况进行介绍。

一、市级财务部门

1973 年 1 月，经中共重庆市委工业交通工作部批准，重庆市邮政局设立计财科。

1989 年 4 月，重庆市邮政局机关科室更名，计财科更名为计划财务处。

1992 年 3 月，邮电部撤销重庆市邮电局，邮电部对重庆市邮政局业务计划、财务计划、物资供应计划、固定资产投资计划和劳动工资计划直接实行计划单列。同年 4 月，重庆市邮政局撤销计划财务处，设立经营财务处。

1995 年 5 月，重庆市邮政局调整管理机构，撤销经营财务处，在新设的综合职能部下单独设立计划财务处，负责全局中长期经营发展规划，年度、季度经营计划，月、季、年度经济活动分析和经营业务预测，经济技术指标管理、财务管理、统计、会计工作和经营承包责任制管理等。

1997 年邮政、电信分营，重庆市邮政管理局成立。同年 7 月，市邮管局撤销计划财务处，设立财务部，原计划财务处负责的中长期经营发展规划、统计职能调整至计划建设部。同年 9 月，市邮管局在财务部下设综合科、会计检查科、资金资产科、机关财务科 4 个科室。

2000 年 12 月，市邮管局调整机关机构，设立计划财务部，下设综合科、会计科、计划科、资金资产科、机关财务科 5 个科室，全局科技计量节能管理、指导邮政系统多种经营、通信中长期发展规划及年度计划、统计管理职能等调整至计划财务部。

2003 年 2 月，按照国家邮政局精简机构要求，市邮管局设立计划财务处，撤销原内设科室，设立账务中心，挂靠在计划财务处。计划财务处原负责的多种经营管理职能调整至实业集团公司，会计检查职能调整至审计处。

2007 年 2 月，邮政体制改革，政企分开，新组建的重庆市邮政公司成立。同年 3 月，市公司设立计划财务部，账务中心、主辅办（与集管办合署）挂靠在计划财务部，其中主辅办为临时机构。全市邮政财务检查职能由审计部调整至计划财务部，原计划财务处负责的全市邮政中、长期发展规划职能调整至企业发展与科技部。

2009 年 9 月，市公司撤销主辅办，其相关职能整合至机关事务中心。同月，市公司成立采购中心，承担采购管理职能。采购中心与账务中心挂靠在计划财务部。

2010 年 10 月，根据企业经营管理需要，市公司成立结算中心，为计划财务部的二级部门，负责市公司范围内资金综合管理。

2014 年 5 月，按照中国邮政集团公司采购管理机构设置要求，市公司撤销招标办公室，其相关职能划入采购中心，采购中心由挂靠在计划财务部调整至挂靠在企业发展与科技部。

2015 年 10 月，中国邮政集团公司重庆市分公司撤销账务中心、结算中心，成立会计核算中心，挂靠在计划财务部。会计核算中心设置质量控制及总账报告组、应收核算组、应付核算组、资金资产组，负责全市邮政会计核算、结算和财务报告编制，提供财务分析数据，实施全市邮政会计监督，比照直属单位管理。

2017年6月，市分公司改革经营组织架构，设立财务部，会计核算中心挂靠在财务部。原计划财务部负责的全市邮政固定资产实物规划、管理和实施工作调整至企业发展与科技部。

截至2022年底，重庆邮政市级财务部门组织机构及职能职责未发生重大变化。

二、基层财务部门

1986—2022年，随着邮政体制变革，各区县邮政企业财务机构也随之变化。

按照1974年12月四川省重庆市邮政局革命领导小组发布文件规定，1986—1993年8月，市中区、南岸区、江北区、沙坪坝区、九龙坡区、大渡口区、北碚区、南桐（万盛）区、双桥9个区邮电局，均未设置财务机构，只配备必要职能人员和非生产人员。1993年9月，北碚区、沙坪坝区、市中区邮电局先后设立经营财务科。

1995年5月，北碚区、沙坪坝区、渝中区邮电局经营财务科更名为计划财务科。同年7—8月，南岸区、江北区、九龙坡区、大渡口区、万盛区、双桥区6个区县邮电局陆续设立计划财务科。

1997年11月，万县市、涪陵市、黔江地区邮政局设立财务科，永川市、渝北区、合川市、江津市、渝中区、南岸区、江北区、沙坪坝区、九龙坡区、大渡口区、北碚区、万盛区、巴南区邮政局设立计划财务科，双桥区邮政局精简机构撤销计划财务科。

2001年7—9月，长寿、綦江、潼南等23个区县邮政局先后设立计划财务科。

2003年2月，市邮管局设城区一局、二局、三局3个城区邮政局及巴南、渝北、永川、合川、万州、涪陵、黔江7个片区邮政局。同年3月，各城、片区邮政局设立计划财务科，片区所辖区（市、县）邮政局设立综合办公室，履行计划财务管理职能。

2012年8月，市公司撤销城区一局、二局、三局3个城区邮政局，设立渝中、南岸、九龙坡、大渡口、沙坪坝、江北6个区邮政局，下设计划财务部，其中大渡口区邮政局计划财务部挂靠在综合办公室。同时，巴南、渝北等7个片区邮政局计划财务科更名为计划财务部。

2017年6月，市分公司改革经营组织架构，大渡口区分公司设立财务部，渝中、南岸、九龙坡、沙坪坝、江北5个城区分公司及巴南、渝北、永川、合川、万州、涪陵、黔江7个片区分公司计划财务部更名为财务部。

2017年7月至2022年底，城、片区分公司财务组织架构未发生变化。截至2022年底，各城、片区分公司均设立单独的财务部门，各片区所辖区县分公司未设立独立

的财务部门，其财务职责纳入综合办公室。

三、寄递财务部门

2018年9月，邮政企业寄递改革，重庆邮政设立市寄递事业部，组建渝中、南岸、九龙坡、大渡口、沙坪坝、江北6个城区寄递事业部，巴南、渝北、永川、合川、万州、涪陵、黔江7个片区寄递事业部及綦江、江津等26个区县寄递事业部。

市寄递事业部本部设立计划财务部、财务共享中心（与市分公司会计核算中心合署整合），其中财务共享中心挂靠在市寄递事业部计划财务部。邮区中心局、物流业务分公司为市寄递事业部直属单位，其中邮区中心局下设财务部。各城片区、区县寄递事业部未单独设置财务机构，城片区寄递事业部财务管理职能纳入综合部，各区县寄递事业部财务管理职能纳入运营监控部。

2021年7月，邮区中心局财务部撤销，其相关职责划入邮区中心局综合办公室。

第二节　管理体制

1986—1997年邮政、电信分营前，重庆邮政的直接管理上级单位分别是重庆市邮电局、四川省邮电管理局；1997年邮政、电信分营后，重庆邮政的直接管理上级单位分别是邮电部、国家邮政局、中国邮政集团公司、中国邮政集团有限公司。1986—2022年，重庆邮政对下级各单位先后采取直管区县、城片区管理模式。重庆邮政财务管理体制随之调整。

一、上级单位对重庆邮政的财务管理

自1984年起，重庆市实行计划单列，邮电部对重庆市单列户头，财务计划由邮电部直接下达至重庆市邮电局，同时抄送四川省计划委员会、经济委员会和四川省邮电管理局。重庆邮政实行"邮电部—四川省邮电管理局—重庆市邮电局—重庆市邮政局"的财务管理体制。

1992年3月，邮电部对重庆市邮电管理体制进行调整，撤销重庆市邮电局。1992年3月—1997年7月，重庆邮政在四川省邮电管理局和重庆市人民政府双重领导下开展工作，业务上服从四川省邮电管理局统一指挥调度，邮电部对重庆市邮政局的财务计划实行计划单列。

1998年3月，邮电部撤销，国家邮政局成立，重庆市邮政局由国家邮政局管理，其财务计划由国家邮政局下达。

2007年1月，政企分开，中国邮政集团公司挂牌成立，重庆邮政由中国邮政集团公司直接管理。2015年3月，中国邮政集团公司实施法人体制调整，由母子公司两级法人体制改为总分公司一级法人体制。2019年12月，"中国邮政集团公司"改制更名为"中国邮政集团有

限公司"。2007—2022 年，重庆邮政财务计划由集团公司下达。

二、重庆邮政对下级单位的财务管理

（一）城片区及区（市、县）财务管理

1986—1997 年邮政、电信分营前，重庆邮政对市中（渝中）区、南岸区、江北区、沙坪坝区、九龙坡区、大渡口区、北碚区、南桐区、双桥区 9 个邮电局进行直接管理，对其直接下达财务计划，以上 9 区邮电局均实行独立财务核算。

1997 年，重庆邮政对陆续划入管辖范围的万县市、涪陵市、黔江地区等区（市、县）邮政局进行直接管理，并对划入管辖范围的区（市、县）邮政局直接下达财务计划。

2003 年 2 月，重庆邮政实行城区、片区邮政企业经营管理体制，整合组建城区一局、二局、三局 3 个城区邮政局及巴南、渝北等 7 个片区邮政局，其中片区邮政局对所辖区县邮政局进行管理，适应财务集中管理和财务改革的需要。同年 4 月，重庆邮政对各城片区、区县邮政局实行财务管理一体化模式，即：片区邮政局对所辖区县邮政局实行收支两条线管理，实行报账制，取消区县邮政局"收支差额""所得税"计算，区县邮政局属片区邮政局内部二级机构，不再作为利润核算中心；片区邮政局对所辖区县邮政局财务收支计划、资产、资金、负债、大宗物资采购及供应、投资等实行统一管理，各区县邮政局因改变会计核算办法变为非独立核算单位。

2012 年 8 月，重庆邮政撤销城区一、二、三局，设立渝中区、南岸区、九龙坡区、大渡口区、沙坪坝区、江北区 6 个城区邮政局，各片区邮政局依旧对所辖区县邮政局进行直接管理。重庆邮政将财务计划下达至各片区邮政局，片区邮政局再将财务计划分解至所辖各区县邮政局。

截至 2022 年底，重庆邮政依旧实行财务管理一体化模式。

（二）寄递事业部财务管理

2018 年 9 月，中国邮政集团公司重庆市寄递事业部成立，内设计划财务部，归属中国邮政集团公司重庆市分公司财务部领导。

2019 年 8 月，重庆邮政各级分公司和各级寄递事业部实行一体化管理，市寄递事业部计划财务部及其挂靠机构财务共享中心与市分公司财务部及其挂靠机构会计核算中心合署办公；城片区寄递事业部综合部与同级邮政分公司综合办公室合署办公；独立设置运营监控部的区县寄递事业部，其运营监控部承担的财务综合管理等职能划转同级邮政分公司综合办公室。

寄递事业部财务管理分邮政账与速递账，以下章节内容如无特殊说明，均不含寄递事业部速递账。

第三节　职能职责

一、预算管理

（一）上级单位对重庆邮政的预算管理

1. 预算目标

1986—2012 年，重庆邮政利润预算指标主要采用"收支差额"口径。其中，1986—1991 年，重庆市邮电局下达的财务收支计划中，利润指标采用"收支差额"口径。其间，1986 年，重庆市邮电局单独给重庆市邮政局下达邮电通信利润计划。1992—1997 年，邮电部除下达"收支差额"计划，还下达"利润总额"计划。自 1998 年起，邮电部完善收支差额管理办法，采用"收支差额管理"办法进行邮电通信企业财务分配，邮电通信企业实行收支差额再分配。重庆市邮政管理局在当年实现收支差额总额基础上，按邮电部规定进行收支差额调整，采取以确定的收支差额调整基数与本局业务收入增长率、全国业务收入增长率和本局成本费用增长率复合挂钩的方式，调整后的收支差额作为企业经营成果，企业以此缴纳所得税及计算与利润有关的各项财务指标。

2013—2016 年，中国邮政集团公司按照"净利润"口径给各省（区、市）邮政公司下达预算指标，利润是省公司合并报表口径下归属于母公司所有者的净利润，计算公式为：归属于母公司所有者的净利润=营业利润+结算收入－结算支出+邮政普遍服务和特殊服务补贴+营业外收入－营业外支出－所得税费用－少数股东损益。其间，2015—2016 年，集团公司对利润目标实行摘档管理，利润预算指标口径不变。

2017—2022 年，集团公司采用"经营利润"口径下达利润预算指标。自 2017 年起，集团公司实施零基预算法，由收入预算、成本费用预算、利润预算 3 部分构成。实施零基预算后，集团公司下达的经营利润指标不包含营业外损益、投资收益和邮政非主业投资公司利润。其中寄递事业部速递账仍按照"净利润"口径进行预算。

2. 利润上缴（拨补）政策

1986 年，重庆市邮电局规定，以全额利润为基数，分专业规定交国家所得税、交重庆市邮电局和自留利润的比例，并规定收入增长部分利润按照一定比例返回各市、县邮电局。

1987—1991 年，重庆市邮电局规定，各实行经营承包的邮电通信企业核定利润基数全额上缴重庆市邮电局，超额利润由国家邮电部、重庆市邮电局和各邮电通信企业按照比例分成。

1992—1997 年，邮电部规定，各邮电通信企业以税后利润为基数，与上级单位按照固定比例分成。

1998—2004年，国家邮政局规定以"收支差额管理"办法进行财务分配，将确定的收支差额调整基数与本单位业务收入增长率、全国业务收入增长率和本单位成本费用增长率复合挂钩，明确收支差额再分配、收支差额调整的计算方法等事项。其间，2001年12月，国家邮政局根据集邮利润分配改革等情况对重庆邮政收支差额包干基数进行调整。

2005—2012年，国家邮政局调整收支差额缴拨款办法，实现的收支差额基数改为全额上缴国家邮政局，超额完成部分仍由重庆邮政全部留用。

自2013年起，集团公司将收支差额改为按照利润管理，相应缴拨款政策也改为按照利润缴拨，但2013年当年缴拨政策的实质内容未发生变化，集团公司收缴给各省（区、市）邮政公司下达的年度利润预算部分，对利润指标为负数的省（区、市）邮政公司给予补贴，超额利润部分全部留给各省（区、市）邮政公司。

2014年，重庆邮政按照集团公司下达的年度利润预算目标上缴（拨补）利润，并将超额利润的30%上缴集团公司。

2015—2016年，重庆邮政根据集团公司出台的利润目标摘挡管理办法，实行按照摘挡目标分档累计利润分配政策，将上缴集团公司超额利润采取5档分档累进计算，上缴比例从30%逐档递减5%。

2017—2022年，集团公司调整利润上缴（拨补）政策。一是2016年利润基数为正数的省（区、市）分公司，若零基预算利润目标比2016年利润上缴基数核增的，核增部分按照30%的比例增加上缴；若零基预算利润目标比2016年利润上缴基数核减但仍为正数的，以零基预算目标作为上缴利润基数；若零基预算利润目标为负数，则综合考虑其营业外损益、投资收益和邮政非主业投资公司利润等事项的现金净流入情况，核定拨补资金金额。二是2016年利润基数为负数的省（区、市）分公司，若零基预算利润目标为正数，原拨补资金全额核减，按照零基预算利润目标的30%上缴资金；若零基预算利润目标仍为负数，但比2016年利润基数减亏的，以零基预算利润目标全额拨补资金；若零基预算利润目标比2016年利润基数增亏的，原利润基数范围内全额拨补资金，增亏部分综合考虑其营业外损益、投资收益和邮政非主业投资公司利润等事项的现金净流入情况，核定增加拨补资金金额。三是各省（区、市）分公司当年实现的超额利润，按照30%的比例上缴集团公司。2022年，根据集团公司要求，重庆邮政2022年度实现的超额利润不再上缴资金。

3. 利润激励政策

（1）效益贡献奖励政策

2013—2014年，集团公司对上缴超额利润的省（区、市）公司领导班子给予效益贡献奖，具体奖励方式根据领导人员绩效年薪管理办法确定。2015—2016年，集团公司在利润目标摘挡管理办法中设置"效益贡献奖"，根据各省（区、市）分公司完成利润目标难度及上缴超额利润分类分档设置奖励比例，采取超额累进制计算方法，给予省（区、市）公司领导班子一次性奖励。2017年，集团公司制订领导班子人员效益贡献奖管理办法，对省（区、市）分公司领导班子人员超目标上缴利润和利润改善给予专项奖励。截至2022年底，集团公司效益贡献奖励办法无重大变化。

（2）工资总额奖励政策

2013—2022年，集团公司按照超额利润上缴、利润增量等对各省（区、市）邮政公司给予一定比例的工资总额奖励。

4. 预算执行管控

（1）成本管控内容

总成本预算执行管控　1986—1992年，上级单位对重庆邮政下达的财务收支计划中均包括业务总支出计划数。1993—1997年，上级单位还下达业务成本、税金、管理和财务等大类成本费用计划数。1998—2022年，上级单位未下达总成本相关计划或管控目标数。

重点成本预算执行管控　1986—2022年，上级单位对重庆邮政人工、运输、关联交易等成本及修理、营销、外包、公务性等费用的预算执行管控在不同阶段提出具体要求。1989—1994年，上级单位下发并多次修订完善关于差旅、会议、招待、临时出国人员等公务性费用的管理规定，明确开支标准、报销要求等。1990年，四川省邮电局根据中共中央组织部、财政部《关于企业党组织活动经费问题的通知》，要求将企业管理费列支的党组织经费列入企业财务计划，计划范围内日常开支由党委书记审批。2008年，集团公司要求，在集中管理、统一标准的基础上，对人工成本、网运成本大修理费等大额成本费用项目推行集中转账支付。2016年，集团公司要求，对业务招待费强化预算管理、实行定额控制并强制对标、调整利润预算基数。2017—2020年，集团公司规定营销费控制上限，对全年营销费用总支出超过控制上限的单位，对超出部分在考核利润时全额扣减利润完成数。自2020年起，集团公司对"邮速关联交易结算收支—资源占用类"实际结算净额超出预算安排部分，在年终根据实际情况调整利润目标。

（2）成本管控方式

2005年，国家邮政局推行全面预算管理，将邮政企业所有经营管理活动纳入全面预算管理。重庆邮政按照相关要求成立预算委员会和预算委员会办公室，作为全面预算管理的组织机构、划分确定预算责任中心，明确相关职能部门的对口预算管理职责，在预算执行中要求"预算范围以外的费用不得支付，也不允许入账，未经预算批准的项目不允许购建"。2008年，集团公司要求按照成本费用特性分别采用集中核定、集中支付、集中采购、集中使用等方式加强成本费用的集中管控。2009年，按照集团公司分解落实各级各类责任中心成本控制目标和责任的要求，重庆邮政将成本费用与经营管理行为和主要责任中心挂钩，量化各个生产经营环节和职能部门的成本费用指标。自2014年起，集团公司定期下发财务标杆指标，作为预算编制及执行管控的对标依据，引导企业从"事中成本控制"前移到预算编制和审核环节的"事前成本控制"。2017年，集团公司上线ERP（企业资源计划）成本费用预算额度管理模块，通过信息化系统首次实现对成本费用预算执行的实时检查和控制。2020年，《中国邮政集团有限公司全面预算管理办法》出台，明确预算执行管控总体要求，该办法于2022年进行修订。

2022年，集团公司开始筹划以业财一体化系统为依托，建立以滚动预测、滚动预算为基础的"自上而下、逐级细化、分类施策"的成本费用预算执行管控机制。

（二）重庆邮政对下级单位的预算管理

1. 管理组织

1986—2004年，重庆邮政对下级单位的预算管理由财务部门牵头，未成立专门的预算管理组织。

2005年，重庆邮政制订《重庆邮政企业全面预算管理实施细则》，成立预算委员会，建立市邮管局和各单位全面预算管理组织体系，划分各级各类预算责任中心并明确相关职责，后续根据人员岗位变化，多次调整预算管理委员会组成人员。2009年，重庆邮政实行成本部门责任制，明确各部门成本控制职责。2017年，重庆邮政成立全面预算管理委员会，明确委员会主要任务、成员单位和部门主要职责、议事规则。2020年，重庆邮政修订全面预算管理委员会相关条款，对组织机构、职责和议事规则进行调整。2021年，《中国邮政集团有限公司重庆市分公司全面预算管理办法》出台，确定由审议决策机构、日常工作机构和具体执行机构3个层面组成全面预算管理组织体系，完善各机构相关职责，明确预算编制依据、流程、方法以及具体编制内容等。

2. 预算目标

1986—2022年，根据上级单位要求，重庆邮政对所管辖范围内下级单位分解、下达预算目标，其中企业利润预算目标通常与上级单位预算目标口径基本保持一致。

3. 利润上缴（拨补）政策

1986年，重庆邮政对下级单位利润上缴（拨补）政策，按照重庆市邮电局要求执行，未单独另行制订对下级单位的利润上缴（拨补）政策。

1987—1991年，重庆邮政实行收支差额定额上缴、超收支差额基数部分分成政策，对各下级单位超收支差额基数部分按照不同比例返还，单独规定市话专业（北碚、

南桐、双桥邮电局）收支差额基数和超过基数部分分配方式和比例。

1992—1996年，重庆邮政以税后利润为基数，实行全额利润分成。1992年，重庆邮政分专业、分区域确定与各区邮电局利润分成比例，并单独对机要通信实行收支差额包干政策；1994年，重庆邮政明确各区邮电局利润按照年平均职工人数计算，人均利润1000元以内全留，超过1000元部分各区邮电局和重庆市邮政局按照比例分成。

1997—1998年，重庆邮政调整完善对下级单位的利润分配政策。1997年，重庆邮政对21个区（市、县）邮政局实行收支差额定额上缴、超收支差额基数部分分成政策，对万县市、涪陵市、黔江地区邮政局实行支差包干、节余全留政策。1998年，重庆邮政对各专业局（公司）实行专业化经营财务核算，对中心局、储汇局、机要局、速递局实行支差包干（超支不补）、节余全留政策，对邮资票品局实行收支差额定额上缴、超定额部分与全市集邮收入挂钩确定分成比例政策，对报刊发行局实行上缴收支差额基数包干、超上缴基数部分按照比例分成政策，对邮购和广告公司实行差额计划包干、节余留用政策。

1999—2003年，重庆邮政规定全市邮政通信企业统一采用收支差额包干管理方式进行财务分配。收差局核定的应上缴收支差额包干基数，按照固定比例分成，超额全部自留；直、附属企业（单位）及支差局核定的收支差额包干基数部分，由市邮管局全部拨补，减少核定收支差额部分全部自留，未完成核定收支差额包干基数部分，市邮管局不予拨补支差；干线运量同比增加产生的成本差额，据实补贴。

2004—2014年，重庆邮政实行差额包干、基数上缴、超额全留的收支差额总额包干政策。收差局收支差额基数内全额上缴，超过基数部分各单位全留；支差局收支差额基数内，市邮管局或市公司全额下拨，超额不补，减亏全留。其间，重庆邮政自2013年起，从收支差额改为按照利润管理，相应缴拨政策也改为按照利润缴拨，市公司收缴（拨补）下达给各下级单位的年度利润预算部分，超额利润留给各单位（收支差额总额包干政策实质内容不变）；2014年，市公司增加超收上缴企业利润政策，各下级单位按照超收入目标的10%上缴市公司，剩余部分全部留存各单位。

2015—2016年，重庆邮政对各城、片区分公司实行企业营业利润目标摘档管理，规定对于超利润形成的资金，首先用于归还市分公司借款，如无借款或归还借款后仍有结余的，采取分档累计计算方式上缴市分公司，上缴比例分5档，从80%逐档递减5%。

2017年，根据集团公司零基预算利润缴拨政策，重

庆邮政制订对下级单位的利润上缴（拨补）政策。对2016年利润基数为正数的城片区分公司，2017年零基预算营业利润目标与2016年利润基数等额部分，按照100%的比例全额上缴市分公司，比2016年利润基数核增的，核增部分按照80%的比例上缴市分公司；对2016年利润基数为负数的城片区分公司，零基预算营业利润目标为正数，原拨补资金全额核减，并按照零基预算营业利润目标的80%上缴市分公司；当年实现的超额利润（2017年营业利润实际完成额与零基预算目标值之间的差额），按照80%的比例上缴市分公司。

2018—2022年，重庆邮政对下级单位利润上缴（拨补）政策未发生改变。

4. 其他相关政策

重庆邮政与上级单位规定保持一致，制订所辖范围内各单位领导班子成员效益贡献奖励政策、各单位工资总额奖励政策，与超目标上缴利润、利润增量等指标挂钩给予专项奖励。

5. 执行管控

（1）成本管控内容

①总成本预算执行管控

1986—1992年，重庆邮政对下级单位下达的财务收支计划，均包括业务支出计划数。

1993—1997年，重庆邮政对下级单位下达业务成本、税金、管理费用和财务费用等大类成本费用计划数。

1998—2022年，重庆邮政对下级单位在部分年度下达总成本或部分成本计划或管控目标数。如：2004年预算明细下达工资、福利、运输、低值易耗品、管理等成本费用计划。

②公务性费用预算执行管控

1986年，根据国家财政部、四川省财政厅等部门关于差旅费、会议费、业务招待费的规定及各单位执行情况，重庆邮政补充制订差旅费、会议费、招待费支出规定。

1989年1月，根据财政部《关于国营企业业务招待费开支有关规定的通知》，重庆邮政明确取消按照销售收入一定比例或其他形式提取企业招待费，正常招待费在企业管理费中专项据实列支。

1990—2014年，重庆邮政对主要包括设备维修费、低值易耗品、办公费及其他相关业务费支出的机关费用，实行计划管理，按年下达支出计划；对各单位招待费实行计划管理，在限额内控制使用。其间，2010年市公司规定本部机关部室费用采取"人均计划费用控制，部室包干使用""合理开支，超支不补"政策，落实机关成本费用归口管理责任部室。

1992年9月，按照四川省财政厅《四川省省级行政事业单位工作人员差旅费开支规定》《四川省省级行政事

业单位会议费开支规定》，重庆邮政明确厅（局）级领导及以下出差人员住宿费、市内交通费、伙食补助费均分项计算、限额控制、节约奖励、超支不补，同时规定会议开支标准。

1998年2月，重庆邮政出台机关财务管理办法，对机关费用实行"统一核算，分口审批，归口报销"模式，由财务部门统一下达计划到机关财务科，由机关财务科统一核算。

2002年2月，重庆邮政对机关各部（处）室费用开支，采用"费用开支计划表"管理模式，计划数用完，计财处将停止对该单位费用报销。

2004年5月，重庆邮政各部门费用计划实行包干使用、超支不补原则，并控制人均费用额度。

2007年2月，重庆邮政严格控制非生产性支出，规定管理费用中低值易耗品摊销、办公费、通信费、差旅费等不得超过2006年开支水平，业务招待费和会议费控制在核定控制数以内。

2008年7月，按照集团公司要求，重庆邮政压缩办公费、会议费、差旅费、招待费、水电费等非生产性费用支出。

自2015年起，重庆邮政结合公务车改革等事项，完善车辆、差旅、会议、招待等公务性费用管理办法，规定在预算中单列下达会议费、招待费等公务性费用的控制上限数。

③其他重点成本预算执行管控

业务代办及外包 1998年，根据邮电部新制订的《邮电业务代办费支付标准》，重庆邮政制订《邮政业务代办费支付标准及支付渠道》，明确各类业务代办费标准、操作步骤、列支渠道。2009年，重庆邮政重点强化对人工、修理、运输、代办、业务等费用的管控，建立成本削减机制；同年，重庆邮政对安保人员服务进行外包。自2013年起，重庆邮政外包业务范围开始扩大，先后开展网运业务外包、干线运输外包、投递站整体业务外包、运钞解款服务外包、代理营业机构守押社会化外包、邮件处理劳务外包等工作。2014年，根据集团公司邮务板块业务外包实施方案和邮政企业业务外包工作指导意见，重庆邮政制订《邮区中心局业务外包管理办法》，明确业务外包目的和范围、外包流程、外包日常管理、外包费用支付。2016年，重庆邮政转发集团公司代理营业机构守押社会化外包管理办法，明确代理营业机构守押社会化外包范围及职责、外包方式及审批流程、外包服务管理等事项。2020年8月，重庆邮政制订业务外包管理办法，明确业务外包组织机构与职责、业务外包实施范围（包括营业、内部处理、运输、揽投、安保服务等环节）、业务外包管理流程、重点管理事项要求、风险重点管控内容等事项，对外包费、代办费等重点成本单独建设管理系统，强

化执行管控。2021年9月，重庆邮政修订业务外包管理办法，并制订配套工作指引，明确对业务外包范围进行分类管控，规范组织管理与分工、实施流程与控制、资产设备使用与管理、质量管理与安全生产等事项，明确安全生产监督与管理、采购和外包商管理、服务质量控制管理、合同管理、人员管理与人工效能评估工作要求。

业务发展费　2015年，重庆邮政制订《业务发展费用管理办法》，下达业务发展费用控制标准，明确不得超出控制线开支广告费、业务宣传费、客户服务费和咨询费等业务发展费用。2016年，重庆邮政重新定义业务发展费范围并改为指导性管控。2018—2022年，重庆邮政加强营销费用管理，规定营销费用分专业预算上限控制标杆、单类业务营销费用控制上限，并定期下发营销费用使用情况通报。

降本增效　2020—2022年，根据集团公司要求，重庆邮政全面推行降本增效管理机制，成立降本增效领导小组和降本增效办公室，明确领导小组、办公室及各成员单位职责，每年按照"比学赶帮超、后进赶先进、先进更先进"要求，聚焦揽投、内部处理、陆运运输、管理及支撑五大环节，制订各单位成本压降目标，重点压降人工成本、外包费、运输费三大成本，明确各环节重点任务及工作举措，建立降本增效月度专题分析制度。寄递五大环节成本连续3年超额完成集团公司降本增效目标，其中2021年降本增效战略绩效综合排名全国邮政企业第1位；2022年4个环节（收寄、投递、内部处理、管理及支撑）成本较2020年全国排名提升，累计压降幅度均超过25%。

（2）成本管控方式

成本计划及额度管控　2004年6月，重庆邮政加强收支管理，明确成本费用预算执行，根据收入完成情况，在确保收支差额目标和业务发展需要前提下，进行动态调整和积极平衡。2007年，重庆邮政强化成本费用预算管理，明确要求各单位需说明调整成本费用项目的充分理由，上报市公司审批后执行，不得随意调整预算项目，对超收入形成的成本空间，将突破的成本预算项目报市公司审批后才能执行。2008年6月，重庆邮政制订大额成本项目管理办法，明确对5万元（含5万元）以上的重点成本费用项目，由市公司负责核定。

成本费用集中管控　2003年3月，为加强财务管理力度和成本控制，重庆邮政对储汇局、机要局、集邮公司、物流分公司、电信业务局、信息局、培训中心、企业文化中心和市邮管局机关实行财务集中核算管理；同年4月，重庆邮政在全市范围内全面推行财务管理一体化，各片区局对所辖区（市、县）邮政局、市邮管局账务中心对部分专业局（公司）和直附属单位实行财务管理一体化。2008年，根据集团公司要求，重庆邮政按照成本费用特

性，分别采用集中核定、集中支付、集中采购、集中使用等方式，加强成本费用集中管理，重点对人工成本、外购材料及用品用具、运输和车辆相关费用、房屋修理费、信息系统使用维护费、营销及宣传费等成本项目实行集中管理；同年，重庆邮政对成本费用进行集中核定，把预算执行监控同生产经营分析紧密结合，变事后监督检查为事前安排、事中监控。

成本费用进度管控　2007年，重庆邮政印发《关于进一步加强成本费用预算管理的指导意见》，要求各单位严控执行进度，不得随意调整预算项目。2017年，重庆邮政结合各项成本费用业务相关性和使用时间特点，对各城片区分公司下达年度成本费用分月预算执行目标进度。2022年，重庆邮政制订成本费用进度管控方案，将主要成本费用分为序时类、发展类、综合类3类，按季度分别设置成本费用管控进度目标，并纳入绩效考核。

二、绩效管理

重庆邮政绩效管理按照绩效考核模式分为1986—2001年、2002—2015年、2016—2022年三个时期。其中，2014年，集团公司对重庆邮政实行3年期经营绩效考核；2014年、2017年，重庆邮政分别对所辖城片区、区县邮政企业开展3年期经营绩效考核。

（一）1986—2001年期间的绩效考核模式

1986—2001年，重庆邮政绩效考核包含但不限于主要经济效果考核、经营承包考核。

1. 主要经济效果考核

1986年，重庆市邮电局采用动态对比和完成计划相结合的综合经济动态指数计分法，考核重庆邮政主要经济效果，即按季考核时不但要和计划比较，还要和上年同期数比较。考核指标包括通信质量、劳动生产率、收支差、通信总量、业务收入、产值成本率、资金利税率、每千名职工因工死亡率。同年，重庆市邮政局对市邮局各生产科及各区邮电局同样采用综合经济动态指数计分法进行主要经济效果考核。

2. 经营承包（经营责任制）考核

（1）上级单位对重庆邮政的考核

1987年3月，《重庆市邮电通信企业经营承包办法（试行）》出台，明确邮电通信企业经营承包原则、目标、责任、权限、经济利益、实施办法、考核办法，同时明确经营承包目标分为经营目标和通信质量目标，两个目标均按照百分制打分考核，与企业留存利润挂钩。

1991—1999年，邮电部、国家邮政局、四川省邮电管理局分别对承包经营责任制办法进行完善和调整，确定各期考核指标和标准。1999年与2000年经营责任制进行合并考核。

（2）重庆邮政对下级单位的考核

1987年3月，《重庆市邮政局经营承包管理办法》出

台，规定重庆市邮政局对所辖各邮电通信企业确定承包关系，承包单位局长必须和市邮局局长签订企业经营承包合同；明确经营承包目标分为经营目标、通信质量目标、增加通信能力及业务发展目标，按照百分制对经营承包目标考核打分，考核结果与企业留利挂钩。

1991—1999年，重庆邮政多次调整完善对下级单位的经营责任制考核办法，明确当期考核指标和考核标准。1991年4月，市邮局规定承包经营目标主要分为经营目标、通信质量目标和安全生产目标等，同时将企业职工岗前培训工作纳入承包经营责任制考核。1992年3月，市邮局对所辖各邮电通信企业实行全额利润分成，企业的留利水平和工资总额与企业经营成果挂钩，承包考核按照市邮局每年下达各企业的计划数和执行情况进行考核，重点考核通信质量、通信数量、业务收入、经济效益。同年6月，市邮局对各生产、直附属单位实行经营承包责任制，并按照各单位实际情况，制订考核办法。

1996年4月，《重庆市邮政局经营承包责任制风险抵押经营承包办法》出台，明确风险抵押经营承包原则为全员参加抵押、经营风险共担、业绩量化管理、奖罚公正分明，规定风险抵押经营承包，按照企业风险抵押经营承包、企业经营者（即领导班子）风险抵押经营承包、市邮局现业全员风险抵押承包3个层次进行分类，并明确各类考核规则。

1999年8月，重庆邮政制订对各区（市、县）邮政局、各专业局（公司）经营责任制考核办法，明确考核指标为通信质量指标、服务质量指标、发展及效益指标及其他指标。

2000年1月，重庆邮政出台机关各部（处）室、直属单位经营管理责任制风险抵押承包办法，明确机关各部（处）室、未独立核算直属单位全员参加抵押，经营管理风险共担。同月，《重庆市邮政管理局企业经营者风险抵押经营承包办法》出台，对各区（市、县）邮政局、专业局（公司）、独立核算的直属单位领导班子，实行经营者风险抵押经营承包，并废止以前所有风险抵押经营承包办法。

2001年2月，《2001年重庆市邮政企业风险抵押经营承包责任制考核办法》出台，明确风险抵押经营承包责任对象为各区（市、县）邮政局、各专业局（公司）、独立核算的直附属单位领导班子，规定按照规模及专业局（公司），将各区（市、县）邮政局及各专业局（公司）、直附属单位进行分类，每年1月1日至12月31日为一个承包考核期，以各局（企业）经营责任制考核得分为依据，按照个人缴纳风险抵押金为基数，于次年一季度一次性奖惩兑现。同年3月，《重庆市邮政管理局机关各部处室风险抵押经营承包责任制考核办法》出台，规定风险抵押经营承包考核原则、考核对象、考核办法等。

（二）2002—2015年期间的绩效考核模式

1. 上级单位对重庆邮政的考核

2002年，国家邮政局出台《2002年度国家邮政局对省（区、市）邮政局效绩考核办法》，明确将原经营责任制考核办法与原工效挂钩办法相结合，把对领导班子考核与对职工考核相结合，实行统一绩效考核。重庆邮政遵照执行。

2007年，集团公司规定绩效考核内容主要分为考核指标、评议指标和扣（加）分指标。2008年，集团公司在绩效考核中取消评议指标，指标体系保留考核指标和加扣分两类指标，沿用至2015年。其中，考核指标主要包括：各类收入等业务发展指标，收支差额、劳动生产率、经济增加值、资产周转率、货币资金等经营效益指标，邮政服务质量指标、邮件时限、客户满意度等质量指标。2015年，集团公司规定，业绩考核指标包括业务发展类、经营效益类、邮政服务质量类和战略执行与协同类指标。

自2008年起，集团公司对各省经营绩效得分进行排名，其中2008—2013年，经营绩效按照排名划分为A、B、C、D 4个等级；自2014年起，经营绩效得分等级调整为A、B、C、D、E 5个等级，按照分值划分等级。

2. 重庆邮政对下属单位的考核

2002年，重庆邮政对所辖各单位考核仍为承包经营责任制考核。自2003年起，改为经营绩效考核。

（1）城片区及区县邮政企业

城片区及区县邮政企业绩效考核指标主要源于上级单位对重庆邮政的考核，同时结合全市邮政发展需要增加或调整部分绩效考核内容。其中，2006—2009年，重庆邮政采用平衡计分卡方式，从财务、客户、内部流程、学习与成长4个维度对城片区及区县邮政企业进行绩效考核；2010—2015年，重庆邮政绩效考核板块参照集团公司，简化为绩效考核指标和加（扣）分指标。

2003—2005年、2009—2014年，重庆邮政对下属邮政企业绩效考核直达各区县邮政企业；2006—2008年、2015—2022年，重庆邮政对下属邮政企业绩效考核只到城片区邮政企业，再由片区邮政企业对所辖区县邮政企业进行绩效考核。

（2）重庆邮政市级部门、直属单位、专业局（公司）

重庆邮政对市级部门（单位）的绩效考核，主要是对机关部室、直属单位和专业局（公司）进行。各部门（单位）归类因机构调整以及管理层级变动有所调整，考核内容根据上级单位考核内容、年度重点工作和部门（单位）职能职责确定。其中，2005年，重庆邮政按照是否实行专业化经营，对实行专业化经营和未实行专业化经营的专业局（公司）分别进行考核；2007年，重庆邮政将直属各单位分为A类和B类进行考核；2015年，重庆邮政对市级部门（单位）仍分为机关部室、直属单位、专业局（公司）3类进行考核，具体考核内容，根据各部门（单位）工作职责制订。

（三）2016—2022年期间的绩效考核模式

1. 战略绩效考核

（1）上级单位对重庆邮政的考核

2015年9月，集团公司启动战略绩效管理体系和岗位标准体系建设。2016—2022年，集团公司对重庆邮政实行战略绩效考核，每年考核指标有所调整。其中，2016年，战略绩效考核指标分为基本指标、分类指标和加扣分指标；2017年，战略绩效考核指标在2016年指标基础上增加党建指标；2018年，战略绩效考核指标分为通用类、战略类、经营管理类、加扣分4类；2019年，战略绩效考核指标分为经济效益、内部运营、战略协同、政治责任与社会责任、管理控制事项；2020年，战略绩效考核指标分为经济效益、市场地位、政治责任、重点工作、加分、管理控制事项；2021年，战略绩效考核指标分为经济效益、普遍服务、重点工作、加扣分及否决指标；2022年，战略绩效考核指标分为经济效益、普遍服务、寄递业务、代理金融、农村电商、战略协同、扣分及否决指标，战略绩效等级调整为按排名划分。

（2）重庆邮政对下属单位考核

2016年10月，按照集团公司要求，重庆邮政成立由战略绩效领导小组、战略绩效办公室和战略绩效协同办公室组成的战略绩效管理机构，对下属邮政企业仍实行经营绩效考核制度。2017年，重庆邮政对市级各部门（单位）、城片区邮政企业实行战略绩效考核，将考核指标下达至城片区邮政企业，再由片区邮政企业对区县邮政企业进行考核。考核指标主要源于集团公司对重庆邮政的考核，涉及收入、利润、普遍服务质量相关、货币资金、业务转型发展、战略协同、风险防控等重点工作。自2019年起，集团公司对重庆邮政不再考核文化传媒业务，重庆邮政对下属邮政企业仍保留文化传媒业务考核指标。

根据集团公司要求及业务发展情况，重庆邮政对城片区邮政企业考核指标体系，有一定调整。其中，2016—2018年，对城片区邮政企业考核指标体系分为考核指标和加（扣）分指标；2019年，考核指标体系调整为政治责任与社会责任、经济效益、内部运营、战略协同、管理控制事项；2020年，考核指标体系调整为政治责任与社会责任、经济效益、专业发展、重点工作、管理控制事项；2021年，考核指标体系调整为经济效益、普遍服务、专业发展、重点工作、加扣分及否决指标；2022年，考核指标调整为经济效益、普遍服务、专业发展、战略协同及重点工作扣分及否决指标。

2. 领导人员经营业绩考核

2022年，集团公司对各省（区、市）邮政分公司领导人员实行经营业绩考核，分别设置正职及分管金融、邮务、寄递、职能副职领导经营业绩考核指标库。重庆邮政同步开展领导人员经营业绩考核，设置城片区及区县邮政分公司正职、分管金融、文传、渠道、寄递、职能副职经营业绩考核指标库；按照"一部一库"原则，设置市级部门（单位）经营业绩考核指标库。

三、资金资产管理

（一）资金管理

1. 资金管理制度

1991年1月，《重庆市邮电通信企业资金管理考核办法》出台，明确企业资金管理按照专用基金期末结余率、专用基金支出率、补充自有流动资金完成率等指标进行考核，同时明确每项指标计算方法及评分方法。

2000年3月，《重庆市邮政管理局资金调度结算管理（试行）办法》出台，明确在财务部下设资金调度结算中心，规定存款与结算、贷款等事项。

2001年4月，《重庆市邮政企业资金管理（试行）办法》出台，明确经营资金管理、建设资金管理、业务资金管理、外部融资管理、对外投资管理、资金管理方式等内容。

2004年5月，国家邮政局制订《关于加强资金管理努力实现"双平衡"的若干意见》，明确实现经营实得现金和应得现金之间、经营活动净流入现金和投资活动净流出现金之间的双平衡。

2006年5月，《重庆市邮政管理局资金管理办法》《重庆市邮政管理局缴拨款管理办法》出台，明确收支差额、集中资金、工程建设资金、各项业务资金和其他专项资金由财务部门计划管理、统一调度，市邮管局对各级邮政企业的各项资金运行实行考核奖惩制度，同时明确调度借款、银行账户、对外投资、资金缴款等管理要求。

2012年9月，重庆邮政出台资金日常管理考核办法，规范资金日常管理行为、流程、环节和制度等，并设定相关量化指标进行考核，年终对企业当年资金日常管理情况进行评比。

2016年12月，重庆邮政修订资金管理办法，规范银行账户管理、资金预算及额度、内部计息、归集和支付、对账及分析管理等内容。

2021年12月，重庆邮政再次修订资金管理办法，明确资金管理原则、管理体系、关键岗位、监督、支付审批、合规等要求，搭建资金池和收支两条线等体系实现上级单位对下属邮政企业资金统一调度、统一管理、统一运用，通过内部计息对下属邮政企业集中在资金池资金进行利益补偿，对下属邮政企业借用资金池资金收取资金占用费，同时明确资金预算、融资和担保、银行账户、库存现金、银行存款、其他资金等事项。

2. 银行存款管理

1989年8月，按照邮电部《关于认真贯彻邮电企业现行财务管理若干规定的通知》要求，明确清理银行账户，禁止出租出借银行账户、支票和收据，各类款项按照规定存取、按日清算，严格保管库存邮票、空白汇票、储蓄账单、交款单、发票和空白收据。

自1994年11月起，重庆邮政明确领取支票使用要求，规定未按照要求使用支票造成银行对企业的罚款，由责任人和责任单位按照比例承担。

1999年，重庆邮政建立资金调度中心，对各区县邮政企业实行"准备金"和银行存款超额自动划转管理办法。

2002年2月，重庆邮政制订企业银行账户管理办法，将存款账户分为基本存款账户、一般存款账户和专用存款账户3类，明确各类账户开立要求。

2005年4月，重庆邮政在建设银行设立网上银行，将各城片区邮政企业资金账户纳入网上银行进行集中管理。除储汇业务资金专用存款账户外，各单位基本存款账户、一般存款账户、专用存款账户全部纳入网上银行系统。

2007年7月，按照集团公司要求，重庆邮政全面推行资金收支两条线管理，制订收支两条线实施细则和验收考核办法，明确通过银行账户分设，自下而上归集收入资金，自上而下拨付支出资金；调整集邮业务资金结算办法，将原来由集邮公司按照年结算，改为由计财部按月向各城片区邮政企业结算；规定对全市性广告封片、集邮票品和集中采购的邮专用品、油料、业务单册、办公邮品及其他款项进行集中支付和结算。

2011年3月，重庆邮政制订企业内部融资管理办法，规定市公司对调用集中资金（业务资金、代收费资金和其他资金）、进入全市资金池资金和各单位占用全市资金池中资金，根据资金类别、性质及占用方式支付或收取占用费；明确企业内部有偿融资资金确认、资金占用费结算、奖励政策。

2015年11月，重庆邮政搭建资金池和收支两条线体系，实行全额归集、日间透支、日终清算、逐级补平政策，资金由集团公司统一调度、统一管理、统一运用，即对集中在集团公司资金池资金，集团公司按照一定比例给予资金占用费作为利益补偿；对借用集团公司资金池资金，集团公司按照一定比例收取资金占用费。

2016年，集团公司明确和规范内部融资事项，规定原则上各省（区、市）邮政分公司外部融资统一集中到集团公司总部，各省（区、市）邮政分公司现有银行借款到期后，不再向当地银行续贷，确需资金的省（区、市）邮政分公司，通过集团公司内部融资解决资金问题。

2017年6月，按照《中国邮政集团公司关于进一步

加强全网资金管理的通知》，重庆邮政通过ERP系统以年度资金预算为总控、月度资金计划为主线，按月设置银行账户额度，对资金支付进行管控。同年底，重庆邮政上线ERP系统资金清分功能，由系统自动匹配营收资金。

2022年，重庆邮政上线业财一体化平台，实行业财平台与ERP系统资金模块并行使用的资金运行模式。同年，重庆邮政制订加强营收资金管理实施方案，明确营收资金管理工作原则、组织管理、职责分工、具体实施方案及考核机制等。

3. 集中资金管理

1986年2月，重庆市邮电局制订《一九八六年重庆市邮电通信企业财务分配和责权划分办法》，明确重庆市邮政局、各区县邮电局各专业利润上缴重庆市邮电局及留存企业比例。

1987年3月，重庆市邮电局制订《重庆市邮电通信企业经营承包办法（试行）》，明确财务分配实行税后利润定额上缴、超基数税后利润市邮电局与企业分成政策。

1993—1997年，重庆邮政集中资金比例由邮电部确定。1998年1月，邮电部发文明确，重庆邮政按照"集中资金基数×（1+本局业务收入增长率+0.6+全国业务收入增长率×0.3+本局成本费用增长率×0.1）"计算得出当年应缴纳集中资金金额。

1999年9月，按照《关于1999年国家邮政局资金集中办法的通知》，重庆邮政明确凡有收入单位，以业务收入和其他业务收入之和为基数，按照固定比例集中资金，超出市邮管局年初下达收入计划部分资金不集中，未完成计划则按照计划数集中。

2000年8月，国家邮政局明确对重庆邮政以2000年业务收入计划、1999年比例集中资金，对超额完成业务收入计划部分不再集中，未完成计划仍按照计划集中资金。

2001年4月，国家邮政局明确集中资金以2001年业务收入为基数，并按照一定比例上缴；2001年固定资产投资计划中，属于非经营性资金由各省（区、市）邮政局承担的投资，与集中资金一并上缴国家邮政局，年末根据固定资产投资调整计划进行清算。

2002—2005年，重庆邮政集中资金按照国家邮政局规定比例上缴。

2005年12月，国家邮政局出台邮政企业集中资金办法，明确2016年集中资金来源为各级邮政企业自留资金，主要为计提的折旧资金，主要用于全网性项目建设及国家邮政局确定的重点投资项目；规范集中资金原则、集中资金计算方法、集中资金预算和上缴事项。

自2007年2月起，中国邮政集团公司规定各省（区、市）分公司集中资金来源与用途、原则、计算方法、预算和上缴事项等。

2008 年，按照集团公司调整的 9% 折旧比例，重庆邮政计提折旧资金。

2015 年 6 月，集团公司规定对各省（区、市）分公司一、二级邮区中心局、信息网省（区、市）中心以及自 2015 年起集团公司承担全部投资项目形成资产计提的折旧按照 100% 比例计算集中资金，明确重庆邮政其余资产计提折旧集中资金计算比例。

2022 年，集团公司采取"新老划段"方式集中资金。明确 2021 年及以前形成的资产，按照计提折旧和摊销额的固定比例集中；2022 年及以后形成的资产，按照计提折旧和摊销额乘以集团公司承担投资比例进行集中。

4. 专项及重点资金管理

1991 年 1 月，重庆市邮电局出台《重庆市邮电通信企业专用基金管理办法》，明确企业专用基金范围、专用基金管理遵循原则及各项专用基金具体管理要求。

1994 年 9 月，四川省邮电管理局出台建设资金筹集管理暂行办法，规定建设资金必须按照国家、邮电部和地方政府有关规定筹集，并在国家、邮电部、四川省邮电管理局、地方政府指导下实行计划管理；明确建设资金来源渠道、资金筹集分工与责任、资金管理分工与责任、还贷资金核算与管理、建设资金监督与奖惩、建设资金安排原则等内容。

2001 年 4 月，财政部出台邮政在建项目专项资金管理办法，明确国拨资金主要用于邮电分营后邮政在建项目建设及资金计划管理、资金拨付要求。

2008 年 9 月，重庆邮政印发《关于进一步加强和规范西部网点建设工作的通知》，规定每个西部网点建设资金中国家预算内资金实行专款专用。

2009 年 6 月，重庆邮政出台专项资金管理办法，明确专项资金使用范围、资金申请审核和批复、资金拨付收回和结算、使用管理、监督与检查、评价、损失考核。同年，重庆邮政出台资金效益评价办法，从资金角度评价下属各单位资金周转和使用效益。

2012 年 5 月，重庆邮政印发《关于实行资金透支额度切块管理的通知》，将透支支用额度按照成本属性和资金性质分为 A 类（重点成本）和 B 类（日常资金）进行管理，启用建设银行和邮储银行支出户，分账户透支支用。

2018 年 6 月，重庆邮政出台财政补助管理办法，将财政补助分为货币性补助（中央预算内项目财政货币性补助和其他财政货币性补助）、非货币性补助两大类，明确财政补助项目申请、项目管理、资金管理、会计核算管理流程及财政补助监督检查条款。

（二）用户欠费管理

1. 用户欠费记账方式

1986—2006 年，重庆邮政依据手工日报方式记录用户欠费。自 2007 年起，重庆邮政开始运用信息系统记录用户欠费。2007 年末，重庆邮政取消函件、包裹、特快、电子商务和代理专业手工日报记录方式，利用电子化支局系统、速递揽收系统、量收管理系统的机打日报，作为财务用户欠费缴款和记账依据。2012 年，重庆邮政上线具有客户信用期管理、账龄监控与分析、欠费提醒、欠费考核、客户黑名单管理功能的"用户欠费管理信息系统"，并将其作为一个功能模块整合至"中国邮政客户营销管理系统"。2016 年、2022 年，重庆邮政分别上线 ERP 系统和业财一体化平台系统，支持系统化多维度提取用户欠费信息。

2. 用户欠费管理办法

2005 年 9 月，重庆邮政出台用户欠费管理办法，明确用户欠费核算内容及账务处理、各部门管理职责及分工、信用控制制度、催收制度、回收管理、对账单制度、考核（含欠费率管控目标）等内容。2006 年，国家邮政局出台报刊用户欠费业务管理办法，明确报刊欠费业务处理、业务管理、坏账处理等内容。2013 年、2018 年、2019 年、2022 年，重庆邮政多次修订用户欠费管理制度，明确用户欠费结算周期及账期延长审批流程、欠费催缴措施及函证要求，完善用户欠费日常考核办法。

（三）资产管理

1986—2022 年，重庆邮政不断完善资产管理制度，对全市邮政在建工程、房屋、土地资产（含账外、闲置资产）、存货等资产，多次开展清查及盘活工作。

1. 主要管理制度

固定资产 2019 年及以前，重庆邮政固定资产管理按照集团公司相关规定执行。2020 年 11 月，根据《中国邮政集团公司固定资产管理办法》，重庆邮政结合实际，制订固定资产管理实施细则，明确固定资产管理分类、管理职责、管理层级、日常管理、折旧和大修、分析考核等内容。2021 年 12 月，根据集团公司固定资产管理办法，重庆邮政修订固定资产应计提折旧范围等内容。

资产租赁及评估 1990 年 2 月，重庆邮政出台房屋租赁暂行办法，明确承租人和出租人双方权利、责任，规定房屋出租合同期限要求。2012 年 5 月，《重庆市邮政企业房屋资产出租管理办法》出台，明确房屋出租管理职责、范围、层级及房屋出租合同管理等事项。2019 年 4 月，重庆邮政制订房屋租赁管理实施细则，明确租赁管理层级和管理职责、出租和租入方式的含义及适用情况、评估管理、合同管理（含分级审批标准）、监督检查等事项。2020 年、2021 年，重庆邮政先后两次修订房屋土地租赁管理实施细则，明确房屋租赁方案等事项，修改合同期限和租金增幅、合同免租期等条款。2021 年 12 月，根据集团公司资产评估管理办法，重庆邮政制订资产评估管理实施细则，明确资产评估范围、组织管理、评估核准和备案、评估监督事项等内容。

资产盘活 2001年4月，《重庆市邮政企业固定资产盘活管理办法（试行）》出台，明确固定资产出租、出售、调配、投资及联营等内容。2002年6月，重庆邮政制订盘活资产补充实施意见，明确盘活资产权限、主副业资产剥离、办公用房调整、网点布局、资产评估标准等内容。2004年6月，《重庆邮政房屋土地资产盘活实施意见》出台，重庆邮政设立房屋土地资产盘活领导小组，制订2004—2005年全市盘活资产目标、盘活资产重点等。同年6月，重庆邮政修订资产盘活管理办法，明确资产盘活范围为闲置不用和利用率低的房屋、土地、设备、车辆、在建工程等固定资产和用户欠费、应收应付款项、积压存货等流动资产，规定资产盘活可采用出租、转让、置换、拍卖、对外投资、合作开发、内部调拨等方式。2005年11月，《重庆市邮政管理局资产盘活考核办法》出台，明确对各单位资产盘活收到款项给予一定比例奖励。2019—2021年，根据集团公司相关制度，重庆邮政多次完善资产盘活制度，明确盘活工作职责、权限、集中盘活和日常管理等要求。

在建工程管理 1990年5月，四川省邮电管理局制订《加强邮电基本建设财务管理的若干规定》，将邮电基本建设项目分为邮电部管和四川省管局管项目两类，明确工程资金的使用、结算、管理及财务决算的编审等事项。1994年9月，邮电部制订《邮电企业固定资产投资项目试运行期间财务管理办法》，明确试运行项目划分、试运行期确定、新建工程试运行期间收入及支出计算规则、会计处理等条款。1996年2月，四川省邮电管理局制订《四川省邮电企业建设资金账务处理办法》，明确省自筹基建资金、国拨基建资金、部自筹基建资金、部拨基建经营性资金、部统借款还国外借款、四川省管局建设借款、电信建设附加费、邮政建设附加费及市地州邮电局委托四川省管局企业财务办理银行借款、市话初装费、地方支持邮电建设资金的账务处理条款，基建财务会计的职责。重庆邮政在建工程管理遵照执行上级单位规定。2018年6月，重庆邮政制订工程建设项目财务管理实施细则，明确工程建设项目资金管理、建设成本管理、核算管理、竣工财务决算管理、监督管理等事项。该制度沿用至2022年底。

存货管理 2010年12月，重庆邮政制订库存物资管理办法，明确库存物资入库管理、出库管理、储存管理、库存控制和分析管理等内容。2019年7月，重庆邮政出台存货管理办法，明确存货范围，规范各层级相应职能管理部门和专业管理部门职责及存货采购、入库管理、仓储保管、出库管理、盘点处置等日常管理，规定各级邮政企业定期或不定期对存货相关内部控制运行情况进行检查。

报损及责任追究 2006年6月，重庆邮政出台不良资产责任追究办法，明确对造成非正常财产损失进行责任追究及资产损失金额确认、资产损失报批程序等内容。2018年6月，重庆邮政出台流动资产报损管理办法，明确货币资金、应收票据、应收账款和存货等流动资产损失认定情况、各层级相关部门在损失处理程序中工作职责，同时明确货币资金（2万元）、单个客户坏账（5万元）、单类别存货损失金额（5万元）处理流程及流动资产损失处理时限。2021年6月，重庆邮政制订用户欠费责任损失追究制度，明确合同管理、审批管理、对账管理、催缴管理、人员变动管理等具体违规行为事项，根据用户欠费损失金额大小及影响范围将损失分为一般损失、较大损失和重大损失，根据职责将责任分为直接责任、管理责任，对每种损失依据责任类型明确责任追究条款。流动资产报损管理办法和用户欠费责任损失追究制度，沿用至2022年底。

2. 固定资产价值标准及折旧政策调整

1986年，依据财政部有关规定，在生产经营过程中使用期限超过一年且单位价值在500元（含）以上的房屋、建筑物、机器、设备、运输工具及其他与生产经营有关的设备、工具等为固定资产。1992年，根据财政部相关文件，重庆邮政固定资产单位价值标准由500元提升至2000元（含）。2016年1月1日，根据《中国邮政集团公司关于调整固定资产单位价值标准的通知》，新购置固定资产单位价值标准从2000元以上调整到5000元以上（含5000元）。

自2002年1月1日起，根据不同固定资产折旧年限，调整固定资产价值标准及折旧政策。自2004年1月1日起，固定资产净残值率统一调整为5%。自2007年1月1日起，按照集团公司相关规定，通用机械设备、动力设备、运输起重设备、通用机电、其他通用设备和邮政专用设备等设备类固定资产折旧年限，调整为税法规定的各类固定资产折旧年限下限。

3. 管理工作

信息化手段 2006年1月，按照集团公司《关于推广使用邮政企业固定资产管理信息系统的通知》，重庆邮政在全市范围内统一推广使用邮政企业固定资产管理信息系统，进行固定资产核算和管理。2015年，ERP系统上线后，固定资产管理模块承接固定资产信息管理系统功能。

资产盘活 2001年以来，重庆邮政多次对闲置设备、非生产车辆等资产通过承包、转让、出售等方式进行盘活，对企业生产用资产和非生产用资产进行分类盘活。2019年，根据国企改革三年行动方案，重庆邮政制订《关于加强闲置房屋土地资产盘活工作的指导意见》，开展闲置房屋土地资产盘活工作，明确盘活原则、工作职责、权限划分、盘活流程等事项。2020—2022 年，重庆邮政启动资产盘活三年行动计划。2002 年，重庆邮政共盘活资产 5132 万元，出售房屋 20 处、出租房屋 347 处、出售车辆 3 辆，盘活收入 533.18 万元；调配盘活车辆 36 辆、设备 33 台（套）（原值 664 万元）。2004 年，重庆邮政共盘活出售房屋 8 处、出租房屋 606 处、出让土地 9 处（面积 29991 平方米），盘活库存票品 423 万元，共盘活收入 2930 万元。2020—2022 年，重庆邮政盘活房屋土地 327 处，面积共 14.4 万平方米，盘活出租合同收入 7185.89 万元。其中，2021—2022 年，重庆邮政闲置土地盘活进度排全国邮政企业第 1 名，闲置房屋盘活进度排全国邮政企业第 2 名，全面完成集团公司 2021—2022 年盘活计划，实现盘活收益 3540 万元。2022 年，重庆邮政被集团公司评为全国邮政资产盘活先进单位，市分公司财务部高建滨被评为先进个人。

"三供一业"分离移交　2017 年，根据国务院国有资产监督管理委员会、国家财政部、中国邮政集团公司及重庆市政府对国有企业职工家属区供水、供电、供气、物业的"三供一业"分离移交工作相关部署，重庆邮政开展"三供一业"分离移交工作。截至 2020 年底，重庆邮政完成"三供一业"分离移交工作，去除重复后共移交 4337 户，其中，涉及供水 997 户、供电 1270 户、供热 0 户、供气 571 户、物业 3237 户；分离移交维修改造工作，共产生相关费用 2380.47 万元。

四、财务检查

（一）检查制度

1. 财经纪律相关制度

1989 年 8 月，重庆邮政转发邮电部《关于认真贯彻邮电企业现行财务管理若干规定的通知》，明确税款、成本管理、专项基金、收入管理、资费管理、悬记账款、现金和票券、奖金、第三产业管理、外汇管理等 10 条财务管理规定，明确提出若违反 10 条规定，一律按照违反财经纪律处理。

1998 年 4 月，重庆邮政转发财政部、审计署、监察部、最高人民检察院《关于严肃追究扰乱财经秩序违法违纪人员责任的通知》，明确按照规定需追究行政责任的，应移交有关行政监察部门研究处理；需依法追究刑事责任的，应及时移送司法机关处理。

2004 年 6 月，重庆邮政制订关于加强收支管理的若干意见，强调加强资费管理及集邮票管理、严禁虚列重复计列和截留营业收入、按照权责发生制计列收入、按照会计制度规定进行财务核算。同年 7 月，国家邮政局制订《重申处理邮政企业禁止类财务行为有关规定》，明确禁止类行为包括违规发放各种补贴、设置账外账和"小金库"公款私存、低价转移企业资产等行为。

2005 年 5 月，国家邮政局制订《邮政企业违反财经法规经济处理处罚办法》。同月，《关于加强重庆邮政企业收支质量监督的意见》出台，明确各单位应增强对提高收支质量重要性的认识，加强制度建设，加大收支质量监督和查处力度。

2006 年 6 月，国家邮政局发文明确邮政业务资金禁止类行为包含禁止截留、挪用业务资金设置"小金库"和在财务账外违规设立业务资金账；禁止将业务资金用于对外投资、担保、放贷或以个人名义存储；禁止坐支业务营收现金等 8 类邮政业务资金禁止类行为。

2010 年 8 月，根据集团公司《贯彻落实国有及国有控股企业"小金库"专项治理实施办法》，重庆邮政要求各级邮政企业重点清理 2008 年以来，各项违反法律法规及其他有关规定、应列入而未列入符合规定的单位账簿的各项资金（含有价证券）及其形成的资产。

2015 年 9 月，根据集团公司违反财经纪律处理处罚办法（试行），重庆邮政明确违反财经纪律行为、违反财经纪律处理处罚和违规违纪行为检查和执行等条款。

2022 年 10 月，重庆邮政转发集团公司违反财经纪律责任追究办法，明确违反财经纪律行为、责任认定、责任追究、监督检查、执行规定等内容。同年，重庆邮政建立财务管控制度正面清单和负面清单，针对违反中央八项规定精神、"小金库"行为以及会计核算、业务发展、企业管理等方面存在的问题进行分类归纳，梳理需重点关注的负面清单。

2. 财务会计检查相关制度

1994 年 8 月，根据《四川省邮电企业财务会计检查实施办法》，重庆邮政明确财务会计检查主要任务、组织领导及权限、检查主要内容、检查报告及考核评比办法。

1996 年 3 月，重庆邮政出台财务会计检查工作考核办法，明确在渝中区、江北区、沙坪坝区、九龙坡区、大渡口区、北碚区、万盛区、双桥区、南岸区 9 个区邮电局实行该考核办法，规定会计检查工作实行工作标准考核，以积分确定评定等级。

1998 年 3 月，《重庆市邮政企业财务会计检查实施办法》出台，规定财务检查工作原则、主要任务、组织领导及工作权限、工作程序及方法、检查内容及要求、检查工作考核评比规则，明确在市邮管局和各地市、区县邮政局及邮区中心局、报刊发行局、储汇局应配备专兼职财务会计检查人员，负责本单位日常财务会计检查。

2005 年 5 月，按照国家邮政局出台的邮政企业会计检查办法，重庆邮政明确会计检查人员配备、会计检查人员学习和检查工作评比等相关内容。

2014 年 7 月，重庆邮政出台财务会计检查办法，明确财务会计检查组织领导及其权限、财务会计检查内容和要求、财务会计检查报告制度等，规定主要对会计基础工作、财务收支、货币资金、存货、往来账款等进行财务检查。

2016年8月，重庆邮政修订财务会计检查办法，完善财务会计检查工作原则、检查人员配备、职责和权限、处理和处罚相关规定。

2017年8月，重庆邮政出台会计基础工作考评办法，明确会计机构和会计人员、会计工作交接、会计核算、原始凭证、记账凭证、财务票据印章使用、会计账簿、财务会计报告、会计档案保管、会计监督职责等履行违反会计基础工作的具体行为和考评措施，规定各级财务部门或履行财务职能的部门负责会计基础监督检查工作。

2020年10月，重庆邮政再次修订财务检查办法，明确财务检查人员应具备条件，并补充完善财务检查主要内容。此办法沿用至2022年。

（二）检查工作

1. 组织开展的检查工作

日常检查 1988年，按照四川省邮电管理局要求，重庆邮政组织开展财务大检查。1989—1997年，重庆邮政每年组织开展税收、财务、物价大检查，主要检查税收、业务收支、工资支出、职工借款、违法国家物价规定等内容。1998—2022年，重庆邮政每年组织多项财务常规检查，主要检查重点成本费用报销、资金管理、用户欠费管理、资产管理、税收管理、往来账款等财务基础工作。

财经纪律检查 1990年3月，按照邮电部要求，重庆邮政开展一季度"小金库"清查工作，重申财经纪律。1995年5月，重庆邮政开展"小金库"清理检查，重点清查1993年以来"小金库"各项资金收支数额以及1992年底"小金库"滚存余额。1999年3月，重庆邮政在全市邮政企业范围内开展财务检查工作，全面自查1998年发生的各类违反财经法规行为。2011年，重庆邮政开展"小金库"专项治理"回头看"活动，组织全市各级邮政企业对"小金库"专项治理进行复查，由市公司计财、审计、监察部门组成检查组对区县邮政企业进行抽查。2014年11月，重庆邮政开展贯彻执行中央八项规定，严肃财经纪律和"小金库"专项治理工作，重点检查2013年1月1日—2014年9月30日期间违反中央八项规定和财经纪律以及设立"小金库"有关问题。2015年5月，按照集团公司要求，重庆邮政开展全市"小金库"专项治理"回头看"清理、整改、上报工作，重点涉及工程资金支付、大额资金支付、重大资产调整、重点成本等方面。2016年5月，重庆邮政在全市范围内针对重点费用报销及资金支付流程等集中开展"加强财务管理，严肃财经纪律"专项排查工作。2019年11月，按照集团公司党组要求，市分公司党委对会议费管理方面存在问题进行自查整改。2021年6月，市分公司党委在全市邮政开展"小金库"专项治理、个人账户归集营收或结算业务资金问题专

项治理。

专项检查 2000年，重庆邮政在全市范围内开展财务收支专项检查。2001年，重庆邮政对全市邮政企业会计工作秩序进行全面自查自纠，完成财务检查、邮政普遍服务情况调查和《会计法》执行情况检查及复查。2002年，重庆邮政开展业务收入专项检查，重点检查低面值销售邮票、低资费跨界揽收、低费率批销报刊及配送、利差等收入核算是否规范等。2009年9—11月，重庆邮政开展资金安全专项检查工作，重点检查制度建设、内控管理、人员配备、账户管理等。同年，重庆邮政开展用户欠费清理及专项检查。2010年5月，重庆邮政对长期股权投资管理及效益性进行专项检查，主要检查长期股权投资管理规范性、收益性、核算规范性。2012年5月，重庆邮政在全市各级邮政企业开展责任中心成本核算数据质量专项检查工作，检查核算制度执行情况与数据质量、报账凭证等。2021年12月，重庆邮政对虚假交易和事项形成虚假收入、低收高录造成虚增收入等9项"零容忍"行为逐项进行梳理、自查并完成整改。2022年3月，重庆邮政开展"个人账户归集资金"专项检查。同年5月，重庆邮政在全市各级邮政企业开展加强业务招待费使用情况监督检查。

2. 上级及外部单位检查

1988年10月29日—11月15日，邮电部财务大检查重庆检查组对重庆邮政进行财务检查。

2006年7月，国家邮政局计财部会计检查处对重庆邮政2005年12月—2006年6月会计事项真实性及合理性、执行财经纪律情况和会计基础工作等方面进行检查。

2009年6月，按照集团公司、重庆市地方税务局和重庆市国家税务局部署的邮政企业税收自查工作要求，重庆邮政在全市各级邮政企业范围内全面开展税收自查工作。

2013年7月，按照重庆市地方税务局要求，重庆邮政对2010年1月1日—2013年6月30日土地税源、2012年1月1日—2013年6月30日房产税进行自查。

2020年6月，集团公司开展全国性固定资产管理审计检查，集团公司检查组对重庆邮政固定资产管理进行检查，重点检查资产闲置、租赁、报废、账外资产等。同年10月，集团公司对重庆邮政开展财务专项检查，重点检查用户欠费管理、日常经营资金收款管理等。

五、财务核算

（一）执行的主要会计制度

1986年，重庆邮政会计工作按照1980年邮电部制订的《邮电通信企业会计制度》执行。

1987—1993年6月，重庆邮政会计工作按照1986年邮电部制订的《邮电通信企业会计制度》执行。

1993年7月—2001年，重庆邮政会计工作按照1992

年末财政部制订的《邮电通信企业财务制度》《邮电企业会计制度》执行。1993年，根据财政部颁发的邮电通信企业财务制度，邮电部增减部分一级科目，将"通信业务收入""通信业务成本"分别修改为"邮政业务收入""邮政业务成本"。2000年7月，《中华人民共和国会计法》出台，重庆邮政会计制度按照相关要求执行。

2002年，国家邮政局颁布邮政独立运营后的第一个邮政企业会计核算办法（试行），重庆邮政会计核算按此办法执行。同年，重庆市邮政管理局内部会计控制制度指引、电算化管理制度（范例）、会计人员岗位制度（范例）相继出台。

2004年，重庆邮政会计工作执行国家邮政局制订的《市（地）县邮政局内部财务会计管理制度》。

2007年，国家邮政局出台邮政企业会计核算办法（试行），重庆邮政会计工作根据此办法设置明细科目进行会计核算，同时针对各项会计政策变更追溯调整2007年期初数，无法调整的采用未来适用法。

2010—2020年，重庆邮政会计工作执行财政部下发的新企业会计准则以及集团公司制订的《邮政企业会计核算办法（试行）》《中国邮政集团首次执行新企业会计准则衔接转换办法》。2015年，集团公司实施法人体制调整，并制订《关于邮政公司法人体制调整有关会计处理问题的通知》《关于印发〈中国邮政集团公司一级会计科目（试行）〉的通知》，明确对法人体制调整账务衔接和ERP系统科目运用。

2021年，重庆邮政会计工作制度执行《中国邮政集团有限公司会计制度》《中国邮政集团有限公司会计核算办法》《中国邮政集团有限公司会计核算业务分册》相关规定。

（二）会计核算其他制度

2014年12月，重庆邮政制订市公司本部费用管理办法（试行），明确各部室费用范围、集中列支费用范围、各类费用报销标准和审批程序等内容。

2015年7月，重庆邮政出台市分公司本部会议费管理办法，明确会期、参会人数标准、开支标准等内容。同年，市分公司本部业务招待管理办法出台，明确招待管理、监督管理等内容。同年12月，市分公司调整本部差旅费住宿标准，明确重庆市内及市外出差、住宿定点宾馆等内容。

2016年7月，市分公司制订本部成本费用、集中结算与支付、工程建设财务核算办法，明确本部各类成本费用审批流程，统一各类报销单据等。同月，市分公司印发《关于明确会计核算中心与各报账单位核算工作分工和要求的通知》，明确会计核算中心和各报账单位核算工作内容。同年9月，市分公司印发《关于修订中国邮政集团重庆市分公司本部会议费管理办法的通知》，修订会期、参

会人数标准、开支标准等内容。

2017年4月，市分公司修订本部成本费用、集中结算与支付、工程建设财务核算办法部分内容，对员工薪酬、业务资金等9种经济事项的审批流程、附件要求进行修订。

2018年3月，重庆邮政出台市级部门（单位）差旅费管理办法，明确差旅费审批管理、标准、报销管理、监督问责等内容。同月，重庆邮政结合企业经营管理实际，出台市级部门（单位）账务处理办法，明确部门职责分工、成本费用审批流程、报销附件要求、其他资金支付等内容。同年4月，重庆邮政印发《关于党组织工作经费问题的通知》，明确党组织工作经费使用范围、账务处理等内容。同年11月，根据集团公司新的管理办法，重庆邮政重新修订差旅费管理办法。同年12月，市分公司对本部业务招待管理办法中招待管理、财务审核、预算管理、监督管理等内容进行修订。同月，市分公司本部会议费管理办法出台，明确会议要求、会议分类和审批、会议费用、会议管理、会风纪律、责任追究等内容。

2019年11月，市分公司修订本部会议费管理办法，修订内容包括会议审批要求、会议费报销要求、管理职责和纪律要求等。

2020年，《中国邮政集团有限公司重庆市分公司账务处理办法》出台，对费用报销、资金结算等账务处理事项进行规范。

2021年8月，重庆邮政对上述办法进行修订，修订内容包括公务用车审批流程、业务外包审核、市寄递事业部本部及直属单位成本费用审批流程等内容。

（三）核算方式

1986—2007年，重庆邮政各级单位实行会计独立核算，每个区县邮政企业有一套独立财务报表。

2008年，按照集团公司要求，重庆邮政实行市县报账制，市公司设置一套会计账，各级邮政公司、市公司所属专业局以及市公司本部作为部门进行辅助核算。各级邮政企业报刊业务资金并入市公司账套内核算，不单独设置账套核算。市公司及各区县所属专业局负责业务对账、用户欠费管理、原始凭证审核、辅助账编制和备用金管理等，市公司负责记账凭证制作、出纳签字、复核和入账、财务协同管理、会计档案集中保管。

2015年底，重庆邮政开始试运行会计集中核算，依托ERP系统，将全市各邮政企业会计核算、资金结算和财务报告编制逐步集中至市分公司会计核算中心。2022年，全市邮政继续沿用集中核算的方式进行会计核算。

（四）核算系统

1986年，重庆邮政财务凭证采用手工记账方式，并开始运用微机对各种经营财务报表进行校核、上报和汇总处理。

自 1993 年 7 月 1 日起，四川省邮电管理局推行会计电算化，用邮电通信企业会计核算软件（PT-AZS2.0）替代手工记账，并明确财务部门微机管理员岗位职责，规定其工作内容。

1995 年，四川省邮电管理局建成全省经营财务管理局域网，为邮电会计账务系统提供规范网络平台。同年 10 月，四川省邮电管理局分两批推广网络版会计账务处理系统，开始在全省推行会计电算化工作（金算盘单机版）。

1998 年，重庆邮政出台会计电算化管理办法，明确会计电算化软件、账务处理及会计报表要求、岗位分工及人员职责、会计电算化日常操作要求等内容。

2001—2006 年，重庆邮政使用中国邮政佰特财务软件进行账务核算。

2007 年，重庆邮政开始使用用友（NC）系统（简称 NC 系统）进行财务核算。

2016 年，重庆邮政制订 ERP 项目上线实施方案，设置 ERP 上线组织机构，逐步上线 ERP 系统总账、应收、应付、固定资产、管理会计、内部往来、资金、预算管理、报表合并、主数据、采购管理、审计管理、投资管理、股权管理等模块；上线报销报账、银企互联、影像传输、营业、客户管理、人力资源、代理金融、集邮系统集成等外围集成系统。同年，重庆邮政使用 NC 系统和 ERP 系统并行进行财务核算。

2017—2022 年，重庆邮政使用 ERP 系统进行财务核算。截至 2022 年底，根据集团公司业财项目组统一安排部署，重庆邮政完成业财一体化平台寄递、函件、分销、房产、投递外包等 23 个功能模块推广上线。

（五）会计工作考评

1989 年，重庆邮政在全市邮政范围内举行会计工作竞赛，明确竞赛评比范围、内容、要求和评分标准及奖励与惩罚。1999 年，重庆邮政修订会计工作考评标准，从制度建设、日常工作、财务报告及评价 3 个方面对全市邮政会计工作进行考评。2010—2022 年，重庆邮政多次制订、修订财务会计管理基础工作达标办法，并制订配套的达标考评办法。

六、损益核算及结算管理

（一）损益核算

1986 年，重庆邮政在建立产品一级核算账户基础上，实行邮电通信企业二三级核算。其中，重庆市邮政局科室和各区邮政企业所属生产班组、支局属于二级核算单位，重庆市邮政局科室和支局以下生产班组属于三级核算单位。

1996 年 1 月 1 日起，重庆邮政执行邮电部制订的邮运经济核算办法，明确按照邮运产品量计算、分配邮运结算收入。

1998 年 1 月，重庆邮政出台邮政专业核算办法，提出函件、包件、汇兑、特快专递、机要通信、报刊发行、储蓄、集邮 8 大专业进行专业核算，明确专业核算主要内容为通信业务收入、通信业务成本、营业税金及附加、其他业务利润、管理费用、财务费用、成本费用分摊办法等。同年，重庆邮政制订中心局、邮资票品局、报刊发行局、机要通信局、速递局、储汇局、邮政医院、职工培训中心、邮购及广告公司等 9 个专业局（公司）专业化经营财务核算办法，明确经济核算原则、成本费用计划核定、资金留交及使用原则。

2000 年 7 月，国家邮政局制订《邮政通信企业专业核算办法》《邮政通信企业专业核算分摊比例测算办法》，重庆邮政按照要求开展各单位专业分摊比例测算工作。

2002 年，重庆邮政建立以专业核算为主体的管理会计报表，明确其他业务、物流业务和代办业务收入核算范围、计列标准等，逐步净化业务费、邮运费中工资性支出，完成 10 个专业明细核算，将原 5 个核算环节调整合并为营业、运输、分拣、投递 4 个环节进行核算。

2003 年，国家邮政局制订《邮政企业专业核算办法》《邮政企业专业核算分摊办法》，对专业核算主要内容和要求、代码设置、环节核算、分摊原则、范围、分摊比例测算办法等进行明确。

2004 年，重庆邮政对函件、报刊零售、集邮 3 个专业实施专业化经营，并对 3 个专业分别制定业务专业化经营实施办法、财务管理和会计核算办法、内部分配办法，分别建立函件、集邮、零售 3 套专业账，合理划分、确定 3 个专业的资产、负债和所有者权益，进一步明确专业化经营工作有关财务处理流程。

2005 年，重庆邮政在全市邮政企业开展邮政储蓄专业模拟核算试点工作，明确储蓄专业模拟核算实施办法、会计操作细则、会计报表填报说明。重庆市邮政管理局与各城片区邮政局采用"成本加成法"模拟测算储蓄收入分配比例，其中城片区邮政局收入分配比例为 80%，邮政储汇局为 20%。同年，重庆邮政在全市启用速递专业模拟核算信息系统，各城片区、区县邮政局在速递专业模拟核算系统中上报速递专业模拟核算业务、财务报表，相关数据均与速递专业业财报表相符。

2007 年，重庆邮政成立责任中心损益核算工作领导小组，在全市邮政企业开展责任中心损益核算工作。财务部通过开展财务对标、产品损益核算等，推进全市损益核算工作。自同年 4 月起，重庆邮政依托邮区中心局"两子系统（邮运生产作业系统、邮运生产指挥调度系统）""一级干线运费结算系统""量收系统"和"发行业务管理系统"，将集团公司结算至重庆邮政的一级干线运费，结算至各城片区邮政企业和专业局，对各单位收支差额进行全额结算、全额调整。

2008 年，重庆邮政制订推进责任中心损益核算工作实施意见，明确责任中心主体、人员、资产界面，专业责任部门成为损益核算工作主体，各责任中心损益情况、专业之间经济关系更加清晰。同年，重庆邮政出台一级干线运费补贴办法，对邮区中心局、速递公司承担的一级干线运费实行补贴，按照"谁受益、谁负担"原则，以袋／公里为结算量纲，分别按照普通邮件、物流邮件、速递邮件3 类，将邮区中心局邮运二级干线和市内趟车运费向各城片区邮政企业结算。

2012 年，重庆邮政执行集团公司出台的《邮政企业责任中心成本核算办法》。办法规定：月度核算专业实体和综合平台实体责任中心直接成本，不进行共同成本专业分摊；年度收集人员、资产、业务量等基础信息，按照年报办法对共同成本进行专业分摊，计算专业损益。办法明确：责任中心成本核算通过远程报账系统实现，原营业网点损益核算和分销业务损益核算并入责任中心成本核算。2013 年 5 月，重庆邮政根据此办法，结合自身管理模式，出台《重庆市邮政公司责任中心与专业损益核算办法》，明确责任中心设置、基础信息维护、成本核算原则、责任中心认定等内容。

2019 年，根据集团公司《邮政企业责任中心损益核算办法（试行）》，重庆邮政将实体机构、人员、资产及相关成本费用标识 17 个专业（产品）、22 个环节，设置为 30 类标准责任中心和 6 层级责任中心。办法明确：成本分配归集方法分为实际成本费用全额分摊法和内部转移价格核算法；邮政企业责任中心损益核算报表反映责任中心损益核算成果，包含专业（产品）损益、环节损益、责任中心损益 3 大类报表；损益核算与全面预算、经营分析、绩效评价、辅助定价相结合，支撑企业经营管理决策。

2021 年 12 月，根据集团公司《普遍服务业务与竞争性业务分类核算方案》，重庆邮政构建"普服业务""寄递业务""金融业务""其他业务" 4 大类业务分类核算体系，以清晰普服业务、寄递业务、金融业务损益界面。一方面，通过 ERP 系统管理会计模块，根据产品归属将收入归集至 4 类业务，根据产品、机构、资源（资产及人员）归属，将成本费用直接归集至 4 大类业务或综合管理支撑；另一方面，通过直接认定、内部分摊清分、内部交易结算及关联交易结算等方式，实现"普服业务""寄递业务""金融业务""其他业务"分类核算及重点产品损益核算。2022 年，重庆邮政继续开展 4 大类业务的分类核算。

（二）结算管理

2005 年 9 月，国家邮政局实行一级干线运费结算、一级干线邮路政策性补贴和"全夜航"航空邮件结算，通过适时调整各省（区、市）局收支差额预算方式，给予政策性补贴。

2009 年，《重庆邮政邮银关联交易结算方案（暂行）》出台，明确邮银房屋租赁、押钞寄库、设备占用和共用、设备维护、房屋维修费、线路租费等资产占用结算方案。同年，集团公司印发各省（区、市）邮政公司与速递物流公司关联交易结算办法，明确邮政公司代理速递物流业务结算价格、速递物流公司代理邮政业务结算价格、资产占用等其他交易价格。

2010 年，重庆邮政开展速递物流改制工作，完成出资数据审核、认定，速递物流公司周转金审核和拨付，调配资金完成对中邮速递物流股份有限公司一、二次货币注资工作。同时，按照集团公司要求，完成资产分割、账务调整、股权确认等事宜，开展与速递物流之间关联交易结算工作。

2012 年 11 月，按照集团公司《关于印发函件和包裹业务省际处理费结算办法的通知》要求，重庆邮政明确自 2013 年 1 月起，对函件和包裹业务进行省际处理费结算，集团公司向邮件出口省收取省际出口处理费，向邮件进口省支付省际进口处理费，向转口省支付省际转运费，向散件经转省支付散件跨省经转费。

2014 年 9 月，重庆邮政制订网运及投递环节结算办法（试行），按照利益归属关系，将一级干线运输费、省际出口处理费、省际进口处理费、省际转运费、出口国际函件国际运费与终端费、市内互寄邮件处理费，结算清分至各区县邮政企业、邮区中心局和报刊发行局。同年 6 月，集团公司印发《关于国际函件结算有关事项的通知》，明确自 2014 年 1 月 1 日起，出口国际函件国际运费、国际终端费，按照国际函件标准资费一定比例结算。

2015 年，根据集团公司包裹快递业务结算办法实施细则，出台包裹快递业务结算办法，重庆邮政明确对包裹快递运输、内部处理及投递、国际终端费、"11183"呼叫中心等环节分环节结算，规定邮航包仓费、包裹预处理结算价格。

2017 年 7 月，集团公司调整国内普通包裹省际处理费结算价格，按照规定对 20 千克以内的国内普通包裹省际处理费、收寄省结算付费和寄达省结算收费，采用"件＋计费重量"的复合量纲进行结算，投递价格比照包裹快递投递结算价格。

2018 年 11 月，集团公司出台出口国际函件运费终端费据实结算办法，明确自 2019 年 1 月 1 日起，国际函件运费终端费实行据实结算。

2019 年 2 月，根据重庆邮政寄递改革方案，重庆邮政制订寄递业务内部结算办法。办法明确寄递事业部成立后，存在邮政公司账、寄递事业部邮政账和寄递事业部速递账 3 个结算主体，规定寄递收入按照业务收入归属和生产机构、投递人员归属确认结算关系直接进行结算。办法明确各类结算价格、邮航包仓费和信息系统使用费、邮政分公司与寄递事业部之间营业环节互相为对方提供窗口收寄服务和营销服务、短信费用、普服整体结算、结算开票等事项。

2019年4月，重庆邮政出台寄递业务人员、资产占用结算方案，明确人员和资产占用职责分工、结算范围、原则标准、结算流程等内容。方案自2019年1月1日起执行。同年7月，按照集团公司《关于调整快递包裹结算价格的通知》要求，重庆邮政调整快递包裹投递环节结算价格。

2020年9月，集团公司制订陆运网优化改革结算政策配套调整方案，明确前置集包配套政策、跨级直运配套政策、跨级处理配套政策、串行邮路配套政策、返程邮路配套政策等。

2021年1月，集团公司印发《关于调整快递包裹投递环节结算价格的通知》，再次调整快递包裹投递环节结算价格，将投递区域划分为四类，对0.3千克、0.3千克—1千克、1千克—2千克、2千克—3千克、3千克以上的邮件分别明确投递结算价格。

七、统计

（一）统计相关制度

1. 执行上级单位统计制度

1986年4月，重庆市邮电局转发邮电部《关于发布加强邮电统计工作试行规定的通知》，明确邮电统计要逐步由"封闭式"统计转向"开放式"统计；规定加强统计机构、充实统计人员、提高人员素质、稳定统计队伍；改革统计制度和统计方法，逐步实行部、省两级综合统计报表和专业统计报表，由统计部门归口管理；规定建立邮电业务量旬报制度。

1987年7月，按照邮电部《关于发布中华人民共和国统计法邮电部门实施办法及有关统计制度的通知》，重庆邮政明确邮电各项统计内容、统计人员配备、统计调查计划、统计制度、统计资料管理、统计档案管理、统计职责和奖惩等。

1990年3月，根据《四川省邮电部门〈计划统计工作达标升级试行办法〉》，重庆邮政建立计划统计工作达标升级领导小组，制订计划统计工作达标升级规划。

1999年6月，国家邮政局印发《中华人民共和国统计法邮政部门实施办法》，规定邮政统计工作实行集中管理、分级负责的管理制度。同年12月，根据国家邮政局邮政统计工作管理制度，重庆邮政对统计内容进行调整。

2006年7月，国家邮政局印发《邮政企业统计工作规范化实施办法》，规范邮政业统计工作。

2011年11月，重庆邮政转发交通运输部《邮政行业统计管理办法》。办法规定：邮政行业统计工作实行统一领导、分级负责原则，保证统计资料真实性、准确性，建立健全离岗交接制度，建立完整统计资料台账；不得提供不真实或者不完整的统计资料，不得迟报、拒报统计资料

等；针对统计年度报表和定期报表，上级单位应提前下发相关规定，修订统计指标解释，统一当期统计口径。

2022年，重庆邮政定期报表执行集团公司下发的《2021年邮政年度统计报表和2022年邮政定期统计报表》，年报执行集团公司下发的《2022年邮政年度统计报表和2023年邮政定期统计报表》。

2. 重庆邮政内部统计制度

1990年5月，重庆邮政制订邮政通信设备统计报表管理办法，明确邮政通信设备统计报表种类、邮政通信设备统计报表填报若干规定及分析通报等。

1991年2月，重庆邮政修订邮电综合定期报表统计工作要点，新增和调整部分指标，分别用国内、国际不变单价，计算业务总量和通信总量。

1995—2010年，重庆邮政制订《关于切实加强统计法制建设的通知》《统计数据质量检查办法》《监督检查办法》《统计分析制度》《统计考评办法》《重庆邮政统计工作考核管理办法》等制度，明确统计检查、分析相关规定，统计考核内容等。

2021年1月，重庆邮政出台统计工作管理办法，确定统计相关部门职责和分工，建立统计报表制度及构建统计指标库、统计资料及数据内外报送流程，明确统计质量管理、统计报表管理、统计调查和统计分析、统计资料管理和公布、统计培训和统计检查、罚则等事项。该办法沿用至2022年底。

（二）统计工作荣誉

重庆邮政统计工作获得市级以上荣誉有：2001年及2004年度重庆市运输邮电统计工作先进集体、2001年重庆市企业景气调查先进单位、2003年重点企业跟踪监测统计先进单位、2004年及2009年重庆市流通和消费价格统计工作先进单位、2017年统计工作优秀单位。

八、税收

1986—1998年，重庆邮政各项税金均在重庆市缴纳。1999年，按照国家税务总局要求，重庆邮政企业所得税在北京市合并缴纳，营业税、增值税、城建税、教育费附加、个人所得税、房产税、土地使用税、车船使用税、印花税、过路过桥费及各项捐赠支出等各项税费，均按照属地缴纳原则，仍在重庆申报缴纳。

（一）企业所得税

1998年4月，经重庆市国家税务局批准，重庆邮政在1998年度向所属国有多种经营企业，按照销售收入的5%收取管理费，并规定全年收取管理费限额，收取的管理费年终有结余，按照规定缴纳企业所得税；国有多种经营企业，按照规定比例上缴的管理费准予在税前扣除，超过规定标准上缴的管理费应进行纳税调整。

1999年，国家税务总局明确国家邮政局及所属各级邮政企业1999—2003年应缴纳的企业所得税，由国家邮

政局在北京集中缴纳，税款入中央金库。国家邮政局及所属各级邮政企业所办从事非邮政业务的企业，就地缴纳企业所得税；国家邮政局所属各级邮政企业向所在地国家税务局申报企业所得税，接受所在地国家税务局监督检查。

2003 年，经重庆市税务局批准，重庆邮政的 2003—2010 年企业所得税享受西部大开发优惠税率（15%）。

2004 年，重庆市邮政管理局及所属各区县邮政局财务核算体制改革后，区县邮政局已不再进行独立核算。国家税务总局明确合并纳税成员企业，暂不实行就地预缴企业所得税办法。重庆市国家税务局明确区县邮政局从 2004 年度起，不再单独进行企业所得税纳税申报，其纳税申报及管理工作上划至片区邮政局所在地国税机关。

2015 年，法人体制调整（"子改分"）后，根据国家税务总局的相关规定，重庆邮政作为集团公司二级分支机构向当地主管税务机关进行企业所得税预缴申报，但不进行就地预缴，税款由集团公司统一汇总计算后，向集团公司所在地主管税务机关缴纳。

（二）增值税

自 2014 年 1 月 1 日起，财政部及国家税务总局开展邮政业由缴纳营业税改为缴纳增值税（简称营改增）试点工作。同年 2 月，重庆市国家税务局批准重庆邮政所属分支机构邮政业按照 1% 预征率汇总缴纳增值税。该政策沿用至 2016 年。

2016 年 5 月，财政部及国家税务总局实施全面营改增，将现代服务业和不动产租赁纳入增值税范畴。同月，重庆邮政向重庆市国家税务局申请增值税所有应税服务全市汇总缴纳。同年 12 月，经重庆市国家税务局批准，重庆邮政及分支机构增值税（出租不动产除外）自 2017 年 1 月 1 日起，在重庆市所辖范围内汇总计算、属地申报缴纳。该模式沿用至 2022 年底。

（三）其他税费优惠政策

1989 年 4 月，重庆邮政转发国家税务总局关于明确发行单位之间、发行单位与订阅单位及个人之间的图书、报刊等征订凭证免征印花税的通知。该制度沿用至 2022 年底。

2001 年 6 月，经国家税务总局明确，邮政部门坐落在城市、县城、建制镇、工矿区范围以外，尚在县邮政局内核算的房产、土地，从 2001 年起不征收房产税和土地使用税。该优惠政策沿用至 2016 年 5 月。

2006 年，财政部、国家税务总局就邮政普遍服务和特殊服务免征营业税下发通知，明确邮政普遍服务和邮政特殊服务免税，发行收入按照邮政企业报刊发行收入70% 计算。该制度沿用至 2022 年底。

2007 年，重庆市邮政局更名为重庆市邮政公司，重庆市邮政公司承担原重庆市邮政局土地（其中有部分划拨土地）、房屋权属。同年 4 月，经重庆市财政局批准，在不改变划拨土地性质情况下，同意免征重庆市邮政公司土地、房屋转移契税（划拨转出让土地应补缴土地契税）。

2008—2022 年，经财政部、国家税务总局发文确定，邮政企业为邮政储蓄银行代办金融业务取得的代理金融业务收入为金融机构代办金融保险业务取得的代理收入，代办速递、物流、国际包裹、快递包裹以及礼仪业务等速递物流类业务取得的代理收入，免征营业税或增值税。

第四节　管理成效

一、绩效考核结果

1986—2000 年，重庆邮政绩效由上级单位直接考评得出分值，无排名情况；2002—2007 年，重庆邮政绩效考核等级为三等奖或基本奖；自 2014 年起，重庆邮政绩效考核等级从 B 级提为 A 级（最高级）。截至 2022 年，重庆邮政实现战略绩效考核"9 连 A"。

表 4-1-4-1

1986—2022 年重庆邮政部分年份绩效考核情况表

年份	得分（等级）	备注	年份	得分（等级）	备注
1986	87.5	—	2009	B 级	—
1988	98.5	—	2010	B 级	—
1990	99	—	2011	B 级	—
1994	101.5	—	2012	B 级	—
1997	—	未考核	2013	B 级	—
1999	99.5	合并考核	2014	A 级	—
2000			2015	A 级	—
2002	三等奖	—	2016	A 级	—
2003	三等奖	—	2017	A 级	—
2004	三等奖	—	2018	A 级	—
2005	基本奖	—	2019	A 级	—
2006	三等奖	—	2020	A 级	—
2007	基本奖	—	2021	A 级	—
2008	C 级	—	2022	A 级	—

二、财务指标

（一）利润

1986—1992年，重庆邮政收支差额为正数。

1993—2008年，重庆邮政收支差额主要为负数，其中2002年、2003年、2007年短暂扭亏。

自2009年起，重庆邮政彻底扭亏，此后利润（收支差额）均为正数。其中，2015年利润突破亿元，2016年利润超5亿元。此后，每年利润均超过5亿元。

表4-1-4-2

1986—2022年财务报表利润完成情况统计表

单位：万元

年份	完成值	年份	完成值	年份	完成值
1986	351	1999	−16309	2012	1142
1987	558	2000	−12445	2013	2405
1988	629	2001	−5114	2014	1414
1989	773	2002	1993	2015	20673
1990	730	2003	125	2016	54293
1991	1148	2004	−4255	2017	56431
1992	1122	2005	−1036	2018	58581
1993	−338	2006	−13002	2019	63076
1994	−3717	2007	3244	2020	58514
1995	−2932	2008	−1833	2021	60368
1996	−3428	2009	36	2022	62278
1997	−17413	2010	660		—
1998	−17966	2011	1966		

说明：1986—2012年为（调整后的）收支差额总额口径，2013—2016年为归属母公司的净利润口径，2017年之后为经营利润口径。

（二）资金

1986年，重庆邮政资金余额为236万元。1987—1990年、1993—2015年，重庆邮政均存在银行借款（2007年末借款余额超过4亿元）。截至2022年底，重庆邮政资金余额超20亿元。

表4-1-4-3

1986—2022年重庆邮政资金情况统计表

单位：万元

年份	货币资金	银行借款	年份	货币资金	上存集团	银行借款
1986	236	0	2005	8257	—	44373
1987	307	22	2006	8497	—	43868
1988	400	22	2007	19077	—	43868
1989	389	22	2008	5365	—	18668
1990	417	22	2009	9232	—	18668
1991	640	0	2010	16147	—	18500
1992	1121	0	2011	13685	—	16500
1993	1716	1473	2012	17533	—	16500
1994	1488	2483	2013	40592	—	16500
1995	3038	5183	2014	56680	—	16500
1996	4163	5417	2015	57098	—	3000
1997	9482	6857	2016	14287	86712	0
1998	22204	18282	2017	7848	121313	0
1999	23620	20341	2018	4967	149170	0
2000	10072	21251	2019	4486	161167	0
2001	14579	27875	2020	2056	193501	0
2002	7978	30762	2021	4397	188834	0
2003	12728	37194	2022	2769	233313	0
2004	11070	37194				—

说明：1986—1989年货币资金＝财务报表库存现金＋银行存款；2016年起，活期和定期存款均上存集团公司。

（三）资产

1986—2022年，重庆邮政企业资产总体呈增长趋势。

表4-1-4-4

1986—2022年重庆邮政资产情况统计表

单位：万元

年份	总资产	其中：固定资产	年份	总资产	其中：固定资产
1986	4732	1440	1989	12916	2647
1987	9306	1659	1990	21885	3725
1988	10809	2474	1991	40645	6526

续表

年份	总资产	其中：固定资产	年份	总资产	其中：固定资产
1992	53603	8736	2008	135786	89650
1993	19766	14107	2009	151984	95882
1994	25085	16557	2010	165559	87901
1995	31468	19340	2011	178695	96905
1996	45951	31620	2012	190909	104110
1997	89265	57124	2013	229309	114844
1998	134612	70430	2014	267732	120836
1999	188780	76176	2015	256602	122986
2000	171521	83707	2016	324503	124394
2001	187982	81310	2017	381759	131656
2002	158373	79417	2018	446317	148859
2003	162854	88138	2019	476800	160858
2004	172192	102623	2020	547615	216159
2005	177766	101857	2021	593512	223234
2006	159146	100929	2022	650822	217163
2007	150611	85940		—	

说明：1986—1992 年，总资产均包含储蓄资产；自 1993 年起，总资产不含储蓄资产。固定资产金额为固定资产净值。

三、业务总量

1986—2022 年，重庆邮政业务总量基本呈现逐年增加态势。

表 4-1-4-5

1986—2022 年重庆邮政业务总量统计表

单位：万元

年份	计划	完成	年份	计划	完成
1986	1128	1152	2005	94000	105467
1987	1279	1367	2006	—	127042
1988	1500	1654	2007	135000	152185
1989	1820	1939	2008	—	182239
1990	2080	2300	2009	—	222700
1991	5440	5443	2010	—	210246
1992	5900	6499	2011	—	176892
1993	7311	8153	2012	—	233039
1994	9786	9188	2013	—	240236
1995	11530	10807	2014	—	269479
1996	13000	13498	2015	—	296427
1997	21500	22013	2016	—	361209
1998	25300	26557	2017	—	486736
1999	30300	29043	2018	—	639291
2000	34000	35376	2019	—	635456
2001	70000	70959	2020	—	673755
2002	77800	76027	2021	—	627774
2003	83250	84890	2022	—	679598
2004	93250	94075		—	

说明：邮电分营前为邮电业务总量，邮电分营后为邮政业务总量。

第二章　人事劳资管理

1986—2022 年，重庆邮政在干部管理、劳动用工管理和薪酬管理等制度改革上做了许多尝试和探索。在干部管理上，完善干部管理监督体系，建立领导干部竞争上岗、能上能下机制；在劳动用工管理上，合理调控用工总量，改善用工结构，提升人工效能，建立以岗位管理为基础的市场化用工制度；在薪酬管理上，打破"大锅饭""一刀切"等传统分配方式，转变为"按劳分配""多劳多得"按照贡献计酬的分配方式。通过 37 年的深化改革，全市邮政企业劳动生产率逐年提高。

人事劳资管理经历 1997 年邮电分营前、后两个发展阶段。1989 年，重庆市邮电局设立人事劳资处。1992年，重庆市邮电局撤销后，重庆市邮政局设立干部处（组织处）、劳动工资处、教育处（职工中心）、退休职工管理处。1995 年，重庆市邮政局机构调整，设立组织处、人事处、教育处和劳动工资处，其中组织处与人事处合署办公，教育处直接管理重庆市邮政局技工学校，劳动工资处直接管理安全办公室、统筹保险办公室。1997年邮电分营后，重庆市邮政管理局设立组织部、人事劳动部。人事劳动部下设安全办公室、社会保险办公室，重庆市邮政通信职业技能鉴定中心挂靠在人事劳动部。2003年，重庆市邮政管理局机构调整，设立人事教育处，下挂社会保险办公室、安全生产办公室、职业技能鉴定中心。2007年实施政企分开后，重庆市邮政公司设立人力资源部。2015年10月，重庆邮政增设人力资源服务支撑中心，与职业技能鉴定中心、社保中心合署办公，挂靠在人力资源部，比照直属单位管理。2016年3月，党委组织部成立，与人力资源部合署办公。2021年8月，"职业技能鉴定中心"更名为"技能人才评价中心"，仍与人力资源服务支撑中心合署办公。2022年，人力资源部与党委组织部合署办公，下挂人力资源服务支撑中心，技能人才评价中心、社保中心与人力资源服务支撑中心合署办公。

第一节　干部管理

1992年以前，重庆市邮政局受四川省邮电管理局和重庆市邮电局双重管理，邮政干部管理工作按照四川省邮电管理局和重庆市邮电局相关要求开展。1992年，重庆市邮电局撤销，重庆市邮政局隶属四川省邮电管理局直接管理，干部管理工作按照四川省邮电管理局相关要求开展。1997年，重庆直辖、邮电分营后，重庆邮政厅局级干部由国家邮政局和中国邮政集团（有限）公司任免；重庆邮政各部门、各区县县处级领导干部任免，由重庆邮政按照干部管理"下管一级"原则，进行任免和管理。

一、管理体制

自1987年1月起，根据《四川省邮电部门聘用（任）干部暂行办法》，在市邮局范围内实行干部聘用（任）制，利于干部能进能出。同年4月，市邮局报请四川省邮电管理局和重庆市邮电局同意，在市邮局及北碚区、南岸区等部分区局推行局长负责制。同年5月，市邮局出台《重庆市邮政局贯彻〈全民所有制工业企业厂长工作条例〉实施细则（试行）》，明确局长对全局的通信生产建设指挥工作、经营管理工作和技术工作实行统一管理、全面负责。同年6月，经四川省邮电管理局研究决定，市邮局各单位正式实行局长负责制。同年8月，为完善局长负责制，市邮局根据四川省邮电管理局《关于印发实行局长任期目标责任制办法的通知》，实行局长任期目标责任制，即由批准实行局长负责制的企业，按时向主管部门报送"局长任期目标责任书"，局长任职期满后，根据任职目标实现程度予以奖惩。1988年12月，市邮局印发《关于深化企业领导体制改革若干问题的实施意见》，提出确立局长中心

地位，落实局长各项职权等实施意见，促进建立局长全面负责制。

1990年5月，四川省邮电管理局下发《关于下达一九九○年聘用干部指标的通知》，规定自1990年起，对聘用干部实行指标计划管理，各单位必须在指标内聘用干部，不得突破。同年，市邮局获得8个聘用干部指标。

1993年8月，市邮局印发《关于转发〈四川省邮电部门一般行政职务管理暂行办法〉的通知》，完善和规范邮电部门一般行政职务管理。明确一般行政职务的聘任名称（主任科员、副主任科员、科员、办事员等）、任职资格、任职条件和管理等。要求各单位在开展聘任一般行政职务工作时，对原已确定一般行政职务人员，一律按照此次印发的"暂行办法"予以重新审核、聘任。未受聘的，不再保留原有职务。

1994年6月，市邮局印发《领导班子思想作风建设定期分析制度》《党委派人参加基层党总支支部民主生活会制度》《领导干部谈心制度》《领导干部个人重大事情报告制度》《领导干部回复上级党组织摘转群众反映本人重大问题制度》5项制度，规范领导干部行为，堵塞由计划经济向社会主义市场经济转换过程中可能出现的漏洞，加强领导班子思想作风建设。

1995年5月，市邮局印发《重庆市邮政局干部管理（试行）办法》，制订干部管理、聘用干部管理、领导干部回避、干部岗位轮换、后备干部选拔、选拔管理跨世纪专业技术拔尖人才、干部考核、加强和改善专业技术职务评聘、大中专生毕业分配、干部培训等管理办法。明确干部管理实行"下管一级"分级管理原则，邮电系统干部实行以邮电为主和地方双重领导的体制。

1997年，重庆直辖。市邮局实施邮、电分营体制调整，组建重庆市邮政管理局。共从四川省邮电管理局和重庆市电信局划入干部1013人，其中，从重庆市电信局划入340人，万县地区邮政局划入274人，涪陵地区邮政局划入241人，黔江地区邮政局划入130人，四川省邮运局重庆邮运分局划入22人，四川省邮电器材公司划入6人。同年7月，为适应邮电体制调整和邮政通信事业发展需要，理顺干部管理工作关系，使干部管理工作规范化、制度化，市邮管局出台《重庆市邮政管理局关于邮电体制调整中干部管理暂行办法》，明确对各级领导干部实行"下管一级"分级管理原则；对财务、审计、人事、组织、监察5个部门正副职领导干部实行"下管一级半"分级管理原则；对专业局二级机构正副科级干部，实行审定和指导原则。明确各级机构管理范围、干部职数与职级的设置、选拔任免等办法。规定聘用制干部必须在干部岗位或专业技术岗位工作，非干部岗位或专业技术岗位不得聘用干部；对聘用干部实行定员、定编、定岗的计划管理，在此基础上，按照规定程序和条件聘用干部。

1998年3月，中共重庆市邮政管理局纪律检查委员会、重庆市邮政管理局监察室印发《关于建立全市邮政系统新提任、提升领导干部诫勉谈话制度的暂行规定》，建立邮政系统新提任、提升领导干部诫勉谈话制度。同年6月，市邮管局印发《重庆市邮政通信部门干部管理暂行办法》，规定邮政部门干部管理实行以邮政为主和地方双重领导体制。邮政部门各级领导干部的任免、调动等，除另有规定外，均由邮政部门征求地方及相关部门意见后办理手续。市邮管局部门各级领导干部既实行"下管一级"的分级管理原则，又对各区（市、县）邮政局的领导班子实行直接管理原则。

2000年6月，市邮管局印发《重庆市邮政系统人事用工和分配制度改革实施方案的通知》，打破干部、工人身份界限，建立企业领导、管理岗位人员和生产人员竞争上岗、择优聘用、能上能下、合理流动的用人机制。在企业人事制度改革上，逐步推行企业领导公开选拔制度，对企业领导实行聘任制，试行公示制、试用期制。选拔、使用年轻干部，加强企业领导后备人才队伍建设，各单位企业领导后备人才按照比例配备，有计划地选派优秀中青年干部到基层或机关、边远局挂职锻炼。推行企业领导和管理人员任职资格证书制度和持证上岗制度。建立企业领导和管理人员交流制度，规定每年轮岗和交流人员不低于5%。制定企业领导业绩考核办法，重点考核企业领导的经营业绩和工作实绩。完善邮政企业经营责任制，在核定资产、明确经营责任和目标的基础上，企业领导者须与上级领导签订经营责任书，并将经营业绩作为考核和实施奖惩的主要依据。同年7月，市邮管局印发《关于贯彻执行聘用制干部暂行办法有关问题的通知》，规定在干部岗位工作未满8年的女干部年满50岁时，按照邮政企业职工内部退养规定办理内部退养手续，同时发文解聘，2年以后再办理退休手续。规定各单位聘用干部，必须严格控制在定编数内，填写《聘用制干部审批表》，报市邮管局人事劳动部审批同意后，按照干部管理权限聘用。

2003年2月，市邮管局印发《重庆市邮政系统干部管理工作若干规定》，明确领导干部任用制度、非领导职务设置、领导干部任免、交流、后备干部、干部监督等内容。其中领导干部职数配备，按照精简高效原则，各单位党委书记一般由行政正职兼任，纪委书记、工会主席一般由行政副职兼任。在各级领导干部的任用方面，规定市邮管局机关正副处级领导干部实行任命制；各城、片区邮政局以及下属区（市、县）邮政局，各专业局（公司）、生产局、直属单位和邮政实业集团公司领导班子成员（包括重庆邮政实业集团公司中其他副处级以上领导干部）中的现职行政领导干部，实行聘任制，聘期一般为3年，其中，国家邮政局规定，邮资票品部门的正职领导干部任职最长不超过5年；非领导职务及重庆邮政系统

各基层党委（总支、支部）、纪委、工会的负责人，实行任命制。

2006年6月，市邮管局印发《重庆市邮政通信企业领导班子工资性收入统一管理实施办法》，规定统一考核、管理各城区（片区）邮政局、各专业局（公司）、直属单位领导班子成员全部工资性收入。

2007年2月，重庆邮政实施政企分开，重庆市邮政公司成立。同年5月，市公司印发《关于重庆市邮政公司管理层级、职务序列设置的通知》，确定各单位（部门）及其内设机构的管理层级和职务序列。新的管理层级从二级到四级实行三级制，其中二级对应原正厅级单位，三级对应原正处级单位（部门），四级对应原正科级单位（部门）。市公司（含直属单位）新的职务序列按照工作性质分为经营管理序列和党群序列两大类，每一类中分别设领导职务和管理职务；城区、片区邮政局和区县邮政局职务序列中的非领导职务改为管理职务，其他职务序列、名称暂时不变。

2008年2月，市公司印发《重庆市邮政公司经营者管理办法》，规定城片区局、直属单位行政领导班子、市公司职能部门负责人实行聘任制；党委（总支、支部）、纪委、工会负责人实行任命制；首次提任、公开竞聘上岗、调任核心岗位职务的经营者，实行试用期制，试用期1年。人力资源、审计、监察部门共同组成考核评价组，对经营者进行定期、不定期、任（聘）期和试用期考核。通过任期审计、绩效评估、领导力素质测评、360度测评（上级评价、同级评价、下级评价）、满意度调查、个别谈话、组织考察等多种方式了解情况，最后根据经营业绩考核、经济责任审计、测评结果等方面评价意见，形成考核评价报告，交相关会议审定后，反馈考核评价意见。根据考核评价结果，建立经营者业绩档案，作为经营者任免和奖惩的重要依据。

2009年3月，市公司下发《关于集中保管全市邮政企业三级副以上人员因私出国（境）证照的通知》，对全市三级副（含非领导职务）以上人员因私出国（境）证照实行集中保管和请领使用。

2011年10月，市公司下发《关于部门负责人退出领导序列有关事项的通知》，明确各单位部门负责人男性达到55岁、女性达到50岁或因身体等原因，可退出领导序列，进入管理等其他序列从事工作。在相应职务级别（四级正副）任职满8年，距法定退休年龄不足8年的领导序列人员退出领导序列后，经市公司审批可执行"二级业务主办"和"主办"薪酬待遇。

2013年5月，市公司印发《重庆市邮政公司非领导职务设置与管理暂行规定》，明确三级非领导职务名称为高级业务经理（含原高级主管）、业务经理（含原主管）；四级非领导职务名称为主任科员、副主任科员。规定提任

非领导职务的职数，根据工作需要确定，实行总量控制；改任非领导职务的职数设置不受限制。同年 6 月，市公司印发《重庆市邮政公司局长（经理）助理管理办法》，规定局长（经理）助理配置范围、选拔制度、岗位职责等。明确城片区局、一类区县局及因工作特别需要配置局长（经理）助理的单位，可申请配置局长（经理）助理。局长（经理）助理直接对局长（经理）负责，在局长（经理）的指导下参与经营管理，为青年员工学习经营管理搭建特殊平台。

2016 年 8 月，根据中共中央组织部（简称中组部）和集团公司干部管理的最新规定，中国邮政集团公司重庆市分公司修订《中国邮政集团公司重庆市分公司领导人员管理规定》《中国邮政集团公司重庆市分公司领导人员选任工作程序》《中国邮政集团公司重庆市分公司三级及以下非领导职务设置与管理规定（试行）》《中国邮政集团公司重庆市分公司领导人员异地交流任职相关问题暂行规定》等干部管理制度，规范干部任职条件与资格、职数与期数、任免工作程序等。

2017 年 11 月，为加强领导人员选拔任用过程的规范管理，市分公司印发《中邮重庆分公司干部管理制度操作手册（试行）》，规范领导人员职务任免请示（备案）呈报材料要求、干部任免审批表填写和考察材料撰写要求、后备干部和中长期培养对象材料报送要求及领导人员选拔任用工作纪实材料归档要求。

2018 年 9 月，市分公司开展寄递改革，成立各级寄递事业部。各级寄递事业部党组织无干部管理权限，均不设立组织部门，寄递事业部的领导人员由各级邮政公司党组织按照干部管理权限负责管理。市分公司根据寄递事业部职务和职数的设置，统筹邮政、速递物流双方领导人员资源，配置各级寄递事业部领导班子，其中寄递事业部常务副总经理需同时担任同级邮政公司副总经理。

2019 年 3 月，市分公司修订《中国邮政集团公司重庆市分公司领导人员异地任职有关事项管理规定》，明确异地任职领导人员是因工作需要，由市分公司党委和各城片区分公司党委调派或提拔任职，且新任职单位与本人家庭居住地不在同一行政区划内的市分公司党委直接管理和审批核准管理的领导人员，市级部门（单位）四级管理序列人员，各城片区、区县分公司其他四级管理序列人员。所在单位应通过提供周转房或租赁住房方式，为异地任职领导人员提供必要的住房保障。并明确租房费用限额、住房装修标准和生活设施等规范。

2020—2022 年期间，市分公司修订《中国邮政集团有限公司重庆市分公司领导人员管理规定（试行）》《中国邮政集团有限公司重庆市分公司领导人员任免工作程序（试行）》《中国邮政集团有限公司重庆市分公司党委管理的领导人员改任非领导职务管理规定》《中国邮政集团有限公司重庆市分公司领导人员综合考评办法（试行）》《中国邮政集团有限公司重庆市分公司领导人员插手干预重大事项记录报告规定（试行）》等 20 余项制度办法，逐步推动重庆邮政干部管理监督工作规范化、制度化、体系化。

2022 年，按照集团公司统一部署，市分公司在全市各级邮政企业范围内推行领导人员任期制和契约化管理。全市各级邮政企业四级及以上领导人员，需与企业签订聘任协议，任期一般为 3 年（从聘任之日起计算）；对领导人员实行经营业绩和综合考评"双考核"，领导人员需与企业签订经营业绩责任书（业绩责任书），最终根据经营业绩考核结果和综合考评结果，刚性兑现薪酬和实行末等调整。

二、干部人数统计表

表 4-2-1-1

1986—2022 年重庆邮政干部人数统计表

单位：人

年份	总数量	其中									备注
		二级正（正厅局级）	二级正非	二级副（副厅局级）	二级副非	三级正（正处级）	三级正非	三级副（副处级）	三级副非	四级正（正科级）（区县分公司班子副职）	
1986	126	—	—	—	—	—	—	—	—	—	—
1992	122										撤销重庆市邮电局
1997	171										邮电分营，成立重庆市邮政管理局
2007	233	2	—	3	2	36	19	83	34	54	政企分开，成立重庆市邮政公司

年份	总数量	其中									备注
		二级正 （正厅局级）	二级 正非	二级副 （副厅局级）	二级 副非	三级正 （正处级）	三级 正非	三级副 （副处级）	三级 副非	四级正 （正科级） （区县分公司 班子副职）	
2015	129	1	1	5	—	24	—	67	5	26	子改分，成立中国邮政集团公司重庆市分公司
2016	148	1	1	4	2	26	4	67	6	37	—
2017	149	1	—	4	2	27	4	71	7	33	机构改革
2018	172	1	1	4	1	28	2	81	16	38	寄递改革
2019	175	1	1	4	1	30	3	81	11	43	
2020	176	1	1	4	1	33	3	81	16	36	
2021	209	1	1	4	2	35	6	100	15	45	—
2022	216	1	1	4	3	34	9	100	14	50	

第二节　劳动用工管理

1986—2022 年，随着劳动用工管理的加强和规范，重庆邮政按照"控总量、调结构、提素质、增效能"总体要求，建立健全以岗位管理为基础的市场化用工制度，优化人力资源配置，调整人员结构，盘活人力资源，提高人员投入产出效能。

一、用工管理

1986 年 6 月，重庆市邮政局出台《重庆市邮政局劳动合同制工人管理暂行办法》，规定合同制工人从招收到局之日起，执行 6 个月的试用期，在试用期满的前 1 个月对劳动合同制工人进行考核。考核合格，用人单位可直接与合同制工人签订劳动合同，第一次合同期限为 5 年。经考核不合格，表现差者，可延期试用 3—6 个月再决定是否签订劳动合同。明确劳动合同制工人在政治、劳动、保险待遇等方面的内容。同年，为扩大企业根据需要招用劳动者的自主权，国务院颁布实施《国营企业实行劳动合同制暂行规定》《国营企业招用工人暂行规定》《国营企业辞退违纪职工暂行规定》《国营企业职工待业保险暂行规定》，邮电部颁布实施《关于公布邮电企业招用生产人员暂行规定的通知》，实行这项改革后，全民所有制企业职工身份由国有职工转变为企业劳动合同制职工，职工的

"铁饭碗"从此打破。市邮局按照要求推进劳动合同制。

1989 年 11 月，重庆市邮电局转发邮电部《关于严格控制从外系统调入人员的通知》，明确各单位一般不能从外系统调入人员，由于特殊原因必须从外系统调入的，要严格执行审批手续。外系统调入人员应由省、自治区、直辖市邮电管理局、部直属单位集中管理。根据四川省邮电管理局转发《关于严格控制使用自然减员指标的通知》，自然减员指标由市邮电局管理集中使用。

1993 年 8 月，市邮局七届四次职工代表大会通过《重庆市邮政局劳动人事、分配制度改革实施方案》《重庆市邮政局上岗、试岗、待岗、离岗管理试行办法》《重庆市邮政局劳动合同书》《重庆市邮政局全员劳动合同化管理试行办法》《重庆市邮政局关于加强劳动纪律的暂行规定》，推进劳动、人事、分配制度改革。

1995 年 1 月，《中华人民共和国劳动法》正式颁布实施。同年 11 月，市邮局下发《重庆市邮政局劳动合同制实施办法》《重庆市邮政局职工奖惩办法》《重庆市邮政局考勤制度》《重庆市邮政局内部岗位劳动合同管理办法》，规定自 1995 年 11 月 20 日起，全市邮电企业全面实行劳动合同制，取消干部和工人、固定工和劳动合同制工人身份界限，统称为"邮电企业职工"，实行内部岗位劳动合同化管理。

1997 年 10 月，重庆市邮政管理局下发《重庆市邮电企业劳务人员管理暂行办法》，加强全市邮政企业劳务人

员管理，规范企业用工行为。扩大企业根据发展需要用工的自主权，企业用工形式开始向多元化发展。1999 年 8 月，市邮管局下发《重庆市邮政企业下岗职工管理暂行办法》《关于加强邮政企业劳动管理，做好减员增效的实施意见》《关于邮政企业实施职工内部退养的有关规定》《邮政企业内部劳动力管理暂行办法》等规定，规定实行定员定额管理，在此基础上实行双向选择，优化人员结构，持证竞争上岗，引入竞争机制，实现减员增效。

2003 年 11 月，市邮管局下发《关于规范重庆市邮政系统企业用工的指导意见》，指导邮政企业依法用工，规范用工管理措施，对岗位进行测评分析，核定定员标准，按岗配人，制定岗位职责明确上岗条件，合理配置劳动力，提高劳动生产率。

2004 年 11 月，市邮管局制订《重庆市邮政通信企业劳务用工管理办法（试行）》《重庆市邮政通信企业聘用工管理办法（试行）》，明确劳务用工管理权限，规定劳务用工管理程序和劳务用工管理行为，提出聘用工招聘、管理、培训、考核与待遇等标准，建立适应市场经济的用人机制。

2005 年 1 月，市邮管局下发《重庆邮政通信企业定员指导标准（试行）》，明确在国家确定服务标准前提下的定员标准，按照标准核岗定编，全面推行定员定额工作。

2008 年 1 月，《中华人民共和国劳动合同法》正式颁布实施。同年 2 月，重庆市邮政公司下发《重庆市邮政公司用工管理办法》《重庆市邮政公司员工招聘管理办法》《重庆市邮政公司劳动合同管理办法（试行）》《重庆市邮政公司员工奖惩办法》《重庆市邮政公司员工休息休假管理办法》《重庆市邮政公司员工交流管理办法》等，明确实行用工分类管理，调整和理顺劳动关系。规定一般人才招聘工作由市公司人力资源部组织实施，用人单位参与招聘方案的制定和实施工作；特殊人才招聘由市公司领导负责，人力资源部、用人单位参与实施。规范工作时间、休息休假、奖惩、考勤等制度。在企业用工形式多元化发展背景下，明确用工管理制度和管理办法，推动重庆邮政用工管理向制度化、规范化方向发展。

2011 年 7 月，市公司下发《重庆市邮政公司用工分类管理办法（暂行）》，明确公司用工分类实行动态管理，根据员工工作表现和业绩，可以进行用工类别的转换。规范各类人员日常管理与年度考核，建立考核评价制度、激励机制和正常的转换、淘汰机制。

2013 年 5 月，市公司下发《重庆市邮政公司非全日制用工管理办法（试行）》，明确非全日制用工使用要求、使用流程及日常管理，规范使用非全日制用工。同年 7

月，市公司下发《关于进一步推进用工结构调整的实施意见》，要求建立以合同用工为主体、劳务用工及其他用工形式为补充的用工结构。

2014 年 4 月，市公司下发《重庆市邮政公司员工双向交流管理办法》，优化干部员工队伍结构，建立纵、横向交流工作新机制。纵向交流指市公司本部［市公司机关职能部室、各专业局（公司）、直属单位］员工与基层邮政企业员工之间交流；横向交流指本单位之间员工交流。规定交流主要对象为领导干部、骨干员工、毕业后直接进入机关部门缺乏基层工作经历或基层工作经历短的机关管理人员以及优秀大学生。

2017 年 6 月，中国邮政集团公司重庆市分公司下发《职工内部退养管理办法（试行）》，重新明确内部退养条件、审批流程和内退待遇等相关要求。2020 年 10 月，市分公司转发《中国邮政集团有限公司关于进一步加强劳动用工管理的若干意见》，按照调整结构、提高素质、增加效能的要求，通过实行劳动用工分类管理、优化人员配置结构等，建立健全以岗位管理为基础的市场化用工制度。

2021 年 1 月，市分公司下发《关于做好代理金融营业网点人员优化配置工作的实施意见》，调整网点人员结构，提高投入产出效能，促进网点转型。2022 年，市分公司下发《中国邮政集团有限公司重庆市分公司劳动合同管理办法（暂行）》《中国邮政集团有限公司重庆市分公司员工双向交流管理办法》等规定，强化劳动合同管理和员工双向交流工作。

二、从业人员统计表

表 4-2-2-1

1986—2022 年重庆邮政部分年份从业人员统计表

单位：人

年份	从业人员	年份	从业人员	年份	从业人员
1986	3420	2011	14445	2018	14382
1992	3985	2012	14655	2019	14382
1997	4628	2013	14858	2020	14282
2007	15416	2014	14742	2021	13587
2008	14009	2015	13208	2022	13587
2009	14393	2016	13369		—
2010	13431	2017	13383		

三、劳动生产率统计表

表 4-2-2-2

2008—2022 年重庆邮政劳动生产率统计表

单位：万元/人

年份	劳动生产率	年份	劳动生产率	年份	劳动生产率
2008	8.92	2013	16.70	2018	40.65
2009	9.97	2014	18.58	2019	45.22
2010	10.28	2015	22.53	2020	50.12
2011	13.53	2016	30.77	2021	53.99
2012	15.16	2017	35.06	2022	59.64

第三节　薪酬管理

1986—2022 年，邮政体制调整，分配制度改革，邮政业务经营模式发生变化，重庆邮政薪酬管理逐渐由"计划经济"工资总额管理模式，转变为与企业经济效益挂钩，与行业投入产出效率对标，与劳动力市场价格基本适应的工资决定管控模式。职工工资调整秉承向一线倾斜、向技术人才倾斜理念，变"吃大锅饭""一刀切"为"按劳分配""按件计酬""多劳多得、少劳少得"的分配形式。随着邮政企业生产经营能力提升、劳动生产率不断提高，企业工资总额逐年递增，职工工资水平及各项福利待遇也逐年提高。

一、工资总额管理及分配制度

（一）工资总额计划经济时期

1986—1987 年，重庆市邮电局基本实行"按劳分配"薪酬制度，下达指令性工资总额计划，在保证完成正常通信任务和基建、大修、更新、线改等工程任务前提下，不影响正常生产维修和本职工作、不违反部省技术规程和国家财经政策前提下，承办邮电业务经营范围以外的，适合邮电企业承办的各项服务工作，通过推行增加收入的"广开门路提取劳务报酬和分成办法"，从实际情况出发，在经济核算基础上的"承包经营责任制"及"百元劳动生产率计划生产奖励办法""超定额按质计件工资"等分配方式，提升企业发展动能，提高劳动生产率。

（二）工资总额工效挂钩时期

1988 年 9 月，市邮电局印发《重庆市邮电通信企业工资总额同邮电业务总量挂钩暂行办法》，开始采用"基数+新增"的方式核定工资总额，实行工资总额工效挂钩。新增工资总额同全市邮电业务总量增长率、本企业邮电业务总量增长率各挂钩 50%。

1993 年 3 月，重庆市邮政局在原工效挂钩办法基础上改进完善，新增工资总额同全国邮电业务总量增长挂钩 40%，同本企业业务总量、业务收入各挂钩 30%。

1996 年，市邮局再次修订工效挂钩办法，规定新增工资总额同全市邮电业务收入挂钩 30%，同本局全员人均邮电业务收入挂钩 50%，同全市邮电实现利润和本局成本费用收入率挂钩 20%。

1998 年 7 月，重庆市邮政管理局印发《1998 年邮政企业工效挂钩办法》，规定新增工资总额同全市邮政业务收入挂钩 30%，同本级邮政企业业务收入挂钩 50%，同本级邮政企业成本费用收入率挂钩 20%。

2003 年 11 月，市邮管局印发《2003 年工效挂钩有关问题的通知》，规定新增工资总额同本级邮政企业业务总收入增长率挂钩 20%，同完成收支差额计划挂钩 80%。2008 年、2010 年、2013—2015 年，重庆市邮政公司多次调整修订工效挂钩办法。2008 年，新增工资总额与收入增长率挂钩 50%，与完成收支差额预算目标挂钩 40%，与劳动生产率增长率挂钩 10%；2010 年，新增工资总额与有效业务收入增长率挂钩 60%，同劳动生产率增长率挂钩 20%，同收入费用率降低率挂钩 20%；2013 年，新增工资总额与利润目标挂钩 60%，与劳动生产率增长率挂钩 40%；2014 年，新增工资总额按照（人事费用率调整系数×70%＋人均工资调整系数×30%）×（利润增量×28%＋业务收入增量×5%）进行核定；2015 年，新增工资总额根据（利润增量×15%＋业务收入增量×3%）×综合对标调整系数。综合对标调整系数根据人事费用率、人均工资水平等确定。

（三）工资总额弹性管控时期

2016 年，市分公司制订工资总额弹性管控办法，取消原有工效挂钩办法"基数+新增"保底政策，突出利润导向，工资总额根据经营发展情况可增可减。工资总额由基本预算工资总额、弹性预算工资总额构成，其中基本预算工资总额主要用于基本工资、津贴补贴、加班工资等，弹性预算工资总额主要用于业务发展奖励、阶段性专项奖励和年终绩效等。

（四）工资总额零基预算时期

2017—2021 年，市分公司工资总额采用零基预算核定办法，采用"标杆定额"和"弹性模型"方式核定，消除历史因素对人工成本配置的影响。工资总额由固定预算、岗位绩效预算、业绩绩效预算、弹性预算四个部分组成，其中固定预算按集团公司基本薪酬制度核定，岗位绩效预算按非私营企业平均工资比例核定，业绩绩效预算和弹性预算根据业务总收入、重点业务收入、利润预算等因素核定。2017 年岗位绩效预算与非私营企业在岗职工平均工资的 30% 挂钩。

2021 年，工资总额预算由原固定预算、岗位绩效预算、业绩绩效预算、弹性预算4个部分调整为固定预算、业绩绩效预算、弹性预算3个部分，其中固定预算与非私营企业在岗职工平均工资的40%挂钩；业绩绩效预算与"总营业收入、邮政企业寄递业务量、普遍服务补贴收入"因素挂钩；弹性预算与代理金融业务收入、快递业务收入、利润挂钩，利润影响程度由原35%提高到45%。

（五）2022年工资总额管控方式

2022年，市分公司印发工资总额预算办法，明确工资总额增长与业务收入增长额、利润增长额、非私营企业在岗职工平均工资增幅挂钩，同时综合考虑劳动生产率、人工成本利润率、重点业务收入完成率及战略重点指标完成率等因素，对增量工资总额进行调节。工资总额由效益性工资总额、保障性工资总额两部分构成，其中效益性工资总额占比85%，保障性工资总额占比15%；保障性工资总额与非私营企业在岗职工平均工资增幅挂钩，效益性工资与利润增长额、业务收入增长额挂钩（利润增长额挂钩45%、业务收入增长额挂钩5%）。

二、职工工资调整

（一）标准工资制

1989年，为理顺分配关系，完善工资制度，市邮电局贯彻邮电部《关于企业工资管理有关问题的通知》，规定自1989年10月1日起，邮电企业职工工资划分为档案工资、邮电行业工资和本企业工资，并实行档案工资和邮电行业工资管理权在邮电部，本企业工资管理权在市邮电局的"分级管理"。

1991年，邮电行业工资改名为邮电行业效益工资，取消本企业工资。邮电企业职工工资按照档案工资、邮电行业效益工资两类进行管理。

（二）岗位技能工资制

1993年8月，四川省邮电管理局印发《四川省邮电企业岗位技能工资实施办法》，推行岗位技能工资制，岗位技能工资制由基本工资和辅助工资两部分组成。基本工资由岗位工资和技能工资两部分构成（由邮电部统一管理）；辅助工资是除基本工资以外以各种形式支付给职工的工资性收入，包括特别岗位津贴、特别技术津贴、生活补贴及各种奖励。

1997年，为建立有效的激励机制，邮电部颁发《邮电通信企业分等分级管理办法（试行）》，在企业基本工资中增设"企业等级工资"，作为岗位技能工资的补充。

1999年9月，市邮管局下发《调整邮政企业岗位工资标准的通知》，加大岗位技能工资比重，按照生产、管理和专业技术岗位，分别按照不同数额适当增加岗位工资标准。

2000年5月，市邮管局印发《关于实行技术等级津贴制度的通知》，规定自2000年7月1日开始，对取得初级职业资格证书、中级职业资格证书、高级职业资格证书的，发放技术等级津贴。

（三）一岗一薪岗位工资制

2001年11月，市邮管局印发《重庆市邮政企业工资制度改革实施细则》，变身份管理为岗位管理，以岗定薪、一岗一薪、岗变薪变、工资能升能降。明确基本工资统一实行岗位工资制，按照岗位执行相应的岗位工资标准，具体划分为管理、技术、营销、营业投递、内部处理运输、生产辅助6个岗位系列、29个岗位工资标准。辅助工资是在基本工资外以各种形式支付给职工的其他工资性收入，是对基本工资的补充，主要包括国家局、市邮管局统一确定的企业经营管理者岗位津贴、专业技术职务和职业资格等级津贴、年功津贴、特别岗位津贴、少数民族地区补贴、其他津贴补贴以及各单位按规定发放的加班工资、经营生产奖金和各种奖励等。

2005年8月，市邮管局印发《重庆市邮政企业岗位工资标准调整方案》，调整岗位工资标准，提高岗位工资比重，对管理、技术、营销、营业、投递、内部处理、生产辅助等系列岗位工资，分别按照标准进行调整，向一线员工倾斜。

2007年9月，市公司印发《重庆市邮政企业岗位工资标准调整办法》，在2005年企业岗位工资标准调整的基础上，增加基本工资比重，对生产岗位系列和营销岗位系列岗位工资的调整幅度，高于其他系列调整幅度。

（四）一岗多薪宽带薪酬体系

2008年11月，根据《重庆市邮政企业薪酬制度改革实施方案》，市公司建立以岗位管理为基础的一岗多薪宽带薪酬体系，按岗位付薪、按能力付薪、按绩效付薪。邮政企业职工薪酬由岗位工资、津贴补贴和绩效奖金3部分构成。市公司在建立岗位职级体系、对企业和部门实行分类管理、对岗位实行分序列管理的同时，统一规范津贴补贴项目，取消年功津贴、企业经营者津贴等与岗位工资有关的津贴，保留专业技术职务津贴、职业资格等级津贴、外勤津贴、夜班津贴、班组长津贴以及综合补贴6项津贴补贴，并提高技能、外勤、夜班津贴标准。

2012年，市公司调整岗位工资和津贴补贴标准，提高固定薪酬保障作用，岗位工资标准调整采取分序列增加不同数额的方式，津贴补贴标准调整范围包括专业技术职务津贴、职业资格等级津贴、外勤津贴和夜班津贴。

2015年，市分公司围绕"调整优化企业、部门分类，调整优化岗位序列，规范统一基本薪酬制度"，优化薪酬结构，完善岗位职级体系，重新划分岗位序列，将岗位工资拆分为薪级工资和岗位工资两部分，薪级工资主要依据员工的本企业工龄、学历、专业技术职务等级（职业资格等级）等确定；岗位工资主要依据员工所在岗位确定。员工工资由薪级工资、岗位工资、津贴补贴和绩效工资四部分组成，其中基本工资由薪级工资和岗位工资构成。

2016年11月，为打造素质过硬的机要通信队伍，根据集团公司统一部署，设置邮政机要通信岗位保密津贴（简称机要津贴），与其他津贴同时享受。2021年，市分公司将机要兼职人员纳入机要津贴发放范围，按照专职人员津贴标准的50%发放津贴。2022年5月，市分公司再次上调机要津贴标准。2018年11月，市分公司印发《重庆邮政企业基本工资和津贴补贴调整实施方案》，按照向一线倾斜、技能优先、激励先进、对标管理原则，落实基本工资晋级晋档政策，调整职业资格等级津贴、专业技术职务津贴、外勤津贴、夜班津贴标准，提高固定薪酬占比，加大固定薪酬的保障力度。2019—2022年，重庆邮政工资标准未发生调整。

第四节　劳保福利

1986—2022年，重庆邮政逐步建立起劳动保护、企业年金、员工重大疾病保险和意外伤害保险、补充医疗保险等劳保福利体系，作为员工薪酬的重要补充，基本涵盖吃、穿、住、行四个方面，缓解员工医疗、养老顾虑。

一、劳动保护

（一）标志服

1999年12月，重庆市邮政管理局根据《关于邮政外勤和营业窗口人员换发邮政标志服的通知》，为外勤人员配备春秋装、长袖衬衣、夏装、领带、帽子、春秋装和夏装相配套的肩章，其中男装夏装为短袖上衣、裤子，女装夏装为短袖上衣、裙子。外勤人员的劳保用品中增发夏帽1顶和T恤衫2件。营业窗口人员配备春秋装、夏装、长袖衬衣、真丝领带，其中男装夏装为短袖上衣、裤子，女装夏装为短袖上衣、裙子。规定标志服换发周期为4年。

2003年9月，市邮管局制订《重庆邮政企业标志服着装管理规定》，明确邮政企业的标志服分为邮政外勤、窗口营业、内部作业和管理人员标志服4种。规范外勤人员、窗口营业人员、内部作业人员和管理人员春秋装和夏装的服装及服饰。规定一般当年5月1日至9月30日期间换着夏装，10月1日至次年的4月30日期间换着春秋装。2009年5月15日，重庆市邮政公司换发2008年款邮政制服，对2009年5月30日在岗员工且从事邮政通信工种的营业人员、外勤人员、内部作业人员配发春秋装、夏装、腰带和防寒服；生产管理人员邮政制服的种类和数量按照管理对象配发。邮政制服款式、颜色、规格、制作标准由中国邮政集团公司统一制定，置装周期为4年。

截至2022年底，重庆邮政标志服管理未发生变化。

（二）劳动防护用品

1991年6月，重庆市邮电局制订《重庆市邮电通信企业职工个人劳动防护用品管理暂行办法》，规定对直接生产人员、部分辅助生产人员和服务人员、生产科室（县、区、分局）直接参加生产管理的干部、需要经常深入生产现场指导生产的工程技术人员及劳动保护干部，发放必需的防护用品。明确防寒服装及用品、防护服装及用品、防护鞋（靴）、防护帽、防护手套、防护眼镜、防水防雨用品、防触电用品、防坠落用品、饮水用品、防噪音用品、保健人员用品和卫生用品分类及发放原则。

1997年10月，市邮管局严格执行国家及邮电部有关劳动保护的法令、规定，结合重庆邮政企业劳动生产特点制订《重庆邮政企业职工个人防护用品管理办法》，防护用品分类和发放原则、防护用品质量和标准以及防护用品的管理与1991年基本保持一致，为作业中对肘部、膝部和腿部安全有影响的人员，新增发放护肘、护膝、护腿。1998年6月，为改善劳动条件，减少伤亡事故，市邮管局对1997年印发的《重庆邮政企业职工个人防护用品管理办法》中的劳动防护用品发放标准，进行适当调整和补充。

2007年8月，市公司制订《重庆市邮政公司高温天气劳动保护实施办法》，规定按照一般高温天气作业的外勤人员10元/天，其余人员5元/天；中度高温天气作业的外勤人员15元/天，其余人员10元/天；强度高温天气作业的外勤人员20元/天，其余人员15元/天的标准发放高温补贴。每年5—9月期间，供应防暑降温物品，及时为员工发放防暑降温药品，为员工特别是外勤人员供应足够的、符合卫生标准的清凉饮料，有条件的可设置急救药品卫生箱，建立休息场所。

2008年2月，市公司制订《重庆市邮政公司劳动保护管理办法》，对邮政企业的生产人员，根据工种或岗位以及劳动条件确定劳动防护用品的发放范围及使用年限。对防护服及用品、防护帽、防护鞋（靴）、防护手套、口罩、防护眼镜、防寒服装、防触电用品、卫生用品、防坠落护具、医护、炊事人员用品，进行分类及明确发放原则。规定女职工劳动保护的权利、特殊休假及相关福利待遇。

2022年6月，重庆市邮政分公司修订《重庆市分公司高温天气劳动保护实施办法》，对高温天气补贴保留原发放标准，同时按每人每年400元的标准为高温天气作业的员工供给足够的、符合卫生标准的防暑降温饮料及药品。其中防暑降温饮料标准为每人每年300元，防暑降温药品标准为每人每年100元。同年12月，市分公司对2008年《重庆市邮政公司劳动防护管理办法》进行修订，制订《重庆市分公司劳动防护用品管理办法》，调整不同岗位序列的防护用品种类（调整后共计12种，分别为套袖、手套、长雨衣、套装雨衣、雨伞、雨鞋、安全帽、毛巾、口罩、肥皂、保温杯和护手霜），将原发放频次由1—36个月调整为1—12个月，在年度内集中发放，同时提高防护用品发放标准。

二、社会保险及住房公积金

（一）社会保险

1986 年 10 月，根据《四川省国营企业劳动合同制实施办法》，市邮局开始为劳动合同制人员缴纳养老保险，新增的劳动合同制人员自合同签订之日起开始缴纳养老保险。用工单位按照全部劳动合同制工人工资总额的 16% 缴纳养老保险，个人按 3% 缴纳。

1993 年 7 月，根据邮电部《关于发布〈邮电企业职工养老保险基金统筹办法〉的通知》，邮电企业职工养老保险基金实行系统统筹，统筹范围包括固定职工、合同制职工、计划内长期临时工和符合国家规定的离退休、退职人员。

1997 年 1 月，市邮局根据邮电部《关于印发〈邮电企业职工个人缴纳基本养老费暂行办法〉的通知》，为职工建立养老保险个人账户。

1999 年 1 月，根据国务院《关于实行企业职工基本养老保险省级统筹和行业统筹移交地方管理有关问题的通知》、重庆市《基本养老保险行业统筹移交地方管理实施办法》，邮电企业基本养老保险移交地方管理。

2000 年 10 月起，根据《关于印发重庆市城镇职工基本医疗保险制度总体规划的通知》，市邮管局各单位根据当地政府医保管理部门安排和企业生产经营情况，陆续在属地参加基本医疗保险。

2004 年 1 月起，市邮管局各单位根据《重庆市失业保险条例》《关于印发重庆市工伤保险实施暂行办法的通知》和当地政府就业管理部门、工伤保险管理部门安排及企业生产经营情况，陆续在属地参加失业保险、工伤保险。

2005 年 9 月，根据《重庆市职工生育保险暂行办法》，市邮管局各单位根据当地政府生育保险管理部门安排和企业生产经营情况，陆续在属地参加生育保险。

截至 2022 年底，重庆邮政按照国家规定为员工缴纳社会保险。

（二）住房公积金

1997 年 1 月，市邮局全面建立住房公积金管理制度，根据《重庆市邮政局住房公积金制度实施管理办法》，按照个人存储、企业资助、全局统一管理、分级实施、专项使用原则，规定职工个人和企业缴交的住房公积金比例为 5%，缴交比例随着国家经济的发展和职工个人收入的提高，再作适当调整。

2001 年 3 月，市邮管局下发《转发市住改办、市财政局关于 2001 年调整住房公积金缴存比例的通知》，明确自 2001 年 1 月起，单位及职工个人住房公积金缴存比例分别从 6% 调至 7%。

2005 年 10 月，市邮管局结合重庆邮政企业职工住房公积金缴存现状和企业自身发展状况，向重庆市住房制度改革办公室提交《关于申请提高住房公积金缴存比例的函》，申请自 2005 年 1 月起，将职工个人住房公积金缴存比例由 7% 提高到 12%。

2016 年 12 月，集团公司印发《中国邮政集团公司关于规范住房公积金支出的通知》，要求全国邮政系统凡住房公积金缴存比例高于 12% 的，一律予以调整，不得超过 12%。住房公积金缴存基数，不得超过所在设区城市统计部门公布的上一年度职工月平均工资的 3 倍。2017—2022 年，重庆邮政职工个人和企业缴交的住房公积金比例均不超过 12%。

三、企业补充保险

（一）企业年金

1997 年 7 月，根据《关于印发重庆市邮政企业补充养老保险暂行办法的通知》，市邮管局建立补充养老保险制度。

2010 年 5 月，市公司经重庆市人力资源和社会保障局《企业年金审查意见书》审核批准，经市公司职工代表大会生活福利专门委员会扩大会议审议通过，印发《重庆市邮政公司企业年金方案》，正式实施企业年金计划，实施时间追溯至 2006 年 1 月 1 日。

2016 年 5 月，集团公司下发《关于印发邮政企业年金大集中管理实施方案的通知》，要求各省（区、市）分公司的企业年金方案与《中国邮政集团公司企业年金方案》不符的需逐步调整到与集团公司方案一致，并上交集团公司统一管理。

截至 2022 年底，重庆邮政企业年金制度未发生变化。

（二）企业补充医疗保险

1998 年 2 月，市邮管局制订《重庆市邮政管理局职工劳保医疗管理办法》，确定全局在册职工（包括合同制和聘用制职工，不含劳务工）及离、退休职工均可享受劳保医疗待遇，在指定医疗单位就诊的手术费、药品费、治疗费可报销。明确医疗费用内、外诊报销标准，全费报销的范围及规定，转诊转院和定点医院以及自费范围药品的管理规定。

1998 年 4 月，市邮管局制订《重庆市邮政企业职工体检和健康档案管理暂行办法》，规定重庆市邮政企业在册职工原则上每 3 年进行一次健康体检。在职副厅（局）级以上领导干部每年进行一次体检；在职副科级以上的中层干部，高、中级职称的知识分子原则上每两年进行一次体检。离休干部参照《关于做好在职领导干部和知识份子保健工作的通知》执行，退休职工参照邮政企业在册职工执行。

2004 年 11 月，市邮管局印发《重庆市统筹区邮政企业职工补充医疗保险暂行办法》，建立"统筹区"〔即各城区邮政局、各生产局、各专业局（公司）、直附属单位、市邮管局机关各部委处室〕在职职工、退休人员补充医疗保障制度，并对门诊费用标准、补充住院报销限额及定点医疗机构进行规定。"非统筹区"〔即除统筹区外的重庆市各区（市）、县邮政局〕按属地原则已参加地方基本医疗保险和大额（或补充）医疗保险的参保人员在参加基本医疗保险的同时，可按照自愿原则，建立和参加邮政企业补充医疗保险。

2006年3月，市邮管局对邮政参保人员在邮政医院住院治疗期间的补充医疗费用补助进行补充规定，提高邮政参保人员在邮政医院住院治疗期间全年享受补充医疗费用的补助标准。一般疾病全年享受补充医疗的费用补助标准由5000元提高到8000元；患有恶性肿瘤的参保人员，全年享受补充医疗的费用补助标准由8000元提高到15000元。

2013年6月，重庆市邮政公司、中国邮政集团工会重庆市委员会制订《重庆市邮政职工补充医疗住院保险实施方案》。规定补充医疗住院保险交商业保险公司委托管理，报销限额16000元。起付线以下补充医疗保险，按照邮政医院100%、其他医保定点医院50%的比例报销。基本医疗保险统筹基金起付线至基本医疗保险统筹基金封顶线之间统筹支付后，剩余部分医疗费用中的甲类药品、乙类药品、诊疗费用个人自付部分（符合统筹基金支付范围内的合理医疗费用）100%报销。疾病身故保险金：保险合同生效后因疾病而导致的身故，赔付住院医疗报销限额剩余额度。

截至2022年底，重庆邮政企业补充医疗保险制度无变化。

（三）重疾和意外保险

自2016年1月起，根据集团公司《关于建立邮政企业员工重大疾病保险和意外伤害保险制度的指导意见》，市分公司印发《关于全市邮政企业建立员工重大疾病保险和意外伤害保险制度的通知》，为全市邮政员工投保重大疾病保险和意外伤害保险。投保范围为合同用工A/B类、劳务用工以及劳务承揽人员。保障额度为重大疾病保险10万元。交通意外和一般意外保险最高保额20万元。

自2019年1月起，根据集团公司《关于调整完善重大疾病保险和意外伤害保险制度有关问题的通知》，市分公司提高重大疾病保险和意外伤害保险保障力度。重大疾病保险保障额度中，35种重大疾病项目为20万元，原位癌项目2万元，猝死项目10万元。交通意外和一般意外保险最高保额100万元。

截至2022年底，重庆邮政重大疾病保险和意外保险制度无变化。

四、职工住房

（一）实物分房

1986年3月，市邮局从有利于生产、工作、方便职工生活角度出发，按照无房、拥挤、工龄长短和计分排队原则分配、调整职工家属宿舍，逐步改善和解决职工住房问题。

1992年2月，市邮局成立住房制度改革办公室，负责全局住房制度改革工作。同年5月，市邮局按照重庆市公有出租住宅基价标准和房屋租金地区类别，重新计算调整租金标准，收取住房保证金；坚持租售并举、租购自愿原则，实行出售公有职工住房与出租住房两种方式，鼓励职工积极购房，推行集资建房，给予购房和集资建房政策优惠；建立住房资金专户，专款专用，形成住房资金良性循环运行机制。

1997年，随着国家推动城镇住房改革，市邮局推行住房公积金制度，提高住房租金标准，推动集资建房。同年11月，市邮局取消建设福利住房和无偿分配福利住房，建立经济实用住房供应体系、住房信贷体系。截至1997年底，市邮局在渝中、江北、沙坪坝区以经评估成本价向职工出售住房共440套，总建筑面积26690.7平方米。同年，为加快邮政职工住宅房改步伐，解决职工住房紧张突出问题，市邮局筹资购买渝北区花卉东路9、10、12、13号，花卉西一路14、16号，花卉西一路18号1、2、3、4单元，龙溪镇金绸花园小区部分房屋，共计211套商品房（总建筑面积16999.51平方米），渝中区华新村223号共计39套商品房（总建筑面积3925.32平方米），沙坪坝区天成路共计25套商品房（总建筑面积1794.08平方米）出售给职工。

1999年9月，市邮管局印发《关于停止住房实物分配的通知》，要求自1999年1月1日起，停止投资购建住房用于实物分配，即停止住房实物分配。

2005年8月，市邮管局深化住房制度改革，继续稳步出售公有住房，以经评估成本价向职工出售住房共97套，总建筑面积5830.4平方米。

（二）房屋"背包"

1998年，市邮管局采取"自办公助"办法，拓宽职工现住房使用面积，批准实施"背包工程"，分别对渝中区嘉陵桥东村、江北区建北一村共138户进行背包扩建（总建筑面积2716.24平方米），并为背包增加的面积办理房产证、土地证。

（三）住房补贴

住房货币化分配是指在停止住房实物分配后，将单位建设和购买住房资金转换为个人消费资金的住房分配方式。其中，住房补贴为住房货币化分配实施方式之一。

自2001年5月1日起，市邮管局机关和直附属单位、渝中区邮政局、各专业局（公司）开始实施职工住房货币化分配，按照不同补贴标准，最长可享受300个月的住房补贴。

（四）集资建房

2005年，市邮管局在渝北区人和龙坝村建设全额集资"邮政绿苑"住宅，规定机关各部（处）室、各专业局（公司）、直附属单位及渝中区邮政局符合条件的在册职工和离退休职工可参与集资；参加集资建房的职工不得享

图 4-2-4-1　职工集资房"邮政绿苑"于 2009 年 5 月 1 日前交付职工

受职工住房货币化补贴，同时需退回已享受的住房补贴资金。"邮政绿苑"于 2007 年 5 月 28 日开工建设，总建筑面积 95920 平方米，共 781 户。2009 年 4 月 15 日，"邮政绿苑"通过竣工验收，同年 5 月 1 日前交付职工。

（五）"三供一业"移交

2017 年 4 月，市分公司按照《关于印发〈重庆邮政所属企业家属区"三供一业"分离移交工作实施意见〉的通知》，启动全市各级邮政企业家属区"三供一业"分离移交工作，涉及 6075 户（不去重），其中供水 997 户、供电 1270 户、供气 571 户、物业 3237 户，投入实施费用 2380.47 万元。截至 2020 年底，全部移交工作完成，共完成职工家属区 93 处（去重）共 4337 户（去重）的"三供一业"分离移交工作。

五、生活福利

1990 年 12 月 25 日，《重庆市邮电职工疗休管理办法》出台，明确职工疗休养条件、生活待遇及经费报销政策。

1998 年 5 月 28 日，重庆市邮政企业员工互助互济基金会成立，这是重庆市邮政系统第一个互助互济群众组织，职工参会率达 96.4%，共筹集互助互济基金 120 余万元。

2006 年，重庆市邮政职工重病、住院互助保障会成立，并印发《重庆市邮政职工重病、住院互助保障会章程》，原《重庆市邮政员工互助互济基金会章程》和《重庆市邮政员工互助互济基金会章程实施细则》停止执行。

1998—2022 年，先后 7 次调整会员生日、法定节假日慰问、生病住院、去世等慰问标准。

表 4-2-4-1

1986—2022 年重庆市邮政工会会员集体福利支出标准

单位：元

事项	年份	1998 以前	1998	2000	2011	2014	2015—2017	2018—2021	2022
法定节假日慰问	元旦	—	—	—	—	—	100	200	300
	春节	—	—	—	—	—	500	1000	1200
	清明节	—	—	—	—	—	100	200	300
	劳动节	—	—	—	—	—	100	300	400
	端午节	—	—	—	—	—	100	200	300
	中秋节	—	—	—	—	—	100	200	300
	国庆节	—	—	—	—	—	300	300	400
	小计	—	—	—	—	—	1300	2400	3200
会员生日		40	60	100	100	200	300	300	300
会员结婚		—	—	—	—	—	—	600	1000
会员生育		—	—	—	—	—	—	300	500
会员退休并离岗		—	—	—	—	—	—	800	1000
会员生病住院		50	80	100	200	300	—	500	800
会员去世		100	150	200	300	500	—	1100	2200
会员直系亲属去世								600	1200
每季度困难补助		100—200	100—300	200—500	500—800	—	—	—	—

第三章　职工教育

第一节　职工培训

一、培训机构

（一）邮政技工学校

1978 年 11 月 17 日，根据四川省革命委员会《关于恢复技工学校的通知》，重庆市邮政局开办重庆市邮政技工学校，办学地点在江北区观音桥市邮局技术科楼上。

1985 年 5 月，重庆市邮政技工学校与重庆市邮政局教育科合并，成立重庆邮政职工教育中心，采取两块牌子、一套班子，承担重庆市邮政局职工教育工作的职能管理、技工教育和多层次、多学科、多品种培训任务。为改善办学、办公条件，1996 年 11 月，重庆邮政职工教育中心搬迁至渝北区龙溪镇新牌坊二路 40 号。

按照邮电部职工人数"零增长"要求，1997 年 7 月，重庆市邮政技工学校停办。1978 年 11 月—1997 年 7 月，重庆市邮政技工学校共有毕业生 12 届，向重庆邮政企业输送技术工人 526 名。

（二）职工培训中心

1988 年 12 月，重庆市邮政局撤销教育中心，成立职工培训中心。

1990 年 1 月，重庆市邮政局设置职工教育中心，其主要工作职能是负责全局职工教育及培训的规划、组织、实施及技工培训管理。同时职工培训中心撤销。

1997 年 7 月，重庆市邮政管理局成立重庆市邮政职工培训中心，主要承担全局系统性文化、业务、技术教育培训等工作。

2001 年 3 月 7 日，根据市邮管局《关于同意重庆市邮政职工培训中心机构调整方案的批复》，重庆市邮政职工培训中心下设综合办公室、培训科，下挂邮政函授总站、职业技能鉴定站。

2003 年 10 月 16 日，按照市邮管局《关于成立重庆市邮政职工培训中心万州分部的通知》，重庆市邮政职工培训中心万州分部成立。行政关系按属地原则，接受万州片区邮政局管理，并接受重庆市邮政职工培训中心业务指导和管理。

2006 年 1 月 4 日，重庆邮政劳务有限公司划归重庆市邮政职工培训中心合署办公（重庆市邮政职工培训中心主任兼任重庆邮政劳务有限公司经理），为重庆邮政提供人事代理和咨询等服务。

2007 年 1 月，"重庆市邮政职工培训中心"更名为"重庆市邮政公司培训中心"。

按照市公司《关于调整重庆市邮政公司培训中心工作职责的通知》，调整重庆市邮政公司培训中心为直属单位，接受市公司人力资源部业务指导，下设综合部、培训部、劳务管理部、鉴定（函授）站 4 个机构，主要负责实施全市邮政系统内训计划，做好岗位培训、职业培训、职业技能鉴定工作，与高等院校联合举办学历教育等工作。

2013 年 2 月 26 日，按照《关于调整市公司培训中心内设机构岗位及人员编制的通知》，重庆市邮政公司培训中心下设综合部、培训部（鉴定站挂靠在培训部）。

2014 年 9 月，重庆邮政劳务有限公司注销。

2015 年 5 月 1 日，中国邮政集团公司对各省（区、市）邮政公司的管理体制由原母子公司两级法人体制改为总分公司一级法人体制。按照中国邮政集团公司重庆市分公司《关于市分公司职能部室专业局直属单位名称变更的通知》，"重庆市邮政公司培训中心"更名为"中国邮政集团公司重庆市培训中心"。

2020 年 1 月，按照市分公司《关于做好公司制改制相关工作的通知》要求，"中国邮政集团公司重庆市培训中心"更名为"中国邮政集团有限公司重庆市培训中心"。

二、教育培训管理相关制度演变

随着邮政体制机构改革、经营管理能力提升及组织发展对人才需求的变化，重庆邮政教育培训制度逐渐由学历教育管理办理和培训管理办法，合并发展为教育培训管理办法，其组织管理、经费使用、奖励标准及学历层次要求，也随之发生变化。

1994 年 1 月，重庆市邮政局制订《关于印发学历教育管理办法的通知》，明确在职职工取得学历教育审批程序、培训经费报销标准（公费送外学历培训的职工，企业承担 80%，第二学期提供上学期成绩，三好学生或 80 分以上，下学期一次性享受全额培训费，成绩不合格的按比例扣除）、可享有的学习时间（除寒暑假外，高等教育每周 1 天，每学期期末 1—2 周；中专教育每周半天，每学期期末 3 天—1 周）及自学奖励标准（大专以上 600 元、中专 400 元、高中 150 元）。

1996 年 5 月，《重庆市邮政局职工培训管理办法》出台，明确邮电教育的权利机构为职工教育管理委员会，其办事机构为教育处，技能与培训基地为重庆市邮政技工学校，要求重庆市邮政局教育处制订职工年度培训计划，实行培训计划管理。办法规定职工一律不得参加旅游性和盈利性培训，同时规定送外培训原则和费用标准等。办法明确：职工教育经费是国家对职工教育的政策性投入，必须按照标准提取，由教育部门掌握、财务部门监督、专款专用。

1997年12月，重庆市邮政管理局修订《重庆市邮政职工培训管理办法》，明确职工教育管理委员会的办事机构调整为科教部，要求各区（市、县）邮政局、专业局成立职工教育管理委员会或职工教育领导小组，并有一位局长分管职工教育工作，同时配备专兼职教育管理人员。办法明确：重庆市邮政职工培训中心是重庆市邮政职工教育的培训基地。

1998年3月，重庆市邮政管理局印发《重庆市邮政职工教育经费管理开支和学员待遇的暂行规定》，明确全市邮政企业职工教育经费按照工资总额的1.5%掌握使用。其中：各区（市、县）邮政局（不含万、涪、黔各局），各专业局、直属单位教育经费中，0.7%由重庆市邮政管理局统一集中掌握，其余0.8%自行掌握使用；万县、涪陵市邮政局，黔江地区邮政局及所属各区（市、县）邮政局职工教育经费中，0.5%由重庆市邮政管理局统一集中掌握使用，0.5%由万县、涪陵市邮政局，黔江地区邮政局掌握使用，0.5%由万、涪、黔所属各区（市、县）邮政局掌握使用。职工教育经费直接列入管理费用，实报实销，不提取基金。工会经费中的职工业余教育费，基层工会一般可在留成经费①（行政拨交工会经费的60%部分的25%）范围内掌握使用。同时，规定职工教育经费可用于公务费、业务费、兼课酬金、实习研究费、设备购置费、委托代培费、命题费、评卷费、考场场租费、监考工作人员补贴及其他经费开支；工会职工业余教育费可用于工会举办的职工业余教育教师所需的教材、教学消耗品、兼课教师津贴、职工自学、竞赛获奖、职工教育先进工作者等奖励，职工经基层工会同意到当地工会举办的职工学校参加业余文化学习的学费，以及工会在职工教育方面的群众工作需要的费用等。此外，规定经费开支标准和培训期间的学员待遇。

同月，重庆市邮政管理局修订《重庆市邮政学历教育管理办法》，明确学历教育必须在教育主管部门认定的范围内开展，即企业只组织职工参加国家教育委员会或重庆市教育委员会承认学历的学历培训；细化和修订学历教育审批程序，要求确认申请公费送培或准备毕业后申请自学奖励的职工，需在报名前履行报批手续。办法特别规定重庆市邮政管理局机关及直附属单位公费送培的研究生以上学历教育，只限重庆市邮政管理局后备领导、科技研究人

员、职工教育的专职教师等高层管理和高科技人员可以申请（需履行报批程序，并与重庆市邮政管理局签订培训合同后方可送培）。办法规定第二学历教育（单位急需人才除外）、不经考试入学等培训形式的教育只能申请自费业余学习，公费送培的职工在学期间原则上不得报考其他学校、不得转换专业。办法调整报销标准：批准公费送外单位参加学历培训的，培训费和实验实习费由所在单位负担80%，其余费用由学员个人负担；经批准参加重庆市邮政管理局主办的学历培训，培训费和实验实习费由主办单位负担40%，职工所在单位负担40%，其余部分由学员个人负担；提高重庆市邮政管理局机关自学奖励标准（高中起点本科及大专1000元、专升本500元、初中起点中专800元、高中起点中专400元、高中200元。其中，参加自学考试的，考试成绩每合格一科，另奖励30元）。

1998年10月，《重庆市邮政管理局在职职工硕士学历和学位教育管理暂行规定》出台，在学历教育管理办法的基础上，明确在职职工报考研究生的条件和范围，规定研究生的报销标准（同时取得教育部认可的硕士毕业证书和学位证书的，报销学费的100%；取得教育部认可的硕士学位证书，但未取得硕士毕业证书的，报销学费的80%；取得教育部认可的硕士毕业证书，但未取得学位证书的，报销学费的70%。其中，因本人原因中途终止学习的，应退还在读期间企业支付的所有费用）。

2003年4月，重庆市邮政管理局出台《重庆市邮政职工在职学历教育管理办法》，修订在职教育形式、组织管理、费用管理、学历管理等。明确职工在职学历教育是指职工在职工作期间利用脱产（不包括调转人事关系的脱产学习）或不脱产的方式，采取面授、函授、自学、远程学习等形式，参加研究生、本科、专科、中专等学历层次的学习，并获得相应学历、学位的教育。办法规定：职工参加国家或地方学历教育，应由本人提出申请，所在单位教育主管部门审核，领导批准，参加全国或地方教委统一组织的入学考试，并取得正式学籍，方可入学（自考除外）；职工参加硕士学历学位教育，必须具备本科毕业学历和获得学士学位，由本人提出申请，单位审核同意，报重庆市邮政管理局人教处批准，参加国家教育主管部门统一组织的硕士研究生入学考试，取得正式学籍，方可入学。办法明确学费报销标准，即职工送外参加国家学历教育（含研究生教育）的学费（含毕业设计费用、实验实习费）由所在单位负担80%，学员个人负担20%；参加重庆市邮政管理局主办的国家学历教育，学习费和实验实习费由主办单位负担40%，职工所在单位负担40%，学员个人负担20%；参加重庆市邮政管理局主办的地方学历

---

① 留成经费：企业通过税务代收缴交的工会经费按照确定的留成比例返还给企业工会账户的经费。

教育，学习费和实验实习费由主办单位负担 30%，职工所在单位负担 30%，学员个人负担 40%；参加其他机构组织的地方学历教育，学习费用一律自理。办法修订了自学奖励标准，即本科 2500 元，专科 2000 元，中专 1000 元，各单位自学奖励标准可按照不高于以上标准自行确定。办法要求单位与学员签订在职学历教育协议书，约定单位和职工双方的权利、义务、责任，以及费用的报销标准和服务年限（规定服务期为 5 年）等。

2008 年 2 月，《重庆市邮政公司员工培训管理办法》出台，修订和完善员工培训范畴、组织领导及工作职责、培训组织与实施、培训管理等。办法将员工学历教育纳入培训范畴，明确员工培训是指邮政员工参加的各类教育和培训活动，包括岗前培训、岗位培训、学历教育等。办法明确建立公司本部、城片区局及直属单位、区县局三级培训管理机构与网络，同时明确培训中心是市公司培训工作的组织实施单位。办法修订 2003 年印发的《重庆邮政职工学历教育管理办法》相关规定：学费报销方面，纳入重庆市邮政公司培养计划的员工、劳模自行参加国家承认的国民教育系列学习，在规定年限内修完全部学分且取得毕业证书的，由学员所在单位按培训费 80% 的比例报销学费，参加重庆市邮政公司组织的，由重庆市邮政公司和学员所在单位各承担 40%；自学奖励方面，在规定年限取得毕业证书的可获得的奖励标准为：研究生及以上 10000 元，本科 2000 元，专科 1000 元，但员工在职期间参加学历教育只享受一个学历层次的学费奖励。《重庆市邮政公司员工培训管理办法》明确培训工作的四个实施步骤，即培训需求分析、制订培训计划、实施培训、评估反馈总结。办法要求加强内训师和管理人员队伍建设，明确全市邮政职工培训经费应达到职工工资总额的 2%，其中 1% 由重庆市邮政公司统一集中掌握使用，主要用于全市性的员工教育培训和教材课件开发等，其余 1% 由各城片区局、各直属单位用于所辖范围员工教育培训。办法同时修订了培训经费的开支范围及开支标准等。

2017 年 5 月，《中邮重庆分公司培训费管理办法（试行）》出台，修订培训费用开支范围，即开展培训直接发生的各项费用支出，包括住宿费、伙食费、培训场地费、讲课费、资料费、交通费、评优奖励费及其他费用。办法明确伙食及住宿费标准。办法规定讲课费标准及评优奖励费标准等。办法完善培训机构目录，包含集团及其他省市培训中心、党和国家干部培训院校、高等院校及社会培训机构等，明确对社会培训机构实行招标入围管理，规范费用报销范围、费用报销流程及费用支付流程等。

至 2022 年底，培训制度未发生变化。

三、培训内容

（一）中国邮政网络学院重庆分院

2005 年，依托国家邮政局远程教育培训网络一级中心，重庆邮政搭建远程教育培训网络二级中心，开始试运行。

2006 年，重庆邮政配合国家邮政局远程教育培训网络一级中心做好远程教育技术维护，并于 12 月 5 日完成重庆邮政远程教育培训网络二级中心工程竣工验收。重庆市邮政职工培训中心负责落实国家邮政局搜集远程教育在学情况、科目、具体时间和要求，组织各下设远程教育培训网络三级中心培训，并提供技术支撑和全程援助答疑，全年国家邮政局远程培训计划完成率达到 100%。

2007—2009 年，重庆邮政配合中国邮政集团公司远程教育培训网络一级中心，做好远程教育培训网络重庆邮政二级中心 3 次升级工作，全市邮政建立 40 个远程学习点，注册学员 749 人，每年均完成远程培训计划。其间，共开发《团队精神》《客户开发技巧》《情绪管理与阳光心态》《邮政法律法规》《邮政业务知识》《演讲技巧》6 门远程培训课件和《邮政储汇业务员》《邮政投递员》《邮政营业员》3 门职业鉴定操作远程课件。

2010 年 7 月 1 日，中国邮政网络培训学院开通。同年底，远程教育培训网络重庆邮政二级中心升级为中国邮政网络培训学院重庆分院。

表 4-3-1-1

2011—2022 年重庆邮政远程培训开展情况统计表

年份	培训班数量（个）		参培学员（人次）		组织远程考试（场次）		组织远程考试（人次）	
	全国	自办	全国	自办	全国	自办	全国	自办
2011	28	17	6336	3738	—	—	—	—
2012	29	6	20345	9814	—	—	—	—
2013	18	8	8434	4300	—	—	—	—
2014	26	14	15615	5320	—	—	—	—
2015	74	9	56579	4095	—	—	—	—
2016	78	26	52320	14668	—	—	—	—
2017	70	13	44526	2301	51	68	37725	23629
2018	53	16	56293	8939	50	70	16264	40887
2019	63	11	37529	20547	89	68	28108	55115
2020	66	20	60880	13729	53	84	20062	56939
2021	37	24	38239	17163	42	12	12630	13592
2022	55	18	38488	17649	89	19	41350	12346

（二）员工能力素质提升培训

1997—2006年，重庆邮政举办报刊管理、国际业务、邮政支局长、中青年干部、邮政企业市场开发、职工岗位技能等素质类及业务类提升培训班469个，培训学员21227人次。

2007—2009年，重庆邮政举办互通工程、邮政名址系统维护、条码管理、邮政金融会计大检查、报刊查验业务、商函投递信息系统、人力资源管理系统、财务管理系统、邮政金融个人理财业务、分销配送业财管理暨清账盘库操作等培训班；组织教师和管理人员分块到各基层单位调研，对生产人员进行现场指导，并"送教上门"，扩大职工受训面。

2010年，重庆邮政举办培训班58个，培训学员3308人次。其中，包括分销业务、人力资源管理员、骨干支局长、工程建设、速递物流国际业务、入党积极分子等重点培训班。

2011年，重庆邮政举办培训班64个，培训学员3814人次。其中，包括客户营销系统、理财经理、数据库商函、函件广告策划设计、邮政金融安全评估、邮政科技管理人员、窗口前台标准化服务礼仪研讨和师资等重点培训班。

2012年，重庆邮政举办培训班52个，培训学员3546人次。其中，包括投递信息系统应用、名址数据管理及应用、电子商务全能业务、资金管理、提高理财经理基础知识和营销技能等重点培训班。

2013年，重庆邮政举办培训班34个，培训学员2349人次。其中，包括邮政营业业务管理人员、支局长、新入职大学生、邮政金融转型、固定资产新系统上线等重点培训班。

2014年，重庆邮政举办培训班43个，培训学员4035人次。其中，包括保险业务、证券从业人员资格考试、函件和集邮业务、逻辑大集中系统上线、数据库营销、订单管理及揽收派送系统等重点培训班。

2015年，重庆邮政举办培训班52个，培训学员3809人次。其中，包括重庆邮政经营精英、分（支）局长、优秀中青年干部、新入职大学生、全市企业资源计划系统上线、包裹快递人员等重点培训班。

2016年，重庆邮政举办培训班167个，培训学员12310人次。其中，围绕市分公司业务发展重点，举办重点项目培训班20个，包括领导人员经营能力提升、中青年干部"两学一做"延安专题、基层经营骨干、重点业务、内训师、新入职大学生、银行业专业人员职业资格考试、金融理财师（Associate Financial Planner，简称AFP）考试等培训班。

2017年，重庆邮政举办培训班135个，培训学员8309人次。其中，围绕市分公司人才队伍建设，举办重点项目培训班16个，包括领导人员党的十八届六中全会精神专题研讨、领导干部党性教育、各级领导班子成员经营能力提升、全市邮政支局长、全市邮政所主任、新入职大学生、邮政投递骨干、银行专业人员资格考试等培训班。

2018年，重庆邮政举办培训班131个，培训学员9971人次。其中，围绕市分公司人才队伍建设，举办重点项目培训班50个，包括领导人员学习贯彻党的十九大精神专题研讨、市分公司领导干部党性教育、全市邮政党建暨纪检监察干部、市场部主任、财务部主任、战略人力资源管理、金融业务部主任、包裹部主任、全市邮政支局长、支局长党性教育、全市邮政所主任、"6+2"业务能手（包括金融专家、转型精英、文创巧匠、快递先锋、营销精英、车务管家、邮保姆、邮助手）、全市邮政专业序列人员、新入职大学生、AFP考试、银行业专业人员职业资格考试等培训班。

2019年，重庆邮政举办培训班96个，培训学员10331人次。其中，围绕市分公司人才队伍建设，举办重点项目培训班25个，包括领导干部领导力与经营管理能力提升、领导干部党性教育、领导干部读书学习活动、"6+2"业务能手综合素质、内训师技能提升、战略人力资源管理、数据分析与运用能力提升项目、银行业专业人员职业资格考试、AFP考试、证券从业资格考试等培训班。

2020年，重庆邮政举办培训班93个，培训学员11095人次。重点培训全市各级邮政企业领导干部669人次，针对商业洞察与分析、目标设置、培养下属、绩效管理、体系建设、协同增效等进行培训，为66名领导干部建立"个人发展计划"；举办基金从业资格考试、AFP考试、中级经济专业技术资格考试等培训班；自主开发基金从业资格考试培训课程，培训师资由外聘转为内聘；首次为揽投员设置系列动漫类微课，包括《价格异议》《时限异议》《服务类异议》。

2021年，重庆邮政举办培训班94个，培训学员23887人次。其中，重点项目培训班23个，包括重庆邮政领导干部党性教育及管理能力提升、内设部门负责人党性教育、优秀年轻干部、优秀基层管理者、优秀员工能力素质拓展开发、部门经理综合能力提升、协同项目、支局经理、营业所经理、寄递部营销精英、邮政办公室工作等培训班。

2022年，重庆邮政举办培训班93个，培训学员24653人次。其中，重点项目培训班24个，包括重庆邮政领导干部党性教育及管理能力提升、2021年竞聘上岗领导人员、计算机编程语言（Python）基础知识＋数据预处理＋模型构建及优化、各内设部门经理综合能力提升、支局经理、营业所经理、2022年新入职大学生、优秀基层管理者、基层优秀员工能力素质拓展开发、内训师技能修炼、技师能力拓展等培训班。同年，出台《培训需求调查管理办法》《关于推进网点负责人分层分类培训的实施意见》；开展中级经济专业技术资格考试培训、会计专业技术资格考试培训；聘请重庆大学教授开展"一区两群"专题讲座；聘请西南大学农学专家开展线上线下农技知识培训。设立"重庆邮政四季大讲堂"，首课邀请重庆市经济和信息化委员会领导、消费品工业处领导分别作题为《重庆工业形式与政策》《预制菜行业研究报告——餐饮工业化风起，新赛道新机会》的专题讲座；第二讲邀请重庆国学院领导、重庆市非物质文化遗产保护协会领导分别作题为《国学传承文化自信》《我们的节日——二十四节气》的专题讲座，帮助全市邮政各级经营管理人员和客户经理依循二十四节气规律，将传统文化价值嵌入社区团购、厅堂营销、客户维护等服务场景，通过"二十四节气"主题营销活动，巩固提升大同城业务发展、三级物流体系建设、服务乡村振兴等优势。同年，中国邮政集团有限公司重庆市培训中心自有师资承担 12 期基金从业资格考试培训，参培人数 800 余人次。

（三）内训师管理

为满足企业生产经营培训需求，多渠道培养人才，2007 年 1 月 16 日，重庆邮政在全市范围内招聘内训师 36 名。

2008 年，重庆邮政完成 29 名全市第二批企业内训师的招聘和培训，修订内训师管理办法。

2009 年，重庆邮政对内训师进行年度考评，进一步修订内训师管理办法，明确企业内部培训师的管理职责、任职条件、选聘程序和考核要求。

2010 年，重庆邮政开展内训师试讲选拔，并举办全市邮政企业内训师授课技能大赛。

2011 年，重庆邮政开始组建各区县邮政内训师队伍，举办区县级内训师候选人员培训班、重庆邮政金融内训师选拔训练营。

2012—2017 年，重庆邮政出台《重庆市邮政公司2014 年内训师积分考评方案》《中邮重庆分公司内训师管理办法》，明确对内训师的管理、使用、考核和待遇激励；举办内训师选拔培训班 5 个，分别组建金融业务、渠道平台、包裹快递、市场营销、文化传媒和综合管理 6 类内训师队伍，共计选拔内训师 270 名。

2018 年，重庆邮政举办内训师补员晋升选拔培训班，补充内训师队伍；组织内训师沙龙和教师节座谈会，强化内训师队伍内训能力，促进内训师相互学习。

2019 年，重庆邮政通过内训师考核及评优方案，举办内训师资格认证培训班，优化内训师结构，壮大内训师队伍，全市邮政内训师共有 313 名。

2020 年，重庆邮政通过内训师管理提升内训师整体水平，首次组建 26 人的金融风控内训师队伍，集团级内训师人数达到 10 名。

2021 年，重庆邮政开展内训师直播技能提升和金融内训师技能修炼培训班，提升内训师直播技能和金融综合素养；开展金融业务（风控）内训师认证培训，补充 40 名金融（风控）内训师；开展内训师 2020 年度考评工作，评选出 33 名优秀内训师，337 名内训师考核合格。

2022 年，重庆邮政开展两次补员晋升资格认证，新增内训师 69 名，内训师总人数达到 425 名。其中，初级晋升中级 31 名，中级晋升高级 32 名，优化内训师队伍结构；开展内训师 2021 年度考评工作，评选出优秀内训师 35 名，359 名内训师考核合格。同年，利用中国邮政网络培训学院平台，搭建内训师业务直播专区，4 月起，组织内训师开展线上直播和录播培训，培训课程包括《"巫山脆李"项目分享》《双过半客户维护技巧分享》《临界客户提升数据分析》《忠县五万单"驿和大米"案例分享》《线上线下联动发展助推石柱大米卖好卖远》等，解决一线员工业务培训需求。同年，内训师自主开发远程培训课程29 门。

（四）学历教育

1. 全市学历教育情况

自 1986 年起，重庆邮政高度重视员工学历教育培训，通过继续教育、远程培训、学历教育等方式提高员工素质，提升员工学历，大专、本科及以上学历占比持续上升。2008—2022 年重庆邮政员工学历占比情况如下表：

表 4-3-1-2

2008—2022 年重庆邮政员工学历占比情况统计表

单位：%

序号	年份	大专及以上占比	本科及以上占比
1	2008	28.45	6.35
2	2009	30.49	7.06
3	2010	35.19	7.83
4	2011	43.27	9.05
5	2012	51.88	11.55
6	2013	57.91	14.24
7	2014	64.61	20.48
8	2015	76.21	29.58
9	2016	80.14	32.42
10	2017	82.43	35.79

续表

序号	年份		大专及以上占比	本科及以上占比
11		总计	83.94	37.62
12	2018	邮政	89.01	41.16
13		寄递	59.51	20.55
14		总计	85.07	39.82
15	2019	邮政	90.08	43.42
16		寄递	60.12	21.91
17		总计	87.82	50.89
18	2020	邮政	91.53	54.98
19		寄递	65.48	26.19
20		总计	88.39	51.59
21	2021	邮政	91.95	55.49
22		寄递	67.25	28.41
23		总计	89.33	54.49
24	2022	邮政	92.65	58.44
25		寄递	68.83	30.11

2. 重庆邮政开办学历教育情况

1998年3月，重庆邮政职工培训中心函授总站成立，开设邮电经济管理、计算机应用、邮政通信、邮政金融等专业，在读高等函授（大学本科、大学专科）和中等函授（中等专科、高中）学生共计113人。

1998年4月16日，重庆邮电学院重庆市函授总站在重庆市邮政职工培训中心挂牌。1998—1999年，共举办函授班11期，496人次参加学习。其中，职工技工（高中）班371人，干部高等函授教育（计算机应用专业）班9人，邮政经济管理专业班24人，四川省邮电学校（计算机专业）班92人。

2000年，重庆邮政开办学历教育培训班17期，培训学员615人次，完成计划的124%。重庆邮电学院重庆市函授总站新招高函邮电经济管理专业31人、邮政金融专业31人，地方学历邮电经济管理专业68人、邮政金融专业27人，共计157人。

2001年，重庆市邮政职工培训中心函授总站与河北省石家庄邮政专科学校、重庆邮电学院、四川省邮电学校建立长期联合办学关系，开设中专、大专、本科3个层次学历教育，专业涉及邮电通信、邮电经济管理、邮政金融、市场营销等。同年11月，重庆市邮政职工培训中心函授总站通过重庆市教育委员会联合检查组针对教学计划、教务管理、教材管理、学籍管理、办学条件的统一检查验收。

2002年，重庆邮政开办学历教育班14期，培训学员619人次；高等函授14人、中等函授44人毕业。

2003年，重庆邮政开办高等函授集中授课培训班10期，培训学员264人次；开设大专、本科两个层次及邮电经济管理、邮政金融、市场营销、计算机运用等专业的函授班。

2004年，重庆邮政开办高等函授集中授课培训班6期，培训学员120人次。大专毕业85人，新招生35人。重庆市邮政职工培训中心安装宽带网，实现高等函授远程教学，初步解决工学矛盾。

2005年，重庆邮政高等函授全部实现远程教育，解决工学矛盾。

2006年，重庆邮政组织高等函授考试4期，26人完成毕业设计，16人毕业。

2008年，重庆邮政在河北省石家庄邮电技术学院建立函授站，开展订单培养。

2010年，重庆邮政与西南财经大学合作，开展大学专科升大学本科网络学历教育。

2014年，重庆邮政与西南财经大学联合开展员工在职大学专科和大学专科升大学本科学历教育。

2015年，重庆邮政与西南财经大学联合举办学历教育，共录取136人。其中，大学专科25人，大学专科升大学本科111人。

2016年，重庆邮政学历教育在册学员共计335人，其中，西南财经大学249人，北京邮电大学86人，涉及大学专科、大学专科升大学本科两个层次，共5个专业，包括金融学、市场营销、工商企业管理、电子商务、物流工程（投递方向）。

2017年，重庆邮政首批122名员工完成在职学历教育，获得西南财经大学毕业证书，其中，大学专科25人，大学本科97人。学历教育在册学员422人，其中，西南财经大学127人，北京邮电大学78人，国家开放大学217人，涉及大学专科、大学专科升大学本科两个层次，共5个专业，包括金融学、市场营销、工商管理、电子商务、物流工程与管理。

2018年，重庆邮政学历教育在册学员307人，其中，西南财经大学44人，北京邮电大学22人，国家开放大学241人，涉及大学专科、大学专科升大学本科两个层次，共5个专业，包括金融学、市场营销、工商管理、电子商务、物流工程与管理。同年，中国邮政集团公司重庆市培训中心被国家开放大学授权为全国7个正式学习中心之一。

2019年，重庆邮政学历教育在册学员374人，其中，西南财经大学27人，北京邮电大学8人，国家开放大学

339 人，涉及大学专科、大学专科升大学本科两个层次，共 6 个专业，包括市场营销、物流管理、金融学、物流管理（邮政方向）、工商企业管理（邮政营销方向）、电子商务。

2020 年，重庆邮政学历教育在册学员 334 人，获得大学专科及以上毕业证书 158 人，其中，支局长（所主任）21 人，客户经理 7 人。

2021 年，重庆邮政学历教育在册学员 278 人（均为国家开放大学学员），其中新增学员 81 人；新获得大学专科及以上毕业证书 90 人，其中支局长（所主任）23 人。

2022 年，重庆邮政学历教育在册学员 307 人（均为国家开放大学学员），其中新增学员 42 人；新获得大学专科及以上毕业证书 17 人，其中支局长（所主任）3 人。

第二节　职工技能等级认定

一、机构设置

1998 年 2 月 17 日，按照重庆市邮政管理局机构编制委员会《关于成立重庆市邮政通信职业技能鉴定站的通知》，重庆市邮政通信职业技能鉴定站成立，挂靠在重庆市邮政职工培训中心。其主要职责是根据国家和邮电部的有关政策规定，在重庆市邮政通信职业技能鉴定中心（挂靠在市邮管局人事劳动部）的指导下，具体承担并组织实施本地区邮政通信职业技能鉴定工作。

二、组织实施

表 4-3-2-1

1998—2006 年重庆邮政职业技能认定情况统计表

年份	培训班数量（个）	认定学员（人次）	综合合格率（%）	备　注
1998—1999	71	3446	56.00	17 个工种；合格率从 1998 年 18% 上升到 1999 年 56%
2000	34	1954	84.94	—
2001	29	1639	64.60	15 个工种
2002	24	890	75.00	13 个工种；邮政业务营销员和押钞员工种鉴定取得成功，至此，完成所有通信工种的鉴定
2003	21	902	62.54	11 个工种；初级合格率 66.23%，中级合格率 65.52%，高级合格率 55.86%
2004	22	790	59.87	13 个工种；初级合格率 60.99%，中级合格率 58.33%，高级合格率 53.36%
2005	14	623	45.26	7 个工种；初级合格率 44.71%，中级合格率 39.46%，高级合格率 53.42%。7 月，按照国家邮政局职业鉴定中心要求，全市邮政系统开始使用"邮政系统职鉴管理软件"，梳理和规范职鉴管理流程
2006	17	801	48.68	9 个工种；推进新版职业技能鉴定工作，53 人参加国家邮政局举办的考评员培训

表 4-3-2-2

2007—2014 年重庆邮政职业技能认定情况统计表

年份	培训班数量（个）	认定学员（人次）	综合合格率（%）	备　注
2007—2009	132	9182	52.75	19 个工种；邮政鉴定工作实现三大创新：一是实现《邮政营业员》《邮政储汇业务员》《邮政投递员》3 个职业初级鉴定理论统考，在万州下设《邮政储汇业务员》《邮政投递员》初级鉴定理论、操作统考工作点；二是首次组织《邮政营业员》业务师鉴定工作；三是在《重庆邮政》报上公布鉴定合格人员名单，增加鉴定工作透明度，便于考生及时查询考试结果
2010	42	3378	49.79	—
2011	37	2792	59.06	—
2012	40	3352	61.45	—
2013	81	3626	74.16	—
2014	43	4526	64.76	—

表4-3-2-3

2015—2018年重庆邮政职业技能认定情况统计表

年份	培训班数量（个）	认定学员（人次）	综合合格率（%）	备　注
2015	72	3979	70.60	高级鉴定419人，合格307人；技师鉴定13人，合格人数为10人
2016	62	3092	74.20	技能鉴定持证率96.1%，达到中国邮政集团公司重庆市分公司中高级人才占比30%、高技能人才占比增长1%的目标，实现高级技师零的突破
2017	52	2986	73.33	强化高技能人才队伍建设，组织技师鉴定15人，合格11人；高级鉴定742人，合格379人，邮政生产人员特有职业资格持证率达到97%
2018	51	3958	48.30	参加中国邮政集团公司高级技师考评2人，全部合格。全市邮政生产人员特有职业资格持证率达到95%

表4-3-2-4

2019—2022年重庆邮政职业技能认定情况统计表

年份	培训班数量（个）	认定学员（人次）	综合合格率（%）	备　注
2019	42	3671	55.30	参加中国邮政集团公司邮政储汇业务员高级技师考评培训2人；组织开展邮政储汇业务员技师和机要业务员技师考评各1次，全市邮政共29人参加考评，其中26人合格
2020	31	1207	84.76	高级鉴定合格183人，合格率77.22%，同比提升37.06%。中国邮政集团有限公司重庆市培训中心被纳入"重庆市技能提升行动"培训机构目录，组织开展200人的政府补贴性职业技能培训，取得邮政营业员等9个职业等级认定试点资格
2021	27	1482	90.29	认定5个职业4个等级，其中，高级认定合格591人，合格率86.96%；技师考评合格36人，合格率94.7%。8月，按照《关于印发〈中国邮政集团有限公司职业技能等级认定实施办法〉的通知》（中国邮政〔2021〕509号）要求，"职业技能等级鉴定"更名为"职业技能等级认定"
2022	22	1031	85.90	认定4个职业4个等级，其中，高级认定310人，合格率79.68%；技师共95人报名，84人参与考评，合格82人，合格率97.62%。12月8—9日，开展2022年邮政储汇业务员高级技师考评，这是中国邮政集团有限公司重庆市培训中心组织开展的第一次高级技师考评工作，也是邮政最高级别的职业技能考评

三、技能大赛

1999年10月18—20日，重庆市邮政管理局举办重庆邮政企业首届职工岗位技能竞赛，30个代表队163名选手参加邮政投递、分拣封发、电子化营业3个大项、14个小项的理论和操作竞赛。

2003年，重庆市邮政管理局举办重庆邮政企业第二届职工岗位技能（电子化邮政营业、邮政汇兑营业）比赛。

2005年8月24—25日，重庆市邮政管理局举办第一届明星支局长大赛，经过基层选拔出31名支局长参加综合业务理论考试、计算机汉字输入考试、自我介绍演讲和即兴应变能力等考核。同年9月13—14日，举办重庆邮

政企业第三届职工岗位技能比赛。本次比赛是历次岗位技能比赛中规模较大、涵盖岗位（工种）较多的一次，来自全市邮政营业、邮政储蓄、电子汇兑、报刊发行和邮政投递5个岗位的129名一线员工参加比赛。

2007年8月，重庆市邮政公司举办第一届职工职业技能竞赛，全市33名邮政营业员、32名投递员参加竞赛，其中，2名选手取得业务师资格，15名选手取得邮政生产人员特有职业高级资格。同年9月，选派6名选手参加"全国邮政通信职业技能大赛"，取得综合排名全国邮政第11名（西部邮政第1名）、投递团体排名全国邮政第4名的成绩，并获得优秀团队奖，2位投递员还分别获得

个人全能奖和优胜奖，实现重庆邮政自邮电分营以来，全国邮政业务技能大赛获奖零的突破。

2008年，重庆邮政选派3名选手参加"全国邮政企业营业支局长知识竞赛"，获得中国邮政集团公司优秀组织奖。

2009年，重庆市邮政公司举办第二届邮政通信特有职业技能竞赛，全市31名邮件分拣员和14名邮件转运员参加竞赛，其中，4名选手取得业务师资格，4名选手取得高级工资格。同年，选派4名选手参加"第二届全国邮政通信特有职业技能大赛"，取得综合排名第14名的成绩，并获得组织奖和2个单项奖。

2012年7月16—17日，重庆市邮政公司举办第三届邮政通信特有职业技能竞赛。

2014年6月16—17日，重庆市邮政公司举办邮政业务营销员职业技能竞赛，52名经过选拔的邮政业务营销员参加比赛。

2015年8月17日，重庆邮政组织员工参加"第四届全国邮政特有职业技能竞赛"系列赛事中的"全国邮政营销知识竞赛"，获得团体冠军；同年9月16日，组织员工参加"第四届全国邮政特有职业技能竞赛决赛"，获得代理金融团体优胜奖（第3名）、邮务团体组织奖（第7名）、邮务类理论知识考试项目第5名、优秀营销案例等奖项。

2017年，重庆邮政组织员工参加"第五届全国邮政通信特有职业技能竞赛"决赛，获得个人全能第7名（邮务类第5名）、接收开拆第2名、揽投情景模拟第5名、

图4-3-2-1　2012年7月，第三届邮政通信特有职业技能竞赛赛场

个人优秀奖（邮务类第15名）、揽投情景模拟第6名。

2018年，在中国邮政集团公司和中国邮政储蓄银行联合举办的"'安全伴我行'主题辩论赛"决赛中，重庆邮政和邮政储蓄银行重庆分行联合代表队获得全国冠军。

2020年10月，由重庆市国防邮电工会主办，中国邮政集团工会重庆市委员会和中国邮政集团有限公司重庆市培训中心联合举办的"重庆邮政速递业务员（揽投）劳动和技能大赛"，重庆邮政13个城片区寄递事业部选拔29人参加比赛，比赛项目包括寄递理论知识、验视封装邮件、手工运费计算、产品业务介绍，其中，2人获得个人全能一等奖、3人获得个人全能二等奖、4人获得个人全能三等奖。

第四章　审　计

重庆邮政内部审计是重庆邮政企业自我约束机制的重要组成部分，是保障企业依法经营、规范管理、健康发展的重要手段。重庆邮政内部审计机构依法设立，内部审计管理体制顺应时代要求和企业发展进行多次调整，不同时期管理制度和工作重点也有所不同。审计部门通过开展各类审计项目，发挥审计监督服务职能，为企业健康持续发展保驾护航。

第一节　机构沿革

重庆邮政内部审计机构设置，经历机构分设、撤"科"改"处"、政企分开设"部"等，审计人员也由成立之初的2人，增加到2022年末的10人。

一、成立审计监察科

1985年6月1日，按照国务院1985年颁布的《内部审计暂行规定》，政府部门和大中型企事业单位实行内部审计监督制度。重庆市邮电局印发《关于设立审计监察机构的通知》，要求重庆市邮政局设立审计监察科，编制4—6人。同年8月24日，市邮局下发《关于成立重庆市邮政局审计监察科的通知》，成立重庆市邮政局审计监察科，负责对全局范围内财务收支、经济活动以及贯彻邮电方针、规章制度，改善服务，提高通信质量，加强经营管理，提高企业素质，加强职工队伍建设等方面实施监督检查，审计监察科配备人员2人。

二、成立审计科

1988年12月15日，市邮局下发《关于撤销审计监察科成立审计科的通知》，撤销审计监察科，成立审计科，

审计科配备人员 6 人。

三、更名审计处

1989 年 4 月 28 日，机关科室更名，审计科更名为审计处，审计处配备人员 6 人。

四、成立绿波审计师事务所

1994 年 4 月 15 日，根据市邮局《关于建立重庆绿波审计师事务所的决定》，组建重庆绿波审计师事务所，设所长 1 名，副所长 1 名，审计业务人员 10 名。适应社会"一业为主、多种经营"的经营模式，按照《注册会计师法》和审计署制定的社会审计工作制度，开展审计业务活动，具有独立法人资格，为社会审计机构提供审计服务。该所与审计处合署办公。

1997 年，邮电部对重庆地区邮电管理体制进行调整及邮电分营试点，决定撤销重庆市邮政局，设立重庆市邮政管理局。同年 7 月 4 日，市邮管局下发《关于印发〈重庆市邮政管理局机关及后勤服务机构设置〉的通知》，市邮局审计处变更为市邮管局审计处，重庆绿波审计事务所单设，由审计处归口管理。审计处人员 4 人，绿波审计事务所人员 3 人。

1999 年 7 月 5 日，市邮管局下发《关于重庆市绿波审计师事务所脱钩改制有关问题的批复》，同意绿波审计师事务所脱钩改制。改制后的事务所改名为"重庆绿波会计师事务所"。

2000 年 6 月 2 日，重庆市人民政府发布通告，公布一批与政府主管部门脱钩的中介机构，绿波会计师事务所正式与邮政脱钩，实行独立经营。

五、成立审计部 组建审计中心

2007 年，邮政实施政企分开，在市邮管局的基础上，成立重庆市邮政公司。在市公司设立独立的审计机构——审计部，同时成立二级机构审计中心，审计中心挂靠在审计部。审计部和审计中心人员编制 7 人，实际配备 6 人。

2010 年 4 月，审计部领导调整后，人员满编，审计部（含审计中心）人员 7 人。

2015 年 5 月，审计部、审计中心领导调整，审计部（含审计中心）人员增至 9 人。

六、成立审计审理团队

2017 年 6 月，中国邮政集团公司重庆市分公司进行市级部门（单位）机构编制调整和人员选配，机构编制调整后，审计部取消审计中心的设置，成立审计团队和审理团队。审计团队 4 人，审理团队 2 人，审计部领导 1 人。

2021 年 12 月，按照市分公司要求，审计部实行关键岗位轮岗制，对经济责任审计岗、管理审计岗、专项审计岗、财务收支审计岗、工程审计岗进行岗位轮换。轮岗后审计团队 4 人，审理团队 3 人；审计部领导 2 人，调研员 1 人，合计 10 人。

第二节 管理体制

在管理体制上，重庆邮政审计部门对上经历过市邮电局、四川省邮电管理局双管，国家邮政局审计局直管，中国邮政集团有限公司审计部统一管理等多个阶段；对下，经历过设置和取消区县专兼职审计人员等阶段。

一、邮政局时期审计管理体制

1985—1996 年，市邮局只在机关设立审计机构，配备审计人员，市邮局下属各单位均未设立审计机构，也未配备审计人员。市邮局所属单位的审计工作均由市邮局审计科（审计处）实施。

1985—1991 年，重庆邮政内部审计工作，在业务上受市邮电局审计处、省邮电局审计处的双重领导。

1992 年 3 月，重庆市邮电管理体制调整，重庆市邮电局撤销。至 1996 年，重庆邮政内部审计工作在业务上受四川省邮电局审计处的领导。

二、邮政管理局时期审计管理体制

1997—1999 年，市邮管局下属的万县移民开发区邮政局、黔江开发区邮政局分别代管 6 个和 4 个县邮政局。市邮管局在这两个开发区邮政局分别设立审计机构，配备 1~2 名审计人员。另在市邮管局直管的区县邮政局和直附属单位中，有 40 个单位配备兼职审计人员。2 个开发区邮政局的审计机构分别负责对其代管的县邮政局实施审计。市邮管局审计处负责指导、管理两个开发区邮政局审计机构和各区县、直附属单位审计人员的审计工作，并负责对市邮管局直管的区、县邮政局及直附属单位实施审计，审计处在业务上受国家邮政局审计局的领导。

2000—2002 年，万县移民开发区和黔江开发区撤销后，市邮管局对其代管的 10 个县邮政局进行直管，撤销两个开发区的审计机构，分别配备 1 名专兼职审计人员。其间，审计处负责对市邮管局下属各单位实施审计，各区县邮政局和直附属单位的审计人员负责对本单位实施审计，在业务上受审计处领导。

2003 年 2 月，重庆邮政实行城片区化管理。至 2006 年，市邮管局下属各单位中，7 个片区邮政局分别配备 1 名专兼职审计人员，其他各区县邮政局和直附属单位未再设审计人员。其间，7 个片区邮政局下属各单位的审计和会计检查，主要由片区审计人员组织实施。审计处主要负责组织实施对城区和片区邮政局现业及市邮管局所属直附属单位的审计和会计检查，并管理和指导 7 个片区审计人员的审计和会计检查。

三、邮政公司时期审计管理体制

2007 年，市公司进行审计管理体制改革，实行对审计人员集中管理的审计管理方式，取消片区（地市）邮政局的审计职能，全市邮政系统的审计职能均由市公司统一履行，会计检查职责交财务部门履行。审计部负责对市公司下属各区县邮政局和直附属单位实施审计，在业务上受集团公司审计部领导。

2013年4月，集团公司进行内部审计机构编制调整，撤销审计部，成立审计局；撤销地市邮政局审计岗，明确全省（区、市）审计工作由省（区、市）邮政公司审计部负责；省（区、市）邮政公司审计部负责对专业局、直属单位及地市、县邮政局开展审计调查，并接受集团公司审计局统一领导。重庆邮政审计部负责对重庆各专业局、直属单位及城片区、区县邮政局开展审计调查，在业务上受集团公司审计局领导。

2020年11月，集团公司实行"集团＋大区"管理模式，设立审计部南京分部、西安分部，各省分公司审计部接受集团公司审计部和两个审计分部的统一领导。各省分公司审计职能保持不变，在集团公司审计部指导下承担本省内部审计监督职责。市分公司审计部在集团公司审计部指导下，组织开展审计项目，对重庆邮政企业实施内部审计监督。

第三节 管理制度

为推动审计工作规范开展，根据国家政策要求和行业规范，集团公司和市分公司及时转发、制订或修订企业内部审计管理、经济责任审计、工程审计管理、审计质量管理和审计整改管理等方面制度，建立邮政企业内部审计制度框架体系。

一、内部审计管理制度

1986年3月，四川省邮电局转发《审计署关于内部审计工作的若干规定》，要求提高对建立内部审计制度的认识，指出"建立内审监督制度，是实行经济改革、加强管理、保证扩权、搞活健康发展的一项重要措施"。

1995年12月，四川省邮电局印发《四川省内部审计处理暂行办法（试行）》，规定内部审计准则、审计依据、审计定性、审计处理等内容，为四川省邮电系统审计工作开展，提供系统的指导和制度依据。

1999年5月，市邮管局印发《重庆市邮政内部审计工作实施细则》，同步下发20种审计文书格式。细则明确规定邮政审计的组织和人员、邮政审计机构的职责、邮政审计机构的权限、邮政审计工作主要程序等内容。细则的发布，对于促进市邮政内部审计工作的制度化、规范化、法制化建设，具有重要意义。

1999年5月，市邮管局转发国家邮政局《关于内部审计工作的规定》，明确邮政内部审计机构的职责和权限。

2003年6月，市邮管局转发《审计署关于内部审计

工作的规定》，详细规定内部审计工作的职责、目标、制度建设等，为内部审计工作的开展提供指引。

2008年2月，集团公司印发《中国邮政集团公司关于内部审计工作的规定》，规定邮政内部审计机构在本企业法定代表人或权力机构的领导下，履行审计职责并向其报告工作，同时接受上级内部审计机构的业务指导。

2014年4月，根据《中华人民共和国审计法》及审计署内部审计工作规定和集团公司内部审计相关要求，结合重庆邮政企业实际，市公司制订《重庆市邮政公司内部审计规定（修订）》，明确邮政企业实行内部审计制度，按照规定设置独立内部审计机构，配备审计人员，在市公司的领导下，履行审计职责并向其报告工作，同时接受上级内部审计机构的业务指导。

2022年10月，市分公司根据《审计署关于内部审计工作的规定》（中华人民共和国审计署令第11号）、《中国邮政集团有限公司内部审计管理规定》等，结合重庆邮政企业实际情况，对内部审计管理制度办法进行修订，印发《中国邮政集团有限公司重庆市分公司内部审计管理规定》。规定提出，内部审计工作要以倡导优秀企业文化和诚信价值观，以改善公司运营、增加价值为重要使命，以问题和风险为导向，以内部控制为主线，以治理为核心，以企业发展为目标。

二、经济责任审计制度

1999年，中共中央办公厅、国务院办公厅（简称"两办"）关于《县级以下党政领导干部任期经济责任审计暂行规定》和《国有企业及国有控股企业领导人员任期经济责任审计暂行规定》印发后，特别是2000年全国经济责任审计工作会议之后，经济责任审计工作作为一种基本审计制度在全国全面开展。

2008年3月，集团公司印发《邮政企业领导人员任期经济责任审计暂行规定》，明确任期经济责任的内涵，企业领导人员任职期间对其所在企业资产、负债、损益的真实性、合法性和效益性，以及有关经济活动应当负有的责任，包括直接责任、主管责任和领导责任；规定邮政企业内部需要接受经济责任审计的人员包括集团公司直属单位、省（区、市）公司及直属单位、市（地、州、盟）局的主要负责人。

2010年3月，集团公司印发《邮政企业经济责任审计作业指导书》，明确经济责任审计方法及内容，统一文书格式，规范审计流程。

2012年6月，根据"两办"印发的《经济责任审计规定》精神，集团公司制订《邮政企业领导人员经济责任审计实施办法》，对邮政企业经济责任审计工作的组织协调、审计内容、审计实施、审计评价与结果运用进行系统规定。

2015年2月，根据《国务院关于加强审计工作的意

见》、中央七部委《党政主要领导干部和国有企业领导人员经济责任审计规定实施细则》，集团公司修订2012年制订的《邮政企业领导人员经济责任审计实施办法》，印发新的《邮政企业领导人员经济责任审计实施办法》，对经济责任审计工作开展要求及内容等，进行详细全面规定。

2020年2月，根据"两办"最新印发的《经济责任审计规定》，集团公司修订2015年制订的《邮政企业领导人员经济责任审计实施办法》，印发《中国邮政集团有限公司经济责任审计管理规定》，指出经济责任审计的目的和意义在于通过聚焦经济责任，客观评价，揭示问题，促进经济高质量发展，促进全面深化改革，促进权力规范运行，促进反腐倡廉，推进国家治理体系和治理能力现代化。

三、工程审计管理制度

1989年5月，市邮电局转发邮电部《关于发布邮电基本建设项目审计暂行办法的通知》，对建设项目的审计内容、方法、程序做出明确规定。

1990年12月，四川省邮电局印发《四川省邮电基本建设项目审计实施细则（试行）》，明确邮电基本建设项目审计的对象范围和邮电基本建设项目审计的分工原则。

2008年3月，集团公司印发《邮政建设项目审计管理办法》，规定邮政建设项目是指列入集团公司和省（区、市）公司固定资产投资计划的基本建设和技术改造项目；还包括未列入固定资产投资计划的维修改造项目。邮政建设项目审计，依照统一计划、分级管理的原则，由各级邮政公司审计部门负责组织实施。

2015年8月，根据集团公司《邮政建设项目审计管理办法》和《重庆市邮政公司工程建设管理实施办法（试行）》有关规定，市分公司制订《中国邮政集团公司重庆市分公司工程建设项目审计管理办法》。《办法》明确建设项目审计范围、内容、程序和要求；规定工程建设项目审计根据建设项目所处的阶段，分为工程前期、工程中期和工程后期审计，根据项目重要性和规模以及实际情况，既可进行项目全过程的审计，也可进行项目重要环节的专项审计；对重点工程和规模较大的建设项目，可实施全过程跟踪审计。

2021年9月，根据《审计署关于内部审计工作的规定》（2018年审计署令第11号）、《中华人民共和国国家审计准则》（2010年审计署令第8号）、《内部审计实务指南》第1号和《中国邮政集团有限公司内部审计管理规定》《中国邮政集团有限公司建设项目审计实施管理办法》等规章制度，市分公司对工程审计办法进行修订，印发《中国邮政集团有限公司重庆市分公司建设项目审计实施细则》，对邮政建设项目审计的责任分工、计划安排、项目实施、审计报告、审计整改等阶段的组织实施以及审计

质量的控制过程，进行明确规范约定。

四、审计质量管理制度

2010年1月，为加强审计项目质量管理，集团公司印发《邮政企业审计项目质量控制办法》，规定邮政企业审计项目质量控制包括对审计人员的任职要求，对编制审计方案、收集审计证据、编写审计日记和审计工作底稿、出具审计报告、归集审计档案以及实施后续审计等全过程实行质量控制；要求集团公司审计部和各省、自治区、直辖市邮政公司审计部，定期开展审计项目质量评估工作。

2021年4月，集团公司印发《中国邮政集团有限公司审计质量控制办法》《中国邮政集团有限公司审计项目工作规范》。《审计质量控制办法》规定：审计质量控制分为审计机构质量控制和审计项目质量控制。审计质量控制要达到以下目标：一是保证审计活动遵循国家审计法规、中国内部审计准则和本企业审计制度规范的要求；二是保证审计活动的效率和效果达到既定要求；三是保证审计活动能够增加企业的价值，促进企业实现目标。《审计项目工作规范》明确对邮政各级审计机构和审计人员实施审计项目全过程的作业规范，包括送达审计通知书、编制审计方案、收集审计证据、编写审计工作底稿、出具审计报告、督促审计整改、开展后续审计、归集审计档案等环节。

五、审计整改管理制度

2021年8月，根据《中华人民共和国审计法》《审计署关于内部审计工作的规定》《企业内部控制基本规范》《中国内部审计准则》和集团公司《内部审计管理规定》《审计项目质量控制办法》《审计整改工作管理办法》等相关制度，市分公司首次制订《中国邮政集团有限公司重庆市分公司审计整改工作管理办法》，明确审计整改的总体原则是"纠正问题、追究责任、完善制度、标本兼治"，审计整改从具体事项整改、举一反三整改、问题源头整改、专项治理整改等方面多维度、全方位进行。

2022年12月，市分公司印发《中国邮政集团有限公司重庆市分公司关于进一步加强审计整改工作的通知》，提出压实整改责任、加强协作贯通、加大问责力度等7方面审计整改工作要求，加强审计整改工作管理，确保审计发现问题真改、实改、改到位，不断提升企业治理效能。

第四节　审计成效

随着体制和制度的调整、完善，重庆邮政的审计监督职责不断丰富，审计项目类型逐步增加，从成立初期的以财务收支审计为主，到审计全覆盖背景下经济责任审计、专项审计、管理审计、工程审计、财务收支审计、代理营

业机构负责人离岗审计全面开展。

一、第一阶段（1985—1996）

1985—1996 年，邮电部审计局是国家审计署的派驻机构，邮电通信企业内部审计是国家审计的补充，它从属于国家审计，是国家审计职能的延伸。邮电通信企业内部审计的主要职责是监督控制，审计目标是查错防弊，审计重点侧重于财务会计事项的审计。市邮局审计处（审计科）主要开展以查错防弊为目标的企业领导届满（离任）经济责任、多经企业承包经营、邮电通信企业财务收支、建设项目工程结算和决算、汇兑和报刊业务资金等事项的审计工作。同时，开展专项业务经济效益审计，包括九龙坡区、沙坪坝区邮电局和市邮电局经济效益审计等项目。累计开展审计项目 148 项，查出问题金额 127.68 万元、违规违纪金额 171.72 万元，为企业挽回经济损失 351.77 万元。

二、第二阶段（1997—2002）

1997—2002 年，重庆邮政内部审计职能由消极防弊向积极兴利发展，审计的主要职责除监督外，还有一定的服务职责，内部审计从对"与财务收支有关的经济活动及其经济效益"的审计监督，变成对整个部门、单位的经济效益、经济责任进行审计监督，注重提出改进管理的建议，提高单位的经济效益。审计工作由财务审计逐步扩展为包括财务事项和非财务事项在内的审计。其间，市邮管局审计部门除开展企业领导届满（离任）经济责任、多经企业承包经营、邮电通信企业财务收支、建设项目工程结算和决算等事项的审计外，加大对邮政业务的经济效益审计和业务管理、资金管理等方面的专项审计调查。累计开展审计项目 536 项，查出违规违纪金额 4433.23 万元，工程审计审减额 3405.48 万元。

三、第三阶段（2003—2010）

2003—2010 年，重庆邮政内部审计职责进一步拓宽，除监督控制职责外，强调服务职能。"强管理、防风险、促发展"成为重庆邮政审计主要目标，并开始推动审计工作转型。在审计理念上，由"注重结果、重在治标"向"注重过程、重在治本"转变；在审计职能上，由单纯监督检查的保护性职能，向与咨询服务的建设性职能并重转变；在审计目标上，从以单纯地检查纠正财务会计领域的错弊为主，向以评价并改善风险管理、控制和治理程序的效果为主转变；在审计内容上，从以财务收支为主，向与业务控制和信息系统控制并重转变。重庆邮政内部审计初步实现从以关注真实性、合规性为主的传统财务审计，向关注内部控制、提高效益和效率的现代管理审计的转型。具体工作中，除开展传统的审计项目外，还启动企业年度经营绩效考核审计，推进企业领导任中经济责任审计，开展物资采购比价审计，内控制度审计，速递物流、零售报刊、邮政贺卡等多项业务的经济效益审计，邮政业务合同审计，重大工程项目全过程跟踪审计及集邮、函件、报刊等业务的经营管理，代办费、印制费等费用的使用管理，报刊发行、新邮预订等业务资金管理的专项审计调查。累计开展审计项目 1590 项，查出违规违纪金额 37534.44 万元，工程审计审减额 4247 万元，企业审计实现增收节支 3051 万元。

四、第四阶段（2011—2016）

2011—2016 年，重庆邮政内部审计持续推进工作转型，把对执行力的监督检查和风险防范作为审计重点，坚持问题导向，开展财务收支、经济责任、工程建设项目、经济效益、内控制度等多类审计项目。同时，针对领导重视，企业以及员工关心的热点难点问题，开展多项专项审计调查。累计开展审计及审计调查项目 1831 项，包括：经济责任审计 66 项（其中任中经济责任审计 7 项、离任经济责任审计 59 项），年度经营绩效考核审计 3 项，财务收支审计 32 项，经济效益审计 3 项，内部控制制度审计 3 项，其他专项审计及调查 15 项，工程项目审计 1709 项（其中工程结算审计 1691 项、竣工决算审计 12 项、全过程跟踪审计 6 项），为企业节约工程建设支出 8449 万元，挽回经济损失 340 万元。

财务收支审计　2012—2015 年，连续 4 年开展邮政财务收支审计，全面清理和规范全市收入、支出核算。2014 年，审计部牵头制订规范收入核算的办法，建立规范企业财务收支核算的长效管理机制。

经济责任审计　两次修订和完善经济责任审计评价指标，扩展经济责任审计内容，强调开展审前调查，召开审前调查讨论会和现场审计小组汇报会，把管理审计、效益审计和内控制度审计的理念贯穿于经济责任审计中，对企业重大经营决策及经营管理中存在的缺陷和风险给予重点关注。2014 年 12 月，建立经济责任审计工作联席会议制度，加强对经济责任审计成果的利用。

工程审计　前移审计关口，对大渡口马王乡邮政业务处理中心、万州邮政生产指挥调度大楼、市公司生产指挥调度大楼和重庆邮政第三邮件枢纽中心实施全过程跟踪审计，加强工程进度管理，促进结算审计开展。

专项审计　开展企业往来账款管理、发票管理、应付建设项目资金和呆账资金流向、职工补充医疗保险费用管理、房屋出租收入管理、集邮专项产品营销费用管理、信息设备管理、业务宣传用品管理、用户欠费管理、邮区中心局成本结构、中央预算资金建设项目管理等专项审计及审计调查项目。针对审计发现的单位错用、乱用往来账科目，应收应付反映不真实，存在呆账、坏账，房屋购置和装修费用核算不准确等问题，提出审计整改意见建议，促进企业强化内部管控、加强内部管理。

经济效益审计　开展农资分销和报刊零售等业务的经济效益审计，摸清农资分销和报刊零售的经营效益状况，揭示业务经营管理中存在的三农有效网点偏低、网点营收缴款不及时等问题，促进企业提升业务经济效益。

内部控制制度审计　对函件广告局（集邮公司）、原分销业务局和电子商务公司等单位，开展内部控制制度的审计，发现部分制度缺失、执行不到位、合同管理不规范、个别岗位职责不明确等问题，促进企业内部控制制度建立和完善。

五、第五阶段（2017—2022）

2017 年 2 月，中国邮政 ERP（企业资源计划）系统审计模块在全国上线，实现审计计划线上上报审批、审计报表自动生成、审计作业平台运用，促进审计管理及审计作业标准化、规范化，提高审计管理及审计作业的质量

和水平。

2017—2022 年，按照中央对审计工作提出的"努力构建集中统一、全面覆盖、权威高效的审计监督体系"和"调动内部审计和社会审计的力量，增强审计监督合力"要求，重庆邮政内部审计工作重点和方式方法改变如下：一是审计重点上，增加效能审计、内控审计等内容，从财务收支审计到管理审计，更加关注企业发展质量；二是审计关口上，从事后监督到过程控制；三是审计方式方法上，强化 ERP 系统运用和大数据分析，实现远程审计；四是审计成果运用上，印发《审计风险提示》，向纪委办移交问题线索，为组织部提供人事任免依据，将普遍性和典型性问题作为民主生活会提醒事项等。

表 4-4-4-1

2017—2022 年重庆邮政审计项目数量统计表

单位：项

年份	财务收支审计	经济责任审计			管理审计			工程审计				专项审计调查	合计
		离任审计	任中审计	年度绩效考核审计	内部控制审计	效能审计	风险管理审计	基建项目审计	技改项目审计	成本列支的房屋维修工程	中央预算内资金项目		
2017	1	9	—	—	—	—	—	103	2	275	—	3	393
2018	2	5	—	—	—	—	—	85	—	356	—	1	449
2019	1	12	3	—	1	1	—	79	1	510	—	—	608
2020	—	4	—	—	3	3	2	64	—	244	—	—	320
2021	—	22	—	1	2	—	2	6	30	530	189	1	783
2022	—	11	4	—	1	3	2	6	18	504	45	—	594

表 4-4-4-2

2017—2022 年重庆邮政审计项目成效统计表

年份	审计总金额（万元）	处理处罚金额（万元）	增收节支			工程审计审减额（万元）	审计意见或被采纳建议（条）	审计发现问题（个）
			企业审计实现增收节支					
			合计（万元）	增加收入（万元）	节省开支（万元）			
2017	157345.61	62.45	80.49	32.25	48.24	1866.02	134	176
2018	36689.59	112.15	122.08	—	122.08	1858.25	114	126
2019	108171.65	606.07	201.49	34.25	167.24	3876.01	145	217
2020	126198.19	—	631.50	45.64	585.86	2609.20	151	199
2021	668036.96	334.79	741.33	412.96	328.37	4078.13	173	452
2022	528385.70	392.30	558.56	365.07	193.49	5848.12	289	563

经济责任审计　审计部正确运用"三个区分开来"（要把干部在推进改革中因缺乏经验，先行先试出现的失误和错误，同明知故犯的违纪违法行为区分开来；把上级尚无明确限制的探索性试验中的失误和错误，同上级明令禁止后依然我行我素的违纪违法行为区分开来；把为推动发展的无意过失，同为谋取私利的违纪违法行为区分开来），紧盯共性问题，关注个性问题，及时发现部分单位存在的收入反映不实、成本管控不到位、欠费管理混乱、采购管理薄弱等十大类问题，为领导干部管理工作提供参考依据。2022年，在总结以往经济责任审计发现问题的基础上，编写出《管理规范指南（上、下册）》。

专项审计　聚焦重点单位、重点费用、重点业务，2017年开展包裹快递收入、代理营业机构内控及管理审计项目；2018年开展集中采购专项审计；2019年开展用户欠费、物流业务效益审计等项目；2020年在全市业务外包专项审计基础上，重点对邮区中心局业务外包开展专项调查，对业务外包事前、事中、事后全环节问题进行深入分析；2021年开展逾期欠费、集包设备专项审计调查；2022年开展寄递业务外包、代理金融营销激励政策、国内特快业务发展质量等专项审计项目，促进企业加强对重点单位、重点费用和重点业务的管控，促进降本增效。

风险防控审计　2020—2022年，连续3年对九龙坡区、合川片区、涪陵片区、沙坪坝区、渝北片区、南岸区分公司共计6个单位，开展代理金融风险防控审计，重点关注代理金融风险防控、合规管理、消费者权益保护、网点转型、发展效率以及成本管控、经营效益等情况，促进代理营业机构合规健康发展。

代理营业机构负责人离岗审计　2022年首次在全市范围内开展代理营业机构负责人离岗审计工作。2022年3月，制订《离岗审计作业指南》，探索建立全市代理营业机构负责人离岗审计机制。2022年，全市出具代理营业机构负责人离岗审计报告610份，累计发现问题1180个，问责1123人次，给予经济处罚共计36.68万元。

工程审计　不断强化建设项目审计监督，持续开展工程竣工结算、决算审计，发现擅自变更建设内容、建设标准，未经批准超概算建设项目等问题，促进企业加强工程管理，提升工程审计质效。2017—2022年，工程审计累计审减额20135.73万元，工程结算审计审减率分别为17%、14.15%、16.94%、18.33%、17.06%、19.37%。

第五章　计划建设

1986—2022年，随着邮政经营业务发展和邮政储蓄等新业务的开办，邮政业务量逐年增加，对邮政局房及生产设施、技术设备的需求也不断提高。重庆邮政根据市场需求，加大对邮政基本建设工程和技术改造工程项目的投资力度，持续扩大生产处理场地和局房规模，不断提高邮政设备机械化、自动化、信息化水平，有效提升邮政生产经营管理和服务水平，为业务转型发展奠定基础。

第一节　计划管理

一、"七五"计划期间（1986—1990）

"七五"期间，服务局所方面，网点净增2个，全局生产用房面积23923平方米，共有邮电局（所）151个，其中区邮电局9个、邮电支局37个、邮电所105个。另有报刊零售门市部（亭）43个、集邮门市部38个、邮政代办所10个、邮票代售处288个。邮政网路方面，全局营运邮路共156条，总长度（单程）为5585.5公里，其中自办汽车邮路51条，长度（单程）为3507.5公里；委办汽车邮路27条，长度（单程）为169公里；铁路邮路3条，长度（单程）为1187公里；轮船邮路3条，长度（单程）为66公里；航空邮路1条，长度（单程）为347公里；摩托车邮路6条，长度（单程）为42公里；非机动车邮路65条，长度（单程）为267公里。邮政设备方面，全局共有各类邮政生产设备223台（辆、艘），其中汽车100辆、拖（挂）车59辆、牵引车3辆、叉车6辆、摩托车22辆、机动船1艘、木船1艘、捆扎机12台、邮件升降机2台、邮件传送机2台、包件分拣机2台、包件收寄机12台、邮袋分拣系统1套。电信通信能力建设方面，全局共有电报业务电路14条，长话业务电路91条，其中北碚局50条，南桐局23条，双桥局18条；市话交换机容量4500门，其中北碚局3000门，南桐局1000门，双桥局500门。

二、"八五"计划期间（1991—1995）

"八五"期间，企业从增能入手，投入固定资产资金2.32亿元。其中，基础设施建设方面，投入资金1.15亿元，竣工面积59827平方米，主要完成沙坪坝火车邮件转运站、江北航空邮件转运站等4个部管项目，以及北碚邮政楼加层、江北区局局房改造、大堰村和茄子溪邮电支局等13个局管项目。通过建设，增加局所网点，改善邮政生产作业场地狭窄条件。邮政通信能力建设方面，投入资金2790万元，引进比利时OVCS信函自动分拣系统2套、更新改造邮政运输设备85辆和邮政机械设备84台（套）、建成8个业务处理微机网络。通过建设，营运邮路增至8100公里，净增2514公里，信函分拣、包裹分拣、报刊发行要数、邮运制单、邮件查询等部分业务，结束手工操作历史，实现机械化、半自动化、自动化，减轻工人劳动强度。电信通信能力建设方面，对北碚、万盛、双桥3个远郊局，投入电信发展资金8920万元，3个区的电信通信能力连年增长。程控交换机代替步进制、纵横制交换机；传输手段由载波发展到数据传输；非话终端设备实现智能化、传真化；长途电路增长8.79倍；电报电路增长3.28倍；交换机容量增长9.77倍。建成数字数据网、分组交换网；部分支局建成二、三次群光纤通信，安装C5级交换机、光环机、PCM终端机；先后开通4个寻呼台；建成450兆移动通信基站2个、900兆移动通信基站1个。

三、"九五"计划期间（1996—2000）

"九五"期间，邮政通信能力增加，截至1999年底，重庆邮政邮运汽车由新中国成立初期的几辆增加到886辆，邮路由新中国成立初期的48条、4.4万公里步班邮路、木船水路发展为966条、11.6万公里航空、水运、汽车和火车邮路，邮政局（所）由新中国成立之初的59处增加到2225处。邮政大厦、汽车邮运中心、航空邮件转运站、邮运隧道、重庆邮政二枢纽、火车邮件转运站、水运邮件转运站、邮政通信生产指挥调度楼等重点邮政通信设施已经建成或正加紧建设，重庆—宜昌跨省一级干线快速水运邮路、重庆—广州火车干线直达邮路先后开通，重庆海关及重庆卫生检疫、动植物检疫先后进驻重庆邮政，重庆国际邮件互换局、重庆国际邮件交换站、重庆国际特快邮件交换站先后设立。这为重庆特别是三峡库区经济社会发展提供了良好的通信条件。邮政机械化、自动化程度提高。邮政营业逐步实现电子化，截至1999年底，邮政营业电子化窗口达到112个，"绿卡"联网网点达到116个，ATM（自动取款机）达到42台，"绿卡"累计发卡82896张，33台邮资机投入使用，为城区主要支局和业务量较大的区（市）县局营业室配备多媒体查询系统20台。

四、"十五"计划期间（2001—2005）

"十五"期间，强化投资管理，投资结构得到改善。新增社区网点300个，城市报刊零售亭760个，加大"三农"服务网点建设。建立物流集散中心，全市物流仓储面积达到38700平方米；重庆邮件处理中心建成投入使用，邮路总条数达到867条，邮路单程总长度达到8.59万公里，邮政生产用房面积为41万平方米。信息化建设累计投入资金2.41亿元。网络平台构建处于全国邮政领先水平，从重庆市中心到40个区县中心的主备线路均为2兆，

从区县中心到联网网点的线路带宽512千字节以上的占95%，2兆以上的占83%，最高的达10兆。完成绿卡统一版本工程，建成电子汇兑应用系统，建成中心局生产作业子系统和邮运指挥调度子系统，实施电子化支局版本统一和联网，改造速递邮件生产和信息查询系统等。

五、"十一五"规划期间（2006—2010）

"十一五"期间，加大西部网点和农村营投网建设改造力度，营投网点竞争力增强。网点改造投入固定资产和成本4亿余元，新增和标准化改造农村营投网点700个，增加邮件转运站1个，提升营投网点竞争力，改善营业环境以及提升企业形象，建设村邮站2600个、"三农"服务中心4500个，邮政服务能力增强。"十一五"期间，建设报刊零售批发系统、重庆邮政网点综合信息系统等应用信息管理系统，初步实现生产、营业、管理信息化，信息系统间的数据共享和资源整合力度加强，邮政信息化水平逐步提高。

六、"十二五"规划期间（2011—2015）

"十二五"期间，资源配置优先满足各种竞争性业务长远发展需要，投资重点向营投末梢及向全网网点建设、生产能力和信息化等重点项目倾斜。营业网点建设改造累计投入资金62269万元，实施项目1209个；局房建设改造累计投入26919万元，实施项目40个；生产场地建设改造累计投入9945万元，主要用于邮件处理中心和投递站的改造、自助设备安装土建和安防设施设备、区县中心金库改造等；科技总投入为3120.39万元（包括自主开发项目53个、集团公司项目配套项目8个、市内自建技改项目18个）；实现全市邮政电子化支局全覆盖，完成网点安防设施建设，金融网点监控全部达标。

七、"十三五"规划期间（2016—2020）

"十三五"期间，重庆邮政能力建设总投入28.71亿元，较"十二五"增幅为32%。投资重点包含以下三个方面：一是加强实物网建设，提升寄递业务处理能力。寄递业务能力建设投入9.8亿元，占比34.1%。更新和新增汽车957辆，新增摩托车785辆。建成市级处理中心2个、县域处理中心30个、主城区营业部54个，邮件处理场地面积达11.5万平方米。建成市级仓配中心3个、县域仓配中心30个，仓配面积达3.96万平方米。邮区中心每日邮件处理能力从25万件提升到160万件。二是营业场所改扩建升级，支撑网点渠道转型发展。营业网点建设改造投入8.2亿元，占比28.6%。实施网点整修项目607个，网点购建项目76个，营业网点房产自有率提升至80.2%，全市代理金融网点转型覆盖率提升至66.78%。三是夯实信息网建设，满足业务发展需求。信息网能力建设投入3.77亿元，占比13.1%。邮务台席设备点均1.15台（套），代理金融台席设备点均3.14台（套），自助现金设备点均2.15台，ITM智能终端点均0.96台，A类点钞机点均

3.96 台，清分机点均 1.04 台，移动展业终端点均 0.62 台。

八、"十四五"规划初期（2021—2022）

"十四五"初期，重庆邮政能力建设总投入 11.27 亿元。投资重点包含：一是寄递业务能力建设方面投入 2.77 亿元，占比 24.6%，用于各级邮件处理中心的新建场地征地、场地改造和设施设备。二是网点整修和系统化转型方面投入 2.65 亿元，占比 23.5%，用于 38 个网点购置、263 个网点整修和 509 个网点系统化转型硬件设施改造。三是信息化建设方面投入 1.06 亿元，占比 9.4%，主要用于购买网点金融设备、网点营业设备以及信息化项目建设等，满足业务发展需要。

第二节　工程建设

一、邮政综合楼建设变化

（一）重庆邮政枢纽辅助楼

重庆邮政枢纽辅助楼建设地址在重庆市市中区上清寺街道嘉陵桥西村 83 号。该项工程被列为邮电部和重庆市政府重点建设工程。1986 年 12 月重庆邮政枢纽辅助楼正式开工，1988 年 6 月建成投入使用，1988 年 7 月通过最终竣工验收。该建筑为砼框架结构，总共 10 层，建筑面积 9995 平方米。设计单位为重庆市建筑设计院，施工单位为市中区第三建筑公司。

（二）重庆邮政生产指挥调度中心

重庆邮政生产指挥调度中心购置于重庆市北部新区（现两江新区）高科·山顶总部基地的科研办公区 16、17 号办公楼。购置建筑总面积 16159.53 平方米，购房总价款 9784.88 万元。交房时间为 2013 年 2 月 19 日。

重庆邮政生产指挥调度中心在设计上运用了多项节能降耗、"互联网＋"新技术，内部功能布局完善，设施设备先进。建筑装修工程于 2013 年 9 月 6 日开工，2016 年 3 月 18 日竣工，工程总投资 3749.35 万元。主要设计单位为北京鸿屹丰彩工程有限公司，消防设计单位为重庆华商消防工程有限公司，施工单位为重庆精物实业（集团）有限公司、重庆思源建筑技术有限公司。2016 年 10 月 28 日，重庆邮政生产指挥调度中心正式启用。

二、邮件处理中心工程建设发展沿革

（一）重庆邮政枢纽生产楼

重庆邮政枢纽生产楼建设地址在重庆市市中区上清寺街道嘉陵桥西村 83 号。该项工程被邮电部列为"七五"计划重要建设项目。枢纽楼建筑安装工程，1988 年 11 月开工，1990 年 6 月竣工；环境工程，1990 年 3 月开工，1991 年 10 月竣工；工艺设备安装工程，1990 年 12 月开工，1992 年 4 月竣工；1992 年 6 月 20 日，邮政枢纽大楼通过竣工验收，正式投产。该工程建筑面积 11339

平方米，配电油机房 80 平方米，工程总投资 1809.9 万元（含重庆邮政枢纽辅助楼），其中拆迁补建生产辅助楼投入 341 万元，建筑安装及其他费用 1106.5 万元，工艺设备安装工程费 331 万元，建设期贷款利息 31.4 万元。工艺设备方面有 5 条机械化作业流水线，购置各种车辆 506 辆，单机、仪器、用品用具 624 件。其中 152 格口包裹环形分拣机 1 台、80 格口挂刷直线分拣机 1 台、环形平刷初分机 1 台、胶带运输机 9 条、移动式皮带机 2 条、滚动式除尘器 1 台、程控小车 45 台、开拆除尘桌 7 台、微机制单系统和电视监控系统各 1 套、显示屏 1 面、136 门程控用户小交换机 1 套。该工程建筑安装工程施工单位是重庆市第一建筑工程公司，设备安装单位为贵阳通信机械厂、沈阳邮政科研所、重庆江北亚太技研所、重庆璧山鹿鸣机塑厂。该项目建筑安装工程被评定为重庆市优良工程。

（二）重庆市邮政牛角沱至菜园坝邮运隧道工程

邮运隧道建设地址在重庆市市中区上清寺街道嘉陵桥西村 83 号。隧道长 1340 米，由多种材料混合实施，全隧道工程分为条石段、砼段、钢筋砼段，地质结构复杂。1993 年 5 月开工，1998 年 12 月竣工，工程造价 1200 万元。设计单位为重庆市勘察设计院，施工单位为重庆市嘉陵建筑公司。后又对该邮运隧道实施了加固，加固工程于 2007 年 10 月开工，2008 年 7 月完工，工程投资 382.12 万元。设计单位为重庆市设计院，施工单位为重庆市华洲建设有限公司、重庆邮政建筑安装工程有限责任公司、重庆江都实业有限公司。

图 4-5-2-1　1998 年 12 月 23 日，"牛角沱—菜园坝"邮运隧道通车

（三）重庆邮政二枢纽楼

重庆邮政二枢纽楼建设地址在重庆市渝北区民安大道 170 号，分一、二期分步建设。一期建筑面积 19710 平方米，投资 4981 万元。于 1998 年 6 月 18 日正式开工，1999 年 12 月 28 日竣工，主体建筑于 2000 年 6 月 30 日通过竣工验收。设计单位为北京邮政规划设计院，施工单

位为广厦（重庆）第一建筑集团有限公司，经重庆市质检站检验为优良工程。工艺设备部分，将上清寺枢纽楼内的转运、包裹、印刷、发行等专业搬迁至二枢纽楼土建一期楼内作业。二期总建筑面积为19640平方米，投资3769万元，共5层，1层为邮件处理车间，2至5层为办公用房，基础为人工挖孔桩，主体为钢筋砼框架结构。于2002年5月开工，2003年5月竣工。设计单位为北京邮政规划设计院，施工单位为重庆一品建设集团工程公司，监理单位为重庆兴隆建设监理公司。该工程工艺设备配备方面，包括包件分拣机1台、电瓶牵引车4辆、伸缩胶带机6台、装卸过桥24台、信盒输送系统1套、推挂开拆系统1套、散件输送系统1套、开拆除尘系统1套、气泵站1套、报刊分发显示系统1套等，工艺工程总投资2572万元。2003年4月供货商陆续进场安装、调试设备（系统），2003年12月底完成安装，2004年3月实现设备（系统）联调，2004年4月通过初步验收。设计单位为中讯邮电咨询设计院，主要施工单位为中邮科技有限责任公司、贵阳普天万向物流技术股份有限公司等，监理单位为华夏国际通信工程监理有限公司。

（四）重庆邮政第三邮件处理中心

重庆邮政第三邮件处理中心建设地址在重庆市渝北区回兴两港大道翠屏路195号。土建工程于2014年6月开工，2018年8月竣工，2018年10月完成各类工艺设备安装调试，2018年12月28日正式交付使用。该工程土建部分投资20336.02万元，工艺设备投入6108万元。

土建工程总竣工面积为39420.06平方米，其中生产主楼（共2层，局部5层）33509.17平方米，生产辅助楼（共5层，含负1层）5867.00平方米，门卫室43.89平方米。土建工程设计单位为国贸工程设计院，施工单位为重庆巨能建设（集团）有限公司，监理单位为重庆市建永工程监理有限公司。

工艺设备安装工程包括配置1套环形双层包件分拣机及异形件胶带系统，配置20个接收车位、42个直发运车位、32台人工供包机、42个直发格口、111个非直发格口、59台伸缩胶带机和胶带传输分拣线等工艺设施设备，同时配套视频监控系统等信息化设备；另利旧使用10台伸缩胶带机及部分传输胶带机设备。工艺工程方案设计单位为邮政科学研究规划院，监理单位为重庆华兴工程咨询有限公司，设备及施工供应商包括中邮科技有限责任公司上海分公司、成都百德邮政专用设备制造有限公司、重庆尚方科技发展有限公司、重庆盛臻华科技有限责任公司、重庆明润科技有限责任公司。

（五）重庆市邮政局江北航空邮件转运站

重庆市邮政局江北航空邮件转运站建设地址在重庆市江北县两路镇天塞一社。土建工程于1993年5月开工，1994年3月竣工。工程总投资395.3万元，总建筑面积2316平方米，共5层，1层为邮件处理车间，内设1部货运电梯，2、3层为办公室，4层为会议室。设计单位为重庆市二商局设计所，施工单位为重庆市江北县渝集建筑工程公司。

（六）重庆江北新客站火车邮件转运站

重庆江北新客站火车邮件转运站建设地址在重庆市渝北区龙头寺火车北站。工程于2007年3月启动，2009年5月开工，2010年10月竣工。工程总投资1863.75万元，总建筑面积11209平方米，其中生产车间5896平方米，生产辅助楼5313平方米。设计单位为河北建筑科技学院建筑设计研究院，施工单位为重庆市金凤建筑（集团）有限公司，监理单位为重庆兴隆建设工程监理有限公司。

（七）重庆沙坪坝邮件转运站

重庆沙坪坝邮件转运站建设地址在重庆市沙坪坝区天陈路大杨公桥86号。土建工程于1992年9月开工，1994年3月竣工。工程总投资91万元，总建筑面积1517.6平方米，为3层框架结构。设计单位为重庆市邮政局，施工单位为重庆市渝桥建筑工程公司。

（八）重庆水运邮件转运站及工程盘活

重庆水运邮件转运站位于重庆市渝中区长滨路太平门大码头，建设用地2602平方米，于1994年以划拨形式取得土地使用权。该项目由原邮电部立项建设，从1994年开始拆迁，历时十年仍未建成。2004年重庆市邮政管理局决定将其盘活，2004—2006年期间，尝试联合建设、工程转让等多种盘活形式，终因土地性质、用地规划及拆迁遗留等问题未能成功，鉴于项目成本（拆迁补偿费用）持续增加，遂决定通过"招拍挂"进行土地转让。其间，在市政府、市规划局、渝中区国土局等单位的支持下，增加土地证载面积958.5平方米，土地性质由"划拨"变为"出让"，调整规划用地性质为商住，最终于2006年12月，经重庆市土地交易中心公开"招拍挂"完成交易，收回该项目历史成本，卸下了后续拆迁还建的包袱，实现企业资产盘活。

三、各区县分公司综合楼和邮件处理中心建设

（一）渝中区

1986年，市中区邮电局在重庆市市中区民权路3号8层办公，办公面积为498平方米；2003年渝中区、南岸区邮政局合并为城区一局，办公场地搬迁至重庆市南岸区南坪西路28号，办公面积3500平方米；2008年南坪办公楼拆迁，办公场地搬迁至重庆市渝中区民权路3号7至8层办公，办公面积1100平方米；2010年搬迁至重庆市渝中区民安园5号1至5层办公，办公面积4160平方米；2020年搬迁至重庆市渝中区嘉陵桥西村83号4至6层办公，办公面积3418平方米，沿用至2022年。

（二）南岸区

1987年，南岸区邮电局营业室自弹子石迁址至重庆

市南坪西路 28 号；2003 年与渝中区邮政局合并为城区一局，2007 年 11 月办公楼被拆迁搬迁至重庆市渝中区民权路 3 号 7 至 8 层，办公面积 1100 平方米，2010 年搬迁至重庆市渝中区民安园 5 号 1 至 5 层办公，办公面积 4160 平方米；2012 年城区一局拆分更名为重庆市南岸区邮政局，租赁重庆市南岸区西计大厦 11 楼、12 楼，办公面积 881.47 平方米，2014 年拆迁原址安置，2015 年 6 月竣工，办公面积 1895 平方米，沿用至 2022 年。

（三）九龙坡区

1997 年，九龙坡区邮政局在重庆市九龙坡区杨家坪正街 18 号 5 楼办公，建筑面积 814.78 平方米；2013 年对 5 楼改造装修，并扩装 6 楼、7 楼及 4 楼一部分，合计建筑面积为 3043.79 平方米，用于办公及生产支撑管理，沿用至 2022 年。

（四）大渡口区

1986 年，大渡口区邮电局在重庆市九龙坡区马王乡龙泉村 32 号 2 楼办公，办公面积 491.38 平方米；2003 年大渡口区邮政局合并到城区二局，搬迁至重庆市九龙坡区杨家坪正街 18 号；2010 年 10 月 20 日城区二局马王乡邮件业务处理中心工程开工建设，2011 年 8 月 17 日竣工，地址在重庆市九龙坡区马王乡龙泉村 29 号。建筑面积 3206.50 平方米，总投资 370.55 万元。工程由大地建筑事务所（国际）设计，重庆吉瑞建设有限公司施工。2012 年 6 月大渡口邮政从九龙坡杨家坪正街 18 号，搬迁至重庆市九龙坡区马王乡龙泉村 29 号，沿用至 2022 年。

（五）沙坪坝区

1986 年，沙坪坝区邮电局位于重庆市沙坪坝区小龙坎新街（沙坪公寓），现小龙坎新街 85 号，建筑面积 2175 平方米；1997 年该房屋拆迁置换，新办公楼位于重庆市沙坪坝区小龙坎新街 79 号商业大厦（后该办公楼地址更名为重庆市沙坪坝区渝碚路 30 号附 8 号），总建筑面积 4150.92 平方米，总投资 974.85 万元。该建筑共 6 层（每层均部分为沙坪坝区邮局资产），1 至 2 层为生产用房，3 至 4 层对外出租，5 至 6 层为管理办公用房。1998 年，装修完毕正式投入使用，4 层于 2018 年收回装修后自用，沿用至 2022 年。

（六）江北区

1986 年，江北区邮电局在重庆市江北区建新北路 9 号办公，办公面积 1000 余平方米；2003 年江北区邮政局合并到城区三局，搬至沙坪坝区渝碚路 30 号附 8 号；2012 年 6 月，重新成立江北区邮政局，办公地址为江北区鲤鱼池四村 1 号，办公面积 2605 平方米，沿用至 2022 年。

（七）巴南区

1986—1997 年邮电合营期间，巴县邮电局在重庆市巴南区（原巴县）鱼洞镇新市街邮电综合大楼办公；1997 年邮电分营，位于重庆市巴南区鱼洞镇新市街邮电综合大楼底层对外营业用房划归巴南区邮政局，局内库房综合楼底层、家属楼底层划归邮政，划归建筑面积共计 2115 平方米；巴南区邮政局综合楼于 1998 年 6 月 1 日开工建设，1999 年 3 月 30 日竣工，地址在重庆市巴南区鱼轻路 13 号（原鱼洞开发区二组团），征地面积 6.5 亩，建筑面积 17144.86 平方米，总投资 675 万元，工程由渔洞建筑总公司（甲幢）、巴南建筑勘察设计院（乙幢）设计，鱼洞建筑总公司施工，沿用至 2022 年。

（八）江津区

1986—1997 年邮电合营期间，江津邮电局在重庆市江津县几江镇七贤街邮电综合大楼办公；1997 年邮电分营，位于重庆市江津县几江镇七贤街邮电综合大楼底层对外营业用房划归邮政，局内库房综合楼底层、家属楼底层划归邮政，划归建筑面积共计 2242.67 平方米；重庆市江津区邮政局综合楼于 2003 年 2 月 28 日开工建设，2004 年 2 月 28 日竣工，地址在重庆市江津区鼎山大道 711 号，占地面积 21.5 亩，建筑面积 4500 平方米，总投资 1142.6 万元。工程由重庆市轻工业设计院设计，江津市津粮建筑安装工程有限公司施工。2008 年，划出房屋建筑面积 868.93 平方米，注资中国邮政储蓄银行有限责任公司重庆江津支行。至 2022 年，江津邮政拥有局房建筑面积 3631.07 平方米。

2021 年，江津邮政购置处理及仓储中心场地，地址位于重庆市江津区德感工业园区二期 C 幢 1—14 号，建筑面积 7519.92 平方米，总投资 2395.09 万元，沿用至 2022 年。

（九）万盛区

1986—1997 年邮电合营期间，万盛邮电局在重庆市万盛区万新路 20 号邮电综合大楼办公。万盛邮政大楼于 1996 年 12 月 25 日开工建设，1998 年 8 月 26 日竣工，地址在重庆市万盛区万东北路 7 号，征地面积 0.966 亩，建筑面积 6442 平方米，总投资 374.72 万元。该建筑共 11 层，由重庆市万盛规划建筑设计室设计，由万盛建筑安装工程公司施工。1997 年邮电分营，位于重庆市万盛区万新路 20 号邮电综合大楼划归万盛区电信局，位于重庆市万盛区万东北路 7 号新建的邮政大楼划归邮政局，沿用至 2022 年。

（十）綦江区

1986—1997 年邮电合营期间，綦江邮电局在重庆市綦江县古南镇交通路 90 号邮电综合办公楼办公。其间，綦江成立开发区，划拨一块地给邮电局建设邮电办公生产综合楼，于 1996 年 12 月 1 日开工建设，1998 年 4 月 8 日竣工；地址在重庆市綦江区文龙街道九龙大道 25 号，划拨地面积 4402.95 平方米，建筑面积 4045.71 平方米，总投资 600 万元。该建筑共 6 层，由重庆市綦江规划建设设计室设计，由綦江第二建筑安装工程公司施工。1997年邮电分营，位于重庆市綦江县古南镇交通路靠百步梯家属楼底层的邮件处理场地和一栋砖木结构的20世纪50年代的老旧单工楼以及在建中的邮电办公生产综合楼，划归邮政所有，沿用至2022年。

2020年12月30日，中国邮政集团有限公司重庆市綦江区分公司与重庆兴农担保公司签订邮件处理中心购买合同，2021年1月7日办理房产证，地址位于重庆市綦江区通惠街道惠登路28号，占地面积43.99亩，建筑面积9205.27平方米，总投资2134.42万元，沿用至2022年。

（十一）渝北区

1986—1997年邮电合营期间，在重庆市渝北区（原江北县）两路胜利路48号邮电综合楼办公。渝北区邮电局生产大楼于1996年12月开工建设，1998年12月28日竣工，地址在重庆市渝北区双龙大道220号，占地面积5亩，建筑面积5564.02平方米，总投资874.60万元。该建筑共8层，由重庆市市政勘察设计研究院设计，重庆市渝北区建筑工程公司施工。1997年邮电分营，渝北区两路胜利路48号原邮电综合楼划归渝北区电信局；在建邮政生产大楼划归渝北区邮政局，由于新修邮政生产大楼在建，重庆市渝北区邮政局1997年6月30日—1998年12月29日暂借渝北区两路胜利路48号原邮电综合楼2楼、3楼办公，于1998年12月30日搬至新建邮政生产大楼办公。2009年，市公司将邮政生产大楼第6层划归邮储银行使用，建筑面积671.18平方米，其余楼层仍归邮政办公使用，沿用至2022年。

（十二）长寿区

1986—1997年邮电合营期间，在重庆市长寿县向阳路20号邮电综合办公楼办公。重庆市长寿县邮电局向阳路综合楼工程于1995年4月开工建设，1997年10月30日竣工，地址在重庆市长寿县向阳路18号，占地面积846.8平方米，建筑面积5494.11平方米，总投资658.29万元。1997年邮电分营，长寿县向阳路20号原邮电综合办公楼划归长寿县电信局，新建邮电局向阳路综合楼划归长寿县邮政局，沿用至2022年。

长寿邮政邮件处理中心项目工程于2018年开工建设，2021年12月16日竣工，地址位于重庆市长寿区站西路168号，占地面积18亩，建筑面积4974.39平方米，总投资2935.67万元，建筑物共2栋，生产指挥中心建筑面积为3251.07平方米，生产处理中心建筑面积为1723.32平方米，由四川域高建筑设计有限公司设计，重庆尚邦建筑工程有限公司施工，沿用至2022年。

（十三）北碚区

1986—1997年邮电合营期间，在重庆市北碚区中山路70号邮电综合办公楼办公。1998年1月8日，在重庆市北碚区朝阳路21号购置房屋并签订房屋预售合同，

1999年交房，建筑面积2520平方米，总投资911.54万元。该建筑共3层，工程由重庆瀛丹物业发展有限公司施工。1999年，北碚区邮政局迁至北碚区朝阳路21号，沿用至2022年。

北碚邮政邮件处理中心项目工程于2018年7月完成土地征地交地备案，土建工程于2019年开工建设，2021年12月3日竣工，地址在重庆市北碚区缙孝路9号。征地面积11.12亩，建筑面积6550.24平方米，建设项目总投资4012.76万元。该建筑共5层，工程由重庆渝高工程设计有限公司设计，四川开明建设工程有限公司施工。装修工程于2021年10月开工，2022年4月竣工，装修投资413万元，装修工程由重庆广宇广告装饰有限责任公司设计，山西华陆建设工程有限公司施工。2022年4月，北碚邮政由重庆市北碚区朝阳路21号搬至该地，沿用至2022年。

（十四）永川区

1997年邮电分营，邮政枢纽大楼1至10层划归永川市邮政局作生产办公用房，面积8263.93平方米，2003年整体出租。蚂蟥桥集资建房综合楼工程于2000年开工建设，2003年竣工，地址在重庆市永川市萱花路586号，建设面积2113.2平方米，总投资162.58万元，由邮政局、电信局共同投资建设。该建筑由重庆市市建筑工程设计院北碚分院设计所设计，重庆渝永建设有限公司施工。2003年，办公场地搬迁至蚂蟥桥集资建房综合楼。永川邮政生产业务用房（综合办公楼）工程于2008年12月开工，2010年6月竣工，地址在重庆市永川区人民东路159号，占地面积10.68亩，建筑面积4876.68平方米，总投资1555.84万元。该建筑共6层，工程由太原王孝雄建筑设计事务所有限公司重庆分所设计，重庆吉隆建筑有限公司施工。2010年办公场地搬迁至重庆邮政永川片区局生产业务用房（综合办公楼），沿用至2022年。

永川邮政邮件处理中心位于永川区萱花路586号，由于原建筑属于"老旧危"范围，2015年5月后租赁永川区永南物流园1500平方米作为邮件处理中心过渡使用。现邮件处理中心工程于2020年3月19日开工建设，2021年10月10日竣工，地址在重庆市永川区和畅大道397号，占地面积15亩，建筑面积2879平方米，总投资1752.3万元。该建筑由重庆大地建筑勘察设计有限公司设计，重庆坤飞建设（集团）有限公司施工。永川邮政邮件处理中心项目工程于2021年12月投入使用，沿用至2022年。

（十五）荣昌区

1997年邮电分营，荣昌邮电综合大楼除营业厅外，全部划归电信局。1998年，荣昌县邮政局购置破产企业——县燃料公司进行装修整治，建筑面积3779平方米，2000年8月1日生产、办公场地搬迁至该建筑内。荣昌县邮政局综合办公楼工程于2011年开工建设，2012年7

月 21 日竣工，地址在重庆市荣昌区昌州大道东段 70 号。建筑面积 2817.31 平方米，总投资 1184.41 万元，沿用至 2022 年。

2020 年 10 月，荣昌邮政购置邮件处理中心项目，宗地面积 20391.28 平方米，建筑面积 14656.28 平方米，总投资 1870.24 万元，沿用至 2022 年。

（十六）璧山区

1997 年邮电分营，邮政局与电信局平分综合楼局房，其中 795.15 平方米划归邮政局。璧山县邮政局于 1998 年投资 40 万元购置土地 5 亩，用于建设璧山综合楼工程。该工程于 1998 年 11 月 8 日开工建设，2000 年 1 月 26 日竣工，地址在重庆市璧山县璧泉街道文风路 19 号。建筑面积 2929.49 平方米，总投资 188 万元。该建筑共 5 层，由璧山县规划建筑设计院设计，重庆邮电建筑安装工程公司施工。2000 年 2 月，生产、办公场地正式迁至璧山邮政综合楼，沿用至 2022 年。

（十七）大足区

1997 年邮电分营，大足县邮电局生产大楼共 2500 平方米，其中 679.27 平方米划归大足县邮政局，其余部分划归大足县电信局。1997 年，大足县邮政局购置糖果厂生产车间楼，地址在重庆市大足县龙岗镇中山东街 25 号，建筑面积 1526.7 平方米，装修整治后于 1999 年正式迁入生产楼生产、办公。2018 年，开工建设大足邮政综合业务楼工程，2019 年 12 月 30 日竣工，地址在重庆市大足区棠香街道三环南路 301 号，占地面积 15 亩，建筑面积 4906.84 平方米，总投资 1623.4 万元，该建筑为 5 层，其中地上 4 层，地下 1 层，工程由中外建华诚工程技术集团有限公司设计，西部水电建设有限公司施工，沿用至 2022 年。

1997 年邮电分营，双桥区邮电局生产楼 1358.32 平方米，其中 2 楼 324.93 平方米划归双桥区电信局，1 楼、3 楼、4 楼共 1033.39 平方米划归双桥区邮政局。该生产楼 1 楼作为营业用房，面积 383.53 平方米，3 楼、4 楼作为生产办公用房，面积 649.86 平方米。2006 年 6 月 1 日，双桥区所辖的邮政网点由大足县邮政局管理后，3 楼、4 楼由双南路支局使用，沿用至 2022 年。

大足邮政邮件处理中心原位于大足区分公司生产楼 1 层，面积 357 平方米；2010 年购置朝阳世纪城房屋用作处理中心作业场地，地址在大足县棠香街道五星大道 292 号，面积 495.48 平方米，投资 140 万元；2017 年租赁大足普洛斯物流园房屋，地址在大足区棠香街道五星大道南段 1500 号，面积 1700 平方米，2017 年 9 月装修后邮件处理中心搬迁至此；大足邮政邮件处理中心项目工程于 2020 年开工建设，2020 年 12 月 30 日竣工，地址在重庆市大足区棠香街道三环南路 301 号。占地面积 15 亩，建筑面积 3044.19 平方米，总投资 938 万元，由中外建华诚工程技术集团有限公司设计，四川攀新建筑工程有限公

司施工，沿用至 2022 年。

（十八）合川区

1986—1997 年邮电合营期间，合川市邮电局在重庆市合川市塔耳门 6 号邮电综合办公楼办公，建筑面积 2500 余平方米。1997 年邮电分营，同年 7 月 28 日，合川市邮政局办公场地迁至重庆市合川市南津街街道南新路 144 号。合川市邮政局综合生产大楼工程于 2000 年 10 月 16 日开工建设，2001 年 11 月 28 日竣工，地址在重庆市合川区南津街街道办事处南园路 198 号；占地面积 15 亩，建筑面积 4878.12 平方米，总投资 718.2 万元；工程由重庆建筑大学设计院设计，合川宏伟建筑工程有限公司施工。2002 年 5 月 17 日办公场地迁至合川邮政综合生产大楼，沿用至 2022 年。

（十九）潼南区

1986—1997 年邮电合营期间，在重庆市潼南县梓潼街道办事处正兴街 98 号办公；1997 年邮电分营，其中 2760 平方米房屋划归潼南县邮政局。潼南县邮政局综合办公楼于 2004 年开工建设，2005 年 1 月 16 日竣工，地址在重庆市潼南县梓潼街道办事处建设东路 179 号，征地面积 15 亩，建筑面积 3573.17 平方米，总投资 575.82 万元，工程由重庆重大设计院设计，由重庆两江建筑安装工程公司施工。2006 年 4 月 13 日办公场地迁至潼南邮政综合办公楼，沿用至 2022 年。

（二十）铜梁区

1986—1997 年邮电合营期间，在重庆市铜梁县马家湾 8 号邮电综合楼办公，办公面积 2650 平方米。1997 年邮电分营，邮电综合楼全部划归铜梁县邮政局。铜梁县邮政局新综合办公楼于 1998 年开工建设，1999 年 12 月竣工，地址在重庆市铜梁县巴川镇龙门街 365 号，占地面积 50 亩，建筑面积 7025 平方米，总投资 717 万元；该建筑为 9 层，由重庆建筑大学建筑设计研究院设计，铜梁县土桥建筑公司第五工程处施工。2000 年 3 月办公场地迁至铜梁县邮政局新综合办公楼，沿用至 2022 年。

铜梁区分公司"三农"仓配及电商运营中心于 2017 年开工建设，2019 年 1 月 28 日竣工，地址在重庆市铜梁区巴川街道龙门街 365 号，建筑面积 1500 平方米，总投资 300 万元，由重庆大地建筑勘察设计有限公司设计，重庆市圣隆建筑工程有限公司施工，沿用至 2022 年。

（二十一）万州区

1986—1990 年，四川省万县地区邮电局办公楼位于万县胜利路 185 号，该办公楼修建于 1921 年，原是英国企业家修建的商业用房，后因历史变迁，该房屋由万县地区邮电局接管使用。

1990 年因移民搬迁，四川省万县地区邮电局搬迁至万县电报路 263 号，该办公楼竣工落成于 1990 年，总建筑面积 2000 余平方米，土地面积 1.5 亩。1997 年邮电分

营，7月4日万县市邮政局成立，办公楼1至4楼分配给邮政使用，建筑面积1000余平方米，分摊土地面积300余平方米。2000年8月29日，办公楼2至4楼分配给万州区邮政局使用，面积750余平方米。

万州区邮政局综合办公楼工程于2013年开工建设，2017年9月30日竣工，地址在重庆市万州区江南大道385号。征地面积8.4亩，建筑面积11000平方米，总投资4000余万元。该工程由重庆大学建筑研究设计院设计，由重庆渝永建筑（集团）有限公司施工。2017年12月，万州邮政办公场所迁至万州区江南大道385号，沿用至2022年。

20世纪80年代中后期，万县地区邮电局设有邮政科，地址在重庆市万县胜利路185号院落内一楼，共有房屋面积150余平方米。1990年，搬迁至原万县军工企业五三所，地址在重庆市万州区乌龙池171号，土地面积6亩，房屋面积2000余平方米。2000年，搬迁至万县地区三级邮区中心局。三级邮区中心局工程于1997年开工建设，1999年12月竣工，地址在万州区沙龙路三段131号。征地面积30亩，建筑面积20000余平方米，总投资2000余万元。该工程由郑州邮电设计院设计，由万州总建筑公司第七公司施工。2018年，撤销三级邮区中心局，原场地作为万州邮件处理中心沿用至2022年。

（二十二）开州区

1986—1997年，开县邮电局办公楼位于重庆市开县老城区内西街，房屋面积2000余平方米，土地面积5亩；邮件组房屋位于老城区车站旁，房屋面积300余平方米，土地面积1亩。1997年邮电分营，邮政分得土地1000平方米、办公用房及生产用房1500余平方米，该房屋于解放前修建，木质结构。2003年，三峡库区移民，开州区政府规划3.62亩土地用于重建办公楼及邮件处理场地。2005年，开县邮政综合办公楼及邮件处理中心项目工程开工建设，2006年竣工，2008年投入使用，地址在重庆市开县迎宾街9号，建筑面积5767.64平方米，负1层1501.64平方米作为地下车库；1层842平方米作为迎宾街邮政所营业厅和中心金库；2层842平方米作为寄递、机要、文传、档案室；3层842平方米作为邮储银行档案室；4层580平方米作为金融部、渠道部、后勤办公室；5层580平方米作为综合办、财务、市场部、服务质量部办公室；6层580平方米作为会议室、监控室、安保部办公室。该工程总投资837万元。工程由重庆市四方建筑勘察设计有限公司设计，重庆市开县方圆建筑工程有限公司施工，沿用至2022年。

（二十三）忠县

20世纪80年代中后期，忠县邮电局办公楼及邮件组在四川省忠县忠州镇人民路184号。1997年邮电分营，邮政办公楼及邮件处理中心共1600平方米划归忠县邮政局，土地面积3.5亩。因地势扁窄，1999年，生产辅助楼及邮件处理中心工程扩建开工，2000年5月30日竣工，地址在重庆市忠县果园路20号，建筑面积1912平方米，总投资300万元，共7层，其中一楼240平方米为邮件处理中心；工程由重庆大学建筑设计院设计，河南省第七建筑总公司重庆分公司施工。

2012年，购置邮件处理中心，建筑面积1486平方米，投资150万元，地址在重庆市忠县忠州镇人民路188号（负一楼）。2021年，购置新邮件处理中心，购置建筑面积8000平方米，土地面积20亩，地址在重庆市忠县白公街道五州大道13号，投资4122万元；该工程于2021年开工建设，2022年11月20日竣工；工程由重庆对外建设（集团）有限公司设计，重庆泽润仓储有限公司施工，沿用至2022年。

（二十四）云阳县

1986—1997年，云阳县邮电局办公楼在云阳镇邮电巷9号，建筑面积1000余平方米，土地面积1.3亩；邮件组在四川省云阳镇人民路60号，建筑面积250余平方米，土地面积0.33亩。1997年邮电分营，邮政分得办公用房750余平方米，电信分得电信机房及设备用房500余平方米，土地与电信共用，邮件组房屋划归邮政使用。三峡库区移民时期，利用移民征地，四川省云阳县邮政局在新县城区修建办公楼及邮件处理中心，1998年9月26日开工建设，2000年3月18日竣工，地址在重庆市云阳县青龙街道云江大道1238号。征地面积6.3亩，建筑面积3826.52平方米，共7层，其中2层260平方米为邮件处理中心，总投资500万元。工程由江苏邮电规划设计院设计，重庆市恒达建筑安装工程总公司施工，沿用至2022年。

（二十五）梁平区

1986—1997年，梁平县邮电局办公楼及邮件组在南正街，建筑面积5500平方米，修建于1978年。1997年邮电分营，1200平方米划归梁平县邮政局，其余部分划归梁平县电信局，同时购买梁平县梁山镇梁山路84号万县建材二厂厂房加以改造，后将办公及邮件处理中心搬迁至此处。该房屋用地面积6.5亩，建筑面积3664平方米。梁平区生产指挥调度楼于2018年开工建设，2022年6月1日竣工，地址在梁平区双桂街道碧桂路8号，征地面积9亩，建筑面积6065平方米，共6层，其中1层1000平方米为邮件处理中心，总投资1848万元。工程由中国华西工程建设设计有限公司设计，重庆立嘉格建筑工程有限公司施工，沿用至2022年。

（二十六）巫溪县

1978年8月—1997年6月，属邮电合营时期，办公楼地址在巫溪县城厢镇解放街203号，电信办公楼建筑面积1817.2平方米，土地面积457.4平方米；邮政办公楼建筑面积839.75平方米，土地面积255.05平方米。1997年邮电分营，邮政分得办公楼房屋及生产用房 5080 平方米，电信分得 5542.17 平方米。巫溪县邮政局办公楼于 2003 年重新建设，地址在重庆市巫溪县太平路 126 号，占地面积 3.5 亩，建筑面积 2530 平方米，共 7 层，总投资 500 万元。由巫溪县建委设计室设计，重庆市巫溪县力达建筑工程有限公司承建，沿用至 2022 年。

巫溪县邮政局邮件处理中心场地原位于邮电分营时分配的旧办公楼房屋 1 层，于 2004 年搬迁至位于太平路 126 号的新建邮政办公楼 1 层，土地面积 0.4 亩，建筑面积 260 平方米，沿用至 2022 年。

（二十七）巫山县

1986—1997 年，巫山县邮电局办公楼及邮件组在巫山县巫峡镇上升街 25 号，建筑面积 4100 余平方米，土地面积 3.6 亩。1997 年邮电分营，邮政分得房屋 7114 平方米、土地 6871 平方米。三峡库区移民时期，邮政分得三峡移民补偿土地 5700 平方米、对口支援资金 400 万元。利用移民补偿划拨的土地，巫山县邮政局生产综合楼工程于 1998 年 12 月 1 日开工建设，2000 年 7 月 31 日竣工，地址在重庆市巫山县巫峡镇广东中路 275 号；占地面积 2.62 亩，建筑面积 10325 平方米，总投资 670.71 万元。工程由荆州市城市规划设计院设计，中国核工业第二二建设有限公司施工，沿用至 2022 年。

巫山县邮件处理中心项目工程于 2002 年 2 月 10 日开工建设，2003 年 1 月 24 日竣工，地址在重庆市巫山县巫峡镇平湖西路 514 号；占地面积 1536 平方米，建筑面积 2750 平方米，总投资 250 万元。工程由荆州市城市规划设计院设计，重庆华洋建筑公司施工。

因业务发展需要，巫山县邮件处理及物流配送中心工程于 2019 年 4 月 19 日开工建设，2019 年 12 月 22 日竣工，地址在重庆市巫山县巫峡镇龙井大道 399 号；占地面积 15 亩，建筑面积 2993.87 平方米，总投资 996.95 万元。工程由重庆森柏建筑设计有限公司设计，重庆市恒辉建筑工程有限公司施工。

（二十八）奉节县

1986—1997 年，奉节县邮电局办公楼及邮件组在永安镇人民路 12 号。1997 年邮电分营期间，同时进行三峡库区移民，重庆市奉节县邮政局获得三峡移民补偿土地 4.78 亩，合计 3186.68 平方米。利用移民划拨的土地，重庆市奉节县邮政局生产综合楼工程于 2000 年 3 月开工建设，2001 年 12 月竣工，地址在重庆市奉节县永安镇夔州路 244 号；占地面积 4.78 亩，建筑面积 3684.68 平方米，其中 2 楼占地 200 平方米作为邮件处理中心，总投资 560 万元；工程由湖北省荆州市建筑设计研究院设计，奉节县建筑总公司第一工程公司施工，沿用至 2022 年。

（二十九）城口县

1986—1997 年，城口县邮电局在重庆市城口县土城路 40 号办公，建筑面积 2000 余平方米，土地面积 5 亩。1997 年邮电分营，土地房屋平均分配给邮政和电信，邮政分得土地 1686.2 平方米，办公用房及生产用房 1015.97 平方米。邮电分营后，重庆市城口县邮政局办公楼于 1997 年重新购置，地址在重庆市城口县南大街 14 号，占地面积 2.55 亩，建筑面积 1560 平方米，总投资 200 万元，沿用至 2022 年。

城口县邮政局分发室（现邮件处理中心）为原邮电分营分配的废旧房屋及地块，于 1986 年整修改造，地址在重庆市城口县葛城镇土城路 40 号；占地面积 1 亩，建筑面积 240 平方米，总投资 8 万元；由城口县建筑队设计和施工，沿用至 2022 年。

（三十）涪陵区

1986 年，涪陵市邮电局生产用房屋及建筑物占地面积 10739.29 平方米，建筑面积 12544.01 平方米。1997 年邮电分营，涪陵市邮政局分得生产用房 6439.73 平方米。涪陵市邮政局新办公大楼工程于 1998 年 10 月开工建设，2000 年竣工，地址在重庆市涪陵区太极大道 9 号；征地面积 25 亩，建筑面积 5715.8 平方米，由涪陵区建筑设计公司设计，沿用至 2022 年。

2004 年，涪陵区邮政局因移民淹没赔偿获得土地一宗，该地块位于重庆市涪陵区顺江大道浙涪友谊学校东侧，土地面积 778 平方米。2015 年，区政府为与周边统筹规划建设，收回该地块并配建邮政普遍服务网点及邮件处理用房。2022 年，涪陵邮政以综合成本价向开发商重庆市涪陵区江普住房建设投资集团有限公司购得综合用房 861.97 平方米。

（三十一）丰都县

1986—1996 年，丰都县邮电局办公地址设在四川省丰都县名山镇名山路 333 号，建筑面积 6800 余平方米，土地面积 4.49 亩。1997 年邮电分营，邮政分得房屋 9215 平方米、土地 7726 平方米。三峡库区移民时期，邮政分得三峡移民补偿土地 7326 平方米、对口支援资金 220 万元。利用移民划拨的土地，位于新县城的邮政办公综合楼工程于 1999 年 6 月开工建设，2001 年 9 月竣工，地址在重庆市丰都县三合街道平都大道东段 36 号；征地面积 3 亩，建筑面积 3417 平方米，投资 480 万元；工程由重钢建筑设计院设计，丰都县城市建设工程有限公司承建，2001 年 9 月 8 日正式投入使用，沿用至 2022 年。

丰都邮政"三农"仓储配送中心项目工程于 2018 年 3 月开工建设，2021 年 9 月竣工，地址在重庆市丰都县双路镇葫芦 2 号；征地面积 15 亩，建筑面积 3340 平方米；由重庆银桥建筑设计有限公司设计，重庆富正建筑工程有限公司施工；2021 年 10 月正式投入使用，沿用至 2022 年。

（三十二）垫江县

1986 年，垫江县邮电局在四川省垫江县工农路 209

号办公，建筑面积 3216 平方米。1997 年邮电分营，邮政分得办公面积 1324 平方米。新的综合楼于 2002 年 11 月开工建设，2003 年 12 月竣工并通过验收，地址在重庆市垫江县桂阳街道邮政街 2 号；征地面积 13.6 亩，建筑面积 3346.8 平方米，总投资 754.35 万元；由重庆大学建筑设计研究院设计，华洋建筑有限公司施工。2004 年 11 月正式投入使用，沿用至 2022 年。

（三十三）武隆区

1986 年，武隆县邮电局在四川省武隆县巷口镇冯家坡 15 号办公，建筑面积 543 平方米。1994 年办公地址搬迁至武隆县巷口镇建设东路 11 号。1997 年邮电分营，邮政分得办公面积 999.49 平方米。2020 年 1 月 10 日，购置位于重庆市武隆区凤山街道龙湖路 100 号的新综合办公楼，建筑面积 2611.92 平方米，总投资 1480 万元，于 2022 年 1 月 13 日投入使用。

（三十四）南川区

1986 年，南川县邮电局在四川省南川县南大街 42 号办公，建筑面积 4283.25 平方米。1997 年邮电分营，邮政分得办公面积 1738.37 平方米。新的综合楼于 2002 年 11 月开工建设，2003 年 7 月竣工并通过验收，地址在重庆市南川市南城街道办事处金佛大道 32 号；该项目征地面积 4.36 亩，建筑面积 3190.98 平方米，总投资 265.40 万元；由南川市建筑设计院设计，南川市东方红建筑工程公司施工；2004 年 6 月正式投入使用，沿用至 2022 年。

（三十五）黔江区

1986 年，黔江县邮电局在联合镇联合街 32 号办公，建筑面积 450 余平方米。1989 年 9 月 5 日，建成原联合镇联合街 32 号的邮电综合楼，面积 1100 余平方米。黔江地区邮电生产用房工程于 1992 年开工建设，1993 年 11 月 10 日竣工，地址在黔江地区城西街道西沙路步行街 32 号；征地面积 25 亩，建筑面积 8943 平方米（含邮运楼、电信楼等，1997 年邮电分营后，邮政房屋面积 4355.57 平方米，土地面积 3222.33 平方米），总投资 635 万元；由四川省邮电设计所设计，涪陵地区建筑总公司建筑公司施工。

黔江综合邮件处理中心项目工程于 2019 年开工建设，2021 年 9 月 21 日竣工，地址在重庆市黔江区舟白街道办事处武陵大道北段 777 号；征地面积 15.3 亩，建筑面积 6500 平方米，建筑共 5 层，总投资 1775 万元；由华弘国际工程设计有限公司设计，重庆工业设备安装集团有限公司施工，沿用至 2022 年。

（三十六）秀山县

1986—1997 年，秀山县邮电局在四川省秀山县中和镇解放路 19 号办公，建筑面积 2024.18 平方米。1997 年邮电分营，邮电综合大楼除营业厅外，全部划归秀山县邮政局。秀山邮政办公大楼于 2017 年 8 月装修完工，2018 年正式搬迁至重庆市秀山县中和街道解放路 19 号办公，

办公楼占地面积 3616.39 平方米，建筑面积 3200.88 平方米，沿用至 2022 年。

（三十七）酉阳县

1986—1997 年，酉阳土家族苗族自治县邮电局在酉阳土家族苗族自治县钟多镇新民街 88 号办公，建筑面积 3011.33 平方米。1997 年邮电分营时，电信分得 2052 平方米，邮政分得 959.33 平方米。酉阳邮政新综合办公大楼于 1997 年 12 月 30 日开工建设，1998 年 10 月 30 日竣工，地址在重庆市酉阳县桃花源中路 1 号；该项目征地面积 20 亩，建设面积 2606 平方米，总投资 274.2 万元；由四川省邮电设计院设计，酉阳县土家族苗族自治县第二建筑公司施工，沿用至 2022 年。

（三十八）彭水县

1986 年，彭水苗族土家族自治县邮电局在彭水苗族土家族自治县汉葭街道绸缎街 35 号综合楼办公，建筑面积 671 平方米。1997 年邮电分营，该综合楼资产划归邮政，1997 年 7 月，彭水邮政搬迁至汉葭街河堡社区插旗街西街邮件处理中心综合办公用房办公，建筑面积 1174.83 平方米。原彭水苗族土家族自治县汉葭街道绸缎街 35 号邮政综合楼立项在原址拆除重建，该工程于 1998 年 5 月 8 日开工建设，1999 年 6 月 20 日竣工，建筑面积 3867.8 平方米，总投资 474 万元。2002 年 5 月，彭水苗族土家族自治县邮政局搬迁至汉葭镇绸缎街 35 号新落成的办公大楼办公，原汉葭镇河堡社区插旗街西街邮件处理中心综合办公用房因广电小区旧城改建项目于 2012 年 12 月交县城投公司拆除。2019 年 6 月，彭水邮政在重庆市彭水县靛水街道靛水社区 1 组体育路 9 号征地 10 亩，开工建设重庆市彭水县邮政生产指挥调度大楼工程，该大楼于 2020 年 1 月竣工，建筑面积 5905.75 平方米，总投资 2120 万元，沿用至 2022 年。

（三十九）石柱县

1986—1997 年，石柱县邮电局在四川省石柱县南宾镇玉带南街 13 号办公，建筑面积共计 8425.3 平方米。1997 年邮电分营，邮政分得 3805.75 平方米，1997—1999 年在此办公。石柱县邮政大楼工程于 1998 年 10 月 12 日开工建设，1999 年 12 月 16 日竣工，地址在重庆市石柱县万寿大道 10 号；该项目征地面积 16 亩，建筑面积 3280 平方米，总投资 490 万元；工程由重庆市民用建设勘测设计院设计，由石柱土家族自治县西沱区建筑公司施工，沿用至 2022 年。

四、三峡库区局所搬迁复建工程

三峡库区局所搬迁复建工程开始于 1997 年，三峡库区邮政通信设施淹没涉及 83 个局所，其中县局房 8 个（万州、涪陵、丰都、云阳、奉节、巫山、开县、忠县），支局（所）75 个，共计 7.5 万平方米。到 2007 年底，8 个县局房全部建成，二期水位线（135 米）下需搬迁的

局、所按期完成搬迁复建。用于83处被淹没的邮政局（所）网点迁建资金达1.07亿元，其中国家邮政局和对口支援资金以及淹没赔偿资金8333万元，重庆邮政自筹资金2367万元。

五、邮政设施专项规划

2007年，重庆市出台《重庆市城乡总体规划（2007—2020）》。重庆邮政委托重庆大学编制《重庆市都市区邮政设施专项规划（2008—2020）》（简称原《规划》），在都市区范围（主城9区）规划布局邮件处理场地14处、邮政支局所630处。该《规划》经市政府批准，纳入重庆市城市控制性详细规划进行管理，规划布局的邮政网点（邮政支局所）和不单独占地的邮件处理场地，由所涉地块的建设单位同步配套建设，取得历史性突破。

2011年，国务院批准新的《重庆市城乡总体规划（2007—2020）》（2011年修订），重庆主城区范围城镇建设用地从865平方公里扩大到1188平方公里，城镇人口规模从930万人扩大到1200万人，城郊小城镇减少12个。2014年1月，市政府办公厅印发《关于进一步做好〈重庆市都市区邮政设施专项规划（2008—2020）〉实施工作的通知》。为完善拓城地区邮政设施布局，同时解决原《规划》在落地过程中因规划配套邮政设施控制条件不明确产生的一些问题，以指导下阶段邮政普遍性服务设施建设，2014年重庆邮政委托重庆市规划设计研究院（隶属于重庆市规资局）对原《规划》进行修编，纳入重庆市地方控规。

2014年，重庆邮政制订《关于进一步加强邮政设施规划建设管理工作的指导意见》，明确工作职责和工作流程；2022年重庆邮政重新制订《加强重庆邮政设施专项规划落地管理工作的指导意见》，加强重庆邮政设施专项规划落地力度，保障邮政在城市核心区域的经营和普遍服务能力，与重庆经济社会发展相适应，厘清工作职责和固化工作流程。

通过2012—2022年努力，规划落地取得效果：落地房屋13处、土地2处。按照规划落地价格与现有市场价格估算，规划落地为企业节省资金上亿元。规划落地详情如下：

表4-5-2-1

2014—2022年重庆邮政已规划落地房屋情况表

序号	落地区域	年份	落地房屋名称	建筑面积（平方米）	总价（万元）	综合成本单价（万元/平方米）
1	沙坪坝区	2014	盛豪首港城	145.14	116.00	0.80
2		2014	龙湖U城	330.84	257.00	0.78
3		2015	熙地锦绣城	39.31	31.00	0.79
4		2016	泊雅湾	338.22	254.00	0.75
5	江北区	2015	融景城	199.62	219.60	1.10
6		2020	寰宇天下	139.20	130.20	0.94
7		2020	紫御江山	140.28	87.70	0.63
8	九龙坡区	2014	恒基雍翠名门	274.80	302.00	1.10
9	大渡口区	2015	双龙路邮政所	159.02	165.00	1.04
10	渝北区	2015	华港翡翠城	237.32	197.00	0.83
11		2021	天晋	144.26	173.00	1.20
12	巴南区	2018	协信星麓原	197.00	240.30	1.22
13	九龙坡区	2022	九龙金悦府邮政所（暂定名称）	430.00（其中规划落地310）	427.00（其中规划落地248）	0.80

表4-5-2-2

2014—2022年重庆邮政已规划落地土地情况表

序号	落地区域	合同时间（年）	落地处理中心	土地面积（亩）	总价（万元）	综合成本单价（万元/亩）
1	北碚区	2016	北碚邮件处理中心	11.05	1380	124.89（划拨）
2	巴南区	2021	李家沱处理中心	8.40	756	90.00（划拨）

第六章　物资供应与采购

1986—1996年，重庆邮电物资供应统一由四川省邮电管理局物资管理部门归口管理。1997年邮电分营后，重庆邮政物资供应采购职能先后挂靠在重庆市邮政管理局物资管理处、重庆邮政物资器材有限公司、重庆市邮政公司机关事务中心等机构。2007—2009年，政企分开、机构调整，重庆邮政物资供应采购工作先后由重庆市邮政公司机关事务中心、机关采购事务中心、重庆市邮政公司机关服务中心、中国邮政集团公司重庆市机关服务中心负责。2009—2017年5月，重庆邮政物资采购职能先后挂靠在计划财务部、企业发展与科技部和办公室。2017年6月，中国邮政集团公司重庆市后勤服务中心成立，负责邮政物资供应工作。2020年1月，中国邮政集团公司重庆市后勤服务中心变更为中国邮政集团有限公司重庆市后勤服务中心，继续负责邮政物资供应。

第一节　后勤机构沿革

1985年5月，市邮局设立房屋管理科，负责全局自管房屋的管理、分配、维修、租金收缴等工作。

1989年4月，"房屋管理科"更名为"房屋管理处"，行政级别不变。

1992年2月，市邮局成立住房制度改革办公室，与房屋管理处合署办公，负责全局住房制度改革工作。

1992年6月，房屋管理处行政级别调整为准处级。

1995年5月，房屋管理处职能发生变化，负责全局水电、房屋维修和房地产管理。

1997年7月，市邮管局设立重庆邮政后勤服务中心（正处级），负责机关及直附属单位办公、生活等后勤保障以及清洁卫生、绿化、托儿所、水电、动力、房屋维修和房地产管理等工作。同年9月，后勤服务中心下设办公室、房屋管理科、动力科，均为正科级。

2000年12月，市邮管局对机关及直附属单位机构进行调整，在后勤服务中心基础上组建重庆邮政物业管理公司，设立重庆邮政后勤服务中心（物业管理公司）（正处级），为直附属单位，实行两块牌子、一套班子。后勤服务中心系自主经营、自负盈亏、独立核算单位。

2001年3月，后勤服务中心下设综合管理部、房屋设备维修部。

2005年3月，市邮管局设立重庆邮政机关服务中心（正处级），系直属单位，负责重庆邮政后勤保障管理工作，接受计划财务处业务指导和管理，对全局后勤事务进行专业指导，下设综合办公室、业务科。同年8月，按照市工商局和人民银行"规范单位名称"的要求，市邮管局撤销重庆邮政机关服务中心，设立重庆邮政局机关服务中心。

2007年3月，市公司设立重庆市邮政公司机关事务中心（与采购中心合署），系直属单位；成立临时机构主辅办（与集管办合署），挂靠在计划财务部。同年5月，机关事务中心下设综合部、资产管理部、采购供应部。同年9月，设立机关采购事务中心。

2009年10月，市公司整合主辅办、机关事务中心、物业公司、驿展公司、建设安装公司、东辉装饰公司、旅游公司，成立重庆市邮政公司机关服务中心，系直属单位，下设综合办公室、财务部、经管部（物管部、集管办）。物业公司、驿展公司、建设安装公司、东辉装饰公司、旅游公司对内作为机关服务中心内设二级部门，对外保留其工商营业执照、税务登记证。

2013年9月，市公司将医疗制度改革办公室（简称医改办）由挂靠在职工医院调整为挂靠在机关服务中心，级别仍为三级副，主要负责管理全市邮政职工基本医疗保险、大额医疗保险、补充医疗保险、工伤保险、生育保险政策的执行与相关保险费用的工作。医改办人员划入机关服务中心。同年11月，市公司将计划生育办公室（简称计生办）由挂靠在邮政医院调整为挂靠在机关服务中心，级别仍为四级正，主要负责组织落实党和国家计划生育方针政策及有关计划生育法律法规，同时负责全市邮政计划生育管理指导工作。

2015年5月，重庆市邮政公司机关服务中心变更为中国邮政集团公司重庆市机关服务中心。

2017年6月，中国邮政集团公司重庆市后勤服务中心（重庆邮政物业管理有限公司）（三级正）成立，下设资产管理部、运营管理部、物业管理部，均为四级正；设立重庆邮政东辉装饰工程有限责任公司、重庆鸿雁旅游公司，作为对外投资公司归口后勤服务中心管理，下设市场营销部、运营管理部。

2020年1月，中国邮政集团公司重庆市后勤服务中心更名为中国邮政集团有限公司重庆市后勤服务中心。

2022年12月，市分公司撤销后勤服务中心内设部门物业管理部，后勤服务中心保留 2 个内设部门：资产管理部、运营管理部。

第二节　计划单列时期物资供应

一、物资供应机构沿革

1986 年 5 月，市邮局明确机关科室职责，要求邮电专用设备用品由劳资科提出需用申请计划和分配方案，由物资供应科统一负责申请、采购、提运、保管和分配物资。供应科与四川省邮电器材公司（与四川省邮电管理局物资管理处实行两个机构、一套班子）对接，为市邮局提供物资供应。

1988 年 8 月，市邮局成立物资供应站，实行内部独立核算，自主经营、自负盈亏，对外销售汽车配件等物资、器材。按照重庆市清理整顿公司领导小组办公室《关于对重庆市邮电局系统公司（企业）撤并方案的批复》，市邮局于 1990 年 8 月撤销物资供应站。

1989 年 4 月，市邮局"物资供应科"更名为"物资供应处"，行政级别不变。

1992 年 6 月，重庆邮电管理体制调整后，市邮局设立物资供应处。

1993 年 3 月，市邮局以供应处为基础，成立邮电物资供应站，实行非独立核算方式，负责重庆市及其他地区邮电物资专业供销工作。

1995 年 5 月，市邮局调整经营管理机构，设立重庆市邮政物资供应处，负责全局邮电通信生产的物资器材采购及供应，并对各区邮电局物资供应工作实行职能管理，同时兼管邮电印刷厂。物资供应处与邮电物资采购供应站实行两块牌子、一套班子，既履行供应处职责职能，又对外经营。

二、物资供应、仓储及配送

1992 年 10 月，《四川省邮电物资管理暂行规定》出台，明确四川省邮电管理局物资管理处和四川省邮电器材公司是全省邮电物资的主管部门和全省邮电物资供应的主渠道，要求常用邮电器材的制式、型号、规格、质量应当统一，各级邮电企业内部物资筹供必须实行归口管理。

市邮局物资供应处根据当年邮电通信设备及器材使用数量，在年底编制次年计划，审批后，以电报或长途电话形式，在指定供货商家订货。邮电物资到货后，由四川省邮电器材总公司重庆分公司下属运输组负责提货送至库房，清点入库。同时，物资供应处负责接收各区县邮政企业电话订单并发货，安排运输组通过火车、汽车、轮船等方式负责邮专用品的送货。

第三节　邮电分营时期物资供应

一、物资供应机构沿革

1997 年 7 月，重庆邮电分营，设立市邮管局。按照"邮部〔1997〕316 号"文件精神，原"四川省邮电器材总公司重庆分公司"整建制划归市邮管局管辖。根据通信生产实际需要，市邮管局将原重庆市邮政局供应处、重庆市邮政局印刷厂、四川省邮电器材总公司重庆分公司及四川省邮电器材总公司重庆分公司所属的招待所合并，成立重庆市邮政管理局物资管理处，与重庆邮电物资器材总公司合署办公，负责全市邮政生产物资的计划、筹供、汇总、加工、采购、保管和发放等工作，采办全市邮运汽车、摩托车、邮专用品，邮政单式、单册、化工燃料、办公用品等物资，是市邮管局专业筹供邮政生产物资和器材的主要经营实体，物资管理处下设办公室、业务科、财务科。

1998 年 11 月，市邮管局对万、涪、黔邮政管理体制进行调整后，重庆邮政物资供应范围也相应增加。

1999 年 3 月，重庆邮政物资器材有限公司成立，与市邮管局物资管理处实行两块牌子、一套班子，为市邮管局直属单位。

2000 年 12 月，根据机构调整方案，市邮管局设立重庆邮政物资管理处（器材总公司）为其直（附）属单位，下设综合办公室、计划财务科、业务科。

2003 年，重庆邮政物资器材有限公司划归重庆邮政实业集团总公司管理，对外称物资器材公司，对内行使物资供应处职能，负责全市邮政设备采办并向各区县邮政企业供应邮专、单册、油料、劳保用品等物资。

二、物资供应、仓储及配送

1997—1998 年，市邮管局先后印发《重庆市邮政物资器材管理办法（试行）》《重庆邮政物资器材筹供工作细则》《重庆邮政物资器材筹供工作规定》等规章制度，规定全市各区县邮政企业通信生产所需物资器材，必须由物资供应部门统一筹供，归口管理，使全市邮政物资供应工作有章可循，规范有序。

2000 年 5 月，《重庆市邮政管理局物资器材管理办法》出台，规定邮政物资管理工作原则：物归一家，集分结合。全市邮政通信生产所需物资器材、邮政专用品，由各级物资供应和管理部门实行统一管理，上报计划、进货、供应；采取市邮管局集中管理与各区县（市）邮政局、各专业局（公司）分散管理相结合的方式。

2003 年 7 月，《重庆市邮政物资集中采购实施细则》出台，市邮管局充分发挥全市邮政物资器材集中采购优势，强化物资管理和服务职能，降低全行业成本支出，理顺通信生产物资筹供渠道，确保通信生产正常运行。

2004年6月，市邮管局召开局长专题办公会，进一步规范全市邮政企业采购行为，强化物资供应内部管理力度。明确物资管理处负责汇总审核各级邮政企业上报计划，编制次年总需求计划，按照物资供应渠道和有关规定统一进货、保管、调拨、发放，按时限要求确保通信生产、经营、建设、维修物资需要。各级邮政企业生产所需邮政专用品、单式、单册，分别按要求提前向重庆邮政物资器材有限公司申报请领计划，物资供应部门收到材料和调拨单后，在5日内将调拨单发票交财务结算；财务部门负责监督采购品种、价格，并在5日内付款。

第四节　政企分开时期物资采购与供应

一、物资供应

（一）机构沿革

2007年2月，邮政体制改革，新组建重庆市邮政公司机关事务中心（与采购中心合署办公），原重庆邮政物资器材公司撤销，物资供应职能划入市公司机关采购事务中心，结算职能划入市公司计划财务部。同年11月，市公司印发《关于规范邮政专用物资供应渠道及财务结算方式的通知》，对邮政专用物资供应及财务结算工作流程进行规范。

2009年10月，市公司调整直属单位内设机构，整合主辅办、机关事务中心、物业公司、驿展公司、建设安装公司、东辉装饰公司、旅游公司，成立机关服务中心。机关服务中心负责接收市公司计财部采购的邮专物资、大宗物资、办公用品等，并负责清点入库、仓库日常管理以及按供应计划配送和发放工作。

2015年5月，市公司实施法人体制调整，原重庆市邮政公司机关服务中心变更为中国邮政集团公司重庆市机关服务中心，职能不变。

2017年6月，机构编制调整，设立中国邮政集团公司重庆市后勤服务中心（重庆邮政物业管理有限公司），为其他直属单位。后勤服务中心负责全市邮政专用品、出售品的采购、供应管理。

2020年1月，"中国邮政集团公司重庆市后勤服务中心"更名为"中国邮政集团有限公司重庆市后勤服务中心"，职能不变。

（二）物资供应、仓储及配送

物资供应部门负责定期（一、四、七、十月末前）和不定期（零星需求）收集、审核各区、县专业局以电子邮件和传真形式上报的物资需求，根据需求汇总物资类别、规格、名称、数量、时间等内容，编制详细物资采购计划上报审批，审批后实施采购，采购的物资统一入库保管。

供应员根据物资到货情况及各单位需求编制发货计划，按计划填制物资调拨单，交库管员办理物资出库手续；驾驶员送货到指定地点。

2009年，市公司开发出"重庆邮政物资集中采购供应系统"，实现对物资集中采购供应行为的信息化管理。

2019年，市分公司重新建设"重庆邮政生产物资管理系统"，实现对物资申请、审批、采购、调拨、库存全流程管理。该系统支持市分公司、市寄递事业部（邮政）和市寄递事业部（速递）3套账的成本核算体系，可对接移动设备使用该系统，同时将原有物资管理系统数据进行导入并利用。

供应员按照各单位在"重庆邮政生产物资管理系统"上报的需求，负责邮专用品采购（要数）、填写订货通知单，盖章后传真至供货商，供货商接订货通知单并在限定时间内运送至交货地点。

截至2022年底，"重庆邮政生产物资管理系统"有邮专用品18大类，包含500余种物资供应用品。邮专用品库分为市分公司邮专用品库、市寄递事业部（邮政）邮专用品库和市寄递事业部（速递）邮专用品库，调拨范围均涉及39个城、片区（区县）及市分公司部门（单位）、市寄递事业部等单位。2009—2022年，三个邮专用品库调拨邮专用品总价值达13538万元。

二、物资采购

（一）机构沿革

1. 机关采购事务中心

2007年3月，市公司成立机关事务中心（与采购中心合署办公）；同年5月，下设采购供应部。同年9月，设立机关采购事务中心。

2. 采购中心

2009年9月，市公司成立采购中心，承担原机关采购事务中心采购管理职能，挂靠在计划财务部，具体职责包括制订和监督市公司采购办法；制订并实施邮专物资及办公用品采购计划。同时，成立招标办公室，作为企业发展与科技部的二级机构，负责市公司集中招投标工作的组织和管理。

2014年5月，市公司撤销招标办公室，其相关职能划入采购中心。采购中心由挂靠在计划财务部调整为挂靠在企业发展与科技部，其主要职责包括负责编制市公司采购执行计划，配合中国邮政集团公司完成一级采购目录采购项目的实施；负责制订市公司二级集中采购目录；负责市公司供应商信息库建设及供应商入围审查、评价考核；负责市公司采购项目质量管理体系的建设和管理，建立采购工作的后评估机制；负责采购评审专家队伍建设与管理；负责处理市公司集中采购工作的投诉和合同纠纷；负责采购管理信息化的推进与管理。

2017年6月，采购中心挂靠办公室，至2022年底未变动。

（二）采购管理及平台

2008年，市公司制订《重庆市邮政企业物资集中采购管理办法》，办法规定：机关采购事务中心是市公司物资集中采购机构，承担全市邮政车辆、设备、油料、办公家具、邮专用品、低值易耗品、服务宣传用品及邮政标志服等物资采购及采购物资售后服务跟踪协调管理等工作。

2009年，新成立的采购中心还承担市公司机关及部分直属单位低值易耗品采购工作。

2014年，《重庆市邮政公司采购实施办法（暂行）》出台。办法规定：集中采购范围采用采购目录管理和采购限额管理相结合的模式，二级集中目录由市公司采购中心制订并统一牵头组织采购，实行"统谈统签""统谈分签""框架合同＋采购订单""限价采购"签约方式。全市邮政建立审批、采购、使用、监督四分离采购工作机制，即需求部门提出需求，需求管理部门审批，采购部门根据计划预算实施采购，审计、监察部门实行监督。

2016—2022年，先后修订完善采购办法。其中2016年，主要针对采购范围管理、二级集中采购程序等内容进行了修订；2018年，主要针对集中采购限额、组织机构与职责等内容进行了修订；2020年，主要针对采购实施办法总则、集中采购程序等内容进行了修订；2022年，主要针对采购管理办法总则、机构与工作任务分工等内容进行了修订。

2019年，中国邮政集团公司提出采购"五者"职能（做落实集团战略的行动者、做严控企业成本的执行者、做优化资源配置的推动者、做推进采购信息化的主导者、做防范企业风险的守护者），要求继续加大集团和省两级集中采购力度，努力提升效率，严格规范管理。自2019年起，采购中心认真贯彻"集中、规范、公开、提效"总要求，加强业务管理，扩大集中采购规模，推进降本增效，保障企业生产经营。

表 4-6-4-1

2019—2022 年集中采购情况统计表

年份	集中采购金额（万元）	资金节约率（%）
2019	34386.61	8.85
2020	37093.85	8.79
2021	29375.43	17.33
2022	65573.39	19.00

2020年，为解决办公用品、营销用品等小散杂物资集中采购供应，中国邮政集团有限公司重庆市分公司在中国邮政物资供应平台上实施电子化采购。

2022年11月，物资供应平台正式上线大单议价功能，促进平台供应商价格竞争，进一步降低平台物资采购成本。

2020—2022年，物资供应平台采购金额为23641.46万元。

第七章　行业管理与法律事务

第一节　行业管理

1984年，邮电部设置重庆市邮电局。重庆市邮电局根据相关法律法规规定，由四川省邮电管理局授权，依法对辖区内邮政通信市场进行管理，行使邮政行业管理政府职能。1992年3月7日，重庆市邮电局撤销，此后重庆邮政行业管理职责由重庆市邮政局承担，有行政管理、执法与处罚权。1997年，邮电分营，重庆市邮政管理局设置邮政行业管理处、政策法规处，履行邮政通信行业管理职能，依法对邮政通信市场、集邮市场、邮政用品用具市场进行管理。2007年，政企分开，重新组建的重庆市邮政管理局为重庆地区邮政行业监管机构，独立履行监管职能。

一、行业管理机构沿革

1986年起，重庆邮政行业管理机构随重庆市行政区划调整及邮电体制改革多次变化，其行业管理职责也随机构变化不断完善。

（一）重庆直辖前邮政局时期行业管理（1986—1996）

1986—1992年，重庆市邮电局是邮政、电信行业管理机构，对辖区内邮电通信市场履行行业管理职能。1992年3月7日，重庆市邮电局撤销后，经四川省邮电管理局授权，重庆通信行业管理职能分别由重庆市邮政局、重庆市电信局承担。行业管理主要依据《中华人民共和国邮政法》（简称《邮政法》）《中华人民共和国邮政法实施细则》（简称《邮政法实施细则》）《公众电信业务使用规则》等法律、法规开展相关工作。重庆市邮政局承担邮政行业管理职责，主要由邮政处、电信处、调度室、公安处等部门负责。

1995年5月，邮政经营管理机构调整，按照职责划分，重庆市邮政局邮政业务经营服务处负责全局邮政专业的综合职能管理，包括质量监督检查、业务综合、邮政视察、综合统计、新业务开发、邮票管理，以及邮政通信行业管理；重庆市邮政局法规办公室，负责全局行政执法工作。

1996年1月15日，《重庆市邮政通信管理条例》公布施行，以地方法规明确重庆市邮政局是全市邮政通信工作主管部门，各区（市、县）邮电局在主管部门授权范围内，管理本地区的邮政通信工作。重庆市邮政局及区（市、县）邮电局有行政管理、执法与处罚权。1997年1月16日，《〈重庆市邮政通信管理条例〉注释》出版发行，为准确执行《重庆市邮政通信管理条例》提供保障。同年，受市政府委托，重庆市邮政局组建行政执法队伍，开展邮政通信行业管理行政执法工作，保障重庆市邮政通信生产经营管理依法进行。

（二）政企分开前邮政管理局时期行业管理（1997—2006）

1997年4月，邮电分营，设立重庆市邮政管理局。重庆市邮政管理局管理重庆市所辖行政区域内邮政企、事业单位，经营管理本区域内邮政业务，履行邮政通信行业管理职能。重庆市邮政管理局设有邮政行业管理处、政策法规处（与办公室合设）。其中，邮政行业管理处为全市邮政通信行业管理职能部门，对全市邮政通信网的设立和运行进行行业归口管理，协调市内邮政通信网发展及其相应关系，监督检查市内邮政通信网发展和业务政策执行情况；政策法规处承担通信法律、法规执行情况和行政复议等工作。

1998年11月，重庆市邮政管理局首次向邮政通信行政执法人员发放《重庆市行政执法证》，开始独立行使所辖区域内邮政通信行政执法职能。

1999年10月，重庆市邮政管理局将政策法规处从办公室分离出来，与邮政行业管理处合署办公，实行两块牌子、一套班子，以加强邮政行业管理，理顺管理职责。2001年7月，重庆市邮政执法大队成立，挂靠在邮政行业管理处，负责对全市邮政行政执法工作进行统一管理、指挥和调度，制订有关邮政执法管理制度和办法，对全市邮政执法人员进行资格培训，对各区县邮政执法工作进行指导、监督和检查，对重庆市行政区域内重大邮政行政违法案件进行查处，协助相关部门对邮政企业贯彻执行邮政法律、法规和规章等情况进行监督检查，对违规经营的邮政企业，提请重庆市邮政管理局按照相关规定进行处罚。

2003年2月，"邮政行业管理处"更名为"行业管理处"（正处级），与法律事务处（正处级）合署办公。同年9月，邮政业务视察室从公众服务处划入行业管理处。其主要职责有：制定地方通信条例；对邮政、集邮市场进行行业管理和检查，对重大案件进行查处；对邮政标准用品用具的生产实行监制；对邮政企业严重违反国家法律、政策的经营行为以及邮政企业服务状况实施监督检查。

2006年9月5日，重庆市邮政监管机构筹备组成立，准备将政府对邮政监督的管理职能和企业职能进行剥离。

2007年2月，政企分开，重组重庆市邮政管理局和新组建重庆市邮政公司。重庆市邮政管理局为重庆地区邮政行业监管机构，独立履行监管职能。

二、行政执法

（一）执法制度建设

1995年，依据《中华人民共和国宪法》《邮政法》《邮政法实施细则》等有关法律法规，重庆市邮政局草拟《重庆市邮政通信管理条例（送审稿）》。经1995年7月15日重庆市第十二届人民代表大会常务委员会第十四次会议审议通过，1995年12月20日四川省第八届人民代表大会常务委员会第十八次会议批准，《重庆市邮政通信管理条例》于1996年1月15日正式公布施行。1997年1月16日，重庆市邮政局印发《〈重庆市邮政通信管理条例〉注释》，完整、准确地对《重庆市邮政通信管理条例》予以注释，起到加强邮政通信管理、维护正常邮政通信秩序、为邮政通信工作提供法律保护、保障用户合法权益、促进邮政通信事业发展的重要作用。

1996年2月，转发邮电部制定的《通信行政处罚程序暂行规定》，要求邮政通信执法机构在进行通信行政处罚时应遵循合法、公正、公开和教育与制裁相结合的原则，以事实为根据，以法律为准绳，做到事实清楚、证据确凿，适用法律、法规、规章正确，符合规定的程序。

1998年3月28日，修订后的《重庆市邮政通信管理条例》，经重庆市第一届人民代表大会常务委员会第八次会议通过，自1998年7月1日起正式施行。当日起，《四川省邮电通信管理条例》和原《重庆市邮政通信管理条例》（1996年）在重庆市辖区停止适用。

1999年4月，《重庆市邮政通信行政处罚（暂行）管理办法》出台，明确重庆市辖区内邮政通信行政处罚，适用此办法。明确重庆市邮政管理局是重庆市辖区内的邮政通信行政主管部门，对邮政通信行政处罚的种类与管辖、行政处罚程序、执法管理进行明确规定。同年4月12日，《重庆市邮政管理局行政执法监督检查办法》出台，规定政策法规处是邮政通信行政执法监督检查工作机构，代表重庆市邮政管理局行使以下职权：督促检查邮政通信行政执法单位制度建设；调阅有关邮政通信行政执法案卷和有关资料；了解邮政通信行政执法人员熟悉和掌握法律知识的情况，并向其所在单位反馈；颁发、收缴执法证件，检查邮政通信行政执法人员的证件使用情况；审查正在发生的具体行政行为的合法性和适用性，并有权责令停止执行或纠正；督促或责令执法单位或执法人员履行法定职责。

2000 年 1 月，转发国家邮政局制定的《邮政行业管理规定》（暂行），确定省（区、市）邮政局行业管理主要职责：掌握本省（区、市）邮政和集邮市场的基本情况和发展趋势；制定地方通信管理条例（草案）和邮政业务市场管理条例（草案），报地方人大或政府批准后实施；对邮政和集邮市场进行行业管理和检查；对重大案件进行查处；对邮政标准用品用具的生产实行监制；对邮政企业严重违反国家法律、政策的经营行为以及邮政企业服务状况实施监督检查；对地市县局邮政行业管理人员进行培训、管理和业务指导。

2001 年，根据中共重庆市委办公厅和重庆市人民政府办公厅《关于适应我国加入世界贸易组织进程清理我市地方性法规、政府规章和其他政策措施的通知》，重庆市邮政管理局清理邮政地方性法规、规章、规范性文件，确保与国家法律法规及世贸组织有关规则不相抵触，不随意设定罚款、许可、收费等行政事项；细化行政审批、行政许可事项和办事程序，加大对邮政用品用具监制、集邮经营管理力度；加强对邮政通信行政案件罚没款及暂扣物品的管理，规范行政执法行为，保证邮政通信法律、法规和规章的贯彻实施。

2002 年 2 月 27 日，全国人大代表束一德等一行 6 人到访，就准备向全国人大提交的邮政专营权、邮政立法和邮政普遍服务议案与重庆市邮政管理局交换意见。2003 年 2 月，山西、安徽省政府法制办和邮政局领导带队来渝进行立法调研，双方就邮政地方条例制定、邮政普遍服务补偿机制、立法经验等情况进行交流。2005 年 2 月 25 日，重庆市人大领导率在渝全国人大代表视察市邮政管理局，表示将提交提案支持修改《邮政法》。

（二）执法队伍建设

1995 年 5 月，重庆市邮政局在四川省邮电管理局授权管理本地邮政工作及行使行政复议权的基础上，向重庆市法制局申领 50 个行政执法证件，开展行政执法工作。同年 8 月，重庆市邮政局受市政府委托，建立一支由局长办公室、邮政枢纽局、各区县邮电局、邮政经营服务处、电信经营服务处、邮政储汇局、邮政速递局、国际邮件处、邮票公司、劳资处安全办、报刊发行局等单位派员组成的行政执法队伍，开展邮政执法。

1998 年 11 月 2 至 6 日，举办重庆市邮政行政执法人员培训班，对全市邮政行政执法人员进行系统的通信行政管理与执法培训，对考试合格者发放"行政执法证"，经重庆市邮政管理局委托履行本行政辖区内的邮政行业行政执法工作。

2001 年 4 月，国家邮政局印发《关于建立健全邮政执法队伍的通知》，对邮政执法队伍的设立、人员配备、执法专用车等设备的配置及执法经费的保障等作出明确规定。同年 7 月，重庆市邮政管理局成立重庆市邮政执法大

队，对持有行政执法证的人员，进行系统通信行政管理与执法培训，经考试合格后发给行政执法证。2002 年，制订《重庆市邮政执法纪律规定》，明确执法人员违法违纪行为及处分标准，规范邮政通信行政执法行为，依法行政，履行邮政通信行业管理职责。

2005 年，根据《重庆市行政执法证件管理规定》和《重庆市人民政府法制办公室关于开展"重庆市行政执法证"审验工作的通知》，对全市执法人员开展审验工作，对不符合要求的执法人员，由市邮管局收回执法证件，并由市政府法制办统一吊销。

2006 年，按照《重庆市行政执法五清理四规范工作实施方案》，重庆邮政开展行政执法"五清理、四规范"工作（"五清理"：清理执法主体，清理执法依据，清理执法权责，清理执法人员，清理执法文书；"四规范"：规范执法主体，规范执法程序，规范执法文书，规范执法用语）。通过本次清理工作，清理行政执法主体共 41 个：其中，法定的行政机关 1 个，依法授权的执法组织 40 个；行政执法依据共 8 部：其中，法律 1 部，行政法规 1 部，地方性法规 1 部，国务院部门规章 5 部；行政执法权责共 22 项：其中，行政许可事项 5 项，行政处罚 17 项，不存在行政强制、行政确认、行政裁决和行政给付行为；行政执法文书共 16 项；行政执法人员共 128 人，全部由重庆市人民政府颁发行政执法证。

（三）普法教育

1996 年 6 月，开展知识竞赛系列活动，组织全市邮政职工学习《邮政法》《邮政法实施细则》《重庆市邮政通信管理条例》等邮政法律、相关法律和邮政业务知识，提高全市邮政职工法律意识。同年 9 月，重庆邮政制订《重庆市邮政局普及法律知识第三个五年规划》，在全局范围内普及法律，学习《宪法》和基本法律知识、社会主义市场经济法律知识、邮电专业法律法规知识，增强干部职工的法制观念。同年，开始实施"三五"普法工作，至 2000 年结束。

2001 年 12 月，重庆市邮政管理局制订《重庆市邮政系统开展法制宣传教育的第四个五年规划》，制订法制宣传教育年度计划，每年对普法和依法治理工作进行总结、完善普法和依法治理工作责任制。2002—2004 年，为"四五"普法的实施阶段，2005 年，是"四五"普法的总结验收年。2002 年，重庆邮政开展法制宣传教育，通过自学（不少于 50 学时）、专家讲座、组织培训、宣传教育活动等方式，学习基本理论知识、通用法律知识、邮政专业法律法规和与邮政企业依法经营、依法管理密切相关的法律法规及相关法律知识。2004 年，重庆邮政相继开展"邮政企业经营管理人员 2004 年法制理论知识考试""重庆邮政法律知识竞赛""收听收看 2004 年'12.4'全国法制宣传日系列宣传活动"等普法活动，对邮政有关

法律法规进行宣传。2005 年，开展 "2005 年法制理论知识考试""全民法制宣传教育二十周年纪念活动暨 2005 年'12.4'全国法制宣传日活动"，开展以宪法为核心的法律法规宣传教育活动。"四五"普法期间，全局举办法制理论教育培训班 77 期，培训干部职工 6763 人次，培训率达到 95% 以上。

三、邮政市场管理

1990 年 11 月 12 日，《邮政法实施细则》发布施行，明确各省、自治区、直辖市邮电管理局是地区邮政管理机构，管理该地区邮政工作。重庆邮政行业管理主要依据《邮政法》《邮政法实施细则》《重庆市邮政通信管理条例》《集邮市场管理办法》《邮政用品用具监督管理办法》等国家法律、法规以及地方规章，开展对重庆市集邮市场、邮政用品用具市场、邮政通信市场的规范和管理、监督、检查工作。

（一）行政审批相关依据

1997 年 12 月 12 日，重庆市邮政管理局与重庆市技术监督局、重庆市工商行政管理局联合制定发布《重庆市信封生产监制管理办法实施细则》，对信封监制管理做出规定：重庆市信封生产监制工作由重庆市邮政管理局负责；重庆市邮政管理局、重庆市技术监督局有权对获得监制证书的企业所生产的各种信封进行抽查，不符合 GB/T 1416 信封国家标准、未经重庆市邮政管理局监制的信封，全市各商业、邮政单位不得收购和销售，对使用该种信封交寄的信函，全市各级邮政局（所）应不予收寄，由此造成的时间延误应由用户负责；重庆市邮政管理局自受理监制申请之日起的 30 日内，将批准或不批准的决定，通知申请企业和各区（市）县邮政局、技术监督、工商行政管理部门，并向批准生产企业颁发《信封生产监制证书》，对已批准生产信封的企业分批在《重庆日报》上予以公布。

1998 年 7 月 1 日，新修订的《重庆市邮政通信管理条例》正式施行。明确规定重庆市邮政管理局是重庆市邮政通信工作的主管部门，在国家邮政通信主管部门和重庆市人民政府领导下，负责本市邮政通信行业管理工作。邮政通信行业管理主要内容包括：对邮政通信市场、集邮市场的管理，邮政用品用具的生产监制；通信用信封、明信片的生产监制；对放开经营邮政业务的前置审批权；对邮政代办业务的管理；对邮资凭证发行管理和版权管理及集邮品的管理。

2000 年 5 月 24 日，国家邮政局和国家工商行政管理局联合发布《集邮市场管理办法》，重庆市邮政管理局结合重庆市集邮市场规定：申请开办集邮票品集中交易市场的单位和个人，必须经所在地省邮政行业管理部门审查批准，提交申报材料，申报《集邮票品集中交易市场开办许可证》，并持此证到当地工商行政管理部门申请办理登记

后方准开业。

2001 年 8 月 10 日，国家信息产业部颁布实施的《邮政用品用具监督管理办法》，明确省、自治区、直辖市邮政部门根据国家邮政局的授权，负责本行政区域内邮政用品用具的监督管理工作，对邮政用品用具生产、销售、使用的管理职责；规定邮政用品用具监管的范围及监管形式；提出对违法违规行为的具体处罚措施。

（二）邮政通信市场管理

1996 年 4 月 9 日，重庆市邮政局通过文件形式转发邮电部《关于认真贯彻〈中华人民共和国邮政法〉有关邮政企业专营业务规定　进一步整顿邮政通信市场秩序的通知》，以及《关于"信件和其他具有信件性质的物品"具体内容的规定的通知》，要求全市各区县邮电局及中心营业部组织认真学习、加强社会宣传，并开展调查，了解本地区非邮政部门违法经营信函业务行为。同年 9 月 2 日，下发《关于在部分单位开展邮政行业执法试点工作的通知》，在渝中区、沙坪坝区、九龙坡区、北碚区 4 个邮电局和速递局 1 个市级邮政单位，开展邮政行业执法试点工作，维护正常邮政通信秩序。执法范围为：查处非邮政部门经营邮政专营业务的单位，低面值出售普通通信邮票的单位和个人，违法使用邮政专用品的单位和个人。

1998 年及以前，重庆邮政通信市场上非邮政单位和个人经营特快专递以及经营信件和其他具有信件性质物品寄递的违法行为，尚未形成规模，重庆邮政行业管理工作，重点针对集邮市场和邮政用品用具市场进行监管，基本未涉及快递市场。这一时期，重点是广泛面向社会宣传"信件和其他具有信件性质的物品寄递业务由邮政企业专营"，完善地方邮政行业管理配套制度、执法检查队伍建设等方面工作。

1999 年 10 月 22 日，重庆市邮政管理局转发《国家邮政局关于开展速递市场检查的通知》，组织各区县邮政局、速递局开展速递市场检查，出动 150 人次对侵害邮政专营权、违法经营信件和其他具有信件性质物品的寄递业务行为予以打击，维护国家利益和用户的合法权益。通过这次检查，初步掌握全市非邮政快递公司基本情况，全市有 20 多家非邮政的速递、快递公司，90% 集中在江北区境内，主要特点是规模小、经营灵活、隐蔽性强，没有必备车辆和处理场地，无管理和安保措施，以欺骗客户和超范围经营手段从中牟利。

2000 年 5 月 31 日，对华宇货运服务公司冒用邮政名义、伪造 EMS 收据非法揽收 EMS 邮件的违法行为予以查处，处以 10000 元罚款，并与工商部门联系，注销华宇公司违法"代办"邮政 EMS 特快专递经营执照。

2001 年，开展全方位市场检查，加强对邮政专营业务市场的管理力度，维护邮政通信市场正常秩序。针对重庆邮政通信市场点多面广、违法行为屡禁不止情况，以日

常例行检查为基础，结合相关群众举报线索，在工商部门配合下，对社会速递公司进行执法检查，重点查处侵犯国家信件专营权、超范围经营、无资格经营等非法行为。分别查处重庆申通公司、万州区翼达货物运输公司、捷达货运服务公司等非法经营信函类特快专递，侵犯邮政专营权行为，并对其处以行政罚款。

2001年4月17日，查处全国性的快递网络公司——天易公司重庆分公司非法经营信函类特快专递案件，处以行政罚款，并将天易公司的管理模式、全国网点等相关情况，上报国家邮政局行业管理司。同年6月18日，按照国家邮政局《关于下发〈邮政特快专递代办管理指导意见〉的通知》精神，下发《关于清理全市邮政特快专递代办点的通知》，成立清理整顿领导小组，在全市范围内开展特快专递代办点的清理整顿工作。发现"全一快递""帆达快递"等货运公司假借同邮政部门签订的揽收协议，对外非法揽收EMS邮件，重庆市邮政管理局即刻终止其揽收合同关系。同时，针对3家社会速递公司"天天快递""申通快递""大通快递"打着代理EMS的旗号，而实际并未与邮政部门签订任何合同（或协议），非法揽收包括EMS邮件在内的快递业务、从事信函类快递业务的经营行为，与工商部门进行联合查处。同年12月4日，按照国家邮政局《转发国务院办公厅关于加强信件印刷品等寄递业务管理防止炭疽杆菌传播的紧急通知》精神，开展对全市非邮政企业（包括国际货代企业）从事信件寄递类业务的清理整顿工作，随后，通过与重庆市工商行政管理局协调，重庆市工商局下发《关于加强信件印刷品速递企业管理的通知》，要求各区市县工商局全面清查非邮政快递企业，并在年检时对其经营范围的核准中采用"信件和其他具有信件性质物品除外"的界定。

2002年，进一步落实国务院《关于规范和整顿市场经济秩序的规定》，以维护邮政专营权为重点，在前期对全市摸底调查的基础上，掌握全市近40多家非邮政的各种速递、快递、快件、快运等公司运作情况，对其采取全面监控、重点整治的策略，共出动执法检查近300多人次，查处大通、天天、申通等17家快递公司违法经营信函业务案件，其中，全一、联力通、小红马、圆通被查处2次，捷特、申通被查处3次，天天快递被查处5次。

2002年3月，根据《信息产业部、对外贸易经济合作部、国家邮政局关于进出境信件和具有信件性质物品的寄递业务委托管理的通知》，加强国际货代企业委托管理。在《重庆日报》发布通告，要求凡市内原从事国际快递业务的国际货物运输代理企业，若需要办理进出境信件或信件性质的物品的寄递业务，必须按期到重庆市邮政管理局办理委托手续，否则将依法追究法律责任，后续相继有5家国际货代企业办理委托手续。同年10月，重庆市邮政管理局与市工商、公安部门联合执法，邀请市主要新闻单位参与，对市内寄递市场进行集中清理整顿，市内6家报社进行跟踪报道。

2003年，重庆邮政行业管理工作以市场管理和依法行政为重点，全面开展市场执法检查，规范邮政通信市场经营秩序。通过与重庆市工商局联系，加强对邮政专营业务市场的管理力度，加强对国内非邮政快递企业的监管，通过重点整治，严厉打击侵犯邮政专营权等措施，实现无公开违规经营信函类业务的正常市场秩序。同年4月，重庆市邮政管理局行业管理部门采取突击检查、例行检查、摸底调查等不同措施，对全市邮政寄递市场进行一次集中检查、清理整顿，共检查快递公司23家，查处非法快递公司17家。

2004年，重庆邮政行业管理工作依据《邮政法》《邮政法实施细则》和《重庆市邮政通信管理条例》，制订适应重庆邮政市场的管理办法，规范邮政市场经营行为，维护邮政市场正常秩序。同年6月14日，制订《关于开展专项整治违规经营和服务质量问题的实施意见》，成立专项整治领导小组，分三个阶段在全市组织开展以"两低一跨"（低价及违规销售通信邮资票品、低资费收寄邮件、跨界揽收邮件），提高服务质量为重点，整治邮政内部违规经营行动。2004年，以维护邮政专营权为重点，行业管理处采取自主和联合执法形式，开展执法活动，共查处大田国际货物运输有限公司重庆分公司、重庆金色快递公司、上海盛彤快递重庆分公司、重庆天轩快递有限公司、全一快递公司等21家公司非法经营信函和其他具有信函性质物品的寄递业务案，查获信函类快件305件、挂号信7件，打击侵犯邮政专营权的快递公司，维护重庆邮政通信市场秩序。在规范市场的同时，建立相关快递公司违规档案，并将行政执法案件的案卷全部建立电子档案库。

2005年3月，为确保公民通信安全、切实维护国家利益，重庆市邮政管理局行业管理处组织开展以整治和规范寄递市场为目的的春季执法大行动。对中外运空运重庆分公司、中外运敦豪国际航空快递重庆分公司、成都舜良速递服务有限公司重庆分公司、重庆坤达物流有限公司、重庆汇通快递公司等17家快递公司进行检查。查处重庆捷特货运服务有限公司、重庆天轩快递有限公司、上海盛彤快递重庆分公司、成都巨鹏快递有限责任公司重庆分公司等11家公司，对侵犯邮政专营权的违法行为予以行政处罚，同时责令其立即停止经营信件和其他具有信件性质物品的寄递业务。同年6月下旬到7月底，按照国家邮政局关于在全国范围内组织对快递公司进行集中检查的部署要求，开展对重庆市快递市场夏季集中整治行动。此次集中检查行动共出动邮政执法人员130余人次，并请重庆市国安局派员参加全程调研，共检查大田快递、大田联邦快递FedEx、DHL中外运敦豪快递、中外运空运发展快递公司等4家国际货代企业，以及宅急送快递公司、上海盛彤快递公司重庆分公司（申通快递）、圆通快递公司、汇通快递公司、中通快递公司、坤达快递公司、顺昌龙快递公司、广州顺丰快递公司等8家国内快递公司，查获涉嫌信函类快件71件。该次集中检查的12家快递公司中，侵犯邮政专营权、违规收寄涉嫌信函类快件的公司有11家，违规经营占比高达91.6%。

2006年1至2月底，行业管理处对寄递市场进行通信安全大检查，重点检查有无违规收寄禁止收寄的物品。此次集中检查行动共出动邮政执法人员67人次，检查大田快递、大田联邦快递FedEx、DHL中外运敦豪快递、中外运空运发展快递公司、TNT-international Express（超马赫国际运输代理有限公司重庆分公司）、KERRY EAS（嘉里大通物流有限公司重庆分公司）等6家国际货代企业，并检查宅急送快递公司、上海盛彤快递公司重庆分公司等12家国内快递企业。该次集中检查的18家快递公司中，查获侵犯邮政专营权、违规收寄涉嫌信函类快件的公司3家，查获涉嫌信函类快件24件。快递公司违规经营占比由2005年重庆夏季寄递市场集中检查时的91.6%下降为16.6%。

2006年3至4月，在全市范围内对社会快递企业开展调研，向快递企业正面宣传邮政体制改革，宣传加强快递市场监管、维护快递市场稳定的重要性和必要性，敦促其合规合法经营，同时听取快递、速递企业对市场监管的建议。此次调研行动，共出动邮政执法人员600余人次，调查走访快递企业108家。经过摸底排查，进行实质性填表的公司有47家（含国际货代企业）。

（三）集邮市场规范管理

1996年8月，转发邮电部、国家工商行政管理局《个人经营集邮票品管理办法》，要求各省、自治区、直辖市邮电管理局配合工商行政管理机关对集邮市场进行清理整顿，发现违反《个人经营集邮票品管理办法》有关规定的，及时配合工商行政管理机关依法查处。各邮政企业认真做好邮资票品的经营管理工作，对邮政企业内部的单位或个人向非邮政企业委托代售的单位和个人，提供普通邮票或内外勾结非法倒卖集邮票品的，应根据邮电部有关规定，予以相应处理。

1997年5月5日，转发邮电部《关于对违反邮资票品销售规定的企业和个人进行处罚的通知》，重点对邮电企业提前销售或无故拖延发售邮票、挪用集邮预定户邮票、低于面值销售邮票等违规行为，开展清理自查。

1998年4月8日，转发邮电部《关于制作、经营集邮品有关问题的通知》，明确对非邮政集邮业务部门的单位和个人，未经重庆市邮政管理局行业管理处批准和授权，均不得擅自从事集邮品的制作、经营。同年4月21日，行业管理处对巫山县集邮市场开展检查，发现5个集邮票品销售点存在不规范经营，以及销售假冒伪劣邮品的

违法行为，与当地工商行政管理部门进行联合执法。1999年1月23日、4月13日，行业管理处先后转发国家邮政局《关于北京等地集邮市场出现伪造邮资凭证情况的通报》和《关于加强仿印邮票图案管理的通知》，在全市范围内组织开展对伪造邮资凭证、仿印邮票图案的清理整顿工作。同年4月21日，由渝中区政府牵头，邮政、公安、工商等多部门联合，对上清寺"马路邮市"部分邮商邮贩长期占道经营集邮票品，进行公开取缔及查处，有7人受到行政处罚，被处罚金共计5000元。同年5月25日，重庆市邮政管理局正式发文，对涉及提前违规销售《贵州风光》邮资明信片问题的21个责任单位的区县邮政局进行处罚，罚款金额141247元。

图4-7-1-1　1999年1月，由重庆邮政、市工商局组成的联合执法队，首次对重庆部分邮市和邮票销售点实施突击检查

2000年3月10日，重庆市邮政管理局行业管理处与重庆市公安局协作，破获新中国成立以来全国最大制造、贩卖假邮票案件，捣毁制假贩假窝点1个，缴获假邮票50余种100余万枚，票面价值1.6亿元。此外，还抓获涉及制造、批发、销售等犯罪嫌疑人12名，缴获各种假邮戳583个、各种假邮票印刷胶片、铅版2600余张和样纸数百张。对制假、售假邮票的行为给予严厉打击，维护企业、集邮爱好者的合法权益，国家邮政局授予破获特大制售假邮票（品）案件通报表彰奖。同年3月27日，在市级报刊上发布公告，依法设立重庆市中心路集邮市场，将原晓凡文化收藏品公司开办的地处上清寺的集邮市场整体迁入中心路集邮市场，同时公布违规经营举报电话，要求集邮经营者和广大集邮爱好者入市合法交易。

2000年5月24日，国家邮政局和国家工商行政管理局联合发布《集邮市场管理办法》。同年8月22日，根据《集邮市场管理办法》，结合《重庆市邮政通信管理条例》以及重庆市集邮市场实际情况，重庆市邮政管理局与重庆市工商局共同制定发布《集邮市场管理办法》贯彻实施意见，共同维护集邮市场的经营秩序和规范经营行为。该实

施意见明确在重庆市辖区内申请经营集邮票品的单位和个人，必须经邮政行业管理部门审查批准，办理《集邮票品经营许可证》，并依法办理工商登记后方可经营。

2000年9月17日，在国家邮政局领导下，重庆邮政行业管理处会同湖北邮政行业管理与公安部门联合行动，破获全国首例邮资信封跨省制假案，查获伪造的《颐和园十七孔桥》假邮资封13万枚，案值人民币13万余元，并查获一家非法印制假邮资信封的印刷厂。国家邮政局专门发文予以通报表扬。

2001年4月30日，行业管理处依法审核并批准北碚集邮市场经营主体资格。同年5月14日，下发《关于清理全市邮票代售处的通知》，开展对全市邮票代售处的清理整顿工作，将全市邮票代售处由企业管理纳入行业管理，各区（市）县邮政局统一与各邮票代售处签订由行业管理处统一制作的邮票代售合同，并统一制作通信用邮票代售证、邮票代售处标牌。同时，对无邮政局代售合同出售的普通邮票，无经营许可证和工商执照出售的纪念邮票进行暂扣。相继查处朱祥映假冒江西瑞金集邮协会会员身份在重庆违法举办邮票展销活动，以及长寿区邮贩杨礼洪假借邮政名义批销通信用普通邮票的违法行为。

2002年3至5月，行业管理处分别多次对主城区及涪陵、长寿、南川、大足等十几个区县的集邮票品违规经营情况进行检查，共出动执法检查人员650人次，检查邮票销售点430家，查处违法销售邮资票品点195家，查获普通邮票、纪特邮票21580枚。整顿重庆市集邮市场经营秩序和经营环境，至此，公开违规销售现行通信用普通邮票的现象基本得到遏制。同年6月，对渝中区中兴路、北碚区集邮交易市场进行年审，并在《重庆日报》上发布通告。同时，按照国家邮政局指示，对在渝召开的全国邮市第五届年会进行全过程监管，确保年会正常召开，使《大足石刻》邮票首发式顺利进行。同年8月14日，下发《关于清理整顿通信用邮票和集邮票品市场的通知》，在全市范围内集中清理整顿集邮票品市场，严厉打击违法经营通信用邮票和集邮票品的行为。

2003年，多次分别对主城区及十几个区县的集邮票品市场开展检查，全年共出动执法检查人员450人次，检查邮票销售点103家，查处违法销售邮资票品点14家，查获普通邮票、纪特邮票1274枚。同年5月14日，在渝北区查获非法销售《中华名人邮票大全珍藏册》的晏某等人，暂扣售价5960元的《中华名人邮票大全珍藏册》2册，并依法对晏某等人做出处理。同年11月4日，根据举报，邮政执法人员在上清寺抓获销售假普.31《中国鸟》——黄腹角稚邮票的犯罪嫌疑人，收缴假邮票385版，共计11550枚，面值9240元，并依法将犯罪嫌疑人移交公安机关进行处理。同年11月12日，对北京金色曙光文化传播有限公司重庆分公司在解放碑新华书店无经营

许可证违规销售集邮品行为，进行立案调查，并依法将该案件及涉案票品价值1680元的《中华瑰宝》和价值8980元的《毛泽东邮票经典极限录》，移交重庆市工商行政管理局处理。

2004年，共出动执法检查人员918人次，检查邮票销售点760家，查处违法销售邮资票品点7家。查获《北戴河》联峰山、中海滩、《小鲤鱼跳龙门》、《21届世界大学生运动会》假票2394版，共计40792枚，面值32673.60元。暂扣《百猴贺岁》珍藏册9册、《毛泽东邮票经典极限录》1册、《中华瑰宝》1册、《中国人民的儿子邓小平》6册、《军事家邓小平》3册、《邓小平诞辰100周年典藏》1册、《中华名人》2册，共计人民币105700元。同年4月13日，召开行业管理部门、集邮交易市场管理部门和邮商代表共同参加的座谈会，将《新邮预报》寄送集邮交易市场管理部门定期张贴，帮助广大邮商学习如何辨别假邮票。

2005年，共出动执法检查人员140人次，检查邮票销售点102家，查处违法销售邮资票品点2家。同年1月20日，对渝中区临江门现代书城内四川梦虎文化传播公司未办理集邮票品经营审批手续，违规销售《开国元勋——中华人民共和国55周年庆·金银邮票典藏册》进行立案调查，当场登记保存4册、价值27920元，并按照国家相关法律法规，对该公司违法行为予以行政处罚。同年3月28日，根据国家邮政局行业管理司《关于在一、二级邮区中心局集中开展查处假邮资凭证行动的通知》，由行业管理处邮政执法大队等多个部门共同组成检查组，在重庆邮区中心局生产现场，对零星用户、大宗用户（特别是大中院校）所交寄的贴票信函（商函）及印刷品、普通包裹进行抽查，未发现有假邮票流入重庆市邮政通信渠道。

2006年，共出动执法检查人员180人次，检查邮票销售点120家，查处违法销售邮资票品点1家。同年1月，行业管理执法人员对未办理集邮票品经营审批，违规销售《中国大史记 传世邮币珍藏》行为进行立案调查，当场登记保存1套、价值18000元。

（四）邮政用品用具市场管理

1992年12月22日，重庆市邮政局、重庆市技术监督局共同印发《重庆市信封生产监制管理办法（试行）》，正式开始对重庆市信封生产实行监制管理。该办法规定国内通信使用的信封，包括邮政快件、银行挂号信、集邮品信封，须严格按照"信封国家标准"（现行标准GB 141-87）生产和流通；尚未列入国家标准的信封，如国际通信使用的信封等，按照邮电部规定印制；原已领取四川省邮电管理局监制证的印刷企业，在有效期内可不再办理监制申请。监制期满，必须向重庆市邮政局申请监制。1993年4月22日，与市电信局、市技术监督局联合下发《关

于检查〈信封生产监制管理办法〉执行情况的通知》，在全市范围对 1992 年以来向四川省邮电管理局和重庆市邮政局已办理信封监制手续的印刷单位开展检查。自 1993 年 7 月 1 日起，全市各邮电局（所）只收寄经监制的标准信封封寄的信函，非标准信封和未经监制的标准信封不予收寄；信封产品审查单位为重庆市技术监督局。

1998 年 1 月，行业管理处首次对重庆市信封生产监制履行管理职能，将获得《生产监制证书》的 39 家印刷企业分两批次在《重庆日报》上进行公布。同年 7 月 1 日正式施行的《重庆市邮政通信管理条例》，明确规定"生产通信使用的信封、明信片、邮包封装盒和信报箱，必须经市邮政通信主管部门监制"。

1999 年 4 月 27 日，重庆市邮政管理局召开首届行业管理工作会，会议总结 1998 年行业管理工作，传达国家邮政局有关精神，安排部署 1999 年全市行业管理及邮政品用具管理和监制相关工作。同年 9 月 14 日和 12 月上旬，行业管理处联合公安、工商部门分别查处位于渝中区大坪马家堡、南岸区四公里等地的某印刷厂，打击冒用盗用信封生产监制证号生产、销售非标准信封的违法违规行为，维护邮政用品用具市场的正常秩序和邮政企业的合法权益。

2000 年 4 月 17 日，对冒用他厂信封监制证号违规生产、销售信封的重庆南岸文光印刷厂进行查处。同年 11 月，按照国家邮政局行业管理司《关于开展 2000 年信封质量检查活动的通知》要求，开展全市信封质量专项检查，在对相关大宗用户、商函制作中心等所用信封质量进行全面检查的同时，会同公安、工商部门对朝天门信封批发市场进行二次大的执法检查行动，查处 3 家违规生产信封厂家，收缴假冒信封、非标信封 6 万余个。

2001 年 3 月 20 日，行业管理处查处市统计局机关印刷厂冒用重庆市联谊印务有限公司监制证号案。同日，市统计局机关印刷厂向重庆市人民政府法制办申请行政复议。经重庆市人民政府复议后，认定重庆邮政行业管理部门所作出的行政处罚决定"认定事实清楚，适用证据正确，程序合法"，对重庆邮政首例行政复议依法作出维持决定。同年 8 月 10 日，国家信息产业部颁布实施《邮政用品用具监督管理办法》，重庆市邮政管理局随即发布《关于贯彻落实〈邮政用品用具监督管理办法〉有关问题的通知》，明确规定任何单位和个人不得销售和使用未经监制和审批的邮政用品用具；重庆市外邮政用品用具生产厂家到重庆销售产品，必须向重庆市邮政管理局行业管理处备案，并按照《邮政用品用具监督管理办法》接受不定期的检查。随后，开展年度用品用具监制证号厂家年审工作，对全市 39 家信封生产厂家进行审查，撤销不合格厂家（如：重庆寒松塑料模具有限公司）的监制证号，并对信封年审合格厂家在《重庆晨报》上予以公告。同年 8

月，组织开展 2001 年全市信封质量情况检查。查处奉节县益昌印刷厂冒用奉节县渝东商务印刷有限公司监制证号案、查处重庆大文豪印务公司使用已过期的四川省邮电管理局核发的监制证号非法印制信封的违法行为、查处重庆渝升彩印公司、重庆正兴印务公司、重庆井口胜利印刷厂、重庆林氏印务公司冒用他厂名称和监制证号案，处以罚款并没收非法所得。

2002 年 8 月 12 日，下发《关于公布实施监督管理的邮政用品用具目录（暂行）的通知》，实施监督管理的邮政用品用具目录有：信封（含首日封、纪念封、透明窗口信封、邮资信封、贺卡信封、邮政特快专递封套、邮政公事信封等各类信封）、邮简、明信片（含邮资明信片、极限明信片、专用明信片等各类明信片）、邮政包裹包装箱（袋）、信筒、信箱、住宅楼房信报箱（群）等共计 12 项。同年 11 至 12 月，组织开展全市信封质量使用情况、邮政用品用具市场专项整治行动。对未经批准擅自生产邮政用品用具的，或盗用、冒用、伪造监制证及使用过期监制证的邮政用品用具生产厂家予以严厉打击。全年查处吉丰彩印、艺达印务、石林印刷厂、川仪印刷厂等 20 家冒用信封监制证号企业。

2003 年，按国家邮政局要求，对邮政用品用具的生产实行批量监制制度，改变过去将监制证当许可证，放弃监督制作职责的做法，实行邮政用品用具执法检查报告制度。

2004 年 4 月 29 日，下发《关于实施 GB/T 1416-2003〈信封〉国家标准有关问题的通知》，对原 GB/T 1416-1993《信封》标准进行修订，新标准 GB/T 1416-2003〈信封〉于 2004 年 6 月 1 日起正式实施。新标准对信封的品种、规格、用纸等作一定修改。为贯彻实施 GB/T 1416-2003《信封》国家标准，做好新旧信封标准的衔接工作，重庆市邮政管理局行业管理处 5 月对信封生产厂家进行集中培训；6 月 1 日分派 2 个指导检查组对部分区县新标准信封贯彻执行情况、邮政特快专递封套质量及邮政用品用具，开展专项指导检查。

2005 年，对重庆奎迪公司无监制证书擅自生产、销售非标准住宅楼房信报箱的行为，进行立案调查，对其违法行为处以罚款 3000 元。同年 2 月 2 日，重庆市邮政管理局发布《关于对国内邮政包裹详情单进行生产监制的通知》，依据国家邮政局 YZ/0101-2004《国内邮政包裹详情单》标准对国内邮政包裹详情单产品实施监制管理，加强重庆市对国内包裹详情单生产的监制工作。同年 8 月 17 日，重庆市邮政管理局发布《关于对普通信封按 GB/T 1416-2003 标准进行年审的通知》，对全市 33 家信封生产厂家以及 9 家获得邮政用品用具监制证号的厂家，进行年度审查，撤销年审不合格的江津市红星印刷厂等 7 个厂家的监制证号。

第二节　法律事务

一、法律事务机构设立及沿革

1995年5月19日，为加快邮电通信经营管理体制改革步伐，推进企业管理现代化，以适应邮电通信超前发展和市场经济迅猛发展需要，重庆市邮政局设立法规办公室，负责全局行政执行及对内对外诉讼等有关工作。同年12月，为适应邮电通信事业发展需求，运用法律手段实现企业管理职能，重庆市邮政局设立政策法规处，继续履行原法规办公室职责。

1999年10月13日，为加强重庆市邮政行业管理和邮政法制、法律事务管理，理顺管理职责，重庆市邮政管理局政策法规处与行业管理处合署办公。

2003年2月19日，根据国家邮政局机构编制委员会对各省邮政机构设置要求和全国邮政人事工作会议精神，重庆市邮政管理局设立行业管理处（与法律事务处合署办公）。

2007年3月12日，为理顺经营管理体系，促进业务重组，推动机制转换，提高工作效率，减少职能交叉，按照中国邮政集团公司《关于省（区、市）邮政公司内设机构、职能和编制管理的指导意见》对各省邮政机构设置要求及《关于重庆市邮政公司内设机构及编制、直属机构设置方案的批复》，原重庆市邮政公司法律事务处相关职能由办公室下设二级机构法律事务室承担。2016年3月9日，中国邮政集团公司重庆市分公司调整办公室法律事务、档案管理及党群工作部信访工作职责，合并成立法律信访档案室，作为办公室（党委办公室）内设部门。2017年6月7日，中国邮政集团公司重庆市分公司设立法律事务室，作为办公室内设部门。

2022年7月1日，中国邮政集团有限公司重庆市分公司办公室下设的"法律事务室"更名为"法律与风控合规室"。

二、法律与风控合规工作

（一）法律与风控合规室部门职责

2022年，法律与风控合规室成立后，主要工作职责如下：统筹中国邮政集团有限公司重庆市分公司各业务板块风险管理、内控、合规、法务等工作；组织政策法规研究，为市分公司重要经济活动提供法律支撑和咨询；负责全市邮政合同管理工作，制订合同管理制度并组织实施；制订法律纠纷管理制度，开展法律纠纷管理和企业权益维护工作；负责依法保护市分公司知识产权，负责市分公司规章制度归口管理工作，制订相关管理制度并组织实施；负责牵头建立和健全非金融风险管理、内部控制、合规管理体系，组织制订管理制度、规范、流程并组织实施；参

与企业重要决策事项的合规论证和审查，对企业经营管理行为的合法合规性进行监督检查，参与违规问题和员工违规行为调查并提出处理建议；组织建立健全风险监测、识别、评估、预警、应对、监督改进等风险管理工作机制，指导并组织重大非金融风险事件处置；建立健全非金融内部控制工作机制并组织实施；组织、指导、监督所属企业对发现的风险和内控合规问题进行整改落实；制订授权管理制度并组织实施；牵头开展邮政系统法治宣传教育，组织开展风控合规文化建设；推动市分公司非金融法律及风控合规管理队伍建设，组织开展公司律师及外聘律师管理工作；牵头组织开展非金融风险合规管理信息系统建设及维护工作；完成领导交办的其他工作。

（二）法律事务与风控合规事务

1. 地方邮政立法

（1）重庆直辖前的《重庆市邮政通信管理条例》

1995年7月15日，经重庆市第十二届人民代表大会常务委员会第十四次会议审议通过，制定《重庆市邮政通信管理条例》。该条例1995年12月20日经四川省第八届人民代表大会常务委员会第十八次会议批准，于1996年1月15日公布并施行。该条例具体执行中的问题，由重庆市邮政局负责解释。条例明确：各级人民政府应当加强对邮政通信工作的领导，将邮政通信设施的建设纳入当地国民经济和社会发展计划、城乡建设规划。重庆市邮政局是全市邮政通信工作的主管部门。各区（市、县）邮电局在市邮政主管部门授权范围内，管理本地区的邮政通信工作。有关部门应当协同做好邮政通信建设和管理工作。任何单位和个人都有保护邮政通信设施、维护邮政通信安全和畅通的责任，并有权制止、举报破坏邮政通信设施和危害邮政通信设施的通信安全行为。邮政部门专营下列业务：信函、明信片和其他具有信件性质的物品寄递（含速递文件业务）；机要文件和机要刊物寄递；邮票、邮资信封、邮资明信片、邮资邮简等邮资凭证的发行；邮政编码簿的编印和发行；国务院邮政主管部门规定的由邮政部门专营的其他邮政业务。

（2）重庆直辖后的《重庆市邮政通信管理条例》

1997年，重庆直辖后，重庆市人大常委会根据《中华人民共和国邮政法》及有关法律、法规之规定，结合本市实际，制定《重庆市邮政通信管理条例》。该条例于1998年3月28日经重庆市第一届人民代表大会常务委员会第八次会议通过，自同年7月1日起施行，原《重庆市邮政通信管理条例》在重庆市辖区停止适用。该条例具体应用中的问题，由重庆市邮政管理局负责解释。新条例明确：市邮政管理局是全市邮政通信工作的主管部门，在国家邮政通信主管部门和市人民政府领导下，负责本市邮政通信行业管理工作。邮政企业专营下列业务：信函、明信片和其他具有信件性质的物品寄递（含速递文

件业务）；机要文件和机要刊物寄递；邮票、邮资信封、邮资明信片、邮资邮简等邮资凭证的发行；普通邮票的销售与集邮品的制作和发行；邮政编码簿的编印和发行；国务院邮政主管部门规定的由邮政企业专营的其他邮政业务。

（3）《重庆市邮政条例》

2012年，为保障邮政普遍服务和特殊服务，规范邮政市场秩序，维护邮政通信与信息安全，保护用户通信自由和通信秘密及其他合法权益，促进邮政业健康发展，重庆市人大常委会根据《中华人民共和国邮政法》和有关法律法规，结合本市实际，制定《重庆市邮政条例》。该条例于2012年11月29日经由重庆市人民代表大会常务委员会公布，自2013年3月1日起施行。1998年3月28日重庆市第一届人民代表大会常务委员会第八次会议通过的《重庆市邮政通信管理条例》同时废止。《重庆市邮政条例》明确：市、区县（自治县）人民政府应当将邮政业发展纳入国民经济和社会发展规划，支持邮政企业提供邮政普遍服务，对邮政企业提供邮政普遍服务、特殊服务给予补贴，保障邮政普遍服务与经济和社会发展相适应。提供邮政普遍服务的邮政设施等组成的邮政网络是国家重要的通信基础设施。市、区县（自治县）人民政府应当将邮政设施的布局和建设纳入城乡规划，保证邮政设施的布局和建设满足保障邮政普遍服务的需要。农村地区提供邮政普遍服务的设施建设应当纳入当地镇、乡和村规划。邮政设施建设用地应当符合土地利用总体规划，符合划拨条件的，按照国家有关规定予以划拨。未经批准不得改变土地用途。配套建设的提供邮政普遍服务的邮政设施用房由建设单位按照房屋综合成本造价出售给邮政企业。建设提供邮政普遍服务的邮政营业场所、邮件处理场所，按照规定程序审批后，免缴城市建设配套费。邮政企业应当按照城乡规划在城市街道、广场、公园、旅游景区景点等公共场所设置邮筒（箱）等邮政设施。设置邮筒（箱）免缴城市道路占用费。机关、企业事业单位应当设置收发（传达）室等接收邮件的场所；建设城镇居民楼应当设置接收邮件的信报箱；农村地区应当逐步设置村邮站或者其他接收邮件的场所。城镇居民楼设置信报箱应当符合国家标准。建设单位应当将信报箱工程纳入建设工程统一规划、设计、施工和验收，并与建设工程同时投入使用。设置信报箱所需费用纳入建设成本。乡、镇人民政府（街道办事处）应当指导村民委员会设立村邮站或者其他接收邮件的场所。村邮站或者其他接收邮件的场所及其工作人员由村民委员会确定。征收邮政营业场所或者邮件处理场所的，市、区县（自治县）人民政府在作出征收决定前，应当根据保障

邮政普遍服务的要求，就地或者就近对邮政营业场所或者邮件处理场所的重新设置作出妥善安排。未作出妥善安排前，不得征收。征收邮政营业场所或者邮件处理场所，按照城乡规划要求无需在该区域继续设置的，邮政企业可以选择房屋产权调换或者货币补偿的方式。邮政营业场所或者邮件处理场所重新设置前，邮政企业应当采取措施，保证邮政普遍服务的正常进行。

2. 普法宣传

2006—2020年，按照中央宣传部、司法部关于在公民中开展法制宣传教育的第五、六、七个五年规划部署，重庆邮政法律事务机构创新形式，开展"法律进企业"创新活动，将学法用法同法制教育实践相结合，围绕企业中心工作和员工关注的热点、难点问题，开展有针对性的法律宣传教育工作，主动宣传国家法律法规，多次在企业举办的普法讲座中为员工开展法律知识培训，详细讲解《物权法》《劳动合同法》等法律法规。

3. 经济合同管理

法律与风控合规室以符合法律规定为基本要求，认真审查每一份经济合同，对合同是否存在法律风险、条款是否有利于维护公司利益、拟盖章合同文本是否与已审批版本一致等问题进行审查，提出法律意见。同时，妥善保管盖章签署合同文本，通过对合同的日常管理，规范公司经营行为，防范法律风险。

4. 重要决策、规章制度法律审查

为规范和加强公司重要决策事项、规章制度的法律审查工作，建立健全法律风险防范机制，法律与风控合规室制订《中国邮政集团有限公司重庆市分公司重要决策事项法律审查管理实施细则（试行）》和《中国邮政集团有限公司重庆市分公司规章制度法律审查管理实施细则（试行）》，并印发市级各部门（单位）及各城片区、区县分公司。法律与风控合规室在参加市分公司党委会、办公会时积极发表专业的法律意见，有效防范合规风险，为公司持续健康发展提供法律保障。

5. 诉讼管理

2007年，法律事务室制订《中国邮政集团公司重庆市分公司法律纠纷管理工作实施细则》。邮政企业涉诉案件多集中在邮政服务合同、储蓄合同、劳动用工、交通事故等方面，通过公司法律事务人员与外聘法律顾问相结合的方式应对，均取得对邮政企业有利的司法文书。

6. 建立法律服务及咨询团队

重庆邮政及外聘律师事务所共同构筑法律服务团队，负责联络、组织外聘法律顾问提供法律咨询、合同审查、诉讼代理等法律服务。

第八章　监督检查

第一节　机构沿革

1986—2022 年，重庆邮政加强邮政服务监督检查工作，完善内外结合的监督模式，促进邮政业务健康持续发展。

1986 年，重庆市邮政局在邮政管理科配备专职质量检查管理人员。1989 年 4 月，成立重庆市邮政局质量检查组。1995 年，邮政管理处改为邮政业务经营服务处，下设通信质量检查科，负责监督检查、邮政视察工作。1997 年 9 月，重庆市邮政管理局邮政业务市场部下设视察室；同年，质量监督岗挂靠在邮政业务市场部，负责全程时限、规格管理工作。2000 年，根据《重庆市邮政管理局机关及直属单位机构调整方案》规定，由公众服务处拟定服务质量标准、业务规章并负责监督检查。2003 年，邮政业务视察室职能、人员划归行业管理处，履行公众服务处原邮政业务视察职能。2006 年 9 月，将行业管理处的邮政视察职责划归公众服务处。2007 年 2 月，监督检查职责划归服务质量监督检查部，与安全保卫部合设。2013 年，省际检查站设在重庆邮区中心局，承担中国邮政集团公司对省际间通信质量的监督检查工作，同时承担本市区县间通信质量监督检查工作。2015 年 3 月，安全保卫部更名为监督检查与安全保卫部，下设视察室。2017 年 6 月，服务质量部（普遍服务部）成立，监督检查职责划归服务质量部，截至 2022 年仍沿用。

第二节　制度建设

一、邮政通信质量制度

1986—2022 年，重庆邮政加强制度建设，强化监督检查工作。

1989 年，重庆市邮政局转发邮电部《邮件全程时限及处理规格检查暂行办法》，明确检查工作组织、检查标准、检查范围及数量和统计上报方法。1996 年，转发《关于增加邮件处理规格检查内容的通知》，对检查资料、检查工具和检查数量进行明确。1996 年 7 月 1 日，正式执行《重庆市邮政局邮政通信服务规范实施细则》，对邮政服务机构局容局貌、服务设施、职工仪容仪表、文明服务、服务纪律、社会监督和检查考核进行明确。1997 年，印发《关于深入开展"树、创"活动，实现"邮电服务年"目标的实施办法》，提出 5 大具体目标，4 个实施步骤，5 条措施。同年，制订《重庆市农村通信组织管理办法》《重庆市农村支局管理标准》，规范农村邮政支局、所管理。1999 年，印发《邮件传递时限检查办法》，对检查范围、数量、合格标准和统计上报方法进行修改和补充，使省际间检查能够更加真实反映邮政通信质量状况。2003 年，制订《重庆市城市邮政支局（营业班组）管理工作标准》《重庆市城市邮政投递班组管理工作标准》《重庆市农村邮政支局管理工作标准》，加强对支局、班组规范化管理。2008 年，制订《重庆市邮政公司质量管理岗、监控岗履职检查实施办法》，明确"两岗"组织体系、职责、检查频次和履职制度。2009 年，制订《关于建立健全重庆邮政服务质量监督检查体系的意见》，明确服务质量监督检查基本任务、体系、人员配备、工作制度、考核与奖惩。2013 年，转发邮政集团公司《国内普通邮件通信质量省际监督检查管理办法》，对重庆省际质检站组织、检查、统计上报和核查整改进行明确，提高全程全网监控水平，促进邮件迅速、准确、安全传递，维护邮政用户和邮政企业的合法权益。同年，制订《重庆市邮政公司邮政通信质量管理办法（试行）》，明确重庆邮政通信质量监督体系、联动制度、分类和指标设置、统计报告、管控措施、奖励与考核。2016 年，制订《中邮重庆分公司无着邮件管理办法（试行）》，明确无着邮件判定、处理、销毁、安全管理、统计分析、监督检查和考核。2018 年，制订《中邮重庆分公司服务质量监督检查管理办法（试行）》，明确全市邮政各级服务质量监督检查职责、人员配置和管理、检查内容、检查数量频次和工作制度，确保监督检查工作制度化、常态化、规范化。2020 年，制订《中国邮政集团有限公司重庆市分公司服务质量非现场检查管理办法（试行）》，实行非现场检查和现场检查的融合履职。2021 年，制订《中国邮政集团有限公司重庆市分公司服务质量管理实施办法（试行）》，从管理体系、管理职责、管理内容、管理方法、服务质量检查、工作机制等方面，明确服务质量管理体系。截至 2022 年，《中邮重庆分公司无着邮件管理办法（试行）》《中邮重庆分公司服务质量监督检查管理办法（试行）》《中国邮政集团有限公司重庆市分公司服务质量非现场检查管理办法（试行）》《中国邮政集团有限公司重庆市分公司服务质量管理实施办法（试行）》仍沿用。

二、视察检查制度

1989年，转发邮电部《邮政业务视察规则》实施细则，实现邮政业务监督检查经常化、制度化、标准化。1998年，转发《邮政业务视察规则》，加强邮政业务视察工作，完善邮政业务视察体系；同年印发《重庆市邮政业务视察项目、内容检查评定实施细则（试行）》，规范邮政视察检查标准和邮政通信行政执法行为。2003年，制订《重庆邮政业务三级视检稽查工作管理办法》，明确三级视检稽查职责和工作要求。2004年，修订《重庆市邮政业务三级视检稽查工作管理办法》，建立健全三级视察队伍。2020年，发布《关于调整全市代理金融检查、预警稽核和视察检查（安全检查）人员配置的通知》，明确视察检查人员配置标准，人员归口各级邮政分公司服务质量部（普遍服务部）管理（未设置服务质量部的，由市场营销部管理）。2021年，印发《中国邮政集团有限公司重庆市分公司安全保卫工作现场检查管理办法（2021版）》，明确全市邮政视察检查（安全检查）队伍，按照规定安全检查频次，对纯邮政网点以及邮政综合网点邮政普遍服务、特殊服务和寄递业务区域开展安全检查，截至2022年仍沿用。

三、邮政通信质量考评制度

1988年，出台《重庆市邮政局邮政服务机构局容局貌管理考核评定标准》，加强局容局貌、文明生产管理。1995年，制订《重庆市邮政局视检工作目标、标准及考核办法》。2002年，印发《重庆市邮件传递时限、处理规格及收寄邮件资费检查考核办法》，加强邮政通信质量、资费稽核监督检查工作力度。2003年，出台《重庆市邮政服务工作考评办法》，明确11项服务考评标准、服务准则及奖惩办法。2004年，印发《重庆邮政时限、规格、资费管理考核办法》。2006年，印发《2006年重庆市邮政服务工作考评办法》。2008年，印发《重庆市邮政公司服务质量管理办法》，明确邮政服务质量、用户投诉管理问责范围、责任查究处理及处罚标准。2011年，制订《邮政质量管理岗位、监控岗位履职考评办法》，明确考评项目和考评标准。2013年，印发《印发重庆市邮政公司邮政通信质量管理办法（试行）》，明确全市邮政通信质量奖励与考核。2019年，制订《中国邮政集团有限公司重庆市分公司通信服务质量考核办法（试行）》，从通信质量、营业环节、分拣运输环节、投递环节、履职情况等方面，规范全市邮政通信服务质量考核工作。2022年，修订《中国邮政集团有限公司重庆市分公司通信服务质量考评办法（试行）》，新增57项考评条款，规范全市邮政通信服务质量考评工作，支撑企业生产经营。

第三节　检查活动

一、日常检查工作

1986—2022年，重庆邮政贯彻落实监督检查系列文件精神，按照检查频次和数量要求，采取不定期检查、明察暗访、社会监督等方式，以填写检查报告书、下达整改通知、定期通报等载体，强化日常监督，对各区县邮政机构和业务部门开展履职检查和视察评判，稳定全市邮政经营秩序、保障邮件安全、提高用户满意度。

2018年9月，重庆市分公司通过业务培训、分批试点和日常督导等方式积极推广运用邮政集团公司开发的中国邮政服务质量监督检查信息系统（简称服检系统），用于各级服务监督检查部门日常工作及企业客户体验管理。系统涵盖服务质量监督检查子系统（包括现场检查、非现场检查、暗查暗访、专项检查等功能）、服务质量管理子系统（包括质量评价、监控、通报、考核、重点工作管控等功能）、第三方满意度测评、客服管理、基础数据管理等八大子系统。移动端在原有单一现场检查的基础上新增加GPS检查定位、电子检查证、多样化检查（暗查暗访、非现场检查等）、指标看板等功能。2022年，通过服务质量监督检查信息系统取数考评的3项监督检查重点指标，均排全国前列。其中，视察履职率达到99.7%、业务履职率达到98.71%、监督检查评分为98分。此外，服检系统手机App使用率，列全国邮政第1位。

二、专项检查活动

（一）邮电分营前开展的检查活动

1986年7月，重庆市邮政局组织开展端正局风查服务、查质量、查纪律"三查活动"。1989年，组织开展对江北、沙坪坝区局的剖析检查。1991年10月，组织对近郊六个区局的通信组织管理、时限规格、安全生产管理、基本规章制度和其他管理等开展检查评判。1992年9月，根据四川省邮电管理局安排，在重庆全局范围内组织开展"质量自查活动"。1996年，组织对邮政投递服务质量、规格标准和投递管理等进行检查。1997年，组织开展"建局百周年、服务水平上台阶"优质服务活动，对局容局貌、服务设施、仪容仪表、文明礼貌、对外服务和服务纪律进行检查。

（二）邮电分营后开展的专项检查活动

重庆邮政聚焦服务质量、邮政资费、投递服务、监督检查履职等，开展专项活动。1998年，积极开展"98质量月"活动情况检查，深入开展查质量意识、查质量水平、查质量损失、查现场管理、查质量体系和访问用户"五查一访活动"。同年，开展邮政资费清理检查。1999年，组织开展邮政资费稽核检查和速递市场检查，有效规范邮政经营秩序。2004年，聚焦"两低一跨"，在全市邮政系统开展"经营秩序"专项整治活动；开展专业化经营、服务形象工程和服务工作检查活动，对邮政标准化实施情况进行监督检查。2005年，集中开展"提高服务质量，让用户满意"专项活动，组织开展年底业务旺季邮政服务质量检查。2006年，对各级质量管理岗和监控岗履职进行检查。2008年，开展邮政资费专项检查。2009年，聚焦投递服务，开展"提高投递服务质量，让用户满意"专项检查，对收发室、代投点、接转点、信报箱等末端投递进行重点整治。2010年，组织开展邮件时限达标、投递服务质量专项活动。2012年，开展邮政服务质量专项检查活动，确保各环节处理手续和处理质量符合规定；同年，开展"加强环节管控，确保平常邮件迅速安全传递"专项活动，有效提升平常邮件服务水平。2013年，开展安全保卫、邮政通信服务质量交叉检查活动。2014年，开展国内普通邮件业务档案及查验赔偿管理和投递服务质量专项检查活动，深入开展服务质量大整改活动。

打造"情系万家"品牌专项检查活动。2015—2019年，先后开展重庆邮政"情系万家"服务质量大整改之无着邮件清理整治、问题整改提升、无着邮件清理及退回质量整治、营投环节质量整治、无着邮件管理提升、邮件安全整治、平常邮件质量大提升和建制村直接通邮等系列专项活动。

2017年3月1日，新《邮政普遍服务》标准正式实施，市分公司围绕新标准，组织开展普遍服务达标、固标系列专项活动。2018年，组织开展"六大歼灭战"，全面提升普邮收寄投递服务质量专项活动和普遍服务邮件时限和作业质量"双达标"活动。2019年，聚焦服务、安全"双达标"，开展普遍服务工作达标集中整治活动。2020年，组织开展乡镇邮政局所专项检查和推进乡镇邮政局所专项自查整改工作，乡镇局所普遍服务能力得到大幅提升。2021年，组织开展补白网点和代办网点专项检查，政邮服务项目收费情况自查活动，规范集邮市场经营秩序专项活动，在全市范围内持续开展"普遍服务给据邮件丢损率压降活动"。2022年，开展"六项禁止类服务问题"专项治理活动，机要通信"贯规范、强管理、保全红"专项行动，全市邮政普服达标固标专项检查活动，全市"二十大"期间邮政服务质量、寄递安全保障工作、扫黄打非暨"六项禁止类服务问题"专项治理活动交叉检查工作，持续提升邮政服务质量。2022年1月，江北区塔坪邮政所、沙坪坝区晒光坪邮政所被重庆市"扫黄打非"工作领导小组办公室评为重庆市第五批"扫黄打非"进基层示范点和重庆市第五批"扫黄打非"进基层示范标兵。

第九章　安全管理

1986—2022年期间，重庆邮政加强内部安全管理，认真贯彻国家相关法律法规、公共安全行业标准和安全生产"安全第一、预防为主、综合治理"工作方针，通过健全安全管理机制，严格落实安全主体责任，加强安全保卫队伍建设，完善安全管理制度体系，强化安全规章制度执行，重庆邮政安全管理逐步向专业化、制度化、规范化管理迈进。其间重庆邮政治安保卫体制经历了由企业公安编制，调整为企业内部安全保卫机构的转变；工作职责由最初单一的治安保卫工作职责，扩展到包含安全保卫、安全生产管理和民兵武装等工作的"大安全"职责范围；安全物体防范设施和安全技术防范设施从简陋的铁门、铁护栏、铁质保险柜和单点报警器（简称"三铁一器"），升级到目前配置的集中视频监控系统、门禁控制系统、联网报警系统、IP对讲系统、自动消防灭火系统等信息化、智能化设施。企业的整体安全管控能力和风险防控手段得到较大提升，为确保员工、客户人身和财产安全，维护企业正常的生产经营秩序提供了有力支撑和可靠的安全保障。

第一节　安全防范能力

一、人力防范建设

1986—2000年，重庆邮政安全保卫体制为企业公安编制时期；2000—2022年，为企业内部安全保卫机构时期。

（一）企业公安编制时期

1. 机构设置

市级安全保卫机构　1985年11月11日，经四川省公安厅批准设立重庆市邮政局公安科，干警编制9名；1988年4月15日，增加2名干警编制。1992年6月17日，经四川省公安厅批准设立重庆市公安局邮政公安分局（简称邮政公安分局），干警编制14名。分局下设办公室、通信保卫科、治安刑侦科，经济民警分队挂靠公安分局。

基层安全保卫机构　1999年8月19日，万州、黔江区局设立正科级保卫科，江津、永川、合川局设立副科级保卫机构，各县局设立保卫股。编制文件另规定，业务收入达 1000 万元以上或职工人数高于 100 人的区县（市）邮政局及邮政中心局，可单设保卫机构。

经济民警队伍 经重庆市公安局批准，1992 年 2 月 22 日，重庆市邮政局经济民警分队成立，编制 21 人。1997 年，扩编为经济民警大队，后更名为经济护卫支队、企业保安支队，主要承担单位内部巡逻、守护和押运三大勤务，具体负责金库和生产办公场所、邮政储汇资金的武装守护押运工作。

2. 工作职责

安全保卫机构主要负责重庆邮政"四防"（防火、防盗、防特、防治安灾害事故），查破盗窃、抢劫以及私拆、隐匿、毁弃邮件等破坏邮电通信犯罪案件，追查破获与破坏嫌疑事故以及火灾、爆炸、投毒等重大恶性事故和案件；行使《治安管理处罚条例》规定的警告、罚款裁决权，有权询问证人和犯罪嫌疑人；制定预防对策和措施，制订安全保卫费用计划，协同有关部门建立健全各项安全保卫责任制度；配合相关部门进行法制和通规通纪教育，督促检查各项安全保卫措施落实情况；领导各单位（部门）治保会、专（兼）职保卫人员、义消队和经济民警队开展工作，并负责其业务指导和培训；负责督促检查有关部门做好新调入要害部位人员审查工作，考察现职要害人员表现；协助有关单位做好企业内部保密工作，代行管理民兵组织建设工作，做好征兵及复、退、转军人的登记、统计工作，组织开展拥军优属活动，妥善保管配备的枪支、弹药。

3. 工作情况

邮政公安分局在企业公安编制时期治安保卫工作中，处理治安案件共 335 起，破获各类刑事案件 168 起，打击处理 180 余人，追回赃款赃物折合人民币 896 万元，连续 14 年被重庆市公安局评为"公安保卫工作先进集体"。1985—1988 年，治安保卫工作推行治安承包责任制，安全效果明显，连续 4 年受到重庆市公安局嘉奖。1997—1999 年期间，先后获得重庆市工交工委"社会治安综合治理先进单位"和重庆市公安局消防局"防火工作先进单位"等称号；1999 年，获得国家邮政局授予的"安全保卫先进集体"称号。

1986 年 3 月，针对私拆、隐匿、毁弃信件、报刊等破坏邮电通信安全案件，邮政公安分局立即开展整顿队伍、打击违法犯罪和端正局风活动，确保邮电通信生产安全，遏制邮电通信案件发生。

1997 年 7 月 1 日零时，《香港回归祖国》纪念邮票及系列邮品在上清寺邮局火爆发售，邮政公安分局负责维护现场安保秩序，保障销售现场发售安全工作。同年 10 月 18—24 日，"1997 年中华全国集邮展览"等大型活动在重庆市工贸大厦举办，邮政公安分局针对现场环境和治安状

况，制订安全保卫和应急方案，调派公安干警和经济民警在现场值守巡查，保障活动现场来宾、观展群众和邮资票品的安全。

1997 年 7 月 16 日，邮政公安分局破获重庆市首例伪造"邮资已付"日戳案。2000 年 3 月 10 日，邮政公安分局在重庆市公安局的指导和重庆市邮政管理局行业管理处的配合下，破获新中国成立以来全国最大邮票造假案，捣毁制假贩假窝点，缴获假邮票 50 余种 100 余万枚，票面价值 1.6 亿元。此外，还抓获涉及制造、批发、销售等犯罪嫌疑人 12 名，缴获各种假邮戳 583 个、各种假邮票印刷胶片、铅版 2600 余张和样纸数百张，打击制假、售假邮票行为，维护集邮爱好者合法权益。

2000 年 6 月 3 日，由国家邮政局监销监督，邮政公安分局承担新中国成立后规模最大、品种和数量最多的邮资票品销毁安保工作，对所销毁邮资票品的存放场地，采取安装视频监控摄像机及 24 小时安保人员值守措施，对所销毁邮资票品运输车辆进行跟车押运，运抵销毁现场后执行 24 小时巡逻、警戒等安保措施，确保此次销毁任务安全有序完成。

（二）企业内部安全保卫机构时期

1. 机构设置

市级安全保卫机构 2000 年 12 月 28 日，市邮管局设立安全保卫处；2003 年 2 月 19 日，市邮管局人民武装部工作职能由直属机关党委划出，挂靠安全保卫处；2007 年 2 月 9 日，安全保卫处更名为安全保卫部；2007 年 3 月 12 日，市邮管局安全生产办公室工作职能由人事教育处划出，挂靠安全保卫部；2015 年 3 月 5 日，安全保卫部更名为监督检查与安全保卫部，市邮管局综合视检室、视察室工作职能由行业管理处划出，挂靠监督检查与安全保卫部；2017 年 6 月 7 日，更名并单设安全保卫部，服务质量及视察检查职能划出，企业保安支队职能由新成立的重庆市驿盾保安押运服务有限责任公司承续。

基层安全保卫机构 2021 年 7 月 15 日，重庆邮政各城片区、区县分公司安全保卫部与综合办公室合设，由综合办公室主任或副主任兼任安全保卫部主任，各片区分公司安全保卫部设专职安全保卫管理人员 1 名、专职安全检查人员 1 名；各城区、区县分公司安全保卫部设专职安全保卫管理（兼安全检查）人员 1 名。

2. 工作职责

安全保卫机构主要负责制定单位内部安全保卫、安全生产、消防安全管理制度和安全风险防控措施，制订各类应急处置预案并督促各单位开展演练，制订安全防范设施达标建设计划并组织实施；督促开展安全教育培训学习，组织并督促各单位开展安全检查工作，督促整改存在的安全隐患；配合公安机关和相关部门及时处置发生在单位内部的治安案件、涉嫌刑事犯罪案件和安全生产事故；负责

本单位业务外包的安全管理，开展安全生产工作；负责本单位民兵整组、预备役登记和拥军优属等工作。

3. 工作情况

2000年后，随着安全管理制度日趋完善，安全防范和安全管理能力不断增强，发案数量和涉案金额持续下降，2001—2022年期间，重庆邮政安全保卫处（部）协助公安机关共破案61起，抓获犯罪嫌疑人40名，追回经济损失701.3万元。

2004年，完善"一图"（兵员分布图）、"三簿"（会议记录簿、民兵活动情况登记簿、外出民兵登记簿）、"三案"（兵员动员预案、维护社会稳定预案、抢险救灾预案）等资料制度，完成国防动员相关准备工作。同年，重庆天原化工总厂发生"4·16"氯气泄漏事件，在接到渝中区委、区政府和区人武部应急执勤抢险命令后，当天两次集结组织20人次应急民兵赶往指定地点，参加应急执勤抢险行动，受到上级军事机关表彰，获得渝中区人武部"2004年度民兵预备役工作先进单位"。2006年，在重大节日和防汛抗旱期间，抽调30人3次执行战备执勤任务。同年8月，按照重庆市委、市政府紧急通知，紧急出动10名民兵，参加扑灭重庆璧山森林大火应急抢险救灾，受到市、区相关部门领导的肯定。

2007年，市公司在全市邮政组织开展第一轮金融安全评估工作，通过各区县自评、市公司抽查和公安、银监现场评估方式，对全市邮政1611个金融网点（含邮储银行网点）进行安全评估，评估结果为优秀和合格网点694个、不合格和隐患网点916个，达标率43.09%。针对此次安全评估工作发现的部分营业场所存在安防设施不达标、员工违规操作等问题，市公司加大安防设施达标建设资金投入，加强员工安全教育培训，开展隐患排查整改，至2012年10月，全市邮政1485个金融网点（不含邮储银行网点）全面达标。2021年10月11日，市公司接受重庆市公安局和重庆银保监局第七轮金融安全评估检查，获评"安全评估优秀单位"。至此，市公司已连续3年获得该称号。

2008年，市公司被重庆市安全生产监督管理局评为2008年度50个"中央在渝和市属企业安全生产目标考核先进单位"之一。2011—2015年，市公司连续4年获此称号。

2016年4月12-13日，"2016年中国（重庆）邮政高层论坛"在重庆举行，来自26个国家和地区的邮政代表、万国邮政联盟秘书长、国家邮政局、重庆市政府和集团公司领导出席。安全保卫部协调和配合市公安局及公安交管局等单位，完成论坛开幕式、论坛议题研讨等现场安保工作，完成各国（地区）邮政代表和万国邮政联盟秘书长参观考察出行安保工作。

2020年，市分公司组织开展安全生产专项整治三年行动，通过强化领导责任，明确整改责任，细化落实措施，抓好组织实施，对各重点领域安全风险隐患深入系统全面摸排，狠抓整改落实等一系列安全生产检查和专项整治活动。至2022年底，全面完成安全生产专项整治三年行动工作任务。

2021年，金融网点保安员配备工作全面完成。至2022年底，共配备金融网点保安员1462名，全年金融网点保安员费用支出7861万余元，金融网点安全保卫力量得到加强。

2021—2022年期间，重庆邮政实施安全生产标准化管理提升战略，不断完善"主体责任、管理制度、教育培训、排查整治、应急管理、考核评价"六大管理体系，持续强化"人身、邮件、金融、枪弹、消防、交通、信息、机要"八大领域隐患整治，开展"制度建设、责任落实、排查整治、科技赋能"四大提升和旺季安全生产暨安全"写实画像"回头看专项检查活动，整治邮政生产处理场地安全隐患，各项安全生产标准化管理工作得到强化。

二、物体和技术防范能力建设

（一）安防设施建设初期达标建设情况（1986—1996）

1987年底，市邮局有邮政储蓄网点51个，其中33个网点没有安装铁护栏，51个网点均没有安装报警设备和铁门。

1988年，按照邮电部《邮政储汇安全保卫工作的规定》，严格落实"三铁一器"和"四双人员"（双人临柜、双人复核、双人送款、万元以上过夜现金双人值班）要求，邮政储汇网点投入安防设施建设资金25万元。同年，全局60个邮政储蓄点除市局1个点不具备安装条件外，其余59个邮政储蓄网点全部安装铁护栏、铁门，配齐铁保险柜，并在柜台、三管部位（现金存放、提取及送存现金和守护值班部位）、值班点安装报警电铃。同年5月23日，投入资金10万元（其中：自筹5万元、重庆市邮电管理局补助5万元），在邮件经转、封发生产场地、办公场所和邮政代理金融场所安装集中视频监控设备。

1990年5月29日，市邮局印发《重庆市邮政局邮电局（所）安全防范工作会议纪要》，对新建局所、储蓄网点安防设施建设提出要求，规定新开业网点必须达到安全防范标准。

1993年，投入资金11.5万元，在市邮局大门和电梯楼口安装视频监控设备，在邮票公司和当时与城市储金信用社合办的1个储蓄网点安装报警器，并将运送现金的普通车辆更新为密闭专用运钞车。

（二）邮部联行业标准实施后的达标建设情况（1997—2003）

1997年，邮电部、公安部联合印发《邮电局（所）安全防范规定》，明确邮电局（所）营业网点、现金库房、报警设备安全防范设施建设标准。1998年，市邮管局转发中国人民银行、公安部《关于切实加强银行运钞管理保卫资金安全的通知》，要求各单位改进，并加强运钞车辆的安全防范措施，专用运钞车必须实行全封闭管理，加快专用运钞车配备工作。

1999年，市邮管局采取非固定资产投资安全防范设施进入建设使用单位成本，不达标项目由邮政公安分局提出整改方案并组织实施，采取统一招标等措施，加快安全防范设施建设达标进度。2000年12月23日，印发《关于加快完成邮政储蓄网点安全防范设施建设的通知》，由市邮管局出资，将上清寺支局及其他5个区局中心营业室的柜机制视频监控设施改装为数字视频监控。2002—2003年，市邮管局及各单位筹集资金1940.5万元，用于全市安全防范设施建设，对正在使用中的消防、设备、设施、器材进行全面检查、维修、淘汰、添置，保证器材随时处于可使用状态，提高全市邮政代理金融安全防范能力。

（三）国家公共安全行业标准实施后的达标建设情况（2004—2014）

2004年9月22日，公安部发布中华人民共和国公共安全行业标准《银行营业场所风险等级和防护级别的规定》（GA38-2004），对安防设施建设达标工作提出更高要求。市邮管局为全市城区邮政网点和储蓄余额在2000万元以上的农村邮政网点全部安装防弹玻璃，为150个自办网点安装应急联网报警器。

2004年，国家邮政局对市邮管局信息技术局（简称信息技术局）进行安全评估检查时发现，综合网一机房（"绿卡"机房）使用气溶胶灭火系统。安全保卫处立即将国家局的《消防安全隐患整改通知》转发给信息技术局，同时协助其制订整改方案，2005年2月底，该机房的气溶胶灭火系统更换为二氧化碳灭火系统。

2005年9月26日，市邮管局与市公安局联合转发《国家邮政局、公安部关于加强邮政储蓄营业场所安全防范设施建设的通知》，成立重庆邮政储蓄营业场所安全防范设施建设领导小组，制订分期分批安防设施建设达标工作规划。

2007年，市公司投入500余万元购置视频监控设备238套，投入165万元购置专用运钞车6台；印发《关于开展2000万元以上余额邮政储蓄网点安防设施达标建设的通知》，将全市邮政储蓄余额在2000万元以上的280个视频监控未达标、187个未安装防弹玻璃、675个未安装防尾随联动门、422个未安装110联网报警系统网点的安防设施建设费用，全部纳入2007年费用预算计划。

2008年4月15日，市公司印发《关于加快邮政储蓄网点安防设施建设的通知》。同年，投入安防建设资金4000多万元，安装570台视频监控、725扇防尾随联动门、473处网点的防弹玻璃、350个网点的110联网报警系统。邮政储蓄网点安防设施达标率提高到80%，较2007年的18%提升62%。同年11月，与10个城片区邮政局签订西部邮储网点安防设施建设项目责任书（西部网点改造是财政部补贴承担西部农村普遍服务的邮政项目），要求在2008年12月31日前，完成西部邮储网点安防设施达标建设任务。同年12月26日，根据市政府统一部署，市公司统一开展以排查整改视频监控设施隐患为主要内容的金融安全大整顿专项行动。至2009年底，除需调整搬迁的邮政金融网点外，邮政金融网点视频监控摄像机达标率为100%。2012年10月，全市邮政1485个金融网点全部达标，并取得安防设施合格证，其中集团公司刚性要求的视频监控、防尾随门、防弹玻璃、报警设施达标率全部达到100%。

2002—2006年，针对部分单位运钞车辆不达标的问题，市邮管局投入资金1344万元购置49台专用运钞车，投入资金35万元改造达标14台专用运钞车，提高运钞安全防范能力。2007—2012年，市公司投入资金1665万元购置79台大容量专用运钞车，逐步对县辖邮路组网模式、运钞车、邮运车辆的结构和数量实施调整，用大容量专用运钞车取代非专用运钞车，实行"钞邮合一为主，其他网路为辅"的县辖网路组网模式。至2013年2月，全市邮政181台专用运钞车全部达标，并在此后，保持达标率100%。

2010年4月1日，国家公共安全行业标准《银行业务库安全防范要求》（GA858-2010）正式实施，根据集团公司《关于切实做好业务库安防设施达标工作的通知》要求，重庆邮政印发《关于加快2012年业务库建设达标规划工作的紧急通知》，重新制订业务库达标规划，重点将三类和四类业务库的年度达标率调整为70%和50%。2012年5月9日，重庆邮政向重庆市公安局治安总队递送《关于重庆市邮政公司业务库达标建设中有关问题的函》，说明具体情况和存在问题，经重庆市公安局治安总队研究，于同年6月19日回复，同意重庆邮政418个不具备建设标准金融网点四类业务库条件的网点安装移动业务库，待达到建设标准业务库的条件后，及时改建标准业务库。至2014年底，全市邮政共1068个业务库全部达标。

2008年4月，重庆邮政在邮区中心局涉奥（第29届奥林匹克运动会）邮件专区及物流邮件处理现场安装安检机2台，对经重庆发往6个涉奥城市的所有普、快包邮件及物流邮件按机场安检标准进行安检。

（四）国家公共安全行业新标准实施后的升级改造情况（2015—2022）

2015—2021年，公安部在原《银行营业场所风险等级和防护级别的规定》（GA38—2004）基础上，两次修订《银行营业场所安全防范要求》（GA38—2015）及《银行安全防范要求》（GA38—2021）。新标准对营业场所、自助设备、业务库、保管箱库、联网视频监控中心、数据中心、数据机房、设备等重点防范场所和部位安全防范设施建设提出更高要求。重庆邮政在对网点进行装修改造、提高墙体防护强度的同时，加大安防设施投入，2021—2022年，累计投入安全防范设施建设资金6663.34万元，确保新装修改造营业网点的物体和技术防范设施，全部达到国家公共安全行业新标准。

2018年，集团公司下发《关于推进中国邮政远程集中监控系统配套设施建设工作通知》和《关于进一步推进中国邮政远程集中监控系统配套设施建设工作通知》，中国邮政集团公司重庆市分公司依托集中视频监控系统平台推进安全运营（视频监控）中心建设，加快邮政营业场所视频监控系统建设进度。同年3月，全市邮政代理金融网点的视频监控、入侵报警、门禁控制、IP对讲全部实现联动，安全运营中心视频监控系统建设完成并投入使用。同年7月，安全运营中心视频监控团队配置到位。同年10月底，完成全市业务库联网测试。至2018年底，全市邮政营业场所远程集中视频监控接入率达到100%，实现对一线生产经营场所的扁平化安全管理。

2019年2月，按照《邮件快件微剂量X射线安全检查设备配置管理办法（试行）》和《2019年第1次安全保卫风险防控专项工作小组沟通协调会会议纪要》要求，增配2台安检机。至2019年底，与邮政金融营业同址的邮政营业区域、纯邮政营业网点以及邮件处理场所均按照规定安装视频监控、防盗门和报警设备等安全防范设施，并配备足够的消防器材，全部达到安全防范标准要求。

2021—2022年，为达到《银行安全防范要求》（GA38—2021）新标准，市分公司投入4438万余元，用于安防设施达标建设及改造，重点对代理金融营业网点、自助设备和自助银行的视频监控设备进行改造，对部分未达到乙级以上新标准的防盗门和B级防盗锁的设备间、加钞间防盗门进行更换；安装高清视频监控摄像机13000余个，新增高清视频监控主机302台，实现全辖营业网点高清视频监控全覆盖；在代理金融营业场所办公区域与外界相通出入口门禁系统全面达标的同时，另投入代理金融营业和邮件处理场地外包值守保安资金1079万余元，全面完成值守保安配备达标工作。

第二节　安全管理制度

1986—2022年期间，重庆邮政治安保卫、安全生产管理制度和安全合规操作规程（简称安全管理制度）从最初单一覆盖邮务类业务，逐渐发展到目前覆盖邮务业务、寄递业务和邮政代理金融业务等较为全面的安全管理制度体系，安全管理逐步从经验管理过渡到专业化、规范化、制度化管理。

一、安全和应急工作管理

（一）安全工作管理

1987年6月，市邮局制订《重庆市邮政局治安承包责任制实施办法》，初步建立起目标明确、考核严格、奖惩分明，与生产工作同布置、同检查、同考核、同奖励的治安承包管理制度。1988年2月，印发《关于修订重庆市邮政局治安承包考核标准的通知》，对考核内容、考核办法、考核分值、扣分标准、考核频次进行完善。1989年1月，再次修订并印发《重庆市邮政局治安承包责任制实施办法》，调整刑事案件发案率为不超过职工总人数的2.7%，明确要害部位必须做到"五化标准"（管理目标化、检查制度化、考核经常化、防范措施逐步现代化、要害档案规范化），制定三级治安责任制（三级责任制为：区局、科对应支局、大组，支局、大组对应邮电所、小组，所、小组对应个人）。1992年，先后制订《社会治安综合治理五年规划》《社会治安综合治理目标管理责任制、追查制、奖惩制、否决权制》等一系列安全管理制度与治安承包责任制配套。2002—2003年，市邮管局先后制订并完善《治安承包实施细则和考评办法》《重庆市邮政管理局治安综合治理一票否决制》，要求逐级签订治安承包责任书，层层落实安全保卫工作责任，把安全保卫工作与风险抵押经营承包及创先争优和文明单位、先进集体的评选挂钩考核，对因安全保卫工作不扎实、各项保卫措施不落实而发生案件的单位，实行一票否决制。

1988年1月，市邮局印发《关于进一步加强通信要害安全管理的通知》，明确邮电通信要害部位和通信要害人员范围及从事要害工作人员的条件，并对拟调入通信要害部位工作的人员，确立"先审查，后调入"的原则。同年9月，印发《重庆市邮政局通信要害部位管理"五化"目标展开图的通知》，明确要害管理标准，并纳入治安承包责任制进行考核。

2008年，市公司安全保卫部收集、整理26个有关安全保卫工作方面的重要法规、文件、规定及安全标准，编印《安全保卫文件汇编》，供全市邮政各单位学习贯彻。2020年1月，市分公司收集、整理9大类、43种安全制度、常识，邮政营业、运输、安全及消防和汛期等方面的安全知识，编印《邮政员工安全生产手册》口袋书，供全市员工学习。同年，制定一线岗位《安全职责清单》，明确一线岗位安全职责。2022年，制定一线员工"两单两卡"（岗位风险清单、安全职责清单、安全操作卡、应急处置卡），以简洁的文字概括岗位职责、操作规程、风险因素、应急要点，供一线员工学习掌握。

2014年12月，印发《重庆市邮政公司安全生产事故管理办法（试行）》，将安全生产事故界定为火灾事故、生产事故和交通事故三类，明确轻微、一般、重大和特大事故四个标准，对安全生产事故的处理、报告及考核问责的标准和流程作出规定。2021年，印发《中国邮政集团有限公司重庆市分公司安全工作管理办法（试行）》，在安全保卫工作规则基础上增加安全生产内容，完善和细化主要负责人、分管安全负责人、分管业务负责人、安保部门、其他部门安全生产管理职责，将各单位、部门、班组、网点以及员工的安全责任，嵌入到日常安全管理及合规操作中，理顺企业安全管理责任体系。

2021年以前，重庆邮政安全教育培训参照《重庆市邮政公司安全保卫工作规则》《重庆市邮政公司安全检查规定》等相关制度和文件规定进行，未形成完整的安全教育培训规范，安全教育培训缺乏系统性。2021年，制订《中国邮政集团有限公司重庆市分公司安全教育培训实施细则（试行）》，明确重庆邮政员工应当接受安全培训，熟悉有关安全生产规章制度和安全操作规程，具备本岗位必要的安全知识，掌握本岗位的安全操作技能，增强预防事故、案件和控制职业危害和应急处理的能力；明确未经安全教育培训合格的员工，不得上岗作业；并对安全教育培训的工作职责、培训内容、组织实施、培训频次进行规定。

（二）应急处置管理

1990—2008年，重庆邮政相继制订《关于维护内部稳定预防突发事件的紧急通知》《重庆市邮政企业重特大安全事故应急救援预案》《重庆市邮政公司应急预案制定与演练规定》等应急预案演练及处置制度，要求各单位必须成立应急预案处置领导小组，根据本单位业务特点和生产现场实际制定应急预案，组建应急处置、应急救援和义务消防队伍，组织开展学习和应急处置能力培训，开展应急模拟演练；加强应急值班工作，确保在重大节假日和重要活动期间，能迅速并有效处置应急突发事件的同时，及时开展应急救援工作。

2005年，市邮管局制订《重庆市邮政金融重大突发事件报告制度》，明确重大突发事件的报送内容及标准；要求各区（市）县邮政局发生需报告事项，应向市邮管局安全保卫处、储汇局报告，并按照"属地监管"原则，同时向案发机构所属地银行业监督管理部门报告；各区（市）县邮政局负责其所辖邮政储汇网点重大突发事件报告工作；对虚报重大突发事件实行问责制。

2009—2010年，市公司相继制订《重庆市邮政公司信息网突发事件应急预案》《重庆市邮政公司营业投递运行保障应急预案》《重庆市邮政公司突发公共事件应急预案》《重庆市邮政公司网路运行突发事件保障应急预案》，建立健全总体预案和寄递渠道、重大活动等专项预案，同时加强值班报告制度，一旦发生突发公共事件，在第一时间按规定逐级上报，并对灾情的后续发展情况逐日报，直

至灾情消除或领导小组宣布结束。

2021年，市分公司印发《中国邮政集团有限公司重庆市分公司突发事件系列应急预案》，对邮政营业网点、邮政寄递渠道、舆情事件、涉外突发事件应急预案和重大活动期间安全服务保障应急演练、响应与处置等应急职责进行明确。

二、生产营业场所安全管理

（一）邮件安全管理

2008—2014年，重庆邮政先后印发《关于重申邮件收寄及运输管理工作相关规定的通知》《重庆邮政投递服务规范标准（试行）》，转发集团公司《关于印发〈邮件收寄安全管理办法（试行）〉的通知》，加强对邮件收寄、运输和投递环节安全管理。文件要求严格落实"三项制度"（实名收寄、收寄验视、过机安检）；在指定网点收寄化工产品、交寄化工产品必须签订安全责任书，大客户必须签订用邮协议，严禁收寄无法确定的粉末状及液体类物品，防止发生禁限寄物品流入邮政渠道，收寄验视必须加盖"已验视"戳记；在进行投递和运输等外部作业前，对车辆进行常规检查，确保车况良好、证照齐全；行车途中，遵守交通法规，确保人身安全；邮件报刊装载要采取防止被盗和丢失措施，挂号信函和清单夹要放入背包内，随身携带；外部投递时，按规定路线行走，备好防护物品，确保人身安全和邮件安全。

（二）金融安全管理

2006年5月，《重庆市邮政储蓄营业网点安全防范管理规定》出台，对邮政储蓄网点安全防范设施、日常安全管理、罚则等方面进行规范，加强对邮政储蓄营业网点的资金、人员安全管理。2008年6月，市公司制订《重庆市邮政公司储蓄网点安全管理规定》，要求严格按照人力防范、实体防范、技术防范进行安全防范建设和管理。凡新建和改建的邮储网点，必须按照国家公共安全行业标准及相关规定进行设计，按报建程序进行申报，经市公司安全保卫部同意，报当地公安机关审核批准后，方可施工；工程竣工后，应当由市公司安全保卫部负责组织，或者委托区县分公司保卫部门组织，由公安机关验收合格后，方可营业；已投入使用的邮储网点，应加强对营业人员的安全教育，提高安全防范意识，加强对安全防范设施的维护和管理，确保其处于良好状态。

2009年6月，重庆邮政金融工作协调小组建立《重庆邮政金融资金安全管理领导小组联席会议制度》，通过定期召开联席会议，研究、分析邮政金融资金安全管理方面存在的隐患、问题，制定落实相关隐患整改责任与措施，加大邮政金融资金安全管理力度，确保安全。另外，发生较大以上邮政金融资金案件，安全检查或稽查发现重大安全隐患，收到上级有关部门下发隐患整改通知书，案件责任不清或涉及并分清双方人员责任、进行案件责任查

究情况时，可临时组织召开联席会议。

2014年，中国邮政储蓄银行印发《中国邮政储蓄银行营业场所安全管理办法（2014年版）》等安全保卫工作系列制度，明确营业场所、自助设备安防设施使用维护、日常安全检查和应急预案的制订及演练等安全管理，健全营业场所安全保卫工作机制。此后，重庆邮政代理金融营业场所日常安全管理、检查和应急预案演练等安全管理工作，均严格按照集团和总行相关金融安全管理制度执行。

（三）业务库安全管理

1999年4月，市邮管局印发《重庆市邮政储蓄监控系统管理办法》。2018年1月，市分公司印发《中邮重庆分公司生产经营场所监控视频通道命名规定（试行）》。文件要求视频监控系统需专人负责管理；建立视频监控系统运行登记簿，每日记载，每年集中上交；各区县（市）邮政机构按照业务档案保存；营业期间不得擅自关机；发生故障后及时报修；无关人员不得接触视频监控系统。

2000年4月，根据重庆市公安局《关于金融机构（邮政储蓄）营业场所金库安全防范设施建设审查验收有关问题的通知》中《金融机构（邮政储蓄）金库的安全防范设施标准》规定，市邮管局对金库位置、安防设施、防盗设施、报警设备、库守配置、联网报警系统等进行规范要求。2006年1月，先后制订《重庆市邮政储蓄金库安全防范管理规定》《重庆市邮政公司金库安全管理规定》，对固定金库建筑标准、金库门锁具要求、安全重锁装置、应急装置、视频监控系统、报警系统、金库安全管理、异地值守特殊规定、金库安全检查、应急处置预案进行规范。

2007年12月，市公司制订《重庆市邮政安防设施建设维护管理规定》，要求安防设施实行统一管理，坚持谁使用、谁负责、谁维护的原则，进一步完善安防设施建设、维护和管理规定。

2011年5月，市公司制订《重庆邮政公司安防视频远程监控联网中心管理办法》，对视频监控中心职责、人员值班、日常管理和违规考核作出规定。

2018年1月，市分公司印发《中邮重庆分公司安全防范设施设备建设管理办法（试行）》，明确各级安全保卫部门管理职责，对安全防范设施设备建设、使用管理要求、监督检查与考核进行规范。

2018年12月，市分公司印发《中邮重庆分公司业务库、网点、自助银行远程异地值守规定（试行）》，要求具备网络条件的单位，采用通过网络通信手段和视频、门禁、报警等技术防范手段，对重点要害部位实行远程实时报警集中管理的值守方式。2021年，《中国邮政集团有限公司重庆市分公司业务库远程异地值守规定》出台，对实行远程实时报警集中管理的视频、门禁、报警等技术防范条件进行完善，对实行远程异地值守的批准流程进行细化。

2021年12月，市分公司制订《中国邮政集团有限公司重庆市分公司安全防范设施设备建设管理实施细则》《中国邮政集团有限公司重庆市分公司安全防范设施设备使用维护管理实施细则》，规范市分公司各单位（部门）、各区县邮政分公司安全防范设施建设、使用、管理、维护职责，故障报修规定，监督检查与处罚等各项管理要求。

三、安全检查管理

（一）安全检查管理制度

2008—2021年，重庆邮政先后制订并印发《重庆市邮政公司安全检查规定》《重庆邮政金融资金安全检查规定（试行）》《关于规范邮政金融资金安全检查工具格式的通知》《关于统一邮政安全检查文书的通知》等制度，明确检查责任，规范检查流程，及时查处违规违纪行为；规范和统一安全检查报告书、隐患整改通知书、隐患整改台账等安全检查工具格式。

2021年，市分公司制订《中国邮政集团有限公司重庆市分公司安全保卫工作现场检查管理办法（2021年版）》，整合安全保卫人员、服务质量视察检查人员以及金融检查人员安全检查力量，规范各专业的安全检查职责，对邮政营业和邮政代理金融生产、营业、处理场所开展安全检查工作的方法、内容、频次和安全检查流程进行规定。

（二）违规行为处罚管理制度

1997年，市邮管局制订《重庆市邮政管理局资金票款安全管理处罚规定》，对违反安全规定的行为，进行罚款、限期整改和取消企业当年一项或数项先进评比资格。

2003年1月，市邮管局修订《重庆市邮政系统安全生产责任事故考核办法》，依据发生安全生产责任事故后所造成的经济损失、伤亡人数，对应受到的经济、行政和刑事处罚进行明确规定。

2005年9月，市邮管局印发《重庆市邮政储汇资金安全管理责任查究实施细则（试行）》，明确各级邮政部门、各相关岗位人员在储汇资金管理中的职责，储汇资金案件、违规经营行为，行政处分、经济处罚等责任查究标准，责任查究程序等。2009年10月，重庆邮政金融工作协调小组印发《重庆邮政金融资金安全奖励基金管理暂行办法》，对邮政金融资金安全管理工作中，认真履行资金安全管理职责，严格执行资金安全防范制度，认真落实资金安全防范措施，在单位内部资金安全管理工作中做出显著成绩及追回案件资金损失的单位和个人，进行奖励。同年，印发《重庆邮政金融资金案件责任查究实施细则》，明确问责的原则、方式、要求、标准和责任查究程序事项，预防储汇资金案件。

2010—2011年，市公司印发《关于印发重庆邮政安全生产和内部保卫工作目标责任制考核办法的通知》《重庆邮政金融从业人员违规行为处理实施细则》，建立"横向到边，纵向到底"的安全生产、内部保卫工作目标责任制及金融从业人员违规考核处理制度。

2022年8月，市分公司印发《中国邮政集团有限公司重庆市分公司邮政安全违规行为处理办法》，对违反邮务类业务安全管理规定行为的处理种类、处理适用、处理影响期限及限制、经济处理、违规行为及处理、处理流程进行规定。

四、消防安全管理

重庆邮政早期的消防安全工作，严格执行《中华人民共和国消防条例》，坚持"谁主管、谁负责"原则，把消防安全工作放在与质量、效益同等重要位置，建立《消防安全四级管理责任制》（四级：局、生产处、班组、支局），修订完善《防火安全逐级管理责任制》《仓库防火制度》《汽油防火管理制度》《汽车及汽油库防火制度》《电石库房制度》《电气防火制度》《木工房防火制度》《奖励和惩罚制度》和《宣传教育制度》等系列消防安全规章制度，把重要的消防制度张贴在邮政生产现场，要求管理人员每天检查消防工作落实情况，同时定期开展消防教育培训工作，并把消防工作纳入各级治安承包责任制，制订考核项目、考核方法、扣分标准及奖惩内容。

1990年9月，市邮局印发《重庆市邮政局消防管理暂行规定》，明确公安科是消防管理的责任部门，负责消防工作的指导、监督和管理工作，修订和完善用火用电安全管理、易燃易爆物品管理、防火宣传教育、防火检查、隐患立案销案、动火制度和消防器材管理等工作。

2003年7月，市邮管局制订《重庆市邮政通信生产消防安全管理办法》，明确各级邮政企业消防安全管理工作职责，开展员工"三防"（防火知识、防火制度、防火预案）教育培训及要达到的"三懂、三会、三能"（"三懂"：懂得本岗位生产过程和设备发生火灾的危险性、懂得预防火灾的方法、懂得扑救初期火灾的基本方法；"三会"：会用消防器材、会处理火灾事故、会报火警；"三能"：能自觉遵守消防安全管理规定、能及时发现火灾隐患、能有效扑救初期火灾并做到自防自救）效果；要求新建工程项目的消防设施建设须与整体工程同设计、同投资、同建设、同验收、同使用；对火灾扑救方法措施，消防器材、设备的配备和维护以及奖惩进行制度性规范。

2016年6月，市分公司印发《关于调整中邮重庆分公司防火安全委员会成员及职责的通知》，成立防火安全委员会，负责日常防火安全监督管理工作。文件明确各成员部门的消防安全职责，要求建立健全义务消防队伍和应急救援小组，对突发事件进行初期处置，制定灭火和应急预案，至少每年组织一次灭火和应急疏散演练。

2018年5月，市分公司制订《中邮重庆分公司消防安全责任制实施意见》，要求坚持安全自查、隐患自除、责任自负，坚持权责一致、依法履职、失职追责，对不履行或不按规定履行消防安全职责的单位和个人，依规追究责任。

2021年12月，市分公司印发《中国邮政集团有限公司重庆市分公司消防安全管理实施细则》，要求各单位落实逐级消防安全责任制、岗位消防安全责任制和岗位消防安全职责，确定各级、各岗位的消防安全责任人，履行消防安全管理职责。

第三节　驿盾守押服务

重庆市驿盾保安押运服务有限责任公司（简称驿盾公司）由重庆邮政全额出资（注册资金1000万元人民币）组建，成立于2015年8月25日。因中国邮政集团有限公司改革，驿盾公司出资人从重庆邮政先后变更为北京中邮资产管理有限公司、中邮资本管理有限公司。驿盾公司是集团公司对外投资公司，由重庆邮政作为其他直属单位管理，具有独立法人资格，通过专业化管理、公司化运营，运营竞争实力持续提升，逐步形成"押运＋保安＋物业＋医疗"的综合性、一体化服务模式，成为集现代管理运营方式和先进安全防范技术于一体，具有邮政特色的专业化保安服务公司。

一、机构沿革

（一）独立发展时期

1. 驿盾公司

重庆市驿盾保安押运服务有限责任公司由重庆邮政武装守押队伍演变而来。1986年，重庆市邮政局组建武装守押队伍，为邮政储蓄业务提供守押服务。根据国家政策的调整，重庆邮政武装守押队伍虽历经重庆市邮政局护局队、重庆市邮政管理局经济民警支队、重庆市邮政公司经济护卫支队、重庆市邮政公司企业保安支队的名称变化，但其为重庆邮政提供金融资金安全保障的职责始终未变，是重庆邮政一支重要的治安保卫力量。

2010年1月1日施行的《保安服务管理条例》（国务院令第564号）要求建立"政企分开、管办分离"的保安服务管理体制，提供武装守护押运服务的保安公司需于2013年底前完成与公安机关的脱钩改制工作。2013年11月7日，重庆邮政成立保安服务公司筹建办公室，由安全保卫部负责人兼任主任，安全保卫部负责具体推进工作，正式启动重庆邮政保安押运服务公司筹备工作。同年11月21日，重庆邮政向集团公司报送《重庆市邮政公司关于成立保安押运服务公司的请示》。2014年10月13日，重庆邮政为驿盾公司注资1000万元人民币。2015年7月14日，驿盾公司取得重庆市公安局颁发的具有武装押运资质的《保安服务许可证》。同年8月25日，驿盾公司完成工商、税务、组织机构代码等相关注册、登记手续，成为重庆市两家武装保安押运服务公司之一。2016年12月28日，驿盾公司挂牌。2018年1月1日，驿盾公司正式运营，至此，重庆邮政押运体制改革取得重大突破。

按照重庆市公安局提出的《保安服务许可证》"一证管全市"要求，驿盾公司实行"市、区县（中队）"两级管理模式，内设运营管理部、业务发展部、直属大队（对外称勤务管理部）三个部门，采取"自营＋委托运营"的模式，对重庆邮政押运钞业务进行管理。驿盾公司承担重庆邮政押运钞业务安全管理主体责任；负责重庆邮政枪弹及枪弹柜、中心业务库、运钞车的安全生产和押运钞各环节检查等管理制度的建设；负责督促落实重庆邮政押运钞业务的安全生产和运营管理；负责重庆邮政中心业务库开库管理和异地值守管控；负责指导区县（中队）开展属地押运钞业务实施，人员、车辆等具体管理，属地押运钞作业组织及流程优化，属地保安（押运）业务拓展及与属地监管部门的协调、沟通等工作。

2. 邮政医院

1980年9月9日，经重庆市卫生局批准，重庆市邮政局职工医院成立，为邮政职工及家属提供医疗保健服务。1993年7月，增挂重庆陵江医院牌子，并对社会开放。1996年，更名为重庆市邮政医院（简称邮政医院）。同年，在江北区邮电局开设医疗服务点；1998—2000年，分别在大渡口邮政局、南岸邮政局、沙坪坝邮政局和邮区中心局开设医疗保健站。2005年1月，邮政医院成为重庆市城镇职工基本医疗保险市级统筹定点医疗机构。2008年7月，邮政医院通过渝中区医保中心审定批准，成为渝中区城乡居民合作医疗保险定点医疗机构。2009年，邮政医院响应渝中区人民政府、渝中区卫生局等发起的"绿色医院"创建活动，成为全市第一家成功创建"绿色医院"的企业医院。2010年，邮政医院通过ISO9001质量管理体系认证，成为全市同行业中第三家通过认证的企业医院。2020—2022年，新冠疫情期间，邮政医院持续上门为重庆邮政各单位工作人员、工作场所和邮件开展核酸采样检测，共计约5万例次。同时，邮政医院为社会人群开展核酸采样约15万例次。

3. 邮政物业公司

重庆邮政物业管理有限公司（简称邮政物业公司）注册资金500万元人民币，100%国有股权。主要经营范围为物业管理、人力资源服务、清洁服务、停车服务、洗车服务、房屋租赁、房地产中介咨询服务、销售建筑材料、家庭服务、餐饮服务等。

2000年12月，重庆市邮政管理局调整后勤服务中心经营机制，在后勤服务中心基础上，于2001年6月成立邮政物业公司，实行两块牌子、一套班子。2005年3月，因机构改革，邮政物业公司实行独立运营。2009年10月，重庆邮政成立机关服务中心，邮政物业公司对内作为机关服务中心的内设二级部门，对外保留其工商营业执照、税务登记，继续开展企业经营服务工作。2017年6月，重庆邮政机构改革，设立重庆邮政后勤服务中心物业管理部（重庆邮政物业管理有限公司），实行两块牌子、一套班子。

（二）合并发展时期

2022年12月21日，按照《关于调整部分直属单位机构编制的通知》要求，重庆邮政撤销邮政医院、重庆邮政物业管理有限公司（后勤服务中心物业管理部），将其合并到驿盾公司，分别设立医务室和物业部，作为驿盾公司内设二级部门。

截至2022年12月底，驿盾公司有从事钞车押运、解款、驾驶、业务库值守、物业及医务服务人员1344人。全市邮政有配备安装卫星定位系统的专用运钞车196辆、中心业务库35个；押运钞服务范围覆盖全市各区县、乡镇。

二、押运管理

（一）管理制度

2008年，重庆市邮政公司制订《重庆市邮政公司金库管理规定》《重庆市邮政公司押钞安全管理规定》和《重庆市邮政公司应急预案制定与演练规定》，对重庆邮政押运钞工作进行规范化、制度化管理，明确押运钞管理工作时效性和执行力要求，保障押运钞安全。2018年，驿盾公司制订《重庆市驿盾保安押运服务有限责任公司押运安全操作流程》《重庆市驿盾保安押运服务有限责任公司突发事件应急处理预案》《重庆市驿盾保安押运服务有限责任公司安全和运行质量监督检查办法（试行）》《重庆市驿盾保安押运服务有限责任公司车辆管理办法（试行）》《重庆市驿盾保安押运服务有限责任公司安全行车管理办法（试行）》和《重庆市驿盾保安押运服务有限责任公司保安武装守护押运服务安全操作指南实施细则（试行）》，进一步明确押运钞专业化管理职责。2019年，驿盾公司制订《重庆市驿盾保安押运服务有限责任公司员工考评办法（试行）》，规范员工行为，强化员工遵纪守法的主动性、自觉性。2021年，驿盾公司制订《重庆市驿盾保安押运服务有限责任公司员工教育培训管理办法（试行）》，实施全面提升员工综合素质和业务能力的人才培养计划。2022年，驿盾公司制订《重庆市驿盾保安押运服务有限责任公司业务库管理办法（试行）》《重庆市驿盾保安押运服务有限责任公司守护押运勤务操作规程（试行）》和《重庆市驿盾保安押运服务有限责任公司本部值班工作制度》，对人员管理、业务库管理、勤务操作、值班工作进行规范，为全面履行重庆邮政押运钞管理职责奠定基础。

（二）守押管理

1. 安全管理

驿盾公司运营管理部，按照"检查＋通报＋整改＋

培训"模式，管理重庆邮政押运钞业务运行工作。2018年2月，驿盾公司制订《重庆市驿盾保安押运服务有限责任公司安全和运行质量监督检查办法（试行）》，明确安全和运行质量监督检查"分级管理"原则，细化检查范围、质量、频次和标准。2022年8月，驿盾公司修订印发《重庆市驿盾保安押运服务有限责任公司安全和运行质量监督检查办法（试行）》，完善检查工作流程和考核标准。同年，推行押运钞安全责任"两单两卡"工作（两单即岗位风险清单、岗位职责清单，两卡即岗位操作卡、岗位应急处置卡），全面压紧压实人、车、库和线路运行等各环节安全管理责任，强化押运钞岗位人员安全意识，提高重庆邮政武装押运队伍风险防范和化解能力。

2. 勤务管理

自2018年1月起，驿盾公司直属大队（对外称勤务管理部）直接管理渝中、南岸、沙坪坝、江北、九龙坡、大渡口及渝北本部邮政押运钞业务。2018年，驿盾公司先后制订《重庆市驿盾保安押运服务有限责任公司业务库守护安全操作流程（试行）》《重庆市驿盾保安押运服务有限责任公司押运安全操作流程》和《重庆市驿盾保安押运服务有限责任公司保安武装守护押运服务安全操作指南实施细则（试行）》，对押钞员、驾驶员、解款员及业务库值守员的勤务操作流程进行规范。2019—2022年，驿盾公司开展"强安全、保质量、促发展"专项活动，组织驾驶岗位技能比赛、全市押运钞业务骨干培训及勤务标杆单位评比等活动，开展巴南、綦江、石柱和城口邮政押运钞业务驻点跟班作业，不断扩展勤务管理内容和范围。同时，驿盾公司勤务管理复制安全管理"检查＋通报＋整改＋培训"模式，运钞车准班率和勤务操作合规率持续提升。截至2022年12月，中国邮政集团有限公司重庆市分公司押运钞勤务操作合规率为96.14%，超目标值6.82%；主城运钞车作业准班率为99.41%，各区县运钞车作业准班率为89.88%，运行质量不断向好。

（三）运营管理

1. 运行管理

2018年9月，驿盾公司完成主城7区（渝中、南岸、沙坪坝、江北、九龙坡、大渡口及渝北本部）邮政运钞车辆运行计划编制；2019年1月，完成全市邮政运钞车辆运行计划编制；同年3月，完成全市邮政押运钞环节KPI指标编制。2021年6月，完成全市邮政运钞车运行计划全覆盖，至此，实现全市邮政押运钞作业统一指挥调度。2022年，驿盾公司对璧山、彭水、綦江、长寿、潼南邮政运钞作业线路进行调整优化，在未增加人员和设备的前提下，实现押运钞业务增收139万元。

2. 流程优化

2017年，驿盾公司与重庆交通大学联合开展运钞作业组织优化研究。该方案打破原有的按照行政区划设置的运钞作业组织模式，对主城7区（渝中、南岸、沙坪坝、江北、九龙坡、大渡口及渝北本部）邮政押运钞作业线路进行重新规划，确保运钞车按照客户需求，准时到达客户各金融网点，为客户提供高效押运服务。驿盾公司通过作业组织流程优化，实施以渝北新牌坊业务库为中心的组网运钞作业模式，缓解主城押运钞运能不足矛盾，实现押运钞业务降本增效。

3. 异地值守

2018年9月1日，驿盾公司安全运营中心正式运营，启动重庆邮政金融网点异地值守工作；同年9月30日，开展重庆邮政金融网点异地值守联网硬件、软件资质审查。截至2018年底，重庆邮政共有870个网点审查合格，并接入异地值守联网系统。同年，市分公司制订《中邮重庆分公司业务库、网点、自助银行远程异地值守规定（试行）》，明确全市邮政业务库、网点、自助银行（设备）远程异地值守准入和退出条件，规范驿盾公司安全运营中心异地值守联网资格审查内容。2022年10月，驿盾公司安全运营中心实现重庆邮政金融网点异地值守全覆盖；同年11月，按照重庆邮政要求，驿盾公司组建监控值守专班，实现全天候24小时有效监控全市邮政网点运营情况。

4. 科技赋能

2020年9月，市分公司启动运钞车GPS/北斗监控平台项目建设。2021年3至8月，按照项目组要求，驿盾公司将运钞车置于内网，并进行5G、4G路由器测试，同时，完成主城26台运钞车作业线路基础数据录入及部分运钞车终端调试测试。2021年9月23日，完成运钞车GPS/北斗监控平台所有软件功能现场演示工作。2022年12月，实现重庆邮政196辆运钞车GPS/北斗监控终端全覆盖。

三、业务管理

驿盾公司业务发展部，统筹全市邮政押运钞业务管理和发展。

（一）客户开发

2012年，市公司与重庆银行签订《武装押运、现金解款、银箱寄库、物流配送服务合同》，重庆邮政开启对外承接武装押运、银箱寄库等保安服务。2016年，重庆市邮政公司与邮储银行重庆分行签订《押运服务合同》，负责为邮储银行重庆分行重要物品押运、金库值守、离行式自助设备清机加钞业务提供服务。2021年2月，驿盾公司与邮储银行重庆分行签订《金库守押服务合同》和《金库内部业务管理及运营服务合同》，邮储银行重庆分行成为驿盾公司押运钞业务客户，截至2022年底，该行押运钞收入占驿盾总收入的43.41%。2019—2022年，驿盾公司先后与邮储银行重庆分行、重庆银行、高速公路公司、国网重庆市供电分公司、招商银行重庆分行、民生银行重庆分行、布林克国际货运（上海）有限公司及中工美（北京）供应链物流管理有限责任公司等签订守押服务合同，驿盾公司自签客户收入从 2020 年的 469.33 万元提高到 2022 年的 4063.7 万元。

（二）服务模式

2021 年，驿盾公司提出打造"武装押运 + 清分整点 + 寄库保管 + 远程监控"等多功能一体化服务模式，实施差异化竞争战略。2022 年 8 月 4 日，驿盾公司保安服务许可项目新增"门卫、巡逻、守护、安全检查、随身护卫和秩序维护"6 项内容，实现保安服务人防技防协同。同年 12 月，驿盾公司合并重庆邮政物业管理有限公司（邮政医院），经营范围新增餐饮、医疗及物业等服务内容。随着多功能一体化服务模式的不断丰富，驿盾公司服务范围也由"押运 + 守护"扩大为"押运 + 保安 + 物业 + 医疗"，增值类服务范围不断拓展。

（三）业务类型

1. 守押服务业务

自 1986 年组建武装守押队伍以来，该队伍一直承担着重庆邮政金融网点现金的守护押运服务。随着重庆邮政押运钞业务市场拓展，开始对外承接押运钞业务。截至 2022 年 12 月，驿盾公司承担全市 35 个区县邮政中心业务库守护、1700 余个邮政金融网点押运钞和 64 台邮政离行式 ATM 加钞守押服务；为重庆银行、三峡银行等 22 家银行，149 个金融网点提供现金武装守护押运服务；为中石油加油站、高速公路公司和大型商超等客户提供上门收款服务；为布林克国际货运（上海）有限公司、中工美（北京）供应链物流管理有限责任公司提供贵金属和奢侈品守护押运服务。驿盾公司通过统签、审核、报备合同，收集及维护业务基础数据，实施市级营销项目等方式对全市邮政押运钞业务进行管理。2020 年和 2022 年，驿盾公司申报的押运寄库项目，均被重庆邮政评为"AAA 级优秀市级营销项目"。

2. 现金运营服务业务

2017 年，中国邮政集团公司重庆市分公司与邮储银行重庆分行签订《金库租赁合同》，将沙坪坝邮政中心业务库搬迁至渝北新牌坊邮储银行重庆分行中心业务库；同年，与邮储银行重庆分行签订《2017 年金库业务及守押服务合同》，由驿盾公司通过外包方式，承担主城邮政金融网点现金调缴、现金清分等业务库内库运营管理服务。2021 年，驿盾公司与邮储银行重庆分行签订《金库内部业务管理及运营服务合同》，新增石柱、綦江、巴南、城口四个邮政中心业务库现金运营服务及石柱、綦江两个人民银行发行基金托管库现金运营服务。2022 年，驿盾公司制订《业务库管理办法（试行）》，明确业务库运营、反假货币及现金机具管理等规定，实现业务库内库运行管理有章可循。

第五篇　邮政网路

邮政网路是邮政网点、揽投部、邮区中心和邮路组成的邮件传递网路。1986—2022年，为满足多层次、快捷化业务发展需求，重庆邮政通过不断发展完善，在全市构建连接全国范围四通八达的邮政网路。

1986年，重庆邮政已建成相对独立的邮政网路。随着寄递业务发展，全市邮政网路规模不断扩大，截至2022年底，重庆邮政已形成具有航空、铁路、公路等多种运输方式，连接城乡、覆盖全市、通达全国的邮政实物寄递网路。同时，邮政通信从以手工作业为主的传统生产方式逐步向以机械化、自动化、信息化为特征的现代邮政生产作业方式迈进，邮政网路业务管理、指挥调度和业务信息传递逐步迈向现代化、信息化，重庆邮政通信保障能力不断提升，邮件处理及运输效能大幅提高。

第一章　实物寄递网

第一节　邮区中心体制

一、邮区中心作业场地变迁

（一）二级邮区中心

1. 重庆邮政枢纽

1988年11月，重庆邮政枢纽开工，该枢纽位于市中区上清寺街道嘉陵桥西村83号，1992年6月20日正式投产。作为重庆包件和普服邮件的进出口处理场地，该枢纽主要负责进、出、转口邮件的分拣、封发等作业的组织、管理，以及派押、运输邮路的业务管理、协调、调度工作。

2000年9月，重庆邮政枢纽搬迁至渝北区民安大道170号。截至2022年底，原重庆邮政枢纽场地已变更为渝中区分公司上清寺揽投部生产作业及其他邮政机构生产办公场地。

2. 重庆邮政二枢纽

随着邮件处理量不断增长，原有的重庆邮政枢纽邮件处理能力已不能满足业务发展需要，重庆市邮政管理局开始建设重庆邮政二枢纽。该枢纽位于渝北区民安大道170号，一期工程于1998年6月18日开工，2000年6月30日通过竣工验收；二期工程于2002年5月开工，2003年5月竣工。

2000年7月，重庆市邮政中心局开始搬迁，9月25日搬迁基本结束，8个生产局、700余名职工和大量的生产设备、车辆由重庆邮政枢纽搬迁至重庆邮政二枢纽。同年10月16日，重庆邮政二枢纽全面投入使用，日均可转运进出口邮件3.5万袋，处理包裹1万余件。

截至2018年，重庆邮政二枢纽作为重庆进出口邮件集中处理场地，主要职责包括邮区间及邮区内各类邮件的分拣封发、火车运输、汽车邮运、邮件经转；全市各类邮件容器的调拨管理和无着邮件的处理，以及各类邮件封发、接发、转运、运输环节的档案管理等。

2018年10月，重庆邮政二枢纽搬迁至渝北区回兴两港大道195号。截至2022年底，原重庆邮政二枢纽场地已变更为重庆邮政国际邮件互换局处理场地、渝北区分公司人和揽投部及江北区分公司观音桥揽投部生产作业场地，同时也是中华人民共和国重庆邮局海关监管、查验及办公等场地。

3. 重庆邮政第三邮件处理中心

重庆邮政二枢纽投入运行后，随着寄递业务的高速发展，该枢纽处理能力与包裹快递邮件业务量大幅增长的矛盾逐渐凸显，重庆邮政着手建设第三邮件处理中心，地址位于渝北区回兴两港大道195号。该工程于2014年6月开工，2018年8月竣工。

图 5-1-1-1　重庆邮政第三邮件处理中心生产大楼
（2021 年摄于渝北区回兴两港大道 195 号）

图 5-1-1-2　重庆邮政空港处理中心一角
（2022 年摄于渝北区菜鸟物流园）

2018年10月，重庆市邮区中心局历经半个多月完成业务流程再造、人员培训等工作，于10月26日顺利完成转场。同年10月28日，重庆邮政第三邮件处理中心正式投产运行。

随着"双11"及年末旺季包裹快递邮件量的剧增，邮件量已突破重庆邮政第三邮件处理中心设计处理能力。2020年4月，重庆邮政在渝北区菜鸟物流园租用作业场地作为出口辅助处理场地，并建设配备矩阵分拣系统和单层交叉带小件分拣机。同年10月28日，重庆空港（租用）邮件处理中心（简称空港处理中心）投产运行。邮区中心局出口一级干线汽车邮路装车场地调整到空港处理中心装发，全国发往重庆的一级干线汽车邮路进口仍在重庆

邮政第三邮件处理中心卸车和处理，实行邮件处理"进出口分设"。

重庆邮政第三邮件处理中心作为自有的进口邮件处理场地，主要负责航空及陆运进口的省际特快、快包、市内互寄特快、快包以及普服邮件处理；空港处理中心作为租用的出口邮件处理场地，主要负责航空及陆运出口的省际出口特快、快包处理。至2022年底业务功能无变化。

（二）三级邮区中心

1998年12月16日，万州三级邮区中心局动工兴建，1999年12月建成。

2000年12月，万州三级邮区中心局投入使用，结束了万州邮政长期无正规生产场地的历史，为邮件处理实现机械化、自动化奠定了基础。其主要职责为该邮区（开县、忠县、云阳、奉节、巫山、巫溪、城口）内各局进、出、转口邮件和报刊的分拣及封发作业的组织、管理，业务档案管理和质量监督检查；邮区内万州至开县、忠县、巫山、巫溪、龙角（云阳县）5条邮路的机（要）普（通）邮件派押、运输；邮区内城口至开县、巫溪至奉节、开县至铁桥镇邮路的业务管理、协调、调度工作；邮区内机要总包邮件的经转及本局机要邮件的收寄、处理、投递工作；本局直递业务的经营管理工作；设备日常维护保养及邮区食宿点的管理工作。

自2015年起，按照集团公司部署，重庆邮政逐步弱化万州三级邮区中心局功能，随着邮件处理量的减少，部分万州组开邮路改由重庆组开。2018年，万州三级邮区中心局撤销，原班组人员分别归属万州片区分公司综合办、渠道部、营投局等管理。

截至2022年底，原万州三级邮区中心局场地已变更为万州区级共配中心（万州邮政公共物流配送中心）生产作业场地，作为三级物流体系建设的区级共配中心，支撑乡村振兴战略。

图 5-1-1-3　万州区级共配中心（摄于 2022 年）

二、体制演变

1997年，重庆邮政按照邮电部《关于印发进一步加快实施邮区中心局体制若干意见的通知》要求，根据邮件

的流量流向，出台邮区中心局体制实施方案，申报重庆邮政中心局为二级邮区中心局，万县为三级邮区中心局。

1998年，重庆邮政按照国家邮政局《关于各级邮区中心局设置的通知》要求，结合重庆直辖后通信网路建设的要求，向国家邮政局上报重庆、万州开发区分拣封发关系。经国家邮政局批准，重庆邮政中心局为二级邮区中心局，万州开发区邮政中心局为三级邮区中心局；同时，调整重庆市普通邮件分拣封发关系，重庆二级邮区中心局、万州三级邮区中心局按照邮区中心局业务功能、管理体制运作。此次国家邮政局在全国共设置236个邮区中心局，重庆市邮区中心局与其他235个邮区中心局建立直封关系。

1999年，重庆邮政全面推行邮区中心局体制，建立健全网路运行机制，实行邮运调度分级管理，逐步调整理顺分拣封发关系，以全国其他235个邮区中心局为分拣单元，编制分拣封发作业计划及特快专递邮件、平常信函的全程时限表；同时，对各局所辖用邮单位新增、撤销、名称变更情况进行调查，逐步完善重庆邮政邮件分拣封发资料。

2002年，重庆邮政继续实施邮区中心局体制，将重庆邮区中心局干线车队、转运趟车队与运输分局合并，进一步发挥邮区中心局资源优势，优化管理体制、业务功能、生产作业组织，加快邮件传递速度，提高网路运行效益。

2005年7月18日，在邮区中心局物流配送中心基础上组建的物流集散中心正式启用，负责全市进、出、转口的省际、省内一体化物流项目，中邮物流快货，以及物流专线的零担货物全环节处理等物流运行管控工作。

截至2022年底，重庆邮政形成以重庆市邮区中心为进出口邮件集散、处理中心，通过一级干线、区内和市趟邮路直达相关省（市、自治区）主要城市及全市区县邮政企业，并辐射相关省（市、治区）主要城市及全市各邮政分支机构、网点的邮区中心体制网路格局。

三、机构沿革

（一）重庆市邮政中心局

1997年6月11日，重庆邮政按照邮电部对本单位现业机构设置的方案批复，设立重庆市邮政中心局，并在原"重庆市邮政枢纽局"的基础上组建而成。

（二）重庆邮区中心局

2001年3月7日，按照国家邮政局《关于统一邮区中心局机构名称的通知》要求，"重庆市邮政中心局"更名为"重庆邮区中心局"，是全国二级邮区中心局之一。

（三）重庆邮政局邮区中心局

2005年8月28日，按照《关于设立重庆邮政局邮区中心局等分支机构的通知》要求，"重庆邮区中心局"更名为"重庆邮政局邮区中心局"。

（四）重庆市邮政公司邮区中心局

2007年9月24日，按照《关于印发重庆市邮政公司机构设置及职能部门职责、编制方案的通知》及《关于重庆邮政局邮区中心局更名的通知》要求，"重庆邮政局邮区中心局"更名为"重庆市邮政公司邮区中心局"。

（五）中国邮政集团公司重庆市邮区中心局

2015年6月19日，按照《中国邮政集团公司关于实施法人体制调整有关事项的通知》要求，"重庆市邮政公司邮区中心局"更名为"中国邮政集团公司重庆市邮区中心局"。

（六）中国邮政集团有限公司重庆市邮区中心局

2020年1月10日，随着中国邮政集团公司改制为中国邮政集团有限公司，"中国邮政集团公司重庆市邮区中心局"更名为"中国邮政集团有限公司重庆市邮区中心局"。

（七）中国邮政集团有限公司重庆市邮区中心

2021年8月24日，为落实国有企业改革三年行动方案相关内容，深入推进"机关化"问题专项治理工作，"中国邮政集团有限公司重庆市邮区中心局"更名为"中国邮政集团有限公司重庆市邮区中心"。

表 5-1-1-1

1997—2022 年邮区中心机构沿革情况表

名　称	变更时间	机构设置	场　地
重庆市邮政中心局	1997.6.11	2000年末，设综合办公室、生产经营科、计划财务科、人事保卫科、党委办公室、监察室、业务科、调度室、多种经营科、函件分拣局、包刷分拣分局、邮件运输分局、邮件转运分局、邮件押运分局、设备维护分局、邮袋调拨分局、邮政档案管理科、大修厂、车队	重庆邮政枢纽生产楼（位于渝中区上清寺嘉陵桥西村83号），2000年7月搬迁至重庆邮政二枢纽（位于渝北区民安大道170号）
重庆邮区中心局	2001.3.7	2001年，设综合办公室、人事教育科、计划财务科、业务科、安全保卫科、函件分拣分局、包刷分拣分局、邮件转运分局、邮件押运分局、邮政运输分局、干线车队、报刊封发分局、设备维护分局、邮政业务档案科、邮袋分局（挂邮袋调拨局牌子）	重庆邮政二枢纽（位于渝北区民安大道170号）

名　称	变更时间	机构设置	场　地
重庆邮政局邮区中心局	2005.8.28	2005 年，设行政办公室、党群办公室、人事保卫科、财务科、调度室（挂靠在重庆邮件容器调拨局）、邮件处理中心、邮政运输局、设备维护分局、转运局、物流分公司、物流配送中心、重庆邮政物流集散中心、邮政客户服务中心，下挂邮件容器调拨局	重庆邮政二枢纽（位于渝北区民安大道170 号）
重庆市邮政公司邮区中心局	2007.9.24	2007 年，设综合办公室、党群办公室、财务部、人力资源部、生产指挥调度中心、邮政运输局、邮政转运局、邮件处理中心、生产保障局，下挂邮件容器调拨局	重庆邮政二枢纽（位于渝北区民安大道170 号）
中国邮政集团公司重庆市邮区中心局	2015.6.19	2015 年，设综合办公室、人力资源部、财务部、生产指挥调度中心、邮件处理中心、邮政运输局、邮政转运局、运行保障部、仓储配送中心	重庆邮政二枢纽（位于渝北区民安大道170 号），2018 年 10 月 28 日，搬迁至重庆邮政第三邮件处理中心（位于渝北区回兴两港大道 195 号）
中国邮政集团有限公司重庆市邮区中心局	2020.1.10	2020 年，设综合办公室、指挥调度中心、财务部、人力资源部、党委党建工作部、监督检查部、工会、邮件处理中心、邮件运输中心、运行维护中心	场地 1：重庆邮政第三邮件处理中心（位于重庆市渝北区两港大道 195 号）场地 2：2020 年 10 月 28 日启用重庆空港（租用）邮件处理中心（位于渝北区木耳镇新乡村通宝路菜鸟物流园）
中国邮政集团有限公司重庆市邮区中心	2021.8.24	2021 年，设综合办公室、党建工作部、生产管控部、邮件处理中心、邮件运输中心	场地 1：重庆邮政第三邮件处理中心（位于渝北区两港大道 195 号）场地 2：重庆空港（租用）邮件处理中心（位于重庆市渝北区木耳镇新乡村通宝路菜鸟物流园）

第二节　邮区中心规范化改革

一、"两子"系统建设

"邮区中心生产作业系统"和"邮运指挥调度系统"两个子系统（简称"两子"系统）是贯穿邮政分拣和运输两大内部处理环节的综合性生产作业及管理系统，"两子"系统建设是提高网路支撑能力、促进邮政产业优化升级的重点工程。

2004 年初，按照国家邮政局"两子"系统建设统一部署，重庆邮区中心局作为全国第一批应用单位之一开始实施。同年 3 月底，随着重庆邮政二枢纽二期工程竣工投产，"两子"系统上线试运行，邮区中心按照满足生产需求、简化作业流程的原则，对现行生产机构和邮件作业流程进行优化重组：实行转押合一，撤销转运分局，其火车转运部门和转趟车队与押运分局合并，成立转运局；邮件接发部门和一级干线汽车转运部门划归分拣封发分局，组建邮件处理中心，总包邮件处理实行总进总出，由转运环节统一处理，分拣封发按邮件"三状化"（包状、扁平状、信函状）处理要求实行大平面作业、邮件综合处理，并打破传统切块管理模式，逐步推行扁平化作业管理。

2004 年 4 月 10 日，邮区中心"两子"系统顺利完成安装及上线工作，实现局内各环节间信息互联互通。邮区中心局管理和生产运营中的指令传输及数据收集、加工、传递、存储变得简单、实时、规范，使业务管理部门能够准确、及时掌握实际生产信息，基层生产人员可以直接按照系统指令进行生产作业，减少管理层次，缩短信息传递路线。同年 10 月底，邮区中心局、速递局接发的一级干线汽车、火车、航空邮路全部实现互联互通；重庆、万州两个邮区之间互发邮件信息实现网上传输；邮区中心局、速递局、报刊发行局之间（局内）邮件交接实现无纸化。

2005 年 3 月，重庆邮区中心局获得国家邮政局颁发的"两子"系统上线贡献奖，全国 77 个一、二级邮区中心局中仅有 10 个单位获此荣誉。重庆邮区中心局作为全国第二批邮政综合网"两子"系统上线局，实现实物网与信息网的有机融合。同年 9 月 26 日，受国家邮政局委托，重庆市邮政管理局召开重庆邮政储蓄统一版本工程暨"两子"系统最终验收、代理保险暨开放式基金系统初步验收会议，一致同意"两子"系统通过最终验收。同年 11 月

28 日，邮区中心生产作业系统二期 3.0 版本成功升级，进一步实现全网资源共享。

2018 年 9 月 5 日，随着中国邮政新一代寄递业务信息平台完成切换，"两子"系统正式下线。

二、"三化"改革

2006 年 3 月 16 日，根据国家邮政局关于建立全国统一、科学、高效的邮区中心局生产运行管理体系，全面推进邮区中心生产管理扁平化、作业流程标准化和生产操作规范化的"三化"改革要求，邮区中心局成立"三化"改革领导小组，并按照国家邮政局统一部署及生产管理扁平化思路，对原有相关生产职能机构进行撤并，构建决策层、控制层、执行层三层生产管理架构，成立生产指挥调度中心，对全局生产进行统一集中管理，采取调度人员现场派驻的方式，对生产进行实时监控，分区域、分时段设立质量监督岗，机关职能人员实行"职位认购"及管理人员合理兼职，精简管理层次、提高管理效率。同时按照作业流程规范化思路，一是按照"严把两头、简化中间"的优化原则，总包邮件信息和实物均实行总进总出，由转运部门统一处理，总包邮件扫描率保持在 99.9% 以上；二是在转运作业环节采取"转押合一"的优化方式，简化中间交接环节；三是将原包裹、平信、挂信分拣封发分班次作业改为集中作业，分拣工种实行"包刷合一""平信平刷交叉作业""初分细分交叉作业"；四是运输工种实行"驾押合一""长班套跑段班邮路"。改革后，简化了交接环节和处理手续，生产作业组织普遍减少管理层 1 至 2 个，生产作业组织管理向精细化的集中管控模式转变。

2006 年 6 月，按照国家邮政局"三化"改革实施工作进度要求，邮区中心局优化调整邮件分拣封发作业流程，涉及包裹、平信、挂信分拣封发作业及邮件枢纽间转驳各环节，并于同年 6 月底前完成生产管理架构调整，实施生产操作规范化。自同年 7 月 1 日起，"三化"改革推进工作进入试运行阶段。同年 8 月底，"三化"改革和配套措施全部完成。同年 11 月初，"三化"改革顺利通过国家邮政局"三化"改革检查验收工作组验收，标志着重庆邮政"三化"改革取得实效。

表 5-1-2-1
2006 年邮区中心局"三化"改革前后人员、班组变化对比表

项　目	改革前	改革后	变化量
从业人员	1111 人	1017 人	减少 94 人
生产班组	25 个	13 个	减少 12 个
管理人员（含管理辅助人员）	92 人	72 人	减少 20 人

表 5-1-2-2
2006 年邮区中心局"三化"改革前后通信质量指标情况对比表

指　标	改革前	改革后	变化量
进口查单（月）	8572 件	6472 件	下降 24%
进口验单（月）	2356 件	1126 件	下降 52%
总包扫描率	99.81%	99.97%	上升 0.16%
总包延误率	0.041‰	0.038‰	下降 0.003‰
总包损失率	0	0	持平
给据邮件损失率	0.017‰	0.015‰	下降 0.002‰
邮件处理不合格率	0.0016%	0.0012%	下降 0.0004%
邮车准点率	96.3%	97.8%	上升 1.5%

图 5-1-2-1　2006 年 11 月，国家邮政局对邮区中心局
"三化"改革进行验收

三、流程优化改革

2007 年，邮区中心局按照两网互通业务的要求调整给据邮件作业流程，充分应用电子化支局传送的散件邮件信息，实现给据邮件的网络化分拣。2008 年，邮区中心局实行普通邮件以白天作业为主的生产组织方式，重点对转运进口、报刊、挂信的交接流程进行优化调整，并将推式悬挂系统开拆出的大件包裹全部由系统处理，提高包裹网络分拣开拆率；对信函分拣实行"一班制"整合，降低生产运行成本；包裹分拣实行开拆、供包、转包、扎袋交叉作业，提升设备利用率和员工工时利用率。

2009 年 3 月，邮区中心局顺利实施渝武（汉）一级干线汽车邮路带运至万州的总包邮件疏运方案，在车辆紧张的情况下，较好地缓解了重庆至万州总包邮件的疏运压力，月均减少重庆至万州加班车 4—8 班次。同年 8 月底，邮区中心局确立邮件集装化运输、给据邮件内件清单无纸化试行方案。自同年 9 月 1 日起，邮区中心局在万州邮路试行邮件集装化运输、给据邮件内件清单无纸化操作。同

年 11 月底，邮区中心局相继完成平信分拣到段的试运行和普包、快包合一上机分拣，推进邮件分拣前置。

自 2010 年 8 月起，邮区中心局实施省际间给据邮件无纸化封发工作，并相继完成对城区三局、渝北局、北碚局、城区二局、巴南局的平（挂）信、平刷邮件分拣到段，加快以上各局邮件内部处理速度。同时，将转运员、接发员、信息操作员"三岗合一"，富余人员调配至分拣到段岗位和分销产品分拨配送岗位，全年共盘活人员 28 人。

2018 年 9 月，按照中国邮政集团公司寄递改革要求，邮区中心局顺利完成邮政、速递人员合并、调配等相关工作，并优化调整业务流程及人员结构。

四、处理中心规范化改革

2022 年 4 月，按照中国邮政集团有限公司印发的《处理中心生产管理标准》《处理中心生产流程标准》《处理中心生产操作标准》3 本手册要求，邮区中心成立规范化管理推进领导小组，负责处理中心规范化改革的组织和领导工作，并下设 3 个工作小组，分宣贯梳理阶段、完善提升阶段、验收总结阶段、巩固提升阶段四个阶段实施。通过持续优化，邮区中心在内部革新、科技赋能、效率效能、质量指标及精细化管理等方面取得明显成果：包分机日均开机时长累计压缩 6 小时，4 套自动化设备综合效能由 82.69% 提升至 92.52%，设备收容、整体效能和操作效率均突破目标值；包件处理车间人均处理效率超中国邮政集团有限公司要求目标，较 2021 年提升 31.08%；包件车间全流程日均用工缩减 64 人；重庆邮政第三邮件处理中心、重庆空港（租用）邮件处理中心 23 个生产环节处理效率分别达标，总体达标率为 100%。

2022 年 9 月，中国邮政集团有限公司寄递事业部对邮区中心规范化改革阶段性落实情况进行检查验收，重庆邮区中心规范化改革获评"优秀"，在全国 90 个邮区中心中位列第 2 名。

2022 年，按照中国邮政集团有限公司网运工作会议精神和市趟运输改革要求，邮区中心推进市趟运输改革管理机制、网路组织和作业模式优化，实现降本增效目标。在市趟车辆集中管控方面，按照市趟"早班＋午班、早班＋晚班、盘驳复用、揽收加车复用"等模式进行套跑，车辆日均行驶里程 151 公里，全国排名第 2 位。同时，持续推行"驾押合一"，减少市趟运输押运环节，"司机帮"App 注册率达 100%，使用率达 99.68%。

第三节　完善重庆实物寄递网

2021 年，重庆邮政开始构建"以回兴、空港进出口省际中心为主，渝东北（万州）、渝东南（黔江）区域特快集散中心和渝西（永川）快包出口集包（直发）中心为辅，小同城网（含各区县本地网）为个性化补充"的实物寄递网络布局，加强网业联动，强化运营支撑，提升全市邮政实物寄递网运营质效。

一、大同城网络

重庆邮政大同城网络是指为确保寄往全市范围内特快邮件实现次日上午递的邮件实物寄递路网。

自 2020 年 4 月 20 日起，重庆邮政将黔江处理中心场地作为黔江区域集散分拨处理场地，主要负责黔江及其周边酉阳、秀山区域的各类邮件处理。同时，新增重庆至黔江特快往返邮路、黔江至秀山（串行酉阳及酉阳桃花源收费站交接）区域邮路，提升黔东南区域进出口邮件传递时限。

2021 年 9 月 28 日，《重庆邮政县乡村三级物流体系建设实施方案》出台，加快推进全市邮政县乡村三级物流体系建设。截至 2022 年底，全市建成 33 个县级共配中心、256 个乡镇共配中心、1.1 万个邮政综合便民服务站；共有 207 条市县邮路（日行驶里程 5 万公里）、255 条县乡邮路（日行驶里程 4 万公里）、3226 条乡村投递邮路，建制村覆盖率 100%，基本实现农村地区与县辖城区同等的客户用邮体验。

2021 年 11 月，重庆邮政以租赁小件分拣机方式建成渝西（永川）出口集包中心，实现永川理文产业集群项目出口集包，提升前置集包率，减轻重庆出口邮件处理压力。同年 12 月 30 日，优化调整重庆—黔江（特快）、黔江—秀山（区域）等邮路发车时间和带运计划，同时整合黔江—秀山（报刊）邮路，提高渝东南地区特快进出口邮件全程时限。

自 2022 年 1 月 13 日起，重庆邮政新增重庆—万州特快，以及万州—开州、万州—巫山（云阳）区域、万州—巫溪（奉节）区域邮路运行计划，同时整合万州—开州（报刊）、万州—巫山（报刊）邮路，实现区域内特快专递邮件区域内互换。同日，重庆—黔江特快邮路重庆第三邮件（回兴）处理中心发车时间由原 1:00 调整为 0:30，黔江中心到达时间由原 6:30 调整为 6:00，进一步提升邮件传递时限。同年 1 月 21 日，新增重庆—綦江午班邮路，原重庆—万盛午班邮路调整为点对点运输，同时调整武隆、彭水、黔江至重庆的快速邮路邮运计划，再一次对邮路组织进行优化，提升邮件传递时限。

2022 年 3 月，中国邮政集团有限公司重庆市寄递事业部（简称市寄递事业部）整合人和、龙头寺、龙溪、冉家坝 4 个揽投部，建立人和综合揽投中心，同时盘活 3 处场地他用。该揽投中心为全国邮政首个配备简易邮件分拣机用于进口投递分拣的揽投中心，实现邮件分拣到网格，设备投产后 1 频次投递出班时间较整合前提前 1—1.5 小时。同年 4 月，邮区中心回兴场地 B4、B5 垛口成功改造，用于接卸特快邮件，提升特快邮件处理时限。

同年，大同城 T+0.5（次日上午送达）次日递率 92.81%。通过渝东北、渝东南区域网路规划调整，区域内 1 频次互寄特快邮件实现当日递。全年，渝东北、渝东南区域当日递率均稳定在 98% 以上。

二、小同城网络

重庆邮政小同城网络是指为确保寄往全市主城核心区域特快邮件实现当日递的邮件实物寄递网。2021 年 8 月，为满足广大客户主城 9 区内"当日递"与"次晨达"用邮需求，围绕"建优重庆实物寄递网"目标，着力打造一张反应灵敏、响应及时、时限稳定、全程可视、服务优质的小同城网络。同时，围绕大同城项目，强化实物寄递网支撑，将多个项目纳入小同城网络，提高邮件时限，提升客户体验。2021 年 9 月，中国邮政速递物流股份有限公司重庆电商物流分公司（简称电商物流分公司）创新经营模式，整合同城配送中心班组，引入两家同城配送加盟合作伙伴，同时筹备各区域内段道固化、投递业务培训、网络环境测试等工作。2021 年 10 月，小同城网正式投入运营，首批支撑巴南康美药业、江津双福水果、银行票据交换项目上线运行后，陆续引入丰都麻辣鸡、彭水太极水等同城配送项目，由电商物流分公司进行投递。

为满足特快业务发展增量需求，2021 年 2 月 11 日，重庆邮政二枢纽场地设立重庆市邮区中心小同城分拣中心（简称小同城分拣中心）。接入主城小同城网的项目邮件 14:00 前送达小同城分拣中心，当日 23:00 前完成妥投，实现重点项目当日递。2022 年，江津双福水果、渝北烘焙、荣昌卤鹅、南岸枇杷、渝中菜园坝水果市场、九龙坡葡萄等多个项目陆续被纳入小同城配送项目运行。

为促进大同城网络与小同城网络互补，推动同城业务发展，2022 年 2 月 9 日，邮区中心组开 13 条专频转趟邮路，确保 17:30 前到达所有营业部，返程带运大同城互寄邮件。同年 5 月，邮区中心增开 6 条从渝北人和始发的小同城下行特快专频邮路，提升小同城处理能力。同年 5 月 7 日，为保证小同城项目邮件投递质量，提升客户体验，市寄递事业将主城 9 区各营业部负责投递的巴南康美药业、丰都麻辣鸡块邮件调整为电商物流分公司投递，并规定当日 19:00 前妥投的限时递邮件均由电商物流分公司同城配送中心投递，其余时限要求当日递的邮件由主城 9 区各营业部投递。

通过组建小同城网，江津双福水果、渝北烘焙、渝中菜园坝水果等项目的主城区邮件实现朝发夕至；通过限时递邮件投递网扩容，同城配送中心投递顺利叠加荣昌卤鹅等高时限产品。2022 年，累计发运小同城网重点项目邮件 28.07 万件，时限达标率为 99.65%。

第四节 国际铁路货邮枢纽打造

自 2013 年以来，为服务国家"一带一路"倡议，在重庆市委市政府支持下，中国邮政联合海关总署、铁路总公司等部门（单位），突破《国际铁路货物联运协定》沿用数十年的国际货运班列禁邮规则，开创一套被铁路、海关、邮政部门认可的国际货运列车常态化运邮标准流程，重庆成为全国首个国际铁路运邮的城市、首个获批开展铁路运邮试点且率先完成双向运邮的城市、首个可开展中欧班列（渝新欧）进口运邮的城市。

2021 年 5 月 27 日，重庆市副市长向重庆邮政提出"要将重庆打造成为国际铁路货邮枢纽"的构想。重庆邮政高度重视，开展专项调研分析论证，拟依托中欧班列（渝新欧）运邮项目打造重庆国际铁路货邮枢纽，助力重庆建成内陆开放高地。

一、去程运邮

2013 年，中国邮政与重庆市政府达成合作，将中欧班列（渝新欧）运邮作为邮政业服务国家"一带一路"倡议重点项目，在跨境寄递通道和运输模式创新上，为"一带一路"沿线国家提供中国方案、贡献中国智慧。

2014—2017 年，重庆邮政成功组织 9 次"渝新欧"去程运邮测试。2016 年，海关总署批复重庆为唯一的中欧货运班列运邮试点城市。

2018 年，重庆国际邮件互换局铁路口岸中心（中国邮政第一个铁路口岸）在沙坪坝区团结村投产使用。

2019 年，海关总署同意将霍尔果斯作为中欧班列（渝新欧）运邮离境口岸。自此，重庆邮政成功开通至立陶宛维尔纽斯去程运邮新路线，与波兰去程运邮路线并行，实现多通道运邮入欧。

2020 年，重庆邮政承担新冠疫情期间全国邮政发往欧洲路向邮件的疏运任务，首创"整箱转运"模式，将外省国际邮件以集装箱为单位集结至重庆，形成一套标准化的集货模式，先后发出 14 趟"中国邮政号"运邮专列，疏运中国邮政全网 60% 欧向邮件。

2022 年，首个白俄罗斯线路邮包测试集装箱顺利运抵白俄罗斯首都明斯克，经其将邮件分拨至欧洲 11 个国家。这标志着重庆邮政成功开通白俄罗斯去程运邮新线路，对于改善去程出口运邮整体运营质效、分散线路运营风险具有重要意义。

二、回程运邮

2018 年，中欧班列（渝新欧）完成首次回程运邮测试。后因波兰海关设置欧洲段出境关务障碍，首次测试后项目未能常态化运行。

2019 年，德国邮政赴重庆考察中欧班列（渝新欧）

回程运邮项目，与重庆市政府、重庆海关等进行座谈，并实地考察重庆铁路口岸国际邮件处理中心。

2022年3月，第二批来自德国的国际进口邮件通过中欧班列（渝新欧）运抵重庆沙坪坝区团结村铁路口岸邮件处理中心，经过掏箱、防疫消杀、静置、开拆处理、海关查验后，按照"一点清关"（即邮件在国内进口地国际邮件互换局完成全部海关结关手续后，发往全国相关国际邮件互换局不再需办理邮路转关手续）模式分拨至北京、上海、广东等10个省市。至此，中欧班列（渝新欧）运邮大通道实现双向畅通，为打造国际铁路货邮枢纽奠定坚实基础。

第二章　邮运管理

第一节　邮路建设

重庆邮政的邮路按邮件运输工具分为汽车邮路、火车邮路、航空邮路、水运邮路。其中，汽车邮路分为省际一级干线邮路、区内邮路、市趣邮路；火车邮路分为行李车运邮、高铁运邮；航空邮路分为邮政航空、民用航空。

一、汽车邮路

（一）省际一级干线邮路

1986年初，重庆拥有重庆—成都、重庆—贵阳两条自办一级干线汽车邮路，其余发省外的邮件除由飞机带运外均由火车运输。随着国内交通基础建设的不断完善，重庆邮政逐渐增开至全国各地的一级干线邮路，并合理调整网运组织，加快邮件传递时限，提升干线邮运能力。

1990年4月1日，重庆正式开通重庆—宜昌的一级干线自办汽车邮路，邮路单程全长1000公里，三日发两班，由邮电部邮政运输局西南分局重庆干线车队（由重庆市邮政局代管）承担新开武汉—重庆一级干线汽车邮路宜昌—重庆段的邮件运输任务。

1992年4月，因成都铁路局取消成渝间97/98次列车的邮政加挂车厢，改挂305/306次列车，重庆—永川区间的521/522次列车所挂邮车改挂重庆—安边区间的527/523次列车，致使成渝之间火车运邮减少一对车次的运力，重庆邮政增开重庆—成都干线汽车邮路。

1993年12月15日，重庆—宜昌汽车邮路延伸至武汉，班期两日发一班。

1994年12月，重庆—柳州一级干线汽车邮路开通，运送至东南沿海一带邮件。

1996年11月，重庆—郑州一级干线汽车邮路开通，运送至北方各地邮件。同时，因广州市邮政局开通广州—重庆一级干线汽车邮路，运送华南沿海各地至内地邮件，重庆—柳州间干线自办汽车邮路撤销。

1997年，重庆邮政按照邮电部关于《重庆市邮电体制调整实施方案》有关邮政网路调整工作的要求，提出邮政通信网路组织调整方案，按照以邮区中心局为基础逐级辐射的方式组织通信网路。同时，由重庆始发的一级干线邮路逐步由邮电部交由市邮管局管理，重庆地区网成为全国干线骨干连接点和集散点。

1998年3月26日，重庆—南充、重庆—达川邮路调整，减少中途分支机构邮件交接，确保干线运递时限。

2001年6月10日，成都—重庆快速干线汽车邮路调整为夜间运行，全程通过成渝高速公路运行，带运的特快邮件由成都、重庆当日第二频次投递，加快成渝间邮件传递速度。

2006年5月18日，重庆—西安往返一级干线汽车邮路开通，解决了陕西、重庆两局互发邮件的运能缺口问题。

2008年12月18日，重庆—贵阳一级干线汽车邮路开通，全程918公里，实行逐日班，往返运行17小时，实行双驾代押。该邮路的开通加快了重庆至贵阳地区各类邮件的传递速度，拓展了西南区域次日递业务的发展空间。

2010年10月13日，重庆—武汉一级干线汽车邮路撤销。此后，重庆至武汉间租用铁路行李车运邮，网路运行效率和效益均得到提高。

2014年6月30日，重庆—南京往返一级干线汽车邮路开通。同年9月1日，重庆发安徽省各类邮件改发重庆—南京邮路，卸交合肥，合肥发重庆各类邮件改发南京—重庆邮路。

自2015年6月起，中国邮政集团公司重庆市分公司与中国邮政速递物流股份有限公司重庆市分公司共同制订方案，稳步推进重庆邮政陆运网市内邮路整合工作。同年9月22日，全市邮路优化调整方案全部完成并正式运行。此次调整涉及重庆—贵阳、重庆—南京两条一级干线汽车邮路。

2016年9月9日，重庆邮政组开的南昌—重庆一级干线汽车邮路开通。次日，长沙—重庆、苏州—重庆、济南—重庆一级干线汽车邮路开通。

2018年，中国邮政实施寄递改革，重庆邮政开始对邮政及速递双方网路资源进行整合。同年11月6日，中国邮政速递物流股份有限公司重庆市分公司组开的重庆—

武汉、重庆—成都一级干线邮路撤销。

2019年1月3日，新增上海—重庆、重庆—上海、泉州—重庆3条邮路，调整重庆—济南邮路。同年1月28日，重庆—南宁往返一级干线汽车邮路开通，带运重庆、广西的各类邮件；同年6月16日，重庆至成都、南充、内江往返一级干线邮路运行点表调整，川渝互寄区域邮件提速。

2020年10月15日，新增上海—重庆、天津—重庆、贵阳—重庆、南充—重庆一级干线汽车邮路。

2021年，重庆邮政全面进行陆运网优化调整。一方面，优化邮路结构，实行"单改双"，依照邮路直达标准，开通省际直达邮路，减少总包经转，加快邮件传递速度；另一方面，优化单边邮路，在保障邮件时限和"量能匹配"的条件下，开通重庆至南充、上海、贵阳、天津往返一级干线邮路，一级干线邮路往返邮路占比达到80%以上。

2022年，重庆与四川打破行政区组网，增开邮路以提升时限。同年3月14日，经川渝两地邮政商议决定，开通达州—重庆（川特快定制）邮路，带运四川省达州市出口至其他省市的特快邮件，服务成渝地区双城经济圈。同年6月，泸州—重庆往返一级干线汽车邮路开通，带运四川省泸州市发往全国的特快专递邮件。

截至2022年底，由重庆组开的汽车一级干线邮路共计38条，直达除新疆、西藏、青海、宁夏外的27个省、市、自治区。

（二）区内邮路

1986年以来，重庆邮政陆续开通至辖区各区县邮政企业的区内汽车邮路，并根据实际情况对邮路进行合理调整，加快至各区县邮件传递时限，保障重庆区域人民群众用邮需要。

1986年初，重庆邮政拥有6条区内自办汽车邮路。

表5-2-1-1

1986年重庆邮政自办汽车邮路情况表

单位：公里

线路名称	途经交接点	长度
重庆—秀山线	巴县、綦江县、南桐区、南川县、武隆县、彭水县、黔江县、西阳县、秀山县	775
重庆—开县线	江北县、长寿县、垫江县、梁平县、万县、万县市、开县	418
重庆—石柱线	江北县、长寿县、垫江县、丰都县、石柱县、涪陵县	377
重庆—潼南线	璧山县、铜梁县、潼南县	181
重庆—南充线	北碚区、合川县、武胜县、南充地区	216
重庆—大竹线	江北县、邻水县、大竹县	201

1987年7月1日，增开重庆—涪陵直达汽车邮路。同年11月15日，原由成都邮运分局组开的重庆至万县和涪陵的重件车停运。同日，重庆—万县汽车邮路开通。

1988年12月1日起，相继新组开重庆—长寿、重庆—潼南2条汽车邮路，并将重庆—北碚汽车邮路延伸至合川，重庆—綦江汽车邮路延伸至南桐。同时，重庆邮政陆续调整长途邮车和市内趟车之间的衔接关系，增开重庆—长寿市内长途汽车邮路，运送沿途各局各类邮件。

1991年4月19日，重庆—涪陵汽车邮路撤销，增开重庆—南川汽车邮路。

1993年9月15日，重庆—荣昌汽车邮路开通。成渝线上重庆—璧山自办邮车邮路改道延伸至荣昌，以缓解成渝线邮车装载压力。同年10月，重庆—万县汽车邮路回程改为夜间行车，并改称"特快夜班邮运"线路。

1996年4月1日，组开永川—荣昌、永川—大足、铜梁—潼南3条汽车邮路，解决因火车改点造成的重庆—内江段沿线相关局无法办理邮件交接的问题。

1998年1月1日，重庆—江津快速汽车邮路开通。同年9月7日，调整重庆至潼南、荣昌区内汽车邮路，增开重庆—璧山区内汽车邮路且增加1个运递频次，并将重庆—荣昌快速车延伸至大足，加快重庆西部地区邮件传递速度。同年10月8日，重庆—万州3次报刊专递汽车邮路开通，各类报刊传递时限缩短1天。同年11月6日，新增重庆—涪陵区内汽车邮路。

1999年7月16日，重庆—大足、重庆—合川报刊专递汽车邮路开通，加快重庆西部地区报刊邮件传递速度，保证渝西地区市民当天看报。同年12月7日，秀山—武隆快速汽车邮路开通试运行。该邮路与调整后的渝秀（秀山）邮路在武隆衔接，渝秀邮路往返运行时限由7天缩短为5天。黔江、彭水、西阳、秀山、武隆等邮政局依托该邮路开办特快专递业务，满足该地区客户用邮需要。

2000年5月18日，因渝长（重庆—长寿）高速公路开通，重庆邮政再次对渝东南汽车邮路进行调整，优化调整重庆—秀山、重庆—石柱、重庆—万州一次快速汽车邮路，撤销区内汽车邮路2条，调整住宿点6处，节约车辆5台，减少驾押人员12人；重庆至万州三级邮区中心局之间实现快、普邮件分运的网路组织形式，邮运传递频次日均达4频次，特快次日递率达到80%。重庆至黔江实现邮件当日到达，黔江及其所辖各局轻重件出口时限提快一天。

2003年1月28日，重庆邮政调整部分区内汽车邮路，主要对重庆至万州（一次、二次、三次）、秀山、石柱、武隆、南川、潼南、合川、大足、江津、璧山、珞璜（早班、午班）运行计划进行调整，解决各线路物流配送运力瓶颈问题，提高主城区进出口邮件传递速度，满足小批量物流业务发展需求，减少运行里程，节约成本费用。

2004年4月18日，重庆邮政对渝东南汽车邮路实施优化提速。渝秀邮路运行时限由往返运行4天缩短为3天，公路里程缩短为532公里。同时，将重庆—武隆汽车邮路延伸至黔江，开通重庆—黔江快速汽车邮路，邮路运行当日往返，长寿、涪陵、武隆、彭水、黔江、酉阳、秀山进出口邮件的交接频次由1次调整为2次，加快了该地区特快邮件、报刊、信函邮件的传递速度和物流业务的发展。同年10月9日，渝黔（黔江）快速物流专线开通，邮路单程356公里，为次日往返、双向对开的逐日班汽车邮路，促进了区域化功能性物流业务的发展。

2005年4月20日，重庆邮政采取"快普分运"的邮路组织模式，对渝西地区部分汽车邮路进行优化调整。新组开重庆—璧山、重庆—北碚（环形快速）、重庆—大足（快速/普通）、重庆—渝北、重庆—潼南（普通）邮路，撤销重庆—合川等邮路，调整重庆—南川等邮路。通过此次调整，渝西地区各区县邮政进出口邮件均达到2个接发频次，加快该地区畅销报刊、特快专递、物流的传递速度。

2006年4月18日，在已有的重庆—黔江物流专线的基础上，重庆中邮物流公司增开重庆—万州和渝西环线2条物流专线，当日往返。3条物流专线搭建起以重庆为中心，向东、南、西方向延伸的物流主干线运输网路，覆盖全市60%的地区，支撑邮政物流业务的发展。其中渝万（万州）线途经4个县，全程550公里；渝西线途经5个县，全程464公里。

2007年，重庆邮政利用重庆—万州物流专线邮路带运万州、垫江、梁平等区县特快邮件，利用重庆—大足（快速）返程邮车装载永川物流邮件。

2008年1月1日，万州—重庆、南川—重庆、江津—重庆、涪陵—重庆、潼南—重庆5条夜间邮路开通，通达重庆邮政13个区县局，覆盖17个区县（镇），并与各区县县辖邮路紧密衔接，保证市内城区网点在当天营业终了前收寄的特快邮件赶发当天夜班邮车，加快市内邮件传递速度。同年3月1日，大足—重庆夜间快速邮路开通，提快时限4—6小时。

2009年3月28日，开县—万州、云阳—万州2条夜间快速邮路开通，同时优化调整万州—重庆夜间邮路、重庆—万州物流专线邮路，加快开县、云阳、忠县、石柱邮政营业终了前收寄的特快邮件传递速度。同年9月1日，石柱邮政组开石柱—重庆夜间快速邮路，全长238公里，实行逐日班，全程运递时间由过去的7小时缩短为4小时，加快了石柱、忠县等地进出口特快邮件及党报报刊的传递速度。

2014年1月26日，随着渝沪高速南线和奉巫高速公路的投入使用，重庆邮政新增和优化部分区内邮路。新增重庆—万州邮路，去程通过渝万高速至万州，返程原路返回，加快万州邮政等单位进出口邮件传递速度。同年4月1日，新增重庆—城口邮路，带运城口邮政各类进出口邮件，加快城口邮政进出口邮件传递速度。同年11月14日，新增重庆—黔江邮路，去程带运武隆、彭水、黔江各单位进口邮件，返程带运黔江、彭水、武隆各单位出口邮件，加快渝东南方向进出口邮件传递速度。

2015年，重庆邮政对汽车邮路进行优化调整，共涉及区内邮路23条。新增万州—重庆（夜班）往返邮路，撤销重庆—大足（午班）、重庆—荣昌（午班）、重庆—潼南（午班）、重庆—江津（午班）、重庆—合川（午班）邮路，优化重庆至涪陵、秀山等17条区内邮路。调整后，全市所有区县城区部分当日收寄快递包裹实现当日出口，下行区内邮路抵达各区县时间较以前均有所提前。

2016年2月17日，按照中国邮政集团公司《关于进一步推进邮政陆运网资源整合的通知》要求，重庆邮政出台实施方案，推进陆运网资源整合工作，实现邮速双方资源利用整体效益最优。自同年11月11日起，重庆邮政对区内邮路实施快递包裹与普通邮件、报刊的分网运输，以构建"大重庆"次日递网络，确保快递包裹邮件每日实现"2进2出"，支撑寄递业务发展。

2018年9月5日，重庆邮政对万州—重庆（快速）、涪陵—重庆（快速）、开州—重庆（快速、普邮）、开州—万州、开州—重庆（快速）邮路运行计划进行调整，以做好电商大客户邮件发运，减少邮件盘驳并提升时限。

自2019年9月18日起，重庆邮政对区内邮路运行点表进行调整，并配合县辖邮路优化，确保邮路有效衔接。主要对重庆至万州、开州、彭水、黔江、南川、云阳、巫溪、巫山、秀山的下行快速邮路邮区中心局始发时间进行调整，对万州、巫溪、巫山、城口、江津、合川、荣昌、彭水、黔江、酉阳、秀山至重庆的普邮及快速邮路、部分晚揽邮路始发时间进行调整。

为持续建优重庆实物寄递网，加快完善重庆邮政"一进四出"网络布局［以回兴、空港进出口省际中心为主，渝东北（万州）、渝东南（黔江）区域特快集散中心和渝西（永川）快包出口集包（直发）中心为辅］，2021年12月，重庆邮政对渝东南、渝东北地区邮路进行优化调整，缩短两区域特快进出口邮件全程时限。同年，重庆邮政对陆运网进行优化调整，加强动态调度，安排下行区内邮路加车返程到就近或顺向区县执行邮件揽收加车任务，并安排停留时间较长的正班车辆外出揽收大客户批量交寄邮件，提升车辆利用率。

截至2022年底，重庆邮政对市内所有区县均已开通直达邮路，共有区内邮路71条，单程邮路总里程32193公里。

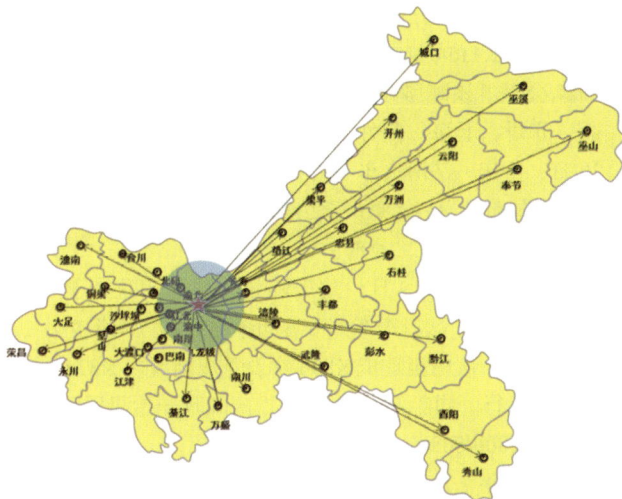

图 5-2-1-1　2022 年重庆邮政区内邮路图

（三）市趟邮路

1986 年，重庆市邮政局在业务方面负责 9 个行政区的管理，在邮路组织上承担着全市 12 个县的邮运任务，有市内早班趟车 8 条（2 条长途邮车线路）、午班趟车 8 条。

自 1988 年 12 月 1 日起，重庆邮政新组开重庆—长寿、重庆—潼南邮路，同时将重庆—綦江邮路延伸至南桐，重庆—北碚邮路延伸至合川，并调整部分市内转趟邮路，陆续对长途邮车和市内趟车之间的衔接关系进行调整，增开重庆—巴县界石、重庆—西彭、重庆—长生桥、重庆—北碚等市内短途汽车邮路。1989 年 1 月 1 日，重庆市邮政局邮车直开巴县界石镇，结束了该镇 39 年无直达邮车的历史。

2000 年 1 月 18 日，重庆近郊 6 区报刊专递快速邮运网路开通，实现早报早投。

2003 年 1 月 28 日，重庆邮政调整部分市趟邮路，主要对重庆至青木关、歇马场（早班、午班）、井口（早班、午班）、茄子溪（早班、午班）、界石（早班、午班）、木洞（早班、午班）、江北（早班、午班）、渝中区（早班、午班、晚班）等市趟邮路运行计划进行调整，以适应邮政业务发展需要，降低网路运行成本。

2005 年 10 月 20 日，重庆邮政组开城区速递揽收专线邮路，全长 70 公里，揽收江北区五里店、九龙坡区马王乡、沙坪坝区沙北街速递处理中心的特快邮件，确保上述地区处理中心当日揽收的特快邮件能按时出口。自 2008 年 1 月 20 日起，重庆邮政对重庆—歌乐山、重庆—青木关、重庆—郭家沱、重庆—石桥铺、重庆—渝中区 5 条市内转趟邮路实施优化调整。同年 9 月 15 日，重庆邮政撤销重庆—南坪邮路，调整重庆—杨家坪、重庆—郭家沱邮路。

2011 年 10 月 27 日，按照中国邮政集团公司《关于加强邮件全程时限管理有关工作的通知》要求，重庆邮政撤销重庆—渝中区（午班）、重庆—郭家沱（午班）、重庆—茄子溪（午班）3 条邮路，将 10 条市内午班趟车邮路优化整合为 7 条，以加快进出口邮件传递速度。

2015 年，重庆邮政重新规划调整所有上行市趟邮路 11:00 出口频次，市趟早班邮路由 12 条增加至 15 条；重新规划调整所有上行市趟邮路营业终了出口频次，市趟午班邮路由 8 条增加至 14 条。优化调整后，主城 9 区标准快递和快递包裹邮件有效赶发量较以前提高约 30%。

2016 年 7 月 9 日，结合 7 月 8 日《重庆日报》印刷厂从南岸区南坪搬迁至江北区鱼嘴的变化情况，重庆邮政对市趟邮路进行优化调整：将市趟下行至大型投递站（鲤鱼池、南坪、渝北、人和、晒布坪）调整为点对点运输，至中型投递站为 2 个点串联运输，至小型投递站为 3—5 个点混合运输。5 个邮件处理中心（杨家坪、鲤鱼池、南坪、龙溪、人和）市趟上行为点对点运输，其他出口点运输模式维持不变。此次调整，旨在持续推进"营分运投"流程优化工作，释放营投能力，打造同城当日递网路。同年 9 月 27 日，重庆邮政设立同城当日递区域分拨中心，对同城当日递网路运作模式及操作流程进行规范，并调整部分市趟邮路，撤销市趟邮路 2 条，新增早揽邮路 4 条。

2017 年 9 月 29 日，重庆邮政启用渝北（空港）普洛斯物流园区租赁场地，处理一干汽车邮路带运的省际进口邮件，并对网运生产作业组织进行相应调整，增加重庆空港—陈家桥等 19 条市趟早班邮路及 18 条市趟午班邮路。重庆邮政二枢纽早班邮路调整为 13 条，取消市趟午班邮路，增加 2 条国税同城专线邮路。

2019 年 5 月 8 日，特快作业场地搬迁至重庆邮政第三邮件处理中心，市内寄递网路随之进行重新优化调整。同年 5 月 16 日起，重庆邮政对双福—重庆早班、午班邮路，白市驿—重庆午班邮路交接点，重庆—长寿（快速）邮路运行点表，界石—重庆午班邮路，双福—重庆午班邮路进行调整。

2022 年 5 月，按照中国邮政集团有限公司 2022 年网运工作会议精神和市趟运输改革要求，重庆邮政制定并印发《重庆市趟运输改革方案》，明确改革总体思路：紧密围绕"提时限、降成本"目标，明确主体强管控，优化网络提时限，精细运营提效益，IT 赋能强支撑，全面推进市趟运输改革，以最小成本满足各类邮件时限要求，持续建优重庆实物寄递网，全力支撑经营发展，同时加强组织领导，有序推进市趟运输改革工作。

截至 2022 年底，重庆邮政共有市趟邮路 139 条（含 3 条定制邮路），总里程 15473 公里；同城邮路 19 条，总里程 1632 公里；早报邮路 9 条，总里程 1054 公里。

二、火车邮路

（一）行李车运邮

1986年初，重庆有火车邮路（行李车运邮）10条，其中自办邮路3条，组成一个四通八达的铁路邮运网路。以重庆为中心，北有成渝线、宝成线，衔接陇海线，带运成渝沿线各地及成都方向的邮件；南有川黔线，衔接贵昆线、黔桂线、湘黔线，带运去贵州方向的邮件；东有襄渝线，衔接汉丹线、京广线，带运沿线及南充、达县两地区的邮件；西有内昆线，重庆至宜宾段带运内江及宜宾地区的邮件，直达宜宾。

1987年4月，成都铁路局规定成都—重庆—武昌的线路不进重庆站，减少了4对车次省间邮件的运力。

1992年3月10日，接四川省邮电管理局通知，成渝307/308次车邮政车厢改挂成渝521/522次车，仍由重庆派押。同年4月，成都铁路局取消成渝间97/98次车的邮政加挂车厢，改挂305/306次列车，重庆至永川区间的521/522次列车所挂邮政车厢改挂重庆至安边区间的527/523次列车，致使成渝之间火车运邮减少一对车的运力。

1998年3月11日，重庆—广州火车直达邮路正式开通。

2003年5月28日，石家庄—重庆行包专列（邮件由行李车运载且未配置押运员的铁路运邮方式）运邮开通。2006年7月1日，借成遂渝城际临客列车开通契机，重庆邮政新增挂运N838/839、N887/890运邮，由成渝两地开行城际临客列车与运行的成渝线实行套跑运行，使重庆发往成都地区的出口邮件传递时限提快半天。

自2008年1月1日起，重庆邮政利用渝怀线重庆至厦门K334/335次、K336/333次火车邮路在黔江区、秀山县办理邮件交接。该火车邮路运行时间3小时，提快邮件传递时间1—1.5天，为该地区特快、报刊业务及各类邮件的发展提供支撑。同年4月22日，重庆至乌鲁木齐往返的各类普通邮件，采取租用乌鲁木齐—重庆（往返）火车行李车方式进行邮件送送，两地的普通邮件全程运送时间由7天缩短为4天。

2009年2月1日，贵阳至重庆N788/787次车运行区间延伸至四川隆昌，同时停止租用贵阳至重庆N788/787次行李车运邮。N787次车停止运行后，原重庆邮政发该次车邮件分别交重庆至广州1321/1320次车、重庆—贵阳一干汽车邮路带运；快货物流邮件在1321/1320次车停运时，发重庆—贵阳一干汽车邮路带运。

2010年11月，重庆至杭州和武昌行包火车干线邮路开通，重庆邮政开始租用杭州至重庆北K425/426次行李车7吨容间往返运邮，租用南京西至成都K676/675次、重庆北至武昌K1022/1024次整节行李车往返运邮。

2012年7月25日，重庆—上海一级干线火车邮路开通，重庆邮政开始租用上海至重庆K1152/1153次、重庆至上海K1154/1151次行李车部分容间往返运邮，单程2027公里。该邮路开通后，重庆至华东方向（无锡、南通、苏州、上海）邮件的传递时限提快1天。同年9月20日，重庆—济南火车一级干线邮路开通，单程2058公里。该邮路开通后，重庆至山东省邮件的传递时限由过去的41小时缩短至28小时。

2013年4月19日，重庆邮政开始租用重庆至哈尔滨K1064/1061次行李车部分容间单向运邮。同年9月22日、24日，厦门至重庆K336次及重庆至厦门K334次分别停止运行。同年10月1日，重庆邮政开始租用重庆北至福州K806/803次行李车单向运邮。

2014年7月1日，济南至重庆K15次火车邮路撤销。次日，重庆至福州K806/803、重庆至济南K16次火车邮路撤销。福建省信函、国内小包、报纸邮件改发成都至南昌K785/788，其余邮件改发重庆—武汉（渝临1）一级干线汽车邮路；山东省邮件改发重庆至郑州K910。同年7月15日，取消T9/10次石家庄、郑州火车邮路交接频次，河北省、河南省邮件改发重庆至郑州K910火车邮路。

2015年8月18日，重庆邮政租用上海至重庆K71/74次铁路行李车逐日单向运邮，单程2167公里。

2016年11月17日起，重庆至广州K201/4/1次编挂邮政车运邮；11月18日起，广州至重庆K202/3/2次机尾分别编挂邮政车运邮。该往返火车邮路由重庆市分公司承担，邮路单程2023公里，全程运行22小时16分。该邮路开通后，达州至深圳K835/838、K837/836次停止运邮，原邮政车厢改挂至重庆至广州K201/4/1、广州至重庆K202/3/2次列车运邮。

2021年10月16日，原重庆西至广州K358、广州至重庆西K356列车临时停运，邮政车厢改挂重庆北至广州K201、广州至重庆北K202次列车运邮。重庆北至广州K201带运重庆发广东全省各类邮件（特快、国际邮件除外，含特品邮件）。

随着国家交通运输业的快速发展，在交通不发达时期频繁使用的火车行李车运邮逐渐被高速公路汽车、高速铁路以及航空运邮所替代。截至2022年底，由重庆组开的火车行李车运邮邮路仅剩1条（重庆—广州）。

（二）高铁邮路

随着高铁的快速发展，重庆邮政积极组织开行高铁邮路运邮，提快省际干线邮件传递时限。

2021年2月4日，重庆邮政第一条高铁邮路重庆北—成都东（G8510）正式运行，主要运输产品为重量在3公斤以下的高端时限产品，实现上午收、下午递，为服务成渝双城经济圈打造成渝精品线路。同年8月2日，恩施—重庆高铁邮路开通，带运恩施发往重庆的特快专递邮件。同年9月24日，重庆西—贵阳北高铁邮路开通，运能约 300 公斤，主要带运文件型和小件物品型特快邮件。

2022 年 5 月 30 日，济南—重庆（G1830）高铁邮路开通，带运山东发往重庆的特快专递邮件。同年 10 月 22 日，成都—重庆（G2239）高铁邮路开通，带运成都发往重庆的特快专递类邮件（华为项目）。同年 12 月 30 日，重庆—汉口（G3460）高铁线路开通，进一步拓宽运输途径，缓解部分地区航空运能不足的问题。

截至 2022 年底，重庆邮政共有高铁邮路 5 条，分别为重庆—成都、重庆—贵阳、重庆—汉口、恩施—重庆、成都—重庆。

三、航空邮路

1986 年初，重庆邮政与国内 64 个地区和城市通航，均可发运航空邮件，初步形成一个四通八达的航空邮运网路。1990 年，重庆市江北国际机场建成后，经过不断发展，各航空公司均有以重庆为起点飞往全国各地的航班，为重庆邮政全面开通航空邮路提供了更加便捷的条件。

自 1993 年 4 月 1 日起，重庆邮政对 27 个外省的 316 个直封城市（指定转口局），以及特快开办局的特快专递和邮政快件采用民用航空运输。同年 5 月，重庆邮政江北航空邮件转运站开工建设，1994 年 3 月竣工。1997 年初，重庆邮政航空线路有 51 条。

2000 年 1 月 6 日，重庆邮政江北航空邮件转运站正式启用，缩短了特快专递邮件全程运递时限，完成特快邮件提速工作。

自 2009 年起，重庆邮政实施以专线带动整体经济快递业务的发展战略，提升经济快递业务的市场竞争力。同年 6 月 15 日起，重庆至北京、上海、杭州的民用航空邮路分别增加北京本、上海本、杭州本转（含宁波、温州本转）经济快递邮件发运计划，重庆至北京、上海路向暂不发运转口的经济快递邮件。同年 11 月 1 日起，重庆发广州、深圳、昆明全省出口经济快递邮件利用航空发运。同年 11 月 26 日起，重庆发江苏、云南全省及福建、湖南省部分地区出口经济邮件利用航空发运，新增重庆至昆明、长沙、南京、广州、深圳、武汉、福州、厦门等 8 条专线经济快递航线，总数达到 11 条，扩大重庆出口经济邮件航空发运范围。

2010 年 5 月 14 日，重庆邮政 EMS 首条国际直航邮路重庆—东京国际直航邮路开通。同年 6 月 1 日，新增 5 条经济快递航空专线，出口至青海、宁夏、陕西、河北、河南 5 省重点地区的经济快递邮件全部改为航空运递，重庆出口航空经济快递邮件范围扩大至青海、宁夏全省和陕西、河北、河南省部分地区。

2014 年 6 月 5 日，中国邮政航空公司南京—长沙—重庆航线开通，邮航正式落地重庆，重庆邮政 EMS 邮件实现大提速，至北京、上海、广东、江苏、浙江、福建、

辽宁等省市 150 多个城市的 EMS 邮件实现次日递。为做好配合邮航落地重庆的衔接工作，中国邮政速递物流股份有限公司重庆市分公司在已有夜间邮路的基础上，新增 8 条衔接邮航的干线邮路，重庆市主城区及距主城区 200 公里以内区县的 EMS 邮件均可赶发当日邮航航班，实现次日递。

自 2021 年 6 月 15 日起，重庆—长沙—南京邮航航线调整为重庆—南京直航，进一步提高了重庆出口特快邮件的时限水平，为特快业务经营发展提供了支撑。

2022 年 6 月 1 日，重庆邮航航线出口由重庆—南集（中国邮政速递物流股份有限公司南京集散中心）直飞，调整为重庆—长沙—南集串飞，重庆出口邮航起飞时间提前，邮航运能由 12 吨减少为 6 吨。为此，重庆邮政同步调整市内邮路计划（调整后各揽投部邮航频次截发时间提前约 30 分钟），并利用邮航租用全货机用于补充自主航空运力不足问题。同年 7 月 2 日，"巫山脆李"邮航专机项目实现邮政航空直飞，开创了重庆邮政极速鲜产品项目产地直飞的先河。该邮运航线辐射华北、华东、华南地区，成为重庆市第一条专门为原产地优质水果外销保驾护航的全货机运输航线。项目运营期间，邮航专机飞行 15 架次，日均载运脆李 13.1 吨、3242 件。

图 5-2-1-2　2022 年 7 月 2 日，"巫山脆李"邮航专机项目邮政航空首航仪式

截至 2022 年底，重庆邮政共有邮政航空邮路 2 条（重庆—长沙、重庆—南集），全年运载邮件 2662 吨；使用民用航空邮路 74 条，直达全国 41 个重点城市（主要包含除成都、贵阳等开通陆运邮路外的各省省会城市及重点城市），其中运载特快航线 42 条，运载包裹快递（经济航线）32 条，全年运载航空邮件 2390 吨。

四、水运邮路

1986 年，重庆邮政有至武汉的水运邮路 1 条，由武汉派押。自 1988 年 12 月 1 日起，重庆邮政增开重庆—木洞水运邮路。

1994年12月28日，重庆邮政利用引进的俄罗斯高速水翼船"鸿飞"号，开辟重庆邮政自办水运邮路——重庆—宜昌快速水运（客邮兼运）邮路，并成功试航重庆至丰都段。

1996年3月4日，邮电部邮政总局同意重庆邮政在水运邮件转运站到水运码头之间修建一条邮政专用通道，为邮政水运提供便捷，总投资119万元，长55米，宽5.2米。同年5月1日，重庆—万县快速水运邮路开通，全长328公里，实行逐日班，只承运邮政快件和特快专递邮件。同年10月18日，重庆—宜昌快速水运邮路试运行，实行逐日班，全长653公里，沿途设有13个邮件交接点。

1997年12月18日，重庆—宜昌快速水运邮路正式开通，发运邮件包括特快专递、邮政快件、信函、报纸，同时撤销涪陵—丰都（委办）水运邮路。该邮路的开通，加快了三峡库区沿江邮件的传递速度。

1998年9月3日，长江邮政船务有限公司开办重庆—万州、重庆—武汉客邮兼营邮路。

自2001年6月1日起，重庆邮政调整重庆—宜昌水运干线邮路及部分至万州路向区内邮路运行计划，新组开万州—巫山（委办）水运邮路，通过优化调整，加快至三峡库区部分县局邮件传递速度。

2005年12月1日，重庆—宜昌水运邮路撤销。随着交通运输业的发展，水运邮路运时限逐渐被赶超，截至2022年底，重庆邮政已无水运邮路。

第二节　网运管理变革

1986—2022年，重庆邮政网运管理经过多年的发展与完善，形成职责明确、分工合理、集约统筹的网运管理机构，并向邮政网运管理信息化全面迈进，为全市邮政寄递业务发展提供网路运营支撑。1986年，全市邮政邮件运输组织管理和指挥调度工作由重庆市邮政局邮政科内设的邮运调度室负责。邮运调度室是全市邮运（生产）组织调度中心，是集干线邮运、省内邮运、市内邮运于一体的管理部门，设有调度员每天24小时值班。1988年，随着企业改革逐步深入，邮运调度室不断完善经营责任制，加强邮运全网调度，自同年7月1日起实行邮运调度命令制度，并制订统一的调度命令办法。

1990年4月，为加强邮运（生产）指挥调度，邮运调度室调整为由重庆市邮政局直接领导。1995年5月，四川省邮电编委会批复同意重庆市邮政局设置重庆市邮政枢纽局，内设总调度室，主要承担邮政运输网络规划及检查、邮运（生产）的统一指挥调度、制订全市邮件分拣封发计划等职责。1997年6月，按照邮电部对重庆邮政现

业机构设置的方案批复，重庆邮政在重庆市邮政枢纽局的基础上组建重庆市邮政中心局，内设总调度室，职责无变化。1998年2月，总调度室从重庆市邮政中心局分离，与重庆市邮政管理局业务市场部合署办公。重庆市邮政中心局下设调度室，主要负责按照上级统一的规章制度和时限频次规定，以重庆市邮政管理局通信作业计划为依据，组织通信生产和监督检查，并对内设的各生产部门现场及邮运单位与全市各地面局的邮件交接环节进行动态管理，实施日常的指挥调度。

2003年2月，重庆市邮政管理局进行机构调整，成立网络运行处，邮运（生产）指挥调度机构成为独立的全市邮运（生产）指挥调度及管理机构，主要职责不变。

2003年至2017年5月，随着重庆邮政体制改革和机构变迁，重庆市邮政管理局网络运行处相继更名为重庆市邮政公司网路运维部、中国邮政集团公司重庆市分公司网路运维部。其间，2007年3月重庆市邮政公司设立网路运维部，同时挂"指挥调度中心"牌子。随着邮政生产作业向机械化、信息化迈进，网路运维部主要负责的全市邮运（生产）指挥调度及管理逐步向网路信息化管理转变，开始承担组织全市邮政实物网路的信息化工作。

2009年1月，全市速递物流专业正式运行新的专业化运营机制，重庆市邮政公司速递公司和重庆市邮政公司物流公司整合，组建为重庆市邮政速递物流公司（隶属重庆市邮政公司），内设网运和质量监控部，负责速递物流专业网络的日常运作管理，主要职责为速递物流生产组织、邮运指挥调度，以及速递物流揽、投专网速递物流邮件的揽投及配送管理等。2015年3月，设立中国邮政速递物流股份有限公司重庆市分公司后，内设网运和质量监控部，主要职责无变化。

2017年6月，中国邮政集团公司重庆市分公司设立运营管理部，同时设立指挥调度中心（挂靠在运营管理部）。指挥调度中心主要承担全市范围内实物网的生产运行指挥调度和运行质量监控工作，处置生产突发事件，保障重大生产任务，开展客户服务协同等工作；负责营业网点监控、安全生产监控管理。同时，全市邮政投递网的规划、建设和组织管理职责纳入运营管理部。

2018年9月，根据中国邮政集团公司寄递改革相关要求，中国邮政集团公司重庆市寄递事业部（简称市寄递事业部）成立，内设运营管理部，由原市分公司运营管理部、中国邮政速递物流股份有限公司重庆市分公司网运和质量监控部整合成立。主要承担全市寄递网（邮运网、揽投网、国际网）的规划建设、组织管理和指挥调度，以及包裹快递业务信息网建设和运维管理等工作。同时，市寄递事业部运营管理部下设信息中心、指挥调度中心。市寄递事业部运营管理部部门职责如下：

表 5-2-2-1

市寄递事业部运营管理部部门职责情况表

部　门	主　要　职　责
运营管理部	负责全市寄递网（邮运网、揽投网、国际网）的规划建设、组织管理和指挥调度，以及包裹快递业务信息网建设和运维管理工作； 负责各类邮件（不含机要邮件）全程时限管理工作； 负责寄递网运行质量考评，指导邮区中心局开展由成本中心向利润中心转型工作； 负责基础地址库、组织机构库、电子地图的维护和业务管理工作； 负责寄递网运营、内部处理、揽投全环节安全生产工作； 负责涉及包裹快递业务使用的邮件容器、邮专用品、专用设备、生产设备和邮运车辆的管理和调拨工作； 负责自提代投网络规划建设和管理工作； 负责市寄递事业部承担的普服邮件生产运营管理和机要邮件运输管理工作
下设：指挥调度中心	负责全市范围内寄递网的生产运行指挥调度、运行质量和邮件传递时限监控工作，处置营分运投环节生产突发事件，保障重大生产任务，开展客户服务协同等工作； 负责邮件处理中心、邮路和营业部监控管理
下设：信息中心	负责全市寄递业务相关生产、管理信息系统维护； 负责寄递业务相关信息技术项目的建设与管理； 负责寄递业务相关的个性化平台系统开发建设、数据挖掘分析、设备运行管理等工作； 负责检查指导区县寄递事业部寄递业务信息系统、网络维护工作

2020 年，市寄递事业部运营管理部指挥调度中心办公地点调整至重庆邮政第三邮件处理中心，与邮区中心局同址办公，并成立"指挥调度、新一代运营、智能跟单"等三大管控团队，集中实施省内网路运行全环节过程管控。

第三章　内部作业

第一节　国内邮件处理

一、普服邮件

自 1986 年 12 月 15 日起，重庆邮政按照邮电部《关于修改邮件分拣封发几项制度规定的通知》，试行新的《关于邮件分拣封发的几项规定（试行）》要求，进一步加强时限管理、邮件分拣封发规范。规定收寄局对同一寄件人寄往同一市县的，平挂印刷品不论件数多少，只要重量达 15 公斤应封装成袋，直封寄达的市县局，袋牌上书写寄达的市县局名，给据邮件使用"非专号"。

1999 年 11 月 1 日，重庆邮政对普服邮件分拣封发关系进行调整，按 235 个新的分拣封发关系与全国各邮区中心局建立直封关系。

2003 年 9 月 1 日，按照邮件处理向一、二级邮区中心局适度集中的原则，重庆市发往省际间的挂、平信函及普通包裹、平刷邮件由原直接封往省际间各级邮区中心局改为封往一、二级邮区中心局；万州三级邮区中心局经转范围内各局（巫山、巫溪、云阳、奉节、城口、开县）收寄出口的普通邮件由原封万州经转改为直封重庆邮区中心局经转。

自 2004 年 8 月 15 日起，重庆邮政逐渐调整完善普通邮件（信函状、扁平状、包状）的分拣封发关系。重庆邮区中心局出口省际间普通邮件对全国其他 76 个一、二级邮区中心局建立直封关系，撤销对全国其他三级邮区中心局的直封关系（除保留邻省四川省、贵州省直达邮路上的三级邮区中心局 7 个格口外），重庆邮区中心局出口省际间各类普通邮件直封格口统一为 83 个，万州三级邮区中心局经转范围内各局（巫山、巫溪、云阳、奉节、城口、开县）出口普通邮件（除万州三级邮区中心局互寄的出口邮件）全部直封重庆邮区中心局经转。分拣封发关系调整后，重庆出口省际间平信直封格口减少27个，普通包裹直封格口减少10个，平刷直封格口减少10个。万州三级邮区中心局出口的普通邮件全部直封到重庆邮区中心局经转，弱化其出口邮件的分拣封发功能，减少内部处理环节。

2006年6月13日，按照国家邮政局"三化"改革实施工作进度要求，重庆邮区中心局顺利完成对邮件分拣封发作业流程的优化调整，涉及包裹、平信、挂信分拣封发作业及邮件枢纽间转驳各环节。

2011年10月17日，重庆邮政全面完成普通给据邮件封发清单无纸化流程工作，全市邮政82个出口营业网点（邮件处理中心）及邮区中心局封发的所有普通给据邮件全面实施清单无纸化，邮区中心局对主城6区投递站普通给据邮件同时实施清单无纸化。

2013年10月8日，重庆邮政对普通邮件分拣封发作业进行调整，改进小件快包、普包、挂刷单独封发的作业模式，提升邮区中心局分拣封发作业效率，规定市内格口的小件普包、快包、挂刷实行合封，栓挂普包袋牌。

2019年2月18日，重庆邮政根据重庆市寄递网资源整合实际情况，对省际和市内分拣封发关系进行调整，在85个省际封发局之间建立含普包、包状类挂刷邮件的直封格口，并增加遵义直封格口。

2022年12月，重庆邮政按照中国邮政集团有限公司报刊邮件化工程建设要求，在中国邮政新一代寄递平台上线报刊邮件化功能：通过实物邮件化建设，实现精品高端期刊包裹化寄递，提高客户体验；通过信息邮件化建设，优化报刊寄递流程，支持报刊动态够量直封到投递机构，优化各环节重要节点处理流程，实现报刊全流程轨迹跟踪。

截至2022年底，重庆邮政共处理普服邮件729.81万件，其中给据类普服邮件（含条码化平信）689.67万件，其他普服邮件40.14万件。

二、包裹快递

1986年，重庆全市各邮政局、所每日营业终了前所收寄的邮件，除个别边远支局外，均能当天运回市邮局分拣封发，赶发次日早班投递和长途车船与航班。自同年12月15日起，重庆邮政按照邮电部《关于修改邮件分拣封发几项制度规定的通知》要求，试行新的《关于邮件分拣封发的几项规定（试行）》，主要包括收寄局对包裹邮件直封等规定和邮件汇封的规定、调整县市局邮件分拣封发关系的规定，进一步规范邮件分拣封发环节。

1991年10月10日，重庆邮政开始对特快专递邮件实行单独封发作业。1993年4月1日，重庆邮政对27个外省的316个直封城市（指定转口局）以及特快开办局的特快专递和邮政快件采用航空运输，并实施新的邮件分拣封发计划。1995年8月18日，重庆邮政规定各区邮政局

在收寄大批包裹或大件商包时可以对外直封。

2000年，随着万州三级邮区中心局和重庆邮政速递局的组建，重庆邮政调整省际特快封发关系，加快特快邮件的内部处理时限。

2001年8月21日，万州三级邮区中心局将经转范围内的忠县各类进、出口邮件调整到重庆邮区中心局经转，减少邮件经转层次，加快邮件传递速度。

2006年4月27日，重庆邮政调整分拣封发模式，确定重庆邮政速递局和万州三级邮区中心局为全市出口省际间封发单元，并确定市内特快邮件封发关系。此次优化使全市互寄EMS次日递率达到80%以上，万州至重庆沿线各局交寄的出口特快邮件时限提快0.5—1天。同年7月1日，重庆邮政调整出口省际特快专递邮件分拣封发关系，确定重庆邮政速递局、万州三级邮区中心局为出口省际特快邮件封发局，市内各邮政局出口省际间特快专递经转关系分别封往上述两局，撤销省际间特快直封格口58个，新增格口13个，设置特快邮件省际标准封发格口168个。

2007年8月28日，全国部分地区国内经济快递业务正式开办。重庆邮政规定经济快递邮件运输执行轻件发运计划，分拣封发格口按特快邮件分拣封发设置，邮袋上加挂"经济快递"专用袋牌，区县局在封发经济快递邮件时不能与国内特快邮件混封。

2008年1月1日，重庆邮政实施大宗邮件函件分拣前置处理模式，在邮区中心局设立大宗邮件处理中心，负责主城区各局大宗邮件的处理。同时，在商函公司设立商函账单制作中心，负责主城区各局大宗邮件制作的邮件打印、封装和处理等工作。

2012年8月6日，重庆邮政开展普包、快包处理流程优化试点工作，至同年11月底，包裹流程优化工作全部完成。同年12月18日，邮区中心局处理包状类邮件采用"白班+夜班"24小时作业模式，夜班实行普通邮件和特快邮件共同使用包分机一起上机分拣的方式，使当日22:00前火车进口的包状类邮件和当日24:00前汽车进口的包状类邮件，均能赶发次日所有区内邮路及市趟邮路，包状类邮件全程时限加快1天。

2013年10月8日，市公司改进小件快包等单独封发的作业模式，国内小包邮件必须单独封发，不得和任何邮件合封。对市内格口，且达到散件外走处理标准的快包邮件，必须维持原"二码合一"处理方式，封发邮件种类为快包件。

2016年9月，市分公司制定推进县域转运、分拣、投递"三合一"流程优化的实施方案，在全市范围内推广县域转运、分拣、投递"三合一"生产流程及作业组织优化工作。整合生产班组，实行大班组交叉作业；优化作业流程，实行转运、分拣、投递一体化作业；改造生产场地，实现大平面集中作业并深入实施"营分运投"全环节

流程优化。

2019 年 2 月 18 日，重庆邮政对 85 个省际封发局之间建立特快邮件直封格口，增加地市直封格口 24 个，对全程陆运、安检不合格改发陆运的特快邮件，均按快递包裹封发关系进行处理、发运。

2020 年 4 月 30 日，重庆邮政开展互寄特快邮件集包工作，将营业部收寄的省内互寄特快邮件按照行政区域形成总包，进行总包互换，减少散件处理环节，加快邮件全程传递时限。同年 7 月 15 日，重庆邮政按照中国邮政集团有限公司集包工作"应集必集"新要求，进一步强化快递包裹省际出口集包工作，压降邮区中心局小件简易分拣机未投产对集包工作的影响，快速提升全市快递包裹省际出口集包率。

截至 2022 年底，重庆邮政共处理包裹快递类邮件 29858 万件，其中特快专递 7040 万件，快递包裹 22818 万件。

第二节　国际邮件处理

一、国际普通邮件

1986 年 3 月至 1991 年 9 月，国际普通邮件由重庆市邮政局函件科国际台处理。国际台主要负责将出口邮件封发至北京、上海国际邮件互换局，并优先处理进口国际邮件转发投递局。1991 年 9 月至 1993 年 6 月，国际普通邮件由重庆市邮政局国际邮件处负责处理。其间，国际普通邮件处理主要以手工作业为主，邮件需封发至北京、上海国际邮件互换局再发往境外。

1993 年，经海关总署和邮政总局联合批复，同意重庆邮政开办国际邮件互换业务。同年 6 月 9 日，重庆海关驻邮局办事处和重庆国际邮件互换局成立。自此，国际普通邮件可通过重庆国际邮件互换局向美国、日本及中国香港等国家和地区直接封发邮件总包及包裹，并经转四川省、云南省发往上述国家和地区的邮件，同时邮件可在重庆海关驻邮局办事处报关、验关。1996 年 11 月 1 日，重庆市卫生检疫局和动植物检疫局率全国之先，进驻重庆国际邮件互换局，对进出口国际邮包进行检疫。自 1997 年 12 月 8 日起，重庆直封中国香港等地的邮政航空函件和航空包裹总包，可通过重庆国际邮件交换站从江北机场直接发往境外，不再经第三地中转。

2022 年，重庆国际邮件互换局全年共处理进出口国际普通邮件 244.46 万件。

二、国际特快专递邮件

1986 年 3 月 22 日，重庆邮政按照《重庆市邮局处理"国际特快专递邮件"补充办法（试行）》规定，进出口国际特快邮件由市邮局函件科国际台负责处理。国际台需将出口国际特快专递邮件按规定路向分别封发至北京、上海国际互换局，并按当日航空作业计划封班，与函件科航空台办理交接。

1987—1989 年 3 月，国际特快专递邮件由中国速递服务公司重庆速递站负责处理。

1989 年 4 月，原中国速递服务公司重庆速递站更名为重庆市邮政局国际速递处，仍承担国际特快专递邮件处理工作，直至 1998 年 3 月。其间，1996 年 8 月 1 日，经邮电部中国速递服务公司决定，由中国国际联合速递有限公司发来的中国香港到内地的进口快件，纳入中国邮政邮件特快专递网予以处理投递，即由中国香港进口的快件，比照进口国际特快专递邮件处理。

自 1998 年 3 月 10 日起，国际特快专递邮件由重庆国际邮件互换局处理，并通过重庆国际特快邮件交换站向中国香港、美国、日本等地直封邮件总包。

2020 年 3 月 23 日，重庆国际邮件互换局新场地（位于渝北区民安大道 170 号）投入使用。该场地主要分为国际邮件进口作业区、出口作业区、海关监管功能区 3 部分，场地配备进口邮件 DWS（集称重、扫码、拍照等功

图 5-3-2-1　重庆国际邮件互换局及海关监管场地
（2020 年摄于重庆市渝北区民安大道 170 号）

图 5-3-2-2　重庆国际邮件互换局邮件处理现场
（2020 年摄于重庆市渝北区民安大道 170 号）

能于一体的自动化数据采集设备）信息采集设备、简易邮件分拣机、海关同屏比对查验线等设施，实现进出境国际EMS、国际函件等邮件同平台监管、同场地运作，处理能力达到日均 5 万件。

第三节　邮件容器管理

邮件容器是邮政通信生产的专用工具，主要分为邮袋、信盒、集装箱等种类。1986 年以来，重庆邮政严格执行邮件容器"四有"（管理有专职、使用有计划、处理有手续、存放有专处）"四无"（无积压、无挪用、无散失、无损失）管理规定及相关要求，持续加强邮件容器管理，加快邮件容器周转，提高邮件容器使用率，保障邮政通信生产。同时，重庆邮政积极践行绿色发展理念，落实绿色邮政包装工程，推进绿色环保可循环邮件容器使用，并利用条码等科技化手段，实现邮件容器可追踪、循环可统计，不断提升邮件容器管理、调拨、使用的信息化水平，全力支撑寄递业务高质量发展。

一、机构沿革

1986 年，重庆市邮政局邮政科内设的邮袋管理科负责邮袋管理、调拨等工作。

1991 年 3 月，重庆市邮政局成立邮袋管理处，主要负责本局及郊县、川东片区的邮袋管理、调拨、清洗和缝补等工作，具有管理及生产双重职能，业务归口四川省邮袋调拨局管理。1995 年 5 月，重庆市邮政局成立重庆市邮政枢纽局，邮袋管理处划归重庆市邮政枢纽局，主要职责无变化。1997 年 6 月，重庆市邮政枢纽局撤销并成立重庆市邮政中心局。同年 7 月，"邮袋管理处"更名为"邮袋调拨分局"，并划归重庆市邮政中心局。

2001 年 3 月，设立邮袋分局（挂邮袋调拨局牌子），为重庆市邮政中心局内设单位。主要职责为组织落实国家邮政局、上海省际邮件容器调拨局下达的邮件容器计划，审核编制全市按季分月的邮件容器用、退计划，负责全市各局邮件容器的使用、调剂、保管、清退工作。

2003 年 10 月，"邮袋调拨局"更名为"邮件容器调拨局"，挂靠在重庆邮区中心局，办事机构设在重庆邮区中心局业务科。其间，相继接受重庆市邮政管理局网络运行处、重庆市邮政公司网路运维部的业务指导和管理。2009 年 9 月，重庆市邮件容器调拨局撤销，管理职能由重庆市邮政公司网路运维部承担，日常操作工作仍由重庆邮区中心局承担。2018 年，中国邮政集团公司重庆市寄递事业部（简称市寄递事业部）成立后，重庆市邮区中心局主要承担全市邮件容器调拨、生产等职责，管理职能由市寄递事业部运营管理部承担。

2022 年，市寄递事业部印发《重庆市邮件容器使用管理办法（试行）》（渝邮分寄递〔2022〕108 号），确定全市邮件容器实行市寄递事业部、邮区中心、区县分公司三级管理，并对邮件容器各级管理职责进行明确。

二、管理规范与实施

1988 年 3 月，重庆邮政按照四川省邮电管理局要求，强化邮袋管理考核体系，进一步加强邮袋计划管理，使邮袋管理工作有章可循，实现目标化、规范化。

1991 年 3 月 18 日，重庆邮政按照邮电部颁发的《邮袋使用管理规则》和四川省邮电管理局邮袋管理"四个规定"要求，制订《邮袋管理办法》《邮袋调拨管理考核评定标准》《邮袋管理工作奖惩条例》《邮袋管理竞赛评比办法（试行）》，进一步加强邮袋的计划管理、基础管理，强化各级考核体系，使邮袋管理工作更加标准化、规范化、科学化。

2002 年 3 月，按照中国邮政集团公司统一要求，重庆邮政开始使用信盒。首批为纸质信盒，半年后停用。同年底，开始使用中、小型（塑料）信盒，至 2018 年停用。同年，按照《关于开展国内普通邮件封装容器改革工作的实施意见》要求，重庆邮政快递包裹等实行散件外走，减少全网邮袋使用。

2002 年 12 月 4 日，重庆邮政按照国家邮政局《关于印发邮件容器管理规定的通知》要求，结合实际制订《重庆市邮件容器管理实施细则》，进一步加强邮件容器管理，加快邮件容器周转，提高邮件容器使用率。

2007 年 1 月，重庆邮政启用新版《邮件容器月报表》，以准确反映邮件容器的使用和库存情况，规范邮件容器的基础管理。2008 年 3 月 21 日，重庆邮政制订《重庆市内专用邮袋管理办法》，强化市内专用邮袋的使用及管理、违规责任考核等。

2019 年，按照《中国邮政集团公司 2019 年绿色包装和绿色运输工作要点》《中国邮政集团公司关于进一步加强绿色邮政建设行动督导与评价工作的通知》《关于加快省内可循环邮袋制作和使用工作的通知》要求，重庆邮政开始推行绿色环保邮袋，并于 2020 年开始推行邮件容器条码化。

2020 年 1 月，中国邮政集团有限公司制订《邮件容器管理办法》《邮件容器调拨办法》，对邮件容器调拨流程、请领、调拨、清退以及入库管理作出相关规定。同年 11 月，为促进市内可循环专用邮袋实现规范化管理，提升市内可循环专用邮袋使用比例，重庆邮政制订《重庆市内可循环专用邮袋使用管理办法》，对市内可循环专用邮袋的使用、请领和清退、登记统计和月报、周转量核定、报废标准和程序、扣赔标准以及管理和考核相关内容作出规定。

2021 年 2 月，重庆邮政按照集团公司要求开始实施《邮袋技术规范》。该规范包括机要邮袋和国际邮袋两个部分，规定了国际邮袋的基本要求、技术要求以及包装、标志、运输和储存等内容，适用于国际及港澳台邮件使用的邮袋。

2021年5月，集团公司调整国内特快专递邮袋调拨关系，同时南京集散中心作为国内特快邮袋集中存储、调拨中心，开始承担部分省际特快邮袋调拨功能，增设为邮袋入超省固定清退关系之外的补充清退路向，承担全网国内特快邮袋调剂和缓存工作。此次调整，推进了绿色邮政建设工作，加快国内特快邮袋周转效率，进一步提升可循环邮袋使用比例。

2022年4月，重庆邮政按照集团公司要求在全市范围内开展省际邮袋清理整治活动，加强省际邮袋管理，减少邮袋丢失，加快邮袋流转。此次活动，使重庆省际邮袋条码绑定率提升至98.6%。

2022年12月，《重庆市邮件容器使用管理办法（试行）》出台，对邮件容器的组织管理、使用规定、基础管理，以及容器的使用、管理情况监督检查、管理指标、考核标准和责任判定等作出规定。

2022年，重庆邮政累计开拆可循环邮袋169.44万条、封发139.43万条、清退21.93万条，可循环邮袋使用率98%，绑定率98.5%；新制作市内普通拉链可循环邮袋15.58万条。

第四章　邮件时限及质量

第一节　普服邮件

自1986年12月15日起，重庆邮政试行《邮件、报刊传递频次、时限规定（试行）》。

1993年4月，重庆邮政执行邮电部新颁发的邮件、报刊传递频次规定，对邮件转运作出新规定：市中区各局和江北区局营业室收寄的普通信函均须于12:00前送达市邮局，赶发当日午班投递；11:00前收寄的普通信函，封交各线午班趟车运回市邮局，赶发次日早班投递。各局、所、营业终了收寄的邮件，必须于当天封完走尽，交由晚班趟车或自送市邮局，以赶发次日早班各次趟车及其他有效班次。

表 5-4-1-1

1986年邮件、报刊传递频次、时限规定表

	出　　口	进　　口
信函	支局所、筒箱11:00以前收寄的，局内全部作业，包括支局所封发—市运—分发—局站运输—转运作业完毕待发（以下同）。最大时限不超过10小时；20:00（营业时间终了）以前收寄的，局内全部作业最大时限不超过16小时。交发时间最近的干线有效车次	当日5:00以前到站的，当日下午投递；当日16:00以前到站的，次日上午投递
印刷品、包裹	当日收寄的，应于次日18:00以前全部处理完结，交发计划车次	当日5:00以前到站的，应当日处理完结，次日投递。5:00以后到站的，次日处理完结，第三日投递
报纸	中央级和省级日报、周六报，报社如数交齐于邮局发报地点，在3小时内分发完结并交发当日有效车次（不含按规定应分印而未分印的）；其他报纸（包括省际间互发的省级日报、周六报），于次日发运； 本市出版的中央级、省级日报和周六报，在当日6:00以前如数交齐于邮局发报地点的，应于当日上午投递；14:00以前如数交齐于邮局发报地点的，当日下午投递。非上述指定的报纸顺延一班	中央级、本省省级日报和周六报，当日5:00以前到站的，应当日上午投递；10:00以前到站的，当日下午投递。非上述指定的报纸顺延一班
期刊	指定的几种期刊，在相关刊社当日如数交齐于邮局发刊地点后，原则上当日分发和发运，其他期刊次日交	当日5:00以前到站的，当日分发处理完结，于次日投递；5:00以后到站的，可顺延一天

自 2002 年 6 月 18 日起，为加快畅销报刊传递速度，重庆邮政对进口畅销报刊的处理作出规定：订销部分由邮区中心局在报刊到站后规定时间内送交重庆邮政二枢纽报刊处理现场，零售部分由报刊发行局自行到站优先接收；对重庆承担的自备渝穗 K201/204 次、渝成 K923/927 次火车邮路，接收的进口报刊邮件按订销、零售分别编制路单、单独堆码，到站后优先办理报刊交接工作；本市出版（含分印）的畅销报刊，报刊发行局要加强与报社的联系，采取签订三方协议方式参与现场管理，保证邮政局的优先取报权，畅销报刊随到随发；各区县邮政局当日 17:00 前

到站的畅销报刊，城区范围内必须投递完毕。

2005 年 12 月，按照国家邮政局加快全国畅销报刊传递速度要求，重庆邮政印发《关于畅销报刊提速工作有关问题的通知》，并整合重庆邮政报刊零售公司和重庆三峡书报刊传媒有限公司，将重庆三峡书报刊传媒有限公司的报刊亭纳入重庆邮政书报刊零售管理范畴，畅销报刊日配送频次达到 3—5 次，畅销报刊的提速工作取得明显效果。

2016 年 12 月 26 日，国家邮政局发布新修订的《邮政普遍服务标准》，规定从 2017 年 3 月 1 日起各类普服邮件全程时限应满足相关要求，重庆邮政严格贯彻落实。

表 5-4-1-2

2016 年各类普服邮件全程时限表

地　区	信　件	印刷品、包裹
同一城市城区	次日送达的比例不低于 70%，且 2 天内送达的比例不低于 90%	次日送达的比例不低于 70%，且 2 天内送达的比例不低于 90%
直辖市城区	寄往远郊区县城区 2 天内送达的比例不低于 80%，且 3 天内送达的比例不低于 95%	寄往远郊区县城区 2 天内送达的比例不低于 80%，且 3 天内送达的比例不低于 95%
省内	3 天内送达的比例不低于 70%，且 5 天内送达的比例不低于 95%	3 天内送达的比例不低于 70%，且 5 天内送达的比例不低于 95%
直辖市、省会城市间	4 天内送达的比例不低于 70%，且 6 天内送达的比例不低于 95%	5 天内送达的比例不低于 70%，且 7 天内送达的比例不低于 95%
省际地级以上城市间	5 天内送达的比例不低于 70%，且 7 天内送达的比例不低于 95%	6 天内送达的比例不低于 70%，且 8 天内送达的比例不低于 95%
省际其他地区间	6 天内送达的比例不低于 70%，且 8 天内送达的比例不低于 95%	7 天内送达的比例不低于 70%，且 9 天内送达的比例不低于 95%

自 2021 年 8 月 26 日起，重庆邮政按照中国邮政集团有限公司《关于优化调整信件、印刷品、普通包裹运营标准的通知》《关于开展直辖市、省会城市间互寄普邮时限提速工作的通知》要求，印发《重庆邮政普邮提速实施方案》，对全市普服进出口邮件实施分层提速：针对核心区域，重庆出口至各省会城市（含直辖市）给据普服邮件全程时限 2.4 天；重庆省际出口给据普服邮件市内段时长不超过 12 小时；重庆省际进口给据普服邮件市内段时长不超过 16 小时。

截至 2022 年底，全市普服邮件时限、质量保持平稳运行，其中重点指标普服省会互寄全程时限 2.17 天，普服邮件省际出口段平均时长 11.74 小时，均全部达标。普邮收寄发运及时率完成 97.74%，全国排名第 4 位；普服邮件及时妥投率 98.09%，全国排名第 1 位；普服邮件省内互寄 T+3（邮件收寄后的第三日送达）完成 99.73%，全国排名第 1 位；县域城关、党政机关重点客户当日见报率 100%。

第二节　包裹快递

1986 年 6 月，重庆邮政按照邮电部规定，印发国内特快专递邮件处理办法补充通知，并规定暂由上清寺支局负责全市特快邮件的收寄工作，上午和下午收寄的邮件分别在 12:30 前、18:30 前送到重庆市邮政局函件科处理，确保邮件传递时限。

同年 12 月，重庆邮政按照邮电部规定，对邮件（含报刊）传递频次时限作部分修订。规定：各线午班趟车收回的邮件都要当天进行赶发，如遇晚点至 18:00 前到局的，也应赶发；汽车、火车 16:00 后到局或车站的邮件次日上午处理；市中区末班摩托收揽车改为 22:00 前将函件收回，送市邮局函件科处理。

1993 年 4 月，重庆邮政贯彻邮电部新颁发的邮件、报刊传递频次规定，对邮件传递作出新规定：城区范围

内 28 个局所 11:00 前收寄的快件均须于 12:00 前送达市邮局，赶发当日午班投递；各局、所、营业终了收寄的邮件，必须当天封完走尽，交由晚班趋车或自送市邮局，以赶发次日早班各次趋车及其他有效班次。

2000 年 1 月 6 日，重庆邮政江北航空邮件转运站正式启用，加快了邮政特快专递邮件全程运递时限。同时，增设万州—重庆（特快）航空邮件转运站邮车交接点、早班航空返程车渝北区局交接点，使万州发重庆转航特快邮件的早航赶发率由 14% 提高至 95%，渝北区局（城区部分）10:30 前收寄的特快邮件均能赶发当日有效航班。

自 2001 年 7 月 1 日起，全国特快邮件全面提速。重庆市近郊（不含北碚）所属邮政城区支局（所）11:30 前收寄的特快邮件与全国省会城市间次日递率达到 50% 以上；18:00 前收寄的特快邮件，除乌鲁木齐、银川、兰州、西宁外的省会城市基本实现 3 日递，重庆主城区至所属各区县（市）的特快邮件次日递率达到 87.5% 以上。

2002 年 2 月 20 日，重庆邮政调整特快邮件速递内部封发时间，同时将成渝快速汽车邮路发运时间提前并撤销中途内江邮件交接点，实现成渝（主城区）互寄特快专递邮件次日递目标。同年 4 月 25 日，重庆邮政加快主城 6 区互寄特快邮件传递速度，11:30 前收寄的属主城 6 区范围内互寄的特快邮件，投递局按照特快专递邮件组织投递，当日即可妥投给收件人。

2003 年 1 月 28 日，重庆邮政调整优化市内邮路，区内邮路和市趋邮路到达各区（市）县邮政局的时间同比提前 1—2 小时。各区（市）县邮政局及时调整内部分拣封发作业计划，压缩内部处理时间，使全市各类进口邮件的传递时限缩短 1—2 小时。

2004 年 1 月 1 日，重庆邮政组建的主城区特快专递邮件专投网投入运行。通过改造市趋邮运网，整合递送局投递网络、速递局投递车队和机要局投递资源，市民在 11:30 前交寄的主城 6 区（城市部分）互寄特快专递邮件可在当日送达，外地寄至重庆主城范围内的邮件传递时限缩短 1—2 小时。同年 8 月 18 日，全国邮政正式实施邮航飞机 EMS"全夜航"，重庆与全国 26 个省（区、市）135 个大中城市间的邮政 EMS 特快专递邮件实现次日递。

2005 年 3 月 18 日，川渝区域"EMS 次晨达"业务在川渝两地开通并试运行，通过调整成渝一级干线汽车邮路运行计划，邮车由原来的当日 1:00 发车提前至头一天 23:00 发车，保证川渝区域"EMS 次晨达"业务的承诺服务时限。同年 4 月 18 日，该业务正式开办，并首次向社会推出"限时未达、原银奉还"的服务承诺。

2006 年 1 月 18 日，川渝区域"EMS 次晨达"业务服务范围在重庆地区新增 16 个区县城关部分，全市"EMS 次晨达"业务服务范围扩大至 22 个区县。

2008 年 3 月 18 日，重庆邮政正式推出巴渝"次晨达"业务，当日 18:00 前交寄的特快邮件次日上午 11:00 前投递到收件人，第一期开办范围覆盖"一小时经济圈"内除武隆外的所有区域。同年 4 月 14 日，重庆与西南部分重点城市间的 EMS 次晨达、次日递服务开通，首批开办范围为主城城区一、二、三局部分网点。"EMS 次晨达"业务受理范围为重庆与成都、昆明双向"次晨达"；"EMS 次日递"业务受理范围为重庆与贵阳、昆明、曲靖、楚雄、个旧、大理之间双向"次日递"，遵义到重庆单向"次日递"。

重庆邮政与四川邮政协商，自 2014 年 2 月 26 日起，开办川渝指定区域互寄国内小包"次日递"业务，川渝指定地区的互寄快递小包能够次日送达。

2015 年，重庆邮政对市内网"营分运投"全环节进行优化，并同步开展网运与投递支撑能力建设，大重庆范围城区互寄快递包裹 T+1（当日收寄，次日送达）次日率提升至 92%。

2018 年 6 月 22 日，按照《中国邮政集团公司关于深入开展快递包裹全程时限提速工作的通知》要求，重庆邮政拟定省内网提速方案，强力支撑包裹快递业务发展。同年，省内互寄快递包裹时限指标完成率 91% 以上；截邮频次后快递包裹收寄量占比低于 10%，省际进口分拣准确指标完成率 99% 以上。

2019 年，重庆邮政对标行业先进，包裹快递、普服邮件全面提速，主城 9 区 15:00 前收寄至重点地市省际特快邮件实现次日上午递。

2020 年 6 月 5 日，重庆邮政按照中国邮政集团有限公司寄递网提速工作安排，印发 2020 年包裹快递运营标准实施方案，新增省内进出口段平均时长（A 类地区）运营标准，解决省际邮件省内段与省际段衔接不紧密的问题；同时规定：特快省内出口段平均时长不超过 10 小时，特快省内进口段平均时长不超过 15 小时，特快省内互寄次日递率达到 95%，特快川渝区域互寄达成率 85%；快包省内出口段平均时长不超过 15 小时，快包省内进口段平均时长不超过 18 小时，快包省内互寄次日递率达到 90%，快包川渝区域互寄达成率 85%。

2021 年 5 月 13 日，重庆邮政按照《中国邮政集团有限公司寄递事业部关于开展特快、快包截邮时间优化调整工作的通知》要求，对截邮时间（根据各频次网运作业计划制定的邮件收寄时间）未达到运营标准的机构进行调整，确保收寄截邮时间达到运营标准，满足业务发展需要。

2022 年，全市邮政包裹快递时限质量稳步提升。其中，快递包裹省内互寄次日递率达到 93.77%，全国排名第 4 位；特快邮件省内互寄次日递率达到 97.51%，全国排名第 1 位；快递包裹进口段时限达成率达到 93.19%，全国排名第 1 位；特快邮件进口段时限达成率达到 88.35%，全国排名第 3 位。

第五章　服务网点

第一节　邮政网点

邮政网点是邮政履行普遍服务义务和满足社会用邮需求的邮政营业场所，包括邮政支局、邮政所，以及临时性局（所）、流动服务点等。

重庆邮政坚持"统筹规划，效益优先，注重服务，位置适中，布局合理"原则，在网点设置时，既考虑当前需要，又兼顾长远发展；既考虑社会效益，又考虑企业经济效益；既方便群众用邮，又便于邮政通信生产的组织和管理；既考虑适应当地经济发展和用户用邮需要，又考虑布局合理性。

一、邮政支局、邮政所

邮政支局是具有营业、投递多种服务功能的邮政分支机构。具体办理国内、国际函件、包件、特快专递、报刊发行、报刊零售、邮政储蓄、电子汇兑等业务，城市邮政支局和部分农村邮政支局还可办理集邮、代理电子商务类业务。

邮政所是办理全部或部分邮政业务的邮政分支机构，也是邮政局所属部分营业网点。农村邮政所兼有投递功能。邮政所一般办理出售邮票，国内、国际函件，包件，特快专递，电子汇兑，报刊发行或报刊零售业务，部分邮政所可代理电子商务类业务，符合条件的还可办理邮政储蓄业务。

（一）邮政网点设置

2009年，国家邮政局发布《中华人民共和国邮政行业标准——邮政普遍服务》（简称邮政普遍服务标准），是邮政政企分开之后制定的第一部邮政普遍服务行业标准，与修订后的《中华人民共和国邮政法》同步配套实施。随着经济社会不断发展，人民群众用邮需求在内容和层次上已经发生深刻变化，为进一步提升邮政普遍服务质量和水平，国家邮政局对邮政普遍服务标准进行修订。修订版邮政普遍服务标准重点对邮件全程时限和包裹投递两方面内容作了修订，并于2017年3月1日实施。重庆邮政以邮政普遍服务标准为依据，结合当地实际经济状况、人口数量等因素，布局设置提供邮政普遍服务的邮政营业场所。

（二）邮政网点审批流程

1. 新增普遍服务营业网点须在系统审批完成后30日内正式开业。

2. 撤销普遍服务营业网点必须要在系统欠费清缴完成后提交撤销审批，并在集团完成系统审批后方可撤销，且对外公示应当不少于10日。

3. 网点在迁址前，必须完成相关公文和系统流程，对外公示应当不少于10日。

4. 网点营业时间等变更须在系统审批通过7日内，完成系统信息变更维护工作。

5. 营业场所出租或变更用途的，要在营业场所改变用途之日起20日内，向地市邮政管理局完成备案。

6. 所有涉及网点变更事项，要及时向集团公司去函，办理营业执照变更事宜。涉及系统审批事项，每个层级审批时限不得超过20日，逾期自动退回到提交申请层级。

二、重庆邮政网点情况

1986年，全市邮政网点总数967个，办理收寄平信、挂号、包裹，汇兑、保价、发行及公用电话等业务。1997年，全市邮政网点总数1821个，比1986年增长88.31%，其中自办网点895个、代办网点926个。2007年，全市邮政网点总数1939个，比1997年增长6.48%，其中自办网点1494个、代办网点445个。截至2022年底，全市邮政网点1781个，均可办理收寄各类邮件、报刊、集邮、函件、包裹、快递业务等。其中，按地域属性分：城区网点407个，农村网点1374个；按经营方式分：自办网点1643个、代办网点138个。网点点均服务半径5.92公里，服务人口2.5万人。整体发展趋势是以自办为主，代办为辅，在保证空白乡镇全覆盖率达到100%的前提下，保持营业场所总量稳定。

表5-5-1-1

2022年末重庆各区县邮政营业网点情况表

单位：个

区县分公司	机构类别			备注：代办网点
	综合网点	纯邮政网点	合计	
渝中	22	4	26	0
南岸	15	4	19	1
九龙坡	23	3	26	0
大渡口	9	5	14	0
沙坪坝	21	11	32	0

续表

区县分公司	机构类别			备注：代办网点
	综合网点	纯邮政网点	合计	
江北	16	4	20	0
巴南	51	3	54	0
綦江	49	1	50	0
万盛	14	4	18	0
江津	102	7	109	0
渝北	53	9	62	0
北碚	28	3	31	0
长寿	41	9	50	0
永川	61	10	71	1
璧山	39	3	42	0
大足	36	5	41	0
荣昌	31	3	34	0
涪陵	54	10	64	0
垫江	39	8	47	6
丰都	48	5	53	2
武隆	15	15	30	12
南川	24	15	39	14
合川	70	8	78	0
铜梁	40	3	43	0
潼南	43	3	46	0
万州	101	14	115	0
巫山	17	13	30	13
巫溪	25	12	37	13
开州	62	9	71	2
忠县	59	9	68	0
云阳	50	13	63	0
奉节	23	13	36	11
梁平	31	8	39	0
城口	11	15	26	16
黔江	24	8	32	7
彭水	24	21	45	18
酉阳	36	6	42	6
秀山	24	8	32	9
石柱	39	7	46	7
合计	1470	311	1781	138

（一）特色邮（电）局（所）

1. 中驿邮电所

为满足中外游客在旅游途中用邮需要，1996年末，长江上的流动邮电所——"中驿"邮电所，在长江邮政船务有限公司所属的"中驿"号豪华涉外旅游船上正式挂牌营业，实行逐日班。经营主要业务有国际国内普通函件、快件、集邮、报刊零售和电信业务等。电信业务在船上直接通过卫星通信、无线电报、传真办理；而函件则在船上收寄封发后，由营业员在停靠港交当地邮政局转发。"中驿"号旅游船的邮政特色经营给中外游客留下深刻印象。2000年，"渝长""长涪"高速公路相继开通后，长江水运客源大幅下降。2001年，"中驿"号旅游船停运，"中驿"邮电所随之撤销。

图 5-5-1-1　长江上的流动邮电所——"中驿"邮电所
（摄于 1999 年）

2. 建峰邮电局

1967年初，重庆市建峰邮电局成立。同年，四川省邮电管理局分别从省管局、成都局、绵阳局、涪陵局等邮电部门抽派47人组成"重庆市邮电局100所"及"涪陵市邮电局7支局"，专门从事中国核工业816厂生产、生活的邮政服务工作。后由于工作需要以及为符合重点厂矿保密性质要求，更名为"重庆市314邮电支局"，由省邮管局直接进行业务管理，中国核工业816厂负责邮电支局人员思想政治工作。1972年3月，建峰局体制再次发生变化，人员、设备等成建制划拨给厂矿，实行"以厂矿为主，省邮管局负责邮电业务管理"的双重领导，局名也相应更换为"重庆市建峰邮电支局"。1997年重庆实行邮电分营，更名为"重庆市建峰邮政局"，系市邮管局直属单位，仍维持"以厂矿为主，市邮管局负责业务管理"的双重领导模式，业务范围包括特快专递、函件、集邮、报刊、机要等业务。2003年，涪陵片区局成立后，根据市邮管局要求，由涪陵片区局对建峰邮政局进行业务指导。

2013 年 3 月，重庆建峰工业集团有限公司向涪陵区邮政局提出移交建峰邮政局相关业务。2014 年 1 月，业务移交之后，重庆建峰邮政局更名为涪陵区建峰邮政所。

3. 小三峡流动邮政所

1998 年 6 月，重庆直辖市成立一周年之际，在巫山县委、县政府提出旅游带动经济发展战略背景下，市邮管局指导巫山县邮政局，在小三峡客邮兼营船上设立"巫山小山峡（流动）邮政所"，既为游客提供邮政服务，又开发、销售地方特色邮品。同日，中央电视台《新闻30分》栏目报道了"巫山小三峡（流动）邮政所"的新闻。邮政与旅游相结合的流动服务方式在景区受到国内外游客青睐，取得良好的经济效益和社会效益。2001 年，由于长江水位升高，游客减少，"巫山小三峡（流动）邮政所"随之撤销。

图 5-5-1-2 巫山小三峡（流动）邮政所（摄于 1999 年 9 月）

4. 华光邮电所

1991 年 11 月 1 日，华光邮电所在北碚区华光仪器厂正式开业。华光仪器厂地处北碚区金刚乡，有职工及家属 4000 多人，是同年初迁入北碚区的大厂，因距北碚城区四公里，厂内客户交寄挂号信、汇、取款，挂发电话、电报等需步行或骑车到北碚城区办理；厂内公事邮件只能由厂收发室集中运出交寄，时限得不到保障，办理存取款业务也有风险。为履行普遍服务义务，满足社会用邮需求，市邮局与华光仪器厂达成开办驻厂邮电所协议，由厂方提供生产场地及配套设施，市邮局指派业务能力较强人员，为该厂开通电话线路和邮路，让当地客户足不出厂就能办理邮政储蓄、邮政快件、电报电话等十余种业务。1997年，邮电分营后，华光邮电所更名为华光邮政所。

（二）代办网点

邮政代办网点是指邮政企业与代办方签订委代办合同的邮政普遍服务营业场所。邮政代办网点是邮政通信网路的重要组成部分，与邮政自办网点执行同等服务标准，接受邮政管理部门行业监管，接受邮政企业业务指导和监督检查，保障邮政服务质量，确保普遍服务达标。

1998 年，市邮管局印发《重庆市城乡邮政业务委代办管理办法》，明确代办管理标准。

2005 年，市邮管局按照银监局要求，对邮政储蓄代办网点进行清理，通过整改、合并、撤销等方式，改储蓄委代办点为自办网点。

2012 年 3 月，市公司印发《关于印发邮政业务委代办管理办法的通知》，对邮政业务委代办内涵、业务管理、保证金及营收款解缴、代办费管理、代办业务种类及代办费标准、监督检查、合同格式等进行明确。

2016 年，市分公司在《关于印发〈中邮重庆分公司业务发展费管理办法（试行）〉的通知》中，再次对包含代办费在内的邮政业务发展费用使用标准、管控提出要求。

2019 年，为加强邮政业务委代办管理，正确处理好业务快速发展与企业依法合规经营关系，市分公司根据集团公司要求制定《邮政业务委代办管理实施细则（试行）》，对委代办实行归口管理，分工负责，分级执行。

2020 年，集团公司印发《邮政代办网点管理办法（试行）》，要求各省市重视代办网点管理工作，严格落实各项要求，提高普遍服务水平。截至 2022 年底，全市邮政代办网点降至 138 个。

表 5-5-1-2

1997—2022 年重庆邮政代办网点增减数量情况表

单位：个

年份	代办网点数量	增减数量	年份	代办网点数量	增减数量
1997	926	—	2010	115	-163
1998	1084	158	2011	22	-93
1999	1181	97	2012	10	-12
2000	1238	57	2013	14	4
2001	1263	25	2014	80	66
2002	1307	44	2015	111	31
2003	1256	-51	2016	101	-10
2004	938	-318	2017	165	64
2005	750	-188	2018	163	-2
2006	653	-97	2019	158	-5
2007	445	-208	2020	165	7
2008	362	-83	2021	145	-20
2009	278	-84	2022	138	-7

（三）代理营业机构

代理营业机构是指经中国银行保险监督管理委员会及派出机构批准取得金融许可证，在中国邮政储蓄银行（简称邮储银行）委托范围内办理商业银行有关业务的邮政企业营业机构，是邮储银行服务网络组成部分。

2009年11月，市公司在彭水、石柱、酉阳、城口、巫山、巫溪、奉节、秀山等10个区县26个"零金融网点乡镇"正式对外提供金融服务，提前一个月完成"零金融机构乡镇"网点建设任务。

2021—2022年，中国邮政储蓄银行连续两年下发《中国邮政储蓄银行代理营业机构准入及机构管理实施细则》，明确代理营业机构新设规划标准，重点强调代理营业机构原则：一是在县及县以下区域或城乡结合部或填补普惠金融服务空白区域新设；二是新设代理营业机构依托已设立的邮政企业营业机构；三是新设代理营业机构所在地近2年无重大案件等。市公司每年10月收集各区县单位需求，按照集团公司相关要求进行审核，报送邮储银行重庆分行和集团公司同意后设置。

表5-5-1-3

1997—2022年重庆邮政代理营业机构增减数量情况表

单位：个

年份	代理营业机构数量	增减数量	年份	代理营业机构数量	增减数量
1997	1145	—	2010	1513	−25
1998	1077	−68	2011	1480	−33
1999	1127	50	2012	1485	5
2000	1238	111	2013	1486	1
2001	1635	397	2014	1486	0
2002	1635	0	2015	1487	1
2003	1720	85	2016	1486	−1
2004	1576	−144	2017	1470	−16
2005	1599	23	2018	1472	2
2006	1584	−15	2019	1472	0
2007	1592	8	2020	1472	0
2008	1599	7	2021	1470	−2
2009	1538	−61	2022	1466	−4

（四）信筒（箱）

邮政信筒（箱）（简称邮筒）是邮政企业设置在公共场所供用户投寄平常信函、明信片的邮政专用设施，是邮政通信网的重要组成部分。凡邮政自办机构营业室内外都应设置邮筒；邮政代办所、邮票代售处、信报站门外都应设置邮筒；邮局在人口流动量大的街道、路口、车站、码头都应设置邮筒，方便群众投寄平常信件。

1. 局（所）门前邮筒

2009年，市公司按照国家邮政局《邮政普遍服务标准》相关规定，在提供邮政普遍服务的邮政营业场所门前均设置有邮筒。邮筒有邮政标志，有开箱时间，门锁完好，保证邮件安全。开取邮筒的频次为：城市每天不应少于1次；乡、镇人民政府所在地每周不应少于5天，每天不应少于1次；乡、镇其他地区不应少于3天，每天不应少于1次；交通困难的边远地区，按当地的投递频次开取邮筒；开取邮筒时间，向社会公布。

2. 离点式邮筒

离点式邮筒即远离局所设置的邮筒。2018年，市分公司按照集团公司《邮政信筒（箱）管理办法（试行）》的要求和标准，梳理、调整和设置离点式邮筒，以方便用户就近投箱寄递。一是邮筒设置与城市建设、改造同步，设置在人流集中、交通便利、方便群众投入的地方，农村根据人口聚居实际需要设置；二是一般城市主干道、大型小区门前、乡镇政府驻地主要道路设置邮筒；三是较大车站、机场、港口、高等院校等人口密集的区域，根据需要增加邮筒数量；四是大型会议、重要活动服务现场，根据需要设置临时邮筒。重庆的离点式邮筒是在市邮政管理局指导下，按照集团公司、市分公司颁发的技术规范及标准要求制作。随着街道市容市貌规范化，离点式邮筒逐年减少，截至2022年底，存有115个。

3. 邮筒智能化改造

邮筒智能化改造是基于窄带物联网技术，通过红外感应监测投信行为、投信时间、投信数量，通过电磁感应监测邮筒门的开关状态，便于提高邮筒开取工作效率，同时加强邮筒智能化管理。

2020年，市分公司完成全市39个区、县共计1991个邮筒智能化提升改造；利用科技赋能，通过新一代营业系统进行邮筒监控和管理，让客户体验感、普遍服务质量有所提升。

4. 邮筒变动情况

随着重庆城市规划建设的发展，各区县、乡镇（街道）变化较大，邮政邮筒也在不断变化。1986年，重庆邮政邮筒共计1845个，1997年，重庆邮政邮筒共计3683个，截至2022年底，重庆邮政邮筒共计1896个。

表 5-5-1-4

1997—2022 年重庆邮政邮筒变动情况表

单位：个

年份	合计	局（所）门前邮筒	离点式邮筒
1997	3683	1821	1862
1998	3627	1958	1669
1999	2909	797	2112
2000	3410	1969	1441
2001	2836	2101	735
2002	5976	2105	3871
2003	6101	2120	3981
2004	6576	2063	4513
2005	3934	2025	1909
2006	4312	1966	2346
2007	4319	1939	2380
2008	3721	1923	1798
2009	4622	1837	2785
2010	2985	1722	1263
2011	2785	1639	1146
2012	2890	1635	1255
2013	3016	1684	1332
2014	2242	1720	522
2015	2184	1756	428
2016	1835	1733	102
2017	2025	1781	244
2018	2051	1772	279
2019	1964	1775	189
2020	1984	1776	208
2021	1963	1782	181
2022	1896	1781	115

第二节　社会加盟点

社会加盟点是指与邮政公司合作，叠加办理普遍服务业务和其他业务，但不属于普遍服务业务监管范围的社会加盟网点。包括便民服务站、"三农"服务站、村邮站、邮乐购店、邮件自提点等。

一、便民服务站

便民服务站是邮政企业通过授权加盟方式，委托个体

工商户利用其接近城乡居民的便利条件和更为灵活的经营方式，为社会大众提供各种公共事业费和通信话费等代收代缴以及其他邮政服务的社会代办网点。

2010 年，按照集团公司《关于加快发展邮政便民服务站的指导意见》相关要求，市分公司启动邮政便民服务站建设工作。当年完成集团公司下达的建设目标。

2015 年，市分公司上线邮政便民服务站新版系统，同年新建账号 25 个。截至 2022 年底，累计新建账号 5361 个。通过不断升级系统，便民服务站能为客户代缴通信、天然气、水务、电力、广电、汇兑等 6 大类 31 项业务。

二、"三农"服务站

"三农"服务站是为乡镇农村地区开展农业生产资料、消费品、农产品以及其他商品销售和配送的站点。

2005 年，按照国家邮政局统一部署，市邮管局把服务"三农"纳入重要议事日程，以农村邮政服务网点为触角，在 40 个区（市）县局开展服务"三农"活动。

2006 年，建成"三农"服务站 770 个。黔江、梁平、云阳三地邮政局被当地政府确定为"万村千乡市场工程"试点单位。

2007 年，建成"三农"服务站 3857 个。长寿、大足、万州、云阳 4 个区县被纳入市商务委"双建工程"、商务部"万村千乡市场工程"。

2008 年，新增"三农"服务站 2505 个，全市网点累计 6362 个。

2009 年，累计建成比较稳定的"三农"服务站 4405 个，其中，建成"万村千乡市场工程"达标网点 3859 个，行政村覆盖率 41%。

截至 2015 年底，全市留存"三农"服务站 2015 个。2016 年起，市分公司大力发展农村电商，在农村地区推进邮乐购站点建设，逐步将"三农"服务站转为邮乐购站点。

三、村邮站

村邮站是设在建制村（含农村社区）负责接收、转交邮件的固定场所。村邮站基本功能包括邮件、报刊的接收、保管和转交。

2009 年，重庆邮政村邮站建设被列入重庆市委三届四次全委会《关于加快农村改革发展的决定》重要工程。重庆市委、市政府办公厅联合印发《市委三届四次全委会重要措施任务分解》文件，明确"推动信息平台进农村"目标，要求"到 2012 年，全市农村行政村村邮站覆盖率达 90% 以上"，市邮管局、市发改委、市财政局被指定为该项工作承办单位。同年，根据市政府领导批复同意村邮站建设费用的签报文要求，在市邮管局指导下，市公司开启 600 个村邮站建设试点，并在同年 12 月上报具体区县行政村名址。

（一）建点模式及占比

截至 2010 年底，根据村邮站建设的总体要求，各局

因地制宜，主要选取三种建点模式。第一种模式是在有场地条件的邮政"三农"服务站内建设村邮站，把村邮站与"三农"服务站物理分隔经营，"三农"服务站人员兼职村邮站工作，占站点总量71%；第二种模式是在村级公共服务中心建设村邮站，由村委会人员或村委会指定人员办理村邮站邮政服务工作，占站点总量13%；第三种模式是在路边小卖部建设村邮站，由店主兼办邮政服务工作，占站点总量14%；其余还有村邮站建在村主任或村支书家中等形式，占站点总量2%。

（二）阶段性政策及建设情况

2009年，建设村邮站出资比例为：市公司承担45%，由市政府承担剩余的55%。

2012年，根据《关于扎实推进村邮站建设工作的通知》相关标准，村邮站建设和运行费用由三部分构成：建设费用由市财政按3410元/个村邮站补助（建设费2820元，工作人员培训费90元，开办费500元），其中2820元由市财政统一招标采购村邮站运行所需办公设备，交村邮站使用；运行费用由各区、县人民政府结合当地财政情况，对村邮站给予适当补助；各区、县邮政局可根据村邮站实际工作量，按规定标准计发代办手续费或代办邮政业务所得收入。

2013年，村邮站建设执行《重庆市邮政条例》第十六条"乡、镇人民政府（街道办事处）应当指导村民委员会设立村邮站或者其他接收邮件的场所。村邮站或者其他接收邮件的场所及其工作人员由村民委员会确定"。

2014年，市邮管局印发《关于做好村邮站纳入便民服务中心工作的通知》，要求到2015年底，村邮站全部纳入便民服务中心，实现接转邮件快件的基本服务功能。

2018—2022年，各区县政府对辖内发展较好的村邮站持续进行补助，5年内分别补助691个、690个、686个、604个、682个村邮站。

截至2022年底，现存村邮站1775个。

四、邮乐购站点

邮乐购站点主要是安装"邮掌柜"系统的社会站点，提供工业品下乡、便民缴费、网络代购、贷款等服务。

2014—2015年，为加快农村电子商务发展步伐，市公司按照集团开展"邮掌柜"推广激励活动相关要求，引导便民服务站、村邮站、"三农"服务站等加入"邮掌柜"使用行列，推动邮政邮乐购站点建设。

自2015年起，市分公司将邮乐购站点建设与国家电子商务进农村综合示范区、县建设相结合，争取市政府、市商务委和各区、县政府支持，结合市商务委"万村千乡市场工程"，推进邮乐购站点建设工作。2015年，通过开展农村电商服务体系建设"百日大战"专项活动，建成邮乐购站点586个。

2016年，通过争取地方政府支持，累计建成邮乐购站点6594个。

自2017年起，在做好邮乐购站点建设工作基础上，市分公司重点打造优质站点，构建数字化管控"网点＋站点"生态圈。截至2022年底，累计建成邮乐购站点11011个。

表 5-5-2-1

2017—2022年重庆邮政邮乐购站点建设情况表

单位：个

年份 区县邮政	2017	2018	2019	2020	2021	2022
渝中	44	77	37	42	44	36
南岸	22	114	114	153	122	113
九龙坡	40	84	96	71	68	74
大渡口	31	52	43	44	32	38
沙坪坝	25	89	100	102	95	87
江北	8	57	67	84	81	60
巴南	230	328	351	388	339	360
万盛	53	89	93	93	83	90
綦江	318	339	272	278	208	213
江津	238	441	447	504	497	530
渝北	208	329	312	344	387	423
北碚	119	220	223	227	210	230
长寿	254	299	309	320	296	311
永川	262	352	356	400	475	677
荣昌	156	192	209	220	236	244
璧山	165	223	237	250	240	261
大足	247	281	281	282	280	310
合川	416	467	457	462	333	370
铜梁	289	313	314	322	323	351
潼南	328	341	298	328	305	330
万州	508	589	588	599	527	530
忠县	363	471	506	526	452	460
开州	444	508	497	502	435	470
云阳	381	430	426	435	368	386
奉节	274	345	324	357	296	341
巫山	461	534	495	506	302	310
巫溪	278	337	333	336	240	266
梁平	315	353	366	371	335	353
城口	143	166	164	183	159	176
涪陵	311	416	426	434	370	399

续表

年份 区县邮政	2017	2018	2019	2020	2021	2022
垫江	330	350	331	333	268	291
丰都	319	409	413	420	294	324
武隆	199	206	176	177	113	121
南川	217	243	241	242	273	260
黔江	186	209	217	225	223	244
秀山	229	231	221	226	190	222
酉阳	235	269	272	287	280	270
彭水	253	274	263	300	248	250
石柱	235	280	238	249	200	230
合计	9134	11307	11113	11622	10227	11011

五、自有邮件自提点

自有邮件自提点是指邮政网点或综合便民服务站叠加代收代投自提服务功能，并使用邮政自有系统的物理节点。

2020年，重庆邮政自有邮件自提点建设工作分别由市寄递事业部和渠道平台部共同负责。其中，市寄递事业部负责"邮快超市"（自提点品牌）建设和应用管理工作，渠道平台部负责邮乐购站点建设及其代收自提业务叠加。为加快自有邮件自提点发展，市寄递事业部先后印发《关于进一步强化邮快超市"四好"建设运营工作的通知》《关于建立邮快超市信息档案的通知》《关于进一步规范邮快超市"建、管、用"和加快推进邮快合作的通知》《关于进一步深入推进邮政自提网络建设和应用工作的通知》等文件，对邮快超市打造"四好"（建好、管好、用好、活好）工程和自提网络建设提出工作思路和落地方案；渠道平台部先后印发《关于开办邮乐购站点代收寄业务的通知》《2020年重庆邮政农村电商发展实施方案》《关于做好2021年渠道平台经营服务工作的实施意见》《关于印发〈2022年渠道平台工作要点〉的通知》等文件，持续按照城市社区、乡镇中心区、建制村三大区域，有针对、有重点地推进邮乐购站点邮件代收代投自提业务叠加。

2022年，市分公司按照集团公司《关于加快2022—2024年自提点建设应用的实施意见》要求，对自有邮件自提点名称进行统一（统称"综合便民服务站"），并结合重庆邮政发展实际，制定《关于加强自提点建设应用工作的通知》，对推进"自有＋社会""城市＋农村""网点＋站点"自提点建设和运营管理工作作出全面部署。截至2022年底，市分公司累计发展有效自提点11229个，代投自提邮件8750万件（其中，代投邮政邮件4931万件，代投社会快递公司邮件3819万件），代收寄邮政邮件7万件。

第三节　报刊门市部（报刊亭）

1999年以前，重庆邮政报刊零售批发业务由报刊零售公司所属的3个门市部办理。为应对自办发行、社会渠道等冲击，重庆市邮政报刊发行局决定，自1999年1月1日起，重庆市近郊9区（渝中区、沙坪坝区、九龙坡区、大渡口区、巴南区、南岸区、江北区、北碚区、双桥区）的报刊零售批发业务实行自主经营。截至2000年底，重庆邮政在重庆市主城6区外新建106个邮政报刊零售亭。

2003年4月15日，重庆三峡书报刊传媒有限公司成立。由重庆市邮政管理局、重庆日报报业集团和重庆新华书店集团3家单位共同出资组建，负责三峡报刊亭建设及运营。2009年，重庆邮政累计拥有零售终端1354个（邮政报刊亭554个、三峡报刊亭800个）、批销中心25个、社会供货点242个。

图5-5-3-1　2003年，重庆街头的三峡报刊亭

自2010年起，因城市环境整治，三峡报刊亭陆续拆迁，同时纸媒受网络影响等原因，报刊零售市场萎缩，零售网点逐渐减少。截至2022年6月，重庆邮政经营的报刊亭减少至366个，其中，邮政报刊亭194个、三峡报刊亭172个。同年，重庆邮政取得重庆市城市管理局对三峡报刊亭置换工作的批复，并按照中国邮政集团有限公司要求对重庆三峡书报刊传媒有限公司进行注销。

表 5-5-3-1

2022 年重庆邮政报刊亭经营情况统计表

单位：个

区县	在营	空置	合计	区县	在营	空置	合计
渝中区	28	6	34	万州片区	68	6	74
南岸区	15	13	28	万州区	0	—	0
九龙坡区	69	19	88	忠县	7	3	10
大渡口区	8	3	11	开州区	33	1	34
沙坪坝区	23	8	31	云阳县	0	—	0
江北区	29	6	35	奉节县	23	—	23
三峡报刊亭合计	172	55	227	巫山县	0	—	0
渝北片区	38	34	72	巫溪县	4	—	4
渝北区	30	17	47	梁平区	0	—	0
北碚区	8	7	15	城口县	1	2	3
长寿区	0	10	10	涪陵片区	20	10	30
巴南片区	36	8	44	涪陵区	14	4	18
巴南区	7	—	7	南川区	3	6	9
江津区	3	7	10	丰都县	0	—	0
綦江区	14	1	15	垫江县	3	0	3
万盛区	12	—	12	武隆区	0	0	0
永川片区	5	5	10	黔江片区	22	0	22
永川区	—	—	0	黔江区	—	—	0
荣昌区	5	5	10	石柱县	14	—	14
璧山区	—	—	0	秀山县	8	—	8
大足区	—	—	0	酉阳县	—	—	0
合川片区	5	2	7	彭水县	—	—	0
合川区	0	0	0	邮政报刊亭合计	194	65	259
铜梁区	3	1	4	合计	366	120	486
潼南区	2	1	3				

第四节　集邮及文创线下网点

截至 2022 年底，重庆邮政向客户提供集邮及文创业务服务的线下网点共有 3 类，分别是集邮专卖店、集邮营业网点、主题邮局和文创专区。

一、集邮专卖店

集邮专卖店是指由中国邮政统一批准设立的，具有统一编号的集邮网点，是中国邮政为用户提供线上线下产品销售和预售、新邮预订等业务办理、信息传播、文化交流、营销活动策划与执行、会员服务和售后服务等全功能的集邮网点，具备较强的营销能力和文化宣传能力。集邮专卖店通过开展各种集邮活动服务客户，支撑营销工作，是推动集邮业务转型发展的重要阵地。截至 2022 年底，重庆邮政共有集邮专卖店 4 家，分别位于渝中区、九龙坡区、江北区、北碚区。

二、集邮营业网点

集邮营业网点是指在新一代集邮业务平台中设有机构编号的网点。截至 2022 年底，重庆邮政共有集邮营业网点 79 个，为客户提供预订取票服务、邮票零售服务、邮品零售服务。

表 5-5-4-1

2022 年重庆邮政集邮营业网点统计表

单位：个

区县	集邮系统中的营业网点	新邮预订网点	邮票零售网点	区县	集邮系统中的营业网点	新邮预订网点	邮票零售网点
渝中区	5	5	3	万州区	3	2	1
南岸区	4	4	1	忠县	1	1	1
九龙坡区	7	7	1	开州区	1	1	1
大渡口区	5	5	2	云阳县	1	1	1
沙坪坝区	6	6	1	奉节县	1	1	1
江北区	5	4	2	巫山县	1	1	1
渝北区	5	5	4	巫溪县	1	1	1
北碚区	2	1	1	梁平区	1	1	1
长寿区	2	2	1	城口县	1	1	1
巴南区	2	2	2	涪陵区	3	3	1
江津区	1	1	1	南川区	1	1	1
綦江区	1	1	1	丰都县	1	1	1
万盛区	1	1	1	垫江县	1	1	1
永川区	1	1	1	武隆区	1	1	1
荣昌区	1	1	1	黔江区	1	1	1
璧山区	1	1	1	石柱县	1	1	1
大足区	2	2	2	秀山县	1	1	1
合川区	3	3	1	酉阳县	1	1	1
铜梁区	1	1	1	彭水县	1	1	1
潼南区	1	1	1	合计	79	76	49

三、主题邮局

主题邮局是指中国邮政依托自身资源优势，将传统邮政服务与文化创意相结合所开办的特色邮局。截至 2022 年底，重庆邮政共有主题邮局 12 个。

表 5-5-4-2

2022 年重庆邮政主题邮局设置情况统计表

序号	名　称	成立年份	运营模式	分类	详　细　地　址
1	解放碑主题邮局	2018	自营	商圈	重庆市渝中区民权路 3 号
2	文物南迁主题邮局	2021	代运营	旅游	重庆市南岸区慈云老街 1 号 7-7
3	九龙九景主题邮局	2017	自营	商圈	重庆市九龙坡区杨家坪正街 18 号
4	重庆大学时光邮驿	2019	自营	校园	重庆市沙坪坝区大学城南路 55 号重庆大学虎溪校区北门
5	沙磁邮礼	2019	合营	旅游	重庆市沙坪坝区磁器口横街 6 号
6	观音桥主题邮局	2018	自营	商圈	重庆市江北区观音桥步行街 9 号 F1 楼
7	博雅文化主题邮局	2018	代运营	校园	重庆市渝北区宝圣大道 301 号西南政法大学商学院敬业楼 1 楼
8	大足石刻主题邮局	2020	合营	旅游	重庆市大足区宝顶镇大足石刻景区
9	钓鱼城主题邮局	2020	自营	旅游	重庆市合川区苏家街 9 号
10	涞滩主题邮局	2015	自营	旅游	重庆市合川区涞滩镇涞兴街 29 号
11	大唐邮驿主题邮局	2015	代运营	旅游	重庆市武隆区天生桥景区
12	初心邮局	2019	合营	红色	重庆市石柱土家族自治县中益乡华溪村先锋组 2 号

四、文创专区

文创专区是指邮政营业网点专门用于展示和销售文创产品的区域，截至 2022 年底，全市共有 220 个文创专区，具体分布如下：

表 5-5-4-3

2022 年重庆邮政文创专区数量统计表

单位：个

序号	区县	专区数量	序号	区县	专区数量	序号	区县	专区数量	序号	区县	专区数量
1	渝中区	5	9	长寿区	1	17	大足区	6	29	城口县	1
2	南岸区	1	10	巴南区	13	18	合川区	4	30	涪陵区	6
3	九龙坡区	3	11	江津区	25	19	铜梁区	15	31	南川区	2
4	大渡口区	1	12	綦江区	14	20	潼南区	15	32	丰都县	1
5	沙坪坝区	25	13	万盛区	10	21	万州区	6	33	垫江县	2
6	江北区	4	14	永川区	12	22	忠县	1	34	武隆区	2
7	渝北区	23	15	荣昌区	3	23	开州区	5	35	黔江区	1
8	北碚区	1	16	璧山区	2	24	云阳县	1	36	石柱县	2
						25	奉节县	1	37	秀山县	1
						26	巫山县	1	38	酉阳县	1
						27	巫溪县	1	39	彭水县	1
						28	梁平区	1		合计	220

续表

第六篇　邮政设备与科技

第一章　邮政设备

重庆邮政设备主要包括邮政专用设备（邮政营业投递设备、邮件内部处理设备）、邮件运输设备和金融营业设备。1986—2022 年，重庆邮政根据生产经营和业务发展需要，不断引进新技术、新设备，逐步实现邮件内部处理、运输投递机械化、自动化，邮政营业、金融服务电子化、信息化，邮政技术设备在生产经营和企业管理中发挥的作用不断提升。

第一节　专用设备

邮政专用设备是邮政场所专用于各类邮件收寄、分拣、投递作业的设备。主要包括邮政营业投递设备、邮件内部处理设备。

一、邮政营业投递设备

（一）窗口营业设备

邮政营业设备主要是指收寄各类邮件过程中所需的设备。1986—2022 年，随着时代发展，重庆邮政在营业窗口不断引入科技化设备，提升客户体验感。

1986 年，重庆市邮政局用于邮件计重的邮政营业设备主要有包件收寄机、信函秤、机械包裹秤等。邮政营业收寄工作大部分采用传统的手工操作方式。1987 年，市邮局在营业窗口开始使用全电子收包机、电子秤等。1995 年，开始建设电子化支局，陆续配备计算机、打印机、UPS 电源、电子秤、验钞机等设备，逐步改变邮政营业手工办理业务的情况。随着业务发展需要，打包机、无线扫描枪、无线手持 POS 机、过戳机等电子化设备，也开始用于邮政营业办理业务。

1987 年 7 月中旬，首次在市中区上清寺邮政支局使用邮资机收寄邮件。邮资机是一种直接在邮件上加盖日戳和邮资戳记，并具有记账和结算功能的自动化邮政设备。2012 年，重庆市邮政公司出台《关于印发重庆市邮资机管理系统业务管理办法的通知》，加强全市邮资机系统及设备管理。1987—2022 年，全市共购置邮资机196 台，其中销毁 67 台、库存 58 台、维修 25 台、在用46 台。

2022 年，中国邮政集团有限公司重庆市分公司邮政营业设备主要有电脑、终端、各类打印机（热敏打印机、袋牌打印机、单据打印机和激光打印机）、电子秤（台式电子秤和落地电子秤）、验钞机、打包机、无线扫描枪、无线手持 POS 机、过戳机等。

图 6-1-1-1　重庆邮政文史馆收藏的信函秤

（二）揽投设备

邮政揽投设备主要指揽收、投递各类邮件过程中所需的设备。随着时代发展，重庆邮政揽投设备逐渐智能化、数字化，更便捷、高效地为邮件揽投环节服务。

2004 年，市邮管局购买联通星图定位手机 167 台，用于实时监控邮运、投递、揽收车辆。随着揽投机动化、智能化程度的提高，揽投人员使用揽投设备种类逐渐增多。截至2022年底，重庆邮政揽投设备主要有智能手持终端、便携蓝牙打印机、便携电子秤、蓝牙耳机等。

2022年，重庆邮政进一步实施揽投管理规范化，规定揽投员和揽投部主要揽投设备配置标准。

表6-1-1-1

2022年集团公司发布的揽投员主要设备配置标准表

名　　称	配　置　要　求
智能手持终端	标配，1个/人，更新年限2—3年
便携蓝牙打印机	标配，1个/人，更新年限1—2年
便携蓝牙电子秤/电子秤	标配，2选1，1个/人，更新年限2—3年
蓝牙耳机	标配，1个/人，更新年限2—3年
投递日戳	不含普邮（普通邮件）的揽投部应配1个；含普邮的揽投部内务员应配1个且每个普邮道段应各配1个

表6-1-1-2

2022年集团公司发布的揽投部主要设备配置标准表

名　　称	用　　途	配　置　要　求
热敏打印机、袋牌打印机、单据打印机和激光打印机	用于打印面单（批条）、袋牌、表单等	每个揽投部各类型打印机应各配1—2台
台式电子秤和落地电子秤	用于邮件称重	每个揽投部各类型电子秤应各配1—2台
验钞机	用于验明钞票真伪、清点钞票数目	每个揽投部应配1台
打包机	用于邮件封装打包	每个揽投部应配1台（零星收寄配手动打包机，收寄量较大配自动打包机）
无线扫描枪	用于采集、录入邮件信息	处理邮件的每个内务员应各配1台
无线手持POS机	用于揽投邮件时，通过POS机刷卡结算服务费	根据需要选配，每个揽投部可配1—2台
投递日戳	用于在进口函件、法院专递邮件、相关单据上加盖戳记	不含普邮的揽投部应配1个；含普邮的揽投部内务员应配1个且每个普邮道段应各配1个
过戳机	用于在进口信函上自动加盖投递日戳戳记	承担普邮投递作业的道段达到10条以上的揽投部可配1台

二、邮件内部处理设备

邮件内部处理设备主要指用于包状邮件、报刊、信函等邮件分拣处理的设备。1986年以来，重庆邮政不断引入新型设备，加快邮件处理速度，提升处理能力，缩短邮件寄递全程时限。

1986年，市邮局内部处理设备主要有报刊捆扎机、邮件升降机、邮件传送机、包件分拣机、印刷品分拣机、包件收寄机。

1992年6月，位于上清寺的重庆邮政枢纽工程正式投产。配备的主要内部处理设备有152格口托盘式环型包裹分拣、80格口直线挂刷分拣机、环形平刷初分机、推式悬挂机、程控吊袋小车、胶带运输机、移动皮带机、滚动式除尘机、微机制单系统、报刊捆扎机、电视监控系

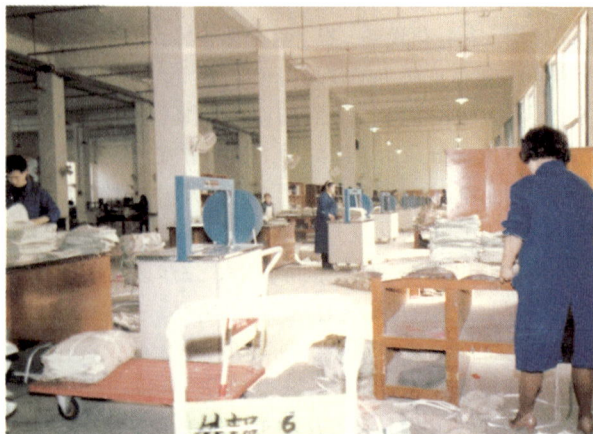

图6-1-1-2　全自动报刊捆扎机（摄于1991年）

统、商函制作系统。

1993年8月，四川省邮电管理局正式和贝尔公司签署购买合同，为重庆邮政引进阿尔卡特贝尔电话公司生产的用于信函类邮件分拣的红框理信机和OVCS信函分拣系统2套，每套配置集堆器16个、分拣格口140个、视频标码台6个。1995年2月28日，2套OVCS信函自动分拣机正式投产，结束重庆邮政完全依赖手工分拣信函的历史。

2000年10月，位于人和的重庆邮政二枢纽全面投入使用。2004年3月1日，市邮管局完成交叉带式环形包件分拣机的安装调试工作，并在重庆邮区中心局大平面生产作业一区投入试运行。该分拣系统共有370个格口，每小时可分拣1.07万件包裹，具有自动识别条形码、自动生成并打印包裹清单总包袋牌和发运路单等功能。该包件分拣机日均开机时间12小时左右，日均邮件处理量为1.8—1.9万件，使包件分拣效率进一步提升。同年11月11日，重庆邮区中心局OVCS信函分拣机升级改造成功，采用新的识别技术，增加窗口信函识别功能，使整套设备的稳定性和信函的上机率都得到提高。2007年9月10日，重庆邮区中心局"两子"系统（邮区中心局生产作业系统和邮运生产指挥调度系统）和包件分拣机系统同时进行升级。此次包件分拣机系统升级调整逻辑格口的计算方式，完善自动齐格封发制单功能，新增箱、袋互转功能。

2018年初，市分公司内部处理设备主要有单层交叉带式环型包件分拣机，用于邮件传输开拆的推式悬挂系统、开拆除尘系统、邮件传输皮带机，OVCS信函分拣机及红框理信机，信盒提升系统，报刊封发显示系统，报刊捆扎机，邮件装卸伸缩皮带机，液压过桥设备，环型人工分拣皮带线等。同年10月28日，位于回兴的重庆第三邮件处理中心投产运行，新增双层交叉带包裹分拣机，该设备主要分拣散件包裹，设置32个供件台、1004个小车、

图6-1-1-3 2022年7月，重庆第三邮件处理中心双层交叉带包裹分拣机

153个格口，设计效率3.2万件/小时，单日实际峰值处理能力75万件。

2020年，重庆邮政在渝北区空港邮件处理场地（租用），新增内部处理设备有矩阵分拣系统、单层交叉带小件分拣机、伸缩皮带机以及其他生产用相关辅助工具等。其中矩阵分拣系统主要分拣大件包裹及总包邮袋，设置7条粗分线、7条细分线。设计效率2.1万袋（件）/小时，单日实际峰值处理能力29万袋（件）；单层交叉带小件分拣机主要分拣小件包裹邮件并进行集包，设置12个供件台、283个小车、232个格口，设计效率1.44万件/小时，单日实际峰值处理能力32万件。

图6-1-1-4 2022年3月，空港邮件处理场地（租用）矩阵分拣系统

图6-1-1-5 2022年11月，空港邮件处理场地（租用）单层交叉带小件分拣机

截至2022年，重庆邮政内部处理设备主要有双层交叉带包裹分拣机、简易分拣机系统、矩阵分拣系统、单层交叉带小件分拣机、暂存胶带机、人工收寄台席（收寄一体机）、直线胶带线、物品智能分拣搁架以及文件智能分拣搁架等。

表 6-1-1-3

1986—2022 年重庆邮政内部处理主要设备统计表

单位：套

年份	信函分类理信机	信函分拣机	印刷品分拣机	包裹分拣机	推式悬挂输送机	带式输送机
1986	—	—	1	1	1	
1997	2	2	2	1	1	
2007	2	2	—	1	1	
2015	2	2	—	1	1	
2019	—	—	—	1	1	146
2022	—	—	—	4		98

第二节　运输设备

邮件运输设备主要指用于运输各类邮件的车辆和设备。1986—2022 年，随着寄递业务量增长，重庆邮政不断增加邮件运输设备的投入，以满足寄递业务发展需要。

1986 年，重庆市邮政局邮件运输设备主要有各类邮政汽车 60 辆、摩托车 55 辆、机动船 1 艘、木船 1 艘、自行车 228 辆。

1997 年，重庆市邮政管理局邮件运输设备主要有火车邮厢 3 节、高速水翼船 1 艘、各类邮政汽车 641 辆。

2007 年，重庆市邮政公司邮件运输设备主要有火车邮厢 8 节、各类邮政汽车 1050 辆、摩托车 227 辆。

截至 2022 年底，中国邮政集团有限公司重庆市分公司邮件运输设备主要有火车邮厢 4 节、各类邮政汽车 1807 辆（其中整体厢式车 1166 辆、分体厢式车 552 辆、挂箱车 36 辆、皮卡车 26 辆、半挂牵引车 25 辆、场内牵引车 2 辆）、摩托车 821 辆、电动三轮车 661 辆。

表 6-1-2-1

1986—2022 年重庆邮政邮件运输设备统计表

单位：辆

年份	火车邮厢（节）	各类邮政汽车	摩托车	电动三轮车	自行车	电动自行车
1986	—	60	55		228	
1997	3	641				
2007	8	1050	227			
2015	5	1003	2229	80	33	80
2017	4	1494	2240	157	10	48
2018	4	1671	1875	211	9	30
2019	4	1891	1570	421		
2020	4	1681	917	224		
2021	4	1921	917	588		
2022	4	1807	821	661		

图 6-1-2-1　2020 年，揽投部配置的邮件揽投电动三轮车

图 6-1-2-2　2022 年，新配置的邮件揽投摩托车

第三节　金融营业设备

自 1986 年恢复开办邮政储蓄业务以来，邮政金融营业从完全人工操作，逐步向电子化、信息化、网络化、智能化方向发展，重庆邮政金融营业设备也随之不断更新、升级。

1986—1997 年，重庆邮政金融营业设备主要有字符终端、针式打印机、ATM、UPS 电源、刷卡器、密码键盘、点钞机、PC 机等。

1998—2007 年，重庆邮政金融营业设备主要增配图形终端（替换字符终端）。

2008—2015 年，重庆邮政金融营业设备主要增配CRS、存折补登机、身份证阅读器、排队叫号机、清分机、捆钞机、扎把机、证卡复印机、高拍仪等。

2016—2019 年，重庆邮政金融营业设备主要增配双录摄像头、柜外清、柜内清（替换原有的密码键盘、身份证阅读器、刷卡器等设备）、ITM 等。

2019—2022 年，重庆邮政金融营业设备主要增配 STM。

1997 年 4 月 29 日，重庆市邮政局中心营业部上线第一台邮政储蓄自动柜员机（简称 ATM），型号为 NCR 5887。2009 年，重庆市邮政公司上线第一台存取款一体机（简称 CRS），型号为 NCR 6635。2013 年，重庆市邮政公司上线第一台存折补登机，型号为中航信息 4300A。

2016 年，重庆邮政上线第一台存折自动柜员机（简称存折 ATM），型号为御银 D4。2017 年，重庆邮政上线第一台存折存取款一体机（简称存折 CRS），型号为怡化 6040。同年，上线第一台自助发卡机，型号为维融 K316。2019 年，重庆邮政上线第一台智能柜员机（简称 ITM），型号为广电运通 7000I64A。2022 年，重庆邮政上线第一台超级柜员机（简称 STM），型号为怡化 550S。

第二章　科技与信息网络

第一节　科技机构与队伍

一、科技机构

1975 年 11 月 5 日，重庆市邮政局设立技术科。1986 年 7 月 24 日，更名为技术设备维护科。1989 年 4 月 28 日，更名为技术设备维护处。

1987 年，市邮局成立邮电专业技术情报站，由分管技术的局长领导，技术设备维护科为站长单位，各成员单位分别派联络员。

1990 年 10 月 27 日，市邮局撤销技术设备维护处，设立科技处、设备维护处。

1992 年 4 月 7 日，市邮局体制改革，科技处增挂总工程师室牌子，合署办公。

1994 年 7 月 29 日，重庆市邮政储汇局"绿卡工程"办公室成立。

1995 年 5 月 19 日，市邮局总工程师室下设重点工程办公室、邮电科研所。1996 年 6 月 26 日，总工程师室下增设动力科。

1997 年 5 月 13 日，市邮局成立重庆市鸿科计算机系统开发有限公司。

1997 年 7 月 4 日，重庆市邮政管理局设立计划建设部（归口管理重点工程办公室、信息中心、规划设计院）、信息中心，成立重庆邮政规划设计院［2000 年 4 月 10 日取得重庆市建筑工程防火设计资格，证书等级为建筑丙级；2002 年 11 月 6 日取得工程设计证书，范围为电子通信广电行业通信工程类（邮政）乙级；2004 年 4 月 5 日取得软件企业认定证书］、重庆市邮政科学研究院（下设综合办公室、技术开发部、重庆邮政通信计量站、重庆邮政科技情报站）。

1999 年，市邮管局加入"中国通信信息网站"，建立"重庆市邮政计算科学技术情报信息网"。

2000 年 12 月 7 日，市邮管局成立重庆市邮政信息技术局和电子邮政局，实行两块牌子、一套班子，下设综合办公室、电子商务科、开发建设科、运行维护中心。同年 12 月 28 日，重庆市邮政科学研究院与重庆邮政规划设计院合署办公，实行两块牌子、一套班子，下设综合办公室、规划设计室、技术开发部，下挂科技情报站、通信计量站。

2001 年 7 月 9 日，市邮管局科技处成立，负责全局科技、计量、节能管理及组织重大科技项目攻关、成果鉴定与转让。同年 7 月 10 日，重庆市邮政信息技术局（重庆市电子邮政局）与重庆市邮政科学研究院（重庆市邮政规划设计院）合署办公，实行四块牌子、一套班子。同年 12 月 25 日，重庆市邮政信息技术局（重庆市电子邮政局）与重庆市邮政科学研究院（重庆邮政规划设计院）分设。同年 12 月，成立重庆邮政科学技术委员会，承担重庆邮政重大科技问题的评议和咨询任务。同时成立重庆邮政科技委办公室，挂靠科技处，负责科技委日常工作。

2002 年 9 月，市邮管局绿卡系统划归重庆市邮政信息技术局管理，"绿卡工程"办公室职能职责和人员划入信息技术局运行维护部。

2004 年 3 月 1 日，重庆市邮政信息技术局（重庆市电子邮政局）与重庆市邮政科学研究院（重庆邮政规划设计院）进行整合，成立新的重庆市邮政信息技术局，同时保留重庆市邮政科学研究院（重庆邮政规划设计院）牌子，实行三块牌子、一套班子。新成立的重庆市邮政信息技术局下设综合办公室（下挂财务部）、工程建设部、运行维护部、电子商务部、技术开发部（下挂规划设计室）。市邮管局科技处挂靠重庆市邮政信息技术局，实行合署办公，下挂通信计量站、科技情报站。

2005 年 8 月 28 日，重庆市邮政信息技术局更名为重庆邮政局信息技术局。

2007 年 3 月 12 日，重庆市邮政公司推进邮政企业体制改革，重庆邮政局信息技术局更名为重庆邮政公司信息技术局，原信息技术局电子商务部和信息业务局全部职能由电子商务公司承担，原与信息技术局合署办公的科技处职能由企业发展与科技部承担，科技处下挂通信计量站职能仍由信息技术局承担。同年5月31日，市公司机构编制委员会核定信息技术局内设机构为综合办公室、工程建设部、运行维护部、技术开发部（下挂规划设计室）、通信计量站（下挂科技情报站）、设备维护中心。同年9月25日，重庆邮政公司信息技术局更名为重庆市邮政公司信息技术局。

2007年，新组建企业发展与科技部，并延续至2022年。将原工程建设处、科技处、重点办、企业协会等部门职能整合在一起，新增加企业规划和标准化工作。

2009年9月25日，市公司机构编制委员会决定撤销信息技术局内设机构设备维护中心，其相关职能由信息技术局内设机构运行维护部承担。

2015年6月11日，中国邮政集团公司重庆市分公司成立数据信息中心，与信息技术局合署办公，实行两块牌子、一套班子。同年6月19日，"重庆市邮政公司信息技术局"更名为"中国邮政集团公司重庆市信息技术局"。

2017年6月7日，市分公司经营组织架构改革，信息技术局下设工程建设部、技术开发部、运行维护部。同时，市分公司成立市场营销部数据中心。

2019年1月3日，按照重庆邮政股权投资清理整合工作安排，重庆邮政规划设计院完成工商注销。

2020年3月31日，"中国邮政集团公司重庆市信息技术局"更名为"中国邮政集团有限公司重庆市信息技术局"。同年11月10日，信息技术局负责采集、维护、挖掘和分析全市各类数据的工作职责，调整至市场营销部数据中心。

2021年8月24日，中国邮政集团有限公司重庆市信息技术局更名为中国邮政集团有限公司重庆市信息技术中心（简称信息技术中心）。

二、科技队伍

（一）队伍现状

截至2022年底，信息技术中心在职员工41人，其中总经理1人、副总经理1人、部门负责人3人、专业序列人员36人；平均年龄40岁，其中50岁以上6人、40—50岁20人、30—40岁11人、30岁以下4人；女职工11人；党员21人；硕士研究生学历9人、本科学历29人、专科学历3人；高级工程师4人、工程师11人、助理工程师11人；注册信息安全工程师（CISP）1人；中国邮政集团公司科技专家2人。根据实际工作需要，信息技术中心与寄递事业部信息中心（7人）整合，实行集中办公、统一管理。

全市39个区县分公司共有信息技术人员55人，平均年龄38.4岁。本科学历34人，占比61.8%；专科学历21人，占比38.2%。

（二）先进个人

张晓春

1999年4月，重庆市总工会授予："九五立功奖章"。

2000年4月，重庆市人民政府授予：重庆市劳动模范。

2002年12月，科技部、中宣部和中国科协授予：全国科普工作先进工作者。

何泽雯

1993年5月至1997年5月当选重庆市第十届政协委员、第十届政协科技委员会委员；1997年6月至2002年6月当选重庆直辖后第一届政协委员；2002年4月，国家邮政局授予：全国邮政系统先进个人。

周亚芒

2005年4月，重庆市人民政府授予：重庆市劳动模范。

2007年7月，中国邮政集团公司授予：邮政百名优秀科技人才。

晏良

2007年7月，中国邮政集团公司授予：邮政百名优秀科技人才。

2007年12月，重庆市总工会授予：重庆市职工职业道德"十佳"标兵。

彭文锋

2007年9月，中国邮政集团公司授予：全国邮政系统先进个人。

刘强

2008年3月，中国邮政集团公司授予：中国邮政金融信息化显著贡献奖。

2019年7月，中国邮政集团公司授予：中国邮政集团公司科技专家库专家。

2020年6月，中国邮政集团有限公司授予：中国邮政集团有限公司优秀共产党员。

欧阳运雄

2009年9月，重庆市人民政府授予：重庆市劳动模范。

赵飚

2012年4月，重庆市人民政府授予：重庆市劳动模范。

2019年7月，中国邮政集团公司授予：中国邮政集团公司科技专家库专家。

陈东

2017年4月，中国邮政集团公司授予：中国邮政突出贡献科技工作者。

江　咏

2019 年 7 月，中国邮政集团公司授予：中国邮政集团公司科技专家库专家。

梁　凯

2022 年 12 月，中国邮政集团有限公司授予：中国邮政集团有限公司青年学习标兵。

第二节　科技应用与管理

1986—2022 年，重庆邮政通过科技创新、技术研发与新技术应用，将现代化技术和成果引入重庆邮政生产与管理各个环节，减轻了一线工人的劳动强度，为重庆邮政适应社会发展和国家经济建设提供了技术支撑。邮电分营前，重庆邮政在科学研究、技术革新、新技术开发、软科学研究及成果推广应用等方面均有很大进步。邮电分营后，重庆邮政坚持"科技兴邮"的发展战略，实现全市邮政运输机械化、处理自动化、营业电子化和信息服务网络化。

"七五"期间（1986—1990），重庆邮政实施多项举措让科技工作面向生产，促进科技与通信生产紧密结合，有效推动技术进步。"八五"期间（1991—1995），重庆邮政遵循"科学技术是第一生产力"的理论，大胆引进国内外先进技术，开发新技术，并广泛应用于生产中，同时，加快设备改造、更新步伐。"九五"期间（1996—2000），重庆邮政重视高科技的投入，信函、包裹实现自动化分拣，邮件内部处理速度加快，用户用邮更为舒适、方便。"十五"期间（2001—2005），全面贯彻"科技兴邮"战略，大力推进邮政科技进步和创新，以用信息技术改造提升传统邮政、增强企业核心竞争力为目标，推进科技创新、企业信息化，实现科技工作由技术支撑型向技术引导型转变、信息技术工作由网络建设为主向业务应用为主转变、运维工作由被动应急型向主动预防型转变，促进技术创新能力、科技队伍素质、网络运行效益、网络支撑能力提升。"十一五"期间（2006—2010），实施多项应用信息管理系统，初步实现生产、营业、管理信息化，信息系统间的数据共享和资源整合进一步加强，邮政信息化水平逐步提高。"十二五"期间（2011—2015），信息化建设积极推进，成立重庆邮政数据分析中心，整合邮政数据核心资产，为客户分析、营销、经营决策提供支撑。"十三五"期间（2016—2020），强化科技赋能，积极融入数字经济新趋势，推动重庆邮政数字化转型。"十四五"初期（2021—2022），强化数字驱动，将新一代数字技术与邮政行业深度融合，加速数字化智慧化赋能，贯彻落实集团公司"全力建设数字邮政，打造决胜未来的数智化优势"战略目标，体系化推进数智化转型，为重庆邮政高质量发展提供坚强支撑。

一、科技制度

为坚持落实好"科技兴邮"发展战略，重庆邮政从实际出发，研究制定出适应不同时期科技发展要求的规章制度：《重庆市邮电通信企业科技进步开发项目计划管理办法（试行）》规范科技进步开发项目申报、下达、实施、成果鉴定等流程，促进科技与通信生产的紧密结合；《重庆市邮电科技情报中心站工作条例（暂行）》明确重庆市邮电科技情报工作组织管理、职责任务、活动、成果奖励等内容，加强重庆市邮电科技情报工作；《重庆市邮政管理局计算机系统管理规定（试行）》规范系统运行管理、维护管理、软硬件维护、中心机房管理等内容，加强全局各类计算机系统的管理；《重庆市邮政公司科学技术奖励办法》明确科学技术奖奖励范围和评审标准、评审机构等内容，充分发挥广大科学技术人员的积极性和创造性；《重庆市邮政公司科技项目管理办法》明确科技项目管理组织机构和职责、立项、实施、经费、验收等管理内容，加强重庆市邮政科技项目管理；《重庆市邮政公司科技项目管理实施细则（试行）》规范科技项目申报、项目形式审查、项目评审、项目经费管理、项目后评估等环节，实现科技项目管理的科学化、规范化和制度化。制订《重庆邮政科技创新体系建设实施意见》，明确总体要求、主要行动任务等内容，建立和完善科技创新赋能体系；《中国邮政集团有限公司重庆市分公司科技创新实验室管理办法》明确实验室管理职责要求、建设运行、费用要求等内容，加强科技创新实验室建设和管理，完善市分公司科技创新体系建设；修订印发《中国邮政集团有限公司重庆市分公司科技项目管理办法》明确组织机构与职责、立项、实施、结题、经费等管理内容，加强科技项目管理科学化、规范化和制度化；制订《重庆邮政数智化转型三年行动方案（2023—2025）》，明确数智化转型三年主要目标、重点任务等内容，加强数字邮政建设工作规划引领；随后，重庆邮政对数智化转型工作提出"成熟系统管好用好，补充系统快建快用"的要求，建立了数智化转型重点项目、业技融合、劳动竞赛等工作机制，推动数字邮政建设工作的落实落地和稳步推进。

二、科技项目

（一）国家科技支撑计划项目

1.《网购物流城市共同配送服务技术研究与应用示范》

根据 2012 年国家科技支撑计划项目指南，重庆市邮政公司、重庆大学和重庆市邮政速递物流有限公司（2015 年后改名为中邮速递重庆市分公司）3 家单位共同申报了 2012 年国家科技支撑计划项目《网购物流城市共同配送服务技术研究与应用示范》。其中重庆市邮政公司为项目承担单位，其余两家单位为项目参与单位。当年该项目在全国同类项目评审中获得第三名，入库候选。之后，项目组完成了项目调研、项目建议书撰写、可行性论证、任务书修改，并参加了科技部组织的项目答辩、课题评审、预算评审等内容，2014年8月中旬该项目出库启动。

2015年10月28日，国家科技部正式下达《关于国家科技支撑计划中西亚跨境电子商务服务技术研发及应用示范等36个项目立项的通知》，明确："该项目已完成可行性论证、课题评审及预算评审评估等工作，经研究，同意其列入国家科技支撑计划组织实施。项目起止时间为2015年7月1日至2017年12月31日，项目经费总额为4637万元，其中，科技部将拨付604万元作为原重庆市邮政公司的专项资金，233万元作为重庆大学的专项资金。"2018年，该项目通过科技部组织的验收。

2. 其他申报入库的科技支撑计划项目

2014年，邮政科学研究规划院（中邮科技）联合中国邮政集团公司、重庆市邮政公司、北京邮电大学、重庆大学5家单位，联合申报《快件物流及物流终端综合服务技术研发与应用示范》项目，经国家邮政局推荐，参加2014年国家科技支撑计划答辩和评审，最终该项目以同类型项目第三名身份入库。

同年，重庆市邮政公司联合重庆大龙网科技有限公司、重庆市信息产业投资促进中心（重庆国际电子商务交易认证中心）、重庆易极付科技有限公司、重庆大学、重庆邮电大学6家单位共同申报《跨境电子商务全产业链综合服务模式及其关键技术研发与应用示范》项目，经重庆市科委推荐，参加2014年国家科技支撑计划答辩和评审，最终该项目以同类型项目第三名身份入库。

（二）市科委立项项目

2012年，重庆市邮政公司联合重庆大学和重庆市邮政速递物流有限公司申报了市科委项目《网购物流城市共同配送服务技术研究与应用示范》（与国家科技支撑计划项目同名），并于同年7月获得立项批复，拨付该项目专项资金共计92万元。

（三）重庆邮政立项项目

2007—2022年，重庆邮政共立项科技项目107个，涉及管理类项目50个、邮务类项目35个、寄递类项目13个、金融类项目6个。各类科技项目的研究开发让科技为重庆邮政高质量发展赋能，提升了管理效率，促进了业务发展，保障了安全生产，落实了监管要求。比较具有代表性的项目有：

报刊零售批发系统（2007年）：实现对三峡报刊亭经营的有效管理，规范化管理零售报刊杂志统一进、销、存等，包括报刊杂志的到货，各单位的配发、退货、打印条码标签，收款、缴款等。

物资管理系统（2008年）：实现对各类物资的全面管理，精准管理物资数量的增减、状态的变更，以及相关责任人员的变化情况，根据物资的相关属性进行查询、统计、分析。

商函大宗邮件集中处理系统（2009年）：规范商函大宗邮件集中处理流程，搭建各支局、片区局与商函公司、中心局的数据传输共享平台，提高生产管理效率，节约企业成本支出。

物资集中采购供应系统（2009年）：实现对物资集中采购供应行为的信息化管理，准确掌握各单位生产物资的实际消耗和需求，加速资金周转，提高物资集中采购供应效率和运行质量。

重庆邮政网点综合信息系统（2009年）：依托邮政综合网，采用与综合网一致的技术平台，建立全市联网、统一管理、分层应用的网点管理信息系统，功能扩展灵活，维护方便，运行高效、稳定、安全，数据准确、及时。

代售涪陵汽车票系统（2010年）：填补了重庆邮政电子商务汽车票代理销售的空白，系统主要包含与长途汽车站票务系统的软件接口，对汽车班次计划进行实时查询、票价实时查询、座位实时查询、订票交易、出票等功能。

重庆邮政绩效管理系统（2011年）：实现岗位、绩效的信息化和网络化管理，实时掌控重庆邮政公司岗位设置、岗位职责、岗位任职资格、岗位KPI、绩效目标、绩效执行、绩效评估情况，提升人力资源管理效率。

重庆邮政发票打印系统（2012年）：按税务机关统一要求开发邮政发票管理系统，主要功能是进行发票打印的统一规范管理，简化开票管理流程。

机票后台管理系统（2012年）：通过订票信息收集、自动生成各平台报表、自动生成汇总报表、信息查询等手段，提高账务处理速度及准确度，提高人员劳动效率。

"自邮一族"会员卡加油站管理系统（2013年）：将"中石油""中石化"和广大乡镇私人加油站纳入"自邮一族"业务中，提高"自邮一族"特别是区县地域的业务竞争力，带来金融等业务发展新的增长点。

重庆邮政在线考试系统（2013年）：实现有效监考、随机产生试卷、考生身份验证、组卷自动化、阅卷自动化和成绩统计自动化等无纸化考试功能。

邮件处理中心智能管控应用（2022年）：利用AI视觉行为识别技术，在中邮信科公司自研系统基础上，研究邮件处理场地的规范人员着装、防止暴力分拣、规范车辆停放、消防安全预警等视觉识别应用。

商户收单客户挖掘与应用（2022年）：通过建模解决收单业务的优质商户与问题商户识别及分类营销问题，以及潜客挖掘等问题。

三、科技成果

1986—2022年，重庆邮政将现代化技术和成果引入邮政生产与管理各个环节，为邮政适应社会发展和经济建设提供技术支撑，各类科技项目获奖100余次，取得了丰硕的成果。

表 6-2-2-1

1986—2022 年重庆邮政部分年份主要科技项目获奖情况统计表

序号	获奖时间	项目名称	奖　项	主要完成单位及完成者	等级
1	2004.2	重庆信息港邮政信息系统	2003 年重庆市科学技术进步三等奖	重庆市邮政管理局、重庆邮电学院：张晓春、王平、黄世明、欧阳运雄、周亚芒	三等奖
2	2006.3	基于 B2C 模式的电子商务与现代物流系统及其示范工程	2005 年重庆市科学技术进步奖	重庆邮政局信息技术局：张晓春、王平、欧阳运雄、杨荣华、赵飚	三等奖
3	2006.3	重庆邮政 11185 邮政客户服务中心项目解决方案	重庆市信息化"十五"优秀解决方案	重庆邮政局信息技术局：张晓春、欧阳运雄、龙泽勇、杨荣华、赵飚	—
4	2007.3	重庆市现代物流关键技术研究及示范工程	2006 年重庆市科学技术进步奖	重庆邮政局信息技术局：张晓春、王平、王旭、姜大立、杨荣华	三等奖
5	2009.2	重庆市"十一五"现代物流业发展专项规划	2008 年重庆市科学技术进步奖	重庆大学、重庆邮政信息技术局等	二等奖
6	2011.12	名址信息识别系统	2011 年中国邮政集团公司科学技术奖	重庆市邮政公司信息技术局：欧阳运雄、龙泽勇、赵飚、陈东、蹇昀	三等奖
7	2014.12	银企账单客户服务平台	2013 年中国邮政集团公司科学技术奖	重庆市邮政公司信息技术局：赵飚、陈东、蹇昀、罗雪、尹彪	三等奖
8	2015.9	智能 wifi 接入系统建设项目	2015 年重庆市职工优秀技术创新成果	重庆市邮政公司信息技术局：蹇昀、陈东、缪伟民、侯渝飞	三等奖
9	2016.11	国税代征系统	2016 年全国邮政企业科技创新成果奖	中国邮政集团公司重庆市信息技术局：陈东、熊麟、梁凯、罗雪	三等奖
10	2017.8	外出务工客户细分初探	2016 年邮政金融数据分析优秀案例	中国邮政集团公司重庆市分公司：吴勇、赵飚、高海清、王珏、熊永富、周国燕、牟操	三等奖
11	2019.3	余额增长高峰期业务发展及客户特征分析	2017 年邮政金融数据分析优秀案例	中国邮政集团公司重庆市分公司：袁露丹、覃林松	三等奖
12	2019.3	代理金融交易量趋势分析	2017 年邮政金融数据分析优秀案例	中国邮政集团公司重庆市分公司	优秀奖
13	2019.4	爬虫技术的研究与应用	2018 年全国邮政企业科技创新成果奖	中国邮政集团公司重庆市信息技术局：蹇昀、缪伟民、刘峻屹、邓茹月	三等奖
		国税 ARM 机改造项目		中国邮政集团公司重庆市信息技术局：陈东、梁凯、周胜强	小技改小发明奖
14	2019.10	数据分析与软件研发在保险营销中的融合应用实践	2019 年全国邮政企业科技创新成果奖	中国邮政集团公司重庆市信息技术局：蹇昀、高海清、邓茹月、尹彪、严欢	三等奖
15	2021.1	基于实体渠道管理系统的建制村通邮管理信息化项目	2020 年全国邮政企业科技创新成果奖	中国邮政集团有限公司重庆市信息技术局：尹彪、蹇昀、蔡林圻、刘峻屹、陈东	小技改小发明奖
16	2021.11	重庆邮政寄递业务运营优化分析与应用	2021 年全国邮政企业科技创新成果奖	中国邮政集团有限公司重庆市企业发展与科技部：欧阳运雄、江咏、缪伟民、肖开勇、王凯	三等奖

第三节　信息网建设

一、网络建设

（一）网络类型

1. 广域网

（1）一级骨干网

1998年，按照国家邮政局的部署，重庆邮政信息网开始建设。1999年2月，重庆邮政综合计算机网（简称综合网）工程正式启动，2001年9月7日通过初步验收。

2003年4月30日，综合网广域网暨局域网工程通过竣工验收。广域网实现与国家邮政局、其他省局的互联互通，重庆市邮政信息网中心（简称重庆市中心）采用Bay BLN-2路由器和新桥36170ATM交换机接入省际网，连接四川省邮政信息网中心和湖北省邮政信息网中心，建成一级骨干网，线路带宽2M，主要承载会议电视、内部电话、电子汇兑、电子邮政、报刊、速递、集邮等业务。局域网上运行的应用系统有电子汇兑、报刊发行省际要数、EMS跟踪查询和邮资票品等系统。

2005年，国家邮政局对省际网进行改造，重庆市中心使用Cisco7604双机热备方式连接省际网，朗讯CBX3500 ATM交换机替换新桥36170交换机，并直连全国邮政信息网中心（简称全国中心），提高省际网可靠性。

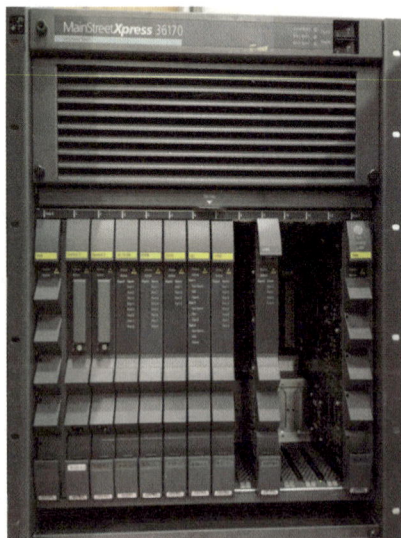

图6-2-3-1　1999—2005年使用的新桥36170 ATM交换机

2006年，国家邮政局对一级骨干网进行改造，新增重庆市中心至全国中心155M SDH广域网线路，主要承载金融灾备、金融生产业务、邮务生产业务和高清视频会议。

2008年，新增两台北电NT9480交换机，用于连接全国中心西便门机房和丰台机房，实现了省际网设备和线路冗余（冗余：指出于系统安全和可靠性等方面的考虑，人为地对一些关键部件或功能进行重复的配置，当系统发生故障时，冗余配置的部件作为备援，及时介入并承担故障部件的工作）。

2009年2月，中国邮政集团公司对综合网省际传输网络进行扩容，在原有朗讯CBX 3500传输平台之下，新增2套北电NT9480 155M ATM传输平台，分别接入西便门机房和丰台机房，提高综合网备用网络的网络带宽和邮务类业务的稳定性。

2016年，中国邮政集团公司和中国邮政储蓄银行对重庆市中心广域网进行改造。新增2台H3C SR6608路由器，用于广域网邮务类业务；新增2台H3C 8810X路由器，用于邮政管理类业务数据传输；新增2台H3C SR6608路由器，用于互联网统一接入；新增2台Cisco N9508交换机，用于视频、监控、办公等多业务汇聚。新建2套华为OSN 550 MSTP传输平台和1套中兴385传输平台，分别接入北京和合肥两地三中心机房，广域网实现ATM传输向MSTP传输的升级改造。

2022年，集团公司对重庆市中心广域网进行改造，采用华为12708交换机替换Cisco N9508交换机，自此，重庆市中心省际网交换机实现了全面国产化。

（2）二级骨干网

1999年，重庆市邮政管理局建成万州三级中心，使用朗讯AC120 ATM组网，采用64K的DDN电路与重庆市中心互联。

2002年，重庆市中心使用Cisco7513路由器作为二级骨干网核心路由器，用于连接各区县邮政局和二级分支机构，通过在骨干设备上划分时隙的方式为各区县邮政局分配逻辑接口，同时利用MPLS VPN技术构建不同的业务隧道，分别承载邮务、视频会议等多种业务。各区县邮政局使用2条不同通信运营商的2M电路，同时实现线路冗余。各区县邮政局中心机房使用Cisco3640、Cisco2651路由器作为骨干路由器。市邮管局作为全国邮政系统第一批使用MPLS VPN技术组网的单位，建设了一套全国一流的二级骨干承载网，在多业务承载能力、网络安全隔离、带宽保障方面均具有先进的技术优势，保障业务高速发展。

2004年，市邮管局对二级骨干网进行改造，利用MPLS VPN技术对邮政和金融业务的物理线路进行整合复用，降低了重庆邮政线路传输成本。2011年，重庆市中心对二级骨干网进行扩容改造，继续使用MPLS VPN技术组网，并使用MSTP电路替换原SDH、帧中继电路，带宽扩容至6M至10M。同时在网络设备的配备上实现冗余。此次改造使二级骨干网承载能力和业务拓展能力更强、可靠性更高。

2008 年，重庆市邮政公司对二级骨干网重庆市中心骨干路由器进行扩容改造，采用 Cisco7606 路由器替换原有的 Cisco7513 路由器作为二级骨干网重庆市中心核心路由器，继续采用在物理接口上划分逻辑接口的方式连接各区县分公司中心机房和二级分支机构，并实现重庆市中心骨干设备双机冗余。

2011 年，二级骨干网各区县分公司中心机房路由器进行更新改造，采用 2 台 H3C MSR3040 路由器接入二级骨干网，二级骨干网重庆市中心和各区县分公司中心机房均实现了设备和线路冗余。

2015 年，二级骨干网重庆市中心骨干路由器再次进行扩容改造，采用 H3C CR16008 路由器替换原有的 Cisco 7606 路由器作为二级骨干网重庆市中心核心路由器。此次改造不再采用划分逻辑接口的方式连接各区县分公司中心机房，转而使用点对点方式与各区县分公司中心机房连接，提高线路的稳定性、带宽的扩展性和设备端口使用的灵活性。同时，重庆市中心建成监控骨干网，实现全市业务库的远程授权以及网点报警设备联网接警和管理。各区县分公司中心机房使用 10M 至 50M 电路连接重庆市中心。

2017 年，重庆市中心对二级骨干网进行设备更新，在各区县分公司中心机房新增核心交换机，并使用 IRF2 技术实现虚拟化部署。

2021 年，二级骨干网重庆市中心核心路由器更换为 H3C CR16010F。

（3）三级骨干网

2002 年，各区县邮政局完成三级网建设，各网点使用 64K 拨号电路接入各区县中心机房 Cisco2621 路由器。

2011 年，各区县分公司三级网逐渐取消路由方式组网，改为交换机加 VLAN 的大二层方式组网，各网点带宽由 64K 提升至 2M。

2017 年，重庆市中心对三级网进行改造，取消原大二层交换机方式组网，转而使用 MPLS VPN 技术实现路由器组网，各区县分公司中心机房分别新增 2 台下联汇聚路由器，各网点使用路由器接入各区县分公司中心机房下联汇聚路由器，主城 6 区采用直连重庆市中心的扁平化方式组网。此次改造提高了三级网的可靠性、可用性、安全性和抵御风险的能力。

2. 局域网

2001 年，重庆市中心进行局域网建设，接入网络大部分为 10M。采用 3COM CB9000 作为重庆市中心局域网核心交换机，主要承载 OA、速递等业务。

2011 年，重庆市中心进行局域网改造，采用 2 台 H3C 7506E 作为综合网核心交换机，实现重庆市中心核心局域网 1000M 互联，采用双机虚拟化技术实现冗余，提高核心网的可靠性、可用性、安全性。

2016 年，集团公司对各省（市）分公司中心局域网进行改造，采用 2 台 Cisco N9508 作为核心交换机，并重新规划局域网结构，按业务分类进行网络区域划分。各区域分别新增 2 台锐捷 5750 作为区域内核心交换机，新增防火墙用于域间互访安全隔离，所有设备全部采用冗余部署方式，提高重庆市中心局域网安全性。

2022 年，集团公司使用 4 台华为 12708 交换机对重庆市中心核心交换机和部分重要区域交换机进行更新，提高设备稳定性、可靠性。

3. 无线网

2008 年，市公司利用 2G 无线技术接入邮政综合网，采用宏电 2G 无线路由器接入电子化支局，无线数传技术正式应用于邮政生产，小规模用于收寄校园包裹。

2012 年，采用迈普 1800 3G 无线路由器替换原来的 2G 无线接入设备。

2018 年，利用 4G 无线技术，融合 VPN、隧道加密技术和 AAA 认证、CA 认证对接入设备进行认证，对数据进行加密传输，同时在接入区增加山石 E2300 防火墙对无线接入终端进行访问控制，提高无线接入数据的安全性和传输速率。无线接入技术开始广泛应用于重庆邮政各区县灾备、移动展业、流动服务车、车载监控等业务。

（二）网络安全

网络安全是信息系统稳定运行的保障，市分公司从信息网建设初期就十分重视网络安全。从最初仅靠防火墙进行网络隔离的方式逐渐发展为一个具有强大安全防范能力的安全体系，采用包括终端准入、终端管控、态势感知、网闸、Web 应用防护系统（简称 WAF：Web Application Firewall）、IDS/IPS（IDS：入侵检测系统，IPS：入侵防御系统）、防病毒网关等手段。

2002 年，金融第三方外联业务采用天融信 Ares-T3 防火墙对内外网进行隔离。

2005 年，两网互通工程推广上线，采用 Juniper Netscreen500 防火墙用于金融网和邮务网互联互通。

2008 年，邮政电子商务平台上线，采用天融信 Ares1508 和 Juniper SSG550M 异构防火墙用于核心区、DMZ 区和外联区隔离。

2015 年，重庆市中心机房互联网出口部署网御 Leadsec-6000WAF-MI web 应用安全防护系统，为 Web 应用提供保护。2021 年，该设备更换为绿盟 WAFNX5-HD1600。

2015 年，重庆市中心机房互联网出口部署山石 SG-6000 E2300 防病毒网关，具有病毒查杀、关键字过滤（如色情、反动）、垃圾邮件阻止功能，保护进出数据安全。2021 年，该设备更换为天融信 TopFilter 8000 过滤网关。

2016 年，邮务网启明星辰泰合信息安全运行系统上线，用于收集邮务网服务器、网络设备、安全设备运行日志，并进行分析、审计。2020 年，该设备更换为安恒

DAS-LOG-3000 日志审计系统。

2016 年，集团公司对重庆市中心局域网进行改造，对邮政各业务区域进行安全加固，新增山石 M3108、山石 M6115、华三 F1000 等防火墙对各业务区域进行隔离。

2017 年，绿盟漏洞扫描系统 RSAS（远程安全评估系统）NX3-S 上线，定期对应用系统进行安全脆弱性检测，查找安全隐患。

2017 年，金融网启明星辰泰合信息安全运行系统上线，用于收集服务器、网络设备、安全设备运行日志，并进行分析、审计。2022 年，该设备下线，更换为安恒 TaiShan 200 日志审计系统。

2017 年，邮务网堡垒机上讯 IFC OMA250-S 上线，加强对内网生产系统运行维护工作的审计。同年，重庆市中心机房互联网出口部署绿盟异常流量清洗系统 ADS NX3-800E，防止互联网 DDoS 攻击，保护互联网应用正常提供服务。同年，重庆市中心机房互联网出口部署绿盟 NIPS NX3-N1000 入侵防护系统，阻止互联网网络攻击，保护互联网应用安全和防止数据泄露。

2018 年，采用山石 E2300 防火墙对 4G 无线接入终端进行安全隔离。

2019 年，在第三方外联边界部署两台绿盟 NIPS NX5-T9010 入侵防护系统，阻止来自第三方的网络攻击。

2021 年，集团公司新增华为 USG6625 防火墙，用于过滤各区县分公司上行数据包。同年，邮务网天擎终端安全管控系统上线，用于邮务网终端安全防护、病毒查杀。邮务网天擎 NAC-6150-1000PX 准入系统上线，用于加强终端管控，禁止未安装终端管控客户端的终端访问邮务网生产系统；金融网天擎终端安全管控系统上线，用于金融网终端安全防护、病毒查杀；绿盟 BVS NX3-S 基线检测系统上线，用于定期检测应用系统的安全配置，防范安全隐患。在邮务区部署两台绿盟 NIPS NX5-HD4500 入侵防护系统，用于防护各区县分公司上行的网络攻击；在互联网出口和第三方边界分别部署一台和二台启明星辰天清 GAP-6000-3620BD-RP 安全隔离与信息交换系统，加强网络边界隔离，保证网络安全。同年，深信服 sip-1000-b400 网络安全态势感知平台上线，用于实时检测网络攻击、木马、蠕虫、挖矿等恶意代码，并进行针对性处理。

2022 年，金融网天擎 NAC-V3600 准入系统上线，用于加强终端管控，禁止未安装终端管控客户端的终端访问金融网生产系统。

（三）网络技术

1. 传输技术

1999 年，采用 DDN、ATM、X.25 方式接入大区中心和万州三级中心。

2002 年，开始在广域网和二级骨干网上广泛采用

SDH、帧中继等传输技术。

2008 年，利用无线 2G 技术接入重庆邮政专网，基本满足字符终端的应用。

2011 年，在二级骨干网、三级网上广泛使用 MSTP 传输技术。

2017 年，在三级网上逐渐开始采用 IP-RAN、PTN 传输方式。

2022 年，在省际网、监控网上逐渐使用 OTN 电路传输方式。

2. IP 技术

1999 年，建成综合网，经历由静态路由到 EIGRP、OSPF、ISIS、BGP 的发展，交换技术从单纯的集中转发到分布式转发，再到转发平面与控制平面分离的交换方式。

2008 年，改造"11185"客户中心，采用 IP 技术＋软交换方式，使用 IP 电话实现接听及外呼。

3. 程控交换

1999 年，国家邮政局统一建成 ALCATEL 4400 程控交换系统，重庆邮政成功接入全国邮政内部电话网，实现全国邮政系统内部电话免费通话。

（四）业务应用

1999 年，综合网主要承载办公管理类、邮务类业务和内部电话系统。

2002 年，二级骨干网建成，综合网承载业务开始增多，主要包括邮务类、金融类、办公管理类、第三方业务等。

2011 年，随着业务不断发展，除邮务类、金融类主营业务之外，增加高清视频会议系统、多媒体系统、监控系统。

2022 年底，邮政信息网承载金融、邮务、视频监控、视频会议、多媒体联播、证券、保险、第三方业务共 8 大类业务应用。

二、中心机房建设

（一）重庆市中心机房

1996 年，由邮电部设计院设计，在重庆市渝中区上清寺重庆邮政大院生产大楼 6 楼，建成 200 多平方米的重庆邮政储蓄绿卡办计算机机房。该机房为人机混杂机房。机房内用玻璃隔断，分隔为空调室、配电电源室、主机室、制卡室、打印室、绿卡办公室、值班室和培训室。由 2 路 185 电缆通过主备模式对机房供电。空调机和 UPS 电源均为力博特（liebert）品牌。同年 10 月 8 日，"绿卡工程"计算机中心机房通过验收。

1998 年，在重庆邮政大院生产大楼 4 楼，建成重庆邮政第一个综合网信息机房。机房占地 200 多平方米，内设主机室和人员工作室，由 1 路 150 电缆和 1 路 120 电缆对机房供电。主要供电设备由 1 套 1+1 冗余的爱克赛 40kVA UPS 电源和 1 套 48V 武汉洲际高频开关电源组成。该机房配备 4 台格力 5 匹空调机对设备进行散热。

图 6-2-3-2　1998 年建成的重庆邮政综合网信息机房

2000 年，为满足重庆邮政"绿卡"二期工程机房扩容以及相应配套需要，由邮电部设计院设计，参照 1998 年出版《GB 50174 数据中心设计规范》B 级机房设计标准，在重庆邮政大院生产大楼 4 楼，建成占地 360 平方米的重庆邮政储汇局绿卡中心机房。该机房为人机混杂机房。机房内用玻璃隔断，分隔为主机 / 通讯室、清算 / 运行 / 值班室、空调 / 电源室、资料 / 介质室、制卡室、打印室、消防室。由 2 路 185 电缆通过主备模式对机房供电，由 880kVA 发电机进行应急供电，并配备 1 套 1+1 冗余的爱克赛 40kVA UPS 电源提供不间断供电。该机房配备 2 台下送风海洛斯 U55A 空调器对设备进行散热。

2002 年，参照 1998 年出版《GB 50174 数据中心设计规范》B 级机房设计标准，在重庆邮政大院生产大楼 4 楼，建成占地 260 平方米的重庆邮政综合网信息新机房。该机房为人机隔离机房。机房内用玻璃隔断，分割为空调 / 电源室、主机室 1、主机室 2、通讯室、消防室。由 2 路 150 电缆对机房供电，由 880kVA 发电机进行应急供电，并配备 1 套 20kVA 山特在线式 UPS 电源提供不间断供电，2004 年该机房山特在线式 UPS 电源更换为 BEST 30kVA UPS 电源。该机房配备 2 台下送风阿尔西空调器对设备进行散热。

2008 年，对重庆邮政综合网信息机房、重庆邮政储汇局绿卡中心机房和重庆邮政综合网信息新机房 3 个机房进行整合，整合后的机房命名为重庆市邮政综合网中心机房，分设空调电源室、网络室、主机室、设备间、消防室。整合 6 路机房主电缆为 2 路，通过 ATS 开关自动切换供电。整合机房内配电系统，通过精密配电柜—列头柜的辐射模式对机房内设备供电，机柜全部改为成列放置，第一次采用动环监控系统对机房进行实时监控。在网络室新增海洛斯 P09 空调器，把 BEST 30kVA 电源更换为先控 60kVA 高频开关电源。2009 年，把 2 台海洛斯 U55A 空调器和 2 台阿尔西空调器更换为 4 台艾默生 P2060 空调器，把爱克赛 UPS 电源更换为艾默生 120kVA UPS 电源。

2021 年 6 月，根据《GB 50174-2017 数据中心设计规范》A 级机房设计标准，在重庆邮政大院生产大楼 31 楼，建成占地 1000 多平方米的重庆市邮政信息网中心新机房，内部设置 UPS 电源室、空调室、主机室、值班室、钢瓶室扩张机房、设备库房、运维部和安保室，并于 2021 年 9 月完成所有设备搬迁。新机房全面实现 2N 供配电系统，采用先进的施耐德 Okken 系列成套配电设备对机房供电，由专用的箱式 700kW 柴油发电机组进行应急供电，并配备 2 套 UPS 电源系统（1 套 1+1 维谛 120kVA UPS 电源、1 套华为 125kVA 模块化 UPS 电源）通过 2N 模式提供不间断供电。在主机房内采用冷通道技术，通过 3+2 空调系统对设备进行散热。配备 5 台 72.5kW 佳力图下送风空调器和 2 台 55kW 佳力图上送风空调器。采用功能更为智能齐全的动环监控系统对机房内温湿度、配套设备、给排水系统、PM2.5、风压等进行全面监控，并采用智能照明系统。

（二）区县中心机房

1996 年，配合"绿卡工程"建设，要求各区县邮政局中心机房面积不小于 4 平方米，铺设地板、贴护墙板，计算机接地保护电阻小于 4 欧姆，将地线与房屋避雷地线相接。机房内配备空调，安装消防器材、报警装置。机房用电从总配电板直接引出，与照明、空调用电线路分开，配备市电与 UPS 切换的自动装置。主机、终端、打印机用电从 UPS 获得。

1998 年，由重庆邮政储汇局统一采购小型 UPS 电源安装于各区县邮政局中心机房，用于金融设备供电。2006 年，统一规划并安装各区县邮政局中心机房的 UPS 电源输入输出配电箱。

图 6-2-3-3　2008 年整合后的重庆市邮政综合网中心机房

1999 年 12 月，重庆市邮区中心局、储汇局、机要局、速递局、报刊发行局、邮运车队建设重庆邮政综合计算机网二级机构局域网机房，要求机房内接入一组独立的单相三线 220V 电源，负荷不小于 6 千瓦，冬季室温控制在 20±2 摄氏度、夏季室温控制在 22±2 摄氏度，并进行必要的防潮、防尘、防火处理。

2012 年末，全市各区县分公司机房统一配置山特 C6KS 6kVA UPS 电源。

2018 年 8 月，完成潼南区分公司中心机房托管至通信运营商机房试点工作。2022 年 6 月，完成全市 32 个区县分公司中心机房托管工作，取消渝北、江北、沙坪坝、渝中、南岸、九龙坡、大渡口 7 个城、片区分公司的中心机房，所辖网点直连重庆市中心机房。

三、信息系统建设

（一）金融类

1. 储蓄系统

1996 年 11 月，重庆市邮政储蓄"绿卡工程"一期上线，配置韩国三星电子株式会社系统集成的 SSM8000/5100 中心主机系统 1 套。上清寺、解放碑、观音桥 3 个首批同城联网试点网点开通储蓄本地存取业务。

1998 年 9 月，系统主机升级为 SSM8000/5200。同年 12 月 10 日，重庆市邮政储蓄计算机网络技术改造工程即"绿卡"一期工程通过初步验收，联网开通邮政储蓄网点 60 个、ATM 36 台、区县管理终端 22 个、网点监控系统 20 个。2000 年 4 月 18 日，"绿卡"一期工程通过竣工验收。

1998 年，启动建设三峡库区"绿卡"工程，在万县、涪陵、黔江建设汇接局，联网网点数据通过汇接局与市绿卡中心连接，实现全国联网城市通存通取，满足直辖后重庆邮政金融业务发展需求，发挥"绿卡"工程在三峡库区地区优势。

2000 年 12 月 12 日，重庆邮政储蓄资金清算／网管中心系统改造工程（简称"绿卡"二期工程）上线。2001 年 11 月 5 日，"绿卡"二期工程通过初步验收。配置 2 台 HP 9000 系列 N4000 小型机作为储蓄系统服务器，配置 1 台 HP 9000 系列 K360 小型机作为开发机，配置 1 台 HP 9000 系列 R380 小型机作为网管服务器。

2000 年 12 月 25 日，重庆邮政绿卡 POS 消费系统开通。

2001 年 12 月 21 日，重庆邮政储蓄绿卡银联卡改造工程进入试运行测试阶段。重庆市是国家邮政局确定的银联卡改造纵向联网试点 5 个省市之一，先期已完成交易、清算、差错处理系统的软件开发和二级中心入网资格测试和入网认证测试，具备试运行条件。2002 年 9 月 3 日，重庆邮政储蓄绿卡银联卡改造工程完成。

2003 年 12 月 28 日，重庆市邮政储蓄整存整取通兑业务通过技术与业务测试，正式上线运行。

图 6-2-3-4　2004 年 9 月 30 日，重庆邮政储蓄统一版本工程切换上线电视电话会

2004 年 10 月 13 日，重庆邮政储蓄统一版本工程成功切换上线，该工程是重庆邮政历史上规模最大的技术改造工程。重庆邮政储蓄统一版本系统是全国统一的基本账务数据在重庆市中心集中存储、处理的邮政储蓄业务应用软件系统。2005 年 3 月 8 日，重庆邮政储蓄统一版本工程重庆市中心项目通过国家邮政局的初步验收，同年 9 月 26 日，通过竣工验收。

2004 年 12 月，重庆邮政储蓄信息管理系统、事后监督系统上线。2005 年 2 月 18 日，重庆邮政顺利完成金融反洗钱监控系统的安装和调试工作，正式投入运行。重庆邮政是全国邮政第二批上线的省（市）。

2005 年 3 月，重庆市"绿卡"处理中心扩容改造工程开工建设。该工程是为解决"绿卡"统一版本工程储蓄主机处理能力不足的瓶颈问题，同时结合统一版本工程的相关业务、技术要求及国家邮政局有关要求而设计、建设的。同年 6 月底，新旧主机切换成功，储蓄系统新主机为 2 台 HP 9000 系列 Superdome 小型机。2006 年 4 月 12 日，该工程通过竣工验收。

2005 年 4 月 15 日，重庆邮政储蓄现行历史数据系统上线，实现邮政储蓄业务数据和清算会计数据的分类、清理、转储、查询处理。

2006 年 1 月 8 日，重庆邮政金融电子稽查系统正式切换上线，标志着邮政金融系统对业务操作风险进行实时监控的风险防范信息系统正式投入使用。

2006 年 10 月 14 日，重庆邮政金融客户管理系统正式上线。

2007 年 1 月，重庆邮政金融系统数据备份切换到全国灾备中心，提高了重庆邮政金融系统安全等级。

2007 年 11 月 14 日，启动重庆邮政储蓄统一版本前端省集中工程第一批网点切换工作。同年 12 月 12 日，5 批网点切换工作全部完成，将前端服务器集中部署到重庆市中心机房，有效降低运维成本，减少技术风险。

2008 年 6 月 13 日，重庆邮政储蓄公司业务系统上线。重庆市中心部署邮政集团公司统一配置的 2 台 HP

DL580G5 服务器，网点通过图形终端连接重庆市中心网点服务器，各区县分公司操作员通过 PC 机上的 IE 浏览器访问全国中心 Web 服务器。

2009 年 4 月，邮政储蓄统一版本应用软件系统 2.0 版本升级改造顺利实施。同年 5 月，重庆邮政储蓄差错处理平台上线运行。同年 9 月 18 日，重庆邮政储蓄历史数据系统顺利上线。储蓄历史数据集中存储在全国中心，同时支持各省（市）生产联机交易。同年 11 月 30 日，重庆市邮政储蓄系统物理大集中改造工程顺利上线，重庆邮政储蓄主机系统迁移到北京丰台机房。该工程是邮政集团公司为解决各省（市）中心储蓄主机老旧问题，将各省（市）中心储蓄系统主机逐步上收到全国中心，实现邮政储蓄系统的物理集中。该工程采用主机分区技术，切换后系统逻辑结构保持不变，各省（市）主机保持相对独立，包括独立的主机分区、独立的局域网网段。同年 12 月 19 日，重庆邮政储蓄终端绑定管理系统上线运行。

2010 年 3 月，邮政金融数据下载系统上线。同年 6 月，重庆邮政金融网点终端数据传输安全工程上线。

2011 年 2 月，邮储银行金融 IC 卡系统在全国推广的第一个试点省（市）重庆正式上线。

2014 年 7 月 5 日，重庆邮政储蓄逻辑大集中工程上线。该工程是在邮政储蓄物理集中的基础上，利用小型机集群技术，以客户服务为中心，以产品管理平台为框架，采用先进设计思想和体系结构，整合本外币储、汇业务功能为一体的数据全国集中、业务处理全国集中的业务处理系统，支持 24 小时全天候服务，具有高性能、高可用性和高伸缩度。重庆市中心部署 5 台 HP DL580 PC 服务器作为储蓄网点前置机，均采用相同配置，安装相同储蓄前台软件。

2019 年 9 月，统一柜面管理平台推广上线。网点业务办理由 C/S 模式向 B/S 模式转变，实现金融业务跨业务条线、跨产品服务、跨系统的柜面业务操作流程以及操作界面的统一和整合。

2022 年 2 月，启动新一代个人业务核心系统关联系统部署；4 月完成主体功能投产，进入切换过渡期；4 月至 6 月为白名单客户验证阶段；7 月至 11 月为客户在线迁移阶段，完成全量客户数据迁移。该系统是国有大行中首个采用企业级建模方法与分布式架构搭建的企业级核心平台，满足邮储银行核心系统敏捷交付、安全运行和自主可控的要求，采用"白名单试点、全量跟进"+"在线迁移、无感切换"的全新理念，开创大型商业银行核心系统切换上线新模式。

2. 汇兑系统

2001 年 7 月 1 日，电子汇兑"一台清"系统上线，重庆邮政与全国 19 个省（市）局同步开通邮政电子汇兑业务，首批开通的 5 个网点正式对外营业。电子汇兑系统采用 4 台国际商用机器公司（简称 IBM）RS6000 系列 S7A 小型机作为主机。同年 12 月 14 日，重庆邮政电子汇兑（第三期）工程 29 个区县电子汇兑中心全部建成，至此，重庆邮政所属 41 个区县局级电子汇兑中心（含建峰）全部建成并联网运行。

2003 年 3 月 15 至 23 日，利用绿卡网点拓展电子汇兑联网网点工程上线。重庆市邮政信息技术局与重庆邮政规划设计院以切屏方式使该工程顺利完成。全市邮政 9 天建成电子汇兑联网网点 736 个，使重庆邮政电子汇兑联网网点从 200 个跃升至 936 个。2003 年底，全市邮政电子汇兑联网网点达到 1187 个。

2005 年 4 月 29 日，重庆市邮政储蓄系统与电子汇兑系统互通工程（简称两网互通工程）正式启动。同年 6 月 13 日，该工程上线运行。两网互通工程将汇兑系统作为储蓄系统的外围系统接入，通过网络防火墙实现汇兑网和储蓄网的网络和业务对接。

图 6-2-3-5　2005 年，重庆邮政两网互通工程切换上线启动仪式

2007 年 8 月 18 日，汇兑大集中系统切换上线，重庆邮政成为全国第二个试点切换上线单位。该系统实现应用集中处理和数据集中存储。

2017 年 11 月，通过 P2V 的方式将保险、汇兑原有系统迁移到 KVM 虚拟化平台。

2022 年 3 月，采用 PostgreSQL 数据库替代 Oracle 数据库，实现数据库的国产化。

3. 国际金融系统

2005 年 10 月 17 日，中国邮政外币储蓄系统上线。重庆邮政作为第二批上线的省（市）局，根据国家邮政局统一安排，完成标准数据准备、系统安装、网络调试、业务验证测试和演练等工作。外币储蓄系统推广上线为重庆邮政开办外币储蓄业务做好系统准备。

2006 年 11 月 2 日，国际金融业务系统完成系统上线准备工作。同年 11 月 7 日，国际电子汇兑完成切换，通过对外币储蓄系统、国际汇兑系统进行改造，实现邮政金融国际业务的整合。全国中心系统由外汇核心业务系统、国际汇兑业务系统、事后监督系统、柜员管理系统、历史数据系统组成。该工程涉及网点前置机系统、业务控制台、重庆市中心差错处理控制台改造。

2015年1月，逻辑集中国际业务正式切换上线。

2021年11月，新一代个人业务核心系统的国际汇款业务上线运行。该业务成功上线是邮储银行新一代核心系统的首个实际业务投产，为2022年新一代个人业务核心系统全面投产上线打下坚实基础。

4. 中间业务系统

2004年2月，重庆邮政综合信息服务平台上线。该平台采用2台HP 9000系列L2000小型机作为系统主机。同年6月17日，重庆邮储中间业务平台剥离改造最后一个项目——批量代发、代扣业务完成数据移植，18日实现剥离改造后，批量代发、代扣业务正式运行。至此，重庆邮储中间业务的业务处理系统全部剥离上线。

2004年6月14日，重庆邮政代理保险工程启动。2004年12月8日，市邮管局代理保险系统暨开放式基金系统建设项目正式启动。同年12月20日，全市邮政40个试点网点正式上线。2005年1月底，全市邮政所有联网网点上线。

2009年12月16日，重庆邮政代理保险大集中系统工程上线运行。

2020年11月，保险、理财、第三方存管等柜面交易从代理保险大集中系统迁移至统一柜面管理平台。2021年11月，前置服务器全部下线。

5. 理财产品和代销产品销售录音录像系统

2016年6月，理财产品和代销产品销售录音录像系统工程立项启动。同年8月，重庆市中心系统设备安装调试完成。同年12月，完成500套网点前端设备安装。2017年12月，分批完成剩余的986套网点前端设备安装调试工作，完成系统上线。

2021年6月，按邮政集团公司《关于做好新一代理财与代销业务录音录像系统全国推广工作的通知》要求，系统切换至新一代理财与代销业务录音录像系统。

6. 自助银行系统

2000年12月25日，重庆邮政储蓄接入重庆市银行业协会无中心POS系统，绿卡正式开通POS消费功能。

2003年7月，重庆邮政第一个自助银行在九龙坡区邮政局建成。该自助银行由2台自动取款机、1台自动存款机、1台多媒体查询机和1台补登折机组成。凡持邮政"绿卡"的用户可在自助银行内独立完成存取款、查询、多媒体自助缴费及补登存折等交易。同年9月，重庆邮储完成ATM前置系统（简称ATMP）改造，实现可按台（组）对ATM进行状态监控、交易查询和统计管理。

2006年12月，新增9个自助银行。

2007年6月，邮政储蓄ATM/POS银联前置统一版本

系统上线运行。

2017年9月，中国邮政储蓄银行自助银行管理监控系统上线，实现对全市邮政金融自助设备的统一管理和监控维护。

7. 自建系统

2013年，代理金融辅助系统上线，具有代理金融客户营销管理、客户积分管理、村社建档、数据下发、柜员绩效、"一局一策"等管理功能。该系统共计228个功能模块，覆盖客户营销、业务报表、数据下发等代理金融业务日常管理功能，主要由市公司金融部、39个区县分公司及1470余个代理金融网点，共计2047个用户使用。2020年，该系统停用。

2017年9月，"渝邮惠"平台立项。同年12月，该平台上线试运行，实现对邮政客户综合管理、客户积分自动采集计算和礼品兑换全过程精细化管理。

2020年，营销助手系统上线。作为邮政集团公司和邮储银行CRM系统的补充，系统整合总行金融数据下载平台数据和本地应用系统、手工采集数据，具有客户管理、营销管理、业绩管理、系统应用统计、移动端微信企业号应用等主要功能，满足全市代理金融客户归户管户、产品叠加销售、目标客户群精准营销、多营销渠道整合、数据分析应用等多方面需求。

2022年，启动建设"微商圈"综合营销平台，实现对"微商圈"资金流、客户流、信息流的掌控，联通商户与客户，加强"微商圈"营销活动统一管理。2022年底，该平台上线试运行。

（二）邮务类

1. 邮政营业系统

1995年4月8日，重庆邮政在渝中区邮政局营业室、上清寺邮政支局，江北区邮政局营业室、沙坪坝区邮政局营业室首批推广电子化营业。系统为单机运行。1999年，建设电子化支局系统，采用网点局域网内联网的服务器/客户端系统，主要实现挂信、包裹类邮件收寄电子化。2005年8月24日，重庆邮政电子化支局统一版本工程上线，采用2台IBM P570作为电子化支局系统主机。重庆邮政电子化支局一期工程200个网点改造任务提前4个月达到国家邮政局的进度要求。同年12月6日，该工程通过初步验收。2006年2月，重庆邮政电子化支局二期工程100个网点上线运行。同年6月25日，重庆邮政电子化支局三期工程新增230个网点。完成建设后，重庆邮政拥有电子化支局网点530个、营业封发台席769个、现业台席19个、生产管理台席82个。

2008年6月，重庆邮政移动电子化支局系统正式上线运行。

2012年3月26日，邮政营业信息系统上线。重庆邮政作为全国邮政第三个试点上线省（市），成功完成切换

上线工作。

2021年5月，新一代营业渠道系统正式切换上线。该系统改变原营业二期系统重庆市中心＋全国中心的模式，按私有云全国集中模式建设。数据库和网络汇接点均集中在全国中心。系统采用B/S架构的浏览器＋移动终端App方式，由全国中心为终端客户分别提供综合网和互联网的接入。

2. 报刊发行系统

1998年，重庆邮政规划设计院开发建设报刊发行系统，实现支局、区局、市局三级报刊发行的微机要数等自动化处理。

2006年9月30日，报刊发行统一版本系统上线运行，接入电子化支局系统、中心局系统、名址库系统、"183"系统、"11185"系统，涵盖发行局、发报刊局、订销局、网点、中心局。2006年12月30日，第一阶段建设工作全面完成。

2009年3月，重庆邮政报刊电子分发系统正式上线运行。

2020年5月，书报刊供应链信息系统上线，替换原有报刊发行NPS系统和订销局系统，实现标准化机构管理、客户管理、渠道管理、营销管理、供应商管理的从无到有。

3. 邮区中心局生产作业系统/邮运生产指挥调度系统

2004年4月10日，邮区中心生产作业系统/邮运生产指挥调度系统两个子系统（简称"两子系统"）上线运行，实现邮件信息、总包信息的网络传输及数据交换，提高邮政通信质量和经营管理水平。同年5月，完成重庆邮区中心局生产作业系统与速递站点处理系统互联互通工程。2005年9月26日，"两子系统"通过最终验收。

2005年6月，重庆邮区中心局生产作业系统和电子化支局系统两网互通工程切换上线。同年11月28日，重庆邮区中心局生产作业系统二期3.0版本成功升级，在提升网路运行工作管理效能的基础上，进一步实现全网资源的共享。

2007年5月，网运信息系统暨中心局系统与邮政营业系统互通工程上线。

2009年底，启动网运信息系统三期工程建设。2010年1月，三期工程上线运行，对网运业务和管理功能进行全面整合，实现数据和管理的高度集中，为网运业务的发展和改革奠定了基础。

2018年，网运信息系统切换至新一代寄递业务信息平台。

4. 新一代寄递业务信息平台

2017年12月，新一代寄递业务信息平台正式上线，支持寄递业务从客户渠道到投递的端到端生产流程，集成外部系统68个，其中27个需被替换或部分替换，41个需配套改造和集成。

2019年6月，集团公司推广寄递业务看板系统。该系统基于全面梳理的指标体系，通过行业对标、目标对标、全网对标、上榜排名、趋势对比、多维钻取等6种分析方法进行指标编排设计，面向集团、省、市公司及部门领导，构建时限、成本、服务、市场和科技赋能5大能力指标体系看板。

2020年12月，邮政集团公司推广中邮寄递管理App，用于替换原来的寄递业务看板系统。中邮寄递管理App形成生产环节实时数据展示、指挥调度、时限对标、预警推送、五大体系核心指标看板、四大数据库等功能为一体的移动数字化管理工具。

2021年，新一代数字可视化看板、中心局自动化分拣设备运行监控平台、新一代寄递业务信息平台机构管理员账号实名制迁移等系统上线。

2022年，新一代寄递业务信息平台新建的中邮揽投员线上学堂、新一代在线知识库、县乡邮路运行准点率和智能网络规划功能上线，中邮寄递管理App揽投部经理模块等新增功能上线，区域客户统一外呼系统上线。

5. 集邮、商函、电子商务平台

2002年6月，邮资票品管理系统投入运行。2006年11月9日，集邮业务管理系统上线运行。2019年8月，新一代集邮业务系统上线运行。

2006年5月30日，商函投递信息系统上线运行。主城6区、万州、涪陵、黔江、渝北、巴南、永川、合川、北碚、江津、长寿等邮政局建成商函投递信息系统，商函从制作到投递环节在上述地区全面实现信息化处理，为商函业务的发展提供支撑。2008年5月，商函投递信息系统二期工程正式上线运行。同年12月，商函业务信息系统试点上线，实现商函业务从订单接入到商函邮件投递反馈的全程全网动态跟踪查询，满足商函业务管理需求，为邮政商函营销管理、业务管理、财务管理、经营分析提供准确及时的数据依据。

2008年8月，电子商务平台系统上线。截至2022年底，完成与三大通信运营商、自来水公司、广电、燃气公司等34个第三方单位的对接，开展代收费业务。

6. 自建系统

2014年8月，双税双代系统上线，重庆邮政代征税项目在璧山区分公司试点代征代开国税业务。2016年6月，全市邮政推广使用。同年10月，接入代征代开地税业务。同年12月，通过税邮合作成立发票寄递中心，"票易达"业务正式启用。2019年1月，国税、地税合并，系统改造实现代征税只进行一次申报和一次刷卡功能。同年12月，系统进行纳税人实名制改造，实现税务全业务的开通。

2015年6月，邮政便民服务站系统上线，实现邮政代收费业务扩展到社区及乡镇。截至2022年底，累计叠加开通26项本地代收费业务。

2020年7月，重庆邮政同城寄递信息系统上线。2021年3月，法院集约送达可视化系统上线。同年8月，国际保税中心报税揽收分类系统上线。同年11月，寄递事业部委代办系统上线。2022年2月，渝新欧邮件轨迹信息实现自动更新，在全国首先实现中欧班列运邮在沿途重点城市邮件轨迹信息自动更新。同年3月，大同城邮件时限查询系统上线。同年5月，大同城邮件时限运营管控系统上线。同年6月，法院面单电子化项目上线，在全国率先实现回执面单签收图片回传给法院，提高法院办案效率。同年12月，寄递辅助管理平台上线。

（三）管理类

1. 中国邮政ERP系统

2015年10月，中国邮政ERP系统在重庆邮政上线试运行。该系统通过数据共享，消除信息壁垒，实现集团一体化运作、集约化管控、协同化发展和专业化服务。

2. 中国邮政CRM系统

2018年9月，中国邮政CRM系统一阶段功能邮务板块（含代理金融）上线。该系统主要包括客户管理、360客户视图、客户洞察等功能模块。

3. 业财一体化平台

2021年12月，业财一体化平台上线。该平台将业务数据通过会计规则转化成财务数据，并对不同系统数据进行有效管理和颗粒度规范，提升数据易用性，提高财务核算自动化水平和时效性。

（四）其他类

1. 视频会议系统

2004年9月1日，重庆邮政视频会议系统上线。该系统覆盖重庆市中心、重庆邮区中心局及全市39个区县会场。2012年5月，邮政集团公司下发RADVISION XT1000终端，实现邮政集团公司会场到市公司会场及区县分会场的模拟转播。2015年，高清视频会议系统切换上线，视频分辨率达到720P/30FPS，同时也实现邮政集团公司会场高清图像到区县分会场的转播。2021年3月，新高清视频会议系统上线，实现720P/60FPS、1080P/30FPS全编全解视频会议功能，区县及直属单位新增华为BOX300高清终端，消除分会场单点设备的隐患。

2. 客服系统

2002年4月，重庆邮政客户服务中心系统上线。该系统满足30个座席话务处理能力。2004年7月3日，重庆邮政客户服务中心接入电话由"185"顺利升位为"11185"。

2008年7月12日，重庆邮政"11185"升级改造工程成功切换上线，满足60个座席话务处理能力，承接邮政客户服务电话的呼入与呼出，承担邮政咨询、邮件查询、服务投诉、快件揽收等服务。

图6-2-3-6 2008年，"11185"邮政客户服务中心升级改造工程切换上线仪式

2022年8月15日，重庆邮政"11185"客户服务中心切换到邮政集团公司统一的智能客服平台。

3. 邮资机管理系统、制签机管理系统

2006年，邮资机管理系统上线，实现邮资机读数、戳记管理、库存管理、调拨管理、注资管理等功能，对各类邮资机进行全生命周期管理。该系统先后与邮资机厂商、大数据中心、统一身份认证系统、"邮我行"App、新一代营业渠道系统等进行数据交互。

2008年，邮资制签机管理系统上线。该系统具备邮资标签信息集中生成、存储、查询和分布式印制功能，对邮资使用进行量化管理，实现与全国邮资机管理系统、新一代渠道营业系统等系统的互联互通。

4. 软件开发平台

2021年3月，软件开发平台上线。该平台融入集团USIP软件开发体系，满足接入企业微信、敏捷开发、微服务、协同中台技术架构，支持统一认证、统一登录、统一用户权限管理。

截至2022年底，研发跨年战役管理系统、员工营销积分管理系统等6个信息系统。

5. 数据归集平台

2020年7月，数据归集平台上线运行。该平台基于Hadoop技术架构，实现多源异构数据采集、存储、管控、计算、分析及展现。截至2022年底，已归集金融、寄递、邮务数据101TB（TB，计算机存储单位），累计1100亿条。

6. 跨年战役管理系统

2017年，跨年战役管理系统上线，实现生产旺季的经营目标、完成进度实时通报。截至2022年底，累计完成100余个重点经营指标采集、开发，为全市旺季生产提供重要支撑。

7. 指挥调度中心

2018年5月，重庆邮政指挥调度中心上线，搭建远程集中监控平台，与合规管理系统、运行监控管理平台对接，实现生产环节、网点运营、业务过程的动态指挥和应急管控。

8. 南坪西路智慧邮局

2022 年 1 月 1 日，中国邮政集团有限公司重庆市分公司第一个智慧邮局——南坪西路智慧邮局正式营业。该邮局通过合理规划、组合投放满足不同客户需求的智能设备和移动应用终端，探索"智慧邮政 + 智慧金融"服务模式，实现多渠道整合，为客户提供综合化邮政服务，提高服务品质，打造邮政网点智能化、自助化、场景化、标准化、体验化、特色化业务场景。

（五）重大事件

"千年虫"，又叫作"计算机 2000 年问题""电脑千禧年千年虫问题"或"千年危机"，缩写为"Y2K"。该问题可以追溯到 20 世纪 60 年代。由于当时计算器内存非常宝贵，故编程人员只使用两位数来表示年份。但是当年序到公元 2000 年 1 月 1 日时，系统却无法自动辨识 00/01/01 究竟代表 1900 年的 1 月 1 日还是 2000 年的 1 月 1 日，所有的软硬件都可能因为日期的混淆而产生资料流失、系统死机、程序紊乱、控制失灵等问题，由此所造成的损失以及灾难是无法想象的。

1999 年 3 月 4 日，根据《国务院办公厅关于解决计算机 2000 年问题的通知》文件精神，市邮管局成立重庆市邮政储蓄、汇兑专业计算机 2000 年问题领导小组，防范计算机 2000 年问题带来的邮政储汇金融风险，确保全市邮政储汇计算机系统顺利进入 21 世纪。市邮管局制订《重庆邮政储蓄 2000 年问题应急方案》，成立应急指挥中心，负责应急方案的调度指挥和实施，下设信息报告中心、风险评估及应急事件处理小组、技术抢救行动小组、对外联络组。

1999 年 12 月 10 日，按照国家邮政局、重庆市人民政府的有关通知精神，为预防 Y2K 问题突发事件的发生，市邮管局特成立全市邮政系统 Y2K 问题应急领导小组，同时成立应急指挥中心，实行 24 小时值班。全市邮政需升级改造的计算机硬件、嵌入式设备共计 1757 台（套），计算机软件 466 个（套），共下达 5 批投资计划，更新设备 880 台，投资 911.72 万元。经过广大邮政职工和技术人员的数月艰苦奋战，2000 年 1 月 1 日零时，全市邮政各系统正常运行，顺利战胜"千年虫"。

四、通信计量

1988 年 5 月，市邮局计量室经重庆市计量局考核合格，授权于 1988 年 5 月 21 日起在本部门内执行邮用计量衡器强制检定工作。

1991 年 4 月，市邮局出台计量复查、检查考核标准，按照二级计量复查和日常计量管理工作标准，作为年终对各单位考核依据。

1991 年 12 月，邮电部科技司归口管理邮电系统计量工作，省（区、市）邮电管理局科技处为本地区计量工作归口管理部门，根据本地区通信计量工作需要配备专职或兼职人员负责计量管理工作。

第七篇　党的建设

1986—2022年，重庆邮政历届党委重视党的建设，党的组织机构设置健全，职能完备，运行有效。根据党中央部署，重庆邮政先后组织开展全面整党治党、反腐败教育、党风廉政建设、"三讲"教育活动、保持共产党员先进性教育活动、学习实践科学发展观活动、创先争优活动、党的群众路线教育实践活动、"三严三实"专题教育、"两学一做"学习教育、"不忘初心、牢记使命"主题教育、党史学习教育等一系列党内集中主题教育，加强党的建设，充分发挥党委"把方向、管大局、保落实"的领导作用，各级党组织战斗堡垒作用和党员先锋模范作用在各项工作中得到充分体现。

第一章　党　组　织

第一节　组织架构

1955年，中共中国邮政集团有限公司重庆市分公司委员会前身为中共重庆邮政局委员会成立。1997年重庆直辖后，经中共重庆市委批复，同意成立中共重庆市邮政管理局委员会。2018年8月，根据中央组织部、国务院国资委党委文件要求，中国邮政集团公司重庆市分公司党建工作，以中国邮政集团有限公司党组领导、指导为主，在企业所在地的市地以上党委协助下开展。

1983年，重庆市邮政局党委下设市中区、江北区、南岸区、长寿县、江北县、沙坪坝区、九龙坡区、大渡口区、北碚区、南桐区、双桥区、綦江县、巴县、机要科等27个党组织。

1992年，重庆市邮电局撤销，邮电部对重庆市邮政局、电信局实行计划单列。重庆市邮政局党委下设市中区局党总支、局机关党总支等23个党组织。

1995年5月，重庆市邮政局经营管理机构调整，基层党组织设置随之调整，重庆市邮政局党委下设邮政枢纽局党委等21个党组织。

1997年邮电分营，同年6月24日，经中共重庆市委批复，同意成立中共重庆市邮政管理局委员会。1997年12月，组建重庆市邮政中心局党委、重庆市渝中区邮政局党委等8个基层委员会。

2007年2月，重庆市邮政公司成立。"中国共产党重庆市邮政管理局委员会"更名为"中国共产党重庆市邮政公司委员会"。

2007年12月，中国邮政储蓄银行重庆分行挂牌成立。2008年，完成中国邮政储蓄银行重庆分行党组织关系划转工作。

2009年，组建成立邮政速递物流公司临时党组织。

2012年7月，重庆市邮政速递物流有限公司在重庆市邮政公司党委的统一领导下，按照党组织建设的有关规定，成立市速递物流公司党委、纪委。

2015年4月，中国邮政集团公司实施法人体制调整工作。"中共重庆市邮政公司委员会"更名为"中共中国邮政集团公司重庆市分公司委员会"。

2018年12月6日，中国邮政集团公司重庆市分公司党委批准成立市寄递事业部党委、纪委。原市速递物流分公司党委、纪委及所属党组织撤销。

2020年3月，因集团公司机构改革，"中国共产党中国邮政集团公司重庆市分公司委员会"更名为"中国共产党中国邮政集团有限公司重庆市分公司委员会"。

截至 2022 年底，中国邮政集团有限公司重庆市分公司党委下设党组织 195 个。其中党委 22 个，党总支 15 个，党支部 158 个（在职 157 个、离休 1 个）。

第二节　党建工作

一、理论学习、形势任务教育

1986—2022 年，重庆邮政党委根据各时期党和国家的中心工作，贯彻执行党的路线、方针、政策和各项任务，严格按照中央及上级党组织要求开展政治理论学习，并结合实际开展形势任务教育。

1988 年，重庆市邮政党委举办 3 次、7 期学习班，分别学习党的十三大文件、党的有关纪律规定。

1989 年，重庆市邮政局党委开展"优质服务、廉洁奉公"活动、党员"五对照"活动等，增强广大党员使命感和责任感。

1991 年，重庆市邮政局党委组织全局党员干部和职工学习贯彻十三届七中全会精神。元旦、春节期间和苏联"8·19事件"后，开展国际、国内和全国邮电系统及本单位的形势任务、政策教育；开展青工"双基"和"四职"教育。

1992 年，重庆市邮政局党委着重抓好邓小平同志南巡重要讲话和党的十四大文件学习、宣传和贯彻。同年 5 月初，在全局开展"进一步解放思想，深化邮政改革"大讨论。同年 11 月，召开党委全委（扩大）会，传达党的十四大精神和邮电部邮政工作会议精神。

1993 年，重庆市邮政局党委在全局党员、干部、职工中开展系统学习建设有中国特色社会主义理论活动。在纪念毛泽东同志诞辰一百周年之际，举行大型报告会。1994 年，重庆市邮政局党政工联合召开大会，传达市工交部、市经委稳定工作会议精神；印发《关于严守党纪、政纪、维护稳定，确保通信生产经营和改革开放顺利进行的通知》，明确政治态度、组织纪律和生产秩序等方面规定。

1995 年，重庆市邮政局党委开展形势任务、"特色理论"、爱国主义、"三爱一满意"、"四职"法制、市场经济、优质服务、国家安全、国防、保密和计划生育等内容教育。

1996 年，重庆市邮政局党委在全局开展"两个转变"大讨论，传达学习党的十四届六中全会精神，开展"弘扬红岩精神，塑造当代重庆人"活动。

1997 年，重庆市邮政管理局党委印发《关于认真组织学习、宣传党的十五大精神的通知》，对全局学习贯彻党的十五大精神作具体安排。

1998 年，重庆市邮政管理局党委开展"全心全意为人民服务宗旨教育活动"。

1999 年，在中华人民共和国成立五十周年和澳门回归祖国的关键时期，重庆市邮政管理局党委组织干部职工认真学习江泽民在党的十一届三中全会二十周年纪念大会上的重要讲话，印发《关于强烈谴责以美国为首的北约袭击我驻南使馆暴行，认真做好邮政通信工作的通知》等文件。

2000—2002 年，重庆市邮政管理局党委学习贯彻落实邓小平理论、"三个代表"重要思想，以及党的十五届四中、五中全会精神。印发《关于认真学习贯彻党的十六大精神的通知》，召开干部大会及时传达学习党的十六大和市委二届二次全委会议精神。

2006 年，重庆市邮政管理局党委开展《党章》等学习活动，组织学习党的十六届六中全会精神。

2007 年，重庆市邮政公司党委印发《关于认真学习贯彻党的十七大精神的通知》，对全市邮政系统学习宣传贯彻党的十七大精神作出具体安排；开展"学习党的十七大精神，共谋邮政和谐发展"征文活动。

2012 年，市公司党委组织党员代表集中观看党的十八大开幕式盛况、参加专题辅导报告会，开展"寄语十八大"征集展示和学习贯彻党的十八大知识竞赛活动，组织参观"喜迎十八大国企党建图片展"。同年 6 月 28 日，巫山邮政投递员王安兰当选"全国优秀共产党员"，赴京参加 2010—2012 年全国创先争优表彰大会，受到中央领导接见，并应邀参加集团专题座谈会。

2017—2019 年，中国邮政集团公司重庆市分公司党委学习贯彻党的十九大精神及党的十九届四中全会精神，开展"拥抱新时代、践行新思想、实现新作为"系列宣传、答题、征文活动，习近平新时代中国特色社会主义思想、党的十九大精神和中央巡视反馈会议精神"大学习、大讨论、大落实"活动，开展"理论武装提升行动"。

2020—2022 年，中国邮政集团有限公司重庆市分公司党委传达学习党的十九届五中、六中全会精神；开展习近平新时代中国特色社会主义思想进基层、进班组、进支局学习活动，打造"学习型"企业活动；建立并落实月度理论学习和重点工作督促提醒清单机制；学习贯彻党的二十大报告和大会精神，结合企业实际研究细化落地举措，市分公司党委班子成员牵头开展五大主题调研，形成有价值的调研成果报告 5 篇。

二、党组织活动

1986—2022 年，重庆邮政按照上级党组织的部署，结合实际，组织各级基层党组织开展了一系列活动，取得较好成绩和各类先进荣誉。

1989 年，重庆市邮政局党委开展以廉洁奉公、优质服务为中心的"双增双节"活动及"为党增光辉"活动，在全市邮电系统"为党增光辉"活动中获得组织奖。

1992年，重庆市邮政局党委开展创建"学习、团结、勤政、廉洁"四好班子、争当"优秀领导干部"活动及"创先争优"活动。1995年，在重庆市邮政局党委号召和党员的带动下，邮政职工向市见义勇为基金会捐资1.02万元，向市"送温暖工程"捐款4.32万元。

1998年3月5日至5月31日，重庆市邮政管理局党委开展整顿机关作风工作，历时86天，通过市委、市政府的检查验收。同年8月，在抗洪抢险中，组织全市邮政为群众和企事业单位免费收寄赈灾捐款1192笔、39.79万元。邮政干部职工个人捐款48万元、捐衣物2万件。重庆市邮政管理局向江西、湖北、湖南、黑龙江等省邮电管理局分别捐赠长安面包车一辆。

1999年10月13日，重庆邮政援建的奉节县九盘乡"邮政希望小学"捐款（捐款25万元）暨奠基仪式在奉节举行。同年11月20日，重庆邮政职工捐资修建的城口县红花乡"邮政希望小学"落成使用。

2001年，重庆市邮政管理局党委开展"创建先进基层党委，争当优秀领导班子"活动、"十个一"活动及庆祝中国共产党成立80周年活动等。

2003年，"非典"疫情暴发，重庆市邮政管理局党委向卫生部门捐赠20万元物资，干部职工自愿捐赠现金11.8万元。

2004年5月，在第十四次全国助残日活动现场，重庆市邮政管理局为市"扶残助学春雨行动"捐助10万元救助款。

2005年，重庆市邮政管理局党委组织全局各基层组织开展"学习王顺友，从我做起"主题宣传教育活动。

2006年5月16日，重庆市邮政管理局召开"转变机关作风动员大会"。5月29日，印发《关于切实改进机关作风提高工作效能的若干规定》，全面启动转变机关作风工作。开展党内"创先争优"及中国共产党成立85周年纪念活动。

2007年3月上旬至9月中旬，市公司党委组织全市邮政系统各级党组织和广大党员开展"创造新业绩，迎接党代会，实现新跨越"主题实践活动。

2008年5月12日，市公司党委号召广大党员交纳"特殊党费"，用于支援四川省汶川县抗震救灾工作，31个单位1466名党员共计交纳"特殊党费"537680.70元。10名入党积极分子和4名员工向灾区捐款3800元。

2010年，市公司党委组织开展向青海玉树地震灾区捐款活动，共计捐款80.74万元。2012年，市公司党委开展"为民服务创先争优""机关作风建设""党组织创新增效"活动。

2013年，市公司党委首次推出"员工大讲堂"。2015年，市分公司党委首次开展"感动重庆邮政十大人物"评选活动，策划推出"身边的榜样·感动人物系列"纪录片。

2016—2019年，市分公司党委先后开展"亮旗帜、争先锋，亮身份、做示范"活动、"双亮、双比、双争"活动、基层党组织建设达标工程和创先争优活动、"强堡垒、争先锋"活动。

2020年，市分公司党委开展本部"营造新环境、打造新形象、锻造新作风、创造新业绩"模范机关建设活动，强化机关政治意识教育、"灯下黑"问题专项整治、巩固提升党支部标准化规范化建设等专项工作。新冠疫情期间，市分公司本部共派出32批次党、团员队伍参加邮件投递工作，参与帮扶3456人次，处理邮件30.50万件，投递邮件24.86万件，确保邮政"绿色通道"畅通。

2021年，市分公司党委开展庆祝中国共产党成立100周年活动。开展"三亮三比三评"、党支部（党小组）领题破题活动。服务地方经济社会发展，得到地方党委政府及社会各界充分肯定，51名邮政干部职工当选为全市各区县新一届"两代表一委员"。

2022年，市分公司党委深入开展基层党组织建设达标工程和创先争优活动。开展"党建＋"品牌活动，党政工团联合推广数字人民币，用时50天新增激活数字人民币钱包60万个。落实市委、市政府关于"坚决打赢疫情防控歼灭战"要求，开展党（团）组织志愿帮扶活动，组建党员先锋队、青年突击队417支，参与企业和社区志愿帮扶；划拨专项党费、党组织工作经费125万余元，用于支持开展疫情防控工作。

表7-1-2-1

1991—2012年重庆邮政党组织部、省级荣誉称号先进集体名单

序号	奖项名称	获奖时间	获奖单位	授奖部门
1	先进党委	1991	重庆市邮政局党委	重庆市邮电局党组
2	先进基层党组织	1994	重庆市邮政局党委	重庆市委
3	重庆市工交系统先进党委	1999—2000	重庆市邮政管理局党委	中共重庆市委工业交通工作委员会
4	先进企业党委	2001	重庆市邮政管理局党委	中共重庆市委企业工作委员会

序号	奖项名称	获奖时间	获奖单位	授奖部门
5	1999年度先进党委	2000	重庆市邮政管理局党委	中共重庆市委工业交通工作委员会
6	先进企业党委	2001、2003	重庆市邮政管理局党委	中共重庆市委企业工作委员会
7	国企贡献奖	2007—2009	重庆市邮政公司党委	重庆市国资委党委
8	重庆市先进基层党组织	2011	重庆市邮政公司党委	重庆市委
9	国企贡献奖	2012	重庆市邮政公司党委	重庆市国资委党委

三、党员发展管理

重庆邮政党委高度重视发展党员工作，遵循"坚持标准、保证质量、改善结构、慎重发展"方针，按照党员标准和组织发展程序，重点发展优秀知识分子、生产（工作）第一线职工、中青年科技人员和女职工，党员数量逐年增加，党建队伍不断壮大。

（一）党员发展

按照党组织隶属关系，1986—1996年，计划单列时期共发展党员240余名。1997—2006年，邮电分营时期共发展党员335名。2007—2022年，政企分开时期共发展党员876名。

（二）党员管理

1989年，根据市委组织部统一部署，重庆市邮政局党委开展"民主评议党员和处置不合格党员"工作。1989年6月，开展以思想清理为重点的"内清"工作。在此基础上，建立起民主评议党员制度，每年进行一次。

1990年，按照市委部署和市邮电局党组统一安排，重庆市邮政局党委在机关开展党员重新登记工作。

2004年，重庆市邮政管理局党委强化党员队伍建设，及时对流动党员进行清理。

2005年，重庆市邮政管理局党委印发《重庆市邮政管理局2005—2008年发展党员工作规划》。

2007—2009年，重庆市邮政公司党委每年举办入党积极分子培训班，强化党员信息库建设，推行发展党员公示、发展对象预审等制度，加强党员队伍建设，确保党员队伍质量。

2010年，市公司党委根据市国资委党委统一部署，召开"国资大网络"和"12371党建信息平台"培训会，全面启用两大党建网络平台党务管理功能，及时健全市公司党组织架构和党员信息。

2015年，市分公司党委开展高校毕业生党员组织关系管理工作。

2017年，市分公司党委对市级各部门（单位）党委（总支、支部），邮储银行重庆分行党委、中邮保险重庆分公司党委、速递物流重庆分公司党委党组织和全体党员开展基本信息采集工作，推进党员管理信息化工程。

2018年，市分公司党委开展所属直管党组织失联党员规范管理和组织处置工作。

2019年，市分公司党委开展全市流动党员基本信息摸底工作。

2020年，市分公司党委印发《中国邮政集团有限公司重庆市分公司落实〈2019—2023年全国党员教育培训工作规划〉实施方案》。

2021年，市分公司党委开展理论学习和发展党员方面形式主义突出问题专项治理。

四、党内主题教育

重庆邮政党委按照中央统一部署，先后组织开展一系列党内集中主题教育。

（一）整党活动

1985—1986年，根据《中共中央关于整党的决定》和省、市委关于整党的部署和要求，在市经委和市邮电局整党工作指导小组具体指导下，重庆市邮政局整党工作先后经过5个阶段、历时10个月完成。其间，主要采取集中学习、专题讨论的方式，认真、系统地学习整党文件。全局51名党员，除2名因病未参加外，其余全部参加了整党学习。

（二）"三讲"教育活动

1999年，根据国家邮政局《关于开展"三讲"学习教育活动实施方案》具体要求，重庆市邮政管理局党委制定《开展"三讲"教育工作的具体实施办法》。活动围绕"学习理论，提高思想认识""找准问题，开好民主生活会""制定整改方案，落实整改措施"3个环节开展工作，历时39天完成。

（三）保持共产党员先进性教育活动

2005年7月7日至9月30日，重庆市邮政管理局党委组织开展保持共产党员先进性教育活动，指导下设的7个基层党委、10个党总支、96个党支部，共1495名党员，完成先进性教育活动集中学习教育3个阶段（学习动员阶段、分析评议阶段、整改提高阶段）15个环节各项工作，做到"两不误、两促进"。同年9月28日，召开先进性教育活动群众满意度测评大会。经测评，先进性教育活动群众满意度为92.2%，基本满意度为7.8%。

（四）学习实践科学发展观活动

2008年10月，市公司党委围绕"领导干部受教育、科学发展上水平、人民群众得实惠"总体要求，指导所属6个片区邮政局党委及下属区县邮政6个党委、13个党总支、6个党支部，共1706名党员（邮储银行339人），完成学习实践活动3个阶段12个环节的各项工作任务。王曙东和周华庆撰写的心得体会分别在《重庆日报》和《领导干部谈科学发展》专报上刊登。市委学习实践活动第13指导检查组对重庆邮政学习实践活动给予了高度评价。

（五）创先争优活动

2010年，市公司党委按照中央和重庆市委关于开展党内创先争优活动统一部署，组织开展创先争优活动，巩固和拓展学习实践科学发展观活动，促进三大板块业务协调发展，超额完成"四年翻番"目标。

（六）党的群众路线教育实践活动

2013—2014年，按照中央和集团公司要求，市公司党委开展第一、二批党的群众路线教育实践活动，成立教育实践活动领导小组、3个督导组，组织下基层督导调研20余次。党委书记讲授"七一"党课，召开班子专题民主（组织）生活会，召开5次阶段性通气会，推出19期《阶段性工作指导意见》。重庆市邮政公司"两方案一计划"分别完成原计划的86.1%、97%和95.5%，受到中央第十二巡回督导组肯定。

（七）"三严三实"专题教育

2015年，市分公司党委制定"三严三实"专题教育方案，组织三个专题学习研讨。党委书记带头讲党课、交流学习心得，党委其他领导班子成员和与会单位负责人结合自身和工作实际作交流发言。在此基础上，组织召开领导班子专题民主生活会。

（八）"两学一做"学习教育

2016年，按照中央、市委和集团公司党组要求，市分公司党委组织开展"两学一做"学习教育，围绕25项重点工作及主题党日8个方面指导性主题，注重"学、做、改、融、建、领"相结合，定期在每月第一周周五开展主题党日。组织全市邮政企业158个基层党支部召开"两学一做"专题组织生活会和民主评议党员工作；组织召开党委班子民主生活会。

（九）"不忘初心、牢记使命"主题教育

2019年，按照中央部署和集团公司党组要求，市分公司党委分两批开展"不忘初心、牢记使命"主题教育。在学习教育方面，开展革命教育、形势教育、典型教育和警示教育397次。在调查研究方面，将"固优势、补短板、抓重点、强弱项"上升为重庆邮政经营理念，把常态化开展"走访客户、对接项目"活动明确为企业源头获客重要举措。在检视问题方面，召开专题民主生活会和组织生活会，共检视问题915个，制定整改措施1127项。在整改落实方面，党委制定专项整治方案、检视问题整改责任分工表，推动上下联动整改，解决员工群众最急最忧最盼问题182个。全市邮政各单位开展志愿服务155次，参与员工1203人次，让群众切身感受到主题教育带来新变化、新气象，获得集团公司主题教育第五巡回指导组肯定。

（十）党史学习教育

2021年，市分公司党委围绕"学史明理、学史增信、学史崇德、学史力行"总要求，做好庆祝建党百年系列活动，建成重庆邮政文史馆，开展"我为群众办实事"实践活动，细化项目476个、举措744条，解决一批群众"急难愁盼"问题；持续开展党员常态化志愿服务，结队共建党支部152支，服务192次，为群众办实事好事3404件，达到"学党史、悟思想、办实事、开新局"的效果。

第三节　党员代表大会

1987—2022年，重庆邮政党委共召开党代会3次，重庆邮政直属机关党委共召开党代会5次。

一、重庆邮政党员代表大会

1987年8月14至15日，中共重庆市邮政局第五次代表会议召开。大会听取并审议通过邓勋代表第四届委员会所作的《在改革、开放、搞活条件下加强党的建设　把我局两个文明建设推向新的水平》工作报告和荣晏修代表纪律检查委员会所作的《加强党风建设　做好新时期的纪检工作》工作报告。大会选举邓勋为党委书记，周华庆为纪委书记。

1992年8月24—26日，中共重庆市邮政局第六次代表会议召开。大会听取并审议通过邓勋代表第五届委员会所作的《贯彻基本路线　加强党的建设　加快通信发展　为实现党的第二步战略目标而奋斗》工作报告和郑如明代表纪律检查委员会所作的工作报告。大会选举邓勋为党委书记，郑如明为纪委书记。

1997年4月，邮电部党组决定：黄绍林任中共重庆市邮政管理局委员会书记、周华庆任副书记，刘洪任中共重庆市邮政管理局纪律检查委员会书记。

2022年12月26日，中共中国邮政集团有限公司重庆市分公司第一次代表大会召开，大会听取并通过周新峰代表第一届委员会所作的《拥抱新时代　奋进新征程　建设新重庆　为全面推动重庆邮政高质量发展而团结奋斗》报告和刘力代表第一届纪律检查委员会所作的《始终坚守职责使命　依规依纪依法履职　为全面推动重庆邮政高质量发展保驾护航》报告。大会选举周新峰为党委书记，刘力为纪委书记。

二、直属机关党员代表大会

1998年2月25日，中共重庆市邮政管理局直属机关首届代表大会召开。大会审议并通过周华庆代表第一届直属机关委员会所作的《围绕发展目标　加强党的建设　努力开创机关党建工作新局面》报告。大会选举周华庆为党委书记，张运贵为纪委书记。

2003年8月8日，中共重庆市邮政管理局直属机关第二次代表大会召开。大会审议并通过曾嘉陵代表第二届直属机关委员会所作的《解放思想　与时俱进　为开创直属机关党的工作新局面而努力奋斗》报告。大会选举曾嘉陵为党委书记，安仪为纪委副书记。

2009年12月18日，中共重庆市邮政公司直属机关第三次代表大会召开。大会审议并通过曾嘉陵代表第三届直属机关委员会所作的《以改革创新精神全面推进党的建设　努力开创直属机关党建工作新局面》报告。大会选举曾嘉陵为党委书记，杨希壮为纪委书记。

2014年6月24日，中共重庆市邮政公司直属机关第四次代表大会召开。大会审议并通过曾嘉陵代表第四届直属机关委员会向大会作的报告。大会选举董虹为党委书记，杨希壮为纪委书记。

2019年7月3日，中共中国邮政集团公司重庆市分公司直属机关第五次代表大会召开，大会审议并通过张晓春代表第五届直属机关委员会所作的《贯彻全面从严治党要求　发挥本部带头示范作用不断开创市分公司直属机关党的建设新局面》报告。大会选举张晓春为党委书记，陈劲为纪委书记。

第二章　纪律检查

自1986年起，重庆邮政纪检机构按党中央要求和企业改革发展而不断优化调整，在历经邮电分营、政企分开、"子改分"、寄递改革、公司制改制和集团公司纪检机构派驻改革后，机构设置日趋完善，干部队伍不断充实，职能职责健全规范。37年来，重庆邮政各级纪检机构根据党章所赋予的职能和权限，紧密围绕党在各个时期中心工作和企业年度改革发展任务，同党内各种违法乱纪行为作斗争，在保护党员民主权利，查处违纪案件，对党员进行党风党纪和廉政教育，维护党规国法，端正党风、严肃党纪，保证党的路线方针政策和党中央决策部署贯彻执行等方面作出了努力。

第一节　纪检队伍

一、纪检队伍建设

（一）计划单列时期

1986年，重庆市邮政局建立以纪委为中心的纪检工作网，各党总支（支部）设有兼职纪检员，共有专职纪检干部3人、兼职纪检员20人；同年，重新修订并印发机关科室职责，明确纪委承担对党员进行党性党风党纪教育、查处党组织和党员违纪违法案件、检查党风状况、受处分党员教育考察、指导下级纪检工作、处置信访等7项工作职责。

1987年8月14至15日，召开第五次党代会，选举产生中共重庆市邮政局第五届纪律检查委员会委员5名。

同月26日，重庆市邮电局党组研究同意周华庆任中共重庆市邮政局纪律检查委员会书记。同年，市邮局各党总支（支部）均有兼职纪检员，设专职纪检干部4人，兼职纪检员20人。

1988年12月14日，市邮局撤销审计监察科，成立审计科、监察室，各单位从1989年1月1日起按新的工作职责开展工作。

1992年8月24至26日，市邮局召开中共重庆市邮政局第六次党代会，选举产生中共重庆市邮政局第六届纪律检查委员会委员7名，郑如明任中共重庆市邮政局纪律检查委员会书记。

1993年，经市邮局党委常委扩大会研究决定，由局党委常委委员、纪委书记郑如明分管全局纪检、监察工作。同年9月，市邮局纪委和监察室正式合署办公，实行一套工作机构、两块牌子，执行纪检、监察两种职能，其工作人员同时兼有纪检、监察两种职责。

1995年，市邮局进行机构调整，设置纪委委员5名，局党委副书记刘洪兼任纪委书记，纪委和监察室合署办公，定编7人，监察室主任由纪委副书记兼任，同时增设1名监察室副主任。

（二）邮电分营时期

1997年10月，成立中共重庆市邮政管理局纪律检查委员会，由7名人员组成，刘洪任书记。同年，成立重庆市邮政管理局纪委监察室，纪检、监察合署办公，定编9人，下设办公室、案件检查处和案件审理处3个副处级二级机构。

1999年10月，市邮管局编委会研究通过纪委监察室机构设置和人员配备方案，要求全市基层单位在进行机构调整时保留行政监察机构牌子和印章，纪检、监察合署办公，对监察室领导按干部管理权限要求正式任命，配备相应级别纪检监察干部。全市邮政系统32个单位，有21个设立纪委监察室，其余各党总支（支部）设纪检委员，全局专兼职纪检监察干部增至74人。

2003年2月，市邮管局纪委监察机构撤销与党群工作部合署办公。同年，由于机构调整、人员工作调动等原因，免去4名纪委委员，同时增补2名纪委委员，市邮管局纪委委员由7人减至5人，曾嘉陵任纪委书记。

（三）政企分开时期

2007年政企分开，组建重庆市邮政公司，中共重庆市邮政管理局纪律检查委员会变更为中共重庆市邮政公司纪律检查委员会，曾嘉陵任纪委书记；同时按照集团公司部署，在不突破编制情况下把监察室从党群工作部单列，配员3人（含监察室主任），并同步在10个城片区局任命纪委书记和兼职纪检监察人员。

2015年"子改分"，中共重庆市邮政公司纪律检查委员会更名为中共中国邮政集团公司重庆市分公司纪律检查委员会，重庆市邮政公司监察室更名为中国邮政集团公司重庆市分公司监察室，纪委设置委员5名，董虹任纪委书记。同年，按照集团公司《关于坚持从严治党、切实加强党风廉政建设有关问题的规定的通知》要求，实行市分公司纪委书记专职。

2016年，印发《关于城片区分公司纪委书记设置及职责分工的指导意见》，配齐所属城片区分公司纪委书记，并明确片区分公司纪委书记可分管党建、工会、审计、网运、安保、质量监督检查和信息技术等工作，不得分管经营以及人力资源、财务、采购、工程建设工作。同年3月，印发《中国邮政集团公司重庆市分公司党的工作和纪检监察机构设置及人员编制方案》，在片区分公司成立与党委党建工作部合署办公的纪委监察室，在区县分公司综合办公室配备专（兼）职纪检监察人员，城区分公司纪检监察职能归口党委办公室。

2017年机构改革，印发《中国邮政集团公司重庆市分公司本部机构编制设置方案》，明确市分公司纪委监察室人员编制7人；同年，印发《中国邮政集团公司重庆市城片区、区县分公司机构编制方案》，明确在片区分公司设立与党委党建工作部合署办公的纪委监察室，在城区分公司设立与党委党建工作部、工会合署办公的纪委监察室，在区县分公司综合办公室（安全保卫部）设立政工团队，负责纪检监察等工作。

2018年，印发《关于调整城片区分公司党建和纪检监察机构设置的通知》，明确6个城区分公司党委党建工作部（监察室）不再与工会合署办公。同年3月，印发《城片区分公司领导班子成员分工的指导意见》，明确纪委书记可协助党委书记、总经理分管党务、运管、安保、服务质量和信息技术等工作，不得分管经营以及人力资源、财务、采购、工程建设等工作。同年，按照集团公司《关于进一步规范地市邮政企业纪委书记职责分工的通知》要求，城片区分公司纪委书记不再兼任工会主席。

2019年公司制改制，"中共中国邮政集团公司重庆市分公司纪律检查委员会"更名为"中共中国邮政集团有限公司重庆市分公司纪律检查委员会"，"中国邮政集团公司重庆市分公司监察室"更名为"中国邮政集团有限公司重庆市分公司监察室"，纪委设置委员5名，王树志任纪委书记。同年9月，印发《关于落实基层党建和纪检监察机构设置的通知》，进一步对机构设置和人员编制进行规范，明确新选拔人员基本条件为中共党员、大学本科学历及以上、年龄在40岁及以下、从事邮政企业工作3年及以上。同年，集团公司纪检监察机构实行中央纪委国家监委派驻制改革，集团公司纪检组监察局更名为中央纪委国家监委驻中国邮政集团公司纪检监察组（简称驻中国邮政纪检监察组）。

2020年，按照集团公司《关于调整邮政企业纪检监察机构设置有关事项的通知》要求，撤销市分公司、市寄递事业部、邮区中心局及城片区分公司监察室，统一设立纪委办公室，明确不再承担监察职责。

2021年12月，任命刘力为市分公司党委委员、纪委书记；同年，市分公司党委按照集团公司要求单设巴南、万州片区分公司纪检机构，并出台《中国邮政集团有限公司重庆市分公司所属单位纪检干部提名考察任免办法（试行）》，对基层纪检干部实行提名考察和准入审核。

2022年12月26日，按照集团公司党组改党委相关要求，召开中国共产党中国邮政集团有限公司重庆市分公司第一次代表大会，选举产生市分公司第一届纪律检查委员会委员5名。同日，市分公司第一届纪律检查委员会召开第一次全体会议，选举刘力为市分公司纪委书记。截至2022年底，全市邮政共有专兼职纪检干部107名。

二、纪检干部培训

自重庆邮政纪检机构成立起，为提高纪检干部政策和业务水平，各级纪检机构通过集中培训、送外学习、远程培训、"以干代训"等方式培训干部。

1986年，选送2人参加市纪检干部专修科学习，毕业后充实到纪检队伍；同时为适应党风建设需要，先后3次组织专兼职纪检干部学习中纪委、省市纪委有关文件和纪检业务，提高纪检业务素质。

1990年，制定完善《监察工作人员保持廉洁的规定》《案件调查工作职责》《保密规定》《岗位责任制》等制度，使行政监察工作制度化、规范化、标准化。

1998年4月，编印《纪检监察工作手册》。《手册》分上下两册，共收集46种制度和规定，涵盖信访举报、案件检查、案件审理程序及处分执行程序等内容，为全市邮政系统各级纪检监察部门运用纪检监察工作条例、条规开展工作提供依据。

2007年10月27日，组织召开全市邮政系统效能监察工作座谈会，以会代训专兼职纪检监察干部，邀请市国资委纪委专家详细讲授商业贿赂有关知识和查办案件的程序、方法、技巧，各城区局、片区局、生产局围绕资金安全、局务公开、招投标及物资采购等方面交流效能监察工作经验和体会。

2010年，选送2名专职纪检监察干部参加集团公司组织的纪检监察系统二期上线培训，运用信息化手段进一步加强信访、案件和廉洁档案建设工作。

2011—2018年，根据集团公司和市国资委工作安排，纪委每年分批组织纪检监察干部开展集中培训、以干代训、远程培训，共计200余人次，重点学习信访、办信办案、效能监察等纪检监察业务知识，进一步提高专业技能。

自2019年起，市分公司纪委坚持完善纪检干部学习教育机制，定期制订纪检干部学习计划，与地方高校合作开展集中培训，并为全市邮政纪检干部购置工具书，不断推动纪检干部学习教育制度化、常态化、规范化。下发《监督执纪基础法规》《纪检监察办案程序规定》《〈监督执纪工作规则〉释义》等工具书，组织对中央纪委国家监委17个视频课程进行集中学习；印发《关于开展基层党务（监察）人员交流学习工作的通知》，分批次安排各城片区分公司党建纪检人员到市分公司党建工作部、纪委监察室开展短期交流学习，两年实现各城片区分公司党务（监察）人员交流学习全覆盖。

2020年5月，印发《中国邮政集团有限公司重庆市分公司纪委工作规则（试行）》，建立纪检干部学习制度，明确纪委每季度集中学习研讨不少于1次；同年，制作纪检干部守纪律讲规矩"十条禁令"电子卡，通过"廉洁重邮"微信公众号进行发布，重申纪律规矩。

自2021年10月起，实行纪检干部学习清单化管理，按月下发学习清单，推动全市邮政纪检干部上下联动学习。

2022年底，克服重庆新冠疫情影响，举办144名专兼职纪检干部和党务工作者参加的纪检工作直播培训班，邀请市纪委、市国资委专家开展党风廉政建设和反腐败工作形势及案例解析、贯通协同监督专题培训；同年，组织到重庆交通开投集团公司开展"一把手"监督、廉洁文化建设等交流学习活动。

第二节　党风党纪建设

一、党风党纪教育

1986年，以党性党风党纪教育、理想纪律教育、全心全意为人民服务宗旨教育为主要内容，加强党员党性锻炼，认真抓好典型教育，先后宣传推广江北区局、九龙坡区局端正党风、纠正不正之风经验；同时狠抓反面典型教育，利用"七·九"重大通信事故案例，联系实际，举一反三，做好案件查处"后一半"工作。

1988年，根据市中区邮电局上清寺支局模范共产党员李荣华优秀事迹，拍成党性党风党纪教育录像片在全市播放，积极发挥了榜样作用。

1994年，深入开展反腐倡廉专题教育，制定《关于在全局党员、干部中进行反腐倡廉教育的安排意见》，明确教育目的、要求、内容、形式等，并下发各单位学习贯彻。

1995—1996年，按照邮电部及省邮电局要求，以县（处）级以上干部为重点，副科长以上干部为对象，组织全局各单位每年召开廉洁自律专题民主生活会，开展自查自纠。

1997年4月，召开纪检监察工作会议，对落实"三讲三严四自"工程教育（三讲：讲学习、讲政治、讲正气；三严：严格要求、严格管理、严格监督；四自：自重、自省、自警、自励）作出安排部署，并在1997—1999年，3年时间内连续开展"三讲"教育工作。

2002年1月，正式开通"党风廉政建设教育"网页，标志着信访有了新方式、监督有了新渠道，党员干部可在网页上随时查看党纪条规和中纪委查办的大要案件通报等，从中接受教育，增强廉洁自律自觉性。

2004年，把6月确定为全市邮政系统"党风廉政教育宣传月"，组织全市邮政系统副科级以上管理人员参加党风廉政建设知识竞赛，参赛率100%。

2006年5月，召开"转变机关作风动员大会"，向全体机关工作人员发出"转变机关作风，提高工作效能，争先创优，促进邮政快速发展"动员令。同月29日，市邮管局正式出台《关于切实改进机关作风提高工作效能的若干规定》，转变机关作风工作全面启动。

2011年，在纪念中国共产党成立90周年活动中，组织党员参加市国资委举办的"重咨杯"党史党纪知识竞赛，在全市148个参赛国有企业中，重庆邮政名列第16位，获得组织奖。

2013年7月，开通廉洁短信平台，每半月向全市邮政系统三级副以上领导人员（130余人）发送廉洁短信，内容包含格言警句、党纪条规等，提醒领导干部自重、自省、自警、自励，带头廉洁自律；同年，结合党的群众路线教育实践活动创新推出领导班子成员"七不准"出行规范（即出差不使用付费VIP通道，下基层工作不允许基层单位在高速路口或辖区边界处迎送，不住套房，不接收纪念品和土特产，不安排宴请，不喝酒，有职工食堂的不在外就餐）。

2015年，市分公司印发《关于进一步规范领导人员婚丧嫁娶有关事宜的通知》，转发集团公司《关于进一步贯彻落实中央八项规定精神严防"四风"反弹的通知》等文件，严格落实"五个严禁"，组织115名领导干部签订《严格执行中央八项规定精神廉政承诺书》。

2016年，外请市纪委、市国资委纪委领导作反腐倡廉专题讲座，组织开展《准则》和《条例》知识测试，并开通"重庆邮政纪检监察"（2019年以后更名为"廉洁重邮"）微信订阅号，常态化开展党风廉政建设宣传教育。

2018年，组织召开全市邮政"以案为戒"警示教育大会，400余名四级以上领导人员和130余名从事纪检、采购、财务和人事管理人员参会。会议通报9起涉及40名党员及领导人员典型违规违纪问题，用"身边事"教育"身边人"。

2020年，印发《全市邮政开展"以案改治理、以案改监管、以案改制度、以案改作风"实施方案》，明确"以案四改"重要意义、主要内容、方法路径、责任机制，深化标本兼治，不断以治标促进治本，推动重庆邮政全面从严治党向纵深发展。

2021年，组织对照江北区分公司"私车公养"违纪案件开展"以案四改"，全市邮政查找并整改廉洁风险点22个，完善制度14项，该案例入选全国邮政"以案促改、以案治本"经验做法选编。

2022年，聚焦寄递板块、人力资源等领域查办的典型案件和暴露的突出问题，在全市邮政开展"以案四改"2次，推动主责部门整改问题42个、完善制度16项，其中对照忠县分公司薪酬管理人员任某某骗取国有资金典型案件"以案四改"的经验做法被集团公司《纪检监察工作信息》刊登。

二、纠治不正之风

（一）纠正行业不正之风（1990—2015）

1990年9月10日，召开"三查、三整顿、三创建"活动动员大会，活动分为3个阶段进行。同年三季度，结合局机关党员重新登记工作和"三查、三整顿、三创建"活动，延伸开展了纠正行业不正之风教育，全局通信管理、劳动纪律有所加强，服务质量得到提高。

1992年，在邮电部"4·20"电话会议以后，市邮局进一步对纠正行业不正之风工作进行动员，专题召开领导班子民主生活会和局务会，查出8个方面的行业不正之风

问题，并确定4个重点，研究制定6项措施进行整改。

1994年，严格执行部、省、市有关纠正部门和行业不正之风指示和部署，以增强邮电信誉、提高服务质量为目标，在职工中广泛开展"标、创、争"活动，狠刹各种行业不正之风。

1998年，市邮管局建立健全纠风工作领导责任制，明确各级领导班子成员纠风及服务工作责任，纪委监察室负责纠风工作检查督促等工作。

1999年，把纠风工作纳入精神文明建设总体规划，继续开展创建文明行业活动和"讲文明，树邮政行业新风"等活动，在全市邮政系统40个区县（市）邮政局推广渝中区解放碑营业室创建全国邮电示范窗口经验。

2001年，市邮管局和所属各单位均建立起纠风与服务工作领导责任制，明确各级领导纠风和服务工作责任，由局长任书记任组长、分管生产副局长、纪委书记任副组长、相关部门负责人为成员；局风建设领导小组下设风建设办公室，挂靠在监察室，由监察室副主任任办公室主任，并明确职责。

2003年，市邮管局建立行风评议联系制度，依靠社会监督、舆论监督，及时改进邮政行风建设中存在的不足，取得明显成效；同年4月，被市委市政府命名为首批重庆市文明行业，顺利通过地方行评组对行评前阶段工作检查验收。

2004年，建立以局长任组长、副局长、纪委书记任副组长，相关部门负责人为成员的市邮管局行风评议领导小组，领导小组下设风建设办公室，挂靠在监察室，负责局风建设日常工作及协调工作。为理顺关系、健全机构、上下联动，全市邮政系统各单位也健全充实局风建设领导小组。

2007年，市公司以重庆邮政开办110周年为契机，在全市邮政系统开展"微笑邮政，情动巴渝"活动，通过采取多种活动形式，抓好优质服务工作；同年，按照市纠风办工作安排，以"邮政在您身边"为主题，参与"阳光重庆"热线节目，为用户解难释惑。

2010年3月、7月，中纪委"全国纪检调研工作会"和"监察部西南西北地区纪检监察工作座谈会"在重庆召开，按照重庆市委、市纪委要求，市公司承担两次会议邮政服务工作，市纪委发来感谢信以示肯定。

2011年，按照集团公司和市国资委要求，开展"为民服务，创先争优"活动促进行风建设，成立由市公司党委主要负责人为组长、党委委员为副组长、各部门负责人为成员的领导小组，提出"抓邮政规范服务树形象、抓公开服务承诺重监督、抓查验及赔偿流程优化解难题、抓邮件时限管理夯基础、抓营投网建设强支撑、抓城乡便民服务惠民生、抓服务三农尽职责"7大举措，把为民服务打造成为助推全市邮政健康发展的常态机制，促进创先争优

活动成为人民群众满意工程。

2013年，印发《关于2013年度全市邮政纠风工作的实施意见》，提出构建治本抓源的纠风工作机制、大力推进邮政服务标准化建设、强化合规经营与规范管理、加强经营服务的监督检查、拓宽服务诉求渠道等五项工作任务，并配套制定《纠风工作考评表》，明确检查内容及标准。

2014年，成立以党委书记、总经理任组长，党委委员、副总经理任副组长，纪委监察室、安保部、市场部和各主城区局（分公司）、片区分公司主要负责人为成员的纠风工作领导小组，领导小组下设办公室，由市分公司党委委员、纪委书记董虹兼任办公室主任，纪委监察室具体负责纠风日常工作。

2015年，按照市纠风办要求，由市分公司纪委牵头，相关业务部门配合，4次上线《阳光重庆》行风热线节目，受理业务咨询、用户诉求共25项，回复率100%，全年共处理阳光重庆办公室转来用户诉求件19件，回复率100%。

（二）效能监察（1998—2020）

1998年，按照邮电部和省邮电局、市邮管局部署要求以及重点工作安排，组织对基建工程招标及验收、绿卡工程实施购买行政用车、分配房屋、选人用人、财务一体化核算和会计委派制试点等工作开展专项监察。

2001年5月24日，组织9个区邮政局和邮区中心局召开邮政企业效能监察研讨会，各单位汇报邮电分营以来企业效能监察工作开展情况，围绕重庆邮政企业在增收减亏、安全、管理和服务等方面如何开展效能监察工作进行广泛研讨。

2004年，在开展企业效能监察工作方面，全年共参加工程项目、物资采购招标和商务谈判58次，为企业节约资金344.66万元。

2005年，围绕清理银行账户、资金安全管理、招投标工作、欠费清理等4项工作开展效能监察，推动减少邮政账户26个、收回欠费资金227.67万元；通过参与工程项目、物资采购招标和商务谈判为企业节约资金126万余元；协助责任单位对基层营业网点资金安全管理进行15次检查，对存在安全隐患单位及时提出整改意见。

2006年5月，围绕邮储资金安全管理、基层支局局务公开和招投标及物资采购管理3项主要内容开展效能监察工作；同年10月，组织各片区、城区局和生产局、实业集团公司纪委召开效能监察工作座谈会，围绕工作成效、存在问题进行交流，提出下一步工作思路和建议。

2008年，印发《关于开展2008年度效能监察工作实施意见》，成立以总经理为组长、副总经理任副组长的效能监察领导小组，要求各单位以效益、效率、质量、安全生产为重点，正确履行工作职责，围绕财权、物权、人事权加强监督。

2009年，把成本和效益作为管理主题，聚焦整合资源、优化流程、细化管理、加强监督、服务发展要求，全年效能监察立项22个，提出建议34条，建章立制26项，避免和挽回企业经济损失308万元。

2010年，围绕用户欠费、资金使用等，全年效能监察立项26个，提出建议22条，建章立制16个，有效避免经济损失。

2012年，印发《关于2012年度效能监察工作实施意见》，围绕确保政令畅通、小金库治理、安全管理、精细化管理、"三重一大"等5项工作开展效能监察。

2013年，围绕作风建设、安全生产、用户欠费、物资采购和工程项目招投标等6个方面开展效能监察，主动融入企业经营管理各环节中，发挥管理、监督和保障作用。用户欠费清理，收回欠费523万元，成效较为明显。

2016年，围绕资产清理、业务发展费两个项目实施效能监察，提出监察建议6条，取得阶段性成效。

2017年，开展房屋土地资产租入租出、用户欠费管理、中央预算内资金效能监察工作，共发现问题8个，提出监察建议9条；其中，房屋土地资产租入租出效能监察督促收回欠缴租金91.70万元，规范未签合同租赁事项45个。

2018年，持续开展房屋土地资产租入租出效能监察整改落实工作，督促各单位对2017年效能监察工作中发现的87个问题进行整改，共收回欠款486.84万元。

2019年，组织全市邮政开展用户欠费清理专项效能监察，督促各单位落实欠费压降目标，完善欠费管理机制，促进企业提质增效。同时，组织市寄递事业部开展中心局运输、处理环节外包费用专项效能监察，有效促进中心局规范管理、降低成本。

自2020年起，为进一步贯彻落实中央纪委深化"转职能、转方式、转作风"要求，按照集团公司2020年党的建设暨党风廉政建设和反腐工作会议统一部署，市分公司纪委聚焦主责主业，不再承担效能监察工作。

三、党风检查

1986年，制定《端正党风改进作风的若干规定》，对党风问题影响较大的人事安排、干部提调、住房分配、非生产用车等方面做出具体规定，要求各级领导干部带头端正党风，自觉抵制和纠正不正之风。

1987年，对党风检查作具体部署，提出检查内容和要求，采取自查和抽查相结合方法，基本摸清全局党风现状。

1991年，先后在全局进行两次党风廉政检查，基本摸清9个区邮电局党风廉政状况；同年，接受并通过重庆市党风廉政领导小组、重庆市纠正行业不正之风领导小组的全面检查。

1993年，根据重庆市转发四川省廉政办《关于在全省进行一次党风廉政建设检查的通知》精神，成立由市邮局党委书记任组长，局长、党委副书记、纪委书记任副组长的党风廉政建设检查领导小组，由局纪委、监察室、组织处、干部处、审计处、经财处等部门抽调专人组成检查组，开展全局党风廉政建设自查和检查工作，收集群众反映意见158条。

1998年3月5日至5月31日，开展整顿机关作风工作，历时86天，取得明显成效，通过了市委、市政府检查验收。同年10月26至30日，中纪委驻信息产业部纪检组、国家邮政局纪检组对市邮管局领导班子进行为期5天党风廉政建设考核，经考核评价为结构搭配合理，注重自身建设，职工群众满意放心。

2004年6月，分3个组对部分单位开展党风廉政建设工作情况进行检查，对党风廉政建设工作做出成效单位和个人在七一建党节进行表彰。

2006年4月中旬至6月上旬，纪委监察室与党群工作部组成3个小组，采取查看会议记录、职工座谈会形式，对全市39个单位贯彻"八个坚持、八个反对"、落实民主集中制和廉洁自律各项规定情况、查办信访案件情况、开展效能监察情况和落实责任制情况进行检查。

2009年，开展制止企业领导人员利用职务上便利谋取不正当利益专项治理工作和制止公款出国（境）旅游专项检查工作，成立由总经理为组长、班子其他成员为副组长、各相关职能部门负责人为成员的专项治理工作领导小组，具体工作由监察室负责组织协调落实，重点检查各级领导干部遵守廉洁从业五条行为规范情况，未发现违规违纪行为。

2011年，组织对所属10个城片区局履行党风廉政建设责任制情况开展检查考评，采取听汇报、查资料和民主测评方式，对各单位党风廉政制度落实情况进行全面检查和考评。考评结果作为对各单位领导班子年终考核依据之一。

2013年，根据集团公司党组落实中央八项规定"20项实施意见"，结合实际制定《重庆市邮政公司党委改进工作作风、密切联系群众实施细则》，着重在"加强调查研究、改进文风、改进会风、规范公务用车、厉行勤俭节约、改进服务工作、加强监督检查"等8个方面22个关键点上明确改进作风具体举措。

2015年，为贯彻落实全面从严治党要求和中央纪委座谈会精神，印发《中国邮政集团公司重庆市分公司专项自查整改工作方案》，围绕落实中央八项规定精神，信访问题线索处置，工程建设、物资采购项目招投标及合同管理，内部审计问题整改，巡视发现问题整改，选人用人，领导人员执行薪酬政策，"小金库"治理等8个方面内容开展自查整改工作，共自查问题37个，提出整改措施108条。

2016年，组织开展"四风"问题整治情况"回头看"，督促相关部门制定完善《本部业务招待费管理办法》《公务用车配备使用管理办法》《关于进一步规范重庆邮政企业庆典仪式的通知》，从制度上巩固"四风"整治成果。

2017年，按照上级指示要求开展违规公款购买消费高档白酒问题集中排查整治工作，从采购、入库、销售（或自用）、付款各个环节排查清理，并接受集团公司抽查，均未发现违规公款购买消费高档白酒问题。

2018年，为认真落实中央纪委和集团公司纪检组监察局工作要求，聚焦巡视巡察、执纪审查、监督检查等发现问题，组织全市邮政开展使用购物卡（券）、异地交流任职领导人员报销"两费"和扶贫领域专项检查，针对违规违纪、履责不力等问题，集体约谈了1个单位党组织领导班子，问责处理市分公司党委管理和审批核准领导人员33人次，追缴违规报销资金30余万元，推动完善管理制度。

2019年，针对巡察、审计、信访中发现的普遍性和突出问题，组织市分公司相关主责部门分别牵头开展员工薪酬绩效分配、规范员工营销任务下达及考核、采购招投标、食堂管理等4项专项整治活动，问责5个党组织、处理43人次。

2020年，出台《纪检机构开展日常监督工作暂行办法》，明确监督原则、领域、对象、重点内容、方式方法和考评运用，进一步规范纪检机构日常监督工作；突出加强对疫情防控和复工复产的监督，先后下发两个文件明确监督重点、严明纪律要求，并建立"周报告""日报告"制度，组织对1700多个营业网点、揽投部、邮件处理中心疫情防控情况开展现场和非现场检查，对防控责任落实不到位的5名领导人员进行批评教育，并督促指导基层党组织问责处理228人次。

2021年，贯彻落实《纪检机构开展日常监督工作暂行办法》，按季明确日常监督重点共计73项，提升监督主动性和时效性；同年，出台《所属纪检机构对部门（单位）履行监督管理职能进行再监督的实施办法》，督促主责部门组织开展"小金库"和资金归集结算、资产盘活和租赁质效、采购招标管理、公务车辆加油管理、工程建设管理、营销任务摊派等11项专项治理，推动完善制度规定10项，集中整治员工身边的腐败和不正之风。

2022年，通过问题线索会商、约谈督导、联合检查等方式，督促主责部门认真开展招标采购管理、"靠邮吃邮"、薪酬二次分配、严禁硬性摊派营销任务等17项专项治理，推动解决问题583个，完善制度15项，问责69人次；同年，出台《采购监督暂行办法》，明确"三签""两查"监督方式，进一步规范采购监督工作。

四、建立健全党风廉政建设责任制

自重庆邮政纪检机构成立起，切实担负《党章》赋予的职责使命，协助党委抓好党风廉政建设，通过健全制度机制，促进党风廉政建设和反腐败工作不断取得新进展新成效。

1986年，市邮局机关带头端正党风，机关总支结合实际工作特点，制定增强党性、端正党风"六不准""六带头"规定和"八查八看"措施，各党总支、支部做好责任制落实，使全局抓党风工作制度化、经常化、具体化。

1987年，根据中纪委和上级要求，制定《局级干部和党委委员八条守则》《关于对党员、党员干部加强党内纪律监督的实施细则（试行）》《纪委改进工作作风的规定》等制度，并做好监督检查，发现问题及时处理。

1988年，围绕"集中力量管好党纪，协助党委管好党风"这个重点，市邮局纪委协助党委健全党内监督制度，先后制定《党内纪律监督实施细则》《领导干部和党委委员守则》，重新修订《抓党风责任制》，使党内监督有章可循。

1989年，由纪委、监察、审计形成"三位一体"监督机制，从党纪、政纪、经济多视角实行全方位有效监督；同时狠抓廉洁制度建设，制定《行政干部保持廉洁的十二条规定》，与人事、计财、运输等部门共同研究具体配套实施办法，并与机关科室的生产奖金考核挂钩，以制度促进廉政建设。

1992年，纪委与行政监察、审计部门联合制定《关于纪检工作为邮电生产建设服务的意见》，对坚持社会主义方向，勇于改革创新的，坚决支持；对经验不足或政策界限不清，在改革中出现失误的，帮助总结经验教训；对改革中既有成绩，又有缺点的，既肯定成绩，又提出问题，帮助其继续前进；对改革中受到诬告陷害和打击报复的，为其澄清是非，予以保护，使纪检工作成为促进改革和邮电通信发展的一支重要力量。

1994年，根据中纪委二、三次全会明确提出领导干部廉洁自律新旧五条规定及实际工作中反映出的新情况、新问题，重新修订或制定《重庆市邮政局保持廉洁的若干规定》《中共重庆市邮政局委员会关于领导干部廉洁团结务实的行为准则（试行）》，在对群众较为关心的热点问题上，诸如领导干部在票子、房子、儿子、车子等问题上明确界限；按照建立党风廉洁档案要求，专人负责全局党风廉洁档案建立，并做好登记和保管工作。

1995年底，按照四川省邮电管理局加强党风廉政建设部署，出台《关于贯彻〈党政机关县（处）级以上领导干部收入申报的规定〉的实施办法》，要求全局副处级以上干部每年2次如实申报自己收入情况；出台《关于贯彻

〈党和国家机关工作人员在国内交往中收受的礼品实行登记制度的规定〉的实施办法》，要求全局副科级以上干部在公务活动中收受礼品价值200元以上的，要登记上交；出台《关于贯彻〈关于国有企业实行业务招待费使用情况向职代会报告制度的规定〉的实施办法》，要求全局各独立核算单位每年2次向职代会据实报告业务招待费使用情况。

1998年3月，开始试行党风廉政建设责任制，制定《中共重庆市邮政管理局党委、重庆市邮政管理局党风廉政建设和反腐败工作领导负责分工包项责任制》，明确领导及相关部门在党风廉政建设和反腐败工作中应承担的责任和必须履行的职责，形成主要领导负总责、各部门密切配合，层层落实责任制的工作格局。

1999年，根据重庆市委、市政府新部署、新要求，完善党风廉政建设和反腐败工作分工责任制，并配套制定领导干部党风廉政建设责任书，进一步明确局领导和机关各部门责任分工；所属各单位根据具体情况制定责任制，促进党风廉政建设各项工作顺利开展。

2000年4月，印发《重庆市邮政系统党风廉政建设责任制实施办法》，成立党风廉政建设责任制工作领导小组，下设办公室在纪委监察室，具体负责全局党风廉政建设责任制实施，执行责任追究工作有关事项、组织召开党风廉政建设责任制联席会议，并规定半年召开一次联席会议；同年，组织编发《领导干部廉洁自律守则》，并分发到全市邮政系统副科级以上领导干部，保证人手一册，进一步规范党员干部行为。

2001年，成立重庆市邮政管理局领导班子和领导人员廉洁自律工作协调指导小组，由市邮管局党委书记、局长任组长，市邮管局党委副书记、纪委书记任副组长；协调指导小组下设办公室，办公室设在纪委监察室，由纪委副书记、监察室主任任办公室主任，具体负责全局领导班子和领导人员廉洁自律工作实施。

2003年，出台《重庆市邮政管理局关于对领导干部、管理人员失职渎职行为实行责任追究的规定（试行）》，明确责任追究范围和对象、基本原则、组织管理、程序，规范企业领导干部和管理人员行为。

2004年，在认真执行国有企业领导干部廉洁自律各项规定的同时，把遵守"四大纪律八项要求"和"三个不得"作为廉政谈话、诫勉谈话、述职述廉内容；同年3月2日，召开"干部上岗集体诫勉谈话会"，党政领导做诫勉讲话并提出廉洁从业具体要求。

2005年，在城区局、专业局（公司）、直附属单位领导班子成员和机关副处级以上领导干部参加的第一季度中心组学习（扩大）会上，通过《重庆市邮政管理局贯彻中纪委五次全会精神实施意见》，提出认真学习领会中央纪委第五次全会精神实质、认真贯彻落实《建立健全教育、

制度、监督并重的惩治和预防腐败体系实施纲要》、严肃党的纪律、加强局风建设、夯实信访基础工作、强化企业改革、开展效能监察等6项具体举措。

2007年，印发《领导和部门党风廉政建设和反腐倡廉工作分工责任制》，明确规定党政"一把手"必须亲自抓、负总责；明确办事机构和工作人员，负责党风廉政建设工作开展；将党风廉政建设责任制考核纳入年度经营绩效考核办法，占总绩效2%。

2009年，建立领导人员廉政档案，将个人重大事项报告、民主生活会发言材料，以及党风廉政建设责任制执行情况等装入廉政档案，为干部考核使用提供重要依据。

2010年，组织召开以"贯彻落实《重庆市〈国有企业领导人员廉洁从业若干规定〉实施办法》切实加强作风建设"为主题的领导班子民主生活会，通过对照检查，剖析思想根源，领导班子形成了"五个必须"（必须坚持改革与发展的有机结合；必须坚持规模与效益的同步提升；必须坚持三大板块的资源共享与联动发展；必须加强廉洁从业教育和监督并重的制度建设；必须坚持企业发展与员工利益的内在统一）的共识。

2013年，为做好反腐倡廉工作，整合原党风廉政建设责任制领导小组、行风建设领导小组和效能监察领导小组，成立重庆市邮政公司反腐倡廉工作领导小组，"一把手"任组长，班子成员任副组长，职能部门和城片区局主要负责人为成员。领导小组下设办公室，办公室设在市公司监察室，由市公司纪委书记兼任办公室主任，负责领导小组日常工作。

2014年，制订《建立健全惩治和预防腐败体系2013—2017年工作规划》，印发《重庆市邮政公司党委关于落实党风廉政建设主体责任的实施意见（试行）》《重庆市邮政公司党委纪委关于落实党风廉政建设监督责任的实施意见（试行）》，明确党风廉政建设"两个责任"具体任务和措施；同年6月，成立以党委书记、总经理为组长，班子成员为副组长，各部门负责人为成员的廉洁风险防控工作领导小组，印发《关于推进廉洁风险防控工作的实施意见》，以市公司采购中心、万州片区分公司作为风险防控试点单位，启动廉洁风险防控工作。同年9月，成立市公司党风廉政建设领导小组，党委书记、总经理任组长，班子其他成员为副组长，市公司职能部门和各城片区分公司主要负责人为成员，领导小组下设办公室在市公司监察室，市公司纪委书记兼任办公室主任，监察室负责人任办公室副主任，负责领导小组日常工作。

2016年，出台纪委会、党风廉政建设联席会、信访工作联席会等会议制度，"两个责任"配套制度和《实践监督执纪"四种形态"实施办法》《问责条例实施办法》，并收集形成《重要法规制度汇编》。同年，在市分公司本部开展廉洁风险防控工作，梳理排查风险点267个，制定风险防控措施800余条，初步构建廉洁风险防控体系。

2017年，在机构和职能调整基础上，修订完成市级各部门（单位）《廉洁风险目录》《廉洁风险防控措施完善方案》，补充对领导人员风险点的查找，共查找出223个风险事项、617个风险点，提出700余条风险防控措施；同时，在各区县分公司全面启动廉洁风险防控工作。

2018年，印发《2018年中邮重庆分公司廉洁风险防控工作方案》，针对本部和各城片区分公司两个层面，分析查找各级领导班子成员廉洁风险点，形成《领导岗位廉洁风险防控工作表》，市分公司领导班子共查找廉洁风险点22个，制定防控措施69条；各城片区分公司领导班子查找廉洁风险点387个，制定防控措施750条。

2019年，针对6项重点工作，逐项绘制流程图，形成领导岗位和重点事项廉洁风险防控工作表，市分公司本部和城片区分公司共查找廉洁风险点800多个，制定防控措施1500余条。同时，结合寄递事业部改革后岗位职责变化和监督执纪中发现问题，对市分公司本部《廉洁风险目录》进行更新完善。

2020年，修订完善《落实党风廉政建设主体责任的实施办法》和《落实党风廉政建设监督责任的实施办法》，明确党组织、纪检机构履行党风廉政建设责任制任务24项、25项。同年，调整市分公司党风廉政建设领导小组，"一把手"任组长，班子成员任副组长，领导小组下设办公室，与纪委办公室合署办公，由纪委办公室主要负责人任办公室主任，负责领导小组日常工作。

2021年，修订完善《中国邮政集团有限公司重庆市分公司党风廉政建设联席会议制度》，明确联席会议主要职责、党风廉政建设领导小组办公室工作职责、党风廉政建设领导小组各成员职责、联席会议基本工作程序等内容。

2022年，印发《关于加强全市邮政廉洁文化建设的实施意见》，明确10项工作任务及年度26条工作措施，推进廉洁文化建设。同年，与重庆交通大学、重庆市纪委监委驻市交通局纪检组等单位合作近两年的新时代重庆清廉交通建设研究课题结题，形成"政校企协同联动共绘廉洁文化建设同心圆"的研究成果，获得"全国交通运输廉洁文化建设行政事业类十佳案例"。

第三节　违规违纪案件查处

查处违规违纪案件是纪检机构一项常态性工作。重庆邮政各级纪检机构成立以后，遵照中央纪委和四川省纪委、重庆市纪委以及驻邮电部纪检组、四川省邮电管理局纪检组、驻中国邮政纪检监察组等有关办案指导方针、原则、规定，围绕各个时期党的中心任务，查处违规违纪案件。在案件查办过程中，按照检查审理分离、审查审理分离的原则，严格履行案件检查、案件审理、处分申诉等规范性程序。其中，1997 年 5 月—2000 年 12 月，专门成立案件检查组、案件审理组，实现检查审理环节在机构上的分设。自 2020 年起，形成全市邮政集中审理制度，由市分公司纪委办公室对各基层纪检机构立案案件、审理情况进行审批，规范案件查办程序。此外，制定完善《重庆市邮政公司员工奖惩办法》《中共中国邮政集团公司重庆市分公司委员会运用监督执纪"四种形态"实施办法（暂行）》《中国邮政集团有限公司重庆市分公司纪委信访举报和问题线索处置指导手册》等一系列规章制度，使违规违纪案件查处做到"事实清楚、证据确凿、定性准确、手续完备、处理恰当"。

一、计划单列时期

1986—1988 年，市邮局纪委以党风建设为中心，刹风正纪、从严治党，共查处经济案件 3 件，给予行政处分 2 人；查处违纪案件 4 起，给予党纪处分 3 人、行政处分 2 人。

1988 年 12 月，正式设置市邮局监察室，具体负责行政监察工作，与党的纪律检查机关、干部人事等部门密切配合与协作。

1992 年 4 月，成立纪委监察室，纪检、监察合署办公，全面履行纪检监察职能，有效开展领导干部廉洁自律工作、纠风工作和案件查办工作。

1989—1996 年，市邮局纪委、监察室强化开展反腐败工作，立案查处各种违规违纪违法案件 29 件，其中贪污盗窃挪用公款受贿案件 11 件，失职渎职案件 6 件，其他案件 12 件，共移送纪法处理 3 人、给予党纪行政处分 38 人、免予处分 7 人。

二、邮电分营时期

1997 年 5 月，市邮管局正式挂牌成立，纪检、监察仍合署办公，纪委监察室下设办公室、案件检查组、案件审理组 3 个二级机构，为纪检监察工作的开展提供组织保证。1998—2006 年，市邮管局纪委监察室共立案查处各种违规违纪违法案件 34 件，共给予党纪行政处分 56 人。

三、政企分开时期

2007 年 2 月，市邮政公司成立，纪检、监察仍合署办公，同时把监察室从党群工作部单列出来，设立独立的监察部门。2007—2014 年，市邮政公司纪委监察室共查处各种违规违纪违法案件 9 件，给予党纪行政处分 17 人。

2015 年 3 月，中国邮政集团公司重庆市分公司成立，纪检、监察仍合署办公。2015—2019 年，市分公司纪委监察室加大信访案件查办力度，持续保持高压态势，共查

处各种违规违纪违法案件 17 件，共给予党纪行政处分 32 人，移送地方纪委监委立案 1 人。

2020 年 3 月，根据《关于调整邮政企业纪检监察机构设置有关事项的通知》文件精神，撤销市分公司纪委监察室，设立纪委办公室，同时不再履行行政监察职能。2020—2022 年，市分公司纪委办公室依规依纪受理信访举报，持续加大审查力度，对发生违纪违规问题进行严肃查处，共查处各种违规违纪违法案件 27 件，共给予党纪行政处分 55 人，有效发挥了执纪问责的惩戒、警示和教育作用。

第四节　纪检信访

处理人民来信中有关党风党纪问题是纪检机构经常性任务，也是查办案件重要线索来源。重庆邮政各级纪检机构成立以后，遵照中央纪委和四川省纪委、重庆市纪委以及驻邮电部纪检组、四川省邮电管理局纪检组、驻中国邮政纪检监察组等有关办案指导方针、原则、规定，对所受理来信来访和检举控告案件，无论问题大小，均及时认真进行调查处理，做到有专人负责，件件有着落，案案有结果。

一、计划单列时期

1986—1988 年，按照四川省纪委信访处《关于我省纪检信访工作几个业务问题的意见》等有关规定，市邮局纪委对党员申诉和群众来信来访反映的党风党纪问题，进行认真处理，共收到来信来访 243 件次，其中来信 128 件、来访 115 人次，属于纪检业务范围内 89 件次，总体结办率 100%，每年结案率均在 90% 以上。

1989—1996 年，市邮局纪委监察室充分发挥信访监督、检查职能，把信访工作作为接受群众监督、改善服务的措施，共收到来信来访 349 件次，其中来信 235 件、来访 114 人次，属于纪检业务范围内 203 件次，除 1994 年结办率 97%、结案率 66.6% 外，其他年份均实现结办率、结案率 100%。

二、邮电分营时期

邮电分营后，市邮管局来信来访总体有所下降。1998—2006 年，市邮管局纪委监察室始终坚持"保护、惩处、监督、教育"的原则，坚持"事实清楚、定性准确、证据确凿、处理恰当、手续完备"20 字办案方针，认真办理群众来信来访，共收到来信来访 380 件次。按照干部管理权限和业务职责划分，其中自办 170 件次、转办 210 件次，结办率、结案率均达到 100%。同时，根据案件调查情况，对反映属实问题，按照相关规定及时对违规违纪人员进行处理；对反映不属实问题，及时对 72 名党员干部进行澄清，消除误解，严肃办案纪律，提高办案

工作水平。其间，2004年8月23—24日，全国邮政信访工作座谈会在重庆召开，会议总结2003年以来，全国邮政信访工作基本情况，分析当时邮政信访工作面临的新形势，就当时和其后一个时期信访工作主要任务作了布置。2006年8月，市国资委纪委对全市国企办理信访案件质量进行评审，市邮管局纪委监察室办理的信访案件被评为优秀等级。

三、政企分开时期

2007—2014年，市公司纪委监察室从构建不敢腐的惩戒机制、不能腐的防范机制、不易腐的保障机制着手，加强办信办案工作，信访举报呈现"两个下降一个好转"（信访总量下降、人员上访下降、信访秩序持续好转）良好态势，共收到来信来访142件，均按照信访处理要求，做到件件有着落，办结率达到100%。

2015—2019年，市分公司纪委监察室持续保持高压态势，加大信访案件查办力度，严格按照"函询、初核、暂存、了结"问题线索4类处置方式规范处置信访举报，共收到来信来访224件，其中业务范围外31件；均按照4类处置方式进行处置，其中初核160件（含初核转立案18件）、函询2件、转办了结49件。针对查实问题，综合考虑违规违纪性质和认错、悔错态度，运用监督执纪"四种形态"问责处理115人次，其中第一种形态80人

次、第二种形态31人次、第三种形态3人次，运用第四种形态移送地方纪委监委立案1人次。

2020年1月，驻中国邮政纪检监察组上线监督执纪问责信息管理系统，系统权限开放至各地市级邮政企业纪检机构，实现信访举报从收信、处置、办结等线上全流程录入，标志着信访举报信息化工作迈上新台阶。

2021年11月，根据《关于调整省市邮政企业纪检机构编制设置有关事项的通知》要求，把各城片区分公司管理干部问题线索处置核查权限上收至市分公司纪委，各区县分公司管理干部问题线索处置核查权限上收至所属片区分公司纪委，进一步压实管党治党政治责任，规范信访举报和问题线索处置核查工作。

2020—2022年，市分公司纪委办公室规范处置信访举报和问题线索，严肃查处违规违纪和违法问题，促进党风廉政建设和反腐败工作向纵深发展，共收到来信来访296件，其中业务范围外77件。所有来信来访件均按照问题线索四类处置方式进行处置，其中，初核178件（含初核转立案27件）、函询2件、暂存6件、直接了结33件、转办了结77件。针对查实问题，综合考虑违规违纪性质和认错、悔错态度，运用监督执纪"四种形态"问责处理203人次，其中第一种形态148人次、第二种形态46人次、第三种形态9人次。

第三章 巡视巡察

重庆邮政巡视巡察工作始于2012年，在不断探索实践中逐步走向规范。2012年，按照《中国共产党巡视工作条例（试行）》（2009版）相关规定，党委探索开展巡视工作。2017年，按照中央有关规定和集团公司党组部署要求，市分公司巡视工作规范更名为巡察工作。11年来，重庆邮政党委、纪委积极贯彻落实中央巡视工作方针和习近平总书记关于巡视工作重要论述，以及集团公司党组巡视巡察工作有关部署要求，加强巡察队伍建设，完善巡察工作制度机制，提高巡察工作质量，发挥综合监督效能，推动企业全面从严治党工作向纵深发展。

第一节 巡察机制、制度建设

一、巡察队伍建设

（一）党委巡察工作领导小组

2012年9月，根据《中国共产党巡视工作条例（试行）》（2009版）有关规定，出台《重庆市邮政公司党委

巡视工作实施办法（试行）》，成立巡视工作领导小组，党委书记任组长，纪委书记任副组长，相关职能部门主要负责人为成员，明确贯彻落实集团公司党组和市公司党委有关巡视工作决议、决定，研究决定巡视工作年度和阶段计划、方案，听取巡视工作汇报，对巡视组进行管理和监督等7项工作职责。

2017年，根据《中国共产党巡视工作条例》（2017版）有关巡视巡察工作规定和《中国邮政集团公司党组巡视工作实施办法》文件精神，市分公司出台《中国邮政集团公司重庆市分公司党委巡察工作暂行办法》，明确成立党委巡察工作领导小组，向市分公司党委负责并报告工作；组长由市分公司党委书记担任，副组长由纪委书记担任，成员由党委办、组织部、计财部、市场部、审计部、监察室、党建部主要负责人担任。

2018年10月，印发《中国邮政集团公司重庆市分公司党委开展巡察工作的实施意见》，对市分公司党委巡察工作领导小组职责与领导机制进行调整，明确其负责组织实施巡察工作，推动落实巡察整改，向市分公司党委负责

并报告工作；组长由市分公司党委书记担任，副组长由市分公司分管党建工作的委员、市分公司纪委书记担任，成员由监察室、组织部、党委办、财务部、审计部、党建部等部门主要负责人组成。

2019年12月，出台《中国邮政集团公司重庆市分公司巡察工作领导小组工作规则》，对党委巡察工作小组职责、会议制度、组织原则等进行明确。

2021年5月，印发《关于调整市分公司党建工作等领导小组的通知》，把市分公司党委巡察工作领导小组成员调整为党委办、组织部、纪委办、党建部主要负责人，明确巡察工作领导小组及巡察办主要职责。

（二）党委巡察工作领导小组办公室（巡察办）

2012年9月，出台《重庆市邮政公司党委巡视工作实施办法（试行）》，明确巡视工作领导小组下设办公室，办公室设在监察室，办理巡视工作领导小组交办的日常工作。

2017年3月，出台《中国邮政集团公司重庆市分公司党委巡察工作暂行办法》，明确市分公司党委巡察工作领导小组下设办公室（简称巡察办），作为日常办事机构；巡察办设在纪委监察室，主任由监察室主要负责人担任。

2018年10月，出台《中国邮政集团公司重庆市分公司党委开展巡察工作的实施意见》，明确巡察办是巡察工作领导小组日常办事机构，履行统筹、协调、指导巡察组开展工作等职责，为党委工作部门。

2020年3月，印发《关于调整重庆邮政企业纪检监察机构设置的通知》，明确市分公司纪委办公室承担市分公司党委巡察工作领导小组办公室的日常工作，以及中央、集团公司党组巡视整改和市分公司党委巡察整改监督职责。市分公司纪委办公室在原有监察室人员编制基础上核增编制1人，用于加强巡察工作力量和巡视巡察整改监督。同时，党委党建工作部在原有人员编制基础上核增1人，用于加强中央、集团公司党组巡视、市分公司党委巡察整改工作组织管理。

2020年10月，出台《中国邮政集团有限公司重庆市分公司党委巡察工作领导小组办公室工作规则（试行）》，对巡察办职责任务、工作制度、纪律与责任等进行明确。

2021年8月，印发《关于调整部分纪检机构编制设置的通知》，明确在市分公司纪委办公室现有人员编制基础上，核增编制2人，用于增强巡察工作力量。

截至2022年底，市分公司巡察（含整改）人员编制数3人，实配3人，其中巡察办2人、巡改办1人。

（三）党委巡察组

党委巡察组根据每批巡察工作需要临时组建，无固定巡察组，按照市分公司党委授权开展相关工作。

2017年3月，出台《中国邮政集团公司重庆市分公

司党委巡察工作暂行办法》，明确市分公司党委设立巡察组承担巡察任务；巡察组实行组长负责制，组长由三级领导人员担任，由市分公司党委根据每次巡察任务确定并授权，巡察工作人员应是中国共产党正式党员，熟悉党务工作、相关政策法规及邮政企业生产经营管理工作，具有3年以上邮政企业工作经历，具有较强的发现问题、沟通协调、文字综合等能力。

2018年10月，根据集团公司党组《关于对市县邮政单位党组织开展巡察工作的意见》文件精神，印发《中国邮政集团公司重庆市分公司党委开展巡察工作的实施意见》，明确市分公司党委组建巡察组承担巡察任务，每个巡察组原则上由6—10人组成，根据实际需要适当增减，设组长、副组长，并明确巡察组人员选配标准。

2020年10月，出台《中国邮政集团有限公司重庆市分公司党委巡察组工作规则（试行）》，明确巡察组由组长、副组长、联络员和其他工作人员组成。组长、副组长从党委管理三级正或三级副领导人员中推荐；联络员可从市分公司巡察工作人才库四级干部中推荐或由党委组织部从优秀青年干部中推荐。巡察组其他工作人员由市分公司相关部门推荐，也可抽调城片区分公司、区县分公司、市分公司直属单位、市寄递事业部相关人员。巡察组组长实行一次一授权。巡察组组长、副组长由领导小组研究并报党委批准确定。巡察组实行组长负责制，组长负责全面工作；副组长协助组长工作，按照组长要求组织开展有关工作；联络员协助组领导做好内外沟通和上下协调，组织落实组内具体工作任务；其他工作人员按照组内分工和组领导要求，按照职责做好相关工作。

二、建立健全巡察工作制度

市分公司党委巡察工作制度建设主要分为巡察试点、巡察工作规划（2018—2022）两个时期。

（一）巡察试点时期（2018年以前）

2012年9月，为加强党内监督，发展党内民主，提高党组织领导企业发展水平，增强拒腐防变和抵御风险能力，出台《重庆市邮政公司党委巡视工作实施办法（试行）》，明确巡视指导思想、组织领导、工作职责、对象、内容、流程、方法、报告等。

2013年7月，按照集团公司相关要求，市公司制定《重庆市邮政公司党委巡视工作方案》，成立巡视组，纪委书记为组长，办公室、计财部、审计部、市场部、人力部、党群部、工会、监察室相关职能人员为成员。对各城片区局、直属单位及其领导班子开展巡视工作。

2017年，市分公司出台《中国邮政集团公司重庆市分公司党委巡察工作暂行办法》，对试点时期巡察机构及人员、范围和内容等进行明确。据此，市分公司组织开展对巴南片区分公司等6个单位党组织的常规巡察。该文件于2018年7月废止。

（二）市分公司党委巡察工作规划时期（2018—2022）

自2018年起，市分公司按照集团公司相关要求，开始对第一个巡察工作五年规划时期制度建设进行谋划，形成覆盖巡察规划、巡察机构、巡察整改监督等较为完善的制度体系。2018年7月，印发《中国邮政集团公司重庆市分公司党委巡察工作规划（2018—2022年）》，对第一个巡察工作五年规划具体工作进行谋划部署。

2018年10月，印发《中国邮政集团公司重庆市分公司党委开展巡察工作的实施意见》，对市分公司开展巡察工作提出具体实施意见和操作指南，组建巡察机构。

2019年12月，出台《中国邮政集团公司重庆市分公司巡察工作领导小组工作规则》，对巡察领导机构职责、会议制度、组织原则等进行明确规定，提出具体要求。

2020年10月，出台《中国邮政集团有限公司重庆市分公司党委巡察工作领导小组办公室工作规则（试行）》，对巡察办职责任务、工作制度、纪律与责任等进行明确。

2021年3月，出台《关于建立健全中国邮政集团有限公司重庆市分公司党委巡察工作协作配合机制的实施意见》，就协同做好巡察工作，明确建立健全情况通报机制、人员选派和培训机制、巡察期间沟通协调机制等五大机制。

2021年9月，出台《被巡察党组织配合中国邮政集团有限公司重庆市分公司党委巡察工作规定》，对被巡察党组织配合做好市分公司党委巡察工作，从协调配合、整改落实等方面进行要求。

2022年9月，出台《中国邮政集团有限公司重庆市分公司巡视（巡察）整改日常监督实施办法（试行）》，从日常监督主体、对象、内容、方式等方面，对纪检机构巡视巡察整改监督工作进行明确和规范。

第二节　巡察监督

一、巡视调研及第一轮巡察工作（2018年以前）

2013年8月5至25日，设立巡视调研工作领导小组，纪委书记任组长，同步成立5个巡视组，采取查阅资料、民主测评、个别访谈、实地调研等方式，聚焦业务经营、人力资源管理、财务管控、党风廉政建设以及党的群众路线教育实践活动等方面，对13个城片区局开展巡视调研工作，收集到基层单位对市公司的意见和建议184条，归纳汇总出经营管理、作风建设等7个方面意见建议共29条。

2017年9月，市分公司党委印发《2017年第一轮巡察工作方案》，共派出2个巡察组，对2个城区分公司、2个片区分公司、2个区县分公司共6个单位开展第一轮巡察，共发现问题170个，反馈巡察意见60余条。

二、巡察全覆盖（2018—2022）

2018年7月9日，印发《中国邮政集团公司重庆市分公司党委巡察工作规划（2018—2022年）》，计划用5年时间，对市分公司党委管理的各城片区、区县分公司党组织领导班子及其成员，市级各部门（单位）领导班子及其成员，市分公司党委要求巡察的其他单位党组织领导班子及其成员开展全覆盖巡察监督。

2018年10—11月，市分公司党委开展2018—2022年第一批巡察，共派出2个巡察组，对江北区、涪陵片区、黔江片区、南川区、武隆区、彭水县分公司和市分公司信息技术局7个单位党组织开展常规和专项巡察，发现问题150个，提出巡察意见84条。

2019年5—6月，市分公司党委开展2018—2022年第二批巡察，共派出2个巡察组，对南岸区、大渡口区、渝北片区、北碚区、长寿区分公司（含寄递事业部）和市分公司机要通信局、后勤服务中心7个单位党组织开展常规巡察，发现问题221个，提出巡察意见98条。

2019年11—12月，市分公司党委开展2018—2022年第三批巡察，共派出2个巡察组，对渝中区、合川片区、潼南区、铜梁区分公司，重庆邮政医院等10个单位党组织开展常规巡察，发现问题372个，提出巡察意见157条。

2020年10—11月，市分公司党委开展2018—2022年第四批巡察，共派出3个巡察组，对巴南片区、綦江区、江津区、九龙坡区分公司等19个单位党组织开展常规巡察，发现问题738个，提出巡察意见299条。

2021年6—7月，市分公司党委开展2018—2022年第五批巡察，共派出2个巡察组，对办公室、市场部等16个市级部门（单位）党组织开展"中央巡视、集团公司党组巡视反馈问题整改落实情况"专项巡察，发现问题319个；巡察期间反馈立行立改问题17个，向市分公司党委提出巡察建议14条，向被巡察党组织提出巡察意见163条。

2021年10—11月，市分公司党委开展2018—2022年第六批巡察，派出1个巡察组，对市寄递事业部党委及所辖邮区中心党委开展"贯彻集团公司和市分公司寄递业务改革发展战略、落实集团公司党组巡视整改情况"专项巡察，发现问题69个；巡察期间反馈立行立改问题9个，向被巡察党组织提出巡察意见26条。

经过2018—2021年的6批巡察，市分公司党委提前一年实现对所辖党组织巡察全覆盖。

2022年8—9月，市分公司党委组织2个巡察组，对渝中区、黔江片区、綦江区、巫溪县、丰都县分公司以及邮区中心党组织进行巡察"回头看"，以检验市分公司党委上轮巡察整改成效，共移交"立行立改"问题27个，发现问题227个，提出巡察意见建议72条。

第三节　巡视巡察整改

一、中央巡视整改

（一）中央2015年巡视集团公司党组反馈问题整改

2015年6月30日至8月30日，按照中央统一部署，中央第六巡视组对中国邮政集团公司进行专项巡视。同年10月，按照巡视反馈会议精神和集团公司党组要求，市分公司成立以党委书记为组长、班子其他成员为副组长、各部门负责人为成员的巡视整改工作领导小组，同时成立领导小组办公室，下设4个专项工作组；制订巡视整改方案，梳理重点问题29个，明确整改任务80项，提出整改措施185条，明确整改时限、责任领导和责任部门。

2016年，按照集团公司党组、纪检监察局要求，组织开展中央专项巡视反馈问题整改落实情况和贯彻集团公司领导干部警示教育大会精神专项自查工作，形成自查统计表和问题台账，经自查重点问题、整改任务措施、细化工作举措整改完成量均达到100%。

2018年，对2015年中央专项巡视集团公司、2016年集团公司巡视市分公司反馈问题进行重新梳理，制定《重庆分公司党委加强和深化巡视整改工作台账》，明确整改任务14项，细化整改措施42条，督促各牵头部门持续推进巡视整改工作。

（二）中央2018年巡视集团公司党组反馈问题整改

2018年2月23日，中央第二巡视组进驻中国邮政集团公司并召开启动大会。同年3月中旬，中央第二巡视组到重庆分公司开展巡视调研。市分公司党委、纪委就2015年以来巡视整改情况、信访问题线索核查处理情况向巡视组提供专题材料。同年，市分公司党委创新建立巡视整改专题民主生活会查摆问题、整改落实机制，班子成员主动认领问题，承担整改责任；市分公司纪委督促各级党组织开好巡视整改专题民主生活会，监督所属党组织认真落实巡视整改主体责任，督促责任部门落实每周、每月整改进展情况报告制度，对整改时限严格把关，及时督办。

2019年，市分公司党委认真落实中央巡视反馈问题整改，建立月例会、季评估机制，全年召开党委会暨巡视例会12次，研究整改情况，优化整改举措。在市分公司79项整改措施中，完成70项，阶段性完成9项，全面完成年度巡视整改任务，巩固和深化中央巡视整改成果。同年，市分公司纪委组织对市级所有部门（单位）落实中央巡视整改情况进行专项检查，通报存在问题，提出明确要求，督促真改实改、持续整改。

2020年，为深入贯彻落实集团公司党组持续推进

中央巡视整改工作部署要求，市分公司党委印发《关于2020年持续推进中央巡视整改工作的通知》和中央巡视整改评估计划表，明确2020年持续整改任务17项，需要评估制度文件或持续推进要点43项。

2021年，市分公司党委印发《中国邮政集团有限公司重庆市分公司党委2021年深化巡视整改工作要点》《中国邮政集团有限公司重庆市分公司党委2021年巡视整改工作方案》，组织对2018年以来中央、集团公司党组巡视和企业内部巡察等反馈的2189个具体问题进行大起底，合并归类为96个同类问题点，为2022年"管理提升年"提供问题导向。同年，印发《巡视巡察整改审核及公开工作办法》《2021年巡视巡察整改工作评价考核方案》等制度，规范巡视巡察整改工作。

2022年，为落实中央巡视整改工作要求和集团公司党组安排部署，统筹推进巡视巡察整改工作，市分公司党委印发《中国邮政集团有限公司重庆市分公司党委2022年巡视巡察整改工作要点》，明确工作任务10项、工作内容14项，完成巡视巡察整改全面自查工作，同时坚持"四个到人"工作机制，对集团公司党组2022年巡视整改专项检查督导发现的问题进行整改，深化标本兼治。

二、集团公司党组巡视整改

（一）集团公司党组2016年巡视市分公司党委反馈问题整改

2016年3—4月，集团公司党组第四巡视组对重庆市分公司党委开展巡视。同年5月18日，针对集团公司党组第四巡视组专题反馈巡视意见，市分公司党委在第一时间制订整改方案，列出主要问题14个，明确整改任务19项，细化整改措施38条。截至同年7月20日，市分公司整改完成率100%，制定或完善规章制度16项。

2016年11月，为巩固巡视整改成果，形成长效机制，市分公司纪委监察室协调、督促责任部门对持续推进展情况进行梳理，形成《重庆市分公司巡视整改持续推进工作任务表》，明确20个具体事项及完成时限、责任领导、责任部门，推动主责部门抓好持续整改，巩固和拓展巡视整改成果。

2017年4月，按照集团公司党组、市分公司党委要求，纪委牵头对巡视整改持续推进工作进行"回头看"，协调督促责任部门全面梳理持续整改进展情况，查找存在问题，针对问题制定下一步持续推进措施52项。

2018年，纳入《重庆分公司党委加强和深化巡视整改工作台账》，明确整改任务14项，细化整改措施42条，督促各牵头部门持续推进巡视整改工作。

（二）集团公司党组2020年巡视市分公司党委反馈问题整改

2020年5—7月，市分公司党委、纪委配合集团公司党组第五巡视组开展巡视工作，成立巡视工作联络组，协

调组织召开沟通会、巡视动员会。巡视期间，严格按照巡视组要求完成"立行立改"工作；巡视反馈意见后，第一时间制定整改方案，明确整改任务66项、整改措施130项；在集中整改阶段，完成整改措施81项、阶段性完成且持续推进49项，问责处理90人次；市分公司纪委制定加强集团公司党组巡视整改监督检查方案，推动真改实改、全面整改。

2021—2022年，市分公司党委统筹推进集团公司党组巡视整改、中央巡视整改、市分公司党委巡察整改，通过制定印发巡视工作要点、巡视工作方案、巡视整改监督实施方案等方式，组织开展持续整改工作，推动巡视巡察整改工作走深走实。

三、内部巡察整改

自2017年开展巡察工作起，按照市分公司党委和党委巡察工作领导小组要求，市分公司巡察机构及时将巡察情况反馈给被巡察单位，提出明确整改要求，积极组织开展集中整改，特别是市分公司党委第一个巡察工作五年规划实施以来，市分公司坚持向全市邮政通报每批巡察情况，要求未被巡察单位主动开展"未巡先改"工作，推动形成市级部门（单位）和被巡察单位上下联动整改的工作格局。

（一）巡察办统筹负责巡察整改时期

2017年9月，按照《中国邮政集团公司重庆市分公司党委巡察工作暂行办法》，制定《2017年第一轮巡察工作方案》，对6个单位开展第一轮巡察，同年11月，向6个单位反馈巡察问题和意见，要求被巡察单位党组织1个月内将党委整改情况报告报送市分公司党委巡察办。

2018年10月，印发《中国邮政集团公司重庆市分公司党委开展巡察工作的实施意见》，对市分公司开展巡察工作提出具体实施意见和操作指南，明确巡察监督与巡察

整改工作均由巡察工作领导小组统一负责组织实施，巡察办是巡察工作领导小组日常办事机构，履行统筹协调指导巡察组开展工作等职责。同年12月，市分公司党委印发《2018—2022年第一批巡察反馈意见》，并坚持"以下看上"同步向11个市级部门（单位）反馈联动整改意见20条；7个被巡察单位党组织根据反馈意见及时制定形成本单位巡察整改方案和整改清单，共90个整改任务、227项细化措施。经过2个月集中整改，共制定完善46项制度办法，追缴、退赔资金5522.51元，问责处理57人，其中市分公司问责处理12人。

2019年8月，市分公司党委印发2018—2022年第二批巡察反馈意见后，同步向8个市级部门单位反馈联动整改意见12条；7个被巡察单位党组织及时制定形成本单位巡察整改方案和整改清单，共119个整改任务、328项细化措施，经过2个月集中整改，共制定完善21项制度办法，追缴、退赔资金29480.21元，问责处理74人，其中市分公司问责处理12人。

2020年2月，市分公司党委印发2018—2022年第三批巡察反馈意见后，10个被巡察单位党组织及时制定形成本单位巡察整改方案和整改清单，共187个整改任务、508项细化措施；经过3个月集中整改，共制定完善68项制度办法，追缴、退赔资金24313元，问责处理150人，其中市分公司问责处理13人。

（二）巡改办统筹负责巡察整改时期

2020年3月，市分公司印发《关于调整重庆邮政企业纪检监察机构设置的通知》，明确纪委办公室（巡察办）、党建工作部（巡改办）人员编制及职能职责。从2018—2022年第四批巡察开始，巡察整改工作均由市分公司巡改办承担，累计开展了四批巡察整改工作，具体整改情况详见下表。

表7-3-3-1

2021—2022年重庆邮政四批巡察整改工作情况统计表

时间	反馈意见类型	被巡察单位（个）	明确整改任务（个）	细化整改措施（项）	问责处理人数（人次）	完善制度机制（项）
2021.1	2018—2022年第四批巡察反馈意见	19	755	1166	227	239
2021.9	2018—2022年第五批巡察反馈意见	16	328	531	9	41
2021.12	2018—2022年第六批巡察反馈意见	2	88	170	1	30
2022.11	2022年巡察"回头看"反馈意见	6	260	291	80	39

第四章 工 会

第一节 组织架构

截至 2022 年，中国邮政集团工会重庆市委员会（简称重庆市邮政工会）下辖 47 个基层邮政工会，包括主城区分公司工会 6 个、片区分公司工会 7 个、区县分公司工会 26 个；市分公司本部工会 1 个；直属单位及其他直属单位工会共 5 个；市寄递事业部本部工会及邮区中心局工会共 2 个。重庆市邮政工会立足维护、参与、建设、教育四大职能，坚持"党委所指、职工所盼、工会所能"工作

方针，团结动员全市邮政员工为推动重庆邮政发展贡献工会力量。1998 年 3 月，获全国妇女联合会颁发的全国"巾帼文明岗"创建活动组织奖。1999 年 3 月，被重庆市总工会命名为"重庆市模范职工之家"。2008 年，被中华全国总工会授予"全国模范职工之家"称号。

一、市级工会组织机构

1986—2022 年，重庆市邮政工会市级工会组织机构名称随着重庆直辖、邮电分营、政企分开等改革而相应变更。

（一）市级工会组织机构名称

表 7-4-1-1

1986—2022 年市级工会组织机构名称变更表

时 间	机构名称
1982.4—1991.6	中国邮电工会四川省委员会重庆市邮政办事处、重庆市邮政局工会委员会
1991.6—1995.2	中国邮电工会四川省委员会重庆市工作委员会
1995.2—1997.7	中国邮电工会四川省委员会重庆市邮政办事处、中国邮电工会重庆市邮政局委员会
1997.7—2012.4	中国邮电工会重庆市邮政委员会
2012.4—	中国邮政集团工会重庆市委员会

（二）市级工会组织内设部门

表 7-4-1-2

1986—2022 年市级工会组织内设部门表

时 间	内设部门
1993	办公室、组织宣传部、生产部、劳动工资福利部
1997	办公室、经济工作部、组织宣传部、保障工作部
2003—	办公室、经济工作部、权益维护部

二、市级直属单位工会组织机构沿革

1990 年 6 月 9 日，成立重庆市邮政局工会印刷处、包裹处、报刊零售处、后勤二、后勤四、供应处、行政处等 7 个部门工会。

1993 年 10 月 20 日，成立重庆市邮政局工会速递国际、质检空袋、渝宜车队、公寓药品、机要、设备处、维

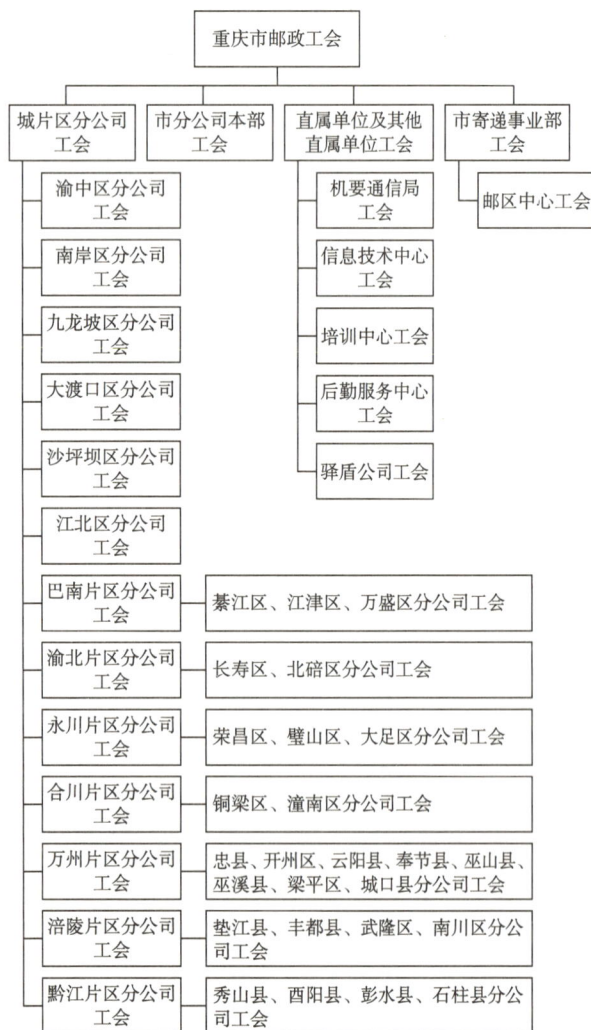
图 7-4-1-1 2022 年重庆市邮政工会组织架构图

修处、商务部、联合一部、联合二部、联合三部、联合四部、联合五部、联合六部、联合七部、通信器材公司等16个部门工会。

1997年10月28日，成立重庆市邮政中心局、报刊发行局、机要通信局、邮政直属机关4个邮政工会基层组织。

2000年8月7日，成立中国邮电工会重庆市邮政递送局委员会。

2002年3月12日，因重庆市邮政管理局机构调整，为适应机关和直属单位工会工作需要，调整直属机关部门工会，调整后成立一部门、二部门工会委员会等20个部门工会委员会，成立邮政寻呼台、印务公司、建安公司3个工会小组。

2004年，成立中国邮电工会重庆市邮政信息技术局委员会。

2006年，成立重庆中邮物流公司基层工会委员会。

2013年，成立中国邮政集团工会重庆市邮区中心局、报刊发行局、机要通信局、信息技术局、电子商务公司、机关服务中心6个直属单位工会和邮政直属机关委员会。

2014年，成立中国邮政集团工会重庆市邮政公司函件广告局、培训中心、分销业务局委员会。

2015年，撤销电子商务公司和分销业务局工会组织，成立中国邮政集团工会重庆市电商分销分公司委员会。

2015年7月9日，根据"子改分"后各级邮政分公司机关（直属机关）工会组织名称规范和市分公司职能部室及专业局、直属单位名称变更要求，部分专业局、直属单位工会组织更名：中国邮政集团工会重庆市函件广告局委员会更名为函件集邮分公司委员会；邮政信息技术局委员会更名为信息技术局委员会；邮政公司培训中心委员会更名为培训中心委员会；邮政公司机关服务中心委员会更名为机关服务中心委员会；邮政直属机关委员会更名为邮政分公司直属机关委员会。

2017年8月，市分公司机构编制调整后，原代理金融局、函件集邮分公司、报刊发行局、电商分销分公司、包裹业务中心5个专业局（分公司）工会撤销，会员并入直属机关工会。

三、区县级工会组织机构

1989年6月2日，印发《重庆市邮政工会自身改革实施方案（初稿）》，明确各级工会职责及工会与党组织、行政的关系，工会组织制度和活动方式。工会领导关系以上级产业工会领导为主，同时接受地方工会领导。

1997年7月28日，印发《关于建立中国邮电工会重庆市邮政委员会基层组织决定》，成立中国邮电工会重庆市渝中区邮政局委员会、万县市邮政局委员会等45个区、市、县邮政工会基层组织；并成立万县市、涪陵市、黔江地区邮政中心局等4个邮政工会办事处，与各邮政局工会实行两块牌子，一套班子，合署办公。

1998年4月1日，调整万县、涪陵、黔江邮政工会管理体制，涪陵、梁平、城口、南川、丰都、垫江、武隆等7个区（市、县）邮政局工会为重庆市邮政工会直接管理的基层工会，同时对原万县、涪陵、黔江等3个邮政工会办事处机构进行更名调整。

2000年，调整万州、黔江开发区邮政工会管理体制，撤销万州、黔江开发区邮政工会办事处，重庆市邮政工会委托原万州、黔江开发区邮政工会办事处代管的万州区、忠县、开县、云阳县、奉节县、巫山县、巫溪县、石柱县、秀山县、酉阳县、彭水县邮政局工会和新设立的黔江区邮政局工会，由重庆市邮政工会直接管理。

2003年，设立7个片区邮政局工会工作委员会，分别是中国邮电工会重庆市邮政委员会万州区、黔江区、涪陵区、渝北区、巴南区、合川市、永川市工作委员会。万州、涪陵、黔江等3个片区局设置独立工会办公室，同时在各片区局、城区局配备专职工会副主席。

2012年7月19日，撤销中国邮电工会重庆邮政城区一局、城区二局、城区三局委员会，成立中国邮政集团工会重庆市渝中区、江北区、南岸区、沙坪坝区、九龙坡区、大渡口区邮政局委员会等6个区邮政工会。

2013年5月29日，印发《重庆市邮政工会组织管理办法》，重庆市邮政工会建立片区邮政局工委、主城区邮政局工会、区县邮政局工会、直属单位工会、直属机关工会；邮储银行重庆分行工会建立区县支行工会；重庆市速递物流有限公司工会建立区县速递物流分公司工会。邮储银行重庆分行及各支行工会、重庆市速递物流有限公司及各分公司工会、重庆市中邮保险分公司工会在各自板块范围内，独立自主地开展工会各项工作。重庆市邮政工会所属各级组织实行同级党组织和上一级工会双重领导体制，以同级党组织领导为主。重庆市邮政工会委员会每届任期5年，各基层工会每届任期3年。

2013年6月14日，重庆市邮政工会所辖基层工会组织更名。总体更名原则是由"中国邮电工会重庆市××区邮政局委员会"更名为"中国邮政集团工会重庆市××区委员会"。

2017年，市分公司机构改革，城区分公司设立党委党建工作部（监察室）、工会，合署办公；片区分公司均设立工会，25个区县分公司均设立综合办公室（安全保卫部）负责工会工作。

2018年5月31日，原中国邮政集团工会重庆市巴南区、渝北区、永川区、合川区、万州区、涪陵区、黔江区委员会，更名为中国邮政集团工会重庆市巴南片区、渝北片区、永川片区、合川片区、万州片区、涪陵片区、黔江片区委员会；原各片区工作委员会机构撤销，相应职能由各片区工会承担。

第二节　会员代表大会和职工代表大会

1986—2022年，重庆市邮政工会会员代表大会（简称工代会）、职工代表大会（简称职代会）换届会议共召开9次，原则上工代会、职代会换届会议同时召开，每5年召开一次，会员代表和职工代表为双重身份；换届后职代会每年至少召开一次。职代会职权包括6个方面：一是审议建议权。听取企业发展规划、年度生产经营管理情况，改革和制定重要规章制度情况，企业用工、劳动合同和集体合同签订履行情况，企业安全生产情况，企业缴纳社会保险费和住房公积金情况等报告，提出意见和建议；审议企业制定、修改或者决定有关劳动报酬、工作时间、休息休假、劳动安全、卫生、保险福利、职工培训、劳动纪律以及劳动定额管理等直接涉及职工切身利益的规章制度或者重大事项方案，提出意见和建议；听取和审议企业投资和重大技术改造情况，财务预决算、企业业务招待费使用等情况报告；专业技术职称评聘、企业公积金使用、企业改制等方案，并提出意见和建议。二是审议通过权。审议通过职代会专门委员会工作制度和成员建议名单、集体合同草案、按照国家有关规定提取职工福利基金使用方案、住房公积金和社会保险费缴纳比例和时间、调整方案等重大事项，以及企业合并、分立、改制、解散、破产实施方案中职工裁减、分流和安置方案。三是民主选举权。选举或罢免职工董事、职工监事，选举依法进入破产程序企业债权人会议和债权人委员会中职工代表，根据授权推荐或选举企业经营管理人员。按照法律法规规定，选举应当由职代会民主选举产生的其他人员。四是审查监督权。审查监督企业执行劳动法律法规和劳动规章制度情况。五是民主评议权。民主评议对象主要是本企业领导班子及成员。民主评议主要内容包括领导人员政治素质、道德品行、决策能力、创新能力、实干精神、工作实绩、廉洁自律情况以及领导班子在政治方向、大局意识、党风廉政建设、选人用人、战略创新、工作实效、关爱职工、服务基层、团结协作、求真务实情况。六是法律法规规定的其他职权。

第三节　工会活动

一、劳动竞赛活动

重庆市邮政工会坚持"围绕中心、服务大局"，通过开展形式多样的劳动竞赛，团结动员广大职工为重庆邮政生产经营发展建功立业。通过采取"长短结合""上下结合"的方式，根据各个时期企业经营发展重点，组织开展全年性、全局性劳动竞赛。

1986—1996年，先后组织开展"班组升级竞赛"（合格班组、先进班组、模范班组）、"百名标兵竞赛"、"三好职工竞赛"（在单位做好职工、在家庭做好成员、在社会做好公民）、"我为企业作贡献，争当万元劝储员"竞赛、创造"三无"县局竞赛、设备管理竞赛、统计质量竞赛、业务视察员及农村邮政检查员竞赛、邮政储蓄竞赛、文明邮路（站、车）竞赛、邮袋管理竞赛、管理标准化支局（班组）创优竞赛、汛期保障邮运通信竞赛、"能手标兵赛"、"双增双节"竞赛、"劝储揽储周期竞赛""质量规格升位赛""优质服务文明窗口竞赛""开门红"竞赛、"战高温"竞赛、"抓服务、增效益、促发展，我为重邮建功立业"竞赛、"树邮电新风、创优质服务窗口争当岗位服务明星"竞赛等。

1997—2006年，围绕"加快发展增能力，落实规章严管理，文明建设保最佳，规范服务求效益"方针，先后组织开展"抓服务、创星级、强管理、增效益"社会主义劳动竞赛，以及邮政储蓄揽收、函件揽收、代理保险、安全保卫、邮运文明、机要质量、优质服务"奉献杯"邮政业务营销、大战四季度发展业务、EMS业务"五保"、量收管理系统建设和应用、速递物流专业"创优争先比贡献""爱重邮，刷绿卡"POS消费等全市邮政专业性劳动竞赛。

2007—2010年，重庆邮政行政和工会联合开展以推

表7-4-2-1
1986—2022年重庆邮政历届职代会、工代会换届会议一览表

会议时间	会议名称
1987.7.7—10	重庆市邮政局第六届职工代表大会和第九届工会会员代表大会
1992.3.27—30	重庆市邮政局1992年度邮电工作会暨七届一次职代会、十届一次工代会
1996.4.12—13	重庆市邮政局八届一次职代会和十一届一次工代会
1997.12.24—26	中国邮电工会重庆市邮政第一次代表大会
2003.7.7—8	中国邮电工会重庆市邮政第二次代表大会
2007.7.20—21	重庆市邮政公司第一届一次职工代表大会
2009.7.20	中国邮电工会重庆市邮政第三次代表大会
2013.7.18—19	中国邮政集团工会重庆市第一次代表大会暨重庆市邮政公司第二届一次职代会
2019.7.24	中国邮政集团工会重庆市第二次代表大会暨市分公司三届一次职工代表大会

动邮务类、速递物流类、金融类业务发展为主要内容的重点业务发展劳动竞赛，并在全市评选邮政业务发展十强企业和邮政业务发展百强营业网点，开展"营销十佳创优""服务中小企业""速递服务质量"等劳动竞赛活动。

2011—2014年，每年组织开展年度邮政业务发展劳动竞赛；2014年首次组织开展"双创"项目营销活动；2015年组织开展"营销创优"和"营销方式创新"竞赛；2016—2022年，每年4—9月，组织开展"创新创优"业务发展劳动竞赛活动。

2013—2018年，每年10月至次年3月，开展跨年度营销战役"超级营销英雄"活动；2019年开始，每年开展跨年战役"明星员工""优胜团队"评选，每周评选100名"明星员工"，每月评选100个"优胜团队"。

2019—2022年，重庆邮政"跨赛+双创"劳动竞赛机制不断完善，其中跨年战役主要是组织动员全市各级邮政企业和员工攻坚旺季的重点业务，实现当年经营工作圆满收官和次年经营工作"开门红"，为完成全年经营任务固本培基。竞赛期间，同步配套开展"明星员工""优胜团队"评选活动，广泛调动基层员工和团队积极性，助力旺季业务发展。"创新创优"劳动竞赛主要是组织动员全市各级邮政企业和员工践行新发展理念，推动转型发展，做大高效业务，培育有潜力的小项目，并最大限度地调

动、凝聚、发挥职工积极性、主动性，全力推动淡季业务高质量发展。自2020年起，重庆邮政结合实际，因地制宜，逐步形成"3+1"劳动竞赛体系。"3"是指市分公司自主开展跨年战役、创新创优、季度考评三大劳动竞赛品牌，"1"是指贯彻落实集团公司劳动竞赛。

二、先进表彰活动

重庆市邮政工会一直坚持培养、选树、宣传先进模范，弘扬劳模精神、劳动精神、工匠精神。1986—2010年，每年评选一批年度先进集体、先进个人，从1990年开始，每年召开劳模先进代表座谈会。

2011年，规范表彰奖励工作，各类评比不再包括市邮储分行和市速递物流公司。按照《重庆市邮政公司员工奖惩办法》规定，重庆邮政每两年进行一次评比先进活动，2011—2012年，首次实行两年一度的先进评选。表彰荣誉称号分为"重庆市邮政公司先进单位""重庆市邮政公司先进集体"和"重庆市邮政公司先进生产工作者"三个类别。

2013年，制定《重庆市邮政公司两年一度先进集体和先进个人评选办法》，明确评选项目为重庆市邮政公司和谐企业、先进单位、先进集体、优秀经营管理者、优秀支局长（所主任）、先进生产工作者。

自2014年起，实行一年一度先进评选，每年评选十

图 7-4-3-1　2021 年度重庆邮政先进模范表彰会合影

佳企业，每年举办先进模范表彰大会。其间，2014—2018年，每年评选先进集体、优秀分局长（2014—2016）、支局长（所主任）、代理金融百强网点；2014—2015年，每年评选班组长（投递站长）；2015—2016年，每年评选"二十优投递部"。

2019年，市分公司党政工联合行文，明确重庆邮政企业表彰奖励相关事项，建立"8+1"表彰奖励体系，充分调动广大员工干事创业热情，为推动重庆邮政高质量发展凝聚力量。

（一）"8+1"表彰奖励

表 7-4-3-1

2019—2022年重庆邮政"8+1"表彰奖励具体评选范围、数量和奖励标准

序号	名称	评选范围	数量	奖励标准
（一）先进个人				
1	优秀员工	全市邮政工作一年以上员工（A、B、C类）。市分公司三级副及以上领导干部、城片区、区县分公司及其寄递事业部领导班子成员除外	100	5000元／人
2	优秀基层管理者	任职一年及以上支局长（所主任）、寄递事业部营业部经理、邮区中心局班组长	70	5000元／人
3	优秀共产党员	市分公司全体党员（不含各单位党组织书记）	50	3000元／人
4	优秀党务工作者	市分公司各级党组织书记及专兼职党务工作者	15	3000元／人
（二）先进集体				
1	十佳企业	各城片区、区县分公司	10	6万元／单位
2	企业发展进步奖	各城片区、区县分公司	5	3万元／单位
3	优秀团队	城区、片区（含营业投递局）、区县分公司内设（挂靠）部门、邮政网点、班组，市分公司本部各部门内设（挂靠）部门等最小单位或最末级机构，无内设挂靠部门的本部门，市分公司各直属单位及其他直属单位、市寄递事业部本部、邮区中心局内设（挂靠）部门、班组等最小单位或最末级机构	60	800元／人
4	优秀基层党组织	各城片区、区县分公司党委（党总支、党支部）及所属党组织，直属机关党委及所属党组织，市寄递事业部党委及所属党组织	40	500元／人
（三）特别大奖				
1	最美奋斗者	在市分公司以上4类先进个人和4类先进集体中评选产生	不设数量限制；在没有合适候选者时可空缺。	集体：1000元／人 个人：10000元／人

（二）"十佳企业"获奖统计

表 7-4-3-2

2014—2022年重庆邮政"十佳企业"获奖情况统计表

序号	区县	获奖年度	累计获奖次数	序号	区县	获奖年度	累计获奖次数
1	梁平	2014、2017、2018、2021、2022	5	5	涪陵	2015、2016、2017、2018	4
2	荣昌	2016、2017、2018、2021、2022	5	6	江北	2015、2020、2021、2022	4
3	大足	2014、2015、2016、2021	4	7	巴南	2019、2020、2021、2022	4
4	江津	2014、2015、2020、2022	4	8	璧山	2014、2015、2016	3

序号	区县	获奖年度	累计获奖次数	序号	区县	获奖年度	累计获奖次数
9	万州	2014、2018、2019	3	23	彭水	2016、2021	2
10	巫溪	2014、2018、2019	3	24	秀山	2017、2018	2
11	渝北	2014、2019、2021	3	25	合川	2017、2020	2
12	渝中	2015、2016、2017	3	26	永川	2018、2022	2
13	铜梁	2015、2020、2021	3	27	万盛	2019、2022	2
14	北碚	2015、2021、2022	3	28	九龙坡	2021、2022	2
15	沙坪坝	2016、2019、2020	3	29	奉节	2014	1
16	南川	2017、2018、2020	3	30	巫山	2014	1
17	忠县	2018、2020、2022	3	31	黔江	2016	1
18	云阳	2014、2019	2	32	武隆	2017	1
19	南岸	2015、2017	2	33	丰都	2017	1
20	城口	2015、2019	2	34	大渡口	2018	1
21	开州	2016、2019	2	35	长寿	2019	1
22	垫江	2016、2020	2	36	潼南	2020	1

三、职工文体活动

1986—1996年，重庆市邮政工会以"健康有益、活泼、多层次"为原则，组织开展棋牌、羽毛球、广播体操、中老年迪斯科保健操、田径、射击等体育比赛，以及职工美术、书法、摄影、编织、剪纸、工艺作品展览、群众性歌咏比赛、卡拉OK演唱表演、大型文艺汇演等文体活动。

1989年9月，重庆市邮政局局歌《绿色的风采》发布；同年9月12日，在"重庆市首届长安杯厂歌、行业歌曲创作、演唱大赛"中，重庆市邮政局局歌荣获创作和演唱两项金奖，并在1990年11月6日由中央人民广播电台主办的"红塔杯"首届全国企业厂歌大赛中，荣获最佳作词奖。

1997年3月3日，重庆邮政职工艺术团成立。同日举行庆祝重庆邮政建局一百周年大型文艺演出，200多名职工参加演出。同年，开展"红五月"系列活动，举办"庆五一迎回归"职工拔河比赛，召开劳模先进代表座谈会，举办第十一届邮政职工象棋、围棋比赛等。同年12月，重庆市邮政体育协会成立。

1998—2018年，先后举办九届职工运动会，包含拔河比赛、钓鱼比赛、女子趣味运动比赛、羽毛球联谊比赛、篮球联谊比赛、大众广播体操比赛、乒乓球等比赛项

目；举办4次大型职工文艺汇演，4次职工书法、美术、摄影作品展，4次职工演讲比赛。

2001年，组织编排反映三峡库区邮政职工优质服务的方言小品《棒棒用邮》参加"庆祝建党80周年暨首届全国邮政职工文艺汇演"，获综艺类银奖。

2005年，参加"重庆市国有企业第一届职工运动会"，获女子篮球比赛第三名；参加"中国邮政首届职工棋牌大赛"，获围棋团体赛第八名和优秀组织奖；参加"联通杯"全国通信行业职工羽毛球比赛，获拼搏奖。

2007年，建立职工业余文体兴趣活动小组（俱乐部）。

2008年，组织参与奥运圣火传递活动，职工何锐担任第130棒奥运火炬手。

2009年，与重庆电视台联合举办"健康欢乐送"活动，设置"数报纸比赛""打邮戳比赛"等具有邮政特色的趣味竞技项目。同年，重庆邮政被评为"全民健身与奥运同行"全国通信体育先进集体并荣获"全国通信职工体育示范单位"称号；重庆邮政总经理王曙东被评为"全民健身与奥运同行"全国通信体育先进个人。

2015年，创作了重庆邮政企业之歌《情系万家》，举办了"重庆邮政企业之歌"歌咏比赛。

2019年，组织参加中国国防邮电工会"学习党的创新理论，争做新时代产业工人楷模"征文活动、重庆市国

图 7-4-3-2　2020 年"致敬奋斗者，筑梦新时代"重庆邮政职工文艺汇演

防邮电工会庆祝新中国成立 70 周年职工讲故事比赛等。

2020 年，举办重庆邮政"致敬奋斗者，筑梦新时代"职工文艺汇演，现场观看人数达 830 余人，现场直播观看互动 9 万余人，展现出重庆邮政日新月异的企业形象和邮政员工蓬勃向上的精神面貌，增强了员工荣誉感和自豪感。同年，组织"打赢双战役，夺取双胜利"主题征文活动，对涌现出来的不惧危险、坚守岗位、无私奉献的典型人物进行大力宣传，凝聚众志成城抗击疫情的磅礴力量。

2021 年，开展重庆邮政员工风采展播活动，广大员工踊跃参与、积极创作，参赛作品达到 3080 个。通过活动，以短视频形式形象展示邮政企业文化、宣传邮政服务、讲述邮政故事，营造"快乐工作、幸福生活"良好氛围。

2022 年，开展重庆邮政"履职尽责显身手，爱岗敬业展风采"主题演讲比赛，累计举办初赛及选拔赛 54 场次，参与员工 868 人次，营造"忠诚企业、爱岗敬业、勇于奉献"浓厚氛围；同年，开展重庆邮政职工文化才艺作品征集及展览活动，共征集作品 334 幅，评选出获奖作品 56 幅，并通过"线上＋线下"方式展览获奖作品，是"快乐工作、幸福生活"新时代重邮倡导的生动展现。

四、女职工活动

1989—2022 年，重庆市邮政工会女职工委员会组织广大女职工立足岗位作奉献，开展"巾帼文明岗"等系列争创活动，不断提升女职工队伍素质，助力建功立业，服务社会和邮政企业发展，重庆邮政先进女职工代表陈仕琼得到中央领导的接见和肯定。

1989 年 7 月 21 日，中国邮电工会重庆市邮政局女职工委员会正式成立，同月 28 日，印发《中国邮电工会重庆市邮政局女职工委员会条例》。

1997 年 3 月 4 日，举办邮政女职工"爱岗敬业"演讲赛，8 名选手参赛，设备处职工李延演讲的《弱者，你的名字不是女人》获一等奖。同年，在全局开展"巾帼文明岗"争创活动。

1998 年 3 月 4 日，重庆市邮政工会女职工委员会获重庆市总工会"女职工工作先进单位"称号，重庆市邮政管理局党委副书记周华庆、副局长林汉城、纪委书记刘洪被重庆市总工会授予"女职工之友"称号。

2000 年 3 月 3 日，重庆市忠县邮政局汝溪邮政支局支局长陈仕琼被重庆市总工会授予重庆市"十佳女职工标兵"称号。同月 7 日，重庆市邮政工会女职工委员会被重庆市妇联授予重庆市"三八红旗集体"称号，沙坪坝区邮政营业室等 19 个岗、组被重庆市妇联授予重庆市"巾帼文明示范岗"称号。

2001 年 4 月，在国家邮政工会女职工委员会一届一次全委会上，重庆市邮政工会曾嘉陵主席当选为国家邮政工会第一届女职工委员会副主任。同年 8 月 7 日，在女职工中开展计算机知识普及应用活动，英语、普通话"双语"普及活动，公关礼仪活动，女职工素质达标"十百千万"（十佳女职工明星、百佳女职工标兵、千个女职工素质达标班组、万名女职工素质达标优秀者）选树活动，组织参加重庆市百万女职工素质达标活动优秀成果展等活动。

2002 年 3 月 8 日，国家邮政局在北京召开全国邮政先进女职工、先进女职工集体表彰电视电话会。万盛区丛林邮政支局营业员周玉珍、江津市邮政局营业员袁霞被评为"全国邮政先进女职工"，北碚区静观邮政支局被评为"全国邮政先进女职工集体"。同日，忠县汝溪邮政支局支局长陈仕琼被全国妇联授予"三八红旗手"称号，并赴京参加全国"三八红旗手（集体）"表彰大会。同月，重庆市邮政工会被重庆市总工会评为"百万女职工素质达标活动优秀组织奖"；信息技术局职工江咏、况立洁被授予重庆市第二届职工计算机知识普及应用大赛"十大女状元"称号。

2003 年 9 月 22 至 24 日，中国工会第十四次全国代表大会在北京召开。重庆市邮政工会主席曾嘉陵、忠县汝溪邮政支局支局长陈仕琼作为本次大会的代表赴京参加大会。陈仕琼作为全国邮政系统唯一代表，和部分出席中国工会第十四次全国代表大会代表一起参加了中央领导出席的座谈会，并与其他 9 名代表在中南海受到中央领导接见。

2005 年 7 月 26 日，在重庆市妇联主办的"岗位建功展风采"演讲决赛中，重庆市邮政管理局选手陈明红荣获三等奖，重庆市邮政工会获优秀组织奖。

2010年9月，重庆市邮政工会印发《"巾帼文明岗"创建与管理办法》，规定"巾帼文明岗"以岗、组为参评主体，采取自我申报、上级检查、逐级报批的方法，严格评选标准，严把质量关，确保评出的"巾帼文明岗"是具有先进性和代表性的优秀群体，重庆市级"巾帼文明岗"、

公司级"巾帼文明岗"每年评选、表彰一次。"巾帼文明岗"实行分级管理和协助管理相结合的原则，创建活动实行动态管理，接受上级主管部门定期检查、随机抽查及社会监督，市级"巾帼文明岗"原则上每两年复查一次。

2013年3月11日，在重庆邮政第一届"女职工之友"评选表彰活动中，梁玉平、魏惊涛、熊岗、邵勇荣获重庆邮政系统第一届"女职工之友"荣誉称号。

表7-4-3-3

1998—2022年重庆邮政"巾帼文明岗""巾帼文明标兵"荣誉表

序号	荣誉称号	获奖岗组名称/获奖员工及岗位	表彰时间	表彰单位
1	全国巾帼文明示范岗	重庆市南岸区邮政局南坪营业室营业组	2001	中华全国妇女联合会
2	全国巾帼文明示范岗	重庆市大足县邮政局北街营业室	2001	中华全国妇女联合会
3	全国巾帼文明示范岗	重庆市江津市邮政局储汇营业部	2003	中华全国妇女联合会
4	全国巾帼文明示范岗	重庆市合川市塔耳门邮政支局	2005	中华全国妇女联合会
5	全国巾帼文明示范岗	重庆市万盛区万东邮政支局	2007	中华全国妇女联合会
6	全国巾帼文明示范岗	重庆邮政城区三局江北观音桥营业厅	2011	中华全国妇女联合会
7	全国巾帼文明示范岗	重庆市邮政公司九龙坡区邮政局杨家坪投递中心黄桷坪女子投递组	2013	中华全国妇女联合会
8	全国巾帼建功标兵	曾嘉陵（重庆邮政高级资深经理）	2013	中华全国妇女联合会

五、职工小家创建活动

重庆邮政以工会为主导，坚持"快乐工作、幸福生活"的新时代重邮倡导，从职工最关心、最直接、最现实的问题入手，持续开展，不断深化职工小家创建活动，改善职工生产生活条件，创造高品质生活。

2010年，开展为期三年的"投递员之家"特色小家创建活动，从生产服务、职工素质、基础管理、权益维护、局容局貌等方面制定详细的"投递员之家"五好标准，并分阶段实施创建，全市68个城市投递站中建成65个城市"投递员之家"，成为全国邮政学习样板。

2013年，针对重庆邮区中心局、万州邮区中心局，秀山、城口、巫溪、巫山局等6个网运单位的驾押人员食宿点开展"网运职工之家"创建工作，以改善网运职工生产生活条件，解决外勤人员和夜班作业人员休息、住宿、就餐等生产生活实际问题。

2014年，开展为期两年的"职工小家"简易厨具配置活动，为1600个基层网点或投递站建设食堂或配置微波炉、冰箱，以解决邮政支局（所）、城市城乡投递站、网运班组职工工时用餐难的问题。

2015年，印发《关于开展创建"示范型职工小家"活动的通知》，在全市开展"示范型职工小家"建设活动，投入资金264万元，建成规范化、标准化的"示范型职工

小家"30个，建立完善"职工小家"创建机制，营造温馨和谐的企业氛围。

2016年，制订《2016—2018年"职工之家""职工小家"建设三年规划》，促进"建家"工作常态化。"建家"工作在团结员工、促进发展中发挥了重要作用。

自2019年起，重庆市邮政工会"建家"工作，在完成《三年规划》建设基础上，从"建设"转移到"使用管理"上，推进"建、管、用"相互结合，强化建立运行管理长效机制。出台《重庆邮政"职工小家"使用管理指导意见》，规范"职工小家"管理责任分工和考核管理、使用管理、基础管理制度，明确重庆邮政"职工小家"考核验收标准及"职工小家"工会会员评家标准。同年，组织开展"职工小家"三年规划建设"回头看"活动。

2021年，开展"职工小家"提档升级活动，打造"四好"（用好补贴经费，让员工"吃得好"；更新设施设备，让员工"住得好"；打造活动平台，让员工"身体好"；坚持建管并重，让小家"管理好"）"职工小家"，落实"创造高品质生活"工作目标，不断满足员工对美好生活的需要。同年，建立"建家明星"评选活动制度，开展"明星管家""明星小家""明星家长"评选活动，鼓励基层工会干部和广大员工参与建家、管家，让"职工小

家"真正"用起来""活起来"。

2022年，全市建家工作重点在提高品位、提升质量上下功夫，统一设计"职工小家"上墙内容，建立"职工小家"管理台账，开展"明星职工小家"视频风采展播活动，发布视频35个，复制推广优秀"建家"经验，全方

位展示全市邮政"职工小家"建设成果。

截至2022年底，全市邮政建立各类"职工小家"1497个。其中，"示范型职工小家"134个，"职工小家"801个，"职工小家"公寓129个，简易"职工小家"433个。全部"职工小家"使用人数共计7263人。

第五章 团 组 织

第一节 组织架构

共青团中国邮政集团有限公司重庆市分公司委员会前身为共青团重庆市邮电局委员会，成立于1958年。1986—1994年，重庆邮政共青团组织选举产生共青团重庆市邮政局第五届、第六届、第七届委员会。重庆直辖后，1998—2008年，重庆邮政共青团组织选举产生共青团重庆市邮政管理局第一届、第二届委员会，共青团重庆市邮政公司第三届委员会。其间，根据企业经营体制的调整，以及团员队伍结构变化，重庆邮政共青团实时调整基层团组织设置，开展更名工作。

1986年，重庆市邮电局团委下设9个基层团总支、10个直属团支部。

1994年，重庆市邮政局团委成立，下设5个基层团总支、14个直属团支部。

1997年10月28日，随着邮政体制改革，经共青团重庆市委（简称团市委）批复，同意"共青团重庆市邮政局委员会"更名为"共青团重庆市邮政管理局委员会"，下设8个基层团委、1个直属团总支、10个直属团支部。

1998年，重庆市邮政管理局团委下设8个基层团委。

2003年，重庆邮政体制改革，实行城片区化管理。重庆市邮政管理局团委下设6个基层团委、8个直属团支部。

2007年，重庆市邮政公司团委下设5个基层团委；直属机关团委下设6个团支部。

2009年3月，由于邮政体制改革，经市国资委团工委批复同意，"共青团重庆市邮政管理局委员会"更名为"共青团重庆市邮政公司委员会"。

2015年，中国邮政集团公司重庆市分公司团委直管6个主城区分公司团委、邮区中心局团委、直属机关团委，以及邮储银行重庆分行和市邮政速递物流公司的团组织，其余7个片区分公司和25个区县分公司的团组织关系和日常工作归属地方团委管理。同年4月，集团公司对

各省（区、市）邮政公司管理体制由母子制改为总分制，经市国资委团工委批复，同意"共青团重庆市邮政公司委员会"更名为"共青团中国邮政集团公司重庆市分公司委员会"。

2020年5月，根据中国邮政集团有限公司党组《关于做好中国邮政集团有限公司分支机构党组织更名有关工作的通知》要求，"共青团中国邮政集团公司重庆市分公司委员会"更名为"共青团中国邮政集团有限公司重庆市分公司委员会"。

2021年，重庆邮政共设有20个基层团委、1个团总支、102个团支部。

表7-5-1-1

1986—2021年重庆邮政团员代表大会、团委书记任命情况一览表

1986—2008年重庆邮政团员代表大会		
时间	团员代表大会	书记
1986.10.31	共青团重庆市邮政局第五次代表大会	杨学俭
1990.7.12—13	共青团重庆市邮政局第六次代表大会	王豫灵（副）
1994.4.21—22	共青团重庆市邮政局第七次代表大会	王豫灵
1998.6.22—23	共青团重庆市邮政管理局第一次代表大会	魏惊涛
2003.4.25	共青团重庆市邮政管理局第二次代表大会	李延
2008.7.29	共青团重庆市邮政公司第三次代表大会	江燕（副）
2012—2021年重庆邮政团委书记上级党组织任命情况		
时间	上级党组织任命	书记
2012	重庆市邮政公司党委	江燕
2019	中国邮政集团公司重庆市分公司党委	杨蓉
2021	中国邮政集团有限公司重庆市分公司党委	李平

第二节　共青团工作

一、团组织活动

1986—2022年，重庆邮政团委严格按照上级团组织要求，围绕企业中心工作，发挥广大青年团员生力军作用，开展一系列团组织活动和青年活动，取得较好成绩和各类先进荣誉。

1986年5月下旬，重庆市邮政局团委组织动员团员、青年为遭遇特大自然灾害的大足、双桥等地灾区人民募捐资金657.94元、粮票2545.60斤。

1997年4月17日，重庆市邮政局团委组织召开"庆直辖"主题青年座谈会，推进两大跨世纪青年工程。

1998年夏，我国长江中下游地区，嫩江、松花江流域地区遭受特大洪水袭击，重庆市邮政管理局团委响应团市委号召，组织团员缴纳为灾区人民献爱心的"特别团费"，共捐"特别团费"8000余元。

2003年4月，重庆市邮政管理局团委组织团员开展缴纳抗击"非典"特别团费活动，支持抗击"非典"工作。

2005—2006年，重庆市邮政管理局团委先后组织召开增强共青团员意识主题教育活动动员大会和"重庆邮政青年论坛"活动。

2008年，重庆市邮政公司团委积极组织开展"抗震救灾青年大行动"，募集到抗震救灾特别团费12239元、捐款16641元。

2010年，重庆市邮政公司团委积极响应团市委和公司党委号召，动员引导广大团员青年积极参与抗震救灾捐款活动，共计捐款16641元。

2011—2012年，重庆市邮政公司团委以庆祝中国共产党成立90周年为契机，先后开展"我与祖国共奋进，我与企业同发展"主题教育活动、"青春寄语，激情飞扬"团员生日贺卡寄递活动。

2013—2014年，重庆市邮政公司团委先后启动"我的中国梦，重邮青年行"主题活动、"青春在邮路上闪光"体验分享活

动、"岗位建功创一流，文明点亮中国梦"主题活动。

2017年3月，中国邮政集团公司重庆市分公司团委全面启动"学习总书记讲话，做合格共青团员"教育实践活动。10月30日，组织召开学习宣传贯彻党的十九大精神暨团代表会议。

2018年5月3至4日，由市国资委团工委主办、市分公司团委承办的"青春在邮路上闪光"国企青年邮路行活动在万州举行，该活动被《重庆日报》、"今日头条"等媒体平台关注报道。

2020年，中国邮政集团有限公司重庆市分公司团委创立"重邮青声""重邮青年说""重邮青年故事汇"等系列重庆邮政共青团宣传品牌；开展青年理论学习，组建学习小组638个，实现青年员工学习全覆盖。

2021年，市分公司团委开展青年员工"根在基层"调研实践活动、"学党史、强信念、跟党走"学习教育，建立"寻迹百年·重邮青年跟党走""青春建功'十四五'，重邮青年在行动""青春重邮，号声嘹亮"等宣传阵地。

2022年，市分公司团委开展"喜迎二十大、永远跟党走、奋进新征程"主题教育实践活动和中国共青团成立100周年系列庆祝活动、首届宝藏青年发布会、红色"剧本杀"青年理论学习暨团建活动、"安房在青春，驰骋向未来"我为青年做件事实践活动、"青春倡廉·企业在行动"微课堂、"邮政小姐姐/小哥哥带你云逛青年文明号"视频展播活动等。同年，重庆邮政渝新欧运邮项目组和渝北片区寄递事业部鸳鸯营业部投递员石全被团中央分别授予2022年"全国向上向善好青年"集体和个人称号。

图7-5-2-1　2022年重庆邮政团委开展庆祝建团100周年活动

表 7-5-2-1

1988—2022 年重庆邮政团委获部、省级及以上先进集体名单

序号	奖项名称	获奖单位	授奖部门	获奖时间
1	重庆市新长征突击队	重庆市邮政局团委	共青团重庆市委	1988—1991
2	先进团委	重庆市邮政局团委	共青团重庆市委	1991—1992
3	共青团先进集体	重庆市邮政局团委	共青团重庆市委	1994
4	优秀团组织	重庆市邮政局团委	四川省团委	1995
5	先进团组织	重庆市邮政管理局团委	共青团重庆市委	1997
6	先进团委	重庆市邮政管理局团委	共青团重庆市委	1998
7	先进团委	重庆市邮政管理局团委	共青团重庆市委	1999
8	2000—2002 年度全国五四红旗团委创建单位	重庆市邮政管理局团委	共青团中央组织部	2000
9	先进团委	重庆市邮政管理局团委	共青团重庆市委	2001
10	2001 年度重庆市"双争"活动优秀组织单位	重庆市邮政管理局团委	共青团重庆市委	2002
11	"邮政业务知识竞赛"组织特别奖	重庆市邮政管理局团委	国家邮政局、共青团中央	2002—2003
12	先进团委	重庆市邮政管理局团委	共青团重庆市委	2003
13	重庆市双争活动优秀组织	重庆市邮政管理局团委	共青团重庆市委	2003
14	先进团委	重庆市邮政管理局团委	共青团重庆市委	2004
15	2003 年度重庆市"双争"活动优秀组织奖	重庆市邮政管理局团委	共青团重庆市委	2004
16	"创先争优"先进团委	重庆市邮政公司团委	重庆市国资系统	2012
17	"向上向善好青年"群体	中欧班列（渝新欧）国际铁路运邮项目组	共青团中央	2022

二、青年文明号

1986—2022 年，重庆邮政团委通过成立领导小组、制定管理办法等，加强对青年文明号创建工作的管理和指导，推动青年文明号创建工作取得成效。

1995 年 4 月 1 日，解放碑邮政营业室营业组被共青团中央、邮电部命名为全国"青年文明号"，是全国首批"青年文明号"之一。2000 年 6 月，中央领导在重庆市委、市常委、市委宣传部领导陪同下，视察渝中区解放碑邮政营业室，给予高度评价。

2004 年，重庆市邮政管理局团委获得团市委、市文明办颁发的"十年青年文明号活动"优秀组织奖。2006 年，重庆市邮政管理局团委被团市委评为"2005 年度重庆市争创青年文明号活动优秀组织单位"。

2011 年，重庆市邮政公司团委获得"2010 年度重庆市青年文明号创建活动优秀组织单位"。截至 2022 年底，重庆邮政系统累计创建全国青年文明号集体 14 个、重庆市青年文明号集体 105 个。

	全国青年文明号（14个）	渝中区解放碑营业室、打铜街邮政支局
		南岸区南坪西路邮政支局
		九龙坡区杨家坪邮政支局、前进支路邮政支局
		重庆市分公司"11185"客户服务中心
		綦江区九龙大道邮政所
		渝北区双龙主城区支局
		永川区西大街营业所
		合川区塔耳门邮政支局
		万州区电报路邮政所、开州区迎宾街邮政支局

青年文明号

	重庆市青年文明号（105个）	寄递事业部物流业务分公司；惠普项目组
		渝中区上清寺支局、寄递事业部创客营业部、大坪支局、打铜街邮政支局
		南岸区长生桥邮政所、涂山路邮政所、南坪西路、东路邮政所
		九龙坡区杨家坪邮政支局、石坪桥邮政所、前进路邮政所
		大渡口区马王乡支局
		沙坪坝区双碑邮政支局、青木关邮政支局、歌乐山支局、丰裕路邮政所、曾家支局
		江北区五里店支局、溉澜溪邮政所、大石坝支局
		巴南区鱼洞、沿河街、新尚城、跳石、水轮村、木洞、李家沱、江南华都等邮政所
		江津区石门邮政所、东门路邮政所；万盛区万东支局
		渝北区一碗水、万年路、胜利路、洛碛、康庄美地、黄泥塝、花园新村、航天、福祥路等邮政所；长寿区关口邮政所；北碚区朝阳路支局
		永川区中山路支局、人民东路支局；荣昌区河包邮政支局；璧山区北街支局；大足区双南路、东街等支局
		合川区太和、南园路等支局；铜梁区迎宾路支局；潼南区龙形、凉风垭、康乐、古溪等支局；光辉、巴渝大道等邮政所
		万州区长龙、双河口、沙龙公园、凉风、北山大道等邮政所；开州区临江支局；云阳县双江、南溪、莲花路、城区等支局；奉节县兴隆支局；巫山县巫峡路邮政所、官渡支局；巫溪县赵家坝、文峰等支局；梁平区梁山路邮政所；城口县修齐、坪坝、县庙坝、高望邮政等支局
		涪陵区中山路、珍溪、新妙、南门山、马武、马鞍等邮政所；蔺市支局；南川区文凤、水江、大有、大观等支局；垫江县南内街、工农北路等邮政所；杠家支局；丰都县社坛支局；黔江区水井湾、鹅池邮政所；秀山县清溪支局；酉阳县西水河、麻旺、城南、城北等支局；彭水县鹿角、河堡、保家等支局；北大街邮政所

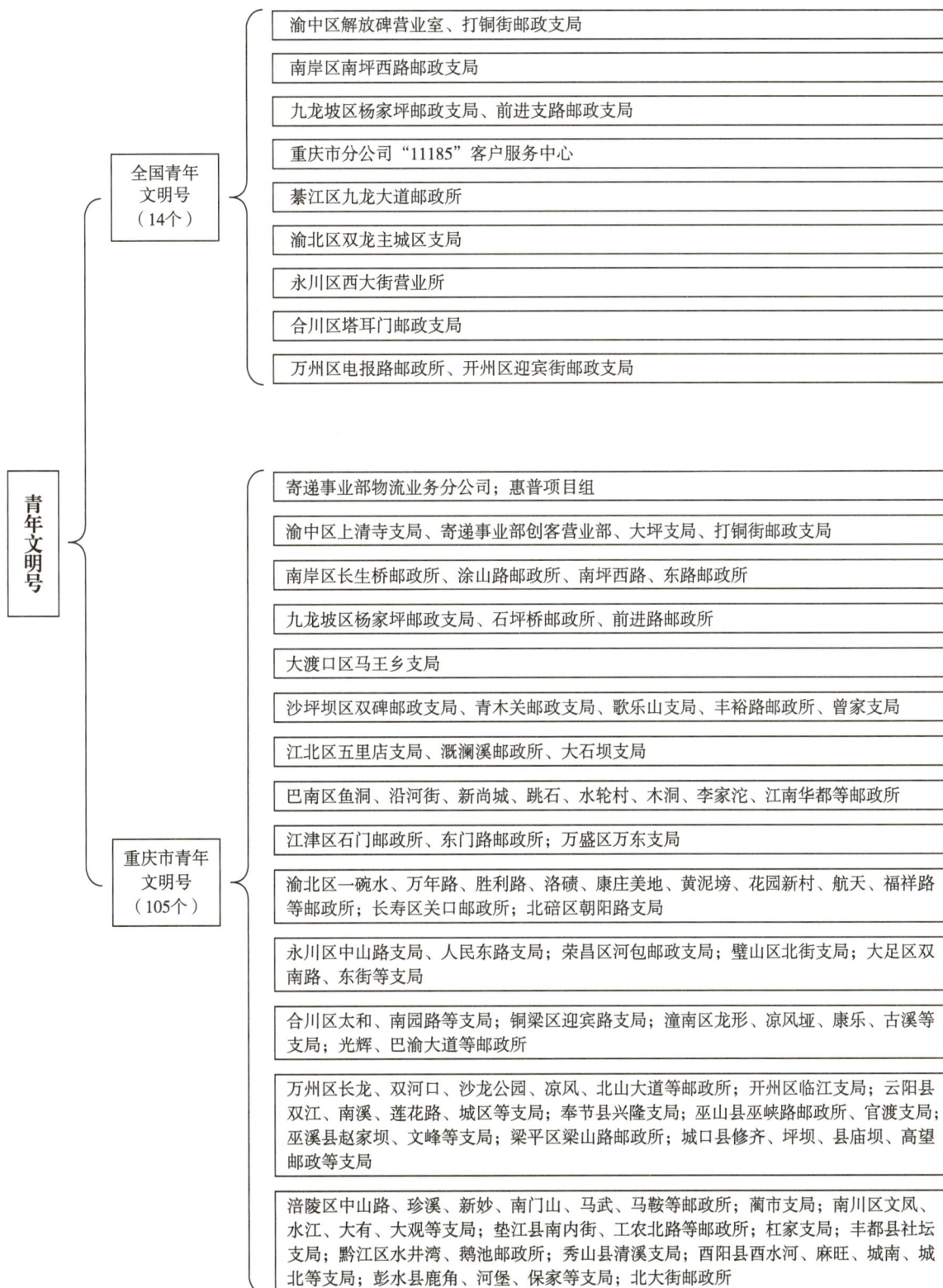

图 7-5-2-2　2022 年重庆邮政系统累计创建全国青年文明号框架图

第六章 精神文明建设 政研会

第一节 精神文明建设

1986—2022年，重庆邮政各级党组织始终坚持"两个文明一起抓、两个成果一起要"。自1997年独立运营以来，重庆邮政按照市文明委有关创建文明单位、文明行业的要求，制定各阶段精神文明建设创建规划和实施方案，先后开展精神文明建设"五个一工程"，"文明行业、文明单位、文明处室"创建活动，"长江三峡文明长廊"创建活动，"热爱邮政、奉献邮政"主题活动，组织参与市委宣传部、市文明办联合举办的"万名文明市民活动"评选，开展社会主义核心价值观主题实践教育月等活动，促进企业"两个文明"同步提高。

1994年，重庆市邮政局党委召开精神文明建设工作会，在全局开展"岗位学雷锋、行业树新风、一切为用户、满意在重邮"优质服务主题教育活动。

1997年8月11日，重庆市邮政管理局召开全市邮政行业深入开展"讲文明、树邮政新风"活动动员大会。

1999年11月1日，重庆市邮政管理局申报"重庆市文明单位五十佳"工作通过检查验收。12月22日，受国家邮政局委托，重庆市邮政管理局为被中央文明委评为"全国创建文明行业工作先进单位"的九龙坡邮政局营业室举行授牌仪式。

2001年8月3日，中央文明办协调处主任及市文明办领导一行视察重庆邮政创文明行业工作情况，参观解放碑邮政营业厅，肯定重庆市邮政管理局在创建文明行业工作中的具体做法和创建成绩。

2002年3月4日，重庆市邮政管理局启动"长江三峡文明长廊"创建活动。

2003年3月28日，重庆市邮政管理局召开迎接重庆市级文明行业验收动员大会。4月3日，市文明办在重庆邮政召开重庆邮政文明行业考核评审会。

2007—2009年，重庆市邮政公司党委修订《重庆市邮政系统文明单位建设与管理办法》；组织参加全国"迎奥运、讲文明、树新风"礼仪知识竞赛活动。在庆祝中华人民共和国成立六十周年之际，重庆市委、市政府授予市公司党委书记周华庆"新中国成立60周年重庆杰出贡献英模"称号；重庆市巫山县庙堂乡投递员王安兰以高票当选2007年"感动重庆十大人物"，并参加重庆电视台卫星频道实况直播的颁奖晚会。

2017—2019年，中国邮政集团公司重庆市分公司党委印发《重庆邮政企业文化宣贯实施方案》，开办企业文化骨干培训班，做好企业文化理念上墙工作；开展企业文化知识答题活动；举办15场"寻找身边典型、讲好邮政故事"巡回演讲。

2020—2022年，中国邮政集团有限公司重庆市分公司党委编制《精神文明建设规划（2021—2025年）》，在推动重庆市建成高质量发展高品质生活新范例中，打造"重庆邮政样板"。持续开展"寻找身边典型、讲好邮政故事"活动、"社会主义核心价值观"主题实践教育月活动。

表 7-6-1-1

1986—2022年重庆邮政精神文明建设获部、省级及以上先进集体名单

序号	奖项名称	获奖单位	授奖部门	获奖时间
1	全国邮政文明车次	重庆市邮政局派押的成渝305/6次车	邮电部邮政运输局	1986.7
2	1988年度"全国文明邮车"	重庆市邮政局派押的成渝97/98次车		1989.8.7
3	重庆市文明单位	重庆市邮政局机关	重庆市委、市政府	1991.4.25
4	重庆市文明单位	重庆市邮政局	重庆市委、市政府	1992.2.20
5	全国文明转运站	重庆市邮政局邮件转运站	邮电部邮政运输局	1993.3
6	全国文明转运站	重庆市邮政局邮件转运站	邮电部邮政总局、劳资司、邮电工会全委会	
7	四川省文明单位	重庆市邮政局	四川省委、省政府	1995
8	精神文明建设知识竞赛组织奖	重庆市邮政局	四川省宣传部、省精神文明办公室	
9	"二五普法"工作先进集体	重庆市邮政局	重庆市委、市人大、市政府	

序号	奖项名称	获奖单位	授奖部门	获奖时间
10	四川省职业道德建设十佳标兵单位	北碚区邮电局	四川省委、省政府	1995
11	"二五普法"先进集体	重庆市邮政局	国家经贸委	
12	社会主义精神文明建设知识大赛优秀组织奖	重庆市邮政局	中国纺织总会、电子部、电力部、交通部、邮电部等21个部委	1996
13	全国"结对、结片共建社会主义精神文明"先进单位	重庆市邮政局	国家口岸办公室	
14	四川省最佳文明单位	重庆市邮政局	四川省委、省政府	1997.3.24
15	"树邮电新风,创优质服务"先进集体	渝中区邮政局解放碑营业室、江北区邮政局观音桥营业室、南岸区邮政局南坪营业室	邮电部	1998.3.6
16	先进车队	重庆邮政邮运车队	邮电部邮政运输局	1998
17	1997年度全国邮运文明单位	重庆邮件转运站	中国邮电工会、邮政总局、邮电部劳资司	1998.4.27
18	重庆直辖市首批"市级文明单位"	重庆市邮政管理局	重庆市委、市政府	1999.2
19	1998年度全国邮运文明单位	重庆市邮政运转站	国家邮政局、中国邮电工会全国委员会	1999.5
20	1999年度文明单位"五十佳"	重庆市邮政管理局	重庆市委、市政府	2000.4.18
21	最佳文明单位	重庆市邮政管理局	重庆市委、市政府	2001.3.20
22	2000年度全国邮运文明转运站	重庆邮区中心局邮件转运站	国家邮政局、中国邮电工会全国委员会	2001.6
23	全国创建文明行业示范单位	重庆市邮政管理局	中央文明委	2001
24	创建文明行业先进单位	重庆市邮政管理局	重庆市精神文明建设委员会	2002
25	重庆市2002年度精神文明建设工作先进单位	重庆市邮政管理局	重庆市精神文明建设委员会	2003
26	文明行业	重庆市邮政管理局	重庆市委、市政府	2003.4.28
27	"百佳"文明单位	重庆市邮政管理局	重庆市精神文明建设委员会	2004.4
28	2003年度"全国文明转运站"	重庆邮区中心局邮件转运站	国家邮政局	2004.7
29	全国邮运文明单位	重庆邮区中心局派押的渝穗邮路K201/202次邮车	国家邮政局	2004—2005
30	最佳文明单位	重庆邮区中心局	重庆市委、市政府	
31	文明单位	重庆市邮政公司	中共重庆市国资委委员会、重庆市国有资产监督管理委员会	2006
32	直辖10年精神文明创建工作先进单位	重庆市邮政公司	重庆市文明委	2007.6
33	第四届全国精神文明建设工作先进单位	重庆市邮政公司	中央文明委	2009.3.26
34	2008—2009年度全国广告行业精神文明单位	重庆邮政广告公司	中国广告协会	2010
35	全国交通运输安全文化建设优秀单位	重庆市邮区中心	交通运输部	2022.6.23

第二节　政研会

　　1986—2022年,重庆邮政党委始终坚持政治导向、围绕中心工作、服务生产经营,成立政研会,组织召开重庆邮政政研会、职工思想政治工作研究会年会,制定优秀政研论文评选标准,聚焦企业生产经营管理,开展创新案例评选活动,创办政研会会刊《学习宣传》,汇编年度优秀政研成果,广泛开展思想政治研究活动,形成一批研究成果。

　　1986年4月,重庆市邮政局成立思想政治工作研究会,北碚、江北、大渡口邮政局等相继成立政研小组,重庆邮政团委成立政研会青年分会，先后发表论文 31 篇，向上级政研组织报送论文 11 篇，获省管局"政研"论文一等奖 1 篇。

1988—1989 年，重庆市邮政局先后召开"社会主义初级阶段理论和基本路线"专题讨论会、政研论文发布会，共发表研讨文章 37 篇。获得"四川省职工思想政治工作先进研究会"称号。

1990 年 7 月 20 日，2 篇论文在重庆市首届"改革与管理"——探索杯优秀论文比赛中分别获得三等奖、优秀奖。重庆市邮政局获得"四川省思想政治工作优秀企业"称号。

1991 年，重庆市邮政局建立职工思想政治工作网络，有专兼职思想政治工作骨干 330 人。同年 11 月 10 日，重庆市邮政局获得四川省委宣传部、省精神文明办公室等 6 个单位颁发的 1990 年度、1991 年度"四川省思想政治工作优秀企业"。

1992—1995 年，重庆市邮政局调整局政研会理事成员，编辑出版《探索——重邮政研论文选》，先后获得四川省省委宣传部、省委工交政治部、省总工会颁发的"青工双基"教育先进单位、"优秀政研会工作奖""思想政治工作优秀企业"。1995 年，获得重庆市委宣传部、组织部，市总工会、市职工政研会颁发的"1992—1994 年度重庆市思想政治工作优秀企业"荣誉称号。

1996—1997 年，重庆市邮政局印发《重庆市邮政局思想政治工作一岗二责》《班组思想政治工作条例》。1997 年，获得重庆市委、市人民政府颁发的"思想政治工作优秀企业"称号。

1998 年 3 月 24 日，重庆市邮政职工思想政治工作研究会（企业文化建设协会）正式成立。同年 5 月，创办政研会会刊《学习宣传》。印发《重庆市邮政管理局党委关于加强和改进企业思想政治工作实施意见》。

1999 年，重庆市邮政管理局建立"宣传思想政治工作成效系统"，将全局 32 个会员单位划分为渝中片区、黔江片区、万州片区 3 个小组。

2000 年 9 月 25—27 日，全国《邮政研究》编委会在重庆召开。同年，重庆市邮政管理局 2 篇论文荣获中国邮电职工政研会优秀成果二等奖，1 篇论文在全国邮政西南学组研讨会上获一等奖。

2001 年，重庆市邮政管理局 1 篇论文获评中国邮政职工思想政治工作研究会 2001 年度优秀政研成果一等奖。同年 12 月 18 日，重庆邮政政研会被中国职工思想政治工作研究会评为"全国优秀政研会"。

2002 年，重庆市邮政管理局审议修改《重庆邮政职工思想政治研究会章程》。同年 8 月，开展政研会换届工作，周华庆任会长。

2003 年，重庆市邮政管理局政研会将 42 个会员单位重新调整为 10 个政研小组。重庆市邮政管理局被重庆市委宣传部授予"2002 年重庆市思想政治教育工作先进单位"称号。

2004 年 8 月 13 日，重庆市邮政管理局组织召开第四届政研年会，选举出新一届政研会领导机构。同年，2 名同志分别获得中国邮政政研会 2003 年度优秀政研成果二、三等奖。重庆市邮政管理局被重庆市国有资产监督管理委员会授予"2003 年度企业宣传思想工作先进单位"称号。

2005—2006 年，重庆市邮政管理局 2 篇论文获得中国邮政职工思想政治工作研究会 2004 年度优秀政研成果二等奖，1 篇论文获得中国邮政政研会和《中国邮政报》社联合举办的"构建和谐邮政"征文比赛三等奖；由重庆市邮政管理局推荐的合川片区邮政职工思想政治工作研究小组被中国邮政思想政治工作研究会授予"全国优秀思想政治工作研究会"；2 名同志获得"全国邮政优秀思想政治工作者"荣誉称号，1 篇论文获得市企业党建研究会 2005 年优秀论文一等奖。

2007—2009 年，在中国邮政优秀思想政治工作研究成果评选中，重庆市邮政公司 1 篇论文获得一等奖，4 篇论文获得二等奖，2 篇论文获得三等奖；在中国邮政集团公司政研会和《中国邮报政》联合开展的"与祖国同行"征文活动中获"优秀组织奖"，1 篇征文获得二等奖；在重庆市国资委党委组织的"思创新、求突破、上水平"党建工作征文活动中，1 篇论文获一等奖，2 篇论文获三等奖。

2010 年 3 月 18 日，中宣部调研组在重庆召开国企宣传思想文化工作座谈会，周华庆代表在渝央企作题为《加强宣传思想文化工作 促进邮政科学和谐发展》交流发言。重庆市邮政公司 2 篇论文获得 2009 年度中国邮政优秀政治工作研究成果二等奖，2 篇论文获得三等奖。

2011 年，在 2010 年度中国邮政优秀政治工作研究成果评选活动中，重庆市邮政公司 2 篇论文获得二等奖，1 篇论文荣获三等奖。

2012 年，重庆市邮政公司组织开展"回顾辉煌历程，喜迎党的十八大"——悦达学习杯读书竞赛活动。1 篇论文获得 2011 年度中国邮政优秀政治工作研究成果二等奖。

2016—2017 年，与四川、湖南、河北、江西省分公司联合撰写的论文获得 2017 年度中国邮政思想政治工作研究优秀成果二等奖。

2020—2022 年，在中国邮政政研会优秀政研成果评选中，3 篇论文获得三等奖。

第八篇　企业文化建设

企业文化体现在企业的价值观、经营理念、行为规范、员工精神面貌等方面。自 1989 年以来，重庆邮政企业文化建设包括企业精神内涵及外延演变、企业文化宣传演变两大方面。

第一章　企业精神

第一节　企业精神内涵演变

各个时期的重庆邮政企业精神（简称重邮精神）的提炼形成，都经历了从征集内容到讨论研究的过程。重庆邮政通过在《重庆邮政报》开辟专栏、新媒体线上问卷调查、走访调研、现场访谈等方式汇聚广大员工智慧。

自 20 世纪 80 年代起，重邮精神共经历四个时期的演进与发展。

一、"团结、开拓、求实、振兴"的重邮精神

1988 年，重庆市邮政局通过公开征集，提炼了"团结、开拓、求实、振兴"的重邮精神。"团结"指全网协作、上下一致、同心同德、同甘共苦；"开拓"指传统为本、创新为魂、艰苦创业、奋发进取；"求实"指从严治局、质量第一、优质服务、信誉至上；"振兴"指以局为家、当好主人、励精图治、振兴重邮。

二、"人在重邮爱重邮、开拓奉献创一流"的重邮精神

1995 年底，重庆市邮政局开展企业精神征集活动。在征集过程中，员工们提出"局兴我荣，局衰我耻""团结、务实、兴邮、重誉""人在重邮爱重邮、开拓奉献创一流"等 47 个重邮精神建议。1996 年，重邮精神修订出台为"人在重邮爱重邮、开拓奉献创一流"。涵义包括：千金万金，难买重邮人的一颗心——爱局爱岗的作业心、尽职尽责的敬业心、同舟共济的团结心、振兴重邮的责任心；"开拓"指以服务谋市场、以市场求发展、以发展增能力、以能力促效益，"奉献"指不争名利、不计得失、

不求索取、不讲排场，"创一流"指创一流服务、创一流经营、创一流管理、创一流企业。

三、"敬业、乐业、精业、创业"的重邮精神

2010 年 6 月，重庆市邮政公司启动"企业文化建设"项目，在经过实地调研、理念征集、投票评选、综合审定、专家建言等流程后，于 2011 年 9 月梳理出遵循企业文化发展规律、符合重庆邮政发展战略、反映重庆邮政特色的以价值理念体系、行为规范体系等为内容的重庆邮政企业文化理念体系，并对其作出详细解释。

企业使命：情系万家、信达天下。

企业愿景：社会瞩目、同行领先、用户称道、员工自豪。

核心价值观：学习、创新、超越。

企业精神：敬业、乐业、精业、创业。"敬业"指爱岗敬业、奉献企业，乃"敬业奉献"的传统精神；"乐业"指保持激情、快乐工作，乃"快乐工作"的乐观精神；"精业"指业精于勤、专业至臻，乃"一丝不苟"的专业精神；"创业"指敢打敢拼、开拓创新，乃"开拓创新"的时代精神。

经营理念：市场为导向、客户为中心、服务为支撑、效益为目标。

服务理念：真心、热心、细心、贴心、称心。

管理理念：不执行就没有结果。

员工誓词：作为重庆邮政人，我将秉承"学习、创新、超越"的核心价值观，弘扬"敬业、乐业、精业、创业"的企业精神，遵守企业规章，服从组织安排；爱岗敬业，诚实守信；开拓进取，自强不息，为实现重庆邮政

"社会瞩目、同行领先、用户称道、员工自豪"的美好愿景而努力拼搏。

四、"乐观、自信、坚韧、奋进"的新时代重邮精神

2022年，中国邮政集团有限公司重庆市分公司党委聚焦重庆邮政"十四五"发展目标和新时代企业形象塑造需求，根据中国邮政集团有限公司党组决策部署，立足中国邮政战略目标（打造行业"国家队"、实现中国邮政"二次崛起"）及两大原则（以客户视角、竞争视角、行业最佳实践视角"三个视角"找差距，以行业规律、市场规律、价值规律"三大规律"促改革）等，打造"连接美好、无处不在"的品牌形象，结合重庆邮政发展具体实践，总结提炼改革发展经验，形成重庆邮政企业文化。

重庆邮政企业文化含重庆邮政党委工作要求、重庆邮政经营理念、重庆邮政工作方法、新时代重邮精神、新时代重邮倡导、新时代重邮行动、重庆邮政"十四五"规划指导方针、重庆邮政"十四五"规划总体目标。

重庆邮政党委工作要求：讲政治、重担当、抓落实、作表率。

重庆邮政经营理念：固优势、补短板、抓重点、强弱项。

重庆邮政工作方法：提高站位"正确干"、践行宗旨"为民干"、实事求是"科学干"、攻坚克难"创新干"、履职尽责"全力干"、提高本领"带头干"。

新时代重邮精神："乐观、自信、坚韧、奋进"。"乐观"是重庆邮政的精神气质，即始终保持对邮政事业的热忱，以"耿直豁达、励志向上"的积极心态干事创业，推动企业发展；"自信"是重庆邮政的信仰底色，即始终保持对邮政事业的信念，以"人民邮政为人民"的服务宗旨实干笃行，服务国家人民；"坚韧"是重庆邮政的发展定力，即始终保持对邮政事业的敬畏，以"百折不挠、慎终如始"的坚强意志攻坚克难，投身市场竞争；"奋进"是重庆邮政的拼搏写照，即始终保持对邮政事业的忠诚，以"精益求精、奋发有为"的工匠精神守正创新，肩负时代使命。

新时代重邮倡导：快乐工作，幸福生活。

新时代重邮行动：走访客户，对接项目。

重庆邮政"十四五"规划指导方针：立足"三新"，实现"三高"。立足"三新"指融入新发展阶段、贯彻新发展理念、服务新发展格局；实现"三高"是指推进高质量发展、创造高品质生活、实施高效能治理。

重庆邮政"十四五"总体目标：收入突破百亿元，利润突破十亿元。

第二节　企业精神外在演变

企业精神外在体现为企业歌曲和企业徽标等具体形式，并随着企业的成长，不断演变和发展。

一、企业歌曲的演变与发展

1989年9月，重庆市邮政局将原创歌曲《绿色的风采》定为局歌，作词人刘刚，作曲人何蜀光。同期创作的还有《邮递员之歌》《分拣员之歌》《押运员之歌》，展现了重庆邮政人乐观向上的精神风貌。

2011年4月底，重庆市邮政公司启动以"爱我重邮　响唱文化"为主题的重庆邮政青年原创歌曲大赛，用歌曲的艺术形式诠释重庆邮政企业文化理念，推动和谐企业建设。同年7月8日，12支参赛队伍进入总决赛，万州片区邮政局参赛作品《万邮人之歌》获得金奖，永川片区邮政局参赛作品《爱在重邮》和黔江片区邮政局参赛作品《绿色的信念》获得银奖，其余作品分别获得铜奖及优秀作品奖。大赛同时评出4个单项奖，《绿色的信念》获得最佳作词奖和最佳作曲奖，《爱在重邮》《我们的转运站》（邮区中心局参赛作品）分别获得最佳表演奖和最佳创意奖。

2015年7月，中国邮政集团公司重庆市分公司发布企业歌曲《情系万家》（包括民歌版、通俗版），并举办"唱响企业之歌，颂扬重邮精神"歌咏比赛，增强员工对企业的使命感和认同感。

二、企业徽标的演变与发展

图 8-1-2-1　1981 年 7 月，邮电部发布的中国邮电徽标

图 8-1-2-2　1990 年 2 月，重庆市邮政局发布的局徽

图 8-1-2-3　1996 年 9 月，邮电部邮政总局发布的中国邮政企业徽标

图 8-1-2-4　2020 年 5 月，中国邮政集团有限公司发布更新后的中国邮政徽标

1985—1996 年，邮电分营前，重庆市邮政局使用的企业徽标有两种。一种是邮电部于 1981 年 7 月公布的中国邮

电徽标，图案由金色五角星和"邮""电"两字组成，寓意"人民邮电"；另一种是1989年4月通过在《重庆邮政报》开辟专栏征集，经员工自荐、公开投票评选、专家鉴定、作者修改、领导审定等流程后，于1990年2月确定并发布的重庆市邮政局局徽。该局徽图案由汉语拼音"CY"组成，"C"象征着重邮所处两江怀抱的地理位置，以示邮政通信历来以为社会提供优质高效的通信服务的内涵；"Y"象征信鸽传书，寓"团结、开拓、求实、振兴"的企业精神，冲出"绿围墙"，励精图治，发奋向上的企业风貌。

1996年9月，邮电部邮政总局对外公布中国邮政企业徽标。徽标图案是用"中"字与邮政网络形象互相结合、归纳变化而成，徽标里翅膀的造型，表示"鸿雁传书"。徽标主构成为横与直的平行线，代表秩序与四通八达；稍微向右倾斜的处理，表现方向与速度感。1997年1月至2000年7月，《三峡邮报》曾将此徽用作报徽。

2002年2月8日，国家邮政局发布中华人民共和国邮政行业标准《中国邮政徽标》（YZ/T 0035−2002），对中国邮政徽标做了进一步规范，增加中文文字"中国邮政"和英文文字"CHINA POST"。2020年5月，中国邮政集团有限公司发布更新后的中国邮政徽标。

第二章　企业文化宣传

第一节　重庆邮政报（纸媒时期）

一、重庆邮政报的创刊、发展及停（复）刊

1987—2019年，重庆邮政报历经试刊、创刊、休刊、复刊、更名、停刊，出版周期由月刊、旬刊发展到周刊，版式从四开四版小报发展到对开四版大报。

表 8-2-1-1

1987—2019 年重庆邮政报创刊、发展及停（复）刊一览表

时间	期数	演变情况
1987.11.16	总第 1 期	《重庆邮政报》试刊号，四开四版，铅印
1988.1.16	总第 3 期	《重庆邮政报》创刊号，月刊，每月 16 日出版
1989.2.1	总第 16 期	《重庆邮政报》改为半月刊，每月 1 日和 16 日出版
1992.5.5	总第 57 期	《重庆邮政报》因体制调整，1990 年 10 月至 1992 年 4 月休刊；1992 年 5 月复刊
1992.6.5	总第 59 期	《重庆邮政报》改为旬刊，每月 5 日、15 日、25 日出版
1993.7.8	总第 98 期	《重庆邮政报》更名为《三峡邮报》
1997.11.6	总第 255 期	《三峡邮报》改为周报，每周四出版
2000.8.3	总第 396 期	《三峡邮报》更名为《重庆邮政》
2003.1.16	总第 517 期	《重庆邮政》由四开四版小报改为对开四版大报
2007.6.7	总第 734 期	《重庆邮政》变窄报，用窄字
2009.10.29	总第 855 期	《重庆邮政》1、4 版改为彩版印刷
2011.3.3	总第 922 期	《重庆邮政》更名为《重庆邮政报》，采用通版报头和导读
2019.6.27	总第 1338 期	因纸媒转型停刊

二、重庆邮政报重要版面

除日常新闻报道版面外，重庆邮政报开设过一系列创新版面：

《视界》：关注世界经济发展大事和榜样企业。栏目包括"天下大事""公司榜样""商业学院""精彩语录""名流博客"等。

图 8-2-1-1　《重庆邮政》2008 年 3 月 20 日
第 4 版《视界》第 1 期

《361° 新闻调查》：刊发长篇通讯，聚焦企业经营管理等方面的问题，助力管理者掌握企业发展状况、提供决策思路。栏目包括"360° 观察""1° 延伸""0° 冰评"等。

图 8-2-1-2 《重庆邮政》2008 年 7 月 3 日
第 4 版《361° 新闻调查》第 1 期

其他版面还有《镜鉴》《触点》《创意智库》《基层》《思辩》《我们·同行》《我们·走基层》《我们·邮政世家》《重庆邮政地理》等。

图 8-2-1-3 《重庆邮政》2010 年 1 月 28 日
第 4 版《思辩》第 13 期

图 8-2-1-4 《重庆邮政报》2012 年 9 月 20 日
总第 1000 期纪念刊

图 8-2-1-5 《重庆邮政报》2019 年 6 月 27 日
停刊号总第 1338 期

三、重庆邮政新闻宣传管理（纸媒时期）

重庆邮政企业报接受重庆市委宣传部、重庆市新闻出版局以及中国邮政宣传部门的管理，每年向管理单位提交工作报告。

2001 年，重庆市邮政管理局出台《重庆市邮政管理局新闻宣传管理办法》，明确办公室是全市邮政新闻宣传工作的归口管理部门，新闻中心负责具体指导和开展新闻宣传工作。同时，建立新闻发言人制度，新闻发言人负责指导、协调重要新闻发布活动，代表重庆邮政对外发布新闻或就有关问题发表意见，协调相关部门（单位）接待社会新闻媒体采访。

2008年，重庆市邮政公司下发《关于加强重庆邮政新闻通讯员队伍建设的通知》，要求在原各城区、片区局设立《重庆邮政》记者站的基础上，增设各专业局（公司）记者站。各记者站要指定2名以上兼职记者、1—2名通讯员。

2016年，《中国邮政集团公司重庆市分公司新闻宣传工作管理办法》《中国邮政集团公司重庆市分公司新闻宣传和信息工作队伍管理及考评细则（试行）》出台，明确特约记者和通讯员（信息员）媒体发稿积分标准，对撰稿者进行积分制管理。

表8-2-1-2

2016年重庆邮政特约记者和通讯员（信息员）媒体发稿积分标准表

类　型	版　面	积分标准
信息类	一版头条	6分
	一版其他稿件	3分
	二版头条	4分
通讯、言论类	一版	8分
	其他版	4分
新闻照片	一版	4分
	其他版	2分
好新闻		3分
在集团公司《决策参考》上刊用		20分
在集团公司《中国邮政信息》上刊用		10分
在集团公司总部其他信息平台上刊用		5分
得到集团公司领导批示		5分

四、中国邮政报重庆记者站

1998年7月6日，《人民邮电报》重庆（邮政）记者站成立，记者站挂靠在重庆市邮政管理局，设站长1名，专职记者1名，兼职记者2名。

2002年4月，《中国邮政报》重庆记者站成立，设站长1名、专职记者1名、兼职记者数名。重庆市邮政管理

局办公室分管新闻宣传工作的领导任记者站站长。后增设副站长2名，由邮储银行重庆分行、速递物流重庆分公司办公室（综合部）分管宣传工作领导兼任。

2016年9月24日，《中国邮政报》重庆记者站升级为《中国邮政报》全媒体示范记者站，成为全国第三个、西南地区首个全媒体示范记者站，重庆邮政新闻宣传工作进入全媒体时代。

记者站先后获得《中国邮政报》社先进记者站（获奖年度：2003年、2014年、2015年、2016年、2017年、2020年）和《中国邮政报》社特殊贡献奖（2018年），牵头创作的电视电影《生死邮路》获得第四届新农村电视艺术节农村题材电视电影好作品奖（2018年）。重庆邮政报曾多次获评重庆市优秀连续性内部资料（获评年度：2009年、2013年、2014年、2016年、2017年）。

第二节　新媒体宣传矩阵（新媒体时期）

一、新媒体宣传矩阵的建立与发展

2019年7月，重庆邮政新闻宣传向新媒体转型，至2020年，建成"重庆邮政官方微信服务号＋重庆邮政连线微信订阅号＋重庆邮政发布H5（移动端网页）＋重庆邮政视窗＋重庆邮政视频号"5大平台为主的新媒体矩阵。

2016年，重庆邮政官方微信服务号注册，每月可发布4次。该账号面向社会发布宣传邮政品牌及服务的内容。

2019年7月24日，重庆邮政连线微信订阅号（曾名重庆邮政频道）注册，每天可发布1次。该账号作为面向员工的传播平台，根据企业时事热点，发布重大活动、深度报道、热点新闻以及社会关注、行业动态等内容。

2019年7月12日，重庆邮政发布（H5）创刊，定位为企业内部实时资讯发布平台，以图文短消息方式呈现。工作日期间，按"上午版""下午版"每天发布2期，周日发布1期"周末版"，特殊情况发布"号外版"。

2019年8月14日，重庆邮政视窗创刊。其前期用PDF（便携式文件格式软件）排版，后期采用电子书排版，每周1期，同时制作手机版和OA（办公网）版，作为企业管理人员的学习资料，聚焦经营情况、经验做法、问题剖析等。

重庆邮政微信视频号注册于2020年7月，以短视频的形式，实时发布企业动态、邮政服务等。

另有重庆邮政官方网站（http://cq.chinapost.com.cn/）、今日头条号（重庆邮政）、办公网信息（重庆邮政信息）等共同构成重庆邮政市级新媒体矩阵，形成"导向为魂、移动为先、内容为王、创新为要"的重庆邮政新闻宣传工作新平台。

重庆邮政新媒体宣传工作获评"中国邮政新闻宣传工作组织奖"（2021年度）、"中国邮政新闻宣传融合创新奖"（2019—2020年度）、"中国邮政新闻宣传媒体影响力奖"（2019—2020年度）、"中国邮政新闻宣传新媒体最佳作品奖"（2019—2020年度、2021年度）、"中国邮政新闻宣传优秀工作者奖"（2019—2020年度、2021年度）。

二、重庆邮政新闻宣传管理（新媒体时期）

《重庆邮政报》社撤销后，原报社人员整编为新媒体团队，负责全市邮政新闻宣传工作。团队配置兼管领导1名、专业序列人员4名，负责新媒体矩阵建设、对外宣传、信息工作、舆情管控、品牌管理等。

2020年10月，《中国邮政集团有限公司重庆市分公司新媒体管理办法（试行）》（渝邮分办〔2020〕219号）出台。该办法规定，重庆邮政新媒体管理实行"分级管理，下管一级，谁开办谁负责"方式。按照"谁开办，谁负责，谁审核"原则，要求各部门（单位）党组织主要负责人作为本部门（单位）新媒体管理工作第一责任人，需选配政治素质过硬、业务能力过硬、工作作风过硬的人员从事新媒体工作。

2019年7月—2022年12月，重庆邮政共组织12期共24名基层通讯员到新媒体团队跟班学习，提升业务水平，同时鼓励全市邮政员工参与新闻信息写作，实时记录身边发生的大事小情，截至2022年底重庆邮政新媒体作者队伍有近1500人。为充分尊重通讯员的劳动成果，激发写稿热情，2020年10月27日，《中国邮政集团有限公司重庆市分公司新媒体稿酬支付办法》（渝邮分办〔2020〕229号）出台，办法明确稿酬计算标准如下：

表8-2-2-1

2020年重庆邮政新媒体稿酬计发标准

类型	发布平台	稿费标准
信息类	重庆邮政发布 重庆邮政视窗	1. 短讯类稿件，有图每条15元，无图每条10元 2. 通讯类稿件，每千字80元
文案类	重庆邮政官微 重庆邮政连线 重庆邮政视频号	1. 文字计算标准：每千字80元 2. 图片计算标准： 单图（含图片说明）每人每幅10元 组图（含图片说明）每人每组30元 3. 视频计算标准： 微信公众号及重庆邮政发布，15秒以内的视频每条30元，15秒以上的视频每条60元 重庆邮政官方视频号，视频每条120元

第三节　重庆邮政对外宣传

一、公共关系

1989年1月，重庆市邮政局公共关系部（简称公关部）成立。公关部由原宣传科整编而成，其主要职能是开展重庆邮政的形象宣传和业务宣传。公关部成立后，在全局范围内公开招聘公关先生、公关小姐，组建由公关小姐组成的业务宣传队，向公众展示邮政形象。同时，联合媒体资源，策划宣传活动；聘请公关顾问、社会监督员，充实公关力量。1992年5月，公共关系部撤销。

二、媒体报道

2020年4月4日，《人民日报·海外版》、新华社、中央电视台《新闻直播间》节目、《参考消息》、国新办官网、人民网、新华网、经济日报、人民政协网、重庆日报、重庆发布微信公众号、重庆电视台、国家邮政局官网、中国邮政集团有限公司官微、华龙网、上游新闻等媒体集中报道了中欧班列（渝新欧）"中国邮政号"专列首发。

图8-2-3-1　2020年4月4日，《人民日报·海外版》第2版报道中欧班列（渝新欧）"中国邮政号"专列首发

2020年4月14日，《重庆日报》专版报道重庆邮政做好疫情防控，助力重庆复工复产情况。

2020年5月11日，中华人民共和国中央人民政府官网报道《众志成城　抗击疫情》邮票在重庆发行。

图 8-2-3-2　2020 年 5 月 11 日，中华人民共和国中央人民政府官网报道《众志成城　抗击疫情》邮票在重庆发行

2021 年 9 月，新华社发布《重庆邮政推进"两进一出"工作　助力山城制造远销海内外》的报道，浏览量达 52.4 万，全网多平台转发，阅读量破百万。《半月谈》网站发布《滑坡＋塌方！邮政小哥"蚂蚁搬家"背 5000 件包裹翻过大山》《精准创新服务生产　匠心躬耕不忘初心　宁安东劳模创新工作室"不简单"》《重庆邮政扶贫干部真帮实扶暖人心》等报道。

2021 年 11 月，《剧情 MV（音乐短片）｜快递小哥的"不凡"都藏在这首歌里》在新重庆客户端发布，全网浏览量达百万次。"重庆发布"微信公众号发布《十八般武艺！这就是他们的"双十一"》《"双 11"结束，一张图了解重庆人的购买力》等报道。

2022 年 1 月 17 至 21 日，《重庆日报》连续 5 天用 5 个整版从"助力乡村振兴、提供'政务＋邮政'服务、打造重庆最快实物寄递网络、助力地方文旅发展、创新开展普遍服务"等方面，报道重庆邮政践行央企担当、服务地方经济发展情况。同年 3 月 6 日，中央电视台《中国新闻》栏目播发《重庆：打通海陆畅联全球，让世界飞入百姓家》。同年 6 月 10 日，中央电视台《经济半小时》栏目播发《疫情下的"钢铁驼队"》专题报道，介绍重庆邮政开展中欧班列（渝新欧）国际铁路运邮情况。同年 7 月 3 日，央广网报道巫山脆李首次通过邮航专机运往全国。7 月 22 日，《央视新闻》直播重庆邮政高考录取通知书投递。同年 7 月 25 日，中央电视台《经济信息联播》栏目报道重庆邮政员工战高温、保通信情况。同年 9 月 19 日，《重庆日报》以各区县农特产品销售地图风云榜的形式，报道重庆邮政助力乡村振兴工作成果。同年 9 月 28 日，中央电视台《经济信息联播》栏目播发奉节县分公司采取

图 8-2-3-3　2022 年 5 月 28 日，《重庆日报》报道重庆邮政助力乡村振兴

代投、代运、代收等多种模式与民营快递企业开展"邮快合作"专题报道。

三、宣传活动

1989 年 5 月 3 日，重庆市邮政局首次开展"邮政呼唤您的理解，公众有奖赠言"活动，邀请 10 余家新闻媒体现场采访。同年 10 月 9 日，重庆市邮政局推出"局长公开对话"活动，局领导和近郊 6 区邮电局长与用户现场对话，接受咨询，处理投诉。

2007 年，重庆市邮政公司联合腾讯大渝网开展"体验邮路　投递爱心"活动。同年 8 月 11 日，经网络报名和选拔的 12 名社会志愿者来到巫山县庙堂乡，跟随乡村邮递员王安兰在山区邮路步行投递报刊、包裹、信件，为期三天。体验邮路途中，举行了贫困大学生资助仪式。志愿者体验邮路的文章、图片经腾讯大渝网发布后，点击量达到 25 万次，留言上千条。

2016—2020 年，重庆邮政连续 4 年在全市高速路沿线投放路牌广告，实现区县分公司路牌广告全覆盖。

2021 年 10 月 9 日晚，重庆邮政在重庆环球金融中心（WFC）墙体电子屏上投放中国邮政宣传标语（邮政，连接美好生活／有人的地方就有邮政／重庆邮政与您同行），相关视频经重庆邮政微信视频号传播，浏览量达到 39.8 万次，全网传播破百万次；同年 12 月，重庆邮政在重庆多个轨道交通站台投放语音、视频广告，向公众展示邮政形象。

2022 年 8 月底至 10 月初，重庆邮政举办"驿路芳华

系国脉　首届邮政主题文化展·历史篇"，在观音桥、牛角沱等6个轨道交通站台设置展区，让市民近距离感受从古代邮传到现代化重庆邮政2500年的发展历史。

第四节　文史档案工作

一、档案管理

（一）推进档案管理规范化

1986—2004年，由于重庆邮政体制调整频繁，隶属关系和内设机构变化较大，产生的档案数量多、种类杂。档案交接、交换、借阅、使用频繁，对档案工作系统化、规范化，提出了更高要求。重庆邮政文史档案工作这一阶段的重心是抓管理、夯基础（收集、整理资料并归档），同时加强对各区县邮政企业档案工作的培训、检查、考核、评比，促进全市邮政档案工作整体上台阶。

通过规范化的文史档案管理，为企业生产经营、管理决策和精神文明建设提供支撑，为企业法律事务提供历史证据，为员工维护合法权益提供依据。1990年，重庆邮政获得"国家二级档案管理企业"称号。

（二）抢救、挖掘历史文化资源

2005—2014年，重庆邮政文史档案工作在做好归档、整理、利用的基础上，把重心转向挖掘、抢救邮政历史文化资源方面拓展，为重庆邮政改革发展提供坚实基础，并发掘文史档案的利用价值。

重庆邮政是一个百年老企业，在抗日战争、解放战争时期，涌现出众多爱国、敬业的英模先进人物，他们亲历了各个历史时期重庆邮政的发展，是企业的宝贵财富。为抢救这些"活档案"，自2005年起的两年时间里，重庆邮政组织召开座谈会，反复上门走访老邮工，走访四川省邮政管理局文史档案专家，广泛收集、整理史料并前往重庆市及相关区县史志办公室、档案馆逐一考证，该工作在全国邮政系统具有一定开拓性，受到中国邮政文史中心的关注和认可。

随着档案数量和种类的增加，重庆邮政加快档案硬件设施建设。2006年6月，档案库房从渝中区上清寺重庆邮政枢纽辅助楼搬迁至生产大楼，面积从173平方米增至264平方米，档案馆淘汰木柜、木架，配置密集架、消磁柜、抽湿机、空调机和安防、消防设备。2009—2012年，档案管理员兰英连续4年获得全国邮政系统"优秀档案管理员"称号。

（三）纸质档案数字化

自2017年6月起，重庆邮政档案馆开始启动纸质档案数字化工作。截至2022年底，将2014—2021年的47370件文书档案、1996—2020年的7898件合同档案和51个工程项目档案共计454卷，实现纸质件与电子件双

规并存的目标。

2019年8月，档案库房从上清寺重庆邮政枢纽大楼搬迁至渝北区人和重庆邮政二枢纽楼，面积增至2198.81平方米，馆藏区域相对独立，档案管理保密性和安全性得以提升，同时实现了档案管、借、阅"三分开"。

表8-2-4-1

1987—2022年重庆邮政馆藏档案情况统计表

年份	馆存（卷）	馆存（件）	录音像（盘）	照片（张）	实物（件）	资料（册）	电子（GB）
1987	4473	—	2	206			
1997	7640	—	30	801			
2007	11795	16333	97	1678		706	
2017	16695	45731	97	2928	292	849	131
2022	16714	104875	97	2928	396	859	389

二、文史编辑与文物征集

2005年，重庆邮政文史档案工作人员对抢救和挖掘出来的史料进行分析研究、分类整理，编辑出版《可爱的中国邮政（重庆分册）》《重庆邮政六十年》2本文史书籍。《可爱的中国邮政（重庆分册）》收录文章51篇，记录了从公元前300多年至2005年重庆邮政的发展历史；《重庆邮政六十年》记录了从1949年至2009年重庆邮政的发展历史，配有500多幅图片，生动、客观、真实地再现重庆邮政不同时期的发展情况。其中，《新中国邮资票品上的重庆题材》等文章，受到新闻媒体和社会各界人士关注，重庆晚报、重庆商报、重庆电视台等新闻媒体对此进行了报道。

2010年，重庆邮政文史档案工作者着手编辑《从邮谈往·重庆卷》，面向全市邮政各部门、各区县邮政机构的老领导、老同志以及与邮政有关的社会人士和邮政职工家属征稿，号召大家以自己亲身经历撰写与重庆邮政相关的回忆录。经过2年多的宣传动员和上门走访，征集到596篇稿件，筛选出具有存史价值的92篇文章，编辑成书。

1998—2010年，重庆邮政文史档案馆每年编辑出版上一年度《重庆邮政年鉴》。

1997—2007年，重庆邮政文史档案馆编辑《重庆邮政重要文件汇编》（内部发行）。

自2007年起，重庆邮政开展邮政文物征集活动，征集到如下邮政文物：中华邮政时期（解放前）东川邮政管理局局长华西伯（英国人）的办公家具；1919年东川邮政管理局旧址全景照片；1949年西南服务团成员接管东川邮政管理局的图片；1950年东川邮政管理局工会纪念册；1953年邮电部对重庆邮政三位科长的任命书；1957

年重庆邮政职代会代表证；1959年重庆市邮电局副局长胡明参加"全国群英大会"的照片；1962年手刻版"邮路指南"；1963年重庆市邮电局工作证；20世纪50至60年代重庆邮政的文件柜、搬运邮件的手推车、邮票出售机、收寄包裹的扇形秤、邮箱和邮筒、手摇电话机；1988年全国第一本"重庆邮政编码"；2008年重庆邮政职工传递的130号奥运会火炬棒；新中国成立60年重庆题材的邮票和邮资封（片）等。

三、重庆邮政文史馆

（一）展区概况

为充分发掘邮政文化，呈现以邮驿变迁到现代重庆邮

政2500年的历史成就，2021年初，中国邮政集团有限公司重庆市分公司决定在高科山顶总部办公区18栋1楼建设重庆邮政文史馆。同年6月30日，重庆邮政文史馆正式开馆。全馆面积约1100平方米，分5个展区：现代邮政体验厅、重庆邮政历史展览厅、重庆邮政抗战精神展览厅、重庆邮政抗疫精神展览厅及重庆邮政荣誉室。全馆展板面积超1500平方米，展出实物1000余件、图片500余幅，文字介绍2万余字。

重庆邮政历史展览厅分为两个部分。第一部分展示从公元前465年至1948年，整个封建社会的邮驿变迁和中华邮政的建立与发展；第二部分展示从1949年至2020

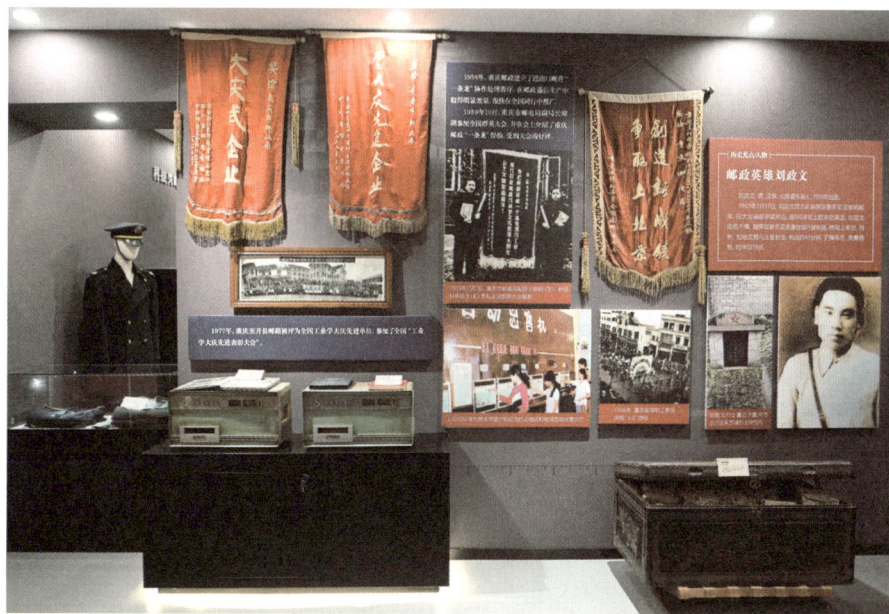

图 8-2-4-1　重庆邮政文史馆内展示的邮政文物（摄于 2021 年）

图 8-2-4-2　重庆邮政文史馆抗疫精神展览厅一角（摄于 2021 年）

年，社会主义革命和建设、改革开放、邮政独立运营、新时代等各个时期邮政的重大事件。

重庆邮政抗战精神展览厅：抗日战争初期，国民政府西迁，邮政总局、邮政储金汇业局等邮政最高机构也相继迁至重庆，重庆邮政担负起战时重庆军政、民商与外界联系的重任。厅内展示了重庆邮政支持抗战的真实事件和历史人物。

重庆邮政抗疫精神展览厅：新冠疫情暴发后，重庆邮政人落实集团公司"四不中断、四免费办"服务承诺（"四不中断"即网点服务不中断，做到各项业务均可开办；机要通信不中断，确保重要文件及时送达；揽投服务不中断，保证各类邮件揽收投递；在线服务不中断，提供足不出户业务办理。"四免费办"即救援物资免费送、上门揽收免费办、个人捐助免费寄、捐款转账免费汇），厅内展示了重庆邮政开通救援物资寄递"绿色通道"、保障邮政服务工作、助力复工复产、开展农资及生活物资配送等服务重庆疫情防控工作的重要事迹。

（二）重要馆藏实物

何尊（仿制品） 中国古代最先出现词组"中国"的青铜器，"中国"作为词组最早出现在其内壁铭文"宅兹中国"中，中国邮政徽标由铭文"中"字演变而来。

邮票、电报、信封及邮资凭证 清代及民国时期的邮票、电报、信封及邮资凭证等。

东川邮政管理局办公座椅 此为光绪三十三年（1907年），重庆最后一任外籍邮务长华希伯（英国人）使用。

包裹扇形秤 20世纪50至80年代广泛使用，是收寄包裹的称重计价工具。

邮票自动出售机 20世纪60年代使用，自动出售4分和8分面值的邮票。

生肖邮票 1980—1991年发行的第一轮生肖邮票。

邮电徽标 20世纪80年代使用的邮电标识。

电子汇兑业务服务器 使用时间为1999—2007年，是邮政综合网最早的信息化设备，主要承载全国电子汇兑业务数据，实现汇票全国联网。

网络机柜 使用时间为1998—2005年，是"绿卡"第一期网络机柜，用于安装重庆邮政"绿卡网"网络设备（DDN节点机、交换机、省际网路由器等），承载储蓄系统、储蓄中间业务系统等重要业务。

奥运火炬 2008年6月16日，重庆邮政员工何锐当选重庆市第130棒奥运火炬手，并于同年8月将奥运火炬捐赠给重庆邮政。

签名邮册 2016年4月13日，万国邮政联盟秘书长比沙尔·侯赛因在重庆市南岸区南坪西路邮政所参观并在邮册上签名留念。

四、推广普通话、使用规范字

2006年1月，重庆市各行各业开展语言文字评估工作。重庆邮政档案馆承担了全市邮政系统语言文字评估工作任务。档案馆工作人员深入机关各部门（单位）、各区县邮政机构，加强了该项工作的安排落实，通过指导、检查、整改、培训、考核、评估、表彰，实现了重庆邮政系统对外服务的营业员、投递员及内部工作人员均使用标准普通话，全市各级邮政机构的名称牌匾、广告牌、宣传资料、公文等均使用规范汉字。2007年5月，重庆邮政系统通过重庆市语言文字工作委员会的检查评估。

第三章　人物与荣誉

第一节　人物传略

老红军赵思智

赵思智，男，1918年1月出生，四川省苍溪县人。1933年5月参加红军，1936年5月加入中国共产党，参加了二万五千里长征。新中国成立后，长期在重庆邮政担任领导工作，为中国人民的革命事业、解放事业和邮政事业贡献毕生精力。

赵思智于1933年5月—1934年6月，任红军四方面军四军十师三十团政治处宣传员。1934年6月—1936年8月，任四方面军政治部油印员。1936年8月—1938年3月，任总司令部一局参谋部油印员。1938年3月—1938年8月，任延安军委参谋部机要科译电员。1938年8月—1943年5月，任绥远大青山骑兵支队译电员。1943年5月—1945年12月，任晋绥军区机要科译电组长。1945年12月—1946年12月，任绥蒙军区机要科科长。1946年12月—1947年12月，任吕梁军区机要科副科长。1947年12月—1949年2月，任晋西北七纵队机要科科长。1949年2月—1950年5月，任人民解放军第七军军部机要科科长。1950年8月—1951年2月，任西南行政委员会机要处二科科长。1951年3月—1953年1月，任西南贸易部五金机械器材公司人事室主任。1953年1月—1953年9月，任重庆市五金公司副经理。1953年9月—1955年3月，在中共西南局党校文化部（位于重庆市沙坪坝区小龙坎街道）学习。1955 年 3 月—1955 年 12 月，任重庆市机要交通局局长。1955 年 12 月—1956 年 7 月，在中央机要交通局干部训练班（武汉）学习。1956 年 7 月—1957 年 3 月，任重庆市机要交通局局长。

1957 年 4 月，重庆市邮局接办机要通信业务，赵思智任重庆市邮局副局长。1958 年 7 月 18 日，重庆市邮局与重庆市电信局合并为重庆市邮电局，赵思智任副局长、党委副书记。1968 年 12 月 1 日，重庆市邮电局革命委员会成立，赵思智任副主任。1970 年 5 月 3 日，重庆市邮政局党的核心小组成立，赵思智任副组长。1973 年 1 月，赵思智任重庆市邮政局革命领导小组副组长。1982 年 7 月经批准离休。1983 年经原邮电部批准，赵思智享受司局级待遇。1982 年 8 月 10 日，重庆市集邮协会成立，聘请赵思智为名誉会长；1988 年 4 月 15 日，重庆市邮政局老年协会成立，聘请赵思智为名誉理事长。

2004 年 11 月 7 日，赵思智逝世，享年 86 岁。

抗洪烈士唐云建

唐云建，男，汉族，1958 年 6 月出生，重庆市开县人。2000 年 6 月 3 日，在万州遭受百年不遇的特大洪灾中，唐云建为抢救武警战士英勇牺牲，年仅 42 岁。同年 11 月，重庆市人民政府追认唐云建同志为“革命烈士”。

1976 年，唐云建应征入伍，在部队成为一名光荣的共产党员。1981 年退伍后，进入万县市邮电局（1998 年改称万州区邮政局）工作，供职于五三所邮件处理中心。勤奋刻苦、吃苦耐劳的他，很快掌握了分发投递技能，当上转运组长，多次被评为“先进工作者”“优秀党员”，并因工作成绩突出荣立三等功。

唐云建工作认真负责，勤奋努力，极具责任感；生活中乐于助人，和蔼亲切，始终不忘军人优秀品格，退伍不褪色。2000 年 6 月 3 日，唐云建刚刚过完 42 岁生日。同日，天降暴雨，大雨导致山洪来势汹汹，位于低洼地势的五三所邮件处理中心岌岌可危。低矮的河床根本不可能短时间排泄肆虐的洪水，整个邮件处理中心被洪水包围。唐云建和同事一起全力抢救邮件和物资设备，公安民警和武警战士也赶来支援，成功将大部分邮件转运到安全地带。眼看胜利在望，却异变突生，邮件处理中心的 400 米院墙不堪重负，轰然倒塌，洪水裹挟着泥石流奔袭而来。此刻，抢险突击队处境十分危险，领导下令立刻撤出，但洪水来势凶猛，仍在抢救邮件的 4 名武警战士被洪水困在一棵大树下。又一波洪水冲击下，3 名武警战士被水流裹着向下漂去。在下游 10 多米处，唐云建等邮政职工和公安民警、武警战士一起组成人墙，无奈水流湍急，拦截失败，3 名武警战士继续往下游漂去，情况十分危急。站在人墙最前端的是唐云建，他没有多想，直接解下自己身上的保险绳，抛给 3 名武警战士。依靠这一根救命绳，3 名

武警战士抱住了一棵大树得救了，而唐云建却被水流裹挟，英勇牺牲。

为保护国家财产、抢救武警战士，唐云建献出了自己宝贵的生命，他以共产党员无私无畏的英雄壮举，诠释了“人民邮政为人民”的初心使命。万州区委、区政府高度赞扬唐云建的英雄壮举，在为其申报烈士称号的同时，追评其为“优秀共产党员”；万州区邮政局追授唐云建“抗洪救险一等功”。

第二节　人物简介

“全国劳动模范”陈仕琼

陈仕琼，女，土家族，1960 年出生，重庆市忠县人，高中学历，中共党员，重庆市邮政公司忠县邮政局汝溪支局支局长，2010 年退休，2000 年获得“全国劳动模范”称号。陈仕琼是一名从事山区邮政事业的基层员工，从 1979 年参加工作以来的 32 年间，她把全部青春和热情都奉献给山区邮政事业，她以自身表率感召职工，与支局职工一道，努力在邮政与广大农民群众之间架起一座情感桥梁，让人民群众离不开邮政，邮政更离不开人民群众。在任汝溪邮政支局长期间，她把多年前台经验和优质服务相结合，参与市场竞争，使汝溪邮政支局业务发展迅速驶入快车道。她带领支局先后获得“青年文明号”“邮政专业劳动竞赛优胜集体”“优质服务示范单位”“重庆市邮政系统先进集体”“重庆市第二届职工职业道德先进班组”“重庆市‘十二五’立功奖”“重庆市模范职工小家”等荣誉。

“全国创先争优优秀共产党员”王安兰

王安兰，男，汉族，1963 年出生，重庆市巫山县人，初中学历，中共党员，中国邮政集团有限公司重庆市巫山县分公司职工。2007 年获得“感动重庆十大人物”荣誉称号，2009 年获得“全国邮政系统先进个人”“全国道德模范提名奖”“重庆市第三届劳动模范”荣誉称号，2011 年获得“重庆市优秀共产党员”称号，2012 年获得“全国创先争优优秀共产党员”称号。王安兰是一名普通的步班投递员，19 年如一日，用双脚丈量着家乡崎岖山路，用双脚连接着大山与外界文明，沟通着现代与传统。19 年间，王安兰走过山路有 16 万多公里，相当于绕赤道四圈；投递邮件 131 万余件，投递党报党刊 80 万余件，从未发生过积压和延误。王安兰事迹经媒体报道后，引起社会各界极大关注。重庆各大媒体记者纷纷亲历“巴山邮路”实地采访，先后撰写《十九年生死邮路》《19 年“绕”赤道走四圈》《大山邮路人》等文章，从各个不同侧面报道了王安兰事迹。

第三节　人物名录

一、历任领导名录

表 8-3-3-1

1986—2022 年重庆邮政历任领导名录

时期	领导姓名	职　务	任期时间	备　注
计划单列时期	李毓福	重庆市邮政局局长	1985.1—1986.5	—
	张思儒	重庆市邮政局局长	1986.5—1994.1	—
	黄绍林	重庆市邮政局局长	1994.1—1997.4	—
	廖良国	重庆市邮政局副局长	1985.1—1991.7	—
	顾昌祺	重庆市邮政局副局长	1985.1—1997.4	—
	何禄寿	中共重庆市邮政局委员会副书记	1985.1—1987.7	—
		重庆市邮政局副局长	1987.7—1997.4	—
	蒋清和	重庆市邮政局副局长	1992.3—1997.4	—
	袁祖伟	重庆市邮政局副局长	1995.2—1997.4	—
	金玉成	中共重庆市邮政局委员会书记（兼任）	1985.1—1987.6	—
	邓　勋	中共重庆市邮政局纪律检查委员会书记	1985.7—1987.9	—
		中共重庆市邮政局委员会书记	1987.6—1995.3	—
	周华庆	中共重庆市邮政局纪律检查委员会书记	1987.8—1992.3	—
		中共重庆市邮政局委员会副书记	1992.3—1995.3	—
		中共重庆市邮政局委员会书记	1995.3—1997.4	—
	郑如明	中共重庆市邮政局纪律检查委员会书记	1992.3—1995.3	—
	刘　洪	中共重庆市邮政局委员会副书记、中共重庆市邮政局纪律检查委员会书记	1995.3—1997.4	—
	何远承	重庆市邮政局工会主席	1985.1—1995.3	—
	曾嘉陵	代理重庆市邮政局工会主席	1995.3—1996.4	—
		重庆市邮政局工会主席	1996.4—1997.4	—
邮电分营时期	黄绍林	重庆市邮政管理局局长、中共重庆市邮政管理局委员会书记	1997.4—2002.7	—
	周华庆	中共重庆市邮政管理局委员会副书记	1997.4—2002.7	—
		中共重庆市邮政管理局委员会书记、重庆市邮政管理局副局长	2002.7—2007.2	—
	林汉城	重庆市邮政管理局副局长	1997.4—1998.12	—
	顾昌祺	重庆市邮政管理局副局长	1997.4—2002.7	—
	袁祖伟	重庆市邮政管理局副局长	1997.4—2007.2	—
	蒋清和	重庆市邮政管理局副局长	1997.4—2002.7	—

时期	领导姓名	职　务	任期时间	备　注
邮电分营时期	王景江	重庆市邮政管理局局长、中共重庆市邮政管理局委员会副书记	2002.7—2005.4	—
	王曙东	重庆市邮政管理局局长、中共重庆市邮政管理局委员会副书记	2005.4—2007.1	—
	刘洪	中共重庆市邮政管理局纪律检查委员会书记	1997.4—2002.7	—
	曾嘉陵	重庆市邮政管理局工会主席	1997.4—2007.2	—
		中共重庆市邮政管理局纪律检查委员会书记	2002.7—2007.2	—
	王树志	重庆市邮政管理局副局长	2002.7—2007.2	—
	吴明荣	重庆市邮政管理局副局长	2006.1—2007.2	—
政企分开时期	王曙东	重庆市邮政公司总经理	2007.1—2012.3	—
		中共重庆市邮政公司委员会副书记	2007.2—2012.3	—
		重庆市邮政速递物流有限公司董事长	2010.4—2012.3	—
	周华庆	重庆市邮政公司副总经理	2007.2—2012.3	—
		中共重庆市邮政公司委员会书记	2007.2—2014.1	—
		重庆市邮政公司总经理	2012.3—2013.9	—
		重庆市邮政速递物流有限公司董事长	2012.3—2013.9	—
	曾嘉陵	重庆市邮政公司副总经理	2007.2—2012.3	—
		中共重庆市邮政公司纪律检查委员会书记、中国邮电工会重庆市邮政委员会主席	2007.2—2012.3	—
	吴明荣	重庆市邮政公司副总经理	2007.2—2014.4	—
	廖涛	重庆市邮政公司总经理	2013.9—2015.3	—
		中共重庆市邮政公司委员会副书记	2013.9—2014.1	—
		重庆市邮政速递物流有限公司董事长	2013.9—2015.4	—
		中共重庆市邮政公司委员会书记	2014.1—2015.4	—
		中国邮政集团公司重庆市分公司负责人	2015.3—2015.4	—
		中共中国邮政集团公司重庆市分公司委员会书记、中国邮政集团公司重庆市分公司总经理	2015.4—2019.3	—
		中国邮政集团公司重庆市寄递事业部总经理	2018.9—2019.3	—
		中共中国邮政集团公司重庆市寄递事业部委员会书记	2018.12—2019.3	—
		中国邮政速递物流股份有限公司重庆市分公司总经理	2019.1—2019.3	—
	王树志	重庆市邮政公司副总经理	2007.2—2007.12	—
		中共中国邮政集团公司重庆市分公司纪律检查委员会书记	2018.6—2021.10	—
	张晓春	重庆市邮政公司副总经理	2008.8—2015.4	其间，2011.4.3—2012.3.19任中国邮政速递物流股份有限公司副总经理（交流任职）
		中国邮政集团公司重庆市分公司副总经理	2015.4—2022.3	—

时期	领导姓名	职　务	任期时间	备　注
政企分开时期	董虹	重庆市邮政公司副总经理、中国邮电工会重庆市邮政委员会主席	2012.3—2015.3	—
		中共重庆市邮政公司纪律检查委员会书记	2012.3—2015.4	—
		中共中国邮政集团公司重庆市分公司纪律检查委员会书记	2015.4—2018.6	—
	向银成	重庆市邮政公司副总经理	2012.10—2015.4	曾用名向艮成
		中国邮政集团公司重庆市分公司副总经理	2015.4—2021.3	
	周新峰	中共中国邮政集团公司重庆市分公司委员会书记，中共中国邮政集团公司重庆市寄递事业部委员会书记	2019.3—	—
		中国邮政集团公司重庆市分公司总经理，中国邮政集团公司重庆市寄递事业部总经理，中国邮政速递物流股份有限公司重庆市分公司总经理	2019.3—	—
	熊岗	中国邮政集团公司重庆市分公司副总经理	2014.4—	—
		中国邮政集团工会重庆市委员会主席	2015.3—	—
	胡绍波	中国邮政集团公司重庆市分公司副总经理，中国邮政集团公司重庆市寄递事业部常务副总经理	2018.9—	—
		中共中国邮政集团公司重庆市寄递事业部委员会副书记	2018.12—	—
		中国邮政速递物流股份有限公司重庆市分公司总经理	2017.3—2019.1	—
	张永	中国邮政集团有限公司重庆市分公司副总经理	2020.12—	—
	刘力	中共中国邮政集团有限公司重庆市分公司纪律检查委员会书记	2021.12—	—
	甘源峻	中共重庆市邮政公司委员会委员	2010.6—2015.4	—
		中共中国邮政集团公司重庆市分公司委员会委员	2015.4—2017.3	—
	林茂新	中共重庆市邮政公司委员会委员	2013.5—2014.1	—

二、重庆市级以上人大代表、政协委员名录

表 8—3—3—2

1986—2022 年重庆邮政市级以上人大代表名录

单位名称	姓　名	性别	民族	学　历	政治面貌	担任情况	担任时间
重庆市邮政管理局	廖德蓉	女	汉	高中	中共党员	直辖后重庆市第一届人民代表大会代表	1997 年 6 月
	王景江	男	汉	大学本科	中共党员	重庆市第二届人民代表大会财政经济委员会副主任委员	2004 年
中国邮政重庆市分公司	王曙东	男	汉	大学本科	中共党员	重庆市第三届人民代表大会常务委员会委员	2008 年 1 月
	周华庆	男	汉	大学本科	中共党员	重庆市第四届人民代表大会常务委员会委员	2013 年 12 月
	廖涛	男	汉	博士研究生	中共党员	重庆市第五届人民代表大会常务委员会委员	2018 年 1 月
	周新峰	男	汉	硕士研究生	中共党员	重庆市第六届人民代表大会常务委员会委员	2022 年 12 月

表 8-3-3-3

1986—2022 年重庆邮政市级以上政协委员名录

单位名称	姓　名	性别	民族	学历	政治面貌	担任情况	担任时间
重庆邮政工会	刘绍渝	男	汉	大专	群众	直辖后重庆市第一届政治协商会议工会界别委员	1997 年 6 月
						重庆市第二届政治协商会议工会界别委员	2002 年 12 月
重庆邮政信息中心	何泽雯	男	汉	大学本科	群众	直辖前重庆市第十届政协委员、第十届政协科技委员会委员	1993 年 5 月—1997 年 5 月
						直辖后重庆市第一届政协委员	1997 年 6 月—2002 年 6 月
重庆市邮政管理局	黄绍林	男	汉	大学本科	中共党员	分别于 2002 年、2003 年担任两届重庆市政协城乡建设环保委员会副主任	2002—2003 年

三、省部级以上劳动模范名录

表 8-3-3-4

1986—2022 年重庆邮政省部级以上劳动模范名录

序号	姓名	性别	获奖时工作单位	获奖时间	荣誉称号	表彰单位
1	翁善珍	女	重庆市邮政局函件分拣处	1991	全国邮电劳动模范	中华人民共和国邮电部、中国邮电工会全国委员会
2	赖元素	女	重庆市渝中区邮政局	1995	四川省劳动模范	四川省人民政府
3	陈仕琼	女	重庆市忠县邮政局	2000	全国劳动模范	中华人民共和国国务院
4	陈玲玲	女	重庆市万盛区邮政局	2000	重庆市劳动模范	重庆市人民政府
5	张晓春	男	重庆市邮政信息技术局	2000	重庆市劳动模范	重庆市人民政府
6	黄绍林	男	重庆市邮政管理局	2000	重庆市劳动模范	重庆市人民政府
7	卢海林	男	重庆市邮政中心局	2001	全国五一劳动奖章	中华全国总工会
8	向银成	男	重庆市开县邮政局	2002	全国邮政系统劳动模范	中华人民共和国人事部、国家邮政局
9	黄建发	男	重庆市秀山县邮政局	2002	全国邮政系统劳动模范	中华人民共和国人事部、国家邮政局
10	邓德勇	男	重庆市铜梁县邮政局	2005	重庆市劳动模范	重庆市人民政府
11	徐汲萍	男	重庆市巴南区邮政局速递物流分公司	2005	重庆市劳动模范	重庆市人民政府
12	周亚芒	男	重庆市邮政信息技术局	2005	重庆市劳动模范	重庆市人民政府
13	王景江	男	重庆市邮政管理局	2005	重庆市劳动模范	重庆市人民政府
14	李越梅	女	重庆邮政城区三局	2009	重庆市劳动模范	重庆市人民政府
15	王安兰	男	重庆市巫山县邮政局	2009	重庆市劳动模范	重庆市人民政府
16	宁安东	男	重庆市邮区中心局	2009	重庆市劳动模范	重庆市人民政府
17	欧阳运雄	男	重庆市邮政公司信息技术局	2009	重庆市劳动模范	重庆市人民政府

序号	姓 名	性别	获奖时工作单位	获奖时间	荣誉称号	表彰单位
18	曾春林	男	重庆中邮物流有限责任公司江北分公司	2009	重庆市劳动模范	重庆市人民政府
19	王曙东	男	重庆市邮政公司	2009	重庆市劳动模范	重庆市人民政府
20	刘代碧	女	重庆市邮政公司永川区邮政局	2012	重庆市劳动模范	重庆市人民政府
21	赵 飚	男	重庆市邮政公司信息技术局	2012	重庆市劳动模范	重庆市人民政府
22	简 璞	男	重庆市邮政公司巴南区邮政局	2012	重庆市劳动模范	重庆市人民政府
23	彭学彬	男	重庆市邮政公司渝北区邮政局	2012	重庆市劳动模范	重庆市人民政府
24	王树志	男	中国邮政储蓄银行重庆分行	2012	重庆市劳动模范	重庆市人民政府
25	刘 江	男	中国邮政集团公司重庆市秀山县分公司	2016	全国五一劳动奖章	中华全国总工会
26	刘 伦	男	中国邮政集团公司重庆市合川片区分公司	2017	重庆市劳动模范	重庆市人民政府
27	邱 骥	女	中国邮政集团公司重庆市沙坪坝区分公司	2017	重庆市劳动模范	重庆市人民政府
28	廖 涛	男	中国邮政集团公司重庆市分公司	2017	重庆市劳动模范	重庆市人民政府
29	石 全	男	中国邮政集团有限公司重庆市渝北片区分公司	2020	全国邮政行业劳动模范	中华人民共和国人力资源和社会保障部、国家邮政局
30	何寿全	男	中国邮政集团有限公司重庆市渝中区分公司	2021	重庆市劳动模范	重庆市人民政府

第四节　集体荣誉

表 8-3-4-1

2008—2022 年重庆邮政省部级以上先进集体名录

序号	获奖单位	获奖时间	荣誉称号	表彰单位
1	重庆市邮政公司	2008	全国五一劳动奖状	中华全国总工会
2	重庆中邮物流有限责任公司	2008	抗震救灾重建家园工人先锋号	中华全国总工会
3	重庆市邮政公司巴南区邮政局界石邮政支局	2013	全国工人先锋号	中华全国总工会
4	中国邮政集团有限公司重庆市万州片区分公司营业局机要室	2020	全国邮政行业先进集体	中华人民共和国人力资源和社会保障部、国家邮政局

第九篇　城片区、区县邮政机构

第一章　渝中邮政机构

第一节　机构沿革

一、机构演变

（一）计划单列时期

1986年，重庆市市中区邮电局归属于重庆市邮政局管辖。同年10月24日，市邮政局决定市中区邮电局邮政营业室、电信营业室、上清寺邮电支局为一等邮电支局。

1995年4月，重庆市行政区划调整，四川省邮电管理局同意"市中区邮电局"更名为"渝中区邮电局"，管理体制不变。同年12月，根据《关于重庆市行政区划调整后邮电管理关系的决定》，按照行政区划，将原沙坪坝区大坪、化龙桥等地划入渝中区管辖，其邮电分支机构归属关系也相应调整。

（二）邮电分营时期

1997年7月，国家邮电部在重庆进行邮电体制改革，实行邮电分营试点，撤销渝中区邮电局，设立渝中区邮政局，隶属重庆市邮政管理局。

2003年2月，重庆邮政实行城、片区经营管理体制，渝中区邮政局与南岸区邮政局合并成立重庆邮政城区一局（对外保留渝中区邮政局名称），隶属重庆市邮政管理局。

（三）政企分开时期

2007年2月，重庆邮政体制改革，政企分开。同年9月，"重庆市渝中区邮政局"更名为"重庆市邮政公司渝中区邮政局"，仍与重庆市邮政公司南岸区邮政局合并为城区一局，隶属重庆市邮政公司。同年12月，中国邮政储蓄银行重庆渝中区支行成立，渝中邮政受邮储银行渝中支行委托开办代理金融业务。

2009年1月，重庆邮政速递物流一体化专业经营，

组建重庆市邮政速递物流公司重庆市城一分公司。2010年6月，更名为"重庆市邮政速递物流有限公司重庆市城一分公司"。

2012年8月，重庆市邮政公司撤销城区一局，设立重庆市邮政公司渝中区邮政局，隶属重庆市邮政公司。

2014年2月，"重庆市邮政公司渝中区邮政局"更名为"重庆市邮政公司渝中区分公司"。

2015年4月，中国邮政集团公司法人体制改革，"重庆市邮政公司渝中区分公司"更名为"中国邮政集团公司重庆市渝中区分公司"，隶属中国邮政集团公司重庆市分公司。同月，"重庆市邮政速递物流有限公司重庆市城一分公司"更名为"中国邮政速递物流股份有限公司重庆市城一分公司"。

2017年6月，根据市分公司机构编制方案，设立中国邮政集团公司重庆市渝中区分公司，调整优化内设部门主要职责及人员编制。

2018年9月，寄递改革，成立渝中区寄递事业部（保留"中国邮政速递物流股份有限公司重庆市城一分公司"牌子，后更名为"中国邮政速递物流股份有限公司重庆市渝中区分公司"），下设寄递综合办、寄递市场部、寄递运营管理部。

2020年1月，"中国邮政集团公司重庆市渝中区分公司"更名为"中国邮政集团有限公司重庆市渝中区分公司"，由中国邮政集团有限公司重庆市分公司管理，2022年沿用此名，管理体制不变。

截至2022年底，中国邮政集团有限公司重庆市渝中区分公司内设综合办公室（党委办公室、安全保卫、人力资源）、党委党建工作部（纪委办公室）、工会、财务部、市场营销部（客户营销中心）、服务质量部（普遍服务部）、金融业务部（中邮保险中心）、集邮与文化传媒部、渠道平台部。

二、主要领导

表 9-1-1-1

1986—2022 年渝中邮政主要领导人员名录

单位名称	姓 名	职 务	任职时间
市中区邮电局	梁 勇	局长	1987.10—1997.8
	沈志鹏	党总支书记	1987.10—1989.12
	王兴才	党总支书记	1989.12—1992
渝中区邮政局	金祥钧	党总支书记	1992—1997.9
	梁 勇	局长	1997.8—2001.1
	杨 杰	党总支书记	1997.9—2003.2
	王豫灵	局长	2001.1—2003.3
重庆市城区一局	王豫灵	局长	2003.2—2007.12
	连传华	党委书记	2003.2—2007.3
	王豫灵	党委书记	2007.3—2007.12
	张晓春	党委书记、局长	2007.12—2008.8
	雷 春	局长	2008.8—2012.6
	杨 杰	党委书记	2008.8—2012.6
渝中区邮政局 / 重庆市邮政公司渝中区分公司 / 中国邮政集团公司重庆市渝中区分公司	梁玉平	党委书记	2012.6—2018.5
		局长	2012.6—2014.3
		总经理	2014.3—2018.5
中国邮政集团公司重庆市渝中区分公司（中国邮政集团有限公司重庆市渝中区分公司）	贺靖军	党委书记、总经理	2018.6.29—

第二节 邮政业务

一、金融业务

（一）储蓄汇兑

储蓄业务 1986 年 6 月，打铜街支局成为全市第一个开办邮政储蓄业务的网点。同年 10 月 25 日，打铜街支局开办异地储蓄业务，成为全市第一个开办此业务的网点。截至同年 11 月 30 日，打铜街支局邮政储蓄存款余额达 129.49 万元。1990 年 3 月 18 日，上清寺支局邮政储蓄存款余额达 1000 万元，成为四川省邮电行业中第一个达到千万元的支局。同年 6 月 1 日，解放西路邮电所开办邮政储蓄业务。1992 年 3 月 24 日，市中区邮电局储蓄存款余额达 1.0025 亿元，成为四川省第一个"亿元区局"。同

年 7 月 1 日，上清寺支局正式将微机运用于邮政储蓄营业窗口。1996 年 11 月，重庆"绿卡工程"第一个联网试点运行储蓄网点在上清寺中心营业部储蓄点开通，1997 年 4 月，"绿卡工程"第一台 ATM（自动柜员机）在上清寺中心营业部开通试运行。1997 年，渝中邮政期末储蓄存款余额达 5090 万元。2002 年，期末储蓄存款余额达 6.34 亿元。2006 年，储蓄存款余额达 11.24 亿元。截至 2022 年底，渝中邮政期末储蓄存款余额突破 50 亿元。

汇兑业务 1986 年，渝中邮政汇兑业务量达 42.16 万张。1988 年 7 月，市中区邮电局开办快件汇兑业务。同年底，快件汇兑业务量达 8.51 万件。1992 年 7 月 4 日，解放碑营业室开办中日、中美国际邮政汇兑业务。1994 年，市中区邮电局汇兑业务量达 42.5 万件。1997 年，渝中邮政汇兑业务量为 41.23 万张。2001 年 7 月 1 日，渝中邮政解放碑、上清寺、打铜街、中二路、大坪 5 个网点开

通邮政电子汇兑业务。2002年10月，渝中邮政所辖网点全面开办2小时电子汇兑业务。截至2022年底，渝中邮政22个代理金融网点均开通汇兑业务。

（二）中间业务

1999年2月，渝中邮政与77个区级单位达成协议，为退休职工代发养老金。2000年4月，为电业局、铁路局、长航等12家单位的退休职工代发养老金业务，同年，渝中邮政设立"中间业务开发室"。

2015年，渝中邮政开办代理保险业务。2017年，渝中邮政代理寿险新单保费规模1.67亿元，代理车险保费规模1218.59万元。2019年，开始发展代销基金业务，全年实现基金销售1.1亿元。2020年，新增非货币基金铺量1.26亿元，快捷支付绑卡账户渗透率39.68%，手机银行客户渗透率和电子支付收入占比均列全市第2位。

（三）风控合规

2015年，渝中邮政开展风险防控排雷行动，排查354人并签订承诺书。在民间借贷"回头看"活动中，排查金融从业人员150人。2017年，渝中邮政加大风控合规管理力度，开展金融专项监察，对金融网点进行合规检查。2022年，渝中邮政全年开展合规培训15次，警示教育4次，主要领导讲合规4次。完成"雷霆行动""涉赌专项数据排查""日复盘"等专项风控合规检查，风控合规案防KPI得分105分，居全市邮政企业第3名。截至2022年底，渝中邮政未发生重大金融风险事件。

二、寄递业务

（一）特快专递

1986年1月，市中区邮电局上清寺支局率先开办国内特快专递业务。1991年，解放碑邮电营业室开设国内特快专递收寄点。1992年，市中区邮电局在上清寺、解放碑、打铜街增设国内特快专递收寄点。1997年，渝中邮政特快专递业务量达12.47万件。2002年1月，渝中邮政设立同城特快部。2016年，中国邮政集团公司重庆市渝中区分公司配合重庆市国税局开办12366电子税务局，推出同城"票易达"特快寄递等服务业务。2020年疫情期间，"停课不停学"，渝中邮政与渝中区43所中小学校合作教材寄递，为中小学生配送教材达4.29万件。同年2月18日，渝中邮政与重庆儿童医院合作的全市首家"互联网医院药品寄递"项目上线，实现"线上问诊＋线下送药"零接触模式，缓解医疗供需矛盾、开拓医药市场新样板。2022年，渝中邮政特快专递业务量达620.65万件。

（二）快递包裹

1986年7月，市中区邮电局按国家规定，对邮政包裹进行了重新分类交寄，"民用包裹"为内件属性非经营性的个人零星物品，经营性和超过"民用包裹"规格标准的作"商品包裹"交寄。

1990年，按照国家对包裹收寄新规定，市中区邮电局将包裹一律按保价包裹收寄，并对价值在300元及以上的包裹实行特殊处理，称为"贵重包裹"。1994年，市中区邮电局包裹业务收入达人民币111.7万元。2001年，渝中邮政开办国内快递包裹业务。2015年，渝中邮政对国内小包等业务进行整合，升级为快递包裹。2021年快递包裹依托"仓配一体化"运营模式，实现规模化发展，同年实现仓配项目业务量522.17万件，列入全市市级经验项目。2022年8月，渝中邮政在包裹业务低迷时期新增规模型快递客户，单月实现新增业务量13.8万件，有效提升渝中快包边际贡献率。

（三）物流业务

2018年，寄递改革后，渝中邮政重点对四联等制造企业进行开发，全年实现物流收入180.75万元。2019年，实现物流收入4.85万元。2020年疫情期间，社会运力紧张，渝中邮政调和多方渠道资源，提供全方位保通保供物流服务。2021年，实现物流收入575.24万元。

（四）国际业务

1988年3月，打铜街、解放碑、上清寺支局（营业室）恢复办理国际快递函件业务。1997年，国际函件业务量达11.5万件。2015年，渝中邮政国际业务量达6万件。2021年，渝中邮政开展中欧班列（渝新欧）等客户开发工作，全年实现国际大包业务量7162件，成为渝中邮政国际业务新经济增长点。2022年3月，渝中邮政在全市范围内为客户提供邮件报关、国内收寄、国际运输等服务，打通"认定国际商业渠道业务自主运营相关环节"。

三、文传业务

（一）函件业务

1986年，市中区邮电局函件收入52.6万元，函件业务量达1519.28万件。1997年，渝中邮政国内函件业务量1323.26万件。2007年，是函件业务快速发展阶段，重庆邮政城区一局函件业务收入2220.76万元。2010年，数据库商函业务收入966.35万元。2014年，函件业务转型发展，渝中邮政联手区妇联、区教委在渝中47所中小学开展感恩母亲节活动，弘扬传统书信文化。2020年，解放碑主题邮局封片和函件文创商品销售规模达190万元。2022年，渝中邮政商函和账单合作客户数量9个，业务收入规模280万元，中国人寿分红账单项目寄发量同比增加40余万件。

（二）报刊业务

1986年，市中区邮电局报刊发行业务流转额63.78万元。1997年，报刊流转额970.3万元。2000年，渝中邮政收订报刊投递上楼到户的用户达529户。2002年，在解放碑邮政营业室平街大厅中柱周围设立3个报刊货架，开办报刊零售新业务。2017年起，报刊业务向图书销售市场转型，同年实现图书销售收入47万元。2018—2021

年，渝中邮政通过全国阅读文化季图书巡展活动和政务图书销售，建立邮政图书发行发展道路。2022年，累计销售《习近平谈治国理政》（第四卷）9000余册，创渝中邮政图书单品种销量新高。

（三）集邮业务

渝中邮政原有小什字、打铜街、上清寺、解放碑4个集邮门市部。1986年9月，小什字集邮门市部开办邮政储蓄，其集邮业务并入打铜街集邮门市部。1992年10月8日，由市中区邮电局兴建的全市第一个集邮票品交换市场在重庆市群众艺术馆开市，交换市场占地1200平方米，设有100个柜台。1997年，渝中区邮票公司完成集邮品收入1308万元。2003年，城区一局举办"中外集邮票品艺术框展览"，首次将邮票制作成艺术画框，展示给集邮爱好者，展出规模达159框。2008年1月31日，重庆邮政首批位于解放碑、观音桥、杨家坪繁华地带的3家奥运特许商品零售店开张营业。2011年，渝中邮政以大型社区、中小学校和集邮协会为平台，通过开展活动、搭载增值服务项目等形式，培养起一批集邮客户群，同年，渝中邮政集邮专业实现收入2101.69万元。2012年，渝中邮政为重医附二院120周年庆项目制作邮册3000册。2013年，以解放碑集邮形象店为示范点，陆续对上清寺、中山二路、打铜街等集邮网点进行装修，打造精品窗口形象，助推商务市场、礼品市场开发，培育集邮文化，实现集邮收入22.42万元。2014年9月，由重庆市人民政府和中国邮政集团公司联合主办的《长江》特种邮票暨《山水重庆》邮票珍藏册首发式在渝中区解放碑中心广场举行，《长江》特种邮票1套9枚，其中第二枚"山水重庆"是唯一一枚以城市名称命名的邮票。曾解说大型纪录片《话说长江》的主持人莅临首发现场与广大市民再说长江，并为购买邮票的市民签名。2017年，渝中邮政实现集邮收入2176万元，自2004年起，连续13年居全市集邮收入排名第1位。同年，渝中邮政开展3场"一带一路"热点题材产品客联会，通过预售和现场活动深入推进集藏文化，加强客户联谊沟通。2019年，定向开发《母城渝中》珍藏册2000册，创收100万元。同年，开展"盛世收藏"专项营销活动、己亥年生肖邮品三地首发活动、《大美渝中》专用邮资图暨《典藏（双晒）》全景式连体明信片首发活动、文化巡展活动。组织中华人民共和国成立70周年纪念邮册专题营销活动，创收238万元。2022年，开发定向邮品客户4个，在第42届佳邮评选、北京冬奥主题产品营销活动中累计实现收入近400万元，规模居全市第1位。2018年8月15日，旨在"记载重庆历史，传承巴渝文化"的解放碑主题邮局正式挂牌营业，提供文创旅游纪念品销售，集邮鉴赏和邮戳收藏等服务。2020年，打造全国唯一邮政文化街"督邮街"，在解放碑主题邮局背街复建东川邮政管理局，

从单纯产品销售向文旅体验服务转型。"有看头、有故事，能带走"的督邮街被全国文旅行业协会推荐为重庆网红打卡点。

1983年，渝中集邮协会成立时，仅有会员38人，截至1994年底，已发展团体会员431人；截至1998年底，渝中区邮协分会已发展到50个，会员达到2335人。随着信息时代发展，邮票文化属性和功能被逐渐弱化，2022年，协会会员194人。

（四）中邮文创

2021年，渝中邮政开办中邮文创品牌。2022年，渝中邮政销售"面包车"、托特包等40款中邮文创产品，实现文创收入96.25万元。

四、渠道业务

（一）增值业务

1995年，渝中邮政打铜街、解放碑、储奇门、中一路、中二路、大溪沟储蓄所开办代收电话费业务。2001年3月，解放碑邮政营业厅开始代办各类联通业务，同年，累计实现收入1278.31万元。2003年3月，上清寺、大坪联通营业厅正式开业，实现代理电信业务收入563.51万元。2017年，渝中邮政完成辖区内所有网点的设备更新和系统上线工作，实现代开国税、地税双税业务网点全覆盖。2019年，销售车险2600笔，实现保费802万元，简易险4894笔，保费规模228.71万元。同年，渝中邮政"919电商节"实现批销交易额170万元。2021年，渝中邮政开通9个警邮业务网点，打铜街、新民街、大溪沟等21个社区网点均叠加警邮、税邮政务类、便民缴费及邮快超市等服务。2022年，增值业务销售"渝快保"7600笔，保费103万元；完成警邮体检业务300多笔，车主通业务销售车险5000多笔，保费850万元。

（二）分销业务

2017年，渝中邮政在邮乐网上开办渝中生活馆，上线清洁用品、家纺家饰、邮票收藏等五大类共计52个产品，完成订单1227笔。建成上线小店248个，月平均交易量达1000笔。2018年，新增邮乐小店111个，邮乐小店累计达402个。

2017年，渝中邮政开办烟草分销业务。2019年，实现烟草销售额388万元。同年开办农副产品分销业务，重点开发客户团购市场，实现销售额148万元，分销粮油等农副产品400万余元，酒水130万余元，传统节日产品"端午粽""中秋月饼"项目销售额81.65万元，同时，引进"正大鸡蛋"项目，填补区域性产品空白。

2020年，渝中邮政在"919电商节"期间开展三场直播带货优惠活动，协同造包3805个，实现批销交易额173万元。同年，建成数字化优质社会站点6个，规模逐渐扩大。

2021年，渝中邮政在邮乐平台渝中振兴馆引入福

临门、天友、小滨楼等商家十余款产品，形成满足客户日常生活需要的产品线，全年共计订单 1 万余笔。2022年，在邮乐优鲜平台上线社区团购活动，引进"开州血橙""麻柳土鸡""巫山脆李"等社区团购产品 20 余种，社区团购订单 1.5 万单，销售额 70 万余元。同年，渝中邮政"919 电商节"销售福临门大米达万单，重点项目、重点市场、重点客户累计实现销售额约 800 万余元。

（三）电信业务

1986—1994 年，市中区邮电局解放碑电信营业室开通办理国内、国际电报、长途电话电信业务。除上清寺邮电支局外，打铜街邮电支局、中山一路邮电支局、中山二路邮电支局、储奇门邮电支局开办国内、国际电报、电话电信业务，电信业务实行 24 小时营业。市中区邮电局有电报电路 2 条，解放碑报房、中山二路报房各 1 条。解放碑、打铜街、储奇门 3 个支局收受的电报由专人送解放碑报房，再由解放碑报房发至电信局中心报房；中山一路、中山二路支局及菜园坝所收受的电报由专人送中山二路支局报房，再由中山二路报房发至电信局中心报房。随着家庭安装电话用户增加，市民通过住宅电话与亲友交流，邮政窗口电信业务发展缓慢。1997 年邮电分营后，电信业务移交重庆市电信局。

第三节　邮政网络

一、网络能力建设

（一）邮路

1986 年，市中区邮路有 16 条，总长度为 59 公里，有投递段道 66 条。1994 年，有投递段道 63 条。1997 年，渝中邮政有邮路 27 条，总长度为 94 公里。1998—1999年，邮路保持 27 条，总长度增加为 102 公里。1998—2000 年，渝中邮政有投递段道 74 条。2009 年前，市趟邮路由邮区中心局进行组开、调度。自 2009 年后，市趟邮路划归重庆市邮政速递物流公司城一分公司管理。2013—2014 年，渝中邮政投递段道 118 条。2015—2017 年，投递段道 92 条。2018 年底，寄递改革后，市趟邮路划归邮区中心局统一管理。2022 年，邮路保持 23 条，总长度206.5 公里，投递段道 162 条。

（二）作业场地

自 1986 年起，渝中区分公司区域内包裹快递处理场地逐步发展。截至 2022 年底，有处理场地 7 个，总面积达到 5125 平方米。

表 9-1-3-1

1986—2022 年渝中邮政部分年份作业场地一览表

年　份	邮　政	速　递	备　注
1986—1999	—		投递由支局管理
2000	上清寺、大坪、解放碑		—
2009	上清寺、大坪、解放碑	上清寺、大坪、解放碑	速递物流公司成立
2014	—	上清寺、大坪、解放碑、时代天街	
2016	—	上清寺、大坪、解放碑、时代天街、创客	创客营业部成立
2017	—	上清寺、大坪、解放碑、时代天街、创客、左营街	左营街揽投部成立
2018	上清寺、大坪、解放碑、时代天街、创客		寄递改革场地整合
2020	上清寺、大坪、解放碑、大坪 IT、创客、嘉滨路、民安园、石油路、菜园坝		对部分揽投部进行拆分
2021	上清寺、大坪、解放碑、创客、嘉滨路、民安园、石油路、菜园坝、黄杨路、时代天街		大坪 IT 更名为时代天街
2022	上清寺、大坪、解放碑、嘉滨路、石油路、时代天街、创客		对部分市趟车辆无法到达的揽投部进行整合

（三）设施设备

邮政专用设备　1986—2009 年，渝中邮政邮件进、出口记录，给据邮件，投递清单，异常件缮发验单等皆是通过手工纸质处理。2009—2017 年，主要通过人力接卸邮件，邮件接卸完成后使用扫描枪进行接收扫描。2017—2019 年，渝中邮政大坪、上清寺、解放碑营业部逐步配备皮带机，全面提高内部分拣作业效率与邮件安全。2019

年，新一代系统成功上线使用，结束之前多平台混用的信息化作业模式，综合各个操作系统模块，作业流程更加顺畅、高效。2020 年，渝中邮政提高内部生产作业和外部揽投作业的准确率及效率，为内勤及投递人员均配备 PDA（手持终端设备）。2020 年，上清寺营业部配备转盘分拣机，进一步提高分拣效率。2021 年，石油路、嘉滨路营业部配备小型爬坡机，提高邮件接卸效率与安全性。

截至 2022 年底，渝中邮政有 PDA 220 台，便携式蓝牙打印机 153 台，便携式电子秤 160 台，邮件到件扫描仪 3 台，转盘分拣机 1 台，皮带机 3 台，小型爬坡机 2 台。

运输设备 1986—2004 年，邮件运输以步段和自行车为主。2005 年，开始采用摩托车投递邮件。2009 年，渝中邮政更新汽车 4 辆，新增汽车 9 辆、摩托车 25 辆。2011 年，新增投递摩托车 25 辆，更新投递汽车 2 辆，机动车辆投递比重从 42% 提升至 50%。2017 年，引入新能源电车参与邮件投递。2020 年，新增 38 台投递车辆。截至 2022 年底，渝中邮政共有揽投车辆 187 辆，其中燃油汽车 68 辆、新能源汽车 13 辆、摩托车 63 辆，电动三轮车 43 辆。

二、网运生产作业

（一）邮件接发

2017 年前，使用人力卸车、装车模式。2017—2019 年，渝中邮政逐步安装大型皮带机，提高邮件装、卸车效率，邮车装、卸进入半机械化模式。

（二）邮件运输

1997—2013 年，邮政营业出口邮件由渝中区各支局承担转运出口。自 2014 年起，揽投部划归邮政支局，邮政营业出口邮件开始由揽投部进行支撑转运。2018 年，寄递改革后，揽投部划归寄递事业部管理，继续承担营业出口转运工作。截至 2022 年底，渝中邮政共有转运邮路 3 条，覆盖上清寺、解放碑、大坪支局下辖的营业网点邮件出口。

（三）邮件投递

1999 年，渝中邮政实行信件、报刊分别投送。2000 年，规定每日送报上午 8:00 以前、下午 3:00 以前两频次，送信一频次（上午 9:00 前）。2006 年，进口邮件投递由日投 3 次改为日投 2+N 次。2007 年，投递站由递送局划回城区一局。2009 年，速递物流开始专业化运营，特快专递交由市速递物流公司城一分公司运营。2018 年，实行三进三出作业频次，重点利用邮航提升特快专递邮件全程时限，沿用至 2022 年。

三、网运管理

（一）组织管理

1. 组织机构

2009 年前，渝中邮政网运生产调度挂靠市场部。2010 年，网控部成立，负责辖区内网运调度和生产作业，2018 年 9 月寄递改革后，网控部更名为运管部。

2. 生产作业管理

1999 年 6 月，在打铜街支局投递工作中实行信、报分投，缩短内部处理时限。2000 年 1 月 16 日，规范特快专递邮件投递时限和区别于普通邮件的投递方式，特快专递邮件的存、改、退操作要求。2012 年，渝中邮政制订《2012 年投递网优化和管理工作达标实施方案》，全局投递作业组织流程进一步优化和完善。2018 年邮速合并后，通过整合段道、能力建设、科技赋能等手段降本增效。2019 年，全面推行 6S（生产现场整理、整顿、清扫、清洁、素养、安全 6 个方面）管理。2020 年，推进绿色包装、绿色运输、绿色邮行行动，营造"绿色用邮，人人有为"的良好氛围。2021 年，邮政网店设置绿色包装回收使用指导专台。2022 年，运输环节强化车辆集中管控，加强投递环节作业效率管控。

（二）网运质量

1986—2022 年，渝中邮政通过制订《渝中区分公司寄递网运行考核标准》《渝中区分公司营业部片区化管理实施方案》，不断完善网运管理，网运质量逐年提升。2022 年，渝中邮政特快收寄及时率为 98.25%，快包收寄及时率 99.19%，特快次日递为 99.19%，快包次日递为 95.65%，特快及时妥投率为 97.82%；快包及时妥投率为 99.73%，特快预约联系率为 93.72%。

四、服务网点

（一）网点设置

表 9-1-3-2

1986—2022 年渝中邮政局所一览表

序号	局所名称	经营性质	经营属性	设置地点	备注
1	市中区邮电局营业室	自营	城市	渝中区解放碑民权路 3 号	20 世纪 80 年代局所，后更名为渝中区解放碑邮政支局
2	和平路邮电所	自营	城市	—	20 世纪 80 年代局所，后更名为渝中区中兴路邮政所
3	临江路邮电所	自营	城市	—	20 世纪 80 年代局所，已撤销
4	打铜街邮电支局	自营	城市	渝中区打铜街 16 号	20 世纪 80 年代局所，后更名为渝中区打铜街邮政所
5	长航售票处邮电所	自营	城市	渝中区信义街 3 号	20 世纪 80 年代局所，已撤销
6	中山一路邮电支局	自营	城市	—	20 世纪 80 年代局所，后更名为渝中区中一路邮政所
7	富城路邮电所	自营	城市	—	20 世纪 80 年代局所，已撤销
8	上清寺邮电支局	自营	城市	—	20 世纪 80 年代局所，后更名为渝中区上清寺邮政支局
9	人民路邮电所	自营	城市	—	20 世纪 80 年代局所，后更名为渝中区大溪沟邮政所

序号	局所名称	经营性质	经营属性	设置地点	备注
10	李子坝邮电所	自营	城市	—	20世纪80年代局所，后更名为渝中区华村邮政所
11	储奇门邮电支局	自营	城市	—	20世纪80年代局所，已撤销
12	解放东路邮电所	自营	城市	—	20世纪80年代局所，后更名为渝中区解放东路邮政所
13	解放西路邮电所	自营	城市	—	20世纪80年代局所，后更名为渝中区解放西路邮政所
14	石板坡邮电所	自营	城市	—	20世纪80年代局所，已撤销
15	中山二路邮电支局	自营	城市	渝中区中山二路171、173号	20世纪80年代局所，后更名为渝中区中山二路邮政所
16	菜园坝邮电所	自营	城市		20世纪80年代局所，撤销后恢复，后更名为渝中区菜园坝邮政所
17	重庆火车站邮电所	自营	城市		20世纪80年代局所，已撤销
18	渝中区竹园邮政所	自营	城市	渝中区菜袁路168号C1—C3裙楼1—7#	—
19	渝中区中一路邮政所	自营	城市	渝中区中山一路164、166号	—
20	渝中区中兴路邮政所	自营	城市	渝中区中兴路20号负4层邮局	—
21	渝中区中山一路邮政所	自营	城市	渝中区中山一路109号附8号2—20	由渝中区中山一路152号、渝中区中山一路164、166号迁址
22	渝中区中山二路邮政所	自营	城市	渝中区中山二路171号、173号	—
23	渝中区中三路邮政所	自营	城市	渝中区中三路157号附1号	—
24	渝中区长江二路邮政所	自营	城市	渝中区长江二路16号负2层1号2#	—
25	渝中区袁家岗邮政所	自营	城市	渝中区长江二路181号—1	—
26	渝中区医科大邮政所	自营	城市	渝中区医学院路1号	—
27	渝中区学田湾邮政所	自营	城市	渝中区枣子岚垭正街143号	—
28	渝中区新民街邮政所	自营	城市	渝中区新民街3号	—
29	渝中区新华路邮政所	自营	城市	渝中区新华路369号	—
30	渝中区西来寺邮政所	自营	城市	渝中区临江路89号	已撤销
31	渝中区石油路邮政所	自营	城市	渝中区大坪正街129号	—
32	渝中区上清寺邮政支局	自营	城市	渝中区嘉陵桥西村83号	—
33	渝中区六店子邮政所	自营	城市	渝州路街道六店子小区7栋附6号	—
34	渝中区九坑子邮政所	自营	城市	渝中区九坑子路三号一层	—
35	渝中区解放西路邮政所	自营	城市	渝中区解放西路136号平街1—3#	—
36	渝中区解放东路邮政所	自营	城市	渝中区解放东路154号附1号	—
37	渝中区解放碑邮政支局	自营	城市	渝中区民权路3号	—
38	渝中区黄杨路邮政所	自营	城市	九龙坡区黄杨路14号1幢附10#	—
39	渝中区华村邮政所	自营	城市	渝中区李子坝正街166号A3—A4裙楼1—7#	—
40	渝中区红岩村邮政所	自营	城市	渝中区瑞天路51—4号	2021年9月11日由渝中区瑞天路194号迁址
41	渝中区桂花园邮政所	自营	城市	渝中区桂花园新村1栋第一层	—
42	渝中区鹅岭邮政所	自营	城市	渝中区鹅岭正街168号B栋平街一层	—
43	渝中区大溪沟邮政所	自营	城市	渝中区人民路29号	—
44	渝中区大坪正街邮政所	自营	城市	渝中区大坪正街118号6幢1—3#	—
45	渝中区大坪邮政支局	自营	城市	渝中区长江二路126号	—
46	渝中区打铜街邮政所	自营	城市	渝中区打铜街16号	—
47	渝中区菜园坝邮政所	自营	城市	渝中区菜园坝正街75号	—

（二）社会加盟站点

截至 2022 年底，渝中邮政共建设 121 个社会加盟站点，其中自营站点 31 个，代理加盟站点 90 个。累计代投邮件、快件 126.72 万件，其中代投社会邮件量 36.24 万件。

第四节　邮政管理

一、财务管理

1986—1997 年，邮电合营时期，邮电财务核算管理工作实行邮电部—省邮电管理局—市（地、州）邮电局—县（市、区）邮电局管理体制。1993 年 7 月 1 日，实行《邮电通信企业会计制度》《邮电通信企业财务制度》。1997 年邮电分营后，继续执行财政部 1993 年颁发的《邮电通信企业财务制度》《邮电企业会计制度》。2015 年，完成"子改分"工作，持续探索建立以经济杠杆为主要手段的财务管理新机制。2000 年后，实行国务院颁布的《企业财务会计报告条例》和财政部颁布的《企业会计制度》，根据最新修订版调整会计科目。2021 年，渝中邮政按照要求完成业财一体化平台功能上线。2022 年，以战略绩效考评为引领，严格执行"无预算不支出、无申请不支出"，推动业财融合。持续开展降本增效，强化资金资产管理，加大欠费清缴力度。

二、人力资源管理

（一）队伍建设

1986 年，渝中邮政有从业人员 372 人。1997—1998 年，有从业人员 448 人。2005—2006 年，渝中区邮政局从业人员 270 人。2018 年起，渝中邮政有从业人员 333 人。截至 2022 年渝中区分公司有从业人员 329 人。

1987 年，市中区邮电局印发《重庆市市中区邮电局经营承包责任书》，制订了 1987—1991 年领导任期制目标。自 2014 年起，通过分局局长、支局长助理、所主任、综合柜员竞聘及投递转岗等方式为员工创造晋升平台。2017 年，印发《领导人员管理规定和渝中区分公司领导人员选任工作程序》，加强对邮政企业领导人员的管理，建立科学规范的邮政企业领导人员选拔任用制度。2019 年，推进干部队伍年轻化，调整干部队伍结构。完善考核体系，形成能者上、庸者下、劣者汰的机制和导向。2021 年，《中国邮政集团有限公司重庆市渝中区分公司领导人员管理规定（试行）》出台，提升领导人员管理工作科学化、制度化、规范化水平，加强领导人员队伍建设。同年，《中国邮政集团有限公司重庆市渝中区分公司内设部门（主城区支局）领导人员综合考评办法》出台，进一步完善激励约束机制，加强领导班子建设和领导人员管理，并进行全面、科学、客观的评价。2022 年，渝中区分公

司出台《领导人员任期制和契约化管理工作实施方案（试行）》，建立以契约为核心的权责体系，实施与经营业绩紧密挂钩的差异化薪酬激励措施，促进各级领导人员增强市场意识和竞争意识，不断提升经营管理能力和业绩。

（二）教育培训

1986—2022 年，渝中邮政加强对员工的教育培训，通过职业技能培训、继续教育等方式提升员工职业技能水平。1986 年，市中区邮电局解放碑电信营业室报务员谢明获得市邮电局看字打码第 1 名，四川省邮政局第 2 名，全国第 8 名。2013 年，渝中邮政加大组织培训力度，组织基层管理者参加班组长管理能力提升培训班，组织大学生参加户外拓展培训，通过培训，有效提高各岗位人员综合素质。2013 年，渝中邮政从业人员中 250 人持大专以上学历。2014 年，18 人持有银行专业人员职业资格证，4 人持 AFP（金融理财师）证书。截至 2022 年底，渝中邮政有大专以上学历 344 人，职业技能认定持证 444 人，高级认定 145 人，91 名金融从业人员通过银行专业人员职业资格证考试，17 名金融从业人员持 AFP 证书。

（三）薪酬管理

1986 年，《中层以上干部生产奖金考核暂行办法（试行）》出台。2008 年，修订完善《城区一局经营责任百分制考核办法》《城区一局重点业务奖励办法》《经营活动分析细化方案（通知）》等绩效分配文件。2022 年，渝中邮政将月绩效考核同重点业务收入指标进度挂钩，完善专业序列月度履职情况考评。合理调控员工岗位薪酬与工作量之间的关系，充分调动员工积极性。

三、服务质量管理

（一）营业服务

渝中邮政承担 20.08 平方公里邮政普遍服务义务，提供邮政普遍服务和特殊服务。

1986—2022 年，渝中邮政不断加大对邮政营业窗口的建设和规范管理。1995 年 4 月，市邮局决定在渝中区邮电局营业室、上清寺支局等首批推广电子化营业。1999 年 3 月，渝中邮政自筹资金更换部分微机，提升营业服务效率和质量。2000 年，渝中邮政下辖支局和部分邮政所营业窗口、区局办公室及所有业务部门都使用微机，开始向现代化服务方向发展。2002 年，实施邮政服务形象工程，塑造渝中邮政服务品牌。2009—2010 年，渝中邮政优化网点布局，实现网点信息化平台的应用。2019 年，信息化建设，新一代寄递平台、智能跟单等系统上线。2021 年，新一代营业渠道系统上线，进一步提升服务效率。

（二）普遍服务与特殊服务

1986—2022 年，渝中邮政认真履行普遍服务和特殊服务职责，在服务地方上发挥积极作用。1997 年，渝中区邮政局开展"报刊上楼，收投合一"延伸服务，提高

普遍服务投递质量。2020 年，普遍服务"两提升、四强化、七确保"重点管控指标全面达标。普遍服务达标"回头看"专项整治活动得分 98.5 分，列全市第 1 位。坚持从严落实"查、堵、截、控"，完成"扫黄打非"可疑邮件查办工作，得到市公安局"在渝中邮政分公司大力配合与支持下，连续侦破案件、净化社会环境、清除安全隐患。贵公司政治站位高，大局意识强，业务素质过硬，工作态度令人钦佩"的高度肯定和赞赏。渝中邮政全年服务中央、市委及行业巡视专用邮政信箱 16 个，落实寄递服务，配合完成国家重大举措，得到中央第十二巡视组书面表扬。2021 年，渝中邮政全年营业时间达标率、四项业务开办率、收寄实名率、党政机关《人民日报》当日见报率、申诉处理满意率等普服重点指标达标率均为 100%。中央、地方六个巡视专用信箱投递服务"零差错、零失误、零丢失"，得到各级巡视组的一致好评，收到中央第七巡视组和重庆市邮管局致信感谢。同年，渝中邮政建成邮快超市 109 家，提升"最后一公里"服务水平。2022 年，普服和寄递重点指标全部达标。截至 2022 年底，渝中邮政所有营业网点均可办理信函、汇兑、印刷品、包裹 4 项普遍服务业务以及义务兵平常信函、盲人读物和革命烈士遗物免费寄递业务等特殊服务业务。

（三）监督检查

1992 年，重庆邮政根据邮政通信生产发展的需要，加强企业管理，质量检查科成立。1999 年，设立视察机构或视察员，建立邮政通信质量制度，对邮政全网、全业务、全过程实施监督检查。2011 年，渝中邮政以争创"星级网点"活动为有效形式，在所属网点推行"星级网点"评定工作，制订出台《营业网点服务质量检查内容和评分标准》，推动网点服务工作的规范化和标准化，积极建立外部监督机制，聘请社会监督员开展服务监督检查工作。2019 年，渝中区分公司服务质量部成立。2022 年，开展服务质量现场与非现场检查 250 余次，电话抽查 460 余人/次，问题整改率达 100%。同年，渝中邮政组织开展"普服及服务质量大练兵""揽投服务大练兵"活动，持续提升从业人员服务能力。在集团公司四季度服务窗口非现场检查中得分 94.8 分，列全市第 1 位。截至 2022 年底，渝中邮政未发生违反邮政普遍服务工作"两条红线"情况和重大舆情事件。

2011 年，渝中邮政开展"为民服务创先争优"等活动，按要求长期执行《营业系列标准》《邮政营业服务规范》《普服 170 问》《普服宝典》等普服规范，提升营业网点服务品质。

四、安全管理

自 1986 年起，渝中邮政常态化实施安全检查，查出隐患，及时整改。切实解决安全生产工作中重点难点问题，对排查出的安全隐患标本兼治、深入剖析、分类管理、及时处置。重大安全隐患方面，严格落实"五定责任制"，实行人盯死守，确保万无一失。2001 年，渝中邮政 28 个网点安装防弹玻璃，6 个网点安装 ATM（自动柜员机）并完成改造，同年，从"人防、物防、技防"3 个方面出发，全面提升安全管理，做到本质安全、系统安全。2012 年，渝中邮政坚持"安全第一、预防为主"的安全管理方针，全年未发生刑事案件。2013 年，渝中邮政辖内所有网点均安装"1 对 1"监控监听录音系统，并建立安全保卫工作台账。通过公安、银监、消防部门的严格考评打分，全部网点评分等级达到优秀。2014 年，渝中邮政建立集中监控室，实行 24 小时值守。2020—2022 年，渝中邮政连续 3 年被渝中区公安分局内保支队评为"年度先进集体"。截至 2022 年底，渝中邮政未发生重大安全事件。

五、党群管理

（一）党组织

1. 组织机构

1986—1994 年，党委名称为"中共四川省重庆市邮政局市中区邮电局委员会"。1995 年，设立中共四川省重庆市邮政局渝中区邮电局委员会。1997 年 7 月，设立中共重庆市邮政管理局渝中区邮政局委员会。2003 年 2 月，设立中共重庆市邮政管理局城区一局委员会。2007 年 4 月，设立中共重庆市邮政公司城区一局委员会。2012 年 6 月，设立中共重庆市邮政公司渝中区邮政局委员会。2014 年 3 月，设立中共重庆市邮政公司渝中区分公司委员会。2017 年 7 月，设立中共中国邮政集团公司重庆市渝中区分公司委员会。2020 年 4 月，设立中共中国邮政集团有限公司重庆市渝中区分公司委员会。

1986—2017 年 7 月，党的建设工作与综合办公室合署办公。2016 年 10 月，渝中邮政党组织关系划转到重庆市渝中区委直属机关党工委。2017 年 6 月，渝中邮政党组织关系划转到重庆市渝中区委经济和信息化委员会。截至 2022 年 12 月，渝中邮政共有党员 64 名，下设经营支撑、上清寺、解放碑、大坪、寄递事业部 5 个党支部。

2. 党建活动

渝中邮政按照统一部署，先后组织开展一系列党内集中主题教育。2016 年，开展"学党章党规、学系列讲话，做合格党员"的"两学一做"学习教育，制订《"两学一做"实施方案》，举行"'两学一做'党员、管理员在行动"劳动竞赛。2021 年，开展党史学习教育，引导各党员干部开展读书活动，全年组织开展党史学习读书会 110 余次；覆盖青年员工 291 人次，制订青年理论学习小组年度学习计划，开展学习研讨 283 次，推动党的创新理论进基层一线。开展"社会主义核心价值观主题实践教育月"活动、"绿色邮政建设行动"、"厉行节约反对浪费"等宣传活动，践行先进思想，传播优秀文化，提升青年员工的思想道德水平。2022年，开展党委会及中心组专题学习、座谈交流、主题征文等活动。

3. 精神文明建设

1986年6月21日，中共重庆市委授予渝中邮政重庆市"文明单位"称号，1997年12月，中国质量协会用户委员会授予"全国用户满意服务单位"称号，是重庆邮政1997年度唯一获此殊荣的单位。1998—2018年，渝中邮政连续多年获得各级"青年文明号""树邮电新风，创优质服务"先进集体、"最佳文明单位""全国创建文明行业工作先进单位""全国用户满意服务单位"、重庆市市级"文明单位"等荣誉。

2000年6月，中央领导在重庆市委、市委宣传部领导陪同下视察全国"青年文明号单位"解放碑营业室，并给予高度评价。

（二）纪律检查

1986年以来，渝中邮政纪律教育常态化推进，开展"讲规矩、守纪律、知敬畏"纪律教育活动。2020年3月，按市分公司《关于调整重庆邮政企业纪检监察机构设置的通知》，渝中邮政撤销监察室，统一设立纪委办公室

（全称：中国共产党中国邮政集团有限公司重庆市渝中区分公司纪律检查委员会）。2022年，渝中邮政开展专项治理。督促主责部门认真落实"小金库"和资金归集结算、采购招标管理、公务车辆加油管理等专项治理工作，组织现场会2次，集体约谈会1次，推动主责部门加强对关键领域、关键岗位、关键人员的监督检查，认真落实"监督的再监督"职责，各项专项治理工作逐一落实。

（三）工会

2013年4月9日，渝中邮政选举产生重庆市渝中区邮政局工会第一届委员会。2016年7月20日，选举产生中国邮政集团工会重庆市渝中区第二届委员会。2021年10月28日，选举产生中国邮政集团工会重庆市渝中区第三届委员会。渝中邮政工会为职工办实事好事，丰富精神文化生活。在冬季开展"暖冬计划"，为职工采购保暖用品；组织职工进行年度体检；定期给女职工发卫生用品。

（四）团组织

截至2022年12月，渝中区分公司团委共有团员42名，下设机关、解放碑、上清寺、大坪、寄递事业部5个团支部。

第二章　南岸邮政机构

第一节　机构沿革

一、机构演变

（一）计划单列时期

1986年，南岸区邮电局隶属重庆市邮政局。

1995年，重庆市行政区划调整，原巴县长生桥邮电支局、明月沱邮电所划归南岸区邮电局管理，南岸区邮电局郭家沱邮电支局划归江北区邮电局管理。

（二）邮电分营时期

1997年7月，重庆邮政、电信分营，撤销南岸区邮电局，成立南岸区邮政局，隶属于重庆市邮政管理局，下辖邮电支局所同步更名为邮政支局所。

2003年，重庆市邮政管理局对重庆市邮政企业实行城片区经营管理体制，渝中区、南岸区邮政局合并为重庆邮政城区一局，仍保留渝中区、南岸区邮政局名称和工商注册的营业执照对外经营，在管理上实行合署办公，人财物统管。

（三）政企分开时期

2007年2月，重庆邮政体制改革，政企分开。同年

9月，"重庆市南岸区邮政局"更名为"重庆市邮政公司南岸区邮政局"，仍与重庆市邮政公司渝中区邮政局合并为重庆邮政城区一局，隶属重庆市邮政公司。同年12月，中国邮政储蓄银行重庆南岸区支行挂牌成立。南岸邮政受邮储银行南岸支行委托开办代理金融业务。

2009年1月，重庆邮政速递物流一体化专业经营，组建重庆市邮政速递物流公司城一分公司。2010年6月，"重庆市邮政速递物流公司城一分公司"更名为"重庆市邮政速递物流有限公司城一分公司"。

2012年8月，重庆邮政城区一局撤销，设立南岸区邮政局，隶属重庆市邮政公司。

2015年4月，中国邮政集团公司法人体制改革，"重庆市邮政公司南岸区邮政局"更名为"中国邮政集团公司重庆市南岸区分公司"，隶属中国邮政集团公司重庆市分公司。同月，"重庆市邮政速递物流有限公司城一分公司"更名为"中国邮政速递物流股份有限公司重庆市城一分公司"。

2017年6月，根据市分公司机构编制方案，设立中国邮政集团公司重庆市南岸区分公司，对南岸邮政内设部门等进行调整优化。

2018年9月，寄递改革，组建南岸区寄递事业部（新增"中国邮政速递物流有限公司重庆市南岸区分公司"

营业执照），下设寄递综合部、寄递市场部、寄递运管部。

2020年1月，"中国邮政集团公司重庆市南岸区分公司"更名为"中国邮政集团有限公司重庆市南岸区分公司"，隶属中国邮政集团有限公司重庆市分公司。2022年沿用此名，管理体制不变。

截至2022年底，南岸区分公司内设综合办公室（党委办公室、安全保卫部）、市场营销部、服务质量部（普遍服务部）、财务部、党委党建部（纪委办）、工会、金融业务部、集邮与文化传媒部、渠道平台部。

二、主要领导

表9-2-1-1

1986—2022年南岸邮政主要领导人员名录

单位名称	姓名	职务	任职时间
南岸区邮电局	雷正荣	党总支书记	任职时间不详—1986
	况常云	局长	1986—1989
	周才云	党总支书记	1987—1990
	周才云	局长	1990—1993
	张运贵	党总支书记	1990—1993
	张运贵	局长	1994.1—1995.5
	周才云	党总支书记	1994.1—1995.5
	邵德安	党总支书记、局长	1995.6—1997.8
南岸区邮政局	邵德安	局长	1997.8—2003.2
	邵德安	党委书记	1997.9—2003.2
重庆市邮政城区一局	王豫灵	局长	2003.2—2007.12
	连传华	党委书记	2003.2—2007.3
	王豫灵	党委书记	2007.3—2007.12
	张晓春	党委书记、局长	2007.12—2008.8
	雷春	局长	2008.8—2012.6
	杨杰	党委书记	2008.8—2012.6
南岸区邮政局	董晓东	局长	2013.6—2015.6
	董晓东	党委书记	2013.7—2015.6
中国邮政集团公司重庆市南岸区分公司	董晓东	党委书记、总经理	2015.6—2018.9
中国邮政集团有限公司重庆市南岸区分公司	董晓东	党委书记、总经理	2018.9—2020.10
	梁远忠	党委书记、总经理	2020.10—

第二节　邮政业务

1986年，南岸区邮电局以函件、包裹、汇兑、报刊发行为主要业务，并经营邮政储蓄和集邮业务，邮电业务

总收入完成89.47万元。

1997年，重庆邮政、电信分营，撤销南岸区邮电局，成立南岸区邮政局，全年业务收入1452万元，业务总量925.68万元。1998—2002年，南岸邮政业务总量分别完成1213万元、1148万元、1400万元、3630万元和2660万元；邮政业务收入分别完成1882.68万元、2145.54万

元、2707.21 万元、2720.41 万元和 2502.53 万元。

2003 年，南岸、渝中两区邮政合并成立重庆邮政城区一局，业务量完成 11794.99 万元，实现邮政业务收入 11304.76 万元。2004 年，城一局业务总量完成 12580.17 万元，实现业务收入 11716.81 万元。2005 年，城一局实现业务收入 8819.85 万元。2006 年实现业务收入 10260.33 万元。

2007 年，南岸邮政实现邮政业务量 4174 万元。2008 年，实现邮政业务量 5197 万元。2009 年，实现邮政业务量 5701 万元。2010 年，实现邮政业务量 6309 万元。后续年份情况如下：

表 9-2-2-1
2011—2022 年南岸邮政部分年份业务总收入统计表

单位：万元

年份	总收入	年份	总收入
2011	9914.43	2018	10521.00
2012	4075.83	2022	19057.29
2015	7641.25	—	—

一、金融业务

（一）储蓄汇兑

储蓄业务 1986 年 6 月，南岸区邮电局重新开办邮政储蓄业务。1993 年，邮政储蓄开始建设绿卡工程。1996 年，南坪营业室邮政储蓄窗口成为全市邮电系统第一批开通"绿卡工程"联网的储蓄点，南岸区邮电局铜元局支局等所辖营业网点相继联网。1997 年，南岸邮政储蓄存款余额为 7467.74 万元。

2012 年，南岸区邮政局辖内共有 15 个金融网点。2020 年 12 月末，南岸邮政储蓄存款余额达到 52.97 亿元。2021 年储蓄余额规模新增 10 亿元。截至 2022 年底，南岸邮政储蓄存款余额突破 70 亿元。

2016—2022 年，长生桥邮政所储蓄存款余额从 3 亿元提升到 12.6 亿元，连续 7 年每年新增余额均过亿元，其中 2021—2022 年连续两年新增余额达 2 亿元。

汇兑业务 1986 年，南岸邮电局开具汇票 15.10 万张。1988 年 5 月，南岸邮电局开办"快件汇款"。1989 年，开具汇票 14.54 万张。1997 年，南岸邮政开具国内汇票 19.30 万张。2000 年，由票据寄递汇兑向电子汇兑过渡。2002 年，南岸邮政全部网点实现电子汇兑全国联网。2013 年，汇兑业务收入为 41.65 万元。2014 年，汇兑业务收入为 25.36 万元。2016 年，收汇 1.43 万笔，2019 年，收汇 0.7 万笔，2020 年，收汇 0.53 万笔，2022 年，

收汇 0.32 万笔。

（二）中间业务

1999 年，南岸邮政开始发行凭证式国债，以"中华人民共和国储蓄国债（凭证式）收款凭证"记录债权。2013 年，南岸邮政开始销售理财业务，全年销量额 652 万元。2015 年底，南岸中邮保险局（与金融部合署）成立，代理保险新保保费破亿元。同年，南岸邮政开始基金代销业务，全年销量额破 3 千万元。2016 年，中邮保险展业。2017 年，期交占比 12.83%，实现新的突破。2019 年，南岸邮政销售国债 1828 万元。2020 年，销售国债 575 万元，同年，非货基金销量突破 5 千万元。2021 年，销售国债 1978 万元。2022 年，南岸邮政销售国债 1069 万元，新增理财保有量近 3 亿元。同年，开办数字人民币业务，发展 3.2 万户数字人民币用户。

（三）风控合规

2008—2019 年，南岸邮政风控合规实行自营+代理模式，南岸支行与南岸邮政共同开展风控检查工作。2019 年，金融业务部设立合规管理岗，《中国邮政集团公司重庆市南岸区分公司代理金融风险内控案防管理委员会工作规则》出台，成立南岸区分公司代理金融风险内控案防管理委员会。2022 年，南岸区分公司启动代理金融风控合规"雷霆行动"。截至 2022 年底，南岸邮政未发生重大金融风险事件。

（四）邮储设备

截至 2015 年底，南岸邮政配备存取款设备共有 33 台。2016 年 10 月，南岸邮政在长生桥邮政（营业）所安装第一台存折取款机，实现存折自助取款。2019 年 4 月，先后在所辖营业网点安装 ITM（智能柜员机）11 台。

2022 年，南岸邮政安装了第一台 STM（超级柜员机），共有 73 台自助设备，其中 ATM（自动柜员机）1 台，CRS（自助存取款一体机）28 台，存折存取款机 25 台，ITM（智能柜员机）18 台，STM（超级柜员机）1 台。

二、寄递业务

（一）特快专递

1990 年，南岸区邮电局开办特快业务。1991 年 4 月，南坪营业室为扬子江假日饭店办理区内第 1 件特快专递业务，业务收入 1360 元。1992 年，南岸区邮电局弹子石、上新街邮电支局相继开办 EMS（邮政特快专递服务）业务，该业务开办初期主要以窗口收寄为主，全年共办理 2124 件。1997 年，南岸区邮政局特快专递业务量 5.24 万件。至 2010 年起，重庆市邮政速递物流有限公司城一分公司成立后，南岸区邮政局 EMS 业务由自办改为代办。2018 年，组建南岸区寄递事业部，统管寄递业务，实现国内特快专递业务量 28.81 万件。2019 年，国内特快专递业务实现业务量 114.16 万件。2021 年，实现国内特快专

递业务量314.73万件。2022年，通过发展大同城业务，国内特快专递业务量391.23万件。

（二）快递包裹

2013年3月，重庆市邮政公司正式开办电商小包业务，南岸邮政在全市邮电企业中首批开办此业务。2015年6月，国内小包和电商小包整合升级为快递包裹。2018年，快递包裹成为发展电商市场的主要业务。同年，实现快包业务量140.4万件。2019年，实现业务量121.05万件。2020年，实现快包业务量206.07万件。2021年，南岸邮政通过仓储配送一体化运营模式，收入突破千万元，实现业务量436.84万件。2022年，通过发展"轻小件"项目，实现业务量956.98万件。

（三）物流业务

2018年，寄递改革后，南岸邮政开办物流业务。同年实现收入237.76万元。2020年，物流业务实现收入149.67万元。2021年，物流业务实现收入215.36万元。

2022年11月20日，新冠疫情严峻，在社会运力严重不足的情况下，南岸邮政积极响应南岸区商委号召，出动10余辆邮车，组建志愿突击队。由30余南岸邮政员工组成的志愿突击队在3小时内完成抗疫物资装卸、分类，及时点对点配送至辖区各街镇，协助配送受捐赠的抗疫物资共计10余吨。

（四）国际业务

1988年3月，南岸区邮电局南坪支局恢复办理"国际快递函件"业务。1997年，南岸邮政国际函件业务量达到3.71万件。2013年10月，经集团公司批准，将重庆国际小包集中收集点设置在南岸区邮政局。2017年，南岸邮政实现国际收入2321万元。2018年，寄递改革，南岸邮政将国际小包、国际E邮宝、国际EMS、国际包裹等业务整合为新国际业务板块。同年，国际业务收入实现1005.40万元。2020年，因疫情原因，航空运输阻断，南岸分公司通过渝新欧铁路小包为全国输运欧洲路向的跨境电商货物，业务收入破亿元。2021年，因全国国际运能逐步恢复，南岸邮政国际业务趋于正常水平。

三、文传业务

（一）函件业务

函件业务包括普通信函、明信片、印刷品、盲人读物、义务兵免费信函等。1986年，南岸邮电局营业函件量为298.24万件。1989年，营业函件量为591.74万件。1988—2022年，南岸邮政先后开办商业信函、账单、贺卡、邮送广告等业务。1997年，南岸邮政国内函件业务量达到811.07万件。2003年，重庆邮政城区一局函件业务量5125.33万件。2005年，城一局函件业务量3497.67万件。2008年，城一局函件业务量1368.66万件。2011年，函件业务量2608.13万件。2012年，南岸邮政寄发工行银企账单19.7万件，回收率达到95.4%；组织开发4

所学校毕业生纪念册项目，实现收入20万元。

2017年，南岸邮政开发南山植物园全年门票、长嘉汇邮资封片产品、南岸区民防办民防知识宣传明信片等函件业务，实现收入226万元。2018年，南岸邮政通过"回流客户、深挖老客户"等方式逐步提升函寄递量，实现商函收入112.1万元，函件业务总收入250.7万元。2019年，南岸邮政通过"中华人民共和国成立70周年"重点题材产品销售，函件业务全年完成收入249.5万元。2020年，南岸区邮政分公司与南岸区民政局共同开展了"520爱心帮扶困境儿童公益活动"，全年完成函件业务收入357.5万元。2021年，南岸邮政函件业务转型，"渝邮传媒"品牌逐渐融入地方文化。2022年，函件业务全年完成收入339万元。

（二）报刊业务

1986年，南岸区邮电局报刊流转额为141.98万元。1995年，南岸区邮电局成立报刊发投公司，实现专业化管理，报刊分类、汇总、要数实行微机化，支局（室）收订实行代码化，简化繁杂手工操作，通过扩大报刊零售和报刊批销，进一步发展报刊发行业务。1997年，南岸邮政报刊流转额为545.64万元。2009年，报刊流转额为2279.99万元。2010年，报刊流转额为2583.99万元。2019年，南岸邮政开展3场图书巡展活动，完成收入70万元，实现报刊流转额1756.69万元。2020年，开展《习近平谈治国理政》（第三卷）专项营销活动，实现收入50万元。2021年，围绕建党一百周年主题，开展党史类政务图书销售活动，图书销售收入20余万元。2022年，开展《习近平谈治国理政》（第四卷）重点营销活动，共计销售9882册，实现收入79万元，全年报刊线上订阅流转额568.1万元，报刊流转额为1876.98余万元。

（三）集邮业务

1986年，集邮业务已有邮票预订服务。截至2022年底，预订品种包含套票、年册、小版票、大版票册等16个品种。

2003年，集邮票业务量193.86万枚。2006年，集邮票业务量528.56万枚。2010年，集邮票业务量431.15万枚。2015年，南岸邮政开发教育学院定向邮品2000册，实现集邮收入14万元。2016年，开办第二届钱币文化展览会，实现收入36.23万元。同年，开发珊瑚小学校庆定向邮品。2017年，开展庆直辖暨第3届钱币展览会，实现收入64万元；"一带一路"集邮产品预购活动，实现收入12万元，全年完成收入691.7万元。2018年，抓住"人民币发行70周年"营销契机，开展第四届钱币文化展览会活动，实现收入75万元，完成收入563.4万元。2019年，南岸区分公司与南岸区文旅委合作，成功将邮票文化融入"重庆马拉松"体育赛事，借助体育赛事为邮政文化进行了宣传，全年完成收入 518.9 万元。2020 年，南岸区分公司与重庆邮电大学合作，制作 70 周年校庆邮册。2021 年，开展"智能锁、一号宝典"等重点营销项目，活动整体销售收入 60 万元，全年完成收入 570.89 万元。2022 年，集邮业务完成总收入 607 万元，其中，集邮产品线上销售实现收入 291.4 万元。

截至 2022 年底，南岸区分公司共建设有抗战邮局、文物南迁主题邮局、植物园花卉邮局、广阳岛邮局。

（四）中邮文创

2021 年，南岸邮政正式开办"中邮文创"业务，同年，实现文创收入 17 万元，2022 年，南岸邮政通过销售自主开发的文创产品，实现文创收入 52 万元。

（五）普通包裹

普通包裹包含窗口包裹、军营包裹、家乡包裹、爱心包裹、母亲邮包等。1986 年，南岸邮电局包件业务量为 4.77 万件。1997 年，南岸邮政国内包裹业务量为 6.59 万件。2001 年，南岸邮政在大专院校学生毕业之前，组织专人进入校园办理业务，共揽收校园包裹 1360 个。2019 年，完成收入 23.07 万元，2020 年，完成收入 14.72 万元。2021 年，完成收入 17.87 万元。2022 年，普包业务完成收入 21.12 万元，同比增长 3.25 万元。

四、渠道业务

2012 年，南岸邮政成立电子商务公司。2013 年 7 月，分销业务部挂靠市场经营部。2017 年，南岸邮政成立渠道平台部。

（一）增值业务

1986—2022 年，南岸邮政开展的增值业务主要有订票业务、"自邮一族"业务、短信业务、代办政务类业务、代收费、代办车险等。其中，简易险业务自 2020 年 4 月起，转交金融业务部门负责。

2012 年，南岸邮政开办代理收费业务，重点发展短信、商旅票务、缴费一站通、自邮一族、邮乐购等业务。邮储短信新增用户 12899 户，累计在网用户 52794 户。同年 8 月，进驻南岸车管所代收财政非税项目。

2016 年，南岸邮政有 17 个网点开办代征税。截至 2022 年底，代征税金累计 2632.71 万元。2019 年，南岸邮政有 5 个网点开办警邮业务，月均活跃度均达到 80% 及以上。截至 2022 年底，南岸邮政 18 个自营邮政所均可办理代收费业务。

（二）分销业务

自 2017 年起，南岸邮政辖内有 13 个网点开办烟草业务。截至 2022 年，累计实现销售额 720.07 万元。

2019 年，南岸邮政开发区域性项目——广阳枇杷，截至 2022 年底，共实现销售额 94.9 万元。

2020 年，开展线上"邮乐小店"销售。2020—2022 年，共实现销售额 6.46 万元。2021 年，开展线上"邮乐优鲜"销售。2021—2022 年，共实现销售额 17.01 万元。

2022 年 8 月，南岸邮政通过邮乐优鲜平台帮助南岸区迎龙镇苟家嘴村村民销售雪域藏梨 33 件。同年 11—12 月，通过邮乐优鲜平台上线预制菜 12 款，全力组织好防疫保供商品，在辖区内开展团购接龙活动，保障人民群众生活必需品需求，累计提供保供商品 1299 单。

（三）电信业务

1986 年，南岸区邮电局办理电报、电话业务。同年，销售长途电话卡 1290 张，电报收入为 12.89 万元，长途电话收入 6052 元，电报出口 6.33 万份，进口 9.79 万份。1997 年，随着改革力度加大，电话、传真、互联网等业务逐渐普及，电报业务逐渐萎缩，电信业务种类也有所增加，除公众电报电话外，陆续增加开办公众礼仪电报、传真电报及寻呼业务。1997 年，邮电分营，南岸邮政电信业务移交重庆市电信局办理。

第三节　邮政网络

一、网络能力建设

（一）邮路

1986—1987 年，南岸区邮电局有邮路 17 条，总长度为 92 公里。1988 年，邮路 15 条，总长度为 92 公里。1989—1990 年，邮路 15 条，总长度为 81 公里。1991 年 8 月，开通唐家沱至郭家沱的陆路邮运线，代替了郭家沱支局水上邮路，结束了该支局肩挑背驮接送邮件的历史。同年 12 月，市邮政局增开南岸区晚班邮件运输车一班，提高通信效率。1992 年，增开黄桷垭至上新街的快件赶班邮路。

1997 年，南岸邮政共有邮路 17 条，单程总长度 97 公里，其中，自办汽车邮路 44 公里，水路邮路 8 公里，其他邮路 17 公里。

2000 年 10 月 1 日，南岸区邮政递送站成立。至 2001 年，邮路 58 条，单程总长 124 公里，其中，城市邮路 52 条，96 公里；农村邮路 6 条，28 公里。

2007 年 4 月，南岸区邮政递送公司划归重庆邮政城区一局管理，至 2008 年，邮路 70 条，单程总长 129 公里，其中，城市邮路 64 条，96 公里；农村邮路 6 条，33 公里。

2009 年，南岸区邮政速递物流公司与南岸区递送公司撤分。区递送公司继续负责南岸片区的报刊发行和普通邮件递送工作。邮路 74 条，单程总长 129 公里，其中，城市邮路 70 条，96 公里；农村邮路 4 条，33 公里。

2011 年，南岸邮政投递邮路共 42 条，投递单程里程 1482 公里，其中弹子石邮政递送公司下辖弹子石递送班组、上新街递送班组和黄桷垭投递组，投递邮路 25 条，投递单程里程 600 公里。

2012 年，市趟邮路由中心局组开。

（二）物流体系

截至 2022 年底，南岸邮政完成 48 个建制村村邮站建设，南岸邮政与重庆交运快递有限公司合作在南岸区四公里枢纽站开展代收代投，全年完成代收代投自提业务量 119 万件。

（三）作业场地

表 9-2-3-1

1986—2022 年南岸邮政部分年份辖内作业场地变更情况表

年 份	邮 政	速 递	备 注
1986—1999	—		投递由支局管理
2000	南坪、弹子石、上新街、黄桷垭、长生桥		—
2006	南坪、弹子石、黄桷垭、长生桥		—
2010	南坪、弹子石、黄桷垭、长生桥	南坪、龙门浩、茶园	成立速递物流有限公司
2011	南坪、弹子石、黄桷垭、长生桥	南坪、龙门浩、茶园、南城、回龙湾、药品	—
2017	南坪、弹子石、黄桷垭、长生桥	南坪、龙门浩、茶园、南城、回龙湾、药品、亚太路	—
2018	南坪、弹子石、黄桷垭、长生桥、南城、回龙湾、亚太路、药品		寄递改革
2022	南坪、弹子石、黄桷垭、长生桥、南城、回龙湾、亚太路、茶园		各揽投部面积：南坪营业部 1064 平方米、南城营业部 220 平方米、回龙湾营业部 210 平方米、茶园营业部 330 平方米、长生桥营业部 1500 平方米、亚太路营业部 240 平方米、弹子石营业部 1041 平方米、黄桷垭营业部 100 平方米。截至 2022 年底，共有处理场地 9 个，总面积达到 4655 平方米

（四）设施设备

邮政专用设备　1986—2009 年，邮件进出口处理，分拣封发等均手工纸质处理。1986 年，南岸区邮电局配备包件收寄机 1 台，电传打字机 9 台，自动发报机 4 台。2009 年，福建国通系统上线，邮件作业处理开始步入全面信息化作业模式，为内勤人员及投递人员配备 PDA（手持终端设备），提高内部作业及揽投作业效率。2017 年，南坪投递站配备皮带机，2019 年长生桥投递站配备皮带机，分拣作业效率与邮件安全有所提升。2019 年，新一代系统成功上线使用，结束之前多平台混用的信息化作业模式，综合各个操作系统模块，各作业流程更加顺畅高效。2020—2022 年，南城、回龙湾、亚太路、茶园、弹子石逐步配置皮带机，长生桥、南坪等 7 个营业部安装邮件顶扫设备。2021—2022 年，南坪、回龙湾、南城、茶园、回龙湾、弹子石、亚太路配备邮件信息视觉采集系统，目的为加强邮件安全管理。截至 2022 年底，南岸区分公司配置 PDA 191 台、便携热敏打印机 181 台、便携式电子秤 179 台，邮件信息视觉采集系统 7 套，皮带机 7 台，工作手机 220 台，便携式蓝牙打印机 181 台。

运输设备　1986 年，南岸邮电局配备生产用摩托车 5 辆、自行车 16 辆。至 1989 年，各支局、所共配备自行车 17 辆、摩托车 7 辆。1997 年，配备邮运外摩托车 9 辆，汽车 2 辆；配备邮政汽车 10 辆。2008 年，汽车 9 辆、摩托车 12 辆。2009 年，汽车 6 辆、摩托车 10 辆。2010 年，汽车 6 辆、摩托车 16 辆。2012 年，南岸邮政有邮政专用汽车 28 台，摩托车 35 台。2014 年，有邮政专用车辆 13 台，摩托车 41 台。2017 年，增加邮运车辆 9 台。2018 年，投递车辆 50 辆，摩托车 61 辆，电动车 20 辆。截至 2022 年底，南岸邮政共有投递车辆 109 辆，其中电动车 13 辆，电动三轮车 21 辆，摩托车 47 辆。

二、网运生产作业

（一）邮件接发

1986—2017 年，南岸邮政各营业部（投递站、组）邮件接发主要以人力卸车和装车。

2017—2021 年，南坪、长生桥、弹子石、亚太路、南城、回龙湾、茶园 7 个营业部逐步安装完成大型皮带机和简易皮带机，至此邮件接发的装、卸进入半机械化模式。

邮件进口：每日进口邮件趟车共 4 个频次：6:20 左右早报车到达；7:30 左右早 1 频次和早 2 频次合并进口邮车到达，交卸进口邮件，带快递邮件和普服邮件及报刊杂志。营业部开拆人员与邮车进行交接手续。午班车 14:00 左右到达，交卸进口邮件，营业部开拆人员与邮车进行交接手续。16:00 左右 4 频次趟车到达，交卸进口邮件，主要带运邮航进口的特快邮件。营业部开拆人员与邮车办理邮件交接手续。黄桷垭进口为 3 个频次。

明月沱全天为 1 个频次，9:30 到交卸进口邮件，带快递邮件和普服邮件及报刊杂志。

邮件出口：各网点和揽投人员收寄的出口邮件，由区内转趟收揽邮路按 3 个出口频次带运到南坪、南城、亚太路、回龙湾、弹子石、长生桥、茶园、黄桷垭 8 个营业部进行封发出口。3 个邮件出口频次为：14:00 左右，午班车返程带运收寄的出口邮件。营业部封发人员与邮车办理出口邮件交接手续。18:00 左右，4 频次趟车返程带运衔接邮航的特快邮件。20:30 左右晚班车到达，带运晚班截邮频次出口邮件。

投递进口量由 2019 年 633.82 万件增至 2022 年的 1761.95 万件，增长 1128.13 万件，增幅达 178%。邮件揽收量由 2019 年 240.88 万件增至 2022 年的 1348.29 万件，增长 1107.41 万件，增幅达 460%。

（二）邮件运输

1986—1989 年，全区设有 43 个投递段，其中 38 个段道每天投递 2 次，5 个段道每天投递 1 次。全区共有 33 个村，其中，32 个村每日直接投递 1 次，1 个村投递到户；307 个村民组，每天投递 1 次及 1 次以上的有 302 个。

1991 年，南岸区邮电局共有城市投递段道 47 条，农村投递路线 14 条。

1993—1997 年，共有城市投递段道 39 条，农村投递路线 11 条，代投点 124 个。

2008 年，投递段道 86 个，其中普邮段 73 个，特快专递段 13 个。投递平常邮件 451.13 万封，给据邮件 39.12 万封，包裹 14.52 万个，特快专递 38.52 万件。2014 年，南岸邮政下设 3 个递送站，辖区内设投递段道 84 个。

2019 年 5 月，全区共设 8 个投递站点，设揽投段道 151 个。同年 9 月，共有投递段道 160 个。截至 2022 年底，投递段道 182 个，其中普服 53 个。

截至 2022 年底，城市投递日里程 1296 公里，投递频次为每日 3 频；农村投递里程 40 公里，投递为每日 1 频，48 个建制村直接通邮，每周 5 天投递频次。

三、网运管理

（一）组织管理

1. 组织机构

1986—2000 年期间，投递事务由支局管理。2006 年，投递站整合为南坪、弹子石、黄桷垭、长生桥 4 个投递站。

2010 年，重庆市速递物流公司城一分公司成立，南岸区邮政递送继续负责南岸区的报刊发行和普通邮件递送工作，速递物流城一公司新增南坪、龙门浩、茶园揽投部。

2011 年，速递营业部发展成南坪、龙门浩、茶园、南城、回龙湾、药品 6 个揽投部。

2018 年，寄递改革，邮政包裹快递部与南岸邮政速递公司合并，成立南岸区分公司寄递事业部，下设 10 个寄递营业投递站点：南坪、弹子石、黄桷垭、长生桥、龙门浩、茶园、南城、回龙湾、亚太路、药品。

2019 年 5 月，邮政、速递两网整合，长生桥投递站与茶园营业部合并成长生桥营业部，弹子石投递站与龙门浩营业部合并成弹子石营业部。

2021 年 9 月，将南坪 16 个普服段道优化至亚太路、南城、回龙湾营业部。同年 10 月，将长生桥营业部裂变成为长生桥、茶园 2 个营业部。2022 年，整合为南坪、弹子石、黄桷垭、长生桥、南城、回龙湾、亚太路、茶园 8 个营业部。

2. 生产作业管理

2003 年 4 月 29 日，为加强城区一局机动车安全管理，充分发挥车辆在邮政通信生产作用，全局机动车辆统一由城区一局综合办公室管理与调度。2004 年 6 月 1 日，重庆邮政使用联通公司提供的联通星图定位业务，对速递揽收车、递送局投递车辆进行实时监控，加强车辆管理。2009—2021 年，多次修定车辆管理办法，严格执行派车单制度，做到用车单位合理拼乘，提高车辆利用率。

2008 年，南岸邮政成立客户处理中心，截至 2018 年底，客户处理中心由南坪邮政营业部管理。2021 年，客户处理中心权限移交国际营销中心。

（二）网运质量

1986—2022 年，南岸邮政网运管理逐步精细化，运营质量逐步提升。2022 年，南岸邮政特快专递及时妥投率 96.46%；快递包裹及时妥投率 97.53%；特快专递收寄及时率 97.09%；快递包裹收寄及时率 98.16%；特快邮件电话联系率 86.84%；快递包裹自提率 83.44%；特快专递信息完整率 99.21%；快递包裹信息完整率 99.54%。

四、服务网点

（一）网点设置

1986 年，南岸区邮电局下设营业室 1 个、邮电支局 5 个，支局（室）下辖邮电所 13 个。营业室下辖：窍角沱、玄坛庙、大佛段、鸡冠石邮电所；海棠溪支局下辖：南坪、四公里、玛瑙溪、二塘邮电所；郭家沱支局下辖：大兴场、广阳坝邮电所；铜元局支局下辖：长江村邮电所；黄桷垭支局下辖：汪山、文峰乡邮电所；以及上新街支局。

2003 年，渝中区、南岸区邮政局合并成立重庆邮政城区一局，城区一局设在原南岸区邮政局，对外仍称渝中区邮政局、南岸区邮政局，两块牌子、一套班子。南岸区邮政局下辖5个邮政支局（室），14个邮政所。南坪邮政营业室辖铜元局邮政所、丹桂村邮政所、四公里邮政所、重庆交通学院邮政所、重庆教育学院邮政所；弹子石邮政支局辖大佛段邮政所，撤销皮鞋城邮政所；上新街邮政支局辖海棠溪邮政所；黄桷垭邮政支局辖文峰邮政所、南山邮政所、大兴场邮政所、广阳坝邮政所、实验邮局邮政所；长生桥邮政支局辖迎龙邮政所、明月沱邮政所。

2008—2009年，部分普遍服务网点建设改造，南坪

西路邮政营业网点、弹子石、黄桷垭支局、铜元局邮政所、大兴场邮政所、上新街支局、迎龙、珊瑚邮政所进行装修。

截至2022年底，南岸区分公司下辖三个支局、19个邮政所，南坪主城支局下辖南坪西路、万寿路、南城大道、风临路、回龙路、交通大学邮政所6个自办所；下辖工商大学代办所1个代办所。弹子石支局下辖上新街、海棠溪、南坪东路、涂山路、弹子石、黄桷垭、鸡冠石邮政所7个自办所。长生桥支局下辖长生桥、迎龙、大兴场、明月沱、天文大道邮政所5个自办所。

表 9-2-3-2

1986—2022 年南岸邮政局所一览表

序号	局所名称	经营性质	经营属性	设置地点	备　注
1	南坪邮电营业室	自营	城市	南岸区南坪西路 28 号	1997 年更名为南坪邮政营业室
2	弹子石邮电支局	自营	城市	南岸区弹子石新街 19 号	1997 年更名为弹子石邮政支局
3	海棠溪邮电支局	自营	城市	—	1989 年变更为海棠溪邮电所
4	铜元局邮电支局	自营	城市	—	1997 年更名为铜元局邮政所
5	黄桷垭邮电支局	自营	城市	南岸区黄桷垭崇文路 2 号附 25 号	1997 年更名为黄桷垭邮政支局
6	郭家沱邮电支局	自营	城市	—	1995 年末，划归江北区邮政局管辖
7	上新街邮电支局	自营	城市	南岸区龙门浩街道上新街 74 号	1997 年更名为上新街邮政支局
8	玄坛庙邮电所	自营	城市	—	1997 年撤销
9	广阳坝邮电所	自营	城市	—	2001 年已不存在
10	大兴场邮电所	自营	农村	南岸区峡口镇柏林路 6 号附 8 号	2020 年 11 月自大兴一村 69 号搬迁至此
11	窍角沱邮电所	自营	城市	—	1997 年撤销
12	白沙沱邮电所	自营	城市	—	1989 年已不存在
13	石溪路邮电所	自营	城市	—	1989 年已不存在
14	下浩邮电所	自营	城市	—	1989 年已不存在
15	汪山邮电所	自营	城市	—	1989 年已不存在
16	老厂邮电所	自营	城市	—	1989 年已不存在
17	四公里邮电所	自营	城市	—	2016 年已不存在
18	玛瑙溪邮电所	自营	城市	—	1989 年变更为水泥厂邮电所，2005 年撤销
19	南坪广东山邮电所	自营	城市	—	1989 年已不存在
20	二塘邮电所	自营	城市	—	2003 年已不存在
21	长生桥邮电支局	自营	城市	南岸区长生桥镇长生路 46 号附 1 号	1997 年更名为长生桥邮政支局
22	海棠溪邮电所	自营	城市	南岸区南坪东路 575 号 1 单元附 4-1 号	2004 年撤销

续表

序号	局所名称	经营性质	经营属性	设置地点	备 注
23	水泥厂邮电所	自营	城市	—	2005 年撤销
24	长江村邮电所	自营	城市	—	1997 年撤销
25	鸡冠石邮电所	自营	城市	—	2001 年末撤销
26	大佛段邮电所	自营	城市	—	2005 年撤销
27	南山邮电所	自营	城市	—	2008 年 8 月撤销
28	文峰邮电所	自营	城市	—	1997 年更名为文峰邮政所
29	迎龙邮电所	自营	农村	南岸区迎龙镇银河路 17 号附 4、5 号	1997 年更名为迎龙邮政所
30	明月沱邮电所	自营	农村	南岸区广阳镇明月沱 172 号 1—3 号	1997 年更名为明月沱邮政所
31	丹桂村邮政所	自营	城市	—	2005 年撤销
32	皮鞋城邮政所	代办	城市	—	2003 年撤销
33	黄经庙邮政所	自营	城市	—	2003 年撤销
34	服务亭邮政所	自营	城市	—	2003 年撤销
35	南坪西路邮政所	自营	城市	南岸区南坪西路 28 号 1—73 号	2021 年由南坪支局更名而来
36	万寿路邮政所	自营	城市	南岸区万寿路 54 号底层南坪 4—2 组团二商楼	2003 年成立
37	交通大学邮政所	自营	城市	南岸区学府大道 66 号重庆交通大学（2 号门旁）	2003 年成立
38	南城大道邮政所	自营	城市	南岸区南城大道 7 号附 4 号	2005 年成立
39	回龙路邮政所	自营	农村	南岸区回龙路 69 号 1、2 幢非住宅 1 层商业 10 号	2010 年 5 月 31 日成立
40	风临路邮政所	自营	城市	南岸区风临路 8 号附 2 号	由珊瑚邮政所更名迁址而来
41	工商大学代办所	代办	城市	南岸区学府大道 19 号工商大学内	2004 年成立
42	南坪东路邮政所	自营	城市	南岸区南坪东路东东摩 A 区 B1 层 09 号	2011 年 2 月 14 日成立
43	上新街邮政所	自营	城市	南岸区龙门浩街道上新街 74 号	2021 年由上新街支局更名而来
44	涂山路邮政所	自营	城市	南岸区涂山路 526 号	2011 年 12 月 31 日成立
45	弹子石邮政所	自营	城市	南岸区弹子石新街 19 号	2021 年由弹子石支局更名而来
46	黄桷垭邮政所	自营	农村	南岸区黄桷垭崇文路 2 号附 25 号	2021 年由黄桷垭支局更名而来
47	鸡冠石邮政所	自营	城市	南岸区鸡冠石正街 148 号 9 栋负 1 层店铺 3 号	2020 年新增
48	长生桥邮政所	自营	农村	南岸区长生桥镇长生路 46 号附 1 号	2021 年由长生桥支局更名而来
49	天文大道邮政所	自营	城市	南岸区天文大道 24 号附 11—12 号	2015 年 8 月 5 日成立

（二）特色网点

2021 年，南岸区分公司建成本市首家"智慧邮局"——南坪西路邮政所，通过引入先进的金融科技设备和服务理念，实现智慧服务、智慧营销、智慧运营和智慧管控，为客户提供全方位的智能化服务，获评"全市窗口服务示范点"。

（三）社会加盟站点

2013 年，南岸区邮政局建设村邮站 24 个。2018—

2022年，南岸区分公司建立邮乐购站点114个。

2020年6月，南岸区分公司开始自提点规划建设。截至2022年底，南岸区分公司共建设邮快超市142个站点，创新加盟代理商18个，累计代投邮件、快件125万件。

（四）邮箱邮筒

1997年，南岸邮政局共有邮箱（筒）77个，截至2022年底，南岸区分公司优化为19个邮箱（筒），其中邮筒分别位于南坪西路、天文大道邮政所门外，悬挂式邮箱17个，由其他邮政所配备于网点门口。

第四节　邮政管理

一、财务管理

1986—1997年，邮电合营期间，财务核算管理工作实行邮电部—省邮电管理局—市（地、州）邮电局—县（市、区）邮电局的管理体制。

1997年5月，邮电分营，核算方式实行收支差额管理，收支差额区邮政局每年按市邮政局下达计划扣缴，支局、所对区邮政局实行备用金报账制。

2003年，南岸区和渝中区邮政局合并为城区一局。计划财务科集中核算，期间建立健全财务制度，树立效益优先原则，参与企业经营发展，控制非成本支出。同年，城区一局出台《财务管理规章制度》等一系列规章制度，落实财务一体化管理、成本费用管理、成本支出审批等制度。

2007年12月，中国邮政储蓄银行重庆南岸区支行成立后，其财务从城区一局剥离出来，实行独立核算，相互资产占用实行相互结算。

2010年，速递物流公司成立后，其财务从城区一局剥离出去，实行独立管理、独立核算。

2012年，城区一局撤销，财务落实预算执行、预算管理，提升财务管控。按照预算编制、执行监控、分析评价和战略绩效预考评执行结果，构建全过程管理体系。实施成本费用分类、分层管控。

2016年1月，ERP（企业资源计划系统）正式上线，同年7月，南岸区分公司部分财务核算移交至市分公司核算中心集中核算。2017年，财务管理完善预算管控机制，成立预算管理委员会，加强预算过程管控。开展财务分析，对重点成本费用情况强化日常管控，公务费用（办公费、行政车辆相关费用、会议费、差旅费、业务招待费）同比下降66%。2018年，寄递改革，寄递财务合署到区分公司财务部，分成邮务账、寄递邮政账和速递账3个账套分别核算。2019年，邮务账、寄递邮政账和速递账预算区分公司统一编制，实行全面预算管控。2020年，速递账纳入统一ERP核算，统一报销报账系统报账，3套

账由区分公司财务统一管理。2021年，ERP资金资产等模块更新上线完成。2022年，完善资金管理，建立了转账、扫码、PDA（物流手持终端）和"邮我行"等规范资金归集渠道，开始按市公司要求使用房租管理系统和业财系统。

二、人力资源管理

（一）队伍建设

1986年，南岸区邮电局有从业人员174人。1989年，从业人员170人。1997年邮电分营后，南岸从业人员为194人。2014年，南岸邮政从业人员347人。2018年，从业人员224人。

自2018年起，南岸邮政持续加强劳动用工分类管理，严格控制用工总量，合理调整用工结构，促进用工管理规范。截至2022年底，南岸区分公司从业人员245人。

（二）教育培训

1986—2022年，南岸邮政高度重视员工教育培训工作。通过每年"集中＋远程"等覆盖全员的培训方式，不断提升员工业务和技能水平。持续加大职业技能认定推进力度，加强企业技能人才队伍建设。截至2022年底，南岸区分公司职业技能认定持证132人，其中技师持证6人，高级持证63人，中级持证41人，初级持证22人。

（三）薪酬管理

2008年，南岸区邮政实施薪酬制度改革，建立以岗位管理为基础的一岗多薪的宽带薪酬体系。2015年，薪酬调整优化将基本工资分为薪级工资和岗位工资两部分。2017年，南岸区分公司持续加强薪酬分配管理，规范绩效薪酬分配方式，《中邮重庆市南岸区分公司绩效薪酬分配制度（试行）》《中邮重庆市南岸区分公司绩效考核办法》等文件出台。2018年，调整薪酬标准，实施基本工资晋级、岗位工资晋档，调高津贴标准。2020年，《南岸区分公司月绩效考评办法》等文件出台，逐步完善薪酬制度。

2021年，南岸邮政稳步推进市场化薪酬分配机制等薪酬分配制度，计件单价与市场、行业基本对标，基层生产单位薪酬分配与经营效益挂钩。

三、服务质量管理

（一）营业服务

1995年3月，重庆市进行行政区划调整，郭家沱街道和峡口镇的郭家沱村划归江北区，巴县的长生桥、迎龙、广阳三镇及九龙坡区花溪镇的二塘村划入南岸区。调整后，南岸邮电局服务辖下南坪、龙门浩、海棠溪、玄坛庙、弹子石、大佛段、铜元局、花园路8个街道办事处和南坪、南山、峡口、涂山、鸡冠石、黄桷垭6个镇，以及从巴县划入的长生桥、迎龙、广阳3个镇。

1997年，南岸区邮政局承担全区45万余人，260平

方公里内的邮政通信服务。

截至2022年底，南岸邮政分公司服务辖区内8个街道、7个镇，地域面积263.09平方公里，服务常住人口约119.76万人。

（二）普遍服务与特殊服务

南岸区分公司有普遍服务营业场所19个，其中，城市网点12个，农村网点7个。48个建制村通邮率达到100%。所有营业场网点均开办信件、印刷品、包裹、汇兑四项普遍服务基本业务，提供义务兵平常信函、盲人读物、革命烈士遗物的免费寄递等特殊服务业务。

（三）监督检查

1986年，南岸区邮电局开展以服务、质量、纪律为主的"三查"活动，通过活动，以提高员工的认识为目的进行了思想教育。

1987年，以"上不封，下不接，上交清，下负责"的原则，全面加强质量管理，提升通信服务质量。

2012年，严格执行"八条禁令"，切实加强服务管理，提高窗口服务质量，规范邮政经营秩序，加大对营业服务和投递服务规范和标准化执行的监督检查力度，高度重视用户投诉，坚持执行首问负责制。

2014年，南岸邮政修订完善《南岸区邮政局"创星级服务窗口"考评办法（试行）》，开展"创星级服务投递段"达标活动，有效推进窗口服务与投递服务管理创新和服务质量同步提升。

2021年，南岸区分公司出台《中国邮政集团有限公司重庆市南岸区分公司服务质量管理实施办法（试行）》，明确各相关部门和支局（所）、营业部履职内容和履职要求，对南岸邮政服务质量管理体系进行补充。

2022年，南岸区分公司通过开展"六项禁止类服务问题"专项治理活动、"包裹进村"暨综合便民服务站达标整治专项活动、监督检查履职质量提升等专项检查活动全面巩固服务质量高质量发展。同年，南岸邮政按集团出台的《邮政营业系列标准》要求落实服务设施规范及服务行为规范。

四、安全管理

1986—1997年，南岸区邮电局先后设保卫干事、人保股、人保科负责安全管理工作。2009年起，南岸邮政安防设施提档升级，辖区内所有金融网点报警联网系统统一接入110报警平台。2013年，南岸邮政对南坪支局、回龙路、珊瑚路、迎龙、明月沱、大兴场6个网点穿墙式ATM加装防护舱。自2017年起，南岸邮政设立安全保卫部（挂靠综合办公室）负责安全管理工作。

2021年，南岸区分公司推广"安全保卫管理信息系统"应用。同年年底，基本实现了安全保卫管理信息系统电子化；增设专职安全管理岗1个，负责南岸区分公司安全管理监督检查等工作。

2022年，南岸区分公司按要求严格落实市邮管局和市分公司要求的"四不"突出问题，同时对"4个全覆盖、5个必须、6个严禁"等工作再次进行检查。同年12月，为规范非现场检查，提高检查质量，南岸区分公司设立非现场检查室（金融数据室），统一联网至市分公司监控中心。

五、党群管理

（一）党组织

1987年，南岸区邮电局下辖南岸区邮电局机关党支部、龙门浩党支部、郭家沱党支部3个支部。1988年，南岸区邮电局调整组建所属党支部为机关党支部、南坪联合支部、龙门浩支部、郭家沱支部。1993年，党总支委员会进行改选。2012年，中共中路重庆市南岸区分公司委员会成立，下辖机关党支部、联合党支部、退休党支部3个党支部。截至2012年底，南岸区邮政共有党员59名。

2013年6月，中共南岸区邮政局召开党员代表大会，选举产生了中共南岸区邮政局第一届委员会，3个党支部不变。2018年12月，选举产生了中共南岸区邮政局第二届委员会，新增寄递事业部党支部，其余3个党支部不变。

2021年，撤销支局联合党支部、退休党支部。设置综合职能党支部、寄递事业部党支部、南坪党支部、弹子石党支部、长生桥党支部。选举产生支部委员会委员。2022年，共有5个支部，其中综合职能党支部18人，寄递事业部党支部7人，南坪党支部17人，弹子石党支部11人，长生桥党支部14人，共有党员67人。

（二）纪律检查

2010年，原城区一局纪委书记由党委书记兼任，2016年，南岸区分公司设监察室，与党建部合署。2020年，撤销监察室，设纪委办公室，与党建部合署。

（三）工会

1986—1995年，南岸区邮政工会下设南坪营业室、海棠溪支局、郭家沱支局、铜元局支局、黄桷垭支局、上新街支局6个工会小组。1995年，因行政区划调整，邮电分支机构相应调整。南岸区邮政工会下设南坪营业室、海棠溪支局、长生桥支局、铜元局支局、黄桷垭支局、上新街支局等6个工会小组，直至2002年。

2003年，南岸区邮政工会下设南坪支局、弹子石支局、长生桥支局3个工会小组（未因经营体制调整相应调整工会小组）。2006年，管理主城6区投递的递送局撤销，南坪投递站、弹子石投递站、长生桥投递站划回南岸区邮政局，工会下设南坪支局、弹子石支局、长生桥支局，南坪投递站、弹子石投递站、黄桷垭投递站、长生桥投递站，区分公司职能8个工会小组。

2013年，南岸工会召开第一届会员大会和第一届职工代表大会。

2014年，南岸邮政召开南岸区邮政局一届二次工会会员代表大会暨职工代表大会，建立健全区局工会各级组织。

2018年，寄递改革增加南城邮政营业部、亚太营业部、回龙湾营业部3个工会小组，共11个工会小组。

2019年，南岸工会完成第二届委员会换届选举。2020年，南岸区分公司打造职工小家和妈咪小屋。2021年，长生桥支局被市分公司评选为明星小家。

2022年，南岸工会完成第三届委员会换届选举。成立茶园营业部工会小组，将黄桷垭营业部工会小组并入弹子石营业部工会小组，工会下设南坪支局、弹子石支局、长生桥支局、南坪邮政营业部、弹子石邮政营业部、长生桥邮政营业部、南城邮政营业部、亚太营业部、回龙湾营业部、茶园营业部、区分公司职能11个工会小组。

（四）团组织

1988年2月9日，南岸区邮电局团支部改选。1989年3月9日，南岸区邮电局团支部改选。1990年2月3日，南岸区邮电局团支部改选。1995年11月14日，南岸区邮电局团总支改选。1997年2月18日，南岸区邮电局团总支改选。2001年12月18日，召开第二届共青团南岸区邮政局委员会会议。2013年7月18日，第一届共青团中国邮政集团公司重庆市南岸区分公司委员会成立。2019年11月7日，成立第二届共青团中国邮政集团公司重庆市南岸区分公司委员会。2020年6月28日，"共青团中国邮政集团公司重庆市南岸区分公司委员会"变更为"中国共产主义青年团中国邮政集团有限公司重庆市南岸区分公司委员会"。2022年，南岸区分公司设立共青团和青年工作专业管理岗，设团委书记1名、组织委员1名、宣传委员1名，下设3个团支部，分别设立团支部书记1名。

2021年度，南坪西路邮政所被共青团中央评为"一星级全国青年文明号"。

（五）荣誉

1997年，南岸区邮政营业室内勤组被国家邮政局评为"全国邮政服务先进集体"。1999年，南岸区邮政营业室内勤组获得"全国青年文明号"称号。2018年，长生桥支局被邮政集团公司评为"全国邮政系统先进集体"。2021年，全国渠道平台转型"争优创先树标杆"劳动竞赛中，弹子石支局被邮政集团公司及集团工会评选为"转型标杆网点"。

第三章　九龙坡邮政机构

第一节　机构沿革

一、机构演变

（一）计划单列时期

1986年，九龙坡区邮电局归属重庆市邮政局管辖。

1990年4月，九龙坡区邮电局下属中梁山邮电支局划入大渡口区邮电局。

1995年12月，重庆市行政区划调整，相应调整邮电分支机构归属关系，原巴县西彭镇、铜罐驿镇、陶家镇、白市驿镇、巴福镇、走马镇、金凤镇、含谷镇、石板乡等地区划归九龙坡区管辖；原九龙坡区李家沱、土桥、花溪镇、南泉镇等地区划归巴南区管辖。

（二）邮电分营时期

1997年7月，国家邮电部在重庆实行邮电分营试点，九龙坡区邮电局撤销，设立重庆市九龙坡区邮政局，所辖邮电支局及邮电所全部更名为邮政支局、邮政所，隶属重庆市邮政管理局。

2003年2月，重庆市邮政实行城片区经营管理体制，九龙坡区邮政局与大渡口区邮政局合并为重庆邮政城区二局，对外保留九龙坡区邮政局名称。

（三）政企分开时期

2007年2月，重庆邮政体制改革，政企分开，实行公司化运营，同年9月，"重庆市九龙坡区邮政局"更名为"重庆市邮政公司九龙坡区邮政局"，仍与重庆市邮政公司大渡口区邮政局合并为重庆邮政城区二局，隶属重庆市邮政公司。同年12月，中国邮政储蓄银行重庆九龙坡区支行成立，九龙坡邮政受邮储银行九龙坡支行委托开办代理金融业务。

2009年1月，重庆邮政速递物流一体化专业经营，组建重庆市邮政速递物流公司城二分公司。2010年6月，更名为"重庆市邮政速递物流有限公司城二分公司"。

2012年8月，重庆邮政城区二局撤销，设立重庆市邮政公司九龙坡区邮政局，隶属重庆市邮政公司。

2015年4月，中国邮政集团公司法人体制改革，"重庆市邮政公司九龙坡区邮政局"更名为"中国邮政集团公司重庆市九龙坡区分公司"，隶属中国邮政集团公司重庆市分公司。同月，"重庆市邮政速递物流有限公司城二分公司"更名为"中国邮政速递物流股份有限公司重庆市城二分公司"。

2017年6月，根据市分公司机构编制方案，中国邮政集团公司重庆市九龙坡区分公司成立，调整优化内设部门主要职责及人员编制。

2018年9月，根据市分公司《重庆市及以下寄递事业部机构编制设置方案》，组建九龙坡区寄递事业部（保留"中国邮政速递物流股份有限公司重庆市城二分公司"牌子，后更名为"中国邮政速递物流股份有限公司重庆市九龙坡区分公司"），下设寄递综合部、寄递运管部、寄递市场部。

2020年1月，"中国邮政集团公司重庆市九龙坡区分公司"更名为"中国邮政集团有限公司重庆市九龙坡区分公司"，归中国邮政集团有限公司重庆市分公司管理。2022年沿用此名，管理体制不变。

截至2022年底，中国邮政集团有限公司重庆市九龙坡区分公司内设综合办公室（党委办公室、安全保卫部，下挂人力资源部）、工会、财务部、党委党建工作部（纪委办公室）、服务质量部（普遍服务部）、市场营销部（下挂客户营销中心）、金融业务部（中邮保险中心）、集邮与文化传媒部、渠道平台部。

二、主要领导

表9-3-1-1

1986—2022年九龙坡邮政主要领导人员名录

单位名称	姓　名	职　务	任职时间
九龙坡区邮电局	李培滟	局长	1985.11—1995.5
	李培滟	党总支书记	1985.9—1989.12
	沈志鹏	党总支书记	1989.12—1995.5
	戴富琪	局长	1995.5—1995.12
	沈志鹏	党总支书记	1995.5—1995.7
	罗　昆	局长	1995.12—2004.2
	王豫灵	党总支书记	1995.7—1996.7
九龙坡区邮政局	徐　益	党总支（党委）书记	1996.7—2003.2
重庆邮政城区二局	雷　春	局长	2003.2—2008.8
	徐　益	党委书记	2003.2—2007.3
	王　洪	局长	2008.8—2010.4
	徐　益	党委书记	2007.3—2012.6
	王　宏	副局长（主持工作）	2010.4—2011.7
	王　宏	局长	2011.7—2014.5
	王　宏	党委书记	2012.6—2014.5
九龙坡区邮政局/中国邮政集团公司重庆市九龙坡区分公司	伍劲松	党委书记、局长	2014.5—2015.6
	伍劲松	党委书记、总经理	2015.6—2019.9
中国邮政集团有限公司重庆市九龙坡区分公司	陈建菊	党委书记、总经理	2019.9—

第二节　邮政业务

表 9-3-2-1

1986—2022 年九龙坡邮政业务总收入情况表

单位：万元

年份	业务收入	年份	业务收入	年份	业务收入
1986	159.74	1999	3078.50	2012	7653.00
1987	200.54	2000	3800.01	2013	9782.02
1988	253.91	2001	3910.05	2014	9714.25
1989	270.73	2002	2550.10	2015	10855.00
1990	273.62	2003	4236.06	2016	13192.58
1991	397.05	2004	4496.72	2017	15553.20
1992	498.88	2005	4903.00	2018	16184.45
1993	588.68	2006	4441.79	2019	18153.37
1994	684.30	2007	6844.50	2020	19363.85
1995	863.00	2008	7848.40	2021	21624.96
1996	1355.76	2009	7378.00	2022	22765.29
1997	2215.20	2010	6276.00		—
1998	2749.92	2011	7456.61		

说明：1986—1996 年的收入数据为邮电业务收入合计；自 1997 年起，收入数据为邮政业务收入合计。

一、金融业务

（一）储蓄汇兑

储蓄业务　1986 年，九龙坡区邮电局恢复办理邮政储蓄业务。同年 8 月 15 日，在杨家坪营业室设点开办邮政储蓄业务，李家沱、道角、黄桷坪、中梁山支局及石坪桥等 6 处先后开办邮政储蓄业务。1997 年，九龙坡邮政开办活期异地存取业务和通知储蓄存款业务。2003 年 7 月，九龙坡邮政建成重庆邮政第一个自助银行。自 2012 年起，九龙坡邮政持续推进网点转型发展，打造大堂经理和理财经理队伍。同年，网点由"以产品为中心"单一模式向"以客户为中心"综合性营销模式转变。2013 年，九龙坡邮政成立转型办公室，开始打造转型大使队伍。截至 2022 年底，实现转型网点全覆盖。含谷、兰花邮政所获全国邮政代理金融（2020—2021）跨年度专项营销活动"千佳"网点称号。九龙坡邮政储蓄余额分别在 2013 年突破 30 亿元、2017 年突破 50 亿元、2022 年突破 80 亿元。

汇兑业务　1986 年，九龙坡邮政仅开办汇款、取款

业务，汇票业务量达 26.97 万张，1997 年达 27.07 万张。2002 年，九龙坡邮政所辖网点全面开通电子汇兑业务。2005 年，辖内网点实现邮政储汇两网互通。截至 2022 年底，九龙坡邮政辖内 23 个代理金融网点均开展汇兑业务。

（二）中间业务

2001 年，九龙坡邮政开办代理销售凭证式国债。2004 年，包括国债业务、代收电费、代收电信资费、代收联通手机费、预存代扣、批量代发和代扣业务的业务处理系统全部剥离上线。2006 年，九龙坡邮政开办代理基金业务。2022 年，九龙坡邮政中间业务拓展至代销基金、代销理财、代理国债、代理保险、代发养老金、代发工资、代收税款、代收水电气费、ETC、个人养老金、简易险、数字人民币等 20 余种。

（三）风控合规

2005 年，重庆市邮政管理局金融反洗钱监控系统正式投入运行。2006 年，金融稽查工作步入信息化实时监控阶段。2010 年，重庆邮政城区二局、邮储银行重庆分行九龙坡区支行和邮储银行重庆分行大渡口区支行召开资金联席会，建立邮银协同机制。2012 年，九龙坡邮政设立代理金融检查岗。2017 年，设代理金融合规监督管理岗和检查岗。2020 年，九龙坡邮政与邮储银行九龙坡支行共同组建风险内控案防管理委员会。2021 年，设非现场预警稽核人员。2018—2022 年，九龙坡邮政组织风控合规培训 50 余次，培训员工 6000 余人次。2022 年，开展代理金融风控合规"雷霆行动"。截至 2022 年底，九龙坡邮政未发生重大风险事件。

二、寄递业务

（一）特快专递

1986 年，开办 EMS 业务（特快专递邮件），为用户传递国际、国内紧急信函、文件资料、金融票据、商品货样等各类文件资料和物品。截至 2022 年底，九龙坡邮政提供的特快专递业务包括政务专递、生鲜专递、代收货款与收件人付费业务和同城业务。

省际特快业务（EMS 标准快递服务、EMS 经济快递业务、EMS 增值业务）　1997 年，九龙坡邮政开办各种单证照专递、大中专录取通知书寄递、邮政代收货款业务、航空货运、特惠箱等业务，本年完成国内特快专递业务量 10.75 万件。2017 年 4 月，新增"极速鲜"速递产品。2020 年 12 月，九龙坡邮政承接腾讯公司微信支付商户上门巡检任务。2022 年，省际特快业务总量为 21.03 万件。

同城特快业务　1993 年 10 月，九龙坡邮政新开办"同城速递业务"。2004 年 1 月，开展主城区特快专递邮件专投业务。2012 年，与车管所合作，开办考场驾驶证新证寄递业务，实现特快业务量 5.96 万件。2015 年，九龙坡邮政成立网上车管所项目组，实施现场派驻。2019 年 9 月，九龙坡邮政在九龙坡区行政服务中心设立邮政＋

政务服务"渝快办"窗口，为工商执照、护士证、医疗机构执业证、休学复学申请等 106 个事项的审批结果提供寄递服务。2020 年，九龙坡邮政与辖区中小学校合作开展教材寄递，配送教材 6.3 万人次、40 余万本。同年 6 月，在高新区政务服务中心设立邮政服务窗口，为施工许可证、营业执照、公章、企业备案登记等 22 个事项的审批结果提供寄递服务。2021 年，九龙坡邮政与高新政务服务中心启动"科学政务帮"个人代办项目。2022 年，九龙坡邮政拓展"科学政务帮"企业上门代办业务，代办项目拓展到 40 个以上。

（二）快递包裹

2001 年，九龙坡邮政开办快递包裹业务。2013 年 3 月，正式开办电商小包业务。2015 年 6 月，组建包裹业务中心，开辟 500 余平方米仓储场地，全年提供 20 余万件货物仓储服务。2016 年 9 月，九龙坡邮政完成西彭仓配中心建设，搭建物流供应链平台，为快递包裹协议大客户提供装卸、存储、验货、上架、拣选、包装、配送等一体化服务和库存管理、供应链优化等一整套管理服务。2017 年 7 月，进驻永川理文工业园区，签订 3 家客户。2021 年，九龙坡邮政在南彭与杨家坪大宗营业部采取集中收寄及入场收寄模式支撑 20 余个规模客户揽收。2022 年，完成快递包裹业务量 642.39 万件。

（三）物流业务

2017 年，九龙坡邮政发展同城配送服务，主要包括快销品、汽配、数码等产品配送；2018 年，开发辖区合同物流，签订 3 家物流客户；2019 年，拓展辖区制造业零担物流和整车专线物流业务，为客户承运货物 2.2 万吨；2020 年，启动物流零担业务。截至 2022 年底无变化。

（四）国际业务

1988 年，杨家坪营业室恢复办理国际快递函件业务。同年，增加代客包装、代客报关、代收货款等综合延伸服务。2017 年，成功开发中欧班列（渝新欧）国际客户。截至 2022 年底，九龙坡区分公司累计开发国际客户 18 家。

（五）快件业务

1988 年，九龙坡区邮电局开办邮政快件业务，收寄快件 4259 件；1989 年收寄快件 23.35 万件，较 1988 年增长 54.8 倍；1990 年收寄快件 25.91 万件；1994 年达到最高峰，全年收寄快件 39.69 万件。该业务于 1998 年底停办。

三、文传业务

（一）函件业务

函件业务主要有信函、明信片、印刷品等业务。1986—2022 年，函件业务不断发展、完善，改革和增办挂号邮件、邮资总付邮件、航空邮件、交警账单、明信片、邮资封等业务。1986 年，九龙坡邮政函件业务量达 510.05 万件，1997 年达 600.81 万件。

1997 年，九龙坡邮政与四川美术学院著名油画家用其油画作品联合制作《新世纪祝福》邮政明信片。

2003—2013 年，重庆邮政城区二局与重庆市公安局合作，成为重庆市唯一一家开办交警账单业务的单位，年均寄递量 10 余万件，最高达 50 余万件，业务收入超亿元，因短信业务普及，该业务于 2013 年初取消。2007 年 11 月起，为重庆市公安局提供公安交通管理法律文书制作和寄递。2011 年，九龙坡邮政设计的校园主题慢递信卡获得邮政集团公司颁发的全国最受大众喜爱明信片设计"金雁奖"。

2015 年，九龙坡邮政开发"争做文明先行者、寻找重庆好司机""把美丽九龙坡寄出去""九龙坡文化艺术节明信片设计大赛"等封片项目和集邮项目，实现收入 172 万元。同年，《书信文化"超链接"》——连锁书店情感驿站邮局开发实例获第四届全国邮政特有职业技能竞赛全国优秀营销案例。

2017 年，九龙坡区分公司与重庆市九龙坡区人民检察院联合开展"预防职务犯罪"明信片及邮资封实寄活动。

2020 年，九龙坡区分公司联合华龙网组织开展"九龙坡汽车消费展"，该活动被中国邮政广告传媒公司评为"2020 年中国邮政惠民活动先进奖"。

2021 年，九龙坡邮政落实建设"渝邮传媒"体系，在辖区内 9 个重点小区建设邮政电子阅报栏。同年 7 月，策划开展共产党员"存初心"邮寄未来信活动。

2022 年，函件业务向广告媒体业务转型，全年广告媒体实现收入 70.3 万元。

（二）报刊业务

1986 年，九龙坡区邮电局报刊流转额 219.17 万元。1997 年，报刊流转额达 832.75 万元。2008—2022 年，报刊业务发展呈上升态势。其中，2015 年，九龙坡邮政发展悦读荟会员 1630 户，实现报刊专业与函件专业交叉营销；2021 年，九龙坡邮政围绕时政热点，开展建党百年集邮活动，政务图书销售创新高，"四史"等政务图书销售突破 3 万册；2021 年，推动政务信息进社区，扩大党报党刊宣传阵地，助力机关、企业党建学习建设，打造"有声党建图书墙"及数字化有声阅读项目，实现销售收入 8.5 万元；2022 年，组织开展领袖系列著作和"党的二十大"主题图书等销售活动，全年政务图书销售突破 3 万册。

（三）集邮业务

1981 年 5 月，九龙坡邮政开设集邮门市部，截至 1985 年底，杨家坪集邮门市部和 5 个支局兼售点办理集邮业务。1990 年，配齐专职集邮管理员。1983 年 5 月，重庆市九龙坡区集邮协会成立，截至 2022 年底，有基层集邮分会 16 个，会员 260 余名。

2017 年 1 月，九龙坡区分公司成立全球首家"六小龄童邮局"，六小龄童出任"六小龄童邮局"名誉局长，

2020年更名为"西游邮局"，销售《上美西游》《西游记》《三打白骨精》等西游主题产品。2022年，"西游邮局"撤销。同年4月，"九龙九景主题邮局"在原址成立，主题邮局内设置旅游特产寄递服务区、文创产品展示区、书写区等区域，销售重庆特色风光明信片、邮品、文创旅游纪念品、九龙坡特色农特产品等，全年实现收入192.5万元。

2019年7月，九龙坡区分公司在周贡植故居设立"初心"邮局。2020年，开发《九龙九景丝绸画卷》集邮品，为全市首个"晒旅游精品·晒文创产品"丝绸文化纪念册，首个承载10名全国知名画家画作文化产品，首个推出名人限量版印章加盖特色文创产品。2021年11月，九龙坡区分公司参与九龙坡区委宣传部十大文化献礼工程暨"十个一百"迎盛世文化文艺活动，在杨家坪步行街广场开展"百年华诞·筑梦'邮'你"党建题材集邮展览。2022年，组织开展集邮线上双日（上新日、优选日）、2022集邮周等主题营销活动，实现集邮收入120万元。

（四）中邮文创

2021年，九龙坡邮政正式开办中邮文创业务，销售雁雁公仔、钥匙扣、挪车牌、多色笔和3D立体明信片等文创产品。2022年2月，销售冬奥会周边产品、纪念钞。同年，开发全国中邮文创联名款特色产品《吃茶去永川秀芽文创茶礼》。

（五）普通包裹

九龙坡邮政各邮政所自成立之日起，均可办理窗口包裹、校园包裹、军营包裹、家乡包裹、爱心包裹、母亲邮包等普通包裹业务。1986年5月，扩大包裹业务种类，新增民用、商品、大件商品、纸质包裹等包裹业务。1987年10月，对大件商品包裹收寄规格和标准作出规定：收寄省内直走火车和自办邮车邮电沿线的大件商品包裹，在特定情况下重量放宽至30千克，最大尺寸以能装入4号邮袋亦可。1995年4月，在收寄有大批大件商品包裹时，不经过市邮局，向外直封。1996年4月，实行"用户专用邮袋"。1997年，普通包裹量达18.69万件。2001年6月，A、B类地区投递机构对城市范围内单件重量不超过20kg的普通包裹按址投递；A、B类地区单件重量超过20kg的普通包裹，通过电话、短信或投递领取邮件通知单等方式通知客户到投递机构领取。截至2022年底无变化。

四、渠道业务

（一）增值业务

1986—2022年，九龙坡邮政增值业务主要涵盖代收费、代订票、警邮等业务。

代收费业务　1997年7月，九龙坡邮政开办代理收费业务，代理收取各类电话费、电费，杨家坪营业室成为首批为重庆市电信局代收电话费的储蓄所。2012年，九龙坡邮政所辖26个营业网点均开展代收费业务。截至2022年底无变化。

代订票业务　2003年10月，开办飞机票代理销售业务。2005年1月，黄桷坪和白欣路网点开办代理销售火车票业务，年均销售火车票5500余张。2020年，九龙坡邮政停止飞机票、火车票代售业务。

警邮业务　2018年，前进支路支局成为第一批开办警邮业务的网点，提供补换领机动车牌证、补换领驾驶证、申领6年内免检车辆检验标志、自助处理交通违法等交管服务。截至2022年，九龙坡邮政辖内共有8个网点开办警邮业务。

（二）分销业务

2009年，九龙坡邮政开办季节性产品与酒水饮料同步发展的分销业务。

2016年，与烟草公司合作，辖内17个网点启动烟草销售工作，实现分销收入99.23万元。2019年，"919电商节"期间，九龙坡邮政联动包裹业务发展，销售邮乐线上产品4.25万元。挖掘辖区特色产品，引进白市驿板鸭、硒贵米等产品，实现分销收入19.05万元。

2020年，引入重庆口味岛实业有限公司火锅底料分销业务为区域性项目，打造扶贫产品，新增万单扶贫大单品1个。

2021年，九龙坡邮政开展直播销售助农产品。助农扶贫产品"陶家青"花椒上架"学习强国"平台销售，销售金额5000元。

2022年7月，九龙坡区分公司与九龙坡区商务委合作开展县域商业体系建设，打造村级代收代投站点，获得项目建设补贴资金100万元。同年11月疫情封控期间，九龙坡邮政利用邮乐优选软件（平台），开展疫情保供蔬菜配送，助农销售5156单，约3.1万公斤，满足辖区内居民日常生活所需。全年分销业务规模达到1586.4万元。

（三）电信业务

1986—1997年，九龙坡区邮电局办理电报、电话业务。20世纪90年代，开办九龙坡邮政公众礼仪电报、传真电报及寻呼业务，与重庆市电信局共建两条电报直达交换线路，设在杨家坪邮电营业室和李家沱支局，同时，在黄桷坪支局、中梁山支局、南泉支局分别设置1条局域内话传电路；在杨家坪、黄桷坪、中梁山、李家沱、南泉等支局开办国内、港、澳、台和国际长途业务。杨家坪邮电营业室和李家沱支局报房范围内的进口电报，通过直接封装由摩托车投递，局域外的电报话传至局域内接收网点，封装后投递；杨家坪报房和李家沱报房范围内的出口电报由报房直接拍发出口，局域外的出口电报话传至报房出口。20世纪90年代后，电话业务电报线路改为双边带，电子电传，自动译报。1996年起，电报业务逐渐萎缩。至1997年邮电分营，电信业务移交重庆市电信局办理。

第三节　邮政网络

一、网络能力建设

（一）邮路

1986—1990 年，九龙坡区邮电局进出口邮件均由中心局组开市趸邮路进行邮件转驳，未设置县乡邮路，共设置投递段邮路 51 条，其中城区 37 条，农村 14 条。1990—1994 年，投递段邮路减少至 43 条，其中城区 33 条，农村 10 条。1995 年，共有城区投递段邮路 39 条。1996—2000 年，白市驿邮政支局设置 1 条县乡揽收邮路，投递段邮路增加至 68 条，其中城区 52 条，农村 16 条。1997 年，白市驿支局为加快窗口收寄邮件出口，自办汽车揽收邮路至今。

2000 年 10 月至 2007 年 4 月，主城 6 区邮政投递统一划归重庆市邮政递送局专业管理。

2007—2018 年，杨家坪营业部、石桥铺营业部分别设置 1 条揽收邮政营业窗口收寄邮件揽收邮路，增加至 3 条县乡邮路，投递段邮路增加至 92 条，其中城区 82 条，农村 10 条。2014 年，取消黄桷坪支局封发出口交接，自办邮路统一揽收，减少市趸邮路交卸点，加快邮件全程时限。

2018—2022 年，增加至 4 条县乡邮路，同时设置 4 条协议客户专揽邮路，投递段邮路增加至 165 条，其中城区 155 条，农村 10 条。市趸邮路均由中心局组开，自 2021 年起，城区揽投部进出口每日三个频次，城郊揽投部进口每日两个频次，出口每日三个频次。2022 年，九龙坡邮政共设 5 个邮件处理现场（8 个处理机构）、165 条邮路。自办邮路 7 条，其中，营业窗口收寄邮件揽收邮路 3 条，大宗协议客户揽收邮路 4 条。

（二）物流体系

2014 年，九龙坡邮政实施村邮站建设，共计建设 99 个（含中梁山街道和华岩镇）村邮站。2021 年，九龙坡区分公司与极兔、韵达、中通等快递企业签订邮快合作协议。同年，西彭、白市驿营业部重新选址扩建，建成覆盖周边乡镇的配送中心。农村投递区域全部实现揽投车辆汽车化。2022 年，九龙坡区分公司与九龙坡区交通局签订战略合作协议，双方在建制村综合便民服务站建设、疫情期间保通保畅等方面展开合作。

（三）作业场地

2018 年实施寄递改革后。九龙坡邮政揽投部完成整合，揽投部机构由 10 个机构优化为 8 个机构。2020—2022 年，生产场地再次完成整改扩建。并对柳背桥、经纬路、杨家坪、龙泉路、奥体作业现场完成物理整合，由 8 个生产作业场地整合为 5 个。减少邮区中心局市趸邮路交卸点，确保各类邮件运行时限加快。截至 2022 年底，九龙坡邮政共有 5 个生产作业处理场地：

杨家坪揽投部　2007 年，生产场地面积 380 平方米；2014 年，新租 450 平方米；2017 年，快递包裹专投段成立，新租 1000 平方米作为快递包裹投递使用；2019 年，新租 1490 平方米并将龙泉路、奥体营业部整合合并办公，2022 年，再次新租 1993 平方米将揽投部搬迁到新址。

石桥铺揽投部　2007 年，生产现场 350 平方米；2018 年，新租 1498 平方米。

柳背桥揽投部　由原城二速递物流公司柳背桥营业部和经纬路营业部组成。2018 年，柳背桥营业部生产场地面积 75 平方米，经纬路营业部 210 平方米；2019 年新租 1497 平方米，将 2 个营业部整合合并办公。

白市驿揽投部　2007 年，生产场地面积 54 平方米；2014 年，新租 390 平方米；2019 年新租 1410 平方米。

西彭揽投部　2007 年，生产场地面积 150 平方米；2014 年，新租 260 平方米；2019 年新租 1023 平方米。

（四）设施设备

邮政专用设备　1986—2000 年，九龙坡邮政营业和报刊收订电子化新增计算机 33 台，过戳机 2 台，邮资机 4 台。2007 年，各投递站配置投递终端和扫描枪共计 8 套。2014 年，集团公司集中采购手持终端 PDA 配置到各投递段。2017 年，九龙坡邮政将投递信息系统切换为新一代寄递业务平台，与移动通信公司合作，新增 104 台手持终端 PDA 进行试用。同年，为加快进口邮件处理，首先为杨家坪、石桥铺揽投部配置分拣皮带机；2019—2020 年先后为柳背桥、白市驿、西彭等 3 个揽投部配置皮带机，5 个揽投部均完成皮带机配置。截至 2022 年底，有收寄一体机、到件扫描仪各 5 台，打包机 9 台，PDA 235 台，电子面单热敏、袋牌等各类打印机 69 台，有线 / 无线扫描枪 29 把，蓝牙电子秤 235 台等。

运输设备　1986—2000 年，九龙坡邮政有邮政运输汽车 6 辆，摩托车 12 辆，自行车 28 辆。2011 年，九龙坡区邮政局决定对远郊投递员自购摩托车、助力车用于邮件投递，给予适当补贴，基本取消邮件投递步段。截至 2022 年底，有邮政运输汽车 44 辆，电动汽车 7 辆，电动三轮车 21 辆，摩托车 38 辆。

信息技术设备　1986 年起，九龙坡区邮电局通过配置或更新各类生产信息设备，丰富各项业务信息化运用。截至 2022 年底，现存本外币点钞机 72 台，柜外清和柜内清共计 140 台，ATM（自动取款机）61 台，ITM（智能柜员机）27 台，移动展业 6 台，高拍仪 70 台，存折打印机 70 台。

二、网运生产作业

（一）邮件接发

进口邮件　自 1986 年起，九龙坡邮政辖内各投递站点进口邮件，均由邮区中心局下行市趋车按照邮路运行点表到达指定投递点进行进口邮件报刊交接，内部处理人员根据邮车到达点表时间提前 10 分钟做好接车准备，确保市趋邮车到达后在规定时间内完成邮件交接。

2020 年，随着客户体验提升，手机项目、巡视专用信箱、录取通知书等重要邮件要求单封面交，第一时间处理和投递。

2021 年，随着特快专递提速，九龙坡邮政新增一个 1600 进口投递频次，进口邮件投递由之前两个频次增加为三个频次。

出口邮件 1986—1990 年，李家沱支局出口轻件邮件封发完成后，由指定人员带到黄桷坪支局交市邮局趋车带回市邮局赶发，南泉、道角、黄桷坪、杨家坪、石坪桥、中梁山邮政支局出口邮件封发处理完后，与市趋邮路车完成交接。

1990—2022 年，封发出口邮件按邮政支局为单位完成窗口收寄邮件封发出口处理，并交市趋网运车完成出口交接。

2021 年，根据集团公司总体安排，九龙坡邮政增加 1 个 1800 邮航特快专递出口频次，确保当日 18 点前揽投部收寄的特快专递和营业窗口收寄的各类邮件按时赶发。

截至 2022 年底，邮件接发频次无变化。

（二）邮件运输

1997 年之前，白市驿邮政支局自组第 1 条揽收邮路，每天一个频次，对下辖 6 个邮政所收寄的出口邮件转驳至白市驿支局完成邮件封发出口，每天全程运行 100 公里。

2014 年，黄桷坪邮政支局出口封发点和石坪桥邮政支局营业终了出口封发作业撤销，杨家坪城区支局下辖邮政所出口邮件集中到杨家坪邮政支局出口，杨家坪揽投部自组一条揽收邮路，每天两个频次负责揽收杨家坪城区支局辖区内 6 个邮政所收寄出口邮件，每天全程运行 78 公里。

2016 年，杨家坪揽投部组建 4 条揽收协议客户邮件邮路，每天为协议客户揽收一个频次送到指定集中收寄点，确保客户邮件全程时限，全程运行 186 公里。

2021 年，石桥铺揽投部新增 1 条揽收支局（所）收寄出口邮件邮路，每天三个频次转运营业窗口收寄邮件，全程运行 27 公里。

截至 2022 年底，九龙坡邮政邮路运输无变化。

（三）邮件投递

农村投递 1996 年，原巴县陶家、冬笋坝、西彭、白市驿 4 个具备投递服务的邮政支局、所划归九龙坡区邮电局后，陶家镇、石板镇、巴福镇、走马镇、金凤镇、含谷镇各设 1 名农村投递人员，铜罐驿设有 2 名农村投递人员，负责乡镇政府所在地报刊、邮件每天投递一个频次邮件，按址投递；行政村每周投递 2—3 次，投递到村委会。

2014 年，九龙坡邮政落实行政村"最后 1 公里"邮

件报刊投递，建成村邮站 99 个，覆盖面 100%，行政村及下辖社报刊和各类邮件投递到村邮站，各行政村村邮站均配置 1 名投递员完成报刊邮件转投。

2018 年，白市驿、西彭农村投递采取"特快专递＋快递包裹＋普通服务"方式组织投递，建制村邮件、报刊严格按照普遍服务标准，每周投递不少于 3 次。

2020 年，农村投递全部实行汽车化。2022 年，为提升党报党刊当日见报率，每周投递邮件、报刊 5 次的建制村占 60% 以上。

城市投递 九龙坡邮政辖区内的城区居民住户邮件报刊按址投递，单位（学校、院校）邮件报刊投递收发室，大宗单位设置专投段。

1988—1994 年，共设置城市投递 39 个，投递方式全部为混投，每天投递 2 个频次。

1995—2000 年，因行政区划调整共设置城市投递 76 个。

2000—2007 年，九龙坡邮政投递由重庆市邮政递送局专业化管理。

2007 年后，随着业务发展和城区开发城市，投递段增加至 112 个，普遍服务邮件按《中华人民共和国邮政行业标准（邮政普遍服务）》《国内邮件处理规则》和《中国邮政集团公司邮政普遍服务管理办法》规定的投递深度和投递频次组织投递作业，投递工具由自行车逐步更换为摩托车。

2015 年，普邮投递段全部实行摩托车投递，对于大宗单位邮件报刊仍实行专投。

2017 年，九龙坡邮政成立 36 个快递包裹汽车专投段，负责快递包裹邮件投递，每天投递 2 个频次。

2018 年，寄递改革后，快递包裹投递段 121 个，快递包裹汽车专投段同时承担特快专递和快递包裹投递作业，每天投递 2 个频次，特快专递邮件投递执行"按邮件封面书写的收件人地址投递"。

2021 年，结合全网时限提速，特快专递和快递包裹每天增加一个 1600 进口频次，实现每天投递三个频次。

2022 年保持不变。

三、网运管理

（一）组织管理

组织机构 2006—2017 年，网运生产调度挂靠市场部。2017 年 8 月运营管理部成立，负责辖区内网运调度和生产作业。2018 年 9 月区寄递事业部成立，运营管理部划归寄递事业部，负责网运管理。

生产作业管理 2007—2017 年，重庆邮政递送局撤销，投递环节回归重庆邮政城区二局，网运作业组织、投递生产作业归属发行投递公司管理。2017—2022 年，寄递运管部负责落实区分公司网运组织和投递生产作业安排。2020 年，九龙坡邮政开始优化揽投部生产作业管理，

按照集团公司《邮件处理中心现场管理规范》相关要求，执行生产现场"6S"规范管理。

（二）网运质量

1986—2022年，九龙坡邮政加强对网运质量的管控，运营质量逐步提升。2022年，特快及时妥投率完成99.54%；快包及时妥投完成99.62%；特快收寄及时率完成99.63%；快包收寄及时率完成99.43%；省内特快互寄次日递率完成99.05%；省内快包互寄次日递率完成97.46%；特快专递妥投预约投递率完成97.51%。

四、服务网点

（一）网点设置

1986年初，九龙坡区邮电局下设支局（室）6个、邮电所12个。截至2022年底，九龙坡邮政设4个支局、26个邮政网点，其中代理金融网点23个、纯邮政网点3个。

表9-3-3-1

1986—2022年九龙坡邮政局所一览表

序号	局所名称	经营性质	经营属性	设置地点	备注
1	九龙坡区邮电局	自办	城市	九龙坡区杨家坪正街18号	1995年5月19日撤销
2	中梁山邮电支局	自办	城市	九龙坡区中梁山半山村41栋	1990年4月1日，划入大渡口区局
3	石桥铺支局	自办	城市	—	1995年4月，从沙坪坝区邮电局划入
4	歇台子邮政支局	自办	城市	九龙坡区渝州路99号	—
5	巴福邮政所	自办	农村	九龙坡区巴福镇西和路9号附7、8、9	—
6	蟠龙邮政所	自办	城市	九龙坡区石坪桥盘龙村4号附25、26号	2014年5月8日，更名为"盘龙邮政所"
7	前进支路邮政所	自办	城市	九龙坡区杨家坪前进支路1号附15号	2013年9月16日，升格为前进支路支局
8	石桥铺邮政支局	自办	城市	九龙坡区石杨路17号附29号	—
9	含谷邮政所	自办	农村	九龙坡区兴谷路59号附44至46号	2013年9月16日，升格为含谷支局
10	石板邮政所	自办	农村	九龙坡区石板镇长青路9号附1号	—
11	走马邮政所	自办	农村	九龙坡区走马新街60号附12至16号	—
12	珠江路营业所	自办	城市	九龙坡区珠江路22号	2021年12月11日撤销
13	石坪桥邮政支局	自办	城市	九龙坡石坪桥正街62号	—
14	西郊路邮政所	自办	城市	九龙坡区杨家坪前进路53号	—
15	杨家坪邮政支局	自办	城市	九龙坡区杨家坪正街18号	—
16	华龙大道邮政所	自办	城市	九龙坡区华龙大道4号附125号	—
17	兰花邮政所	自办	城市	九龙坡区兰花5小区5号附10号	—
18	埝山苑邮政所	自办	城市	九龙坡区歇台子科园一街62、64号	—
19	石小路邮政所	自办	城市	九龙坡区石小路205号第一营业厅	—
20	直港大道邮政所	自办	城市	九龙坡区直港大道珠江花园81号	2014年7月18日撤销
21	油库邮政所	自办	农村	九龙坡区华龙大道4号18栋（A5—7和A5—23号）	2011年11月29日，更名为"华龙大道邮政所"
22	冬笋坝一所邮政所	自办	农村	九龙坡区冬笋坝菜市街3号	2011年7月28日撤销
23	陈家坪邮政所	自办	城市	九龙坡区朝田村200号绅帝大厦A座	2014年7月18日撤销
24	下石桥邮政所	自办	城市	九龙坡区杨家坪西郊三村1号4栋负一层附4号	2014年6月26日撤销
25	白市驿新街邮政所	自办	农村	九龙坡区白市驿镇白新街134号	—
26	前进支路邮政支局	自办	城市	九龙坡区杨家坪前进支路1号附15号	—

序号	局所名称	经营性质	经营属性	设置地点	备　注
27	含谷邮政支局	自办	农村	九龙坡区兴谷路 59 号附 44 至 46 号	—
28	盘龙邮政所	自办	城市	九龙坡区云龙大道 8 号附 96 号	2020 年 11 月 23 日迁入该地址
29	黄桷坪邮政支局	自办	城市	九龙坡区黄桷坪搬运东村 117-2 号	2015 年 3 月 11 日，迁址更名（原名石新路邮政所）
30	石新路邮政所	自办	城市	九龙坡区石新路 33 号 7 幢渝州五金机电城 1 区负一楼一号	2018 年 11 月 6 日，迁址更名（原名黄桷坪邮政支局）
31	金凤邮政代办所	自办	农村	—	2019 年 11 月 14 日更名（原名金凤邮政代办所）
32	白云路邮政所	自办	农村	九龙坡区西彭镇白云路 45 号附 3、4、5 号	—
33	西彭邮政支局	自办	农村	九龙坡区西彭镇铝城南路 1 号附 9、10 号	—
34	陶家邮政所	自办	农村	九龙坡区陶家镇陶兴路 66 号	—
35	元明邮政所	自办	农村	九龙坡区西彭镇元明街 2 号附 4 号	—
36	冬笋坝邮政支局	自办	农村	九龙坡区冬笋坝（铜罐驿青果村 454 号）	—
37	南站邮政所	自办	城市	九龙坡区铁路三村 215 号	2015 年 12 月 2 日撤销
38	科园路邮政所	自办	城市	九龙坡区科园二街 11、13 号	2016 年 8 月 30 日撤销
39	白市驿邮政支局	自办	农村	九龙坡区白市驿镇白欣路 22 号	—
40	九龙园区邮政所	自办	城市	九龙坡区九龙园区火炬大道 13 号 1、2 栋附 5、6 号	—
41	杨家坪主城区支局	自办	城市	九龙坡区杨家坪正街 18 号 504	—
42	高新主城支局	自办	城市	九龙坡区歇台子科园一街 62、64 号	—
43	白市驿主城支局	自办	城市	九龙坡区白欣路 22 号	—
44	西彭支局	自办	农村	九龙坡区西彭镇铝城南路 1-1 号	—
45	金凤邮政所	自办	农村	九龙坡区金凤镇平安街 2 号附 11 号	—
46	香榭里邮政所	自办	城市	九龙坡区香榭街 55、57 号	—

（二）社会加盟站点

便民服务站　2015 年，九龙坡邮政上线邮政便民服务站新版系统，2016 年全面推广。截至 2022 年底，九龙坡邮政累计 74 个站点开通代投邮件业务，53 个站点实现批销下单，16 个站点常态化开展代收水电费业务。

村邮站　2014 年前，九龙坡农村地区邮件报刊投递直送村委会，收件人自行领取。截至 2022 年底，建立村邮站 86 个，初步实现邮件妥投到户。

邮乐购站点　2016 年 11 月，九龙坡邮政新增 29 户邮乐购店，完善 34 个站点信息，打造 10 个优质邮乐购站点和 10 个社会代投点。2022 年，九龙坡邮政有系统站点 74 个，代收代投点转换邮乐站点 18 个，新建村级站点 10 个。

第四节　邮政管理

一、财务管理

1986—1997 年，邮电合营期间，邮电财务核算管理工作实行邮电部—省邮电管理局—市（地、州）邮电局—县（市、区）邮电局管理体制。1986 年，九龙坡邮政实行《邮电通信企业会计制度》。1993 年 7 月，实行《邮电通信企业会计制度》《邮电通信企业财务制度》。2000 年以后，实行《企业财务会计报告条例》《企业会计制度》。2014 年，九龙坡邮政推进并适应营改增，完成增值税增项、发票申购等工作，网点机打冠名发票从地税发票向国税发票成功转换。同年，全面完成对全资公司重庆鸿昌宾馆有限公司清理注销。2015年，因集团公司法人体制改革，九龙坡邮政重新确认房地产权等信息。同年，市分公司成立会计核算中心，九龙坡邮政财务管理从核算会计向管理会计转型。2018年，九龙坡邮政建立寄递邮政账并开立银行账户，实现邮政（含寄递）、寄递等多口径财务管理与分析。2021—2022年，以预算为纲，强化战略绩效及"十佳企业"指标过程管理，连续两年获得"十佳企业"称号。

二、人力资源管理

（一）队伍建设

1986年末，九龙坡邮电局从业人员208人。1997年邮电分营后，九龙坡邮政局从业人员增至238人。2003年末，从业人员288人。2008年，从业人员230人。2018年寄递改革后，九龙坡邮政从业人员增至317人。截至2022年末，九龙坡邮政从业人员294人。

1986—2022年，九龙坡邮政通过制订各类方案和政策、交流、轮岗等方式加强人才队伍建设。2014年4月，九龙坡邮政出台《九龙坡区邮政局人才储备培养方案》。2015年，选拔任用4名中层负责人，分（支）局正副局长及助理9人、所主任8人，职能与基层管理人员轮岗交流2人，借调转型大使岗位2人。2020年11月，出台《中邮九龙坡区分公司人才队伍建设与培养方案》。2021年3月，出台支局长、所主任选拔管理办法，修订领导人员管理规定和任免工作程序，同年提拔4名中层负责人。2022年11月，出台《中国邮政集团有限公司重庆市九龙坡区分公司大学生员工入职培养实施细则》。2022年，九龙坡邮政配置理财经理28人、内训师8人。

（二）教育培训

2012年，九龙坡邮政加大对从业人员从业资质要求。自2013年起，九龙坡邮政开展员工职业技能鉴定、学历教育提升以及金融持证培训等工作。2014年，九龙坡邮政与陆家嘴公司合作开展网点转型培训，提升理财经理专业能力。自2020年起，九龙坡邮政按年制订员工培训计划并组织实施，培训对象覆盖全员。2021年，开展培训近100期，约7200人次参培。2022年，聘任专业技术资格24人，邮政通信职业高技能持证人数87人。

（三）薪酬管理

1988—1991年，九龙坡邮政执行标准工资制。1993—2000年，执行岗位技能工资制。2001—2007年，执行"一岗一薪"岗位工资制。2008年11月，根据《重庆市邮政企业薪酬制度改革实施方案》，实施薪酬制度改革，建立以岗位管理为基础的一岗多薪宽带薪酬体系；规范岗位职级体系，对岗位实行分序列管理；规范津贴补贴项目，建立员工工资正常增长机制；强化薪酬发放及流程规范管理，严肃薪酬分配纪律。

2020年，九龙坡邮政结合人工成本预算，按照"以岗定薪"的原则，重新设计各岗位人员薪酬水平及发放构成。2021年，优化金融业务奖励分配办法，根据员工个人业务积分进行奖励分配，鼓励多劳多得。2022年，进一步完善员工薪酬绩效体系，修订员工岗位绩效管理办法、战略绩效考评办法以及重点业务积分和各贡献类业务竞赛活动，发挥绩效指挥棒作用。

三、服务质量管理

（一）营业服务

1986—1998年，九龙坡邮政服务面积424平方公里，服务人口从50多万增加到68.8万人。

1999—2022年，九龙坡邮政服务面积432平方公里，服务人口从约70.1万增加到2022年153万人，服务对象辖9个街道和10个镇。

1999年，九龙坡邮政部分邮政所开始使用单点电子化支局系统，主要实现挂信、包裹类邮件收寄电子化。2005年8月，电子化支局系统联网上线后，所有邮政所业务办理实现电子化，2021年，电子化支局系统停用，使用新一代营业渠道系统。

2022年，九龙坡邮政所辖26个营业网点均设置对外服务窗口。除金凤邮政所外，其他营业网点均每周营业7天，每天营业时长均达到或超过8小时（因金凤邮政所于2019年由代办转为自办，属于乡镇邮政所，结合当地用邮量和邮政普遍服务标准规定，确定金凤营业时间为每周营业6天、每天6小时，并报重庆市邮政管理局四分局审批备案）。营业时间均达到邮政普遍服务标准。各邮政所均按照集团规定邮政资费标准严格执行。

（二）普遍服务与特殊服务

2020年5月以前，九龙坡邮政普遍服务工作职责归市场营销部。自2020年5月起，服务质量部（普遍服务部）作为独立部门负责普遍服务工作。主要从邮政设施、服务时限、服务环节、用户投诉和赔偿5个方面加强普遍服务工作检查与管理；负责组织每年营业（普服）人员培训；开展营业窗口服务体示范网点建设等工作，促进营业窗口服务提升，提高普遍服务水平。

截至2022年底，九龙坡邮政26个邮政网点均提供义务兵平常信函、盲人读物、革命烈士遗物免费寄递等特殊服务业务。

（三）监督检查

2004年，重庆邮政城区二局单独设置邮政业务检查室，加强对服务工作、市场监管、服务质量监督检查。2019年5月，九龙坡邮政出台《中邮重庆市九龙坡分公司服务质量监督检查管理办法》，明确监督检查工作职责、强化履职考核。2020年，配备视察检查人员。2022年，九龙坡邮政从管理规范、操作规范、服务规范3个方面对营业环节进行严格要求，实行无纸化检查模式，推行服务质量监督检查信息系统手机APP应用，视察检查和业务检查人员全面应用手机 APP 开展现场定位检查工作。

四、安全管理

1986—2022 年，九龙坡邮政通过人防、物防、技防 3 个方面不断完善安保措施。自 2012 年起，九龙坡邮政逐级签订安全责任书。2020 年 5 月，出台《中邮九龙坡区分公司安全生产主体责任落实规范清单》。同年 7 月，出台《中邮九龙坡区分公司安全生产专项整治三年行动实施方案》。2021 年 8 月，九龙坡邮政印发员工岗位安全职责清单，同年 10 月，制订"平安邮政"考评方案。2022 年 10 月，九龙坡邮政修订安全生产委员会及机构组成和职责。

2007—2022 年，九龙坡邮政逐步落实安全防范设施建设，增加、改建安防硬件设施；制订年度安全培训计划，做好员工安全教育工作；开展各项安全生产专项排查和案件风险排查。2016 年起，九龙坡邮政每年组织两次消防知识培训和演练。2021 年，重点强化营业和运输环节安全防范。2022 年，九龙坡邮政推行"两单两卡"，即岗位风险清单、岗位职责清单、岗位操作卡、岗位应急处置卡，进一步落实一线岗位从业人员安全生产责任。

五、党群管理

（一）党组织

1973 年 12 月，九龙坡邮电局建立九龙坡区邮电局党支部，由重庆市邮政局党委领导。1978 年 1 月，扩大为党总支。1996 年 6 月，将下设党支部调整为职能一支部、职能二支部、联合一支部、联合二支部和退休职工支部。2017 年 12 月，设立中共中国邮政集团公司重庆市九龙坡区分公司委员会，由重庆邮政党委领导，并受九龙坡区经济和信息化委员会管理。下设职能一、职能二、职能三、杨家坪片区、高新片区、白市驿西彭、退休 7 个党支部，中共党员 102 人。2020 年，更名为"中共中国邮政集团有限公司重庆市九龙坡区分公司委员会"（简称九龙坡邮政党委），下设综合职能、市场经营、杨家坪主城区支局、高新主城区支局、白市驿主城区支局、西彭支局、寄递事业部 7 个党支部。2022 年，九龙坡邮政有中共党员 84 人、预备党员 2 人。

1986—2016 年，九龙坡邮政党建工作由综合办公室党务干事负责。2016 年，党委党建工作部成立，负责党建工作。2018 年，开展"大学习、大讨论、大落实"活动。九龙坡邮政按照统一部署，先后组织开展一系列党内集中主题教育。2019 年，开展"不忘初心、牢记使命"主题教育和"兴调研　转作风　强能力"作风建设专题活动。2021 年，开展党史学习教育、"三亮三比三评"主题实践活动和模范机关创建活动。2020 年，新冠疫情爆发，全体党员逆行而上，坚守岗位，为辖内居民投递包裹、教材，运送蔬菜等，在邮政通信、保供保通保畅工作上发挥党员先锋模范作用和基层党组织战斗堡垒作用。2020—

2022 年，九龙坡邮政组织"社会主义核心价值观主题实践教育月"活动，常态化开展"学雷锋"志愿服务，助推九龙坡全国文明城区创建；开展"讲好邮政故事"演讲比赛和"员工大讲堂"宣讲活动。2021 年，根据市国资委党委文件精神，九龙坡邮政达到市级文明单位标准。

（二）纪律检查

1986—2022 年，九龙坡邮政持续推进廉洁文化建设，常态化开展纪律教育活动；聚焦政治监督，充分发挥"监督保障执行、促进完善发展"作用，着力营造风清气正的政治生态。

1998 年 2 月，九龙坡邮政局组建中共重庆市九龙坡区邮政局第一届委员会和中共重庆市九龙坡区邮政局第一届纪律检查委员会。

2016 年 8 月，根据《关于印发中国邮政集团公司重庆市分公司党的工作和纪检监察机构设置及人员编制方案的通知》，九龙坡邮政成立党委办公室，与综合办公室合署办公。配备专（兼）职党建工作人员和专职纪检监察工作人员，在原有管理人员编制数内调配。2017 年 7 月，根据市分公司《关于印发重庆市城片区和区县分公司机构编制方案的通知》，设立党委党建工作部（监察室）。2020 年 3 月，按照市分公司《关于调整重庆邮政企业纪检监察机构设置的通知》，九龙坡邮政撤销监察室，统一设立纪委办公室，仍与党委党建工作部合署，人员编制不变。截至 2022 年未发生变化。

（三）工会

1986—1997 年，九龙坡邮电局工会由中国邮电工会重庆工委领导。1997—2006 年，由中国邮电工会重庆市邮政委员会领导。2007—2012 年，重庆邮政城区二局工会由中国邮电工会重庆市邮政委员会领导。2013 年，由重庆市邮政公司工会委员会领导。职工代表大会三年一届，每年 1—3 次会议，随行政换届时间同时进行换届。

1986—2022 年，九龙坡邮政开展劳动竞赛，文体，冬送温暖、夏送清凉等活动以及"建家"工作。2016 年，实现分（支）局"职工小家"建设全覆盖，配置厨具、乒乓球桌等设施。2018 年，九龙坡邮政在办公大楼设置"妈咪爱心小屋"，配置冰箱等母婴设施。2019 年，九龙坡邮政成立篮球、瑜伽、垂钓等兴趣小组。2021—2022 年，提档升级职工小家和员工午餐补贴标准。

（四）团组织

1985 年 7 月 1 日，九龙坡区邮电局成立九龙坡区邮电局共青团总支委员会。1997 年，设立九龙坡区邮政局团支部。1998 年，共青团九龙坡区邮政局团委成立。2007 年，更名为"中国共产主义青年团九龙坡区邮政局委员会"。2015 年，更名为"共青团中国邮政集团公司重庆市九龙坡区分公司委员会"。2020 年，更名为"共青团中国邮政集团有限公司重庆市九龙坡区分公司委员会"。

2021年，九龙坡邮政设立共青团管理和青年工作专业管理岗。设团委书记1名、组织委员1名、宣传委员1名，下设杨家坪、高新、白市驿3个团支部，分别设立团支部书记1名。

2018年5月，九龙坡邮政开展"青春在邮路上闪光"体验分享活动，组织青年员工跟班投递参与邮路体验，实地参与服务农村农民社会实践，展现邮政青年新时代新风貌。同年6月，开展"建功新时代·展现新作为"青年文明号开放周活动。2019年5月，开展"我文明、我服务"志愿者服务活动。2022年3月，九龙坡邮政开展"团徽闪耀庆百年·邮政青年跟党走"庆祝建团100周年主题作品征集活动。

（五）荣誉

2000年，九龙坡区邮政局被重庆市委、市政府授予"重庆市级文明单位"称号；杨家坪营业室、冬笋坝邮政支局被重庆市妇女联合会、重庆市青年文明建设委员会办公室授予"巾帼文明示范岗"称号；杨家坪营业室被重庆市总工会授予"百佳女职工班组"称号；共青团九龙坡区邮政局团被共青团市委授予"五四红旗团委"。

2002年，杨家坪营业室、歇台子邮政所被团市委授予"重庆市十佳青年文明号"称号。

2003年，九龙坡区邮政局被重庆市委、重庆市政府授予"最佳文明单位"称号。

2014年，九龙坡邮政被中国邮政集团公司、中国邮政总工会授予"全国邮政系统先进集体"称号；黄桷坪女子投递组被重庆市工会授予"工人先锋号"称号。

2021年，杨家坪邮政支局、前进支路邮政支局被共青团中央认定为"一星级全国青年文明号"。

柳背桥营业部被共青团中央、应急管理部评选为"2022年度全国青年安全生产示范岗"。

第四章　大渡口邮政机构

第一节　机构沿革

一、机构演变

（一）计划单列时期

1986年，重庆市大渡口区邮电局归属重庆市邮政局管辖。

1990年4月，九龙坡区邮电局下属中梁山邮电支局划入大渡口区邮电局。同年，中梁山支局由九龙坡区局划归大渡口区局管辖。

1995年12月，重庆市行政区划调整，相应调整邮电分支机构，原巴县跳磴镇地区划归大渡口区管辖。

（二）邮电分营时期

1997年7月，国家邮电部在重庆进行邮电体制改革，实行邮电分营试点，撤销大渡口区邮电局，设立大渡口区邮政局，隶属重庆市邮政管理局。

2003年2月，市邮管局实行城、片区邮政企业经营管理体制，大渡口区邮政局与九龙坡区邮政局合并为重庆邮政城区二局，仍保留大渡口区邮政局名称。

（三）政企分开时期

2007年2月，重庆邮政企分开，实行公司化运营。同年9月，"大渡口区邮政局"更名为"重庆市邮政公司大渡口区邮政局"，仍与重庆市邮政公司九龙坡区邮政局合并为城区二局，隶属重庆市邮政公司。同年12月，中国邮政储蓄银行重庆大渡口区支行成立，大渡口邮政受邮储银行大渡口支行委托开办代理金融业务。

2009年1月，重庆市邮政速递物流专业正式运行新的专业化经营机制，组建重庆市速递物流公司城二分公司。2010年6月，更名为"重庆市速递物流有限公司城二分公司"。

2012年8月，重庆市邮政公司撤销重庆邮政城区二局，设立重庆市邮政公司大渡口区邮政局，隶属重庆市邮政公司。

2015年4月，中国邮政集团公司法人体制改革，"重庆市邮政公司大渡口区邮政局"更名为"中国邮政集团公司重庆市大渡口区分公司"，由中国邮政集团公司重庆市分公司管理。同月，"重庆市速递物流有限公司城二分公司"更名为"中国邮政速递物流股份有限公司重庆市城二分公司"。

2017年6月，根据市分公司机构编制方案，中国邮政集团公司重庆市大渡口区分公司成立，调整优化内设部门主要职责及人员编制。

2018年9月，中国邮政速递物流股份有限公司重庆市城二分公司并入大渡口区分公司，成立大渡口区寄递事业部（新增"中国邮政速递物流股份有限公司重庆市大渡口区分公司"牌子），下设寄递综合部、寄递市场部、寄递运管部。

2020年4月，"中国邮政集团公司重庆市大渡口区分公司"更名为"中国邮政集团有限公司重庆市大渡口区分公司"，归中国邮政集团有限公司重庆市分公司管理，

2022 年沿用此名，管理体制不变。

截至 2022 年底，中国邮政集团有限公司重庆市大渡口区分公司内设综合办公室（党委办公室、安全保卫部，下挂人力资源部）、工会、市场营销部（下挂客户营销中心）、服务质量部（普遍服务部）、财务部、党委党建部（纪委办公室）、金融业务部（中邮保险中心）、集邮与文化传媒部、渠道平台部。

二、主要领导

表 9–4–1–1

1986—2022 年大渡口邮政主要领导人员名录

单位名称	姓　名	职　务	任职时间
大渡口区邮政局	杨邦林	局长	1997.8—2001.1
	李开明	党委书记	1997.9—2001.1
	岑学元	局长	2001.1—2003.2
	李维芬	党委书记	2001.2—2003.2
重庆邮政城区二局	雷　春	局长	2003.2—2008.8
	徐　益	党委书记	2003.2—2007.3
	王　洪	局长	2008.8—2010.4
	徐　益	党委书记	2007.3—2012.6
	王　宏	副局长（主持工作）	2010.4—2011.7
	王　宏	局长	2011.7—2012.6
重庆市大渡口区邮政局（隶属重庆邮政城区二局）	袁松华	局长	2003.2—2007.3
大渡口区邮政局	胡林莉	副局长（主持工作）	2012.6—2013.6
		局长	2013.6—2015.6
		党委书记	2013.6—2016.9
中国邮政集团公司大渡口区分公司		总经理	2015.6—2016.9
	陈　涛	党委书记、总经理	2016.9—2022.3
中国邮政集团有限公司大渡口区分公司	罗　斌	党委书记、总经理	2022.4—

第二节　邮政业务

一、金融业务

（一）储蓄汇兑

1. 储蓄业务

1986 年，大渡口区邮电局恢复开办储蓄业务，日均储蓄额达 0.3 万元，储蓄余额稳步增长。1997 年，大渡口邮政期末储蓄余额 5239.73 万元。1999 年，大渡口邮政期末储蓄余额 7445 万元。2000 年，大渡口邮政期末储蓄余额 8652 万元。2001 年，大渡口邮政期末储蓄余额突破 1 亿元，达 1.44 亿元。2016 年，大渡口区分公司新增 ATM（自动柜员机）8 台、CRS（自助存取款一体机）11 台，实现自助设备网点全覆盖。同年，大渡口邮政期末储蓄余额突破 14 亿元。2019 年，大渡口区分公司期末储蓄余额突破 20 亿元。截至 2022 年底，大渡口区分公司共有 ATM 10 台，CRS 19 台，存折取款机 10 台，ITM（智能柜员机）10 台，期末储蓄余额达 28 亿元。

2. 汇兑业务

1986 年，大渡口邮政仅开办汇款、取款业务，全年实现汇兑业务量 12.51 万张。1999 年，大渡口区邮政局开办邮政入账汇款和邮政礼仪汇款。2001年，大渡口区邮政局营业室、九宫庙支局、新山村邮政所、茄子溪支局、中梁山支局、田坝邮政代办所6个营业点实现汇兑业务电子化，结束汇款手工操作、单册传递传统做法。2002年，大渡口区邮政局全面开通电子汇兑业务，邮政进入汇兑电子化新时代。2005年，大渡口区邮政局辖区网点实现邮政储汇两网连通。2006年，大渡口区邮政局辖区邮政支局（所）均成为电子化支局联网网点。截至2022年底，大渡口区分公司9个邮政支局（所）均开办汇兑业务。

（二）中间业务

2000年，大渡口区邮政局代发养老保险10400户，月代发金额436.16万元，代理保险业务保费9.48万元。2001年，大渡口区邮政局开办代理销售凭证式国债。2004年，重庆邮政城区二局业务处理系统全部剥离上线，包括国债业务、代收电费、代收电信资费、代收联通手机费、预存代扣、批量代发、代扣业务。2006年，大渡口区邮政局开办代理基金业务。2012年，大渡口区邮政局推进网点转型，打造大堂经理和理财经理队伍。同年，加大对从业人员从业资质要求，网点由"以产品为中心"单一模式向"以客户为中心"综合性营销模式转变。2015年，大渡口区分公司代理保险保费突破6000万元。2018年，大渡口邮政由"做储蓄"向"做生态"转型发展，代理保险业务向中长期期交转型发展。同年，期交保费突破1200万元。2020年，大渡口区分公司基金年销量突破3000万元。2022年，大渡口区分公司中间业务拓展至代销基金、代销理财、代理国债、代理保险、代发养老金、代发工资、个人养老金等20余项业务。

（三）风控合规

2016年，大渡口区分公司成立合规检查小组，对辖区内邮政支局（所）进行合规检查，全年未发生各类资金票款风险事件。2017年，大渡口区分公司完善巩固代理金融风险管控体系，落实金融资金安全管理责任制，层层签订资金安全和案防工作责任书，制订和完善检查工具，提升检查规范性和可操作性，强化合规检查队伍管理，全年未发生重特大金融安全责任事故和各类案件。2020年，大渡口区分公司完善风险防控制度、机制、目标和应急预案，形成制度完善、责任明确、运转顺畅的风险防控体系和运行机制。2021年，大渡口区分公司共组织合规培训12期，参培人员524人次。2022年，大渡口区分公司开展代理金融风控合规"雷霆行动"。截至2022年底，大渡口邮政未发生金融风险事件。

二、寄递业务

（一）特快专递

1986年，大渡口区邮电局开办EMS业务（邮政特快专递服务），为用户传递国际、国内紧急信函、文件资料、金融票据、商品货样等各类文件资料和物品。1988

年，大渡口区邮电局增加代客包装、代收货款等综合延伸服务。1997年，大渡口区邮政局国内特快专递业务量1.76万件。2019年，大渡口区分公司营销中心成立政务、商企、国际和物流营销团队，对重点客户100%走访，全年揽收特快专递邮件6.2万件（含寄递事业部）。2020年，大渡口区分公司主动对接区教委，开展中小学教材配送工作，共为4所中小学配送学生教材6584套。同年，大渡口区分公司印发中邮重庆大渡口分公司众创众享实施方案（试行），推进寄递业务众创众享经营模式，实施团队作业、协同作战，派专人驻点写字楼、商圈，提供寄递服务，增强在核心商圈的竞争能力。2021年，大渡口区分公司推进开展特快"1号工程"项目，重点发展特快业务，开展劳动竞赛，全年完成特快专递业务量49.26万件。截至2022年底，大渡口邮政特快专递服务业务包括省际特快业务（EMS标准快递服务、EMS经济快递业务、EMS增值业务）和同城特快业务。全年完成特快专递业务量119.35万件。

（二）快递包裹

2015年6月，大渡口区分公司国内小包和电商小包整合升级为快递包裹。2016年，大渡口区分公司快递包裹业务量28.21万件。2017年，大渡口邮政快递包裹业务量145.54万件。2019年，大渡口区分公司快递包裹业务量127.68万件。2020年，疫情期间，大渡口区分公司深度开展大客户走访，全年实现快递包裹业务量116万件。2021年，新增快递包裹协议客户35户，全年揽收快递包裹业务量208.69万件。2022年，大渡口区分公司新增快递包裹协议客户32户，全年揽收快递包裹业务量364.47万件。

（三）物流业务

2017年，大渡口区分公司开办同城配送服务。2018年，大渡口区分公司开发制造业物流项目。2019年，大渡口区分公司成立物流营销团队，运用物流园保税仓"仓储＋寄递"的方式，引入进口贸易客户，开展国际进口保税邮件落地配业务。2020年，大渡口区分公司扩大同城市场，完成全年预算目标433.14%。2021年，大渡口区分公司围绕汽车产业链、医药、快消品等行业，推动物流业务发展。2022年，大渡口区分公司启动涉车物流业务，全年物流增幅列城片区第2位。

（四）国际业务

1988年3月，大渡口区邮电局九宫庙支局恢复办理国际快递函件业务。1997年，大渡口区邮政局国际函件业务量1.33万件。2018年，大渡口区分公司依托中欧班列（渝新欧），实现国际业务收入347.31万元。2019年，大渡口区分公司开发国际E邮宝业务延伸，国际业务实现收入694.70万元。2021年，在国外疫情持续严重时期，大渡口邮政发挥中欧班列（渝新欧）巨大通道优势，吸引客户通过铁路运邮,大渡口区分公司实现国际业务量16万余件。2022年,大渡口区分公司开展"大起底、大走访、大开发、大签约"活动,成立专职营销团队,针对国际贸易园区、跨境电商产业园、保税园区、龙头出口企业等目标市场和本区域客户,宣传国际中速非邮渠道产品,实现国际业务量7万余件。

三、文传业务

(一)函件业务

1986年,大渡口区邮电局平常函件出口量146.94万件,进口量118.53万件,转口3.78万件。给据函件出口量31.54万件,进口量26.25万件,转口0.23万件。1997年,大渡口区邮政局国内函件业务量184.05万件。2001年,大渡口区邮政签订协议客户3户;销售重钢企业明信片1万枚,小南海水泥厂邮资信封1万枚,重庆电机厂商业信函0.4万封,企业金卡、定制型明信片、商业信函三项业务实现了"零"的突破。同年,大渡口邮政与区教委联合,开展"百万青少年申奥签名"活动,销售签名明信片1.8万枚;开展专项营销活动,销售纪念建党80周年《光辉的历程》纪念册2100册。

2002年,大渡口邮政签订重钢技校、胜勇公司等协议客户,定制邮资信封2万枚,明信片3万枚,形象年册200册。2007年,重庆邮政城区二局,开展邮政贺卡专项营销活动完成77.65万元,其中定制型52.46万枚。2014年,大渡口区邮政局函件业务完成收入170.54万元,其中邮资封片完成收入46.49万元。2015年,大渡口区分公司传统函件业务向媒体广告业务转型,全年函件业务量24.6万件,实现收入117.2万元。2017年,大渡口区分公司函件业务量18.3万件,实现收入106.69万元。2018年,大渡口区分公司与中国电信、中国移动、沙坪坝区体育局等合作,发展包裹贴、包裹柜等媒体业务,实现收入300万余元。2019年,大渡口区分公司成功进入重庆电信、联通、移动、体彩、广电等企业采购目录,函件业务实现收入86.8万元。其中大渡口区分公司组织开展"我和我的祖国"封片定时寄、车友尊享会等主题营销活动,实现收入25.2万元。2020年,大渡口区分公司函件业务实现收入131.90万元,实现媒体收入75万元。2022年,大渡口区分公司签订重庆天辉广告传媒有限公司、四川峰岭文创文化传播有限公司等协议客户,开展会展、涉车传媒、腾讯广告等媒体广告业务,全年实现收入189.3万元。

(二)集邮业务

集邮业务是邮政传统业务。1997年,大渡口区邮政局借重庆直辖、香港回归,以及全国邮展在渝举办之机,积极销售集邮票品,实现收入540万元。2007年,重庆邮政城区二局实现集邮收入451万元,其中邮票收入119万元,邮品收入326万元,其他集邮收入6万元。2017年,集邮业务由简单集邮品销售向集邮文化传播转型,集

邮进校园、军营,大渡口区分公司组织开展"丁酉年生肖品鉴会"暨邮政"VIP"客户答谢、"520·我爱投资汇—集邮收藏沙龙"、"重庆直辖20周年暨大渡口第三届钱币文化展览会"等活动,全年实现收入429.8万元。2018年,大渡口区分公司在大渡口区山川路双山实验小学开办"双山实验小学红领巾邮局"。2019年,大渡口区分公司开展"己亥年"生肖邮票首发活动、第五届钱币文化品鉴会、《金庸小说人物》邮折微营销活动、2019集邮周"少邮所学"主题活动等,全年实现收入418.4万元。2021年,大渡口区分公司推进业务转型发展,借助集邮上新日活动推进线上平台销售。2022年,大渡口区分公司与区博物馆联合举办《壬寅年》生肖邮票首发式,组织开展集邮线上双日(上新日、优选日)、2022集邮周等主题营销活动,实现收入335.44万元。

(三)报刊业务

1987年1月,大渡口区邮电局借用张家院电器修理店作为邮政报刊门市开展报刊业务发展。1997年,大渡口区邮政局订阅杂志34.57万份,报刊流转额339.1万元。1999年,大渡口区邮政局报刊收入86.7万元。2009年,重庆邮政城区二局报刊收入340万元。2016年,大渡口区分公司报刊业务收入197.4万元。2019年,大渡口区分公司报刊业务实现收入203.32万元,其中开展"全民阅读"活动之惠民书展,实现收入4.7万元。2020年,大渡口区分公司报刊业务实现收入219.20万元,其中拓展零售图书、电影客户和代理渠道,销售图书卡27万元。2021年,大渡口区分公司报刊业务收入231.52万元,开展实地走访辖区内46家政企单位,实现党建图书销售收入45.42万元,补续订收入流转额10.23万元。2022年,大渡口区分公司报刊大收订累计完成报刊流转额849.08万元。

(四)中邮文创

2021年,大渡口区分公司正式开办中邮文创业务,销售《辉煌岁月——方寸天地见证大国崛起》《辉煌岁月——主题性流通纪念币珍藏套装》等文创产品,实现收入1.92万元。2022年,大渡口区分公司组织开展冬奥会产品、"与虎谋啤·清凉一夏"等专项营销活动,销售"冰墩墩"、槑如斯精酿啤酒等文创产品实现收入18.9万元。

(五)普通包裹

普通包裹包括窗口包裹、校园包裹、军营包裹、家乡包裹、爱心包裹、母亲邮包等国内包裹业务。1986年,大渡口区邮电局普通包裹业务量0.75万件。1987年10月,对大件商品包裹收寄规格和标准作出规定:收寄省内直走火车和自办邮车邮电沿线的大件商品包裹,在特定情况下重量放宽至30千克,最大尺寸以能装入4号邮袋亦可。1996年4月,实行"用户专用邮袋"。2001年6月,大渡口区分公司落实《邮政普遍服务》新标准,城市普通包裹按址直投到户。截至2022年底无变化。

四、渠道业务

（一）增值业务

1. 代收费业务

1997年7月，大渡口邮政开办电话费、电费等代理收费业务。同年，九宫庙、马王乡、中梁山成为首批为重庆市电信局代收电话费的储蓄所。2012年，大渡口区邮政局14个营业网点均开展代收费业务。截至2022年无变化。

2. 代订票业务

2003年10月，大渡口区邮政局开办飞机票代理销售业务。2005年1月，重庆邮政城区二局各网点开办代理销售火车票业务，年均销售火车票2200余张。2020年，大渡口区分公司停办飞机票、火车票代售业务。

3. 警邮业务

2018年，大渡口区分公司马王乡支局成为第一批开办警邮业务的网点，提供补换领机动车牌证、补换领驾驶证、申领6年内免检车辆检验标志、机动车抵押登记、自助处理交通违法等交管服务。截至2022年底，大渡口区分公司共有2个网点开办警邮网业务。

（二）分销业务

2009年，重庆邮政农资连锁信息系统上线，分销业务、季节性产品、酒水饮料同步发展。2016年，大渡口区分公司与大渡口烟草公司合作，启动烟草销售项目。2019年，"919邮乐购"活动期间，大渡口区分公司挖掘辖区特色产品，招商引进泡椒凤爪、麻辣豆腐干等产品，完成邮乐小店线上销售额3.15万元。2020年，大渡口区分公司渠道分销业务转型发展，开发"食堂食材配送"项目，年收入突破500万元。同年，大渡口区分公司落实乡村振兴战略和"五个振兴"要求，促进乡村产业振兴，开展"惠农又惠民·助力椒乡红"营销活动，通过线上线下营销扶贫产品，实现花椒销售额2.3万元。2021年，大渡口区分公司通过邮乐小店销售扶贫产品苹果片，成功打造万单扶贫大单品1个。2022年，大渡口区分公司开展"919电商节"活动，大渡口邮乐小店销售"重庆井谷元小面"，成功打造万单大品1个，实现电商造包10486个。

（三）电信业务

1986年，大渡口区邮电局开办电报、电话等电信业务，实现电报收入8.2万元，电话收入0.98万元。20世纪90年代，随着改革开放力度加大，电报、电话业务进入较快发展阶段，电信业务种类也有所增加，除公众电报电话外，大渡口区邮电局陆续增加开办公众礼仪电报、鲜花礼仪、传真电报及寻呼业务。1997年，邮电分营，大渡口区邮政局电信业务移交重庆市电信局办理。2003年，大渡口区邮政局围绕"走专业化经营路线，做虚拟运营商"思路，与联通公司合作设立九宫庙支局邮政联通营业合作厅。

第三节　邮政网络

一、网络能力建设

（一）邮路

1986—1990年，大渡口区邮电局共有进、出口点6个频次。1986年，大渡口区邮电局邮路共8条。1990—1996年，大渡口区邮电局共有进出口点8个频次。1996—2000年10月，大渡口区邮政局共有进出口点10个频次。1997年，大渡口区邮政局邮路共10条。1999年，大渡口区邮政局共有邮路15条。2000年10月，市邮管局实行专业化管理，将九宫庙、茄子溪、李子林、中梁山的投递整体划归进出口点为九宫庙支局、李子林支局、茄子溪支局3个进出口点。2001年，大渡口区邮政局共有邮路15条。2000—2007年，大渡口区邮政局投递班组归属重庆市递送局。2002年，大渡口区邮政局白沙沱邮政所整体划归重庆市递送局。2007年4月，重庆市递送局解散，整体建制回归城区二局，期间出口点6个频次。自2002年2月起，大渡口区邮政局原玉清寺到田坝汽车邮路延伸到跳蹬、白沙沱。2007年4月—2018年10月，大渡口邮政共有进出口点6个频次。2018年10月—2020年10月，大渡口区分公司共有进出口点12个频次。2020—2021年，大渡口区分公司进出口点增加至18个频次。截至2022年底，大渡口区分公司进出口频次无变化。

（二）物流体系

2014年，大渡口区邮政局建成建制村邮站41个。2021年，大渡口区分公司加强建设县—乡—村三级物流体系，逐步实现农村地区汽车化揽投。截至2022年底，大渡口41个建制村实现快递进村全覆盖。

（三）作业场地

20世纪70年代，九宫庙投递站生产场地面积200平方米，茄子溪投递站生产场地面积40平方米。1992年，大渡口区邮电局投递班组迁移九宫庙钢花路786号进行作业，共120平方米。同年，九宫庙投递站拆分为九宫庙及马王乡投递2个班组，马王乡投递班组迁移至龙泉村29号。1996年1月，重庆市行政区划调整，将原由重庆市电信局管辖的白沙沱划归市邮政局管辖。2008年，大渡口区邮政局茄子溪投递站生产场地与九宫庙投递站合并。2017年，大渡口区分公司成立快递包裹专投段，合并九宫庙及马王乡投递班组，成立九宫庙投递站，共1480平方米。2020年12月，大渡口区分公司九宫庙营业部拆分为九宫庙营业部和马王乡营业部，马王乡营业部搬迁至重庆市九龙坡区凯邦支路16号谋成物流园区，共760平方米。2021年，大渡口区分公司取消茄子溪投递机构。

（四）设施设备

2009 年以前，大渡口邮政进口给据邮件、抄登投递清单、平衡合拢、异常邮件缮验等均是手工处理。2009 年 10 月，国通信息系统上线，打破进口邮件手工处理的繁琐工序，给投递员和内勤处理人员配置 PDA 手持终端设备。2015 年，大渡口区分公司安装智能包裹柜 12 台、新增投递用汽车 2 辆，电动摩托车 32 台。2016 年，大渡口区分公司安装智能包裹柜 12 台，新增揽收车辆 2 辆，电动摩托车 32 台。2017 年，大渡口区分公司新增投递用汽车 4 辆。2018 年，大渡口区分公司新增自助设备 4 台。2020 年，大渡口区分公司新增投资清分机等设备设施 15 台（套），新增投递用车 9 辆。2021 年，大渡口区分公司新增分拣胶带机 2 台，购置松青路纯邮政网点 1 处。2022 年，大渡口区分公司购置认证手持设备、税邮业务高拍仪等渠道便民设备 21 台（套）。截至 2022 年底，大渡口区分公司共有汽车 34 台（其中电动汽车 8 台），摩托车 44 辆（其中燃油摩托车 13 辆、电动两轮摩托车 25 辆、电动三轮车 6 辆）。

二、网运生产作业

（一）邮件接发

2017 年，大渡口区分公司马王乡营业部合并到九宫庙营业部，共有进出口 2 个频次。同年，安装分拣皮带机，投递员用分拣皮带机进行邮件分拣，提升分拣效率，缩短内部处理时间。2018—2020 年，大渡口区分公司进出口频次变更为 3 个，共 6 条邮路。2020 年 12 月，大渡口区分公司马王乡营业部脱离九宫庙营业部，进出口频次 3 个，新增 8 条邮路，共 14 条邮路。

（二）邮件运输

1986—2009 年，大渡口邮政邮件投递大多采用步段投递方式。自 2009 年起，大渡口邮政邮件由自行车投递代替步段投递。2014 年，大渡口区邮政局新增国内小包业务，开始用摩托车运输邮件。2016 年，大渡口区分公司在九宫庙揽投部组建 2 条揽收协议客户邮件邮路，每天为协议客户揽收频次 1 个，全程 172 公里。2017 年，大渡口区分公司快递包裹业务量递增，开始用汽车运输邮件。2020—2022 年，大渡口区分公司包裹快递邮件均使用三轮电动车和汽车投递，普服邮件全部使用摩托车投递。

（三）邮件投递

1988 年，大渡口区邮电局为解决高层住宅投递难问题，设立信报转接站，妥善解决投递难问题，进一步提高投递服务质量。2014 年，大渡口区邮政局开展行政村"最后 1 公里"邮件报刊投递，建成村邮站 41 个，覆盖面 100%。2018 年，大渡口区分公司农村投递通过"特快专递＋快递包裹＋普遍服务"方式进行投递，其中建制村邮件、报刊严格按照普遍服务标准，每周投递不少于 3

次。2022 年，大渡口区分公司建制村邮件、报刊每周投递 5 次，提升党报党刊当日见报率。

三、网运管理

（一）组织管理

1. 组织机构

2017 年之前，大渡口区分公司运管部主任由渠道平台部主任兼任，负责辖区内网运调度和生产作业。2018 年，大渡口区分公司成立大渡口区寄递事业部，运管部划归寄递事业部，负责辖区内网运调度和处理中心生产管理。截至 2022 年底无变化。

2. 生产作业管理

2018 年，大渡口区分公司完成电子地图分拣系统上线及转培训工作，组织开展白名单维护常态化工作。同年，《中邮重庆大渡口大宗邮件处理奖励办法》《中国邮政集团公司重庆市大渡口区分公司大宗邮件处理奖励办法》《中邮重庆大渡口揽投资源整合实施方案》《中邮重庆大渡口分公司生产车辆管理办法》出台，印发《关于做好 2018 年"双 11"旺季生产作业组织的通知》，规范、整改出口处理环节。2020 年，大渡口区分公司出台《大渡口邮政寄递业务"时限体系"管控手册》，建立时限小组微信工作群，按岗位建立履职台账。2021 年，按照《关于开展邮政特快专递业务揽投服务质量专项整治活动的通知》《关于印发重庆邮政普邮提速实施方案的通知》等文件要求，大渡口区分公司督导营业部经理及班组长强化日常管控，特快专递及普服服务质量 20 项管控指标均达标。2022 年，运用"中邮寄递管理 App"实时监控各项重点指标。

（二）网运质量

1986—2022 年，大渡口邮政实行精细化管理，完善网运质量。2022 年，特快收寄及时率 97.82%，快包收寄及时率 97.59%，特快及时妥投率 93.74%，快包及时妥投率 99.69%，特快预约联系率 90.31%，普邮及时妥投率 96.56%，普邮收寄及时率 96.99%。

四、服务网点

（一）网点设置

1990 年，中梁山支局调整到大渡口区邮电局管辖。1994 年，大渡口区邮电局玉清寺邮电支局开业。1995 年底，在马王乡、大堰村及龙泉村等地区在增加原跃进村邮电所服务功能基础上，又先后在大堰一村、马王场增设邮电局、所，并且提供多功能邮电服务。同年，在马王场 1—6 村设立 5 个邮政代办代投点，新增 7 个邮政信箱。1996 年 12 月因重庆市行政区划调整，将白沙沱支局划归大渡口区邮电局管辖。2021 年，大渡口区分公司新增幸福华庭邮政所，并对双龙路邮政所、九宫庙邮政支局、锦霞街邮政支局、金阳路邮政所、兴盛路邮政所进行升级装修。截至 2022 年底，大渡口邮政下辖 14 个支局（邮政所），经营性质均为自营。

表9-4-3-1

1986—2022年大渡口邮政局所一览表

序号	局所名称	经营性质	经营属性	设置地点	备注
1	中梁山邮政支局	自营	城市	九龙坡区中梁山半山村41栋	建于1994年
2	幸福华庭邮政所	自营	农村	大渡口区福湾路1号附4、5号	—
3	跳蹬邮政所	自营	农村	大渡口区建祥路3号附20号	建于2021年
4	马王乡邮政支局	自营	城市	大渡口区龙泉村32栋	建于1995年
5	双龙路邮政所	自营	农村	大渡口区双龙路2号附80号	建于2011年
6	大堰邮政所	自营	城市	大渡口区跃进村街道革新村50幢附2号	—
7	九宫庙邮政支局	自营	城市	大渡口区钢花路798号	建于1975年
8	新山村邮政所	自营	城市	大渡口区钢花路316号	—
9	松青路邮政所	自营	城市	大渡口区松青路1029号	—
10	锦霞街邮政支局	自营	城市	大渡口区锦霞街66号附23至28号，锦霞街66号附43号3-1至3-11	建于2012年
11	金阳路邮政所	自营	农村	大渡口区八桥镇金阳路216号附1号	建于2015年
12	华福大道邮政所	自营	农村	大渡口华福大道幸福华庭D组团	—
13	兴盛路邮政所	自营	城市	大渡口区兴盛路330号2-12、356、358号	建于2019年
14	伏牛溪邮政所	自营	农村	大渡口区建胜镇刘伏路长征厂	建于2013年
15	白沙沱邮政所	自营	农村	大渡口区跳蹬镇新华正街16号	2021年8月31日撤销
16	田坝邮政所	代办	城市	九龙坡区田坝二村57号	2021年10月21日撤销

（二）社会加盟站点

2018年，大渡口区分公司建成店中店2个，邮乐小店13个，另有33个店在建设中。2019年，大渡口区分公司建成店中店2个、邮乐购店13个，完善邮乐购站点信息42个。2020年，大渡口区分公司建成邮乐购店41个，其中有数字化优质站点6个、邮乐购店中店2个。2021年，大渡口区分公司新增邮快超市、菜鸟驿站商家约10个。截至2022年底，大渡口区分公司社会加盟站点建设无变化。

第四节　邮政管理

一、财务管理

1986年，大渡口区邮电局按照国家管理层级，作为末级管理单位继续实行1980年邮电部颁发《邮电通信企业会计制度》。按照制度规定，实行"收支挂钩、差额包干、超额分成"的财务核算和分配制度。1980年颁发的

会计制度于1987年1月1日废止。1986—1997年，邮电分营前，重庆市邮政局对9区直接管理，直接下达财务计划，大渡口邮政实行独立财务核算。财务核算制度分别在1987年和1993年进行了两次调整，随着企业经营承包责任制的深化和完善，对企业利润分配先后进行了五次调整。1987年1月—1993年6月，大渡口区邮电局严格按上级要求落实执行《制度》规定的一级会计科目（二级和明细会计科目略）的财务核算制度的要求。1997年6月重庆直辖后，重庆市邮政管理局成立，国家局的计划统计工作实行集中统一管理，按照"统一领导、分级管理"的原则，邮电财务核算管理工作实行邮电部—省邮电管理局—市（地、州）邮电局—县（市、区）邮电局四级管理体制，直至2003年2月，大渡口邮政实行计划管理体制。2012年8月，重庆邮政撤销城区一、二、三局，设立重庆市邮政公司渝中区、大渡口等6个城区邮政局。各片区邮政依旧对所辖区县邮政局直接管理。重庆市邮政公司将财务计划下达至各片区邮政局，片区邮政局再将财务计划分解至所辖区县邮政

局。截至 2022 年底，大渡口区分公司依旧实行财务管理一体化模式。

二、人力资源管理

（一）队伍建设

1997 年，大渡口区邮政局从业人员 138 人。1999 年，大渡口区邮政局从业人员 124 人。2001 年，大渡口区邮政局从业人员 96 人。2013 年，大渡口区邮政局从业人员 171 人。2015 年，大渡口区分公司从业人员 160 人。2017 年，大渡口区分公司从业人员 132 人。自 2019 年起，大渡口区分公司从业人员稳定在 140 人左右。

2015 年，大渡口区分公司有 19 名代理金融从业人员获得银行专业人员职业资格证；53 人获得代理保险从业资格证；2 人获得 AFP（金融理财师）资格证。2016 年，员工队伍大专及以上学历有 120 人；本科及以上学历 65 人，研究生 2 人。邮政生产人员特有职业资格证持证中级及以上有 90 人，其中级持证人数 69 人，高级持证人数 21 人；代理保险从业资格证 62 人；银行专业人员职业资格证持证 22 人；AFP 资格证持证 3 人。2018 年，大渡口区分公司选聘 3 名专职客户经理。2022 年，大渡口区分公司新增 AFP 资格证持证 2 人，开展人才储备选拔工作，人才储备库新增 11 人。

（二）教育培训

1986—2022 年，大渡口邮政始终重视从业人员的教育培训工作，通过远程培训、职业技能培训等方式提高员工职业技能水平。

表 9-4-4-1

2013—2022 年大渡口邮政从业人员学历与教育培训情况表

年份	研究生（人）	本科（人）	大专 /高职（人）	中职及以下（人）	岗位培训情况（人次）	培训率（％）
2013	—	40	65	71	176	100.00
2014	2	40	63	70	175	100.00
2015	2	52	59	21	77	57.46
2016	2	63	52	21	136	98.55
2017	4	68	47	19	134	97.10
2018	4	75	50	19	138	97.32
2019	5	73	48	18	127	93.52
2020	5	91	31	17	138	94.55
2021	4	89	31	16	101	82.08
2022	7	87	31	15	133	92.66

（三）薪酬管理

2015 年，大渡口区邮政局组织实施薪酬分配制度调整优化工作，引进薪酬激励机制，制订科学的月绩效考核评定办法。2016 年，大渡口区分公司围绕保持合理增长，提高质量效益，促进协同发展，扩大能力支撑，强化运营管控，实施创新驱动，激发企业活力的发展路径，制订了绩效考核办法及转型对标发展考核办法。2018 年，为充分调动员工积极性和主动性，制订了投递专业模块计件月绩效考评办法。2020 年，大渡口区分公司结合人工成本预算，用薪酬导向匹配用人导向，统一寄递事业部邮速双方薪酬分配办法，营业部全面推行"计件工资制"。2022 年，大渡口区分公司持续推动区寄递事业部薪酬分配改革，对标市场制订寄递事业部计件薪酬办法，进一步调动员工生产经营积极性。

三、服务质量管理

（一）营业服务

1986—1995 年，大渡口邮电服务面积从 7.46 平方千米增加至 103 平方千米，服务人口由 11.6 万增加到 21 万。1996—2012 年，服务人口从 24 万增加到 32.65 万人。2013—2022 年，服务人口由 33 万人增加到 42.42 万人。服务范围辖 5 个街道和 3 个镇。截至 2022 年底，大渡口区分公司共有 14 个普遍服务网点、3 个普服投递营业部、41 个村邮站。

2005 年 8 月，电子化支局联网上线，大渡口区邮政局所有营业网点业务办理均实现电子化。2021 年，电子化支局停用，新一代营业渠道系统上线。截至 2022 年，大渡口邮政继续使用新一代营业渠道系统。

（二）普遍服务与特殊服务

截至 2022 年底，大渡口区分公司 14 个普遍服务网点均设置对外营业窗口，均开办信函、印刷品、包裹、邮政汇兑、国家规定报刊发行订阅、义务兵平常信函、盲人读物、革命烈士遗物等普遍服务和特殊服务以及代收费、代开税务发票等代办业务。

（三）监督检查

2019 年 11 月以前，普遍服务工作职责归市场营销部。2019 年 11 月，大渡口区分公司成立服务质量部（普遍服务部），作为独立部门负责普遍服务工作，并配备视察检查人员。主要从邮政设施、服务时限、服务环节、用户投诉和赔偿 5 个方面加强普遍服务工作检查与整改；负责组织每年营业（普服）人员培训；开展营业窗口服务体验示范网点建设等工作，促进营业窗口服务提升，提高普遍服务水平。2020 年，大渡口区分公司出台《服务质量监督检查管理办法》，明确监督检查工作职责、强化履职考核。对辖区 14 个营业网点、2 个揽投部开展日常检查，提升普遍服务质量水平。开展收寄验视、乡镇网点普遍服务达标、中央巡视专用信箱、平信压降、村邮站运营情况等专项检查，规范寄递服务标准。2022 年，大渡口区分公司实行无纸化检查模式，推行服务质量监督检查信息系统手机 App 应用，全面应用手机 App 开展现场定位检查工作。采用现场检查、非现场检查、调阅资料等方式，对快递包裹邮件丢损率压降、大同城寄递服务、"六项禁止服务问题"等系列进行专项检查，提升服务意识、服务能力、服务水平。

四、安全管理

大渡口邮政每年组织机关人员开展集中消防演练和培训，网点、营业部自行开展防火、案防演练，提升全员安全意识。2015 年，大渡口区分公司与各部室、邮政支局（所）、投递站负责人签订《综合治理、安全生产、资金票款责任书》，对重要岗位的员工建立《要害人员个人档案》并进行访谈，签订"邮政员工行为排查承诺书"。2016 年，大渡口区分公司以确保邮政资金安全、从业人员人身安全、加强网点的资金安全管理为重点，健全安全防范责任机制。2017 年，大渡口区分公司严防利用邮政渠道从事非法活动，重点做好防火、防盗、防事故，确保人身、邮件、资金、设备的安全。2018 年，大渡口区分公司把安全工作纳入目标管理考核，落实安全生产责任制，开展消防、汛期安全工作。2019 年，大渡口区分公司全面加强安防设施设备建设，更换营业场所监控摄像头 19 个、烟感探测器 6 个、入侵探测器 10 个、ATM 机箱体振动探测器 18 个。2021 年，大渡口区分公司出台《安全生产主体责任落实规范清单》《安全防范考评办法》，落实安全生产责任制，推进"平安邮政"建设。2022 年，大渡口区分公司全员签订安全责任书，组织安全培训 25 场次，全年共检查网点及营业部 203 人次。截至 2022 年底，大渡口区分公司未发生重大安全事故。

五、党群管理

（一）党组织

1998 年，大渡口区邮政局组建中共重庆市大渡口区邮政局第一届委员会和中共重庆市大渡口区邮政局第一届纪律检查委员会，将下设党支部调整为职能一支部、职能二支部、联合一支部、联合二支部和退休职工支部。2001 年 2 月，开展大渡口区邮政局领导班子换届工作。2021 年，中国共产党中国邮政集团有限公司重庆市大渡口区分公司委员会下设党支部 4 个，党小组 8 个，在职党员 47 个。2022 年，中国共产党中国邮政集团有限公司重庆市大渡口区分公司委员会下设党支部 4 个、党小组 2 个，有在职党员 47 人。

1998 年 1 月，大渡口区邮政局党委开展《共产党员上岗证》活动，将党员上岗佩证与否纳入对党员的考评。大渡口邮政党委按照统一部署，先后组织开展一系列党内集中主题教育。1999 年，以"学有深入，学有效果"为目标，开展"三讲"教育工作。同年 8 月，大渡口区邮政局李子林支局局房后面山坡突然塌方，险情发生后，大渡口区邮政局第一时间组织党员志愿队伍赶往现场抢险。2003 年 7 月，大渡口区邮政局被重庆市精神文明办授予"重庆市级文明单位"称号。2017 年，大渡口邮政出台《中邮重庆大渡口分公司 2017 年党建工作要点》。2018 年，大渡口区分公司被评为中邮重庆分公司 2018 年度"十佳党建纪检监察工作先进单位"。2019 年，大渡口区分公司委员会增补委员 1 名。2020 年，公司改制，原"中共中国邮政集团公司重庆市大渡口区分公司委员会"更名为"中国共产党中国邮政集团有限公司重庆市大渡口区分公司委员会"。同年，按期完成综合职能党支部、经营支撑党支部、生产作业党支部换届选举，推进基层党组织建设全面达标。2021 年，大渡口区分公司党委按期完成综合职能党支部换届选举，组织青年员工参加市分公司"请党放心 强国有我"青年员工演讲比赛获得一等奖；2022 年，大渡口区分公司党委通过党委理论中心组、"三会一课"、青年理论学习小组深入学习贯彻习近平新时代中国特色社会主义思想、党的二十大精神，强化政治理论增强政治能力；组织开展党支部（党小组）领题破题活动、"社会主义核心价值观主题实践教育月"活动、疫情防控和保通保畅工作等活动，发挥党组织战斗堡垒作用和党员先锋模范作用。

（二）纪律检查

2017 年，大渡口区分公司根据《关于印发重庆市城片区和区县分公司机构编制方案的通知》要求，设置党委党建工作部（监察室）。2020 年，按照市分公司《关于调整重庆邮政企业纪检监察机构设置的通知》，监察室撤销，纪委办公室设立，与党委党建工作部合署。设专职纪委书记 1 人，分管安全保卫部、服务质量部（普遍服务部）、区寄递事业部运管部和代理金融风险内控案防工作；兼职纪委办主任 1 人，兼管党建、退休人员管理；兼职纪检人员一人，兼管党建、退休人员管理。

截至 2022 年底，大渡口邮政纪委每月召开纪委会，每半年开展一次警示教育大会，节假日前进行廉洁提醒，做好日常监督、巡视巡察整改监督等。

（三）工会

1987 年 12 月，大渡口区邮电局按照《中国工会章程》规定，通过民主选举，选举 5 人组成大渡口邮政第四届工会委员会。1997 年 1 月，大渡口区邮电局召开大渡口区邮电局工会第六届三次职工、会员代表大会。1998 年 1 月，召开大渡口区邮政局第一届第一次工会会员代表大会。2016 年，大渡口区分公司工会开展换届选举，选举产生新一届工会委员和工会主席，成立职能部室工会小组、投递班组工会小组、九宫庙片区工会小组、中梁山片区工会小组。2013—2017 年，大渡口区分公司建成职工小家 5 个，职工之家 1 个，职工书吧 1 个，职工健身房 1 个，党团员活动室 1 个。2020 年，建成职工小家 5 个、妈咪小屋 1 个，完善职工之家功能设施。开展"冬送温暖、夏送清凉，重大节日走访慰问"、生活困难员工帮扶、解决基层网点"煮饭难"问题等工作，让员工感受到企业温暖，提升一线员工幸福指数。2022 年 8 月，大渡口区分公司召开区分公司第四次会员代表大会暨第四届一次职工代表大会，选举产生新一届工会委员。

（四）团组织

2002 年，大渡口区邮政局为庆祝中国共产主义青年团成立八十周年，开展"突击竞赛活动""文明服务月""读一本好书"等活动。2019 年，大渡口区分公司团委组织开展"青春心向党·建功新时代"纪念五四运动 100 周年主题团日活动，增强团员青年荣誉感、使命感和责任感。2020 年，参加团市委组织"青春勇担当·建功新时代" 2020 年国企青年"四史"知识竞赛活动，以赛促学，进一步提高政治站位、强化责任担当。深入开展青年员工"根在基层"调研实践活动，以问题为导向深入基层调研，撰写心得，形成《根在基层·新生力》调研报告。2021 年，大渡口区分公司团委组织参加团干部岗位实践能力大比武、青年员工"根在基层"调研实践、青年文明号开放日、基层团干部培训暨"青马工程"等活动。2022 年，大渡口区分公司团委组织 2 名青年员工参加大渡口区委直属机关工委举办的庆祝建团 100 周年"解放思想有我"演讲比赛、"发扬五四精神，奔赴光辉前程"主题演讲比赛，均获得三等奖。参加市分公司评选表彰工作，1 名团员获市公司"优秀团员"荣誉称号、1 名团干部获市分公司"优秀团干部"荣誉称号。2022 年，大渡口邮政团组织下设基层团委 1 个、基层团支部 3 个，有共青团员 25 人。

第五章　沙坪坝邮政机构

第一节　机构沿革

一、机构演变

（一）计划单列时期

1986 年初，沙坪坝区邮电局主要负责辖区内邮政、电信业务，隶属重庆市邮政局管辖。1995 年，重庆市行政区划调整，原沙坪坝区大坪、化龙桥等地划归渝中区管辖，原巴县陈家桥、曾家、虎溪、土主、青木关、凤凰、回龙镇、中梁山等地区划归沙坪坝区管辖。按照新的行政区划，相应调整邮电分支机构归属关系，重组成立新的沙坪坝区邮电局，管理体制不变。

（二）邮电分营时期

1997 年 7 月，国家邮电部在重庆进行邮电体制改革，实行邮电分营试点，沙坪坝区邮电局撤销，设立沙坪坝区邮政局，隶属重庆市邮政管理局。

2003 年 2 月，根据重庆市邮政管理局《关于实行重庆市邮政企业城区、片区邮政企业经营管理体制的通知》，江北区邮政局与沙坪坝区邮政局合并为重庆邮政城区三局，对外仍保留沙坪坝区邮政局名称，重庆邮政城区三局隶属重庆市邮政管理局。

（三）政企分开时期

2007 年，重庆邮政政企分开。同年 9 月，"沙坪坝区邮政局"更名为"重庆市邮政公司沙坪坝区邮政局"，仍与重庆市邮政公司江北区邮政局合并为城区三局，隶属重庆市邮政公司。同年 12 月，中国邮政储蓄银行重庆沙坪坝区支行成立，沙坪坝邮政受邮储银行沙坪坝支行委托开办代理金融业务。

2009 年 1 月，市邮政速递物流专业正式运行新的专业化经营机制，组建重庆市邮政速递物流公司城三分公司。2010 年 6 月，更名为"重庆市邮政速递物流有限公司城三分公司"。

2012 年 8 月，重庆市邮政公司调整主城区邮政企业体制，撤销重庆市邮政城区三局，设立重庆市邮政公司沙坪坝区邮政局，隶属重庆市邮政公司。

2015 年 4 月，由于中国邮政集团公司法人体制改革，"重庆市邮政公司沙坪坝区邮政局"更名为"中国邮政集团公司重庆市沙坪坝区分公司"，隶属中国邮政集团公司重庆市分公司。同月，"重庆市邮政速递物流有限公司城三分公司"更名为"中国邮政速递物流股份有限公司重庆市城三分公司"。

2017 年 6 月，根据市分公司机构编制方案，中国邮政集团公司重庆市沙坪坝区分公司成立，内设部门职能职责及人员编制调整优化。

2018 年 9 月，寄递改革，沙坪坝区寄递事业部成立（保留"中国邮政速递物流股份有限公司重庆市城三分公司"牌子，后更名为"中国邮政速递物流股份有限公司重庆市沙坪坝区分公司"），下设综合部、市场部、运营管理部、服务质量部。

2020年1月，"中国邮政集团公司重庆市沙坪坝区分公司"更名为"中国邮政集团有限公司重庆市沙坪坝区分公司"，隶属中国邮政集团有限公司重庆市分公司。2022年，沿用此名，管理体制不变。

截至2022年底，中国邮政集团有限公司重庆市沙坪坝区分公司内设综合办公室（党委办公室、安全保卫部）、财务部、党委党建工作部（纪委办公室）、工会、市场营销部（客户营销中心）、服务质量部（普遍服务部）、金融业务部（中邮保险中心）、集邮与文化传媒部、渠道平台部。

二、主要领导

表 9—5—1—1

1986—2022 年沙坪坝邮政主要领导人员名录

单位名称	姓 名	职 务	任职时间
沙坪坝区邮电局	李宣林	局长	1984.12—1997.9
	冯云富	党委书记	1986.12—1997.4
沙坪坝区邮政局	冯 飞	党委书记	1997.5—2003.2
	岑学元	局长	1997.9—2001.1
	杨邦林	局长	2001.1—2003.2
重庆邮政城区三局	冯 飞	党委书记	2003.2—2007.3
	杨 晶	局长	2003.2—2007.3
	梁玉平	党委书记、局长	2007.4—2012.6
沙坪坝区邮政局 / 中国邮政集团公司重庆市沙坪坝区分公司 / 中国邮政集团有限公司重庆市沙坪坝区分公司	雷 春	党委书记、局长	2012.6—2015.6
	雷 春	党委书记、总经理	2015.6—2021.3
中国邮政集团有限公司重庆市沙坪坝区分公司	李业川	党委书记、总经理	2021.3—

第二节 邮政业务

一、金融业务

（一）储蓄汇兑

储蓄业务 1986年，沙坪坝区邮电局恢复开办邮政储蓄业务。1998年，沙坪坝区邮政局三角碑储蓄所、童家桥支局开通异地存取业务。同年10月，沙坪坝邮政储蓄存款余额突破2亿元。2001年，沙坪坝区邮政局歌乐山、林园、陈家桥、青木关局所实现邮储全国联网。同年11月，沙坪坝邮政储蓄存款余额突破3亿元。2002年，沙坪坝区邮政局西永、土主、山洞、磁器口、渝大、重大邮政所开通绿卡联网业务。同年，开通高滩岩、三角碑2台ATM。2003年，陈家桥支局、沙坪坝营业室期末储蓄存款余额先后突破1亿元，全局期末储蓄存款余额突破7亿元。2006年，沙坪坝邮政期末储蓄存款余额突破10亿元。2013年，期末储蓄存款余额提升至20亿元。2017年，期末储蓄存款余额提升至40亿元。2022年，沙坪坝邮政期末储蓄存款余额突破70亿元。

汇兑业务 1986年，沙坪坝邮政实现汇票业务量超15.6万张。2001年，沙坪坝邮政双碑、童家桥、上桥、陈家桥4个支局开通电子汇兑业务。2002年，开通陈家桥、歌乐山、烈士墓、双碑、上桥支局5个电子汇兑联网点。2004年，重庆邮政城区三局加大限时、回执等汇款业务开发，共完成限时、回执汇款5232笔，实现手续收入3.64万元。2015—2022年，随着电子业务快速发展，日常生活中汇兑需求量逐年下降，汇兑业务收入呈逐年下降趋势。2015年，实现汇兑业务收入20万元，2019年，实现3.8万元，2022年，实现2.76万元。

（二）中间业务

1997年，沙坪坝青木关邮政支局承接巴师附校80多名教职工的代发工资业务。这是重庆邮政系统发展的第一个"代"字号业务。截至1997年底，青木关邮政支局代发工资业务发展至4个单位。

2000年，沙坪坝邮政走访社保局并联系各大企业，为特钢厂5000多名退休职工代发养老金。同年3月1日，沙坪坝邮政首次承销凭证式国债，承销二期国债280万元。

2003年，沙坪坝邮政与3家保险单位开展代理保险业务，全局完成保费 3476 万元。同年 4 月 29 日，重庆邮政城区三局与沙坪坝区社会保险局、沙坪坝区地税局签订《委托邮政局代收沙坪坝区个人参保基本养老保险费协议》，开办沙坪坝新村路代收窗口，各项"代"字号业务有较大发展。2004 年，重庆邮政城区三局全年新增人工代扣养老金账户 12000 余户。2006 年，开办基金代销业务，全年累计销售 354 万元。2012 年 3 月，沙坪坝邮政开办手机银行业务。

2014—2016 年，重庆邮政城区三局保费规模提升至 2 亿元。2017 年，保费规模提升至 3.6 亿元。2018—2022 年，转型发展保险业务，收入连续 5 年保持在 2000 万元以上。

2022 年，沙坪坝邮政基金销量为 4083 万元；养老金代发 22.86 万笔，代发资金 4.83 亿元；代销国债 1100 万元；手机银行结存激活客户达到 16.81 万户。

（三）风控合规

2005 年，沙坪坝邮政（城区三局时期）建立完善储汇专业岗位责任制及相关业务管理规定，建立储蓄人员管理档案，做到储汇人员进出有记录、权限身份变化有监控。为有效控制储汇案件发生，沙坪坝邮政开展"储汇资金安全防范大检查""储汇资金案件专项治理"工作和储汇内控管理"三十条禁令"学习。2019 年，沙坪坝邮政设立风险内控案防管理委员会。2021 年，设非现场预警稽核人员。2022 年，沙坪坝邮政通过"雷霆行动"和专项排查对辖内代理金融从业人员开展集中排查。截至 2022 年底，沙坪坝邮政未发生重大风控合规事件和风险事故。

二、寄递业务

（一）特快专递

沙坪坝邮政特快专递业务包括省际特快业务（EMS 标准快递服务、EMS 经济快递业务、EMS 增值业务）与同城特快业务。1993 年 10 月，沙坪坝区邮电局新开办"同城速递业务"。1997 年，沙坪坝区邮政局特快专递业务量 7.95 万件。2004 年 1 月 1 日，重庆邮政组建的主城区特快专递邮件专投网正式投入运行。2006 年，沙坪坝邮政被评为全国邮政系统速递物流创优争先比贡献劳动竞赛"先进团队"。2010 年 6 月，重庆市邮政速递物流有限公司成立，沙坪坝邮政开始由传统邮政向现代邮政转型，充分发挥窗口营销宣传的作用，实现代理速递结算收入 239.96 万元。2020 年，新冠疫情期间，沙坪坝邮政助力"停课不停学"，与沙坪坝区教委合作，在全市范围内率先开展中小学教材配送工作，仅用 5 天时间完成 9.8 万件教材从封装、收寄到分拣、投递的任务。2022 年，实现特快专递业务量超 280 万件。

（二）快递包裹

2015 年，沙坪坝邮政将经济快递、国内小包和快递包裹优化整合为快递包裹，主要满足国内电商包裹快递市场需求，同年，实现业务量 23 万件。2016 年，沙坪坝邮政通过创新客户开发模式、组建揽投队伍、建立主动客服工作机制、完善快速理赔机制、丰富同城产品体系、打造优势产品线路等措施，促进落地配业务拓展与协议客户开发，实现快递包裹业务较快发展，全年实现快递包裹业务量 133 万件。2018 年，按照集团公司与市分公司寄递改革方案，组建沙坪坝区寄递事业部。同年，完成快递包裹业务量 505.65 万件。2022 年，沙坪坝邮政持续推进快递包裹业务结构向效益型转变，快递包裹业务量为 559.56 万件。

（三）物流业务

2003 年，城区三局在陈家桥、青木关等乡镇企业相对集中的地方宣传邮政物流，完成物流收入 125.70 余万元。2019 年，沙坪坝邮政开办物流业务。通过开发沙坪坝区医药行业、汽车制造行业、快消品行业等重点行业客户，物流业务得到快速发展。2022 年，物流业务发货量达 3.29 万吨。

（四）国际业务

2004 年，沙坪坝邮政开办国际业务。2018—2019 年，围绕中欧班列（渝新欧）项目，重点开发国际商务、国际网购、海外仓、特殊商品、特殊人群等客户。

2020 年，受新冠疫情影响，国际物流运输通道受阻。沙坪坝邮政通过中欧班列（渝新欧）运邮优势，帮助客户处理积压国际邮件 144 万件。国际业务实现增长。

表 9-5-2-1

2004—2022 年沙坪坝邮政国际业务量统计表

单位：万件

年份	业务量	年份	业务量	年份	业务量
2004	0.52	2011	0.15	2018	6.35
2005	1.31	2012	0.13	2019	18.62
2006	0.12	2013	0.11	2020	147.38
2007	0.13	2014	0.10	2021	50.22
2008	0.18	2015	0.08	2022	6.35
2009	0.18	2016	0.07	—	
2010	0.17	2017	0.05		

三、文传业务

（一）函件业务

函件业务是邮政传统业务。1986 年，沙坪坝区邮电局函件业务量 1400 万件。1997 年，沙坪坝邮政国内函件业务量 96 万件。2000 年，沙坪坝邮政为 11 所学校开发校园明信片，同年，沙坪坝邮政集邮公司与磁器口古镇签订开发协议并制作"红岩魂"邮资明信片，实现收入20万余元。2005年，账单业务实现新突破，全年开发邮资封片45.55万枚，销售拜年卡76.80万元。2012年，城区三局创新开发DIY明信片台历。2013年，拓展第二季旅游年票代销渠道，实现收入108万元。同年，开发《沉淀祝福——重庆毕业纪念明信片》。2014年，沙坪坝邮政以主题邮局和代理渠道带动封片业务发展，在磁器口文化区打造未来邮局，与红岩联线合作建立红岩邮局，拓展产品代理和销售渠道，全年销售日常邮资封片143.79万元。2019年，重大时光邮驿升级为集主题邮局、快递驿站、邮政普遍服务三大功能为一体的校园综合服务平台，带动函件业务发展。2022年，沙坪坝邮政在全市范围内率先组建项目运营团队，持续推进传统函件业务向线上线下新媒体业务转型创新发展，实现广告媒体收入168.85万元。

（二）报刊业务

1986年，沙坪坝邮政报刊发行收入76万元。1988年6月1日，沙坪坝邮政为解决高层楼房投递难问题，双碑支局与重庆特殊钢厂协议建成16个信报接转站。1997年，沙坪坝邮政报刊流转额有950万元。1999年4月8日，沙坪坝邮政营业室试行信报分投，由过去一日两班投递改为一日三班投递。负责早报早投的车辆每天早上8:20以前将报纸分发到订户手中。2014年，报刊大收订一次性流转额1736.13万元，全年完成报刊收入425.2万元，其中报纸221.4万元，杂志203.8万元。2021年，沙坪坝邮政举办惠民图书巡展，实现收入47万元。2022年，报刊实现线上订阅流转760万元。

（三）集邮业务

1986年，沙坪坝邮政开办集邮业务。2000年，沙坪坝邮政与沙坪坝区集邮协会制作"难忘20世纪""迈向21世纪"两枚纪念戳，开展"世纪之交集邮纪念邮戳盖销活动"，全局销售各类新世纪题材集邮票品3万余元，接待用户高达上万人。2001年，沙坪坝集邮公司销售"建党八十周年"纪念邮册实现收入30万元，在南京全国邮展上销售邮品6.75万元，申奥成功当天销售邮品创收1万元。2003年10月，"纪念毛泽东同志诞生110周年暨亚洲邮展候选展品集邮展览"在沙坪坝区三峡广场房交厅举行。城区三局配合中华集邮联合会组织邮展工作，在会展期间销售各类邮品50万余元。2009年4月28日，沙坪坝区金沙街小学少年邮局成立。2010年，城区三局在金沙街小学组织少儿集邮培训、社区邮展等社会活动，推动个性化邮票业务发展。2011年，开发以重庆《特园民主党派历史陈列馆》纪念邮品为重点的22个集邮项目。2014年，沙坪坝邮政集邮实现收入730万元。2022年，集邮实现收入1000万元。

（四）中邮文创

2021年，沙坪坝邮政开办中邮文创业务，定制开发招商交科党建及工作笔记本、中欧班列（渝新欧）十周年JP片、纪念明信片、纪念邮册等，积极融入地方文旅市场。2022年，中邮文创实现收入52万元。

（五）普通包裹

1998年，沙坪坝邮政包裹业务比1997年增长42.2%。2000年4月，沙坪坝邮政开始动员和抓好毕业生包裹揽收工作。沙坪坝邮政营业室、歌乐山支局、童家桥支局分别上门揽收重庆大学、藏族中学、西南政法大学包裹，全局共计揽收毕业生包裹1720件。2001—2013年，沙坪坝邮政配合各学校持续开展毕业生包裹揽收工作，方便毕业生包裹寄递，同时带动沙坪坝邮政业务发展。2011年，城区三局在继续做好校园包裹、军营包裹收寄的同时，推进爱心包裹项目，策划组织"六一关爱"爱心包裹户外活动。2013年，沙坪坝邮政通过走访，全年累计开发国内小包客户34个，实现电商小包收入65.23万元。2022年，实现普通包裹收入43万元。

四、渠道业务

（一）增值业务

2005年，城区三局加强与网通公司、电信公司的深层合作，增加各电信合作营业厅4个，开办电信运营商的代收费、代放号等综合业务，其中中国网通合作营业厅3个，电信合作厅1个。代收费业务每月代收金额66万元。开办的增值电信新业务卓见成效，火车票、飞机票、演唱会门票销售、网上鲜花订购业务全年交易额达到78.29万元。2006年，重庆邮政城区三局在三峡广场、三角碑等地设立票务销售点，并在歌乐山等9个支局开始销售航空客票，全年累计销售航空客票1447张。2012年，沙坪坝邮政抓住学生市场，结合沙坪坝文化区特色，针对大学新生开展系列活动，拉动短信等业务发展。2013年，沙坪坝区邮政局开发西南医院神经外科、重大科技处等4家协议机票出票单位，累计销售航空客票16364张，销售铁路客票11.27万张，累计销售汽车票0.92万张。2022年，税邮业务实现代开发票8120笔，代开金额达到0.72亿元。累计建成警邮网点9个，警医邮网点2个。

（二）分销业务

2010年，城区三局实现分销业务收入134万元。2020年，完成数字化优质站点建设11个。沙坪坝邮乐购零售产品日益丰富，共上架产品53款，累计实现销售1.3万余单，销售额39.67万元。助农扶贫产品"蒋胡豆"上架"学习强国"平台，累计销售1.08万余单，协同造包1.08万余个。2021—2022年，沙坪坝邮政与沙坪坝区农委深度合作，开展农业生产社会化服务，为中梁镇、歌乐山镇、回龙坝镇等6个镇街、42家农业经营主体，提供有机肥2279吨，打破主城邮政农资销售空白场景。2022年

11月，疫情期间，沙坪坝邮政帮助中梁镇销售滞销蔬菜，开展18场社区团购接龙活动，覆盖辖区内14个团购自提点，累计销售米面粮油、预制菜、蔬菜包3437单，助农销售滞销蔬菜4.3万余斤；协同助推农产品进城、工业品下乡，农产品进城实现交易额1288.11万元，邮掌柜平台实现批销交易额934.62万元；依托"邮乐购站点＋网点"推动"渠道＋寄递、渠道＋金融"协同发展，累计网点叠加批销、寄递、金融、会员等185项业务。2022年，沙坪坝邮政累计新增邮掌柜会员1906个，站点累计发生业务笔数4.06万笔。"919电商节"期间引入青云嫂水煮花生名优特产，零售销量突破万单，实现销售额36.92万元。

（三）电信业务

1986年，沙坪坝邮政电报业务量有17.7万份。20世纪90年代，陆续开办公众礼仪电报、鲜花礼仪、传真电报及寻呼业务。1996年起，电报业务逐渐萎缩。至1997年邮电分营，沙坪坝邮政继续以代理的形式开办电信业务。

第三节 邮政网络

一、网络能力建设

（一）邮路

2000—2001年，沙坪坝邮政建设邮路19条，邮路总长度193公里，农村投递邮路总长度128公里。2005年，随着城市建设发展，沙坪坝邮政邮路建设增加到32条，总长度269公里，同时随着城市化发展，原农村投递邮路也调整划分为城镇邮路，投递频次和深度均城市化，不再有农村邮路。2006—2009年，沙坪坝邮政调整原有邮路，建设邮路31条，邮路总长度264公里。2009—2018年，为适应快递业发展，原沙坪坝速递物流分公司自行组开两条转趟邮路，分别从重庆邮区中心局转运快递邮件到小龙坎、大学城。到小龙坎邮路里程单程45公里，到大学城邮路里程单程53公里。2019年，建成普邮、混投、快递专投和邮件揽收4种形式的邮路159条，邮路单程里程4749公里。同年，沙坪坝邮政开始组建区内邮件转趟收揽邮路，组建区内转趟邮路7条，转趟里程单面100.9公里。同年10月，沙坪坝邮政对区内转趟收揽邮路进行优化，邮路增加到10条，单面转趟里程增加到186.5公里。

2019—2022年，随着邮路资源集中规划管理，由沙坪坝邮政自行组开的两条快递转趟邮路，调整归化由重庆邮区中心局统一组开。

2020年，沙坪坝邮政对邮件揽收邮路进行整合，减少3条揽收邮路，共有普邮、混投、快递专投和邮件揽收4种形式的邮路156条，邮路单程里程3573公里。同年6月，为衔接邮航直飞计划，适应邮件提速要求，将10条转趟收揽邮路由串线改为40条点对点收揽邮路。同

年，增设协议大客户自送邮路7条，邮路总里程单程350公里。2021年10月，转趟邮路再次进行优化，调整为22条点对点收揽邮路和6条串线收揽邮路。

截至2022年底，沙坪坝邮政共有普邮、混投、快递专投和邮件揽收邮路185条，邮路单程里程4798.5公里。大客户邮件自送邮路7条，邮路总里程单程350公里。

（二）作业场地

自1986年起，沙坪坝邮政区域内包裹快递处理场地逐步发展。截至2022年底，共有小龙坎、双碑、歌乐山、青木关、陈家桥、土主6个邮件处理场地，总面积达8200平方米。

（三）设施设备

表9-5-3-1

2022年沙坪坝邮政部分设施设备一览表

	投递PDA（手持终端设备）235台
	微机（终端机）48台
	有线（无线）扫描枪25个
营业投递设备	收寄一体机6个
	热敏打印机159个
	打印机39个
	蓝牙电子秤77个
	到件扫描仪4台
内部处理设备	直线形包裹分拣机3个
	环形包裹分拣机1个
	折叠笼车82辆
	自有汽油车53辆
运输设备	自有电动三轮车34辆
	自有电动车6辆
	租赁电动车88辆

二、网运生产作业

（一）邮件接发

自2019年起，邮件接发增加频次为四进三出。截至2022年，未发生变化。

1. 邮件进口

每日进口邮件趟车共四个频次：6:20左右早报车和早一频次进口邮车到达，交卸进口邮件。早一频次主要带运特快专递邮件。营业部开拆人员与邮车进行交接手续。8:00早二班车到达，交卸进口邮件，早二频次主要带运快递包裹邮件。营业部开拆人员与邮车进行交接手续。午班车13:30左右到达，交卸进口邮件，营业部开拆人员与邮

车进行交接手续。16:00 左右，四频次趟车到达，卸下进口邮件，主要带运邮航进口的特快邮件。营业部开拆人员与邮车办理邮件交接手续。

2. 邮件出口

各网点和揽投人员收寄的出口邮件，由区内转趟收揽邮路按三个出口频次带运到小龙坎、双碑、歌乐山、陈家桥、青木关五个营业部进行封发出口。邮件出口分为 14:00、18:00、20:00 三个频次。14:00 左右，午班车返程带运沙坪坝收寄的出口邮件。营业部封发人员与邮车办理出口邮件交接手续。18:00 左右，四频次趟车返程带运衔接邮航的特快邮件。20:00 左右晚班车到达，带运晚班截邮频次出口邮件。

（二）邮件投递

2019—2022 年，为提升邮件运营时限，沙坪坝邮政进出口作业频次增加到四进三出，邮件全部按址投递，主城区及村镇投递深度达到按邮件最小地址投递，村镇普服邮件投递到村邮站。

沙坪坝邮政现实行"网格化＋甩点直投"作业模式，提升投递末端作业效率。在内部作业方面利用"四级分拣码＋看址分拣"进行揽投网格内部邮件处理，提高进口邮件分拣效率。在外部作业方面以网格化为基础，设置快递包裹专堆段道，并以邮快超市和社会代投点为基本站点，组织无频次够量直投。同时对特快专递和普邮进行叠加混投。

截至 2022 年底，沙坪坝邮政设置晒光坪、陈家桥、歌乐山、双碑、青木关、土主 6 个营业部。根据《邮政普遍服务标准》结合区域实情设置高于《标准》的城市地区

每天投递一次，乡镇其他地区每周不应少于 5 次的标准。设置普邮段道 67 个，其中晒光坪营业部 32 个、陈家桥营业部 9 个、土主营业部 3 个、双碑营业部 9 个、歌乐山营业部 8 个、青木关营业部 6 个。

沙坪坝邮政负责投递建制村 65 个，其中沙坪坝区 51 个、高新区 14 个。其中 21 个建制村直投到户，44 个建制村通过村邮站的方式进行投递，通邮达标率 100%。

三、网运管理

（一）组织管理

2006—2017 年，网运生产调度挂靠市场经营部。2017 年，运营管理部成立，负责辖区内网运调度和生产作业。2018 年 9 月，沙坪坝区寄递事业部成立，运管部划归区寄递事业部，负责辖区内网运调度和生产管理。

自 2019 年起，因开展惠农工作和市场发展的需要，沙坪坝邮政网运作业针对惠农产品和个性化业务，组织实施个性化网运方案。同年，沙坪坝邮政建立运管部—营业部—营业部内勤三级质量监控体系，运营质量平稳提升。2020 年 4 月，开展"百日会战达标活动"，强化内部管控，形成良好的制度规范。

（二）网运质量

1986—2022 年，沙坪坝邮政通过搭建质量监控体系、出台各类网运生产管理办法，不断提升网运质量。截至 2022 年底，沙坪坝邮政特快收寄及时率 98.63%；快包收寄及时率 99.03%；特快及时妥投率 88.23%；快包及时妥投率 99.65%；特快次日递率 98.49%；快包次日递率 94.54%。

四、服务网点

（一）网点设置

表 9-5-3-2

1986—2022 年沙坪坝邮政局所一览表

序号	局所名称	经营属性	经营性质	设置地点	备 注
1	烈士墓邮政所	自营	城市	沙坪坝区壮志路 8 号正 1 层 1—11 号	—
2	川外邮政所	自营	城市	沙坪坝区壮志路 33 号	2022 年 10 月 1 日代办转自营
3	杨公桥邮政所	自营	城市	沙坪坝区大杨公桥 36 号附 49 号、50 号、51 号、52 号、53 号	2018 年 12 月 19 日由杨公桥 124 号迁址到大杨公桥 36 号
4	沙北街邮政所	自营	城市	沙坪坝区沙坪坝街道沙北街 88—26 号	—
5	磁器口邮政所	自营	城市	沙坪坝区磁器口南街 4 号附 15 号	—
6	模范村邮政所	自营	城市	沙坪坝区模范村 2 号附 9 号	—
7	新村路邮政所	自营	城市	沙坪坝区新村路 33 号	—
8	三峡广场邮政支局	自营	城市	沙坪坝区渝碚路 30-8 号	—
9	三角碑邮政所	自营	城市	沙坪坝区小龙坎新街 60 号	2015 年 12 月 7 日撤销；2020 年 9 月 16 日原地新增
10	重庆大学一区邮政所	自营	城市	沙坪坝区沙正街 174 号重庆大学 A 区中门收发室旁	2021 年 10 月 9 日由沙坪坝区重大 A 区 12 舍底楼 5—6 号迁入；2022 年 6 月由"重大 A 区邮政所"更名为"重大一区邮政所"

序号	局所名称	经营属性	经营性质	设置地点	备　注
11	井口邮政所	自营	城市	沙坪坝区井口复兴路 48 号	—
12	双碑邮政支局	自营	城市	沙坪坝区双碑劳动桥 119 号	—
13	中梁邮政所	自营	农村	沙坪坝区中梁镇新兴路 1 号附 14 号	2021 年 1 月 16 日由沙坪坝区中梁镇新发路天蓝雅园 A 栋 3 区 6、7、8 号迁入
14	晒光坪邮政所	自营	城市	沙坪坝区晒光坪正街 39 号附 29 号	2016 年 4 月 27 日由天马路邮政所迁址更名
15	张家湾邮政所	自营	城市	沙坪坝区上桥新街 39 号附 29、30 号	—
16	山洞邮政所	自营	城市	沙坪坝区山洞路 35 号	2020 年 6 月 22 日由山洞路 117 号迁入
17	林园邮政所	自营	城市	沙坪坝区山洞路 227 号	2017 年 5 月 15 日变更
18	歌乐山邮政支局	自营	城市	沙坪坝区歌乐山正街 141 号	2020 年 11 月 28 日由沙坪坝区歌乐山正街 155 号迁入
19	新桥邮政所	自营	城市	沙坪坝区新桥正街 173 号	—
20	高滩岩邮政所	自营	城市	沙坪坝区高滩岩一村 7—15 号	—
21	天陈路邮政所	自营	城市	沙坪坝区天陈路 51 号	2015 年 3 月新增
22	凤鸣山邮政所	自营	城市	沙坪坝区都市花园东路 2 号附 5 号	2019 年 8 月 6 日由覃家岗街道新桥凤鸣山街 210—1—18 号迁入
23	凤凰邮政所	自营	农村	沙坪坝区凤凰镇凤凰街 9 号附 4 号	2021 年 8 月 20 日代理金融搬迁至学雅路，由综合网点变为纯邮政网点
24	土主邮政所	自营	城市	沙坪坝区土主镇土主中路 15 号	—
25	西永邮政所	自营	城市	沙坪坝区西永一期安置房 M5-1-4 号	—
26	陈家桥邮政支局	自营	城市	沙坪坝区陈青路 77 号	—
27	曾家邮政支局	自营	农村	沙坪坝区曾家镇曾家正街 70 号附 11、12 号	2020 年 12 月 10 日由沙坪坝区曾家正街 67 号迁入
28	回龙坝邮政所	自营	农村	沙坪坝区回龙坝镇龙海路 68 号	—
29	大学城重大邮政所	自营	城市	沙坪坝区重庆大学梅苑 4 栋底楼	—
30	青木关邮政支局	自营	农村	沙坪坝区青木关镇青云街 23 号	2020 年 9 月 16 日由沙坪坝区新青路 356 号迁入
31	学雅路邮政所	自营	城市	沙坪坝区学雅路 11、13、15、17 号	2021 年 8 月 23 日由大学城中路邮政和凤凰邮政所代理金融合并迁入，并由"大学城中路邮政所"更名为"学雅路邮政所"
32	丰裕路邮政所	自营	城市	沙坪坝区丰文大道 11 号附 21 号	2016 年 1 月 5 日新增

（二）社会加盟站点

截至 2019 年底，沙坪坝邮政优质邮乐购站点达到 10 个，12 个邮乐购站点在原有服务上整合代收代投业务，开通包裹自提账号并实现邮件代投功能。截至 2022 年底，沙坪坝邮政有邮乐购站点 83 个，便民服务站 31 个。

第四节　邮政管理

一、财务管理

1986—1997 年邮电合营期间，重庆市邮政局对沙坪坝区邮电局直接管理，直接下达财务计划，沙坪坝区邮电局实行独立财务核算。1997 年邮电分营后，沙坪坝区邮政局财务计划由重庆市邮政管理局直接下达。2003 年，重庆市邮政通信企业实行城、片区经营管理体制，重庆邮政对各城片区、区县邮政局实行财务管理一体化模式，该模式沿用至 2022 年。

2001 年，沙坪坝区邮政局出台《沙坪坝区邮政局机关费用开支管理办法》，严控差旅费等机关费用。

2004 年，重庆邮政城区三局修改完善绩效考核和生产奖金考核办法，在收入管理上加大开展财务专项检查力度，制订可行的业务发展办法，优化业务结构，提高企业经营效益。城区三局被市邮管局评为"2004年盘活资产先进单位"。

2008—2010年，重庆邮政城区三局加强财务管控，由管理型财务向经营型财务转变。先后制订成本费用管理办法、实施细则等办法，重点控制非生产性支出。推进财务精细化管理。

二、人力资源管理

（一）队伍建设

2015年，沙坪坝邮政从业人员279人。2018年，从业人员294人。2019年，从业人员312人。2020年，从业人员312人。2021年，从业人员298人。截至2022年底，沙坪坝邮政有从业人员298人。

1986—2022年，沙坪坝邮政通过公开竞聘、交流学习等方式，加强人才队伍培养、建设。2001年，沙坪坝实行管理人员竞争上岗、择优聘用原则，同时出台《干部管理岗位责任制》，明确各科室和管理员岗位职责。

（二）教育培训

1986—2022年，沙坪坝邮政强化业务培训，组织开展各类教育培训提高员工业务素质。2012年，沙坪坝邮政指定专人进行一对一指导、培养，并组织函件、金融、报刊、电子商务、集邮等几个专业对新入职大学生进行业务培训，帮助大学生尽快熟悉邮政业务。开展多方位培训，努力提高员工素质，提高职业技能鉴定合格率，组织开展培训课程87项，其中外培42次，参训95人次。自主进行金融、营销、服务规范、风险防控、贺卡、安全、邮政营业等专项培训24次，参训1007人次。邮政网络培训学院远程培训7项，参训421人次。电视电话培训18次，参训364人次，有效促进了员工素质提升。2012—2022年，每年常态化组织开展培训课程，参培员工数量逾万人次。

（三）薪酬管理

2008年，根据重庆市邮政公司要求，开始实施一岗多薪宽带薪酬体系。2011年，推进按量计酬分配制度改革，进一步完善投递按量计酬实施方案，鼓励"多劳多得"。2014年，修改、完善营销体系建设方案和投递按量计酬办法，在月绩效奖励的考核上加入对重点业务的考评。2015年，按照市分公司工作安排，开展薪酬分配制度调整优化工作，进一步优化薪酬结构，完善岗位职级体系，理顺内部分配关系，提高一线员工收入水平，健全员工工资正常增长机制，构建符合邮政企业实际、激励与约束相结合的薪酬分配体系。2018年，按照市分公司《重庆邮政企业基本工资和津贴补贴调整实施方案》相关要求，对2017年经营体制调整涉及人员在12月份进行易岗易薪。2021年，按规定开展综合柜员岗位工资调整、生产主管岗位职级调整工作。2022年，分类落实薪酬分配模式，贡献奖励分配向营业部和营业网点等一线人员倾斜。

三、服务质量管理

（一）营业服务

1986—2022年，沙坪坝邮政通过开展业务培训、加强检查等方式，不断提升服务质量，提高客户满意度。

1999年，沙坪坝邮政通过市级文明单位验收。2000年4月，沙坪坝区邮政局被正式授予"重庆市市级文明单位称号"，同年10月荣获"重庆市用户质量信得过"单位称号，同年10月23日，沙坪坝邮政营业室获得"文明行业示范岗"称号并授牌。2002年，沙坪坝邮政开展电话上门服务，用户打来电话后，立即派专人上门收寄。同年，在AAPP会议（亚洲议会和平协会）期间，沙坪坝邮政在辖区主要营业厅内聘请外语翻译，做好在特殊时期中的服务工作。2005年6月，城区三局完成对电子化支局线路改造，电子化支局系统于6月13日正式投入使用。2007—2009年，城区三局完成邮政电子化支局"两网互联互通"全面上线工作。2020年，沙坪坝邮政营业服务达标率99.99%。截至2022年底，沙坪坝邮政辖内32个邮政网点均开办普遍服务4项基本业务（函件、包裹、印刷品、汇兑）和邮政特殊业务服务。

（二）普遍服务与特殊服务

2020年，外勤关键点扫描率从92.62%提升至99.46%，建制村直接通邮率100%，提升建制村通邮质效，确保"最后一公里"落到实效。2022年，条码平信丢损率成功压降至千分之一以下，普服给据邮件丢损率成功压降至万分之一以下。邮件、报刊妥投率100%，城市党政机关《人民日报》当日见报率达100%。各类专用信箱有效妥投率100%。

截至2022年底，沙坪坝邮政辖内32个网点叠加税邮服务；三峡广场、双碑、新村路、晒光坪、歌乐山、天陈路、青木关、陈家桥、西永9个网点叠加警邮服务；三峡广场、陈家桥2个网点叠加警医邮服务；土主、新村路2个网点叠加社保卡代办服务；网点可提供代缴水、电、气费、公交卡充值等便民服务，并设置军人和退伍军人优先窗口，为居民提供优质、便捷的邮政服务。

（三）监督检查

2017年，沙坪坝邮政成立服务质量部，在此之前由经营服务部履行服务质量监督管理职能。

1986—2022年，沙坪坝邮政不断制订规范服务检查考核办法，通过开展创星级服务窗口等活动来改善服务水平，提升服务质量。

1997—1999年，沙坪坝区邮政局在全区范围内开展服务的规范化和创星级服务窗口活动，沙坪坝区邮政营业室获得重庆市质量信得过班组称号，通过"二星级服务窗口"验收。

2021年起，沙坪坝邮政按照"分类管控、部门协同、分级管理、依规履职"的原则，加强每日监控，落实每周分析，做到每月考核，不断完善日常管控。将非现场检查与现场检查相融合，利用远程集中监控系统开展实时检查，及时发现问题和风险隐患。网点、营业部进行现场检查与外部走访坚持采用"四不两直"工作方法，采用暗查体验、随机提问与调取系统数据相结合等方式，真实反映服务质量问题。能立即整改的必须做到立行立改；不能立行立改的制订整改措施，明确整改期限，落实督办人和责任人，确保及时整改到位。

2022年，沙坪坝邮政开展直辖市、省会城市间普邮全程时限专项检查以及全国两会期间服务质量监督检查工作暨"擦亮窗口"提升邮政服务质量专项检查。未发生未经邮政管理部门批准擅自撤销提供邮政普遍服务的邮政营业场所；停止办理或者限制办理邮政普遍服务业务和特殊服务业务的触碰"两条红线"的情况。普服19项重点指标全部达标，其中《人民日报》当日见报率等9项指标达100%。定期召开邮政普遍服务质量监督工作部门联席会。专用邮政信箱邮件寄递服务工作万无一失，全年完成52个巡视专用信箱，共计124封巡视邮件的妥投工作。

2020年，沙坪坝邮政积极配合公安等部门做好"扫黄打非"工作，并协助沙坪坝区公安机关抓获非法宣传"法轮功"人员2名。2022年，"扫黄打非"示范网点得到国家邮政局普服司点赞：阵地建设到位、工作机制健全、示范引领突出，"扫黄打非"工作成效显著。同年，晒光坪邮政所被重庆市邮政管理局设定为重庆市邮政快递业"扫黄打非"进基层工作站；获评重庆市第五批"扫黄打非"进基层示范标兵；获评第六批全国"扫黄打非"进基层示范点。

四、安全管理

1986—2022年，沙坪坝邮政常态化实施安全检查，查找隐患，及时整改。沙坪坝邮政坚持"安全第一、预防为主"的安全管理方针，时刻教育和要求员工严格遵守各项安全制度，加强对网点各种安防设施设备巡查力度，排查安全隐患。坚持"预防为主、防消结合"的消防工作方针，加强防火巡查力度，完善消防设施，开展消防安全宣传教育培训，增强职工消防安全意识，提高职工消防业务技能，使职工能基本掌握消防设备操作方法，确保全局消防安全。

2001年，沙坪坝邮政加强安防硬件设施改造，11个局所安装防弹玻璃，23个点安装110报警器，新购灭火器、灭火瓶100个，新购灭火箱20个，并安装储蓄摄像设备。

2021年，沙坪坝邮政建成安全管理标准化示范综合网点12个，其中纯邮政网点5个、揽投部3个。重视监督考核，做到"责任到人、任务到人、目标到人、考核到人"，发挥监督检查质效，推进常态化疫情防控工作，确

保员工安全、安心从事生产经营活动，全年未发生各类安全案件。

2022年，梳理安全生产风险管控点，逐一消除风险安全意识淡薄、重经营轻风险等"顽疾"，筑牢风险防控"防火墙"。提升安全检查质量，全年共开展各类安全检查53次，建成非现场检查室。截至2022年底，沙坪坝邮政未发生重大安全事件。

五、党群管理

（一）党组织

由于邮政机构改革和机构调整，党组织名称随之变更：

1986—1997年，设立中共四川省重庆市邮政管理局沙坪坝区邮电局委员会；1997年7月，更名为"中共重庆市邮政管理局沙坪坝区邮政局委员会"；2003年2月，实行城、片区经营管理体制，沙坪坝区邮政局与江北区邮政局合并为重庆邮政城区三局，设立中共重庆市邮政管理局城区三局委员会；2007年4月，更名为"中共重庆市邮政公司城区三局委员会"；2012年8月，城区三局撤销，设立中共重庆市沙坪坝区邮政委员会；2015年5月，更名为"中共中国邮政集团公司重庆市沙坪坝区分公司委员会"；2020年5月，更名为"中共中国邮政集团有限公司重庆市沙坪坝区分公司委员会"。

自2016年10月起，沙坪坝邮政党组织关系划转到中共重庆市沙坪坝经济和信息化委员会。

截至2022年底，中国共产党中国邮政集团有限公司重庆市沙坪坝区分公司委员会共有党员77名（含预备党员3人），下设综合职能党支部、三峡广场党支部、上新党支部、大学城党支部、寄递事业部党支部5个党支部。

（二）党建工作

2007年7月17日，重庆遭遇洪灾袭击，城区三局网点多处受损，以党员为先锋的城区三局员工奋战在一线抗洪抢险，保证国家财产和群众邮件安全，最终恢复生产。2022年11月，沙坪坝邮政成立党员先锋队（青年突击队）支撑邮件投递，开展"抗疫邮我助力，生鲜保供到家"保供配送服务，完成蔬菜配送3437单，销售蔬菜超4.3万余斤，以实际行动保供保畅，体现国企担当。

（三）纪律检查

2016年8月，按照《中国邮政集团公司重庆市分公司党的工作和纪检监察机构设置及人员编制方案》，党委办公室成立，与综合办公室合署办公。配备专（兼）职党建工作人员和专职纪检监察工作人员，在原有管理人员编制数内调配。

2017年7月，按照《关于中国邮政集团公司重庆市沙坪坝区分公司机构设置的通知》，设立党委党建工作部（监察室）、工会。人员编制3人，其中领导职数1人，专业序列2人；设置主任（工会副主席）、党建纪检、经济

与权益维护等岗位。

2020年3月，按照《关于调整重庆邮政企业纪检监察机构设置的通知》，监察室撤销，统一设立纪委办公室，仍与党委党建工作部合署，人员编制不变。

（四）工会

1997年7月28日，中国邮电工会重庆市沙坪坝区邮政局委员会成立。

2017年7月，设立党委党建工作部（监察室）、工会。人员编制3人，其中设领导1人，专业序列2人；岗位设主任（工会副主席）、党建纪检、经济与权益维护等。2017—2022年，沙坪坝邮政工会共召开10次职代会。2018年，工会副主席由综合办公室主任（四级正）兼任。

沙坪坝邮政工会坚持为员工做好事、实事，关心关爱员工生活，为解决员工工作餐等问题，沙坪坝邮政在分公司办公楼建成职工之家1个，在双碑邮政支局、新村路邮政所、陈家桥邮政支局、曾家邮政支局4个网点建成职工示范小家。2015年，沙坪坝区分公司建立职工食堂，并为所有网点配备微波炉和冰柜。2021年，提档升级职工小家、职工食堂，各网点均配备饮水器改善办公环境，组织职工工作餐配送解决用餐难题。

（五）团组织

截至2022年底，共青团中国邮政集团有限公司重庆市沙坪坝区分公司委员会共有团员13名，下设机关支部、三峡广场支局支部、上新支局支部、大学城支局支部4个团支部。

（六）荣誉

2017年，沙坪坝区分公司员工邱骥获得"重庆市劳动模范"称号；沙坪坝区分公司获得"2018—2019年度全国交通运输行业文明单位"称号、"2018—2021年度全国邮政系统先进集体"；2020年，沙坪坝区分公司员工梁华获得全国"扫黄打非"先进个人称号。

第六章　江北邮政机构

第一节　机构沿革

一、机构演变

（一）计划单列时期

1986年，江北区邮电局隶属重庆市邮政局。

1995年3月，重庆市行政区划调整，江北县（现渝北区）邮电局鱼嘴、复盛和五宝镇邮电局划归江北邮电局管辖。

（二）邮电分营时期

1997年，邮政、电信分营。同年7月，重庆市邮政管理局设立江北区邮政局。

2003年2月，重庆市邮政管理局对重庆邮政企业实行城、片区经营管理体制，江北区邮政局与沙坪坝区邮政局合并为重庆市邮政城区三局，对外仍保留江北区邮政局称谓。

（三）政企分开时期

2007年，重庆邮政政企分开。同年9月，"江北区邮政局"更名为"重庆市邮政公司江北区邮政局"。同年12月，中国邮政储蓄银行重庆南岸区支行挂牌成立，南岸邮政受邮储银行委托开办代理金融业务。

2009年1月，重庆邮政速递物流运行新的专业化经营机制，组建重庆市邮政速递物流公司城三分公司。

2010年6月，更名为重庆市邮政速递物流有限公司城三分公司。

2012年8月，重庆市邮政公司调整主城区邮政体制，撤销重庆邮政城区三局，设立重庆市邮政公司江北区邮政局。

2015年4月，法人体制改革，"重庆市邮政公司江北区邮政局"更名为"中国邮政集团公司重庆市江北区分公司"。同月，"重庆市邮政速递物流有限公司城三分公司"更名为"中国邮政速递物流股份有限公司重庆市城三分公司"。

2017年6月，根据市分公司机构编制方案，设立江北区分公司，优化调整内设机构及人员编制。

2018年9月4日，重庆邮政寄递改革，成立江北区寄递事业部（新增"中国邮政速递物流股份有限公司重庆市江北区分公司"牌子），内设综合部（党委办公室）、市场部（服务质量部）、运营管理部。

2020年1月20日，"中国邮政集团公司重庆市江北区分公司"更名为"中国邮政集团有限公司重庆市江北区分公司"，2022年沿用此名。

截至2022年底，中国邮政集团有限公司重庆市江北区分公司内设综合办公室（党委办公室、安全保卫部）、市场营销部（客户营销中心）、服务质量部（普遍服务部）、财务部、党委党建工作部（纪委办公室）、金融业务部（中邮保险中心）、集邮与文化传媒部、渠道平台部。

二、主要领导

表 9-6-1-1

1986—2022 年江北邮政主要领导人员名录

单位名称	姓　名	职　务	任职时间
江北区邮电局	徐荣江	党总支书记、局长	1986.1—1991.9
	邓述渝	局长	1991.9—1997.8
	林琦云	党委书记	1992.4—2001.3
江北区邮政局	方庆华	党委书记、局长	1997.8—2003.2（局长） 2001.3—2003.2（书记）
重庆市邮政城区三局	冯　飞	党委书记	2003.2—2007.3
	杨　晶	局长	2003.2—2007.3
	梁玉平	党委书记、局长	2007.4—2012.6
重庆市邮政公司 江北区邮政局	方绍华	副局长（主持工作）	2012.6—2013.6
	方绍华	党委书记、局长	2013.6—2015.6
中国邮政集团公司 重庆市江北区分公司	方绍华	党委书记、总经理	2015.6—2019.3
中国邮政集团有限公司 重庆市江北区分公司	赖　莉	副总经理（主持工作）	2019.3—2020.3
		党委书记、总经理	2020.3—

第二节　邮政业务

一、金融业务

（一）储蓄汇兑

1. 储蓄业务

1986 年 5 月，江北邮电局恢复开办储蓄业务，主要经营活期、整存整取、零存整取、定活两便、通知存款等业务。邮政储蓄只办理个人人民币储蓄（含互助储金），不办理单位公款存款，初期只受理现金，自 1990 年起可受理支票，利息按国家统一规定的利率和调息期执行。1986 年，江北邮电局邮储余额 31.50 万元。1997 年，江北邮局开通活期储蓄异地存取业务。江北邮政储蓄业务发展迅速、平稳，2012 年底储蓄余额突破 10 亿元，鲤鱼池邮政所成为继鱼嘴、大石坝邮政所之后，辖区内第三个亿元网点。2016 年江北邮政余额突破 20 亿元，2019 年突破 30 亿元，2021 年突破 40 亿元。2022 年 6 月，江北邮政储蓄余额突破 50 亿元。

2012 年，江北邮政独立运营后，除原城三局划拨的部分固定资产外，溉澜溪、大石坝网点新增 CRS（自助存取款一体机）各 1 台，五红路网点新增 ATM（自动柜员机）1 台，各金融网点均配备存折补登机，共计 16 台。2013—2016 年，江北邮政新增 5 台 ATM，15 台 CRS，16 台存折补登折机以及网银体验终端等设备；5 台 ATM 升级为 CRS，增设 16 个移动网络专线，实现网点 WIFI 网络全覆盖。

2. 汇兑业务

1986—1991 年，江北邮电局累计办理汇票 106.14 万张。1992—2005 年，江北邮政累计办理汇票业务 1190.60 万元。自 2002 年 10 月 21 日起，江北邮政开办 2 小时电子汇款业务，汇款汇出 2 小时后，收汇人可在本市任一联网网点收取汇款，基本汇费保持不变，每笔加收 5 元加急业务处理费。随着电子业务快速发展，人们日常生活中的汇兑需求量呈逐年下降趋势。

表 9-6-2-1

2015—2022 年江北邮政汇兑业务收入统计表

单位：万元

年份	收入	年份	收入
2015	20.47	2019	3.84
2016	11.30	2020	4.66
2017	6.44	2021	4.96
2018	4.80	2022	2.76

（二）中间业务

1999—2003 年，江北邮政先后开办代办保险、养老金代收付、工资代发、代销基金、理财、国债、数字人民币等中间业务。

自 1999 年 3 月 31 日起，江北邮政开始代办销售联通公司 GSM130 卡、IP 电话卡及代收电话费业务。自 1999 年 6 月 10 日起，江北邮政开始代办太平洋保险公司重庆分公司保险业务。自 2000 年 8 月起，江北邮政启动代发工资、养老金等业务。自 2000 年 12 月起，江北邮政代理中国人寿保险公司重庆分公司保险业务、销售个人意外伤害保险邮资明信片，每张保险明信片可保个人意外伤害险 2000 元。自 2002 年 4 月 23 日起，代理中国泰康人寿保险股份有限公司重庆分公司保险产品、代理支付保险金。同年 5 月 1 日，邮政储蓄开办代收中国人寿保险续期保费业务。

自 2012 年起，江北邮政中间业务发展平稳。2012—2020 年，代理保险业务规模从 711 万元增长至 11278 万元，代理国债销量从 634 万元增长至 2096 万元。2021 年因业务转型需要，代理保险业务出现下滑趋势。2022 年，江北邮政代理保险业务规模 6445 万元，代理国债销量 492 万元，代理基金销量 9222 万元，养老金代发 48343 万元。

（三）风控合规

1992 年，江北邮电局加强风险防控，强化邮储人员思想技能培训，增加邮储人员，保证双人临柜、双人送款，服务工作和管理工作有所提高。

自 2016 年起，江北邮政持续开展金融合规检查工作，定期对辖内各网点开展日常合规检查，深入开展"排雷行动"等专项排查活动，针对经营管理中暴露出的问题和隐患进行治理。2022 年，江北邮政建立"合规管理、合规检查、综合柜员"三级队伍，以"雷霆行动"为抓手，开展各级各类检查，守牢风控合规底线。截至 2022 年，江北邮政未发生任何重大风控合规重要事件和风险事故。

二、寄递业务

（一）特快专递

1989 年 11 月 6 日，江北邮电局开办特快专递业务，办理方式为营业窗口交寄和上门收寄。1992 年，江北邮电局共收寄特快专递 6.08 万件。2004 年 1 月 1 日，重庆邮政组建的主城区特快专递邮件专投网正式投入运行。

2020 年新冠疫情期间，江北邮政组织开展蔬菜配送、教材寄递、爱心包裹寄递，全力保畅通助民生。同年，实现特快业务量 186.06 万件。2021 年 11 月 22 日，江北邮政鲤鱼池营业部员工上门为央企归国人员提供行李及公件邮寄服务，现场收寄邮件 108 件，彰显国企责任担当。2022 年，实现特快业务量 479.9 万件。

（二）快递包裹

包裹业务主要包括民用包裹、商品包裹、大件商品包裹、纸质品包裹、贵重包裹、快递小包。1986—1991 年，江北邮电局累计完成快递包裹 42 万余件。

2015 年，江北邮政包裹业务部成立。2016—2020 年，

快递包裹业务收入逐年递增，2020 年，全年特快（含快递包裹）规模列主城区第 2 位；同比增幅 16.36%。

2020—2022 年，快包业务得到高速发展，业务量从 205.62 万件增长至 298.92 万件。

（三）物流业务

2019 年，江北邮政开办物流业务，针对辖区内汽车配件、食品制造、医药行业等重点客户提供物流配送服务。

2022 年，江北区分公司引进仓配一体化服务，并对异形件寄递采取三方物流公司运输方式实现增收增量。

（四）国际业务

1993 年 7 月 1 日，江北邮电局开办国际特快专递业务。截至 2017 年底，江北邮政国际业务发展相对较为缓慢。2018 年，国际包裹业务全年完成收入 65.36 万元。2019 年，国际业务收入实现 801.99 万元。2022 年，江北区分公司根据中欧班列（渝新欧）新线路开拓政策，引进跨境电商客户，实现国际业务收入 430 余万元。

（五）快件业务

1988 年，江北邮电局开办邮政快件业务。1988—1991 年，江北邮政累计完成快件业务 49.12 万件。1992—1997 年，累计完成收入 88.57 万元。1998 年 7 月 1 日，该业务停办。

三、文传业务

（一）函件业务

1986 年，江北邮政已开办函件业务。1986—1991 年，江北邮政函件主要以信函业务为主。2012 年，江北邮政销售第二期"重庆非去不可"旅游年票 3000 余册，实现收入 30 万元；招生商函项目实现零的突破，实现收入 10 万余元。2014 年，江北邮政积极利用"食乐汇江北"餐饮明信片打折册、"少儿书中国梦"、银行对账单等项目，加强国内小包协议客户开发和 DIY 明信片创新尝试，函件业务量完成 756.95 万件。2022 年，江北邮政完成函件收入 921 万元，其中账单收入完成 346 万元。

表 9-6-2-2

1986—2022 年江北邮政部分年份函件业务量统计表

单位：万件

年份	函件业务量	年份	函件业务量
1986	387.22	2014	756.95
1987	450.94	2015	658.83
1988	588.78	2019	517.29
1989	590.65	2020	487.99
1990	591.94	2021	439.56
1991	620.94	2022	448.43
2013	706.46	—	—

（二）集邮业务

1984年，江北区观音桥营业室正式开始经营集邮业务。1985年，邮票预订户共452户，全年完成集邮业务收入3.68万元。同年，江北邮电局在大石坝邮政支局设置集邮点。1989—1991年，累计销售邮票110.63万枚。2000年6月9日，江北邮政开展"江北邮局'一会一节'集邮宣传周"活动，刻制纪念戳2枚。2005年，江北邮政有五里店邮政支局、大石坝邮政支局、观音桥营业室3个集邮点，集邮协会会员620人，邮票预订户7131户。2022年，成功开发企业定制纪念邮册、江北区创建国家食品安全示范城市宣传册等项目。

表9-6-2-3

1989—2022年江北邮政部分年份集邮邮票业务量统计表

单位：万枚

年份	集邮邮票业务量	年份	集邮邮票业务量
1989	11.3	2015	214.07
1990	43.14	2019	84.27
1991	56.18	2020	172.9
2013	147.6	2021	22.83
2014	205.06	2022	21.37

（三）报刊业务

1985年，重庆市邮政报刊发行科于1985年划分为报刊发行科和报刊零售科后，江北邮电局开始开办报刊相关业务。1986—1991年，江北邮电局收订各类报刊累计9768.58万份，各类杂志724.6万份。1992—2000年，江北邮政各类报刊订阅金额累计929.20万元。1992—1999年，订阅各类杂志累计金额371.60万元。2000年9月，重庆邮政递送局成立，负责组织主城六区所辖营业室、支局进口邮件开拆、分发、投递和报刊发行投递工作，江北邮政报刊发行投递工作交由该局管理、经营。

表9-6-2-4

2012—2022年江北邮政部分年份报刊业务量统计表

单位：万份

年份	报纸业务量	杂志业务量	年份	报纸业务量	杂志业务量
1986	2221.69	149.63	2014	1207.66	83.24
1987	2158.43	153.64	2015	1238.08	79.37
1988	2418.66	135.33	2019	943.25	185.34
1989	979.26	96.76	2020	938.52	145.82
1990	933.99	88.81	2021	779.81	115.62
2013	1139.36	76.58	2022	790.78	103.64

（四）中邮文创

2021年，江北邮政开办中邮文创业务。2022年，江北区分公司聚焦文创市场发展，针对总部客户创新定制新春贺岁礼包、"渝邮传媒"品牌口罩，实现收入23.8万元；通过开展夏季专项营销活动，实现收入24.2万元。

（五）普通包裹

普通包裹主要包括民用包裹、商品包裹、大件商品包裹、纸制品包裹、贵重包裹、快递小包。1986年，江北邮政完成包裹业务量1.53万件。1997年，完成包裹业务量3.48万件。

2004年，江北邮政加大窗口收寄宣传力度，积极开发校园、军营等季节性商业包裹市场，促进包裹业务发展，实现收入384.13万元。2022年完成包裹业务量3.78万件，实现普通包裹收入40.61万元。

四、渠道业务

（一）增值业务

江北邮政开展的增值业务主要有订票业务、"自邮一族"业务、短信业务、代办政务类业务、代收水电气费、代办车险等。其中简易险业务于2020年4月起转交金融业务部门负责。

2012年，江北邮政开办代理收费业务，代理收取各类电话费、电费、水费、燃气费等。截至2022年底，江北邮政19个营业网点均可办理代收费业务。2012年，江北邮政开办飞机票代理销售业务，年均销售飞机票5000余张。

2013年，江北邮政开办代理销售火车票业务，金果园邮政营业所及鱼嘴邮政营业所开展了此项业务，年均销售火车票2000余张。2020年，暂停代售业务。

2016年6月，江北邮政与江北区、两江新区税务局签订协议，开办代办代开税务发票，江北邮政19个营业网点均开办此业务。2018年，公安部、国家邮政局、中国邮政集团公司联合打造便民服务窗口，在邮政网点提供补换领机动车牌证、补换领驾驶证、申领6年内免检车辆检验标志、机动车抵押登记、自助处理交通违法等交管服务。2019年，江北邮政大力推进政务服务项目，积极走访政府部门，警邮合作入驻网点5个。2020年，观音桥邮政所开通警医邮业务，满足居民日常服务需要。

截至2022年底，江北邮政共19个营业网点开办代理收费业务、代办代开税务发票、政务业务。

（二）分销业务

2013年7月，江北邮政开始开办分销业务。截至2022年底，主要开展了烟草、农副产品和季节性产品的分销业务。

2014年，为拓展分销业务种类，江北邮政开展烟草分销，实现收入9.13万元。2022年，实现烟草分销收入125.65万元。

2020年，江北区分公司分销业务首次面向单位食堂及日常福利市场开拓，实现农副产品收入 300.54 万元。

2022 年，江北邮政构建"邮乐小店＋微信群"营销场景，"919 电商节"打造万单产品"福临门大米" 1 款，实现零售交易额 196.71 万元。

（三）电信业务

1986—1997 年，江北邮电局开办电报、电话业务。20 世纪 90 年代，陆续开办公众礼仪电报、传真电报、寻呼机业务（简称 BB 机业务）。1992 年，江北邮电局电报收入完成 43.8 万元；长话收入完成 28.7 万元；市话收入完成 1.95 万元。

1996 年起，随着电话、传真、互联网的普及，电报业务逐渐萎缩。

第三节　邮政网络

一、网络能力建设

（一）邮路

1986—2022 年，江北邮政邮路建设结合时代特点，不断优化调整。

表 9-6-3-1

1986—2022 年江北邮政邮路变化情况表

序号	邮　　路	性　质	数量	时　　期
1	唐家沱支局	船运邮路	1	1986—1990.3
2	溉澜溪支局、五里店支局、江北城支局、观音桥营业室、大石坝支局	汽车邮路	5	
3	唐家沱支局、溉澜溪支局、五里店支局、江北城支局、观音桥营业室、大石坝支局	汽车邮路	6	1990.4—1995.5
4	郭家沱所、鱼嘴支局	船运邮路	2	1995.6—2000.4
5	唐家沱支局、溉澜溪支局、五里店支局、江北城支局、观音桥营业室、大石坝支局	汽车邮路	6	
6	观音桥投递站、大石坝投递站、五里店投递站、溉澜溪投递站、江北城投递站、唐家沱投递站、郭家沱投递站、鱼嘴投递站	汽车邮路	8	2000.5—2003
7	观音桥投递站、大石坝投递站、五里店投递站、溉澜溪投递站、唐家沱投递站、郭家沱投递站、鱼嘴投递站	汽车邮路	7	2003—2008
8	观音桥投递站、大石坝投递站、五里店投递站、溉澜溪投递站、唐家沱投递站、郭家沱投递站、鱼嘴投递站、鲤鱼池营业部	汽车邮路	8	2008—2009
9	观音桥投递站、大石坝投递站、五里店投递站、溉澜溪投递站、唐家沱投递站、郭家沱投递站、鱼嘴投递站、鲤鱼池营业部、盘溪营业部	汽车邮路	9	2009—2000
10	鲤鱼池投递站、大石坝投递站、五里店投递站、溉澜溪投递站、唐家沱投递站、郭家沱投递站、鱼嘴投递站、鲤鱼池营业部、盘溪营业部、观音桥营业部、寸滩营业部	汽车邮路	11	2000—2012
11	鲤鱼池投递站、大石坝投递站、五里店投递站、溉澜溪投递站、唐家沱投递站、郭家沱投递站、鱼嘴投递站、鲤鱼池营业部、盘溪营业部、观音桥营业部、鱼嘴营业部、寸滩营业部	汽车邮路	12	2012—2018
12	大石坝营业部、五里店投递站、溉澜溪投递站、唐家沱投递站、郭家沱投递站、鱼嘴投递站、鲤鱼池营业部、观音桥营业部、鱼嘴营业部、寸滩营业部	汽车邮路	10	2018—2019
13	大石坝营业部、溉澜溪投递站、郭家沱投递站、鱼嘴投递站、鲤鱼池营业部、观音桥营业部、鱼嘴营业、寸滩营业部	汽车邮路	8	2019—2020
14	大石坝营业部、寸滩投递站、郭家沱投递站、鱼嘴投递站、鲤鱼池营业部、观音桥营业部、鱼嘴营业部	汽车邮路	7	2020—2021
15	大石坝营业部、寸滩投递站、郭家沱投递站、鱼嘴投递站、鲤鱼池营业部、观音桥营业部、鱼嘴营业部	汽车邮路	7	2021—

（二）物流体系

2016年12月底，江北邮政建成村级服务点13个，覆盖复盛、鱼嘴、五宝镇及铁山坪街道。

（三）作业场地

截至2022年底，江北区分公司揽投作业场地使用情况如下表所示。

（四）设施设备

1986—2022年，江北邮政持续加大对揽投能力的建设提升，各类设施设备逐步完善，具体情况如下表所示。

表9-6-3-2

2022年江北邮政作业场地一览表

单位：平方米

生产场地	地　　址	总面积	邮件处理及揽投占用面积	仓储面积
大石坝营业部	盘溪二支路10号南桥丽景小区	1300	1300	0
江北嘴营业部	江北城桂花街42—4号	1490	1490	0
寸滩营业部	江北区港安二路55号	1320	1320	0
鱼嘴营业部	鱼嘴镇棠锦园18号附8号	296.19	296.19	0
观音桥营业部	民安大道170号	600	600	0
鲤鱼池营业部	鲤鱼池四村1号	1060	1060	0
江北处理中心	民安大道170号	3400	400	3000

表9-6-3-3

1986—2022年江北邮政部分年份设施设备一览表

年份	营业投递设备			运输设备					内部处理设备		
	便携打印机（台）	PDA（台）	蓝牙电子秤（台）	燃油汽车（辆）	电动汽车（辆）	货车（辆）	三轮摩托车（辆）	二轮摩托车（辆）	小件分拣机（台）	皮带机（台）	自动收寄机（台）
1986	—	—	—	—	—	—	1	6	—	—	—
1997	—	—	—	1	—	—	5	8	—	—	—
1998	—	—	—	6	—	—	5	8	—	—	—
2012	—	—	—	25	—	1	—	31	—	—	—
2013	—	—	—	29	—	1	—	42	—	—	—
2014	—	—	—	29	—	1	—	55	—	—	—
2016	—	—	—	41	—	1	—	46	—	—	—
2017	—	—	—	51	—	1	—	46	—	—	—
2018	—	—	—	53	—	1	—	32	—	—	—
2019	140	160	85	55	—	1	15	32	—	1	—
2020	152	162	171	55	5	1	30	32	—	1	—
2021	155	165	171	55	5	1	45	32	—	1	8
2022	158	170	171	44	5	1	45	21	—	5	8

二、网运生产作业

（一）邮件接发

江北邮政每日邮件接发共三个频次，分别是第一频次早班车 7:00 左右到达、第二频次午班车 13:30 左右到达、第三频次晚班车 19:00 左右到达。

每一频次班车到达营业部后，由营业部开拆人员与邮车押运员进行交接，首先在邮件路单上批注邮车到达时间，然后投递人员卸车，开拆员根据路单上的总包数对邮件总包进行勾核清点，确认无误后在路单上签字，如有破损、短少邮件的情况，开拆员将在路单上注明。

（二）邮件运输

1986 年，江北邮政邮件运输方式以摩托车、自行车、步班为主。1986—2022 年，运输方式随着经济发展逐渐向机械化改变。2022 年，江北邮政邮件运输方式包括（新能源）汽车、摩托车、新能源三轮车及个别步班。

（三）邮件投递

2014 年，江北邮政安装智能包裹柜 35 座，开始搭建邮件投递智能终端。2020 年，江北邮政实行包裹快递与普通邮件分网投递，优化投递组网模式；对接辖内社会代投点，提升包裹自提点投递占比。2022 年，江北邮政初步实行"网格化 + 甩点直投"作业模式，提升投递末端作业效率。

三、网运管理

（一）组织管理

1. 组织机构

2008—2015 年，城三速递物流公司网运部成立。2015 年，城三速递物流公司运管部成立，负责辖区内网运调度和生产作业。2018 年 9 月，江北区分公司寄递事业部成立，运管部划归寄递事业部，负责辖区内网运调度和处理中心生产管理。

2. 生产作业管理

2005 年，江北邮政制定生产指挥调度制度，生产作业计划调度由网运管理人员负责。2019 年，江北邮政编制生产作业计划，确保当日进出口邮件准班、准点和频次时限。同时，按照市分公司邮区中心邮路车辆到、发时间，调整营、分、运、投环节生产作业计划。

（二）网运质量

1986—2022 年，江北邮政网运管理由粗到细，管控指标由少至多，运营质量逐步完善。2022 年，收寄及时率为特快 99.13%、快包 98.74%；及时妥投率为特快 95.16%、快包 95.70%；特快次日递为 98.11%；快包次日递为 94.09%；特快预约联系率为 85.84%，特快预约接通率 87.24%。

四、服务网点

（一）网点设置

表 9-6-3-4

1986—2022 年江北邮政局所一览表

序号	局所名称	经营性质	经营属性	设置地点	备注
1	观音桥邮政所	自营	城市	江北区步行街 9 号 1—4	—
2	鲤鱼池邮政所	自营	城市	江北区建新东路 43 号附 1 号	由江北区鲤鱼池四村 1 号迁入
3	银鑫邮政所	自营	城市	江北区渝北四村 182 号 1—16、1—17、1—18	—
4	鹞子丘邮政所	自营	城市	江北区小苑支路 1 号附 1 号	由江北区建新北路 41 号迁入
5	塔坪邮政所	自营	城市	江北区兴隆路 46 号附 1、2、3 号	由江北区北城天街东和城 1 栋迁入
6	溉澜溪邮政所	自营	城市	江北区新溉大道 888 号 1 幢附 8 号、附 9 号	—
7	兰溪邮政所	自营	城市	江北区海尔路 183 号附 3、附 4	由江北区寸滩街道海尔路兰溪小区 6 栋 3 单元迁入
8	五里店邮政所	自营	城市	江北区建新东路 87 号附 6 号	—
9	大石坝邮政所	自营	城市	江北区大石坝正街 13 号	—
10	五红路邮政所	自营	城市	江北区五红路 27 号金科花园	由雨花村邮政所搬迁而来，更名为五红路邮政所，于 2016 年 4 月 25 日撤销
11	宏帆邮政所	自营	城市	江北区宏帆路 8 号（伴城花苑 2 栋附 4 号、附 5 号、附 6 号、附 7 号）	由五红路邮政所搬迁而来，更名为宏帆邮政所
12	金果园邮政所	自营	城市	江北区金果园小区 53 号附 1、附 2	—
13	南桥寺邮政所	自营	城市	江北区明石马河百灵路 67 号	

序号	局所名称	经营性质	经营属性	设置地点	备　注
14	苗儿石邮政所	自营	城市	江北区建新西路 399 号附 106 号	—
15	渝大邮政所	自营	城市	江北区金源路 62 号附 11 号	—
16	铁山坪邮政所	自营	城市	江北区海尔路 1027 附 2 号、附 74 号、附 76 号	由唐家沱正街邮政所搬迁而来，更名为铁山坪邮政所
17	唐家沱邮政所	自营	城市	江北区唐家沱东风一村 90 号	由唐家沱邮政支局搬迁而来，更名为唐家沱邮政所，于 2016 年 4 月 25 日撤销
18	五里坪邮政所	自营	城市	江北区鱼嘴金鑫花园 4 幢 1–1 号	由唐家沱邮政所搬迁而来，更名为五里坪邮政所
19	郭家沱邮政所	自营	城市	江北区红江村 21 号附 15 号	—
20	鱼嘴邮政所	自营	城市	江北区港城西路 8 号附 1 号、附 2 号	—
21	复盛邮政所	自营	城市	江北区复盛镇盛锦路 20 号附 10、11 号	—
22	五宝邮政所	自营	城市	江北区五宝新街 6 号	2021 年由代办改为自营
23	三钢邮政所	自营	城市	原重庆钢铁三厂（钢锋后村）	
24	雨花村邮政所	自营	城市	原重庆长安厂大门对面	
25	盘溪邮政所	自营	城市	江北区盘溪粮油批发市场临街门面 145–146 号	
26	开发代办点	代办	城市	原重庆化工研究院内	
27	重庆市江北华渝代办点	代办	城市	原重庆华渝厂内	
28	茅溪邮政所	自营	城市	原红旗化工机械厂内	由江北三钢邮政所搬迁而来，更名为茅溪邮政所
29	水口代办点	代办	城市	原合成制药厂	
30	唐家沱邮政支局	自营	城市	原唐家沱东风 1 村 95 号	—
31	唐家沱正街邮政所	自营	城市	原唐家沱正街 26 号	—
32	港机代办点	代办	城市	原重庆港机厂内	—
33	正街邮政支局	自营	城市	原江北正街 19 号	—

（二）社会加盟站点

2015 年，江北邮政开始建设邮乐购站点。2021 年，江北邮政建成邮乐购站点 81 个，邮掌柜批销站点 27 个，优质站点 22 个，村邮站点 13 个。2022 年，"渠道＋寄递""渠道＋金融"协同发展，建成代收代投自提站点 273 个、优质邮乐购站点 26 个、日均分享活跃邮小店 225 个、成单邮小店 8 个。

第四节　邮政管理

一、财务管理

1986—1997 年，江北邮政按照"统一领导、分级管理"的原则，由重庆市邮政局直接管理，实行独立财务核算。自 2003 年 4 月起，江北邮政开始实行财务管理一体化模式。

2012 年，江北邮政修订《财务管理办法》《用户欠费管理办法》，加强欠费管控，实现全区无 3 个月以上用户欠费。

2013 年，江北邮政进一步加大对用户欠费的管控力度，通过"按月分析考核，按季通报"方式实现全区无 6 个月以上用户欠费，报刊欠费回收较去年同期提前 2 个月清欠。

2017 年，按照重庆邮政整体安排，江北邮政利用新上线的 ERP 预算模块打破传统预算管理模式，实施全新的零基预算，成本费用关账更加均衡合理，预算偏离度进一步降低。同年，通过开展用户欠费自查、廉洁防控自查、房屋土地自查自纠、集邮库存及账务盘查、营销费用自查等多项财务检查工作，防范企业经营风险，改善企业财务秩序。

2022年，江北邮政优化全面预算管理体系，持续推进降本增效工作，重点开展外包专项整治与存货、招待费专项检查，按时按质完成账务处理及纳税申报。

二、人力资源管理

1986年，江北邮政有从业人员283人，其中邮电通信184人，农村电话99人。1997年，江北邮政有从业人员305人，其中长期职工244人，其他从业人员61人。2012年，江北邮政有从业人员273人，其中本科及以上学历25人，大专、高职学历34人。2022年，江北邮政有从业人员225人，其中本科及以上学历127人，大专、高职学历98人。

1986—2022年，江北邮政重视人才培养，逐步提升队伍素质，打破干部身份限制，重视对新入职大学生的培训和锻炼，加大技能鉴定推进力度，加强企业技能人才队伍建设。

自2012年7月起，江北邮政多次组织金融、电子商务、邮件容器、规范化服务等操作技能技巧培训，员工素质和操作能力得到提升。

2019年，江北邮政稳妥推进寄递薪酬激励政策改革，从"以投为主"变为"揽投并重"，调动员工业务发展积极性。2020—2022年，开展薪酬二次分配问题专项治理工作，从源头上杜绝薪酬二次分配问题。

三、服务质量管理

（一）营业服务

1995年4月8日，江北邮电局营业室电子化营业。同年5月，在全局所属各邮政营业窗口实行"限时服务"。同年8月21日，江北第一个邮政营业窗口电子化系统在江北邮电局营业室投入试营业。

1998年3月6日，江北邮政观音桥营业室被邮电部授予"1996—1997年度全国邮电系统'树邮电新风　创优质服务'先进集体"荣誉称号。

2022年，江北邮政建成江北辖区1个市级窗口服务体验示范点——大石坝邮政所。

（二）普遍服务与特殊服务

2013年12月，江北邮政新建2个农村综合服务平台，村邮站全年平稳运行。

2018年5月9日，江北区分公司在全国率先召开全市邮政普遍服务工作会议，出台《提升普遍服务特殊服务水平，拓展便民公益服务三年行动方案（2018—2020）》，规范营业、投递、售后服务，明确信函、印刷品、汇票等投递时限、频次和深度要求。申诉处理满意率连续31个月达到100%。

2021年，江北邮政普遍服务质量22项指标全部达标，江北嘴营业部被市分公司评选为2021年度重庆邮政"窗口服务体验示范点"。

2022年，普服邮件全程时限达到市分公司管控要求，19项普服重点指标全面达标。

截至2022年底，江北邮政辖内所有营业网点均开办普遍服务4项基本业务及特殊服务业务。

（三）监督检查

2016年，江北邮政按照上级部署，完成了"2016年邮政普遍服务"专项自查、检查工作和"情系万家"服务质量提升活动专项整治工作，均顺利通过市分公司复查。

2017年，江北区分公司成立服务质量部，完成了邮政普遍服务和"两岗"履职检查工作和"情系万家"服务质量提升活动专项整治工作。

2022年，江北区分公司开展"快递邮件丢损专项治理"活动，重点梳理断点邮件，紧盯重点营业部、重点岗位、重点人员，快递邮件丢损情况得到有效控制。

四、安全管理

1986—2022年，江北邮政不断完善安全管理工作，对企业安全生产、安防设施、合规经营、人员排查等实行全方位检查，通过对人防、案防、技防的检查整改，对各支局、网点进行定期巡查和不定期抽查，发现问题立即要求组织整改，把事故发生的可能性降至最低。

2020年以来，江北区分公司深入开展安全生产专项整治三年行动，切实做好安全生产大检查和百日大整治行动，完善安全管理制度规范，实现连续三年无安全保卫责任事故目标。

截至2022年，江北邮政未发生重大安全事故。

五、党群管理

（一）党组织

1. 江北邮政2016年6月—2019年4月党委组织机构，如下图所示：

图9-6-4-1　2016年6月至2019年4月江北邮政党组织机构图

2. 江北邮政2019年4月—2022年4月党委组织机构，如下图所示。其中，2019年4月至10月，退休支部党员移交社会化管理；2019年4月新增寄递事业部支部委员会和经营支撑支部委员会。

中国邮政集团公司
重庆市江北区分公司委员会

综合职能
支部委员会

经营支撑
支部委员会

寄递事业部
支部委员会

生产作业
支部委员会

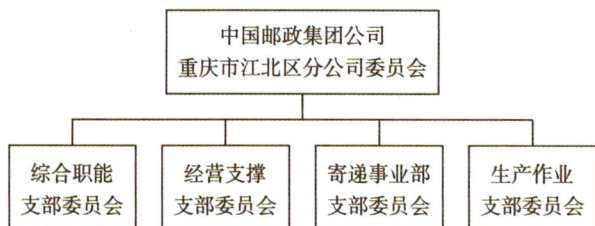

图 9-6-4-2　2019 年 4 月至 2022 年 4 月江北邮政党组织机构图

3. 江北邮政 2022 年 4 月后党委组织机构，如下图
所示：

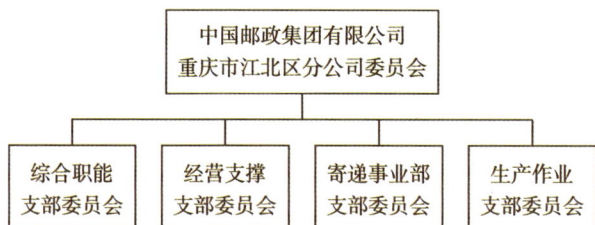

中国邮政集团有限公司
重庆市江北区分公司委员会

综合职能
支部委员会

经营支撑
支部委员会

寄递事业部
支部委员会

生产作业
支部委员会

图 9-6-4-3　2022 年 4 月江北邮政党组织机构图

党建工作　自 2012 年独立运营起，江北邮政积极开
展党委的筹备组建工作，建立健全了江北邮政党组织。在
2015 年市分公司"七一"党建及纪检监察先进集体、个
人表彰大会中，江北邮政首次实现"奖项大满贯"，获
得"十佳党建纪检监察工作先进单位""优秀红旗党支部"
"十佳优秀党务纪检工作者""优秀党员"所有奖项荣誉，
突出展现了党员先锋模范和带头的引领作用。2020—2022
年，江北邮政党委多次组建"党员先锋队"，投身防疫保
障和服务支撑工作。

（二）纪律检查

2017 年 7 月，江北区分公司成立党委党建工作部
（监察室）。2020 年，撤销监察室，设立纪委办公室，与
党建工作部合署办公。2019 年，市分公司巡察江北区分
公司，巡察反馈意见提出整改 5 个方面、11 个主要问题
和 20 个具体问题，江北区分公司认真查找和分析问题原

因，制定区巡察整改实施方案，下发《中邮江北分公司党
委关于印发巡察问题整改方案的通知》，确定限期整改、
长期坚持和持续推进的 18 项整改措施，并在 2019 年 3 月
完成相关问题的整改，并在后续工作中坚持执行。

2022 年，江北区分公司聚焦突出问题，加强专项监
督，自查发现问题全面整改到位。

巡视巡察　2019 年，江北区分公司深入开展中央巡
视整改推进工作，全年召开巡视整改专题会议 8 次。

2020 年，江北区分公司明确廉洁风险点，严格落
实"一岗双责"，落实主体责任；同步推进"中央巡视整
改""集团巡视 6 省市未巡先改""市分公司党委巡察未巡
先改"三项巡视巡察整改工作；制定 58 项整改措施，当
年完成 42 项，完成阶段性目标且持续推进 16 项。

2022 年，江北区分公司部署 39 项自查重点、91 项具
体内容，明确责任部门，组织未巡先改和对照自查整改工
作，上下联动推进问题整改落实。

（三）工会

2013 年，江北邮政工会委员会由中国邮政集团公司
重庆市分公司工会委员会领导。江北区分公司职工代表大
会三年一届，每年召开 1—2 次会议，随行政换届时间同
时进行换届。

2018 年，江北区分公司大石坝投递职工小家获得
"全国邮政系统模范职工小家"。2022 年江北区邮政实现
职工小家全覆盖，包括 17 个网点、6 个营业部、1 个营销
中心。

2021 年，江北区分公司创新采用美团外卖方式，解
决员工午餐和旺季加班误餐问题。

（四）荣誉

1996 年，江北邮电局工作人员张伟获得"全国邮电
劳动模范"。2014 年和 2018 年，江北邮政工作人员文莉
和李文革分别获得"全国邮政系统先进个人"称号。

2019 年，江北区分公司获得重庆市邮政系统"企业
发展进步奖"。2020—2022 年，连续 3 年获得重庆市邮政
系统"十佳企业"。

第七章　巴南片区邮政机构

中国邮政集团有限公司重庆市巴南片区分公司辖直
属单位巴南片区城区分公司及江津、綦江、万盛 3 个分公
司。辖内共有邮政网点 231 个，从业人员 1677 人，服务
群众 379 万人，满足辖区党政机关、企事业单位及人民群
众用邮需求。

一、机构沿革

2003 年 2 月，重庆邮政实行城片区局管理经营体制，
设立巴南片区邮政局，组建第一届领导班子，直接管理巴
南区、江津市、綦江县、万盛区 4 个邮政局，管理机构设
在巴南区邮政局。片区局履行所辖各区、县邮政局管理职
能，各区、县邮政局履行经营职能。

2006年10月，江津行政区划调整，改市设区，"江津市邮政局"更名为"江津区邮政局"，仍隶属巴南片区邮政。

2012年2月，重庆市进行行政区划调整，为保持邮政管理体制与地方行政管理一致，重庆市邮政公司撤销綦江县邮政局、万盛区邮政局，设立綦江区邮政局、万盛经济技术开发区邮政局（挂靠綦江区邮政局），均划归巴南片区邮政管辖。

2014年2月，根据市分公司要求，"重庆邮政巴南片区局"更名为"重庆市邮政公司巴南片区分公司"。同年6月，重庆邮政速递物流组织机构改革，重庆市邮政速递物流有限公司组建巴南片区分公司，管理原重庆市邮政速递物流有限公司巴南、江津、綦江区分公司。

2017年，为进一步理顺管理关系，支持地方政府部门要求，市分公司调整万盛经济技术开发区分公司机构编制设置，不再挂靠綦江区分公司。至此，巴南片区邮政管辖巴南、江津区、綦江、万盛经济技术开发区分公司。

2017年6月，根据市分公司城片区、区县分公司机构编制方案，设立中国邮政集团公司重庆市巴南片区分公司，调整巴南片区分公司内设机构主要职责及人员编制，设立营业（投递）局、机要室。机要室挂靠在营业（投递）局，对外称机要通信分局。

2018年9月，寄递改革，组建巴南片区寄递事业部（保留"中国邮政速递物流股份有限公司重庆市巴南分公司"牌子），下设综合部、市场部、运管部、服务部。所辖各分公司相继成立寄递事业部。同年11月，为进一步理顺管理关系，促进片区分公司经营发展，"中国邮政集团公司重庆市巴南区分公司"更名为"中国邮政集团公司重庆市巴南片区分公司"。

2020年1月，"中国邮政集团公司重庆市巴南片区分公司"更名为"中国邮政集团有限公司重庆市巴南片区分公司"。2022年沿用此名，管理体制不变。

截至2022年底，中国邮政集团有限公司重庆市巴南片区分公司内设部门（单位）主要包括市场经营部门、经营支撑部门、综合职能部门、直属单位。市场经营部门包括市场营销部、服务质量部（普遍服务部）；经营支撑部门包括金融业务部（中邮保险局）、集邮与文化传媒部、渠道平台部；综合职能部门包括综合办公室（党委办公室、安全保卫）、财务部、人力资源部（党委组织部）、党委党建工作部、纪委办公室、工会。

二、邮政业务

2003年，重庆邮政体制调整后，巴南片区邮政持续深化企业内部体制改革，实现收入9466.62万元。2004—2022年，巴南片区邮政业务总收入从10506.8万元增至94439.5万元。

（一）金融业务

2007年，巴南片区邮政设立储汇部，负责所辖区县邮政金融业务经营发展、指导，监督邮政金融业务内部控制和会计管理、邮政金融资金核算、分析资金运营情况、提升资金清算速度、保障资金安全完整及储汇的营销、项目运营工作。2009年，设立片区金融业务部，负责所辖区县邮政代理金融业务发展和风险合规管理工作。其中代理金融风控合规检查队伍实行派驻制及网格化管理，负责对片区代理金融相关数据开展风险识别、分析和监测及风险隐患检查。2007—2022年，片区邮政代理金融业务收入从11367万元增至69370万元；期末储蓄存款余额从68.2亿元增至467.521亿元。

（二）寄递业务

2003年4月，开办邮政特快专递送款业务，送汇3万笔，送款金额1602万元。2006年，巴南邮政率先开办法院专递快递送达业务。2007年，江津邮政开发法院专递快递送达业务。2009年，速递物流实施专业化经营，巴南片区邮政辖内设立9个揽投部，完善物流配送体系。同年，片区邮政法院专递业务产生收入11.11万元，较开办初期增长9.6万元。2013年，巴南片区邮政在公安交管业务方面取得突破，驾驶证、号牌、档案等寄递业务实现收入40.93万元，较2012年开办初期增加25.51万元。2014—2017年，巴南片区速递业务收入从567.2万元增至2144.28万元；邮政包裹快递收入从271万元增至1941.53万元。2019年，片区邮政寄递业务快速发展，完成收入5932.41万元。2020年，为优化服务，让群众少跑一次路，巴南邮政获得政府支持，达成战略合作，率先开办"邮政＋政务"寄递业务，随后片区各分公司全面开办此业务，累计实现寄递业务量6.33万件。2022年，片区邮政寄递业务收入突破1亿元。

（三）文传业务

2004—2022年，巴南片区邮政函件业务收入从435万元增至1156.9万元，报刊流转额从1506万元增至5616.32万元。2004年，巴南片区邮政以营销为突破口，实现集邮业务收入403万元。2017年，巴南片区邮政集邮与文化传媒部成立，涵盖原函件、报刊、集邮、文创、普包等业务。2021年，片区统一打造"渝邮传媒"品牌，推进传统函件业务向媒体业务转型。截至2022年底，片区邮政集邮业务收入规模达到1235万元，新媒体收入达693万元，新媒体收入占函件收入60%。

（四）渠道业务

2003—2005年，渠道业务主要为代理信息业务和票务业务。2005年，巴南片区邮政代办电信业务总计放号5.68万户，票务业务中代理火车票1万余张、代理机票1004张。2007年，推进邮政短信、航空客票销售等电子商务类业务，完成短信加办11.68万户，累计在网8.83万户，实现收入67.18万元。同年，片区邮政共设61个票务现场出票点，代售机票3939张。2009年，成立分销业务部，实现服务"三农"销售额690万元。2015年，按照市分公司统一安排，巴南片区邮政分销业务部与电子商务公司合并为电商分销公司。2017年，根据机构改革安排，原电商分销公司改制为巴南片区分公司渠道平台部。2019年，巴南片区邮政在巴南区范围内试点推进邮政网点便民一站购，将邮政网点打造成集代理金融、政务服务、便民服务、邮爱驿站、便民优惠购、农产品进城为一体的综合便民服务网点。该模式受到市分公司充分肯定，在全市邮政网点复制推广。2019—2022年，片区邮政渠道平台业务收入从5608.69万元增至8016.22万元。

三、邮政网络

2004年，巴南片区邮政对邮运网络进行调整，延伸自办邮路里程，基本建成农村地区物流平台。同年，片区邮政服务网点269个，邮政车辆66辆，自办汽车邮路19条，农村投递邮路596条，邮路总里程9893公里。截至2022年底，片区邮政服务网点231个，邮政车辆175辆，自办汽车邮路27条，农村投递邮路306条，邮路总里程6401公里。

四、邮政管理

2003年，片区机构成立后，巴南片区邮政进一步理顺管理关系，强化片区管理职能。从基础管理到邮政服务，从人员统筹安排到安全服务监督，充分体现片区管理职能。

（一）财务管理

2003年4月，巴南片区邮政组建和完善管理职能机构，改设计划财务部。同月，重庆邮政对各城片区、区县邮政局实行财务管理一体化模式，巴南片区邮政对所辖区县实行收支两条线管理，实行报账制，对所辖区县财务收支计划、资产、资金、大宗物资采购及供应等统一管理。2004年，完成财务报表合并，负责统筹片区及所辖区县邮政财务预决算、投资工作。2007年，新的财务软件运行后，实行预算管控，实现从"事后核算"向"事前预算"转变。2008年，实现扭亏为盈。2021年，巴南片区邮政将降本增效、逾期欠费压降作为财务提质增效和管理提升重要举措，优化营业、投递及陆运运输环节流程，减少非生产性成本支出，投递环节外包单价较2019年压降34.58%；逾期欠费由2020年的58万元压降到42.03万元。辖区内4个分公司对应的邮务、邮政、速递账口径均超额完成利润目标。

（二）人力资源管理

2017年，巴南片区邮政制定领导人员管理规定，明确片区对所辖各区分公司领导班子副职、内设部门四级领导人员进行直接管理和审批核准，规范领导人员的选拔、使用和管理。巴南片区邮政对所辖各区分公司工资总额进行计划下达，与业务收入增长额、利润增长额、人均工资增幅挂钩，并综合考虑各种因素，对增量工资总额进行调节。

2019年，巴南片区邮政制定片区统一绩效考评办法，将各分公司月绩效基数进行统一调整，同时完善由市场评价贡献、按贡献决定报酬的考核分配机制，使员工薪酬与工作业绩和实际贡献紧密挂钩。2022年，片区对各区分公司内设部门领导人员实行任期制和契约化管理，推动形成干部能上能下、薪酬能高能低的干部管理机制。分层对邮政投递、邮政储蓄营业人员进行技能培训和认定工作。截至2022年底，片区邮政生产人员职业技能等级持证率达到90.6%，其中技师46人；从业人员专科及以上学历占比达到89.39%，其中研究生7人。

（三）服务质量管理

2017年，巴南片区邮政服务质量部（普遍服务部）成立，负责片区邮政通信服务质量、普遍服务、客服、营业管理，以及邮政服务质量监督和代理金融合规检查。2019年，片区邮政创新开展"风险排查常态化"专项治理，针对各种风险制定不同检查标准，将问题消灭在萌芽状态。同年，片区邮政创新开展违规"双十条"红线专项治理。2019—2022年，片区邮政组织所辖各区分公司开展"普遍服务检查""普遍服务提升""普遍服务提质创优""普遍服务达标固本"等专项检查活动，片区整体普遍服务质量得到提升，高风险问题压降86%。截至2022年底，周3班提升到周5班建制村数达到55个，占比27.78%，建制村通邮率达到100%。

（四）安全管理

2003—2022年，巴南片区邮政对所辖各分公司安全保卫工作主要行使管理监督权。每年年初，由片区分公司总经理与所辖各分公司主要领导签订安全责任书，明确各单位安全责任。同时各分公司领导班子为片区分公司安全委员会成员，负责具体落实各分公司安全管理工作。自2003年以来，巴南、江津、綦江、万盛未发生较大或重大安全事故，无人员伤亡、资金安全事故发生。

（五）党组织

2003年，设立巴南片区邮政党委，管辖巴南党委、江津党委、綦江党委、万盛党支部4个基层党组织。截至2022年底，片区基层党支部13个、党小组30个、党员405人。

自2003年起，片区党委"坚持党的领导、加强党的建设"，先后获得全国交通运输"文化建设优秀单位"、全国邮政系统"先进基层党组织""企业文化建设示范单位"、重庆市"文明单位"等荣誉称号；"党建＋样板""融入式党建""党建领航·贴心巴邮"等党建品牌建设先后在全市邮政党建工作会、巴南区机关党建现场会等重要会议上作交流发言。片区党委强化对所辖各区分公司党建工作指导，江津区分公司获得市分公司"先进基层党组织""十佳企业"等荣誉称号，綦江区分公司创建重庆市"百家文明单位"，綦江县邮政局开发区营业室获"全国青年文明号"殊荣。

（六）纪律检查

巴南片区邮政纪委对巴南、江津、綦江、万盛邮政纪检工作负管理职责。2016年，成立党委党建工作部、纪检监察室，合署办公。2017年，单设党委党建部（纪检监察室）。自2018年起，巴南片区邮政每年召开党风廉政建设和反腐败工作会，安排布置年度重点工作，日常对各单位党组织落实党风廉政建设责任制情况进行监督检查和指导，负责对片区所辖党组织和党员违犯党的纪律和其他党内法规的线索开展核查立案审查工作。对各区分公司纪检委员、纪检人员准入基本条件进行审核把关。2020年，撤销江津分公司纪委。同年3月，撤销监察室，设立纪委办公室，仍与党委党建工作部合署。2022年，纪委办公室单设，不再与党委党建工作部合署办公。

（七）工会

2003年，设立中国邮电工会重庆市邮政委员会巴南区工作委员会，负责片区各基层工会的领导和管理。2007年，巴南片区邮政召开片区邮政第一届一次职代会，参会代表37名。2013年，更名为中国邮政集团工会重庆市委员会巴南区工作委员会。同年7月，片区邮政召开第一届第一次职工代表大会，对届次重新排列。2017年12月，召开第二次代表大会，选举产生了中国邮政集团工会重庆市巴南区委员会第二届委员会、主席、副主席、经审委员会、女职工委员会。2018年5月，更名为中国邮政集团工会重庆市巴南片区委员会。2020年12月，召开第三次代表大会，选举产生了中国邮政集团工会重庆市巴南区委员会第三届委员会、主席、副主席、经审委员会、女职工委员会。截至2022年底，巴南片区邮政召开职代会14次。

第一节　巴南邮政机构

一、机构沿革

（一）机构演变

1. 计划单列时期

1986年，巴县邮电局由重庆市邮电局直接管理。

1992年3月，因体制调整，重庆市邮电局撤销，巴县邮电局划归重庆市电信局管理。

1995年12月，因重庆行政区划调整，相应调整邮电机构。经国家邮电部同意，撤销巴县邮电局，设立巴南区邮电局，相应调整邮电分支机构归属关系。原巴县长生桥、迎龙、广阳等地划归南岸区管辖；原巴县陈家桥、曾

家、虎溪、土主、青木关、凤凰、回龙、中梁山等地区划归沙坪坝区管辖；原巴县跳磴镇地区划归大渡口区管辖；原巴县西彭、铜罐驿、陶家、白市驿、巴福、走马、金凤、含谷、石板乡等地区划归九龙坡区管辖；原九龙坡区李家沱、土桥、花溪、南泉、道角等地区划归巴南区管辖。新设立的巴南区邮电局及辖内邮电分支机构仍由重庆市电信局管理。

1996年1月，随着重庆市行政区划调整，巴南区长江北岸的白沙沱、冬笋坝、西彭、白市驿、陈家桥、青木关和长江南岸的长生桥共7个支局的邮政业务，以及7个支局管辖的12个邮政所，11个代办所全部业务、资产和人员划归重庆市邮政局管辖的相关区邮电局经营管理。同时，九龙坡区邮电局管辖的李家沱、道角、南泉3个邮政支局成建制划归巴南区邮电局经营管理。原地区的电信业务于1996年7月底以前全部划归巴南区邮电局经营管理。

2. 邮电分营时期

1997年，邮政、电信分营试点，原重庆市电信局管理的巴南区邮电局的邮政业务全部划归重庆市邮政局管理。同年4月，国家邮电部撤销重庆市邮政局，成立重庆市邮政管理局。同年7月，重庆市巴南区邮政局成立，隶属重庆市邮政管理局管理。

2003年2月，重庆邮政企业实行城、片区经营管理体制，设立巴南片区邮政局，巴南区邮政局隶属巴南片区邮政局管理。

3. 政企分开时期

2007年，政企分开，"重庆市巴南区邮政局"更名为"重庆市邮政公司巴南区邮政局"。同年12月，中国邮政储蓄银行重庆巴南区支行挂牌成立，巴南邮政受邮储银行巴南区支行委托开办代理金融业务。

2009年1月，重庆邮政速递物流正式运行新的专业化经营机制，重庆市邮政速递物流公司巴南分公司成立。

2010年6月，更名为重庆市邮政速递物流有限公司巴南区分公司。

2015年4月，根据法人体制改革要求，"重庆市邮政公司巴南区邮政局"更名为"中国邮政集团公司重庆市巴南区分公司"，同月，"重庆市邮政速递物流有限公司巴南区分公司"更名为"中国邮政速递物流股份有限公司重庆市巴南区分公司"。

2017年6月，根据市分公司城片区、区县分公司机构编制方案，设立中国邮政集团公司重庆市巴南片区分公司，同时设立直属单位：营业（投递）局、机要室。

2018年11月，"中国邮政集团公司重庆市巴南区分公司"更名为"中国邮政集团公司重庆市巴南片区分公司"。

2021年，市分公司调整部分机构名称，"巴南片区分公司营业（投递）局"更名为"巴南片区城区分公司"。

（二）主要领导

表 9-7-1-1

1986—2022 年巴南邮政主要领导人员名录

单位名称	姓　名	职　务	任职时间
巴县邮电局	赵元健	局长	1986.1—1997.7
	梅荣模	党委书记	1986.1—1990.6
	郭兴全	党委书记	1990.6—1997.7
巴南区邮政局	万明庆	局长	1997.9—2003.2
	何　川	党委书记	1997.10—2003.2
	甘源峻	局长	2003.2—2008.8
	杨　杰	党委书记	2003.2—2008.8
	熊　岗	党委书记、局长	2008.8—2011.8
重庆市邮政公司 巴南区邮政局	熊　岗	党委书记、局长	2011.8—2013.4
	王红卫	党委书记、局长	2013.4—2014.3
	王红卫	党委书记、总经理	2014.3—2016.8
中国邮政集团公司 重庆市巴南区分公司	屈光明	党委书记、总经理	2016.8—2018.12
中国邮政集团有限公司 重庆市巴南片区分公司	张　永	党委书记、总经理	2018.12—2021.3
	王　勇	党委书记、总经理	2021.3—

二、邮政业务

（一）金融业务

1. 储蓄汇兑

1986 年，巴县邮电局恢复办理邮政储蓄业务。同年，期末储蓄存款余额 31.4 万元。1993 年，期末储蓄存款余额突破亿元。1995 年，新开办邮政储蓄业务网点 44 个，达 74 个。同年 3 月，巴县邮电局推出具有邮政储蓄柜员制微机网络系统功能邮政储蓄营业系统和柜员监控系统，同年储蓄存款余额突破 3 亿元。2004 年，储蓄存款余额突破 10 亿元。2019 年，储蓄存款余额突破 100 亿元。截至 2022 年底，巴南邮政储蓄存款余额超 140 亿元。

1986—1994 年，巴南邮政累计汇兑业务量 133 万张。2001 年，巴南邮政开办电子汇兑业务。2004 年，全区 60 个邮政网点实现电子汇兑全国联网。2005 年，全区 60 个网点邮政储蓄系统与电子汇兑系统互通工程正式切换上线。同年，开发汇票 44396 笔，汇票金额 3753 万元。2005—2022 年，随着通信技术不断改善、发展，汇兑业务呈逐年下降趋势。2022 年，巴南邮政办理汇款 2496 笔，汇款金额 214.43 万元。

2. 中间业务

（1）代理业务

1998 年，巴南区邮政局与巴南区社保局联合举办"代理发放离退休人员基本养老金"协议签订仪式，启动代理发放二轻、商业、经委、茧丝绸、供销、交通等十多家企业离退休人员基本养老金。2000 年，代发养老金人数达 6300 人，月代发养老金金额 213 万元。同年，巴南邮政获得巴南区财政统发 8000 余名人员两年工资代理发放权。2001 年，巴南区邮政局签订代发巴南区境内失业救济金协议，年代发失业救济金金额 768 万元。2002 年，与中国人民保险、中国人寿保险签订保险代理协议，为其两家保险公司代理所有业务，同年，代理各种保险额 623.9 万元。2000—2022 年，巴南邮政相继办理代售国债、代收电话费、代收电费、代收烟款业务。

（2）电子银行和快捷支付业务

2013 年，巴南邮政开始办理转账汇款、贷款、信用卡、投资理财、缴费、支付等手机银行业务。2019 年，巴南邮政办理快捷支付业务，主要分网联快捷和银联快捷支付。截至2022年底，巴南邮政手机银行结存客户数、快捷支付结存客户数均有较大突破。

3. 网点转型

2013年，巴南邮政网点转型工作正式启动。2016年，全年完成标准版转型网点27个，简化版转型网点11个，总覆盖率为74.51%。2019年，开展"文化理念、服务功能、服务方式、管理支撑"等全方位系统转型，打造线上线下集普惠金融、便民服务、政务服务于一体的"一体化一站式综合便民服务平台"，使网点平台成为联系政府、赋能企业、服务群众的纽带，实现网点平台系统转型和价值提升。2020年，市分公司党委将巴南邮政"邮政+政务+便民服务+电商扶贫"发展模式誉为"巴南样板"，并在全市推广。

4. 风控合规

2015年，巴南邮政成立风控合规检查队伍，挂靠在运行保障部。同年9月，挂靠在金融业务部。2017年，机构改革设置合规管理岗，配置3人专职检查团队。2018年，成立金融资金安全领导小组，加大对金融资金安全管理。2019年，巴南片区分公司代理金融风险内控案防管理委员会成立，负责落实和执行邮政代理金融风险管理工作，审议代理金融风险内控管理事项。2020年，创新开展代理金融"十条红线"专项治理。2018—2022年，组织风控合规培训100余次，培训员工1.5万余人次。其间多次开展风控合规知识讲座和知识竞赛，发布风控合规微视频。2021年，巴南邮政建立风控合规文化长廊，强化员工风控合规意识。2022年，落实风控合规进党委机制，党委按季审议各类风控落实情况。截至2022年底，巴南邮政无重大金融风险事故。

（二）寄递业务

1. 特快专递

1988年，巴县邮电局开办快件业务。同年，快件业务量2234件。1993年，巴县邮电局速递中心成立，开办特快专递业务，每天两个频次专车投送。1994年，巴县邮电局建立银行系统交寄特快专递代办点8处，出口特快专递邮件2565件，其中国际特快61件。1998年，巴南区邮政局开办邮政特快货运业务。1999年，开办邮政礼仪特快业务。2001年，开通"185"速递业务自动查询系统。2003年，开办邮政特快专递送款业务，送款金额1602万元。2007年，巴南部分地区开办电子商务速递业务。2018年，巴南邮政寄递改革，窗口收寄的特快及身份证清分收入列邮政账，其他均为速递账。2019年，巴南邮政与康美药业合作，承接饮片及汤药限时上门配送服务，业务量逐年增加。2022年，巴南邮政特快专递业务量达到187.51万件，业务量和收入均实现快速增长。

2. 快递包裹

1986年，巴县邮电局开办快递包裹业务，全局出口包裹24797件。2000年，包裹由营业窗口投交，采取特快专递邮件和普通包裹同车合投方式投递。随着消费模式变化，快递包裹业务量由2013年出口1.15万件增至2017年出口101.04万件。2021年，巴南邮政快递包裹出口业务量达到顶峰593.37万件。

3. 物流业务

2003年，巴南邮政设立物流公司，业务收入62万元。2005年，启动省内快货和省际快货业务，业务收入69.1万元。2009年，巴南区速递物流公司成立。截至2022年底，巴南邮政物流业务收入增至654.92万元。

4. 国际业务

1980年，巴南邮政开办国际业务。2010年，开办国际E邮宝业务，到2019年4月，E邮宝已通达美国、英国、法国、俄罗斯等39个国家和地区。2012年，巴南邮政依托中欧班列（渝新欧）铁路运输，开办国际包裹业务。2022年，实现国际业务量1.48万件，收入规模首次超过1000万元。

（三）文传业务

1. 函件业务

1986—1997年，巴县邮电局函件业务主要以信函业务为主。自1997年起，逐步开办账单、定制型邮资封片、数据库商函、邮送广告、媒体广告等函件业务。1998年，巴南区邮政局成立巴南邮政专职营销队，开发轻型函件业务。2003—2006年，揽销各类封、片、卡60余万枚。2007—2012年，巴南邮政制作销售贺卡333万枚。2012—2022年，巴南邮政开展"山水重庆·大美村镇"村（镇）史志项目6个。2019年，巴南邮政持续推进传统函件业务转型工作，成立"巴驿文化传媒"，承办区内媒体广告业务。2020年，承接第24届菊花艺术展，成为巴南邮政收入破百万的会展项目。2021年，按照市分公司统一部署，原"巴驿文化传媒"更名为"渝邮传媒"。同年巴南邮政开发机关事务局党建形象墙、国际生物城户外文化展示等项目，媒体收入规模在全市邮政排名第一，获评集团公司"中国邮政文化惠民活动市级先进奖"。

2. 报刊业务

1986年，巴县邮电局报刊流转额132.8万元。1997年，邮电分营后，巴南区邮政局设立报刊收投公司，同年报刊流转额471.5万元。2002年，成立邮政报刊发行公司，对全区报刊零售门市部（亭）实行经营承包，零售报刊销售额稳定发展，实现297.7万元。2015年，巴南邮政开发全区中小学校52所，成为全市率先突破校园报刊百万级的单位。2017年，撤销报刊发行公司，成立集邮与文化传媒部，报刊业务划归集邮与文化传媒部管理。

同年 10 月，以时政热点为依托，开展《习近平谈治国理政》（第二卷）图书销售，销售份额达到本辖区市场占比近 50%。2022 年，因宣传部党报增量、校园报刊呈跨越式增长等原因，报刊订阅流转额达到高值，实现 2018.97 万元。

3. 集邮业务

1984 年，巴县邮电局开办集邮业务。2012 年，巴南集邮专卖店成立。2019 年，巴南邮政受分公司委托在鱼洞南区学校举办全国性集邮活动——"第二届全国青少年集邮活动创新与发展研讨会暨第三届全国青少年邮局联谊会"，全国 56 所学校少年邮局代表、18 所市少年邮局、8 所"全国青少年集邮示范基地"学校代表参与此活动。2021 年，市级活动——"重庆市集邮协会第四届理事会青少年委员会第一次会议"在巴南举行，全市 39 个区县及 8 所青少年学校参与。

图 9-7-1-1　2021 年 6 月，重庆市集邮协会第四届理事会青少年工作委员会第一次会议纪念戳

4. 中邮文创

2021 年，巴南邮政在巴南"渝邮传媒"展示中心设置中邮文创展示专区，每月通过线上直播、线下展示的形

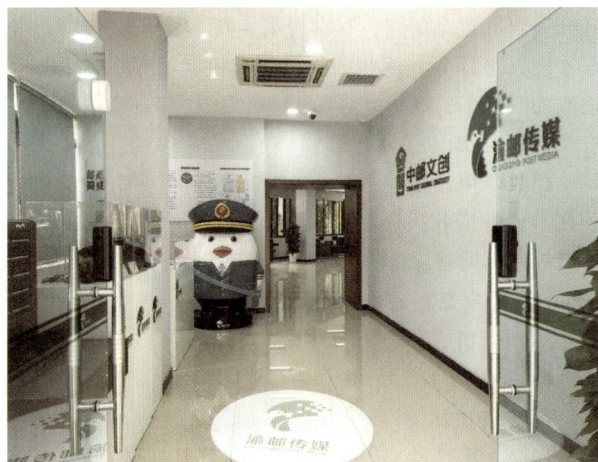

图 9-7-1-2　巴南邮政"渝邮传媒"展厅

式，开展中邮文创主题宣传活动。同时在城区和主要乡镇网点打造中邮文创产品展示区，推广热点产品。2022 年，巴南邮政实现中邮文创收入 22.4 万元。

5. 普通包裹

普通包裹业务是邮政传统业务，主要经营范围为窗口包裹、校园包裹、军营包裹、家乡包裹、爱心包裹、母亲邮包等。1999 年，巴南区邮政局李家沱邮政所开展部队包裹、校园包裹揽收工作，年揽收量 300 件以上。2016 年，巴南邮政抓住毕业季、日常校园活动开展等时机，加强毕业生包裹、学生日常包裹等校园包裹揽收，实现业务量 0.44 万件。2017—2022 年，普通包裹业务量稳中有升。2022 年，普通包裹业务量 1.35 万件。

（四）渠道业务

1. 增值业务

2002 年，巴南邮政与联通、移动、电信三家公司合作代办信息类、通信类、便民类增值业务，同时开办政务类及其他增值类业务。2004 年，巴南邮政新开发代用户缴纳电话费、手机费、气费、水费等业务。2009 年，为巴南车管所代收车辆规费，巴南邮政全市率先进驻车管所。2015 年，代理车险业务，首代保费 45 万元。2016年，全面开展代开发票、代征税费的税邮"双代"业务。2017 年，代收规费 47.15 万笔。2017 年，车险、简易险开始纳入保险代理。2019 年，巴南邮政开始代办警邮业务，为群众提供机动车、驾驶证、互联网、交通违法 4 大类业务的交管便民服务。2022 年，发展车险会员数 4857人，保费 1154 万元；简易险会员数 8393 人，保费 277 万元。截至 2022 年底，巴南邮政辖内共有 52 个营业场所开办税邮业务，16 个营业场所开办警邮业务，1 个营业场所开办警医邮业务。

2. 分销业务

2007 年，巴南邮政启动服务"三农"连锁配送。2008年，建立邮政服务"三农"网点 150 个。2011 年，配送肥料 903 余吨、种子 19 吨，实现配送额 435.13 万元，配送快消品 119.04 万元。2017 年通过摆摊设点、院坝会等方式，农资销售额 171.76 万元、农产品销售额 18.32 万元、消费品销售额 702.1 万元。2022 年，巴南邮政累计实现农资销售额 264.59 万元、农产品销售额 1278.55 万元、消费品销售额 1157.36 万元。

3. 电信业务

1985 年，巴县邮电局有长话线路 35 条，开通电报线路 4 条。1987 年，开办礼仪电报。1989 年，公众电报业务量增至 10.5 万份。1993 年，开办无线寻呼。1994 年，长话线路达到 98 条。1995 年，开办移动电话业务。自1997 年起，电报业务逐年递减。至 2000 年，不再承办该业务。2007—2016 年，巴南邮政与巴南电信合作，代销电信手机号卡，充值电信话费等业务。至 2017 年起，不再承办该业务。

三、邮政网络

（一）网络能力建设

1. 邮路

区内邮路有委办汽车邮路、摩托车邮路、自行车邮路、步班邮路、委办步班邮路。1986年，巴县邮电局无自办邮路。1996—2005年，巴南区行政区域的调整以及邮电分营后，巴南邮政先后在全区开通自办汽车邮路。其中，1997年，巴南区邮件处理中心先后开办接龙、姜家（2006年后为东泉）、李家沱、界石、一品、木洞及木洞下辖网点的自办汽车邮路；邮路随邮政网点的开办、撤销，多次优化调整。2009年，区内邮路进行调整，将原有4条邮路调整为3条。2017年，开通自办邮路4条，增设外包邮路2条。2019年，取消外包邮路，全域邮路调整为4条。2022年，为建设三级物流体系，新开通邮路3条，累计开通县乡往返邮路7条。

表9-7-1-2

1986—2022年巴南邮政部分年份邮路一览表

| 年份 | 邮路合计 | | 其中 | | | | | | | | | |
| | | | 委办汽车邮路 | | 摩托车邮路 | | 自行车邮路 | | 步班邮路 | | 委办步班邮路 | |
	数量（条）	单程长度（公里）	数量（条）	单程长度（公里）	数量（条）	单程长度（公里）	数量（条）	单程长度（公里）	数量（条）	单程长度（公里）	数量（条）	单程长度（公里）
1986	34	586	15	409	5	52	1	4	2	19	11	102
1997	28	602.7	1	191	14	249.7	4	58	1	20	8	84
2007	8	1275	8	1275	—	—	—	—	—	—	—	—
2017	82	1723	2	322	18	359	5	52	2	19	9	89
2022	85	1714	3	1324	—	—	—	—	—	—	—	—

2. 作业场地

1986—2016年，巴南邮政以邮政自有房作为分拣处理场地。2017年，租赁巴南区金竹工业园区泰通公司厂房。2018年，租赁红光大道（恒安纸业）8号和界石镇腊梅路96号，改造后搬迁投产运营。

表9-7-1-3

1986—2022年巴南邮政部分年份作业场地一览表

年份	生产作业场地数量（个）	生产作业场地面积（m²）	用途
1986	83	1960	邮件分拣投递
1997	39	1630	邮件分拣投递
2007	37	1580	邮件分拣投递
2017	37	5280	邮件分拣投递
2022	37	5410	邮件分拣投递

3. 物流体系

2022年，新开通邮路3条，累计开通县乡往返邮路7条，邮路运行准点率达90%以上，有效解决农村地区邮件上下行运输问题。通过自购、租赁等方式，累计投入16辆汽车用于农村投递，农村投递汽车化道段占比提升至20%，邮件传递时限进一步加快。设置农村投递道段103条，覆盖所有行政村。通过中邮E通系统，搭建"快递下乡"共配体系，推进快递进村工作。2022年实现快递进村业务量258万件。

4. 设施设备

运输设备 1986—1996年，巴南邮政有摩托车12辆，汽车5辆。1997年，邮电分营，巴南区邮政局共有摩托车9辆，汽车18辆。1998—2005年，巴南邮政在全区开通自办汽车邮路，有自行车4辆，摩托车14辆，汽车8辆。2007年，逐步取消自行车和步班邮路，邮件运输改为摩托车、汽车，共有28辆。2022年，巴南邮政共有摩托车45辆，三轮电动车4辆，汽车59辆。

邮政专用设备 主要为PDA、投递员头盔、蓝牙电子秤等营业揽收投递设备以及折叠笼车、液压叉车、皮带机等内部处理设备。截至2022年底，巴南邮政有PDA180台、折叠笼车87个、液压叉车2台、可折叠手推车27台、皮带机3台。

（二）网运生产作业

1. 邮件接发

1986—2022年，巴南邮政进出口国内邮件根据不同年份设置相应直封格口（直封：市邮件处理中心与区县邮政局所指定的投递机构直接进行邮件和数据信息交换；格口：投递机构，比如：李家沱营业部），直接与重庆邮区中心局建立封发关系。2017年，巴南邮政将全域51个邮政局所进出口邮件通过4个直封格口直接与重庆邮区中心局建立直封关系。2022年，将全域51个邮政局所及片区寄递事业部（本部）3个揽投部进出口邮件设置4个直封格口（鱼洞、李家沱、界石营业部以及木洞投递站）。

1997—2011年，巴南邮政所辖各支局与其分支机构之间往来邮件建立分拣与封发关系。截至2022年底，巴南邮政与所辖各邮政支局自办汽车邮路直达沿线各局所之间的往来邮件建立直封关系。

2. 邮件运输

1986年，巴县邮电局无自建邮路，邮件靠客运汽车运输，安排专人押运。1997年，巴南区邮政局自建邮路1条，设驾驶员、押运员各1名，每天1个频次，主要覆盖界石、南彭、和平桥、接龙、姜家、东泉等支局邮政所，每天全程行驶240公里。2007年，巴南邮政自建邮路4条，负责一品、接龙、东泉、木洞、界石等支局辖区共32个邮政所，每天运行一个频次，全程共计行驶1142公里。自2009年起，巴南邮政对邮运工作人员实行驾押合一。沿用至2022年，邮路运输无变化。

3. 邮件投递

城市投递 1986年，巴南邮政设城市投递人员6人，划分5个投递地段。2000年，鱼洞实行普包按址投递到户。2005年，配投递员27人，设段道24个。2017年，城区采取包快专投与普邮混投作业模式。2022年，城区普邮与包快分网运营，均为逐日班，每日投递两个频次。包快投递实行网格化运营，共13个网格，投递人员89人，日投递包快邮件3.1万件。

农村投递 1986年，巴县邮电局设农村投递人员86人。1992年，农村投递人员减至81人。1997年，农村投

递人员减至62人。2007—2010年，农村投递人员57人。2017年，农村投递人员48人，投递线路78条，逐日班18条，周三班60条。截至2022年底，农村投递人员增至78人，线路条数和逐日班未作调整，周三班减少7条，周五、周六班分别增加4条、3条。

（三）网运管理

1. 组织管理

组织机构 2006—2017年，网运生产调度挂靠市场部。2017年，成立运管部，负责辖区内网运调度和生产作业组织。2018年，成立巴南片区寄递事业部，运营管理部划归寄递事业部，负责辖区内网运调度和处理中心生产管理。

生产作业管理 1989年，巴县邮电局出台《生产指挥调度制度》，生产作业计划调度由邮运管理人员负责。2018年，成立巴南片区寄递事业部运营管理部网络运营中心，建立通信生产作业组织管理体系，明确生产作业计划管理，编制《生产作业计划》。

2. 网运质量

1986—2022年，巴南邮政通过制订生产作业计划、优化调整生产作业流程等方式加强对网运质量管控。截至2022年底，巴南邮政特快、快包收寄及时率分别为99.27%、99.20%；普服收寄及时率为95.04%；特快、快包及时妥投率分别为95.1%、97.03%；特快次日递为96.72%；快包次日递为97.13%；特快预约联系率为81.23%。

（四）服务网点

1. 网点设置

1986—2022年，因机构改革、行政区划等调整，巴南邮政所辖局所也不断调整优化，原12个邮电支局调整为7个邮政支局，102个邮政（邮电代办）所调整为49个邮政所。

表9-7-1-4

1986—2022年巴南邮政局所一览表

序号	局所名称	经营性质	经营属性	设置地点	备 注
1	鱼洞邮政支局	自营	城市	巴南区鱼洞鱼轻路13号	原营业室邮政所
2	学堂湾邮政所	自营	城市	巴南区渝南大道257号附8号、附9号	2018年7月，由巴南区鱼洞花土湾86至89号附14-15号搬迁至巴南区渝南大道257号附8号、附9号。名称由原花土湾邮政所更名为学堂湾邮政所，原花土湾邮政所由原巴县中学邮政所搬迁变更而来
3	大江邮政所	自营	城市	巴南区鱼洞大江万泉街	—
4	江南华都邮政所	自营	城市	巴南区鱼洞龙洲大道2号江南华都13幢附2-16号	2009年7月，由巴南区鱼洞体育巷4-27号搬迁至巴南区鱼洞龙洲大道2号江南华都13幢附2-16号，名称由原"老街邮政所"更名为"江南华都邮政所"

序号	局所名称	经营性质	经营属性	设置地点	备　注
5	道角邮政所	自营	城市	巴南区龙海大道 3 号 6 幢 1 楼 11 号	—
6	鱼轻路邮政所	自营	城市	巴南区鱼洞鱼轻路 35–3 号	—
7	鱼胡路邮政所	自营	城市	巴南区鱼胡路 74 号附 39 号附 1–8、1–9、1–10	—
8	李家沱邮政支局	自营	城市	巴南区李家沱马王坪正街 2 号	—
9	新尚城邮政所	自营	城市	巴南区红光大道 33 号附 54 号	2012 年 8 月，从巴南区李家沱陈家湾正街搬迁至巴南区红光大道 33 号附 54 号。名称由"李家沱邮政支局陈家湾邮政所"变更为"李家沱邮政支局新尚城邮政所"
10	岔路口邮政所	自营	城市	巴南区渝南大道 79 号附 1 号	2009 年 12 月，由巴南区道角走马羊景竹一村 1 号搬迁至巴南区渝南大道 79 号附 1 号，名称由原"走马羊邮政所"变更为"岔路口邮政所"
11	水轮村邮政所	自营	城市	巴南李家沱水轮村 8 号	2009 年 11 月，由巴南区花溪新村 5 号搬迁至巴南区李家沱水轮村 8 号，名称由原"土桥邮政所"变更为"水轮村邮政所"
12	南泉邮政所	自营	农村	巴南区南泉虎啸口村 16 号 2 幢附 14 号	2014 年由巴南区南泉镇正街 47 号搬迁至巴南区南泉虎啸口村 16 号 2 幢附 14 号
13	红光新村邮政所	自营	城市	巴南区红光新村 75 号	—
14	融汇大道邮政所	自营	城市	巴南区融汇大道 207 号 1–1	2018 年 6 月从巴南区李家沱马王坪正街 18 号搬迁至巴南区融汇大道 207 号 1–1，名称由"马王坪邮政所"更名为"融汇大道邮政所"
15	渝南大道邮政所	自营	城市	巴南区渝南大道 32 号 15 幢附 1、2、3、4 号	2015 年 1 月，由巴南区道角莲花一村 14 号搬迁至巴南区渝南大道 32 号 15 幢附 1、2、3、4 号，黑石坪邮政所注销
16	圣灯山邮政所	自营	农村	巴南区跳石镇圣灯 52 号	原石庙代办所
17	百节邮政所	自营	农村	巴南区百节镇百正路 80 号	—
18	沿河街邮政所	自营	农村	巴南区一品沿河街 33 附 6、7、8 号	2010 年从巴南区桥口坝一坪化工厂旧 60 户一单元 1 号搬迁至巴南区一品沿河街 33 号附 6、7、8 号，名称由原"桥口坝邮政所"变更为"沿河街邮政所"
19	安澜邮政所	自营	农村	巴南区安澜镇正街 36 号	—
20	龙岗邮政所	自营	农村	巴南区安澜镇龙岗正街	—
21	陈家邮政所	自营	农村	巴南区跳石镇陈家正街	—
22	南龙邮政所	自营	农村	巴南区安澜镇南龙正街	—
23	跳石邮政所	自营	农村	巴南区跳石镇新街 45 号	—
24	仁流邮政所	自营	农村	巴南区安澜镇仁流正街	—

序号	局所名称	经营性质	经营属性	设置地点	备　注
25	富城路邮政所	自营	农村	巴南区界石镇富城路88号4幢35、36号	2011年3月，由巴南区麻柳嘴镇天池正街搬迁至巴南区界石镇富城路88号4幢35、36号，名称由原"天池邮政所"变更为"富城路邮政所"
26	惠民邮政所	自营	农村	巴南区惠民镇惠西路195、197、199号	—
27	界新街邮政所	自营	农村	巴南区界石镇界新街32号	—
28	石岗邮政所	自营	农村	巴南区南彭石岗顺民路65号	界石邮政支局所在网点
29	忠兴邮政所	自营	农村	巴南区南彭镇巨龙桥街20号	—
30	东永邮政所	自营	农村	巴南区惠民镇东永正街	—
31	南彭邮政所	自营	农村	巴南区南彭南湖路25号附1号	—
32	公平邮政所	自营	农村	巴南区界石镇公平正街	—
33	华南路邮政所	自营	农村	巴南区华南路1260号、1262号	—
34	木洞邮政支局	自营	农村	巴南区木洞镇大桥一路66号	—
35	清溪邮政所	自营	农村	巴南区麻柳镇清溪正街	—
36	栋青邮政所	自营	农村	巴南区木洞栋青正街	—
37	双河口邮政所	自营	农村	巴南区双河口镇茶纳湾城市花园商业街2栋一单元1楼1号	—
38	麻柳嘴邮政所	自营	农村	巴南区麻柳嘴镇望江路1栋1单元3、4、5号门面	2015年9月，由"麻柳邮政所"变更为"麻柳嘴邮政所"
39	丰盛邮政所	自营	农村	巴南区丰盛镇响水街111号	—
40	东泉邮政支局	自营	农村	巴南区东泉镇正街	—
41	天赐邮政所	自营	农村	巴南区东泉镇天赐街88号	—
42	清和邮政所	自营	农村	巴南区东温泉镇鱼池坝正街24号	—
43	姜家邮政所	自营	农村	巴南区姜家镇纹石街78号	—
44	五布邮政所	自营	农村	巴南区东泉镇五布红橙街74号	—
45	天星寺邮政所	自营	农村	巴南区天星寺天星街8号	原太和代办所
46	二圣邮政所	自营	农村	巴南区二圣镇圣天路10号附19、20号	—
47	接龙邮政支局	自营	农村	巴南区接龙镇龙峡路155号	—
48	凉水邮政所	自营	农村	巴南区接龙镇凉水街26号	—
49	和平桥邮政所	自营	农村	巴南区和平桥乡街上	—
50	小观邮政所	自营	农村	巴南区接龙镇小观街58号	—
51	花石邮政所	自营	农村	巴南区石龙镇花石街37号	—
52	石龙邮政所	自营	农村	巴南区石龙镇龙鹤路231、233、235、237号	—

序号	局所名称	经营性质	经营属性	设置地点	备 注
53	石滩邮政所	自营	农村	巴南区石滩镇石神路 3 号	—
54	南沱邮政所	自营	农村	巴南区接龙镇柴坝南沱街 12 号	—
55	冬笋坝邮电支局	自营	农村	—	
56	白沙沱邮电支局	自营	农村	—	
57	西彭邮电支局	自营	农村	—	
58	陈家桥邮电支局	自营	农村	—	
59	白市驿邮电支局	自营	农村	—	
60	青木关邮电支局	自营	农村	—	
61	长生桥邮电支局	自营	农村	—	
62	铜罐邮政（电）所	代办	农村	—	
63	黄千邮政（电）所	自营	农村	—	
64	长五间邮政（电）所	代办	农村	—	
65	冷家湾邮政（电）所	自营	农村	—	
66	元明邮政（电）所	自营	农村	—	
67	陶家代办所	代办	农村	—	
68	含谷邮政（电）所	自营	农村	—	
69	巴福邮政（电）所	自营	农村	—	随着重庆市行政区划调整，
70	金凤邮政（电）所	自营	农村	—	1996 年划出巴南邮政
71	虎溪邮政（电）所	自营	农村	—	
72	西永邮政（电）所	自营	农村	—	
73	土主邮政（电）所	自营	农村	—	
74	回龙坝邮政（电）所	自营	农村	—	
75	明月沱邮政（电）所	自营	农村	—	
76	石板代办所	代办	农村	—	
77	长石代办所	代办	农村	—	
78	跳磴代办所	代办	农村	—	
79	曾家邮政（电）所	自营	农村	—	
80	电机厂代办所	代办	农村	—	
81	凤凰邮政（电）所	自营	农村	—	
82	迎龙邮政（电）所	自营	农村	—	
83	油库邮政（电）所	自营	农村	—	
84	新发代办所	代办	农村	—	

序号	局所名称	经营性质	经营属性	设置地点	备　注
85	走马羊邮政（电）所	自营	农村	—	2009 年变更为岔路口邮政所
86	火车站邮政（电）所	自营	农村	—	1994 年撤销
87	中樨代办所	代办	农村	—	
88	樵坪代办所	代办	农村	—	
89	长坪代办所	代办	农村	—	
90	双胜代办所	代办	农村	—	
91	竹林代办所	代办	农村	—	
92	芦沟代办所	代办	农村	—	
93	天坪代办所	代办	农村	—	
94	月华代办所	代办	农村	—	
95	天文代办所	代办	农村	—	
96	玉屏代办所	代办	农村	—	
97	白市驿正街邮政（电）所	自营	农村	—	
98	塘湾村邮政（电）所	自营	农村	—	
99	南沱代办所	代办	农村	—	
100	广阳代办所	代办	农村	—	1995 年撤销
101	鹿角邮政所	自营	农村	—	2007 年划入邮储银行巴南支行
102	民主村邮政所	自营	农村	—	
103	新农街邮政所	自营	农村	—	
104	小坝邮政所	自营	城市	—	
105	新民街邮政所	自营	城市	—	
106	解放街所	自营	城市	—	
107	王家坝邮政所	自营	农村	—	
108	苦竹坝代办所	代办	农村	—	已撤销
109	书院坡代办所	代办	农村	—	

2. 社会加盟站点

2008 年，巴南邮政为加强邮政服务"三农"工作，建设"三农"网点 150 个。2009 年，建设村邮站 60 个。2019 年，建设便民服务站 199 个。2020 年，建邮乐购283 个。截至 2022 年底，巴南邮政共有村邮站 60 个，便

民服务站 355 个，邮乐购站点 355 个。

四、邮政管理

（一）财务管理

1986—1990 年，巴县邮电局设置计财供应股。1991年，更名为计划财务科。1997 年，巴南区邮政局设立计

划财务科。2003 年，更名为计划财务部。2006 年，巴南邮政加大会计自查力度，重视量收系统运用、强化成本观念和节约意识，进一步规范财务管理工作。2010—2017 年，邮政公司、速递公司单独核算。到 2017 年，片区管理机制未发生变化。同年 10 月，邮政公司与速递公司进行内部改革，实行大邮政模式核算和管理。2020 年，巴南邮政开展寄递"百日会战"工作压降欠费和环节成本。同年 8 月，开始降本增效工作。截至 2022 年底，巴南邮政逾期欠费从 2020 年 58 万元下降至 40.95 万元。

（二）人力资源管理

1. 队伍建设

1986 年，巴县邮电局从业人员 326 人。1997 年邮电分营后，巴南区邮政局从业人员 196 人。随着 2008、2009 年邮储银行和速递物流人员划出后，从业人数为 511 人。自 2020 年起，开始广泛进行社会招聘合同用工。截至 2022 年底，巴南邮政从业人员 487 人。

1986—2022 年，巴南邮政通过专业人才队伍储备、人才队伍培养等方式，推进企业人才梯队建设和人才队伍储备工作，制定《巴南片区分公司大学生员工入职培养指导方案》《巴南片区分公司三型人才储备和培养方案》，逐步推进各级队伍年轻化、专业化，重点打造"事务型""专业型""经营管理型"人才队伍。出台《巴南片区分公司员工职业生涯规划指导意见》《巴南片区分公司员工交流管理办法》，为员工梳理职业生涯发展路径和职业生涯走向。2022 年，巴南邮政通过组织开展支局长、副支局长、所主任等核心岗位选拔储备工作，加强人才队伍建设，储备支局长 33 人，所主任 46 人，理财经理队伍 60 人，在储备人选中，以公开竞聘和组织选拔方式，竞争上岗、择优录取。

2. 教育培训

1997 年邮电分营前，由巴县邮电局职工教育委员会负责职工教育。1998 年，成立巴南邮政职工教育领导小组。2003 年，设人事教育科。1986—2022 年，巴南邮政通过自培、送培等方式在职工职业技能认定、文化素质等各类业务和思想方面开展培训教育。截至 2022 年底，巴南邮政充分利用中邮网院线上教育平台开展员工培训，累计组织员工参加网络培训、直播培训等 100 余期；邮政职业技能资格证持证员工 196 人，业务技师 16 人；大学学历 254 人，研究生学历 3 人。

3. 薪酬管理

1989 年 10 月，巴县邮电局根据重庆市邮电局《关于企业工资管理有关问题的通知》，调整工资结构。2001 年，根据重庆市邮政管理局要求，明确实行"一岗一薪"岗位工资制，按岗位执行相应的岗位工资标准。2008 年，实行薪酬制度改革，根据市公司要求，巴南邮政建立以岗位管理为基础的宽带薪酬体系，对岗位实行分序列管

理。2015 年，将基本工资分为薪级工资和岗位工资两部分，取消部门分类，建立新的岗位薪酬调整规则。2018 年，调整薪酬标准，实施基本工资晋级、岗位工资晋档，调高专业技术职务津贴、职业资格等级津贴、外勤和夜班津贴标准，对特殊荣誉贡献的员工进行薪级工资加分。截至 2022 年底，工资标准未发生调整。

（三）服务质量管理

2017 年，巴南邮政服务质量部（普遍服务部）成立，负责邮政服务质量监督检查和代理金融合规检查。2020 年，代理金融合规检查划归金融业务部管理。

1. 营业服务

2019 年，巴南邮政启动"邮政＋政务"项目。同年 5 月，成立政务服务项目工作组，对接区内各政务职能部门，按规定流程办理服务项目。同年 11 月，正式开展"邮政＋政务"服务。2020—2021 年，巴南邮政"邮政＋政务"市级经营项目实现收入分别为 4734.75 万元、6602.69 万元，增量收入分别为 1394 万元、1867.94 万元。

截至 2022 年底，巴南邮政辖内共有营业服务网点 54 个，总服务面积 1825 平方公里，服务人口 119 万。其中，城区网点 14 个，农村网点 40 个；综合网点 51 个，纯邮政网点 3 个。巴南邮政所辖邮政营业网点均开办报刊收订、信件、包裹、印刷品、汇兑等普遍服务基本业务及义务兵平常信函、盲人读物、革命烈士遗物免费寄递等特殊服务业务。23 个镇街网点覆盖率 100%。

2. 普遍服务与特殊服务

截至 2022 年底，巴南邮政设普遍服务投递机构 38 个，其中城区 4 个，农村 34 个。投递段道 121 个，其中城区 36 个，农村 85 个。县级以上党政机关人民日报、重庆日报当日见报率 100%；全区 198 个建制村全部实现直接通邮，周 3 班以上投递频次达到 100%，周 5 班以上投递频次的建制村达到 55 个。

2009 年，市公司设置巴南邮政机要分局，挂靠在市场经营部。2017 年，机要分局挂靠在营业（投递）局。2018 年，机要管理调整，机要分局挂靠在服务质量部。2021 年，再次对机要管理进行调整，挂靠在巴南片区城区分公司，至 2022 年底未发生变化。截至 2022 年底，巴南邮政机要通信实现 49 年全红。

3. 监督检查

1986—2022 年，巴南邮政坚持发展与服务并重原则，常态化开展提高服务质量活动。2001 年，巴南区邮政局开展"树邮政新风，创优质服务"活动，加强监督检查，全区邮政服务综合满意度达到 80 分以上。2017—2022 年，开展《普遍服务达标专项治理》《普遍服务质量提升》《普遍服务达标固标》《普遍服务提档升级》《邮政窗口服务质量提升》《邮件寄递安全》《邮件、党报党

刊投递服务质量》等系列专项治理检查活动60余次，对检查发现的问题，及时督促落实整改，问题整改率达到95%以上，对基层不能整改的，按季度召开监督检查联席会议，督促相关部门制定整改措施，及时整改到位。2019—2022年，巴南邮政连续4年开展违规"十条红线"治理，问题压降达到80%以上。2022年，巴南邮政普遍服务用户满意度得分90.7分，已连续三年处于全市领先水平。

（四）安全管理

1996年，巴南区邮电局成立经济民警中队，负责网点资金、重要凭证押运工作。2003年，更名为巴南邮政企业保安队。2017年，市分公司成立重庆市驿盾保安押运服务有限公司，下设驿盾公司巴南区中队。

1986—2022年，巴南邮政通过强化监管、增加安全防范设施设备、加强员工安全理念等方式不断完善安全管理工作。2007年，巴南邮政代理金融网点按"GA38—2004"标准全部安装防弹玻璃、联动门。2008年，为代理金融网点押运钞配备相关防护器械。同年，51个金融网点报警联网接入网点所辖派出所值班电话及分公司监控中心。2009年，51个金融网点报警联网接入重庆声迅安防技术服务有限公司110报警平台。2016年，巴南邮政自筹资金100万元，对部分代理金融网点更换高清摄像机和主机。2020年，巴南邮政成立安全生产委员会，明确委员会成员构成和职责分工。2021年，制定员工岗位安全职责清单，明确了营业场所、邮件处理场所、守护押运、办公场所各岗位安全职责。截至2022年底，巴南邮政未发生重大及以上安全责任事故。

（五）党群管理

1. 党组织

（1）组织机构

1986—2022年，巴南邮政经历5次换届选举。1986年，设中共巴县邮电局党组。1997年，设中共重庆市巴南区邮政局委员会，下设3个党支部，中共党员45人。2007年，更名为中共重庆市邮政公司巴南区邮政局委员会。2014年，更名为中共重庆市邮政公司巴南区分公司委员会，下设3个党支部，中共党员84人。2015年，更名为中共中国邮政集团公司重庆市巴南区分公司委员会，下设3个党支部，中共党员89人。2020年，更名为中共中国邮政集团有限公司重庆市巴南片区分公司委员会，下设5个党支部，中共党员145人。

（2）党建活动

1986—2022年，巴南邮政坚持和加强党的全面领导，开展各类主题党日活动。1999年，成立"讲学习、讲政治、讲正气"的"三讲"教育领导小组和精神文明建设领导小组。2000年，成立党风廉政建设责任制工作领导小组。2002年，开展文明窗口、文明员工、优秀服务明星

等文明细胞建设活动，巴南区邮政局争创市级文明单位验收合格。2004年，开展民主评议行风工作。按照统一部署，巴南邮政先后组织开展一系列党内集中主题教育。2005年，启动保持共产党员先进性教育活动。同年，组织开展"三严三实"专题教育。2016年，开展"党的群众路线教育实践"活动。同年，开展"两学一做"学习教育。2017年，以"五大保障"推进企业文化示范点和基层党组织示范点建设。2019年，开展"不忘初心、牢记使命"主题教育。2021年，开展党史学习教育。2022年，公司党委全面实施"铸魂""争先""惠民""护航"四大行动，打造"党建领航　贴心巴邮"党建品牌。

2. 纪律检查

1987年，设立中共巴县邮电局纪律检查组。1993年，中共巴县邮电局纪律检查组更名为中共巴县邮电局纪律检查委员会。1998年，设立中共巴南区邮政局纪律检查委员会。1999年，设立巴南区邮政局监察室，与人事保卫科合署办公。2016年，设立中国邮政集团公司巴南片区分公司党委党建工作部、纪检监察室，与办公室合署办公。2017年，单设党委党建部（纪检监察室）。2020年撤销监察室，设立纪委办公室，仍与党委党建工作部合署。2022年，单设纪委办公室，不再与党委党建工作部合署办公。

3. 巡视巡察

2015年，成立巴南邮政巡视整改工作领导小组。2020年，巴南邮政党委3次对巡视巡察整改领导小组及其办公室进行调整。2016—2022年，党委先后开展十九届中央巡视整改等多个巡视巡察整改或未巡先改工作，累计建立巡视巡察整改台账8个，具体问题共199个，制定整改措施409个。截至2022年底，整改率达到100%。

4. 工会

1986—1992年，巴县邮电局工会由中国邮电工会重庆工委领导。1992—1997年，巴南邮政工会属中国邮电工会重庆电信局领导。1997年，巴南区邮政局工会属中国邮电工会重庆市邮政委员会领导。2013年，重庆市巴南片区分公司工会委员会由中国邮政集团公司重庆市分公司工会委员会领导。巴南邮政职工代表大会三年一届，每年开展1—2次会议，或随行政换届时间同时进行换届。1986—1995年，巴县邮电局工会召开第七届、第八届、第九届会员代表大会。1998—2008年，巴南邮政召开第一届、第二届、第三届会员代表大会。自2008年起，以片区机构召开。

2016—2018年，巴南邮政建成"职工之家"1个、"职工小家"6个、"示范型职工小家"7个、"职工小家公寓"28个。"职工之家"内设食堂、活动室、健身房、休息室等。职工小家配置床及床上用品以及空调、冰箱、微

波炉、热水器、抽油烟机和厨房全套炊具。截至 2022 年底，巴南邮政工会每年围绕企业中心工作和生产经营目标发挥工会职能作用，开展学习教育、劳动竞赛、文体活动、民主管理、送温暖活动及职工小家建设等活动。

5. 团组织

1986 年，组成共青团巴县邮电局总支委员会。1997 年，设立巴南区邮政局团支部，巴南区电信局团支部。1998 年，组成共青团巴南区邮政局团支部。2008 年，更名为中国共产主义青年团巴南区邮政局委员会。2015 年，更名为共青团中国邮政集团公司巴南片区分公司委员会。2018 年，更名为共青团中国邮政集团公司重庆市巴南片区分公司委员会。2018—2022 年，巴南邮政团委围绕发展中心开展工作，在"巴南样板"创建、巩固中发挥了共青团生力军作用。截至 2022 年底，巴南邮政共有团员78 名。

6. 荣誉

（1）集体荣誉

1994 年，巴县邮电局工会被评为四川省"模范职工之家"，一品支局工会小组被评为省"模范职工小家"

2007 年，巴南区邮政局获得中国邮政集团"全国邮政系统先进单位"

2009 年，界石支局获得中国国防邮电工会"工人先锋号"

2010 年，巴南区邮政局获得全国总工会"模范职工之家""重庆市国企贡献奖"

2018 年，巴南片区分公司党委被集团公司党组授予"邮政系统企业文化建设示范单位"

2020 年，巴南片区分公司党委被评为"全国邮政系统先进基层党组织"

2021 年，巴南片区分公司获得 2020 年度"全国交通运输文化建设优秀单位"

2022 年，水轮村邮政所获得 2022 年重庆市"工人先锋号"

2022 年，水轮村邮政所获得 2018—2021 年度全国邮政系统"先进集体"

2019—2022 年，巴南片区邮政连续 4 年获得重庆邮政"十佳企业"。

（2）个人荣誉

1990 年，申立先获得全国总工会"五一"劳动奖章、国家邮电部"特等劳动模范"

2005 年，徐汲萍获得重庆市"劳动模范"

2009 年，简璞获得全国邮政系统"先进个人"

2012 年，简璞获得重庆市"劳动模范"

2020 年，张永被评为 2019 年度"全国交通运输文化建设先进个人"

第二节　綦江邮政机构

一、机构沿革

（一）机构演变

1. 计划单列时期

1986 年 11 月，綦江县邮电局由重庆市邮电局直接管理。

1992 年 3 月，因体制调整，重庆市邮电局撤销，綦江县邮电局划归重庆市电信局管辖。

2. 邮电分营时期

1997 年，邮政、电信分营试点，原重庆市电信局管理的綦江县邮电局邮政业务全部划归重庆市邮政局管理。同年 4 月，国家邮电部撤销重庆市邮政局，成立重庆市邮政管理局。同年 7 月，綦江县邮政局成立，隶属重庆市邮政管理局管理。

2003 年 2 月，重庆邮政实行城片区经营管理体制，綦江县邮政局划归新成立的巴南片区邮政局管理。

3. 政企分开时期

2007 年 2 月，"綦江县邮政局"更名为"重庆市邮政公司綦江县邮政局"，管理体制不变。同年 12 月，中国邮政储蓄银行重庆綦江县支行挂牌成立，綦江邮政受邮储银行綦江县支行委托开办代理金融业务。

2009 年 1 月，重庆邮政速递物流正式运行新的专业化经营机制，重庆市邮政速递物流公司綦江县分公司成立。

2010 年 6 月，更名为重庆市邮政速递物流有限公司綦江县分公司。

2012 年 4 月，"重庆市邮政速递物流有限公司綦江县分公司"更名为"重庆市邮政速递物流有限公司綦江区分公司"。同年 7 月，因重庆行政区划调整后，为保持邮政管理体制与地方行政管理一致，重庆市邮政公司经集团公司批复，撤销重庆市邮政公司綦江县邮政局、万盛区邮政局，设立重庆市邮政公司綦江区邮政局、万盛经济技术开发区邮政局，其中万盛经济技术开发区邮政局挂靠綦江区邮政局，局长由綦江区邮政局副局长兼任。

2014 年 6 月，重庆市邮政速递物流有限公司组织机构改革，设置綦江区营业部（营业执照名称不变），隶属重庆市邮政速递物流有限公司新组建的巴南片区分公司。

2015 年 4 月，"重庆市邮政公司綦江区邮政局"按照中国邮政集团公司实施法人体制调整要求，更名为"中国邮政集团公司重庆市綦江区分公司"，管理体制不变。同月，"重庆市邮政速递物流有限公司綦江区分公司"更名为"中国邮政速递物流股份有限公司重庆市綦江区分公司"。

2017 年 6 月，根据市分公司城片区、区县分公司机构编制方案，设立中国邮政集团公司重庆市綦江区分公司，调整优化内设部门职责及人员编制。同年11月，中国邮政集团公司重庆市万盛经济技术开发区分公司机构级别调整，不再挂靠綦江区分公司。

2018年9月，寄递改革，组建綦江区寄递事业部（保留"中国邮政速递物流股份有限公司重庆市綦江区分公司"牌子），隶属巴南片区寄递事业部管理。

2020年4月，"中国邮政集团公司重庆市綦江区分公司"更名为"中国邮政集团有限公司重庆市綦江区分公司"，管理体制不变。

截至2022年，中国邮政集团有限公司重庆市綦江区分公司内设综合办公室（安全保卫部）、市场营销部（服务质量部）、金融业务部、集邮与文化传媒部、渠道平台部；综合办公室下设后勤班、库管班、生产驾驶班、武装押运保安班；市场营销部下设机要室、市场管理团队、运营管理团队。

（二）主要领导

表9-7-2-1

1986—2022年綦江邮政主要领导人员名录

单位名称	姓名	职务	任职时间	备注
綦江县邮电局	甄足华	局长	1986.1—1994.4	—
	张宗尧	党总支书记	1986.1—1994.4	—
	陈世贵	党总支副书记	1994.4—1996.3	未设党总支书记
	陈世贵	党委副书记	1996.3—1997.7	未设党委书记
	张宗尧	局长	1994.4—1997.6	—
綦江县邮政局	张宗尧	党委书记、局长	1997.9—1999.11	—
	简乃明	党委书记、局长	1999.11—2002.12	—
	杨坚	党委书记、局长	2002.12—2005.2	—
	董晓东	党委负责人、副局长（主持工作）	2005.2—2007.3	—
	董晓东	党委书记、局长	2007.3—2012.2	—
重庆市邮政公司綦江区邮政局	董晓东	党委书记、局长	2012.2—2012.6	—
	李磊	党委副书记、副局长（主持工作）	2012.6—2013.6	—
	李磊	党委书记、局长	2013.6—2015.6	—
中国邮政集团公司重庆市綦江区分公司/中国邮政集团有限公司重庆市綦江区分公司	李磊	党委书记、总经理	2015.6—2016.9	—
	吴建忠	党委书记、总经理	2016.9—2019.1	—
	黄地荣	党委书记、总经理	2019.1—2020.12	—
	黄励	党委书记、总经理	2020.12—	—

二、邮政业务

1986年，綦江邮电业务总量124万元，业务收入156万元。1994年，邮电业务总量突破1000万元，达到1146万元，业务收入1061万元。2017年，邮政业务总量突破1亿元，达到1.21亿元，业务收入1.29亿元。2022年，邮政业务总量1.72亿元，业务收入1.78亿元。

（一）金融业务

1. 储蓄汇兑

储蓄业务　1986年8月，綦江县邮电局在古南镇交通路开设綦江县第一个邮政储蓄营业所。此后，綦江辖内各邮政储蓄所陆续开设营业。截至2003年底，共设置邮政储蓄所70个，其中自办邮政储蓄所28个、代办邮政储蓄所42个。2004年，按照国家银行业监督委员会重庆监管局要求，将代办转为自办。此后，綦江邮政对邮政储蓄机构设置进行部分调整。截至2007年中国邮政储蓄银行成立前，共开设邮政储蓄所57个，全部为自办。2007年12月，中国邮政储蓄银行重庆綦江县支行成立，交通路、桥河、磨滩、东溪、28公里等5个邮政储蓄所划归邮储银行自主经营，邮政储蓄业务、汇兑业务从邮政公司分离，由邮政储蓄银行实行商业银行模式的专业化经营。

1986—2022年，綦江邮政储蓄存款余额规模呈逐年上升趋势。1986年，綦江县邮电局邮政储蓄用户1049

户，期末储蓄存款余额 26.38 万元。1991 年，期末储蓄存款余额突破 1000 万元，达到 1517 万元。1997 年，期末储蓄存款余额突破 1 亿元，达到 1.17 亿元。2006 年，期末储蓄存款余额突破 10 亿元，达到 10.56 亿元。截至 2022 年底，綦江邮政共 49 个代理金融网点，期末储蓄存款余额 90.47 亿元。

汇兑业务　1986 年，綦江邮政汇兑业务主要有普通汇票和电报汇票。1996 年，开发汇票 13.14 万张，出口汇款金额 1.16 亿元；兑付汇票 24.92 万张，兑付汇款金额 2.57 亿元。1998 年，重庆成立直辖市，"四川省邮电管理局汇票"停用，启用"重庆市邮政管理局汇票"。1999 年 3 月，綦江县邮政局开办邮政礼仪汇款业务。同年 5 月，开办邮政入账汇款业务。同年 8 月，开办电报入账汇款业务。2002 年 1 月，綦江邮政开通电子汇兑全国联网业务。2005 年 6 月，綦江邮政储蓄与汇兑实现两网互通。2007 年 8 月，邮政汇兑结算全国大集中系统正式切换上线，綦江邮政实现邮政汇兑业务全国联网、全国统一版本操作。2008 年 1 月，邮政汇兑业务全国联网系统与邮政储蓄全国联网系统实现全国统一版本操作，邮政汇兑业务划属邮政金融业务范畴，由中国邮政储蓄银行管辖，綦江邮政继续办理汇兑业务。自 2014 年起，随着互联网多元化发展，汇兑业务呈逐年下降趋势。2022 年，綦江邮政共办理汇款 1472 笔，汇款金额 130.24 万元。

2. 中间业务

代发养老金与代发工资　2000 年 5 月，綦江邮政开办代发养老金业务，首次代发松藻矿务局 9000 户退休职工社会养老保险金，月代发金额 450 万元。2001 年 6 月，开办代发工资业务。同年先后代发石壕煤矿、打通二矿、金鸡岩洗选厂 2055 户在岗职工工资，月代发金额 105 万元。2003 年 5 月，綦江县邮政局与綦江县社会保险局达成合作意向并签订协议，由綦江邮政代理发放綦江地区社会保险基本养老金。2008 年，代发养老金 52.06 万笔，代发金额 4.13 亿元；代发工资 5.81 万笔，代发金额 6018 万元。2013 年，各类代发资金 274.80 万笔，代发金额 21.24 亿元。

代理保险　1999 年，綦江邮政开办代理保险业务，主要代理企业财产险、家庭财产险、机动车辆险、交强险、工程险、意外险、健康险等险种。2002 年，代理保费 314 万元。2004 年，代理保费突破 1000 万元，达到 1792 万元。2014 年，代理保费突破 1 亿元，达到 1.32 亿元。2017 年，代理保费突破 3 亿元，达到 3.69 亿元。2022 年，綦江邮政代理保费为 1.45 亿元。

3. 风控合规

自 1986 年恢复开办邮政储蓄业务起，綦江邮政把抓好邮政储蓄业务管理及风险防范工作列为重点工作。1997 年 7 月，綦江县邮政局组建后，按照上级有关要求和规

定，进一步完善和规范邮政储蓄业务管理及风险防范工作。1998 年 4 月，《綦江县邮政局储汇资金管理办法》出台，明确储蓄、汇兑资金缴款、提款管理，备用金管理，储蓄、汇兑空白凭证管理，储蓄、汇兑业务档案管理等，并核定各营业网点储蓄业务、汇兑业务周转金定额。2005 年 8 月，组织储蓄从业人员学习贯彻《重庆邮政储汇内控管理"三十条禁令"》。2007 年 2 月，綦江邮政组织开展储汇从业人员排查、案件排查工作，开展"案防工作，从我做起"内控管理大讨论活动。2009 年 4—5 月，组织开展邮政金融案件防控百日排查活动。2022 年，为摸清风险底数，加强排查力度、夯实风控合规基础，组织开展代理金融风控合规"雷霆行动"。截至 2022 年底，綦江邮政代理金融未发生重大资金案件，确保金融业务正常发展和储蓄资金安全。

（二）寄递业务

1. 特快专递

1988 年 5 月，綦江邮政开办邮政快件业务。1994 年 6 月，开办邮政特快专递业务（简称 EMS）。1995 年，綦江邮政特快专递业务量为 3012 件。1998—2009 年，綦江邮政先后开办居民身份证、大学高考录取通知书、鲜花礼仪、大客户（VIP）、法律文书、川渝区域"EMS 限时专递·次晨达"、建设银行"龙卡"、中国公民因私出国（境）证件、劳动仲裁文书等特快专递业务。2019 年，特快专递业务量达到 9.69 万件。2020 年特快专递业务快速发展。同年，特快专递业务量达到 20.99 万件。2022 年，綦江邮政特快专递业务量达到 58.02 万件。

2. 快递包裹

2001 年 8 月，綦江县邮政局开办国内快递包裹业务。2010 年 1 月，国内快递包裹和特快专递包裹业务纳入邮政速递物流专业经营范围，由邮政速递物流专业对该业务进行统一经营和管理，并纳入速递物流专业预算、核算体系。2015 年 7 月，在市场经营部下设包裹快递业务发展部，进一步加大快递包裹业务发展力度。2015 年，快递包裹业务量 0.49 万件。2019 年，快递包裹业务量突破 100 万件，达到 179.17 万件。2022 年，快递包裹业务量为 374.50 万件。

3. 物流业务

1998 年 5 月，綦江邮政开办物流配送业务，与綦江县广播电视局商定，通过邮车将县广播电视局制作的"綦江新闻录像带"配送到各镇、乡广播站，后因该项业务运输方式发生变化，于 1999 年停办。2003 年 6 月 5 日，綦江县邮政局与綦江县烟草公司签订《卷烟运输协议书》，县烟草公司将辖区内 37 个网点的卷烟配送业务全部委托邮政局运输配送，重庆市邮政管理局领导出席签字仪式，这是全市邮政系统首家签订和开展的香烟配送业务。同年 6 月 8 日，綦江邮政正式启动香烟配送业务；该项业务于

2012 年 5 月停办。除零星大件物流运输配送外，主要开办綦江齿轮传动有限公司配件运输、重庆市金星股份有限公司牛肉干配送、重庆旭阳猪鬃厂猪鬃配送、荆江半轴配件运输、郑胖子食品萝卜干运输等物流业务。

4. 国际业务

1997 年，綦江邮政开办 EMS 国际快件业务。自2012 年起，綦江邮政在国际特快业务的基础上开办国际货物运输业务，与綦江齿轮传动有限公司、荆江半轴厂、旭阳猪鬃厂等企业合作，主要开展样品、配件及维修件进出口运输、报关、清关等业务。截至 2022 年底，綦江邮政主要与重庆灸焱动力制造有限公司、綦江齿轮传动有限公司、綦江齿轮永跃有限公司等企业合作开展国际业务。

（三）文传业务

1. 函件业务

1997 年邮电分营前，綦江邮政函件业务以平常信函、明信片、印刷品、特种挂号、挂号、航空、保价信函等传统信函业务为主。1998 年，綦江邮政先后开办混合信函、商业广告信函、招生信函、邮政贺年明信片、代发广告、少儿书信等业务。随着移动通信电话、互联网普及，函件业务量呈现逐年下降趋势。

表 9-7-2-2

1992—2022 年綦江邮政部分年份函件业务量统计表

单位：万件

年份	计费国内函件	国内挂号计费信件	年份	计费国内函件	国内挂号计费信件
1992	346.99	—	2008	19.44	2.35
1993	398.82	16.95	2009	14.92	2.17
1995	215.72	14.12	2010	9.49	3.27
1996	204.71	13.15	2011	12.31	4.60
1997	167.21	—	2012	5.11	8.21
1998	151.20	—	2013	4.15	5.67
1999	211.63	21.36	2014	45.99	35.21
2000	98.36	11.98	2015	30.80	26.54
2001	128.19	9.26	2016	16.01	19.55
2002	221.46	24.12	2017	17.98	25.69
2003	204.03	36.35	2018	6.99	5.65
2004	977.27	31.91	2019	10.28	8.62
2005	82.09	9.11	2020	19.68	14.69
2006	35.76	4.44	2021	8.03	14.57
2007	19.94	3.03	2022	9.68	9.85

2. 报刊业务

1986 年，綦江县邮电局报刊发行工作，全县 58 个乡，585 个行政村，全面征订党报党刊。1997 年，綦江邮政设立报刊发投专业公司。1998 年 1 月，实行报刊发行业务"收投合一"管理。2001 年，綦江邮政开办征订发行中小学校教辅资料业务。

表 9-7-2-3

1986—2022 年綦江邮政部分年份报刊业务统计表

年份	订阅报纸期发数（万份）	订阅报纸累计数（万份）	订阅杂志期发数（万份）	订阅杂志累计数（万份）	订阅报刊流转额（万元）	订阅报刊累计数（万份）	零售报刊流转额（万元）
1986	0.04	66.06	0.18	35.74	97.27	—	15
1990	0.04	50.88	0.19	17.89	126.7	—	20
1997	4.59	871.41	3.43	43.48	583	125.86	27
2000	6.09	957.32	4.17	38.38	578	130.55	43
2005	27.67	610.99	1.63	19.92	436	188.88	56
2010	2.58	550.08	1.90	25.55	533	12.76	59
2015	26.13	781.37	25.13	43.66	998	60.13	119
2020	16.43	376.55	42.69	86.25	1231	48.67	166
2022	17.70	459.19	53.84	81.35	1349	39.26	175

3. 集邮业务

1982 年 3 月，綦江县邮电局集邮门市部开业。1986年 4 月，綦江县集邮协会在松藻矿务局、双溪机械厂举办专题集邮邮票展出，制作《綦江——厂矿获奖邮集展览》纪念封一枚。

图 9-7-2-1　1986 年 4 月，綦江——厂矿获奖邮集展览纪念封

2000 年 12 月，"綦江新虹桥纪念邮品"首发式在綦江县城开发区广电大厦前举行。"綦江新虹桥纪念邮品"是綦江县历史上，以綦江地方重大事件为题材，自行设计、自行制作、公开发行的第一个集邮纪念邮品。2001年 3 月，重庆邮政制作发行的綦江"新虹桥邮品纯金版纪

念盒"被重庆市文物评审委员会认定为文物，收藏至重庆市博物馆。同年5月，该邮品被国家文物评审委员会认定为文物，同时收藏至中国历史博物馆、中国革命博物馆并颁发文物收藏证。

2006年10月22日，由国家邮政局、重庆市人民政府主办的《中国工农红军长征胜利七十周年》纪念邮票首发式暨大型纪念活动，在綦江县人民政府大楼前的南州广场举行。《中国工农红军长征胜利七十周年》纪念邮票首发式，是綦江县有记载历史以来举办的首次邮票首发式。

图9-7-2-2 《中国工农红军长征胜利70周年》纪念封

图9-7-2-3 《中国工农红军长征胜利
70周年》邮票首发纪念戳

表9-7-2-4

1995—2022年綦江邮政集邮邮票销售量统计表

单位：万枚

年份	集邮邮票销售量	年份	集邮邮票销售量	年份	集邮邮票销售量
1995	34.81	2005	19.86	2015	10.77
1996	32.75	2006	5.58	2016	8.77
1997	59.10	2007	10.23	2017	9.50
1998	106.79	2008	7.09	2018	5.06
1999	240.42	2009	1.42	2019	7.82
2000	62.43	2010	2.20	2020	6.63
2001	138.03	2011	2.58	2021	6.79
2002	36.70	2012	21.09	2022	5.22
2003	19.57	2013	10.19	—	
2004	15.31	2014	8.81		

4. 中邮文创

2021年，綦江邮政开办文创业务，打造"中邮文创"品牌。2022年1月，麻乡约邮局文创产品展示投入运营。同年，开展生肖等热点中邮文创产品推广活动，实现业务收入30.59万元。

5. 普通包裹

1986—1996年，国内包裹业务正常发展。1999年9月，恢复国内包裹存局候领业务。2009年5月12日，綦江县邮政局在古南镇巨龙广场参加由綦江县政府应急办主办的"5.12"抗震救灾一周年纪念活动。在开展"爱心包裹"现场捐赠宣传活动中，通过挂横幅、摆宣传展板、放宣传片、散发宣传单等形式，向广大市民宣传"爱心包裹"活动内容和意义，现场接收15个"爱心包裹"。自2010年起，每年均开展"爱心包裹"收寄业务。2000年，普通包裹业务量呈现逐年下降趋势。同年，普通包裹业务量为9.94万件，2010年为0.41万件，2020年为0.1万件。2022年，普通包裹业务量为0.25万件。

（四）渠道业务

1. 增值业务

1997年，綦江邮政开办增值业务，主要包括代收费、代销彩票、代收款、代理票务、车险、简易险、短信、代征税等业务。同年7月，开办代理收取綦江县电信局固定电话费业务。2000年5月，綦江县邮政局与綦江县民政局合作，代理销售"重庆风彩"电脑福利彩票。2007年11月，停办此业务。2005年1月，綦江县邮政局与綦江联通公司合作，开始代理联通电信业务。2008年，綦江邮政开始代销奥运、赈灾刮刮乐彩票。2009年8月，与綦南供电局綦江分局合作，全面代收所辖供电区域内的电费。2010年，开办代理门票销售业务，至2022年停办。2011年4月，开办代收车管所行政规费业务。2022年，增值业务收入115.05万元。

2. 分销业务

2001年6月，綦江邮政与四川郎酒销售有限责任公司开展合作，开办代理销售郎酒（喜郎系列）业务，至2002年停办。2002年3月，开展销售"催猪神·猪饲料添加剂"业务，后因规范市场秩序，至2004年停办。自2002年起，陆续开展中秋月饼、端午粽子、酒类、水果、服务"三农"等产品销售配送业务。2022年，綦江邮政分销业务收入1043.38万元。

3. 电信业务

电报 1986—1995年，电报业务保持平稳增长，期间增开民航电报、地震电报、公众礼仪电报、鲜花礼仪电报业务。1996年，随着电话、传真、互联网的普及，电报业务逐渐萎缩。

长途电话 1986年，增装綦江至重庆12路载波机，綦江至万盛3路载波机。1988年，重庆至贵阳渝筑小同轴电缆工程綦渝段开通，綦江县邮电局成为一级干线局。1989年，南桐矿区邮电局开通长途进网半自动长话线路14条，同时开通綦江至江津、巴县、万盛、南川、遵义、松坎的长途电话线路。1991年，綦江县邮电局开办全国直拨长途电话业务。1997年，取消长途电话人工接转。

市内电话　1987年，綦江县邮电局完成市话电缆管道引入工程。1989年，完成市话电缆扩容改造。1990年11月，市内电话自动交换机设备扩容1000门工程正式投入运行。1995年11月，綦江县邮电局第一个户线工程——县城滨河小区2400对市话电缆户线工程通过竣工验收投入使用。1997年1月，县城至桥河360路光纤数字环路设备扩容240线，达到600线。

农村电话　1989年9月，四川省内最长的一条农村电话微波电路在綦江县邮电局竣工。1994年，农村电话线路采用光纤电缆传输，架设开通四个中心镇的数字传输，建成开通赶水、石角、三角、隆盛邮电支局的数字程控电话。1997年，农村电话实现程控电话全国直拨。

无线寻呼与移动电话　1993年1月，綦江县邮电局开通无线寻呼和移动电话。移动电话"大哥大"直接与重庆市内电话联网。1994年，在无线寻呼126台（人工台）的基础上，无线寻呼127台（自动台）自动寻呼和语音信箱建成投入使用。1996—1997年，綦江县打通镇、县城、三江镇GSM数字移动电话基站先后建成开通。

1997年邮电分营后，綦江的电信业务全部由綦江县电信局经营。

三、邮政网络

（一）网络能力建设

1. 邮路

区内邮路　1997年以前，綦江邮政有区内邮路2条，即重庆—綦江—重庆的渝綦专运邮路，重庆—綦江—万盛—南川再原路返回重庆的区内邮路。1997年，綦江至万盛汽车邮路开通，1998年7月该条邮路取消。2009年7月，开通重庆—綦江—万盛—南川速递夜间特快专递汽车邮路，邮车到达綦江时间为凌晨4:00，当日20:00返经綦江，将綦江当日收寄的特快专递邮件运至重庆处理。2014—2018年，綦江邮速分营，区内邮路分别为邮政公司普邮车1趟，速递公司2趟，分上午、下午进口。2018年寄递改革后，区内邮路合并为3条。截至2022年底，区内邮路共3条，其中重庆—綦江—万盛快速邮车，每日5:00从重庆发车，7:00到达綦江；重庆—綦江—万盛普邮邮车，每日6:30从重庆发车，9:20到达綦江；重庆至綦江午班邮车，每日13:00从重庆发车，15:00到达綦江。

县乡邮路　截至1985年底，綦江邮政有县乡自办汽车邮路1条，总长度253公里。1998年7月，县乡自办汽车邮路调整为2条。2006年10月，调整县乡自办汽车

邮路交接网点和交接时间，县乡自办汽车邮路由2条调整为3条。2021年，增加县乡邮路1条，邮路总长达到890千米。2022年，推行"交邮"合作，增加县乡邮路1条，新增"交邮"合作邮路2条，县乡邮路增至7条，邮路总长度1078.6千米，逐日到达23个街镇49个网点。

2. 物流体系

2021年，綦江邮政实施县—乡—村三级物流体系建设。截至2022年底，綦江邮政共建成县级仓储中心1个、乡镇仓配中心7个、综合便民服务站288个。物流配送车辆10辆，单日末端配送路线2207公里。

3. 作业场地

1986年，綦江县邮电局封发组担负全县邮政网点的邮件接发和分拣工作，生产作业场地面积约180平方米。1988年1月，邮件接发和分拣室搬迁至古南镇交通路90号新修建的邮政生产住房综合楼一层（现古南街道交通路30号），生产作业场地面积约250平方米。

1998年5月，邮车、邮件交接及邮件分拣从古南镇交通路搬迁至古南镇开发区邮政生产办公综合楼（现綦江区文龙街道九龙大道25号），生产作业场地面积约430平方米。2014年，綦江邮政对邮件处理场地进行扩建，增加场地面积约260平方米。

2008年12月，投递组、封发组、发行组合并成立邮件处理中心，生产作业场地面积约690平方米。2018年2月，邮件处理中心作业场地从邮政生产办公综合楼搬迁至租赁的綦江区文龙街道滨河大道7号地下室负3层，面积1947.55平方米。

2020年10月，邮件处理中心作业地场从文龙街道滨河大道搬迁至綦江区通惠食品园区惠登路28号，租用房屋面积4622平方米；同年12月，从重庆兴农融资担保集团有限公司购得綦江区通惠食品园区惠登路28号房屋土地29294.82平方米，其中用于邮件处理作业场地面积约3000平方米。截至2022年底，綦江邮政共有邮件处理作业场地1个，总面积约3000平方米。

4. 设施设备

邮政专用设备　1986—2015年，綦江邮政配备有电子信函秤、包裹秤、分拣格眼、封袋钳等设备，邮件分拣、装卸作业主要依靠人工。2016年，配备皮带机进行邮件装卸，后陆续配备微型计算机、PDA、邮件顶扫设备等设备。截至2022年底，綦江邮政共有微型电子计算机19台、笼车62个、揽投PDA 52部、打包机2台、三级伸缩胶带机1部、直线皮带机3部、邮件顶扫设备1台、电动叉车1台。

运输设备　截至2022年底，綦江邮政有两轮摩托35辆、电动三轮摩托13辆，邮运汽车10辆，揽投长安车35辆，渠道运输车辆2辆。

（二）网运生产作业及管理

1. 邮件接发

1986年，綦江县邮电局封发组负责邮件接发和分拣工作。封发组内设平信台、挂号台、快件台和包裹挂刷台，每天接发重庆邮车和全县各邮政网点的邮件1次。2008年12月，投递组、封发组、发行组合并成立邮件处理中心，承担邮件接发、邮件押运、报刊、平信、挂号、包裹分发，城区邮件投递等任务。2022年，邮件处理中心设有报刊分发、报刊零售、给据邮件分发、包裹分发、特快邮件分发、平常信件分发等台席，负责每天本区内邮路进口邮件三个频次、出口邮件两个频次，县乡邮路进口邮件一个频次、出口邮件一个频次的邮件接发工作。

2. 邮件运输

1949年前，綦江邮政的邮件运送，上至贵州松坎、下至重庆、江津，东至南川等干线邮路都是由步班邮差轮流昼夜兼程传递。解放后，逐步改进邮运，减少步班。凡通公路，地势平缓的区乡都改用自行车、摩托车、三轮摩托车运送。截至1985年底，綦江县邮电局已拥有邮运工具自行车24辆、摩托车6辆、三轮摩托车3辆、汽车2辆。1997年起，逐年增加配备邮政运输汽车、摩托车。截至2022年底，邮件全部采用汽车、摩托车运输。

3. 邮件投递

（1）城区投递

截至1985年底，城区邮件投递共设7条投递段道，投递范围包括城区404个单位、67个公司、5个中心。1986年，由7条投递段道调整为5条，扩大每条投递段道的投递范围。1997年，投递段道由5条增加到7条。2002年，投递段道由7条增加到12条。2005年，增加第13条投递段道，该投递段道为特快专递邮件投递段道，由专人专车负责投递特快专递信件和特快专递包裹。

2009年，桥河纳入县城城区，桥河地区的邮件投递划入城区邮件投递范围，增加投递段道2条。2012年1月，对城区投递段道设置及投递区域范围进行调整，由15条投递段道调整为14条。2018年，投递段道缩减至10条，包括汽车段道1条，摩托车段道9条，每日实行二班投递到户，其中设大宗段道1条，负责投递党政机关、大型企事业单位的报纸和信件。2019年1月，綦江邮政在保证10条普邮段道不变的情况下，对原邮、速包裹揽投段道进行整合，优化调整为18条包裹揽投段道。同年5月，实行网格化管理，设立6个网格，每个网格保留3条段道、4名揽投人员。2020—2021年，网格先后进行调整。截至2022年底，綦江邮政城区投递段道共36条，单程519千米；设有6个网格，每个网格负责本网格的邮件揽收和投递，每日出班3次。

（2）农村投递

截至1985年底，綦江邮政共有农村投递段道48条，总长度585千米，其中摩托车段道58千米，自行车段道73千米，步班段道454千米。1993年，綦江县行政区划调整，进行撤区合并镇乡，将全县58个镇乡合并为33个镇乡，全县585个行政村未改变，綦江邮电局对农村投递段道也作相应调整。县内至乡镇自办汽车段道1条，单程长度19千米；自行车段道2条，单程19千米；从支局到场镇的步班段道33条，单程长度473千米。邮件报刊投递频次每天一次及一次以上的有24个镇乡，每两天一次有4个镇乡，每三天一次的有5个镇乡；部分行政村邮件报刊投递采用邮政所门前悬牌招领或捎转带方式。1997年9月，綦江县邮政局对已通公共汽车的部分农村步班邮路调整为单面乘坐公共汽车，以返回时再投递邮件的方式，降低农村步班邮路压力，提高农村邮路的时限。截至2022年底，农村投递段道共76条，单程2024.5千米，其中，汽车投递道段10条，单程249千米；摩托车投递道段53条，单程1397.5千米；电动三轮车投递道段13条，单程378千米。

（三）服务网点

1. 网点设置

1986年，綦江县邮电局设县局营业室1处、邮电支局10处、邮电所19处、代办所22处、服务点16处、代售处10个。1997年邮电分营后，綦江县邮政局设立县局营业组1处、邮政支局11处，各支局原管辖的邮电所更名为邮政所。截至2022年底，綦江邮政设有邮政支局11处（其中九龙邮政支局、东溪邮政支局为管理机构，无营业场所），邮政所41处，营业所1处，投递服务网点35处，邮乐购站点213个。

表9-7-2-5

1986—2022年綦江邮政局所一览表

序号	局所名称	经营性质	经营属性	设置地点	备注
1	九龙大道邮政所	自营	城市	綦江区文龙街道九龙大道25号	原开发区营业室
2	天星大道邮政所	自营	城市	綦江区文龙街道九龙大道82号恒都世纪花城9幢负1——门面1	—
3	城东邮政所	自营	城市	綦江区文龙街道龙角路317号	原文龙邮政所
4	九龙邮政所	自营	城市	綦江区文龙街道沙溪路16号附71号	—

序号	局所名称	经营性质	经营属性	设置地点	备注
5	万兴邮政所	自营	城市	綦江区文龙街道万兴	—
6	交通路邮政所	自营	城市	綦江区古南街道交通路30号	纯邮政网点，原交通路营业室
7	北渡邮政所	自营	城市	綦江区古南街道北渡场百盛雅苑6幢1-1	—
8	通惠邮政所	自营	城市	綦江区通惠街道通惠大道20号生活广场1-1-3，4，5	—
9	新盛邮政所	自营	城市	綦江区新盛街道龙源街10号附1号	—
10	沱湾邮政代办所	代办	城市	—	2001年12月撤销
11	登瀛邮政代办所	代办	农村	—	2005年7月撤销
12	正自邮政代办所	代办	农村	—	2005年7月撤销
13	古剑邮政代办所	代办	农村	—	2005年7月撤销
14	桥河邮政所	自营	城市	—	2008年1月划归邮储银行綦江支行
15	永新邮政支局	自营	农村	綦江区永新镇菜市北街11号	—
16	龙凤邮政所	自营	农村	綦江区永新镇龙凤大道8号附18号	—
17	罗家邮政所	自营	农村	綦江区永新镇罗家	—
18	新建邮政所	自营	农村	綦江区永新镇新建村石磴坎组48号附2号	—
19	三会邮政所	自营	农村	綦江区三会街上	—
20	紫荆邮政所	自营	农村	綦江区紫荆街上	—
21	中峰邮政所	自营	农村	綦江区中峰镇新场街84号附17-19号	—
22	升坪邮政所	自营	农村	—	2018年5月撤销
23	三角邮政支局	自营	农村	綦江区三角镇农贸街13号	—
24	乐兴邮政所	自营	农村	綦江区三角镇乐兴街24号	—
25	吉安邮政所	自营	农村	綦江区三角镇吉安街37号	—
26	横山邮政所	自营	农村	綦江区横山镇回龙街4号	—
27	巨龙邮政所	自营	农村	綦江区横山镇巨龙东路3号附1、2号	—
28	隆盛邮政支局	自营	农村	綦江区隆盛镇兴隆街68号	—
29	石良河邮政所	自营	农村	綦江区隆盛镇石良河邮政所内	—
30	莲花邮政代办所	代办	农村	—	2005年7月撤销
31	新场邮政代办所	代办	农村	—	2011年11月撤销
32	永城邮政所	自营	农村	綦江区永城镇永丰新路4号1-1	—
33	三江邮政支局	自营	城市	綦江区三江街道雷园路41号附1号	—
34	重钢四厂邮政所	自营	城市	綦江区三江街道重钢四厂新建小区26号附5号	原磨滩邮政所
35	瀛山邮政所	自营	农村	綦江区石角镇白云路24号附3号	—
36	石角邮政支局	自营	农村	綦江区石角镇正街75号附2号	—
37	蒲河邮政所	自营	农村	綦江区石角镇蒲河正街4号	—
38	新民邮政代办所	代办	农村	—	2004年12月撤销

序号	局所名称	经营性质	经营属性	设置地点	备 注
39	瀛坪邮政代办所	代办	农村	—	2004 年 12 月撤销
40	郭扶邮政支局	自营	农村	綦江区郭扶镇交通路 32 号	—
41	高青邮政所	自营	农村	綦江区郭扶镇高青	—
42	高庙邮政所	自营	农村	綦江区郭扶镇高庙桂花路 94 号附 2 号	—
43	骑龙邮政代办所	代办	农村	—	2005 年 7 月撤销
44	篆塘邮政所	自营	农村	綦江区篆塘镇篆北街 97 号	—
45	分水邮政所	自营	农村	綦江区篆塘镇分水街 19 号	—
46	盖石邮政所	自营	农村	綦江区篆塘镇盖石街 87 号	—
47	东溪邮政支局	自营	农村	—	2008 年 1 月划归邮储银行綦江支行，2015 年 4 月撤销
48	双桥坝邮政所	自营	农村	綦江区东溪镇永乐路 3 号附 15 号	原东溪太平桥邮政所
49	镇紫街邮政所	自营	农村	綦江区东溪镇镇紫街正街 72 号	—
50	福林邮政代办所	代办	农村		2004 年 12 月撤销
51	大安邮政代办所	代办	农村		2004 年 12 月撤销
52	永久邮政代办所	代办	农村		2004 年 12 月撤销
53	永乐邮政代办所	代办	农村		2004 年 12 月撤销
54	丁山邮政所	自营	农村	綦江区丁山镇红心街 29 号附 1 号	—
55	扶欢邮政所	自营	农村	綦江区扶欢镇滦州路 6 号附 1、2、3、4 号	—
56	赶水邮政支局	自营	农村	綦江区赶水镇解放路 19 号附 4 号	—
57	适中邮政所	自营	农村	綦江区赶水镇适中场 50 号附 1 号	—
58	小渔沱邮政所	自营	农村	綦江区赶水镇小鱼沱 64 号	—
59	张家坝邮政所	自营	农村	—	2000 年 3 月撤销
60	藻渡邮政代办所	代办	农村	—	2005 年 7 月撤销
61	岔滩邮政所	自营	农村	—	2008 年 2 月撤销
62	赶水胜利路邮政所	自营	农村	—	2014 年 7 月撤销
63	赶水火车站邮政所	自营	农村	—	2011 年 11 月撤销
64	打通邮政支局	自营	农村	綦江区打通镇中路 4 号附 4 号	—
65	兴隆湾邮政所	自营	农村	綦江区打通镇兴环路 52 号	—
66	金鸡岩邮政所	自营	农村	—	2015 年 11 月撤销
67	打通新街邮政所	自营	农村	—	2012 年 5 月撤销
68	吹角邮政代办所	代办	农村	—	2004 年 12 月撤销
69	天池营业所	自营	农村	綦江区石壕镇天池一路 4 号附 5 号	代理金融网点
70	28 公里邮政所	自营	农村	—	2008 年 1 月划归邮储银行綦江支行
71	石壕邮政所	自营	农村	綦江区石壕镇新建路 4 号附 2 号	—
72	苏家邮政代办所	代办	农村	—	2004 年 12 月撤销

序号	局所名称	经营性质	经营属性	设置地点	备 注
73	大罗邮政代办所	代办	农村	—	2004年12月撤销
74	白岩邮政所	自营	农村	綦江区逢春煤矿	纯邮政网点
75	羊叉邮政所	自营	农村	綦江区杨地湾煤矿	原杨地湾邮政所
76	羊叉邮政代办所	代办	农村	—	2004年12月撤销
77	安稳邮政所	自营	农村	綦江区安稳镇安盛路59号	—
78	松藻邮政支局	自营	农村	綦江区安稳镇松南路75号	—
79	松藻一井邮政所	自营	农村	—	2021年1月撤销
80	羊角邮政所	自营	农村	綦江区安稳镇羊角街49号	—

2. 社会加盟站点

2015年，綦江邮政开展农村电商服务体系建设，建设区级电商服务中心1个，乡镇电商服务中心2个、标准型（含示范）村级服务站170个。截至2022年底，綦江邮政共建有区级电商服务中心1个，镇级服务中心6个，村级综合便民服务站288个，建制村站点覆盖率100%，累计打造活跃站点213个、优质邮乐购站点150个；邮快超市90个，其中城区合作型邮快超市63个，农村自营型邮快超市27个。

四、邮政管理

（一）财务管理

1986—1997年，綦江县邮电局按中央国营和农村电话分账核算，实行收入和支出两条线计划管理。1997年7月至2003年6月，以綦江县邮政局为单位进行财务计划和财务结算，财务费用实行收支两条线管理模式，财务计划、财务核算、财务结算直接报重庆市邮政管理局财务处。2003年7月，綦江县邮政局由财务计划和财务结算单位变为财务报账单位，财务计划、财务核算、财务结算、固定资产管理由重庆邮政巴南片区局统一管理，实行财务收支两条线管理模式。

（二）人力资源管理

1. 队伍建设

1986年末，綦江县邮电局从业人员307人。1997年12月，綦江县邮政局有从业人员273人。2007年，从业人员总数为388人。截至2022年底，綦江邮政从业人员330人。

2. 教育培训

1986年，綦江县邮电局开展职业责任、职业纪律、职业道德、职业技能的"四职"教育，对邮政主要工种从业人员进行集中业务指导和职业道德教育。1986—2022年，綦江邮政每年通过各种业务培训、知识竞赛、操作表演、技术等级考核、职业技能认定等形式，提高邮政生产人员的业务技能。截至2022年底，綦江邮政292名生产

人员中有261名持初级以上职业技能资格证书，其中，技师4人、高级127人、中级74人、初级56人。

3. 薪酬管理

1986年，綦江县邮电局实行固定工资制度，按工种级别评定工资。1989年，进行工资改革，实行档案工资、行业工资、企业工资、浮动工资制度。1997年，邮电分营后，重庆市邮政管理局对区县邮政局员工工资进行统一管理，实行六等七级邮政通信企业等级工资制度，职工工资由岗位工资、技能工资、等级工资、工龄工资4个部分组成。2001年，实行岗位工资、工龄年功津贴、技术等级工资制度。2008年，重庆市邮政公司对职工工资制度进行改革，邮政企业薪酬组成包括岗位工资、津贴补贴、绩效奖金三部分。2015年薪酬调整优化，把2008年薪酬改革中的序列调整为管理、专业和操作3大序列；将基本工资分为薪级工资和岗位工资两部分；取消部门分类，调整易岗易薪规则。2018年调整薪酬标准，实施基本工资晋级、岗位工资晋档，调高专业技术职务津贴、职业资格等级津贴、外勤和夜班津贴标准，对特殊荣誉贡献的员工进行薪级工资加分。截至2022年底，工资标准未发生变化。

（三）服务质量管理

1986—1997年，綦江县邮电局实施标准化达标，主要抓邮政规章制度贯彻和全面质量管理工作，通过开展QC小组（质量管理小组）活动，提升服务质量。1997年邮电分营后，綦江邮政对邮政业务实施专业化管理，制定《邮政服务质量管理办法》，对营业时间、营业生产现场、服务设施、营业服务、投递质量的管理和考核进行具体细化。2017年8月，设置服务质量部（挂靠市场营销部），配置服务质量检查人员1名。2020年6月，市场营销部（服务质量部）增配配置副主任一名，负责服务质量管理。2021年，完善经营服务规章制度，制定《中国邮政集团有限公司重庆市綦江区分公司邮政通信质量、服务质量考核办法》，新增设机要管理人员（兼服务质量检查）

人员 1 名，采取现场与非现场检查方式对服务质量监督检查。截至 2022 年底，綦江邮政共开设邮政营业服务网点 50 个，所有网点均开办普遍服务四项基本业务及特殊服务业务，服务全区 21 个街镇 302 个行政村，服务面积 2182 平方千米；共有普遍服务投递服务机构 32 个，其中城区 1 个，农村 31 个；机要通信 42 年质量全红。

（四）安全管理

1986—1997 年，綦江县邮电局先后设保卫干事、人保股、人保科，通过人防、物防、技防 3 方面加强安全管理工作。1997 年 7 月邮电分营后，綦江县邮政局对安全生产管理实行局长负责制。1998 年 1 月，制定《綦江县邮政局加强单位内部安全保卫工作的若干规定及实施办法》，对内部安全保卫工作进行明确分工，对安全生产管理责任及奖惩进行明确规定。2000 年 9 月起，为 22 个邮政储蓄所安装"110"报警联网系统。2001 年 3 月，制定《綦江县邮政局各级安全生产职责》，实行安全生产责任制。2005 年，为 17 个邮政营业网点安装安全监控设备和红外线自动报警设备。2006 年，新增安装安全监控设备网点 7 个。2007 年，网点监控设备安装率达到 100%，监控设备安装网点达到 57 个。2008 年起，开始为网点安装电子联动门。2009 年，网点电子联动门安装率达到 100%。同年，为每个网点新增防卫工具橡胶狼牙棒，并更新了灭火器。2010 年，为 32 个网点安装"110"报警联网系统，网点"110"报警联网系统安装率达到 100%。2017 年，设立安全保卫部（挂靠综合办公室）负责安全管理工作。截至 2022 年底，綦江邮政未发生重大安全事件。

（五）党群管理

1. 党组织

1986 年 11 月，中共綦江县邮电局总支部委员会设行政（机关）党支部、邮政党支部、电信党支部、离退休职工党支部。1995 年 2 月，原四川省重庆天台山 66 微波站划归綦江县邮电局，"中共四川省重庆 66 微波站支部委员会"更名为"中共綦江县邮电局天台山微波站支部委员会"。1996 年 3 月，中共綦江县委同意成立中共綦江县邮电局委员会。1997 年邮电分营，撤销中共綦江县邮电局委员会，成立中共綦江县邮政局委员会。1998 年 6 月，建立机关党支部、邮政业务党支部、退休职工党支部。2012—2020 年，先后更名为"中共重庆市綦江区邮政局委员会""中共中国邮政集团公司重庆市綦江区分公司委员会"和"中共中国邮政集团有限公司重庆市綦江区分公司委员会"。截至 2022 年底，綦江邮政共有党员 61 名。

2. 工会

1986 年 12 月，綦江县邮电局工会召开第十四届会员代表大会，选举产生綦江县邮电局第十四届工会委员会和经费审查委员会。1990—1997 年，綦江县邮电局工会共进行 3 次换届，召开会员代表大会 11 次。1997 年 7 月，中

国邮电工会綦江县邮电局委员会撤销，中国邮电工会綦江县邮政局工会委员会成立，隶属中国邮电工会重庆市邮政管理局工会委员会管辖和领导。1998 年 1 月，召开第一届一次会员代表大会，选举产生第一届工会委员会。1998—2011 年，中国邮电工会綦江县邮政局工会委员会共进行 3 次换届，召开会员代表大会 22 次。2012 年 2 月，撤销綦江县邮政局和万盛区邮政局，成立綦江区邮政局暨万盛经济技术开发区邮政局，万盛经济技术开发区邮政局不设立工会委员会。同年 3 月，召开第一届一次工会会员代表大会，选举产生第一届中国邮政集团工会重庆市綦江区委员会。2012—2022 年，中国邮政集团工会重庆市綦江区委员会共进行 3 次换届，召开会员代表大会 13 次。

1986—2022 年，綦江邮电、邮政先后组织开展职工书画、摄影作品展览，职工文艺汇演、歌咏比赛、联欢晚会、体育活动、劳动竞赛等，丰富了职工业余生活，增进了职工队伍的凝聚力。

自 1997 年起，綦江邮政着力建设职工之家和职工小家。1998 年、2000 年、2002 年，綦江县邮政局先后 3 次被綦江县工会评为綦江县"先进职工之家"；2009 年，綦江县邮政局被重庆市总工会评为重庆市"模范职工之家"。截至 2022 年，綦江邮政共有职工之家 1 个、职工小家 36 个，工会会员 330 名，职工代表、工会会员代表 39 名。

3. 团组织

1975 年 9 月，共青团綦江县邮电局支部委员会成立。1997 年 7 月，共青团綦江县邮电局支部委员会撤销，团员组织关系按人员属性划分，分别转入綦江县邮政局团支部和綦江县电信局团支部。1998 年 6 月，成立共青团綦江县邮政局支部委员会，支部团员 15 名。2012 年 2 月，因綦江撤县升区，共青团綦江县邮政局支部委员会更名为共青团重庆市綦江区邮政局支部委员会。2020 年 7 月，更名为共青团中国邮政集团有限公司重庆市綦江区分公司支部委员会。截至 2022 年底，团支部共有团员 41 名。

第三节　江津邮政机构

中国邮政集团有限公司重庆市江津区分公司由江津（县）市邮电局演变而来。1986—2022 年，历经计划单列、邮电分营、政企分开三大历史阶段。2022 年，业务总收入 3.97 亿元，列全市邮政企业第 3 位。

一、机构沿革

（一）机构演变

1. 计划单列时期

1985 年 4 月，重庆市郊县邮电局并入重庆市邮电局，原重庆市郊县邮电局管理的江津县邮电局由市邮电局直接管理。

1992 年 3 月，邮电管理体制调整，重庆市邮电局撤销，江津县邮电局划归重庆市电信局管辖。同年 12 月，由于江津行政区划调整，撤县改市。"江津县邮电局"相应更名为"江津市邮电局"。

2. 邮电分营时期

1997 年 7 月，邮政、电信分营，江津市邮电局撤销，设立江津市邮政局，隶属重庆市邮政管理局。

2003 年 2 月，重庆邮政实行片区化经营管理体制，江津市邮政局划归巴南片区邮政局管辖。

3. 政企分开时期

2007 年 3 月，江津行政区划调整，改市设区，"江津市邮政局"相应更名为"江津区邮政局"。同年 9 月，重庆邮政政企分开，"江津区邮政局"更名为"重庆市邮政公司江津区邮政局"，管理体制不变。2008 年 1 月，中国邮政储蓄银行重庆江津支行正式挂牌，江津邮政受邮储银行委托开办代理金融业务。

2009 年 1 月，重庆邮政速递物流一体化专业经营，成立重庆市邮政速递物流公司江津区分公司。2010 年 6 月，更名为重庆市邮政速递物流有限公司江津区分公司。

2014 年 2 月，根据重庆邮政要求，"重庆市邮政公司江津区邮政局"更名为"重庆市邮政公司江津区分公司"，

管理体制不变。同年 6 月，重庆市邮政速递物流组织机构改革，原"重庆市邮政速递物流公司江津区分公司"改设为"江津区营业部"（营业执照名称不变），划归重庆市邮政速递物流有限公司新组建的巴南片区分公司管理。

2015 年 4 月，按照中国邮政集团公司法人体制改革部署，"重庆市邮政公司江津区分公司"更名为"中国邮政集团公司重庆市江津区分公司"，管理体制不变。同月，"重庆市邮政速递物流公司江津区分公司"更名为"中国邮政速递物流股份有限公司重庆市江津区分公司"。

2018 年 9 月，寄递改革，组建江津区寄递事业部（保留"中国邮政速递物流股份有限公司重庆市江津区分公司"牌子），下设寄递市场部、寄递运管部。

2020 年 1 月，根据市分公司公司制改制相关要求，"中国邮政集团公司重庆市江津区分公司"更名为"中国邮政集团有限公司重庆市江津区分公司"。沿用至 2022 年，管理体制不变。

截至 2022 年底，中国邮政集团有限公司重庆市江津区分公司内设综合办公室（安全保卫）、市场营销部、金融业务部、渠道平台部、集邮与文化传媒部、服务质量部（普遍服务）、寄递事业部。

（二）主要领导

表 9-7-3-1

1986—2022 年江津邮政主要领导人员名录

单位名称	姓　名	职　务	任职时间
江津县（市）邮电局	万朝富	局长	1982.1—1987.6
	何沛元	党总支书记	1982.1—1987.8
	叶祥伟	局长	1987.9—1997.6
	万朝富	党总支书记	1987.9—1994.3
	万朝富	党委书记	1994.4—1997.6
江津市邮政局	万朝富	局长	1997.7—2001.5
	万朝富	党委书记	1997.10—2001.5
	郑佳歧	党委书记、局长	2001.5—2007.3
重庆市邮政公司江津区邮政局	聂勋勇	副局长（主持工作）	2007.3—2008.6
	聂勋勇	党委书记、局长	2008.6—2010.6
	李　地	党委书记、局长	2010.7—2014.4（党委书记） 2010.7—2014.3（局长）
重庆市邮政公司江津区分公司	李　地	党委书记、总经理	2014.4—2017.11（党委书记） 2014.3—2015.6（总经理）
中国邮政集团公司重庆市江津区分公司			2015.6—2017.11（总经理）
	李　明	党委书记、总经理	2017.11—2021.5
中国邮政集团有限公司重庆市江津区分公司	周　陈	党委书记、总经理	2021.5—

二、邮政业务

1986—2022 年，江津邮政加强自身建设，不断提升发展能力，业务总收入逐年上升。

表 9-7-3-2

1994—2022 年江津邮政业务总收入统计表

单位：万元

年份	业务收入	年份	业务收入	年份	业务收入
1994	546	2004	3954	2014	13618
1995	784	2005	4400	2015	16358
1996	987	2006	4723	2016	20610
1997	1274	2007	5727	2017	23478
1998	1400	2008	6408	2018	27824
1999	2002	2009	5508	2019	30162
2000	2346	2010	6358	2020	32518
2001	2658	2011	8737	2021	35522
2002	3185	2012	10402	2022	39682
2003	3540	2013	12106	—	

（一）金融业务

1. 储蓄汇兑

储蓄业务　1987 年 10 月，江津县邮电局恢复开办邮政储蓄业务。1989 年 11 月，白沙、德感支局开办储蓄业务，是辖区镇街邮政金融业务之始。1993 年，江津市邮电局提出"面向农村，主攻储蓄，走出局门，上门服务"储蓄业务发展方针，开辟农村邮政储蓄市场。1994 年 12 月 20 日，江津市邮电局储蓄存款余额突破 1 千万元，达 1142 万元，被四川省邮电管理局评为"优胜单位"。1995 年，储蓄存款余额达到 2.2 亿元，名列四川省县（市）邮政储蓄"龙虎榜"第 2 位。1997 年邮电分营，江津市邮政局开办邮政储蓄业务网点 95 个，使用微机办理储蓄业务网点 5 个。1998 年 12 月，储蓄存款余额突破 5 亿元，达到 5.1 亿元，居全市邮政第 1 位。同年 12 月 20 日，江津邮政代发 50 家企业 5000 名离退休人员养老金，是重庆邮政首批开办代发养老金业务的单位。2001 年，储蓄存款余额达 8.2 亿元，居全市邮政第 1 位。2002 年，江津邮政储蓄"绿卡"全国联网网点达 42 个。截至 2005 年底，125 个网点全部开办邮政储蓄业务，储蓄余额达 18.7 亿元，列全市邮政第 1 位。2019 年，江津邮政启动花椒特色经济揽收项目，该项目连续 3 年在重庆邮政获"市级经营项目 5A 奖"。截至 2022 年底，江津邮政储蓄存款余额突破 200 亿元，达到 203.4 亿元；全年新增余额 20.6 亿元，列全市邮政企业第 1 位。

汇兑业务　1986 年，江津县邮电局开发汇票合计 13.9 万笔，兑付汇票 27 万笔。2001 年 9 月，江津几江镇七贤街邮政营业厅开办电子汇兑业务。截至 2004 年 10 月底，江津 125 个邮政支局（所）全部开办电子汇兑业务，提供通知汇款、自行通知汇款、商务汇款等业务，从此告别手工操作历史。2003 年 7 月开办邮政汇款回执业务。2005 年 11 月开办商务汇款业务。自 2005 年起，随着金融业务办理渠道日趋多元化，汇兑业务呈现萎缩之势。截至 2022 年底，汇兑业务收入 2.2 万元，汇款量 2819 笔，兑付量 787 笔。

2. 中间业务

1999 年 2 月，江津市邮政局为江津市平安保险公司代办"家庭平安保险"和"生命救助险"2 个险种业务。自 2000 年起，中间业务多途径发展。2003 年 8 月，江津设立中间业务部。2005 年，主要经营代收个人养老保险费、代发养老保险费、代收医保等业务。2006 年，江津邮政开办代理发放财政直接补贴农民资金、代办开放式基金业务、代收中石油资金，江津邮政在银行结算业务上得到新的发展。同年，江津邮政新增先锋鞋厂、四面山森林管理局等 10 个单位代发工资千余户，代发工资 23 万笔。2013 年，江津邮政开办信用卡、投资理财、支付等手机银行业务。2015 年，短信业务由电子商务公司划入金融部经营。

截至 2022 年底，江津坚持中间业务"全产品"发展理念，向全产品链业务发展，综合资产配置转变。全年新增理财月日均保有量 1.1 亿元；高效基金销量 1.4 亿元；新增基金定投有效户数 6409 户。其他中间业务收入 1889 万元，绝对值列全市邮政第 1 位。

3. 风控合规

2017 年，江津邮政设置合规监督管理专岗，由金融业务部管理。检查队伍执行巴南派驻制。2020 年 5 月，巴南派驻至江津检查人员共 10 人，主要负责区内网点现场监督检查、各类专项活动、人员行为排查和网点岗位轮换监督等工作。截至 2022 年底，风险合规工作依然为江津金融部设置专岗负责和巴南派驻队伍检查，派驻队伍由江津金融业务部、巴南片区金融业务部双重管理。截至 2022 年底，江津邮政未发生重大金融风险事件。

（二）寄递业务

1. 特快专递

1994 年 3 月，江津邮政开办国内、国际特快专递业务，由机要室兼办。1997 年 10 月，邮政业务分流，组建邮政营业部，业务窗口开始办理特快专递邮件收寄，业务量为 1.53 万件。1998 年 7 月，江津市邮政局增加特快业务种类，开办邮政特快货运业务。2000 年 9 月，江津市邮政局为拓展政务市场，开办特快专递礼仪业务。同年 10 月，开办单、证、照往来特快专递业务，业务量达

3.57 万件。2001 年 1 月，江津邮政开办国内特快专递代收货款业务。2005 年 5 月，机要室兼办的特快专递业务分离出来，组建速递中心。同年 12 月，改设为速递公司，从此特快业务实行专业化经营。同年，特快专递业务量达 5.97 万件，比 2000 年增长 67.9%。2006 年 1 月，重庆市邮政运输局增开重庆——江津汽车邮路，特快专递邮件进、出口每天达 2 次。同年，江津邮政与重庆工商校、江津二卫校等签订新生录取通知书速递业务。全年累计完成特快专递邮件 8.27 万件。2020 年，江津邮政成立新媒体团队，注册"江小邮"抖音直播号，通过直播带货带动发展特快业务。2021 年，依托重庆邮政大同城业务，成立双福同城配送项目组，成功入驻双福国际农贸城，单日收寄量峰值突破 0.5 万件。2022 年，江津尝试特、快包分网运营模式，《中国邮政报》对此进行了报道。2022 年全年特快业务出口量 174.8 万件。

2. 快递包裹

1986 年，江津市邮电局包裹业务出口 3.3 万件，进口 4.7 万件。2000 年 9 月，根据重庆市邮政管理局通知，江津市各邮政支局（所）开办直递包裹业务。2001 年 8 月，开办国内快递包裹业务。2003 年，江津市邮政局快递包裹总数 2.4 万件，占包裹总数的 51.3%。2010 年 1 月，国内快递包裹和特快专递包裹业务纳入邮政速递物流专业经营范围。2015 年，根据包裹快递业务改革实施方案，国内包裹整合为快递包裹业务，实行单独核算，快递包裹业务挂靠市场部管理。2017 年，成立包裹快递部，全年快递包裹出口 92.8 万件。2018 年，邮政寄递改革，包裹快递部并入寄递事业部。2022 年，江津邮政快递包裹出口 439.2 万件。

3. 物流业务

2000 年 5 月，开办物流业务，业务主要为分销商品配送，全年配送物流业务收入 5250 元。自 2003 年起，实现重庆到江津一体化物流运输，由此开始走向稳步地发展道路。2006 年，江津邮政继续与中药二厂、江津中药材公司、祥和医药公司等开展物流配送合作，全年完成一体化物流配送 3.2 万件。截至 2022 年底，江津邮政物流业务实现收入 269.4 万元。

4. 国际业务

1994 年 3 月，江津市邮电局开办国际特快业务，七贤街邮政所是唯一开办国际港澳台业务的网点，可办理国际及港澳台各类函件、包裹、特快专递的收寄和保价等业务。2017 年，江津邮政 29 个网点确立为领取国际包裹场所。同年，江津邮政以江津德感、双福、珞璜三大工业园区企业、公司为营销主阵地，加大国际业务开发。随着珞璜保税港和中欧班列（渝新欧）开通，江津邮政国际业务主要以美国长滩港为主，主营国际业务有国际大宗海运、国际 E 邮宝、国际航空等业务。2022 年，江津邮政国际业务出口量 430 件。

（三）文传业务

1. 函件业务

1998 年 5 月，江津市邮政局在传统函件业务基础上开办商业信函、账单、贺卡、广告等商函业务。2002 年，江津市邮政局抓住企业金卡、邮资门票等上门揽收工作，实现收入 17.38 万元。2005 年，完成户外广告 2 块，制作企业邮资门票 12 万枚，机关单位邮资封 1.8 万枚。同年，计费函件业务量 318.9 万件。2008 年，为刺激业务发展，江津邮政采取"揭牌营销"方式，大力发展订制型邮政贺卡，为 142 个单位定制邮政贺卡 22.4 万枚，收入 91.4 万元，实现翻番目标。2005 年，加大政企单位上门拜访，开发户外广告 2 块，为 6 家企业制作企业邮资门票共 12 万枚，4 个机关单位制作邮资封 1.8 万枚。同年，计费函件业务量 318.9 万件。2010 年，江津邮政开发天然气公司、魅力晶城房产公司、社保局、聂帅馆、市政园林数据库商函 10 万余件；制作电信公司、雍山郡房产、"3·15"宣传等 DM 单 7 万余份。2022 年，江津邮政加大拓展媒体平台，以自营＋社会媒体渠道双线运行，完成函件收入 320.7 万元。

2. 报刊业务

1988 年 9 月，江津县及各乡镇成立报刊发行领导小组。同年底，江津县 96 个乡（镇）订阅党报党刊达到 100%，929 个村民小组订报 903 个，7488 个村民小组订报 7022 个。1989 年 1 月，《重庆日报》《重庆支部生活》等党报党刊由《重庆日报社》自办发行，至 1997 年 1 月，回归邮政发行。1998 年，《重庆日报》发行首次突破 1 万份，达到 1.15 万份，获《重庆日报》"发行先进单位"称号。2000 年，江津邮政报刊流转额达到 907 万元，创历史新高，列全市邮政第 1 位。2003 年 10 月，江津市邮政局作为重庆三报等报刊在江津发行的总代理，由重庆报业集团运输报纸发售，其中《重庆晚报》销量为最。截至 2005 年底，江津邮政有报刊零售门市部 2 个，报刊零售亭 12 个、报刊发行站（员）56 个。2010 年，江津邮政上门与江津区人民法院联系，江津区人民法院订阅《人民法院报》1000 份；同年，江津区邮政局与人寿保险公司合作，成功开发企业形象期刊《特别文摘》5 期。2015 年 5 月，江津邮政将客服中心、函件公司、集邮公司、报刊发行公司整合为"文化传媒部"，报刊业务划列其中。2017 年，所有代办代销全部转零售。2022 年，报刊流转额达 1970 万元。

3. 集邮业务

1984 年 9 月，江津邮政开办集邮业务。同年 10 月，七贤街邮电营业厅集邮门市部开业，实行集邮分会按计划集体预订和零散集邮户到门市预订。1990 年 5 月，在白沙支局设立集邮门市。1994 年 5 月，江津市集邮协会成立，由江津市邮政局代管。1995 年 3 月，花朝支局集邮门市开业。1995 年 7 月，《江津市集邮报》创刊，于 2021 年停刊。1997 年 12 月 20 日，发行江津长江公路大桥建成纪念封和纪念戳各一枚。1999 年 12 月 29 日，举办《聂荣臻同志诞生一百周年》纪念邮票首发式。2007—2008 年，江津邮政开发《江津是个好地方》纪念邮册和个性化邮票。2009 年，《聂荣臻诞生一百一十周年》纪念邮票发行仪式在江津举行，其家属到场参加。2010 年，江津区邮政局与重庆齿轮箱有限责任公司制作定向邮册 800 册；同年，成功开发《江津移民培训就业基地建设掠影》定向邮品 600 册。2014 年，江津邮政制作中山爱情天梯旅游护照 200 个，实现收入 0.56 万元。2015 年，开发聂帅陈列馆、江津中学等重点单位个性化邮册。2022 年，江津邮政集邮业务完成收入 433.72 万元，有集邮协会会员 1050 人。

4. 中邮文创

2021 年，重庆邮政正式启动"中邮文创"品牌推广，江津邮政打造文创展示专区 99 个，先锋、吴滩、七贤街旗舰店 3 个，重点对雁雁系列商品、邮政托特包等产品进行展示，通过线下主题邮局、文创专区＋线上"江小邮"抖音平台，进行常态化销售。2022 年，江津邮政实现中邮文创收入 26 万元。

5. 普通包裹

2002 年以前，江津邮政普通包裹业务量年均 3 万件左右。2005 年，江津邮政普包收寄 1.9 万件。2016 年起，江津邮政大力服务花椒农特产品、军营包裹寄递，当年普通包裹出口量 6494 件。2022 年，江津邮政国内普通包裹收寄规模 1598 件。

（四）渠道业务

1. 增值业务

2003 年，江津邮政主要与移动、联通、网通业务合作，经营代收、代发、代办等"代"字号业务。2008 年，成立农村业务发展部。2016 年，江津区分公司 103 个网点开办代开国税和地税发票及代征费业务。2005 年开办铁路客票订送业务，全年订送火车票 5000 张。2017 年，德感火车站停运，正式停办铁路客票订送业务。2018 年，开办简易代理业务。2019 年，国、地税合并。同年 2 月起，双税双代业务更名为"代征税"业务。2022 年，江津邮政开办警邮代办业务。同年 10 月，代理机票业务停办。截至 2022 年底，江津邮政增值业务有车主通、代征税、代办警邮、代收营业款、代收生活缴费等，其中 103 个营业场所开办税邮业务、34 个营业场所开办警邮业务；全年实现增值业务收入 255.71 万元。

2. 分销业务

2000 年，江津邮政在经营服务科下设邮购部，主要经营种子、化肥、农药、饲料及饲料添加剂等产品。同年 5 月，德感、双溪等邮政支局（所）试点开办小商品销售

业务。2002 年 3 月，江津邮政开办销售"188"猪饲料、代销江津"津马白酒"和中国人民解放军 3539 工厂皮鞋，以及吉利达葡萄系列酒和郎酒等业务。2003 年，江津邮政代销郎酒和得欣天然矿泉水。2008 年，成立农村业务发展部，农资业务划入该部门管理。当年实现收入 99.19 万元。2009 年，江津邮政建立服务"三农"连锁配送网点 324 个，以"代理＋配送"运营模式推进农资业务发展。2015 年，农村业务发展部（分销业务部）、电子商务公司整合为电商分销公司。2017 年，机构编制改革，调整为渠道平台部。截至 2022 年底，江津邮政分销业务种类有农资、快消品、农副产品、烟草、季节性产品 5 个类别；全年实现分销业务收入 3821.3 万元，收入规模连续 5 年列全市邮政第 1 位。

3. 电信业务

电报、长途电话、市内电话、农村电话是江津邮电合营时期电信业务底子。邮电合营时期，为实线和载波电话。1986 年，有津—渝、津—永实线各 1 路。载波电路津—蓉 1 路、津—渝 11 路、津—永 5 路、津—荣 1 路，江津白沙—重庆 2 路。1986—1997 年，电报业务繁荣，常年在 10 万份以上。1996 年，江津市邮电局电信业务总量突破 5000 万元。1997 年 7 月，邮电分营，江津电话号码由 7 位升 8 位，改长途区号进入重庆大网营运。同年 9 月，江津市邮政局建设邮政寻呼系统。同年 12 月，开通试运行。邮电分营后，程控电话兴起。电信业务以代办形式经营。2000 年 9 月，撤销报务班。2005 年，电信业务实现收入 62.58 万元。随着通信方式转变，电信业务逐渐萎缩。

三、邮政网络

（一）网络能力建设

1. 邮路

1982 年，经几江东门车渡到江津火车站是江津县邮电局唯一自办汽车邮路，单程 13 公里。人力步班运输邮件 56 个邮政所，邮路单程 1838 公里。截至 1997 年底，江津市邮政局自办汽车邮路达 5 条，单程 416 公里；自行车邮路 8 条，单程 75 公里；人力步班邮路 28 条，单程 398 公里。1998 年，渝成铁路邮路和江津到巴南邮政局二级自办汽车邮路撤销，开通江津—珞璜自办汽车环形邮路，全程 192 公里。2005 年，江津邮政先后 8 次优化自办汽车邮路（含市内转趟），全程达 1709 公里，直接运输 100 个邮政支局（所）的邮件，占邮政局（所）总数的 80%。2006 年，整合汽车邮路为 6 条，270 个投递段道，邮路单程 1500 公里。2021 年，将 6 条邮路优化为 12 条，投递段道 223 个，邮路单程日行驶里程增至 2000 公里。截至 2022 年底，邮路无变化。

2. 作业场地

1986—1992 年，区内邮件处理以沿线火车到达支局

网点作为分拣处理场地，其余由客运班车代运至网点分拣。1992年，开办江津区内邮路2条。李市、蔡家、四面山、贾嗣、先锋、仁沱、西湖、青泊方向的网点由江津市邮电局中心封发室分拣封发后通过发运到网点进行投递。1994年，江津开始集中统一分拣，邮件到江津中心封发室统一分拣封发后发运到各乡镇网点。随着寄递业务发展，区内邮件作业场地也随之加快建设。2017年，江津邮政租赁德感工业园区石稻路36号厂房作为处理中心，面积约2800m²。2021年，购置位于重庆市江津区德感工业园区港城大道530号附8号（3号厂房），建筑面积7519.92m²，预计2023年投入使用。

3. 物流体系

2021年，根据集团公司、市分公司关于三级物流体系建设的工作要求，围绕总体目标，江津区分公司推动建设县级邮件处理暨仓配中心1个，集全区邮件进出口分拣封发、批销仓储于一体，涵盖几江城区、德感两个揽投部投递需求。同步加快乡镇共配中心建设，2022年分别在先锋、李市、蔡家、西湖、油溪、白沙、石蟆7个镇街乡镇建设共配中心，总面积达1800m²。为围绕落实工业品下乡和农产品进城，2021年县乡邮路由原6条增加至12条邮路，设置为逐日班实施往返邮路计划，发车时间均在11点，各邮路陆续返回处理中心时间为5:00-7:00；当天1频2频快速、普邮车在11点前进局邮件及党报刊普邮均当日赶发至各乡镇网点，镇街当日见报率达100%，各收投机构收寄的邮件赶发当日当频出口发运。实现了各乡镇网点及村级站点每日物流的全覆盖。

4. 设施设备

自1986年起，江津区域内包裹快递处理场地逐步发展。2017年，江津区邮件处理中心投入使用配置皮带机等生产设备，加快邮件分拣速度。同时为网点配备投递摩托车103辆，PDA设备98台，江津邮政设施设备越趋现代化，网运能力得到进一步提升。截至2022年底，江津邮政配置皮带机2台、爬坡机2台，配备邮运汽车55辆、新能源汽车12辆、摩托车87辆、三轮车18辆、PDA189台、无线扫描枪16台等设备。

表9-7-3-3

1986—2022年江津邮政部分年份设施设备一览表

年份	营业投递设备	内部处理设备	运输设备
1989	—	1	8（汽车7辆、摩托车1辆）
1994	—	—	8（汽车7辆，摩托车1辆）
1997	—	—	9（各类汽车）
1998	—		12
1999	—		13
2017	PDA 98台；折叠笼车15台	皮带机1台	汽车26辆、摩托车103辆
2018	PDA 98台；折叠笼车30台；液压叉车1台；手动叉车3个；手推车20个	皮带机1台	汽车36辆、摩托车103辆
2019	PDA 125台；折叠笼车30台；液压叉车1台；手动叉车3个；手推车20个	皮带机1台	汽车46辆、摩托车103辆
2020	PDA 189台；折叠笼车55台；液压叉车1台；手动叉车3个；手推车20个；吊牌打印机15台	皮带机1台	汽车48、新能源12辆、摩托车87辆、三轮车18辆
2021	PDA 189台；折叠笼车55台；液压叉车1台；手动叉车3个；手推车20个；热敏打印机22台；详情单扫描仪2台；无线扫描枪25把；便携式蓝牙电子秤55台；台式蓝牙电子秤15台；热敏打印机68台，新增到件扫描仪5台	皮带机2台，爬坡机2台	汽车53辆、新能源12辆、摩托车87辆、三轮车18辆
2022	PDA 189台；折叠笼车55台；液压叉车1台；手动叉车3个；手推车20个；新增针式打印机13台；蓝牙电子秤11台；便携式手提秤149台；无线扫描枪16台；详情单扫描仪1台；蓝牙耳机82个	皮带机2台，爬坡机2台	汽车55辆、新能源12辆、摩托车87辆、三轮车18辆

（二）网运生产作业

1998年7月前，江津至重庆市邮政局进、出口邮件由成渝铁路线和川黔铁路线的火车运输，成渝铁路沿线有8个邮电支局（所），川黔铁路沿线有4个邮电支局（所），其余邮政支局（所）邮件由江津邮电局接押班接发到各支局（所）。自1998年7月起，撤销渝成铁路817、818次火车沿途邮件，改为自办汽车邮路和混合步班邮路运输，邮件需在江津转袋后再发江津—重庆快速汽车邮路。同年7月，撤销江津—巴南区邮政局二级自办汽车邮路，开通江津—珞璜自办汽车环形邮路，沿途接收13

个邮政支局（所）邮件，全程 192 公里。2003 年 1 月 28 日，取消重庆—江津（走马）午班报刊和下午江津市邮政局赶发出口邮件的汽车邮路，只开办每天上午由重庆邮区中心局出发，10 点 20 分到江津邮政局，10 点 45 分运行到德感邮政支局，11 点 10 分运行到双福邮政所，11 点 50 分返回江津，下午 5 点 30 分将全部出口邮件运达重庆的汽车邮路。2007 年 12 月底，获准增开江津—重庆往返夜间速递邮件快速邮路，2008 年 1 月 1 日起开发首班。2018 年，江津区分公司在德感工业园区，通过租赁的邮件处理中心投入使用，同步配置装卸、分拣皮带机，增加邮运车辆 16 辆，初步建成"仓储＋物流＋配送"农村电商物流配送体系。2018 年 8 月，江津邮政营分运投改革，通过在几江城区、双福、德感将邮转运、分拣、投递"三合一体"，一体化作业，减轻了邮件错分错发和处理中心分拣员工作时间，邮件投递时限得到提升。2018—2022 年，网运作业无变化。

（三）网运管理

自 1986 年起，网运先后历经支局、中投组、封发班、邮政科管理，后成立市场部、运营管理部门。2009 年邮政速递分营，速递公司成立运管部，监督管理网运和服务质量，邮政公司由市场部监督管理。2018 年 9 月，寄递改革，成立寄递事业部运营监控部，由运营监控部负责网运、揽投、寄递质量等相关工作。

1986—2022 年，江津邮政根据经营实际情况，通过制定生产作业管理方案、优化生产作业流程等方式逐步完善网运管理，相关运行指标平稳有序提升。截至 2022 年底，多项优胜评比和战略绩效指标均优于全国、全市平均值。服务质量指标：智能跟单异常发生率—标快 2.86%，目标值≤6%；智能跟单异常发生率—快包 3.71%，目标值≤8%；智能跟单异常邮件及时处理率 88.58%，目标值≥85%；寄递网运行质量指标：普服邮件省内互寄 T+3 达成率 99.5%，优于全国水平 92.83% 和市公司平均水平 99%；普服邮件省内互寄 T+5 达成率 99.75%，优于全国水平 96.04% 和市公司平均水平 99.5%；收寄及时率—特快 99.49%，优于全国水平 95.96% 和市公司平均水平 96.8%；收寄及时率—快包 99.93%，优于全国水平 96.7% 和市公司平均水平 95.58%。妥投率－特快 97.01%，优于全国水平 88.75% 和市公司平均水平 94.65%；妥投率－快包 98.37%，优于全国水平 94.25% 和市公司平均水平 95%。

（四）服务网点

1. 网点设置

1986 年，江津县邮电局网点有 1 个邮电所、14 个自办邮政所、73 个乡代办邮政所。1997 年邮电分营，江津设支局 23 个，邮政所 101 个（自办邮政支局、所 30 个，代办邮政所 94 个；设在农村地区邮政支局、所 120 个）。2011 年 8 月 4 日，江津邮政将两级机构管理模式调整为区局、支局、邮政所"三级管理"模式，设支局 13 个，网点 114 个。2011—2022 年，江津邮政优化调整邮政网点，相继撤销龙山、新场、屏簏、蔡家中投、平安 5 个网点。2022 年，由原 13 个支局调整为 14 个支局，新增永兴支局，江津邮政有邮政支局 14 个，营业网点 109 个，营业部 4 个。

表 9-7-3-4

1986—2022 年江津邮政局所一览表

序号	网点名称	经营性质	经营属性	设置地点	备 注
1	小岚垭邮政所	自营	农村	珞璜镇	1999 年撤销
2	梁子街邮政所	自营	农村	石门镇	已撤销
3	大塘邮政所	自营	农村	夏坝镇	更名为晋江邮政所，2007 年撤销
4	苗儿沱邮政所	自营	农村	珞璜镇	2002 年撤销
5	白溪邮政所	自营	农村	仁沱镇	2009 年撤销
6	龙山邮政所	自营	农村	杜市镇	2011 年撤销
7	屏簏邮政所	自营	农村	杜市镇	2018 年撤销
8	和艾邮政所	自营	农村	德感镇	2022 年 11 月停业
9	蔡家上场邮政所	自营	农村	蔡家镇	后更名为蔡家中投，2014 年撤销
10	石蟆新街邮政所	自营	农村	石蟆镇	2009 年撤销
11	先锋下场街邮政所	自营	农村	先锋镇	2009 年撤销
12	德感下场口邮政所	自营	农村	德感镇	2009 年撤销
13	鼎山邮政所	自营	城市	几江街道	—

序号	网点名称	经营性质	经营属性	设置地点	备　注
14	东门路邮政所	自营	城市	几江街道	原向阳邮政所
15	东城邮政所	自营	城市	鼎山街道	—
16	西园路邮政所	自营	城市	几江街道	—
17	长城路邮政所	自营	城市	几江街道	—
18	建工路邮政所	自营	城市	几江街道	—
19	黄荆街邮政所	自营	城市	几江街道	—
20	东关路邮政所	自营	城市	鼎山街道	原琅山邮政所
21	高牙邮政所	自营	城市	鼎山街道	—
22	七贤街邮政所	自营	城市	几江街道	—
23	先锋邮政所	自营	农村	先锋镇	—
24	麻柳邮政所	自营	农村	先锋镇麻柳街	—
25	支坪邮政所	自营	城市	支坪街道	—
26	仁沱新街邮政所	自营	城市	支坪街道	—
27	夹滩邮政所	自营	农村	先锋镇祥和街	—
28	永丰邮政所	自营	农村	先锋镇永丰	—
29	仁沱邮政所	自营	城市	支坪街道	—
30	五举邮政所	自营	农村	几江街道双石	—
31	龙华邮政所	自营	农村	龙华镇	—
32	白滨路邮政所	自营	农村	白沙镇	—
33	高屋邮政所	自营	农村	白沙镇高屋	—
34	滩盘邮政所	自营	农村	白沙镇滩盘社区	—
35	罗坝邮政所	自营	农村	龙华镇罗坝	—
36	高占邮政所	自营	农村	白沙镇宝珠村	—
37	河口邮政所	自营	农村	白沙镇土地村	—
38	老三口邮政所	自营	农村	白沙镇三口村	—
39	几子邮政所	自营	农村	白沙镇金盆村	—
40	白沙邮政所	自营	农村	白沙镇聚福街	—
41	石蟆邮政所	自营	农村	石蟆镇	—
42	塘河邮政所	自营	农村	塘河镇	—
43	稿子邮政所	自营	农村	石蟆镇吉祥街	—
44	羊石邮政所	自营	农村	石蟆镇和平街	—
45	仙鱼邮政所	自营	农村	石蟆镇仙鱼路	—
46	二溪邮政所	自营	农村	石蟆镇峡溪街	—
47	杨柳邮政所	自营	农村	石蟆镇杨柳村	—
48	朱杨邮政所	自营	农村	朱杨镇	—
49	石门邮政所	自营	农村	石门镇	原梁子街邮政所

序号	网点名称	经营性质	经营属性	设置地点	备　注
50	吴市邮政所	自营	农村	油溪镇吴市	—
51	秦家邮政所	自营	农村	石门镇永安村	—
52	茨坝邮政所	自营	农村	朱杨镇板桥	—
53	李家邮政所	自营	农村	石门镇李家村	—
54	碑槽邮政所	自营	农村	油溪镇丹凤街	—
55	金龙邮政所	自营	农村	石门镇金龙街	—
56	李市邮政所	自营	农村	李市镇	—
57	嘉平邮政所	自营	农村	嘉平镇	—
58	李市新街邮政所	自营	农村	李市镇	—
59	刁家邮政所	自营	农村	慈云镇建设街	—
60	梁家邮政所	自营	农村	龙华镇油路街	—
61	洞塘邮政所	自营	农村	李市镇洞塘街	—
62	沙埂邮政所	自营	农村	李市镇沿河路	—
63	两岔邮政所	自营	农村	李市镇两岔	—
64	吴滩邮政所	自营	农村	吴滩镇	—
65	油溪邮政所	自营	农村	油溪镇	—
66	临峰邮政所	自营	农村	德感街道临峰	—
67	长冲邮政所	自营	农村	德感街道长冲街	—
68	金刚邮政所	自营	农村	油溪镇金刚新街	—
69	梯子邮政所	自营	农村	吴滩镇金子村	—
70	现龙邮政所	自营	农村	吴滩镇现龙乡	—
71	三圣邮政所	自营	农村	油溪镇三圣	三王店邮政代办所更名而来
72	西湖邮政所	自营	农村	西湖镇	河坝邮政代办所更名而来
73	贾嗣邮政所	自营	农村	贾嗣镇	—
74	骆峡山邮政所	自营	农村	西湖镇骆来村	黄泥邮政代办所更名而来
75	长林邮政所	自营	农村	西湖镇巴渝新居	白云邮政代办所更名而来
76	五岔邮政所	自营	农村	夏坝镇大坪村	—
77	金泉邮政所	自营	农村	先锋镇金紫村	—
78	崇兴邮政所	自营	农村	贾嗣镇崇兴村	—
79	青泊邮政所	自营	农村	西湖镇青泊村	—
80	蔡家新街邮政所	自营	农村	蔡家镇文新街	—
81	中山邮政所	自营	农村	中山镇	—
82	嘉乐邮政所	自营	农村	中山镇嘉乐街	—
83	月沱邮政所	自营	农村	嘉平镇月沱村	—
84	紫云邮政所	自营	农村	蔡家镇紫云街	—
85	清溪沟邮政所	自营	农村	蔡家镇清溪村	—

序号	网点名称	经营性质	经营属性	设置地点	备注
86	凤仪邮政所	自营	农村	蔡家镇凤仪街	—
87	常乐邮政所	自营	农村	中山镇常乐村	太平邮政代办所更名而来
88	龙吟邮政所	自营	农村	李市镇龙吟街	—
89	五里邮政所	自营	城市	德感街道	—
90	花朝邮政所	自营	城市	德感街道	红阳邮政所更名而来
91	享堂邮政所	自营	城市	圣泉街道享堂社区	—
92	津福邮政所	自营	城市	双福街道平安街	—
93	浒溪北路邮政所	自营	城市	圣泉街道浒溪北路	柑园邮政所迁入
94	圣泉邮政所	自营	城市	德感圣泉	双龙邮政代办所更名而来
95	染坊路邮政所	自营	农村	德感街道染坊路	—
96	双福邮政所	自营	城市	双福街道	双溪邮政所更名而来
97	德感邮政所	自营	城市	德感街道	—
98	柏林邮政所	自营	农村	柏林镇梨园街	—
99	付家邮政所	自营	农村	柏林镇付渝街	—
100	东胜邮政所	自营	农村	柏林镇东胜场	—
101	四屏邮政所	自营	农村	四屏镇	—
102	四面山邮政所	自营	农村	四面山镇	原头道河代办所
103	凤场邮政所	自营	农村	四面山镇双凤村	—
104	沙河邮政所	自营	农村	柏林镇沙河村	—
105	永兴邮政所	自营	农村	永兴镇	—
106	慈云邮政所	自营	农村	慈云镇迎宾大道	—
107	大桥邮政所	自营	农村	李市镇新政街	—
108	鹅公邮政所	自营	农村	白沙镇松林岗	—
109	阳岩邮政所	自营	农村	永兴镇旸岩街	—
110	毗罗邮政所	自营	农村	永兴镇毗罗街	—
111	珞璜新区邮政所	自营	农村	珞璜镇	—
112	马宗邮政所	自营	农村	珞璜工业园区	—
113	真武邮政所	自营	农村	支坪镇真武场社区	—
114	和平邮政所	自营	农村	珞璜镇和平街	—
115	顺江邮政所	自营	农村	珞璜镇郭坝村	—
116	珞璜邮政所	自营	农村	珞璜镇	—
117	杜市邮政所	自营	农村	杜市镇鹊桥街	—
118	青江邮政所	自营	农村	夏坝镇青江路	—
119	广兴邮政所	自营	农村	广兴镇	—
120	夏坝邮政所	自营	农村	夏坝镇夏坝街	—
121	高歇邮政所	自营	农村	杜市镇文昌街	—

2. 社会加盟站点

2007年，江津邮政将服务"三农"工作列为重点工作，建成"三农"服务站点160个。截至2009年底，新增"三农"服务站164个。2015年，农村电商培育和打造成为江津邮政新的增长点，便民服务、"三农"服务、村邮服务、农村电商"四站合一"，以"农村电子商务服务站"为统一品牌进行宣传推广，建设农村电商服务站300个，行政村电商建设覆盖率达100%。截至2022年底，江津邮政合作社会渠道站点及商超530个，打造校园综合服务平台6个。

四、邮政管理

（一）财务管理

1997年邮电分营后，江津市邮电局财务计划由重庆市邮电局直接下达。2003年2月，江津邮政由巴南片区邮政局管辖，财务实行报账制。2003年4月，财务实施"收支两条线"管理模式，运用用友财务管理系统（NC），实现单独核算和收支差额管理；严格执行财务一体化管理；物资供应账、物分离，会计出纳钱、账分管。2005年，江津邮政加强财务管理，对业务收入核算和成本费用自查；固定资产卡片并入固定资产管理系统。2007年12月，实行邮银体制改革，邮政公司与邮储银行分业经营、独立核算。2009年，实行速递物流专业化运营，邮政公司与速递物流分业经营、独立核算。同年，江津邮政建立房屋土地资料数据库，强化存量资产管理。2016年1月，启用ERP财务信息系统进行核算及管理。2018年，寄递改革，成立寄递事业部，财务分成邮务账、邮政账、速递账3个账套核算。

（二）人力资源管理

1. 队伍建设

1997年7月，邮电分营后，江津市邮政局从业人员216人。1998年，签订集体劳动合同，打破干部工人界限，统称邮政职工，将"管理岗位"称为"管理人员"。1998年，江津市邮政局从业人员214人。2009年，江津邮政从业人员552人。2015年，江津邮政从业人员675人。2022年，江津邮政从业人员723人。

1986—2022年，江津邮政通过择优录取、竞争上岗等政策，不断加强人才队伍建设。2001年12月，江津市邮政局成立竞争上岗领导小组，首次举行内设管理岗位公开竞争上岗。2021年，江津邮政将人才队伍按六梯队进行划分管理，实行能上、能下动态调整。2022年，江津邮政加强支局长、所主任、理财经理、内训师、地推团队等队伍建设，人才队伍设置更趋优化。

2. 教育培训

1986—2022年，江津邮政通过开展各类线上线下专业技能培训、鼓励员工继续教育等方式加强对员工专业知识技能、学历、文化素质的培养。自1997年起，江津邮政配备有专（兼）职教育工作人员，把职工教育工作列为企业重点工作。新进局的员工，需按规定参加本工种正规培训，并达到初级技能水平。其中，退伍、转业军人由重庆市邮政管理局培训中心集中脱产培训；其他新入职员工由企业培训，采取师带徒等方法进行岗位技能培训。自1998年起，新进职工岗位培训率达到100%。

1997年末，江津邮政从业人员中，大专文化9人、高中（中专）文化67人。自1998年起，江津邮政大力倡导和鼓励职工积极参加邮电函授、自学考试，对获相应毕业证书的，实行相应学费报销政策。2003年4月，根据《重庆市邮政职工学历教育管理办法》，江津邮政明确学历教育鼓励政策。2004年，江津市邮政局组织40余名员工参加重庆市邮政管理局邮储统版工程上线培训，并自办培训班3期，各支局（所）参培达100%。2008年，江津邮政从业人员本科学历14人，专科学历79人；持职业技能鉴定高级资格证25人，中级39人，初级92人。2014年，本科学历109人，专科学历313人；持职业技能鉴定高级资格证51人，中级303人，初级258人。2019年，江津邮政加强员工队伍建设，出台《江津邮政员工教育培训管理办法》，通过补贴报销定额学费方式，鼓励员工学历提升。截至2022年底，江津邮政从业人员本科及以上学历347人，专科学历312人；持职业技能鉴定技师资格证9人，高级200人，中级222人，初级268人。

3. 薪酬管理

1986年9月，根据邮电部《关于一九八六年适当解决邮电企业工资问题的通知》，职工工资增加半级。1997年邮电分营时，干部、职工实行岗位工资＋技能工资＋服务年限奖＋其他补贴形式的薪酬模式。2002年，江津邮政加大人事用工及分配制度改革力度，对没有经济指标的班组、科室实现量化考核和挂靠考核；制定《江津市效益工资考核办法》等，打破大锅饭，实行"多劳多得"等原则。2008年、2010年、2012年、2015年、2018年，江津邮政根据重庆邮政统一安排对从业人员薪级工资、岗位工资进行了升级升档。

（三）服务质量管理

1. 营业服务

1999年，江津市邮政局共有服务网点125个，其中，邮政支局25个（11个为代办邮政业务性质），镇乡邮政所96个，自办所4个。2018年9月平信实行条码化。2019年10月营业网点全部使用标快一联面单。2020年10月网点已全面使用绿色包装箱。截至2022年底，江津邮政设有邮政普遍服务营业场所共109个；总服务面积约3200平方公里，服务人口147万。其中，103个营业场所开办税邮业务、34个营业场所开办警邮业务，城市区域有营业场所22个、农村区域87个；综合网点102个，纯邮政网点7个；1个营业场所开办国际及港澳台业务。所有营业场所均开办信函、包裹、汇兑、印刷品普服四项基本业务以及盲人读物、革命烈士遗物、义务兵平常信函免费寄递等特殊服务业务。

2. 普遍服务与特殊服务

江津邮政服务25个乡镇、5个街道、126个居委会、175个村委会，网点乡镇覆盖率达到100%。2018年底，所辖建制村实现全部通邮。

江津是"三线建设"内迁国防工厂的重点地区，江津邮政服务内迁国防工厂9个，机要通信任务较为繁重。1997年7月邮电分营后，江津设机要投递员3人。1998年7月，江津市邮政局停止接发火车机要邮件后，进出口机要邮件由重庆市邮政运输局邮车转运。1998—2022年，保持机要投递人员2人。传递绝密文件做到"五双一专"，严格遵守十大纪律。

2022年11月，机要管理挂靠服务质量部，机要工作当年实现42年质量全红。

3. 监督检查

2001年，根据国家邮政局关于设置邮政储蓄稽查员岗位要求，设立稽查科，负责对支局、所进行业务检查、视察、稽查和行政执法工作，这便是监督检查工作的开端。2008年成立邮储银行，稽查科划入江津邮储银行。同年9月—2013年2月监督检查工作归属经服科管理（后为市场部）。2013年2月—2016年12月监督检查归属综合办公室（安全保卫）管理。2016年12月—2017年8月监督检查归属金融业务部管理。2017年8月，江津邮政成立服务质量部（普遍服务部），是2017年重庆所有区县级邮政企业中唯一单独设立服务质量部的分公司，负责邮政服务质量监督检查及普遍服务工作。2017年8月—2020年4月监督检查归属巴南区分公司服务质量部管理，派驻江津分公司，由江津分公司服务部代管。2020年5月，监督检查归属江津区分公司服务质量部管理，配置专职检查人员2名，负责邮政视察、安全生产等检查工作。2020年5月，金融合规检查划归江津金融业务部代为管理（派驻制）。2022年，江津邮政编发"普服百宝箱"，强化网点管理。同年，在二、三季度获全市服务质量优胜评比第1名。

（四）安全管理

1. 安全保卫

1986年6月，建立江津县邮电局经济民警分队，编制队员8人。1989年，设立保卫股，后更名为保卫科。1999年2月，江津市邮政局经济民警分队编制21人，实行局长直接领导制。2002年，江津市邮政局和24个农村支局（所）实现"110"联网报警；稽查科组织两个检查组，对支局（所）进行业务指导，并对资金、票券、规章制度落实情况开展常态化检查。2003年，保卫科划入综合办公室管理。2007年，网点安装防弹玻璃和联动门。

2008年，119个邮政储蓄点电视监控摄像配置完成。2009年，所有网点配备应急照明。2022年，102个代理金融网点均配备保安人员。截至2022年底，安全保卫工作仍由综合办公室负责。

2. 代押管理

1997年6月以前，由于没有专用送钞车，实行邮运汽车送邮件和运送现钞合一，双人武装押送。1999年2月，江津邮政成立经济民警分队。2005年5月，改称为护卫队，编制28人。2017年，成立驿盾公司江津区中队。2021年12月，重庆邮政在32个区县设驿盾区县分公司，实行市驿盾公司与所属地区县邮政分公司双重管理模式，江津属之。2022年12月，钞车线路从每日出3班调整为每日出5班，新增代押重庆银行、江津邮储银行农村网点共11个。

（五）党群管理

1. 党组织

1997年9月，设立中共江津市邮政局委员会和中共江津市邮政局纪律检查委员会，下设15个党支部，有党员104名。同年11月，召开第1届党代会，40名正式代表选举产生委员5名、纪律检查委员会委员5名。经中共江津市委员会批复，由局长兼任党委书记、工会主席兼任纪委书记。党组领导机制由此沿袭，至2021年，历经6届换届。2020年，按流程申请撤销江津邮政纪律检查委员会，于2020年6月撤销。截至2022年底，中共中国邮政集团有限公司重庆市江津区分公司委员会下辖7个支部，党员总数154人。

1986—2022年，江津邮政始终围绕企业发展，抓好党建和思想政治工作，在党员教育活动中落实党建成效。2000年，开展"三讲"教育活动。2003年，开展"双培双促"活动。2005年1月—2006年6月，开展以实践"三个代表"为主要内容的保持共产党员先进性教育活动。2006年，开展理论学习和创先争优活动。同年，江津区遭遇特大旱灾，江津邮政各支局（所）组建以党员为先锋队的志愿者队伍，参与扑灭山火工作；寻找水源；为当地居民配送桶装水等保通保供保畅工作。维修班、护卫队、汽车队等班组成员不顾高温，保持设备正常运转，保证资金、邮件安全运送。按照统一部署，江津邮政先后组织开展一系列党内集中主题教育。2009年，开展深入学习实践科学发展观活动。2010年，开展争先创优活动。2014年，进行党的群众路线教育实践活动。2015年，开展"三严三实"专题教育。2016年，开启"两学一做"学习教育。2018年，学习贯彻习近平新时代中国特色社会主义思想和党的十九大精神。2019年5月—2020年1月，开展"不忘初心　牢记使命"主题教育。2021年，开展党史学习教育。2022年11月，开展学习党的二十大精神。

2. 工会

江津邮政工会委员会是本企业职工代表大会的工作机构，负责职工代表大会的日常工作。1986 年 9 月，成立江津县邮电局职工代表大会。1997 年 10 月，组建江津市邮政局工会。同年 11 月，召开首届工会代表大会，选举产生江津市邮政局工会第 1 届委员会委员和第 1 届经费审查委员会委员各 5 名，工会小组 31 个，会员 206 人。1998 年 3 月 10 日，召开江津市邮政局一届一次职代会。2013 年，江津邮政分公司成立后，职代会重新计届，两年一换届，2022 年 2 月，召开第三届第四次职工代表大会。截至 2022 年底，共历经 4 次换届，现有工会小组 20 个，会员 782 人。

1986—2022 年，江津邮政工会委员会在上级工会领导下发展工作，关心职工生产群众生活，为职工办实事好事。2005 年，江津邮政印发《"职工小家"食堂管理办法》，并开展职工小家星级评定工作。加强职工小家建设，解决职工就餐以及偏远地区职工住宿等问题。为职工小家配置热水器、微波炉、冰箱等生活必需品。2022 年，开展各种形式工会活动 65 次，召开青年员工座谈会 1 次、新入职大学生座谈会 5 次、专职队伍座谈会 5 次，参加员工人数 2800 人次。建成职工小家共 94 个，其中全国职工示范小家 1 个、重庆邮政明星职工小家 2 个。

3. 团组织

1998 年 3 月，成立共青团江津市邮政局委员会，召开第 1 次代表大会。同年 4 月，首届代表大会召开，选举产生委员 5 人。同年，共青团江津市邮政局委员会与共青团江津市委员会共同在江津市系统开展创"青年文明号"窗口活动。经共青团江津市委员会检查验收，1998 年创建"青年文明号"窗口 5 个。江津邮政共青团委员会由此沿袭。截至 2022 年底，下辖团支部 5 个，团员 129 人。

邮政团委组织设有生产委员、宣传委员、组织委员、文体委员，是"青年文明号"窗口、公益志愿活动、优质服务竞赛、企业文艺活动等的组织者。1998—2022 年，获集体表彰 18 次。

4. 荣誉

2001 年，江津市邮政局获得江津市委、市政府颁发的"最佳文明单位"荣誉称号；

2003 年 4 月，江津市邮政局获得中共重庆市委、市政府颁发的"文明单位"荣誉称号；

2013—2015 年，江津邮政获得重庆邮政"十佳企业"；

2018 年，江津区分公司获得江津"企业发展 50 强二等奖"；

2020 年，江津区分公司获得重庆邮政"十佳企业"；

2022 年，江津区分公司获得重庆邮政"十佳企业"。

第四节　万盛邮政机构

一、机构沿革

（一）机构演变

1. 计划单列时期

1974 年 10 月，南桐矿区邮政局撤销，成立南桐矿区邮电局，由重庆市邮政局管理。

1993 年 4 月，因地方行政区划调整，"重庆市南桐矿区"更名为"重庆市万盛区"，经重庆市邮政局报四川省邮电机构编制委员会批准，"南桐矿区邮电局"更名为"万盛区邮电局"，管理体制不变。

2. 邮电分营时期

1997 年 7 月，因邮政、电信分营，重庆市邮政管理局设立重庆市万盛区邮政局，隶属重庆市邮政管理局。

2003 年 2 月，重庆市邮政企业经营管理体制调整，实行城、片区化管理，万盛区邮政局划归巴南片区邮政局管理。

3. 政企分开时期

2007 年 9 月，政企分开，"万盛区邮政局"更名为"重庆市邮政公司万盛区邮政局"。同年 12 月，中国邮政储蓄银行重庆万盛区支行挂牌成立，万盛邮政受邮储银行万盛区支行委托开办代理金融业务。

2009 年 1 月，重庆邮政速递物流一体化专业经营，重庆市邮政速递物流公司万盛区分公司成立。2010 年 6 月，"重庆市邮政速递物流公司万盛区分公司"更名为"重庆市邮政速递物流有限公司万盛区分公司。"

2012 年 7 月，重庆市行政区划调整，重庆市邮政公司撤销万盛区邮政局，设立重庆市邮政公司万盛经济技术开发区邮政局，划归綦江区邮政局管理。

2015 年 4 月，中国邮政集团改革，"重庆市邮政公司万盛经济技术开发区邮政局"更名为"中国邮政集团公司重庆市万盛经济技术开发区分公司"，管理体制不变。

2017 年 6 月，根据市分公司机构编制方案，设立万盛经济技术开发区分公司，调整优化内设部门主要职责及人员编制。同年 11 月 23 日，万盛经济技术开发区分公司机构级别调整，不再挂靠在綦江区分公司，划归巴南片区分公司管理。

2018 年 9 月，寄递改革，组建万盛区寄递事业部（保留"中国邮政速递物流股份有限公司重庆市万盛经济技术开发区分公司"牌子）。

2020 年 1 月，"中国邮政集团公司重庆市万盛经济技术开发区分公司"更名为"中国邮政集团有限公司重庆市万盛经济技术开发区分公司"，2022 年沿用此名，管理体制不变。

截至 2022 年底，中国邮政集团有限公司重庆市万盛经济技术开发区分公司内设综合办公室（安全保卫部）、市场营销部、金融业务部（中邮保险中心）、集邮与文化传媒中心、渠道平台中心。

（二）主要领导

表 9-7-4-1

1986—2022 年万盛邮政主要领导人员名录

单位名称	姓　名	职　务	任职时间	备　注
南桐矿区邮电局	曹世伦	党支部书记、局长	1986—1987	—
	孙兴富	党支部书记	1987.6—1992.8	—
	吴维清	局长	1987.10—1993.4	—
	吴维清	党支部书记	1992.8—1993.4	—
万盛区邮电局	吴维清	党支部书记、局长	1993.4—1995.5	—
	石茂华	党支部书记、局长	1995.5—1997.7	—
重庆市万盛区邮政局	石茂华	党支部书记、局长	1997.7—2007.3	—
重庆市邮政公司 万盛区邮政局	李　地	党支部书记、局长	2007.3—2010.7	—
	丁　勇	党支部书记、局长	2011.7—2012.2	—
	李　军	党支部书记、局长	2012.2—2015.6	2012 年 2 月，李军任綦江区邮政局副局长（兼任万盛经济技术开发区邮政局局长） 2013 年 6 月李军为支部书记
		党支部书记、总经理	2015.6—2016.12	
中国邮政集团公司重庆市 万盛经济技术开发区分公司	黄　励	党支部书记、总经理	2016.12—2018.7	2017 年 3 月支部补选黄励为支部书记
	黄　励	党支部书记、总经理	2018.7—2020.12	2018 年 7 月市公司任命黄励为支部书记
中国邮政集团有限公司重庆市 万盛经济技术开发区分公司	彭文锋	副总经理（主持工作）	2020.12—2021.8	
	王　雷	党支部书记、总经理	2021.8—	

二、邮政业务

（一）金融业务

1. 储蓄汇兑

储蓄业务 1986 年 10 月 21 日，南桐矿区邮电局恢复开办储蓄业务，同日，储蓄存款余额 1.84 万元，储户 203 户。1997 年邮电分营后，全区共有 16 个网点开办邮政储蓄业务。1998 年 11 月，万盛邮政正式开办"绿卡业务"，将邮政储蓄手工操作改为微机处理。自恢复开办储蓄业务以来，万盛邮政储蓄存款余额逐年稳步提升，2007 年，万盛邮政储蓄存款余额突破 5.5 亿元；2012 年，突破 11 亿元；2015 年，突破 15 亿元；2019 年，突破 20 亿元。截至 2022 年底，储蓄存款余额已突破 27 亿元。

汇兑业务 1986 年，南桐矿区邮电局开发汇票 10 万张。1988 年 5 月，南桐矿区邮电局开办快件汇款业务。1997 年，万盛区邮电局开发汇票 6.74 万笔。1999 年 2 月，万盛邮政开始增设国内邮政礼仪汇款业务，同年 8 月，开始办理入账汇款业务。2002 年，万盛邮政办理汇款业务种类包含普通汇款、航空汇款、电报汇款、快件汇款、入账汇款等。随着互联网时代发展，智能化设备使用，2002 年所有邮政汇款均改为电子汇款。2022 年，万盛邮政共办理汇款 1024 笔，汇款金额 84.7 万元。

2. 中间业务

1999 年 6 月，万盛区内各邮政储蓄网点全面开始代办保险业务。2000 年，万盛邮政开始销售凭证式国债共 3 期。2003 年 3 月，万盛区邮政局同万盛区社保局、地税局签订个人参保人员基本养老保险金代收缴协议，为参保人开办储蓄账户，提供存款查询。2007 年，万盛邮政开始代理销售基金、理财等业务，全年代售基金金额达到 1291 万元，全年代理保险保费达到 1469 万元；2015 年，全年保费达到 8752 万元。2015 年起，保险业务逐渐成为金融业务收入重要组成部分。截至 2022 年底，万盛邮政"邮保通"业务实现与百年人寿等 5 家保险公司柜台联网实时出单，全年代理保费规模达 5327 万元。同年，万盛邮政代销国债 1037 万元；全年代销基金 2583 万元。

3. 风控合规

2017 年，万盛区分公司设置合规监督管理专岗，对代理金融网点操作行为和基础管理进行自检、整改。2020年1月，万盛区分公司市场营销部下设视察检查（安全检查）人员操作岗编制2人。同年5月，经市分公司批准，万盛邮政增加金融转型管理岗专业岗编制数1人。2022年9月，万盛分公司开展邮政代理金融风控合规"雷霆行动"，建立合规文化。截至2022年底，万盛邮政无重大金融风险事件。

（二）寄递业务

1. 特快专递

1993年4月，万盛区邮电局开办EMS业务。同年，收寄特快专递293件。2003年，特快专递突破1万件。2013年，万盛邮政开始发展黑山谷猕猴桃专项寄递业务，同年累计销售1231件。2021—2022年，万盛邮政累计揽收10万余件黑山谷猕猴桃发往全国各地。

2014—2022年，万盛邮政与万盛经开区人民法院就法院专递收寄工作持续开展合作。2020年，万盛邮政特快专递业务量突破10万件。2022年，突破20万件。

2. 快递包裹

包裹业务是邮政传统业务。1986年，南桐矿区邮电局包件业务量达1.43万件。1987年11月，南桐矿区邮电局按规定重新划分包裹种类，分为民用包裹、纸质品包裹、商品包裹、贵重包裹。1986—1996年，万盛邮电局每年收寄包裹业务量均达1万件以上。2000年10月，万盛区邮政局试行"单包合一"投递，规定凡属体积较小、重量较轻包裹，投递员在投递时可凭收件人有效证件签收后直接投交。2001年1月开始，取消民包、商包、纸质品包裹，改为包裹和直递包裹，包裹详情单也由三联改为四联。2019年，万盛邮政全年包裹量首次突破10万件，2021年，全年包裹量达到44万件。

3. 物流业务

2019年，万盛邮政与万盛耀皮玻璃公司签订长期物流合作协议。截至2022年底，双方持续合作，万盛邮政累计运输玻璃198吨。

4. 国际业务

1988年3月，南桐邮政恢复办理国际快递函件业务。1997年，万盛邮政国际函件业务量为2589件。2022年12月，万盛分公司发展国际快件业务（中速快运），由上海茗迪供应链管理有限公司发往美国，实现运输量16.63吨。

（三）文传业务

1. 函件业务

函件业务主要包括普通信函、明信片、对账单、商函等。1991年，南桐矿区邮电局销售"贺年（有奖）明信片"3万枚。自1992年起，该明信片成为函件主要业务之一。1997年，万盛邮政国内函件业务量达到57.12余万件。1998年，万盛邮政为全区各企事业单位共制作企业金卡3万枚。2004年，为提高万盛区风景区知名度，

重庆市万盛区邮政局经重庆市邮政管理局和国家邮政局批准，制作发行形象金卡《万盛风光》8万枚。2010年9月，万盛邮政召开贺卡项目揭标会；同年12月，全面完成接标目标。2011年，万盛邮政函件收入突破百万元，2012—2022年，万盛邮政函件收入累计达1025.3万元。

2. 报刊业务

1986—2000年，万盛邮政报刊发行，从订阅清单的审阅、开具、分卡片、汇总到要数均采用手工操作。2003年，重庆市报刊发行局与各区县邮政局建立报刊发行局域网，从此报刊发行工作从收订到要数真正实现微机化处理。

截至2005年底，万盛邮政下设万东邮政支局、东林邮政支局、青年邮政支局、桃子邮政支局、丛林邮政支局5个集邮门市，19个报刊零售亭。

2015年，万盛分公司实现报刊业务流转额117.44万元，自同年起，万盛邮政报刊业务每年流转额均在百万以上。2018年11月，万盛分公司举办图书巡展活动，实现码洋9.6万元。2019年1月，万盛分公司图书巡展活动相较于2018年，销量翻倍。2020年1月，万盛分公司开展"全民阅读"活动，实现图书码洋22万元。2021—2022年，万盛分公司图书文创累计收入107万元。

3. 集邮业务

1981年6月，南桐矿区邮电局主要在营业室出售同年发行的纪念邮票及集邮用品。1995—1998年，万盛邮政先后在东林邮政支局、南桐邮电所、青年邮政支局和丛林邮政支局4个网点新增开办集邮业务。2001年6月19日，为热烈庆祝中国共产党成立80周年，万盛区邮政局与重庆市集邮协会联合举办为期4天的集邮展览活动，现场展出集邮票品上百框。2004年9月24—26日，为纪念邓小平同志诞生一百周年和国庆五十五周年，万盛邮政与万盛区集邮协会联合举办集邮展，展出集邮票品36框。2005年9月22—24日，为庆祝万盛区建区50周年，万盛区集邮协会与书画协会联合在万盛邮政办公大楼三楼举办集邮书画展，并刻制"隆重纪念万盛区建区五十周年"纪念邮戳，近千人到场参观。2019年，万盛分公司集邮业务销售额91.09万元。2020—2022年，万盛分公司集邮业务销售额221.33万元。

4. 中邮文创

2021年，万盛分公司开始"中邮文创"品牌打造。截至2022年底，万盛分公司"中邮文创"项目通过销售"人民邮政毛毡托特包"、"楽如斯与虎谋啤比利时小麦精酿啤酒"等产品，实现收入14.9万元。

5. 普通包裹

普通包裹主要包含窗口包裹、军营包裹、家乡包裹、爱心包裹等业务。2006—2010年，万盛邮政收寄普通包裹共计11006件；其中，2007年，收寄军营包裹87件；与万盛田家炳中学校合作，上门揽收校园包裹400件。

2019—2022 年，万盛邮政普包收入 3.71 万元。

（四）渠道业务

1. 增值业务

增值业务由最初的代办号卡、代订机票等逐渐扩大，新增代办通信类业务、代办信息类业务、代办政务类业务、代办车险等便民业务。1999 年，万盛邮政发展"代"字号业务，代收水电费、代收电话费等业务不断得到扩展，代收电话费每月达 5300 多户，金额达 40 万余元。2004 年，万盛区邮政局与万盛区电信局、联通公司等单位合作，开办代售手机、代办电话放号等业务。2006—2008 年，万盛邮政代销中国联通电信卡 872 张，中国移动电信卡 5985 张，中国移动电话放号 1661 户，订送航空机票 2323 张。2009 年，万盛分公司订送航空机票 2817 张。2010 年，万盛分公司订送航空机票 4209 张，代理中国电信放号 90 户，代办电话放号业务逐年递减。2011 年，增值业务实现收入 78.66 万元。2014 年，增值业务实现收入 210 万元。2016 年 6 月，万盛分公司与区国税局签订协议，规定 7 月 1 日起开始办理代征税款业务。2021—2022 年，万盛分公司通过代办车主通业务实现收入 54 万元。2022 年，万盛分公司代征税票 10912 笔，代办警邮业务 169 笔。

2. 分销业务

2009—2015 年，万盛邮政分销业务多以农资、季节性产品销售为主。2012 年，分销业务全年收入完成 24.09 万元，其中，万盛邮政九锅箐腊肉项目实现收入 4.56 万元；酒水类实现收入 3.4 万元；累计销售化肥 65 吨。2013 年，万盛邮政新增经销"万盛黑山猕猴桃"项目，实现销售额 14.77 万元。自 2017 年起，在优化完善邮政自有网点渠道基础上，万盛分公司依托"邮乐"平台，与社会资源合作，开办各类社会代办、代销业务。2017—2021 年，万盛分公司分销业务累计收入 2195.9 万元，其中，2020 年，"邮乐"平台上架的丛林散养鸡蛋，实现销售额 33.53 万元。2021 年，"邮乐"平台上架的千禾系列产品，实现销售额 77.77 万元。2017—2022 年，万盛分公司烟草项目销售额累计达到 1506 万元，"万盛黑山猕猴桃"项目销售额累计达到 417 万元，烟草项目和猕猴桃项目是万盛分公司分销业务收入重要组成部分。

3. 电信业务

1986 年，南桐矿区邮电局办理电报、电话等电信业务，传真电报、长途电话、市内电话业务发展平稳增长。1997 年，邮电分营后，万盛区邮政局电信业务以代理形式继续开办，例如代收电话费，而随着电话、传真、互联网普及，电报业务逐年递减。

三、邮政网络

（一）网络能力建设

1. 邮路

1986—1988 年，南桐矿区邮电局有自办汽车邮路 1

条，委办汽车邮路 4 条，自行车邮路 2 条，步班邮路 2 条，共 72 公里。1990 年，原合作单位"人交公司"改制，该条线路运输权转包至"重庆交通运输有限公司"，原大巴车运输改成中巴车，受到包裹数量增加和装载受限原因，南桐矿区邮电局决定撤销南桐—关坝委办邮路，改为自办汽车邮路。1998 年 11 月，"渝秀"自办汽车邮路调整，改为"渝南"自办汽车邮路和"渝万"自办汽车邮路。2005 年，万盛邮政邮路里程缩减为 44 公里。2013 年，万盛邮政整合邮件处理点，所有邮件处理集中于万盛邮件处理中心进行处理。截至 2022 年底，万盛分公司仅有 3 条自办汽车邮路运行，总里程 146 公里。

表 9-7-4-2

1986—2022 年万盛邮政邮路一览表

单位：公里

年份	汽车邮路	路程
1986—1989	南桐—关坝、南桐—红岩、桃子凼—南桐、东林—鱼田堡	47
1990—1995	万盛（南桐）—青年、万盛（南桐）—东林、万盛（南桐）—桃子凼、万盛（南桐）—红岩、车林—鱼田堡、青年—关坝	31
1996—2002	万盛—青年、万盛—东林、万盛—桃子凼、万盛—红岩、丛林—晋林、东林—工人村、青年—关坝、桃子凼—南桐	44
2003—2005	万盛—东林、万盛—工人村、万盛—红岩、万盛—南桐、桃子—关坝	48
2006—2007	万盛—东林、万盛—桃子、桃子—关坝	44
2008	万盛—桃子、桃子—关坝	41
2009—2014	万盛—丛林、万盛—关坝	41
2015—2022	万盛—青年、万盛—桃子、桃子—关坝	146

2. 物流体系

2016 年，万盛分公司投递全年运行里程 34.83 万公里，其中，城市投递里程 21.61 万公里，农村投递 13.22 万公里。2018 年，万盛分公司全年运行里程为 27.94 万公里，较上年减少 6.89 万公里，其中，城市投递里程减少 9.93 万公里，农村投递里程增加 3.04 万公里。

2021 年，万盛邮政根据市分公司关于三级物流体系建设工作要求，成立乡村振兴服务专班，专项推进"县—乡—村"三级物流体系建设。截至 2022 年底，万盛邮政形成"区级寄递共配中心＋乡镇寄递共配中心＋村（社）级综合便民服务站"物流节点布局，累计建设 1 个镇级寄递共配中心、16 个乡村综合便民服务站。

3. 作业场地

表 9-7-4-3

1986—2022 年万盛邮政部分年份作业场地一览表

年 份	邮 政	速 递	备 注
20 世纪 90 年代	万新路 70 号		—
2007—2007	万盛大道 9 号		—
2009—2018	建设路 3 号 1—11	万新路 70 号附 1 号、2 号	2009 年成立速递物流公司
2018—2022	六井村水鸭寺		2018 年寄递改革场地整合

2021 年 9 月 29 日，万盛邮政与万盛经济技术开发区管理委员会签署投资协议，选定位于鱼田堡工业区内的 M2（万盛邮件快递服务中心选址地）为新邮件处理中心场地，该地约 15 亩。2022 年 10 月 26 日，正式签署国有建设用地使用权出让合同。

4. 设施设备

表 9-7-4-4

1986—2022 年万盛邮政部分年份设施设备一览表

年份	营业投递设备	内部处理设备	运输设备
1986	载波电报机 3 台；电打字机 4 台；短波发信机 1 台	—	汽车 1 辆；摩托车 9 辆；自行车 22 辆
1997	—	—	汽车 8 辆；摩托车 3 辆
1998	—	—	汽车 8 辆
1999	—	—	汽车 8 辆
2000	—	—	汽车 9 辆
2001	—	—	汽车 9 辆
2002	—	—	汽车 9 辆
2003	—	—	汽车 10 辆
2004	—	—	汽车 10 辆
2005	—	—	汽车 10 辆
2007	—	—	汽车 10 辆
2008	传真机 5 台；电子秤 5 台	—	汽车 10 辆
2009	电子秤 12 台	—	汽车 10 辆
2011	—	—	—
2012	—	—	—
2013	—	—	汽车 10 辆
2014	—	—	汽车 10 辆
2015	—	—	汽车 9 辆
2016	电子秤 17 台	—	汽车 10 辆
2017	—	—	汽车 13 辆
2018	—	—	汽车 14 辆

年份	营业投递设备	内部处理设备	运输设备
2019	电子秤 19 台	皮带机 1 台	共 34 辆，其中，油车 12 辆；新能源车 10 辆（其中自有 6 辆，租赁 4 辆）；摩托车 9 辆（其中租赁 3 辆）；电动三轮 3 辆
2020	—	—	共 33 辆，其中，油车 15 辆；新能源车 7 辆（其中自有 6 辆，租赁 1 辆）；摩托车 8 辆（其中租赁 2 辆）；电动三轮 3 辆
2021	PDA 28 台；电子秤 41 台	—	共 35 辆，其中，油车 14 辆；新能源车 7 辆；摩托车 6 辆；电动三轮 8 辆
2022	PDA 32 台；笼车 23 辆；液压叉车 3 辆；蓝牙电子秤 6 台；线扫描枪 2 支；蓝牙耳机 20 副；便携手提秤 20 台；折叠手推车 5 辆；快递员头盔 6 个	皮带运输机 1 台	共 28 辆，其中，油车 13 辆；摩托车 3 辆；电动三轮 4 辆；新能源汽车 8 辆（其中租赁 2 辆）

（二）网运生产作业

1. 邮件接发

1986 年，南桐矿区邮件开拆和封发工作由南桐矿区邮电局投递组、桃子凼邮电支局、丛林沟邮电支局、东林邮电支局、青年邮电支局各自承担，负责本辖区内邮件开拆、封发，实行每天封发 1 次，营业终了开始封发。1990 年 5 月 1 日，全区除青年邮电支局外，均增封发往重庆（包括经转）邮政快件 1 班，封发时间为每日 11:00—12:00。1998 年 7 月 1 日，取消邮政快件业务，增封的邮政快件班次随即取消。1994 年 4 月 1 日，正式开办邮政特快专递业务。区局投递组、桃子邮电支局增封一班至重庆（包括经转）的特快专递邮件。封发时间为每日 11:00—11:30。2003—2005 年，由于邮政储蓄、特快专递业务快速发展，封发频次均改为每天 2 次。截至 2022 年底，万盛区邮政每天接发邮件各 3 班，接收邮件时间分别为上午 8:30，中午 11:30，下午 3:30，发运邮件时间为中午 12:30，下午 6:30，晚上 8:30。

2. 邮件运输

1986 年，万盛邮政是由 1 辆汽车、9 辆摩托车、22 辆自行车运输投递。2010 年 8 月 31 日，万盛邮政实现城区摩托车投递全覆盖。2019 年，万盛邮政自有新能源汽车 6 辆，租赁 4 辆。2022 年，用于邮件运输的汽车 13 辆、摩托车 3 辆、电动三轮 4 辆、新能源汽车 8 辆，其中租赁 2 辆。

3. 邮件投递

城市投递　1986 年，南桐矿区邮电局在全区共设 10 个城市投递段，其中，东林投递区设段道 3 个，万盛投递区设段道 4 个，桃子投递区设段道 3 个。1999 年，为适应邮电分营以及报刊发行渠道变化后新形势，万盛邮局对各城市投递段进行调整，由 10 个投递段调整为 9 个，并对交通工具进行更新换代。2005 年底，东林邮政

支局设 3 个城市投递段道，桃子邮政支局设 3 个城市投递段道。截至 2022 年底，万盛邮政共有城市投递段道 19 条。

农村投递　1986 年，南桐矿区下辖 27 个乡镇，农村邮路 5 条共 56 公里，投递路线 16 条共 386 公里，采用步班和自行车投递，其中步班投递 2 条共 13 公里，自行车投递 2 条共 8 公里。2004 年 6 月，全区建制村合并调整为 57 个。截至 2005 年底，万盛邮政有东林邮政支局农村投递段 1 条，桃子邮政支局农村投递段 2 条。2009 年，万盛邮政共有乡邮段 5 条。2013—2019 年，万盛邮政共有农村投递段道总条数 8 条。截至 2022 年底，万盛邮政共有农村投递道段 6 条。

（三）网运管理

1986 年底，南桐矿区邮电局在邮政通信生产中严格执行邮电部《邮政通信作业组织管理试行办法》。1987 年 8 月，为保证邮电通信生产顺利进行，巩固企业整顿成果，促进企业管理水平的不断提高，根据南桐矿区邮电局的实际情况，制定了"支局、班组物资管理考核办法"。

1986—2022 年，万盛邮政通过常态化检查、优化生产作业流程等方式加强网运质量管理。截至 2022 年底，万盛邮政特快及时妥投率 94.72%，快包妥投率 99.79%，预约投递率 83.65%。

（四）服务网点

1. 网点设置

1986 年，南桐矿区邮电局设有 4 个邮电支局，10 个生产班组和 1 个后勤综合班组，下设 7 个邮电所，1 个报刊零售门市，1 个集邮门市和干堰沟、王家坝 2 处邮政代办所。

截至 2022 年底，万盛分公司设有 5 个支局，18 个邮政网点，其中代理金融网点 14 个，纯邮政网点 1 个，空白乡镇网点 3 个。

表 9-7-4-5

1986—2022 年万盛邮政局所一览表

序号	局所名称	经营性质	经营属性	设置地点	备注
1	万盛区万东邮政支局	自营	城市	万盛区万新路 70 号附 1、2 号	2003 年 6 月，由万盛区邮政局邮政营业室更名
2	万盛区桃子邮政支局	自营	农村	万盛区南桐八〇一村 1 号	1997 年 7 月，由桃子凼邮电支局更名
3	万盛区青年邮政支局	自营	城市	万盛区青年镇田坝街 45 号	—
4	万盛区东林邮政支局	自营	城市	万盛经开区东林清溪桥 38 号	—
5	万盛区丛林邮政支局	自营	农村	万盛区丛林镇丛林街 37 号	—
6	万盛区关坝邮政所	自营	农村	万盛经开区关坝镇兴隆街 2 号	—
7	万盛区支路邮政所	自营	农村	万盛区动力村 379 号	—
8	万盛区塔山邮政所	自营	城市	万盛区翠屏路 10 号附 7 号	—
9	万盛区大道邮政所	自营	城市	万盛区万盛大道 2 号 1—18/1—19 号	—
10	万盛区火车站邮政所	自营	城市	万盛区东林二村 200 号 1 楼 2 号	—
11	万盛区万东北路邮政所	自营	城市	万盛区万东北路 63 号附 3/4/5 号	2000 年 5 月，由中力街邮政所搬迁、更名
12	万盛区万新路邮政所	自营	城市	万盛区勤俭路 4 号附 5 号	—
13	万盛区广场邮政所	自营	城市	万盛区万盛大道 24 号附 1 号	—
14	万盛区鱼田堡邮政所	自营	城市	万盛区鱼清路 181、183 号	2003 年 6 月，由东林工人村邮政所更名
15	万盛区南桐邮政所	自营	农村	万盛区南桐镇观音岩村 42 号	—
16	万盛区清溪桥邮政所	自营	城市	万盛区东林清溪桥 38 号	—
17	万盛区九锅箐邮电所	—	—	—	1995 年 6 月撤销
18	万盛区温塘邮政所	—	—	—	1998 年 4 月撤销
19	万盛区东林干堰沟邮政代办所	—	—	—	2001 年 4 月撤销
20	万盛区丛林海孔邮政所	—	—	万盛区万新路 20 号	2004 年 12 月撤销
21	万盛区晋林邮政所	—	—	万盛区国营晋林机器厂	
22	万盛区砚石台邮政所	—	—		2014 年 6 月 25 日撤销
23	万盛区黑山邮政所	自营	农村	万盛区黑山镇北门村山谷社	
24	万盛区石林邮政所	自营	农村	万盛区石林镇两河村	
25	万盛区金桥邮政所	自营	农村	万盛区金桥镇金竹苑	
26	万盛区红岩邮政所	自营	—		2016 年 5 月 31 日撤销
27	万盛区桃子街邮政所	—	—		2012 年 12 月 21 日撤销

2. 综合便民服务站

截至 2022 年底，万盛分公司共有邮乐购站点 83 个，自提点 123 个，邮快超市 25 个，累计代投 70 万件，建制村 56 个，实现区内全覆盖。

四、邮政管理

（一）财务管理

1986—1997 年，万盛区邮局实行以企业利润为基础的全额利润分配制度。1998—2003 年，实行收支差额管理。2003 年，巴南片区局成立，万盛区邮局划归巴南片区局领导，实行财务一体化管理体制。2022 年，万盛分公司出台《中国邮政集团有限公司重庆市万盛经开区分公司营收资金管理实施细则》《中国邮政集团有限公司重庆市万盛经开区分公司用户欠费管理实施细则》，出台《中国邮政集团有限公司重庆市万盛经济技术开发区分公司发票管理办法》，加强财务制度体系建设。截至 2022 年底，万盛分公司仍实行财务管理一体化模式。

（二）人力资源管理

1986 年，南桐邮电局共计从业人员 144 人，重点对青壮年员工进行政治轮训和文化教育，全局 97 人参加培训。同年，积极鼓励职工参加高中、中专、函大学习。其间，在重庆市邮政局举办的两次统考中全科合格 89 人，合格率 91.78%。

1997 年邮电分营后，万盛邮政共计从业人员 94 人。1999 年，万盛邮政加强员工学历教育培训，对未达到高中文化水平的职工进行文化补习。同年，有 1 人获得大专文凭，有 4 人获得高中文凭，9 人参加高等学历学习，20 人参加高中学习。全年累计参培、送培 107 人次，其中，干部 10 人次、职业技能鉴定培训 54 人次。

2008 年邮银分家后，邮政企业划入邮储银行总人数 37 人，其中合同工 A 类 15 人，合同工 B 类 1 人，劳务用工 21 人。万东支行和东林支行作为一类网点成建制划入。

2018 年 9 月，寄递改革，按照"人随事走"原则划转人员，经邮速双方共同确认，划转寄递事业部人员共有 25 人。其中邮政公司划转 12 人，速递物流公司划转 13 人。

截至 2022 年底，万盛邮政合同用工 94 人，其中本科文凭 65 人，大专高职以下文凭 29 人。

（三）服务质量管理

1. 营业服务

1990 年，经重庆市邮政局批准正式设立东林干堰沟邮政代办所，经办业务有出售邮票、国内函件、包裹、汇票开发、汇票兑付等。1999 年，万新路邮政所正式开业，办理业务有信函、包裹、汇票等业务。2001 年 11 月 26 日，万盛区邮政局开通电子汇兑业务。2005 年 6 月 12 日，万东邮政支局、桃子邮政支局、东林邮政支局、青

年邮政支局的电子化支局实现统版上线。2014 年，万盛邮政加强金桥、石林、黑山 3 个空白乡镇网点建设，在江津区邮管局和万盛经开区发改局的大力支持和协助下，金桥邮政所、石林邮政所率先进入装修阶段，2015 年正式投入使用，服务范围包含国内报刊发行、邮政汇兑、义务兵通信等业务，其中金桥邮政所和石林邮政所的服务半径均为 5.1km，服务人口均约 1 万人；黑山邮政所服务半径为 5.0km，服务人口均约 2 万人。截至 2022 年底，万盛邮政所有网点均开办普遍服务四项基本业务及盲人读物、革命烈士遗物、义务兵平常信函免费寄递等特殊服务业务。

2. 普遍服务与特殊服务

普遍服务 1986—2022 年，万盛邮政严格履行普遍服务义务。2010 年，为做好农村地区邮政普遍服务工作，根据万盛区政府和重庆市邮政公司的相关要求，万盛邮政成立村邮站建设工作小组，经过前期对全区 57 个行政村基本情况走访了解，结合万盛邮政邮件投递现状，2011 年，建成村邮站 30 个。

2020 年，万盛分公司持续做好普服发展，优先对接"快递空白"地区，建制村直接通邮质量稳步提升。2021 年，万盛分公司加强补白网点日常管理，固化投递频次和深度。同年，万盛分公司组织印制《2021 年普遍服务工作指导手册》，包含 2021 年服务质量（普遍服务）重点工作目标，普服解析 170 问，"七字歌"等内容，以此提升服务质量，优化用户体验。截至 2022 年底，万盛邮政乡镇网点覆盖率 100%，建制村通邮率 100%，党报党刊当日见报率 100%。

特殊服务 1986 年，南桐矿区邮电局机要组共有专业人员 4 人，设 3 个机要文件投递段。1990 年，南桐矿区邮电局被四川省机要局评为机要通信质量全红单位。1997 年 12 月，机要组人员减少为 2 人，投递段调整为 2 个（自行车段、汽车段各 1 个）。自行车段负责投递区级机关和各部、委、局机要文件；汽车段负责投递南桐矿务局、鱼田堡煤矿、东林煤矿、南桐煤矿、砚石台煤矿、红岩煤矿、晋林机械厂等单位机要文件。2005 年，机要组有专业人员 2 人，1 人负责区级机关各部、委、局办的机要文件投递，另 1 人负责矿业公司等单位机要文件投递和沿途各储蓄网点运钞工作。截至 2022 年底，万盛邮政有机要专职投递人员 1 人，兼职人员 1 人。实现 48 年机要通信质量全红。

3. 监督检查

1986 年，南桐矿区邮电局各营业窗口设立"用户意见簿"、用户监督电话。

1997 年邮电分营后，万盛邮局开展"树邮政形象，创优质服务"活动，自觉将"人民邮政为人民"服务方针运用到实际工作中，促进服务水平的提高；1999 年底，

重庆市邮政管理局检查组检查万盛邮政"树邮政形象，创优质服务"活动开展情况，授予万盛邮局营业室"一星级优质服务窗口"称号。2000年5月，万盛区邮政局邮政营业室被万盛区委、区政府评为区"规范化优质服务示范窗口"。2000年底，桃子邮政支局被重庆市邮政管理局评为"规范化优质服务窗口"。

2012年，万盛邮政认真落实"服务考评办法"，按照"分级管理"的原则，健全邮政视察检查体系，建立一支高效的视察检查队伍。同年，开展"提高服务质量、让用户满意"活动，以创建"优质服务规范化营业窗口"等竞赛活动为突破口，提高服务质量和服务形象，全年成功创建"星级服务网点"4个。2021年，深入开展窗口服务客户体验活动。每季度开展定性访谈、神秘人体验，并邀请社会监督员线下渠道（网点）进行实际业务办理和服务体验，成效明显。

（四）安全管理

1991年，南桐矿区邮电局组织员工学习邮政法、邮政法实施细则。1997年8月，万盛区邮政局制定《安全生产责任制和劳动安全技术规则》。2022年，按照市分公司要求，万盛分公司结合实际，梳理2022年安全生产重点工作责任清单，共计38项具体工作，强化双管控，严格落实日管控、月排查，同时纳入各类专项检查，构建"人防+物防+技防""三位一体"风控体系。2022年，万盛邮政全年累计开展各类安全检查20余次，完成50余处安全隐患整治。所辖18个网点共计增设防毒防烟面具及长胶手套57套、烟探测器6个、消防灭火毯5张、天然气及煤气报警器4个，更新及新增监控探头共计50个、水基型环保灭火器共计100具，新增保安3名，实现金融网点保安人员全覆盖，同时分公司对网点自助设备的针孔探头进行改造，增加更换了自助设备的门磁和防撬防震报警设备，更新加钞间自助设备自建报警系统2套、邮政办公楼内外环境及重要区域监控录像探头52个。保证全年"零安全生产责任"事故。

（五）党群管理

1. 党组织

1986—1992年，南桐矿区邮电局党支部属南桐矿区区委领导。

1993年，撤销南桐矿区邮电局党支部，设立万盛区邮电局党支部。

1997年7月，撤销万盛邮电局支部委员会，成立万盛邮局支部委员会，有党员19人。2012年行政区划调整，2013年6月成立万盛经开区分公司邮政局党支部，2015年5月，更名为中国邮政集团公司重庆市万盛经济技术开发区分公司支部委员会，2020年5月更名为中共中国邮政集团有限公司重庆市万盛经济技术开发区分公司支部委员会。2013—2022年底，历经3次换届，支部党员21人。

2001年，党支部被万盛区区委评为"先进基层党组织"。2019—2020年，万盛区分公司党支部连续两年被重庆市分公司评为"先进基层党组织"。

2020年2月至3月，万盛分公司党支部认真落实党中央关于疫情防控相关决策部署，组织机关党员、团员深入学校、社区、邮政网点收寄、投递教科书，做好"停课不停学"工作；同时组织机关职能人员深入社区、代投点开展包裹投递工作，为保障民生贡献邮政力量。2020—2022年疫情期间，万盛分公司党支部组织党员先锋队、青年突击队奋战在基层一线，全面做好保通保畅工作，助农销售滞销农产品60万元。

2. 工会

1986年，南桐矿区邮电局工会设立工会小组18个，未设专职工会主席。1987年12月，南桐矿区邮电局第一次设专职工会主席。1993年，"南桐矿区邮电局工会委员会"更名为"万盛区邮电局工会委员会"。1997年，撤销原万盛区邮电局工会委员会，成立万盛区邮政局工会委员会。2012年行政区划调整。2012—2017年，万盛经济技术开发区邮政局未设立工会委员会。2018年底，成立中国邮政集团工会重庆市万盛经济开发区分公司委员会。2016年起，万盛邮政加强职工小家建设力度，同年建成职工小家公寓2个、职工小家1个。2018年1月，职工之家正式投入使用，解决员工用餐问题。同年，打造6楼健身房，配置跑步机等健身设备。

1986—2022年，万盛邮政组织开展健步跑、烧烤、演讲比赛、集体生日、趣味运动会、"喜迎二十大"歌唱比赛、摄影、才艺展示等各类工会活动，通过活动开展，缓解员工压力、激发员工动力、增强员工团队凝聚力。

2021—2022年，万盛区分公司工会工作连续两年在市分公司小组评比中排名第一。

3. 团组织

1986—1987年，南桐矿区邮电局团支部有团员22人。1993年8月，经共青团万盛区区委批准，撤销南桐矿区邮电局团支部委员会，设立万盛区邮电局团支部委员会。1997年7月，经共青团万盛区委批准，撤销万盛邮电局团支部委员会，设立万盛邮局团支部委员会。1998年5月，万盛邮局召开第一届一次团员大会，进行团支部改选。2021年6月，召开团支部换届选举大会，选举产生新一届团支部书记及委员，截至2022年底，共有团员14人。

2021年4月，万盛区分公司团支部赴聂荣臻元帅陈列馆开展"学党史、强信念、跟党走"主题团日活动。同年7月，万盛区分公司团支部与万盛团区委、重庆理工大学等开展建联活动，赴万盛区鱼子村汪石冥故居开展"听党史故事，访优秀党员"主题团日活动。

4. 企业荣誉

2000 年 12 月，万盛区邮政局被重庆市职工职业道德建设指导协调小组与重庆市总工会联合授予"重庆市第二届职工职业道德建设先进单位"称号，成为全市邮政系统唯一获得此殊荣的单位。

2001 年 4 月，万盛区邮政局被中共重庆市委、市政府授予"2000 年度市级文明单位"称号。

2002 年 4 月，万盛区邮政局被中共重庆市委、市政府授予"市级最佳文明单位"。

2002 年 12 月 28 日，万盛区邮政局获得国家人事劳动部、国家邮政局联合授予的"全国邮政系统先进集体"称号，成为全市邮政系统唯一获得此殊荣的单位。

2020 年 5 月，万盛区分公司获得重庆邮政"十佳企业"。

第八章　渝北片区邮政机构

中国邮政集团有限公司重庆市渝北片区分公司辖渝北、北碚和长寿 3 个区分公司。渝北片区分公司设经营、经营支撑、综合职能 3 大类别部门，承担辖区 3631 平方公里普遍服务，以快递物流、金融、电子商务等为主业，构建全方位、多层次的邮政业务体系，实行多元化经营方式。截至 2022 年，渝北片区辖内有邮政营业网点 142 个，其中，代理金融网点 122 个，纯邮政网点 20 个，揽投部 11 个，从业人员 1053 人。

一、机构沿革

2003 年 2 月，重庆市邮政企业实行城、片区经营管理体制，设立渝北片区邮政局，片区局设在渝北区邮政局，管理长寿、北碚区邮政局。

2014 年 2 月，"重庆邮政渝北片区局"更名为"重庆市邮政公司渝北片区分公司"。同年 6 月，速递物流组织机构调整，重庆邮政速递物流有限公司组建渝北片区分公司，管理原重庆邮政速递物流有限公司渝北、长寿区分公司。

2017 年 6 月，根据市分公司城片区、区县分公司机构编制方案，设立中国邮政集团公司重庆市渝北片区分公司，调整优化渝北片区分公司内设机构主要职责及人员编制。设立机要室，挂靠在市场营销部，对外称机要通信分局。

2018 年 9 月，组建渝北片区寄递事业部（保留"中国邮政速递物流股份有限公司重庆市渝北区分公司"牌子），下设综合部、市场部、运营管理部、服务质量部。管理北碚、长寿区寄递事业部。同年 11 月，"中国邮政集团公司重庆市渝北区分公司"更名为"中国邮政集团公司重庆市渝北片区分公司"。

2020 年 3 月，"中国邮政集团公司重庆市渝北片区分公司"更名为"中国邮政集团有限公司重庆市渝北片区分公司"，由中国邮政集团有限公司重庆市分公司管理。2022 年沿用此名，管理体制不变。

截至 2022 年底，中国邮政集团有限公司重庆市渝北片区分公司内设综合办公室（党委办公室、安全保卫部）、工会、财务部、人力资源部（党委组织部）、党委党建工作部（纪委办公室）、金融业务部、集邮与文化传媒部、渠道平台部、市场营销部（客户营销中心）、服务质量部（普遍服务部）。

二、邮政业务

2003—2022 年，渝北片区邮政以传统邮政业务为基础，多元发展国际国内函件、包裹、特快专递、国内邮政汇兑、报刊发行、邮政储蓄、机要通信、物流配送、代办电信、代理保险等业务。2004—2022 年间，片区业务收入从 6731.09 万元增长到 72295 万元。

（一）金融业务

1. 储蓄业务

2003—2022 年，渝北片区邮政储蓄余额规模不断扩大。2019 年片区期末储蓄存款余额突破 200 亿元，至 2022 年底达到 298 亿元。2017 年，长寿葛兰邮政所、渝北福祥路邮政所等被中国邮政集团公司授予全国邮政代理金融"千佳网点"称号。2022 年，渝北片区邮政获得全国邮政代理金融"虎啸金来"代发业务劳动竞赛优秀营销团队奖。

2. 中间业务

2005 年，渝北片区邮政开始规模化发展邮政代理保险业务，增加合作公司，丰富代理险种，从单一趸交产品发展为年金险、分红险、重疾险、终身寿险等多种产品；2022 年 8 月，第一只代销中邮养老理财产品发行，渝北片区邮政销售量达 5987 万元；同年，渝北片区邮政短信用户规模达 77 万户，金融客户覆盖率 58%。

3. 风控合规

2015 年 9 月，渝北片区邮政成立渝北片区分公司检查室，自 2017 年 8 月起，对北碚、长寿实行派驻制检查。截至 2022 年底，渝北片区邮政未发生重大资金案件。

（二）寄递业务

1. 特快专递

渝北片区邮政特快专递业务规模从 2003 年的 20 万件左右增长至 2022 年的 94.72 万件。2013 年，北碚区分公司与路易通公司合作，开发全市邮政系统最大的车牌寄递项目。2020 年，长寿区分公司拓展"极速鲜"业务，成为同年全市邮政企业收入规模第 2 的农产品项目。2021—2022 年，渝北区分公司"马上金融"催费函项目，收入规模列全市邮政金融类特快客户第 1 位。

2. 快递包裹

2016 年，渝北片区邮政大力发展电商类快递包裹，快递包裹收寄量 229.6 万件，列全市邮政企业第 1 位，渝北区分公司获得全国邮政电商包裹"百强"区县竞赛第三组二等奖；长寿区分公司长寿湖血脐项目成为全市典型案例。2022 年，渝北片区分公司高隆项目收寄量达到 700 万件，列全市邮政快递包裹仓储代发客户第 1 位。2022 年，渝北片区邮政快递包裹业务量 3345.91 万件，收寄量居全市邮政系统第 1 位。

3. 物流业务

2003—2022 年，渝北片区邮政依托区位优势，发展汽车配套物流业务，开发长安福特、上汽五菱、力帆汽车等项目。2013 年，北碚区分公司开发北汽银翔项目，项目收入规模列全市邮政企业第 1 位。2019 年长寿区分公司开发沙滩车整车国际物流配送项目，实现国际物流业务零突破。

4. 国际业务

2015 年，北碚区分公司开发全市首个海外仓业务一次性发货 6 个货物种类。2022 年，渝北片区分公司国际小包业务量列全市邮政系统国际小包业务量第 1 位。

（三）文传业务

1. 函件业务

2013 年以前，贺卡、账单、数据库商函等业务是函件主要业务。渝北片区邮政贺卡业务量最高峰时期达 80 万枚以上；开发邮政储蓄银行、招商银行、浦发银行、中德银行、富滇银行、北碚稠州商业银行等账单业务，最高峰时期月收寄量达 3 万件；开发宜家家居、重庆市公共租赁住房管理局、重庆市税务局、长寿协信广场、中国移动、中国电信等客户数据库商函业务，最高峰时期月收寄量达 16 万件。

2013 年以后，贺卡、账单业务、数据库商函、通信票等传统函件业务大幅下滑，渝北片区邮政开始转型发展媒体业务，尝试发展儿童剧、电影票、朋友圈广告、文旅年票、会展等业务，发挥邮政遍布城乡的渠道优势，与政府合作，将会展活动打造成连接政府、服务百姓、带动邮政业务发展的平台。

2020 年，渝北片区邮政辖内各分公司推广会展项目，承办渝北洛碛番茄文化节、长寿消费扶贫直播带货等活动，实现收入 100 万元。2021 年 12 月 23 日，渝北片区邮政多方拓展会展经验被《中国邮政报》刊发。2022 年，渝北片区邮政融入地方文旅，销售文旅年票 237 万元。

2. 集邮业务

2004 年，渝北片区邮政制作渝北区成立十周年纪念册，积极推进邮品定向开发取得实效。截至 2022 年底，渝北片区邮政与渝北区民政局婚姻登记处、西南大学、中国石化集团四川维尼纶厂等 80 余个企事业单位达成合作，开发定向邮品 10 万余册。

2013—2014 年，北碚中山路、渝北新牌坊、渝北双龙、渝北万年路集邮形象店相继开业，为集邮业务发展提供支撑。2017—2020 年，渝北片区邮政值重庆直辖 20 周年、改革开放 40 周年、新中国成立 70 周年之际开展主题活动。2022 年，渝北片区邮政不断增强线上营销能力，利用 BSC（微营销管理系统）营销工具推广中国邮政微邮局，实现线上集邮收入 781 万元。

3. 报刊业务

2013—2022 年，渝北片区邮政报刊流转额均列全市邮政企业第 1 位。2020 年，渝北区分公司率先联合渝北区委宣传部开展送文化进社区活动，上门服务 150 余个企事业单位，图书收入列全市邮政企业第 1 位。2022 年，持续服务地方宣传。开展"送文化送服务"进社区活动 30 余场，积极联系区委宣传部，将邮政纳入各类政务图书发行主渠道，打通销售主要环节，实现图书销售 400 万元。

4. 中邮文创

渝北片区邮政辖内各分公司为适应市场需求，拓展文创版块，自主设计各类文创产品。2022 年，渝北片区邮政中邮文创项目实现收入 230 万元。

（四）渠道业务

1. 增值业务

2003 年起，渝北片区邮政各分公司陆续开办代收水、电、气、代放号、代售火车票、飞机票等相关便民类业务。2009—2022 年间，各分公司陆续推广代开税、代收交通罚没款、代收路桥、代收工本费等业务，"政务 +"服务范围持续扩大。

2. 分销业务

自 2006 年起，渝北片区各局依次启动农资分销、季节性商品销售、酒水类商品销售和年货销售等业务。自 2015 年起，辖内各分公司成立区县邮乐馆，线上零售交易额规模逐渐扩大，截至 2022 年底，交易规模已超 800 万元。2015 年，建立邮乐购站点，启动批销业务，促进农产品进城、工业品下乡，助力地方政府扶贫攻坚、乡村振兴。截至 2022 年底，渝北片区邮政批销交易额超 4000 万元。

2022年，促进金融、寄递业务协同发展，将站点打造成为邮政业务发展的前沿阵地，渝北片区邮政推进"网点＋站点"管理模式，共建成优质邮乐购站点618个，其中，渝北253个、北碚165个、长寿200个。所辖各分公司通过邮乐优鲜平台，助力疫情保供，开展线上预制菜配送活动。其中，北碚区分公司订单1.1万单，总订单金额40.47万元。

三、邮政网络

随着城市化进程不断加快，为适应城镇居民、单位企业等用邮需求，渝北片区邮政辖内各区分公司邮路相应调整变革。截至2022年底，重庆市邮区中心局开设到渝北区进口邮路6条，每日3频次；北碚2条，每日3频次；长寿2条，每日3频次。

为解决辖内农村地区通邮时限，截至2022年底，辖内各区分公司共开设12条县乡邮路（其中渝北3条、北碚3条、长寿6条）。

为提高区内错分邮件投递时限，辖内各区分公司自开区内转驳邮路，截至2022年底，渝北设2条，北碚、长寿各1条负责区内邮件转驳。

随着机构改革及揽投网点优化调整，截至2022年底，渝北片区邮政共建成11个揽投部（其中渝北6个、北碚3个、长寿2个），负责城区邮件揽投，农村形成"区级寄递共配中心＋乡镇寄递共配中心＋村（社）级综合便民服务站"物流节点布局，累计建成3个区级寄递共配中心、20个镇级寄递共配中心、391个社区便民服务站、595个乡村综合便民服务站。

2003—2022年，渝北片区邮政持续开展网点硬件服务提升、生产作业环境改善和渠道平台建设等工作。通过租赁、购置、改建等方式，渝北邮政完成胜利路、宝圣、兰桂路邮政所，双龙揽投部等网点及生产场地改造，完成天晋、翡翠城等控规网点落地；长寿邮政完成黄桷湾、文苑、菩提邮政所，江南邮件处理中心等网点及生产场地装修，自建长寿邮件处理中心（综合办公楼）和"三农"区域仓储配送中心；北碚邮政完成歇马、云泉路、天生桥等邮政所网点装修改造，自建北碚区分公司办公楼和北碚寄递城区营业部。

四、邮政管理

（一）财务管理

2004年初，渝北片区邮政完成财务报表合并。2005年，推行专业化财务核算，细化成本费用核算项目。2010年，压缩非生产性费用的支出，对往来账款进行全面清理，收回各类欠费、借款。2013年，规范A、B类资金分类管理，规范固定资产管理。2015年，建立利润为导向的财务管控体系，强化重点成本管控和资金管理。2019—2022年强化全面预算管理，实施分层分类成本费用管控，片区各分公司均超额完成利润目标。2022年，管理项目实施进一步提升企业效益。

（二）人力资源管理

2003—2022年，渝北片区邮政不断完善薪酬绩效管理办法，逐步实行全员绩效管理，建立按业绩贡献决定薪酬的分配机制，实现企业收益与员工收入共同增长。加强人才队伍建设和干部队伍管理，选拔理财经理、内训师、揽投能手等专业技术人才，定期开展专业类培训，发挥专业人才引领作用；加强干部队伍建设、作风建设和日常监督，严格执行干部管理相关制度。2021—2022年，渝北片区邮政初步建立"战略绩效和经营业绩"考评机制，全面推行领导人员任期制和契约化管理。分层分类开展各类员工教育培训，鼓励员工参加技能等级考试及在职教育，提升员工技能水平和学历。不断完善员工劳保福利制度，为员工提供劳保用品、企业年金、住房补贴、补充商业医疗保险等。

（三）服务质量管理

2015年以前，普遍服务及视察检查工作由市场部负责。2015年9月，视察检查人员与代理金融检查人员整合配置，设立检查室，挂靠金融业务部，负责片区金融业务检查及邮政综合视察工作，2017年8月，机构编制调整，渝北片区服务质量部（普遍服务部）成立，统筹片区普遍服务、服务质量监督、视察检查、金融风控检查、客户服务等工作，对北碚、长寿分公司服务质量工作开展指导、检查、考评。2020年，代理金融检查职能由服务质量部划转金融业务部，设置视察检查（安全检查）人员，其中，片区分公司4人，北碚分公司、长寿分公司各2人。

2019年，渝北片区邮政开展普服达标集中整治工作，普服质量逐年提升。持续开展"压降投诉和邮件丢损率"专项活动、"邮政窗口服务示范点建设"，渝北花园新村邮政所被评为2021年度重庆邮政"窗口服务体验示范点"。2022年，渝北片区邮政开展"服务渝北、满意邮政""六项禁止类服务问题专项整治"等工作，渝北片区及北碚、长寿区分公司共4个网点、1个营业部被评为2022年度重庆邮政"窗口服务体验示范点"，其中渝北冉家坝邮政所和人和综合营业部被评为优秀"窗口服务体验示范点"。

（四）安全管理

2003—2022年，渝北片区邮政不断完善安全管理制度，提升安全管理能力，开展安全隐患整治，提升安全生产水平，未发生重大及以上安全责任事故。

2019年，渝北片区邮政成立安全生产委员会，对各管理部门、生产单位的安全生产管理职责进行明确，健全安全风险防控体系，完善企业安全管理责任体系。强化安全文化建设，加强安全生产学习培训和应急预案演练，制定一线员工"两单两卡"（岗位风险清单、岗位职责清单、岗位操作卡、岗位应急处置卡），推动一线员工从"要我安全"到"我要安全""我会安全"转变。强化安防能力建设，辖内各分公司均配备专职安全管理人员，代理金融网点均配备保安，巩固人防能力；进行监控高清改造、营业场所出入口控制系统改造和录像时长达标建设，进一步提升企业防范能力。2022年，渝北片区各分公司均建设非现场检查室，利用监控平台实施非现场检查，提高基层单位安全检查质效。强化隐患排查整治，按市分公司、监管机构、属地政府要求开展各类专项检查或隐患排查，对检查出的问题及时整改，严守安全生产底线。

（五）党群管理

2003—2022年，渝北片区邮政党委按时开展片区党委、纪委和团委换届选举工作。组织开展社会主义核心价值观宣传教育、"三亮三比三评"和党支部（党小组）领题破题活动。常态化开展党章党规党纪教育，深化整治形式主义官僚主义。做好中央、集团公司巡视和市分公司巡察整改工作。落实意识形态工作责任制，持续深入肃清流毒不良影响。2020年疫情期间，渝北片区邮政党委组织成立保供保通保畅工作组，全力保证邮政寄递渠道畅通，做好防疫物资、食品药品及生活必需品等民生物资配送工作。

自片区工会成立以来，渝北片区邮政工会实施"凝聚人心、围绕中心、秉持爱心、顺应民心、履职尽心"五大工程，助力企业发展，提升员工生活品质。开展职工文体活动，凝聚爱党爱国爱企业热情；组织开展各类劳动竞赛，树立先进典型，营造"比学赶帮超"企业氛围；持续为员工办理好事实事，坚持重大节日期间、重点工作走访慰问；坚持民主管理，涉及职工切身利益重要事项通过职代会表决，企业发展重要事项通过年度工作报告、公示栏等向职工公开；强化工会组织建设，做好换届及届内替增补工作，保持工会组织稳定性和工作持续性。

第一节 渝北邮政机构

一、机构沿革

（一）机构演变

1. 计划单列时期

1986年，江北县邮电局由重庆市邮电局管辖。1992年，重庆邮电管理体制调整，江北县邮电局划归重庆电信局管理。

1995年12月，四川省邮电管理局根据《关于重庆市行政区划调整后邮电管理关系的决定》，撤销江北县邮电局，设立重庆市渝北区邮电局。原江北县鱼嘴镇、支盛镇、五宝乡等邮电机构划归江北区邮电局管辖，原江北县水土、复兴、静关、柳荫、三圣、偏岩等8镇和皮家山乡、石坝乡等邮电机构划归北碚区邮电局管辖。渝北区邮电局及其分支机构仍由重庆市电信局管理。

2. 邮电分营时期

1997年，邮电分营，原重庆市电信局管理的江北县邮电局的邮政业务全部划归重庆市邮政局管理。同年4月，邮电部决定撤销重庆市邮政局，设立重庆市邮政管理局。同年7月，市邮管局撤销渝北区邮电局，设立重庆市渝北区邮政局，隶属重庆市邮政管理局。

2003年2月，重庆邮政企业实行城、片区经营管理体制，重庆市渝北片区邮政局成立，渝北区邮政局隶属渝北片区邮政局管理。

3. 政企分开时期

2007年9月，"重庆市渝北区邮政局"更名为"重庆市邮政公司渝北区邮政局"，管理体制不变。同年12月，中国邮政储蓄银行重庆渝北区支行正式挂牌成立，渝北邮政受邮储银行渝北区支行委托开办代理金融业务。

2009年1月，重庆市邮政速递物流公司渝北区分公司成立。2010年6月，更名为重庆市邮政速递物流有限公司渝北区分公司。

2014年6月，重庆市邮政速递物流有限公司组织机构改革，原重庆市邮政速递物流有限公司渝北区分公司由市速递物流有限公司新组建的渝北片区分公司管理。

2015年4月，"重庆市邮政公司渝北区邮政局"更名为"中国邮政集团公司重庆市渝北区分公司"，管理体制不变。同月，"重庆市邮政速递物流有限公司渝北区分公司"更名为"中国邮政速递物流股份有限公司重庆市渝北区分公司"。

2018年11月，"中国邮政集团公司重庆市渝北区分公司"更名为"中国邮政集团公司重庆市渝北片区分公司"，隶属中国邮政集团有限公司重庆市分公司。

2020年1月，体制调整，"中国邮政集团公司重庆市渝北片区分公司"更名为"中国邮政集团有限公司重庆市渝北片区分公司"，隶属中国邮政集团有限公司重庆市分公司。2022年，沿用此名，管理体制不变。

（二）主要领导

表 9-8-1-1

1986—2022 年渝北邮政主要领导人员名录

单位名称	姓 名	职 务	任职时间	备 注
江北县邮电局	韩永宽	党总支书记	1985.9—1989.6	—
	张兴智	局长	1988.2—1989.7	1987.1—1988.1 代理局长
	韩永宽	局长	1989.7—1994.4	—
	张兴智	党总支书记	1989.7—1994.4	
渝北区邮电局	甄足华	局长	1994.4—1997.6	
	韩永宽	总支书记	1994.4—1997.7	—
渝北区邮政局	韩永宽	党委书记、局长	1997.9—2000.2	—
	张运贵	党委书记、局长	2000.2—2003.2	
渝北片区邮政局	梁玉平	局长	2003.2—2007.3	
	赵光银	党委书记	2003.9—2007.3	
重庆邮政渝北片区局／重庆市邮政公司渝北片区分公司	罗永浩	党委书记	2008.7—2015.6	渝北片区邮政与渝北区邮政，两块牌子、一套班子
		局长	2008.7—2014.3	
		总经理	2014.3—2015.6	
中国邮政集团公司重庆市渝北片区分公司	罗永浩	党委书记、总经理	2015.6—2016.9	
	隆卫东	党委书记、总经理	2016.9—2020.1	
中国邮政集团有限公司重庆市渝北片区分公司	隆卫东	党委书记、总经理	2020.1—2021.3	
	晏木春	党委书记、总经理	2021.3—	

二、邮政业务

1986—1997 年，渝北区邮电局主要开展邮政储蓄、包裹、函件、汇兑、报刊发行、机要通信、集邮等邮政业务及电话、电报、出租代维等电信业务；1998—2014年，新增包裹速递、物流、增值代办、电子商务等业务；2017—2022 年，各项业务逐步整合为金融、邮政寄递、文传和渠道四大业务。

（一）金融业务

1986 年 10 月，江北县邮电局恢复开办"邮政储蓄"业务，辖内 16 个支局所陆续恢复此业务，至 1997 年，全区有邮政储蓄点 57 个。1987 年，开展代办保险业务；1992 年 7 月，开办邮政国际汇兑业务，由国内汇兑业务延展至国际汇兑业务。自此，江北县邮电局开办以储蓄、汇兑、代办为主的金融业务。截至 2022 年底，全区共有金融营业网点 53 个。

1. 储蓄汇兑

1986 年初，邮政储蓄有活期存款、定期存款、定活两便 3 种业务种类。同年，江北县邮电局邮政期末储蓄存款余额为 25 万元。1990 年，期末储蓄存款余额为 470.06

万元。1994 年达到 4402 万元。1997 年底，渝北邮政期末储蓄存款余额突破 1 亿元，达到 1.07 亿元。2002 年，渝北邮政开始办理电子汇兑业务。2003 年，国际电子汇兑系统上线成功，手工处理汇票作业模式消失。2005 年，邮政储蓄与电子汇兑系统两网互通，实现账户到账户、现金到账户等多种汇款方式。2018 年，渝北邮政期末储蓄存款余额突破 100 亿元。2022 年，储蓄存款余额突破 150 亿元，胜利路、洛碛、一碗水、福祥路、康庄美地、龙兴 6 个网点期末储蓄存款余额突破 5 亿元。

2. 中间业务

2005 年，渝北邮政与中国人寿保险公司重庆市分公司签订业务合作协议，开始规模化发展邮政代理保险业务。2017 年，在全市邮政"创新创优"竞赛活动中，洛碛、木耳、福祥路营业所被评为代理保险"扬鞭奋蹄"明星网点。截至 2022 年底，渝北邮政中间业务包括代理理财、代理基金业务等 20 余种代办业务。

渝北邮政发挥区域特色，对接渝北区征地办，承接部分土地代发业务，2011—2018 年，共计协议代发土地赔偿金约 19.73 亿元。

2015—2022年，渝北邮政保费规模及客户数量、代理理财和代理基金业务不断突破。2017年，全年累计新增保费3.87亿元。2021年，基金销量突破1亿元。2022年，保费存量规模达19.4亿元；理财保有量突破5亿元。

3. 风控合规

2015年9月，中邮渝北片区分公司检查室成立，负责代理金融业务风险控制管理、合规管理、反洗钱反假币管理、内控监督管理及各项检查等工作。2018年8月，渝北片区金融业务部下设风控室。2022年7月，更名为金融风险合规室，截至2022年底，渝北邮政未发生重大金融风险案件。

（二）寄递业务

1986年，江北县邮电局寄递业务主要为包裹业务（民用包裹、商品（含大件）包裹、纸质品包裹、快递小包、航空邮件、国际包裹），其中，1990年取消快递小包；1996年取消商品（含大件）包裹、纸质品包裹和航空邮件。1988年新办邮政快件，最高峰时期业务量达183991件/年，1998年取消该业务。2022年4月，普通包裹业务划归文化传媒部管理。

1993年7月，渝北邮政新办国内国际特快专递业务。2005年，开办专为人民法院送达民事诉讼文书的"法院专递"。2006年，开始揽收西南政法大学和南方翻译学院录取通知书；2010年，增加揽收重庆工业职业技术学院录取通知书业务。

2001年，渝北邮政开办由网点窗口收寄，面对个人客户的快递包裹业务；2013年，推出国内小包业务，主要面向协议客户；2015年7月，国内小包与快递包裹整合为快递包裹。2016—2017年，渝北邮政快递包裹收入规模位于全市邮政系统第1。2020年，渝北邮政与高隆仓储达成合作协议，增加快递包裹业务规模。截至2022年底，快递包裹业务量达2997.87万件。

2003年以前，渝北邮政特快专递年均业务规模在6万—8万件，2007年业务量达30.28万件，此后业务量逐年上升，截至2022年底，特快专递业务量达682.95万件。

2008年，响应"一小时经济圈"战略，渝北邮政开办"巴渝次晨达"速递业务。

2018年11月，渝北邮政新办中欧班列国际小包，同年国际小包业务量达11.57万件。此后该项业务持续高速发展，截至2022年底，国际小包业务量达84.68万件，山海远洋项目和柯海棠项目收入分别列全市邮政系统国际小包和国际包裹第1位。

（三）文传业务

1997年以前，包裹揽投、函件收发、报刊发投工作和集邮业务先后隶属于邮政股、邮政科。

1997年邮电分营后，报刊发投、集邮和函件由专业公司经营，包裹揽投由市场经营部负责。2017年，成立集邮与文化传媒部，接管报刊、集邮和函件业务。

2022年4月22日，中国邮政集团有限公司发文将国内普通包裹业务管理职责统一归口到集邮与文化传媒部。

1. 函件业务

1986年，渝北邮政函件业务总量为180万件。2013年以后，受无纸化办公、新媒体发展等影响，函件量大幅降少。至2022年时，函件业务总量减少到106.6万件。2017年，函件业务开始转型发展，渝北邮政联合区教委开展儿童剧巡演活动，实现媒体收入10万元。2019—2022年以"渝邮传媒"品牌融合乡村文旅会展，得到区文旅委、商务委和地方政府支持，先后承办大盛镇云龟山樱花节、茨竹镇放牛坪梨花节、洛碛镇番茄节、兴隆镇丰收节等乡村文旅会展，助力当地乡村振兴。

2. 报刊业务

1985年，渝北邮政报刊流转额为60万元，报刊种类1390种。1989年，《重庆日报》《重庆电视报》等部分报刊实行自办发行，致使期发数累计份数急剧下降。报刊种类从1990年的2100种增至1995年的2748种。报刊流转额从1990年的96万元增至1995年的221万元。1997年，重庆设直辖市后，重庆市委将远邻县市部分报刊交江北县邮电局发行收订。同年，报刊流转额为434万元，种类为2835种。1998—2022年，报刊业务发展逐年稳步上升。2019年，《当代党员》《党员文摘》等回归邮发，流转额增加478万元，渝北邮政结合新中国成立70周年热点，融入地方"晒旅游精品·晒文创产品"活动，图书展销收入位列全市邮政企业第1位。2021年，《课堂内外》系列刊物收订流转额首次突破百万。2022年，电子化支局报刊收订系统下线，新一代营业报刊系统正式使用，同年，报刊发行流转额达4767万元。

3. 集邮业务

1992年，江北县邮电局集邮协会成立，同年，首次举办集邮展览和讲座，出售邮品一万余元。1997年11月12日，渝北区首届巴渝民俗文化节暨渝北区巴渝民俗文化村开村典礼在渝北区两路镇开幕，制作文化节纪念封1枚、纪念明信片2枚。2013年，新牌坊集邮专厅开业，同年实现收入33万元。2018年，渝北邮政拓展社会渠道，先后建设欢乐谷邮局、两江影视城邮局和博雅主题邮局，销售邮政文创产品。至2022年，欢乐谷邮局、两江影视城邮局关闭。2022年，开发定向邮品94万元。

4. 中邮文创

2021年，渝北邮政开办中邮文创业务。2022年，开发邮政职工生日文创产品，并组织北京冬奥会文创产品销售，全年实现中邮文创收入126万元。

5. 普通包裹

普通包裹收寄主要渠道是邮政营业窗口。2003年以前，普通包裹年均收寄规模在 3 万件左右，截至 2022 年底，国内普通包裹收寄规模达 6.09 万件，2022 年，渝北邮政开展"爱心包裹·彩绘童年"活动，为乡村小学生们送去特别的礼物。

（四）渠道业务

1986—2006 年，渠道业务以增值、电信业务为主，由电信公司归口管理。2007 年，更名为电子商务公司。2015 年，电子商务公司和分销业务部合并为电商分销公司，主管代办通信、代收款等增值业务和分销业务。2017 年，渝北邮政成立渠道平台部。2022 年，首次提出"网点＋站点"同心圆管理模式。

1. 增值业务

2003 年，渝北邮政开办代放号、代售充值卡等业务。自 2005 年起，开办以火车票代售为主的代理票务业务和以水、电、气、电话费为主的便民代收服务。2010 年，建设并推广"缴费一站通"系统，开办代收款业务，全年实现代收款业务收入 120.95 万元。2017 年，渝北邮政 53 个网点开办双税双代业务，实现城乡全覆盖，代开国税发票 19716 张，全年实现代征税收入 48.83 万元。2022 年，各项增值业务继续沿办，同年增值业务收入 200 万元。

2. 分销业务

2006 年，渝北邮政正式启动农资分销业务。2008 年启动年货、定制酒品、农产品等商品销售业务，分销业务年货节项目营销体系、产品体系组建完成。同年，分销新增收入 50.34 万元。2022 年，助力乡村振兴，通过"工业品下乡＋农产品进城"双向引流，实现农产品交易额 2015.81 万元，批销交易额 1620.77 万元，分销收入 1410.91 万元。

3. 电信业务

1992 年，江北县邮电局开办无线移动电话和无线寻呼通信业务。1995 年 7 月，128 寻呼台移交重庆市电信局无线分局办理。1996 年，邮电部总局调整电信业务种类为电话业务、电报及非话业务、出租代维业务 3 大类。1997 年，邮电分营，本地网电话（原市话和农话）19907 部，寻呼机 4775 台，各项电信业务全部由重庆市电信局管理，渝北邮政以代理形式开办电信业务。1998 年 6 月 8 日，渝北区邮政局邮政寻呼台正式开业经营，建好并开通的发射基站有茨竹、张关、两路镇内北大街转盘处统建三号楼顶和南区邮政大楼处 4 个。2003 年，随着手机普及特别是短信和来电显示的兴起，寻呼业务逐渐萎缩。

三、邮政网络

（一）网络能力建设

1. 邮路

截至 2022 年底，渝北区域邮路主要由市趟邮路、区内转驳邮路、县乡邮路三部分组成。市趟邮路由邮区中心局组开到渝北城区各揽投部（含龙兴处理场地）；区内转驳邮路由渝北组开，在城区揽投部之间转驳；县乡邮路由渝北邮政组开辐射农村 5 支局。

市趟邮路　1986 年，江北县辖内主要接发重庆—长寿（简称渝长邮路）和重庆—大竹（简称渝竹邮路）两条省内邮路的邮件，辖内设置龙溪、人和、鸳鸯、两路、沙坪、石船等 15 个交接点，另将两路—复兴邮路（简称两复车）改为大循环。1993 年，在原交接点基础上延伸偏岩、石坝和大路口（原江煤）交接点。1995 年调整行政区域，将水土镇等 8 个乡镇划归北碚区后，该邮路移交至北碚区邮电局。至 1997 年邮电分营时，渝北区 35 个乡镇全部设有邮件交接点。

2022 年，渝北区共有 7 条市趟邮路，进出口频次均为每日三个频次。

区内转驳邮路　为加快错分邮件投递时效，渝北邮政根据实际需求组建区内转驳邮路，截至 2022 年底，渝北邮政有区内转驳邮路 2 条，一条负责人和、大竹林，一条负责双龙、海领、长河、鸳鸯邮件转驳。

县乡邮路　1990 年底，辖内有自行车和步班邮路 26 条，至 1998 年，区内 8 条邮路全部自办汽车邮路，境内 35 个乡镇中逐日通邮的 15 个，二级邮路通邮的 15 个，间日到乡镇的 5 个。随着城市化进程不断扩大，城市投递区域增加，县乡邮路随之减少，截至 2022 年底，渝北邮政有海领—大湾、海领—大盛、海领—洛碛 3 条县乡邮路，实行逐日班，覆盖 5 个农村支局。

2. 物流体系

2021 年，根据集团公司、市分公司关于三级物流体系建设的工作要求，渝北邮政组建乡村振兴服务专班，专项推进"县—乡—村"三级物流体系建设。截至 2022 年底，渝北邮政形成"区级寄递共配中心＋乡镇寄递共配中心＋村（社）级综合便民服务站"物流节点布局，累计建成 1 个区级寄递共配中心、9 个镇级寄递共配中心、178 个乡村综合便民服务站。

渝北邮政依托三级物流体系，通过"线上社群＋线下社区"团购营销活动、"便民服务日"活动，结合"二十四节气""919 电商节"等主题营销活动，打造爆款农产品，全年实现线上零售额 275.70 万元。

疫情期间，渝北邮政成立物资保供小组，借助"邮乐优鲜"平台，在全区范围内推广预制菜物资供应，保障人民生活必需品需求，通过三级物流体系和城区寄递网络配送 2486 份预制菜，帮助大盛镇、洛碛镇等蔬菜种植大户销售蔬菜约 4 吨。

3. 作业场地

自 1986 年起，渝北区域内包裹快递处理场地逐步发展。截至 2022 年底，城市地区（含龙兴）有单独处理场所，农村地区作业场地依然与营业网点同址。

表 9-8-1-2

1986—2022 年渝北邮政作业场地变更情况表

年　份	邮　政	速　递	备　注
1986—1999	—		投递由支局管理
2000	龙溪、双龙		—
2007	龙溪、人和、双龙		—
2009	龙溪、人和、双龙、鸳鸯	龙溪、人和（下设鸳鸯投递站）、双龙	成立速递物流公司
2011	龙溪、人和、双龙	—	
2012	—	双龙、空港、鸳鸯、人和、龙溪、龙头寺、冉家坝	对双龙、龙溪进行拆分；鸳鸯投递站升级为揽投部管理
2014	龙溪、人和、双龙、鸳鸯	—	鸳鸯投递组升级为鸳鸯投递站
2018	—	双龙、空港、服装城、龙头寺、冉家坝、新牌坊、龙溪（地址变更带金紫山）、人和、十年城、鸳鸯、三亚湾	对部分进行区域划分重组
2019	人和、龙溪、冉家坝、龙头寺、鸳鸯、双龙、长河、龙兴		寄递改革场地整合
2022	人和综合、大竹林、长河、鸳鸯、双龙、海领（下设龙兴网格）		4月整合龙溪、冉家坝、龙头寺、人和成立人和综合揽投部；11月，拆分人和成立大竹林揽投部，拆分双龙成立海领揽投部。各揽投部面积为：双龙 1939.18 平方米、人和 3400 平方米、鸳鸯 1160 平方米、长河 1083 平方米、海领 1400 平方米、龙兴网格 507 平方米、大竹林 750 平方米

说明："—"表示与上年保持一致。

4. 设施设备

1986—2022 年，渝北邮政加大对揽投能力的建设提升，各类设备趋于完善。

表 9-8-1-3

1986—2022 年渝北邮政部分年份设施设备一览表

年份	营业投递设备	内部处理设备	运输设备
1986	—	—	2
1989	—	1	3
1994	—	—	8（汽车 7 辆，摩托车 1 辆）
1997	—	—	9（各类汽车）
1998	—	—	12
1999	—	—	13
2005	—	—	26
2018	—	皮带机 2 台	—
2019	PDA 413 台	皮带机 5 台	—
2020	PDA 427 台；针式打印机 16 台；吊牌打印机 15 台	皮带机 6 台	233（摩托车 87 辆，燃油车 105 辆（自有 83 辆，租赁 22 辆），电动车 34 辆（租赁 34 辆），7 辆重型货车）

续表

年份	营业投递设备	内部处理设备	运输设备
2021	PDA 437 台；热敏打印机 22 台；详情单扫描仪 2 台；无线扫描枪 25 把；便携式蓝牙电子秤 55 台；台式蓝牙电子秤 15 台；热敏打印机 68 台，新增到件扫描仪 5 台	皮带机 6 台	217［摩托车 82 辆；燃油车 91 辆（自有 76 辆，租赁 15 辆），电动车 38 辆（租赁 38 辆）；重型货车 6 辆］
2022	PDA 410 台；折叠笼车 182 台；液压叉车 4 台；拉杆箱 30 个；保温箱 10 台；可折叠手推车 80 个；爬楼手推车 30 个；快递员头盔 103 个；双肩包 334 个；新增针式打印机 13 台；蓝牙电子秤 11 台；便携式手提秤 149 台；无线扫描枪 16 台；详情单扫描仪 1 台；蓝牙耳机 402 个	皮带机 6 台；小件分拣机 1 台	197［摩托车 82 辆，燃油车 41 辆（自有 41 辆），电动车 69 辆（自有 25 辆，租赁 44 辆），5 辆重型货车］

（二）网运生产作业

1. 邮件接发

邮件及报刊接发工作均由分拣封发人员兼任，随着邮件量不断增长，2003 年，设立渝北片区邮政局后，配备专职人员做接发工作，其中双龙、人和、龙溪各配置 1 人，农村支局网点仍由营业、投递人员兼任接发工作。2017 年起，渝北邮政逐步配备皮带机，邮件接发从人工接发过渡到半自动化机械操作。2022 年，人和实现全自动化分拣，大竹林、长河、鸳鸯、双龙、海领实行皮带机半自动化分拣，仅龙兴由人工分拣。

2. 邮件运输

自 1986 年起，邮件运输方式历经步班、自行车、委办汽车运输、委办运输与自办相结合、自办运输加自办转接的转变。截至 2005 年底，渝北邮政共开办 2 条邮路，直接由两路运送到各网点。2010 年，区内运输邮路增至 3 条。2019 年，速递车队划归中心局管理，为支撑大客户揽收及区内错分邮件转驳，渝北邮政保留 3 名驾驶人员、7 台厢式货车，新增 2 条区内错分邮路。

3. 邮件押运

1986 年以来，原委办邮路由社会客运车辆售票员兼押运、上下邮件，自办邮路由驾驶员兼押运员，邮件由钞车带运时配备 1 名武装押运员。2010 年，钞邮分离后，由驾驶员兼押运、邮件交接等。2022 年，除机要邮件有专人押运外，普通邮件全部由驾驶员兼押运员。

4. 邮件投递

1985 年，江北县设 3 个城市段道，93 条乡村投递路线，日投 1 班（次）。

随江北机场竣工，城区开发延伸，单位增多，邮件投递量加大，至 1990 年 8 月投递段增至 5 个。

1997 年，渝北区设 8 个城市投递段道，乡村投递路线 20 条，日投 2 班（次）。

2009 年，速递物流实行专业化经营，渝北邮政调整区内邮运干线 2 条，全区设 7 条邮路。

2010 年，渝北邮政与区内各行政村村委会联系，完成全区 80 个村邮站建设任务；调整农村投递路线，实行摩托化投递全覆盖。

截至 2022 年底，渝北农村区域营投合一网点 23 个，负责农村区域 12 个镇街、173 个建制村投递服务，配置农村投递人员 21 人，其中，汽车投递 18 人、摩托车投递 3 人。普遍服务投递线路 87 条，线路总长 1284 公里，其中，汽车投递 71 条；乡镇人民政府所在地投递频次每周 6 天、每天 1 次；173 个建制村周三投递频次 160 个，周五投递频次 13 个；建设综合便民服务站点（村邮站）175 个，建制村覆盖率达到 100%。城市区域设有 6 个揽投部，负责城市区域 18 个街道的邮件揽收及投递，设置揽投段道 296 个，共配置揽投人员 350 人，其中普邮每天至少 2 个投递频次，日均投递里程 4524 公里，服务面积 271 平方公里，包裹快递每日 3 个投递频次，日均投递 8.3 万件。

（三）网运管理

1. 组织管理

自 1986 年起，渝北邮政网运先后历经支局、递送局、市场部、快包部管理，后成立网运管理部门。2018 年邮政速递分营时期，速递公司成立网控部，监督管理网运及服务质量；渝北邮政成立运营管理部，监督管理投递站网运质量。2019 年寄递改革，两个部门进行整合，由运营管理部接管相应工作内容。

2. 网运质量

1986—2022 年，渝北邮政网运管理逐渐精细化，运营质量逐步完善。截至 2022 年底，收寄及时率为 99.39%，特快及时妥投率为 94.36%，快包及时妥投率为 94.36%，特快次日递为 98.65%，快包次日递为 97.13%。

（四）服务网点

1. 网点设置

1986—2022 年，邮政服务网点历经自办、代办兼营到纯自营的过程。网点设立经过数次调整，截至 2022 年底，渝北邮政有邮政网点 62 个，其中代理金融网点 53 个，纯邮政网点 9 个。

表 9-8-1-4

1986—2022 年渝北邮政局所一览表

序号	局所名称	经营性质	经营属性	设置地点	备注
1	龙门桥代办所	代办	—	—	已撤销
2	麻柳沱邮政所	自营	农村	渝北区石船镇柳河街 132 号	—
3	复盛代办所	代办	—	—	1995 年 12 月划归江北区邮电局管辖
4	滩口代办所	代办	—	—	1995 年 12 划归北碚区邮电局管辖
5	三圣代办所	代办	—	—	1995 年 12 划归北碚区邮电局管辖
6	两岔邮政所	自营	农村	—	2016 年撤销
7	舒家邮政所	自营	农村	—	2021 年撤销
8	人和邮政支局	自营	城市	渝北区人和街道万年一支路 27 号	2022 年 7 月更名为万年路邮政所
9	仁睦代办所	代办	—	—	已撤销
10	兴隆邮政支局	自营	农村	渝北区兴隆镇渝兴路 122 号	2003 年撤支局为邮政所，属木耳支局下辖网点
11	茨竹邮政支局	自营	农村	渝北区茨竹镇竹峰路 250、252、254 号	—
12	龙溪邮政支局	自营	城市	渝北区龙溪街道松桥路 27 号附 1 号	—
13	王家邮政所	自营	农村	渝北区王家街道龙泉街 67 号附 2 号	—
14	石鞋邮政所	自营	农村	渝北区木耳镇石南路 106 号	—
15	礼嘉邮政所	自营	城市	渝北区礼嘉街道礼文街 48、50 号	—
16	旱土邮政所	自营	农村	渝北区玉峰山镇旱土村 1 组	—
17	大盛邮政所	自营	农村	渝北区大盛镇新生街 5 号	—
18	隆仁邮政所	自营	农村	渝北区大盛镇隆仁村 2 组	—
19	大湾邮政所	自营	农村	渝北区大湾镇滨河路 5、7 号	—
20	木耳邮政支局	自营	农村	渝北区木耳镇木兰路 217 号	—
21	明月邮政所	自营	农村	渝北区大盛镇皓月街 39 号	—
22	偏岩代办所	代办	—	—	1995 年 12 月划归北碚区邮电局管辖
23	石坝代办所	代办	—	—	1995 年 12 月划归北碚区邮电局管辖
24	龙兴邮政支局	自营	农村	渝北区龙兴镇龙华路 181 号	—
25	统景邮政支局	自营	农村	渝北区统景镇景御路 25 号附 1 号	—
26	关兴邮政所	自营	农村	渝北区石船镇关兴街 55 号	—
27	鱼嘴支局	自营	—	—	1995 年 12 月划归江北区邮电局管辖
28	复兴支局	自营	—	—	1995 年 12 月划归北碚区邮电局管辖
29	静观支局	自营	—	—	1995 年 12 月划归北碚区邮电局管辖
30	沙坪支局	自营	城市	—	2014 年撤销
31	水土支局	自营	—	—	1995 年 12 月划归北碚区邮电局管辖
32	梅溪代办所	代办	—	—	已撤销
33	洛碛邮政支局	自营	农村	渝北区洛碛镇新渝路 1 号附 12、附 13 号	—
34	鸳鸯邮政所	自营	城市	渝北区鸳鸯街道鸳鸯北路 17、19 号	—
35	石坪邮政所	自营	农村	渝北区玉峰山镇石坪北路 21 号	—

序号	局所名称	经营性质	经营属性	设置地点	备　注
36	石船邮政支局	自营	农村	渝北区石船镇石景街 10 号	2011 年撤销支局管理权限由龙兴支局管理
37	太洪邮政所	自营	农村	—	2017 年 3 月撤销
38	五保代办所	代办	—	—	1995 年 12 月划归江北区邮电局管辖
39	草坪代办所	代办	—	—	已撤销
40	多宝代办所	代办	—	—	已撤销
41	同仁代办所	代办	—	—	已撤销
42	仙桃代办所	代办	—	—	已撤销
43	张关邮政所	自营	农村	渝北区洛碛镇张关街 50、52 号	—
44	古路邮政所	自营	农村	渝北区古路镇黄桷街 59 号附 5、附 6 号	—
45	高嘴邮政所	自营	农村	渝北区大湾镇红竹街 142、144、146 号	—
46	柳荫支局邮政所	自营	—	—	1995 年 12 月划归北碚区邮电局管辖
47	大竹林邮政所	自营	城市	渝北区大竹林街道金开大道西段 201 号附 12 号	—
48	江煤邮政所	自营	—	—	1995 年 12 月划归北碚区邮电局管辖
49	大石邮政所	自营	城市	—	2012 年撤销
50	加州邮政所	自营	城市	渝北区龙溪街道红金街 2 号	—
51	黄泥塝邮政所	自营	城市	渝北区紫康路附 155 号附 1、附 2 号	—
52	花园新村邮政所	自营	城市	渝北区龙山街道松石北路 58 号附 3 号	—
53	五星路邮政所	自营	城市	渝北区双龙湖街道五星路 124 号附 3 号	—
54	老街邮政所	自营	城市	—	2013 年撤销
55	北湖路邮政所	自营	城市	—	—
56	双凤邮政所	自营	—	—	已撤销
57	狮子口大桥邮政所	自营	—	—	1998 年撤销
58	航天职大邮政所	自营	城市	渝北区龙山街道红石路 152 号附 1 号	2022 年 7 月更名为红石路邮政所
59	龙顺街邮政所	自营	—	—	已撤销
60	胜利路邮政所	自营	城市	渝北区双龙湖街道胜利路 56 号	—
61	双龙邮政支局	自营	城市	渝北区双龙湖街道双龙大道 220 号	—
62	金山邮政所	自营	城市	渝北区金山街道栖霞路 1 号附 30 号	—
63	空港邮政所	自营	城市	渝北区双凤桥街道空港大道 57 号	—
64	宝圣路邮政所	自营	城市	渝北区宝圣湖街道宝圣大道 904 号附 3、附 4 号	—
65	新牌坊邮政所	自营	城市	渝北区龙溪街道新牌坊二路 60 号	—
66	龙坝邮政所	自营	城市	渝北区龙溪街道佳园路 68 号	—
67	南译邮政所	自营	城市	渝北区回兴街道银梭大道 2 号附 4、6 号商铺	—
68	冉家坝邮政所	自营	城市	渝北区龙山街道龙山路 223 号附 1 号	—
69	西区邮政所	自营	城市	渝北区仙桃街道腾芳大道 2 号附 15 号汇祥好莱坞 8/9 号楼 1 层 01—07/09/10 号	—
70	重庆江北国际机场邮政所	自营	城市	渝北区两路街道重庆江北国际机场 T3 航站楼 L4 层 3D 岛售票 36 号柜台	—

序号	局所名称	经营性质	经营属性	设置地点	备注
71	工职院邮政所	自营	城市	—	2022年3月撤销
72	民秀路邮政所	自营	城市	渝北区双凤桥街道民秀路1号附116号	—
73	港机邮政所	自营	—	—	1995年12月划归江北区邮电局管辖
74	汉渝路邮政所	自营	城市	渝北区两路街道汉渝路134号附1、3、4号	—
75	工业园区邮政所	自营	城市	渝北区宝圣湖街道兴科大道389号	—
76	一碗水邮政所	自营	城市	渝北区回兴街道兴科大道23号金鞍花园H-13	—
77	龙头寺邮政所	自营	城市	渝北区天宫殿街道昆仑大道59号	—
78	兰桂路邮政所	自营	城市	渝北区仙桃街道兰桂大道2号附1、2号	—
79	石梁桥邮政所	自营	城市	渝北区大竹林街道斑竹路2号附11号	—
80	民心佳园邮政所	自营	城市	渝北区金山街道加工区二路19号附43、44号	—
81	东山代办所	代办	—		1995年撤销
82	中坪代办所	代办	—		1995年撤销
83	广福代办所	代办	—		1995年撤销
84	翠云代办所	代办	—		已撤销
85	永庆邮政所	自营	农村		2017年撤销
86	沙地邮政所	自营	城市		2010年撤销
87	川庆邮政所	自营	—		2013年10月撤销
88	白云代办所	代办	—		已撤销
89	兴发代办所	代办	—		已撤销
90	黄印代办所	代办	—		已撤销
91	华秦代办所	代办	—		已撤销
92	马鞍代办所	代办	—		已撤销
93	张家口代办所	代办	—		已撤销
94	天堡邮政所	自营	农村	渝北区龙兴镇龙骏大道301号	—
95	白岩邮政所	自营	农村	渝北区大盛镇白岩街48号附2号	—
96	中河邮政所	自营	农村	渝北区茨竹镇中河街398号附2、4号	—
97	龙安邮政所	自营	农村	渝北区统景镇龙安村5组	—
98	悦来邮政所	自营	城市	渝北区悦来街道悦城路55号附4号	—
99	华晖路邮政所	自营	农村	渝北区木耳镇华晖路56号	—
100	康庄美地邮政所	自营	城市	两江新区金通大道B3B4栋506号附42、43号	—
101	兴科邮政所	自营	城市	渝北区回兴街道兴科五路56号	—
102	花朝邮政所	自营	城市	北部新区云竹路73号1-1栋88、89号	—
103	福祥路邮政所	自营	农村	渝北区龙兴镇福祥路47、49、51号	—
104	松牌路邮政所	自营	城市	渝北区龙溪街道松牌路89号伟清·阳光地带4幢商铺1-2	—
105	腾兴路邮政所	自营	农村	渝北区腾兴路3号附1号	

2. 社会加盟站点

2012年，渝北邮政设立缴费一站通216个、邮务通5个、村邮站148个，为打造城乡综合服务平台打下良好基础。2013年新增缴费一站通64个、村邮站8个、报刊亭3个，发展便民服务站258个。2016年，建成邮乐网区县馆1个，建成农村电商乡镇服务中心4个、村级服务站172个，村级服务站覆盖率达90%。2018年，提前完成249个建制村村邮站挂牌恢复运营目标，累计建成区级运营中心1个，乡镇服务中心6个，农村电商村级服务站329个，农村电商三级服务体系进一步完善。2020年，110个邮乐购站点叠加包裹代投功能。截至2022年底，渝北邮政共建成邮乐购站点425个（城区224个、农村201个）、乡村综合便民服务站178个。

四、邮政管理

（一）财务管理

1986—1997年邮电合营时期，邮电财务核算制度分别在1987年和1993年进行两次调整。

1997年，邮政独立运营后，实行新的财务核算和利润分配制度，开始探索建立以经济杠杆为主要手段，以改革核算体制、考核机制、激励机制、拓宽建设资金筹集渠道为主要内容的财务管理新机制。为提升管理质效，2003年，成立渝北片区后，各单位仍独立核算。2007年，邮储银行成立后，各单位与对应区域邮政储蓄银行独立核算。2008年，速递公司专业化经营，独立于邮政公司进行独立核算。2018年，分成邮务账、寄递邮政账和速递账3个账套独立核算。

（二）人力资源管理

1. 队伍建设

1985年，江北县邮电局全局从业人员有278人，1995年，因行政区划调整，原水土、静观等11个乡镇的邮电职工43人划北碚区邮电局。1997年，邮电分营，渝北区邮电局全局从业人员为293人，其中渝北区邮政局158人，渝北区电信局135人。2018年9月寄递改革后，速递物流公司与邮政分公司合并，约400人划入寄递事业部，截至2022年底，渝北邮政有从业人员470人。

2. 教育培训

1986年起，江北县邮电局先后通过选送在职职工参加邮电高函、中函，以及其他专业函授、自考和签订委培合同等方式提高职工文化素养。截至1997年底，渝北邮政全局员工累次参加培训班170人次，自办或以会代训13期，受训人员达371次。2007年，政企分开，渝北邮政通过吸纳优秀高学历人才和岗位培训来提高业务能力和服务质量。截至2022年底，有本科及以上学历职工295人，全年岗位培训386人次。

截至2022年底，渝北邮政代理金融从业人员基金从业资格证书持证人数累计107人，AFP（金融理财师）累计24人，CFP（国际金融理财师）2人，邮政生产人员职业技能等级证书高级持证人数92人。

3. 薪酬管理

1989年10月，江北县邮电局根据重庆市邮电局通知规定调整工资结构。1997年11月，重庆市邮政管理局核定渝北区邮政局为四等四级局，相应调整员工工资水平。2008年，薪酬制度改革，建立以岗位管理为基础的一岗多薪的宽带薪酬体系，对岗位实行分序列管理。2015年，将基本工资分为薪级工资和岗位工资两部分，取消部门分类，调整易岗易薪规则。2018年，调整薪酬标准，实施基本工资晋级、岗位工资晋档，调高专业技术职务津贴、职业资格等级津贴、外勤和夜班津贴标准，对特殊荣誉贡献的员工进行薪级工资加分，2022年继续沿用。

（三）服务质量管理

1. 营业服务

截至2022年底，渝北邮政设有邮政普遍服务营业场所共62个，其中，53个营业场所开办税邮业务、19个营业场所开办警邮业务、8个营业场所开办警医邮业务。总服务面积约1471平方公里，服务人口219万。城市区域有营业场所35个，农村区域27个；综合网点53个，纯普服网点9个；32个营业场所开办国际及港澳台业务。

2017年，渝北邮政设置客户管理人员负责用户申诉处理。2017—2022年，用户申诉处理满意率持续保持100%。

2. 普遍服务和特殊服务

2018年6月，渝北邮政建制村通邮全部达标，所辖181个建制村通邮频次由周2频次提升到周3频次。2019年，纯普服网点全面开办邮政便民汇兑业务。截至2022年底，渝北邮政所有营业场所均开办普服四项基本业务和特殊服务业务。渝北邮政持续提供义务兵平常信函、盲人读物、革命烈士遗物免费寄递服务等特殊服务业务；为党政机关、企事业单位，大型企业收寄投送机要文件。辖内机要分局至2022年已实现38年机要通信质量全红，未发生机要件丢失、泄密、损毁等通信事故和重大交通安全责任事故。

3. 监督检查

2015年以前，渝北邮政设立视察检查岗负责服务质量监督检查工作，2015年9月，设立检查室，挂靠金融业务部，负责金融业务检查及邮政综合视察。2017年8月，检查人员整体划转服务质量部（普遍服务部）检查岗位，负责代理金融合规检查、邮政视察等工作。2020年4月，代理金融检查人员划归金融业务部，专职从事代理金融合规检查工作，渝北片区分公司配置视察检查（安全检查）4人，其中，2人负责检查渝北邮政。

（四）安全管理

1997年，渝北区邮电局经济民警分队成立，执行邮政储蓄资金业务库的守护任务；邮电分营后，划归渝北区邮政局，更名为渝北邮政局经济民警分队，由局长直接领导，主要承担守护邮政储蓄资金业务库、武装押送邮政储蓄在途资金、处置重大突发性事件等职责。1998—2006年，渝北邮政修订完善各项安全管理条例，成立安全检查小组开展各项安全检查活动，整治网点安全设施，配置安全监控设备，新增警卫人员。对重点部位做到"严防、严管、严治"，及时整改各年检查出的安全隐患。2007—2019年，渝北邮政增加安全检查频次、新增和改造各类网络监控设施和"110"联网报警设备，开展安全生产综合性检查，修订出台各项车辆管理办法和制度，加强安全行车意识，各年未发生资金案件和人员伤亡事故，未出现较大的车辆事故。2020—2022年，全面落实疫情防控、安全生产要求。截至2022年底，渝北邮政未发生重大及以上安全责任事故。

（五）党群管理

1. 党组织

1995年12月，重庆市行政区划调整，撤销江北县，设立渝北区。原"江北县邮电局党总支部委员会"更名为"中国共产党重庆渝北区邮电局总支部委员会"。1997年，邮电分营，同年12月，经区委组织部批复撤销中国共产党重庆渝北区邮电局总支部委员会，设立中国共产党重庆市渝北区邮政局委员会，下设8个基层支部，有党员51名。1998年6月，中国共产党重庆市渝北区邮政局委员会召开第一次党员大会，宣布中国共产党重庆市渝北区邮政局机关党支部等8个党支部成立。2003年，中国共产党重庆市渝北区邮政局委员会重新组建机关支部、专业支部、生产支部、速递物流支部、退休支部计5个党支部。2007年，"中国共产党重庆市渝北区邮政局委员会"更名为"中国共产党重庆市邮政公司渝北区邮政局委员会"；2015年，更名为中国共产党中国邮政集团公司重庆市渝北片区分公司委员会；2020年，更名为中国共产党中国邮政集团有限公司重庆市渝北片区分公司委员会；同年，撤销中国共产党中国邮政集团有限公司重庆市渝北片区分公司退休支部委员会，退休党员划转地方。

截至2022年底，中国共产党中国邮政集团有限公司重庆市渝北片区分公司委员会有党员91名。

2. 工会

1994年，江北县邮电局领导班子调整后，同年9月，召开十二届工会代表大会暨八届职工代表大会。1995年，行政区划调整后，原"江北县邮电局工会委员会"撤销，设立"重庆市渝北区邮电局工会委员会"。1997年7月，邮电分营，原"渝北区邮电局工会委员会"撤销，经重庆市邮政管理局工会委员会批准设立"渝北区邮政局工会委员会"。1998年2月，召开渝北区邮政局第一届工会会员代表大会。2018年5月，"渝北区邮政局工会委员会"更名为"中国邮政集团工会重庆市渝北片区委员会"。

2013—2022年，先后召开了中国邮政集团工会重庆市渝北区第四届委员会、中国邮政集团工会重庆市渝北区委员会第五届一次代表大会、五届二次代表大会。

2008—2022年，渝北邮政共建职工之家1个，职工小家28个，简易小家26个。2021年3月，增加、更址小家15个。截至2022年底，所有网点均建设职工小家。

3. 团组织

1995年2月，因行政区划调整，原"江北县邮电局团支部"更名为"中国共产主义青年团重庆渝北区邮电局支部委员会"。1997年7月，邮电分营，经区级机关团委批准分别建立"中国共产主义青年团渝北区邮政局委员会"和"中国共产主义青年团渝北区电信局委员会"。2017年，成立中国共产主义青年团中国邮政集团公司重庆市渝北片区分公司委员会。2020年，更名为中国共产主义青年团中国邮政集团有限公司重庆市渝北片区分公司委员会。截至2022年底，有团员85人。

4. 荣誉

2004—2022年，渝北邮政深入开展职工文体活动、各类劳动竞赛、参与和组织各类先进评选。2019年、2021年，渝北邮政获得中国邮政重庆市分公司"十佳企业"称号；2021年，获得中国邮政重庆市分公司先进基层党组织称号；2022年，获得中国邮政重庆市分公司"企业发展进步奖"称号，获得重庆市经济和信息化委员会信访稳定工作先进集体称号。

2013年，渝北邮政员工彭学彬被重庆市委、市政府授予"重庆市劳动模范"称号。2020年，员工石全被国家人社部及国家邮政局授予"全国邮政行业劳动模范"称号；2021年，被重庆市委组织部、市人社部、团市委授予"重庆青年五四奖章"；2022年，被团中央授予"全国向上向善好青年"称号。2021年，员工陈渝获得国家交通运输部授予的"全国交通技术能手"称号，入选国家邮政局2021年度"邮政行业技术能手推进计划"；2022年12月，被团市委、市人社授予"2021—2022年度重庆市青年岗位能手"称号。

第二节 长寿邮政机构

一、机构沿革

（一）机构演变

1. 计划单列时期

1986年，长寿县邮电局由重庆市邮电局管理。

1992年3月，邮电管理体制调整，长寿县邮电局划归重庆市电信局管辖。

2. 邮电分营时期

1997年，邮政、电信分营试点，原重庆市电信局管理的长寿县邮电局的邮政业务全部划归重庆市邮政局管理。同年 4 月，国家邮电部撤销重庆市邮政局，成立重庆市邮政管理局。同年 7 月，长寿县邮政局成立，隶属重庆市邮政管理局管理。

2002 年 4 月，由于长寿行政区划调整，经国家邮政局批复，重庆市邮政管理局撤销重庆市长寿县邮政局。同年 5 月 8 日，成立重庆市长寿区邮政局，管理体制不变。

2003 年 2 月，重庆邮政经营管理体制调整，实行城、片区经营管理体制，长寿区邮政局隶属新设立的渝北片区邮政局管辖。

3. 政企分开时期

2007 年，政企分开。同年 9 月，"重庆市长寿区邮政局"更名为"重庆市邮政公司长寿区邮政局"。同年 12 月，中国邮政储蓄银行重庆长寿县支行挂牌成立，长寿邮政受邮储银行长寿县支行委托开办代理金融业务。

2009 年 1 月，重庆邮政速递物流一体化专业经营，重庆市邮政速递物流公司长寿区分公司成立。2010 年 6 月，更名为重庆市邮政速递物流有限公司长寿区分公司。2014 年 6 月，重庆邮政速递物流组织机构调整，"重庆市

邮政速递物流有限公司长寿区分公司"改设为"长寿区营业部"（营业执照名称不变），由重庆市邮政速递物流有限公司新组建的渝北片区分公司管理。

2015 年，中国邮政集团法人体制改革。同年 4 月，"重庆市邮政公司长寿区邮政局"更名为"中国邮政集团公司重庆市长寿区分公司"。同月，"重庆市邮政速递物流有限公司长寿区分公司"更名为"中国邮政速递物流股份有限公司重庆市长寿区分公司"。

2018 年 9 月，寄递改革，组建长寿区寄递事业部（保留"中国邮政速递物流股份有限公司重庆市长寿区分公司"牌子），由渝北片区寄递事业部管理，下设寄递事业部市场部。

2020 年 1 月，"中国邮政集团公司重庆市长寿区分公司"更名为"中国邮政集团有限公司重庆市长寿区分公司"。2022 年沿用此名，管理体制不变。

截至 2022 年底，长寿邮政内设综合办公室、市场营销部、金融业务部、集邮与文化传媒部、渠道平台部。

（二）主要领导

表 9-8-2-1

1986—2022 年长寿邮政主要领导人员名录

单位名称	姓　名	职　务	任职时间
长寿县邮电局	魏国南	局长	1986.1—1987.1
	骆明清	局长	1987.1—1991.6
	骆明清	党总支书记、局长	1991.6—1997.10
重庆市长寿县邮政局	丁乃骧	党总支书记、局长	1997.10—2001.5（党总支书记） 1997.9—2001.5（局长）
	梁玉平	党总支书记、局长	2001.5—2002.4
重庆市长寿区邮政局	梁玉平	党委书记、局长	2002.4—2003.2
	熊　岗	党委书记、局长	2003.2—2004.10
	凌宗华	党委书记、局长	2004.10—2007.3
重庆市邮政公司长寿区邮政局	杨　坚	党委书记、局长	2007.3—2008.8
	罗方斌	党委书记、局长	2008.8—2011.6
	陈维辉	党委书记、局长	2011.6—2015.6
中国邮政集团公司重庆市长寿区分公司	陈维辉	党总支书记、总经理	2015.6—2015.12
中国邮政集团有限公司重庆市长寿区分公司	韦先兵	党总支书记、总经理	2015.12—2022.1
	杨秀琴	党总支书记、总经理	2022.1—

二、邮政业务

1986—1996 年，长寿县邮电局主要开展邮政业务和电信业务；1997 年邮电分营，1997—2014 年，长寿邮政主要开展邮政储蓄、函件、包裹、汇兑、报刊发行、机

要、集邮等邮政业务；2015—2022 年，各项邮政业务逐步整合为金融业务、寄递业务、文传业务、渠道业务 4 大板块。

1986—2022 年，长寿邮政业务收入情况如下表。

表 9-8-2-2

1986—2022 年长寿邮政业务收入统计表

单位：万元

年份	业务收入	年份	业务收入	年份	业务收入
1986	65.70	1999	730.77	2012	5459.22
1987	68.61	2000	873.33	2013	5955.53
1988	69.72	2001	1623.66	2014	6555.52
1989	74.87	2002	1701.01	2015	7185.90
1990	208.71	2003	1950.27	2016	8676.64
1991	232.67	2004	2274.35	2017	10093.12
1992	269.60	2005	2569.40	2018	10605.00
1993	314.86	2006	3362.92	2019	11535.29
1994	368.03	2007	3022.14	2020	13326.63
1995	440.27	2008	2940.80	2021	14288.99
1996	477.58	2009	3352.46	2022	15930.02
1997	502.66	2010	3560.00		—
1998	641.12	2011	4615.00		

（一）金融业务

1. 储蓄汇兑

1986 年，长寿县邮电局恢复开办邮政储蓄业务，全年储蓄存款余额 100 万元。同年，办理进口汇票 16.1 万张；1995 年，增至 37.22 万张。1986—1998 年，出口汇票每年 12 万张左右，至 2001 年，降至 5.8 万张。2001 年，长寿邮政开办电子汇兑业务。2002 年，汇兑收入增至 160.77 万元。2004 年，随着金融支付手段多元化，汇兑业务逐渐减少，至 2022 年汇兑收入降至 1.4 万元。

2010 年，长寿邮政储蓄存款余额突破 20 亿元。2015 年，长寿邮政成立代理金融网点转型办公室，由 2 名专职转型大使负责对云台、文苑等 9 个网点，按集团公司要求分批进行标准化转型导入。截至 2015 年 10 月，9 个标准版转型网点点均总资产 15688 万元。2018 年，长寿邮政储蓄存款余额突破 50 亿元。葛兰邮政所获全国邮政代理金融"千佳网点"称号。2020 年，储蓄存款余额突破 60 亿元。2022 年，长寿邮政代理金融向"财富金融"和"生态金融"转型，依托"网点＋站点"服务模式，延伸普惠金融服务内涵，储蓄存款余额突破 70 亿元。

自 1997 年起，长寿邮政陆续投放 ATM 等设施设备，截至 2022 年底，有 ATM（自助取款机）和 CRS（自助存取款一体机）74 台，点钞、清分机等 130 台，营业、金融终端设备 210 台，ITM（智能柜员机）37 台、STM（纸币＋有单）（超级柜员机）1 台，移动展业 32 台。

2. 中间业务

2002 年 4 月，长寿邮政开始代办金融中间业务。同年 5 月 9 日，开始代收基本养老保险，全年代收金额 680 万元。同年 5 月 15 日，长寿区邮政局代发乡镇学校教师工资，金额近 500 万元。2017 年，代理保险业务转型升级，寿险新单保费规模 3.06 亿元，中邮保险新保保费 1474 万元。2022 年，借助市分公司营销活动，中邮消费营销争先综合得分排名全市第 1 位。新单保费达 1.84 亿元。

3. 风控合规

1986—2001 年，长寿邮政金融风控主要采取严格规章制度和人防、物防相结合。1997 年设储蓄科对储蓄、汇兑业务进行管理，管理方式采取业务辅导与检查，配邮政检查员和储汇稽查员，按频次、标准对网点进行检查辅导。2004 年，改革视检稽查管理模式，将全局所有网点实行划片检查，集中汇总。2004 年，制定《长寿区邮政局稽查检查管理办法》，加强代班轮岗范围的管理。根据重庆市银监局《关于开展重庆市邮政储蓄无证网点清理和规范的通知》，对河街、余家湾、卫东、飞龙 4 个网点进行撤并。2016 年 6 月，长寿邮政金融风控合规室成立，检查发现的问题全部整改到位。2021 年，开展代理金融网点合规风险等级评价工作。2022 年，严格落实市分公司要求，开展"雷霆行动"专项排查活动，代理金融风控合规能力与水平稳步提升。

（二）寄递业务

1. 特快专递

1994 年，长寿县邮电局开办特快专递业务，收寄 0.35 万件。2001 年，收寄量增至 2.16 万件。2004 年，长寿邮政开办身份证及行政审批大厅证件特快专递业务。2005 年 10 月，长寿区邮政局与长寿区法院达成法律文书快递专递协议。2005—2022 年，持续开展此项工作，截至 2022 年底，长寿邮政完成法律文书送达和回执 64.8 万份。2020 年新冠疫情期间，长寿邮政为全区 63 所中小学配送教材 6.8 万份、书籍 23.8 万册。拓展极速鲜、校园礼仪业务和现费市场，截至 2022 年底，极速鲜累计业务量 76.35 万件。同年，开办政务服务免费邮寄送达服务，年均寄递量 2.1 万件。2022 年，特快专递邮件实现业务量 75.32 万件。

2. 快递包裹

2001 年 8 月，长寿邮政开办国内快递包裹业务。2010 年 1 月，市分公司将国内快递包裹和特快专递包裹业务纳入邮政速递物流专业经营范围，由邮政速递物流专业统一经营管理。2014 年，长寿邮政收寄国内小包 2.39 万件。

2015 年，国内小包等业务优化整合为快递包裹。同年，长寿邮政与韵达快递、天天快递达成落地配协议，启动长寿柚、血脐快包寄递项目。2016年，长寿邮政与重庆市春亚同电商公司缔结战略合作伙伴，收寄长寿湖血脐包裹3.17万件。

2017年，长寿邮政收寄长寿柚包裹4.85万件。2020年，长寿邮政成功申报"长寿柚"综合开发市级项目，获评AAA级。2022年，在全市率先完成"双百工程"（百分之百建制村通邮、百分之百邮快合作），为"最后一公里"寄递服务提供保障。快递进村完成295.86万件，代收代投快递包裹量列全市邮政系统第2位。

3. 物流业务

2002年，长寿邮政设物流配送公司，开办物流业务。与力帆矿泉水经销商签订长寿区独家代理经销商配送协议，开启长寿邮政物流业务新起点。2015年，长寿邮政与重庆鸿海印务有限公司、重庆鸽牌电瓷有限公司合作整车物流。2018—2022年，物流货运量逐年上升，2018年物流货运量96.7吨，截至2022年底，长寿邮政物流货运量达963吨。

4. 国际业务

1988年，长寿县邮电局恢复开办国际函件业务，分为国际普通邮件业务、国际及港澳台邮政特快专递业务、国际商业渠道业务。2018年，长寿邮政寄递事业部成立后，各项业务整合为新的国际业务板块，涵盖国际小包、国际E邮宝、国际EMS、国际包裹等。

2020年，长寿邮政抓住侨联等向海外捐赠防疫物资契机，收寄国际邮件1926件。新冠疫情暴发后出口需求减少，2021年，收寄国际邮件231件。2022年，收寄国际邮件105件。

（三）文传业务

1. 函件业务

1986年，长寿县邮电局出口函件228.47万件。1994年，出口函件增至490.14万件。

自1995年起，长寿邮政重点开发商函、账单、封片、通信票、无名址函件等业务。1999年，揽收企业金卡1万枚、校园风光明信片6万枚，销售《长寿风貌》明信片3万枚。

2018—2022年，长寿邮政承办长寿区政府电商节、消费扶贫、美食节等活动，累计收入243万元。

2019年，长寿邮政开展"全民阅读"等惠民项目，获得"2019年中国邮政文化惠民活动创新奖""2020年中国邮政文化惠民活动县级创新奖"。

2022年，通过《百万市民游重庆》项目，完成销售139.86万元。

2. 报刊业务

1986—2001年，长寿邮政邮发报刊种类2400余种，报刊流转量由133.5万元增至753.04万元。1989年，《重庆日报》自办发行，长寿县委宣传部设《重庆日报》长寿发行站，负责全县《重庆日报》收订和城区投递。同年，《西南工商日报》等专业报刊发行站在长寿县对口部门设立，导致邮发报刊量减少。自1990年起，报刊零售业务逐年扩大，在县城各乡镇人流集中位置设立报刊零售亭点15处。1996年，《重庆日报》在县内恢复邮发，长寿发行站撤销，邮发报刊逐渐恢复，全年出售报刊50余种，销售70余万元。2002年，长寿邮政完成报刊流转额211.38万元。2012年，报刊流转额突破300万元。2017年，长寿邮政销售《习近平谈治国理政》（第二卷），实现收入15万余元。《当代党员》《党员文摘》等杂志回归邮发。2018年，因三刊回归新增订阅流转额310万元。2022年，长寿邮政克服疫情影响，辖内企事业单位无法上门收订，主要通过电话沟通和微信联系，确认订阅数据后再录机开票等，最终确保党报党刊、回归报刊、行业报刊收订流转额为正增长，完成报刊收订流转额1529万元。

3. 集邮业务

1986—2001年，集邮销售实行预定，零售较少，长寿县设城内、川维、云台、邻封4处集邮销售点。1988年，长寿县集邮协会成立，在望江路工会俱乐部举办长寿县第一次邮展，后相继成立川维厂、重铁厂、长寿发电厂、川江船厂、川染厂、川东钻探公司、长风化工厂等集邮分会，全县集邮会员453人，集邮爱好者2000余人。1997年，《香港回归祖国》纪念邮票发行，上万人在城内营业室排队购买，集邮销售77.06万枚。1998年，集邮销售173.89万枚。1999年，长寿邮政以中华人民共和国成立50周年、澳门回归等纪念主题组织和销售集邮品97.04万枚。2001年，为融入地方经济发展，长寿邮政抓住北京申奥和中国共产党建党80周年等重大活动契机，开发定制宣传邮品、举办集邮巡回展，集邮销售39.19万枚；减少川染厂、川东钻探公司2家集邮协会分会，截至2001年底，共有7家集邮分会。2002年，长寿邮政制作销售渝长高速开通纪念邮票31000套，创收4.5万元；为纪念长寿撤县设区，制作《中国重庆·长寿风貌》邮册，邮册加盖有周恩来总理视察长寿湖44周年及重庆直辖5周年而启用的长寿湖三星岛风景日戳和宣传戳，因纪念和收藏价值高，被区委区政府作为对外赠送礼品，实现收入近80万元。2010年，开发川维工程公司的《诚信合作共创辉煌》定向邮品300册。2013年，开发《长寿人人向往》纪念邮册，实现收入38万元。2014年，开发《菩提寺》纪念邮册，实现收入96万元。2015年，举办钱币品鉴会，实现收入23万元。2019年，销售生肖集邮品《盛世珍藏》《幸福密码》等，实现收入334.2万元。2022年，开发《文定之喜》邮折，实现收入5万元；销售虎年生肖集邮品、《中国精神》等，实现收入356.1万元。

4. 中邮文创

2021年，启动文创业务，长寿邮政自主设计"百寿瓶扩香器"获 2021 年重庆市文化和旅游协会举办的"重庆好礼"文创产品大赛铜奖。

2022 年，长寿邮政开展中邮文创项目，销售冬奥产品、智能锁等，收入 50 万元。

5. 普通包裹

1987 年，开办普通包裹业务，主要经营窗口包裹、家乡包裹、爱心包裹、母亲邮包等。2014 年，收寄包裹 11097 件。2022 年 10 月 28 日，长寿邮政联合长寿实验一小，在校园邮局开展"情系木里"爱心包裹捐赠活动。现场收集到学生捐赠的 50 余个爱心包裹，活动结束后由长寿邮政免费寄往四川省凉山木里县贫困儿童手中。截至 2022 年底，长寿邮政普包业务量 1815 件。

表 9-8-2-3

2014—2022 年长寿邮政普通包裹业务量统计表

单位：件

年份	普通包裹量	年份	普通包裹量	年份	普通包裹量
2014	11097	2017	4323	2020	1288
2015	8765	2018	4698	2021	794
2016	5053	2019	2710	2022	1815

（四）渠道业务

1. 增值业务

2009 年，长寿邮政成立电子商务部，主营短信业务，代售机票、彩票，代办手机卡、代收水电气费。2011 年，停售彩票代售业务。2015 年，开办代理车险业务。2016 年 6 月，车险管理员随业务划归金融业务部，同年，开办简易险业务。2017 年 7 月，车险再次纳入渠道平台中心管理，当年开展"庆五一·迎端午"等主题营销活动，完成代理车险保费 759 万元，完成简易险保费 28.57 万元。2019 年，代理车险完成保费 745 万元；简易险筛选个人意外险系列和百万医疗产品等重点产品开展营销，完成保费 394 万元。2020 年 7 月，车险、简易险业务划归金融业务部管理，同年，开展税邮、警邮等政务类增值业务，新增警邮服务平台网点 11 个，代开税实现 41 个网点全覆盖。2021 年 5 月，简易险再次划归渠道平台部管理。2022 年，长寿邮政警邮服务平台网点增加至 15 个，同年，开展税邮、交邮合作，延伸开展社邮合作，建立文苑、古镇 2 个社保一站式服务网点。整合资源，全年盘活便民服务点 100 个。

2. 分销业务

2007 年，长寿邮政开展分销业务，销售月饼、粽子、酒水、肥料、农药等。2011 年，停售农药。2016 年 10 月，长寿邮政引入烟草销售业务，当年分销收入 211.55 万元。2017 年，长寿邮政重点发展酒水和农资销售，全年收入 519.75 万元。2018 年，重点发展粮油、烟草销售，当年烟草销售额 423 万元，粮油销售额 156.88 万元，全年实现收入 881.52 万元。2019 年，粮油销售再上台阶，当年分销完成 1237.78 万元。2020 年，长寿邮政持续粮油为主、其他业务为辅的发展模式，完成收入 1513.29 万元。2022 年，长寿邮政完成分销收入 1698.27 万元。

3. 电信业务

1986—1996 年，长寿县邮电局电信部分主要开展市话、农话、电报、长途电话和寻呼机等业务。市话用户由 1986 年 550 户增加至 1996 年 11992 户；农话用户由 1986 年 247 户增加至 1996 年 3208 户；电报去报由 1986 年 6.87 万份减少至 1996 年 3.66 万份；长途电话去话由 1986 年 9.64 万份增加至 1994 年 140.37 万份；1995 年长途电话去话 780.83 万分钟；1996 年长途电话去话 1047.6 万分钟；寻呼机用户由 1993 年 350 户增加至 1996 年 1812 户。1997 年邮电分营后，长寿县邮政局不再办理长途电话、寻呼机业务，1997—2001 年，长寿县邮政局以代理形式开办电信业务（主要代售充值卡、代收电话费）。2001 年后随市场发展，充值卡、代收电话费业务逐步被替代。

三、邮政网络

（一）网络能力建设

1. 邮路

（1）区内邮路

1986—1996 年，长寿县邮电局有区内邮路 2 条，即渝石线（重庆—长寿—石柱）和渝开线（重庆—长寿—开县）。

1997—2001 年，有区内邮路 3 条，即渝万 1 线（重庆—长寿—万州，下同）、渝万 2 线、渝万 3 线。

2004 年，新增渝秀线（重庆—长寿—秀山）去程、黔渝线（黔江—长寿—重庆）返程。

2018—2022 年，长寿邮政共有重庆—长寿（快速线）、重庆—长寿—涪陵（普邮线）、重庆—长寿—涪陵（午班线）3 条区内邮路。

（2）县乡邮路

汽车邮路 1986 年，汽车邮路有长寿县城—万顺、长寿县城—云集 2 条。2001 年，增加长寿县城—卫东、长寿县城—川维 2 条。2008—2019 年，钞车、邮运线路合一，形成长寿—洪湖、长寿—云集、长寿—云台、长寿—双龙 4 条环形线路。2020 年，钞车、邮运分离运行。2021—2022 年，长寿邮政共有长寿中心至华中、沙石、乐温、称沱、义和、梓潼 6 条往返汽车邮路，长 974 千米。

机动船邮路 1986 年，长寿县邮电局有县城至扇沱、县城至卫东 2 条委办机动船邮路。1998 年取消县城至卫东邮路。2009 年 9 月取消县城至扇沱邮路。自 2009 年 9 月起，长寿邮政未开办机动船邮路。

2. 物流体系

2016 年，长寿邮政建成农村电商三级服务体系，在凤城建成电商运营培训中心，在江南建成公共仓配中心和运营中心。共建成 7 个镇级服务中心、253 个村级服务站，基本覆盖城区 7 个街道、农村 12 个乡镇。

2020 年，长寿邮政依托三级物流体系，开展蔬菜食品同城配送、春耕农资配送、邮乐购站点生活物资配送等业务。

2022 年，长寿邮政完善"区级寄递共配中心＋镇级仓配中心＋村级综合便民服务站"物流节点布局，累计建成 1 个区级寄递物流集散中心、8 个镇级寄递共配中心、310 个村级综合便民服务站。同年，物流货运量 963 吨。

截至 2022 年底，长寿邮政有分拨中心 1 个，镇级寄递物流共配中心 7 个、村级站点 158 个，物流配送专线邮路 6 条，配送车辆 7 辆，单日末端配送路线 815 千米。基本健全三级物流配送体系，实现全区各街镇和沿线村级站点每日物流全覆盖。

3. 作业场地

1986 年，长寿县邮电局设投递、分发、转运作业场地 1 处，面积 200 平方米。1997 年 10 月，面积增至 400 平方米。1999 年 11 月，凤城投递组投用，面积 960.81 平方米。2007 年 10 月，新建长寿区邮件处理中心投用，面积 929.81 平方米。2018 年 5 月，凤城营业部搬迁至江南街道，面积 3000 平方米。2018 年 6 月，新建晏家营业部投用，面积 400 平方米。截至 2022 年底，长寿邮政有作业场地 2 个，面积 3400 平方米。

4. 设施设备

（1）邮政专用设备

1986 年，长寿县邮电局配备有电子信函秤、包裹秤、分拣格眼、封袋钳等设备。1997 年分营后，有包裹捆扎机、收寄机各 1 台。2016 年，配备装卸皮带机 1 台。2017 年，增配皮带机 1 台、详情单扫描仪 7 台、投递 PDA 65 台、内部处理 PDA 12 台。截至 2022 年底，新增环形皮带机 1 台、装卸机 1 台，各累计 2 台；电子秤 30 台、包裹捆扎机 3 台、收寄一体机 4 台。

（2）运输设备

1986—1996 年，长寿县邮电局有邮运汽车 1 辆。1997—2001 年，有邮运汽车 6 辆。2002 年，新增邮运汽车 2 辆，共 8 辆。截至 2022 年底，长寿邮政有生产和经营保障公务用车 2 辆、邮运汽车 36 辆、摩托车 30 辆。

（二）网运生产作业

1986 年，区内邮件接发由渝石线接发长寿—垫江沿途邮件，渝开县接发川维、长寿县城邮件；除自办长寿县城—万顺、长寿县城—云集沿途外，县乡邮件接发均委托县城至各乡镇的客车接发邮件。全县邮件运输除自办外，均委办客运汽车运输邮件到各支局、所，不通客车的乡办所邮件运输，由乡办人员负责。邮件押运委托运输部门负责，长寿县城共设投递段道 8 个。至 1997 年，区内邮件接发由渝万 1 线接发长寿县城轻件邮件、渝万 2 线接发长寿县城重件邮件和长寿—垫江沿途各类邮件、渝万 3 线接发长寿县城当日《重庆日报》等报纸。2001 年，投递段道增至 10 个。2002 年起，多次调整重庆至长寿区内邮路接发和经转点，全区所有县乡邮件接发在区局与自办邮路交接。全区邮件自办汽车邮路运输逐步取代客车委托运输。自办邮路驾押合一。截至 2022 年底，邮件接发、运输和押运方式不变，共有投递段道 87 个。

1986—1997 年，农村投递由人工组成步班邮路投递 345 条。1998 年前，报刊每日随邮件混投，1998—2001 年，农村场镇单位，报纸改为每日专投。2004—2022 年，利用农村地区 33 个邮政网点投递，建制村全面实行周三班投递；城内实行每日二班投递服务到户。

（三）网运管理

1. 组织管理

1989 年 8 月，长寿县邮电局制定《生产指挥调度制度》，生产作业计划调度由邮运管理人员负责。2006—2017 年，网运生产调度挂靠市场部。2017 年成立渠道平台部（运营管理部），负责网路运行、投递作业安全生产。2018 年 9 月，成立寄递事业部，负责辖区内网运调度和处理中心生产管理。2019 年 7 月，成立生产作业计划指挥调度中心，建立通信生产作业组织管理体系，明确生产作业计划管理，编制《生产作业计划》，确保当日进出口邮件准班、准点和频次时限完成。按照市分公司邮区中心组邮路车辆到、发时间，调整营、分、运、投环节生产作业计划。

2. 网运质量

1986—2022 年，长寿邮政按市分公司要求，通过出台生产作业管理方案等方式加强监督检查，网运质量管控指标逐年提升。截至 2022 年底，长寿邮政邮件进口量 509.89 万件，出口量 250.05 万件，收寄及时率 99.94%，及时妥投率 97.92%，特快次日递 98.88%，快包次日递 99.23%，特快预约联系率 98.43%。

（四）服务网点

1. 网点设置

1986—1996 年，长寿县邮电局在各区公所设邮电支局，在乡镇和大型企业设邮电所。1997 年起，长寿邮政服务网点由各邮政支局和邮政所组成。截至 2022 年，长寿邮政有三大支局（凤城支局、葛兰支局、狮子滩支局），管辖 49 个邮政所（其中城市网点 9 个、农村网点 32 个、纯邮政网点 8 个）。

表 9-8-2-4

1986—2022 年长寿邮政局所一览表

序号	局所名称	经营性质	经营属性	设置地点	备　注
1	渡舟邮政支局	自营	城市	渡舟街道正街 34 号	—
2	狮子滩邮政所	自营	农村	长寿湖镇狮云路 2 号	1997 年 1 月撤销
3	云集邮政所	自营	农村	长寿湖镇乐汇街 1 号	1997 年 7 月撤销
4	凤城邮政支局	自营	城市	凤城街道长寿路 41 号附 8—9 号	—
5	江南邮政支局	自营	城市	江南街道江南中路 192 号	—
6	晏家邮政支局	自营	城市	晏家街道育才路 37 号附 4 号	—
7	邻封邮政支局	自营	农村	邻封正街 47 号附 1 号	—
8	云集邮政支局	自营	农村	长寿湖镇乐汇街 1 号	—
9	狮子滩邮政支局	自营	农村	长寿湖镇狮云路 2 号	—
10	双龙邮政支局	自营	农村	双龙镇龙兴街 43 号	—
11	云台邮政支局	自营	农村	云台镇云台路 42 号	—
12	葛兰邮政支局	自营	农村	葛兰镇枣子街二巷 6 号	—
13	洪湖邮政支局	自营	农村	洪湖镇大洪河正街 75 号	—
14	菩提大道邮政所	自营	城市	菩提大道 251 号附 121、122 号	—
15	文苑邮政所	自营	城市	文苑大道 1 号 45 幢 1—1	—
16	黄桷湾邮政所	自营	城市	凤城镇创业街 19 号附 11 号	—
17	古镇邮政所	自营	城市	桃源西四路 2 号 18 幢 1—2	—
18	建新路邮政所	自营	城市	凤城街道建新中路 453 号	—
19	新市邮政所	自营	农村	新市街道河石井路 39 号附 1 号	—
20	桃花邮政所	自营	城市	菩提街道桃花大道 53 号 1—7#、1—8#	—
21	关口邮政所	自营	城市	凤城街道上东街 319 号	—
22	付何邮政所	自营	农村	八颗街道付何场范何路 119 号	—
23	八颗邮政所	自营	农村	八颗街道办事处陶颜路 4 号	—
24	海棠邮政所	自营	农村	海棠镇正街 99 号附 1—4 号	—
25	石桥坝邮政所	自营	农村	海棠镇土桥街 77 号附 1、2 号	—
26	黄葛邮政所	自营	农村	云台镇黄葛东街 80 号	—
27	石堰邮政所	自营	农村	石堰镇石堰正街 213 号	—
28	天台邮政所	自营	农村	葛兰镇中心场东街 15 号 1—8 至 1—10 号	—
29	万顺邮政所	自营	农村	万顺镇万新街 116 号附 1 号 1—1	—
30	称沱邮政所	自营	农村	洪湖镇称沱正街 31 号 2—4，1—4，3—4	—
31	合兴邮政所	自营	农村	龙河镇兴学街 36 号附 4、5 号	—
32	龙河邮政所	自营	农村	龙河镇和谐街 11 号	—
33	华中邮政所	自营	农村	云集镇华新街 21 号附 1 号	—
34	但渡邮政所	自营	农村	但渡镇下洞街 210 号	—
35	梓潼邮政所	自营	农村	八颗街道梓北路 87 号	—

序号	局所名称	经营性质	经营属性	设置地点	备　注
36	罗围邮政所	自营	农村	双龙镇寿山正街 30 号	—
37	川维邮政所	自营	城市	晏家街道迎宾路 3 号附 7 号	—
38	三平邮政所	自营	农村	渡舟街道三平正街 36 号	—
39	桃源邮政所	自营	城市	菩提街道文苑大道 1 号附 178 号	—
40	长风邮政所	自营	农村	凤城街道长风街长庆 2 村 19—20 号	—
41	余家湾邮政所	自营	农村	凤城街道轻化路 34 号 1—1 号	—
42	石回邮政所	自营	农村	长寿湖镇石回街 29 号附 8 号	—
43	焦家邮政所	自营	农村	邻封镇焦家正街 67 号	—
44	沙石邮政所	自营	农村	石堰镇兴隆街 153 号	—
45	芦池邮政所	自营	农村	洪湖镇三合街 5 号	—
46	乐温邮政所	自营	农村	龙河镇仁和场正街 125 号	—
47	碧园路邮政所	自营	城市	菩提街道碧园路 379 号	—
48	扇沱邮政所	自营	农村	江南街道扇沱场正街 30 号附 6 号	—
49	义和邮政所	自营	农村	石堰镇义和街上 1—2、2—2	—
50	大坝邮政所	自营	农村	葛兰镇大坝正街 10 号	—
51	罗山邮政所	自营	农村	长寿湖镇回龙村 8 组	—
52	飞龙邮政所	代办	农村	云集镇雷祖街上	—
53	河街邮政所	自营	城市	凤城街道新民街	2004 年撤销
54	卫东邮政所	自营	农村	凤城街道卫东	—
55	沙溪邮政所	自营	农村	晏家街道沙溪正街 1 号	2022 年撤销

2. 社会加盟站点

2015 年，长寿邮政建成龙河镇保合村农村电商邮政示范站。2016 年，大力发展邮掌柜代收费业务缓解柜台压力，至 2017 年，累计开发注册邮乐小店 6500 户。2018年，建成运营镇级邮乐购店中店 18 个，村级邮乐购店299 个，注册邮乐小店 9422 个。2019 年，开展综合电商服务平台助力精准扶贫，长寿邮政被国务院扶贫办综合司评为"2019 年全国电商精准扶贫典型 50 佳案例"。2020年，建成数字化优质站点 127 个，其中建成并运营 38 个邮乐购店中店、30 个农村示范站点。截至 2022 年底，长寿邮政建成邮乐购站点 310 个，其中，示范站点 39 个，优质站点 200 个，便民服务站 176 个。

四、邮政管理

（一）财务管理

1986—1996 年，长寿县邮电局按专业管理，计划、财务划属中央国营部分，劳动工资等未单设。

1997—2001 年，长寿县邮政局设计划财务科，管理财务。按照独立核算体制，其核算方式实行收支差额管理。

2002—2014 年，长寿邮政建立健全财务制度，控制非成本支出。实施财务一体化管理、成本费用管理、成本支出审批等，邮政业务成本逐年减少。

2017 年，长寿邮政管控成本费用，公务费用同比下降 21.64%。配合市分公司开展 2012—2016 年中央预算内资金的财务竣工决算，各项目均通过决算。

2022 年，长寿邮政实施成本费用分类、分层管控，对审计发现问题形成任务清单、责任清单、整改清单落实整改。健全资金风险防控体系，成立资金风险防控专班，规范营收资金缴款。

（二）人力资源管理

1986，长寿县邮电局有从业人员 173 人。1997 年，邮电分营，长寿县邮政局设人事教育科，开展职工教育和劳动人事工作，全年有从业人员 165 人。2007 年，长寿邮政加强人才队伍培养，组织各类专业技能培训 65 期。2008 年，长寿邮政有从业人员 344 人。2016 年，长寿邮政改革用工体制，优化用工结构，开展重点岗位人力资源配置，42 个网点全部实现合规配员，其中，本科及以上学历 118 人，邮政生产人员特有职业高级资格鉴定持证 43 人。截至 2022 年底，长寿邮政有从业人员 324 人，其中，本科及以上学历 171 人，高级技能人才持证 52 人。

（三）服务质量管理

1. 营业服务

截至 2022 年底，长寿邮政辖内 49 个营业场所均开办邮政四项普遍服务业务及特殊服务业务，其中，42 个营业场所开办税邮业务、15 个营业场所开办警邮业务、7 个营业场所开办政邮业务。总服务面积约 1424 平方公里，服务人口 86.20 万。城市区域有营业场所 16 个，农村区域 33 个，综合网点 41 个，纯普服网点 8 个，1 个营业场所开办国际及港澳台业务。

2. 普遍服务与特殊服务

1986—2022 年，长寿邮政办理信件、印刷品、包裹、汇兑四项普遍服务基本业务以及为盲人读物、革命烈士遗物、义务兵平常信函提供免费寄递等特殊服务。

自 1986 年开始，长寿邮政持续为党政机关、企事业单位，大型企业收寄投送机要文件。

自 2016 年起，开办大专院校学生档案寄递业务，后随着特快专递的发展，部分业务如学生录取通知书均改为特快专递进行寄递。

截至 2022 年底，长寿邮政机要通信连续 41 年保持质量全红，实现机要通信工作万无一失。

3. 监督检查

1986—1996 年，长寿县邮电局履行邮政服务质量监督检查职能。1997—2001 年，长寿邮政采取业务辅导、检查和储汇稽查对服务网点开展服务质量监督检查。2020 年，长寿邮政成立视察检查队伍，开展服务质量监督检查。2022 年，开展"六项禁止类服务问题专项整治"等工作，长寿邮政桃花网点被市分公司评为 2022 年度重庆邮政"窗口服务体验示范点"。截至 2022 年底，长寿邮政普遍服务全程时限指标稳步提升，投递外勤关键节点扫描率、营业时间达标率等重点指标全面达标。

（四）安全管理

1986—1996 年，长寿县邮电局按专业管理，落实安全目标责任制，无重大安全及人员伤亡事故。1997 年，长寿县邮电局成立经济民警分队。邮电分营后，划归长寿邮政局，更名为长寿县邮政局经济民警分队，主要承担守护邮政储蓄资金业务库、武装押送邮政储蓄在途资金、处置重大突发性事件等职责。1998—2006 年，长寿邮政修订完善各项安全管理条例，成立安全检查小组开展各项安全检查，未发生重大安全事故。2002 年，配合市邮管局及工商、公安等部门联合执法，取缔凤城市场非法出售邮票点 1 处，收缴非法出售邮票 1820 枚、面值 1456 元、罚款 8000 元。2003 年 4 月，抗击"非典"，投入 2.1 万元

购买消毒药剂和药品，坚持营业场所、邮车的定期消毒，确保全局邮政员工病毒感染零发生。

2002—2014 年，新增电子监控和移动金库网络报警装置。2004 年，树立"安全第一"的观念，贯彻落实"谁主管、谁负责"的原则，与区分公司各单位签订了安全生产和综合治理责任书，按邮管局和当地政府要求，开展"平安邮政"和"以防为主、打防结合"为主题的"百日安全"活动，全年安全大检查 5 次。同时加强安全设施的配备、检查和维修力度，更换和加固石桥坝、天台、三平等 9 个网点安全防护栏，16 个网点新增防弹玻璃，全局累计 31 个网点安装防弹玻璃；对 24 个网点安全防范设施进行检修，25 个网点联网报警设备进行维护和培训，建立安全设施维护登记，保证全年无重大治安灾害及安全生产伤亡责任事故的发生。2006 年，完成付何、晏家、江南、桃花等 7 个网点监控设备及 9 个网点电子联动门安装。2007 年，加强安全管理，定期召开资金安全联席会议，分析问题，制定完善突发事件应急预案，全年开展各类安全检查 85 次，检查隐患部位 32 处，新增监控设备 12 台，改装电子联动门 6 处，加强安全防范意识教育及安全防范设施配置及维护等工作，全年无重大安全及人员伤亡事故发生。2013 年，通过装修改造，完成了文苑、八颗等 6 个网点安全、消防达标建设；洪湖、石堰等 9 个网点的 ATM 安全达标工作，同时万顺、称沱、付何、八颗等 17 个网点四类金库和安防设施达标工作。2016 年，金融网点实现 110 联网监控全覆盖。2017 年，长寿邮政建成出入口高清监控系统，完成网点门禁、对讲机系统安装。2018 年，41 个代理金融网点视频监控联网，并接入全市监控系统。2007—2019 年，长寿邮政新增和改造各类网络监控设施和"110"联网报警设备，从"人防、物防、技防"3 个方面开展安全生产综合性检查，修订车辆管理办法和制度，加强安全行车意识，未发生安全事故。2022 年，开展"安全大检查"和"百日大整治"行动，严格落实党的二十大安全生产和服务保障"五严防""三确保"要求，推行安全责任"两单两卡"（岗位风险清单、岗位职责清单、岗位操作卡、岗位应急处置卡），签订各层级《安全责任书》，每月召开风险防控会议，找出问题，落实整改。开展安全培训和演练，做好人防、物防、技防有效结合，全年未发生重大安全事故。

（五）党群管理

1. 党组织

1986 年，经中共长寿县委组织部批准设立中共长寿县邮电局总支部委员会。2002 年 5 月，经中共重庆市长寿区委组织部批准，设立中共重庆市长寿区邮政局委员会。2003 年，长寿区邮政局获评"重庆市最佳文明单位"。2004 年，全局 13 个基层区级文明示范窗口经复查全部合格。同年 6 月，重庆市文明委命名长寿区邮政局

为"市级百佳文明单位"。2015年，设立中共中国邮政集团公司重庆市长寿区分公司总支部委员会，接受区委直属机关工委领导。2018年，党总支下设机关党支部、支局联合党支部、退休党支部，有中共党员48人。2019年，"机关党支部"更名为"综合职能党支部"，有中共党员49人。2020年，设中共中国邮政集团有限公司重庆市长寿区分公司总支部委员会，接受区委直属机关工委领导。党总支下设综合职能党支部、支局联合党支部（原退休党支部党员25名转地方党组织管理），有中共党员36人。截至2022年底，有中共党员40人、预备党员2人。

2020—2022年，新冠疫情期间，长寿邮政党总支组织"党员先锋队"，先后为长寿区驰援武汉疫情提供打包和免费运输血脐20吨；为支援萨尔瓦多侨胞抗击疫情，提供口罩打包、运输等工作；为解决长寿封控小区居民基本生活保障问题，组织党员先锋队和专车前往蔬菜种植基地，为合作社种植的蔬菜打包、运输，并通过长寿邮政渠道开展社区团购销售等工作。2022年11月18日至12月2日，由30名党员组成"防疫志愿者服务队"，分为3组，每天轮流奔赴长寿菩提街道辖内小区核酸采样现场，从事秩序维持、信息录入和核酸采样等工作，收到中共重庆长寿区菩提街道工作委员会、重庆市长寿区菩提街道办事处感谢信。

2. 工会

1997年7月28日，长寿县邮政局工会委员会成立。2002年5月，更名为"长寿区邮政局工会委员会"。2015年，更名为"中国邮政集团工会重庆市长寿区委员会"。

长寿邮政工会组织机构健全，按期召开会员代表大会、职工代表大会和工会委员会。2007年开展温馨氛围"家"文化活动，增加健身器材和阅览书籍，长寿邮政被重庆市总工会评为"市级模范职工之家"。2009年，为缓解各邮政支局（所）员工工时就餐、偏远网点员工住宿等问题，长寿邮政开始创建职工小家。截至2022年底，共建职工小家50个，实现农村网点职工小家全覆盖。

3. 团组织

2022年4月28日，共青团中国邮政集团有限公司重庆市长寿区分公司支部委员会成立，有团员63名。团支部开展"团徽闪耀庆百年·长寿青年展风采"主题活动，组织志愿者参与疫情防控工作。同年，杨智军获中国共产主义青年团重庆市委员会"最美快递小哥"荣誉称号。

4. 荣誉

2003年，长寿区邮政局被重庆市文明委评为"重庆市最佳文明单位"。

2004年6月，长寿区邮政局被重庆市文明委评为"市级百佳文明单位"。

2007年，长寿区邮政局工会被重庆市总工会评为"市级模范职工之家"荣誉称号。

2013—2018年，长寿邮政连续6年被重庆市长寿区公安局评为"重庆市长寿区内部治安保卫工作先进集体"。

2018年，葛兰邮政支局在全国邮政代理金融争创"十强百优千佳"专项评选中，被授予"千佳网点"称号。同年，长寿邮政被重庆市长寿区商务局、重庆市长寿区农产品商贸流通协会评为"2018年度农村商务工作先进单位"。

2019年，长寿邮政被中共重庆市长寿区委评为"重庆市长寿区先进基层党组织"；长寿邮政被重庆市分公司评为"十佳企业"；长寿邮政获得中国邮政传媒"2019年中国邮政文化惠民活动创新奖"；《长寿邮政综合电商服务平台助力精准扶贫》获评国务院扶贫办综合司2019年全国电商精准扶贫典型50佳案例；长寿邮政被重庆市长寿区商务局、重庆市长寿区农业农村委员会评为"长寿区消费扶贫先进单位"。长寿邮政被中国银行保险监督管理委员会两江监管分局评为"2019年辖内银行业金融机构第六轮安全评估优秀单位"。

2020年，长寿邮政被中国邮政广告传媒公司评为"2020年中国邮政文化惠民活动县级创新奖"。

2021年，长寿邮政被重庆市长寿区公安局、中国银行保险监督管理委员会两江监管分局评为"银行业金融机构第七轮安全评估先进集体"；同年，被中共重庆市长寿区委评为"先进基层党组织"。

2020—2022年，长寿邮政连续3年被重庆市长寿区公安局评为"重庆市长寿区内部治安保卫工作先进集体"。

第三节　北碚邮政机构

一、机构沿革

（一）机构演变

1. 计划单列时期

1986年，北碚区邮电局由重庆市邮电局管辖。1992年，邮电部调整重庆邮电管理体制，北碚区邮电局划归重庆市邮政局管理。1995年，撤县划区后，原江北县（现渝北区）水土、复兴、静观、柳荫、三圣、偏岩等八镇和皮家山乡、石坝乡等邮电机构划归北碚区邮电局，管理体制不变。

2. 邮电分营时期

1997年7月，邮政、电信分营，重庆市北碚区邮电局成立，由重庆市邮政管理局直接管理。

2003年2月，重庆邮政实行城区、片区化经营管理体制，北碚邮政局由渝北片区邮政局直接管理。

3. 政企分开时期

2007年2月，政企分开。同年9月，"重庆市北碚区邮政局"更名为"重庆市邮政公司北碚区邮政局"，管理体制不变。同年 12 月，中国邮政储蓄银行重庆北碚区支行挂牌成立，北碚邮政受邮储银行北碚区支行委托开办代理金融业务。

2009 年 1 月，重庆市邮政速递物流专业正式运行新的专业化运营机制，组建重庆市邮政速递物流公司北碚区分公司。2010 年 6 月，更名为重庆市邮政速递物流有限公司北碚区分公司。

2014 年 6 月，重庆市速递物流有限公司组织机构调整，组建北碚片区分公司，管理原重庆市速递物流有限公司北碚区、合川区、铜梁县、潼南县分公司。

2015 年 3 月，法人体制调整，同年 4 月，"重庆市邮政公司北碚区邮政局"更名为"中国邮政集团公司重庆市北碚区分公司"，由中国邮政集团公司重庆市渝北片区分公司直接管理。同月，"重庆市邮政速递物流有限公司北碚区分公司"更名为"中国邮政速递物流股份有限公司重

庆市北碚区分公司"，管理体制不变。

2017 年 6 月，根据市分公司机构编制方案，设立中国邮政集团公司重庆市北碚区分公司，优化调整内设部门主要职责及人员编制。

2018 年 9 月，寄递改革，组建北碚区寄递事业部（保留"中国邮政速递物流股份有限公司重庆市北碚区分公司"牌子），划归渝北片区寄递事业部管理。

2020 年 1 月，"中国邮政集团公司重庆市北碚区分公司"更名为"中国邮政集团有限公司重庆市北碚区分公司"，由中国邮政集团有限公司重庆市渝北片区分公司直接管理。2022 年沿用此名，管理体制不变。

截至 2022 年底，中国邮政集团有限公司重庆市北碚区分公司内设综合办公室、市场营销部、金融业务部、渠道平台部、集邮与文化传媒部。

（二）主要领导

表 9-8-3-1

1986—2022 年北碚邮政主要领导人员名录

单位名称	姓　名	职　务	任职时间
北碚区邮电局	皮佑昌	党委书记、局长	1985.11—1988.2
	李毓福	党委书记、局长	1988.2—1997.9
重庆市北碚区邮政局	赵光银	党委书记、局长	1997.9—2004.2
	罗　昆	党委书记、局长	2004.2—2008.8
重庆市邮政公司 北碚区邮政局	杨　坚	党委书记、局长	2008.8—2014.5（党委书记） 2008.8—2012.2（局长）
	张红斌	局长	2012.2—2014.7
	张红斌	党委书记	2014.5—2014.7
中国邮政集团公司 重庆市北碚区分公司	王　勇	党委书记、局长	2014.7—2015.6
	王　勇	党委书记、总经理	2015.6—2018.6
	刘　鸿	党委书记、总经理	2018.6—2020.10
中国邮政集团有限公司 重庆市北碚区分公司	夏　曦	党委书记、总经理	2020.10—

二、邮政业务

（一）金融业务

1. 储蓄汇兑

1986 年，北碚区邮电局恢复办理邮政储蓄业务，设营业点 5 个；同年，根据重庆市北碚教育矫治所具体政策及需求，北碚区邮电局为重庆西山坪劳动教养管理所（现重庆市西山坪教育矫治所）办理汇兑兑付业务，解决矫治人员家属为接受矫治人员汇款问题，每月兑付约 280 余笔。截至 2022 年底，该业务仍继续开办。

1990 年，北碚邮政储蓄点增加到 10 个。1996 年，营业点缩减为 6 个。储蓄存款余额从 1990 年的 6265 万元增至 1996 年的 9647 万元。

1998 年 8 月，北碚邮政增开水土支局"绿卡"网点。2001 年 8 月，复兴支局开通邮政储蓄全国联网，北碚邮政储蓄年平均余额突破 1 亿元，达到 17750 万元，同年开办电子汇兑业务。

2013 年，北碚邮政开展网点转型工作，将辖内朝阳路、歇马、静观和复兴网点设为 4 个转型试点网点。截

至 2022 年底，北碚邮政有代理金融网点 28 个。随着支付方式多元化的出现，汇兑业务逐年减少。2020—2022 年，年均汇款笔数为 2855 笔。截至 2022 年底，汇兑笔数 2608 笔，交易金额 204.2962 万元。

2. 中间业务

2000 年，北碚区邮政局全年共代发工资 1934 人，金额达 105.42 万元每月。2000 年 3 月 13 日，北碚区与天府矿务局签定首个代发退休养老金合同，为 5000 余人代发养老金，代发金额近 400 万元每月。截至 2000 年底，北碚区邮政局代发本区范围内各单位的退休养老金共计 14343 户，金额达 631.14 万元每月。2001 年 2 月，北碚邮政在全区 22 家商场、餐饮店启动绿卡 POS 消费业务。2003 年 7 月，开办北碚区电信局的电信资费代收业务，2007 年取消。2009 年，调整金融业务结构，发展保险业务，全年新增保费 1915 万元。2022 年，重点发展长期储蓄型和风险保障型产品，转型升级代理保险业务，全年新单保费规模 10399 万元，高效基金销量 9728.9 万元。

3. 风控合规

2017 年，机构改革，北碚邮政开展风险合规案防工作，建立违规问责机制，明确责任人进行整改，不定期评估整改效果，提高整改质效，并严格按照问题、整改情况、考核的"三项清单"相关要求，按照"谁主管，谁负责"原则跟踪督办，坚持"改一件、销一件"，确保问题彻底整改。

2018 年，成立"中国邮政集团公司重庆市北碚分公司代理金融风险内控案防管理委员会"，委员会主任由区分公司分管领导担任，副主任由邮储银行北碚区支行分管领导担任。

截至 2022 年底，北碚邮政未发生重大风险案件。

（二）寄递业务

1. 特快专递

1986 年，北碚区邮电局开办邮政特快专递业务。2005 年，开展高校录取通知书、学生档案寄递项目，与北碚区内西南大学、重庆青年技术职业学院、重庆师范大学北碚校区等学校合作，2019—2022 年达到收寄高峰期，累计收寄 16 万余件。

2008 年 5 月，北碚邮政开办北碚区行政审批大厅单证、照特快专递业务，2019—2022 年累计业务量 4.2 万余件。2013 年，北碚邮政开发全市邮政企业唯一与路易通公司合作的车牌寄递项目，2019—2022 年累计业务量 34 万余件。2018 年 10 月，开展"法院专递"项目，截至 2019 年底，业务量达 23 万余件。2019 年 11 月，北碚邮政与北碚区政府合作，开办政府机关寄递公文业务。截至 2022 年底，收发政府机关寄递公文 21 万余件。2020 年，北碚邮政与北碚区教委合作，开发区内 53 所中小学校教材寄递业务，配送教材 6 万套。同年，开展北碚区内生鲜果蔬配送，全年配送 7295 件。

2. 快递包裹

2006 年，北碚邮政开展高校毕业生包裹寄递项目，与西南大学、重庆青年职业技术学院等学校合作，年均业务量 1.5 万余件。2010 年，北碚邮政组织实施"校园包裹"收寄，全年共收寄"校园包裹"7950 件。2019 年，开发七人壳子、尚仓电商等重点客户，截至 2022 年业务量达 200 万件。2021 年，依托邮快超市发展快递包裹业务，全年业务量 13 万件。

3. 物流业务

2014 年，北碚邮政开发北汽银翔项目，成立专人项目组，成功实现物流合作，截至 2022 年底，物流揽收 420 票。

4. 国际业务

2012 年，北碚邮政与力帆汽车合作，力帆汽车成为北碚邮政最大的汽车公司服务客户。2016 年，双方合作峰值，一年业务量达 116 票。2015 年，北碚邮政发展海外仓，试水国际海外仓，一次性发货 6 个种类，共 120 个产品，总计 631 千克，成为全市邮政速递物流成功开发的首个海外仓业务。2019 年，成功开发国际 E 邮宝项目，实现业务量 12 件。2021—2022 年，北碚邮政共收寄国际邮件 5983 件。

（三）文传业务

1. 函件业务

1999 年 11 月，北碚邮政与北碚区教委协商共同组织"北碚区中、小学生迎接 21 世纪书信竞赛"活动，至 2000 年 5 月结束时，共收到参赛信件 6 千余封。2001 年 5 月，北碚邮政在北碚城中心安装 5 个新式邮箱。2017 年，北碚邮政参加区文化委主办的"缙云文创市集"展会，销售展品 500 余件。2022 年，北碚邮政获得北碚区农委农民丰收节和区商委汽车消费节活动承办权，与重庆第二十届中国国际摩托车博览会达成业务合作，会展业务取得突破。同年 4 月，开展"百万市民游重庆"营销活动，通过北碚区工会发文由北碚邮政对接各事业单位，共计销售"百万市民游重庆"旅游年票 500 张。函件业务全年累计完成收入 270.47 万元。

2. 报刊业务

1986—2001 年，北碚邮政邮发报刊种类 2400 余种。2000 年 11 月，在胜利路 70 号路口、碚峡东路妇幼保健站路口、月亮田地区、龙凤桥岔路口、文星湾南桥头新建 5 个报刊零售亭。2001 年，在北碚城区新建 5 个报刊零售亭。同年 3 月，北碚邮政在北碚邮电宾馆 7 楼举行自邮电分营以来第一次"报刊亭经营竞标会"。同年 11 月，开展首次图书营销，此后图书展销活动成为年度常态化工作。截至 2022 年底，北碚邮政实现图书收入 76.43 万元。

2006 年 9 月，电子化支局系统全国联网收订投入使用。2008 年 9 月，北碚邮政开通线上订阅功能，以适应网络时代订户的需求。同年，报刊收入突破 150 万元，订阅和零售流转额累计突破 600 万元。2017 年，《当代党员》《党员文摘》《党课参考》回归邮发，2018 年，新增流转额 225.4 万元。同年 9 月，重庆市报刊发行局将西南大学网络学院图书教材项目移交北碚邮政负责，当年实现码洋 447 万元，后因教育部推行网上下载课件进行学习，学生订书人数和教材征订不断减少，从 2019 年秋季学期起该项目结束运行。2019 年，报刊大收订流转额突破 1000 万元，实现 1110.41 万元。2021 年 9 月，新一代渠道平台使用。2022 年，报刊大收订流转额突破 1300 万。

3. 集邮业务

1981 年 4 月，北碚区邮电局新开办集邮业务，全年实现集邮业务营业额 1.6 万元。1985 年，增至 7 万元。1990 年，全区共有集邮点 6 处，全年销售集邮票品 58.1 万枚，收入 26.1 万元。2002 年 5 月 10 日，《如意》个性化邮票诞生，同年，北碚邮政开办个性化邮票业务。2005 年，允许私人定制个性化邮票。2008 年 3 月，北碚邮政举办北碚地区的奥运火炬传递邮票首发活动，业务收入 16 万元。同年，在北碚区天府镇组建第一个村镇集邮协会—天府镇村镇集邮分会。2009 年 11 月 28 日，全市第一个集邮专卖店北碚店正式开业。2015 年，北碚邮政举办北碚第一届钱币文化展览会，开展集邮文化季营销和大客户专属活动。2017 年 5 月 19 日，北碚邮政在北碚区博物馆举办恐龙邮票首发式。2021 年，北碚集邮专卖店在全国 108 家专卖店中，单店订货及销售综合排名全国专卖店第 3 位。2022 年，借助生肖贺岁、冬奥会、佳邮评选、二十大等热点题材邮品，以集邮专卖店为阵地，转变"爆点"产品，引入集藏类邮品开展活动，实现收入 30 万元。

4. 中邮文创

2021 年，北碚邮政开办中邮文创业务。2022 年，积极探索文创业务市场，持续优化渠道、产品、宣传方式，借助社会热点开展金虎运福、故宫月饼、托特包等文创产品销售，文创争先项目实现收入规模列全市第 3 位。

（四）渠道业务

自 2000 年起，北碚邮政依次与电信、移动、联通等公司开展代放号、代收话费业务，先后成立电信公司、电子商务公司管理代办类业务。2017 年，成立渠道部，负责增值、分销等业务管理。

1. 增值业务

2003 年，北碚邮政开办代办通信类放号业务，含代放号、代售充值卡等业务。2005 年，开办以水、电、气、电话费为主的便民代收服务，以金融预存代扣方式为主，同时开办以火车票、飞机票代售为主的代理票务业务。2009 年，启动"自邮一族"业务，通过拓展车务会员，与商户合作，为会员客户提供加油优惠的方式拓展业务。

2010 年，开办代收款业务。同年，建设并推广"缴费一站通"系统，通过加盟渠道向辖区群众提供生活类缴费服务。2016 年，北碚邮政开始代办政务类的代开税业务。2017 年，便民缴费相关功能并入邮掌柜系统，随着互联网金融支付方式增多，业务量收规模逐年下滑。

截至 2022 年底，北碚邮政增值业务收入实现 185.02 万元。

2. 分销业务

2004 年 8 月，北碚邮政正式启动分销消费品类——季节性商品销售业务。2006 年，启动农资分销业务。2008 年 1 月，北碚邮政启动酒类商品销售业务。同年 12 月，启动年货、定制酒品、农产品等商品销售业务。2013 年，市级重点项目"邮礼天下"专卖店在北碚区开业，主要经营分销业务板块高中端白酒、红酒、粮油、婚庆用品。2017 年 5 月，邮乐农品北碚馆上线，同年 6 月，北碚邮政完成批销后台平台建设，两个平台共引进外部商家 10 个，全年上线产品 64 种。2019 年，月饼销售业务整体划转寄递事业部。

2022 年 11 月，北碚邮政助力疫情保供，实现总订单量 1.1 万单，总订单金额 40.47 万元，在全市列第 2 位，累计保供 9600 余户家庭。其中金融部联合社区团购，助力农产品返城，为 1400 多个金融客户配送蔬菜，在《北碚新闻联播》进行相关报道。截至 2022 年底，北碚邮政分销业务收入实现 987.06 万元。

3. 电信业务

1986 年，北碚区邮电局有步进制交换机 2000 门。1988 年，新装长途交换设备 4 台，44 路载波机 1 台。同年 7—8 月，开通长途电话直拨，北碚区邮电局成为重庆市第一个实现长途自动拨号的远郊区局。1990 年，北碚区邮电局自筹资金 10 万余元将原容量扩至 3000 门。1992 年，引进新设备程控交换机和 480 路数字微波通信。1992 年 8 月，北碚区邮电局无线寻呼（BP 机）系统开通。1993 年，程控交换机并入重庆市大网替代原有 3000 门步进制交换机，开通与北碚全市联网的 126、127、128 无线寻呼和 450 兆移动通信；增设 50 处公用电话代办点；480 路数字微波长途通信传输系统投入运行，取代仅 10 余对长途电路的载波设备。1995 年，北碚区邮电局市话扩容，市话容量由 1 万—2 万门提高到 3 万门，全年新增市内电话用户 3269 户。1997 年邮电分营，电信业务移交北碚电信局管理，北碚邮政局以代理形式开办代办代收电话费业务。2007 年，北碚邮政不再代办电信业务。

三、邮政网络

（一）网络能力建设

1. 邮路

1977 年 10 月，重庆市邮政局在重庆—合川邮路增设北碚歇马和澄江邮件交接点，邮车返程时经北碚蔡家岗镇、童家溪镇后回重庆邮区中心局。2002年6月，兰海高速公路北碚段通车，北碚蔡家支局和澄江支局从重庆市趸邮车邮件代运计划转为北碚区乡邮路邮件转运计划，所有乡镇均实现自有邮路转运。

截至2022年底，北碚邮政共有县乡邮路5条，分别是城区—北碚揽收，北碚—转驳，北碚—天府，北碚—三圣，北碚—澄江，县乡邮路总长496公里。

2. 物流体系

截至2022年底，北碚邮政累计建成运营3个区县级共配中心，3个乡镇级共配中心完成改造，106个村级综合便民服务站全部建设完成。

3. 作业场地

自1986年起，北碚邮政辖区内邮件处理场地逐步发展。截至2022年底，城市区域设立城区、蔡同和水复3个揽投部，农村地区澄江镇、三圣镇、静观镇、金刀峡镇通过自有场地盘活或租赁形式设立单独投递场地，天府镇、柳荫镇、石坝乡投递场地依然与营业网点同址。

表9-8-3-2

1986—2022年北碚邮政作业场地一览表

年　份	邮　政	速　递	备　注
1986—		—	农村投递由支局管理，投递处理场地面积244.09平方米
2017—2020	—	水复揽投部	投递处理场地面积143.29平方米
2018—2019	—	蔡同揽投部	投递处理场地面积128平方米
2016—	城区揽投部	—	对邮政投递、分拣和速递合并升级为城区揽投部管理；投递处理场地面积1593.6平方米
2019—	蔡同揽投部	—	对邮政投递和速递合并升级为蔡同揽投部管理；投递处理场地面积877.46平方米
2020—	水复揽投部	—	对邮政投递和速递合并升级为水复揽投部管理；投递处理场地面积1291.66平方米

4. 设施设备

（1）邮政专用设备

2017—2022年，北碚邮政相继配备伸缩皮带机、直线传输胶带机、顶扫设备、一体机混合收寄机各3台、顶扫设备4台（其中1台备用）、工业吊扇6台。配备揽投PDA 89台，中转PDA 9台，农村支局投递配备揽投PDA 8台。蓝牙电子秤5台，台秤36台，便携蓝牙热敏打印机40台。

（2）运输设备

截至2022年底，北碚邮政有自有投递货车19辆、自有邮运货车6辆及自有投递摩托24辆。

（二）网运生产作业

1979年，北碚进口邮件除蔡家和澄江邮件由市分公司邮车代运外，其余区域进口邮件在北碚中山路70号接卸，乡镇邮件由歇马支局、蔡家支局、天府支局、澄江支局投递员负责投递。1995年，撤销划区后，乡镇邮件投递新增水土支局和静观支局，邮件运输由自办运输车辆进行转驳。1998年，西南大学投递划归北碚城区投递组。同年，原邮车转驳邮件改为钞车代运，钞车代运邮件时配备1名驾驶员和1名押运员。2000年，随着邮件量的增加，钞车代运邮件时配备1名驾驶员、1名押运员

和1名解款员。邮件封发组和城区投递组搬迁至朝阳路21号。2009年，城区投递组搬迁至静宁路21号。2017年，邮件封发组和城区投递组合并为城区营业部，搬迁至北碚金龙湖工业园区明吉机械厂内。2018年，邮钞分离，江东区域由自办运输车辆进行转驳，钞车不再代运邮件，钞车人员增加1名押运员，每辆钞车配备1名驾驶员、2名押运员和1名解款员。截至2022年底，生产作业不变。

（三）网运管理

1. 组织机构

2018年9月，寄递改革，北碚邮政组建寄递事业部，其中寄递事业部运营监控部负责辖区内网运调度和处理中心生产管理。截至2022年，组织机构无变化。

2. 网运质量

1986—2022年，网运管理由粗到细，管控指标由少至多，运营质量逐步完善。

2022年，特快收寄及时率为99.23%，快包收寄及时率为99.58%，特快及时妥投率为95.73%，快包及时妥投率为99.75%，特快省内互寄次日递为99.05%，快包省内互寄次日递为96.82%，普遍服务省内互寄T+3为99.65%，T+5为99.75%。

（四）服务网点

1. 网点设置

1986年，北碚区邮电局兴建蔡家、歇马等支局局房。1997—2012年，北碚邮政先后购置偏岩、金华路、蔡同工业园区、文星湾、静观、天府、黄桷等营业网点，对全局30个网点进行装修改造。2019年，龙凤桥邮政所、童家溪邮政所、朝阳路邮政所、偏岩邮政所在原址进行扩建；蔡同邮政所、汪家堡邮政所在原址重新装修。2020

年，金华路邮政所、碚峡路邮政所进行迁址改造；澄江邮政所、柳荫邮政所在原址进行扩建；静观邮政所、三圣邮政所在原址重新装修。2021年，对天生桥邮政所在原址进行扩建改造，城南邮政所在原址进行重新装修。2022年，对云泉路邮政所进行迁址改造，歇马邮政所在原址重新装修。截至2022年底，北碚邮政设3个营业部、31个邮政网点，其中，代理金融网点28个，纯邮政网点3个。

表9-8-3-3

1986—2022年北碚邮政局所一览表

序号	局所名称	经营性质	经营属性	设置地点	备注
1	城南邮政支局	自营	城市	北碚区碚南大道52号	—
2	歇马邮政支局	自营	农村	北碚区歇马镇歇马路64号附15号	—
3	金华路邮政所	自营	城市	北碚区金华路328号附61、62号	—
4	华光邮政所	自营	城市	北碚区双柏树华光村内	—
5	澄江邮政支局	自营	农村	北碚区澄江镇澄江路195号附6、7、8号	—
6	水土邮政支局	自营	农村	北碚区水土镇新华路27号	—
7	复兴邮政支局	自营	农村	北碚区复兴镇复兴街52号	—
8	兴平路邮政所	自营	农村	北碚区复兴街道兴平路13号（跃1）、15号（跃1）	2020年小湾邮政所更名为兴平路邮政所
9	大地新村邮政所	自营	农村	北碚区水土镇大地村四社	—
10	兴源大道邮政所	自营	农村	北碚区水土街道兴源大道140、142号	2020年由药王邮政所更名为兴源大道邮政所
11	三圣邮政所	自营	农村	北碚区三圣镇圣石新街8号	—
12	静观邮政支局	自营	农村	北碚区静观镇华渝路21号	—
13	石坝邮政所	自营	农村	北碚区三圣镇德圣村3组	—
14	柳荫邮政支局	自营	农村	北碚区柳荫镇柳荫街169号	—
15	偏岩邮政所	自营	农村	北碚区金刀峡镇河滨路20号	—
16	焦家沟邮政所	自营	农村	北碚区东阳街道西山路7号	—
17	天府邮政支局	自营	农村	北碚区天府镇后峰路94号	—
18	西南大学邮政所	代办	城市	北碚区西南大学西师街14号	—
19	碚峡路邮政所	自营	城市	北碚区碚峡路134号一楼	—
20	天生桥邮政所	自营	城市	北碚区天生路97-11号	—
21	龙凤桥邮政所	自营	城市	北碚区龙凤桥街道龙凤桥三村291号门市-7	—
22	文星湾邮政所	自营	城市	北碚区文星湾95号	—
23	朝阳路邮政支局	自营	城市	北碚区朝阳路21号	—
24	蔡同邮政所	自营	农村	北碚区童家溪镇同兴工业园区二路2号	—

序号	局所名称	经营性质	经营属性	设置地点	备　注
25	蔡家邮政支局	自营	农村	北碚区蔡家岗镇蔡家横街 26—32 号	—
26	汪家堡邮政所	自营	农村	北碚区蔡家岗镇嘉运二路 50、52 号	—
27	童家溪邮政所	自营	农村	北碚区童家溪镇同兴北路 8 号 8–1	—
28	同华路邮政所	自营	农村	北碚区蔡家岗镇同华路 80、82 号	—
29	施家梁邮政所	代办	农村	北碚区施家公路旁一楼	—
30	盐井坝邮政所	代办	农村	北碚区歇马街道盐井坝 1 号 1–41 栋 716–46 号	—
31	云泉路邮政所	自营	城市	北碚区天生街道云泉路 18 号附 36 号	—
32	845 厂邮政所	自营	农村	北碚区蔡家岗镇灯塔街 145–11 号	2020 年 1 月撤销
33	代家沟邮政所	代办	农村	北碚区代家沟 223 号	2020 年 12 月撤销
34	三花石邮政所	代办	农村	北碚区三花石 29 号	2019 年 12 月撤销
35	东阳镇邮政所	自营	农村	北碚区黄桷中街 5 号	2000 年 8 月撤销

2. 社会加盟站点

2014 年 11 月，根据市分公司要求，北碚邮政向各加盟站点推广邮掌柜系统。2017 年，新建农村电商村级服务站（加盟点）119 个（含邮掌柜 54 个），各镇街实现全覆盖。

截至 2022 年底，北碚邮政共建成邮乐购站点 230 个（城区 146 个，农村 84 个）。

四、邮政管理

（一）财务管理

1986—1997 年，北碚区邮电局按中央国营和农村电话分账核算，实行按收入和支出两条线计划管理。2010 年，财务调整成本结构，优化成本配置，压缩非生产性费用支出，将有限的资源配置向业务发展必需的生产性成本倾斜。

2014—2022 年，财务管控能力有效增强。增加实物库存监控力度，实时对账，保证当月数据一致性；强化财务监管，解决零售报刊账务问题；从规范预算管理、出台营业资金管理办法、制定用户欠费管理实施细则、实行滚动预算管理等方面加强财务管理，制订发展计划和改进措施，增强市场应变能力，提高预算执行监控前瞻性。

（二）人力资源管理

1. 队伍建设

1986 年末，北碚区邮电局有从业人员 268 人。1997 年，邮电分营，北碚区邮电局从业人员按邮政、电信岗位属性划分到邮政局和电信局。2017 年 7 月，根据市分公司文件要求，北碚邮政制定人员选配方案，确定岗位人员及编写岗位说明书。2018 年，北碚邮政有从业人员 177

人。截至 2022 年底，北碚邮政有从业人员 264 人。

2. 教育培训

2001 年 4 月 10—11 日，北碚邮政自办普通话培训班，65 人参加为期 2 天的培训和考试，北碚区调频电台对该活动作报道。自 2001 年起，北碚邮政加强对员工教育培训，每年通过各种业务培训、知识竞赛、操作表演、技术等级考核、职业技能鉴定等形式，提高邮政生产人员业务技能。

自 2022 年起，北碚邮政强化基层管理队伍人才培养，通过综合测评方式择优确定基层管理队伍人才。截至 2022 年底，共计储备 14 人，选拔任用到支局管理队伍 1 人。内训师队伍 7 人，其中，金融业务类 3 人（含风控内训师 1 人），寄递业务类 1 人，渠道平台类 2 人，市场营销类 1 人。员工初、中、高级、技师技能持证人数 181 人。

3. 薪酬管理

1997 年，邮电分营后，重庆市邮政管理局对北碚邮政实行六等七级邮政通信企业等级工资制度。1998 年 8 月，实行工效挂钩经营承包的管理模式。同年 8—12 月实施工资全浮动。

1999 年，考虑到职工的基本生活保障，实施以工资半浮动为基础的工效挂钩承包经营办法。2001 年，改革为实行岗位工资、工龄年功津贴、技术等级工资制度。2008 年，重庆市邮政公司对职工工资制度进行改革，北碚邮政按照新的工资制度调整职工工资和津贴补贴标准。2015 年，按照市分公司薪酬调整优化规定，北碚邮政调整职工薪酬结构。2018 年，北碚邮政在原有薪酬结构上升级升档。

（三）服务质量管理

1. 营业服务

截至 2022 年底，北碚邮政设有邮政普遍服务营业场所共 31 个，其中 28 个营业场所开办税邮业务、10 个营业场所开办警邮业务、1 个营业场所开办邮政业务；总服务面积约 780 平方公里，服务人口 80 万。城市区域有营业场所 21 个、农村区域 10 个；综合网点 28 个，纯普服网点 3 个；1 个营业场所开办国际及港澳台业务。2017 年 8 月，市场部服务质量管理负责用户申投诉处理。2017—2022 年，北碚邮政用户申诉处理满意率持续保持 100%。

2. 普遍服务与特殊服务

1986—2022 年，北碚邮政开办信件、印刷品、包裹、汇兑四项普遍服务基本业务。1997—2001 年，北碚邮政普服工作坚持以服务为宗旨，提高社会和经济效益。2018—2020 年，坚持普遍服务为"根"、客户为"本"，坚守普遍服务"两条红线"。2021 年，整合"普服＋服务质量＋网运＋客服＋视察"职能，强化检查力度，提升服务质量。2022 年，北碚邮政普遍服务全程时限指标稳步提升，投递外勤关键节点扫描率、营业时间达标率等重点指标全面达标。

2019 年 10 月，重庆市邮区中心局成立机要专线车，北碚区辖内所有机要文件由专线车专车负责。截至 2022 年 12 月，北碚邮政已实现 33 年机要通信质量全红，未发生机要文件丢失、泄密、损毁等通信事故和重大交通安全责任事故。

3. 监督检查

2012 年，北碚邮政成立三个服务工作检查小组，分片包干进行检查指导网点规范化服务工作。2017 年 8 月，普遍服务及服务质量工作由市场部负责，统筹普遍服务、视察检查、客户服务、用户申投诉处理等工作。2019 年，立足"体系建设、机制建立、队伍打造"三个关键要素，搭建区分公司、各职能部室、支局所（班组、投递站）三级质量监督检查体系。

2019 年，北碚邮政开展普服达标集中整治工作，普服质量逐年提升。持续开展"压降投诉和邮件丢损率"专项活动、"邮政窗口服务示范点建设"。2022 年，开展"六项禁止类服务问题专项整治"等工作，北碚邮政同华路网点被评为 2022 年度重庆邮政"窗口服务体验示范点"，全年开展邮政服务质量（普遍服务）专项检查 4 次，常规现场检查和非现场检查月均 1 次，检查发现问题 433 个，整改率达 100%。

（四）安全管理

2004 年，北碚邮政印发《2004 年安全保卫工作安排意见》；成立武装押运保安班，开展安全生产月和百日安全活动；购置储蓄网点的数码监控录像设备；成立邮政储汇资金内控和风险防范检查领导小组、储汇人员履职情况专项检查小组。巩固人防、物防、技防措施，无"三类案件"发生，获消防、综合治理安全先进。2017 年，北碚邮政全年无案件及风险事件发生，被北碚区公安分局评为"北碚区治安保卫先进集体"。2018 年，对所有金融网点报警设施进行全面检测整改，全面实现异地值守。2022 年，重庆山火中，北碚邮政成立由 12 名员工组成的灭火突击队奔赴一线灭火，展现邮政企业优秀的安全素养和责任担当，为重庆扑灭山火贡献邮政力量。截至 2022 年底，北碚邮政未发生重大安全风险事件。

（五）党群管理

1. 党组织

1986 年至 1997 年 7 月，北碚区邮电局设中共北碚邮电局党委。1997 年 7 月，经北碚区委批准，成立中共北碚区邮政局党委，下设机关党支部、生产党支部、退休党支部 3 个党支部。

2019 年，"机关党支部"更名为"综合联合党支部"，"生产党支部"更名为"市场经营支部"，增设寄递事业部党支部和生产作业党支部。同年，退休党员实行社会化移交管理，取消退休党支部。

2020—2022 年，设中共中国邮政集团有限公司重庆市北碚区分公司委员会，为北碚区委直属党委。下设综合联合党支部、市场经营党支部、寄递事业部党支部、生产作业党支部。

截至 2022 年底，北碚邮政共有中共党员 69 人，其中双重管理党员 3 人；另有预备党员 6 人、入党积极分子 6 人。

2021 年 3 月 17 日，北碚邮政党委牵头，工团联合，组织党员先锋队走进朝阳街道天津路社区服务中心，开展"人民邮政为人民　爱心敬老传真情"爱心邮你志愿服务活动，通过歌舞表演、游戏互动、捶背揉肩、促膝谈心等环节，为老人们送去关爱和温暖，以实际行动践行企业责任，传递新时代邮政企业正能量。

2022 年 5 月 7 日，北碚邮政党委组织党、团员前往重庆杨奇峰葡萄种植股份合作社开展"助力乡村振兴，为群众办好事"主题党日活动。有效解决合作社蔬果时间紧、农忙时节人手不够的燃眉之急，受到合作社及当地政府好评。

2. 工会

1997 年 7 月，北碚区邮政局工会委员会成立。2015 年，更名为"中国邮政集团工会重庆市北碚区委员会"。2020 年 9 月 28 日，中国邮政集团工会重庆市北碚区第三次代表大会召开，选举产生中国邮政集团工会重庆市北碚区第三届委员会、主席、经审委员会、女职工委员会。

截至 2022 年底，有工会主席 1 名，工会干事 1 名，工会委员 6 名，工会小组 11 个。共建"示范型职工小家" 10 个，职工小家及职工公寓 28 个，农村网点职工小家实现全覆盖。

3. 团组织

1997 年 7 月，共青团北碚区邮电局团委撤销，团员组织关系按人员属性划分，部分转入"共青团北碚区邮政委员会"。

2015 年，更名为"共青团中国邮政集团公司重庆市北碚区分公司委员会"。

2020 年，更名为"共青团中国邮政集团有限公司重庆市北碚区分公司委员会"。同年 12 月 4 日，开展北碚区关爱"快递小哥"工作座谈会暨"共青团与人大代表、政协委员面对面"活动。

2021 年 4 月 26 至 28 日，配合北碚团区委、区委宣传部拍摄原创 MV《筑梦》，共同庆祝建党 100 周年、"五四运动"102 周年。北碚团区委组织开展"中秋慰问度佳节·浓浓关怀暖人心"活动，北碚邮政组织 25 位青年代表参加该次活动。同年 5 月 20 日，配合团区委组织开展"青春无畏·筑梦前行"趣味运动会活动，18 位青年代表参加活动。

2022 年 7 月，北碚区分公司团委书记被选为共青团重庆市北碚区第十二届委员会委员、常务委员会委员。截至 2022 年底，北碚区分公司团委有团员 27 名，团委书记、副书记各 1 名，团委委员 5 名。

第九章　永川片区邮政机构

中国邮政集团有限公司重庆市永川片区分公司辖直属单位永川片区城区分公司及荣昌、璧山、大足 3 个区分公司。承担辖内幅员面积 1576 平方公里的普遍服务，按照国家规定，以普遍服务、寄递业务、金融业务、农村电商等为主业，实行多元化经营。截至 2022 年底，永川片区邮政有邮政营业网点 188 个（其中金融网点 167 个），揽投营业部 6 个；有从业人员 1401 人；邮路 23 条，单程总长度达 3141 公里。

一、机构沿革

2003 年 2 月，根据《关于实行重庆邮政企业城区、片区邮政企业经营管理体制的通知》，重庆市邮政管理局设立永川片区邮政局，管辖永川市、大足县、荣昌县、璧山县、双桥区邮政局。

2006 年 6 月，重庆市邮政管理局调整永川片区邮政局所辖大足县邮政局、双桥区邮政局经营管理体制，撤销双桥区邮政局，大足县邮政局行使原双桥区邮政局经营管理职能（对外仍保留双桥区邮政局的牌子）双桥区辖内邮政网点由大足县邮政局管理。

2010 年 11 月，恢复双桥区邮政局机构设置，隶属永川片区邮政局。

2012 年 7 月，为保持邮政管理体制与地方行政管理一致，重庆市邮政公司撤销大足县邮政局、双桥区邮政局，设立重庆市大足区邮政局，双桥经济技术开发区邮政局，其中双桥经济技术开发区邮政局隶属大足区邮政局管理，不再由永川片区邮政局直管。

2014 年 2 月，"重庆邮政永川片区邮政局"更名为"重庆市邮政公司永川片区分公司"。同年 6 月，重庆邮速递物流组织机构改革，重庆市邮政速递物流有限公司组建永川片区分公司，管理原永川区、荣昌县、璧山县、大足区分公司。

2015 年，因政府机构设置发生变更，大足区邮政同双桥经济技术开发区邮政合并经营管理（对外继续保留双桥经开区邮政的牌子）。

2017 年 6 月，根据市分公司城片区、区县分公司机构编制方案，设立永川片区分公司，调整优化永川片区分公司内设机构主要职责及人员编制，设立片区直属单位：营业（投递）局。

2018 年 9 月，寄递改革，组建永川片区寄递事业部，（保留"中国邮政速递物流股份有限公司重庆市永川区分公司"牌子），内设寄递事业部综合部（党委办公室）、市场部（客户营销中心）、服务质量部、运营管理部。所辖各区县相继成立寄递事业部。同年 11 月"中国邮政集团公司重庆市永川区分公司"更名为"中国邮政集团公司重庆市永川片区分公司"。

2020 年 1 月，"中国邮政集团公司重庆市永川片区分公司"更名为"中国邮政集团有限公司重庆市永川片区分公司"，管理大足区、荣昌区、璧山区分公司。

截至 2022 年底，中国邮政集团有限公司重庆市永川片区分公司内设综合办公室（党委办公室、安全保卫部）、财务部、人力资源部（党委组织部）、党委党建工作部（纪委办公室）、工会、市场营销部（客户营销中心）、金融业务部（中邮保险业务部）、渠道平台部、集邮与文化传媒部、服务质量部（普遍服务部）。

二、邮政业务

自 2003 年实行片区经营管理体制起，中国邮政集团公司重庆市永川片区分公司按照国家规定，以发展金融业务、寄递业务、文传业务、渠道业务为主，实行多元化经营，提升服务质量，邮政业务量逐步增长，营收不断增加，成绩显著。

表 9-9-0-1

2003—2022 年永川片区邮政业务收入统计表

单位：万元

年份	业务收入	年份	业务收入	年份	业务收入
2003	6457	2010	14782	2017	56665
2004	7340	2011	20243	2018	68997
2005	8014	2012	26590	2019	84949
2006	8836	2013	29622	2020	82077
2007	8836	2014	34777	2021	89154
2008	11107	2015	38076	2022	98533
2009	12593	2016	46862	—	—

说明：以上收入数据为财务报表口径，包含结算收入，因速递物流专业化经营，2009—2013 年收入数据未包含速递物流分公司数据。

（一）金融业务

2003 年，永川片区邮政设置储汇汇兑科，期末储蓄存款余额累计达 16.26 亿元。2009 年，设片区金融业务部。2010 年，永川片区邮政期末储蓄存款余额达 73.93 亿元；累计发放小额质押贷款 1119 笔，发放金额 1950.75 万元。2012 年，永川片区邮政率先同上海陆家嘴财富管理咨询中心合作，网点在客户、服务、营销、管理四个维度上得到提升。同年，永川片区邮政引进网点转型机制，打造标准化、规范化的营销服务体系。2012 年，永川片区邮政期末储蓄存款余额突破 100 亿元，达到 119.8 亿元。2016 年，永川片区邮政期末储蓄存款余额达 213 亿元，代理保险保费规模达 12.88 亿元。2020 年，永川片区邮政金融收入突破 5 亿元，对比 2015 年末，实现收入翻番，期末储蓄存款余额上升到 317.96 亿元。截至 2022 年底，永川片区邮政储蓄存款余额突破 400 亿元，达到 409.81 亿元。

（二）寄递业务

2003 年，永川片区邮政利用网络优势初步建立区域物流配送网络体系，发展区域配送业务，组建"波仕塔"桶装水及渝西片区零担物流业务网。同年，片区内永川局、璧山局和大足局先后达成烟草农网配送协议。2010 年，永川片区邮政强化基础管理，提升投递服务质量，账单、法院文书妥投率达到 94.6%。2016 年，依托农村电商平台，开展农特产品"爆点"活动，累计实现收寄快包 2000 余件。2021 年，永川片区邮政开展经营单元创

新，共设置"众创众享"团队 6 个，区域加盟 21 处，准加盟 32 个。截至 2022 年底，永川片区邮政快递包裹突破 2585.99 万件、特快专递达 92.74 万件，国际业务量达 355 件，业务规模排全市邮政第 1 位。

（三）文传业务

2003 年片区成立后，分别设立函件广告公司、集邮公司、报刊发行公司，对辖区内区县履行管理职能。2005 年，永川片区邮政开发学校资源，实现收入 460 万元。2010 年，落实"一局一单"工程，开发住房公积金对账单，实现业务收入 8.63 万元。2011 年，邮政贺卡营销累计开发客户 560 户，报审金额达 686.44 万元；运作"教师节明信片"等 6 个节日重点项目和"商务名片册"等 8 个常规项目共计实现收入 342.6 万元。2012 年，开发运作公积金中心、恒丰银行、税务催税单、环卫账单等项目，实现收入 15 万元。2014 年，永川片区邮政函件专业整合传统媒体资源，打造"永邮传媒""璧邮传媒"等新媒体资源。2016 年，加强与教委、学校联系，新建青少年邮局 3 所，带动集邮业务收入 10 万余元。2017 年 8 月，永川片区邮政成立集邮与文化传媒部。2019 年，围绕"新中国成立 70 周年"系列庆祝活动，组织开展集邮展览，现场参观人数达 1 万余人，销售 70 周年题材邮品累计实现收入 91.6 万元。2022 年，永川片区邮政实现文传收入 4324 万元。

（四）渠道业务

2003 年，永川片区邮政设立电信业务部，并启动以代放号业务为主的增值代理电信业务。2004 年，片区递送公司启动以桶装水、日化品为主的分销业务。2009 年，同步启动自邮一族业务，通过发展自邮一族加盟商户等方式拓展业务。2010 年，完善渠道建设后，当年实现分销销售配送额 1552.97 万元，实现收入 484.36 万元。2012 年，"自邮一族"业务与旅游年票的组合销售和营销模式被全市复制推广。2013 年，依托网点、村邮站等平台建设叠加农资代订服务，创新服务"三农"新模式，累计完成分销销售额 4485.67 万元。2014 年，新增便民服务站 18 个，累计数达 161 个。2016 年，打造电商分销平台，建成 4 个区县运营中心、19 个乡镇运营中心、593 个乡镇服务站，实现收入 2654.39 万元。2021 年，采取"硬改+软改"相结合的模式，推进营销场景打造，共设置网点刷屏机 89 台，打造电子屏和展板相结合无实物扫码墙 187 个。截至 2022 年底，永川片区打造"双链工程"精品路线 5 条，融入地方标杆特色农产品生产环节。新建 138 家邮快超市，累计完成县级共配中心 4 个，乡镇级共配中心 26 个，综合便民服务站点建设 1283 个，站点有效利用率 100%，实现"网点+站点"双向引流，提升站点运营质效，实现收入 6675.55 万元。

三、邮政网络

2003年，片区合理规划邮路路线，分类实施计划运输，及时调整邮路运行路线和时限，确保邮件传递质量。2017年，共新增智能包裹柜144台、包裹社区自提点268个、邮运车辆56台。同年，新增网运PDA 29台，投递PDA 36台，折叠笼车27台，WIN总端168台，提升网运能力。2019年，为适应寄递需求，调整邮路为县辖邮路5条城区转趟2条。2021年，对县辖邮路进行调整，由原来的5条变为8条，设置2条县辖重点乡镇专线，余下为往返邮路。2021年，永川片区邮政推进"三级物流体系"建设工作，对接当地相关部门，安排专人负责惠农专班。截至2022年底，永川片区邮政强化专业联动，探索网点和站点间双向引流模式，片区共建成县级分拨仓4个，重点乡镇周转仓23个，建制村村级站点629个。

四、邮政管理

（一）财务管理

2003年，财务一体化联网工程正式投入运行。2004年，完成片区财务报表合并，先后对永川、荣昌、璧山、大足邮政进行成本费用系数超支和财务收支相关事项审计等工作。2005年，结合财务体制改革，围绕推行专业化财务核算，细化成本费用核算项目，完善财务管理体系。2010年，永川片区邮政压缩非生产性费用支出，为企业实现生产经营方式转变提供保障。2012年，远程报账系统上线。2013年，固定资产新系统上线，开展清产核资，确保企业资产的完整性。2014年，根据《关于印发永川片区分公司进一步加强专业损益核算的通知》，开展专业损益核算工作，充分调动各专业创造利润的积极性，合理体现邮政企业经营成果和效益评价。2015年，永川片区邮政规范发票管理，杜绝虚假开票行为，推动"子改分"房屋等资产权属变更。2016年初，ERP系统正式上线。同年5月，全面推开营业税改征增值税试点。2017年，报销报账移交市公司集中核算。2019年，以战略绩效为引领，强化预算执行过程管控。2020年，片区设立全面预算管理委员会。2021年，出台《关于营收资金缴存相关规定和考核的通知》（渝邮分永川〔2021〕4号），规范资金管理。2022年，永川邮政按照"管理提升年"工作要求，完善财务体制、优化财务管控。

（二）人力资源管理

2003年，永川片区邮政局共有从业人员584人。2009年12月，片区分公司出台璧山、大足县邮政局机构及人员设置方案以及荣昌县邮政局内设机构、人员设置方案。2014年，永川片区加强人才队伍建设，出台《关于下发永川片区分公司员工双向交流管理办法的通知》《永川片区分公司后备人才队伍管理办法》等人才管理制度。2017年，片区邮政制定和完善《中国邮政集团公司永川片区分公司领导人员管理规定》和《中国邮政集团公司永川片区分公司领导人员任免工作程序》，规范片区分公司党委管理。2021年，强化人工成本使用进度管控。制定《中国邮政集团有限公司重庆市永川片区分公司领导人员管理规定（试行）》《中国邮政集团有限公司重庆市永川片区分公司领导人员综合考评办法（试行）》，规范干部管理。2022年9月，落实内部竞聘专项治理工作，对荣昌、璧山、大足区分公司开展检查。截至2022年底，永川片区邮政本科及以上学历合计794人；邮政通信特有职业生产人员高技能以上持证人数410人；银行业专业人员职业资格持证人数393人；基金从业人员资格持证人数218人；AFP（金融理财师）持证人数47人。

（三）服务质量管理

2015年7月1日，根据市分公司《关于配置市公司级、城片区级代理金融检查队伍的通知》，成立永川片区分公司检查室。2017年8月，永川片区成立服务质量部（普遍服务部），负责片区所辖单位邮政业务质量监督工作。2018年10月，《中邮永川片区分公司服务质量监督检查管理办法（试行）》出台，强化服务质量管理，提升服务质量。2022年，永川片区邮政全年未发生重大风险责任事件。2019年，开展"普遍服务和特殊服务"达标等各项监督检查，对发现的违规问题及时整改，持续提升邮政服务质量和水平。2020年3月，印发《中国邮政集团有限公司重庆市永川片区分公司邮政普遍服务及通信服务质量考核办法（试行）》。同年4月，金融检查人员划归金融业务部。2021年11月，《中国邮政集团有限公司重庆市永川片区分公司服务质量管理实施办法（试行）》出台，规范员工服务行为，改善客户体验质量。该办法沿用至2022年。

（四）安全管理

片区分公司对所辖区分公司安全保卫工作主要行使管理监督权，每年各分公司逐级签订《安全责任书》，明确安全责任。2007—2010年，片区累计完成77个西部网点及营投网点改造，新购置营业网点38个，网点总数达到179个，网点安防设施全面达标。2012年，落实安全保卫工作管理责任制。按照最新安防设施标准进行建设改造，强化安全隐患整改和安全防范措施建设。2014年，永川片区邮政牵头完成从永川到荣昌、大足、璧山异地值守主干线路开通联调工作，完成永川片区异地值守试点工程建设。同年，开展"重庆市邮政'排雷行动回头看'活动""合规经营专项检查活动"等专项检查。2018年，片区邮政组织辖内各单位层层签订安全、消防、案件防控责任书，合规、反不正当竞争承诺书，签订率达100%。同年，共882名员工参加"内控提升"网络知识考试，合格率100%。2019年，永川片区组织驿盾中队开展各类培训，提高押运队伍执行能力，完善"一岗双责"安全生产目标责任制，完成"国庆 70 周年"等重大节庆期间安全保障任务。

（五）党群管理

2003 年 9 月，永川片区局第一届党委班子成立。2017 年，永川片区邮政成立党委办公室、组织部、党建工作部，各分公司相应完善党建工作体系。2017 年，完善党建责任体系，各单位负责人签订《2017 年永川片区党委全面从严治党责任书》。2018 年，开展巡视整改工作，并制定整改措施。2019 年，研究制定《中国邮政集团公司重庆市永川片区分公司"不忘初心、牢记使命"主题教育工作安排》，开展"走访客户、对接项目"主题调研，发现问题并提出整改措施，形成调研报告 11 篇，召开调研成果交流会 4 次。2021 年，研究制定《党史学习教育工作方案》，制定"我为群众办实事"项目。2022 年，组织党员学习《邮政企业领导人员廉洁从业若干规定》《有关党纪法规禁止性条款节选》等文件，组织 307 名党员参加"廉洁知识测试"，合格率达 100%。

（六）纪律检查

永川片区分公司纪委对永川、荣昌、璧山、大足分公司纪检工作负有管理职责。1998 年，建立中共永川市邮政局纪律检查委员会。2017 年 7 月机构改革，永川邮政设置党委办公室、党委组织部、党委党建工作部（监察室）。自 2018 年起，每年召开党风廉政建设和反腐败工作会，安排布置年度重点工作，日常对各单位党组织落实党风廉政建设责任制情况进行监督检查和指导，对各区分公司管理的干部问题线索进行核查处置，对各区分公司纪检委员、纪检人员准入基本条件进行审核把关。2018 年 3 月，党委党建工作部（监察室），与党委党建工作部合署办公。2020 年 3 月，撤销监察室，设立纪委办公室，仍与党委党建工作部合署办公。截至 2022 年底，未发生变化。

（七）工会

2003 年，设立中国邮电工会重庆市邮政委员永川市工作委员会，负责片区内各基层工会的领导和管理。2006 年 12 月，因行政区划调整，"中国邮电工会重庆市邮政委员永川市工作委员会"更名为"中国邮电工会重庆市永川区邮政局委员会"。2009 年，永川邮政仙龙支局获得"全国邮政农村支局模范职工小家示范点"荣誉称号。2013 年 6 月，"中国邮电工会重庆市永川区邮政局委员会"更名为"中国邮政集团工会重庆市永川区委员会"。2016 年，片区共建成 11 个示范型职工小家、8 个职工小家、4 个职工公寓，并逐步完善职工小家生活用品的配备。截至 2022 年底，永川片区邮政共有职工小家 157 个，覆盖率达到 100%。

第一节　永川邮政机构

一、机构沿革

（一）机构演变

1. 计划单列时期

1986—1992 年，永川县邮电局隶属重庆市邮电局。

1992 年 3 月，重庆邮电管理体制调整，重庆市邮电局撤销，永川县邮电局划归重庆市电信局管理。同年 5 月，永川撤县设市，撤销永川县邮电局，设立永川市邮电局，管理体制不变。

2. 邮电分营时期

1997 年，邮政、电信分营试点，原重庆市电信局管理的永川市邮电局的邮政业务全部划归重庆市邮政局管理。同年 4 月，国家邮电部撤销重庆市邮政局，成立重庆市邮政管理局。同年 7 月，永川市邮政局成立，隶属重庆市邮政管理局管理。

2003 年 2 月，重庆市邮政企业实行片区化经营管理体制，永川市邮政局隶属新组建的永川片区邮政局管理。

2006 年 12 月，永川行政区划变更，撤销永川市邮政局，成立重庆市永川区邮政局，管理体制不变。

3. 政企分开时期

2007 年 2 月，政企分开，"重庆市永川区邮政局"更名为"重庆市邮政公司永川区邮政局"，管理体制不变。同年 12 月，中国邮政储蓄银行重庆永川区支行成立，永川邮政受邮储银行永川区支行委托开办代理金融业务。

2009 年 1 月，重庆市邮政速递物流正式运行新的专业化经营机制，组建重庆市邮政速递物流公司永川区分公司。

2010 年 6 月，"重庆市邮政速递物流公司永川区分公司"更名为"重庆市邮政速递物流有限公司永川区分公司"。

2015 年 4 月，根据集团公司法人体制改革要求，"重庆市邮政公司永川区邮政局"更名为"中国邮政集团公司重庆市永川区分公司"。同月，"重庆市邮政速递物流有限公司永川区分公司"更名为"中国邮政速递物流股份有限公司重庆市永川区分公司"。

2017 年 8 月，根据市公司城片区、区县分公司机构编制方案，设立永川片区分公司，同时设立直属单位：营业（投递）局，设置机要局、投递部和内部处理班，级别均为班组建制，归口营业（投递）局。

2018 年 11 月，"中国邮政集团公司重庆市永川区分公司"更名为"中国邮政集团公司重庆市永川片区分公司"。

2021 年 8 月，根据市分公司要求，"永川片区分公司营业（投递）局"更名为"永川片区城区分公司"。

（二）主要领导

表 9-9-1-1

1986—2022 年永川邮政主要领导人员名录

单位名称	姓名	职务	任职时间	备注
永川县邮电局	沈定远	局长	1986.1—1987.8	—
	胡华良	党委书记	1986.1—1987.8	—
	胡华良	局长	1987.8—1992.5	—
	张德全	党委书记	1987.8—1992.5	—
永川市邮电局	胡华良	局长	1992.5—1997.6	—
	张德全	党委书记	1992.5—1997.6	—
重庆市邮政公司 永川区邮政局	魏惊涛	党委书记、局长（总经理）	2007.3—2014.4	2014 年 3 月因机构名称变化 职务由局长变为总经理
	廖白权	党委书记、总经理	2014.4—2015.6	—
中国邮政集团公司 重庆市永川片区分公司	廖白权	党委书记、总经理	2015.6—2020.3	—
中国邮政集团有限公司 重庆市永川片区分公司	廖白权	党委书记、总经理	2020.3—2021.4	—
	李明	党委书记、总经理	2021.5—	—

二、邮政业务

（一）金融业务

1. 储蓄汇兑

储蓄业务 1986 年 6 月，西大街邮电营业室、中山路邮电营业室恢复开办邮政储蓄业务，永川县邮电局期末储蓄存款余额 20.58 万元。1987 年，永川县邮电局辖内 10 个邮电支局可办理邮政储蓄业务。1992 年 12 月，永川市邮电局期末储蓄存款余额达到 12190 万元。1998 年 5 月，永川市邮政局西大街、中山路营业室，开通邮政"绿卡"，邮政储蓄全国联网，实现通存通兑。同年 7 月，西大街邮政支局安装永川邮政第一台 ATM 自助取款机，方便用户 24 小时自助取款。2001 年 3 月，永川邮政辖内 60 个邮政支局（所）相继开通"绿卡"全国联网业务，实现通存通兑。2004 年 10 月，永川邮政辖内所有网点开通"绿卡"全国联网、通存通兑，实现邮储异地交易。2005 年 6 月，完成邮政储蓄、汇兑计算机两网互通工程，储蓄和汇兑业务统一系统办理，实现储蓄资金、汇兑资金当天自动清算。同年 8 月，储蓄存款余额突破 10 亿元。2006 年，永川邮政辖内有邮政支局、邮政所共 67 个，网点开办邮政储蓄业务率达 100%。2007 年，永川邮政承担区农村直补款发放，开办存单质押小额贷款业务，永川邮政储蓄业务开启"能存能贷"模式。2016 年，永川邮政新增余额突破 10 亿。2020 年 3 月，永川邮政储蓄存款余额规模突破 100 亿元，达到 1058519 万元。2022 年 12 月，永

川邮政共有 60 个全国邮政储蓄联网网点，期末储蓄存款余额 1434641 万元。

汇兑业务 1986 年，邮政汇兑采用手工汇兑处理方式，手工收汇并填写一式四联（客户收据、网点留存及另外两联交汇检室），永川县邮电局开发汇票 13.15 万张。1990 年，开发汇票 12.21 万张。1992 年，开发汇票 13.55 万张。1997 年，开发汇票 11.29 万张。2001 年 9 月，西大街邮政支局储汇营业室汇兑业务实现电子汇兑业务全国联网，邮政汇兑业务迈向信息化。2002 年 10 月，永川市邮政局所有邮政储汇网点实现电子汇兑业务联网，2004 年，储蓄与汇兑实现两网互通，永川市邮政局辖内 67 个邮政支局（所）网点，全部开通电子汇兑业务。并提供通知取款、自行通知取款、商务汇款等汇兑业务。随着业务转型发展汇兑业务呈逐年下降趋势，截至 2022 年，永川邮政办理汇款 2222 笔，汇款金额 150.24 万元。

2. 中间业务

1999 年，永川市邮政局开始承销凭证式国债。同年 10 月，与人寿保险公司签订协议，开始代办保险业务。2001 年 12 月，永川市邮政局开始代办太平洋保险公司保险业务。2003 年 5 月 18 日，邮政代理保险业务营业厅在永川市西大街邮政营业厅开业。2005 年，永川邮政代理保险保费规模突破 3000 万元，达到 3084 万元。2009 年 12 月 16 日，重庆邮政代理保险大集中系统工程上线试运行。2012 年，永川邮政人民币理财销量达到 1.5 亿元，销

量首次突破亿元。2013 年，永川邮政手机银行结存账户数破万户，达到 1.31 万户，网上银行 7.27 万户。2014 年 4 月 16 日，永川中邮保险局成立，正式代销中邮保险产品。同年，人民币理财销量突破 10 亿元。2016 年，永川邮政加大客户开发力度，累计短信在网户数突破 40 万户。2017 年，永川邮政保费规模逐渐扩大，新单保费突破 6 亿元，较 2011 年新增 6 倍。2019 年，永川邮政中邮保险保费规模突破 6000 万元。2020 年 5 月，永川邮政绿卡结存账户数突破 70 万户。2022 年，永川邮政代理保险长期期交保费突破 1 亿元，手机银行结存账户数突破 30 万户。

3. 风控合规

1986—2022 年，永川邮政逐步健全完善代理金融风险管控制度及稽核检查办法，持续巩固金融风险防控体系。2016 年，永川邮政成立风险合规管理委员会，由永川邮政现业经营部管理。2017 年机构改革后，设置合规监督岗 1 人、专职检查 6 人、预警稽核 3 人，检查室由现业经营部划转至服务质量部，2020 年 5 月，永川邮政风控团队由服务质量部划转至金融业务部。2021 年 2 月，永川邮政修订下发《中邮永川片区分公司代理金融风险内控案防管理委员会工作规则（2020 年版）》，完善风控顶层设计。2022 年，永川邮政开展代理金融风控合规"雷霆行动"专项排查活动。风控团队通过风控模型数据排查、投诉积聚网点排查、员工异常行为排查、岗位不兼容或相互制衡落实情况排查、现金运营制度落实情况排查、岗位履职排查、问责管理排查七项排查。同年 9 月，提交柜面反诈风控模型建议，为核心系统推广上线奠定基础，永川邮政全年风控 KPI 得分 106.7 分。

（二）寄递业务

1. 特快专递

1994 年 3 月，永川市邮电局按照重庆市电信局的通知，开办国内特快专递业务。2000 年 9 月，开办国内特快专递礼仪业务。同年 10 月，开办特快单、证、照往来的特快专递业务。2001 年 1 月，开办国内特快专递代收货款业务。2003 年 1 月，永川市邮政局与永川市人民法院协商开办邮政特快寄送法律文书合同业务，开办车辆档案寄递业务。2005 年，开办身份证寄递业务。2006 年 1 月，永川邮政开通川渝区域"EMS 次晨达"服务。2008 年 3 月，正式推出"巴渝次晨达"速递业务。2013 年 12 月，永川邮政与重庆市车管所七分所合作开办驾驶证寄递业务。2019 年，开办行政审批件免费寄递项目。2020 年，永川邮政与长城汽车永川基地等开展特快专递合作，拓宽业务范围。2021 年 6 月，将身份证、车驾管服务等纳入行政审批件免费寄递范围，免费寄递项目种类近 20 种。2022 年，永川邮政共揽收特快专递 113.05 万件。

2. 快递包裹

2001 年，永川邮政开办快递包裹业务。2017 年，快

包理文纸业项目上线，全年收寄 280 万件，快包业务进入跨越式发展。2019 年，达到 2639 万件。2022 年，永川邮政揽收快递包裹 2585.99 万件。2017—2022 年，理文项目累计收寄快递包裹 9249.96 万件。

3. 物流业务

2001 年，永川邮政开办物流业务。2002 年，建立农村综合服务社，开展农资配送。2004 年，永川邮政与永川市烟草公司达成配送香烟业务；与波仕塔公司签订配送波仕塔桶装矿泉水业务。2005 年，与华创药业公司合作开展药品配送业务。2009 年，永川邮政扩展物流经营模式，开展船配运输业务。2022 年，船配运输业务配送量达到 1300 吨。2012 年，中标中船重工重庆红江机械公路运输项目，首次实现物流项目全年合作。

2012 年，永川邮政开展与永高塑业、泉江实业等工业园区企业物流业务，2016 年，开展铁塔仓储物流业务，仓储面积 1000 平方米。2022 年，永川邮政走访辖区内各生产制造企业，依托永川区凤凰湖、三教工、港桥工业园区开展物流业务。

4. 国际业务

1994 年 3 月，永川邮政开办国际特快专递业务。1997 年，收寄国际函件 5386 件、国际包裹 8 件。2010 年，新泰机械首次海运整柜至美国。2012 年 1 月，发运国际货代空运 600 公斤到德国慕尼黑，实现重庆邮政首次通过社会渠道发运国际重件业务。同月，永川邮政首次实现国际海运 2527 公斤至德国汉堡。2022 年，永川邮政利用中欧班列（渝新欧）运邮通道，收寄中欧班列（渝新欧）包裹 1549 件，海运整柜 12 个。

（三）文传业务

1. 函件业务

函件业务是邮政传统业务之一。1986 年，永川县邮电局函件出口量达 301.74 万件。1993 年函件出口量达 402.73 万件。1999 年 12 月，永川邮政开办市县联网运行的限时信函业务。2001 年 1 月，营业窗口回执扩大到个人交寄的出口给据邮件，增加函件业务量。2005 年，永川邮政开发校园经济，揽收录取通知书 25 万件，收寄包裹 2600 件。2017 年，开展《寄语重庆直辖二十周年低碳环保·从我做起》书信绘画大赛，印刷邮资封 3.6 万枚，收入 5.47 万元。2018 年，开发《茶山竹海》旅游风光明信片 3000 枚，实现邮资封片卡收入 2.76 万元；开发永川检察院、地税局等单位邮资封片 0.85 万枚，邮资封片卡收入 1.6 万元；印制年画等，实现媒体收入 16 万元。2019 年，永川邮政开发永川监狱、渝西监狱、公安局、地税局、永川区总工会等重点单位，销售邮资封 3.5 万枚，实现邮资封片卡收入 6.8 万元；销售电影卡 300 余枚，商品销售收入 54 万元。2020 年，常态开展福利走访，销售《旅游年票》243 枚，实现商品销售收入 33.9 万元。2022 年，销售

《百万市民游重庆》旅游年票7484张，销售金额149万元，列全市邮政第1位；开发仙龙政府菜花节，会展收入实现4万元；开发政企单位党建文化墙，实现媒体收入88万元。全年实现函件业务收入245万元。

2. 报刊业务

1986—2006年，建立报刊发行站3处。1986年，建有报刊发行站（员）21个，此后逐年增加。2006年，共建报刊发行站（员）43个，收订流转额115万元。1994年10月，永川市邮电局实行报刊"收投合一"。2002年，永川邮政开展"户箱工程"，安装城区信报箱达6500户，方便用户收取信件、报刊。2003年10月，永川市邮政局成为《重庆晨报》《重庆日报》《重庆晚报》等报刊永川发行总代理。2017年8月，机构改革，报刊发行公司撤销，成立集邮与文化传媒部。同年10月，《习近平治国理政》第二卷出版发行，永川邮政共销售2004册，实现收入16万余元。2020年，书报刊供应链系统上线，收投系统正式分开。线上微信订阅开始主推对公客户，线上订阅流转额完成108.39万元。2022年，根据中共重庆市永川区委办公室转发《区委宣传部、区委组织部关于认真组织学习〈习近平谈治国理政〉第四卷的通知》，永川邮政销售政务图书10338册，实现图书码洋82.78万元。全年实现报刊收订流转额1747.77万元。

3. 集邮业务

1984年10月，西大街邮电营业室开办集邮门市专柜，方便客户办理集邮业务。1991年，集邮业务收入从1986年2.13万元提升至11.52万元。1997年7月，中国邮政发行《香港回归祖国》特种纪念邮票，永川市邮政局组织大型宣传销售活动，配合永川市公安局警察维护现场秩序，确保满足群众需要。2004年10月，永川市邮政局发行永川国际茶文化节纪念封1套2个版张。2012年，集邮业务收入258.20万元。2016年11月，建立永川邮政第一所少年邮局：兴龙湖小学汇智邮局。2017年5月，中国邮政发行《中国恐龙》特种邮票，其中一枚以"永川龙"为题材，"永川龙带你游永川"系列主题活动拉开帷幕。同年，开发永川特色《茶竹和韵》和《方寸雄姿——永川》两个邮品，实现销售收入30万余元。2022年，集邮业务实现收入305万元。

4. 中邮文创

2021年，永川邮政正式开办"中邮文创"业务。2022年，重点对中大型网点设立中邮文创产品专区25个，多元化销售中邮文创产品，全年完成中邮文创收入21万元。

5. 普通包裹

普通包裹业务是永川邮政传统业务之一，主要经营窗口包裹、校园包裹、军营包裹、家乡包裹、爱心包裹、母亲邮包等。1982年，永川县邮电局开展揽收包裹业务，全年业务量2357件。1986年，出口包裹24842件，进口包裹39228件。1990年，永川县邮电局职工"走出去"上门服务，发展商包业务，收寄商包6874个，是1989年1.88倍。2008年，永川邮政普包收入38.63万。2013年，永川邮政通过进大学院校上门揽收等形式发展普包业务，年收入达到77.64万。2022年，普通包裹业务划归集邮与文化传媒部管理，收寄普通包裹12716件。

（四）渠道业务

1. 增值业务

自2000年起，永川邮政开办代办业务等增值业务。2005年，开办以火车票代售为主的代理票务业务。同年，试点开办以水、电、气、电话费为主的便民代收服务。2009年5月，永川邮政启动"自邮一族"业务。2014年7月，结合"自邮一族"业务，永川邮政试点开办代理车险业务。2015年5月，引入多家供应商代理车险，业务进入常态化发展。2017年8月，永川邮政率先在全市进行简易险业务发展试点。

2010年，永川邮政"缴费一站通"系统建设完成，永川区辖内城区网点试点一站通网点系统，可实现水电气费代收代缴，实现收入57.49万元。同年，开办代收营业款业务，为辖区内小微型银行、部分事业收费站点，提供资金代收服务。同年8月，开办交通罚没款代收业务试点。2011年7月，永川邮政结合试点经验，建设一站通加盟站点，推广"缴费一站通"系统和生活类代收费服务，实现便民服务通过加盟渠道为群众提供生活类缴费服务。2022年，增值业务种类有便民缴费一站通、代收营业款、车务代办等，其中便民服务缴费一站通实现收入9.44万元。

2. 分销业务

2004年，永川邮政与波仕塔公司签订合作协议，启动桶装水及亮博士日化品销售业务，销售水饮、日化类商品，正式开办分销业务。同年4月，启动农资销售配送业务。同年8月，启动以月饼销售为主的季节性商品销售业务。

2009年7月，永川邮政以"永川梨"为试点，将本地名优土特农副产品引入分销渠道，拓展分销业务种类。2014年11月，永川邮政向各类加盟站点推广应用邮掌柜系统。2015年4月，开展"邮乐惠民优选"活动，结合"邮储银行卡支付"，组织开展邮乐线上零售推广活动。2018年，永川邮政开办卷烟零售业务。同年7月，《关于2018年永川邮政农村电商的实施方案》出台，规范邮乐购站点建设、批销和零售业务叠加的业务流程。2019年6月，开办以手机为主的智能终端销售业务，实现销售额14.39万元。2022年4月新冠疫情期间，永川邮政依托"邮乐优鲜"团购平台，打通本地农产品基地至小区的商品流通线，保障客户物资需求。同年9月，参加"邮乐919电商节"线上零售活动，对邮乐线上零售业务进行深度推广，实现销售额 300 万元。

3. 电信业务

1986—1997 年，永川电信业务主要有电报、传真、本地电话、长途电话、移动通信等。1986 年，永川县邮电局共有 15 条电报电信线路，其中有线电路 8 条，无线电路 7 条；有线长话电路 52 条；载波电报机 6 台。

1992 年之前，永川县邮电局设电信办公室。自 1992 年起，设电信科。1993 年 10 月，永川市邮电局 450 兆移动电话开通投产。1997 年 7 月，邮政、电信分营，电报业务移交永川市电信局管理。

三、邮政网络

（一）网络能力建设

1. 邮路

（1）邮路设置

区内邮路 1986—2001 年，重庆—永川为每日 1 班进口，每日 7:00 时到达永川，当日返回。2002—2012 年，重庆—永川为每日 2 班进口，每日 7:00、16:00 到达永川，当日返回，途经璧山。2013—2018 年，重庆—永川为每日 3 班进口，分为早、中、晚 3 班，每日 7:00、14:00、18:00 到达永川，途经璧山，当日返回。自 2019 年起，重庆—永川为每日 4 班进口，分为早上 2 班，中、晚各 1 班，早班每日 6:40、10:00 到达永川；中班 14:50 到达永川；晚班 18:00 到达永川，途经璧山，当日返回。

县乡邮路 1986 年，永川县邮电局有县乡邮路 3 条，县邮电局至各支局、支局至代办所为自办自行车邮路，每日 1 班。自 2003 年起，开展市辖邮路承包试点工作。2007—2018 年，实施网运调整，邮路数量由 4 条调整为 6 条，其中每日 1 频次 6 条，总里程 846 公里。2021 年，调整为 8 条邮路，总里程 1121 公里，新增城区转趟邮路 2 条，实现各镇、街所在地当日见报，乡镇全覆盖。2022 年，新增 2 频次邮路 2 条，主要负责进口包裹，达到 100 件的乡镇，当日组开 2 个频次邮路。

（2）邮路优化与调整

1986 年，有汽车邮路 11 条，长 333 公里；非机动运输工具邮路 24 条，长 223 公里。其中，市内邮路 2 条，长 6 公里；农村邮路 35 条，长 559 公里。2007—2018 年，有县辖邮路 5 条，长 498.1 公里，负责城区至乡镇政府所在地的报刊和邮件进出口发运工作。2019 年，重新调整县辖邮路 6 条，长 566.5 公里；2007—2020 年，城区转邮路 2 条，长 104 公里。2020—2022 年，将重点乡镇邮路调整为返还邮路，新增 2 条环行邮路，长 1146 公里；城区转趟邮路合并为 1 条，长 87.6 公里。

2. 物流体系

截至 2016 年底，永川邮政建成县域中心 1 个。截至 2022 年底，建成乡（镇）共配中心 7 个，综合示范服务 10 个、村级服务点 186 个、村级站点 207 个。共有冷链

配送车辆 2 辆，开通永川至临江、何埂乡镇共配中心邮路，同时实现该区域农村乡镇邮路串行。利用共配中心分拣转运所辖各村的邮件，最后通过投递员沿线站点收投作业；整合邮路资源，充分利用在建制村的邮政综合便民服务点资源，实现农产品进城，基本健全三级物流配送服务体系，实现全区各乡镇和沿线村级站点每日物流的全覆盖。

3. 设施设备

（1）邮政专用设备

2008 年，永川邮政配备电子秤、分拣格笼、封发夹钳、包裹捆扎机等专用设备。2015 年，相继配备爬坡装卸皮带机，投递和封发 PDA。2017 年，配备三级伸缩皮带机 1 部、分拣笼车 25 个、打包机 3 台。2021 年，增配进口邮件接收顶扫设备 1 台，分拣笼车 20 个，便携式蓝牙打印机 52 台。2022 年，新增邮件消毒迷雾器 1 台，封发蓝牙打印机 3 台，电子面单打印机 20 台。截至 2022 年底，配有专用设备笼车 45 个，打包机 3 台，便携式打印机 148 台，封发蓝牙打印机 3 台，台式打印机 3 台，电子面单打印机 20 台，封发投递 PDA 155 台，顶扫 1 台，三级伸缩皮带机 1 台。

（2）运输设备

1986 年，永川县邮电局有汽车 3 辆，摩托车 4 辆，自行车 36 辆。1997 年邮电分营后，有汽车 3 辆，三轮摩托车 2 辆。2008 年，永川邮政有县乡邮路运输车辆、面包车、城区投递三轮摩托车等运输设备。截至 2022 年底，有县乡邮路车辆 2.75 吨车辆 13 辆，冷链车 2 辆，5 吨运输车辆 1 辆，面包型投递车辆达到 15 辆，新能源车 4 辆，2 轮普邮投递摩托车 6 辆。

4. 作业场地

2016 年之前，永川邮政邮件处理中心为蚂蝗桥邮件处理中心。2016 年，租赁永川永南物流园仓储作为县域邮件处理中心。2017—2022 年，永川邮政分两期建设邮件处理场地 2560 平方米，更名为"永川邮件集散中心"，

图 9-9-1-1　永川邮件集散中心（摄于 2022 年 5 月）

负责永川片区分公司（本部）进、出口邮件处理，建成后将承担省际出口快递包裹的集包和够量直发。旺季期间分流邮区中心进口邮件和渝西片区部分分公司省际快件集包出口以及成渝邮件交接点，日均处理进、出口邮件量10万件。2022年，搬迁至永川区中山街道和畅大道397号的自建邮件处理中心，面积约1256平方米。同年8月，开工建设二期邮件处理中心（永川片区邮件集散中心），截至2022年底，二期邮件处理中心在建中。

（二）网运生产作业

1. 邮件接发

永川分公司进口频次为4频次，1频次6:40进港、2频次8:30进港、3频次15:00进港、4频次18:00进港。每频次在1小时内完成邮件内部作业处理实施当日组织投递，永川乡村邮件当日11:30前进口全部赶发，12:30县乡邮路发运各农村支局、所。农村支局、所当日14:00前进口邮件当日组织投递。出口频次为3频次，1频次13:00，主要出口当日12:00前收寄的各类邮件；2频次19:00，主要出口当日12:00—18:00前收寄的特快邮件；3频次21:00，主要出口19:00后城区收寄的特快邮件及城区12:00—20:30收寄的快递包裹邮件及当日各网点收寄的各类邮件。

2. 邮件运输

1990年前，永川县邮电局邮件的运输由委托代办汽车邮路运输为主。1991—1997年，永川邮政到各支局、所的邮件，由永川邮政车辆负责运输，各支局和邮路辐射范围内的邮政所邮件的运输，由农村投递人员负责押运。1998—2020年，永川邮政53个支局、所邮件自行运输。自2021年起，有自有人员运输邮路3条，外包邮路5条。

3. 邮件投递

永川邮政根据永川城区各个时期段人口密度分布、用邮业务量、新城区的发展情况以及永川地区通信网路布局的需要、服务范围和上级通信作业组织管理办法等因素调整投递服务，在不同时期修订投递区域资料，绘制投递道段图，及时满足投递需求。通过实际生产作业，永川片区分公司将投递和揽收进行分网作业。1986年以前，永川

城区邮政投递段道为9个，投递工具为自行车。1990年，永川城区投递段道增加到12个。1999年，永川投递段道增加到15个，2002年，永川城区投递段道增加到22个，2007—2013年，投递段道为46个。2014—2017年，调整投递段道为32个。2018—2022年，永川邮政投递段道为15个。

邮件进口接收 → 内部处理 → 外部投递 → 归班处理 → 邮件出口

图 9-9-1-2　邮件分拣封发作业计划（流程）图

（三）网运管理

1. 组织管理

2007—2017年，网运管理挂靠市场部，负责管理和调度邮件处理中心作业组织。2017年，成立运营管理部，负责永川片区邮件处理中心网运规划、调度和作业组织。2018年，组建永川片区寄递事业部，运营管理部划归寄递事业部，负责网运组织、调度、投递作业组织，处理中心下设普邮投递段道、寄递业务揽投段道、代管县辖邮路车班。

2. 网运质量

1986—2022年，永川邮政网运管理逐渐细化，管控指标和运营质量管理不断完善。2022年，永川邮政进口特快及时妥投率达99.95%，进口快包及时妥投率98.4%，普邮给据省内T+3投递时限率达99.36%，普邮给据省内T+5投递时限率达99.4%。各项指标均超集团、市公司标准。

（四）服务网点

1. 网点设置

1986年，永川邮电局有10个邮电支局，18个邮电所，51个代办所。1994年，有邮政代办所2个，乡办所42个。2002年，永川邮政有13个邮政支局，8个自办所，62个代办所。2005年，永川邮政有13个邮政支局，8个自办所，60个代办所。截至2022年底，共设置普服网点71个。

表 9-9-1-2

1986—2022 年永川邮政局所一览表

序号	局所名称	经营性质	经营属性	设置地点	备　注
1	和顺大道邮政所	自办	城市	和顺大道 950 号	—
2	渝西大道邮政所	自办	城市	中山路渝西大道中段 566 号附 15、16 号	—
3	隆西大道邮政所	自办	城市	大安隆西大道 82 号	—
4	星光大道邮政所	自办	城市	中山路星光大道 789 号附 2 号 1-3、4、5 号	—
5	灵龙路邮政所	自办	城市	中山路灵龙路 709、711、713 号	—

序号	局所名称	经营性质	经营属性	设置地点	备　注
6	禹王路邮政所	自办	城市	陈食街道办事处禹王路 59、61 号	—
7	西大街邮政所	自办	城市	渝西大道中段 1148 号	2008 年邮储银行成立，储蓄业务划转邮储银行，成为纯邮政网点
8	中山路邮政所	自办	城市	中山大道中段 346、348 号	—
9	火车站邮政所	自办	城市	迎宾大道 367 号	—
10	小桥子邮政所	自办	城市	南大街小桥子大众园 A 区 1 号	—
11	萱花邮政支局	自办	城市	萱花路 327 号	—
12	青峰邮政所	自办	农村	青峰镇青莲路 240、242、244、246 号	—
13	永隆邮政所	自办	农村	南大街街道办事处宝林路 31 号附 2—4 号	—
14	吉安邮政所	自办	农村	吉安镇吉安大道 83 号	—
15	万寿邮政所	自办	农村	迎宾路 149 号	—
16	红河邮政所	代办	城市	红河大道重庆文理学院红河校区	2021 年 4 月更名前为"红河邮政代办所"
17	人民西路邮政所	自办	城市	人民西路 13、15 号	2013 年 12 月更名
18	信息工程学院邮政所	自办	城市	萱花路 256 号	—
19	探花路邮政所	自办	城市	探花路 79 号	2013 年 12 月更名前为"红江邮政所"
20	汇龙邮政所	自办	城市	汇龙大道 145、147 号	—
21	人民东路邮政支局	自办	城市	人民东路 159 号	—
22	胜利路邮政所	自办	城市	胜利路 369-1、371、373 号	—
23	蚂蝗桥邮政所	自办	城市	萱花路 580 号 582、584 号	—
24	红河路邮政所	自办	城市	人民东路 176、178、180 号	—
25	乾兴路邮政支局	自办	城市	中山路街道乾兴路 91 号、93 号	—
26	黄文邮政所	自办	农村	南大街街道办事处黄文街 61 号	—
27	光彩大道邮政所	自办	城市	光彩大道 721、723、725 号	2020 年 5 月更名前为"石河邮政所"
28	双竹邮政所	自办	农村	卫星湖街道办事处双凤路 130 号	—
29	石脚邮政所	自办	农村	卫星湖街道办事处石脚街 172 号	—
30	师专邮政所	自办	城市	卫星湖街道办事处星湖大道 183 号	—
31	金龙邮政所	自办	农村	金龙镇新街 28 号	—
32	普莲邮政所	自办	农村	金龙镇普莲新街 103 号	—
33	茶店邮政所	自办	城市	大安街道办事处康明路 116 号	—
34	花桥邮政所	自办	农村	三教镇永玻路 99、101 号	—
35	大安邮政支局	自办	城市	大安街道办事处全兴路 11 号	—
36	石竹邮政所	自办	农村	大安街道办事处石金路 98 号	—
37	金鼎邮政所	自办	农村	金龙镇金鼎街 1 号附 6 号	2019 年 12 月更名前为"金顶邮政所"
38	陈食邮政支局	自办	城市	陈食街道办事处南华路 199 号	—
39	莲花邮政所	自办	农村	陈食街道办事处莲花场镇	2021 年 10 月迁址前为"陈食镇莲花街村"
40	临江邮政支局	自办	农村	临江镇府南巷 11 号	—

序号	局所名称	经营性质	经营属性	设置地点	备　注
41	高滩邮政所	自办	农村	临江镇高滩街 18 号	—
42	普安邮政所	自办	农村	临江镇普安街 110 号	—
43	何埂邮政支局	自办	农村	何埂镇老街 280、283 号	—
44	水碾邮政所	自办	农村	何埂镇水碾街水灯路 83 号	—
45	科名邮政所	自办	农村	何埂镇科名场科坪路	—
46	聚美邮政所	自办	农村	何埂镇聚美场镇转角店村	—
47	松溉邮政所	自办	农村	松溉镇马路街 57 号	—
48	仙龙邮政支局	自办	农村	仙龙镇仙牛街 31 号	—
49	大磨邮政所	自办	农村	仙龙镇下文昌路 32 号	—
50	粉店邮政所	自办	农村	仙龙镇方堰塘街 49、51 号	—
51	张家邮政所	自办	农村	仙龙镇张家场环镇路 107 号附 1、2、3、4 号	—
52	五间邮政所	自办	农村	五间街印子街 2 号	—
53	盛水邮政所	自办	农村	五间镇陵园路 110 号	—
54	朱沱邮政支局	自办	农村	朱沱镇汇源路 2、4、6 号	—
55	四明邮政所	自办	农村	朱沱镇泸州街 160、162 号	—
56	大河邮政所	自办	农村	朱沱镇桥南路 29、31 号	—
57	转龙邮政所	自办	农村	朱沱镇兴旺街 206、208、210 号	—
58	涨谷邮政所	自办	农村	朱沱镇涨望路 2、4、6 号	—
59	江永邮政所	自办	农村	朱沱镇江永新街村 41 号	—
60	来苏邮政支局	自办	农村	来苏镇万寿路 31 号	—
61	王坪邮政所	自办	农村	来苏镇王坪街村大南路 12 号	—
62	宝峰邮政所	自办	农村	宝峰镇长峰街 86 号	—
63	来仪邮政所	自办	农村	来苏镇磨心街 120 号	—
64	双石邮政所	自办	农村	双石镇双石桥街 83 号	—
65	太平邮政所	自办	农村	双石镇太平正街 35 号	—
66	煤矿邮政支局	自办	农村	煤矿北村一组支局营业厅内	—
67	永荣邮政所	自办	农村	永荣镇石壶路 36、38 号	—
68	七井邮政所	自办	农村	永荣镇韦家沟街 156 号附 8 号	—
69	三教邮政支局	自办	农村	三教镇皂角街 2 号	—
70	寿永邮政所	自办	农村	板桥镇太平路 66 号	—
71	板桥邮政所	自办	农村	板桥镇幸福街 135 号	—
72	马良邮政所	自办	农村	陈食街道办事处马银路 17 号	
73	何埂邮政所	自办	农村	何埂镇老街 155 号	
74	隆济邮政所	自办	农村	大安镇隆济新安街	已撤销
75	永泸邮政所	自办	农村	吉安镇永泸街道 30 号	
76	两河邮政所	委代办	农村	陈食填两河街村	

续表

序号	局所名称	经营性质	经营属性	设置地点	备 注
77	陈食场邮政所	委代办	农村	陈食西盛街 16 号	
78	红炉邮政所	委代办	农村	红炉老镇中心街 433 号	
79	临江邮政所	自办	农村	临江镇桥头	
80	星湖代办所	自办	农村	双竹镇新街	
81	凤龙代办所	自办	农村	野生动物世界	
82	茯苓代办所	自办	农村	吉安镇尖山场	
83	茶场代办所	自办	农村	永川监狱八监区	
84	登东代办所	自办	农村	宝峰镇登东场	已撤销
85	仙龙邮政所	自办	农村	仙龙镇三叉口	
86	新店代办所	自办	农村	红炉镇新店场	
87	罗汉代办所	自办	农村	红炉镇罗汉场	
88	双石邮政所	自办	农村	双石成渝公路旁	
89	三教邮政所	自办	农村	三教到太平支路	
90	玉峰代办所	自办	农村	三教镇玉峰村	
91	柏林代办所	自办	农村	何埂镇柏林场	
92	朱沱中心所	自办	农村	朱沱镇菜市场	

2. 社会加盟站点

自 2007 年正式启动农资业务以来，永川邮政为推动业务发展，构建农资配送和农业技术服务体系，开展"三农"服务站建设工作。截至 2008 年，永川邮政建设完成"三农"服务站 67 个，达到行政村级全覆盖，后因各类管控要素，农资业务逐步收归自营。已建成的站点中，小微型商超于 2015 年起逐步改建为邮乐购站点，其余拆建。2021 年，成立惠农专班，结合业务协同发展需要，将加盟站点进行整合，改建为综合便民服务站。截至 2022 年底，永川片区分公司累计完成县级共配中心 1 个、乡镇级共配中心 7 个、综合便民服务站建设 207 个，实现行政村（社区）普遍服务、生活类便民服务全覆盖。

四、邮政管理

（一）财务管理

1997 年 7 月，邮电分营，设立永川市邮政局，严格按财务管理制度执行。2003 年，出台《关于营收资金缴存相关规定和考核的通知》（渝邮分永川〔2021〕4 号），财务一体化联网工程正式投入运行。2008 年，实行资金收支两条线管理。2010 年，永川邮政严控成本，压缩非生产性费用支出。2012 年，远程报账系统上线。2013 年，固定资产新系统上线，开展清产核资工作。2014 年，永川邮政印发《关于永川区邮政局各经营网点费用管理办法的通知》，加强费用管理、降低成本费用，提高经济效益。

2015 年，永川邮政规范发票管理，杜绝虚假开票行为。同年，推动"子改分"房屋等资产权属变更。2016 年，ERP 系统正式上线。2017 年，永川邮政报销报账移交市公司集中核算。2018 年，永川邮政完成寄递事业部邮政账套设立，规范寄递部财务管理。2019 年，强化预算执行过程管控。2020 年，制定欠费管理办法，压降欠费规模，减少资金风险。2022 年，永川区分公司落实"管理提升年"工作要求，财务管理水平显著提高。

（二）人力资源管理

1. 队伍建设

1986 年，永川县邮电局有从业人员 448 人。1997 年 7 月邮电分营，永川市邮政局从业人员和退休人员共计 262 人，其中，管理人员 22 人（含局领导），从业人员 177 人，退休职工 63 人。2000 年 6 月，永川市邮政局印发《关于人事、用工和分配制度改革的方案》。2022 年，制定《中邮重庆市永川片区分公司（本部）各层级岗位员工岗位履职考评细则》《永川片区分公司（本部）农村网点投递员贡献营销奖励考评办法》《永川片区分公司"师带徒"新入职员工培养计划》。截至 2022 年底，永川邮政有从业人员 499 人，其中，高技能鉴定以上共有 155 人，储汇技师 10 人；理财经理队伍共 61 人，内训师队伍共 19 人。

2. 教育培训

1986—2022 年，永川邮政通过组织员工参加各类线上线下专业技能培训、鼓励员工继续教育等方式，不断加强永川邮政人才队伍建设培养，提升员工职业技能、学历水平。1997 年永川市邮政局成立以后，配备专（兼）职职工教育干部，从事职工教育管理工作，把职工教育工作列为企业的重点工作。2004 年 3 月，永川邮政印发《关于强化邮政储蓄统版培训工作的通知》，实行邮政支局（所）负责人责任制，保证邮政储蓄全国统一版本顺利上线。2018 年，对新进大学生进行拓展培训，2019 年开展员工综合素质提升培训，2020 年开展寄递综合培训，2021 年开展机关人员办公技能提升培训，2022 年组织开展银行业专业人员职业资格线下培训，并提供线上学习账号供员工自行学习。2022 年，永川邮政职业鉴定生产人员持证占比为 92.55%，大专及以上学历占比为 92.34%；高技能鉴定以上共有 155 人，其中储汇技师有 10 人。

3. 薪酬管理

1997 年，永川市邮政局干部、职工实行岗位工资＋技能工资＋服务年限奖＋其他补贴形式的工资。1998 年起，永川市邮政局实行职工工资与企业效益挂钩的办法。2000 年 6 月，永川市邮政局执行《关于人事、用工和分配制度改革的方案》。2008 年 7 月，《永川区邮政公司 2008 年部室、公司，班组绩效考核办法（试行）》出台，将绩效奖与收入预算目标完成情况、管理工作、服务通信质量、岗位履职、安全生产等情况进行挂钩考核。2015 年 3 月，《关于印发永川区邮政局金融从业人员绩效积分管理办法》出台，永川邮政以员工基本素质积分、企业贡献积分、素质提升积分为内容，公平、公开、公正的评价员工综合能力，为员工奖励、晋升、晋级等提供准确依据。2019 年 7 月，《中邮重庆市永川片区分公司绩效薪酬管理办法（试行）》出台，绩效薪酬采取"岗位绩效＋贡献（营销）奖励""底薪＋计件""底薪＋提成"的分配模式。根据企业经营管理情况和员工本岗位绩效考核结果对岗位绩效和贡献（营销）奖励的发放制定办法。

（三）服务质量管理

1. 营业服务

1992—1995 年，永川市邮电局开展局风建设工作，对邮电营业窗口进行了规范。1999 年 9 月，永川市邮政局开展"树邮政形象，创优质服务"活动，制定服务先进条件、邮政服务达标窗口条件、服务先进个人条件、邮政营业厅检查标准和城市投递检查标准。2005 年 7 月 14 日，永川邮政印发进一步做好永川市邮政服务工作的通知，要求各邮政支局、班组、邮政所和机关职能管理部门，要按照重庆市邮政管理局制定的标准各自相关的条款做好工作，永川市邮政局组织人员检查打分，纳入年度考核。2021 年 5 月，新一代营业渠道系统正式推广上线，替代原有营业二期系统、实体渠道管理系统、报刊收投系统、营业手工网点系统等多个系统。同年 9 月，《中国邮

政集团有限公司重庆市永川片区分公司邮政普遍服务管理实施办法（试行）》出台，提升服务质量。2022 年，在永川本部开展窗口服务竞赛活动，助力提升窗口服务水平，改善窗口客户体验。截至 2022 年底，永川邮政辖内所有网点均开办信件、印刷品、包裹、汇兑 4 项普遍服务基本业务，提供义务兵平常信函、盲人读物、革命烈士遗物的免费寄递等特殊服务业务。

2. 普遍服务与特殊服务

普遍服务　2002 年，永川市邮政局共有局所 83 个，其中邮政支局 13 个，自办所 8 个，代办所 62 个。2005 年，永川市邮政局所 81 个，其中邮政支局 13 个，自办所 8 个，代办所 60 个。2020 年，设有邮政普遍服务网点 70 个。截至 2022 年底，永川区辖 16 个乡镇、7 个街道办事处，共有普遍服务网点 71 个，其中综合网点 61 个，纯邮政网点 10 个，邮政普遍服务乡镇网点覆盖率 100%；辖 207 个建制村，建制村直接通邮率 100%。

特殊服务　机要通信工作是传递党政军各机关及国民经济各部门之间寄发的机密文件载体。1997 年以前，接办机要业务，只考核质量、安全和社会效益。1997 年，永川邮政机要文件收寄出口量为 0.28 万件，进口投递量为 1.12 万件。2005 年，机要文件收寄出口量为 0.23 万件，进口投递量为 0.78 万件。1986—2022 年，永川机要分局实现 41 年机要通信质量全红，未发生机要件丢失、泄密、损毁等通信事故和重大交通安全责任事故。

3. 监督检查

2015 年 7 月 1 日，永川片区分公司检查室成立，挂靠在金融业务部。2017 年 8 月，正式成立永川片区分公司服务质量部。2017 年，开展"情系万家"之投递服务质量提升专项检查暨无着邮件管理提升"回头看""情系万家"之无着邮件管理提升等专项活动，着力提升邮政投递服务质量。2018 年，开展"情系万家"之平常邮件质量大提升活动、普遍服务邮件时限和作业质量"双达标"活动，助力提升普通邮件及报刊的传递时限和作业质量。2019 年，永川邮政开展"普遍服务和特殊服务"达标专项活动，提升邮政服务质量和水平。2020 年，开展"补白网点和代办网点专项检查""乡镇邮政局所专项检查""规范集邮市场经营秩序"等专项检查活动，逐步提升农村地区乡镇局所服务水平。2021 年，开展"进一步加强邮件接转点履职检查""邮件积压专项检查""邮政网点回头看检查"等专项活动，进一步保障投递服务质量提质升级。2022 年，开展"六项禁止类服务问题"专项治理活动"包裹进村"暨综合便民服务站达标整治专项活动等专项检查活动，解决邮政服务中突出的客户痛点及难点问题。

（四）安全管理

2008 年，永川邮政陆续在网点安装监控，截至 2022

年底，共安装监控系统网点 72 个，安装防弹玻璃网点 60 个，110 联网报警网点 70 个。2014 年，永川邮政代理金融网点异地值守全面上线，成为全市首个完成异地值守上线的试点单位。2015 年，重庆市驿盾保安押运服务有限责任公司永川区分公司成立。2022 年，为确保分公司安全平稳运行，严格执行《中国邮政集团有限公司重庆市永川片区分公司安全保卫工作管理办法》，防范和化解企业风险。截至 2022 年底，永川邮政未发生重大安全责任事件。

（五）党群管理

1. 党组织

1986 年 1 月，中共永川县邮电局总支委员会设立。1991 年，设立中共永川县邮电局党总支委员会。1994 年 2 月，设立中共永川市邮电局委员会，有正式党员 134 人。1998 年，设立中共永川市邮政局委员会。2007 年，设立中共重庆市永川区邮政局委员会。2017 年，永川邮政党委下设 5 个党支部。2018 年 5 月，将组织关系在地方的 68 名党员转入邮政，同时新成立生产三支部。2019 年 5 月，机关党支部更名为综合职能党支部，生产一支部更名为经营支撑党支部，生产二支部更名为生产作业党支部，生产三支部更名为营业（投递）局党支部。2021 年 1 月，因原退休党支部 26 名党员组织关系分别划转至党员居住地党组织管理，退休支部撤销。截至 2022 年底，片区党委下设综合职能党支部、经营支撑党支部、生产作业党支部、城区分公司党支部、寄递事业部党支部 5 个党支部，共有中共党员 149 人，预备党员 4 人。

永川邮政各级党组织以习近平新时代中国特色社会主义思想为指导，深入贯彻新时代党的建设总要求，扎实抓好党的建设各项工作，推动全面从严治党向纵深推进。

2018 年，开展学习习近平新时代中国特色社会主义思想、党的十九大思想和中央巡视反馈会议精神的"大学习、大讨论、大落实"活动，教育党员干部对标新时代党员干部要求，提升党性修养，提高政治站位。

2019 年，永川邮政党委按照中央统一部署，组织开展"不忘初心、牢记使命"主题教育，采取党委理论中心组、读书班、专题辅导培训班形式，开展为期 5 天的集中学习；开展"走访客户、对接项目"主题调研，发现问题，提出整改措施，形成调研报告 4 篇；按照"四个对照""四个找一找"要求，对照党章党规、对照习近平新时代中国特色社会主义思想找差距、查短板。

2020 年，研究制定《党史学习教育工作方案》，制定"我为群众办实事"项目，切实为群众办实事、办好事。

2021 年，制定党史学习教育工作方案，成立党史学习教育领导小组，按照"突出 7 个学习重点、落实 3 个阶段进度安排、开展 4 个专题学习、把握 7 种学习方式"的要求，认真做好党史学习教育各项工作。

2022 年，组织党员观看党的二十大直播，制定《中国邮政集团有限公司重庆市永川片区分公司党委学习宣传贯彻党的二十大精神工作方案》，掀起学习贯彻党的二十大精神的高潮。

2. 工会

1997 年 7 月，组建中国邮电工会重庆市邮政委员会，同年 11 月，召开第一次代表大会。1997 年 12 月，永川市邮政局工会组建基层工会小组 21 个，会员 199 人。1998 年，成立女职工委员会。同年，获得重庆邮政系统工会工作竞赛优秀单位。1999 年，成立调解委员会，同年获重庆邮政系统"规范职工之家"称号。2001 年，女工委员会被重庆市邮政工会评为"先进集体"。2003 年，永川市邮政局获国家邮政局、共青团中央授予"邮政知识竞赛组织奖"。2005 年，被重庆市妇联评为"重庆市三八红旗集体"。2009 年，仙龙支局获得"全国邮政农村支局模范职工小家示范点"荣誉称号。截至 2022 年底，永川分公司共计建设 1 个"职工之家"、47 个"职工小家"、6 个"示范小家"，覆盖率达到 100%。2022 年，永川邮政获得重庆邮政"十佳企业"称号。

3. 团组织

1986 年，永川县邮电局总支委员会成立。1995 年，共青团永川市邮电局委员会成立。1995 年 2 月，共青团永川市邮电局委员会成立。1998 年 4 月，共青团永川市邮政局团总支委员会按照组织管理规程定期换届。1999 年，共青团永川市委和永川市邮政局在邮政系统开展创"青年文明号"活动。2005 年 12 月，永川邮政局西大街邮政营业室被共青团中央、信息产业部命名为"全国青年文明号"。永川邮政团委先后于 1998 年、2002 年、2004 年、2009 年的 5 月 4 日举行团代会，开展换届工作。2017 年 7 月，2022 年 12 月分别召开第五次、第六次共青团永川片区分公司代表大会，选举产生共青团永川片区分公司第五届、第六届团委委员会。截至 2022 年底，永川邮政共有团员 72 名。

第二节　荣昌邮政机构

一、机构沿革

（一）机构演变

1. 计划单列时期

荣昌县邮政局前身是荣昌县邮电局。1986—1992 年 2 月，荣昌县邮电局归重庆市邮电局管辖。1992 年 3 月，重庆邮电管理体制调整，重庆市邮电局撤销，荣昌县邮电局划归重庆市电信局管辖。

2. 邮电分营时期

1997 年，邮政、电信在重庆实行分营试点，原重庆市电信局管理的荣昌县邮电局的邮政业务全部划归重庆市邮政局管理。同年 4 月，邮电部撤销重庆市邮政局，设立重庆市邮政管理局。同年 7 月，荣昌县邮政局成立，划归重庆市邮政管理局管辖。

2003 年 2 月，重庆市邮政企业实行城片区化经营管理体制，荣昌县邮政局隶属永川片区邮政局管辖。

3. 政企分开时期

2007 年 2 月，重庆邮政政企分开，"荣昌县邮政局"更名为"重庆市邮政公司荣昌县邮政局"，管理体制不变。同年 12 月，中国邮政储蓄银行重庆荣昌县支行挂牌成立，荣昌邮政受邮储银行荣昌县支行委托开办代理金融业务。

2009 年 1 月，重庆邮政速递物流一体化专业经营，重庆市邮政速递物流公司荣昌县分公司成立。2010 年 6 月，更名为"重庆市邮政速递物流有限公司荣昌县分公司"。

2014 年 6 月，速递物流组织机构改革，原"重庆市邮政速递物流有限公司荣昌县分公司"改设为"荣昌县营业部"（营业执照名称不变），划归重庆市邮政速递物流有限公司新组建的永川片区分公司管理。

2015 年，根据中国邮政集团公司重庆市分公司"子改分"工作要求，"重庆市邮政公司荣昌县邮政局"更名为"中国邮政集团公司重庆市荣昌县分公司"，管理体制不变。同年 4 月，"重庆市邮政速递物流有限公司荣昌县分公司"更名为"中国邮政速递物流股份有限公司重庆市荣昌县分公司"。

2016 年 8 月，根据荣昌行政规划调整及中国邮政集团公司《关于同意重庆市分公司设立潼南区、荣昌区和开州区分公司的批复》，"中国邮政集团公司重庆市荣昌县分公司"更名为"中国邮政集团公司重庆市荣昌区分公司"，"中国邮政速递物流股份有限公司重庆市荣昌县分公司"更名为"中国邮政速递物流股份有限公司重庆市荣昌区分公司"，管理体制不变。

2018 年 9 月，寄递改革，组建荣昌区寄递事业部（保留"中国邮政速递物流股份有限公司重庆市荣昌区分公司"牌子），隶属永川片区寄递事业部。

2020 年 1 月，公司制改制，"中国邮政集团公司重庆市荣昌区分公司"更名为"中国邮政集团有限公司重庆市荣昌区分公司"。2022 年沿用此名，管理体制不变。

截至 2022 年底，中国邮政集团有限公司重庆市荣昌区分公司内设综合办公室（安全保卫部）、市场营销部、渠道平台部、金融业务部、集邮与文化传媒部。

（二）主要领导

表 9-9-2-1

1986—2022 年荣昌邮政主要领导人员名录

单位名称	姓名	职务	任职时间
荣昌县邮电局	罗培江	局长	1986.1—1988.1
	刘福远	党总支书记	1986.1—1988.1
	明承忠	局长	1988.2—1997.6
	罗培江	党总支书记	1988.2—1997.6
荣昌县邮政局	明承忠	党总支书记、局长	1997.7—1998.5
	熊 鹰	党委书记、局长	1998.5—2000.7
	陈尚海	党委书记、局长	2000.7—2001.5
	王文祥	党委书记、局长	2001.5—2006.6
	陈宽明	副局长（主持工作）	2006.6—2007.12
	张 永	党委书记、局长	2007.12—2012.2
	丁 勇	党委书记、局长	2012.2—2015.6
中国邮政集团公司重庆市荣昌县分公司	丁 勇	党委书记、总经理	2015.6—2016.9
中国邮政集团公司重庆市荣昌区分公司	屈景勇	副总经理（主持工作）	2016.9—2017.3
	屈景勇	党委副书记、副总经理（主持工作）	2017.3—2018.7
	屈景勇	党委书记、总经理	2018.7—2019.5
中国邮政集团有限公司重庆市荣昌区分公司	朱 军	党委副书记、副总经理（主持工作）	2019.5—2020.9
	朱 军	党委书记、总经理	2020.9—

二、邮政业务

2022年，荣昌邮政业务收入完成17757.51万元，是1986年邮政业务收入36.87万元的481.62倍，是1997年（邮电分营后第一年）邮政业务收入394.80万元的44.98倍。

表9-9-2-2

1986—2022年荣昌邮政业务收入统计表

单位：万元

年份	业务收入	年份	业务收入	年份	业务收入
1986	36.87	1999	410.83	2012	4525.8
1987	43.58	2000	532.44	2013	5178.14
1988	54.79	2001	1109.37	2014	5790.3
1989	73.36	2002	1192.10	2015	6958.67
1990	85.34	2003	1310.01	2016	8695.69
1991	118.12	2004	1470.67	2017	10313.57
1992	149.63	2005	1761.61	2018	11840.78
1993	176.46	2006	1564.37	2019	13307.1
1994	247.94	2007	1983	2020	14601.26
1995	306.13	2008	2010.49	2021	16045.59
1996	343.99	2009	2376.61	2022	17757.51
1997	394.80	2010	2574.59		—
1998	406.84	2011	3550.99		

（一）金融业务

1. 储蓄汇兑

储蓄业务　1986年，荣昌邮电开办储蓄业务，同年，新增储蓄户605户。2000年，荣昌邮政开始代发永荣矿务局退休养老金。同年12月，荣昌邮政储蓄存款余额达1.4亿元。2004年，荣昌邮政实施全国邮政储蓄统一版本工程。2005年，荣昌邮政有全国邮政储蓄联网网点30个，遍及全县各乡镇。同年，荣昌邮政与全国31个省市联网，实行通存通兑。同年，荣昌邮政成功代发曾家山煤矿破产资金1.11亿元。同年12月，荣昌邮政储蓄存款余额突破5亿元，达5.41亿元。2006年7月，荣昌邮政揽收荣昌益民厂破产资金，同年，荣昌邮政储蓄存款余额突破6亿元。2014年，荣昌邮政调整业务结构，推动储蓄业务快速发展，昌元、广顺、河包网点储蓄存款余额规模均突破2亿元。截至2022年底，荣昌邮政有全国邮政储蓄联网网点31个，储蓄余额82.43亿元。

汇兑业务　1986年，荣昌邮电开发国内汇票11.20万张。1997年，荣昌邮电开发国内汇票10.27万张。2002年，荣昌邮政开通电子汇兑业务，正式进入汇兑电子化新时代。2005年，荣昌邮政储蓄与汇兑实现两网互通。自2005年起，随着互联网快速发展，客户消费方式发生改变，汇兑业务呈逐年下降趋势。2022年，荣昌邮政办理汇款1473笔，汇款金额108.68万元。

2. 中间业务

2002年，荣昌邮政开办邮政中间业务，全年完成保险业务156.62万元；代发养老金14.99万户，代发金额6518.96万元；代发工资6058户，代发金额243.62万元。

2002—2022年，荣昌邮政有代发养老金、代发工资、代收电信资费、代理保费、代收税款、代收烟草销售款、代理国债、代收电费等20余种中间业务。

截至2022年底，荣昌邮政"邮保通"业务实现与"百年人寿保险股份有限公司"等8家保险公司柜台联网实时出单，全区代理保费规模达14541万元。

3. 风控合规

2017年，荣昌邮政设置合规监督管理专岗，配置3人专职检查团队，按照辖区网点每季度全覆盖检查工作要求，荣昌邮政不断对代理金融网点操作行为、基础管理进行自检、整改。通过"发现问题、暴露问题、解决问题"的方式，夯实代理金融网点风险管理能力。2018—2022年，荣昌邮政组织开展风控合规培训70余次，培训员工4800余人次。

2022年，荣昌邮政启动代理金融风控合规"雷霆行动"，排查现金运营制度落实、岗位不兼容及岗位互控制衡网点31个，树立全员"确保万无一失，否则一失万无"风险理念。截至2022年底，荣昌邮政未发生重大金融风险事件。

（二）寄递业务

1. 特快专递

1986年，荣昌邮政开办邮政特快专递业务。2000年，荣昌邮政推出"邮政特惠箱"邮件业务，使用"邮政特惠箱"寄达四川、重庆、云南、贵州、广西5个省（市）可享受优惠。2004年，荣昌邮政与全国26个省（区、市）135个大中城市间的邮政EMS特快专递邮件实现"次日递"。2005年，荣昌邮政开办专为人民法院送达民事诉讼文书的新业务——法院专递。2006年1月，荣昌邮政开通川渝区域"EMS次晨达"服务。2008年3月，荣昌邮政正式推出"巴渝次晨达"速递业务。2019年，寄递改革后，荣昌邮政在原同城当日递（含农村）基础上，进一步优化同城延伸产品，推出"1小时内送达的同城速递"业务——邮一达。随着客户需求不断变化，特快专递从单一个人寄件发展为项目拓展，逐步深入各个行业及领域。截至2022年底，荣昌邮政特快专递业务客户数量达到185户。

2. 快递包裹

2001年，荣昌邮政开办快递包裹业务。2015年，推出"巴渝快包"同城快递产品。随着业务不断拓展和社会竞争加剧，荣昌邮政快递包裹从原来的现费收寄逐步发展成为"现费＋协议客户"并重模式。2022年，荣昌邮政快递包裹出口量400万件左右。

3. 物流业务

2001年，荣昌邮政开办物流配送业务，主要负责配送手机及配件、医药、小家电、电脑等，日均配送量为100件左右；物流出口以兽药为主，日均出口量约200件。2005年8月20日，荣昌邮政开始启用重庆邮政物流信息系统，进行物流信息数字化管理。2008年5月1日，荣昌邮政开始启用物流省内信息系统，数字化实时监控、查询省内物流信息。2016年，荣昌邮政开办整车物流，业务从原来的单一零担物流转变为整车物流为主、零担物流为辅，运输产品种类日渐丰富，涵盖广告、服饰、工艺品等。2022年，荣昌邮政加大物流客户开发，利用邮政免费上门揽收、按时提供整车物流等服务，与多家公司达成物流合作，全年配送超4.31万立方米。

4. 国际业务

1994年，荣昌邮政进出口国际民用包裹、小包及印刷品专袋，出口国际特快、国际快件（信函除外）、国际印刷品，收取国际邮件代客报关服务费。2004年，荣昌邮政国际货运代理业务启动。2017年，荣昌邮政推出中欧班列（渝新欧）专线寄递产品。国际业务包括国际（地区）特快专递、E邮宝、挂号小包、跟踪小包国际包裹、E特快等。截至2022年底，荣昌邮政开发国际客户实现零的突破。

（三）文传业务

1. 函件业务

1986年，荣昌邮电函件量达156.40万余件。1997年，荣昌邮政函件量达292.62万余件。2007年，荣昌邮政开发函件业务，制作拜年贺卡8.93万枚，实现收入31.87万。2008年9月，荣昌邮政成立直复营销中心，配备专职营销人员8人。2018年，荣昌邮政搭建自媒体广告平台，建设户外、报刊亭、小区阅报栏等80余处广告宣传平台，推动函件业务改革转型。2020年，荣昌邮政组织自有人员，创新打造"荣邮驿站"直播团队，通过直播带货助力消费扶贫。2022年，打造特色"荣邮驿站"直播间，加快推进直播带货步伐。截至2022年底，荣昌邮政与荣昌区委宣传部、区文旅委、区网信办、区团委等部门及千余家地方企事业单位、合作社达成合作，累计开展助农直播200余场，助农销售农产品100余种。

2020—2022年，荣昌邮政深耕地方非遗文化及地方农特产品资源，创新开发麻袜、陶坛壶等系列产品。截至2022年底，累计实现收入超40万元。

2021年，荣昌邮政新增自有媒体灯箱、报刊亭、电视广告等宣传渠道，实现收入100万元。同年，荣昌邮政

图9-9-2-1 "荣邮驿站"直播间（摄于2022年）

走访农民专业合作社668户，开展直播带货50场，"带货"地方农特产品68万元。

2022年，荣昌邮政完成函件收入255.9万元。

2. 报刊业务

1986年，荣昌邮电报刊期发份数达7.23万余份。1997年，荣昌邮政订销杂志2.9万余份。2007年，荣昌邮政报刊流转额完成447.88万元。2008年11月，荣昌邮政成立邮政报刊批销中心。2012年，荣昌邮政创新发展报刊业务，制作形象期刊2.6万册，实现收入10.40万元。2021年，荣昌邮政开展图书进校园、图书巡展等多样化营销活动，成功新增报刊收入383.99万元。

2022年，荣昌邮政报刊业务转型创新，联合荣昌区委宣传部打造3个乡镇有声图书墙，新增文传收入20余万元。同年，荣昌邮政完成报刊收入429.87万元。

1986—2002年，荣昌邮政报刊征订方式主要是窗口和电话。随着互联网发展，报刊订阅方式也逐步多样化、信息化。截至2022年底，荣昌邮政报刊征订可通过线上中国邮政微邮局、中国邮政商城小程序、网点营销服务人员微邮店订阅，线下可通过网点窗口等方式订阅。

3. 集邮业务

1998年10月27日，荣昌邮政成立集邮协会。截至2022年12月，有成人会员64人，青少年会员140余人。

2007年1月5日，荣昌邮政承办《丁亥年》特种邮票首发式。首发式期间实现业务收入59.95万元。其中，首发式现场销售17.98万元，定向邮品开发35.7万元，窗口后续销售6.27万元。荣昌集邮业务取得历史性突破。

2015年，荣昌邮政在峰高中心校成立少年邮局，在万灵古镇"移民水乡"开办文化邮局。同年，荣昌邮政首次将集邮与函件业务结合共同开发，与荣昌妇幼保健院就建院60周年纪念册制作达成合作，新增集邮收入2.4万元。

2019年，荣昌邮政开展集邮博览会，新增集邮收入70余万元。

2020年9月，荣昌邮政融合邮文化、陶文化、非物

图 9-9-2-2　西大荣昌邮局（摄于 2020 年 9 月）

质文化及西南大学校园文化等，耗时 40 天在西南大学荣昌校区内打造出全区第 1 个校园文化邮局——西大荣昌邮局。在校园邮局内设邮快超市、生活休闲吧、文创产品区、图书借阅区四大功能区，为在校 5000 余名师生提供包裹收寄、生活休闲等服务。

2022 年，荣昌邮政完成集邮业务收入 256.24 万元。

4. 中邮文创

2021—2022 年，荣昌邮政全面推广"雁雁 IP"系列文创产品。2022 年，完成文创收入 15 万元。

5. 普通包裹

1986—2022 年，荣昌邮政普通包裹主要经营窗口包裹、校园包裹、军营包裹、家乡包裹、爱心包裹、母亲邮包等。2015 年，荣昌邮政收寄包裹 16452 件。2022 年，荣昌邮政普通包裹业务划归集邮与文化传媒部管理，同年，收寄包裹 3179 件。

（四）渠道业务

1. 增值业务

2005 年 7 月，荣昌邮政成立信息经营部，主要经营代收电信话费、代收联通话费、代收电费以及预订火车票、飞机票等业务。2005 年 9 月，荣昌邮政与荣昌电信公司签订协议，委托邮政买断代收电话费，代收金额每月可达 75 万余元，成为代理信息业务发展新突破。2019 年 6 月，荣昌邮政与人寿财险荣昌分公司开展超标两轮电动车上牌登记工作。截至同年 7 月 31 日，荣昌邮政办理电动两轮车上牌登记 3800 余户，实现简易险保费销售 19.3 万元。2021 年，荣昌邮政联合移动、联通、电信、丰信 4 大运营商，开展代放号业务，全年完成云放号业务 1545 户。2022 年，荣昌邮政增值业务以中邮车务、代收营业款、代放号、税邮、警邮等业务为主。同年 11 月，荣昌邮政开展"渝快保"销售工作，5 天时间销售"渝快保" 7568 户。截至 2022 年底，荣昌邮政销售"渝快保" 10456 户。

2. 分销业务

荣昌邮政分销业务起源于月饼、送水等速递物流业

务，至 2022 年包括农资、农副、日用消费品等多个大类及数十个品牌产品。

2007 年 12 月，荣昌邮政与荣昌烟草公司合作启动卷烟配送业务，实现分销收入 28 万元。2016 年，荣昌邮政与荣昌烟草公司合作启动烟草销售工作，实现分销收入 200 万元。

2019 年，荣昌邮政将板鹅、酱鹅、烤乳猪等地方特色产品引入分销系统的区域性项目中，并于 2020 年成功申请注册"荣驿"商标。截至 2022 年底，荣昌邮政该项目实现分销销售收入 260 万余元。

2020 年 2 月，荣昌邮政引入安森药业消杀产品，为新冠疫情防护以及业务发展奠定良好基础，仅 2020 年 2 月，该项目实现分销销售收入 10 万余元。同年，荣昌邮政主动对接荣昌区农业农村委、区交通局，办理疫情特殊车辆通行证，开展农资配送工作，同年 2 月至 5 月，累计配送复合肥 700 余吨，种子 1.6 万余袋，实现农资销售额 230 万余元。同年 9 月，荣昌邮政举行第二届"邮惠三农"种植大户订货会，现场预订复合肥 538 吨，实现分销预订收入 134 万余元。

2021 年 10 月，荣昌邮政开展"'二十四节气'迎立冬—第三届渠道惠农订货会"活动，现场预订农资 602 吨，实现分销预订收入 225 万元。

2022 年 9 月，荣昌邮政举行"农民丰收节·农资惠乡亲"第四届农资订货会，现场预订农资 800 余吨，实现分销预订收入 310 万余元。同年，荣昌邮政以"驿使"为品牌，融合邮文化、陶文化、酒文化等，自创"驿使"洞藏酱香酒，得到市场认可。同年，荣昌邮政抓住餐饮行业发展机遇，实现大豆油销售收入 170 余万元。截至 2022 年底，荣昌邮政分销业务年收入达 1363.41 万元。

图 9-9-2-3　2022 年，荣昌邮政开发的酒类产品

3. 电信业务

1986—1996 年，荣昌县邮电局主要开展长途电话、县内电话、农村电话、无线通信、电报等电信业务，建有长途线路 2124 路、发展农村电话 4851 户、无线寻呼用户 3639 户、移动通信（大哥大）用户 617 户。1986 年，荣昌县邮电局出口电报 5.66 万份，进口电报 5.76 万份，业务收入 1.3 万元。1993 年，出口电报 10.71 万份，进口电报 1.22 万份，业务收入 28.31 万元，创历史最高水平，以后逐年下降。1997 年邮电分营后，荣昌县邮政局电信电报业务移交荣昌县电信局。

三、邮政网络

（一）网络能力建设

1. 邮路

1986 年，荣昌邮电共有邮路 34 条，总长 431 公里；1988 年，有邮路 29 条，总长 284 公里；1997 年，荣昌邮政共有邮路 29 条，总长 435 公里；2005 年，共有邮路 15 条。总长 332 公里；截至 2022 年底，荣昌邮政共有邮路 7 条，总长 681 公里。

（1）区内邮路

2022 年 11 月，荣昌邮政开通荣昌—重庆大同城专线业务。截至 2022 年底，荣昌邮政共有区内邮路 6 条，其中，3 条进口邮路，3 条出口邮路。

表 9-9-2-3

2022 年荣昌邮政区内进口邮路一览表

年 份	邮路数量（条）	车辆到达荣昌时间	邮路名称	发车频次
2022	3	7:30	重庆—荣昌快速	逐日班
		11:30	重庆—荣昌普邮	
		15:20	重庆—荣昌午班	

表 9-9-2-4

1986—2022 年荣昌邮政区内出口邮路一览表

年 份	邮路数量（条）	荣昌车辆发车时间	邮路名称	发车频次
1986—2016	1	—	渝（重庆）荣（荣昌）线	逐日班
2017—2018	2	—	荣昌—重庆快速	
		—	荣昌—重庆普邮	
2019—2022	3	13:20	荣昌—重庆快速	
		18:30	荣昌—重庆邮航	
		20:00	荣昌—重庆普邮	

（2）县乡邮路

2018 年，荣昌邮政有县乡邮路 3 条；2021 年，县乡邮路 5 条；截至 2022 年底，荣昌邮政共有 5 条县乡邮路，均为逐日班往返邮路，1 频次及普邮进口邮件当日赶发乡镇，乡镇网点截邮时间前的邮件当日当频出口。

表 9-9-2-5

2022 年荣昌邮政县乡邮路一览表

年份	邮路数量（条）	运行时间	邮路名称	发车频次
2022	5	12:30—17:25	荣昌—清江	逐日班
		12:30—17:50	荣昌—清流	
		12:30—17:20	荣昌—铜鼓	
		12:30—17:15	荣昌—吴家	
		12:30—17:20	荣昌—益民	

2. 物流体系

2021 年，根据市分公司《关于进一步加快县乡村三级物流体系建设的通知》，荣昌邮政出台《中国邮政集团有限公司重庆市荣昌区分公司农村"邮快超市"运营管理办法（试行）》，明确站点运营、揽投标准、车辆安全等，指定专人对邮快超市进行管理，构建以乡村电商产业园、100 个邮快超市、34 个邮政网点为"骨架"，三级物流体系建设为"经络"，客户资源为"肌肉"，非遗文化为"血脉"的新发展体系，将企业发展深度融入成渝双城经济圈建设及地方经济发展中。

截至 2022 年底，荣昌邮政累计建成区—镇—乡三级"邮快超市"100 个，其中，城区建成合作型邮快超市 18 个，镇街建成自营型邮快超市 20 个，行政村建成代理型邮快超市 62 个；月均万元及以上站点 24 个，全年累计揽收 9.45 万件。同时，揽投渠道从依靠投递员上门和营业网点窗口收寄，逐步发展成为线上线下揽收并重的模式，以邮快超市网格化经营作为实体渠道辅助支撑，提升客户用邮体验。

3. 作业场地

自 1986 年起，荣昌邮政区域内包裹快递处理场地逐步发展。2008 年 6 月，荣昌邮政在宝城路西部兽药市场内成立速递物流中心，采取个性化营销方式，实行专人上门揽收揽投。

2018—2022 年，荣昌邮政在城市地区有单独包裹快递处理场所，农村地区依然与营业网点同址；截至 2022 年，荣昌邮政共有处理场地 1 个，总面积达到 1000 平方米。

4. 设施设备

（1）邮政专用设备

2017年，荣昌邮政新增智能包裹柜18个，累计智能包裹柜达26个；新增装卸皮带机1台、PDA（手持智能终端）55部。2018年，新增智能包裹柜13个，累计智能包裹柜达39个；2019年，增配装卸皮带机1台。2020年，增配环形皮带机1台、PDA 55部。2022年，增配PDA 82部。

截至2022年底，荣昌邮政有装卸皮带机1台、环形皮带机1台、PDA 88部。

（2）运输设备

1986年，荣昌邮电共有运输汽车1辆，摩托车5辆，自行车27辆；1988—1996年，共有运输汽车2辆，摩托车2辆，自行车15辆；1997—2004年，荣昌邮政运输汽车增至6辆，自行车11辆；2014年，增配揽收投递车1辆、投递摩托车50辆；2016年，增配揽收投递车2辆、邮政运输车4辆；2017年，增配揽收投递车4辆、邮政运输车3辆；2019年，增配揽收投递车14辆、邮政运输车3辆；2020年，增配电动三轮车11辆；2022年，增配电动三轮车34辆，增配邮政运输车、投递车各1辆。

截至2022年底，荣昌邮政共有揽收投递车23辆、邮政运输车11辆，电动三轮车45辆。

（二）网运生产作业

1986年，荣昌邮电邮件报刊投递频次达每天1次及以上的乡（镇）有51个、行政村18个、村民组120个，每2天1次的行政村有475个、村民组2155个。2008年，荣昌邮政制定《荣昌县邮政局投递网建设达标实施方案》。2010年，荣昌邮政从班组设置、道段设置、人员配备、车辆配备、生产场地、投递方式等方面着手，完成投递网达标建设工作。2020年，荣昌邮政在城区西大"邮快超市"试点运行邮件自提。2021年，荣昌邮政陆续在城区、镇（街）、村三级推行邮件自提。同年9月，在城区直营中心推行网格化管理，将团队分成4个网格，由网格长进行管理和经营。2022年，为提升农村建制村投递深度，荣昌邮政将盘龙、吴家、安富部分建制村从周三班调整成周五班。

截至2022年底，荣昌邮政每天7:30、11:30、15:20分别接收市趋邮路邮件；邮车到达后，由内部处理人员进行解车、卸车、分拣及投递下段，每趟车内部处理时长约1.5～2小时；下行县乡邮路车辆于每日12:30在处理中心发车，邮政到达各网点时间定在当日16:00前。各网点投递人员原则上当天24:00前投递完毕。截邮时间之前的乡镇邮件，当天由县乡邮路进行带运；截邮时间之后的乡镇邮件，次日由县乡邮路进行带运。

（三）网运管理

2005年，由于荣昌县城区规模扩大，原投递人员数量已不能满足业务发展需要，荣昌邮政撤销原投递组，将发行经营部与投递组合并，成立发行投递经营部，将昌元投递5个段划分为12个段，投递人员由5人增加到12人，同时配备2名专职零售报刊配送员。

2006年下半年，按照市邮管局有关要求，荣昌邮政调整和优化投递网。整顿农村投递队伍，从管理、制度等方面进行改造完善，将农村投递网建成一个融实物投递、服务"三农"、市场营销为一体的多功能投递网。

2010年，荣昌邮政整合封发、投递组，成立邮件处理中心，封发由原来的7人减少到1人。

1986—2022年，荣昌邮政通过优化生产网运作业流程、制订各项网运质量管理制度等方式，网运质量逐步提升。2022年，荣昌邮政特快收寄及时率达99.18%，快包收寄及时率达98.19%；特快及时妥投率达99.18%，快包及时妥投率达98.19%。截至2022年底，荣昌邮政设普邮投递段道14个，快递包裹专投段道18个，专揽段道8个，由4个网格团队长负责业务管理。

（四）服务网点

1. 网点设置

1986年，荣昌邮电有35个邮电局所，其中自办局所14个，代办局所21个。

1997年6月，荣昌邮电有自办邮电支局8个、自办邮政所6个，邮政代办所25个。

1997年7月邮电分营后，荣昌邮政有自办邮电支局8个，自办邮政所18个，代办邮政所11个。

2005年，荣昌邮政共有自办邮政支局10个。

截至2022年底，荣昌邮政有34个邮政网点。

表9-9-2-6

1986—2022年荣昌邮政局所一览表

序号	局所名称	经营性质	经营属性	设置地点	备注
1	广场路邮政支局	自营	城市	荣昌区昌元街道昌州中段508号附3—4号、6号	—
2	宝城路邮政所	自营	城市	荣昌区昌元街道宝城路37号	—
3	富安邮政所	自营	城市	荣昌区昌元街道富安北路313、315、317、319号	—
4	东城邮政所	自营	城市	荣昌区昌元街道东大街220号	—

序号	局所名称	经营性质	经营属性	设置地点	备注
5	棠香邮政所	自营	城市	荣昌区昌州街道棠香南街 47、49 号	2012 年迁址，并由"五福邮政所"更名为"棠香邮政所"
6	荣升邮政所	自营	城市	荣昌区昌州街道荣升路 2、4 号	—
7	上河邮政所	自营	城市	荣昌区昌元街道上河路 24、26、28、30、32 号	—
8	汇宇邮政所	自营	城市	荣昌区昌州街道向阳路 154 号附 1 号	—
9	板桥邮政所	自营	城市	荣昌区昌州大道东段 70 号	2012 年迁址，并由"千秋邮政所"更名为"板桥邮政所"
10	高新区邮政所	自营	城市	荣昌区昌州街道灵方大道 18 号附 2—8 号	—
11	人民路邮政所	自营	城市	荣昌区昌元街道人民路 66 号附 3 号	—
12	峰高邮政支局	自营	城市	荣昌区峰高街道千禧路 1 号	—
13	广顺邮政支局	自营	城市	荣昌区广顺街道成渝东路 109 号	—
14	安富邮政支局	自营	城市	荣昌区安富街道安陶路 99 号	—
15	双河邮政支局	自营	城市	荣昌区双河街道南大街 7 号	—
16	益民邮政代办所	自营	城市	荣昌区双河街道益民社区三路	—
17	小冲邮政所	自营	城市	荣昌区昌州大道西段 189、191、193、195、197 号	—
18	仁义邮政支局	自营	农村	荣昌区仁义镇丝乡路 131 号	—
19	吴家邮政支局	自营	农村	荣昌区吴家镇文贸街 54 号附 26、27、28、29、30 号	—
20	盘龙邮政支局	自营	农村	荣昌区盘龙镇盘龙路 309 号	—
21	荣隆邮政支局	自营	农村	荣昌区荣隆镇兴荣西路 93 号	—
22	河包邮政支局	自营	农村	荣昌区河包镇金凤街 12 号	—
23	直升邮政所	自营	农村	荣昌区直升镇荣升街 110 号	—
24	万灵邮政所	自营	农村	荣昌区万灵镇学府路 84 号	2015 年，由"路孔邮政所"更名为"万灵邮政所"
25	清升邮政所	自营	农村	荣昌区清升镇清平路 8 号	—
26	清江邮政所	自营	农村	荣昌区清江镇清新街 33 号	—
27	古昌邮政所	自营	农村	荣昌区古昌镇永丰路 70 号	—
28	保安邮政所	自营	农村	荣昌区仁义镇正华社区 13 组 88 号	—
29	龙集邮政所	自营	农村	荣昌区龙集镇龙周街 20 号	—
30	观胜邮政所	自营	农村	荣昌区观胜镇新桥路 302 号	—
31	铜鼓邮政所	自营	农村	荣昌区铜鼓镇滨河路 9 号	—
32	清流邮政所	自营	农村	荣昌区清流镇顺河路 13 号	—
33	远觉邮政所	自营	农村	荣昌区远觉镇复兴路 36 号	—

续表

序号	局所名称	经营性质	经营属性	设置地点	备　注
34	新峰邮政所	自营	农村	荣昌区昌元街道新峰和平街18号	—
35	华江邮政所	代办	农村	—	已撤销
36	十烈邮政所	代办	农村	荣昌县吴家镇十烈街道	
37	大建邮政所	代办	农村	—	
38	合靖邮政所	代办	农村	荣昌县盘龙镇合靖街道	
39	治安邮政所	代办	农村	—	
40	金佛邮政所	代办	农村	荣昌县双河镇金佛街道	
41	葛桥邮政所	代办	农村	荣昌县荣龙镇葛桥街道	
42	许溪邮政所	代办	农村	荣昌县昌元镇许溪街道	
43	联升邮政所	代办	农村	—	
44	曾矿邮政所	自营	农村	—	
45	古桥邮政所	自营	农村	荣昌县安富镇古桥街道	
46	许家沟邮政所	自营	农村	荣昌区双河街道河坝街200号	

2. 社会加盟站点

2015年，荣昌邮政开始在乡镇建立农村电子商务服务站。2016年，荣昌邮政建立电子商务运营中心1个，镇级农村电子商务服务中心6个，村级农村电子商务服务中心88个，发展线下"邮掌柜"98个，并建成1个邮乐网"荣昌馆"，实现线上20个品牌入驻，81个产品上线销售。

截至2022年底，荣昌邮政共有综合便民服务站148个。

四、邮政管理

（一）财务管理

1. 管理体制

1986—1997年，邮电分营前，荣昌邮电按专业管理，实行独立财务核算。1997年，邮政独立运营后，荣昌邮政设计划财务科，实行收支差额管理。2003年，各城片区、区县邮政局实行财务管理一体化模式，永川片区邮政对荣昌邮政实行收支两条线管理，并实行报账制。2015年，ERP（企业资源计划）系统上线，实现更加精确掌握企业资金往来及经营情况。2018年，荣昌邮政寄递事业部成立，财务核算分为邮务账、寄递邮政账和速递账3个账套。2022年，业财一体化平台上线，综合实现了各项财务及业务管理核算功能。

2. 预算体制

1986—2012年，荣昌邮政每年按市邮政局下达的业务收入、业务支出、收支差额实施编制计划，上缴收支差额。

2013—2022年，荣昌邮政每年按照重庆市邮政公司下达的计划上缴利润，收支差额改为按照利润管理。自2017年起，荣昌邮政编制预算时采用零基预算法。2022年持续沿用。

3. 绩效管理

1987—2002年，荣昌邮政按照《重庆市邮政局经营承包管理办法》，实行承包经营责任制考核；2003—2016年，实行经营绩效考核，由市、片区公司对荣昌邮政进行绩效考核；2017—2022年，实行战略绩效考核，由永川片区分公司对荣昌邮政进行考核。2020—2022年，荣昌邮政在"十佳企业"区县公司经营管理指标中，分别得分111.65分（区县排名第7位）、117.95分（区县排名第3位）、115.62分（区县排名第2位）。

（二）人力资源管理

1. 职工队伍

1986年，荣昌邮电从业人员216人。2005年，荣昌邮政从业人员达170人。2018年寄递改革，邮、速双方划入寄递事业部42人，邮政划入寄递17人，原速递划入25人。截至2022年底，荣昌邮政从业人员达272人。

2. 教育培训

1986—2022年，荣昌邮政鼓励员工通过自考、成人教育、专业技能考试等渠道提升学历水平与专业技能。截至2022年底，荣昌邮政有大专及以上学历人员247人；持有金融理财师资格证6人；银行业专业人员职业资格证70人；基金从业资格45人；邮政内训师6人。

3. 薪酬管理

1987 年，为促进邮电通信发展，荣昌邮电实行以量定奖的新考核办法。2000 年，荣昌邮政修订和完善工效挂钩考核办法，开展定员定额工作，合理调配劳动力。2002 年，荣昌邮政改善劳动用工制度，实行"业绩、工作年限"双考核办法，为年龄合格的代办人员签订邮政业务合同，办理基本养老保险。2003 年，荣昌邮政印发《荣昌邮政局绩效考核办法》，开展薪酬改革，实行"一岗一薪、多劳多得、少劳少得、不劳不得"的薪酬分配制度。2007 年，荣昌邮政加大以业绩为导向，采取"直漏"方式直接发放员工薪酬。2018 年 10 月，荣昌邮政执行《重庆邮政企业基本工资和津贴补贴调整实施方案》，提高技术人员待遇。

（三）服务质量管理

1. 营业服务

1986—2022 年，荣昌邮政坚持"人民邮政为人民"的服务宗旨，定期开展比优质服务、创文明窗口活动。2004 年，荣昌邮政成立荣昌县邮政局形象工程领导小组，负责全局网点建设。全面贯彻落实市邮政管理局关于集中力量开展对违规经营和服务质量问题的专项整治工作。

2005—2007 年，荣昌邮政贯彻落实市邮管局关于"提高服务质量，让用户满意"的专项活动。制定《关于邮政通信纪律、通信质量、安全检查考核标准（试行）的通知》，狠抓营业和投递为重点的规范化服务。

2008 年，荣昌邮政对农村局所和 2008 年列入"西部邮政普遍服务基础设施改造"的 11 个网点进行改造，基本实现"一镇一所"。

2017—2018 年，荣昌邮政印发《中邮荣昌分公司邮政服务质量体系建设实施方案（试行）》，加强能力建设，提升服务水平，实现营业服务达标率 100%，建制村通邮达标率 100%。2019 年，荣昌邮政开展普遍服务和特殊服务达标、"情系万家　信达天下"之平信丢损率压降专项整治等专项活动，提高营业和投递人员服务质量和服务意识。

2020—2021 年，荣昌邮政落实各项指标目标到人、责任到人，重点指标实现全面达标。

2021—2022 年，荣昌盘龙邮政支局被评为重庆邮政"窗口服务体验示范点"，寄递直营营业部被评为重庆邮政优秀"窗口服务体验示范点"，富安邮政所获"全国邮政服务示范窗口"称号。

2022 年，荣昌邮政建制村投递提升到周五班，全面提升群众用邮便捷度。重庆市邮政管理局以《厚植普服之"根"——荣昌区邮政普遍服务时限全面提标》为题，表扬荣昌邮政在普遍服务上取得新成效。

2. 普遍服务与特殊服务

1986—2022 年，荣昌邮政按照国家邮政法要求，对义务兵平常信函、盲人读物、革命烈士遗物提供免费寄递的特殊服务；负责传递《邮政机要通信寄递范围》所列党政军机关及国民经济各部门相互之间寄发的国家秘密载体。2002 年 2 月，荣昌邮政获重庆市邮政管理局、重庆市邮政工会联合颁发的"机要通信专业质量竞赛奖"。

截至 2022 年底，荣昌有镇街 21 个（其中：街道 6 个、镇 15 个），建制村 92 个。邮政设置并能提供普遍服务的邮政普服营业场所达 34 个，其中：城市 17 个，农村 17 个。乡镇邮政局所建设率达到 100% 以上。荣昌邮政辖内所有网点均开办普遍服务四项基本业务及特殊服务业务。

截至 2022 年底，荣昌邮政实现机要通信 44 年质量全红，未发生机要件丢失、泄密、损毁等通信事故和重大交通安全责任事故。

3. 监督检查

1997—2005 年，荣昌邮政设立市场科，管理函件、包件、报刊、集邮、机要等业务，修订出台《荣昌邮政局通信纪律、通信质量、安全检查考核办法》，成立稽查部门检查组和质检组，聘请社会监督员 5 名。2017 年，建立网点负责人管理台账、邮政业安全管理台账，开展每日巡查，每月安全知识培训。2020 年，开展网点条码平信、普通包裹收寄和投递全环节操作测试检查。

2012—2022 年，荣昌邮政建立集中监控室，通过现场实地检查、远程监控进行监督和检查，提升服务质量水平。

（四）安全管理

1986—2022 年，荣昌邮政通过人防、物防、技防不断加强安全管理。

2001 年，荣昌邮政原隶属于人保科的安全保卫人员划出，成立经济警察队，负责全县 30 个网点储汇资金守护押运和县局金库值守工作。2005 年，荣昌邮政所有联网网点消防合格证、安全合格证齐全，均安装 110 联网报警器，支局以上网点安装电子监控设备。同年，荣昌邮政成立安全领导小组，将各类安全责任制度层层分解到各部门。2008 年，荣昌邮政 30 个网点通过市公安局督查组和县公安局的安全检查验收。2010 年，撤销经警队管理人员，统一由主管安全的干事管理。2012 年，荣昌邮政按照地方公安部门要求，全面完成移动金库改造目标。2013 年，荣昌邮政积极配合永川片区异地值守试点工程，严格按照异地值守工程要求进行整改。2019 年 11 月，荣昌邮政开展第六轮安全评估工作，完成业务库和 31 个网点的安全评估。2022 年 10 月，荣昌邮政建立非现场检查室，用于安全工作监控调阅检查，提升安全管理工作水平。

截至 2022 年底，荣昌邮政未发生重大安全责任事故。

（五）党群管理

1. 党组织

1986 年至 1998 年 5 月 28 日，荣昌邮政设立中共荣昌县邮电局总支部委员会，下设3个党支部。

1997年邮电分营后，根据荣昌县委《关于建立中共荣昌县邮政局委员会的批复》，荣昌邮政建立中共荣昌县邮政局委员会。

1998年6月6日，中共荣昌县邮政局委员会正式成立，设书记1人，委员4人；下设5个党支部。

2001年8月24日，荣昌邮政局党委决定撤销峰高、双河邮政支局党支部。同年，重新划分为3个党支部。

2005年，荣昌邮政系统有党员63名。

2016年，荣昌邮政党委组织学习《党章》《条例》《准则》及习近平总书记重要讲话精神，突出工作重点，务实创新抓党建。组织做好基层党组织变更、换届及党费收缴工作。

2018年3月，荣昌邮政获集团党组"邮政系统企业文化建设示范单位"称号。

2021年1月20日，根据退休人员社会化移交工作要求，荣昌邮政所辖退休党支部经区国资委批准后撤销。截至2022年底，荣昌邮政党委下设2个党支部，党员共计56人。

2022年，荣昌邮政细化落实"两个责任清单"，把"两个维护"落实到行动上，教育引导全体党员干部自觉把思想统一到党的二十大精神上来，用习近平新时代中国特色社会主义思想武装头脑、指导实践。

1986—2022年，荣昌邮政党组织务实创新抓党建，做好基层党组织变更、换届及党费收缴工作，开展基层党组织建设，先进典型示范教育及典型选树活动，落实党建述职评议、民主评议党员、民主生活会、"三会一课"等制度，及时开展党委增补和支部换届选举。与电信党建联建，开展党建联谊系列活动；高温干旱时期，开展助农抗旱等活动，发挥党建引领作用，促进业务融合创新发展。

2. 工会

1997年，荣昌邮政成立中国邮电工会荣昌县邮政局委员会，并召开第一次会员代表大会，选举产生中国邮电工会荣昌县邮政局第一届委员会。

1998年8月，中国邮电工会荣昌县邮政局委员会设立工会劳动保护监督检查委员会和工会小组劳动保护检查员。

2015年，中国邮电工会荣昌县邮政局委员会更名为中国邮政集团工会荣昌县委员会。2020年9月，召开中国邮政集团工会重庆市荣昌区第三次代表大会，选举产生中国邮政集团工会重庆市荣昌区第三届委员会、经费审查委员会、女职工委员会。

2020—2022年，荣昌邮政深入开展劳动竞赛活动、评先评优活动、劳模先进选树和职工素质提升活动等，以"双创"项目、跨年战役"明星员工""优胜团队"等活动为抓手推动业务发展；坚持开展各类群众性、普及性文体活动；坚持将"职工小家"建设与企业发展融合推进，为职工小家配备家具、家电等设施设备，打造小家"鲜蔬园"，因地制宜开展系列职工小家建设、升级工作，丰富职工小家功能，为员工提供健康、整洁、舒适、温馨的居住环境。

截至2022年底，荣昌邮政建成"职工小家"33个，其中，城市网点简易"职工小家"11个；农村网点"职工小家"21个；建成"职工之家"1个。全区邮政建家覆盖率达100%，提档升级100%，2022年，荣昌双河"职工小家"和盘龙"职工小家"获得市分公司"明星小家"称号。

3. 团组织

1998年11月10日，荣昌邮政成立共青团荣昌县邮政局总支部，截至2022年底，荣昌邮政有团员19名。

团总支围绕中心开展工作，发挥共青团生力军作用，集中开展"手植一棵树，绿化一片天""团徽闪耀庆百年"系列主题活动，组织志愿者参与疫情防控、防疫保供、数字人民币客户大走访等工作。2017年，荣昌邮政团总支获共青团重庆市委员会授予"2016年度重庆市五四红旗团支部"称号。2018年，荣昌河包支局获"2017—2018年度重庆市青年文明号"。2022年，荣昌邮政投递员张长辉获团市委、市邮管局授予的"最美快递小哥"称号。

第三节　璧山邮政机构

一、机构沿革

（一）机构演变

1. 计划单列时期

1986年，璧山县邮电局由重庆市邮电局直接管理。

1992年3月，重庆市邮电管理体制调整，重庆市邮电局撤销，璧山县邮电局划归重庆市电信局管辖。

2. 邮电分营时期

1997年，邮政、电信分营，原重庆市电信局管理的璧山县邮电局的邮政业务全部划归重庆市邮政局管理。同年4月，国家邮电部撤销重庆市邮政局，成立重庆市邮政管理局。同年7月，璧山县邮政局成立，由重庆市邮政管理局管理。

2003年2月，重庆邮政实行城片区经营管理体制，璧山县邮政局划归永川片区邮政局管辖。

3. 政企分开时期

2007年2月，重庆市邮政体制改革，实现政企分开，"璧山县邮政局"更名为"重庆市邮政公司璧山县邮政局"。同年12月，中国邮政储蓄银行重庆璧山县支行挂牌成立，璧山邮政开始代理经营邮储银行储蓄业务。

2009年1月，重庆邮政速递物流实行一体化专业经营，重庆市邮政速递物流公司璧山县分公司成立。2010年6月，更名为"重庆市邮政速递物流有限公司璧山县分公司"。

2014年6月，重庆邮政速递物流组织机构改革，设置璧山县营业部（营业执照名称不变），隶属重庆市邮政速递物流有限公司新组建的永川片区分公司管理。同年10月，因璧山行政区划调整，撤县设区，"重庆市邮政公司璧山县邮政局"更名为"重庆市邮政公司璧山区邮政局"，管理体制不变。同年11月，"重庆市邮政速递物流有限公司璧山县分公司"更名为"重庆市邮政速递物流有限公司璧山区分公司"，管理体制不变。

2015年4月，根据"子改分"工作要求，"重庆市邮政公司璧山区邮政局"更名为"中国邮政集团公司重庆市璧山区分公司"，管理体制不变。同月，"重庆市邮政速递物流有限公司璧山区分公司"更名为"中国邮政速递物流

股份有限公司重庆市璧山区分公司"，管理体制不变。

2017年6月，根据市分公司城片区和区县分公司机构编制方案，设立璧山区分公司，优化调整其内设部门主要职责及人员编制。

2018年9月，寄递改革，组建璧山区寄递事业部（保留"中国邮政速递物流股份有限公司重庆市璧山区分公司"），隶属永川片区寄递事业部。

2020年2月，"中国邮政集团公司重庆市璧山区分公司"更名为"中国邮政集团有限公司重庆市璧山区分公司"。2022年沿用此名，管理体制不变。

截至2022年底，中国邮政集团有限公司重庆市璧山区分公司内设市场营销部（服务质量部）、金融业务部（中邮保险局）、渠道平台部、集邮与文化传媒部、综合办公室（安全保卫部）。

（二）主要领导

表9-9-3-1

1986—2022年璧山邮政主要领导人员名录

单位名称	姓　名	职　务	任职时间
璧山县邮电局	陈运凡	局长	1986.1—1990.12
	邓廷镇	党总支书记	1986.1—1995.8
	鄢光烈	局长	1991.1—1997.7
	马祖禄	党委（总支）书记	1995.9—1997.7
璧山县邮政局	马祖禄	党总支书记、局长	1997.10—2006.6（党总支书记） 1997.9—2006.6（局长）
	高全海	党总支书记、局长	2006.6—2008.8
	吴　勇	党总支书记、局长	2008.8—2013.5
	张　永	党总支书记、局长	2013.5—2014.9
璧山区邮政局	朱　洪	党总支书记、局长	2014.10—2015.6
中国邮政集团公司 重庆市璧山区分公司	朱　洪	党总支书记、总经理	2015.6—2020.4
中国邮政集团有限公司 重庆市璧山区分公司	石　刚	党总支书记、总经理	2020.4—

二、邮政业务

1986—1996年，璧山县邮电局主要邮政储蓄、函件、包裹、汇兑、报刊发行、机要通信等邮政业务和市话、农话、电报、长途电话和寻呼机等电信业务。

1997—2014年，璧山邮政主要开展邮政储蓄、函件、包裹、汇兑、报刊发行、机要通信、集邮等业务。

2015年，璧山邮政各项业务整合为金融业务、寄递业务、文化传媒、渠道平台4大板块。沿用至2022年，未发生变化。

2022年，璧山邮政业务收入完成21471.85万元，是1986年邮政业务收入94.37万元的227.53倍，是1997年（邮电分营后第一年）邮政业务收入615万元的34.91倍。

表 9-9-3-2

1986—2022 年璧山邮政业务收入统计表

单位：万元

年份	收入	年份	收入	年份	收入
1986	94.37	1999	935.95	2012	4822.69
1987	114	2000	1082	2013	5746.77
1988	146	2001	1241.64	2014	6544.08
1989	168	2002	1302.56	2015	7779.39
1990	193.4	2003	1305	2016	9876.04
1991	250	2004	1587.8	2017	11773.18
1992	336	2005	1590.43	2018	15007.73
1993	649	2006	1699	2019	15704.4
1994	906	2007	2200.29	2020	17683.39
1995	—	2008	2185.4	2021	19709.59
1996	—	2009	2524.74	2022	21471.85
1997	615	2010	3107.43	—	—
1998	781.5	2011	4099.41		

说明：1986—1996 年为邮电收入，1997—2006 年为邮银收入，2007—2009 年含速递物流收入，2010—2016 年不含速递物流收入，2017—2022 年含速递物流收入。

（一）金融业务

1. 储蓄汇兑

储蓄业务 1986 年 8 月，璧山县邮电局开办邮政储蓄业务，仅解放路营业室 1 个网点手工操作，储蓄存款余额 20 万元。截至 1997 年底，璧山邮政共 46 个邮政网点开办储蓄业务，期末储蓄存款余额 7124 万元。

2003 年，全国邮政储蓄计算机部分联网，璧山邮政实现 7 个网点全国联网。2005 年 6 月，全国邮政储蓄计算机统版联网，实现全国通存通取，完成邮政储蓄、汇兑计算机两网互通工程。2007 年 12 月，璧山文星路、皮革小区、狮子 3 个网点归属邮储银行璧山支行管理，截至 2007 年底，璧山邮政共有邮政储蓄代理网点 41 个。2018 年，璧山邮政金融业务收入突破 1 亿元，达 1.03 亿元，期末储蓄存款余额 63.98 亿元。2021 年，璧山邮政储蓄存款余额首次年增长破 10 亿元，新增 10.1 亿元。2022 年，新增储蓄存款余额 10.87 亿元，储蓄存款余额规模 95 亿元。截至 2022 年底，璧山邮政共有现金类设备 83 台，其中 ATM 自动柜员机 78 台、STM 超级柜员机 5 台；非现金类设备 96 台，其中 ITM 机 40 台、移动展业机 19 台、多功能排队机 37 台。

汇兑业务 1999 年，璧山邮政先后开办邮政礼仪汇款业务、入账汇款业务、特快汇款业务、电子汇款业务。2002 年，推出电子邮政汇兑业务，汇兑系统联网网点实现市内 2 小时电子汇兑通存通兑。2003 年，璧山邮政所以储蓄网点均开办电子汇兑业务。2022 年，璧山邮政收汇 1233 笔，金额 107.663 万元。

2. 中间业务

2001 年 4 月 25 日，璧山邮政开办代理保险业务。2003 年，璧山邮政开办代收水费、电费、电话费、代发工资、代发退休金等代字号业务。2006 年，璧山邮政开办代理基金业务。

2014 年 4 月 16 日，璧山邮政正式代销中邮保险产品，展业当日销售中邮保险 126.05 万元，全市排名第 1 位。2019 年，璧山邮政启动云闪付业务，全年云闪付新增客户 9482 户。2021 年 3 月，璧山邮政人民币理财月日均保有量突破 3 亿元，达 3.23 亿元。同年，璧山邮政与璧山区社保局开展合作，邮政社保卡业务进驻璧山区行政服务大厅。同年 5 月，璧山邮政启动比亚迪商圈收单场景建设。2022 年，璧山邮政新增社保卡 2.46 万张，新增绑卡数字人民币 5.13 万户，新增对公钱包 40 户。

3. 风控合规

2015 年，璧山邮政配备 2 名专职检查人员，负责邮政业务和金融业务的网点检查工作。2017 年，完善风控体系建设，组建合规管理委员会和专职检查队伍，金融业务部配备合规管理岗 1 名、专职金融检查人员 4 名。2019 年，制定《代理金融综合柜员派驻工作实施方案》，建立邮政代理金融综合柜员派驻管理工作机制。2022 年，启动代理金融风控合规"雷霆行动"，全员牢筑"确保万无一失，否则一失万"的风险理念。截至 2022 年底，璧山邮政未发生重大金融风险事件。

（二）寄递业务

1. 特快专递

1994 年 3 月，璧山县邮电局速递中心成立，开办国内、国际邮政特快专递业务。1999 年，璧山邮政开办特快专递货运服务。2006 年 1 月，璧山邮政专设特快车辆用于 EMS 寄递。

2009 年，璧山邮政特快专递业务量达 8.21 万件。2017 年 3 月，璧山邮政与法院达成合作，开展"法院专递"项目，派驻专人进驻法院，将部分挂号信转寄特快专递业务；2017—2022 年，该项目实现收入 372.79 万元。自 2020 年开展高校录取通知书、学生档案寄递项目起，璧山邮政与区内重庆护理职业学院、重庆机电职业技术大学合作，年均收入 10 万元。2021 年 4 月，璧山邮政在重庆市邮政企业范围内率先与璧山区政务办公室合作"出生一件事"特快寄递项目，截至 2022 年 12 月，该项目实现业务量 500 件。2022 年 1 月，璧山邮政开办"渝快递"业务，全年完成特快专递业务量 71 万件。

2. 快递包裹

2001 年 8 月，璧山邮政开办国内快递包裹业务。2015 年，璧山邮政成立快递包裹中心，支撑寄递类业务发展。随着电商平台的快速发展，快递包裹业务发展迅速，同年完成快包业务量 5.32 万件。2021 年，璧山邮政开发百万级快包电商客户——重庆圣泰聚电子商务有限公司。同年，完成快包业务量 182.26 万件。2022 年，完成快包业务量 104.73 万件。

3. 物流业务

1998 年 3 月，璧山县邮政局在重庆市邮政企业范围内率先开办包裹直递业务，先后开通重庆至贵阳、遵义、兴义、安顺、株洲等地的包裹直递业务，截至年底共运出直递包裹 5.67 万件、皮鞋 215.6 万余双。2001 年 4 月，璧山邮政租用重庆铁路局 1 节车厢承运璧山至贵阳直递包裹，扩大直递包裹业务范围。2004 年，璧山邮政新开办璧山至贵阳棉布直递业务。同年改称为物流业务，运达全国各地。2006 年，璧山邮政开通市内物流专线业务。2009 年，璧山邮政开辟成都物流专线。同年启动西藏专线包裹项目。2018—2022 年，璧山邮政先后与重庆青山工业有限责任公司、重庆三友机械制造有限公司、蓝黛科技集团有限公司等开展物流运输合作。

4. 国际业务

1986 年，璧山县邮电局恢复开办国际函件业务。1994 年 3 月，璧山邮电开办国际特快专递业务。2018 年，璧山区寄递事业部成立后，整合为新的国际业务板块，涵盖国际小包、国际 E 邮宝、国际 EMS、国际包裹等。2019 年，璧山邮政成功开发 2 家跨境电商客户，实现业务量 0.24 万件。2022 年，璧山邮政开展国际海运业务，实现业务量 200 件。

（三）文传业务

1. 函件业务

2012 年，璧山邮政与璧山县宣传部门合作举办"平安璧山"宣传活动，实现函件业务收入 13 万元。2013 年 9 月，璧山邮政在重庆市邮政企业范围内率先创建璧山邮政广告品牌"璧邮传媒"，通过资源整合、全方位宣传打造，初步形成"1+N"运行模式，即以"璧邮传媒"为平台，搭建"N"个宣传载体，成立专职客户经理团队、商务投递队、设计师队伍等专职营销团队。同年，打造"璧邮传媒"月刊，招商不同行业商家配以该行业相关软文，以月刊的形式汇编成册，月刊项目当年实现函件业务收入 30 万元。2014 年，璧山邮政与璧山县教委联合开展"微笑满璧山"书（画）信活动，实现封片卡业务收入 36 万元。同年，广告类业务收入 303 万元。2021 年 8 月，璧山邮政启动推广"渝邮传媒"品牌。2022 年，璧山邮政积极拓展政务、福利市场，整合媒体渠道、开展专业联动，实现收入 15.7 万元。

2. 报刊业务

1986 年至 2022 年 12 月，璧山街道、乡镇订阅党报党刊达到 100%。截至 2007 年，璧山邮政报刊零售门市部 1 个，报刊零售亭 10 个、报刊发行站（员）25 名。2017 年 5 月，报刊业务划归集邮与文化传媒部管理。2022 年，璧山邮政报刊流转额达 1460 万余元。

表 9-9-3-3

1986—2022 年璧山邮政部分年份报刊投递量统计表

年份	投递报纸数（万份）	杂志期刊数（万份）	发行报刊数量（万种）	报刊流转额（万元）
1986	7.60	7.66	0.23	47.42
1997	4.72	2.55	0.26	273.21
2007	51.41	16.88	0.30	339.67
2017	290.31	28.00	0.31	818.00
2021	425.25	73.48	0.32	1279.03
2022	462.80	90.94	0.34	1314.10

3. 集邮业务

1988 年 10 月，璧山邮政开办集邮业务，业务包括征订邮票、邮册、邮品等。2004 年 6 月 1 日，重庆市首所少年邮局在璧山中学开办。2005 年 9 月至 2022 年 12 月底，璧山中学校获得并保持"全国第二批青少年集邮示范基地"称号。2005 年 4 月 29 日，重庆市第四届极限集邮展览在璧山县举行，璧山集邮协会 39 部 84 框邮集参展。2019 年 6 月 1 日，璧山邮政开办"枫香湖儿童公园主题邮局"。2022 年 1 月，开展集邮专项营销爆点活动，销售《岁岁平安》394 册，单日实现收入 62 万元。全年集邮业务实现收入 335 万元。

图 9-9-3-1 璧山中学少年邮局（摄于 2014 年）

表 9-9-3-4

1997—2022 年璧山邮政部分年份邮票销售量统计表

单位：万枚

年份	邮票销售量	年份	邮票销售量
1997	18.55	2020	4.60
2007	8.79	2022	4.82
2017	29.2	—	—

4. 中邮文创

2021 年，璧山邮政打造"中邮文创"品牌，收入可在文创业务管理信息系统中分中邮文创、集邮、函件、报刊 4 个专业列收。2022 年，璧山邮政销售"能喝的明信片"320 套，实现收入 2.43 万元；宣传销售邮车积木、钥匙扣、U 盘等文创产品，实现收入 0.41 万元；销售冰淇淋月饼、"与虎谋啤""富得流油"火锅底料实现收入 3.52 万元。

5. 普通包裹

普通包裹经营范围主要有：窗口包裹、校园包裹、军营包裹、家乡包裹、爱心包裹、母亲邮包等。2022 年，普通包裹业务划归集邮与文化传媒部管理。

表 9-9-3-5

1986—2022 年璧山邮政部分年份普通包裹业务量统计表

单位：万件

年份	普通包裹业务量	年份	普通包裹业务量
1986	1.82	2017	5.23
1997	1.9	2021	1.62
2007	2.99	2022	1.11

（四）渠道业务

1. 增值业务

2003 年，璧山邮政开办代收水、电费的便民业务。2006 年起，璧山邮政开办代办通信类业务，先后与电信、移动、联通三大运营商合作代放号、代收费等业务。2007 年，璧山邮政开办订票（汽车、火车、飞机票）、鲜花礼仪、自邮一族、短信代办信息类业务，短信业务包含特快、汇款寄达回音短信业务、邮储短信业务。2010 年，开办代收燃气费业务。2016 年，开办"双税双代"业务。2017 年，开办代办车险业务。同年短信代办业务划归金融业务部管理。2018 年，开办简易险业务。2019 年，"双税双代"业务更名为"代征税"业务，该业务实现璧山辖区所有业务网点全覆盖。同年，璧山邮政开办警邮业务。2022 年，璧山邮政景山路等 14 个邮政网点新增代办机动车、驾驶证、互联网 3 类警邮业务。

2. 分销业务

2015 年，璧山邮政打造邮乐网"璧山特色馆"，引入血橙、怪味胡豆等农特产品 50 款。

2022 年 3 月，璧山邮政成功入驻政府食堂超市，开启渠道业务政企合作新篇章，项目年销售额 142 万元。同年，复制推广政府食堂合作模式，拓展签约 6 家大型企事业单位超市货品供应合作；开办社区团购业务，依托"邮乐优鲜"APP，围绕"网点＋站点"，借助县乡村三级物流体系和同城配送网络完成履约服务，线上预售民生实惠工业品、邮政基地农产品等高频刚需商品。

表 9-9-3-6

2015—2022 年璧山邮政分销业务发展情况统计表

年份	农资收入（万元）	农产品收入（万元）	消费品收入（万元）	小店订单单数（个）	订单金额（万元）
2015	249.03	18.41	186.86	600	1.27
2019	68.55	95.57	980.53	7528	6.73
2020	92.05	177.20	1018.20	8160	16.44
2021	217.57	166.15	1153.69	11291	22.81
2022	52.95	361.19	1046.90	29559	121.92

3. 电信业务

1989 年 4 月，璧山县邮电局在电信科内配备专职人员，负责经营移动电话和无线寻呼业务。1992 年 11 月 15 日，璧山县 8400 门程控电话开通试运行。这项由市、县两级政府和邮电部门共同投资 1100 万元的程控电话工程，1989 年开始立项、设计和土建，程控电话的开通，结束了璧山县与市区不能直接拨打电话的历史。1995 年 9 月 20 日，璧山县邮电局为七塘镇由 60 多户农民投资修建的一条街全部安装上国际国内直拨电话，并于当日全部开通，建成四川省内唯一的"农民电话一条街"。1997 年 7 月邮电分营，电信业务移交重庆市电信局办理。

三、邮政网络

（一）网络能力建设

1. 邮路

（1）区内邮路

1986 年，璧山邮政有区内邮路 1 条，即邮车朝发重庆。1998 年 9 月 7 日，璧山邮政增开璧山二级干线汽车邮路，重庆至璧山线增加一个运递频次。2005 年 4 月新组开重庆—璧山（环形快速）邮路，采取"快普分运"的邮路组织模式。2019 年 8 月，全市寄递网邮速资源整合，调整重庆—璧山区内邮路：重庆—璧山（快速）、重庆—荣昌（普邮）途经璧山、重庆—荣昌（午班）途经璧山。2020 年 12 月，调整重庆—荣昌（午班）途经璧山为重庆—璧山（午班）。2022 年 6 月，新增重庆—荣昌（午班）璧山返程路线。

（2）县乡邮路

1986年，璧山县邮电局有汽车邮路2条，分别为璧北邮路和璧南邮路，共计288公里。1997年，新增璧中汽车邮路1条，3条邮路总长408公里。2016年，调整3条汽车邮路线路，调整后邮路全程总长392公里。2021年，调整邮路计划，新增自办汽车邮路4条，分别为璧山—丁家、璧山—青杠、璧山—福禄、璧山—大路，新增邮路全程总长517公里。截至2022年，共计汽车邮路5条，邮路全程总长971公里。

2. 物流体系

2006年，璧山邮政开通市内物流专线业务。邮路为：重庆邮政物流集散中心—璧山—永川—荣昌—双桥—龙水—大足。邮路往返里程464公里。2021年，璧山邮政以满足工业品下乡、农产品进城需求建设三级物流体系，将邮路璧山—丁家、璧山—青杠、璧山—福禄、璧山—大路从每日1频次调整为每日2频次，分别是上午10:30、下午15:00。

3. 作业场地

自1986年起，璧山邮政区域内包裹快递处理场地逐步发展，场地位于璧山县璧城街道文星路171号。1997年7月，随璧山县邮政局迁移至璧山县璧城街道文风路19号。2009年，邮速分家至2018年寄递改革前，场地均与邮政公司同址。2018年，迁移至企业天地邮件处理中心，新处理中心面积2705平方米。

图9-9-3-2　璧山邮政城区揽投部新能源汽车（摄于2020年）

4. 设施设备

邮政专用设备　2000年，璧山邮政采用邮政营业系统进行分拣，机器打印交接单据，报刊收发、包裹和信函投递反馈陆续通过电脑操作替代，交接手续仍以手工单据为主。2015年，璧山邮政新增直线皮带机1台。2017年，推出新一代寄递平台，基本替代邮政营业系统手工操作，

电子签收、真迹上传等操作功能基本实现交接无纸化。2020年4月，新增直线皮带机2台、爬坡皮带机2台、四级伸缩机1台。2021年12月，改造处理中心直线皮带机为环型皮带机，新增到件扫描设备1台。截至2022年底，璧山邮政共有直线皮带机2台、爬坡皮带机2台、四级伸缩机2台、到件扫描设备1台。

运输设备　1986年，璧山邮政有邮运汽车2辆，投递自行车11辆、摩托车2辆、汽车1辆，主要用于派送报刊、信函、汇款单、包裹单。2007年，新增特快专递车1辆、物流配送车1辆。2010年，开展投递网建设达标工程，新增城区投递摩托车13辆。2017年，新增投放智能包裹柜14台。2018年，新增邮运汽车2辆、投递汽车15辆（其中新能源汽车12辆）、三轮车10辆。截至2022年，璧山邮政共有生产用车42辆、揽投用电动三轮44辆。

（二）生产作业

1. 邮件接发

1986—2022年，璧山所有县辖邮路邮件的接发均在县局与自办邮路进行交接。2018—2022年，多次调整璧山至乡镇的县乡邮路接发时间和经转点，接发作业计划也随之作调整。

2. 邮件运输

1986—2022年，璧山邮政全区邮件全部由自办汽车邮路运输。璧山邮政到各支局、所的邮件，由自办车辆负责运输。

3. 邮件投递

2000年，璧山邮政实施邮政包裹按址投递到户。2021年，璧山邮政将原按普服投递设置的30个投递网点整合为6个中心支局及营业部，提升转运投递效率的同时优化投递作业模式，深入推进自提网络建设和应用，进一步提升快递包裹自提率，发挥自提网络作用。2022年璧山邮政实现璧山区131个行政村投递全覆盖。

（三）网运管理

1. 组织管理

（1）组织机构

2006—2017年，璧山邮政网运生产调度挂靠市场部。2017年，成立运营管理部，负责辖区内网运调度和生产作业。2018年9月，成立璧山区寄递事业部运营监控部，负责辖区内网运调度和处理中心生产管理。

（2）生产作业管理

1989年8月，璧山县邮电局制定《生产指挥调度制度》，生产作业计划调度由邮运管理人员负责。2018年9月，明确生产作业计划管理，按照市分公司邮区中心组开邮路车辆到、发时间，调整营、分、运、投环节生产作业计划，确保当日进出口邮件的准班、准点和频次时限的完成。

2. 网运质量

1986—2022年，璧山邮政不断加强网运质量管理力

度，网运管控指标由少至多，运营质量逐步完善。2022年，璧山邮政 15 项管控指标，7 项收寄指标，12 项投递指标，19 项综合指标均达到运营质量参考指标。

（四）服务网点

1. 网点设置

1986 年初，璧山县邮电局共有邮电支局 6 处，邮电所 7 处，邮电代办所 17 处，邮票代售处 10 处，乡镇企业经营电话交换站 15 处，电话服务点 56 处。1997 年邮电分营，璧山邮政有网点 55 个，其中代办所 41 个。2007 年，璧山邮政有网点 44 个。

截至 2022 年底，璧山邮政辖内共有网点 42 个，其中代理金融网点 39 个，纯邮政网点 3 个。

表 9-9-3-7

<h3 style="text-align:center">1986—2022 年璧山邮政局所一览表</h3>

序号	局所名称	经营性质	经营属性	设置地点	备注
1	青山邮政所	自营	城市	青杠街道青山社区 31 幢 8、9 号	—
2	狮子邮政所	自营	城市	璧泉街道狮子新街 18 号附 1 号门市	纯邮政网点
3	来凤邮政支局	自营	城市	来凤街道解放西路 13 号	—
4	丁家邮政支局	自营	城市	丁家街道建设新路 12、14、16、18 号	2021 年 1 月，迁址
5	三合邮政所	自营	农村	三合镇平安一路 85 号	—
6	马坊邮政所	自营	城市	丁家街道马坊桥南街 12 号	—
7	正兴邮政支局	自营	农村	正兴镇正丹路 28 号 1 幢 1 单元 1—3	2020 年 11 月，迁址
8	大兴邮政支局	自营	农村	大兴镇交通街 190 号	—
9	丹凤邮政支局	自营	农村	大兴镇丹凤朝阳街 60 号	2017 年 11 月，由"丹凤邮政所"更名为"丹凤邮政支局"
10	保家邮政所	自营	城市	大路街道保家大井街 23 号	—
11	大路邮政支局	自营	城市	大路街道文星街 141 号	2017 年 9 月，迁址
12	八塘邮政支局	自营	农村	八塘镇填河街 42 号附 1、2、3、4 号	2019 年 11 月，迁址
13	河边邮政所	自营	农村	河边镇河铜路 47 号	—
14	中兴邮政所	自营	城市	青杠街道中大街 289 号附 7、8 号	2015 年 5 月，迁址
15	鹿鸣邮政所	自营	农村	来凤街道三星村 8 组 200 号	2017 年 12 月，迁址
16	龙江邮政所	自营	农村	健龙镇龙江沿河街 93 号	—
17	健龙邮政所	自营	农村	健龙镇龙兴 1 街 25 号	2019 年 1 月，迁址
18	广普邮政支局	自营	农村	广普镇普兴街 6 号附 8 号	2017 年 11 月，由"广普邮政所"更名为"广普邮政支局"
19	定林邮政所	自营	农村	丁家街道定林正街	—
20	会兴邮政所	自营	农村	正兴镇正石路 14 号	2021 年撤销
21	石院邮政所	自营	农村	正兴镇太永路 10 号	2016 年 12 月，迁址
22	同心邮政所	自营	农村	大兴镇石鼻村 1 组 25 号	2017 年 6 月，迁址
23	大鹏邮政所	自营	农村	大兴镇大鹏燕澜湾	—
24	梅江邮政所	自营	农村	大兴镇燃灯街 20 号	2017 年 11 月，迁址
25	福禄邮政所	自营	农村	福禄镇福寿路 10 号附 8、9、10 号	2017 年 12 月，迁址

序号	局所名称	经营性质	经营属性	设置地点	备 注
26	蒲元邮政所	自营	城市	璧城街道蒲新路 23 号附 5、6 号	2017 年 11 月，迁址
27	六塘邮政所	自营	城市	大路街道六合路 79 号	2017 年 11 月，迁址
28	依凤邮政所	自营	农村	七塘镇金凤居金凤路 98 号	—
29	五龙邮政所	自营	农村	八塘镇五龙缙云路 8 号附 1、2 号	—
30	七塘邮政所	自营	农村	七塘镇石新街 26 号	—
31	金剑路邮政支局	自营	城市	璧泉街道金剑路 500 号 1 幢 15、16 号	2007 年 4 月，迁址更名，由"正兴邮政所"更名为"金剑路邮政支局"
32	团坝邮政所	自营	农村	大路街道北街 114 号	2014 年撤销
33	皮革小区邮政所	自营	城市	璧城街道皮革城二路 178 号	2017 年撤销
34	双星大道邮政所	自营	城市	璧泉街道双星大道 31 号附 24、25 号	2017 年 10 月，迁址；2018 年 6 月，更名，由"脂山路邮政所"更名为"双星大道邮政所"
35	景山路邮政所	自营	城市	璧城街道景山路 115 号附 10 号	—
36	解放路邮政支局	自营	城市	璧城街道沿河西段北段 30 号附 4、5、6 号	—
37	北街邮政支局	自营	城市	璧城街道璧铜路 65 号	—
38	新生路邮政所	自营	城市	璧泉街道东林大道 56 号附 33、34、35 号	2016 年 4 月，迁址
39	璧渝路邮政所	自营	城市	璧山县璧城街道皮革二路 1、3 号	—
40	红宇邮政所	自营	城市	璧泉街道金剑路 221 号 D1 幢 21 号	—
41	文凤路邮政所	自营	城市	璧泉街道文凤路 19—1 号	纯邮政网点
42	文星路邮政所	自营	城市	璧泉街道文星路 171 号	纯邮政网点
43	云坪邮政所	自营	农村	广普镇云坪云吴路 6 号附 8 号	—
44	青杠邮政支局	自营	城市	青杠街道民安街 27、29 号	—
45	金宝邮政所	自营	城市	丁家街道渝隆路 235、237 号	—

2. 社会加盟站点

截至 2022 年底，璧山邮政共有社会加盟站点 260 个，其中村级综合便民服务站 40 个，叠加邮件自提、客户转介、便民缴费、商品批销等业务；建成社区团购自提点 117 个，开展社区团购活动 165 场。

四、邮政管理

（一）财务管理

1997 年邮电分营，璧山邮政出台《璧山县邮政局财务管理制度》，明确成本费用使用标准、使用范围及报销要求。2000 年，璧山邮政出台《璧山县邮政局 2000 年度财务管理制度》，开展增收节支工作。2007 年，进行薪酬集中"直漏"工作，提高二次分配透明度。2015 年，ERP 系统全面上线，报销报账通过 ERP 报销报账系统发起，由市分公司会计核算中心集中核算处理。同年，推动"子改分"房屋资产权属变更。2017 年，全面推行零基预算管理，改变历史成本法为主的预算模式，实行"先额度、后使用"管理模式，将成本预算执行与管控纳入绩效考核。2022 年，璧山邮政实施"管理提升年"工作，科学编制全年预算，按月开展预算执行分析，严格按照市分公司成本费用进度管控方案管控预算执行进度、及时纠偏，建立重点专业及产品多维度盈利能力分析模型，定期进行财务各项指标分析。2022 年 3 月，建立资产二维码 1257 条，报废已达年限固定资产 223 条，资产管理下沉至支局、班组，落实到人员。

（二）人力资源管理

1986 年，璧山县邮电局有从业人员 195 人。1997 年，邮电分营后邮政局有从业人员 179 人。2007 年，璧山邮政有从业人员 91 人。2017 年，璧山邮政有从业人员

275人。2018年，成立璧山区寄递事业部，速递8人、邮政公司10人划入璧山区寄递事业部，从业人员共计286人。截至2022年底，璧山邮政有从业人员达300人。

1986年，在执行基本工资同时，根据不同生产情况，实行工种补贴（如邮运员、机线员有外勤补贴，值班有夜班补贴等）。工资总额管理历经工效挂钩、弹性人工成本、零基预算等阶段。自2008年10月1日起，执行《关于印发重庆市邮政企业薪酬制度改革实施方案的通知》和《重庆市邮政公司劳动保护管理办法》。2009年，璧山县邮政局制定了补充医疗保险暂行办法，减轻职工看病就医经济压力。2012年10月1日，执行"三项补贴"管理办法。

2018年10月1日，实施调整企业基本工资和津贴补贴，技术人员待遇提升，职业资格等级津贴标准调高。2020年，制定从业人员综合素质提升工程实施方案，开展从业人员综合素质提升工程。2022年，工资总额实行零基预算，预算包含固定薪酬＋岗位绩效＋贡献（营销）奖励，人工成本实行"三算"管理（预算、核算、清算）；从业人员本科学历占50.58%，代理营业机构从业人员邮政特有职业资格持证率为93.07%，其中，技师占比1.06%、高级技能认定占比40.96%，持有银行专业人员职业资格证书101人、基金（含证券）从业资格54人、AFP 11人、CFP 1人。

（三）服务质量管理

1. 营业服务及监督检查

1997年，璧山县邮政局设生产经营科、储汇科；配设邮政检查员和储汇稽查员，按规定频次、标准对下属服务网点检查辅导，按月对检查结果进行通报及考核。

2011年，制定《关于印发璧山县邮政局各项考核标准的通知》，配置视察检查和社会监督员各1名。2017年，生产经营科、储汇科分别更名为市场营销部、金融业务部，分别管理函件、包件、报刊、集邮、机要等业务以及代理金融业务；各支局、所、班组按业务属性对生产经营科和储汇科负责。同年，璧山邮政出台《规范业务检查相关工作及考核标准》，明确专职检查人员及两岗检查人员履职考评细则。自2020年起，参照永川片区分公司邮政普遍服务及通信服务质量考核办法执行，同时配置专职视察检查1人，按月对检查及通报考核，按季开展所辖42个邮政普遍服务网点和寄递事业部营业部全覆盖专项检查，通信服务质量全面达到市分公司下达的目标。2021年5月，新一代营业渠道系统正式推广上线，替代原有邮政营业生产和管理二期系统、实体渠道管理系统、报刊收投系统等多个系统。

2022年10月，根据国家邮政局印发的《邮政机要通信服务规范》和《邮政机要通信场所建设和设施设备配置规范》要求，璧山邮政对机要营业场所和24小时过夜机要件存放处完成改造升级，配齐相关设施设备。

2. 普遍服务与特殊服务

（1）普遍服务

2022年，璧山邮政设置普遍服务营业场所42个，其中，城市22个，乡镇农村网点20个。建制乡镇邮政普遍服务营业局所建设率达到并超过100%；建制村通邮率100%，每周投递频次3次以上。42个普遍服务网点全部开办信件、印刷品、包裹、汇兑4项普遍服务基本业务，提供义务兵平常信函、盲人读物、革命烈士遗物的免费寄递等特殊服务业务，独立设置1个机要室提供机要通信服务。

（2）特殊服务

1957年4月，开办机要业务，主要服务对象为党、政、军、公安机关、人民检察院、人民法院、国家权力机关、人民政协，以及符合寄递范围的企事业单位和社会（群众）团体。2019年10月，市邮区中心局成立机要专线车，璧山区辖内所有机要邮件由专线车专车负责运输。截至2022年底，璧山邮政有1条投递线路，年收寄量2660件。辖内实现42年机要通信质量全红，未发生机要件丢失、泄密、损毁等通信事故和重大交通安全责任事故。

（四）安全管理

1999年，璧山邮政完善金库值班制度，增设保险柜、防盗器等，新支局安装防弹玻璃等安全设施。2007年，"7·17"特大洪灾组织全员开展抗洪抢险保邮路、保人身、保财产工作。2018年，璧山邮政层层签订安全、消防、案件防控责任书，签订率达100%。2020年，成立疫情防控工作领导小组，制定疫情期间运营保障方案，购置下发口罩、消毒液、测温仪等防疫相关用品用具，确保营业场所、办公大楼有监测、有预防、有消毒措施。2022年9月7日，与璧山区消防救援支队签署《消防宣传工作合作共建志愿书》，开展"火焰蓝"＋"邮政绿"携手走进千家万户活动，发放消防安全提示贴4万份；全年排查并整改风险隐患233个。截至2022年底，璧山邮政未发生重大安全风险事件。

（五）党群管理

1. 党组织

1986年，璧山县邮电局党总支共有党员71人，占全局职工人数的37.4%。1996年8月，撤销璧山县邮电局总支部，成立璧山县邮电局党委。1997年7月，璧山县邮电局党组织归璧山县委管辖。同年10月，撤销璧山县邮电局党委，分别成立璧山县邮政局总支部和电信局总支部。2001年，璧山邮政党组织关系划归县直属机关党工委管辖。2016年7月14日，设置纪检委员开展纪检监察工作。2017年，璧山邮政党组织关系划归璧山区国有资产管理中心党委管辖。2020年4月，更名为"中国邮政集团有限公司重庆市璧山区分公司党总支"；同年11月，退休党员实行社会化管理陆续转入社区，撤销退休党支部。2022 年 7 月、8 月，党总支及所辖支部分别完成换届选举，党总支下设综合职能、生产作业 2 个支部、4 个党小组。1986—2022 年，共历经 13 次换届选举，2022 年，新发展党员 3 名，共有党员 65 人。

2013—2014 年，璧山邮政党委按照中央统一部署，开展党的群众路线教育实践活动。2015 年，开展"三严三实"专题教育活动。2016 年，开展"两学一做"学习教育活动。2019 年，开展"不忘初心、牢记使命"主题教育。2021 年，开展党史学习教育活动等，始终在思想上、政治上、行动上同党中央保持高度一致。坚持开展基层党组织建设，先进典型示范教育及典型选树活动，落实党建述职评议、民主评议党员、民主生活会、"三会一课"等制度，务实创新抓党建。2021 年 9 月 10 日，璧山区分公司与移动公司创新开展党建共创，打造"理论同学、组织共建、品牌同筑、服务同行、成效共享"模式。

2021 年起，陆续开展"请党放心　强国有我"演讲比赛、党员联系无党员支局所、疫情防控志愿服务活动、党员先锋队进厂区、校区、部队等工作，积极践行国企社会担当。

2. 工会

1997 年，璧山邮政举行第一届职工代表大会。2016 年 1 月 5 日，举行第二届工会委员会换届选举。2016—2018 年，开展职工风采大赛、唱响璧邮等大型活动。2019 年 1 月 8 日，举行第三届工会委员会换届选举。2020 年 5 月，出台《"职工小家"运营管理办法》，并制定职工之家食堂管理办法。2021 年，明确《工会兴趣活动小组参与方式》，并制定兴趣小组活动章程。2022 年 2 月 15 日，举行第四届工会委员会换届选举。截至 2022 年底，共有工会小组 15 个；建设示范型职工小家 1 个、职工小家 2 个、公寓型职工小家 20 个、简易职工小家 19 个。

3. 团组织

1986 年底，全局共有团员 24 人。1997 年邮电分营，撤销邮电局团支部，成立邮政局团支部，由团县委管辖。2001 年，划归县直属机关团委管辖。2019 年，更名为中国邮政集团有限公司重庆市璧山区分公司团支部。2021 年 8 月，进行第三届团支部委员会换届选举。截至 2022 年底，共有在籍团员 6 人。

团支部工作围绕企业中心工作，组建青年理论学习小组抓学习，筑牢青年思想根基，开展演讲、厨艺、青年员工联谊、志愿服务活动、直播带货等系列活动展青年风采，成立青年突击队积极参与企业经营发展。

4. 荣誉

2002 年，璧山邮政成功创建为市级文明单位。2015 年，璧山邮政分公司获得全国通信行业第十二届企业管理现代化创新成果三等奖、第十一届全国邮政企业管理现代化创新成果文化传媒业务转型管理三等奖。2016 年，尚琴获得中国邮政金融"双优"优秀支行长 / 所主任称号。2017 年，璧山邮政工会获得中国邮政集团工会"模范职工之家"称号。2018 年，璧山邮政获得全国邮政系统 2015—2017 年先进集体荣誉。2020 年，璧山邮政设计推选的文创产品——风琴灯获得 2020"璧山好礼"旅游商品（文创）大赛铜奖，非遗文化礼盒获得最佳设计金奖。

第四节　大足邮政机构

一、机构沿革

（一）机构演变

1. 计划单列时期

1986—1992 年，大足县邮电局隶属重庆市邮电局管理。1992 年 3 月，重庆邮电管理体制调整，重庆市邮电局撤销，大足县邮电局划归重庆市电信局管理。

2. 邮电分营时期

1997 年，邮电分营，原重庆市电信局管理的大足县邮电局的邮政业务全部划归重庆市邮政局管理。同年 4 月，邮电部决定撤销重庆市邮政局，设立重庆市邮政管理局。同年 7 月，大足县邮政局成立，隶属重庆市邮政管理局。

2003 年 2 月，重庆邮政实行片区化经营管理体制，大足县邮政局划归永川片区邮政局管理。

2006 年 6 月，重庆市邮政管理局对永川片区邮政局所辖大足县邮政局、双桥区邮政局经营管理体制进行调整，双桥区所辖邮政网点由大足县邮政局管理，大足县邮政局行使原双桥区邮政局经营管理职能，对外仍保留双桥区邮政局牌子。

3. 政企分开时期

2007 年，政企分开，同年 9 月，"重庆市大足县邮政局"更名为"重庆市邮政公司大足县邮政局"。2008 年 1 月 9 日，中国邮政储蓄银行重庆大足县支行成立，大足邮政受邮储银行大足县支行委托开办代理金融业务。

2009 年 1 月，组建重庆市邮政速递物流公司大足县分公司，速递物流专业正式运行新的专业化经营机制。2010 年 5 月，"重庆市邮政速递物流公司大足县分公司"更名为"重庆市邮政速递物流有限公司大足县分公司"。同年 11 月，恢复双桥区邮政局机构设置，作为永川片区下辖计划单列单位，由永川片区邮政局直接管理。

2012 年 7 月，根据《关于重庆市邮政公司设立大足区邮政局和设立綦江区邮政局的批复》，为保持邮政管理体制与地方行政管理一致，撤销大足县邮政局、双桥区邮政局，设立大足区邮政局、双桥经济技术开发区邮政局，其中双桥经济技术开发区邮政局隶属大足区邮政局管理。

2014 年 6 月，速递物流组织机构改革，"重庆市邮政速递物流有限公司大足区分公司"改设为"大足区营业

图 9-9-4-1　大足邮政综合业务楼（摄于 2022 年）

制，大足邮政与双桥经济技术开发区邮政实行合并经营管理（对外继续保留双桥经开区邮政的牌子）。

2017 年 7 月，根据市分公司机构编制方案，设立大足区分公司，调整优化内设部门主要职责和人员编制。

2018 年 9 月，寄递改革，组建大足区寄递事业部，（对外保留"中国邮政速递物流股份有限公司重庆市大足区分公司"牌子），隶属永川片区寄递事业部。

部"（保留"重庆市邮政速递物流有限公司大足区分公司"营业执照）。

2015 年 4 月，因中国邮政集团法人体制改革，"重庆市邮政公司大足区邮政局"更名为"中国邮政集团公司重庆市大足区分公司"，管理体制不变。同月，"重庆市邮政速递物流有限公司大足区分公司"更名为"中国邮政速递物流股份有限公司重庆市大足区分公司"，管理体制不变。同年，因政府机构设置变更，相应调整邮政企业管理体

2020 年，"中国邮政集团公司重庆市大足区分公司"更名为"中国邮政集团有限公司重庆市大足区分公司"，管理体制不变。

截至 2022 年底，中国邮政集团有限公司重庆市大足区分公司内设综合办公室、市场营销部、金融业务部、渠道平台部、集邮与文化传媒部。

（二）主要领导

表 9-9-4-1

1986—2022 年大足邮政主要领导人员名录

单位名称	姓名	职务	任职时间
大足县邮电局	刘作明	局长	1986—1988.3
	郑万富	党总支部书记	1986—1988.3
	郑万富	党总支部书记、局长	1988.3—1996.2
	郑万富	局长	1996.2—1997.6
	粟明生	党总支部书记	1996.2—1997.6
大足县邮政局	李家文	局长	1997.9—2001.5
	秦玉清	党总支部书记	1997.10—2001.5
	魏惊涛	局长	2001.5—2003.2
	李家文	党总支部书记	2001.5—2003.2
	胡林莉	党总支部书记、局长	2003.3—2011.6
	王　勇	党总支部书记、局长	2011.6—2014.7
重庆市邮政公司大足区邮政局	赵晓川	党总支部书记、局长	2014.7—2015.6
中国邮政集团公司重庆市大足区分公司	赵晓川	党总支部书记、总经理	2015.6—2016.9
	李　洪	党总支部书记、总经理	2016.9—2020.3
中国邮政集团有限公司重庆市大足区分公司	李　洪	党总支部书记、总经理	2020.3—2021.3
	解德闯	党总支部书记、总经理	2021.3—

二、邮政业务

1986—1997 年，主要经营邮政业务和电信业务，邮政业务包含邮政储蓄、函件、包裹、汇兑、报刊发行、机要通信、集邮等。邮电分营后，电信业务剥离。2006 年，函件、包件、报刊发行、集邮、机要等整合为"邮务类"业务；特快、物流整合为"速递物流类"业务；储蓄、汇兑、中间业务整合为"金融类"业务。2018 年，特快、快包、物流、国际业务整合为"寄递业务"；储蓄、汇兑、中间业务整合为"金融业务"；函件、集邮、报刊发行、普通包裹整合为"文传业务"；分销、增值业务整合为"渠道业务"。该业务分类沿用至 2022 年，未发生变化。

表 9-9-4-2

1986—2022 年大足邮政业务收入统计表

单位：万元

年份	业务收入	年份	业务收入	年份	业务收入
1986	29.70	1999	678.00	2012	5575.10
1987	35.88	2000	769.23	2013	5633.29
1988	55.52	2001	866.38	2014	6317.01
1989	64.77	2002	1150	2015	8137.43
1990	86.18	2003	1190.02	2016	10336.34
1991	101.78	2004	1400.18	2017	12318.73
1992	135.60	2005	1618.21	2018	14236.89
1993	176.33	2006	1750.59	2019	14960.80
1994	200.11	2007	2540.52	2020	16371.80
1995	294.15	2008	2525.36	2021	18070.04
1996	385.44	2009	2912.53	2022	19619.57
1997	466.93	2010	3285.73		—
1998	569.00	2011	4053.78		

（一）金融业务

1. 储蓄汇兑

（1）储蓄业务

1986 年 10 月 6 日，大足县邮电局开办储蓄业务，同年储蓄存款余额规模 120 万元。1997 年，储蓄存款余额规模 6500 万元。同年 7 月 1 日，大足邮政接收中国工商银行邮亭分理处储蓄存款余额 750 万元。截至 2000 年 11 月 15 日，储蓄存款余额突破 1 亿元。2004 年，实施全国邮政储蓄统一版本工程，大足邮政所有储蓄网点实现全国联网、通存通兑。2004 年 3 月 25 日，接收中国农业银行珠溪镇营业所储蓄存款余额 4300 万元。2007 年 12 月 31 日，储蓄存款余额突破 10 亿元。自 2007 年 12 月邮储银行各支行挂牌成立起，邮政储蓄以"自营＋代理"模式经营。自 2013 年起，大足邮政对理念、服务、产品及客户需求方面进行转型，储蓄业务进入全新发展阶段。2014 年，大足邮政储蓄存款余额突破亿元的网点达 15 个，其中万古邮政所储蓄存款余额突破 2 亿元。截至 2022 年底，大足邮政共有储蓄网点 36 个，储蓄存款余额规模达 88.87 亿元。

（2）汇兑业务

汇兑业务是邮政传统业务之一。1986 年，大足县邮电局办理汇票 4.29 万张。1988 年 5 月，大足县邮电局开办"快件汇款"业务。1997 年，办理汇票 4.55 万张。自 2000 年起，逐步开始由票据寄递汇兑向电子汇兑过渡。2002 年，大足县邮政局所有网点全部实现电子汇兑全国联网。2004 年，大足县邮政局开办国际汇兑业务。随着储蓄绿卡功能不断丰富、自助机具推广升级及电子支付渠道的完善，汇兑业务量逐年下滑。2022 年，大足邮政办理汇兑业务 1558 笔。

2. 中间业务

1999 年，大足县邮政局开办代理凭证式国债业务。2000 年，开始代发养老金和代销移动手机充值卡。2001 年，中间业务逐步增加代收话费及代理保险业务等种类。2014 年，中邮保险大足区分公司展业。2022 年底，保费规模达 16493 万元。

2003 年，大足县邮政局开始代收个人参保养老金保险费，截至 2022 年底，月均代收 2.60 万笔，月均代收 4592 万元。2006 年，启动基金代销业务和代发财政直补资金。2009 年，代发各类资金 6.36 亿元。2010 年 7 月，代发财政直补业务移交邮储银行。2008 年，开始代销理财业务。2013 年，开通手机银行业务。2019 年，开通快捷支付绑卡业务。2022 年，开通数字人民币业务。截至 2022 年底，大足邮政中间业务种类约 20 余种业务。

3. 风控合规

1986—2004 年，风险管控分别由安全保卫科和业务部门按职责管理。2004 年，实施《邮政视检稽查考核办法》《储汇人员岗位轮换实施细则》《储汇资金内控防范制度管理办法》，开展储汇人员轮岗工作并纳入稽查内容。2005 年，制定《金融从业人员考察办法》。2007 年，开始严格落实储汇柜员、综合柜员和支局长 3 级密码权限管理制度，开展储汇资金案件警示教育活动及案件排查。2008 年，大足邮政成立邮政金融工作协调小组，邮银双方按时召开协调会议，重点协调解决案件风险等问题。2016 年后，逐步开展"两加强、两遏制""内控达标年""排雷行动"之"隐患大整改""强履职、治顽疾"等专项检查和"雷霆行动"等活动。自 2017 年起，大足邮政不断加强合规文化建设。2018 年，制定《风险防控体系建设实施方案》。2019 年，成立代理金融风险内控案防管理委员会并实施综合柜员派驻制。2021、2022 年，大足邮政风险合规 KPI 考评分别得分 95.87 分、102.2 分。截至 2022 年底，大足区分公司累计开展风险合规培训 96 次。

（二）寄递业务

1. 特快专递

1994 年 3 月，大足邮政开办特快专递业务，以窗口收寄为主。1997 年，收寄特快专递 4772 件。2002 年，大足邮政开始与公安局合作，办理身份证特快寄递业务。自 2002 年起，大足邮政加快特快市场拓展，年均揽收 1 万余件。2020 年疫情期间，大足区分公司开发 76 所中小学教材寄递业务，配送教材 45 万余本。自 2021 年 1 月起，启动"政务＋邮政"寄递项目，年均寄递 1.5 万余件。2022 年，收寄特快专递 86.63 万件。

2. 快递包裹

2001 年 8 月 1 日，大足邮政开办国内快递包裹业务。自 2009 年起，国内快递包裹和特快专递包裹业务由邮政速递物流公司进行统一经营管理。2018 年，寄递改革，组建大足区寄递事业部，重点开发龙水镇五金产业园市场，业务量由 2018 年 88.53 万件增长至 2022 年 415.5 万件。

3. 物流业务

2001 年，大足县邮政局开办物流业务。2003 年，在龙水镇设立货物托运部，开始开发五金货运物流业务。2007 年，取得"双建工程"农资配送龙头企业资质，农资配送逐步成为物流业务重要收入来源。2009 年，农资配送额 115 万元。2010 年，货运物流业务划归县邮政速递物流公司统一管理，主要依托自身优势大力发展整车、零担等货运业务；配送物流业务归口分销业务由县邮政局经营。2018—2022 年，所有物流业务由大足区分公司统一经营管理。

4. 国际业务

国际业务分为国际普通邮件业务、国际及港澳台邮政特快专递业务、国际商业渠道业务。1986 年，大足县邮电局恢复开办国际函件业务。1997 年，收寄国际函件 3686 件、国际包裹 5 件。2018 年，寄递事业部成立后，优化整合涵盖国际小包、国际 E 邮宝、国际 EMS、国际包裹等业务的新的国际业务板块。同年，收寄国际包裹 193 件。2021 年，大足邮政通过中欧班列（渝新欧）为客户输运欧洲路向的跨境电商货物，收寄国际邮件 606 件。2022 年，收寄国际邮件 1729 件。

（三）文传业务

1. 函件业务

1986 年，大足县邮电局收寄国内函件 133.80 万件。1997 年，收寄国内函件 112.91 万件。1999 年，大足县邮政局先后开办商业信函、账单、贺卡、邮送广告等函件业务。自 2008 年起，逐步揽收 DM 单、开发《商务宝典》《大足商讯》无名址函件业务，其中《商务宝典》在 2009—2012 年期间共发行 5 万册；贺卡逐步支撑函件业务，2012 年占比达 45.78%。随着票务代理、户外广告、电视媒体等业务不断兴起，函件业务日益丰富。2010 年，大足邮政代理销售"中国大足国际航空体育旅游节"门票 1.26 万张。自 2010 年起，大足邮政通过代理体育赛事、文旅项目门票和举办讲座、话剧演出等，票务业务不断壮大，拉动函件业务持续发展。

2019—2022 年，"渝邮传媒"品牌逐步融入地方文化，大足邮政开发文化墙广告媒体业务推动函件业务创新转型。2022 年，函件业务实现收入 233.9 万元。其中，2019—2020 年连续两年获得中国邮政广告传媒公司颁发的"中国邮政文化惠民活动创新奖"；2021 年，获得中国邮政广告传媒公司颁发的"中国邮政文化惠民活动市级先进奖"。

2. 报刊业务

1987 年前，报刊发行实行"邮发合一"。自 1987 年起，一些报刊开始自办发行。1988 年，《重庆日报》自办发行导致投递质量急剧下滑，大足县委县政府于 1990 年发文进一步理顺报刊发行体制。1997 年，《重庆日报》回归邮发，逐步形成"邮发合一"与"自办发行"并行格局。同年，订阅销售杂志 1.1404 万份、报纸 4.28 万份。2003 年，大足邮政与《重庆晨报》《重庆晚报》《重庆青年报》《重庆商报》签订独家代理协议，增加报刊零售市场份额。2005 年后，重点开发都市类、畅销类、校园类文化产品和教辅书市场。2017 年，大足区分公司开展"图书巡展"活动，以政务图书销售和深化课堂内外刊邮合作模式，创新报刊业务发展渠道。2022 年，报刊业务收入 525.69 万元。

3. 集邮业务

1988 年 10 月 20 日，中国邮政发行取材于大足石刻的普 24《中国石窟艺术》第 4 枚邮票"养鸡女"，此枚邮票发行，为大足邮政申请开办集邮业务创造条件。1989 年 1 月，大足邮政开办集邮业务。同年，实现收入 9.48 万元。1993 年 12 月，大足县集邮协会成立。1995 年 9 月，大足县邮电局专为"95 中国大足石刻艺术节"印发纪念信封 1 套 3 枚，图案为中央领导参观大足石刻题词和艺术节"节徽"。1997 年，销售邮票 20.15 万枚。2001 年以前，集邮业务以销售邮册为主。2002 年 6 月 18 日，中国邮政发行《大足石刻》特种纪念邮票 1 套 5 枚（含小型张 1 张），销售邮品收入 80 余万元。

2003—2010 年，集邮业务发展缓慢，主要销售邮品。自 2012 年起，通过客户转型，创新营销模式，开展外购品集邮巡展及线上营销活动等方式，集邮业务稳步发展。2015 年，大足邮政在大足区海棠小学成立"小海棠少儿邮局"。2016 年，万国邮政联盟秘书长比沙尔·侯赛因到"小海棠少儿邮局"参观。2022 年，集邮业务收入 268.7 万元。

4. 中邮文创

2021 年，大足邮政开办"中邮文创"业务，实现中邮文创业务收入 6 万元。2022 年，实现收入 15.1 万元。

5. 普通包裹

普通包裹业务经营范围主要有窗口包裹、校园包裹、军营包裹、家乡包裹、爱心包裹、母亲邮包等。1986 年，大足县邮电局收寄普通包裹 1.46 万件。1997 年，收寄普通包裹 1.37 万件。2022 年，普通包裹业务划归集邮与文化传媒部管理，同年收寄 3409 件。

（四）渠道业务

1. 增值业务

自 2001 年起，大足县邮政局逐步代办电信、移动和联通三大运营商话费业务。2005 年，开办飞机票和火车票订票业务。2006 年，开办代收烟草款业务。自 2007 年起，大足邮政重点发展短信业务和开办代电费业务。2008 年，开办代收天然气费业务。2009 年，代收费业务量创历史新高，代收金额 2.24 亿元。2010 年，开办"自邮一族"业务。2016 年，大足邮政开办代办车险业务。同年，开通代收国税和地税的"双税双代"业务，2019 年更名为"代征税"业务。2019 年，大足区分公司开办警邮业务。截至 2022 年底，大足邮政增值业务实现收入 130 万元。

2. 分销业务

2001 年，大足邮政在月饼销售的基础上逐步增加粽子、米、粮油等农产品和酒水、日化等消费品种类。2004 年 2 月，新增卷烟配送业务。2007 年，启动农资配送业务。同年，实现配送额 20.97 万元。2020 年，大足邮政先后引进大足冬菜、宝顶牌大米等区域性项目。2022 年，销售化肥 1097.4 吨，销售种子 14107 包。随着助力乡村振兴不断深入，邮乐网农产品"大足特产馆"建立、电商平台批销、"919 电商节"、电器销售、邮乐小店推广、厅堂消费扶贫专区销售、线上拼团等分销业务渠道平台优势日益增强，种类不断丰富，实现分销业务收入 1486.26 万元。

3. 电信业务

1986—1997 年，电话、无线寻呼、移动电话、电报、传真为大足县邮电局主要电信业务。1986 年，大足县邮电局有磁式交换机市话 350 门、农话 650 门，全年进出口电报 15.90 万份。1989 年 6 月，大足县邮电局开办传真业务。1992 年，进出口电报 29.92 万份，创历史纪录。同年，大足县内有模拟手机 1 部，信号通过永川黄泥塘模拟基站传输。

1994—1995 年，开通程控电话，淘汰磁式电话。1993 年，开通无线寻呼系统，全年有用户 351 户。1996 年 5 月，开通 GSM（数字）移动电话。截至 1997 年底，大足邮政有无线寻呼用户 4299 户。1997 年 5 月，模拟移动电话停止使用。

1996 年后，随着电话、传真、互联网的普及，电报业务量逐渐减少。至 1997 年邮电分营时，电话、电报等电信业务移交电信局办理。

三、邮政网络

（一）网络能力建设

1. 邮路

（1）区内邮路

1986 年，无直达邮区内邮路，即邮车从重庆发永川，再由永川转运到大足县邮亭镇进行交接，每日 1 班。1994 年，重庆至大足直达邮区内邮路开通，每日 1 班。1999 年 7 月，重庆—大足报刊专递干线汽车邮路开通。2005 年 4 月，新组开重庆—大足快普邮路。2008 年 3 月，开通重庆—大足夜间快速邮路，使重庆—大足的邮递时间整体提快 4 小时，实现"次晨达"。2014 年，增加区内邮路 1 条，共计 2 条，即重庆—大足快速和重庆—大足普邮邮路。2018 年，寄递改革后，再次新增区邮区内邮路 1 条，即重庆—大足午班邮路，沿用至 2022 年。

（2）县乡邮路

1986 年，大足县邮电局有自办汽车邮路 1 条、委办汽车邮路 7 条，自行车邮路 16 条，步班邮路 3 条，总里程 356 公里。1997 年，有邮路 22 条，总里程 298 公里。2000 年，邮路全部改成自办，形成"大足—邮亭、大足—雍溪、大足—万古、大足—三驱、大足—中敖、大足—城区" 6 条逐日班往返邮路。2011 年，邮路调整合并为"大足—宝顶（含城区转趟）、大足—中敖、大足—万古、大足—三驱" 4 条，总里程 626 公里。2021 年，在"大足—双桥、大足—三驱、大足—季家、大足—雍溪、大足—万古、大足—城区" 6 条邮路基础上新增"大足—万古（早频）、大足—三驱（早频）" 2 条邮路，截至 2022 年，大足邮政共有邮路 7 条，日均邮路里程 861 公里。

2. 物流体系

2007 年，大足邮政按"乡镇建连锁经营超市、村社建便民放心商店"的农村市场建设工程要求，建成 50 个镇级、村级服务"三农"标准网点。2009 年，网点总数达 233 个。2015 年，大足邮政参与万村千乡市场工程建设，新建镇级仓储中心 1 个，改造镇级仓储中心 2 个，新建农村电商村级服务站 2 个，新建"三农"服务站 10 个。2021 年，完成"一村一站"建设 201 个。

2022 年，大足区分公司建成 1 个区级共配中心、9 个镇级中心及 201 个村级站点，其中，9 个镇级中心实现邮件收寄、处理、投递、工农业产品周转暂存功能，201 个村级站点发挥出末端节点及综合便民服务功能。

3. 作业场地

邮电分营前，城区邮件分拣封发场地为 81 平方米。2000 年，增加到 200 平方米；2009 年，场地迁至大足县朝阳世纪城 6 号楼，使用面积为 495 平方米。2017 年，迁至大足区五星大道普洛斯物流园，使用面积为 1500 平方米。2021 年，迁至大足区棠香街道金星社区三环南路 301 号，使用面积为 3000 平方米。

2015年，龙水邮件处理中心设在大足区龙水镇德恒物流园，使用面积为470平方米。2020年，迁至大足区龙水镇市场路，使用面积为1700平方米。

1986年，双桥邮件处理场地设置在双桥区双路镇双南路10号，使用面积60平方米；2000年，迁至双桥区双路镇双北路229号，使用面积150平方米；2011年，迁至通桥街道车城大道35号附25—27号，使用面积300平方米；2017年，迁至双路街道车桥路42号证瑞物流园内，使用面积450平方米。

截至2022年，大足邮政共有城区、龙水、双桥3个邮件处理中心。

4. 设施设备

（1）邮政专用设备

1986年，大足县邮电局配有电子信函秤、包裹秤、分拣格眼、封袋钳等设备。2017—2019年，相继配置到件扫描设备1台、装卸斜坡皮带机2台、三级伸缩环形分拣胶带机1套、有线扫描枪2支、无线扫描枪5支、移动扫描终端50余台。2021年，新增三级伸缩环形分拣胶带机1套、安装3吨货运电梯1部、蓝牙电子秤20台、蓝牙便携打印机50余台、移动扫描终端30台。截至2022年，大足邮政有装卸斜坡皮带机2台、三级伸缩环形分拣胶带机2套、到件扫描设备2台、移动扫描终端108台、打包机3台、收寄一体机1台、笼车36个。

（2）运输设备

1986年，主要采取步班和自行车投递，配置5辆自行车，1辆汽车用于到邮亭镇火车站转接邮件。截至1997年底，大足县邮政局共有汽车6辆、自行车20辆。2008年，新增汽车2辆。2011年，邮运汽车共有10辆。2012年，新增摩托车15辆，2017年，新增三轮车5辆、摩托车19辆、长安车3辆，电动三轮车20辆、新能源电动车9辆。2019年，新增新能源电动车7辆、电动三轮车50辆，县辖2.75吨厢式邮运车新增至8辆。截至2022年底，大足邮政共有邮运汽车35辆。

（二）网运生产作业

1. 邮件接发

1986—1994年，大足邮政邮件接发主要是一进一出为主，每天18:00将出口邮件带运到邮亭，待次日早晨6:00进行交接进出口邮件，从邮亭返回大足时，沿途将双桥、龙水、珠溪等邮件与邮政网点进行交接，其余乡镇邮件统一在大足处理中心进行分拣处理，再每日1频次到大足汽车站通过客车进行发运到各乡镇。客车无法到达的部分网点实行就近网点自取模式。

2017—2022年，重庆—大足邮车执行"三进三出"，进口频次为每天3频次，时间为07:00，10:00，14:30，邮车到站→卸车→邮件扫描接收→按格口分拣。出口时间为15:00，18:50，20:50，收寄后统一由处理中心封车发运出口。

2. 邮件运输

1986年，大足县邮政局配置吉普车1辆用于大足到邮亭的进出口邮件运输。2000年，增加配置厢式货车，主要用于大足到各乡镇网点进出口邮件运输。2007年，由于政府开始对大货车入城时间进行管控，大足县邮政局新增小型厢式货车用于城区邮件转趟。2020年，为响应国家节能减排号召，新增7辆新能源小型厢式货车，用于邮件运输、电商邮件揽收、农村投递等。截至2022年底，大足区分公司共有各式货车25辆用于邮件运输。

3. 邮件投递

1986年，主要采取步班和依靠自行车投递。2003年，两轮摩托车陆续代替自行车。截至2005年底，绝大多数步班邮路、自行车邮路被自办汽车邮路取代。自2011年起，投递工具新增三轮车和汽车，同时，推出移动智能终端设备。2011年，大足邮政设有投递段道109条，其中，投递员自投42条；村邮站代投67条。投递达242个行政村，其中，城区7条，每天投递不少于1次；农村地区102条，每周投递不少于3次，乡镇政府所在地每周投递不少于5次。2014年，优化生产作业流程，在城区增加1个车投段道。2016年，大足邮政建设智能包裹柜19个，自提点49个。2016年，建设快递柜28台。2019年，寄递末端作业实行改革，在城区推行网格化作业模式，投递频次由2次增加到3次，急件和快件当日投递到户。2021年，建设"邮快超市"末端代揽投站点58个，从段道剥离出来实行批量甩点投递。截至2022年底，未发生变化。

（三）网运管理

1. 组织管理

1986—1997年邮电分营前，网运管理归口邮政科。1997—2016年，分别归口多种经营科、经营业务科、经营服务科、市场部管理。2017年，设置运营管理部，负责辖区内网运调度和生产作业，将邮运车辆和投递作业组织统一管理。2018年，在渠道平台部和寄递事业部分别设置运营管理岗，分别负责乡镇支局（所）和揽投部投递管理工作并沿用至2022年。1986—1997年，各网点至少设置投递段道1个。自2008年起，大足邮政不断调整并增设段道。截至2022年底，大足邮政共有城市投递段道57个，农村投递段道36个。

2. 网运质量

1986—2007年，大足邮政重点对邮件安全进行管控，在全程时限上未提出过多要求。随着寄递行业市场化后，大足邮政越来越注重邮件全程实现及客户体验，不断完善寄递服务体系。通过对"营、分、运、投"四大环节进行过程管控，设置58个过程管控指标，强化提升邮件全程时限。截至2022年底，邮件收寄及时率达99%以上、分拣及时率接近100%，邮运准点率长期持续在99%以上，及时妥投率保持在 96% 以上。为提升同城服务品质，大足邮政加强对同城邮件管控，省内互寄次日递率长期保持在 99% 以上。

（四）服务网点

1. 网点设置

1997 年邮电分营前，大足邮政有邮储网点 30 个。

1997 年，有邮政局（所）34 个，其中自办局（所）14 个，代办所 20 个。自 2003 年起，大足邮政对网点进行形象工程达标整治，网点形象得到统一。2015 年，大足邮政开始对网点分步实施租改购工程，逐步对网点进行升级改造和完成系统化转型网点打造。截至 2022 年，大足邮政共有服务网点 41 个，其中综合网点 36 个。

表 9-9-4-3

1986—2022 年大足邮政局所一览表

序号	局所名称	经营性质	经营属性	设置地点	备　注
1	滨河路邮政所	自营	城市	龙岗街道滨河路 158 号	—
2	中山东街邮政所	自营	城市	龙岗街道龙岗中路 208、210、212、214、216、218 号	—
3	广场邮政所	自营	城市	棠香街道一环北路东段 149、151、153 号	—
4	北环二路邮政所	自营	城市	棠香街道北环二路 8 号御都绿洲 8-30 号	—
5	文昌街邮政所	自营	城市	棠香街道文昌路 54 号	—
6	五星大道邮政所	自营	城市	棠香街道五星大道 386 号 1 幢附 2、3、4 号	—
7	圣迹西路邮政所	自营	城市	棠香街道圣迹西路 270、272 号	—
8	龙水邮政所	自营	农村	龙水镇新兴街 29 号第一幢第一层 1、3 号	—
9	幸光邮政所	自营	农村	龙水镇幸光路 24、26 号	—
10	五金城邮政所	自营	农村	龙水镇五金旅游城门楼工程 A 幢 12 号	—
11	双南路邮政所	自营	城市	双路街道双南路 10 号	—
12	川汽厂邮政所	自营	城市	原双桥区花朝门 12 号附 4-5 号	—
13	车城大道邮政所	自营	城市	双路街道车城大道 26 号附 36、37 号	2017 年 2 月 7 日撤销
14	邮亭邮政所	自营	农村	邮亭镇联通大道 244 号	—
15	中敖邮政所	自营	农村	中敖镇龙头南路 122、124 号	—
16	高坪邮政所	自营	农村	高坪镇青龙街街村	—
17	天山邮政所	自营	农村	中敖镇双溪村 1 组	—
18	天宝邮政所	自营	农村	高坪镇冒咕村富民新村第 3 栋 1 层 4 号门市	—
19	铁山邮政所	自营	农村	铁山镇新鑫路 116 号附 1-4 号	—
20	高升邮政所	自营	农村	高升镇红升街 32 号	—
21	宝山邮政所	自营	农村	铁山镇多宝路 115 号	—
22	三驱邮政所	自营	农村	三驱镇惠民路 60 号	—
23	宝兴邮政所	自营	农村	宝兴镇宝丰街 277 号附 31-33 号	—
24	珠溪邮政所	自营	农村	珠溪镇正龙社区珠南路 91、93 号	—
25	季家邮政所	自营	农村	季家镇季丰街 173 号	—
26	龙石邮政所	自营	农村	龙石镇同心街 19、21 号	—
27	登云邮政所	自营	城市	智凤街道登云街村	—

续表

序号	局所名称	经营性质	经营属性	设置地点	备 注
28	石马邮政所	自营	农村	石马镇教堂街 10、12、14、16、18、20 号	—
29	拾万邮政所	自营	农村	拾万镇拾万社区桫椤街桫椤路 185、187 号	—
30	金山邮政所	自营	农村	金山镇大堡街 131、133 号	—
31	万古邮政所	自营	农村	万古镇万兴路 319 号	2022 年 3 月搬迁
32	米粮邮政所	自营	城市	智凤街道黄连村 1 组	—
33	回龙邮政所	自营	农村	回龙镇龙头宝街 85 号	—
34	国梁邮政所	自营	农村	国梁镇白鹭街 67 号	—
35	雍溪邮政所	自营	农村	雍溪镇红星路 2 号	—
36	宝顶邮政所	自营	农村	宝顶镇香山 1 组 626 号	—
37	化龙邮政所	自营	农村	宝顶镇慈航社区荷塘路 156 号	—
38	北街邮政所	自营	城市	龙岗街道工会大厦 A 幢 15 号	
39	玉龙邮政所	自营	农村	玉龙镇玉龙街 81、83 号	
40	古龙邮政所	自营	农村	古龙镇新街	纯邮政网点，未开办金融业务
41	沙坝邮政所	自营	农村	珠溪镇沙坝街道	
42	通桥邮政所	自营	城市	通桥街道毛店村 6 社	

2. 社会加盟站点

自 2015 年起，大足邮政集合全区地方农产品特色，引入线上销售，逐步打造"大足特色馆""大足农产品馆""同城生鲜馆"，在全国邮政电商平台"邮乐网"上全面实现销售。2016 年，大足邮政安装"邮掌柜"系统 43个。截至 2022 年底，大足邮政共建成"邮乐购站点"310个；"综合便民服务站"201 个；"邮掌柜"50 个，均已叠加便民代收、批销、代购、助农取款等多项功能。

四、邮政管理

（一）财务管理

1986—1997 年，大足县邮电局财务计划和考核由重庆市邮电局下达，财务由县邮电局统一核算。1997—2003年，由重庆市邮政管理局下达财务计划和考核，财务独立核算，实行收支差额上缴的财务体制。2003—2017 年，由永川片区集中管理，业务收入和成本计划均由片区下达和考核，实行报账制。2008 年，中国邮政储蓄银行重庆大足县邮储支行成立，其财务从县邮政局剥离，实行独立核算，相互资产占用实行相互结算。2009 年，速递物流公司成立后，其财务从县邮政局剥离，实行独立管理、独立核算。2017 年，区分公司财务移交市分公司核算中心集中核算，业务收入和成本计划均仍由片区下达和考核，并沿用至 2022 年。2018 年，实行邮务账、寄递邮政账和速递账 3 个账套独立核算，其中速递账由速递物流公司独立管理。自 2020 年起，3 个账套由大足区分公司统一管理，截至 2022 年未发生变化。

（二）人力资源管理

1. 队伍建设

1986 年，大足县邮电局从业人员 202 人。1997 年，邮电分营时从业人员 230 人，划归大足县邮政局 108 人。2008 年，大足县邮政局从业人员 216 人。2011 年，从业人员 218 人。2022 年，大足邮政从业人员 272 人。

2. 教育培训

1986—2022 年，大足邮政通过自培、送培等方式，不断加强对员工的教育培训。1997 年，大足县邮政局有大专学历从业人员 3 人。2008 年，大专及以上学历人数79 人。2015 年，大足邮政鼓励从业人员学历和技能"双提升"，从业人员大专及以上学历占比 80% 以上，技能持证率 95% 以上。2022 年，大专及以上学历 250 人，占比91.91%（本科学历占比为 71.20%）；邮政储汇业务员二级技师 13 人，职业技能鉴定取得初、中、高级人员共计188 人。

3. 薪酬管理

1986—1997 年，从业人员薪酬由基本工资和固定奖金构成。1997 年邮电分营后，实行基本工资和奖金考核制。2000 年，推行计量、计件工资制。2002 年，改革工资分配，将业务收入与成本实行承包，与工资、奖金挂钩。2004 年，彻底打破用工界限，全面采用核定系数、收入上缴、费用包干的经营承包模式。2006 年，制定

《大足县邮政局绩效考核办法》，工资采用直接发放到从业人员账户的"直漏"方式进行发放。2008年，实现市公司薪酬集中管控和统一发放。2015年，从业人员工资由薪级工资、岗位工资、津贴补贴和绩效工资4部分组成，其中基本工资由薪级工资和岗位工资构成。2017年，大足区分公司制定《薪酬分配管理办法（试行）》，明确各岗位绩效基数和系数。2018年，落实基本工资晋级晋档政策，调整职业资格等级津贴、专业技术职务津贴标准、外勤津贴、夜班津贴标准。2022年，大足区分公司出台《贡献（营销）奖励分配管理实施细则（试行）》，薪酬分配办法和薪酬绩效管理进一步完善和规范。

（三）服务质量管理

1. 营业服务

1986—2011年，大足邮政营投服务面积1390平方公里。2011年，因行政区划调整，服务面积增至1436平方公里，直至2022年保持不变。自2004年起，邮政营业逐步实行电子化操作。2005年，实施电子化支局统一版本工程。同年，大足邮政开展"提高服务质量，让用户满意"活动。2007年，开展规范化服务达标工作。2011年，开展"为民服务，创先争优"及"三好一满意"优秀营业员评选活动。自2013年起，大足邮政营业网点逐步开始服务转型。2016年底，36个网点转型全部达标。截至2022年底，大足邮政辖内41个局（所）均开办函件、包裹、印刷品、汇兑等普遍服务4项业务及盲人读物、烈士遗物、义务兵平常信函免费寄递等特殊服务业务。

2. 普遍服务与特殊服务

（1）普遍服务

2009年，大足邮政启动村邮站建设工作，完成首批20个建设目标。截至2011年底，大足邮政共建设村邮站70个。2011年，完成古龙空白乡镇邮政局所补建工作，同年11月7日，南方地区空白乡镇邮政局所补建工作座谈会在大足召开，中共大足区委常委致辞，与会代表对古龙邮政所补建工程进行现场验收。2011年12月14日，国家邮政局普遍服务司副司长来大足调研普遍服务工作并给予充分肯定。截至2013年底，大足邮政全面完成宝顶和通桥空白乡镇邮政局所补建工作。2020年，建制村直接通邮率、镇街及以上党政机关《人民日报》《重庆日报》当日见报率保持100%，信件、挂刷、普包全程时限均达标。2022年，大足邮政19项普服重点指标全面达标。

（2）特殊服务

1957年，开办机要通信业务。1997年，大足邮政收寄机要文件772件。2022年，机要通信用户注册单位47户，收寄机要邮件2257件、投递3583件。截至2022年底，大足区分公司实现41年机要通信质量全红，连续保持机要通信秘密载体无失密丢损事故。

3. 监督检查

邮电分营前，大足县邮电局设邮政科管理邮政服务质量。1997—2001年5月，服务质量由多种经营科管理。2001年，大足邮政聘请社会监督员，组建社会监督系统。同年，出台《大足县邮政局农村支局长职责》和《大足县邮政局农村通信工作管理办法》，服务监督检查实行分片包干制。2003年，开展服务质量行风评议活动，综合得分87.86分，高于全市平均分7.34分。2004年，制定《邮政视检稽查考核办法》。2012年、2015年，大足邮政分别获得中国邮政集团公司"全国邮政用户满意企业"称号。

2014年，大足邮政组建专职视检视察人员队伍，出台《大足区邮政局邮政通信质量、服务质量管理办法》。2017年，大足区分公司被中国通信企业协会评为"2017年通信行业用户满意企业"。2018年，大足邮政出台《大足区邮政局"两岗"履职、邮政通信质量、服务质量、基础管理绩效考核标准》。2019年，取得中国质量协会、全国用户委员会颁发的"全国市场质量信用等级证书"（A等用户满意服务AA级），2022年成功复评该荣誉。

（四）安全管理

邮电分营前，安全工作归口安全保卫科管理。1997—2003年，安全工作归口人事保卫科管理，其中，1997—2002年，实行治安承包责任制；自2003年起，归口综合办公室管理，开始执行安全生产目标责任制。

2005年以前，资金实行"邮钞合一"模式。自2005年起，逐步实行"邮钞分运"，双人护卫；营业网点逐步安装防弹玻璃、电视监控等安防设施。2009年，所有网点安防设施全部达标。自2014年起，逐步实行异地值守。2022年，异地值守交由市分公司安全运营中心监管。

（五）党群管理

1. 党组织

邮电分营前，设中国共产党大足县邮电局总支委员会，下辖邮政党支部、电信党支部、机关党支部，党员共计82名。1997年10月18日，成立中共大足县邮政局总支委员会，选举产生委员5名，其中1人任纪检委员，负责纪检工作。党总支下设生产党支部和退休党支部，党员共35名。1998—2022年，累计发展党员28名。2018年，生产党支部撤销，设综合职能、生产经营、寄递事业部和退休党支部，党员共65名。2020年，退休党支部撤销，20名退休党员按属地管理原则完成社会化管理移交。2022年，大足邮政共有党员49名。

1986—2022年，大足邮政通过强化党建引领，企业精神文明建设得到夯实。2001年，被重庆市委、市政府命名为"重庆市级文明单位"并保持至2022年。2004年，被重庆市委、市政府命名为"重庆市最佳文明单位"。2009年，被重庆市国资委授予"2008年度国企贡献奖"。同年，党总支书记、局长胡林莉获评集团公司"全国邮政系统先进个人"称号。

自 2018 年起，党支部建设达标工程和创先争优活动逐步推进，党建工作与生产经营深度融合，发挥出党支部的战斗堡垒和党员的先锋模范作用。每年在"跨年战役""双十一"等旺季营销活动中带头亮出身份，作出成绩。

2. 工会

邮电分营前，成立中国邮电工会大足县邮电局委员会。1997 年，更名为"中国邮电工会重庆市大足县委员会"。2011 年，更名为"中国邮政集团工会重庆市大足区委员会"。自工会组织成立以来，通过加强学习教育、开展劳动竞赛、实行民主管理、开展文体活动和送温暖活动及职工小家建设等活动，发挥工会职能作用，从业人员幸福指数和创造力不断增强，在征文、摄影等项目中多人多次获奖。其中，1 名从业人员 2000 年撰写的《山里女人》和 2004 年撰写的《中华精神一脉传》两篇散文均获全国优秀奖；2009 年撰写的论文《以员工文化为核心建设邮政企业文化——邮政企业文化建设的战略思考》获得第三届中国邮政发展论坛征文优秀奖；同年，撰写的《加快企业转型，促进和谐发展》论文获集团公司优秀奖。1 名从业人员的摄影作品《卧佛》于 2012 年获全国摄影大展优秀作品奖；摄影作品《初识新版人民币》于 2016 年在纪念中国邮政开办 120 周年评选活动中获优秀奖。

自 2009 年起，大足邮政开始建设职工小家，截至 2018 年底，大足邮政共建"示范型职工小家"10 个、职工小家及职工公寓 18 个，农村网点职工小家实现全覆盖。2019—2022 年，职工小家逐步提档升级，增设运动器材等。2022 年，大足邮政共有职工小家 39 个。

3. 团组织

1986—1997 年，大足邮政未成立团组织，团工作由分管青年工作的总支委员负责。1998 年，由 3 人组成的中共大足县邮政局团支部委员会成立。2010 年后，团支部围绕企业经营发展目标，成立青年突击队，通过开展演讲、厨艺比拼、青年员工联谊、"青春在邮路上闪光"、直播带货等系列活动，在生产经营中发挥出共青团员生力军作用。截至 2022 年底，大足邮政共有团员 54 名。

第十章　合川片区邮政机构

中国邮政集团有限公司重庆市合川片区分公司辖铜梁、潼南 2 个区分公司和直属单位合川片区城区分公司，承担着辖区 5260.21 平方公里的普遍服务职责，以快递物流、金融、电子商务等为主业，实行多元化经营。2009 年，合川片区邮政获得"全国邮政系统先进集体"称号。截至 2022 年底，邮政营业网点 167 个（其中金融网点 153 个）；揽投营业部 3 个；从业人员 1139 人；邮路 21 条，单程总长度达 3396 公里。

2022 年，片区分公司实现收入 64711.69 万元。

一、机构沿革

2003 年 2 月，重庆邮政企业实行城、片区经营管理体制，设立合川片区邮政局，辖合川市、铜梁县、潼南县邮政局。

2014 年 2 月，"重庆邮政合川片区局"更名为"重庆市邮政公司合川片区分公司"。

2017 年 6 月，根据市分公司机构编制方案，设立中国邮政集团公司重庆市合川片区分公司，调整优化内设部门主要职责及人员编制，设立营业（投递）局作为合川片区分公司的直属单位。设立机要室，挂靠营业（投递）局。

2018 年 9 月，寄递改革，组建合川片区寄递事业部，寄递事业部内设市场营销部、运营管理部、综合部、服务质量部，辖区各区分公司相继成立寄递事业部。

2020 年 1 月，"中国邮政集团公司重庆市合川片区分公司"更名为"中国邮政集团有限公司重庆市合川片区分公司"，沿用至 2022 年，未发生变化。

截至 2022 年底，中国邮政集团有限公司重庆市合川片区分公司设市场营销部（客户营销中心）、服务质量部（普遍服务部）、金融业务部（中邮保险中心）、集邮与文化传媒部、渠道平台部；综合办公室（党委办公室、安全保卫部）、财务部、人力资源部（党委组织部）、党委党建工作部（纪委办公室）、工会。

二、邮政业务

2003 年 2 月，重庆邮政体制调整后，合川片区局经营管理实现由"服务型"向"经营服务型"转变，并逐步推行财务一体化和专业化经营，主抓邮储、特快、集邮等传统业务，拓展物流仓储、广告、代理保险等新业务。2022 年，合川片区邮政业务总收入规模排名全市第 6 位。

（一）寄递业务

2006 年，推出 EMS"优+"服务，实行"时限、服务、产品、安全、承诺"，提升邮件传递速度及服务质量。2009 年，速递物流专业迈入一体化专业经营轨道。2009 年，收入排全市第 1 名。2018 年 9 月，寄递事业部成立，业务快速发展。

（二）金融业务

2006年，合川片区邮政开办汇兑、储蓄、速递等短信业务。2008年，完成邮储银行一级支行后续工作及一、二类支行组建，邮政金融经营管理有序开展。2009年，完成片区各局邮政金融业务委托代理协议签订，完善金融业务联动发展机制、联席会议制度和滚动式常态化监督检查机制，邮政金融业务步入依法、合规、稳健经营发展轨道。2007—2009年，合川片区邮政代理保险费从11879.67万元上升到26424.89万元，列全市第1位。2012年，合川片区邮政累计新增余额19.6亿元，期末储蓄存款余额达到108.82亿元。2022年，期末储蓄存款余额达到314.8亿元。

（三）文传业务

1. 函件业务

合川片区邮政重点开展互联网媒体、线下媒体、封片、商函、账单5大类函件业务。2012年，合川片区邮政商函收入突破千万元，达1036.56万元；函件数据库商函业务收入185.17万元；账单业务收入79.30万元。2017年，承接各类商演、会展、会务等大型演出活动，同年，函件业务收入814.48万元，全市排名第1位。2022年，合川片区邮政拓展会展、福利、农村市场，开发纪委、政法委、农业局等单位印制业务及惠民电影卡，函件业务收入689万元。

2. 报刊业务

自2003年起，合川片区邮政巩固党报党刊主渠道发行，突出重点报刊及畅销类报刊的征订和零售及文化产品开发，规范报刊业务市场，优化内部流程。2009年，报刊大收订排全市邮政前3名。2013年，合川片区邮政收入842.64万元。2017年，收入1150万元。2022年，片区报刊大收订流转额3970.34万元，列全市第1位。

3. 集邮业务

自1997年起，合川片区邮政围绕生肖文化、"新重庆建设"等主题，细化市场和客户群体，做好新邮预订、盘活库存邮品。2009年，抓住国庆60周年大型题材营销和节日经济，实现集邮收入282.30万元。2010年，合川邮政世博会黄金邮票营销创收55.15万元；潼南邮政菜花节项目营销定向邮品3000册、个性化邮折1000册，创收46万元。2013年，涞滩邮票营销610.3万元，片区集邮收入1850.30万元，列全市第1位。2021年，抓住建党100周年契机，实现集邮收入15.3万元；销售杂交水稻邮折，实现集邮收入11.6万元；借助生肖邮票发行，实现集邮收入21.6万元；开展《共筑中国梦》《盛世珍藏》等爆点活动，实现集邮收入540万元。

（四）渠道业务

2000年，合川片区邮政开拓增值业务、代办业务，与电信、移动、联通等公司开展代放号、代收话费业务。2003年，片区成立电信公司、电子商务公司，开通管理代办类业务。2008年12月，合川片区所辖区县同步启动年货、定制酒品、农产品等商品销售业务。2015年，合川片区邮政建设邮政综合服务平台，建设村邮站300个，实现行政村全覆盖。2017年，渠道平台部成立，推进车险项目、双开（国、地税）项目、农资项目、消费品项目、批销业务等农村电商工作，探索邮政业务互联网化。2022年，实现渠道平台收入6509万元。

三、邮政网络

（一）网络建设

2014—2017年，整合邮速揽投资源，融合再造投递网络，强化投递、中转等环节，推进包裹快递揽投网建设及网格化作业，实现混投、专投灵活组网，增强投递网能力。2022年，持续建立"网点＋站点"服务生态，167个网点实现业务叠加，转型业务指标达成率100%，渠道平台转型评比列全市第1位；245个三星级站点达标。

（二）信息化建设

2006年，合川片区邮政清理、更新和充实各类数据库。2007—2009年，投入800余万元，建设信息网，整治改造网络光纤和网点，改造电子集中监控。2012年，更换中心机房UPS设备，测试主干线路、移动网络上线、会计稽核系统，改造电子商务平台、电子化支局等系列涉及生产、经营、管理的应用子系统项目；整改ATM自助设备，投放ATM 18台，安装储蓄终端加密设备、RFID（邮件时限监控）阅读器及邮务通等设备。截至2013年底，新建农村综合服务平台46个，其中，合川区16个，铜梁县15个，潼南县15个。

2017年，新一代寄递业务信息平台上线，"营分运投"生产作业流程优化，"营揽投"一体化，智能终端使投递作业流程信息化及质量管控可视化。完成网点高清视频培训系统等基础信息项目建设和信息技术中心机房改造。2022年，运用"三大App"（手机银行、邮客行、中邮惠农）、"四大系统"（个人业务核心系统、总行CRM系统、财富管理系统、小额辅贷系统）、"五大平台"（综合营销、营销助手、邮乐网、企业微信、智能风控），提升信息化运用水平。

（三）网点建设

2007—2010年，合川片区邮政购建邮政网点25处，整治达标网点180处，装修网点19处，新增邮政计算机（含终端）212台，新增（更新）车辆8辆。截至2010年，片区累计建成村邮站177个。2012年，投资3457万元，购建网点19个；装修整治网点33个。截至2021年底，普遍服务网点达167个，渠道平台转型网点达148个，全市邮政企业渠道平台转型网点综合得分排名第1位。

四、邮政管理

（一）财务管理

2003年3月，合川片区邮政设计划财务部。自2003

年4月起，片区邮政对所辖区县实行"收支两条线"管理。2006年6月，出台财务派驻实施管理办法（试行），对片区各局实施会计派驻制管理。2007年12月，邮政与邮储银行财务核算分离。2008年，运用用友财务管理系统（NC），实现各局单独核算和收支差额管理。2009年6月，邮政财务核算与速递财务核算分离。2016年1月，使用ERP财务信息系统进行核算及管理；同年4月，片区财务核算上收至市分公司核算中心，由独立会计核算转为市分公司会计核算中心集中核算。2017年，实行企业营业利润目标零基预算管理，完善以利润为导向的全面预算管理体系。2018年9月，寄递事业部成立，同年10月按邮政账、速递账分账套核算管理，按邮政公司、寄递事业部口径分别提供财务指标，汇总考核。2022年5月，业财一体化平台切换上线，财务核算从ERP系统逐步转接至业财一体化系统。

（二）人力资源管理

2007—2009年，合川片区邮政"双定"测算各工种有效工时。2022年，合川片区邮政加强人才培养，新选拔36名网点负责人、64名理财经理，片区35岁以下网点负责人占比56.77%，本科学历占比67.09%。同年，合川片区邮政修订员工持证管理办法，通过线上、线下相结合等方式开展各类专业技能培训，全年新增各项持证173人。截至2022年底，合川片区邮政共有从业人员1073人。

（三）服务质量管理

2017年8月，合川片区分公司成立服务质量（普遍服务）部，负责全片区普遍服务管理、服务质量、邮政视察、金融合规、安全监督检查，组建服务质量专职检查队伍，承担全片区服务质量管理和监督检查职能，由片区服务质量部常驻区分公司的派驻检查人员和片区分公司检查人员组成。片区服务质量监督检查以片区分公司主查、区分公司主改的方式开展检查、整改工作。

（四）安全管理

自2003起，片区邮政以建设"平安邮政"为主线，逐年强化和完善制度、监控、检查、人员配备等，成立邮政金融资金安全管理机构，印发《中邮合川片区分公司安全防范考核办法（试行）的通知》，修订《合川区分公司安全生产委员会及其工作机构组成和职责》。以重要岗位从业人员、押运、车辆等为重点，先后组织开展"案件防控百日排查""金融资金安全""金融网点人员滚动式排查""网点安全和服务工作""业务库安全""自助设备安全""排雷行动""服务质量大整改提升"等专项检查。与员工签订《安全生产、消防安全工作目标责任书》，建立《邮政行业安全管理台账》。投入技防资金3436万元，更新安防硬件设施设备。2021年7月，片区分公司各网点均顺利通过第7轮安全评估。2022年，合川片区邮政全年未发生重大风险责任事件。

（五）党群建设

1. 党组织

2016年，成立中国邮政集团公司合川片区分公司党委党建工作部。2017年7月，单设党委党建工作部，负责落实上级党组织和本单位党委关于党的建设总体工作部署，指导各区分公司基层党组织建设。每年召开党风廉政建设和反腐败工作会，布置年度重点工作，对各单位党组织落实党的建设、党风廉政建设责任制情况进行监督检查和指导，对各区分公司管理的干部问题线索进行核查处置。

截至2022年底，片区分公司设有党委3个，党支部9个，党员233名。自2003年起，合川片区邮政按照上级精神，先后开展学习实践科学发展观活动、党的群众路线教育实践活动、"两学一做"学习教育活动、"不忘初心，牢记使命"和党的十九大、二十大精神等主题教育活动。创办《红日》党刊，开展"我为群众办实事""三亮三比三评"、庆祝建党100周年系列教育宣传活动。

2. 纪律检查

2016年，中国邮政集团公司合川片区分公司纪检监察室成立，与党委党建部合署办公。

2020年3月，撤销中国邮政集团公司合川片区分公司纪检监察室，设立纪委办公室，与党委党建工作部合署办公。

3. 工会

2007年2月，召开片区工会第一次代表大会，选举产生工会主席、组织委员、宣传委员、女工委员、文体委员。2016年12月8日，2021年10月28日，分别进行片区工会第二、第三届换届选举。截至2010年底，合川片区邮政共建成职工小家139个。2022年末，片区建成职工小家150个。

2002年，铜梁邮政被国家邮政工会评为"全国邮政系统先进基层工会"。2012年，潼南邮政被国家邮政工会评为"全国邮政系统模范职工之家"。

图9-10-0-1 2009年4月，合川片区邮政获得"全国邮政系统先进集体"称号

图 9-10-0-2 2009 年 4 月，合川邮政刘仟友局长在重庆市邮政公司荣获全国邮政先进集体和个人事迹报告电视电话会上发言

第一节 合川邮政机构

一、机构沿革

（一）机构演变

1. 计划单列时期

1986 年，合川县邮电局隶属重庆市邮电局管理。1992 年 3 月，重庆市邮电管理体制调整，重庆市邮电局撤销，合川县邮电局划归重庆市电信局管理。同年 11 月，"合川县邮电局"更名为"合川市邮电局"，管理体制不变。

2. 邮电分营时期

1997 年，邮政、电信分营试点，原重庆市电信局管理的合川市邮电局的邮政业务全部划归重庆市邮政局管理。同年 4 月，国家邮电部撤销重庆市邮政局，成立重庆市邮政管理局。同年 7 月，合川市邮政局成立，隶属重庆市邮政管理局。

2003 年 2 月，重庆邮政企业实行城、片区化经营管理体制，重庆市邮政管理局设立合川片区邮政局，合川市邮政局隶属合川片区邮政局。

2006 年 10 月，合川撤市设区，"合川市邮政局"更名为"合川区邮政局"

3. 政企分开时期

2007 年 9 月，"合川区邮政局"更名为"重庆市邮政公司合川区邮政局"，管理体制不变。同年 12 月，中国邮政储蓄银行重庆合川区支行挂牌成立，合川邮政受邮储银行合川区支行委托开办代理金融业务。

2009 年 1 月，重庆邮政速递物流实行一体化专业经营，组建重庆市邮政速递物流公司合川区分公司。2010 年 6 月，"重庆市邮政速递物流公司合川区分公司"更名为"重庆市邮政速递物流有限公司合川区分公司"。

2014 年 6 月，速递物流组织机构改革，原"重庆市邮政速递物流有限公司合川区分公司"改设为"合川区营业部"，（营业执照名称仍为"重庆市邮政速递物流有限公司合川区分公司"），由重庆市邮政速递物流有限公司新组建的北碚片区分公司管理。

2015 年 4 月，根据中国邮政集团公司法人体制改革要求，"重庆市邮政公司合川区邮政局"更名为"中国邮政集团公司重庆市合川区分公司"。同月，"重庆市邮政速递物流有限公司合川区分公司"更名为"中国邮政速递物流股份有限公司重庆市合川区分公司"。

2017 年 6 月，根据市分公司机构编制方案，在合川片区分公司设立营业（投递）局。设立机要室，挂靠营业（投递）局，对外称机要通信分局。

2018 年 9 月，寄递改革，组建合川片区寄递事业部（保留"中国邮政速递物流股份有限公司合川区分公司"牌子）。同年 11 月，"中国邮政集团公司重庆市合川区分公司"更名为"中国邮政集团公司重庆市合川片区分公司"。

2021 年 8 月，根据市分公司要求，"合川片区分公司营业（投递）局"更名为"合川片区城区分公司"。沿用至 2022 年，未发生变化。

（二）主要领导

表 9-10-1-1

1986—2022 年合川邮政主要领导人员名录

单位名称	姓 名	职 务	任职时间
合川县邮电局	李坤富	党委书记	1986.11—1997.9
合川市邮政局	李世培	局长	1997.9—2003.2
		党委书记	1997.10—2003.2
合川片区邮政局	刘仟友	党委书记、局长	2003.2—2014.3
重庆市邮政公司合川片区分公司	刘仟友	党委书记、总经理	2014.3—2014.8
	陈 俊	党委书记、总经理	2014.8—2015.6
中国邮政集团公司重庆市合川片区分公司	陈 俊	党委书记、总经理	2015.6—2018.12
	王绪华	党委书记、总经理	2018.12—2020.1
中国邮政集团有限公司重庆市合川片区分公司	王绪华	党委书记、总经理	2020.1—

二、邮政业务

1986年，合川县邮电局邮政业务总量41.93万元，1997年，邮政业务总量1061万元。2022年，合川片区城区分公司邮政业务总量完成9166万元。

表9-10-1-2

1986—2022年合川邮政业务总量统计表

单位：万元

年份	业务总量	年份	业务总量	年份	业务总量
1986	41.93	1999	702.47	2012	4525.80
1987	72.91	2000	1390	2013	12521.1
1988	79.27	2001	2642	2014	10347
1989	77.32	2002	3184.7	2015	11910
1990	208.85	2003	3513.6	2016	13835
1991	250.22	2004	3390.8	2017	17726
1992	323.86	2005	4237.37	2018	21664
1993	445.1	2006	5197.01	2019	22708
1994	614.98	2007	6052.1	2020	23550
1995	722.2	2008	7969.2	2021	24157
1996	847.7	2009	8787.1	2022	9166
1997	1061	2010	11009		—
1998	1110	2011	6849		

（一）金融业务

1. 储蓄汇兑

储蓄业务 1986年，合川县邮电局恢复开办储蓄业务。1988—1992年，合川县邮电局所辖太和、盐井、云门、三汇、钱塘、龙市、官渡、铜溪、大石、渭溪、三庙、燕窝、小沔、清平支局相继开办邮政储蓄业务。同时各镇乡自办、代办邮政网点陆续开办此项业务。

1994年，合川市邮电局储蓄存款余额突破1亿元，1997年，达到2.99亿元。2000年，先后在南津街等18个支局安装微机，实现邮政储蓄全国通存通兑。2007年，储蓄存款余额规模达到18.41亿元。2010年，合川邮政累计新增储蓄存款余额突破5亿元。2019年，储蓄存款余额突破100亿元。2022年12月期末余额规模136.3亿元。

汇兑业务 汇兑是邮政的传统业务。1986年，合川县邮电局14个邮电支局、19个自办邮电所均可办理邮政汇兑业务。1988年5月，开办快件汇款业务，打破传统运作方式。1997年，出口汇票12.62万张。自2000起，逐步实现电子汇兑微机联网。同年，汇票完成49万元。2002年，合川邮政11个电子汇兑点全部实现计算机联

网，提高邮政汇兑时效。2005年，完成储蓄绿卡和电子汇兑"两网互通"工程，增强邮政服务功能。

2. 中间业务

1986—2022年，合川邮政代理业务逐步发展成为具有规模的中间业务，品种达20余种。截至2022年底，合川邮政中间业务交易金额累计达到21.93亿元。有代发养老金、代发工资、代收电信资费、代理保费、代理基金、代理国债等代缴代收代付等业务。

自2001年起，合川邮政利用邮政储蓄计算机网络资源，开办"代"字号中间业务。2007年，贯彻"突出增收益、追求扩规模、注重调结构"发展方针，中间业务收入同比增幅77.85%。2015年，合川邮政新增保费37201.84万元。2022年，其他中间业务收入（剔除利差、保险收入）1009万元。

3. 风控合规

自1986年恢复开办储蓄业务以来，合川邮政从安全防范意识、安全风险防控等方面，先后制定业务、资金安全等方面的管理制度和稽核检查办法防范风险。1988年，合川县邮电局检查各邮政金融机构双人临柜、现金安全管理、重要空白凭证管理以及营业柜台安全防范措施情况。健全系列风险防范制度，推进营业网点所主任、复核员、综合柜员及对应岗位责任形成业务层内控防线。由事后监督、储汇会计、出纳及对应岗位责任形成业务再监督、再检查内控防线。2017年，邮、银联合开展"员工行为管理巩固年"、金融网点飞行检查、"排雷行动"之"雷霆出击""两加强、两遏制"回头看整改、第5轮银行业金融机构安全评估检查等活动。2019年，推行代理金融合规"现场＋非现场"检查模式，建立问题责任清单。截至2022年底，合川邮政共开展15次代理金融风控"短板"整治专项排查风险隐患活动，累计治理数据达11万户，全年未发生重大金融风险事件。

（二）寄递业务

1988年，合川县邮电局开办邮政快件业务，主要包括快件汇款业务和物品型快件业务，其业务介于普通业务时限与特快业务时限之间。随着业务扩大和发展，自1998年，为理顺邮政业务种类之间的关系，加快邮件传递速度，邮电部决定自同年7月1日起，取消邮政快件业务。

1. 特快专递

1994年3月1日，合川市邮电局速递中心成立，开辟专线邮路，开办国内、国际特快专递业务。1994—1996年，特快专递逐年递增，分别为0.20万件、0.28万件、0.53万件。1997年7月1日，邮政独立运行后，业务窗口开始办理特快专递邮件收寄，同年，办理特快专递0.85万件。2000年，合川邮政特快专递业务量达到2.85万件。2005年，组建合川市邮政局速递中心，特快业务走上专业化经营轨道。同年，合川邮政加强与公安部门的合作，开

办车辆证照特快专递业务，增加同城业务收入。2010年，办理特快专递20.46万件。自2020年起，合川邮政拓展政务寄递项目服务范围和领域，与人民法院、公安户籍、辖区高校等开展合作，实现特快专递业务量70.95万件。

2. 快递包裹

2000年9月，合川市邮政局开办直递包裹业务。自2001年起，开办国内快递包裹业务。2007年，策划各大院校学生包裹等专营活动，包件业务收入同比增幅23.14%。自同年起，快递包裹收入逐年增长。2015年，合川邮政组建包裹揽投中心及揽投、营销队伍。同年，建成包裹揽投中心20个，签订协议客户20户，在合川区义乌商品批发市场成立包裹揽投中心。2016年，组建包裹快递业务公司，实施邮件转运、封发、投递"三合一"改革，通过网格化管理提高揽投时效，开发常规协议客户和规模协议客户。2017年12月，合川通过在淘宝、拼多多、折800等电商平台建立自有店铺销售土特产，实现快递包裹业务量大幅增长。同年，快递包裹业务总量同比增幅列全市第5位。2018—2022年，快递包裹业务持续增长，业务量分别达206.29万件、203.57万件、350.39万件、451.8万件、482.94万件。

3. 物流业务

2003年，合川邮政利用运输、仓储、配送等物流功能和业务信息，开办物流业务。2009年1月，组建速递物流分公司，转变运行模式。2010年以来，合川区邮政局围绕服务"三农"，细化农资、酒水、礼品、农产品分销市场。2016年"双十一"前，合川邮政成立"合川物流集散中心"，建立物流信息网。2017年，建成"仓储+物流+配送"农村电商物流配送体系。2022年，合川邮政物流业务实现收入244.41万元。

4. 国际业务

国际业务分为国际普通邮件业务、国际及港澳台邮政特快专递业务、国际商业渠道业务。1986年，合川县邮电局恢复开办国际函件业务。1994年3月1日，合川邮电局开办国际特快专递业务。2018年寄递事业部成立后，整合为新的国际业务板块，涵盖国际小包、国际E邮宝、国际EMS、国际包裹等。2019年，收寄国际邮件293件。2020年，合川区分公司通过中欧班列（渝新欧）为全国输运欧洲路向的跨境电商货物，收寄国际邮件845件。2022年，合川区分公司共收寄国际邮件133件。

（三）文传业务

1. 函件业务

1997年邮电分营前，函件业务以信函业务为主。1986年，合川邮政函件业务量为314.17万件。1997年，业务量为286.16万件。1999年，合川市邮政局先后开办商业信函、广告明信片、邮送广告等商函业务。2002年，推广邮资信封，同年，办理函件476万件。2007年，组织

重庆直辖十周年专用纪念邮资信封、攻关招生商函专项营销、开发账单类商函。同年，函件收入同比增幅32.11%。2008年，开发邮政贺卡项目，开发重庆邮政第一单定制型贺卡业务，定制型客户166个。2010年，营销重庆旅游年票册4043本。2011年，优化数据库商函和账单业务结构，商函收入同比增幅12.20%。2012年，合川邮政培育无名址函件市场，推进贺卡项目及数据库商函业务，同比增幅51.12%。2015年，发行《大美合川》定向邮品1000册。2016年，开展"3·15"消费者权益会展项目，通过对40家诚信单位招商，函件业务收入同比增幅9.09%。2019—2022年，合川邮政函件业务量分别为9.50万件、8.43万件、7.67万件、9.02万件。

2. 报刊业务

1986年后，部分报刊社开始自办发行，形成"邮发合一"与"自办发行"并存的局面。自1993年起，邮政推出代收代投报刊业务。自1996年起，实行报刊收投合一。自2000年起，对收订报刊给予奖励优惠政策。

2006年，合川邮政开展报刊补续订劳动竞赛，报刊发行收入180.57万元。自2007年起，合川邮政开始推进报刊日常收订、文化礼盒、第三方订阅。同年，完成一次性收订流转额目标。2009年，报刊收订实现业务收入229.62万元。2014年，增加收订台席和流动收订点，开发合川区委政法委、区教委、农商行等大客户资源，上门揽收校园、社区、单位、商圈报刊，报刊大收订流转额突破1000万元，达到1103.74万元。

自2017年起，开展"邮政惠民书展"，报刊专业实现市场开发由政务市场向商务、个人、数媒市场转型；产品经营由单一报刊产品向报刊市场、图书市场、媒体市场等文化创意产业拓展；营销方式由传统发行向项目营销、综合营销、精细化营销、互联网营销和零售平台运营转型升级3大转型。2017—2022年，合川邮政累计收订报刊5061.95万份，实现流转额1582万元。

3. 集邮业务

1989年，合川邮政正式开办集邮业务。1997年10月16日，重庆市集邮协会合川市集邮分会成立。1998年12月，合川邮政开办邮资（回音卡）明信片业务。1999年7月28日，发行普通、极限、贺卡三种类型的邮政贺年有奖明信片和"企业拜年卡"。2002年，推出邮票个性化服务，向社会提供纪念、祝贺、祝愿邮票。2002年12月20日，合川设市10周年纪念邮品《江城合川》面世。

2007年，合川邮政开发集邮营销项目7个，增加收入85万元。同年，集邮业务收入262万元。2011年，以建党九十周年庆祝活动定向邮品为重点，完成收入160.45万元。2012年，开发和营销"校园""旅游""新重庆建设"等重点项目，集邮收入305.06万元。2013年5月19日，重庆市人民政府、国家旅游局、中国邮政集团公司在

重庆举办 2013 年"中国旅游日"主会场活动，中国邮政发行的《中国古镇（一）》特种邮票 1 套 8 枚同日在重庆首发，该套邮票的第 2 枚邮票图案为重庆市合川涞滩镇，累计销售额达 618.89 万元。同年，合川邮政集邮收入完成 1253.09 万元。2016 年，合川区分公司获得"全国集邮协会先进集体"。2017 年 5 月 19 日，重庆邮政在北碚区重庆自然博物馆、合川人民广场和太和镇及马门溪龙挖掘地、永川人民广场、万盛黑山谷四地联动开展《中国恐龙》邮票首发活动。2022 年，文峰古街邮局正式开业。同年，合川邮政累计实现集邮业务收入 647.44 万元。

4. 中邮文创

2021 年，合川邮政开办中邮文创业务。同年，抓住冬奥会时机，销售文创"冰墩墩"系列产品 31.86 万元。

5. 普通包裹

合川邮政辖内 78 个网点全面开办普通包裹业务，该业务是邮政普遍服务 4 项业务之一。自 2017 起，普通包裹资费进一步简化，县及县以上城市单件重量不超过 20 千克、乡镇政府所在地单件重量不超过 5 千克的普通包裹提供按址投递服务。

1986 年，普通包裹收寄量达 4.97 万件，随着寄递业务的发展，普通包裹量逐年减少，2022 年，收寄量 6894 件。

（四）渠道业务

1. 增值业务

2010 年，合川邮政开办增值业务，培育邮政短信、代收费和机票销售等重点业务项目。2011 年，开发储蓄短信、机票、"自邮一族"等电子商务业务。累计完成"自邮一族"2163 户。2012—2020 年，增值业务保持稳定发展，2016 年，开展代收水电费和双税双代业务，转化非金融客户 2361 户，实现金融资产提升 5213 万元。2022 年，合川区分公司扩展全区代收税项目种类至 10 个，辖内共 58 个网点开办税务类增值业务、25 个网点开办警邮业务。

2. 分销业务

2006 年 1 月，合川邮政开办分销业务。2007 年，开发区域配送客户，重点组织开展"思乡月""中邮特贡红酒""奉节脐橙""烟草配送"等专项营销项目，建成邮政"三农"服务网点 105 个。2010 年，中秋月饼、脐橙项目、复合肥、日化产品等分销业务全年配送差价收入同比增长 217.71%。2013 年，跨年度农资分销，合川邮政共配送复合肥 618 吨，种子 9.5 吨，列年度全市第 1 位。2015 年，参与制订区政府电商发展规划，建成区级运营中心 1 个，农村电商服务站 62 个，覆盖率达到 18.4%；在合川馆上线销售茶叶、柠檬、萝卜等土特产，全年实现分销业务收入 1223.67 万元。建立仓储、代发区域物流产品，实现收入 267.22 万元；与盐业公司合作，累计销售食盐 1800 吨，销售额 600 余万元。2016—2018 年，分销业务分别实现收入 1503.04 万元、1603.14 万元、

1975.04 万元。

自 2019 年起，合川邮政顺应"乡村振兴"战略要求，通过全网、区域大单品，实现"引流"带动批销商品共同发展。打造"平台+站点+寄递"营销模式，"线上+线下"宣传模式，配套建成 2000 余平方米的仓储配送中心，为客户提供"仓储+包装+寄递+运输+投递"全流程物流配送服务，全年分销业务累计实现收入 343.36 万元。2020 年 9 月 22 日，中国邮政集团有限公司重庆市分公司与合川区人民政府签署战略合作框架协议，参与成渝地区双城经济圈建设，全年累计实现分销业务收入 614.35 万元。2022 年，分销业务实现收入 1280.61 万元。

3. 电信业务

1986—1997 年，电报、长途电话、市内电话、农村电话是合川邮电电信业务主体，合川有实线和载波电话 1080 路。1985 年，电报业务繁荣，常年在 8 万份以上。1987 年，增设市机组、长机组。1994 年 5 月 15 日，合川市邮电局引进加拿大北方电讯公司 DMS100/200 型 1 万门程控电话割接开通，合川市电话号码由 5 位升 6 位。同年 8 月 20 日，合川市第一个程控电话支局（云门支局）割接开通。1995 年 2 月 28 日，建成由 14 个 CS 端局组成的数字程控电话本地网，实现合川市范围内电话交换程控化，传输数字化和国际国内长途电话直拨，全市电话总容量达到 17040 门，出口长途电路达到 313 条，农话中继电路达 600 条。同年 4 月，设市话营销组。1996 年 10 月，成立移动通信营销组、移动通信维护班、126 寻呼台，合川市邮电局全年实现电信业务收入 1879.20 万元。邮电分营后，电报业务萎缩。1997 年，邮电分营。同年 8 月，撤销人工长话 113 台，合川长话进入重庆本地电话网，取消"08222"长途区号，启用重庆市新长途区号"023"。2002 年，合川邮政成立电信业务科，办理电子邮政业务，核心发展邮政电子商务。

三、邮政网络

（一）网络能力建设

1. 邮路

城市邮路 1986 年，合川有市内转趟、开箱邮路 2 条 11 公里，其中，摩托车市内转趟邮路 1 条 6 公里；自行车开箱邮路 1 条 5 公里，有城市投递段道 6 个。截至 2022 年底，合川有城市转趟、开箱邮路 1 条，长度 52 公里，城市投递段道 56 个。

农村邮路 1986 年，合川农村邮运路线 37 条，长度 749 公里，农村投递路线 158 条，长度 2988 公里。截至 2022 年底，合川农村邮运路线 12 条，长度 2168 公里，农村投递路线 65 条，长度 2275 公里。

2. 物流体系

自 2021 年起，围绕"县—乡—村"三级物流体系建设总体目标，合川邮政加快推动建设区级邮件处理暨仓

配中心、镇级邮件处理暨仓配转运站、村级综合便民服务点，推进农村地区投递汽车化，开展交邮合作、邮快合作。2022年，合川邮政实现快递进村业务量307万件，全区代收代投量达到285万件。截至2022年底，合川邮政区级邮件处理暨仓配中心建设项目成功立项，累计建成镇级邮件处理暨仓配转运站10个、村级综合便民服务站点30个，农村投递汽车化段道占比达到98.43%，邮快合作建制村覆盖率达到100%。

3. 作业场地

1986年，合川邮政有处理场地1个，总面积200平方米。1997年，邮电分营，区域内包裹快递处理场地逐步发展，有处理场地1个，总面积230平方米。截至2022年，有城市地区处理场地1个，总面积3000平方米，农村地区则与营业网点同址。

4. 设施设备

（1）邮政专用设备

1997年前，合川邮电生产设备较落后，营业室仅有桌椅板凳、算盘、日戳、台磅秤、邮筒等老旧设备及简易防盗报警装置。邮件内部处理场地大多是邮件分拣格眼和装包裹、材料用的木制柜，以及日常用的日戳、夹钳、邮袋报皮布、铅志、麻绳、邮包、自行车等物品。自1997年起，合川邮政逐年更新生产设备，以适应现代化邮政通信发展需要。2016年配备移动倾斜传输皮带机。截至2022年底，合川邮政共有计算机210台、业务终端260台、手持智能终端（PDA）80台、邮资机2台、邮件顶扫设备1台、收寄一体机2台、捆扎机2台、蓝牙电子秤2台、无线扫描枪1个、日戳223个。

（2）运输设备

1986年，合川县邮电局有北京212汽车1辆，东风三轮车1辆。1997年，有邮政汽车12辆。2007年，新增邮运车辆1辆。2017年，增配投递汽车4辆，电动三轮摩托车10辆，配备皮带机1台。截至2022年底，合川邮政共有流动服务车1辆，邮政区辖邮路车辆到达16辆，投递车辆22辆。

（二）网运生产作业

1. 邮件接发

（1）区内邮件接发

1986年，合川县邮电局全部进出口邮件由重庆—合川的区内邮路邮车转运，除盐井支局直投点邮件外，所有邮件在县局邮件处理场地统一接发。随着区内邮路调整，截至2022年底，合川进出口邮件由4条区内邮路转运，邮件进出口量达到4万件，均由邮件处理中心接发。

（2）县乡邮件接发

1986—1994年，合川县乡邮路邮件接发由县局与委办汽车邮路进行交接。自1994年10月起，结束委办汽车邮路历史，所有县乡邮件由县局与自办汽车邮路进行交接。

2. 邮件运输

对快递包裹、普服邮件、报刊等接发，每天由相应接发人员根据城区各段道及区乡各格口进行分拣处理，然后按规定频次进行发班及县辖邮路邮件发运封车处理。合川片区县辖邮路总里程2168公里，共计12条邮路，主要为汽车往返邮路，邮路运输为2.75吨厢式货车5辆和1吨厢式货车9辆，农村出口邮件利用12条县辖邮路转运至处理中心，由其发运合川同城频次及出口车辆至重庆出口。城区网点收寄邮件由城区转趱邮路进行转运至处理中心，城区各散户和协议客户交寄的邮件由城区各揽收人员进行转运至处理中心，然后统一交由处理中心接发人员进行接收处理发运相应的同城频次和出口车辆至重庆出口。

3. 邮件投递

（1）城市投递

1986年，合川邮政有投递段6个、投递员8名，一天投递一次。自2000年6月起，城市普通包裹投递到户。2022年，实行网格化管理，设网格5个，投递段56个、一天投递2次。同年，推进"邮快超市"建设，采取"上门投递＋自提服务"相结合的投递服务模式，推进营揽投一体化模式建设。

（2）农村投递

1986年，有农村投递人员80名，负责各镇乡的投递工作，投递频次分1天投递1次、2天投递1次、3天投递1次3种，直接投递面积占100%。1997年，有农村投递人员82名，直接投递面积达到100%。到2022年，所有建制村实行周三班投递。

（三）网运管理

1. 组织管理

（1）组织机构

1986年，合川邮电设封发邮运投递组负责邮件封发、抄、登、分拣及转运、投递任务。1997年，设置营业组、封发组、发行组、投递组、机要组、驾驶班，负责合川市内邮件运输、处理、投递。2003年1月，设立邮件处理中心。2018年后，原速递物流分公司揽投部和邮件处理中心合并为邮件处理中心，负责全区进出口邮件运营。

（2）生产作业管理

生产作业管理主要是对生产作业各流程的管理，合川邮政网运生产作业包括合川境内市趱邮路邮件接收、分拣、封发，区域内邮件到投递站点的转驳、运输、投递等。总体由营、分、运、投4大环节组成，每一环节包括各自系列工序。

2. 网运质量

1986—2022年，合川邮政网运管理逐渐精细化，管控指标由少至多，运营质量逐步提升。2022年，合川邮政收寄及时率98.42%，特快及时妥投率95.01%，快包及时妥投率 98.78%，特快次日递 97.67%，快包次日递 95.26%。

（四）服务网点

1. 网点设置

1986 年，合川县邮电局下设邮电自办支局所 16 个、代办所 48 个及代办点 7 个。截至 2004 年底，共有邮政

支局 14 个、邮政所 64 个。随着合川辖内行政区划改变及人民群众用邮需求变化，合川境内各邮政支局、所不断调整变化。截至 2022 年底，合川邮政辖内共有邮政网点 78 个，其中，邮政综合网点 70 个，纯邮政网点 8 个；城区网点 8 个，农村地区 70 个。

表 9–10–1–3

1986—2022 年合川邮政局所一览表

序号	局所名称	经营性质	经营属性	设置地点	备注
1	大石邮政支局	自营	农村	大石镇长安路 323 号	原名大石邮电支局
2	古楼邮政所	自营	农村	古楼镇渝南街 123、125 号	原名古楼场代办所
3	龙市邮政支局	自营	农村	龙市镇龙兴街 13、15 号	原名龙市邮电支局
4	燕窝邮政支局	自营	农村	燕窝镇交通街 72 号附 1 号	原名燕窝邮电支局
5	草街邮政所	自营	农村	草街街道办事处通江路 51 号附 10 号	原名草街邮电所
6	滩子邮政所	自营	农村	草街街道办事处玉龙路 30 号	原名滩子坎代办所
7	佛门邮政所	自营	农村	龙市镇佛门中街 14 号	原名佛门乡代办所
8	和顺花园邮政所	自营	城市	盐井街道和顺花园 B 区 3–1–8、3–1–9	原名沙溪庙代办所
9	狮滩邮政所	自营	农村	狮滩镇交通街 111 号	原名狮滩桥代办所
10	合隆邮政所	自营	农村	燕窝镇滨江路 137 号	原名兴隆场代办所
11	赤水邮政所	自营	农村	龙凤镇赤水幸福街 103、105、107 号	原名万寿场代办所
12	古城邮政所	自营	农村	龙市镇古城新街 57 号	原名古城乡代办所
13	龙凤邮政所	自营	农村	龙凤镇聚龙街 150 号	原名龙凤场代办所
14	飞龙邮政所	自营	农村	龙市镇九龙巷街 30、32、34、36 号	原名龙市镇代办所
15	渭溪邮政支局	自营	农村	双槐镇群力街 56 号	原名渭溪邮电支局
16	油桥邮政所	自营	农村	渭沱镇余家坝街 68、70、72、74 号	—
17	佛盐邮政所	自营	农村	太和镇佛盐桥亭子街	原名佛盐乡信柜
18	云龙邮政所	自营	农村	云门街道办事处中心街 67 号	原名云门镇代办所
19	凤山邮政所	自营	农村	三庙镇交通街道 25 号附 2 号	—
20	香龙邮政所	自营	农村	香龙镇文化支路 26 号	—
21	码头邮政所	自营	农村	龙市镇码头上街 90、92、94 号	原名码头溪代办所
22	双凤邮政所	自营	农村	双凤镇前进街 250 号	原名双凤场代办所
23	孙家邮政所	自营	农村	龙市镇孙家街 201 号	原名孙家场代办所
24	杨柳坝邮政所	自营	农村	清平镇杨柳坝正街 339、341 号	—
25	土场邮政所	自营	农村	土场镇嘉福街 11、13、15、17 号	—
26	方碑邮政所	自营	农村	官渡镇龙溪街 16 号	—
27	黄土邮政所	自营	农村	双槐镇双桂街 114 号	—
28	三庙邮政支局	自营	农村	三庙镇西环街 71、73 号	原名三庙邮电支局
29	柳坪邮政所	自营	农村	草街街道育才城行知路 167、169、173、175 号	原名华川邮电所
30	福寿邮政所	自营	农村	官渡镇福龙街 24、26、28、30 号	原名福寿场信柜
31	义乌邮政支局	自营	城市	合阳城街道办事处合阳大道 553、555、557 号	—
32	金子邮政所	自营	农村	钱塘镇金钱路 180、182 号	原名金子沱代办所
33	涞滩邮政所	自营	农村	涞滩镇涞兴街 29 号	原名涞滩场代办所
34	渠嘉邮政所	自营	农村	云门办事处阳彪村五社 94 号	原名渠河嘴代办所
35	正觉邮政所	自营	农村	涞滩镇正觉中街 212、214、216 号	—
36	官渡邮政支局	自营	农村	官渡镇官兴街 265 号	原名官渡邮电支局

序号	局所名称	经营性质	经营属性	设置地点	备注
37	利泽邮政所	自营	农村	大石街道办事处利泽老街 159 号	原名利泽邮电所
38	铜溪邮政支局	自营	农村	铜溪镇清溪路 35 号	原名铜溪邮电支局
39	化澄邮政所	自营	农村	渭沱镇化澄街 215、217、219 号	—
40	九岭邮政所	自营	农村	铜溪镇袁家桥街 89 号	—
41	隆兴邮政所	自营	农村	隆兴镇天佑街 17、19 号	原名隆兴场代办所
42	内口邮政所	自营	农村	大石街道办事处长安路 121、123、125、127 号	—
43	木莲邮政所	自营	农村	钓鱼城街道办事处公园路 4 号附 5、6、7 号	原名木莲乡信柜
44	渭沱邮政所	自营	农村	钱塘镇兴旺街 81、83 号	原名渭沱邮电所
45	龙井邮政所	自营	农村	隆兴镇永兴街 74 号	原名永兴场信柜
46	小河邮政所	自营	农村	太和镇小河街 3 号	—
47	小沔邮政支局	自营	农村	小沔镇行政街 5 号	原名小沔邮电所
48	云门邮政支局	自营	农村	云门街道办事处云龙街 152、154、156 号	原名云门邮电支局
49	公园路邮政所	自营	城市	钓鱼城街道办事处公园路 4 号附 5、6、7 号	—
50	交通街邮政所	自营	城市	合师路 88、90 号	—
51	紫荆路邮政所	自营	城市	南津街街道办事处紫荆路 410、412、414 号	—
52	盐井邮政支局	自营	农村	盐井街道办事处纤藤街 124 号	原名盐井邮电所
53	义乌大道邮政所	自营	城市	合阳办义乌大道 320 号附 18—20 号 336、338、340、342 号	—
54	清平邮政支局	自营	农村	清平镇清正街 493 号	原名清平邮电支局
55	炉山邮政所	自营	农村	燕窝镇炉山场镇民营街 1 号附 6、7、8、9、10 号	—
56	沙鱼邮政所	自营	农村	沙鱼镇竹市街 24—26 号	—
57	二郎邮政所	自营	农村	二郎镇郎兴街 69、71、73、75 号	原名二郎邮电所
58	尖山邮政所	自营	农村	尖山镇双峰街 89—91 号	原名尖山场代办所
59	会龙邮政所	自营	农村	钱塘镇会龙新农村 1 期 1 幢 1—5 号	原名会龙乡代办所
60	泥溪邮政所	自营	农村	钱塘镇泥溪益民街	原名泥溪场信柜
61	三汇邮政支局	自营	农村	三汇镇汇兴西路 27 号	原名三汇坝邮电所
62	钱塘邮政支局	自营	农村	钱塘镇发兴街 260 号	原名钱塘邮电支局
63	发兴邮政所	自营	农村	钱塘镇兴旺街 81、83 号	原名钱塘镇代办所
64	太和邮政支局	自营	农村	太和镇和佛路 16、18 号	原名大河坝邮电所
65	沙金邮政所	自营	农村	太和镇阳光街	—
66	宝华邮政所	自营	农村	涞滩镇宝华金榕街 22 号	—
67	蒲溪邮政所	自营	农村	云门街道林庵村一组 87 号	原名卜溪场代办所
68	喻家邮政所	自营	农村	双凤镇喻家场口	—
69	响水邮政所	自营	农村	三汇镇长胜村水井湾社区	—
70	南园路邮政支局	自营	城市	南津街街道办事处振兴路 159 号	原名南津街邮电所
71	张桥邮政所	自营	农村	南津街街道张桥葛根街 107 号	原名张家桥代办所
72	天星邮政所	自营	农村	云门街道天星天云路 214 号	原名天星桥代办所
73	高龙邮政所	自营	农村	云门街道高龙新街 174—176 号	—
74	肖家邮政所	自营	农村	肖家镇万乐街 22 号	原名肖家场代办所
75	七间邮政所	自营	农村	三庙镇七间燃灯街 3—7 号	原名七间桥代办所
76	塔耳门邮政支局	自营	城市	钓鱼城街道苏家街 9 号	—
77	五尊邮政所	自营	农村	合阳城街道五尊塘路 168 号	原名五尊乡代办所
78	思居邮政所	自营	农村	钓鱼城街道思居新街 36 栋 100 号	原名思居乡代办所

2. 社会加盟站点

自 2009 年起，合川邮政开展村邮站建设，截至 2019 年底，共建成 132 个村邮站。自 2013 年起，开展邮乐购站点建设，截至 2022 年，共建成 470 个。自 2021 年起，合川邮政依托邮政村邮站、邮乐购站点、农村商超等，实施邮政综合便民服务站建设。截至 2022 年底，合川邮政累计在农村地区建设邮政综合便民服务站点 30 个，当地老百姓可在站点办理水电费缴纳、购买农产品、购入日常用品等。2020 年，城区邮快超市建设启动，提升末端投递能力，截至 2022 年末，建成运行城区邮快超市 48 个。

四、邮政管理

（一）财务管理

1997 年，合川邮电分营，邮政与电信核算分离。2003 年 3 月，片区邮政局成立后，组建和完善职能管理机构，改设计划财务部。2003 年 4 月起，实施财务"收支两条线"管理模式。2007 年 12 月，邮政与邮储银行账务分离。2008 年运用用友财务管理系统（NC），实现单独核算和收支差额管理。2009 年 6 月，邮速分营，邮政财务核算与速递财务核算分离。2016 年 1 月，使用 ERP 财务信息系统进行核算管理。2016 年 4 月，合川财务核算上收至市分公司核算中心，由独立会计核算转为市分公司会计中心集中核算。2018 年 9 月，寄递事业部成立。2018 年 10 月，按邮务账、邮政账、速递公司速递账分账套核算管理，按邮政公司、寄递事业部口径分别提供财务指标，汇总考核。2022 年 5 月，业财一体化平台切换上线，合川邮政财务核算逐步从 ERP 系统转接至业财一体化系统。

（二）人力资源管理

1. 队伍建设

1986 年，合川邮政共有从业人员 321 人，1997 年邮电分营时，有从业人员 217 人。2000 年，有从业人员 195 人。2005 年，从业人员 175 人。截至 2022 年底，合川邮政共有从业人员 391 人。

自 2007 年起，合川邮政通过竞争上岗、公开竞聘、择优录取等方式加强人才队伍建设。截至 2022 年底，合川邮政共有理财经理 70 人，内训师 16 人。

2. 教育培训

2000—2010 年，合川邮政通过实施学历津贴制和学历教育奖励制，通过自培、送培等形式组织开展各类培训，提升员工业务水平、综合素质。截至 2015 年底，合川邮政持保险资格证 298 人；银行从业资格证 46 人；从业人员持证上岗率 90%；大专以上学历占比 78.51%。2017 年，员工储汇技能持证率达到 95%，代理金融从业人员资格储汇技能持证率达 100%，取得大专及以上学历 373 人。截至 2022 年底，员工队伍储汇技能持证率达 100%，高技能人才持证人数占比 42.82%。

3. 薪酬管理

1989 年，合川县邮电局实行分级管理，将原"基础工资"套改为档案工资、行业工资、企业工资。自 1993 年 7 月 1 日起，实行岗位技能工资。2004 年，将月奖金考核改为月绩效考核，初步建立与劳动力市场价格相适应的分配机制。2006 年，合川邮政印发《合川区邮政局邮政支局所承包经营管理办法》和《合川区邮政局农村营业所工效挂钩考核办法》。2006 年，实行以岗定薪，易岗易薪，岗变薪变制度。2012 年，合川邮政制订年度绩效考核办法、季度绩效考核办法、月绩效分配考核办法、网点业务酬金分配方案、城内金融网点代理人员工作职责及酬金绩效分配办法等。2016 年，修改完善薪酬体系、绩效考评办法等。2017 年，制定《中邮合川片区分公司绩效管理办法》，将绩效结果运用于薪酬分配。2018 年，制订员工年度绩效考评方案等制度，完成员工基本工资和津贴补贴调整及易岗易薪等工作。2020 年，制定《中邮合川片区分公司员工评价实施办法》《中邮合川片区分公司寄递事业部薪酬管理办法》，调整优化内部分配方案。

2021—2022 年，合川邮政基层生产单位薪酬分配与经营效益挂钩，建立"战略绩效＋经营业绩"考核评价机制。

（三）服务质量管理

1. 营业服务

20 世纪 80 年代，合川邮政开展创建"巾帼示范岗""创星级窗口""讲文明，树邮政新风"等活动，履行邮政服务承诺制，端正行业风气。

自 1995 年起，根据四川省邮电管理局"加快发展，深化改革、落实管理、改善服务"的方针和"八不准"规范要求，合川市邮电局制定服务标准化管理制度，所辖邮政支局所达到服务合格标准。

2002 年 9 月 10 日，印发《合川市邮政局礼仪服务规范》，同时，实施服务形象工程。自 2006 年以来，按照农村邮政局所管理达标标准、条件、内容规范服务质量管理。2010 年以来，制定《中邮合川片区分公司邮政普遍服务达标实施方案》和《中邮合川片区分公司三年服务质量提升工程实施方案》。

2021 年后，合川邮政推进"客户体验三年提升工程"，建设窗口服务体验示范网点，打造市级窗口服务示范点，以标杆带动窗口服务优化提升。制订《中邮合川片区 2021 年"二十四节气"综合客户权益打造实施方案》，建立完善分等分级客户权益体系。2010、2018、2020 年度，合川邮政分别被集团公司评为"全国邮政用户满意企业"。

2. 普遍服务与特殊服务

合川共有行政乡镇 23 个，行政建制村 322 个。截至 2022 年底，邮政设置并能提供普遍服务的邮政普服营业场所 78 个，其中：城市自办 8 个，农村网点 70 个。建制乡镇邮政局所建设率达到并超过了100%。合川邮政辖内所有网点均可办理普遍服务4项基本业务及义务兵平常信函、盲人读物、烈士遗物免费寄递等特殊服务业务。

1957年，合川邮政开办机要业务，主要负责传递《邮政机要通信寄递范围》所列党政军机关及国民经济各部门相互之间寄发的国家秘密载体。2019年12月，合川区辖内所有机要文件由专线、专车负责。截至2022年底，合川邮政实现机要通信41年质量全红，未发生机要件丢失、泄密、损毁等通信事故和重大交通安全责任事故。

3. 监督检查

自2000年起，合川邮政开展城乡支局（班组）和专业业务管理达标工作，严格进行邮件时限、规格和各项工种规范运行的稽核检查。2010年后，按照市公司监管规定，建立健全《邮政行业安全管理台账》，开展每日巡查，每月安全培训。2018年，开展"开箱不及时""日戳加盖不规范""对用户盖戳要求不回复"等突出问题监督检查。2022年，对所辖支局所开展普遍服务大检查，及时整改查出的问题。

（四）安全管理

1986—2022年，合川邮政通过定期开展安全演练、制订出台各项安全管理政策及应急预案以及更新升级各类安保设施设备等方式不断强化安全管理。自2000年起，修订完善各类安全应急预案等，建立要害部门档案。成立安全检查小组，开展各项安全检查活动。2007年，陆续安装监控设备，新增和改造各类网络监控设施和"110"联网报警设备，保障监控设施稳定运行。2018年，邮政代理金融网点异地值守全面上线，由远程监控中心值班守护人员通过视频监控、报警系统等安防设备和技术措施，有效防范资金风险，提升营业网点服务能力水平。2020—2022年，合川邮政全面落实政府和市分公司疫情防控、安全生产管理要求，未发生重大及以上安全责任事故。

（五）党群管理

1. 党组织

1997年11月，设立合川市邮政局党委和纪委，并设立局机关、邮政通信生产、退休职工3个党支部。截至2022年底，党委下辖党支部3个、党小组8个，党员总数106人。

党组织主要工作是抓好基层组织变更、换届及党费收缴和基层党的建设，先进典型示范教育及典型培育选树、党内创优争先活动，落实党建述职评议、党员民主评议、民主生活会、"三会一课"等制度。1997—2022年，合川邮政党委按照中央统一部署，先后组织开展领导干部"三讲"教育、保持共产党员先进性教育、学习实践科学发展观活动、创先争优活动、党的群众路线教育实践、"三严三实"专题教育、"两学一做"学习教育、"不忘初心、牢记使命"和党史学习教育等一系列党内集中主题教育活动。

2. 工会

1984年前，合川县邮电局局工会主席由一名副局长兼任，副主席由一名工会委员兼任，工会委员由会员大会选举产生。委员均由生产人员、管理人员兼任。

自1984年起，上级规定设专职工会主席，副主席和其余委员由选举产生的委员兼任。1986—2021年，先后进行5届换届选举。截至2022年，合川邮政有工会会员386人。职工小家71个。

1987—2021年，合川县邮电局、合川市邮政局工会先后获得"全国邮电模范职工之家"和"重庆市模范职工之家"称号。2022年，太和支局职工小家被评为"全国邮政模范职工小家"。

3. 团组织

1998年7月2日，共青团合川市邮政局第一届支部委员会成立。2021年2月，成立合川片区分公司团委，截至2022年底，设置共青团合川片区分公司第一、第二、第三、第四支部委员会，共有团员82人。

2005年，塔耳门邮政支局成功创建为"全国青年文明号集体"。

第二节　铜梁邮政机构

一、机构沿革

（一）机构演变

1. 计划单列时期

1986年，铜梁县邮电局隶属重庆市邮电局。

1992年3月，重庆市邮电管理体制调整，重庆市邮电局撤销，铜梁县邮电局划归重庆市电信局管理。

2. 邮电分营时期

1997年，邮政、电信分营试点，原重庆市电信局管理的铜梁县邮电局的邮政业务全部划归重庆市邮政局管理。同年4月，国家邮电部撤销重庆市邮政局，成立重庆市邮政管理局。同年7月，铜梁县邮政局成立，隶属重庆市邮政管理局管理。

2003年2月，重庆市邮政企业经营管理体制改革，组建合川片区邮政局，重庆市铜梁县邮政局划归合川片区邮政局管理。

3. 政企分开时期

2007年9月，"铜梁县邮政局"更名为"重庆市邮政公司铜梁县邮政局"。同年12月，中国邮政储蓄银行铜梁县支行挂牌成立，铜梁邮政受邮储银行铜梁支行委托开办代理金融业务。

2009年1月，重庆市邮政速递物流公司铜梁县分公司成立，速递物流开始一体化专业经营。2010年6月，"重庆市邮政速递物流公司铜梁县分公司"更名为"重庆市邮政速递物流有限公司铜梁县分公司"。

2014年6月，重庆邮政速递物流组织机构改革，原"重庆市邮政速递物流有限公司铜梁县分公司"改设为"重庆市邮政速递物流有限公司铜梁县营业部"（营业执照名称仍为"重庆市邮政速递物流有限公司铜梁县分公司"），由重庆市邮政速递物流有限公司新组建的北碚片区分公司管理。同年9月25日，因行政区划调整，铜梁撤县设区，"重庆市邮政公司铜梁县邮政局"更名为"重庆市邮政公司铜梁区邮政局"。2015年2月，"重庆市邮政速递物流有限公司铜梁县营业部"更名为"重庆市邮政速递物流有限公司铜梁区营业部"。

2015年4月，根据集团公司法人体制改革要求，"重庆市邮政公司铜梁区邮政局"更名为"中国邮政集团公司重庆市铜梁区分公司"。同月，"重庆市邮政速递物流有限

公司铜梁区分公司"更名为"中国邮政速递物流股份有限公司重庆市铜梁区分公司"。

2017年，根据市分公司机构编制方案，设立中国邮政集团公司重庆市铜梁区分公司，调整优化机构设置、部门职能等。

2018年9月，寄递改革，组建铜梁区寄递事业部（保留"中国邮政速递物流股份有限公司重庆市铜梁区分公司"牌子）。

2020年1月，"中国邮政集团公司重庆市铜梁区分公司"更名为"中国邮政集团有限公司重庆市铜梁区分公司"。

截至2022年底，中国邮政集团有限公司重庆市铜梁区分公司内设综合办公室（安全保卫部）、市场营销部、金融业务部、集邮与文化传媒部、渠道平台部。

（二）主要领导

表 9-10-2-1

1986—2022 年铜梁邮政主要领导人员名录

单位名称	姓名	职务	任职时间
铜梁县邮电局	李忠禄	局长	1986.1—1990.4
	唐国金	党总支书记	1986.1—1990.4
	李忠禄	党组书记、局长	1990.4—1994.12
	李忠禄	党组书记	1994.12—1995.3
	魏勇强	局长	1995.1—1997.7
	刘仟友	党总支书记	1995.3—1996.4
	刘仟友	党委书记	1996.5—1997.7
铜梁县邮政局	刘仟友	党委书记、负责人	1997.7—1997.9
	刘仟友	党委书记、局长	1997.10—2003.2（党委书记）1997.9—2003.2（局长）
	王宏	党委书记、局长	2003.2—2007.3
	吴建忠	党委书记、局长	2007.3—2007.8
重庆市邮政公司铜梁县邮政局	吴建忠	党委书记、局长	2007.8—2014.9
重庆市邮政公司铜梁区邮政局	吴建忠	党委书记、局长	2014.9—2015.6
中国邮政集团公司重庆市铜梁区分公司	吴建忠	党委书记、总经理	2015.6—2016.9
	丁勇	党委书记、总经理	2016.9—2018.11
	李磊	临时负责人	2018.11—2019.11
	付克开	党委书记、总经理	2019.11—2020.1
中国邮政集团有限公司重庆市铜梁区分公司	付克开	党委书记、总经理	2020.1—

二、邮政业务

1986—1996年，铜梁县邮电局主要经营函件、包裹、报刊发行、汇兑、机要通信、集邮、邮政储蓄等邮政业

务和市话、农话、电报、长途电话和寻呼机等电信业务。1997—2014年，铜梁邮政主要经营邮政金融、函件、包裹、汇兑、报刊发行、机要通信、集邮等业务。2015年，

各类业务逐渐整合为金融、寄递、集邮与文化传媒、渠道平台4大板块业务。此业务分类沿用至2022年，未发生变化。

（一）金融业务

1. 储蓄汇兑

储蓄业务　1986年9月29日，铜梁邮政恢复开办储蓄业务，只开办定期存款、活期存款两项存款业务。1988年3月，开办定活两便存款业务。自同年8月起，开办邮政汇款转邮政储蓄业务。同年9月，开办城乡居民长期保值储蓄存款业务。1989年3月，开办零存整取有奖储蓄业务。1993年10月，开办定期大额存款业务。1997年期末储蓄存款余额突破亿元。2003年，储蓄业务收入突破千万元。2007年12月，中国邮政储蓄银行重庆铜梁支行成立，铜梁邮政开始代理经营邮储银行储蓄业务。2018年，铜梁邮政金融业务收入突破亿元，期末储蓄存款余额达到69.85亿元。2022年，铜梁区共有邮政储蓄营业网点40个，新增储蓄存款余额8.4亿元，期末储蓄存款余额达92亿元。

汇兑业务　1988年前，汇兑业务主要是普通汇兑和电报汇兑。1988年5月，铜梁县邮电局开办快件汇款业务，同年，出口汇票5.74万笔、进口汇票19.37万笔。1991年2月，开办国内入账汇款业务。1992年7月，开办国际汇兑业务。1998年6月，开办电子汇兑业务。2003年11月，开办礼仪汇款业务。2005年7月，开办国内账户汇款业务，同年，出口汇票3.98万笔、进口汇票24.7万笔。随着时代进步和社会发展，汇兑业务市场份额逐步减小。2022年，汇兑业务持续萎缩，全年汇兑业务收入仅0.7万元。

截至2022年底，铜梁邮政共有自助设备存取款机66台、智能柜员机40台、邮务类终端52台、储蓄生产终端140台、A类点钞机96台、清分机40台、针式打印机52台、存折打印机115台、叫号机36台、计算机105台。

表 9-10-2-2

1986—2022年铜梁邮政部分年份期末储蓄存款余额统计表

单位：万元

年份	期末储蓄存款余额	年份	期末储蓄存款余额
1986	18.43	2010	200280
1990	510.06	2015	449083
1995	7208	2020	754867
2000	18439	2021	836200
2005	76300	2022	919991

2. 中间业务

1998年9月，铜梁县邮政局开办代收代发养老保险

金业务。2000年，代收代发养老保险金客户达到5396户，同年，发放养老保险金2026.8万元。2001年6月，开办代理保险业务。2003年，代理保险保费突破千万元。2004年3月，铜梁邮政开始代理财政部、中国人民银行发行、销售、兑付凭证式国债业务。截至2022年底，铜梁邮政全年新增保费19298万元，新增月日均理财保有量9601万元，新增高效基金销售2171万元；销售国债4142.87万元，新增收单商户3784户、社保卡2.27万张；代发养老保险客户达到4.12万户，代发养老保险金8365.86万元；累计结存快捷支付18.86万户、手机银行21.36万户。

3. 风控合规

1989—2007年，主要通过稽核管理对储蓄业务开展稽查和事后监督。2007年，邮储银行铜梁支行成立后，邮政金融业务实行"自营＋代理"运营模式，邮银双方协同开展风控合规管理。2010年，配备风险合规管理人员1人。2015年，合规检查人员实行片区派驻制，按季度对网点全覆盖开展日常监督检查。2017年，根据市分公司机构编制调整安排，设置合规监督管理人员1人，负责风险合规、内控管理，组织专项排查。2022年10月26日，铜梁邮政党委听取"雷霆行动"检查问题汇报、员工问责报告，开启党委会研究合规工作，并形成常态化制度。2022年12月，调整风险合规管理人员，进一步提升风险管控能力。

（二）寄递业务

1. 特快专递

1994年12月21日，铜梁县邮电局速递中心成立，开办特快专递业务。1995年，铜梁邮政各支局、所正式开办特快专递代办业务。1997年，业务种类扩大到各种单证照寄递、大中专录取通知书寄递、航空货运、特惠箱等领域。2015年，特快专递业务改名为标准快递。2020年，铜梁邮政助力新冠疫情期间"停课不停学"，为全区中小学校配送教材8.29万件。

表 9-10-2-3

2004—2022年铜梁邮政特快专递业务量统计表

单位：万件

年份	业务量	年份	业务量	年份	业务量
2004	3.47	2011	6.71	2018	3.12
2005	2.66	2012	8.39	2019	12.96
2006	2.93	2013	7.56	2020	26.48
2007	4.02	2014	7.79	2021	26.39
2008	4.62	2015	7.13	2022	61.16
2009	15.16	2016	7.13	—	
2010	5.96	2017	3.16		

2. 快递包裹

自 2001 年 8 月 1 日起，铜梁邮政开办快递包裹业务。2015 年 6 月，成立包裹中心，全年收寄量为 1.48 万件。2017 年，成立包裹快递部，揽收量为 65.66 万件。2018 年 9 月，组建铜梁区寄递事业部，奋力拓展快递包裹市场。通过深挖本地电商市场，全面优化内部流程，提升揽收服务质量，精准服务当地电商市场。自 2016 年起，与钟虎、珍爱湿巾等头部电商大客户签订合作协议，快递包裹业务量逐年提升。2016 年实现快递包裹业务量 19.56 万件；2018 年 130.83 万件；2022 年 293.55 万件，年平均业务量增幅达 230%，快递包裹业务实现快速提升。

表 9-10-2-4

2009—2022 年铜梁邮政快递包裹业务量统计表

单位：万件

年份	业务量	年份	业务量	年份	业务量
2009	1.66	2014	1.49	2019	155.66
2010	1.52	2015	1.68	2020	455.81
2011	1.45	2016	1.68	2021	279.76
2012	1.34	2017	1.23	2022	293.55
2013	1.52	2018	1.47	—	

3. 物流业务

铜梁邮政开办的物流业务主要有同城（区域）配送、一体化物流、货运代理、合同物流 4 大类。2009 年，铜梁邮政实现物流业务量 156 吨。2018 年，寄递改革，组建铜梁区寄递事业部，全年物流业务量达 229 吨。2022 年，铜梁区分公司以"快递＋物流"产业链服务体系为切入点，深入园区市场拓展物流业务，实现物流业务量 4381 吨。

4. 国际业务

国际业务分为国际普通邮件业务、国际及港澳台邮政特快专递业务、国际商业代理渠道业务。1989 年 7 月，正式实行国际及港澳台函件标准化，使用符合标准的国际信封寄递。1996—2018 年，铜梁邮政国际业务发展主要依靠邮政窗口揽收个人客户国际快递。2018 年，寄递事业部组建后，国际业务板块整合为涵盖国际小包、国际 E 邮宝、国际 EMS、国际包裹、国际货代业务等新的国际业务。2019 年，铜梁邮政寄递事业部成功拓展国际货代业务，并持续运营至 2021 年。2021 年底，铜梁邮政国际货代业务处于停止发展状态。截至 2022 年底，铜梁邮政国际业务发展仅依靠窗口揽收个人国际快递。

（三）文传业务

1. 函件业务

传统函件业务包括信函、明信片、印刷品、盲人读物、邮送广告、义务兵免费邮件等，经过转型创新，函件业务逐渐发展成互联网媒体、线下媒体、封片、商函、账单 5 大类重点业务。

自 2006 年起，铜梁邮政每年开展母亲节中小学生书信活动，截至 2022 年底，共开展 17 届母亲节书信活动，参与学生累计超 100 万人次，形成铜梁邮政函件业务一大品牌项目。2022 年，铜梁区分公司承接铜梁区委宣传部文艺演出送基层活动 28 场、区教师进修校送教下乡活动 56 场，开发铜梁区西河镇、高楼镇等"一镇一主题"节会活动等会展业务，打开承办节会、展会业务突破口。

2. 报刊业务

1986 年，铜梁县邮电局组建发行站开始上门收订报刊，全年实现报刊业务流转额 54.02 万元。1990 年，报刊业务流转额 71.32 万元。1995 年，实现报刊业务流转额 171.24 万元。自 1996 年起，实行报刊收投合一。1997 年 7 月，报刊发投公司成立，提供邮局窗口订阅、上门收订、委托代办发行站收订和电话预定、集订分送、同城互订、异地订阅、网上订阅以及报刊亭营销等服务。

2000 年，铜梁邮政报刊业务流转额 503.71 万元。同年，铜梁邮政设立报刊零售亭 3 个，2014 年，增加至 5 个，截至 2022 年底，铜梁邮政有正常运行的邮政报刊零售亭 4 个。

2006 年 7 月，铜梁县地方党报《铜梁日报》交邮政发行，周三报，期发 10500 份；2013 年 1 月增量发行，周五报，期发 20000 份；2019 年 1 月更名为《铜梁报》，周三报，期发 20000 份，并延续至 2022 年。

2008—2022 年，铜梁邮政连续 15 年开展"书香满铜梁·全民爱阅读"图书展销活动。截至 2022 年，铜梁邮政实现报刊业务流转额 1171.66 万元。

图 9-10-2-1 2021 年 5 月，铜梁邮政举办的全民阅读活动现场

3. 集邮业务

1992 年 10 月 9 日，铜梁县集邮协会成立。2016 年

10月14日，"铜梁县集邮协会"更名为"重庆市铜梁区集邮协会"。2000年，铜梁邮政以"重庆·首届中国铜梁龙灯艺术节"为契机，先后制作《铜梁龙》《龙之魂》等纪念邮册6190册及龙灯艺术节纪念封、戳等，全年销售集邮票品84.08万件。2003年9月25至26日，铜梁邮政承办重庆市第三届极限集邮展，展出作品60框，有24名作者参展。2007年4月13日，中国、印度尼西亚两国联合发行的特种邮票《舞龙舞狮》首发式在铜梁县金龙体育馆和印度尼西亚雅加达同步举行，这是重庆市首次承办中外联合发行邮票首发活动。2017年，全年销售集邮票品4.62万件。2022年，铜梁邮政全年销售集邮票品5.31万件。

4. 中邮文创

为开拓传统业务新增长点，推进业务转型发展，自20021年起，铜梁邮政开始发展中邮文创业务，以集邮、函件、报刊、含邮政元素的周边产品等销售型、定制型产品为主，当年实现收入7.09万元，业务量198件。

2022年，铜梁邮政通过抢抓时点、节点，结合"线上＋线下"的营销模式，重点做好福利市场、散户客群的宣传营销，全年销售中邮文创产品1.08万件。

5. 普通包裹

1980年7月，铜梁邮政营业网点开办普通包裹寄递业务，经营范围主要有窗口包裹、军营包裹、校园包裹、家乡包裹、爱心包裹、母亲邮包等。2022年，铜梁邮政共收寄普通包裹5667件。

（四）渠道业务

1. 增值业务

2000年，铜梁邮政开始代办联通放号业务。2003年，开办代缴水、电、气、电话费等代收代扣业务。2005年，开办火车票订送业务。2008年，承接代收农电费业务。2011年，开发龙泽水务公司代收费业务，开办航空客票代办业务。2012年，为重庆银行提供押运寄库服务。2013年，大庙、平滩邮政支局开始代售火车票。2015年，开办车险业务。2017年，开办简易险、代征税业务；同年为哈尔滨银行提供押运寄库服务。2019年，为三峡银行提供押运寄库服务。2021年，开通警邮服务、交管服务、政务服务业务。全年代收电力及电信缴费3207笔、交易额48.21万元；办理警邮业务交易量441笔；办理车险业务1189笔、保费224万元；简易险2070笔、保费87万元；办理双税双代业务3.63万张、开票金额3.75亿元。2022年，铜梁邮政代收电力及电信缴费5197笔、交易额57.44万元；办理警邮业务交易量466笔；办理车险业务2281笔、保费437万元；简易险3783笔、保费151万元；办理双税双代业务3.78万张、开票金额2.52亿元。

2. 分销业务

2007年，铜梁邮政开办代销肥料、农药业务。2010

年，铜梁邮政与四川华夏酒业有限公司达成协议，引进"华夏春"酒，成为其在重庆地区的总经销。2015年，建成邮乐网"铜梁馆"。

2007—2018年，铜梁邮政与铜梁县烟草公司签订烟草物流配送战略合作协议，开办烟草配送业务，年均配送量达2100吨。自2017年起，铜梁邮政开始代售烟草，截至2022年底，代售量累计达2050.16万元。

2018年，开通邮乐小店7138户。2020年，铜梁区分公司与铜梁区农委签订《互联网＋农产品出村进城协议》。2021年，与铜梁区农委、区交通局、区商务委签订《服务乡村振兴战略协议》。2021年8月9日，铜梁区分公司与"西部乡村振兴产品交易网"签订战略合作协议，成为"西部乡村振兴产品交易网"开放平台铜梁区域的独家乡村振兴帮扶合伙人。2022年，铜梁邮政联合农资公司，入围铜梁区2022测土配方施肥合作企业，进入政府采购范围。同年1月，邮政农险农资套餐由区农委主导宣传推广。

3. 电信业务

邮电合营时期，铜梁县邮电局开办的电信业务主要有电报、长途电话、市内电话、农村电话。1985年12月底，铜梁县邮电局共有人工电路11条，其中铜梁—重庆3条，铜梁—璧山2条，铜梁—合川、荣昌、大足各1条，铜梁—永川3条，全为载波电路。1986—1992年，电报业务发展趋势较好。1992年5月1日，铜梁县邮电局国内长途直拨电话正式开通。1993年1月17日，铜梁县邮电局数字、汉字兼容无线寻呼系统开通运行。1993年7月28日，铜梁县—重庆数字微波电路30条割接开通，除担负铜梁—重庆微波发送外，还担负着潼南、合川、璧山与重庆间微波电路的转接。1994年6月12日，铜梁县7000门数字程控电话开通。自1994年起，电报业务逐年减少。1995年7月28日，铜梁县以县邮电局为中心，辐射9个农村端局的数字程控电话本地网工程全面完成。同年，全县33个镇（乡）实现了电话交换程控化，传输数字化和国内国际长途电话直拨，总装机容量达11700门。1997年，邮电分营，电信业务移交铜梁县电信局经营管理；同年8月9日，铜梁电话升8位，改长途区号进入重庆大网营运。2001年逐步取消电报业务。

三、邮政网络

（一）网络能力建设

1. 邮路

（1）区内邮路

1986年，铜梁区内邮路1条，即邮车朝发重庆，到达铜梁，当日返回重庆，每日1班。自1995年6月起，调整为邮路2条，即重庆—铜梁—潼南邮路，同时开通铜梁—潼南—邮亭间的特快专递专线。1996年4月—2000年6月，改为重庆—铜梁—潼南市趟邮路，为逐日班，单程长度 90 公里，当日往返。2018 年 9 月，铜梁区内邮路 2 条，主要途经地为重庆—铜梁—潼南。自 2018 年 10 月起，增加内江（返程车）直发重庆邮路 1 条。截至 2022 年，铜梁共有区内邮路 3 条。

（2）县乡邮路

1986 年，铜梁县邮电局县乡委代办邮路共 25 条，总长度 321 公里，县局至各支局、支局至乡代办所均为委办汽车邮路，每日 1 班；1993—2004 年，铜梁邮政对县乡邮路进行 5 次调整，开办自办汽车邮路 4 条，分别是：巴川镇—旧市坝、巴川镇—永嘉、巴川镇—关溅、巴川镇—旧县，全程 511 公里，结束了委办汽车邮路的历史；2017 年，铜梁邮政调整县乡邮路为 4 条自办环形邮路，即：铜梁—平滩（新）、铜梁—旧县（新）、铜梁—永嘉（新）、铜梁—关溅（新），全程 432 公里；2021 年底，邮路再次优化调整 4 条往返邮路，即铜梁—旧县、铜梁—平滩、铜梁—永嘉、铜梁—大庙，沿用至 2022 年。

图 9-10-2-2　整装待发的铜梁邮政邮运车辆（摄于 2003 年）

2. 物流体系

1986—2022 年，铜梁邮政物流体系建设从无到有、从弱到强，着力构建"县—乡—村"三级物流体系，逐步建成"迎宾路处理中心 +7 个寄递共配中心 +4 条县域邮路 +43 个自有网点 +200 个村邮站和综合便民服务站"的三级物流体系，畅通双向商流渠道，形成"网点 + 站点、线上 + 线下"的工业品下乡优惠购、农产品进城惠农通、政务便民一站办、会展经济促销购 4 大应用场景，有效助力乡村振兴工作。2022 年，铜梁邮政以邮快合作为抓手，与极兔快递签订合作协议，实现邮快合作快递进村业务量新突破，代投量达到 223.48 万件。邮快合作建制村覆盖率达到 17%，代收自提业务量完成 222.52 万件，进度 158.95%。农村汽车化段道占比 81.25%，完成新增汽车数量 5 辆；提升投递频次数量 8 个。

2010 年，铜梁邮政启动村邮站建设工作。2011 年，打造农村邮政综合服务点。2015 年，建成区级运营中

心 1 个、村级电商服务站 76 个、村邮站 62 个。2017 年，建成农村电商综合服务站点 288 个。2021 年，建成区级中心库 1 个、完成 18 个村快递进村试点运行工作。2022 年，建成区域中心仓 8 个、冷藏库 1 个，实现 74 个村快递进村，试点推进"网点 + 站点"发展模式。

3. 作业场地

自 1986 年起，铜梁邮政邮件处理作业场地随着邮政业务的发展壮大而逐步发展。截至 2022 年底，铜梁区城市地区建成了功能齐全的邮件处理场所，农村地区依然与营业网点同址。截至 2022 年，铜梁邮政共有处理场地 1 个，总面积 1500 平方米。

4. 设施设备

（1）邮政专用设备

1997 年前，邮电设施设备落后，营业室仅有算盘、日戳、台磅秤等老旧设备及简易防盗报警装置。邮件内部处理场地大多是邮件分拣格眼和装包裹、材料用的木制柜，以及日常用的日戳、夹钳、邮袋报皮布、铅志、麻绳、邮包、自行车等物品。1997 年邮电分营后，随着邮政业务发展，铜梁邮政逐年更新生产设备。2020 年 3 月，配置三级伸缩胶带机 1 套。截至 2022 年，铜梁邮政共有手持智能终端（PDA）110 台、邮资机 1 台、邮件顶扫设备 1 台、捆扎机 12 台、蓝牙电子秤 28 台、收寄一体机 3 台、无线扫描枪 48 个。

（2）运输设备

1986 年，铜梁县邮电局共有汽车 1 辆、三轮摩托车 1 辆、投递自行车 20 辆。1997 年 7 月邮电分营时，有邮运车辆 1 辆、特快专递用车 1 辆、机要通信三轮摩托车 1 辆。2005 年，有邮运车辆 6 辆、投递自行车 10 辆。截至 2022 年底，有邮政运输车辆 28 辆、三轮车 55 辆。

（二）网运生产作业

1. 邮件接发

1986—2022 年，铜梁邮政邮件运输主要通过汽车运输。自 2019 年起，邮件接发增加频次为三进三出。

邮件进口　每日进口邮件趋车共分为 3 个频次，第一频次（重庆—铜梁快速）6:30 左右进口邮车到达，交卸进口邮件。早上一频次主要带运特快专递邮件、快递包裹，营业部开拆人员与邮车进行交接手续。第二频次（重庆—潼南普邮）9:40 左右邮车到达，交接进口邮件，二频次主要带运快递包裹、报刊杂志等邮件，营业部开拆人员与邮车进行交接手续。第三频次（重庆—潼南）午班邮车 14:30 左右到达，交卸进口邮件，三频次主要带运快递包裹、给据邮件，营业部开拆人员与邮车进行交接手续。

邮件出口　各网点和揽投人员收寄的出口邮件，由区内转趋收揽邮路按 3 个出口频次进行封发出口。出口一频次为（重庆—内江返程邮车）14:00 发车。营业部封发人员与邮车办理出口邮件交接手续。出口二频次为（重庆—

潼南普邮）18:05发车，出口二频次趟车返程带运衔接邮航的特快邮件。出口三频次为（重庆—铜梁快速）21:05发车，带运晚班截邮频次出口邮件。

2. 邮件运输

1986—1994年，铜梁县城到镇、村邮件由委办邮运汽车运输，乡镇到村邮件由各邮电支局（所）乡邮员通过自行车进行转运。1995年自行车邮路撤销后，全县邮件运输均由自办汽车邮路邮运车辆运输。截至2022年底，铜梁区共有4条县乡自办汽车邮路运输邮件，全覆盖43个邮政支局（所）。

2005年11月前，铜梁邮政实行押运"钞邮合一"，县局邮件押运人员随邮车押运邮件，各支局、所到各代投点的邮件，由社投员负责押运。自2005年11月起，押运实行"钞邮分离"，截至2022年底，未发生变化。

3. 邮件投递

（1）城市投递

1986年，铜梁邮政共有投递段道3个、投递员4名，1天投递1次。自1996年1月起，1天投递2次，机要邮件由机要人员专投。2001年12月1日，城市普通包裹投递到户。2005年，投递段8条、投递员10名，1天投递2次。2021年，实行网格化管理，设网格7个，投递段道12条、投递员56名，1天投递2次。同年，推进"邮快超市"建设，采取"上门投递+自提服务"相结合的投递模式，稳步推进营揽投一体化工作。截至2022年底，城区投递服务无变化。

（2）农村投递

1986年，铜梁县邮电局共有农村投递人员61名，负责57个乡镇的投递工作，投递频次有1天投递1次、2天投递1次、3天投递1次3种，直接投递面积占50.9%。1991年，有农村投递人员68名，直接投递面积达到100%。截至2022年，有农村投递人员47名，所有建制村实行周三班投递，其中快递进村74个，实行周六班投递。

（三）网运管理

1. 组织管理

（1）组织机构

2006—2017年，网运生产调度挂靠市场部。2017年，成立运管部，负责网运调度和生产作业。2018年9月，成立铜梁邮政寄递事业部，运管部划归寄递事业部，负责网运调度和处理中心生产管理，沿用至2022年。

（2）生产作业管理

1989年8月，铜梁邮电局制定生产指挥调度制度，生产作业计划调度由邮运驾驶班管理人员负责。1993年后，铜梁县邮电局组开县局—旧市坝自办汽车邮路。自1993年后，逐步组开县局—永嘉、平滩、关溅、旧县各乡（镇）沿线自办汽车邮路，并随邮政网点开办、撤销，多次优化调整邮路。2017年7月，成立生产作业计划指挥调度中心，编制《铜梁区邮件处理中心分拣分发综合作业计划》，建立通信生产作业组织管理体系，确保当日进出口邮件的准班、准点和频次时限的完成。按照市分公司中心局邮趟车时间，调整营、分、运、投环节生产作业计划。2021年，调整县乡邮路4条环形邮路为5条往返邮路，均为逐日班，另增开城区网点转接邮路1条，沿用至2022年。

2. 网运质量

1986—2022年，铜梁邮政通过制订各项网运管理政策、精细化网运管控指标等方式不断完善运营质量。2022年，收寄及时率99.04%，特快及时妥投率95.35%，快包及时妥投率99.80%，特快次日递率95.51%，快包次日递率99.68%。

（四）服务网点

1. 网点设置

1986年，铜梁县有乡镇邮电所5个、乡镇邮政代办所27个。1998年，共有邮政所6个、邮政代办所40个。2004年10月，全县邮政代办所全部改为自办邮政所。2005年，全县有乡镇邮政所42个。到2022年，共有邮政网点43个。

表9-10-2-5

1986—2022年铜梁邮政局所一览表

序号	局所名称	经营性质	经营属性	设置地点	备注
1	赛龙邮政所	自营	农村	安居镇后河街91号附2号	2021年3月撤销
2	岚槽邮政所	自营	农村	旧县街道办事处中峰村2社	2019年8月20日撤销
3	平北邮政所	代办	农村	平滩镇北街14号	2005年12月撤销
4	西河邮政所	代办	农村	长岭乡西西街56、58号	2004年11月9日撤销
5	社济邮政所	代办	农村	社济街12号	2005年12月撤销
6	联合邮政所	代办	农村	联合乡街道	2004年10月撤销
7	四合邮政所	代办	农村	四合乡街道	2004年10月撤销
8	中兴路邮政所	自营	城市	巴川街道中兴路115号	2004年11月9日撤销
9	城北邮政所	自营	城市	巴川街道中南路109号	2007年撤销

序号	局所名称	经营性质	经营属性	设置地点	备　注
10	悦来邮政所	自营	农村	西泉乡悦来村	2005 年 12 月撤销
11	万寿邮政所	代办	农村	旧县区街道三段	2004 年 11 月 9 日撤销
12	石鼓邮政所	自营	农村	石鼓乡所在地	2012 年 5 月撤销
13	十字街邮政所	代办	农村	安居区老街	2004 年 11 月 9 日撤销
14	泉溪邮政所	代办	农村	安居区迎龙门	2004 年 10 月撤销
15	正义邮政所	代办	农村	正义乡街道	2005 年 12 月撤销
16	长安邮政所	代办	农村	大庙区街道	2005 年 12 月撤销
17	关正邮政所	代办	农村	关溅区街道	2004 年 11 月 9 日撤销
18	蒲正邮政所	代办	农村	蒲吕区街道	2006 年 9 月撤销
19	老街邮政所	代办	农村	侣俸区老上街 103 号	2004 年 11 月 9 日撤销
20	塘坪邮政所	代办	农村	塘坪乡所在地	2004 年 10 月撤销
21	安平邮政所	代办	农村	安平乡所在地	2004 年 10 月撤销
22	波仑邮政所	代办	农村	波仑乡所在地	1994 年撤销
23	玉峡邮政代办所	代办	农村	玉峡乡政府所在地	2004 年 10 月撤销
24	天锡邮政所	代办	农村	天锡乡所在地	1994 年撤销
25	司马邮政所	代办	农村	司马乡政府所在地	1994 年撤销
26	少云邮政所	代办	农村	关溅区政府所在地	2004 年 10 月撤销
27	双碾邮政所	代办	农村	双碾乡政府所在地	2004 年 10 月撤销
28	柏柳邮政所	代办	农村	柏柳政府所在地	1994 年 6 月撤销
29	城南邮政所	自营	城市	南城街道龙都大道 227 号	—
30	石鱼邮政所	自营	农村	石鱼镇石庆街 238 号	—
31	双山邮政所	自营	农村	双山镇双兴路 25 号	—
32	东郭邮政所	自营	城市	塔山东街 238 号	—
33	安居邮政支局	自营	农村	安居镇兴隆街 20 号	—
34	白羊邮政所	自营	农村	白羊镇金羊街 166 号	—
35	侣俸邮政支局	自营	农村	侣俸镇南南街 68 号	—
36	新复邮政所	自营	农村	侣俸镇新复社区中心街 68 号	—
37	庆隆邮政所	自营	农村	庆隆镇锦庆街 1、3 号	—
38	虎峰邮政支局	自营	农村	虎峰镇大十字街 41 号	—
39	关溅邮政支局	自营	农村	少云镇新正街 49 号	—
40	二坪邮政所	自营	农村	二坪镇交通街 82 号	—
41	东莘路邮政所	自营	城市	东城街道东莘路 401、403 号	—
42	旧县邮政所	自营	城市	旧县街道向阳街 40 号	因行政区划，由农村划为城市
43	华兴邮政所	自营	农村	华兴镇华安街 13 号	—
44	和平路邮政所	自营	城市	巴川街道马家湾 8 号	—
45	永嘉邮政支局	自营	农村	永嘉镇太康街 4 号	—
46	高楼邮政所	自营	农村	高楼镇涪江路 217 号	—
47	大庙邮政支局	自营	农村	大庙镇群益街 95 号	—
48	旧市坝邮政所	自营	农村	土桥镇旧市路 87 号	—
49	小林邮政所	自营	农村	小林镇团山街 48 号荣森小区	

序号	局所名称	经营性质	经营属性	设置地点	备　注
50	凉井邮政所	自营	农村	太平镇白云路 50 号	—
51	白合邮政所	自营	农村	平滩镇高平村 7 社	—
52	平滩邮政支局	自营	农村	平滩镇双龙街 2 号	—
53	蒲吕邮政支局	自营	城市	蒲吕街道双石街 23 号	因行政区划，由农村划为城市
54	安溪邮政所	自营	农村	安溪镇顺河街 26 号	—
55	西泉邮政所	自营	农村	虎峰镇温泉社区工农街 7 号	—
56	全德邮政所	自营	城市	东城街道全兴社区校园街 49 号	因行政区划，由农村划为城市
57	水口邮政所	自营	农村	水口镇汇龙街 42 号	—
58	维新邮政所	自营	农村	维新镇园山街 212 号	—
59	新桥邮政所	自营	农村	土桥镇新房村 7 社	—
60	新兴邮政所	自营	城市	东城街道办事处学府大道 88 号	—
61	土桥邮政所	自营	农村	土桥镇大磨村 1 社	—
62	中和邮政所	自营	农村	少云镇长滩社区临江街 62、64 号	—
63	斑竹邮政所	自营	农村	侣俸镇斑竹康乐街	—
64	围龙邮政所	自营	农村	围龙镇腾龙街 172 号	—
65	团碾邮政所	自营	农村	太平镇团碾 2 社	—
66	永清邮政所	自营	城市	旧县街道人和路 56 号	因行政区划，由农村划为城市
67	民兴邮政所	自营	农村	西河镇长兴街 588 号	—
68	迎宾路邮政支局	自营	城市	迎宾路 129 号	—
69	岚峰邮政所	自营	城市	蒲吕街道新市社区	因行政区划，由农村划为城市
70	晏渡邮政所	自营	城市	东城街道晏渡社区迎宾东路 400 号附 41 号	—
71	福果邮政所	自营	农村	福果镇福星路 224 号	—

2. 社会加盟站点

自 2009 年起，铜梁邮政开展村邮站建设，截至 2019 年底，共建成村邮站 180 个。自 2013 年起，开展邮乐购站点建设。

自 2021 年起，铜梁邮政依托邮政村邮站、邮乐购站点、农村商超等，实施邮政综合便民服务站建设。截至 2022 年末，累计在农村地区建设邮政综合便民服务站点 74 个，建成邮乐购站点 351 个，建成村邮站 200 个，方便老百姓在站点办理水电费缴纳、农产品销售、日常用品购入等。

四、邮政管理

（一）财务管理

1986—1997 年邮电合营期间，铜梁县邮电局实行独立财务核算，按照统一要求建立县一级财务管理体系。1986—1991 年，实行收支差额定额上缴、超收支差额基数部分分成政策。1992—1996 年，实行以税后利润为基数，全额利润分成政策。自 1997 年起，完善利润分配政策，实行收支差额定额上缴、超收支差额基数部分分成政策。

1998—2003 年，统一采用收支差额包干管理方式进行财务分配。自 2003 年 4 月起，铜梁邮政财务由合川片区局实行财务一体化管理，收入上缴合川片区局，支出向合川片区局报账，按照"收支两条线"管理模式执行，推行一体化报账制。2006 年 6 月，根据片区财务派驻实施管理办法，实行会计派驻制管理。2007 年 12 月，邮政公司与邮储银行财务核算分离。2009 年 6 月，邮政财务核算与速递财务核算分离。2016 年，开始使用 ERP 财务信息系统进行核算及管理，同年 4 月，铜梁邮政财务核算、账户报销由合川片区财务核算变为市公司会计核算中心集中核算。

2018 年寄递事业部成立，按邮务账、寄递邮政账和寄递速递账 3 个账套进行独立核算。截至 2022 年底，铜梁邮政仍执行片区制管理，根据年初各科目收入及成本预算数，严格按照"无预算不开支，有预算不超支"原则，对各项成本费用进行严格把关。财务严格按照收支两条线管理，对各项进账资金进行逐笔核对排查，树立合规发展意识，加强业财融合，做好欠费管控和存货管理，完善财务体系建设。

表 9-10-2-6

1986—2022 年铜梁邮政部分年份业务收入统计表

单位：万元

年份	邮政业务收入	年份	邮政业务收入
1986	106.41	2010	3543.78
1995	1037.18	2016	10245.52
1997	530.00	2020	15600.00
1998	670.72	2021	17500.00
2001	1076.08	2022	17698.37

（二）人力资源管理

1. 队伍建设

1986 年，铜梁县邮电局有从业人员 202 人。1997 年，铜梁县邮政局从业人员 234 人。2007 年，铜梁邮政从业人员 308 人。2016 年，铜梁邮政从业人员 275 人。2020 年，铜梁邮政从业人员 313 人。2021 年，铜梁邮政从业人员 319 人。截至 2022 年底，铜梁邮政共有从业人员 318 人。

2. 教育培训

1998 年 2 月，铜梁邮政制订《职工教育管理办法》，把职工教育纳入制度化、规范化管理。2001 年 2 月，铜梁邮政印发《关于在全局干部职工中开展计算机操作技能学习培训工作的通知》，强化计算机操作技能。2005 年 3 月，建立职工教育培训的电化教学室。2020 年，制订《员工学习积分管理办法》《员工学历、持证管理办法》，提高员工学习、考证动力。截至 2022 年底，铜梁邮政银行业专业人员职业资格持证 92 人、基金从业资格持证 50 人、证券从业资格持证 7 人、AFP（金融理财师）持证 8 人、邮政储业务员技师 6 人；内训师 5 人，专兼职理财经理 35 人；铜梁邮政从业人员中大专及以上学历占比 85.53%。

3. 薪酬管理

1988 年，邮电企业实行工资总额同邮电业务总量和税利挂钩办法，职工实行等级工资制度。1993 年 7 月 1 日，等级工资制度改为岗位技能工资制度。1998 年 7 月 30 日，工资制度进行改革，岗位技能工资制改为岗岗等级工资制。2000 年 1 月，建立工资和经济效益挂钩的经营分配机制，制订《铜梁县邮政局 2000 年工效挂钩考核奖惩办法》。2003 年 3 月 20 日，制订《铜梁县邮政局计量工资效绩考核办法》，对工资分配办法再次进行调整。2008 年，建立以岗位管理为基础的一岗多薪的宽带薪酬体系，对岗位实行领导序列、管理序列、技术序列、营销序列、操作序列和非领导序列的"5+1 序列"管理。2015 年，调整为管理、专业、操作 3 大序列，基本工资分为薪级工资和岗位工资。2018 年实施基本工资晋级晋档，对特殊贡献的员工进行薪级工资加分，沿用至 2022 年，未发生变化。

（三）服务质量管理

1. 营业服务

铜梁邮政辖内 43 个邮政营业自办网点服务于铜梁 1340 平方公里的党政军民，均开办函件、包裹、印刷品、汇兑普遍服务 4 项基本业务及特殊服务业务。迎宾路邮政支局负责全区国际业务和化学品收寄工作。

2020 年，在服务质量管理体系建设中，成立服务质量检查小组，通过现场和非现场检查方式，逐步建立服务质量管理体系。

2021 年开展了"靓丽行动"，彻底整治厅堂脏乱差现象，并协助区商务委、区交通局等部门落实"快递进村""邮快合作""交邮合作"等工作，拓展了投递深度，提升了投递服务能力。

铜梁区分公司分别获得 2008 年度、2014 年度全国邮政用户满意企业；新兴邮政所被评为 2021 年全国邮政服务示范窗口；2021 年四个季度均获得服务质量优胜奖；2022 年二、三、四季度获得服务质量优胜奖。

2. 普遍服务与特殊服务

普遍服务 铜梁邮政坚持"普服为根、客户为本"的指导思想，持续提升普遍服务、特殊服务水平。截至 2022 年，铜梁区有邮政营业自办网点 43 个（其中农村网点 32 个、城区网点 11 个），遍布铜梁区 23 个乡镇和 5 个街道，均使用电子化系统，空白乡镇覆盖率 100%、建制村通邮率 100%。

特殊服务 铜梁邮政按照《中华人民共和国邮政法》规定，对义务兵平常信函、盲人读物、革命烈士遗物等实行特殊服务，免费寄递。

1986 年，铜梁县邮电局机要业务量 7471 件；1995 年，机要业务量 4164 件；2005 年，机要业务量 3647 件；2021 年，机要业务量 5569 件；2022 年，机要业务量 4939 件。截至 2022 年底，铜梁邮政实现机要通信 39 年质量全红。

3. 监督检查

1997—2020 年，铜梁邮政服务质量先后由邮政业务市场科、生产经营科、经营服务部、市场经营部、市场营销部管理，配兼职邮政视察检查人员，对邮政传统业务进行监督检查。2020 年 4 月，铜梁邮政成立专门的服务质量组，挂靠在市场营销部，配备服务质量专职检查人员 3 人。监控中心配备 4 人，负责远程抽查网点服务质量及负责机要室 24 小时值守。合川片区邮政服务质量部常年派驻检查人员进行常态化的监督检查，形成了横向到边、纵向到底的全覆盖监督检查网络。截至 2022 年，监督检查工作常态化开展并呈高压态势。

（四）安全管理

1998 年 3 月 23 日，铜梁县邮政局制订《关于加强储汇资金管理的通知》，制订储汇资金管理 15 条规定。

2000 年 2 月 24 日,制订《铜梁县邮政局储汇资金管理办法》,逐步规范储汇资金安全管理。2016 年 12 月 28 日,成立重庆市驿盾保安押运服务有限责任公司铜梁区分公司,负责铜梁邮政网点押运工作。2020 年,出台《关于调整铜梁区分公司安全生产委员会及其工作机构和职责的通知》《关于调整中邮铜梁分公司消防安全工作机构及成员职责的通知》,进一步落实责任,维护企业生产安全。2022 年,制订《安全生产事故隐患举报奖励制度》,增强员工安全生产的参与意识,遏制各类生产经营事故发生。1986—2022 年间,认真履行安全主体责任,以金融机构安全评估、"平安邮政"建设等为契机,不断建立并完善人防、物防、技防,有效防止了各类安全事故发生。截至2022 年底,铜梁邮政未发生重大安全责任事件。

（五）党群管理

1. 党组织

1981 年 2 月,经中共铜梁县委组织部批准,成立中共铜梁县邮电局总支委员会,下设 2 个党支部。

1997 年重庆市邮电体制改革,同年 10 月 15 日,成立中共铜梁县邮政局委员会,下设 8 个党支部,由局长兼任党委书记。截至 2022 年末,历经 5 次换届。邮电分营后,党员人数从 1997 年 40 人发展到 2022 年 61 人（含地方党员）,截至 2022 年底,有在职党支部 3 个。

1986—2022 年,铜梁邮政党委坚持以党建为引领,夯实党的六大建设,党组织战斗堡垒作用和党员先锋模范作用得以发挥。其间,开展了"三讲"教育活动、"三个代表"重要思想学习教育活动、保持共产党员先进性教育活动、学习实践科学发展观活动、创先争优活动、党的群众路线教育实践活动、"三严三实"专题教育、"两学一做"学习教育、"不忘初心、牢记使命"主题教育、党史学习教育等党内集中学习教育活动。通过深入持久的学习教育,铜梁邮政党员、干部在疫情防控、抗疫保供、抗洪抢险、战高温等急难险重任务中冲锋陷阵,充分彰显党员责任担当,多名党员荣登铜梁区委"抗疫光荣榜"、获得各层级先进集体及个人。落细落实巡视巡察整改及未巡先改工作,压实主体责任,突出整改重点、完善制度流程、强化考核评价,以整改成效推动企业高效能治理、高质量发展。积极落实党中央决策部署,彰显央企责任担当,务实推进"三大攻坚战",服务乡村振兴,融入地方经济建设,获得地方党委政府高度肯定。党委书记、党务工作者分别就相关工作在全市邮政作经验交流,并作为铜梁区党建工作联系点接受铜梁区委组织部及国企、群团组织参观学习。

2. 工会

1974 年 7 月,中国邮电工会铜梁县邮电局委员会成立。1997 年 10 月 5 日,中国邮电工会铜梁县邮政局委员会成立。1998 年 1 月 21 日,召开第一次代表大会,选举产生中国邮电工会铜梁县邮政局第一届委员会。2012 年4 月,更名为"中国邮政集团工会重庆市铜梁区委员会",并沿用至今。

1997—2005 年,铜梁邮政工会连续 8 年被重庆市邮政工会评为"工会工作先进集体",2002 年,被国家邮政工会评为"全国邮政系统先进基层工会",2005 年,被重庆市总工会评为"模范职工之家",2020—2022 年,连续 3 年被重庆市邮政工会评为"先进基层工会"。

自 1997 年以来,铜梁邮政每年结合年初邮政工作会套开职工代表大会,听取企业发展规划、年度生产经营管理情况等,审议涉及职工切身利益的规章制度或者重大事项方案等。坚持开展业务培训、劳动竞赛等,努力提高职工业务素质。坚持开展"三八"妇女节、春游、秋游、采摘、演讲比赛、文娱晚会等文体活动,丰富职工业余文化生活。坚持开展困难职工慰问、夏送清凉、冬送温暖等活动,切实维护职工权益。定期换届选举产生新的工会委员会,邮电分营以来,历经 8 次换届选举。会员人数从 1997 年 138人发展到 2022 年 220 人。截至 2022 年底,铜梁邮政共建成职工小家 36 个,其中自有 28 个、租赁 8 个。石鱼邮政所职工小家被重庆市邮政工会评为 2021 年"明星小家"。

3. 团组织

1973 年,共青团铜梁县邮电局支部委员会成立。1997 年,邮电分营,新建共青团铜梁县邮政局支部委员会。1999 年 6 月,成立共青团铜梁县邮政局委员会,并召开团委会,选举产生第一届团委。2020 年,更名为"共青团中国邮政集团有限公司重庆市铜梁区分公司委员会",并沿用至今。

自 1999 年起,团组织先后组织团员开展厨艺大比拼、演讲比赛、跟班投递、扶贫帮困、礼让斑马线、助农直播等活动,每年坚持开展"五四"青年节活动,增强团组织凝聚力。2000 年 1 月,被共青团重庆市委评为"重庆市先进团委"。2022 年,被共青团重庆市铜梁区委评为"2022年度"铜梁区五四红旗团（工）委"。同年,被共青团中国邮政集团有限公司重庆市分公司委员会评为 2022 年度"市分公司五四红旗团委"。2022 年 9 月,迎宾路支局获得"2019—2021 年度重庆邮政系统市级青年文明号"称号。

第三节 潼南邮政机构

一、机构沿革

（一）机构演变

1. 计划单列时期

1986 年,潼南县邮电局隶属重庆市邮电局。

1992 年 3 月,重庆邮电管理体制调整,重庆市邮电局撤销,潼南县邮电局划归重庆市电信局管理。

2. 邮电分营时期

1997年，邮政、电信分营试点，原重庆市电信局管理的潼南县邮电局的邮政业务全部划归重庆市邮政局管理。同年4月，国家邮电部撤销重庆市邮政局，成立重庆市邮政管理局。同年7月，重庆市潼南县邮政局成立，隶属重庆市邮政管理局。

2003年2月，重庆市邮政企业经营管理体制改革，组建合川片区邮政局，潼南县邮政局划归合川片区邮政局管理。

3. 政企分开时期

2007年9月，"潼南县邮政局"更名为"重庆市邮政公司潼南县邮政局"，管理体制不变。同年12月，中国邮政储蓄银行重庆潼南支行挂牌成立，潼南邮政受邮储银行潼南支行委托开办代理金融业务。

2009年1月，重庆市邮政速递物流专业正式运行新的专业化经营机制，组建重庆市邮政速递物流公司潼南县分公司。2010年6月，"重庆市邮政速递物流公司潼南县分公司"更名为"重庆市邮政速递物流有限公司潼南县分公司"。

2014年6月，重庆邮政速递物流组织机构改革，"重庆市邮政速递物流有限公司潼南县分公司"改设为"潼南县营业部"（营业执照名称仍为"重庆市邮政速递物流有限公司潼南县分公司"），隶属重庆市邮政速递物流公司新组建的北碚片区分公司。

2015年4月，法人体制改革，"重庆市邮政公司潼南县邮政局"更名为"中国邮政集团公司重庆市潼南县分公司"，管理体制不变。同月，"重庆市邮政速递物流有限公司潼南县分公司"更名为"中国邮政速递物流股份有限公司重庆市潼南县分公司"，管理体制不变。同年8月，因潼南撤县设区，"中国邮政集团公司重庆市潼南县分公司"更名为"中国邮政集团公司重庆市潼南区分公司"，管理体制不变。同年9月"中国邮政速递物流股份有限公司重庆市潼南县分公司"更名为"中国邮政速递物流股份有限公司重庆市潼南区分公司"，管理体制不变。

2017年，根据市分公司机构编制方案，设立潼南区分公司，调整优化机构设置、部门职能等。

2018年9月，寄递改革，组建潼南区寄递事业部（对外保留"中国邮政速递物流股份有限公司重庆市潼南区分公司"牌子），划归合川片区寄递事业部管理。

2020年1月，"中国邮政集团公司重庆市潼南区分公司"更名为"中国邮政集团有限公司重庆市潼南区分公司"。沿用至2022年，管理体制不变。

截至2022年底，中国邮政集团有限公司重庆市潼南区分公司内设综合办公室（安全保卫部）、市场营销部、金融业务部、集邮与文化传媒部、渠道平台部。

（二）主要领导

表9-10-3-1

1986—2022年潼南邮政主要领导人员名录

单位名称	姓名	职务	任职时间
潼南县邮电局	张明智	局长	1984.10—1988.3
	张武廷	党总支书记	1984.11—1986.7
	桂正德	党总支书记	1986.10—1996.2
	刘作明	局长	1988.3—1991.4
	陈运生	局长	1990.5—1997.6
	陈运生	党总支书记	1996.2—1997.10
潼南县邮政局/重庆市邮政公司潼南县邮政局	谭绍先	局长	1997.9—1999.4
	滕明贵	党总支书记	1997.10—2001.5
	雷春	党总支书记、局长	2001.5—2003.2（书记）1999.4—2003.2（局长）
	方绍华	党总支书记、局长	2004.2—2007.7
	方绍华	党委书记、局长	2007.7—2012.6
	钟元彬	党委书记、局长	2012.6—2015.6
中国邮政集团公司重庆市潼南区分公司/中国邮政集团有限公司重庆市潼南区分公司	钟元彬	党委书记、总经理	2015.6—2016.1
	石刚	党委书记、总经理	2016.1—2017.11
	李业川	党委书记、总经理	2017.11—2021.3
	李洪	党委书记、总经理	2021.3—

二、邮政业务

（一）金融业务

1. 储蓄汇兑

储蓄业务 1986年9月1日，潼南县邮电局在正兴街邮电局开办邮政储蓄业务。同年10月15日，大同街邮电支局开办邮政储蓄业务。

自1990年4月起，储蓄业务逐渐向农村邮电分支机构延伸。截至2004年底，潼南县邮政储蓄网点63个。

1997年后，潼南邮政期末储蓄存款余额持续增长，1998年，储蓄存款余额突破1亿元。2010年突破20亿元。2018年突破60亿元。2022年突破80亿元。

随着金融业务的发展，金融设备逐年更新，截至2022年底，全区共有STM（超级柜员机）2台、ATM（自动柜员机）7台、CRS（自助存取款一体机）36台、存折CRS（存折存取款一体机）39台、ITM（智能柜员机）50台。

表9-10-3-2

1997—2022年潼南邮政期末储蓄存款余额情况表

单位：万元

年份	年末余额	年份	年末余额
1997	8289	2010	204035
1998	10775	2015	420063
2001	22968	2018	621905
2005	69389	2022	864938

汇兑业务 1999年前，潼南邮政汇兑业务主要是普通汇兑和电报汇兑。2000年，开办电子汇兑业务。2003年5月，开办实时电子汇兑业务，截至同年底，全县邮政网点均实现电子汇兑微机联网。2009年，开发汇款金额2.24亿元，其中商务汇款1.16亿元。随着市场经济变化和互联网快速发展，手机银行、网上银行不断兴起，汇兑业务量逐年减少。2020年，汇兑业务量3700笔，汇兑金额317万元。2022年，潼南邮政汇兑业务量2306笔，汇兑金额187万元。

2. 中间业务

自1997年起，潼南邮政以代收代付、代理保险、代售国债、代发工资及退休金等中间业务拓展业务范围，增加经营效益。

自2001年起，开办以财产保险和人身保险为主的代理保险业务。截至2022年底，代理保险业务新增保费规模超1.7亿元。

1999年，潼南县邮政局与潼南县社保局达成为全县退休职工代发养老金协议。2003年，与潼南县财政局达成为潼南县文化局等12个单位、200多名职工代发工资协议。自2016年10月起，区内社保新增代发账户在邮政开户。

截至2022年底，潼南邮政代发社保卡累计超40万张。

3. 风控合规

1989—2007年，潼南邮政主要通过稽核管理对储蓄业务开展稽查和事后监督。2007年，中国邮政储蓄银行重庆潼南支行成立后，邮政金融业务实行"自营＋代理"运行模式，邮银双方共同开展风控合规管理。2017年，设置专职合规监督管理岗位，归口金融业务部管理，负责开展全区代理金融业务合规监督管理。2021—2022年，潼南邮政按照《重庆邮政重构代理金融风控案防体系三年行动方案》要求，逐步构建常态化、精细化、数据化的风控案防体系。

（二）寄递业务

1. 特快专递

1995年6月1日，潼南邮电成立速递中心，开办特快专递业务，开辟潼南—铜梁、邮亭等专线邮路。2005年，潼南邮政特快专递业务规模达到83.22万元。自2010年起，潼南邮政开始收寄法院专递特快邮件，收寄量逐年增长，由2010年0.3万件增长至2022年4万余件。2020年，助力新冠疫情期间"停课不停学"，潼南邮政为全区各中小学校配送教材3.5万件。2022年，特快专递邮件收寄量超80万件，其中大同城特快邮件60万件。

2. 快递包裹

自2001年8月1日起，潼南邮政开办快递包裹业务。2015年6月，设立快递包裹部，全年收寄量1.6万件。在寄递业务发展进程中，潼南邮政发挥渠道优势，以快递包裹业务为主要抓手，精准服务当地柠檬产业，自2016年起，收寄当地柠檬鲜果及柠檬制品，并逐年扩大业务规模，2016年，实现柠檬收寄量9万件；2021年，达260万件；2022年，达290万件。

3. 物流业务

潼南邮政开办的物流业务主要有同城（区域）配送、一体化物流、货运代理、合同物流4大类。2009年后，随着潼南产业发展，主要运输品类为辖内蔬菜、柠檬等农产品以及医药、化工原料等。2016—2018年，承接化工企业钛白粉物流运输业务，累计运输超5万吨。2019—2022年，承运汽车零配件物流业务，累计运输超7300吨。

4. 国际业务

国际业务分为国际普通邮件业务、国际及港澳台邮政特快专递业务、国际商业代理渠道业务。自1995年6月1日起，潼南速递中心承担收寄国际特快专递业务。2003年4月1日，潼南邮政开办国际保价包裹业务。2018年，寄递事业部成立后，国际业务整合为涵盖国际小包、国际E邮宝、国际EMS、国际包裹等新板块。2020年，潼南区分公司收寄潼南区政府援德防疫物资15件共300公斤。2022年，国际业务主要收寄区内化工企业寄往日本的化工样品200余件。

（三）文传业务

1. 函件业务

1986年，潼南邮电收寄函件139.4万件。2004年，潼南邮政将校园明信片和邮资封、片、卡作为函件业务增长突破口，实现函件业务收入41.67万元。2006年9月1日，开展拜年卡营销。2012年，潼南邮政贺卡业务收入达180万元。自2013年起，函件业务向媒体广告、印刷品业务转型，2016年与崇龛"菜花节"组委会合作，通过邮政LED屏、电视媒体、纸质广告等方式开展"菜花节"旅游宣传推广，增收26万元。2022年，函件业务收入200万元。

2. 报刊业务

1986年3月7日，潼南邮电组建报刊发行站，同年10月，开始上门收订报刊。自1996年起，实行报刊收投合一。1997年7月，报刊发投公司成立，提供邮局窗口订阅、上门收订、委托代办发行站收订和电话预定、集订分送、同城互订、异地订阅、网上订阅以及报刊亭营销等服务。

2005年，全县报刊发行业务收入66.36万元，比1986年增长6.96倍。2020年，报刊流转额突破1000万元，2022年，达到1113万元。

3. 集邮业务

1988年10月15日，潼南邮电开办集邮业务。1989年，推出新邮预订业务。1998年10月18日，潼南县集邮协会成立。2001年11月3日，举办集邮巡展。2003年12月22日，举办"纪念毛泽东同志诞辰110周年"集邮展。2005年，为柏梓、古溪等8所中小学制作校园邮资封，为潼南万利来化工制作《与时俱进、一往无前的万利来化工》定向邮册500册。2007年，承办《杨尚昆同志诞生一百周年》邮票、册首发式。2009年，开发《开放的潼南欢迎你》定向邮册，实现集邮业务收入超100万元。2011年，开发《七彩花海·流金大地》专题邮册6000册、杨闇公陵园改扩建工程竣工纪念邮册1000册。2016年3月，位于双江古镇的"在水一方"邮局开业，2021年9月，更名为"双江古镇"邮局。2017年后，集邮业务稳步增长，年均增幅为10%以上。2022年，潼南邮政集邮业务收入达365万元。

4. 中邮文创

2021年，潼南邮政正式开办"中邮文创"业务，推广具有邮政元素和高附加值的文化资源、文化用品。截至2022年底，推广销售品种达23种，其中集团文创产品5种，市分公司文创产品18种，实现销售额16万元。

5. 普通包裹

普通包裹经营范围主要有窗口包裹、校园包裹、军营包裹、家乡包裹、爱心包裹、母亲邮包等。1986年，潼南邮电收寄普通包裹8649件，1995年增至1.14万件，增幅31.8%。自2000年10月1日起，潼南邮政实行普通包裹直投到户。2022年，潼南邮政收寄普通包裹3.7万余件。

（四）渠道业务

1. 增值业务

1997年后，潼南邮政逐步发展包括代征税、代办电信业务、代售火车票、飞机票、汽车票、代收交通违章罚款、代收水电气费、代办车险等增值业务。

自1997年起，潼南邮政先后与电信、移动、联通达成代收电话费业务协议。截至2006年底，在邮政网点交纳电话费客户占全县电话用户数40%以上。

2005年5月至2017年6月，开办火车票订送业务。2011年5月，开始代收潼南县内电费。2016年，开办代征税业务。截至2022年底，全区有42个邮政网点开办税票代开业务，覆盖所有镇街。2022年，服务纳税人4.29万余名，开票金额38.15亿元，代征税费442.2万元。

自2020年6月起，打造综合便民服务平台，在桂林、凉风垭、四方3处邮政营业厅设置"便民通"服务专窗。截至2022年底，全区共45个邮政网点可代收水电气费，共代收水电气费27.85万笔，代收金额1337.12万元。

2. 分销业务

潼南邮政分销业务主要包括"三农"物资销售、烟草、快消品（酒水、米面油、日化产品等）、季节性产品（粽子、月饼等）等。

自2009年起，开展"三农"物资销售，并随着乡村振兴战略实施，邮政服务"三农"持续深入，2022年销售化肥1300吨、水稻玉米种子10.8吨。2011—2016年，潼南县邮政局和潼南县烟草公司签订烟草物流配送战略合作协议，正式开办烟草配送业务，年均配送量达1200吨。2016年开始代售烟草，截至2022年底，代售销售额累计达747万元。

3. 电信业务

20世纪80年代，潼南邮电经营的电信业务仅有电话和电报两种。1988年12月15日，潼南县1000门纵横制自动电话开通。1990年2月10日，实现长途电话直拨。1993年4月1日，开通90兆无线寻呼系统，同年5月17日，开通430兆移动电话。1996年5月，潼南本地网建成，结束镇乡电话"摇把子"历史。1997年，无线寻呼覆盖全县，寻呼机（BP机）用户达3485户，移动电话达713户。1997年邮电分营后，电信业务移交潼南电信局经营。

三、邮政网络

（一）网络能力建设

1. 邮路

（1）区内邮路

1986年，潼南有重庆—潼南区内邮路1条。自1995年6月1日起，开辟潼南—铜梁、邮亭之间的特快专递专线。1996年4月1日—2000年6月，改为潼南—铜梁的市内二级干线邮路，为逐日班。2000年7月—2018年9月，潼南区内邮路共2条，主要途经地为潼南—铜梁—重庆。自 2018 年 10 月起，增加潼南—重庆赶发邮航邮路 1 条。至此，潼南有区内邮路共 3 条。

（2）县乡邮路

1986 年前，潼南境内有自办汽车邮路 2 条（成都—潼南、重庆—潼南干线邮路途经潼南境内邮件直投点），全长 52 公里；委办汽车邮路 3 条，全长 82 公里；自行车邮路 14 条，全长 236 公里；步班邮路 4 条，全长 27 公里。1986 年初，成都—潼南邮路取消，潼南—双江路线合并至委办汽车邮路；潼南—古溪委办汽车邮路延伸至玉溪，减少自行车邮路 1 条；塘坝—卧佛邮路延伸到新胜、五桂，减少自行车邮路 1 条。1990—1993 年，潼南—上和邮路改为委办客船邮路。1993 年 4 月—1994 年 5 月，潼南—玉溪邮路调整为委办客船邮路，减少步班邮路 3 条。1994 年 5 月，潼南县邮电局首次开通县城—龙形、古溪、玉溪，从玉溪返回潼南时路经新林、桂林的自办汽车邮路，全长 100 公里，后又延伸到上和。1994 年 10 月，新增自办汽车邮路 1 条，主要途经地点为双江、柏梓、光辉、塘坝、卧佛、小渡，全长 184 公里，同年，撤销全县步班邮路，保留 12 条自行车邮路，全长 263 公里。至此，结束县城到乡镇委办汽车或客船邮路历史。1995 年，撤销自行车邮路，保留自办汽车邮路 2 条。2002 年，增设潼南—桂林汽车邮路。2019 年，调整优化县乡邮路，全区自办邮路增至 4 条，全长 596 公里。

表 9-10-3-3

1986 年潼南县邮电局县乡邮路一览表

类　型	数量	邮　路
自办汽车邮路	1	重庆—潼南途经小渡、塘坝、太安、前进、哨楼
委办汽车邮路	3	1. 潼南—龙形、古溪、玉溪 2. 潼南—柏梓、光辉 3. 塘坝—卧佛、新胜、五桂
自行车邮路	12	1. 潼南—上和返回经东升 2. 古溪—红花、新华、米心往返 3. 古溪—惠光、柏果、宝龙往返 4. 双江—花岩、智慧、城西往返 5. 双江—新林、桂林往返 6. 太安—田家、永胜往返 7. 塘坝—新胜、明镜往返 8. 塘坝—胜利、永乐、康乐往返 9. 小渡—青云、寿桥、汇集往返 10. 柏梓—文明、永安往返 11. 潼南—大佛老场往返 12. 上和—民主、檬子往返
步班邮路	4	1. 柏梓—大滩 2. 新林—安兴 3. 光辉—红星 4. 檬子—飞跃

表 9-10-3-4

1994—2019 年潼南邮政部分年份县乡邮路一览表

年份	数量		邮　路	备注
	自办汽车邮路	自行车邮路		
1994	2	12	自办汽车邮路： 1. 潼南—龙形—上和—龙形—古溪—玉溪—桂林—潼南 2. 潼南—双江—潼南—柏梓—光辉—柏梓—塘坝—卧佛—小渡—潼南 自行车邮路： 1. 双江—大垲、花岩、智慧、城西往返 2. 古溪—红花、新华、米心往返 3. 古溪—惠光、柏果、宝龙往返 4. 龙形—民主、檬子、飞跃往返 5. 上和—独柏、别口、龙项往返 6. 太安—田家、永胜往返 7. 塘坝—新胜、明镜往返 8. 塘坝—胜利、永乐、康乐往返 9. 小渡—青云、寿桥和汇集往返 10. 卧佛—新生、五桂和长兴往返 11. 柏梓—文明、永安、大滩往返 12. 潼南—大佛往返	自办汽车邮路全长 184 公里 自行车邮路全长 263 公里
2002	3	—	1. 潼南—龙形—上和—龙形—古溪—玉溪—潼南 2. 潼南—双江—潼南—柏梓—光辉—柏梓—塘坝—卧佛—小渡—潼南 3. 潼南—新林、桂林	—
2019	4	—	1. 潼南—小渡 2. 潼南—别口 3. 潼南—玉溪 4. 潼南—红花	全长 596 公里

2. 物流体系

自 2021 年起，围绕县乡村三级物流体系建设总体目标，潼南邮政加快推动建设区级邮件处理暨仓配中心、镇级邮件处理暨仓配转运站、村级综合便民服务点，推进农村地区投递汽车化，开展交邮合作、邮快合作，加强快递下行"最后一公里"和农产品上行"最初一公里"建设，服务乡村振兴战略。截至 2022 年底，潼南邮政区级邮件处理暨仓配中心建设项目成功立项，累计建成镇级邮件处理暨仓配转运站 6 个、村级综合便民服务站点 110 个，农村投递汽车化段道占比达到 94.2%，邮快合作建制村覆盖率达到 88.46%，2022 年，实现快递进村业务量 165 万件，全区代收代投量达到 182 万件。

3. 作业场地

自 1986 年起，潼南邮政邮件处理场地逐步发展。1986—2002 年，邮件处理场地同局址设在梓潼街道正兴街 98 号，场地面积 150 余平方米。

2003 年 1 月 9 日，潼南县邮政局撤销封发组、报刊发行组、邮件报刊收投部和机要业务组，合并成立邮件处理中心。由于潼南邮政大院内生产场地狭窄，遂在梓潼街道凉风垭四方花园租赁房屋作为邮件处理中心生产用房，面积 300 余平方米。

2006 年，潼南邮政迁至梓潼街道办事处建设东路 179 号，邮件处理场地同设于此，面积为 600 平方米。2017 年 9 月，潼南邮政租赁位于凉风垭工业园区房屋 2433 平方米用作邮件处理场地，并于同年 12 月配备移动带式输送机。

4. 设施设备

（1）邮政专用设备

1997 年前，潼南邮电生产设备较落后，营业室仅有算盘、台磅秤等老旧设备及简易防盗报警装置。邮件内部处理场地大多是邮件分拣格眼和装包裹、材料用的木制柜，以及日常用的日戳、夹钳、邮袋报皮布、铅志、麻绳、邮包、自行车等物品。1997 年分营后，潼南邮政逐年更新手持智能终端（PDA）、皮带机、电子秤等生产设备，以适应现代化邮政通信发展需要。截至 2005 年底，潼南县邮政局共有计算机 100 台。2016 年配备移动倾斜传输皮带机。截至 2022 年底，潼南邮政共有计算机 112 台、业务终端 210 台、手持智能终端（PDA）102 台、邮资机 2 台、邮件顶扫设备 1 台、收寄一体机 2 台、捆扎机 1 台、蓝牙电子秤 24 台、无线扫描枪 12 个。

（2）运输设备

1997 年邮电分营前，潼南邮电共有汽车 9 台，其中邮政专用车 4 台。邮电分营时，潼南邮政分得汽车 5 台。随着邮政通信事业发展，邮政运输设备逐渐配备完善。截至 2005 年，共有各类型机动车辆 9 台，其中用于邮政通信生产 7 台。自 2009 年起，实行"专车专用"。2017 年，共有投递摩托车 53 台、邮运车辆 31 台。2018 年，所有邮运车辆、投递车辆、运钞车辆加装 GPS 定位系统。截至 2022 年底，潼南区分公司共有邮运车辆 37 台、运钞车辆 6 台。

（二）网运生产作业

1. 邮件接发

（1）区内邮件接发

1986 年，潼南县邮电局全部进出口邮件由重庆—潼南的区内邮路邮车转运，除小渡、塘坝、太安、前进、哨楼直投点邮件外，所有邮件在县局邮件处理场地统一接发。随着区内邮路调整，至 2022 年，潼南进出口邮件由 3 条区内邮路转运，邮件进出口量达到 803.57 万件，均由直营营业部接发。

（2）县乡邮件接发

1986—1994 年，潼南县乡邮路邮件接发由县局与委办汽车邮路或委办客船邮路进行交接。自 1994 年 10 月起，结束委办汽车或客船邮路历史，所有县乡邮件由县局

与自办汽车邮路进行交接。截至 2022 年底，潼南区内所有县乡邮件接发由直营营业部与 4 条自办汽车邮路交接。

2. 邮件运输

1986—1994 年，县乡邮件由委办邮运汽车或委办客船运输，到达各镇乡后，各邮电支局（所）对所辖镇乡邮件通过自行车和步班邮路进行转运。1994 年 10 月，结束委办邮路后，撤销各邮电支局（所）对所辖镇乡邮件转运的步班邮路，改为投递人员到所辖支局（所）领取。1995 年，自行车邮路撤销后，县乡邮件运输均由自办汽车邮路邮运车辆运输。截至 2022 年底，全区共有 4 条县乡自办汽车邮路运输邮件，全覆盖 46 个邮政支局（所）。1986—1994 年，县乡邮件由委办邮运汽车或委办客船运输，县局邮件押运人员随车或随船押运邮件，各支局、所到各代办所、代投点的邮件，由投递员负责押运。自 1994 年 10 月起，部分邮件押运由"钞邮合一"线路负责，直到 2008 年钞邮分离。2008—2022 年，实行邮运车辆驾驶人员兼押运方式。

3. 邮件投递

邮件投递是将邮件报刊按用户名址直接投送到户的邮政末端服务。

城市投递 1986—1987 年，潼南县梓潼镇街市投递划段道 4 个，投递路线共计 53 公里。1 天投递 1 次。1990 年，新增凉风垭经济开发区城市投递段道 1 个。1996 年，新增江北新城片区城市投递段道 1 个。2000 年 10 月，潼南县城实施邮政包裹直投到户。2018 年，整合城区普邮段道 11 个和车投段道 20 个，全区城区投递段道共 31 个，1 天投递 2 次。

农村投递 1986 年，潼南全县 56 个乡镇（不含梓潼镇）均有农村投递人员，共有农村投递邮路 103 条，全长 2554 公里，邮件转接点 290 个。1988 年推行"乡办邮政"，农村社下投递由镇乡经办邮政所或镇乡农村投递人员负责投递。截至 1999 年底，全县农村投递邮路由 56 条增加到 112 条。截至 2006 年底，全县农村投递邮路共 113 条，全长 894 公里，为周三或周五班（镇政府所在地为周五班）。截至 2019 年底，全县农村投递邮路有 99 条，全长 1351 公里，为周三或周五班。2022 年，全县农村投递邮路 95 条，全长 1301 公里，为周三或周五班。

（三）网运管理

1. 组织管理

组织机构 1986 年，潼南县邮电局设封发邮运投递组，负责邮件封发、抄、登、分拣及转运、投递任务。1997 年潼南县邮政局成立后，设置营业组、封发组、发行组、投递组、机要组、驾驶班，负责潼南县内邮件运输、处理、投递。2003 年 1 月，设立邮件处理中心，2015 年，整合营、分、运、投处理各环节资源后，改设邮件运营中心。2018—2022 年，原速递物流分公司揽投

邮件处理中心
封发作业时间(流程)表

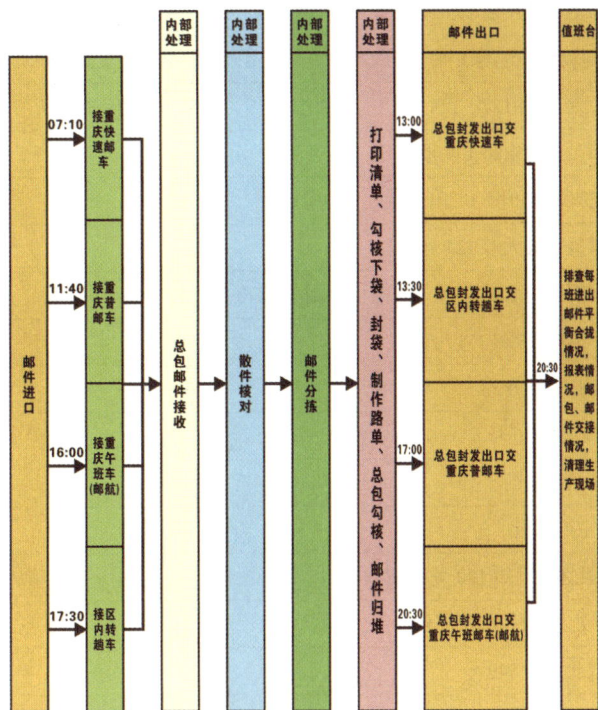

图 9-10-3-1　2015 年潼南邮政邮件处理中心封发作业时间(流程)表

部和邮件运营中心合并为直营营业部，负责全区进出口邮件运营。

生产作业管理　生产作业管理主要是对生产作业各流程的管理，潼南邮政网运生产作业包括潼南境内市趟邮路邮件接收、分拣、封发，区域内邮件到投递站点的转驳、运输、投递等。总体由营、分、运、投 4 大环节组成，每一环节包括各自系列工序。

2. 网运质量

1986—1997 年，邮电通信生产系全程全网作业，局际之间，上下环节之间，对时限、频次管理要求都较为严格。1997 年邮电分营后，潼南县邮政局对网运质量管理逐渐精细化，对网运时限加强监督管理，逐步建立并完善及时妥投率、电话预约率、收寄及时率、省内邮件互寄次日递率等重点网运质量指标管控体系。2022 年，潼南邮政特快专递邮件收寄及时率 99.72%、及时妥投率 98.1%。

（四）服务网点

1. 网点设置

1986 年，潼南邮电下设邮电自办支局所 12 个、代办所 19 个及代办点 37 个。1997 年 7 月，邮电分营，下设邮政支局 9 个、邮政所 3 个，属自办机构，各镇乡邮政代办所、代办点未变动。2004 年，全县邮政支局 12 个、邮政所 52 个。截至 2022 年底，潼南邮政辖内共有邮政网点 46 个，其中，邮政综合网点 43 个，纯邮政网点 3 个；城区 9 个，农村地区 37 个。

表 9-10-3-5

1986—2022 年潼南邮政局所一览表

序号	局所名称	经营性质	经营属性	设置地点	备 注
1	太安支局	自办	农村	太安镇新区 30 米大道 17 号	—
2	龙项邮政所	自办	农村	田家镇兴龙街 18 号	—
3	新桥邮政所	自办	农村	太安罐头厂对面街	—
4	田家邮政所	自办	农村	田家镇横街 39 号	—
5	永胜邮政所	自办	农村	永胜永兴街 91 号	—
6	别口邮政所	自办	农村	别口镇五一路 2 号附 1 号	—
7	小渡支局	自办	农村	小渡镇人民街 133 号	—
8	幸福邮政所	自办	农村	小渡镇人民街 2 号	—
9	青云邮政所	自办	农村	青云街皂桷村	—
10	寿桥邮政所	自办	农村	寿桥镇寿桥中街 25 号	—
11	汇集邮政所	自办	农村	小渡镇人民街 295 号	—
12	卧佛支局	自办	农村	卧佛镇太平街 88、86 号	—
13	下桥邮政所	自办	农村	卧佛太平街 275 号	—
14	长兴邮政所	自办	农村	卧佛下大桥 39 号	—

序号	局所名称	经营性质	经营属性	设置地点	备 注
15	五桂邮政所	自办	农村	五桂镇长岭村 2 组	—
16	大同街支局	自办	城市	大佛街道办事处建设公寓 A 幢 293、295 号	—
17	大佛邮政所	自办	城市	大佛街道办事处建设路 201 号 3 栋 1-01	2020 年 5 月迁址更名为建设路邮政所
18	四方邮政所	自办	城市	大佛街道办事处潼柏路 127、129 号	2017 年 3 月更名为潼柏路邮政所
19	凉风垭支局	自办	城市	梓潼街道办事处建设东路 179 号	—
20	正兴街邮政所	自办	城市	梓潼街道办事处正兴街 130 号 1- 附 01 号	—
21	东升邮政所	自办	城市	梓潼街道办事处东安大道 124 号	—
22	东风邮政所	自办	城市	桂林街道夏露街 223 号	2012 年 8 月更名为江北邮政所
23	龙形支局	自办	农村	龙形镇老街 167、169、171 号	—
24	上和邮政所	自办	农村	上和镇田湾街 78 号	—
25	文庙邮政所	自办	农村	上和镇新街 46 号	—
26	茶店邮政所	自办	农村	龙形镇月亮街	—
27	民主邮政所	自办	农村	民主街村街	—
28	檬子邮政所	自办	农村	龙形镇檬茨社区太平街 120 号	—
29	新林邮政所	自办	农村	桂林街道办事处花厅村 6 组 52 号	—
30	桂林邮政所	自办	城市	潼南大道北一段 549 号	—
31	古溪支局	自办	农村	古溪镇双龙街 20 号	—
32	黄桷邮政所	自办	农村	古溪镇云林街 76 号	—
33	会光邮政所	自办	农村	古溪镇会光老街 70 号	—
34	新华邮政所	自办	农村	米心镇川祖街 6 号	—
35	宝龙邮政所	自办	农村	宝龙镇元宝街 157 号	—
36	飞跃邮政所	自办	农村	古溪镇白鹤街 15 号	—
37	柏果邮政所	自办	农村	古溪镇柏果乡	—
38	红花邮政所	自办	农村	古溪镇红花街 23 号附 16 号	—
39	玉溪支局	自办	农村	玉溪镇新街 15 号	—
40	迎龙邮政所	自办	农村	玉溪镇街村	—
41	米心邮政所	自办	农村	米心镇老街 45 号附 10 号门市	—
42	群力邮政所	自办	农村	群力镇建设街 12 号	—
43	双江支局	自办	农村	双江镇双桥路 241-251 号	—
44	安兴邮政所	自办	农村	双江镇新兴街 10 号、10 号附 1 号	—
45	双桥邮政所	自办	农村	双江镇文北街 89 号	—
46	智会邮政所	自办	农村	双江正街 65 号	—
47	花岩邮政所	自办	农村	花岩镇民鑫街 25 号附 18、19、20、21 号	—
48	柏梓支局	自办	农村	柏梓镇正街 82 号	—
49	建设邮政所	自办	农村	柏梓镇建设路街 80 号	—
50	文明邮政所	自办	农村	柏梓镇文明乡石桥街 21 号	—

序号	局所名称	经营性质	经营属性	设置地点	备注
51	永安邮政所	自办	农村	柏梓镇梅家村	—
52	龙藏邮政所	自办	农村	柏梓镇潼柏路 139 号	—
53	大滩邮政所	自办	农村	柏梓镇金盆路 26、28 号	—
54	光辉支局	自办	农村	崇龛镇狮泉下路 109、111、113 号	2022 年 5 月更名为崇龛邮政支局
55	狮泉邮政所	自办	农村	崇龛镇狮泉路街 12 号	—
56	红星邮政所	自办	农村	崇龛镇明月街 40 号	—
57	塘坝支局	自办	农村	塘坝镇人民街 175 号	—
58	永乐邮政所	自办	农村	塘坝镇东南街 299 号	2021 年 9 月迁址更名为东南街邮政所
59	明镜邮政所	自办	农村	明镜乡	—
60	新胜邮政所	自办	农村	新胜镇正兴街 50 号附 53、54、55 号	—
61	胜利邮政所	自办	农村	塘坝镇中塘路 7 号	—
62	康乐邮政所	自办	农村	塘坝镇人民街 175 号	2022 年 5 月更名为塘坝邮政支局
63	城西邮政所	自办	农村	双江镇	—
64	独白邮政所	自办	农村	上和镇独白乡	—
65	朱家邮政所	自办	农村	崇龛镇朱家乡	—
66	园林邮政所	自办	城市	大佛街道办事处建设路 201 号 3 栋 1—1	—
67	巴渝大道邮政所	自办	城市	桂林街道巴渝大道中段 651 号 8 幢 14—17 号	—

2. 社会加盟站点

自 2009 年起，潼南邮政开展村邮站建设，截至 2019 年，共建成村邮站 140 个。自 2013 年起，开展邮乐购站点建设，截至 2022 年底，建成 330 个。

自 2021 年起，潼南邮政依托邮政村邮站、邮乐购站点、农村商超等社会加盟站点，实施邮政综合便民服务站建设，截至 2022 年 12 月，潼南区分公司累计在农村地区建设村邮站 140 个、邮乐购站点 290 个、邮政综合便民服务站点 110 个，为当地居民提供水电费缴纳、购买农资等便民服务。2020 年，潼南邮政提升末端投递能力，启动城区邮快超市建设。截至 2022 年底，潼南区分公司在城区共建成运行邮快超市 36 个。

四、邮政管理

（一）财务管理

邮电合营时期，县邮电局财务实行独立核算，按照邮电部统一制订的会计核算科目、账户、记账方法和财务规章制度，建立县一级财务管理体系。主要按照邮电通信和农村电话两块核算。1997 年，邮电分营后，执行新的财务核算制度，实行收支差额管理。2003 年，潼南邮政划归合川片区邮政局管辖，由片区局对县邮政局实行二级核算，推行一体化报账制。自 2016 年起，潼南邮政财务核算、账务报销审核由市分公司核算中心集中管理。2018

年后，分邮务账、寄递邮政账和速递账进行财务核算。

（二）人力资源管理

1. 队伍建设

1986 年末，潼南邮电共有从业人员 207 人。1997 年 7 月，邮电分营前，共有从业人员 241 人。1993 年，潼南邮电全面推行岗位全员劳动合同化管理。1997 年邮电分营，在职职工 112 名和退休人员 40 名划归潼南邮政管理。自 1997 年起，为满足生产经营发展需要，潼南邮政加大职工队伍建设力度，进一步规范用工管理，邮政职工队伍逐步建立健全。2000 年潼南邮政从业人员人数 98 人，2015 年 148 人，2022 年 218 人。

2. 教育培训

邮电分营初期，潼南邮政将提升员工专业技能与学历水平作为重点工作。1997 年，潼南邮政 112 名从业人员中大专文凭仅 1 人，高中文化程度 44 人。潼南邮政党政工号召和支持职工参加电大、夜大函授自修学习，同时吸纳优秀高学历人才，并开展岗位培训和专业技能培训等，逐步提高邮政职工学历水平和专业技能。截至 2005 年底，全局共有从业人员 79 人，其中达到大专以上文化程度 38 人。2017 年有研究生 1 人，大专及以上学历占比 91%，技能持证人数 140 人。2022 年，大专及以上学历占比 95%，通过初级技能鉴定 45 人、中级 64 人、高级

46 人、技师 2 人，AFP 持证 6 人。

3. 薪酬管理

1986 年前，邮电企业实行类别等级工资制。自 1986 年起，薪酬管理共经历 3 次大的改革：一是 1993 年实行企业岗位技能工资制度；二是 1997 年实行分等分级管理工资制度；三是 2002 年实行一岗一薪制。

2008 年，建立以岗位管理为基础的一岗多薪宽带薪酬制度。2015 年，调整岗位序列为管理、专业和操作 3 大序列，基本工资分为薪级工资和岗位工资两部分。取消部门分类，调整易岗易薪规则。2018 年起，实施基本工资晋级、岗位工资晋档，调高专业技术职务津贴、职业资格等级津贴、外勤和夜班津贴标准，对特殊贡献的荣誉员工进行薪级工资加分，并沿用至 2022 年。

（三）服务质量管理

1. 营业服务

1986—1997 年，潼南县邮电局通过下设邮电自办支局所、代办所及代办点提供邮电营业服务，全县营业场所均开办普遍服务四项基本业务，服务面积覆盖全县 1583 平方公里，覆盖率 100%。1995 年，潼南邮电执行邮政服务工作"八不准"规定。同年，在各邮电服务窗口开展杜绝"50 句服务忌语"文明服务，提高邮电服务质量。1996 年，潼南邮电推行邮政服务承诺制度，向社会公开邮政服务项目、内容、程序、时限、收费标准和违约责任。1999 年 10 月 28 日，潼南邮政正兴街营业厅被列入首批邮政电子化营业厅建设计划。2004 年，县内邮政代办所全部更名为邮政所，同年，全县所有邮政营业场所实现电子化营业。

2005 年，潼南邮政开展"提高服务质量，让用户满意"专项活动。2019 年，统一规范全区 46 个邮政普遍服务场所营业基础管理台账，建立普遍服务、金融业务、合规、安防、案防等 9 个"盒子"。2019—2022 年，疫情期间全区邮政营业服务平稳运行。2020 年，潼南邮政对全区 46 个邮政普遍服务场所营业环境、上墙宣传资料等进行统一标准规范。2021 年，更新全区 46 个邮政普遍服务营业场所局名牌，对营业时间、开办业务种类分别进行公示。2022 年，潼南邮政被集团公司评为"全国邮政用户满意企业"。

截至 2022 年底，潼南邮政辖内所有营业场所均开办普遍服务 4 项基本业务及特殊服务业务。

2. 普遍服务与特殊服务

（1）普遍服务

1986—2022 年，潼南邮政所辖所有营业场所均提供 4 项普遍服务基本业务，未出现未经邮政管理部门批准，擅自撤销邮政普遍服务营业场所、停办限办邮政普遍服务业务和特殊服务业务的违反"两条红线"的情况。2013 年，全县已实现 283 个建制村通邮，后随潼南县内行政区划

调整，建制村通邮投递频次、深度随之调整为周三或周五班。2022 年，潼南区内共有 46 个邮政普遍服务营业场所，全覆盖区内 3 个街道、20 个镇，建制村通邮率 100%。

（2）特殊服务

邮政特殊服务业务主要包括机要通信以及义务兵平常信函、盲人读物、烈士遗物免费寄递。1985—2022 年，潼南邮政机要通信连续 38 年质量全红，未发生机要件丢失、泄密、损毁等通信事故和重大交通安全责任事故。

3. 监督检查

1997—2020 年，潼南邮政服务质量先后由邮政业务市场科、生产经营科、经营服务部、市场经营部、市场营销部管理，配兼职邮政视察检查人员，对邮政传统业务进行监督检查。2020 年后，配专职视察检查人员 3 名，归口市场营销部管理，通过现场与非现场相结合方式，对邮政业务开展监督检查。

（四）安全管理

1997 年前，潼南邮电安全管理主要是对内部治安保卫、保密、消防、普法教育、通信生产安全、车辆运输安全、人身财产安全、保护通信线路和用户使用邮电业务安全、邮电资金票款管理安全，以及人防、技防等管理工作。

邮电分营后，潼南邮政安全管理工作重点是邮政资金安全、内部治安管理和邮政车辆运输安全。1997 年，潼南邮政成立后，对全县邮政营业（储蓄）网点柜台安装防弹玻璃，更新防盗防抢报警装置，设置电子闭路监控装备，配置押送钞车辆及专用服装等。

随着邮政事业发展，围绕金融机构安全评估、"平安邮政"建设，邮政安全管理体系逐步建立并完善，人防、物防、技防等实现现代化、智能化，有效防止各类安全事故发生。

（五）党群管理

1. 党组织

1986—1997 年，潼南县邮电局党总支下设行政、邮政、电信 3 个党支部。1995 年 7 月，增设离退休党支部。

1997 年 9 月，撤销潼南县邮电局党总支，设立潼南县邮政局党总支，共有党员 38 名。1998 年 2 月，组建行政、生产和退休 3 个党支部。截至 2007 年底，县邮政局党总支换届 3 次。

2007 年 7 月 12 日，中国共产党潼南县邮政局委员会成立。2015 年，更名为"中国共产党中国邮政集团公司重庆市潼南区分公司委员会"。2020 年，更名为"中国共产党中国邮政集团有限公司重庆市潼南区分公司委员会"。2007—2022 年，党委共换届 3 次。2022 年，党委下辖综合职能、生产作业、寄递事业部 3 个党支部，正式党员 55 人、预备党员 2 人。

2. 工会

1986—1995 年，县邮电工会共召开 3 次职工代表大

会，选举产生了 3 届工会委员会。1997 年，潼南县邮政局成立后，成立潼南县邮政局工会。1998 年 6 月，潼南县邮政局工会召开第一次职工代表大会，选举产生潼南县邮政局首届工会委员会。会员人数从 1997 年 97 人发展到 2022 年 207 人。自 2016 年开始，潼南邮政为解决员工工时就餐等问题，开展职工小家建设。截至 2022 年底，潼南邮政共建成职工小家 42 个。

3. 团组织

邮电分营前后，均设置共青团组织，分别称潼南县邮电局团支部和潼南县邮政局团支部。1986—2005 年，团支部每 4 年进行 1 次换届选举，报团县委审批。2008 年，"潼南县邮政局团支部"更名为"中国共产主义青年团潼南县邮政局委员会"。2015 年，更名为共青团中国邮政集团公司重庆市潼南区分公司委员会。2020 年，更名为共青团中国邮政集团有限公司重庆市潼南区分公司委员会。截至 2022 年底，潼南邮政团组织有书记、副书记各 1 名，并设宣传委员、组织委员、学习委员、文体委员、生产委员，共有团员青年 28 名。

第十一章　万州片区邮政机构

中国邮政集团有限公司重庆市万州片区分公司下辖忠县、开州、云阳、奉节、巫山、巫溪、梁平、城口 8 个区县分公司及直属单位万州片区城区分公司。截至 2022 年，万州片区邮政共有营业网点 485 个（其中：金融网点 379 个），揽投营业部 14 个；从业人员 2915 人；邮路 90 条，邮路单程总长度达 12333 公里。2022 年，万州片区分公司实现收入 16.79 亿元，列全市邮政企业第 1 位。

一、机构沿革

2003 年 2 月，市邮管局实行城区、片区邮政企业经营管理体制，设立万州片区邮政局，万州片区局设在万州区邮政局，直接管理万州、忠县、开县、云阳、奉节、巫山、巫溪、梁平、城口 9 个区县邮政局。

2014 年 2 月，"重庆邮政万州片区邮政局"更名为"重庆市邮政公司万州片区分公司"。同年 6 月，重庆市邮政速递物流有限公司组织机构改革，组建万州片区分公司，管理原万州、开县、忠县、云阳、奉节、巫山、巫溪、梁平、城口 9 个区县分公司。

2017 年 6 月，根据市分公司城片区、区县分公司机构编制方案，设立万州片区分公司，调整万州片区分公司内设机构主要职责及人员编制，设立营业局、投递局、机要局作为万州片区分公司的直属单位，其中投递局与机要局合署办公。2018 年 9 月，寄递改革，组建万州片区寄递事业部（保留"中国邮政速递物流股份有限公司万州分公司"牌子），下设寄递事业部市场部（客户服务中心）、寄递事业部服务质量部、寄递事业部运营管理部、寄递事业部综合部。同年 11 月，"中国邮政集团公司重庆市万州区分公司"更名为"中国邮政集团公司重庆市万州片区分公司"。

2020 年 3 月，"中国邮政集团公司重庆市万州片区分公司"正式更名为"中国邮政集团有限公司重庆市万州片区分公司"。

2022 年，中国邮政集团有限公司重庆市万州片区分公司设立市场经营、经营支撑、综合职能 3 大部门。经营支撑部门含金融业务部（中邮保险局）、集邮与文化传媒部、渠道平台部；市场经营部门含市场营销部、服务质量部（普遍服务部）；综合职能部门含综合办公室（党委办公室、安全保卫部）、财务部、人力资源部、党委党建工作部、纪委办公室。

二、邮政业务

2003 年，重庆邮政实行体制调整后，万州片区邮政局经营管理实现由"服务型向经营服务型"转变，发展邮政储蓄、特快、集邮、渠道等业务，拓展物流仓储、广告业务、代理保险等新业务。2003—2022 年，万州片区邮政业务整体收入从 1.26 亿元增至 16.79 亿元。

（一）金融业务

2003 年，万州片区邮政全年新增储蓄存款余额 5.55 亿元。2006 年，开办短信业务，短信通知范围涵盖储蓄业务、汇兑业务、速递业务。2010 年，新增储蓄存款余额 36.45 亿元，期末储蓄存款余额 174.49 亿元；实现短信收入 867 万元，排名全市第一。同年，万州片区邮政在万州、开县等 7 个局开展小额贷款试点，发放小额贷款 622.9 万元。2013 年，万州片区邮政启动新型邮政网点的转型建设工作。2015 年，期末储蓄存款余额 397.16 亿元，列全市第 1 位。同年，片区累计建成转型网点 193 个（其中标准版 114 个），转型覆盖率 50.79%。2016 年，新增储蓄存款余额 52.17 亿元，期末储蓄存款余额 449.33 亿元；代理保险新单保费 22.68 亿元。2017 年，新增储蓄存款余额 61.64 亿元，期末储蓄存款余额 510.96 亿元；代理保险新单保费 29.8 亿元。2018 年，代理保险新单保费 31.72 亿元；新增电子支付客户 26.94 万户。2019 年，期末储蓄存款余额 610.38 亿元；全年新增余额 47.44 亿元；代理保险单保费 29.98 亿元。2022 年，新增储蓄存款 92

亿元，期末储蓄存款余额 839 亿元；全年理财销量 44.69 亿元；新增数字人民币个人绑卡钱包 440687 户；新增公司存款月日均余额 10068 万元。

2018 年，万州片区邮政金融资金安全领导小组成立，邮银双方通过"共查、共防、共控"开展金融风控合规管理工作。2019 年，制订风险内控案防管理会工作规则，防范重大风险，特别是金融风险。2020 年，万州片区邮政健全代理金融合规检查队伍管理，将检查队伍管理职责划分到金融业务部，负责所辖区域代理金融检查工作。2021 年，开展"案件风险警示教育活动""合规知识竞赛"等活动提高员工金融合规意识，同时建设合规文化墙，打造"全面、全程、全员"参与的合规文化氛围。2022 年，健全合规检查及预警稽核队伍，开展"雷霆行动"工作，建立代理金融风险合规 7 项长效机制，全年未发生重大金融风险事件。

（二）寄递业务

2003 年，万州片区邮政寄递业务累计完成收入 610 万元，其中，物流直递 550 万元，仓储 50 万元，机要 10 万元。2009 年，重庆市邮政速递物流公司万州区分公司成立，速递物流迈入一体化专业轨道，实现由传统窗口收寄模式向上门揽收专业化服务的经营模式转变，全年实现寄递总收入 3549.52 万元。2018 年，万州片区及所辖各区县寄递事业部成立，开展专业化经营，寄递业务迈向新的发展历程，实现寄递业务收入 5279.61 万元。自 2019 年起，万州片区围绕奉节脐橙、巫山脆李、万州柠檬"3 个千万级"项目打造示范项目，探索发展模式，至 2020 年分别实现寄递收入 974 万元、476 万元、872 万元。2021 年，万州片区所辖各分公司通过创新"贷款＋寄递""包装＋寄递""主动客服＋寄递""专用包装＋寄递""销售＋寄递"等发展模式，开发玫瑰香橙、红橙、忠橙、春橙、柚子等季节性农产品寄递业务，累计收寄邮件 184.94 万件。2021 年，实现极速鲜农产品寄递收入 988 万元，排名全市邮政企业第一，占全市邮政企业极速鲜收入比重 50.91%。农产品寄递推动同城特快业务快速增长，大同城特快业务快速发展，收寄量同比增加 74.35 万件。2021 年，在忠县政府主办的"忠橙出口新加坡开园首航暨'忠橙'国际云上产销对接会"中，忠县分公司助力爱媛果冻橙出口新加坡。

（三）文传业务

2005 年，成立集邮协会以来，万州片区邮政共举办 500 余场集邮宣传服务活动，集邮爱好者从最初的 30 余人增长至 2022 年的 5100 余人。同年，万州片区邮政实现函件收入 505 万元，集邮收入 615 万元，报刊收入 778 万元。

2009 年起，"邮政服务进社区及信报箱建设"连续 3 年被纳入万州区委、区政府"十大民心"工程。2010 年，

万州片区邮政实现报刊大收订流转额 3504.48 万元，截至 2022 年，实现报刊大收订流转额 9654.6 万元。2010 年，文化传媒业务实现收入 3448.68 万元，截至 2022 年，文化传媒业务实现收入 8397.9 万元。

2015 年，巫溪分公司建成万州片区第一家文化邮局——红池坝花海邮局，各区县分公司先后依托景区资源陆续建成 5 个文化邮局。

2020—2022 年，万州片区邮政连续 3 年获得集邮业务全国重点地市小组排名第 1 位。2022 年，双线联动发展共开发定向邮品 125 万元，线上销售邮品 1255.6 万元，线上订阅报刊 3345.74 万元，新媒体收入 566 万元。

2022 年，万州片区邮政实现函件收入 1706.74 万元，集邮收入 2859.98 万元，报刊收入 3678.54 万元。2022 年完成文创收入 152.64 万元。

（四）渠道业务

自万州片区邮政成立起，通过各类劳动竞赛活动推动业务发展。2008 年，万州、开州、云阳、奉节、巫山、梁平、城口邮政局被重庆市商务委员会认定为"万村千乡"农资类龙头企业。2009 年，万州片区邮政开办"自邮一族"业务。2011 年，在全市率先开办代售汽车票项目，开通飞机票代售网点 168 个、火车票代售网点 36 个、汽车票代售网点 57 个、"缴费一站通"网点 168 个。2007—2009 年，片区累计建成"三农"网点 3074 个。2012 年，完成 14 户邮乐网招商产品上线销售。2015 年，建成 7 个电子商务运营中心、410 个农村电商服务平台、676 个邮掌柜，并在邮乐网开设特色农品馆，共引进 50 多个入驻商家、600 余种特色产品，成为全市邮政企业中第 1 个全片区各单位均开设特色农品馆的片区单位。同年，开始代办车险业务，实现保费 111.28 万元。2016 年，片区 200 个网点办理代开代征税业务。2017 年，正式开办简易险业务，实现保费 496 万元。2019 年，片区辖内共 47 个网点开通警邮业务。2018 年，建成邮乐购站点 3733 个。2021 年，建成县级分拨仓 8 个、重点乡镇周转仓 11 个、批销站点 2903 个、村级服务站点 2847 个，建制村覆盖率 100%。2022 年，万州片区在集团公司"919 电商节"中获得"全国百强地市奖"，忠县邮政驿和大米成为全国首个五万单大单品。2022 年，万州片区邮政渠道业务总收入 14605 万元，列全市邮政企业第 1 位。

三、邮政网络

2003—2022 年，万州片区邮政不断调整优化邮路、扩大邮件处理场地，提高邮件运输处理能力，邮政通信从以手工作业为主的传统生产方式逐步向以机械化、自动化、信息化为特征的现代邮政生产作业方式发展，邮政网路业务管理、指挥调度和业务信息传递逐步实现现代化。

（一）网络能力建设

2003 年，万州片区邮政组开万州—开县—城口、万

州—云阳—巫溪、万州—奉节—巫山3条区域邮路，往返带运机要、特快、普包、报刊等各类邮件和利载物流。2012年，落实"钞邮合一"组网运行。2015年，逐步弱化万州三级邮区中心局功能，部分万州组开邮路改由重庆组开，减少邮件中转盘剥环节，提升寄达时限，同时推行"营分运投"全环节流程优化。2017年，实施"钞邮分离"，提升对电商包裹、批销配送等业务支撑能力。2018年，万州片区寄递事业部成立后，邮、速双方人员、车辆、邮运线路完成整合。

2022年，万州片区邮政机构邮件处理场地总面积达到16000m²，全年进出口量达到5905万件，日均处理16.18万件。70条区乡邮路覆盖片区全部乡镇，日均行驶里程1.29万公里，邮运及投递车辆342台。

（二）邮政信息化建设

2003年，开发上线储蓄揽储系统，确保储蓄数据准确性。同年，完成财务一体化联网网络工作，提升财务管理效率。2004年，开发上线薪酬管理系统，提升薪酬管理能力。2007年，搭建万州片区视频会议系统，提升视频会议召开效率。2011年，完成二级骨干网络改造升级，提升骨干网安全性以及传输效率。2014年，完成储蓄系统逻辑大集中系统上线工作，提升储蓄系统运行能力。2017年，完成新一代寄递平台系统切换上线工作，促进寄递业务发展。2019年，实施统一柜面管理平台推广上线工作，片区共982个台席完成设备更换调试工作。2021年，片区骨干网络完好率100%、病毒感染率为0，未出现重大安全隐患，在市分公司2022年综合评比中列全市第一名。

四、邮政管理

（一）财务管理

自2003年起，万州片区局完善财务体制、调整成本结构、优化财务管控，提高财务管理水平。2003年，《万州区邮政局财务一体化试行管理办法》出台，同年10月，财务一体化联网工程正式投入运行。2015年，万州片区邮政建立利润为导向的财务管控体系，强化重点成本管控和资金管理。2017年，万州片区邮政开始全面推行零基预算管理，改变历史成本法为主的预算模式，实行"先额度、后使用"管理模式，将成本预算执行与管控纳入绩效考核，改善片区各邮政机构多年集中年底开销的情况。2019—2022年，不断完善战略绩效指标体系框架，强化预算执行过程管控，万州片区邮政各邮政机构均超额完成利润目标。

（二）人力资源管理

2003年，万州片区邮政局从业人员1614人。截至2022年，万州片区邮政从业人员2915人，其中，本科及以上学历1497人，占比51.36%；大专学历1151人，占比39.49%。片区代理金融从业人员银行业专业人员职业资格持证率38.3%，基金从业资格持证率34.22%，599人

取得邮政生产人员特有职业资格高级证书，AFP（金融理财师）持证110人，CFP（国际金融理财师）持证3人，聘任专业技术职务71人。选优配齐理财经理队伍，片区理财经理378人。

2017年，万州片区邮政制订领导人员管理规定和领导人员任免工作程序，2021年，完善修订《中国邮政集团有限公司重庆市万州片区分公司领导人员任免工作程序（试行）》，规范领导人任免程序。2022年，印发《中国邮政集团有限公司重庆市万州片区分公司领导人员管理规定（试行）》《万州片区分公司关于推行领导人员任期制和契约化管理工作的通知》，并制订配套薪酬分配实施方案和构建"战略绩效＋关键业绩指标＋重点任务"的经营业绩考核体系，推动任期制和契约化管理工作进一步规范化、制度化。2022年，印发《万州片区分公司（内设部门）领导人员经营业绩考核实施方案（试行）》《中国邮政集团有限公司重庆市万州片区分公司薪酬分配及绩效考评办法（试行）》，进一步完善薪酬分配办法。同年，印发《中国邮政重庆万州片区分公司员工双向交流管理办法》，提高片区分公司员工综合素质，优化队伍结构。

（三）服务质量管理

万州片区邮政设置普遍服务营业场所485个，其中：城市网点82个，农村网点403个。建制乡镇邮政局所建设率达到100%。辖内所有网点均开办信件、印刷品、包裹、汇兑四项普遍服务基本业务及盲人读物、革命烈士遗物、义务兵平常信函免费寄递等特殊服务业务。

2003—2016年，万州片区邮政围绕"服务促效益"指导思想开展邮政通信服务质量自查整顿等活动，同时持续开展"创星级窗口""巾帼示范岗""讲文明，树邮政新风"等活动，用户满意度均达到85分以上。2017年3月，新《邮政普遍服务标准》实施，万州片区邮政制订"十三五"时期建制村直接通邮实施方案，辖区内2849个建制村于2019年6月完成通邮目标。

2017年8月，万州片区邮政成立服务质量（普遍服务）部，将邮政视察检查、金融合规检查、安全检查整合，组建服务质量检查队伍，承担全片区服务质量管理和监督检查职能，健全万州片区邮政服务质量监督检查体系和服务质量管理体系。2020年4月，按照市分公司要求，对片区金融合规检查和邮政视检人员进行归口调整，将金融检查、安全检查队伍划归金融业务部和综合办公室（安全保卫部），成立邮政服务质量管理和视察检查队伍，承担片区邮政服务质量监督检查和邮政普遍服务管理工作。2022年，万州片区邮政普服19项重点指标全部达标，其中县及县以上城市党政机关《人民日报》当日见报率、申诉处理满意率均保持100%；建制村投递频次达标率100%；营投合一单人局所为0；营业时长达标率100%；给据邮件信息断点率压降到万分之零点九以下；条码平信

信息断点率压降到千分之零点九以下；普邮全程时限全面达标；巡视专用信箱邮件寄递服务和机要工作万无一失，机要通信连续 37 年实现质量全红；用户满意度持续保持 85 分以上。

（四）安全管理

自 2003 年成立片区以来，万州片区邮政承担片区本部和下辖 8 个区县邮政分公司的安全管理工作，对所辖区县分公司安全保卫工作进行督促、检查和管理。主要负责办公场所、营业网点、处理场所、仓储场所、业务库、票品库房、监控机房、机要场所、职工食堂等开展安全隐患排查整改，涵盖金融、邮件、人身、消防、建筑、交通、信息、机要等"八大领域"安全保卫工作；负责片区分公司与辖内各区县分公司签订《安全生产、消防安全、案件防控目标责任书》，并督促检查各单位全员签订《安全保卫责任书》情况，落实安全责任；负责健全和完善片区各类安全管理规章制度。自 2017 年起，万州片区邮政开始组织开展一年一度的平安邮政建设工作，从安全管理基础工作、年度安全重点工作着手建设平安邮政。2003—2022 年，万州片区未发生各类重特大安全生产事故及安保类案件、公共安全事件。

（五）党群管理

1. 党组织

中共中国邮政集团有限公司重庆市万州片区分公司委员会（简称万州片区分公司党委）下设党总支 6 个，党支部 23 个，党小组 27 个，共有党员 540 人，其中组织关系在邮政的党员有 453 人。2014—2021 年，万州片区分公司党委按照统一部署，先后组织开展党的群众路线教育实践活动、"三严三实"专题教育、"两学一做"学习教育，开展"不忘初心、牢记使命"主题教育、党史学习教育等一系列党内集中主题教育活动。2021 年，开展庆祝新中国成立 70 周年、建党 100 周年等主题活动。同时开展"讲好邮政故事""员工大讲堂""微课堂""邮政榜样墙"等各类党内先进选树、评选的党建品牌活动。2022 年，深入推进万州片区分公司"11335"党建工作体系（坚持一个主题、落实一项工程、建强三支队伍、建立三个机制、聚焦五大行动）落细落地，推动党建工作与业务发展、经营管理深度融合创新。

自 2015 年起，万州片区分公司党委共接受上级党组织开展巡视巡察工作 3 次，2015 年、2020 年先后接受集团公司党组巡视组对市分公司党委的延伸巡视，2020 年，接受市分公司党委巡察组对万州片区分公司党委开展的巡察。

2. 纪律检查

中共中国邮政集团有限公司重庆市万州片区分公司纪律检查委员会（简称万州片区分公司纪委）对片本部和开州、云阳、忠县、梁平、奉节、巫山、巫溪、城口邮政纪检工作承担管理职责。1988 年，成立中共万县地区邮电局纪律检查组。1998 年，设立中共万县市邮政局纪律检查委员会。1999 年，设立万县市邮政局监察室。2007 年，万州区邮政局党群办公室、监察室合署办公。2012 年，单独设立万州区邮政局监察审计室。2016 年，设立万州片区分公司纪检监察室，与党委党建工作部合署办公。2017 年 7 月，单设党委党建工作部（纪检监察室）。2018 年起，每年召开党风廉政建设和反腐败工作会，对各单位党组织落实党风廉政建设责任制情况进行监督检查和指导，对所辖各区县邮政管理的干部问题线索进行核查处置，对所辖各区县邮政纪检委员、纪检人员准入基本条件进行审核把关。2020 年，撤销万州片区分公司纪检监察室，设立纪委办公室，与党委党建工作部合署办公。2022 年，单独设置万州片区分公司纪委办公室。万州片区分公司纪委以"学习宣廉"为主线，创新开展纪法警示教育"最后一公里"活动，以"面对面宣教"的形式将纪法警示教育向基层延伸。

3. 工会

中国邮政集团工会重庆市万州片区委员会坚持以职工为中心、企业民主管理，发挥组织优势，围绕企业发展目标，开展劳动竞赛，健全完善片区职代会制度，推进企业民主管理。截至 2022 年 3 月，片区共有 7 个职工之家、135 个示范小家、141 个职工小家、51 个职工小家公寓，覆盖率达到 100%。

4. 荣誉

2002—2003 年，连续两年获得中共重庆市委、重庆市人民政府颁发的"重庆市文明单位"。2007 年，获得中共重庆市委、重庆市人民政府颁发的"重庆市文明单位"。2010 年，获得中国交通企业管理协会、交通行业优秀企业管理成果评审委员会联合颁发的"全国交通运输企业文化建设年度优秀单位"。2011 年，获得中国邮政集团公司颁发的"分销业务全国示范县"。2014 年，金娟获得重庆市国防邮电工会授予的"重庆市国防邮电系统金牌职工"。2020 年，获得中华人民共和国人力资源和社会保障部、中华人民共和国国家邮政局颁布的"全国邮政企业先进集体"；李璐君被共青团中央评为"全国优秀共青团干部"。

第一节　万州邮政机构

一、机构沿革

（一）机构演变

1. 四川省管局管辖时期

1986 年，万县市邮电局由四川省万县地区邮电局管理。

1993 年 3 月，撤销四川省万县地区设立四川省万县市。同年 4 月，"万县地区邮电局"更名为"万县市邮电局"，建立分局体制，成立万县市邮电局龙宝区分局、天城区分局、五桥区分局。

1986—1997 年，万县地区邮电局管辖万县市邮电局、万县市龙宝区邮电分局、万县市天城区邮电分局、万县市五桥区邮电分局和忠县、开县、云阳、奉节、巫山、巫溪、城口、梁平 8 县邮电局。

2. 邮电分营时期

1997 年 3 月，行政区划调整，万县市正式划属重庆。同年 7 月，万县市邮政局正式成立，由重庆市邮政管理局管辖。

1998 年 3 月，万县市邮政局、万县市龙宝区邮政局、万县市天城区邮政局、万县市五桥区邮政局撤销，设立重庆市万县区邮政局、重庆市万县移民开发区邮政局（两局实行一套机构两块牌子），规定重庆市万县移民开发区邮政局代管忠县、开县、云阳、奉节、巫山、巫溪 6 县邮政局。原万县市邮政局管辖的梁平县邮政局、城口县邮政局由重庆市邮政管理局直接管理。同年 4 月，根据《关于印发调整万县、涪陵、黔江邮政管理体制实施方案的通知》，原龙宝、天城、五桥 3 个区邮政局整建制划入万县区邮政局，作为现业的组成部分。同年 8 月，"万县区邮政局"更名为"万州区邮政局"，"万县移民开发区邮政局"更名为"万州移民开发区邮政局"。

2000 年 7 月，万州移民开发区撤销，同年 8 月，重庆市邮政管理局撤销万州移民开发区邮政局，保留万州区邮政局，原管局委托万州移民开发区邮政局代管的忠县、开县、云阳、奉节、巫山、巫溪 6 县邮政局由管局直接管理。

2003 年 2 月，重庆邮政企业实行城片区经营管理体制，组建万州片区邮政局，万州区邮政局隶属万州片区邮政局管理。

3. 政企分开时期

2007 年 9 月，"万州区邮政局"更名为"重庆市邮政公司万州区邮政局"。2008 年 1 月，中国邮政储蓄银行万州区支行正式挂牌，万州邮政受邮储银行万州区支行委托开办代理金融业务。

2009 年 1 月，重庆邮政速递物流一体化专业经营，组建重庆市邮政速递物流公司万州区分公司。2010 年 6 月，更名为重庆市邮政速递物流有限公司万州区分公司。

2015 年 4 月，根据中国邮政集团法人体制改革要求，"重庆市邮政公司万州区邮政局"更名为"中国邮政集团公司重庆市万州区分公司"。同月，"重庆市邮政速递物流有限公司万州区分公司"更名为"中国邮政速递物流股份有限公司重庆市万州区分公司"。

2017 年，根据市分公司机构编制方案，在万州片区设置直属单位：营业局、投递局、机要局，其中投递局和机要局合署。

2018 年 11 月，"中国邮政集团公司重庆市万州区分公司"更名为"中国邮政集团公司重庆市万州片区分公司"。

2021 年 8 月，市分公司调整部分机构名称，"万州片区分公司营业（投递）局"更名为"万州片区城区分公司"。

（二）主要领导

表 9—11—1—1

1986—2022 年万州邮政主要领导人员名录

单位名称	姓　名	职　务	任职时间	备　注
万县地区邮电局／万县市邮电局	冉启华	局长	1977—1991.7	—
	龚应玉	党委书记	1983.5—1997.7	—
	陈荣通	局长	1991.7—1997.7	—
	李祖银	党委书记	1997.7—2002.7	—
万县市邮政局／万县区邮政局／万州区邮政局	吴明荣	局长	1997.9—2006.12	2002 年 7 月李祖银去世后，未另设党委书记
万州区邮政局／重庆市邮政公司万州区邮政局	张晓春	党委书记、局长	2006.12—2007.12	—
	屈光明	副局长（主持工作）	2007.12—2009.7	期间未设党委书记
重庆市邮政公司万州区邮政局／中国邮政集团公司重庆市万州片区分公司	屈光明	党委书记、局长	2009.7—2014.3	—
		党委书记、总经理	2014.3—2016.8	—
中国邮政集团公司重庆市万州片区分公司／中国邮政集团有限公司重庆市万州片区分公司	王　宏	党委书记、总经理	2016.8—2020.9	—
	吴　勇	党委书记、总经理	2020.9—	—

二、邮政业务

（一）金融业务

1. 储蓄汇兑

储蓄业务 1987年6月1日，万县市邮电局恢复开办邮政储蓄，同年仅有万县市1个储蓄点，期末储蓄存款余额18万元。2004年，万州邮政期末储蓄存款余额13亿元。2013年，启动新型邮政网点转型建设工作，对网点进行综合改造，加大自助机具等设备投放，同时规范员工着装、服务礼仪，开展业务技能培训，提升邮政储蓄综合竞争力。2018年，期末储蓄存款余额156.66亿元。2019年，打造"转型大使＋理财经理＋大堂经理"为主的金融转型队伍，同年，期末储蓄存款余额167亿元。2022年，万州邮政期末储蓄存款余额216.96亿元。

汇兑业务 1986年，万县市邮电局办理汇票10.07万张。1997年，万县市邮政局办理汇票9.04万张。2002年，新增、更新电子汇兑网点达13处，万州邮政出口汇票12.5万张。2005年，万州区邮政局实现邮政储蓄与电子汇兑"两网互通"，出口汇票7.28万张。2022年，办理汇款3502笔、兑付5262笔。

2. 中间业务

2000—2022年，万州邮政中间业务不断发展。截至2022年底，中间业务有代发养老金、代发工资、代理保费、代理国债、代理基金等20余种业务。2016年，万州邮政新单保费4.54亿元，国债销量1864万元，基金销量1327万元，理财销量5亿元，公司存款余额规模1046万元，新增手机银行5.19万户。2019年，万州邮政开展"首季寻找最佳体验官"活动，打造以金融服务体验和产品体验为主题的客户维护活动，实现新保保费6.3亿元，列全市全市邮政企业第2位；理财销量10.36亿元；基金销量2.06亿元，列全市邮政企业第1位。2022年，万州邮政新单保费5.8亿元，理财销量12.53亿元、国债销量2410.3万元、基金销量1.28亿元，新增公司存款月日均1010万元、新增手机银行16199户。

3. 风控合规

2003年，万州邮政与检察机关联合开展"预防职务犯罪工作座谈会"，加强警示教育。2017年，万州邮政网点上线集中授权系统、合规管理系统、双录系统新系统，并对监控系统进行改造升级，提升金融合规管理能力。2022年，万州邮政开展"一把手讲合规""警示教育""合规案防教育"等活动，提高全体员工自我风险管控能力，强化内控合规治理体系。截至2022年底，万州邮政未发生重大金融风险事件。

（二）寄递业务

1. 特快专递

1992年，万县市邮电局开办国内、国际特快专递业务。2008年5月，与万州区行政审批服务中心合作，开办万州区行政审批大厅单、证、照特快专递业务。2018年10月，与法院达成合作，开发"法院专递"项目，实现收入106.5万余元，截至2022年底，该项目累计实现收入736.47万元。2018年，万州区分公司与万州区重庆三峡学院等6所高校达成合作，开发高校录取通知书、学生档案寄递项目。自2018年起，万州邮政陆续开发青脆李、枇杷等农产品极速鲜项目，截至2022年底，青脆李等极速鲜项目累计寄递6.67万件。

2019年11月，万州区分公司与万州区政府达成合作，万州区政府公文选用邮政寄递。2020年，与万州区教育委员会合作，开发区内153所中小学校教材寄递，配送教材14.83万套。

2. 快递包裹

2001年8月，万州邮政开办国内快递包裹业务。2010年1月起，将国内快递包裹和特快专递包裹业务纳入邮政速递物流专业经营范围，由邮政速递物流专业对该业务进行统一经营和管理，并纳入速递物流专业预算、核算体系。2015年，万州邮政成立快递包裹中心支撑寄递类业务发展，收寄快递包裹19.03万件。2018年，速递物流公司划归邮政统一管理，收寄快递包裹215.67万件。2018年，开发柠檬寄递项目。2020年，开发玫瑰香橙寄递项目。2022年，柠檬、玫瑰香橙项目分别收寄快递包裹179.9万件、47.98万件。

3. 物流业务

2009年1月，物流业务收入达865.53万元。2013年，万州邮政通过分销业务拉动物流业务，实现物流业务收入461.91万元。2002年，三峡库区第二期移民搬迁，万州邮政发展仓储和物流配送业务，仓储面积达3000余平方米，物流业务全年收入达444万元。同年5月，万州邮政抓住三峡库区第二批移民契机，与五桥移民局和外迁办签订迁移搬迁运输合同，调集邮运车辆87台，历时三个多月，分7个批次运输到湖南、江苏安徽、上海和广州等省（市），行程2000余公里/车，实现物流业务收入200余万元。2016年，成立万州物流集散中心，建立物流信息网。2017年，建成"仓储＋物流＋配送"农村电商物流配送体系。2022年，实现物流业务收入2931.14万元。

4. 国际业务

国际业务分为国际普通邮件业务、国际及港澳台邮政特快专递业务、国际商业渠道业务。1986年，万县市邮电局恢复开办国际业务。2018年，寄递事业部成立后，整合为新的国际业务板块，涵盖国际小包、国际E邮宝、国际EMS、国际包裹等，实现国际业务收入15.87万元。2022年，实现国际业务收入6.07万元。

（三）文传业务

1. 函件业务

邮电分营前，函件业务以信函业务为主。1999年，万州邮政先后开办商业信函、账单、贺卡、邮送广告等商函业务。2006 年 6 月，万州区邮政局与中国共产主义青年团重庆市万州区委员会、万州区教育委员会、万州区少年工作委员会联合举办"第二届全国少年儿童书信文化比赛"。2007 年，贺卡成为函件业务重要收入来源，实现收入 200 万元。自 2007 年起，函件业务种类不断丰富，万州区邮政局开办数据库商函、账单、票务代理、中邮广告、电视媒体等业务。2012 年，以 DM 专刊与数据库商函组合的形式开发汽车行业客户，实现收入 15 万元。2013 年，函件业务开始从贺卡向商函、媒体广告转型。2013 年，推出"党的群众路线教育"笔记本及刮刮卡，实现收入 33.5 万。同年，《看万州》《商务信息宝典》揽收客户 160 多个，收入 20 余万元。2015 年，发展封片卡单、账单业务，实现收入 73 万元。2017—2018 年，函件业务主要由票务业务拉动。2019—2020 年，函件业务以媒体业务为发展重点。2021 年，通过与三峡文物商店开发《文明寻迹》邮册、《曲艺之乡》非遗明信片套装，带动增收 33.94 万元。2021 年后，万州邮政持续推进函件业务转型，"渝邮传媒"品牌逐渐融入地方文化。2022 年，在集团公司开展的"请党放心　强国有我"誓言寄到天安门书信活动中，万州邮政"誓言寄到天安门"明信片销售量排名全国地市级邮政企业第 1 名。同年，实现函件收入 360.46 万元。

2018 年，万州时光邮局正式开业，该文化邮局将"邮"文化与地方特色文化相结合，内设时光慢递区。同年，文化邮局实现收入 1.12 万元。2020 年，文化邮局开展转型工作，截至 2022 年底，文化邮局实现收入 10.09 万元。

2. 报刊业务

1992 年，万县市邮电局报纸期发数 6.53 万份，杂志期发数 5.40 万份。1989 年 1 月起，《重庆日报》《重庆支部生活》等党报党刊由《重庆日报社》自办发行。截至 1997 年 1 月，回归邮政部门发行，并在万州设立分印点。自 2003 年 10 月起，重庆三报等报刊在万州分印发行。2009 年，党报党刊征订 12300 份，被重庆市委宣传部授予"2009 年党报党刊发行先进单位"。1984 年，设立报刊零售门市部 1 个，私人零售户 8 户。1996 年，开办音像门市部 1 个。截至 2018 年底，共有报刊零售亭 28 个，代办报刊批销户 15 户。2019 年 9 月，应重庆市万州区城市综合管理工作领导小组办公室通知要求邮政报刊亭完成全部转移并拆除。自 2009 年起，万州邮政"邮政服务进社区及信报箱建设"连续 3 年被纳入万州区委、区政府"十大民心"工程。2014 年，全区建成社区邮政服务中心 84 处，村邮站 250 处，信报箱 31100 户，共设立公益性岗位 184 个。2022 年，报刊业务收入完成 837 万元。

3. 集邮业务

1984 年 9 月，万县市邮电局开办集邮业务。1997 年，

万县市集邮邮品销售 204.23 万枚。2000 年 3 月 26 日，《长江公路大桥》特种邮票首发式在万州区隆重举行，并制作《万县长江大桥》日戳一枚。

2001 年，万州邮政于"七一"期间举办"庆祝建党 80 周年集邮展览"纪念中国共产党成立 80 周年。2003 年 2 月 12 日至 15 日，在万州区召开第二次党代会期间设立党代会临时邮局，制作第二次党代会纪念封 8000 枚，并在现场提供邮品销售和盖销章戳等邮政业务。2004 年，制作《万州大移民》专题邮册，并举办《爱我三峡》集邮展。2006 年 5 月 1 日，万州区邮政局与万州区总工会联合举办为期 3 天的万州区庆"五一"职工集邮作品展，展出来自万州区 15 个单位，19 名职工精心制作的邮集 26 部，共 58 框，928 张贴片。2022 年，实现集邮收入 821.1 万元。

4. 中邮文创

2021 年，中国邮政集团公司正式提出打造"中邮文创"品牌，收入可在文创业务管理信息系统中分中邮文创、集邮、函件、报刊 4 个专业列收，2022 年，万州打造文创展示区 30 余个，中邮文创收入单列，完成收入 34.48 万元。

5. 普通包裹

普通包裹主要经营窗口包裹、校园包裹、军营包裹、家乡包裹、爱心包裹、母亲邮包等。1987 年，万县市邮电局开办普通包裹业务。1997 年，万县市包裹收入 137 万元。2002 年，万州邮政共收寄包裹 6.66 万件。2022 年，万州邮政收寄普通包裹 1.4 万件。

（四）渠道业务

1. 增值业务

2006 年 4 月，万州邮政开办代扣烟草款业务，全年开发客户 1500 户。2009 年，开办"自由一族"业务（为广大车主等客户群体提供涵盖车辆代办、商旅、机票、礼仪服务等在内的一站式综合服务品牌）。2010 年 4 月，万州邮政进驻万州车管所开办代收费业务。2011 年，开始试运行代售汽车票业务。2013 年，新增区域三峡电费代收业务，建成综合服务平台 21 个、便民服务站核心网点 1 个。同年，进驻车管所代收非税费用。2015 年，开办车险代办业务，实现保费 24.63 万元。2016 年，开办代开代征税业务。2017 年，开办简易险代办业务，实现保费 67.37 万元。2019 年，开办警邮业务，截至 2022 年底，万州邮政辖内已有 34 个网点开办警邮业务。2021 年，万州邮政开办警医邮业务，天城大道邮政所成为第一个开通此项业务的网点。随着增值业务不断拓展，2022 年，万州邮政增值业务收入达 110.21 万元。

2. 分销业务

万州邮政分销业务起源于月饼速递物流业务，截至 2022 年底，有农资、农副、日用消费品、烟草零售等多

个大类、数10个品牌产品。2008年，万州邮政建成"三农"网点490个。2010年，万州邮政获得"2010年度邮政分销业务全国示范县"称号。2017年，开展首届"邮乐919购物狂欢节"活动，销售助农扶贫产品渝白菊、红心柚2000余件。2020年，万州邮政组织开展"批销暨农资定货活动"，现场销售农资3200吨。同年，注册"邮耙活"品牌，助力农产品进城。2021年，万州邮政获得"重庆市消费扶贫示范单位"。2022年，打造祥云、亮阳和熹晟源3个示范合作社，带动农资销售1488吨，实现农资销售426.91万元。2022年，实现农产品交易额2546.37万元；全国基地农产品交易额119.68万元；批销交易额3627.19万元，规模列全市邮政企业第1位；分销业务全年收入3553.98万元。

3. 电信业务

1986—1997年，万县市邮电局电信业务主体业务有电报、长途电话、市内电话、农村电话。1988年，邮电通信业务实现收入29.75万元。1992年，实现电信业务收入30.38万元。同年，市话用户发展迅猛，全年发展市话计费用户322户。同年，制订《农村电话班组专业升级实施办法》，提高通信服务质量。1995年，设立万县市邮电局寻呼系统，于2006年撤销。至1997年邮电分营，电信业务移交重庆市电信局办理。

三、邮政网络

（一）网络能力建设

1. 邮路

区内邮路 1986年，有重庆—万县邮路2条，每日1班。1996年，重庆—万县快速水运邮路开通，全长328公里，实行逐日班，只承送邮政快件和特快专递邮件。2001年，调整为重庆中心局组开至万州邮路3条，即渝万一次车，到站时间每日13:00，19:00返程；渝万二次车，到站时间每日15:00，次日8:00返程；渝万三次车，到站时间每日16:00，次日8:00返程。2018年，为保证寄递时限，邮路调整为重庆中心局组开，快一车到站时间7:00，12:30返程；快二车到站时间9:00，返程时间19:30；普邮车到站时间12:20，返程时间20:00。2022年增加早班特快频次，到站时间05:30，返程时间16:00。截至2022年，未发生变化。

区域邮路 1986—2000年，万州区内邮路为市干线邮路、区内自办邮路以及农村步班邮路相结合的组织形式，主要承担万州邮区范围内万州、云阳、巫溪、奉节、巫山、开县、城口各类邮件分拣封发和运输，万县日报社印刷厂、社会印刷厂印刷和分印的报纸分拣、封发运输。2001年，万州中心局成立后组开区内干线逐日班邮路3条，万州—开县、城口邮路；万州—云阳、巫溪邮路；万州—奉节、巫山邮路。2018年，根据重庆中心局邮运计划调整，万州中心邮运计划调整为万州—开州邮路；万

州—巫山邮路，经停云阳、奉节，巫溪邮件卸由奉节经转。2020年，增开万州—巫溪邮路，同时调整万州—开州、万州—巫山邮路发运时间，邮运时间统一调整为发运时间07:00，返程14:00。截至2022年，未发生变化。

县乡邮路 1986—2000年，县乡邮路共6条，万州邮件处理中心至各支局、支局至乡代办所为自办汽车邮路，每日1班。2000年，万州中心局成立后沿用区内县乡邮路6条，组开万州—龙角（云阳）邮路、万州—南门（开县）邮路、万州—野鹤（忠县）邮路、万州—黄柏邮路、万州—培文邮路、万州—双流邮路。2018年，调整为万州—野鹤、万州—瑞池、万州—清平、万州—葵花、万州—邵家、万州—小岭、万州—长岭、万州—大河坝和万州—梨树9条邮路。2020年，将原区乡邮路调整为8+1模式，开行万州—岩口、万州—黄泥、万州—大河坝、万州—梨树、万州—向家、万州—铁峰、万州—关龙、万州—谷雨，实现乡镇邮政网点全覆盖，万州—董家邮路开行二频次运输，辐射半径为20公里以内的邮政网点。2021年，将"8+1"环形邮路模式调整为"11+2"往返邮运模式。开行万州—岩口、万州—黄泥、万州—石龙、万州—黄柏、万州—普子、万州—马头、万州—甘宁、万州—余家、万州—谷雨、万州—地宝、万州—长坪；万州—李河、万州—上坪开行二频次邮路，城区周边重点乡镇网点实现每日两个频次邮件进出。截至2022年底，万州邮政邮路总里程2474千米，县乡邮路总条数13条。

2. 物流体系

截至2022年底，万州邮政建成县级仓配中心1个，处理场地2600平方米，仓储场地800平方米，作为三级快递物流体系的枢纽节点，为农产品进城和工业品下乡提供仓储、中转及配送服务。已建成乡镇仓配中心8个，集邮件分拨中转、农产品归集、分销商品存储等功能于一体。累计打造活跃站点530个，实现行政村覆盖率100%。万州邮政"县—乡—村"三级物流体系基本建立。

3. 作业场地

1986—2000年，万州邮政内部处理生产场地位于西山车站五三所内，内部处理面积800m²。2001年，万州区三级邮区中心局投入使用，建筑面积9747平方米，内部处理场地1500m²。2009年，速递物流公司成立，将原场地进行拆分速递物流公司处理面积500m²，万州邮政处理面积1000m²。2019年，寄递改革后，将原邮速双方场地进行整合，万州邮政内部处理面积为1600m²，并成立王牌路、天城、五桥、龙宝、江南、国本路6个营业部，营业部场地共计1200m²。2020年，新建处理场地1000m²，处理场地面积达到2600m²，农村地区与营业网点同址。截至2022年底，共有内部处理场地1个，总面积2600m²。

4. 设施设备

邮件内部处理设备　1986年，万县局配备有电子信函秤、包裹秤、分拣格眼、封袋钳等设备。2007年，各投递站配置投递终端和扫描枪。2014年，采购手持终端PDA配置到各投递段。2016年，万州中心局添置分拣皮带机1套、3级伸缩皮带机4台、笼车100个、移动倾斜传输皮带机1台，提升邮件处理能力。2022年，万州处理中心设置进口、出口两条邮件处理线，配置分拣皮带机2套、3级伸缩皮带机13台，邮件到件扫描设备3套，笼车100个。

运输工具及设备　1986年，万州邮政有汽车5辆、摩托车7辆、机动船1只、木船2只、自行车23辆。1997年分营后，有邮运汽车81辆。2015年，邮政运输汽车有68辆（投递车10辆、钞车10辆、电商分销车6辆和邮运车辆42辆）。2022年，有手持终端（PDA）225台、有邮运车辆107辆（投递车56辆、钞车10辆、电商分销车1辆和邮运车辆40辆）、三轮电动车62辆、两轮摩托车158辆。

（二）网运生产作业

1. 邮件接发

进口邮件接发　1986年，万州所有进出区内邮路的邮件接发均在西山车站五三所内部处理场地进行交接。2002—2022年，多次调整重庆—万州区内邮路接发时间和经转点，接发作业计划也随之作调整。2022年，重庆—万州每日进口邮件共4个频次：5:30特快邮路（主要带运特快专递邮件）进口邮车到达交卸进口邮件，处理中心接发人员与邮车进行交接手续；7:30快一车到达交卸进口邮件（主要带运特快邮件、快递包裹邮件），处理中心接发人员与邮车进行交接手续；快二车9:00到达交卸进口邮件（主要带运特快邮件、快递包裹邮件），处理中心开拆人员与邮车进行交接手续；普邮车12:20到达（主要带运进口的特快邮件、快递包裹邮件、普邮邮件），处理中心接发人员与邮车办理邮件交接手续。

出口邮件接发　1986—2000年，全区所有乡镇邮路邮件接发均在区局与自办邮路进行交接。2000年起，全县所有邮件接发在万州处理中心进行交接。截至2022年底，各网点和营业部收寄的出口邮件，由区内转趟邮路按城区3个出口频次、农村1个出口频次带到处理中心进行封发发运。快一车12:30车返程带运营业部12:00点前收寄的出口邮件，处理中心接发人员与邮车办理出口邮件交接手续；特快车16:00车返程带运营业部收寄的邮航出口邮件，处理中心接发人员与邮车办理出口邮件交接手续。快二车19:30车返程带运营业部、网点收寄的重庆市内特快邮件、快递包裹邮件，处理中心接发人员与邮车办理出口邮件交接手续；普邮车20:00返程带运营业部、网点收寄的省际特快邮件、快递包裹邮件、普邮邮件，处理

中心接发人员与邮车办理出口邮件交接手续。

2. 邮件运输

1986—2002年，全区邮件的运输全部由自办汽车邮路运输。期间邮件处理中心到各支局、所的邮件，由区局车辆负责运输；各支局、所到各乡代办所邮件的运输，由代办人员负责转接。2002—2022年，通过邮路组织不断优化，各乡镇邮件实现邮车直达运输。1986—2013年，全区邮件由押运部门负责。2013年起，邮件押运调整为钞邮合一线路负责。2018—2022年，邮件实行驾驶人员兼押运方式。

3. 邮件投递

城市投递　2002年，成立投递公司，龙宝、五桥、天城投递站由投递公司统一管理，2004年后，万州城区投递段道增为51个步班段，投递员增73人。2018年，将速递物流投递段道与邮政投递站整合，成立王牌路、天城、五桥、龙宝、江南、国本路6个营业部，设立普邮段道28个，包快段道80个，共108个段道。截至2022年底，万州邮政城区投递段道原段道基础上增加12个甩点直投段道，共计120个，每日实现3个频次投递。

农村投递　1986—2000年，农村投递段道多为步班投递。2000年，乡镇每天1个频次，实现乡镇以上党政机关《人民日报》当日见报率100%。2018年，通过分区域投递外包全面实现行政村投递频次达标，农村投递保证每周3个频次。截至2022年底，有农村投递员66名，256个农村投递段道，逐日班段道78个，周三班段道156个，周五班段道10个，周六班段道12个。

表9—11—1—2

2022年万州邮政邮件生产作业流程一览表

类别	区域	接收/发出流程	处理流程
进口	城区	邮车到站→卸车→按营业部分拣扫描→趟车发运	邮车到站→营业部解车→段道分拣→投递下段→出班投递→归班反馈
	乡镇	邮车到站→卸车→按格口分拣扫描→趟车发运	乡镇邮车驾驶员邮件接收→乡镇邮车运输→乡镇邮车驾驶员交接→乡镇网点解车→邮件扫描接收→按段道分拣→投递下段→出班投递→归班反馈
出口	城区	处理中心接收→处理中心交接→处理中心封车发运出口	上门揽收（前台收寄）→收寄处理→收寄交接
	乡镇		上门揽收（前台收寄）→收寄处理→收寄交接→乡镇邮车驾驶员接收→乡镇邮车运输→乡镇邮车驾驶员交接

（三）网运管理

1. 组织管理

组织机构　2001—2017年，网运生产调度由万州中心局负责。2017年，成立运管部，负责辖区内网运调度和生产作业管理。2018年9月，成立万州片区寄递事业部，运管部划归寄递事业部，负责辖区内网运调度和处理中心生产管理。

生产作业管理　1986年，生产作业计划调度由邮运管理人员负责。2001—2016年，由中心局邮运科负责生产作业计划调度。2017年，万州片区邮政成立运管部，建立通信生产作业组织管理体系，明确生产作业计划管理，确保当日进出口邮件的准班、准点和频次时限完成。2018年，寄递改革后，由寄递事业部运管部负责网运作业组织，按照市分公司邮区中心组开邮路车辆到、发时间，调整营、分、运、投环节生产作业计划。

2. 网运质量

1986—2022年，万州邮政不断加强网运质量管理，优化作业流程，管控指标逐渐精细化。2022年，收寄及时率98.79%；及时妥投率95.65%；特快次日递98.00%；快包次日递93.84%；特快预约联系率89.00%。

（四）服务网点

1. 网点设置

1986年，万州区自办局所191个（其中农村168个），代办所207个（其中农村206个）、邮票代售处41个（其中农村30个）、报刊门市部5个、报刊零售亭2个。截至2022年3月31日，万州区有邮政网点115个（其中，金融网点101个）。

表 9-11-1-3

1986—2022年万州邮政局所一览表

序号	局所名称	经营性质	经营属性	设置地点	备 注
1	白土邮政所	自营	农村	万州区五桥白土镇中心街39号	—
2	地宝邮政所	自营	农村	万州区地宝乡	—
3	曾家邮政所	自营	农村	万州区恒合土家族乡国兴村三组21号	—
4	恒合邮政所	自营	农村	万州区恒合土家族乡凤康路47号	—
5	梨树邮政所	自营	农村	万州区梨树乡梨树街102号	—
6	普子邮政所	自营	农村	万州区普子场	—
7	双石邮政所	自营	农村	万州区白羊镇老君路76号	—
8	石龙邮政所	自营	农村	万州区白羊镇石龙街上	—
9	太安邮政所	自营	农村	万州区太安镇场太平街204号	—
10	白羊邮政所	自营	农村	万州区白羊镇春华路62号	—
11	凉水邮政所	自营	农村	万州区长岭镇凉水场上120号	—
12	鸣居东路邮政所	自营	农村	万州区高峰镇经开区鸣居东路17号商业用房	名址变更
13	高峰邮政所	自营	农村	万州区高峰镇场上（柏操路）	—
14	凉风邮政所	自营	农村	万州区甘宁镇樱桃路55号	—
15	甘宁邮政所	自营	农村	万州区甘宁镇永胜路156号	—
16	河杨路邮政所	自营	农村	万州区甘宁镇河口河杨路1号	名址变更
17	柱山邮政所	自营	农村	万州区柱山乡金柱路56号	—
18	九池邮政所	自营	农村	万州区九池乡九中路10号	—
19	高梁邮政所	自营	农村	万州区高梁镇泗华路12号	—
20	清平邮政所	自营	农村	万州区高梁镇清平场上新店村农民新村一号楼二楼1-3号	—
21	上坪邮政所	自营	农村	万州区沙河街道上坪3组97号	—
22	天城邮政所	自营	农村	万州区天城镇塘坊村一组（合巴路21号）	—

序号	局所名称	经营性质	经营属性	设置地点	备注
23	董家邮政所	自营	农村	万州区天城镇歇凤路 263 号	—
24	分水邮政所	自营	农村	万州区分水镇南路 16 号	—
25	大兴邮政所	自营	农村	万州区分水镇青云村 7 组 26 号	—
26	培文邮政所	自营	农村	万州区分水镇分培路 106 号	—
27	黄泥邮政所	自营	农村	万州区分水镇黄泥场 70 号	—
28	三元场邮政所	自营	农村	万州区分水镇三元场 58 号	名址变更
29	孙家邮政所	自营	农村	万州区孙家镇场上中心街 12 号	—
30	沙龙公园邮政所	自营	城市	万州区牌楼街道沙龙路一段 1095 号	—
31	小天鹅市场邮政所	自营	城市	万州区太白街道白岩路 436 号附 10、11 号	—
32	后街金座邮政所	自营	城市	万州区高笋塘街道白岩一支路 93 号 A 幢一层 128 号	—
33	商贸城邮政所	自营	城市	万州区太白路 129 号（万州商贸城）	—
34	电报路邮政所	自营	城市	万州区电报路 238 号	—
35	沙龙二段邮政所	自营	城市	万州区沙龙路二段 882 号	—
36	新城路邮政所	自营	城市	万州区新城路 200 号	—
37	王牌路邮政所	自营	城市	万州区王牌路 37 号	—
38	桂花路邮政所	自营	城市	万州区桂花路 8 号	—
39	李河邮政所	自营	农村	万州区李河镇国光路 114 号	—
40	张家嘴邮政所	自营	农村	万州区分水镇新石村 6 组 55 号门面附 2–4 号	—
41	三正邮政所	自营	农村	万州区分水镇正兴街 101、103、105 号	名址变更
42	高升邮政所	自营	农村	万州区李河镇高升东路 117 号	—
43	葵花邮政所	自营	农村	万州区高梁镇葵花场（茨坪村 10 组）	—
44	王牌路星都会邮政所	自营	城市	万州区牌楼街道 1388 号 5–7 号楼车库商业负 4– 商铺 29–31	—
45	沙龙三段邮政所	自营	城市	万州区沙龙路三段 2329 号 4–2 栋商业房 2 号	—
46	光彩市场邮政所	自营	城市	万州区沙龙路 828 号万州光彩建材市场	—
47	静园路邮政所	自营	城市	万州区静园路 1057 号	名址变更
48	双河口邮政所	自营	城市	万州区双河口商业步行街 61 号	—
49	王牌路中段邮政所	自营	城市	万州区王牌路 498 号	—
50	火车站邮政所	自营	城市	万州区站前路 222 号	—
51	响水邮政所	自营	农村	万州区响水镇万民路 45 号 1–4 层	—
52	龙安邮政所	自营	农村	万州区龙沙镇龙古街 138 号	—
53	岩口邮政所	自营	农村	万州区龙沙镇岩口 195 号	—
54	龙沙邮政所	自营	农村	万州区龙沙镇龙沙中路 29 号	—
55	瀼渡镇营业所	自营	农村	万州区瀼渡镇沿江路 33 号	—
56	响水车兴岭邮政所	自营	农村	万州区响水镇车兴岭二段 2 号	—

序号	局所名称	经营性质	经营属性	设置地点	备 注
57	长岭邮政所	自营	农村	万州区长岭镇长岭大道 232 号	—
58	太龙邮政所	自营	农村	万州区太龙镇聚心路 214 号（第 1、2、3 层）	—
59	黄柏邮政所	自营	农村	万州区黄柏乡场上巴峡路 47 号	—
60	垭口邮政所	自营	农村	万州区太龙镇垭口路 37 号	—
61	大田邮政所	自营	农村	万州区太龙镇大田场上龙安路 38 号	—
62	新华路邮政所	自营	城市	万州区陈家坝街道新华路 230 号	—
63	北山大道邮政所	自营	城市	万州区北山大道 1091 号	—
64	北山邮政所	自营	城市	万州区北山大道 200 号重庆朝天门市场万州分场	—
65	兴茂邮政所	自营	城市	万州区天城大道 146 号	—
66	映水邮政所	自营	城市	万州区周家坝街道君宅一支路 4 号	—
67	天城大道邮政所	自营	城市	万州区周家坝街道天城大道 882–906 号	—
68	国本路邮政所	自营	城市	万州区国本路 92 号	—
69	长龙邮政所	自营	城市	万州区五桥长龙家园 A 区公廉租房 1 号楼 7–8 号	—
70	安顺路邮政所	自营	城市	万州区五桥安顺路 67–69 号	—
71	龙都广场邮政所	自营	城市	万州区龙都街道龙都大道 288 号	—
72	三峡医专邮政所	自营	农村	万州区三峡医药专科学校内	—
73	学府广场邮政所	自营	城市	万州区百安坝街道天台路 328 号	—
74	江南大道邮政所	自营	城市	万州区江南大道 385 号	—
75	百安坝邮政所	自营	城市	万州区五桥百安坝上海大道 253 号	—
76	石峰路邮政所	自营	城市	万州区牌楼街道石峰路 1002 号附 1、2 号	—
77	翠屏邮政所	自营	城市	万州区江南新区新兴村	—
78	郭村邮政所	自营	农村	万州区郭村乡葛腾街 121 号	—
79	鹿井邮政所	自营	农村	万州区武陵镇红阳路 82 号	—
80	武陵邮政所	自营	农村	万州区武陵镇源阳路 110 号	—
81	石桥邮政所	自营	农村	万州区武陵镇同心路 10 号	—
82	瑞池邮政所	自营	农村	万州区郭村镇康乐街 31 号	—
83	新田邮政所	自营	农村	万州区新田镇新城区小涪新街	—
84	长坪邮政所	自营	农村	万州区长坪乡场上新华路 9 号	—
85	燕山邮政所	自营	农村	万州区燕山乡复兴街 6 号	—
86	溪口邮政所	自营	农村	万州区溪口乡场镇中心地段	—
87	新乡邮政所	自营	农村	万州区新乡镇场镇中心地段	—
88	五新路邮政所	自营	农村	万州区新田镇五新路 250、252 号	名址变更
89	小岭邮政所	自营	农村	万州区新田镇一段小岭 6 组 9 号	—
90	熊家邮政所	自营	农村	万州区天城熊家镇古城大道 168 号	—

序号	局所名称	经营性质	经营属性	设置地点	备　注
91	大周邮政所	自营	农村	万州区大周镇常家坪路	—
92	小周邮政所	自营	农村	万州区小周镇马道村成功街	—
93	铁峰邮政所	自营	农村	万州区铁峰乡场上新街 45 号	—
94	螃蟹寺邮政所	自营	农村	万州区大周镇金凤路 11 号附 10、11、12 号	—
95	弹子邮政所	自营	农村	万州区弹子镇场上永兴路 49 号	—
96	后山邮政所	自营	农村	万州区后山镇场上擒马路 3 号	—
97	邵家邮政所	自营	农村	万州区余家镇绍兴北街 58 号	—
98	铁炉邮政所	自营	农村	万州区余家镇回龙街 214 号	—
99	桥亭邮政所	自营	农村	万州区后山镇桥亭场新街 65 号	—
100	新元邮政所	自营	农村	万州区弹子镇袁家桥 16 号	—
101	关龙邮政所	自营	农村	万州区余家镇五一桥街 38 号	—
102	余家邮政所	自营	农村	万州区余家镇	—
103	长滩邮政所	自营	农村	万州区长滩镇永乐街 47 号	—
104	赶场邮政所	自营	农村	万州区龙驹镇赶场居委长沙路 91 号	—
105	向家邮政所	自营	农村	万州区长滩镇福兴街 56 号	—
106	柳坝邮政所	自营	农村	万州区龙驹镇团结柳坝	名址变更
107	茨竹邮政所	自营	农村	万州区茨竹乡大会堂	—
108	龙驹邮政所	自营	农村	万州区龙驹镇龙白街	—
109	走马邮政所	自营	农村	万州区走马镇新街皂桷树	—
110	罗田邮政所	自营	农村	万州区罗田镇场上振兴街 88 号	—
111	谷雨邮政所	自营	农村	万州区走马镇谷雨四合路 28 号	—
112	车坝路邮政所	自营	农村	万州区走马镇双流车坝路 117 号	名址变更
113	花溪巷邮政所	自营	农村	万州区走马镇花溪巷 1、3、5、7 号	名址变更
114	马头邮政所	自营	农村	万州区罗田镇马头社区扬子路 21 号	—
115	游家坝邮政所	自营	农村	万州区罗田镇中山社区游家坝 49 号	名址变更
116	吊岩坪邮政所	自营	城市	万州区沙龙路二段 780 号	撤销
117	明镜滩邮政所	自营	城市	万州区外贸路 228 号	撤销
118	高笋塘邮政所	自营	城市	万州区新城路 20 号	撤销
119	龙宝邮政所	自营	城市	万州区龙华街 86 号	撤销
120	枣元邮政所	自营	农村	万州区分水镇民兴路 22 号	撤销
121	大河坝邮政所	自营	农村	万州区大河社区 13 组	撤销
122	举安邮政所	自营	农村	万州区熊家镇举安村	撤销
123	大碑邮政所	自营	农村	万州区高梁镇大碑街上	撤销
124	沙滩邮政所	自营	农村	万州区长滩镇沙滩场上	撤销

序号	局所名称	经营性质	经营属性	设置地点	备　注
125	龙泉邮政所	自营	农村	万州区长滩镇龙泉社区	撤销
126	明镜滩邮政所	自营	城区	万州区外贸路 272 号	撤销
127	吊岩坪邮政所	自营	城市	万州区沙龙路二段 780 号	撤销
128	油沙邮政所	自营	农村	万州区新田镇油沙街上	撤销

2. 社会加盟站点

截至 2022 年，万州邮政建成综合便民服务点 530 个，全部叠加邮乐购站点和邮快超市，其中村邮站 405 个。

四、邮政管理

（一）财务管理

1986—1998 年，邮电分营前，万县地区邮电局下辖龙宝区分局、天城区分局、五桥区分局三个分局，实行独立财务核算。1998 年 4 月，撤销天城区、龙宝区、五桥区邮政局，三个分局财务核算与万县区邮政局合并，统一由万县区邮政局财务部核算。2001 年，万州邮政使用全国统一财务软件，会计电算化水平得到提高。2007 年，邮政与邮储银行财务核算分离。2009 年，邮政与速递财务核算分离。2018 年，组建寄递事业部后，分别设邮务账、寄递邮政账和速递账 3 个账套独立核算，片区分公司与万州速递物流分公司财务合署办公，会计核算标准得到统一。2020—2022 年，财务部进一步规范营收资金缴存和欠费归集核销等行为，不断优化资金和欠费管理；严格落实寄递业务降本增效，完成揽收、投递、运输、管理支撑四大环节目标；按期开展成本费用进度通报，运用财务管会系统分析，增强财务核算精细化水平。

（二）人力资源管理

1. 队伍建设

截至 1986 年底，万县地区邮电局从业人员 574 人。1997 年邮电分营后，按邮政和电信职工人数的比例划分，574 人划归邮政局，138 人划归电信局。2008 年，邮储银行万州区支行成立后，邮政划入邮储银行 174 人，邮政从业人员 916 人。截至 2022 年底，万州邮政从业人员 895 人。

自 2016 年起，万州邮政先后印发《万州片区分公司人才储备和培养方案（试行）》《中国邮政集团公司重庆市万州片区分公司人才储备和培养方案》，将人才队伍划分为六个梯队，明确员工晋升通道。自 2021 年起，印发《万州片区分公司代理金融网点理财经理管理办法》《万州邮政代理金融网点理财经理管理办法》，加强理财经理队伍建设，截至 2022 年，万州邮政共有理财经理 105 人。

2. 教育培训

1988 年，万县市邮电局实行技师、业务师聘任制。1998 年，启用万县市邮政局职工教育培训基地，培训基地主要承担管局计划内部门培训班的教学和管理，以及万县市局及所属各局的职工培训。截至 2022 年底，万州邮政有研究生 3 人，大学本科生 419 人，大学专科生 312

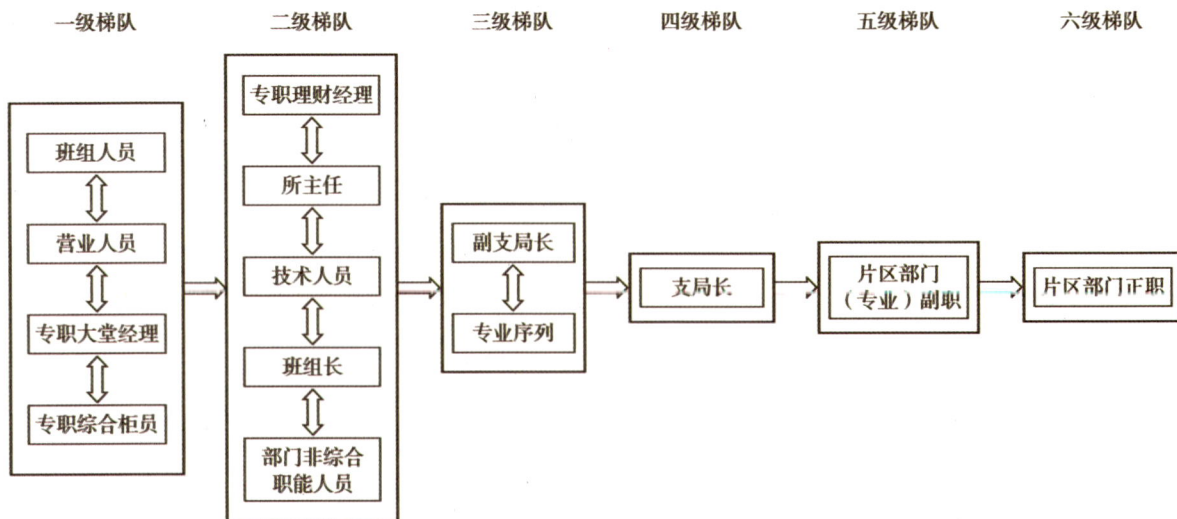

图 9-11-1-1　万州邮政人才晋升机制示意图

人。邮政特有职业技能鉴定累计持有高级人数 188 人，代理金融从业人员银专持证率 43.67%，代理金融从业人员基金从业资格证书持证率 35.12%。AFP（金融理财师）持证人数共 35 人，CFP（国际金融理财师）持证 1 人，取得专业技术资格共计 38 人。

3. 薪酬管理

1989 年，万县市邮电局薪酬管理实行分级管理，将原"基础工资"套改为档案工资、行业工资、企业工资。1993 年 7 月起，开始实行岗位技能工资。2000 年，万州邮政制订经营承包风险抵押管理办法，将生产经营和管理工作实际效果与员工的奖金挂钩考核。2008 年，开展薪酬制度改革，建立以岗位管理为基础的一岗多薪的宽带薪酬体系。2015 年薪酬调整优化，将 2008 年薪酬改革中"5+1 序列"调整为 3 大序列，即管理序列、专业序列和操作序列，将基本工资分为薪级工资和岗位工资两部分。

（三）服务质量管理

1. 营业服务

万州邮政设置普遍服务营业场所 115 个，其中城市网点 31 个、农村网点 84 个。建制乡镇邮政局所建设率达到 100%。所有网点均开办信件、印刷品、包裹、汇兑四项普遍服务基本业务及特殊服务业务。

1997—1999 年，万州邮政围绕"邮政服务年"主题，开展创建"巾帼示范岗""创星级窗口""我的服务无申告""讲文明，树邮政新风"和邮政通信服务质量自查整顿等活动，解决服务工作中的"热点、难点"问题，推行邮政服务承诺制，健全质量保证体系。全区 5 项通信质量指标全面完成，用户满意度均在 85 分以上。

2000 年，万州邮政围绕"服务促效益"的指导思想在服务质量自查整顿活动基础上，落实邮政服务承诺制，完善信息反馈系统。接受社会各界的监督，认真接待群众来信来访做到件件有登记、事事有答复、落实奖惩考核。

2002 年，开展以窗口服务规范化和标准化为重点的塑造邮政形象工程活动。要求窗口服务人员统一着装，推广使用普通话，提升服务质量。群众来信来访办结率达 98%，用户满意度在 82 分以上，上楼投递到户率达 98%，55% 的乡镇给据邮件投递到户率达 80% 以上，达成邮政通信 5 项质量指标计划。

2003—2016 年，围绕"服务促效益"指导思想开展邮政通信服务质量自查整顿等活动。配备邮政检查员和储汇稽查员，按规定频次、标准对下属服务网点检查辅导。接受社会各界的监督，提升窗口服务的规范化和标准化，邮政服务指标全面完成，用户满意度均达到 85 分以上。

2017 年 3 月，新《邮政普遍服务标准》实施，万州邮政制订"十三五"时期建制村直接通邮实施方案，辖区内 442 个建制村直接通邮计划在 2017 年完成 30%；2018 年，完成 60%；2019 年 6 月，达标率 100%。2019 年初，

万州邮政完成 442 个建制村通邮目标。

2. 普遍服务与特殊服务

（1）普遍服务

2022 年，万州区共有行政乡镇 38 个，行政建制村 413 个。万州邮政设置能提供普遍服务的邮政普服营业场所 115 个，建制乡镇邮政局所建设率达到 100%。其中，20 个城市邮政所每周营业时间 7 天；11 个城市纯邮网点每周营业时间 6 天；乡镇人民政府所在地邮政所每周营业时间 6 天以上，每天 7 小时以上；设置在建制村的邮政所每周营业时间 3 天以上。115 个营业场所皆按照要求公示局所名称、邮政编码、国际国内邮政业务主要资费表、禁限寄物品目录、窗口出售品价格表、服务投诉电话、每周营业日和每天营业时间，并按公示时间正常营业。

所有网点全部开办信件、印刷品、包裹、汇兑四项普遍服务基本业务。有能力按照国家规定的业务范围、服务标准，以合理的资费标准，为所有用户持续提供邮政服务，邮政普遍服务实现 100% 的全覆盖。

（2）特殊服务

万州邮政提供义务兵平常信函、盲人读物、革命烈士遗物免费寄递、机要业务等特殊服务业务。2011 年 3 月，撤销万州—巫溪、万州—巫山、万州—城口二干线邮路后，万州不再负责经转云阳、奉节、巫山、巫溪、开州、城口机要文件，由市机要局负责经转，市中心局负责押运。2015 年 6 月 1 日，大专院校学生档案寄递业务由机要渠道改为邮政特快寄递。截至 2022 年 12 月，万州邮政有 1 条城区投递邮路，注册用户 127 个，辖内机要分局实现 37 年机要通信质量全红，未发生机要件丢失、泄密、损毁等通信事故和重大交通安全责任事故。2020 年，万州机要组被中华人民共和国人力资源和社会保障部、国家邮政局评选"全国邮政行业先进集体"。2022 年，万州机要组骆卫东被国家邮政局评选"全国邮政机要通信先进个人"。

3. 监督检查

2005 年，开展城乡支局（班组）和专业业务管理达标工作，对邮件时限、规格和各项工种规范运行开展稽核检查。2015 年，重点针对营业、投递服务质量、邮件传递时限以及邮政服务投诉问题开展监督检查。2017 年 8 月，成立服务质量部，建立邮政视察检查、金融合规检查、安全检查整合组建服务质量检查队伍，承担起全片区服务质量管理和监督检查职能，健全邮政服务质量监督检查体系和服务质量管理体系。2018 年，开展营业环节"平信开箱不及时""日戳加盖不规范""对用户盖戳要求不回复"，投递环节"邮件退转不规范""跟段检查不落实""收发室村邮站逾期邮件不清退""六大歼灭战"等监督检查。2022 年，万州邮政组建专职邮政普遍服务视察检查队伍，先后开展党的"二十大"期间邮政服务质量和寄递安全保障工作；"六项禁止类服务问题"专项治理检

查；包裹进村、便民服务站点达标等寄递服务专项检查，持续开展普遍服务给据邮件丢损率压降活动，提升服务质量，保证寄递安全。

（四）安全管理

自1986年起，万州邮政对金库、微机室、监控室、机要列为安全管理的重点工作，建立要害档案，严格要害人员出入审批、登记制度。2016年，落实"重庆邮政'排雷行动回头看'活动"等专项检查，消除安全隐患，杜绝事故发生。2018年，万州邮政代理金融网点异地值守上线。同年，万州邮政层层签订《安全生产责任书》《治安综合治理责任书》《消防安全责任书》，签订率达100%；开展"消防安全"网络知识培训，共962名员工参加，培训合格率100%。2019年，万州邮政所有网点实现异地值守。2021年，开展驿盾中队队列训练12次，提高押运队伍的执行能力，完善"一岗双责"安全生产目标责任制，完成"国庆70周年"等重大节庆期间安全保卫任务。截至2022年底，万州邮政辖内115个金融网点及普服网点安防设施均按照按标准全部安装防弹玻璃、联动门，并将监控镜头全部替换为高清摄像镜头，均经万州公安机关严格按照标准验收合格。2022年，在北京冬奥会、残奥会期间，制订邮政安全和服务保障工作实施方案，确保重大活动期间安全保卫工作落实到位。

（五）党群管理

1. 党组织

1989年，中共万县邮电局党总支成立。1997年12月30日，万县市邮政局召开第一次党员大会，成立中共万县市邮政局委员会。2007年，更名为中共重庆市万州区邮政局委员会。2015年，更名为中共中国邮政集团公司重庆市万州区分公司委员会。2018年，更名为中共中国邮政集团公司重庆市万州片区分公司委员会。2020年，更名为中共中国邮政集团有限公司重庆市万州片区分公司委员会。截至2022年12月，万州片区分公司党委下设党支部8个，党员212人，其中组织关系在邮政的党员有184人。

2014年，万州邮政开展党的群众路线教育实践活动。2015年，开展"三严三实"专题教育。2016年，开展"两学一做"学习教育。2019年，开展"不忘初心、牢记使命"主题教育。2021年，开展党史学习教育。

2. 工会

1975年6月，中国邮电工会万县地区邮电局委员会成立。1997年，更名为中国邮电工会万县市邮政委员会。2013年，更名为重庆市万州区邮政公司工会委员会。2017年，更名为中国邮政集团工会重庆市万州片区委员会。2022年，有工会会员670人，职工小家104个。

1986—2022年，万州邮政工会每年围绕企业的中心工作和生产经营目标发挥工会的职能作用，开展学习教育、劳动竞赛、文体活动、民主管理、送温暖活动及职工小家建设等活动。2012年，开通"邮政电视台"、出刊企业内刊"万邮人"，搭建企业文化宣传平台。2016年，开通"万邮引力"企业号，企业文化宣传平台得到进一步丰富。在2016—2018年，启动"职工小家"三年规划，期间万州共新建职工之家1个、示范小家38个、职工小家9个，覆盖率100%，为职工小家配备微波炉、冰箱、餐具、运动器材等，打造"阅览室""健身房"，开展"两节"送温暖、"夏送清凉"、关爱揽投员"暖蜂行动"、困难职工救助和帮扶等工作。2022年，万州邮政员工在集团工会"建功新时代 喜迎二十大"全国邮政职工摄影作品展中，获得优秀个人奖3次。同年，万州邮政工会开展"三八节"工会活动，提升女职工幸福感；举办"五一"劳动表彰活动，展现万邮员工积极向上的精神面貌；开展"趣味集邮，快乐烘焙，乐享六一"儿童节活动，传递企业温暖和爱心；多次举办小型多样的文体活动、知识竞赛、演讲比赛等，增强团队凝聚力。

3. 团组织

1981年，万县地区邮电局团委会成立。1997年，更名为中国共青团万县市邮政局委员会。2007年，更名为中国共青团重庆市万州区邮政局委员会。2015年，更名为中国共青团中国邮政集团公司重庆市万州区分公司委员会。2018年，更名为中国共青团中国邮政集团公司重庆市万州片区分公司委员会。2020年，更名为中国共青团中国邮政集团有限公司重庆市万州片区分公司委员会。截至2022年3月，万州片区分公司团委下设团支部3个，共有共青团员112名。

1986—2022年，万州片区分公司团委引导团员深入农业合作社、城市社区，主动上门服务，持续开展"送服务进村社、进政企""社区雷锋银行"系列主题活动。2021年，万州区电报路邮政所被评选为"一星级全国青年文明号"。2022年，组织团员深入学习习近平总书记在庆祝中国共产主义青年团成立100周年大会上的讲话，开展"喜迎二十大 永远跟党走 奋进新征程"等主题宣传教育实践活动；组织青年员工前往开州参观"刘伯承纪念馆"，开展主题团日活动；举办"弘扬企业文化 争做万邮先锋"主题演讲比赛；号召一线青年员工带头走访客户，助力乡村振兴，参与"分水李子直播大赛"。

第二节　忠县邮政机构

一、机构沿革

（一）机构演变

1. 四川省管局管辖时期

1986年，忠县邮电局由四川省万县地区邮电局管理，隶属四川省邮电管理局。

1993年，万县地区行政区划调整，邮电分支机构及归属关系亦相应调整，忠县邮电局由万县市邮电局管理。

2. 邮电分营时期

1997年3月，万县市及所辖区县正式划属重庆市。同年7月，邮政、电信分营，重庆市邮政管理局成立忠县邮政局，由万县市邮政局管理。

1998年3月，重庆市邮政管理局调整万县市邮政管理体制，忠县邮政局由万县移民开发区邮政局代管。

2000年8月，市邮管局撤销万州移民开发区邮政局，保留万州区邮政局，忠县邮政局由重庆市邮政管理局直接管理。

2003年2月，重庆邮政企业实行城区、片区经营管理体制，忠县邮政局划由万州片区邮政局管理。

3. 政企分开时期

2007年9月，"忠县邮政局"更名为"重庆市邮政公司忠县邮政局"。

2008年1月，中国邮政储蓄银行重庆忠县支行正式挂牌，忠县邮政受邮储银行忠县支行委托开办代理金融业务。

2009年1月，重庆邮政速递物流一体化专业经营，成立重庆市邮政速递物流公司忠县分公司。2010年6月，更名为重庆市速递物流有限公司忠县分公司。

2014年6月，因组织机构改革，"重庆市邮政速递物流有限公司忠县分公司"改设为"忠县揽投部"（营业执照名称不变），由重庆市邮政速递物流有限公司新组建的万州片区分公司管理。

2015年4月，根据中国邮政集团公司法人体制改革要求，"重庆市邮政公司忠县邮政局"更名为"中国邮政集团公司重庆市忠县分公司"。同月，"重庆市邮政速递物流有限公司忠县分公司"更名为"中国邮政速递物流股份有限公司重庆市忠县分公司"。

2017年6月，根据市分公司机构编制方案，设立忠县分公司，调整优化内设机构及人员编制。

2018年9月，寄递改革，忠县寄递事业部成立（保留"中国邮政速递物流股份有限公司重庆市忠县分公司"牌子），内设寄递事业部市场部，由万州片区寄递事业部管理。

2020年1月，"中国邮政集团公司重庆市忠县分公司"更名为"中国邮政集团有限公司重庆市忠县分公司"。沿用至2022年，未发生变化。

截至2022年底，中国邮政集团有限公司重庆市忠县分公司内设市场营销部、集邮与文化传媒部、金融业务部（中邮保险局）、综合办公室（安全保卫部）、渠道平台部。

（二）主要领导

1986—2022年，忠县邮政行政领导班子换届6次，党（总）支部领导班子换届6次。

表 9-11-2-1

1986—2022 年忠县邮政主要领导人员名录

单位名称	姓名	职务	任职时间
忠县邮电局	杨家仁	党支部书记	1986.9—1993.12
	何赐明	局长	1986.10—1997.7
	罗坤明	党支部书记	1994.1—1997.7
忠县邮政局	王文祥	局长	1997.11—2001.5
	罗坤明	党支部书记	1997.11—2003.1
	熊岗	局长	2001.5—2003.2
	杨勇进	党支部书记、局长	2003.2—2007.12
重庆市邮政公司忠县邮政局	胡少建	党支部书记、局长	2007.12—2015.6
中国邮政集团公司重庆市忠县分公司	胡少建	党支部书记、总经理	2015.6—2016.9
	周陈	党支部书记、总经理	2016.9—2019.12
中国邮政集团有限公司重庆市忠县分公司	周陈	党支部书记、总经理	2019.12—2021.5
	杨绍斌	党支部书记、总经理	2021.5—2021.10
	杨绍斌	党总支书记、总经理	2021.10—

二、邮政业务

2022年，忠县邮政业务收入20554.45万元，是1986年的747.16倍，是1997年的27.89倍。

表9-11-2-2

1986—2022年忠县邮政业务收入统计表

单位：万元

年份	业务收入	年份	业务收入	年份	业务收入
1986	27.51	1999	807.49	2012	7044.94
1987	31.67	2000	909.61	2013	8034.99
1988	43.20	2001	1074.39	2014	8895.95
1989	59.31	2002	1362.60	2015	10024.98
1990	85.51	2003	1610.04	2016	11820.89
1991	129.70	2004	1981.48	2017	14280.53
1992	140.66	2005	2112.39	2018	15362.18
1993	207.14	2006	2384.82	2019	16147.00
1994	378.68	2007	3066.31	2020	16917.10
1995	579.68	2008	2841.03	2021	18380.95
1996	504.06	2009	3528.85	2022	20554.45
1997	736.72	2010	4474.51		—
1998	773.16	2011	6078.62		

（一）金融业务

1. 储蓄汇兑

储蓄业务 1986年12月，忠县邮电局恢复办理邮政储蓄业务，储蓄存款余额4.26万元。1987年，东溪、拔山、乌杨、石宝、汝溪邮政支局开办邮储业务。自1993年6月起，在忠县邮电局辖内各储蓄点开办预约储蓄业务，全年预约储蓄额610万元。1994年，期末储蓄存款余额10772.24万元。2004年，全县73个储蓄网点实现全国联网。2006年，期末储蓄存款余额13亿元。2016年，期末储蓄存款余额65亿元。2021年，期末储蓄存款余额102亿元。2022年12月，忠县邮政期末储蓄存款余额116亿元。

汇兑业务 1986年，忠县邮电局办理汇票4.88万张。1997年，办理汇票5.68万张。2002年底，忠县邮政开办

2小时自行通知汇款。2004年，电子汇兑网点实现全国联网。2007年8月，邮政汇兑全国大集中系统正式上线。2008年后，因储蓄卡的发展，汇兑业务逐年减少。2022年，办理汇款31笔，汇兑金额33.65万元。

2. 中间业务

除发展储蓄汇兑业务，忠县邮政不断发展中间业务，截至2022年底，共有代理保险、代理销售基金、国债、理财、证券、代发养老金等20余种中间业务。2000年，忠县邮政开办代理保险业务。同年，代发养老金2702户，代发66.5万元。2001年8月，开始代理太平洋保险公司寿险业务。2004年，开办代收个人参保人员基本养老保险金业务。2007年4月，开办代理基金业务。2011年9月，开办电费代收业务。2013年，开办代理销售国债、代理个人理财业务。2018年，开办代理证券业务。2019年，忠县邮政进驻忠县社保营业厅，代发养老客户4.26万户；代发县财政粮食直补8000万元。2022年，新单保费19673万元；销售理财74334万元；销售国债3079.87万元；开发财政一卡通16.32万户。

表9-11-2-3

2013—2022年忠县邮政中间业务统计表

年份	国债销量（万元）	基金销量（万元）	理财销量（万元）	保险销量（万元）	证券净增户数（户）
2013	2991.16	147.27	41444.6	6201.74	—
2014	5203.99	1469.01	65282.1	10467.42	—
2015	3262.39	2087.72	49327.73	23580	—
2016	1561	585.43	46314.09	35643.18	—
2017	2740	2859.68	41330.88	44877.7	—
2018	4616.07	7383.99	35132.49	45158.31	804
2019	3227.83	5641.43	40510.89	42461.44	221
2020	1457.9	10262.24	60161.99	38897.42	336
2021	4227.04	14649.57	76687.63	32583.09	499
2022	3079.87	11033.71	74334.28	19673.14	348

3. 风控合规

自1987年起，忠县邮政执行按月盘查营业账务、资金收缴、划拨等制度。2003年2月至2017年8月，由业务稽查检查室负责风控合规管理。2017年，成立金融风

控合规团队，负责金融风险合规管理、防控及问题整改工作。2018—2022年，组织风控合规培训205次，培训员工50000人次，开展2次代理金融合规知识竞赛，提高员工风控合规意识。

（二）寄递业务

1. 特快专递

1996年10月，忠县邮电局开办特快专递业务。1997年，收寄特快专递32.48万件。1998年8月29日，全县各营业窗均可办理特快专递业务。2002年，代收货款纳入邮政特快专递，全年实现特快总收入42.73万元。2007年，开发换代身份证寄递业务，2022年收寄身份证3.82万件。2017年6月，开发法院专递业务，2022年收寄2.01万件。2020年，忠县邮政与县内学校合作，开发教材配送业务，共计配送教材13.5万件。2022年，收寄特快48.05万件。

2. 快递包裹业务

2001年，忠县邮政开办快递包裹业务，收寄346件。2005—2009年，重点开发忠县茶厂、豆腐乳厂等土特产快包寄递。2016年12月，忠县邮政与重庆度牛电子商务有限公司合作开展春见"丑柑"主题配送活动，收寄3329件。2018年，成立寄递事业部市场部，全年收寄快递包裹26.07万件。2022年，收寄126.8万件。

3. 物流业务

2002年，忠县三峡移民外迁，忠县邮政组织邮车为搬迁移民提供搬家服务，实现收入4.6万元。2003年7月，物流公司成立后，纳入利载业务，邮车运能向社会开放，帮助客户载运货物。2010年10月，忠县邮政开办物流业务，主要配送烟草、化肥、农药、酒水等物资。2022年，物流收入79.49万元。

4. 国际业务

国际业务分为国际普通邮件业务、国际及港澳台邮政特快专递业务、国际商业渠道业务。1986年，忠县邮电局开办国际函件业务，港澳台函件收发397件。2000年，收寄国际邮件24件。2018年，忠县邮政共收寄国际邮件20件。2018—2022年，忠县邮政累计收寄国际邮件2362件。2021年，在忠县政府主办的"忠橙出口新加坡开园首航暨'忠橙'国际云上产销对接会"中，忠县邮政助力59件爱媛果冻橙成功出口新加坡。

（三）文传业务

1. 函件业务

1997年邮电分营前，函件业务主要以信函业务为主。2001年，开办账单、贺卡、邮送广告等商函业务，收入13.91万元。2010年，贺卡成为函件业务收入重要来源，收入120万元。自2010年起，忠县邮政发展数据库商函、账单、票务代理、中邮广告等业务。2021年，开办媒体会展业务，承办"忠橙出口新加坡开园首航暨'忠橙'国

际云上产销对接会""三汇镇第四届菊花文化节""官坝第十届采桑节"等会展活动，收入80万元。2022年，函件收入203万元。

2. 报刊业务

1986年，开办报刊零售业务，收订报纸5.5万份。2003年，全县有报刊零售亭12个，其中，城区10个、乡镇2个。2011—2012年，创新报刊发行模式，挖掘图书零售市场，拓展教辅教材以及特色图书发行业务。2005—2014年，新增零售报刊亭8个。2014—2017年，因城区拆迁及乡镇规划改造等，部分零售报刊亭被拆除、搬迁。2020年，在拔山、三汇、马灌等乡镇开展图书巡展5场，图书销售3.2万册。2021年，忠县邮政与中共忠县县委宣传部签订忠县农家书屋采购合同，成为全市邮政渠道内第一个农家书屋供货商。截至2022年，忠县邮政共有零售报刊亭10个，其中城区9个、乡镇1个，报刊订阅流转额934.52万元。

3. 集邮业务

1986年8月1日，忠县邮政开办集邮业务，并设立集邮门市部。1993年12月，忠县邮电局刻制并启用"石宝寨"风景日戳1枚。1998年8月1日，"三峡库区忠丰石三县集邮巡回展"（忠县、丰都县、石柱土家族自治县）在忠县开幕，展出邮集21部、658张。2001年8月，发行地方性专题邮册《西部热土—忠县》，预订、售出邮册及其他票品收入12.63万元。2007年10月13日，举办《长江三峡库区古迹》特种邮票首发式，其中石宝寨是忠县境内景区，首发当日销售7万元。2020年，忠县《白公祠文博景区纪念邮票》发行，入选2020重庆外事礼品名单。2022年12月，在忠州博物馆里建成以忠义命名的邮局——忠义邮局。

4. 中邮文创

2021年，忠县邮政开办"中邮文创"业务，收入在文创业务管理信息系统中分中邮文创、集邮、函件、报刊4个专业列收。2022年，中邮文创收入单列，收入15.65万元。

5. 普通包裹

1987年，忠县邮电局开办普通包裹业务，收寄893件。截至2022年底，忠县邮政普通包裹主要经营窗口包裹、校园包裹、军营包裹、家乡包裹、爱心包裹、母亲邮包等，全年收寄949件。

（四）渠道业务

1. 增值业务

忠县邮政开办代办车险和简易险、代开税务发票、代征税、代收费、代售票、代收中石油款、代办交管等增值业务。2001年，忠县邮政设立"重庆风采"电脑福利彩票代理销售网点，全年销售6.17万元。2002年，开办代办车险业务。2003年，代理中国网通电信业务。2004

年 7 月，代收中石油加油款。2005 年，代办铁路客票邮政订送业务。2016 年 6 月，忠县邮政与忠县国家税务局开展合作，开始代开税票、代征税款。2017 年，与忠县国家税务局共建税邮合作示范厅，代开发票 4.75 万笔。2019—2020 年，成立专职代开发票团队。2020 年，开始代办警邮业务、营业执照业务。2022 年，代办车险 1820 户，代开发票 4.05 万张。

2. 分销业务

忠县邮政分销业务起源于啤酒、月饼、送水速递物流业务。截至 2022 年底，分销业务包括农资、农副产品、日用消费品等大类。2000 年，忠县邮政开始销售啤酒和月饼；2001 年，先后与诗仙、剑仙、青岛啤酒合作，累计销售 300 万元。2005 年，与忠县烟草公司合作，启动卷烟配送业务，于 2018 年 3 月停办此业务。2015 年，忠县邮政与忠县烟草公司合作，开办烟草销售业务。

2015 年 9 月，忠县邮政开设"邮乐农品·忠县馆"扶贫店铺，开始发展农村电商业务，同年引入西厢阁、爽口爽心等本地农产品品牌 15 家，开展线上销售。2018 年，将忠县地方特色产品龄童大米、忠县柑橘引入为分销系统，成为分销业务的区域供应商。同年，在第二届邮政"919 电商节"中，龄童大米成为 2018 年全国第二个 5 万单商品。2019 年，农资销售转型，将目标客户由零散向批发农资加盟商转变，举办农资专场订货会，签订加盟协议 35 户，实现农资销售 6250 吨。2021 年，启动忠橙产业链项目，被市分公司评定为 5A 级优秀经营发展项目。2022 年，打造大米产业链"邮政＋种植户＋企业"订单农业模式，签约种植户 23 户，实现分销收入 910 万元。同年，通过邮乐小店销售，驿和大米成为当年"919 电商节"全国第一个 5 万单商品。

3. 电信业务

1986—1997 年，忠县邮电局主要开办电报与传真、长途电话、本地电话、移动通信等电信业务。1986 年，电信业务总收入 51.75 万元。1997 年，电信业务总收入 2091.80 万元，是 1986 年的 40.42 倍。

（1）电报与传真

1986 年，去报 42287 份。1987 年，开通传真业务。1993 年，实现电报传真化。1997 年，去报 45975 份。

（2）长途电话

1986 年，去话 4.69 万次。1992 年 4 月，长途电话实现直拨。1996 年，去话 164.2 万次，来话 189.02 万次。

（3）本地电话

1986 年，忠县邮电局有城市电话用户 333 户；农村电话用户 422 户。1997 年，有城市电话用户 8648 户；农村电话用户 5973 户。

（4）寻呼业务与移动通信

1992 年，忠县邮电局建无线移动（"二哥大"）通信

基站 1 个，有用户 40 户。1993 年，有寻呼机用户 89 户。1994 年，建模拟蜂窝移动（模拟"大哥大"）通信基站 1 个。1996 年，建数字蜂窝移动（数字"大哥大"）通信基站 1 个。1997 年，有寻呼机用户 5823 户，模拟移动用户 485 户，数字移动用户 394 户。

三、邮政网络

（一）网络能力建设

1. 邮路

区内邮路 1986 年，邮车由重庆出发经垫江到达忠县，晚上返回重庆，每日 1 班。2018 年，忠县邮政有市内邮路 2 条：重庆—忠县快速、重庆—垫江—忠县普邮。2020 年，重庆—垫江—忠县普邮改为重庆—忠县普邮。2021 年，有重庆—忠县快速、重庆—忠县午班邮路、重庆—忠县普邮。2022 年，取消重庆—忠县午班邮路。

区域邮路 1978 年 10 月，从万县地区邮电局到忠县邮电局，再到新立乡，次日到双桂乡同重庆—石柱的邮车交换邮件后经忠县回万县。1990 年 1 月，万县—双桂自办汽车邮路缩短为万县至忠县自办汽车邮路。万忠邮车从万县市发车送至响水支局与忠县邮车交接邮件。1986—2000 年，有万县（万州）—忠县野鹤镇邮路 1 条。截至 2022 年已无区域邮路。

县乡邮路 1985 年，忠县有县乡邮路 32 条，总长 755千米。1993 年，开办自办汽车邮路 5 条，总长 218 千米。1999 年，调整邮路为 8 条。2004 年，调整邮路为 4 条。2017 年，调整邮路为 6 条。2019 年，调整邮路为 7 条。2020 年，调整邮路为 8 条。2022 年一频次邮路 6 条，二频次邮路 2 条。

2. 网路的优化与调整

1986 年，有网路 32 条。1999 年，增设农村网路 8条，取消 4 条。2005 年，调整为 4 条。2017 年，增加网路 2 条，变更至 6 条。2020 年，6 条优化为 8 条，其中将马灌拔山线调整为二频次。

3. 物流体系

2015 年，忠县建成快递物流分拨中心 1 个。截至 2022 年底，有速递物流分拨中心 1 个，有乡（镇）级物流配送中转站 4 个、物流站点 62 个、村级站点 460 个，物流配送专线邮路 8 条，单日末端配送路线 1185 千米，基本建成县—乡—村三级物流体系。

4. 作业场地

1986—1997 年，邮件处理中心设在人民路 82 号，处理面积 56m²；1997 年，三峡移民搬迁至果园路 20 号，处理面积 200m²。2015 年 10 月，迁至人民路 188 号，处理面积 1200m²；2019 年 8 月，迁至滨江路 28 号，处理面积 1370m²。至 2022 年，城区有处理场地 1 个，处理面积 1500m²。

1986—2022 年，农村地区作业场地与营业网点同址。

5. 设施设备

邮政专用设备　1986 年，忠县邮电局配备电子信函秤、包裹秤、分拣格眼、封袋钳等设备。1997 年，配备包裹捆扎机、收寄机。2017—2019 年，配备装卸皮带机 1 台，投递皮带机、三级伸缩胶带机、直线传输胶带机各 1 部、手持终端（PDA）98 台、蓝牙电子秤 35 台、蓝牙电子面单打印机 30 台、有线电子面单打印机 60 台。2022 年，忠县邮政共有手持终端（PDA）110 台、新增邮件消毒迷雾器 2 台、收寄一体机 2 台、进口顶扫 1 台，有兜笼 47 个。

运输设备　1986 年，忠县邮电局有自行车 19 辆。1993 年，有邮政通信小汽车 1 辆。1997 年分营后，有汽车 8 辆。2015 年，有摩托车 42 辆，邮运汽车 5 辆。2022 年，有汽车 36 辆，三轮车 12 辆，摩托车 2 辆。

（二）网运生产作业

1. 邮件接发

2022 年，忠县邮政每日进口邮件趟车共 2 个频次：每日 7:00 左右，重庆—忠县特快进口邮车抵达忠县处理中心进行进口邮件交卸，营投部开拆人员与邮车进行交接手续；每日 12:00 左右，重庆—忠县普邮车（主要代运快递包裹、报刊、机要）到达处理中心进行进口邮件交卸，营投部开拆人员与邮车进行交接手续。各网点和揽投人员收寄的出口邮件，由县内转趟返程邮车带运到邮件处理中心进行封发出口。邮件出口共 2 个频次：每日 12:00 左右，忠县—重庆特快进口邮车返程发车，当天 12:00 前收寄邮件必须随车发运；每日 19:00 左右，重庆—忠县普邮车返程发车，当日营业终了后收寄的出口邮件由该频次带运至重庆。

2. 邮件运输

1986—1991 年，邮件运输由万县地区运输公司 49 队负责，邮件押运由自有人员负责。1992 年，机要邮运组负责自办汽车邮路运输。县邮电局到各（乡）镇支局、所邮件的押运，由忠县邮电局车辆负责；各支局、所到各乡办所的邮件，由投递人员负责押运。1994 年 2 月，自办汽车邮路实行邮钞合押。2016 年，钞邮分离，钞路实行双警押运。2021 年，邮运投递由环形调整为往返，大网邮车一频到达忠县的邮件全县实现当日递。第二频次为 2 条。

3. 邮件投递

2022 年，普邮车城区邮件当天全部下段投递完毕，农村除拔山、马灌、乌杨、新立镇邮件随二频次邮车发运以外，其他乡镇邮件留存处理中心至第二日发运。

城市投递　1986 年，忠县邮政有城市投递段道 4 个。自 2000 年起，逐步实行信报、包裹投递上楼入户。2014

年 7 月，实行揽投合一，设置邮件揽投段道 5 个，普邮投递段道 9 个。2018 年，设置众创众享团队 3 个，即邮件专揽段 6 个、普邮投递段道 7 个、邮件投递段道 10 个。2022 年，有信报箱群 19 个、自提点 40 个、智能包裹柜 8 台、单位固定收发室 21 个，实行"普邮专投＋邮件专揽＋邮件直投＋甩点直投"模式，分为网格段道 3 个，投递频次 2 个。

农村投递　1985 年，忠县邮电局有农村投递路线 195 条，长 4170 千米。自 2018 年起，有农村投递员 28 人。2022 年，有建制村投递段道 167 个、周五班以上建制村段道 28 个，覆盖 283 个行政村。投递到各行政村及户，其中投递频次周三班 147 个行政村、周五班 112 个行政村、周六班 24 个行政村。

（三）网运管理

1. 组织管理

组织机构　1997 年前，忠县邮政网运由邮政科管理；1997 年邮电分营，由邮政运营科管理；2000 年，由市场科管理。2006—2017 年，网运生产调度挂靠市场经营部。2017 年，成立运管部负责辖区内网运调度和生产作业。2018 年 9 月，忠县寄递事业部成立，网运职责划归寄递事业部，负责辖区内网运行调度和处理中心生产管理。

生产作业管理　1986—1996 年，忠县邮政建立和完善邮运网路指挥调度、协调机构、人员、制度，使用《邮运调度记录》详细记录在特殊情况下邮运变化、协调、调度等情况。2019 年，成立生产作业计划指挥调度中心，编制《生产作业计划》，确保当日进出口邮件的准班、准点和频次时限完成。同时，按照市分公司邮区中心组开邮路车辆到、发时间，调整营、分、运、投环节生产作业计划。

2. 网运质量

1986—2022 年，忠县邮政加强网运质量监督管理，通过制订生产作业计划、优化作业流程等方式，不断提升网运质量。1988 年，忠县邮电局邮件散件合格率 40.7%，快件总包合格率 49.3%，快件全程逾限率 17.6%。2022 年，特快收寄及时率 96.11%，快包收寄及时率 98.61%；特快预约投递联系率 89.64%；特快次日递率 98.72%，快包次日递率 96.21%。

（四）服务网点

1. 网点设置

1987 年，忠县邮电局有自办局所 30 个（其中农村网点 27 个，城市网点 3 个），代办所 52 个。截至 2022 年底，有邮政网点 68 个（其中金融网点 56 个，纯邮政网点 12 个）。

表 9-11-2-4

1998—2022 年忠县邮政局所一览表

序号	局所名称	经营性质	经营属性	设置地点	备 注
1	忠县东坡营业所	自营	城市	忠县忠州街道果园路 20 号	—
2	忠县大桥营业所	自营	城市	忠县忠州街道红星居委红星梯道 2 号附 3 号	—
3	忠县红星营业所	自营	城市	忠县忠州街道红星路 17 号	白桥邮政所 2004 年更名为红星邮政所
4	忠县玉溪营业所	自营	城市	忠县白公街道白公路 7 号附 12 号	—
5	忠县金天门营业所	自营	城市	忠县忠州街道人民路 192 号附 13 号	—
6	忠县广场邮政所	自营	城市	忠州镇巴王路 64 号	2007 年 12 月，营业所更名为邮政所
7	忠县瞀井营业所	自营	农村	忠县忠州街道皇华路 11 号	—
8	忠县涂井邮政所	自营	农村	涂井乡涂井场 22 号	2019 年 12 月，营业所更名为邮政所
9	忠县坪山营业所	自营	农村	忠县涂井乡坪山场 10 号	—
10	忠县万金营业所	自营	农村	忠县石宝镇万金场 2 号附 13 号	—
11	忠县石宝邮政所	自营	农村	石宝镇临溪街 69 号	2007 年 12 月，营业所更名为邮政所
12	忠县百安邮政所	自营	农村	石宝镇百安场 28 号	2021 年 12 月 13 日，营业所更名邮政所
13	忠县咸隆营业所	自营	农村	忠县石宝镇咸隆场 4 号附 21 号	—
14	忠县野鹤营业所	自营	农村	忠县野鹤镇赶场坝 191 号	—
15	忠县汝溪邮政所	自营	农村	汝溪镇镇江路 126 号	2007 年 12 月，营业所更名为邮政所
16	忠县九亭营业所	自营	农村	忠县汝溪镇九亭场上 38 号	—
17	忠县广兴营业所	自营	农村	忠县金声乡广兴场 212 号	—
18	忠县金声营业所	自营	农村	忠县金声乡金声场 40 号	—
19	忠县新场营业所	自营	农村	忠县野鹤镇新场 89 号	—
20	忠县白庙营业所	自营	农村	忠县汝溪镇白庙场 8 号	—
21	忠县黄金营业所	自营	农村	忠县黄金镇黄金场 110 号	—
22	忠县三汇营业所	自营	农村	忠县三汇镇汇鑫北路 15、17、19、21、23、25、27 号	—
23	忠县金龙邮政所	自营	农村	三汇镇金龙场	2022 年 12 月，营业所改为邮政所
24	忠县里仁营业所	自营	农村	忠县三汇镇里仁场上	—
25	忠县白石营业所	自营	农村	忠县白石镇白石铺 43 号	—
26	忠县巴营营业所	自营	农村	忠县白石镇巴营场上 74 号	—
27	忠县万板营业所	自营	农村	忠县白石镇万板场 9 号	—
28	忠县两河营业所	自营	农村	忠县白石镇两河场 50 号	—
29	忠县倒灌营业所	自营	农村	忠县马灌镇倒灌场上	—
30	忠县马灌营业所	自营	农村	忠县马灌镇迎宾路 189 号	—
31	忠县黄钦营业所	自营	农村	忠县马灌镇黄钦场上 5 号	—

序号	局所名称	经营性质	经营属性	设置地点	备　注
32	忠县金鸡营业所	自营	农村	忠县金鸡镇文昌路 58 号附 1 号	—
33	忠县黄龙营业所	自营	农村	忠县金鸡镇建设路 71 号附 1 号	—
34	忠县东溪营业所	自营	农村	忠县东溪镇宣公路 3 号附 5 号	—
35	忠县新立营业所	自营	农村	忠县新立镇橘洲路 124 号附 2 号	—
36	忠县高洞营业所	自营	农村	忠县马灌镇高洞江家场 56 号	—
37	忠县精华营业所	自营	农村	忠县新立镇精华村一组 16 号	—
38	忠县同德营业所	自营	农村	忠县双桂镇同德场上	—
39	忠县长岗邮政所	自营	农村	新立镇长岗场	2021 年 12 月，营业所更名为邮政所
40	忠县中岭营业所	自营	农村	忠县新立镇中岭场 6 号	—
41	忠县双桂邮政所	自营	农村	双桂镇桂溪路 54 号	2007 年 12 月，营业所更名为邮政所
42	忠县任家营业所	自营	农村	忠县任家镇仁义路 375 号	—
43	忠县新生营业所	自营	农村	忠县新生街道新春路 116 号	—
44	忠县望水营业所	自营	农村	忠县新生街道吊钟坝 88 号	—
45	忠县善广营业所	自营	农村	忠县善广乡善广场 88 号	—
46	忠县义兴邮政所	自营	农村	任家镇义兴场	2021 年 12 月，营业所更名为邮政所
47	忠县花桥营业所	自营	农村	忠县花桥镇花桥寺 83 号	—
48	忠县凌云营业所	自营	农村	忠县永丰镇凌云场 52 号	—
49	忠县永丰邮政所	自营	农村	永丰镇永兴路 98 号	2007 年 12 月，营业所更名为邮政所
50	忠县拔山营业所	自营	农村	忠县拔山镇吉祥路 213 号附 1 号	—
51	忠县新花路营业所	自营	农村	忠县拔山镇新花路 925 号	—
52	忠县显周营业所	自营	农村	忠县花桥镇显周黄泥冲 77 号	—
53	忠县八德营业所	自营	农村	忠县拔山镇八德场上 76 号	—
54	忠县双丰邮政所	自营	农村	石黄镇双丰乡场	2022 年 12 月，营业所更名为邮政所
55	忠县兴峰营业所	自营	农村	忠县兴峰乡兴隆场 213 号	—
56	忠县丰收营业所	自营	农村	忠县官坝镇丰收场上 177 号	—
57	忠县石黄营业所	自营	农村	忠县石黄镇金星路 53 号	—
58	忠县官坝营业所	自营	农村	忠县官坝镇建设路 66 号	—
59	忠县碾盘营业所	自营	农村	忠县官坝镇碾盘场 16 号	—
60	忠县石子营业所	自营	农村	忠县石子乡场上	—
61	忠县洋渡营业所	自营	农村	忠县洋渡镇鸿图路 54 号	—
62	忠县蒲家邮政所	自营	农村	洋渡蒲家场上 2 号	2022 年 12 月，营业所更名为邮政所
63	忠县同合营业所	自营	农村	忠县洋渡镇同合场上	—
64	忠县太集营业所	自营	农村	忠县乌杨街道太集场上	—

续表

序号	局所名称	经营性质	经营属性	设置地点	备注
65	忠县曹家营业所	自营	农村	忠县乌杨街道曹家场 34 号	—
66	忠县乌杨营业所	自营	农村	忠县乌杨街道怡然路 388 号	—
67	忠县复兴营业所	自营	农村	忠县复兴镇复兴大道 26 号附 3 号	—
68	忠县磨子营业所	自营	农村	忠县磨子山 23 号	—
69	忠县绍溪邮政所	自营	农村	忠县绍溪乡场上	2003 年撤销
70	忠县万朝邮政所	自营	农村	石柱县万朝乡场上	2003 年撤销
71	忠县天堑邮政所	自营	农村	忠县天堑乡场上	2003 年撤销
72	忠县卫星桥邮政	自营	农村	忠县黄金镇伍丰村	2003 年撤销
73	忠县白河邮政所	自营	农村	忠县磨子乡白河居委	2003 年撤销
74	忠县黄家邮政所	自营	农村	忠县白石镇黄家居委	2003 年撤销
75	忠县智华邮政所	自营	农村	忠县三汇镇智华居委	2006 年撤销
76	忠县大岭邮政所	自营	农村	忠县大岭乡场上	2006 年撤销
77	忠县泰来邮政所	自营	农村	忠县三汇镇泰来居委	2016 年撤销

2. 社会加盟站点

2007 年 9 月 5 日，忠县邮政在永丰镇建立第一个村邮站。2015 年 8 月，在东溪镇双新村建第一个邮乐购站点。2020 年 10 月，在忠州街道香山湖建第一个社区邮快超市。截至 2022 年底，忠县邮政共建成邮乐购站点（村邮站）460 个，邮快超市 89 个。

四、邮政管理

（一）财务管理

1986 年，忠县邮电局实行经济核算、财务包干制、经济承包责任制及代办工程承包责任制。2003 年 4 月，实行财务管理一体化模式，实行报账制，万州片区邮政局对忠县财务收支计划、资产、资金、负债、大宗物资采购及供应、投资等实行统一管理，忠县邮政因改变会计核算办法变为非独立核算单位。截至 2022 年底，忠县邮政依旧实行财务管理一体化模式。

2020—2022 年，根据重庆市分公司要求，忠县邮政全面推行降本增效管理机制，成立降本增效领导小组，通过优化投递环节等方式压降环节成本。

（二）人力资源管理

1. 队伍建设

1986 年，忠县邮电局共有从业人员 220 人。1997 年邮电分营后，按邮政和电信职工人数的比例划分，119 人划归县邮政局，143 人划归县电信局。2008 年，邮储银行忠县支行成立后，邮政划入邮储银行 32 人，县邮政局有从业人员 267 人。2018 年，成立忠县寄递事业部，速递10 人、邮政公司 16 人划入寄递事业部，有邮政从业人员341 人。2022 年，忠县邮政共有从业人员 377 人。

2. 教育培训

1986 年，忠县邮政组织中专自学考试。1987 年，组织技术培训 68 人、中专教育 7 人。2000 年，组织技能培训 17 次。2012 年，组织 58 人参加职业技能鉴定。2015—2022 年，组织员工培训 210 次。截至 2022 年底，忠县邮政共有硕士 1 人，本科 187 人，大专 167 人，中职 11 人，高中 11 人。从业人员持邮政生产人员特有职业资格证 283 人，AFP（金融理财师）12 人，银行业专业人员职业资格证 90 人，基金从业资格证 38 人，代理保险资格证 247 人。

3. 薪酬管理

1993 年前，实行等级工资制。1993 年 5 月，改等级工资制为岗位技能工资制。2000 年，执行绩效工资制度（由原效益工资演变而来）。2014 年，改逐级评定为按业绩等指标计算的方式。2022 年，优化薪酬分配机制及发放流程，落实薪酬二次分配问题专项治理工作，坚决杜绝薪酬二次分配的违规行为。

（三）服务质量管理

1. 营业服务

忠县邮政设置普遍服务营业场所 69 个（城市 6 个，农村网点 63 个），服务全县 4 个街道、25 个乡镇，服务面积 2187 平方公里，建制乡镇邮政局所建设率 100%。所有营业场所均开办信件、印刷品、包裹、汇兑 4 项普遍服务基本业务及特殊服务业务。

1987年，忠县邮电局在支局、所、代办点开展"一类班组"达标活动，提高"窗口"单位服务质量。1996—1997年，开展"营业规范化服务"达标活动。设置"星级服务标准"，对服务环境、服务设施、仪容仪表、文明服务、服务纪律、服务监督6个项目设置标准。1999—2003年，开展"讲文明、树邮政新风""文明单位创建活动"等活动和"青年文明号""巾帼文明示范岗""优质示范门市"等服务工作竞赛，创建文明单位10个，评选"青年文明号"6个，"巾帼文明示范岗"6个，"优质示范门市"12个。2003—2016年，开展"提高服务质量让用户满意活动"，用户满意度85分以上。2016年，开展邮政服务质量用户满意度测评活动，综合满意度90.3分。2015—2022年，每年修订《中国邮政集团公司重庆市忠县分公司通信和服务质量管理办法》，规范窗口服务质量。2021年5月，新一代营业渠道系统正式推广上线，替代原有营业二期系统、实体渠道管理系统、报刊收投系统、营业手工网点系统等多个系统。2022年，按照市分公司开展的重庆邮政普遍服务客户服务满意度测评活动，忠县邮政综合满意度92.09分，排全市第2名。

2. 普遍服务与特殊服务

普遍服务　1986年，忠县邮电局加强报刊投递准确及时率等为重点的各项经营基础工作。1998年6月，城乡实行投递上门，挂牌服务，营业网点设置服务监督台，公布服务监督电话和投诉地址。2011年，忠县邮政开始建设村邮站，便于建制村通邮。2017年，忠县农村地区实施普服新标准，新标准涉及营业场所、邮件固定接收场所、投递频次、投递深度。截至2022年，忠县邮政建制村直接通邮率100%，普服邮件全程时限全面达标，邮政服务申诉处理满意率100%，条码平信及普遍服务给据邮件信息断点率压降至管控目标。

特殊服务　忠县邮政提供义务兵平常信函、盲人读物、烈士遗物免费寄递以及机要业务等特殊服务业务。1963年，开办机要业务，主要服务对象为党政机关，公安、检察院、法院等保密要害部门及企事业单位。1987年，忠县邮电局收投机要邮件1368件。2005年，收投机要邮件834件。2003年，机要交通路线扩大至全县各乡镇。2010年，新增投递大专院校学生档案业务，2015年6月停止。2014年改步行投递为车辆投递。2017年，机要邮件交接实行双人制度、安全携带制度，机要通信车辆专车专用。2021年，改单人押运、投递为双人押运、投递。1963—2022年，忠县邮政机要通信实现连续59年质量全红。

3. 监督检查

1986—1996年，忠县邮电局开展邮政通信服务质量自查整顿活动。1999年，邀请县政协委员、纪委人员及社会各界人士为普服监督员，监督检查网点服务质量。2003年，组配邮政检查、储汇稽察员3人，负责担负邮政检查、储汇稽查，开展邮政服务质量检查。2022年，国庆、两会期间，对全县44个网点开展安全服务质量专项检查，问题整改率达到100%。

（四）安全管理

1986年，治安保卫工作纳入行政、政工、安全保卫等部门的工作重点。2003年4月，治安保卫工作与生产经营同布置、同检查、同总结、同评比、同奖惩。自2006年8月起，开始安装监控系统。2009年，报警系统联网110报警平台。2018年10月，网点监控系统、报警系统接入市分公司远程监控中心。2013—2022年，制定安全生产规章制度，签订《安全生产责任书》760份，组织安全教育培训学习1300次，开展应急预案演练1280次，开展安全生产大检查20次。2021年，金融网点配备保安人员共59人。截至2022年底，忠县邮政未发生重大安全风险事件。

（五）党群管理

1. 党组织

1966年，忠县邮电局党支部成立。1997年8月，邮电分营，成立中国共产党忠县邮政局支部委员会。2007年，更名为中国共产党重庆市邮政公司忠县邮政局支部委员会。2017年，更名为中国共产党中国邮政集团公司重庆市忠县分公司支部委员会。2019年，更名为中国共产党中国邮政集团有限公司重庆市忠县分公司支部委员会。2021年，调整设置为中国共产党中国邮政集团有限公司重庆市忠县分公司总支部委员会。2022年，忠县分公司党总支委员会下设党支部3个；有党员52人，其中总支委员5人。

2000—2003年，忠县邮政开展近学劳模陈仕琼、远学王德武事迹的活动。陈仕琼是忠县邮政汝溪支局支局长，2000年被县委评为优秀共产党员，同年获得"全国劳动模范"称号，2002年获得全国"三八红旗手"称号。2003年9月22至24日，陈仕琼在出席中国工会第十四届代表大会期间，受到国家领导人的亲切接见。忠县邮政按照中央统一部署，2005—2009年，开展先进性教育活动及实践科学发展观活动；2018年，开展学习习近平新时代中国特色社会主义思想，组成宣传贯彻小组5个，召开宣传贯彻会13场，参加人数400人。2020—2022年，召开"以案四说"警示教育大会，开展警示教育12次，监督谈话8人次，讲廉政党课3次。

2. 工会

1951年，中国邮电工会忠县委员会成立。1997年，更名为忠县邮政局工会委员会。2013年，更名为重庆市忠县邮政公司工会委员会。2017年，更名为中国邮政集团工会忠县委员会。2022年，有工会会员370人，职工小家 56 个。

1986—2022 年，工会组织开展学习教育、劳动竞赛、文体活动、民主管理、送温暖活动及职工小家建设等活动。1986 年，开展征集春联活动，征集对联 213 副。1987 年 10 月，建立女工健康档案。1990 年 10 月，成立第一届女职工委员会。自 1998 年起，忠县邮政工会每年开展纪念"三八"国际劳动妇女节活动，为女职工发放纪念品；表彰先进个人、优秀工会积极分子、五好家庭；组织春游活动，召开座谈会。2001 年，建立职工健康档案。2008 年，建立 67 职工图书室供职工阅读，藏书 500 册，订阅报纸杂志 24 种。2016 年，机关员工食堂正式运行。2018—2022 年，开展每月生日会，每年员工子女儿童节、感恩员工家属节、三八妇女节、体育比赛等活动。2022 年，新生职工小家被中国邮政集团工会重庆市委员会评为明星小家。

3. 团组织建设

1975 年 7 月，中国共产主义青年团忠县邮电局支部委员会成立。1997 年 7 月，更名为中国共产主义青年团忠县邮政局支部委员会。2007 年，更名为中国共产主义青年团重庆市邮政公司忠县邮政局支部委员会。2017 年，更名为中国共产主义青年团中国邮政集团公司重庆市忠县分公司支部委员会。2019 年，更名为中国共产主义青年团中国邮政集团有限公司重庆市忠县分公司支部委员会。2020 年 6 月，调整设置为中国共产主义青年团中国邮政集团有限公司重庆市忠县分公司委员会。2022 年，有团员 105 人。辖支部委员会 3 个。

1986—2022 年，开展演讲比赛、歌咏比赛、健身比赛（登山、长跑、拔河）、业务技能大赛等系列活动，成立青年突击队。1997 年，汝溪支局被共青团中央授予"青年文明号"称号。2018 年，忠县分公司团支部获得市分公司"五四红旗团支部"称号。2019 年，忠县分公司团支部获得市分公司"五四红旗团支部"称号。2021 年，机关综合职能团支部获得市分公司"五四红旗团支部"称号。2022 年，忠县寄递事业部蒋卓亚获得"全市最美快递小哥"称号。

第三节　开州邮政机构

一、机构沿革

（一）机构演变

1. 四川省管局管辖时期

1986 年，开县邮电局由四川省万县地区邮电局管理。

1993 年 3 月，万县行政区划调整，开县邮电局由万县市邮电局管辖。

2. 邮电分营时期

1997 年 3 月，万县市及所辖区县正式划属重庆。同年 7 月，邮电分营，重庆市邮政管理局设立开县邮政局，隶属万县市邮政局管理。

1998 年 3 月，重庆市邮政管理局调整万县市邮政管理体制，开县邮政局由重庆市万县移民开发区邮政局代管。

2000 年 8 月，开县邮政局划归重庆市邮政管理局直接管理。

2003 年 2 月，重庆邮政企业实行城片区经营管理体制，开县邮政局划归万州片区邮政局管理。

3. 政企分开时期

2007 年 9 月，重庆邮政政企分开，"开县邮政局"更名为"重庆市邮政公司开县邮政局"。同年 12 月，中国邮政储蓄银行重庆开县支行成立，开县邮政受邮储银行开县支行委托开办代理金融业务。

2009 年 1 月，重庆邮政速递物流实行一体化专业经营，成立重庆市邮政速递物流公司开县分公司。2010 年 6 月，"重庆市邮政速递物流公司开县分公司"更名为"重庆市邮政速递物流有限公司开县分公司"。

2014 年 6 月，重庆邮政速递物流组织机构改革，"重庆市邮政速递物流有限公司开县分公司"改设为"开县营业部"（营业执照名称不变），由重庆市邮政速递物流有限公司新组建的万州片区分公司管理。

2015 年 4 月，根据中国邮政集团公司法人体制改革要求，"重庆市邮政公司开县邮政局"更名为"中国邮政集团公司重庆市开县分公司"。同年 4 月，"重庆市邮政速递物流有限公司开县分公司"更名为"中国邮政速递物流股份有限公司重庆市开县分公司"。

2016 年 8 月，因开县撤县设区，"中国邮政集团公司重庆市开县分公司"更名为"中国邮政集团公司重庆市开州区分公司"。

2017 年 6 月，根据市分公司机构编制方案，设立开州区分公司，优化调整主要部门职责及人员编制。

2018 年 9 月，寄递改革，开州区寄递事业部成立（保留"中国邮政速递物流股份有限公司重庆市开县分公司"牌子），内设寄递市场部、寄递运营监控部，隶属万州片区寄递事业部。

2020 年 1 月，"中国邮政集团公司重庆市开州区分公司"更名为"中国邮政集团有限公司重庆市开州区分公司"。2020 年 7 月，"中国邮政速递物流股份有限公司重庆市开县分公司"更名为"中国邮政速递物流股份有限公司重庆市开州区分公司"。沿用至 2022 年，未发生变化。

截至 2022 年底，开州邮政内设综合办公室、市场营销部、集邮与文化传媒部、金融业务部、渠道平台部、服务质量部。

（二）主要领导

表 9-11-3-1

1986—2022 年开州邮政主要领导人员名录

单位名称	姓　名	职　务	任职时间	备　注
开县邮电局	廖百茂	党总支书记	1983.10—1987.2	—
	郑德金	局长	1985.12—1987.2	—
	吴明荣	党总支书记、局长	1987.2—1996.6	—
	周世仁	党总支书记	1990.1—1992.4	—
	谢南坤	党总支书记	1992.6—1996.5	—
	谢南坤	临时负责人	1996.6—1997.1	—
	丁依富	局长	1997.1—1997.7	—
开县邮政局	谢南坤	临时领导小组负责人	1997.7—1997.11	—
	罗方斌	临时领导小组成员	1997.7—1997.11	—
	谢南坤	党总支书记、局长	1997.11—2000.3	—
	向银成	局长	2000.3—2002.12	曾用名向艮成
	谢南坤	党总支书记	2000.3—2008.7	—
	罗方斌	局长	2002.12—2008.9	—
	傅立新	党总支书记、局长	2008.9—2010.4	—
	李　明	党总支书记、局长	2010.4—2015.6	—
中国邮政集团公司 重庆市开县分公司	李　明	党总支书记、总经理	2015.6—2016.7	—
中国邮政集团公司 重庆市开州区分公司	李　明	党总支书记、总经理	2016.7—2017.11	—
	石　刚	党总支书记、总经理	2017.11—2020.4	—
中国邮政集团有限公司 重庆市开州区分公司	邱开成	党总支书记、总经理	2020.4—	—

二、邮政业务

（一）金融业务

1. 储蓄汇兑

储蓄业务　1986 年 12 月，开县邮电恢复办理邮政储蓄业务，开户 446 户，储蓄余额规模 4 亿元。1994 年，储蓄存款余额规模突破 1 亿元，达到 1.08 亿元。2000 年，储蓄存款余额规模达 2.16 亿元。2004 年，全县 73 个邮政储蓄网点实现全国联网。2006 年，储蓄存款余额规模突破 10 亿元，达到 13.07 亿元。2013 年，储蓄存款余额规模突破 50 亿元。2019 年 2 月，储蓄存款余额规模突破 100 亿元，达 100.11 亿元。2022 年 12 月，储蓄存款余额规模 145.07 亿元。

汇兑业务　2002 年，开县邮政电子汇兑业务上线。

2004 年，储蓄与汇兑实现两网互通。自 2004 年起，随着金融业务发展，汇兑业务逐年下降。2022 年，全年办理汇兑业务 848 笔，汇款金额 71.75 万元。

表 9-11-3-2

1987—2022 年开州邮政储蓄存款余额一览表

单位：亿元

年度	当年新增	余额规模	年度	当年新增	余额规模
1987	—	0.01	2007	4.13	18.67
1992	0.26	0.35	2012	8.19	46.53
1995	0.15	1.18	2017	11.27	85.81
2002	1.00	3.17	2022	14.99	145.07

2. 中间业务

1997年9月，开县邮政开办代理中间业务，截至2022年底，有代理保险、代理销售基金、国债、理财、证券、代发养老金等20余种中间业务。2000年，开县邮政局开始代理保险业务。2008年，保险收入158万元。2013年，代理销售国债、理财业务。2014年，设立开县邮政局中邮保险局。2015年，代理销售理财33227万元、保险26113万元、基金1249万元。2018年，开州邮政代理证券业务，代理销售保险57867万元、理财27011万元、基金3372万元、国债679万元。2022年，签约证券921户，列全市邮政企业第2位；同年，开州区分公司与开州区社保所加强合作，开通一站式制卡点，发放社保卡3.23万张。

表9-11-3-3

2013—2022年开州邮政中间业务发展情况表

单位：万元

年度	国债	基金	理财	保险
2013	362	153	38807	6323
2014	1037	404	78683	1027
2015	1014	1249	33227	26113
2016	684	291	27866	37231
2017	624	1166	28665	47291
2018	679	3372	27011	57867
2019	741	2869	9044	53317
2020	1464	13572	6840	40349
2021	4111	14575	22225	46569
2022	1919	2175	20201	36322

3. 风控合规

2016年，开县邮政金融风险合规管理委员会成立，开展网点三级权限清理规范和员工行为排查，强化重点业务和员工信用风险管控，防范代理金融风险，实现稳健经营、高质量发展。2017年，开州邮政配置合规监督管理员1名，负责落实案防风控合规工作。2013—2022年，开州邮政组织网点负责人等关键人员参观监狱、纪检宣教基地，观看警示案件片等警示教育活动，并定期召开员工合规培训，规范个人行为，提升从业人员知规守规意识。2022年，启动风控合规"雷霆行动"活动，全员强化"审慎合规是行稳之道，驾驭风险是致远之路"风险理念。

（二）寄递业务

1. 特快专递

1994年4月18日，开县邮电局开办邮政特快专递业务。2003年，开县邮政与开县公安局签订身份证邮寄服务。2010年，开县邮电局与法院达成合作，将部分挂号信转寄特快专递业务，开展"法院专递"项目。2020年3月，开州邮政与开州区内部分中小学校合作教材寄递业务，配送教材4841套。2022年11月，开州区分公司与开州区烟草公司合作，配送香烟226.55万条。2022年，收寄特快专递43.66万件，收寄量是2018年的7.6倍。

2. 快递包裹

2001年8月，开县邮政开办国内快递包裹业务。2009年1月起，将国内快递包裹和特快专递包裹业务纳入邮政速递物流专业经营范围，由邮政速递物流专业对该业务进行统一经营和管理，并纳入速递物流专业预算、核算体系。2017年，开州邮政成立快递包裹部，支撑寄递类业务发展。2020年，开州区寄递事业部市场部成立春橙项目组，2022年，春橙项目实现业务量215.88万件，较2020年增长165.7万件。2022年，开州邮政完成快递包裹业务量283.71万件。

3. 物流业务

2003年，开县邮政开办物流业务，主要以配送零担物流为主。2004年，加强市场开发，拓展新业务，继续启动区域性物流业务发展，同县内3大家电批销商、2家医药批销商达成协议，负责将家用电商及药品配送县城至各乡镇经销点。2009年，邮速分营，开县邮政停办物流业务。2018年9月，因寄递事业部整合，重新开办物流业务。2022年，实现物流收入0.75万元。

4. 国际业务

国际业务分为国际普通邮件业务、国际及港澳台邮政特快专递业务、国际商业渠道业务。1986年，开县邮电恢复开办国际业务。2022年，开州邮政收寄国际邮件33件。

5. 快件业务

1988年5月，开县邮电局开办邮政快件业务。1998年5月1日，开县邮政停办邮政快件业务。

（三）文传业务

1. 函件业务

函件业务按投递区域分为本埠函件和外埠函件，按收寄手续分为平常函件和挂号函件。有信函、明信片、邮简、印刷品、邮送广告、义务兵免费信件等种类。1990年7月31日，开县邮电局废止普通函件每件重20克以内资费0.08元的标准。1998年3月，开县邮政不断丰富业务类型，自行设计印刷回音函信笺、信封。2008年，发展订制型邮政贺卡，成功揽收103个单位邮政贺卡20.4万枚，创收81.67万元。2014年，函件业务开始从贺卡向商函、媒体广告转型，创收 98.8 万元。2021 年，开州邮政开始向线下媒体发展，设计制作包装箱、视频媒体、党建文化墙、会展等项目，实现函件收入 331.7 万元。2022年，实现函件收入 254 万元。

2. 报刊业务

1986 年，开县邮电局报刊业务量为 1395 万份。2000年上半年，开县邮政在县城安装报刊亭 8 个，截至 2022年底，开州邮政累计安装报刊亭 34 个。

2001 年，开始开展图书销售业务，自 2003 年起，图书销售业务纳入"文化产品"销售。2006 年，报刊业务逐步向图书巡展、校园市场开发。2014—2020 年，开州邮政累计开展图书巡展 11 余场，实现收入 30 万余元。2021—2022 年，校园报刊订阅金额达 700 万元以上，列全市邮政企业第 1 位。2021 年，开州邮政完成报刊流转额 1207 万元，实现收入 453 万元。2022 年，完成报刊流转额 1330 万元，实现收入 515 万元。

3. 集邮业务

1992 年，开县邮电局成立集邮协会，召开集邮协会第一届委员代表大会。同年 12 月 4 日，开县邮电局与重庆市集邮公司联合举办《刘伯承同志诞生一百周年》纪念邮票发行仪式。2002 年 12 月 2 日，首发"刘伯承元帅诞辰 110 周年纪念邮折"及"开县形象邮册"1000 余册。2003 年 12 月 4 日，开县邮政局在人民大会堂举行《中国锦橙之乡》纪念邮册发行仪式，开发纪念邮册 700 余册。2010 年，集邮发展逐步转型，重点以"集邮巡展""定向邮册"为主。2017 年，开发定向邮 1050 册，列全市邮政企业第 1 位。2019 年，开发军神刘帅纪念珍藏册 500册。2022 年，开发"刘伯承元帅诞辰 130 周年"定向邮册 1300 册，首日封 1700 个。

4. 中邮文创

2021 年，开州邮政开办"中邮文创"业务。2021 年12 月 4 日，开州区分公司在开州刘伯承纪念馆建成"帅乡红色邮局"。截至 2022 年，共销售"刘伯承元帅诞辰130 周年"邮册 1000 册，实现中邮文创产品销售收入 15.5万元。

5. 普通包裹

1986 年，开县邮电局开办普通包裹业务。2021 年，收寄普通包裹 2310 件。截至 2022 年底，开州邮政普通包裹主要经营窗口包裹、校园包裹、军营包裹、家乡包裹、爱心包裹、母亲邮包等业务，全年收寄普通包裹 4176 件。

（四）渠道业务

1. 增值业务

开州邮政增值业务主要包括代收预缴话费、代收中石油加油款、代办双税双代业务、代办交管等业务。2000 年4 月，开县邮政局与开县移动通信公司签订代收预缴话费业务合作协议，同年销售手机卡 337 张，代收话费 14.90

万元，代缴话费 34.97 万元。2004 年，开县邮政局在全县邮政营业厅开办 IP 电话超市。2004—2022 年，开县邮政代理收取中石油加油站营业款，代收 16 个中石油站点加油款。2016 年，代办双税双代业务，截至 2022 年底，全年代开发票笔数 5.32 万笔。2019 年，开州邮政开始代办交管业务，截至 2022 年底，共计 21 个网点开通此业务。

2. 分销业务

2007 年 3 月，开县邮政开办"三农"农资配送业务，建设"三农"加盟网点 106 个，实现农资配送额 292.59万元。2008—2009 年，开县邮政建成"三农"加盟网点431 个，村邮站 100 个。2009 年，开展月饼项目营销活动，实现销售额 128.1 万元。2017 年，开州邮政成立渠道平台部。2018—2019 年，开州邮政渠道业务实现线上运营，全年在邮乐网销售农产品 114.55 万元，其中"开县春橙"销售 52.5 吨，成为开州最大春橙电商销售平台，并作为电商代表受邀参加央视座谈。2021 年，开州邮政连续打造开县春橙、沃柑、冰薄月饼 3 个当地农产品，成为"邮乐网"线上销售万单产品。2022 年，开州邮政打造产业链和流通链构成的"双链工程"（由产业链和流通链构成，产业链是指乡村特色产业的产、供、销上下游全环节，流通链是指邮政企业的商流、物流、资金流、信息流的全链条），融入青云村柑橘农产业，建成示范田 1000亩，带动惠农项目实现收入 32.43 万元。

2022 年，开州邮政实现农产品交易额 2168.45 万元。同年，建设示范合作社 2 个，打造农产品基地项目，实现全国基地农产品交易额 228.91 万元，列全市邮政企业第1 位。同年，开州邮政实现线上零售交易额 792.98 万元；在 2022 年"919 邮政电商节"活动评比中，开州邮政列全市邮政企业第 3 位，获得先进团队，新雅邮掌柜在全国邮掌柜代言活动中获得二等奖。

表 9-11-3-4

2015—2022 年开州邮政渠道平台业务收入统计表

单位：万元

年度	渠道业务总量	代理和信息业务收入	分销与配送商品销售收入
2015	953.37	264.80	688.57
2016	968.78	218.27	750.51
2017	1431.23	358.62	1072.61
2018	2012.45	541.38	1471.06
2019	2196.82	582.27	1614.55
2020	2005.56	204.56	1801.00
2021	2044.28	207.45	1836.83
2022	2401.52	315.67	2085.85

3. 电信业务

1986—1997 年，开县邮电局主要有电报、传真、本地电话、长途电话、移动通信等电信业务。1986 年，电信业务总收入 73.44 万元，至 1996 年，电信业务总收入达到 895 万元。同年，开办电话业务。1989 年，新开开县—重庆长话电路二路、开县—临江电报电传电路一路，提高远距离电话接通率。截至 1995 年底，市话用户达到 4826 户，农话用户达到 4078 户，计费长话 147.92 万张。1994 年，开县邮电局完成"大哥大"基站土建工程，至 1995 年末发展"大哥大"用户 162 户，BB 机 1583 户。1995 年底，全县程控电话总容量达 2 万门。16 个支局实现光缆传输，共建光缆 285.5 杆程公里。1995 年，开通 900MHz 移动通讯系统，完成 900MHz 移动通讯基站、2 个 900MHz 直放站、3 个 150MHz 无线寻呼差转接收站建设，并开通 127 自动寻呼和市寻呼联网，截至同年底，开县邮电无线寻呼用户达到 2147 户。1997 年邮电分营，电信业务移交重庆市电信局。

三、邮政网络

（一）网络能力建设

1. 邮路

区内邮路 1986—1992 年，重庆—开县邮路执行邮车每日 06:00 从重庆出发，经长寿、垫江、梁平、万县到达开县，次日返回重庆，每日一班。2011—2013 年，重庆—开县邮路带运城口邮件至开县经转。2017 年，有区内邮路 2 条：重庆—开县快速直达邮路，重庆经梁平—开县普邮邮路。2022 年起，开州邮政共有区内邮路 3 条：重庆—开州夜间直达邮路，重庆—开州快速直达邮路，重庆经梁平—开县普邮邮路。

区域邮路 1993—2010 年，有万县—开县邮路，沿途与开县、兼善（尖山）、南门、岳溪、陈家、马鞍、赵家、渠口网点交接邮件。2011—2013 年，有万州经开县—城口邮路。2014—2021 年，有万州—开县（报刊）邮路 1 条。2022 年，有万州—开州区域邮路 1 条。

县乡邮路 1986 年，开县邮电汽车委办邮路里程 364 公里、自行车邮路 314 公里、步班邮路 311 公里。1990 年，开县邮电开办第一条自办邮路，邮路全程 182 公里，共 23 个交接点。2001 年，县乡邮路共有 6 条。2015 年 9 月，撤销邮运组，县内邮路邮件运输实行驾押合一，邮路日运行里程增至 827.4 公里。2019—2020 年，县乡邮路调整为 10 条。2021—2022 年，县乡邮路调整为 11 条，日运行里程 1943 公里。

2. 物流体系

2021 年，开州邮政构建三级物流体系，建设邮件处理中心和县级仓配中心 1 个、乡镇仓配中心 35 个、综合便民服务站 469 个，实现村级站点建制村全覆盖。

3. 作业场地

1990 年 6 月，开县邮电邮件处理生产用房在原基础上扩建完工，邮件分拣封发处理面积 150m²。2004 年 12 月，邮件处理场地因三峡库区移民搬迁，邮件分拣封发处理面积 240m²。2009 年 7 月，邮件处理场地搬迁，邮件分拣封发处理面积 360m²。2017 年 11 月，邮件处理中心搬迁，邮件分拣封发处理面积 864m²。2018—2022 年，启动开州区邮件处理及仓配中心项目，于 2021 年开工建设，建设地址在重庆市开州区歇马物流园区。该邮件处理及仓配中心共征地 8 亩，建筑为 3 层，其中：地上 2 层，地下 1 层，建筑面积 4395.18m²，总投资 1346.4 万元。截至 2022 年底，农村地区作业场地依然与营业网点同址。

4. 设施设备

邮政专用设备 2015 年 8 月，开县邮政配置网运分拣 PDA 2 台、投递 PDA 92 台。2017 年，配置新石器牌 PDA 2 台，购置分拣装卸皮带机 1 套、网运分拣 PDA 10 台，租赁通信供应商投递 PDA 92 台。2022 年，有分拣终端及票据打印机 8 套、PDA 20 台、便携式蓝牙袋牌打印机 14 台、报刊捆扎机 1 台。

运输设备 1990 年，开县邮电有第一辆邮车。2015 年，开县邮政有 2.75 吨邮运汽车 4 辆、小型厢式汽车 1 辆、2.75 吨分销配送及替班邮车 1 辆。2017 年，配机要邮件投递小型厢式汽车 1 辆。截至 2022 年底，开州邮政有燃油摩托车 24 辆、电动三轮摩托车 36 辆、电动新能源车 18 辆、投递汽车 61 辆。

（二）网运生产作业

1. 邮件接发

区内邮件接发 1986 年至 2004 年 11 月，开县邮政区内邮路带运的进出口邮件均在旧城开县邮件处理场地接发。2004 年 12 月至 2009 年 6 月，区内邮路带运的进出口邮件均在开县南山东路邮件处理场地接发。2009 年 7 月至 2017 年 10 月，区内邮路带运的进出口邮件均在开县迎宾街邮件处理场地接发。2017 年 11 月至 2022 年底，区内邮路带运的进出口邮件均在开州学园街 1 号邮件处理中心接发。

县乡邮件接发 1986—1990 年，县乡邮路邮件接发均在开县邮政局邮件组与委办邮路之间交接。1990 年，第一条自办邮路开始，邮件组根据自办汽车邮路交接点建立相应的直分格口。各类报刊、邮件一律直分直发，返程邮件必须当天全部赶发。1995—2022 年，县辖邮路全部自办，县乡邮件接发一直沿用自办邮路接发规定。

2. 邮件运输

1986—1990 年，邮件运输由开县汽车客运站的客运班车负责。1990 年，自开县邮电局首条自办汽车邮路开始至 2018 年 6 月，实行邮钞合一运输。2018 年 7 月至

2022 年底，邮件、储汇现钞分开运输。

1986—1990 年，委办邮路实行委办运输自行派押。1991 年至 2015 年 8 月，自办邮路实行邮件押运员押邮件，经警押储汇现金。2015 年 9 月，撤销邮运组，县乡邮路邮件运输实行驾押合一。

3. 邮件投递

城市投递　1986 年，分 6 个投递段，8 名投递员，一天投递一次。1996 年，分 12 个投递段，15 名投递员，一天投递一次。2005 年，分 16 个投递段，10 名投递员，一天投递两次。2013 年，有汽车投递段 1 个、两轮摩托车投递段 9 个。2018 年 10 月，有汽车投递段 24 个、两轮摩托车投递段 11 个。2021 年，开州邮政实行众创众享和网格化管理，设平桥、新世纪、中吉 3 个网格，将 25 个包裹快递段和 38 名揽收人员整合到 3 个网格中，由 3 个网格长开展经营服务安全管理工作，一天投递两次。同年，推进"邮快超市"建设，采取"上门投递＋自提服务"相结合的投递服务模式，稳步推进营揽投一体化模式。2022 年，城区投递共有汽车投递段 26 个、三轮摩托车投递段 13 个、两轮摩托车投递段 1 个。

农村投递　1986 年，有投递员 13 名，负责 13 个区的投递工作，投递频次有一周一次、一周两次两种模式，采用"步班＋自行车"投递模式。自 2013 年起，开县邮政陆续采购 77 辆摩托车用于农村投递工作。2021 年底，开展私车公助工作，有 16 辆汽车用于农村投递。截至 2022 年底，开州邮政共有农村投递员 72 名，所有建制村实行周三班及以上投递频次，其中周五班占比 39%。

（三）网运管理

1. 组织管理

1986—1997 年，网运生产调度挂靠邮政股。1998—2003 年，网运生产调度挂靠邮政科。2004—2017 年，网运生产调度挂靠市场部。2017 年，运管部成立，负责辖区内网运调度和生产作业。2018 年 9 月，开州区寄递事业部成立，寄递运营监控部负责辖区内网运调度和处理中心生产管理。2009 年 10 月，开县邮政局出台内部作业计划时限规定，建立通信生产作业组织管理体系，明确生产作业计划管理，确保当日进出口邮件准班、准点和频次时限的完成。同时，按照市分公司邮区中心组开邮路车辆到、发时间，调整营、分、运、投环节生产作业计划。

2. 网运质量

1986—2022 年，开州邮政对网运质量加强监督，逐渐精细化管理。2018 年，开州邮政包裹快递邮件城市当日妥投率达到 99%，农村及时妥投率达到 96.44%；约投挂号邮件城市当日妥投率达到 98.49%，农村及时妥投率达到 92.41%。2022 年，特快收寄及时率为 97.52%，快包收寄及时率为 97.39%；特快及时妥投率为 89.50%，快包及时妥投率为 99.47%；特快次日递为 98.26%；快包次日递为 96.53%；特快预约联系率为 88.94%。

（四）服务网点

1. 网点设置

1986 年，开县邮电局共有邮电支局（所）共 112 个。截至 2022 年底，开州邮政共有服务网点 70 个。

表 9-11-3-5

1986—2022 年开州邮政局所一览表

序号	局所名称	经营性质	经营属性	设置地点	备　注
1	东阳邮政所	代办	农村	开县东阳乡场上	2018 年撤销，业务合并南门
2	一心邮政所	代办	农村	开州长沙镇一心村	2005 年撤销
3	马鞍邮政所	代办	农村	开县赵家镇和平村场上	2005 年撤销
4	华山邮政所	代办	农村	开县赵家镇周都村场上	2005 年撤销
5	开竹邮政所	代办	农村	开州区赵家镇开竹场上	2021 年更名为朝阳街
6	金山邮政所	代办	农村	开县三汇口镇金山乡	2005 年撤销
7	新义邮政所	代办	农村	开县义和镇新义村	2005 年撤销
8	大义邮政所	代办	农村	开县东华镇大义乡	2005 年撤销
9	马家邮政所	代办	农村	开县河堰镇马家乡	2005 年撤销
10	岩水邮政所	代办	农村	开州区河堰镇清泉社区	2005 年撤销
11	红元邮政所	代办	农村	开县大进镇红花村 3 组	2005 年撤销，业务合并大进
12	长沙邮政所	代办	农村	开州长沙镇甜橙路 198 号	1994 年撤销
13	陈家邮政支局	自营	农村	开州长沙镇甜橙路 198 号	1994 年改为长沙

序号	局所名称	经营性质	经营属性	设置地点	备　注
14	书香邮政所	代办	农村	开县南雅镇乌龙村2组	2005年撤销
15	民主邮政所	代办	农村	开县南雅镇插旗村	2005年撤销
16	水田邮政所	代办	农村	开州敦好镇水田青秀街	2005年撤销
17	龙茶邮政所	代办	农村	开州区紫水乡龙茶村5组	2005年撤销
18	桃溪邮政所	代办	农村	开州区敦好镇桃溪村1组	2005年撤销，业务合并正坝
19	锦竹邮政所	代办	农村	开县谭家镇锦竹村1组	2005年撤销
20	北斗邮政所	代办	农村	开县郭家镇麒龙村16组	2005年撤销
21	五合邮政所	代办	农村	开县和谦镇	2005年撤销
22	关坪邮政所	代办	农村	开州大进镇关坪村5组	2005年撤销，业务合并大进
23	善子邮政所	代办	农村	开县跳蹬乡	2008年撤销
24	胡家邮政所	代办	农村	开州区岳溪镇胡家村	2022年撤销，业务合并岳溪所
25	凤山邮政所	代办	农村	开县凤山凤凰山村9组	2018年撤销
26	齐力邮政所	代办	农村	开县高桥镇八仙桥社区	2005年撤销
27	天白邮政所	代办	农村	开县九龙村	2005年撤销
28	驷马邮政所	代办	农村	开县驷马乡	2005年撤销
29	川心邮政所	代办	农村	开县镇东乡	2005年撤销
30	乐元邮政所	代办	农村	开县温泉镇	2005年撤销
31	梓桐邮政所	代办	农村	开州大进镇天宝寨村5组	2005年撤销，业务合并大进
32	白乐邮政所	代办	农村	开县天北乡	2005年撤销
33	双柏邮政所	代办	农村	开县镇安白桦村2组	2005年撤销
34	镇东邮政所	代办	农村	开县镇东	2008年分营至邮储银行
35	大德邮政所	代办	农村	开州区大德镇德慈街300号	2005年撤销，业务合并大慈
36	大梁邮政所	代办	农村	开州区大德镇桂花村2组	2005年撤销，业务合并大慈
37	九岭邮政所	代办	农村	开州区大德镇磨梁村5组	2005年撤销，业务合并大慈
38	大海邮政所	代办	农村	开县竹溪乡	2005年撤销
39	白玉邮政所	代办	农村	开县温泉乡	2005年撤销
40	长滩邮政所	代办	农村	开县中和镇长滩街上	2018年撤销
41	安康邮政所	自营	城区	开州区汉丰街道安康街297—301号	2014年更名为月潭街
42	大进邮政支局	自营	农村	开州区大进镇双万街162号	—
43	九龙邮政支局	自营	农村	开州区九龙山镇九龙街172号	—
44	花林邮政所	自营	农村	开州区南门镇石口社区94号	—
45	鱼龙邮政所	自营	农村	开州区义和镇鱼龙农兴街	—
46	三汇口邮政所	自营	农村	开州区三汇口乡大石社区3组西街	—
47	兼善邮政所	自营	农村	开州区长沙镇兼善乡场上	—
48	铺溪邮政所	自营	农村	开州区渠口镇铺溪场钦云7组	—
49	渠口邮政所	自营	农村	开州区渠口镇巨坪村16社	—

序号	局所名称	经营性质	经营属性	设置地点	备　注
50	赵家邮政支局	自营	农村	开州区赵家镇东胜街 11 号	—
51	义和邮政所	自营	农村	开州区义和镇水浒街（和谐苑）	—
52	中和邮政支局	自营	农村	开州区中和镇鹤林街 163 号	—
53	白鹤邮政支局	自营	农村	开州区白鹤街道大胜社区 2 组 139 号	—
54	河堰邮政支局	自营	农村	开州区河堰镇河水街 90 号	—
55	满月邮政所	自营	农村	开州区满月乡月发街 43 号	—
56	安康邮政所	自营	城区	开州区汉丰街道安康街 299 号	—
57	南山东路邮政所	自营	城区	开州区新城南山东路（中原都市花园）	—
58	南山中路邮政所	自营	城区	开州区新城安康片区南山中路	—
59	临江邮政支局	自营	农村	开州区临江镇正街 120 号	—
60	南雅邮政支局	自营	农村	开州区南雅镇新胜街 2 号	—
61	巫山邮政支局	自营	农村	开州区巫山镇玉兰街	—
62	铁桥邮政支局	自营	农村	开州区铁桥镇双桥街 4—003 号	—
63	中兴邮政所	自营	农村	开州区铁桥镇中兴场上	—
64	金沙邮政所	自营	农村	开州区铁桥镇铁锁桥社区双桥街 134 号	—
65	灵通邮政所	自营	农村	开州区铁桥镇灵通乡场上	—
66	敦好邮政支局	自营	农村	开州区敦好镇新华街 103 号	—
67	正坝邮政支局	自营	农村	开州区正坝镇鹤兴街 56 号	—
68	紫水邮政所	自营	农村	开州区紫水乡	—
69	谭家邮政支局	自营	农村	开州区谭家双胜街	—
70	关面邮政所	自营	农村	开州区关面乡阳合街 31 号	—
71	白泉邮政所	自营	农村	开州区白泉乡玉泉街 61 号	—
72	津关邮政所	自营	农村	开州区郭家镇毛成村	—
73	郭家邮政支局	自营	农村	开州区郭家镇正通街 1 号	—
74	百成街邮政支局	自营	城区	开州区新城安康片区百成街鹤翔豪苑小区大门向街右数 4—5 门市	—
75	南门邮政支局	自营	农村	开州区南门镇南岳街 59 号	—
76	明星邮政所	自营	农村	开州区明星乡场上	—
77	长青邮政所	自营	农村	开州区临江镇大兴街上	—
78	岳溪邮政支局	自营	农村	开州区岳溪镇岳南街 155 号	—
79	龙安邮政所	自营	农村	开州区岳溪镇龙安乡场上	—
80	五通邮政支局	自营	农村	开州区五通乡场上	—
81	跳蹬邮政所	自营	农村	开州区跳蹬乡场上	—
82	岳西邮政所	自营	农村	开州区岳溪镇岳西街上	—
83	麻柳邮政所	自营	农村	开州区麻柳乡场上	—
84	高桥邮政支局	自营	农村	开州区高桥镇高贸街 119 号	—

序号	局所名称	经营性质	经营属性	设置地点	备 注
85	东坝邮政所	自营	农村	开州区东坝乡场上	—
86	四合邮政所	自营	农村	开州区九龙山镇四合村 5 组	—
87	大堰邮政所	自营	农村	开州区大堰乡场上	—
88	三合邮政支局	自营	农村	开州区三合镇玉龙街 108 号	—
89	迎宾街邮政支局	自营	城区	开州区迎宾街 9 号	—
90	北环路邮政所	自营	城区	开州区镇东街道北环路上	—
91	金科西邮政所	自营	城区	开州区云枫街道天宫二路 107、109 号	—
92	天合邮政所	自营	农村	开州区天和乡仁和街大楼小区	—
93	镇安邮政支局	自营	农村	开州区镇安镇龙江街 44 号	—
94	丰乐邮政支局	自营	农村	开州区丰乐镇二环路	—
95	天祠邮政所	自营	农村	开州区白鹤天祠 3 组	—
96	玉峰邮政所	自营	农村	开州区金峰乡新华村 9 组	—
97	厚坝邮政所	自营	农村	开州区厚坝镇金狮一街 2—6 号	—
98	大慈邮政所	自营	农村	开州区大慈乡	—
99	东华邮政所	自营	农村	开州区东华镇	—
100	临东邮政所	自营	农村	开州区临江镇复兴街 43 号	—
101	石碗邮政所	自营	农村	开州区竹溪镇大坪村 7 组 14 号	—
102	竹溪邮政支局	自营	农村	开州区竹溪镇金竹街	—
103	白桥邮政所	自营	农村	开州区白桥乡	—
104	温泉邮政支局	自营	农村	开州区温泉镇泉兴街 113 号	—
105	和谦邮政支局	自营	农村	开州区和谦镇红坪街 62 号	—
106	广电佳苑邮政所	自营	城区	开州区平桥片区汉丰广电佳苑商住楼底层门市 5—8 号	—
107	金贸路邮政支局	自营	城区	开州区文峰街道富厚街 81 号	—
108	长沙邮政支局	自营	农村	开州长沙镇甜橙路 198 号	—
109	临江邮政支局	自营	农村	开州区临江镇正街 120 号	—
110	胡家邮政所	自营	农村	开州区岳溪镇胡家村	—

2. 社会加盟站点

2008—2009 年，开县邮政建成"三农"加盟网点 431 个，村邮站 100 个。2018 年，开州邮政新增农村电商站点 44 个，累计建成 488 个，建设邮乐店中店 4 个。截至 2022 年底，开州邮政有综合便民服务站点 469 个。

四、邮政管理

（一）财务管理

1986 年，实行经济核算、财务包干制、经济承包责任制及代办工程承包责任制。2003 年 4 月，实行财务管理一体化模式，并实行报账制，由万州片区邮政局对开州财务收支计划、资产、资金、负债、大宗物资采购及供应、投资等实行统一管理，开州邮政局因改变会计核算办法变为非独立核算单位。截至 2022 年底，开州邮政依旧实行财务管理一体化模式。

2020—2022 年，根据市分公司要求，开州邮政全面推行降本增效管理机制，成立降本增效领导小组，聚焦揽投、内部处理、陆运运输、管理及支撑五大环节，根据万州邮政下达的各个环节目标，明确各环节重点任务及工作举措。

（二）人力资源管理

1. 队伍建设

1986 年，开县邮电从业人员 274 人，截至 2022 年底，开州邮政从业人员 455 人，其中，本科学历 226 人，大专学历 188 人，大专及以上学历占比达 90.98%。

2020 年，开州邮政加强人才队伍建设，提出建设理财经理、网点负责人、农村邮政营业和投递、城区揽投 4 支队伍，同时制订人才储备和培养方案，人才储备路径从低到高为一级（班组人员、营业人员）、二级（专职理财经理、综合柜员）、三级（所主任）、四级（转型大使、部门非综合职能人员）、五级（支局长、专业序列）、六级（部门负责人），共六个梯队晋升机制。2022 年，开州邮政建成一支 61 人的理财经理队伍。

2. 教育培训

1999 年，开县邮政试行生产从业人员持证上岗制度。2005 年，全局持邮政生产人员特有职业资格证 109 人，其中高级 32 人，持证率 58.92%。截至 2022 年底，开州邮政从业人员邮政生产人员特有职业资格证整体持证率达 92.44%，其中，代理金融从业人员持证率为 96.13%，有储汇业务员技师 9 人、储汇业务员高级 118 人；持银行业专业人员职业资格证 105 人，持基金从业资格证 49 人，AFP（金融理财师）14 人。2017—2022 年，开州邮政新增专业技术职称 7 人，聘用 4 人，做到应聘尽聘。

3. 薪酬管理

1989 年，开县邮电局加强邮电企业工资总额同经济效益挂钩工作的管理。1999 年，开县邮政对各级岗位工资标准进行调整。2000 年，制订挂钩经济效益指标和浮动比例标准、挂钩考核的指标和基数核定。2008 年，建立以岗位管理为基础的一岗多薪宽带薪酬体系，对单位和部门实行分类管理，对岗位实行分序列管理。2009 年，确定异岗异薪的薪酬制度。2012 年，通过调整岗位工资和部分津贴标准完善薪酬分配制度，制订专业技术职务、职业资格等级、外勤及夜班等津补贴标准，直至 2022 年无变化。

（三）服务质量管理

1. 营业服务

1986—1988 年，开县邮电局开展创建"巾帼示范岗""创星级窗口""我的服务无申告""讲文明，树邮政新风"等活动，建立健全邮政服务承诺制。1995 年，根据四川省邮电管理局提出的"加快发展，深化改革、落实管理、改善服务"的方针和"八不准"的规范要求，出台开县邮电局农村标准化管理制度，全县 16 个网点达到合格标准化。2000—2001 年，根据万州区邮政局"服务促效益"的指导思想，全面完成 5 项质量指标，高层楼房投递率达 98%，群众来信来访办结率达 90%，用户满意度在 80 分以上。2002—2003 年，开展"重塑邮政形象工程"活动，出台开县邮政局邮政服务形象工程实施办法，提出全局规范化服务窗口要达到 80%，邮政服务用户满意度达到 85 分以上等目标。同年，开县邮政局出台农村

支局长管理考核办法，进一步规范邮政服务。2003—2013 年，开展"服务形象工程""违规经营和服务质量问题专项整治工作""农村邮政通信改革""提高服务质量让用户满意"等活动提升邮政通信服务质量。2013 年，《开县邮政局"6S"管理工作实施方案（试行）》出台，对邮政营业服务设备进行定置定位管理，提升网点形象。2014 年，组织开展"邮件寄递服务质量大整改活动"和"邮政服务质量大整改提升活动"，重点加强普遍服务的经营管理工作。2015 年，重新修订《中国邮政集团公司重庆市开县分公司通信和服务质量管理办法》，规范邮政服务质量。2017—2019 年，根据新的《邮政普遍服务标准》，开州邮政制订"十三五"时期建制村直接通邮实施方案，辖区内 435 个建制村直接通邮。2021 年 5 月，新一代营业渠道系统正式推广上线，替代原有营业二期系统、实体渠道管理系统、报刊收投系统、营业手工网点系统等多个系统。

2. 普遍服务与特殊服务

普遍服务 开州邮政设置普遍服务营业场所 71 个（城市网点 9 个、农村网点 62 个），服务全县 8 个街道、32 个乡镇，建制乡镇邮政局所建设率 100%，辖内所有网点均开办信件、印刷品、包裹、汇兑四项普遍服务基本业务。关面乡、满月镇、雪宝山镇 3 个空白乡镇覆盖率达到 100%。建制村通邮达到 100%，均为周三班投递，周一至周五均营业。

特殊服务 1978 年，开县邮电局开办机要业务，主要服务对象为政府机关、企事业单位。截至 2022 年底，开州邮政共有机要通信投递线路 1 条，机要通信注册用户 62 个，自 1978 年以来，开州邮政连续 44 年机要通信质量全红，未发生机要件丢失、泄密、损毁等通信事故和重大交通安全责任事故。2022 年二季度和四季度分别获得重庆市机要局考评一等奖和二等奖。截至 2022 年底，开州邮政所有网点均提供义务兵平常信函、盲人读物、革命烈士遗物的免费寄递、机要业务等特殊服务业务。

3. 监督检查

1989 年，开州邮电开展质量整顿工作，重点聚焦邮政、电信、农话通信质量和服务质量。同年，为邮政业务视察工作的常态化、制度化，分解和制订邮政专业管理视察项目表。2003 年，开县邮政局印发《关于对业务监督检查岗位人员失职渎职行为实行责任追究的规定的通知》，对检查人员履职做出较为详细的规定，进一步完善监督检查体系。同年，结合当前实际修改农村邮政通信管理办法。2004 年，开展违规经营和服务质量问题专项整治活动。2005 年，开展"提高服务质量，让用户满意"专项活动。2018 年，开州邮政开展营业环节"平信开箱不及时""日戳加盖不规范""对用户盖戳要求不回复"，投递环节"邮件退转不规范""跟段检查不落实""收发室村邮站逾期邮件不清退""六大歼灭战"的监督检查。2021

年，开州邮政成立服务质量部，将市场营销部原有的视察检查职能划入服务质量部。2022年，开展"六项禁止类服务""包裹进村"等专项检查活动，提高一线从业的服务意识和业务水平。

（四）安全管理

2003年，开县川东北气矿发生"12·23"特大井喷事故，开县邮政安保部组织对高桥和正坝邮政107名员工及家属进行救援，保证员工及家属的安全及邮政储汇资金和重要空白凭证安全。2004年，开县发生"9·4"特大洪灾，造成开县邮政局机关、三合、竹溪、厚坝、义和、城区邮政网点大面积受灾，安保部会同县委县政府展开救援，未造成资金、邮件等损失。2006年，开县邮政局中心业务库建成并投入使用，并于2018年重新进行功能改造。

2007年，陆续对邮政网点和邮件生产处理场所安装监控设备，2022年，实现71个邮政网点和邮件生产场所高清监控全覆盖。

2009年，开县邮政各金融网点安装110报警系统，并联网至公安110报警平台。2018年，陆续实现44个农村邮政代理金融网点异地值守。

自2012年起，开始逐年签订安全生产责任书，组织安全教育培训学习和应急预案演练，每年组织对所有网点开展安全生产大检查，金融合规及收寄安全检查，并落实安全隐患整改。2021年，配备62名保安人员至各金融网点。

（五）党群管理

1. 党组织

1986—1997年，设中共开县邮电局总支委员会。1997年12月，经县委组织部批复，设立中共开县邮政局第一届支部委员会。2015年，更名为中共中国邮政集团公司重庆市开县分公司总支部委员会。2016—2020年，设立中共中国邮政集团公司重庆市开州区分公司总支部委员会。2018年，下设机关综合党支部、邮政专业党支部、退休职工党支部，共有中共党员58人。

2020—2022年，设中共中国邮政集团有限公司重庆市开州区分公司总支部委员会，下设综合职能党支部、经营支撑党支部、寄递事业部党支部（2019年1月撤销原速递物流党支部，设立寄递事业部党支部）。

2022年，开州邮政抓好学习宣传贯彻党的二十大精神，教育引导全体党员干部自觉把思想统一到党的二十大精神上来，用习近平新时代中国特色社会主义思想武装头脑、指导实践。截至2022年底，开州邮政有中共党员63人，预备党员2人。

2. 工会

1997年11月，开县邮政局工会成立。1998年，建立员工健身俱乐部。2013年，工会举办迎新春文娱晚会活

动。2015年，创建"示范型职工小家"，并将河堰邮政所作为试点。2016年，启动三年建家规划，同年，共建设示范型职工小家7个、职工小家9个、职工公寓1个；2017年，共建示范型职工小家5个、职工小家12个；2018年，共建示范型职工小家4个、职工小家28个、职工之家1个。2021年，开展市工会组织的"建家明星"评选活动，铁桥邮政支局被评为市级"明星小家"荣誉称号。2002年4月，在全国邮政系统先进表彰大会上，开县邮政局局长向银成（曾用名向艮成）获"全国邮政系统先进个人"称号。2022年6月，在2018—2021年度全国邮政系统先进集体、先进个人表彰大会上，开州邮政党总支书记、总经理邱开成获"全国邮政系统先进个人"称号。

2016—2022年，开州邮政先后开展三八妇女节活动、钓鱼活动、拔河比赛活动、秋季趣味运动会、建党一百周年庆祝活动、厨艺展示活动等工会活动。

3. 团组织

1998年4月，成立共青团开县邮政局支部委员会。2018年7月，开州区分公司团支部成立，设有组织委员、宣传委员，是"青年文明号"窗口、公益志愿活动、优质服务竞赛、企业文艺活动等的组织者。2003年4月，开县邮政局中心营业厅（后更名为开州区迎宾街邮政支局）获"全国青年文明号"称号。2021年9月，迎宾街邮政支局在第20届全国青年文明号评选中获"一星级全国青年文明号"称号。2022年，开州邮政联合区税务局开展"喜迎二十大，唱响主旋律，弘扬正能量"青年理论联学联谊交流会，50余名青年团员在才艺展示和沟通交流中沟通思想、增进了解、真诚交友。

五、移民搬迁

2003—2006年，开县邮政基础建设重点为三峡库区移民搬迁。截至2006年底，完成盛山、大桥、丰乐、北城、赵家、观音塘、镇安共7个局（所）的复建工作，累计总投资744.72万元，建（购）房屋4945.18m²；完成"邮苑"职工住宅楼3幢共98户12700m²的建设，基本解决移民搬迁职工后顾之忧。2007年9月，完成开县新城邮政综合办公楼工程建设，建筑面积14857m²，工程投资850万元。

第四节　云阳邮政机构

一、机构沿革

（一）机构演变

1. 四川省管局管辖时期

1986年，云阳县邮电局由四川省万县地区邮电局管辖，隶属四川省邮电管理局。

1993年，万县地区行政区划调整，相应调整邮电分

支机构及归属关系，云阳县邮电局隶属万县市邮电局。

2. 邮电分营时期

1997年3月，万县市及所辖区县正式划属重庆市。同年7月，邮政、电信分营，重庆市邮政管理局成立云阳县邮政局，由万县市邮政局管理。

1998年3月，根据《关于调整万县市、涪陵市、黔江地区邮政管理体制的通知》，云阳县邮政局由万县移民开发区邮政局代管。

2000年8月，云阳县邮政局划归重庆市邮政管理局直接管理。

2003年2月，重庆邮政企业实行城、片区经营管理体制，云阳县邮政局由万州片区邮政局直接管理。

3. 政企分开时期

2007年9月，"云阳县邮政局"更名为"重庆市邮政公司云阳县邮政局"，管理体制不变。2007年12月，中国邮政储蓄银行重庆云阳县支行成立，云阳邮政受邮储银行云阳县支行委托开办代理金融业务。

2009年1月，重庆邮政速递物流实行一体化专业经营，重庆市邮政速递物流公司云阳县分公司成立。2010年6月，更名为重庆市邮政速递物流有限公司云阳县分公司。

2014年6月，组织机构改革，"重庆市邮政速递物流有限公司云阳县分公司"改设为"云阳县营业部"（营业执照名称不变），由重庆市邮政速递物流有限公司新组建的万州片区分公司管理。

2015年4月，按照中国邮政集团公司法人体制改革要求，"重庆市邮政公司云阳县邮政局"更名为"中国邮政集团公司重庆市云阳县分公司"，管理体制不变。同月，"重庆市邮政速递物流有限公司云阳县分公司"更名为"中国邮政速递物流股份有限公司重庆市云阳县分公司"。

2017年6月，根据市分公司机构编制方案，设立云阳县分公司，调整优化内设部门主要职责及人员编制。

2018年9月，寄递改革，云阳县寄递事业部成立（保留"中国邮政速递物流公司重庆市云阳县分公司"牌子），内设运营监控部（班组建制）、市场部（班组建制），由万州片区寄递事业部管理。

2020年3月，"中国邮政集团公司重庆市云阳县分公司"更名为"中国邮政集团有限公司重庆市云阳县分公司"，管理体制不变。2022年，沿用此名。

截至2022年底，中国邮政集团有限公司重庆市云阳县分公司内设综合办公室（安全保卫部）、市场营销部、金融业务部、集邮与文化传媒部、渠道平台部。

（二）主要领导

表 9-11-4-1

1986—2022年云阳邮政主要领导人员名录

单位名称	姓　名	职　务	任职时间
云阳县邮电局	王茂贵	局长	1986.1—1990.12
	王茂贵	党支部书记	1986.10—1989.7
云阳县邮电局	黎远善	党支部书记	1989.7—1990.12
	李　瑞	局长	1991.1—1993.12
云阳县邮电局	王茂贵	党支部书记	1990.12—1998.2
	唐代兴	局长	1993.12—1996.12
云阳县邮政局	唐代兴	党支部书记	1998.2—1999.6
	唐代兴	局长	1996.12—1999.6
	吴修荣	党支部书记	1999.6—2001.5
	屈光明	党支部书记、局长	2004.9—2007.2
重庆市邮政公司云阳县邮政局	陈　俊	党支部书记、局长	2007.2—2014.8
中国邮政集团公司重庆市云阳县分公司	赖继祥	党支部书记、局长	2014.9—2015.6
	赖继祥	党支部书记、总经理	2015.6—2017.5
中国邮政集团公司重庆市云阳县分公司	邓　庆	党支部书记、总经理	2017.5—2020.9
中国邮政集团有限公司重庆市云阳县分公司	崔　伟	党支部书记、总经理	2020.9—2022.1
	崔　伟	党总支书记、总经理	2022.1—

二、邮政业务

2022年，云阳邮政业务收入21476.68万元，是1986年的720倍，是1997年的42.36倍。

表9-11-4-2

1986—2022年云阳邮政业务收入统计表

单位：万元

年份	业务收入	年份	业务收入	年份	业务收入
1986	29.82	1999	638.63	2012	6797.66
1987	32.70	2000	700.39	2013	7982.02
1988	40.60	2001	857.25	2014	8939.12
1989	49.31	2002	1028.63	2015	10130.70
1990	68.65	2003	1115.61	2016	12235.96
1991	101.86	2004	1405.79	2017	14304.80
1992	195.22	2005	1905.87	2018	15936.86
1993	173.33	2006	2291.53	2019	16899.63
1994	225.98	2007	3029.46	2020	18268.45
1995	368.72	2008	2974.92	2021	19532.86
1996	467.98	2009	3365.20	2022	21476.68
1997	506.98	2010	4265.36	—	—
1998	638.56	2011	5551.25		

（一）金融业务

1. 储蓄汇兑

1987年2月，云阳县邮电局开办邮政储蓄业务，承办个人定期和活期储蓄。同年3月，开办储蓄点10个。同年9月，开办定期定额有奖有息储蓄。1988年12月，开办集邮储蓄预定和集邮定期储蓄。同年4月，举办定期定额有奖有息邮政储蓄活动，面额分别为20元、30元、50元三种。全年期末储蓄存款余额88.8万元。1991年5月，开办存本取息业务。1992年，期末储蓄存款余额1360.2万元。1995年6月，首次在中心营业部储蓄业务窗口使用计算机。1997年10月，开办通知储蓄存款业务。1999年，云阳邮政期末储蓄存款余额1.04亿元。2003年12月，开办整存整取通兑业务。2004年10月，邮政储蓄统一版本切换上线，实现邮政储蓄业务全国城乡通存通兑。2006年，期末储蓄存款余额10.04亿元。2022年，云阳邮政期末储蓄存款余额111亿元。

1986年，云阳邮政办理汇兑340张，汇款金额80万元。2002年底，开办2小时自行通知汇款。2007年8月，汇兑全国大集中切换上线，实现汇兑业务全国联网。2022年，云阳邮政办理汇款991笔、兑付433笔。

2. 中间业务

2000—2022年，云阳邮政中间业务不断发展，截至2022年底，有代理保险、代理基金、代理国债、代理理财、代理证券、代发养老金等20余种业务。2003年，试点代办保险业务，代销保费350万元。2004年，试点代理国债销售，销售国债120元。2006年7月，开办代理基金业务。2010年5月，代销中邮核心主题股票型证券投资资金。2015年，开始代理中邮人寿保险，实现中邮人寿保险保费1892.84万元，全年代销保费11523万元，代理国债514.7万元，代理基金368万元。2014年，理财类业务销售量23436万元，同年，云阳邮政启动资产类业务，实现收入2.61万元。2022年，理财类业务收入139.43万元，资产类收入89.07万元。

3. 风控合规

2005年，云阳邮政成立反洗钱领导小组，组织管理全县邮政储蓄机构反洗钱工作，指导反洗钱工作。同年，建立储汇资金安全管理和经营专业联席会议制度，强化储汇内控制度，保障储汇资金安全封闭完整运行。2006年，成立金融治理商业贿赂领导小组。2008年，成立风险控制委员会，负责邮政金融风险管理，防范各类隐患风险。2009年，成立中国邮政储蓄银行云阳县支行风险控制委员会。同年，开展百日案件专项大排查。2018年，开展"排雷行动"之"烈日行动""春雷行动"专项排查，对网点风控合规工作落实情况进行排查。2019年，建立金融资金安全联席会议制度，下发金融案件风险排查滚动式检查实施方案，开展邮政金融资金安全监督管理及安全生产专项整治、个人基础金融业务风险排查，提高风险控制能力。

（二）寄递业务

1. 特快专递

1996年10月18日，云阳邮政开办特快专递服务，收寄0.65万件。2000年，收寄2.8万件。2005年，开发身份证项目，开始办理身份证寄递。2006年，开发法院专递项目。2013年，开发车管所邮政窗口特快专递项目。2018年，云阳县寄递事业部成立，特快业务转型升级，拓展政务市场，开展政务"9+X"项目（法院、车管、校园、公安、行政审批、税务、工商、社保、房管），持续提升身份证转换率，巩固法院专递业务，加快打造标快揽投队伍，切实发挥邮政进驻行政审批大厅和车管所邮政窗口作用。同年，云阳邮政进驻云阳县行政审批大厅，开办行政审批大厅单、证、照特快专递业务。2018年，云阳邮政收寄特快专递14.29万件。

2. 快递包裹

2001年，开办国内快递包裹业务。2010年，国内快递包裹和特快专递包裹业务纳入邮政速递物流经营范围，统一经营管理、预算核算。2016年，成立快递包裹部，以农特产品为寄递收入主要增长点，同年，启动红橙项目，推广农产品进城，快递包裹收入实现增长，全年收寄快递包裹21.36万件。2018年，建立营销体系，着力开发规模优质电商客户和农特产品种养殖户，成功开发"渝橙有你""柚遇见你"等农产品项目，收寄快递包裹39.06万件。2022年，收寄快递包裹135.71万件。

3. 物流业务

2005年，开办物流运输业务，实现收入59.99万元。自2018年起，云阳邮政不断开发优质客户，涵盖汽车、医药、肥料、食品、酒水、护理、鞋服等行业，以及工业园区、亿联家居、农产品交易市场等重点企业。2022年，实现收入401.32万元。

4. 国际业务

国际业务分为国际普通邮件业务、国际及港澳台邮政特快专递业务、国际商业渠道业务。1986年，云阳县邮电局开办国际业务。1992年，国际业务收入0.13万元。2018年起，云阳邮政加强与云阳县政府各部门，尤其是商务委、口岸物流办、交委等单位的沟通汇报，开发跨境电商客户。2022年实现收入2.17万元。

（三）文传业务

1. 函件业务

1986年，函件收入10.8万元，有农村信报站802个。1987年5月，开办国内邮政有声信函业务。1994年，出口函件275.43万件，出口量排全市邮电企业第3位。同年，云阳县邮电局联合云阳县物价局印发核定信封等有偿服务通知，明确销售信封和开展邮政营业处的有偿服务收费标准。1995年3月，开办企业明信片和承揽企业金卡新业务。1997年11月，开办邮政广告业务。1999年，云阳邮政新增信函过戳机一台，提升业务处理和工作效率。2005年，函件收入60.19万元。2011年，规范全县银企账单服务标准。2012年，开办DM重庆邮政广告（云阳版期刊）业务，实现收入30万元。2022年，函件收入249万元。

2. 报刊业务

1986年，报刊收入12.18万元。1994年，报刊收入24.91万元。同年11月，在云阳老城邮电巷建成投入报刊亭一个。2000年，建成集报刊零售和信箱为一体的多功能报刊亭4个。自2000年起，先后在新县城各路段建成报刊亭40个。2009年，报刊收入102.29万元。2013年，报刊收入214.12万元。自2013年起，报刊业务向"线上＋线下"订阅方式转变，可通过线上（微邮局、微商城、二维码收订）、线下（网点窗口、上门收订）方式订阅报刊。2022年10月，因城市建设规划，全县40个报刊亭全部拆除。同年，报刊收入384万元。

3. 集邮业务

1986年8月，云阳县邮电局在张飞庙第一次庙会期间举办邮展。同年9月，开办集邮业务，成立集邮门市，出售纪念、特种（J字、T字）、普通、贝资、航空、改值、文字和编号等8种邮票，每月向省邮票公司订货。受票源限制，1989年起实行凭卡供应邮票。1990年，增加小型张邮票、纪念币、纪念册、纪念明信片、首日封和小本票等种类。1994年，集邮业务收入7.86万元。2005年，集邮业务收入68.04万元。2018年，云阳县分公司联合县文旅委以"万里长江·天生云阳"为主题，开发定制《大爱云阳》邮册1000册，实现收入30万元。2007年10月13日，中国邮政发行《长江三峡库区古迹》特种邮票1套4枚，并在云阳举办《长江三峡库区古迹》特种邮票首发式，其中张飞庙是云阳县境内景区。2022年，集邮收入392万元。

4. 中邮文创

2021年，云阳邮政正式开办"中邮文创"业务。2022年10月，云阳邮政"玫瑰与她"咖啡馆文创产品展示区建成并投入运营。2022年，开发重点单位个性化邮册和定制型文创产品27.3万元，全年实现文创收入37万元。

图9-11-4-1　云阳邮政"玫瑰与她"咖啡馆文创产品展示区（摄于2022年）

5. 普通包裹

1986年，云阳县邮电局开办普通包裹业务。2022年，收寄普通包裹4814件。截至2022年底，云阳邮政普通包裹主要经营范围有窗口包裹、校园包裹、军营包裹、家乡包裹、爱心包裹、母亲邮包等。

（四）渠道业务

1. 增值业务

云阳邮政增值业务主要有车务代办服务、代收款、代征税、代收款、代理票务等。1997年，开办代销手机卡业务。2000年，代理电信收入2.23万元，代理联通收入2.45万元。2004年，在全县邮政营业厅开办IP电话超市。2008年，代理电信收入34.66万元，代理电子商务收入52.68万元，代理票务收入11万元。2012年，云阳邮政叠加完善公共服务项目，开通飞机票代售点62个、火车票代售点6个。2016年，云阳县分公司与云阳县税务局签订代征代税合作协议，在全县62个网点开通代开代征税业务，实现收入2.93万元。2019年，开办警邮业务，同年，全县邮16个网点开通代办警邮业务。2022年，增值业务收入132万元。

2. 分销业务

云阳邮政分销业务包括农资、农副产品、日用消费品等。2002年，销售四川达州市"188"猪用饲料添加剂，实现收入8.25万元。2008年，开办农资配送业务，实现农资配送额134万元。2010年，开展月饼项目营销活动，实现销售额222万元。2018年，建成邮乐购店126个，实现批销交易额228万元。2020年，逐步构建农村电商运营模式，打造万单扶贫产品1款（云阳小面）。2021年，打造万单商品"渝路粉条"。2022年，打造以柑橘为主线的双链工程，建成鸡鸣贡米区域级示范基地和"云阳红橙"区域级基地，实现分销收入1561万元。2017年，开展烟草业务，全年实现销售额312万元。2022年，实现烟草销售额166万元。

3. 电信业务

1986年，云阳县邮电局有电传打字机3部，机械式电传机3部，人工电报机1部，磁石长途交换机30门，会议电话汇接机1部，电信业务收入25.73万元，其中电报收入9.65万元。1994年，完成全县自动程控电话改造，结束云阳百年电话摇把子历史。1993年10月，相继开通450MHz移动通信和无线寻呼业务，正式开办无线寻呼和移动通信手机定点经销业务。发展"二哥大"用户24户，寻呼机用户81户。1996年，无线寻呼开通129全省BP机自动漫游服务。1996年，大哥大用户数266户，寻呼机用户数2360户。1997年邮电分营后，电信业务移交云阳县电信局管理，云阳县邮政局以代理形式开办电信业务。

三、邮政网络

（一）网络能力建设

1. 邮路

区内邮路 重庆组开重庆至云阳邮路，重庆—云阳（夜间）往返时间07:00—15:00、重庆—云阳（快速）往返时间08:40—19:00。

区域邮路 1986—2000年，云阳邮政各类邮件的运输由万州邮政承担。2000年，万州中心局成立后组开邮区内万州—云阳邮路。组开区内乡镇邮路：万州中心局—龙角（云阳）邮路。2015年，由万州组开万州—云阳邮路，调整为重庆组开重庆—云阳邮路，为保证区域内邮件经转互寄由万州组开万州—云阳报纸（特快）邮路。

县乡邮路 1986—1989年，云阳县邮电局有县乡邮路5条，邮路总里程904公里。1995—1999年，县内邮路5条，邮路总里程832公里。2006—2007年，县乡邮路5条，邮路总里程1093公里。2008—2009年，县乡邮路8条，城区1条，邮路总里程1335公里。2010—2016年，实行钞邮车邮路5条（城区1条、农村4条），邮车邮路3条，邮路总里程1453公里。2017年，实施"钞邮分离"，邮路6条，执行逐日班期；钞邮4条（城区1条、农村3条），执行逐日或周三班期。2018年，县内邮路10条，城区转趟1条，邮路总里程1583公里，通达全县各乡镇和社区。2019—2020年，调整农村邮路网运组织模式为8条邮路、2条重点乡镇网点执行二频次发运邮路，邮路总里程1853公里，实现乡镇邮政网点全覆盖。2021—2022年，邮路优化调整为县辖邮路一频次10条和二频次1条，邮路总里程1917公里。

2. 物流体系

截至2022年底，建成仓储物流分拨配送中心1个、乡镇寄递共配中心11个、综合便民服务站380个、物流配送专线邮路11条，添置配送车辆27台，基本健全县—乡—村三级物流配送服务体系，实现全县各乡镇和沿线村级站点物流运输全覆盖。

3. 作业场地

1986—2000年，邮件处理场地位于云阳老县城邮政综合楼，处理场地面积400m²。2001年，新县城云阳邮政综合楼投入使用，邮件处理场地位于云阳县双江街道云江大道1238号，面积260m²。2018年成立寄递事业部，云阳邮政邮件处理中心和双江揽投部同址（云阳县双江街道稻香路66号），含仓储、集散、配送和邮件处理等功能，面积2300m²。至2022年，城市地区有单独处理场所，处理面积1800m²，农村地区依然与营业网点同址。

4. 设施设备

邮政专用设备 1986年，云阳县邮电局配备电子信函秤、包裹秤、分拣格眼、封袋钳等设备。2018年，配备装卸伸缩机皮带机2台、装卸传输胶带机3台、装卸叉车 2 部、笼车 50 个。2022 年，配备装卸伸缩机皮带机 1 台、装卸传输胶带机 3 台、手持智能终端机（PDA）126 个、进出口信息处理 OBR1 台，新增邮件弥雾消毒机 2 台。

运输设备　1986 年，配置邮运汽车 1 辆、摩托车 2 辆、自行车 20 辆。1997 年分营后，配置邮运汽车 6 辆。2022 年，配置邮运汽车 21 辆、揽投长安车 14 辆、电动三轮车 10 辆、摩托车 11 辆。

（二）网运生产作业

1. 邮件接发

邮件进口　每日进口邮件趟车 4 趟：重庆—云阳（夜间）、重庆—云阳（快速）、万州—云阳（报刊）、重庆—巫溪（普邮）。7:00 左右重庆—云阳（夜间）进口邮车到达，交卸进口邮件；8:40 左右重庆—云阳（快速）到达，交卸进口邮件；7:30 左右万州—云阳（报刊）到达，交卸进口邮件；12:20 左右重庆—巫溪（普邮），交卸进口邮件，均由营业部开拆人员与邮车办理邮件交接手续。

邮件出口　各网点和揽投人员收寄的邮件，由县内返程、转趟邮车带运到云阳县邮件处理中心进行封发出口。邮件出口共两个频次：每日 15:00 左右，重庆—云阳（夜间）返程发车，当日 14:30 前收寄的出口邮件赶发本趟次出口至重庆；每日 19:00 左右，重庆—云阳（快速）邮车返程发车，当日 14:30 后收寄的出口邮件由该频次带运至重庆。

2. 邮件运输

1986—2016 年，县内邮路为县内自办和农村步班邮路相结合的组织形式。县局到各支局所的邮件，由县局车辆负责运输，各支局、所到各乡（村）邮件的运输由投递人员负责。2013 年，邮件押运调整为钞邮合一线路。2017 年 7 月，钞邮分离，邮件实行驾驶人员兼押运方式。截至 2022 年底，设置县乡邮路 11 条，各类邮运车辆 56 台，通达全县各乡镇和社区，全县所有空白乡镇网点均实行逐日班。

3. 邮件投递

城市投递　1986—1996 年，设置投递组负责县城机关、企事业单位的邮件、报刊按址投递工作，配投递人员 5—8 人。1997—2006 年，邮电分营后，投递组划归云阳县邮政局。1999 年，云阳邮政在新县城设立新城营业部，负责新县城党政机关、企事业单位的邮件投递工作。2007—2018 年，在云阳县邮件处理中心设立投递组，设置 7 个投递段道，负责县城党政机关、企事业单位、学校、工厂等单位的投递服务。2018 年，邮件处理场地、县城投递组划归云阳县寄递事业部管理，投递组负责县城的邮件、报刊的按址投递工作。2019 年，县寄递事业部在新县城开展网格化揽投改革，在城区设立 3 个网格专揽

小组，负责特快、快包的投递服务和上门揽收服务。2022 年，城区投递设置 3 个网格，包裹快递投递段道 42 个，城区揽投部设置 2 个投递频次。

农村投递　1986—1996 年，全县共有 13 个邮政局所，其中县城 2 个，农村 11 个，农村邮政局所主要设置在各区公所驻地。农村邮政局所根据驻地各公社（乡）的乡邮投递范围，配置 2—3 名投递员，其中 1 名负责邮车接发和分拣及当地场镇按址投递工作，另外 1—2 名负责所辖公社（乡）的乡邮转运。1997—2006 年，大部分乡镇邮政代办点转为自办邮政局所，2006 年，农村支局均配有专兼职投递员 1 名及以上，负责本网点所辖服务区域的邮件投递工作。2019 年，实现全县行政建制村周三班通邮，共有农村投递人员 77 人。2022 年，农村网点 52 个，农村投递段道 132 个，乡镇本口投递频次实行逐日班，345 个建制村投递频次为周三班，42 个建制村投递频次为周五班，农村网点设置至少 1 个有效投递频次，包裹快递推行甩点直投模式。

（三）网运管理

1. 组织管理

组织机构　2001—2008 年，网运生产调度归属生产经营科管理。2009 年，网运归属市场经营部管理。2017 年，网运归属运营管理部管理。2018 年 9 月，成立县寄递事业部，内设运营监控部负责县内网运调度和处理中心生产管理。

生产作业管理　1986—2000 年，设立邮件组、投递组，负责全县邮件接发、处理，分拣封发到各乡镇支局所。2000—2018 年，设立云阳县分公司邮件处理中心。2018 年，成立寄递事业部，邮件处理中心、投递组划入寄递事业部管理。根据市分公司邮区中心局组开邮路车辆到、发时间，负责编制营、分、运、投各环节生产作业计划。

2. 网运质量

1986 年以来，网运管理逐步精细，管控指标持续改善，运营质量持续提升。2021 年，云阳邮政特快收寄及时率 95%、快包收寄及时率 95%、特快及时妥投率 95%、快包及时妥投率 99.5%。2022 年，特快收寄及时率 97.57%、快包收寄及时率 96.88%、特快及时妥投率 96.91%、快包及时妥投率 99.67%、特快次日递率 98.47%、快包次日递率 95.59%。

（四）服务网点

1986 年，云阳县邮电局所总计 62 个，其中自办局所 17 个（邮电局 1 个、邮电支局 12 个、邮电所 4 个），代办所 45 个（邮电代办所 3 个、邮政代办所 42 个）。截至 2022 年底，设 8 个中心支局、63 个邮政网点，其中，代理金融网点 50 个、纯邮政网点 4 个、空白乡镇网点 9 个。

1. 网点设置

表 9-11-4-3

1986—2022 年云阳邮政局所一览表

序号	局所名称	经营性质	经营属性	设置地点	备　注
1	新阳邮政所	自营	农村	云阳县南溪镇新阳街道 233 号	综合网点
2	红狮邮政支局	自营	农村	云阳县红狮镇红七街 3 号	1997 年 8 月，由"红狮邮电支局"更名为"红狮邮政支局"
3	盘龙邮政支局	自营	农村	云阳县盘龙镇永安路 11 号	1997 年 8 月，由"盘石邮电支局"更名为"盘石邮政支局"。2012 年 12 月 21 日盘石镇合并到盘龙街道，更名为盘龙邮政支局
4	莲花路邮政支局	自营	城市	云阳县双江街道莲花路 210 号	—
5	上坝邮政所	自营	农村	云阳县上坝乡石梁社区	空白乡镇网点
6	泥溪邮政所	自营	农村	云阳县泥溪镇泥溪社区泥桐路	空白乡镇网点
7	云阳邮政所	自营	农村	云阳县云阳镇人民路 47 号	1997 年 8 月，由"硐村邮电支局"更名为"硐村邮政支局"。2012 年 12 月 21 日，云硐乡合并到云阳镇，更名为云阳邮政所
8	洞鹿邮政所	自营	农村	云阳县洞鹿乡洞鹿街道 100 号	综合网点
9	歧阳邮政所	自营	农村	云阳县薰草镇薰歧路 198 号	综合网点
10	龙洞邮政所	自营	农村	云阳县龙洞镇望江路 235 号	综合网点
11	白龙邮政所	自营	农村	云阳县平安镇白龙街道云万北路 158 号	综合网点
12	向阳邮政所	自营	农村	云阳县江口镇向阳新街 140 号	综合网点
13	堰坪邮政所	自营	农村	云阳县堰坪镇堰源路 163 号	综合网点
14	普安邮政所	自营	农村	云阳县普安乡移民街 96 号	空白乡镇网点
15	凤鸣邮政支局	自营	农村	云阳县凤鸣镇书院路 25 号	1997 年 8 月，由"凤鸣邮电支局"更名为"凤鸣邮政支局"
16	帆水邮政所	自营	农村	云阳县江口镇帆水街道 102 号	综合网点
17	双土邮政支局	自营	农村	云阳县双土镇信合路 148 号附 1 号	综合网点
18	养鹿邮政所	自营	农村	云阳县养鹿镇圣池路 17 号	综合网点
19	平安邮政支局	自营	农村	云阳县平安镇平安街 220 号	1997 年 8 月，由"关市邮电支局"更名为"关市邮政支局"，2012 年 12 月 21 日，关市镇合并到平安镇，更名为平安邮政支局
20	青山邮政所	自营	农村	云阳县南溪镇青山村 7 组	综合网点
21	双龙邮政所	自营	农村	云阳县双龙镇双河社区双河路 26 号	2012 年 12 月 21 日，由"双水邮政所"更名为"双龙邮政所"
22	双江邮政支局	自营	城市	云阳县云江大道 766 号	1997 年 8 月，由"双江邮电支局"更名为"双江邮政支局"
23	巴阳邮政所	自营	农村	云阳县巴阳镇滨河路 3 号	综合网点
24	栖霞邮政支局	自营	农村	云阳县栖霞镇栖霞路 286 号	综合网点
25	复兴邮政所	自营	农村	云阳县青龙街道复兴社区复龙路 1 号	综合网点

序号	局所名称	经营性质	经营属性	设置地点	备　注
26	水口邮政所	自营	农村	云阳县水口镇宫观路 105 号	综合网点
27	江口邮政所	自营	农村	云阳县江口镇太平路	1997 年 8 月，由"江口邮电支局"更名为"江口邮政支局"。2008 年邮银分营，更名为江口邮政所
28	故陵邮政所	自营	农村	云阳县故陵镇金峡路 78 号	1997 年 8 月，由"故陵邮电支局"更名为"故陵邮政支局"。2008 年邮银分营，更名为故陵邮政所
29	沙市邮政支局	自营	农村	云阳县沙市镇沙市路 221 号	1997 年 8 月，由"沙市邮电支局"更名为"沙市邮政支局"
30	人和邮政所	自营	农村	云阳县人和街道立新社区立新路 39 号	综合网点
31	青龙路邮政支局	自营	城市	云阳县双江街道青龙路 251 号	综合网点
32	民德路邮政支局	自营	城市	云阳县青龙街道民德路 459 号	综合网点
33	龙角邮政支局	自营	农村	云阳县龙角镇五龙大道 140 号	1997 年 8 月，由"龙角邮电支局"更名为"龙角邮政支局"
34	体育路邮政所	自营	城市	云阳县双江街道体育路 434 号	综合网点
35	黄石邮政所	自营	农村	云阳县黄石镇平安街 169—173 号	综合网点
36	石门邮政所	自营	农村	云阳县石门乡街道	空白乡镇网点
37	城区邮政所	自营	城市	云阳县云江大道 1238 号	1999 年 9 月成立新城营业部，2008 年邮银分营后，更名为城区邮政所
38	长洪邮政所	自营	农村	云阳县南溪镇青云村 2 组	综合网点
39	凤桥邮政所	自营	农村	云阳县凤鸣镇凤桥社区	综合网点
40	高阳邮政支局	自营	农村	云阳县高阳镇荣华街青龙路 232 号	1997 年 8 月，由"高阳邮电支局"更名为"高阳邮政支局"
41	农坝邮政所	自营	农村	云阳县农坝镇龙腾路 12 号	综合网点
42	塘坊路邮政所	自营	城市	云阳县青龙街道塘坊路 9 号	综合网点
43	新津邮政所	自营	农村	云阳县新津乡新津路 11 号	空白乡镇网点
44	渠马邮政所	自营	农村	云阳县渠马镇政通路 41 号	综合网点
45	路阳邮政支局	自营	农村	云阳县路阳镇双龙路 768 号	1997 年 8 月，由"路阳邮电所"更名为"路阳邮政所"。2005 年更名为路阳邮政支局
46	院庄邮政支局	自营	农村	云阳县凤鸣镇院庄社区兴隆花园	1997 年 8 月，由"院庄邮电所"更名为"院庄邮政所"。2005 年更名为院庄邮政支局
47	桑坪邮政所	自营	农村	云阳县桑坪镇兴桑路 192 号	空白乡镇网点
48	大雁路邮政支局	自营	城市	云阳县双江街道大雁路 287 号	综合网点
49	蔈草邮政所	自营	农村	云阳县蔈草镇云利路 142 号	空白乡镇网点
50	里市邮政所	自营	农村	云阳县凤鸣镇里市社区	综合网点
51	后叶邮政所	自营	农村	云阳县后叶镇云凤路 166 号	综合网点
52	望江大道邮政支局	自营	城市	云阳县双江街道望江大道 1022 号	综合网点
53	滨江路邮政所	自营	城市	云阳县青龙街道关坪路 184 号	综合网点

序号	局所名称	经营性质	经营属性	设置地点	备 注
54	外郎邮政所	自营	农村	云阳县外郎乡金竹沟社区	综合网点
55	南溪邮政支局	自营	农村	云阳县南溪镇南溪大道 207 号	1997 年 8 月，由"南溪邮电支局"更名为"南溪邮政支局"
56	鱼泉邮政支局	自营	农村	云阳县鱼泉镇鱼泉街道 199 号	综合网点
57	耀灵邮政所	自营	农村	云阳县耀灵镇兴耀路 109 号	综合网点
58	宝坪邮政局	自营	农村	云阳县宝坪镇宝堰路	1997 年 8 月，由"宝坪邮电所"更名为"宝坪邮政所"。2005 年更名为宝坪邮政支局
59	清水邮政所	自营	农村	云阳县清水土家族乡云清路 126 号	空白乡镇网点
60	云安邮政支局	自营	农村	云阳县云安镇迎宾路 12 号	1997 年 8 月，由"云安邮电支局"更名为"云安邮政支局"
61	大阳邮政所	自营	农村	云阳县大阳镇阳光路 287 号	综合网点
62	紫月路邮政所	自营	城市	云阳县青龙街道紫月路 1 号 1 幢 1—13	综合网点
63	盘龙南邮政所	自营	农村	云阳县盘龙街道革岭村 10 组	纯邮政网点
64	青术邮政所	自营	农村	云阳县高阳镇青术村	1997 年 8 月，由"青术邮电所"更名为"青术邮政所"。2000 年，因三峡电站建设拆除，合并到高阳邮政支局
65	云阳镇邮政营业室	自营	城市	云阳县老县城邮电巷	因三峡电站建设，搬迁到新县城，合并到城区邮政所
66	西坪邮政所	自营	城市	云阳县旧县城云阳镇西坪路	因三峡电站建设，由老县城搬迁到新县城，合并到城区邮政所
67	莲花邮政所	自营	农村	云阳县莲花场镇	撤销
68	革岭邮政所	自营	农村	云阳县革岭场镇	撤销

2. 社会加盟站点

2008 年，建设邮乐购站点，2018 年建成邮乐购站点 126 个，截至 2022 年，累计建成村级综合便民服务站点 380 个，建制村覆盖率达到 100%。其中优质站点 225 个，示范站点 33 个。

四、邮政管理

（一）财务管理

1986 年，云阳县邮电局实行经济核算、财务包干制、经济承包责任制及代办工程承包责任制。2003 年，重庆邮政企业实行城片区经营管理体制后，云阳县邮政局实行财务管理一体化模式并实行报账制，由万州片区邮政局对财务收支计划、资产、资金、负债、大宗物资采购及供应、投资等实行统一管理，云阳邮政变为非独立核算单位。2022 年底，云阳邮政继续实行财务管理一体化模式。

（二）人力资源管理

1. 队伍建设

1986 年，云阳县邮电局从业人员 249 人。1997 年邮电分营后，云阳县邮政局有从业人员 149 人。2008 年，邮储银行云阳支行成立后，划入邮储银行 41 人，云阳邮政共有从业人员 315 人。2018 年，云阳邮政从业人员 336 人。2022 年，云阳邮政从业人员 344 人。

1986—2022 年，云阳邮政不断强化人才队伍建设工作。2017 年，出台《中邮云阳县分公司中心支局长履职管理办法（试行）》《中邮云阳县分公司网点负责人履职管理办法（试行）》，试行中心支局长、网点负责人履职管理模式，提升网点负责人、支局长管理水平。2018 年，修订《中邮云阳县分公司中心支局长履职管理办法（修订）》《中邮云阳县分公司网点负责人履职管理办法（修订）》，进一步规范企业选用人相关流程。2022 年，云阳邮政共配置内训师 5 名，其中高级内训师 1 名，理财经理 50 名。

2. 教育培训

2017 年，云阳县分公司出台员工教育培训管理办法（试行），规范完善员工在职学历教育和业务培训管理。2022年，云阳邮政代理营业机构从业人员邮政特有职业资格整体持证率89.34%，技师2人、高级技能持证87人，高级技能持证占比达39.91%；银行业专业人员职业资格证持证113人，基金从业资格证持证40人，金融理财师（AFP）持证17人，有专业技术职称2人。截至2022年底，云阳邮政本科学历182人，大专学历131人，大专及以上学历占比达90.98%。

3. 薪酬管理

1986年8月，云阳县邮电局印发《职工奖励办法的通知》，规定生产奖金同核定的定员定额人数挂钩，同用工计划挂钩；计分办法按通信总量、业务总量、业务收入、业务支出、收欠费、通信质量、综合管理7项指标为标准，以百分制考核；明确得奖范围及考核程序等。2005年，《云阳县邮政局岗位工资标准调整考核办法》出台，考核范围为2005年7月1日以后在册在岗员工。2012年，根据市公司要求，云阳邮政提高专业技术职务津贴、职业资格等级津贴、外勤和夜班津贴。2015年，对岗位序列进行调整优化，岗位序列调整为管理、专业和操作三大序列。基本工资分为薪级工资和岗位工资，并调整易岗易薪规则。2018年，对基本工资晋级晋档标准进行调整，调高专业技术职务津贴、职业资格等级津贴、外勤和夜班津贴；对特殊荣誉贡献的员工进行薪级工资加分。

（三）服务质量管理

1. 营业服务

云阳邮政设置普遍服务营业场所63个，其中城市11个，农村网点52个。全县42个乡镇（街道）邮政局所覆盖率100%。63个邮政网点均开办信件、印刷品、包裹、汇兑四项普遍服务基本业务，提供义务兵平常信函、盲人读物、烈士遗物的免费寄递等特殊服务业务。

1986—1988年，开展创建"巾帼示范岗""讲文明、树邮政新风"等活动，建立健全邮政服务承诺制，提高窗口服务质量。1995年，制订农村标准化管理制度，全县12个邮政所合格达标。2004—2006年，开展"两新三好"邮政网点创建活动，分批对邮政局所的用邮环境进行升级改造，同时对网点团队建设进行达标评比，全县85%的网点获评"两新三好"。

2007—2013年，开展"服务形象工程""违规经营和服务质量问题专项整治工作""农村邮政通信改革""提高服务质量让用户满意"系列活动，提升邮政通信服务质量。2014年，组织开展"邮件寄递服务质量大整改活动""邮政服务质量大整改提升活动"，提升邮件时限和客户体验。2016年，修订完善通信和服务质量管理办法，推动邮政服务质量进一步规范化。2017—2019年，制订"十三五"时期建制村直接通邮实施方案，辖区内380个建制村直接通邮。2013年，云阳县邮政局获得集团公司"年度全国邮政用户满意企业"。1997年以来，云阳邮政

邮件总包丢失为零。

2. 普遍服务与特殊服务

普遍服务　2022年，云阳县共有42个乡镇（街道），行政建制村380个。云阳邮政设置并能提供普遍服务的邮政普服营业场所63个，其中，城市自办11个，农村网点52个。建制乡镇邮政局所建设率达100%，建制村通邮率达100%。

特殊服务　云阳邮政提供义务兵平常信函、盲人读物、革命烈士遗物的免费寄递以及机要业务等特殊服务业务。云阳邮政在1986年以前，就已开办邮政机要通信服务，主要服务对象为党政机关、驻地部队、人才交流中心等。2022年，注册机要用户59个，实现39年机要通信质量全红，未发生机要件丢失、泄密、损毁等通信事故和重大交通安全责任事故。

3. 监督检查

1997—2022年，服务质量监督检查归口市场营销部，配备服务质量管理和检查相关人员共3人。2003年，云阳县邮政局被重庆市用户委员会、重庆市质量技术监督局、重庆市经贸委员会、重庆市商业委员会联合授予"重庆市用户满意"服务单位称号。2017年，开展普服邮件投递专项检查活动，发现问题整改率100%。2020年，云阳县分公司配合重庆市邮政管理局一分局开展快递末端网点收费专项整治行动，接管被行政执法责令停业农村乡镇社会快递网点的快件投递服务工作，确保社会快递服务不中断，邮政企业所辖村邮站、邮快超市等末端投递点未发现收费情况。2021年，开展普遍服务大检查，针对邮政普遍服务安全设施、服务规范化、建制村通邮等方面开展检查，发现问题整改率100%。

（四）安全管理

1986年6月，调整云阳县邮电局治保委员会，稳定局内治安秩序，预防和打击盗窃、诈骗、破坏通信等刑事犯罪，防止火灾事故发生，确保国家、集体、个人财产安全和通信畅通。1992年11月，成立云阳县邮电局保卫股，确保邮电通信生产经营正常运行，防止各类案件发生。1995年2月，云阳县邮电局成立综合治理办公室，压实社会治安综合治理领导责任制和目标责任制。2007年10月，开展安全防范设施设备整改。2008年起，逐步实现监控设备达标，2008年11月，完成全县金融网点监控安装并联网。2009年6月，设立集中监控。2009—2022年，云阳邮政按照公安局和银监委要求不断升级监控系统。2022年3月，完成监控高清探头升级改造，110报警设备完成安装调试工作。2011年，完成自建报警设备安装工作，实现110报警和自建报警双系统运行。2018年，根据"邮钞分离"工作要求，实现邮件物流、储汇资金单独押运，确保邮件和资金安全运营。同年8月，实现49个农村邮政代理金融网点异地值守。2021年，实现全

县 63 个邮政网点和邮件处理场所高清监控全覆盖。2022年，制订出台《云阳县分公司安全风险分级管控实施细则》《云阳县分公司日周月安全隐患排查实施细则》，建立双重预防机制，强化风险化解。

（五）党群管理

1. 党组织

1986 年 10 月，中共云阳县邮电局支部委员会改选，产生新的党支部。1998 年 2 月，中共云阳县邮政局支部委员会成立。2002 年，云阳县邮政局被中国共产党重庆市委员会、重庆市人民政府授予"市级文明单位"称号。2007 年 9 月，改制成立重庆市邮政公司云阳县邮政局党支部。2015 年 4 月，更名为中国邮政集团公司重庆市云阳县分公司党支部。2020 年 3 月，更名为中国邮政集团有限公司重庆市云阳县分公司党支部。2022 年 1 月，云阳县分公司党支部撤销，成立云阳县分公司党总支。截至 2022 年底，云阳邮政共有党员 61 人，预备党员 1 人。云阳县分公司党组织接受云阳县委组织部领导。

2017 年 6 月，根据市分公司机构编制方案，云阳邮政在综合办公室下设党建纪检岗位。云阳县分公司党组织坚持党建引领，落实党建述职评议、民主评议党员、民主生活会、"三会一课"等制度，按期开展委员增补和支部换届工作，推进基层党组织建设对标达标工程和争先创优活动。按统一部署先后开展"两学一做""不忘初心、牢记使命""党史学习教育"等主题教育活动。常态化落实党风廉政建设，通过开展党风廉洁教育学习，针对重点岗位人员、重要节假日开展廉洁提醒和督导提醒，对各专业重点业务推进进行督办提醒，对风险隐患开展专项排查纠正。落实上级党委关于巡视巡察整改工作要求，开展巡视巡察整改，为推动企业可持续发展提供坚强政治保障。

2. 工会

1986 年 4 月，中国邮电工会云阳县邮电局委员会改选。1987 年 3 月，召开第六届第二次职工代表大会，表决通过《关于贯彻工资制度改革对同工种不同岗位类别进行归类的决议》。1993 年 5 月，召开第八届第六次职工代表大会，1993 年 7 月，召开第八届第七次职工代表大会，选举劳动争议调解委员会。1997 年，更名为中国邮电工会云阳县邮政局委员会。2015 年，更名为中国邮政集团工会云阳县委员会。

2006 年，云阳邮政职工之家被重庆市总工会授予"模范职工之家"称号。2015 年，建立完善职工小家长效机制，创建示范型职工小家，并将龙角网点作为试点。2016 年，工会开展"三年建家规划"，2016 年，建设示范型职工小家 3 个，职工小家 3 个，职工公寓 3 个；2017 年，建设示范型职工小家 1 个，职工小家 16 个；2018 年，建设示范性职工小家 2 个，职工小家公寓 10 个，职工小家 12 个。2019 年，开展职工小家三年规划"回头

看"工作，按照各类"建家"装修标准及用品用具配置标准进行自查整改，推进职工小家"建、管、用"长效管理机制。2020 年，在机关大院建设"爱心妈咪小屋"1 个。2021 年，在中国邮政集团工会重庆市委员会组织的"建家明星"评选活动中，云阳县盘龙邮政支局被评为市级"明星小家"，王力争获得"明星家长"荣誉称号。

云阳县邮政工会常态化开展节日慰问、生日慰问、扶贫助困、员工福利、双创劳动竞赛、职工活动等，持续为员工成长、企业发展搭建起双向互动的桥梁。

2014 年 4 月，陈俊获得集团公司"全国邮政系统先进个人"荣誉称号。2005 年 6 月，林江获得全国邮政系统"模范投递员"称号。2007 年 5 月，林江获得中共重庆市委"重庆市优秀共产党员"称号。2007 年 9 月，林江获得重庆市精神文明建设委员会、重庆市总工会、共青团重庆市委员会、重庆市妇女联合会"重庆市道德模范"称号。

3. 团组织

1986 年，云阳县邮电局改选团支部。1999 年 6 月，更名为云阳县邮政局团支部。2007 年，成立重庆市邮政公司云阳县邮政局团支部。2015 年，更名为中国邮政集团公司重庆市云阳县分公司团支部。2020 年，更名为中国邮政集团有限公司重庆市云阳县分公司团支部。截至 2022 年底，共有共青团员 34 人。在党组织的统领下，云阳县分公司团支部组织团员、青年员工开展"青年大学习"，组建多形式的突击队，常态化开展青年文明号、企业劳动竞赛、社会服务、志愿活动等，不断为企业持续健康发展贡献青年力量。

五、移民搬迁

1998 年 9 月，云阳县邮政局在新县城云江大道 1238 号，开工建设办公楼及邮件处理中心，征地面积 6.3 亩，建筑面积 3826.52m²，总投资 500 万元，2000 年 3 月竣工。1998—2003 年，完成高阳、故陵、龙角、盘龙移民迁建场所建设，建筑面积 4588m²。2001—2003 年，完成邮政职工宿舍 3 栋 124 套建设，建筑面积 13140m²。

第五节　奉节邮政机构

一、机构沿革

（一）机构演变

1. 四川省管局管辖时期

1986 年，奉节县邮电局由四川省万县地区邮电局管辖，隶属四川省邮电管理局。

1993 年 3 月，万县行政区划调整，奉节县邮电局由万县市邮电局管辖。

2. 邮电分营时期

1997 年 3 月，万县市及所辖区县正式划属重庆市。

同年 7 月，邮电分营，重庆市邮政管理局设立奉节县邮政局，隶属万县市邮政局管理。

1998 年 3 月，根据《关于调整万县市、涪陵市、黔江地区邮政管理体制的通知》，奉节县邮政局受重庆市万县移民开发区邮政局代管。

2000 年 8 月，重庆市邮政管理局调整万州移民开发区邮政管理体制，奉节县邮政局划归重庆市邮政管理局直管。

2003 年 2 月，重庆市邮政管理局实行城片区化经营管理体制，奉节县邮政局由万州片区邮政局管辖。

3. 政企分开时期

2007 年 9 月，由于重庆邮政政企分开，"奉节县邮政局"更名为"重庆市邮政公司奉节县邮政局"，管理体制不变。同年 12 月，中国邮政储蓄银行重庆奉节县支行成立，奉节邮政受邮储银行奉节县支行委托开办代理金融业务。

2009 年 1 月，重庆邮政速递物流一体化专业经营，重庆市邮政速递物流公司奉节县分公司成立。2010 年 6 月，"重庆市邮政速递物流公司奉节县分公司"更名为"重庆市邮政速递物流有限公司奉节县分公司"。

2014 年 6 月，重庆市邮政速递物流组织机构改革，重庆市邮政速递物流有限公司奉节县分公司改设为奉节县营业部（营业执照名称不变），由重庆市邮政速递物流有限公司新组建的万州片区分公司管辖。2015 年 4 月，"重庆市邮政速递物流有限公司奉节县分公司"更名为"中国邮政速递物流股份有限公司重庆市奉节县分公司"。

2015 年 5 月，根据中国邮政集团公司法人体制改革要求，"重庆市邮政公司奉节县邮政局"更名为"中国邮政集团公司重庆市奉节县分公司"，管理体制不变。

2017 年，根据市分公司关于城片区、区县分公司机构编制方案，中国邮政集团公司重庆市奉节县分公司调整优化内设部门主要职责及人员编制。

2018 年 9 月，寄递改革，组建中国邮政集团公司重庆市奉节县寄递事业部（保留"中国邮政速递物流股份有限公司重庆市奉节县分公司"牌子），内设市场部、运营监控部，由万州片区寄递事业部管理。

2020 年 1 月，为落实中国邮政集团公司由全民所有制企业改制为国有独资公司的更名、改制工作，"中国邮政集团公司重庆市奉节县分公司"更名为"中国邮政集团有限公司重庆市奉节县分公司"，管理体制不变。沿用至 2022 年底，未发生变化。

截至 2022 年底，中国邮政集团有限公司重庆市奉节县分公司内设综合办公室（含安全保卫部）、市场营销部、金融业务部（含中邮保险中心）、集邮与文化传媒部、渠道平台部。

（二）主要领导

表 9-11-5-1

1986—2022 年奉节邮政主要领导人员名录

单位名称	姓名	职务	任职时间
奉节县邮电局	唐结富	党总支书记	1986.6—1987.10
	唐结富	局长	1987.11—1992.12
	刘亚华	局长	1993.1—1995.6
	李世培	局长	1995.7—1997.6
奉节县邮政局	喻林高	局长	1997.7—1998.6
	甘承照	局长	1998.6—1999.6
	喻林高	党总支书记	1998.6—1999.6
	谭安斌	局长	1999.6—2001.5
	谭安斌	党总支书记、局长	2001.5—2003.2
	屈光明	党总支书记、局长	2003.2—2004.2
重庆市邮政公司奉节县邮政局	晏木春	党总支书记、局长	2010.11—2015.5
中国邮政集团公司重庆市奉节县分公司	崔伟	副总经理（主持工作）	2015.6—2017.9
	崔伟	党总支书记、总经理	2017.9—2019.12
中国邮政集团有限公司重庆市奉节县分公司	崔伟	党总支书记、总经理	2020.1—2020.10
	罗黎	党总支书记、总经理	2020.10—

二、邮政业务

2022年，奉节邮政业务收入完成13939.78万元，是1986年邮政业务收入51.04万元的273.11倍，是1997年（邮电分营后第一年）邮政业务收入335.34万元的41.57倍。

表9—11—5—2

1986—2022年奉节邮政业务收入统计表

单位：万元

年份	业务收入	年份	业务收入	年份	业务收入
1986	51.04	1999	356.30	2012	3500.41
1987	62.96	2000	530.95	2013	4159.47
1988	83.93	2001	610.91	2014	4874.00
1989	100.33	2002	700.03	2015	5844.67
1990	—	2003	800.57	2016	7391.46
1991	71.32	2004	735.90	2017	8704.95
1992	94.81	2005	887.59	2018	9914.00
1993	147.79	2006	1047.32	2019	11260.00
1994	150.76	2007	1485.60	2020	11972.70
1995	545.06	2008	2140.03	2021	12885.31
1996	923.74	2009	1909.98	2022	13939.78
1997	335.34	2010	2137.60		—
1998	—	2011	2788.80		

（一）金融业务

1. 储蓄汇兑

储蓄业务 1986年，奉节县邮电局恢复开办储蓄业务。2003年，期末储蓄存款余额突破亿元，达1.013亿元。2011年，奉节邮政相继开展劳动竞赛、跨年度营销等系列活动，期末储蓄存款余额达11.89亿元。2017年，通过定期开展会员日、爆点以及主题营销等活动，促进储蓄余额快速增长，期末储蓄存款余额达33.05亿元，其中，朱衣网点全年新增储蓄余额1.04亿元，成为全市邮政7个代理金融网点新增余额过亿网点之一。2022年，奉节邮政开展"线上和线下"客户维护，期末储蓄存款余额达63.5亿元。

汇兑业务 1986年，汇兑业务汇款限额为5000元，全年出口汇票4.75万张。1991年，汇兑业务包括普通汇款和电报汇款，全县出口汇票4.4万张，兑付7.7万张。2005年，储蓄与汇兑实现两网互通。自2005年起，由于互联网快速发展，支付方式逐渐多元化，汇兑业务呈逐年下降趋势。2022年，奉节邮政共办理汇款654笔，汇款金额13.9万元。

2. 中间业务

自2000年起，奉节邮政先后开办代理保险、代销基金、代收烟款和石油款、代发工资和养老金等中间业务，截至2022年底，开办中间业务20余种。2005年，与奉节县烟草公司签订代收卷烟款电子结算业务协议，发展预存代扣业务2000多户；与中石油、工行签订三方协议，代收各加油站石油款，全年增收9万余元。2014年5月27日，成功竞标绿卡—公务员工资代发项目，代发公务员工资7058人，月代发工资1424万元。2021年，新增中邮消费贷中间业务，全年办理贷款63笔，发放贷款额度1784万元。

3. 风控合规

2015年，奉节邮政实行年度剖析检查机制，安保部会同金融业务部通过现场、非现场检查以及夜查等方式重点检查基础管理、内控、安全生产、服务质量等内容，确保安全可控。2017年，奉节邮政金融风险合规管理委员会成立，办公室设在金融业务部，配合规监督管理员1名，负责落实风险合规具体工作。2022年，坚持"业务发展，合规先行"的发展理念，持续推进"雷霆行动"、员工行为排查机制，筑牢代理金融风控案防发展的合规基础。截至2022年底，奉节邮政未发生重大安全责任事件。

（二）寄递业务

1. 特快专递

1996年10月18日，奉节县邮电局正式开办特快专递业务。1997年，奉节邮政收寄国内特快专递1062件。2004年，开办二代身份证特快专递业务，收入达76.10万元。2016年，收寄特快专递3.16万件。2019年7月1日，县政府下发《关于进一步加强国家机关公文寄递管理的通知》，奉节邮政与8家政府部门签订公文寄递协议。同年，收寄特快专递18.72万件。2021年，加强业务板块调整，特快收入占寄递业务总收入占比29.76%。2022年，收寄特快专递67.67万件。

2. 快递包裹

2001年8月，奉节邮政开办国内快递包裹业务。2015年，开展邮政寄递服务进村入社活动，全年共揽收快递包裹9.46万件。2019年，发展农产品寄递，奉节邮政在奉节县草堂、安坪、朱衣、鹤峰四大脐橙产区设置代收点30个，收寄奉节脐橙邮件88万件。2020年，项目化运营奉节脐橙项目，收寄奉节脐橙邮件144万件。2022年，收寄快递包裹94.9万件。

3. 物流业务

2003年，奉节邮政开办物流业务，创收20万余元。2015年6月，与县教委开展合作，为其提供全县中考试卷整车物流运输服务，截至2022年底，仍开展合作。2020年，开发物流客户，为重庆市夔山里二娃子食品有限公司提供大米、食用油等整车物流运输服务，截至2022年底，仍开展合作。

4.国际业务

1986—1990年，国际邮件往来业务量逐渐上升，其中以港澳地区居多，奉节出口的国际邮件主要交万县地区邮电局发往成都经转国际互换局传递。2005年，奉节邮政开办国际包裹业务。截至2022年底，国际业务分为国际普通邮件业务、国际及港澳台邮政特快专递业务、国际商业渠道业务，全年收寄国际邮件34件。

5.快件业务

1989年，奉节县邮电局开办邮政快件业务，出口邮件快件3.07万件。1990年，各邮电支局、所开办邮政快件业务，出口邮政快件5.13万件。1997年，出口邮政快件9.76万件。1998年，奉节邮政停办邮政快件业务。

（三）文传业务

1.函件业务

1987年，奉节县邮电局开办国内邮政有声信函业务。1991年，函件业务主要有信函、明信片、新闻稿纸、印刷品、商务传单5类，其中信函和明信片为邮政专营业务。2003年，奉节邮政新增邮资门票、景点明信片和企业拜年卡等业务。同年1月，制作奉节天坑地缝邮资门票8万枚。2004年，制作销售"奉节风光"贺年有奖明信片3.4万枚。2006年，开办商业信函业务。2014年，开办媒体广告业务。2017年，开发"平安你我，119全民消防，我代言"消防安全知识贺年有奖本册式明信片0.5万套。2018年，抓住县域旅游文化推广"第二届诗歌节"契机，成功开发中华诗词笔记本0.3万册。2022年6月，利用"渝邮传媒"品牌优势，承办奉节县应急局2022年"安全宣传咨询日"会展活动，实现收入2.8万元。

2.报刊业务

1986年，奉节县邮电局订销报纸期发份数3.46万份、杂志期发份数3.62万份，实现报刊流转额46.95万元。1990年，县报刊发行领导小组成立，设城市社会报刊发行站53个，发行员57人，在农村扩建社会报刊发行站45个。1991年，报刊发行业务基本方式为订阅和零售，订阅种类2064种、零售种类173种。1997年，奉节邮政订销报纸期发份数1.38万份、杂志期发份数1.23万份，实现报刊流转额146.77万元。2016—2022年，报刊订阅可采取窗口订阅、上门收订、报刊发行站（员）收订3种主要方式以及"11185"电话订阅、"183"网上订阅、"中国邮政"微信公众号订阅等方式。截至2022年底，全县30个报刊亭提供报刊零售业务。2022年，奉节邮政实现报刊流转额1017万元。

3.集邮业务

1994年11月4日，奉节县邮电局举办《长江三峡》特种邮票首发式，该邮票1套6枚、小型张1枚。2000

年，奉节邮政开始开发邮品业务。同年6月14日，重庆市集邮公司和奉节邮政联合发行《"奉节之旅"——白帝城·天坑地缝》邮折、豪华邮册各1册。同年10月，发行《奉节之旅》《走进三峡》等邮品。2001年10月，发行《早发白帝城》（李白与长江三峡24K金箔卡书）邮品，与2000年发行的邮品系列化。2005年，奉节县邮政局与奉节县国际旅行社联合开发《典藏三峡》邮品3000册。2009年9月，奉节邮政在奉节县人民广场举办《唐诗三百首》特种邮票首发活动，开发制作《诗城奉节》系列邮品1000册。同年，奉节邮政融合夔州诗歌文化与邮政元素，在奉节县白帝城风景区内打造出全县第一个主题邮局——白帝城邮局。2019年1月，按照白帝城风景区升级打造5A级景区规划，白帝城邮局迁址重建，内设文创产品区、当地特色农产品展示区、客户体验区三大功能区，为游客免费提供加盖风景日戳和寄递信件、特色农产品等服务。

4.中邮文创

2021年，奉节邮政正式开办"中邮文创"业务，收入可在文创业务管理信息系统中分中邮文创、集邮、函件、报刊4个专业列收。2022年，中邮文创收入单列，奉节邮政完成收入11万元。

5.普通包裹

1986年，奉节县邮电局收寄普通包裹7975件。1997年，收寄普通包裹1.25万件。2016年，奉节邮政在奉节中学、永安中学等学校设置寒暑假临时校园包裹收寄点，收寄校园包裹1500件。2017—2021年，持续在各学校开展毕业生包裹揽收工作，方便毕业生包裹寄递的同时带动业务发展。截至2022年底，普通包裹主要经营范围为窗口包裹、校园包裹、军营包裹、家乡包裹、爱心包裹、母亲邮包等。2022年，奉节邮政普通包裹业务划归集邮与文化传媒部管理，全年收寄普通包裹1243件。

（四）渠道业务

1.增值业务

1995年3月1日，储蓄窗口开办代缴纳电话费业务。2012年，奉节邮政开办代售火车票和机票、代缴各类费用等增值业务。2014年，代售火车票26.49万张、飞机票1878张，代收交通罚款1.02万笔，代缴各类费用4267笔。2015年，开办代开国税、地税发票和代理车险业务。2016年，奉节邮政21个网点开通代开国税、地税发票业务，代开双税2229笔，代开发票金额7103万元。2022年，奉节邮政代开双税2.98万笔，代开发票金额323.1万元。

2.分销业务

2006年，奉节邮政开办分销配送业务。2011年，以农资配送为分销业务经营主线，主要销售复合肥、饲料、种子。2015年，开办代售烟草业务。2016年，奉节邮政在邮乐网上建成奉节特产馆1个，上线产品64个，产生订单401笔，实现交易额2.97万元。2017年，将地方特色农产品——奉节脐橙引入分销系统成为全市性项目。2020年，建成奉节脐橙全国农产品基地1个，线上依托邮乐网、渝邮惠微商城，线下依托邮政分销系统实现省际互销，将奉节脐橙销售到西藏、青海、黑龙江、吉林、陕西、广东等省份，实现销售收入396.91万元。

3. 电信业务

1986年，奉节县邮电局有电报电路3条、长话电路12条。1989年，增开奉节—重庆电路2条，通信能力有明显提升。1991年3月，奉节县邮电局报房安装电报真迹传真机，开办公众传真电报业务。1992年4月18日，开通长话直拨，奉节进入全国长话网。1993年4月17日，开通寻呼机（BP机）业务。1994年，顺利割接开通5000门数字程控电话；同年7月，全县各支局实现电报传真化；同年9月25日，实现电话号码5位升6位。1995年4月，开通"127"自动无线寻呼，并全市联网。1996年5月，开通电报传真分集器，区乡电报实现自动化。1997年邮电分营，奉节县邮电局电信电报业务移交重庆市电信局管辖。

三、邮政网络

（一）网络能力建设

1. 邮路

区内邮路 2018年9月，重庆—奉节快速、普邮2条区内邮路开通。2020年10月，重庆—奉节快速区内邮路调整为每日上午9:30到达奉节，19:00返程；重庆—奉节普邮区内邮路调整为每日下午13:30到达奉节，15:00返程，截至2022年底，未发生变化。

区域邮路 1990年前，万县—奉节区域邮路由万县委办轮船逐日接送；1991—1996年，改由万县市—奉节自办汽车邮路逐日接送，每日均在下午6:00抵达奉节，次日上午8:00返回。2022年1月，万州—巫溪（奉节）区域邮路调整，该邮路带运奉节（在奉节收费站交接）的进口特快邮件、报刊，每日上午9:20到奉节，9:30离开；巫溪（奉节）—万州区域邮路调整，该邮路带运奉节（12:00前收寄）的特快邮件，衔接万州—重庆特快邮路，区域互寄邮件在万州经转，衔接次日相关区域邮路（奉节12:00前收寄至万州邮件、巫溪11:00收寄至奉节邮件实现当日递；奉节12:00前收寄至云阳、巫山的邮件在万州经转，实现次日上午递）。

县乡邮路 1986年，奉节县邮电局自办汽车邮路1条，长3公里；委办汽车邮路6条，长453公里；机动船邮路1条，长30公里；步班邮路23条，长1159公里。1996年，奉节—新民、奉节—竹园自办汽车邮路开通，邮路达5条，结束县内邮路委办历史。1997—2022年，奉节邮政汽车邮路里程逐年增加。截至2022年底，优化改造设县乡邮路9条，覆盖35个乡镇邮政网点，总长度

（往返）达1479公里。

2. 物流体系

自2021年启动三级物流体系建设工作，到2022年底，奉节邮政已建成1个县级邮件处理和仓配中心、4个乡镇级仓配运营中心（竹园、永乐、白帝、康乐）、307个村级收投服务站（邮乐购站、邮快超市）等三级物流节点，通过上、下行县乡邮路及上行直发直运邮路、农村揽投配送线路串接组成快递物流网络。

3. 作业场地

自1986年起，奉节邮政辖区内邮件处理场地逐步发展。2001年，奉节县城搬迁，奉节邮政邮件处理中心和城区投递站均设在新县城邮政综合楼二楼，含仓储、集散、配送和邮件处理等功能，总面积1000余平方米。2017年，奉节邮政在奉节县西部新区干溪沟处租赁1000余平方米的场地，新建奉节邮政邮件处理中心，并投入生产。截至2022年底，奉节邮政在县城地区有单独处理场所，总面积2000余平方米；农村地区作业场地仍与各邮政网点同址。

4. 设施设备

邮政专用设备 1986—2022年，奉节邮政根据业务发展需要，不断引进邮政营业投递、邮件内部处理等专用设备，逐步实现邮政营业投递流程电子化、邮政内部处理工作流程自动化。1986—1996年，奉节县邮电局有包裹秤、电子秤、分拣格眼等设备。1997年，邮电分营后，奉节邮政有包裹捆扎机、收寄机各1台。截至2022年底，奉节邮政营业设备有各类打印机173台（热敏打印机88台、袋牌打印机3台、单据打印机41台和激光打印机41台）、电子秤40台（台式电子秤39台和落地电子秤1台）、打包机1台、验钞机75台、无线扫描枪2把等；投递设备有PDA（智能手持终端）91台、便携打印机55台、便携电子秤3台；内部处理设备有邮件传输皮带机2台、移动皮带机1台、收寄一体机2台。

运输设备 1986—2022年，随着寄递业务量增加，奉节邮政不断增加邮件运输设备的投入，以满足业务发展需要。1986年，有邮政运输汽车1辆、自行车13辆、机动船1只。1991年，有邮政运输汽车2辆、自行车22辆。1992年，有邮政运输汽车3辆、自行车22辆、摩托车1辆。1995年，有邮政运输汽车4辆、自行车22辆、摩托车2辆。1997年，有邮政运输汽车4辆。截至2022年底，奉节邮政有邮政运输汽车26辆、投递摩托车8辆、投递电动三轮车13辆。

（二）网运生产作业

1. 邮件接发

区内邮件接发 1986—2022年，全县所有进出区内邮件接发均在县局邮件处理中心进行交接。

县乡邮件接发 1986—1995年，全县所有县乡邮路

邮件的接发均在县局与委办邮路进行交接。1996年起，全县所有县乡邮路邮件的接发在县局与自办邮路进行交接。1997年后，随县乡自办邮路的逐步全面开通，邮件接发作业也随之发生变化。2017年起，全县所有县乡邮路的邮件接发均与外包线路进行交接，截至2022年底，未发生变化。

2. 邮件运输

2017年，奉节邮政优化邮运网络，邮件运输方式从邮钞合押调整为钞邮分离，所有网点邮件当天收寄并及时转运到邮件处理中心。2022年，奉节邮政邮件运输分为2个频次，上午频次（9:30）重庆—奉节快速邮车到达后，城区邮件由网格自行运输投递，乡镇邮件由邮车运输至乡镇，由乡镇投递员进行当日进口频次运输投递；下午频次（13:30）重庆—奉节普邮邮车到达后，城区邮件由网格进行下午频次运输投递，乡镇下午频次邮件与次日上午频次邮件一起运输至乡镇，由乡镇投递员进行当日进口频次运输投递。城区邮政所、直营营业部收寄邮件设置专门车辆及人员运输至邮件处理中心。

3. 邮件投递

城市投递 1986—1990年，奉节县邮电局设投递段5个，每段配1名投递员，使用自行车进行投递。1991—1993年，设投递段4个。1994—1996年，设投递段5个。2016年，奉节邮政设城区普邮投递段8个、城区快递包裹投递段10个，城区投递班次每天至少投递1次。2021年，普邮投递与快包投递进行剥离，实行分投模式，普邮段道人员不再参与快包投递。2022年，设城区快递包裹投递段32个、城区普邮投递段8个。

农村投递 1986—1997年，奉节县邮电局农村投递线路273条，总长度7270公里。2019年，奉节邮政优化改造设农村投递线路73条，总长度3325.7公里，投递方式改为汽车投递。截至2022年底，有农村投递员48人，建制村实行农村场镇有乡镇政府驻地的每周投递5次，无乡镇政府驻地的每周投递3次。

（三）网运管理

1. 组织管理

1986—2022年，奉节邮政逐步组开至各乡（镇）沿线自办汽车邮路，并随邮政网点的开办、撤销，多次优化调整邮路。2006—2017年，网运生产调度挂靠市场部。2017年，根据市分公司机构编制方案，奉节邮政网运营管理岗位，挂靠在渠道平台部，负责辖区内网运生产作业调度。2018年9月，寄递改革，邮件处理中心、直营营业部划归寄递事业部，由寄递事业部负责辖区内网运调度和邮件处理中心、直营营业部生产管理。

2. 网运质量

1986—2022年，奉节邮政运营质量逐步完善。截至2022年底，奉节邮政特快收寄及时率为99.45%，快包收寄及时率为99.48%；特快及时妥投为97.6%，快包及时妥投率为99.48%；特快次日递为96.97%，快包次日递为77.26%；特快预约联系率为97.16%，特快预约接通率为90.26%。

（四）服务网点

1. 网点设置

1986年，奉节县邮电局设局所22个，其中，自办局所17个（邮电支局9个、邮电所8个），代办所5个（邮电代办所2个、邮政代办所3个）。截至2022年底，奉节邮政设邮政网点36个，其中，代理金融网点21个，定时定点服务网点2个，纯邮政网点1个，空白乡镇网点12个。

表9-11-5-3

1986—2022年奉节邮政局所一览表

序号	局所名称	经营性质	经营属性	设置地点	备 注
1	大桥邮政自办所	自营	农村	奉节县老平皋区大桥场镇	1986年6月8日撤销，改设代办所
2	大桥邮政代办所	代办	农村	奉节县老平皋区大桥场镇	1992年撤销
3	朱衣邮政支局	自营	城市	奉节县夔州街道夔府大道155、157、159、161号	原址在奉节县朱衣镇黄果村8社，2017年迁址
4	竹园邮政支局	自营	农村	奉节县竹园镇复兴路	—
5	公平邮政支局	自营	农村	奉节县公平镇聚龙街40号	—
6	夔州路邮政支局	自营	城市	奉节县永安镇夔州路498号	原为少陵路邮政所，原址在奉节县永安镇少陵路，2010年迁址，2011年更名为夔州路邮政支局
7	新民邮政支局	自营	农村	奉节县新民镇居委会2组	—
8	安坪邮政支局	自营	农村	奉节县安坪镇下坝村1组	—

序号	局所名称	经营性质	经营属性	设置地点	备注
9	甲高邮政支局	自营	农村	奉节县甲高镇龙山居委会9组	—
10	城区邮政所	自营	城市	奉节县鱼复街道夔州路244号	原为夔州路邮政支局，属综合网点，2007年邮银分营，邮政储蓄划归邮储银行奉节县支行，邮政营业划归奉节邮政，变更为纯邮政网点，2011年更名为城区邮政所
11	诗仙西路邮政支局	自营	城市	奉节县永安镇诗仙西路159号	—
12	高雅邮政支局	自营	农村	奉节县甲高镇高雅红龙村4组	2022年变更为定时定点服务网点
13	宝塔坪邮政所	代办	城市	奉节县夔门街道鱼复社区鱼复路392号	2016年由综合网点变更为纯邮政网点，空白乡镇网点
14	岩湾邮政所	自营	农村	奉节县岩湾乡红星村5组	2021年变更为定时定点服务网点
15	五马邮政所	自营	农村	奉节县五马镇厂河村8社	—
16	鹤峰邮政所	自营	农村	奉节县鹤峰乡莲花村2组	—
17	龙桥邮政所	自营	农村	奉节县龙桥乡瑞丰村1组	—
18	青莲邮政支局	自营	农村	奉节县青莲镇龙王庙居委会2组	—
19	诗城路邮政支局	自营	城市	奉节县鱼复街道诗城路652号	—
20	兴隆邮政支局	自营	农村	奉节县兴隆镇繁荣村1组	—
21	吐祥邮政支局	自营	农村	奉节县吐祥镇禹王宫居委会4组	—
22	白帝邮政支局	自营	农村	奉节县白帝镇浣花村2组	原为草堂邮政支局，2014年更名为白帝邮政支局
23	平皋邮政支局	自营	农村	奉节县康乐镇郭家村4社	—
24	草堂邮政所	自营	农村	奉节县草堂镇柑子社区4组	2019年由纯邮政网点变更为综合网点
25	云雾邮政所	代办	农村	奉节县云雾乡红椿村6社	空白乡镇网点
26	汾河邮政所	代办	农村	奉节县汾河镇白水村3社	空白乡镇网点
27	永乐邮政所	代办	农村	奉节县永乐镇么店村10组	空白乡镇网点
28	大树邮政所	代办	农村	奉节县大树镇石堰村8社	空白乡镇网点
29	太和邮政所	代办	农村	奉节县太和乡金子村11组	空白乡镇网点
30	冯坪邮政所	代办	农村	奉节县冯坪乡庙坝村1组	空白乡镇网点
31	石岗邮政所	代办	农村	奉节县石岗乡两河村1社	空白乡镇网点
32	长安邮政所	代办	农村	奉节县长安乡九里村1组	空白乡镇网点
33	康坪邮政所	代办	农村	奉节县康坪乡小湾村2组	空白乡镇网点
34	红土邮政所	代办	农村	奉节县红土乡下广村11组	空白乡镇网点
35	青龙邮政所	自营	农村	奉节县青龙镇甘坪村	2017年由纯邮政网点变更为综合网点
36	平安邮政所	自营	农村	奉节县平安乡平安村1组	2020年由纯邮政网点变更为综合网点
37	羊市邮政所	代办	农村	奉节县羊市镇大渔村15组	空白乡镇网点
38	海城路邮政所	自营	城市	奉节县永安街道海城路3号金街2区	—

2. 社会加盟站点

2015年，奉节邮政有便民服务站182个。2016年，有便民服务站235个。截至2022年底，有综合便民服务站312个，覆盖全县所有建制乡镇，其中优质邮乐购站点198个；邮快超市60个，其中，城区3个，农村57个。

四、邮政管理

（一）财务管理

1986—1996年，邮电分营前，按照"统一领导、分级管理"的原则，奉节县邮电局财务核算管理工作受四川省邮电管理局管理。1997年，邮政独立运营后，奉节邮政按照独立核算体制，实行收支差额包干管理。2009年，奉节邮政利润实现扭亏为盈。自2013年起，奉节邮政从收支差额包干管理改为按照利润管理，将市公司下达给本单位的年度利润预算部分上缴后，留下超额利润。2022年，奉节邮政全面推行降本增效管理机制，降本增效取得新突破，五大环节全部达标。

（二）人力资源管理

1. 队伍建设

1986年，奉节县邮电局有从业人员233人。1997年，邮电分营，按1996年8月15日所从事的工种、岗位进行划分，划分到奉节县邮政局的员工为93人。2018年，奉节邮政制订《中邮奉节分公司2018年员工晋级管理办法》，加强和规范员工职业晋升管理。2021年，《中邮奉节分公司人才储备和培养方案（试行）》出台，将人才队伍划分为5级梯队，明确各级梯队的选拔与培养原则、管理与评价方式，强化考评结果运用，提升队伍能力。2022年，修订完善人才储备和培养方案，将人才队伍5级梯队优化调整为4级梯队，并明确校招大学生的培养方式、培养流程和定岗管理；推进客户经理、理财经理、风险防控3支队伍建设，配备客户经理3人、理财经理23人、风险防控2人。截至2022年底，奉节邮政有从业人员209人。

2. 教育培训

1987年，奉节县邮电局开办短期业务技能培训班8期，受训总人数达152人次。1996年7月，奉节县邮电局实行《奉节县邮电局职工教育条例》，由人教科负责经办职工教育工作，将学习情况纳入考核奖励。2014年，奉节邮政制订《奉节县邮政局2014年员工教育培训工作实施办法》，全年有5人通过高级技能鉴定考试、42人通过中级技能鉴定考试，2人通过证券从业人员资格考试，28人通过反假币考试，3人通过AFP（金融理财师）考试。2021年，全年组织各类培训59场，有11人通过高级技能认定考试，14人通过银行业专业人员职业资格考试，10人通过基金从业资格考试，3人通过AFP考试，1人通过中级经济专业技术资格考试。

3. 薪酬管理

1990年，奉节县邮电局制订关于奖金考核分配的办法，明确对班组、支局实行按季考核、按月计奖的考核规定。2001年7月1日，奉节邮政对职工工资制度进行改革，实行岗位工资制度，岗变薪变。2013年，制订员工绩效管理办法和积分管理办法，在保证员工基本工资和基本绩效的基础上，再施行工效挂钩和支局员工按劳计酬的奖励办法。2018年11月，完成各岗位人员基本工资和津贴调整工作，提升技能人才和在艰苦条件、环境下作业人员的津贴补贴。截至2022年底，奉节邮政工资标准未发生调整。

（三）服务质量管理

1. 营业服务

1990年，奉节县邮电局修订各级各类人员质量责任制，加强质量管理。1996年，规范城市邮政营业窗口时限服务内容及要求，制订《奉节县邮电局邮电服务质量监督考核标准》，加强全县服务质量监督管理。2014年，制订《奉节县邮政局星级营业员评定办法》，加大后台对前台实时监控力度，及时纠正营业前台在服务中出现的问题。2021年，成立服务质量团队，重新组建邮政视察检查队伍，理顺服务质量管理职能。2022年，奉节邮政参与市分公司开展的"窗口服务体验示范点"评选活动，朱衣网点通过内提素质、外树形象、优化服务，提升客户用邮体验，被评为重庆邮政优秀"窗口服务体验示范点"（全市共12个）。截至2022年底，奉节邮政36个普遍服务营业网点（城市网点6个，农村网点30个），均开办信件、印刷品、包裹、汇兑四项普遍服务基本业务，承担全县29个乡镇、4个街道办事处，4098平方千米的普遍服务。

2. 普遍服务与特殊服务

普遍服务　1986年，奉节县邮电局农村投递准班率99.6%。2022年，奉节邮政普服19项重点指标全部达标，其中营业时间达标率、县城党政机关《人民日报》当日见报率、申诉处理满意率均保持100%，空白乡镇普服网点覆盖率100%，建制村通邮率100%，偏远地区普服投递频次均为3次以上，满足普服要求和标准。

特殊服务　1986—1996年，奉节县邮电局机要通信使用自行车投递。2006年，奉节邮政机要通信获重庆市质量全红20年以上竞赛奖。2022年，《中国邮政集团有限公司重庆市奉节县分公司机要通信质量考评办法（试行）》出台，奉节邮政定期组织管理人员和机要专兼职人员学习和检查，确保机要通信安全平稳运行，实现机要通信连续37年质量全红。截至2022年底，奉节邮政所有营业网点均提供义务兵平常信函、盲人读物、革命烈士遗物的免费寄递以及机要业务等特殊服务业务。

3. 监督检查

1990 年，奉节县邮电局制订《奉节县邮电局邮件全程时限和处理规格检查考核办法》（试行），县局设立质量监督岗（兼职），每月对班组、支局、所的出口邮件进行不定期抽查，并将抽查情况逐月通报。2003 年，奉节邮政开展以"整顿农村邮政代办所、提高营业窗口服务和投递服务质量"为主题的质量提升活动，聘请社会监督员 35 人，公开接受社会各界监督，解决服务中的热点、难点问题。2017 年，开展"情系万家"投递服务质量提升专项活动，层层签订《服务质量承诺书》，通过现场、非现场等方式进行检查，开展无着邮件清理专项整治工作，对全县邮政窗口收寄和清理情况进行跟踪排查。2018—2022 年，奉节邮政通过现场实地检查和非现场监控调阅开展监督检查，提升服务质量水平。

（四）安全管理

1993 年，奉节县邮电局成立综合治理领导小组，由局长任组长，其他局领导及安全保卫、政工、办公室等人员为成员，落实安全保卫治安承包责任制。2002 年，奉节邮政设立安全保密委员会，成立计算机系统安全领导小组，完善内部监控制度。2012 年，奉节邮政对各支局的监控主机加装硬盘。2017—2022 年，奉节邮政加强安全管理，建立健全各项规章制度和管理办法，加大对金库、ATM（自助取款机）和 CRS（自助存取款一体机）自助机具、资金、车辆、支局值班等重点环节的监督检查力度，围绕储蓄内控、违规经营、邮政服务等重点工作开展专项检查；并与各单位签订安全生产责任书，层层落实责任，加强生产作业现场监督，坚持日常检查、定期或不定期检查制度。

（五）党群管理

1. 党组织

组织机构 1987 年，经中共奉节县直属机关委员会同意，设立中共奉节县邮电局总支委员会，下设邮政、电信、农话行政综合 3 个党支部，其中邮政党支部 15 人、电信党支部 17 人、农话行政党支部 29 人。2015 年，更名为中共中国邮政集团公司重庆市奉节县分公司总支部委员会，下设机关、速递物流和退休 3 个党支部。2019 年，速递物流党支部撤销，原党支部党员并入机关党支部管理。同年，"机关党支部"更名为"综合职能党支部"。截至 2022 年底，奉节邮政有中共党员 29 人，预备党员 1 人。

党建活动 2009—2022 年，奉节邮政党组织先后开展学习实践科学发展观、党的群众路线教育实践、"三严三实"（既严以修身、严以用权、严以律己，又谋事要实、创业要实、做人要实）专题教育、"两学一做"（学党章党规、学系列讲话，做合格党员）学习教育、党史学习教育等活动，推动党的建设和改革发展。2021 年 4 月，奉节

邮政党总支组织全体党员、入党积极分子到万州三峡移民纪念馆参观学习，激发党员干部干事创业热情，提升党组织的凝聚力、战斗力和向心力。2022 年 6 月，奉节邮政党总支开展"喜迎二十大，永远跟党走"——"履职尽责显身手、爱岗敬业展风采"主题演讲比赛，各部门、网点共 15 名员工结合本职工作，为企业高质量发展建言献策。

精神文明建设 2015 年 6 月，奉节邮政被重庆市委、市政府誉为"重庆市文明单位"，截至 2022 年底，奉节邮政连续 8 年保持此称号。2015 年 8 月，奉节邮政获"2014 年度全国邮政用户满意企业"称号。同年 12 月，奉节邮政获"中国邮政集团公司空白乡镇邮政局所补建工作优秀集体"称号。

2. 工会

组织机构 1986—2022 年，奉节邮政工会组织机构名称随着重庆直辖、邮电分营、政企分开等改革而相应变更，至 2022 年底，中国邮政集团工会奉节县委员会按照《重庆市邮政公司职工代表大会实施办法》要求，每届任期 3 年，职工代表大会每年召开 1—2 次会议。

工会活动 1986—2022 年，奉节邮政工会每年围绕企业的中心工作和生产经营目标发挥工会的职能作用，开展学习教育、劳动竞赛、文体活动、民主管理、送温暖活动及职工小家建设等活动。1995 年，奉节邮电工会被重庆市总工会授予"市级先进职工之家"光荣称号。2009—2022 年，奉节邮政共建"示范型职工小家" 1 个，职工小家及职工公寓 18 个，农村网点职工小家实现全覆盖。

3. 团组织

组织机构 1987 年 3 月 11 日，共青团奉节县委同意设立共青团奉节县邮电局支部委员会。2015 年，更名为共青团中国邮政集团公司奉节县分公司支部。2020 年，更名为共青团中国邮政集团有限公司奉节县分公司支部。

团组织活动 1986—2022 年，团支部工作围绕企业中心工作，开展演讲、厨艺比拼、青年员工联谊、青春在邮路上闪光、青年文明号开放周等系列活动。截至 2022 年底，共有团员 47 名。

第六节　巫山邮政机构

一、机构沿革

（一）机构演变

1. 四川省管局管辖时期

1986 年，巫山县邮电局由四川省万县地区邮电局管辖，隶属四川省邮电管理局。

1993 年，万县地区行政区划调整，相应调整邮电分支机构及归属关系，巫山县邮电局隶属万县市邮电局。

2. 邮电分营时期

1997 年 3 月，万县市及所辖区县正式划属重庆市。同年 7 月，邮政、电信分营，重庆市邮政管理局成立巫山县邮政局，由万县市邮政局管理。

1998 年 3 月，根据《关于调整万县市、涪陵市、黔江地区邮政管理体制的通知》，巫山县邮政局由重庆市万县移民开发区邮政局代管。

2000 年 8 月，重庆市邮政管理局调整万州移民开发区邮政管理体制，巫山县邮政局划归重庆市邮政管理局直管。

2003 年 2 月，重庆市邮政管理局实行城片区化经营管理体制，巫山县邮政局划归万州片区邮政局管辖。

3. 政企分开时期

2007 年 9 月，由于重庆邮政政企分开，"巫山县邮政局"更名为"重庆市邮政公司巫山县邮政局"，管理体制不变。同年 12 月，中国邮政储蓄银行重庆巫山县支行成立，巫山邮政受邮储银行巫山县支行委托开办代理金融业务。

2009 年 1 月，重庆邮政速递物流一体化专业经营，重庆市邮政速递物流公司巫山县分公司成立。2010 年 7 月，更名为"重庆市邮政速递物流有限公司巫山县分公司"。

2014 年 6 月，重庆邮政速递物流组织机构改革，重庆市邮政速递物流有限公司巫山县分公司改设为巫山县揽投部（营业执照名称不变），归属重庆市邮政速递物流有限公司新组建的万州片区分公司管理。

2015 年 4 月，根据中国邮政集团公司法人体制改革要求，"重庆市邮政公司巫山县邮政局"更名为"中国邮政集团公司重庆市巫山县分公司"。同月，"重庆市邮政速递物流有限公司巫山县分公司"更名为"中国邮政速递物流股份有限公司重庆市巫山县分公司"。

2017 年，根据市分公司出台的城片区、区县分公司机构编制方案，设立巫山县分公司，调整优化内设部门主要职责及人员编制。

2018 年，寄递改革，巫山县寄递事业部成立（对外保留"中国邮政速递物流股份有限公司重庆市巫山县分公司"牌子），由万州片区分公司管理。

2020 年 1 月，"中国邮政集团重庆市巫山县分公司"更名为"中国邮政集团有限公司重庆市巫山县分公司"，管理体制不变。沿用至 2022 年，未发生变化。

截至 2022 年底，中国邮政集团有限公司重庆市巫山县分公司内设综合办公室（含安全保卫部）、市场营销部、渠道平台部、金融业务部（含中邮保险中心）。

（二）主要领导

表 9-11-6-1

1986—2022 年巫山邮政主要领导人员名录

单位名称	姓　名	职　务	任职时间	备　注
巫山县邮电局	曹华	局长	1984.7—1987.7	—
	何君伟	局长	1987.7—1990.12	—
	曹华	党支部书记	1987.7—1990.12	—
	刘万寿	局长	1990.12—1997.7	—
	何君伟	党支部书记	1990.12—1997.8	—
巫山县邮政局	梁玉平	党支部书记、局长	1997.8—2001.5	—
	白庆元	局长	2001.5—2003.2	—
	饶刚	党支部书记	2001.5—2003.2	—
	吴建忠	党支部书记、局长	2003.2—2007.3	—
重庆市邮政公司巫山县邮政局	王绪华	党支部书记、局长	2007.3—2008.8	—
	邱开成	党支部书记、局长	2008.8—2015.6	—
中国邮政集团公司重庆市巫山县分公司	邱开成	党支部书记、总经理	2015.6—2015.12	2015.12—2016.8 由杨家远主持工作
	杨家远	党支部书记、总经理	2016.8—2021.3	
中国邮政集团有限公司重庆市巫山县分公司	李拥军	党支部书记、总经理	2021.3—	—

二、邮政业务

1986—2022 年，巫山邮政经营业务主要包括：国内和国际信函寄递业务；国内和国际包裹快递业务；报刊、图书等出版物发行业务；邮票发行业务；邮政汇兑业务；机要通信业务；邮政金融业务；邮政物流业务；电子商务业务；各类邮政代理业务；国家规定开办的其他业务。2022 年，巫山邮政业务收入完成 10578.32 万元，是 1997 年（邮电分营后第一年）邮政业务收入 277.53 万元的 38.12 倍。

（一）金融业务

1. 储蓄汇兑

储蓄业务 1986 年，巫山县邮电局恢复开办储蓄业务，集仙营业厅是全县第一个恢复开办储蓄业务的网点，期末储蓄存款余额 3 万元。1997—2007 年，巫山邮政期末储蓄存款余额从 1986 万元提升至 33156 万元。2007 年，邮银分营后，巫山邮政历经网点转型、系统化转型、数智化转型三个阶段，期末储蓄存款余额从 2007 年的 33156 万元提升至 2022 年的 432531 万元。

表 9—11—6—2

1986—2022 年巫山邮政储蓄余额统计表

单位：万元

年份	当年净增	期末余额	年份	当年净增	期末余额
1986	3	3	2011	24743	96860
1991	295	418	2016	38147	219100
1996	—	—	2021	33887	382009
2001	1394	6874	2022	50523	432531
2006	—	24026		—	—

汇兑业务 1986 年，巫山邮电办理普通汇兑、电话汇兑、电报汇票等业务。2002 年，巫山邮政集仙、官渡、大昌支局开通电子汇兑业务，实现全国联网、通存通兑，全年新增国内汇票 1.92 万张、国内电子汇款 119.77 万张，兑付汇票 11.09 万张。2005 年，巫山邮政开通 24 小时汇款、2 小时加急汇款、实时汇款、礼仪汇款业务，全年实现汇兑收入 8.51 万元。2010 年，巫山邮政汇兑收入 33.73 万元。自 2010 年起，巫山邮政汇兑业务收入逐年减少。2022 年，巫山邮政汇兑收入 0.39 万元。

2. 中间业务

1986—2022 年，代理业务已发展成为种类达 20 余种的中间业务，包含代理保险、代销理财、电子支付、短信、代销基金等业务。1991 年，巫山邮电向用户提供代收、代付等中间业务。1998 年，巫山邮政开展基本养老金代发工作。2001 年，巫山邮政开展代理保险业务，全

年实现代理保费 1.76 万元。2003 年，巫山邮政全面代理中国人寿、新华人寿、中国人民保险公司 3 家保险公司财险、寿险业务，实现代理保费 350 万元。2013 年，巫山邮政启动网点转型工作，带动中间业务发展，全年销售基金、国债、理财等大理财产品 1.65 亿元，实现代理保费 1949 万元。2022 年，巫山邮政实现趸交保费 1.07 亿元、期交保费 2729 万元。

3. 风控合规

2013—2022 年，巫山邮政制订柜面录入错误处理要点、员工禁止类行为、网点加钞工作规范等 40 余种制度规范，组织风险合规培训 120 余次，覆盖 1500 余人。2017 年，巫山邮政推行检查人员派驻制，强化监督制约功能。2022 年，巫山邮政制订《巫山邮政代理金融风控合规"雷霆行动"方案》，启动风控合规"雷霆行动"。截至 2022 年底，巫山邮政未发生重大金融风险事件。

（二）寄递业务

1. 特快专递

1996 年，巫山县邮电局开办特快专递业务。2003 年，巫山县邮政局与巫山县公安局合作，签订全县居民身份证代收、代寄、代投协议，开办特快专递身份证业务，2022 年，巫山邮政收寄特快专递身份证 2.47 万件。2008 年，巫山邮政开展法院专递寄递业务，2022 年，巫山邮政收寄法院专递 1.24 万件。2016 年，启动巫山脆李极速鲜项目。2019 年，巫山邮政实现政府公文寄递全承揽，并实施"寄递＋生态圈""城市＋农村"农村电商项目。2021 年，巫山邮政纽荷尔寄递项目，实现寄递量 41.69 万件。同年，巫山邮政脆李极速鲜项目，实现寄递量 10.39 万件。2022 年 7 月 2 日，巫山邮政开通全市邮政第一条原产地水果外销全货机运输航线，巫山脆李通过邮政 EMS 邮航专机从巫山机场运输至全国各地，巫山脆李极速鲜项目全年实现寄递量 23.2 万件。同年，巫山邮政累计收寄特快专递 30.29 万件。

2. 快递包裹

2003 年，巫山邮政快递包裹收入 20.6 万元。2011 年，巫山邮政开展巫山腊肉寄递业务和县中队、消防中队退伍兵邮件寄递等业务。2016 年，巫山邮政开展巫山土特产寄递服务，采取"专车专送、班车转送、电商配送、投递员揽送"等方式，打造"重庆市辖内各区县城区次日寄达""73 个重点城市次日递""限时未达，邮费退还"的巫山邮政服务品牌。2017 年，巫山邮政快递包裹业务收入 323.05 万元，年均增幅达 37.55%。2022 年，巫山邮政快递包裹业务收入 736.85 万元。

3. 物流业务

2002 年，巫山邮政抓住外迁移民机遇，承揽巫峡镇、南陵乡外迁移民的货物运输工作。2003 年，巫山邮政组建物流公司，负责万州到巫山物流业务末端投递，承揽巫

山医药公司药品配送及重庆全申动物保健药业有限公司的兽药直递业务，实现物流业务收入34.94万元。同年，巫山邮政开展农村物流配送服务。2011年，巫山邮政为新华书店提供统一承运教材运输服务，为烟草公司提供"样品烟"投递服务。2022年，巫山邮政实现物流业务收入37.17万元。

4. 国际业务

国际业务分为国际普通邮件业务、国际及港澳台邮政特快专递业务、国际商业渠道业务。2018年，寄递事业部成立后，整合为新的国际业务板块，涵盖国际小包、国际E邮宝、国际EMS、国际包裹等。2022年，巫山邮政国际业务收入2.01万元，同比增长1.49万元。

（三）文传业务

1. 函件业务

1986年，巫山县邮电局开设平信、挂号、印刷品、明信片等函件业务，全年进出口量74.88万件。1997—2005年，随程控电话、无线移动电话开通，函件业务量逐年下降。2007年，巫山邮政制作"重庆直辖十周年"邮资封2.8万枚。2009年，巫山邮政第一次引入"摘牌"营销方式，举行商务宝典"摘牌"仪式，共开发商务宝典客户78个，实现函件收入10.89万元。2019年，巫山邮政开发"巫山机场首航纪念封"项目，销售纪念封1.15万份。截至2021年底，巫山邮政连续举办了16届少儿书信大赛。2022年，巫山邮政制作"巫山神女峰、神女溪"明信片2000份。

2. 报刊业务

1986年，巫山县邮电局报纸发行量0.34万份，订销杂志期发量0.21万份，订销杂志累计2.65万份。1997年，报刊收入28.88万元。2001年，巫山邮政成立报刊投递公司。2005年，巫山邮政订销杂志累计完成10.47万份。2018年，巫山邮政报刊收入207.8万元。2022年，巫山邮政报刊收入272.07万元。

3. 集邮业务

1991年7月1日，巫山县邮电局成立巫山县集邮协会。1998年，巫山邮政制作《三峡风光》邮册，全年集邮收入113.07万元。1999年6月18日，巫山邮政配合小三峡流动邮政所制作《小三峡流动邮政所成立》纪念封1枚；同年9月23日，制作《龙骨坡巫山古人类研究所成立暨国际学术研讨会》纪念封全套2枚；同年，发行《三峡风光》镀金卡书和《永恒的三峡》原地纪念封，全年实现集邮收入121.14万元。2001年，巫山邮政开发制作《三峡风光》镀金卡书，"三峡风光"系列邮品获旅游商品开发奖。

2003年4月12日，国家邮政局、重庆市政府、市邮政管理局在巫山县市政广场举办《巫山小三峡》特种邮资明信片首发式，同时举办重庆市第三届专题集邮展览。

《巫山小三峡》特种邮资明信片是唯一列入2003年国家新邮计划的地区题材邮资票品。

2007年10月13日，巫山邮政成功举办《长江三峡库区古迹》特种邮票首发式活动。2009年，开发《又是满山红叶时》《三峡风光》镀金卡书和《永恒的三峡》纪念邮册等，实现销售额100余万元。

2014年，巫山邮政第一个文化邮局——"神女邮驿"邮局开业。

2019年，巫山邮政开发"下庄"系列邮品，共销售1500份。2022年，巫山邮政制作"下庄邮局""巫山脆李首航直飞""巫山高铁首发"系列封片产品，共3000枚。

4. 中邮文创

2021年，巫山邮政正式开办"中邮文创"业务，收入可在文创业务管理信息系统中分中邮文创、集邮、函件、报刊4个专业列收。2022年，单独核算中邮文创业务收入，巫山邮政实现收入7万元。

5. 普通包裹

1986年，巫山邮电开设普通包裹业务，收寄包裹4200件。2022年，收寄普通包裹654件。截至2022年底，普通包裹主要经营范围有窗口包裹、校园包裹、军营包裹、家乡包裹、爱心包裹、母亲邮包等。

（四）渠道业务

1. 增值业务

2002年，巫山邮政开办福利彩票代售等业务。2005年，开办铁路客票邮政订送业务。2008年，巫山邮政启动电子商务市场，邮政短信在网8373户。2010年，巫山县邮政局进驻车管所，开办代收费业务。2016年，巫山县分公司开办车主通业务，并与巫山县国家税务局、巫山县地方税务局签订合作协议，设立税邮合作专厅1个，在全县15个邮政网点开办代开税务发票业务。同年，巫山邮政注册"地道巫山"电商商标品牌。2018年，巫山县分公司与县政府签订合作协议共建县级电子商务公共服务中心。同年，巫山县商务委投资48万元共建巫山县电子商务物流分拣中心，巫山邮政完成130个农村电子商务便民服务站点建设并通过国家验收，获得国家商务部建设补贴资金195万元。2019年，开办警邮业务。2021年，巫山邮政实行"政务＋邮政"，成功进驻巫山县行政服务大厅；同年，"地道巫山"自有电商商标品牌新增30类商标，取得巫山农土特产自有品牌销售资质。2022年，巫山邮政增值业务收入283.13万元。

2. 分销业务

2001年，巫山邮政开展"代销代售代理—邮购"业务，涵盖饲料代销、月饼代销以及种子、乳制品、药品、桶装水等邮购业务。2009年，巫山邮政建成340个"万村千乡"服务网点并验收合格，形成"网点支撑农户、企业支撑网点、厂家支撑企业"的物流格局。2010年，巫山邮政获得中国邮政速递物流公司"分销业务西部示范县"称号。2011年，巫山邮政获得中国邮政集团公司"分销业务全国示范县"称号。2021年，巫山邮政将巫山脆李打造成为全国级邮政农产品基地产品，同年，开拓政府农资采购市场，巫山邮政农资中标金额68.9万元。2022年，巫山县分公司与巫山脆李主产区曲尺乡政府、柑园村村集体签订巫山脆李全产业链战略合作协议，并与庙宇镇等乡镇政府联合销售脆李，全年销售脆李987吨；打造"巫山—白果""巫山—曲尺"两条双链线路工程，打造全国级示范合作社1个、市级示范合作社3个；中标农业农村委复合肥采购项目138万元。

3. 电信业务

1986—1997年，邮电合营时期，巫山县邮电局主要开办电报、长途电话、市内电话、农村电话等电信业务。1997年邮电分营，巫山电话升8位，改长途区号进入重庆大网营运。邮电分营后，电报业务萎缩，电信业务划归电信管理。

表 9-11-6-3

2004—2022年巫山邮政渠道业务收入统计表

单位：万元

年份	渠道业务总收入	分销业务	增值业务
2004	—	—	1.09
2005	—	—	5.37
2006	—	—	1.57
2007	—	—	25.29
2008	—	—	39.81
2009	—	—	55.06
2010	172.04	106.74	65.30
2011	210.00	125.97	84.03
2012	240.06	119.99	120.06
2013	332.11	131.98	200.12
2014	315.73	178.38	137.34
2015	164.21	118.76	45.44
2016	408.85	346.49	62.36
2017	587.45	409.65	177.79
2018	1009.31	753.61	255.70
2019	1196.25	864.45	331.80
2020	1251.13	921.55	329.58
2021	1178.29	942.67	235.62
2022	1185.17	902.03	283.13

三、邮政网络

（一）网络能力建设

1. 邮路

（1）区内邮路

1986—2005年，全县有巫山—万州（路经奉节、云阳）一条出口干线邮路，每日一班。

2022年，全县有巫山—重庆（空港、回兴）一条出口干线邮路，每日两班。

（2）区域邮路

2000年，万州邮区中心局成立后，组开万州—巫山干线邮路。往返带运机要、特快、普包、报刊等各类邮件和利载物流。

2012年，万州组开万州—巫山邮路调整为重庆—巫山邮路。

2020—2022年，重庆—巫山邮车分为上午、下午两个频次，到达巫山解车，返回时运走巫山收寄邮件。巫山至辖区内各乡镇分为两个频次，一频次分为5条线路，覆盖巫山所有乡镇，并运回各网点收寄邮件；二频次为3条线路，覆盖邮件较多的乡镇，按时往返邮件处理中心。

（3）县乡邮路

1987年，巫山县乡邮路总长830公里，其中步班邮路395公里。1993年，县乡邮路22条，总长768公里。其中，自办汽车邮路2公里，委办汽车邮路317公里，机动船邮路74公里，步班邮路375公里。1997年，县乡邮路21条；农村投道路线总长596公里。2001年，巫山邮政有巫山—奉节区内邮路1条，长73公里；城市投递段道8条；农村投递路线总长（单程）900公里；调整巫山—龙溪水运邮路，恢复巫山—官阳汽车邮路，延伸巫山—河梁—笃坪汽车邮路。2005年，县乡邮路5条，总长782公里；农村投递路线总长（单程）880公里。2010年，全县自办邮路5条，其中农村4条邮路实行间日班运行，邮路总长1173公里。2012—2018年，全县自办邮路8条，其中农村7条，邮路总长2107公里。2015—2019年，全县自办邮路4条，邮路总长1060公里；委办邮路10条，邮路总长806公里。2019—2022年，自办邮路总长1251公里，委办邮路总长566公里。同时开通第二频次运输，二频次邮路总长598公里，涵盖庙宇、铜鼓等网点，部分乡镇场镇实现两个投递频次。

2. 物流体系

2016年，巫山县分公司获得第一批次"全国电子商务进农村综合示范项目"唯一龙头企业；与巫山县商务委合作，先后建成巫山县电子商务公共服务中心、巫山县电子商务物流分拣中心（红石梁邮件处理中心）；同时在全县180个乡、镇、村建成电子商务综合站点。2022年，巫山邮政新建使用面积3000平方米的物流分拣中心并投产，至此，巫山邮政"县—乡—村"三级物流体系基本建立完成。

3. 作业场地

自 1986 年起，巫山邮政包裹快递处理场地逐步发展，2003—2017 年，由于三峡移民搬迁，巫山县邮件处理中心迁至巫山县巫峡镇平湖西路 514 号；2017—2022 年，根据县域街道规划，巫山邮政临时租赁红石梁邮件处理中心；2022 年，搬迁至巫山县巫峡镇龙井大道 399 号。截至 2022 年底，县城内有单独处理场所，农村地区依然与营业网点同址；巫山邮政共有处理场地 1 个，征地面积 15 亩，建筑面积 2993.87 平方米。

4. 设施设备

（1）邮政专用设备

2017 年，采购大型输送皮带机 1 套。2022 年，购置新型输送皮带机 1 台，厢式货运电梯 1 台。截至 2022 年底，巫山邮政共有冷冻库 1 个、冷藏库 1 个、冷链车 1 辆、PDA 128 台、电子秤 33 个。

（2）运输设备

1986—1989 年，巫山县人力邮运改为车船邮运。同时，增加巫山—龙溪邮船 1 艘。1991—2005 年，巫山邮政有邮政汽车 9 辆，邮运汽车 5 辆，邮政储蓄专用汽车 2 辆，投递专用汽车 1 辆，非生产用汽车 1 辆。2022 年，巫山邮政有邮运汽车 36 辆，新能源三轮电动车 40 辆。

（二）网运生产作业

1. 邮件接发

（1）区内邮件接发

2003—2017 年，巫山邮政邮件接发地点为巫山县邮件处理中心。

2017 年至 2022 年 5 月，巫山邮政邮件接发地点为红石梁邮件处理场地（租赁），2022 年 5 月至 2022 年底，巫山邮政邮件接发地点为巫山县邮件处理中心（巫山县邮政物流仓配中心）。

（2）县乡邮件接发

巫山县乡邮件接发场地均与区内邮件接发场地同址。县乡邮件发运分为一频次与二频次，县乡邮件接收仅一频次（一频次邮车运送乡镇收寄邮件）。

2. 邮件运输

2002—2016 年，巫山邮政实施邮钞合押，提高邮政网络运行效益和安全有效运送资金、票款。

2017 年，巫山邮政实施钞邮分离，实行"周六班"，邮车主干线邮路由"周三班"调整为"逐日班"；整合偏远网点及支线邮路，采用社会车辆转运、返程钞车转接等方式，实施包裹快递运输。所有网点当天收寄邮件及时转运到处理中心，邮车驾驶员兼任邮件押运人员。

2022 年，巫山县邮件运输分为两个频次，上午频次重庆至巫山邮车到达后，城区邮件由网格自行运输投递，

部分二频次邮车覆盖乡镇邮件由二频次邮车运输至乡镇，乡镇投递员进行二频次运输投递。下午频次重庆至巫山邮车到达后，城区邮件由网格进行二频次运输投递，乡镇邮件次日运输至乡镇，乡镇投递员进行一频次运输投递。城区邮政所收寄邮件设置专门车辆及人员运输至邮件处理中心。

3. 邮件投递

城市投递 1986 年，巫山县邮电局有城区投递员 4 人，分 4 段采用自行车投递，各段每日投递 2 班次。1987 年，邮政专车每天将邮件送往机关单位和居委会。1987—1997 年，县城分 7 段投递。2005—2013 年，增设二坪子投递段，县城共分 8 个段道，用于城区内邮件投递。2014—2019 年，城区投递公司进行承包试点。2019—2022 年，邮件投递由寄递事业部进行统一管理。

农村投递 1986 年，乡邮代办所负责乡村邮件投递运送。1988 年，开展乡邮投递改革。1990 年，乡村邮件投递由乡镇设立的乡办邮政所负责，人员纳入乡政府管理。乡邮件的运送承包给乡政所人员。1997—2002 年，全县由 65 名农村投递人员承担全县农村地区邮件投递工作。2003—2017 年，全县由 52 名农村投递人员承担全县农村地区的邮政投递工作。2019—2022 年，按照核定的周三班投递频次，完成邮件报刊投递。

（三）网运管理

1. 组织管理

2009 年，重庆市邮政速递物流公司巫山县分公司成立。2018 年，巫山县寄递事业部成立，原速递物流公司网运生产调度岗位工作人员归属寄递事业部管理。2020—2022 年，巫山邮政参与重庆邮政寄递业务基层单元经营模式创新试点，优化作业模式，在城区推行揽投"网格化（众创众享＋区域承包）"运营模式。

2. 网运质量

1986—2022 年，巫山邮政不断加强网运监控管理，运营质量逐步完善。2022 年，巫山邮政收寄及时率为 91.58%；及时妥投率为 95.07%，特快预约联系率为 85.64%。

（四）服务网点

1. 网点设置

1987 年，巫山邮电下设支局 9 个、邮电所 1 个、代办所 5 个。截至 2022 年底，巫山邮政下设支局 8 个、邮政所 22 个。

1998 年 6 月 18 日，重庆直辖市成立一周年之际，巫山邮政在小三峡的客邮兼营船上，设立巫山小三峡（流动）邮政所，适应三峡库区移民通信用邮需要，解决巫山—龙溪沿途区、镇邮件转运问题，以邮为主，兼营普客运输。直至 2001 年，该邮政所随着长江水位升高后游客减少逐步撤销。

表 9-11-6-4

1986—2022 年巫山邮政局所一览表

序号	局所名称	经营性质	经营属性	设置地点	备　注
1	大昌邮政支局	自营	农村	大昌镇龙池街 234 号	—
2	官渡邮政支局	自营	农村	官渡镇龙泉街 148 号	—
3	官阳邮政支局	自营	农村	官阳场镇	—
4	庙宇邮政支局	自营	农村	庙宇镇渝鄂街 119 号楼幢序号 2138	—
5	河梁邮政支局	自营	农村	抱龙场镇	—
6	福田邮政支局	自营	农村	福田镇金龙街 383 号 5 号门市	—
7	铜鼓邮政支局	自营	农村	铜鼓镇白云街 47 号 1 号门面	—
8	骡坪邮政支局	自营	农村	骡坪镇清泉街 1 号	—
9	龙溪邮政所	自营	农村	龙溪镇龙溪街 185 号	—
10	净坛邮政所	自营	城市	高唐街道净坛一路 223 号门市	—
11	集仙邮政所	自营	城市	高唐街道广东中路 273 号	—
12	邓家邮政所	自营	农村	邓家乡池塘村二组	—
13	建平邮政所	自营	农村	建坪村 8 社	—
14	二廊庙邮政所	自营	城市	龙门街道聚鹤街 39、41、43 号	原秀峰支局，因为三峡移民搬迁至新城
15	红椿邮政所	自营	农村	红椿乡场镇	—
16	巫峡路邮政所	自营	城市	高唐街道巫峡路 183 号至 193（单号）	—
17	翠屏邮政所	自营	城市	高唐街道翠屏街 500 号	2021 年 11 月 1 日，平湖西路邮政所由原址高唐街道平湖西路 209 号迁址至高唐街道翠屏街 500 号，并更名为翠屏邮政所
18	培石邮政所	自营	农村	培石乡场镇	—
19	笃坪邮政所	自营	农村	笃坪乡银兔街 62 号	—
20	两坪乡邮政所	自营	农村	两坪乡场镇	—
21	大溪邮政所	自营	农村	大溪乡场镇	—
22	平河邮政所	自营	农村	平河乡场镇	—
23	竹贤邮政所	自营	农村	竹贤乡福坪村 1 社	—
24	三溪邮政所	自营	农村	三溪乡三溪村 1 社	—
25	乌龙邮政所	自营	农村	双龙镇乌龙村 6 组	—
26	双龙邮政所	自营	农村	双龙场镇新城信用社旁	—
27	巫峡邮政所	自营	农村	巫峡镇十里村四社	—
28	当阳邮政所	自营	农村	当阳乡高坪村 1 社	—
29	金坪邮政所	自营	农村	金坪乡五星村 3 组	—
30	曲尺邮政所	自营	农村	曲尺乡场镇兴安居委 32 号旁	—

2. 社会加盟站点

截至 2022 年底，巫山邮政开设的邮乐购站点、邮快超市、村邮站等综合便民服务站共计 166 个，服务范围覆盖全县 24 个乡镇、2 个街道，整合各行业资源，提供包裹收寄投递、小额存取款、电商销售、农产品等农资销售、代理缴费等服务，解决百姓缴费、出行难等问题。

四、邮政管理

（一）财务管理

1997 年，巫山邮电分营，邮政财务独立核算，2003 年，巫山县邮政局按照财务管理一体化模式进行，万州片区对所辖区县实行收支两条线管理，实行报账制，对财务收支计划、资产、资金、负债、大宗物资采购及供应、投资等统一管理，巫山邮政变为非独立核算单位。2004 年，巫山邮政实行零售报刊、集邮、函件专业化经营，单独建账核算。2007 年，邮政与邮储银行财务核算分离。2009 年，邮政与速递财务核算分离。通过预算管理，对利润、成本进行精细化管控，2011 年，巫山邮政实施"降本增效"战略，完善以利润为导向的财务管控体系，强化重点成本的集中管控和资金的集中管理，收支差额扭负为正。2022 年，巫山邮政主营业务收入破亿元。

（二）人力资源管理

1. 队伍建设

2021 年，巫山邮政制订《中国邮政集团有限公司重庆市巫山县分公司人才储备和培养方案》，人才储备路径从低到高依次分为一级、二级、三级、四级和五级，根据人才储备资格条件等建立人才储备库，通过入库测评择优确定入库人员名单，并定期开展职业通道规划，结合实际情况进行规划校正，实现对人才的动态管理，使优秀人才根据企业管理的选育步骤得到任用，坚持以育才为导向，挖掘员工潜力，使员工不断在工作中增长知识和才干，实现对各梯队人才知识和能力的系统提升。截至 2022 年底，巫山邮政从业人数共 154 人。

2. 教育培训

2017 年，巫山邮政制订《巫山分公司关于从业人员岗位资格证管理工作的通知》，鼓励员工积极证证。截至 2022 年底，巫山邮政代理金融从业人员中，银行业专业人员职业资格证书持证 20 人，证券从业人员资格证书持证 5 人，基金从业资格证书持证 4 人，AFP（金融理财师）持证 9 人；邮政生产人员特有职业资格高级证书持证 24 人，技师持证 2 人。

3. 薪酬管理

2008 年，巫山邮政实施基本工资制度改革，建立以岗位管理为基础的一岗多薪的宽带薪酬体系，统一津贴补贴。2015 年，优化调整"5+1 序列"为管理、专业和操作 3 大序列。2018—2022 年，调整薪级工资晋级、岗位工资晋档标准，调高专业技术职务津贴、职业资格等级津贴、外勤和夜班津贴标准，对特殊荣誉贡献的员工进行薪级工资加分。每年根据实际情况，修订绩效管理办法，加强绩效考评管理工作，充分发挥薪酬分配的激励作用。

（三）服务质量管理

1. 营业服务

2012 年，正式上线电子化支局系统，巫山邮政营业全面采取电子信息化系统收寄。截至 2022 年底，巫山邮政设置普遍服务营业场所 30 个，其中，城市网点 5 个，农村网点 25 个，服务范围覆盖全县 24 个乡镇、2 个街道，服务面积为 2958 平方公里，建制乡镇邮政局所建设覆盖率达到 100%，均采取网点窗口收寄，各类邮件收寄资费按前后邮电部、中国邮政集团公司制订的邮政资费标准执行。速递公司成立后，增加上门收寄邮件的模式。巫山邮政参照邮政法规定的普遍服务标准，城区网点每周对外营业 7 天，每天营业 7.5 小时；农村大的乡镇网点每周对外营业 7 天，每天营业 7 小时；空白乡镇网点每周对外营业 5 天，每天营业 6 小时。所有营业窗口均开办信件、印刷品、包裹、汇兑普遍服务 4 项基本业务以及特殊服务业务。

2. 普遍服务与特殊服务

（1）普遍服务

2017 年，巫山邮政完善空白乡镇网点管理体制，对外提供邮政服务。2019—2022 年，巫山邮政组织所有网点对普服业务操作、扫黄打非、收寄验视等规章制度进行强化训练；全面盘点、更新及增添全县 30 个邮政网点普服设施设备，编制完成 25 个农村支局、所投递线路图和排班表等；增开庙宇、官渡、铜鼓、大昌、福田等乡镇二频次邮件运输车，开展城区高塘街道、龙门街道以及巫峡镇部分用户二频次投递，缩短乡镇邮件进口处理时限。

截至 2022 年底，全县乡镇邮政局所覆盖率达 100%，建制村通邮率 100%，建制村投递频次均达到周三班以上，其中周五班占比 15%。

（2）特殊服务

巫山邮政机要业务主要服务对象是政府机构、企事业单位。截至 2022 年底，巫山邮政有 1 条机要邮路，58 个机要注册用户，机要文件失密丢损率为 0，机要通信工作实现 44 年质量全红。

截至 2022 年底，巫山邮政辖内所有网点均提供义务兵平常信函、盲人读物、革命烈士遗物的免费寄递等特殊服务业务。

3. 监督检查

2012—2022 年，巫山邮政聘请社会监督员 1 名，对邮政窗口服务态度、形象、礼仪、质量等方面按照每季度进行抽查检查。2022 年，巫山邮政开展普服自查检查，累计检查 203 人次，发现问题整改率达 100%，普遍服务指标中 T+3 为 99.32%、T+5 为 99.7%。

（四）安全管理

1987—1990年，巫山邮电设立安全保卫办公室，负责全局安全保卫工作，开展邮政安全达标活动，强化基础管理，进行生产现场管理和监督检查。1992—1997年，巫山邮电设立人保股，负责全局安全保卫工作。2001—2003年，巫山邮政设立人事教育保卫科，负责全局的安全保卫工作，实施邮钞合押方案，降低资金票款安全风险。2003—2015年，巫山邮政设立综合办公室（安全保卫部），完善安全生产网络，层层签订责任书，落实安全责任及安全生产规章制度。2016—2022年，巫山邮政设立综合办公室（安全保卫部），负责安全保卫工作，实施邮钞分离和异地值守安保措施，连续36年无生产安全事故发生。

（五）党群管理

1. 党组织

1997年12月4日，经中共巫山县委员会批复，建立中共巫山县邮政局支部委员会。同年12月16日，巫山县邮政局第一届党员大会召开，选举产生中共巫山县邮政局支部委员会委员5名。截至2022年底，巫山县邮政局党支部历经7届换届。1997年，巫山邮政有党员13名，2005年，巫山邮政有党员14名，截至2022年底，巫山邮政党支部有党员23人。

2. 工会

1998年，巫山邮政工会成立。1998—2022年，巫山邮政开展"冬送温暖，夏送清凉""两节送温暖""三八妇女节"和每年为职工开展健康体检等多项活动。2009年12月，巫山邮政被重庆市总工会命名为"模范职工之家"。截至2022年底，巫山邮政建设完成12个职工小家。

3. 团组织

1999年5月，共青团巫山县委批复同意建立巫山县邮政局团支部。2020年，巫山邮政获市公司"五四红旗团支部"称号。

4. 荣誉

1998年，巫山县邮政局被重庆市委、市政府命名为"文明单位"；2002年4月，被重庆市委、市政府命名为"最佳文明单位"，同年10月，被重庆市精神文明建设委员会命名为"长江三峡文明长廊建设示范点"；2006年6月，被重庆市委、市政府命名为"文明单位标兵"。

2007年12月，巫山邮政职工王安兰获评感动重庆十大人物荣誉称号；2009年4月，获评全国邮政系统先进个人称号；2009年9月，获全国道德模范提名奖；2009年9月，获重庆市第三届劳动模范荣誉称号；2011年获评重庆市优秀党员称号；2012年5月，入围全国创先争优优秀共产党员（2010—2012）评选，同年获评全国创先争优优秀共产党员称号。

2019年，被中国邮政集团公司重庆市分公司评为"先进基层党组织"。

五、移民迁建

三峡工程中，巫山县属全淹全迁的11个县之一。巫山邮政搬迁工作属二期搬迁重点工程之一，1995年9月，开始实施搬迁工程，历时8年，于2003年8月完成局机关移民搬迁，局址搬迁至重庆市巫山县巫峡镇广东中路。

三峡工程搬迁，涉及巫山邮政县局和大昌、双龙、秀峰三个支局以及龙溪邮政所全淹全迁。淹没总面积3782平方米，建筑面积6532平方米。2003年8月，巫山邮政完成县局（包括生产综合楼10325平方米、办公楼2750平方米、职工宿舍8100平方米）、大昌支局（700平方米）、双龙支局（500平方米）、秀峰支局（2140平方米）、龙溪邮政所（350平方米）的迁建复建。巫山邮政迁建占地面积8226.5平方米，建筑面积23645平方米。巫山邮政移民迁复建总投资3208.36万元，其中：管局补贴2361.6万元，局自筹444.76万元，广东局对口支援400万元。

第七节　巫溪邮政机构

一、机构沿革

（一）机构演变

1. 四川省管局管辖时期

1986年，巫溪县邮电局由四川省万县地区邮电局管辖，隶属四川省邮电管理局。

1993年，万县地区行政区划调整，相应调整邮电分支机构及归属关系，巫溪县邮电局隶属万县市邮电局。

2. 邮电分营时期

1997年3月，万县市及所辖区县正式划属重庆市。同年7月，邮政、电信分营，重庆市邮政管理局成立巫溪县邮政局，由万县市邮政局管理。

1998年3月，重庆市邮政管理局调整万县市邮政管理体制，巫溪县邮政局划归万县移民开发区邮政局代管。

2000年8月，巫溪县邮政局划归重市邮政管理局直接管理。

2003年2月，重庆市邮政企业实行城片区经营管理体制，巫溪县邮政局由万州片区邮政局管理。

3. 政企分开时期

2007年2月，"巫溪县邮政局"更名为"重庆市邮政公司巫溪县邮政局"，管理体制不变。2008年1月，中国邮政储蓄银行重庆巫溪县支行正式挂牌，巫溪邮政受邮储银行巫溪县支行委托开办代理金融业务。

2009年1月，重庆市邮政速递物流一体化专业经营，重庆市邮政速递物流公司巫溪县分公司成立。2010年6月，更名为重庆市邮政速递物流有限公司巫溪县分公司。

2014年6月，组织机构改革，"重庆市邮政速递物流有限公司巫溪县分公司"改设为"巫溪县揽投部"（营业执照名称不变），由重庆市邮政速递物流有限公司新组建的万州片区分公司管理。

2015年4月，由于中国邮政集团公司法人体制改革，"重庆市邮政公司巫溪县邮政局"更名为"中国邮政集团公司重庆市巫溪县分公司"，管理体制不变。同月，"重庆市邮政速递物流有限公司巫溪县分公司"更名为"中国邮政速递物流股份有限公司重庆市巫溪县分公司"。

2017年6月，根据市分公司机构编制方案，设立巫溪县分公司，调整优化内设机构及人员编制。

2018年9月，寄递改革，巫溪县寄递事业部成立（保留"中国邮政速递物流股份有限公司重庆市巫溪县分公司"牌子），由万州片区寄递事业部管理。

2020年1月，"中国邮政集团公司重庆市巫溪县分公司"更名为"中国邮政集团有限公司重庆市巫溪县分公司"，管理体制不变。2022年，未发生变化。

截至2022年底，中国邮政集团有限公司重庆市巫溪县分公司内设综合办公室（安全保卫部）、市场营销部、渠道平台部、代理金融业务部（中邮保险中心）。

（二）主要领导

表 9-11-7-1

1986—2022年巫溪邮政主要领导人员名录

单位名称	姓名	职务	任职时间	备注
巫溪县邮电局	周仕仁	党支部书记、局长	1986.1—1991.12	—
	李世培	局长	1991.12—1996.9	—
	杨永芳	党支部书记	1991.12—1996.9	—
巫溪县邮政局	黄智勇	党支部书记、局长	1996.9—1997.8	—
	屈光明	党总支书记、局长	2001.5—2003.2	—
	陈俊	党总支书记、局长	2003.2—2007.2	—
重庆市邮政公司巫溪县邮政局	赖继祥	党总支书记、局长	2008.6—2014.9	2007.2—2008.6 由赖继祥主持工作
	周陈	党总支书记、局长	2014.9—2015.6	—
	周陈	党总支书记、总经理	2015.6—2016.9	—
中国邮政集团公司重庆市巫溪县分公司	杨兴建	党总支书记、总经理	2016.10—2020.4	—
中国邮政集团有限公司重庆市巫溪县分公司	余华	党总支书记、总经理	2020.5—	—

二、邮政业务

（一）金融业务

1. 储蓄汇兑

1987年，巫溪县邮电局恢复办理邮政储蓄业务，县城营业厅、上磺支局、文峰支局3个网点开办储蓄业务。1992年，储蓄存款余额505万元。1994年，巫溪县邮电局储蓄存款余额1079万元。1998年，巫溪邮政开办储蓄和汇兑资金的存取、转账业务。2001年，巫溪邮政期末储蓄存款余额突破1亿元。2004年，实现邮政储蓄全国通存通取，累计开通24个绿卡网点，同年，巫溪邮政期末储蓄存款余额2.67亿元。2007年，期末储蓄存款余额5.36亿元。2010年，期末储蓄存款余额11.77亿元。2022年，期末储蓄存款余额52.3亿元。

1986年，巫溪县邮电局完成汇票2.05万张。2002年，开通电子汇兑业务，截至2004年底，巫溪邮政累计开通电子汇兑网点22个，实现全国2小时电子汇款到账。2022年，办理汇款488笔，汇款金额21.61万元。

2. 中间业务

自2000年起，巫溪邮政除发展储蓄、汇兑等基础业务外，同时发展代理保险及证券、代收代付、代理基金、短信等中间业务，截至2022年底，中间业务品种达20余种。2006年8月14日，巫溪邮政正式开办代理基金业务。同年9月，开办邮政短信业务。2008年9月10日，开办"商易通"业务，为商户提供银行卡的卡转账、卡账户余额查询等多项交易功能。2010年6月1日，开通个人网上银行业务；同年10月20日，开通普通绿卡加办"支付宝卡通"功能。2013 年 1 月 6 日，开始代理发行巫溪县市民卡（该卡加载了社会保障、居民健康、公交等功能，是巫溪县政府推行的城市一卡通）。同年，开通 ETC 代办业务。2019 年，巫溪县分公司开始参与巫溪"社保卡一卡通"换卡项目，2022 年，发放社保卡 4361 张。2022 年 4 月，开始办理数字人民币业务，全年绑卡 3.91 万户。2022 年，代理保险结构进一步优化，新保保费 1.18 亿元，长期期交占比提升至 40.9%。

3. 风控合规

1986—2022 年，巫溪邮政不断完善内控机制，确保巫溪邮政金融业务合规发展。2003 年，巫溪县邮政局反洗钱工作领导小组成立，负责防范和控制洗钱风险。2005 年，巫溪县邮政局反假币工作领导小组成立，负责加强对反假货币、金融风险分析与处置。2006 年，成立巫溪邮政金融内控和风险防范管理委员会，负责全县邮政金融的内控管理和风险防范工作。2016—2017 年，连续两年开办"金融合规能力提升班"，增强员工合规意识。2019 年，开展代理金融综合柜员派驻管理工作，截至 2020 年底，巫溪邮政实现代理营业机构综合柜员派驻全覆盖。2022 年，巫溪邮政协助上级分公司开展代理金融风控合规"雷霆行动"，共排查各类风控数据 2347 条，未发现违规行为及案件风险线索。

（二）寄递业务

1. 特快专递

1996 年 10 月 18 日，巫溪县邮电局在县城邮电营业厅和赵家坝支局开办特快专递代办业务。1997 年，在自办汽车邮路沿线支局设置特快专递业务代办收寄点。2003 年 3 月，与巫溪县公安局签订代办身份证协议，开发换代身份证办理和寄递业务，全年完成特快收入 60 万元。2019 年，特快专递业务收入首次突破 100 万元，全年实现收入 120.77 万元。2022 年，巫溪邮政共收寄特快专递 12.14 万件。

2. 快递包裹

2001 年 8 月，巫溪县邮政局开办国内快递包裹业务。自 2009 年 1 月起，国内快递包裹和特快专递包裹业务纳入邮政速递物流专业经营范围，由邮政速递物流专业对该业务进行统一经营和管理。2015 年，巫溪邮政分公司设立快递包裹专业，负责管理发展快递包裹业务。同年，首次实现协议客户开发，累计开发客户 13 户，实现快递包裹业务收入 2.6 万元。2016 年，全年新增协议客户 32 户，实现协议客户收入 10.77 万元。2018 年，快递包裹业务收入突破 200 万元，达到 251.41 万元。2019 年，快递包裹业务出口量首次突破 20 万件，达到 21.43 万件。2022 年，巫溪邮政收寄快递包裹 42.85 万件。

3. 物流业务

2003 年，巫溪县邮政局开办物流业务，并制订《巫

溪县邮政局物流配送管理办法》。同年，与巫溪烟草部门开展合作，负责从万州运递烟叶至巫溪。2009 年，巫溪速递物流公司成立，开始独立办理物流业务。2018 年，寄递事业部成立，重新对物流业务进行管理。2021 年，实现物流业务收入 5.6 万元。2022 年，实现物流收入 41.41 万元。

4. 国际业务

国际业务分为国际普通邮件业务、国际及港澳台邮政特快专递业务、国际商业渠道业务。1993 年，巫溪县邮电局开办国际业务。2022 年，仅滨河路邮政网点可办理国际业务，全年完成国际业务收入 2.03 万元。

5. 快件业务

1988 年，巫溪邮政开办邮政快件业务，同年出口邮件快件 2.39 万件。该业务于 1998 年停办。

（三）文传业务

1. 函件业务

1986 年，巫溪邮政函件业务以国内函件为主，函件业务量 44.53 万件。2008 年，巫溪邮政函件业务主要包括函件贴票、商函账单、有奖明信片、邮资封、邮资片、邮送广告、户外广告。2011 年，成立商函集邮公司，负责函件集邮销售工作。2012 年，成功开发定制型客户 106 户，实现收入 75 万元。2018 年，巫溪邮政与政法委、电信公司、人民医院、宣传部联合开发智能阅报栏、网点视频广告，实现收入 36 万元。2021 年，拓展福利市场，开展《为爱加油》专项营销，实现收入 65 万元。2022 年，实现函件收入 105.17 万元。

2. 报刊业务

1986 年，巫溪县邮电局报刊期发数 4.91 万份。2000 年 10 月 15 日，在县城广场、步行街设立邮政报刊亭，报刊亭除经营邮发报刊零售外，还经营函件、包件、特快、邮品和寻呼机销售业务。1995 年，成立报刊发行投递公司，全年完成报刊流转额 57.46 万元。2005 年，巫溪邮政投资 4 万元购置 380 个信报箱安装到高层楼房，解决城区高层楼房报刊投递问题。2006 年，报刊统版工程顺利上线。2014 年，在全县中小学 178 个班级教室建立图书角，全年实现校园报刊流转额 50.6 万元。2018 年，成立校园报刊营销项目组，实现流转额 93.07 万元。2022 年，项目组实现流转额 188.87 万元。2022 年，实现报刊流转额 685.17 万元。

3. 集邮业务

1987 年，巫溪县邮电局开办集邮业务，在县局营业室设集邮门市部 1 个，专售邮品。1992 年，巫溪集邮协会会刊《宁河集邮》开始发行。1997 年 7 月 1 日，推出以香港回归为主题的 9 个集邮票品系列，销售收入 4 万余元。1998 年，在巫溪县首届国际漂流大赛期间抽调车辆组成"流动邮局"，提供寄递、邮票销售、报刊销售、纪

念品销售等服务,并专门刻制"流动邮局"日戳。2002年6月,开发《走进巫溪》风光邮册,同年,该邮册被巫溪县人民政府定为对外交往礼品。2012年,开始在全县邮政营业柜台设置集邮产品展示柜。2022年,实现集邮收入155.85万元。

4. 中邮文创

2021年,巫溪邮政正式开办"中邮文创"业务,收入可在文创业务管理信息系统中分中邮文创、集邮、函件、报刊4个专业列收。2022年,中邮文创收入单列,巫溪邮政完成收入7.45万元。

5. 普通包裹

1987年,巫溪邮政开办普通包裹业务。2022年,收寄包裹1394件。截至2022年底,巫溪邮政普通包裹经营范围主要有窗口包裹、校园包裹、军营包裹、家乡包裹、爱心包裹、母亲邮包等。

(四)渠道业务

1. 增值业务

增值业务是基于遍布城乡网点资源开办的业务,巫溪邮政开办包括代理车险、简易险、代开税务发票、警邮、票务代理、代收代缴等业务的增值业务。2005年1月1日,开办重庆铁路客票、飞机票邮政订送业务。同年8月1日,开始代收中国石油巫溪经营部各加油站营业款。2014年9月26日,巫溪县邮政局进驻巫溪车管所为用户办理代收车辆规费,即非税业务。2016年,开办代开代征税业务。同年,开办代理车险业务和警邮业务。2018年,代收款业务由金融专业调整至增值专业。2022年,增值业务实现收入106万元。

2. 分销业务

分销业务是发挥邮政品牌,运用邮政网络、客户、系统优势,组织开展的农资、消费品、农产品以及其他商品销售和配送服务。2006年,巫溪邮政开办分销业务。2010年,开始推广农资连锁配送信息系统和电子化支局系统,以实现分销业务可视化管理。2015年5月20日,启动"一份洋芋 承载的爱"公益售卖活动,累计销售"巫溪洋芋"1.05万件,成为全市首个在邮乐平台上销售破万的单品,同年11月30日,邮乐网巫溪馆正式上线。2021年,开通"心邮灵溪"抖音号,组建"直播助农带货"团队,同年5月,巫溪县分公司联合职业技术中学,开展助农直播,带货推广巫溪洋芋,3天时间完成农特产品"万单"计划。2022年,开展峰灵冬桃直播,累计销售265单。2022年,实现分销收入923.95万元。

3. 电信业务

邮电分营前,巫溪县邮电局主要开办包括电报、长途电话、市内电话、农村电话的电信业务。1992年12月1日,长途直拨进入全国大网。1993年4月12日,建立无线寻呼系统。同年7月24日,凤凰256线程控电话开通,

迈出巫溪农话改制第一步。1994年5月21日,开通3000门程控电话。截至1995年底,全县电话交换机容量发展到6016门(市话3072门,农话2944门),长途电路发展到150条,农话中继电路发展到133条,结束"摇把子"电话历史。随着各项通信基础设施建设不断完善,电信业务收入也不断提升。1987年,长途电话收入7.8万元,市话收入5.8万元。1995年,长途电话收入95.12万元,市话收入133.6万元。1997年,邮、电分营,电信业务移交重庆市电信局办理。

三、邮政网络

(一)网络能力建设

1. 邮路

区内邮路 2013—2022年,开通重庆—巫溪区内邮路1条,负责运输巫溪进出口邮件。

区域邮路 1999年5月18日,巫溪—奉节区域邮路正式开通,里程89公里。2001年4月20日,万州—巫溪区域邮路开通,同时撤销巫溪—奉节区域邮路。

县乡邮路 1986年,巫溪县邮电局有县乡邮路2条,里程63公里。1991年,增至4条,里程81公里。1997年,有县乡邮路5条,里程378公里。2008年,有县乡邮路2条,巫溪—上磺片区,里程156公里;巫溪—白鹿、西宁、中梁,里程162公里。2017年,实现邮钞分离,组建完成县乡邮路4条,里程560公里。2019年,调整县乡邮路的二频次运输路线,由原来的4条邮路增加到7条,合计里程965公里。截至2022年,巫溪邮政共有县乡邮路13条,合计里程1666公里。

2. 物流体系

2020年,巫溪县分公司在凤凰工业园区征地13亩建设县级仓配处理中心。截至2022年底,开工建设6435m²县级仓配处理中心,有乡镇级共配中心10个,村级便民服务站14个,基本建成县级处理中心、乡镇仓储中心、村级收投服务站(邮乐购站、邮快超市)三级物流体系。

3. 作业场地

1986—2004年,县城内邮件处理中心位于西门老局房,和管理用房综合使用,总建筑面积800m²。2004年,邮件处理中心搬迁至新修建的太平路邮政局办公楼一楼。2016年,邮件处理中心搬迁至长宁路亿联商贸城内,总面积约1400m²。2022年,邮件处理中心搬迁至凤凰工业园区租赁场地,总面积1960m²。截至2022年底,巫溪县城共有邮件处理中心1个,总面积1960m²;农村邮件处理场地与营业网点同址,共有37个。

4. 设施设备

邮政专用设备 1986年,巫溪邮电局邮件处理设备只有二公斤型台秤11台,五十公斤型包裹秤11台,五百公斤型包裹秤1台。截至2022年底,巫溪邮政共有手持智能终端机(PDA)35台,移动倾斜传输皮带机1台,

邮件信息数据采集器 1 台，电子秤 YSY40-A 1 台，打包机 1 台，分拣皮带机 1 台，爬坡胶带机 1 台，伸缩带式输送机 1 台，直线皮带机 1 台，选果机 1 台，封装打包一体机 1 台。

运输设备　1986 年，巫溪邮政有邮用汽车 1 辆，摩托车 3 辆，自行车 25 辆。1997 年，巫溪邮电局分营时，共分得重庆五十铃汽车 2 辆，通工汽车 1 辆。截至 2022 年底，巫溪邮政共有运输车辆 53 辆，其中，机要用车 1 辆，揽投用车 10 辆，邮运用车 10 辆，揽投电动三轮摩托车 25 辆，两轮摩托车 7 辆。

（二）网运生产作业

1. 邮件接发

邮件进口　每日进口邮件趟车共三个频次：每日 10:10 左右，万州—巫溪特快进口邮车到达（主要带运万州片区内互寄的特快专递和部分省际特快），进行进口邮件交卸，营投部开拆人员与邮车进行交接手续；每日 10:40 左右，重庆—巫溪快速邮车到达（主要带运特快专递、快递包裹邮件），进行进口邮件交卸，营投部开拆人员与邮车进行交接手续；每日 15:40 左右，重庆—巫溪普邮邮车到达（主要带运特快专递、快递包裹、报刊等邮件），进行进口邮件交卸，营投部开拆人员与邮车办理邮件交接手续。所有邮件交接必须在监控下进行，邮车停放在有监控可视的范围内装卸。在没有监控设施的情况下，必须交接双方在场进行装卸，交接必须签字且用印，并写明交接时间。

邮件出口　各网点和揽投人员收寄的出口邮件，由县内转趟返程邮车带运到凤凰邮件处理中心进行封发出口。邮件出口共三个频次：每日 10:30 左右，万州—巫溪特快进口邮车返程发车，收寄的到万州片区内的特快专递邮件赶发此频次，直接到万州中转，不再发往重庆处理中心；每日 14:00 左右，重庆—巫溪快速邮车返程发车，当日 13:00 前收寄的出口邮件赶发本趟次出口至重庆；每日 18:00 左右，重庆—巫溪普邮邮车返程发车，当日 13:00 后收寄的出口邮件由该频次带运至重庆。所有邮件交接必须在监控下进行，邮车停放在有监控可视的范围内装卸。在没有监控设施的情况下，必须交接双方在场进行装卸，交接必须签字且用印，并写明交接时间。

2. 邮件运输

1999 年，在巫溪—奉节区域邮路投入两台依维柯中巴运行，实行客邮兼营。2017 年前，巫溪邮件按邮钞合一的方式进行押送。2017 年，实施钞邮分离，重新组织邮路，所有网点邮件须在当天收寄并及时转运到邮件处理中心。同年，制订邮路运行图和邮路运行时限表，要求邮运车辆行驶必须按规定运行线路运行。2020 年，将原部分空白乡镇网点邮件交由社会车辆带运方式改由县分公司自有邮车运输。2021 年，在村社选取有资质、有运能的个体工商运输户，与自有邮车对接，采取双向接送邮件。

3. 邮件投递

城市投递　2005 年，巫溪邮政共有 8 个投递段道，2008 年，优化为 5 个投递段道。2009 年，有城市投递员 6 人，每天投送两次。2019 年，重新规划投递段道，将城区揽投段细分为 2 个片 8 个段，实行划片包干。2020 年，为提高邮件妥投时限，在城区建设 18 个社会代投点代投邮件。2021 年，开始实行网格化管理，进一步提升投递时限。截至 2022 年底，城区共划分为两个网格，14 个段道，共有投递员 14 人，投递频次为一天两次。

农村投递　1986 年，巫溪县邮电局有农村投递线路 72 条，1995 年降至 55 条。1998 年 4 月，在塘坊乡进行农村通讯改革工作试点，采取投递到户、收寄上门方式优化投递服务。2019 年，完成农村投递点监控条码布放工作，确保建制村周三投递频次落实。同年，对天元、土城等 7 个地区的投递方式进行优化，提高偏远地区和空白乡镇的投递频次。截至 2022 年底，巫溪邮政有农村投递员 54 名，所有建制村均满足周三班的投递频次要求，其中 49 个建制村实行周五班投递。

（三）网运管理

1. 组织管理

组织机构　2018 年前，网运管理工作由市场部专人负责。2018 年，寄递事业部成立，网运管理由市场部划归到寄递事业部，负责辖区内网运调度和处理中心生产管理。

生产作业管理　2019 年，开展寄递事业部整合工作，县乡邮路的生产作业计划由寄递事业部运营管理人员负责。同时，按照市分公司邮区中心组邮路车辆到、发时间，调整营、分、运、投环节生产作业计划。编制《巫溪分公司网运生产作业计划》，确保进出口邮件准点、准班完成发运和投递。2021 年，对所有网点的邮路组织、分拣分发关系全部进行优化，从揽收配发调整为中转处理。

2. 网运质量

1986—2022 年，巫溪邮政通过出台各类生产作业方案、计划，调整优化生产作业流程，加强网运质量管理，运营质量逐步完善。2022 年，快包收寄及时率为 98.08%，及时妥投率为 99%；特快收寄及时率为 98.16%，及时妥投率 96.77%；特快预约联系率为 91.02%。

（四）服务网点

1. 网点设置

1986 年，巫溪县邮电局共辖有 12 个营业网点，其中：城区网点 1 个，农村网点 11 个。1997 年邮电分营后，共辖有 8 个营业网点。2007 年，邮银分离、政企分开后下辖网点 23 个。截至 2022 年底，所辖网点共有 37 个，其中：城市网点 4 个，农村网点 33 个。

表 9-11-7-2

1986—2022 年巫溪邮政局所一览表

序号	局所名称	经营性质	经营属性	设置地点	备　注
1	菱角邮政所	自营	农村	巫溪县菱角镇菱角街道 94 号	—
2	宁厂邮政所	自营	农村	巫溪县宁厂镇谭家墩 76 号	2015 年 4 月 9 日由"宁厂邮政支局"更名为"宁厂邮政所"
3	尖山邮政支局	自营	农村	巫溪县尖山镇尖山街 55 号 1 幢	—
4	小河邮政所	自营	农村	巫溪县中岗乡小河街道 83 号	—
5	徐家邮政支局	自营	农村	巫溪县徐家镇徐家街道 79 号	由"白鹿邮政支局"更名而来
6	文峰邮政支局	自营	农村	巫溪县文峰镇新店西街	—
7	塘坊邮政所	自营	农村	巫溪县塘坊镇塘坊东街 1 号	—
8	朝阳邮政所	自营	农村	巫溪县朝阳镇朝阳街 194 号	—
9	金盆邮政所	自营	农村	巫溪县文峰镇金盆村一组 227 号	—
10	通城邮政支局	自营	农村	巫溪县通城乡通红街 106 号	—
11	上磺邮政支局	自营	农村	巫溪县上磺镇平乐街 90 号 1 幢	—
12	凤凰邮政支局	自营	城市	巫溪县凤凰镇龙凤中路 226 号	—
13	赵家坝邮政支局	自营	城市	巫溪县宁河街道先锋路 96 号	—
14	西宁邮政支局	自营	农村	巫溪县下堡镇金泉街 158 号	—
15	大同邮政所	自营	农村	巫溪县菱角镇大同街道	—
16	古路邮政所	自营	农村	巫溪县古路镇前进街 45 号	—
17	红岩邮政所	自营	农村	巫溪县上磺镇红岩街道	—
18	蒲莲邮政所	自营	农村	巫溪县蒲莲镇民生街道	—
19	南正街邮政所	自营	城市	巫溪县宁河街道南正街 12 号	2021 年 12 月 14 日，将纯邮政网点人民街邮政所迁址到南正街，与原纯金融网点南正街营业所合并为综合网点
20	田坝邮政支局	自营	农村	巫溪县田坝镇万溪街 40 号	—
21	滨河路邮政支局	自营	城市	巫溪县宁河街道滨河南路巫中小区	—
22	镇泉邮政所	自营	城市	巫溪县春申大道 209 号	—
23	峰灵邮政所	自营	农村	巫溪县峰灵镇峰溪街 6 号	原名为"丰灵邮政所"，2006 年更名为"峰灵邮政所"
24	中梁邮政所	自营	农村	巫溪县中梁乡河口村 6-13 号	原名为"中良邮政所"，2006 年更名为"中梁邮政所"
25	胜利邮政所	自营	农村	巫溪县胜利乡堑场村新场镇街道	—
26	乌龙邮政所	自营	农村	巫溪县乌龙乡银丛社区	—
27	天星邮政所	自营	农村	巫溪县天星乡政府旁	—
28	兰英邮政所	自营	农村	巫溪县兰英乡街道	—
29	双阳邮政所	自营	农村	巫溪县双阳乡街道	—
30	大河邮政所	自营	农村	巫溪县大河乡大河广场	—
31	鱼鳞邮政所	自营	农村	巫溪县鱼鳞乡鱼东社区	—
32	白鹿邮政所	自营	农村	巫溪县白鹿镇大坪村	—
33	长桂邮政所	自营	农村	巫溪县长桂乡政府旁	—
34	天元邮政所	自营	农村	巫溪县天元乡天金街 145 号	—
35	土城邮政所	自营	农村	巫溪县土城镇汤家街 39 号	—
36	城厢邮政所	自营	农村	巫溪县城厢镇白新村三社	—
37	花台邮政所	自营	农村	巫溪县花台乡花台村田坝社	—

2. 社会加盟站点

2010年10月10日，巫溪邮政与巫溪县工商局共同组织全县"村邮站""12315"联络站建设暨业务培训会，全年累计建成村邮站50个、三农服务站18个。2016年8月19日，重庆市分公司与巫溪县人民政府签订农村电商战略合作协议。2017年，新增镇级电商服务中心8个，累计达36个；新增村级电商服务站62个，累计达242个。截至2022年底，累计建成各类综合便民服务站302个，其中邮乐购站点265个、邮快超市等37个。

四、邮政管理

（一）财务管理

1997年，邮电分营，邮政与电信核算分离。2003年4月，巫溪县邮政局实行财务管理一体化模式，由万州片区对所辖区县实行收支两条线管理，实行报账制，巫溪县邮政局因改变会计核算办法变为非独立核算单位。2017年，市分公司实行战略绩效考核。巫溪县分公司由万州片区分公司下达考核指标并进行考核。2018年，财务核算分成邮务账、寄递邮政账和速递账3套账，财务精细化管理进一步增强。2022年5月，中邮信科自主开发的业财一体化平台切换上线，财务核算逐步从ERP（企业资源计划）系统转接至业财一体化系统。

（二）人力资源管理

1. 队伍建设

1986年，巫溪县邮电局有从业人员181人。1997年，邮电分营后，巫溪县邮政局共有从业人员70人。2007年，政企分开后，有从业人员163人。2017年，有从业人员198人。2022年，有从业人员208人。

1988年，巫溪县邮电局制订《行管职能干部考核办法》，加强干部工作实绩考核。2000年，出台《巫溪县邮政局班组长以上人员综评测及末位淘汰考核办法》，并在全局分层次实行风险抵押责任制。2003年4月，按"精简、统一、效能"的原则，实行全员竞争上岗，通过演讲、答辩，建立择优聘用管理人员机制。2017年，先后制订《人才储备和培养方案（试行）》《员工休息休假考核办法》等，强化制度作用，规范员工行为。

2. 教育培训

1986—2022年，巫溪邮政教育培训内容主要是专业技能培训，并辅以必要的素质类培训。培训形式采取线下集中培训和以中邮网院、腾讯会议等平台为主的线上培训，提升员工能力。截至2022年底，巫溪邮政从业人员中持银行业专业人员职业资格证47人；基金从业资格证38人；AFP（金融理财师）5人；职业技能鉴定初级58人、中级62人、高级61人，持证率占比88%；大学本科102人，占比48%；大学专科85人，占比41%。

3. 薪酬管理

1999年，对巫溪县邮政局行管干部实行百分制业绩考核制度。2003年，调整经营承包和风险抵押责任制，将绩效工资和岗位工资与业务收入挂钩考核。2022年，《巫溪县分公司2022年度绩效考评办法》出台，明确县分公司月度和年度绩效考评细则，实现工资总额与企业经济效益挂钩、与行业投入产出效率对标、与劳动力市场价格基本适应。实现工资分配与岗位工作质效挂钩，既有激励又有约束、既注重效率又兼顾公平。

（三）服务质量管理

1. 营业服务

巫溪邮政所辖服务面积4030平方公里，设置普遍服务营业场所37个，其中：城市4个，农村网点33个。

1998年4月，县局中心营业厅装修改造完成后，在全开发区（现万州片区）率先推出营业窗口规范化服务。2000年，组织开展"树邮政形象，创优质服务"活动，对外公开服务监督电话接受社会各界监督。2003年，实施形象工程，更换全县网点门头，统一局铭牌、营业时间牌，统一制作员工工号牌和上岗牌。2015年，在全县邮政网点增加客户等候区桌椅、饮水机、叫号机、ATM（自助取款机），并在城区和中心场镇网点配备保安，设立理财室。截至2022年底，巫溪邮政辖内所有网点均开办信件、印刷品、包裹、汇兑4项普遍服务基本业务。

2. 普遍服务和特殊服务

普遍服务 2022年，巫溪县行政乡镇32个，行政建制村288个。巫溪邮政设置能提供普遍服务的邮政普服营业场所37个，乡镇（街道）覆盖率100%，所辖建制村全部通邮，均达到每周3次的投递频次，通邮率达到100%。所有网点均开办信件、包裹、汇兑、报刊、印刷品等普遍服务业务。

特殊服务 1957年4月，开办机要业务，主要服务于县团级以上机关单位。1986年，共完成进出口机要文件618件。截至2022年，巫溪邮政机要通信主要服务于符合办理机要业务的35个单位，全年进出口机要文件3176件。机要通信业务实现31年机要通信质量全红，未发生机要件丢失、泄密、损毁等通信事故和重大交通安全责任事故。截至2022年底，巫溪邮政辖内所有网点均开办义务兵平常信函、盲人读物、烈士遗物免费寄递及机要通信等特殊服务业务。

3. 监督检查

2018年，新增一名普遍服务及特殊服务管理人员，隶属市场部，负责普遍服务和特殊服务的管理工作。2022年，配置服务质量队伍，对邮政服务质量进行督导。巫溪邮政通过开展邮政通信服务质量自查等活动，加强服务监督管理。2020年，开展普遍服务达标集中整治暨建制村直接通邮"回头看"活动。2021年，开展建制村投递服务专项检查。2022年开展"六项禁止类服务问题"检查，提升对外服务水平。

（四）安全管理

1997年，巫溪邮政完善以"谁主管谁负责"为核心的领导制度，强化安全保卫工作责任制。2000年，《巫溪县邮政局安全生产责任制考核办法》出台，保证安全生产责任制落到实处。2005年，巫溪邮政投入安全防护资金40万元，为网点配置防盗报警器、电视监控、灭火器、狼牙棒等安保设施设备；与全体员工签订安全责任书，签订率达100%。2011年8月，设立专职安保人员，负责全局的安全保卫工作。2012年，各网点开始执行夜间双人值守制度。同年12月，集中监控正式投入使用，对全县23个网点实现实时监控。2016年，成立检查室，负责安全检查工作。2018年，为各网点和邮件处理中心、投递组、机要室统一配置消防应急箱。2019年，对38个网点邮政台席进行升级。2020—2022年，落实疫情防控安全责任、安全生产要求，全年未发生重大及以上安全责任事故。

（五）党群管理

1. 党组织

1986年，巫溪邮电机构党组织名为中共巫溪县邮电局支部委员会。1997年11月28日，中共巫溪县邮政局委员会成立。2001年11月9日，中共巫溪县邮政局总支部委员会成立，共设机关党支部、生产党支部、退休党支部3个党支部。2019年，将生产党支部更名为生产作业党支部、机关党支部更名为综合职能党支部。2022年11月，巫溪新冠疫情高发，为做好疫情防控工作，巫溪邮政组织党员先锋队成立抗击疫情临时党支部，后随封控结束，自动撤销。

1997年，开展以"整顿局风讲稳定，解放思想求发展，创建文明树新风"为主题的百日竞赛活动，加强分营后的优良局风建设。2005年，成立先进性教育领导小组，持续组织开展先进性教育活动。2008年，开展全县邮政系统"解放思想，扩大发展"大讨论，推动巫溪邮政改革发展。2017年7月24日，印发《"两学一做"学习教育常态化制度实施方案》，推动"两学一做"学习教育常态化。2022年，组织全体员工观看二十大开幕式视频，持续学习二十大精神，统一全体党员干部思想。

2. 工会

1998年2月8日，巫溪县邮政局召开工会会员第一次代表大会，会议选举产生工会委员会和经费审查委员会。2013年，"巫溪邮政工会"更名为"中国邮政集团工会重庆市巫溪县委员会"。2019年3月14日、2022年9月1日召开职工代表大会，分别选举产生第二届、第三届委员会、主席、经审委员会、女职工委员会。

自2017年起，巫溪邮政工会常态化举办厨艺比赛、优秀员工家属联谊会、跨战启动联欢会、妇女节活动、员工演讲比赛、趣味运动会等活动，通过各项活动，增强员

工归属感和幸福指数。同时持续开展职工小家建设。2018年，新增2个示范职工小家、3个职工小家。2019年，建成4个示范职工小家、15个职工小家。2021年，职工小家建设全面完成。

3. 团组织

1986年，巫溪邮政团组织名为共青团巫溪县邮电局支部委员会。1997年，设立共青团巫溪县邮政局团支部，2008年，更名为中国共产主义青年团巫溪县邮政局委员会。2020年，更名为共青团中国邮政集团有限公司重庆市巫溪县分公司委员会。2018—2022年，持续开展响应团中央号召，发起"青年大学习"网上主题团课学习活动。2019—2022年，连续四年举办青年员工座谈会，了解青年员工思想动态，解决青年员工困难。2022年，开展"根在基层"调研实践活动，引导青年员工坚定政治立场，树立实干作风。

第八节　梁平邮政机构

一、机构沿革

（二）机改演变

1. 四川省管局管辖时期

1986年，梁平县邮电局由四川省万县地区邮电局管辖，隶属四川省邮电管理局。

1993年3月，万县行政区划调整，梁平县邮电局隶属万县市邮电局管辖。

2. 邮电分营时期

1997年3月，万县市及所辖区县正式划属重庆市。同年7月，邮政、电信分营，重庆市邮政管理局设立梁平县邮政局，由万县市邮政局管理。

1998年3月，梁平县邮政局划由重庆市邮政管理局直接管理。

2003年2月，实行城区、片区邮政企业经营管理体制，设立万州片区邮政局，梁平县邮政局由万州片区邮政局直接管理。

3. 政企分开时期

2007年9月，"梁平县邮政局"更名为"重庆市邮政公司梁平县邮政局"，管理体制不变。同年12月，中国邮政储蓄银行重庆梁平县支行正式成立，梁平邮政受邮储银行梁平县支行委托开办代理金融业务。

2009年1月，重庆邮政速递物流一体化专业经营，组建重庆市邮政速递物流公司梁平县分公司。2010年6月，更名为"重庆市邮政速递物流有限公司梁平县分公司"。

2014年6月，重庆邮政速递物流组织机构改革，"重庆市邮政速递物流有限公司梁平县分公司"改设为梁平县营业部（营业执照名称不变），由重庆市邮政速递物流有

限公司新组建的万州片区分公司管理。

2015年，法人体制调整。同年4月，"重庆市邮政公司梁平县邮政局"更名为"中国邮政集团公司重庆市梁平县分公司"，管理体制不变。同月，"重庆市邮政速递物流有限公司梁平县分公司"更名为"中国邮政速递物流股份有限公司重庆市梁平县分公司"。

2017年4月，因梁平撤县设区，"中国邮政集团公司重庆市梁平县分公司"更名为"中国邮政集团公司重庆市梁平区分公司"，管理体制不变。同年6月，根据市分公司机构编制方案，设立梁平区分公司，并调整优化内设部门及人员编制。

2018年9月，寄递改革，梁平区寄递事业部成立（保留"中国邮政速递物流股份有限公司梁平县分公司"牌子），隶属万州片区寄递事业部。

2020年1月16日，"中国邮政集团公司重庆市梁平区分公司"更名为"中国邮政集团有限公司重庆市梁平区分公司"，2022年沿用此名，管理体制不变。

截至2022年底，中国邮政集团有限公司重庆市梁平区分公司内设综合办公室（安全保卫部）、市场营销部、金融业务部（中邮保险中心）、渠道平台部、集邮与文化传媒部。

（二）主要领导

表9-11-8-1

1986—2022年梁平邮政主要领导人员名录

单位名称	姓名	职务	任职时间
梁平县邮电局	谭崇周	党支部书记	1983.9—1987.1
	冯云生	局长	1985.8—1988.8
		党支部书记	1987.1—1988.8
	莫贞波	局长	1988.8—1997.3
		党支部书记	1988.8—1997.3
	刘先文	局长	1997.3—1997.6
		党支部书记	1997.3—1997.6
梁平县邮政局	唐柯	代理党支部书记、局长职务	1997.6—1998.4
		局长	1998.4—2002.9
		党支部书记	1998.4—2002.9
	张云龙	局长	2002.9—2005.3
		党支部书记	2002.9—2005.3
	龚明权	代理党支部书记职务	2005.3—2005.5
		局长	2005.3—2007.12
		党支部书记	2005.5—2007.12
重庆市邮政公司梁平县邮政局	韦先兵	代理党支部书记、局长	2007.12—2009.7
		局长	2009.7—2015.6
		党支部书记	2009.7—2015.12
		总经理	2015.6—2015.12
中国邮政集团公司重庆市梁平县分公司	邱开成	党支部书记	2015.12—2016.11
		总经理	2015.12—2016.11
中国邮政集团公司重庆市梁平区分公司	邱开成	党支部书记	2016.11—2020.4
		总经理	2016.11—2020.4
中国邮政集团有限公司重庆市梁平区分公司	杨兴建	党支部书记	2020.4.24—2021.8.19
		党总支书记	2021.8.20—
		总经理	2020.4.24—

二、邮政业务

1986—2001 年，梁平邮政业务发展以传统的信函、包裹、集邮、汇兑、报刊发行、邮政储蓄汇兑为主。2002 年，发展商业信函、企业金卡及明信片业务。2003 年起，开始开展形象年册，邮资信封，明信片，贺年卡挂历制作、发行，货物配送等业务。2022 年，梁平邮政主要有金融、寄递、文化传媒、渠道 4 个业务板块。

（一）金融业务

1. 储蓄汇兑

储蓄业务　1986 年 7 月，梁平县邮电局恢复开办邮政储蓄业务，全县邮政储蓄营业网点 2 个，期末储蓄存款余额 5.37 万元。1990 年 1 月 1 日，储蓄业务由代办改为自办，全县邮政储蓄营业网点 12 个，期末储蓄存款余额 505.52 万元。1998 年，建成电子化营业厅 1 个，2 个绿卡网点同全国联网。2002 年，期末储蓄存款余额 2.64 亿元。2008 年 1 月，中国邮政储蓄银行股份有限公司重庆梁平县支行成立后，储蓄、汇兑业务归银行经营管理。同年，代理金融收入 971.6 万元，期末储蓄存款余额 8.83 亿元，点均邮储存款余额 3862 万元，其中，超过 5000 万的网点 3 个，1000 万—5000 万元的网点 17 个。2017 年，期末储蓄存款余额 40.91 亿元。2022 年，期末储蓄存款余额 75.73 亿元。

汇兑业务　汇兑业务是邮政传统业务之一。1986 年，梁平县邮电局办理汇兑业务 5.58 万张。2003 年 4 月 25 日，在全县范围内开始开办邮政特快送款业务，解决用户汇取款不便和携带安全问题。2005 年，邮政储蓄应用系统，电子汇兑系统两网互联互通工程切换上线，全年办理汇兑业务 1.80 万张。2022 年，汇款 599 笔，汇款金额 58.14 万元；兑付 327 笔，兑付金额 38.39 万元。

2. 中间业务

梁平邮政已开办中间业务主要有代理保险、代理国债、代理基金、代发工资、代发养老金等。2002 年，代理保险业务得到初步发展，新单保费 5.2 万元。2005 年，发展信息业务，扩充网点业务功能，在各支局设置联通业务展示专柜，电信代放号 1658 户，发展电信及电力预存代扣 8357 户。2007 年，代销基金 7610 万元，新单保费 2129 万元。自 2007 年起，梁平邮政代收代发业务、信息类业务不断发展，新增代收天然气费、代收农村电费业务。2004 年 12 月 20 日，梁平县邮政局与梁平石油公司签订代收石油加油款协议，为加油站代收加油款。2020 年，梁平邮政实现新单保费 3.16 亿元。截至 2022 年底，梁平邮政已开办代收水电气、代办 ETC、代理保险、代收非税业务、代发工资等 20 余种中间业务。

3. 风控合规

2014 年，梁平邮政制订《梁平区分公司代理金融风控合规案防履职清单》，明确各岗位责、权、利，强化事中风险控制。同时，通过开展员工行为排查、合规培训、合规检查等形式对辖内代理金融风控重点环节、监管重点关注问题和突出风险隐患进行治理。2015 年，指定人员兼职风控合规工作。2017 年，成立风控小组，共 3 人，负责风控合规工作。2022 年，开展代理金融从业人员合规培训 12 次、警示教育 4 次、"一把手"讲合规培训 3 次、上报风险播报 3 次；代理金融风险合规 KPI 考评得分 101.5 分。截至 2022 年底，梁平邮政未发生重大金融风险责任事件。

（二）寄递业务

1. 特快专递

1994 年 1 月，梁平县邮政速递站成立，正式办理国际、国内邮政特快专递业务。1996 年，重点发展特快专递包裹业务，寄递特快包裹 1574 件。2005 年，开发法律文书寄递项目。2010 年，收寄特快专递 10 万件。2022 年，收寄特快专递 55 万件。

2. 快递包裹业务

2001 年，梁平邮政开办快递包裹业务，收寄 4.04 万件。2001—2005 年，扩大快递包裹业务的开办范围，重新制订经营承包考核办法，5 年完成包裹寄运 8.97 万件。2016 年，重点开发"梁平柚"寄递项目，寄递梁平柚 1.8 万件；同时，以校园市场为重点，开发红旗中学、梁平中学毕业生寒暑假期间同城寄递业务。2022 年，寄递快递包裹 361 万件。

3. 物流业务

2007 年，成立物流业务管理处，负责本地邮政物流业务的经营管理，实现收入 26.74 万元。

2010 年，完成中邮快货 1001 票，共 5138 件（109.47 吨），代收货款 886 笔 56.05 万元。2015—2017 年，物流业务累计收入 413 万元。2022 年，实现收入 116.40 万元。

4. 国际业务

1994 年 1 月，梁平邮政正式办理国际邮政特快专递业务。2006 年，与奕虹豆筋、袁驿豆干、梁平曲药等多家厂商签订中邮快货业务协议，中邮快货出口 8462 件。2022 年，国际业务业务量 1485 件。截至 2022 年底，梁平邮政开办的国际业务主要有国际函件、国际汇票、国际特快专递、国际物流、国际包裹，可以通邮的国家（地区）232 个。

（三）文化传媒

1. 函件业务

梁平邮政函件业务主要有商业信函、企业明信片、邮送广告邮资信封、混合信函特快专递等。1986 年，信函件收寄 121.33 万件。1990—2005 年，信函件收寄 3528.12 万件，年均 135.21 万件。2002 年，为梁平县检察院、梁平县交通局、梁平中学等企事业单位开发制作形象年册 750 册。2010 年，函件寄递 15.58 万件。2020 年，为梁平各中小学印制《疫情防控期间学生管理手册》2000册，为袁驿中学印制毕业生纪念册 600 册，全年函件业务 2.52 万件。2022 年，实现函件业务收入 153.42 万元。

2. 报刊业务

1986 年，梁平县邮政收订发行报纸杂志 2173 种，共 867 万份，报刊流转收入 62.20 万元。1987—1990 年，部分报刊停办和收回自办，在全县设报刊零售点 9 个。1991—2000 年，报刊发行 5431 万份，平均每年 543.1 万份。2001—2022 年，报刊发行 8329.41 万份，平均每年 378.61 万份，报刊发行量有所下降。2022 年，实现报刊收入 433.61 万元。

3. 集邮业务

1986 年，梁平县邮电局开办集邮业务，在南门营业厅旁组建集邮门市，设专职营业人员，销售特种、纪念邮票、办理纪念封邮折、明信片、邮册等产品，全年集邮业务收入 1.91 万元。2001 年制作《梁平风光》纪念邮册 5000 册、邮资明信片 10 万枚。2010 年 2 月 6 日，《梁平木版年画》特种邮票首发式在梁平名豪广场举行，实现收入 33.36 万元。2021 年，打造"都梁非遗文化特色邮局"，满足邮政普遍服务功能的同时，加载梁平地方非遗文化。2022 年，《非遗记忆》邮册首发式在梁平博物馆举行，共开发 500 册，全年制作集邮品 2591 册，邮票 29.36 万枚，实现集邮收入 254 万元。

4. 中邮文创

2021 年，梁平邮政正式打造"中邮文创"品牌，实现业务收入 6.16 万元。利用春节、"3·8 妇女节""6·1 儿童节"、父亲节、母亲节等节日、纪念日，策划主题营销活动，筛选惠民系列文创产品，促进文创业务发展。同时开发会展项目，组织开展文创产品展览、展销及品鉴会。2022 年，实现收入 12.02 万元。

5. 普通包裹

1986—1995 年，梁平县邮电局累计寄递普通包裹 12.25 万件。截至 2022 年，梁平邮政普通包裹经营范围主要有窗口包裹、校园包裹、军营包裹、家乡包裹、爱心包裹、母亲邮包等，全年收寄 569 件。

（四）渠道平台

1. 增值业务

梁平邮政主要开办短信、车险、简易险、税邮、警邮、票务代理、代收代缴等增值业务。2002 年，在云龙邮政试点开办代收电信农村话费。2003 年，开始发展代办电信业务，收入 11 万元。2009 年，开通代收水费业务，各营业网点实现代收水、电、气一站式服务；同年开办"自邮一族"车主通业务（为广大车主等客户群体提供涵盖车辆代办、商旅、机票、礼仪服务等在内的一站式综合服务品牌）。2012 年，梁平邮政在 12 个邮政网点建立火车票代售点，在全县 31 个邮政金融网点开设代售飞机票业务。2014 年，梁平县邮政局与梁平县体育局达成合作协议，在网点开展即开型体育彩票销售；签订商旅大客户协议三户，开展团体票务代理。2016 年，梁平县分公司与梁平县税务部门签订代征代开合作协议，开办代开代征税业务，代开发票 2579 份，代开金额 3465.2 万元，代征税款 153.66 万元。2017 年，在 32 个网点办理代开代征税业务。2022 年，梁平邮政共 10 个网点开通警邮业务。

2. 分销业务

梁平邮政主要有农资、快消品、农副产品、季节性项目、烟草等种类的分销业务。2000 年 2 月 15 日，梁平邮政开办分销业务。2001 年，先后同四川开江县邮政局、重庆亚太精华饲料有限公司签订邮购种子协议和邮购饲料添加剂协议，为农民邮购种子 20 余吨，饲料 15 吨，创收 30 多万元。2016 年，开发"梁平柚"项目，通过邮乐网、淘宝等线上平台实现网上销售 1.8 万件。2022 年，打造龙滩柚、金禾水稻两条"双链"线路，分别与梁平区合兴街道龙滩村股份经济合作联合社、重庆市金禾水稻种植股份合作社签订为期 3 年的服务合作协议；确定了基地项目产品清单，完成 DMS 系统立项，按要求设置了示范基地、"乡村振兴邮政在行动"基地标识牌，申请了基地编码；为农业企业提供销售渠道，打造 2 家区域级中邮惠农示范社。

3. 电信业务

1986—1997 年，梁平电信业务由梁县平邮电局统一经营，主要有电报、固定电话，移动电话，数据通信业务。

1986 年，梁平电信主要采用磁石电话以明线传输方式为主，有线电话为辅的通信网络，全县通信能力仅有 1200 线固定电话 1082 户。1989—1994 年，梁平县城安装 5000 门"纵横制"交换设备，实现县城自动接续，区乡半自动接续的通信网络。1994 年，开通 5000 门程控电话。1996 年，县城扩容 5000 门程控电话，部分乡镇安装数字微波程控电话，程控电话进入普通用户家庭，1997 年，全县逐步实现光纤传输。1997 年 6 月，邮电分营，电信业务移交梁平县电信局。

三、邮政网络

（一）网络能力建设

1. 邮路

区内邮路 1986—1990 年，梁平实现汽车邮路一条龙，以大河坝邮电局为龙头，各邮政代办所为龙尾，由专人专车在重庆接运部件，每天上午返回梁平。2010 年 4 月 23 日，重庆市邮政公司网路运维部调整重庆—万州等部分二级干线和市内转趟邮路，邮件经重庆—万州邮路到达梁平，进出口邮件由梁平邮政局负责组织运输并与二干邮车办理邮件交接。

县乡邮路 1986—1990 年，县乡邮路为摩托车邮路、自行车邮路和步班邮路相结合的组织形式。1986 年，梁平邮政邮路总长 468 千米，其中汽车邮路（含摩托车）

262 千米，占总邮路 56%；自行车邮路 112 千米，占总邮路 23.9%，步班邮路 94 千米，占总邮路 20.1%。1990—1996 年，为汽车邮路和委办汽车邮路、自行车邮路相结合的组织形式。1997—2022 年，县乡邮路改为汽车邮路。1999 年，共有邮路 15 条，邮路里程 303 千米。2003 年，梁平邮政优化调整 3 条农村邮路运行时刻表，确保每趟车 15:00 前抵达各支局。2016 年，将原有 6 个班次的邮运车辆运输线路调整为 5 个，并采用投递排单制，按照一周三班的班期，将物流邮件配送进村。2021 年 11 月 1 日，进一步完善三级物流配送体系建设，调整后邮路 10 条，邮路里程 1253 千米。

2. 物流体系

截至 2022 年底，梁平邮政自建县级仓储 1 个，县级服务网点 1 个；乡镇共配中心 2 个，乡镇网点 13 个，覆盖率 39%；村级站点 305 个，村级网点 269 个，覆盖率 100%。物流配送专线邮路 7 条，配送车辆 40 辆，单日末端配送路线 1952 千米。平均每天邮政往农村的下行物流、快递 7000 单，上行物流、快递 1500 单；拥有邮政物流运输车 7 辆；平均每天邮政运输车辆往返乡镇与城区 14 次，往返村与场镇 78 次，往返村与城区 4 次。基本健全三级物流配送服务体系，实现全区各乡镇和沿线村级站点每日物流全覆盖。

3. 作业场地

1986 年起，梁平邮政包裹快递处理场地逐步扩建发展。1997 年 7 月邮电分营后，城市地区包裹处理场地在梁山支局大楼二楼，处理面积 200 平方米；1998 年，搬迁至梁山路 84 号包裹处理场地，处理面积 400 平方米；2021 年，搬迁至新城调度中心，处理面积 850 平方米；农村地区与营业网点同址。截至 2022 年，梁平邮政共有处理场地 1 个，处理面积 850 平方米。

4. 生产设备

邮政专用设备　1998 年，县邮政局配备有电子信函秤、包裹秤、分拣格眼、封袋钳等设备。2013—2017 年，新增智能包裹柜 11 台，配备包裹捆扎机、收寄机，有微型电子计算机 7 台。2017—2019 年，配备装卸皮带机 1 台，投递皮带机、伸缩胶带机、直线传输胶带机各 2 部，2020 年，新增手持终端（PDA）27 台、面单打印机 15 台、便携蓝牙打印机 25 台、蓝牙电子秤 25 台。截至 2022 年底，梁平邮政共有手持终端（PDA）71 台、计算机 145 台、终端机 157 台、邮政筒信箱 37 个、带式运输机 1 套。其中，寄递手持终端 38 台、计算机 15 台、终端机 8 台。

运输设备　1998 年，更新车辆 1 台，新增邮运汽车 2 台，截至同年底，梁平邮政车辆总数 6 台。2013—2017 年，新增邮运车辆 4 台、投递车辆 5 台、机要通信车辆 1 台、三农配送车辆 1 台、投递摩托车辆 35 台、投递电动

三轮车 40 台，投递电动四轮车 20 台，做到区域全覆盖。截至 2022 年底，梁平邮政共有邮政汽车 32 辆，揽投用摩托车 45 辆，揽投用电动三轮车 42 台。

（二）网运生产作业

1. 邮件接发

进口邮件接发　2002 年，经渝开线进行邮件交接。截至 2022 年，重庆—梁平每日进口邮件共两个频次：上午 8:00 重庆到梁平快车邮件到达，处理中心接发人员与邮车进行交接手续，主要带运进口的特快邮件、快递包裹邮件；上午 10:00，从重庆出发至开州途径梁平到达，处理中心接发人员与邮车进行交接手续，主要带运进口的特快邮件、快递包裹邮件、普邮邮件。

出口邮件接发　截至 2022 年，每日下午 3:30，从重庆到开州夜间邮路空车返程至梁平输运邮件，处理中心接发人员与邮车办理出口邮件交接手续；下午 7:30，梁平到重庆直达车出口，处理中心接发人员与邮车办理出口邮件交接手续，输运网点收寄的特快邮件、快递包裹邮件、普邮邮件等。

2. 邮件运输

1986—1996 年，梁平县内邮件运输主要是自办与委办汽车运输相结合的形式。自 1997 年起，到各支所的邮件，由统一车辆负责运输。2013 年，邮件押运调整为钞邮合一线路。2019 年，新增城区趟车负责县城内邮件运输。2019 年 9 月 1 日，制订《中邮梁平区分公司"钞邮分离"邮路邮运时间》，执行"钞邮分离"邮路邮运。截至 2022 年，邮件运输主要由自有车辆进行运输，通达全县各乡镇和社区。

3. 邮件投递

城市投递　2012 年，梁平邮政设城区段道 23 条，里程 561 千米，日均投递 9000 余件，城区投递每天 1—2 个频次。2019 年，优化调整为 26 条城区段道，里程 559 千米，城区投递每天 1 个频次。2021—2022 年，随着梁平城区规划扩大，梁平邮政设城区段道增加至 35 条，里程 637.3 千米，城区投递每天 1 个频次。

农村投递　1986—1994 年，梁平邮政实行公社邮递员＋乡办邮政模式，1994 年后，公社邮递员转变成代办投递模式。2005 年，推进农村投递改革，依托村邮站，建立起"邮件报刊投递＋农副产品配送＋业务宣传"的农村投递模式。从 2015 年起，乡镇每天 1 个频次，实现乡镇以上党政机关《人民日报》当日见报率 100%，建制村投递覆盖率 100%。2022 年，对农村投递段道进行优化组网，组网后周五班投递频次占比 23.79%。

（三）网运管理

1. 组织管理

2001—2003 年，网运管理由生产经营科负责。2003 年，生产经营科调整为市场经营科。2009—2017 年，网

运生产调度由市场部管理。2017 年 7 月，成立运管部，负责辖区内网运调度和生产作业，2018 年，成立梁平邮政寄递事业部，运管部划归寄递事业部，负责辖区内网运调度和处理中心生产管理。

2. 网运质量

2009 年，为满足重庆速递次晨达的要求，对邮件组的作业时间重新进行调整，增加夜间分拣人员，建立夜间值班室，提升邮件处理速度。县内邮车运行准班率 100%，准点率 90%。2015 年，对投递工作实行排单制，投递服务质量得到提高，邮件全程时限准时率 100%，邮件处理规格合格率 99%，账单投递、回收率 99.23%。2022 年，

县内邮车运行准班率 100%，运行准点率 81.7%，邮件处理规格合格率 100%，账单投递、回收率 99%，邮件全程时限准时率 84.7%。特快收寄及时率为 97.77%，快包收寄及时率为 97.67%，特快信息完整率 98.47%，快包信息完整率 98.78%，特快及时妥投预约投递率 90.23%，快包妥投预约投递率 90.23%。

（四）服务网点

1. 网点设置

1986 年，梁平有邮电机构 34 个，其中农村支局（所、部）29 个。截至 2022 年，设 7 个中心支局，下辖 39 个邮政网点，其中代理金融网点 31 个。

表 9-11-8-2

1986—2022 年梁平邮政局所一览表

序号	局所名称	经营性质	经营属性	设置地点
1	礼让邮政支局	自营	农村	礼让镇新城路 90 号
2	虎城邮政支局	自营	农村	虎城镇虎南路 22 号
3	袁驿邮政支局	自营	农村	袁驿镇国道东路 40 号
4	柏家邮政所	自营	农村	柏家镇中心街 7 号
5	新盛邮政支局	自营	农村	新盛镇北街 144 号
6	仁贤邮政支局	自营	农村	仁贤街道上街 79 号
7	云龙邮政支局	自营	农村	云龙镇龙溪路 359 号
8	福禄邮政支局	自营	农村	福禄镇拱桥街 135 号
9	合兴邮政支局	自营	农村	合兴街道 10 号
10	屏锦邮政支局	自营	农村	屏锦镇渝江路 691 号附 9 号
11	七桥邮政支局	自营	农村	屏锦镇明月路 390 号
12	东正街邮政支局	自营	城市	梁山街道办事处名豪商贸区 29 栋 1-3
13	龙门邮政所	自营	农村	龙门镇龙兴街 3 号
14	和林邮政支局	自营	农村	和林镇和桂路 105 号
15	大观邮政支局	自营	农村	大观镇观音路北段 34 号
16	文化邮政所	自营	农村	文化镇金城路 13 号
17	金带邮政所	自营	农村	金带街道金桂路 389 号
18	蟠龙邮政所	自营	农村	蟠龙镇蟠龙东路 3 号
19	回龙邮政支局	自营	农村	回龙镇龙兴街 47 号
20	荫平邮政支局	自营	农村	荫平镇大坪街 21 号
21	明达邮政支局	自营	农村	明达镇明东路 240 号
22	双桂路邮政支局	自营	城市	梁山街道双桂路 185 号
23	大河坝邮政支局	自营	城市	双桂街道大河路 57 号附 19 号
24	梁山邮政支局	自营	城市	梁山路 338 号

序号	局所名称	经营性质	经营属性	设置地点
25	聚奎邮政支局	自营	农村	聚奎镇东宴街 1 号
26	曲水邮政所	自营	农村	曲水镇梁东路 67 号
27	石安邮政支局	自营	农村	石安镇北街 44 号
28	龙胜邮政所	自营	农村	龙胜乡街道
29	铁门邮政所	自营	农村	铁门乡铁门街道 166 号
30	城西邮政所	自营	城市	双桂街道机场路 1069 号
31	七星邮政所	自营	农村	七星镇竹园路 68 号
32	碧山邮政所	自营	农村	碧山镇碧清路 43 号
33	迎宾路邮政所	自营	城市	双桂街道迎宾大道 67 号
34	星桥邮政所	自营	农村	城北乡星桥农民新居宜居园 A 区 4 单元 5 号
35	安胜邮政所	自营	农村	安胜乡街道
36	紫照邮政所	自营	农村	紫照乡新大街 43 号
37	城东邮政所	自营	农村	梁山街道蓼叶村 12 组
38	复平邮政所	自营	农村	复平乡小山村康居点幢 4 单元 25、26、27 号
39	竹山邮政所	自营	农村	竹山镇政府文化服务中心底楼

2. 社会加盟站点

截至 2022 年底，梁平县分公司打造村级综合便民服务站 305 个，邮乐购站点 347，邮快超市 71 个，主要叠加代收代投"快递进村"邮件、便民缴费、农资销售、"邮掌柜"等业务，实现建制村 100% 通邮。

四、邮政管理

（一）财务管理

1986—1997 年邮电合营期间，梁平县邮电局按照"统一两道、分级管理"原则，实行 4 级管理体制，梁平县邮电局内设计财股，管理邮政财务。1998 年，实行 3 级管理体制，财务管理工作由重庆市邮政机构统一实施。2002 年，第一次在支局实行收差承包的实际，对支局账簿设置、经费报销及发放等方面作出明确规定。2021 年，对梁平邮政全面预算管理委员会进行调整。2022 年，重新修订采购管理办法、零星购买实施细则、零星维修实施流程、工程建设管理实施细则等文件，建立梁平邮政采购评审专家库，全面落实采购全环节管控。按月按季度落实资金通报，杜绝个人账户归集企业资金的行为，落实三道防线分工协作。

（二）人力资源管理

1. 队伍建设

1986 年，梁平县邮电局有从业人员 218 人，90% 以上的职工具有中等专业文化水平，助理工程师 5 人。1997 年邮电分营，梁平县邮政局有从业人员 140 人，其中专业技术人员 13 人。2017 年，新增储汇技能鉴定技师 1 人。2022 年，梁平邮政从业人员 239 人。

2009 年，梁平印发《梁平县邮政局人力资源管理实施办法》《梁平县邮政局关于规范劳动用工的通知》，对用工范围、用工管理、劳动合同等方面作出明确规定。2022 年，制订《梁平区分公司内训师队伍建设工作安排》，明确内训师管理细则，加强内训师团队管理。

2. 教育培训

1986—2022 年，梁平邮政定期开展业务培训、组织投递人员职业道德远程培训、工会干部远程培训，邮政业务员职业技能竞赛活动，加大对员工业务技能、服务规范等方面培训力度。截至 2022 年底，邮政生产人员特有职业资格持证率 92.9%，其中 77 人持有高级证书，高技能人才占比 54.17%；207 人大学专科及以上学历，大学专科及以上学历占比 86.61%，141 人本科以上学历，本科以上学历占比 59%；84 人持有银行业专业人员初级职业资格证，持证率 50.6%；54 人持有基金从业资格证，持证率 32.53%。

3. 薪酬管理

2006 年，对有收入的农村网点由经营绩效考核调整以按量计酬的分配方式进行分配。2008 年，梁平邮政贯彻落实市公司薪酬制度改革实施方案，建立以岗位管理为基础的一岗多薪的宽带酬薪体系、员工工资正常增长机制，完善薪酬集中统一发放管理，建立薪酬分配激励约束机制。2011年，进一步完善薪酬分配体系，发挥薪酬分配的保障和激励作用。2018年，根据市分公司薪酬管理要求，对员工薪酬基本工资和津贴补贴实施调整。2020年，坚持以按劳分配、效率优先、兼顾公平原则对员工绩效进行规范。

（三）服务质量管理

1. 营业服务

1986年，梁平县邮电局内设邮政股，管理函件、包件、报刊、集邮、机要等邮政业务；2001年调整为生产经营科（含储汇科），管理所有业务，同时设重庆市邮政执法大队梁平县分队对各科室、业务部门、营业网点进行监督检查；2003—2022年，市场经营部（科）负责邮政业务管理。

1997—2002年，开展创建"巾帼示范岗""创星级窗口""我的服务无申告""讲文明，树邮政新风"和邮政通信服务质量自查整顿等活动，推行邮政服务承诺制，健全质量保证体系。

2002—2003年，开展塑造邮政形象工程活动。重点是窗口服务的规范化和标准化，规范窗口服务人员着装，统一佩戴工号牌，推广使用普通话，规范窗口服务，提高窗口服务质量。

自2005年起，梁平邮政开展"提高服务质量，让用户满意"活动，增强员工服务意识，提高整体服务水平；强化监督检查，严格考核，确保邮政通信质量和各类服务规范、标准的执行。

2017—2022年，梁平邮政持续开展"百日安全大排查大整治方案""服务质量提升活动""百日大行动""飞行检查""系列监管活动""情系万家、信达天下""六大歼灭战""全面提升普邮收寄"及代理金融"排雷行动""市场乱象""风险大排查"等系列专项检查活动和常规履职检查邮政等专项活动，加强服务质量监督检查力度。

2. 普遍服务与特殊服务

普遍服务 2020年，制订印发《邮政普遍服务管理实施办法》。截至2022年底，梁平区行政乡镇街道33个，行政建制村269个，街道社区74个，梁平邮政设置能提供普遍服务的邮政普服营业场所39个，建制乡镇邮政局所建设率100%，建制村直接通邮率持续稳定保持100%。其中，5个城市邮政所每周营业时间7天；1个城市纯网点每周营业时间7天；乡镇人民政府所在地邮政所每周营业时间5天以上。39个营业场所皆按照要求公示局所名称、邮政编码、国际国内邮政业务主要资费表、禁限寄物品目录、窗口出售品价格表、服务投诉电话、每周营业日和每天营业时间，并按公示时间正常营业。营业局所正常运营率100%，条码平信信息断点率低于1‰，累计压

降0.4‰，给据邮件信息断点率低于0.1‰，普服邮件全程时限T+3、T+5分别为99.52%和99.54%，均高于达标值99%和99.5%。

特殊服务 梁平邮政提供义务兵平常信函、盲人读物、烈士遗物免费寄递以及机要业务等特殊服务业务。1959年，开办"特种挂号"业务，为机要业务前身。截至2022年，机要业务主要服务对象为党政机关及部队等。1997年以前，梁平县邮电局接办机要业务，只考核质量、安全和社会效益。截至2022年12月，梁平邮政共有1条机要邮路，注册用户56个，实现31年机要通信质量全红，未发生机要件丢失、泄密、损毁等通信事故和重大交通安全责任事故。

3. 监督检查

1986—2022年，梁平邮政以《中华人民共和国邮政法》为依据，广泛宣传邮政法规，多次邀请人大代表、政协委员现场视察、座谈、调研，联合工商、公安等部门组织开展邮政法规落实情况检查等多种措施，加强执法监督，推动邮政法规落实。2007年，加大对农村通信工作的监督检查，全年检查（稽查）人员下分支机构检查达258人次。2019年成立视检检查室，建立健全普服归口管理、达标考核、监督检查等方面常态化工作机制，筑牢服务质量监督检查体系。2020年，加强服务质量指标管控，按照"严管重罚"原则，制订《中邮梁平区分公司通信服务质量考核办法（试行）》，建立考评体系，加强制度执行，进一步完善监督检查考评体系，强化问责力度，并按规定频次开展视察检查和非现场检查，发现问题整改率100%。2022年，梁平邮政制订《邮政普遍服务管理实施办法》，全年累计开展4次视检联席会，下发7次服务质量考核通报，全面促进监督检查运行效果。服务质量监督检查系统履职率100%，报告书回复率100%，问题整改率100%。

（四）安全管理

2001年，梁平邮政设保卫科负责安全管理工作，各支局、班组、科室负责人定期签订《安全生产责任书》《治安综合治理责任书》《消防安全责任书》，安全保卫人员按规定频次开展常态检查工作。不定期到生产一线抽查员工学习、掌握各项规章制度落实情况，规范员工的操作流程。2015年，成立监督检查和安全保卫办公室，加强安全、视检工作的组织领导及队伍建设。2020年，梁平邮政专职武装押运人员12名，负责2条区乡钞路、1条城区专线资金押送任务、重点部位的守护和临时性护卫押送任务。2022年4月27日，召开"2022年安全生产大检查大整治工作部署会议"，对所辖31个金融网点，8个纯邮政网点，1个直营揽投部，1个办公大楼，1个中心业务库全面开展安全生产大检查自查工作；为31个金融网点配备钢叉及盾牌、消防软管盘、25个职工小家配备灭

火毯等器具。2022 年，31 个邮政代理金融网点安全防护设施合格率 100%，自助设备安防合格率 100%，一类库达标率 100%。截至 2022 年底，梁平邮政未发生重大安全风险事件。

（五）党群管理

1. 党组织

1986—1997 年，设立中共梁平县邮电局总支委员会及机关支部、邮政支部、电信支部委员会；1997 年 12 月 1 日，撤销中共梁平县邮电局总支委员会及其所属中共梁平县邮电局机关支部委员会、中共梁平县邮电局邮政支部委员会，成立中共梁平县邮政局支部委员会。2001 年 11 月 12 日，经中共梁平县委组织部同意，撤销中共梁平县邮政局支部委员会；同年 11 月 15 日，成立中共梁平县邮政局总支委员会。2015 年 5 月，更名为中共中国邮政集团公司重庆市梁平县分公司支部委员会。2017 年更名为中国共产党中国邮政集团公司重庆市梁平区分公司支部委员会。2020 年 4 月，更名为中国共产党中国邮政集团有限公司重庆市梁平区分公司支部委员会。2021 年 7 月 5 日，撤销中国邮政集团有限公司重庆市梁平区分公司支部委员会，成立中国共产党中国邮政集团有限公司重庆市梁平区分公司总支部委员会、中国共产党中国邮政集团有限公司重庆市梁平区分公司综合职能支部委员会、中国共产党中国邮政集团有限公司重庆市梁平区分公司市场经营支部委员会。

1986—2021 年，梁平邮政党建工作持续开展"三严三实""两学一做""三会一课"等专题活动，落实党风廉政建设。2021 年，调整党建工作领导小组，推进"三亮三比三评""强堡垒、争先锋""领题破题"活动等，持续强化党性教育。2022 年，认真落实"三个第一时间"学习机制，每半年开展 1 次意识形态自查工作，全年组织理论学习 12 次。

2. 工会组织

1998 年 1 月 21 日—22 日，召开梁平邮政第一届一次职工代表大会，中国邮电工会梁平县邮政局委员会以及工会会员代表大会，选举产生梁平邮政第一届工会委员会和工会经费审查委员会。2013 年 6 月，更名为中国邮政集团工会重庆市梁平县委员会。2017 年 9 月，更名为中国邮政集团工会梁平区委员会，召开中国邮政集团工会梁平区委员会二届一次职工代表会。2020 年 11 月。召开中国邮政集团工会梁平区委员会第三届职工代表会。

2015—2017 年，共建成"示范性职工小家"8 个、"职工小家"17 个、"职工小家公寓"1 个。2020 年 12 月，梁平分公司工会获国家总工会"全国模范职工小家"称号。

1986—2022 年，梁平邮政开展"巾帼文明示范岗"创建活动和女职工素质达标巩固工作，对优秀的女性员工事迹进行宣扬，发挥女性员工的模范带头作用；定期召开退休职工座谈会，向退休职工通报生产经营情况，征求退休职工对企业的意见。

3. 团组织

1998 年，建立梁平县邮政局团支部。同年 4 月 17 日，召开团员大会，同年 4 月 29 日，经共青团梁平县委同意，设置共青团梁平县邮政局支部委员会。2015 年 5 月 1 日，更名为共青团中国邮政集团公司重庆市梁平县分公司支部委员会。2017 年，更名为共青团中国邮政集团公司重庆市梁平区分公司支部委员会。

1986—2022 年，团组织不断推进青年员工理论学习团队化管理，成立青年员工直播团队、青年突击队、党员、团员先锋队，积极创建"青年文明号"，推进"我为群众办实事"活动等系列团组织活动。

第九节　城口邮政机构

一、机构沿革

（一）机构演变

1. 四川省管局管辖时期

1986 年，城口县邮电局由四川省万县地区邮电局管辖，隶属四川省邮电管理局。

1993 年 3 月，万县行政区划调整，城口县邮电局隶属万县市邮电局管辖。

2. 邮电分营时期

1997 年 3 月，万县市及所辖区县正式划属重庆。同年 7 月，因重庆市邮政、电信企业分营，重庆市邮政管理局成立城口县邮政局，隶属万县市邮政局管辖。

1998 年 3 月，城口县邮政局划由重庆市邮政管理局直接管理。

2003 年 2 月，重庆市邮政企业实行城片区经营管理体制，城口县邮政局划归万州片区邮政局管辖。

3. 政企分开时期

2007 年 9 月，由于重庆邮政政企分开，"城口县邮政局"更名为"重庆市邮政公司城口县邮政局"。同年 12 月，中国邮政储蓄银行重庆城口县支行成立，城口邮政受邮储银行城口县支行委托开办代理金融业务。

2009 年 1 月，重庆市邮政速递物流一体化专业经营，重庆市邮政速递物流公司城口分公司成立。2010 年 6 月，"重庆市邮政速递物流公司城口县分公司"更名为"重庆市邮政速递物流有限公司城口县分公司"。

2014 年 6 月，速递物流组织机构改革，重庆市邮政速递物流有限公司城口县分公司改设为揽投部（营业执照名称不变），由重庆市速递物流有限公司新组建的万州片区分公司管理。

2015 年 4 月，根据集团公司法人体制改革要求，"重庆市邮政公司城口县邮政局"更名为"中国邮政集团公司重庆市城口县分公司"。同月，"重庆市邮政速递物流有限公司城口县分公司"更名为"中国邮政速递物流股份有限公司重庆市城口县分公司"。

2017 年，根据市分公司出台的城片区、区县分公司机构编制方案，设立城口县分公司，调整优化内设部门主要职责及人员编制。

2018 年 9 月，寄递改革，组建城口县寄递事业部（保留"中国邮政速递物流股份有限公司重庆市城口县分公司"牌子），由万州片区寄递事业部管理。

2020 年 1 月，"中国邮政集团公司重庆市城口县分公司"更名为中国邮政集团有限公司重庆市城口县分公司，管理体制不变。沿用至 2022 年，未发生变化。

截至 2022 年底，中国邮政集团有限公司重庆市城口县分公司内设机构有综合办公室（安全保卫部）、市场营销部、渠道平台部、金融业务部、集邮与文化传媒中心。

（二）主要领导

表 9-11-9-1

1986—2022 年城口邮政主要领导人员名录

单位名称	姓 名	职 务	任职时间
城口县邮电局	黎远善	党支部书记、局长	1986.1—1987.11
	蒋鹏良	局长	1987.11—1993.12
	王文轩	党支部书记、局长	1994.1—1997.7
	方绍华	党支部书记、局长	1997.7—1998.4
城口县邮政局	方绍华	党支部书记、局长	1998.4—2004.2
	沈 军	党支部书记、局长	2004.2—2015.6
重庆市邮政公司城口县邮政局	沈 军	党支部书记、局长	2015.6—2015.12
中国邮政集团公司重庆市城口县分公司	龙弟荣	党支部书记、总经理	2015.12—2018.7
中国邮政集团有限公司重庆市城口县分公司	熊翠霖	党支部书记、总经理	2018.7—

二、邮政业务

2022 年，城口邮政业务收入完成 4591.47 万元，是 1986 年邮政业务收入 20.11 万元的 228.32 倍，是 1997 年（邮电分营后第一年）邮政业务收入 105.01 万元的 43.72 倍。

表 9-11-9-2

1986—2022 年城口邮政部分年份业务收入统计表

单位：万元

年份	业务收入	年份	业务收入	年份	业务收入
1986	20.11	2007	707.31	2018	3838.60
1996	81.97	2008	821.35	2019	3995.82
1997	105.01	2015	2764.02	2020	4241.70
1998	123.78	2016	2770.59	2021	4249.38
2006	533.05	2017	3442.15	—	

（一）金融业务

1. 储蓄汇兑

储蓄业务　1986 年，城口邮电恢复办理邮政储蓄业务。1989 年，开办定期定额有奖邮政储蓄。1994 年，坪坝、巴山、庙坝、明通、修齐、高望、太河场共 7 个邮政营业网点开办邮政储蓄基本业务。2003 年，期末储蓄存款余额突破 1 亿元。2010 年，期末储蓄存款余额突破 5 亿元。2017 年 12 月，期末储蓄存款余额突破 10 亿元。2022 年，新增储蓄余额突破 2 亿元，期末储蓄存款余额 17.15 亿元。

汇兑业务　2001 年 7 月，汇兑业务实现电子化。2005 年 6 月，储蓄与汇兑实现两网互通。随着金融业发展，汇兑业务量呈逐年下降趋势。2022 年，城口邮政办理汇款 83 笔，汇款金额 95 万元。

2. 中间业务

1986—2022 年，代理业务已发展成为具有规模的中间业务，有代发养老金、代发工资、代理保险、代收税款、代理国债等20余种业务。2002年，城口邮政与城口县教委、国税、地税、电信签订代发工资协议。2003年，城口邮政同县国税局在南大街邮政网点共同组建代收税款大厅，负责县城内个体工商户税款代收工作。2004年9月，开办中石油加油站代收款业务。2005年，新增县医院、盐业公司、电力公司工资代发业务。2005年，城口邮政与人寿保险、中国人民财产保险公司合作，实现代理保费35万元。2009年，开发农村低保代发业务，代发低保账户8906户，代发金额728.19万元。2018年，新增电子支付客户7774户，列全市第2位，销售国债392.6万元。2022年，新增快捷支付1.15万户。

3. 风控合规

2004年6月15日，城口邮政成立工作领导小组，整治邮政违规经营行为，加强服务质量。2008年，成立金融工作协调小组，实行"一个机构、两个职能"的管理模式，落实邮政储蓄案件风险排查。2014年，组织员工参与"合规大行动"考试，合格率100%。2015年，开展"排雷行动"回头看、"排雷行动"异常行为排查、"一加强、两遍制"和第四轮安全评估工作。2016年，成立代理金融风险合规管理委员会，建立"问题、整改、问责"三项清单。2018年，制订代理金融内控管理考评办法，按月召开邮银风控会。2020年，落实市公司代理金融风险防控要求，开展风险排查。2022年，成立风险内控案防委员会，开展"雷霆行动"和"查教管改"综合检查工作。截至2022年底，城口邮政未发生重大金融风险事件。

（二）寄递业务

1. 特快专递

2004年12月，城口邮政开办国内邮政特快专递业务，实现特快收入1.03万元。2008年，城口邮政开展二代证寄递，实现特快收入8万元。2018年10月，城口县分公司与城口县法院达成合作，开展"法院专递"项目，实现收入12万元。2019年，城口邮政开展邮快合作项目，抓住农村快递市场，日均运输、投递邮件1500件左右，按照各快递公司业务量实行阶梯计价，全年实现收入23.8万元。2020年，城口县分公司与城口县教委合作，开发县内32所中小学校教材寄递业务，配送教材2.3万套。2022年，收寄特快专递6.5万件。

2. 快递包裹

2006年1月，城口邮政开办快递包裹业务，实现收入8.16万元。2010年1月，国内快递包裹和特快专递交邮政速递物流公司专业化经营，由邮政速递物流统一经营和管理。2018年，组建城口县寄递事业部，同年，完成业务收入97.22万元。2022年，实现快包收入148万元，快包业务边际贡献率28.74%，同比提升16.12%。

3. 物流业务

2004年，城口邮政成立物流经营部，设物流门市。

2005年2月，正式开办物流业务，零担物流限于万州片区，整车物流面向全国，每日进出2—4个车次，收入来源主要为万州至城口。2008年，建成"三农"网点112个，城口县邮政局被重庆市商委认定为"万村千乡市场工程"农资类龙头企业。2009年，城口邮政速递物流公司实行专业化经营。2017年，开发区域性物流，以同城配送为重点。

4. 国际业务

1986年，城口县邮电局恢复开办国际函件业务，收寄国际邮件1件。2018年，寄递事业部成立后，整合为新的国际业务板块，涵盖国际小包、国际E邮宝、国际EMS、国际包裹等，收寄国际邮件12件。2020年，城口邮政通过中欧班列（渝新欧）小包为全国输运欧洲路向的跨境电商货物，收寄国际邮件5件。2022年，收寄国际邮件6件。

（三）文传业务

1. 函件业务

1991年，城口县邮电局函件业务包括信函、明信片等。2001年，城口邮政发行"百万青年申奥明信片"3万余张。2003年，"非典"期间，向在外务工、求学人员寄送县委书记、县长署名的信函6000余件，发售"抗非"明信片500套。2008年，为妇幼保健院制作邮资封5000枚，为安监局开发"安全月知识竞赛答题卡"邮资片3000枚，为人寿保险公司制作定制型幸运邮天下贺卡6000枚，为电信公司制作教师节贺卡1600枚。2010年，城口县邮政局开发《安全生产预防知识手册》和《竞答活动邮资明信片》，共计1899套；与县教委联合开展第六届少儿书信活动；开办商务宝典业务，实现收入5.57万元。2013年，印制亢谷邮局风光明信片2000枚，开发DM单、宣传海报、缴费通知单、易拉宝等无名址函件广告业务。2016年，开发扶贫手册、便民一本通项目，实现收入9.93万元。2019年，城口邮政持续推进函件业务转型发展，推进项目制，利用视频媒体、朋友圈等自媒体招商广告业务，实现收入33.7万元。2020年，开发扶贫产品（灯笼），实现收入18.2万元；同年，实现媒体招商、朋友圈广告收入40.88万元。2021年，广告媒体实现收入60.3万元。2022年，城口县分公司与政企合作销售文创产品、印制包装箱，实现收入39.05万元；落实线上线下"双线联动"媒体广告转型，广告媒体实现收入58.4万元。

2. 报刊业务

1986年，城口邮政开办报刊零售业务。1989年1月起，《重庆日报》《重庆支部生活》等党报党刊由《重庆日报社》自办发行，截至1997年1月，回归邮政部门发行。2010年，城口邮政对重点报刊、畅销报刊分类营销，完成入机流转额180.74万元。2014年，报刊流转额336.31万元，全县人均达17.64元。2019年，报刊收入179.82

万元，同比增幅 21.3%。2020 年，报刊转型向政务图书征订和图书巡展上推进，全年实现图书收入 24.84 万元。2022 年，报刊大收订流转额达 427.12 万元。

3. 集邮业务

1994 年，城口县集邮协会成立。1999 年 1 月 1 日，城口邮政举办首次集邮展览，展出邮品 9 类 16 框及香港回归专辑。2013 年，开发个性化邮票 295 版。2012 年，开发城口中学"七十周年"校庆活动定向邮品 1000 册。2014 年，定制形象册 200 册，同年开发校园市场，以"庆六一"为主题，开发个性化邮票 366 版，开发同学定向邮品 100 册。2021 年，开发秦巴山货批发物流市场有限公司旗下的璟悦府房产公司设计定制型集邮生肖金条 30 块。2022 年 7 月，城口苏维埃邮局正式开业运营，成为当地红色文旅打卡新地标，通过与县文旅委、团委合作，设计定制"英雄印记·红色城口"个性化定制邮票 700 套。

4. 中邮文创

2021 年，城口县分公司正式开办"中邮文创"业务，收入可在文创业务管理信息系统中分中邮文创、集邮、函件、报刊 4 个专业列收。2022 年，城口邮政通过在城口苏维埃邮局文创产品展示区设立"雁雁"系列文创产品，销售文创产品 6.2 万元。

5. 普通包裹

普通包裹有窗口包裹、校园包裹、军营包裹、家乡包裹、爱心包裹、母亲邮包等业务种类。2022 年，城口邮政普通包裹业务全年实现收入 3.14 万元。

（四）渠道业务

1. 增值业务

城口邮政开办短信业务、代售汽车火车票业务、车险业务、简易险业务、代开税票等增值业务。2009 年，发展短信业务和代收费业务，短信在网用户 14116 户，代收费收入 8.62 万元。2011 年，土城邮政所开办代售火车票业务。2013 年，南大街支局新增代售火车票业务。2015 年，城口邮政开办代理车险业务。2016 年 5 月，开办国税代开发票业务。2017 年，开办简易险业务。2019 年，乡镇全部网点叠加双税代开业务。2019 年，南大街、巴山、高望、修齐支局开办警邮业务（代办车管业务）。

2. 分销业务

分销业务有农资农肥、日化、酒水等业务。2006 年，城口邮政引进重庆中邦、江西正邦、山东天达 2116、山东金正大复合肥、广东得保生物肥等优质农资进行试点销售。2010 年，城口邮政将农资、日化、快消品作为主推项目。2017 年，分销系统与邮掌柜对接，引进本地农产品上线"城口馆"。2019 年，推进"商家＋平台＋地推"、"仓配＋地推＋院坝会""大单品＋营销体系＋订货会"模式，完成批销额 791.58 万元。2020 年，发挥邮政"线上＋线下"优势，打造万单扶资产品—城口干香菇，销

售 14.56 万元。2022 年，完善线下渠道服务功能，自营批销、包裹代收自提、便民缴费同比提升，建成全国农产品基地 1 个，基地农产品实现销售 176.36 万元。

3. 电信业务

1986 年，城口县邮电局新装长途交换机 1 台，新增市话 150 门。1986—1997 年，农村电报由各邮电支局接收封装之后，交支局投递员送达收报人，城市电报投递由自行车投递。1994 年，完成 3000 门程控电话安装。1996 年，购置 127、129 无线呼寻发射机设备 2 台。至 1997 年邮电分营，电信业务移交电信局。

三、邮政网络

（一）网络能力建设

1. 邮路

区内邮路 2013 年 12 月 1 日，由重庆市邮区中心局开通重庆—城口邮路，逐日班，每日单程邮路里程 400 公里。

区域邮路 1986 年，邮路由万源—白沙—八台—双河—庙坝—城口。1991 年至 1998 年 6 月，邮路调整为万源—大竹河—坪坝—庙坝—城口。1998 年 7 月 1 日，重庆市邮政管理局将万源—城口邮路改为城口—开县自办汽车邮路。2004 年 9 月 1 日，万州片区邮政局开通万州—明通—城口邮路，由间日班改为逐日班，每日单程邮路里程 286 公里。2006 年，取消万城邮路，调整为城开邮路，每班车配驾驶员 2 人，经警 1 人，押运员由每班车的驾驶员互相兼任。

县乡邮路 1986—1997 年，城口邮政有县乡邮路 3 条，间日班，全长 330 公里，县城—明通、县城—修齐—东安、县城—坪坝—巴山，邮件通过县到乡的客运车辆运输。1997 年 7 月，县乡自办汽车邮路 2 条，间日班，全长 200 公里，县城—修齐—东安、县城—坪坝—巴山，实行钞邮合一。2013 年，新增县城—明通县乡邮路 1 条，间日班，全长 130 公里。2017 年 4 月，县乡邮路调整为 4 条，均为逐日班，邮路总长度 728 公里，实现各乡镇邮政网点全覆盖，沿用至 2022 年。

2. 物流体系

城口邮政目前建成县级共配中心 1 个，邮件处理场地 1817 平方米，仓储场地 700 平方米，作为县级仓储物流体系的节点，为农产品进城和工业品下乡提供仓储、中转及配送服务。建成乡镇共配中心 6 个，以全物流链打造为目的，打通农产品上行和工业品下行通道。建成村级便民服务站 153 个，实现建制村邮政服务全覆盖。截至 2022 年底，有县乡邮路 5 条，运输车辆 9 台，日均行驶里程 836 公里，负责区内邮政网点及乡镇仓配中心的物流配送工作；农村投递邮路 42 条，投递员 25 名，负责快递进村"最后一公里"的末端投递，衔接网点和乡镇共配中心到村级综合便民服务站的运输工作。

3. 作业场地

1986—2005 年，城口邮政设邮件处理场地 1 个，面积 140 平方米。2005 年 2 月，增设物流仓库中心 51 平方米。2009 年 9 月，速递物流公司成立，增设特快处理场地 53 平方米。2016 年，因城市建设将处理中心搬迁至龙田乡场镇，面积 410 平方米。2020 年，根据业务量增加，将处理中心搬迁至陈家湾，面积 1615 平方米；农村地区作业场地与营业网点同址。

4. 设施设备

邮政专用设备　1986 年，城口县邮电局配备信函秤、包裹秤、夹钳等设备。2015 年，配备装卸皮带机 1 台。2016 年，配直线胶带机 1 台。2020 年，配三级伸缩胶带机 1 台、顶扫 1 台、揽收扫描器 1 台，叉车 2 台，笼车 50 个。2022 年，新增邮件消毒弥雾器 1 台。

运输设备　1986—1997 年，城口县邮电局有邮运汽车 2 台，自行车 16 辆。1998 年，新增邮运汽车 3 辆。2014 年，新增投递摩托车 22 辆，电动摩托车 3 辆。2014 年，配投递汽车 5 台。截至 2022 年底，城口邮政共有邮运汽车 7 辆，揽投车辆 11 辆。

（二）网运生产作业

1. 邮件接发

区域邮件接发　1986 年至 1998 年 6 月，进口邮件从万源转运至城口，出口邮件接转万源交接。1998 年 7 月至 2004 年 8 月，进口邮件从开县转运至城口，出口邮件接转开县交接。2004 年 9 月，进口邮件从万州转运至城口，出口邮件接转万州交接。2013 年 12 月至 2022 年底，进口邮件从重庆转运至城口，出口邮件接转重庆交接。

县乡邮件接发　1986—1997 年，城口县邮电局县乡邮件接发均在县局至委办邮路进行交接。1997 年 7 月至 2022 年底，县乡邮件由自有车辆从县局发往各支局。

2. 邮件运输

1986—1997 年，全县邮件运输由委办汽车邮路运输，由县局安排押运员跟随委办车辆交接邮件。1997 年，城口县邮政局到各支局的邮件由县局车辆负责运输，各支局到所的邮件，由支局投递员接转。1997—2017 年，邮件运输方式为钞邮合一。2017 年 4 月，实施"钞邮分离"。2016—2022 年，全县邮件全部由自办汽车邮路运输。

2017—2022 年，邮件实行驾驶人员兼押运方式。

2. 投递服务

城市投递　1991 年，城口县城区共 4 个投递段。1998 年，推行邮件投递服务承诺制度，邮件投递到户，公布服务监督电话，短缺用户报刊按 1:5 倍赔偿。2014 年，投递人员均采用摩托车投递。2018 年，速递物流公司合并，县城划分为 6 个揽投段道。

农村投递　1991 年，农村投递均为步行投递，路线总长 2458 公里，配投递人员 8 人。邮件能直投到全县 8 区 41 乡（镇）的 300 个村，其中，12 乡（镇）中 39 个村投递频次为 2 天 1 次，12 乡（镇）中 102 个村投递频次为 3 天 1 次，17 乡（镇）中 159 个村投递频次为 4 天及以上 1 次。2005 年 8 月，城口邮政召开全县农村通讯工作会议，对农村邮政通信工作进行专项治理，对乡邮人员加大检查力度和频次，明确乡邮人员出归班排单制度，对乡邮投递员实行点章管理。2005 年，将农村邮政通信从服务型向经营型转变，农村地区采用邮件混投递。2022 年，县及以上城市党政机关《人民日报》当日见报率均达到 100%；建制村通邮 100%，农村邮件投递周五班率提升 39.30 个百分点。

（三）网运管理

1. 组织管理

1997—2018 年，网运生产调度挂靠市场部，市场部按照干线邮运频次调整营、分、运、投环节生产作业计划。2018 年 9 月，寄递事业部成立后，网运生产调度挂靠渠道部，渠道部按照干线邮运频次调整营、分、运、投环节生产作业计划。

2. 网运质量

2022 年，县及以上城市党政机关《人民日报》当日见报率均达到 100%；建制村通邮 100%，农村邮件投递周五班率提升 39.30%；普服 19 项重点指标全部达标。

（四）服务网点

1. 网点设置

1986 年，城口邮电局所总计 11 个，其中自办局所 10 个（邮电支局 6 个、邮电所 7 个），代办所 1 个（邮政代办所 1 个）。截至 2022 年底，城口邮政有 2 个中心支局、26 个邮政网点（11 个代理金融网点、15 个纯邮政网点）。

表 9-11-9-3

1986—2022 年城口邮政局所一览表

序号	局所名称	经营性质	经营属性	设置地点
1	南大街邮政支局	自营	城市	城口县南大街 14 号
2	庙坝邮政支局	自营	农村	城口县庙坝镇
3	修齐邮政支局	自营	农村	城口县修齐镇
4	高望邮政支局	自营	农村	城口县高观镇

序号	局所名称	经营性质	经营属性	设置地点
5	坪坝邮政支局	自营	农村	城口县坪坝镇
6	巴山邮政支局	自营	农村	城口县巴山镇
7	明通邮政支局	自营	农村	城口县明通镇
8	复兴邮政所	自营	城市	城口县复兴街道
9	沿河邮政所	自营	农村	城口县沿河乡
10	岚天邮政所	代办	农村	城口县岚天乡
11	龙田邮政所	代办	农村	城口县龙田乡
12	左岚邮政所	代办	农村	城口县左岚乡
13	明中邮政所	代办	农村	城口县明中乡
14	北屏邮政代办所	代办	农村	城口县北屏乡
15	高燕邮政代办所	代办	农村	城口县高燕乡
16	高楠邮政代办所	代办	农村	城口县高楠乡
17	鸡鸣邮政代办所	代办	农村	城口县鸡鸣乡
18	咸宜邮政代办所	代办	农村	城口县咸宜镇
19	周溪邮政代办所	代办	农村	城口县周溪乡
20	治平邮政代办所	代办	农村	城口县治平乡
21	厚坪邮政代办所	代办	农村	城口县厚坪乡
22	河鱼邮政代办所	代办	农村	城口县河鱼乡
23	东安邮政代办所	代办	农村	城口县东安镇

2. 社会加盟站点

截至2022年底，城口邮政在邮乐网上建成"城口农品馆"1个、县级电商运营中心1个、乡镇电商服务中心7个、邮乐小店91个、农村电商服务站80个，建设便民服务站点57个、邮乐购店166个。

四、邮政管理

（一）财务管理

2001年，城口邮政对办公经费实行定额管理。2011年，制订《城口县邮政局费用报销管理办法》《特殊情况工资处理办法》《城口县邮政局邮政业务营销费用支付标准》，确保各项成本合规使用和进度管控。2015年，推动ERP、报销报账各系统板块顺利上线。2016年，城口邮政制订《差旅费管理办法》，加强和规范企业差旅费管理，保证出差人员工作和生活的基本需要；制订《招待费管理办法》，规范招待费用管理；制订《费用报销报账管理办法》，提高成本报销处理标准化、规范化、优化流程，提高会计信息质量。2018年，制订《欠费管理办法》，加强企业内部管控，防范企业经营风险。2019年，城口邮政开展"两费""用户欠费""会议费""存货"自查工作；制订《网点费用管理办法》，精确测算网点水电费、办公费、材料费等，加强网点费用开支管理，科学控制经营

成本；制订《公务用车管理办法》《机动车辆消耗管理办法》，加强机动车消耗定额管理，同时提高公务车辆使用效益，节约经费，确保运转有序和行车安全。2020年，开展清欠专项行动，采用对标配置、标杆配置，深化零基预算闭环管理，推动降本增效工作。2022年，制订《营收资金管理办法及实施细则》，规范资金缴存认领，细化资金归集方式，推动邮政集团公司电子收款渠道使用率，防范资金风险。

（二）人力资源管理

1. 队伍建设

截至1986年底，城口县邮电局从业人员共140人。1997年，邮电分营后，城口邮政从业人数70人。2007年，从业人员人数79人。截至2022年底，城口邮政从业人员人数83人。

2007年，城口邮政制订《城口县邮政局劳务人员管理办法》，规范劳务人员管理。2018年，制订《中邮城口分公司人才梯队建设方案（试行）》《支局所负责人管理办法》《理财经理管理办法》，实现人力资源高效管理及智力盘活，确保能做到人尽其用。2019年，完善人才梯队建设方案，将人才队伍划分为5个梯队，明确各个梯队选拔与培养原则；制订从业人员管理办法，强化考评结果

运用；开展专业序列人员竞聘上岗，逐步推进干部队伍年轻化；加大对各级不胜任现职或不称职管理人员的调整力度，形成能者上、庸者下、劣者汰的机制和导向。

2. 教育培训

2021年，城口邮政开展1周1训，全年共计培训56次，新增金融理财师（AFP）持证1人、高级技能鉴定持证8人、基金从业资格持证2人。2022年，城口邮政采用"线上＋线下"的方式，开展各层级人员每周1训，全年开展薪酬分配、员工制度培训4次、业务部门开展重点业务培训18次、风险防控开展培训6次。截至2022年底，城口邮政有中级储汇技能鉴定持证8人、高级储汇技能鉴定持证16人，AFP持证3人，证券从业人员资格持证1人，基金从业资格持证7人。

3. 薪酬管理

1998年，县局对支局推行经营承包管理，实行多劳多得分配制度。1999年，城口邮政修订经营承包考核办法，与工资、奖金、出勤全额挂靠考核，实行百元收入工资含量加减重点业务奖励，上不封顶，下有保底。2012年，修订经营承包办法和季度、专项劳动竞赛办法，实施正向激励。2019年，修订绩效考评办法，加大高效业务考评权重；推进薪酬分配市场化，对标市场、行业水平，建立不同生产环节"件均薪酬"管控机制，调整计件单价。2020年，寄递事业部内部处理班实行底薪加计件分配模式，城区揽投组推进"众创众享"经营模式，统一寄递事业部操作序列（生产岗位）邮政和速递的薪酬分配。2021年，完善市场化薪酬分配机制，建立按业绩贡献决定薪酬的分配机制，推进领导人员任期制和契约化管理。

（三）服务质量管理

1. 营业服务

城口邮政设置普遍服务营业场所26个，其中，城市网点3个，农村网点23个，建制乡镇邮政局所建设率达到100%，均开办信件、印刷品、包裹、汇兑4项普遍服务基本业务。2010年，用户有理由投诉下降，用户满意度达到85分以上。总包邮件损失率为0，机要文件失密丢损率为0，给据邮件损失率为0，邮件传递时限逾限率低于1%，邮件规格处理不合格率低于4%。2019年，普遍服务提质达标，落实"两提升""四强化""七确保"，邮政服务申诉处理满意率高于98%。2020年，租赁邮政普服网点15处，确保普服达标工作。2021年，执行《邮政普遍服务管理实施办法》《邮政普遍服务质量问题责任追究办法》。2022年，以"三级物流体系建设"为抓手，提升农村投递频次、延伸投递深度、提高建制村直接通邮水平。同年，城口县分公司明通邮政支局获重庆邮政"窗口服务体验示范点"称号。

2. 普遍服务和特殊服务

普遍服务　普服履职成效显著，未发生触碰"两条红线"情况；普服网点布局和功能进一步完善，乡镇网点覆盖率、4项基本业务开办率、营业时长达标率均达到100%；建制村通邮100%；19项重点指标全部达标。

特殊服务　城口邮政提供义务兵平常信函、盲人读物、烈士遗物免费寄递以及机要服务等特殊服务业务。1993年，城口邮电开办机要通信业务，主要服务对象为党委政府、军队、公安、检察院、法院。1993年，城口邮政机要通信投递量2876件，揽收量1127件，服务53个行政单位，配备专用投递车辆和专人投递。机要通信连续31年质量全红。

3. 监督检查

1990年，城口县邮电局建立质量责任制，分3级邮政质量责任人，检查采用自查、互查、检查人员和领导抽查四种方法，外部检查实行查单验证。同时设立质量监督岗，每月对全县的出口邮件进行不定期抽查，并将抽查情况逐月通报。2018—2020年，开展普服网点达标整治工作。2020—2022年，持续开展低效网点整治及"回头看"专项检查，确保普服网点布局和功能完善，乡镇网点覆盖率、4项基本业务开办率、营业时长达标率、县及以上城市党政机关《人民日报》当日见报率均达到100%；完成全年重大活动及巡视专用信箱寄递服务保障工作。

（四）安全管理

1987年，城口邮电开始推行治安保卫承包责任制，签订治安保卫责任书。1994年，设城口县公安局驻邮电局公安执勤室。2006年，城口邮政成立由综合办公室、经营服务科、保卫等相关人员组成的安全大检查小组，进行安全自查。2010年，开展"拉网式"安全排查和武装押运人员争当"押钞之星"活动。2011年，为南大街支局新增监控主机1套，更换全县农村支局老化监控主机（6个）及监控摄像头（24个），新增7个业务库防入侵报警器，更换失效灭火器80个，支局业务库实行双人值守制度，专人对各营业网点实行集中监控。2013年，为城区和修齐网点ATM安装安全防护舱，为全县6个农村邮政网点安装移动金库和入侵报警系统。2018年，完成11个金融网点、土城邮政所、邮件处理中心监控网络改造以及与市分公司联网监控工作。2019年，开展"乱象整治""排雷行动"专项活动，推动邮银安全深度合作。2021年，按照巡视巡察要求，深入开展采购问题专项治理，不断深化"平安邮政建设"，做好保密安全、舆情管控和信访维稳。2022年，深化"平安邮政"建设，圆满完成北京冬奥会、党的二十大期间等安全和服务保障工作。截至2022年底，城口邮政未发生重大安全责任事件。

（五）党群管理

1. 党组织

2016年11月1日，城口邮政党支部成立，选举支部委员，任期3年。截至2022年，党支部经历2次换届，有正式党员 11 人。

1986 年，城口县邮电局开展以打击违法犯罪行为为重点的端正队伍活动。1999 年，在重庆市邮政管理局团委的支持下，城口邮政在红花乡红色村建立一座邮政希望小学。2001 年，城口邮政营销组获全国职工职业道德建设"百佳班组"。2003 年，城口邮政被重庆市委、市政府授予"重庆市级文明单位"称号。2010 年，城口邮政开展"践行科学发展观、邮政快速发展"主题创先争优活动。2011 年 6 月，组织开展党务公开工作，成立以党支部书记为组长的党务公开领导小组，制订《城口县邮政局党务公开实施方案》，保证党务工作开展。2016 年 3 月，开展"两学一做"学习教育，党支部书记讲授党课等活动。2017 年 6 月，开展"三严三实"、"两学一做"学习教育实践活动。2018 年，成立巡视整改领导小组，开展"双亮、双比、双争"活动。2019 年，开展"不忘初心、牢记使命"主题教育活动，细化年度党风廉政建设和反腐败工作责任清单，专项督察、效能监察、专项整治。2020 年，制订《落实全面从严治党要求主体责任清单》《年度党建设工作要点》，落实集团公司巡视和市分公司党委巡察整改工作。2022 年，落实意识形态责任制，开展基层党组织建设达标和创先争优活动，压紧压实党风廉政建设"两个责任"。

2. 工会

1997 年 12 月，选举产生城口县邮政局第一届工会委员会；2004 年 5 月，选举产生城口县邮政局第二届工会委员会；2008 年 2 月，选举产生城口县邮政局第三届工会委员会，成立经审委员会及女工工委委员会；2013 年，更名为中国邮政集团工会城口县委员会；2017 年 4 月，中国邮政集团工会城口县委员会换届选举，产生中国邮政集团工会城口县第一届委员会、经费委员会和女工工委委员会。2021 年 6 月，换届产生中国邮政集团工会城口县第二届委员会、经费审查委员会和女工工委委员会。

1999 年，城口邮政开展"创文明班组""文明支局""五好家庭"等活动。2000 年，开展"百万职工素质达标"、巾帼文明岗、青年文明号创建及劳动竞赛活动。2008 年，完成 4 个农村支局职工小家建设，其中坪坝支局职工小家被重庆市邮政公司评为"模范职工小家"。2014 年，开展困难职工生活救助、医疗互助、"金秋助学"等活动。2020—2022 年，开展"比学赶帮超""重大节假日慰问""庆三八""先进评选""旺季攻坚，工会助力"等活动，惠及 98 名员工。2021 年，城口县分公司获重庆市人民政府"重庆市脱贫攻坚先进集体"称号。

3. 团组织

2016 年 5 月 16 日，城口邮政团支部成立。2016 年 8 月，选举产生第一届团支部书记；2020 年 12 月，选举产生第二届团支部书记。截至 2022 年底，城口邮政共有团员 21 人。

2016 年，城口邮政开展"读书月"活动，每月召开五四青年员工座谈会；2020—2021 年，开展青年员工"根在基层"调研实践活动，其中 2021 年开展"请党放心 强国有我"青年员工演讲比赛。

第十二章　涪陵片区邮政机构

中国邮政集团有限公司重庆市涪陵片区分公司辖垫江、南川、丰都、武隆 4 个区县分公司和直属单位涪陵片区城区分公司。内设市场经营、经营支撑、综合职能 3 大类别部门。承担辖区 12864 平方公里普遍服务，受政府委托提供邮政特殊服务业务；依法经营邮政各项业务。截至 2022 年底，涪陵片区有邮政营业网点 233 个（其中代理金融网点 180 个），揽投部 10 个，邮路 37 条，邮路单程总长度 2795 公里，从业人员 1495 人。

一、机构沿革

2003 年 2 月，重庆邮政实行片区化经营管理体制，组建涪陵片区邮政局，片区局设在涪陵区邮政局，直接管理垫江县、丰都县、武隆县、南川市邮政局，并负责对重庆建峰邮政局进行业务指导。

2014 年 2 月，"重庆邮政涪陵片区局"更名为"重庆市邮政公司涪陵片区分公司"。同年 6 月，速递物流组织机构调整，重庆市邮政速递物流有限公司组建涪陵片区分公司，管理涪陵、垫江、南川、丰都、武隆分公司。

2017 年 6 月，根据市分公司城片区、区县分公司机构编制方案，设立涪陵片区分公司，调整优化涪陵片区分公司内设机构主要职责及人员编制，设立营业局、投递局、机要局为片区直属单位，其中投递局与机要局合署办公。

2018 年 9 月，寄递改革，组建涪陵片区寄递事业部（保留"中国邮政速递物流股份有限公司重庆市涪陵区分公司"牌子），内设寄递市场部、运营部。负责全面承担片区包裹快递业务市场营销、业务发展、运营管理、客户服务等工作。同月，所辖片区各分公司相继成立寄递事业部。同年 11 月，"中国邮政集团公司重庆市涪陵区分公司"更名为"中国邮政集团公司重庆市涪陵片区分公司"。

2020 年 3 月，"中国邮政集团公司重庆市涪陵片区分公司"更名为"中国邮政集团有限公司重庆市涪陵片区分公司"，辖南川、垫江、丰都、武隆4个区县分公司。

截至2022年底，中国邮政集团有限公司重庆市涪陵片区分公司内设综合办公室（党委办公室、安全保卫部）、财务部、人力资源部（党委组织部）、党建工作部（纪委办）、市场营销部（客户中心）、服务质量部（普遍服务部），金融业务部（中邮保险中心）、集邮与文化传媒部、渠道平台部。下设一个直属单位——涪陵片区城区分公司。

二、邮政业务

2003—2022年，涪陵片区邮政业务收入从6460.86万元增至7.21亿元。

（一）金融业务

2003年，涪陵片区邮政期末储蓄存款余额规模15.22亿元。2006年，辖内各局开办短信业务。2007年，涪陵片区邮政新增余额8.77亿元，期末储蓄存款余额规模41.27亿元。自2014年起，保险发展步伐加快，全年实现保费35011万元。2014—2017年，涪陵片区邮政通过规范形象、规范行为、规范外拓、规范管理，打造理财经理、大堂经理专职队伍等方式，突破储蓄业务发展瓶颈。2017年，储蓄存款余额规模突破200亿元，达到217.24亿元。2019年，邮银协同新增快捷支付1068万户。2022年，涪陵片区邮政新增储蓄余额28.24亿元，期末储蓄存款余额规模354.83亿元。同年，涪陵片区邮政实现保费69159万元，其中长期期交保费29277万元。

（二）寄递业务

2003年，涪陵片区邮政实现物流业务收入225.83万元。2006年，EMS"优＋"服务推出，涪陵片区邮政严格按照中国快递行业服务新标准开展EMS"优＋"专项营销活动，签订速递大客户合同14份；新开发工行、中行账单业务；特快录取通知书收入同比增幅27.4%。2009年，涪陵片区邮政速递物流类业务实现收入1551.22万元。2017年，包裹快递业务收入创新高，同比增幅52.46%。2022年，涪陵片区邮政实现寄递业务量3115.95万件，其中，进口量2196.88万件、出口量919.07万件。

（三）文传业务

2006年，涪陵片区邮政开发《垫江县工商局》纪念册、《"白马杯"重庆市第七届全国农村体育先进乡镇运动会》个性化邮票等邮品，实现邮品开发收入70.72万元，迈出邮品开发的新步伐。2006—2010年，先后开办数据库商函、无名址函件业务，函件业务收入年均增长13.2%。2009年，涪陵片区邮政报刊大收订流转额2325万元，同比增长19.11%。2014年，开发鸿涪传媒拼版广告、网点吊窗广告、视频广告、电影票项目、政务一本通等项目，共计实现收入319.83万元。2017—2022年，借助全民阅读、重庆直辖二十周年、党的十九大主题等宣讲活动，图书销售市场逐步扩大。2022年，实现报刊大收订流转额6203.92万元。同年，涪陵片区邮政实现文传业

务收入5358万元。

（四）渠道业务

2003年，涪陵片区邮政实现代办电信业务收入166.27万元。自2005年起，涪陵片区所辖各局陆续开办代收水、电、气以及代理飞机票、火车票、汽车票等业务。2006年，开办农资分销业务。2006—2010年，涪陵片区邮政电子商务业务收入年均增长31.65%。2010—2017年，"政务＋"服务范围持续扩大，先后开办代开税、代收交通罚没款、代收工本费等业务。2020—2021年，建成涪陵榨菜、垫江荣峰大米、武隆仙女山红苕粉等8个市级农产品示范基地，同时开发涪陵榨菜5A级项目、南川自热火锅和丰都土特产综合开发3A级项目，并获评"优秀市级经营发展项目"。2022年，涪陵片区邮政实现渠道平台业务收入7521.88万元。

三、邮政网络

（一）网络建设

2006年，涪陵片区邮政辖内各局整合城市投递段道，对普遍服务业务和竞争性业务实行分层分网运作，实现畅销报刊全面提速。2006—2008年，涪陵片区邮政新增（更新）投递车辆14辆，组织调整邮路2条。2017年，将货物仓储和邮件处理、投递有机结合起来，加快武隆、涪陵等区县仓配中心建设。2018年，新增4处场地，并配置装卸、分拣皮带机；同时配置各类邮运车辆17辆、投递车辆18辆，初步建成"仓储＋物流＋配送"农村电商物流配送体系。同年，推行"钞邮分离"工作，邮运能力得到进一步增强。2022年，涪陵邮件处理中心工程完成施工单位招标，南川邮件处理及仓配中心完成预算编制，武隆邮件处理中心建设已经封顶。同年，涪陵邮政持续提升农村投递服务水平，周五班投递建制村达197个，占比11.38%。

（二）信息化建设

2003年，涪陵片区邮政新增电子汇兑"切屏"网点94个、新增绿卡联网网点28个。2006年，涪陵片区各局量收管理系统正式运行；商函投递信息系统成功上线，报刊信息系统全国统版工程全面启动，邮政信息化基础网络平台建设初具规模。2007年，完成邮政电子汇兑大集中工程、邮政储蓄末端服务器集中工程。2010年，完成邮储银行系统网点加密机安装、代售火车票系统测试上线；新安装80个电子化支局系统、更新50套邮储网设备，图形身份证识别系统上线。2017年，顺利实施ERP系统、新一代寄递平台等重点系统上线，科技支撑能力显著提升。2019年，涪陵片区邮政投放ITM设备96台，累计投放124台。2022年，新增存折取款机和STM机各1台，新增ITM机5台，新增华为移动展业24台，新增叫号机43台，信息化水平进一步提升。

（三）网点建设

2003—2004年，涪陵片区邮政改造装修网点12个，

建成邮政精品网点和骨干网点6个，联通、电信合作营业厅5个，电信营业厅1个。2008年，涪陵片区邮政完成第一、二批西部普遍服务网点标准化改造28个，改造其他网点3个。2015—2017年，涪陵片区邮政购置网点房屋9处，迁址整合网点12个，改造装修网点106个，网点布局及内部结构不合理、装修不适用等突出问题得到改善；同时累计建成乡镇服务中心29个，村级服务站1376个，实现行政村全覆盖。2022年，完成片区9个网点系统化转型项目，51个网点普服提质达标整改。

四、邮政管理

（一）财务管理

2004年2月，《涪陵片区邮政局财务管理一体化实施办法（试行）》出台，对所辖县（市）局实行集中报账制和财务人员派驻制相结合的财务管理模式。2006年，对片区固定资产投资、网点形象工程维修、低值易耗品采购、集邮结算成本等实行片区集中管理。自2015年起，涪陵片区邮政推进财务管理前移，让财务管理深入生产经营各个环节，提升财务管理的科学性、真实性。2017年，开始全面推行零基预算管理。2019年，开始实行邮政账和速递账分账核算。2022年，涪陵片区邮政充分发挥战略绩效导向作用，强化过程预算执行分析和管控，全年预算目标顺利达成。

（二）人力资源管理

2003年，涪陵片区邮政修改完善片区绩效考核办法，建立起适应市场经济的分配机制和竞争机制。2008年，建立以岗位职责和业绩考核为基础的薪酬分配制度。2015年，按相关要求，对原岗位工资拆分成岗位工资和薪级工资。2018年，落实薪级工资晋级和岗位工资晋档工作。

2016—2020年，涪陵片区邮政共招聘全日制大学生140名，累计开展培训5万余人次，从业人员素质持续提高。2021年，开展公开竞聘和组织选拔14次，提任1名四级正和5名四级副人员，完成4名四级副人员试用期满考察。截至2022年底，涪陵片区邮政共有从业人员1495人。

（三）服务质量管理

2008年，《涪陵片区邮政服务工作考评办法》出台，对邮政服务标准和落实措施进行细化，为各级部门的检查提供标准。2013年，涪陵片区邮政重点针对"两岗"人员履职、营业、投递服务质量、邮件传递时限及邮政服务投诉中的热点和难点问题开展监督检查。2015—2017年，开展邮政营业和投递规范化服务治理、"情系万家"服务质量大整改提升活动等系列专项检查活动。2017年7月，片区服务质量部（普遍服务部）成立，全面履行片区服务质量管理职能职责。2019年，涪陵片区邮政创新实施"三个一策"（一村一策、一乡一策、一局一策）工程，顺利实现普服"四化"目标。2022年，涪陵片区邮政在保

障普服达标的基础上，加强邮快合作，构筑多元化的新普服。截至同年底，涪陵片区机要通信实现35年质量全红。

（四）安全管理

2003年，涪陵片区邮政成立安全生产领导小组，加强安全工作组织领导，建立健全各项安全制度并逐年强化和完善。2006—2010年，涪陵片区邮政加强安全防范设施建设，为各营业场所添置、更新安防设施设备，安防设施达标率80%以上。2016年，建立起片区分公司、区县分公司、驻点管理、支局（所、班组）、集中监控5道邮政业务综合视检体系防线。2016—2020年，涪陵片区邮政不断加大检查和考核力度，从人防、物防、技防3个方面持续加强安全管理，安全防线进一步夯实。2022年，加强问题分析，做实闭环管控，提升安全管理水平和能力。截至同年底，涪陵片区辖内各区县分公司均未发生重大安全责任事件。

（五）党群管理

1. 党组织

2003年，设立涪陵片区邮政党委，管辖垫江、南川、丰都、武隆4个基层党组织。2022年，涪陵片区邮政党委所辖各区县分公司除武隆区分公司有党支部外，垫江县、丰都县、南川区分公司均设党总支。截至2022年底，片区共有基层党支部13个、党小组16个、党员302人。

自2003年片区成立以来，涪陵片区邮政持续加强党的建设，强化党建引领企业发展。先后开展"三严三实"、"两学一做"、党史学习教育等活动，党员干部思想素质和工作能力不断提升。2020年，开展"中国梦·谁的青春不奋斗"征文比赛、"讲好邮政故事"活动，大力弘扬中华民族的奋力拼搏精神，弘扬邮政企业文化，为广大青年员工提供学习交流、展示自我的平台。2021年，开展"营造新环境、打造新形象、锻造新作风、创造新业绩"模范机关创建活动，进一步巩固提升模范机关建设成果。2022年，把"三亮三比三评"与"强堡垒 争先锋"活动相结合，把"领题破题"与党员联系网点相结合，围绕片区分公司年度重点项目、攻坚项目，把"急难险重"问题作为关键点，把解决最突出的矛盾和问题作为着力点，集中攻关破题。

2. 纪律检查

涪陵片区邮政纪委对垫江、南川、丰都、武隆分公司纪检工作负有管理职责。1998年，涪陵区邮政局成立党委办公室、监察室。1999年，撤销党委办公室，成立党群办公室，党委办公室、监察室合署办公。2002年，撤销党群办公室、监察室。2009年，涪陵片区邮政成立党群工作部。2016年，成立党委办公室、党委组织部、党委党建工作部（纪检监察室）。2020年，撤销监察室，成立纪委办公室，与党委党建工作部合署办公。截至2022年底，未发生变化。

3. 工会

2013年6月1，中国邮政集团工会重庆市涪陵区委员会召开第一届一次代表大会，选举产生中国邮政集团工会重庆市涪陵区委员会第一届委员会委员7名，经审委委员3名，女工委员会委员5名。2018年4月，中国邮政集团工会重庆市涪陵区委员会召开第二次代表大会，选举产生中国邮政集团工会重庆市涪陵区第二届委员会委员7名，经审委委员3名，女工委员会委员5名。

第一节　涪陵邮政机构

一、机构沿革

（一）机构演变

1. 四川省管局管辖时期

1986年，涪陵地区邮电局隶属四川省邮电管理局，辖黔江、石柱、酉阳、秀山、彭水、垫江、丰都、南川、武隆9个县邮电局。

1988年10月，黔江地区邮电局成立，石柱、酉阳、秀山、彭水县邮电局归其管理；涪陵地区邮电局管辖范围缩小为辖垫江、丰都、南川、武隆邮电局。

1996年，涪陵撤地设市后，"涪陵地区邮电局"更名为"涪陵市邮电局"，并设置李渡区邮电局（涪陵市枳城区邮政业务由市邮电局直管，未设局）。

2. 邮电分营时期

1997年7月，因邮电分营，涪陵市邮电局及所辖李渡区、南川市及垫江、丰都、武隆县邮电局撤销，重庆市邮政管理局设立涪陵市邮政局及涪陵市邮政局所辖的李渡区、南川市、垫江、丰都、武隆县邮政局，隶属重庆市邮政管理局。

1998年3月，涪陵撤市设区后，重庆市邮政管理局设立重庆市涪陵区邮政局。原涪陵市邮政局管辖的南川、丰都、垫江、武隆4县（市）邮政局和重庆市涪陵区邮政局均由重庆市邮政管理局直接管理。同年4月，根据《关于印发调整万县、涪陵、黔江邮政管理体制实施方案的通知》，原李渡区邮政局整建制划入涪陵区邮政局，作为现业的组成部分。

2003年2月，重庆市邮政企业实行片区化经营管理体制，涪陵区邮政局隶属新组建的涪陵片区邮政局管理。

3. 政企分开时期

2007年9月，"重庆邮政涪陵区邮政局"更名为"重庆市邮政公司涪陵区邮政局"。同年12月，中国邮政储蓄银行重庆涪陵区支行挂牌成立，涪陵邮政受邮储银行涪陵区支行委托开办代理金融业务。

2009年1月，重庆邮政速递物流实行一体化专业经营，重庆市邮政速递物流公司涪陵区分公司成立。2010年6月，"重庆市邮政速递物流公司涪陵区分公司"更名为"重庆市邮政速递物流有限公司涪陵区分公司"。

2013年3月，重庆建峰工业集团有限公司向涪陵区邮政局提出移交建峰邮政局相关业务。2014年1月，建峰邮政局相关业务移交之后，"重庆建峰邮政局"更名为"涪陵区建峰邮政所"。

2014年6月，重庆市邮政速递物流有限公司组织机构改革，原重庆市邮政速递物流有限公司涪陵区分公司由市速递物流有限公司新组建的涪陵片区分公司管理。

2015年4月，根据中国邮政集团法人体制改革要求，"重庆市邮政公司涪陵区分公司"更名为"中国邮政集团公司重庆市涪陵区分公司"，管理体制不变。同月，"重庆市邮政速递物流有限公司涪陵区分公司"更名为"中国邮政速递物流股份有限公司重庆市涪陵区分公司"。

2017年6月，根据市分公司城片区、区县机构编制方案，设立涪陵片区分公司，并在片区设立直属单位：营业局、投递局、机要局，其中投递局与机要局合署办公。

2018年11月，根据市分公司要求，"中国邮政集团公司重庆市涪陵区分公司"更名为"中国邮政集团公司重庆市涪陵片区分公司"。

2021年8月，根据市分公司《关于调整部分机构名称的通知》，"涪陵片区营业（投递）局"更名为"涪陵片区城区分公司"。

（二）主要领导

表9-12-1-1

1986—2022年涪陵邮政主要领导人员名录

单位名称	姓　名	职　务	任职时间
涪陵地区（市）邮电局	聂　能	局长	1983.6—1986.3
	阎子林	党委书记	1986.1—1986.3
	周殿春	党委书记、局长	1986.3—1987.9
	叶正金	局长	1987.9—1992.11
	周殿春	党委书记	1987.9—1992.11
	王道成	党委书记、局长	1992.11—1997.7

单位名称	姓 名	职 务	任职时间
涪陵（市）区邮政局	牟方国	党委书记、局长	1997.7—1999.11
	徐世立	党委书记、局长	1999.11—2003.2
	陈 波	党委书记、局长	2003.2—2007.12
	黎 旭	党委书记、局长	2007.12—2012.4
	欧阳运雄	党委书记、局长	2012.4—2014.9
涪陵区分公司	张 永	党委书记、局长	2014.9—2015.6
	张 永	党委书记、总经理	2015.6—2018.12
	陈 俊	党委书记、总经理	2018.12—2019.12
涪陵片区分公司	陈 俊	党委书记、总经理	2019.12—2021.12
	韦先兵	党委书记、总经理	2022.1—

二、邮政业务

1997年，涪陵邮政实现业务收入718万元。截至2003年底，实现扭亏增盈。自2003年起，通过专业化经营和服务方式的转变，各项业务呈现快速发展之势。

表 9-12-1-2

1986—2022 年涪陵邮政业务收入统计表

单位：万元

年度	邮政收入	年度	邮政收入
1986	68.28	2005	—
1987	91.15	2006	2921.59
1988	125.71	2007	3094.74
1989	150.62	2008	4087.67
1990	203.15	2009	4185.75（不含速递账）
1991	304.40	2010	4674.83（不含速递账）
1992	334.48	2011	5991.27（不含速递账）
1993	368.37	2012	7078.53（不含速递账）
1994	439.94	2013	8195.43
1995	522.24	2014	8614.66
1996	501.09	2015	9932.30
1997	718.00	2016	12885.50
1998	953.85	2017	15249.93
1999	1313.92	2018	17683.11
2000	1480.28	2019	19472.28
2001	1700.02	2020	21260.03
2002	1901.16	2021	23464.73
2003	2402.87	2022	26060.41
2004	2622.49		—

（一）金融业务

1. 储蓄与汇兑

（1）储蓄业务

1986年，涪陵地区邮电局恢复开办储蓄业务。同年，涪陵南门山、中山路和秋月门邮电所3个网点开办储蓄业务。

1998年11月，涪陵邮政储蓄存款余额突破1亿元。2002年9月，开始发行绿卡"银联"标识卡，同时开通发卡行和受理行业务。2006年7月，开办包括整存整取和不固定面额的定活两便两个储种的"一本通"业务。2007年，邮银分离后，涪陵邮政辖内共有62个储蓄网点，其中，城区8个、农村54个；全年储蓄存款余额规模9.7亿元。

自2014年11月起，涪陵邮政通过实施重塑服务理念及品牌，力推网点转型，打造理财经理、大堂经理队伍、塑造窗口专业形象等方式推动储蓄业务发展。2017年，涪陵邮政储蓄存款余额突破70亿元，达到72.83亿元。

2022年，涪陵邮政新增储蓄余额10.1亿元，期末储蓄存款余额131.43亿元。

（2）汇兑业务

1988年，涪陵地区邮电局开办国内汇款快件业务。1999年4月，涪陵邮政开办邮政入账汇款和礼仪汇款义务。2001年9月，涪陵邮政在涪陵高笋塘邮政营业厅成功开通国际汇兑业务。2005年，涪陵邮政汇兑业务量4.09万笔。自2005年起，互联网发展迅速，随着更加快捷、便利的支付结算方式出现，邮政汇兑量逐渐萎缩。2022年，涪陵邮政汇兑业务量14436笔。

2. 中间业务

2001年8月，涪陵邮政与涪陵人寿保险公司合作，开展邮政代理保险业务。2003年4月，开通邮政储蓄代收座机、手机费等代收通话费业务。2003年9月，涪陵邮政与涪陵电信合作，开办代收小灵通话费业务。2003年4月，涪陵邮政与本地社保局、地税局达成协议，在崇义税所设立代收、代缴涪陵区个人养老保险金专户窗口。2005年，涪陵邮政全面启动代收电费业务。2006年4月，开通短信业务，覆盖移动、联通、电信、网通等通讯运营商。2007年，在辖内14个网点开通邮政储蓄定期存单质押贷款业务。2016年3月，开通"商易通"业务。2022年，涪陵邮政实现长期期交保费10208万元，其中，中邮长期期交保费4408.6万元，中邮5年期终身寿险保费2683.7万元，中邮健康险保费153万元。2016—2022年，涪陵邮政大力发展手机银行、商户收单、快捷绑卡、数币钱包等业务，成为中间业务新增长点。

3. 风控合规

2002年，涪陵邮政加强网点风控合规建设，开始执行网点双人临柜。2005年，制定涪陵片区邮储蓄反洗钱相关流程和制度，规范金融从业人员日常行为。2015年，涪陵区分公司与邮储银行涪陵区分行联合成立涪陵代理金融风险管理委员会，强化金融网点风控合规工作。2018年，构建起以派驻管理和防控体系为基础，以应急预案和责任追究为保障的全方位"预防控"服务质量和风险防控体系。2022年，查漏补缺，消除制度盲区，印发《代理金融合规检查和预警稽核队伍管理办法》《代理金融综合柜员履职管理办法》，夯实风控案防体系制度基础。

（二）寄递业务

1. 特快专递

1993年10月9日，涪陵地区邮电局开办特快专递业务，当天共收寄国际、国内特快专递51件。2000年4月，涪陵区邮政局与涪陵区公安分局签订居民身份证专递协议，特快专递居民身份证业务启动。2001年11月，涪陵区邮政局与涪陵区法院签订邮送法院传票协议。2005年，"交通稽征催款单""保险账单""大中专录取通知书""银行账单""二代身份证"等特快专递项目先后启动。2006年10月，开办涪陵至重庆主城的工商银行账单特快互寄业务。2022年，涪陵邮政实现特快专递业务量58.43万件。

2. 快递包裹

2001年9月，涪陵邮政开办国内快递包裹业务。2015年，根据集团公司快递包裹经营发展战略，涪陵邮政成立快递包裹中心，有效支撑寄递类业务发展，当年实现业务量32.96万件。2020年，涪陵邮政打造"530"（5分钟内响应，30分钟内上门揽收）快速响应机制，快递包裹业务进入快速增长期。2022年，收寄快递包裹460.16万件，同比增长109.52万件。

3. 物流业务

2001年，涪陵邮政开办物流业务，但多为投送性质，业务量较小。2003年2月，物流公司成立后转为全方位运作，逐步有起色。2005年，按照"精益物流"的市场定位与涪陵创维公司、新世纪都、国美电器等知名企业建立起了合作关系，市内一体化物流大客户增加8户，达到13户，全年实现物流收入66万元，同比增长85.03%。2022年，涪陵邮政物流业务收入规模是2007年的13.9倍。

4. 国际业务

国际业务分为国际普通邮件业务、国际及港澳台邮政特快专递业务、国际商业渠道业务。1986年，涪陵地区邮电局开办国际函件业务。2018年，涪陵片区寄递事业部成立后，整合涵盖国际小包、国际E邮宝、国际EMS、国际包裹等业务的新的国际业务板块。2022年，涪陵邮政共收寄国际邮件1612件。

（三）文传业务

1. 函件业务

2000年，涪陵邮政开办商函业务。2001年，开办邮资封片卡业务。2002年1月，涪陵首枚普通邮资封《涪陵饭店》正式交付使用。2003年，涪陵邮政开办广告媒体业务及DM邮送广告业务。2005年，涪陵邮政实现账单业务量2.67万件，揽销拜年卡33.98万枚。

2011年、2016年，涪陵邮政与涪陵区教委共同举办以"交通安全""页岩气科普知识"为主题的少儿书信大赛活动，开发涪陵五中、实验中学、涪陵九中、涪陵十四中等校园书信业务，共寄递少儿书信2.5万件。2016年，涪陵邮政与涪陵区委宣传部合作开发《两江福地　神奇涪陵》大型宣传画册，助推涪陵对外宣传。

2018年5月，涪陵邮政获得中国邮政集团公司颁发的2017年"千万市百万县"函件传媒转型升级工程的"超千万晋级奖"和"突出贡献奖"。2022年，实现函件业务收入315.6万元。

2. 报刊业务

20世纪80年代开始，部分邮发报刊改为自办发行，对邮政报刊业务造成较大冲击。1988年，《涪陵日报》由邮发改为自办发行。自1999年1月起，《涪陵日报》再次交邮局发行，年发行量2万份。

2005年，涪陵区39个乡镇、5个办事处、1个示范区、366个行政村、4170个村民组订阅《人民日报》，订阅率100%。同年，实现报刊大收订流转额851万元。

2020年，涪陵邮政配合宣传部发行政务图书7075册，合计金额40万元。2022年，实现报刊大收订流转额2121万元。

3. 集邮业务

1982年，涪陵集邮协会成立。1989年，《涪陵集邮》创刊，由最初每期300份，至1990年4月发行第五期时增至400份。1998年11月，涪陵区举办首届榨菜文化节，涪陵邮政与榨菜节组委会合作制作《涪陵榨菜百年华诞纪念邮册》，原定 1000 册，售空后两次加印到 4000 册。2004 年，《涪陵集邮》改版为 8 开 4 页，每期发行量 1000 份。2005 年，涪陵"白鹤梁"专题邮资信封顺利发行。2012 年，涪陵集邮协会被中华全国集邮联合会评为全国先进集邮协会。2016 年 5 月，长江师范学院"青春驿站"邮局正式对外营业，"青春驿站"推出的"慢递"服务是校园邮局的一大特色，写好的书信交邮局妥善保存，在未来特定时间寄出。同年，涪陵集邮协会再次被中华全国集邮联合会评为全国先进集邮协会。2019 年 9 月，全国集邮巡展重庆站首发式在涪陵举行，开发《涪陵记忆》邮册 1000 册、连体明信片 5000 套、个性化邮折 400 册。

2022 年，涪陵邮政实现集邮业务收入 657.4 万元。截至同年底，涪陵集邮协会已建成区委、区人大等 37 个集邮分会，共有会员 546 人。

4. 中邮文创

2021 年，涪陵邮政开办中邮文创业务。同年，涪陵邮政实现中邮文创收入 12 万元。2022 年，涪陵邮政利用春节、母亲节、父亲节等节日，策划主题营销活动，带动文创产品销售，全年实现中邮文创收入 23 万元。

5. 普通包裹

1987 年，涪陵邮政开办普通包裹业务，主要经营窗口包裹、校园包裹、军营包裹、家乡包裹、爱心包裹、母亲邮包等。截至 1990 年底，涪陵辖内所有营业网点均可收寄普通包裹。

2010 年以后，普通包裹业务量呈现逐年递减。2022 年，涪陵邮政揽收普通包裹 3190 件。

（四）渠道业务

1. 增值业务

2003 年，涪陵邮政与涪陵电信运营商合作，开办代收电话费、代放号、代售手机和小灵通等业务。当年，销售小灵通实现收入 18 万元。2004 年 3 月，涪陵邮政与涪陵联通公司签订合作协议，代办联通业务。2005—2010 年，涪陵邮政先后开办代售飞机票、火车票等代订票业务以及代收水、电、气等便民代收费业务。2013 年，销售飞机票 3812 张，销售铁路客票 10.64 万张，创历年新高。同年，累计办理平台代收费业务 5.75 万笔。2015 年，涪陵邮政与保险公司共同打造车险代办业务。2016 年 6 月，涪陵邮政开办双税双代业务。当年共有 30 个网点开办税务代开票业务，全年累计代开票 5762 张，金额 1138.38 万元。2017 年，涪陵邮政联合涪陵平安、太保、人保等保险公司销售简易险。2022 年，涪陵邮政实现增值业务收入 210 万元。截至同年底，共有 43 个营业场所开办税邮业务、19 个营业场所开办警邮业务。

2. 分销业务

2006 年，涪陵邮政开办农资分销业务。2008 年，开

办年货、定制酒品、农产品等商品销售业务。2016 年，涪陵邮政开办 10 个烟草零售代销点，实现销售额 56.92 万元。2017 年 12 月，开展"涪陵邮政首届批销商品现场订货会"活动，实现批销额 123.66 万元。2020 年 6 月，开展直播 5 场，销售榨菜、脐橙、龙眼、猕猴桃等助农产品 9 万余单。2021 年，涪陵邮政线上平台共销售龙潭大米 2.06 万单、马武梨子 286 单、南沱橙子 843 单、涪陵榨菜 3.04 万单，累计实现销售额 196.76 万元。2022 年，涪陵邮政分别实现农资销售额 58.98 万元、农副产品销售额 1368.28 万元、快消品销售额 193.29 万元。截至同年底，开办烟草零售代销点 43 个，全年实现销售额 544.66 万元。

3. 电信业务

1986—1996 年，涪陵邮电合营时期开办有电报、长途电话、市内电话、农村电话业务。

1986 年，涪陵市邮电局电信业务实现收入 202.49 万元。1987 年，开通至北京、四川省各地市州邮电局所在地的公众真迹传真。1988 年，在原安装 JH921 型纵横制 200 门自动电话交换机的基础上，扩容 1000 门。1990 年 9 月，开办礼仪电报。自 1991 年起，电报业务量呈逐年下降趋势，业务不断流向长途电话。1992 年，引进 S1240 型 7000 程控交换机，实现由"纵横"到"程控"转变。1996 年 4 月，C3 本地电话网开始运行。截至 1996 底，涪陵市邮电局实现农村支局电话交换程控化、中继传输光缆化。同年，实现电信业务收入 5255.29 万元。1997 年，邮电分营，电信业务移交涪陵电信局。

三、邮政网络

（一）网络能力建设

1. 邮路

（1）区内邮路

截至 2022 年底，涪陵进出口邮路由重庆邮区中心局组开，进口一天 3 趟，其中 1 趟次串行长寿到达涪陵，其余 2 趟直达；出口一天 4 趟，其中 1 趟由丰都串行涪陵到达重庆。进口 1 频早上 7:00 到达涪陵，进口 2 频 10:30 到达涪陵，进口 3 频 14:30 到达涪陵；出口 1 频 13:00 发车，出口 2 频 18:30 发车，出口 3 频 7:25 发车，出口 4 频 8:20 发车。

（2）区域邮路

1988 年 12 月，涪陵—南川委办汽车邮路改为自办汽车邮路，单程 105 公里，班期为逐日班。1990 年 1 月，涪陵—彭水委办机动船邮路撤销。1995 年 4 月，开通涪陵—垫江自办普通二级邮路，单程 128 公里，班期为逐日班。1997 年 11 月，撤销涪陵—垫江自办普通二级邮路和涪陵—丰都委办水运邮路，开通涪陵—丰都汽车邮路。1998 年 11 月，撤销涪陵—南川自办汽车邮路。1999 年 3 月，涪陵—丰都邮路延伸至焦石邮政支局再返回涪陵，邮

路运行公里为 219 公里。2000 年 5 月，撤销涪陵—丰都环形邮路。截至 2022 年底，未发生变化。

（3）县乡邮路

1998 年 11 月，涪陵邮政开通涪陵—龙潭区内逐日班自办汽车邮路。同年，原白涛支局邮件改交建峰局发渝秀线邮车发运。1999 年 3 月，开通涪陵至马武、龙潭、新妙、蔺市回涪陵环形自办汽车邮路，班期为逐日班，同时撤销涪陵—石沱的委办水运邮路。2000 年 5 月，撤销涪陵—丰都环形邮路，开通涪陵—珍溪、仁义，涪陵—焦石、罗云邮路，班期为逐日班。2010 年 5 月，开通涪陵—白涛邮路，班期为逐日班。2015 年，开通武陵山乡邮路，班期为逐日班，日运里程 150 公里。截至 2022 年底，涪陵邮政共有邮路 14 条，往返里程 1855 公里。

2. 物流体系

自 2010 起，涪陵邮政依托全区 54 个邮政支局所、15 个代办所，形成以"区邮政局为区县级配送中心＋乡镇级配送中心＋村级服务站"为模式的物流体系。2022 年 4 月，申报并建设黄旗邮件处理中心和珍溪、义和等 10 个镇（乡）级寄递物流共配中心，建筑面积 1100 平方米。

3. 作业场地

自 1986 年起，涪陵邮件处理作业场地不断扩大。2000 年 12 月，涪陵邮件处理作业场地从中山路邮政生产大楼二楼，搬迁至太极大道邮政综合大楼二楼，面积增加 150 平方米。随着邮件业务量的增加，2019 年 5 月，租用黄旗 2500 平方米厂房作为临时邮件处理场地。过渡期间，在马鞍投资 6400 万元，征用土地 20.9 亩，建设新的涪陵邮件处理作业场地。

4. 设施设备

（1）邮政专用设备

1986 年，涪陵地区邮电局配备电子信函秤、包裹秤、分拣格眼、封袋钳等设备。1997 年，配备包裹捆扎机、收寄机、微型电子计算机等设备。2017—2022 年，涪陵邮政相继配备分拣传送带 2 套（含三级伸缩胶带机、胶带传输系统）、集包设备 1 套，新增邮件消毒弥雾器 1 台、蓝牙电子秤 4 个、PDA 手持终端 54 个、装卸叉车 4 部、兜笼 50 个。

（2）运输设备

1982 年，涪陵地区邮电局开始启用邮运汽车、摩托车、自行车运输邮件，结束邮件运送靠肩挑的历史。1997 年，涪陵邮政共有邮运自行车 30 辆、摩托车 13 辆、汽车 5 辆。截至 2022 年底，涪陵邮政共有邮运汽车 19 辆、运钞车 7 辆、摩托车 25 辆，租赁投递汽车 12 辆。

（二）网运生产作业

1. 邮件接发

1986 年，涪陵地区邮电局平均每日接发邮件 3.03 万

件，其中出口 7418 件、进口 7754 件、转口 1.52 万件，均由邮件处理班组人员进行接发，农村支局网点由营业、投递人员兼任接发工作。2016 年，分拣分发实现全混岗、半机械化（传送带安装后）作业，处理能力同比提升 20%，处理时限缩短 1 小时以上。2022 年，涪陵邮政平均每日分发邮件 2.98 万件，其中出口 1.05 万件、进口 1.50 万件、转口 4325 件，均由邮件处理中心人员进行接发。农村支局网点仍由营业、投递人员兼任接发工作。

2. 邮件运输

自 1986 年起，邮件运输方式历经步班、自行车、委办机动船、委办汽车运输、委办运输与自办相结合、自办运输加自办转接的转变。自 1992 年起，涪陵地区邮电局到各支局、所邮件，由邮运科负责派车运输；各支局、所到各乡办所邮件运输，由乡办人员负责运输。1997 年，各（乡）镇均委托社会客运部门运输。2018—2022 年，采用"自办＋外包"方式运输邮件。

3. 邮件押运

2003 年以前，涪陵所有进出口邮件均由押运组人员负责押运。自 2003 年 7 月起，除机要外，实行"驾押合一"，取消邮件押运员。2017 年前，邮件按"邮钞合一"方式进行押送。2018 年，实施"钞邮分离"，重新组织邮路，制定邮路运行图和邮路运行时限表，要求邮运车辆、送钞车辆行驶必须按规定线路运行。

4. 邮件投递

（1）城市投递

1986 年，涪陵地区邮电局共有投递段道 13 个，对市区内 50 多个单位的报刊邮件实行专车投递，每天投递 1 次。1988 年 4 月，随着业务量猛增，城区投递段道增加至 18 个段道。2008 年 6 月，涪陵邮政开展投递达标工作。2009 年，初步达到投递服务规范化、作业流程标准化、现场管理 6S 化要求。2015 年 4 月，涪陵邮政试行大班级作业模式，优化作业流程组建专职揽投队伍。2017 年，实行营销、揽收、投递三岗合一深入作业流程再优化，设城区段道 34 条，揽投作业运行能力显著提高。2020 年，涪陵邮政在城区设 7 个网格，城区投递每天 3 个频次。2021 年，把 7 个网格打造成 7 个揽投部，服务功能进一步完善。2022 年，根据实际情况，7 个揽投部调整为 6 个。

（2）农村投递

1986 年，涪陵农村投递沿袭 1984 年四川省邮电管理局对农村投递人员的工作实行"四定"：多数乡定为两条投递线路，每条设 2—3 个考核点，每个考核点设 1—2 名考核签章人；自办局所所在地的乡，投递员若无营业任务，全日投递，每周投递 6 天，每天投递里程为 25 公里；在干线邮路沿途且每天交换邮件 2 次的乡，投递员半天营业、半天投递，每天投递里程 10—15 公里；有场镇的

乡，逢场日全天营业，其余时间半天营业、半天投递，不收邮件的非逢场日，全天投递。2015年，推进农村投递改革，涪陵邮政依托328个村邮站，建立起"邮件报刊投递＋农副产品配送＋业务宣传"的农村投递模式。同年，乡镇每天1个频次，实现乡镇以上党政机关《人民日报》当日见报率100%。2018年，全面实现行政村投递频次达标，农村投递保证每周3个频次。截至2022年底，34个行政村实现"周五班"投递频次。

（三）网运管理

1. 组织管理

2006—2017年，涪陵邮政网运生产调度挂靠在市场部。2017年，成立运管部，负责辖区内网运调度和生产作业。2018年9月，涪陵片区寄递事业部成立，运管部划归寄递事业部，负责辖区内网运调度和处理中心生产管理。同时，根据重庆大网邮车的到、发时间，编制《涪陵片区分公司网运生产作业计划》，确保进出口邮件准点、

准班完成发运和投递。

2. 网运质量

1986—2022年，涪陵邮政网运质量不断提升。2022年，标快省内互寄次日递率达到99%左右，快包省内互寄次日递率达到98%左右；普服给据邮件省内互寄及时率T+3，提升3个百分点，达到97%左右，省内互寄及时率T+5，提升2个百分点，达到99%左右；快递包裹及时妥投率99.92%，特快专递及时妥投率87.92%；特快收寄及时率98.67%，快包收寄及时率99.59%，以上所有指标均超全国邮政均值。

（四）服务网点

1. 网点设置

1986年，涪陵地区邮电局设立邮电支局11个、邮电所81个，其中自办所21个、代办所60个。截至2022年底，涪陵邮政设支局6个、邮政网点64个，其中代理金融网点54个、纯邮政网点10个。

表 9–12–1–3

2022 年涪陵邮政局所一览表

序号	局所名称	经营性质	经营属性	设置地点	备注
1	荔圃路邮政所	自营	城市	崇义街道荔圃路 11 号附 11、12、13 号泽胜温泉城四期 34 幢 1– 商业 15、16、17 号	迁址更名前：五马邮政所
2	东滨邮政所	自营	城市	江东街道凉塘路 1 号附 1–4 号澳海御江苑二期第 1 幢 1– 商业 5、4、3、2 号	——
3	三合邮政所	自营	农村	增福镇民安路 22 号附 2 号	——
4	万寿邮政所	自营	农村	马武镇万寿路 7 号	——
5	中峰邮政所	自营	农村	珍溪镇中峰村 1 组丰盛路 3 号	——
6	龙泉邮政所	自营	农村	蔺市街道五尧村 1 组 38 号	——
7	奥体邮政所	自营	城市	李渡街道聚贤大道 19 号附 86、87 号	——
8	石马邮政所	自营	农村	李渡街道高岩口西路 34 号附 1 号	——
9	焦石邮政所	自营	农村	焦石镇新井路 20 号	——
10	江东邮政所	自营	城市	江东街道涪清路 29 号	——
11	南沱邮政所	自营	农村	南沱镇南府路 38 号附 1–5 号	——
12	堡子邮政所	自营	农村	蔺市街道勤政路 51 号	——
13	百胜邮政所	自营	农村	百胜镇兴百路 8 号	——
14	蔺市邮政所	自营	农村	蔺市街道凤阳大道 33 号	——
15	仁义邮政所	自营	农村	珍溪镇仁义观江路 5 号附 3 号	——
16	大柏树邮政所	自营	农村	义和街道秀柏路 3 号	——
17	清溪邮政所	自营	农村	清溪镇东升路 44 号附 2 号	——

序号	局所名称	经营性质	经营属性	设置地点	备　注
18	马武邮政所	自营	农村	马武镇政兴路 85 号	—
19	新妙邮政所	自营	农村	新妙镇群益路 39 号	—
20	大山邮政所	自营	农村	义和街道大山北路 15 号附 3 号	—
21	北拱邮政所	自营	农村	龙桥街道龙兴西路 28 号	—
22	新妙力帆路邮政所	自营	农村	新妙镇力帆路 50 号附 4、5 号	—
23	永安邮政所	自营	农村	百胜镇永安路 17 号附 8 号	—
24	大塘邮政所	自营	城市	敦仁街道顺江大道 6 号附 12 号	—
25	大木邮政所	自营	农村	大木乡花谷大道 81 号	—
26	石龙邮政所	自营	农村	李渡街道石龙路 127 号 1-1	—
27	镇安邮政所	自营	农村	义和街道镇安社区镇兴路 85 号	—
28	两汇邮政所	自营	农村	新妙镇大桥路 36 号	—
29	聚宝邮政所	自营	农村	同乐镇九猴路 168 号	—
30	惠民邮政所	自营	农村	马武镇惠民泰安路 43 号附 1 号	—
31	石和邮政所	自营	农村	石沱镇玉珠路 108 号附 1 号	—
32	南门山邮政所	自营	城市	敦仁街道广场路 2 号	—
33	珍溪邮政所	自营	农村	珍溪镇新苑路 49 号附 42 号	—
34	龙潭邮政所	自营	农村	龙潭镇建设东路 13 号附 1-4 号	—
35	致韩邮政所	自营	农村	李渡街道致远路 92 号	—
36	义和邮政所	自营	农村	义和街道兴义中路 64 号	—
37	武陵山邮政所	自营	农村	武陵山乡峡谷路 1 号附 13 号	—
38	金银邮政所	自营	农村	李渡街道金银 3 组 201 号	—
39	石泉邮政所	自营	农村	李渡街道石泉路 81 号附 8 号	—
40	双石邮政所	自营	农村	青羊镇双石街希望路 4 号附 2 号	—
41	四环路邮政所	自营	城市	荔枝街道太极大道 9 号 1-1 门面	—
42	龙桥邮政所	自营	农村	龙桥街道龙飞路 50 号	—
43	增福邮政所	自营	农村	增福镇边贸路 26 号	—
44	石沱邮政所	自营	农村	石沱镇宛平路 148 号	—
45	同乐邮政所	自营	农村	同乐镇与时路 75 号	—
46	青羊邮政所	自营	农村	青羊镇安镇西路 13 号附 1 号	—
47	明家邮政所	自营	农村	大顺镇明家社区天宝路 78 号附 1 号	—
48	中山路邮政所	自营	城市	敦仁街道中山路 8 号附 3 号	—

序号	局所名称	经营性质	经营属性	设置地点	备注
49	白涛邮政所	自营	农村	白涛街道建国路 21 号	—
50	罗云邮政所	自营	农村	罗云镇红军路 2 号附 1 号	—
51	马鞍邮政所	自营	城市	李渡街道聚龙大道 76 号附 11 号	—
52	山窝邮政所	自营	农村	白涛街道长岭街 14 号	—
53	黄旗邮政所	自营	城市	江北街道办事处黄旗 8 社	—
54	高山湾邮政所	自营	城市	崇义街道百花路 88 号	迁址更名前：凉塘邮政所
55	高笋塘邮政所	自营	城市	敦仁街道高笋塘路 7 号	—
56	实验路邮政所	自营	城市	荔枝街道兴华西路 2 号	—
57	黎明路邮政所	自营	城市	荔枝街道黎明路 8 号	—
58	师院邮政所	自营	城市	李渡街道聚贤大道 16 号长江师范学院南苑	—
59	韩龙邮政所	自营	农村	李渡街道韩龙村 6 组 15 号	—
60	永义邮政所	自营	农村	珍溪镇永义一组	—
61	开平邮政所	自营	农村	新妙镇开平路 62 号	—
62	四合邮政所	自营	农村	新妙镇金凤村四合街 6 号	—
63	建峰邮政所	自营	农村	白涛街道建峰北路 3 号附 7 号	—
64	龙驹邮政所	自营	农村	南沱镇龙驹村 1 社	—

2. 社会加盟站点

2014—2016 年，涪陵邮政建成村邮站 328 个。2015—2017 年，建成区级农村电商运营中心 1 个、乡镇服务中心 4 个、建成"邮乐小店"537 个、邮乐地方特色馆 1 个。2018 年，新增乡镇服务中心 3 个，建成电商服务站 416 个，实现行政村全覆盖。

截至 2022 年底，涪陵邮政累计建成邮乐购站点、村邮站、邮快超市等各类综合便民服务站 744 个。

四、邮政管理

（一）财务管理

1997 年上半年，涪陵市邮政局对固定资产进行全面清理，并在邮电分营时进行拆分。2004 年 2 月，出台《涪陵片区邮政局财务管理一体化实施办法（试行）》，推行片区财务管理一体化。2012 年，涪陵邮政全面加强欠费清理，提升资金利用率。2015 年 10 月，涪陵 ERP 上线，由地方核算转变为市分公司集中核算，从传统的核算型财务向管理型、经营型财务转变。2017 年，开始实行企业营业利润目标零基预算管理。2018 年，成立全面预算管理委员会，明确其职责。2019 年，开始实行邮务账、邮政账和速递账分账核算。2022 年，构建预算全过程闭环

管理体系，强化预算精细化管理力度。

（二）人力资源管理

1. 队伍建设

1986—2022 年，涪陵邮政通过竞争上岗、持证上岗、建立人才库等方式，不断加强人才队伍建设。

1997 年，邮电分营后，涪陵邮政共有从业人员 343 人。2018—2022 年，涪陵邮政根据员工性格、素质、能力建立"三型"（经营管理型、专业型、事务型）人才库，其中经营管理人才库 36 人、专业型人才库 40 人、事务型人才库 50 人，做到人岗匹配、人尽其才。截至 2022 年底，涪陵邮政共有从业人员 532 人。

2. 教育培训

1986—1996 年，涪陵地区邮电局先后由涪陵邮电技工学校、邮电局教育中心等机构负责涪陵地区邮电职工教育、培训工作和就业前培训。1997 年，邮电分营后，涪陵邮政先后设立人事教育科、人力资源部等部门履行相应教育培训职责。自 2007 年起，人力资源部科学制订全年员工培训计划，每年通过各种业务培训、知识竞赛、操作表演、技术等级考算、职业技能鉴定等方式，提高邮政生产人员的业务技能。2015 年 5 月，涪陵邮政组织员工开

图 9-12-1-1　2022 年 4 月，涪陵邮政组织开展管理者全能提升特训

展户外拓展训练，增强团队凝聚力。2022 年 4 月，组织开展管理者全能提升特训。同年，组织员工参加邮政特有资格考试（储汇、投递、机要通信），共报名 49 人次，其中合格 41 人（含中高级证书 28 人）。截至同年底，涪陵邮政从业人员中持有银专资格证 104 人、基金从业资格证 43 人、金融理财师（AFP）12 人；从业人员本科占比 50.42%。

3. 薪酬管理

1993 年，涪陵地区邮电局实行邮电岗位技能工资制，按照"一岗一薪，易岗易薪"原则，严格执行工资等级标准。2004 年，涪陵邮政按照多劳多得原则，制定绩效奖励考核办法，破除"大锅饭"。2008 年，根据市公司统一部署，建立以岗位职责和业绩考核为基础的薪酬分配制度。2015 年，落实市分公司薪酬改革要求，将原岗位工资划分为岗位工资和薪级工资。2018 年，按照市分公司倾斜一线、技能优先、激励先进、对标管理原则，实施薪级工资晋级和岗位工资晋档工作。截至 2022 年底，未发生变化。

（三）服务质量管理

1. 营业服务

2015—2022 年，涪陵龙驹、永义、韩龙、四合、开平 5 个邮政所每周营业 3 天，每天营业时长 4 小时；镇安、龙泉、三合、石和、万寿、双石 6 个邮政所每周营业 5 天，每天营业时长 6 小时；建峰邮政所每周营业 6 天，每天营业时长 8 小时；其余邮政所均每周营业 7 天，每天营业时长 7 小时。营业时间均达到邮政普遍服务标准。

截至 2022 年底，涪陵邮政服务面积 2942.36 平方公里，辖 8 个街道、16 个镇、2 个乡，服务人口超过 100 万人；设有普遍服务营业场所 64 个，其中纯邮政网点 10 个，所有营业场所均开办普遍服务 4 项基本业务以及义务兵平常信函、盲人读物、烈士遗物免费寄递等特殊服务业务。

2. 普遍服务与特殊服务

1986—2022 年，涪陵邮政按照国家邮政法要求，提供机要传递业务以及对义务兵平常信函、盲人读物、烈士遗物提供免费寄递服务。1986 年，涪陵地区邮电局传递机要文件 1.46 万件。2018 年 10 月，涪陵邮政配置机要专线车，负责传递辖内所有机要文件。2022 年，传递机要文件 1.05 万件。截至 2022 年底，涪陵邮政实现 42 年机要通信质量全红。

2017 年以前，普遍服务职能先后由邮政科、市场部履行。2017 年 7 月，涪陵邮政成立服务质量部（普遍服务部），统筹管理服务质量。2018 年，《涪陵片区本部普遍服务提升行动方案》出台，确保普服提前达标。2022 年，涪陵邮政严格落实"日管控、周分析、月考核"常态运营管理机制，普服提质达标。

3. 监督检查

2004 年，涪陵邮政有针对性地加强邮政市场监督力度，协调配合工商、公安等部门查处、取缔非法速递公司 2 家。2005 年，开展城乡支局（班组）和专业业务管理达标工作，严格进行邮件时限、规格和各项工种规范运行的稽核检查。同年，重点针对营业、投递服务质量、邮件传递时限以及邮政服务投诉中出现的热点和难点问题开展监督检查。2018 年，开展营业环节平信开箱不及时、日戳加盖不规范、对用户盖戳要求不回复、投递环节邮件退转不规范、跟段检查不落实、收发室村邮站逾期邮件不清退"六大歼灭战"的监督检查。2022 年，开展普服大检查并及时进行整改。

（四）安全管理

1986—1996 年，涪陵邮政加强安全工作组织领导，认真落实安全目标责任制。1997—2017 年，建立健全安全规章制度，强化人防、技防、物防措施，加大安全设备投入，加大检查考核力度，督促安全问题整改。2018—2022 年，涪陵邮政持续开展"乱象整治""治乱打非""排雷行动""安全生产月"等专项活动，安全管理持续提升。2020年3月，涪陵片区分公司获得涪陵区交通局颁发的重庆市涪陵区交通行业2019年度"安全生产工作先进单位"荣誉称号。截至2022年底，涪陵邮政无重大安全及人员伤亡事故发生。

（五）党群管理

1. 党组织

1993年2月22日，中共涪陵地区邮电局委员会召开党员大会选举新一届委员。当年共有党员222人，其中正式党员213人、预备党员9人。

1997年，邮电分营，撤销原中共涪陵市邮电局委员会、中共涪陵市邮电局纪律检查委员会，建立中共涪陵市邮政局委员会、中共涪陵市邮政局纪律检查委员会。1998年，根据行政机构调整，"中共涪陵市邮政局委员会"更名为"中共重庆市涪陵区邮政局委员会"。同时，对辖内党支部作了相应调整，设有：党群党支部，含党办、工会、人事劳动科、公安科、纪监室、审计科；机关党支部，含局办公室、计划财务科；储汇党支部，含储汇科、发行科、集邮公司；多种经营党支部，含多经科、鸿浩通信发展有限责任公司及所属分公司、局劳动服务公司。2015年，"中共重庆市涪陵区邮政局委员会"更名为"中共中国邮政集团公司重庆市涪陵区分公司委员会"，2020年，更名为中国共产党中国邮政集团有限公司重庆市涪陵片区分公司委员会，所辖支部同步更名。截至2022年底，沿用此名。

2022年，中共中国邮政集团有限公司重庆市涪陵片区分公司委员会下设市场经营党支部、综合办公室党支部、综合职能党支部、寄递事业部党支部、城区分公司党支部，共有党员130人，其中正式党员123人、预备党员7人。

自2015年起，涪陵邮政把党建工作与生产经营高度融合，与生产经营同安排、同落实、同考核，以高质量党建引领涪陵邮政高质量发展。2015—2021年，涪陵邮政先后开展"三严三实"专题教育、"两学一做"学习教育、党史学习等教育活动。2022年，创新开展"三亮三比三评""强堡垒、争先锋""我为群众办实事"等党建品牌活动。

2. 工会

1998年，根据重庆邮政体制调整有关规定，撤销中国邮电工会涪陵市邮政局委员会和中国邮电工会涪陵市李渡区邮政局委员会，撤销中国邮电工会重庆市邮政委员会涪陵市办事处。按照工会组织原则，设立中国邮电工会重庆市涪陵区邮政局委员会。

2013年6月，中国邮政集团工会重庆市涪陵区委员会召开第一届一次代表大会，选举产生新一届工会委员会。2020年，随行政更名为"中国邮政集团工会重庆市涪陵片区委员会"。

2012—2022年，涪陵邮政工会组织开展演讲比赛、钓鱼比赛、登高健步活动、趣味运动会、邮政员工风采展播等职工文体活动，认真践行"快乐工作 幸福生活"重邮倡导。

3. 团组织

1997年，共青团涪陵市邮政局委员会成立，设基层团委1个，团支部4个，共有团员71名。

2015年，"共青团重庆市邮政公司涪陵区邮政局委员会"更名为"共青团中国邮政集团公司重庆市涪陵区分公司委员会"。2020年，"共青团中国邮政集团公司重庆市涪陵片区分公司委员会"更名为"中国共产主义青年团中国邮政集团有限公司重庆市涪陵片区分公司委员会"。

2021年5月，共青团中国邮政集团有限公司重庆市涪陵片区分公司团员大会和第二届团委第一次全体会议召开，选举出共青团中国邮政集团有限公司重庆市涪陵片区分公司委员会第二届委员会委员。截至2022年底，共有团员44名。

五、获得荣誉

1998年3月，涪陵区邮政局获得中共重庆市委、重庆市人民政府颁发的"文明单位"荣誉称号；

2003年12月，涪陵区邮政局获得重庆市质量技术监督局、重庆市经济委员会、重庆市商业委员会、重庆市用户委员会颁发的"重庆市用户满意服务单位"荣誉称号；

2005年3月，涪陵区邮政局获得重庆市精神文明建设委员会颁发的"百佳文明单位"荣誉称号；

2006年12月，涪陵区邮政局获得重庆市总工会颁发的"模范职工之家"荣誉称号；

2011年1月，涪陵区邮政局获得重庆市邮政公司、中国邮电工会重庆市邮政委员会颁发的"重庆市邮政公司2009—2010度和谐企业""重庆市邮政系统2009年业务发展劳动竞赛十佳企业"荣誉称号；

2012年2月，涪陵区邮政局计划财务部、江东支局获得重庆市邮政公司2011年度"巾帼文明岗"荣誉称号；

2012年5月，涪陵区蔺市邮政支局、涪陵区中山路邮政所获得全市邮政系统2011年度"青年文明号"荣誉称号；

2016年12月，涪陵区分公司获得中国银行业监督管理委员会重庆监督局颁发的重庆市"空白网点乡镇金融服务先进单位"荣誉称号；

2018年5月，涪陵区分公司获得中国邮政集团公司颁发的2017年"千万市百万县"函件传媒转型升级工程的"超千万晋级奖"和"突出贡献奖"；

2020年6月，中国共产党中国邮政集团有限公司重庆市涪陵片区分公司委员会获得中共重庆市涪陵区交通局委员会颁发的"先进党组织"荣誉称号；

2021年6月，中国共产党中国邮政集团有限公司重庆市涪陵片区分公司委员会获得中共重庆市涪陵区交通局委员会颁发的涪陵区交通系统"先进基层党组织"荣誉称号。

第二节　垫江邮政机构

一、机构沿革

（一）机构演变

1. 四川省管局管辖时期

1986年，垫江县邮电局隶属四川省涪陵地区邮电局。

1996年，"涪陵地区邮电局"更名为"涪陵市邮电局"，垫江县邮电局由四川省涪陵市邮电局管辖。

2. 邮电分营时期

1997年3月，涪陵市及所辖区县正式划属重庆市。同年7月，因邮政、电信在重庆分营试点，垫江县邮政局成立，隶属涪陵市邮政局管辖。

1998年3月，垫江县邮政局划归重庆市邮政管理局直接管理。

2003年2月，重庆邮政实行城、片区化经营管理体制，垫江邮政局划归新组建的涪陵片区邮政局管理。

3. 政企分开时期

2007年9月，邮政政企分开，"垫江县邮政局"更名为"重庆市邮政公司垫江县邮政局"。2008年1月，中国邮政储蓄银行重庆垫江县支行挂牌，垫江邮政受邮储银行垫江县支行委托开办代理金融业务。

2009年1月，重庆邮政速递物流实行一体化专业经营，组建重庆市邮政速递物流公司垫江县分公司。2010年6月，更名为"重庆市邮政速递物流有限公司垫江县分公司"。

2014年6月，重庆邮政速递物流有限公司组织机构改革，"重庆市邮政速递物流有限公司垫江县分公司"改设为"垫江县营业部"（营业执照不变），隶属重庆市邮政速递物流有限公司新组建的涪陵片区分公司。

2015年4月，根据集团公司法人体制改革要求，"重庆市邮政公司垫江县邮政局"更名为"中国邮政集团公司重庆市垫江县分公司"。同月，"重庆市邮政速递物流有限公司垫江县分公司"更名为"中国邮政速递物流股份有限公司重庆市垫江县分公司"。

2017年6月，根据市分公司机构编制方案，设立垫江县分公司，调整优化内设机构主要职责及人员编制。

2018年9月，寄递改革，垫江县寄递事业部成立（保留"中国邮政速递物流股份有限公司重庆市垫江县分公司"牌子），划归涪陵片区寄递事业部管理。

2020年1月，"中国邮政集团公司重庆市垫江县分公司"更名为"中国邮政集团有限公司重庆市垫江县分公司"。

截至2022年底，中国邮政集团有限公司重庆市垫江县分公司内设综合办公室、市场营销部、金融业务部、渠道平台部、集邮与文化传媒部。

（二）主要领导

表9-12-2-1

1986—2022年垫江邮政主要领导人员名录

单位名称	姓　名	职　务	任职时间
四川省涪陵地区垫江县邮电局	张在仁	局长	1986.1—1997.6
	李朝桃	党总支书记	1986.1—1997.6
重庆市垫江县邮政局	李朝桃	党总支书记、局长	1997.7—1997.11
	邱　霞	党总支书记、局长	1997.12—2006.12
重庆市邮政公司垫江县邮政局	邱　霞	党总支书记、局长	2007.1—2013.4
	梁远扬	党总支书记、局长	2013.5—2014.9
	金　侠	党总支书记、局长	2014.10—2015.6
中国邮政集团公司重庆市垫江县分公司	金　侠	党总支书记、总经理	2015.6—2018.6
中国邮政集团有限公司重庆市垫江县分公司	赵　亮	党总支书记、总经理	2018.7—

二、邮政业务

2022年，垫江邮政业务收入完成15921.17万元，是1986年邮政业务收入25.3万元的630倍，是1997年（邮电分营后第一年）邮政业务收入466万元的34.17倍。

表9-12-2-2

1986—2022年垫江邮政业务收入统计表

单位：万元

年份	业务收入	年份	业务收入	年份	业务收入
1986	25.30	1999	620.00	2012	4525.80
1987	31.10	2000	873.00	2013	5178.14
1988	34.60	2001	1033.00	2014	5790.30
1989	39.20	2002	1170.00	2015	6958.67
1990	103.60	2003	1485.00	2016	8695.69
1991	120.30	2004	1818.00	2017	10313.57
1992	155.70	2005	2203.00	2018	11840.78
1993	180.80	2006	2110.00	2019	12307.10
1994	230.80	2007	2188.48	2020	13304.56
1995	301.00	2008	2010.49	2021	14045.59
1996	389.00	2009	2376.61	2022	15921.17
1997	466.00	2010	2574.59		—
1998	544.00	2011	3550.99		

（一）金融业务

1. 储蓄汇兑

（1）储蓄业务

1986年7月，垫江县邮电局恢复开办邮政储蓄业务。同年，全县设邮政储蓄营业网点2个，储蓄存款余额5.37万元。1990年，邮储营业网点12个，储蓄存款余额505.52万元。1995年，邮储营业网点19个，储蓄存款余额7818万元。2000年，邮储营业网点42个，储蓄存款余额1.43亿元。截至2008年底，垫江邮政新增储蓄存款3.02亿元，储蓄存款余额达到11.45亿元。2011年11月，储蓄存款余额突破20亿元。自2013年起，垫江邮政通过从理念、服务、产品等方面进行转型，储蓄业务进入全新发展阶段，平均每年以6.2亿元速度增长。截至2022年底，垫江邮政储蓄存款余额达到81.86亿元。

（2）汇兑业务

1986年，垫江县邮电局开办汇兑业务。1988年5月，开办"快件汇款"。自2000年起，开始由票据寄递汇兑向电子汇兑过渡。2002年，垫江县邮政局全部网点实现电子汇兑全国联网。2004年，开办国际汇兑业务。自2004年起，随着储蓄绿卡功能的不断丰富、自助机具的推广使用及电子支付渠道的完善等，汇兑业务发展业务受到影响。2022年，垫江邮政实现收汇业务686笔，兑付业务2288笔。

2. 中间业务

（1）保险业务

2001年，垫江县邮政局开始代理保险业务，同年完成保费67.23万元。2005年，完成保费2212万元。2013年，完成保费4568.96万元。2017年，累计实现新增保费2.4亿元。保险业务逐步成为代理金融板块业务的重要收入来源。2022年，垫江邮政代理保费14125万元。

（2）国债、基金、理财

1999年，垫江邮政开办承销凭证式国债。2008年，开办承销电子式国债，同年，开办理财业务。2006年，启动基金代销业务，销售基金234.4万元，成为金融业务新亮点。2013年，垫江邮政销售理财产品4.11亿元，国债4936.49万元。截至2022年底，垫江邮政实现高效基金销量1.13亿元，新增净值型理财保有量1.06亿元。

（3）代发代收

2000年，垫江县邮政局与社保局协商代发社保养老金，同年代发40万元。2001年，代发养老金5000多户，合计代发金额达到310万元。2003年，代发工资及代发养老金每月户数达6110户，每月代发金额达350余万元。2006年7月，垫江县邮政局取得财政种粮直补代发资格，同年，累计代发各类直补资金2400万元。2007年，代发各类直补达到54万户，代发金额达1.3亿元。2009年，代发业务户数153万户，代发金额6.36亿元。截至2022年底，垫江邮政代发各类业务资金达20余种，年代发养老金68.28万户。

3. 风控合规

2004年，垫江邮政制订《垫江县邮政局邮政视检稽查考核办法》，开展储汇人员轮岗工作，并将轮岗纳入稽查内容。2007年，网点从业人员班务由稽查人员归口统一安排，落实储汇柜员、综合柜员和支局长3级密码权限管理。2008年，金融协调小组成立，重点协调解决案件风险排查防范等工作。2017年8月，设立金融合规监督管理岗，下设由4人组成的金融业务检查室。2018年，制订《中邮垫江县分公司风险防控体系建设实施方案》，规避和强化化解风险能力。2019年，"代理金融风险内控案防管理委员会"成立，《中邮垫江县分公司关于综合柜员派驻工作实施方案》出台，邮政代理金融综合柜员派驻管理工作机制建立。2021年，垫江邮政风险合规KPI考评达到市分公司一级考级考评标准。2022年，制订《中邮垫江县分公司代理金融风险内控案防管理委员会工作规则》，推进代理金融风控合规"雷霆行动"，开展"查教管改"一体化综合检查。

（二）寄递业务

1. 特快专递

1994年3月，垫江县邮电局开办特快专递业务。开办初期以窗口收寄为主，后面逐渐发展为上门揽收。2002年，垫江县邮政局开始与公安局合作，办理身份证特快寄递业务。2021年1月，垫江县分公司与政务办启动"政务＋邮政"寄递项目，在县政务服务大厅设邮政快递服务窗口。2022年，共揽收特快专递37.06万件。

2. 快递包裹

2012年8月，垫江县邮政局在原邮政国内小包的基础上整合开办快递包裹业务。2015年6月，升级为新快递包裹，主要面向电子商务市场及其他有批量物品寄递的客户，发挥出时限稳定、价格经济、全程跟单、通达全国等优势。2022年，垫江邮政共揽收快递包裹84.36万件。

3. 物流业务

2003年，垫江县邮政局开办物流业务。2005年，随着桶装水、酒水配送，日化系列销售，以及"思乡月"专项营销，物流业务种类和合作项目得到有效拓展。2007年，获得农资配送龙头企业资格，开始新建"三农"服务网点，逐步开展种子、农药、复合肥料配送。同年，实现配送额22.97万元。随着项目配送的增加，成为物流业务的重要收入来源。2022年，实现物流业务交易3204.3吨。

4. 国际业务

1986年，垫江县邮电局开办国际业务。分为国际普通邮件业务、国际及港澳台邮政特快专递业务、国际商业渠道业务。2018年，寄递事业部成立后，优化整合新的国际业务板块，涵盖国际小包、国际E邮宝、国际EMS、国际包裹等业务。自2020年起，通过中欧班列（渝新欧）小包为全国输运欧洲路向的跨境电商货物。2022年，垫江县分公司收寄国际邮件1200件。

（三）文传业务

1. 函件业务

邮电分营前，邮政以信函业务为主。自1997年邮电分营后，函件业务逐步得到拓展。自1999年起，垫江县邮政局先后开办商业信函、账单、企业金卡、贺卡、明信片、邮送广告等商函业务。随着数据库商函、账单、票务代理、中邮广告、电视媒体等业务不断丰富，函件业务成效凸显。2019—2020年，垫江邮政以发展媒体为重点促进函件业务转型发展，票务收入从2019年的130万元增加到2020年的281.6万元。2021年，以渝邮传媒品牌切入地方文化活动和智慧党建文化建设，实现收入259万元。2022年，函件业务以文化市场和创建全国文明城区为突破口，提供广告宣传业务，实现收入115.4万元，全年函件业务总收入212.9万元。

2. 报刊业务

1986年，垫江县邮电局报刊发行实行"邮发合一"体制。1987—1990年，在部分报刊停办和收回自办的情况下，垫江邮政坚持"计划发行、区别范围、扩大零售、发行代办"思路，在全县设报刊零售点12个，平均每年完成报刊发行600万份，业务收入50余万元。2005年后，垫江邮政局通过对教辅书和文化产品探索，形象期刊的销售，重点突击都市类、畅销类报刊市场、校园市场及项目营销，报刊流转额结构得到调整。2017年，开始通过开展"图书巡展"、政务图书销售和深化课堂内外刊邮合作模式，创新报刊业务发展渠道。2022年，报刊业务实现收入525.69万元

3. 集邮业务

1986年，垫江县邮电局开办集邮业务，在南门营业厅旁组建集邮门市，设专职营业人员，除销售特种、纪念邮票外，还经办纪念封、邮折、明信片、邮册和集邮工具等业务，全年集邮业务收入1.91万元。1988年6月，垫江县集邮协会成立，会员120人。1990—2006年，以销售邮品为主。自2012年起，集邮业务以重点项目为抓手，通过客户转型，创新营销模式，开展外购品集邮巡展活动及线上营销活动，促进集邮业务新增长。2014年，为庆祝第十五届中国重庆垫江牡丹节，宣传垫江牡丹文化，中国邮政发行《垫江牡丹》牡丹个性化纪念票1套16枚，垫江邮政以此为契机销售邮品，实现收入70余万元。2022年，实现集邮业务收入212.7万元。

4. 中邮文创

2021年，垫江邮政开办"中邮文创"业务。2022年，中邮文创收入单列，完成收入9.8万元。

5. 普通包裹

1950年，垫江邮政开办普通包裹业务。主要经营窗口包裹、校园包裹、军营包裹、家乡包裹、爱心包裹、母亲邮包等。1986年，收寄包裹1.10万件。1997年，收寄包裹1.17万件。2007年，收寄包裹1.56万件。随着快递包裹和特快专递的快速发展，普包业务逐年下降。到2017年，收寄包裹2827件，2022年收寄包裹650件。

（四）渠道业务

1. 增值业务

2001年，垫江邮政开始代办电信、移动和联通三大运营商话费代收业务。2005年，开办飞机票和火车票订票业务。2006年，开始代收烟草款业务。自2007年起，

重点发展短信高效业务和开办代收电费业务。2008年，开始代收天然气费业务。2009年，代收费业务量创下历史新高，代收金额达到1.76亿元。2010年，开办自邮一族等业务。2016年，开通"代征税"业务，次年覆盖面扩大到41个网点，全年实现收入53.18万元。2017年，垫江邮政持续深化警邮合作，进驻车管所代收车辆规费业务。2018—2022年，代征12.4万笔、代征税额6264.67万元。2019年，开办机动车业务、驾驶证业务、互联网业务警邮业务。2018年，开办代办车险业务。2019年开办简易险业务。2022年，实现车险保费279.06万元。同年，实现简易险保费108万元。

2. 分销业务

2001年，垫江邮政开启分销业务。同年，完成月饼配送额12万元。2018年，分销业务逐步增加粮油、农产品、酒水、日化等消费品销售。自2018年起，垫江邮政通过服务"三农"农资配送、开展电商平台批销、"919电商节"，运营邮乐小店等方式，分销业务种类不断丰富，收入规模不断壮大。2022年，通过打造"基地＋渠道＋平台"生态圈，成功申报"垫江泽德果蔬种植股份合作社"市级基地项目。同年，在集团公司"919电商节"中，垫江邮政获评"大单品全国百强县"称号。同年，实现分销业务收入1486.26万元。

3. 电信业务

1986年，垫江县邮电局进出口电报15.9万份。1992年，进出口电报29.92万份。随着通信不断发展，电报量逐渐下降。1993年，垫江县邮电局开通寻呼系统，全年有用户351户。1995年3月，开通127自动寻呼，同年底有用户1511户。1997年，邮电分营后，电信业务移交垫江电信局管理。

三、邮政网络

（一）网络能力建设

1. 邮路

（1）区内邮路

1986年，垫江县邮电局有区内邮路1条，即重庆—四川开江途经垫江，次日返回重庆，每日1班。1994年，开通垫江—重庆特快专递邮路，实现邮件提速。2000年，重庆—开江改为重庆—万州途经垫江，每天一班。2009年，邮政速递分营，邮政与速递物流各开通重庆—垫江专线一条。2018年，垫江—重庆邮路每天两进一出。2019年，调整为两进两出。2020年10月，调整为三进三出，其中途经垫江2个班次。

（2）县乡邮路

1986年，垫江县邮路单程2944公里，其中委办汽车邮路156公里，自行车邮路962公里，步班邮路1826公里。1990年，全县邮路单程327公里。其中，委办汽车

邮路5条，单程211公里；摩托车邮路1条，单程10公里；自行车邮路6条，单程92公里，步班邮路3条，单程14公里。1993年11月，开通自办环形邮路2条，单程288公里，全县机动车邮路单程338公里，自行车邮路单程减少到25公里，步班邮路全部取消。1997年，全县钞邮合一邮路2条。2013年，全县25个金融网点现钞收回县局集中保管，增设钞邮合一线路2条。2019年10月，实行钞邮分离，邮件运输线路4条。截至2022年底，垫江邮政有县城投递段道28个，乡镇邮路4条，总长615公里。

2. 物流体系

2022年，全县共建设322个综合便民服务站，其中村级有222个，开通代收费的有50个，代收包裹开通230个。53条农村投递段道中已有49条是汽车化段道，汽车化段道率已达92.45%。2022年，与申通、圆通、韵达、极兔等几家社会快递公司签订了邮快合作协议，与垫江县各乡镇100个建制村的邮件进村工作达成合作。

3. 作业场地

自1986年起，垫江邮政区域内包裹快递处理场地在南内街5号，随着业务量增加，1995年10月，搬迁至工农路229号新邮电局大院。2004年，搬迁至邮政街2号新邮政局大楼。2019年，寄递改革后，在县城工业园区租用处理中心场地2100平方米，满足生产作业需要。截至2022年底，共有处理场地26个，总面积3260平方米。城市地区有单独处理场所，农村地区依然与营业网点同址。

4. 设施设备

（1）邮政专用设备

1986年，邮件处理基本纯手工处理，垫江县邮电局只配备有电子信函秤、包裹秤、分拣格眼、封袋钳等基本设备。1997年，逐步配置包裹捆扎机、微型电子计算机等设备。2004年，有包裹捆扎机2台、电脑3台。2017—2019年，相继配备直线皮带机和环形皮带机各1台。截至2022年底，垫江邮政共有邮件传送皮带机2台、收寄一体机2台、液压叉车3台、举升车2台、电脑4台、揽投用PDA 41台、蓝牙电子秤41台、打包机1台。

（2）运输设备

1986年，全县共有邮运汽车1辆，自行车4辆。1997年，有邮运汽车3辆。2005年，配置揽投摩托车8辆、电动三轮车2辆。2013年，邮运汽车增加至5辆，新增两办摩托车42辆。2018年，新增电动三轮车8辆。截至2022年底，垫江邮政共有邮政车辆58辆，其中汽油车20辆、柴油车17辆、电动四轮车9辆、电动三轮车12辆。

（二）网运生产作业

1. 邮件接发

表 9-12-2-3

1986—2022 年垫江邮政邮件接发一览表

年度	邮路数量	线路	过境覆盖区域	发车频次	备注
1986—2000	1	重庆—开江	新民沙坪、武安、垫江县城、太平、澄溪	逐日	往返
	1	石柱—垫江	大石、杠家、沙河、龙岗、高安、长龙、垫江县城	逐日	往返
2000—2014	1	重庆—万州	垫江县城	逐日	—
2014—2022	1	重庆—万州 重庆—垫江	垫江县城	逐日	—

2. 邮件运输

1986 年，垫江县邮件运输由县客运中心汽车代为运输至各乡镇。1992 年，由垫江县邮电局邮运车辆负责运输邮件到各支局，支局再负责运送邮件到各所。自 1997 年起，全县邮件逐步由自办汽车邮路运输，截至 2022 年底未发生变化。

表 9-12-2-4

1994—2022 年垫江邮政邮件运输一览表

年度	邮路数量	线路	覆盖区域	发车频次	备注
1994—2013	2	南片	太平、澄溪、大雷、砚台、包家、鹤游、白家、绿柏、界枫、坪山、三溪、永平、界尺、福安、高峰、五洞、黄沙	逐日	自办
		北片	新民、武安、沙坪、复兴、晓兴、普顺、金华、周嘉、五龙、永安、跳石、高安、龙岗、沙河、杠家、大石、长龙	逐日	自办
2013—2022	4	垫江—复兴	峡口、曹家、曹回、新民、武安、沙坪、复兴	逐日	自办
		垫江—晓兴	长龙、高安、福安、跳石、永安、五龙、周嘉、金华、普顺、晓兴	逐日	自办
		垫江—沙河	黄沙、五洞、高峰、界尺、永平、裴兴、大石、杠家、沙河	逐日	自办
		垫江—三溪	太平、澄溪、大雷、砚台、包家、鹤游、白家、绿柏、界枫、坪山、三溪	逐日	自办

3. 邮件押运

1986—1991 年，垫江县邮件押运由委托运输部门负责。1992 年，垫江县邮电局到各（乡）镇支局、所邮件押运，由县局车辆负责，各支局、所到各乡办所的邮件，由乡办人员负责押运。自 1997 年起，逐步由自办邮路负责押运。2013 年，邮件押运调整为钞邮合一。2018—2022 年，邮件实行驾押合一。

4. 邮件投递

（1）城市投递

1986 年，垫江县城共有投递段道 4 个，其中，步班投递 3 个，自行车段道 1 个，负责对城区内行政企事业单位的报刊邮件投递，每天投递 1 次。1994 年，随着城区面积的扩大和业务量的增大，垫江城区增加 2 个投递段道，共有 6 个段道。2015 年 4 月，垫江邮政试行大班组作业模式，优化作业流程组建专职揽投队伍。2017 年，实行营销、揽收、投递三岗合一深入作业流程再优化，设城区揽投段道 24 个。截至 2022 年底，垫江邮政共有揽投段道 28 个、普邮段道 8 个，报刊每天投递 1 次、包裹每天投递 3 次。

（2）农村投递

1986—1992 年，全县农村投递由农村投递人员完成，对每条邮路编制"邮运时刻表"，由支局长监督执行考核。自 1993 年起，支局所在地邮件由支局投递员进行投递，其他邮件由支局下辖代办所投递。2002 年，推进农村投递改革，在每个行政村设 1 名农村投递人员，负责本村信函、汇款单及包裹投递。自 2013 年起，乡镇每天 1 个频次，实现乡镇以上党政机关《人民日报》当日见报率 100%，通过分区域投递外包全面实现所行政村投递频次达标，农村投递保证每周 3 个频次。自 2021 年 10 月起，沙坪、新民、高安、澄溪、太平、坪山 6 个乡镇农村频次达到每周 5 次。

（三）网运管理

1. 组织管理

2017 年以前，网运生产作业调度由综合办公室负责。2017 年，运营管理部成立，负责辖区内网运调度和生产作业。2018 年 9 月，运营管理部撤销，其职能职责划归渠道平台部。

2. 网运质量管理

1986—1997 年，生产作业组织由邮电局市场科负责管理。1997 年，邮电分营后，由新成立的经营服务部管理。2007 年，由市场经营部管理。2013 年，由邮件处理中心负责管理。2017 年 4 月，邮件处理场地搬迁至物流园区，场地面积由 480 平方米增加到 2100 平方米。新增环形皮带机

和直线伸缩胶带机各一台，大提升邮件处理速度。11 月，实现邮钞分离。2018 年，寄递事业部成立，负责生产作业计划指挥调度，明确生产作业计划管理，确保当日进出口邮件的准班、准点和频次时限的完成。同时，按照市分公司邮区中心局邮路车辆到、发时间，调整营、分、运、投环节生产作业计划。至 2022 年，邮件分拣准确率、内部处理及时率、邮车运行准点率均达到上级标准。

（四）服务网点

1. 网点设置

1986 年，垫江县邮电局下设桂溪、新民、周嘉、高安、五洞、鹤游、坪山 7 个农村支局，自办邮政所 5 个，乡邮代办所 31 个。截至 2022 年底，全县邮政网点发展到 47 个。其中，农村支局 6 个，自办邮政所 35 个。

表 9-12-2-5

2022 年垫江邮政局所一览表

序号	局所名称	经营性质	经营属性	设置地点	备 注
1	南阳邮政所	自营	城市	桂阳街道工农南路 448 号	——
2	南内街邮政所	自营	城市	桂溪街道南内街 5 号	——
3	桂东大道邮政所	自营	城市	桂阳街道桂东大道南段 201 号明庆东方财富中心 1、2 栋 10—11 号	——
4	太平邮政所	自营	农村	太平镇建设南路 29 号	——
5	黄沙邮政所	自营	农村	黄沙镇长虹路 13 号	——
6	工农路邮政所	自营	城市	桂溪街道工农北路 22、24、26 号	2008 年 8 月自办改为代办
7	峡口邮政所	代办	农村	桂溪街道峡口村 2 组	——
8	工农北路邮政所	自营	城市	桂溪街道工农北路 42 号	——
9	北内街邮政所	自营	城市	桂溪街道北苑小区 F 栋 2-4 号	——
10	沙坪邮政所	自营	农村	沙坪镇沙坪南路 40 号	——
11	武安邮政所	自营	农村	沙坪镇武安南路 10 号附 1 号	——
12	曹家邮政所	自营	农村	曹回镇曹家正街 38 号	——
13	新民邮政所	自营	农村	新民镇滨河中路 2 号	2015 年 4 月前为新民邮政支局
14	曹回邮政所	代办	农村	曹回镇回龙 3 组	——
15	周嘉邮政支局	自营	农村	周嘉镇朝阳南路 3 号	——
16	普顺邮政所	自营	农村	普顺镇河坝街 150 号	——
17	金华邮政所	自营	农村	普顺镇金华街上	——
18	晓兴邮政所	自营	农村	周嘉镇晓兴街上 121 号	——
19	复兴邮政所	自营	农村	普顺镇复兴 38 号	——
20	高安邮政支局	自营	农村	高安镇桥东路 122 号	——
21	永安邮政所	自营	农村	永安镇金福街 63 号	——
22	长龙邮政所	自营	农村	长龙镇龙腾路 448 号	——
23	福安邮政所	自营	农村	高安镇福安新街 123 号	——
24	五龙邮政所	自营	农村	永安镇清水居委邮新街	——
25	跳石邮政所	代办	农村	高安镇跳石村 2 组	2008 年 8 月自办改为代办

续表

序号	局所名称	经营性质	经营属性	设置地点	备 注
26	杠家邮政支局	自营	农村	杠家镇杠家正街 116 号	—
27	大石邮政所	自营	农村	大石乡洋河街 173 号	—
28	沙河邮政所	自营	农村	沙河乡沙河路 47 号	—
29	裴兴邮政所	自营	农村	裴兴镇南华街 29 号附 3-6 号	—
30	龙岗邮政所	自营	农村	杠家镇龙岗社区新街 103 号	—
31	五洞邮政支局	自营	农村	五洞镇卧龙路 237 号	—
32	澄溪邮政所	自营	农村	澄溪镇正大街 189 号	2015 年 4 月前为澄溪邮政支局
33	砚台邮政所	自营	农村	砚台镇东大街 1 号	—
34	高峰邮政所	自营	农村	高峰镇新街 56-62 号	—
35	汪家邮政所	自营	农村	砚台镇汪家街上	—
36	大雷邮政所	代办	农村	澄溪镇望月街上	2013 年 5 月自办改为代办
37	望月邮政所	代办	农村	澄溪镇大雷村 1 组	2013 年 5 月自办改为代办
38	坪山邮政支局	自营	农村	坪山镇新建路 343 号	—
39	永平邮政所	自营	农村	永平镇正街 267 号	—
40	三溪邮政所	自营	农村	三溪镇垫涪街 122 号	—
41	界枫邮政所	自营	农村	坪山镇界枫老街	—
42	界尺邮政所	自营	农村	高峰镇界尺街上	—
43	箐口邮政所	代办	农村	三溪镇箐口街上	—
44	鹤游邮政支局	自营	农村	鹤游镇团林路 60 号	—
45	白家邮政所	自营	农村	白家镇新街	—
46	包家邮政所	自营	农村	包家镇桂林街 2 号附 4 号	—
47	绿柏邮政所	自营	农村	白家滨湖 3 组 81 号	—

2. 社会加盟站点

2021 年 3 月，垫江邮政开始发展邮政服务社会加盟站点，同年，建立社会加盟站点 118 个。截至 2022 年底，社会加盟站点发展到 280 个，其中城区有 56 个。

四、邮政管理

（一）财务管理

1986 年，推行经营承包责任制，全面实行企业内部经济核算。制订以经济核算考核为基础的奖金考核办法，把职工的利益与全局的利益、班组支局的利益挂钩，调动职工积极性。制订行政人员岗位经济责任制，打破行政人员奖金吃"大锅饭"现象。2003 年，印发《垫江县邮政局财务一体化试行管理办法》，财务一体化联网工程正式投入运行。2013 年，规范 A、B 类资金的分类管理，规范固定资产管理，做好清欠工作。以客户团队为重点，健全欠费管理的制度。2015 年，建立利润为导向的财务管控体系，强化重点成本管控和资金管理，积极推动法人体制改革后房屋资产权属变更。2019 年，垫江邮政以战略

绩效为引领，强化预算执行过程管控。2020 年，建立健全欠费管理业务部门主管、财务部门检查、纪检部门监督的"三道防线"＋支撑保障机制，组织开展"清欠行动"，有效防控各类欠费风险。2021 年，逐步推进薪酬分配市场化，计价（提成）单价与市场、行业对标，动态调整单价，把基层生产单位薪酬分配与经营效益挂钩，发挥薪酬激励作用。2022 年，初步构建"战略绩效＋经营业绩"考核评价机制。同年，垫江邮政强化财务管控手段，制订财务检查实施细则，促进财务检查工作规范化。

（二）人力资源管理

1. 队伍建设

1986 年，垫江县邮电局共有从业人员 269 人。1997 年，邮电分营，垫江县邮政局共有从业人员 97 人。同年，印发《垫江县邮政局关于企业内部试行三级负责制的通知》，逐级负责。2007 年，垫江县邮政局共有从业人员 93 人，其中，初级职称 9 人，中级职称 7 人。同年，对班组长、支局长、非生产岗位、管理人员、中层干部按照

"双向选择、公开竞聘、择优聘用"原则进行调整和重组。2022年，按照"一人一岗、一岗一表"制订各部门人员岗位职责。截至同年底，共有从业人员203人，其中，初级职称9人，中级职称8人。

2. 教育培训

1986年，垫江县邮电局采取自学和统一培训的方法，组织全体生产人员学习业务技术，开展大练基本功活动。1997年，举办营业员、发行员、储汇人员培训班，共培训250人次。2007年，全年共培训员工600余人次，全员培训率100%。2022年，垫江分公司采取自培、送培等方式组织各类专项培训，培训员工900余人次。

3. 薪酬管理

1986年，推行"承包经营责任制""超定额按质计件工资"等分配方式，实行绩效与奖金挂钩，提升企业发展动能，提高劳动生产率。1999年9月，根据市邮管局《调整邮政企业岗位工资标准的通知》，加大岗位技能工资比重，按生产、管理和专业技术岗位，分别按不同数额适当增加岗位工资标准。2008年11月，根据《重庆市邮政企业薪酬制度改革实施方案》，建立以岗位管理为基础的一岗多薪宽带薪酬体系，按岗位付薪、按能力付薪、按绩效付薪。邮政企业职工薪酬由岗位工资、津贴补贴和绩效奖金三部分构成。2018年11月，市分公司印发《重庆邮政企业基本工资和津贴补贴调整实施方案》，按照向一线倾斜、技能优先、激励先进、对标管理原则，落实基本工资晋级晋档政策，调整职业资格等级津贴、专业技术职务津贴标准、外勤津贴、夜班津贴标准。提高固定薪酬占比，加大固定薪酬的保障力度。2018—2022年，重庆邮政工资标准未发生调整。

（三）服务质量管理

1. 营业服务

1986年，垫江县邮电局采取各种形式和运用典型事例，对职工进行端正业务指导思想，职业道德，遵纪守法，质量意识教育，使职工牢固地树立了"质量第一"的思想。1997年，根据邮电部提出的邮电工作"十大目标"和实施"一心为用户，满意在邮电"工程，以及"邮电服务年"的要求，党、政、工、团齐抓共管，形成了监督、检查、考核服务合力。分营中，做到分营不分力，分营不分心，使邮政服务得以正常展开。2017年，以"平台"建设和网点转型促发展方式转变，累计导入标准版转型网点共22个，余下17个非标网点参照标准版网点同步开展工作，网点转型覆盖率达100%。截至2022年底，垫江邮政服务面积1518平方公里，辖26个乡镇（街道），301个村（社区）。建成南阳邮政所营业、寄递揽收窗口服务体验示范点，以点带面促进窗口服务水平整体提升。开展线上客户体验项目16个，围绕大同城业务等开展综合体验项目12个，突出靶向抓整改，不断规范作业流程。建立重要客户名址数据库，全流程跟踪客户用邮情况。构建分等分级客户体验管理模型，针对重点客户制订个性化服务指标和运营指标，全力提升品牌形象。扎实推进邮件丢损专项治理和特快预约投递管控工作。

2. 普遍服务与特殊服务

（1）普遍服务

2007年，切实履行普遍服务义务，认真开展服务"三农"和中小企业的相关工作。进一步加大解决服务热点、难点问题的力度，重视用户投诉，实行投诉首问负责制，落实投诉调查、处理及答复工作，严肃查处有理由申告、缺报少刊、投递不及时、不到位、服务态度差等问题。2017年，认真贯彻落实《邮政法》《邮政普遍服务标准》《邮政普遍服务监督管理办法》和《重庆市邮政条例》相关禁止性和强制规定，严格遵守市分公司关于邮政营业场所管理的规定，依法依规开办普遍服务业务。2019年，认真执行新的《邮政普遍服务标准》，建制村直接通邮。2022年，空白乡镇覆盖率、建制村通邮率、营业时间达标率、党政机关《人民日报》当日见报率、申诉处理满意率均保持100%，222个建制村投递频次全面达标。

（2）特殊服务

1984年10月，开办义务兵免费信函业务，开始对现役义务兵从所在部队发出的，用于以私人通信的、重量不超过20克的国内平常"信函"和"明信片"实行免费优惠。1986年1月，开办机要业务，主要服务对象为县城内党政机关、企事业单位。截至2022年12月底，有专用机要投递邮路1条，注册用户56个，垫江邮政机要通信连续43年实现质量全红。

3. 监督检查

1986年，县邮电局采取"查、看、问、访"的方法对全县所有邮电机构（包括代办所）进行全面深入的检查，要求各工种重新制订安全生产责任制，对安全隐患100%整改到位。2007年，垫江邮政将日常检查、专项检查、重点突击检查等有机结合，查处违规违纪行为，规范部分业务的操作程序。同时，加强稽核工作，保证通信质量目标的实现。2017年，以规范管理为重点，提升网点管理和风险防控能力，开展常规综合检查，持续开展"强履职、治顽疾""回头看""排雷行动"之"秋风行动"等活动专项检查。2022年，通过代理金融合规检查和市场部视检检查，开展安全大检查，集中整改突出问题隐患项，推动安全责任落实落地落细，牢牢守住机要通信、守护押运、资金安全、服务质量底线。

（四）安全管理

自1986年起，垫江县邮电局常态化每年签订安全生产及综合治理责任书，按月召开风险防范及内控会议，加强安全生产教育及监督检查，解决安全生产工作中的重点难点问题，对排查出的安全隐患标本兼治、深入剖析、分类管理、及时处置。重大安全隐患，严格落实"五定责任制"，实行人盯死守，确保万无一失。2001年，垫江邮政在各网点加装防弹玻璃，全面提升安全管理。2007年，落实各级安全生产责任制和责任追究制，开展合规文化建设活动，严格重点部位和关键岗位管理，保证安全事故、案件发生率为0。同年，新建成的北内街邮政储蓄所通过安全达标验收。2013年，对全部邮储网点安装"1对1"监控监听录音系统；帮助、指导邮储网点建立和理清安全保卫工作台账。2018年，全面推进"平安邮政"创建工作，层层落实企业安全生产主体责任，强化监督检查，抓好隐患整改，确保邮政资金、邮件、信息网、消防、交通、员工等安全。2020年，进一步完善"一岗双责"安全生产目标责任制，强化"万无一失、一失万无"安全发展理念，持续开展"乱象整治""排雷行动"等专项活动，实现企业安全发展。2022年，全年开展安全教育学习16次，教育培训人员362人/次，开展消防应急演练78次，开展安全专项检查15次，隐患整改率达100%。

（五）党群管理

1. 党组织

1997年，邮电分营前，设立垫江县邮电局党总支委员会，下辖邮政党支部、电信党支部、机关党支部，党员人数82名。1997年10月，中共垫江县邮政局总支委员会成立，下设生产党支部和退休党支部，党员35人。1998—2005年，发展党员12名。2020年，8名退休党员按属地管理原则进行社会化移交管理，退休党支部撤销。同时，将县分公司下辖40个营业网点16名正式党员组织关系转到县分公司党总支，生产作业党支部成立。2006—2022年，发展党员16名，截至2022年底，垫江邮政共有党员49名。

2. 工会

1997年，垫江邮政工会发挥监督职能，加强文明单位建设，全局7个支局保持文明单位称号，合游支局保持市级青年文明号称号，垫江县邮政局承续垫江县邮电局市级文明单位称号。2007年，通过加强民主管理，深化局务公开，充分保障职工合法权益。垫江邮政开展"合格职工小家"创建活动，7个农村支局通过验收。自2009年起，垫江邮政开始职工小家建设工作，对职工小家添置健身器材或冰箱、微波炉等生活必需品，实现了提档升级。2018—2022年，共建"示范型职工小家"10个，职工小家及职工公寓18个。截至2022年底，垫江邮政共建成农村网点职工小家34个，网点职工小家实现全覆盖。

3. 团组织

1986—2010年，垫江县邮电局和垫江县邮政局均未设立团组织，团工作由分管青年工作的总支委员负责。2010年，报经团县委批准成立共青团垫江县邮政局支部委员会，按标准配齐团支部委员。2022年5月，根据《中国共产主义青年团章程》等规定，进行了第四次团支部换届，共有48名团员参加了换届选举大会。分公司团支部充分发挥团员先锋模范作用，通过组建青年突击队、团建活动等方式助力县分公司各项业务发展。

第三节　丰都邮政机构

一、机构沿革

（一）机构设置及演变

1. 四川省管局管辖时期

1986，丰都县邮电局隶属四川省涪陵地区邮电局。

1996年，"涪陵地区邮电局"更名为"涪陵市邮电局"，丰都县邮电局由涪陵市邮电局管辖。

2. 邮电分营时期

1997年3月，涪陵市及所辖区县正式划属重庆市。同年7月，因邮政、电信在重庆分营试点，重庆市邮政管理局成立丰都县邮政局，隶属涪陵市邮政局管辖。

1998年3月，丰都县邮政局由重庆市邮政管理局直接管理。

2003年2月，重庆邮政实行城片区化经营管理体制，丰都县邮政局划归涪陵片区邮政局管理。

3. 政企分开时期

2007年9月，政企分开，"重庆邮政丰都县邮政局"更名为"重庆市邮政公司丰都县邮政局"，管理体制不变。同年12月，中国邮政储蓄银行重庆丰都县支行挂牌成立，丰都邮政受邮储银行丰都县支行委托开办代理金融业务。

2009年1月，重庆市邮政速递物流公司一体化专业经营，组建重庆市邮政速递物流公司丰都县分公司。2010年6月，更名为"重庆市邮政速递物流有限公司丰都县分公司"。

2014年6月，重庆邮政速递物流有限公司组织机构改革，"重庆市邮政速递物流有限公司丰都县分公司"改设为"丰都县揽投部"（营业执照不变），隶属重庆市邮政速递物流有限公司新组建的涪陵片区分公司。

2015年4月，根据中国邮政集团法人体制改革要求，"重庆市邮政公司丰都县邮政局"更名为"中国邮政集团公司重庆市丰都县分公司"，管理体制不变。

2018年9月，寄递改革，组建丰都县寄递事业部（对外保留"重庆市邮政速递物流有限公司丰都县分公司"牌子），由涪陵片区寄递事业部管理。

2020年1月，"中国邮政集团公司重庆市丰都县分公司"更名为"中国邮政集团有限公司重庆市丰都县分公司"。

截至2022年底，中国邮政集团有限公司重庆市丰都县分公司内设市场营销部、金融业务部、渠道平台部、集邮与文化传媒部、综合办公室。

（二）主要领导

表 9-12-3-1

1986—2022 年丰都邮政主要领导人员名录

单位名称	姓 名	职 务	任职时间
四川省涪陵地区丰都县邮电局	李如山	党总支书记	1986.1—1995.4
	殷正鹄	局长	1986.2—1988.1
	李兴富	局长	1988.2—1994.10
	陶世明	局长	1994.10—1995.7
	殷正鹄	党总支书记	1995.5—1997.7
	张翅翔	局长	1995.7—1997.7
重庆市丰都县邮政局	隆卫东	党总支书记、局长	1997.7—2002.12
	张永强	党总支书记、局长	2002.12—2004.2
	张 娟	党总支书记、局长	2004.2—2013.3
重庆市邮政公司丰都县邮政局	王绪华	党总支书记、局长	2013.3—2015.5
中国邮政集团公司 重庆市丰都县分公司	罗 江	党总支书记、总经理	2015.5—2018.7
中国邮政集团有限公司 重庆市丰都县分公司	马雪松	党总支书记、总经理	2018.7—2021.4
	文 斌	党总支书记、总经理	2021.4—2022.5
	易炳建	党总支书记、总经理	2022.5—

二、邮政业务

1986 年，丰都邮政业务以邮递为主体，品种项目随着业务发展逐渐增加，新增邮政金融、邮政物流、集邮 4 类。2007 年，业务分为邮务、速递物流、邮政金融 3 大板块。2015 年，邮政业务结构发生变化，业务品种增至百余种。2018—2022 年，逐渐形成金融、寄递、集邮与文化传媒、渠道平台 4 大业务板块。

（一）代理金融

1. 储蓄汇兑

（1）储蓄业务

1986 年 10 月，丰都县邮电局恢复邮政储蓄业务。同年，在丰都县城名山镇商业路营业所开办储蓄业务。1997 年，全县发展到 45 个储蓄业务网点，储蓄存款余额突破 2 亿元。

2007 年，丰都县邮政局期末储蓄存款余额 24 亿元。2012 年，全县发展到 47 个储蓄网点，储蓄存款余额 35.56 亿元。2022 年，全县共有 48 个储蓄网点，储蓄存款余额 73 亿元，比 2021 年净增 5.23 亿元。

（2）汇兑业务

1986 年，丰都县邮电局办理汇票 21564 笔，其中兑付汇票 9210 笔。1996 年 10 月，邮政汇款单笔金额限量为 5 万元。2002 年 3 月，丰都邮政辖内所有网点均实现

电子汇兑全国联网。2004 年，开办国际汇兑业务。随着储蓄绿卡功能不断丰富及电子支付渠道的完善等，汇兑业务发展受到影响。2022 年，办理汇兑业务 454 笔。

2. 中间业务

1999 年，丰都县邮政局开办代理国债。2001 年，开办代办保险业务。2011 年，开办理财业务。2022 年，丰都邮政理财业务年日均保有量 2.23 亿元。

2005 年，开办基金业务，全年销基金 100 余万元。2022 年，销售高效基金 1.03 亿元，非货币基金销量 4143.92 万元，基金总保有量 6005 万元。

3. 风控合规

1986—2004 年，风险管控分别由安全保卫科和业务部门按职责管理。2004 年，出台丰都县邮政局邮政视检稽查考核办法、丰都县邮政局储汇人员岗位轮换实施细则、丰都县邮政局储汇资金内控防范制度管理办法，开展储汇人员轮岗工作并纳入稽查内容。2005 年，丰都邮政制定《金融从业人员考察办法》内控制度。2007 年，落实储汇柜员、综合柜员和支局长 3 级密码权限管理，开展储汇资金案件警示教育活动及案件排查。2008 年，成立邮政金融工作协调小组，邮银双方按时召开协调会议，协调解决案件风险等问题。2010 年，实施风险合规交叉检查。2015 年，风控合规检查人员实行派驻制。2016 年后，

逐步开展"两加强、两遏制""内控达标年""排雷行动隐患大整改""强履职、治顽疾"等专项检查和"雷霆行动"。2018年，邮政业务检查和代理金融检查实行分离。同年，制定《丰都县分公司风险防控体系建设实施方案》。2019年，成立代理金融风险内控案防管理委员会并实施综合柜员派驻制。2022年，启动风控合规"雷霆行动"，全员牢筑"确保万无一失，否则一失万无"风险理念。截至2022年底，累计开展风险合规培训98次，全年未发生重大金融风险事件。

（二）寄递业务

1. 快递包裹

2012年8月，丰都县邮政局开办国内小包。2015年6月，升级为快递包裹。2017年7月，开始走访对接大商户，与恒都牛肉等大客户达成合作，全年揽收快包645件。2022年，丰都邮政加快发展快递包裹业务，与龙璟纸业等客户签约，全年快递包裹收投94.9万余件。

2. 特快专递

1994年3月，丰都邮政开办国内、国际特快收寄业务。1997年7月，邮电分营后，邮政局业务窗口继续开展特快专递邮件收寄。自2002年1月起，开办邮政鲜花礼仪业务，为城区鲜花店提供配送服务，每月新增特快专递20件以上。2010年，除正常窗口收寄外，丰都邮政出台揽收办法，推进上门揽收、快递点代收等其他渠道收取。同年，丰都县邮政局与丰都县公安局合作，揽收第二代身份证寄递38件。2020年，城区揽投部划分为3个网格，把3个分别投递的特快专递、快递包裹、普服投递，整合为混投。2022年，全县特快揽收寄量51万件，其中，为推广丰都特色产品寄递，丰都邮政与丰都麻辣鸡协会签订统一合同，当年完成丰都特色麻辣鸡块寄递业务2.75万件。

3. 物流业务

2010年，丰都县邮政完成中邮快货物流1.7万余件，一体化物流3300余件，全年物流业务总投18万余件。2021年，丰都邮政与丰都榨菜公司达成协议开展合作，全年揽收物流18.96万件。2022年，揽收物流23.5万件。

4. 国际业务

国际业务分为国际普通邮件业务、国际及港澳台邮政特快专递业务、国际商业渠道业务。

1986年，丰都县邮电局继续开展国际函件业务，同年，国际业务每月出口量均10件。2009年，国际业务每月出口量增至600余件。2013年，收投500件。2020年，收投4400件。2022年，丰都邮政共收投国际业务73件。

（三）文化传媒

1. 函件业务

函件业务是邮政传统业务。1986年，丰都函件业务量76.2万件。1997年，函件收寄方式有营业窗口、信箱、信筒收寄等。由投递员代为收寄，收寄要求使用如实填写邮政编码的标准信封。2007年，金融电子商务崛起，商业信函和金融账单业务、广告业务呈上升趋势。同年，丰都邮政收寄广告明信片12万张、商业信函23万张、印刷品广告8万张，揽收定制型邮政贺卡140个单位26.4万枚。2015年，传统函件业务开始向互联网媒体、线下媒体等转型发展。2017年，函件、集邮、报刊合并为"集邮与文化传媒部"。同年，收投函件业务287.7万件，其中，媒体131.3万件，媒体转型建立LED屏2块，在县境33个乡镇交通要道建立邮政编码广告牌135块、橱窗广告153块，与40多个单位合作销售电影票1.52万张。2019年，丰都邮政建LED屏5块，销售电影卡4219张。2022年，销售建党百周年纪念币88套，代销冬奥会冰墩墩系列玩偶843件，揽收媒体客户23户，定制销售5个单位邮资封5000余张。

2. 报刊业务

报刊发行含订阅、零售两类。2001年，丰都邮政在县城设置报刊零售书报亭6个。2003年，丰都邮政成为《重庆都市报》丰都总代理。2008年，丰都纳入《课堂内外》系列刊物"刊邮合作"模式试点。2022年，报纸发行349.39万份，杂志发行53.58万册，流转总额1127.35万元。

3. 集邮业务

1984年，丰都县邮电局开办集邮业务。2008年8月，丰都集邮荣获"全国集邮先进集体"称号。同年，中华全国集邮联合会会长等领导在考察丰都集邮活动中，为《丰都集邮报》题写报头。

2015年，丰都邮政在名山景区内建立"人鬼情未了"邮局，定制个性化鬼城产品数量36种，制作5款风景邮戳用于邮局。2017年，"人鬼情未了"邮局更名为"幽都祈福邮局"，迁址至名山景区门口丰都古城内。以"穿梭时间"为寄递主题，可将邮件寄给思念的人和寄给未来的自己。2018年，丰都邮政销售集邮商品239.9万元。

2020年，丰都邮政销售集邮业务面额282.7万元，其

图 9-12-3-1　丰都邮政——幽都祈福邮局

中集邮商品 250.7 万元。开展《牛中国》专项活动，销售 13 个品种 387 册，面额 82.01 万元。2021 年，开展庆祝中国共产党成立 100 周年主题爆点活动，销售《征程》402 套 71.64 万元。2015—2022 年，丰都邮政邮局个性化产品年均销量 4500 件。2022 年，销售集邮业务面额 346.2 万元，其中，贵金属 182 万元，集邮商品 249.2 万元。

4. 文创业务

2021 年，丰都邮政开办中邮文创业务。同年完成中邮文创业务收入 7 万元。2022 年，完成中邮文创业务收入 17 万元。

5. 普通包裹

普通包裹主要经营窗口包裹、校园包裹、军营包裹、家乡包裹、爱心包裹、母亲邮包等。

1950 年，丰都邮政恢复开办普通包裹业务。1986 年，收寄普通包裹 1.13 万件。1997 年，收寄普通包裹 1.03 万件。2022 年，丰都邮政共收寄普通包裹 958 件。

（四）渠道平台

1. 增值业务

增值业务主要包括代征税务、警邮业务、代收费、商旅票务、短信业务、车险、简易险等业务。2007 年 7 月，丰都邮政开办代收通信类、电费、燃气费等便民代收费业务。同年，开办短信业务（2015 年归入邮政金融业务部）。2010 年，开办代售飞机票业务。2013 年，丰都邮政在平都、新城、社坛等 6 个网点开办代售火车票业务。2015 年，与 8 家财险公司合作，开办代理车险业务。2016 年 6 月，34 个网点开办税务代征业务。2018 年 8 月，丰都邮政打造"家门口车管所"网点 16 个，开始代办驾驶证、行驶证、免检标志、备案信息、违章处理等警邮业务。

2020 年，新冠疫情期间，电子税务开票取替代征税业务。2021 年，商旅票务业务停办。2022 年，丰都邮政共有代征税网点 34 个，对部分品目实施减免征收。

2. 分销业务

2005 年，丰都邮政开展服务"三农"工作，开办农资、快消品、农副产品、烟草季节性项目等分销业务。2013 年，分销业务销售额 79.28 万元。2015 年 4 月，顺应电商发展潮流，丰都邮政开始建立邮乐购站点，走"工业品下乡"路线，丰都县分公司上架工业品便于邮乐购店主下单销售。包括农资、电器等。2016 年 11 月，走"农产品进城"路线，寻找和组织丰都特色农特产品上架销售，供客户购买下单并寄递到户。2017 年，结合民俗开展"你泡酒，我服务"便民活动（免费为客户提供喜庆拱门、围裙及登记礼金服务等，借此销售分销酒水、新增礼金存款等），分销业务逐渐成熟。2018 年，实现分销业务销售额 1033.48 万元。2020 年，丰都邮政在三建乡建成"丰都县龙河流域电商集配中心"，辐射周边区域土特产销售和寄递，华龙网等平台对此进行报道宣传。截至 2022 年底，丰都邮政筛选丰都麻辣鸡块等近百个特色产品上架销售，实现销售额 141 万元。

3. 电信业务

1986 年，丰都县邮电局进出口电报 11.71 万份。1992 年，进出口电报达到 21.09 万份，创历史最高。随着电话、农话高速发展，电报量渐降。1993 年，丰都邮政开通寻呼系统。1995 年 3 月，开通 127 自动寻呼。1997 年，邮电分营，电信业务移交丰都电信局办理。

三、邮政网络

（一）网络能力建设

1. 邮路

1986—2022 年，县乡邮路分为委办汽车客班客车代运、水上航班机动船代运、步班邮路、县乡自办运输和区内邮路相结合的组合形式。

（1）区内邮路

表 9-12-3-2

1996—2022 年丰都邮政部分年份区内邮路变更情况一览表

单位：公里

年份	区内邮路（条）	境域起止地址	过境覆盖区域	频次	往返里程（公里）	备注
1996	1	重庆—垫江—丰都—石柱	董家、社坛、三元、江池、三建	逐日班	712	—
2002	1	重庆—垫江—丰都—石柱	董家、社坛、三元、兴义、高镇	逐日班	712	—
2004	1	新增重庆—丰都晚报车	—	逐日班	172	2009 年停止该邮路
2006	1	重庆—长寿—涪陵—丰都—石柱	兴义、高镇	逐日班	530	—
2009	2	重庆—长寿—涪陵—丰都（特快）	—	逐日班	390	—
		重庆—长寿—涪陵—丰都—石柱（包裹、信函）	—			
2013	1	重庆—涪陵—丰都	—	逐日班	330	南集车
2015	1	重庆—丰都—石柱	—	逐日班	420	普包、快包

年份	区内邮路（条）	境域起止地址	过境覆盖区域	频次	往返里程（公里）	备　注
2021	1	丰都—重庆小同城配送中心	—	逐日班	290	丰都直送麻辣鸡等生鲜土特产
2022	4	重庆—丰都—石柱（早班）	—	逐日班	1450	—
		重庆—丰都—石柱（普邮）				
		丰都—重庆（往返）				
		重庆—涪陵—丰都（往返）				

（2）县乡邮路

表 9-12-3-3

1986—2022 年丰都邮政部分年份县乡邮路变更情况一览表

年份	区内邮路数量（条）	明　细	过境覆盖区域	频次	往返里程（公里）	备　注
1986	7	茶元—回龙—都督—太平	—	—	302	步班
		包鸾—云台—竹子				
		龙河—河面—长坡				
		龙河—崇实—五龙				
		三元—双龙—青龙—乐家				
		丰都—双路—佛建—兴义				
		社坛—接龙—崇兴—大堡				
1997	4	丰都—董家、三元、社坛、虎威、双龙	农村全境	—	428	自办
		丰都—龙河—茶元				
		丰都—十直—包鸾				
		丰都—高镇（水路）				
2009	—	—	农村全境	—	—	客车带运
2011	4	丰都—董家	农村全境	—	456	自办
		丰都—包鸾—十直				
		丰都—龙河—茶元				
		丰都—三合街道—名山街道				
2021	6	丰都—董家	农村全境	逐日班	854	支局站点自办
		丰都—江池				各网点到支局转运代办
		丰都—十直				
		丰都—龙河—暨龙				—
		丰都—太平、都督（客车带运）				
		丰都—仙女湖				
2022	7	丰都—董家	农村全境	逐日班	1070	支局站点自办
		丰都—江池				各网点到支局转运代办
		丰都—十直				三建—栗子客车代运
		丰都—龙河				
		丰都—都督				—
		丰都—太平				
		丰都—竹子				

2. 物流体系

2020年，丰都邮政建成县级物流中心。2022年，建成龙河（邮件转运、农资存放）、社坛（红心柚揽收仓储）、江池、董家乡镇物流中心。同年，搭建县、乡、村三级物流体系，为实现工业品下乡、农产品进城，打通"最后一公里"和"最初一公里"，形成"客运＋邮政＋农村站点"的网络体系。

3. 作业场地

1986年，丰都县邮电局邮件生产作业场地在名山镇商业路，场地面积60平方米。2002年，因三峡工程迁址于三合街道（新县城）平都大道东段36号，场地面积80平方米。2021年，邮政揽投部与处理中心搬迁至三农仓储中心（国际商贸城旁），场地面积200平方米。

4. 设施设备

1986年，丰都县邮电局配备电子信函称、包裹称、分拣格眼、封袋钳等设备。2017—2019年，相继配置包裹捆扎机1台、邮件扫描仪1台、装卸斜坡皮带机1台、有线扫描枪2把、无线扫描枪4把、移动扫描终端（PDA）20部。2021年，新增三级伸缩环形分拣皮带机1套、安装3吨货运电梯1部、蓝牙电子秤30台、蓝牙便携打印机50余台、更换移动扫描终端（PDA）10部。2022年，有邮运车辆34辆、无线扫描枪3台、二轮摩托车8辆、打印机30台、笼车53个。

（二）网运生产作业

1. 邮件接发

1986—2002年，全部进出口邮件均为手工封发，由报刊台席人员兼任，人工接收市趟邮路清单，人工制作县辖邮路清单、台账册。2002年，实行机打封发，借助升腾仿真终端接收发运数据，打印清单。2010年，使用扫描枪扫描邮件。2021年，停用升腾仿真终端。2022年，运用新一代寄递、营业渠道系统进行邮件信息封发处理。运用看屏分发报刊实物，根据格口分发农村特快、包裹实物。

2. 邮件运输

自1986年起，丰都县邮电局邮件运输方式历经步班、自行车、委办汽车运输、委办运输与自办相结合、自办运输加自办转接的转变。1997年，调整为自办邮路3条（钞邮合一）、人员船舶代运1条。2011年，调整4条邮路，均为逐日班。2020年，调整为6条往返逐日班邮路，并增加丰都至重庆专线邮路1条，有运输厢式货车6辆，驾驶人员7名。

3. 邮件投递

1986—2019年，丰都邮政有城区普服投递6人，标快、快包投递从1人增加至10人。2019年，寄递改革普服投递6个段道按照区域所属划入6个网格，共有城区揽投人员28人，农村投递人员41人。2021年，丰都邮政共有城区揽投人员24人，农村揽投人员41人，均为混合投递。截至2022年底，丰都农村区域营投合一网点46个，负责农村区域28个镇街、335个建制村投递服务，配置农村投递人员41人。普遍服务投递线路35条，线路总长4350公里；乡镇人民政府所在地投递频次每周7天、每天1次；335个建制村周三投递频次11个，周四投递频次8个，周七投递频次27个。

（三）网运管理

1997年前，丰都邮政设置综合管理岗对网运进行管理。2016年，划属渠道平台部管理。

2018年，成立寄递事业部，内设处理组、城区揽投班组、乡邮运驾驶组。城区段道由寄递部内部处理班组管理，农村网运仍由渠道部管理。除丰都—高镇水路船舶带运外，其余邮路由原有客车带运调整为邮政自办。2021年，根据丰都麻辣鸡块生鲜市场寄递需求，向市分公司报备开通丰都—重庆小同城配送中心往返专线，由县分公司自行送至重庆配送中心。根据三级物流体系建设要求，所有县辖邮路由环形邮路调整为往返邮路，达到时效要求。由支局站点自办，下属区域站点实行委代办转运。2022年，寄递事业部配备运营管理岗，负责全县邮路和服务质量管理，渠道平台部配备营业投递管理，负责普遍服务质量管理。截至2022年底，继续沿用2021年区内邮路和县辖邮路作业方式。

（四）服务网点

1. 网点设置

1986年，丰都邮政设有综合网点34个。1997年，设有支局11个、网点40个。2007年，设有支局10个、网点51个，其中，纯邮政所2个、代办所2个、综合网点47个。2022年，设有支局12个、网点53个，其中，综合网点48个，纯邮政网点2个，代办所3个。

表9-12-3-4

2022年丰都邮政局所一览表

序号	局所名称	经营性质	经营属性	设置地点	备注
1	高家镇邮政所（纯邮政网点）	自营	农村	高家镇文昌西路134号	—
2	崇实邮政所	自营	农村	龙河镇大月坝村3组	—
3	暨龙邮政所	自营	农村	暨龙镇凤来路280号	—

序号	局所名称	经营性质	经营属性	设置地点	备注
4	都督邮政所（代办所）	代办	农村	都督乡新街 39 号	—
5	佛建邮政所	自营	农村	兴义镇石佛场村 7 组 221 号	—
6	龙头邮政所	自营	农村	十直镇七里村 3 组 160 号	—
7	社坛邮政支局	自营	农村	社坛镇滨河路 193 号	—
8	十直邮政支局	自营	农村	十直镇十字路 218 号	—
9	开峰邮政所	自营	农村	十直镇开花寺村 1 组 376 号	—
10	兴龙邮政所	自营	农村	兴龙镇黎铺路 78 号	—
11	金盘邮政所	自营	农村	保合镇金盘村 6 组 147 号	—
12	汇南邮政所	自营	农村	三合街道汇南村 3 组	—
13	双龙邮政所	自营	农村	双龙镇双龙路 146 号	—
14	永兴邮政所	自营	农村	社坛镇永兴村 5 组	—
15	南天湖邮政所	自营	农村	南天湖镇天水街 132 号	—
16	青龙邮政所	自营	农村	青龙乡太平路 558 号	—
17	理明邮政所	自营	农村	许明寺镇理明村 5 组 230 号	—
18	飞龙邮政所	自营	农村	董家镇中和场村 2 组 234 号	—
19	大堡邮政所	自营	农村	社坛镇陈家岩村 5 组 88 号	—
20	包鸾邮政所	自营	农村	包鸾镇龙井居委 4 组	—
21	董家邮政支局	自营	农村	董家镇迎宾路 323 号	—
22	武平邮政所	自营	农村	武平镇泰安路 77 号	2020 年由茶元邮政所更名而来
23	三元邮政支局	自营	农村	三元镇红柚路 107 号	—
24	乐家邮政所	自营	农村	三元镇罗家村 6 组	—
25	保合邮政所	自营	农村	保合镇文曲路 126 号附 6 号	—
26	仁沙邮政支局	自营	农村	仁沙镇渠溪路 96 号	—
27	三建邮政支局	自营	农村	三建乡廖家坝社区 1 组 C 幢 6 单元 2 号	—
28	栗子邮政所	自营	农村	栗子乡栗子湾路 449 号	—
29	树人邮政所	自营	农村	树人镇大柏树村文庙街 64 号	—
30	湛普邮政所	自营	农村	湛普镇白水村 1 组	—
31	接龙邮政所	自营	农村	兴龙镇春花山村 3 组 91 号	—
32	虎威邮政所	自营	农村	虎威镇大池路 156 号	—
33	双路邮政所	自营	农村	双路镇双路口路 59 号	—
34	五龙邮政所	自营	农村	江池镇五松村 3 组	—
35	红星邮政所	自营	农村	仁沙镇红庙子村 2 组 250 号	—
36	江池邮政支局	自营	农村	江池镇富强路 116 号	—
37	许明寺邮政所	自营	农村	许明寺镇佳苑社区黎明街 36 号	—

序号	局所名称	经营性质	经营属性	设置地点	备　注
38	兴义邮政支局	自营	农村	兴义镇桂圆路 44 号	—
39	龙河邮政支局	自营	农村	龙河镇自强街 153 号	—
40	龙孔邮政所	自营	农村	龙孔镇龙腾路 53 号	—
41	太平坝邮政所（代办所）	代办	农村	太平坝乡凤凰社区凤凰新庄 3 号	—
42	世平路邮政支局	自营	城市	三合街道世平路 69 号附 46 号	—
43	滨江西路邮政所	自营	城市	三合街道滨江西路 119 号附 1 号	—
44	平都邮政支局	自营	城市	三合街道平都大道东段 36 号	—
45	新城邮政所（纯邮政网点）	自营	城市	名山街道花园街 57 号	—
46	名山邮政所	自营	城市	三合街道名山大道 203 号	—
47	长岭邮政所	自营	农村	龙河镇长坡村 1 组 75 号	—
48	商业一路邮政支局	自营	城市	三合街道商业一路 10 号	2012 年新增机构
49	平都西路邮政所	自营	城市	三合街道平都大道西段 315 号	2012 年由楠竹邮政所搬迁至乌杨邮政所，2016 年由乌杨邮政所迁址更名而来
50	竹子邮政所（代办所）	代办	农村	仙女湖镇竹子 7 组	—
51	仙女湖邮政所	自营	农村	仙女湖镇厢坝村 1 组 5 单元 2 号	2017 年由三坝邮政所搬迁至仙女湖邮政所
52	水天坪邮政所	自营	农村	兴义镇水天坪大道 21 号 2 幢 1—5	2021 年由培观邮政所搬迁而来
53	久桷邮政所	自营	城市	三合街道久桷大道 197 号	2013 年由营台邮政所搬迁至滨江东路邮政所，2021 年由滨江东路邮政所迁址更名而来

2. 社会加盟网点

2015 年，丰都邮政发展邮政便民服务站 34 个，开始打造城乡综合服务平台。2016 年，新增缴费一站通 27 个、便民服务站 224 个；建成邮乐网区县馆 1 个。2017 年，累计建成 325 个邮政便民服务站。截至 2022 年底，累计建成运营中心 1 个，乡镇共配服务中心 2 个，邮政便民服务站 325 个，农村电商三级服务体系进一步完善，其中 195 个邮乐购站点叠加包裹代投功能。

四、邮政管理

（一）财务管理

1986 年，丰都县邮电局全面实行企业内部经济核算，制定以经济核算考核为基础的奖金考核办法，制定行政人员岗位经济责任制。2003 年，财务一体化联网工程正式投入运行。2005 年，细化成本费用核算项目，改进和完善财务管理。2007 年，加强财务预算、核算管理。2010 年，压缩非生产性费用支出。2013 年，规范 A、B 类资

金分类管理和固定资产管理，做好清欠工作。2015 年，建立利润为导向的财务管控体系，强化成本管控和资金管理，推动"子改分"房屋资产权属变更。2019 年，以战略绩效为引领，强化预算执行过程管控，邮务、邮政、速递账均完成利润目标。2020 年，建立健全欠费管理"三道防线"＋支撑保障机制，组织开展"清欠行动"。2021 年，逐步推进薪酬分配市场化，计价（提成）单价与市场、行业对标，动态调整单价。2022 年，"战略绩效＋经营业绩"考核评价机制初步构建，实施的管理类项目——推进快递末端投递改革，提升快包业务降本增效，全年净增效益 102.28 万元。

（二）人力资源管理

1991 年 12 月，丰都县邮电局内设机构调整后设立人事教育科，负责编报人事劳动工资计划、定员定额测算、办理职工调、派、离退休、招工、转正定级、职工工资、津贴、劳动保护、养老保险、职工奖励、奖惩、离退休人

员管理和职工教育等工作。

1. 队伍建设

1985年，丰都县邮电局共有从业人员191人。1997年，邮电分营后邮政共有从业人员267人，其中管理人员54人。2019年，速递物流公司与邮政分公司合并，19人划入寄递事业部。截至2022年底，丰都邮政共有从业人员313人。

2. 教育培训

2007年以前，丰都邮政分层次、分类别，以线上线下、室内室外相结合形式组织开展各项业务培训，加强各级管理人才、经营骨干人才、专业技能人才队伍素质提升和人员储备，以满足经营组织架构调整后的人岗匹配需求。2003年，丰都县邮政局吸纳优秀高学历人才填补退休人员空缺，并加强岗位培训，提高业务能力和服务质量。2003—2022年，岗位培训率保持在92%以上（2005年除外）。

3. 薪酬管理

1989年10月，根据邮电企业工资管理的有关规定：自1989年10月起，把原"基础工资"套改为档案工资、行业工资、企业工资。丰都县邮政局223名职工实行分级管理。1993年10月，根据省邮电管理局转发邮电部《关于邮电企业改革基本工资制度实行岗位技能工资制的通知》，实行岗位技能工资制。2008年，薪酬制度改革，丰都邮政建立以岗位管理为基础的一岗多薪宽带薪酬体系和员工工资正常增长机制。规范岗位职级体系，实行分类管理、岗位实行分序列管理；统一津贴补贴项目，取消年功津贴、企业经营者津贴等与岗位工资有关的津贴。2015年，薪酬调整优化，岗位序列调整为管理、专业和操作3大序列，基本工资分为薪级工资和岗位工资两部分。取消部门分类，调整易岗易薪规则。2018年，实施基本工资晋级、岗位工资晋档，调高专业技术职务津贴、职业资格等级津贴、外勤和夜班津贴标准，对特殊荣誉贡献员工进行薪级工资加分。

（三）服务质量管理

1. 营业服务

1986—2022年，丰都邮政网点从34个增加到53个，均开办函件、包裹、印刷品、汇兑普遍服务4项业务。1986年，开展标准化支局创建活动，全局所有支局全部达到标准化支局标准。自2004年起，邮政营业逐步实行电子化操作。2005年，实施电子化支局统一版本工程，开展"提高服务质量，让用户满意"活动，进行服务礼仪培训并配齐标志服。2007年，开展规范化服务达标工作，实行投诉首问负责制，落实投诉调查、处理及答复工作。

2010年，丰都县邮政局服务人口64.92万人，营投服务面积2900公里。截至2016年底，47个网点转型达标。

2019年，村直接通邮率达到100%。2021—2022年，遵照市分公司"客户体验三年提升工程"及"一月一体验"要求，推进常态化客户体验工作，查找窗口服务中的体验痛点问题，规范实施路径和工作措施。

2. 普遍服务与特殊服务

2017年，丰都邮政贯彻落实《邮政法》《邮政普遍服务标准》《邮政普遍服务监督管理办法》《重庆市邮政条例》，组织开展普遍服务规范化活动，相继开展普遍服务专项检查活动、"情系万家"服务质量提升活动之营投环节和分拣运输环节专项整治活动、客户投诉处理培训。

2020年，狠抓普服达标专项整治，持续开展普服系列专项检查，调查营业网点及揽投部共54个。建制村直接通邮质量稳步提升，普服邮件全程时限全面达标，条码平台及给据邮件信息断点率压降至管控目标之下。2022年，乡镇《人民日报》当日见报率100%，机要通信质量实现连续38年全红。

3. 监督检查

1997—2001年，邮政检查员和储汇稽查员，按规定频次、标准对所属服务网点检查辅导。对总包件损失率、综合邮件损失率、邮件全程时限率、邮件处理不合格率、机要文件失密丢损率等5项指标，按月检查考核公布，提高服务质量。2002—2020年，完善经营服务规章制度，经民主审议印发《关于印发通信服务质量及业务规章制度考核办法的通知》。采取明察暗访等形式对服务质量进行有效监督检查。

（四）安全管理

自1992年5月起，丰都县邮电局运送汇兑资金，实行客运汽车邮件现钞合一，双人武装押送。1997年，制定经济民警分队长、副队长职责、文书军械员职责、经济民警警员职责、经济民警押运员职责、经济民警十大纪律、经济民警管理办法。2001年，制定运钞车驾驶员职责、邮政局（所）安全防范检查规定，执行《中华人民共和国公共安全行业标准》。自2003年起，设立要害档案，建立起金库、微机室、监控中心，严格执行审批机要室要害人员出入、登记制度。对要害工作人员，坚持每半年考察一次，对不合格者立即调离要害工作岗位。根据国家行业标准和防护级别的规定，辖区48个邮政储蓄所营业场所安装了监控、110联网报警器，经丰都县公安机关验收合格，保障了业务安全。截至2022年底，丰都邮政无重大安全事故。

（五）党群管理

1. 党组织

（1）组织机构

1986—1996年，设立中共丰都县邮电局总支部委员会。1997年，设立中共丰都县邮政局总支部委员会。2015—2019年，设立中共中国邮政集团公司重庆市丰都县分公司总支部委员会，接受县委直属机关工委领导。2018 年，下设机关党支部、生产党支部、退休党支部，有中共党员 46 人。2019 年，下设综合职能党支部、生产经营党支部，有中共党员 48 人。2020—2022 年，设立中共中国邮政集团有限公司重庆市丰都县分公司总支部委员会，接受县委直属机关工委领导，下设综合职能党支部、生产经营党支部。党总支经历 12 次换届选举。截至 2022 年底，丰都邮政共有中共党员 52 人。

（2）党建活动

丰都邮政党总支工作按上级要求，始终坚持"三会一课"制度。每年开展一次"民主评议党员"活动。自 1987 年起，每年党内上下级组织之间签订《党风廉政建设责任书》。2001 年，组织学习总书记"三个代表"思想。2005 年，历时半年开展第二批"保持党员先进性教育"活动。2015 年，开展"三严三实"主题活动。2020 年，使用"中邮先锋"等线上学习平台，在重庆邮政新媒体平台上登载 100 余篇报道。2022 年，制定从严治党清单。截至 2022 年底，下发正风正纪文件通知 16 件，专题警示教育 9 轮次，管理干部廉政谈话 24 人次，召开专题会议 8 次，谈话提醒涉及 160 人次。

（3）精神文明建设

1986 年，丰都邮政成立精神文明建设领导小组。1989 年，获得四川省文明委颁发的"精神文明先进单位"称号。2007 年，获得重庆市级"文明单位"称号。

2. 工会

1986—2022 年，丰都邮政工会共计举行职代会七届十一次，工会会员大会每年举行一次。1986 年，开展"五个一"（献一条经济计策，报一条经济技术信息，提一条合理化建议，实施一项技术革新，参加一项技术练兵赛）活动。1997 年，开展"双增"（增加产量、利润）大赛；职代会按"满意、基本满意、不满意"三个层次开展民主评议领导干部。此后，每年召开职代会，审议局长年度工作报告和重大工作实施方案，并作出相应决议。2001 年，实行局务公开，热点信息、移民搬迁、职工住房等重大问题方案上墙（板报）公示。职代会讨论通过了丰都邮政农村支局经营承包责任制年度考核办法等。2002 年，社坛支局工会小组获得重庆市"模范职工小家"光荣称号，丰都县邮政局员工李洪斌被评为重庆市"模范工会积极分子"，张蓉被评为"先进工作者"。2003 年，丰都邮政分公司工会被评为"全国先进基层工会"。2022 年，重庆市邮政工会命名龙河、三元、董家 3 个示范型职工小家；同年，丰都邮政共建成职工小家及职工公寓 48 个，农村网点职工小家实现全覆盖。

3. 团组织

1986 年，成立共青团丰都县邮电局支部委员会。同年，开展"学赖宁见行动"。1991 年，"五四"青年节，

组织团员、青年 22 人，到丰稳坝重温"五四运动"光辉历程，开展知识竞赛活动。1997 年，设立丰都县邮政局团支部。同年，开展"青年文明号""十佳青年文明号"创建活动。通过成立青年突击队，在"明星员工""明星网点"竞赛活动中，28 名员工先后获得重庆市分公司"团员标兵岗""优秀共青团员"称号。2015 年，"丰都邮政共青团"更名为"共青团中国邮政集团公司丰都县分公司支部委员会"。2018 年，更名为共青团中国邮政集团公司重庆市丰都县分公司支部委员会。同年，团支部工作围绕企业中心工作，开展演讲、青春在邮路上闪光、厨艺、青年员工联谊等系列活动。2021—2022 年，组织团员青年到"八一六"核工厂军工陈列馆参观学习，"重温红色记忆"。截至 2022 年底，丰都邮政共有团员 51 名。

第四节　武隆邮政机构

一、机构沿革

（一）机构演变

1. 四川省管局管辖时期

1986，武隆县邮电局隶属四川省涪陵地区邮电局。

1996 年，"涪陵地区邮电局"更名为"涪陵市邮电局"，武隆县邮电局由涪陵市邮电局管辖。

2. 邮电分营时期

1997 年 3 月，涪陵市及所辖区县正式划属重庆市。同年 7 月，因邮政、电信分营，重庆市邮政管理局成立武隆县邮政局，隶属涪陵市邮政局管辖。

1998 年 3 月，根据邮电部《关于调整万县市、涪陵市、黔江地区邮政管理体制的批复》，武隆县邮政局由重庆市邮政管理局直接管理。

2003 年 2 月，重庆邮政实行城片区化经营管理体制，武隆县邮政局隶属涪陵片区邮政。

3. 政企分开时期

2007 年 9 月，政企分开，"重庆邮政武隆县邮政局"更名为"重庆市邮政公司武隆县邮政局"。同年 12 月，中国邮政储蓄银行重庆武隆县支行挂牌成立，武隆邮政受邮储银行武隆县支行委托开办代理金融业务。

2009 年 1 月，重庆邮政速递物流一体化专业经营，重庆市邮政速递物流公司武隆县分公司成立。2010 年 6 月，"重庆市邮政速递物流公司武隆县分公司"更名为"重庆市邮政速递物流有限公司武隆县分公司"。

2014 年 6 月，重庆邮政速递物流有限公司组织机构改革，"重庆市邮政速递物流有限公司武隆县分公司"改设为"武隆县揽投部"（营业执照不变），隶属重庆市邮政速递物流有限公司新组建的涪陵片区分公司。

2015 年 4 月，根据中国邮政集团公司法人体制改革

要求，"重庆市邮政公司武隆县邮政局"更名为"中国邮政集团公司重庆市武隆县分公司"。同月，"重庆市邮政速递物流有限公司武隆县分公司"更名为"中国邮政速递物流股份有限公司重庆市武隆县分公司"。

2017年4月，因武隆县撤县设区，"中国邮政集团公司重庆市武隆县分公司"更名为"中国邮政集团公司重庆市武隆区分公司"。同年6月，根据市分公司机构编制方案，设立武隆区分公司，调整优化内设机构主要职责及人员编制。

2018年9月，寄递改革，成立武隆区寄递事业部（保留"中国邮政速递物流有限公司重庆市武隆县分公司"牌子），由涪陵片区寄递事业部管理。

2020年1月，"中国邮政集团公司重庆市武隆区分公司"更名为"中国邮政集团有限公司重庆市武隆区分公司"。

截至2022年底，中国邮政集团有限公司重庆市武隆区分公司内设综合办公室、市场营销部、金融业务部、渠道平台部、集邮与文化传媒部。

（二）主要领导

表9-12-4-1

1986—2022年武隆邮政主要领导人员名录

单位名称	姓　名	职　务	任职时间
四川省涪陵地区武隆县邮电局	彭廷友	党总支书记、局长	1983.9—1989.2
	王守金	党总支书记、局长	1989.2—1990.1
	彭廷友	党总支书记、局长	1990.1—1994.2
	朱先铭	党总支书记、局长	1994.2—1995.2
	彭廷友	党总支书记、局长	1995.2—1997.5
重庆市涪陵地区武隆县邮政局	刘一宏	党总支书记、局长	1997.11—2001.7
	金明星	党总支书记、局长	2001.7—2003.2
	张　斌	党总支书记、局长	2003.2—2005.3
	黎建平	党总支书记、局长	2005.3—2007.3
重庆市邮政公司武隆县邮政局	黎　勇	党总支书记、局长	2007.3—2012.7
	罗　江	副局长（主持工作）	2012.7—2013.6
	罗　江	党总支书记、局长	2013.6—2015.5
中国邮政集团公司重庆市武隆区分公司	刘云东	党支部书记、总经理	2015.6—2021.4
中国邮政集团有限公司重庆市武隆区分公司	任丽华	党支部书记、总经理	2021.4—

二、邮政业务

（一）金融业务

1. 储蓄汇兑

（1）储蓄业务

1986年，武隆县邮政局恢复开办邮政储蓄业务。2004年6月，与农行武隆县支行签订存款移交协议，接收农行平桥营业所个人储蓄账户存款余额2048万元。2006年，储蓄存款余额规模3000万元。2007年，邮银分营后，储蓄存款余额规模2.22亿元。2011年，武隆县邮政局调整业务结构，加快发展储蓄存款余额，其中平桥网点储蓄存款余额突破1亿元。截至2022年底，武隆区

分公司储蓄存款余额达22.5亿元。

（2）汇兑业务

汇兑业务以个人汇款为主，汇款形式分为按址汇款、密码汇款、入账汇款。1986年，武隆县邮电局开办汇兑业务。2002年3月，武隆邮政辖内网点实现电子汇兑全国联网。自2005年起，随着互联网发展，汇兑业务逐渐减少。2015年，保留按址汇款业务。截至2022年底，武隆邮政共办理汇兑业务365笔。

2. 中间业务

1986—2022年，武隆邮政中间业务主要有代发养老金、代发工资、代理保费、代理基金、手机银行等。

1998年，武隆县邮政局作为代发卡机构，为平桥镇和双河镇代发社保卡3.1万张。2004年，开始代理保险类业务，与中国人寿合作，代办分红型两全保险，销售代理保险350万元。2013年，开办手机银行，办理转账、缴费、付款等多种业务，新增手机银行4865户。2016年，代理基金业务销量90万元。2017年，武隆邮政中邮保险规模达到8506万元。2022年，完成新增保费5151万元，高效基金销售2646万元，基金保有量536万元。

3. 风控合规

2007年，制定武隆县邮政局金融合规文化建设实施方案，成立合规文化建设领导小组，对全局开展合规文化学习和技能训练。2016年，武隆邮政按市分公司《关于印发中邮重庆分公司进一步加强代理金融风险管控实施方案的通知》，配置2名合规检查人员每月开展内控检查。2020年，开展"学禁令知敬畏，强合规保平安"专项培训活动，网点利用晨会开展"一分钟学禁令"活动，把网点执行"一分钟学禁令"活动情况纳入合规检查。2022年，制定《中国邮政集团有限公司重庆市武隆区分公司代理金融风险防控管理委员会工作规则（2022年版）》，提升风险防控能力。截至2022年底，武隆邮政未发生重大金融风险事件。

（二）寄递业务

1. 特快专递

1994年3月，武隆邮政开办国内、国际特快专递业务。1996年，实现国内特快专递业务量0.53万件。1997年7月，邮电分营，武隆邮政营业部业务窗口开始独立办理特快专递邮件收寄。2001年1月，开办国内特快专递代收货款业务。2005年12月，特快业务走上专业化经营道路。2018—2022年，特快专递业务量由6.39万件增长至18.27万件。

2. 快递包裹

2001年8月，武隆邮政开办国内快递包裹业务。2018—2022年，武隆邮政快递包裹业务量由13万件增长至33.58万件。

3. 物流业务

2003年，武隆邮政开办物流配送业务，启动青岛啤酒配送和"波仕塔"水配送业务。2004年5月，开办中邮快货业务，主要承担货运业务。2018—2022年，特快专递业务量由9.94万件增长至31.57万件。

4. 国际业务

国际业务分为国际普通邮件业务、国际及港澳台邮政特快专递业务、国际商业渠道业务。

1986年，武隆邮政恢复开办国际函件业务。2018年，寄递事业部成立后，整合涵盖国际小包、国际E邮宝、国际EMS、国际包裹等业务的新的国际业务板块。2019年，武隆邮政收寄国际邮件12件。2022年，收寄国际邮件50件。

（三）文传业务

1. 函件业务

2004年，武隆邮政开展"一校一镇一封"活动，成功开发平桥中学等10家以学校为主的校园邮资封5.2万枚。完成县委、县政府1万枚贺卡明信片制作，实现收入5万元。2006年，制作企业邮资门票2万枚，机关单位邮资封8200枚。2005年，计费函件业务量15.9万件。2006年，函件业务出口量11.3万件。2008年，采取多种措施，发展订制型邮政贺卡，揽收103个单位邮政贺卡10.5万枚，创收42.6万元。2014年11月，武隆邮政召开贺卡研讨会，明确函件业务由贺卡向商函、媒体广告转型。2022年，函件业务实现收入146.8万元。

2. 报刊业务

1986年，武隆邮政订销报纸累计发行334.27万份，杂志32.07万份。1993年，报纸累计发行58.5万份，杂志13.5万份。2003年，完成报刊订阅流转195万份，其中《重庆晚报》《重庆晨报》流转额11万元，《武隆报》流转额20万元。2004年，报刊零售点由5个增加至11个，流转额由2003年的14万元增加到30万元。通过《新武隆》3000份赠送报的代投工作，创收5.6万元。2005年，有报刊零售门市部1个，报刊零售亭18个，代办报刊批销户29户。2016年，累计发行报纸168.23万份，杂志19.88万份，报刊发行收入完成130.56万元。2022年，武隆邮政累计发行报纸251.34万份，杂志29.28万份，报刊发行收入完成265.6万元。

3. 集邮业务

1984年9月，武隆邮政开办集邮业务。1986年10月，冯家坡邮电营业室设立集邮柜台。1987年，实现集邮销售额2000元。1991年10月，武隆邮政开设集邮门市部。同年12月，武隆县集邮协会成立，由武隆县邮电局代管，截至同年底有会员234人，销售集邮票764.19万枚。1991年12月20日至22日，在武隆县邮电局会议室举办首次邮展。1994年5月1日至4日，为庆祝武隆江口芙蓉洞开放，在江口和县城举办邮展，并刻制"四川武隆芙蓉洞"风景戳一枚。1995年，实现集邮销售额41600元。1996—2016年，平均集邮27.01万枚。2017年，武隆邮政推进函件业务转型工作，推广"渝邮传媒品牌"。同年，创立大唐主题邮局。2021年，武隆区分公司开发武隆机场重点单位个性化邮册。2022年，武隆邮政完成集邮业务收入246万元。其中，开发地方邮品26个产品，定向邮品5个，实现收入56万元。同年，集邮会员168人。

4. 中邮文创

2021年，武隆邮政开办"中邮文创"业务，收入可在文创业务管理信息系统中分中邮文创、集邮、函件、

图 9-12-4-1　2022 年 4 月武隆邮政开发的《中国南方喀斯特·武隆》定制邮册

报刊 4 个专业列收。2022 年 4 月，借发行《世界自然遗产——中国南方喀斯特》邮票之际，武隆天生三桥荣登"国家名片"，并在天生三桥举办首发式，开发武隆特色邮品、邮册、文创产品，纪念封片交寄达 3 万余件。

5. 普通包裹

1987 年，武隆邮政开办普通包裹业务。2022 年，武隆邮政普通包裹业务实现收入 3 万元。截至 2022 年底，武隆邮政主要经营窗口包裹、校园包裹、军营包裹、家乡包裹、爱心包裹、母亲邮包等普通包裹业务。

（四）渠道业务

1. 增值业务

2000 年，武隆邮政与移动、联通公司运营商合作，开办代售充值卡、代放号、代售手机和小灵通等业务。2004 年，开通代收加油款业务。2005 年，开办代售飞机票业务。2006 年 4 月，开办代办短信业务。2010 年，开展自邮一族（车主通）业务，收入 4.24 万元。同年，开办火车票业务。2013 年，武隆邮政进驻武隆公安局交警支队车管所开展财政非税业务。2014 年，陆续代理重庆市武隆融兴村镇银行有限责任公司、重庆三峡银行、重庆银行 3 家银行的押钞寄库。2016 年，武隆邮政开始代理发展车险业务。同年，开办代开税务发票业务，首批 7 个网点开通此业务。2017 年 12 月，8 个网点新增代开税务发票业务，截至 2017 年底，武隆邮政辖内共 14 个网点开办此业务）。2022 年，代收加油款实现收入 47.97 万元，自邮一族业务实现收入 50.94 万元。

2. 分销业务

农资销售　自 2008 年起，武隆邮政开始销售重庆市邮政公司引进的金大地复合肥和中邦农药，以及武隆分公司引进的华隆饲料。2020 年，实现销售额 128.52 万元，2022 年，实现销售额 54.65 万元。

快消品及农副产品销售　2010 年，快消品实现销售额 56.93 万元。2022 年，围绕"网点＋站点"做大做强批销业务规模，把 121 个综合便民服务站作为销售中心，以邮政 DMS 系统（分销商品信息管理系统）分销商品为基础，成功引进区域批销商家两家，实现批销交易额

658 万元。

烟草　2017—2019 年，武隆邮政开办烟草零售代销网点 15 个。2019 年，实现销售额 75.68 万元。2020 年，烟草代销实现销售额 81.74 万元。2022 年，实现销售额 63.23 万元。

3. 电信业务

1986 年，武隆邮政共有载波电话终端机 24 部，农村电话线线条长度 807 对公里。1992—1996 年，武隆邮政有自动业务电路 150 路，长话业务电路 153 路。电报业务电路 2 路，长途程控交换机容量 720 路，长途数字复用设备容量 2400 路。局用程控交换机容量 8192 门。接入用户交换机的话机 139 部。1986 年，武隆县邮电局电报仍用机械式 66 型电传机，总路 2 条。1994 年，武隆邮政开始对公众办理模拟移动电话业务。截至 1996 年底，电报业务全部实现传真机，完成出口量 15966 份，进口量 15844 份，日均投递量 43.4 份，日均发出电报 43.7 份。1997 年 7 月，邮电分营后，电信业务移交武隆电信局。

三、邮政网络

（一）网络能力建设

1. 邮路

1986 年，武隆邮政撤销乡下部分邮路投递排单。截至同年底，有邮路 23 条，全程 527 公里，汽车邮路 2 条，全程 191 公里。1990 年，新增设邮路 4 条，有邮路 27 条，全程 578 公里。1991 年，新增邮路 8 条，有邮路 35 条，全程 709 公里。1993 年，减少邮路 4 条，有邮路 31 条，全程 687 公里。1996 年，新增邮路 1 条，有邮路 32 条，全程 706 公里。2018 年，优化整合邮路为 6 条：武隆—庙垭（钞邮合一）；武隆—桐梓（钞邮合一）；武隆—赵家；武隆—文复；武隆—长坝；武隆—建设中路。2019 年取消钞邮合一邮路。2022 年，邮路增加至 9 条：武隆—长坝；武隆—后坪；武隆—浩口；武隆—双河；武隆—大洞河；武隆—桐梓；武隆—赵家；武隆—凤来；武隆—五洲国际。

2. 物流体系

截至 2022 年底，武隆邮政共建成仓配中心 10 个，城区包裹揽投段道设置 11 条，其中，投递段道 8 条，专揽段道 3 条；县乡邮路 8 条，覆盖全区所有街道乡镇。现有转接点 67 个，其中，城区转接点 15 个，农村转接点 52 个，村邮站 50 个，邮乐购站点 103 个。与极兔、圆通、申通、韵达在后坪、接龙、桐梓、土地、赵家等地开展合作，每日代投邮件量 80—100 件。

3. 作业场地

自 1986 年起，武隆邮政区域内包裹快递处理场地逐步发展。2019 年，新建邮件处理中心 860 平方米。城市地区有单独处理场所，农村地区依然与营业网点同址。2022

年 7 月，购置建设物流分拨中心，面积 1700 平方米。

4. 设施设备

1986 年，武隆邮政配备有电子信函秤、包裹秤、分拣格眼、封袋钳等设备，共有 8 辆自行车用于投递。1997 年，有计算机设备 5 台，其中，邮政生产用微型机 2 台、管理用微型机 3 台；有汽车 7 辆，其中，货车 2 辆，客车 2 辆。截至 2022 年底，武隆邮政共有邮政车辆 9 辆，摩托车 17 辆，现金自助机具 36 台，ITM（智慧柜员机）15 台，PC 电脑 68 台，各类图形终端 83 台（配备同等数量的打印机），验钞设备 30 台，复印一体机 20 台，监控主机 41 台、监控摄像头 705 个。

（二）网运生产作业

1986 年，武隆县城邮件接发、运输分东、西两段，长各 1 千米，为自行车邮路。东段辖建设街、红豆树街、乌杨树、梓桐路段。西段有复兴、正街、后街、中横街、下横街、包谷市、油坊沟、冯家坡、桐梓园等路段。1993 年，调整为山王庙—江北新区、山王庙—农机厂、现糖酒公司—长途河、县委—党校共 4 段，投递员 14 人。1997 年，平桥、鸭江、凤来、桐梓、火炉、土坎、木根、双河邮件委托社会客运部门运输。2000—2018 年，邮件逐步

由自办汽车邮路运输。

（三）网运管理

1. 组织管理

1997 年 12 月，武隆县邮政局设立邮政业务市场科（含行业管理），负责全县邮政业务的市场开发和经营工作。2012 年 4 月，武隆县邮政局与速递武隆分公司开始分网运作。2018 年寄递事业部成立之后，由寄递事业部负责网运管理。截至 2022 年，未发生变化。

2. 网运质量

1986—2022 年，武隆邮政逐步加强网运管理，管控指标由少到多，运营质量逐步完善。2022 年，武隆邮政收寄及时率为 98.59%；及时妥投率为 91.76%；特快次日递为 87.52%；快包次日递为 96.19%；特快预约联系率为 93.25%。2022 年，收寄及时率为 98.59%；特快及时妥投率为 91.76%；快包及时妥投率为 99.49%

（四）服务网点

1. 网点设置

1986 年，武隆县邮电局设有邮电支局 8 个、邮电所 3 个。截至 2022 年底，设邮政支局 4 个，邮政网点 30 个，其中，代理金融网点 15 个，纯邮政网点 15 个。

表 9-12-4-2

2022 年武隆邮政局所一览表

序号	局所名称	经营性质	经营属性	设置地点
1	建设中路邮政所	自营	城市	凤山街道建设中路 106 号
2	火炉邮政支局	自营	农村	火炉镇金鱼街 106 号
3	羊角邮政支局	自营	农村	羊角街道龙兴街 155 号
4	桐梓邮政支局	自营	农村	桐梓镇晶华街 57 号
5	江口邮政支局	自营	农村	江口镇进士西路 21 号
6	长坝邮政支局	自营	农村	长坝镇茶田街 108 号
7	白马邮政支局	自营	农村	白马镇园区东路 40 号
8	鸭江邮政支局	自营	农村	鸭江镇金龙街 148 号
9	平桥邮政支局	自营	农村	平桥镇百顺路 245 号
10	梓桐邮政所	自营	城市	凤山街道建设东路 11 号
11	土地邮政所	自营	农村	土地乡街道 573 号
12	芙蓉西路邮政所	自营	城市	芙蓉西路 39 号附 2 号
13	芙蓉中路邮政所	自营	城市	芙蓉街道白杨路 22 号
14	沧沟邮政所	代办	农村	沧沟乡沧河路 78 号 1-1
15	黄莺邮政所	代办	农村	黄莺乡街道
16	凤来邮政所	自营	农村	凤来镇街上 64 号
17	仙女山邮政支局	自营	农村	武隆县仙女山街道银杏大道 97 号

序号	局所名称	经营性质	经营属性	设置地点
18	文复邮政所	代办	农村	文复乡街道 63 号
19	浩口邮政所	代办	农村	武隆县浩口乡街道 20 号
20	接龙邮政所	代办	农村	接龙乡兴龙路 87 号
21	后坪邮政所	代办	农村	后坪乡凤双路 16 号
22	双河邮政所	代办	农村	双河镇双河路 57 号
23	赵家邮政所	代办	农村	赵家乡街道 16 号
24	大洞河邮政所	代办	农村	大洞河乡街道
25	白云邮政所	代办	农村	白云乡街道 275 号
26	石桥邮政所	自营	农村	武隆县石桥乡街道 135 号
27	庙垭邮政所	代办	代办	庙垭乡文慰路 19 号附 4 号
28	和顺邮政所	代办	农村	和顺镇街道 225 号
29	南滨路邮政所	自营	城市	凤山街道南滨路 185 号
30	五洲国际邮政所	自营	城市	凤山街道龙湖路 100 号

2. 社会加盟站点

2016—2017 年，武隆邮政共计建设农村电商平台邮乐购站点 186 个，乡镇配送中心 5 个。2018 年，武隆邮政以村委会和邮乐购平台搭载建设村邮站 50 个。截至 2022 年底，共建设社会加盟站点 125 个，其中，自营站点 15 个，代理加盟站点 110 个。

四、邮政管理

（一）财务管理

1986—1997 年，财务由武隆县邮电局统一核算。1997—2015 年，按照独立核算体制，其核算方式实行收支差额管理。每年按重庆市邮政管理局下达的业务收入、业务总量、收支差额，由县邮政局编制三项计划组织实施。县邮政局对支局、所、班组实行报账制。收支差额县邮政局每年按市邮政局下达计划上缴。2015—2022 年，由涪陵片区分公司每年下达年初计划，分公司实行独立核算。

（二）人力资源管理

1. 队伍建设

1986 年，武隆县邮电局共有从业人员 153 人。1997 年，邮电分营后，邮政共有从业人员 109 人。2008 年，邮储银行武隆支行成立后，邮政划入邮储银行 24 人。2009 年，速递物流公司成立，划入速递 10 人。2018 年，邮政公司划入寄递事业部 3 人。截至 2022 年底，武隆邮政共有从业人员 116 人。

2. 教育培训

1988 年，武隆邮政组织 120 名从业人员参加四川省经委系统举办的服务质量管理培训。1990 年 5 月，组织职工参加省邮电系统全面质量管理百题知识赛。1994 年，武隆邮政鼓励员工参加继续教育学习，中专 1 人，自学考试电大 50 人。2014 年，武隆邮政制定员工业务培训管理办法，采取集中＋远程相结合模式开展业务培训。2019 年，制定"4+7"工程和"六个常态化"工作实施方案，设置培训学习常态化推进组，建立全年学习机制，组织学习法律法规、规章制度、业务技能等，全面提升队伍能力。2022 年，组织开展理财经理练兵大比武，强化理论知识测试＋资产配置规划实操，生产人员持证率达 93.2.4%，理财经理持证率提升至 53%，较 2021 年提升 20 个百分点。

3. 薪酬管理

1988 年，武隆邮政员工工资实行工资总额同业务总量挂钩办法。1994 年，实行业绩挂钩，职工工资大幅度提升。2008 年，薪酬制度改革，建立以岗位管理为基础的一岗多薪宽带薪酬体系，建立员工工资正常增长机制。规范岗位职级体系。对单位和部门实行分类管理，对岗位实行"5+1 序列"管理，对岗位实行分级管理。统一津贴专业技术职务或职业资格等级津贴、外勤、夜班和班组长津贴、综合补贴。2012 年，调高专业技术职务津贴、职业资格等级津贴、外勤和夜班津贴。2015 年，薪酬调整优化，岗位序列调整为管理、专业和操作 3 大序列。把基本工资分为薪级工资和岗位工资，调整岗位工资标准。2018 年，调整薪酬标准，实施基本工资晋级晋档；调高专业技术职务津贴、职业资格等级津贴、外勤和夜班津贴。对特殊贡献的员工进行薪级工资加分。2022年，武隆邮政制定绩效考核办法，统一岗位绩效制定权限和预算审核权限。

（三）服务质量管理

1. 营业服务

2009年，武隆县邮政局邮件容器管理考核办法出台，规范各类邮件容器封装标准。2013年，武隆邮政开展规范营业窗口服务形象整治，制定网点外部形象、内部环境、营业服务规范，进一步提升网点营业服务水平。2016年，实行武隆县分公司营业网点规范化服务标准，通过现场＋非现场检查方式开展营业网点服务质量检查评分。2018年，开展"情系万家　信达天下"之平常邮件质量大提升活动，落实"七必须、七严禁"总体要求。2021年，开展普遍服务达标固标"回头看"等监督检查活动。截至2022年底，武隆邮政承担辖内2901平方公里，40.6万人口的普遍服务业务，辖内所有网点均开办普遍服务4项基本业务及盲人读物、烈士遗物、义务兵平常信函免费寄递等特殊服务业务。

2. 普遍服务与特殊服务

武隆邮政始终坚持"人民邮政为人民"宗旨，完善服务功能，提升普服能力。2007年，开展普服达标活动，完善服务功能，提升普服能力。2011年，印发服务质量考核制度，开展各专业公司，各支局、所、班组年度互评。2015年，印发《邮件收寄、封发、投递服务质量考核办法》，有效提升全员服务水平。2017年，机构改革，根据《邮政普遍服务标准》《邮政普遍服务监督管理办法》和《重庆市邮政条例》开展专项整治活动，建立完善相应服务质量管控体系。2019年，开展普遍服务工作达标集中整治行动，强化营业、投递、网运环节等质量管控。2022年，推进乡镇周五班打卡23个，占比为12.5%，周三班打卡村161个，占比为87.5%，184个建制村全部通邮，提升农村投递服务水平。

1986年，武隆邮政设置机要科。2002年，改为机要组。2003年，改为机要室。1986—2022年，设置1名机要管理员、1名机要通信员。把机要工作作为"一把手"工程，按月、季度、年开展监督检查，检查中有整改、有通报、有总结。截至2022年底，武隆邮政服务单位65户，保持机要通信39年服务质量全红。

3. 监督检查

2015年，武隆邮政结合服务质量专项提升专项活动中存在的问题，突出重点，落实责任，全面加强收寄验视检查工作。2019年，建立健全用户投诉处理、反馈和考核机制，专人接待处理用户咨询投诉。2020年6月，设置专职视察检查岗位，在普服检查、服务投诉、邮件赔偿、机要管理基础上，协同邮政管理局对邮政普遍服务

执行监督检查。2022年，开展普服专项检查20余次，检查范围涵盖1个处理中心和30个营业网点，问题及时整改率达100%。2022年，在寄递业务"双增"行动中分别获得"先进单位""营业部优秀团队""优秀城市网点"1名、"优秀农村网点"2名等奖项。

（四）安全管理

自2001年起，武隆邮政先后修订武隆县邮政局治安承包责任制实施细则和考核标准、武隆县邮政局安全生产、安全防火责任制实施细则和考核标准，以及金库值守制度、押运制度、枪支管理使用制度、车辆管理使用规定、安全检查制度、各级各部门安全管理责任追究制度。2005年，制定"建设和谐企业、创建平安单位"三年规划，深入开展各项平安创建活动。2009年，制定管理人员、班组长、支局长三级安全生产管理教育制度，落实安全管理责任制，强化安全隐患整改和安全防范措施建设。2017年，按照平安邮政建设工作要求，每年逐级签订安全责任书，明确安全责任，签订率达100%。按照邮政业规范要求建立健全邮政业安全管理台账，落实营业场所安全管理。2019年，成立信息网安全保障行动小组，开展信息安全风险自查、整改，提升安全监控防护能力。2020年，成立安全生产委员会统一领导安全生产工作，开展"普服大提升""安全大整顿""案件大排查"专项行动。2022年，在北京冬奥会、残奥会期间，制定了邮政安全和服务保障工作实施方案，做到"任务到人、目标到人、责任到人、考核到人"，牢牢守住安全生产红线底线。同年，制定后勤班组安全生产及服务质量考评办法，涵盖押运、经警、车队、监控、库管、机要班组人员。

（五）党群管理

1. 党组织

1986年，设立武隆县邮电局党支部。1989年5月，武隆县邮电局成立中共武隆县邮电局机关总支委员会。同年7月，成立邮政党支部、行政党支部、电信党支部。1991年7月，撤销邮政、行政、电信党支部，改建为武隆县邮电局一党支部、二党支部。2012年4月，党总支换届选举。2015年7月，因集团公司实施法人体制调整，原"重庆市邮政公司武隆县邮政局党总支"更名为"中共中国邮政集团公司重庆市武隆县分公司总支部委员会"。2016年6月，新增中国邮政集团公司重庆市武隆县分公司速递物流党支部，党总支部下设行政党支部、生产党支部、速递物流党支部。2019年9月，中国邮政武隆分公司撤销总支部委员会，及下属3个支部委员会，成立中共中国邮政集团公司重庆市武隆区分公司支部委员会。2021年，党支部组织开展党史学习教育，深入学习习近平总书记在党史学习教育动员大会上的讲话精神。开展全国文明城市建设志愿服务、助农采摘等"我为群众办实事"主

题实践活动。2022年2月，党支部换届，共有中共党员22人、预备党员1人。同年创建"'邮'心向党，助力振兴"党建品牌，融合网点业务融合发展难题，开展机关党员提升网点员工理论学习，网点员工提升机关党员业务水平"双提升"工程。

2. 工会

1986年1月，武隆县邮电局工会设主席1人。1986年5月，工会换届选举，设工会主席1人。1992年6月，工会换届选举，设工会主席1人，工会副主席1人。1997年7月，邮电分营，成立武隆县邮政局工会。自1998年1月起，武隆县邮政局与县体委联合组织，连续举办三届元旦"邮政杯"迎春环城长跑赛。同年4月，换届选举，设工会主席1人。2003年2月，武隆县邮政局工会换届，设主席1人。2010年5月19日，重庆市邮政公司武隆县邮政局换届，设工会主席1人。2011年1月，武隆县邮政局举办首届迎春团拜会。2017年11月，"中国邮政集团工会武隆县委员会"更名为"中国邮政集团工会重庆市武隆区委员会"。2018—2022年，建成各类"职工小家"12个，其中，"示范型职工小家"2个、"职工之家"1个、"职工小家"9个，农村网点职工小家实现全覆盖。2020年12月，换届选举，设工会主席1名，工会委员7名。2022年，召开"青春心向党、建功新时代，武邮青年，大有可为"青年员工座谈会。

3. 团组织

1986年，武隆县邮电局团支部设书记1人，委员2人，共有团员11人。1992年团支部换届，设书记1人，委员2人，共有团员15人。1996年底，有团员26人。2020年6月，"共青团中国邮政集团公司重庆市武隆区分公司支部委员会"更名为"共青团中国邮政集团有限公司重庆市武隆区分公司支部委员会"。同年10月，武隆区分公司团支部换届，由3名委员组成，设书记1人。2021年，武隆邮政团委组织开展"青年突击队"旺季帮扶志愿服务、"时代讴歌颂党史　青春献礼百周年"演讲比赛等活动。2021年，周召明获得团市委"最美快递小哥"称号。2022年，组织开展邮政青年员工"根在基层"实践活动，调研报告获得集团公司优秀提名奖。截至2022年底，武隆邮政共有团员12名。

第五节　南川邮政机构

一、机构沿革

（一）机构演变

1. 四川省管局管辖时期

1986年，南川县邮电局隶属涪陵地区邮电局管辖。

1994年8月，南川撤县设市，"南川县邮电局"更名为"南川市邮电局"。

1996年，"涪陵地区邮电局"更名为"涪陵市邮电局"，南川市邮电局由涪陵市邮电局管辖。

2. 邮电分营时期

1997年3月，涪陵市及所辖区县正式划属重庆市。同年7月，因邮政、电信分营，重庆市邮政管理局成立南川市邮政局，隶属涪陵市邮政局管辖。

1998年3月，南川市邮政局划归重庆市邮政管理局直接管理。

2003年，重庆邮政实行城片区化经营管理体制，南川市邮政局隶属涪陵片区局。

3. 政企分开时期

2007年3月，因南川行政区划调整，撤市建区，"南川市邮政局"更名为"南川区邮政局"。

2007年9月，政企分开，"南川区邮政局"更名为"重庆市邮政公司南川区邮政局"。同年12月，中国邮政储蓄银行重庆南川区支行挂牌成立，南川邮政受邮储银行南川区支行委托开办代理金融业务。

2009年1月，重庆邮政速递物流一体化专业经营，重庆市邮政速递物流公司南川区分公司成立。2010年6月，更名为"重庆市邮政速递物流有限公司南川区分公司"。

2014年6月，重庆市邮政速递物流有限公司组织机构改革，"重庆市邮政速递物流有限公司南川区分公司"改设为"南川区营业部"（营业执照不变），隶属重庆市邮政速递物流有限公司新组建的涪陵片区分公司。

2015年4月，因法人体制改革，"重庆市邮政公司南川区邮政局"更名为"中国邮政集团公司重庆市南川区分公司"。同月，"重庆市邮政速递物流有限公司南川区分公司"更名为"中国邮政速递物流股份有限公司重庆市南川区分公司"。

2017年6月，根据市分公司机构编制方案，设立南川区分公司，调整优化内设机构主要职责及人员编制。

2018年9月，寄递改革，组建南川区寄递事业部（保留"中国邮政速递物流有限公司重庆市南川区分公司"牌子），由涪陵片区寄递事业部管理。

2020年1月，"中国邮政集团公司重庆市南川区分公司"更名为"中国邮政集团有限公司重庆市南川区分公司"。

截至2022年底，中国邮政集团有限公司重庆市南川区分公司内设综合办公室（后勤班、武装押运保安班）、市场营销部（机要室、营销组）、金融业务部（中邮保险中心）、集邮与文化传媒部（文传业务支撑班）、渠道平台部（电商运行支撑班）。

（二）主要领导

表 9-12-5-1

1986—2022 年南川邮政主要领导人员名录

单位名称	姓 名	职 务	任职时间
南川县邮电局	徐世立	党总支书记	1986.1—1986.9
	刘永和	局长	1994.2—1994.7
南川市邮电局	刘永和	局长	1994.8—1995.8
	孙 杰	党总支书记	1994.2—1995.10
	孙爱平	党总支书记	1995.11—1997.8
南川市邮政局	孙爱平	党总支书记、局长	1997.7—2001.5
	曾维梁	党总支书记、局长	2001.5—2003.2
	马斌生	党总支书记、局长	2003.2—2004.10
	尹 兵	党总支书记、局长	2004.10—2005.4
重庆市邮政公司 南川区邮政局	王志远	党总支书记、局长	2008.10—2010.4
	杨家远	党总支书记、局长	2010.4—2012.7
	杨 铭	党总支书记、局长	2012.7—2015.6
中国邮政集团公司 重庆市南川区分公司	杨 铭	党总支书记、总经理	2015.6—2016.1（党总支书记） 2015.6—2016.2（总经理）
	邓 羽	副总经理（主持工作）	2016.2—2017.12
中国邮政集团有限公司 重庆市南川区分公司	邓 羽	党总支书记、总经理	2017.12—2021.1
	石 一	党总支书记、总经理	2021.1—2022.5
	章海川	党总支书记、总经理	2022.5—

二、邮政业务

1986—1996 年，南川县邮电局主要开展邮政业务和电信业务。邮政部分主要开展邮政储蓄、函件、包裹、汇兑、报刊发行、机要通信等邮政业务。电信部分主要开展市话、农话、电报、长途电话和寻呼机等电信业务。1997—2014 年，南川邮政主要开展邮政储蓄、函件、包裹、汇兑、报刊发行、机要通信、集邮等业务。2015 年，各项业务整合为金融、寄递、文传、渠道 4 大业务板块。沿用至 2022 年，未发生变化。

表 9-12-5-2

1986—2022 年南川邮政业务收入统计表

单位：万元

续表

年份	业务收入	年份	业务收入	年份	业务收入
1986	15.18	1988	39.60	1990	68.57
1987	34.79	1989	51.75	1991	93.79
1992	117.31	2003	1025.66	2014	3976.74
1993	138.78	2004	1175.00	2015	4669.14
1994	188.31	2005	1369.00	2016	5763.13
1995	240.21	2006	1376.00	2017	6845.91
1996	290.99	2007	1681.88	2018	7790.00
1997	456.78	2008	1663.96	2019	8658.00
1998	532.55	2009	1958.38	2020	8898.50
1999	644.56	2010	2187.64	2021	9742.42
2000	651.52	2011	2717.00	2022	10439.68
2001	677.20	2012	3303.36		
2002	827.61	2013	3006.87		—

（一）金融业务

1. 储蓄汇兑

（1）储蓄业务

1986年10月，南川西街邮政储蓄所开办储蓄业务，期末储蓄存款余额6.4万元。1994年11月，储蓄存款余额突破2000万元。1995年，新增白沙、河图等邮政储蓄代办所。至此，全市共有邮政储蓄所20个。同年，净增储蓄存款余额1500万元。1998年8月，南大街邮政储蓄所储蓄"绿卡"全国联网，办理邮政通存通取业务，接收工行南平分理处储蓄存款。2000年，接收建行南平营业所个人储蓄存款1522.23万元，期末储蓄存款余额11612.19万元。2001年，发展绿卡联网点20个。2002年，接收农行小河、大有营业所个人储蓄存款2080万元，同年10月，全市邮政储蓄存款余额突破2亿元。2006年，储蓄存款余额突破5亿元。2010年，储蓄存款余额突破10亿元。截至2022年底，储蓄存款余额规模46.39亿元，全年新增时点余额3.07亿元。

（2）汇兑业务

1988年，南川县邮电局办理汇票2.97万笔。1990—1996年，办理汇票5万笔。2002年3月，开通全国联网电子汇兑系统，开办电子汇兑业务。2020—2022年，汇兑业务量由1.19万笔降至0.45万笔。

2. 中间业务

1998年，南川邮政开办代理保险业务。1999年，开始为8个单位代发工资和养老金，月金额为100余万元。2003年，与太保人寿和中保人寿合作，推出适合市场需求的险种，成为保险业务新突破口。2022年，保费规模9474万元，其中期交3984万元、趸交5490万元。

2000年3月，南川邮政首次开展国债承销业务，3天共销售国债40万元。同年，国债承销310万元。2022年，人民币理财年日均保有量12899万元，高效基金销量6871万元，非货币销量3270万元。同年4月，开办数字人民币业务，全年共计发展12680户。

3. 风控合规

2008年，南川区邮政局代理金融检查队伍成立，由金融业务部人员兼职。2009年，设立专职检查人员。2010年，制订《南川区邮政局视检工作管理及考核办法》，减少和降低金融风险。2016年，制订《明确南川区邮政金融协调领导小组暨邮政金融资金安全领导小组成员及其职责的通知》，建立邮银工作长效协调机制。2022年，全面落实"人防＋物防＋技防"三位一体风控合规管理要求，加强制度、队伍、科技、履职、文化建设，构建风控案防体系。截至2022年底，南川邮政未发生重大金融风险事件。

（二）寄递业务

1. 特快专递

1994年3月，开办国内、国际特快专递业务，由南川县邮电局机要室兼办。1997年，邮电分营，邮政营业部业务窗口开始办理特快专递邮件收寄。1999年12月，受理第一笔鲜花礼仪业务。2001年1月，开办国内特快专递代收货款业务。2004年，南川市邮政局与南川市稽征所达成一致意见，把该单位向各机动车车主的缴费通知书，以同城特快方式送交车主。2005年5月，把机要室兼办的特快专递业务剥离出来，组建南川市邮政局速递中心，与市环保局、稽征所、法院开发同城特快专递业务。自同年7月1日起，开办"二代身份证"业务。同年，实现特快2.4万件，身份证完成4314件，其中"二代证"完成1933件。至此特快业务走上专业化经营的道路。2020年，南川邮政开发区内11所中小学校教材寄递业务，配送教材2.16万套。2022年，制订《南川区分公司2022年特快同城业务发展实施方案》，促进大同城业务发展，实现特快专递业务量30.03万件。同年，在金佛山方竹笋项目组领导下，与笋农沟通并制作包装箱，粘贴广告，通过"线上（邮乐小店）＋线下（驻点收寄）"方式，实现业务量3.25万件。

2. 快递包裹

2000年8月，南川邮政包裹全部实行直投到户。同年9月，在全市各邮政支局（所）开办直递包裹业务。2001年8月，在全市各邮政支局（所）开办国内快递包裹业务。2020年，快递包裹业务量102.69万件。2022年，快递包裹业务量299.68万件。

3. 物流业务

2003年，南川邮政开办送水业务和开发城市物流配送市场，发展邮购饲料、种子业务，全年累计销售希望饲料28吨，种子10吨，送水6000桶。2004年，运输配送"波仕塔"桶装水1.5万桶。2005年，物流公司成立，实行专业化经营，开办中邮快货业务，主要是零散货运业务。同年，一体化物流出口738件，进口11527件。2009年，开发重庆赛纳科技有限公司汽车配件运输项目，2022年，物流进口20688件。

4. 国际业务

国际业务分为国际普通邮件业务、国际及港澳台邮政特快专递业务、国际商业渠道业务。1986年，南川邮政国际业务以散件居多。2018年，寄递事业部成立后，整合新的国际业务板块，涵盖国际小包、国际E邮宝、国际EMS、国际包裹等。2022年，收寄国际邮件23件。

（三）文传业务

1. 函件业务

1991年11月，南川县邮电局开始销售有奖明信片，4个月时间销售明信片30000张。2006年，封片系统上线，制作1.2万枚专用邮资信封用于全区书信活动，实现收入1.44万元。2007年，南川邮政成为"欢乐中国行　魅力新南川"独家代理门票销售商。2017年，整合媒体资源，打造"鸿涪传媒"品牌，实现广告媒体收入 85.94 万元。2018 年，举办"舞林争坝"坝坝舞比赛，实现收入 5 万余元。同年，开发金佛山风景明信片 1 套 12 枚，实现收入 8 万元，定制旅游文化节金佛山门票，实现收入 0.6 万元。2022 年，南川区分公司拓展"渝邮传媒"品牌影响，开发新媒体客户 16 户，开发金山包装箱项目和柒柠标签等项目，实现函件收入 50.2 万元。同年，定制重庆市南川监狱等单位邮资封 2.5 万枚，实现收入 4.4 万元。

2. 报刊业务

1986—2001 年，邮发报刊种类 2000 余种，报刊流转额由 78 万元增至 801 万元。1989 年，《重庆日报》实行自办发行。1990 年，在全县 7 个区成立报刊发行站。截至同年 11 月底，完成报刊流转额 85 万元。1996 年，完善激励机制，报刊发行实行"收投合一"，调动收订人员积极性，促进报刊业务发展。1997 年，南川由原四川发行局要数改向重庆要数。1998 年前，报刊每日随邮件混投。1998—2001 年，报纸改为每日专投，全区乡镇政府驻地均能看到当日《重庆日报》，农村订阅的报刊直接投送到户。"十二五"期间，报刊流转额增长 52.2%，收入增幅 20.28%；增加报刊亭终端建设，从原有 15 个增加到 33 个；深入挖掘校园报刊潜力，促进校园报刊增订量的逐年攀升。2022 年，南川邮政报刊大收订实现流转额 1156.22 万元。

3. 集邮业务

1986—2001 年，集邮销售形式实行预定和零售，全县设集邮销售点 2 处。1988 年，南川县集邮协会成立，并举办南川县第一次邮展。自 1988 年起，相继成立农业银行专业委员会分支、国营宁江机械厂集邮专业委员等集邮分会。2001 年 6 月，"纪念中国共产党成立 80 周年重庆集邮巡回展览"在南川展出，出售邮品 5.2 万元，接待参观人数 1 万余人次。同年，定制《金佛山》专题邮册 5000 册。2003 年，定制《渝长高速路开工庆典册》及《开工庆典纪念封》共计 8000 册，用于南川地方旅游及文化宣传。2004 年，函件新业务实现"零"突破，首次开发"金佛山风光"形象金卡 42000 枚。2016 年，在金佛山景区入口处修建金佛山邮局，占地 15 平方米。邮局内有金佛山喀斯特地貌介绍，并展示金佛山喀斯特文创产品，游客可进行打卡、书写信件寄递（2022 年，"金佛山邮局"更名为"金佛山喀斯特邮局"）。2021 年，在南川区东街文旅小镇建设金佛山东街邮局，占地 70 平方米，主要服务于东街文创小镇。均属合作型文化邮局。2022 年 4 月，融入文旅产业，与政府联合举办《世界自然遗产——中国南方喀斯特》特种邮票首发，以金佛山为主图，并在天星小镇举行首发式，实现集邮收入 45 万余元。

4. 中邮文创

2021 年，南川邮政正式开办中邮文创业务。2022 年，南川区分公司联合地方文创中心开发金佛山喀斯特纪念套装并上线文创地方版产品，实现收入 3 万余元。

5. 普通包裹

普通包裹主要经营窗口包裹、校园包裹、军营包裹、家乡包裹、爱心包裹、母亲邮包等。2009 年 5 月，响应中国扶贫基金会发起的"爱心包裹项目暨 5.12 灾区学生六一关爱行动"，收寄"爱心包裹"163 个。2014 年，南川邮政收寄普通包裹 8629 件，此后，逐年下降。2022 年，收寄 1787 件。

（四）渠道业务

2010 年以前，渠道业务以增值、分销和电信为主，分别由电子商务公司、分销业务部和电信公司归口管理。2010 年，合并电信公司和分销业务部为电子商务公司，主管代办通信、代收款等增值业务和分销业务。2015 年，更名为"电商分销公司"。2017 年，渠道平台部成立。截至 2022 年底，未发生变化。

1. 增值业务

2000 年 3 月，南川邮政与移动、联通公司运营商合作开办代办电信业务，代售充值卡、代放号、代售手机和小灵通等。此后，业务呈下滑态势。于 2010 年停办。

2004 年，南川邮政开始火车票代售业务试点工作。2005 年，开办代售飞机票业务。2006 年 4 月，开办代办短信业务。2009 年，开办自邮一族业务。2016 年，开始发展车险业务，至 2019 年 4 月划归金融业务部管理。截至 2021 年 4 月，以中邮车务 App 方式回归渠道平台部；同年，交易量达到 2165 笔。

2015 年 3 月，南川邮政进驻南川区公安局交警支队车管所开展财政非税业务。2022 年，持续开展税邮、交邮、警邮合作，持续构建"网点＋站点"生态服务链，全年盘活整治便民服务点 100 个。

2. 分销业务

2009 年，南川邮政有 30 个网点开展化肥、农药、种子、日化、酒水等分销产品销售。2022 年，销售农资 54.65 万元、销售快消品 71.65 万元、销售农副产品 576 万元，其中销售季节性产品（粽子、月饼）11 万元。2022 年，南川邮政以业务平台为载体，持续打造线上服务体系，形成"线上＋线下""生活＋业务"协同服务生态和"社区＋社群"营销场景，发展"邮生活"用户超 3.6 万人，实现零售交易额 194.83 万元、社区团购交易额 44.88 万元（分销）。

2017 年，在金佛邮政支局开办 1 个烟草商零售代销点，实现销售额 56.92 万元。2021 年 5 月，增办 14 个烟草商零售代销点。2022 年，实现销售额 130 万元。

3. 电信业务

1986—1996 年，南川县邮电局主要开展市话、农话、电报、长途电话和寻呼机等电信业务。1986 年，开通五百门市内纵横制自动电话和南川至涪陵两条长途半自动电话电路，新增南川至涪陵载波电路 6 路。1994 年，开通南川至涪陵数字微波，增加设备电路 960 条，解决长途电话困境。1996 年，南川市邮电局电信业务总量突破 1200 万元。1997 年 7 月，邮电分营，南川电话升 8 位，改长途区号进入重庆大网营运。同年，电信业务移交南川市电信局经营，邮政转为代办。同年 12 月，南川邮政寻呼系统开通试运行，至 2001 年关闭。

三、邮政网络

（一）网络能力建设

1. 邮路

1997 年，邮电分营后，南川邮政处理中心至大有、大观、水江自办汽车邮路。之后，逐步组开至各乡（镇）沿线自办汽车邮路，并随邮政网点的开办、撤销，多次优化调整邮路。2022 年，调整县乡邮路为 6 条；开办交邮合作邮路 1 条。

（1）汽车邮路

1986 年，二级干线汽车邮路里程 160 公里，南川辖区邮路乡镇邮路里程 582 公里，由客运代运。1990 年，适当调整农村邮路和投递路线，将摩托车邮路改为委办车（押）和承包邮路，南川至合溪委办车（押）邮路由原二天返回改为当日返回，乡邮投递排单合格率和落实率提高到 98.99%。1996 年，增加县内自办汽车邮路 4 条，624 公里。1997 年，新增 9 条委办汽车邮路，174 公里，新增自办汽车邮路 154 公里，其他邮路减少 131 公里。自 2009 年 9 月起，调整"钞邮合一"运行计划，从而结束原片区支局接转代办所邮件的历史，由分公司到各乡镇局所，实施"钞邮合一"运营模式。自 2019 年 8 月起，南川邮政组开 4 条区乡邮路，城区 1 条；覆盖全区所有网点（除石莲），邮路运行实行逐日班；自办邮路运输里程 907 公里。2022 年，共有汽车邮路 6 条，里程 974 公里。

（2）农村步班邮路

1986 年，农村步班邮路 38 条，里程 760 公里。1997 年，农村步班邮路缩减至 19 条，2009 年结束步班邮路。

2. 物流体系

2017 年，南川邮政共建成区县运营中心 1 个、乡镇服务中心 6 个、村级服务站 211 个。2022 年，融入县域商业体系建设，建成县级仓配中心 1 个、乡镇仓配中心 7 个，实现村级站点建制村全覆盖，推动农村地区客、货、邮融合发展，与交运集团渝运分公司达成战略合作，利用交运集团客车运邮，日均代运邮件 150 余件。

3. 作业场地

自 1986 年起，南川邮政区域内包裹快递处理场地在南大街 42 号，随着业务量的增加，2004 年 6 月，搬迁到南城街道办事处金佛大道 32 号新邮政局大楼。2018 年 12 月，在东城街道办事处花山南路 102 号 25 幢租用处理中心场地 1200 平方米，满足了生产作业需要。截至 2022 年底，农村地区有单独处理场地 34 个，依然与营业网点同址。

4. 设施设备

（1）邮政专用设备

1986 年，南川县邮电局只配备电子信函秤、包裹秤、分拣格眼、封袋钳等基本设备，邮件处理基本纯手工处理。1997 年分营后，逐步配置包裹捆扎机、微型电子计算机等设备。2018 年，配备直线皮带机 1 台。截至 2022 年底，南川邮政共有直行皮带机 1 台、收寄一体机 1 台、顶扫设备 1 套、液压叉车 1 台、电脑 8 台、揽投用 PDA 45 台、蓝牙电子秤 6 台、打包机 2 台、吊牌机 3 台、笼车 12 台。

（2）运输设备

1986 年，全县共有邮运汽车 1 辆。1997 年分营后，有邮运汽车 5 辆。2006 年，邮运汽车增加至 8 辆。2014 年，新增摩托车 45 辆。2022 年，有各种邮政车辆 52 辆，其中汽油车 16 辆、柴油车 14 辆、电动四轮车 8 辆、电动三轮车 14 辆。

（二）网运生产作业

1. 邮件接发

表 9-12-5-3

1986—2022 年南川邮政干线邮件接发一览表

年份	邮路数量	线路	过境覆盖区域	发车频次	备注
1986—2007	1	渝黔线	南平、文凤、南川县城、乐村、水江沿途进出邮件	逐日	往返
2009	1	渝南线	南平、文凤、南川城区	逐日	往返
	2	渝武线	南川城区	逐日	往返
2010	1	黔渝线	南川城区	逐日	南集邮件

2. 邮件运输

表 9-12-5-4

1986—2022 年南川邮政本域邮件运输一览表

年份	邮路数量	线路	覆盖区域	发车频次	备注
1986—1996	7	城区至各乡镇	兴隆、大观、土溪、太平、大有、金山、鸣玉	周五班	委办
1996—2018	3	城区至大有环线	东胜、半河、马嘴、大有、庆元、古花、合溪、德隆、头渡、金山	1996—1997（周三班）、1997—2009 年（间日班）、2009—2018 年（周三班）	自办
		城区至大观环线	文凤、南平、石连、神童、白沙、太平场、乾丰、黎香湖、大观、木凉、兴隆		
		城区至水江环线	水江、山王坪、中桥、骑龙、桥塘、石墙、铁村、龙岩河		
2019	5	调整为南川—大有线、南川—水江线、南川—大观、南平线、南川—鸣玉线（周六班），区内转趟（逐日班）			自办
2022	6	调整为南川—德隆、南川—大观、南川—大有、南川—水江、南川—鸣玉，区内转趟（逐日班）			自办

（三）网运管理

1. 组织管理

2018 年以前，网运生产调度挂靠市场部。2018 年 9 月，南川邮政寄递事业部成立，负责辖区内网运调度和处理中心生产管理。

2. 网运质量

自 1986 年起，南川邮政通过精细化管控网运质量指标、优化生产作业流程等方式，不断强化网运质量。1994 年，南川邮政总包邮件、给据邮件损失率为零，邮件处理合格率达到 93%，全程时限准时率达到 97%。2013 年，总包邮件、给据邮件丢失损毁率为零，邮件传递全程时限逾限率低于 1%，邮件规格处理不合格率低于 4%。2022 年，完善邮运计划，规范处理中心和各网点操作流程，提升邮车运行准点率；构建南川网运指标管理体系，采取"日管控、周分析、月考核"管控手段，实现收寄及时率为 99.37%，及时妥投率为 91.23%。

（四）服务网点

1. 网点设置

1986 年，南川邮电局设南平、大观、水江、鸣玉、大有等 10 个支局，31 个邮电所（代办所）。2002 年，南川市所辖邮政局所 60 个。截至 2022 年底，南川邮政共有邮政网点 39 个。其中，区局 1 个，农村支局 4 个，自办邮政所 20 个，乡邮代办所 14 个。

表 9-12-5-5

2022 年南川邮政局所一览表

序号	局所名称	经营性质	经营属性	设置地点	备　注
1	金佛邮政支局	自营	城市	金佛大道 32 号附 14、15、16 号	—
2	西大街邮政所	自营	城市	南涪路 2 号附 4 号	—
3	南宾邮政所	自营	城市	渝南大道 2 号附 16—18 号	—
4	公园路邮政所	自营	城市	东环路 132 号附 14 号	—
5	新南邮政所	自营	城市	金山大道 3 号附 35、36、37 号	—
6	河图邮政所	自营	农村	河园社区农民新村	—
7	半河邮政所	自营	农村	半河居委半河场 221 号	2011 年由代办转为自营
8	文凤邮政所	自营	农村	文凤街 54 号附 4 号	—
9	大有邮政支局	自营	农村	新盛路 10 号附 1 号	—
10	古花邮政所	自营	农村	元合街 68 号	—
11	金山邮政所	自营	农村	方竹路 36 号	—

序号	局所名称	经营性质	经营属性	设置地点	备　注
12	龙岩河邮政所	自营	农村	龙岩河居委 8 组 500 号	2011 年由代办转为自营
13	骑龙邮政所	自营	农村	骑龙街 16 号附 1 号	—
14	大观邮政支局	自营	农村	观桥街 70 号	—
15	兴隆邮政所	自营	农村	兴星街 77 号附 1 号	—
16	太平场邮政所	自营	农村	向阳路 31 号	—
17	神童邮政所	自营	农村	钟山路 17 号	—
18	白沙邮政所	自营	农村	景园路 44 号	—
19	福寿邮政所	自营	农村	福民街 63 号附 1、2、3 号	—
20	水江邮政支局	自营	农村	南陵路 451 号	—
21	鸣玉邮政支局	自营	农村	鸣龙路 21 号附 1 号	—
22	石溪邮政所	自营	农村	振兴路 43 号	—
23	石墙邮政所	自营	农村	民生路 67 号附 1 号	—
24	冷水关邮政所	自营	农村	关岭街 144 号	—
25	山王坪邮政所	代办	农村	龙泉路 10 号	—
26	楠竹山邮政所	代办	农村	迎宾路 10 号	—
27	黎香湖邮政所	代办	农村	香溪路 46-2 号	—
28	南平邮政所	自营	农村	荣华路 323 号	—
29	合溪邮政所	代办	农村	广盛路 11 号附 1 号	—
30	头渡邮政所	代办	农村	金山湖路 52 号附 2 号	—
31	木凉邮政所	代办	农村	云都路 2 号附 9 号	—
32	庆元邮政所	代办	农村	聚龙街 51 号	—
33	德隆邮政所	代办	农村	新建街 41 号	—
34	中桥邮政所	代办	农村	农商路 31 号附 1 号	—
35	石莲邮政所	代办	农村	夏家咀街 80 号附 1 号	—
36	峰岩邮政所	代办	农村	三教寺北路 12 号附 2 号	—
37	民主邮政所	代办	农村	体育路 120 号	—
38	乾丰邮政所	代办	农村	乾丰路 24 号	—
39	三泉邮政所	代办	农村	佛山东路 111 号	—

2. 社会加盟站点

三农站点　2008 年，南川邮政建成"三农"网点 30 个，其中，自营网点 5 个、加盟网点 25 个。2008 年 4 月，配备 1 名专职"三农"管理人员，负责"三农"相关工作。2016 年 4 月，建设南川电商运营中心和村级电商便民服务站。2017 年 6 月，启动电商便民服务站批销业，拓宽便民服务站业务。截至 2022 年底，建设完成便民服务站 260 个，活跃站点 245 个；开办批销业务、代收投快递包裹、代收费、会员扫码入会等业务，部分叠加金融

取款业务。

村邮站　2009 年，南川邮政建设村邮站 20 个，2010 年，建设村邮站 50 个。2011 年 9 月，村邮站并入和新建成电商网点。截至 2022 年底，南川邮政共建设村邮站 184 个。

四、邮政管理

（一）财务管理

1986—1997 年，邮电合营时期，统一进行会计核算。1997 年，邮电分营，邮政进行独立核算。2006 年，开展

清产核资工作，为执行企业会计制度做准备工作。2008年，速递公司专营，进行独立核算。2010年，执行《企业会计准则》，使用统一的会计核算科目，会计行为更加规范，会计信息质量提高。2014年，建立以利润为导向的财务管理体系，推动管理创新，优化资源配置，加大财务支撑能力。2015年，ERP上线，提升财务管控手段，逐步实行集中管控，利润目标摘档管理。2018年，在保持邮政公司和速递公司现有核算体系不变前提下，邮政公司账套下设寄递事业部账套，分成邮务账、寄递邮政账和速递账3个账套。2022年，业财一体化平台上线，实现平台与数据的融通。

（二）人力资源管理

1. 队伍建设

1986年，南川县邮电局有从业人员196人。1995年，南川县邮电局共有从业人员239人。1997年，邮电分营时，全局从业人员124人。截至2022年底，南川邮政有从业人员196人。

2. 教育培训

1986—2022年，南川邮政将员工教育培训工作列为重点工作。通过自培、送培，现场、远程培训相结合等方式加强员工专业技能，提高员工学历水平。2022年，南川邮政从业人员专业技术资格中级持证10人，基金从业资格证书持证15人、证券从业资格证书持证8人、银行业专业资格证书持证38人。同年，因地制宜加强推进客户经理队伍建设，专职理财经理队伍提升至24人，基金从业资格持证率提升至30%。

3. 薪酬管理

2003年，南川邮政制订绩效工资考核办法，提高职工有效收入。2019年，印发《关于规范支局长、所主任选拔工作流程的通知》，畅通职业通道。通过公开竞聘专业序列、支局长、所主任等方式为员工创造晋升平台。2022年，制订《中国邮政集团有限公司重庆市南川区分公司绩效考核办法（试行）》，加强企业薪酬分配管理，发挥薪酬分配的保障和激励作用，支撑企业健康、持续、快速发展。

（三）服务质量管理

1. 营业服务

1997年，南川市邮政局开展"树邮政新风，创优质服务"活动，推行承诺服务，出台《南川市邮政局代办机构人员检查考核办法（试行）》。1999年，出台《邮件（报刊）处理规格、时限检查考核办法》。同年底，邮件综合不合格率从4%降至1.25%。2003年，发出《邮政服务质量用户意见调查函》1000余封，并根据"用户意见函"返回信息，研究制订对策措施，服务质量明显回升。2021年，相继开展补白网点和代办网点专项检查、普遍服务达标固标"回头看"专项活动等监督检查活动。2022

年，建成邮政营业窗口服务体验示范点1个，突出靶向抓整改，规范作业流程，以点带面促进窗口服务水平整体提升。南川城区网点5个，平均服务半径2.56平方公里，平均服务人口3.9万人，乡镇人民政府所在地网点31个，城乡接合部其他人口聚居区网点3个，平均服务半径7.3平方公里，平均服务人口2.05万人。电子化网点39个，网点均开办四项基本业务，其中25个网点开办电子汇兑，14个网点开办便民汇款。

2. 普遍服务与特殊服务

2016年，南川邮政组织开展普遍服务规范化活动和专项检查活动、"情系万家"服务质量提升活动，提升服务水平，降低用户投诉率。2018年，设立三泉邮政代办所，邮政网点达到39个，覆盖31个乡镇。同年，制订《南川区普遍服务提升行动方案》，实现乡镇所在地邮政所覆盖率100%目标，解决用户用邮"最后一百米"问题。2022年，省内互寄"T+3"日递率完成99.43%、省内互寄"T+5"日递率完成99.57%，均已达标，周五班及以上建制村达39个，建制村投递频次达标率100%。

1988年，南川县邮电局机要文件业务量为0.33万件。1992年，为0.31万件，随后逐年下降。2002年，仅为0.05万件。截至2022年底，南川邮政运输机要文件500件，有邮路1条，实现36年机要通信质量全红，未发生机要件丢失、泄密、损毁等通信事故和重大交通安全责任事故。

截至2022年底，南川邮政辖内所有网点均开办普遍服务4项基本业务及盲人读物、革命烈士遗物、义务兵平常信函等特殊服务业务。

3. 监督检查

1986年，南川县邮电局每个支局、班组根据实际情况制订安全生产岗位责任制共16种，全年无安全事故发生。2007年，将日常检查、专项检查、重点突击检查等有机结合，查处违规违纪行为，规范部分业务操作程序。同时，加强稽核工作，保证通信质量目标实现。2017年，南川邮政以规范管理为重点，提升网点管理和风险防控能力，开展常规综合检查，持续开展"强履职、治顽疾""回头看""排雷行动"等专项检查。2022年，通过代理金融合规检查和市场部视检检查，开展安全大检查，集中整改突出问题隐患项，推动安全责任落实落地落细，牢牢守住机要通信、守护押运、资金安全底线。

（四）安全管理

2004年，南川邮政贯彻落实《安全生产法》和安全生产责任制，逐级签订安全生产责任书，建立完善安全生产各项制度。2017年，完成网点业务库隔离门禁系统安装，有效预防和处置重大、突发事件，保证企业资金和人员生命安全，制订《中邮南川分公司重大突发事件应急预案》，提升员工应急处理能力。

2017—2022年，南川邮政按照平安邮政建设工作要求，定期开展安全培训和演练，签订各层级《安全责任书》。按照邮政业规范要求建立健全《邮政业安全管理台账》，落实营业场所安全管理。

2020年，疫情防控工作领导小组成立，制订疫情运营保障方案，购置下发口罩、消毒液、测温仪等防疫相关用品用具。2021年，《中国邮政集团有限公司重庆市南川区分公司内网设备、数据管理办法》出台，对设备安全问题进行集中整改。

2022年，编制疫情防控应急响应处置预案，通过邮政服务实现"保畅通、保供应、保安全"，体现邮政企业作为"国家队"的责任担当和"主力军"作用，防止疫情在邮政企业扩散和传播，保障员工生命健康和安全。同年，健全安全管理办法，构建管理责任体系，按要求建成非现场检查室；健全工作机制，守住机要通信、守护押运、资金安全底线。

（五）党群管理

1. 党组织

1986年9月，南川县邮电局党总支委员会下辖3个党支部。1997年12月，进行改选，下设行政党支部、生产党支部、离退休党支部。2007年6月，党总支更名为"中共重庆市南川区邮政局总支部委员会"。2009年，生产党支部和行政党支部合并，建立生产行政党支部。2015年，党总支更名为"中国邮政集团公司重庆市南川区分公司总支部委员会"，所辖党支部同步更名。2019年5月，生产行政党支部更名为"综合职能党支部"。2020年5月，生产作业党支部委员会成立。同年，党总支更名为"中共中国邮政集团有限公司重庆市南川区分公司总支部委员会"，所辖党支部同步更名。2020年11月，退休干部支部14名党员的党组织关系全部转移到社区，退休干部党支部撤销。现党总支下辖综合职能党支部、生产作业党支部2个党支部。2022年，落实党建工作责任制，召开党员大会，选举产生新一届党总支班子，有中共党员36名，其中预备党员2名。

2002年，南川邮政开展"四五普法"教育活动，有效杜绝违法乱纪发生。南川邮政党委按照中央统一部署，先后组织开展一系列党内集中主题教育。2016年，扎实开展"两学一做"专题学习教育。2022年，坚持以习近平新时代中国特色社会主义思想为指引，全面深入学习党的二十大精神，学深悟透思想精髓。

2. 工会

1985年12月，南川县邮电局选举产生第一届工会委员会。1997年12月，南川市邮政局工会委员会进行改选。2013年，"中国邮电工会重庆市南川区邮政局委员会"更名为"中国邮政集团工会重庆市南川区委员会"。工会组织机构健全，南川邮政职工代表大会三年一届，每年1—2次会议，随行政换届时间同时进行换届。

1986—2022年，南川邮政工会每年围绕企业中心工作和生产经营目标发挥工会职能作用，开展学习教育、劳动竞赛、文体活动、民主管理、送温暖活动及职工小家建设等活动。截至2022年底，南川邮政工会持续开展"冬送温暖、夏送清凉、重大节假日走访慰问"活动，针对性开展"双11""双12"关爱投递人员"暖蜂行动"和"旺季攻坚、工会助力"活动，加大后勤支撑力度，提高员工幸福感。共建"示范型职工小家"5个，职工小家及职工公寓19个，农村网点职工小家实现全覆盖。

3. 团组织

1986—1997年，设有共青团南川县邮电局支部。1997年，更名为"共青团南川市邮电局支部"。1997年，邮电分营，设立共青团南川市邮政局支部。2007年，"共青团南川市邮政局支部"更名为"共青团南川区分公司支部"。2021年5月，共青团南川区分公司团支部改选。2021年，南川区分公司员工王利生、胡光杰获评团市委"最美快递小哥"称号；2022年，南川区分公司员工曹钦获评团市委"最美快递小哥"。截至2022年，共青团中国邮政集团有限公司重庆市南川区分公司支部委员会共有团员22人。

第十三章　黔江片区邮政机构

中国邮政集团有限公司重庆市黔江片区分公司辖秀山、酉阳、彭水、石柱4个县分公司和直属单位黔江片区城区分公司。2022年，黔江片区邮政辖内有邮政营业网点197个（其中代理金融网点147个），揽投营业部5个，从业人员1090人，服务群众250万人，服务辖区面积1.69万平方公里。

一、机构沿革

2003年2月，重庆市邮政管理局实行城区、片区邮政企业经营管理体制，设立黔江片区邮政局，片区邮政局设在黔江区邮政局，直接管理黔江区、秀山县、酉阳县、彭水县、石柱县邮政局。

2014年2月，"重庆邮政黔江片区局"更名为"重庆市邮政公司黔江片区分公司"。

2014 年 6 月，速递物流组织机构改革，重庆市邮政速递物流有限公司组建黔江片区分公司，管理原黔江区、秀山县、酉阳县、彭水县、石柱县分公司。

2017 年 6 月，根据市分公司机构编制方案，设立黔江片区分公司，调整优化黔江片区分公司内设机构主要职责及人员编制，设立营业（投递）局。设立机要室，挂靠营业（投递）局，对外称机要通信分局。

2018 年 9 月，寄递改革，组建黔江片区寄递事业部（保留"中国邮政速递物流股份有限公司重庆市黔江区分公司"牌子），所辖各区县相继成立寄递事业部。

2018 年 11 月，"中国邮政集团公司重庆市黔江区分公司"更名为"中国邮政集团公司重庆市黔江片区分公司"，隶属中国邮政集团公司重庆市分公司。

2020 年 1 月，"中国邮政集团公司重庆市黔江片区分公司"更名为"中国邮政集团有限公司重庆市黔江片区分公司"，2022 年沿用此名，管理体制不变。

截至 2022 年底，中国邮政集团有限公司重庆市黔江片区分公司内设综合办公室（党委办公室、安全保卫部）、人力资源部（党委组织部）、财务部、党委党建工作部（纪委办公室）、市场营销部（挂客户营销中心）、城区分公司、金融业务部（挂中邮保险中心）、渠道平台部、集邮与文化传媒部、服务质量部（普遍服务部）。

二、邮政业务

2003 年 2 月，重庆邮政实行城区、片区邮政企业经营管理体制后，黔江邮政经营管理实现由"服务型向经营服务型"转变。同年，黔江片区邮政实现业务收入 4389.72 万元，固定资产原值达到 6849 万元。2022 年，黔江片区邮政业务整体收入增至 6.18 亿元，片区及所辖区县邮政业务整体发展增幅均高于地方同期 GDP 增速。

（一）金融业务

2003 年，黔江及所辖各区县邮政储蓄期末存款余额 11.92 亿元。2008 年 1 月，中国邮政储蓄银行黔江区支行成立后，黔江片区邮政局设立市场部，统管片区金融业务。2009 年 9 月，黔江片区金融业务部成立，采用"自营＋代理"运营模式，负责管理片区所辖各区县金融业务；同年，黔江全片区邮政储蓄期末存款余额达到 36.18 亿元。2016 年，黔江片区邮政储蓄存款余额达 129.51 亿元。

自 1996 年全国邮政办理国内异地存取款业务统一联网后，汇兑业务量急剧减少，截至 2022 年底，黔江片区邮政汇兑业务量 2898 笔。同年，黔江片区邮政储蓄存款余额 269.5 亿元。

（二）寄递业务

2003 年 2 月，黔江片区邮政局设立速递物流公司。2008 年，黔江片区邮政在与公安部门合作办理身份证快证业务的基础上，开办驾驶证照快递业务；同年，黔江片区揽收身份证快证 8.95 万件。2009 年 2 月，黔江片区邮政将同城快递、经济快递、中邮快货作为重点发展业务，建立完善业务发展营销体系，采取窗口、专业、上门营销"三结合"方式，通过改变服务态度，提升服务质量等措施，3 大重点业务稳健增长。2018 年 9 月，组建黔江片区寄递事业部后，寄递业务实行网格化管理，统一作业组织，优化揽投模式。截至 2021 年底，黔江片区辖内各分公司确定创新模式 11 个，其中准加盟制 3 个、众创众享 3 个、单点加盟 5 个；累计在运营邮快超市总数达到 305 个，其中自营型站点 155 个、代理型站点 150 个。截至 2022 年底，黔江片区邮政围绕"工业品下乡""农产品进城"，大力发展大同城业务，大同城业务量达到 91.85 万件，特快业务量达到 148.48 万件。

（三）文传业务

2004 年，设立函件广告经营部、集邮经营部。2012 年 8 月，设函件广告公司、集邮公司、发投公司（挂报刊零售公司）。2017 年，黔江片区分公司函件、报刊、集邮 3 个专业合并设立集邮与文化传媒部，履行片区各县分公司业务管理和本口业务发展经营的双重职责。2018 年，黔江片区分公司开展报刊业务发展转型战略，报刊订阅从发行费率低的报刊向发行费率高的期刊转变。截至 2022 年底，黔江片区分公司报刊订阅收入同比从负增长扭转为正增长，校园报刊流转额从 20 万元提升到近 300 万元。

（四）渠道业务

2015 年，黔江片区分公司辖内黔江、酉阳、秀山、彭水、石柱 5 个区县分公司被纳入全国农村电子商务示范县，先后建成邮政农村电子商务运营中心，组建农村电子商务运营队伍；同年，黔江片区共建成农村电子商务孵化园 1 个、电子商务培训中心 1 个、电子商务运营中心 5 个、仓储物流配送中心 1 个、综合便民服务站 89 个、农村电子商务服务站点 231 个，安装邮掌柜系统 317 套，初步形成集农村电子商务孵化园、电子商务培训中心、运营中心、仓储物流、农村电子商务服务站点为一体的农村电子商务服务体系。2017 年，片区分销业务收入完成 1124.25 万元。2018 年，片区增值业务收入完成 1205.98 万元。2019 年，片区邮乐购站点提质增效工作取得成效，共培育优质站点 279 个，开通警邮合作项目 31 个；同年，片区线上零售交易笔数超 20 万笔，交易金额超 300 万元。截至 2022 年底，黔江片区邮政共建成综合便民服务站 1051 个，站点覆盖率达到 100%，3 项以上业务叠加率 100%，共打造活跃站点 1216 个、优质站点 767 个，建设乡镇周转仓储 42 个、包裹自提点 1350 个。

三、邮政网络

2011 年，黔江片区邮政实行"钞邮合一"组网运行，优化组织辖内各县辖邮路，各邮路新组网网路正常运行。同年，黔江片区开通黔江—秀山（报刊）邮路。2016 年，黔江片区辖内各区县分公司开始实行"钞邮分离"运营；

同年，开通黔江—彭水（报刊）邮路。2021年，黔江—秀山（区域）邮路进行优化调整，整合黔江—酉阳—秀山（报刊）邮路，提升渝东南地区特快进（出口）邮件全程时限。截至2022年底，黔江片区邮件处理场地共计9596平方米，全年包快邮件进（出）口量1988万件，日均处理5.45万件；县乡邮路共计48条，区域邮路（黔江—秀山特快邮路）1条，邮路覆盖全片区所有乡镇，邮运车辆日均行驶里程9112公里，邮运及投递车辆154辆。

四、邮政管理

（一）财务管理

2003年，黔江片区试行财务一体化管理，黔江片区邮政财务一体化联网工程投入运行。2005年，黔江片区邮政执行财务体制改革，推行专业化财务核算，细化成本费用核算项目，改进和完善财务管理。2015年，黔江片区建立利润为导向的财务管控体系，强化重点成本管控和资金管理。2017年，黔江片区全面推行零基础编制计划和预算管理，实行"先额度、后使用"管理模式，将成本预算执行与管控纳入绩效考核，改变片区辖内各县分公司年底集中开销情况。2019年，黔江片区强化预算执行过程管控，辖内各分公司邮务、邮政、速递账均超额完成利润目标。2022年，黔江片区组织开展"个人账户归集资金"专项检查、外包专项整治、业务招待费使用情况监督检查，财务管理不断规范。

（二）人力资源管理

2006年，黔江片区辖内各区县邮政局领导班子成员工资性收入统一由黔江片区管理。2012年，黔江片区邮政设立邮政特有工种职业技能鉴定考点，负责黔江、酉阳、秀山、彭水、石柱5个区县邮政局的技能培训和鉴定。截至2022年12月，黔江片区邮政生产人员职业技能等级持证828人，从业人员专科及以上学历1031人。

2019年，黔江片区制订《中国邮政集团公司重庆市黔江片区分公司2019年岗位绩效考评办法（试行）》，片区辖内各区县分公司员工岗位月绩效基数统一调整。2021年，黔江片区分公司制订《中国邮政集团有限公司重庆市黔江片区分公司领导人员管理规定（试行）》，明确由片区分公司对辖内各区县分公司领导班子副职、内设部门四级领导人员进行管理。2022年，黔江片区辖内各区县分公司对邮政企业领导人员实行任期制和契约化管理，规范领导人员的选拔、使用和管理，选人用人机制、干部队伍建设逐渐完善。

（三）服务质量管理

2003年，黔江片区邮政制订邮政视检工作意见，明确基础管理工作标准，对全市视检工作人员配备、职责、监督检查作出详细规定。2009年，黔江片区邮政开展"创新服务理念，创建示范窗口"和"提高投递服务质量，让用户满意"竞赛活动，提升员工服务意识。2011

年，制定"两岗"人员履职考核办法，强化黔江片区对辖内各区县局两岗履职工作考核。2012年，黔江片区邮政开展邮政服务质量专项检查，对营业、转运、运输、分拣封发投递等各环节进行检查，强化邮件时限监督管理。2014年，开展邮件寄递服务质量大整改活动，检查面达100%。2015年，黔江片区邮政开展"情系万家"服务质量大整改提升活动之无着邮件清理整治活动，对所辖各区县分公司开展的无着邮件清理及邮件退回质量专项检查活动情况进行检查。2018年，黔江片区邮政制定《黔江片区分公司服务质量体系建设实施方案（试行）》《中邮黔江片区分公司服务质量监督检查管理办法（试行）》，明确工作职责、完善管理制度。2022年，黔江片区持续开展乡镇邮政局所专项自查、整改工作，改善营业前台人员服务意识、服务能力、服务质量。

（四）安全管理

2010年，黔江片区邮政在全片区内组织开展两年一度安全评估，成立安全评估领导小组及办公室，负责安全评估工作组织检查整改。2012年，为认真落实"一岗双责，党政同责"，黔江片区邮政制订《黔江片区邮政生产现场检查处罚规定》《黔江片区邮政安全生产和内部保卫目标管理考评办法》。2016年，为掌握辖内各分公司质量管控、服务、安全、合规等情况，黔江片区邮政在全片区范围内启动一年一度的剖析检查活动，对存在的问题进行整改完善。2017年，黔江片区邮政开展一年一度平安邮政建设，从安全管理基础、年度安全重点等开展平安邮政建设。2022年，黔江片区分公司制订《中国邮政集团有限公司重庆市黔江片区分公司2022年安全生产工作要点》，按照计划分步实施各项工作；组织全体员工观看《责任重于泰山》，学习安全生产法等法律法规，提高员工安全防范意识和管理水平。截至2022年底，黔江片区分公司安全保卫部设在综合办公室，承担片区本部和辖内4个县分公司的安全管理。

（五）党群管理

2003年2月19日，黔江片区邮政局设立党委，下辖黔江本部机关、生产、退管党支部和秀山、酉阳、彭水、石柱邮政党支部。截至2022年底，黔江片区邮政辖内共有基层党支部8个、党小组16个、党员207人，其中党组织关系在企业的199人，在地方的8人。黔江片区邮政党委党建工作部人员职数3人，党建部主任、党务工作人员、共青团青年干部各1人，辖内各区县邮政分公司配置兼职党务工作人员各1人。

1988年10月至2018年5月，黔江邮电、邮政工会组织均为两块牌子、一套班子，分别是黔江地区邮政工会办事处（管理全片区）和黔江区邮政工会委员会；2018年5月后，黔江片区邮政工会委员会机构撤销，相应职能由黔江片区邮政工会承担。

第一节　黔江邮政机构

一、机构沿革

（一）机构演变

1. 四川省管局管辖时期

1986年，黔江土家族苗族自治县邮电局隶属涪陵地区邮电局管理。

1988年5月，根据《国务院关于同意四川省设立黔江地区给四川省人民政府的批复》，设立四川省黔江地区。同年10月17日，黔江地区邮电局成立，既经营黔江县境内地县两级全部通信业务，又负责管理黔江地区所辖黔江、酉阳、秀山、石柱、彭水5个县邮电局的通信生产，隶属四川省邮电局管理。

2. 邮电分营时期

1997年3月，黔江地区及所辖区县正式划属重庆市。同年7月，因邮政、电信分营，原重庆市黔江地区邮电局撤销，成立黔江地区邮政局，隶属重庆市邮政管理局。

1998年3月，重庆市邮政管理局撤销原黔江地区邮政局，设立重庆市黔江开发区邮政局，代管石柱土家族自治县、秀山土家族苗族自治县、酉阳土家族苗族自治县、彭水苗族土家族自治县4县邮政局。

2000年8月，根据《关于调整万州移民开发区、黔江开发区邮政管理体制的通知》，重庆市邮政管理局撤销黔江开发区邮政局，设立黔江区邮政局，黔江区邮政局和原黔江开发区邮政局代管的秀山、酉阳、彭水、石柱4个民族自治县邮政局由重庆市邮政管理局直接管理。

2003年2月，重庆市邮政管理局实行城区、片区经营管理体制调整，黔江区邮政局归黔江片区邮政局管理。

3. 政企分开时期

2007年2月，重庆邮政实施政企分开。同年9月，"黔江区邮政局"更名为"重庆市邮政公司黔江区邮政局"。2008年1月，中国邮政储蓄银行重庆黔江区支行正式挂牌，黔江邮政受邮储银行黔江区支行委托开办代理金融业务。

2009年1月，重庆邮政速递物流一体化专业经营，重庆市邮政速递物流公司黔江区分公司成立。2010年6月，"重庆市邮政速递物流公司黔江区分公司"更名为"重庆市邮政速递物流有限公司黔江区分公司"。

2015年4月，根据中国邮政集团公司法人体制调整要求，"重庆市邮政公司黔江区邮政局"更名为"中国邮政集团公司重庆市黔江区分公司"。同月，"重庆市邮政速递物流有限公司黔江区分公司"更名为"中国邮政速递物流股份有限公司重庆市黔江区分公司"。

2017年6月，根据市分公司机构编制方案，设立黔江片区分公司，并在片区下设直属单位：营业局、投递局、机要局，其中机要局与投递局合署办公。

2018年11月，"中国邮政集团公司重庆市黔江区分公司"更名为"中国邮政集团公司重庆市黔江片区分公司"。

2021年8月，"黔江片区分公司营业（投递）局"更名为"黔江片区城区分公司"。

（二）主要领导

表9-13-1-1

1986—2022年黔江邮政主要领导人员名录

单位名称	姓名	职务	任职时间
黔江地区邮电局	王道成	局长	1988.10—1992.11
	王兴仁	局长	1992.11—1997.10
黔江地区邮政局	黎旭	党委书记、局长	1997.10—1998.4（党委书记）
			1997.9—1998.4（局长）
黔江开发区邮政局	黎旭	党委书记、局长	1998.4—2000.8
重庆市黔江区邮政局	黎旭	党委书记、局长	2000.8—2003.2
黔江片区邮政局/重庆市黔江区邮政局	黎旭	党委书记、局长	2003.2—2007.9
黔江片区邮政局/重庆市邮政公司黔江区邮政局	黎旭	党委书记、局长	2007.9—2007.12
	杨勇进	副局长（主持工作）	2007.12—2009.7
	杨勇进	党委书记、局长	2009.7—2014.2

续表

单位名称	姓　名	职　务	任职时间
重庆市邮政公司黔江片区分公司／ 重庆市邮政公司黔江区邮政局	杨勇进	党委书记、局长	2014.2—2014.3
	杨勇进	党委书记、总经理	2014.3—2015.4
中国邮政集团公司 重庆市黔江区分公司	杨勇进	党委书记、总经理	2015.4—2015.5
	王绪华	党委书记、总经理	2015.5—2018.11
中国邮政集团公司 重庆市黔江片区分公司	王绪华	党委书记、总经理	2018.11—2019.1
	吴建忠	副总经理（主持工作）	2019.1—2019.10
	吴建忠	党委书记、总经理	2019.10—2020.1
中国邮政集团有限公司 重庆市黔江片区分公司	吴建忠	党委书记、总经理	2020.1—2021.9
	屈景勇	党委书记、总经理	2021.9—

二、邮政业务

（一）金融业务

1986—2022 年，黔江邮政金融业务先后经历代办、自办、自主运用、代理代办部分商业银行业务四个阶段，依次叠加代办保险、国债、理财、基金、证券、资管等业务。

1. 储汇汇兑

1986 年，涪陵地区邮电局在黔江县设立石会、联合街、两河、濯水 4 个邮政储蓄网点，开办邮政储蓄业务。1996 年 7 月，黔江邮电改邮政储蓄网点为邮政中心储蓄所。1998 年 12 月底，黔江邮政 22 个网点全部开通"绿卡工程"。2000 年 8 月，黔江邮政综合计算机网与市邮管局联网，同年，黔江邮政储蓄存款余额达到 9448 万元。2001 年 1 月，黔江邮政开办储汇 POS 业务。2002 年，黔江邮政开通电子汇兑业务。2004 年 10 月 14 日，黔江邮政实现全国邮政储蓄统一版本切换上线。2007 年 8 月 18 日，黔江邮政完成汇兑大集中系统新旧系统切换，汇兑业务实现实时处理。2014 年 7 月 1 日，黔江邮政逻辑集中系统上线，储蓄、汇兑系统统一切换为新的逻辑集中系统。

表 9-13-1-2

1999—2022 年黔江邮政部分年份储蓄存款余额统计表

单位：万元

年份	储蓄存款余额	年份	储蓄存款余额
1999	7558	2014	158292
2004	19705	2019	316419
2009	51057	2022	432727

2. 中间业务

2000 年，黔江邮政启动代理养老金业务。2002 年 4 月 18 日，中国人寿黔江分公司邮政营销部挂牌成立，黔江邮政开办代理保险业务。2004 年 10 月 22 日，黔江邮政中间业务管理平台上线。2005 年，开通商易通业务；同年 7 月，开办代收付业务。2006 年 5 月，开通一本通存折业务；同年 7 月 23 日，黔江区西沙、濯水、马喇 3 个邮政营业所开通定期存单小额质押贷款业务。2008 年 7 月 21 日，黔江邮政第一笔"汇票盈"第 1 期人民币理财产品开售。2015 年 8 月 7 日，黔江邮政开通代理公司业务，包括公司账户开立、营销方案确定及收入划定。2017 年 7 月 11 日，黔江邮政收单业务"通码支付"上线。2022 年，黔江邮政重点发展保险、电子支付、短信 3 大板块中间业务，以务工客群、商贸客群为重点突破对象，集中开展客联会、商贸会、商户走访、便民活动日等活动。

3. 风控合规

1988 年，根据四川省邮电管理局《转发〈邮电部关于邮政储蓄安全管理的规定〉》，黔江邮电对资金与业务安全进行规范。2006 年 8 月 21 日，黔江邮政转发重庆邮政《关于印发〈重庆邮政金融柜员差错管理办法〉的通知》。同年 10 月 14 日，黔江邮政系统性客户信息管理及营销系统"金融客户管理系统"上线。2009 年 6 月 8 日，黔江邮政金融工作协调小组建立邮政金融资金安全管理领导小组联席会议制度。2022 年，黔江邮政开展"一把手"讲合规、警示教育、合规案防教育、履职检查等工作，全年未发生重大金融风险事件。

（二）寄递业务

2000 年，黔江邮政寄递业务量为 7841 件。截至 2022

年底，寄递业务量达到 64.8 万件。

1. 特快专递

1997 年 10 月，黔江邮政开办国际、国内特快专递业务。1998 年，黔江邮政开办代收货款业务。2002—2004 年，推出"EMS 中秋专递—思乡月"业务。2005 年 3 月 10 日，黔江邮政启动法院专递业务。2006 年 7 月，黔江邮政城区特快专递邮件实行上门揽收，同年，黔江邮政速递物流类收入超 200 万元。2008 年，黔江邮政开发驾驶证照快递业务。2013 年，黔江邮政开办国内特快专递返单服务，开通交通行政执法文书项目寄递业务。2014 年 8 月 5 日，开办身份证寄递业务。2020 年，新冠疫情期间，黔江邮政开通教辅教材寄递服务，为 1.6 万余名中、小学生提供教材配送上门投递服务。同年，开展"抗疫情，蔬菜送上门"项目，联动渠道邮乐购平台开展线上 + 线下蔬菜配送服务。2021 年，黔江邮政将特快业务作为"一号工程"，开展"政务 + 邮政"服务，同年建成"邮快超市" 80 个。2022 年，黔江邮政组建大同城业务寄递开发团队，对乡镇寄区县、区县寄乡镇有需求的合作社及企业实现全覆盖走访。

2. 快递包裹

2001 年，黔江邮政开办快递包裹业务，资费按照寄递里程分区分档计费。2007 年 8 月，黔江邮政开办经济快递业务。2020 年，新冠疫情期间，黔江邮政开展客户走访，开发亿海蒙鑫电商用户，实现全年快包业务量 48.3 万件。2022 年，重点围绕快包提质增效，开发电商轻小件用户，提升快包边际贡献率。

3. 物流业务

2003 年，黔江邮政制订物流业务管理办法，对各环节进行规范。2004 年 11 月 23 日，黔江邮政设立邮政物流公司，主要经营邮政物流配送、邮政邮购及销售业务。2010 年，黔江邮政建立用户用邮量动态分析制度，根据用户特点采取差异化营销策略。2022 年，黔江邮政利用大同城邮路优势，实现快消品下乡、农特产品回城等运输需求，被重庆市人民政府口岸和物流办公室评为"重庆市口岸物流系统先进集体"。

4. 国际业务

2000 年，黔江邮政开办国际特快专递。2013 年至 2014 年 2 月 10 日，黔江邮政开办澳洲、加拿大、英国路向国际 E 邮宝业务。2018—2022 年，国际业务着力拓展海外留学生市场，实现收入同比增幅 158.62%。

（三）文传业务

1. 函件业务

1999 年 10 月，黔江邮政设立重庆邮政广告公司黔江分公司，负责邮政广告业务指导和管理。2003 年，黔江邮政累计完成企业金卡明信片普通型 23.3 万枚，贺卡型 2.2 万枚，形象金卡 22.2 万枚，实现业务收入 75.71 万

元。2013 年 9 月 18 日，黔江邮政开发重庆润地传播有限公司数据库商函。2022 年，黔江邮政通过走访农业合作社，创新开发包装箱项目，函件业务收入达到 253 万元。

2. 报刊业务

1989 年 1 月，《重庆日报》开始自办发行后，《重庆晚报》《重庆晨报》《重庆商报》等本地报刊社纷纷效仿。自 1989 年起，重庆邮政报刊发行业务形成"邮发 + 自办 + 代理"多渠道发行模式。2007 年 9 月 26 日，重庆邮政报刊发行局与重庆课堂内外杂志社签订"加强刊邮合作，服务城乡教育"战略性合作协议，并在全市 14 个区县开始试点。2008 年，黔江邮政加入该项目，同年收订份数达到 8.25 万份。2011 年 7 月，黔江邮政出版物连锁经营系统上线运行。2013 年 12 月，黔江邮政报刊亭重建开业。2020 年，黔江邮政新一代全国报刊系统"书报刊供应链系统"上线运营。2022 年，黔江邮政通过订阅机构调整，加大政务图书以及惠民书展营销，报刊业务收入达到 420 万元。

3. 集邮业务

1989 年 1 月 5 日，黔江邮电集邮门市部开业运营。1991 年 12 月 10 日，黔江地区集邮协会成立，发行首届邮展纪念封。1993 年 11 月 11 日，发行"四川省黔江地区成立五周年"纪念封；1994 年 3 月，发行"四川黔江程控电话开通纪念"纪念封；1996 年 9 月 27 日，发行"黔江地区巡回邮展"纪念封；2002 年 6 月 1 日，发行"中国少年先锋队黔江区第一次代表大会暨首届少年儿童艺术节"纪念封。2007 年 3 月 28 日，黔江区新华中学集邮小组成立，同年 6 月 15 日，黔江区新华小学青少年集邮分会成立。2013 年 11 月 15 日，黔江邮政开发黔江民族小学校邮资封。2014 年 5 月 9 日，渝东南及黔江区第一个少年邮局"黔江民族小学少年邮局"挂牌成立。2017 年，黔江邮政开发濯水创 5A 级旅游景区邮品，景区邮资封 5 万枚，纪念封 2000 枚，实现收入 8.3 万元。2022 年，黔江邮政通过巡展营销、定向邮品开发等措施，集邮业务收入达到 228 万元。

4. 中邮文创

2021 年，黔江邮政正式开办"中邮文创"业务。2022 年，打造文创专区 6 个，完成中邮文创业务收入 18 万元。

5. 普通包裹

1988 年，黔江邮电局包件业务量 4492 件。2005 年，普通包裹业务量达到 24490 件；2014 年，黔江区邮政局与黔江区妇女联合会联合举办"母亲邮包"项目正式启动，通过邮政绿色通道直接把"母亲邮包"送到贫困妇女手中。2022 年，普通包裹业务量下降到 1769 件。截至 2022 年底，黔江邮政普通包裹主要经营窗口包裹、爱心包裹、母亲邮包、家乡包裹、军营包裹等。

（四）渠道业务

1. 增值业务

2010 年，黔江邮政开通代收款业务。2011 年，正式开办代收重庆电力费用。2013 年，开办代收电信费用、代收加油款业务；同年 12 月，下辖西沙路、石城、南海城三个邮政支局（所）通过测试，成为代开区县汽车票业务网点。2013 年 5 月，黔江邮政代售火车票业务在马喇邮政支局正式上线运行。2014 年，黔江邮政与重庆银行开展 ATM 离行代收款业务；同年，正式开办代收移动、联通通讯费用，代收泰来自来水水费。2016 年，黔江邮政与黔江区地方税务局签订代收地方税款协议。2018 年，黔江邮政开办警邮业务，濯水邮政支局成为辖区内第一个开办此业务的网点。随着增值业务不断扩大，2022 年，黔江邮政增值业务收入达到 141.26 万元。

2. 分销业务

2000 年，黔江邮政开展分销配送大闸蟹、月饼、粽子等业务。2004 年 10 月，黔江邮政设立邮政物流公司，经营邮政邮购及销售（包含不再分装的小包装种子、肥料、日用品）业务。2005 年，黔江邮政开展酒水类、农副类、粮油类、日化类等产品销售。2016 年，黔江邮政开展烟草零售业务。2017 年，黔江邮政电商孵化园组织开展首届邮乐"919 电商节"批销订货会，现场批销品销售额达到 87.07 万元。2017—2020 年，黔江邮政联合创维集团、长虹电器、美的电器和 TCL 集团先后开展电器内购会活动 3 场，现场电器销售额分别达到 100 万元、54.4 万元、123.1 万元。2022 年，黔江邮政分销业务收入达到 979.63 万元。

3. 电子商务

2015 年 10 月 21 日，黔江片区分公司与黔江区人民政府签订《电子商务进农村战略合作框架协议》，同月，黔江邮政民族生态馆开业运营。2017 年，黔江邮政开展电商扶贫，扶贫销售马喇贡米 1.96 万斤，扶贫销售额达到 11.89 万元；2018 年，黔江邮政通过邮乐购平台助力黔江区中塘脆红李销售，拉开黔江邮政电商扶贫攻坚序幕；2021 年，黔江邮政民族生态馆线上零售销售额超 100 万元。2022 年 3 月，黔江邮政举办"助力黔江　美味出山"首届特色农产品直播活动，销售农产品 6812 件，销售额达到 69.5 万元。

4. 电信业务

1993 年，黔江邮电局正式开通无线寻呼业务。1996 年，开通 900MHz 频段移动电话。1997 年邮电分营，电信业务交黔江电信局经营。

三、邮政网络

（一）网络能力建设

1986—2022 年，黔江邮政不断提升邮政通信能力，扩大邮件处理场地，邮政通信步伐逐步从以手工作业为主的传统生产方式，向以机械化、自动化、信息化为特征的现代邮政生产作业方式迈进。

1. 邮路

2004 年 4 月 18 日，重庆—黔江当日往返快速邮路开通，黔江进（出）口邮件的交接频次由 1 次调整为 2 次。2008 年 1 月 1 日，渝东南火车邮路开通，黔江新增黔江火车站—黔江处理中心市趟邮路，同年 6 月 11 日，黔江区内开通自办汽车邮路，截至 2008 年底，黔江区内邮路总条数 9 条。2011 年，黔江区邮政实施"钞邮合一"，市内邮路 3 条、区乡邮路（"钞邮合一"）5 条。2016 年 1 月，黔江—鹅池—水市—濯水邮路作业实施外包。2017 年 1 月，黔江—黎水—中塘和黔江—水市—阿蓬江—邻鄂—金洞两条邮路作业实施外包；黔江—鹅池邮路改为自办，实施"钞邮分离"。2018 年 8 月 1 日，黔江区分公司对黔江—金洞、黔江—水市、黔江—黎水、黔江—秀山邮路进行优化调整，阿蓬江、濯水、冯家的出口邮件，由黔江—秀山邮路返程带运，水市邮路、黎水邮路，所有沿途网点出口邮件去程交接。2019 年 12 月 10 日，黔江邮政将五里、沙坝、水田、白土、杉岭、南海调整为周六班运行，其他支局（所）均按周七班运行交接邮件。2019 年 11 月 8 日，黔江县乡邮路由 3 条调整为 4 条，由周六班调整为逐日班。

2. 物流体系

2015—2022 年，黔江邮政加快渠道建设步伐，深入推进县乡村三级物流体系建设。2015—2017 年，黔江邮政承接农村电商站点建设项目，获得建设资金政府补贴 346 万元、电商孵化园物流寄递上行政府补贴 40 万元、物流配送购置运输车辆 5 辆政府补贴 100 万元。2022 年，黔江邮政申请全国电子商务进农村示范站点 10 个，获得政府建设资金支持 20 万元；申请县乡村三级快递物流共同配送体系建设服务项目，获得政府建设资金支持 187 万元。截至 2022 年底，黔江邮政共建成寄递物流共配中心 7 个，农村电商站点 244 个，综合便民服务站 138 个、覆盖率达到 100%。

3. 作业场地

2015 年 5 月，黔江邮政邮件处理中心从黔江西沙路步行街搬迁至黔江正阳三磊冷链物流中心，增加处理场地 800 平方米。2017 年 8 月 15 日，因邮件量增加，黔江区分公司邮件处理中心新安装环形皮带机 1 套、伸缩式皮带机 1 台，邮件处理时限提升。2018 年 1 月，黔江邮政在黔江舟白武陵大道征地 15 亩，新建邮政综合邮件处理中心。2022 年 8 月 25 日，黔江区分公司与黔江区商务委员会对接，选定舟白邮件处理中心作为区域快递物流分拨中心，投入智能分拣设备，实现全自动分拣。截至 2022 年底，黔江邮政有处理场地 2400 平方米。

4. 设施设备

（1）邮政专用设备

1986年，黔江土家族苗族自治县邮电局配备有电子信函秤。1997年邮电分营后，黔江邮局新增报刊捆扎机1台，电子计算机终端3台。2017年8月，黔江邮政新安装环形皮带机1套，伸缩式皮带机1台。2017—2019年，新安装25台高清摄像机，更换处理扫描器6台，新增邮件笼车45个。2020年，黔江处理中心安装邮件顶扫设备1套、新增电子计算机终端2台。2022年，黔江邮政共有PDA 73台，新增邮件消毒设备1套，同年8月，选定舟白邮件处理中心作为区域快递物流分拨中心，将全面投入智能分拣设备，实现自动分拣。

（2）运输设备

1995年3月，黔江地区邮电局新增三轮摩托车1辆，1996年，新增两轮摩托车3辆，1998年，新增邮政中型专用载重汽车2辆，小轿车1辆。截至2022年底，黔江邮政共配备有行政公务车1辆；经营业务保障生产车7辆（其中1台为皮卡车）；机要投递专车1辆；市区揽投合一生产车18辆；支线邮路生产车辆7辆；市内转趟生产车辆2辆；金融押运生产车辆5辆；电子商务生产车1辆；流动宣传展示车1辆；农村网点投递三轮电动车14辆；市区直属投递两辆摩托13辆等运输设备。

（二）网运生产作业

1989年6月30日，黔江邮电根据《邮政分拣封发班组管理工作检查标准》，开展网运生产作业自查整改，邮件分拣封发作业质量提升。2009年11月26日，黔江邮政包裹分拣实施"普快合一"流程优化，推行网路运行标准化，对普通邮件分拣封发进行较大调整。2011年10月17日，黔江邮政普通给据邮件封发清单无纸化流程作业完成。截至2012年11月底，完成普包、快包处理流程优化，通过降低包裹市内、省际直封标准，结合散件外走，减少分拣处理环节，部分包裹邮件传递时限加快0.5—1天。2015年7月2日，黔江邮政上线应用网运信息系统，实施包裹快递业务改革，实现邮件全程时限无断点管控。2018年3月13日，黔江邮政根据《关于继续做好包裹邮件进口分拣作业质量提升工作的通知》，结合新一代寄递业务平台上线应用，对快递包裹收寄、分拣、投递进行全流程优化，规范和提升分拣作业质量。2022年，黔江邮政实现邮政、速递双方机构代码的整合，进口邮件统一使用原邮政机构代码，实现信息系统整合；运行新的邮路作业计划（三进三出：进口三班、出口三班），实现邮速进口邮件同车到达、出口邮件同车赶发。

城市投递 1986—1988年，黔江邮电将县城投递区域划为3个投递段道，负责信函报刊投递，机要和电报实行专投，投递工具为自行车。1988—1997年，黔江邮政城市投递段道增加到7个，投递工具逐步改为摩托车；2005年后，投递工具全部改为摩托车和汽车。2009年，黔江成立速递物流公司后，重新规划段道，至2022年已增加到25个；机要投递仍为专投，机要通信投递服务连续34年实现全红。

农村投递 1986—1988年，黔江邮电有51个乡（镇）的邮件、报刊由委办汽车邮路发往7个支局，再由乡邮员按照规定的邮运班期运往各乡（镇）。7个支局和3个邮政所所在地的乡（镇）机关、单位和场镇，由支局（所）营业员兼任投递员进行投递，乡以下的投递实行"五定"（定人员、定班期、定路线、定时间、定投递点），执行排单考核。自1991年下半年起，乡以下的投递逐步改乡办邮政，实行有偿投递。2000年后，乡办邮政逐步取消，改为委代办。2019—2022年，黔江邮政严格落实邮政普遍服务标准，实行建制村打卡制度，建制村直接通邮率达到100%。

（三）网运管理

1988—1997年，黔江邮电邮政科负责对黔江地区内干线邮路进行管理；县内邮政通信科负责本区域内生产邮运指挥及通信生产管理，并明确检查职责、任务及权限。1998年4月，黔江邮政生产经营科对网运通信生产过程进行管理，负责邮运网、投递网的管理及邮件各环节全程时限管理。2000年，黔江邮政市场经营部负责"营、分、运、投"各环节生产设施设备管理及网路运营管理，报刊发行科负责对处理中心的日常管理。2008年，黔江邮政设立运行保障部，负责对本区域邮件收寄、分拣、运输、投递等作业环节进行检查，解决通信生产中质量监督检查职能不清、标准不一问题。2016年12月，黔江邮政网运管理模式实现由经营型向管理型的转变，现业经营部负责对处理中心进行日常管理。2017年7月13日，黔江邮政设立运营管理部，负责归口管理网路运营中心。2018年11月15日，黔江邮政设立寄递运营管理部，负责归口管理网路运营中心及本区域邮件分拣、运输等环节管理。2022年，黔江邮政制订《生产现场6S管理实施方案》，制作网运生产作业现场平面图、定置定位图、现场分区牌等标识，分阶段开展6S达标（清理、整顿、清扫、安全、规范、素养）管理，网运生产作业现场环境改变，管理水平提升，生产作业操作规范化。

（四）服务网点

1. 网点设置

1986年，黔江邮电有局所22个，其中自办局所11个，代办局所11个。截至2022年底，黔江邮政有邮政营业网点32个，其中代理金融网点24个。

表 9-13-1-3

1986—2022 年黔江邮政局所一览表

序号	局所名称	经营性质	经营属性	设置地点	备　注
1	石城路邮政支局	自营	城市	城东街道石城路 50 号	—
2	西沙路邮政支局	自营	城市	城西街道西沙步行街 22、24、26、28、30 号	—
3	下坝邮政所	自营	城市	城东街道新华大道东段 168 号	—
4	水井湾邮政所	自营	城市	城西街道新华大道西段 45 号	—
5	文汇路邮政所	自营	城市	城东街道河滨东路北段 10 号	—
6	冯家邮电支局	自营	城市	冯家街道望江路 47 号	1997 年邮电分营,撤销 10 个邮电机构,8 个邮电支局更名为邮政支局,2 个邮电所更名为邮政所。2008 年邮储银行挂牌成立,濯水储蓄业务划转邮储银行;2013 年 12 月,蓬东邮政所变更为支局;2007 年,两河邮政支局更名为阿蓬江邮政支局
7	马喇邮政(电)支局	自营	农村	马喇镇莲花居委鄂湖大道 76 号	
8	金溪邮政(电)支局	自营	农村	金溪镇金茂街 85 号	
9	石家邮政(电)支局	自营	农村	石家镇步行街 004 号	
10	石会邮政(电)支局	自营	农村	石会镇关后居委 5 组幸福路 2 号	
11	黄溪邮政(电)支局	自营	农村	黄溪镇兴黄路 40 号	
12	濯水邮政(电)支局	自营	农村	濯水镇濯水居委 4 组三一九大道 75 号	
13	两河邮政(电)支局	自营	农村	阿蓬江镇两河居委天平街 7 号	
14	蓬东邮政(电)所	自营	农村	蓬东乡蓬勃 2 组 41 号	
15	小南海邮政(电)所	代办	农村	小南海镇大路居委 4 组昌云路 32 号	
16	金洞邮政代办所	自营	农村	金洞乡杨家坳街 38 号	2004 年 10 月储蓄统版系统上线后,由代办改为自办。2013 年 12 月,黑溪邮政所变更为支局
17	正阳邮政所	自营	城市	正阳街道朝阳 1 组正舟路南段 497 号	
18	舟白邮政代办所	自营	城市	舟白街道路东居委 2 组大宏堡安置区 687 号	
19	中塘邮政代办支局	自营	农村	中塘镇中坝街 18 号	
20	黎水邮政代办所	自营	农村	黎水镇华阳街 90 号	
21	鹅池邮政代办所	自营	农村	鹅池镇兴鹅路 42 号	
22	水市邮政代办所	自营	农村	水市镇水市 2 组 38 号	
23	新华邮政所	自营	农村	新华乡新华街 22 号	
24	太极邮政代办所	自营	农村	太极镇太极居委 1 组 66 号	
25	黑溪邮政代办所	自营	农村	黑溪镇镇胜地街 55 号	
26	白石邮政代办所	自营	农村	白石镇白石关路 101 号	
27	邻鄂邮政所	代办	农村	邻鄂镇沙子场居委文昌路 76 号	—
28	五里邮政所	代办	农村	五里镇五里社区 4 组鸽子花路 8 号	—
29	水田邮政所	代办	农村	水田乡水田居委 1 组共荣街 79 号	—
30	白土邮政所	代办	农村	白土乡白土 2 组 214 号	—
31	杉岭邮政所	代办	农村	杉岭乡杉岭 1 组 389 号	—
32	沙坝邮政所	代办	农村	沙坝镇十字社区 2 组 273 号	—

序号	局所名称	经营性质	经营属性	设置地点	备　注
33	联合街邮政（电）支局	代办	城市	联合镇联合街 176 号	2008 年划转邮储银行
34	官庄邮政代办所	代办	农村	小庄乡街上	1992 年地区乡镇体制调整，撤销后官庄并入马喇，龙田并入两河
35	龙田邮政代办所	代办	农村	龙田乡街上	
36	县坝邮政代办所	代办	农村	县坝乡街上	
37	栅山邮政代办所	代办	农村	栅山乡街上	
38	后坝邮政代办所	代办	农村	后坝乡街上	
39	城北邮政代办所	代办	城市	联合镇联合街 176 号	
40	青岗邮政代办所	代办	农村	青杠乡街上	
41	白合邮政代办所	代办	农村	白合乡街上	
42	工农邮政代办所	代办	农村	工农乡街上	
43	西泡邮政代办所	代办	农村	西泡乡街上	
44	九龙邮政代办所	代办	农村	九龙乡街上	
45	学堂邮政代办所	代办	农村	学堂乡街上	
46	杨柳邮政代办所	代办	农村	杨柳乡街上	2001 年 11 月黔江区乡镇体制调整，2002 年 7 月 29 日，撤销按照乡镇体制调整业务并入相应的乡镇
47	新安邮政代办所	代办	农村	新安乡街上	
48	渗坝邮政代办所	代办	农村	渗坝乡街上	
49	早化邮政代办所	代办	农村	早化乡街上	
50	力湾邮政代办所	代办	农村	力湾乡街上	
51	新民邮政代办所	代办	农村	新民乡街上	
52	新花邮政代办所	代办	农村	新花乡街上	
53	平溪邮政代办所	代办	农村	平溪乡街上	
54	石钟邮政代办所	代办	农村	石钟乡街上	
55	濯西邮政代办所	代办	农村	濯西乡街上	
56	蒲花邮政代办所	代办	农村	蒲花乡街上	
57	寨子邮政代办所	代办	农村	寨子乡街上	

2. 社会加盟站点

截至 2022 年底，黔江邮政累计建成综合便民服务站 138 个，建制村站点覆盖率 100%，建成邮件自提点 298 个，年累计投递量 144.97 万件，累计打造活跃站点 240 个、优质站点 172 个；建设乡镇周转仓储 7 个；建成邮快超市 45 个，其中，城区 20 个、乡镇 25 个。

四、邮政管理

（一）财务管理

2003 年 10 月，黔江邮政财务一体化联网工程投入运行。2005 年，黔江邮政执行财务体制改革，推行专业化财务核算，细化成本费用核算项目，改进和完善财务管理。2010 年，黔江邮政压缩非生产性费用支出，为邮政企业实现生产经营方式转变提供保障。2013 年，规范固定资产管理，以客户团队为重点，健全欠费管理制度。2015 年，黔江邮政建立以利润为导向的财务管控体系，强化重点成本管控和资金管理，推动法人体制改革后房屋资产权属变更，成为取得无权证、集体土地属性房屋资产权属变更政策的分公司。2022 年，组织开展"个人账户归集资金"专项检查、外包专项整治、业务招待费使用情况监督检查工作，进一步规范财务管理。

（二）人力资源管理

1992 年 8 月，养老保险制度改革，黔江邮电开展邮电企业补充养老保险和职工个人储蓄性养老保险工作。1998 年，黔江邮政开展邮政通信企业劳动定员，合理调配劳动组织和配备各类人员；同年，黔江邮政开展邮政通信特有工种职业技能鉴定。1999 年，黔江邮政职工基本养老保险由行业统筹移交地方管理。2000 年 5 月，黔江邮政执行邮政企业职工内部退养制度。2019 年，黔江邮政制订《岗位绩效考评办法》，员工岗位月绩效基数统一调整。2020 年，黔江邮政对国有企业退休人员进行社会化移交管理。2022 年，黔江邮政生产人员职业技能等级持证 163 人，从业人员专科及以上学历 223 人。

（三）服务质量管理

1988 年前，黔江邮电有自办邮政服务窗口 11 个，其中县城 1 个、乡（镇）10 个，负责函件、包裹、汇款的收寄和报刊订阅，办理电报、电话业务，县城营业室还办理义务兵免费邮件的收寄；有代办邮政服务窗口 11 个，仅收寄平信、挂号信和订阅报刊业务；有机要营业室 1 个，负责收寄各党政机关机要文件。1989 年，黔江邮政县城综合营业室设集邮台席。1997 年 10 月，黔江邮政服务窗口开办国内、国际特快专递业务。2000 年，黔江区邮政局着力抓窗口的软硬件建设，对窗口服务人员开展普通话和礼仪培训，推行站立式服务。2009 年，开展"创新服务理念，创建示范窗口"活动，窗口服务更加规范。2011—2014 年，均开展"提高服务质量，让用户满意"活动。截至 2022 年底，黔江邮政设置普遍服务营业场所 32 个（城市 6 个，农村网点 26 个），服务全区 6 个街道、24 个乡镇，服务面积 2402 平方公里，建制乡镇邮政所建设率 100%。所有网点均开办信件、印刷品、包裹、汇兑四项普遍服务基本业务及特殊服务业务。

（四）安全管理

1986—2022 年，黔江邮政常态化开展剖析检查、平安邮政建设、安全评估等活动，保障安全生产和内部保卫各项工作，持续改造更新安防设施设备，从"人防、物防、技防"3 方面不断加强安全管理。1986—2000 年，黔江邮政物防、技防设施设备简陋，人防占重要地位。2001 年 9 月，110 警务平台启用（仅限于紧急报警）。2008 年，黔江邮政营业场所安装第一批视频监控系统。2013 年，110 警务平台升级为防盗模式（入侵报警）；同年，监控系统电脑录像主机更替为一体化硬盘录像机，接入路数由原来的 8 路模拟，发展成为 16（模拟）+8（数字）的可接入路数，录像硬盘由 500G 升级为 1T、2T 硬盘，存储时间成倍增加。2015 年，黔江邮政建立重庆邮政系统第一套视频集中监控系统，该系统集视频视图、录像回放、报警联动

等先进功能为一体。2018 年，黔江邮政集中联网上线，网点业务库、现金区、自助设备等监控报警设施设备优化完善。2021 年 8 月，实现监控摄像机全部为高清摄像。2022 年，黔江邮政安装营业场所出入口、设备间门禁系统，监控硬盘存储时间由 60 天增加到 90 天。

（五）党群管理

1. 党组织

1988 年 7 月，黔江邮电按照机构设置要求，设置党委办公室，负责党的建设工作。1996 年 3 月 27 日，黔江邮电党委成立中国共产党黔江地区邮电局退管支部委员会；同年 6 月 15 日，新成立黔江邮电运管党支部委员会。1998 年 1 月 23 日，中国共产党黔江地区邮政局委员会成立，党委下设党群、行政、生产 3 个党支部。同年 3 月 12 日，经中共黔江地方委员会同意，黔江邮政成立第一届纪律检查委员会。2002 年 5 月 29 日，黔江邮政党委撤销党群、行政、生产 3 个党支部，设立机关、生产和退管党支部。2007 年 7 月 3 日，黔江邮政党群工作部挂靠综合办公室。2018 年 8 月 15 日，"中共中国邮政集团公司重庆市黔江区分公司委员会"更名为"中共中国邮政集团公司黔江片区分公司委员会"。2018 年 9 月，组建黔江片区寄递事业部，成立寄递事业部党支部。2020 年 12 月，国有企业退休人员实行社会化管理，黔江邮政党委撤销"中国邮政集团有限公司重庆市黔江片区分公司退休党支部"。截至 2022 年底，中国共产党中国邮政集团有限公司重庆市黔江片区分公司委员会下设综合职能、经营支撑、城区分公司、寄递事业部 4 个直属党支部。

2. 工会

1988 年 10 月，中国邮电工会四川省委员会黔江地区办事处成立。1989 年 5 月 19—21 日，黔江地区邮电局一届一次会员代表大会召开，审议通过成立中国邮电工会黔江地区邮电局委员会。1997 年，中国邮电工会重庆市委员会黔江地区办事处成立。1998 年，"中国邮电工会重庆市委员会黔江地区办事处"调整为"中国邮电工会重庆市委员会黔江开发区办事处"。2000 年 8 月 29 日，中国邮电工会重庆市委员会黔江开发区办事处、中国邮电工会重庆市黔江开发区邮政局委员会撤销，中国邮电工会重庆市黔江区邮政局委员会设立。2003 年 3 月，中国邮电工会重庆市委员会黔江区工作委员会设立，作为重庆市邮政工会的派出机构，与黔江片区所在地邮政工会实行合署办公。2007 年 11 月，黔江邮政被重庆市总工会授予市级"模范职工之家"荣誉称号。2013 年 6 月 14 日，"中国邮电工会重庆市邮政委员会黔江工作委员会"更名为"中国邮政集团工会重庆市黔江区工作委员会"，黔江片区现业工会由"中国邮电工会重庆市黔江区邮政局委员会"更名为"中国邮政集团工会重庆市黔江区委员会"。2018 年 5 月 31 日"中国邮政集团工会重庆市黔江区委员会"更

名为"中国邮政集团工会重庆市黔江片区委员会"，黔江片区工作委员会机构撤销，职能由黔江片区工会承担。职代会届次接黔江邮政工会职代会，截至2022年12月底，召开至第三届第二次职代会。

1986—2022年，黔江邮政工会围绕企业每年中心工作和生产经营目标，发挥工会职能作用，开展学习教育、劳动竞赛、文体活动、民主管理、"送温暖"活动及职工小家建设。1998年4月，黔江邮政获得国家邮电部授予的"全国邮电体育先进集体"称号。2022年，黔江邮政创新开展"五个一"活动（每周一练、每月一评、每季一谈、半年一赛、每年一演）。

截至2022年底，黔江邮政共建示范型职工小家9个、职工小家11个、小家公寓5个。

3. 团组织

2015年，共青团中国邮政集团公司重庆市黔江区分公司委员会成立，团委下辖3个团支部。2019年，黔江邮政共青团共有团员55人。2020年6月4日，黔江邮政共青团换届改选，并调整优化团组织，下辖机关（城区）、阿蓬江片区、武陵山片区3个团支部。截至2020年2月，有28周岁以下的共青团员33人，其中，机关及城区网点14人、武陵山片区8人、阿蓬江片区11人。

4. 荣誉

1986—2022年，中国邮政集团有限公司重庆市黔江片区分公司先后被四川省委、省政府授予"1990年度四川省社会治安综合治理先进单位"，被重庆市委、市政府评为市级"最佳文明单位"，被重庆市爱委会评为"市级卫生单位"，被重庆市人民政府口岸和物流办公室评为"重庆市口岸物流系统先进集体"称号，被中国邮政集团公司授予2018年度全国"用户满意企业"。2002年，机要QC小组被中国质量管理协会、中华全国总工会、中国科学技术协会、共青团中央联合评为"全国优秀质量管理小组"；2003年，投递QC小组被中国质量管理协会、中华全国总工会、中国科学技术协会、共青团中央评为"全国优秀质量管理小组"。

第二节　秀山邮政机构

一、机构沿革

（一）机构演变

1. 四川省管局管辖时期

1983年11月，"秀山县邮电局"更名为"秀山土家族苗族自治县邮电局"，隶属四川省涪陵地区邮电局管理。

1988年10月17日，黔江地区邮电局成立，秀山土家族苗族自治县（简称秀山县）邮电局划归四川省黔江地区邮电局管理。

2. 邮电分营时期

1997年3月，黔江地区及所辖区县正式划属重庆市。同年7月，因邮政、电信分营，重庆市邮政管理局设立秀山土家族苗族自治县邮政局，隶属黔江地区邮政局管理。

1998年3月，重庆市邮政管理局撤销黔江地区邮政局，设立黔江开发区邮政局，秀山县邮政局由重庆市黔江开发区邮政局代管。

2000年8月，秀山县邮政局划归重庆市邮政管理局直接管理。

2003年2月，市邮管局实行城区、片区邮政企业经营管理体制，设立黔江片区邮政局，秀山县邮政局隶属黔江片区邮政局管理。

3. 政企分开时期

2007年2月，重庆邮政实施政企分开，同年9月，"秀山土家族苗族自治县邮政局"更名为"重庆市邮政公司秀山县邮政局"，管理体制不变。

2008年1月，中国邮政储蓄银行重庆秀山支行正式挂牌，秀山邮政受邮储银行秀山县支行委托开办代理金融业务。

2009年1月，重庆邮政速递物流实行市区（县）一体化专业经营，重庆市邮政速递物流公司秀山县分公司成立。2010年6月，更名为"重庆市邮政速递物流有限公司秀山县分公司"。

2014年6月，组织机构改革，"重庆市邮政速递物流有限公司秀山分公司"改设为秀山县营业部（营业执照名称不变），由重庆市邮政速递物流有限公司新组建的黔江片区分公司管理。

2015年4月，由于中国邮政集团公司法人体制改革，"重庆市邮政公司秀山县邮政局"更名为"中国邮政集团公司重庆市秀山县分公司"。同月，"重庆市邮政速递物流有限公司秀山县分公司"更名为"中国邮政速递物流股份有限公司重庆市秀山县分公司"。

2017年6月，根据市分公司机构编制方案，设立秀山县分公司，调整优化内设部门及人员编制。

2018年9月，寄递改革，组建秀山县寄递事业部（保留"中国邮政速递物流股份有限公司重庆市秀山县分公司"牌子），由黔江片区寄递事业部管理。

2020年1月，"中国邮政集团公司重庆市秀山县分公司"更名为"中国邮政集团有限公司重庆市秀山县分公司"。2022年沿用此名，管理体制不变。

截至2022年底，中国邮政集团有限公司重庆市秀山县分公司内设机构有综合办公室、市场营销部、金融业务部、渠道平台部、集邮与文化传媒部；生产班组有后勤班、武装押运班、库管班、驾驶班。

（二）主要领导

表 9-13-2-1

1986—2022 年秀山邮政主要领导人员名录

单位名称	姓　名	职　务	任职时间
秀山土家族苗族自治县邮电局	陈安华	局长	1985.3—1988.4
	傅明芳	党支部书记	1985.3—1986.1
	傅明芳	局长	1988.4—1994.2
	邹祚华	党支部书记	1988.4—1997.7
	夏胜春	局长	1994.2—1997.7
秀山土家族苗族自治县邮政局	夏胜春	党支部书记、局长	1997.7—2001.7
	李吉荣	党支部书记、局长	2001.7—2003.2
	冉茂贵	党支部书记、局长	2003.2—2007.3
	田学礼	党支部书记、局长	2007.3—2010.7
重庆市邮政公司秀山县邮政局	刘　鸿	副局长（主持工作）	2010.7—2011.7
		党支部书记、局长	2011.7—2014.11
	杨秀琴	副局长（主持工作）	2014.11—2015.6
中国邮政集团公司 重庆市秀山县分公司	杨秀琴	副总经理（主持工作）	2015.6—2016.9
		党支部书记、总经理	2016.9—2020.7
中国邮政集团有限公司 重庆市秀山县分公司	杨秀琴	党支部书记、总经理	2020.7—2022.1
	石江宁	党支部书记、总经理	2022.1—

二、邮政业务

（一）金融业务

1. 储蓄汇兑

（1）储蓄业务

1986 年，秀山县邮电局恢复开办储蓄业务。截至 1990 年底，秀山县邮电局储蓄存款余额超 100 万元。1994 年，期末储蓄存款余额超 1000 万元。1997 年 10 月，秀山邮政成立"绿卡工程"领导小组。2001 年 3 月，秀山邮政储蓄绿卡即时发卡功能启用，并对外开通。2002 年，秀山邮政期末储蓄存款余额规模突破 2 亿元。2004 年，秀山邮政储蓄统版工程切换上线。2011 年 10 月，秀山邮政储蓄存款余额规模达到 10 亿元。截至 2022 年底，秀山邮政储蓄存款余额规模到 48.48 亿元。

表 9-13-2-2

1997—2022 年秀山邮政部分年份储蓄存款余额情况表

单位：亿元

年份	储蓄期末余额规模	年份	储蓄期末余额规模
1997	0.42	2012	13.33
2002	2.22	2017	28.70
2007	5.60	2022	48.48

（2）汇兑业务

2001 年 12 月，秀山邮政开通电子汇款业务。2002 年，秀山邮政开通电子汇兑业务，至 2003 年 3 月，秀山邮政电子汇兑网点共有 15 个。2018 年，秀山邮政汇兑业务收入仅为 0.93 万元。自 2018 年起，随支付方式多元化发展，秀山邮政汇兑业务逐年萎缩。

表 9-13-2-3

2007—2018 年秀山邮政部分年份汇兑业务收入统计表

单位：万元

年份	年度汇兑收入	年份	年度汇兑收入
2007	62.10	2014	10.45
2008	73.80	2015	4.80
2009	92.80	2016	2.59
2012	34.16	2017	1.50
2013	24.03	2018	0.93

2. 中间业务

2001 年，秀山邮政开办代理保险业务；同年，开办代发工资业务。2004 年，秀山县邮政局加快保险业务发展，全年完成保费 608 万元。2006 年 6 月，秀山邮政开办邮政短信业务；同年，发展代理基金业务。2019年，代理保险业务开始向期交转型。截至2022年底，秀山邮政代理保险保费规模达到0.99亿元。

3. 风控合规

1986—2021年，秀山邮政开展各种监督检查、考评考核，推进风控合规建设。1997—2017年，秀山邮政配置专职督查人员，以月度、季度、年度为时间节点，对各项工作进行督查和整改；组织各种教育培训活动，提升风险管理能力。2020年，秀山邮政共开展专项检查活动27次，金融从业人员排查2次。2021年，秀山邮政开展合规远程讲座活动2次，覆盖214人次；开展典型案例学习6场次，覆盖264人次；开展常规检查发现问题170个；开展专项检查发现问题22个，金融风险内控责任层层压实。2022年，启动风控合规"雷霆行动"，全年开展合规教育培训12次，合规考试5次，"一把手讲合规"培训3次；采取驻点检查、专项检查等方式检查网点19次，全年未发生各类安全风险事件和资金案件。

（二）寄递业务

1. 特快专递

1993年8月1日，秀山县邮电局开始办理秀山—湖南花垣、吉首特快专递业务。1997年12月7日，秀山邮政开办国际、国内特快专递业务。2001—2003年，秀山县邮政局先后与秀山县公安局、司法局达成协议，发展居民身份证、司法传票及文书特快专递业务。2003年，秀山邮政开办邮政特快送款业务。截至2022年底，秀山邮政特快专递业务仍以居民身份证、司法传票及文书、送款业务为主。

2. 快递包裹

1988年10月1日，秀山邮电开办邮政快件业务，同年完成商包3469件。2001年，秀山邮政开办中速快件经济快递业务。2014年，秀山县创建电商产业园，秀山邮政依托电商发展协议客户。2020—2022年，受新冠疫情影响，电商产业园客户大量流失，快递包裹业务量逐年减少。

3. 物流业务

2005年8月，秀山邮政开办物流业务。2009年，速递物流类业务总量超200万件。自2015年起，秀山邮政推进惠农合作项目，建设县—乡—村三级物流体系，接洽县域乡村振兴项目，融入县域商业体系建设。截至2022年底，共建成县级邮政分拨中心1个、乡镇物流配送中心11个。

4. 国际业务

自1996年起，秀山邮政逐步开展国际寄递业务。1997年，秀山邮政开通国际特快专递业务。由于受地理位置、交通信息等条件局限，加之寄递业务的多元化，国际业务发展逐年萎缩。2022年，秀山邮政国际业务仅办理12件。

（三）文传业务

1. 函件业务

1986年，秀山县邮电局函件业务以商函、账单等为主。1995年，秀山邮电出口函件业务量超百万元。2003年，秀山邮政成立邮政名址信息库建设领导小组。2004年9月，秀山邮政设立函件广告经服部。2005年，秀山邮政成立"数据为翼、商函腾飞"数据库营销绿地中心。2008年，秀山邮政开办函件商务宝典业务。自2015年起，秀山邮政传统函件业务逐渐向互联网媒体、线下媒体转型。2018年，秀山邮政开办媒体广告业务，主营视频媒体租赁、广告制作宣传等。2022年，函件业务收入达到120.44万元。

2. 报刊业务

1986—1997年，秀山县邮电局报刊业务由各支局负责发展。2000年12月，秀山邮政报刊业务实行"收投合一"管理办法。2001年9月25日，秀山邮政实施"逐户工程"，开展《重庆晚报》《重庆晨报》私费订阅。2002年3月6日，秀山邮政将北街邮购超市改建为邮政书市，全年批零销售额达到30万元。2003年，秀山邮政设立报刊零售经营部。2020年，秀山邮政与秀山县文旅委合作，开展图书巡展活动。2022年，秀山邮政报刊业务收入实现310.78万元。

3. 集邮业务

1997年9月3日，秀山土家族苗族自治县集邮协会成立。2004年9月，秀山邮政设立集邮经营部。2007年，集邮业务收入超10万元。2016年，集邮专业组开展第二届集邮钱币文化鉴赏活动，实现集邮收入33.38万元。2022年，集邮业务收入达到217.64万元。

4. 中邮文创

2021年，秀山邮政开办"中邮文创"业务。2022年，秀山邮政文创业务收入达到9.85万元。

5. 普通包裹

2007年，普通包裹业务受现代物流影响，发展缓慢。2015年，秀山邮政成立包裹快递业务发展领导小组，制订《包裹快递业务发展办法》。截至2022年底，秀山邮政开办窗口包裹、校园包裹、军营包裹、家乡包裹、爱心包裹、母亲邮包等普通包裹业务。

（四）渠道业务

1. 增值业务

2005年，秀山邮政开办增值业务。2008年，秀山邮政开办代售机票、火车票、汽车票、通讯卡等业务；同年，陆续为中石油、中石化、邮储银行、重庆银行、重庆三峡银行代收石油款、营业款等。2009年，秀山邮政开办"自邮一族"业务；2015年，开办代理车险业务；2016年9月，开办代征税业务；2018年，开办警邮业务；2020年11月，开办代办政务业务。2022年，秀山邮政增值业务收入实现 135 万元。

2. 分销业务

2005 年，秀山邮政开办酒水、农副产品、日化产品、基地农产品等快消品业务。2011 年，秀山邮政分销业务挂靠市场经营部，开办农资业务，主营肥料、种子、农药、饲料等；同年，电子商务公司成立，挂靠市场经营部。2013 年，秀山邮政电子商务公司挂靠客户服务部。2015 年 10 月 9 日，中国邮政集团公司重庆市分公司与秀山县政府签订《发展农村电子商务战略合作框架协议》，该协议为市分公司与地方政府签订的第一个农村电商战略协议；同年 11 月，秀山邮政设立秀山电子商务运营中心，开通"邮乐网＆秀山馆"。2017 年，秀山邮政开办烟草业务。2018 年，开办批销、电器业务。2019 年，秀山邮政组织"我的玫瑰我的花"玫瑰金线上营销活动，实现收入 67.5 万元。2021 年，启动"邮乐生鲜"社区团购业务。2022 年，秀山邮政实现分销业务收入 930.46 万元。

3. 电信业务

1986—1996 年，秀山邮电合一。1997 年，秀山邮电分营，电信业务移交电信局。1998 年 12 月 31 日，重庆市邮政寻呼台在秀山县城开通寻呼业务。2001 年 2 月，秀山邮政寻呼台停办。

三、邮政网络

（一）网络能力建设

1. 邮路

1986 年，秀山县邮电局有邮路 34 条，总长度 550 公里，除主要邮路外，秀山县农村投递线路长度 3352 公里。1992 年，秀山邮电开通秀山—湖南邮路。1993 年 8 月 1 日，开通秀山—湖南花垣、吉首特快专递邮路。1995 年 3 月，开通川、湘、黔边区邮运。1997 年 10 月 1 日，开通秀山—重庆特快专递邮路。同年 12 月 7 日，开通黔江—秀山（邮客兼营）邮路，该邮路为武隆—秀山特快二级邮路的一部分。1999 年 12 月 7 日，秀山—武隆快速汽车邮路开通试运行。2004 年 4 月 18 日，市邮管局对渝—秀邮路实施优化提速；同年，开通重庆—黔江当日往返快速邮路，秀山进（出）口邮件交接频次由一频次调整为两频次。2008 年 1 月 1 日，开通火车邮路，重庆邮政利用渝怀线重庆—厦门 K334/5 次、K336/3 次火车在黔江区、秀山县办理邮件交接；同年 1、9 月，重庆邮政对重庆—秀山二级干线邮路实施 2 频次优化调整。2011 年 2 月 28 日，重庆邮政撤销重庆—秀山（重件）邮路，将重庆—秀山轻件、重件合为 1 条邮路。同年，秀山邮政建立县下"钞邮合一"自办邮路 3 条。2018 年 9 月，秀山邮政实施"钞邮分离"。2018 年 10 月至 2022 年，秀山邮政共有县乡邮路 6 条，总长度 864 公里。

2. 物流体系

2005 年，秀山县邮政局开办物流业务。2009 年，速递二期专业收寄系统上线，完成投递信息系统建设工程。2010 年，投递信息系统上线运行。2022 年，全县投递生产信息系统上线网点达 26 个。

截至 2022 年底，秀山邮政基本完成县—乡—村三级物流体系建设，并应用推广。按照集团公司新形象标准和普遍服务新要求，对县级寄递物流共配中心进行升级改造、功能分区（寄递、仓储），基本满足生产需求；通过自建、租赁等方式，完成乡镇共配中心装修改造，完成乡镇寄递共配中心建设 10 个；按照市分公司要求，对原有站点建设运营情况进行清理，结合站点地理位置、掌柜能力、合作意愿、指标任务等因素，对站点进行清理汰换，完善站点基础信息等，共建成 168 个综合便民服务站，成功打造优质邮乐购站点 161 个、叠加寄递金融业务站点 161 个、持续活跃站点 149 个，村级综合便民服务站建制村覆盖率达到 83.17%；所有综合便民服务站均安装使用"中邮 E 通"系统，开通邮件代收代投功能。

3. 作业场地

1986—1997 年，秀山邮电的作业处理场地非常有限。1997 年邮电分营后，秀山邮政加强作业处理场地建设，面积达到 280 平方米。截至 2022 年底，秀山邮政基本完成县—乡—村三级物流体系建设，作业处理场地面积新增到 1940 平方米，邮政业务处理能力不断提升。

4. 设施设备

1995 年，秀山邮电为保障资金安全，配置重型保险柜 7 个，新增 20 型计息器 10 台、假钞鉴别仪 6 台。1996 年，秀山邮电促进营业电子化，营业窗口增设微机 8 台、邮储电子显示屏 1 台。同年，购置五十铃邮件车 2 辆。截至 1999 年底，秀山邮政共有邮政汽车 9 辆、微机 20 台。2000 年，秀山邮政共有邮政车辆 6 辆。2002 年，开通城南、城北、清溪、梅江、龙池 5 个电子汇兑联网网点；新增溪口、石耶、洪安、官庄、龙凤 5 个绿卡终端；全县共 11 个邮政支局安装防弹玻璃，新增报警器 12 台、电视监控 1 台；新增运钞车 1 辆。2004 年，新增邮运车 2 辆。2007 年，秀山邮政建立汇兑结算大集中系统，实现储蓄服务器大集中。2008 年，邮储银行公司业务系统上线、电话银行开通调试。2011—2013 年，秀山邮政 ATM 自助机具

表 9—13—2—4

2015—2022 年秀山邮政部分年份投递设施一览表

年份	上线网点（个）	代投自提点（个）	PDA 机（台）	智能包裹柜（个）
2015	18	—	33	5
2019	31	44	37	11
2022	26	44	56	11

实现网点全覆盖。2016年，秀山邮政安装邮掌柜68台，新建农村电子商务服务站点68个、便民服务站53个，并纳入县乡村三级物流体系。至2022年末，秀山邮政自助设备达到91台。

（二）网运生产作业

1986年，秀山邮电全县进（出）口邮件全部由机动车和非机动车等运输工具负责运送，基本结束人力担运的历史。1986年后，秀山邮电全县农村邮件承包给县72车队客车运送至各区乡，由各区乡网点营业员至当地车站领取后进行分发和投递。1995年，秀山邮电全县各区邮电

汇兑资金采用专车专人武装押运；同年，秀山邮电配齐专兼职质量检查员。1996年，秀山邮电县城至各区乡邮件实行自办邮运。2001年，秀山邮政各农村邮件报刊到支局自取。2007—2008年，秀山邮政全县农村邮件由客运车辆运送到各区乡。2011年，秀山邮政建立"钞邮合一"自办邮路网络。2019—2022年，秀山邮政持续优化投递网络建设，通过投递场地建设及自助渠道拓展，逐渐增强终端服务能力。

（三）服务网点

1. 网点设置

表 9-13-2-5

1986—2022 年秀山邮政局所一览表

序号	局所名称	经营性质	经营属性	设置地点	备 注
1	溶溪邮电支局	自营	农村	原溶溪区	
2	龙池邮电支局	自营	农村	原龙池区	
3	石堤邮电支局	自营	农村	原石堤区	
4	石耶邮电支局	自营	农村	原石耶区	1997 年 7 月 1 日撤销
5	梅江邮电支局	自营	农村	原梅江区	
6	洪安邮电支局	自营	农村	原洪安区	
7	清溪邮电支局	自营	农村	原龙凤区	
8	清溪邮政支局	自营	农村	清溪场街道	—
9	溶溪邮政支局	自营	农村	溶溪镇	—
10	龙池邮政支局	自营	农村	龙池镇	—
11	石堤邮政支局	自营	农村	石堤镇	—
12	石耶邮政支局	自营	农村	石耶镇	—
13	梅江邮政支局	自营	农村	梅江镇	2007 年撤销
14	洪安邮政支局	自营	农村	洪安镇	
15	城南邮政支局	自营	城市	中和街道	2007 年撤销
16	中和邮政支局	自营	城市	中和街道	1999 年撤销
17	平凯邮政支局	自营	农村	平凯街道	—
18	官庄邮政支局	自营	农村	官庄街道	—
19	城北邮政支局	自营	城市	中和街道	—
20	凤翔邮政支局	自营	城市	中和街道	2017 年撤销
21	东大街邮政支局	自营	城市	中和街道	—
22	七十坝邮政支局	自营	农村	清溪场街道	—
23	朝阳路邮政支局	自营	城市	中和街道	—
24	双凤街邮政支局	自营	城市	中和街道	—

序号	局所名称	经营性质	经营属性	设置地点	备 注
25	滨江邮政支局	自营	城市	中和街道	—
26	溪口水银厂127邮电所	自营	农村	原溪口乡	1998年撤销
27	龙凤邮电所	自营	农村	原龙凤区	1998年撤销
28	平凯邮电所	自营	农村	原平凯镇	1997年7月1日撤销
29	官庄邮电所	自营	农村	原官庄乡	1997年7月1日撤销
30	峻岭邮电所	自营	农村	原峻岭乡	1987年撤销
31	钟灵邮电所	自营	农村	原钟灵乡	1997年7月1日撤销
32	宋农邮电所	自营	农村	原宋农乡	1997年7月1日撤销
33	龙凤邮政所	自营	农村	龙凤坝镇	—
34	隘口邮政所	自营	农村	隘口镇	—
35	里仁邮政所	自营	农村	里仁镇	—
36	雅江邮政所	自营	农村	雅江镇	—
37	兰桥邮政所	自营	农村	兰桥镇	—
38	溪口邮政所	自营	农村	溪口镇	—
39	膏田邮政所	自营	农村	膏田镇	—
40	钟灵邮政所	自营	农村	钟灵镇	—
41	塘坳邮政储蓄所	自营	农村	龙凤坝镇	2014年撤销
42	大溪邮政储蓄所	自营	农村	大溪乡	—
43	官舟邮政储蓄所	自营	农村	平凯镇	2014年撤销
44	孝溪邮政储蓄所	自营	农村	清溪场镇	—
45	保安邮政储蓄所	自营	农村	石堤镇	2014年撤销

2. 社会加盟站点

2009年，秀山邮政开始建设社会加盟站点，在农村建立村邮站。2017年，秀山邮政村邮站更名为村邮乐购站点。2020年，秀山邮政村邮乐购站点更名为综合便民服务站。截至2022年底，秀山邮政共建成社会加盟站点202个，网点覆盖率达到100%。

四、邮政管理

（一）财务管理

1986—1997年6月底，秀山县邮电局财务按照专业属性分类进行管理。1997年，秀山邮政与电信财务核算分离。2007年12月28日，秀山邮政与邮储银行财务分离。2009年，秀山邮政与速递物流财务核算分离。2016年11月，秀山邮政独立会计核算转变为市公司会计核算中心集中核算。2019年6月，秀山邮政速递物流财务工作合并至秀山邮政财务系统。2022年5月，秀山邮政进

入"业务完成核算即完成"财务管理新时代。

（二）人力资源管理

1. 队伍建设

1986年，秀山县邮电局有从业人员156人。1986—2022年，秀山邮政通过持证上岗、择优录取等方式，加强人才队伍建设。2007年，秀山邮政实行公开竞争上岗制度。2013年9月，秀山邮政对班组长、所主任、支局长和县局所有职能管理岗位开展竞聘。2020年，秀山邮政从优秀职工中培养锻炼使用年轻干部。2021年，秀山邮政通过"竞聘＋组织选配"方式，配置专业序列人员。截至2022年，秀山邮政有从业人员201人。

2. 教育培训

1986—2022年，秀山邮政将员工教育培训工作作为企业发展的重点工作，通过"线上＋线下""自培＋送培"等模式，不断提升员工专业技能水平，提高员工学

历水平。2001年，秀山邮政鼓励职工参加学历教育，仅2003年参加大专院校函授学习的职工近20人。2011年，秀山邮政企业员工学历结构发生显著变化，中专及以上学历员工共有125人。至2022年，秀山邮政生产人员持证率达99%，高级持证率62%，金融理财师（AFP）资格证持证12人，基金销售资格证持证7人。

3. 薪酬管理

1988年，秀山县邮电局对职工实行浮动工资加奖金考核办法，对支局长、班组长实行岗位补贴，对支局营业员给予相应补贴。1989年，秀山邮电增加各支局炊事员工资，为女职工增发卫生费。自1999年1月1日起，秀山邮政在所辖支局、所全面推行支局承包经营责任制，按照"多劳多得"原则获取劳动报酬。2003年，秀山邮政对干部职工实行易岗易薪制。2015年，秀山邮政推行"薪级工资＋岗位工资＋绩效工资"分配模式，加大调薪幅度向一线倾斜力度。2022年，秀山邮政通过制定各类薪酬管理政策，薪酬管理日趋完善。

（三）服务质量管理

1. 营业服务

1986—1997年，秀山邮电推行服务工作质量管理活动，按期对营业服务质量进行分析和目标追踪。1997年邮电分营，秀山邮政对营业窗口实行限时服务，对投递业务实行承诺服务，广受用户赞誉。同年10月23日，为实现邮政储蓄业务电子化，秀山县邮政局成立"绿卡"工程领导小组，着力推进信息化进程。2001年3月21日，全市邮政储蓄绿卡即时发卡功能正式启用并对外开通，简化了用户申请绿卡手续。同年12月底，秀山邮政开通电子汇款业务，取消传统的纸质汇款业务。2002年，秀山邮政将服务质量与职工收入挂钩考核，在各工种推行承诺服务，窗口人员统一着装、规范用语和微笑服务，部分窗口试行了普通话服务。2004年，完成邮政储蓄统一版本工程切换上线工作。2007年，在全县邮政营业窗口开展"塑文明行业形象、树优质服务品牌"活动。2008年，秀山县邮政局获得"全国服务最满意企业"称号。2011年，开展"为民服务创先争优"活动，以"用户是亲人"为主题，在营业窗口开展"真情一杯水"等服务活动。2021年，全县32个普遍服务网点操作系统升级为新一代营业渠道系统，进一步优化了操作流程，提高了（函件、包裹、印刷品、汇兑和邮政特殊业务服务）的工作效率。2022年，秀山县分公司普遍服务客户满意度得分91.78分，其中城北支局被评为全市"优秀窗口服务体验示范点"。

2. 普遍服务与特殊服务

1988年，秀山邮电成立企业管委会。1989年，秀山邮电完成计量管理达标工作。1990年，秀山邮电制订人民来信来访办理制度，建立邮袋管理领导小组，邮袋管理工作达到标准要求。2002年，秀山邮政将服务质量与职

工收入挂钩考核。2018年，《秀山县建制村直接通邮实施方案（试运行）》出台，营业局所、邮路运行时限、建制村通邮均达到《邮政普遍服务》标准要求。2019年，秀山全县268个行政村（居）全部实现直接通邮，其中202个建制村解决"最后一公里"向村组延伸。2020年，秀山邮政普遍服务"两提升、四强化、七确保"重点管控指标全面达标。2021年，秀山邮政普遍服务5大指标中19项重点指标全部达标，寄递服务质量6项重点指标全面达标。2022年，秀山邮政完成专用邮政信箱寄递服务。截至2022年底，秀山邮政辖内网点均开办普通服务四项基本业务和特殊服务业务；机要通信服务连续39年质量全红。

3. 监督检查

1989年，秀山邮电开展"三查、两打、一整顿"教育活动，强化廉政建设；制订《邮电干部职工保持廉洁十条规定》，在职工中开展民主评议领导干部活动，收集意见6条、建议5条、表扬13条，并制订整改措施，整改率达到100%。1994年，秀山邮电聘请15个部门为邮电服务社会监督员。1995年，配齐专（兼）职质量检查员，公开接受群众监督。2002年，秀山邮政成立整顿经营秩序领导小组，组建执法分队。2006年，秀山县邮政局出台邮政服务考评办法，定期开展对支局、所服务工作的检查。2008年，秀山邮政建立生产经营分析会议制度。2019年，成立服务质量检查小组。2022年，秀山邮政健全服务质量监督检查机制，完善服务质量监督考核制度；将2022年定为"管理提升年"，制定工作实施方案，落实企业运营机制规范管理清单，促使服务质量监督检查履职率达到100%，视察检查报告书签发率、整改回复率达到100%。

（四）安全管理

1989年，秀山邮电建立安全生产、内部治安保卫保密制度，落实安全生产岗位责任制。1991年，秀山邮电成立社会治安综合治理领导小组。1992年，秀山县邮电局实现消防安全达标。2002年，秀山邮政建立安全责任制度，完善金库值守及交接班制度。2003年，秀山邮政成立以局长为组长的安全生产领导小组。2004年，秀山邮政成立综合治理、消防安全、安全生产、创建平安等领导小组。2005年，秀山邮政对网点、取送款及管理安全防范、设施设备、制度执行情况等进行全面清理和整改。2008年，秀山邮政开展奥运安全大检查。2013年，秀山邮政开展为期一个月的安全排查整治督促专项活动。2014年，秀山邮政开展"合规大行动"和邮政代理金融民间借贷排查整治专项活动。2017年，秀山邮政开展创建"平安邮政"建设。2022年，秀山邮政从人身、邮件、金融、消防等8大领域加强安全生产。截至2022年底，秀山邮政未发生重大安全事故。

（五）党群管理

1. 党组织

（1）组织机构

1958年，中共秀山县邮电局党支部委员会成立。1997年，中共秀山土家族苗族自治县邮政局党支部委员会成立。2007年，中共重庆市邮政公司秀山县邮政局党支部委员会成立。2015年，中共中国邮政集团公司重庆市秀山县分公司党支部委员会成立。2020年，更名为"中共中国邮政集团有限公司重庆市秀山县分公司党支部委员会"，截至2022年，仍沿用此名。

（2）党建活动

1995年，秀山县邮电局党组织按统一部署开展"三讲"教育活动。2004年6月，秀山邮政开展禁毒宣传教育活动。同年，组织职工参与帮乡扶贫，对干川地质灾害及开县水灾开展捐助活动。2005年，秀山邮政按统一部署开展"保持共产党员先进性教育"活动。2008年，秀山邮政组织干部职工为汶川震灾捐款。同年，开展"深入学习实践科学发展观"活动。2010年，秀山邮政按统一部署开展"创先争优"活动。2012年，开展学习中央"八项规定""六项禁令"和重庆市颁布的"八严禁""十二不准"活动。2013年，按统一部署开展"群众路线教育实践"活动。2014年，按统一部署开展"三严三实"专题教育活动。2016年，按统一部署开展"两学一做"学习教育活动。2017年，开展全面从严治党考评活动。2019年，按统一部署开展"不忘初心、牢记使命"主题教育活动。2021年，按统一部署开展党史学习教育活动。2022年，开展学习党的二十大精神活动等。

2. 工会

（1）组织机构

1953年5月，秀山县邮电局工会委员会成立。1986年3月11日，秀山邮电工会改选，同年召开职工代表大会2次和职工代表小组长会议2次。1991年，秀山邮电工会改选，同年6月27日，秀山邮电成立女工委员会。1997年，中国邮政工会重庆市秀山土家族苗族自治县委员会成立，召开第一届一次职工代表大会。2011年11月，秀山邮政工会改选，召开第二届一次职工代表大会。2015年，中国邮政集团工会重庆市秀山县分公司委员会成立，召开第一届一次职工代表大会。2020年，更名为中国邮政集团工会秀山土家族苗族自治县委员会。

（2）工会活动

1998年5月，秀山邮政足球队参加秀山县首届"电信杯"职工足球运动会。2000年4月17—21日，秀山邮政举办重庆市邮政系统第二届职工运动会象棋、围棋比赛。2012年5月，秀山邮政承办"黔江片区局第六届职工运动会"，举办题为"奋进中的秀山邮政"文艺晚会。2013年5月，秀山邮政承办黔江片区局第十一届职工钓鱼比赛；同月，秀山邮政职工代表县发改委参加地方组织的篮球运动会；同年8月，秀山邮政参加黔江片区局第七届职工运动会；同年10月，秀山邮政参加秀山县男子篮球秋季联赛。2022年，秀山邮政开展关爱投递人员"暖蜂行动""旺季攻坚、工会助力"活动。

3. 团组织

1986—1997年，中国共产主义青年团秀山县邮电局支部委员会在局党支部的领导下，开展学雷锋树新风、"青年文明号"创建等活动。1997年，中国共产主义青年团秀山县邮政局支部委员会成立。2007年，中国共产主义青年团重庆市邮政公司秀山县邮政局支部委员会成立。2012年，秀山邮政开展"赢跨赛，展风采"优秀宣讲师大赛。2015年，中国共产主义青年团中国邮政集团公司重庆市秀山县分公司支部委员会成立（简称秀山县分公司团支部）。2020年，"秀山县分公司团支部"更名为"中国共产主义青年团中国邮政集团有限公司重庆市秀山县分公司支部委员会"。2022年5月4日，开展青年员工座谈会；同年7月1日，开展中国共产党成立100周年"青春献礼二十大，邮政青年跟党走"辩论赛。

4. 荣誉

1998年，重庆市委、市政府授予秀山县邮政局"文明单位"称号。

2000年，秀山县邮政局获得"市级最佳文明单位"称号。

2001年，秀山县邮政局被重庆市委、市政府命名为"市级最佳文明单位"；清溪邮政支局支局长黄建发被评为"全国邮政系统劳动模范"。

2016年，秀山县分公司投递员刘江获得"全国五一劳动奖章"荣誉。

2018年，溶溪支局支局长齐红英被重庆市委宣传部评为"感动重庆十大人物"。

第三节　酉阳邮政机构

一、机构沿革

（一）机构演变

1. 四川省管局管辖时期

1983年11月，酉阳土家族苗族自治县（简称酉阳县）成立，"酉阳邮电局"更名为"酉阳土家族苗族自治县邮电局"，隶属四川省涪陵地区邮电局管理。

1988年10月，黔江地区邮电局成立，酉阳土家族苗族自治县邮电局划归四川省黔江地区邮电局管理。

2. 邮电分营时期

1997年3月，黔江地区及所辖区县正式划属重庆市。同年7月，因邮政、电信分营，重庆市邮政管理局设立西阳土家族苗族自治县邮政局，隶属黔江地区邮政局管理。

1998年3月，重庆市邮政管理局撤销黔江地区邮政局，设立黔江开发区邮政局，酉阳土家族苗族自治县邮政局由重庆市黔江开发区邮政局代管。

2000年8月，酉阳土家族苗族自治县邮政局划归重庆市邮政管理局直接管理。

2003年2月，市邮管局实行城区、片区邮政企业经营管理体制，设立黔江片区邮政局，酉阳土家族苗族自治县邮政局隶属黔江片区邮政局直接管理。

3. 政企分开时期

2007年9月，"酉阳土家族苗族自治县邮政局"更名为"重庆市邮政公司酉阳土家族苗族自治县邮政局"。同年12月，中国邮政储蓄银行重庆酉阳县支行成立，酉阳邮政受邮储银行酉阳县支行委托开办代理金融业务。

2009年1月，重庆邮政速递物流实行一体化专业经营，成立重庆市邮政速递物流公司酉阳县分公司。2010年6月，"重庆市邮政速递物流公司酉阳县分公司"更名为"重庆市邮政速递物流有限公司酉阳县分公司"。

2014年6月，速递物流组织机构改革，重庆市邮政速递物流有限公司酉阳县分公司改设为酉阳县揽投部（营业执照名称不变），由重庆市邮政速递物流有限公司新组建的黔江片区分公司管理。

2015年4月，由于中国邮政集团公司实施法人体制改革，"重庆市邮政公司酉阳自治县邮政局"更名为"中国邮政集团公司重庆市酉阳县分公司"。同月，重庆市邮政速递物流有限公司酉阳县分公司更名为"中国邮政速递物流股份有限公司重庆市酉阳县分公司"。

2018年9月，寄递改革，组建酉阳县寄递事业部（保留"中国邮政速递物流股份有限公司重庆市酉阳县分公司"牌子），由黔江片区寄递事业部管理。

2020年1月，"中国邮政集团公司重庆市酉阳县分公司"更名为"中国邮政集团有限公司重庆市酉阳县分公司"，2022年沿用此名，管理体制不变。

截至2022年底，中国邮政集团有限公司重庆市酉阳县分公司内设综合办公室、市场营销部、金融业务部、渠道平台部、集邮与文化传媒部。

（二）主要领导

表9-13-3-1

1986—2022年酉阳邮政主要领导人员名录

单位名称	姓　名	职　务	任期时间	备　注
酉阳县邮电局	帅文福	党支部书记	1986.2—1994.4	—
	秦先荣	局长	1986.12—1991.1	—
	陈安华	党支部书记	1994.4　1997.1	—
	王兴荣	党支部书记	1997.1—1997.7	—
	陈安华	局长	1991.1—1996.1	—
	田学礼	局长	1996.1—1997.7	—
酉阳自治县邮政局	田学礼	党支部书记、局长	1997.7—2007.3	—
重庆市邮政公司酉阳土家族苗族自治县邮政局	冉茂贵	党支部书记、局长（总经理）	2007.3—2015.12	2015年6月，因法人体制改革更名后职务由局长变更为总经理
中国邮政集团公司重庆市酉阳县分公司	杨荣华	党支部书记、总经理	2015.12—2020.10	—
中国邮政集团有限公司重庆市酉阳县分公司	刘　鸿	党支部书记、总经理	2020.10—	—

二、邮政业务

1986—2022年，酉阳邮政不断拓展业务范围，先后开办邮政礼仪、广告业务、邮政邮购、货运直递、音像租赁、代发工资、代办保险等新业务，邮政业务随市场需求与时俱进，不断更新、发展。截至2022年底，酉阳邮政各项业务逐步整合为金融、寄递、集邮与文化传媒、渠道平台4大业务板块。

（一）金融业务

1. 储蓄汇兑

储蓄业务 邮政储蓄是酉阳邮政主要业务之一，主要有活期储蓄、定期储蓄、零存整取等。1986年10月，酉阳县邮电局恢复开办邮政储蓄业务。1987年，酉阳县邮电局在龙潭增设邮政储蓄点，全年网点新增储蓄存款余额 20 万元。1990 年，新增储蓄存款余额 116.2 万元。截至 1992 年 6 月，酉阳邮电储蓄存款余额规模超 500 万元。1993 年，酉阳县邮电局储蓄存款余额达到 1014 万元。2000 年 3 月 8 日，酉阳邮政储蓄存款余额达到 10052.44 万元。截至 2000 年底，净增邮政储蓄存款余额 3176 万元。2005 年 9 月，酉阳邮政通过开展阶段性邮储储程劳动竞赛活动，重点开展"绿卡"发放等业务。同年，新增邮政储蓄存款余额 9613 万元。2012 年 11 月，酉阳邮政储蓄存款余额规模超 20 亿元。截至 2018 年 12 月 31 日，酉阳邮政储蓄存款余额率先在黔江片区内超 40 亿元，达到 42.92 亿元。2022 年，酉阳邮政净增储蓄存款余额 7.33 亿元，邮政储蓄存款余额达到 65.13 亿元。

汇兑业务　汇兑种类分为国内汇兑和国际汇兑。国内汇兑又分为普通汇兑、礼仪汇兑、电报汇兑、账户汇兑、电子汇兑等。20 世纪 80 年代初，酉阳邮电开办汇兑业务。1993 年上半年，酉阳邮电汇兑业务实现 1.11 万单，兑付资金 980 万元。2002 年，酉阳邮政抓住渝怀铁路修建之机，宣传邮政汇兑业务，全年完成汇票 3.54 万张。自 2003 年 2 月起，酉阳邮政停办邮政公事汇款收寄业务。同年 5 月，酉阳邮政开办实时电子汇兑业务。同年 8 月，酉阳邮政增设储蓄汇兑部。2007 年 8 月，酉阳邮政完成汇兑大集中系统工程建设。2022 年，酉阳邮政汇款实现 889 笔，兑付 87 笔。

2. 中间业务

中间业务包括结算类、担保类、融资类、管理类、衍生金融工具类等，分为代发、代收、代理、代售 4 大类，有代理保险、代理国债、代发养老金和工资、代收电信资费等业务。

2001 年，酉阳邮政开办代办保险业务。同年，代办保险业务实现零的突破。2002 年，酉阳邮政设立保险业务代理部，负责酉阳邮政保险业务技术指导、日常管理及营销。同年，酉阳邮政实现为酉阳社保局代办农村乡镇退休职工养老金发放业务，酉阳邮政为酉阳财政局代办工资发放业务，为酉阳地税代办个体税收代扣业务。2007 年，酉阳邮政代收"三农"保险业务费 1918.7 万元；新增麻旺、丁市、酉酬、李溪、龚滩、双河、兴隆 7 个代销基金网点。2013 年，酉阳邮政发放金融社保 IC 卡 16.69 万张。2015 年，酉阳邮政开展代理车险业务，利用网点渠道、上门营销等方式，锁定目标客户，实施分类营销。2022 年，酉阳邮政开展代办个体工商营业执照，协助办理年报业务，代办服务延伸至村级，持续提升"政务＋邮政"服务效能，办理营业执照 1025 户，申报年报 436 户。

（二）寄递业务

2000 年 10 月，酉阳邮政递送公司成立，改变过去单一邮件投递功能，向投递、营销合一模式转换。2022 年，

酉阳邮政建立有责投诉按月考核制度，实现板溪—李溪邮路与金圣达寄递合作，实现同城业务规模 422 件，5.2 吨，助力"大同城、小同城"业务持续发展。

1. 特快专递

特快专递主要有信函类、文件资料类、物品类 3 种。1998 年，酉阳邮政开办特快业务，推行全额承包，把职工利益与企业利益相结合，对特快业务除进行重点奖励外，还实行"收投合一"等方法，同年，实现特快业务量 600 余件。2003 年，酉阳县邮政局与酉阳县法院、公安局签订代办协议，推进特快业务发展，同年实现特快业务量 2.3 万余件。2005 年，酉阳县邮政局与酉阳县公安局达成各派出所直接办理"特快身份证"和支局"身份证投递"协议。同年，收寄身份证特快 3.10 万件。2007 年，酉阳邮政以经济快递和"家乡亲情速递"为增长点，发展异地速递业务及开发国内同城特快业务；加强与酉阳县公安部门、人民法院的沟通力度，做好工业园区业务开发，加大揽收国际、国内物品型特快寄递业务。同年，酉阳邮政实现特快寄递量近 5 万件。2019 年，酉阳邮政开展特快寄递业务劳动竞赛活动，6 个网点开发协议客户；身份证特快寄递转换率由年初的 6.52% 提升到同年 11 月的 18.84%；高速路执法特快寄递由同年 2 月的 243 件上升到同年 12 月的 1063 件；车管所特快寄递由同年 3 月的 850 件上升到同年 12 月的 1268 件；法院寄递由同年 2 月的 391 件上升到同年 12 月的 788 件，外省邮件增多。2022 年，酉阳邮政加强特快业务资源整合，开展联动营销，建立营销团队，按照政务、商务和散户 3 种不同类型客户的需求特点，采取针对性的营销模式和经营策略，做好个性化业务发展，做大个性化业务规模。同年，实现特快寄递业务量 20 万余件。

2. 快递包裹

1986 年，酉阳县邮电局开展上门揽收包裹业务，龚滩支局一次揽收商品包裹 7 个，投递落实率达到 98.72%，准班率达到 98.12%。1987 年，酉阳邮电共揽收包裹 53 个。2007 年，酉阳邮政发挥邮政服务"三农"优势，加强农村特色产品市场开发，推出农村特色包裹寄递业务；发展校园、家乡包裹业务，发挥农村产品特色，延伸邮政包裹服务领域，包裹业务量超 1 万件。2022 年，酉阳邮政实现快递包裹业务量 23 万余件。

3. 物流业务

2000 年 10 月，酉阳邮政递送公司成立。2005 年，酉阳邮政物流业务以发展分销业务和中邮快货为重点，以发展通威饲料为重点工作，狠抓销售渠道建设，借助重庆物流集散网开通之际，搭建物流平台，制作标识牌，在窗口摆放资料宣传，在酉阳地方报做题花广告 3 个月和 DM 广告 1 期，对中邮快货业务进行宣传，完成通威公司指导计划，中邮快货实现零的突破。2009 年，酉阳县邮政

局在与酉阳县公安部门合作办理身份证快证业务的基础上，合作开发驾驶证照快递业务，共揽收证照3.32万件。2017年，酉阳邮政开发海亿食品、大地农人等多家用户，实现物流日均寄递量1000单。同年9月通过外出走访、外拓包裹快递市场，海亿食品日均寄递量达到2000单。2022年，酉阳邮政完成板溪处理中心配套设施建设改造，完成花田、黑水、板溪、李溪等重点乡镇寄递共配中心建设，完成171个村级站点店招改造，其中板溪—李溪邮路与金圣达合作试点，同城业务量达到422件，重量5.2吨；与酉阳韵达、申通、极兔、圆通4家快递公司合作，实现合作业务量20万余件。

4. 国际业务

酉阳邮政办理国际业务以国际特快专递邮件为主，指定酉阳城北邮政支局和封发组两处揽收点，为用户快速传递各类文件资料和物品，通达全球200多个国家和地区，同时提供多种形式的邮件跟踪查询服务。2003年4月10日，按照市邮管局《关于开办代理寄递中国公民因私出国（境）证件业务的通知》，酉阳邮政开办代理寄递中国公民因私出国（境）证件业务。2022年，酉阳邮政国际业务坚持"一业为主，多元发展"方针，优化业务发运渠道，深入开发国际业务，完成国际业务量300余件。

（三）文传业务

1. 函件业务

函件业务包括信函、明信片、印刷品、邮送广告等。

2003年，酉阳邮政建成户外广告牌4处、广告信筒11个，总面积443.5平方米。同年，酉阳邮政自有广告媒体实现零的突破，制作邮资封3.5万枚、邮资广告明信片1.5万枚、企业金卡2.5万枚。2005年，酉阳邮政以抓封、片、卡市场开发为主，通过对重点单位公关、摆摊设点、上门营销等措施，函件业务取得发展。同年，DM中邮送广告实现月月出版，制作DM中邮送广告共6期6万份。2008年，酉阳县邮政局借助酉阳县委、县政府全面落实林业、畜牧业、工业、城市建设四件大事，推进招商引资、对外宣传酉阳的时机，营销客户95个，揽收贺卡型邮资信封2.1万枚，制作DM广告共18期18万份，制作2009年拜年卡12.04万枚，围绕餐饮、娱乐场所、百货、超市营销商务宝典140户。

2014年，酉阳邮政DM广告业务发展形成固定版和专业版，在做大收入规模的基础上体现地方特色，介入文化产业，升级商务宝典，打造酉阳邮政无名址品牌，做到每季一期，融入商家宣传、商品广告、客户维护等内容。利用"重庆非去不可"旅游邮资图，开发旅游局、旅游景区、旅行社、宾馆、餐饮等旅游行业明信片、区域旅游优惠套票、旅游调查服务函及旅游特产小包代收代寄业务。2018年，酉阳邮政依托项目营销，与酉阳商务局、电商协会达成三方协议，制作"桃花源"公共品牌包装箱，提供媒体广告服务。2022年，酉阳邮政组织开展进校园活动，开发6所中小学校《2022年毕业生纪念册》《课堂内外》杂志单品收订额突破60万元。

2. 报刊业务

20世纪80年代，酉阳县邮电局报刊发行有订阅、零售、代发、寄售、赠阅等多种方式。1988年，酉阳县邮电局报刊发行量达到100万份。同年12月底，零售报刊额完成4.28万元。1990年，酉阳全县727个村，5686个组均订阅报刊，无空白村组，完成报刊流转额63.08万元。2002年，酉阳邮政跟现代书城集团合作，开办"酉阳邮政，现代书城"活动，开辟酉阳邮政向图书市场进军道路；同年建成报刊零售亭5个，制订合理政策，发展报刊零售业务。2003年，酉阳邮政建成报刊零售亭10处、邮政户外信筒11个，分别设置在酉阳县城城南车站、人行、酉州花园、卫生局、医院、地税分局、城北车站、邮政局、土产公司、酉州商业城、酉阳二中。2015年，酉阳邮政对深度合作单位精准营销，开发形象期刊2户。同年，在文化礼盒项目上，除运用新学期开学季启动文化礼盒类项目营销外，还按照企事业机关、社区文化建设需求，对文化礼盒进行差异化营销。2016年，酉阳邮政完成《人民日报》《重庆日报》等党报党刊赠阅投递3801份。2022年，酉阳邮政运用中国邮政微信公众号、订阅网站、手机邮局等报刊在线订阅平台，强化对党报党刊的宣传频次和推广力度。

3. 集邮业务

1997年10月1日，酉阳集邮协会成立。同年，会员人数增加至216人。2010年，酉阳邮政开发以《黔江》《黔江机场》《风情土家，五彩石柱》等题材的定向邮品。2014年，酉阳邮政启动"生肖贺岁""外购邮品"项目。2017年，酉阳邮政完成"龚滩邮局"建设项目，建设"百年名校·青春邮驿"校园邮局；与龙潭景区共建"龙潭古镇邮局"，开发"龙潭古镇"邮资封、明信片和个性化邮册等系列产品。2022年，集邮专业全年累计实现收入140.45万元。

酉阳元素邮品发行 2001年6月28日，由国家邮政局主办、重庆市委宣传部、重庆市邮政管理局承办的《中国共产党早期领导人（一）》纪念邮票首发式在酉阳县举行。《中国共产党早期领导人（一）》纪念邮票首发1套5枚，内容分别为王烬美、赵世炎、邓恩铭、蔡和森、何叔衡等早期领导人，籍贯为酉阳土家族苗族自治县龙潭镇的赵世炎同志纪念邮票为其中第二枚。重庆市邮管局领导、酉阳自治县四大班子领导及有关部门负责人出席首发式。这是酉阳邮政首次制作销售集酉阳人文、历史、名胜一体的特色集邮册，特色集邮册共售出3000余册。

（四）渠道业务

1. 增值业务

包括代征税、代收费（电信、电力、自来水、联通、移动、非税）、自邮一族、车主通、短信、代办（机票、火车票、汽车票、通讯卡）、代收款（中石油、中石化等）、警邮等业务。2002年，西阳邮政开办代办电信业务，与西阳联通公司合作，建成合作营业厅12处，打开代理电信业务局面。2003年，西阳邮政开办代售卡、代收话费、代售手机等业务。同年12月，开始代收西阳石油公司8个加油站石油款业务。2004年，西阳邮政办理C网放号1282户，代收联通话费140.67万元。截至2022年底，西阳邮政代开发票2.98万笔，10个代办警邮业务的邮政网点开通代审证、代换证、交通罚没款代缴等功能，警邮业务月均开办率达到95.83%，办理车主通会员2914户。

2. 分销业务

分销业务包括农资（肥料、种子、农药、饲料）、快消品（酒水、农副产品、日化产品、家用电器）、季节产品（粽子、月饼、大闸蟹等）。

2000年2月4日，西阳邮政邮购超市开业，主要经营副食、百货用品零售等。2002年10月，西阳邮政在部分支局试点开办通威饲料邮购和种子邮购。2007年，西阳邮政所辖32个农村支局（所）均开办分销业务，其中具备独立营业场所的网点有5个，基本形成产品、标识、配货渠道、产品价格、服务标准、经营"六统一"管理模式。2009年，西阳邮政12个网点饲料配送达到15吨以上。2010年，西阳邮政以"新年邮礼""端午粽""思乡月""农资产品冬储"等营销项目为契机，以饲料销售为发展主线，不断开发新业务，引进新产品，叠加分销商品，丰富分销业务品种，逐步扩大分销业务发展规模。2015年，西阳邮政成立农村电子商务推进办公室，负责农村电子商务平台与渠道建设；通过开展"百日大战"专项活动，培训农村电商人员300余人次，保证县级农村电子商务运营中心和乡镇示范网点开业运营。同年，西阳邮政在"邮乐农品网"上建成"特产馆"，引进农业企业4家，带动65款特色产品销向重庆市内外，开通"邮掌柜"账号50个，助农取款交易3.6万笔，交易额达到700余万元。2016年，西阳邮政建成邮乐网特色馆，开通邮掌柜159个，安装助农取款设备20台，提供进销存管理、商品批发代购、便民缴费、助农取款等服务，产生交易6.83万笔，交易额达到1200万元。2018年，西阳邮政在深度贫困乡镇浪坪乡建成邮乐购店中店1个、邮乐购店4个；在深度贫困乡车田建成邮乐购店4个。2022年，西阳邮政开展农资冬储、粽情端午、"919电商节"、数字化站点建设等活动，优化分销业务结构，培育分销业务新增长点。

3. 电信业务

1986—1996年，西阳邮电合一。1997年，西阳邮电分营，电信业务移交电信局。1998年12月31日，重庆市邮政寻呼台在西阳县城开通寻呼业务。2001年2月，西阳邮政寻呼台停办。

三、邮政网络

（一）网络能力建设

1. 邮路

1984年，西阳县邮电局邮路71条，总长度（单程）2009公里，农村投递路线总长度719公里，邮运车辆2辆。1991年，新增西阳—黔江邮路1条。1997—1999年县乡邮路有8条。1997、1998年，邮路总长度（单程）均为486公里；1999年，邮路总长度（单程）588公里。其中二级邮路1条。2004年，邮路总长度（单程）2109公里，共计71条，农村投递路线总长度（单程）929公里。2005年，有自办汽车邮路1条（重庆—秀山干线），委办汽车邮路共20条，总长度（单程）1511公里，乡邮承包自行车邮路12条、步班邮路45条，支局以下邮路单程总长度单程1235公里。2009年，对县乡邮路进行整合。2010—2015年，共组建县乡邮路25条，其中，县乡自办邮路2条，覆盖16个邮政网点；委办邮路23条，县上、县下邮件全部实行当日往返。截至2015年底，西阳邮政有城市邮件投递段道10条。2017年，西阳邮政设置县内投递6个段道，机要邮路1条、县乡邮路6条、委托代办10条、各乡镇设邮政投递1条。2020年，开办重庆—西阳进出口三频次邮路，增开重庆—黔江特快车邮路，增开3条自办邮路。2021年，西阳乡镇邮路优化调整，由6条增加至14条，将单边循环邮路调整为往返邮路。2022年，增开重庆—黔江特快车邮路和8条自办邮路，加快邮件经转速度。

2. 物流体系

2021年，西阳全县9个重点乡镇邮政寄递共配中心立项，建成花田乡中心；全县275个建制村全面升级改造，基本实现村村建站目标，同年打造批销站点239个、优质站点152个、总活跃站点243个。至2022年底，西阳邮政完成县级寄递共配中心配套设施建设改造，完成花田、黑水、板溪、李溪等9个重点乡镇寄递共配中心建设，完成234个村级便民服务站升级改造，完成171个村级站点店招改造，完成活跃站点270个、优质站点150个。

3. 作业场地

1999—2020年，西阳邮政共有邮件处理中心1个，地址位于西阳县桃花源街道桃花源中路1号。2021年，新建板溪处理中心，原邮件处理场地搬迁至板溪物流园，进一步优化邮件处理流程，提高邮件运营时限。2022年，新建城北、城南投递站及汇升揽投部，实行"城北＋城南＋汇升"网格管理模式，邮件投递服务能力进一步增强。

4. 设施设备

（1）邮政专用设备

1986—2022年，西阳邮政加大对揽投能力的建设提升，营业投递、内部处理等各类设备日趋完善。截至

2022 年底，酉阳邮政共有 PDA 126 台、针式打印机 48 台、热敏打印机 36 台、电子秤 56 台、到件扫描仪 5 台、皮带机 3 台、分拣机 2 台、叉车 3 台。

（2）运输设备

1991—1996 年，酉阳邮政运输车辆从 1 辆增至 5 辆。1993 年，新增邮电生产用车 3 辆、摩托车 1 辆。1997—1999 年，新置邮政汽车 5 辆，总数达 8 辆。2011 年，递送公司新增摩托车 8 辆。2013 年，整合邮运车 3 辆。2015 年，投递机动车 2 辆、摩托车 10 辆；乡镇投递摩托车 60 辆、电动车 10 辆。2010—2015 年，配置钞邮合一车 4 辆、2.75 吨邮件运递车 2 辆、城乡投递用摩托车 77 辆、电动三轮车 4 辆、长安面包车 5 辆，其中综合用非生产用车 5 辆。2016 年，新增邮运配送车 2 辆。2017 年，新增邮运配送车 4 辆。2020 年，新增更新各类运输、投递车辆。截至 2022 年底，酉阳邮政交通运输设备共有摩托车 43 辆、面包车 21 辆、货车 14 辆、越野车 1 辆。

（二）网运生产作业

1. 邮件接发

1991 年，新增酉阳—黔江邮路 1 条，邮件交接地为黔江。2005 年，自办汽车邮路 1 条（重庆—秀山干线），邮件交接地为秀山。2017 年，酉阳境内邮件运输接发点有 50 处。2020 年，开办重庆—酉阳进出口三频次邮路，邮件交接地为重庆；增开重庆—黔江特快车邮路，邮件交接地为黔江。2022 年，增开重庆—黔江特快车邮路，邮件交接地为黔江。

2. 邮件运输

1984 年，酉阳县邮电局有邮运车辆 2 辆。1998 年，开办西阳—丁市—龚难、酉阳—麻旺—西酬—大溪两条自办邮路。1991 年前，主要采用"义务投递"、邮电企业补助的方法解决乡以下农村投递工作。1998 年前，酉阳县内邮运采用搭社会委办车辆与不定期自运相结合的方法解决，即每天的报刊、轻件搭委办车，重件等达到一条路一车后运输的方法。2013 年，城乡投递全面实现摩托化。2022 年，增开 8 条自办邮路，全县范围内实现邮车当日往返，所有乡镇配备场镇投递与村投，全面实现投递电动三轮车化。

3. 邮件投递

1986 年，酉阳县进（出）口邮件全部由机动车和非机动车等运输工具负责投递，基本结束人力担运的历史。1996 年，酉阳县城至各区乡邮件实行自办邮运。2001 年，酉阳县各农村邮件报刊到支局自取。2011 年，酉阳邮政建立"邮钞合一"自办邮路网络。2019—2020 年，持续优化投递网络建设，通过投递场地建设及自助渠道拓展，逐渐增强终端服务能力。2021 年，邮件处理中心搬迁至板溪，增配各类设施设备，投递能力进一步提升。

（三）网运管理

1986—2022 年，酉阳邮政持续加强投递网络建设，优化客户服务体验，网运指标稳步提升。2022 年，建成城北、城南、城中 3 个网格，新增城南和汇升揽收场地，建设 68 个邮件代收代投点，逐渐增强终端服务能力，提升邮件处理效率。2022 年，特快及时妥投率达 97.86%，收寄及时率 99.13%，快包投递及时率 95.66%

（四）服务网点

1. 网点设置

表 9-13-3-2

1986—2022 年酉阳邮政局所一览表

序号	局所名称	经营性质	经营属性	设置地点	备 注
1	龙潭邮政支局	自营	农村	龙潭镇渝湘路 384 号	—
2	江丰邮政所	自营	农村	龙潭镇江丰村 4 组	—
3	麻旺邮政支局	自营	农村	麻旺镇桂香村 4 组	—
4	泔溪邮政所	自营	农村	泔溪镇泔溪村 1 组	—
5	西酬邮政支局	自营	农村	西酬镇溪口村 1 组	—
6	后溪邮政所	自营	农村	西水河镇后溪村 1 组	—
7	偏柏邮政所	自营	农村	偏柏乡街上	—
8	大溪邮政所	自营	农村	大溪镇大溪村 1 组	—
9	可大邮政所	自营	农村	可大乡街上	—
10	兴隆邮政支局	自营	农村	兴隆镇狮象村 3 组 84 号	—
11	毛坝邮政所	自营	农村	毛坝乡街上	—
12	黑水邮政所	自营	农村	黑水镇长兴街 112 号	—

序号	局所名称	经营性质	经营属性	设置地点	备　注
13	花田邮政所	自营	农村	花田乡街上	2008 年 4 月撤销
14	苍岭邮政支局	自营	农村	苍岭镇苍岭村 3 组	—
15	庙溪邮政所	自营	农村	庙溪乡街上	—
16	双泉邮政所	自营	农村	双泉乡街上	—
17	龚滩邮政支局	自营	农村	龚滩镇兴滩路 69 号	—
18	两罾邮政所	自营	农村	两罾乡金玉村 2 组 84 号	—
19	清泉邮政所	自营	农村	清泉乡街上	—
20	后坪邮政所	自营	农村	后坪乡街上	—
21	天馆邮政所	自营	农村	天馆乡街上	—
22	万木邮政所	自营	农村	万木镇柜木村 1 组	—
23	宜居邮政所	自营	农村	宜居乡街上	—
24	小河邮政支局	自营	农村	小河镇小河村 4 组	—
25	双桥邮政所	自营	农村	双桥村正街	2011 年 7 月撤销
26	板桥邮政所	自营	农村	板桥乡街上	—
27	楠木邮政所	自营	农村	楠木乡街上	—
28	官清邮政所	自营	农村	官清乡街上	—
29	李溪邮政支局	自营	农村	李溪镇和平街 63 号	—
30	南腰界邮政所	自营	农村	南腰界镇红军南路 63 号	—
31	城南邮政支局	自营	城市	钟多街道玉柱路 24 号	—
32	城北邮政支局	自营	城市	桃花源中路 1 号	—
33	和平路邮政所	自营	城市	桃花源中路 81 号	—
34	何家坝邮政所	自营	城市	桃花源南路 260 号	—
35	涂市邮政所	自营	农村	涂市镇涂市村 5 组	—
36	板溪邮政所	自营	农村	板溪镇三角村 1 组	—
37	铜鼓邮政所	自营	农村	铜鼓镇铜鼓村 1 组 91 号	—
38	浪坪邮政所	自营	农村	浪坪乡浪水坝村 10 组	2015 年 2 月撤销 （2005 年撤销代办所）

2. 社会加盟站点

2007—2012 年，酉阳邮政以"万村千乡市场工程"为契机，建设邮政服务"三农"加盟店 115 个；截至 2020 年底，酉阳邮政共建成邮乐购站点 287 个、数字化邮乐购站点 116 个。截至 2022 年底，酉阳邮政共有邮乐购站点 278 个，村级综合便民服务站 234 个，服务范围包括包裹自提、便民缴费、线上批销、商品代购等业务；酉阳邮政在邮乐购站点持续开展扫码抽奖，便民服务日及"919 电商节"等活动，实现客户引流，带动邮政各项业务发展。

四、邮政管理

（一）财务管理

1986 年，酉阳县邮电局组织财会人员学习会计法、统计法和有关财务管理文件，加强审计检查，定期对有关财务票据、资金进行检查和抽查。

1996—2000 年，酉阳邮政制订《酉阳县邮政局费用管理办法》《酉阳县邮政局医药费管理办法》等十余个管理制度，重点针对修理费、会议费、业务招待费、差旅费作严格规定。2003 年，制订《酉阳县邮政局车辆管理办法》《酉阳县邮政局固定资产管理办法》《酉阳县邮政局材料消耗定额办法》等，从制度上强化财产物资的管理职责。2005 年 11 月，酉阳邮政分设财务部，将财务管理职能从综合办公室分立出来，把各专业会计、库管和出纳归并到财务部统一管理。2007 年，酉阳邮政制订《酉阳县邮政局财务管理办法》《酉阳县邮政局承包单位费用管理办法》，对成本费用实行目标管理，对业务用品、电话费、邮运费、水电费等实行限额使用。2009—2012 年，强化财务监督管理，对"工程建设""物资采购"严格执行招投标流程，对欠款组织清理和催缴，对各类资金缴存规范程序，明确各岗位环节在资金缴存中的职责，制订违规违纪处罚条款，为规范资金管理提供制度保障。2013 年，修订《酉阳县邮政局财务管理办法》《酉阳县邮政局支局所费用包干管理使用办法》，对物资采购、车辆维修及各项费用报销标准、报账时限、程序等作明确规定。2015—2019 年，强化预算管理和小金库清理，以预算为基础，以利润为导向，开展财务预算、财务对标及小金库清理整治。2022 年，酉阳邮政加强对人工、营销、业务外包、能力建设等重点成本费用管控；开展收支真实性、权责发生制的检查和监督、核算；按照欠费管理办法，强化欠费管理力度，保证企业资金安全回收和资金周转，降低资金风险，提升经营效益。

（二）人力资源管理

1997—2000 年，酉阳邮政制订系列人力资源管理量化考核方法。2000 年，对中层管理人员和支局长实行周期为一年的岗位风险抵押考核，考核主要内容包括业务发展、岗位职责、基础管理、领导交办任务、劳动纪律、上级考核和安全事故等方面。

2002 年，酉阳邮政健全各项劳动规章制度，对用工条件、用工程序进行严格规范；完成人事制度改革，开展竞争上岗，打破干部、工人身份界限，实现管理人员能上能下，工作岗位能进能出；加强和改进对管理工作的考核，实现管理岗位人员优胜劣汰。2003 年，推进薪酬分配机制建设，正确处理薪酬分配中公平与效率的关系；严格执行邮政职工以岗位工作为主的基本工资制度，实行薪酬动态管理，公平、公正进行薪酬进级进档；制订经营承包和绩效考核办法、营销人员管理办法、重点业务奖励考核办法，推进分配制度改革。2010 年，实施"职工素质工程"，开展"创建学习型组织，争当知识型职工"活动，引导职工争当学习型、知识型、技能型人才。2012 年，推进薪酬分配机制建设，执行员工三项补贴政策。2017 年，《中邮酉阳县分公司廉洁风险防控工作方案》出台，规范干部职工行为。截至 2022 年底，酉阳邮政有从业人员 281 人。

（三）服务质量管理

1. 营业服务

截至 2022 年，酉阳全县 42 个邮政网点均开办普遍服务 4 项基本业务及特殊服务业务，共有农村投递机构 39 个，负责 270 个建制村投递工作，其中，周五班以上（含周五班）数量 103 个，周三班数量 167 个。农村投递道段数 114 条，汽车道段数 56 条，农村投递汽车数量 31 辆。

2. 普遍服务与特殊服务

2022 年，全县有 6 个委代办网点，无营投合一单人局所。酉阳邮政严格落实党报党刊在县城以上党政机关当日见报要求，农村地区严格执行普遍服务标准投递频次、投递深度要求，确保投递服务质量，提高《人民日报》乡镇当日见报率。加强报刊发行服务的日常监督检查和考核力度，坚持问题导向，以增强客户体验、整体提升服务水平为出发点和落脚点，加强报刊投递服务和售后服务等环节工作，提高社会各界对邮政报刊发行服务的满意度。

酉阳邮政机要通信于 1981 年起开办，服务对象主要是党政军机关、企事业单位和群众团体。2022 年，机要通信收入完成 2.12 万元，实现机要邮件出口 1571 件、进口 1785 件，机要邮件总包出口 233 件、进口 268 件。截至 2022 年，酉阳邮政机要通信质量实现 41 年质量全红。

（四）安全管理

1997 年，酉阳邮政制订《储汇资金票款安全管理办法》等，规范业务操作程序。2004 年，酉阳邮政规范值守、经警着装等制度出台。2005 年，执行"三级"安全教育制度，对新进局职工按照"三级"安全教育制度要求，进行入局教育，全年培训新职工 89 人次；按照"谁主管、谁负责"的原则，与各科室、支局、班组签订安全生产责任书和社会治安综合治理承包责任书；制订《安全生产管理办法》，对安全工作实行单项考核，实施奖惩。2013 年，修订《酉阳县邮政局安全管理实施细则》，强化从业人员安防意识教育，将车辆、邮件等重控环节和消防安全人员作为教育培训的重点对象。2014 年，开展安全、消防知识及相关技能教育培训及演练，提高员工应急处理安全事故能力。2015 年，落实车辆、邮件等安全管理制度，加强值守、押运、邮件收寄等重要环节的安全管理。2022 年，完善问责、履职等制度体系建设。截至 2022 年底，酉阳邮政未发生重大安全责任事件。

（五）党群管理

1. 党组织

1998 年 1 月，中共酉阳土家族苗族自治县邮政局支部委员会设立。1998—2022 年，党组织名称随机构名称变化而改变。2022 年，党组织名称为中国共产党中国邮政集团有限公司重庆市酉阳县分公司支部委员会，下设 8 个党小组，共有党员 60 人。

1999 年，酉阳"6.28"特大洪灾中，酉阳邮政全体党员在党支部带领下，全力投入抗洪抢险战斗。2018 年，酉阳邮政持续组织驻村工作队及 28 名帮扶责任人，对酉阳县双泉乡菖蒲村实行定点帮扶，按照每月不少于 1 次的频次，对帮扶对象开展乡村振兴知识宣传和产业发展规划指导，为助力打赢脱贫攻坚贡献邮政力量。2022年新冠防疫保供期间，酉阳邮政党员先锋队参与抗疫一线，配送蔬菜包、预制菜、婴幼儿用品等民生物资，保障百姓生活基本物资供应。

2. 工会

1998年11月，中国邮政工会酉阳自治县邮政局工会委员会成立，有会员108人。1998—2022年，工会名称随机构名称变化而改变。2022年，工会名称为中国邮政集团工会酉阳土家族苗族自治县委员会，共有会员281人。酉阳邮政工会定期组织召开会员大会和职工代表大会；组织开展插花活动、篮球比赛、钓鱼比赛、演讲比赛等多种形式的工会活动，开展市分公司选优评先表彰及本单位系列先进评选活动。落实好事实事项目，为员工办理补充医疗住院保险理赔，为特殊困难员工申请补助资金。2014年，继续开展两节"送温暖"活动，筹集10万余元，慰问员工和退休职工349人次。开展农村邮政网点职工小家建设工作，为27个网点配备简易厨具（冰箱和微波炉），改善一线员工生活条件。2020年春节期间，为乡镇一线员工精心准备"六大碗"，让员工感受到企业的"温度"。2022年，酉阳邮政加强工会干部队伍建设，配备兼职工会干部1名，引导全体员工分机关、中心支局组建兴趣小组，定期开展形式多样的工会活动，丰富员工业余生活，践行"快乐工作、幸福生活"的新时代重邮倡导。

3. 团组织

2000年，酉阳兴隆邮政支局被团市委命名为"市级青年文明号"。2012年，重庆市三届六次全委会上，酉阳县城南邮政支局被授予"重庆市优秀青年文明号"称号。2015年，"五四"期间开展"五好五争·共青团员示范岗"集中建设月活动。2016年，开展"十佳共青团员示范岗"竞选活动。2022年，组织青年团员及团干部前往石柱"初心"教育基地开展红色革命主题教育学习，参加黔江片区"青春献礼二十大，邮政青年跟党走"主题辩论比赛活动，引导青年坚定理想信念，为企业高质量发展奉献岗位价值。

第四节 彭水邮政机构

一、机构沿革

（一）机构演变

1. 四川省管局管辖时期

1984年11月，彭水苗族土家族自治县（简称彭水县）成立，"彭水县邮电局"更名为"彭水苗族土家族自治县邮电局"，隶属四川省涪陵地区邮电局管理。

1988年10月，黔江地区邮电局成立，彭水自治县邮电局划归四川省黔江地区邮电局管理。

2. 邮电分营时期

1997年3月，黔江地区及所辖区县正式划属重庆市。同年7月，因邮政、电信分营，重庆市邮政管理局设立彭水苗族土家族自治县邮政局，隶属黔江地区邮政局管理。

1998年3月，重庆市邮政管理局撤销黔江地区邮政局，设立黔江开发区邮政局，彭水自治县邮政局由重庆市黔江开发区邮政局代管。

2000年8月，彭水自治县邮政局由重庆市邮政管理局直接管理。

2003年2月，重庆市邮政管理局实行城区、片区经营管理体制，设立黔江片区邮政局，彭水自治县邮政局划归黔江片区邮政局管理。

3. 政企分开时期

2007年2月，重庆邮政体制改革，实施政企分开，同年9月，"彭水苗族土家族自治县邮政局"更名为"重庆市邮政公司彭水苗族土家族县邮政局"。2008年1月，中国邮政储蓄银行重庆彭水县支行正式挂牌，彭水邮政受邮储银行彭水县支行委托开办代理金融业务。

2009年1月，重庆邮政速递物流实行一体化专业经营，重庆市邮政速递物流公司彭水县分公司成立。2010年6月，"重庆市邮政速递物流公司彭水县分公司"更名为"重庆市邮政速递物流有限公司彭水县分公司"。

2014年6月，组织机构改革，"重庆市邮政速递物流有限公司彭水县分公司"改设为"彭水县营业部"（营业执照不变），由重庆市速递物流有限公司新组建的黔江片区分公司管理。

2015年4月，根据中国邮政集团公司法人体制改革要求，"重庆市邮政公司彭水县邮政局"更名为"中国邮政集团公司重庆市彭水县分公司"，管理体制不变。同月，"重庆市邮政速递物流有限公司彭水县分公司"更名为"中国邮政速递物流股份有限公司重庆市彭水县分公司"，管理体制不变。

2018年9月，寄递改革，组建彭水县寄递事业部（保留"中国邮政速递物流股份有限公司重庆市彭水县分公司"牌子），由黔江片区寄递事业部管理。

2020年1月，"中国邮政集团公司重庆市彭水县分公司"更名为"中国邮政集团有限公司重庆市彭水县分公司"，管理体制不变。沿用至2022年，未发生变化。

截至2022年底，中国邮政集团有限公司重庆市彭水县分公司内设综合办公室、市场营销部、代理金融部、渠道平台部、集邮与文化传媒部。设有生产驾驶、武装押运保安2个班组。

（二）主要领导

表 9-13-4-1

1986—2022 年彭水邮政主要领导人员名录

单位名称	姓 名	职 务	任职时间
彭水苗族土家族自治县邮电局	刘禄昌	局长	1986.01—1990.12
	黄廷模	党支部书记	1988.01—1989.02
	甘国锡	党支部书记	1990.02—1994.12
	金明星	局长	1990.12—1993.03
	王兴荣	局长、党支部书记	1993.03—1995.12 1996.02—1997.07
	邹祚华	党支部书记	1994.12—1995.12
	蔡知权	局长	1995.12—1997.07
彭水苗族土家族自治县邮政局	陈 琼	党支部书记、局长	1997.07—2001.09
	杨 铭	党支部书记、局长	2001.09—2005.03
	黄地荣	党支部书记、局长	2005.03—2015.06
中国邮政集团公司 重庆市彭水县分公司	黄地荣	党支部书记、总经理	2015.06—2016.01
	石江宁	副总经理（主持工作）	2016.1—2017.5
	石江宁	党支部书记、总经理	2017.05—2020.04
中国邮政集团有限公司 重庆市彭水县分公司	石江宁	党支部书记、总经理	2020.04—2022.01
	何 云	党支部书记、总经理	2022.01—

二、邮政业务

（一）金融业务

1. 储蓄汇兑

1986 年 11 月，彭水县邮电局成立邮政储蓄所，在绸缎街中心营业室营业厅开办邮政储蓄、汇兑业务；同年底，彭水县邮电局邮政储蓄存款余额达到 13 万元。自 1987 年起，彭水县邮电局辖内各邮电支局陆续开办邮政储蓄业务。截至 1996 年底，彭水县邮电局储蓄存款余额达到 2009 万元。1997 年，彭水邮政有中心营业室、河堡、郁山、保家、高谷、桑柘、普子、黄家、鹿角、龙射 10 个邮政储蓄点。1998 年 8 月，彭水邮政开通全国联网"绿卡工程"，建成"绿卡"网点 3 个，实现异地存取款通存通兑；同年底，彭水邮政储蓄存款余额达到 11842 万元。2001 年 1 月，彭水邮政开办邮储汇 POS 业务；同年，彭水邮政接收农业银行乡镇撤离网点 4 个，接收农业银行储蓄存款余额 4700 余万元。2002 年，彭水邮政开通电子汇兑业务，开办为建设银行彭水支行、工商银行彭水支行代接代管钞箱业务，开始安装邮政储蓄 ATM（自动柜员机）设备。2004 年，彭水邮政储蓄网点全部实现统一版本切换上线及全国联网。同年 4 月，彭水邮政万足电子汇兑联网网点开业运营。2005 年，彭水邮政实现邮政储蓄、电子汇兑两网互通工程，建成 2 个电子化支局。2009 年，彭水邮政在石柳、三义、岩东、石盘 4 个空白乡镇建立邮政储蓄网点；同年末，彭水邮政储蓄存款余额达到 4.13 亿元。截至 2022 年，彭水邮政储蓄存款余额突破 45 亿元。

2. 中间业务

2000 年，彭水邮政开发代理保险、代发工资等。2001 年，彭水县邮政局与寿险彭水分公司、财险彭水分公司签订代办保险协议，开始代理保险业务。2014 年，彭水邮政基金销量 109 万元，理财销量 8853 万元，国债销量 395 万元。2015 年 12 月，彭水邮政成立中邮保险局，代理产品逐步由趸交保险向期交保险转型。2017 年，彭水邮政基金销量 490.7 万元，理财销量 12858 万元，国债销量 2435

万元；2019 年，基金销量 708.11 万元，理财销量 12777 万元，国债销量 1322 万元；2022 年，基金销量 34.39 万元，理财销量 19666 万元，国债销量 846.15 万元。

3. 风控合规

2015 年，彭水邮政风控合规归黔江片区风控室管理，1 名检查人员负责检查彭水邮政风控合规情况。2017 年，彭水金融合规检查室设立在金融业务部，并制订代理金融合规工作考评办法。2022 年，彭水邮政成立金融风控合规室，启动代理金融"雷霆行动"，建立风险合规 KPI 评价以及操作风险、舆情风险、关键风险指标评价体系，细化各级条线管理人员履职表；制作综合柜员履职手册、36 条禁令、网点日常操作规范等；加强风险合规培训，提升代理金融从业人员"知敬畏、存戒惧、守底线"的风险合规意识。2017—2022 年，彭水邮政风控合规共培训 4620 人次，每年聘请检察院检察官作警示教育，筑牢风险防线。截至 2022 年底，彭水邮政未发生重大金融风险事件。

（二）寄递业务

1. 特快专递

1997 年，彭水邮政开办国内、国际特快专递业务。2013 年，彭水邮政开办国内特快专递返单服务。2014 年 8 月 5 日，彭水邮政开办身份证寄递业务；推行寄递网格化建设，设立 1 个普邮网格、4 个准加盟基层单元格，特快专递实现进村投递。2022 年，彭水邮政特快专递业务完成 40.73 万件。

2. 快递包裹

自 2000 年 10 月 1 日起，彭水邮政对城区内的河堡街、鼓楼街、绸缎街、高家台、石嘴街、北门街等 6 个区域实行包裹免费直投到户。2001 年，彭水邮政开办快递包裹业务。2019 年 2 月，彭水邮政包裹快递业务智能跟单系统上线运行。2022 年，彭水邮政快递进村业务量达到 175 万件。

3. 国际业务

1986 年，彭水邮电开办的国际业务主要有航空邮件等。自 2000 年起，彭水邮政开办国际特快专递业务。2013—2014 年 2 月，为适应跨境轻小件物品寄递需要，彭水邮政开办澳洲、加拿大、英国路向国际 E 邮宝业务。2022 年，国际快递业务实现业务量 23 件。

4. 物流业务

2003 年，彭水邮政实现物流收入 7.25 万元。2007 年，彭水邮政开启速递物流业务。2012 年，完成代理速递物流类收入 8.13 万元，速递物流收入 12.7 万元。2021 年，彭水邮政新建县级物流仓配中心 1 个，乡级物流仓配中心 6 个，农村电子商务便民服务站点 258 个。2022 年，彭水邮政建成乡（镇）仓配中心 9 个，冷链仓储 600 立方米，物流业务完成 15.36 万件。

（三）文传业务

1. 函件业务

函件业务主要包括封片卡、商函、对账单等。1986 年，彭水县邮电局收寄函件达到 63 万件。1994 年，彭水邮政收寄函件达到 101 万件。1998 年，彭水邮政函件收入 120 万元。2003 年，彭水邮政完成形象金卡 6 万枚、企业金卡 3 万枚、贺卡型明信片 4000 枚。同年，发展户外广告媒体业务，完成局房媒体建设 400m²，建成户外广告信筒 20 个，实现自有广告媒体零的突破。2012 年，彭水邮政揽收贺卡客户 129 户，完成数据库商函 1.67 万件。2022 年，彭水邮政收寄函件达到 6.99 万件，函件收入 164 万元。

2. 报刊业务

彭水邮政主要有订阅发行、零售、委托赠送等报刊业务。1986 年，彭水邮电报刊发行量达到 5 万份。自 1986 年起，彭水邮电报刊发行逐年增加，至 1991 年，党报党刊征订实现村组全覆盖。1999 年，彭水邮政在城区建成报刊零售亭 2 个，报刊零售量逐年增加。2022 年，彭水邮政开展"书香彭水、全民阅读"惠民书展活动，完成销售额 32 万元。全年完成报纸发行收入 487 万元、期刊发行收入 307 万元。

3. 集邮业务

1984 年 11 月，彭水县邮电局增设集邮业务，销售集邮产品，开发推出自制集邮产品。1990 年，彭水邮电集邮业务量达到 5.49 万枚。1994 年，彭水邮电新开办高谷、郁山两个集邮点。1996 年，彭水邮电成立集邮协会。1999 年，彭水邮政新增音像集邮网点 5 个。2001 年 6 月 30 日，彭水邮政举办《走进彭水》专辑邮册首发式活动，发行邮册 1000 册；同时，为纪念两江大桥竣工通车，制作"两江大桥纪念暨首届'交通杯'环城长跑纪念"纪念封 3000 枚。2009—2000 年，彭水邮政发行《走进彭水》邮册 2000 册。2010—2011 年，彭水邮政发行《彭水旅游》邮册 3500 册。2012 年，彭水邮政开发《彭水》《彭水印象》定向邮品项目 2 个，销售重庆市集邮公司开发自制邮品 15 万元，开发个性化邮票 3200 枚。2014 年，彭水邮政创办《彭水邮刊》，吸收集邮协会会员 72 人。2016 年，彭水邮政开发形象宣传年册 730 册，开发九黎城、摩围山个性化邮票。2017 年，彭水邮政开发形象宣传年册 400 册。2020 年，彭水邮政开发周大生、火吉果、苗妹香香等商家户外广告，实现收入 6.75 万元。2022 年，彭水邮政完成集邮收入 243 万元。

4. 中邮文创

2021 年，彭水邮政开办中邮文创业务。2022 年，打造文创产品展示专区 2 个，全年完成中邮文创收入 132 万元，其中"不老泉"罐装水申报成集团公司中邮文创联名产品，实现产品销售收入 25.4 万元。

5. 普通包裹

2022年，彭水邮政实现普通包裹业务量7.22万件，实现业务收入5.7万元。截至2022年底，彭水邮政主要经营校园包裹、军营包裹、爱心包裹、母亲邮包等普通包裹业务。

（四）渠道业务

1. 增值业务

1998—2017年，彭水邮政主要经营代办通信类业务、代办信息类业务。2001年8月28日，彭水邮政开通联通放号业务。2002年，彭水邮政、移动合作营业厅开业，全面代理移动业务。2003年4月，彭水邮政开通代收电信话费业务；同年6月，彭水邮政开通代收联通移动话费业务；同年12月24日，彭水邮政与联通31个代经销商签订联通业务代理合同，全面代理县公司以下业务。2006年4月，彭水邮政开通短信业务。2017年，彭水邮政成立渠道平台部，代办政务类业务、便民业务、其他增值业务及石油、税邮、警邮、车险、简易险、银行缴解押运等代收款业务。截至2022年底，彭水邮政增值业务收入160.31万元。

2. 分销业务

2007年，彭水邮政开展分销业务，开办"三农"业务。彭水邮政电商分销业务经过发展，演变为以依托"邮乐网"为载体、以线上线下相结合的经营模式，主要经营种子、农药、日化产品、农特产品。2015年，彭水邮政启动"电子商务进农村"项目，建成村级"三农"直营店19个、村邮站90个、村级加盟店120个。2017年，彭水邮政建成邮乐购站点258个。2018年，彭水邮政建成各类电商站点274个，其中商超站点197个、智能包裹柜15个。2022年，彭水邮政分销业务收入达到1038万元。

3. 电信业务

1986年，彭水邮电主要经营电报、长途电话、城乡电话及寻呼等电信业务。1987年，彭水邮政县城可办理国际电报业务，支局可办理一般电报业务。1990年8月11日，彭水邮政城区自动电话开通使用，结束磁石人工电话。1992年，彭水邮政开通传真电报业务和使用礼仪电报。1993年8月，彭水邮政开通无线寻呼业务。1995年，彭水邮政建成包括数字通信、程控电话、移动电话、无线寻呼、自动转报的现代通信网骨架。1996年，彭水邮政城城开通模拟移动电话，程控交换机开始使用。1997年邮电分营后，电信业务划归彭水县电信局管理。

三、邮政网络

（一）网络能力建设

1. 邮路

1986年至1997年5月，彭水邮电有委办汽车邮路6条，委办机动船邮路1条（彭水—高谷）。1987年，彭水

邮电开通彭水—石柱汽车二级邮路58公里。1997年6月至2000年8月，彭水邮政有委办汽车邮路6条，县内邮路总长度762公里，步班邮路总长度884公里，乡下投递路线173条，总长度3357公里。1998年，开通以客养邮邮路2条。2000年9月至2011年2月，有委办汽车邮路37条，邮路总长度1077公里。2011年3月，开办自办汽车邮路；截至2018年底，彭水邮政有自办汽车邮路4条，委办汽车邮路6条。2019年，彭水邮政结束委办汽车邮路。截至2022年底，彭水邮政有自办汽车邮路11条，县内乡镇街道自办汽车邮路实现全覆盖。

2. 物流体系

1986年，彭水邮电依托自办邮路和委办邮路进行物流配送。2000年，彭水邮政启动物流配送工程，2007年，彭水邮政速递物流公司实施速递物流配送。2021年，彭水邮政新建县级物流仓配中心1个，乡级物流仓配中心6个。截至2022年底，彭水邮政共建成县级物流仓配中心1个，乡级物流仓配中心9个，冷链仓储600立方米，代收代投自提达标站点248个。

3. 作业场地

1986年，彭水邮电邮件处理中心设在汉葭镇河堡西街，作业面积180平方米。2012年12月，彭水邮政邮件处理中心迁到汉葭街道关口，作业面积220平方米。2016年6月，彭水邮政邮件处理中心迁至靛水街道张家坝丰绿市场，作业面积533平方米。2021年11月，彭水邮政邮件处理中心迁至靛水街道彭水邮政指挥调度中心，作业面积2000平方米，截至2022年未发生变化。

4. 设施设备

1986—2019年，彭水邮件实行手工分拣。2006年，彭水邮政营业系统上线运行，处理挂号信函。2020年，彭水邮政处理中心皮带机安装运行，辅助手工分拣。2022年，彭水邮政邮件处理中心生产设备有终端机5台、针式打印机4台、袋牌打印机2台、揽投PDA 18台、热敏打印机2台、蓝牙电子秤15台、笼车45个，有线（无线）扫描枪、捆扎机、打包机、封装机、到件扫描仪、直线形皮带分拣机各1台。

1986年，彭水邮电邮件运输设备为自行车、摩托车。2011年，彭水邮政新增箱式长安汽车2辆、摩托车6辆；2014年，新增摩托车54辆、三轮车3辆，共有65辆，其中箱式长安汽车2辆、摩托车60辆、三轮车3辆；2015年，新增县乡邮运整体厢式汽车2辆，共有67辆；2020年，新增新能源纯电动邮政车8辆，租赁新能源3辆，其中43辆摩托车破损严重无法年审已申请报废，合计留存使用35辆，其中县乡邮运整体厢式车2辆、揽收投递车33辆（其中新能源8辆、租赁新能源3辆、箱式长安汽车2辆、三轮车3辆、摩托车17辆）。2022年，新增邮运车辆8辆，厢式长安5辆、三轮车3辆；彭水

邮政有寄递运行车共 51 辆，其中县乡邮运整体厢式车 10 辆、揽收投递车 41 辆（其中新能源 8 辆、租赁新能源 3 辆、厢式长安 7 辆、三轮车 6 辆、摩托车 17 辆），全面提升全县机械化投递能力。

（二）网络生产作业

1. 邮件接发

1986 年，彭水县内邮路的邮件封发、接转等为逐日班。2003 年，彭水在城区主要街道安装邮箱 18 个，方便市民投递邮件。2016 年 6 月，彭水邮政开始使用平板电脑系统接收处理封发报刊。2017 年 12 月 22 日，彭水邮政新一代寄递业务信息平台上线处理快递包裹。2019 年，对彭水—郁山、彭水—桑柘邮路的邮件封发运输改为每日二频次。2021 年 1 月 1 日，彭水邮政新一代寄递业务信息平台运行，对报刊实行进口分发。截至 2022 年，未发生变化。

2. 邮件运输

1986—2011 年，彭水县内邮件由委办汽车运输。2011 年，彭水自办邮路运行，实现"钞邮合一"运输。2019 年 4 月，彭水邮政与重庆心语传媒有限责任公司正式签订货物运输协议，县辖乡镇邮路作业实行外包，钞邮分离运营。同年 10 月，彭水邮政寄递业务时限进行进一步压缩，当日邮件由快车转发乡镇。2022 年底，彭水县设乡邮路 11 条，总长度 986 公里，投递里程 2601 公里（单程），其中农村投递里程 2317 公里（单程），日运行总里程达到 1907 公里。

3. 邮件投递

1986 年，彭水邮件由汽车（船）运输到区和公路沿线乡镇，再由人力、自行车或摩托车运输到乡后进行自取；城区邮件先后由自行车、摩托车、汽车投递。1999 年，彭水邮政对大、中专录取通知书实行专人专管，专车专送，处理不过夜。2000 年，彭水邮件由汽车运输到各乡镇，对乡镇政府所在地的单位和住户进行投递；同年 9 月 1 日起，对县乡邮路、邮件封发、接转等处理环节进行调整，改间日班为逐日班，邮件全面提速 2—3 天。2003 年，彭水邮政成立收投公司，采取承包经营方式，实行公司化虚拟运营，对大宗快包进行上门揽收。2004 年，彭水邮政购置长安汽车 1 辆，实行汽车商务特快投递。截至 2022 年底，彭水邮政有代收代投自提站点 248 个，邮件投递进村实现全覆盖，全年共代投邮件 150 万件。

（三）网运管理

截至 2022 年底，彭水邮政营业部、处理中心生产作业现场实行 6S（整理、整顿、清扫、清洁、素养、安全）管理，设立标识区域，进行分类规范管理。建立"交接验收、勾挑核对、平衡合拢"三项基本制度，规范内部作业。建立报刊分发簿、投递簿制度，规范报刊分发投递。加盖管理日戳，实行查验复验，规范内部生产作业处理，严格执行"交接验收、勾挑核对、平衡合拢"三项基本制度，确保邮件安全。把好邮件进出口关，严格落实进出口邮件交接制度；把好邮件内部交接关，严格落实邮件内部交接手续。严格报刊分发簿、投递簿的管理，确保报刊分发与投递正确；严格进出口邮件查验处理管理，确保按时效、按标准缮发验单，查验复验。

（四）服务网点

1. 网点设置

表 9-13-4-2

1986—2022 年彭水邮政局所一览表

序号	局所名称	经营性质	经营属性	设置地点	备　注
1	高谷邮电支局	自营	农村	高谷镇狮子社区 2 组	
2	郁山邮电支局	自营	农村	郁山镇白马社区状元堡	
3	保家邮电支局	自营	农村	保家镇鹿山社区 5 组	
4	桑柘邮电支局	自营	农村	桑柘镇桑柘社区桑柘坪	
5	鹿角邮电支局	自营	农村	鹿角镇鹿角社区 3 组	1997 年 7 月撤销
6	黄家邮电支局	自营	农村	黄家镇先锋 1 组	
7	普子邮电支局	自营	农村	普子镇政府驻地	
8	张家坝邮电所	自营	农村	靛水街道靛水大道	
9	龙射邮电所	自营	农村	龙射镇政府驻地	
10	高谷邮政支局	自营	农村	高谷镇狮子社区 2 组	—

序号	局所名称	经营性质	经营属性	设置地点	备 注
11	郁山邮政支局	自营	农村	郁山镇新中社区 3 组	—
12	保家邮政支局	自营	农村	保家镇鹿山社区 5 组	—
13	桑柘邮政支局	自营	农村	桑柘镇桑柘社区桑柘坪	—
14	鹿角邮政支局	自营	农村	鹿角镇鹿角社区 3 组	—
15	黄家邮政支局	自营	农村	黄家镇先锋 1 组	—
16	普子邮政支局	自营	农村	普子镇政府驻地	—
17	龙射邮政所	自营	农村	龙射镇政府驻地	—
18	长滩邮政所	代办	农村	汉葭街道麻油村 2 组	—
19	平安邮政所	代办	农村	平安镇场上（政府驻地）	—
20	棣棠邮政所	代办	农村	棣棠乡场上（政府驻地）	—
21	长生邮政所	代办	农村	长生镇场上（政府驻地）	原迁桥邮政所更名为长生邮政所
22	乔梓邮政所	代办	农村	乔梓乡合心南路 30 号	—
23	芦塘邮政所	代办	农村	芦塘乡新街（政府驻地）	—
24	鞍子邮政所	代办	农村	鞍子镇场上（政府驻地）	—
25	双龙邮政所	代办	农村	双龙乡马岭村 1 组	—
26	善感邮政所	代办	农村	善感乡农纲村 4 组	—
27	走马邮政所	代办	农村	走马乡场上（政府驻地）	—
28	龙溪邮政所	代办	农村	龙溪镇移民新街（政府驻地）	—
29	联合邮政所	代办	农村	联合乡蔡家坝村 1 组（政府驻地）	—
30	大同邮政所	代办	农村	大同镇新街（政府驻地）	原小厂邮政所更名为大同邮政所
31	桐楼邮政所	代办	农村	桐楼乡桐木村 4 组	—
32	诸佛邮政所	代办	农村	诸佛乡双合场村 1 组（政府驻地）	—
33	大垭邮政所	代办	农村	大垭乡冬瓜村 2 组（政府驻地）	—
34	润溪邮政所	代办	农村	润溪乡政府驻地	—
35	龙塘邮政所	代办	农村	龙塘乡双星村 4 组（政府驻地）	—
36	朗溪邮政所	代办	农村	朗溪乡朗溪村 1 组（政府驻地）	—
37	彭水车站邮政所	自营	城市	汉葭街道沙坨社区老车站	2009 年 9 月撤销
38	绸缎街邮政支局	自营	城市	汉葭镇绸缎街	—
39	河堡邮政支局	自营	城市	绍庆街道河堡社区学府路 27 号	—

序号	局所名称	经营性质	经营属性	设置地点	备 注
40	北大街邮政所	自营	城市	汉葭街道石嘴街 31 号	—
41	鹿山邮政所	自营	农村	保家镇鹿山居委保家楼街 131 号	—
42	太原邮政所	自营	农村	太原镇幸福路 46 号	—
43	羊头铺邮政所	自营	农村	保家镇羊头铺社区 1 组	2022 年 12 月撤销
44	新田邮政所	自营	农村	新田镇新田路 217 号	—
45	梅子邮政所	自营	农村	梅子镇政府驻地	—
46	乌江电站邮政所	自营	农村	万足镇万足村 1 组 39 号	—
47	岩东邮政所	自营	农村	岩东乡堰塘村 1 组	—
48	三义邮政所	自营	农村	三义乡小坝街 15 号	—
49	石柳邮政所	自营	农村	石柳乡石碛街 229 号	—
50	石盘邮政所	自营	农村	石盘乡石新村三组洞巷路 45 号	—
51	沙沱邮政支局	自营	城市	汉葭街道沙沱街 14 号附 6 号	—
52	滨江路邮政所	自营	城市	汉葭街道汉关路 19 号	—
53	靛水邮政支局	自营	城市	靛水街道靛水大道 25 号	—
54	连湖邮政所	自营	农村	连湖镇周南路 136 号	—
55	渔塘邮政所	自营	城市	汉葭街道汉关路 19 号	—
56	鹿鸣邮政所	自营	农村	鹿鸣乡新街（政府驻地）	—

2. 社会加盟站点

表 9-13-4-3

2017—2022 年彭水邮政部分年份社会加盟站点一览表

年份	村级站点		
	数量	形式	备注
2017	258	邮乐购店	使用邮乐购系统
2018	274	邮乐购店	使用邮乐购系统
2019	245	邮乐购店	使用邮乐购系统
2020	251	综合便民服务站 148 个、原邮乐购店 103 个	使用邮件自提系统、邮乐购
2021	252	综合便民服务站 150 个、原邮乐购店 102 个	使用中邮 E 通系统、邮乐购
2022	252	综合便民服务站 159 个、原邮乐购店 93 个	使用中邮 E 通系统、邮乐购

四、邮政管理

（一）财务管理

1997 年，重庆邮政对彭水县邮政局直接下达财务计划。2003 年 4 月，重庆邮政对各片区、区县邮政局实行财务管理一体化模式，由黔江片区对彭水县邮政局实行收支两条线管理，实行报账制，彭水县邮政局变为非独立核算单位。2012 年前，彭水邮政以手工填报方式进行业务统计；自 2013 年起，变为录入统计报表管理系统方式进行统计。2015 年，全市邮政 ERP 系统上线，财务管理步入信息化、系统化。2016 年，全市邮政账务移交市分公司会计核算中心，实行财务集中核算和报账制度；彭水邮政编制财务收支预算，实行收支预算管理；建立原始凭证审核等财务报账制度，加强对原始凭证的审核，规范报账审批流程；开展邮政业务统计，主要对邮政业务发展情况、企业投递量、分专业业务收入、服务制造业项目、绿色发展及能耗进行统计。截至 2022 年，彭水邮政仍使用中国邮政 ERP 系统、业财平台一体化系统、能力建设管理系统、统一支付管理平台系统等系统进行财务管理。

（二）人力资源管理

1. 队伍建设

截至1986年底，彭水县邮电局有从业人员173人。1998年，彭水邮政试行公选制度，公选河堡邮政支局长和营业员3名。2009年，彭水邮政改革用人制度，采取能者上、庸者下的用人机制，形成人才合理流动，实行竞争上岗；改革用工制度，结合重庆邮政减员增效要求，规范用工管理。2015年，彭水邮政有从业人员178人。2016年，彭水邮政改革用工体制，优化用工结构，对重点岗位人力资源进行合理配置。2022年，彭水邮政有从业人员201人。

2. 教育培训

1986—2022年，彭水邮政通过举办培训班、专题讲座、学历教育、中邮网院远程教育等，对职工进行岗前、岗位、学历等教育培训及技能鉴定等级提升；强化管理、经营骨干、专业、技能等人才队伍建设。

3. 薪酬管理

2000年，彭水邮政开展以专业公司负责人和支局长为责任制的集体承包，实行收支差额承包管理，核定承包方人员编制、工资总额、费用计划、收入计划、上缴收支差额计划等。2010年1月26日，根据《重庆市邮政公司薪酬福利管理办法》，彭水邮政执行岗位宽带薪酬制度，员工薪酬由岗位工资、绩效工资和津补贴构成。2015年，彭水邮政执行工资分配制度改革，新增薪级工资，由薪级工资和岗位工资共同构成员工的基本工资。

（三）服务质量管理

1. 营业服务

2013年，彭水邮政开展邮政服务质量管理活动，制订《营投人员服务规范考评办法》。2016年，彭水邮政开展"情系万家"服务质量提升活动，对营投环节服务质量进行专项整治。2017年，彭水邮政从服务规范、服务态度、业务技能及处理能力、工作纪律4个方面提升窗口服务水平。2019年，彭水邮政开展普遍服务达标集中整治活动，实现普遍服务有形化、达标举措标准化、监督检查便利化、经济核算直观化目标；同年，彭水邮政推行网格化管理，划分为汉葭、绍庆2个网格。2021年，彭水邮政网格管理划分为普邮、特快、准加盟汉葭、准加盟绍庆4个网格。2020年，彭水邮政建立"线上普及＋集中培训＋送培基层＋实操练兵"多渠道宣传培训体系，规范服务意识。2021年，彭水邮政开展"客户体验三年提升工程"活动，设置易碎品收寄示范窗口服务点8个。2022年，彭水邮政网格管理划分为普邮、汉葭、绍庆、靛水4个网格、4个准加盟基层单元格，通过竞争上岗5个网格组长，双向选择网格组成员，北大街邮政所成为市

级窗口服务体验示范点。截至2022年底，彭水邮政辖内所有营业场所均开办普遍服务4项基本业务及特殊服务业务。

2. 普遍服务与特殊服务

2018年，彭水邮政深入落实《提升普遍服务特殊服务水平，拓展便民公益服务三年行动方案（2018—2020）》，为稳步提升普遍服务和特殊服务水平指明路径，行政村通邮率达到100%。

2019年，坚持普服为"根"、客户为"本"、检查为"要"的工作原则，守初心忠实履行普遍服务和特殊服务义务。实施"三个一策"工程，顺利实现普服"四化"目标（普遍服务有形化、达标举措标准化、监督检查便利化、经济核算直观化）；根据战略绩效办法与《中邮重庆分公司普遍服务和特殊服务补贴与服务质量挂钩管理办法（试行）》，细化措施，开展普遍服务达标集中整治活动。

2020年，彭水邮政提升客户质量，保障用邮体验，全年申、投诉处理及时率和满意率均为100%；事项理赔及时率为100%，及时解决用户邮件破损、丢失等疑难问题。

2022年，全年未发生触碰"两条红线"情况。普遍服务14项重点指标全面达标，其中四项业务开办率、乡镇网点覆盖率、建制村直接通邮率、普遍服务申诉处理满意率、《人民日报》当日见报率5项指标持续保持100%。机要通信连续39年质量全红。

3. 监督检查

彭水邮政建立用户投诉"首问负责制"，执行集团公司"八条禁令"和投递服务"五条禁令"，强化对营业、投递服务规范和标准执行的监督检查。2016年，彭水邮政开展邮政普遍服务专项自查检查和"情系万家"服务质量提升活动专项整治。2017年，彭水邮政监督检查工作由黔江片区服务质量部派驻2名人员开展检查。2018年，彭水邮政贯彻实施《提升普遍服务特殊服务水平，拓展便民公益服务三年行动方案（2018—2020）》。2020年，彭水邮政配备视察检查人员1名，采取"现场检查＋日常检查＋专项检查"相结合的方式开展监督检查；利用时限测试投递系统、电子化支局系统、现场监控录像和手持PDA等系统，对收寄、分拣、运输、投递生产作业进行管控，对重点环节、重点邮件进行监控。2022年，彭水邮政配备视察检查人员2名，开展7项专项检查活动。

（四）安全管理

1986年，彭水邮电成立安全工作领导小组，建立安全生产责任制，层层签订安全目标责任书，每年定期开展剖析检查、平安邮政建设、安全评估等。2000年，彭水邮政城区各网点与110实施联网报警，加强对重点生产场地和部位的安全生产检查；开展"人防、物防、技防"3

防预案、突发事件处置预案演练。2011 年，彭水邮政对网点监控设备进行升级，金融网点、金库等重要部位的技防要求全部达标。2022 年，彭水邮政实现对生产场地、网点业务库、现金区等全面监控摄像。截至 2022 年底，彭水邮政未发生重大安全风险事件。

（五）党群管理

1. 党组织

1986 年，彭水邮电设立党总支部，下设机关、邮政、电信 3 个党支部。1997 年邮电分营后，彭水邮政设立党支部，由局长（总经理）兼任党支部书记。2022 年，中国共产党中国邮政集团有限公司重庆市彭水县分公司支部委员会下设综合支撑党小组、市场经营党小组，同年，有党员 37 人；成立党建工作领导小组，加强思想、组织、作风、精神文明等建设；建立"三会一课"、民主评议党员、党风廉政建设"一岗双责"、党务公开、司务公开等制度；建立党风廉政建设目标责任制，编制《中邮彭水分公司廉洁风险防控目录》《中邮彭水分公司廉洁风险防控措施完善方案》。

2004 年，彭水邮政通过"市级文明单位"复查验收。2020 年，彭水邮政完成中央、市巡视巡察反馈问题整改；按统一部署，先后组织开展"三讲教育""先进性教育""科学发展观""创先争优""群众路线教育""三严三实""两学一做""不忘初心、牢记使命""党史学习教育"等集中学习教育活动；开展"三亮三比三评""领题破题""强堡垒、争先锋"等争创活动。

2. 工会

1986 年后，彭水邮电设立有工会委员会，工会委员会设女工委。自 1998 年起，工会主席由副局长（副总经理）兼任，中层干部兼任女工委主任。工会组织开展"职工之家"建设，组建职工钓鱼、男子篮球队等兴趣小组，丰富职工业余活动；建立职代会制度，保障职工合法权益。截至 2022 年，彭水邮政农村自营网点实现职工小家 100% 覆盖。

3. 团组织

1986 年后，彭水邮电设立共青团支部委员会，开展各类劳动竞赛等活动，开辟"青年文明号"窗口，组织志愿者参与疫情防控工作。

1997 年 5 月，市邮管局对口扶贫彭水。自 1999 年起，彭水邮政组织党、团员先锋队先后对口帮扶保家区大河乡五四村、朗溪乡大堡村、田湾村、梅子垭镇甘泉村脱贫攻坚与乡村振兴，派出驻村工作队员 7 人（次），职工结对帮扶贫困群众 35 户，落实帮扶资金 21 万元，投入资金 160 万元，完成三义乡邮政所脱贫项目建设。2022 年，彭水邮政派出驻村工作队员 1 人，对口联系梅子垭镇甘泉村脱贫群众 45 户。

第五节　石柱邮政机构

一、机构沿革

（一）机构演变

1. 四川省管局管辖时期

1984 年 11 月 18 日，石柱土家族自治县（简称石柱县）成立，同月，"石柱县邮电局"更名为"石柱土家族自治县邮电局"，隶属四川省涪陵地区邮电局管理。

1988 年 5 月，四川省黔江地区成立。同年 10 月，黔江地区邮电局成立，"石柱土家族自治县邮电局"划归四川省黔江地区邮电局管理。

2. 邮电分营时期

1997 年 3 月，黔江地区及所辖区县划属重庆直辖市。同年 7 月，因邮政、电信分营，重庆市邮政管理局设立石柱土家族自治县邮政局，负责辖区内的公用邮政、业务经营管理等，隶属黔江地区邮政局管理。

1998 年 3 月，重庆市邮政管理局撤销黔江地区邮政局，设立黔江开发区邮政局，石柱土家族自治县邮政局由重庆市黔江开发区邮政局代管。

2000 年 8 月，石柱土家族自治县邮政局由重庆市邮政管理局直接管理。

2003 年 2 月，重庆市邮政管理局实行城区、片区邮政企业经营管理体制，设立黔江片区邮政局，石柱土家族自治县邮政局由黔江片区邮政局管理。

图 9-13-5-1　石柱邮政综合楼（摄于 2007 年）

3. 政企分开时期

2007 年 2 月，重庆邮政实施政企分开。同年 9 月，"石柱土家族自治县邮政局"更名为"重庆市邮政公司石柱土家族自治县邮政局"。2008 年 1 月，中国邮政储蓄银行重庆石柱县支行正式挂牌成立，石柱邮政受邮储银行石柱县支行委托开办代理金融业务。

2009年1月，重庆邮政速递物流一体化专业经营，成立重庆市邮政速递物流公司石柱土家族自治县分公司。2010年6月，更名为"重庆市邮政速递物流有限公司石柱土家族自治县分公司"。

2014年6月，邮政速递物流组织机构改革，"重庆市邮政速递物流有限公司石柱土家族自治县分公司"改设为石柱县揽投部（营业执照名称不变），由重庆市邮政速递物流有限公司新组建的黔江片区分公司管理。

2015年4月，中国邮政集团公司法人体制调整，"重庆市邮政公司石柱土家族自治县邮政局"更名为"中国邮政集团公司重庆市石柱土家族自治县分公司"，管理体制不变。同月，"重庆市邮政速递物流有限公司石柱土家族自治县分公司"更名为"中国邮政速递物流股份有限公司重庆市石柱土家族自治县分公司"。

2017年6月，市分公司机构编制调整，设立中国邮政集团公司重庆市石柱土家族自治县分公司，并对内设部门（单位）职责及岗位设置进行优化调整，对人员进行编制。

2018年9月，寄递改革，组建石柱土家族自治县分公司寄递事业部（保留"中国邮政速递物流股份有限公司重庆市石柱土家族自治县分公司"牌子），隶属黔江区寄递事业部。

2020年3月，"中国邮政集团公司重庆市石柱土家族自治县分公司"更名为"中国邮政集团有限公司重庆市石柱土家族自治县分公司"，2022年沿用此名，管理体制不变。

截至2022年底，中国邮政集团有限公司重庆市石柱土家族自治县分公司内设综合办公室、市场营销部、金融业务部、渠道平台部、集邮与文化传媒部。

（二）主要领导

表9—13—5—1

1986—2022年石柱邮政主要领导人员名录

单位名称	姓名	职务	任职时间	备注
石柱土家族自治县邮电局	闫光龙	党支部书记	1981.10—1987.10	—
	胡友山	局长	1984.6—1987.6	—
	邵宗彦	代局长（临时）	1987.6—1988.1	—
	张乾丰	党支部书记	1987.10—1994.7	—
	邵宗彦	局长	1988.1—1993.12	—
	闫光龙	党支部书记	1994.7—1996.1	—
	周进成	党支部书记、局长	1993.12—1997.7	1993.12—1997.7 局长 1996.4—1997.7 党支部书记
石柱土家族自治县邮政局	郎太忠	临时负责人	1997.7—1997.11	—
	黎加林			
	郎太忠	党支部书记、局长	1997.12—2003.9	1997.12—2003.9 局长 1999.10—2003.9 党支部书记
	陈维辉	副局长（主持全面工作）	2003.9—2005.3	—
		党支部书记、局长	2005.3—2011.6	—
重庆市邮政公司石柱土家族自治县邮政局	李洪	副局长（主持全面工作）	2011.6—2012.7	—
		党支部书记、局长	2012.7—2012.12	—
	姜烈辉	党支部书记、局长	2012.12—2015.6	—
		党支部书记、总经理	2015.6—2017.2	—
中国邮政集团公司重庆市石柱土家族自治县分公司	蔡鹏程	党支部书记、总经理	2017.2—2021.6	—
中国邮政集团有限公司重庆市石柱土家族自治县分公司	秦逢成	党支部书记、总经理	2021.6—	—

二、邮政业务

1986年，石柱邮电完成业务收入68.04万元；1997年，石柱邮政完成业务收入394.51万元；2015年，完成业务收入5373.53万元；2019年，完成业务收入10020.00万元；2022年，业务收入达到13188.37万元。

表9-13-5-2

1986—2022年石柱邮政业务收入统计表

单位：万元

年份	业务收入	年份	业务收入	年份	业务收入
1986	68.04	1999	599.54	2012	3740.70
1987	71.39	2000	670.8	2013	4091.10
1988	58.01	2001	751.35	2014	4638.48
1989	75.70	2002	794.79	2015	5373.53
1990	90.40	2003	949.22	2016	6521.92
1991	167.00	2004	1156.61	2017	7747.51
1992	204.25	2005	1468.17	2018	9020.38
1993	255.22	2006	1586.67	2019	10020.00
1994	299.04	2007	1956.03	2020	11110.95
1995	430.13	2008	2234.96	2021	12174.97
1996	770.87	2009	2143.38	2022	13188.37
1997	397.44	2010	2469.02	—	
1998	495.48	2011	3091.75		

说明：1986—1996年各年度为邮电业务合计收入。

（一）金融业务

1. 储蓄汇兑

（1）储蓄业务

1986年10月，石柱邮电恢复开办邮政储蓄业务；同年，新增储蓄用户290户，全县邮政期末储蓄存款余额达到21.8万元。1987年，新设西沱、临溪2个邮政储蓄网点。1991年，全县邮政期末储蓄存款余额达到547万元。1993年，下路、南宾等8个邮政储蓄网点安装计算机处理系统。1994年底，全县邮政期末储蓄存款余额达到1901万元。1997年，全县邮政期末储蓄存款余额达到6087万元。1998年，南宾、西沱、临溪、悦崃、中心5个邮政储蓄网点进行"绿卡工程"扩容，实现全国联网办理国内异地存取款通存通兑业务。1999年底，全县邮政期末储蓄存款余额达到1.21亿元。2001年，新增黄水、马武等11个邮政储蓄网点，相继实现全国联网。2004年，全国邮政储蓄统一版本工程上线，全县46个邮政网点有38个邮政储蓄网点实现全国联网办理国内异地存取款通存通兑业务，

遍及全县各乡镇。截至2005年底，全县邮政期末储蓄存款余额达到5.47亿元。2008年，全县邮政期末储蓄存款余额达到10.89亿元。2012年，全县邮政期末储蓄存款余额达到20.82亿元。2020年，全县邮政期末储蓄存款余额达到53.35亿元。截至2022年底，全县邮政期末储蓄存款余额达到64.36亿元。

（2）汇兑业务

1986年，石柱邮电有普通汇兑、电报汇兑业务，同年出口汇票2.84万张。自1992年起，因邮政储蓄业务实现全国联网办理国内异地存取款通存通兑业务，现金汇兑业务逐年萎缩。1995年、2000年，石柱邮电出口汇票分别为3.37万张、3.03万张。2002年，石柱邮政开办电子汇兑业务，同年出口汇票2.07万张。2003年，全县邮政37个联网储蓄网点实现电子汇兑切屏技术，改变原手工操作作业。2009年，汇票出口量增长至5.32万张。自2010年起，汇票出口量逐年下降，截至2022年，石柱邮政汇票出口量仅有356张。

2. 中间业务

1985年前，石柱邮电通信经营业务单一。自1986年起，石柱邮电逐渐开办代发养老金、工资、代理国债、保费、理财、基金、代收税款、烟草销售款等中间业务。2001年3月，石柱邮政设立代理业务部，筹建专职营销队伍，负责全县中间业务及"代字号"业务发展。自2003年起，石柱邮政将代理保险、"代"字号等业务作为重点发展，同年代理保险保额达到425.57万元。2022年，石柱邮政完成人民币理财销量2.72亿元、国债销量336.41万元、保费9283万元，代销基金3113.56万元。

3. 风控合规

1986—2022年，石柱邮政逐步制订并健全一整套与生产经营发展基本相适应的风险管控制度及稽核检查办法，持续巩固代理金融风险防控体系。2016年，石柱邮政成立风险合规管理委员会，履行风险合规管理职能。2017年，石柱邮政设置合规监督岗1人、黔江片区邮政派驻专职检查人员3人，按季度定期开展覆盖全县各邮政网点的常规检查和专项检查。2017—2022年，石柱邮政共组织风控合规培训达到80余场次，参加培训员工达到4000余人次，代理金融风险重大事件做到零发生。

（二）寄递业务

1. 特快专递

1996年10月，石柱邮电开办特快专递业务。截至2022年底，先后开办有EMS标准快递业务（录取通知书、单证照、极速鲜、法律文书、传票箱等）、EMS增值业务［鲜花礼仪（1996年开办、2014年停办）、邮购、代收货款、微信巡检等］、EMS经济快递业务、同城特快专递业务。1986年、2008年、2010年、2011年、2020年石柱邮电出口特快专递分别为4966件、18675件、23716

件、34466件、44389件。2021年，石柱邮政将特快业务纳入"1号工程"发展。2022年，特快专递出口达到256491件。

2. 快递包裹

1988年11月，石柱邮电开办物品型快递包裹业务。2001年，石柱邮政开办国内快递包裹业务。2010年，石柱邮政将国内快递包裹和特快专递包裹业务纳入邮政速递物流专业经营范围进行统一经营和管理，并纳入速递物流专业预算、核算体系。2012年，石柱邮政推出邮政国内小包业务；2015年，推出"巴渝快包"同城快递包裹业务；2016年，推出"电子商务小包"业务。2022年，石柱邮政出口快递包裹达到139.34万件。

3. 物流业务

2004年，石柱邮政开办物流业务。同年底，石柱邮政物流运输量达到1164吨公里。2009年，石柱县人民政府出台《石柱县推动农村邮政物流发展实施意见》，为全县邮政物流发展创造环境，同年，石柱邮政物流业务实行专业化经营模式，同年底，石柱邮政建成"三农"直营网点20个、加盟网点24个、村邮站20个；物流运输量达到26415吨公里。自2010年起，石柱邮政先后启动农资、酒水、农产品等物流配送及配件、电器、医药等多个品种的合同物流。2016年，按照石柱县人民政府《石柱县电子商务进农村综合示范工作实施方案》，石柱邮政加快物流配送体系建设，依托末端配送网点三级物流配送体系，开展城乡物流共同配送。2022年，石柱邮政物流运输量达到32.3万件。

4. 国际业务

1996年，石柱邮电开办国际特快专递业务，同年，收寄国际邮件101件。2018年，石柱邮政寄递事业部成立后，整合新的国际业务板块，涵盖国际小包、国际E邮宝、国际EMS、国际包裹等业务，同年，收寄国际邮件96件。2019年，因之前合作的石柱县工业园区重点厂矿等搬离县境，2022年，石柱邮政收寄国际邮件仅有18件。

5. 快件业务

1980年，石柱邮电开办邮政快件业务，同年，出口快件21582件。1989年，石柱邮政停止办理快件业务。1980—1989年，石柱邮政累计出口快件105267件。

（三）文传业务

1. 函件业务

1986年，石柱邮电可办理平信、挂号、印刷品、明信片、国际信函、盲人读物等种类函件业务，同年，出口函件57.88万件。1996年，石柱邮电出口函件117.70万件。1997年邮电分营后，石柱邮政函件业务不断丰富，开办有直邮、回函、邮购、邮资明信片、贺卡、数据库商函、账单、中邮广告、视频媒体等种类业务。2012年，石柱邮政开发定制型贺卡完成收入88.55万元、无名址商函收入41.97万元。2015—2017年，石柱邮政举办儿童舞台剧《丑小鸭》《爸爸去哪儿》《猪猪侠》演出活动共5场次，函件业务开始向"互联网+"、媒体等方向转型。2022年，石柱邮政出口函件达到8.25万件。

2. 报刊业务

1987年，石柱邮电成立报刊发行征订领导小组，报刊流转额完成34.38万元。1997年，石柱邮政成立报刊收投公司。1998—2009年，石柱邮政报刊发行征订工作先后8次获得市委宣传部、市报刊发行局"党报党刊发行工作先进单位"等称号。1999年，石柱邮政实施信报箱入户工程，新增报刊零售亭11个，同年，完成报刊流转额196.71万元。自2016年起，石柱邮政每年在县城、部分乡镇巡回举办"全民阅读""文化惠民消费季"图书展览活动，报刊业务稳步发展。2022年，石柱邮政报刊流转额完成614.21万元，其中党报党刊流转额完成108.57万元；有邮政报刊亭14个。

3. 集邮业务

1987年，石柱邮电开办集邮业务，设立集邮门市部。1989年，石柱集邮协会成立。1990年5月1日，石柱县举办首届集邮协会展览活动；同年，集邮业务量完成3.14万（枚）册，集邮业务量逐年增长。1992年3月10日，中国邮政以石柱县"中国一号"水杉母树为标本，发行《水杉》邮票1枚；同年，石柱邮电发行《水杉一号母树原地纪念封》1枚。1995年9月，丰都、忠县、石柱"三县"首届集邮巡回联展活动在石柱县举办，每两年举办一届。1997年，石柱邮政成立集邮公司。1999年5月1日，重庆市第二届专题邮展在石柱县人民会场揭幕。2007年8月，借"重庆市第三届森林旅游节"在石柱县黄水镇召开，石柱邮政开发制作个性化纪念邮票邮折500个。2010年，借"中国·石柱第二届土家民俗文化节暨黄水林海消夏节"，石柱邮政开发制作《风情土家·五彩石柱》形象册2000册。2014年，南宾镇小学校红领巾邮局挂牌成

图9-13-5-2 石柱邮政中益乡华溪村初心邮局（摄于2022年）

立。2016年，千野草场邮局建成。2019年12月，石柱邮政打造中益乡华溪村"初心主题邮局"，被央视新闻等多家媒体报道、转载，成为当地乡村旅游网红打卡地。2021年10月，升级改造后更名为"初心邮局"。2022年4月15日，在总书记习近平赴石柱县中益乡华溪村考察3周年之际，重庆市委副书记、市政府市长赴华溪村"初心邮局"调研。截至2022年底，石柱邮政有集邮（新邮预订、邮票零售）营业网点1个，文创专区2个。

4. 中邮文创

2021年，石柱邮政开办中邮文创业务，文创产品有托特包、保温杯及邮政飞机、货车、自行车、邮筒等模型。同年，中邮文创完成收入4万元。2022年，文创收入完成12万元。

5. 普通包裹

1985年，石柱邮电有普通包裹、保价包裹、保价快递小包等种类业务。1986年，石柱邮电利用县域特色资源，揽收黄连、兔毛、白果、中药材，同年出口包裹0.86万件。自2000年起，石柱邮政普通包裹种类逐渐丰富，有校园包裹、军营包裹、家乡包裹、爱心包裹、母亲邮包等。自2010年起，随着电子商务的发展和快递包裹收寄量的日渐增加，普通包裹收寄量逐渐减少。2022年，石柱邮政出口普通包裹仅有2855件。

（四）渠道业务

1. 增值业务

2000年9月18日，石柱邮政与中国联通黔江分公司签订代销协议，在各乡、镇设置业务代办点，销售联通IP长途电话卡。2003年12月，石柱邮政与中国联通石柱分公司签订《联通、邮政合作协议》，成立邮政联通合作营销厅；同年，完成代理电信卡额379.4万元，代收电信、联通话费38.34万元。2005年，石柱邮政开办代理票务业务，销售火车票746张、飞机票25.81万张。2007年，石柱邮政开办代收水费业务；2009年，开办代收电费业务，同年，开办"自邮一族"业务；2015年，开办上门代收货款、代押寄库等业务。2016年，石柱邮政新增"双税双代"系统上线网点33个，并开办代开税务发票业务。截至2022年底，石柱邮政共有警邮网点9个、税邮网点32个；同年，增值业务收入完成161.02万元。

2. 分销业务

（1）消费品业务

2006年，石柱邮政开办消费品业务。2007年，石柱县人民政府出台《关于做好邮政服务"三农"工作的通知》，把邮政服务"三农"体系纳入全县农村市场"双建工程"项目。2008年8月，石柱邮政制订《服务"三农"连锁配送业务管理办法》，建成"三农"网点66个；同年，"三农"进货配送额完成32.6万元。2012年，石柱邮政开展肥料、农药、酒水、"思乡月"订购竞赛活动，

完成消费品额314.84万元。2016年，石柱邮政开办烟草零售业务。2022年，石柱邮政消费品收入完成1330.95万元。

（2）电子商务

2015年12月，石柱邮政建成农村电子商务运营中心即"五彩石柱馆"，搭建线上线下平台，引入本土农特产单品235款上线"邮乐网"；同年，石柱邮政农村电子商务收入完成60.05万元。2018年，石柱邮政引入"一月一品"高山莲藕、倒流水豆腐干、百香果等产品上线邮乐平台，打造石柱"高山大米"爆款产品1款；同年，邮乐平台线上产生订单14305笔，完成线上交易额17.39万元。2020年，新型冠状肺炎疫情期间，石柱邮政组织参与"扶贫慧生活""720双晒""我的家乡我代言"等直播助农带货活动，带动"邮乐网"农特产品销售255.34万元。截至2022年底，在全国邮政"919电商节"活动中，石柱邮政推介的土家诗院大米连续3年突破5万单，销售总量达到87.72万斤，交易额达到339.95万元。2019—2020年，在习近平总书记赴石柱县中益乡华溪村考察前后，市委、市政府领导等先后3次，到石柱电商产业园邮政电商包裹收寄现场、石柱邮政农村电子商务运营中心、邮乐购店等调研，对石柱邮政农村电子商务工作作出"乡村振兴，邮政大有可为""要充分发挥邮政最大优势""邮政现在发展越来越好了，好好干"的指示。

3. 电信业务

1986—1996年，石柱邮电合一。1997年，石柱邮电分营，电信业务移交电信局。

（1）电报业务

自1978年起，石柱邮电电报业务量逐年上升。1987年，石柱邮电电报发报量达到50522份，比1952年增加100余倍。1992年，石柱邮电电报发报量达到7万份。之后，随着移动电话、电子邮件等新型通信方式出现，电报业务量逐年减少。2003年，石柱邮政发报量仅有350张。2005年11月，石柱邮政停办电报业务。

（2）寻呼业务

1994年5月，石柱邮电开通无线寻呼业务；同年，开办无线寻呼用户62户。1996年，石柱邮电开通模拟移动电话；同年，开通模拟移动电话用户30户。1997年，石柱邮政开通GSM数字移动电话。1998年，石柱邮政无线寻呼业务剥离，单独成立寻呼公司；同年，无线寻呼移动用户达到1814户。1999年，移动、电信分家，移动公司单独经营无线寻呼业务。

三、邮政网络

（一）网络能力建设

1. 邮路

（1）区内邮路

1986年，石柱县有渝石线（重庆—长寿—石柱）区

内邮路 1 条，即区内邮车朝发重庆，经江北、长寿、垫江、丰都到达石柱，次日经涪陵返回重庆，每日 1 班，全长（单程）377 公里。2000 年 1 月，重庆邮政调整渝石线区内邮路为重庆经涪陵、丰都等，每日下午 16:00 时左右到达石柱，次日凌晨返回重庆；同年 5 月，重庆邮政对渝东南部重庆—石柱（快速）汽车邮路进行优化调整。2003 年 1 月，重庆邮政对重庆—石柱（早班、午班）汽车邮路进行调整，解决物流配送运力问题。2009 年 9 月 1 日，石柱邮政组开石柱—重庆（夜间）快速邮路，全长（单程）238 公里，实行逐日班，全程运递时间由过去的 7 小时缩短为 4 小时，加快进出口特快邮件及党报党刊的传递速度，实现特快邮件"次晨达"。2018 年 10 月，重庆邮政优化开通重庆—石柱（快速）、重庆—石柱（普邮）区内邮路两条。2020 年 10 月，重庆邮政调整重庆—石柱（快速）区内邮路，每日上午 8:00 直达石柱，13:00 返程；调整重庆—石柱（普邮）区内邮路，每日上午 11:50 经丰都到达石柱，19:00 返程，截至 2022 年底，未发生变化。

（2）县乡邮路

1986 年，石柱有石柱—大沙、石柱—沿溪、石柱—桥头、石柱—马武等乡办汽车邮路共 9 条，线路总长度（单程）487 公里；县局—各支局、各支局—各乡代办所均为委办汽车邮路，每日 1 班。1998 年 12 月 29 日，石柱邮政开通第一条自办汽车邮路石柱—西沱，至 2000 年，相继开通石柱—黄水、石柱—临溪、石柱—高镇（丰都）3 条自办汽车邮路，另有委小汽车邮路 7 条，线路总长度（单程）432 公里。2000—2017 年，石柱邮政对县乡汽车邮路先后作 6 次调整优化。2020 年，石柱邮政将石柱—西沱、石柱—临溪、石柱—黄水、石柱—马武 4 条县乡邮路调整优化为 8 条返程邮路（逐日班），即石柱—西沱、石柱—临溪、石柱—黄水、石柱—马武、石柱—沙子、石柱—坡口、石柱—中益、石柱—下路，其中每日一频（次）6 条、二频（次）2 条；另开办交邮合作县乡邮路 4 条即石柱—金铃、石柱—金竹、石柱—新乐、石柱—洗新（周五班），全县共计邮路 12 条，线路总长度（单程 2010 公里），覆盖全县 30 个乡镇、204 个村、38 个居委。截至 2022 年底，未发生变化。

2. 物流体系

截至 2016 年底，石柱邮政建成快递物流（临时租赁）分拨中心 1 个（位于城南工业园区麦斯特厂区内）、乡（镇）级

综合示范服务站 4 个、村级服务点 25 个。2017 年，石柱邮政开通石柱—西沱、石柱—黄水、石柱—河嘴 3 条县乡农村物流配送专线邮路。2018 年，石柱邮政自建县级快递物流分拨中心 1 个。至 2022 年，石柱邮政共有各乡（镇）级物流配送中转站 31 个、物流站点 155 个、村级站点 207 个、冷链物流冷冻库 1 个；有石柱—西沱、石柱—临溪等物流配送专线邮路 8 条，物流配送车辆 23 辆，单日末端配送路线（单程）2113 公里，基本健全县乡村三级物流配送服务体系，实现全县各乡镇和沿线村级站点每日物流配送的全覆盖。2022 年 5 月，《人民日报》视觉版版面中选用《邮车开进红辣椒生产车间》一图，展示石柱邮政在推进快递"两进一出"、解决企业"销售难""物流难"痛点上的作为。

3. 作业场地

1986 年，石柱邮电邮件处理中心作业场地设在县城南宾镇玉带南街 13 号，面积 397.44 平方米。1997 年邮政、电信分营后，邮件处理中心成立，共划归面积 198.2 平方米供邮政作为邮件处理中心使用。1999 年，邮件处

图 9-13-5-3　2022 年石柱邮政农村电商快递物流线路图

理中心迁入新修建的鲤塘坝邮政大楼底楼，作业场地使用面积80余平方米。2016年，邮件处理中心迁至临时租用的城南工业园区麦斯特厂区内，作业场地使用1000平方米。2018年，邮件处理中心迁回新修建的鲤塘坝邮政快递物流分拨中心，作业场地使用面积2000平方米。

4. 设施设备

（1）邮政专用设备

1986年，石柱邮电邮件内部处理专用设备有电子信函秤、包裹秤、分拣格眼、封袋钳等。1997年邮政、电信分营后，邮件内部处理增配包裹捆扎机、收寄机各1台，微型电子计算机2台，邮件处理逐步由手工操作向机械化、电子化过渡。2017—2019年，配置半机械化装卸皮带机2台，投递直线皮带机、三级伸缩胶带机、直线传输胶带机各1部，安装3吨货运电梯1部。至2022年，共配有邮件消毒弥雾器2台、点扫器1台、揽收扫描器2台、电动装卸叉车2部、手持终端（PDA）39台、蓝牙电子秤23台、蓝牙便携式打印机33台、有线电子面单打印机58台、邮件兜笼66个。

（2）运输设备

1967年，自行车在石柱县城首次用于城区内投递。1978年，全县共有邮运自行车13辆、邮运汽车1辆，结束了邮件运送靠肩挑的历史。1997年邮政、电信分营后，石柱邮政有邮运自行车55辆、汽车6辆。2013年，石柱邮政配备揽投摩托车36辆、电动三轮车4辆，共有邮运汽车18辆。截至2022年底，石柱邮政有邮运汽车37辆、揽投长安汽车8辆、电动三轮车17辆、摩托车38辆。

（二）网运生产作业

1. 邮件接发

（1）区内邮件接发

1976年1月，石柱县所有进出口区内邮路的邮件接发均在县局进行交接。2002—2022年，重庆邮政多次调整重庆—石柱区内邮路接发时间和经转点，接发作业计划也随之作调整。

（2）县乡邮件接发

1979—1991年，石柱县所有县乡邮路邮件的接发，均在县局与委办邮路进行交接。自1992年起，石柱县所有邮件的接发，在县局与自办邮路进行交接。自1997年邮政、电信分营后，随着县乡自办邮路的逐步全面开通，邮件接发作业也随之发生变化。2019年起，全县所有县乡邮件接发，均与外包线路进行交接，至2022年，未发生变化。

2. 邮件运输

1979—1991年，石柱邮政邮件运输全部由委办汽车邮路运输。1992年，石柱县局到各支局、所的邮件，由县局车辆负责运输；各支局、所到各乡办所邮件的运输，由乡办人员负责。1997年，除县局—沙子、县局—西沱的邮件自行运输外，其余各（乡）镇的邮件均委托社会客

运部门运输。2000—2018年，全县邮件逐步由自办汽车邮路运输。2018—2022年，邮件运输作业实行外包。

3. 邮件押运

1979—1991年，石柱邮件押运由委托运输部门负责。1992年，石柱县局到各（乡）镇支局、所邮件，由县局车辆负责押运；各支局、所到各乡办所的邮件，由乡办人员负责押运。1997年邮政、电信分营后，石柱邮件逐步由自办邮路负责押运。2013年，石柱邮政实施"钞邮合一"邮路，县下邮件押运调整由自办"钞邮合一"押送人员负责。2018年，根据重庆邮政《关于推进区县辖邮路"钞邮分离"的指导意见》，石柱邮政实施"钞邮分离"，所有县乡邮件由邮车驾驶人员兼押运。

4. 邮件投递

（1）城市投递

1986年，石柱邮政有城市投递段道3个，投递人员3人，对报刊邮件实行专车投递，每日投递1频次。1990年，城市投递段道扩大调整到4个，投递人员5人。1999年，城市包裹实行车辆每日直投到户。自2008年起，石柱邮政开展投递达标工作。2017年，石柱邮政实行营销、揽收、投递三岗合一作业优化流程。2021年，城市投递实行网格化管理，设3个网格片、16个网格，21名揽投人员。至2022年，城市投递段道有15个，城市党报党刊实现当日投递，城市部分邮件实现当日投递或次日投递。

（2）农村投递

自1984年起，石柱邮电农村投递人员负责全县各公社所辖邮件投递，有1日、2日、3日投递频次。1992年，除各乡（镇）场镇由支局、所负责投递外，乡以下的邮件投递任务均移交乡政府由各代办所负责投递。此种形式延续至2002年。之后，乡以下的邮件由支局、所自行负责投递。2013年，农村邮件由自行车投递改为摩托车投递。至2022年，全县有农村投递线路71条，农村投递人员32人，农村场镇投递为周五制班，场镇外为周三制班，农村党报党刊实现当日投递，农村所有邮件、报刊投递实现次日投递。

（三）网运管理

1. 组织管理

（1）组织机构

2006—2017年，石柱邮政网运生产调度挂靠市场部。2017年，石柱邮政机构改革，成立渠道平台部，负责网运调度和生产作业。2018年，石柱邮政寄递事业部成立，负责网运调度和处理中心生产管理，至2022年，未发生变化。

（2）生产作业管理

1989年8月，石柱邮电制订《生产指挥调度制度》，生产作业计划调度由邮运管理人员负责。2019年7月，石柱邮政成立生产作业计划指挥调度中心，编制《生产作

业计划》，建立通信生产作业组织管理体系，确保当日进出口邮件准班、准点和频次时限的完成；按照重庆邮政中心局邮件趟车时间，调整营、分、运、投环节生产作业计划，至2022年，一直执行此作业计划。

2. 网运质量

1986—2022年，石柱邮政网运质量管理逐渐精细化，运营质量逐步完善。2022年，石柱邮政邮件收寄及时率达到98.14%，特快及时妥投率90.75%，快包及时妥投率99.79%，特快次日递87.51%，快包次日递98.88%。

（四）服务网点

1. 网点设置

1986年，石柱邮电设西沱、下路等9个支局、茶元1个自办所和黎家、大河等37个代办所；其中城市经营场所有南宾支局1个，其余经营场所均位于农村。截至2022年底，石柱邮政设西沱、临溪等8个自营支局，大

歇、桥头等27个自营所，三河、枫木等5个代办所，六塘、洗新等6个（流动）限时服务所。其中，有综合网点39个、纯邮政网点8个。

2. 社会加盟站点

2015年，石柱邮政开展农村电子商务服务体系建设，建设乡镇电子商务服务中心3个、标准型（含示范）村级服务站19个。2016年，通过争取地方政府支持，新增乡镇电子商务服务中心12个、村级服务站141个（其中标准型含示范80个、简易型61个）。自2017年起，石柱邮政在做好邮乐购站点建设基础上，重点打造优质站点，构建数字化管控"网点＋站点"生态圈。2017—2021年，各年度建设邮乐购站点存活数量依次为235个、280个、238个、249个、200个。截至2022年底，石柱邮政共有综合便民服务站39个，建制村站点覆盖率100%，累计打造优质邮乐购站点140个；邮快超市165个。

表 9-13-5-3

1986—2022 年石柱邮政部分年份局所一览表

序号	局所名称	经营性质	经营属性	设置地点	备 注
1	西沱邮政支局	自营	农村	西沱镇月台路 232 号	—
2	临溪邮政支局	自营	农村	临溪镇五峰路 3 号	—
3	悦崃邮政支局	自营	农村	悦崃镇迎宾路 75 号	—
4	南宾邮政支局	自营	城市	南宾街道城北路 4、5、6 号	—
5	下路邮政支局	自营	农村	下路街道宏达路 2 号	—
6	马武邮政支局	自营	农村	马武镇来佛街 203 号	—
7	沙子邮政支局	自营	农村	沙子镇福和街 11 号	—
8	黄水邮政支局	自营	农村	黄水镇川鄂街 1 号	—
9	大歇邮政所	自营	农村	大歇镇北斗街 92 号	—
10	桥头邮政所	自营	农村	桥头镇梧桐街 154 号	—
11	中益邮政所	自营	农村	中益乡金华街 16 号	—
12	黄鹤邮政所	自营	农村	黄鹤镇鱼龙村大坝场组	—
13	三星邮政所	自营	农村	三星乡星月路 56 号	—
14	石家邮政所	自营	农村	石家乡荣昌街 19 号	—
15	王家邮政所	自营	农村	王家乡青龙街 114 号	—
16	鱼池邮政所	自营	农村	鱼池镇鱼北路 17 号	—
17	龙沙邮政所	自营	农村	龙沙镇玉龙街 2 号	—
18	王场邮政所	自营	农村	王场镇万斤路 63 号	—
19	中兴邮政所	自营	农村	西沱镇月台路 135 号	—
20	月台邮政所	自营	农村	西沱镇月台北路 33 号	—
21	河嘴邮政所	自营	农村	河嘴乡龙洞街 19 号附 1 号	—

序号	局所名称	经营性质	经营属性	设置地点	备　注
22	万朝邮政所	自营	农村	万朝镇万富街 37 号	—
23	金彰邮政所	自营	农村	下路街道柏树社区	—
24	沿溪邮政所	自营	农村	沿溪镇中心街 42 号	—
25	黎场邮政所	自营	农村	黎场乡移民街 4 号	—
26	临溪镇邮政所	自营	农村	临溪镇正东路 15、17、19、21 号	—
27	中心邮政所	自营	城市	南宾街道老街居委玉带南街 13 号	—
28	双庆邮政所	自营	城市	南宾街道城东路 51 号附 3 号	—
29	黄泥坡邮政所	自营	城市	万安街道万寿大道 120 号附 3 号	—
30	六塘邮政所	自营	农村	六塘乡塘兴街 97、99 号	2017 年调整为流动限时服务
31	大沙邮政所	自营	农村	龙沙镇大沙村雄丰街 121 号	2020 年调整为固定限时服务
32	坡口邮政所	自营	农村	沿溪镇坡口街上	2020 年调整为固定限时服务
33	三树邮政所	自营	农村	三树街上	2016 年 6 月撤销
34	三河代办所	代办	农村	三河镇永和路 6 号	—
35	下街邮政所	自营	城市	万安街道下街居委 77 号	—
36	正街邮政所	自营	城市	南宾街道人民街 45 号附 1 号	—
37	二环路邮政所	自营	城市	万安街道万寿大道 84 号	—
38	都督大道邮政所	自营	城市	万安街道都督大道 13 号第 2 幢	—
39	楼房湾邮政所	自营	城市	南宾街道红井路 219 号附 21 号	—
40	冷水邮政所	自营	农村	冷水镇河源村梨子坪组 50 号	—
41	茶元邮政所	自营	农村	茶元街上	2016 年 6 月撤销
42	洗新邮政所	自营	农村	洗新乡街上	流动限时服务
43	新乐邮政所	自营	农村	新乐乡兴场街 170 号	流动限时服务
44	龙潭邮政所	自营	农村	龙潭乡龙潭街 23 号	流动限时服务
45	枫木代办所	代办	农村	枫木街上	—
46	三益代办所	代办	农村	三益乡街上	—
47	金铃代办所	代办	农村	金铃乡街上	—
48	金竹代办所	代办	农村	金竹乡金马街 7 号	—

四、邮政管理

（一）财务管理

1985 年，石柱邮电制订《企业内部经济核算制实施办法》，在 2 个邮政支局和 2 个生产班组进行二级核算试点。2004 年，按照黔江片区《财务一体化专业核算办法》，石柱邮政全年收支差额完成 197.53 万元，比 2003 年同期增盈 119.93 万元。2010 年，按照重庆邮政《邮政营业网点损益核算实施方案》《邮政营业网点损益核算办法》，开展营业网点损益核算。2016 年，财务报账核算方式由原来的县邮政自主报账付款，调整为市邮政集中核算统一支付。2017 年，石柱邮政成立全面预算管理委员会。2018 年，石柱邮政实施业财一体化体制，规范预算、核算等 ERP 财务模块的使用。2019 年，石柱邮政统一邮、速两账成本费用标杆核定原则和标准，全面梳理邮、速两账成本费用标杆项目。2022 年，全市邮政业财系统上线，打通业务系统和财务系统之间的数据通道，财务精细化管理水平提升。

（二）人力资源管理

1. 队伍建设

1986年，石柱邮电有从业人员165人。1997年邮政、电信分营后，石柱邮政有从业人员104人。截至2022年底，石柱邮政有从业人员226人，其中理财经理36人、内训师14人、储汇技师2人。

2. 教育培训

1981年，石柱邮电成立职工教育领导小组。1986—2022年，石柱邮电、邮政先后制订《职工学历教育管理办法》《人才储备培养方案》，组织开展自培或外送、线上培训、交流学习。截至2022年底，代理金融从业人员储汇技能资格证持证率达到100%，高技能持证人数达到59人；取得专科及以上学历人员达到213人。

3. 薪酬管理

1987年，石柱邮电对新进局职工执行定级工资标准。1989年，石柱邮电企业工资实行分级管理。1993年，执行岗位技能工资套改政策。1999年，石柱邮政执行岗位工资调整标准。2003年，实施员工等额标准承包制。2007年，执行薪酬集中管理、统一发放制度。2008年，完成薪酬改革工作。2012年，使用薪酬发放管理系统。2018年，实施基本工资和津贴补贴调整方案。2022年，持续推进各类用工薪酬差异化管理。

（三）服务质量管理

1. 营业服务

1986年，石柱邮电营业窗口实行限时服务。2003年，制订《营业室规章制度》，推进营业服务质量提升。2004年，面向社会公开服务程序、服务标准，实行承诺服务，全面推行"三个统一"（即统一着装、统一标识、统一监督电话）、"四个规范"（即服务用语、言谈举止、仪容仪表、现场物品摆放规范）和"四种服务"（即礼仪服务、微笑服务、低柜台服务、帮扶服务），加快邮政进社区、进商厦、进校园"三进"工程力度，扩大邮政服务的深度和广度。2005年，开展"提高服务质量，让用户满意"专项活动，印发《服务现场管理规定》《服务现场考核标准》，推进规范化、标准化服务。2006年9月，重新规范邮政网点营业服务时间，农村网点实行遇赶集日中午不关门制度。2010年，开展"创新服务理念，创建示范窗口""提高投递服务质量，让用户满意"等专项活动，推进营业网点标准化达标工作，全面推行"5S"现场管理和规范化服务。2013年，根据《重庆邮政金融营业网点规范化服务提升三年规划（2013年—2015年）》，在全县邮政金融营业网点开展规范化服务"基础提升年"活动，对全县营业网点服务规范和物品定置定位管理办法进行修订和完善。2015年，根据集团公司《关于进一步落实强化邮政营业管理提高收寄服务质量工作的通知》，在营业服务

场所开展营业收寄服务质量及管理自查自纠，强化服务质量管理。2016年，深入开展"营分运投"全流程优化提升体验活动、"情系万家"服务质量提升专项整治活动。2018—2019年，制订《邮政营业、邮政投递普遍服务规范考评办法》《2019年邮政营业、邮政投递考评办法》，营业网点服务能力提升。

截至2022年底，石柱邮政有营业服务场所46个，全县3个街道、30个乡镇均设置有营业服务网点，其中城市场所9个、农村场所37个。所有服务网点在业务范围、邮政设施、服务时限、服务水平等方面均达到邮政普遍服务标准，各服务网点均开办信件、印刷品、包裹、汇兑四项普遍服务基本业务及特殊服务业务，其中开办邮政储蓄业务乡镇26个。

2. 普遍服务与特殊服务

1986年，石柱邮电落实营业、投递等普遍服务，23项通信质量指标全面达标。1999年，部分居民区实现信报箱入户、投递上楼；同年，邮政用户满意度达到90分。2000年，石柱邮政开展"树创活动""邮政服务形象工程建设"，实施"满意在石柱"工程，规范服务标准。自2004年起，石柱邮政开展邮政服务进社区、进商厦、进校园"三进"工程，扩大普遍服务的深度和广度。自2008年起，加大营业网点购置、标准化升级改造力度，至2012年底，全县邮政网点升级改造达标率达到100%。2009年11月，石柱邮政补建冷水、洗新、新乐、龙潭4个空白乡镇"零金融机构"网点，全县乡镇邮政普遍服务覆盖率达到100%。2018年，推行投递人员二维码扫描考勤制度；同年，完善《邮政普遍服务行动方案》《邮政营业投递普遍服务规范考评办法》《邮政服务质量监督检查管理办法》《建制村直接通邮实施方案》《委代办所普遍服务机构管辖归属》等规范性文件。2019年，石柱邮政攻克交通不便边远地区9个乡镇、13个建制村直接通邮难关，实现全县242个建制村（居委）直接通邮率达到100%。2020年，新冠疫情期间，石柱邮政加强防疫物资储备，全力做好"四不中断、四免费办"（四不中断：网点服务不中断；机要通信不中断；揽投服务不中断；在线服务不中断。四免费办：救援物资免费送；上门揽收免费办；个人捐助免费寄；捐款转账免费汇）及学生教材配送服务，确保绿色通道畅通。2021年，石柱邮政编印《普遍服务检查工作手册》，规范普遍服务质量管控的提升。

截至2022年底，石柱邮政先后开展"树邮政形象　创优质服务""提高服务质量，让用户满意""营分运投"提升体验等专题活动，普遍服务指标全面达标；依托邮政普遍服务新平台，将邮政网点的服务触角延伸到社会需求的各方面，逐步构建起"普服＋金融＋寄递＋电商＋便民"的邮政特色生态圈。2022年，石柱邮政普遍服务工作，顺利通过国家邮政局抽检。

1957年，石砫邮局开办机要通信业务，开始时只办理县团级以下机要文件，同年出口机要文件1246件。1972年，石柱邮电机要业务办理范围缩小，恢复办理县级以上文件。1973年起，出口机要文件逐年减少，至1986年，出口机要文件仅有564件。2022年，石柱邮政出口机要件1708件，机要件失密丢损率为零，连续40年保持机要通信质量全红。

3. 监督检查

自1986年起，石柱邮电强化各层级负责人履职管理监督检查职能，认真督促整改检查中发现的问题。2018年，石柱邮政制订《服务质量监督检查管理实施方案》，建立各部室、中心支局、班组支局（所）三级服务质量监督检查体系，按照规定的检查内容和频次，对全县46个邮政营业网点，实施"全业务、全网络、全过程"的服务质量综合监督检查。截至2022年底，石柱邮政持续强化监督检查力度，采取现场检查和非现场检查等多方式，重点检查网点营业、普遍服务、金融案防、员工行为等落地情况，巩固各项工作达标率，提升服务质量。

（四）安全管理

自1986年起，石柱邮电辖内各支局、班组开始配备灭火器，至1993年，所有邮政支局、所均配齐"三铁一器"（铁门、铁窗、铁柜和报警器）。自2000年起，邮政网点开始安装"110联网"报警系统。2011年，石柱邮政建成集中监控系统。2013年，所有邮政网点安装门磁报警系统。2015年，石柱邮政健全安全保卫、消防安全等各类管理制度，制订各类应急预案，强化安全生产责任制落实。2022年，石柱邮政共有灭火器368具、烟雾报警器180具、防弹玻璃网点39个，39个网点安装联网报警系统、监控门禁系统；岗位员工安全知识培训率达到100%；调整安全生产委员会及其工作机构组成和职责，开展安全生产大排查、大整治等活动，守住安全红线底线。截至2022年底，石柱邮政未发生重大风险事件和安全责任事故。

（五）党群管理

1. 党组织

1984年11月，"中共石柱县邮电局党支部"更名为"石柱土家族自治县邮电局党支部"。1986年，石柱邮电发展党员2名，有党员35名；设政工干事（兼纪检干事）1人。1997年邮电分营后，划转到邮政党员23人。1984—1997年，石柱邮电党支部经过4次改选。1997年，中共石柱县邮政局临时党支部成立。1997年邮政、电信分营后至2022年，石柱邮政共召开党支部换届选举大会10次，产生党支部书记共6人。1997—2022年，石柱邮政共发展党员14人、预备党员2人，组织关系转入党员1人，共有党员38人。

1986—2022年，石柱邮政党支部开展基层党组织建设，落实党建述职评议、民主评议党员、民主生活会、"三会一课"等制度，开展"三亮、三比、三争"竞赛评选、红色教育主题党日等活动及精准扶贫工作。1987年，员工文贤科获得"全国邮政优秀转运员"称号。2008年，石柱邮政发动全体党员向冰雪灾害和5.12汶川大地震灾区捐款1.3万元。2020年，新冠疫情突至，全体党员逆行而上，坚守一线岗位，为石柱邮政通信保供保通保畅发挥党员先锋模范作用和基层党组织战斗堡垒作用。1999年10月，石柱邮政被重庆市委、市政府等授予"市级文明单位""重庆市青年文明号""重庆市巾帼岗"称号；2003年4月，被重庆市委、市政府授予"市级最佳文明单位"称号；同年12月，被市精神文明办公室授予"诚信纳税先进单位"称号。2009年，石柱邮政员工陈益林被评为"全国邮政纪检监察先进工作者"。

2. 工会

1997年，更名为"石柱土家族自治县邮政局工会委员会"。2007年，更名为"重庆市邮政公司石柱土家族自治县工会委员会"。2015年，更名为"中国邮政集团工会石柱土家族自治县委员会"。2022年，石柱邮政有工会会员186人、职工代表50人。1981年，石柱邮电工会召开首届第一次职工代表大会，职工代表共47人。截至1996年底，召开职工代表大会共13次；1997—2022年，石柱邮政召开职工代表大会共14次；2016—2022年，召开工会换届选举大会共两次。

1986—2022年，石柱邮电、邮政围绕企业中心工作，先后组织开展篮球、乒乓球、钓鱼、演讲、厨艺、唱咏、"舞林争坝"等文艺比赛活动，开展"送温暖""送清凉"、员工健康体检等关爱活动，丰富员工业余生活。2021年，石柱邮政工会获得全国邮政"迎建党百年　展邮政风采"职工随手拍邮票照片设计大赛主题类纪念奖。

自2007年起，石柱邮政开始建设职工小家，同年，创建为重庆市"模范职工之家"。截至2022年底，石柱邮政有网点职工小家24个，县分公司职工之家1个、"爱心妈妈小屋"1个。

3. 团组织

1987年，石柱邮政团支部有团员30人。1997年邮政、电信分营后，石柱邮政有团员13人，直属共青团石柱县委。1998年，石柱邮政组建临时团支部，设团支部书记1人。2012—2022年，石柱邮政团支部共召开换届选举团员大会3次，选举产生团支部书记3人及新一届团支部委员，有团员19人。石柱邮政团支部围绕企业中心工作，先后开展知识竞答、演讲、视频展演、口播主持等活动，并成立共青团石柱支部青年突击队。2022年，共青团石柱支部青年突击队在防疫抗灾、助力地方发展及乡村振兴等方面发挥了青春生力军作用。

附　录

一、专　记

专记1　"一带一路"上的"新邮差"
——中欧班列（渝新欧）国际铁路运邮纪事

中欧班列（渝新欧）是往返于"一带一路"沿线各国的国际铁路联运列车，起于重庆沙坪坝区团结村，有多线路运行，主要边境口岸包括新疆（霍尔果斯）、内蒙古（二连浩特、满洲里），途经哈萨克斯坦、俄罗斯、白俄罗斯至欧洲，全程平均运行时间13天，较海运节省20多天，成本仅为空运的五分之一。2011年1月28日，首趟中欧班列（渝新欧）从重庆出发，由此开启中国西部内陆地区以铁路联通欧洲的序幕。经过十余年的发展，已形成"一干多支"连接亚欧12个国家、30多个城市的国际铁路大通道物流网络。中欧班列是推进我国"一带一路"倡议的重要载体，是中欧围绕"一带一路"开展的重要合作。

铁路运邮具有受气候等外界不可抗力因素影响低的独特优势，其成本、运能和时限介于空运和海运之间，是电商产业的"神助攻"，但根据国际铁路合作组织（OSJD）1951年颁布的《国际铁路货物联运协定》，国际铁路直通货物联运中不准运送邮政专运物品。故，此前国际铁路运邮是一件不可能的事。

中国邮政通过构建中欧班列跨境寄递通道，服务国家"一带一路"建设，让"一带一路"倡议更好地造福各国人民，提供更优质快捷的寄递服务。2013年11月—2017年10月，通过中国邮政集团公司和重庆市邮政公司等的不懈努力，于2017年11月终于贯通中欧班列国际铁路运邮通道，打破了《国际铁路货物联运协定》沿用数十年的国际货运列车禁止运输国际邮件的规定，并开创出一套被铁路、海关、邮政部门认可的国际货运列车常态化运邮的标准化流程。

一、开辟"渝新欧"国际铁路运邮通道

2013年11月5日，集团公司与重庆市政府举行会谈。重庆市政府领导表示，真诚希望与中国邮政共同推进"渝新欧"铁路运邮，进一步带动企业与地方经济快速发展。会后，重庆海关领导来到重庆邮政调研，落实、跟踪集团公司与重庆市政府的战略合作有关事项，重点推进"渝新欧"铁路运邮事宜。重庆海关领导建议，先期组织一批邮包试发运一趟至德国，及时收集梳理运行中遇到的邮包通关问题，从而研究解决对策，为常态化运邮扫清障碍。

2014年1月23日，集团公司对市公司水陆路邮件交换站职能的申请作出批复，同意重庆邮政利用"渝新欧"国际铁路专线运输国际水陆路邮件。1月24日，"渝新欧"国际铁路班列加挂1个发往德国的运邮测试专柜（内装2个总包），但该专柜在新疆阿拉山口口岸被铁路方卸下，中国铁路总公司表示，在《国际铁路货物联运协定》相关规定未突破前，国际货运班列均不得运输邮件出境。4月10—11日，重庆市政府就重庆铁路口岸建设和"渝新欧"国际班列运行问题，分别走访交通运输部国际合作司、国家铁路局综合司（外事司）和运输监管局、中国铁路总公司国际合作部和运输局。7月1日，在"渝新欧"国际铁路运邮项目工作组协调会上，重庆市交委通报：《国际铁路货物联运协定》有关国际货运列车禁止运邮相关规定将予以废除，新的国际货运协定将于2015年7月1日起生效。8月28日，"渝新欧"国际货运班列装载1个标准货柜（内装22个总包）从重庆出发，经过报关查验、装箱放行、办理手续等环节，于9月6日晚抵达哈萨克斯坦阿拉木图。9月8日，哈萨克斯坦邮政会同海关一同在阿拉木图火车站接收该批测试邮件并进入邮件处理环节，全部收件人成功反馈信息。此次测试顺利完成国内及哈萨克斯坦境内的铁路、海关、检验检疫、邮政等各项检验流程，突破过渡期内《国际铁路货物联运协定》禁邮条款，实现边境口岸海关、检验检疫等部门对邮包简易查验放行，即不开箱、不需邮政人员报关，只核对封志。此次测试成功标志着中国邮政打通中国至哈萨克斯坦中欧铁路运邮通道，因哈萨克斯坦、俄罗斯、白俄罗斯均属于同一关税同盟，对下一步打通至俄罗斯、白俄罗斯中欧铁路运邮通道奠定了坚实基础。

2016年4月12日，2016中国（重庆）跨境电商邮政高层论坛在渝举行。26个国家和地区的邮政代表齐聚一堂，以"合作共赢 促进发展"为主题，聚焦服务跨境电商、发展跨境包裹邮递业务，进行深入交流，提出合作设想，分享经验做法，就跨境电商环境下"一带一路"沿线国家邮政合作共赢、促进发展达成广泛共识："探索利用中欧铁路开展多渠道业务合作的可能性。沿线邮政加强合作，协调海关，推进铁路运邮单式的标准化，缩短运输时限，提供与跨境电商相适应的陆路运输选择，满足不同层次的客户需求。"5月，海关总署确定重庆和哈尔滨作为中欧铁路运邮试点城市。其中，重庆为"渝新欧"国际货运班列运邮试点，哈尔滨为国际客运班列运邮试点。6月22日，集团公司批复同意新疆维吾尔自治区邮政分公司在阿拉山口设立国际邮件交换站。

2017年3月18日，敦煌网交寄的181件国际邮件，通过"渝新欧"国际货运班列装载1个标准货柜从重庆出发。4月19日，德国邮政会同海关在法兰克福成功接收邮件并办理行邮清关。随后，该批邮件进入处理和配送环节，全数投递到位。跨境电商企业首次参与"渝新欧"运邮测试并获得成功，中欧班列运邮工作推进进入新阶段。3月31日，敦煌网交寄的299件国际邮件，通过"渝新欧"国际货运班列装载2个标准货柜从重庆出发，目的地分别为德国（装载199件邮件）、波兰（装载100件邮件）。4月12日，邮件抵达波兰马拉舍维奇，当地海关开箱逐件查验，因发货方无法按照货物通关要求提供准确的海关编码，致使邮件滞留。5月10日—17日，集团公司国际寄递工作组、中国邮政集团公司重庆市分公司一行赴波兰、德国进行考察学习，波兰海关提出在马拉舍维奇简便通关的临时解决方案，并同意波兰邮政在马拉舍维奇设立国际邮件交换站。6月，该批邮件顺利投递，收件人全部成功反馈信息。同时，德国邮政表示将全力推动"渝新欧"返程运邮，并初步选定中国重庆作为"渝新欧"返程运邮的承接城市。7月20日和29日，2个测试集装箱分别装载502件和486件国际邮件，通过"渝新欧"国际货运班列进行运邮测试。然而，本次运邮因为与波兰邮政协议问题，导致邮件一直滞留波兰马拉舍维奇，直至9月中国邮政与波兰邮政签署协议后，方才于10月3日完成清关、10月11日完成转运。至此，"渝新欧"运邮测试全线贯通，项目正式迈入常态化运营阶段。

二、"渝新欧"运邮步入常态化运营

2017年10月21日，装载着6671件国际小包邮件的中欧班列由重庆出发，目的地为波兰马拉舍维奇，标志着中欧班列正式进入规模化运邮阶段。10月30日，重庆海关、重庆邮政、西部物流园共同在重庆西部物流园整车口岸内，划定4000平方米的海关监管场地，作为重庆国际邮件互换局铁路口岸中心的临时应急场地。

图 专-1-1　2017年10月21日，中欧班列实现规模化运邮

2018年3月25日，重庆国际邮件互换局铁路口岸中心建成。7月13日，重庆海关同意正式启用重庆铁路口岸邮件处理中心（临时）开展邮件监管业务。10月27日，首个中欧班列（渝新欧）回程运邮测试集装箱自法兰克福德国邮政处理中心发出，内装德国邮政人员寄给重庆邮政员工的纸笔，经波兰离境欧盟时，因波兰海关临时关务障碍，造成测试集装箱按照普通贸易货物性质申报出境欧盟，最终于11月21日运抵重庆沙坪坝区团结村铁路口岸邮件处理中心，在邮政、海关等部门工作人员的见证下开箱，成功完成测试，标志着中欧班列运输国际邮包首次实现双向运输。

2019年10月22日，海关总署复函集团公司，同意将霍尔果斯作为中欧班列运邮离境口岸。11月16日，首个经霍尔果斯口岸出境的铁路邮包集装箱搭乘中欧班列（渝新欧）发出，11月19日抵达霍尔果斯，11月25日最终到达目的地立陶宛维尔纽斯。本次测试邮包集装箱共装有356袋总包邮件，内含12535件邮件，总重量2345.7千克，总货值184.9万美元，邮件内件主要为3C数码产品、服装及配件等。12月18日，首批20件"邮政9610清关模式"测试邮件完成出口申报，12月26日搭乘中欧班列（渝新欧）从新疆霍尔果斯口岸顺利离境，2020年1月陆续在目的国妥投，所有申报数据在海关跨境电子商务出口统一版信息化系统和重庆电子口岸系统可查，标志着"邮政9610清关模式"成功落地重庆。

2020年3月18日，受新冠疫情影响，中国直航欧洲国际航线大面积停飞，造成中国邮政航空运力不足，大量国际邮件积压在传统邮政口岸。重庆邮政临危受命，利用中欧班列（渝新欧）疏运全网欧洲路向出口国际邮件。4月3日，全国首趟中欧班列（渝新欧）"中国邮政号"专列自重庆沙坪坝区团结村发出，共计搭载集装箱44个（包括来自北京、广东、湖南及重庆本地的国际邮件42箱和应立陶宛政府请求发运的救援物资2箱），于4月22日顺利抵达立陶宛维尔纽斯。3月—6月疫情期间，重庆邮政累计疏运外省邮包集装箱463箱，总重量约3600吨，共计发出14趟"中国邮政号"运邮专列。

图 专-1-2 2020 年 4 月 3 日，全国首趟"中国邮政号"专列自重庆团结村发出

2022 年 2 月 22 日，中欧班列（渝新欧）组织第二次回程运邮测试。本次测试邮包集装箱在法兰克福国际邮件互换局完成装箱，由渝新欧供应链管理有限公司安排至杜伊斯堡发出，共计搭载国际进口邮件 36 件，总重量 548.3 千克，运输线路为：德国—波兰—白俄罗斯—俄罗斯—哈萨克斯坦—新疆阿拉山口—重庆，于 3 月 16 日运抵重庆铁路口岸邮件处理中心。经过掏箱、防疫消杀、静置、开拆处理、海关查验后，按照"一点清关"模式（即邮件在国内进口地国际邮件互换局完成全部海关结关手续后，发往全国相关国际邮件互换局不再需办理邮路转关手续）分拨至北京、上海、广东等 10 个省市。本次测试全程时效 37 天，其中受气候、俄乌冲突影响约 10 天。相较 2018 年首次回程运邮测试，取得三大重要突破：一是扫清境外段关务障碍，实现全程以邮件方式报关通关；二是所有测试邮件为真实邮件，包含儿童安全座椅、3C 数码产品、母婴产品等内件品种；三是重庆首次作为国际邮件第一进口口岸，采用"一点清关"向重庆邮局海关申报办结所有进口清关手续。

2022 年，受俄乌冲突影响，德国邮政客户及高层拒绝选用途经俄罗斯的回程班列，造成已经完成测试的回程运邮通道无法使用。为加快推进回程运邮项目，重庆邮政多方协作、多方案应对俄乌冲突对回程运邮造成的不利影响，制订出"跨两海"（黑海、里海）新回程运邮线路。7 月 26 日，新线路测试邮包集装箱共计搭载国际进口邮件 210 件，总重量 1647.1 千克，运输线路为：德国—奥地利—匈牙利—罗马尼亚—黑海—格鲁吉亚—阿塞拜疆—里海—哈萨克斯坦—新疆霍尔果斯—重庆，于 10 月 28 日运抵重庆铁路口岸邮件处理中心。经过掏箱、防疫消杀静置、开拆处理、海关查验等流程，按照"一点清关"模式在重庆办结进口报关手续，以国内邮政快递包裹形式转至重庆市邮区中心，再转发至各省，标志着推动多年的全国首个中欧班列回程运邮项目正式落地。

2022 年 8 月 9 日，中欧班列去程出口运邮首个白俄罗斯线路邮包测试集装箱顺利运抵白俄罗斯首都明斯克，可经其将邮件分拨至欧洲 11 个国家，有望提升改善波兰去程出口运邮质效，分散线路运营风险。自 11 月起，白俄罗斯线路已实现常态化运作，保持每周 1 个发运频次，每次 2—3 箱。随着全国首个邮政铁路口岸在重庆落成，中国邮政实现国际货运班列常态化、规模化跨境运输国际邮件。

截至 2022 年末，中欧班列（渝新欧）共计发运邮包集装箱 2572 标箱，邮件量 2795 万件，总重量 8514 吨，总货值超 3 亿美元。重庆邮政通过组织开展中欧班列（渝新欧）运邮，实现中国内陆铁路口岸首次运营国际邮包业务，是贯彻落实党中央将重庆建设为内陆开放高地战略部署的重要实践，同时也是中国邮政百年发展史上浓墨重彩的一笔。随着中欧班列（渝新欧）国际铁路运邮发挥出的大通道和铁路口岸大枢纽优势，项目正在逐步吸引国内外跨境电商企业在重庆设立分支机构或将仓储、物流业务整体迁移至重庆。同时，带动配套的国内外快递物流公司、外贸加工贸易企业和跨境金融企业等上下游产业落户重庆，形成跨境电商产业链，为重庆带来集产业、人才、技术、资金等资源于一体的跨境电商生态圈。《人民日报》、中央电视台等上百家国内外媒体纷纷为中欧班列（渝新欧）运邮项目点赞。新华社及《参考消息》等媒体称中欧班列（渝新欧）运邮是"一带一路"上的"新邮差"；中央电视台《交通中国》节目高度肯定在"一带一路"倡议下，中欧班列（渝新欧）"中国邮政号"专列在疫情期间开展跨境电商邮件运输及保障各行业供应链稳定上做出的突出贡献。

截至 2022 年末，中欧班列（渝新欧）运邮项目相继获得多项荣誉：2021 年 1 月，获重庆邮政 5A 优秀市级经营发展项目奖；同年 3 月，获渝新欧公司颁发的"中欧班列（渝新欧）十周年"特别贡献奖。2022 年 1 月，获重庆邮政 4A 优秀市级经营发展项目奖；同年 5 月，中欧班列（渝新欧）项目组团队获共青团中央颁发的"全国向上向善好青年集体"荣誉；同年 11 月，"渝新欧"运邮项目入选中国商务部《国家服务业扩大开放综合试点示范最佳实践案例》。

（本文素材主要源自《中欧班列成"一带一路"上"新邮差"》新闻报道，由新华社记者李勇、赵宇飞于 2020 年 11 月采写）

专记 2　寄递业务"五大体系"建设

近年来，我国快递物流行业保持市场规模高位运行，市场结构持续优化，质量效益加速提升，新技术、新业态、新模式不断涌现，行业高质量发展进程加速。寄递业务是中国邮政的主业，在服务国计民生、促进商品流通和社会政治、经济发展中发挥着重要作用。在行业发展大潮中，中国邮政集团有限公司提出要紧紧抓住"主业要主、主业要强"这一主线，全力打造行业"国家队"。为加快推动寄递业务高质量发展，2020 年 7 月 10 日，中国邮政集团有限公司重庆市分公司召开全市邮政"团结奋战一百天，提升能力促发展"（简称百日会战）活动总结暨"五大体系"管控手册宣贯会，系统总结"百日会战"以来取得的建设成果，并重构寄递业务"五大体系"落实机制。

一、开展"百日会战"，拉开"五大体系"建设序幕

2020 年 3 月 21 日，市分公司启动"百日会战"活动。针对重庆邮政寄递能力建设的短板弱项，市分公司按照"全面梳理问题、逐一分析问题、系统解决问题"要求，集中全市邮政人力、财力、物力，为解决寄递各环节主要问题，制订了时限、成本、服务、市场、IT、协同 6 个工作方案。

为不断巩固"百日会战"活动成果，市分公司进一步健全完善"五大体系"建设，于 2020 年 7 月 9 日制定《重庆邮政寄递业务"五大体系"管控手册》，整体分为总体安排、时限体系、成本体系、服务体系、市场体系、IT 体系 6 个部分，分别明确各个体系建设的目标和要求。

二、成立工作小组，完善管理体系

市分公司成立市寄递业务改革发展领导小组，负责研究审定全市邮政寄递业务"五大体系"管控手册，研究分析关键指标运营水平、体系运行突出问题，落实整改责任，并设立时限体系、成本体系、服务体系、市场体系、IT 体系 5 个工作组。市场体系工作组负责全市寄递业务市场体系及营销人才队伍建设，进行寄递业务重点市场分析研究，加快寄递业务重点项目、重要活动推进实施；时限体系工作组负责全网生产指挥调度，强化营分运投生产各环节时限管控；成本体系工作组负责对全市寄递业务财务重点及管控指标进行监控、分析，制定改善措施并监督落地实施，跟踪执行效果；服务体系工作组负责定期进行服务质量分析，督导服务质量整改，定期组织开展全市寄递业务视察检查，督促整改重点问题；IT体系工作组负责集团公司新一代寄递业务信息平台以及寄递类管理系统的应用推广和运行维护，信息系统建设方案的编制和建设，开展全市寄递类数据分析。

三、制定管控指标，明确管控细则

《重庆邮政寄递业务"五大体系"管控手册》对5个体系建设制定了管控指标、管控目标、管控流程、管控措施，明确了管控责任，涉及各类管控指标111项，其中市场体系指标9项、时限体系指标21项、服务体系指标8项、成本体系指标63项、IT体系指标10项。

四、建设"五大体系"，经营发展量质并重

（一）市场体系建设

2020年3月，中国邮政集团有限公司重庆市寄递事业部（简称市寄递事业部）制定印发《"百日会战"市场体系业务发展实施方案》《全市寄递事业部直播带货服务方案》《关于加强校园市场走访的通知》等文件，加强重点市场、重点项目、重点客户拓展。同年7月，《重庆邮政寄递业务"五大体系"管控手册》出台，明确了寄递业务市场体系建设重点，确保一个目标（寄递业务收入指标）、用好两项抓手（项目制、首席客户经理营销制度）、构建三大体系（特快高质量发展体系、快包高速度发展体系、国际物流专业化发展体系）、推进四业并进（国内特快、快递包裹、国际业务、物流业务）、主攻八大市场（政务、商企、商圈、电商、国际、物流、高校、农村）、强化过程管控、建立预警机制、落实责任考核，推动寄递业务发展。

2020年，市寄递事业部建成法院专递集约送达中心，与重庆市高级人民法院和基层法院全部实现互联互通。同年，国际业务因新冠疫情受到影响，市分公司协调多方资源，充分发挥渝新欧运邮"国际邮件紧急疏运通道"作用，全年共计发出14列"中国邮政号"专列，累计疏运外省出口欧向（欧洲路向）积压邮件集装箱500余箱，占全网疏运欧向邮件的60%以上，收入规模同比增长17倍。

2021年，市寄递事业部印发《关于印发〈2021年重庆邮政寄递业务基层单元经营模式创新工作指导意见（试行）的通知》，推广"内部承包"（众创众享、准加盟制）、"外部加盟"（区域加盟、单点加盟、跨区加盟）2种经营模式。全市邮政寄递业务机制创新工作基本成型，39个区县分公司共确定99个创新模式，涌现出巴南"站点＋区域揽投"、长寿"众创众享＋区域加盟融合"、大足"单点加盟＋区域甩点直投"、江津和城口"网格化＋众创众享"等经营模式。同年，市分公司印发《关于进一步强化邮快超市"四好"建设运营工作的通知》，推动全市邮政加快便民服务站点建设，夯实寄递末端基础建设，提升末端揽投能力，打造集寄递、渠道、金融、文传为一体的综合便民服务站点；落实"一把手"负责制，各级邮政企业主要负责人主动担当首席客户经理，亲自部署寄递业务"一号工程"（将特快业务作为全市寄递改革发展的"一号工程"，采取"一把手"负责、"一揽子"统筹、"中盘棋"管理的方式，提速发展特快业务），全市邮政首席客户经理全年共走访对接691人次，新增客户2505户。

2022年，市分公司印发《关于加快全市大同城业务发展的通知》，充分发挥重庆邮政综合优势，对接"三级物流体系"，积极助力乡村振兴战略，加快农产品进城和工业品下乡；聚焦重点市场、重点客户，通过筑牢大同城网（确保寄往全市范围内特快邮件实现次日上午递的邮件实物寄递网）支撑规模化项目，织密小同城网（确保寄往全市主城核心区域特快邮件实现当日递的邮件实物寄递网），满足个性化项目需求，实施差异化经营；创新经营模式，提升客户体验，打造同城渝快递·愉快递品牌，加快培育特快业务新的增长点。

（二）时限体系建设

时限体系建设重在按照"三个视角"（客户视角、竞争视角、行业最佳实践视角）和"三大规律"（行业规律、市场规律、价值规律）原则，学习借鉴行业最佳实践，通过信息系统有效应用，将指标转化成行为，将管控具体到动作，提升运营时限质量。

2020年6月，市分公司印发《重庆邮政贯彻落实〈集团公司"两集中"精神落实18项管控工作实施意见〉的通知》，根据"集团管省际、各省管省内"的职责分工，落实集团公司寄递网集中管控要求，集中履行省内运营管控职责。9月17日，市分公司向集团公司呈报《关于报送重庆邮政陆网运输组织调整优化方案的报告》，全面推动陆运网优化调整，优化邮路结构，实行"单改双"，依照邮路直达标准，开通省际直达邮路，减少总包经转，同时加强动态调度，确保车辆利用率最大化。

2021年3月，市寄递事业部印发《关于建立网业联动运行机制的通知》，正式建立"横向到边、纵向到底"的网业联动机制，成立网业联动工作组，实行"定时间、定人员、定项目、定需求、定方案、定落实"的"六定"原则，协调处理网运环节在对经营支撑上存在的问题。7月6日，市寄递事业部印发《关于推进时限管控"路长制"的通知》，聚焦重点业务市场和规模线路，通过现实数据库、标准数据库、行业时限库比对，对未按计划执行环节进行重点分析、查明原因，对属本市范围内责任的限期完成整改，缩短邮件传递时限。12月30日，市分公司印发《关于优化调整渝东南区域中心（黔江）相关邮路计划的通知》，通过对渝东南特快集散中心网络规划的优化调整，实现渝东南区域内一频次互寄特快邮件当日递，省际出口邮件及时赶发邮航频次。自2021年起，市分公司开始建立惠及民生、集约共享、安全高效、双向畅通的"县—乡—村"三级物流体系，补齐农村寄递物流基础设施及冷链设施的短板。同年，市寄递事业部运营管理部指调中心建立7×24小时巡查制度，实时掌握生产日常运行情况并及时调度处置。

2022年1月，市分公司印发《关于优化调整渝东北区域中心相关邮路计划的通知》，新增4条区域邮路，调整2条报刊邮路，通过对渝东北特快集散中心网络规划的优化调整，实现渝东北区域内一频次互寄特快邮件当日递，省际出口邮件及时赶发邮航频次。3月10日，开通永川至杭州、中山一级干线临时汽车邮路；6月8日，开通永川至南京一级干线临时汽车邮路，对永川理文园区收寄的出口浙江、广东和江苏的集包邮件实行够量直发。6月1日，邮航串飞长沙后，市寄递事业部呈报《关于重庆邮航串飞期间利用民航补充运力可行性分析的报告》，同步优化调整邮航上下行邮路，强化环节衔接，提升时限效率。10月28日，市寄递事业部印发《关于进一步加强揽投网格运营管理及快递包裹邮件甩点直投工作的通知》，推行"中转接驳＋甩点直投"的揽投模式改革，提高邮件中转接驳和投递作业效率。12月，开通"重庆—汉口"高铁运邮，重庆中心城区发往武汉邮件全程时限提升至1.5天，提速0.5天。同年，市趟车辆全部安装GPS定位终端，提高车管平台对市趟车辆运行监控力度，全年市趟、区内邮路准点率分别提升至94.36%、93.23%。同时，实行市趟邮路与区内邮路、早班＋午班和早班＋晚班等"邮路套跑"（对驾驶员进行排班作业，杜绝人员和车辆绑定、人员和线路绑定）模式，并推行"人休车不休"等方式，自有车辆日均行驶里程由98公里提升至154公里。通过加强车辆动态调度，对装载率低邮路、加车较多邮路动态调整车型，市趟单车邮件数装载率由41.5%提升至64.2%。

（三）服务体系建设

服务体系建设重在通过明晰管理体系组织结构、职责和管控过程，强化质量控制、质量保证和质量改进，夯实质量管理基础，改善客户体验。

2020年5月，由市寄递事业部牵头多部门联合开展"治理信实不符、提升客户体验"百日专项整治活动。针对客户投诉突出机构和环节，建立问题整改工作清单制度，落实"四个到人"（任务到人、目标到人、责任到人、考核到人）机制，实现问题精准整改。至8月活动结束，全市邮政"五达标、五整治"效果明显，其中"五达标"收寄有效名址率由活动前的84.36%提升至94.6%、及时妥投率由活动前的85.55%提升至96.42%、客户投诉率由活动前的27.58‰压降到20.39‰、有责丢失率由活动前的1.36‰压降到0.2‰；"五整治"（批量导入信实不符、发运尾量信实不符、未执行先进先发、下行市趟不及时解车、未预约擅自他投）达到集团公司"治理信实不符、提升客户体验"百日专项整治活动标准。9月，市寄递事业部开展"提升服务质量压降邮件投诉和丢失率"专项整治活动，截至12月，有责丢失率压降到0.26‰，客户投诉率压降到17.94‰，两项指标综合排名全国邮政第4位。

2021年7月，市寄递事业部服务质量部牵头并协同多部门组织开展包裹快递业务服务质量提升季活动。从改善客户体验"六大痛点"（有责丢失、未预约投递、客户沟通渠道不畅、揽投名址不匹配、品牌形象不统一、一线员工培训不到位）入手，确立对应6项管控指标（有责丢失率、特快投递预约率、揽投部电话准确率、投递部匹配准确率、揽投员工装抽查合格率、一线员工业务培训完成率），重点整治19项突出问题。截至12月底，重庆邮政包裹快递业务有责丢失率、特快预约投递率、揽投部匹配准确率3项重点指标均优于全国邮政均值，整体情况处于全国邮政中上水平。同年11月，市寄递事业部组织开展窗口服务体验提升工作，全市邮政通过专项体验查找痛点问题、梳理服务规范、明确优化重点、制订优化方案、验收标准和工作措施，提升窗口服务质量。

2022年1月，市分公司服务质量部牵头，以客户体验为切入点，从"受理环节、收寄服务、运递时限、运递服务、售后服务、信息服务"六个维度，对标行业先进，治理服务质量突出问题。主要采用数据分析、神秘人体验、定性访谈相结合的方式进行，共计完成寄递服务体验322次，体验范围覆盖13个城片区分公司、19个区县分公司、187个营业部；围绕竞品对标、留客方式、客户需求等内容，分析服务改进方向，共计回访重点项目收件人14063人、大客户40人、内部员工15人。截至12月31日，共计发现问题18个，其中限期整改问题13个、持续改进问题5个，问题整改率达到100%。同年2月，市分公司开展邮件丢损专项治理活动，全市各级服务条线部门召开专题会议安排部署、开展督导调研，并将突出问题有针对性地纳入"'一月一事'，消灭最差"活动，全面压降邮件丢损量。10月，根据集团公司《关于开展特快专递邮件投递质量提升季活动的通知》，市寄递事业部牵头开展邮件投递质量提升季活动，截至12月活动结束，集团公司通报重庆特快邮件投递投诉率、特快未规范录入妥投信息占比两项指标实现"双达标"。

（四）成本体系建设

成本体系建设重在把握利润导向、加强源头管控、推动精细核算，统筹推进寄递业务降本增效，支撑寄递业务有效益有规模地高质量发展。

2020年3月，成本体系工作组构建降本增效管理体系，制定工作方案。聚焦五大环节单位成本和关键管控要素，重点压降人工、运输、外包三大成本，明确归口管理部门，构建"横向到部门、纵向到单位"的矩阵式管控体系，推动降本增效各项举措落地；指导各单位成本压降，督导各单位围绕关键管控要素人均、件均指标，按照"端到端、全流程、各环节、全要素"进行内部对标、行业对标，找出差距、分析原因、制订措施；建立降本增效体系日监控、周分析、月考核、季调研的管控机制。4—6月，市分公司在全市范围内组织开展寄递业务"百日会战"和"清欠行动"，要求各单位按照任务清单开展工作，选取全市邮政典型样本进行实地调研，对各单位工作落实情况及压降效果进行评价，并作为绩效考评依据。

2021年6月，成本体系工作组制订《中国邮政集团有限公司重庆市分公司用户欠费损失责任追究办法（暂行）》，建立用户欠费损失责任追究机制，明确欠费损失的违规行为、损失认定、责任划分及追究等内容，加强全市资金资产管理。同月，市分公司印发《重庆邮政寄递业务2021年降本增效实施方案》《2021年度重庆邮政寄递业务降本增效绩效考核办法》等文件，重点聚焦五大环节单位成本和关键管控要素，重点压降人工、运输、外包三大成本，通过明确目标、落实责任、健全机制、完善考评、跟踪纠偏，构建横向协同、纵向联动的闭环管控体系。12月，成本体系工作组在全市邮政开展寄递业务欠费清缴专项行动，引入临界逾期预警机制，锚定目标，倒逼回收进度，强化横向协同，业财高度融合，加强纵向联动，落实"三道防线"（业务财务横向配合，财务明确目标、强化数据通报、完善考评制度；业务关注重点客户、落实关键动作、强化客户沟通；纪检部门督促履职尽责，压实管理责任）

责任履行。

2022年3月，成本体系工作组制订《重庆邮政关于进一步加强营收资金管理工作的实施方案》，开展个人账户归集资金以及串户核销专项检查工作，全面开通电子收款渠道，完成不相容岗位职责优化调整，强化业务合规培训，出台便捷指引，加大考核力度，进一步加快提升企业营收资金管理规范化水平。6月，《2022年寄递业务降本增效工作要点》出台，聚焦"人工、运输、外包"三大费用，重点做好揽投、陆运运输环节单位成本压降。8月，《中国邮政集团有限公司重庆市分公司用户欠费管理实施细则》《寄递业务资费欠费检查管理办法（试行）》出台，明确寄递业务欠费考核相关规定，规范日常管理，强化资费、欠费日常检查，完善内部监督检查机制、欠费管控长效机制。

（五）IT体系建设

IT体系建设重在围绕充分发挥"信息化引领"作用，持续推进"科技赋能"体系建设的总要求，提升信息化基础设施能力和运维水平，应用新技术新设备助力寄递业务创新发展，推动数据治理和应用，防范信息科技风险。

2020年7月至12月，相继完成重庆邮政同城寄递信息系统建设；完成新一代寄递业务信息平台PDA辅助下段、投递反馈和菜鸟平台对接等功能应用推广；完成国际进口邮件报关信息扫描补录信息模块建设；完成11185平台线下热敏审核功能切换至新一代寄递业务信息平台等系统应用推广。

2021年3月，完成法院集约送达可视化系统建设；5月，完成44台顶扫设备安装调试；7月，完成中邮寄递管理App应用推广；8月，完成国际保税中心报税揽收分类系统建设；10月，完成新一代数字可视化看板应用推广；11月，完成市寄递事业部委代办系统建设；12月，完成重庆市邮区中心自动化分拣设备运行监控平台应用推广。

2022年2月，完成"渝新欧"国际铁路运邮邮件轨迹信息的自动更新，在全国邮政率先实现中欧班列运邮在途重点城市邮件轨迹信息的自动更新；3月，完成大同城邮件时限查询系统建设；5月，完成大同城邮件时限运营管控系统建设和中邮寄递管理App揽投部经理模块等新增功能应用推广；6月，完成法院面单电子化项目建设，在全国邮政率先实现签收回执面单的图片回传给法院；10月，完成顶扫设备联网管理系统建设及27台顶扫设备安装调试；12月，完成寄递辅助管理平台建设和新一代寄递业务信息平台新建的中邮揽投员线上学堂、新一代在线知识库、县乡邮路运行准点率和智能网络规划功能的应用推广，以及区域客户统一外呼系统应用推广。

五、"五大体系"建设阶段性成果

（一）经营发展持续向好

2020年，项目开发卓有成效，成功中标大江动力、重百电器、登康、江小白、格力工厂、安吉商品车运输、山城燃具等多个物流大项目。其中，汽车产业链项目开发成效显著，全年实现收入突破1.5亿元；医药物流提前实现"三年达到千万级规模"目标，全年实现收入1825万元。2021年，市级经营项目推进有力，市寄递事业部本部4个项目实现寄递收入6100万元；全市邮政48个市级经营发展项目中，涉及寄递业务的有44个，涌现出万州柠檬、涪陵榨菜等14个千万级寄递项目。2022年，惠普项目、长安项目被纳入国家邮政局与制造业深度融合的典型项目库，同时成功中标华为运输项目、仓配项目。

2022年，全市邮政完成寄递总收入16.92亿元，较2020年增长2.76亿元，增幅19.49%。全市邮政寄递业务收入规模列全国邮政第13位，较2020年提升2位。四大业务均实现规模进位，其中特快专递较2020年提升4位，快递包裹、国际业务、物流业务较2020年均提升3位。

（二）网运时限总体稳定

截至2022年末，全市邮政寄递业务运营质量整体水平趋稳向好，在全国邮政38项可对标数据中，有33项指标排名全国邮政前5位。

表 专-2-1

2020—2022 年重庆邮政寄递业务运管时限看板指标运行情况统计表

指标名称	达标值		指标完成情况					
	淡季	旺季	2020 年	全国排名	2021 年	全国排名	2022 年	全国排名
特快邮件收寄及时率	97%		94.67%	21	98.08%	13	98.90%	3
快包邮件收寄及时率	97%		95.78%	22	97.33%	21	99.01%	5
特快内部处理及时率	97%		96.01%	18	97.53%	7	96.94%	2
快包内部处理及时率	92%		93.07%	14	94.70%	13	94.07%	9
特快进口及时妥投率	90%		96.18%	13	84.35%	5	90.45%	4
快包进口及时妥投率	95%		99.40%	3	98.88%	3	99.52%	1
特快省内互寄次日递率	93%	90%	95.83%	3	97.93%	1	97.46%	1
快包省内互寄次日递率	91%	83%	93.60%	2	93.10%	2	87.80%	2
特快出口时限达成率	91%	88%	—	—	93.13%	4	93.98%	3
特快进口时限达成率	83%	80%	—	—	83.34%	8	88.35%	3
快包进口时限达成率	88%	84%	—	—	91.14%	3	93.19%	1

（三）服务水平持续改善

截至 2022 年末，全市邮政寄递业务服务质量整体水平向好，重点关注的 10 项指标全部达标，其中 3 项指标排名全国邮政前 3 位。

表 专-2-2

2020—2022 年重庆邮政寄递业务服务质量看板指标运行情况统计表

指标名称	达标值	指标完成情况					
		2020 年	全国排名	2021 年	全国排名	2022 年	全国排名
散户订单及时揽收成功率	≥90%	90.72%	12	98.55%	9	98.65%	10
智能跟单异常发生率—特快	≤8%	10.00%	16	11.12%	3	7.10%	1
智能跟单异常发生率—快包	≤10%	8.07%	5	14.45%	6	9.85%	1
智能跟单异常发生率—国际 EMS	≤8%	—	—	3.81%	7	4.73%	7
智能跟单异常发生率—国际包裹	≤10%	—	—	2.79	4	8.50%	19
智能跟单异常邮件及时解决率	≥80%	88.00%	23	89.37%	11	87.22%	14
客户投诉率	≤15‰	17.94‰	4	10.63‰	2	11.18‰	2
问题邮件一次及时解决率	≥90%	94.23%	9	92.75%	7	91.38%	7
理赔及时满意率	≥85%	99.08%	1	90.12%	8	95.25%	10
有责申诉率	百万分之 1	百万分之 0.12	—	百万分之 0.15	—	百万分之 0.1	—

（四）成本管控更加有力

2020—2022 年，成本体系共计开展周分析 138 期，降本增效连续 3 年达标，其中 2022 年全市五大环节单位成本均优于目标；欠费管控连续 3 年达标，年末逾期欠费控制在集团公司管控上限内。

（五）业技融合持续深入

2020—2022 年，IT 体系工作组累计支撑信息系统对接客户 104 个。客户主要分为医药类（占比 60%）、政务类（占比 18%）和电商类（占比 22%）。通过客户信息系统和邮政对接，在客户业务系统中嵌入邮政寄递业务，增强客户与邮政的交互性，在提高客户邮件收寄效率和用邮体验的同时，也提升了电子面单使用率，降低了收寄成本。

表 专-2-3

2020—2022 年重庆邮政寄递业务 IT 体系指标完成情况

指标名称		达标值	2020 年	2021 年	2022 年
电子面单使用率		95.00%	99.30%	99.74%	99.85%
派揽订单地址匹配率		90.00%	96.41%	97.42%	97.63%
收寄邮件有效名址率	特快专递	90.00%	—	97.11%	99.91%
	快递包裹	90.00%	—	99.86%	99.48%
投递部匹配成功率	特快专递	99.00%	99.69%	99.70%	99.84%
	快递包裹	99.00%	99.80%	99.96%	99.93%
投递部匹配准确率	特快专递	95.00%	93.00%	95.66%	96.58%
	快递包裹	95.00%	93.74%	96.32%	96.88%

专记 3　重庆邮政发挥优势服务乡村振兴战略

2018—2022 年，为贯彻落实中央实施乡村振兴战略的重大战略部署，针对重庆市农村地区经济发展存在的融资难、销售难、物流难"三难"问题，重庆邮政在农村重点产业和生产薄弱环节（农技指导力度不够、市场流通体系不善、基地规范化管理不够等）搭建农村电商平台、综合物流网络、农村金融体系，充分发挥邮政商流、物流、资金流、信息流"四流合一"的资源优势，助力乡村振兴并取得明显成效，担当起推进乡村振兴的国企之责。

一、加强顶层设计，做实谋篇布局

（一）成立领导小组，贯彻乡村振兴决策部署

2018 年 3 月，重庆市委市政府要求重庆邮政秉持服务国家战略、勇于担当的大局意识，主动融入乡村振兴战略，最大程度发挥邮政资源优势，助力农村经济开发、农业发展和农民致富。4 月，为确保邮政服务乡村振兴战略在重庆落地生根，重庆邮政服务乡村振兴领导小组成立，负责贯彻落实党中央国务院、市委市政府关于乡村振兴的决策部署，制定重庆邮政服务乡村振兴战略规划，协调解决乡村振兴工作中的重大问题。

2020 年 5 月 16 日，为充分发挥邮政系统板块协同优势，由邮银"一把手"任"双组长"的重庆邮

政惠农合作项目领导小组成立，进一步发挥邮银协同优势服务农村市场。重庆邮银从困扰农民合作社示范社、示范家庭农场的融资难、销售难、物流难等难点入手，围绕农业产前、产中、产后3个服务环节，提供18项邮政惠农服务。

2021年7月12日，为进一步优化顶层设计，由邮银"一把手"任"双组长"的乡村振兴战略工作领导小组成立，下设邮银惠农服务专班，共同开展惠农政策宣贯和惠农技术培训，打造惠农金融物流销售一体化服务平台，帮助农业经营主体和种养殖大户实现高质量发展，进一步助力小农户接入现代农业大格局的"最后一公里"。

（二）组建工作班子，统筹协力推进乡村振兴

2021年7月，重庆邮政整合惠农合作项目专班、渠道平台转型专班、三级物流体系专班等多个专班，成立乡村振兴办公室，实行集中办公、多块牌子、一套班子，形成"对内"穿针引线、"对外"力出一孔、"对上"一点接入、"对下"系统集成的"总入口"和"总出口"体系，统筹全市邮政服务乡村振兴对外合作、对内指导与检查考核等工作。

二、出台行动方案，全力助农纾困

（一）制订行动方案，建立工作体系

2018年10月11日，重庆邮政制订印发《乡村振兴战略重庆邮政行动方案（2018—2020年）》，搭建农村物流配送体系、农村电商服务体系、农村普惠金融服务体系、农村公共服务体系、农村文化兴盛服务体系、农村精准扶贫体系，进一步加大重庆邮政在农村物流配送、农村电商、普惠金融、公共服务、文化兴盛、精准扶贫等领域的投入和服务力度，初步打造出具有重庆邮政特色、符合重庆邮政实际、功能齐全、惠及民生、多方共赢的乡村综合服务体系。

2019年7月，《2019年重庆邮政惠农项目行动方案》出台，通过向农民专业合作社等新型农业经营主体提供邮政特色综合产品服务，实施"金融惠农、绿色助农、渠道兴农、品牌强农、产业富农"五大行动，推进由单一产品服务向以金融为纽带、各板块协同提供综合化服务转型，着力打造邮政惠农合作综合服务生态圈，解决农村金融服务、商品流通、产品销售、产业振兴等难题。2021年10月9日，《重庆邮政服务乡村振兴战略2021—2022年行动方案》出台，打造服务乡村振兴战略2.0版（简称2.0版）。方案中明确2.0版要围绕争当乡村普惠金融主力军、乡村综合物流服务主导者、乡村电子商务发展主渠道、乡村综合性服务提供商、乡村公共服务重要参与者的"五大定位"，持续健全以惠农合作项目、农村普惠金融、三级物流体系建设、农村电子商务、网点站点转型和三大领域（落实定点帮扶任务、保持金融帮扶稳定、做好电商帮扶工作）帮扶为"六大抓手"的服务乡村振兴战略工作体系。2022年5月5日，《2022年重庆邮政服务乡村振兴工作要点》出台，要求结合邮政实际落实农村公共基础设施往村覆盖、往户延伸的总体目标，以普惠性、基础性、兜底性民生建设为重点，完成好相关工作任务。

（二）签订战略协议，加强政邮合作

2018年5月24日，重庆邮政与市农业农村委员会在全国率先签订战略合作协议，标志着"农邮"携手，以实际行动参与乡村振兴。重庆市农业农村委员会要求全市各级农业农村部门支持邮政在服务"三农"、便民服务、邮政金融宣传推广等方面的工作，对邮政服务乡村振兴起到极大的推动作用。2022年10月13日，重庆邮政与市商务委在巫山签订战略合作协议。根据协议，双方将在县域商业体系建设、三级物流体系建设、电子商务进农村、跨境电商合作、保供保畅保生产、拓宽农产品销售渠道、培育重庆建设国际消费中心城市等方面加快推进深度合作，共同打造重庆"商邮"合作新模式。

三、实施助农行动，促进增产盈收

（一）开展助农行动，多维度助力乡村振兴

2018年，"农邮"双方通过精准扶贫、乡村旅游、助力企业营销、校园宣传等多维度助力践行乡村

振兴战略，最终实现"客户获益、政府满意、企业受益"三方共赢。全市邮政为18个深度贫困乡镇打造18款精品扶贫产品，助力100家农业龙头企业提质增效，合作共推200余条乡村精品旅游线路，建立10个高校邮政实践基地，策划举办5场"校园创业大赛"，帮助10000个大学生零成本创业，助力200个大学生返乡创业。2018年11月18日，重庆邮政与市商务委、市扶贫开发办（后更名为市乡村振兴局）联合举办"寻找乡村渝味暨消费扶贫公益活动"，通过"进校园、进社区、进厅堂"助力农产品销售，全年与25所高校、410个社区联合开展宣传活动，在826个网点宣传邮政农村电商、展示乡村渝味产品，推广16款特色农产品，打造4个爆款产品（石柱高山大米、巫山冰糖橘、秀山南瓜、江津花生）。2020年6月，重庆邮政与市商务委合力助推"重庆直播带货行动计划"，在"6·18电商节"推出大礼包，用实际行动促进消费、支撑经济。同年，重庆邮政与重粮集团、农投集团、重庆农产品集团等多个涉农龙头企业建立总部合作关系。2021年5月31日，为更好助力乡村振兴，重庆邮政与市农业农村委联合举办"重庆邮政助力农民合作社高质量发展交流活动"，推出"6免、6惠、6专属"（6免：免农技服务费、免线上平台费、免转账手续费、免账户短信费、免普惠保险费、免仓储服务费；6惠：贷款优惠、团险低至2折、寄递低至7折、农肥低至7.5折、购物低至1折、存款利率上浮；6专属：农机专属服务、贷款急速到账、急速签约开店、快速理赔服务、快递主动客服、电商创业孵化）邮政惠农服务和"5+12"综合服务包。"农邮"双方各级领导通过此次交流活动进行充分沟通，重庆邮政系统整合资源优势、助力乡村振兴的相关工作得到各级农业农村系统参会代表的认可，助力各区县邮政企业与当地农业农村委员会签订战略合作协议，"农邮"合作迈上新台阶。

（二）全国率先试点，多渠道打造助农模式

2021年7月，农业农村部在全国选取100个区县，试点开展"互联网＋"农产品出村进城工程。重庆邮政成功申报5个试点单位（涪陵、江津、云阳、巫山、铜梁分公司），是全国邮政系统参与该工程最多的单位。重庆邮政坚持"一盘棋"管理，统筹各板块资源"一体化"推进，形成以5个试点单位为首、全市邮政统筹推进战略。农业农村部副部长特别表扬重庆邮政打造出的农产品出村进城"保姆式"服务（根据客户需求提供一站式服务，以农产品加工企业为例，重庆邮政能够为其提供农产品集货、寄递、仓储以及加工企业扩大业务时的信贷资金需求和后期的产品销售），为助力乡村振兴做出了突出贡献。同年10月21日，中国人民银行在全国试点开展"金融科技赋能乡村振兴工程"，重庆作为9个试点省之一，邮银联合申报的4个项目全部入选。重庆邮政以此为切入点，加大科技赋能投入，升级现有系统和平台，充分利用信息技术、智能设备开展专项数据采集活动，持续丰富数据资源打造特色数据库，并充分运用大数据分析技术赋能乡村振兴。同年11月，为全面推进乡村振兴、推动城乡融合发展，《重庆邮政落实商务部等17部门加强县域商业体系建设促进农村消费实施方案》出台，围绕"十四五"时期推进县域商业体系建设"服务设施、农村消费、农村产业配套政策"四大升级，聚焦"农村消费升级、农业产业发展、城乡流通网络、金融融资服务"四大领域，抓好"惠农合作项目、农村电商发展、三级物流体系建设、农村普惠金融"四大任务目标落实，重点打造"网点＋站点、下沉＋上行、两中心一站点、金融＋寄递＋电商"四大模式，形成具有邮政特色的综合协同一体化服务体系。全市32个区县邮政企业参与重庆市"十四五"期间县域商业建设首次项目申报，其中九龙坡、巴南、北碚、长寿、大足、荣昌、忠县、武隆、合川、酉阳、涪陵、渝北12个邮政企业申报的14个项目获重庆市商务委员会第一批政策资金支持，合计金额1355万元。同月，重庆邮政代表集团公司参加"第十八届中国国际农产品交易会"，农业农村部副部长寄语邮政企业要继续发挥自身优势，做好服务"三农"工作，切实履行央企责任。

四、助农成效显著，邮政模式获赞

（一）在全国邮政首创"双链工程"

2022年1月4日，为解决农业产业综合竞争力匮乏的瓶颈，重庆邮政立足企业"核心竞争力、核心竞争优势、核心竞争资源"，围绕农业特色产业链条，在全国首创"双链工程"。"双链工程"由产业链和流通链构成，产业链是指乡村特色产业的产、供、销上下游全环节，流通链是指邮政企业的商流、物流、资金流、信息流的全链条。重庆邮政发挥"四流合一"的协同优势，为产业链中的农户、合作社、龙头企业等经营主体提供综合服务，破解融资难、销售难、物流难"三难"问题，全年助力6类21个产业发展壮大。2022年，在疫情、干旱冲击下，重庆邮政获得各级政府用于"双链工程"建设补贴2065万元，帮助20多个濒临倒闭的经营主体"起死回生"，惠及1.2万家合作社，助力830家农业龙头企业经营发展。通过"双链工程"的打造，带动农产品交易额4.43亿元，农产品寄递收入2.38亿元，发展农村会员41.3万人，帮助农户销售农产品5.3万吨，助力农产品销售增收6800万元，实现农产品寄递业务量4000万件；邮储银行重庆分行为1621户客户办理贷款业务，发放信贷资金3亿元；中邮保险重庆分公司为2000余户客户办理务工意外险。

（二）服务乡村振兴模式获多方肯定

2022年1月，重庆政企联动推进"互联网+"农产品出村进城案例被集团公司刊登在《中国邮政服务乡村振兴（2021年度典型案例）》上，重庆邮政服务乡村振兴模式在全国邮政进行推广。同年2月8日，重庆邮政向市委市政府呈送的《关于服务乡村振兴战略工作落实情况的报告》获重庆市副市长批示：2021年重庆邮政充分发挥自身优势，着力服务"三农"，助力乡村振兴，促进重庆市经济社会发展，取得了良好成绩。望新的一年，重庆邮政能进一步融入发展大局，整合各类资源，在农村物流配送体系建设、邮政快递"两进一出"等方面取得新进展、新成效。

同年6月，重庆邮政印发《基于大数据技术的惠民服务平台项目实施方案》，为涉农经营主体提供产销对接、邮政寄递等惠农服务，构建"生产信贷+农资农技+邮政金融网点服务+电商销售+寄递物流+惠农保险"模式，构建较为完善的农村三级物流体系，深度缓解农业"农资难、寄递难、销售难"难题。同月，重庆邮政印发《基于大数据技术的一站式综合便民服务平台实施方案》，以"政务+邮政"一网通办服务模式为切入点，形成邮政业务与便民政务服务"双向叠加"，逐步搭建"上门接办、网点代办、快递送达"的服务体系。6月15日，重庆邮政金融科技赋能乡村振兴模式作为典型案例在中国人民银行主办的《金融电子化》杂志上刊登。重庆邮政金融科技赋能模式通过科技赋能场景建设，构建便民服务体系加快服务下沉；通过赋能产品建设，打造便捷高效的"金融+理财"产品；通过科技赋能数据建设，夯实乡村振兴大数据支撑；通过科技赋能风控建设，提升"三农"金融数字化风控水平，由此不断在便利农民生产生活、带动农业现代化转型升级、提升农村金融服务质效等方面释放强大效能，为推进乡村振兴增添新动力。

（三）预制菜保供工作为民解忧

2022年11月，在新冠疫情三年来最为严峻的疫情形势下，重庆邮政秉承"人民邮政为人民"的服务宗旨，以实际行动践行"平时是信使，战时是战士"的庄严承诺，承担"国家队"的担当，启动"重庆预制菜，邮乐优鲜来"保供工作，通过线上下单，采用无接触模式将田间新鲜蔬菜送到城镇居民手中。全市邮政上线预制菜产品共计388款，累计销售6.93万单，累计交易额突破200万元。同年12月，重庆邮政人在艰难时期保供保通保畅的担当作为，受到社会各界广泛好评，获得媒体多方关注，重庆市新冠疫情防控工作领导小组向重庆邮政发来感谢信，新华社、《人民日报》、重庆发布、《重庆日报》、重庆电视台、华龙网、光明网、上游新闻、重庆共青团和《中国邮政报》等以视频、图文等多种形式对重庆邮政进行20余次报道。各区县邮政企业也因积极参与抗疫保供、助农增收，被当地融媒体报道40余次。

专记 4　重庆邮政发挥协同优势助力国家战略

作为党执政兴国的重要支柱和依靠力量，中国邮政集团有限公司践行国企"三大责任"（经济责任、社会责任、政治责任），全力打造核心竞争优势，扛起行业"国家队"的使命担当。中国邮政拥有邮务、金融、寄递三大板块资源，任何一个板块在其所处的竞争市场环境单打独斗都不具有绝对优势，协同的作用是整体远远大于部分的简单加总，只有汇聚"一个中国邮政"的协同力量，汇聚行业最佳实践的力量，才能形成巨大的竞争优势。重庆邮政按照集团公司"共举邮政大旗，共享全网资源，共创美好未来"的总体要求，自 2017 年起着手建立完善重庆邮政协同体系。

协同是指体系内一个商业主体的商业活动为其他商业主体创造新的商机和价值，从而实现价值共享、共赢发展的过程。重庆邮政的业务协同是指通过建立重庆邮政系统的业务协同发展体系，健全业务协同发展机制，依法、合规促进重庆邮政系统三大板块业务、产品、项目、客户、渠道、信息等方面的资源共享和协同发展，从而达到增强市场竞争力、降低运营成本、提升经营效益的目的。

一、建成协同发展体系，推进四大协同项目

（一）建立机制，制定政策

自 2017 年起，重庆邮政着手建立协同机制和协同体系，在全国邮政率先推动板块协同发展工作，组织召开由中国邮政集团公司重庆市分公司、中国邮政储蓄银行重庆分行、中国邮政速递物流股份有限公司重庆市分公司、中邮人寿保险股份有限公司重庆分公司领导班子及相关部门主要负责人参加的重庆邮政三大板块、四大专业协同发展工作座谈会。与会人员就协同发展机制、发展经验、建议意见进行充分交流与讨论，为建立机制奠定基础。

2018 年，中国邮政集团公司重庆市分公司、中国邮政储蓄银行重庆分行、中国邮政速递物流股份有限公司重庆市分公司、中邮人寿保险股份有限公司重庆分公司 4 个单位经协商联合印发《重庆邮政系统三大板块业务协同发展实施办法（暂行）》，明确业务协同发展范围、原则，并成立"1+3"的业务协同发展体系，即重庆邮政系统协调发展领导小组和 3 个业务发展协调小组（邮银业务协调小组、邮速业务协调小组、邮保业务协调小组），明确业务协同工作职责及内容、业务协同工作机制。该办法是指导重庆邮政系统三大板块之间业务协同发展的首个文件，为推进重庆邮政系统三大板块业务高质量发展起到了建章立制的作用。

（二）打造体系，形成合力

2019—2020 年，《重庆邮政系统协同发展工作指引》《2020 年重庆邮政市场协同工作考评方案》等协同制度先后出台，逐步建成"1+3+2"的协同发展体系，即一个协同领导小组、三个协同工作组、市区（县）两级的全面协同发展体系。为促使协同工作的行动一致，重庆邮政同步制定考评方案，分为定性考核与定量考核指标，并将完成情况纳入关联方（板块单位、相关部门）同步考核（双挂双考核）。

2020 年，《2020 年邮储银行重庆分行协同工作考评方案》出台，将协同工作考评一并纳入年度战略绩效考评方案中。自此，重庆邮政率全国之先，将各个城片区、区县及二级分行、一级支行协同委员会的协同效果同步纳入邮银双方的绩效考评，保障全市上下邮银协同工作合力同步。

（三）战略项目，协同推进

项目协同是整合资源、体现协同成效的具体抓手。2019—2020 年，重庆邮政在研究国家战略的基础上，围绕集团公司战略定位，结合邮政资源禀赋，聚焦农村、政务、行业等细分目标市场，协同各板块力量服务市场主体，助力国家战略落地落实。

1. 推进惠农合作项目，服务乡村振兴战略

聚焦农业农村发展融资难、销售难、物流难"三难"问题，重庆邮政发挥商流、物流、资金流、信息流"四流合一"优势，推进惠农合作项目落地，助力乡村振兴，同时促进金融和寄递业务协同发展。针对"融资难"，通过提升融资 E 产品客户服务体验、加大线上信贷产品研发等措施，创新农村金融服务，解决客户资金难题；针对"物流难"，通过加快三级物流体系建设步伐、规范邮政销售渠道的农产品包装标准、增强农产品冷链仓储服务能力等措施，提升农产品寄递服务品质，帮助客户解决物流难题；针对"销售难"，通过健全邮政农产品基地分级培育机制、强化农产品产销对接组织、推进农产品基地标准化体系建设、强化邮乐平台线上运营及社区团购、直播带货等措施，强化邮政农品管理，帮助客户解决销售难题。同时，全面强化对农村市场"五大客群"（行政村、农民合作社、高价值农户、农业产业化龙头企业、农村商户）的系统性管理与协同开发，围绕重庆农业特色产业，以惠农信贷、代理金融、中邮保险等金融产品为切入，逐步向寄递、电商等业务引流，实现电商、寄递、金融协同助力乡村振兴。

2. 开展汽车产业链项目，服务制造强国战略

重庆作为全国重要的汽车产业基地之一，有众多汽车生产企业。重庆邮政积极服务汽车产业上下游的公司客户和个人客户，将各项业务内嵌到汽车的生命周期，满足客户综合需求。一方面，持续推进汽车产业链重点客户的系统性开发与经营。以产业链上游主机厂商、大型零部件供应商、汽车经销商集团三大类核心企业为重点，以零售信贷、供应链金融、寄递物流、车主服务，培育提升行业重点客户；健全以会员为核心的车主细分客群经营服务模式，提升对车主客群的运营能力；持续加大对渝北区、江北区、永川区、九龙坡区、沙坪坝区、巴南区、璧山区等地区的重点汽车产业集群市场开发。另一方面，持续打造涉车物流、涉车金融、车主综合服务场景。针对车主会员服务，着力打造重微车展、团购、线上会员服务、警邮便民服务等场景；针对涉车金融，发展供应链金融、零售信贷业务；针对涉车物流，打造庆铃汽车、长安汽配、上汽红岩等重点项目。

3. 实施政务服务项目，服务中央"放管服"政策

围绕政务服务"就近办、线上化"的发展要求，重庆邮政协同各部门、单位上下联动，通过打造四种模式（即"网点＋站点"便民政务协同经营的政务服务代理模式、政府服务平台"线上＋线下"寄递全环节服务的政务大厅入驻模式、社保卡金融与寄递协同推广的线上政务服务模式、健全"客群＋数据"协同发展运营客户价值转化模式）和四大场景（即邮政网点"政务＋邮政"服务场景、入驻政府部门服务场景、互联网政务平台服务场景和税邮、警邮、社保、便民服务等重点政务客户服务场景），完善健全政务服务的协同经营发展体系，提升政务服务项目效益。

4. 布局医药市场项目，服务"健康中国"战略

基于重庆是"川药"集散地和加工出口重要基地的特点，重庆邮政把握医药市场客户核心需求，精准服务医药研发制造和流通企业、医疗机构以及医药消费者三大客群，推动医药特快物流、金融业务快速发展。一方面，通过"网点＋药店""线上＋线下"服务联动，甄选知名连锁药企作为合作企业组建"邮医联盟"，网点和连锁药企共同吸纳新老客户成为"联盟会员"，定期邀约双方客户开展养生讲座、健康体检、名医坐诊等厅堂活动，提供集优惠支付、药品配送、积分兑换、健康咨询为一体的综合服务，提升邮政服务在医药健康场景的渗透率。另一方面，合作开发互联网医院"线上问诊＋线下寄药"的业务模式，与互联网医院的实体医院、药品供应商、信息技术服务商建立合作，搭建互联网医院服务场景，通过平台对接的方式，提供线上处方药品、病案、体检报告等物品的特快配送服务。通过布局医药市场项目，构建起邮政的医药健康服务生态。

二、发挥协同倍增作用，服务战略成效初显

通过压实客户协同的主体责任，完善优势板块主动协同的引导机制，细化协同管理的标准流程，建设以客户为中心的协同工作运营支撑体系，重庆邮政逐步达到资源共享、商机共创、优势共建、协作共

赢的目标，建立起各自领域的竞争优势，发挥出 1+1>2 的协同倍增效应。截至 2022 年末，协同已成为重庆邮政最核心的优势，是串联各板块、各条线业务发展的中心之轴。

（一）惠农合作项目亮点纷呈

2019 年，重庆邮政联合地方政府助农扶贫，推动邮政农特产品入驻"学习强国"平台；与重庆市商务委建立战略合作关系，助力"重庆直播带货行动计划"；为"扶贫 832"平台 14 个贫困地区合作社、农业公司提供寄递服务。2020 年，重庆邮银金融惠农破解"融资难"初见成效，为农民专业合作社社员放款 1.69 亿元，为 10483 名贫困社员提供 4.07 亿元风险保障支持。2021 年，各区县邮政企业与当地农业农村委、商务委、交委等政府部门全面签订战略合作协议。同年 5 月 31 日至 6 月 1 日，"重庆邮政助力农民合作社高质量发展交流活动暨全市邮政惠农合作项目推进会"在永川举行，全市农业农村委系统和邮政系统共计 264 人参会，重庆邮政的服务品质、工作效率受到各方高度评价，邮政品牌形象大幅提升。邮政与各级农业农村委建立常态化沟通机制，各区县邮政企业与当地农业农村委、商务委、交通局签订战略合作协议，签约率达 100%。14 个区县发挥邮银协同优势，积极对接当地政府，争取扶贫补贴、三级物流体系建设等补贴资金 2000 余万元。

（二）汽车产业链项目服务品牌逐步凸显

邮银＋寄递联合打造"中邮车务"品牌，共享 200 余家目标客户信息，收入规模连年翻番。2021 年实现收入 2.2 亿元，收入规模列全国邮政第 4 位，完成当年目标 176.02%，完成率列全国邮政第 1 位。2022 年，重庆邮政汽车产业链项目运作经验屡获集团公司认可，被《中国邮政信息专报》和《中国邮政市场协同案例汇编》收录，并在集团公司协同发展直播培训会上进行推广。

（三）政务服务项目便民利民

2019 年，重庆邮政开启"政务＋邮政"合作新模式。同年 12 月 23 日，重庆邮政与市公安局交通管理局正式签署警邮合作协议，携手打造"邮政＋交管"一站式服务平台，开启"政企"合作新模式，即政务服务厅搬进邮政营业厅，警邮共同打造便民服务窗口、共同建设安全管理阵地、共同建立交通安全教育平台，方便市民就近办理交管业务。《人民日报》《重庆日报》、华龙网、今日头条等媒体对此进行了广泛宣传报道。2020—2022 年，重庆邮政相继实现与市级线上政务服务网（以 gov.cn 结尾）对接；EMS 寄递功能嵌入重庆市人力资源和社会保障局线上平台，与"渝快办"平台和"警快办"平台系统对接；全面承接区县级政务服务大厅寄递服务，提供政务便民服务，逐步提升重庆邮政政务服务品质和社会影响力。

（四）医药市场项目彰显国企担当

2020 年新冠疫情期间，重庆邮政协助市政府及统战部、侨联、外办、经信委等部门，向海外寄递防疫物资支援渝籍海外侨团侨社和重要海外华侨社团，寄达 29 个国家 72 个地区，共计 1740 余件。2022 年疫情期间，为保供抗疫、医药便民，重庆邮政配合中心城区 27 家医疗机构开通线上用药咨询、复诊续方和药品配送服务。为全力确保疫情期间医疗机构药品供应稳定和患者用药安全，医药同城配送项目组工作人员 24 小时驻扎投递站，以"国家队"的担当和奉献精神保障药品配送，解决市民看病难题，缓解医院诊疗及防疫难度大的压力，为重庆市儿童医院、骨科医院等重点三甲医院提供不间断的药品配送服务，共配送药品约 3.75 万件。

专记 5　重庆邮政推行项目管理的探索

企业处于快速变化、难以预料的市场环境当中，客户的消费行为和消费内容持续变化，消费结构不断升级，对附加值较高的服务领域需求持续扩张。新形势下，邮政传统的"金字塔"式管理模式较难应对瞬息万变的市场环境和客户需求，且传统的项目管理方法简单粗放，重结果轻过程，容易导致项目进度、质量、成本三者关系失去平衡，项目运行质效低。为了积极应对激烈的市场竞争，进一步满足客户日趋旺盛的多样化综合需求，提高企业项目运行效率和效能，2019年，重庆邮政按照"固优势、补短板、抓重点、强弱项"的经营理念，开始推行项目管理，实施差异化市场营销，转型创新推动板块（专业）协同发展。

一、创新推广，氛围初显

2019年开始，重庆邮政通过推出标快、文创两个"增收1元"项目，尝试摸索推行项目管理。2020—2022年，针对项目管理推进中遇到的管理类项目未统筹管理、项目考评标准有待优化、项目管控力度不足等问题，重庆邮政先后2次修订项目管理办法，不断完善项目引入、项目考评、项目验收等管控流程，加大项目奖励力度，丰富项目内涵，创新项目立项形式，通过项目管理激励全市邮政企业及广大干部员工开拓创新、开源节流、降本增效。同时，在项目管理推行过程中，重庆邮政通过举办项目表彰会对先进项目予以表彰，营造良好的项目运行氛围。

二、建章立制，修订完善

2019年末，《中国邮政集团有限公司重庆市分公司市级经营发展项目管理办法（试行）》出台，重庆邮政成立"一把手"任组长的项目管理组织领导体系，初步明确项目立项、项目运行管理、项目考评与验收、项目定级及奖励等全流程。2021年初，全市40个项目运行一年后，重庆邮政结合运行实际情况对项目管理办法进行修订，优化、调整项目考评体系，出台《中国邮政集团有限公司重庆市分公司市级经营发展项目管理办法》，在考评体系中将"与市分公司战略发展的契合度""可持续性、创新性"等因素作为项目考评的加分项，进一步完善项目考评体系。2021年末，重庆邮政对项目管理办法进行修订，出台《中国邮政集团有限公司重庆市分公司经营管理项目管理办法》，引入管理类项目，明确管理类项目考评标准，将管理类项目与经营类项目一并推行。同时，成立经营类项目工作小组和管理类项目工作小组，负责两类项目的日常管理。

三、标准明确，落地有力

2021—2022年，项目管理办法先后2次修订，确立项目标准，将经营类项目和管理类项目按项目重要性、创新性、成长性及预期效果分为三个级别，分别为5A级、4A级和3A级。经营类项目：5A级项目指项目实施期为企业带来直接新增收入在1300万元（含）以上、且具有一定效益或实现效益改善的经营发展项目；4A级项目指项目实施期为企业带来直接新增收入在800万元（含）—1300万元、且具有一定效益或实现效益改善的经营发展项目；3A级项目指项目实施期为企业带来直接新增收入在300万元（含）—800万元、且具有一定效益或实现效益改善的经营发展项目。管理类项目：5A级项目指项目实施期为企业带来相当于500万元以上净增效益的管理类项目；4A级项目指项目实施期为企业带来相当于300万元（含）—500万元净增效益的管理类项目；3A级项目指项目实施期为企业带来相当于100万元（含）—300万元净增效益的管理类项目。

结合重庆邮政经营管理项目标准，39个区县邮政企业均出台相应的项目管理办法，并结合地区实际情况，制定区县级别的项目标准。截至2022年末，全市邮政区县级项目已超过200个。

四、成效明显，模式推广

通过不断优化项目管理办法、强化项目管控、总结项目经验模式，并采取经验分享会、项目表彰会等形式推广优秀项目，全市项目管理推行成效明显。

（一）收入贡献大

2020年，重庆邮政40个市级经营发展项目共计完成业务收入7.53亿元。其中，新增收入4.84亿元，占全市邮政业务新增收入的89.36%，对完成全年经营目标起到了重要作用；共有30个项目完成立项目标并通过验收，为全市邮政项目管理树立了标杆。

2021 年，重庆邮政 48 个市级经营发展项目共计完成业务收入 13.11 亿元，完成目标进度 122%；新增收入 4.29 亿元，占全市邮政业务新增收入的 87.73%，有效推进了企业经营发展。

2022 年，重庆邮政 45 个市级经营类项目共计完成业务收入 12.93 亿元。其中，新增收入 5.16 亿元，占全市邮政业务新增收入（7.28 亿元）的 70.9%。20 个管理类项目实现净增效益 6686 万元，经营类项目开源创收、管理类项目节流增效的效果逐步显现。

（二）项目模式多

2021 年，重庆邮政针对优秀项目提炼总结出基地农产品、特色经济、创客孵化、社区便民服务、校园综合服务、产业集群综合开发 6 大项目运营模式，并印发《关于做好市级经营发展项目运营模式推广应用工作的通知》，面向全市推广与应用。2022 年，重庆邮政印发《关于进一步做好市级经营类项目运营模式推广应用工作的通知》，新增商圈综合开发、文旅产业开发、新型农业主体开发模式，在全市范围内形成 9 类项目管理模式。

例如，渝中邮政"解放碑 CBD 经济圈产业链综合服务项目"是商圈综合开发模式的代表性项目。这类项目通过调动优势资源，围绕商圈特性，分批次、分重点开发商圈客户，通常结合当地政府对该商圈的规划，针对特定区域内的优质消费人群和有效经营者进行综合开发。在开发过程中，针对客群特点打造邮政特色支付场景，促进 B 端商户与 C 端消费者持续活跃。

黔江邮政"武陵山特色农产品项目"代表的是文旅产业开发模式。该类项目通常与当地文旅委、商务委等相关政府部门合作，利用内外部媒体矩阵，通过与会展经济相结合，加大对当地文旅资源宣传，同时提升邮政品牌形象，主要立足本地区文化旅游资源特点，为当地旅游交通企业、旅游住宿企业、观光型景区等文旅产业主体提供"文创 + 普服 + 寄递 + 电商 + 金融"的一体化服务。

永川邮政"新型农业发展主体综合开发项目"针对以农民合作社、家庭农场为主的新型农业主体，以邮政全服务链覆盖新型农业主体全产业链，开展协同场景营销，利用惠农合作项目政企联合推进、邮银协同落地、项目支撑保障、效果评估提升"四大机制"，以新型农业主体"三难"（融资难、销售难、物流难）困境入局，通过邮政综合服务优势，以打造客户获益、邮政获客、政府获赞的邮政惠农协同生态圈进行破局。

（三）获奖情况佳

2021 年，在第十七届全国邮政企业管理现代化创新成果评选中，重庆邮政申报的《基于"一带一路"国际铁路运邮通道构建及模式创新》和《基于客户需求的项目一体化闭环管理体系建设》分别荣获二等奖和三等奖，同时被集团公司分别推荐参加国家级管理创新项目评选和第十八届通信行业企业管理现代化创新成果评选。

专记 6　打造重庆邮政"二十四节气"客户维护活动品牌

为响应建设社会主义文化强国的号召，弘扬中国传统文化，中国邮政集团有限公司重庆市分公司以"二十四节气"传统文化为载体，以改善客户体验为主导，通过开展"二十四节气"客户维护活动，打造重庆邮政"二十四节气"活动品牌。

"二十四节气"客户维护活动是在充分认识"二十四节气"文化价值的基础上，着力于"四个结合"（即与中国邮政"连接美好，无处不在"的品牌形象相结合，形成邮政文化特色；与重庆邮政历史文化相结合，赋予客户维护活动更深的内涵；与重庆地域特征相结合，加强板块协同，因地制宜打造活动品牌；与邮政客户需求相结合，加强宣传、产生共鸣，形成利益共同体），聚焦"三个重点"（乡村振兴、六大产业、五大客群），区分"三个市场"（城市、城郊、农村），坚持"四合发展"（融合、联合、整合、组合发展），针对不同客户群体差异化需求开展的精准化、个性化客户维护，旨在打造重庆邮政独特品牌。

一、制定活动方案，成立领导小组

2020年12月，市分公司印发《关于印发〈"二十四节气"邮政客户维护实施方案〉的通知》，以"特色要鲜明、目标要明确、方案要创新、方式要丰富、效果要可控"为总体思路，以"二十四节气"为主时间轴、重大节日和行业节日（20个）为副时间轴，开展客户维护活动。同时，市分公司成立"二十四节气"客户维护领导小组，统一部署全市邮政重要时节客户维护工作。

二、统筹全市安排，精心组织策划

（一）重视活动宣传，明确活动目的

2021年5月，市分公司印发《关于进一步加强重庆邮政"二十四节气"客户维护宣传的通知》，明确"打造品牌、支撑营销、传递价值"的宣传目的，从文化宣传、活动宣传和客户权益宣传三个方面开展客户维护活动。

（二）细化活动安排，明确职责分工

《"二十四节气"邮政客户维护实施方案》，从市分公司和区县分公司层面分别明确活动安排，由市分公司市场营销部主导，在细分客户群体及权益的基础上，通过"线上＋线下"的方式，对全市邮政在重要时节开展客户维护活动作出系统性安排。市分公司集邮与文化传媒部融合邮政文传IP"雁雁"开发十几款适用于客户维护的"二十四节气"文创产品，并协同办公室制作并传播"二十四节气"文化宣传动画海报。市分公司渠道平台部负责引入符合"二十四节气"和重大节日大众消费习惯的、适用于客户维护的农特产品，让重庆各个区县的农特产品在全市流动起来。各区县分公司根据当地民俗、农事特点和自行开展客户维护的需求，选择性地开展客户维护活动。

（三）制定活动流程，建立评估机制

"二十四节气"客户维护活动首先由市场营销部数据中心牵头开展客户维护智能化数据模型科学分析，为精准开展客户维护提供科学依据；同时，市场营销部牵头每季度末征集各专业部门客户维护需求，并制定精准化、个性化的客户维护方案。其次由市场营销部提前印发宣传物料，在统一宣传LOGO的基础上统一宣传口号（连接美好生活，邮政无处不在）；在实施分类宣传的基础上，进一步开展以自有媒体与社会媒体相结合、"线上＋线下"相结合的立体宣传。最后是建立活动评估机制，由各层级服务部牵头，各层级市场营销部和专业部门配合，每季度至少选择一项客户维护活动，通过数据分析从活动效果、产品效果两个维度实施评估。

（四）传播传统文化，彰显邮政品牌

重庆邮政不断丰富和完善"二十四节气"品牌内涵，打造统一的客户维护活动品牌，设计制作"二十四节气"宣传LOGO和海报模板，利用邮政自有媒体资源（营业网点、视频媒体、社区阅报栏等）、重庆邮政新媒体矩阵（公众号、视频号、H5等）、重庆之声（FM96.8）、社区电梯广告等，在全市开展"二十四节气"文化宣传和活动宣传。每年宣传覆盖客户超500万人次，既传递了中国传统文化和邮政企业价值，又进一步提升了"二十四节气"邮政客户维护品牌的影响力。

三、构建维护体系，健全客户权益

至2022年初，"二十四节气"客户维护活动开展一年多后取得一定成效，但客户权益有待进一步完善。如：客户所享受的权益属于基本权益，针对大客户的专属权益较少，对客户的吸引力不足，客户尊崇感不高；客户维护水平有待提升；维护客户的形式简单，方式比较单一，不能满足客户个性化需求。为进一步完善"二十四节气"客户维护活动，2022年1月，市分公司印发《关于印发〈2022年"二十四节气"邮政客户维护方案〉的通知》，从以下两个方面进一步完善重庆邮政"二十四节气"客户维护品牌内涵：一是完善分等分级分类客户维护体系。从维护主体划分为市分公司和区县分公司两个层级，从客户用邮等级划分为大客户和普通客户，从客户属性划分为总部客户、商圈客户、中老年客户、务工客户、校园客户、惠农客户、税邮客户、加盟客户等8类重点客群。二是构建"5+3+3+2"客户专属权益体系。即：代理金融财富客户"五享"（尊享金融、乐享生活、颐享健康、优享商务、趣享亲情）专属权益、寄递客户"三享"（尊享寄递、品味生活、颐享安康）专属权益、文化传媒客户"三享"（文化讲座、体验活动、文化产品品鉴活动）专属权益、渠道平台客户"两享"（农资惠乡亲、内购会活动）专属权益。

四、纵深推进活动，提高维护质量

（一）维护形式丰富多样

2020—2022年，市分公司以"线上＋线下"的方式，围绕"二十四节气"统筹组织开展"辛丑牛年送好礼""新春电子支付享好礼""邮政邀您品春茶""感恩邮你，端午安康""浓情夏日，感恩回馈""浓情端午，一路'邮'您"等客户维护活动。2022年，市分公司进一步丰富客户维护形式，市级各部门牵头开展客户维护活动31场，维护客户58.56万人次。其中：市场营销部牵头开展"邮政邀你尝新品""浓情夏日，脆李尝鲜"客户维护活动，向市级大客户和用邮大客户赠送派森百果汁和巫山脆李，维护客户14326人次。金融业务部牵头开展"乐享生活，虎蕴吉祥""乐享生活，初夏尝鲜"客户维护活动，分别向有集邮爱好的金融客户和百万资产的金融客户赠送《虎蕴吉祥》文创产品和广阳岛枇杷，维护客户11500人次。

各区县分公司结合"二十四节气"在小寒、立春、春分等节气，自行组织开展剪窗花、送福袋、踏青、猜灯谜、观影、赠送鲜花、品茶、手工DIY、亲子外拓等形式多样的客户维护活动，多维度满足客户需求，提升客户体验，共开展客户维护活动7561场，维护客户906.75万人次。

（二）分层分级开展客户维护

"二十四节气"客户维护活动范围覆盖市级大客户和金融、寄递、邮务类专业客户，通过市分公司、区县分公司、支局网点三个层级开展维护。其中：金融类客户分为普通级、金卡级、白金级、钻石级、私行级客户，每年维护频次普通级客户不低于4次，金卡和白金级客户不低于5次，钻石和私行级客户不低于7次，钻石和私行级客户以市分公司、区县分公司维护为主；寄递类客户分为小微、三级、二级、一级、特级客户，每年维护频次小微、三级和二级客户不低于3次，一级、特级客户不低于4次，一级和特级客户以市分公司维护为主；邮务类客户分为普通级、贵宾级、白银级、黄金级、铂金级、钻石级客户，各级客户每年维护频次不低于3次，铂金、钻石级客户以市分公司维护为主；市级大客户每年维护频次不低于4次。

（三）维护效果逐渐显现

2021—2022年，全市邮政累计开展客户维护活动13322场，维护客户1694万人次。其中，2021年，全市邮政开展客户维护活动5730场，维护客户733万人次，助力代理金融业务新增总资产235.88亿元，占全市新增总资产总额的57%；推动邮务类业务增量15.86亿元，占全市邮务类业务增量总额的84%。2022年，全市邮政组织开展客户维护活动7592场，维护客户960万人次，助力代理金融业务新增总资产233.4亿元，占全市新增总资产总额的61%；推动邮务类业务增量10亿元，占全市邮务类业务增量总额的63%。

市分公司服务质量部协同各专业部门从需求调研、产品组织、活动方式、寄递服务、客户回访等方面开展"二十四节气"客户维护效果评估，通过神秘人体验、深度访谈、电话回访等方式收集客户意见。2021年，开展5次客户维护活动效果评估，访问客户29530人次，收集有效问卷5510份、客户意见750条，客户对维护活动整体满意度、礼品满意度、领取方式满意度、寄递服务满意度、网点服务满意度等各活动触点满意度均在90分以上。2022年，开展4次客户维护活动效果评估，访问客户10697人次，收集有效问卷1739份、客户意见607条，客户满意度达90分以上，客户整体评价良好。

专记7 重庆地方题材邮资票品

重庆地方题材邮资票品的发行，为助力地方经济、文化、旅游宣传推广，作出了突出的贡献。1952—2022年，先后由邮电部、国家邮政局和中国邮政集团有限公司发行有代表性的重庆地方题材邮票（含小型张、小全张）及封片类共33套。其中，风光类11套、文化类9套、人物类4套、建设类7套、教育类2套。

表 专–7–1

1952—2022年重庆相关题材邮资票品列表

发行日期	邮票志号	邮票名称	类别	枚数（枚）	面值（元）
1952.10.1	特5	《伟大的祖国－建设（第二组）》	套票	4	3200（旧币）
1978.11.1	T31	《公路拱桥》	套票	5	0.92
1981.9.1—1983.12.2	普21	《祖国风光》	套票	17	11.245
1986.4.1—12.25	普23	《民居》	套票	14	4.695
1988.8.10—11.30	普24	《中国石窟艺术》	套票	4	37.00
1989.4.28	YP7	《四川风光》	YP	10	1.30
1992.12.4	1992–18	《刘伯承同志诞生一百周年》	套票	2	0.70
1994.11.4	1994–18	《长江三峡》	套票	6	2.30
1994.11.4	1994–18M	《长江三峡》	小型张	1	5.00
1998.6.18	1998–14	《重庆风貌》	套票	2	2.00
1999.3.16	1999–2	《汉画像石》	套票	6	6.00
1999.8.16	TP10	《长江三峡》	TP	10	6.00
1999.12.29	1999–19	《聂荣臻同志诞生一百周年》	套票	2	1.60
2000.3.26	2000–7	《长江公路大桥》	套票	4	5.20
2000.10.1	FP14	《重庆风光》	FP	10	6.00
2001.6.28	2001–11	《中国共产党早期领导人（一）》	套票	5	4.00
2002.6.18	2002–13	《大足石刻》	套票	4	4.80
2002.6.18	2002–13M	《大足石刻》	小型张	1	8.00
2003.4.12	TP25	《巫山小三峡》	TP	8	4.80
2007.6.8	2007–15	《重庆建设》	套票	2	2.40
2007.7.5	2007–18	《杨尚昆同志诞生一百周年》	套票	2	2.40
2007.10.13	2007–28	《长江三峡库区古迹》	套票	4	4.80

发行日期	邮票志号	邮票名称	类别	枚数（枚）	面值（元）
2008.6.27	TP34	《武隆喀斯特》	TP	5	4.00
2010.2.6	2010−4	《梁平木版年画》	套票	4	4.80
2010.2.6	2010−4M	《梁平木版年画》	小全张	1	7.20
2011.11.18	JP169	《第八届中国（重庆）国际园林博览会》	JP	1	0.80
2013.5.19	2013−12	《中国古镇（一）》	套票	8	9.60
2014.9.13	2014−20	《长江》	套票	9	13.20
2016.4.18	JP214	《西南大学建校110周年》	JP	1	0.80
2017.5.19	2017−11	《中国恐龙》	套票	6	9.30
2017.5.19	2017−11M	《中国恐龙》	小型张	1	6.00
2018.8.26	2018−23	《长江经济带》	套票	6	7.80
2018.8.26	2018−23M	《长江经济带》	小全张	1	11.70
2019.10.2	2019−24	《中俄建交70周年》	套票	2	2.40
2019.10.12	JF133	《重庆大学建校90周年》	JF	1	1.20
2021.3.19	JP259	《中欧班列（渝新欧）开行十周年》	JP	1	0.80
2022.4.28	2022−6	《世界自然遗产——中国南方喀斯特》	套票	7	8.40
2022.8.5	2022−16	《中国篆刻》	套票	4	4.80

一、风光类

（一）邮票

1.（普21）《祖国风光》普通邮票。1981年9月1日至1983年12月2日，邮电部陆续发行《祖国风光》普通邮票1套17枚，展现了中国各地的17处风景胜地。其中第15枚"长江三峡"表现的是重庆境内瞿塘峡的风箱峡风貌。

图 专-7-1 （普21）《祖国风光》普通邮票

续图 专-7-1 （普21）《祖国风光》普通邮票

2.（1994-18）《长江三峡》特种邮票含小型张。1994年11月4日发行的《长江三峡》特种邮票1套6枚及小型张1枚，展示了三峡两岸高峰夹峙，江面狭窄曲折，水流湍急，滩礁密布，险峻幽深，雄奇壮观。其中6-1"白帝城"、6-2"瞿塘峡"、6-3"巫峡"、6-4"神女峰"，4枚邮票表现的景观均在重庆境内。

图 专-7-2 （1994-18）《长江三峡》特种邮票

续图 专–7–2 （1994–18）《长江三峡》特种邮票

图 专–7–3 （1994–18M）《长江三峡》小型张

3.（1998–14）《重庆风貌》特种邮票。1998 年 6 月 18 日，为庆祝重庆直辖一周年，特发行《重庆风貌》特种邮票 1 套 2 枚，邮票图名分别为"重庆市人民大礼堂"和"重庆港"。

图 专–7–4 （1998–14）《重庆风貌》特种邮票

4.（2013-12）《中国古镇（一）》特种邮票。2013 年 5 月 19 日发行的《中国古镇（一）》特种邮票1 套 8 枚，其中第 2 枚邮票表现了重庆合川涞滩镇，涞滩镇是重庆市级风景名胜区"涞滩——双龙湖风景区"的重要组成部分。同日，重庆合川城区及合川涞滩镇举行了邮票首发式。

图 专-7-5 （2013-12）《中国古镇（一）》特种邮票

5.（2014-20）《长江》特种邮票。2014 年 9 月 13 日发行的《长江》特种邮票 1 套 9 枚，其中第2 枚"山水重庆"展现了重庆渝中半岛，第 3 枚"三峡奇观"则呈现了白帝城、巫峡、瞿塘峡。同日，《长江》特种邮票首发式在重庆解放碑举行。

图 专-7-6 （2014-20）《长江》特种邮票

6.（2022-6）《世界自然遗产——中国南方喀斯特》特种邮票。2022 年 4 月 28 日发行的《世界自然遗产——中国南方喀斯特》特种邮票 1 套 7 枚。其中第 3 枚、第 6 枚分别表现了重庆武隆喀斯特和南川金佛山喀斯特。同日，邮票首发式分别在重庆武隆、南川两地举行。

图 专-7-7 （2022-6）《世界自然遗产—中国南方喀斯特》特种邮票

续图 专-7-7 （2022-6）《世界自然遗产——中国南方喀斯特》特种邮票

（二）明信片

1.（YP7）《四川风光》国际航空邮资明信片。1989 年 4 月 28 日发行的《四川风光》国际航空邮资明信片 1 套 10 枚，其中第 2 枚表现长江三峡重庆段景色，第 4 枚表现重庆大足石刻。

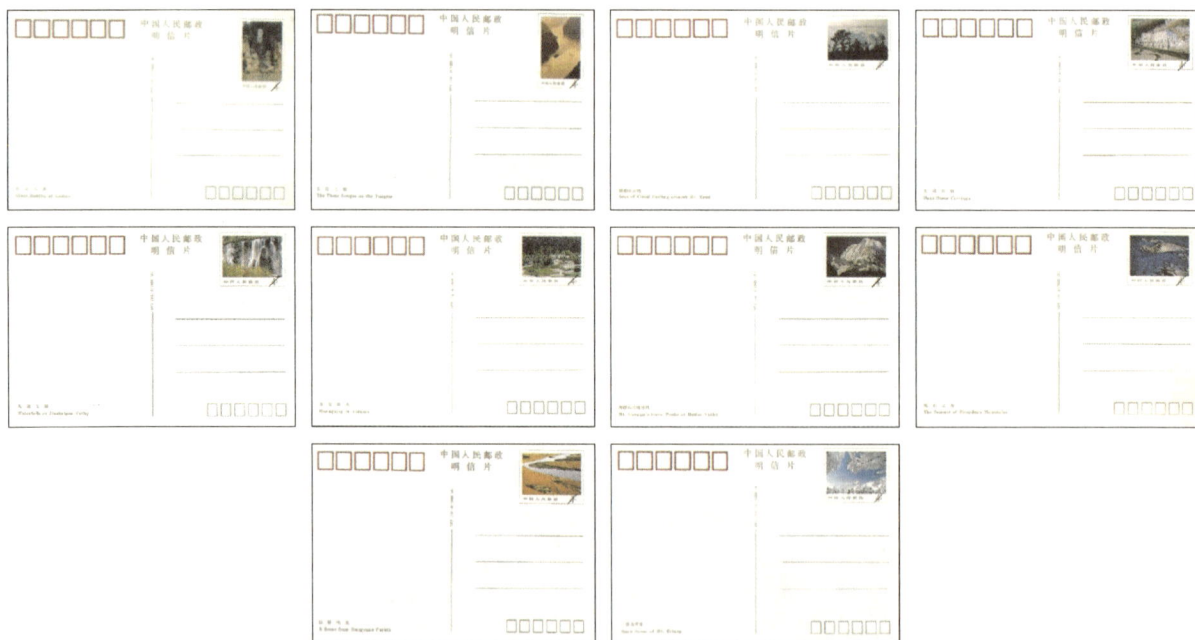

图 专-7-8 （YP7）《四川风光》国际航空邮资明信片

2.（TP10）《长江三峡》特种邮资明信片。1999 年 8 月 16 日发行的《长江三峡》特种邮资明信片 1 套 10 枚，其中前 6 枚表现的瞿塘峡、夔门、巫峡、大宁河与长江交汇处、巫峡烟雨、神女峰等均在重庆境内，展现了长江三峡雄奇秀逸的独特风光。

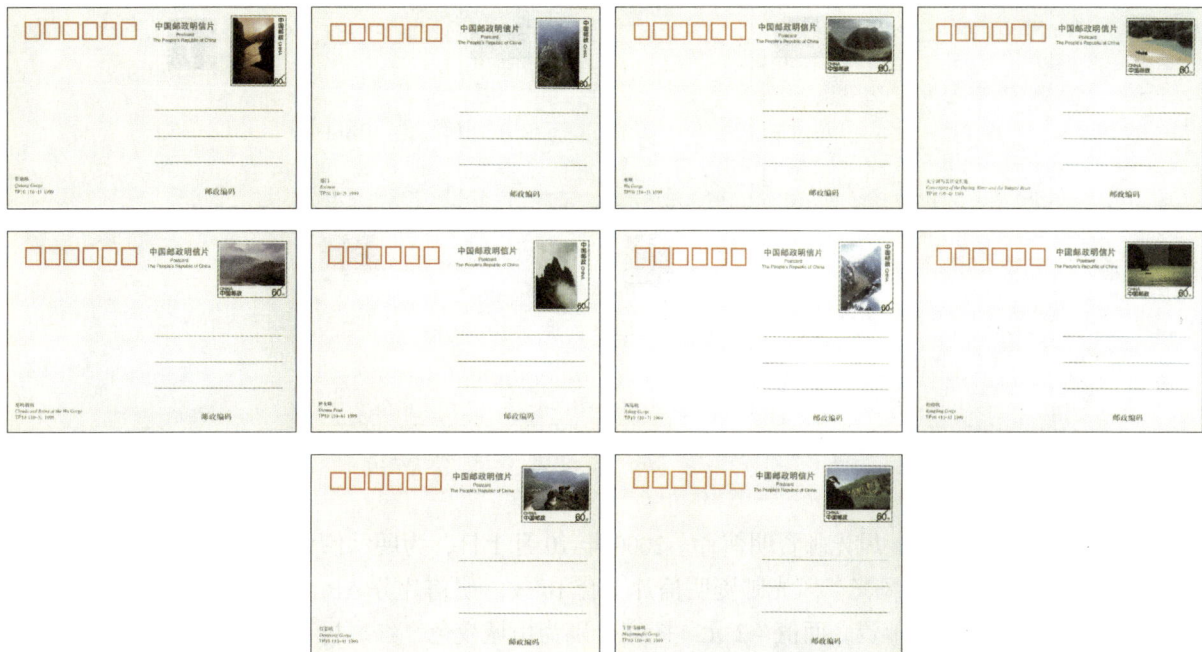

图 专-7-9　（TP10）《长江三峡》特种邮资明信片

3.（TP25）《巫山小三峡》特种邮资明信片。2003 年 4 月 12 日发行的《巫山小三峡》特种邮资明信片 1 套 8 枚，分为套装式、本册式两种形式，图案分别为（8-1）龙门峡、（8-2）巴雾峡、（8-3）滴翠峡、（8-4）琵琶洲、（8-5）小小三峡、（8-6）龙门飞渡、（8-7）幽谷浅滩、（8-8）宁河轻舟。

图 专-7-10　（TP25）《巫山小三峡》特种邮资明信片

4.（TP34）《武隆喀斯特》特种邮资明信片。2008 年 6 月 27 日发行的《武隆喀斯特》特种邮资明信片 1 套 5 枚。武隆喀斯特位于重庆武隆，包含 3 个独立喀斯特系统，即芙蓉洞洞穴系统、天生三桥喀斯特系统和后坪冲蚀型天坑喀斯特系统，邮资图与明信片背面图案一致，分别展示了芙蓉洞、天龙桥、青龙桥、黑龙桥和后坪天坑独特喀斯特风光。

图 专-7-11 （TP34）《武隆喀斯特》特种邮资明信片

5.（FP14）《重庆风光》风光邮资明信片。2000 年 10 月 1 日，为展示伟大祖国的大好河山，国家邮政局发行了（FP14）《重庆风光》风光邮资明信片 1 套 10 枚。明信片分 AB 两组，A 组为国内邮资，面值 60 分；B 组为国际航空邮资，面值 4.2 元。图案分别为山城夜色、红岩村革命纪念馆、大足石刻、合川钓鱼城、江津四面山、大宁河小三峡、忠县石宝寨、万盛石林、武隆芙蓉洞、龙潭古镇。

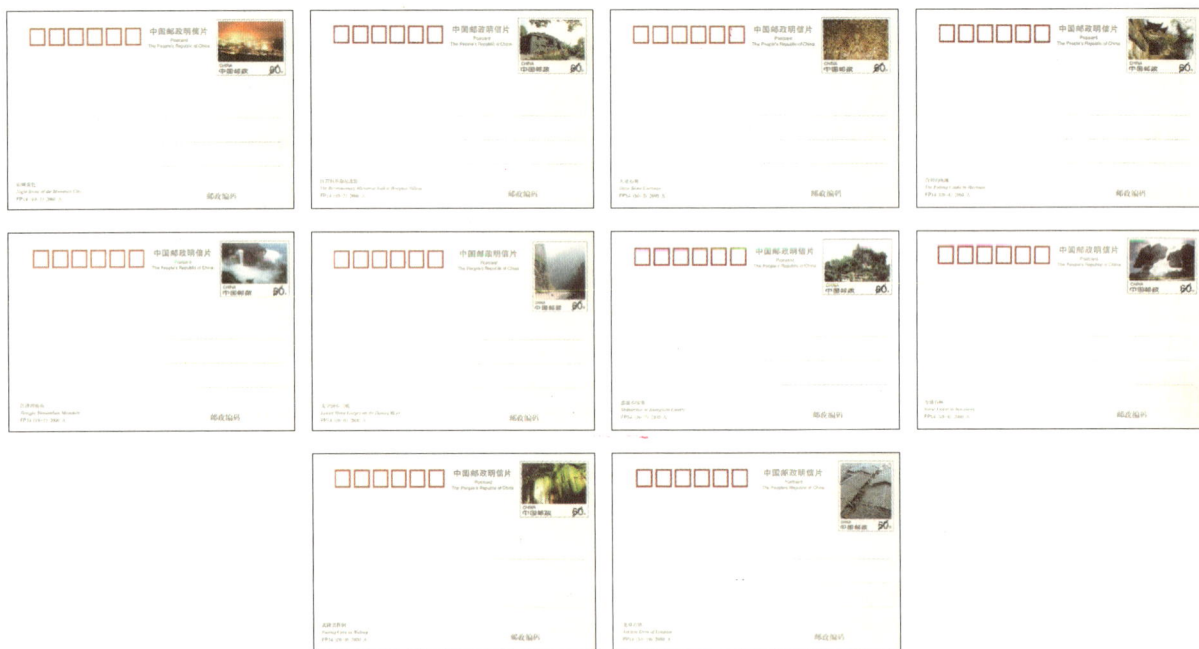

图 专-7-12 （FP14）《重庆风光》风光邮资明信片

二、文化类

（一）邮票

1.（普 23）《民居》普通邮票。1986 年 4 月起邮电部发行的《民居》普通邮票 1 套 14 枚。图案分别展示了内蒙古、西藏、东北、湖南、江苏、北京、云南、上海、安徽、陕北、四川、台湾、福建、浙江民居的建筑造型。其中第 11 枚为"四川民居"，于 1986 年 9 月 10 日发行。邮票图案表现了川渝地区独具特色的原生态民居建筑——吊脚楼。

图 专–7–13 （普 23）《民居》普通邮票

2.（普 24）《中国石窟艺术》普通邮票。1988 年 8 月 10 日至 11 月 30 日，陆续发行的《中国石窟艺术》普通邮票 1 套 4 枚，画面表现的都是中国石窟艺术中的精品，其中第 4 枚为"大足石刻养鸡女"。

图 专–7–14 （普 24）《中国石窟艺术》普通邮票

3.（1999-2）《汉画像石》特种邮票。1999年3月16日发行的《汉画像石》特种邮票1套6枚，其中第4枚"车马出行"画像原石现藏于重庆中国三峡博物馆。

图 专-7-15 〔1999-2〕《汉画像石》特种邮票

4.（2002-13）《大足石刻》特种邮票（含小型张）。2002年6月18日发行的《大足石刻》特种邮票1套4枚及小型张1枚。大足石刻是中国石窟艺术中的一颗璀璨明珠，与云岗、龙门三足鼎立，齐名敦煌。石刻以佛教造像为主，兼有儒、道造像。邮票及小型张分别表现了日月观音、普贤菩萨、华严三圣、三皇洞造像和千手观音。同日，重庆大足举行邮票首发式。

图 专-7-16 〔2002-13〕《大足石刻》特种邮票

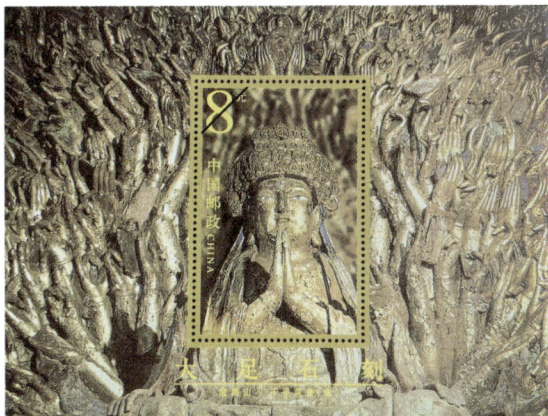

图 专–7–17 （2002–13M）《大足石刻》小型张

　　5.（2007–28）《长江三峡库区古迹》特种邮票。2007 年 10 月 13 日发行的《长江三峡库区古迹》特种邮票 1 套 4 枚。其中前 3 枚表现的张飞庙、石宝寨、大昌古镇等古迹都位于重庆境内。同日，重庆云阳、忠县、巫山三地同时举行邮票的首发式。

图 专–7–18 （2007–28）《长江三峡库区古迹》特种邮票

6.（2010-4）《梁平木版年画》特种邮票（含小全张）。2010年2月6日发行的《梁平木版年画》特种邮票1套4枚及小全张1枚，展示了木版年画深厚的中华传统文化底蕴，邮票图案分别为"门神""盗仙草""和气致祥""盗令出关"。同日，重庆梁平举行了邮票首发式。

图 专-7-19 （2010-4）《梁平木版年画》特种邮票

图 专-7-20 （2010-4M）《梁平木版年画》小全张

7.（2017-11）《中国恐龙》特种邮票（含小型张）。2017年5月19日发行的《中国恐龙》特种邮票1套6枚及小型张1枚。其中邮票第2枚表现的是在重庆永川五间上游水库发现的永川龙，小型张表现的是在重庆合川太和古楼山发现的马门溪龙。同日，永川人民广场、重庆自然博物馆、合川人民广场和太和镇马门溪龙挖掘地四地分别举行邮票首发式。

图 专-7-21 （2017-11）《中国恐龙》特种邮票

图 专-7-22 （2017-11M）《中国恐龙》小型张

8.（2022-16）《中国篆刻》特种邮票。2022 年 8 月 5 日发行的《中国篆刻》特种邮票 1 套 4 枚，其中 4-3 为朔宁王太后玺，现藏于重庆中国三峡博物馆。

图 专-7-23 （2022-16）《中国篆刻》特种邮票

（二）明信片

（JP169）《第八届中国（重庆）国际园林博览会》纪念邮资明信片。2011 年 11 月 18 日发行的《第八届中国（重庆）国际园林博览会》纪念邮资明信片 1 套 1 枚。邮资图为博览会会徽，明信片图表现了博览会吉祥物"山娃"形象以及园内景观重云塔、风雨廊桥等。

图 专–7–24 （JP169）《第八届中国（重庆）国际园林博览会》纪念邮资明信片

三、人物类

（一）邮票

1.（1992–18）《刘伯承同志诞生一百周年》纪念邮票。刘伯承（1892—1986），四川开县（重庆开州）人，1955 年被授予中华人民共和国元帅军衔，著名军事家。1992 年 12 月 4 日发行的《刘伯承同志诞生一百周年》纪念邮票 1 套 2 枚。邮票图案分别表现了"元帅像"和"长征时期的刘伯承"。

图 专–7–25 （1992–18）《刘伯承同志诞生一百周年》纪念邮票

2.（1999–19）《聂荣臻同志诞生一百周年》纪念邮票。聂荣臻（1899—1992），四川江津（重庆江津）人。1999 年 12 月 29 日，为纪念聂荣臻同志诞辰 100 周年，特发行纪念邮票 1 套 2 枚。邮票图案分别表现了"聂荣臻元帅"和"科技事业的卓越领导人"。邮票发行当日，重庆江津隆重举行邮票首发式。

图 专-7-26 （1999-19）《聂荣臻同志诞生一百周年》纪念邮票

3.（2001-11）《中国共产党早期领导人（一）》纪念邮票。2001 年 6 月 28 日发行的《中国共产党早期领导人（一）》纪念邮票 1 套 5 枚，其中 5-2 为赵世炎。赵世炎（1901—1927），四川酉阳（重庆酉阳）人，中国共产党早期杰出的无产阶级革命家、卓越的马克思主义理论传播者、著名的工人运动领袖、中国共产党的创始人之一。2001 年 7 月 1 日，重庆邮政与酉阳县政府共同举办邮票首发式。

图 专-7-27 （2001-11）《中国共产党早期领导人（一）》纪念邮票

4.（2007-18）《杨尚昆同志诞生一百周年》纪念邮票。杨尚昆（1907—1998），四川潼南（重庆潼南）双江镇人，中国无产阶级革命家。2007年7月5日发行《杨尚昆同志诞生一百周年》纪念邮票1套2枚。邮票图案分别表现了"杨尚昆在延安"和"国家主席杨尚昆"。邮票发行当日，重庆潼南举行邮票首发式。

图 专-7-28 （2007-18）《杨尚昆同志诞生一百周年》纪念邮票

四、建设类

（一）邮票

1.（特5）《伟大的祖国－建设（第二组）》邮票。1952年10月1日发行的《伟大的祖国－建设（第二组）》特种邮票1套4枚，其中第2枚表现新中国第一条铁路——成渝铁路，图案为四川巴县铜罐驿镇（重庆九龙坡铜罐驿）的煤窑桥。这也是新中国第一枚铁路建设邮票。

图 专-7-29 （特5）《伟大的祖国－建设（第二组）》邮票

2.（T31）《公路拱桥》邮票（含小型张）。1978年11月1日发行的《公路拱桥》特种邮票1套5枚及小型张1枚，其中第3枚为"丰都九溪沟桥"。该桥跨径为116米，1972年建成时是当时世界上跨径最大的石拱桥。

图 专-7-30　（T31）《公路拱桥》邮票

3.（2000-7）《长江公路大桥》特种邮票。2000 年 3 月 26 日发行《长江公路大桥》特种邮票 1 套 4 枚。其中第 1 枚表现了重庆万县长江公路大桥，万县长江公路大桥位于重庆万州，在中国土木工程学会 2004 年第 16 届年会上入选首届"全国十佳桥梁"。

图 专-7-31　（2000-7）《长江公路大桥》特种邮票

4.（2007-15）《重庆建设》特种邮票。2007年6月8日发行的《重庆建设》特种邮票1套2枚。邮票图名分别为"新貌""交通网络"。图案表现了渝中半岛全景及二郎立交。邮票发行同日，在重庆市委办公厅举行了首发式。

图 专-7-32 （2007-15）《重庆建设》特种邮票

5.（2018-23）《长江经济带》特种邮票（含小全张1枚）。2018年8月26日发行的《长江经济带》特种邮票1套6枚及小全张1枚。第2枚表现了重庆江北国际机场T3A航站楼；第4枚表现了重庆两江新区建筑群、江北嘴、重庆大剧院、重庆朝天门大桥和千厮门嘉陵江大桥；第5枚表现了果园港和中欧班列"和谐号"机车。

图 专-7-33 （2018-23）《长江经济带》特种邮票

图 专-7-34 （2018-23M）《长江经济带》小全张

6.（2019-24）《中俄建交 70 周年》纪念邮票。2019 年 10 月 2 日发行的《中俄建交七十周年》纪念邮票 1 套 2 枚，分别以两国代表性跨江大桥为元素，其中第 1 枚表现了重庆朝天门长江大桥。

图 专-7-35 （2019-24）《中俄建交 70 周年》纪念邮票

（二）明信片

（JP259）《中欧班列（渝新欧）开行十周年》纪念邮资明信片。2021 年 3 月 19 日发行的《中欧班列（渝新欧）开行十周年》纪念邮资明信片 1 套 1 枚。邮资图以中欧班列（渝新欧）"和谐号"机车为主体。明信片图从另一角度表现了中欧班列（渝新欧）"和谐号"机车，辅以最新的重庆渝中半岛建筑群鸟瞰图作为背景。同日，在重庆沙坪坝举行纪念邮资明信片首发式。

图 专-7-36 （JP259）《中欧班列（渝新欧）开行十周年》纪念邮资明信片

五、教育类

（一）信封

（JF133）《重庆大学建校90周年》纪念邮资信封。重庆大学是国家"211工程"和"985工程"重点建设的高水平研究型综合性大学，是国家"世界一流大学建设高校（A类）"。2019年10月12日，为庆祝建校90周年，特发行《重庆大学建校90周年》纪念邮资信封1套1枚。

图 专-7-37 （JF133）《重庆大学建校90周年》纪念邮资信封

（二）明信片

（JP214）《西南大学建校 110 周年》纪念邮资明信片。西南大学位于重庆北碚，是国家首批"双一流"建设高校、"211 工程"和"985 工程优势学科创新平台"建设高校。2016 年 4 月 18 日，为庆祝西南大学建校 110 周年，特发行《西南大学建校 110 周年》纪念邮资明信片 1 套 1 枚。

图 专－7－38 （JP214）《西南大学建校 110 周年》纪念邮资明信片

二、重要文献

关于调整重庆市邮电管理体制的决定

邮部〔1991〕812号

四川省邮电管理局、重庆市邮电局：

自一九八四年重庆市邮电管理体制改革和实行计划单列以来，在四川省、重庆市党委和政府以及邮电部和四川省邮电管理局的领导下，重庆市邮电局和邮政、电信两局做了大量工作，邮电通信配合重庆市的发展做出了一定的成绩。但是，实践表明，现行体制增加了管理层次，不利于调动企业的积极性，也不利于通信网路的统一规划和建设。为了加速重庆市邮电通信事业的发展，经反复研究并征求各方面意见，决定按照精简机构、减少层次、提高效率的原则，对重庆市邮电管理体制进行如下调整：

一、撤销重庆市邮电局。重庆市邮政局和重庆市电信局根据以系统领导为主、地方领导为辅的原则，在四川省邮电管理局和重庆市人民政府双重领导下开展工作，业务上服从四川省邮电管理局统一指挥调度。

二、将原重庆市邮电局管辖的十二个郊县邮电局划归市电信局管辖。市电信局要配备主管邮政的副局长，设置相应的工作机构，切实加强对郊县邮政工作的领导。

领导关系作上述调整后，邮政网路和邮运组织不变；邮件封发、运输、交接关系不变。市邮政局仍应在邮政业务上对郊县邮电局继续给予指导与协助。

三、部对重庆市邮政局、电信局的业务计划、财务计划、物资供应计划、固定资产投资计划和劳动工资计划直接实行计划单列。其方式为：

1. 邮电部在下达各省、自治区、直辖市计划时，将重庆市邮、电两局的各项计划指标，在四川省管局名下以其中数的形式单独列出，同时下达到两市局和省管局；部单独向重庆市邮、电两局下达的计划，抄送四川省邮电管理局。

2. 重庆市邮、电两局的计划和统计资料在上报邮电部的同时，报送四川省邮电管理局。

3. 部核给重庆地区的成本差异系数维持不变，直接分配给市邮、电两局。

四、重庆市邮政局、电信局为准局级单位，其领导班子的党、政正职为副局级，由四川省邮电管理局征求地方党委意见并报部批准后由省局任免。

五、体制调整后，邮电部和四川省邮电管理局将根据重庆市在西南和四川通信网中的重要地位，按照统一规划、分级负责和投资合理分摊的原则，加强重庆市的通信网路建设，特别是一、二级干线的建设和发展。

六、部组成由部内有关司局、四川省邮电管理局及原重庆市邮电局负责同志参加的领导小组，并组织部省联合工作组，办理重庆市邮电管理体制调整的各项工作。一九九二年一季度内争取完成调整工作，并开始按新体制运行。

这次调整是在总结经验的基础上，对重庆市邮电计划单列体制的进一步完善，目的在于促进重庆市邮电通信事业发展。希望重庆市邮电单位的各级领导顾全大局，做好思想政治工作，教育干部、职工服从工作需要，保证调整工作的顺利完成。

附件：调整重庆市邮电管理体制实施方案（只发邮电单位）

一九九一年十二月十日

附件

调整重庆市邮电管理体制的实施方案

为了贯彻邮部〔1991〕812号《关于调整重庆市邮电管理体制的决定》，邮电部于一九九一年十二月二十一日、二十三日召集四川省邮电管理局、重庆市邮电局以及重庆市邮政局和电信局的主要负责同志来京，会同部相关司局共同研究确定如下实施方案。

一、组成调整重庆市邮电管理体制领导小组和部省联合工作组。

领导小组的成员是：

组　　长：杨贤足

副组长：刘　彩、张居平

成　　员：赵品健、黄宪明、栾正禧、刘立清、石萃鸣、盛名环、刘季芝、黄以琳、许学余。

部省联合工作组的成员是：组长张居平，副组长刘彩、黄以琳、许学余，组员由四川省管局及部相关司局抽调干部担任。

二、工作进度安排

1. 部人事司会同四川省管局考察、配备重庆市邮政局、电信局的领导班子，于一九九二年二月份完成任免手续。

2. 部省联合工作组部分成员由黄以琳、许学余同志带队（部政法司贾明同志参加），一九九二年一月在重庆开展调查、测算等工作，按照邮部〔1991〕812号决定和本实施方案确定的原则，提出各项具体调整方案，列出清单，主要内容包括：1）原重庆市邮电局人员安排；2）原重庆市邮电局资产的划分；3）原重庆市邮电局资金及债权、债务的划分；4）原重庆市邮电局主管的在建工程项目安排；5）其他有关调整事项。

上述各项具体调整方案经向领导小组汇报后确定。

3. 领导小组于一九九二年三月初向重庆市邮电干部、职工宣布部调整决定，宣布两局新的领导班子，公布各项具体调整方案并随即贯彻、落实。

4. 部省联合工作组于一九九二年三月底以前做出此次调整工作的初步总结后即行撤销。

5. 遗留的各项工作，如新体制下各项工作渠道、制度的建立、资产具体交接手续及两局内部机构、人事调整等，在四川省管局领导下，通过协调，由邮、电两局继续办理，于一九九二年第二季度内全部完成。

三、人员分配原则

市邮电局人员安排的原则是：1）原由邮、电两局调来的人员原则上仍回两局；原来不是来自两局的人员，按其从事的工作性质和工作需要分配。已离退休的人员也按此原则分到两局。2）考虑体制调整后新的工作需要（如十二个县邮电局划归电信局管辖）。3）原重庆市邮电局处科以上干部，其去向主要是充实两市局中层及基层工作，一般不降低其级别及待遇。两市局中层领导干部，由两局新的领导班子按照干部德才条件及干部四化要求和工作需要统筹安排并按规定办理报批任命手续。

四、北碚、双桥、南桐三个远郊区邮电局仍归重庆市邮政局管辖。其本地电信网的发展、建设按市电信局的统一规划，分工组织实施。

五、资产分配原则

市邮电局资产（局房、宿舍、车辆、办公用品等），根据体制调整后的任务和人员划分，并适当照顾邮、电两局的实际情况，分配给市邮、电两局。干部职工宿舍使用权不变。

六、资金及债权、债务分配原则

原市邮电局的折旧费、生产发展基金及新技术开发基金等专项资金，应优先保证在建项目，缺口部分及债务按项目归属划分。

七、直属机构划分原则

机要局划归市邮政局。设计所、永川办事处及职工学校划归市电信局。通信学会改为挂靠市电信局。

建议将邮电公安分局分为"电信公安分局"和"邮政公安分局"，分别划归市电信局、市邮政局。邮电报社划归电信局，邮局另行创办"邮政报"。

八、为了保证地球站、三万门程控局及数字微波等在建工程顺利进行，这些项目的人员及其管理工作均划归市电信局。从一九九二年一月一日起，其对外合同由市电信局执行。

九、部对重庆市成本差异系数保持不变，十二个县局的现行成本差异系数也不变动。原市邮电局保留的部分在邮、电两局之间分配，适当照顾邮局。具体分配办法由四川省管局测算后提出并报部经营财务司审定。

十、重庆市邮政、电信两局对部计划单列方式，从一九九二年起即按邮部〔1991〕812号规定执行。

十一、党的关系，由部省联合工作组与重庆市委协商确定。建议邮、电两局党委仍直接由重庆市委领导，重庆邮电器材公司党的关系由市电信局党委代管。重庆通信设备厂党的隶属关系待征得重庆市委意见后再定。

这次重庆市邮电管理体制调整，是在总结经验基础上对重庆市邮电计划单列体制的进一步完善，其目的是为了精简机构、理顺关系，加速重庆市邮电通信的发展。体制调整后，邮电部和四川省邮电管理局将按照重庆市在西南通信网中的重要地位，继续重视重庆市邮电通信网路，特别是一、二级干线的规划与建设。四川省管局要提出具体方案，协助重庆两局解决好该市与全省、全国通信网的疏通问题，按照统一规划、分层负责和投资分摊的原则搞好重庆市通信网路建设。

这次体制调整涉及许多干部、职工的工作安排，情况比较复杂。因此部省联合工作组及重庆市邮电部门各级领导，要将做好思想政治工作贯穿整个调整工作全过程，广泛、深入宣传调整的意义，耐心细致地做好说服工作，解除各种顾虑。各单位要负责做好本单位人员的工作，保证在调整期间不发生问题。在新体制开始运行之前，原有机构要照常工作，人员要坚守岗位，保证邮电通信工作正常运行，保护各种档案、资料、公物、资财完好无损。

重庆市全体邮电干部、职工要顾全大局，加强团结，讲风格、守纪律，共同努力，保证各项调整工作顺利完成。

关于设立重庆市邮政管理局的通知

邮部〔1997〕313号

重庆市邮政管理局：

根据第八届全国人民代表大会第五次会议关于批准设立重庆直辖市的决定，为适应重庆市行政区划调整和邮政通信发展，决定设立重庆市邮政管理局，撤销重庆市邮政局。

重庆市邮政管理局是正厅局级邮政通信主管机构，管理重庆市所辖行政区域内邮政企、事业单位，经营管理本区域内邮政业务，同时履行邮政通信行业管理职能。

为加强企业的经营管理，管理局的机构要按照企业总部的模式设置。

部将于近日下发《重庆市邮电体制调整实施方案》。请你局按照方案要求，抓紧做好机构的组建工作，确保邮政通信正常运行。

邮电部

一九九七年四月十日

关于印发重庆市邮电体制调整实施方案的通知

邮部〔1997〕316号

重庆市邮政管理局、电信管理局，四川省邮电管理局：

现将《重庆市邮电体制调整实施方案》印发给你们，请认真贯彻执行。为搞好调整工作，现就有关问题通知如下：

一、重庆地区邮电体制调整，是为保障重庆直辖市建市工作和经济发展的通信需要而采取的一项重大改革措施。体制调整的同时，进行邮电分营试点，为全国深化邮电体制改革取得经验。这项工作政策性强，涉及面广，各级领导一定要顾全大局，努力工作，按调整方案要求，深入细致认真负责地做好各项调整工作。

二、根据方案要求尽快组建重庆市邮政管理局和电信管理局，并于五月底以前完成组建工作，做到机构、人员、职能到位。

三、由重庆市邮、电两管理局主要领导牵头，各选派专门人员，组成邮电分营与移交工作组，负责具体组织所辖市、区、县邮电分营工作和企业关系移交工作。市、区、县邮电分营工作应于上半年基本完成。邮政总局、电信总局要对重庆邮电分营工作加强指导。

四、原属四川省邮电管理局管理的市、地、县局向重庆两管理局移交工作，由四川省邮电管理局提出方案，会同重庆两局共同完成，移交工作应于四月底前完成。

五、为支持重庆邮电体制调整和邮电分营试点工作，部将安排一定数量的专项资金。重庆两局要将部为此安排的资金切实用在邮电分营及直辖市通信建设急需的项目上。

六、在体制调整工作中，重庆邮政、电信两局要坚持两个文明一起抓，本着讲政治、讲风格，团结协作，互谅互让，顾全大局，着眼全网的原则，充分发挥各组织的积极作用，认真做好体制调整工作中的思想政治工作，确保体制调整工作的顺利进行和通信生产正常运转，保持通信持续、快速、健康发展。

附件：重庆市邮电体制调整实施方案

邮电部

一九九七年四月十日

附件：

重庆市邮电体制调整实施方案

根据第八届全国人民代表大会第五次会议审定通过的《关于批准设立重庆直辖市的决定》，部决定相应调整重庆地区邮电管理体制，并利用重庆改直辖市的机会，进行邮电分营试点。

这次重庆邮电体制调整的指导思想是，适应重庆设立直辖市的总要求，发挥重庆作为特大经济中心的重要作用，加快三峡及川东地区以至西南地区的通信发展，满足直辖市政治经济发展的需要。要本着讲政治、讲风格，团结协作，互谅互让，顾全大局，着眼全网的原则搞好调整工作。

一、管理机构调整

机构调整要按照小机关、大服务和精简、统一、效能的原则进行。

1. 设立重庆市邮政管理局和重庆市电信管理局。按照重庆直辖市的行政区划范围，原重庆市邮政局、市电信局和原属四川省管理局管理的涪陵、万县、黔江邮电局及其所辖县市邮电局和长线、微波、邮运、器材等通信企业整建制划归重庆市邮政管理局和电信管理局。

2. 重庆邮政、电信管理局分别负责重庆直辖市区内的公用邮政、电信网路建设、维护和业务的经营管理，并对所辖行政区域行使通信行业管理职能。

重庆邮政管理局、电信管理局均为局级单位，编制分别控制在140人以内，分别下设12和13个处级机构。两管理局要按照邮部编〔1995〕26号文件要求，提出具体机构设置和人员编制方案，报部备案（处室机构设置意见见附录一）。

3. 为加强企业的经营管理，两管理局的机构要按照企业总部的模式设置，重庆市邮政管理局、重庆市电信管理局直接管理各区、市、县局，各区、市、县局直接对管理局负责。

涪陵、万县和黔江邮电局在实行邮电分营后，其在邮政、电信网中仍分别处于中心局的地位，赋予相应的生产管理职责，有关县局的计划下达、上报抄送相关地市局。地市局干部级别待遇不变。

4. 领导职数：管理局局级领导配一正三副（不含党的领导、纪检组长、工会主席）；处级领导职数一般为一正一副。

二、现业机构设置

现业机构的设置应有利于全程全网的指挥调度、有利于提高网络运行效率，有利于社会用邮用电。

1. 重庆城区邮政设若干区局，直接隶属市邮管局管理。邮政储蓄、报刊发行、邮政运输、特快专递等专业由市邮管局设独立的专业局，也可在市邮管局邮政业务市场部下设若干准处级管理处室。

重庆城区电信设若干区局，直接隶属市电信管理局。移动、数据两专业可独立设置，长线、微波两专业合设传输局，均隶属市电信管理局。

2. 直辖市所辖市（地）、县（市）邮电局（含分支机构）实行邮电分营，分别设置邮政局、电信局。

农村邮电支局、所的局房，除独立的电信局划归电信局外，其余全部划归邮局。在电信另建局房之前，使用权维持现状，实行有偿使用。产权单位各自负责日常维护等工作。

3. 邮政、电信营业网点可相互代办邮电业务。

三、附属机构划分

1. 原地市、县市邮电局的附属机构按邮、电专业能划分清楚的，原则上分别整建制划归邮政、电信局管理。

2. 对难以按照专业划分的附属和后勤服务等机构，双方按照互谅互让的原则协商解决。

3. 多种经营机构可比照上述附属机构划分办法，共同协商、合理划分，或采取股份合作方式。

四、人员划分原则

人员划分要讲政治、讲大局、服从工作需要，要利用体制调整的机会，对各岗位干部职工进行一次全面考核，择优上岗。

1. 进行分营的区、市、县邮电局的生产和专业管理岗位人员按照所从事工作进行划分，邮政生产和管理岗位上的人员划归邮政局，电信生产和管理岗位上的人员划归电信局。原重庆市邮政、电信局除远郊区、县邮电局外，人员互不划转。

2. 原地市、县市邮电局综合部门工作人员按工作需要和邮政、电信职工人数比例，分别划归邮政局和电信局。

3. 对分流到邮电多种经营企业并保留"邮电企业职工"身份的人员，按照多种经营企业划转后主管单位的性质划分。分流到股份合作方式的多种经营企业并保留"邮电企业职工"身份的人员，双方或按股份比例协商划分。

4. 离退休人员按照其离退休前工作岗位的归属进行划分。综合部门离退休人员按照比例划分，40% 划归邮政局，60% 划归电信局。

五、工资与养老保险基金的划分

企业职工工资与养老保险等基金的划分均以 1996 年底财务决算数为基准，并按照随人划转的原则进行。

1. 重庆辖区内地市、县市邮政、电信局职工工资总额、历年结余工资基金、基本养老保险基金、企业补充养老保险基金等，按照分营时划归邮政局、电信局实际职工人数比例，分别划归重庆市邮政、电信管理局管理。

2. 职工个人储蓄性养老保险基金，按照职工个人账户（含利息）储存额，按分营时划归邮政局、电信局的实际职工人数比例，分别划归重庆市邮政、电信管理局管理。

六、邮电企业资产、负债、所有者权益的划分

划分要尽可能做到公平合理、简化手续、易于操作并适当向邮政倾斜，要加强国有资产管理，严防资产流失，同时要保证邮政、电信生产的正常运行。

1. 体制调整前，应对其现有企业资产、负债、所有者权益进行清查核实，对应收、应付、预收、预付等悬记账款及时清理并处理，力求在邮电分开、移交、转账时对以前遗留问题处理完毕。

2. 现有邮电企业的资产、负债、所有者权益中根据其性质能确定归属的，应分别直接移交邮政、电信企业，对不能直接确定归属的综合性资产、负债、所有者权益等具体划分意见见附录二。

七、折算系数调整

重庆邮政、电信管理局的自有收入折算系数分别定为 1.1145、0.9572。

按同口径测算，重庆市邮政管理局的自有收入折算应为 0.9981。考虑到邮政亏损的状况，为使邮、电分营后邮政有一定的发展后劲，部决定 2000 年（含 2000 年）以前，在原系数 0.9981 的基础上，补贴调增系数 0.1164，故调整后的系数确定为 1.1145。

如无大的政策变动，两局的自有收入折算系数 2000 年前保持相对稳定。

八、网路调整

网路调整要本着利于优化西南地区网路结构，保证网路高效、安全、顺畅运行的原则进行。

（一）邮政网路调整

1. 将两市一地及所辖各县的邮路和邮件封发关系纳入以重庆为中心的地区网，逐步组织和理顺辖区内以重庆组织开至各县直达邮路及与两市一地组开邮路关系。由重庆始发的一级干线邮路逐步交由重庆邮管局管理，使重庆地区网成为全国干线骨干连接点和集散点。

2. 加快重庆邮区中心局体制的实施步伐，强化以重庆为中心的运输辐射，在保证邮件传递时限的

前题下，逐步减少或弱化所属县局和现两市一地三级邮区中心局的功能。

3. 根据邮政编码的确定原则，重庆直辖市的邮政编码单独组划，初步拟定省头为40，其所辖市区及各地市县的编码亦作相应调整，其实施具体方案和时间，由重庆市邮管局报部批准后实行。

（二）电信网路调整

根据重庆改直辖市后各种电信业务流量流向的变化趋势，充分利用网路资源，对网路进行适当调整。

长途电信网的规划、建设和网路组织，仍按一级干线管理。重庆市与四川省之间的电话网路汇接将做局部调整；电信支撑网将在重庆建立高级信令转接点和省级网路管理中心；数据网的网路编号和命名亦按省市区管理模式做相应调整；电视电话会议系统改由北京汇接。其它网原则上不做调整。

通信网路具体局部调整意见两总局将根据需要适时提出。

附录一：重庆市邮政、电信管理局处室机构设置意见
附录二：对不能直接确定归属的综合性资产、负债、所有者权益的划分意见

附录一：

重庆市邮政、电信管理局处室机构设置意见

一、重庆市邮政管理局设置12个处室。

具体是：办公室、政策法规处（与办公室合设）、邮政行业管理处、邮政业务市场部、邮政工程建设维护部、计划财务部、人事劳动部、科技教育部、宣传部（与党的宣传机构合设）、多种经营部、监察室（与党的纪检机构合设）、审计处、离退休人员管理处。

二、重庆市电信管理局设置13个处室。

具体是：办公室、政策法规处（与办公室合设）、电信政务处、电信业务市场部、电信运行维护部、电信工程建设部、计划财务部、人事劳动部、科技教育部、宣传部（与党的宣传机构合设）、多种经营部、监察室（与党的纪检机构合设）、审计处、离退休人员管理处。

附录二：

对不能直接确定归属的综合性资产、负债、所有者权益的划分意见

不能直接确定归属的综合性资产、负债和所有者权益等，按以下原则确定归属。

一、资产类

（一）固定资产：包括生产用、非生产用、租出及未使用的资产等。

1. 房屋及建筑物：生产用房屋及建筑物能分清使用面积的，按邮、电生产使用面积比例确定，不能分清使用面积的，按邮、电业务量比例确定。管理用房屋及建筑物的70%按邮、电生产人员比例确定，30%按邮、电业务收入比例确定。

2. 电源设备：划归电信。邮政用电按表计费。

3. 其它综合性固定资产：均按能直接确定属性的固定资产比例确定。

4. 累计折旧：按邮、电固定资产归属所提累计折旧确定。

5. 在建工程：属于邮电合建的由重庆市邮政管理局、电信管理局协商确定续建的建设单位和续建期间的资金来源。建成后的资产按资产、负债等具体划分原则划分。

（二）流动资产

1. 货币资金：按邮、电各 35%、65% 的比例确定。

2. 存货：按邮、电生产人员比例确定。

3. 待摊费用：按邮、电固定资产比例确定。

4. 应收账款：按能分清属性的应收账款比例确定。

5. 预付账款：按邮、电固定资产比例确定。

6. 其它流动资产：均按能直接确定属性的流动资产比例确定。

（三）长期投资：按邮、电业务收入比例确定。

（四）无形资产：按邮、电业务收入比例确定。

（五）递延资产及其它资产：按邮、电固定资产比例确定。

二、负债类

（一）流动负债

1. 应付工资及福利费：按邮、电生产人员比例确定。

2. 应付账款、其它应付款：按邮、电固定资产比例确定。

3. 应交税金及其它应交款：按邮、电业务收入比例确定。

4. 其它流动负债：均按能直接确定属性的流动负债比例确定。

（二）长期负债

1. 长期借款、长期应付款：按邮、电固定资产比例确定。

2. 其它长期负债：主要为特准储备基金及住房周转金。特准储备基金按邮、电固定资产比例确定，住房周转金按邮、电职工人数比例确定。

三、所有者权益

（一）实收资本、资本公积：按邮、电固定资产比例确定；市话初装费、邮电附加费应按其来源渠道直接确定归属。

（二）盈余公积：按邮、电职工人数比例确定。

（三）上级拨入资金：按邮、电固定资产比例确定。

（四）未分配收支差额：按邮、电职工人数比例确定。

资产负债表按以上原则划分后的差额调整，由邮、电双方协商解决。

四、附属单位

能直接分清的，直接确定归属，按成建制划转；综合性的单位按邮、电生产人员比例确定归属。

重庆市邮政通信管理条例

（1998 年 3 月 28 日重庆市第一届人民代表大会常务委员会第八次会议通过，1998 年 3 月 28 日公布，1998 年 7 月 1 日起施行）

第一章　总　　则

第一条　为了加强邮政通信管理，维护正常的邮政通信秩序，促进邮政通信事业的发展，适应经济建设、社会发展和人民生活的需要，根据《中华人民共和国邮政法》及有关法律、法规的规定，结合本市实际，制定本条例。

第二条　本条例在本市行政区域内适用。

第三条 各级人民政府应当加强对邮政通信工作的领导，将邮政通信设施的建设纳入当地国民经济和社会发展计划、城乡建设规划，并组织实施。

第四条 市邮政管理局是全市邮政通信工作的主管部门，在国家邮政通信主管部门和市人民政府领导下，负责本市邮政通信行业管理工作。

区、县（市）邮政局在市邮政主管部门授权范围内，管理本地区的邮政通信工作。

有关部门应当协同做好邮政通信建设和管理工作。

第五条 邮政企业应当为用户提供迅速、准确、安全、方便的邮政服务，保障用户的合法权益。市邮政通信主管部门应当加强对邮政企业的监督和业务指导。

第六条 通信自由和通信秘密受法律保护。任何单位或个人不得侵犯他人的通信自由和通信秘密。

第七条 任何单位和个人都有保护邮政通信设施、维护邮政通信安全和畅通的责任，并有权制止、举报破坏邮政通信设施和危害邮政通信安全的行为。

第二章　邮政业务及管理

第八条 邮政通信主管部门对邮政通信市场、集邮市场，邮政用品用具的生产监制，通信用信封、明信片生产监制，实施行业管理。

第九条 邮政企业专营下列业务：

（一）信函、明信片和其他具有信件性质的物品寄递（含速递文件业务）；

（二）机要文件和机要刊物寄递；

（三）邮票、邮资信封、邮资明信片、邮资邮简等邮资凭证的发行；

（四）普通邮票的销售与集邮品的制作和发行；

（五）邮政编码簿的编印和发行；

（六）国务院邮政主管部门规定由邮政企业专营的其他邮政业务。

第十条 邮政企业经营下列业务：

（一）国内和国际包裹寄递；

（二）国内报刊发行；

（三）邮政汇兑；

（四）邮政储蓄；

（五）国务院允许经营的其他业务。

第十一条 非邮政企业和单位经营国务院和国务院邮政主管部门批准放开经营的邮政业务，应向市邮政主管部门提出申请，经批准取得经营许可证或批文并依法办理工商、税务登记后，方可经营。

市邮政主管部门应当自收到书面申请之日起十五日内批复。

第十二条 经营邮政业务、集邮票品的单位或个人，以及集邮票品交易市场，应当遵守邮政通信法律、法规，接受邮政通信主管部门的业务指导和监督管理。

第十三条 单位或个人代办邮政业务必须经邮政企业委托。

代办邮政业务的单位或个人应当执行有关邮政业务规则、资费标准和服务标准，接受邮政通信主管部门的管理、监督和指导。

第十四条 任何单位或个人不得销售自制集邮品，销售普通邮票须经邮政部门委托。

第十五条 生产通信使用的信封、明信片、邮包封装盒和信报箱，必须经市邮政通信主管部门监制。

禁止任何单位和个人销售不符合国家标准或者通信行业标准的信封、明信片、邮包封装盒和信报箱。

第十六条 邮政企业和其他经营邮政通信业务的单位或者个人不得实施下列行为：

（一）销售国务院有关主管部门规定禁止流通的邮票和集邮票品；

（二）低于面值销售邮票或者在新邮票发行期内高于面值销售邮票；

（三）违反国务院邮政通信主管部门的规定提前出售邮票和集邮品；

（四）销售非邮政企业制作的集邮品；

（五）经营邮票和集邮品的进出口业务；

（六）伪造、冒用、转让、转借、涂改批准文件、监制证书或者经营许可证；

（七）经营国家明令禁止的其他邮政通信业务。

第十七条　邮政通信行政执法人员应依法持证（二人以上）进入经营邮政业务的场所进行检查。可以检阅资料，收集和依法登记保存证据。

第十八条　邮政企业和用户应当遵守禁止寄递或限量寄递物品的有关规定。

不符合规定的邮件，邮政企业不予收寄。

第三章　设施规划与建设

第十九条　邮政通信主管部门根据本市城市总体规划，制订邮政通信专业规划及分期实施计划，报规划行政主管部门，经批准后实施。房地、规划等部门应优先办理征用、规划、施工等手续。

第二十条　新建、改建、扩建开发区、工业区、商业区、住宅区、机场、车站、港口等工程，应当同时规划建设与之配套的邮政通信设施。建设单位应当将邮政通信设施与主体工程同时设计、同时施工、同时验收。

配套建设的邮政设施用房，建设单位（产权单位）应按综合成本价售与邮政通信主管部门安排使用，邮政设施用房不得改作他用。

建设单位应当通知邮政通信主管部门参与规划、设计会审和竣工验收。

第二十一条　邮政企业为方便用户应当统一规划、设置邮亭、报刊亭、邮政信箱（筒）。

城区邮政局（所）每处按五百米至七百米服务半径设置。

乡、镇应当设置邮政局（所）或代办所；有条件的村可以设置代办所或乡邮员。

第二十二条　新建居民住宅楼应当由建设单位设置信报箱或收发室。

已建成的居民住宅楼未设置信报箱或收发室的由建设单位或产权（管理）单位补建。

已损坏或不能保证邮件安全的信报箱，其产权（管理）单位应当及时维修或更换。

第二十三条　因城市建设或其他原因需要拆除邮政设施，建设单位应与当地邮政局签订协议，解决临时性过渡用房和承担有关费用，负责就地或就近恢复相当的邮政设施。

第二十四条　机场、港口和较大的车站、宾馆、饭店等公共场所应当提供办理邮政业务的场所，邮政企业应当提供服务。

大专院校、大型企业等需要设置专门邮政服务机构的，应当提供办理邮政业务的场所，由邮政企业提供服务或委托其代办邮政业务。

第二十五条　邮政企业根据城市规划和社会需要设置的报刊亭、邮亭、信箱（筒）、阅报栏，有关部门应当提供安置所需要的场地。

第二十六条　邮政企业应当加强邮政设施的检查、维护和管理，保证邮政设施完好。

第四章　服务、监督与保障

第二十七条　邮政企业及其工作人员（包括代办邮政业务的单位和个人）不得有下列行为：

（一）擅自中断正常的邮政通信业务；

（二）擅自将邮政通信设施改作他用；

（三）擅自增加收费项目、提高收费标准或乱收费；

（四）出卖、出借邮政专用品；

（五）利用工作之便索取财物、谋取私利或刁难用户；

（六）私拆、隐匿、毁弃邮件、电报，冒领汇款或从邮件中窃取财物；

（七）野蛮装卸、违章作业、撕揭邮票等；

（八）利用邮政通信渠道进行法律、法规所禁止的活动；

（九）人为延误和错投邮件；

（十）故意拖延支付邮政汇款或强制进行邮政储蓄；

（十一）限制用户使用、选择邮政服务项目。

第二十八条　邮政企业及其工作人员对用户交寄的邮件、汇款和储蓄存款，负有保密和保护的责任，不得向任何单位或个人提供用户使用邮政业务的情况，法律另有规定的除外。

第二十九条　邮政企业应当在营业场所公布服务范围、禁（限）寄规定、邮件规格标准、资费标准、营业时间和监督电话。

邮政营业窗口应当有标准信封、明信片和邮包封装盒出售。

一等支局应当设立服务台。

第三十条　邮政企业应当执行国务院邮政主管部门有关邮件、报刊传递时限的规定，保证邮件、报刊传递质量。

邮政企业应当保证邮政汇款的及时兑付。

第三十一条　具备下列条件的用户，可以申请邮件、报刊投递，当地邮政企业应当予以登记，并主动上门服务，自登记之日起四十五日内安排投递：

（一）有投递的通行条件；

（二）有公安机关统一编制的门牌号数；

（三）已设置信报箱或收发室；

（四）国务院邮政主管部门规定需要办理中外文名称登记的，已办妥手续。

对尚不具备通邮条件的，邮政企业可以将邮件投递至用户与邮政企业指定的已通邮的邮件代收点或者用户租用的信箱。

用户不具备通邮条件，又未与邮政企业商定妥投方式的，邮政企业可以退回寄件人。

第三十二条　新建单位、居民住宅，其产权（管理）单位应当到当地邮政局办理邮件投递手续；用户变更名称、地址，应当到当地邮政局办理变更改寄手续；房屋改造、装修应当及时恢复门牌；新建房屋，公安机关应当及时编制门牌号数。

第三十三条　地名管理部门设置的街道名称牌、单位门牌，应当附印邮政编码。

第三十四条　邮政企业可以根据用户要求和条件约定投递位置、方式或其他特殊服务项目。享受特殊服务项目的用户，应当依照物价部门核定的标准缴纳服务费。

第三十五条　邮政企业及其工作人员的服务应当接受用户的监督，邮政企业对用户的投诉应当在十五日内予以答复。

第三十六条　用户对交寄的给据邮件和交汇的汇款，可以在交寄或交汇之日起一年内，持据向收寄、收汇的邮政企业查询。

邮政企业自受理查询申请之日起，对本市范围内互寄的邮件十五日内；本市与省内或本市与其他省（自治区、直辖市）之间互寄的邮件两个月内，其中本市寄往青海、西藏、新疆的邮件三个月内；国际邮件六个月内将查询结果通知查询人。查询期满无下落的，邮政企业应当依法先予赔偿。

自赔偿之日起一年内，查明有下列情形之一的，邮政企业有权收回赔偿：

（一）属用户的责任或者所寄物品本身的原因造成给据邮件损失的；

（二）除汇款和保价邮件以外的其他给据邮件由于不可抗力的原因造成损失的。

第三十七条　收件人接收给据邮件时发现封皮破损，应当场声明并核对内件，属邮政企业责任造成内件短少、丢失、损毁的，邮政企业应当按规定赔偿。

第三十八条　由于收件人单位收发人员的过错造成给据邮件丢失、损毁、内件短少或者汇款被冒领的，收件人单位应当先行承担民事赔偿责任，然后由单位向有过错的收发人员追偿。

第三十九条　任何单位或个人不得有下列妨碍邮政通信的行为：

（一）损坏邮政设施；

（二）在邮政局（所）门前、邮政信箱（筒）周围和邮政车辆必经通道堆放物料，摆摊设点；

（三）私自开启邮政信箱（筒）或向邮政信箱（筒）内投放易燃易爆和腐蚀性等危险物品及其它杂物；

（四）扰乱办理邮政业务场所的正常秩序；

（五）伪造或冒用邮政专用标志和邮政专用品；

（六）阻碍邮政工作人员执行公务；

（七）非法检查、截留邮件或拦截邮政运输工具；

（八）妨碍邮政通信的其他行为。

第五章　法律责任

第四十条　违反本条例第十一条、第十四条规定的，由邮政通信主管部门责令其停止经营活动，没收非法所得，可以并处五百元以上二万元以下罚款。

第四十一条　违反本条例第十三条规定，未经邮政通信主管部门委托擅自办理邮政业务的，邮政通信主管部门应责令其将收寄的信件和其他具有信件性质的物品及收取的费用退还寄件人，并视情节轻重可以并处一千元以上一万元以下罚款。

第四十二条　违反本条例第十五条、第十六条规定的，由邮政通信主管部门责令其停止生产、销售，没收非法所得，可以并处一千元以上一万元以下罚款。

第四十三条　违反本条例第二十条规定，未同时规划邮政通信设施的，由城市规划部门依照有关规定处理；未与主体工程同时设计、同时施工的，由邮政通信主管部门处以二万元以上五万元以下罚款。

第四十四条　违反本条例第二十二条第二款、第三款规定的，由邮政通信主管部门责令建设单位或产权（管理）单位限期补建、维修或更换。逾期不补建、维修或更换的，由邮政通信主管部门处以一万元以上五万元以下罚款。对逾期不维修或更换又不能保证邮件安全的，邮政企业可书面通知产权（管理）单位派人到邮政企业领取邮件。

第四十五条　违反本条例第二十七条第（一）、（二）项规定的，由邮政通信主管部门责令改正，并对责任人员给予行政处分或经济处罚；违反第（三）项规定的，由物价部门依法查处；违反第（四）、（五）、（六）、（七）、（八）、（九）项规定的，由邮政通信主管部门对直接责任人员给予行政处分或经济处罚，并追回其所获财物退还用户，给用户造成损失的，应当按规定予以赔偿；违反第（十）、（十一）项规定的，由邮政通信主管部门责令改正，并给予单位负责人和直接责任人员行政处分，对直接责任人处以一百元以上五百元以下的罚款。

第四十六条　违反本条例第三十九条第（一）、（三）、（四）、（六）、（七）、（八）项规定，造成经济损失的，应当赔偿损失；违反第（二）项规定的，由邮政通信主管部门责令其限期改正或予以清除；违反第（五）项规定的，由邮政通信主管部门处以二百元以上一千五百元以下罚款，并没收有关物品。

第四十七条　由于邮政企业的责任造成给据邮件丢失、损毁、内件短少或邮政储蓄存款、汇款被冒领的，邮政企业应按《中华人民共和国邮政法》第三十三条的规定，向用户赔偿损失或采取补救措施。

第四十八条　邮政通信主管部门、邮政企业及其工作人员滥用职权、玩忽职守、徇私舞弊的，由其所在单位或上级机关给予行政处分。

邮政通信主管部门违反本条例第二十条第二款规定，将邮政用房改作他用的，建设单位（产权单位）可以要求其按市场销售价补足差价。

第四十九条　本条例规定的罚款全部上缴同级财政。

第五十条　当事人对行政处罚决定不服的，可以在接到处罚通知书之日起十五日内，向作出处罚决定机关的上一级机关或本级人民政府申请复议；对复议决定不服的，可以在接到复议决定书之日起十五日内，向人民法院提起诉讼。当事人也可以在接到处罚通知书之日起十五日内，直接向人民法院起诉。当事人逾期不申请复议，也不向人民法院起诉，又不履行处罚决定的，作出处罚决定的机关可以申请人民法院强制执行。

用户与邮政企业就有关损失赔偿发生争议，可以协商解决，也可以直接向人民法院起诉。

第六章　附　　则

第五十一条　本条例具体应用中的问题，由重庆市邮政管理局负责解释。

第五十二条　本条例自 1998 年 7 月 1 日起施行。

关于组建重庆市邮政公司的请示

渝邮〔2007〕20 号

中国邮政集团公司：

根据中国邮政集团公司《关于加快省（区、市）邮政公司工商注册登记工作的通知》（中国邮政电令〔2007〕5 号）要求，我局已于 2007 年 1 月 18 日完成了工商变更登记工作，相关准备工作基本就绪，具备组建重庆市邮政公司的条件，请予批准。

二〇〇七年一月二十九日

关于同意组建重庆市邮政公司的批复

中国邮政〔2007〕60 号

重庆市邮政管理局：

你局《关于组建重庆市邮政公司的请示》（渝邮〔2007〕20 号）收悉。根据《国务院关于组建中国邮政集团公司有关问题的批复》（国函〔2006〕79 号）和《财政部、信息产业部关于印发中国邮政集团公司组建方案和中国邮政集团公司章程的通知》（财建〔2006〕542 号）精神，同意组建重庆市邮政公司。

请按照集团公司《关于印发省（区、市）邮政公司机构、职能和编制管理的指导意见的通知》（中国邮政〔2007〕14 号）要求，做好重庆市邮政公司的内设机构及编制、直属单位的设置方案，及时上报审批。同时，做好公司组建后的各项工作。

二〇〇七年一月三十日

当时只道是寻常

——代《重庆邮政志（1986—2022）》编后记

王 高

2019年9月，市分公司新一届领导班子就任没多久，文史中心递交了重启重庆邮政志续修方案。之所以叫重启，是因为早在2000年，市邮政公司就启动过续志编修工作，后因多种原因，中途叫停。后又三次重启，三次中断。

新方案很快就上了总经理办公会。会议同意了修志的请示，经费没有问题，问题是谁来修，产生了分歧。

编修力量大抵有三种解决途径：一是聘请退休的老同志（这也是通常的做法）；二是外包出去；三是抽调在岗员工。

考虑到用工风险，会议确定的外包。

会后，文史中心开始寻源外包公司，着手招标方案。同时，咨询市志办的专家，他们提供了这样的信息：修志外包，大多合作得不理想，有半途而废的，有扯皮不止的，勉强成书的，质量也不高。

这个信息很重要，换言之，外不外包，需要重新决策。

踟蹰之间，新冠疫情来了。

一晃三年。

2023年初，市分公司周新峰总经理询问修志一事，知因疫情被搁置，没有责怪，但提出要求：抓紧时间办，力争在年内出版。

把疫情耽误的时间夺回来，外包的打算，直接就放弃了。然而，与拟外聘的邮政退休老同志沟通，多因身体原因婉言谢绝。抽调员工集中攻关，成为唯一选择。

这些年，邮政发展好，劳动生产率全国排名前茅，人手就特别紧张。好在，在意向征招编辑时，市寄递事业部，巴南、合川、永川、万州、江津分公司，培训中心给予了大力支持。

我们将山顶总部18栋空置的顶层，捯饬出来，挂上了编辑部的牌子，办公场地有了，环境也还行。

2023年1月30日，第一批6名编辑入场。

这多是由理财经理、所主任等年轻一线员工组成的队伍，他们是邮政营业窗口的骨干力量，但对于修志来说，有些"草台班子"的感觉，至于他们成长为"神奇团队"，已是后话。

2月10日，《重庆邮政志》编修启动会召开，与会者近100人。这些当天开始成为"特约编辑"的人，入场一脸轻松，与熟识的人疫后重逢，笑语晏晏，完全感觉不到压力。尽管会上提出了"起步就是冲刺、开战即是决战，以抓经营的劲头开展志书编修"的要求，但从表情看，他们并没有感觉到"硝烟味"。会后，我让人把这一要求做成横幅悬挂在编辑一室，又在门口弄上倒计时的牌子，有点挂图作战、倒排工期的即视感，但也只是增加了点氛围。

起步嘛，没有谁想到会"真冲刺"。

真冲刺是从 3 月开始的。一是编委会将原本计划年底完成，提前到 10 月中旬完成，时间上减少了近 2 个月；二是通过沟通出版社，获知，正规书籍的出版，要经过三审三校、申请书号等，出书至少需要 3 个月。也就是说，留给文稿的编修不到 6 个月；三是在 5 月，集团公司审计、巡视、专项检查密集来到重庆，而各部门提供志书初稿的与提供集团检查材料的多是同一个人，分身乏术，压力陡增。

也就是在这个时间，所有参与修志的同事真正体会到了"正入万山圈子里、一山放过一山拦"的压力和困境。

再回到编辑部，我的感觉是：拆盲盒，好在幸运地拆到了一个神奇团队。

第一批编辑，选送上来的基本上没从事过专业文字工作，且清一色的小姑娘，最小的俩不满 24 岁，平均年龄 30 岁出头，编辑部戏称"史上最年轻的修志团队"，且不说年轻对企业历史不了解，就是对文字的驾驭，也未敢过高期许。

毫无悬念地，进入编辑部后，她们从最初的自豪感很快陷入无力感：志书特有体例要熟悉并运用；大量的史实要收集、查证；大量的单位和人员要联系沟通；大量的信息要消化处理；大量的文字在眼前形成了排山倒海之势。

应对无力只能靠拼尽全力。编辑们每天晚上一般是 9 点下班，而后在编辑部群，展开热烈讨论，抑或虚心讨教。5 月后，就没有了周末一说（由于周末机关食堂停伙，她们多是靠方便面充饥，偶尔合伙点些外卖，就很幸福）。姑娘们因此也进入到自然减肥的过程，最多的减重接近 30 斤，总体减重合计近 100 斤。一位观察过她们的人这样说：这群人进入了一种"疯魔"状态，打了鸡血似的，闷头往前冲。

可以眼观得到的，是姑娘们成功瘦身，再加上文字氤氲，6 个月后，气质和谈吐都有了微妙的变化——美丽和自信中带有了些许文化人的味道。这，应是奋斗者的意外收获，也在一定程度上兑现了我们给选送单位领导的承诺：在修志过程中，培养人和锻炼人。

6 月，第二批 5 名编辑入场。

这是我亲自点选的人，来自办公室条线的骨干，自带成熟度高、抗压力强、来之能战、战之能胜属性。他们进入编辑部后，一看阵式，自己对号入座：原来我们这批是"敢死队"。没有丝毫心理建设时间，这批人马立即投入战斗，向难点、堵点、问题多的点，发起定向爆破。这批编辑，没有辜负期待，一路快速攻城拔寨，原本说抽调一个月，结果奋战了两个月。

7 月，第三批 4 名编辑入场。这是由市分公司新媒体和前《重庆邮政报》熟练的采编人员组成的文字编校和图片团队，参与打好最后的歼灭战。新媒体团队基本上是全员出动，为此，在 7 月停更了三个网络宣传平台。

为高效组织、不产生任何的人力浪费，编辑分批入场和分批撤离是从一开始就定下的策略。同样的策略还包括我们在基层组稿中，对撰稿人、特约编辑、部门领导、单位领导、条线管理部门分层级和分时段的责任落实。不同时间段，压力放在哪个部位，我们从一开始，就有清晰的考量。通过初稿评分、《重庆邮政发布》信息导向、分段分片召开促进会、编辑部约谈、后进单位集中改稿等，将"全方位体检"与"对症下药"相结合，确保了整体编修速度和质量。

说这些，是想告诉读者，6 个月完成志稿，绝非粗制滥造和不负责任，重庆邮政抓经营、做市场就是这么个风格，用来搞文化工程，也是可以的。可以佐证的是：5 月底，一位外部专家看了我们的初稿后，佩服地说：你们的初稿，比有些出书成稿还好一些。

显然地，这给各单位、撰稿人和编辑压力也实在太大，诸多不忍心又不得不如此，抱歉！

8 月 10 日，志稿成型，编辑开始分批撤离。当晚，为了告别的聚会，不乏泪光。这与其说是修志带来的成就喜悦，不如说是他们拼搏到了感动自己。

让人感动的还有一批"邮政前辈"。

从启动修志以来，但凡我们请求帮忙审阅志稿或者提供史料依据的"邮政前辈"，大都热心允诺，不顾年老多病，认真又仔细，甚至抽时间与年轻的撰稿人面对面交流指点。他们说，这不仅是对企业历史负责，也是对邮政的感情使然。

众手成志、总纂一人。志书的编修得有一位"扛把子"的。这个人，不仅要了解邮政历史，而且要有文字功底，最好具有一定志书编撰的经验，同时，时间和精力还要支撑得起。由此，我们想到了前市公司企业文化中心主任、重庆邮政报社社长刘志刚。

没有推辞，刘志刚放弃了外出避暑，甚至无暇陪护病中的老伴，全身心投入志书"总纂"岗位，带领编辑组稿、改稿、审稿、纠偏、拈错、拿过，甚至亲自撰写重要篇目，仅37年的大事记、6万余字，就逐字审核、查证，用时近半个月。他经常早8点前到岗，晚9点归家，是编辑部劳模般的存在。其认真与勤勉，除了老邮政人对邮政事业的厚重感情，别无他解。他不仅是志书质量的"把关人"，也很快成为编辑部的"精神偶像"和力量之源。年轻编辑说，喜欢志刚主任营造的和美奋进的氛围，让编辑部的时光成为人生中一段激情燃烧的岁月，难以忘怀。

6月的编辑部，最紧张的时间，可以想象的画面是：一位白发长者，带领着一帮年轻人风一样地奔跑。

看似寻常最奇崛，成如容易却艰辛。

我们用史上最年轻的编辑团队和史上最短的7个月时间，编修出跨度37年、逾150万字的鸿篇巨制，没有天时、地利、人和是断难成功的，缺少任何一方的支持都难以为继。在此：

感谢市分公司领导班子。有了市分公司领导的坚定意志、正确指引和不吝投入，才让我们坚定信心，放手一搏。

感谢给予帮助指导的重庆邮政退休老同志。他们关心着志书编修的进度，积极参与审核，提供宝贵的线索和意见。

感谢各个供稿单位。不少单位领导亲自担纲，组织写作专班，敲定志书内容、严格志稿审定。

感谢参与写稿的同事。他们大都是兼职写稿，很辛苦、很认真、很负责。近千人的写稿队伍，夯实了志稿基础。

感谢编辑部的各位同仁。他们执着又谦逊、好学且勤奋，成长性强、可塑性大，祈愿山顶总部18栋顶楼的灯光，永远辉耀他们的职业生涯。

感谢重庆市地方志办公室。他们对于一家企业志书的编修，耐心给予指导，提供中肯建议，已超越了他们的责任服务范围。

最后要说：志书肯定不完美。由于编修人员水平有限，文字错误和史料遗漏在所难免，请予涵容并不吝赐教。

是为后记！

［执笔者王高系市分公司文史中心总经理、《重庆邮政志（1986—2022）》总编辑；蒋家萍对后记撰写亦有贡献］